周易经象义证

王文采 编著

上 册

（修订本）

九州出版社 JIUZHOUPRESS | 全国百佳图书出版单位

图书在版编目（CIP）数据

周易经象义证 / 王文采编著. -- 修订本. -- 北京 : 九州出版社，2016.8

ISBN 978-7-5108-4685-4

Ⅰ. ①周… Ⅱ. ①王… Ⅲ. ①《周易》-研究 Ⅳ. ①B221.5

中国版本图书馆CIP数据核字(2016)第212560号

周易经象义证（修订本）

作　　者　王文采　编著
出版发行　九州出版社
地　　址　北京市西城区阜外大街甲35号（100037）
发行电话　(010) 68992190/2/3/5/6
网　　址　www.jiuzhoupress.com
电子信箱　jiuzhou@jiuzhoupress.com
印　　刷　三河市东方印刷有限公司
开　　本　720毫米×1020毫米　16开
印　　张　86.75
字　　数　1722千字
版　　次　2016年9月第2版
印　　次　2016年9月第1次印刷
书　　号　ISBN 978-7-5108-4685-4
定　　价　168.00元（全两册）

《周易》一书，人更三圣，世历三古，为封建礼教之书。所谓阴阳之道，实人法天地之道。包有自然科学和社会科学，是哲学真谛，中华文化精髓，故列十三经之首。《周易经象义证》,乃《周易》钩沉。祖述先天伏羲八卦,揭示六十四卦结构，填补卦象失传空白，订正历代解释失误，厘清与经、史、诸子百家关系，以臻卦爻、经文、彖象贯通。资料较多，可供参考。

太极图

伏羲八卦

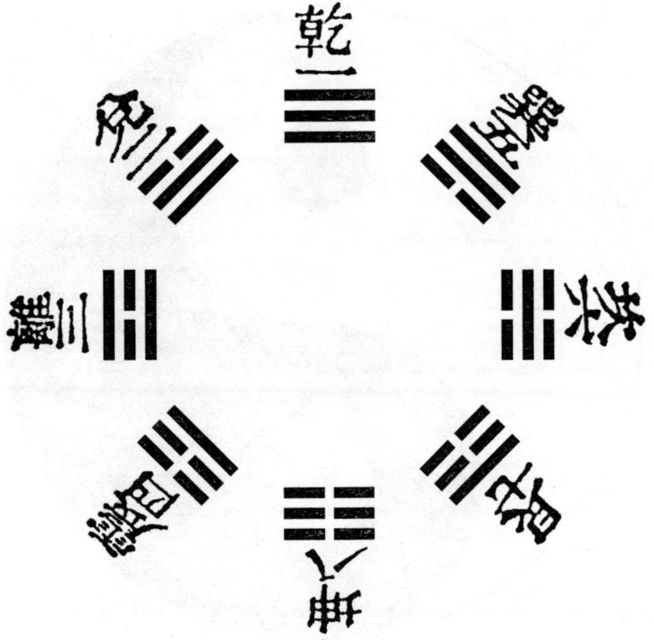

坤卦卦辞曰："西南得朋，东北丧朋。"

《系辞传》曰："《易》有太极，是生两仪，两仪生四象，四象生八卦。"

《说卦传》曰："天地定位，山泽通气，雷风相薄，水火不相射，八卦相错。数往者顺，知来者逆，是故《易》逆数也。"

邵子曰："乾南坤北，离东坎西，震东北，兑东南，巽西南，艮西北。自震至乾为顺，自巽至坤为逆。"又曰，"乾一，兑二，离三，震四，巽五，坎六，艮七，坤八。"

上册目录

序

夏口王君，力撰《周易经象义证》，曾借阅通读过，也曾就其内容和形式，交换过意见，沟通过一些各自的看法。

《周易》一书的形成，是一个古老的话题。郭沫若先生，在对《易经》和《易传》的研究中发现：《易经》是“由原始公社制度，变为奴隶制的产物”，变革的完成，在殷周之际；而《易传》则是由“奴隶制，成为封建制的产物”，其“变革完成，是在东周以后”。据此，“时历三古，人更三圣”的说法，是可信的。

《系辞传·下》说：“古者，包牺氏之王天下也，仰则观象于天，俯则观法于地，观鸟兽之文，与地之宜，近取诸身，远取诸物，于是始作八卦，以通神明之德，以类万物之情。”这样看来，八卦的产生，是由观天象、察地理而来的，并且是在长期的积累中形成的。☰、☷、☴、☳、☵、☲、☶、☱，是记录，是古文字，是“穷则变，变则通，通则久”的产物。因此，才有后来夏朝的《连山》，殷代的《归藏》，周代的《周易》。其经卦皆八，其别卦皆六十四。

那么，文王演八卦该如何理解呢？《左传》昭公二年，韩宣子聘鲁而见《易象》，叹曰：“周礼尽在鲁矣。”这条引语说明：一、《易象》是在周王朝建立时才有的；二、它的出现，在孔子作《易传》之前。从这里，我们可以推断出：周文王演的六十四卦，是历代巫觋占卜、占筮留下来的记录和总结；是据而观象推演而成的《易象》，和据《连山》、《归藏》六十四卦卦辞、爻辞，经整理、修改，条理化而成的《易经》。直到五六百年以后的孔子，据《易象》、《易经》著《彖》、《象》，继之者写了《文言》、《系辞》、《说卦》、《序卦》、《杂卦》等，为《十翼》，为《易传》。后来将《易经》、《易传》合编，是为《周易》。

历来讲《经》解《传》的学者，都是依据《周易》，采用注疏的形式，以疏不破注为依归，或全解，或通译，或略例地师承相说。《义证》一书，却独尊伏羲先天八卦，自成体系。伏羲先天八卦，有几个特点：一是方位，乾南坤北，离东坎西，兑东南，艮西北，巽西南，震东北。这叫“天地定位，山泽通气，雷风相薄，水火不相射”。二是循环过程有逆顺之分，自震至乾为顺，自巽至坤为逆，这叫“数往者顺，知来者逆”。其他，如伏羲先天八卦主生，卦画相对等。因了这些特点，《义证》就有了一整套系统：“《周易》六十四卦，乾坤为天地，为开篇；既济未济为夜昼，为终篇；乾坤为空间，既济未济为时间，时空相应；中间六十大备，以天干地支之义为卦。每卦六爻，六十卦，三百六十爻，爻数与周天度数相合，是乃天地时空，与万物变化。”又，“天干依空间，言四时阴阳之气，与万物之变；地支依时间，言十二月阴阳之气，与万物之化。以此范围天地而不过，曲成万物而不遗，顺其时气，以应自然之道”。这便是“阴阳相胜，即阴阳辩证，对立统一”。以上，是《义证》写作的思想方法和宇宙观。这种解卦方式，与众不同，颇有发现与卓见。

为了说明与众不同，试举一卦卦象释义为例。离下巽上为家人卦。离为火，巽为风为木，为风自火出，有家人象。家人卦于六十甲子为戊戌。戊中宫，宫即室，宫室同义，乃房屋家舍之称。《说文》：“戌，九月阳气微，五行土生于戊，盛于戌，从戊含一。”戌为九月，于《易》为剥卦。剥为门阙象，为室家，其一阳为家有严君，父母之谓。戊戌为家人，这是用训诂对卦象的诠释。又，卦象部分说：家人卦，离下巽上。离为日，巽为木，日落木下，为日入。日出木上，则一家人分散劳动；日入木下，则一家人团聚歇息，是以得见家人之象。又，二之四为坎，坎为豕，在内外之际；三之五为离，离为大腹为牛，《荀九家》有离为牝牛，由外入内；四之上为巽，巽为鸡为木，《诗》云鸡棲于桀；反巽为兑，兑为羊，为羊归来；二、四为阴，阴为马；艮为狗，跨内外。是日落之时，家人归来，见鸡牛羊，马犬豕，为先民人家。

不过，此书引证过频，行文便不经济，难免有繁复之嫌。或限于“义证”的体例，故欲省不能。

现在，《周易经象义证》，将作为存稿付印，因我是第一个读者，王君邀我写《序》，于是写了上面这些认识。

鲁亦农

二〇〇八年五月

易 本

《周易》六十四卦，乾坤为天地，为开篇；既济未济为夜昼，为终篇。乾坤为空间，既济未济为时间，时空相应；中间六十大备，以天干地支之义为卦。每卦六爻，六十卦，三百六十爻，爻数和周天度数相合，是乃天地时空，与万物变化。《系辞传》曰："广大配天地，变通配四时，阴阳之义配日月，易简之善配至德。"即乾坤配天地，中间六十甲子，配四时十二月，既济未济配夜昼。天地夜以继昼运转，其间万事万物，生长消息。《阴符经》曰："爰有奇器，是生万象。八卦甲子，神机鬼藏。阴阳相胜之术，昭昭乎进乎象矣。"阴阳相胜，即阴阳辩证，对立统一。

《世本》曰："大桡作甲子。"大桡，黄帝佐官七人之一。《礼记·月令》："大桡探五行之情，占斗纲所建于星，始作甲乙以名日，谓之干；作子丑以名月，谓之支。干支相配，以成六旬。"据《甲骨文合集》（三七九八六版）所载，在殷契卜辞中，有完整干支表。天干：甲、乙、丙、丁、戊、己、庚、辛、壬、癸；地支：子、丑、寅、卯、辰、巳、午、未、申、酉、戌、亥。天干，依空间，言四时阴阳之气，与万物之变；地支，依时间，言十二月阴阳之气，与万物之化。以十天干，配以十二地支，得六十干支名，即六十甲子。《鹖冠子·近迭篇》："苍颉作书，法从甲子。"《周易》则依六十甲子，而得中间六十之卦，用以表时明事，周而复始，乃至无穷。以此范围天地而不过，曲成万物而不遗，顺其时气，以应自然之道。故《系辞传》曰："君子所居而安者，易之序也。"

甲子屯　《说文》："甲，位东方之孟，阳气萌动，从木戴孚甲之象。"《释名》："甲，孚也，万物解孚甲而生也。"《象》曰："雷雨作，而百果草木皆甲坼。"《史记·律书》："甲者，言万物剖符甲而出也。"《汉书·律历志》："出甲于甲。"《说文》曰："子，十一月，阳气动，万物滋，象形。"又曰，"屯，难也。屯，象草木之初生，屯然而难。从中贯一。一，地也，尾曲。《易》曰：屯，刚柔始交，而难生。"故屯有甲子之义，象阴气尚强，阳气初动，万物剖甲，而艰难萌动之象。

乙丑蒙　《说文》："乙，象春草木，冤曲而出。阴气尚强，其出乙乙也，与丨同意。承甲。"《尔雅·释天》："太岁在乙曰旃蒙。"《淮南子·天文训》："卯在乙曰旃蒙。"高注："在乙，言万物遏蒙甲而出，故曰旃蒙也。"旃蒙，《史记·历书》曰端蒙。《说文》："丑，纽也。十二月，万物动用事，象手之形。"《汉书·律历志》："纽牙于丑。"牙，即芽。又，徐锴曰："昧爽为丑，人皆起，有为也。"乙承甲，丑承子。乙为蒙生，丑为昧起。乙丑，谓万物在蒙昧中生起，为蒙稚，为蒙。

丙寅需　《说文》："丙，阴气初起，阳气将亏。从一入冂，一者阳也。"阳亏则阴生。阴气初起，为阴来姤阳，姤为遇。又，《说文》：“寅，正月阳气动，去黄泉欲上出，阴尚强。”寅，正月，下三阳，上三阴。阳气往上，阴气下沉，阴阳合和。《春秋元命苞》：“阴阳和而为雨。”丙为阴遇阳，为姤；寅为阴阳和，为雨。丙寅即遇雨，遇雨宜需。《说文》曰：“需，须也，遇雨不进，止须也。”需卦，乾下坎上，天上有雨，即遇雨不进，等待之象。

丁卯讼 《说文》：“丁，夏时万物皆丁实。丁承丙，象人心。”又，“卯，冒也。二月，万物冒地而出，象开门之形，故二月为天门。”丁卯，言人心刚强冲冒，争向天门而讼。《礼记·月令》：“仲春之月，命有司，省囹圄，去桎梏，毋肆掠，止狱讼。”郑氏注：“仲春者，斗建卯之辰也。”其他，如《淮南子·时则训》，与《吕氏春秋》，所载相同。丁，六月属火，生讼；卯，为二月，止狱。又，《尔雅·释诂》：“丁，当也。”丁卯，即当讼事，故为讼。

戊辰师 戊，甲骨文象斧钺。约斋《字源》曰：“戊，是各种大斧的通称，形状无论凹凸，都以其丰茂而得名。”《说文》：“戊，中宫也，象六甲五龙，相拘绞也。”《后汉书·西域传》：“元帝置戊己校卫。”注云：“戊己中央，镇覆四方。”六甲五龙相拘绞，有甲兵行阵之势。甲骨文辰字，为蜃戴甲壳，伸足运动之状，似甲胄之士，行动之象。《说文》：“辰，震也。”《大雅·常武》曰：“震惊徐方，雷如霆，徐方震惊。”震，谓出师伐罪。又，戊为兵器为茂，辰为时，戊辰，兵器簇动之时，为出师。

己巳比 《说文》：“己，中宫也。”《礼记·月令》：“中央土，其日戊己。”中宫即中央土，为阴。《说文》：“巳，巳也，四月阳气已出。”《黄帝经·阴阳定位》：“伸者阳，而屈者阴；主阳，臣阴；上阳，下阴。”己巳为坤为乾，为臣为君，乃君臣之义。又，甲骨文己字，似古之矫正箭杆工具，当为櫽栝之属。己巳，为规谏其君，为臣子比辅君王，为比。《字源》：“己字，也是由卩 ㄗ转化而来，象人跪时，身体的三折。后来，就用以形容一切屈折，或束缚的现象了。”是以己巳，为臣子比辅君王之象。

庚午小畜 《小雅·大东》：“东有启明，西有长庚。”毛传：“日旦出，谓明星为启明；日既入，谓明星为长庚。庚，续也。”黄侃《春秋名字解诂补谊》：“古文赓从庚，庚亦续也。”按，庚、赓、更，三者并通，皆有续义。《史记·律书》：“午者，阴阳交，故曰午。”《淮南子·天文训》：“午，忤也。阴气从下上，与阳相忤逆也。”《说文》：“午，五月阴气午逆阳，冒地而出。”庚午，犹续午，即阴来续阳。阳为大，阴为小。小畜卦，乾下巽上，四至五月，阴蓄阳下，为小畜。

辛未履 《说文》曰：“辛痛即泣出。辛，辠（罪）也。”《白虎通·五行》曰：“金味所以辛何？西方煞伤成物，辛所以煞伤之也。”《玉篇》：“辛，辣也。”“辣，辛辣也，痛也。”《说文》：“未，味也，六月滋味也。”是辛未，谓辛辣滋味，食之者倍当小心。又，《说文》：“履，足所依也。从尸，服履者也；从彳夊。”段玉裁注：“引伸之训践，如君子所履是也。又，引伸之训礼。彳夊皆行也。”《小雅·小旻》：“战战兢兢，如临深渊，如履薄冰。”毛传：“战战，恐也；兢兢，戒也；恐队也，恐陷也。”是辛未履，谓君子小心，行履如礼。

壬申泰 《说文》：“壬，位北方也，阴极阳生，故《易》曰：龙战于野。战者接也。象人怀妊之形。承亥，壬以子生之叙也。”北方为坤，坤为阴，阴极则生阳，象人怀妊。《释名》：“壬，妊也。阴阳交，物怀妊也，至子而萌也。”亥为十月，纯阴。子为冬月，一阳生于下。故曰壬承亥，而妊子。《释名》云：“申，身也。物皆成其身体，各申束之，使备成也。”壬申，谓阴妊阳，使伸其体，即成其为乾，为三阳开泰。即三阳于下，三阴于上，阴气下沉，阳气上升，阴阳之气相交，故为泰。

癸酉否 《说文》：“癸，冬时水土平，可揆度也。象水从四方，流入地中之形。”水流入地中，有万物归藏之意。《说文》：“酉，就也。酉为秋门，万物已入。一，闭门象也。”《尔雅·释天》：“太岁在酉，曰作噩。”《淮南子·天文训》：“太阴在酉岁，名曰作鄂。”高诱注：“作鄂，零落也，万物皆陊落。”《史记·律书》：“酉者，万物之老也，古曰酉。”《白虎通·五行》：“壮于酉，酉者，老物收敛。”癸为归，酉为八月，癸酉，正是阴长阳消，万物同归否塞之时。癸酉，为万物归闭，故为否。

甲戌同人 段玉裁注：“甲，本十干之首，从木戴孚甲之象，因引伸为甲冑字。古曰甲，汉人曰铠，故汉人以铠释甲。”罗振玉曰：“卜辞中，戌字象戉形。”李孝定曰：“戌象兵器形，与戊、戉、戚之形并近。”戊、戌于《周易》，均作兵器用。戊辰为出师，甲戌为同人。又，《淮南子·时则训》：“季秋之月，招摇指戌。行春令，则暖风来至，民气懈惰，师旅并兴。”高诱注：“木干金，故师旅并兴也。”按，甲位东方之孟，为春从木；戌为兵器，为金。甲戌，为木干金，为师旅，为诸侯同人。

乙亥大有 《说文》：“乙，象春草木，冤曲而出，阴气尚强，其出乙乙也，与|同意。”冤曲如乙乙，言万物冲开阴气，屈曲生长。《礼记·月令》郑氏注：“日之行春，东从青道，发生万物，月为之佐。时万物皆孚甲，自抽轧而出。”又，《说文》曰：“亥，象怀子咳咳之形。”《尔雅·释天》：“太岁在亥，曰大渊献。”孙炎云：“大载万物于深，言盖藏之于外也。”亥，十月纯阴，坤为归藏。乙亥，春生冬藏，于年为大有，于《易》，引伸为大有天下。

丙子谦 《说文》：“丙，位南方，万物成炳然。阴气初起，阳气将亏。从一入冂，一者，阳也。”段玉裁注：“阳入冂，伏藏将亏之象。”伏羲八卦方位，南方为乾，乾为尊。丙，乾阳转折来下，即尊而炳明者，俯伏于下为谦。《说文》：“子，十一月阳气动，万物滋，人以为称。”子，万物之灵者，而动于下，是子亦为谦。《象》曰：“谦亨，天道下济而光明，地道卑而上行。”丙，天干，为天道下济而光明；子，地支，为地道卑而上行。是皆言谦，故谦卦初六曰：“谦谦君子。”

丁丑豫　《尔雅·释诂》：“丁，当也。”郭璞注：“强者，好与物相当值。”《说文》：“丑，纽也，十二月，万物动用事，象手之形。日加丑，亦举手时也。”段玉裁注：“《律历志》曰：纽牙于丑。《后汉书·陈宠传》曰：十二月，阴气上通，雉雊鸡乳。地以为正，殷以为春，人于是举手有为，亦是人举手思奋之时。”《淮南子·天文训》：“太阴在丑岁，名曰赤奋若。”高诱注：“奋，起；若，顺也。阳奋物而起，无不顺其性。”丁，为当；丑，为阳奋物而起。丁丑，为物当舒豫，是以为豫。

戊寅随　《淮南子·时则训》：“季夏之月，招摇指未，昏心中，旦奎中。其位中央，其日戊己，盛德在土。”高注：“心，东方苍龙之宿。”又，《时则训》：“孟春之月，招摇指寅，昏参中，旦尾中。其位东方，其日甲乙，盛德在木。”高注：“参，西方白虎之宿也。”心，东方苍龙，七宿第五宿，在天蝎座，又名商星。参，西方白虎，七宿第七宿，在猎户座。参西商东，此出彼没，一前一后。又，五行土、木相随而生，故戊寅为随。

己卯蛊　《说文》：“己，中宫也，象万物辟藏，诎形也。己承戊，象人腹。”中宫为土，万物辟藏，屈形于土者，如虫豸之属。又，己象人腹，是己为腹中之蛊。《说文》：“卯，冒也。二月，万物冒地而出。”己为腹中虫，卯为冒为生。是己卯，为腹中虫生，为蛊。《说文》曰：“蛊，腹中虫也。”又，己在甲骨文，象檃栝之形，后来书作弓形。《说文》：“弗，矫也。”段注：“矫者，揉箭箝也，引申为矫拂之用。”弗字，两竖象箭杆，弓象矫正箭杆之器。是蛊卦，亦有矫正之义，如干父之蛊。

庚辰临　《礼记·月令》：“庚之言更也，万物皆肃然更改。”郑注：“庚之言更也，辛之言新也。成熟万物，月为之佐，万物皆肃然改更，秀实新成。”《说文》：“辰，震也。辰，房星，天时也。”震，《说卦传》曰：“帝出乎震。”何休注《公羊传》云：“天所以示民时早晚，天下取以为正，故谓之大辰。辰，时也，是天之政教，出于大辰。”《礼记·大传》：“改正朔，易服色。”疏曰：“正谓年始，朔谓月初。言王者得政，示从我始，改故用新。”庚为更新，辰为时正，新王君临朝政，必更新时正，故为庚辰临。

辛巳观　《史记·律书》：“辛者，言万物之辛生，故曰辛。”《汉书·律历志》：“悉新于辛。”《释名》：“辛，新也，物初新者，皆收成也。”《淮南子·天文训》：“酉在辛曰重光。”高注：“万物就成，其熟煌煌。”《说文》：“巳，已也。四月阳气已出，阴气已藏，万物见，成文章。”巳，四月，为纯阳，为乾。《彖》曰：“大哉乾元，万物资始，乃统天。”《系辞传》曰：“仰以观于天文，俯以察于地理，是故知幽明之故。”辛为新，巳为乾元，为天为君，辛巳观，言天王新政可观。

壬午噬嗑　《说文》：“壬，阴极阳生。与巫同意。”“巫，与工同意。”“工，巧饰也，象人有规矩也，与巫同意。”徐锴曰：“工，巫皆规矩也。”《孟子·离娄》：“不以规矩，不能成方圆。”又曰，“上无道揆也，下无法守也。朝不信道，工不信度，君子犯义，小人犯刑，国之所存者，幸也。”《说文》：“午，忤也，五月阴气午逆阳，冒地而出。”壬，与巫同，为工为规矩；午，为阴来逆阳。壬午，以法度治阴逆，为断狱，为噬嗑。《象》曰：“雷电噬嗑，先王以明罚敕法。”

癸未贲　《说文》：“癸，冬时水土平，可揆度也。象水从四方流入地中之形。”冬时水土归平，故可揆度。癸，有归意。《正韵》：“癸者，归也。”同音通假，乃是通例。如天干：丙，炳；戊，茂；己，纪、起；庚，更；辛，新；壬，妊、任。《释名》：“未，昧也。日中则昃，向幽昧也。”未在午后，为日昃，为昧。《淮南子·天文训》：“未，昧也。”《汉书·律历志》：“昧薆于未。”师古曰：“薆，蔽也。”是癸未，为归昧，即太阳降落，月亮升起。贲，奔，谓月行疾奔。

甲申剥　《说文》：“甲，位东方之孟，阳气萌动，从木戴孚甲之象。”《释名》：“甲，孚也，万物解孚甲而生也。”曰，“浮，孚也，孚甲在上称也。”又曰，“覆，孚也，如孚甲之在物外也。”《说文》：“申，神也，七月阴气成体，自申束。”《风俗通·怪神》曰：“神者，申也。”《论衡·论死》：“神者，伸也，伸复无已，终而复始。”申，甲骨文象闪电，为电之初文。申为七月，三阳在上，三阴在下，阴阳激耀，有所震落。解卦《彖》曰：“雷雨作，而百果草木皆甲坼。”甲申，犹甲壳伸张剥落，故谓剥。

乙酉复　《说文》：“乙，象春草木，冤曲而出，阴气尚强，其出乙乙也。”《礼记·月令》郑氏注：“乙之言轧也。日之行春，东从青道，发生万物，月为之佐，时万物皆解孚甲，自抽轧而出。”《说文》：“古文酉从卯。卯为春门，万物已出；酉为秋门，万物已入。一，闭门象也。”《淮南子·时则训》：“仲春始出，仲秋始内。”高诱注：“出，二月播植也；内，八月收敛也。”乙，仲春，万物始出；酉，仲秋，万物始入。乙酉，由二月至八月，由春分至秋分，万物一出一入，七日来复，为复。

丙戌无妄　《礼记·月令》云：“孟夏之月，其日丙丁。”郑氏注：“丙之言炳也。日之行夏，南从赤道，长育万物；时万物皆炳然，著见而强大。”《淮南子·天文训》：“太阴在戌，岁名曰掩茂。”高诱注：“掩，蔽；茂，冒。万物皆蔽冒。”《说文》：“戌，灭也。九月阳气微，万物毕成，阳下入地也。”徐锴曰：“夫物极则衰，功成则去，明盛而晦，阳极而阴。物非阴不定，夏之有秋，所以揫敛焦杀，万物使成也。”丙戌，由孟夏到深秋，阳气由盛到衰，万物由炳然到掩茂，兴替有秩，周而复始，为自然无妄。

丁亥大畜 《大雅·云汉》曰：“耗斁下土，宁丁我躬。”毛传：“丁，当也。何以当我之身，而有是灾也。或曰：与其耗斁下土，宁使灾害当我身也。”《尔雅·释天》：“太岁在亥，曰大渊献。”《淮南子·天文训》高注：“渊，藏；献，迎。万物终在亥，大小深藏，窟伏以迎阳。”《史记·律书》曰：“亥者，该也，言阳气藏于下，故该也。”《说文》：“亥，荄也。十月微阳，起接盛阴，象怀子咳咳之形。”亥为十月，为纯阴，阴极阳生。丁亥，谓正当十月，阳气畜积于地，阳为大，故为大畜。

戊子颐 《说文》：“戊，中宫也，象六甲五龙，相拘绞也。”《礼记·月令》：“中央土，其日戊己。”东、南、西、北、中，戊为中。《淮南子·天文训》：“午在戊曰著雍。”高诱注：“在戊，言位在中央，万物繁养四方，故曰著雍也。”《礼记·月令》：“仲冬之月，阴阳争，诸生荡。”郑氏注：“争者，阴方盛，阳欲起也。荡谓物动，萌芽也。”人食，口中咀嚼，如天干地支相配，五行相生相克，象六甲五龙，相拘绞，为戊。上牙止动，下牙上合，为阳动于下，为子。戊子，颐动象，为颐。

己丑大过 《礼记·月令》：“其日戊己。”郑氏注：“己之言起也，其含秀者，抑屈而起。”《白虎通·五行》曰：“己者，抑屈起。”己，中宫，谓物从土中生起，各成其性。《淮南子·天文训》：“太阴在丑岁，名曰赤奋若。”高诱注：“奋，起；若，顺也。阳奋物而起，无不顺其性。赤，阳色。”是赤奋，谓阳奋。《月令》：“季冬之月，令告民出五种，命农计耦耕事，修耒耜，具田器。”郑注：“明大寒气过，农事将起也。”己丑，谓阳气起于大小寒，乃阳来经过之时，阳为大，为大过。故卦辞曰：“利有攸往。”

庚寅习坎 《说文》：“庚，位西方。”邵子曰：“乾南坤北，离东坎西。”伏羲八卦方位，西方为坎，坎为水。《淮南子·地形训》：“西方高土，川谷出焉。”水自西方来，故坎水在西。《说文》：“寅，正月阳气动，去黄泉欲上出。”故《释诂》曰：“寅，进也。”《小雅·六月》：“元戎十乘。”毛传：“殷曰寅车。”郑笺：“寅，进也。”孔疏《月令·孟春之月》：“引达于寅，则寅引也。”引，引进。正月阳气，引而上进，为寅。庚为坎为水，寅为进，庚寅为水进，为习坎。故《彖》曰：“习坎，水流而不盈。”《象》曰：“水洊至，习坎。”

辛卯离 《尔雅·释天》：“太岁在辛曰重光。”《淮南子·天文训》：“酉在辛重光。”高诱注：“万物就成，其熟煌煌。”离为火为日，离卦，离下离上，为重光，为煌煌。《释名》：“卯，冒也，戴冒土而出也。”《易乾凿度》曰：“震生物于东方。”郑氏注：“震主施生，卯为日出象，人道之阳也。”《增韵》：“卯，从两户相背，日出于卯，辟户之时也，与酉不同。酉从两阖户，上画连，日入于酉，阖户之时也。”辛为重光，卯为日出，辛卯，为重光之出，为离。故《彖》曰：“离，丽也，日月丽乎天。”《象》曰：“明两作，离。”

壬辰咸 《说文》：“壬，位北方也。阴极阳生，故《易》曰：龙战于野。战者，接也。象人怀妊之形，承亥壬以子，生之叙也。凡壬之属，皆从壬。”壬，犹妊。《说文》：“辰，震也。三月阳气动，雷电振，民农时也，物皆生，从乙。凡辰之属，皆从辰。”《礼记·月令》：“季春之月，生气方盛，阳气发泄，句者毕出，萌者尽达。”郑氏注：“句，屈生者；芒而直曰萌。”《黄帝经》曰：“阴阳和合，乃萌者萌，而滋者滋，天因而成之。”壬辰，犹妊娠，二气感应而妊娠。故《彖》曰：“咸，感也。天地感，而万物化生。”

癸巳恒 《礼记·月令》：“孟冬之月，其日壬癸。”郑氏注：“壬之言任，癸之言揆也。日之行冬，北从黑道，闭藏万物，月为之佐，时万物怀任于下，揆然萌芽。”《说文》：“巳，已也。四月阳气已出，阴气已藏，万物见，成文章。”毛晃曰：“阳气生于子，终于巳。巳者，终已也，象阳气既极，回复之形。”癸巳，阴极生阳，万物由闭藏，到怀妊于下，到萌芽，直至四月纯阳，万物见，成文章。然后阳极生阴，又到十月阴极生阳，再到四月纯阳。如此春夏秋冬，阴阳迭运转换，以至无穷，乃天之常道，为恒。

甲午遁 《礼记·月令》云：“孟春之月，其日甲乙，其虫鳞。”郑氏注：“日之行春，东从青道，发生万物，月为之佐。时万物皆解孚甲，自抽轧而出，因以为日名焉。”《说文》：“午，五月阴气午逆阳，冒地而出。”《礼记·哀公问》：“午其众以伐有道。”郑氏注：“午其众，逆其族类也。”《淮南子·天文训》：“午者，忤也。”徐锴《说文解字系传》：“午，人为阳，一为地，丨为阴气贯地，午逆阳，冒地而出。”又，五月于《易》为姤，姤为遇。甲午遁，即谓阳物，遇阴逆而避遁。故《象》曰：“遁，君子以远小人，不恶而严。”

乙未大壮 《说文》：“乙，象春草木，冤曲而出，阴气尚强，其出乙乙也。”《礼记·月令》：“其日甲乙。”郑氏注：“乙之言轧也。日之行春，东从青道，发生万物，月为之佐。时万物皆解孚甲，自抽轧而出。”《史记·律书》曰：“乙者，言万物生轧轧也。”轧轧，乙乙貌。《白虎通·五行》：“乙者，物蕃屈有节，欲出。”《说文》：“未，五行木老于未，象木重枝叶也。”《字源》：“未字，是树木枝叶重迭的象形。”《史记·律书》：“未者，言万物皆成，有滋味也。”乙未，谓春天草木，屈曲而生，到夏天枝叶繁茂，故为大壮。

丙申晋 《说文》：“丙，位南方，万物成炳然。”《礼记·月令》：“孟夏之月，其日丙丁。”郑氏注：“日之行夏，南从赤道。”《史记·律书》：“丙者，言阳道著明，故曰丙。”《汉书·律历志》曰：“明炳于丙。”又，《说文》曰：“丙，明也。”《尔雅·释天》：“太岁在申曰涒滩。”《吕氏春秋·序意》，高诱注：“涒，大也；滩，循也。万物皆大，循其情性也。”《说文》：“申，神也。七月阴之成体，自申束。”丙为炳，炳为明，日光为明。丙申，日之伸，为日升，为晋。故《彖》曰：“晋，进也，明出地上。”

丁酉明夷　《尔雅·释诂》：“丁，当也。”《大雅·云汉》曰：“后稷不克，上帝不临，耗斁下土，宁丁我躬。”毛传：“丁，当也。”《诗集传》：“丁，当也。何以当我之身，而有是灾也。或曰：与其耗斁下土，宁使灾害当我身也。”《太玄经·玄文》：“酉，西方也。”日落西方。《增韵》：“卯，从两户相背，日出于卯，辟户之时也，与酉不同。酉，从两阖户，上画连，日入于酉，阖户之时也。”丁承丙，丙为阳入内。丁酉，即当酉，谓当酉时，正是日入，而将闭户之时，为明夷。

戊戌家人　《说文》：“戊，中宫也，象六甲五龙，相拘绞也。”《尔雅·释宫》：“宫谓之室，室谓之宫。”《鄘风·定之方中》：“作于楚宫”，“作于楚室”。毛传：“室犹宫也。”郑笺：“楚室，居室也。”秦以前，宫、室同义，乃房屋家舍之称。有室家，则有长幼，故戊有家人之象。《说文》：“戌，九月阳气微。五行土生于戊，盛于戌，从戊含一。”戌为九月，于《易》为剥卦，谓硕果不食，君子得舆，得民所载。又，剥为门阙象，为家室，其一阳，为家有严君，父母之谓。是以戊戌为家人。

己亥睽　《礼记·月令》：“其日戊己。”郑氏注：“己之言起也，其含秀者，抑屈而起。”《淮南子·天文训》：“未在己曰屠维。”高诱注：“屠，别；维，离民，万物各成其性。”《说文》：“亥，荄也。十月，微阳起接盛阴。从二：一人男，一人女也。象怀子咳咳之形。”《系辞传》曰：“乾道成男，坤道成女。乾知大始，坤作成物。”己，物起而各成其性；亥，阴阳含毓。己亥，万物有异有同，矛盾而统一，为睽违。故《彖》曰：“睽，火动而上，泽动而下，二女同居，其志不同。”

庚子蹇　《说文》：“庚，位西方。”伏羲八卦方位，坎位西，为险为陷。《礼记·月令》：“孟秋之月，其日庚辛。”孟秋七月，三阳在上，三阴在下，为否塞而不通。《尔雅·释天》曰：“太岁在子曰困敦。”《淮南子·天文训》，高诱注：“困，混；敦，沌。阳气皆混沌，万物牙蘖。”《释名》：“子，孳也，阳气始萌孳，生于下也。”谓从五月，至十一月，经过七个月，才得阳复来下。今五阴重寒在上，初九一阳在下，犹是微而未著。是庚子，庚位在坎在否，子在重阴之下，屈而未伸，故而为难为蹇。

辛丑解　《史记·律书》：“辛者，言万物之辛生，故曰辛。”《汉书·律历志》：“悉新于辛。”《释名》：“辛，新也，物初新者。”《说文》：“丑，纽也，十二月，万物动用事。象手之形，日加丑，亦举手时也。”《淮南子·天文训》：“太阴在丑岁，名曰赤奋若。”

高注："奋，起；若，顺也。阳奋物而起，无不顺其性。赤，阳色。"《白虎通·三正》："十二月之时，万物始牙而白。"段玉裁注："糸部曰：纽，系也；一曰结而可解。十二月，阴气之固结已渐解，故曰纽也。"故辛丑，为万物更新，阴气固结渐解，故曰解。

壬寅损 《说文》："壬，位北方也。阴极阳生，故《易》曰：龙战于野。战者，接也。象人怀妊之形，承亥壬以子，生之叙也。"亥为十月纯阴，子为十一月，一阳在下，为亥妊子，即妊阳。《说文》："寅，正月阳气动，去黄泉欲上出。"《礼记·月令》："孟春之月，是月也，天气下降，地气上腾，天地和同，草木萌动。"谓阴消而为三，阳长而为三，成乾下坤上，阴阳调和为泰。寅为泰，壬寅损，即乾下坤上，损下益上，成兑下艮上，为损。

癸卯益 《说文》："癸，冬时水土平，可揆度也。象水从四方，流入地中之形。"癸在冬为水。《淮南子·天文训》："日冬至，则水从之；日夏至，则火从之。故五月，火正而水漏；十一月，水正而阳升。阳气为火，阴气为水。日冬至，井水盛，盆水溢。壬、癸、亥、子，水也。"《说文》："卯，冒也。二月，万物冒地而出。"徐锴曰："二月，阴不能制阳，阳冒而出也。"癸为水，卯为冒，癸卯，水冒而出，为益。《说文》："益，饶也。从水、皿。水皿，益之意也。"是以癸卯为益。

甲辰夬 《淮南子·天文训》："寅在甲曰阏逢。"高诱注："万物锋芒欲出，拥遏未通。"《说文》："甲，位东方之孟，阳气萌动，从木戴孚甲之象。"徐锴曰："孚，犹葭莩壳𦶇也。"《释名》："甲，孚也，万物解孚甲而生也。"《说文》："辰，震也。三月阳气动，雷电振民农时也，物皆生。"《史记·律书》："辰者，言万物之蜃也。"辰，即蜃之本字，为蚌壳螺蛳之类。甲骨文辰，象蜃壳张开，伸足于外。甲为甲壳，辰则开裂，甲辰，为甲贝分开，为夬。《说文》："夬，分决也。"

乙巳姤 《说文》："乾，上出也。从乙，乙，物之达也。"又，"乙，象春草木，冤曲而出，与丨同意。"徐锴曰："同为出也。"《说文》："巳，已也，四月阳气已出，阴气已藏，万物见，成文章，故巳为蛇，象形。"《汉书·律历志》："中吕，言微阴始起未成，著于其中旅，助姑洗宣气，齐物也。位于巳，在四月。"毛晃曰："阳气生于子，终于巳。巳者，终已也。象阳气既极，回复之形。"乙为上出，巳为纯阳。乙巳，谓纯阳上出，一阴来下，阴遇阳为姤。

丙午萃 《礼记·月令》："孟夏之月，其日丙丁。"郑氏注："丙之言炳也。日之行夏，南从赤道，长育万物，月为之佐，时万物皆炳然，著见而强大。"《说文》："午，啎也，五月，阴气午逆阳，冒地而出。"又云："五，阴阳在天地间交午。"《史记·律书》："午者，阴阳交，故曰午。"丙，为万物炳然著见；午，为阴阳相交。丙午，万物炳然，阴阳相交，是以为萃。《说卦传》曰：“齐乎巽。齐也者，言万物之絜齐也。”午，于《易》为巽，阴气来下，而成万物，为万物齐乎巽，为聚为萃。

丁未升 《说文》：“丁，夏时万物皆丁实，象形。”《史记·律书》：“丁者，言万物之丁壮也，故曰丁。”《汉书·律历志》：“大成于丁。”《说文》：“未，五行木老于未，象木重枝叶也。”《史记·律书》：“未者，言万物皆成，有滋味也。”丁未，季夏之时，五谷丁壮成熟，为升登。《说文》段玉裁注：“升，今俗所用又作陞。经有言升不言登者，如《周易》是也；有言登不言升者，《左传》是也。”又，《礼记·月令》：“季夏之月，其日丙丁。是月也，树木方盛。”木盛则升，故《象》曰：“地中生木，升。”

戊申困 《说文》：“戊，中宫也，象六甲五龙相拘绞也。”中宫，亦称中央土。《礼记·月令》云：“中央土，其日戊己。”惠栋曰：“五、六天地之中，故曰六甲五龙相拘绞。”《说文》：“申，七月阴气成体，自申束。”《史记·律书》：“七月也，律中夷则。夷则，言阴气之贼万物也。其于十二子为申。申者，言阴用事，申贼万物，故曰申。”七月，三阴迫于下，三阳退于上，成坤下乾上之势，为否。戊在中宫，申为否塞，戊申，居中而否塞，为困。《六书本义》：“困，木在口中，不得申也。”

己酉井 《说文》：“己，中宫也。”《淮南子·天文训》，高诱注：“宫，土；戊、己，土也。”《孟子·滕文公上》：“方里而井，井九百亩，其中为公田。八家皆私百亩，同养公田。”赵岐注：“方一里者，九百亩之地也。为一井八家，各私得百亩同，共养其公田之苗稼。公田八十亩，其余二十亩为庐井。”酉，甲骨文象瓦器。李孝定曰：“酉，实酒尊之形，上象其颈及口缘，下象其腹。”王国维曰：“酉象尊形。”己酉，有井和井瓶之象，故井卦卦辞曰：“往来井井。”简言之为井。

庚戌革 《礼记·月令》：“季秋之月，其日庚辛。”郑氏注：“庚之言更也，辛之言新也。日之行秋，西从白道，成熟万物。月为之佐，万物皆肃然改更，秀实新成。”《史记·律书》：“庚者，言阴气更万物，故曰庚。”《汉书·律历志》：“敛更于庚。”《白虎通·五行》：“庚者，物更也。”《说文》：“戌，灭也。九月阳气微，万物毕成，阳下入地也。”戌字，甲骨文象平口大斧，故有伤害夷灭之意。《史记·律书》：“戌者，言万物尽灭，故曰戌。”庚为改更，戌为尽灭，庚戌，为更改尽灭，为革。

辛亥鼎 《说文》曰：“辛，秋时万物成而熟。”《史记·律书》曰：“辛者，言万物之辛生，故曰辛。”《汉书·律历志》曰：“悉新于辛。”《释名》曰：“辛，新也，物初新者，皆收成也。”《说文》曰：“亥，荄也。十月，微阳起接盛阴。”荄，草根。徐锴曰：“言万物之荄，皆动也。”曰，“十月，坤之上六，阴极阳将生也。”又曰，“十月之时，阳气萌兆，盛阴感阳，万物皆含育于内，象人之怀妊腜兆。”辛为新生，亥为荄动，辛亥，根动而出新，为革故而鼎新，为鼎。

壬子震　《说文》：“壬，位北方也。阴极阳生，故《易》曰：龙战于野。战者，接也。象人怀妊之形，承亥壬以子，生之叙也。”《释名》曰：“壬，妊也。阴阳交物，怀妊也，至子而萌也。”《说文》曰：“子，十一月。阳气动，万物滋。”《礼记·月令》云：“仲冬之月，阴阳争，诸生荡。”郑氏注：“争者，阴方盛，阳欲起也；荡，谓物动萌芽也。”《史记·律书》曰：“子者，滋也，言万物滋于下也。”壬为阴妊，子为阳生。壬子，阴妊于上，阳生于下，于《易》为震。是壬子，即震之象。

癸丑艮　《说文》：“癸，冬时水土平，可揆度也。”《史记·律书》：“癸之为言揆也，言万物可揆度，故曰癸。”《释名》：“癸，揆也，揆度而生，乃出之也。”《鄘风·定之方中》：“揆之以日。”毛传：“揆，度也。度日出日入，以知东西。”《说文》：“丑，纽也。”纽犹扭。《字源》曰：“丑字，象一只手，勾首三个指爪，想要掐住什么的姿势。”癸为揆度，丑象手控，癸丑，谓揆度之，以手控制，为艮。《艮》曰：“艮，止也，时止则止，时行则行，动静不失其时。艮其止，止其所也。”即是。

甲寅渐　《说文》：“甲，位东方之孟，阳气萌动，从木戴孚甲之象。”《史记·历书》：“甲者，言万物剖符甲而出也。”徐锴曰：“甲在东北，甲子，阳气所起也。”《说文》：“寅，正月阳气动，去黄泉欲上出，阴尚强。”段玉裁注：“正月，阳气欲上出，如水泉欲上行也。螾之为物，诘诎于黄泉，而能上出，故其字从寅。”又曰，“阴尚强，阳不能径遂。”甲寅，由甲至寅，三阳在下，三阴在上，阴强，阳不能径进，故而渐进。《文言》曰：“非一朝一夕之故，其所由来者，渐矣。”

乙卯归妹　《说文》：“乙，象春草木，冤曲而出，阴气尚强。”《礼记·月令》：“孟春之月，其日甲乙。”孟春，三阴在上，故物有甲乙之象。《淮南子·天文训》：“卯在乙曰旃蒙。”高诱注：“万物遏蒙甲而出也。”《说文》：“卯，冒也，二月。”徐锴曰：“二月，阴不能制阳，阳冒而出也。”《淮南子·天文训》：“太岁在卯，岁名曰单遏。”高诱注：“单，尽；遏，止。阳气推万物而起，阴气尽止。”在乙，阴气尚强；在卯，阴气渐微，已转折来内，为归。阳为兄，阴为妹，阳推阴归，为归妹。

丙辰丰　《说文》：“丙，位南方，万物成炳然。”《礼记·月令》：“孟夏之月，其日丙丁。”郑氏注：“丙之言炳也。日之行夏，南从赤道。”《史记·律书》：“丙者，言阳道著明，故曰丙。”故《说文》曰：“炳，明也。”《周礼·神仕》：“凡以神仕者，掌三辰之法。”郑氏注：“日月星辰。”贾公彦疏：“三辰不言天者，天体无形，人所不睹，惟睹三辰。”又，《说文》：“辰，震也，三月阳气动。”《说卦传》曰：“震，动也。”丙辰，谓日月星辰炳明，而动于天。天为大，故曰丙辰丰。《彖》曰：“丰，大也，明以动，故丰。”

丁巳旅 《说文》："丁，夏时万物皆丁实，凡丁之属，皆从丁。"丁实，徐锴本作丁壮成实。《释名》："丁，壮也，物体皆丁壮也。"故称成年男女，为丁男丁女。《史记·主父偃传》："丁男被甲，丁女转输。"《项羽本纪》曰："丁壮若军旅。"《金文编》曰："《广雅·释言》：子、巳，似也。"甲骨文巳，亦写作子，巳、子混用，皆象人形。故丁巳旅，即丁壮之人众为旅。旅，为众，为军旅。又，丁属夏属火；巳为纯阳为盛。丁巳，火盛，有烽火军旅之象。

戊午巽 《说文》："戊，中宫也。"宫，土。《白虎通·五行》："木非土不生，火非土不荣，金非土不成，水无土不高，土扶微助衰，历成其道。"戊为土，土生万物。《说文》："午，五月，阴气午逆阳，冒地而出。"徐锴曰："人为阳，一为地，丨为阴气贯地，午逆阳也。五月，阳极而阴生。"又，《五行》曰："五月谓之蕤宾何？蕤者下也，宾者敬也，言阳气上极，阴气始宾敬之也。"是戊，为土为生；午，为一阴始生于下，戊午，为生阴于下，于《易》为巽，故曰戊午巽。

己未兑 《礼记·月令》："其日戊己。"郑氏注："己之言起也。"《论语·八佾》："子曰：起予者商也。"邢昺疏："起，发也。"《小雅·采薇》："不遑启居。"启居犹起居，起、启通假。《说文》："未，木老于未，象木重枝叶也。"《字源》："未字，是树木枝叶，重迭的象形，就是昧的本字，有幽昧、暗昧等的意思。"未，木郁郁而昧。《释名》："未，昧也。日中则昃，向幽昧也。"己为起为启，未为昧为暗，是己未犹启迪暗昧。启昧须兑通，故《象》曰："丽泽，兑，君子与朋友讲习。"

庚申涣 《说文》："庚，位西方。"《礼记·月令》："孟秋之月，其日庚辛。"伏羲八卦方位，离东坎西。庚位西方，为坎，坎为水。地势西北高，东南低，水由西向东，如坎卦卦象所示。《盐铁论》："秋生冬死，故水生于申。"庚申均在秋，皆为水生之时。《说文》："申，神也，七月，阴气成体，自申束。"《论衡·论死》："神者，伸也。伸复无已，终而复始。"七月，三阴成坤体，庚申为水，申又为伸，故庚申为水伸，为水伸流开去，为涣。《说文》："涣，散流也。"

辛酉节 《礼记·月令》："孟秋之月，其日庚辛。"《说文》桂馥义证："辛与庚，同位西方。"西方，水所由出。伏羲八卦方位，乾南坤北，离东坎西。西方为坎，坎为水，是辛亦水。《大戴礼记·曾子天圆篇》："阴阳之气，偏则风，和则雨。"辛位孟秋之月，阴阳之气和，为雨为水。《说文》："古文酉，从卯。卯为春门，万物已出。酉为秋门，万物已入。一，闭门象也。"按，辛为水，酉有关闭之象，水而关闭，为节止节制，为节。

壬戌中孚 《礼记·月令》："孟冬之月，其日壬癸。"郑氏注："壬之言任也，时万物怀任于下，揆然萌牙。”《史记·律书》：“壬之为言任也，言阳气任养万物于下也。”《汉书·律历志》：“怀任于壬。”《说文》：“戌，九月阳气微，万物毕成，阳下入地也，五行土生于戊，盛于戌，从戊含一。”段玉裁注：“戊者，中宫，亦土也；一者，一阳也。戊中含一，会意也。”壬为妊，戌为中土含阳，壬戌，为妊阳实于中，为中孚。《说文》：“孚，一曰信也。”是怀妊信实，于心之中，为中孚。

癸亥小过 《说文》：“癸，冬时水土平，可揆度也。”癸、揆声近为训。《释名》：“癸，揆也，揆度而生，乃出之也。”《鄘风·定之方中》：“揆之以日。”毛传：“揆，度也。”《左传》昭公二十八年：“心能制义曰度。”服虔注：“言善揆度事也。”又，《说文》：“亥，荄也，十月，微阳起接盛阴。”徐锴系传：“十月，坤之上六，阴极阳将生也。”段玉裁注：“许云荄也者，荄，根也，阳气根于下也。”阴为小，小过，即谓十月，阴气已尽出过，阳气揆度，而根生于下，为癸亥小过。

附：《周易》与几个干支纪事

甲子屯：利建侯，宜建侯而不宁。	《周书·牧誓》：时甲子昧爽，王朝至于商郊牧野。
乙丑蒙：匪我求童蒙，童蒙求我。	《商书·伊训》：乙丑，伊尹以训于王。
戊辰师：能以众正，可以王矣。	《逸周书·世俘解》：戊辰，武王载木主而征。
甲戌同人：同人于野，利涉大川。	《周书·费誓》：甲戌，我（鲁）惟征徐戎。
辛卯离：日月丽乎天。	《竹书纪年·周武王》：十二年辛卯，王率西夷于坶野。
乙未大壮：利贞，大者壮。	《逸周书·世俘解》：维四月乙未，武王成辟。
庚戌革：汤、武革命	《通鑑·外纪》：汤元年庚戌。 《周书·武成》：越三日庚戌，大告武成。
辛亥鼎：圣人烹以享上帝。	《逸周书·世俘解》：辛亥，荐俘殷王鼎，武王告天宗 上帝。
丁巳旅：旅贞吉。	《世俘解》：若翼日丁巳，王乃步

戊午巽：重巽以申命

自于周，征伐商王纣。

《周书·泰誓》：一月戊午，师渡孟津，作《泰誓》三篇。

第一卦　天

☰ 乾上
☰ 乾下

乾，元亨，利贞。

〔译〕　乾，大亨通，利于正。

《彖》曰：“大哉乾元，万物资始，乃统天。云行雨施，品物流形。大明终始，六位时成，时乘六龙以御天。乾道变化，各正性命，保合太和，乃利贞。首出庶物，万国咸宁。”

《象》曰：“天行健，君子以自强不息。”

《文言》曰：“元者，善之长也。亨者，嘉之会也。利者，义之和也。贞者，事之干也。君子体仁，足以长人；嘉会，足以合礼；利物，足以和义；贞固，足以干事。君子行此四德者，故曰：乾，元亨利贞。”又曰，“乾元者，始而亨者也；利贞者，性情也。乾始能以美利利天下，不言所利，大矣哉！大哉乾乎！刚健中正，纯粹精也。六爻发挥，旁通情也。时乘六龙，以御天也。云行雨施，天下平也。”

〔证〕

乾下乾上　《黄帝素问·阴阳应象大论》：“积阳为天，积阴为地。”《系辞传》曰：“天下之动，贞夫一者也。”虞翻曰：“一，谓乾元，万物之动各资天。一，阳气以生，故天下之动，贞夫一者也。”又，《系辞传》曰：“天一地二”，“成象之谓乾”。三爻成象，故三阳为单卦乾，即八卦之一；六阳为重卦乾，即六十四卦之一。朱熹《周易本义》曰：“乾字，三画卦之名也。下者，内卦也；上者，外卦也。经文乾字，六画卦之名也。伏羲仰观俯察，见阴阳有奇耦之数，故画一奇以象阳，画一耦以象阴。见一阴一阳，有各生一阴一阳之象，故自下而上，再倍而三，以成八卦。见阳之性健，而其成形之大者为天，故三奇之卦，名之曰乾，而拟之于天也。三画已具，八卦已成，则又三倍其画，以成六画。而于八卦之上，各加八卦，以成六十四卦也。此卦六画皆奇，上下皆乾，则阳之纯，而健之至也。故乾之名，天之象，皆不易焉。”

《虞书·舜典》：“在璇玑玉衡，以齐七政。”孔氏传：“在，察也；璇，美玉；玑衡，王者正天文之器，可运转者；七政，日月五星各异政。舜察天文，齐七政，以审己当天心与否。”《正义》曰：“《易》贲卦《彖》云：观乎天文，以察时变。日月星宿，运行于天，是为天之文也。玑衡者，玑为转运，衡为横箫。运玑使动于下，以衡望之，是王者正天文之器。汉世以来，谓之浑天仪者，是也。马融云；浑天仪可旋转，故曰玑衡。其横萧，所以视星宿也。以璇为玑，以玉为衡，盖贵天象也。蔡邕云：玉衡长八尺，孔径一寸。下端望之，以视星辰，盖悬玑以象天。而衡望之，转玑窥衡，以知星宿，是其说也。蔡邕《天文志》云：言天体者有三家，一曰周髀，二曰宣夜，三曰浑天。宣夜，绝无师说。周髀，术数具在，考验天象，多所违失，故史官不用。惟浑天者，近得其情，今史所用候台铜仪，则其法也。虞喜云：宣，明也；夜，幽也。幽明之数，其术兼之，故曰宣夜。但绝无师说，不知其状如何。周髀之术，以为天似覆盆，盖以斗极为中，中高而四边下，日月旁行绕之。日近而见之，为昼；日远而不见，为夜。浑天者，以为地在其中，天周其外。日月初登于天，后入于地。昼则日在地上，夜则日入地下。王蕃《浑天说》曰：天之形状似鸟卵，天包地外，犹卵之裹黄，圆如弹丸，故曰浑天，言其形体浑浑然也。其术，以为天半覆地上，半在地下，其天居地上，见有一百八十二度半强，地下亦然。北极出地上三十六度，南极入地下亦三十六度。而嵩高正当天之中，极南五十五度。当嵩高之上，又其南十二度，为夏至之日道；又其南二十四度，为春秋分之日道；又其南二十四度，为冬至之日道，南下去地三十一度而已。是夏至日，北去极六十七度；春秋分，去极九十一度；冬至，去极一百一十五度。此其大率也。其南北极，持其两端。其天与日月星宿，斜而迴转。此必古有其法，遭秦而灭。”

《吕氏春秋·圜道》曰：“天道圜，地道方。圣王法之，所以立上下。何以说天道之圜也？精气一上一下，圜周复杂（匝），无所稽留，故曰天道圜。何以说地道之方也？万物殊类殊形，皆有分职，不能相为，故曰地道方。主执圜，臣处方，方圜不易，其国乃昌。日夜一周，圜道也。月躔二十八宿，轸与角属，圜道也。精行四时，一上一下，各与遇，圜道也。物动则萌，萌而生，生而长，长而大，大而成，成乃衰，衰乃杀，杀乃藏，圜道也。云气西行，云云然，冬夏不辍；水泉东流，日夜不休。上不竭，下不满，小为大，重为轻，圜道也。黄帝曰：帝无常处也，有处者乃无处也。圣王法之，以令其性，以定其正，以出号令。令出于主口，官职受而行之，日夜不休，宣通下究，瀸于民心，遂于四方，还周复归，至于主所，圜道也。令圜，则可不可，善不善，无所壅矣。”

《大戴礼记·曾子天圆》曰：“单居离问于曾子曰：天员而地方者，诚有之乎？曾子曰：离，而问之云乎？单居离曰：弟子不察，此以敢问也。曾子曰：天之所生上首，地之所生下首。上首之谓员，下首之谓方。如诚天圆而地方，则是四角之不掩也。且来，吾语汝。参尝闻之夫子曰：天道曰圆，地道曰方。方曰幽，而圆曰明。”注：“人首圆足方，因系之天地。因谓天地为方圆也。《周髀》曰：方属地，圆属天，天圆地方也。《淮南子》曰：天之员不中规，地之方不中矩。《白虎通》曰：天，镇也，其道曰圆；地，谛也，其道曰方。一曰圆谓水也。方者阴义，而圆者阳理，故以明天地也。”由浑天如鸟卵，到天为圜圆，皆谓天为圆形，并周旋不止。

《说文》：“大，象人形。”段玉裁注：“大，文则首足皆具，而可以参天地，是为大。”按，《甲骨文编》，收大字五十五字，皆正面站立之人象。又，大上有圆圈或近乎圆圈者，有七字，是为前期之天字。其义，盖谓人头之上为天，天形大率似圆。或谓此为人之头，表顶上为天。然大字已有头，不宜头上有头，应是头上有天，大上之圈为天之形。又有在大字上，著一实体圆者，此圆点盖为浑天之象。《说文》：“天，颠也，至高无上。从一大。”段玉裁注：“至高无上，是其大无有二也，故从一大，于六书为会意。凡会意，合二字以成语，如一大（天），人言（信），止戈（武），皆是。”按，天为至高无上，是以为颠。从一大，即是从天大，一为阳，阳为天。《中庸》：“峻极于天。”又，《易乾凿度》：“一大之物曰天。”《春秋说题辞》：“居高理下，为人经纬，故其立字，一大为天。”皆谓一为天之本义，是一由圜圆演变省简而来，甲骨文已有以一代天圆者。

赵诚《卜辞分类读本》：“⌒，下，或作=。上面的长画，表示某一个中线；下面的短画，为指示符号，以表示空间的下。和上（◡）字一样，是一个指事字。如习见的⌒◡若，和⌒◡弗若，说的是下上允诺，和下上不允诺。对于王的行动，如作邑、出征，谁有允诺之权呢？只有上天的帝、神、祖，和在地上的各种神。”又，“◡，上，或作二。下面的长画，表示某一个中线；上面的短画，为指示符号，以表示空间的上。引伸指天上。商人认为，上帝和某些自然神，住在上，先祖去世之后的灵魂，也升到天上。”既然短画为指示符号，长弧则为天，上下则为天上天下之意。

《大雅·桑柔》云：“靡有旅力，以念穹苍。”毛传：“穹苍，苍天。”郑笺：“念天所为下此灾。”《正义》曰：“穹苍，苍天，《释天》文。李巡曰：古时人质，仰视天形，穹隆而高，色苍苍然，故曰穹苍是也。”《诗集传》曰：“穹苍，天也。穹言其形，苍言其色。”徐锴《说文解字系传》：“穹，隆然上高也。”谓中间隆起，四边下垂。人在地上，地在天中，天大地小，视地平线上之天，穹隆然而高，故象半圆之弧︵。如上下二字，表天之弧省作一长横一样，此弧亦省作一长横——，是以为天为阳为一。《说卦传》曰：“乾，为天，为圜。”亦谓乾阳之横线，表天圜之弧线。《易乾坤凿度》云：“昔者庖牺，圣人见万象弗分，卦象位尠，益之以三倍，得内有形，而外有物，内为体，外为事；八八推荡，运造纵横，求索觅源，寻颐究性，而然后成。”又曰：“☰，古文天字，今为乾卦。”是阳爻一横象天，益之以三倍，成为八卦之乾，八八推荡，成为六十四卦之乾。

《易乾凿度》曰：“乾为天门，圣人画乾为天门。万灵朝会，众生成。其势高远，重三三而九。”重卦，下为内，上为外。乾卦，乾下乾上。乾为天，下乾为内天，上乾为外天，为天外有天。乾乘乾，即三三而九，是为九天。《群经平议》卷九：“数始于一，而极于九，至十则复为一矣。故古人之词，凡言多之数，必曰九。”《述学·释三九上》：“凡一二所不能尽者，则约之以三，以见其多；三之所不能尽者，则约之以九，以见其极多。”《小雅·鹤鸣》：“鹤鸣于九皋，声闻于野。”郑笺：“皋，泽中水溢出所为坎，自外数至九，喻深远也。”《周易》，凡阳皆称九，以其乾阳为天，天广袤高远，故以九言其大。《易乾凿度》曰：“九为阳德之数，亦为天德。天德兼坤数之成也，成而后有九。”天大地小，天为九，地为六，九含六，是天德兼坤数之成而为九。

《楚辞·离骚》：“指九天以为正兮，夫唯灵修之故也。”王逸注：“九天，谓中央八方也。”五臣云：“九，阳数，谓天也。”洪兴祖补注：“《淮南子》：九天，中央钧天，东方苍天，东北变天，北方玄天，西北幽天，西方昊天，西南朱天，南方炎天，东南阳天。又《广雅》：九天，东方皞天，南方赤天，西方成天。余同。”《天问》曰：“阴阳三合，何本何化？圜则九重，孰营度之？惟兹何功，孰初作之？”又曰，“九天之际，安放安属？隅隈多有，谁知其数？”补注：“《天对》云：合焉者三，一以统同。吁炎吹冷，交错而功。引《谷梁子》云：独阴不生，独阳不生，独天不生，三合而后生。圜，与圆同。《说文》曰：天体也。《易》曰：乾元用九，乃见天则。《天对》曰：无营以成，沓阳而九。运𫛞浑沦，蒙以圜号。积阳为天，九，老阳数。际，边也。传曰：九天之际，曰九垠；九天之外，曰九陔。《淮南》曰：天有九野。注云：九野，九天之野。”是皆谓天高广浑圆，九为阳数之极，故谓九天。

朱熹《楚辞集注》：“右三章六问，今答之曰：或问乎邵子曰：天何依？曰：依乎地。地何附？曰：附乎天。天地何所依附？曰：自相依附。天依形，地附气。其形也有涯，其气也无涯。详味此言，屈子所问，昭然若发矇矣。但天之形，圆如弹丸，朝夜运转。其南北两端，后高前下，乃其枢轴不动之外。其运转者，亦无形质，但如劲风之旋。当昼，则自左旋而向右；向夕，则自前降而归后；当夜，则自右转而复左；将旦，则自后升而趋前。旋转无穷，升降不息，是为天体，而实非有体也。其曰九重，则自地之外，气之旋转，益远益大，益清益刚，究阳之数，而至于九。”朱子所言近似，在地上看来，天不仅浑圆高远，而且昼夜运旋，是以阳数九，并阴阳对转。乾卦，乾下乾上，天外有天，即九天之意。其爻，由初九，而九二，而九三，而九四，而九五，而上九，而用九，是乾天旋转不息之象。

乾　《说文》：“乾，上出也。从乙，乙，物之达也，倝声。”段玉裁注：“此乾字本义也。自有文字以后，乃用为卦名，而孔子释之曰健也。健之义，生于上出。上出为乾，下注则为湿。故乾与湿相对，俗别其音，古无是也。倝者，日始出，光倝倝也。然则形象中有会意焉。”按《说文》及段注，乾当为日上出之象。日上出为晋卦，为坤下离上。乾卦，乾下乾上，是与解释不类。《说文》：“朝，旦也。从倝，舟声。”林光义《文源》曰：“不从倝，亦不从舟，象日在艸中，旁有水形。”罗振玉《增订殷虚书契考释》：“此朝暮之朝字，日已出茻中，而月犹未没，是朝也。古金文省从𠦝，后世篆文从倝，舟声，形失而义晦矣。”又，《说文》：“气，云气也。象形。凡气之属，皆从气。”段玉裁注：“气氣古今字。气本云气，引伸为凡气之称。又省作乞。”是乾，左为朝之省，即金文𠦝；右为气之省，即乞：为朝气合文，朝气即阳气，为会意字。

于省吾《卜辞求义》曰：“气字，初文作☰，降及周代，以其与上下合文，及纪数三字易掍，上画弯曲作☰，又上下画均曲作气，以资识别。”约斋《字源》曰：“☰，这是三字的中心一画短一些，以为云气层叠，而中虚的象形。后人怕跟三字分不清，在上画加了一曲，或是上下画都加一曲，以成气字。省一画就是乞字。”赵诚《卜辞分类读本》曰：“☰，气。现在写作乞。隶定作气，俗字写作乞。”《河图·叶光篇》云：“元气阖阳为天。”《素问》云：“积阳为天，故天者清阳也。”《易乾凿度》云：“清轻者上为天。”《物理论》云：“水土之气，升而为天。”故古之人，以阳气为天。《易乾凿度》曰：“☰，古文天字，今为乾卦，圣人重☰而成。”是乾即阳气重叠之象，为天。故《说卦传》曰：“乾，为天为圜。”《杂卦传》曰：“乾，刚。”谓乾为阳刚之气。《周易正义》曰：“此乾卦，本以象天，天乃集诸阳气而成。”

元亨　《史记·孔子世家》曰：“孔子晚而喜《易》，序《彖》、《系》、《象》、《说卦》、《文言》。”《系辞传》曰：“彖者，言乎象者也。”“象也者，像也；彖者，材也。”“知者观其彖辞，则思过半矣。”“八卦以象告，爻彖以情言。”皆谓《彖》言一卦之义。《说文》：“彖，豕也。从彑从豕。”桂馥《说文解字义证》：“豕也者，《居易录》：彖似犀而角小，知吉凶，耳大如掌，目常含笑。生于两粤：东曰茅犀，西曰猪神，遇之则吉。”盖《周易》取其义，以之为传名。故《彖》言卦象吉凶，《象》言卦之可像。然仁者见之谓之仁，知者见之谓之知，见仁见知，各尽其用，而不相同。《彖》与《象》，同属一卦，相对相成，辩证之义。学者以《象》独卦象，此其大谬，几千年来，误人不浅。又，《周易正义》引庄氏曰：“文谓文饰，以乾、坤德大，故特文饰，以为文言。”是《文言》为乾、坤所特有之传。

《彖》曰：“大哉乾元，万物资始，乃统天。”《广雅·释诂》曰：“乾、元，天也。”《周书·多士》：“厥惟废元命，降致罚。”孔氏传：“其惟废其天命，下致天罚。”元命为天命，是元为天。《礼记·礼统》曰：“天地者，元气之所生，万物之祖也。”张衡《灵宪》曰：“太素之前，幽清寂寞，不可为象。惟虚惟无，盖道之根也。道根既建，由无生有，太素始萌。萌而示兆，斯谓庞洪，盖道之榦也。道榦既育，万物成体，于是刚柔始分，清浊异位。天成于外而体阳，故圆以动，斯谓天元。道之实也，天有元位。”天元合辞。《楚辞·守志》云：“随真人兮翱翔，食元气兮长存。”注：“真，仙人也；元气，天气。”《淮南子·原道训》曰：“执元德于心，而化驰若神。”注：“元，天也。”《云笈七签》卷二十：“出驾八景，浮游太元。”康有为《大同书》甲部第一章：“虽形有大小，而其分浩气于太元，挹涓滴于大海，无以异也。”太元，犹太空，元亦天。《精蕴》：“天地之大德，所以生生者也。元字，从二从人。仁字从人。从二，在天为元；在人为仁；在人身则为体之长。”在天为元，是元谓天，乾元，谓乾天。又，太玄，或谓太元。玄谓天，是元亦谓天，是以乾元为乾天。

甲金文之元，从二，从人。二为上字，人头顶上为天。元，本为天。又，《老子》曰：“天大地大，王亦大。”天为大，即谓元为大。又，《说文》：“元，始也。”《尔雅·释诂》：“元，始也。”子夏传曰：“元，始也。”《九家易》注：“元者，气之始也。”《系辞传》曰：“乾知大始，坤作成物。”《系辞传》又曰：“成象之谓乾，效法之谓坤。”“天一地二。”亦谓乾元为始。以其乾元为天，天为大为始，故《彖》曰：“大哉乾元，万物资始，乃统天。”是元为天，引申为大为始。

朱骏声《说文通训定声》曰：“亨，献也。从高省，象进熟肉形。《孝经》曰：祭则鬼享之。今隶作享作亨。”又曰：“又，《广雅诂一》：亨，通也。《易·乾》：元亨利贞。子夏传：“亨，通也。《左襄九传》：亨，嘉之会也。《昭四传》：以亨神人。注：通也。《晋语》：众而顺，嘉也，故曰亨。按，献其诚，达之，则无不顺嘉，故亦曰享，字作亨。”《彖》曰：“大哉乾元，万物资始，乃统天。”乾阳资始万物，而统天道，是以为亨通。故《文言》曰：“乾元者，始而亨者也。”《六十四卦经解》曰：“阳称大，乾纯阳，众卦所生，天之象也。元者，气之始也，分六十四卦，万有一千五百二十策，皆受始于乾策，犹万物之生禀于天。资，取也。统，本也。乾德统继天道，与天合化也。”是以，乾为亨通，通天地万物，使之化生。

《彖》曰：“云行雨施，品物流形。”孙星衍《周易集注》引庄氏曰：“此二句释亨之德也。言乾能用天之德，使云气流行，雨泽施布，故品类之物，流布成形，各得亨通，无所壅蔽，是其亨也。”胡朴安《周易古史观》曰：“云行雨施，品物流形者，云行，天行云也；雨施，天施雨也；品物，万品之物也；流形，万物生育也。天之元而为亨。云气流行，雨泽施布，万品之物，得云雨之行施而生育。此言天之亨也。”屯卦，震下坎上。震为雷为云，坎为水为雨，震下坎上，为云行雨施。《彖》曰：“屯，刚柔始交而难生，动乎险中大亨贞，雷雨之动满盈，天造草昧，宜建侯而不宁。”又，解卦，坎下震上。坎为水为雨，震为雷为云。坎下震上，为云行雨施。《彖》曰："天地解而雷雨作，雷雨作而百果草木皆甲坼，解之时大矣哉。"又，泰卦，乾下坤上。乾为阳为大，坤为阴为小。《彖》曰："泰，小往大来，吉亨。则是天地交而万物通也。"以上，皆乾元为万物资始，所得亨通之例。

《彖》曰："大明终始，六位时成，时乘六龙以御天。"李鼎祚《周易集解》引侯果曰："大明，日也。"朱骏声《六十四卦经解》："大明，日也。"晋卦，坤下离上。《彖》曰："晋，进也。明出地上，顺而丽乎大明。"胡朴安《周易古史观》曰："如日出地上，而大明也。"坤为地，离为日，日出地上，为顺而丽乎大明，是大明谓日。《诗》有《大明》、《小明》。其《序》曰："《大明》，文王有明德，故天复命武王也。""《小明》，大夫悔仕于乱世也。"是大明谓日，日以喻君；小明谓月，月以喻臣。《礼记·礼器》曰："大明升于东，月生于西。"郑氏传："大明，日也。"白居易《为宰相贺赦表》曰："大明升而六合晓，一气熏而万物春。"文天祥《发陵州》诗云："大明朝东出，皎月正在天。"是皆谓大明为日。又，既济卦和未济卦，为昼夜之卦。既济，离下坎上。离为日，坎为月。日在月下，为夜。初九曰："曳其轮，濡其尾。"此为太阳落下，为大明之终。未既，坎下离上。日在月上，为昼。九四曰："贞吉，悔亡，震用伐鬼方。"此为太阳升起，为大明之始。

一昼夜，分十二时辰：子时，十一点钟至一点钟，为夜半；丑时，一点钟至三点钟，为鸡鸣；寅时，三点钟至五点钟，为平旦；卯时，五点钟至七点钟，为日出；辰时，七点钟至九点钟，为食时；巳时，九点钟至十一点钟，为隅中；午时，十一点钟至一点钟，为日中；未时，一点钟至三点钟，为日昳；申时，三点钟至五点钟，为晡时；酉时，五点钟至七点钟，为日入；戌时，七点钟至九点钟，为黄昏；亥时，九点钟至十一点钟，为人定。从卯时日出，至酉时日入，中经六个时辰，是谓六位时成。《说文》云："卯，象开门之形。""酉，一闭门象也。"日出开门而作，日入闭门而息，正是昼间六个时辰。日复一日，终而又始，谓之终始；日复一日，始而又终，谓之六位时成。阳为昼，阴为夜。乾卦六阳，代表昼间六时；坤卦六阴，代表夜间六时，阳爻为龙，故曰时乘六龙以御天。御天，谓驾御过天。以上，是为元亨。

利贞　《甲骨文合集》（一一四八五版）："癸未卜，争贞：旬亡祸？"争贞，争问事之正。《商书·太甲下》："一人元良，万邦以贞。"孔氏传："贞，正也。一人，天子。天子有大善，则天下得其正。"是以，利贞即利正。《彖》曰："乾道变化，各正性命，保合太和，乃利贞。"朱熹曰："变者，化之渐；化者，变之成。物所受为性，天所赋为命。太和，阴阳会合、冲和之气也。各正者，得于有生之初。保合者，全于已生之后。

此言乾道变化，无所不利，而万物各得其性命以自全，以释利贞之义也。”阳为正，乾卦六爻皆阳，阳气用事，是以谓之利正。

按十二消息卦，子，一阳生；丑，二阳生，寅，三阳生；卯，四阳生；辰，五阳生；巳，六阳生。《说文》曰：“子，十一月，阳气动，万物滋，人以为称，象形。”“丑，纽也。十二月，万物动用事。象手之形，时加丑，亦举手时也。”“寅，髌也。正月，阳气动，去黄泉欲上出。阴尚强，象宀不达髌寅于下也。”“卯，冒也。二月，万物冒地而出。象开门之形，故二月为天门。”“辰，震也。三月，阳气动，雷电，振民农时也。物皆生。从乙匕，匕象芒达。厂声。辰，房星，天时也。从二，二，古文上字。”“巳，已也。四月，阳气已出，阴气已藏，万物见，成文章。故巳为蛇，象形。”段玉裁注：“巳不可象也，故以蛇象之，蛇长而冤曲垂尾。其字象蛇，则象阳已出，阴已藏矣。”按蛇、龙相象。四月，六阳已出，是以如龙，首尾屈曲而回护。由十一月一阳生，至四月六阳生，万物见成文章，谓乾道变化，各正性命。阳起而逆阴，阴阳相交，为保合太和，为利于正道。

乾道有生有消。《说文》曰：“午，啎也。五月，阴气午逆阳，冒地而出。”乾知大始，坤作成物，阴生阳消，以成万物。“未，味也。六月，滋味也。五行木老于未，象木重枝叶也。”未，物成有滋味。“申，神也。七月，阴气成体，自申束。从臼，自持也。吏以餔时听事，申旦政也。”申，物皆成其体，各申束之，使其备成。“酉，就也。八月，黍成。可为酎酒，象古文酉之形。”古文酉为秋门，万物已入，一闭门象。“戌，灭也。九月，阳气微，万物毕成，阳下入地也。五行土生于戊，盛于戌，从戊含一。”一为阳，谓阳入土中。物以春生，夏长，秋收，冬藏，阳之生消，与时偕行，以成其类，是以乾道变化，乃利正。

《彖》曰：“首出庶物，万国咸宁。”首出庶物，谓乾为元亨利贞；万国咸宁，则是谓君。前者言自然，后者言人事。天能首出万物，天子可使万国咸宁。故《说卦传》曰：“乾为天，为君。”程氏传：“天为万物之祖，王为万邦之宗。乾道首出庶物而万彙亨，君道尊临天位而四海从。王者体天之道，则万国咸宁也。”《大雅·文王》：“上天之载，无声无臭。仪刑文王，万邦作孚。”《诗集传》曰：“《子思子》曰：维天之命，于穆不已，盖曰天之所以为天也。于乎不显，文王之德之纯，盖曰文王之所以为文也，纯亦不已。夫知天之所以为天，又知文王之所以为文，则夫与天同德者，可得而言矣。”是首出庶物，万国咸宁，亦王与天同德，则可万国皆得安宁。

《象》曰：“天行健，君子以自强不息。”蛊卦《彖》曰：“先甲三日，后甲三日，终则有始，天行也。”复卦《象》曰：“反复其道，七日来复，天行也。”《尔雅·释宫》：“行，道也。”《尔雅·义疏》：“行者，《诗》行露、周行之类。传、笺并训道。《书》云日月之行，即日月之道也。《诗》云有夷之行，即有夷之道也。本以行道为行，因而道亦为行也。”《国语·晋语》：“岁在大梁，将集天行。”韦昭注：“集，成也；行，道也。”又，坤卦《象》曰：“地势坤，君子以厚德载物。”《玉篇》：“势，形势也。”是天为道，地为形，天道健与地形坤，即动静相对。《周易正义》曰：“天行健者，行者，运行之称；健者，强壮之名，乾是众健之训。今大象不取余健为释，偏说天者，万物壮健皆有衰怠，唯天运动，日过一度，盖运转混没，未曾休息，故云天行健。健是乾之训也。”又，《字彙》曰：“健，亢也，强也，有力也，不倦也。”是天行健，即谓天道运行不倦。

《白虎通·天地》曰：“天道所以左旋，地道右周何？以为天地动而不别，行而不离，所以左旋。右周者，犹君臣阴阳，相对之义也。”《文选》注引《元命苞》云：“天左旋，地右动。”又，《白虎通·日月》：“天左旋，日月五星右行何？日月五星，比天为阴，故右行。右行者，犹臣对君也。《含文嘉》曰：计日月右行也。《刑德放》曰：日月东行。”疏证：“《书·洪范》云：日月之行，则有冬有夏。《占经》引《黄帝占》曰：两角之间，三光之道也。南三度太阳道，北三度太阴道，日月五星出入中道，天下太平。出阳多旱，出阴多雨。是日月五星同行也。凡二十八宿及诸星，皆循天左行，一日一夜一周天，一周天之外，更行一度，计一年三百六十五周天，四分度之一。故《汉书·律历志》：冬至之时，日在牵年初度；春分，日在娄四度；夏至，日在东井三十一度；秋分，日在角十度。是也。日月五星则右行：日一日一度，月一日十三度，十九分度之七，其五星迟速之数，具见《律历志》。天左旋，日月五星右旋，是相对为行，故如臣对君。”天左旋，日月五星右旋，周而复始，无有懈怠，是以谓天行健。

《系辞传》曰：“象也者，像此者也。”虞翻曰：“成象之谓乾，谓圣人则天之象，分为三材也。”朱熹曰：“所以效而象之。”天道既然周旋不止，故君子效之，自强不息。虞翻曰：“天一日一夜，过周一度，故自强不息。《老子》曰：自胜者强。”干宝曰：“言君子通之于贤也。凡勉强以德，不必须在位也。故尧舜一日万机，文王日昃不暇食，仲尼终夜不寝，颜子欲罢不能，自此以下，莫敢淫心舍力，故曰自强不息矣。”《正义》曰：“此以人事法天所行，言君子之人，用此卦象，自强勉力，不有止息。”程氏传：“君子以自强不息，法天行之健也。”朱熹曰：“但言天行，则见其一日一周，而明日又一周。若重复之象，非至健不能也。君子法之，不以人欲害其天德之刚，则自强而不息矣。”按《中论·治学篇》：“志者，学之师也；才者，学之徒也。学者不患才之不赡，而患志之不立。是以为之者亿兆，而成之者无几，故君子必立其志。《易》曰：君子以自强不息。”以，因此之意。

初九，潜龙勿用

〔译〕 初九，潜伏之龙，不用于世。

《象》曰：“潜龙勿用，阳在下也。”

《文言》曰：“初九曰：潜龙勿用。何谓也？子曰：龙德而隐者也。不易乎世，不成乎名；遁世无闷，不见是而无闷；乐则行之，忧则违之：确乎其不可拔，潜龙也。”又曰，“潜龙勿用，下也。”“潜龙勿用，阳气潜藏。”“君子以成德为行，日可见之行也。潜之为言也，隐而未见，行而未成，是以君子弗用也。”

〔证〕

初九 《尔雅·释诂》：“初，始也。”《说文》：“初，始也。从刀从衣，裁衣之始也。”段玉裁注：“衣部曰：裁制衣也，制衣以针，用刀则为制之始，引伸为凡始之称。此说从刀、衣之意。”桂馥义证：“《夏小正传》：初者，始也。《春秋》隐五年：初献六羽。《谷梁传》：初，始也。《公羊传》：初者何？始也。王注《楚词》：初，始也。张揖《上广雅表》：《春秋元命苞》言：子夏问：夫子作《春秋》，不以初、哉、首、基为始何？《六书故》：木始斤斫，新之义也；衣始裁制，初之义也。”以上皆以初为始。然，有始则有终，《易》无始终，而阴阳轮回，既济之后，又是未济，天地日月皆运转，永无休止，故不称始而称初，以免误上为终。

《礼记·礼运》曰：“故天秉阳垂日星，地秉阴窍于山川。播五行于四时，和而后月生也。是以三五而盈，三五而缺。五行之动，迭相竭也。五行、四时、十二月，还相为本也；五声、六律、十二管，还相为宫也；五味、六和、十二食，还相为滑也；五色，六章、十二衣，还相为质也。”《释文》：“还，音旋。”还相为本，还相为宫，还相为滑，还相为质，是无始无终之象。《礼运》曰：“故圣人作则，必以天地为本，以阴阳为端，以四时为柄，以日星为纪，月以为量。以天地为本，故物可举也；以阴阳为端，故情可睹也；以四时为柄，故事可劝也；以日星为纪，故事可列也；月以为量，故功有艺也。”故《易》六阴六阳，以阴阳为端，效六与十二之律旋，谓初与上，不言始终。

泰卦，乾下坤上。卦辞曰：“小往大来。”小谓阴，往谓上往；大谓阳，来谓下来。否卦，坤下乾上。卦辞曰：“大往小来。”大谓阳，往谓上往；小谓阴，来谓下来。上往为消，下来为息。泰卦为正月卦，阳气生息，阴气消退。否卦为七月卦，阴气生息，阳气消退。如此反复，是以无有始与终，只有初与上。复卦，震下坤上。卦辞曰：“反复其道，七日来复。"《彖》曰："反复其道，七日来复，天行也。"天行，谓阳变阴，阴变阳，至第七次，则又复于初，运转无有终始。又，复卦谓一阳来复于初，为十一月卦，姤卦，巽下乾上。谓一阴来下，姤阳于初，为五月卦。皆经六爻运转，第七次来初，以此循环往复，无有始终，故称初上。天为阳气，为九天之气，初九，即九天之初。又，气由初生而升上，事由初级而高级，即由低微而渐显著，故《易》之一爻与六爻，称初与上。《易乾凿度》："《易》气从下生。"郑氏注："《易》本无形，自微及著，故气从下生，以下爻为始也。"按，为始，应为初。

潜龙勿用　《说文》："龙，鳞虫之长，能幽能明，能细能巨，能短能长，春分而登天，秋分而潜渊。从肉飞之形，童省声。凡龙之属，皆从龙。"《管子・水地》："龙生于水，被五色而游，故神。欲小则化如蚕蠋，欲大则藏于天下，欲上则凌于云气，欲下则入于深泉，变化无日，上下无时，谓之神。"《说苑・辨物》："神龙，能为高，能为下；能为大，能为小；能为幽，能为明；能为短，能为长。昭乎其高也，渊乎其下也；薄乎天光，高乎其著也。一有一亡，忽微哉，斐然成章。虚无则精以知，动作则灵以化。于戏，允哉！君子辟神也。"《扬子法言・问神》："或曰：龙必欲飞乎天乎？曰：时飞则飞，时潜则潜，既飞且潜，食其不妄，形其不可得而制也欤。"

又，《贾谊新书・容经》："龙也者，人主之辟也。亢龙往而不返，故《易》曰有悔。悔者，凶也。潜龙入而不能出，故曰勿用。"《后汉书・张衡传》："夫玄龙，迎夏则陵云而奋鳞，乐时也；涉冬则淈泥而潜蟠，避害也。"傅元《龙赞》："丽哉！神龙。诞应阳精，潜景九渊，飞曜天庭，屈伸从时，变化无形，偃伏汙泥，上凌太清。"刘琬《神龙赋》："大哉，龙之为德。变化屈伸，隐则黄泉，出则升云。"《易乾坤凿度》曰："乾为龙，纯颢气，气若龙。"综上，龙为天阳所生之物。《彖》曰："时乘六龙以御天。"是龙随天伏仰，与时沉浮。《系辞传》曰："天生神物，圣人则之；天地变化，圣人效之；天垂象见吉凶，圣人象之。"《子夏传》曰："龙所以象阳也。"马融曰："物莫大于龙，故借龙以喻天之阳气也。初九建子之月，阳气始动于黄泉，既未萌芽，犹是潜伏，故曰潜龙也。"《经典释文》曰："龙，阳气及圣人。"按，乾卦之龙，犹坤卦之马。龙为天生之物，马为地生之物；是龙为阳类，马为阴类。

《系辞传》："《易》之为书也，广大悉备。有天道焉，有人道焉，有地道焉，兼三才而两之，故六。六者非它也，三才之道也。"朱熹《周易本义》注："三画已具三才，重之故六，而以上二爻为天，中二爻为人，下二爻为地。"初九，天在地之下，龙喻天，故曰潜龙；天未出地上，故曰勿用，谓其非时。又，龙"春分而登天，秋分而潜渊。"初九在子，为十一月，潜而未登，为潜龙。其时阴气盛在上，阳气弱在下，故曰勿用。

《象》曰："潜龙勿用，阳在下也。"阳在下，谓阳在地下，不是用世之时，故而勿用。《文言》曰："初九，潜龙勿用，何谓也？子曰：龙德而隐者也。不易乎世，不成乎名；遁世无闷，不见是而无闷；乐则行之，忧则违之：确乎其不可拔，潜龙也。"潜龙勿用，谓有龙德而处在下者，坚定不移于世，不求成于名；隐世无烦，人不知而不愠；乐事则行，忧事则不行，其志刚不可拔，为潜龙勿用。《文言》又曰："君子以成德为行，日可见之行也。潜之为言也，隐而未见，行而未成，是以君子弗用也。"《孟子·万章》："人有不为也，而后可以有为。"潜龙勿用，非鸣高避世，君子无为而将有为。君子以成德为行，行而未成，是以君子弗用。沈驎士曰："称龙者，假象也。天地之气，有升有降；君子之德，有行有藏；龙之为物，能飞能潜，故借龙比君子之德也。初九既尚潜伏，故言勿用。"程氏传："乾以龙为象。龙之为物，灵变不测，故以象乾道变化，阳气消息，圣人进退。初九在一卦之下，为始物之端，阳气方萌。圣人侧微，若龙之潜隐，未可自用，当晦养以俟时。"

九二，见龙在田，利见大人。

〔译〕 九二，龙出现在地上，利于大人。

《象》曰："见龙在田，德施普也。"

《文言》曰："九二曰：见龙在田，利见大人。何谓也？子曰：龙德而正中者也。庸言之信，庸行之谨，闲邪存其诚，善世而不伐，德博而化。《易》曰：见龙在田，利见大人，君德也。"又曰，"见龙在田，时舍也。""见龙在田，天下文明。""君子学以聚之，问以辨之，宽以居之，仁以行之。《易》曰：见龙在田，利见大人，君德也。"

〔证〕

见龙在田 朱骏声《说文通训定声》："见，视也。从儿目，会意。按视，知形也。转注，《广雅·释诂四》：见，示也。《易·乾》：见龙在田。注：出潜离隐，故曰见。《礼记·坊记》：不有见焉。注：谓睹其才艺也。《论语》：天下有道则见。皇疏：谓出仕也。《孟子》：修身见于世。注：立也。《汉书·元后传》：故天见戒。《朱买臣传》：少见其绶。《韩信传》：情见力屈。注：显露也。"又曰，"俗字作现。"按《说文》，有见无现，是古借见为现之证。《尔雅·释诂下》："显，见也。"郭璞注："显，明见也。"《释文》曰："见也，贤遍反，注同。"又，"见龙，贤遍反，示也。注及下见龙皆同。"初九谓潜龙，九二谓见龙，潜、见相对，是一为潜隐，一为显现。

《广雅·释地》："田、地，土也。"《玉篇》："田，土也，地也。"《鲁颂·閟宫》："锡之山川，土田附庸。”《周礼·大司徒》注引曰：“锡之山川，土地附庸。”《左传》哀公十二年：“宋祁之间，有隙地焉。”杜注：“隙地，闲田。又，一本作闲地。”《国语·周语下》：“田畴荒芜。”韦注：“谷地为田，麻地为畴。”以田、地、土相通，是见龙在田，即龙出于地之谓。下两爻为地，初九潜龙，谓龙在地下；九二见龙，谓龙在地上。下乾上乾，合为圜天。下乾为圜天之半。九二在半圜之中，是当中天之时。《彖》曰：“时乘六龙以御天。”此当中午之时。《象》曰：“见龙在田，德施普也。”《文言》曰：“见龙在田，天下文明。”皆谓天升至中午，光明普照。

利见大人　《说文》：“利，銛也，刀和然后利。从刀，和省。《易》曰：利者，义之和也。”段玉裁注：“銛者，臿属。引伸为銛利字，銛利引伸为凡利害之利。又引《易》说从和省之意。上云刀和然后利者，本义也；引《易》者，引伸之义也。”又，《说文》：“见，视也。”段注视字曰：“凡我所为，使人见之，亦曰视。《士昏礼》：视诸衿鞶。注曰：视，乃正字，今文作示。俗误行之。《曲视》：童子常视母诳。注曰：视，今之示字。《小雅》：视民不恌。笺云：视，古示字也。按此三字一也。古作视，汉人作示，是为古今字。示下曰：天垂象，见吉凶，所以示人也。许书当本作视人，以叠韵为训，经浅人改之耳。”见，为视；视，为示。《易》之利见大人，即利示大人，示大人以利。见，即天垂象，见吉凶之见，示义。又，本卦九五，及讼卦、蹇卦、萃卦、升卦、巽卦，亦有利见大人，皆为天垂象，见吉凶之例。

《文言》：“九二曰：见龙在田，利见大人。何谓也？子曰：龙德而正中者也。庸言之信，庸行之谨，闲邪存其诚，善世而不伐，德博而化，《易》曰：见龙在田，利见大人，君德也。”九二，在下乾之中，是谓龙德而正中。《荀子·不苟》：“庸言必信之，庸行必慎之。若是，则可谓悫士矣。”又曰，“言无常信，行无常贞，唯利所在，无所不倾，若是，则可谓小人矣。”故注曰：“庸，常也。谓言常信，行常慎。”九二，居位中正，诚心防邪，有益于世而不居功自夸，德行通大而能化物，出潜离隐，不再陆沉，并以阳居中正，乃大人得以用世之象，故曰利见大人。《说卦传》曰：“乾为天，为君。”九二，龙在乾天之中，得时得位，君德之象，故曰利见大人。

孙星衍《周易集解》引《礼记疏》：“孟喜、京房说《易》，有周人五号：帝，天称，一也；王，美称，二也；天子，爵号，三也；大君者，兴盛行异，四也；大人者，圣人德备，五也。”又引《史记索隐》：“向秀曰：圣人在位，谓之大人。”又云：“重卦之时，重于上下两体，故初与四相应，二与五相应，三与上相应矣。上下两体，论天地人各别；但《易》含万象，为例非一；及其六位，则一、二为地道，三、四为人道，五、上为天道。二在一上，是九二处其地上，所由食之处。唯在地上，所以称田也。”又云，“言田之耕稼，利益及于万物，盈满有益于人，犹若圣人，益于万物，故称田也。”朱熹《周易本义》：“二，谓自下而上，第二爻也。后放此。九二，刚健中正，出潛离隐，泽及于物，物所利见，故其象为见龙在田，其占为利见大人。九二，虽未得位，而大人之德已著，常人不足以当之。故值此爻之变者，但为利见此人而已，蓋亦谓在下之大人也。此以爻与占者，相为主宾，自为一例。若有见龙之德，则为利见九五，在上之大人矣。”

《文言》曰：“见龙在田，时舍也。”段玉裁注：“舍可止，引伸之为凡止之称。《论语》：不舍昼夜，谓不放过昼夜也。古音不分上、去，舍、捨二字义相同。”时舍，谓被当时所舍弃。虞翻曰：“二非王位，时暂舍也。”何妥曰：“此夫子洙泗之日，开张业艺，教授门徒，自非通舍，孰能如此。”《文言》又曰：“君子学以聚之，问以辨之，宽以居之，仁以行之。”程氏传：“圣人在下，虽已显而未得位，则进德修业而已。学、聚、问、辨，进德也；宽居、仁行，修业也。”九二得中庸之道，故可以聚，可以辨，可以宽，可以仁。

九三，君子终日乾乾，夕惕若，厉无咎。

〔**译**〕九三，君子终日自强不息，夜晚惧然，故虽危无灾。

《象》曰：“终日乾乾，反复道也。”

《文言》曰：“九三曰：君子终日乾乾，夕惕若，厉无咎。何谓也？子曰：君子进德修业。忠信，所以进德也；修辞立其诚，所以居业也。知至至之，可与几也；知终终之，可与存义也。是故居上位而不骄，在下位而不忧。故乾乾因其时而惕，虽危无咎矣。”又曰，“终日乾乾，行事也。”“终日乾乾，与时偕行。”“九三，重刚而不中，上不在天，下不在田，故乾乾因其时而惕，虽危无咎矣。”

〔**证**〕

君子终日乾乾 《系辞传》曰：“《易》之为书也，广大悉备：有天道焉，有人道焉，有地道焉。”三四为人道，故言君子。郑康成曰：“三于三才为人道，有乾德而在人道，君子之象。”《白虎通·号》云：“或称君子者何？道德之称也。君子为言群也；子者丈夫之通称也。故《孝经》曰：君子之教以孝也，所以敬天下之为人父者也。何以知其通称也？以天子至于民。故《诗》云：恺悌君子，民之父母。《论语》曰：君子哉若人。此谓弟子，弟子者，民也。”《疏证》曰：“《诗》见《泂酌》。毛诗《序》谓为召康公戒成王诗，是谓天子也。《论语》见《公冶长篇》，为孔子称子贱语，是谓弟子，弟子即民。此上举天子，下举民，以见君子为通称也。”按《论语·子路》曰：“君子于其所不知，盖阙如也。”又曰，“故君子名之必可言也，言之必可行也。君子于其言，无所苟而已矣。”是君子为有德才之人。

《说文》段玉裁注：“《广韵》云：终，极也，穷也，竟也。其义皆当作冬。冬者，四时尽也，故引申之义如此。俗分别冬为四时尽，终为极也，穷也，竟也，乃使冬失其引申之义，终失其本义矣。”《周书·多方》：“（夏桀）不克终日劝于帝之迪。”疏：“言不能一日行天道也。”初九、九二、九三，为早、中、晚之象，故九三称终日，即日终。又，《释名·释天》：“天，《易》谓之乾。乾，健也，健行不息也。”《吕氏春秋·士容》：“乾乾乎取舍不悦。”高注：“乾乾，进不倦也。”《汉书·王莽传》：“终日乾乾。”颜师古注：“乾乾，自强之意。”《象》曰：“终日乾乾，反复道也。”谓天整日运行不息，昼夜相接，反复其道。即《文言》所言：“终日乾乾，与时偕行。”君子者，法天地之象，通神明之德，类万物之情，故终日乾乾。大《象》曰：“天行健，君子以自强不息。”即此之谓。

夕惕若　《甲骨文合集》（一一四八五版）：“癸未卜，争贞：旬亡祸？三日乙酉夕，月有食。”三日乙酉夕，月有食，谓第三天乙酉日夜晚，有月食出现。甲骨文整圆为日，半圆为月，中间加点填实。月、夕的原形皆为半圆，皆为月亮；后来月加两点，夕加一点，以示区别。月于夜才见，因此夕亦为夜。《唐风·绸缪》：“绸缪束刍，三星在隅。今夕何夕，见此邂逅。”朱熹《诗集传》：“隅，东南隅也。昏见之星至此，则夜久矣。”夕，为夜。《小雅·頍弁》：“乐酒今夕，君子维宴。”《毛诗传笺通释》：“夕者，夜之通称。凡日入以后，日出以前，通谓之夕，亦通谓之夜。”九三曰：“君子终日乾乾，夕惕若。”日、夕对举，犹昼、夜对举，夕当为夜。

《说文》：“惕，敬也。从心，易声。”桂馥《说文解字义证》：“敬也者，《一切经音义五》引作惊也。又卷七：惕，怵惕，悚惧也。《玉篇》：惕，惧也。《易》乾卦：夕惕若厉。《释文》：惕，怵惕也。郑云：惧也。《广雅》同，《书·冏命》：怵惕惟厉。传云：怵惕，怀惧也。襄二十二年《左传》：无日不惕。杜注：惕，惧也。”又，王引之《经传释词》：“若，词也。《易·丰》六二：有孚发若。《节》六三：不节若，则嗟若。王注并曰：若，辞也。”又曰，“若，犹然也。《易·乾》九三曰：夕惕若。《离》六五曰：出涕沱若；戚嗟若。《巽》九三曰：用史巫纷若。”杨树达案：“二义似同。”谓词也、然也，相似。故夕惕若，犹夕惕然。《文言》曰：“九三，重刚而不中，上不在天，下不在田，故乾乾因其时而惕，虽危无咎。”上不在天，谓非九五飞龙在天之时；下不在田，谓亦非天在地上之时，而是天转地下，因其入黑夜之时而怵惕，故曰夕惕若。

厉无咎　《周易》用厉十字以上。讼卦：“贞厉终吉。”厉、吉对文，厉犹凶。小过卦："往厉心戒。"厉犹危。乾为天，九三为下乾之终，为终日。乾为阳，阳奋，故曰终日乾乾。昼过去，夜间来临，为夕。夕为阴，阴多凶危，故曰厉。《说文》："咎，灾也。"厉无咎，即谓夜虽凶危，而无灾害。阴阳运转，自然之理，是以无灾。又，《文言》："九三曰：君子终日乾乾，夕惕若，厉无咎。何谓也？子曰：君子进德修业。忠信，所以进德也；修辞立其诚，所以居业也。知至至之，可与几也；知终终之，可与存义也。是故居上位而不骄，在下位而不忧。故乾乾因其时而惕，虽危无咎矣。"谓君子终日自强不息，进德修业，知进知止，知机微，明阴阳，随其时变而怵惕，故虽有危厉而无灾害。九三，天道人事错杂，究天人之际，言吉凶之变，此即人法天之谓。

又，《淮南子·人间训》："故君子终日乾乾，夕惕若厉，无咎。终日乾乾，以阳动也；夕惕若厉，以阴息也。因日以动，因夜以息，唯有道者能行之。"《汉书·王莽传》："《易》曰：终日乾乾，夕惕若厉，公之谓矣。"《说文》："夤，敬惕也。从夕，寅声。《易》曰：夕惕若厉。"张衡《思玄赋》："夕惕若厉，以省愆兮，惧余身之未敕。"虞翻注："泰否之际，阳道危，故夕惕若厉，正位故无咎也。"王弼注："终日乾乾，至于夕惕，犹若厉也。"孔颖达《周易正义》曰："夕惕者，谓终竟此日，后至向夕之时，犹怀忧惕；若厉者，若，如也；厉，危也。"陆德明《经典释文》："夕惕，怵惕也；若厉，危也。"《周易程氏传》曰："日夕不懈而兢惕，则虽处危地而无咎。"是唐以上各家，多以夕惕若厉断句；至宋之程子，以夕惕若断句。按，《文言》曰："故乾乾因其时而惕，虽危无咎矣。"又曰，"故乾乾因其时而惕，虽危无咎矣。"皆从夕惕若断句，厉属下，为厉无咎，即虽危无咎。

九四，或跃在渊，无咎。

〔译〕 九四，又从深水跃起，无灾。

《象》曰："或跃在渊，进无咎也。"

《文言》曰："九四曰：或跃在渊，无咎。何谓也？子曰：上下无常，非为邪也；进退无恒，非离群也；君子进德修业，欲及时也，故无咎。"又曰，"或跃在渊，自试也。""或跃在渊，乾道乃革。""九四，重刚而不中，上不在天，下不在田，中不在人，故或之。或之者，疑之也，故无咎。"

〔证〕

或跃在渊 《经传释词》："《易·乾文言》曰：或之者，疑之也。《墨子·小取》篇曰：或也者，不尽然也。此常语也。"或之者，疑之；疑之者，不尽然；不尽然，有又。故《经传释词》曰："或，犹又也。《诗·宾之初筵》曰：既立之监，或佐之史。言又佐之史也。《礼记·檀弓》曰：父死之谓何，或敢有他志，以辱君义。《晋语》或作又，哀元年《左传》曰：今吴不如过，而越大于少康。或将丰之，不亦难乎？《史记·吴世家》作又将宽之。《贾子·保傅》篇曰：鄙谚曰：不习为吏，而视己事。又曰：前车覆，后车戒。《韩诗外传》又曰作或曰。或，古读若哉；又，古读若异。二声相近，故义相通，而字亦相通。或之通作又，犹或之通作有矣。"黄侃批曰："此或即又之借。"

《说文》："躍（跃），迅也，从足，翟声。"桂馥义证："《广雅》：奋，迅也。《释训》：跃跃，迅也。《释虫》：螽，丑奋。郭注：好奋迅。《楚词·九章》：羌迅高而难当。《诗·旱麓》：魚跃于渊。笺云：魚跳跃于渊中。"《广雅·释诂一》："跃，跳也。"《玉篇》："跃，跳跃也。"又，《山海经·大荒东经》曰："有甘山者，甘水出焉，生甘焉。"郭璞注："水积则成渊。"《抱朴子》："黄帝曰：天在地外，水在天外，浮天而载地者水也。"《物理论》："所以立天地者水也，吐元气，发日月，经星辰，皆由水而兴。"又曰，"九州之外，皆水也。"天从水起，水天相连。初与四对应，初九在下乾之下 ，故曰潜；九四在上乾之下，故曰跃。初九天潜于水，九四天跃于水，又是一个白昼之初，故曰或跃在渊。然时空推移，前者龙潜，后者龙跃，返复而不重复。

《文言》曰："或跃在渊，自试也。"又，"或跃在渊，乾道乃革。"《说文》："试，用也。从言，式声。《虞书》曰：明试以功。"初九潜龙勿用，九四或跃在渊，一自不用于世，一自用于世，以其乾道乃革，由初而至四之故。《易乾凿度》曰："初为元士，二为大夫，三为三公，四为诸侯，五为天子，上为宗庙。凡此六者，阴阳所以进退，君臣所以升降，万人所以为象则也，故阴阳有盛衰，人道有得失，圣人因其象，随其变，为之设卦，方盛则托吉，将衰则寄凶。"九四近九五，臣近君，方盛有用之时，故跃跃自试。《系辞传》曰："圣人之大宝曰位。"韩康伯注："夫无用则无所宝，有用则有所宝也。无用而常足者，莫妙乎道；有用而弘道者，莫大乎位，故曰圣人之大宝曰位。"九四得有用之位，故或跃在渊以自试。

无咎　《象》曰："或跃在渊，进无咎也。"《文言》曰："九四曰：或跃在渊，无咎。何谓也？子曰：上下无常，非为邪也；进退无恒，非离群也；君子进德修业，欲及时也，故无咎。"上下无常，谓初与四相对应，而上下不同，为正而不邪。进退无恒，谓初九潜龙勿用，九四或跃在渊，不为脱离群下。又，九三曰："君子进德修业：忠信，所以进德也；修辞立其诚，所以居业也。"九四近在君侧，是忠信进德，立诚居业之时，故无咎。《孝经》曰："进退可度。"李注："进退，动静也。"《国语·楚语》："君子之行，欲其道也。故进退周旋，唯道是从。"《鬼谷子·佚文》："圣人不朽，时变是守。"进退唯时，是以无咎。又，《文言》曰：“九四，重刚而不中，上不在天，下不在田，中不在人，故或之。或之者，疑之也，故无咎。”谓九四以阳处阴，不得中位，不得天位，不得地位，不得人位，故又跃于渊，欲进阳位，故无咎。此亦一则言天，一则言人，天人合一。

九五，飞龙在天，利见大人。

〔译〕　九五，飞龙在天，利于大人。

《象》曰：“飞龙在天，大人造也。”

《文言》曰：“九五曰：飞龙在天，利见大人。何谓也？子曰：同声相应，同气相求；水流湿，火就燥；云从龙，风从虎；圣人作，而万物睹；本乎天者亲上，本乎地者亲下，则各从其类也。”又曰，“飞龙在天，上治也。”“飞龙在天，乃位乎天德。”“夫大人者，与天地合其德，与日月合其明，与四时合其序，与鬼神合其吉凶。先天，而天弗违；后天，而奉天时。天且弗违，而况于人乎？况于鬼神乎？”

〔证〕

飞龙在天　《说文》：“龙，鳞虫之长。春分而登天，秋分而潜渊。从肉，飞之形。”是龙为能飞之属，故九五称飞龙。《山海经·大荒东经》：“大荒东北隅中，有山名曰凶犁土丘，应龙处南极。杀蚩牛与夸父，不得复上，故下数旱。旱而为应龙之状，乃得大雨。”郭璞注：“应龙，龙有翼者也。”《楚辞·天问》：“河海应龙，何尽何历？”王逸注：“有翼曰应龙。历，过也。言河海所出至远，应龙过历游之，而无所不穷也。”《淮南子·览冥训》：“服驾应龙。”高诱注：“驾应德之龙。一说应龙，有翼之龙也。”班固《答宾戏》云：“应龙潜于潢汙，魚黿媟之，不睹其能奋灵德，合风云，超忽荒而据昊苍也。故夫泥蟠而天飞者，应龙之神也。”项注：“天有九龙，应龙有翼。”《后汉书·张衡传》：“夫女魃北，而应龙翔。”李贤注：“女魃，旱神也；应龙，能兴云雨者也。”应龙有翼，能潜能翔，是为飞龙；能兴云雨，盖亦天象。杨子《法言·问神》：“或曰：龙必欲飞天乎？曰：时飞则飞，时潜则潜，既飞且潜。”即时乘六龙以御天，谓天以时而潜飞。

《后汉书·张衡传》：“夫玄龙迎夏，则凌云而奋鳞，乐时也；涉冬，则淈泥而潜蟠，避害也。”十二消息卦，阳生五，为九五，为暮春三月，为迎夏。龙迎夏，则凌云而奋鳞，是以为飞龙。阳生一，为初九，为仲冬十一月，为涉冬。龙涉冬，则淈泥而潜蟠，是以为潜龙。五、上为天位，故九五曰：飞龙在天。《春秋繁露·循天之道》：“中者，天地之大极也，日月之所至而却也。”《易》亦以中为天极。九五，在上乾之中，又得阳位之正，故九五为天之正中。又，《说文》曰：“辰，震也。三月阳气动，雷电振。”九五在辰，三月，阳气盛，雷电振，故曰飞龙在天。按，龙在下为潜，龙在田为见，龙在渊为跃，龙在天为飞，在上为亢。是飞龙在天，为阳之极。《易乾凿度》曰：“六位之设，皆由下上，故《易》始于一，分于二，通于三，达于四，盛于五，终于上。”郑氏注：“《易》本无体，气变而为一，故气从下生也。清浊分于二仪。阴阳气交，人生其中，故为三才。二壮于地，五壮于天，故为盛也。”是九五为阳气之盛。

《象》曰：“飞龙在天，大人造也。”《说文》曰：“造，就也。从辵，告声。谭长说造，上士也。”段玉裁注：“造、就叠韵。《广雅》：造，诣也。《王制》：升于司徒者，不征于乡；升于学者，不征于司徒，曰造士。注：造，成也；能习礼，则为成士。按依郑，则与就同义。”桂馥义证：“就也者，《易》乾卦：大人造也。《释文》：王肃云：造，就也。《书・君奭》：收罔勖不及，耉造德不降。郑注：造，成也。《诗・思齐》：小子有造。笺云：子弟皆有所造成。成十三年《左传》：则是我有大造于西也。杜云：造，成也。”《文言》曰：“飞龙在天，上治也。”又，“飞龙在天，乃位乎天德。”是象曰：“飞龙在天，大人造也。”乃谓大人造就功德。

利见大人 《文言》曰：“九五曰：飞龙在天，利见大人。何谓也？子曰：同声相应，同气相求；水流湿，火就躁；云从龙，风从虎；圣人作，而万物睹；本乎天者亲上，本乎地者亲下，则各从其类也。”相应、相求、相就、相从、相睹、相亲，皆谓物各其类。程氏传：“本乎天者，如日月星辰；本乎地者，如虫兽草木。阴阳各从其类，人物莫不然也。”天至九五为飞龙在天，人至九五为利见大人，皆本乎天，为至盛之阳，故相从为类。《系辞传》曰：“方以类聚，物以群分，吉凶生矣。”《说文》：“方，并船也。”段玉裁注：“又引伸之为比方。”飞龙在天，利见大人，即方以类聚，而见吉凶。

又，《文言》曰：“夫大人者，与天地合其德，与日月合其明，与四时合其序，与鬼神合其吉凶。先天，而天弗违；后天，而奉天时。天且弗违，而况于人乎？况于鬼神乎？”程氏传：“大人与天地、日月、四时、鬼神合者，合乎道也。天地者，道也；鬼神者，造化之迹也。圣人先于天，而天同之；后于天，而能顺天者，合于道而已。合于道，则人与鬼神岂能违也？”《老子》曰：“昔之得一者：天得一以清，地得一以宁，神得一以灵，谷得一以盈，万物得一以生，侯王得一以为天下正。”又曰，“道生一，一生二，二生三，三生万物。”是一为道。万物皆由道，大人者，得道者，故与天地、日月、四时、鬼神，合而不违，利见大人。

上九，亢龙有悔。

〔**译**〕　上九，高而向下之龙有悔恨。

《象》曰："亢龙有悔，盈不可久也。"

《文言》曰："上九曰：亢龙有悔。何谓也？子曰：贵而无位，高而无民，贤人在下位而无辅，是以动而有悔也。"又曰，"亢龙有悔，穷之灾也。""亢龙有悔，与时偕极。""亢之为言也，知进而不知退，知存而不知亡，知得而不知丧，其唯圣人乎？知进退存亡，而不失其正者，其唯圣人乎！"

〔**证**〕

上九　孙星衍《周易集解》引庄氏曰："下言初，则上有末义，故大过《象》曰：栋桡本末弱，是上有末义。六言上，则初当言下，故小《象》曰：潜龙勿用，阳在下也，则是初有下义。"《易》爻，自下而上，故第一位言初，第六位言上。《说文》："上，高也。"是《易》由下而上，由低而高，由本到末。《系辞传》曰："生生之谓易。"故有初无终，阳极生阴，阴极生阳，其变无穷。 故下不称始，上不称终。始则有终，终则无续。《系辞传》曰："天尊地卑，乾坤定矣；卑高以陈，贵贱位矣。"上为尊，为高，为贵；则下为卑，为低，为贱。《系辞传》曰："天地之大德曰生，圣人之大宝曰位。"是上九、上六之言上，乃体天地生物之宗，明圣人设位之义。

亢龙有悔　《子夏传》："亢，极也。"王肃注："穷高曰亢。"《黄帝素问·六微旨大论》："亢则害承迺制。"注曰："亢，过极也。"小过卦上六《象》曰："弗过遇之，已亢也。"虞注："飞下称亢。"亢，通颃。《邶风·燕燕》："燕燕于飞，颉之颃之。"毛传："飞而上曰颉，飞而下曰颃。"《诗集传》注："飞而上曰颉，飞而下曰颃。"言在下者，飞而上为颉；在上者，飞而下为颃。治《诗》者，除朱熹以外，多谬改毛传，言飞而下曰颉，飞而上曰颃，哲人之心尽失。《易》与《诗》通，盖朱熹治《易》之故。爻位，下往上，上来下；纯阴生阳，纯阳生阴。亢龙，高而向下之龙，亦即高而向下之天。丰卦《彖》曰："勿忧，宜日中，宜照天下也。日中则昃，月盈则食，天地盈虚，与时消息，而况于人乎？况于鬼神乎？"即亢而向下之义。又，《说文》："巳，已也，四月阳气已出，阴气已藏，万物见，成文章。故巳为蛇，象形。"桂注："钟鼎文，龙字从巳，龙蛇同类。"阳气自子起，至巳止。上九在巳，为亢龙。过巳则转折来下，为午；午，一阴生，故亢龙有悔。

《说文》："悔，悔恨也。"《大雅·云汉》："敬恭明神，宜无悔怒。"毛传："悔，恨也。"《史记·李将军列传》："广曰：吾尝为陇西守，羌尝反，吾诱而降，降者八百余人，吾诈而同日杀之，至今大恨独此耳。”此恨为悔意。九五，为天之中极，上九过中，动必来下为阴，故曰亢龙有悔。《象》曰：“亢龙有悔，盈不可久也。”谓天道亏盈，阳至上九，必盈而亢，亢必不可久，故有恨。《文言》曰：“亢龙有悔，穷之灾也。”“亢龙有悔，与时偕极。”皆谓白昼之阳时穷极，故而有悔。

《系辞传》曰：“劳谦君子有终吉。子曰：劳而不伐，有功而不德，厚之至也，语以其功下人者也。德言盛，礼言恭，谦也者，致恭以存其位者也。亢龙有悔，子曰：贵而无位，高而无民，贤人在下位而无辅，是以动而有悔。”是以谦与亢比，谓谦有终吉，亢而有悔。又，《文言》曰：“亢之为言也，知进而不知退，知存而不知亡，知得而不知丧，其唯圣人乎？知进退存亡，而不失其正者，其唯圣人乎！”朱骏声《六十四卦经解》：“圣人即大人，大而化之之谓圣。”前问，否定上九，后问肯定九五，谓知进退存亡，而不失其正者，为圣人。艮卦《彖》曰：“时止则止，时行则行，动静不失其时，其道光明。”《象》曰：“君子以思不出其位。”其义亦与《文言》同。荀爽曰：“阳位在五，今乃居上，故曰知进而不知退也。在上当阴，今反为阳，故曰知存而不知亡也。得谓阳，丧谓阴，进谓居五，退谓居二，存谓五为阳位，亡谓上为阴位也。”孙星衍《周易集解》：“案，此论人君骄盈过亢，必有丧亡，若殷纣招牧野之灾，太康遘洛水之怨，即其类矣。”

用九，见群龙无首，吉。

〔译〕 运用天之则，而见群龙无首之义，吉利。

《象》曰：“用九，天德不可为首也。”

《文言》曰：“乾元用九，天下治也。”“乾元用九，乃见天则。”

〔证〕

用九 《文言》曰：“乾元用九，乃见天则。”乾，为阳气为天；元，为始。《彖》曰：“大哉乾元，万物资始乃统天。”《文言》：“乾元者，始而亨者也。”“乾始，能以美利利天下。”乾元，即谓资始万物之阳气，谓天。用九，即用九天运转之道。《系辞传》曰：“圣人有以见天下之赜，以拟诸其形容，象其物宜，是故谓之象。圣人有以见天下之动，而见其会通，以行其典礼，系辞焉以断其吉凶，是故谓之爻。”《文言》曰：“乾元用九，天下治也。”即观天象而治人事。《论语》曰：“大哉！尧之为君，唯天为大，唯尧则之。”即王者则天，而天下治。王弼注：“此一章，全以人事明之也。九，阳也。故乾元用九，则天下治也。夫识物之动，则其所以然之理，皆可知也。龙之为德，不为妄者也。潜而勿用，何乎？必穷处于下也。见而在田，必以时之通舍也。以爻为人，以位为时，人不妄动，则时皆可知也。文王明夷，则主可知矣。仲尼旅人，则国可知矣。”

故用九，即谓用下乾上乾爻象，所示之法则行事，以知其吉凶。

见群龙无首 《文子·自然》："天圆而无端，故不得观其形。地方而无涯，故莫能窥其门。天化遂无形状，地生长无计量。夫物有胜，惟道无胜。所以无胜者，以其无常形势也。轮转无穷，象日月之运行，若春秋之代谢。日月昼夜，终而复始，明而复晦。制形而无形，故功可成，物物而不物，故胜而不屈。"《白虎通·日月》："天道左旋，日月东行。"又曰，"一日一夜，适行一度，一日夜为一日，剩复分天为三十六度，周天三百六十五度，四分度之一。"亦谓天为圆。《浑天仪注》："天转为毂之运也，周旋无端，其形浑浑，故曰浑天仪也。"天为浑天，圆如转圜，昼夜不息，是以见而无首。《象》曰："用九，天德不可为首也。"谓用九，用乾天之德，不可以有首尾，应是日乾夕愓，永无终止。《老子》曰："迎之不见其首，随之不见其后，执古之道，以御今之有。"用九，见群龙无首，亦谓执古之道，以御今之有。

吉 《系辞传》曰："天地变化，圣人效之。天垂象，见吉凶，圣人象之。河出图，洛出书，圣人则之。"曰，"《易》曰：自天祐之，吉无不利。子曰：祐者助也，天之所助者顺也；人之所助者信也，履信思乎顺，又以尚贤也，是以自天祐之，吉无不利也。"又曰，"是故君子居则观其象，而玩其辞，动则观其变，而玩其占，是以自天祐之，吉无不利。是以用九，见群龙无首，吉，谓观乾象，用乾道，则吉利。王弼注："九天之德也。能用天德，乃见群龙之义焉。"胡樸安《周易古史观》："见群龙无首，吉者，言潜龙、见龙、跃龙、飞龙、亢龙，而不见其有首也。龙是生生不已之气，浑然流转，不见首尾。流转不已，万物化生，虽无首而自吉。故《象》曰：天德不可为首也。天德者，乾生生不已之气也。"用九，而得群龙无首之天德，是以吉利。

第二卦　地

☷ 坤上
☷ 坤下

坤，元亨，利牝马之贞，君子有攸往。先迷后得主，利。西南得朋，东北丧朋。安贞吉。

〔译〕 坤，元始贯通，利于守至顺之正德，君子以此有所前往。先迷道，后得阳，有利。在西南方得到阴，在东北方丧失阴。安静守正吉利。

《彖》曰：“至哉坤元，万物资生，乃顺承天。坤厚载物，德合无疆，含弘光大，品物咸亨。牝马地类，行地无疆。柔顺利贞，君子攸行。先迷失道，后顺得常。西南得朋，乃与类行；东北丧朋，乃终有庆。安贞之吉，应地无疆。”

《象》曰：“地势坤，君子以厚德载物。”

《文言》曰：“坤至柔而动也刚，至静而德方，后得主而有常，含万物而化光。坤道其顺乎，承天而时行。”

〔证〕

坤下坤上 《说文》曰：“州，水中可居曰州，周绕其旁，从重川。昔尧遭洪水，民居水中高土，故曰九州。《诗》曰：在河之州。”桂馥义证：“水中可居曰州者，《释水》文。李巡云：四方皆有水，中央独可居。孙炎曰：水有平地，可居者也。《广雅》：州，居也。《释名》：水中可居者曰州。州，聚也，人及鸟物所聚息之处也。《方言》：水中可居为州。王注《楚词》：水中可居者为州。孔晁注《周书·王会》：水中可居曰州。《汉书·司马相如传》：行乎州淤之浦。颜注：水中可居者曰州。《晋书·殷仲堪传》：水中有岸，其名为州。《诗》曰在河之州者，《关雎》文，彼作洲。传云：水中可居者曰洲。”段玉裁注：“州，本州渚字，引申之乃为九州，俗乃别制洲字，而小大分系矣。”郭璞注《尔雅·九州》曰：“两河间曰冀州，自东河至西河；河南曰豫州，自南河至汉；河西曰雍州，自西河至黑水；汉南曰荆州，自汉南至衡山之阳；江南曰杨州，自江南至海；济河间曰兖州，自河东至济；济东曰徐州，自济东至海；燕曰幽州，自易水至北狄；齐曰营州，自岱东至海：此盖殷制。”由州字可知，川为水流，三点为州，为陆地。

《说文》：“水（𣱱），准也。北方之行，象众水并流，中有微阳之气也。”桂馥义证：“象众水并流，中有微阳之气也者，《尔雅》之《释文》引作象众泉并流，著微阳之气也。本书：乁，乁弋支切，流也。馥谓：水字中画从乁。坎，古文作☵，中画阳也。《元命苞》：水者，元气之腠液也。《周语》：川，气之导也。《乾坤凿度》：水，内刚外柔，性下不上，恒附于气也。《子华子》：阴之正气其色黑，水阳也，而其伏为阴。”桂馥所证，直以中画为水流，其两旁为阴，并无众水并流之象。又，《卜辞分类读本》曰：“ （河），从水，可声。甲骨文为黄河之专名，不象现在用得那样广泛。黄河从古至今，虽然多次改道，但大体趋势未变。卜辞有涉河（佚六九九、铁六〇、佚八六八）之记载。”又曰，“(汅)，从水，丂声，为形声字。汅与河，为古今字。河，本为江河之河，卜辞借用来指称某一位先公，则是借音字。”《甲骨文编》，共收河字六十有三，以⺀为水旁者，计五十一字，以氵为水旁者，仅一十二字，是⺀即水流。又，收巛字六十有六，象洪水泛滥成災之形，除一字象坎卦之形以外，其六十五字，皆以三条相连不断之曲线为之，或横或竖，概无例外。是一曲线为水流，三曲线为洪水，为災。《说文》谓水，象众水并流有误，两旁之四短线，应为两岸陆地之象。

郝懿行义疏《尔雅·释地》曰：“地者，《说文》云：元气初分，轻清阳为天，重浊阴为地，万物所陈列也。《释名》云：地者，底也，其体底下载万物也。亦言谛也，五土所生，莫不审谛也。《白虎通》云：地者，易也，言养万物，怀任交易变化也。《释文》引张显《古今训》云：土乙力为地。许慎注《淮南子》云：地，丽也。《物理论》云：地，底也，著也，阴体下著。《礼统》云：地，施也，谛也，应变施化，审谛不误。按《大司徒》云：以天下土地之图，周知九州之地域广轮之数，辨其山、林、川、泽、丘、陵、坟、衍、原、隰之名物。此篇所释，自九州以讫四极，其间陵薮异名，原野异势，五方异气，莫不备载。下篇释丘，释山，释水，皆地之事，故总曰释地。”丘、山、水、皆地之事，是水在地中，其象为坎☵。盖地有丘有山，故有断裂，故其象为断线之象（— —）。

《夏书·禹贡》之《序》云：“禹别九州，随山浚川。”《正义》曰：“言禹分布治此九州之土，其治之也，随行所至之山，除木通道，决流其水。水土既平，乃定其高山大川，谓定其次秩尊卑。”山亦地，随山浚川，犹言随地之势，深大其川，使水得于地中流注。《管子·水地篇》：“水者，地之血气，如筋脉之通流者也。”水为地之血气，即谓水流于地中，两旁之断线为地之象。又，《地数》云：“桓公曰：地数可得闻乎？管子对曰：地之东西，二万八千里，南北二万六千里，其出水者八千里，受水者八千里。”是亦谓水行地中，两旁为地。《元中记》：“天下之多者水焉，浮天载地，高下无不至，万物无不润。”载地，谓水载流于地，故万物无不润，是水流两旁为地。《顾子》：“水有四德：沐浴群生，深流万世，是仁也；扬清激浊，荡去滓秽，是义也；柔而难犯，弱而难胜，是勇也；道江疏河，恶盈流谦，是智也。”导江疏河，谓中为水流，两旁为岸为地。《韩诗外传》：“问者曰：夫智者何以乐于水也？曰：夫水者，缘理而行，不遗小间，似有智者；动而之下，似有礼者；蹈深不疑，似有勇者；障防而清，似知命者；历险致远，卒成不毁，似有德者。天地以成，群物以生，国家以宁，万事以平，品物以正，此智者所以乐于水也。”缘理而行，不遗小间，谓水缘地理之间断而行；动而之下，谓水因地势下而下；蹈深不疑，谓水注地之凹陷之处；障防而清，谓水因地之围障而沉清；历险致远，卒成不毁，谓水历经地形险峻，而终流向远：是水行地中，水流两边之断线为地。

《易乾凿度》曰：“物有始，有壮，有究。故三画而成乾，乾坤相并俱生。物有阴阳，因而重之，故六画而成卦。”乾、坤皆三画成体，六画成卦，故坤下坤上为坤卦，坤卦为地。《序卦传》曰：“有天地，然后万物生焉，盈天地之间唯万物。”《易》之八卦，皆以天地之象为象，即以天之阳爻和地之阴爻而成。《春秋元命苞》曰：“天如鸡子，天大地小，表里有水，地各承气而立，载水而浮。”宋均注：“天表地里皆有水，互相蒸腾，化为雨露。”雨露，为天气凝结所成，自天而落入地，故为坎（☵）为水，中为阳，两边为阴。《说卦传》曰：“燥万物者，莫熯乎火。”《说文》：“熯，乾皃，从火，漢省声。”乾，即阳气之乾，读作干，是阳气为燥。阴生万物，万物在阳气之中，燥而生火，故为离（☲）为火。地气为阴为静，天气为阳为动，一阳来复于二阴之下，阴阳相交，为震（☳）为雷。《白虎通·八风》曰：“阴合阳以生风也。”天之下，地之上，其中为气，气为风，又省作乞，是以为巽（☴）为风。《广雅·释言》：“风，气也。”地有凹陷低隰，天水注其下，为兑（☱）为泽。《风俗通·泽》曰：“诗云：彼泽之陂，有蒲与荷。传曰：水草交厝，名之为泽。泽者，言其泽润万物，以阜民用也。”《大雅·崧高》曰：“崧高维岳，骏极于天。”毛传：“崧，高貌，山大而高曰崧。骏，大极至也。”故地厚而至于天者，为艮（☶）为山。是有乾坤，然后有八卦；有八卦，然后有六十四卦。

《国语·周语下》：“王将铸无射，问律 于伶州鸠。对曰：律所以立均出度也。古之神瞽，考中声而量之以制，度律均钟，百官轨仪，纪之以三，平之以六，成于十二，天之道也。”韦昭注：“律，谓六律六吕也。阳为律，阴为吕。六律：黄钟、大蔟、姑洗、蕤宾、夷则，无射也；六吕：林钟、仲吕、夹钟、大吕、应钟、南吕也。均，平也；轨，道也；仪，法也；度律，度律之长短，以平其钟，和其声，以立百事之道法也。故曰律、度、量、衡，于是乎生。十二，律吕也，阴阳相扶，律取妻，而吕生子，上下生之数备也。天之大数，不过十二。”朱载堉《律学新说·立均》曰：“百事道法，喻律之数。纪之以三，若每季三月之类；平之以六，若昼夜六时之类；成于十二者，四季而成一岁，凡十有二月；昼夜而成一日，凡十有二时。天之大数止于十二，故律吕相生，其数亦然也。”冯文慈点注：“昼夜六时：昼和夜各有六个时辰，即一日共有十二个时辰。”

又，《贾谊新书·六术》曰：“德有六理。何谓六理？道、德、性、神、明、命，此六者，德之理也。六理无不生也，已生而六理存乎所生之内，是以阴阳天地。人尽以六理为内度，内度成业，故谓之六法。六法藏内，变流而外遂，外遂六术，故谓之六行。是以阴阳各有六节，而天地有六合之事，人有仁义礼智信之行。行和则乐兴，乐兴则六，此之谓六行。阴阳，天地之动也，不失六行，故能合六法。他事亦皆以六为度，声音之道，以六为首，以阴阳之节为度。是故一岁十二月，分而为阴阳，各六月。是以声音之器十二钟，钟当一月，其六钟阴声，六钟阳声，声之术律是而出，故谓之六律。事之以六为法者，不可胜数也。此所言六，以效事之尽。以六为度者谓六理，可谓阴阳之六节，可谓天地之六法，可谓人之六行。"《系辞传》曰："《易》与天地准，故能弥纶天地之道。仰以观于天文，俯以察于地理，是故知幽明之故。"乾为天，坤为地；乾为明，坤为幽。乾之单卦三爻，坤之单卦三爻；乾之重卦六爻，坤之重卦六爻；阴阳各六爻，共十二爻：此其为纪之以三，平之以六，成于十二，天之道也，即自然之道。

《老子》曰："道生一，一生二，二生三，三生万物。万物负阴而抱阳，冲气以为和。"《庄子·田子方》曰："至阴肃肃，至阳赫赫；肃肃出乎天，赫赫发乎地；两者交通成和，而物生焉。"疏曰："阳气下降，阴气上升，二气交通，遂成和合，因此和气而物生焉。"《淮南子·天文训》曰："道曰规，始于一，一而不生，故分而为阴阳，阴阳合和而万物生，故曰一生二，二生三，三生万物。"《精神训》曰："夫精神者，所受于天也；而形体者，所禀于地也。故曰一生二，二生三，三生万物。万物背阴而抱阳，冲气以为和。"《地形训》曰："唯知通道者，能原本之。天一地二人三，三三而九。"三生万物，谓天地人生万物。《系辞传》曰："是故《易》有太极，是生两仪，两仪生四象，四象生八卦。"邵子曰："一分为二，二分为四，四分为八也。"一为太极，即一阴一阳之谓道；二为两仪，即阴阳；四为四象，即太阳、少阴、少阳、太阴；八为八卦，即乾、兑、离、震、巽、坎、艮、坤。古论众多，以《易》为是。《易》重阴阳之道，故以天地开篇。乾卦，乾下乾上，六爻；坤卦，坤下坤上，六爻：阴阳相应，六合之义。《系辞传》曰："《易》之为书也周流六虚，上下无常。"朱熹曰："周流六虚，谓阴阳流动于卦之六位。"六虚即六合之内。《庄子·齐物论》曰："六合之外，圣人存而不论；六合之内，圣人论而不议。"成玄英疏："六合者，谓天地四方也。"

坤 《说文》："坤，地也，《易》之卦也。从土从申，土位在申。"王筠句读："此两说也，故用两也字。然知许君合两说为一者，不说以地，则从土无著；而坤自是卦名，非地之别名也。"段玉裁注："按伏羲取天地之德为卦，名之曰乾坤。从土申，会意；土位在申也，此说从申之意也。《说卦传》曰：坤也者，地也，万物皆致养焉，故曰致役乎坤，坤正在申位。自仓颉造字已然。或问：伏羲画八卦，即有乾、坤、震、巽等名与不？曰：有之。伏羲三奇谓之乾，三耦谓之坤，而未有乾字坤字；传至于仓颉，乃后有其字。坤、顨特造之，乾、震、坎、离、艮、兑，以音义相同之字为之。故文字之始作也，有义而后有音，有音而后有形，音必先乎形。名字曰乾坤者，伏羲也；字之者，仓颉也；画卦者，造字之先声也。是以不得云☷即坤字。”

《说文》：“土，地之吐生万物者也。二，象地之下、地之中；丨，物出形也。凡土之属，皆从土。”桂馥义证：“土、吐声相近。《释名》：土，吐也，能吐生万物也，《白虎通》：中央者土，土主吐，含万物，土之为言吐也。《周礼·大司徒》：辨十有二壤之物。注云：壤，亦土也，变言耳。以万物自生焉，则言吐，土，犹吐也；以人所耕而树艺焉，则言壤。壤，和缓之貌。《郊特牲》：社祭土。王肃曰：五行之主，能吐生百谷者也。”又，《说文》：“申，七月，阴气成体，自申束。从𦥑自持也。”桂馥义证：“七月阴气成体者，《晋书·乐志》：七月申。申，身也，言时万物身体皆成就。《通典》：七月之辰名申。申者，身也，言万物皆身体而成就，故名为申。徐锴曰：七月三阴，故曰阴气成。馥案：徐读成字绝句，似误。其曰三阴者，《洪范·正义》：数之所起，起于阴阳。阴阳往来，在于日道。五月夏至，日北极，阴进而阳退。夏，火位也，当以一阴生为大数。但阴不名奇，数必以偶，故以六月二阴生为火数位。馥案：六月二阴，则七月三阴矣。”段玉裁注：“从𦥑自持也，𦥑，叉手也。当是从丨以象其申，从𦥑以象其束。”

《礼记·月令》：“中央土，其日戊己。”郑氏注：“火休而盛德在土也。戊之言茂也，己之言起也。日之行，四时之间从黄道，月为之佐。至此，万物皆枝叶茂盛，其含秀者，抑屈而起，故因以为日名焉。”《月令》：“孟秋之月，其日庚辛。是月也，农乃登谷，天子尝新，先荐寝庙，命百官始收敛。”郑氏注：“孟秋者，日月会于鹑尾，而斗建申之辰也。庚之言更也，辛之言新也。日之行秋，西从白道，成熟万物，月为之佐，万物皆肃然改更，秀实新成，又因以为日名焉。黍稷之属，于是始熟。顺秋气，收敛物。”按，《月令》亦谓土为吐万物，申谓申束万物。《系辞传》曰：“乾知大始，坤作成物。”朱熹注：“知，犹主也。乾主始物，而坤作成之。”《说卦传》曰：“坤也者，地也，万物皆致养焉，故曰致役乎坤。”

《易乾坤凿度》：“☷，古㘴，地字，軵于乾，古圣人以为坤卦。”《广雅·释诂一》：“巛，顺也。”《释诂四》：“巛，柔也。”《释文》：“坤，本又作巛。”《龙龛手鑑》：“巛，古文，音坤，乾巛。”《篇海类编·地理类》：“巛，同坤，象六断也。连者古川。”《字彙》：“巛，古作坤字，象六断也。”朱骏声《说文通训定声》曰：“坤，字亦作巛，即卦画竖作。”又，《康熙字典》、《中华大字典》、《汉语大字典》，皆巛、巛分立，且以川释巛，以坤释巛。

《系辞传》曰："是故阖户谓之坤，辟户谓之乾。"☷象合门，坤为之名，为地。朱熹《周易本义》曰："阴之成形，莫大于地。此卦三画皆耦，故名坤而象地；重之又得坤焉，则是阴之纯。"按，《荀子·劝学》曰："不登高山，不知天之高也；不临深溪，不知地之厚也。"是重乾为天外有天，为昊天罔极；重坤为地下有地，为厚土莫测。按，地气成体在申，故而构字坤。

元亨 《尔雅·释诂》："元，始也。"《说文》："地，元气初分，轻清阳为天，重浊阴为地，万物所陈列也。"《序卦传》曰："有天地，然后万物生焉。""有天地，然后有万物；有万物，然后有男女；有男女，然后有夫妇；有夫妇，然后有父子；有父子，然后有君臣；有君臣，然后有上下；有上下，然后礼义有所错。"是天地为万物之始，故《彖》曰："至哉坤元，万物资生。"又，《白虎通·天地》："地者，元气之所生，万物之祖也。地者，易也。万物怀任，交易变化。"陈立疏证："《御览》引《礼统》云：天地者，元气之所生，万物之所自也。《类聚》引《元命苞》云：地者，易也。言万物怀任，交易变化，含吐应节，故其立字，土力于乙者为地。又引《说题词》云：地之为言媲也，承天行其义也。居下为位，道之经也。山陵之大，非地不制，含功以牧生。《尔雅·释文》引《礼统》云：地者，施也，谛也。应施变化，审谛不设。"乾为万物资始，坤为万物资生，是以乾为乾元，坤为坤元，乾坤皆为物之始。

《彖》曰："至哉坤元，万物资生，乃顺承天；坤厚载物，德合无疆；含弘光大，品物咸亨。"《九家易》曰："谓乾气至坤，万物资受而以生。坤者纯阴，配乾生物，亦善之始，地之象也，故又叹言至美。"以其至美，故而能通，谓之元亨。《正义》曰："蓋乾，坤合体之物，故乾后次坤。言地之为体，亦能始生万物，各得亨通，故云元亨。与乾同也。"程氏传："资生之道，可谓大矣。乾既称大，故坤称至。至义差缓，不若大之盛也。圣人于尊卑之辨，谨严如此。万物资乾以始，资坤以生，父母之道也。顺承天施，以成其功，坤之厚德，持载万物，合于乾之无疆也。以含、弘、光、大四者形容坤道，犹乾之刚、健、中、正、纯、粹也。含，包容也；弘，宽裕也；光，昭明也；大，博厚也。有此四者，故能成承天之功，品物咸得亨遂。"

利牝马之贞 《彖》曰："牝马地类，行地无疆。"《文言》曰："坤至柔，而动也刚；至静，而德方。"朱熹曰："刚、方，释牝马之贞也；方，谓生物有常。"干宝曰："行天者莫若龙，行地者莫若马，故乾以龙爻，坤以马象也。坤阴类，故称利牝马之贞。"《春秋说题辞》："地精为马，十二月而生，应阴纪阳以合功。故人驾马，任重致远，利天下。月度疾，故马善走。"马与月，皆为阴之象。《易乾坤凿度》："坤为马。乾为父，坤为母，皆軵顺天道，不可违化。"郑氏注："圣人以类为马，马者顺行。坤亦有龙。《太元》曰：

土龙在坤，不敢争类。马思顺体，唯坤顺之。圣人知有上德，要下而奉，故显尊也。坤之卑顺辅乾，不敢为龙，故称马，峀依之理也。”马为顺，坤卦纯阴，为利牝马之正，义犹得至顺之正。王弼注：“坤贞之所利，利于牝马也。马在下而行者也，而又牝焉，顺之至也。至顺而后乃亨，故唯利于牝之贞。”谓阴类，以象牝马至顺，为正为利。

按，屯卦六二曰：“乘马班如。”六四曰：“乘马班如。”上六曰：“乘马班如。”贲卦六四曰：“白马翰如。”明夷卦六二曰：“用拯马壮。”涣卦初六曰：“用拯马壮。”中孚卦六四曰：“马匹亡。”又，晋卦，坤下离上，卦辞曰：“康侯用锡马蕃庶。”是《易》以坤阴为马。《周礼·大司马之职》：“掌建邦国之九法，以佐王平邦国。制畿封国，以正邦国。乃以九畿之籍，施邦国之政职。”郑氏注：“畿，犹限也。自王城以外五千里为界，有分限者九籍。”贾公彦疏：“乃以九畿之籍者，谓以西五千里为九畿，皆有典籍之书。今大司马以此籍书，施其政职之事，于邦国诸侯也。”周代司马之职，即佐王施地政之职，司马即司地，马为地，臣民皆属其类。政，即正，施地之政，亦使利牝马之贞。

君子有攸往 《白虎通·号》：“或称君子者何？道德之称也。君之为言群也，子者丈夫之通称也。故《孝经》曰：君子之教以孝也，所以敬天下之为人父者也。何以知其通称也？以天子至于民。故《诗》云：恺悌弟子，民之父母。《论语》曰：君子哉若人。此谓弟子，弟子者民也。”陈立疏证：“《法言·道术篇》云：乐道者谓之君子。《荀子·解蔽篇》云：类是而几，君子也。注：君子，有道德之称也。《管子·侈靡篇》云：君子者，勉于纠人者也。注：君子者，德民之称也。”上自天子，下至民，凡有道德者，谓之君子。君子者，有道德之通称。《尔雅·释言》：“攸，所也。”有攸往，犹有所往。《彖》曰：“柔顺利贞，君子攸行。”谓坤柔顺而利于正道，君子者，以此而有所前往。

《逸周书·小开武》曰：“七顺：一、顺天得时；二、顺地得助；三、顺民得和；四、顺利财足；五、顺得助明；六、顺仁无失；七、顺道有功。”潘振云：“天理有盈虚，顺之，故得进退之时。地势有高下，顺之，故得战守之助。顺民者，所欲与聚，所恶勿施，得民心之和也。顺利者，如居泽利鱼盐，居陆利田蚕之类，财用足也。利令智昏，顺得，故可以助明。仁者，人心之全德，顺之，故德无缺失。道者，天下所共由之路也，顺之，则协力者众，故有功。”《彖》曰：“柔顺利贞，君子攸行。”即此之谓。朱熹曰：“柔顺利贞，坤之德也。君子攸行，人之所行如坤之德也。”亦谓君子所行、顺而利正。

先迷后得主 《说文》：“迷，惑也。”阴为迷，阳为明。复卦上六曰：“迷复。”豫卦上六曰：“冥豫。”升卦上六曰：“冥升。”是皆以阴为迷为冥。冥为暗昧，与迷义近。故《荀九家》曰：“坤为迷。”《楚辞·哀命》：“魂迷惑而不知路。”王逸注：“魂魄迷惑，不知道路，当如何也？”《韩非子·解老》曰：“凡失其所欲之路，而妄行者谓之迷。迷则不能至于其所欲至矣。今众人之不能，至于其所欲至，故曰迷。”不知道者谓之迷，故《象》曰：“迷复之凶，反君道也。”《系辞传》曰：“通乎昼夜之道而知。”“一阴一阳之谓道。”荀爽曰：“昼者谓乾，夜者坤也。通于乾坤之道，无所不知矣。”韩康伯注：“通幽明之故，则无不知也。”坤卦，纯阴而无阳，是以为不知道，为迷。《彖》曰：“先迷失道。”即此。《广雅·释诂》：“乾、主，君也。”是主与乾通。乾卦《彖》曰：“大哉乾元，万物资始乃统天；云行雨施，品物流形；大明终始，六位时成，时乘六龙以御天；乾道变化，各正性命，保合太和乃利贞；首出庶物，万国咸宁。”是乾元，为宇宙万事万物之主。坤卦六爻皆阴，物极必反，是以阳生于下，为先迷后得主。

利 《彖》曰：“先迷失道，后顺得常。”虞翻曰：“坤阴先迷 ，后顺得常，阳出初震，为主为常。”《文言》曰：“后得主而有常，含万物而化光。”干宝曰：“光，大也。谓坤含藏万物，顺承天施，然后化光也。”《老子》曰：“复命曰常，知常曰明。不知常，妄作凶。”《河上公章句》：“复命使不死，乃道之所常行也。能知道之所常行，则为明。不知道之所常行，妄作巧诈，则失神明，故凶也。”《帛书老子校注》：“《德经》第五十五章：知和曰常，知常曰明。和，指阴阳相交，对立面的统一；常，谓事物运动之永恒规律，与本章所言义同，皆以常为道，如今言之自然法则。知此道者，可谓明也；不知此道者，妄自行事，故谓凶也。”坤卦，先迷后得主，得常、有常，即得有阴阳之道，是以为利。又,《说文》：“恒，常也。”恒卦，巽下震上，六爻阴阳皆应，故卦辞曰：“恒，亨，无咎，利贞，利有攸往。”《彖》曰：“天地之道，恒久而不已也。”此亦谓阴阳相与之利。

西南得朋，东北丧朋 王国维《说珏朋》曰：“殷时玉与贝皆货币也。其用为货币，及服御者，皆小玉小贝，而有物焉以系之。所系之贝玉，于玉则谓珏，于贝则谓之朋。”又曰，“右制贝玉，皆五枚为一系，合二系为一珏，若一朋。”此说五贝为一系，二系为一朋。损卦、益卦曰：“或益之十朋之龟。”即是。又，金文《王孙钟》曰：“用乐嘉宾父兄，及我倗友。”朋加人旁，为朋友。《说文》：“鹏，亦古文凤。”朋加鸟字，言凤飞，群鸟从以万数者。是朋为本字，类聚之义。《广雅·释诂三》：“朋，比也。”“朋，类也。”《广韵·登韵》：“朋，朋党也。”《彖》曰：“西南得朋，乃与类行。”是得朋为得其类。《说卦传》曰：“坤为众。”亦朋类之义。孔颖达《周易正义》曰：“今以阴诣阴，乃得朋，俱是阴类。”

泰卦，乾下坤上。九二曰：“朋亡，得尚于中行。”《周易》，初、三、五为阳位，二、四、上为阴位。今二位无阴而为阳，故曰朋亡。是朋谓阴。豫卦，坤下震上。九四曰：“大有得，勿疑朋盍簪。”大谓阳；朋盍簪，谓五阴合而从一阳。朋谓阴。复卦。震下坤上。卦辞曰："出入无疾，朋来无咎。"谓阳出阴入，阴沉来下无咎。朋指阴。咸卦，艮下兑上。九四曰："憧憧往来，朋从尔思。"初六顺应九四，为朋从尔思。是朋为阴。蹇卦，艮下坎上。九五曰："大蹇朋来。"《象》曰："大蹇朋来，以中节也。"九五得六二以中应中，故曰大蹇朋来，以中节也。是朋指六二，六二为阴。解卦，坎下震上。九四曰："朋至斯孚。"初六阴，至九四应阳，阴阳相应，为孚信，为朋至斯孚。朋亦谓阴。

《说卦传》曰："天地定位，山泽通气，雷风相薄，水火不相射，八卦相错；数往者顺，知来者逆。是故《易》逆数也。"邵雍曰："乾南坤北，离东坎西，震东北，兑东南，巽西南，艮西北。自震至乾为顺，自巽至坤为逆。"此伏羲八卦方位，与《说卦传》同。西南得朋，谓西南为巽，巽一阴生于下，是以得一阴，谓得朋。东北丧朋，谓东北为震，震一阳生于下，是以失一阴，谓丧朋。《象》曰："西南得朋，乃与类行；东北丧朋，乃终有庆。"乃与类行，谓西南之巽，首得一阴；西方之坎，得二阴；西北之艮，再得二阴；北方之坤，得三阴。自巽至坤，由一阴到二阴，由二阴到三阴，为乃与类行。乃终有庆，谓东北之震，首失一阴；东方之离，失二阴；东南之兑，再失二阴；南方之乾，失三阴，自震至乾，由一阳到二阳，由二阳到三阳，为乃终有庆。《说卦传》曰："观变于阴阳而立卦，发挥于刚柔而生爻，和顺于道德而理于义，穷理尽性，以至于命。"阴阳变化，穷天下之理，尽万物之性，合于天道，而得造化之极功，是以为乃终有庆。

《文言》曰："坤道其顺乎，承天而时行。谓坤阴之道，顺承天时而消息，即西南得朋，东北丧朋之谓。按伏羲八卦，西南巽，为夏秋之交，一阴二阳；西方坎，为秋，二阴一阳；西北艮，为秋冬之交，阴剥一阳；北方坤，为冬，全阴无阳；东北震，为冬春之交，一阳二阴；东方离，为春，二阳一阴；东南兑，为春夏之交，阳决一阴；南方乾，为夏，全阳无阴。又，十二月卦：五月一阴生，六月二阴生，七月三阴生，八月四阴生，九月五阴生，十月六阴生，纯阴；十一月一阴消，十二月二阴消，正月三阴消，二月四阴消，三月五阴消，四月六阴消，纯阳。此亦坤道顺承天时，西南得朋，东北丧朋之谓。荀爽曰："承天之施，因四时而行之也。"

安贞吉 《说文》："安，静也。从女在宀下。"段玉裁注："假静为竫耳。竫者，亭安也。"桂馥义证："《六书故》：室家之内，女所安也，故安从女。"《夏书·益稷》："禹曰：安汝止。"孔氏传："言惟在位。"安贞吉，谓安守坤之正道为吉。《象》曰："安贞之吉，应地无疆。"程氏传："乾之用，阳之为也。坤之用，阴之为也。形而上曰天地之道，形而下曰阴阳之功。先迷后得以下，言阴道也。先倡则迷失阴道，后和则顺而得其常理。西南阴方，从其类，得朋也。东北阳方，离其类，丧朋也。离其类而从阳，则能成生物之功，终有吉庆也。与类行者本也，从于阳者用也。阴体柔躁，故从于阳则能安贞而吉，应地道之无疆也。阴而不安贞，岂能应地之道？《彖》有三无疆，盖不同也。德合无疆，天下不已也。应地无疆，地之无穷也。行地无疆，马之健行也。”

《彖》曰：“坤厚载物，德合无疆，含弘光大，品物咸亨。”《象》曰：“地势坤，君子以厚德载物。”前者谓地厚载物，后者谓君子法地，以厚德载人。《淮南子·地形训》题解：“纪东南西北，山川薮泽，地之所载，万物形兆所化育也，故曰地形。”地势犹地形，故曰坤厚载物，君子法之。程氏传：“坤道之大犹乾也，非圣人孰能体之？地厚而其势顺倾，故取其顺厚之象，而云地势坤也。君子观坤厚之象，以深厚之德，容载庶物。”陈梦雷《周易浅述》：“地势之顺，以地德之厚也。厚，故万物皆载焉。君子以之法地之厚，而民物皆在所载矣。”按，《系辞传》曰：“天地之大德曰生，圣人之大宝曰位，何以守位？曰仁；何以聚人？曰财。”宋衷曰：“守位，当得士大夫公侯，有其人贤，兼济天下。”陆绩曰：“人非财不聚，故圣人象制器，备物尽利，以业万民而聚之也，盖取人之本矣。”《象》曰君子以厚德载物，即谓君子以生养之德，济天下之人。

《孔子家语·五帝德》曰：“孔子曰：黄帝者，少昊之子，曰轩辕，生而神灵。弱而能言，哲睿齐庄，敦敏诚信。长聪明，治五气，设五量，抚万民，度四方，服牛乘马，扰驯猛兽，以与炎帝战于阪泉之野，三战而反克之。始垂衣裳，作为黼黻。命风后、力牧、常先、大鸿，以治民，以顺天地之纪。知幽明之故，达生死存亡之说。时播百谷，尝味草木，仁厚及于鸟兽昆虫。考日月星辰，劳耳目，勤心力，用水火财物以生民。民赖其利，百年而死；民畏其神，百年而亡；民用其教，百年而移，故曰黄帝三百年。”黄帝抚万民，仁厚及于鸟兽昆虫，盖即君子以厚德载物之谓。

又，《大戴礼记·五帝德》曰：“孔子曰：是蟜牛之孙，瞽叟之子也，曰重华。好学孝友，闻于四海。陶家事亲，宽裕温良，敦敏而知时，畏天而爱民，恤远而亲亲。承受天命，依于倪皇，睿明通知，为天下王。使禹敷土，主名山川，以利于民。使后稷播种，务勤嘉谷，以作饮食。羲和掌历，敬授民时。使益行火，以辟山莱。伯夷主礼，以节天下。夔龙作乐，以歌籥舞，以和钟鼓。皋陶作士，忠信疏通，知民之情。契作司徒，教民孝友。敬政率经，其言不惑，其德不慝，举贤而天下平。南抚交趾，大教鲜去、渠庾、氐、羌、北山戎、发、息慎、东长、鸟夷羽民。”舜帝承受天命，以利于民，亦君子法地，以厚德载物。

乾卦和坤卦，互为错卦。《系辞传》曰：“乾坤，其《易》之缊邪，乾坤成列，而《易》立乎其中矣。乾坤毁，则无以见《易》，则乾坤或几乎息矣。”朱熹曰：“《易》之所有，阴阳而已。凡阳皆乾，凡阴皆坤。画卦定位，则二者成列，而《易》之体立矣。乾坤毁，谓卦画不立。乾坤息，谓变化不行。”又，《系辞传》曰：“是故，《易》有太极，是生两仪，两仪生四象，四象生八卦。”朱熹曰：“一每生二，自然之理也。《易》者，阴阳之变。太极者，其理也。两仪者，始为一画以分阴阳。四象者，次为二画以分太、少。八卦者，次为三画而三才之象始备。此数言者，实圣人作《易》自然之次第，有不假丝毫智力而成者。”《老子》曰：“道生一，一生二，二生三，三生万物；万物负阴而抱阳，冲气以为和。”犹《易》有太极，分则为乾坤，谓阴阳相对。

伏羲八卦方位：乾位南，坤位北。南方炎，北方寒。乾为阳，为天为圜，为君，为父；坤为阴，为地，为方，为臣，为子。《系辞传》曰：“天尊地卑，乾坤定矣，卑高以陈，贵贱位矣，动静有常，刚柔断矣。”韩康伯注：“先明天尊地卑，以定乾坤之体。天尊地卑之义既列，则涉乎万物贵贱之位明矣。刚动而柔止也，动止得其常体，则刚柔之分著矣。”天地立位，谓阴阳相反。又，《彖》曰：“大哉乾元，万物资始，乃统天。”“至哉坤元，万物资生，乃顺承天。”《系辞传》曰：“乾知大始，坤作成物。”“天地絪缊、万物化醇；男女构精，万物化生。”“子曰：乾坤，其《易》之门邪。乾，阳物也；坤，阴物也。阴阳合德，而刚柔有体，以体天地之撰，以通神明之德。”阴阳合德，谓阴阳相成。又，《系辞传》曰：“是故，阖户谓之坤，辟户谓之乾。一阖一辟谓之变，往来不穷谓之通。”虞翻曰：“阳变阖阴，阴变辟阳，刚柔相推，而生变化也。”荀爽曰：“谓一冬一夏，阴阳相变易也。十二消息，阴阳往来无穷已，故通也。”阴阳变易，谓阴阳变化。

《系辞传》曰：“乾以易知，坤以简能。易则易知，简则易从。易知则有亲。易从则有功。亲则可久，有功则可大。可久则贤人之德，可大则贤人之业。易简而天下之理得矣，天下之理得，而成位乎其中矣。”朱熹曰：“人之所为，如乾之易，则其心明白而人易知；如坤之简，则其事要约而人易从。易知，则与之同心者多，故有亲；易从，则与之协力者众，故有功。有亲，则一于内，故可久；有功，则兼于外，故可大。德，谓行于己者；业，谓成于事者。上言乾坤之德不同，此言人法乾坤之道，至此则可以为贤矣。”韩康伯注：“极易简，则能通天下之理。”荀爽曰：“阳位成于五，阴位成于二。五为上中，二为下中，故曰成位乎其中也。”朱熹曰：“至此，则体道之极功，圣人之能事，可以与天地参矣。”乾易坤简，谓阴阳简易。坤厚载物，即阴简有从有功。

初六，履霜，坚冰至。

〔**译**〕初六，践霜而来，坚冰又至。

《象》曰："履霜坚冰，阴始凝也；驯至其道，至坚冰也。"

《文言》曰："积善之家，必有余庆；积不善之家，必有余殃。臣弑其君，子弑其父，非一朝一夕之故，其所由来者渐矣，由辩之不早辩也。《易》曰履霜坚冰至，盖言顺也。"

〔证〕

初六 《大戴礼记·曾子天圆》："单居离问于曾子曰：天员而地方者，诚有之乎？曾子曰：天之所生上首，地之所生下首。上首之谓员，下首之谓方。如诚天圆而地方，则是四角之不掩也。且来，吾语汝。参尝闻之夫子曰：天道曰圆，地道曰方。方曰幽，而圆曰明。明者，吐气者也，是故外景。幽者，含气者也，是故内景。"注曰："人首员足方，因系之天地。因谓天地为方圆也，《周髀》曰：方属地，圆属天，天圆地方也。《淮南子》曰：天之员不中规，地之方不中矩。《白虎通》曰：天，镇也，其道曰圆；地，谛也，其道曰方。方者阴义，而圆者阳理，故以明天地也。景，古通以为影字。外景者，阳道施；内景者，阴道含藏也。"《吕氏春秋·圜道》："天道圜，地道方。圣人法之，所以立上下。何以说地道之方也？万物殊类殊形，皆有分职，不能相为，故曰地道方。"高诱注："不能相为，不能相兼。"犹地之六方不能相兼。《淮南子·天文训》："天道曰圆，地道曰方。方者主幽，圆者主明。"又曰，"天圆地方，道在中央。"《白虎通·天地》："天圆地方不相类。"疏证曰："《周礼》注引《书考灵曜》云：天以圆覆，地以方载。是不相类也。"《占经》引《灵宪》曰："天体于阳，故圆以动。地体于阴，故方以静。"《太玄·玄莹》曰："天圜地方，极殖中央，动以历静，时乘十二。"按，地为方，方则上下四方为六方。天有九重，地有六方，故乾爻谓九，坤爻谓六。《易》之第一爻称初，故阴爻称初六。

履霜，坚冰至 《春秋繁露·阴阳出入上下》曰："至于中秋之月，阳在正西，阴在正东，谓之秋分，阴阳相半，昼夜均而寒暑平。阳日损而随阴，阴日益而鸿，故至于季秋而始霜。"又，《煖燠孰多》曰："乃季秋九月，阴乃始多于阳，天乃于是时出溧下霜。"《淮南子·时则训》："季秋之月，霜始降。"《月令·季秋之月》："是月也，霜始降。"《吕氏春秋·季秋之月》："是月也，霜始降。"高诱注："秋分后十五日寒露，寒露后十五日霜降，故曰始也。"《逸周书·时训解》："霜降之日，豺乃祭兽。"陈逢衡云："霜降之日，九月中气也。《淮南·天文训》：寒露加十五日，斗指戌则霜降。《国语》：驷见而陨霜。注谓建戌之中，霜始降。《考异邮》曰：霜之为言亡也。"按，《春秋考异邮》曰："霜者阴精，冬令也。四时代谢，以霜收敛，霜之为言亡也，物以终身也。"宋均注："寒气剥露为霜。"《豳风·七月》："九月肃霜，十月涤场。"《正义》曰："肃，音近缩，故肃为缩也，霜降收缩万物。”

《淮南子·时则训》:“孟冬之月，水始冰，地始冻。”“仲冬之月，冰益壮，地始坼。”《月令》:“孟冬之月，水始冰，地始冻。”“仲冬之月，冰益壮，地始坼。”“季冬之月，冰方盛，水泽腹坚，命取冰，冰以入。”《正义》曰：“言此月冰既方盛，水泽腹坚，命取冰，冰以入。”《正义》曰：“言此月冰既方盛。于时极寒，冰实至盛，而云方盛者，此谓月半以前，小寒之节，冰犹未盛，故云方也。至于月半以后，大寒乃盛。水泽腹坚者，腹厚也，谓水湿润泽，厚实坚固。冰既坚固，故命取冰。”《吕氏春秋》:“孟冬之月，水始冰，地始冻。”“仲冬之月，冰益壮，地始坼。”“季冬之月，冰方盛，水泽复，命取冰，冰已入。”高诱注：“秋分后三十日霜降，后十五日立冬，水冰地冻也，故曰始。”“立冬后三十日大雪节，故冰益壮，地始坼，冻裂也。”“复亦盛也，冻重累也。”《逸周书·时训解》:“立冬之日，水始冰；又五日，地始冻。”陈逢衡云：“立冬之日，十月节气也。《孝经纬》：霜降后，斗指西北维立冬。冰始冻者，阴积于亥，故凝结也。地始冻者，寒气由外达内，无不闭塞也。”《周礼》:“凌人掌冰。正岁十有二月，令斩冰，三其凌。”郑氏注：“正岁季冬火星中，大寒，冰方盛之时。”贾公彦疏：“言掌冰者，谓凌人总掌藏冰出冰之事，故云掌冰也。云正岁十有二月，令斩冰者，正岁谓夏之建寅为正，十有二月谓建丑之月，冰坚腹厚之时，令入山斩冰，三其凌者，凌谓冰室之中，三倍纳冰，备消释度故也。”《豳风·七月》:“二之日，凿冰冲冲，三之日纳于凌阴。”毛传：“冰盛水腹，则命取冰于山林。冲冲，凿冰之意；凌阴，冰室也。”二之日，谓十二月，此时冰盛取冰，故曰凿冰冲冲。

《系辞传》曰：“(易)广大配天地，变通配四时，阴阳之义配日月。”又曰，“刚柔者，立本者也，变通者，趣时者也。”朱熹曰：“一刚一柔，各有定位，自此而彼，变以从时。”按，十二月卦，四月六阳生，为乾卦。阳极生阴，五月一阴生，为姤卦。六月二阴生，为遁卦。七月三阴生，为否卦。八月四阴生，为观卦。九月五阴生，为剥卦，十月六阴生，为坤卦。是坤上六为五月，六五为六月，六四为七月，六三为八月，六二为九月，初六为十月。十月从九月而来，九月霜降，故初六谓履霜。又，十月水始冰，十一月冰益壮，十二月冰方盛，故初六又曰坚冰至。《象》曰：“履霜坚冰，阴始凝也；驯致其道，至坚冰也。”即谓初六，来自阴气始凝之霜降，顺其道而至坚冰。即由量变而到质变之谓。《说文》:“驯，马顺也。”段玉裁注：“古驯、训、顺，三字互相假借。”按，乾天以龙象，坤地以马象，故用驯，谓坤地顺至坚冰。

《文言》曰：“积善之家，必有余庆；积不善之家，必有余殃。臣弑其君，子弑其父，非一朝一夕之故，其所由来者渐矣，由辩之不早辩也。《易》曰履霜坚冰至，盖言顺也。"辩，犹辨。谓由微而著之义。李鼎祚《周易集解》曰："今于《易》象，阐扬天道，以明阳生阴杀，天道必然。理国修身，积善为本。故于坤爻初六，阴始生时，著此微言，永为深诫。欲使防萌杜渐，灾害不生；开国承家，君臣同德者也。故《系辞》云：善不积，不足以成名；恶不积，不足以灭身。是其义也。"程氏传："天下之事，未有不由积而成。明者，则知渐不可长，小积成大，辩之于早，不使顺长。故天下之恶，无由而成，乃知霜冰之戒也。霜而至于冰，小恶而至于大，皆事势之顺长也。"

六二，直方大，不习，无不利。

〔译〕六二，正方大，不因袭，无所不利。

《象》曰："六二之动，直以方也，不习，无不利，地道光也。"

《文言》曰："直其正也，方其义也，君子敬以直内，义以方外，敬义立而德不孤。直方大，不习，无不利，则不疑其所行也。"

〔证〕

直方大 《说文》："直，正见也。"《广雅·释诂一》："直，正也。"《字彙》："直，正也。"《尔雅·释水》："滥泉正出。"郭璞注："《公羊传》曰直出，直犹正也。"邢昺疏："《诗·大雅·瞻卬》云：觱沸槛泉。故此释之也。诗言槛泉者，正直上出之泉也。"《魏风·硕鼠》："乐国乐国，爰得我直。"郑笺："直，犹正也。"《毛郑诗考证》："得我直，谓得遂其性，不违人生之正道。"《商书·说命》："惟木从绳则正。"孔氏传："言木以绳直。"《虞书·益稷》："惟几惟康，其弼直。"孔氏传："其辅臣，必用直人。"孔颖达疏："其辅弼之臣，必用正直之人。"《论语·为政》："举直错诸枉，则民服；举枉错诸直，则民不服。"注："包曰：错，置也。举正直之人用之，废置邪枉之人，则民服其上。"《卫灵公》："子曰：直哉史鱼。"《正义》曰："《韩诗外诗》：正直者，顺道而行。"《吕氏春秋·必己》："弗敢直视。"高诱注："直，正。"《礼记·郊特牲》："告之以直信。"郑氏注："直，犹正也，此二者所以教妇正直信也。"按，直与正通，直方即正方，谓天圆而地正方。象曰："六二之动，直以方也。"直以方，即正而方。《文言》曰："直其正也。"亦谓直为正，直方为正方。

《老子》曰："故道大，天大，地大，王亦大，域中有四大。"王弼注："四大：道、天、地、王也。"河上公章句："地大者，无所不载也。"谓地大物博，无所不载。《系辞传》曰："乾以易知，坤以简能。易则易知，简则易从。易知则有亲，易从则有功。有亲则可久，有功则可大。"坤简易从而有功，有功则可大，故坤为大。曰，"夫易，广矣大矣。夫乾，其静也专，其动也直，是以大生焉。夫坤，其静也翕，其动也辟，是以广生焉。”朱熹曰：“乾一而实，故以质言而曰大。坤二而虚，故以量言而曰广。蓋天之形，虽包于地之外，而其气常行乎地之中也，易之所以广大者以此。”是广、大互言，故又曰：“广大配天地。”是天地皆为广大。《尚氏周易学》曰：“方者，地之体；大者，地之用；而二又居中直之位，故曰直方大。”

不习 《说文》：“習（习），数飞也。从羽从白，凡習之属，皆从習。”桂馥义证：“从白者，徐锴作白声。馥案，白非声。”白在羽下，盖是羽翅张飞，而翼下见白之貌。《礼记·月令》：“季夏之月，鹰乃学习。”陈澔注：“此时习翼犹未能远飞，雏学数飞也。数，音朔。”数飞，一次一次，不断飞动。《虞书·大禹谟》：“朕志先定，询谋僉同，鬼神其依，龟筮协从，卜不习吉。”《正义》曰：“我授汝之志，先以定矣；又询于众人，其谋又皆同美矣；我后谋及鬼神，加之卜筮，鬼神其依我矣，龟筮复合从矣。卜法，不得因前之吉，更复卜之。”又曰，“《表记》云：卜筮不相袭。郑云：袭，因也。然则习与袭同。重衣谓之袭。习是后因前，故为因也。”《左传》襄公十三年：“而岁习其祥，祥习则行；不习，则增修德而改卜。”《正义》曰：“其善不因往年，是谓不习吉也。”《校勘记》：“郑注《礼记·表记》、《周礼·大卜》，《正义》引传习作袭。案习，古文袭字。”《文选·杨仲武诔》曰：“龟筮既袭。”是习、袭通用。《韩非子·主道》曰：“群臣守职，百官有常，因能而使之，是谓习常。”陈注：“习同袭。”习常犹袭常。数飞是习本义，因、袭是引伸义。大地，春夏秋冬，四季变换；子丑寅卯，十二消息。故曰不习，即不因袭。坎卦，坎下坎上，谓之习坎。朱熹曰：“习，重习也。”是习有重意，不习，谓坤地四时变化，不相重习，即不相重复。

无不利 《彖》曰：“至哉坤元，万物资生，乃顺承天。坤厚载物，德合无疆。含弘光大，品物咸亨。”《象》曰：“不习，无不利，地道光也。”谓坤乃顺承天道，寒暑相推，使万物冬藏春生，夏长秋成，是以品物咸亨，为地道之光，为无不利。又，《文言》曰：“直其正也，方其义也。君子敬以直内，义以方外，敬义立而德不孤。直方大，不习，无不利，则不疑其所行也。”程氏传：“直言其正也，方言其义也。君子敬以直其内，守义以方其外。敬立而内直，义形而外方。义形于外，非在外也。敬义既立，其德盛矣，不期大而大矣，德不孤也。无所用而不周，无所施而不利，孰为疑乎？”朱熹曰：“此以学而言之也。”此谓人法地之直方大，象其地之不习，知幽明之道而不违，则无所不利。《老子》曰：“人法地，地法天，天法道，道法自然。”王弼注：“法自然者，在方而法方，在圆而法圆，于自然无所违也。”人在方而法方，于自然无所违，故无所不利。六二，得坤地之中正，故曰直方大，不习，无不利。又，六二为九月，在戌，《说文》：“五行土生戌，盛于戌。”《淮南子·天文训》：“土生于午，壮于戌，死于寅。”午，五月，一阴生；戌，九月，五阴生。戌为土之壮盛，最得坤阴之象，曰直方大，不习，无不利。

六三，含章可贞。或从王事，无成有终。

〔译〕六三，含藏章美，可以正道而行。如若从事王事，不居其功，只终其事。

《象》曰："含章可贞，以时发也。或从王事，知光大也。"

《文言》曰："阴虽有美含之，以从王事，弗敢成也：地道也，妻道也，臣道也。地道无成，而代有终也。"

〔证〕

含章可贞 《尔雅·释鸟》："素质五采皆备成章。"《小雅·六月》："织文鸟章，白旆央央。"郑笺："鸟章，鸟隼之文章。"《说文》："彰，文彰也。"段玉裁注："通作章。"《虞书·皋陶谟》："天命有德，五服五章哉。"孔氏传："五服：天子、诸侯、卿、大夫、士之服也。尊卑彩章各异，所以命有德。"《校勘记》云："章，古本作彰。"《荀子·法行》："故虽有珉之雕雕，不若玉之章章。"郝懿行曰："雕雕、章章、皆文采宣著之貌。"姤卦，巽下乾上。《象》曰："天地相遇，品物咸章也。"谓阴阳相遇，万物皆斐然而有章采。又，九五曰："以杞包瓜，含章。"谓以不可食之杞叶，包甜美之瓜，为含章。其《象》曰："九五含章，中正也。"谓九五内含中正之美，故曰含章。《易》，一、三、五为阳位，即奇数为阳位；二、四、六为阴位，即偶数为阴位。乾卦《文言》曰："乾始能以美利利天下。"是乾为美。坤卦六三，阴在阳位，其形为阴，其质为阳，为内含章美，故曰含章。

《系辞传》曰："三与五，同功而异位。三多凶，五多功，贵贱之等也。"朱熹曰："三、五同阳位，而贵贱不同。"崔憬曰："三，诸侯之位，五，天子之位，同有理人之功、而君臣之位异者也。"又曰，"三处下卦之极，居上卦之下，为一国之君，有威权之重；而上承天子，若无含章之美，则必致凶。"含章可贞，谓含晦其章美，可以正道而行。即谦谦君子，用涉大川之义。《象》曰："含章可贞，以时发也。"程氏传："夫子惧人之守文，而不达义也，又从而明之：言为臣处下之道，不当有其功善，必含晦其美，乃正而可常；然义所当为者，则以时而发，不有其功耳。不失其宜，乃以时也，非含藏终不为也。含而不为，不尽忠者也。"按，《文言》曰："坤道其顺乎，承天而时行。"圣人以时，时藏则藏，时行则行，非谓藏而不行，故又曰或从王事。

或从王事 《小雅·北山》："偕偕士子，朝夕从事。王事靡盬。"《正义》曰："今为王事之子，以朝继夕，从于王役之事，不得休止。王家之事，无不坚固。"王事，王家之事。或从王事，谓或者从事王事。《象》曰："或从王事，知光大也。"地得天而光，臣得君而用，从王役，尽瘁国事，乃知光大者。刘向《说苑・臣术》曰："人臣之术，顺从而复命，无所敢专。义不苟合，位不苟尊，必有益于国，必有辅于君，故其身尊而子孙保之。"又曰："安官贪禄，营于私家，不务公事，怀其智，藏其能，主饥于论，渴于策，犹不肯尽节，容容乎与世沉浮上下，左右观望，如此者，具臣也。"前者从王事，为知光大者，为荣；后者不从王事，为不知光大者，为辱。《彖》曰："至哉坤元，万物资生，乃顺承天。"又曰，"先迷失道，后顺得常。"地承天为大，阴顺阳为得常，故臣从王事，为知光大。

无成有终 《文言》曰："阴虽有美含之，以从王事，弗敢成也：地道也，妻道也，臣道也。地道无成，而代有终也。"荀爽曰："六三阳位，下有伏阳。坤阴卦也，虽有伏阳，含藏不显。以从王事，要待乾命，不敢自成也。"宋衷曰："臣子虽有才美，含藏以从其上，不敢有所成名也。地得终天功，臣得终君事，妇得终夫业，故曰而代有终也。"程氏传："为下之道，不居其功，含晦其章美，以从王事。代上以终其事，而不敢有其成功也。犹地道代天，终物而成功，则主于天也。妻道亦然。"按，《彖》曰："至哉坤元，万物资生，乃顺承天。"坤承天而生万物，是成事在天，终事在地。《象》曰："或从王事，知光大也。"亦谓坤之资生，乃光大乾之资始。坤为乾之续，而不敢专其成，故曰无成有终。

《系辞传》曰："《易》之为书也，广大悉备。有天道焉，有人道焉，有地道焉。兼三才而两之故六。六者非他也，三才之道也。"朱熹曰："三画已具三才，重之故六。而以上二爻为天，中二爻为人，下二爻为地。"是以坤卦初、二两爻言地理，三、四两爻言人事，五、六两爻言天象。五为天子，故其位在天。又，初六为十月，则六二为九月，六三为八月。八月斗建酉之辰。《说文》："卯为春门，万物已出；酉为秋门，万物已入。一，闭门象也。"《月令・仲秋之月》："乃命有司，趣民收敛，务畜菜，多积聚。"是皆有含章之义。《系辞传》曰："圣人设卦，观象系辞焉，而明吉凶。"六三即是观卦爻之象，而系以辞。

六四，括囊，无咎无誉。

〔译〕六四，缄口，无灾过，无美誉。

《象》曰："括囊无咎，慎不害也。"

《文言》曰："天地变化，草木蕃；天地闭，贤人隐。《易》曰：括囊，无咎无誉。盖言谨也。"

〔证〕

括囊 《说文》:“括，絜也。段注:“絜者，麻一耑也，引申为絜束之絜。凡物围度之曰絜,《贾子》度长絜大是也。束之亦曰絜，凡经言括髮者，皆谓束髮。髟部曰:髻者，絜髮也。然则束髮曰髻，括为凡物总会之称。”《小雅·车舝》:“德音来括。”毛传:“括，会也。”《毛诗传笺通释》:“《韩诗》: 括，约束也，以德音来相约束。又，栝，檃也。均与约束义同。”《庄子·寓言》:“向也括，而今也被髮。”括，括发，束发；被，通作披。《系辞传》曰:“动而不括，是以出而有获。”动而不括，犹言动而不受约束。又,《大雅·公刘》:“迺裹糇粮，于橐于囊。”毛传:“小曰橐，大曰囊。”《诗集传》曰:“无底曰橐，有底曰囊。”盛物大袋。括囊，谓紧束大袋之口，此地则戒缄口。

《说文》:“申，七月阴气成体，自申束。从臼，自持也。”段玉裁注:“臼，叉手也。当是从丨，以象其申；从臼，以象其束。”王筠句读:“申束者，揫敛之意，汉人相传之故训也。”《说文》:“揫，束也。”《孟子·梁惠王上》:“谨庠序之教，申之以孝悌之义。”俞樾评议:“申乃约束之义，谓以孝悌约束之也。”《淮南子·道应》:“墨者有田鸠者，欲见秦惠王，约车申辕，留于秦。”高诱注:“申，束也。”《汉书·文帝纪》:“勒兵申教令。”注曰:“申，谓约束之。”《元帝纪》:“公卿其明察申敕之。”注曰:“申，言自约束也。”上六，为阴出第一爻；六五，为阴出第二爻；六四，为阴出第三爻。三爻阴气成体，故自约束之，故喻以括囊。

无咎无誉 《象》曰:“括囊无咎，慎不害也。”《系辞传》曰:“二与四，同功而异位，其善不同。二多誉，四多惧，近也。”朱熹注:“同功，谓皆阴位；异位，谓远近不同。四近君，故多惧；柔不利远，而二多誉者，以其柔中也。”六四，虽近五之君位，有多获咎之惧，以其括囊，慎而不受害，故曰无咎；然则，不在中位，故亦无誉。是以，统称无咎无誉。又,《文言》曰:“天地变化，草木蕃；天地闭，贤人隐。《易》曰：括囊，无咎无誉，盖言谨也。”按，天地变化，于《易》为泰卦，乾下坤上，天地交，而万物通。天地闭，于《易》为否卦，坤下乾上，天地不交，而万物不通。《象》曰:“天地不交，否，君子以俭德辟难，不可荣以禄。”朱熹注:“否，闭塞也，七月之卦也，正与泰反。辟，音避；难，去声。收敛其德，不形于外，以避小人之难。人不得以禄位荣之。”是坤之六四《文言》所曰，即否之《象传》所曰，皆为七月之象。天地闭而不交，亦犹君臣隔而不通。盖时会不通，事当谨慎，故曰括囊，无咎无誉。

六五，黄裳，元吉。

〔译〕 六五，黄色下裙，大吉。

《象》曰：“黄裳元吉，文在中也。”

《文言》曰：“君子黄中通理，正位居体，美在其中；而畅于四支，发于事业，美之至也。”

〔证〕

黄裳 《说文》：“黄，地之色也。从田从炗，炗亦声。炗，古文光。凡黄之属，皆从黄。”段玉裁注：“玄者，幽远也，则为天之色可知。《易》曰：夫玄黄者，天地之杂也。天玄而地黄，土色黄，故从田。”《夏书·禹贡》：“厥土惟黄壤，厥田惟上上。”蔡注：“黄者，土之正色。林氏曰：物得其常性者最贵。雍州之土黄壤，故其田非他州所及。”《邶风·绿衣》：“绿衣黄里”，“绿衣黄裳。”毛传：“黄，正色。”又曰，“上曰衣，下曰裳。”《正义》曰：“黄，中央之正色。”中央为土，土之正色为黄。《周礼·考工记》：“画绘之事，地谓之黄。”《左传》隐公元年：“不及黄泉，无相见也。”杜预注：“地中之泉，故曰黄泉。”服虔注：“天玄地黄，泉注地中，故曰黄泉也。”

《白虎通·衣裳》：“何以知上为衣，下为裳？以其先言衣也。《诗》曰：褰裳涉溱。所以合为下也。”《续汉·舆服志》：“乾坤有文，故上衣玄，下裳黄。”傅玄《裳铭》：“上衣下裳，天地则也。服从其宜，君子德也。”又，《系辞传》曰：“黄帝尧舜，垂衣裳而天下治，盖取诸乾坤。”《九家易》注：“黄帝以上，羽皮革木，以御寒暑。至乎黄帝，始制衣裳，垂示天下。衣取象乾，居上覆物；裳取象坤，在下含物也。”虞翻注：“乾为治，在上为衣；坤在下，为裳。乾坤万物之蕴，故以象衣裳。”韩康伯注：“垂衣裳以辨贵贱，乾尊坤卑之义。”孙星衍《周易集解》，引《礼记疏》曰：“乾为天，其色元；坤为地，其色黄。”又引《诗疏》曰：“故元以为衣，黄以为裳，象天在上，地在下。”按，天玄地黄，上衣下裳，是黄裳谓坤地。

元吉 《象》曰：“黄裳元吉，文在中也。”《文言》曰：“君子黄中通理，正位居体，美在其中，而畅于四支，发于事业，美之至也。”前者言象，后者谓人，皆谓六五居中，阴在阳位，刚柔相济，是以中和有文；又，五为尊位，故而大吉。侯果曰：“六五以中和通理之德，居体于正位，故能美充于中，而旁畅于万物，形于事业，无不得宜，是美之至也。”朱熹《周易本义》曰：“黄，中色；裳，下饰。六五以阴居尊，中顺之德，充诸内而见于外。故其象如此，而其占为大善之吉也。占者德必如是，则是占亦如是矣。《春秋传》：南蒯将叛，筮得此爻，以为大吉。子服惠伯曰：忠信之事则可，不然必败。后蒯果败。”黄裳元吉，谓黄者地之色，裳者下之服；如坤之顺乾，裳之下衣，则可大吉。南蒯叛君是失为臣之道，故果败。乾卦九五曰飞龙，坤卦六五曰黄裳，前者言天，后者言地，是上下君臣之象。又，《月令》云：“中央土。”郑氏注：“火休而盛德在土。”

孔颖达疏："土位本未，宜处于季夏之末，金火之间。"《淮南子·时则训》曰："季夏之月，招摇指未，其位中央，其日戊己，盛德在土。"高诱注："盛德在土，土王中央。"坤卦六五，当六月之爻，盛德在土，故为黄裳之象。

上六，龙战于野，其血玄黄。

〔译〕上六，龙战于地之外，其血玄色黄色。

《象》曰："龙战于野，其道穷也。"

《文言》曰："阴疑于阳，必战。为其嫌于无阳也，故称龙焉。犹未离其类也，故称血焉。夫玄黄者，天地之杂也，天玄而地黄。"

〔证〕

龙战于野 《说文》："战，斗也。"段玉裁注："两士相对，兵杖在后也。《左传》曰：皆陈曰战。"又，《说文》："野，郊外也。"段注："《诗》·《召南》、《邶风》传皆曰：郊外曰野。《郑风》传曰：野，四郊之外也。"《周书·牧誓》："王朝至于商郊牧野乃誓。"《正义》曰："言至于商郊牧野，知牧是郊上之地，战在平野，故言野耳。《诗》云：于牧之野。《礼记·大传》云：牧之野，武王之大事，继牧言野，明是地。"是牧野皆为郊外之地。又，《尔雅·释地》曰："邑外谓之郊。"六五为中，中为邑；上六在六五之外，为郊。坤为地，地上为天为龙，天地相交于天之下，地之上，是以龙战于野，即天战于地之野，亦阴阳相激。《文言》曰："阴疑于阳，必战。为其嫌于无阳也，故称龙焉。"阴来故被阳疑，阳必战之。因为怕人不见阳而不知，故特称龙，以明乾阳在上。此乃教人见象于无形之外。

其血玄黄 黑而有赤色者为玄，黄而土色者为黄。龙为乾天，天远色玄；野为坤地，地厚色黄。天地阴阳交战，战必互相浴血，故曰其血玄黄，谓其激烈之至。又，屯卦，震下坎上，上六曰："泣血涟如。"需卦，乾下坎上，六四曰："需于血。"涣卦，坎下巽上，上九曰："涣其血去。"血皆喻水。龙战于野，其血玄黄，谓天在水外，地在水中，天地相交于水，天玄地黄，故其血玄黄。《文言》曰："犹未离其类也，故称血焉。夫玄黄者，天地之杂也，天玄而地黄。"《管子·水地》："水者，地之血也，如筋脉之通流者也。"《四时》曰："寒生水与血。"房注："寒释则水流，血亦水之类。"天地交于水，血亦水类，故称血，为犹未离其类。

就其十二阴阳推移而言，上六为五月之阴姤阳。《月令·仲夏之月》云："是月也，阴阳争，死生分。"郑氏注："仲夏者，斗建午之辰。""争者，阳方盛，阴欲起也。分，犹半也。"死生分，谓阳使物生，从此阴使物死（成），亦阴阳争之应。《说文》："午，牾也。五月阴气午逆阳，冒地而出。”段玉裁注：“《律书》曰：午者，阴阳交，故曰午。《天文训》曰：午，仵也，阴气从下上，与阳相仵逆也。《广雅·释言》：午，仵也。按，仵即牾字。四月纯阳，五月一阴逆阳，冒地而出，故制字以象其形。”桂馥义证：“五月阴气午逆阳、冒地而出也者，徐锴曰：人为阳，一为地，丨为阴气贯地，午逆阳也，五月阳极而阴生。孔颖达曰：五月夏至，日北极，阴进而阳退。本书五下云：阴阳在天地间交午也。”以其上六，为五月之阴逆阳，故其辞曰：“龙战于野。”《象》曰：“龙战于野，其道穷也。”《说文》：“穷，极也。”谓龙战于野者，以其阳极阴来而战。干宝曰：“天道穷，至于阴阳相薄也。”即是阳极阴生，阴阳交杂轮转之义。

用六，利永贞。

〔译〕　运用地之则，利于长久守正不渝。

《象》曰：“用六永贞，以大终也。”

〔证〕

用六　《文言》曰：“乾元用九，乃见天则。”故坤元用六，乃见地则，是《文言》于坤卦用六无言。坤卦卦辞曰：“坤，元亨，利牝马之贞。君子有攸往，先迷后得主，利。西南得朋，东北丧朋。安贞吉。”此为地之则。又，《彖》曰：“至哉坤元，万物资生，乃顺承天。坤厚载物，德合无疆，含弘光大，品物咸亨。牝马地类，行地无疆。柔顺利贞，君子攸行。”此亦地之则。《象》曰：“地势坤，君子以厚德载物。”此以地形厚而载物，律君子以厚德载人，亦地之则。《系辞传》曰：“易与天地准，故能弥纶天地之道。仰以观于天文，俯以察于地理，是故知幽明之故。”用六，即是与天地准，俯以察于地理，以知幽明之故。

利永贞　卦辞曰：“安贞吉。”即利永贞，以永贞为吉利。《彖》曰：“先迷失道，后顺得常。西南得朋，乃与类行。东北丧朋，乃终有庆。”迷不得主为失道，后顺承天为得常道。西南得朋不为得，乃与类行。东北丧朋，不为丧，乃终有庆。是阴从阳，利永贞。故《象》曰：“用六永贞，以大终也。”朱熹曰：“初阴后阳，故曰大终。”阳为大，阴为小。阴以承阳为终，为大终。阴永正其道，得以阳为终，故曰利永贞。按，地随天之冬去春来，以生万物，是以谓利永贞。又，侯果曰：“用六，妻道也，臣道也，利在长正矣。不长正，则不能大终阳事也。”干宝曰：“阴体其顺，臣守其柔，所以秉义之和，履贞之干，唯有推变，终归于正。是周公始于负扆南面，以先王道；卒于复子明辟，以终臣节，故曰利永贞也。”

第三卦　甲　子

䷂ 坎上 震下

屯，元亨利贞，勿用有攸往，利建侯。

〔译〕　屯，大亨通，利于正道，不要有所前往，利于建立侯国。

《彖》曰："屯，刚柔始交而难生，动乎险中，大亨贞。雷雨之动满盈，天造草昧。宜建侯而不宁。"

《象》曰："云雷，屯，君子以经纶。"

〔证〕

震下坎上　乾卦《文言》曰："大哉乾乎！刚健中正。""九三，重刚而不中。""九四，重刚而不中。"是刚谓乾阳之体。坤卦《象》曰："牝马地类，行地无疆，柔顺利贞。"《文言》曰："坤至柔而动也刚。"是柔谓坤阴之体。于屯卦，刚谓初九阳气，柔谓六二、六三阴气。下震阳上逆阴，为刚柔始交。《说卦传》曰："坎，陷也。"坎卦《彖》曰："习坎，重险也。"是坎为陷为险。又，《说卦传》曰："震，动也。"故震下坎上，《彖》曰："刚柔始交而难生，动乎险中。"《正义》曰："以刚柔二气始欲相交，未相通感，情意未得，故难生也。若刚柔已交之后，物皆通泰，非复难也。"又曰，"动，震之为也；险，坎之地也。"《汉上易集传》："震者，乾交于坤，一索得之，刚柔始交也。坎，险难，刚柔始交而难生也。"朱熹曰："震，一阳动于二阴之下，故其德为动，其象为雷。坎，一阳陷于二阴之间，故其德为陷为险，其象为云为雨为水。"

《系辞传》曰："日往则月来，月往则日来，日月相推，而明生焉。寒往则暑来，暑往则寒来，寒暑相推，而岁成焉。往者屈也，来者信也，屈信相感，而利生焉。"《易》之卦，由下至上，上为往者，下为来者。屯卦，四之上为坎，于伏羲八卦，坎位正西，为孟秋，为七月；三之五为艮，艮位西北，为阴剥一阳，为八九月；二之四为坤，坤位正北，为纯阴，为十月；初之三为震，震位东北，为一阳来复，为十一月。屯卦，往者为七月、八月、九月、十月，来者为十一月。如此寒暑易节，往来相推，屈伸相感，而利生焉。是以，虽刚柔始交而难生，然雷雨之动满盈，天造草昧，万物于困难中苏生。虞翻曰："确乎难拔，故难生也。"坎为难，震为动，是动上有难，为确乎难拔。又，三之五为艮为止，为动止于难，为确乎难拔。是屯卦，有十一月之象。十一月，为周之正月，万象更新之始，始则难，为难生。

《吕氏春秋》云："仲冬之月，律中黄钟。"高诱注："黄钟，阳律也，竹管音与黄钟和也。阳气聚于下，阴气盛于上，万物萌聚于黄泉之下，故曰黄钟也。”《月令》：“仲冬之月，律中黄钟。”《正义》曰：“按《元命包》：黄钟者，始黄。注云：始萌黄泉中。《律历志》云：黄者中之色，君之服；钟，种也。又云：黄，五色莫盛焉，故阳气始种于泉，孳萌万物，为六气元也。《周语》曰：黄钟，所以宣养六气九德也。按彼注：十一月，阳伏于下，物始萌。”屯卦，初九为阳，二之四为阴，为黄泉，此即阴气盛于上，阳气伏于下，阳以生物，为万物萌聚于黄泉之下。郑氏注：“黄钟者，律之始也，九寸，仲冬气至，则黄钟之律应。”是十一月，为阳气始种于黄泉，物皆孳萌，为刚柔始交，而难生之象。

《月令·仲冬之月》云：“冰益壮，地始坼，鹖旦不鸣，虎始交。”“是月也，日短至，阴阳争，诸生荡。”“芸始生，荔挺出，蚯蚓结，麋角解，水泉动。”郑氏注：“争者，阴方盛，阳欲起也。荡，谓物动，萌芽也。”孔颖达疏：“芸始生、荔挺出者，皇氏云：以其俱香草，故应阳气而出。而蚯蚓结者，蔡云：结犹屈也，蚯蚓在穴，屈首下向阳气，气动则宛而上首，故其结而屈也。麋角解者，说者多家，皆无明据，故略论焉。若节气早，则麋角十一月解，故《夏小正》云：十一月麋角陨坠，是也。若节气晚，则十二月麋角解，故《小正》云：十二月陨麋角。”是麋角解，乃阳交阴之象。

《季冬之月》云：“冰方盛，水泽腹坚，命取冰。”《正义》曰：“言此月冰既方盛，于时极寒。冰实至盛，而云方盛者，此谓月半以前，小寒之节，冰犹未盛，故云方也。至于月半以后，大寒乃盛。水泽腹坚者，腹，厚也，谓水湿润岸，厚实坚固。冰既坚固，故命取冰。”《吕氏春秋·季冬纪》云：“冰方盛，水泽復，命取冰，冰已入。”高诱注：“復，亦盛也。復或作複，冻重累也。入，入凌室也。《诗》云：二之日，凿冰冲冲；三之日，纳于凌阴，此之谓也。”《周礼·天官》：“凌人掌冰，正岁十有二月，令斩冰，三其凌。”郑氏注：“正岁季冬，火星中，大寒，冰方盛之时。”十一月冬至，一阳始起，阴气推而上，故小寒、大寒方来，是以《彖》曰：“刚柔始交而难生，动乎险中。”

《逸周书·时训解》：“大雪之日，鹖鸟不鸣；又五日，虎始交；又五日，荔挺生。”潘振云：“此解十一月节也。大雪，对小雪而言，十一月始大也。鹖鸟，阴类，夜鸣而求旦，感微阳而不鸣。交，犹合也。荔挺，香草也，从阳而生。”《时训解》曰：“冬至之日，蚯蚓结；又五日，麋角解；又五日，水泉动。”陈逢衡云：“冬至之日，十一月中气也。蚯蚓结者，高诱《吕氏注》：结，纡也。麋角解者，麋是阴兽，冬至得阳气而解角也。水泉动者，泉浚于地，阳气聚于内，故禀微阳而动，动谓气始达也。”十一月，日南至，北陆最寒。物极则反，日从此由南向北，微阳始起，故为刚柔始交而难生。屯卦，一阳起于重阴之下，即是此象。

《时训解》曰："小寒之日，雁北向；又五日，鹊始巢；又五日，雉始雊。"潘振云："此解十二月节也。鹊，大如鸦而长尾、尖嘴、黑爪、绿背、白腹，阳鸟,随阳而动。雉属火，感于阳而鸣。"《易通卦验》云："鹊者，阳鸟，先物而动，先事而应，见于未风之象。"《时训解》曰："大寒之日，鸡始乳；又五日，鸷鸟厉；又五日，水泽腹坚。"陈逢衡云："大寒之日，十二月中气也。《淮南·天文训》：小寒加十五日，斗指丑则大寒。谓之大寒者，寒至此无复加也。《易稽览图》所谓冬至后三十日极寒，是也。《白虎通》曰：冬至，阳始起，反大寒，何也？阴气推而上，故大寒。"《通典》引《魏台访议》云："冬至，阳动于下、推阴而上之，故大寒于上。"屯卦，震下坎上，阳起推阴，寒于其上，亦十一月、十二月之象。《彖》曰："屯，刚柔始交而难生，动乎险中。"即此。

《豳风·七月》："一之日觱发，二之日栗烈。"毛传："一之日，十之余也。一之日，周正月也。觱发，寒风也。二之日，殷正月也。栗烈，寒气也。"《正义》曰："蓋以日月相对，日阳月阴。阳则生物，阴则成物。建子之月，纯阴已过，阳气初动，物以牙蘖将生，故以日称之。建巳之月，纯阳用事，阴气已萌，物有秀实成者，故以月称之。"按，屯卦，初九为一阳来复，为建子之月；二之四为坤，为纯阴已过；初之三为震，为阳气初动，物以牙蘖将生；四之上为坎，为觱发、栗烈。是亦刚柔始交而难生，动乎险中之义。

屯卦，震下坎上，震为雷，坎为雨，雷行雨施，万物苏生。《彖》曰："雷雨之动满盈，天造草昧。"谓雷行雨施，盈满天地之间，阴阳之气，创造万物，为混沌状态。王弼注："屯者，天地造始之时也。造物之始，始于冥昧，故曰草昧也。"孔颖达疏："草谓草创，昧谓冥昧，言天造万物，于草创之始，如在冥昧之时也。造物之始，始于冥昧者，造物之始，即天造草昧也。草谓草创，初始之义；始于冥昧者，言物之初造，其形未著，其体未彰，故在幽冥暗昧也。"荀爽曰："谓阳动在下，造物于冥昧之中也。"按，初之三为震，震为雷，雷为阳气之动。二之四为坤，坤为地。震之初九在坤下，为阳动在下。又，震下坎上，初之五为大离，离为日为烜；二之五为大艮，艮为山为产。如此，雷以动之，雨以润之，日以照之，山以产之，为造物于草昧之中。

《韩诗外传》："天施地化，阴阳和合，动以雷霆，润以风雨。"《易系辞》："雷以动之"，"雨以润之"，"万物出乎震"，"动万物者莫疾乎雷"，"润万物者，莫润乎水"，又，"天地解而雷雨作，雷雨作而百果草木皆甲坼。"又，"鼓之以雷霆，润之以风雨"，又，"天下雷行，物与无妄"。《九家易》："物受之以生，无有灾妄。""雷雨者，兴养万物。"《后汉书·郎顗传》："雷者，所以开发萌芽，避阴除害，万物须雷而解，资雨而润。故经曰：雷以动之，雨以润之。"《五经通义》："天所以有雷霆风雨，霜雪雾露何？欲以成岁，润万物，因以见灾异也。”《召南·殷其雷》：“殷其雷，在南山之阳。”毛传：“殷，雷声也；山南曰阳。雷出地奋，震惊百里；山出云雨，以润天下。”屯卦，下震上坎，即下雷上雨；中间为艮，艮为山。是雷出山阳而地奋，山出云雨以润天下。

《逸周书·时训解》曰：“雨水之日，獭祭魚；又五日，鸿雁来；又五日，草木萌动。”陈逢衡云：“雨水之日，正月中气也。谓之雨水者，前此雨雪，今则融为水也。萌动，谓草木之根，渐有生意，《大戴礼》所谓百草权舆是也。”《时训解》曰：“惊蛰之日，桃始华；又五日，仓庚鸣；又五日，鹰化为鸠。”陈逢衡云：“惊蛰之日，二月节气也。谓之惊蛰者，蛰虫闻雷而惊出也。《淮南·天文训》：雨水加十五日，斗指甲则雷惊蛰。盖前此有动有不动，今则无不动矣。故《月令仲春》，言蛰虫咸动也。桃也者，杝桃也，即《小正》所谓，梅杏杝桃则华也。此不言梅杏者，梅杏华或在前，而桃则必二月始华也。仓庚者，商庚也，即《小正》所谓，有鸣仓庚也。鸣则蚕生，故《豳风》詠之，以记可蚕之候焉。”

《时训解》曰：“春分之日，玄鸟至；又五日，雷乃发声；又五日，始电。”陈逢衡云：“春分之日，二月中气也。《淮南·天文训》：惊蛰加十五日，斗指卯中绳，故曰春分。《春秋繁露》：仲春之月，阳在正东，阴在正西，谓之春分。春分者，阴阳相半也，故昼夜均，而寒暑平。雷也者，震气也。正月必雷，雷不必闻，至二月始得闻之。电也者，激气也。二月其气微，不甚著，故人有见有不见也。谓之始者，因雷而使之也。”屯卦，坎上震下，上为前，下为后，坎为雨水，震为惊蛰雷电，是为雷雨之动满盈。又，草木得雨水而萌动，万物得雷电而惊苏，是以为天造草昧。

又，《说文》：“子，滋也。十一月，阳气动，万物滋。”“丑，纽也。十二月，万物动用事。”“寅，髌也。正月阳气动，去黄泉欲上出，阴尚强，象宀不达髌寅于下也。”“卯，冒也。二月，万物冒地而出。”《史记·律书》曰：“子者，滋也，言万物滋于下也。”“丑者，纽也，言阳气在上未降，万物厄纽未敢出。”“寅者，言万物始生螾然也，故曰寅。”《汉书·律历志》曰：“孳萌于子。”“纽牙于丑。”“引达于寅。”“冒茆于卯。”《释名》曰：“子，孳也，阳气始萌孳，生于下也。于《易》为坎，坎，险也。”“丑，纽也，寒气自屈纽也。于《易》为艮，艮，限也，时未可听物生，限止之也。”“寅，演也，演生物也。”“卯，冒也，载冒土而出也。于《易》为震，二月之时，雷始震也。”段玉裁曰：“子，本阳气动、万物滋之称。象物滋生之形。糸部曰：纽，系也。一曰结而可解。十二月，阴气之固已渐解，故曰纽也。正月，阳气欲上出。螾之为物，诘诎于黄泉，而能上出，故其字从寅。阴尚强，阳不能遂，如宀之屋于上，故从宀。宀象阴尚强，臾象阳气去黄泉欲上出。葢阳气至是始出地。卯为春门，万物已出。”屯卦，坎上震下，动乎险中，乃十一月至二月，阳起物生之时，以其阴强于上，故为屯难。

屯《说文》："屯，难也。象屮木之初生，屯然而难。从屮贯一，一，地也；尾曲。《易》曰：屯，刚柔始交而难生。"段玉裁注："《说文》多说一为地，或说为天，象形也。屮贯一者，木剋土也。屈曲之者，未能申也。乙部曰：春艸木冤曲而出，阴气尚强，其出乙乙。屯字从屮而象其形也。"桂馥义证："象屮木之初生、屯然而难者，《集韵》引云：象艸初生，屯然而难别。尾曲者，象其根。"又，《说文》："萅，推也。从艸，从日。艸，春时生也，屯声。"邵瑛《群经正字》："隶变作春，今经典因之。"段玉裁注："此于双声求之。《乡饮酒义》曰：东方者春，春之为言蠢也。《尚书大传》曰：春，出也，万物之出也。日、艸、屯者，得时艸生也。屯字象艸木之初生。会意兼形声。"桂馥义证："推也者，《五经通义》：冬至，阳动于下，推阴而上之，故大寒于上；夏至，阴动于下，推阳而上之，故大热于上。故《易》云：日月运行，一寒一暑。《春秋元命苞》：春者神明推移，精华结纽。宋均注云：神明犹阴阳相推，使物精华结成纽要也。艸春时生也者，《尸子》：春，动也，是故鸟兽孕孳，草木华生，万物咸遂。屯声者，徐锴曰：屯，草生之难也，故云亦声。"屯卦，震下坎上，震为十一月冬至，一阳动于下，推重阴而上之，故大寒于上，是以为春来物破土而生，为屯。其初生难，是以屯为难生。

《说文》："才，艸木之初也。从丨上贯一，将生枝叶。一，地也。"段玉裁注："引伸为凡始之称。一，谓上画也；将生枝叶，谓下画。才有茎出地，而枝叶未出，故曰将。艸木之初，而枝叶毕寓焉，人之初，而万善毕具焉，故人之能曰才，言人之所蕴也。"又，《说文》："屮，艸木初生也。象丨出形，有枝茎也。古文或以为艸字，读若彻。凡屮之属，皆从屮，尹彤说。"桂馥义证："象丨出形、有枝茎也者，当云：丨，象出形；凵，有枝茎也。《韵会》引徐锴本：象屮出形。锴系传：屮，从丨，引而上行，艸始脱孚甲，未有岐根。"《说文》："之（㞢），出也。象艸过屮，枝茎益大，有所之。一者，地也。凡之之属，皆从之。"桂馥义证："出也者，本书：出，进也，象草木益滋，上出达也。象艸过屮、枝茎益大、有所之者，本书：屮，草木初生也，象丨出形，有枝茎也。馥案，有所之者，谓枝茎四出也。"又，《说文》："出，进也。象艸木益滋上，出达也。凡出之属，皆从出。"桂馥义证："象艸木益滋上，出达也者，本书生下云：象艸木生出土上。《月令》：句者毕出，萌者尽达。"段注："凡艸木之字，才者，初生而枝叶未见也；屮者，生而有茎有枝也；之者，枝茎益大也。出者，益兹上进也。此四字之先后次弟。"

又，《说文》曰："乙，象春艸木冤曲而出，阴气尚强，其出乙乙也。与丨同意。凡乙之属，皆从乙。"段玉裁注："冤之言郁，曲之言诎也。乙乙，难出之貌。《史记》曰：

乙者，言万物生轧轧也。《汉书》曰：奋轧于乙。《文赋》曰：思轧轧其若抽。轧轧，皆乙乙之假借。轧从乙声，故同音相假。《月令》郑注云：乙之言轧也，时万物皆抽轧而出。物之出土艰屯，如轧之辗涩滞。谓与自下通上之丨同意也，乙自下出，上碍于阴。"桂馥义证："(乙)与丨同意者，丨当为中。徐锴系传音彻，云：同为出也。馥案：屯，从中，象屮木之初生，屯然而难。"按，中与屯，皆为草木初生；然中之与屯，不同有二：其一，中无一横于其上，是以中生无碍,而屯生有碍。其二，中之丨,《说文》曰："上下通也。"屯之乙,《说文》曰："象春屮木冤曲出，阴气尚强，其出乙乙也。"是以屯之尾曲，有难生之意。《彖》曰："屯，刚柔始交而难生。"即此。朱熹曰："屯，六画卦之名也。难也，物始生而未通之意。故其为字，象中穿地，始出而未申也。其卦以震遇坎，乾坤始交，而遇险阻，故其名为屯。"又，甲骨文和金文，屯字形同，均象种子破土，而初生纽曲，为象形会意字。

扬雄《太玄经》曰："礥，阳气微动，动而礥礥，物生之难。"范望注："象屯卦，行属于木。谓之礥者，礥，难也。冬至之节，阳气微动，生万物礥而难也，故谓之礥。礥之初一，日入女宿二度也。"司马光注："礥，下珍切，又音贤。阳家，木，准屯。宋曰：礥，难也。光谓：物之初基，必有艰难，唯君子能济之。礥礥，难貌。"又,《太玄经》曰："闲，阳气闲于阴，礥然物咸见闲。"范望注："亦象屯卦，行属于金。谓之闲者，冬至气终此首之次三，小寒起于此首之次四，阴虽尽于下，而犹壮于上，故能防闲礥礥焉，而万物亦皆见其防闲，故谓之闲。闲之初一，日入女宿六度。"司马光注："阴家，金，亦准屯。入闲次四，一十八分，二十四秒，日次玄枵，小寒气应，斗建丑位，律中大吕。闲，闲也，防也。宋曰：礥然者，阳欲出不能之貌也。阳主出内万物者也，而见防遏，故万物亦皆见闲。"日入女宿为十二月，礥、闲皆谓阳气初动，万物生难，是亦屯之义。

元亨利贞 《广韵》："元，大也。"《小雅·六月》："元戎十乘，以先启行。"毛传："元，大也。"《诗集传》："元，大也。"《诗三家义集疏》："《韩》说曰：元戎，大戎，谓兵车也。"其他如元老，元子，元龟，元亦皆谓大。乾卦《彖》曰："大哉乾元。"是亦以元为大。屯卦卦辞曰："元亨利贞。"即大亨通而利于正，故《彖》曰："大亨贞。"又，大过卦，巽下兑上。《彖》曰："大过，大者过也，刚过而中。"是大过即刚过，以阳刚为大。大壮卦，乾下震上。《彖》曰："大壮，大者壮也。刚以动，故壮。"是大壮即刚壮，亦以阳刚为大。大畜卦，乾下艮上。《彖》曰："大畜，刚健，笃实，辉光，日新其德。刚上而尚贤，能止健，大正也。"是大畜亦谓阳刚之畜，大谓阳。屯卦，卦辞曰元亨利贞,《彖》曰大亨贞。是大亨贞，即谓阳气亨通而利于得正。

《系辞传》曰："寒往则暑来，暑往则寒来。"自十一月至四月，为寒往暑来；自五月至十月，为暑往寒来。十一月一阳生，为复卦，震下坤上。卦辞曰："复，亨，出入无疾，朋来无咎，反复其道，七日来复，利有攸往。"《彖》曰："复，亨，刚反，动以顺行，是以出入无疾，朋来无咎。反复其道，七日来复，天行也。利有攸往，刚长也。复，其见天地之心乎？"一阳来复，顺天之行，是以为大者亨通，为利于正道，即元亨利贞。又，十二月二阳生，为临卦，兑下坤上。卦辞曰："临，元亨利贞。"《彖》曰："临，刚浸而长，说而顺，刚中而应，大亨以正，天之道也。"因为刚浸而长，大者亨通得正，乃天之道，故而元亨利贞。一月三阳生，为泰卦，乾下坤上。卦辞曰："泰，小往大来，吉亨。"《彖》曰："泰，小往大来，吉亨，则是天地交，而万物通也，上下交而其志同也。内阳而外阴，内健而外顺，内君子而外小人，君子道长，小人道消也。"君子道长，小人道消，即是大者亨通，亦即元亨利贞。二月四阳生，为大壮卦，乾下震上。卦辞曰："大壮，利贞。"《彖》曰："大壮，大者壮也，刚以动，故壮。大壮利贞，大者正也。正大而天地之情可见矣。"大者壮利正，亦即元亨利贞。三月五阳生，为夬卦，乾下兑上。卦辞曰："夬，利有攸往。"《彖》曰："夬，决也，刚决柔也，健而说，决而和。利有攸往，刚长乃终也。"夬卦，刚健悦和，而利往终，即往纯乾之卦，是亦大亨正之义。四月六阳生，为乾卦，乾下乾上。卦辞曰："元亨利贞。"《彖》曰："大哉乾元，万物资始乃统天。乾道变化，各正性命，保合太和，乃利贞。"由复到乾，为阳来用事。屯卦，为阳来之卦，故所称相同，皆谓大者通顺，利于正道。《彖》曰："屯，刚柔始交而难生，动乎险中，大亨贞。"此乃瞻前之说，谓阳来是天道，虽难生而有险，但阳必然亨通得正，为元亨利贞。

勿用有攸往 《逸周书·周月解》："惟一月既南至，微阳动于黄泉，阴惨于万物。是月斗柄建子，阳气亏，草木萌荡。"潘振云："一月，周正月也。南至者，自秋分日行南陆，冬至日南极也。"陈逢衡云："一月，仲冬之月，夏之十一月。南至，冬至也。《孝经》说：斗指子为冬至。至有三义：一者，阴极之至；二者，阳气始至；三者，日行南至，故谓之至。微阳动于黄泉，气发于内也，地底谓之黄泉。阴惨降于万物，地上之物，无不摧落也。子者，孳也，谓阳气至此更孳也。阳气亏者，建子之月，于卦为复，一阳不能敌五阴，故亏。萌荡，犹萌动也。"朱右曾云："阳伏泉下，故泉动而温，阴气盛于地上，故物惨而死。惨，寒气惨烈也。"丁宗洛云："阳气亏，盖言阳气尚微，故只萌动耳，非亏损之谓也。"屯卦，刚柔始交，动乎险中，是阴气盛，阳气微，物只可萌动，不可速往。阴惨万物，物或夭折，是欲速而不达，故圣人戒之，勿用有攸往。朱熹曰："震动在下，坎险在上，是能动乎险中。能动虽可以亨，而在险则宜守正，未可遽进。故筮得之者，其占为大亨，而利于正，但未可遽有所往耳。”

《易》有无妄卦，震下乾上。卦辞曰：“无妄，元亨利贞。其匪正有眚，不利有攸往。”《象》曰：“天下雷行，物与无妄，先王以茂对时，育万物。”言万物无所妄为，则可元亨利贞；否则，行不值其正，则有灾眚，则不利有所往。以其物皆不可妄行，故古之圣贤之王，依草木生长之序，对时养育万物。程氏传：“天之化育万物，生生不穷，各正其性命，乃无妄也。人能合无妄之道，则所谓与天地合其德也。”朱熹曰：“无妄，实理自然之谓。《史记》作无望，谓无所期望，而有得焉者，其义亦通。”屯卦，当屯之时，若欲遽往，则其匪正有眚，故勿用有攸往，是亦无妄之谓。又，复卦，震下坤上。初九曰：“不远复，无祇悔，元吉。”《象》曰：“不远之复，以修身也。”即勿用有攸往之义。随卦《彖》曰：“天下随时。”圣人惟时，时不至不可行。屯卦，刚柔始交而难生，又动乎险中，是以不可遽有所往。

《月令·仲冬之月》：“命有司曰：土事毋作，慎毋发盖，毋发室屋，及起大众，以固而闭。地气沮泄，是谓发天地之房，诸蛰则死，民必疾疫，又随以丧。命之曰畅月。”《正义》曰：“云土事毋作，慎毋发盖者，于此之时，土地之事毋得兴作，又须谨慎，毋得开发掩盖之物，则孟冬云谨盖藏是也，非惟仲冬一月之事。为阴气凝固，阳须闭藏。若起土功，开盖物，发室屋，起大众，开泄阳气，故下云诸蛰则死，人则疾疫也。以固而闭者，而，汝也，命此有司云：于此之时，以坚固汝闭塞之事，勿令开动。地气沮泄，是谓发天地之房者，约束有司，若其不固汝所闭之事，令地沮泄，谓泄漏地之阳气，是发彻天地之房。房是人次舍之处，拥蔽于此之时。天地亦拥蔽万物，不使宣露，与房舍相似。令地气泄漏，是开发天地之房也。如此则诸蛰则死，人必疾疫。非但蛰死人疾，又随以丧者，国有大丧，随逐其后。命之曰畅月者，告有司云；所以须闭藏，以其命此月曰畅月。畅，充也，言名此月为充实之月，当使万物充实，不发动故也。皇氏云：又随以丧者，谓逃亡，人为疾疫皆逃亡，故云又随以丧。”十一月，阳气自充实之月，应休养生息，以养微阳，而避强阴。屯卦曰：勿用有攸往，即谓不可不合时令，而有所行动。《月令》曰；“仲冬行夏令，则其国乃旱，氛雾冥冥，雷乃发声。行秋令，则天时雨汁，瓜瓠不成，国有大兵。行春令，则蝗虫为败，水泉咸竭，民多疥疠。”即屯之时，勿用有攸往之谓。虞翻曰：“之外称往。初震得正，起之欲应，动而失位，故勿用有攸往。”初九动则离正失位，而上应坎险，故不宜有所往。此乃卦象所示，与实情相同。

利建侯 震卦，震下震上。卦辞曰；“震惊百里，不丧匕鬯。”《彖》曰：“震惊百里，惊远而惧迩也。出可以守宗庙社稷，以为祭主也。”《白虎通·封公侯》：“诸侯封不过百里，象雷震百里，所润云雨同也。震者，阴中之阳也，诸侯象焉。诸侯比王者为阴，南面赏罚为阳，法雷也。”陈立疏证：“《仪礼疏》引郑注云：雷发声于百里，古者诸侯，象诸侯出教令，能警戒百里；国内则守宗庙社稷，为之祭主，不亡其匕鬯。《御览》引王注又云：有灵而尊者，莫若于天；有灵而贵者，莫若于王；有声而严者，莫若于侯。是天子当乾，诸侯用震，地不过一同，雷不过百里也。《后汉·光武纪》：建武二年，博士丁恭议曰：古帝王封诸侯，不过百里，故利以建侯，取法于雷，强干弱枝，所以为治也。”又证曰，“《淮南·天文训》云：阴阳相薄，成而为雷。《古微书·元命苞》云：阴阳合为雷。雷于《易》为震，震为一阳生于二阴之下，故为阴中之阳也。《初学记》引《五行传》曰：雷者，诸侯之象。《集解》引虞氏《易注》云：震为侯。故雷为侯象也。”屯卦，下震上坎，象雷震百里，所润云雨同。贲卦《彖》曰：“观乎天文，以察时变；观乎人文，以化成天下。”利建侯，即观乎人文之谓。

屯卦《彖》曰：“雷雨之动满盈，天造草昧，宜建侯而不宁。”下震为雷，上坎为雨，为雷雨之动满盈。上有雨施，下有雷行，中为坤为地，地滋万物，为天造草昧。朱骏声《说文通训定声》：“寍，安也。从宀心在皿上，会意。人之饮食器所以安人。《礼记·礼运》曰：饮食，男女人之大欲存焉。故寍从皿，安从女。经传皆以寧（宁）为之。”引伸为止息。《国语·晋语八》：“闻子与和未宁。”韦昭注：“宁，息也。”《彖》曰宜建侯而不宁，谓宜建阳正而不息。犹乾卦《象》曰：“天行健，君子以自强不息。”又，震卦《彖》曰：“震，亨。震来虩虩，恐致福也；笑言哑哑，后有则也；震惊百里，惊远而惧迩也；出可以守宗庙社稷，以为祭主也。”震以致福，震以有则，震以惊远惧迩，震以为祭主，即是宜建侯而不宁之谓。唯有建侯而不宁，方有二阳生之临卦，三阳生之泰卦，四阳生之大壮卦，五阳生之夬卦，六阳生之乾卦。临卦，元亨利贞；泰卦，小往大来；大壮，利贞；夬卦，扬于王庭；乾卦，元亨利贞：此即宜建侯，而不宁之义。

《象》曰：“云雷，屯，君子以经纶。”程氏传：“坎不云雨而云云者，云为雨而未成者也。未能成雨，所以为屯。君子观屯之象，经纶天下之事，以济于屯难。经纬，纶缉，谓营为也。”朱熹曰：“坎不言水而言云者，未通之意。经纶，治丝之事。经，引之；纶，理之也。屯难之世，君子有为之时也。”《周易折中》引李舜臣曰：“坎在震上为屯，以云方上升，畜而未散也；坎在震下为解，以雨泽既沛，无所不被也。故雷雨作者，乃所以散屯；而云雷方兴，则屯难之始也。”孙星衍《周易集解》引李氏曰：“云，阴也；雷，阳也。阴阳二气相激薄，而未通感，情不相得，故难生也。君子处屯之时，不得安然无事，经营纶理，以辅屯难也。”

《说文》：“雲（云），山川气也。从雨，云象雲回转形。”又曰，“云，古文，省雨。”

段玉裁注："古文只作云，小篆加雨于上，遂为半体会意，半体象形之字矣。云象回转形，此释下古文云为象形也。古文上无雨，非省也。二盖上字，象自下回转而上也。《正月》：昏姻孔云。传曰：云，旋也，此其引伸之义也。"又曰，"其字引而上行，《书》之所谓触石而出，肤寸而合也。变之则为云。"桂馥义证："山川气也者，本书：气，云气也。《易·系辞》：山泽通气。《礼·孔子闲居》：天降时雨，山川出云。成公绥《云赋》：山泽通气，华岱兴云。"又曰，"《洪范五行传》：云者起于山，弥于天。《吕氏春秋·应同篇》：山云草莽，水云鱼鳞。"屯卦，震下坎上，震在地，为雷，坎出艮山，为云，为云雷。《春秋元命苞》曰："阴阳和而为雨。"云为阴，雷为阳，现阴阳未和，故为云而未雨，为屯难之时。

《礼记·中庸》："唯天下至诚，为能经纶天下之大经，立天下之大本。"朱熹注："经纶，皆治丝之事。经者，理其绪而分之；纶者，比其类而合之也。经，常也，大经者，五品之人伦；大本者，所性之全体也。惟圣人之德，极诚无妄，故于人伦，各尽其当然之实，而皆可以为天下后世法，所谓经纶之也。"又，《朱子语类·中庸三》曰："犹治丝者，先须逐条理其头绪而分之，所谓经也；然后比其类而合之，如打绦者，必取所分之绪，比类而合为一，所谓纶也。"《梁书·王瞻传》："史臣曰：洎东晋王弘茂，经纶江左，时人方之管仲。"方苞《读周官》："世变虽殊，其经纶天下之大体，卒不可易。"按，梳理为经，编织为纶，整理丝缕为经纶。引而伸之，治理筹划天下国家大事，为经纶。《象》曰："云雷，屯，君子以经纶。"谓云在天上而未雨，阴阳未和，时事屯难，君子者应有所作为，治理天下，以济世艰。

乾、坤卦和屯卦，互为邻卦。《序卦传》曰："有天地，然后万物生焉。盈天地之间者，唯万物，故受之以屯。屯者盈也，屯者物之始生也。"干宝曰："物有先天地而生者矣。今正取始于天地，天地之先，圣人弗之论也。故其所法象，必自天地而还。《老子》曰：有物混成，先天地生，吾不知其名，强之曰道。《上系》曰：法象莫大乎天地。《庄子》曰：六合之外，圣人存而不论。"崔憬曰："此仲尼序文王次卦之意。不序乾坤之次者，以一生二，二生三，三生万物，则天地次序可知，而万物之先后序也。万物之始生者，言刚柔始交。故万物资始于乾，资生于坤也。"屯者，物之始生，故次于乾、坤，与乾、坤为邻卦。

《易》有六十四卦，乾、坤为天地，既济、未济，为夜以继昼。《系辞传》曰："日往则月来，月往则日来，日月相推，而明生焉；寒往则暑来，暑往则寒来，寒暑相推，而岁成焉。"日复一日，月复一月，季复一季，是以成岁。万物春生，夏长，秋成，冬藏。屯卦，震下坎上，《彖》曰；"屯，刚柔始交而难生。"刚柔始交谓震，谓周之正月，夏之十一月，一阳来复，与阴相交。从此阳息阴消，万物生长。故屯卦，为中间六十甲子卦之首，是以在乾、坤之后，为天地生万物之始。《序卦传》曰："故受之以小过。有过物者必济，故受之以既济。物不可穷也，故受之以未济终焉。"是小过卦在既济、未济之前，为中间六十卦之尾。小过卦，艮下震上。艮为阴剥阳，于十二消息卦为九月；震为一阳来复，于十二消息卦为十一月。小过于其间，为十月卦。《彖》曰："小过，小者过而亨也，过以利贞，与时行也。柔得中，是以小事吉也。刚失位而不中，是以不可大事也。"阴为小，阳为大。十月为纯阴过渡之时，是以为小过。阳为贞，即为正，阴过阳生，为过以利贞，即利阳正之生。由屯卦，刚柔始交之十一月，至来年小过，小者过之十月，足为一年，为周之正月至十二月，为万物得天地阴阳之气，生息一周之期。是以为有天地，然后万物生焉。屯者，物之始生，为十一月起之物象。

初九，磐桓，利居贞，利建侯。

〔译〕 初九，盘桓不进，利于守正，利于建立王国。

《象》曰："虽磐桓，志行正也。以贵下贱，大得民也。"

〔证〕

磐桓 渐卦六二曰；"鸿渐于磐。"《正义》曰："马季良云：山中石磐纡，故称磐也。"磐纡，回环之状。《经典释文》："磐，本亦作盘，又作槃；桓，马云槃桓旋也。"《经典释文彙校》："《尔雅·释文》引此文作般桓。般，正字；盤、槃，假借字；磐，后出字。"《说文》："般，辟也，象舟之旋。从舟，从殳。殳，令舟旋者也。"段玉裁注："人部僻下曰：辟也。此辟字义同。《投壶》曰：宾再拜受。主人般旋曰：辟。主人阼阶上拜送。宾般旋曰：辟。《论语》包氏注：足躩如，盤辟貌也。盤，当作般。般辟，汉人语，谓退缩旋转之貌也。《大射仪》：宾辟。注曰：辟，逡遁不敢当盛。《释言》曰：般，还也。还者，今之环字，旋也。荀爽注《易》曰：盤桓者，动而退也。般之本义如是，引伸为般游，般乐。"又曰，"象舟之旋，说从舟之意。从舟从殳，会意。殳，令舟旋者也，说从殳之意。殳，谓所以刺船者也。"

《说文》："亘，求亘也。从二，从回。古文回，象回回形；上下所求物也。"段注："亘字经典不见。《易》屯卦磐桓。磐亦作盤，亦作槃，义当作般；桓义当亘。般者，辟也；亘者，回也。马融云：槃桓，旋也。是二字皆假借也。凡舟之旋曰般，旌旗之指麾曰旋，车之运曰转。亘、回双声，犹回转也。上下谓二，所求在上，则转而上；所求在下，则转而下。此说从回、从二之意。"杨树达《积微居小学述林·释亘》："亘者，淀之初文也。水部云：漩，回泉也，从水，旋省声。今字皆作漩。亘从回，为古文回，字象回水，是形义与漩为回泉者合也。二字之者，皆在寒部心母，又相近也。马融从旋，释《易》屯卦之磐桓，郑康成以旋曲而上，释《禹贡》西倾因桓之桓，桓通训为旋，又亘、漩为一字之旁证也。”按，《后汉书·宋意传》：“久磐京邑。”注曰：“磐，谓磐桓不去。”又，《张衡传》：“今乘云高跻，磐桓天位，诚所谓将隆大位，必先倥偬之也。”磐桓，为旋转回环，徘回难进之貌。屯之初九，为下震之主，因其坎险在前，故而逡巡磐桓。虞翻曰：“震起，艮止，动乎险中，故磐桓。”初之三为震，震为起；三之五为艮，艮为止；四之上为坎，坎为险；震在坎下，为动乎险中，故磐桓

利居贞 《系辞传》曰：“上古穴居而野处。”“变动不居，周流六虚。”“存亡吉凶，则居可知矣。”“刚柔杂居，而吉凶可见矣。”居，犹处。利居贞，谓居处正位有利。十一月阳气微，一阳生于五阴之下，阴重于上，冬至之际，大地坚冰已至，万物宜蛰伏待时，不可遽进，故初九曰磐桓，利于居守乾阳渐进之正，与时偕行，免受时害。故《象》曰：“虽磐桓，志行正也。”乾卦《文言》：“初九曰：潜龙勿用，何谓也？龙德而隐者也。不易乎世，不成乎名，遁世无闷，不见是而无闷。乐则行之，忧则违之，确乎其不可拔，潜龙也。”即利贞之谓。王弼曰：“不可以进，故磐桓也；非为宴安，弃成务也。故虽磐桓，志行正也。”初九，阳在阳位，为居正；居正有利，为利居正。

利建侯 《象》曰：“以贵下贱，大得民也。”初九为阳，二、三、四为阴，阳贵阴贱，是以为以贵下贱。乾卦《文言》曰：“上九曰亢龙有悔，何谓也？子曰：贵而无位，高而无民，贤人在下位而无辅，是以动而有悔。”与此相反，屯卦初九，贵而有位，下而有民，贤人在上位而有比辅，是以动而无悔，为以贵下贱，大得民也。谦卦，艮下坤上，以高下低，以贵下贱，故卦辞曰：“谦，亨，君子有终。”《象》曰：“谦，亨，天道下济而光明，地道卑而上行；天道亏盈而益谦，地道变盈而流谦；鬼神害盈而福谦，人道恶盈而好谦；谦尊而光，卑不可逾，君子之终也。”朱熹曰：“人能谦，则其居尊者，其德愈光；其居卑者，人亦莫能过：此君子所以有终也。”何谓君子有终？谦卦上六曰：“鸣谦，利用行师，征邑国。”是利建侯者，为利治国平天下之义。《白虎通·封公侯》：“以诸侯南面之君，体阳而行，阳君不绝。”屯卦，初之三为震，震为诸侯。十一月，一阳起于阴下，为建侯。十一月至明年四月，建阳之月，阳道不绝，成乾下乾上之势。《说卦传》曰：“乾为君。”君为王为天子，是以建侯而不宁，将得建阳之正。

六二，屯如邅如，乘马班如。匪寇婚媾，女子贞不字，十年乃字。

〔译〕　六二，徘徊难进，四马回走。不是强取婚姻，女子正不许嫁，过十年

才许嫁。

《象》曰："六二之难，乘刚也。十年乃字，反常也。"

〔证〕

屯如邅如 《广雅·释诂》："邅，转也。"王念孙注："邅之言缠绕也。《楚辞·离骚》：邅吾道夫昆仑兮。注云：楚人名转曰邅。《九章》云：欲儃佪以干傺兮。儃与邅通。"《淮南子·览冥训》："邅回蒙汜之渚，尚佯冀州之际。"高诱注："邅回，犹倘佯也。"《集韵》："邅，屯邅，难行不进貌。或作亶，亦从彳。"《资治通鑑·晋明帝太宁元年》："(张茂)曰：今国家未靖，不可以太平之理，责人于屯邅之世也。"胡三省注："邅，行不进貌。"《六书故》："邅，艰蹇也。"左思《咏史八首》之七："英雄有屯邅，由来自古昔。"又，如、然相通。《邶风·旄丘》："褎如充耳。"毛谓褎如为褎然。《齐风·葛屦》："宛然左辟。"《说文》引作"宛如左僻"。是屯如邅如，犹屯然邅然，即徘徊难进样子。《象》曰："六二之难，乘刚也。"六二以阴乘阳，故而屯如邅如。

乘马班如 天行莫如龙，地行莫如马。《易》以龙喻天，以马喻地，是以坤卦卦辞曰："元亨，利牝马之贞。"《易乾坤凿度》："坤为马。"郑氏注："圣以类为马，马者顺行。坤亦有龙，《太元》曰：土龙在坤。不敢争类，马思顺体，唯坤顺之。圣人知有上德，要下而奉，故显尊也。坤之卑顺辅乾，不敢为龙，故称马，軵依之理也。"《春秋说题辞》："地精为马。"又，一车四马为乘。《左传·隐公元年》："缮甲兵，具卒乘。"杜预注："步曰卒，车曰乘。"杨柏峻《春秋左传注》："驷介百乘。"《庄子·列御寇》："王悦之，益车百乘。"成玄英疏："乘，驷马也。"驷马即四马。《谷梁传·文公十四年》："长毂五百乘。"范宁注："四马曰乘。"《说文》："驷，一乘也。从马，四声。"段玉裁注："《周礼·校人》，郑司农注云：四匹为乘。按，乘者，覆也。车轭驾乎马上曰乘。马必四，故四马为一乘，不必已驾者也。引伸之，凡物四曰乘。如乘矢、乘皮、乘韦、乘壶，皆是。"《孟子·离娄下》："发乘矢而后反。"赵岐注："乘，四也。"《仪礼·聘礼》："乘皮设。"郑氏注："物四曰乘。"屯卦有四阴，阴为马，四马为乘，是以为乘马。

《经典释文》曰："班，郑本作般。"《经典释文彙校》曰："马、郑、王弼皆读班为般。"《尔雅·释言》曰："般，还也。"郝懿行《尔雅义疏》："还者，与旋同，回也，转也、围也，便也。经典旋与还多通用。般者，《说文》云辟也，象舟之旋。按周旋本此，周、舟古字通。齐华周，字还，亦作华舟，是其证也。"《说文》："班，分瑞玉。从玨，从刀。"《虞书·舜典》："辑五瑞，既月，乃日觐四岳群牧，班瑞于群后。"孔氏传："辑，敛；既，尽；觐，见；班，还；后，君也。舜敛公侯伯子男之瑞圭璧尽，于正月中，乃日日见四岳，及九州牧监，还五瑞于诸侯，与之正始。"《大禹谟》："班师振旅。"孔传：

“遂还师；兵入曰振旅，言整众。”《释文》：“还，经典皆音旋。”《逸周书·克殷》：“乃命宗祝崇宾飨，祷之于军，乃班。”孔晁注：“还鄗京也。”《左传·襄公十八年》：“邢伯告中行伯曰：有班之声，齐师其遁。”杨伯峻《春秋左传注》：“冯登府《十三经诂答问》，谓班、还二字古通，班马即还马。”按，班、般、还、旋相通，乘马班如，谓屯之四马，受阳来相推，因而还走，即阳进阴退之意。

匪寇婚媾 《广雅·释诂》：“匪，非也。”非，不是。《卫风·氓》：“匪来贸丝，来即我谋。”郑笺：“匪，非也。”《齐风·鸡鸣》：“匪鸡则鸣，苍蝇之声。”孔颖达疏：“非是鸡实则鸣，乃是苍蝇之声耳。”《广雅·释言》：“寇，钞也。”“钞，掠也。”《周书·费誓》：“无敢寇攘，逾垣墙。”孔氏传：“军人无敢暴劫人，逾越人垣墙，物有自来者，无敢取之。”寇，劫取。《说文》：“婚，妇家也。《礼》：娶妇从昏时，妇人阴也，故曰婚。”又，“姻，壻家也，女之所因，故曰姻。”段注：“因者，就也。”《说文》：“媾，重婚也。从女，冓声。《易》曰：匪寇婚媾。”段玉裁注：“重婚者，重叠交互为婚姻也。杜注《左传》曰：重婚曰媾。按字从冓者，谓若交积材也。”《系辞传》曰：“天地絪缊，万物化醇，男女構精，万物化生。”男女構精，犹男女婚媾。匪寇婚媾，谓不是劫取婚姻。在人为婚媾，在天地万物为阴阳相交。匪寇婚媾，即是谓六二与九五之应，乃中正之应，非是暴劫阴阳，是自然之理。贲卦，六四曰：“贲如皤如，白马翰如，匪寇婚媾。”《象》曰：“匪寇婚媾，终无尤也。”屯卦之六二，与贲卦六四，句皆仿佛而义亦同。程氏传：“婚媾，正应也；寇，非理而至者。”六二不偏不倚，不与初九之阳苟合，而与九五正应，是以为匪寇婚媾。

女子贞不字，十年乃字 《说文》：“贞，卜问也。从卜贝，贝以为贽。”《周礼·大卜》：“凡国大贞，卜立君，卜大封，则眡高作龟卜。”郑玄注：“郑司农云：贞，问也，国有大疑，问于蓍龟。”郑玄注《天府》曰：“问事之正曰贞。”师卦《彖》曰：“贞，正也。能以众正，可以王矣。”是贞在《易》为正。《老子》：“侯王得一，以为天下贞。”高明《帛书老子校注》曰：“帛书甲、乙本：侯王得一，以为天下正，世传今本，有同王本正字作贞，也有同傅本作止。贞与正，二字通用，而正为本字。”女子贞，即女正。谓二阴得阴位，又居中，是以为正。需卦《彖》曰：“贞吉，位乎天位，以正中也。”贞吉，以正中而吉，是贞亦正中之谓。

《正字通》：“字，女子许嫁曰字。”《礼记·曲礼上》：“女子许嫁，笄而字。”郑氏注：“以许嫁为成人。”《公羊传·僖公九年》：“秋，七月，乙酉，伯姬卒。此未适人，何以卒？许嫁矣。妇人许嫁，字而笄之。”何休解诂：“字者，尊而不泄，所以远别也。《婚礼》曰：女子许嫁，笄而醴之，称字。”《白虎通·嫁娶》：“故《礼记》曰：女子十五许嫁，笄而字。《礼》之称字，阴系阳，所以专一之节也。故十五而笄，二十而嫁也。”女子许嫁，阴系于阳则称字。屯卦六二，不与初九婚媾，是女子正，不许嫁之义。然六二中正之阴，与九五中正之阳相应。二在互坤，坤于伏羲卦位为正北，为孟冬；五在坎中，坎于伏羲卦位为正西，为孟秋。由十月，至明年七月，十个月。许嫁以年岁计算，是以谓十年乃字。《象》曰：“十年乃字，反常也。”谓阴阳中正相应为常。反，即返。

六三，即鹿无虞，惟入于林中。君子几，不如舍，往吝。

〔译〕六三，猎鹿无虞人向导，只是进入到林中而已。君子应知几微，不如舍弃，往前追逐，则会恨惜。

《象》曰：“即鹿无虞，以从禽也。君子舍之，往吝穷也。”

〔证〕

即鹿无虞，惟入于林中 《说文》：“即，即食也。从皀，卩声。”林义光《文源》：“卩，即人字。即，就也，象人就食之形。”鼎卦九二曰：“鼎有实，我仇有疾，不我能即。”就食为本义，就近为引伸义。《卫风·氓》：“匪来贸丝，来即我谋。”郑笺：“即，就也。”《论语·子张》：“君子有三变：望之俨然，即之也温，听其言也厉。”邢昺疏：“就近之则颜色温和。”《后汉书·野王二老传》：“(光武)既反，因于野王猎。路见二老者即禽。光武问曰：禽何向？并举手西指言：此中多虎，臣每即禽，虎亦即臣，大王勿往也。光武曰：苟有其备，虎亦何患？父曰：何大王之谬邪？昔汤武即桀于鸣条，而大城于亳；武王即纣于牧野，而大城于郏鄏，彼二王者，其备非不深也，是以即人者，人亦即之，虽有其备，庸可忽乎？”王先谦《集解》曰：“即，就也。《易》云：即鹿无虞也。”即鹿犹即禽，谓就近猎鹿。又，二、三、四、上，皆为坤阴之爻，坤为马。然三应在坎上，坎于马也为美脊，且为马之高者，似鹿非马，故其辞不曰马，而谓鹿。

《虞书·舜典》：“帝曰：益，汝作朕虞。”孔氏传：“虞，掌山泽之官。”《正义》曰：“此官以虞为名，帝言作我虞耳。”《周礼·地官》有《山虞》、《泽虞》之职。《山虞》曰：“山虞掌山林之政令，若大田猎，则莱山田之野，及弊田，植虞旗于中，致禽而珥焉。”郑氏注：“莱，除其草莱也；弊田，田者止也；植，犹树也；田上树旗，令获者皆致其禽，而校其耳，以知获数也。山虞有旗，以其主山。”《左传·昭公二十年》：“十二月，齐侯田于沛，招虞人以弓，不进。”杜预注：“虞人，掌山泽之官。”杨伯峻《春秋左传注》，引孔疏云：“虞人掌田猎。”《孟子·滕文公章句下》：“孟子曰：昔齐景公田，招虞人以旌。”赵岐注：“虞人，守苑囿之吏也。”虞人掌田猎，知禽兽之处，以苑囿围之。故即鹿无虞，惟入于林中，谓猎鹿而无虞人向导，只是盲目进入林中而已，并无收获。六三，上临坎，处艮、坤之中，居下震之上。坎为禽，禽为禽兽总名，为鹿；艮为山，山上为林；坤为地为田，田为田猎；震为惊走，为无虞人之谋。是以为即鹿无虞，惟入于林中。

君子几 《说文》："几（幾），微也。从𢆶，𢆶，微也。"《老子》："视之不见名曰几。"傅奕注："几者，幽而无象也。"高明《帛书老子校注》："幽，亦从𢆶从火（依甲文）。傅谓：几者，幽而无象。是其义矣。几、微义同。《礼记·学记》：微而臧。孔颖达疏，谓微为幽隐。《檀弓》：礼有微情者。疏云：微者，不见也。幽隐无象，故曰视之而弗见，名之曰微。"《系辞传》曰："夫易，圣人之所以极深而研几也。唯深也，故能通天下之志；唯几也，故能成天下之务。"又曰，"其知几乎？几者动之微，吉凶之先见者也。君子见几而作，不俟终日。""君子知微知彰，知柔知刚，万夫之望。""子曰：颜氏之子，其殆庶几乎？有不善未尝不知，知之未尝复行也。"几，音机。君子几，谓君子者，察微知著，能把握事物之转机。

不如舍，往吝 《象》曰："即鹿无虞，以从禽也，君子舍之；往吝，穷也。"《说文》："從（从），随行也。"猎鹿无虞人向导，而随行于鹿后，往则必受困而恨惜，故君子者知几微者，应舍弃鹿，而不追踪。《逸周书·大武解》曰："五虞：四、采虞人谋。"潘振云："采，择也。虞人，掌山泽之官，识道路者。"陈逢衡云："虞人，当是山虞泽虞之类，以其熟于地形，故采其谋以为向导。"朱右曾云："虞人知山泽之险，采其谋以出奇兵。"朱骏声《六十四卦经解》曰："是从禽之必有虞人也，无虞亦无谋矣。"六三以阴柔居刚，不中不正，与上六应非所应，所即之鹿在艮外坎上，为山穷水复，吝穷之象。是以即鹿无虞，君子几，不如舍。崔憬曰："君子见动之微，逆知无虞，则不如舍，勿往；往必吝穷也。"

《淮南·缪称训》："君子非仁义无以生；失仁义，则失其所以生。小人非嗜欲无以活；失嗜欲，则失其所以活。故君子惧失仁义，小人惧失利。观其所惧，知各殊矣。《易》曰：即鹿无虞，惟入于林中。君子几，不如舍，往吝。其施厚者，其报美；其怨大者，其祸深。薄施而厚望，畜怨而无患者，古今未之有也。是故圣人察其所以往，则知其所以来者。"高诱注："即，就也。鹿，以喻民；虞，欺也；几，终也。就民欺之，即入林中，几终不如舍之，使之不终如其吝也。"《史记·十二诸侯年表》曰："仁义陵迟，《鹿鸣》刺焉。"《大雅·灵台》："王在灵囿，麀鹿攸伏。"《序》曰："《灵台》，民始附也。文王受命，而民乐其有灵德，以及鸟兽昆虫焉。"亦谓君子者，有仁义之德。

六四，乘马班如，求婚媾，往吉，无不利。

〔译〕 六四，四阴往回走，求取阴阳和合，往前吉利，无所不利。

《象》曰："求而往，明也。"

〔证〕

乘马班如 古时一车四马为乘。《郑风·大叔于田》："大叔于田，乘乘马。"《释文》："乘乘，上如字，下绳证反。"孔颖达疏："毛以为大叔往田猎之时，乘驾一乘之马。其两骖之马，与两服马，和谐如人舞者，之中于乐节也。"又曰："外者为骖，则知内者为服，故言两服中央，夹辕者也。此四马同驾，其两服则齐首，两骖与服马雁行，其首不齐。"《小雅·鸳鸯》："乘马在厩，摧之秣之。"《释文》："乘马，四马也。"《大雅·崧高》："路车乘马，我图尔居。"毛传："乘马，四马也。"《逸周书·克殷》："乃命宗祀崇宾飨，祷之于军，乃班。"潘振云："振旅而归，谓之班。还丰也；克殷之后乃都鄗。"陈逢衡云："《史记》所谓罢兵西归也。"屯卦一坎四阴，坎为车，阴为马，是以为乘马。乘马班如，亦谓六四等四阴回走。《易》爻以上往为退，是以为班如。

求婚媾，往吉 《系辞传》曰："天地絪缊，万物化醇；男女构精，万物化生。"《正义》曰："天地絪缊、万物化醇者，絪缊相附著之义。言天地万心，自然得一。唯二气絪缊共相和会，万物感之，变化而精醇也。天地若有心为二，则不能使万物化醇也。男女构精、万物化生者，构，合也，言男女阴阳相感，任其自然得一之性，故合其精，则万物化生也。若男女无自然之性，而各怀差二，则万物不化生也。"谓天地男女，阴阳之性在于构合，唯构合则得化生万物。故《系辞传》又曰："《易》曰：三人行，则损一人；一人行，则得其友：言致一也。"亦谓阴阳二者，构合致一。《系辞传》曰："二与四，同功而异位。"谓二与四都分别与五相应。六四，在坤地之表，万物破土坼甲。往前，阴柔之物，可得阳而化生，而蒸蒸日上。六四之阴，求九五之阳，为阴求阳，为求婚媾。在人事，四为近臣、大臣，五为君王、天子，故六四曰求婚媾，求与九五相应。阴阳和合，阴阳转换，为宇宙万事万物，生存发展之规律。是以六四，求与九五婚媾，为往吉。

无不利 初之三为震，震为雷为阳动，六四在其上，受阳之动而生，此其一。二之四为坤为地，六四位于地表，物已坼甲破土，当在春来之时，此其二。三之五为艮，艮为止，六四在动止之间，时止则止，时行则行，动静不失其时，其道光明，此其三。六四遇九五，阴以遇阳，阴阳和合，相得相成，此其四。阳在上在前，阴在下在后，一阴一阳之谓道，继之者善，成之者性，此其五。九五中正，六四以阴辅阳，犹臣辅君，阴阳相辅相成，此其六。初之五为大离，离为日为光，六四在离中，受其光照，此其七。四之上为坎，坎为雨水，六四在坎下，受其雨泽，此其八。六四下与初九相应，上与九五相应，得雷雨之应，此其九。于人事，六四为诸侯，下与初九元士相应，上与九五天子相应，启下承上，此其十。六四以阴柔近九五，多利而无一害，为无不利。《象》曰："求而往，明也。"谓匪寇婚媾，而往求婚媾，则吉利，无所不利，为明智。又，四在离，离为明。

九五，屯其膏，小贞吉，大贞凶。

〔译〕 九五，恩泽未遍，小事卜问吉，大事卜问凶。

《象》曰："屯其膏，施未光也。"

〔证〕

屯其膏 《曹风·下泉》："芃芃黍苗，阴雨膏之。"郑笺："喻天下之民，如黍苗然，宣王能以恩泽育养之，亦如天之有阴雨之润。"《正义》曰："此苗所以得盛者，由上以阴雨膏泽之故也。"《左传》襄公十九年："小国之仰大国也，如百谷之仰膏雨焉。若常膏之，其天下辑睦，岂唯敝邑？"杨伯峻《春秋左传注》："膏，泽也，润也。膏雨之膏为形容词，此为动词。其，将也。岂仅我国受此惠泽。"《国语·晋语四》："重耳之仰君也，若黍苗之仰阴雨也；若君实庇荫膏泽之，使能成嘉谷，荐在宇庙，君之力也。"《孟子·离娄下》："谏行言听，膏泽下于民。"注曰："谏行言从，德泽加民。"《礼记·礼运》："故天降膏露，地出醴泉。"膏犹膏泽，润物之雨泽，于人为恩泽。《象》曰："屯，刚柔始交而难生。"九五在坎为膏，与六二始交，其雨露难降，故《象》曰："屯其膏，施未光也。"谓雨露未广为施行，恩泽未得普遍。按，仲冬之月，一阳来复，万物萌动，雨以润之，其贵如油，是以称膏。又，冬月阴阳相谐者少，故枯寒少雨，是以难下雨，谓屯其膏。

小贞吉，大贞凶 贞字，从卜、贝。甲骨文卜，为灼龟见兆；贝，为所灼龟甲。《周礼·大卜》曰："凡国大贞，卜立君，卜大封。"郑氏注："卜立君，君无冢適，卜可立者。卜大封，谓境界侵削，卜以兵征之。"贾公彦疏："言凡国大贞者，凡国家有大事，正问于龟之事。"又，《大卜》曰："凡小事，涖卜。"贾疏："凡大事卜，小事筮。若事小，当入九筮，不合入此大卜。《大卜》云小事者，此谓就大事中差小者，非谓筮人之小事也。"朱熹注曰："以处小事，则守正犹可获吉，以处大事，则虽正而不免于凶。"是小贞、大贞，即卜小事、大事。阳为大，阴为小。九五一阳，陷于两阴之中，是卜小事吉，大事凶之象。

《月令·仲冬之月》云："命有司曰：土事毋作，慎毋发盖，毋发室屋，及起大众，以固而闭。地气沮泄，是谓发天地之房，诸蛰则死，民必疾疫，又随以丧。"此为大事凶。又云："日短至，则伐木，取竹箭。是月也，可以罢官之无事，去器之无用者。涂阙廷门闾，筑囹圄，此以助天地之闭藏也。"此为小事吉。又，《左传》鲁庄公十年："十年春，齐师伐我。公将战，曹刿请见。问：何以战？公曰：衣食所安，弗敢专也，必以分人。对曰：小惠未遍，民弗从也。公曰：牺牲、玉帛，弗敢加也，必以信。对曰：小信未孚，神弗福也。公曰：大小之狱，虽不能察，必以情。对曰：忠之属也，可以一战。"国之大事，在祀与戎。小惠未遍，则民弗从；小信未孚，则神弗福；以实情断小大之狱，膏泽广施，则大事亦吉。九五，屯其膏，施未光，故卜问小事吉，大事凶。小过曰："可小事，不可大事。"十冬腊月，可小事，不可大事。

上六，乘马班如，泣血涟如。

〔译〕 上六，四阴往回走，雨水泪流。

《象》曰："泣血涟如，何可长也。"

〔证〕

乘马班如，泣血涟如 《说文》："泣，无声出涕曰泣。"段玉裁注："哭下曰：哀声也。其出涕不待言。其无声出涕者为泣，此哭泣之别也。《尚书大传》曰：微子将往朝周，过殷之故墟，志动心悲。欲哭，则为朝周；俯泣，则近妇人；推而广之，作雅声，谓之《麦秀歌》。"桂馥义证："无声出涕曰泣者，《易》屯卦：泣血涟如。《九家易》：掩目流血，泣之象也。《诗·雨无正》：鼠思泣血。传云：无声曰泣血。连言血者，以泪出于目，犹血出于体，故以泪比血。"又，《礼记·檀弓上》："高子皋之执亲之丧也，泣血三年。"郑氏注："言泣无声，如血出。"孔颖达疏："凡人涕泪，必因悲声而出；若血出，则不由声也。今子皋悲无声，其涕亦出，如血之出，故云泣血。"《李陵答苏武书》曰；"战士为陵饮血。"李善注："血，即泪也。"上六，阴退在即，故而泣不成声，只见血泪涟如。《说卦传》曰："坎，为血卦。"需卦，乾下坎上。六四曰："需于血。"六四在坎，坎为水，水犹血。《淮南子·精神训》："血气者，风雨也。"风为气，雨为血。屯卦，震下坎上。上六在坎，为雨为血，润物细无声，是以为泣血。然则，泣为声泪哽咽之状，是以谓冬之雨水不畅。

《卫风·氓》："不见复关，泣涕涟涟。"《经典释文》曰："涟，音连，泣貌。"《诗三家义集疏》："《鲁》说曰：涟涟，流貌也。《韩》说曰：涟涟，泪下貌。"《楚辞·九叹·忧苦》："涕流交集兮，泣下涟涟。"王逸注："涟涟，流貌也。言己思念楚郢之路，冀得复归，还顾眄视，心中悲感，涕泣交会，涟涟而流也。"《汉书·韦贤传》："泣涕其涟。"颜师古曰："涟涟，泣下貌，音连。"上六泣血涟如，则谓无声细雨，连绵然而下。《象》

曰："泣血涟如，何可长也。"何可长，谓不可长。《周易折中》引杨简云："何可长者，言何可长如此也。非惟深悯之，亦觊其变也。变则庶乎通矣。"按《易》，下往上，上来下。屯之震下坎上，动则坎下震上，为解卦。《彖》曰："解，险以动，动而免乎险，解。解利西南，往得众也。其来复吉，乃得中也。有攸往，夙吉，往有功也。天地解而雷雨作，雷雨作而百果草木皆甲坼。解之时大矣哉！"是阴在必退，阳在必来，冬天何可长久？

第四卦　乙　丑

☶☵ 艮上
坎下

蒙，亨。匪我求童蒙，童蒙求我。初筮告，再三渎，渎则不告。利贞。

〔译〕　蒙，亨通。不是我求蒙童，而是蒙童求我。初次问则相告，再三问则是亵渎，亵渎则不相告。有利于正道。

《彖》曰："蒙，山下有险，险而止，蒙。蒙亨，以亨行时中也。匪我求童蒙，童蒙求我，志应也。初筮告，以刚中也。再三渎，渎则不告，渎蒙也。蒙以养正，圣功也。"

《象》曰："山下出泉，蒙，君子以果行育德。"

〔证〕

坎下艮上　《序卦传》曰："屯者，物之始生也。物生必蒙，故受之以蒙。蒙者，蒙也，物之稚也。"屯，谓物之始生。始生之物为幼稚，幼稚者暗昧不明，是以谓蒙稚，亦即童蒙之意，故蒙卦在屯卦之后。蒙卦，坎下艮上，坎为险，艮为山，是以为山下有险。又，艮为止，由下而上，由后而前，为险而止。上九，阳在阴位，履险而止，不明进退，是以为暗昧，为蒙。《京氏易传》："蒙，积阳居阴，止于坎陷。"王弼注："退则困险，进则阂山，不知所适，蒙之义也。"朱熹曰："艮，亦三画卦之名。一阳止于二阴之上，故其德为止，其象为山。蒙，昧也。物生之初，蒙昧未明也。其卦以坎遇艮，山下有险，蒙之地也；内险外止，蒙之意也，故其名为蒙。"

蹇卦，艮下坎上。《彖》曰："蹇，难也，险在前也。见险而能止，知矣哉！"《释文》："知，音智。"蹇卦，坎险在前，艮止于后，是不蹈险之象，故为智。蒙卦，坎险在下，艮止在上，止于险上，与蹇卦相反，是以为蒙昧。盖见险者，贵于能止。蹇卦，止于险下，未履险，为智；蒙卦，止于险上，已履险，为蒙。艮卦，艮下艮上。《彖》曰："艮，止也。时止则止，时行则行，动静不失其时，其道光明。艮其止，止其所也。"蒙卦，山下有险，险而止，即止于险上，是动静失时，止非所止，其道非但不得光明，且为蒙昧。程氏传："为卦，艮上坎下。艮为山，为止；坎为水，为险。山下有险，遇险而止，莫知所之，蒙之象也。"

谦卦，艮下坤上。卦辞曰："谦，亨，君子有终。"朱熹《周易本义》曰："谦者，有而不居之义。止乎内而顺乎外，谦之意也。山至高，而地至卑，乃屈而止于其下，谦之象也。占者如是，则亨通而有终矣。有终，谓先屈而后伸也。”又，九三曰：“劳谦君子，有终吉。”《象》曰：“劳谦君子，万民服也。”朱熹曰：“卦唯一阳，居下之上，刚而得正，上下所归。有功劳而能谦，尤人所难，故有终而吉。”卦唯一阳，居下之上，刚而得正，上下所归。即万民服也，是艮为君王之象。又，剥卦，坤下艮上。上九曰：“硕果不食，君子得舆。”《象》曰：“君子得舆，民所载也。”朱熹曰：“一阳在上，剥未尽而能复生。君子在上，则为众阴所载。”又，六五曰：“贯魚以宫人宠，无不利。”程氏传：“剥及君位，剥之极也，其凶可知，故更不言剥，而别设义，以开小人迁善之门。五，群阴之主也。魚，阴物，故以为象。五能使群阴顺序，如贯魚然，反获宠爱于在上之阳，如宫人，则无所不利也。宫人，宫中之人，妻妾侍使也。以阴言，且取获宠爱之义；以一阳在上，众阴有顺从之道，故发此义。”由谦之艮至剥之艮，可见艮有君王之象。

又，颐卦，震下艮上。《彖》曰：“天地养万物，圣人养贤，以及万民，颐之时大矣哉。”上九曰：“由颐，厉吉，利涉大川。”《象》曰：“由颐厉吉，大有庆也。”朱熹曰：“上九之养，以养人。是物由上九以养也。位高任重，故厉而吉；阳刚在上，故利涉川。”上九，位高而下有民，君王之象。故《彖》曰：“圣人养贤，以及万民。”故六五《象》曰：“居贞之吉，顺以从上也。”从上，谓从上九之君。又，上九《象》曰：“厉吉，大有庆也。”大有庆，谓大有天下之庆。按，大有卦，乾下离上，《彖》曰：“大有，柔得尊位，大中而上下应 之，曰大有。”是颐卦上艮之阳，有天子之象。又，遁卦，艮下乾上。九三曰：“畜臣妾，吉。”《象》曰：“畜臣妾吉，不可大事也。”朱熹曰：“然以畜臣妾则吉，盖君子之于小人，惟臣妾则不必贤，而可畜耳。”按，畜臣妾者，为君王；国之大事，唯祀与戎。是颐卦之艮，与遁卦之艮，亦有君王之象。

《说卦传》曰：“艮三索而得男，故谓之少男。”是艮之君王，又为年幼之君王。《商书·太甲上》：“王惟庸，罔念闻。伊尹乃言曰：先王昧爽丕显，坐以待旦，旁求俊彦，启迪后人，无越厥命以自覆。慎乃俭德，惟怀永图。王未克变。伊尹曰：兹乃不义，习与性成。”《正义》曰：“伊尹作书以告，太甲不念闻之。伊尹乃又言曰：先王以昧爽之时，思大明其德。既思得其事，则坐以待旦，明则行之。其身既勤于政，又乃旁求俊彦之人，置之于位，令以开导后人。先王之念子孙，其忧勤若是。嗣王今承其后，无得坠失其先祖之命，以自覆败。王当慎汝简约之德，令其以简为德，而谨慎守之，惟思其长世之谋，谋为政之事。”《正义》又曰：“未能变者，是不用伊尹之训也。太甲终为人主，非是全不可移。但体性轻脱，与物推迁，虽有心向善，而终为之不固。伊尹以王未变，乃告于朝廷群臣曰：此嗣王所行，乃是不义之事；习行此事，乃与性成。言为之不已，将以不义为性也。”又，《书序》曰：“太甲既立，不明。”孔氏传：“不用伊尹之训，不明居丧之礼。”太甲，太丁子，汤之孙。太丁未立而卒，及汤殁而太甲立，是为少男。既立不明，伊尹训戒，王未克变，是以为蒙。蒙卦，坎下艮上，坎为险，艮为少男为止，为少男停留于危险之象。

《周书·金縢》曰：“武王既丧，管叔及其群弟，乃流言于国，曰：公将不利于孺子。周公乃告二公曰：我之弗辟，我无以告我先王。周公居东二年，则罪人斯得。于后，公乃为诗以贻王，名之曰《鸱鸮》。王亦未敢诮公。”孔氏传：“武王死，周公摄政。其弟管叔、蔡叔、霍叔，乃放言于国，以诬周公，以惑成王。三叔以周公大圣，有次立之势，遂生流言。孺，稚也；稚子，成王。辟，法也。告召公、太公，言我不以法法三叔，则我无以成周道，告我先王。周公既告二公，遂东征之。二年之中，罪人此得。成王信流言而疑周公，故周公既诛三监，而作诗解所以宜诛之意，以遗王。王犹未悟，故欲让公而未敢。”

《正义》曰：“成王信流言而疑周公，管、蔡既诛，王疑益甚。故周公既诛三监，而作诗解所以宜诛之意。其诗云：鸱鸮鸱鸮，既取我子，无毁我室。《释言》云：贻，遗也。以诗遗王，王犹未悟，故欲让公而未敢。政在周公，故畏威未敢也。郑玄以为，武王崩，周公为冢宰。三年服终，将欲摄政，管、蔡流言，避居东都。成王多杀公之属党，公作《鸱鸮》之诗，救其属臣，请勿夺其官位土地。”成王幼，听信流言而不悟，欲责让周公，并杀其属党，褫夺其官职土地，是山下有险，险而止，止非所止，幼稚而蒙昧之象。《系辞传》曰：“《易》之兴也，其于中古乎？作《易》者，其有忧患乎？”又曰：“《易》之兴也，其当殷之末世、周之盛德邪？当文王与纣之事邪？是故其辞危。危者使平，易者使倾，其道甚大，百物不废。惧以终始，其要无咎，此之谓《易》之道也。”《彖》曰：“蒙，山下有险，险而止，蒙。”盖亦谓太甲、成王之事，是危者使平，惧以终始之类。

又，《虞书·尧典》：“乃命羲和，钦若昊天，历象日月星辰，敬授人时。分命羲仲，宅嵎夷，曰旸谷，寅宾出日，平秩东作。分命和仲，宅西，曰昧谷，寅饯纳日，平秩西成。”孔氏传：“日出于谷，而天下明，故称旸谷。日入于谷，而天下冥，故曰昧谷。”《淮南鸿烈集解》：“庄逵吉云：蒙谷，即《尚书》昧谷，蒙、昧声相通。”《说卦传》曰：“坎，陷也。”《说文》：“陷，高下也。”段玉裁注：“高下者，高与下有悬绝之势也。凡深没其中曰陷。”是坎亦为谷。蒙卦，初之三为坎，坎为谷为水；二之上为大离，离为日；四之上为艮，艮为山为止。是日升于深谷之水中，而未出山头之象。即《天文训》曰：“曙于蒙谷之浦。”《彖》曰：“山下有险，险而止，蒙。”即谓日止于蒙谷，为蒙暗不明之象。

日又为王象，大离为天子象，是以为天子蒙暗不明之象。

《小雅·十月之交》:“十月之交，朔月辛卯。日有食之，亦孔之丑。彼月而微，此日而微。今此下民，亦孔之哀。”毛传:“之交，日月之交会；丑，恶也。月，臣道；日，君道。”郑笺:“周之十月，夏之八月也。八月朔日，日月交会而日食。阴侵阳、臣侵君之象。日辰之义，日为君，辰为臣。辛，金也；卯，木也。又以卯侵辛，故甚恶也。微，谓不明也。彼月则有微，今此日反微，非其常为，异尤大也。君臣失道，灾害将起，故下民亦甚可哀。“《正义》曰:“交者，日月相逮及，交而会聚，故云交会也。日月交会，谓朔日也。此言十月之交，即云朔月辛卯。朔月，即是之交为会也。《古历纬》及《周髀》，皆言周天三百六十五度，四分度之一。日月皆右行于天：日日行一度，月日行十三度，十九分度之七。是月行疾，日行迟。二十九日有余，而月行天一周，追及于日，而与之会，是会之交也。每月皆交会，而月或在日道表，或在日道里，故不食，其食，要于交会，又月与日同道乃食也。”

蒙卦，坎下艮上。三至五为坤，坤为十月；初之三为坎，坎为月；二之上为离，离为日。坎、离相接于坤，是日月交会于十月，为十月之交。《诗》曰:“日月告凶，不用其行。四国无政，不用其良。”朱熹曰:“行，道也。凡日月之食，皆有常度矣。而以为不用其行者，月不避日，失其道也。然其所以然者，则以四国无政，不用善人故也。如此则日月之食，皆非常矣。故《春秋》日食必书，而月食则无纪焉，亦以此尔。”蒙卦，月来食日，是山下有险，险而止，蒙而不明之象。故为之蒙。

又，于伏羲八卦，坎位七月，艮位八九月，坎下艮上，为七至九月之象。《月令·仲秋之月》云:“是月也，日夜分，雷始收声。杀声浸盛，阳气日衰。”《季秋之月》云:“是月也，霜始降。”八月日夜分，即秋分。此后，日渐短，夜渐长，阴气于盛阳气，是以寒露、霜降，万物被阴气蒙覆，为蒙。《太玄经·瞢》:“阴征南，阳征北，物失明贞，莫不瞢瞢。”范望注:“行属于土。谓之瞢者，寒露节终于此首之次四，霜降气起于此首之次五。斗指戌，无射用事。征，行也。阴南阳北，故万物失其明正之道，瞢瞢然，故谓之瞢。”“王曰：阳在南，则万物相见于离；今在北，故曰瞢。”蒙犹瞢，同声相通。《说文》:“瞢，目不明也。”蒙，亦目不明。

蒙　《说文》:“蒙，王女也。从艸，冢声。”草名，即菟丝。段玉裁注:“今人冢冒皆用蒙字为之。”《说文》:“冃，重覆也。从冂一。凡冃之属，皆从冃。”“冢，覆也。从冃豕。”段玉裁注:“下一，覆也；上又加冖，是为重覆。”“凡蒙覆、童蒙之字，今字皆作蒙；依古当作冢，蒙行而冢废矣。艸部蒙，艸名也。从冃豕，会意。” 桂馥义证:“覆也者，冡通作蒙。《释言》：蒙，奄也。郭云：奄，奄覆也。《小尔雅·广诂》：蒙，覆也。《方言》：蒙，覆也。《诗·君子偕老》：蒙彼绉絺。传云：蒙，覆也。僖二十八年《左传》：胥臣蒙马以虎皮。注云：蒙，覆也。”按，蒙训覆；然蒙（冡）从冃豕，段谓会意，盖即会蒙猪之意，此为构字本义。《释名·释天》曰：“蒙，日光不明，蒙蒙然也。”圣人设卦观象系辞，以日似君，是以君不明为蒙。

《周书·洪范》：“曰蒙，恒风若。”孔氏传：“君行蒙暗，则常风顺舒之。”《正义》曰：“言若者，其所致者皆顺其行，故言若也。《易·文言》云：云从龙，风从虎，水流湿，火就燥。是物各以类应，故知天气顺人所行，以示其验也。其咎反于休者，人君行不敬，则狂妄，故狂对肃也。政不治，则僭差，故僭对乂也。明不照物，则行自逸豫，故豫对哲也。心无谋虑，则行必急躁，故急对谋也。性不通晓，则行必蒙暗，故蒙对圣也。郑云：蒙，见冒乱也。王肃云：蒙，瞽蒙，以圣是通达，故蒙为瞽蒙。所见冒乱，言其不晓事，与圣反也。”蒙则暗，圣则明。蒙暗与圣明相反。

《左传》僖公二十四年：“下义其罪，上赏其奸，上下相蒙，难与处矣。”杨伯峻《春秋左传注》：“蒙，欺也。昭元年《传》：又使围蒙其先君。八年《传》：甚哉！其相蒙也。二十七年《传》：蒙王与令尹。皆以蒙为欺。说见李贻德《辑述》，孔疏云：在下者，以贪天之功，为立君之义，是下义其罪也；在上者，以立君之勳，赏盗天之罪，是上赏其奸也。居下者义其罪，是下欺上也；居上者赏其奸，是上欺下也。如此上下相欺蒙，难可与并居处矣。”《后汉书·郎顗传》：“《易内传》曰：久阴不雨，乱气也，蒙之比也。蒙者，君臣上下相冒乱也。”《集解》：“惠林曰：汉时以谶纬之书为内学，故称内传。《易稽览图》曰：日食之比，阴覆阳，蒙之比也，阴冒阳也。郑玄注云：蒙，气也；比，非一也。邪臣谋覆冒其君，先雾从夜昏起，或从夜半，或平旦。君不觉悟，日中不解，遂成蒙。君复不觉悟，下为雾也。”按，山出云气。蒙卦，坎下艮上，中间为离，雾在山下以掩日，是君不觉悟而受蒙之象，故称蒙。陆德明《经典释文》引《稽览图》云：“无以教天下曰蒙。”即谓君王不明，无以教天下，为蒙。

亨　《彖》曰：“蒙亨，以亨行时中也。”蒙卦，为七月至九月，当秋。春分、秋分，日正东西，昼夜平，寒暑均，阴阳相半，是以为时中。《逸周书·时训解》：“秋分之日，雷始收声。”陈逢衡云：“秋分之日，八月中气也。《淮南·天文训》：白露加十五日，斗指酉中绳，故曰秋分。《孝经纬》：白露后十五日，斗指酉，为秋分。阴生于午，极于亥，故酉其中分也。中月之节为秋分。秋为阴中，阴阳适中，故昼夜长短亦均焉。雷者，阳气所发也。八月阳气渐衰，故收声。《汉·五行志》曰：于《易》，雷以八月入，其卦曰归妹。言雷复归入地，则孕毓根荄，保藏蛰虫，避盛阴之害。雷震百里，大国诸侯之象。雷应天地之凝肃而收声，犹诸侯服天王之政教，而宁辑也。”

《月令仲秋之月》：“是月也，日夜分，雷始收声。日夜分，则同度量，平权衡，正钧石，角斗甬。凡举大事，毋逆大数，必顺其时，慎因其类。”郑氏注：“雷始收声，在地中动内物也。事谓兴土功，合诸侯，举兵众也。季夏禁之，孟秋始征伐，此月筑城郭，季秋教田猎，是以于中为戒焉。”《正义》曰：“知动内物者，以雷是阳气，主于动，不惟地中潛伏而已。至十一月，一阳初生，震下坤上，复卦用事。震为动，坤为地，是动于地下，是从此月为始，故云动内物也。”又曰：“于此之时，兴举其事，无逆天之大数，必须顺其阴阳之时，谨慎因其事类，不可烦乱妄为。”不妄为，得行时中，故亨。

蒙卦，初之三为坎，坎位正西，坎为月；二之上为离，离位正东，离为日：是日月正东正西相对。又，二之四为震，震为雷；三之五为坤，坤为地；四之上为艮，艮为山：是雷入地中。日月东西正对，雷入地中，是为秋分之象。九二，见龙在田，以刚居中，有君德而臣位；六五，居尊以柔，应九二中正之刚，谦谦君子：是阴阳相应。《文言》曰：“亨者，嘉之会也。”“嘉会足以合礼。”二、五相应，可谓嘉会合礼，是为亨。以亨行时中，无过与不及，是以蒙而可亨。《礼记·中庸》：“君子之中庸也，君子而时中。”是圣人重时之中，中则立。蒙卦，既以亨行，又得时中，是以亨通。

《白虎通·封公侯》：“周公不之鲁何？为周公继武王之业也。《春秋传》曰：周公曷为不之鲁？欲天下一于周也。《诗》云：王曰叔父，建尔元子，俾侯于鲁。周公身薨，天为之变，成王以天子之礼葬之，命鲁郊，以明至孝，天所兴也。”所引《春秋传》曰者，文十三年《公羊传》文。注云：“周公圣人，德至重，功至大。东征则西国怨，西征则东国怨。嫌之鲁，恐天下迴心趣乡之，故封伯禽，命使遥供养；死则奔丧为主，所以一天下之心于周也。”案，僖三十年《公羊传》曰：“卜郊何以非礼？鲁郊非礼也。”注云：“以鲁郊非礼，故卜尔。昔武王既没，成王幼少，周公摄行天子事，制礼作乐，治太平，有王功。周公薨，成王以王礼葬之，命鲁使郊，以彰周公之德，非正，故卜。”《史记·鲁世家》云：“于是，成王乃命鲁得郊祭文王。”《通鉴·前编》引《大传》又云：“所以明有功，尊有德，故忠孝之道，咸在周公、成王之间。故鲁郊，成王所以礼周公也。”《儒林传》：“谷永上疏曰：昔周公薨，成王葬以变礼而得正。”九二有君德而在下，六五有王位而在上，九二阳刚得中，六五有王位而在上，九二阳刚得中，六五阴柔得中，二与五有周公与成王之象，二应五，犹周公之辅成王。周公与成王，嘉行得时之中，是为亨通。伊尹与太甲亦然，为亨通。

匪我求童蒙，童蒙求我　《象》曰：“匪我求童蒙，童蒙求我，志应也。”荀爽曰：“二与五，志相应也。”王弼注：“我谓非童蒙者也。非童蒙者，即阳也。凡不识者求问，识者不求所告，暗者求明，明者不咨于暗。故蒙之为义，匪我求童蒙，童蒙求我也。童蒙之来求我，志应故也。”程氏传：“二以刚明之贤处于下，五以童蒙居上。非是二求于五，盖五之志应于二也。贤者在下，岂可自进以求于君？苟自求之，必无能信用之理。古之人，所以必待人君致敬尽礼，而后往者，非欲自为尊大，盖其尊德乐道；不如是，不足与有为也。”朱骏声《六十四卦经解》：“《方言》：蒙，萌也。蔓草加于草木之上，曰蒙。《诗》：葛生蒙楚。《尔雅》：蒙，王女。即女萝菟丝也。附草而蒙其上，故曰蒙。喻童子弱昧，必依附先生以强立，故曰童蒙。又蒙者，蒙蒙物初生形，是其未开著之名也。童，未冠之称。六五阴爻在蒙暗，又体艮，少男为童。坎，隐伏，为蒙。我谓二，二体震而得中。嘉会礼通，阳自动其中，德施地道之上，万物应之而萌芽生。教授之师取象焉。礼有来学，无往教，故修道艺于其室。而童蒙者，求为之弟子，非己手求之也。”按，师卦，坎下坤上，九二为主爻。蒙卦，坎下艮上，初之五为师卦象，而二为主爻；艮三索而得男，故谓之少男，而五居艮中：是蒙卦有师生之象。又，蒙卦，二为阳，五为阴，阴应阳以中，是以为志应。

《礼记·学记》：“君子知至学之难易，而知其美恶，然后能博喻。能博喻，然后能为师。能为师，然后能为长。能为长，然后能为君。故师也者，所以学为君也。是故，择师不可不慎也。记曰：三王四代唯其师，此之谓乎？郑氏注：“弟子学于师，学为君也。四代：虞、夏、殷、周。”《学记》曰： “凡学之道，严师为难。师严然后道尊，道尊，然后民知敬学。是故，君之所不臣于其臣者二：当其为尸，则弗臣也；当其为师，则弗臣也。大学之礼，虽诏于天子，无北面，所以尊也。”郑氏注：“尊师重道焉，不使处臣位也。武王践阼，召师尚父而问焉，曰：昔黄帝、颛顼之道存乎意，亦忽不可得见与？师尚父曰：在《丹书》，王欲闻之则齐矣。王齐三日端冕。师尚父亦端冕，奉书而入，负屏而立。王下堂南面而立。师尚父曰：先王之道不北面，王行西折而南，东面而立。师尚父西面，道书之言。”按，王者南面，臣子北面。先王之道不北面，是尊师重道之义。蒙卦，六五为君，九二为臣，不是二去应五，而是五来应二，为匪我求童蒙，童蒙求我。于卦位言，五在君位，二在臣位。然闻道有先后，二为师尊，五为童蒙。

《白虎通·辟雍》：“《论语谶》曰：五帝立师，三王制之。帝颛顼师绿图，帝喾师赤松子，帝尧师务成子，帝舜师尹寿，禹师国先生，汤师伊尹，文王师吕望，武王师尚父，周公师虢叔，孔子师老聃。天子之大子，诸侯之世子，皆就师于外者，尊师重先王之道也。故《曲礼》曰：闻有来学，无往教也。《易》曰：匪我求童蒙，童蒙求我。”疏证曰：“《吕览·劝学篇》：疾学在乎尊师，重先王之道也。尊师，则言信矣，道论矣。故往教者不化，召师者不化。注：《易》曰：匪我求童蒙，童蒙求我。故往教之师，不见化从也。童蒙常求师，而反召师，亦不宜化师之道也。又云：自卑者不听，卑师者不听。注：谓召师而学，亦不听师言也。”是自三代以下，皆尊师重道。《周书·君奭》曰："嗣前人，恭明德，在今予小子旦。非克有正，迪惟前人光，施于我冲子。”孔氏传："继先王之大业，恭奉其明德，言异于余臣。我留，非能有改正，但欲蹈行先王光大之道，施正于我童子。童子，成王。”《书序》曰："召公为保，周公为师，相成王为左右。召公不说，周公作《君奭》。”是周公为师，成王为童蒙。匪我求童蒙，童蒙求我，盖此。

初筮告，再三渎，渎则不告 郑康成曰："筮，问也；渎，亵也。”《礼记·曲礼》："卜筮者，先圣王之所以使民信时日，敬鬼神，畏法令也；所以使民决嫌疑，定犹豫也。故曰疑而筮之。”《周书·洪范》："立时人作卜筮，三人占，则从二人之言。”孔氏传："卜筮各三人。”初筮告，谓用第一占人筮问于神灵，其心也诚，故神灵告之以吉凶。复用第二、三占人筮问，则是心有所意，非惟听命，已不若初筮之诚，故而神灵不告。朱骏声《六十四卦经解》："《诗》曰：我龟既厌，不我告犹。《少仪》曰：毋渎神。又《仪礼》曰：筮者三人。《公羊》曰：求吉之道三。故有初筮原筮。《彖》曰："初筮告，以刚中也；再三渎，渎则不告，渎蒙也。”五以中心问二，二以中正告五，即以志应而告，再三则为渎，渎则不告，以其为亵渎之蒙者。

求师同于求神。《荀子·劝学》："故不问而告谓之傲，问一而告二谓之囋。傲，非也，囋，非也。”梁启雄《荀子简释》："俞曰：《论语·季氏》：言未及之而言，谓之噪。《释文》：鲁读躁为傲。傲，即噪之叚字。郝曰：囋者，嘈囋，谓语声繁碎也。”不问而告谓之噪，问一而告二谓之囋，与初噬告，再三渎，渎则不告义近。《礼记·学记》："力不能问，然后语之。语之而不知，虽舍之可也。”《正义》曰："语之而不知，虽舍之可也者，弟子既不能问，因而语之，语之不能知，且舍住，待后别更语之可也。”《礼记集说》曰："不知而舍之，以其终不可入德也。不以三隅反则不复，亦此意。”郑康成曰："弟子初问，则告之以事义；不思其三隅，相况以反解而筮者，此勤师而功寡，学者之灾也。渎筮则不复告，欲令思而得之，亦所以利义而于事也。”谓初筮告，再三渎，渎则不告，欲令退而思之，思而得之。子曰："学而不思则罔，思而不学则殆。”不告，以其不思之故。九二与六五应，为初筮告，不与六四、六三、初六应，为再三渎，渎则不告。

利贞 《彖》曰："蒙以养正，圣功也。”虞翻曰："体颐故养，五多功，圣谓二，二志应五，变得正而忘其蒙，故圣功也。”干宝曰："武王之崩，年九十三矣，而成王八岁，言天后成王之年，将以养公正之道，而成三圣之功。”按，蒙谓五，圣谓二，二之上为颐为养。六五阴在阳位，不正，故九二之阳应之，以养正。养正为利贞。二与四同功，二多誉，故曰圣功。乾卦《文言》："九二曰，见龙在田，利见大人，何谓也？子曰：龙德而正中者也。庸言之信，庸行之谨，闲邪存其诚，善世而不伐，德博而化。《易》曰：见龙在田，利见大人，君德也。"又曰："君子学以聚之，问以辨之，宽以居之，仁以行之。《易》曰：见龙在田，利见大人，君德也。"九二，功德齐备为圣，震以上应，以养六五之正，是以为圣功，为利正。

《豳风·狼跋》之《序》曰："《狼跋》，美周公也。周公摄政，远则四国流言，近则王不知，周大夫美其不失其圣也。"郑笺："不失其圣者，闻流言不惑，王不知不怨，终立其志，成周之王功，致太平，复成王之位，又为之太师，终始无愆，圣德著焉。"《周书·金縢》："武王既丧，管叔及其群弟乃流言于国，曰：公将不利于孺子。周公乃告公曰：我之弗辟，我无以告我先王。周公居东二年，则罪人斯得。于后，公乃为诗以贻王，名之曰《鸱鸮》。王亦未敢诮公。秋大熟，未获，天大雷电以风，禾尽偃，大木斯拔，邦人大恐。王与大夫尽弁，以启金縢之书，乃得周公所自以为功，代武王（死）之说。二公及王，乃问诸史与执事。对曰：信。噫，公命我勿敢言。王执书以泣曰：昔公勤劳王家，惟予冲人弗及知。今天动威，以彰周公之德。惟朕小子其新逆，我国家礼亦宜之。"孔氏传："（成王）言己童幼，不及知周公昔日忠勤，（天）发雷风之威，以明周公圣德。周公以成王未寤，故留东未还。成王改过自新，遣使者迎之，亦国家礼有德之宜。"卦辞曰蒙而利贞，《彖》曰蒙而养正，盖亦如成王与周公之事，或如太甲与伊尹之事。

《象》曰："山下出泉，蒙，君子以果行育德。"《小雅·车舝》："高山仰止，景行行止。"郑笺："古人有高德者，则慕仰之；有明行者，则而行之。"《正义》曰："言高山者，以山之高，比人德之高，故云古人有高德者，则慕仰之也。且仰是心慕之辞，故为高德。德者，在内未见之言。行者，已见施行之语。德则慕仰，多行则法行。故仰之行之，异其文也。"《史记·孔子世家》："太史公曰：诗有之：高山仰止，景行行止。虽不能至，然心乡往之。余读孔氏书，想见其为人。"山喻孔子德行。谦卦，艮下坤上。艮为山，坤为地。山本高，而居于地下，为谦。《象》曰："谦谦君子，卑以自牧。"是山于《易》亦喻君子，喻有德有行之人。

《说文》："泉，水原也，象水流出成川形。"桂馥义证："水原也者，《一切经音义十二》：水自出为泉。《孟子》：源泉混混。象水流出成川形者，泉布上字中画皆断作，上象水原，下象川形。《甘氏星经》：天泉十星，主灌溉沟渠之事。馥案，《书·益稷》：浚畎浍，距川。泉通于畎浍，流出会为川也。《禹贡》：九川涤源。疏：涤泉源，无使闭塞，则九州之川，通流以入于海也。"《尔雅·释水》郝疏："《水泉》，题上事也。《管子·

水地篇》云：水者何也？万物之本原也。水之原在乎泉，故《释水》之篇，先泉后水，又总题曰《水泉》也。”泉，出自山下，由细流汇为江河，入归大海，如君子之积小德以成大德，故《象》曰：君子如山下出泉，始而发蒙，继而以信实之行，修养其德。《广雅·释诂》：“果，信也。”《玉篇》：“果，信也。”是果行，即为信实之行。

《论语·雍也》：“子曰：知者乐水，仁者乐山。”刘宝楠《论语正义》曰：“《韩诗外传》：夫水者，缘理而行，不遗小间，似有智者。动而下之，似有礼者。蹈深不疑，似有勇者，障防而清，似知命者。历险致远，卒成不毁，似有德者。天地以成，群物以生，国家以宁，万物以平，品物以正，此智者所以乐于水也。《说苑·杂言篇》略同。”又云：“子贡问曰：君子见大水必观焉，何也？孔子曰：夫水者，君子比德焉。遍予而无私，似德。所及者生，似仁。其流卑下，句倨皆循其理，似义。浅者流行，深者不测，似智。其赴百仞之谷不疑，似勇。绵弱而微达，似察。受恶不让，似包蒙。不清以入，鲜洁以出，似善化。至量必平，似正。盈不求概，似度。其万折必东，似意。是以君子见大水，观焉尔也。”《正义》又曰：“水运行不已，有进之象。君子自强不息，进德修业，日有孳孳而莫之止。其进也，即其动也。《易》象传：水洊至，习坎，君子以常德行习教事。”

《正义》曰：“《韩诗外传》：夫山者，万民之所瞻仰也。草木生焉，万物植焉，飞鸟集焉，走兽休焉，四方益取与焉，出云道风，炏乎天地之间。天地以成，国家以宁。此仁者所以乐于山也。《说苑》略同。此注言乐如山者，言仁者愿比德于山，故乐山也。”又曰，“仁者善制其欲。克己复礼，凡视听言动，自能以礼制心，而不稍过乎欲，故曰无欲，无非礼之欲也。《易》象传：兼山，艮，君子以思不出其位。思不出位，故能无欲。”按，汇泉成流，流水象君子修行；积土成山，山厚象君子积德。是山下出泉，如君子以果行育德。于象，艮为山，坎为泉，艮上坎下，山下出泉，为君子积德修行之象。又，艮为果，震为行，为果行；颐为育，坤为德，为育德。是以见山下出泉，蒙之君子，则以果行育德。此其人法地之类。

屯卦和蒙卦，互为邻卦和综卦。《序卦传》曰：“屯者，物之始生也。物生必蒙，故受之以蒙。”是以为邻卦。又，“蒙者，蒙也，物之稚也。”物之始生，与物之稚，为物之两端。物由生而稚，稚由生而来，故互为综卦。伏羲八卦，乾、坤、离、坎，颠倒不变；震、艮、兑、巽，颠倒则变。屯卦，震下坎上，《彖》曰：“动乎险中。”震为动，坎为险。蒙卦，坎下艮上。《彖》曰：“险而止。”是坎险不变，而震变艮，动变止。是屯卦和蒙卦，有不易和变易，故两卦有同与不同。《序卦传》曰：“有天地，然后万物生焉。盈天地之间者，唯万物，故受之以屯，屯者盈也。屯者，物之始生也。物生必蒙，故受之以蒙。蒙者，蒙也，物之稚也。”以上言自然之象。又，屯卦卦辞曰：“利建侯。”谓君。蒙卦卦辞曰：“匪我求童蒙，童蒙求我。”谓师。故乾、坤、屯、蒙，为天、地、君、师之谓。

蒙卦和革卦，互为错卦。蒙卦，坎下艮上，救蒙之君；革卦，离下兑上，革昏之君。其义相反，故阴阳相错，是为错卦。蒙卦，二之上为离象，离为日为君。革卦，三之五为乾，乾为天为君。是以两卦皆言君王之事：蒙之离正出水升山，革之乾在水火之中。蒙卦《彖》曰：“蒙亨，以亨行时中也。匪我求童蒙，童蒙求我，志应也。”是君臣志应而亨通。革卦《彖》曰：“革，水火相息，二女同居，其志不相得，曰革。”是君臣志不相得而命革。又，《彖》曰：“蒙以养正，圣功也。”“汤武革命，顺乎天而应乎人。”前者，谓周公辅成王；后者谓商汤、周武，革夏桀、商纣之命。一辅一革，是亦相反，故互为错卦。

伏羲八卦方位：东方离，东南方兑，南方乾，西南方巽，西方坎，西北方艮，北方坤，东北方震。以四季分：东方和东南方为春，南方和西南方为夏，西方和西北方为秋，北方和东北方为冬。故离下兑上为春，为革；乾下巽上为夏，为小畜；坎下艮上为秋，为蒙；坤下震上为冬，为豫。是蒙卦和革卦，一为秋，一为春。秋，阴息阳消，阴用事；春，阳息阴消，阳用事。两卦阴阳之气相反，是以为错卦。又，蒙卦《象》曰：“山下出泉，蒙，君子以果行育德。”革卦《象》曰：“泽中有火，革，君子以治历明时。”两卦山、泽相反相对，水、火相反相对；前者法地，后者法天。是亦相错，互为错卦。《易》之错综复杂，天人之际，盖见于此，不可不究。

初六，发蒙，利用刑人，用说桎梏。以往吝。

〔译〕 初六，启发蒙昧，利于用来惩罚罪人，用以解脱束缚。向前困难而恨惜。

《象》曰：“利用刑人，以正法也。”

〔证〕

发蒙 孔颖达疏：“以能发去其蒙也。”《庄子·田子方》曰：“丘子于道也，其犹醯鸡与？微夫子之发吾覆也，吾不知天地之大全也。”郭庆藩《庄子集解》：“《疏》：醯鸡，醋瓮中之蠛蠓，每遭物盖瓮头，故不见二仪也。亦犹仲尼遭圣迹蔽覆，不见事理，若无老子为发覆盖，则终身不知天地之大全，虚通之妙道也。”发蒙犹发覆，发去其蒙盖，使之明见。又，《楚辞·沉江》：“将方舟而下流兮，冀幸君之发矇。”王逸注：“矇，僮矇也。言我将方舟随江而浮，冀幸怀王开其矇惑之心，而还己也。矇，一作蒙。”《补》

曰：“《素问》曰：发蒙解惑，未足以论。”《说文通训定声》：“矇，假借为冡（蒙）。《楚辞·沉江》：冀幸君之发矇。注：僮矇也，《礼记·哀公问》：昭然若发矇矣。《论衡·量知》：人未学问曰矇。”蒙卦之发蒙，与《沉江》之发矇，皆谓启发君王之蒙惑。初六，为蒙卦之发端，是以为发蒙。又，阳照阴上，亦为发蒙。

利用刑人 《周书·康诰》：“非汝封刑人杀人，无或刑人杀人。非汝封又曰劓刵人，无或劓刵人。”蔡沈注：“刑杀者，天之所以讨有罪，非汝封得以刑之杀之也。汝无或以己而刑杀之。刵，截耳也。刑杀，刑之大者；劓刵，刑之小者。兼举小大，以申戒之也。又曰，当在无或刑人杀人之下。”刑人，用刑罚制裁罪人。《象》曰：“利用刑人，以正法也。”谓为启发蒙昧之人，用刑罚制裁罪人，以正律法为有利。干宝曰：“初六戊寅，平明之时，天光时照，故曰发蒙。此成王始觉周公至诚之象也。坎为法律，寅为贞廉，以贞用刑，故利用刑人矣。此成王将正四国之象也。”正法而刑人，辟以止辟，刑期无刑，既有利于发君王之蒙，又有利于治理国家，故曰利用刑人。

《周书·金縢》：“武王既丧，管叔及其群弟，乃流言于国，曰：公将不利于孺子。周公乃告二公曰：我之弗辟，我无以告我先王。周公居东二年，则罪人斯得。于后，公乃为诗以贻王，名之曰《鸱鸮》。王亦未敢诮公。”孔氏传：“武王死，周公摄政，其弟管叔及蔡叔、霍叔，乃放言于国，以诬周公，以惑成王。三叔以周公大圣，有次立之势，遂生流言。孺，稚也；稚子，成王。辟，法也。告召公、太公言：我不以法法三叔，则我无以成周道，告我先王。周公既告二公，遂东征之。二年之中，罪人此得。成王信流言而疑周公，故周公既诛三监而作诗，解所以宜诛之意以遗王。王犹未悟，故欲让公而未敢。”初六曰：“发蒙，利用刑人。”周公东征，定四国，惩三监，作诗遗成王，盖即合此。

《说文》：“刑，刭也。”段玉裁注：“按井刂者，五刑也。凡井刂罚、典井刂、仪井刂，皆用之。刑者，刭颈也，横绝之也。此字本义少用，俗字乃用刑为井刂罚、典井刂、仪井刂字。”利用刑人，刑兼井刂。《黄帝经·称经》曰：“制人者阳，制于人者阴。”《周易》，凡用刀者，皆因阳横绝。如，睽卦，兑下离上，六三曰：“其人天且劓。”六三受上九、九四横绝。困卦，坎下兑上，九五曰：“劓刖。”九五、九二横绝之。艮卦，艮下艮上，九三曰：“列其夤 。”九三横绝六二之上。归妹卦，兑下震上，上六曰：“士刲羊。”九四横绝于兑上，兑为羊。既济卦，离下坎上，九五曰：“东邻杀牛。”谓九五横绝坤阴之中，坤为子母牛。蒙卦，初六发蒙，利用刑人，谓九二横绝初六，不当位之阴，似周公东征，罪人斯得，用以启发成王。又初六之上，二之四为雷为震，有威震刑罚之象，为刑人。

用说桎梏 《说文》：“说，释也。”段玉裁注：“说释者，开解之意，采部曰：释，解也。"《大雅·瞻卬》："彼宜有罪，女覆说之。"毛传："说，赦也。"《释文》："说，一音他活反。"《诗集传》："说，音脱。说，赦也。"又，《说文》："桎，足械也，所以质地。""梏，手械也，所以告天。"《山海经·海内西经》："帝乃梏之疏属之山，桎其右足。"郭璞注："梏，犹系缚也；桎，械也。"《周礼·大司寇》："桎梏而坐诸嘉石。"郑氏注："木在足曰桎，在手曰梏。"《掌囚》曰："凡囚者，上罪梏拲而桎，中罪桎梏，下罪梏，王之同族拲，有爵者桎，以待弊罪。"郑氏注："郑司农云：拲者，两手共一木也；桎梏者，两手各一木也。玄谓在手曰梏，在足曰桎。中罪不拲，手足各一木耳；下罪又去桎。王同族及命士以上，虽有上罪，或拲或梏而已。弊，犹断也。"桎梏，木制之脚镣手铐，是以假借为束缚手脚之事物。初六，利用刑人，用说桎梏，如周公用惩罚三监，使成王不受流言蛊惑，从而摆脱束缚。

《豳风·狼跋》之《序》曰："《狼跋》，美周公也。周公摄政，远则四国流言，近则王不知，周大夫美其不失其圣也。"《正义》曰："作《狼跋》诗者，美周公也。毛以为周公摄政之时，其远，则四国流言，谤毁周公，言将不利于孺子；其近，则成王不知其心，谓周公实欲篡夺己位。周公进退有难，如此卒诛除四国，成就周道，使天下太平，而圣著明。故周大夫作此诗，美进退有难，而能不失其圣也。"又曰："传言进退有难，须两事充之。明四国流言，为进有难；王不知，为退有难。能诛除四国，摄政成功，正是不失圣也。"周公摄政，平定四国，惩治三监，使成王醒悟，终于不受束缚，致太平之道，为利用刑人，用脱桎梏。《荀九家》曰："坎为丛棘，为桎梏。"初六在坎，受刑被除，是以无坎之象。是以为用脱桎梏。

以往吝　《周易》，上往下来，前往为往，后来为来。《说文》："吝，恨惜也。"以往吝，谓从此往前多所恨惜。蒙卦，初六曰："发蒙，利用刑人，用说桎梏。"《象》曰："利用刑人以正法也。"谓发蒙之初，多所桎梏，非刑人正法，不足以摆脱桎梏。此恨惜之一。六三曰："勿用取女，见金夫不有躬，无攸利。"《象》曰："勿用取女，行不顺也。"行不顺，无攸利，此恨惜之二。六四曰："困蒙吝。"《象》曰："困蒙之吝，独远实也。"六四困于蒙，独远实，此恨惜之三。蒙卦，由下往上，有如此多难，是以初六曰："以往吝。"孙星衍《周易集解》曰："案，《说文》引作以往遴。遴，行难也。"是吝为恨惜，恨惜发蒙之艰难。又，初之三为坎，四之上为艮。坎为险，艮为阻，由初之上，有险阻，为以往吝。

《豳风·七月》之《序》曰："《七月》，陈王业也。周公遭变故，陈后稷先公风化之所由，致王业之艰难也。"郑笺："周公遭变者，管、蔡流言，辟居东都。"《鸱鸮》之《序》曰："《鸱鸮》，周公救乱也。成王未知周公之志，公乃为诗以遗王，名之曰《鸱鸮》焉。”郑笺：“未知周公之志者，未知其欲摄政之意。”《破斧》之《序》曰：“《破斧》，美周公也。周大夫以恶四国焉。”郑笺：“恶四国者，恶其流言毁周公也。”《伐柯》之《序》曰：“《伐柯》，美周公也。周大夫刺朝廷之不知也。”郑笺：“成王既得雷雨大风之变，欲迎周公。而朝廷群臣，犹惑于管、蔡之言，不知周公之圣德，疑于王迎之礼，是以刺之。”《九罭》之《序》曰：“《九罭》，美周公也。周大夫刺朝廷之不知也。《正义》曰：“周公既摄政而东征，至三年罪人尽得。但成王惑于流言，不悦周公所为。周公且止东方，以待成王之召。成王未悟，不欲迎之。故周大夫作此诗，以刺王。”,《狼跋》之《序》曰：“《狼跋》，美周公也。周公摄政，远则四国流言，近则王不知。周大夫美其不失其圣也。”周公摄政，远则三监四国流言，近则王与朝廷不知，东征罪人尽获，犹留东不归，以待幼主之醒悟，是以为以往吝，谓发蒙之事，多所困难而恨惜。

九二，包蒙吉，纳妇吉，子克家。

〔译〕 九二，包育阴蒙吉，感应吉，子能齐家。

《象》曰：“子克家，刚柔接也。”

〔证〕

包蒙吉 《说文》：“包，妊也。象人裹妊，巳在中，象子未成形也。凡包之属，皆从包。”段玉裁注：“引伸之，为凡外裹之称。亦作苞，皆假借字。”《夏书·禹贡》：“草木渐包。”孔氏传：“草之相包裹也。包，或作苞。”马亦云：“相包裹也。”蒙卦，二之上，外阳内阴，阳大阴小，颐卦之象。颐为颐养，有包育之义。《象》曰：“天地养万物，圣人养贤以及万民，颐之时大矣哉！”《老子》曰：“知常容，容乃公，公乃王，王乃天，天乃道，道乃久，殁身不殆。”任继愈《老子今译》：“认识常，才能一切包容；一切包容，才能坦然大公；坦然大公，才能天下归从；天下归从，才能符合自然；符合自然，才能符合道；符合道，才能长久，终身不遭危险。”是包有包容之义。蒙卦，九二之上九为大离象，为明，三、四、五为阴为蒙，是九二之上九，包养、包容众阴，为包蒙。以其包蒙有养正与包容之义，是以得吉，为包蒙吉。又，上九为天爻，包蒙得天祐之，为吉。

《周书·金縢》：“秋，太熟，未获，天大雷电以风，禾尽偃，大木斯拔，邦人大恐。王与大夫尽弁，以启金縢之书。乃得周公所自以为功，代武王之说。二公及王，乃问诸史与百执事。对曰：信，噫，公命我勿敢言。王执书以泣，曰：昔公勤劳王家，唯予冲人弗及知。今天动威，以彰周公之德。惟朕小子其新逆，我国家礼亦宜之。”秋，天大变，成王启金縢之匮，得周公作策书，告神请代武王死之事。王与二公，问诸史与百执事，皆曰信。因此成王大悟，知周公勤劳王家，自己童蒙不知，意欲改过自新，遣使者迎之，以合国家礼遇有德之人。周公东征，尽获罪人，以成王未悟，朝臣不知，故留东三年未还，然犹贻诗于王，名曰《鸱鸮》。启《金縢》之后，二公及王皆悟，迎周公回朝。后成王长，能听政，公还政成王，成周之道，是为包蒙吉。六三、六四为公卿位，六五为王位，九二包蒙，即包二公及王。

纳妇吉　《广雅·释诂》："纳，入也。"《虞书·尧典》曰："寅宾出日"，"寅饯纳日"。孔氏传："日出言导，日入言送。"是纳为入，为内。《豳风·七月》："九月筑场圃，十月纳禾稼。"郑笺："纳，内也。治于场，而内之囷仓也。"《大雅·烝民》："王躬是保，出纳王命。"《正义》曰："王有所言，出而宣之；下有所白，纳而白之。"《释文》："纳亦作内。"《说文》："内，入也。从冂入，自外而入也。""入，内也。象从上俱下也。凡入之属，皆从入。"段玉裁注："上下者，外中之象。"《白虎通·嫁娶》曰："天子下至士，必亲迎授绥者何？以阳下阴也。欲得其欢心，示亲之心也。"《仪礼·士昏礼》曰："婿御妇车，妇至主人揖妇以入，及寝门，揖入。"蒙卦，坎为车，艮为门，九二上迎六五，为纳妇。

咸卦，艮下兑上。卦辞曰："咸，亨，利贞，取女吉。"《彖》曰："咸，感也。柔上而刚下，二气感应以相与，止而说。男下女，是以亨，利贞，取女吉也。天地感，而万物化生；圣人感人心，而天下和平。观其所感，而天地万物之情可见矣。"此其为取女吉，即阴阳感应，为万事万物之吉。渐卦，艮下巽上。卦辞曰："渐，女归吉，利贞。"巽为入，艮为门阙，渐卦阴在巽艮之下，阳在巽艮之上，为女归嫁男家，是以为吉，为利于正道。归妹卦，兑下震上。《彖》曰："归妹，天地之大义也。天地不交，而万物不兴。归妹，人之终始也。说以动，所归妹也。"悦以动，动则阴爻来下，为阴内阳外，阴下阳上，为天地之大义。蒙卦，九二与六五感应，纳妇入内，得天地人、万事万物之正，是以谓纳妇吉。六五童蒙之时，九二唯一阳刚中正，若能与六五感应，同爕百事，成文武之治，则为吉。九二与六五，犹周公与成王。就家而言，周公为叔，成王为侄，是以二为阳，五为阴；就国而言，成王为君，周公为臣，是以五为上，二为下。

子克家　《尔雅·释言》："克，能也。"《说文》："克，肩也。"段玉裁注："肩，谓任，任事于肩，故任谓之肩，亦谓之克。《释诂》云：肩，克也；又曰：肩，胜也。"约斋《字源》："克，是胜任的意思，所以画成一个人，头上戴胄，而以手叉腰，作势的形状。"《虞书·大禹谟》："克勤于邦，克俭于家。"《正义》曰："能勤劳于国，能节俭于家。"《大雅·生民》："克禋克祀。"郑笺："克，能也。"九二子克家，即谓九二之男，能胜任治理其家。《象》曰："子克家，刚柔接也。"刚柔接，即纳妇吉。男子三十而婚，女子二十而嫁。家人卦，离下巽上。《彖》曰："家人女正位乎内，男正位乎外，男女正，天地之大义也。家人有严君焉，父母之谓也，父父、子子，兄兄、弟弟，夫夫、妇妇，而家道正，正家而天下定矣。"子克家，即谓刚柔接，男女正，子能正家，而天下定。《礼记·大学》："故治国在齐其家。《诗》云：桃之夭夭，其叶蓁蓁。之子于归，宜其家人。宜其家人，而后可以教国人。《诗》云：宜兄宜弟。宜兄宜弟，而后可以教国人。《诗》云：其仪不忒，正是四国。其为父子兄弟足法，而后民法之也：此谓治国在齐其家。所谓平天下，在治其国者，上老老，而民兴孝；上长长，而民兴弟；上恤孤，而民不倍。是以君子有絜矩之道也。"九二子克家，刚柔接，犹子齐家，而国家治，天下定。

六三，勿用取女，见金夫，不有躬，无攸利。

〔译〕 六三，不用娶此女，见贵夫而不恭敬，无所利。

《象》曰："勿用取女，行不顺也。"

〔证〕

勿用取女 《系辞传》曰："三与五同功而异位，三多凶，五多功，贵贱之等也。其柔危，其刚胜邪。"侯果曰："三、五阳位，阴柔处之，则多凶危；刚正居之，则胜其任。"崔憬曰："三处下卦之极，居上卦之下，为一国之君，有威权之重，而上承天子，若无含章之美，则必致凶。"蒙卦六三，以阴柔居阳刚，不当其位，此行不顺之一。又，坤卦六三曰："含章可贞，或从王事，无成有终。"《象》曰："含章可贞，以时发也。或从王事，知光大也。"蒙卦六三，下乘九二阳刚中正，不安贞，而处震中，无含章可言，无可贞之象，此行不顺之二。家人卦六二曰："无攸遂，在中馈，贞吉"。《象》曰："六二之吉，顺以巽也。"六三不在中馈，遂进在三，此不顺之三。又，见金夫，不有躬，无攸利，此不顺之四。《象》曰："勿用取女，行不顺也。"即谓其行无坤顺之德。《说文》："顺，理也。"不顺，谓不合理。

见金夫 《说卦传》曰："乾为玉，为金。"噬嗑卦，震下离上，九四曰："噬干胏，得金矢。"阳为金。六五曰："噬干肉，得黄金。"中黄外金，亦阳为金。姤卦，巽下乾上，初六曰："系于金柅。"阴系于阳，为系于金柅，阳为金。困卦，坎下兑上，九四曰："来徐徐，困于金车。"坎为车，九四覆盖其上，为金车，是阳为金。鼎卦，巽下离上，六五曰："鼎黄耳，金铉。"金铉，指横穿两鼎耳之杠铉，即上九阳爻之象。蒙卦，上九为金夫，六三为妇，六三应上九，为见金夫。《卫风·淇奥》："有匪君子，如金如锡，如圭如璧。"《诗序》曰："《淇奥》，美武公之德也。"《诗集传》："匪，斐通，文章著见之貌也。"又，《大雅·棫朴》："追琢其章，金玉其相。"《正义》曰："文王圣德，其文如雕琢矣，其质如金玉矣。"《左传》昭公十二年："思我王度，式如玉，式如金。"杜预注："金玉取其坚重。"顾炎武补正："犹言如金如锡，如圭如璧，谓令德也。"金夫，男子美称。上九在艮山之上，有德高望重之象。

不有躬，无攸利 《说文》："躳，身也。从身，从吕。躬，躳或从弓。"朱骏声《通训定声》："身曲则吕见。或从弓，象形。"段玉裁注："从吕声，身以吕为柱也。侯执信圭。伸圭人形直。伯执躬圭。躬圭，人形曲。鞠躬者，敛曲之貌也。弓身者，曲之会意也。"弓身为躬，故《篇海类编》曰："躬，恭也。"《孔子家语·五帝德》："（帝舜）命二十二臣，率尧旧职，躬己而已。"《礼记·缁衣》："《小雅》曰：匪其止共，惟王之邛。"《释文》："共，音恭，皇本作躬。云：躬，恭也。"《管子·霸形》："桓公变躬迁席，拱手而问曰：敢问何谓其本？"变躬，即弓身。六三不有躬，无攸利，谓见金夫不恭敬，则无所利。家人卦九三曰："家人嗃嗃，悔厉吉；妇子嘻嘻，终吝。"《象》曰："家人嗃嗃，未失也；妇子嘻嘻，失家节也。"六三不恭，犹妇子嘻嘻，失家节而终吝，故于家无利。初之三为坎，坎为弓，弓与躬通。二之四为震，震为决躁。六三出坎入震，阴在阳位，是为不有躬，无攸利。以其不合臣道、妻道、子道，是以诫上者不取，此盖教蒙之类。

六四，困蒙，吝。

〔译〕 六四，困陷于蒙昧之中，必然恨惜。

《象》曰："困蒙之吝，独远实也。"

〔证〕

困蒙，吝 《说文》："困，故庐也。从木在囗中。朱，古文困。"段玉裁注："庐者，二亩半一家之居。居必有木，树墙下以桑是也。故字从囗木。谓之困者，疏广所谓，自有旧田庐，令子孙勤力其中也。困之本义为止而不过，引伸之为极尽。"桂馥义证："从木在囗中者，六书本义，木在囗中，不得申也。"《象》曰："困蒙之吝，独远实也。"实与虚对，阳与阴对。阳为实，阴为虚。四阴之中，唯六四不接于阳，为独远实。蒙卦，阳为明睿，阴为暗昧，是以独远实，不得师教，为困蒙。困于蒙则堪恨惜，故曰吝。王弼注："独远于阳，处两阴之中，暗莫之发，故曰困蒙也。困于蒙昧，不能比贤，以发其志，亦以鄙矣，故曰吝也。"又，六四前有艮山之阻，后有坎水之险，止于蒙中而不得阳应。是为困蒙，为吝。

《荀子·劝学》："学莫便乎近其人。方其人之习君子之说，则尊以遍矣，周以世矣。故曰学莫便乎近其人，学之经莫速乎好其人，隆礼次之。上不能好其人，下不能隆礼，安特将学杂识志，顺《诗》、《书》而已耳！则末世穷年，不免为陋儒而已。"杨倞注："谓贤师也。学之大经，无速于好近贤人。若无其人，则隆礼为次之。言既不能好其人，又不能隆礼，直学杂说，顺《诗》、《书》而已，岂免为陋儒乎？言不知通变也。”郝懿行曰：“言亲近其人，而习闻其说，则禀仰师承，周遍于世务矣，故曰学莫便乎近其人。”郭嵩焘曰：“近其人，谓得其人而师之；好其人，则是中心悦而诚服，亲炙之深者也；隆礼，谓自以礼检束其身。”蒙卦六四，不近其阳，是不得其人而师之；上下无应，是不能好其贤人；处四不中，是不能以礼自束。又，《礼记·学记》：“安其学而亲其师，乐其友而信其道。”亦谓学必亲师比贤。六四皆悖，故必困蒙而吝。

《白虎通·辟雍》：“学之为言觉也，以觉悟所不知也。故学以治性，虑以变情。故玉不琢不成器，人不学不知义。子夏曰：百工居肆以成其事，君子学以致其道。故《曲礼》曰：十年曰幼学。《论语》曰：吾十有五而志于学，三十而立。又曰：生而知之者，上也；学而知之者，次也。是以虽有自然之性，必立师傅焉。”陈立《疏证》：“此通引诸书，明人不可无学也。故《论语·公冶长》：十室之邑，必有忠信如丘者焉；不如丘之好学也。言虽有美质，亦不可不学也。”《贾子·官人》云：“故与师为国者帝，与友为国者王，与大臣为国者伯，与左右为国者强，与侍御为国者，若存若亡，与厮役为国者，亡可立待也。”六四，远实而不从师，故困蒙而吝可知。

六五，童蒙，吉。

〔译〕 六五，童蒙，顺而逊吉利。

《象》曰：“童蒙之吉，顺以巽也。”

〔证〕

童蒙，吉 《说文》：“僮，未冠也。从人，童声。”段玉裁注：“䇂部曰：男有辠（罪）曰奴，奴曰童。按，《说文》僮、童之训，与后所用正相反。今经传僮子字，皆作童子，非古也。《杂记》注曰：童，未成人之称。《学记》注曰：成童，十五以上。引伸为僮蒙。《玉篇》引《诗》：狂僮之狂也且。传曰：狂行，僮昏所化也。《广雅》曰：僮，痴也。若《召南》僮僮，竦敬也，则又如愚之义也。”是童蒙，即古之僮蒙。《白虎通·辟雍》：“古者，所以年十五入大学何？以为八岁毁齿，始有知识，入学学书计。七、八十五，阴阳备，故十五成童志明，入大学，学经籍。”十五成童，六五有五，故谓童。

《公羊传》僖公十年注：“礼，诸侯之子，八岁受之少傅，教之以小学，业小道焉，履小节焉。十五受太傅，教之以大学，业大道焉，履大节焉。”《大戴礼记·保傅篇》：“古者，年八岁而出就外舍，学小艺焉，履小节焉。束发而就大学，学大艺焉，履大节焉。”注：“小学，谓庠门师保之学也。大学，王宫之东者。束发谓成童。《后汉书·杨终传》：

“礼制，人君之子，年八岁，为置少傅，教之书计，以开其明；十五置太傅，教之经典，以道其志。”按，《公羊传》、《大戴礼》所言，当是天子太子、诸侯世子之礼。蒙卦初六发蒙，当是八岁，课之以小学；六五童蒙，当是十五岁，课之以大学。

《象》曰：“童蒙之吉，顺以巽也。”《系辞传》曰：“《易》之为书也，广大悉备。有天道焉，有人道焉，有地道焉，兼三才而两之，故六。六者非它也，三才之道也。”朱熹《周易本义》曰：“三画已具三才，重之故六。而以上二爻为天，中二爻为人，下二爻为地。”六五，天子之位，上承乎上九，乃为顺天；下逊于九二，乃为巽地。天地赅人，童蒙得天地人，故吉。大有卦卦辞曰：“大有，元亨。”《彖》曰：“大有，柔得尊位，大中而上下应之，曰大有。”大有，谓大有天下。其六五曰：“厥孚交如，威如，吉。”即谓柔得尊位，大中而上下应之，是以大有天下，为吉。蒙卦六五，受以大学，业大道，上顺下逊，虽童蒙居天子之位，而得天人之助，是以吉利。

又，观卦，坤下巽上，初之五为大艮。初六曰：“童观，小人无咎。”其《象》曰：“初六童观，小人道也。”童谓大艮之初。大畜卦，乾下艮上。六四曰：“童牛之牿，元吉。”童谓上艮之初。旅卦，艮下离上。六二曰：“旅即次，怀其资，得童仆贞。”其《象》曰：“得童仆贞，终无尤也。”童谓下艮之中。九三曰：“旅焚其次，丧其童仆，贞厉。”童谓下艮上爻。蒙卦，坎下艮上。六五曰“童蒙，吉。”其《象》曰：“童蒙之吉，顺以巽也。”童谓上艮之中爻。是童皆在艮，艮有童象。按，古者束发谓成童，艮之下二阴如发，上一阳似束发之横簪，是艮为童象。《说卦传》曰：“艮，三索而得男，故谓之少男。”少男，即是童，是以艮为童象。又，《说文》：“艮，很也。”“很，不听从也。”童昧不明，故不听从，故为很为艮。

上九，击蒙，不利为寇，利御寇。

〔译〕 上九，敲打蒙昧，使其不利为暴，而利用御暴。

《象》曰：“利用御寇，上下顺也。”

〔证〕

击蒙 《说文》：“击，攴也。”又，“攴，小击也。”段玉裁注：“二篆为转注。攴训小击，击则兼大小言之。而但云攴也者，于攴下见析言之理，于击下见浑言之理，互相足也。攴之隶变为扑，手即又也，又下曰手也。因之鞭箠等物，皆谓之扑。此经典扑字之义也。”《虞书·益稷》曰：“予击石拊石。”《邶风·击鼓》曰：“击鼓其镗。”击，皆敲打义。《说卦传》曰：“艮为手。”手加其上，为击。“坎为隐伏。”阳被阴包覆，为蒙。艮上坎下，为击蒙。六三曰：“勿用取女，见金夫不有躬，无攸利。”《象》曰：“勿用取女，行不顺也。”上九与六三，对应之爻，故责无旁贷而击之，使之醒悟而悔改。

不利为寇，利御寇 《说文》：“寇，暴也。”段玉裁注：“暴，当是暴疾之字，引伸为暴乱也。”按，《系辞传》曰：“重门击柝，以待暴客。暴即寇。”《说卦传》曰：“艮为止”，“坎为盗”。盗为寇。蒙卦，艮上坎下，为止寇。止其寇，即使其不利为暴。又，习坎卦，坎下坎上。卦辞曰：“有孚维心，亨，行有尚。”《彖》曰：“习坎，重险也。水流而不盈，行险而不失其信。维心亨，乃以刚中也。行有尚，往有功也。天险不可升也。地险山川丘陵也。王公设险以守其国，险之时用大矣哉！”蒙卦，坎为险，艮为手，艮上坎下，为用险设防，以守其国，是以为利御寇。地可化险为用，人亦可化险为用。《象》曰：“利用御寇，上下顺也。”上下顺，谓君臣顺，父子顺，夫妇顺。《系辞传》曰：“天尊地卑，乾坤定矣；卑高以陈，贵贱位矣。”艮为山，坎为陷。蒙卦，艮上坎下，为卑高以陈，贵贱位矣，为上下顺。是击蒙之目的，为将以顺性命之理，明君臣、父子、夫妇之义，使其不利为暴，而利用御暴。九二和上九，皆为阳实，实为师，此固教育在于转化。

第五卦 丙 寅

☵ 坎上
☰ 乾下

需，有孚，光亨，贞吉，利涉大川。

〔译〕 需，有诚信，光大亨通，中正吉利，利于渡过大艰难险阻。

《彖》曰："需，须也，险在前也。刚健而不陷，其义不困穷矣。需，有孚，光亨，贞吉，位乎天位，以正中也。利涉大川，往有功也。"

《象》曰："云上于天，需，君子以饮食宴乐。"

〔证〕

乾下坎上 屯卦，震下坎上。《彖》曰："动乎险中"。震为动，坎为险。蒙卦，坎下艮上。《彖》曰："山下有险，险而止"。艮为山，坎为险。讼卦，坎下乾上。《彖》曰："上刚下险，险而健"。乾为刚健，坎为险。师卦，坎下坤上。《彖》曰："行险而顺"。坤为顺，坎为险。习坎卦，坎下坎上。《彖》曰："习坎，重险也。水流而不盈，行险而不失其信。天险不可升也，地险山川丘陵也，王公设险以守其国，险之时用大矣哉"！坎为险，习坎为重险。蹇卦。艮下坎上。《彖》曰："险在前，见险而能止"。艮为止，坎为险。解卦，坎下震上。《彖》曰："险以动，动而免乎险"。震为动，坎为险。困卦，坎下兑上。《彖》曰："险以说"。兑为说，坎为险。节卦，兑下坎上。《彖》曰："说以行险"。兑为说，坎为险。需卦，乾下坎上，上为前，下为后，故《彖》曰："险在前也"。

又，乾卦，乾下乾上。《文言》曰："大哉乾乎！刚健中正，纯粹精也"。崔觐曰："不杂曰纯，不变曰粹，言乾是纯粹之精，故有刚健中正之四德也"。讼卦，坎下乾上。《彖》曰："上刚下险，险而健"。坎为险，乾为刚健。小畜卦，乾下巽上。《彖》曰："健而巽，刚中而志行"。乾为健为刚。履卦，兑下乾上。《彖》曰："柔履刚也"。兑为柔，乾为刚。泰卦，乾下坤上。《彖》曰："内健而外顺"。坤为顺，乾为健。否卦，坤下乾上。《彖》曰："内柔而外刚"。坤为柔，乾为刚。同人卦，离下乾上。《彖》曰："文明以健"。离为文明，乾为健。大有卦，乾下离上。《彖》曰："其德刚健而文明"。离为文明，乾为刚健。无妄卦，震下乾上。《彖》曰："刚自外来，而为主于内；动而健，刚中而应"。震为动，乾为刚健。大畜卦，乾下艮上。《彖》曰："刚健、笃实、辉光、日新其德；刚上而尚贤，能止健"。艮为止，乾为刚健。遁卦，艮下乾上。《彖》曰："刚当位而应"。上乾为刚，九五当位。大壮卦，乾下震上。《彖》曰："刚以动，故壮"。震为动，乾为刚。夬卦，乾下兑上。《彖》曰："刚决柔也，健而说"。兑为柔说，乾为刚健。姤卦，巽下乾上。《彖》曰："柔遇刚也"。巽为柔，乾为刚。需卦，乾下坎上，乾为刚健，坎为险，故《彖》曰："刚健而不陷"。不陷，谓不陷险。

《说文》："刚，强断也。从刀，岡声"。段玉裁注："强者，弓有力也，有力而断之也"。桂馥义证："刚至强，强主断"。《虞书·皋陶谟》："刚而塞，强而义"。郑玄注："刚，谓事理刚断"。《正义》曰："刚而能断，失于空疏，必性刚正，而内充实，乃为德也。强直自立，无所屈挠，或任情违理，失于事宜。动合道义，乃为德也"。《周书·洪范》："沈潜刚克，高明柔克"。孔氏传："沈潜谓地，虽柔亦有刚能出金石；高明谓天，言天为刚德，亦有柔克不干四时"。《正义》曰："天之德高明刚强矣"。《论语·公冶长》："子曰：吾未见刚者。或对曰申枨。子曰：枨也慾，焉得刚？"郑玄注："刚，谓强志不屈挠"。刘宝楠《正义》曰："志不屈挠，则富贵不能淫，贫贱不能移，威武不能屈，所以能无慾也。凌氏《鸣喈解义》：刚为天德"。需卦，乾下坎上，乾为天，坎为险，刚健而不陷，谓刚有天德，而不陷险。

《说文》："健，伉也。从人，建声"。钱坫斠诠："《易》刚健即伉健，故以伉训健"。《增韵》："强有力也"。《篇海类编》："健，伉也，强也，有力也"。乾卦《象》曰："天行健，君子以自强不息"。朱熹曰："天，乾卦之象也。君子法之，不以人欲害其天德之刚，则自强而不息矣。"天行健，谓自强不息。乾卦《彖》曰："大哉乾元，大明终始，六位时成；时乘六龙以御天。"谓乾阳六时，终而复始，时乘六龙以御天，运转不休，即天行健，自强不息之谓。《老子》曰："胜人者有力，自胜者强。"王弼注："胜人者，有力而已矣，未若自胜者，无物以损其力。用其智于人，未若用其智于己也；用其力于人，未若用其力于己也。明用于己，则物无避焉；力用于己，则物无改焉。"自胜者强，即自强不息，即天行健。天德刚，天行健，是刚健谓天之德行。需卦《彖》曰："刚健而不陷，其义不困穷矣。"谓乾之德刚，强断不屈，乾之行健，自强不息，是以乾下坎上，刚健而不陷险，其义不为险所困穷。

《论语·泰伯》："三分天下有其二，以服事殷，周之德，其可谓至德也矣。"刘宝楠《论语正义》曰："郑注：文王为雍州之伯，南兼梁、荆、在西，故曰西伯是也。《左襄四年传》：文王师殷之畔国以事纣。《周书·程典解》：维三月既生魄，文王合六州之众，奉勤于商。六州者，《郑诗谱》谓雍、梁、荆、豫、徐、扬。孔疏申之，以为其余冀、青、兖属纣。此依九州约略分之。九州而有六州，是天下三分有其二也。《毛诗·四牡传》：文王率诸侯，抚叛国，而朝聘乎纣。姚氏配中《周易学》云：三分有二，以服事殷，即欲殷有以抚之。此文王之忧患，所以独深也。案文之服事，非畏殷也，亦非曰吾姑柔之，俟其恶盈而取之也；惟是冀纣之悔悟，俾无坠厥命已尔。终文之世，暨乎武王，而纣淫乱日益甚，是终自绝于天，不至灭亡不止也。是故文之终服事也，至德也；武王不终服事也，纣为之也，亦无损于至德也。”程树德《论语集释》引南轩曰：“三分天下有其二，以服事殷，非特文王，武王亦然，故统言周之至德，不但曰文王也。盖纣未为独夫，文、武固率天下以事之也。”纣未为独夫，文王三分天下有其二，犹率天下以事之，不陷己于不忠不义，是《彖》曰：“刚健而不陷，其义不困穷矣。”需卦，乾下坎上。下乾犹文王，居九五之下，而不僭越陷险；九五在阴之中，犹纣王处险，而不自拔。

《史记·周本纪》：“武王即位，太公望为师，周公旦为辅，召公、毕公之徒左右王，师修文王绪业。九年，武王上祭于毕；东观兵，至于盟津。为文王木主，载以车，中军。武王自称太子发，言奉文王以伐，不敢自专。乃告司马、司徒、司空、诸节：齐栗，信哉！予无知，以先祖有德臣，小子受先功，毕立赏罚，以定其功。遂兴师。师尚父号曰：总尔众庶，与尔舟楫，后至者斩。武王渡河，中流，白鱼跃入王舟中，武王俯取以祭。既渡，有火自上复于下，至于王屋，流为乌，其色赤，其声魄云。是时，诸侯不期而会盟津者，八百诸侯。诸侯皆曰：纣可伐矣。武王曰：女未知天命，未可也。乃还师归。”

又曰，“居二年，闻纣昏乱暴虐滋甚，杀王子比干，囚箕子。太师疵、少师强，抱其乐器而奔周。于是武王遍告诸侯曰：殷有重罪，不可以不毕伐。乃遵文王，遂率戎车三百乘，虎贲三千人，甲士四万五千人，以东伐纣。十一年十二月戊午，师毕渡盟津。诸侯咸会，曰：孳孳无怠！武王乃作《太誓》，告于众庶：今殷王纣，乃用其妇人之言，自绝于天，毁坏其三正，离逷其王父母弟，乃断弃其先祖之乐，乃为淫声，用变乱正声，怡说妇人。故今予发维共行天罚。勉哉夫子，不可再，不可三！”九年，诸侯请伐纣，武王以天命未可。十一年，殷纣自绝于天，故与诸侯共行天罚，灭殷。需卦，乾下坎上，《彖》曰：“需，须也，险在前也，刚健而不陷，其义不困穷矣。”即此之谓。向使九年伐纣，不待二年，纣未自绝于天，岂得商国百姓，咸俟武王于郊？是其刚健不陷，其义不困穷。

陆德明《经典释文》曰：“需，郑读为秀。解云：阳气秀，而不直前者，畏上坎也。”按，屯为十一月卦，一阳出，为子；需为正月卦，三阳出，为寅。三阳成体，为阳气秀出。《说文》：“寅，正月，阳气动，去黄泉欲上出，阴尚强也。象宀不达，髌寅于下也。”段玉裁注：“杜注《左传》曰：地中之泉，故曰黄泉。阴尚强，阳不能径遂，如宀之屋于上，故从宀。宀，象阴尚强，更，象阳气去黄泉欲上出。”又，《说文》：“乾，上出也。”实乃阳气上出。需卦，乾下坎上，虽地有三阳秀出，而上有险阴相敌，是以乾阳不直前，畏上坎而须待一时。乾卦《文言》九三曰：“知至至之，可与几也；知终终之，可与存义也。是故居上位而不骄，在下位而不忧。故乾乾因其时而惕，虽危无咎矣。”需卦，阳气秀而不直前，是在下位而不忧，因其时而惕，故不陷不困，虽危无咎。

屯卦，震下坎上。《象》曰：“雷雨之动满盈。”震为雷，坎为雨。解卦，坎下震上。《象》曰：“天地解，而雷雨作；雷雨作，而百果草木皆甲坼。”坎为雨，震为雷。又，《说卦传》曰：“离为日。”需卦，初之三为乾，乾为天；三之五为离，离为日；四之上为坎，坎为雨。是云雨在天上，日在天上云雨之中。在上者将下，在下者将上，君子者需待一时，则雨过天晴。即刚健而不陷，其义不困穷之义。又，《说卦传》曰：“坎为月。”需卦，初之三为乾，乾为天；三之五为离，离为日；四之上为坎，坎为月。君子需待一时，则月将落下，日将升上。亦刚健而不陷，其义不困穷之象。《系辞传》曰：“《易》，无思也，无为也，寂然不动，感而遂通天下故，非天下之至神，其孰能与于此。夫《易》，圣人之所以极深而研几也。唯深也，故能通天下之志；唯几也，故能成天下之务；唯神也，故不疾而速，不行而至。”需卦，见险而不陷，盖知几知神之谓。

扬雄《太玄经》：“耎，阳气能刚能柔，能作能休，见难而缩。”范望注：“耎，象需卦。谓之耎者，雨水气终于此首之次七，惊蛰起于此首之次八。是时，阴尚在上，万物滋生犹以为难，阳气当上，刚柔随时，休动未定，耎而自缩，故谓之耎。”司马光注：“耎，与软同。准需。雨水气应，斗建卯位，律中夹钟。”又，《太玄经》：“傒，阳气有傒，可以进而进，物咸得其愿。”范注：“傒，亦象需卦。谓之傒者，惊蛰节也。傒、俟皆待也，言阳气待时而行，万物须阳而长，各得其愿，故谓之傒。”司马注：“傒，准需。陆曰：傒，待也。”耎，或作奕；傒，或作徯。《太玄》拟《易》而作，阳气能刚能柔，阳气有徯，即需，须也，刚健不陷之义。《杂卦传》曰：“需，不进也。”是皆谓阳气有待，而不遽进以自陷险。

需　《说文》：“需，𩒨也，遇不进，止𩒨也。从雨，而声。《易》曰：云上于天，需。”段玉裁注：“𩒨者，待也。以叠韵为训。《易·彖传》曰：需，须也。须即𩒨之假借也。《左传》曰：需，事之贼也。又曰：需，事之下也。皆待之义也，凡相待而成，曰需。遇雨不进，说从雨之意；而者，𩒨之意。此字为会意，各本作而声者，非也。《公羊传》曰：而者何？难也。《谷梁传》曰：而，缓辞也。而为迟缓之辞，故从而。而训须，须通𩒨，从而犹从𩒨也。《易》曰：云上于天，需。《易》需卦《象传》文。此称《易》以证从雨之意。云上于天者，雨之兆也。宋衷曰：云上于天，需时而降雨。”桂馥义证：“遇雨不进，止𩒨也者，本书：䨲，见雨而止息。从覤雨，读若欷。”

又，《尔雅·释诂》：“𩒨，待也。”郝懿行义疏：“𩒨者，《说文》云：待也。通作须。

《士昏礼》云：某敢不敬须士。《丧礼》云：摈者出告须。郑注并云：须，待也。又通作需。”按，《夏书·五子之歌序》：“太康失节，昆弟五人须于汭。”孔氏传：“太康五弟，与其母待太康于洛水之北。”须，为待。《邶风·匏有苦叶》：“人涉卬否，卬须我友。”毛传：“人皆涉，我友未至，我独待之而不涉。”《尔雅·释诂》疏作“我頦我友。”《诗毛氏传疏》曰：“须与頦通。”《春秋经》宣公八年：“冬，十月，己丑，葬我小君敬嬴，雨不克葬。庚寅，日中而克葬。”《左传》：“雨不克葬，礼也。”孔颖达疏：“今若冒雨而葬，亦是不思其亲，欲得早葬。为雨而止，礼也。《王制》云：庶人葬不为雨止者。郑玄云：虽雨犹葬，礼仪少也。”雨不克葬，日中而克葬，是因天雨而待之证。《庄子·大宗师》：“聂许闻之需役。”《释文》引王注：“需，待也。”《汉书·朱买臣传》：“须诏书到。”颜师古曰：“须，待也。”《后汉书·张衡传》：“虽老氏曲全，进道若退，然行亦以需。”需，即頦、须，立而等待。《彖》曰：“需，须也。”《杂卦传》曰：“需，不进也。”《京氏易传》曰：“需，云上于天，疑于阴而待于阳，故曰需。需者，待也。”按，《周易》讲出入以度，明于忧患，知藏往，晓事故，重礼节，故行止以时。需，天上有雨，止以待晴，亦理亦智，义不困穷。

王筠《说文释例》曰：“雨部需，頦也。本之《易传》，此正义也。又言遇雨不进者，以字从雨也，故又引云上于天为证。说字不得不然，正不可泥雨生义也。乃李少温谓当作䨎，可谓不善读许书矣。案坎为水，又在上卦者为云，在下卦者为雨，此物情也。需，既云上于天，将谓其字从雲省乎？以此说字说经，全无是处。”按，屯卦，震下坎上，《彖》曰：“雷雨之动满盈。”震为雷，坎为雨。是坎在上亦可为雨，王说误。又，《字彙补》：“䨎，古需字。见《归藏易》。李阳冰曰：云上于天也。“《说文·雨部》需字下，徐铉等案：”李阳冰据《易》云上于天，云当从天。“按，金文而作；天作。父辛鼎之，阵簋之，白公父簠之，皆为需字。前者下部为穹隆之天，后面两需下部皆为天字，是需字在金文皆为下天上雨，即需卦之乾下坎上。因金文 天、而形近，故䨎写作需，盖为后来之误。是以需字天上有雨之象没，需行而䨎废。康殷《文字源流浅说》：，许解需：頦也，遇雨不进，止頦也。从雨，而声。殊不尽然，很难从此字形中，看出遇雨不进，在等待之意来。”又曰，“，石鼓旧释而。省云雨，只余一，正立之人。不然，只一形，就只能是大或天，绝难读出而音。许篆说作，强解颊毛也。”殷言甚是，需，而应为天，天上有雨，方为遇雨不进，止頦之意。需卦 ，乾下坎上。乾既为天又为刚健，坎既为水又为险阻。于卦象，则取其天上有雨，遇雨而止须；于卦义，则取其险在前，刚健而不陷。故一则于象，一则于义，其实为一。

有孚 《说文》：“孚，卵孚也。从爪从子。一曰信也。”徐锴系传：“孚，信也。

鸟之孚卵皆如其期，不失信也。”段玉载注：“《通俗文》：卵化曰孚。《广雅》：孚，生也，谓子出于卵也。《方言》：鸡卵伏而未孚。于此可得孚之解矣。卵因伏而孚，学者因即呼伏为孚。凡伏卵曰抱，亦曰菢，恒以爪反覆其卵也。按反覆其卵者，恐煦妪之不均。”又谓“一曰信也”曰：“此即卵即孚引伸之义也。鸡卵之必为鸡，鸟卵之必为鸟，人言之信如是矣。”《尔雅·释诂》：“孚，信也。”邢昺疏：“说诚实不欺也。”

《商书·汤诰》：“上天孚佑下民。”孔氏传：“孚，信也。”《周书·君奭》：“若卜筮，罔不是孚。”孔氏传：“若卜筮，无不是而信之。”《吕刑》：“五辞简孚。”《史记·周本纪》作“五辞简信。”《大雅·文王》：“仪刑文王，万邦作孚。”毛传：“孚，信也。”郑笺：“天下咸信而顺之。”《下武》曰：“永言配命，成王之孚。成王之孚，下士之式。”郑笺：“孚，信也。此为武王言也，今长我之配行三后之教令者，欲成我周家王道之信也。”又曰，“王道尚信，则天下以为法勤行之。”《论语·为政》：“子曰：人而无信，不知其可也。大车无輗，小车无軏，其何以行之也。”《国语·晋语》：“箕郑曰：信于君心，则美恶不逾；信于民，则上下不干；信于令，则时无废功；信于事，则民从事有业。”《逸周书·宝典解》：“信以生宝，宝以贵物，物用为器。宝物无常，维其所贵，信无不行。”陈逢衡注：“宝物不如宝信：物无常宝，有贵有弗贵也；信无弗贵，故无不行。此言信之为宝，尤贵于物。”民无信不立，王德之道成于信，信乃国之大宝。

《易》经文孚字，凡四十处，遍二十六卦，三十爻，可见孚信重要。中孚卦《彖》曰：“中孚，孚乃化邦也。豚魚吉，信及豚魚也。”言信立，而后帮国乃可教化。豚魚喻幽隐，中信之道，可及幽隐，言至信感人深远。《系辞传》：“鸣鹤在阴，其子和之：我有好爵，吾与尔靡之。子曰：君子居其室，出其言善，则千里之外应之，况其迩者乎？居其室，出其言不善，则千里之外违之，况其迩者乎？言出乎身，加乎民，行发乎迩，见乎远。言行，君子之枢机。枢机之发，荣辱之主也。言行，君子之所以动天地也，可不慎乎？”此释中孚卦九二爻义。此亦谓言信则人信，言不信则人不信，远近咸同。《系辞传》曰：“默而成之，不言而信，存乎德行。”此皆谓信为德行之本。需卦，乾下坎上，乾阳为实为信，为君象。乾卦《文言》曰：“庸言之信，庸行之谨，闲邪存其诚，善世而不伐，德博而化，《易》曰：见龙在田，利见大人，君德也。”上为天，下为地。下乾在地，为见龙在田之君，是以为有孚，即用言至信，用行至谨，防邪有诚信之谓。有孚，是善之善者，故当需卦卦辞之首。

光亨　《说文》：“光，明也。从火在儿上，光明意也。”段玉裁注：“《左传》周内史，释《易》观国之光曰：光，远而自他有耀者也。”又于“明”下注曰：“《大雅·皇矣》传曰：照临四方曰明。”《说文》：“辉，光也。”段注：“《小雅·庭燎》传曰：辉，光也。日部曰：晖，光也。二字音义皆同，辉与光互训。如《易·象传》：君子之光，其晖吉也。是也。晖者，日之光；辉者，火之光。俗作辉。"《释名·释天》："光，晃也，晃晃然也；亦言广也，所照广远也。"《疏证补》曰："先谦曰：晃晃然，犹日光色也。王先慎曰：《诗·敬之》传：光，广也，即成国所本，《说文》：廣，从广，黄声。光、广古通。"王引之《经义述闻·周易上》曰："光之为言，犹广也。《尧典》：光被四表。汉《成阳灵台碑》，光作广。《荀子·礼论》：积厚者流德广。《大戴礼·礼三本篇》，广作光。"

《虞书·尧典》曰："稽古帝尧，曰放勳。光被四表，格于上下。"蔡沈注："光，显；被，及；表，外；格，至；上，天；下，地也。言其德之盛如此，故其所及之远如此也。至于被四表，格上下，则放勳之所极也。孔子曰：惟天为大，惟尧则之。故《书》敘帝王之德，莫盛于尧，而其赞尧之德，莫备于此。"是光被四表之光，为赞尧之德广，犹日光之广被然。《大雅·公刘》："笃公刘，匪居匪康，迺埸迺疆，迺积迺仓，迺裹餱粮，于橐于囊，思辑用光。"郑笺："厚乎公刘之为君也 ，不以所居为居，不以所安为安，邰国乃有疆埸也，乃有积委及仓也，安而能迁，积而能散，为夏人迫逐，已之故不忍斗，其民乃裹粮食于囊橐之中，弃其余而去，思在和其民人，用光大其道。"思辑用光，谓公刘为君，想用光明广照，协和民人。

观卦，坤下巽上。六四曰："观国之光，利用宾于王。"《象》曰："观国之光，尚宾也。"虞翻曰："天下文明，故观国之光。"九五之阳为天；六四之阴，为天下文明。阳为君为国，观阳照阴，为观国之光辉照耀。未济卦，坎下离上。六五曰："君子之光。"《象》曰："君子之光，其晖吉也。"虞翻曰："离为光，故君子之光也。"六五居离之中，为文明之主，是光辉之盛，故曰君子之光。朱熹《周易本义》曰："晖者，光之散也。"是光，皆谓君王之光芒远耀。需卦，乾下坎上。三之五为离，离为日为光。离在中间，光照上下，是以为通，故曰光亨。乾卦《文言》曰："亨者，嘉之会也。"光照上下，通天地，为嘉之会，是以为光亨。未济卦曰："君子之光，有孚吉。"需卦曰："有孚，光亨。"吉者，重在有孚；亨者，重在光广，是各有同异。

《史记·周本纪》曰："公季卒，子昌立，是为西伯。西伯曰文王，遵后稷、公刘之业；则古公、公季之法；笃仁，敬老，慈少，礼下贤者；日不暇食以待士，士以此多归之。伯夷、叔齐在孤竹，闻西伯善养老，盍往归之。太颠、闳夭、散宜生、鬻子、辛甲大夫之徒，皆往归之。西伯阴行善，诸侯皆来决平。于是虞、芮之人，有狱不能决，乃如周。入界，耕者皆让畔,民俗皆让长。虞、芮之人未见西伯，皆惭。相谓曰：吾所争，周人所耻，何往为？只取辱耳。遂还，俱让而去。诸侯闻之，曰：西伯盖受命之君。"

需卦，初之三为乾，乾为王为孚，三之五为离，离为光为亨。有孚光亨，犹文王之化行，是亦受命之君象。

贞吉　《系辞传》曰：“圣人之大宝曰位。”位则讲中讲正。故《系辞传》又曰：“吉凶者，贞胜者也；天地之道，贞观者也；日月之道，贞明者也；天下之动，贞夫一者也。”谓吉凶者，以正为胜；天地之道，以正为示观；日月之道，以正为明；天下之动，以正为一。乾卦卦辞曰：“元亨利贞。”《彖》曰：“乾道变化，各正性命，保合太和，乃利贞。”《文言》曰：“贞者，事之干也。”“贞固足以干事。”是贞正，为所求之最高目标，是干事之根本，故《易》六十四卦，无一不讲中正，其中五十五卦言正，九卦言中，中亦正义。需卦《彖》曰：“贞吉，位乎天位，以正中也。”吉者，以阳得天位，得正中。

《系辞传》曰：“《易》之为书也，广大悉备，有天道焉，有人道焉，有地道焉，兼三才而两之，故六。”朱熹注：“以上二爻为天，中二爻为人，下二爻为地。”位乎天位以中正，谓九五属于上二爻，并在上卦之中，阳得阳位为正。《虞书·大禹谟》曰：“允执厥中。”《周礼·师氏》曰：“掌国中失之事。”中为得，不中为失。《国语·齐语》曰：“忠信可结于百姓。”忠即中。《黄帝经·十大经》曰：“正者治，名奇者乱。正名不奇，奇名不立。”谓用正道则治理，用邪道则动乱。正道不邪，邪道不立。又曰，“正道不殆。”正道，是中正之道，故没有危殆。中孚卦《彖》曰：“中孚以利贞，乃应乎天也。”需卦九五在天，以中正之道而待，是为贞吉。故《彖》曰：“贞吉，位乎天位，以正中也。”

《周易正义》曰：“以九五居乎天子之位，又以阳居阳，正而得中，故能有信、光明、亨通而贞吉也。”程氏传：“五以刚实居中，为孚之象，而得其所需，亦为有孚之义。以乾刚而至诚，故其德光明而能亨通，得贞正而吉也。所以能然者，以居天位而得正中也。居天位，指五；以正中，兼二言，故云正中。”又，徐本此下复引杨氏曰：“需之义有二：有需于人者，有为人所需者。需于人者，初、二、三、四、上是也；为人所需者，五是也。性为人所需者，既中正而居天位，则虽险在前，而终必克济，非若蹇之见险而止也；虽坎居上，而刚健不陷，非若困之刚掩也。”

利涉大川　需卦，乾下坎上。《易》之动，下往上，上坎之水连天，为大川，为利涉大川。需卦，虽险在前，然有孚，光亨，贞吉，位乎天位，以正中也，故而利涉大川。屯卦，震下坎上，初、五为阳，阳少阴多，为刚柔始交而难生。蒙卦，坎下艮上，二、上为阳，阳少阴多，为山下有险，险而止。需卦，乾下坎上，初、二、三、五为阳，阳多阴少，为险在前，刚健而不陷，利涉大川。又，谦卦卦辞曰：“亨，君子有终。”《彖》曰：“谦，亨。天道下济而光明，地道卑而上行；天道亏盈而益谦，地道变盈而流谦；鬼神害盈而福谦，人道恶盈而好谦；谦尊而光，卑而不可逾，君子之终也。”又，初六曰："谦谦君子，用涉大川。"《象》曰："谦谦君子，卑以自牧也。"需卦，乾下坎上：乾为君子，在下为谦谦君子；谦而受福得益，为用为利；下乾往上坎，为利涉大川。《说文》："功，以劳定国也。"下乾往上，艰难已济，成君王之象，是以劳定国。故《象》曰："利涉大川，往有功也。"谓往而有功。此者如自文王至武王，灭殷而定国有周。故《白虎通·礼乐》曰："谦谦君子，利涉大川。以贵下贱，大得民也。"

屯卦，震下坎上，《象》曰："云雷，屯，君子以经纶。"下震为雷，上坎为云。需卦，乾下坎上，《象》曰："云上于天，需，君子以饮食宴乐。"下乾为天，上坎为云。是坎在上可为云。《大雅·云汉》："倬彼云汉，昭回于天。王曰：於乎何辜？今之人，天降丧乱，饥馑荐臻。靡神不举，靡爱斯牲，圭璧既卒，宁莫我听。"《正义》曰："于时旱灾已甚，王忧念下民，夜仰视天，瞻望雨候。见倬然而明大者，彼天之云汉。其水气精光，转运于天，未有雨征。王乃言曰：於乎！可嗟叹。我何罪乎？我今时之人，何罪而为天所罚，乃使上天下此丧乱之灾。使饥馑之害，频频重至也。无罪故以诉之。又言已为旱之故，祈祷明神。无有神不求，而举祭之者，言其遍祭群神。又无爱于此三牲，言其不吝牲物。又礼神圭璧，既已尽矣，言己牲玉不爱，精诚又甚，何为诸神曾无加于我，而见听聆欲加祐助者，而使其旱灾若此也。"

《正义》又曰："岁或水旱，皆是上天之为，假祭群神，未必能已，圣王制此礼者，何哉？将以灾旱不熟，必至于死人，君为之父母，不可忍观穷厄，固当责躬罪己，求天祷神，罄忠诚之心，为百姓请命。圣人缘人之情，而作为此礼，非言祈祷，必能止灾也。徒以民情可矜，不得不为之祷；祷而无雨，不得不诉于神耳。"需卦，乾下坎上，乾为天，坎为云，云上于天，有《云汉》干旱之象，故爱民之君，因此而备饮食，祈祷神灵，为民求雨。需卦，乾为四月，正合夏祭之象。

《说文》："雩，夏祭乐于赤帝，以祈甘雨也。从雨亏声。䨁，雩或从羽，雩舞羽也。"段玉裁注："《公羊传》曰：大雩者何，旱祭也。《月令》：仲夏之月，大雩帝，用盛乐。乃命百县，雩祀百辟卿士有益于民者，以祈谷实。注曰：雩，吁嗟求雨之祭也。雩帝，谓为坛南郊之旁，雩五精之帝，配以先帝也。自鞀鞞至柷敔皆作，曰盛乐。凡他雩用歌舞而已。《春秋传》曰：龙见而雩，雩之正当以四月。按郑言五精之帝，高诱注《时则训》曰：帝，上帝也。许独言赤帝者，以其为夏祭而言也。以祈甘雨，故字从雨，以于嗟而求，故从亏。"又，《说文》："宴，安也。"段注："引伸为宴飨，经典多假燕为之。"《小雅·鹿鸣》："我有嘉宾，鼓瑟鼓琴。鼓瑟鼓琴，和乐且湛。我有旨酒，以燕乐嘉宾之心。"毛传："燕，安也。夫不能致其乐，则不能得其志；不能得其志，则嘉宾不能竭其力。"《象》曰："云上于天，需，君子以饮食宴乐。"即谓夏祭乐于赤帝，以祈甘雨。

蒙卦和需卦，互为邻卦。《序卦传》曰："蒙者，蒙也，物之稚也。物稚不可不养也，故受之以需。需者，饮食之道也。"《说文》饮字段玉裁注："《易》蒙卦虞注曰：水流入口为饮。引伸之，可饮之物谓之饮。如《周礼》四饮是也。与人饮之，谓之饮。俗读去声，如《左传》饮之酒是也。"桂馥义证："《玉篇》：饮，咽水也。《释名》：饮，奄也，以口奄而引咽之也。《论语》：饭疏食饮水。"又，《说文》："食，或说亼皀也。"段注："亼，集也，集众米而成食也。皀者，谷之馨香也。故其义曰亼米。"又，"饭，食也。"是食谓熟食。《论衡·量知篇》："谷之始熟曰粟，舂之于臼，簸其粃糠，烝之以甑，爨之以火，成熟为饭。"荀爽曰："坎在乾上，中有离象，水火交和，故为饮食之道也。"又，初之四为兑，兑为口，有口承饮食之象。《小雅·緜蛮》："饮之食之，教之诲之。"郑笺："卿大夫之恩宜如何，渴则予之饮，饥则予之食，事未至则豫教之，临事则诲之。"需卦，自上而下，予之以饮，予之以食，是饮食之道，为养育仁爱之道。

需卦和讼卦，互为综卦。需卦，乾下坎上，卦辞曰："利涉大川。"《彖》曰："需，险在前也，刚健而不陷，其义不困穷矣。""利涉大川，往有功也。"讼卦，坎下乾上，卦辞曰："不利涉大川。"《彖》曰："讼，上刚下险，险而健。""终凶，讼不可成也。""不利涉大川，入于渊也。"前者刚健而不陷，利涉大川；后者陷而健进，不利涉大川，是两卦卦象相综，其义相反相倒。《杂卦传》曰："需，不进也；讼，不亲也。"《说文》："亲，至也。"段玉裁注："至部曰：到者，至也。到其地曰至，情意恳到曰至。父母者，情之最至者也，故谓之亲。"不亲，谓不至。需卦，刚健不陷，利涉大川，是不进而至；讼卦，险而健，不利涉大川，是进而不至，故亦相综。

需卦和晋卦，互为错卦。两卦阴阳相反相错，其意亦相反相错。

需卦：乾下坎上。	晋卦：坤下离上。
《彖》曰："需，颏也。险在前也，刚健而不陷。“	《彖》曰："晋，进也。明出地上，顺而丽乎大明，柔进而上行。"
初九："需于郊。"	初六："晋如摧如。"
九二："需于沙。"	六二："晋如愁如。"
九三："需于泥。"	六三："众允，悔亡。"
六四："需于血。"	九四："晋如鼫鼠。"
九五："需于酒食。"	六五："往吉。"

上六："入于穴。"　　　　　　　　　上九："晋其角。"

圣人务时，当需则需，当晋则晋。又，需中有进，如上六之入于穴；晋中有需，如六三之众允悔亡。《系辞传》曰："神农氏没，黄帝尧舜氏作。通其变，使民不倦，神而化之，使民宜之。《易》穷则变，变则通，通则久。是以自天祐之，吉无不利。"需、晋，即通其变。

初九，需于郊，利用恒，无咎。

〔译〕　初九，须待于郊，用天地常道行止有利，没有灾。

《象》曰："需于郊，不犯难行也。利用恒无咎，未失常也。"

〔证〕

需于郊　《尔雅·释地》："邑外谓之郊。"郝懿行义疏："邑者，《说文》云：国也。《左氏庄廿八年传》：凡邑有宗庙，先君之主曰都，无曰邑。《释名》云：邑犹俋也，邑人聚会之称也。是邑、国通名，此邑即国都也。郊者，《说文》云：距国百里为郊。此据王畿千里而言。设百里之国，则十里为郊矣。郊有远近，以国为差。《聘礼》云：宾及郊。郑注：郊，远郊也。周制天子畿内千里，远郊百里。以此差之，远郊：上公五十里，侯四十里，伯三十里，子二十里，男十里也；近郊：各半之，如郑此言，是天子近郊五十里。"需卦，上坎为国都之邑，九五为天子，上下阴为邑人。初九，距王城最远，为远郊之郊。

朱骏声《说文通训定声》曰："王者岁祭天于近郊五十里，故曰郊。《公羊僖三十一年传》：鲁郊非礼也。注：谓之郊者，天人相与交接之意也。《汉书·郑当时传》：常置驿马长安诸郊。注：郊，交道四通处也。"小过卦，艮下震上，六五曰："密云不雨，自我西郊。伏羲卦位，艮在西北，震在东北，是以谓自我西郊。小畜卦，乾下巽上，卦辞曰："密云不雨，自我西郊。"乾位南，巽位西南，故曰自我西郊。同人卦，离下乾上，上九曰："同人于郊。"上九为天之末，与地相交，故上九曰同人于郊。需卦，乾下坎上，初九曰："需于郊。"初九为天之初，与地相交，故曰需于郊。按郊，远视天地，交接之处谓郊。干宝曰："郊，乾坎之际也，既已受命，进道北郊，未可以进，故曰需于郊。"

《大戴礼记·夏小正》曰："十一月，于时月也，万物不通。日冬至，阳气至始动，诸向生，皆蒙蒙符矣。"王聘珍注："《月令》曰：天气上腾，地气下降，天地不通，闭塞而成冬。《易》曰：先王以至日闭关，商旅不行，后不省方。《月令》曰：日短至，阴阳争，诸生荡。郑注云：争者，阴方盛，阳欲起也；荡，谓物动萌芽也。"需卦，乾下坎上。初九为周之正月，即夏之十一月。《象》曰："需于郊，不犯难行也。"上卦坎为险，险为难；初九在乾之初，周正月阴气盛，故不犯难而行。乾卦初九之《文言》曰："乐则行之，忧则违之，确乎其不可拔，潜龙也。"需卦，险在前，初九刚健而不陷，亦潜龙勿用之义。

利用恒 《说文》："恒，常也。"段玉裁注："常当作长。古长久字只作长。故至《集韵》乃有一曰久也之训。"《小雅·小明》："嗟尔君子，无恒安处。"郑笺："恒，常也。"恒卦，巽下震上。卦辞曰："恒，亨，无咎，利贞，利有攸往。"《彖》曰："恒，久也，刚上而柔下，雷风相与，巽而动，刚柔皆应，恒。恒亨、无咎、利贞，久于其道也，天地之道，恒久而不已也。利有攸往，终则有始也。日月得天而能久照，四时变化而能久成，圣人久于其道，而天下化成。观其所恒，而天地万物之情可见矣。"《象》曰："雷风，恒，君子以立不易方。"按，恒则常，常则久，久则亨通，亨通则无咎，无咎则利正，利正则利有攸往。故需卦初九曰："需于郊，利用恒。"

无咎 恒卦九三曰："不恒其德，或承之羞，贞吝。"《象》曰："不恒其德，无所容也。"是以恒其德则无咎。乾卦《文言》曰："夫大人者，与天地合其德，与日月合其明，与四时合其序，与鬼神合其吉凶。先天而天弗违，后天而奉天时。天且弗违，而况于人乎？况于鬼神乎？"又曰，"其唯圣人乎，知进退存亡，而不失其正者，其唯圣人乎。"初九《象》曰："利用恒，无咎，未失常也。"利用恒即利用常，利用事之正道，与天地人鬼合，知进退存亡，而不越常，是以无咎。《系辞传》曰："夫乾，天下之至健也，德行恒易以知险。"朱熹曰："至健则所行无难，故易。然其于事，皆有以知其难，而不敢易以处之也。是以其有忧患，则健者如自高临下，而知其险。盖虽易而能知险，则不陷于险矣。所以能危能惧，而无易者之倾也。"夫乾，德行恒易以知险，是以无咎。又，《帛书老子》曰："恒得不离"，"恒德乃足"，"恒德不忒。"恒德不离常道，乃可充足，不致差失，故利用恒无咎。

九二，需于沙，小有言，终吉。

〔译〕 九二，等待于沙地，虽小有过失，但终将吉利。

《象》曰："需于沙，衍在中也。虽小有言，以吉终也。"

〔证〕

需于沙 《说文》："沙，水散石也。从水从少，水少沙见。"《大雅·凫鹥》："凫鹥在沙。"毛传："沙，水旁也。"《诗毛氏传疏》曰："《传》以水旁释沙，谓水旁多积散石，非谓水旁名沙也。"需于沙，谓止待于水旁沙地。四之上为坎为水，九三为泥，九二为水旁泥边所积石沙。为了不涉坎水之险，故需于沙。《说卦传》曰："兑，其于地也为刚卤。”二之四为兑，兑为刚卤之沙地。又，《象》曰：“需于沙，衍在中也。”《说文》曰：“衍，水朝宗于海也。从水从行。”段玉裁注：“旁推曲畅，两厓渚涘之间，不辨牛马，故曰衍。衍字水在中，在中者盛也，会意。”虞翻曰：“衍，流也。”流，水流。二与五相对应，五在两厓渚涘之间，为水流为衍。《象》曰：“需于沙，衍在中也。”谓九二需于沙者，因九五在坎水之中，中流水深流急，尤为险甚。

小有言 闻一多《古典新义·璞堂杂识》：“需九二、讼初六：小有言；明夷初九：主人有言；震上六：婚媾有言；渐初六：小子厉，有言。案言皆读为愆。言、辛古当同字。《说文》：辛，辠（罪）也，读若愆。《诗·云汉》：昭假无赢。马瑞辰释无赢为无过。余谓语与《烈祖》鬷假无言同，无言即无愆，愆亦过也。字或迳作愆，《抑》：不遐有愆.《易》凡言有言，读为有愆。揆诸辞义，无不允洽。需九二：需于沙，小有言，终吉。言与吉对文以见义。《象》曰：需于沙，衍在中也。正以衍释言，衍即愆字。九三《象》：需于泥，灾在外也。语例与上爻同，衍、灾互文，中外对举也。讼初六：不永所事，小有言，终吉。《象》曰：不永所事，讼不可长也；虽小有言，其辨明也。谓虽暂涉狱讼，小有灾祸，而终得昭雪。言与吉亦对文。明夷初九：君子行，三日不食，有攸往，主人有言。言君子处悔吝之中，三日不食，苟有所适，其所主之家，亦将因以得过也。震上六：震不于其躬，于其邻，无咎，婚媾有言。己身无咎，而婚媾有过，即《震》不于其躬，于其邻之谓。此与渐初六，小子厉，有言无咎，皆有言无咎对举，与需、讼之有言终吉，词例亦同。”

《周书·吕刑》曰：“敬忌，罔有择言在身。”孔氏传：“尧时，典狱皆能敬其职，忌其过，故无有可择之言在其身。”蔡沈注：“当时典狱之官，敬忌之至，无有择言在身，大公至正，纯乎天德，无毫发不可以，举以示人者。”罔有择言在身之言，亦当为愆，谓典狱敬忌其职事，大公至正，无毫发之私，是以自身不获过错。《左传》昭公二十七年：“楚郤宛之难，国言未已。子常曰：是瓦之罪，敢不良图！九月己未，子常杀费无极与鄢将师，尽灭其族，以说于国，谤言乃止。”杨伯峻《春秋左传注》：“国言，国人之谤言。说，可有二解：一为解说，将以前种种罪恶行为，归罪于此二人；一同悦，使国人喜悦。”言为谤言，是言亦有愆过之意。需卦九二，以阳在阴位，上应九五，虽不当位，但不失中，是以小有差错，谓之小有言。

又，愆、言义同，其象亦同。归妹卦，兑下震上。九四曰：“归妹愆期。”三之五为坎，九四在坎，是坎为愆象。同样，坎亦为言象。坎为坎坷之坎，故为愆为言。渐卦，艮下震上。初六曰：“小子厉，有言。”此谓二之四为坎，坎在初上，为厉为言。震卦，震下震上。上六曰：“婚媾有言。”此谓上六与六三不相应，且三在坎，坎为言。明夷卦，离下坤上。初九曰："有攸往，主人有言。"此谓初九之上，二之四为坎，坎为言。讼卦，坎下乾上。初六曰："不永所事，小有言，终吉。"此谓初六在下坎之初，坎为言。需卦，乾下坎上。九二曰："需于沙，小有言。终吉。"此谓九二与九五不顺应，五在上坎，坎为言。按，坎中满，上下缺，似舌在齿中。舌齿发言，是坎为言。又，坎为险为陷，为多眚，是以坎为言，为愆。甲骨文言字，象舌从口中伸出；此则舌在齿中，象形会意一例。《说文》："齿，口断骨也。象口齿之形，止声。"即是坎之上下阴爻。

终吉　乾卦《文言》："九二曰：见龙在田，利见大人。何谓也？子曰：龙德而正中者也。庸言之信，庸言之谨，闲邪存其诚，善世而不伐，德博而化，《易》曰：见龙在田，利见大人。君德也。"朱熹注："正中，不潜而未跃之时也。常言亦信，常行亦谨，盛德之至也。闲邪存其诚，无斁亦保之意。言君德也者，释大人之为九二也。"言九二有君之德，而终将为君。利见大人，即终吉之意。需卦上六曰："不速之客三人来，敬之，终吉。"不速之客三人来，即谓坎往乾来，是九二得九五中正之位，谓之终吉。故《象》曰："虽小有言，以吉终也。"王弼注："近不逼难，远不后时，履健居中，以待其会，虽小有言，以吉终也。"荀爽曰："乾虽在下，终当升上，二当居五，故终吉也。"

九三，需于泥，致寇至。

〔译〕　九三，等待于泥边，招致贼人到来。

《象》曰："需于泥，灾在外也。自我致寇，敬慎不败也。"

〔证〕

需于泥　《说文》："尼，从后近之。从尸，匕声。"段玉裁注："尼训近。故古人以为亲昵字。《高宗肜日》曰：典祀无丰于尼。《释文》：尼，女乙反。《尸子》云：不避远尼。尼，近也。《正义》、《释诂》云：即，尼也。孙炎云：即，犹今也；尼，近也。郭璞引《尸子》：悦尼而来远。自天宝间，卫包改经尼为昵，开宝间陈谔又改《释文》尼为昵，而贾氏《群经音辨》所载，犹未误也。尼之本义，从后近之。"林义光《文源》："按：匕，人之反文；尸，亦人字。象二人相昵形，实昵之本字。"尼训近，故近日为昵，近水为泥。《释名·释宫室》："泥，迩也。迩，近也。以水沃土，使相粘近也。"《广韵·齐韵》："泥，水和土也。"李鼎祚《周易集解》引虞翻曰："坤土得雨为泥。"

震卦，震下震上。九四曰："震遂泥。"其三之五为坎，坎中之阳为水流，上下之阴为土地，为以水沃土，为泥。井卦，巽下坎上。初六曰："井泥不食。"初之四为坎，四之上为坎，初六为井底之土，水和土为泥。需卦，乾下坎上。九三曰："需于泥。"四之上为坎，五为衍在中，四、上为两厓，为泥。九三当前之难在泥，泥者为溺。《邶风·

式微》:“微君子之躬,胡为乎泥中。”《诗集传》曰:“泥中言陷泥之难,而不见拯救也。”《论语·子张》:“虽小道,必有可观者焉,致远恐泥,是以君子不为也。”郑注:“泥,谓滞陷不通也。”九三临泥而不进,故曰需于泥。又,下卦为内,上卦为外,故《象》曰:“需于泥,灾在外也。”即险在前,刚健而不陷之义。

致寇至 《说文》:“致,送诣也。从夊,从至。”段玉裁注:“言部曰:诣,候至也。送诣者,送而必至其处也。引伸为召致之致。夊犹送也。”又,《说文》:“寇,暴也。从攴、完。”容庚《金文篇》:“寇,从人从攴在宀下,会意。”《系辞传》曰:“重门击柝,以待暴客。”暴客,即寇贼,暴虐,抢劫,盗窃之谓。《说卦传》曰:“坎为隐伏,为盗。”是坎有寇象。屯卦,震下坎上。六二曰:“匪寇婚媾。”二与五应,五在上坎,为寇。蒙卦,坎下艮上。上九曰:“不利有寇,利御寇。”下坎为寇。贲卦,离下艮上。六四曰:“匪寇婚媾。”二之四为坎,坎为寇。睽卦,兑下离上。上九曰:“匪寇婚媾。”三之五为坎,坎为寇。解卦,坎下震上。六三曰:“致寇至。”下坎为寇 。需卦,乾下坎上。九三曰:“致寇至。”亦以坎为寇。

《系辞传》曰:“致寇至,盗之招也。”按,九三,过刚不中,待险于泥,将陷不拔,故自危而人危之,为致寇至。乾卦《文言》曰:“九三曰:君子终日乾乾,夕惕若,厉无咎。何谓也?子曰:君子进德修业:忠信所以进德也;修辞立其诚,所以居业也。知至至之,可与几也;知终终之,可与存义也。是故居上位而不骄,在下位而不忧,故乾乾因其时而惕,虽危无咎矣。”九三在下位,若不忧不躁,乾乾因其时而惕,需于泥而不陷,不启寇仇之心,则不偾事。故《象》曰:“自我致寇,敬慎不败也。”王弼注:“以刚逼难,欲进其道,所以招寇而致敌也。犹有须焉,不陷其刚。寇之来也,自我所招。敬慎防备,可以不败。”程氏传:“三之致寇,由己进而迫之,故云自我。寇自己致,若能敬慎,量宜而进,则无丧败也。需之时,须而后进也。其义在相时而动,非戒不得进也,直使敬慎,毋失其宜耳。”朱熹曰:“泥,将陷于险矣;寇,则害之大者。九三去险愈近,而过刚不中,故其象如此,圣人示人之意切矣。”

六四,需于血,出自穴。

〔译〕 六四,须于险,险出自口。

《象》曰:“需于血,顺以听也。”

〔证〕

需于血 《释名·释形体》:“血,濊也,出于肉,流而濊濊也。”《释名疏证补》:“叶德炯曰:《诗·硕人》:施罛濊濊。《释文》引《韩诗》云:濊濊,流貌。《说文》作濊,云：水多貌，从水，㞁声。水多故流也。”《说卦传》曰：“坎为水，为沟渎，为血卦。”孔疏：“为血卦，取其人之有血，犹地之有水也。”《管子・水地》：“水者，地之血气，如筋脉之通流者也。”房玄龄注：“言水材美具备，其润泽若，以支持于地若筋，分流地上若脉也。”水分流地上，若血流于脉中，故谓水为血。又，《四时》曰：“寒生水与血。”房注：“血亦水之类。”《淮南子・精神训》曰：“血气者风雨也。”血为雨为水。《文选・李少卿答苏武书》曰：“天地为陵震怒，战士为陵饮血。”李善注：“血即泪也。《燕丹子》曰：太子唏嘘饮泪。”泪亦水。

坤卦，坤下坤上。上六曰：“龙战于野，其血玄黄。”阴阳相争，其血玄黄，谓天地相交于水。《文言》曰：“犹未离其类也，故称血焉。”谓血与水同类，故称水为血。屯卦，震下坎上。上六曰：“泣血涟如。”血指坎水。涣卦，坎下巽上。上九曰：“涣其血去。”血指坎水。《象》曰：“涣其血，远害也。”害指坎险，坎为水血。反之，不成坎，则无血。小畜卦，乾下巽上。六四曰：“血去惕出。”巽不成坎，为血去。归妹卦，兑下震上。上六曰：“士刲羊无血。”震不成坎，为无血。需卦，上卦为坎，故六四曰：“需于血。”即需于坎，坎为水为血。需于血，即谓需于坎险，即刚健不陷，其义不困穷之意。

《象》曰：“需于血，顺以听也。”刘熙《释名》：“顺，循也，循其理也。”《易・说卦》：“和顺于道德，而理于义。”《乐记》：“理发诸外，而民莫不承顺。”《说文》：“聽（听），聆也。从耳、㥁，壬声。”又，“聆，听也。从耳，令声。”段玉裁注：“会意，耳㥁者，耳有所得也。二篆转注。《匡谬正俗》载俗语云：聆瓦。聆者，听之知微者也。”桂馥义证：“《书・太甲》：听德惟聪。《士昏礼》：命之曰，敬恭听宗尔父母之言。”《系辞传》曰：“四多惧，近也。柔之为道，不利远者，其要无咎。”四近君，故多惧。柔不利远而利近，六四近比九五，为阴承阳，为顺服，为听从。比卦上卦亦坎，其六四曰：“外比之贞吉。”《象》曰：“外比于贤，以从上也。”需卦六四，亦外比于贤，以阴顺从九五之尊，而不干犯，即需于血，顺以听也。习坎卦《象》曰：“天险不可升也。”即此。

出自穴 《老子》：“塞其兑，闭其门，终身不勤；开其兑，济其事，终身不救。”高明《帛书老子校注》：“俞樾云：案兑，当读为穴。《文选・风赋》：空穴来风。注引《庄子》：空阅来风。阅从兑声，可假为穴，兑亦可假作穴也。塞其穴，正与闭其门文义一律。孙诒让云：案兑，当读为隧，二字古通用。襄二十三年《左传》：杞植、华还，载甲，夜入且于之隧。《礼记・檀弓》郑注引之云：隧，或作兑。《晏子春秋・内篇・问下篇》，又作兹于兑。是证也。《广雅・释室》云：隧，道也。《左传》文公元年，杜注云：隧，径也。塞其兑，亦谓塞其道径也。奚侗云：《易・说卦》：兑为口。引申凡有孔窍者，皆可云兑。《淮南子·道应训》：王者欲久持之，则塞民于兑。高注：兑，耳目鼻口也。《老子》曰：塞其兑。是也。门，谓精神之门。塞兑、闭门，使民无知无欲。可以不劳而理矣。俞、孙、奚三氏之说皆通，尤以奚侗举兑为口，引申为人之耳目鼻口，谓塞兑、闭门，使民无知无欲，可以不劳而理，更切《老子》经义。”又谓兑字曰，“让此字与门字连用，可训作穴、隧、径、口。”又，《说文》兑字下，段玉裁注：“《老子》：塞其兑，闭其门。借为阅字，阅同穴。”是穴通兑。

《说文》：“泬，水从孔穴疾出也。从水从穴，穴亦声。”桂馥义证：“水从孔穴疾出也者，《释水》：氿泉穴出。馥按：潏水，一名泬水，以其湧出也。”郝懿行《尔雅义疏》曰：“穴，《说文》作泬。云：水从孔穴疾出也。穴与泬俱古字通。”《九家易》曰：“云从地出，上升于天。自地出者，莫不由穴。故曰需于血，出自穴也。”按，兑为穴，又，《说卦传》曰：“坎为血”，“兑为口舌”。六四曰：“需于血，出自穴。”犹言需于坎险者，因为祸出自口。节卦，兑下坎上。初九曰：“不出户庭，无咎。”《象》曰：“不出户庭，知通塞也。”《系辞传》曰：“不出户庭，无咎。子曰：乱之所生也，则言语以为阶。君不密则失臣，臣不密则失身，几不密则害成，是以君子慎密而不出也。”谓慎密而不出口。需卦，二之四为兑，四之上为坎，是亦节卦兑下坎上之象。需于血，出自穴，亦谓事君如需于险，祸自口出，君子应当慎重。

九五，需于酒食，贞吉。

〔译〕　九五，待于酒食，以中正适度为吉。

《象》曰：“酒食贞吉，以中正也。”

〔证〕

需于酒食　坎为水为酒；又，坎中实，有饮食之象。讼卦，坎下乾上。六三曰：“食旧德。”坎为食。习坎卦，坎下坎上。六四曰：“樽酒，簋贰，用缶。”坎为酒食。困卦，坎下兑上。九二曰：“困于酒食。”坎为酒食。渐卦，艮下巽上。六二曰：“饮食衎衎。”互坎为饮食。未济卦，坎下离上。上九曰：“有孚于饮酒。”坎为饮酒，上离与下坎相应，为有孚于饮酒。又，剥卦，坤下艮上。上九曰：“硕果不食。”坎象未备，为不食。大畜卦，乾下艮上。卦辞曰：“不家食。”坎象未备，为不家食。明夷卦，离下坤上。初九曰：“三日不食。”坎为食，离三爻与坎三爻阴阳不同，为三日不食。井卦，巽下坎上。初九曰：“井泥不食。”下巽非坎，为不食。九五曰：“井洌寒泉，食。”上坎为食。鼎卦，巽下离上。九三曰：“雉膏不食。”未备坎象，为不食。需卦，乾下坎上。九五在坎，为需于酒食。

贞吉　《象》曰："酒食贞吉，以中正也。"《说文》："酒，就也，所以成人性之善恶。从水从酉，酉亦声。一曰造也，吉凶所造也。"《周书·酒诰》曰："祀兹酒。""越大小邦用丧，亦罔非酒惟辜。""勿辩乃司民湎于酒。"孔氏传："惟祭祀而用此酒，不常饮。""于小大之国，所用丧亡，亦无不以酒为罪也。""勿使汝主民之吏湎于酒，言当正身以帅民。"《礼记·乐记》："夫豢豕为酒，非以为祸也。而狱讼益繁，则酒之流生祸也。是故先王因为酒礼：壹献之礼，宾主百拜，终日饮酒，而不醉焉。此先王之所以备酒祸也。故酒食者，所以合欢也。"酒食所以合欢，意在于敬，不在于酒。王肃《家诫》："夫酒，所以行礼，养性命，欢乐也。过则为患，不可不慎。祸福变兴，常于此作，所以深慎。"《史记　·殷本纪》云："（帝纣）以酒为池，县肉为林，使男女倮相逐其间，为长夜之饮。"故终丧其国。需卦九五，得中得正，酒食合礼有度，为贞吉。九五至尊之位，君王之险，莫过于酒食，是以有需于酒食，正吉之诫。李鼎祚《周易集解》引卢氏曰："沈湎则凶，中正则吉也。"

上六，入于穴，有不速之客三人来，敬之终吉。

〔译〕　上六，坎转入下，乾升上来，敬慎其事，最终吉利。

《象》曰："不速之客来，敬之终吉，虽不当位，未大失也。"

〔证〕

入于穴，有不速之客三人来　《说文》："穴，土室也。从宀，八声。凡穴之属，皆从穴。"又，"窌，北方谓地空，因以为土穴，窌户。"段玉裁注："引伸之，凡空窍皆为穴。窌，因地之孔为土屋也。《广雅》：窌，窟也。"按，云水出自地，升于天，又入于地，地穴藏水。故六四曰出自穴，上六曰入于穴。荀爽曰："须道已终，云当下入穴也。云上升极，则降而为雨。故《诗》云：朝隮于西，崇朝其雨。则还入地，故曰入于穴。云雨入地，则下三阳动，而自至者也。"又曰，"三人，谓下三阳也。须时当升，非有召者，故曰不速之客焉。"王弼注："三阳所以不敢进者，须难之终也。难终则至，不待召也。己居难终，故自来也。"《释文》引马融曰："速，召也。"

《曹风·下泉》："冽彼下泉，浸彼苞稂。忾我寤叹，念彼周京。冽彼下泉，浸彼苞萧。忾我寤叹，念彼京周。冽彼下泉，浸彼苞蓍。忾我寤叹，念彼京师。芃芃黍苗，阴雨膏之。四国有王，郇伯劳之。"《诗序》曰："《下泉》，思治也。曹人疾共公侵刻下民，不得其所，忧而思明王贤伯也。"毛传："冽，寒也；下泉，泉下流也。"此诗，前言冽彼下泉，谓共公侵刻下民；后言阴雨膏之，谓四国有王劳之。一乱一治，乱而后治。《诗集传》引陈氏曰："乱极而不治，变极而不正，则天理灭矣，人道绝矣。圣人于变风之极，则系以思治之诗，以示循环之理，以言乱之可治，变之可正也。”需卦上六，坎入于穴，有洌彼下泉，侵刻下民之象；又，乾升而上，坎水来下，有阴雨膏之，王伯劳之之象。此亦乱极治来，需之所在。

敬之终吉 《周颂·敬之》：“敬之敬之，天维显思。命不易哉，无曰高高在上。陟降厥士，日监在兹。维予小子，不聪敬止。日就月将，学有缉熙于光明。佛时仔肩，示我显德行。”《诗序》曰：“《敬之》，群臣进戒嗣王也。”《正义》曰：“《敬之》诗者，群臣进戒嗣王之乐歌也。谓成王朝庙，与群臣谋事，群臣因在庙，而进戒嗣王。诗人述其事，而作此歌焉。”《诗集传》曰；“成王受群臣之戒，而述其言曰：敬之哉，敬之哉！天道甚明，其命不易保也。无谓其高而不吾察，当知其聪明明畏。常若陟降于吾之所为，而无日不临监于此者，不可不敬。”又曰，“此乃自为答之之言曰：我不聪而未能敬也，然愿学焉，庶几日有所就，月有所进，续而明之，以至于光明。又赖群臣，辅助我所负荷之任，而示我以显明之德行，则庶几其可及尔。”以至于光明、庶几其可及尔，即敬之终吉之谓。《象》曰：“不速之客来，敬之终吉，虽不当位，未大失也。”上为阴位，乾来上，敬之终吉，言阳在阴，为不当位，但未大失。又，上为宗庙之爻，乾由下升上，似嗣王朝于庙堂，与群臣谋事。成王即位之初，听信管、蔡流言，及启金縢悔悟，为未大失，是以有成康之治。

第六卦　丁 卯

☰ 乾上
☵ 坎下

讼，有孚，窒惕，中吉，终凶。利见大人，不利涉大川。

〔译〕 讼，有诚信，防止畏惧，中行吉利，最终凶险。利于大人，不利涉济大川。

《彖》曰："讼，上刚下险，险而健，讼。讼，有孚，窒惕，中吉，刚来而得中也；终凶，讼不可成也。利见大人，尚中正也；不利涉大川，入于渊也。"

《象》曰："天与水违行，讼，君子以作事谋始。"

〔证〕

坎下乾上 屯卦，震下坎上。《彖》曰："动乎险中。"震为动，坎为险。蒙卦，坎下艮上。《象》曰："山下有险。"艮为山，坎为险。需卦，乾下坎上。《彖》曰："险在前也。"坎为险。师卦，坎下坤上。《彖》曰："行险而顺。"坎为险，坤为顺。习坎卦，坎下坎上。《彖》曰："重险也。"坎为险。蹇卦，艮下坎上。《彖》曰："险在前也。"坎为险。解卦，坎下震上。《彖》曰："险以动。"坎为险，震为动。困卦，坎下兑上。《彖》曰："险以说。"坎为险，兑为说。节卦，兑下坎上。《彖》曰："说以行险。"兑为说，坎为险。按坎，阳陷阴中，故《说卦传》曰："坎，陷也。"陷、险音义相通，是坎多用为险。

又，乾卦，乾下乾上。《文言》曰："大哉乾乎！刚健中正，纯粹精也。"乾为刚健。需卦，乾下坎上。《彖》曰："险在前，刚健而不陷。"乾为刚健。小畜卦，乾下巽上。《彖》曰："健而巽，刚中而志行。"乾为健为刚。履卦，兑下乾上。《彖》曰："柔履刚也。刚中正，履帝位而不疚。"乾为刚。泰卦，乾下坤上。《彖》曰："内健而外顺。"乾为健。否卦，坤下乾上。《彖》曰："内柔而外刚。"乾为刚。同人卦，离下乾上。《彖》曰："文明以健。"乾为健。大有卦，乾下离上。《彖》曰："其德刚健而文明。"乾为刚健。无妄卦，震下乾上。《彖》曰："刚自外来，而为主于内；动而健，刚中而应。"乾为刚为健。大畜卦，乾下艮上。《彖》曰："刚健笃实，刚上而尚贤，能止健。"乾为刚健。遁卦，艮下乾上。《彖》曰："刚当位而应。"乾为刚。大壮卦，乾下震上。《彖》曰："刚以动，故壮。"乾为刚。夬卦，乾下兑上。《彖》曰："夬，刚决柔也。健而说，决而和。"乾为刚为健。姤卦，巽下乾上。《彖》曰："姤，遇也，柔遇刚也。"乾为刚。以上，凡有乾象之卦，皆称刚健。

《彖》曰："讼，上刚下险，险而健，讼。"上为外，下为内。上刚下险，即外刚，内险，是争讼之象。李鼎祚《周易集解》引卢氏曰："险而健者，恒好争讼也。"《周易正义》曰："上刚，即乾也；下险，即坎也。犹人意怀险恶，性又刚健，所以讼也。此二句，因卦之象，以显有讼之所由。"程氏传："以二体言之，上刚下险，刚险相接，能无讼乎？又人，内险阻，而外刚强，所以讼也。"刘邵《人物志·释争》曰："然原其所由，岂有躬自厚责，以致变讼者乎？皆由内恕不足，外望不已，或怨彼轻我，或疾彼胜己。""彼显争者，必自以为贤人，而人以为险诐者，实无险德，则无可毁之义。若信有险德，又何可与讼乎？险而与之讼，是柙兕而撄虎，其可乎？怒而害人亦必矣。《易》曰：险而违者讼，讼必有众起。"刘昞注："己能自责，人亦自责，两不言竞，变讼何由生哉？所以争者，由内不能恕己自责，而外望于人不已也。是故心争终无休已。"又曰，"以己为贤，专固自是，是己非人，人得不争乎？言险而行违，必起众而成讼矣。"内不能恕己自责，而外望于人不已，则言险而行违，必起众而成讼，即《彖》曰："讼，上刚下险，险而健，讼。"

又，坎为言。需卦，乾下坎上。九二曰："需于沙，小有言，终吉。"九二与九五不应，九五在上坎之中，坎为言，是以谓小有言。师卦，坎下坤上。六五曰："田有禽，利执言，无咎。"上坤为田，六五在上坤，为田有禽，因与下坎九二应，坎为言，为利执言。明夷卦，离下坤上。初九曰："有攸往，主人有言。"二之四为坎，初九往前遇坎，坎为言，为有攸往，主人有言。夬卦，乾下兑上。九四曰："闻言不信。"坎为耳为言，上半坎，为兑为悦，为巧言令色，是以为闻言不信。困卦，坎下兑上。卦辞曰："有言不信。"下坎为言，上兑为悦，言以取悦，为有言不信。革卦，离下兑上。九三曰："革言三就。"二之上为坎象，三在坎，是以称言。震卦，震下震上。卦辞曰："震来虩虩，笑言哑哑。"又，初九曰："震来虩虩，后笑言哑哑。"下为来，初九为震初，为震来；九四为后震，在坎中，坎为笑为言，为笑言哑哑。上六曰："婚媾有言。"上六与六三该应而不应，六三在坎，故谓婚媾有言。艮卦，艮下艮上。六五曰："言有序。"二之五为坎象，九三在坎中，上下各二阴，排列整齐，坎为言，是以谓言有序。渐卦，艮下巽上。初六曰："鸿渐于干，小子厉，有言。"二之四为坎，坎为言，在初六之上，是以谓初六有言。讼卦，坎下乾上。坎为言，言以往上，为讼象。

《说卦传》曰："乾为君。"乾卦，乾下乾上。《文言》曰："九二曰：见龙在田，利见大人，何谓也？子曰：龙德而正中者也。庸言之信，庸行之谨，闲邪存其诚，善世而不伐，德博而化。《易》曰：见龙在田，利见大人，君德也。"又曰："君子学以聚之，问以辨之，宽以居之，仁以行之。《易》曰：见龙在田，利见大人，君德也。”乾龙有君德，是乾为君。履卦，兑下乾上。《彖》曰：“履，柔履刚也。说而应乎乾，是以履虎尾，不咥人，亨。刚中正，履帝位而不疚，光明也。”乾为虎为帝，是乾为君。同人卦，离下乾上。《彖》曰：“柔得位得中，而应乎乾，曰同人。”同人谓诸侯，应乎乾，谓应乎天子，乾为君象。大有卦，乾下离上。《彖》曰：“大有，柔得尊位，大中而上下应之，曰大有。”上应于天，下有诸侯相应，故九三曰：“公用亨于天子。”是下乾为诸侯，诸侯亦君。夬卦，乾下兑上。卦辞曰：“夬，扬于王庭。”《彖》曰：“夬，决也，刚决柔也。”扬于王庭，即谓阴被扬弃于王庭，是乾为君王，为王庭。

讼卦，下坎为言，上乾为王，以言致王，为王听讼之象。《礼记·王制》：“凡听五刑之讼，成狱辞，史以狱成告于正，正听之；正以狱成告于大司寇，大司寇听之棘木之下；大司寇以狱之成告于王，王命三公参听之；三公以狱之成告于王，王三又，然后制刑。”郑氏注：“史，司寇吏也；正，于周乡师之属。《周礼》乡师之属，辨其狱讼，异其死刑之罪，司寇听之朝，王之外朝也。左九棘，孤卿大夫位焉；右九棘，公侯伯子男位焉；面三槐，三公位焉。王使三公复与司寇及正，共平之重刑也。《周礼》王欲免之，乃命公会其期。又，当作宥。宥，宽也。一宥曰不识，再宥曰过失，三宥曰遗忘。”三公以狱讼之辞告于王，王三宥之，然后制刑，是王听狱讼之事。

《周礼·大司寇》：“以两造禁民讼，入束矢于朝，然后听之。以两剂禁民狱，入钧金三日，乃致于朝，然后听之。”郑氏注：“讼，谓以财货相告者；狱，谓相告以罪名者。”贾公彦疏：“此并二经论禁民狱讼，不使虚妄之事。是禁民省事之法也。云讼谓以财货相告者，以对下文狱是相告以罪名也。此相对之法，若散文则通。是以卫侯与元咺讼，是罪名亦曰讼。”讼不必后狱，狱必先讼，以财货相告，以罪名相告，皆为讼，讼即相告。入束矢于朝，然后听之，入钧金三日，乃致于朝，然后听之，皆讼于朝之义。讼卦，坎下乾上，坎为言为讼，乾为王为朝。虽轻刑不为王听，然诉之于官，犹讼之于朝。《释文》：“讼，争也，言之于公也。”即坎为言，乾为公。

《周书·吕刑》：“狱成而孚，输而孚。其刑上备，有并两刑。”《正义》曰：“孚，信也；输，写也；下而，为汝也。断狱成辞，而得信实，当输写汝之信实，以告于王。勿藏隐其情，不告王也。曲必隐情，直则无隐。令其不隐情者，欲使之无阿曲也。其断刑文书，上王府皆当备具。若今曹司写案，申尚书省也。有并两刑，谓人犯两事，刑有上下。虽罪从重断，有两刑者，亦并具上之。使王知其事，王或时以下刑为重，改下为上，故并亦上之。”《吕刑》又曰：“今天相民，作配在下，明清于单辞。”孔氏传：“今天治民人，君为配天在下，当承天意。听讼，当清审单辞。单辞特难听，故言之。”《正义》曰："单辞，谓一人独言，未有与对之人。讼者多直己以曲彼，搆辞以诬人。单辞特难听，故言之也。"讼卦，上乾下坎，乾为天为君，下坎为言为讼，是君配天听讼，清审单辞之象。

《召南·行露》之《序》曰："《行露》，召伯听讼也。衰乱之俗微，贞信之教兴，强暴之男，不能侵陵贞女也。"《正义》曰："作《行露》诗者，言召伯听断男女室家之讼也。由文王之时，被化日久，衰乱之俗已微，贞信之教乃兴，是故强暴之男，不能侵陵贞女也。男虽侵陵，贞女不从，是以贞女被讼，而召伯听断之。郑志张逸问：《行露》，召伯听讼，察民之意化耳，何讼乎？荅曰：实讼之辞也。民被化久矣，故能有讼。问者见贞信之教兴，怪不当有讼，故云察民之意而化之，何使至于讼乎？荅曰：此篇实是讼之辞也。由时民被化日久，贞女不从，男女故相与讼。如是民被化日久，所以得有强暴者，纣俗难改故也。虽强暴者，谓强行无礼，而陵暴于人。经三章，下二章，陈男女对讼之辞；首章，言所以有讼，由女不从男，亦是听讼之事也。"三章皆讼辞，召伯听之，即坎下乾上之象。《国语·鲁语上》："长勺之役，曹刿问所以战于庄公。公曰：余听狱，虽不能察，必以情断之。对曰：是则可矣。夫苟中心图民，智虽弗及，必将至焉。"韦昭注："狱，讼也。"庄公听狱，即庄公听讼，亦下坎上乾之象。

《周书·洪范》云："水曰润下，火曰炎上。"《正义》曰："《易·文言》云：水流湿，火就燥。王肃曰：水之性润万物而退下，火之性炎盛而升上。是润下炎上，言其自然之本性。"睽卦，兑下离上。《象》曰："睽，火动而上，泽动而下，二女同居，其志不同行。"朱熹曰："睽，乖异也。为卦，上火下泽，性相违异，中女、少女，志不同归，故为睽。"《周易正义》曰："凡讼者，物有不和情，相乖争而致其讼。"讼卦，初之三为坎，坎为水润下；二之四为离，离为火炎上，上下相背，是以相乖争而致其讼于官。又，革卦，离下兑上。《象》曰："革，水火相息，二女同居，其志不相得，曰革。"朱熹曰："革，变革也。兑泽在上，离火在下；火然则水干，水决则火灭。"又曰，"息，灭息也。又为生息之义，灭息而后生息也。"水火相息，即谓水火相争，而灭息，而生息。讼卦，初之三为坎，坎为水；二之四为离，离为火；四之上为乾，乾为王。是水火不容，相争于王，为讼。

《吕氏春秋·仲春纪》："仲春之月，始雨水，止狱讼。"高诱注："自冬冰雪，至此土发而耕，故曰始雨水也。止，禁。"又，《礼记·月令》、《淮南子·时则训》，皆谓"仲春之月，始雨水，止狱讼。"按，屯卦，十一月卦，蒙卦，十二月卦；需卦，正月卦，讼卦，二月卦。讼卦，乾上坎下，天下有雨水，是仲春之象。仲春，止狱讼之月；讼卦，二、五敌应，亦止狱讼之象。《论语·颜渊下》："子曰：听讼，吾犹人也，必也使无讼乎！"《礼记·大学》云："子曰：听讼，吾犹人也，必也使无讼乎！无情者不得尽其辞，大畏民志，此谓知本。"郑氏注："情犹实也，无实者多虚诞之辞。圣人之听讼，与人同耳，必使民无实者，不敢尽其辞，大畏其心志，使诚其意，不敢讼。本，谓诚其意也。"谓孔子听讼，与人相同，务必使其诚服，而不再争讼，此即止狱讼之意。

讼 《虞书·尧典》："帝曰：吁，嚚讼可乎？"孔氏传："言不忠信为嚚，又好争讼，可乎？"《盘庚上》："予弗知乃所讼。"孔颖达疏："妄有争讼，我不知汝所讼言何谓？"《诗序》："《行露》，召伯听讼也。"《正义》曰："作《行露》诗者，言召伯听断男女室家之讼也。《周礼·大司徒》："凡万民之不服教，而有狱讼者，与有地治者听而断之。"郑氏注："争罪曰狱，争财曰讼。"《乡师》曰："而戮其犯命者，断其争禽之讼。"《马质》曰："若有马讼，则听之。"郑注："讼，谓卖买之言相负。"言相负，谓言相背。《大司寇》："以两造禁民讼。"郑注："讼，谓以财货相告者。"《礼记·曲礼上》："分争辨讼，非礼不决。"分争辨讼，非只争财，分辨罪责亦是。《论语·公冶长》："子曰：吾未见能见其过，而内自讼者也。"郑注："包曰：讼，犹责也。言人有过，莫能自责。"《正义》曰："讼训责者，引伸之义。《广雅·释诂》：讼，賮也。賮即责字。"讼，本有责义，责己为自讼，责人为争讼。《论语·颜渊》："子曰：片言可以折狱者，其由也。"注："孔曰：片犹偏也。听讼，必须两辞以定是非。偏信一言，以折狱者，惟子路可。"又，"子曰：听讼，吾犹人也。"《正义》曰："听讼者，言听其所讼之辞。"是折狱亦听讼。《淮南子·俶真训》："周室衰而王道废，儒、墨乃始列道而议，分徒而讼。"高诱注："讼，争是非也。"是争辨罪责是非亦曰讼。

《尔雅·释言》："訩，讼也。"郭璞注："言訩譊。"訩譊，犹譊譊，喧嚷争辩之貌。《说文》："讼，争也，从言，公声。"又，"爭，引也。从𠬪、厂。"引也者，《一切经音义二十四》，引作彼此竞引物也。段玉裁注："凡言爭者，皆谓引之，使归于己。"徐灏笺："爭之本义，为两手爭一物。"王筠《说文句读》曰："谓彼此竞引物也，依元应引补，盖庾注也。分𠬪为两字说之：爪者，彼一人之手；又者，此一人之手；厂，抴也，象抴引之形。今以厂交于爪、又之间，是以会意兼指事也。"《序卦传》曰："需者，饮食之道也。饮食必有讼，故受之以讼。"郑康成注："讼，犹爭也，言饮食之会，恒多爭也。"韩康伯注："夫有生则有资，有资则爭兴也。"又，《左传》僖公二十八年："卫侯与元咺讼。"注："元咺以杀叔武事，讼于晋，故卫侯与之讼。"按讼，言之于公，即争之于公。争财曰讼，争罪亦曰讼。《论语·颜渊》："子曰：听讼，吾犹人也。"《正义》曰："听讼者，言听其所讼之辞，以判曲直也。"按本卦，卦象为坎下乾上，言在下，公在上；卦名为讼，言在左，公在右，其义相同，谓言之于公，为争讼。

有孚 《尔雅·释诂》："孚，信也。"邢昺疏："谓诚实不欺也。"《易》，以阳为实，阴为虚，故以阳为孚。比卦，坤下坎上。初六曰："有孚比之。"九五为阳为孚，初六比辅之。小畜卦，乾下巽上。九五曰："有孚挛如。"谓九五阳实，有孚信。大壮卦，乾下震上。初九曰："有孚"。初九阳实为孚。益卦，震下巽上。六三曰："有孚中行，告公用圭。"谓九五君王，为阳为实为有孚，居中为中行，告六三之公用圭。九五曰："有孚惠心，勿问元吉。"谓九五阳实有惠心，不须卜问，亦知大吉。革卦，离下兑上。九三曰："有孚。"九四曰："有孚。"三、四为阳实，为有孚。九五曰："未占有孚。"九五得中得正，不经占问，即知其有实信。未济卦，坎下离上。上九曰："有孚于饮酒，濡其首，有孚失是。"有孚饮酒，谓上九与六三之坎水相应，上九实，为有孚。濡其首，有孚失是，谓离日至中而转下，上九失日之中正，为有孚失是。是，为日正。有孚，亦指阳实。

又，随卦，震下兑上。九四曰："有孚在道以明。"九四阳实为有孚。观卦，坤下巽上。卦辞曰："有孚颙若。"九五阳实，为有孚。家人卦，离下巽上。上九曰："有孚威如。"上九阳实，为有孚。中孚卦，兑下巽上。九五曰："有孚挛如。"谓九五阳实，为有孚信。需卦，乾下坎上，卦辞曰："有孚。"谓乾实，有孚信。习坎卦，坎下坎上。卦辞曰："有孚维心。"九二、九五，为阳实孚信，居上下卦之中心，为有孚维心。丰卦，离下震上。六二曰："有孚发若。"离为日，日为阳，阳为孚，六二居阳之中，故谓有孚发若。是以凡阳为实，为信孚。讼卦，坎下乾上。卦辞曰："有孚。"有孚，指下卦得九二之阳实，因而有信，谓之有孚。《易》之卦，由下而上。故卦辞释卦，先下后上。讼卦，有孚，窒惕，中吉，终凶，是释下卦坎象之辞；利见大人，不利涉大川，是释上卦乾象之辞。坎为言，为讼，九二有孚，即谓其讼信实。

《周礼·小司寇》曰："以五声听狱讼，求民情。一曰辞听，二曰色听，三曰气听，四曰耳听，五曰目听。"郑氏注："观其出言，不直则烦。观其颜色，不直则赧然。观其气息，不直则喘。观其听聆，不直则惑。观其眸子，视不直则眊然。"贾公彦疏："直则言要理深，虚则辞烦义寡，故云不直则烦。理直则颜色有厉，理曲则颜色愧赧。《小尔雅》云：不直失节，谓之惭愧。面惭曰赧，心惭曰恧，体惭曰逡。心本心知，气从内发，理既不直，吐气则喘。《尚书》云：作德心逸日休，作伪心劳日拙。观其事直，听物明审，其理不直，听物致疑。目为心视，视由心起。理若直实，视眄分明；理若虚陈，视乃眊乱。"以五声听狱讼，求民情者，情即实情。《周书·吕刑》曰："两造具备，师听五辞。五辞简孚，正于五刑。"又曰："简孚有众，惟貌有稽，无简不听，具严天威。"

孔氏传："五辞简核，信有罪验，则正之于五刑。简核诚信，有合众心，惟察其貌，有所考合；无简核诚信，不听理具狱，皆当严敬天威，无轻用刑。"古人听讼，简核罪证，亦重实情。有实情，则法不枉，故有孚为讼卦卦辞之首。程氏传："讼之道，必有其孚实。中无其实，乃是诬妄，凶之道也。卦之中实，为有孚之象。"

窒惕 《尔雅·释言》："窒，塞也。"郭璞注："谓塞孔穴。"疏："谓堙塞。"《豳风·七月》："穹窒熏鼠，塞向墐户。"毛传："窒，塞也。"《正义》曰："塞其窟穴也。"《诗集传》："窒，塞也。于是室中空隙者塞之。"又，《东山》："洒埽穹窒，我征聿至。"郑笺："窒，塞。"《论语·阳货》："恶勇而无礼者，恶果敢而窒者。"马注："窒，窒塞也。"《正义》曰："《说文》：窒，塞也；塞，隔也。"损卦，兑下艮上，《象》曰："山下有泽，损，君子以惩忿窒欲。"虞翻曰："艮为止，故窒欲也。"《释文》"窒，郑、刘作懫，懫，止也。"讼卦，虞翻注："窒，塞止也。"王弼注："窒，谓窒塞也。"《释文》："马作咥，云：读为踬，犹止也。"按窒，由《诗》至《易》，皆为塞止之意。

《玉篇》："惕，惧也。"《一切经音义卷七》："惕，怵惕，悚惧也。"《商书·盘庚》："惟汝含德，不惕予一人。"孔氏传："汝不从我命，所含恶德，但不畏惧我耳。"《周书·冏命》："怵惕惟厉。"孔传："言常悚惧惟危。"《陈风·防有鹊巢》："谁侜予美，心焉惕惕。"毛传："惕惕，犹忉忉也。"《尔雅·释训》："忉忉，忧也。"乾卦九三曰："夕惕若。"郑康成曰："惕，惧也。"《说卦传》曰："坎，其于人也，为加忧，为心病，为亟心。"讼卦，虽下为坎为忧，但坎中实，有诚信，故应防止惕惧。按，讼卦卦辞之窒惕，与损卦象传之窒欲，句式相同。卦辞用在前，象传袭于后。既窒欲为止欲，窒惕当为止惕。有孚窒惕，盖理直心不怵之谓。

中吉 《说文》："中，和也。从口丨，上下通。"一说象四方上下通中也。《礼记·中庸》曰："喜怒哀乐之未发，谓之中；发而皆中节，谓之和。"中，和也，谓得中则事济。《论语·尧曰》："允执厥中。"皇疏："中，谓中正之道也。"《集注》："中者，无过不及之名。"中则得，不中则失。《周礼·小司寇》："断庶民狱讼之中。"郑氏注："中，谓罪所定。"中，定罪得当。故讼者必无过不及，讼其所事，以求公道，是以为吉。《象》曰："中吉，刚来而得中也。"反之，刚不来得中则否。由卦象看，刚不来二，则不得中，是亦不得吉。程氏传："二以阳刚，自外来而得中，为以刚来讼而不过之义，是以吉也。卦有更取成卦之由为义者，此是也。卦义不取成卦之由，则更不言所变之爻也。"

终凶 《象》曰："终凶，讼不可成也。"《仪礼·燕礼》："笙入三成。"郑氏注："三成，谓三终也。"成，犹终。讼不可成，谓讼不可终。上九曰："或锡之鞶带，终朝三褫之。"得而复失，终凶。九二中吉，刚来而得中也。九五，元吉，以中正也。上九，过中而极，是过犹不及。犹理之不直，故而获凶。王肃曰："以讼成功者，终必凶也。"即此。王弼注："凡不和而讼，无施而可，涉难特甚焉。唯有信而见塞惧者，乃可以得吉也。犹复不可终，中乃吉也。不闭其源，使讼不至，虽每不枉，而讼至终竟，此亦凶矣。故虽复有信而见塞惧，犹不可以为终也。故曰：讼，有孚，窒惕，中吉，终凶也。无善听者，虽有其实，何由得明，而令有信塞惧者，得其中吉？"上九已无善听之主，故亦必凶。程氏传："讼非善事，不得已也，安可终极其事？极意于其事则凶矣，故曰不可成也。成，谓穷尽其事也。"

利见大人　乾卦，乾下乾上。九二曰："见龙在田，利见大人。"九五曰："飞龙在天，利见大人。"大人，谓九五与九二。九为阳，阳得中位，为大人。九二为在下之大人，九五为在上之大人。否卦，坤下乾上。九五曰："大人吉。"革卦，离下兑上。九五曰："大人虎变。"困卦，坎下兑上。卦辞曰："大人吉。"九五曰："劓刖，困于赤绂，乃徐有说，利用祭祀。"大人吉指九五。蹇卦，艮下坎上。卦辞曰："利见大人。"九五曰："大蹇朋来。"利见大人指九五。萃卦，坤下兑上。卦辞曰："利见大人。"九五曰："萃有位，无咎。"利见大人指九五。升卦，巽下坤上。卦辞曰："利见大人。"九二曰："孚乃利用禴，无咎。"大人指九二。巽卦，巽下巽上。卦辞曰："利见大人。"九二曰："吉，无咎。"九五曰："贞吉，悔亡，无不利，无初有终。"大人指九二、九五，主要九五。

又，九二在下坎之中者，不为大人。蒙卦，坎下艮上。九二曰："子克家。"师卦，坎下坤上。卦辞曰："丈人吉。"九二曰："在师中，吉无咎。王三锡命。"丈人指九二。《老子》曰："兵者不祥之器，非君子之器，不得已而用之。恬淡为上，胜而不美。"是以师卦九二在坎中，称丈人，而不称大人。坎卦，坎下坎上。卦辞与九二爻辞，皆无大人之称。解卦，坎下震上。卦辞与九二爻辞，皆无大人之称。困卦，坎下兑上。九二曰："征凶。"九二居下坎为不利。涣卦，坎下巽上。卦辞与九二爻辞，皆无大人之称。未济卦，坎下离上。卦辞与九二爻辞，皆无大人之称。讼卦，坎下乾上。九二居下卦坎险之中，讼为阴事，非为大人，非利。利见大人者，谓上卦乾之九五。故九五曰："讼，元吉。"《象》曰："讼，元吉，以中正也。"九五中正，得中得正而尊，与乾卦九五同，故为利见大人。《彖》曰："利见大人，尚中正也。"即谓九五中正为上，故而有利于他。

不利涉大川　重卦有上下卦，卦与卦之间为大川；下卦动而为上卦，上卦动而为下卦，为涉大川；涉大川有利，为利涉大川；涉大川无利，为不利涉大川。需卦，乾下坎上。卦辞曰："利涉大川。"《彖》曰："利涉大川，往有功也。"谓下乾动而往上成上乾，得天之位，为往有功。同人卦，离下乾上。卦辞曰："利涉大川。"《彖》曰："利涉大川，乾行也。”谓乾行来下，成乾下离上，大有卦象。诸侯地不过一同，同人为诸侯卦。天子大有天下，大有为天子卦。由诸侯到天子，为利涉大川。谦卦，艮下坤上。初六曰：“谦谦君子，用涉大川。”《象》曰：“谦谦君子，卑以自牧也。”艮为山，坤为地，以其高而以卑自牧，可以动而成坤下艮上，故曰谦谦君子，用涉大川。蛊卦，巽下艮上。卦辞曰：“利涉大川。”《象》曰：“利涉大川，往有事也。”巽下艮上，巽动而至艮上，成艮下巽上，为渐卦。渐卦《象》曰：“渐之进也，女归吉也。进得位，往有功也。进以正，可以正邦也。”利涉大川，往有事，即指此。大畜卦，乾下艮上。卦辞曰：“利涉大川。”《象》曰：“利涉大川，应乎天也。”谓上艮动而来下，成艮下乾上，艮为山，乾为天，为山应于天。益卦，震下巽上。卦辞曰：“利涉大川。”《象》曰：“利涉大川，木道乃行。”《说卦传》曰：“巽为木。”木道乃行，谓巽动来下，成巽下震上，为恒卦。《象》曰：“恒，久于其道也，天地之道恒久而不已也。”即是。除涣卦之利涉大川，言其坎下巽上，舟楫之利以外，其他皆谓上下卦之推动发展。讼卦，坎下乾上。《象》曰：“不利涉大川，入于渊也。”即谓讼而不已，刚健至极，物极则反，成乾下坎上之象，坎为水，入水之下，为入渊，为灭顶之灾，是以谓不利涉大川。

《象》曰：“天与水违行，讼，君子以作事谋始。”天尚高，水向低，或曰天西转，水东流，故曰天与水违行。《孔子家语·五仪解》曰：“夫君者，舟也；庶人者，水也。水所以载舟，亦所以覆舟。君以此思危，则危可知矣。”《荀子·哀公篇》曰：“且丘闻之：君者舟也，庶人者水也。水则载舟，水则覆舟。君以此思危，则危将焉而不至矣。”《新序·杂事四》曰：“丘闻之，君者舟也；庶人者，水也。水则载舟，水则覆舟。君以此思危，则危将安不至矣！”以水喻民，谓君王居安思危之意。师卦，坎下坤上。《象》曰：“地中有水，师，君子以容民畜众。”亦以水喻民众。讼卦，坎下乾上。《象》曰：“天与水违行。”乾为天为君，坎为水为民。天与水违行，犹君与民相背而行。

《列子·黄帝篇》曰：“孔子观于吕梁，悬水三十仞，流沫三十里，鼋鼍鱼鳖之所不能游也。见一丈夫游之，以为有苦而欲死者也，使弟子并流而承之。数百步而出，被发行歌，而游于棠行。孔子从而问之，曰：请问蹈水有道乎？曰：亡，吾无道。吾始乎故，长乎性，成乎命，与齐俱入，与汩偕出，从水之道，而不为私焉，此吾所以道之也。孔子曰：何谓始乎故，长乎性，成乎命也？曰：吾生于陵而安于陵，故也；长于水而安于水，性也；不知吾所以然而然，命也。”又，《说符篇》曰：“孔子问之曰：巧乎！有道术乎？所以能入而出者，何也？丈夫对曰：始吾之入也，先以忠信；及吾之出也，又从以忠信。忠信错吾躯于波流，而吾不敢用私，所以能入而复出者，以此也。孔子谓弟子曰：二三子识之！水且犹可以忠信诚身亲之，而况于人乎？”以上，盖以水喻民，以丈夫喻君。从水之道，出入以忠信，是以无危。反之，天与水违，君与民相背，必起讼衅，故君子者作事谋始。始于心，心以忠信为本。《大戴礼·保傅》云：“《易》曰：正其本，万物理。失之毫厘，差之千里。故君子慎始也。”

王弼注：“听讼吾犹人也，必也使无讼乎！无讼在于谋始，谋始在于作制。契之不明，讼之所以生也。物有其分，职不相滥，争何由兴？讼之所以起，契之过也。故有德司契而不责于人。”程氏传：“天上水下，相违而行，二体违戾，讼之由也。若上下相顺，讼何由兴？君子观象，知人情有争讼之道，故凡所作事，必谋其始。绝讼端于事之始，则讼无由生矣。谋始之义广矣，若慎交结，明契券之类是也。”《系辞传》曰：“黄帝尧舜，垂衣裳而天下治，盖取诸乾坤。”朱熹曰：“乾坤变化而无为。”黄帝尧舜，顺其乾坤阴阳，自然而治，是君子作事谋始之谓。又，《系辞传》曰：“上古结绳而治，后世圣人，易之以书契，百官以治，万民以察，盖取诸夬。”《九家易》曰：“古者无文字，其有约誓之事，事大大其绳，事小小其绳，结之多少，随物众寡，各执以相考，亦足以相治也。”后世圣人易之以书契，百官以书治职，万民以契明其事，此圣人作事谋始，免生讼争之作。

《大戴礼记·礼察》曰：“凡人之知，能见已然，不能见将然。礼者禁于将然之前，而法者禁于已然之后。是故法之易见，而礼所为生难知也。若夫庆赏以劝善，刑法以惩恶，先王执此之正，坚如金石，行此之信，顺如四时，处此之功，无私如天地，尔岂顾不用哉？然如曰礼云礼云，贵绝恶于未萌，而起敬于微眇，使民日徙善远罪，而不自知也。孔子曰：听讼吾犹人也，必也使无讼乎！此之谓也。”贵绝恶于未萌，起敬于微眇，必也使无讼，亦即君子作事谋始之谓。干宝曰：“省民之情，以制作也。武王故先观兵孟津，盖以卜天下之心，故曰作事谋始也。”按，《周书·泰誓上》孔氏传：“文王卒，武王三年服毕，观兵孟津，以卜诸侯伐纣之心。诸侯佥同，乃退以示弱。”诸侯佥同，即天与水不违行，是君子作事谋始之例。

需卦和讼卦，互为邻卦。《序卦传》曰：“需者，饮食之道也。饮食必有讼，故受之以讼。”郑康成曰：“讼，犹争也，言饮食之会，恒多争也。”韩康伯注：“夫有生则有资，有资则争兴也。”孙星衍《周易集解》引僧一行曰：“孟喜序卦曰：阴阳养万物，必讼而成之；君臣养万民，亦讼而成之。”然需卦与讼卦为邻，应以互为综卦为由。需卦，乾下坎上。《彖》曰：“需，须也，险在前也，刚健而不陷，其义不困穷矣。”又曰，“利涉大川，往有功也。”讼卦，坎下乾上。《彖》曰：“讼，上刚下险，险而健，讼。终凶，讼不可成也。”又曰，“不利涉大川，入于渊也。”前者，须而不陷险，故不困穷，利涉大川，往有功。后者，争而走险，故终凶，不利涉大川，入于渊。两卦卦象相倒，卦义相反，是以互为综卦。《周易》卦序，有以错卦为序，有以综卦为序，有以事物为序。要之，以理为序。

讼卦和明夷卦，互为错卦。前者，坎下乾上；后者，离下坤上。两卦六爻，两两阴阳相反，是以为错。讼卦卦辞曰：“终凶，利见大人，不利涉大川。”《彖》曰：“终凶，讼不可成也。利见大人，尚中正也。不利涉大川，入于渊也。”明夷卦卦辞曰：“利艰贞。”《彖》曰：“利艰贞，晦其明也，内难而能正其志，箕子以之。”又曰，“内文明而外柔顺，以蒙大难，文王以之。”《象》曰：“明入地中，明夷，君子以莅众，用晦而明。”讼卦终凶，讼不可成；反之，明夷卦利艰贞，晦而能明。讼卦利见大人，尚其中正；反之，明夷卦以蒙大难，文王似之。讼卦不利涉大川，入于渊也；反之，明夷卦明入地中，用晦而明。总之，讼不可成，明夷可明；讼卦利于大人，明夷不利于大人；讼卦不利涉大川，明夷利涉大川，是以两卦互错。

《系辞传》曰：“是故，法象莫大乎天地；变通莫大乎四时；悬象著明，莫大乎日月。”《说卦传》曰：“乾为天”，“坤为地”，“离为日”，“坎为月”。明夷卦，离下坤上，离为日，坤为地，为日入地下。讼卦与明夷互错，讼卦坎下乾上，坎为月，乾为天，为月升天下。《周髀算经》云：“日月俱起建星，月度疾，日度迟，日月相逐于二十九日、三十日间。”月行疾，日行迟，一疾一迟，前后相错。《邶风·柏舟》：“日居月诸，胡迭而微。”郑笺：“日，君象也；月，臣象也。微，谓亏伤也。”明夷卦，离下坤上，似君亏伤，故《彖》曰：“以蒙大难，文王以之。”讼卦，坎下乾上，似臣争讼，故《象》曰：“自下讼上，患至掇也。”以上日月君臣之象，亦互为错卦之象。

初六，不永所事，小有言，终吉。

〔译〕 初六，讼事不可长久，虽小者有风险，但终究吉利。

《象》曰：“不永所事，讼不可长也。虽小有言，其辩明也。”

〔证〕

不永所事 《说文》：“永，水长也。象水巠理之长永也。《诗》曰：江之永矣。凡永之属，皆从永。”段玉裁注：“引申之，凡长皆曰永。《释诂》、毛传曰：永，长也。《方言》曰：施于众长谓之永。”《经传释词》：“所者，指事之词。”所，犹其，此处指代讼。不永所事，犹不长其事，谓讼事不可长久。《象》曰：“不永所事，讼不可长也。”讼卦，除九五中正以外，其他五爻，均不当位，是以讼不可长。初六，阴占阳位，又为坎险之始，是讼不当位而走险，必致不克而终凶，岂可长久。惟其讼不可长，故初六戒以不永所事，免入于渊。坤卦初六曰："履霜，坚冰至。"《象》曰："履霜坚冰，阴始凝也；驯至其道，至坚冰也。"《文言》曰："其所由来者渐矣，由辩之不早辩也。《易》曰：履霜坚冰至，盖言顺也。"顺，即驯至其道，谓履霜顺至坚冰，是以必须早辨。朱熹曰："古字顺，慎通用。按此当作慎，言当辩之于微也。"君子慎终于始，始乱之，终弃之。故讼卦初六曰："不永所事。"

《周礼·大司寇》曰："以两造禁民讼，入束矢于朝，然后听之。以两剂禁民狱，入钧金三日，乃致于朝，然后听之。"郑氏注："造，至也，使讼者两至。既两至，使入束矢，乃治之也。不至，不入束矢，则是自服不直者也。必入矢者，取其直也。《诗》曰：其直如矢。古者一弓百矢，束矢其百个与？狱，谓相告以罪名者；剂，今券书也，使狱者各赍券书。既两券书，使入钧金。又三日，乃治之，重刑也。不券书，不入金，则是亦自服不直者也。必入金者，取其坚也。三十斤曰钧。"贾公彦疏："此论禁民狱讼，不使虚诬之事。言禁者，谓先令入束矢，不实则没入官。若不入，则是自服不直。是禁民省事之法也。"讼卦初六，不永所事，犹《大司寇》禁民狱讼，皆欲使民不有虚诬之事，而罢争讼。

《论语·颜渊》："子曰：听讼，吾犹人也，必也使无讼乎。"王曰："化之在前。"邢疏："《正义》曰：此章，孔子言己至诚也。言听狱讼之时，备两造吾亦犹如常人，无以异也。言与常人同，必也在前以道化之，使无争讼乃善。又案《大学》云：听讼吾犹人也，必也使无讼乎。无情者不得尽其辞，大畏民志。郑注云：情，犹实也，无实者多虚诞之辞。圣人之所听讼，与人同耳，必使民无实者，不敢尽其辞，大畏其心志，使诚其意，不敢讼。"孔子主张，"道之以德，齐之以礼"，"必也使无讼乎"，与《大司寇》禁民狱讼，讼卦不永所事，异曲同工，皆以教化为重。《象》曰："不永所事，讼不可长也。"《说文》："长，久远也。"段玉裁注："久者，不暂也；远者，不近也。引伸之为滋长，长幼之长。"讼不可长，亦谓不可滋长。滋长则长。初爻曰不永所事，亦谓不可滋长讼事，故《大司寇》禁之于狱讼之始。

《国语·齐语》："索讼者，三禁而不可上下，坐成以束矢。"韦昭注："索，求也，求讼者之情也。三禁，禁之三日，使审实其辞也。而不可上下者，辞定不可移也。坐成，狱讼之坐已成也。十二矢为束，讼者坐成，以束矢入于朝，乃听其讼。两人讼，一人入矢，一人不入，则曲。曲则服，入两矢乃治之。矢，取往而不反也。《周礼》以两造禁人讼，入束矢于朝，然后听之也。"又，《扬簋》："王若曰：讯讼，取铜五锊。"《𬄜生簋》："王曰：讯讼，罚取铜五锊。"金文讯讼收金，一则充实府库，一则禁民之讼，使其不永所事。《正义》曰：“不永所事者，永，长也，不可长久为斗讼之事。”谓讼为斗讼，是亦有禁讼之意。

小有言 需卦和讼卦之言，皆指坎。甲骨文言字，系于口舌（𠯑）上，加一横（𠯑），表示言语、声音从口舌出。坎，象舌于上下口齿之中，是以出言。《虞书·大禹谟》：“惟口出好兴戎，朕言不再。”孔氏传：“言口荣辱之主，虑而宣之，成于一也。”《正义》曰：“惟口之所言，出好事，兴戎兵，非善虑无以出口。”《论语·子路》：“一言而丧邦，有诸？”《庄子·人间世》：“夫言者，风波也；行者，实丧也。风波易以动，实丧易以危。”疏曰：“风鼓水波，易为动荡，譬言丧实理，危殆不难也。”是言有灾祸一面，即百祸从口出之意。有言，谓有灾过。初六为阴，阴为小。九二《象》曰：“自下讼上，患至掇也。”小有言，犹谓下讼上有风险。

终吉 《象》曰：“虽小有言，其辩明矣。”二之四为离，离为明。初与四应，其讼至四，经过离，为其辩已明。既经呈讼辩明，而不永所事，可得九四之应，故曰终吉。程氏传：“柔弱居下，才不能讼。虽不永所事，既讼矣，必有小灾，故小有言也。既不永其事，又上有刚阳之正应，辩理之明，故终得其吉也。不然，其能免乎？在讼之义：同位而相应，相与者也，故初于四为获其辩明；同位而不相得，相讼者也，故二与五为对敌也。”又，四为近君之臣，一人之下，万人之上，又在乾体，重如周公，得四援应，则讼已成，故曰终吉。讼卦，下坎初六、六三两阴，皆得上乾九四、上九两阳相应，故皆曰终吉。九二、九四，则不克讼，是讼不可阳刚犯上，应不失阴柔之本。

九二，不克讼，归而逋，其邑人三百户无眚。

〔译〕 九二，不胜讼，收归于圜土又逃窜，其邑人之三百户，没有罪过。

《象》曰：“不克讼，归逋窜也。自下讼上，患至掇也。”

〔证〕

不克讼 《尔雅·释诂》：“胜，克也。”《大雅·桑柔》：“为民不利，如云不克。”郑笺：“克，胜也。”《礼记·礼器》：“孔子曰：我战则克。”《正义》曰：“克，胜也。”不克讼，谓讼不胜，即败诉。二与五皆阳，不相正应，而相敌应，为争讼。九二，居下坎之中，以阳在偶，中而失位。九五，居上乾之中，以阳在奇，得中得位。九五曰：“讼，元吉。”《象》曰：“讼，元吉，以中正也。”故二与五讼，二不能胜五，为不克讼。讼卦卦辞曰：“终凶，利见大人。”二为下坎之主，五为上乾之主。终凶，谓九二之讼；利见大人，谓九五之讼。故《象》曰：“终凶，讼不可成也；利见大人，尚中正也。”讼不可成，即九二之不克讼；尚中正也，即九五之讼，元吉。程氏传：“二、五相应之地，而两刚不相与，相讼者也。九二自外来，以刚处险，为讼之主，乃与五为敌。五以中正处君位，其可敌乎？是为讼而义不克也。”

又，《荀子·宥坐篇》曰：“孔子为鲁司寇，有父子讼者。孔子拘之，三月不别。其父请止，孔子舍之。”《韩诗外传·卷三》：“《传》曰：鲁有父子讼者，季康子欲杀之。孔子曰：未可杀也。夫民不知父子讼，之为不义久矣。”又曰，“《诗》曰：人而无礼，胡不遄死。为上无礼，则不免乎患；为下无礼，则不免乎刑。上下无礼，胡不遄死。”君臣无狱；君臣皆狱，父子将狱。狱，即狱讼。孔子曰：“夫民不知父子讼，之为不义久矣。是讼，尤不可臣讼君，子讼父，乱臣贼子，则不免乎刑。讼卦九二，上讼九五，五为中正之君，是以不克讼而获罪。九二居阴位，而以阳刚犯上，即险而健，讼。《系辞传》曰：“二与四，同功而异位，其要无咎，其用柔中也。”同功，谓二、四皆应五，因此事君以柔中为无咎。今九二中而不柔，是以讼不可克，有咎。

归而逋　《周礼·司救》曰：“其有过失者，三让而罚，三罚而归于圜土。”郑氏注：“圜土，狱城也。过失近罪，昼日任之以事而收之，夜藏于狱，亦如明刑以耻之。不使坐嘉石，其罪已著，未忍刑之。”贾公彦疏：“三度责让，乃治罚之。三罚讫，乃归与司寇，使纳之圜土也。”讼卦九二，上讼九五，是侮慢长老，语言无忌，虽为邪恶，未丽于罪；然而好讼，为过失，乃丽于罪者，故应三让三罚，而归之于圜土，即收监。是归而逋之归，为归于圜土之归。《说卦传》曰：“坎，陷也。”《荀九家》曰：“坎为丛棘。”习坎卦上六曰：“系用徽纆，寘之丛棘。”孔颖达疏：“谓囚执之处，以棘丛而禁之也。”是坎为丛棘为圜土。九二在下坎之中，是归之于圜土之象。

《周礼·大司寇》曰：“以圜土聚教罢民。凡害人者，寘之圜土，而施职事焉，以明刑耻之。其能改过，反于中国，不齿三年；其不能改，而出圜土者，杀。”《司圜》曰：“司圜掌收教罢民。凡害人者，弗使冠饰，而加明刑焉，任之以事而收教之。能改者，上罪三年而舍，中罪二年而舍，下罪一年而舍。其不能改，而出圜土者，杀。虽出，三年不齿。凡圜土之刑人也，不亏体，其罚人也，不亏财。”郑氏注：“圜土，狱城也。聚罢民其中，困苦以教之为善也。害人，谓为邪恶，已有过失丽于法者。以其不故犯法，寘之圜土系教之，庶其困悔而能改也。寘，置也。施职事以所能，役使之明刑。书其罪恶于大方版，著其背。反于中国，谓舍之还于故里也。不齿者，不得以年次列于平民。出，谓逃亡。”贾公彦疏：“云不能改正，谓不能伏思己过，而出圜土也。”以其圜土劳教，而不亏形体，故九二虽归之圜土，不伏思己过，故能逋逃藏窜。《说卦传》曰：“坎为隐伏。”九二，阳入坤阴之中，是以为逋窜之象。《商书·太甲中》曰：“天作孽，犹可违；自作孽，不可逭。”孔氏传：“言天灾可避，自作灾不可逃。”九二，先是不克讼，归之圜土；后是不思悔改，而逋逃躲藏。一错再错，自作其孽。《象》曰："不克讼，归逋窜也。自下讼上，患至掇也。"谓忧患至极，咎由自取。程氏传："自下而讼其上，义乖势屈，祸患之至，犹拾掇而取之，言易得也。"朱熹曰："掇，自取也。"

其邑人三百户 泰卦，乾下坤上。上六曰："自邑告命。"坤为邑。谦卦，艮下坤上。上六曰："征邑国。"坤为邑。晋卦，坤下离上。上九曰："维用伐邑。"坤为邑。升卦，巽下坤上。九三曰："升虚邑。"坤为邑。夬卦，乾下兑上。卦辞曰："告自邑。"上六坤阴之爻，为自邑。又，比卦，坤下坎上。九五曰："邑人不戒。"坎为阳入坤中，坤为邑，坎中之阳为邑人。讼卦，九二在坎中，故称邑人。《易乾凿度》曰："初为元士，二为大夫，三为三公，四为诸侯，五为天子，上为宗庙。"讼卦九二之邑人，为大夫。《魏风·伐檀》："不稼不穑，胡取禾三百廛兮。"毛传："一夫之居曰廛。"廛为古代城里，一户人家所住之居。《周礼·遂人》："夫一廛，田百亩，莱五十亩，余夫亦如之。"《释文》曰："古者一夫田百亩，别受都邑五亩之地居之，故孟子云五亩之宅是也。"三百廛，为三百户，三百户为城邑。孙氏《周易集解》引《礼记·疏》曰："小国之下大夫，采地方一成，其定税三百家，故三百户也。"九二在下卦，为下大夫，为邑人，居坤之中，坤众三爻，为三百户。邑人三百户，即下大夫之采地三百户。

无眚 马融曰："眚，灾也。"郑康成曰："眚，过也。"又，天火为灾，人祸为眚。眚，过错。《左传》昭公二十年："在《康诰》曰：父子兄弟，罪不相及。况在群臣？"《孟子·梁惠王下》："昔者文王之治岐也，罪人不孥。"赵岐注："孥，妻子也。《诗》云：乐尔妻孥。罪人不孥，恶恶止其身，不及妻子也。"《正义》曰："罪人，谓加罪于人；不孥，谓本身恶宜加罪，其父子兄不从恶，则不坐也。若从恶，即是本身有罪，当不止奴戮。"罪人不孥，谓罪及本身，不没入其父兄妻子为孥。《潜夫论·论荣》曰："尧，圣父也，而丹凶傲；舜，圣子也，而叟顽恶；叔向，贤兄也，而鲋贪暴；季友，贤弟也，而庆父淫乱。论若必以族，是丹宜禅，而舜宜诛，鲋宜赏，而友宜夷也，论之不可必以族也。若是，昔祁奚有言：鲧殛而禹兴，管蔡为戮，周公祐王。故《书》称父子兄弟不相及也。"是秦以前，不株连以要众。其邑人三百户，即邑人之三百户，谓坤众，柔以顺上，自不因邑人有过而有过，故曰无眚。《说卦传》曰："坎为多眚。"九二逃逸，坎成坤，无坎象，是以无眚。

六三，食旧德，贞厉，终吉。或从王事，无成。

〔译〕 六三，享用先人之德禄，虽居正有危，但最终吉利。有时服从王事，从不居功。

《象》曰："食旧德，从上吉也。"

〔证〕

食旧德　享受先人余荫，食其旧日德禄。《礼记·王制》："天子之县内诸侯，禄也。"《正义》曰："此一节，论天子县内，食采邑诸侯，得禄不得继世之事。此言县内，则夏法也。言诸侯禄者，得采国为禄，而不继世，故云禄也，故下云大夫不世爵是也。此谓畿内，公卿大夫之子，父死之后，得食父之故国采邑之地，不得继父为公卿大夫也。故经直云禄也。则子孙**恒**，得食之有罪，乃夺之。此虽论夏法，殷周亦然。畿内诸侯，父死视元士；若有贤德，乃复位。畿外诸侯，父死未赐爵，亦视元士；除服，则德袭父故位。故下文云：未赐爵，视天子元士，以君其国。"

又，《王制》曰："外诸侯，嗣也。"《正义》曰："此一节，论外诸侯，父死子得嗣位之事。此畿外诸侯世世象贤，传嗣其国也。故下云：诸侯世子世国。所以畿内诸侯不世爵，而畿外得世者，以畿内诸侯，则公卿大夫，辅佐于王，非贤不可，故不世也。畿外诸侯，尝有大功，报其劳效，又在外少事，故得世也。《异义》按：《公羊》、《谷梁》说云：卿大夫世则权并一姓，妨塞贤路，经讥尹氏、崔氏是也。古《春秋左氏》说：卿大夫得世禄，父为大夫死，子得食其故采地；如有贤才，则复父位。许慎谨按，《易》爻位三为公，食旧德谓食父故禄。《尚书》云：世选尔劳。《论语》云：兴灭国，继绝世。《诗》云：凡周之士，不显亦世。《孟子》云：文王之治岐也，仕者世禄。知周世禄也，从左氏义。"

《仪礼·士冠礼》曰："继世以立诸侯，象贤也。"郑氏注："象，法也。为子孙能法先祖之贤，故使之继世也。"贾公彦疏："记此者，欲见上。言天子之子，冠行士礼；此诸侯之子，冠亦行士礼。以其士之子恒为士，有继世之义，诸侯之子亦继世，象父祖之贤。虽继世象贤，亦无生而贵者，行士冠礼，故记之于此也。云能法先祖之贤者，凡诸侯出封，皆由有德。《周礼·典命》云：三公八命，其卿六命，大夫四命。及其出，封皆加一等。出为五等诸侯，即为始封之君，是其贤也。以后子孙继立者，皆不毁始祖之庙，是象先祖之贤也。"综上，三代有子孙世袭，先人封禄之制，禄因德而得，是以食先人之禄，为食旧德。六三阴柔不骄，巽以承乾，乾为王；上九在乾，乾为父，又，上为宗庙，父在宗庙，为先父；六三顺应上九，是法先父之贤；二之四有颐象，颐为食，为食旧德。《象》曰："食旧德，从上吉也。"即此。

贞厉，终吉　《玉篇》："厉，危也。"乾卦九三曰："君子终日乾乾，夕惕若，厉无咎。"《文言》曰："故乾乾因其时而惕，虽危无咎矣。"孔颖达疏："厉，危也。"六三，居两好讼之刚中，不偏不倚，为正；不党同，不伐异，有受夹击之危，为厉。且六三，除顺应上九外，刚位而体柔，以阴承阳，即以臣奉君，是以处危而不殆，终得吉利。又，二之四为离，三之五为巽，三处其间，为诸侯文明谦逊之君，上可事天子，下可得民人，是亦终吉。王弼注：“体夫柔弱以顺于上，不为九二自下讼上，不见侵夺，保全其有，故得食其旧德而不失也。居争讼之时，处两刚之间，而皆近不相得，故曰贞厉。柔体不争，系应于上，众莫能倾，故曰终吉。”

或从王事，无成 坤卦六三曰：“含章可贞，或从王事，无成有终。”《象》曰：“含章可贞，以时发也。或从王事，知光大也。”《文言》曰：“阴虽有美含之，以从王事，弗敢成也。地道也，妻道也，臣道也。地道无成，而代有终也。”《系辞传》曰：“三与五，同功而异位。三多凶，五多功，贵贱之等也。”崔憬曰：“三，诸侯之位；五，天子之位，同有理人之功，而君臣之位异者也。”又曰，“三处下卦之极，居上卦之下，为一国之君，有权威之重，而上承天子，若无含章之美，则必致凶。”是三既为君，又为臣。处正为阳则厉，阴柔含蓄章美，以时发挥，则吉利。天子有命，从事天子之事，不居成就之功，却代之有善终。讼卦六三，或从王事无成，即谓卑以勤王，无以居成，以免致凶。讼以止为善，不居功，则不有讼，则为善。三为阳位，六三以阴包阳，为含章，为或从王事无成。

九四，不克讼，复即命，渝安贞，吉。

〔译〕 九四，不胜讼，转而就食君王赐命之爵禄，变为安分守正道，吉利。

《象》曰：“复即命，渝安贞，不失也。”

〔证〕

不克讼 《系辞传》曰：“二与四，同功而异位。其善不同，二多誉，四多惧，近也。柔之为道，不利远者，其要无咎，其用柔中也。”二应五，四佐五，为同功。二主士大夫位，四主三孤三公牧伯之位，贵贱异位。二处中和，故多誉；四近逼于君，故多惧。其要无咎，其用柔和中。讼卦九四，居阴位，而以阳刚近逼九五，是失位争讼，其讼不直，有悖君臣大义之象，故不克讼。又，二与四同功而异位，二既不克讼，四亦不克讼。程氏传：“四以阳刚而居健体，不得中正，本为讼者也。承五，履三，而应初。五，君也，义不克讼。三居下而柔，不与之讼。初正应而顺从，非与讼者也。四虽刚健欲讼，无与对敌，其讼无由而兴，故不克讼也。”

复即命 《说文》：“复，行故道也。”段玉裁注：“彳部又有復，復行而复废矣。疑彳部之復，乃后增也。”按，复从夂，行意已显，彳乃累增义符，如後字亦是。复有归、还、返回之义。《说文》：“卽，卽食也。从皀，卪声。”林义光《文源》：“卪，即人字，皀卩，就也，象人就食之形。”赵诚《卜辞分类读本》曰：“皀卩，象人就食之形。甲骨文用作动词，有两类：一、表示鬼神来就食、来就享之义。如𡕰即宗、河即宗（粹四），是说𡕰与河这两位神灵，到宗庙来就享。这种用法，近似于本义，但也已经略有引伸，即从人就食，发展为神祖就食。二、表示比较抽象的来就，或靠近之义。如戊寅卜，王即雀——王靠近雀（人三0七六）、方来即——方来靠近（京四三九三）。很显然，这种用法的即，已经离开了来就食、来就享，这一具体意义，而泛指一切即就之义，当为本义的引伸和抽象。”鼎卦，巽下离上。九二曰：“鼎有实，我仇有疾，我不能即。”高亨《周易古经今注》：“《说文》皀卩，就食也。此用其本义。”讼卦九四，与鼎卦九二同，亦用其本义。

《周礼·典命》曰：“典命，掌诸侯之五仪，诸臣之五等之命。上公九命为伯，其国家宫室车旗衣服礼仪，皆以九为节。侯伯七命，其国家宫室车旗衣服礼仪，皆以七为节。子男五命，其国家宫室车旗衣服礼仪，皆以五为节。王之三公八命，其卿六命，其大夫四命。及其出封，皆加一等。其国家宫室车旗衣服礼仪，亦如之。凡诸侯之适子，誓于天子，摄其君，则下其君之礼一等；未誓，则以皮帛继于男。公之孤四命，以皮帛眡小国之君。其卿三命。其大夫再命。其士一命。其宫室车旗衣服礼仪，各眡其命之数。侯伯之卿大夫士亦如之。子男之卿再命。其大夫一命。其士不命。其宫室车旗衣服礼仪，各眡其命之数。”又见《礼记·王制》郑氏注：“命，谓王迁秩群臣之书。”《文心雕龙·诏策》：“命喻自天，故授官锡胤。”黄叔琳注：“命以授官，《书》：《微子之命》、《蔡仲之命》、《毕命》、《冏命》是也。”帝王封赐臣下职位、爵禄为命，其文书亦曰命。九四，不克讼，复即命，即谓九四犯命干上，不能胜讼，应回复到为臣之本位，就食享用自身之爵禄。六三公位，九四诸侯位，皆为朝廷命臣，故而皆谓食德禄。《说文》：“命，使也。从口令。”三之五为巽为命，巽为覆兑，兑口朝上，似争讼；覆兑，不争讼，即兑口朝下，为巽为命，为复即命。

渝安贞，吉　《尔雅·释言》：“渝，变也。”《郑风·羔裘》：“彼其之子，舍命不渝。”毛传：“渝，变也。”郑笺：“是子处命不变。”随卦初九曰：“官有渝，贞吉。”李鼎祚《周易集解》，引《九家易》曰：“渝，变也。”《说文》：“安，静也。从女在宀下。”徐锴系传：“安，止也。从女在宀中。”段玉裁、桂馥并以静为竫。后者义证曰：“《释名》：安，晏也，晏晏然和喜无动惧也。《易·系辞传》：君子安其身而后动。《书·益稷》：安，女止。从女在宀下者，《六书故》：室家之内，女所安也，故安从女。”九四在阴位，阴为女道、臣道，故当安静，而勿妄言妄动，此其为正行，为安贞。《象》曰：“复即命，渝安贞，不失也。”谓不克讼，复即命，改为安于臣道正行，则不失其德位爵禄，是以为吉。《论语·宪问》:“夺伯氏骈邑三百。”注云:“夺，谓臣有大罪，没入家财者，盖伯氏时有罪。”是古有大罪，而被夺禄者。《说卦传》曰:“巽为近利市三倍。”九四在互巽之中，为得吉得利。

九五，讼，元吉。

〔译〕 九五，讼，大吉利。

《象》曰:“讼，元吉，以中正也。”

〔证〕

讼，元吉 讼卦，六爻五类:一，不讼，如六三，食旧德。二、讼不可长，如初六，不永所事。三、讼而不胜:如九二，不克讼;九四，不克讼。四、讼胜而终凶，如上九，或锡之鞶带，终朝三褫之。五、讼而大吉，如九五，讼，元吉。《象》曰:“讼，元吉，以中正也。”谓讼而大吉者，因为九五居上卦之中，阳在阳位为正，为中正。《文言》曰:“直其正也。”中正，即中直。讼理直，则讼胜，则大吉，故九五之讼元吉。《说文》:“正，是也。”又，“是，直也。”正为直，九五之讼中正，即九五之讼正直。听讼观直，九五中正为直，故其讼元吉。《系辞传》曰:“将叛者其辞惭，中心疑者其辞枝，吉人之辞寡，躁人之辞多，诬善之人其辞游，失其守者其辞屈。”亦谓中心正直者为吉，是以吉人辞寡。又，阴为虚，阳为实，九五中正且实，其讼大吉。《释名》曰:“吉，实也，有善实也。”九五中正而实，为善实，为大吉。二之四为互离，离为光明，九五在其上，为光明磊落。《象》曰:“利见大人，尚中正也。”大人，即九五，德行中正之人，非谓地位。圣人设讼卦，是其是而非其非，要在有孚。

上九，或锡之鞶带，终朝三褫之。

〔译〕 上九，即或争讼而受赐绅带，很快将被再三解夺。

《象》曰:“以讼受服，亦不足敬也。”

〔证〕

或锡之鞶带 《尔雅·释诂》:“锡，赐也。”《公羊传》庄公元年:“王使荣叔来锡桓公命。锡者何?赐也。”注曰:“上与下之辞。”上九在九五君王之右，有受赐之象。《说文》:“鞶，大带也。《易》曰:或锡之鞶带。从革，般声。”《方言》:“般，大也。”《广雅·释诂》:“般，大也。”是以磐为大石，鞶为大带。《左传》桓公二年:“鞶、厉、游、缨。”杜预注:“鞶，绅带也，一名大带。”《礼记·内则》曰:“男鞶革，女鞶丝。”《白虎通·衣裳》曰:“(男)必有鞶带者，示有事也。”示有金革之事。《嫁娶》曰:“(女)

夙夜无愆，视衿鞶。”为谨敬自诫。《太玄经·周》：“带其钩鞶，垂以玉环。测曰：带其钩鞶，自约束也。”《孙根碑》曰：“束鞶立朝。”班固《与窦将军笺》：“固于张掖县，受赐虎头绣鞶囊一双。”《东观汉记》：“邓遵破诸羌，赐金刚鲜卑绲带一具，虎头鞶囊。”《宋书·礼志》：“鞶，古制也。汉代著鞶囊者，侧在腰间，或谓之傍囊，或谓之绶囊。”可见鞶带犹绅带。《说文》：“带，绅也。男子鞶带，妇人带丝，象系佩之形。”故鞶为系佩之物。或锡之鞶带，谓即或胜讼，赐给鞶带。《说卦传》曰：“乾为君，为金。”鞶带示有金革之事，故上九曰：“或锡之鞶带。”

终朝三褫之　《尔雅·释诂》：“朝，早也。”《说文》：“朝，旦也。”《小雅·采绿》：“终朝采绿，不盈一掬。”毛传：“自旦及食时为终朝。”《鄘风·蝃蝀》：“朝隮于西，崇朝其雨。”毛传：“崇，终也。从旦至食时为终朝。”《正义》曰：“以朝者，早旦之名。故《尔雅·山东》曰：朝阳今言终朝，故至食时矣。《左传》曰：子文治兵，终朝而毕，子玉终日而毕。是终朝非竟日也。”《左传》僖公二十七年杜预注：“终朝，自旦及食时也。”食时，朝食，辰时。此处终朝，言时间短暂，不可长久。乾卦九三曰：“朝乾乾。”乾为朝，上九乾之终，为终朝。

《正义》曰：“三褫之，三被褫脱。”《说文》：“褫，夺衣也。从衣，虒声，读若池。”段注：“侯果曰：褫，解也。郑玄、荀爽、翟元，皆作三拕之。荀、翟训拕为夺。《淮南书》曰：秦牛缺遇盗拕其衣。高注：拕，夺也。拕者，褫之假借字。”《释文》引王肃注：“褫，解也。”《荀子·非相篇》：“极礼而褫。”杨注：“褫，解也。”张衡《东京赋》：“罔然若酲，朝罢夕倦，夺气褫魄之为者。”褫、夺互文。《象》曰：“以讼受服，亦不足敬也。”谓即或因为争讼而胜，而受职章服，也因为不当，而不可敬，也将不出朝食，褫夺之精尽，终无侥幸。三褫之，言褫之再三。上九处讼之终，以刚居上，讼之胜者。然上九不当位，又亢极必反，将成败讼。上乾至终为三爻，三爻转而来下，为终朝三褫之。

第七卦　戊 辰

☷☵ 坤上 坎下

师，贞，丈人吉，无咎。

〔**译**〕　师，正义，长者吉利，无灾。

《彖》曰："师，众也；贞，正也。能以众正，可以王矣。刚中而应，行险而顺，以此毒天下，而民从之，吉，又何咎矣。"

《象》曰："地中有水，师，君子以容民畜众。"

〔**证**〕

坎下坤上　《说卦传》曰："震，动也"；"坤，为众，为马"；"坎，为弓轮，为曳"。师卦，初之三为坎，二之四为震，四之上为坤。是以有车辚辚，马萧萧，行人弓箭各在腰之象，即出师之象。又，阳为贵，为大；阴为卑，为小。一阳在后卦之中，众阴前簇后拥，有帅在军中，率众出师之象。谦卦，艮下坤上。六五曰："利用侵伐，无不利。"上六曰："利用行师，征邑国。"以一阳在三，前后为阴众，有帅师出动征伐之象。豫卦，坤下震上。卦辞曰："利建侯行师。"《彖》曰："豫，顺以动，故天如之，而况建侯行师乎。"以一阳在四，下为坤为顺，上为震为动，是以有建侯行师之象。又，比卦，坤下坎上。九五曰："王用三驱，失前禽。"以一阳在五，上下皆阴，有君王征猎之象，故曰三驱。复卦震下坤上。上六曰："用行师，终有大败，以其国君凶，至于十年不克征。"以一阳在众阴之后督师，是以有用行师之象。故，凡一阳在五阴之中，或之后，皆有帅师督师之象。反之，剥卦，坤下艮上，上九一阳在五阴之上，则无师卦之象，以其帅不在前之故。

又，坤为地，坎为水，水行大地之中，象师行大地，浩浩荡荡，一往无前。《孙子兵法·虚实篇》："夫兵形象水。水之形，避高而趋下；兵之形，避实而击虚。水因地而制流，兵因敌而制胜。故兵无常势，水无常形，能因敌变化而取胜者，谓之神。"《十一家注孙子》："孟氏曰：兵之形势，如水流迟速之势，无常也。杜佑曰：言水因地之倾侧，而制其流；兵因敌之亏阙，而取其胜者也。杜牧曰：兵之势，因敌乃见，势不在我，故无常势；如水之形，因地乃有，形不在水，故无常形。水因地之下，则可漂石；兵因敌之应，则可变化如神者也。王皙曰：兵有常理，而无常势；水有常性，而无常形。兵有常理者，击虚是也；无常势者，因敌以应之也。水有常性者，就下也；无常形者，因地以制之也。夫兵势有变，则虽败卒，常复可使击胜兵，况精锐乎？"以上，皆谓水、兵相类相似。师卦，坎下坤上，坎为水，坤为地，水行地中，犹兵行地中，是以为师卦之象。曹操曰："势盛必衰，形露必败，故能因敌变化，取胜若神。"坎下坤上，水行地中，犹兵行地中，是藏锐隐形，出其不意以制胜之象。又，《尉缭子·武议》曰："胜兵似水。夫水，至柔弱者也，然所以触丘陵，必为之崩，无异也，性专而触诚也。"《李卫公问对·卷中》曰："其实，兵形象水，因地制流，此其旨也。"以其兵形象水，故坎下坤上，水行地中，犹兵行地中，为师行之象。

《周礼·夏官司马》："凡制军，万有二千五百人为军。王六军，大国三军，次国二军，小国一军，军将皆命卿。二千五百人为师，师帅皆中大夫。五百人为旅，旅帅皆下大夫。百人为卒，卒长皆上士。二十五人为兩，兩司马皆中士。五人为伍，伍皆有长。"《白虎通·三军》曰："三军者何法？天地人也。以为五人为伍，五伍为兩，四两为卒，五卒为旅，五旅为师，五师为军，万二千五百人为一军。三军，三万七千五百人也。"《汉官仪》："二千五百人为师，师帅一人。"按，除四两为卒以外，周代军队编制，皆以五为数，并各设一长。师卦，一阳统领五阴，是五旅为师，师帅中大夫之象。《易乾凿度》曰："初为元士，二为大夫，三为三公，四为诸侯，五为天子，上为宗庙。"师卦，九二为统帅，其位为大夫，在下卦之中，为中大夫，是即师帅皆中大夫之谓，故坎下坤上，为师卦之象。

《白虎通·三军》曰："大夫将兵出，不从中御者，欲盛其威，使士卒一意系心也。故但闻军令，不闻君命，明进退在大夫也。《春秋传》曰：此受命于君，如伐齐则还何？大其不伐丧也。大夫以君命出，进退在大夫也。"《六韬·立将》曰："国不可从外治，军不可从中御，军中之事，不闻君命，皆由将出，临敌决战，无有二心。若此，则无天于上，无地于下，无敌于前，无君于后。"《淮南子·兵略训》："凡国有难，君自宫召将，诏之曰：社稷之命在将军，即今国有难，愿请子将而应之。将军受命，乃之太庙，主亲操鈇钺，持头，授将军其柄，曰：从此上至天者，将军制之。"《汉书·终军传》："大夫出疆，有可以安社稷，存万民，颛之可也。"师卦，坎下坤上，大夫将兵，一人专之之象。

《月令·孟秋之月》云："是月也，以立秋。先立秋三日，大史谒之天子曰：某日立秋，盛德在金。天子乃齐。立秋之日，天子亲帅三公、九卿、诸侯、大夫，以迎秋于西郊。还反，赏军帅武人于朝。天子乃命将帅，选士厉兵，简练桀俊，专任有功，以征不义；诘诛暴慢，以明好恶，顺彼远方。"《吕氏春秋·孟秋纪》、《淮南子·时则训》，并与此同。又，《周礼·大司马》曰："中秋，教治兵，如振旅之陈。"贾公彦疏："言教治兵者，凡兵出曰治兵，兵入曰振旅。春以入兵为名，尚农事；秋以出兵为名，秋严尚威如也。”又，《逸周书·时训解》曰：“处暑之日，鹰乃祭鸟；鹰不祭鸟，师旅无功。”陈逢衡云：“处暑之日，七月中气也。鹰乃祭鸟者，是月鹰鸷杀鸟，于大泽之中，四面陈之，有似于祭也。鹰捕鸟雀，如师旅捕寇盗。今不祭鸟，则威无所用也，故其占为师旅无功之象。”秋，天气始肃，故天子出师，征讨不服，以效天意。伏羲八卦，坎位西，为秋。师卦下为坎，示秋为出师之象。

《白虎通·诛伐》曰：“冬至所以休兵不举事，闭关商旅不行何？此日阳气微弱，王者承天理物，故率天下静，不复行役，扶助微气，成万物也。故《孝经谶》曰：夏至阴始动，冬至阳气始萌。《易》曰：先王以至日闭关，商旅不行。”《初学记》引《五经通义》云：“冬至所以休兵鼓，商旅不行，君不亲政事何？冬至阳气萌生，阴阳交精，始成万物，气微在下，不可动泄。王者承天理物，率先天下，静而不扰也。”《御览》引《历义疏》云：“冬至者，极也，太阴之气，上干于阳，太阳之气，下极于地，寒气已极，故曰冬至，气当易之。是以王者闭门间，商旅不行。”伏羲八卦，坤位北，为冬。师卦，上为坤，示冬为还师之象。又，二之四为震，震为十一月，冬至之时，为冬至休兵。又，《孔从子·问军礼》曰：“天下有道，礼乐征伐自天子出。自天子出，必以岁之孟秋，赏军师武人于朝。简练俊杰，任用有功，命将选士，以诛不义。于是孟冬以级授军，司徒褶朴北面而誓之，誓于社以习其事。先期五日，大师筮于祖庙，择吉日斋戒，告于郊社稷宗庙。既筮，则献兆于天子。天子使有司，以特牲告社，告以所征之事，而受命焉。舍奠于帝学以受成，然后乃類上帝，柴于郊以出。”此亦秋冬之说，亦坎下坤上之象。

《白虎通·三军》云：“古者，师出不逾时者，为怨思也。天道一时生，一时养。人者，天之贵物也，逾时则内有怨女，外有旷夫。《春秋》曰：宋人取长葛。传曰：外取邑不书，此何以书？久也。”陈立疏证：“《谷梁》隐五年：宋人围长葛。传曰：此其言围，何也？久之也。伐不逾时。注云：古者师出不逾时，重民之命，爱民之财。乃暴师经年，仅而后克，无仁隐之心，而有贪利之行。又，何氏《公羊传》注云：古者，师出不逾时。今宋更年取邑。久暴师，苦众居外，故书以疾之。是二传俱以逾时为讥也。以三月一时，天道小备，逾而不归，则民兴怨思也。《御览》三百六，引《礼记》曰：师出不逾时，为怨思也。逾时，即内有怨女，外有旷夫矣。”又曰，“《盐铁论·备胡篇》云：古者无过时之师，无逾时之役。”又引《诗》云：“昔我往矣，杨柳依依；今我来思，雨雪霏霏。故圣人怜其如此，闵其久去父母妻子，暴师中野，居寒苦之地。”师卦，坎下坤上，坎为秋，坤为冬。由秋到冬，一时而已，是师不逾时之象。

《白虎通·三军》曰：“王法天诛者，天子自出者，以为王者，乃天之所立，而欲谋危社稷，故自出，重天命也。犯王法，使方伯诛之。《尚书》曰：今予惟恭行天之罚。此言启自出伐扈也。《王制》曰：赐之弓矢，乃得专征伐。谓诛犯王法者也。”陈立疏证：“《周礼·夏官·序官》：以九伐之法正邦国。注：诸侯有违王命，则出兵以征伐之，所以正之也。《春官》：八命作牧，九命作伯。注：谓侯伯有功德者，加命得专征伐，于诸侯上公有公德者，加命为二伯，得征五侯。”天子自出者，如成王即政，淮，奄又叛，成王亲往征之。《书序》云：“成王东伐淮夷，遂践奄，作成王政。”使方伯诛之者，如《史记·周本纪》：“乃赦西伯，赐之弓矢斧钺，使西伯得征伐。明年，伐犬戎。明年，伐密须。明年，败耆国。明年，伐邘。明年，伐崇侯虎。”师卦，大夫以君命出，诛伐无道，以安天下。谦卦，艮下坤上。九三公位，故六五曰：“利用侵伐”；上六曰：“利用行师，征邑国”。豫卦，坤下震上。九四诸侯位，故卦辞曰：“利建侯行师。”《论语·季氏》：“孔子曰：天下有道，则礼乐征伐，自天子出；天下无道，则礼乐征伐，自诸侯出。”《孟子·尽心下》：“征者，上伐下也。敌国不相征也。则礼乐征伐，皆宜自天子出。”师卦，乃天子之师，与谦卦、豫卦方伯之师，所出不同，其义亦不同。

坎为险，坤为顺。师卦，坎下坤上，为行险而顺。《易乾凿度》曰：“王者，天下所归往，言有盛德，行中和，顺民心，天下归往之，莫不美命为王也。行师以除民害，赐命以长世，德之盛也。”郑注：“武王受命行师，以除民害，遂享七百之祚，可谓之长世也。”《史记·周本纪》：“二月甲子昧爽，武王朝至于商郊牧野，乃誓。誓已，诸侯兵会者，车四千乘，陈师牧野。帝纣闻武王来，亦发兵七十万人，距武王。武王使师尚父，与百夫致师，以大卒驰帝纣师。纣师虽众，皆无战之心，心欲武王亟入。纣师皆倒兵以战，以开武王。武王驰之，纣兵皆崩，畔纣。纣走，反入登于鹿台之上，蒙衣其殊玉，自燔于火而死。武王持大白旗，以麾诸侯，诸侯毕拜武王，武王乃揖诸侯，诸侯毕从。武王至商国，商国百姓咸待于郊。于是武王使群臣告语商百姓，曰：上天降休！商人皆再拜稽首，武王亦荅拜。”

《商书·仲虺之诰》：“乃葛伯仇饷，初征自葛。东征，西夷怨；南征，北狄怨。曰：奚独后予。攸徂之民，室家相庆。曰：徯予后，后来其苏。民之戴商，厥惟旧哉。佑贤辅德，显忠遂良；兼弱攻昧，取乱侮亡；推亡固存，邦乃其昌。”孔氏注：“葛伯游行，见农民之饷于田者，杀其人，夺其饷，故谓之仇饷。仇，怨也。汤为是，以不祀之罪伐之。从此后，遂征无道。西夷、北狄，举远以言，则近者著矣。奚独后予，怨者之辞也。汤所往之民，皆喜曰：待我君来，其可苏息。旧，谓初征自葛时。贤则助之，德则辅之，忠则显之，良则进之。明王之道。弱则兼之，暗则攻之，乱则取之，有亡形则侮之。言正义。有亡道则推而亡之，有存道则辅而固之。王者如此，国乃昌盛。”兵者，凶险之事，然得民拥戴，箪食壶浆，为行险而顺，即坎下坤上之象，为师。

《老子》曰："以道佐人主者，不以兵强天下。其事好还：师之所处，荆棘生焉；大军之后，必有凶年。善有果而已，不敢以取强。果而勿矜，果而勿伐，果而勿骄，果而不得已，果而勿强。物壮则老，是谓不道，不道早已。"又曰："夫唯兵者，不祥之器，物或恶之，故有道者不处。君子居则左，用兵则贵右。兵者不祥之器，非君子之器，不得已而用之。恬淡为上，胜而不美。而美之者，是乐杀人。夫乐杀人者，则不可以得志于天下矣。吉事尚左，凶事尚右。偏将军居左，上将军居右，言以丧礼处之。杀人之众，以悲哀莅之，战胜以丧礼处之。"《说卦传》曰："坎为血卦，为赤"；"坤为地，为众"。师卦，坎下坤上，是众人血流赤地之象，为不祥之象。

《黄石公三略·下略》曰："圣王之用兵，非乐之也，将以诛暴讨乱也。所以优游恬淡，而不进者，重伤人物也。夫兵者，不祥之器，天道恶之。不得已而用之，是天道也。"刘寅《武经七书直解》云："圣王之用兵，非喜而好之也，将以诛暴君，讨乱臣也。圣王所以优游恬淡，不肯刚勇而进者，重伤害人物也。夫兵者，不祥之器，专主杀伐。天道好生，故恶之。圣人不得已而用兵，是亦天道也。天道，春生夏长，物盛而极，故秋冬严霜凛雪，亦用收敛杀伐之耳。"伏羲八卦，坎位西为秋，坤位北为冬。师卦，坎下坤上，是秋冬之象。即秋冬严霜凛雪，收敛杀伐之象。是师道亦天道，不可不用。

程氏传："师，为卦，坤上坎下。以二体言之，地中有水，为众聚之象。以二卦之义言之，内险外顺，险道而以顺行，师之义也。以爻言之，一阳而为众阴之主，统众之象也。比以一阳为众阴之主，而在上，君之象也。师以一阳为众阴之主，而在下，将师之象也。"朱熹曰："师，兵众也。下坎上坤，坎险坤顺，坎水坤地。古者寓兵于农，伏至险于大顺，藏不测于至静之中。又，卦唯九二一阳居下卦之中，为将之象；上下五阴顺而从之，为众之象。九二以刚居下而用事，六五以柔居上而任之，为人君命将出师之象，故其卦之名曰师。"朱骏声曰："民无事为比闾，故比卦众在内，五为主，君也。有事为师旅，故师卦众在外，二为主，将帅也，卦一阳统五阴象之。"

师　《说文》："師（师），二千五百人为师。从帀，从𠂤。𠂤，四帀，众意也。"又，甲骨文和金文，多以𠂤、帀分别为师字。孔广居疑疑曰："𠂤，俗作堆，积聚也。取则众，散则寡，故𠂤有众意。帀，俗作匝，周遍也。寡则不周，故匝亦有众意。众必有长，以率之教之，故又为师长字。"《虞书·益稷》："州十有二师。"《释文》："马云：二千五百人为师。"《小雅·黍苗》："我徒我御，我师我旅。"郑笺："有步行者，有御兵车者。五百人为旅，五旅为师。"《大雅·棫朴》："周王于迈，六师及之。"郑笺："周王往行，谓出兵征伐也。二千五百人为师，今王兴师行者，殷末之制，未有周礼。周礼，五师为军，军万二千五百人。"《正义》曰："师之所行，必是征伐，故知周王往行，谓出兵征伐也。二千五百人为师。《夏官·序文》：礼，天子六军，诸侯大国三军。今周王不以军，而兴师行者，殷末之制，未有周礼故也。"又，《周礼·夏官司马·军制》疏曰："正言师者，出兵多以军为名，次以师名，少旅为名。言师，举中言之也。由此言之，故以师为大名。不言军为其大悉，不言旅为其中，故以师表名，见其得中，以兼上下。"赵诚《卜辞分类·军队》曰："从卜辞来看，商代的军队，组织相当简单，比较可靠的只有这样五类：师、旅、戍、族、射。师、族、戍、射是直属中央的。其中的师、旅可能近似于后代的野战部队；戍可能近似于卫戍部队；射是射箭部队，当属于特殊兵种。族则可能是不同系统的部队，如王族，可能直属商王室；子族，可能直属子姓宗室，或商王诸子。"《系辞传》曰："易之兴也，其当殷之末世，周之盛德邪，当文王与纣之事邪。"其时无军之编制，人数多者为师，师又为野战部队，逐南追北，东征西讨，皆赖其师。师为王者之师，即中央之师，故沿用下来。

《彖》曰："师，众也。"《周礼·小司徒》："乃会万民之卒伍而用之。五人为伍，五伍为两，四两为卒，五卒为旅，五旅为师，五师为军。以起军旅，以作田役，以比追胥，以令贡赋。"郑注："伍、两、卒、旅、师、军，皆众之名。此先王所因农事，而定军令者也。欲其恩足相恤，义足相救，服容相别，音声相识。作，为也；役，功力之事；追，逐寇也。贡嫔妇百工之物，赋九赋也。"《尔雅·释诂》："师、旅，众也。""众，多也。"《说文》："眔（众），多也，从㐺目，眔意。"赵诚《卜辞分类读本》曰："[illegible]，从三人在日下会意，即后代之眔（众），众人在卜辞里，也简称为众。从卜辞来着，众人在商代，主要从事农业生产，和当兵打仗。如：令众黍（前四·三0·二）、氏众伐𢀛方（后上一六·一0），应该是当时基本群众。因而认识众人的身份，对了解商代的社会性质，有极大的关系。有人从众字的形体，是日下三人，认为是耕者，在太阳底下操作，表明了是从事农业生产的奴隶。也有人认为，从事田间耕作，总要在太阳底下，这一点不足以说明是奴隶。如果从众人的活动来看，他们很可能是自由民。第三种观点则以为，众人是族众，包括平民，和家长制下的奴隶。从多生（姓）的情况来看，第三种意见的可能性最大。"徐中舒主编之《甲骨文字典》曰："[illegible]，盖取日时，众人相聚而作之意。金文已讹为从[illegible]从目，《说文》实因金文之讹变为说。众，众人，为殷代之自由民。"按，师卦六五曰："长子帅师，弟子舆尸。"师众，盖包括族众、平民和奴隶。

贞　乾卦《文言》曰："贞者，事之干也。"又曰，"贞固足于干事。"朱熹《周易本义》曰："贞者，而为众事之干。干，木之身，而枝叶所以立者也。""贞固者，知正之所在，而固守之。所谓知而弗去也，故足以为事之干。”贞为事之本，师之贞，为师之本。《彖》曰：“贞，正也。”《管子·法法》：“正也者，所以正定万物之命也。是故圣人立中以生正，期正以治国。故正者，所以止过而逮不及也。过与不及也，皆非正也。非正则伤国一也。勇而不义伤兵，仁而不法伤正。故军之败也，生于不义。”是军之正为义。《说文》曰：“正，是也。从止，一以止。”“是，直也，从日正。”中为是，是为日正，日正为中，故中为正。《老子》曰：“昔之得一者，天得一以清，地得一以宁，神得一以灵，谷得一以盈，万物得一以生，侯王得一以为天下贞。”又曰，“圣人抱一为天下式”，“道生一”。一为道。师贞，为师正，正止于一，即师行有道，为正义之师。

《司马法·卷之上》：“古者以仁为本，以义治之之谓正。是故杀人安人，杀之可也。攻其国爱其民，攻之可也。以战止战，虽战可也。”刘寅直解曰：“自古诛其君而吊其民，皆是杀人以安人者也。攻人之国，而爱惜其民，攻之可也。如武王伐商，大赉其民是也。以战而止息天下之战，虽与之战可也。如武王以革车三百辆，虎贲三千人，与纣一战，而天下定是也。”《尚书·洪范》曰：“无反无侧，王道正直。”《正义》曰：“所行无反道，无偏侧，王家之道正直矣。所行得无偏私，皆正直者，会集其有中之道而行之，若其行必得中，则天下归其中矣。”天下归中，犹天下归正。《彖》曰：“师，众也；贞，正也。能以众正，可以王矣。”众正，即师正，能以师正而正之，可以为王。师卦，九二居师后之中，为师正；率众阴列阵出征，以伐有罪，为正之之象；又升而至五，为九五，为可以为王。

《商书·汤誓》：“王曰：格尔众庶，悉听朕言。非台小子，敢行称乱。有夏多罪，天命殛之。今尔有众，汝曰：我后不恤我众，舍我穑事而割政。予帷闻汝众言，夏氏有罪。予畏上帝，不敢不正。夏师败绩，汤遂从之。”《正义》曰：“商王成汤，将与桀战，呼其将士曰：来，汝在军之众庶，悉听我之誓言。我伐夏者，非我小子辄敢行此，以臣伐君，举为乱事；乃由有夏君桀，多有大罪，上天命我诛之。桀既失道君，我非复桀臣，是以顺天诛之，其由多罪故也。桀之罪状，汝尽知之。今汝桀之所有之众，言曰：我君夏桀，不忧念我等众人，舍废我稼穑之事，夺我农功之业，而为割剥之政，于夏邑敛我货财。我惟闻汝众言，夏氏既有此罪，上天命我诛桀，我畏上天之命，不敢不正桀罪而诛之。”不敢不正桀罪，即是能以众正，夏灭而商兴，即是可以王矣。

丈人吉 崔憬曰：“《子夏传》作大人，并王者之师也。”李鼎祚《周易集解》案：“此《彖》云：师，众；贞，正也。能以众正，可以王矣。故《老子》曰：域中有四大，而王者居其一焉。由是观之，则知夫为王者，必大人也，岂以丈人而为王哉。乾《文言》曰：夫大人与天地合德，与日月合明，先天而天不违，后天而奉天时。天且不违，而况于人乎，况于行师乎。以斯而论，《子夏传》作大人是也。今王氏曲解大人为丈人，臆云：庄严之称。学不师古，匪说攸闻，既误违于经旨，辄改正作大人明矣。”又，魏武帝《孙子兵法序》云：“《易》曰：师贞，丈人吉。”郑康成《易》：“贞，丈人吉。”《京房易传》：“九二贞正，能为众之主，不溃于众。《易》云：师贞，丈人吉。”按，《子夏传》后人所托，不可从。

《说文》：“丈，十尺也。从又持十。”段玉裁注：“夫部曰：周制八寸为尺，十尺为丈。人长八尺，故曰丈夫。然则伸臂一寻，周之丈也，故从又持十。”朱骏声《说文通训定声》：“从又持十，会意，今隶作丈。《广雅·释器》：男子谓之丈夫。按，丈之言长也。”《大戴礼记·本命》曰：“丈者长也，夫者扶也，言长万物也。知可为者，知不可为者；知可言者，知不可言者；知可行者，知不可行者。”《论语·微子下》：“子路从而后，遇丈人，以杖荷蓧。”皇疏：“丈人者，长宿之称也。”《列子·说符篇》：“狐丘丈人。”张湛注：“丈人，长老者。”《释文》云：“长，张丈切。”《吕氏春秋·异宝》：“见一丈人。”高诱注：“丈人，长老称也。”《淮南子·修务训》曰：“夫项托七岁，为孔子师，孔子有以听其言。以年之少，为闾丈人说。”高诱注：“丈人，长老之称。”《颜氏家训·书证》：“丈人，亦长老之目。今世俗犹呼其祖考，为先亡丈人。”郑康成曰：“丈之言长，能御众，有正人之德，以法度为人之长，吉而无咎，谓天子、诸侯主军者。”魏武帝《孙子兵法序》：“操闻上古有弧矢之利。《论语》曰：足食足兵。《尚书》八政曰师。《易》曰：师，贞，丈人吉。《诗》曰：王赫斯怒，爰整其旅。黄帝、汤、武，咸用干戚以济世也。”按，师中以帅为长，长、丈通义，是以称丈人。其用干戚以济世，又称丈人吉。

无咎 《彖》曰：“刚中而应，行险而顺，以此毒天下，而民从之，吉又何咎矣。”刚中而应，谓九二阳刚居中，与六五君位相适应。乾卦九二曰：“见龙在田，利见大人。”《象》曰：“见龙在田，德施普也。”《文言》曰：“九二曰：见龙在田，利见大人，何谓也？子曰：龙德而正中者也。庸言之信，庸行之谨，闲邪存其诚，善世而不伐，德博而化。《易》曰：见龙在田，利见大人。君德也。”又曰，“君子学以聚之，问以辩之，宽以居之，仁以行之。《易》曰：见龙在田，利见大人。君德也。”九二见龙在田，有君德，是以谓之刚中而应。《系辞传》曰：“《易》之为书也，广大悉备。有天道焉，有人道焉，有地道焉。兼三才而两之，故六。六者非它也，三才之道也。”朱熹注：“三画已具三才，重之故六。而以上二爻为天，中二爻为人，下二爻为地。”师卦，下为坎，坎为险；上为坤，坤为顺。《易》卦下往上行，师卦行险，得上与中之顺，是得天与人之顺，为行险而顺。革卦《彖》曰：“汤武革命，顺乎天，而应乎人，革之时大矣哉！”即是。

《说文》：“毒，厚也。害人之艸，往往而生。从屮从毒。”《国语·周语下》：“厚味寔腊毒。”韦昭注：“味厚者，其毒亟也。”《易》噬嗑卦，六三曰：“噬腊肉，遇毒。”是厚，乃引伸之义。《广雅·释诂二》：“毒，痛也。”《释诂三》：“毒，恶也。”《释诂四》：“毒，苦也。”《广韵·沃韵》：“毒，害也。”《夏书·盘庚上》：“汝不和吉言于百姓，惟汝自生毒。”孔氏传：“自生毒害。”《微子》：“天毒降灾荒殷邦。”孔氏传：“天毒下灾四方。”《正义》曰：“天酷毒下灾。”《邶风·谷风》：“既生既育，比予以毒。”郑笺：“视我如毒螫，言恶已甚也。”《左传》哀公二十六年：“懿子曰：君愎而虐，少待之，必毒于民。师侵外州，大获。”杨伯俊《春秋左传注》：“大获，既胜外州之守卫，又大劫掠民家也。”毒，经书多用本义，毒天下与毒于民，皆谓兵灾。老子曰：“兵者，不祥之器，物或恶之。”故曰毒。征战，必有死伤。周武血流漂杵，一戎衣天下大定；商汤东征西夷怨，南征北狄怨。即是以此毒天下，而民从之，吉又何咎。《说文》：“咎，灾也。从人各，各者相违也。”师卦，民从而不相违，是以无咎。

干宝曰：“坎为险，坤为顺，兵革刑狱，所以险民也。毒民于险中，而得顺道者，圣王之所难也。毒，荼苦也。五刑之用，斩刺肌体；六军之锋，残破城邑。皆所以荼毒奸凶之人，使服王法者也。故曰以此毒天下 ，而民从之。毒以治民，明不获已而用之。故于《彖》、《象》、六爻，皆戒惧之辞也。”程氏传：“师旅之兴，不无伤财害人，毒害天下。然而民心从之者，以其义动也。古者东征西怨，民心从也。如是，故吉而无咎。吉谓必克，无咎谓合义。又何咎矣，其义固无咎也。”又，朱熹《周易本义》曰：“毒，害也。师旅之兴，不无害于天下。然以其有是才德，是以民悦而从之也。”

《象》曰：“地中有水，师，君子以容民畜众。”《尔雅·释地》曰：“两河间曰冀州，河南曰豫州，河西曰雍州，汉南曰荆州，江南曰杨州，济河间曰兖州，济东曰徐州，燕曰幽州，齐曰营州：九州。”郭璞注：“冀州，自东河至西河；豫州，自南河至汉；雍州，自西河至黑水；荆州，自汉南至衡山之阳；杨州，自江南至海；兖州，自河东至济；徐州，自济东至海；幽州，自易水至北狄；营州，自岱东至海。”又，《释地》曰：“鲁有大野，晋有大陆，秦有杨陓，宋有孟诸，楚有云梦，吴越之间有具区，齐有海隅，燕有昭余祁，郑有圃田，周有焦护：十薮。”郭注：“大野，今高平巨野县，东北大泽是也；大陆，今巨鹿北广河泽是也；杨陓，今在扶风汧县西；孟诸，今在梁国，睢阳县东北；今南郡华容县，东南巴丘湖是也；具区，今吴县南大湖，即震泽是也；海隅，海滨广斥；昭余祁，今太原邬陵县北，九泽是也；圃田，今荥阳中牟县西，圃田泽是也；焦护，今扶风池阳县，瓠中是也。”以上九州十薮，皆地中有水之证。

《管子·水地》谓水曰：“是以无不满，无不居也，集于天地，而藏于万物，产于金石，集于诸生，故曰水神。”房玄龄注：“莫不有水焉，不知其所，故谓之神也。”郦道元《水经注叙》：“《易》称天以一生水，故气微于北方，而为物之先也。《玄中记》曰：天下之多者水也，浮天载地，高下无不至，万物无不润。及其气流届石，精薄肤寸，不崇朝，而泽合灵寓者，神莫与并矣。是以，达者不能测其渊冲，而尽其鸿深也。昔大禹记著山海，周而不备；《地理志》其所录，简而不周；《尚书》、《本纪》与《职方》俱略；《都赋》所述，裁不宣意；《水经》虽粗缀津绪，又阙傍通。所谓各言其志，而罕能备其宣导者矣。今寻图访赜者，极聆州域之说，涉土游方者，寡能达其津照。纵仿佛前闻，不能不犹深汀营也。”天下之多者为水，师为众，众为多，是以地中多水，当众为师。

《小雅·菁菁者莪》：“汎汎杨舟，载沉载浮。既见君子，我心则休。”《诗集传》曰：“杨舟，杨木为舟也。载，则也。载沉载浮，犹言载清载浊，载驰载驱之类，以兴未见君子，而心不定也。休者，休休然，言安定也。”《广雅》曰：“汎汎，氾氾，浮也。”汎汎杨舟，载沉载浮，盖谓水浮杨舟，可沉可浮。《荀子·哀公篇》曰：“且丘闻之：君者舟也，庶人者水也。水则载舟，水则覆舟。君以此思危，则危将焉而不至矣！”又，《孔子家语·致思》：“孔子自卫反鲁，息驾于河梁而观焉。有悬水三十仞，圜流九十里。一丈夫不以措意，遂度而出。孔子问之曰：子巧乎？有道术乎？所以能入而出者何也？丈夫对曰：始吾之入也，先以忠信；及吾之出也，又从以忠信。忠信措吾躯于波流，而吾不敢以用私，所以能入而复出也。孔子谓弟子曰：二三子识之，水且犹可以忠信成身亲之，而况于人乎？”以上，皆喻水为民，故《象》曰：“地中有水，师，君子以容民畜众。”

《老子》曰：“容乃公，公乃王，王乃天，天乃道，道乃久，没身不殆。”王弼注：“无所不包通，则乃至于荡然公平也。荡然公平，则乃至于无所不周普也。无所不周普，则乃至于同乎天也。与天合德，体道大通，则乃至于极虚无也。穷极虚无，得道之常，则乃至于不穷极也。无之为物，水火不能害，金石不能残；用之于心，则虎兕无所投其齿角，兵戈无所容其锋刃，何危殆之有乎？”是包容才能得天下，才符合自然之道，才得长久而无害。小畜卦，乾下巽上，《彖》曰：“小畜，柔得位，而上下应之，曰小畜。”大畜卦，乾下艮上，《彖》曰：“刚上而尚贤，能止健，大正也。不家食吉，养贤也。”畜养大小之才，使之各正其位，服务王事，是所畜之义。是以《易》曰：“畜臣妾吉”、“容保民无疆”。

《说苑·君道》：“齐宣王谓尹文曰：人君之事何如？尹文对曰： 人君之事，无为而能容下。夫事寡易从，法省易因，故民不获罪也。大道容众，大德容下，圣人寡为而天下理矣。《书》曰：容作圣。诗人曰：岐有夷之行，子孙其保之。”又曰：“成王封伯禽为鲁公，召而告之曰：尔知为人上之道乎？凡处尊位者，必以敬下，顺德规谏，必开不讳之门，蹲节安静以藉之。谏者勿振以威，毋格其言，博采其辞，乃择可观 。夫有文无武，无以威下；有武无文，民畏不亲。文武俱行，威德乃成。既成威德，民亲以服，清白上通，巧佞下塞，谏者得进，忠信乃畜。”以上所云，即君子所以容民畜众之事。

讼卦和师卦，互为邻卦。《序卦传》曰：“讼必有众起，故受之以师，师者，众也。”崔憬曰：“因争必起相攻，故受之以师。”《大雅·皇矣》：“帝谓文王，无然畔援，无然歆羡，诞先登于岸。”郑笺：“畔援，犹拔扈也；诞，大；登，成；岸，讼也。天语文王曰：女无如是拔扈者，妄出兵也，无如是贪羡者，侵人土地也，欲广大德美者，当先平狱讼，正曲直也。”《正义》曰：“诞，大；登，成，《释诂》文。《小宛》云：宜岸宜狱。相对是岸，为讼也。拔扈，是凌人之状，故以妄出兵言之。歆羡，贪欲之言，故以侵土地言之。凡征伐者，当度己之德，虑彼之罪，观彼之曲直，犹人争财贿之狱讼，君子不伐有辞。故欲广大其德美者，当先平狱讼，正曲直。知彼实曲，然后伐之。宣十二年《左传》曰：师直为壮，曲为老。是师行伐人，必正曲直也。”《毛诗传笺通释》曰：“笺训岸为讼，是也。先登于岸，谓先平狱讼，即《书传》所称：文王一年断虞、芮之讼也。争田者，非畔援即歆羡。帝谓文王，无信纵其畔援歆羡，正所以平其狱讼耳。”师行必先正曲直，故《易》先讼卦，后师卦。

又，《左传·庄公》：“十年春，齐师伐我。公将战，曹刿请见。其乡人曰：肉食者谋之，又何间焉？刿曰：肉食者鄙，未能远谋。乃入见，问何以战？公曰：衣食所安，弗敢专也，必以分人。对曰：小惠未遍，民弗从也。公曰：牺牲、玉帛，弗敢加也，必以信。对曰：小信未孚，神弗福也。公曰：小大之狱，虽不能察，必以情。对曰：忠之属也，可以一战。”以实情治狱讼，得民心，故而召之即来，来之即战，战之即胜，乃古人远谋之策。亦行师必先正曲直，先讼平后师胜之义。《说苑·武指》曰：“文王欲伐崇，先宣言曰：余闻崇侯虎，蔑侮父兄，不敬长老，听狱不中，分财不均，百姓力尽，不得衣食，余将来征之，唯为民。乃伐崇。”是师亦在讼之后，即军事在政治之后。

师卦和比卦，互为综卦和邻卦。师卦，坎下坤上；比卦，坤下坎上。师卦，九二一阳在下卦之中，大夫位，为丈人率众，为师；比卦九五一阳在上卦之中，君王位，为众所比辅，为比。《彖》曰：“师，众也；贞，正也。能以众正，可以王矣。刚中而应，行险而顺，以此毒天下，而民从之，吉又何咎矣。”又，《彖》曰：“比，吉也；比，辅也，下顺从也。原筮，元永贞，无咎，以刚中也。不宁方来，上下应也。后夫凶，其道穷也。”是以有师之行师，所以有比之为王，以其师正，可以王，故而有比辅，下顺从。《周易》之爻，一、二为地，三、四为人，五、六为天。九二在地，九五在天，两爻天地相倒，是为综卦。又，行师在为王之前，为王在行师之后，是以师卦和比卦，互为邻卦。

师卦和同人卦，互为错卦。师卦，坎下坤上；同人卦，离下乾上。两卦之爻，阴阳相反相对，为错。同人卦，初九曰："同人于门。"六二曰："同人于宗"。九三曰："伏戎于莽，升其高陵，三岁不兴。"九四曰："乘其墉，弗克攻。"九五曰："同人先号咷而后笑，大师克相遇。"上九曰："同人于郊。"是同人卦，亦行师作战卦。《象》曰："同人，柔得位得中，而应乎乾，曰同人。同人于野，利涉大川，乾行也。文明以健，中正而应，君子正也。为君子为能通天下志。"同人为诸侯，柔得位而应乎乾，而通天下之志，此为诸侯受命行师，如文王受命，得专征伐。师卦，与同人卦相反相对，能以众正，而天下民从，如汤武革命，是以两卦相错。

初六，师出以律，否臧凶。

〔译〕 初六，出师用统一法纪，法纪不善则凶。

《象》曰："师出以律，失律凶也。"

〔证〕

师出以律 《尔雅·释诂》："律，法也。"《说文》："律，均布也。"段玉裁注："律者，所以范天下之不一，而归于一，故曰均布也。"师出以律，谓出师用律统一。师卦，坎为水，水为准，准为法则，为律。初六，在师卦之始，位于坎，坎为律，为师出以律，其象如此。王弼曰："为师之始，齐师者也。齐众以律，失律则散。故师出以律，律不可失。"程氏传："初，师之始也，故言出师之义，及行师之道。在行师而言，律谓号令节制。行师之道，以号令节制为本，所以统制于众。"朱熹曰："律，法也。在卦之初，为师之始，出师之道，当谨慎其始，以律则吉。"《系辞传》曰："《易》之为书也，原始要终以为质。"又曰，"惧以终始，其要无咎。"是以慎终于始，重始如终，此其为知几微。

《夏书·甘誓》之《序》曰："启与有扈，战于甘之野，作《甘誓》。"曰："王曰：嗟，六事之人，予誓告汝：有扈氏威侮五行，怠弃三正，天用勦绝其命，今予惟恭行天之罚。左不攻于左，汝不恭命。右不攻于右，汝不恭命。御非其马之正，汝不恭命。用命赏于祖，弗用命戮于社，予则孥戮汝。"《正义》曰："汝诸士众，在车左者，不治理车左之事，是汝不奉我命。在车右者，不治理车右之事，是汝不奉我命。御车者，非其马之正，令马进退违戾，是汝不奉我命。汝等若用我命，我则赏之于祖主之前。若不用我命，则戮之于社主之前。所戮者，非但止汝身而已，我则并杀汝子，以戮辱汝。汝等不可不用我命，以求杀敌。戒之使齐力战也。"戒之使齐力战，即师出以律。

《商书·汤誓》:“王曰：格尔众庶，悉听朕言。非台小子，敢行称乱，有夏多罪，天命殛之。今尔有众，汝曰：我后不恤我众，舍我穑事，而割正夏。余惟闻汝众言，夏氏有罪，予畏上帝，不敢不正。今汝其曰：夏罪其如台。夏王率遏众力，率割夏邑。有众率怠弗协，曰：时日曷丧，予及汝皆亡。夏德若兹，今朕必往。尔尚辅予一人，致天之罚，予其大赉汝。尔无不信，朕不食言。尔不从誓言，予则孥戮汝，罔有攸赦。”孔氏传：“古之用刑，父子兄弟罪不相及。今云孥戮汝，无有所赦，权以胁之，使勿犯。”师出以律者，一其心，一其行。故成汤与桀战于鸣条之前，与众明之以义，约之以信，动之以赏罚。

《周书·泰誓下》武王曰：“古人有言曰：抚我则后，虐我则仇。独夫受，洪惟作威，乃汝世仇。树德务滋，除恶务本。肆予小子，诞以尔众士，殄歼乃仇。尔众士其尚迪果毅，以登乃辟。功多有厚赏，不迪有显戮。”孔氏传：“迪，进也。杀敌为果，致果为毅。登，成也，成汝君之功。赏以劝之，戮以威之。”《牧誓》武王曰：“今予发，惟恭行天之罚。今日之事，不愆于六步七步，乃止齐焉。夫子勖哉！不愆于四伐五伐，六伐七伐，乃止齐焉。勖哉夫子！尚桓桓，如虎如貔，如熊如罴。于商郊，弗迓克奔，以役西土。勖哉夫子！尔所弗勖，其于尔躬有戮。”孔氏传：“今日战事，就敌不过六步七步，乃止相齐，言当旅进一心。伐谓击刺，少则四五、多则六七以为例。桓桓，武貌。四兽皆猛健，欲使士众法之，奋击于牧野。商众能奔来降者，不迎击之，如此则所以，役我西土之义。临敌所安，汝不勉，则于汝身有戮矣。”师出以律，三代皆然。其内容周备，意义重大，已远超过军事。

否臧凶　《说文》:“否，不也。”“臧，善也。”《孟子·告子上》:“孟子曰：否，不然也。”赵岐注：“否，不也，不如人所言。”《礼记·哀公问》:“君曰：否。”孔颖达疏：“否，不也。”《大雅·抑》:“于乎小子，未知臧否。”《释文》:“臧，善也；否，恶也。”《诗毛氏传疏》:“否，古作不。”不善为恶，非臧为恶。是以师出以律，律不善为凶。《左传》宣公十二年：“师出以律，否臧凶。执事顺成为臧，逆为否。”杜预注：“律，法；否，不也。逆命不顺成，故应否臧之凶。”杨伯峻注：“凡师出，必以法制号令整齐之，故云师出以律。否臧者，犹云不善。下文云：执事顺成为臧，逆为否，亦即此意。全句意谓：凡出师必用法制号令，不如此，是与执事顺成，反其道而行之，则凶。”《象》曰：“师出以律，失律凶也。”失律凶，即谓律不善则凶。按，《帛书周易》曰：“师出以律，不臧凶。”是否即不意之证。

《左传》桓公五年：“王夺郑伯政，郑伯不朝。秋，王以诸侯伐郑，郑伯御之。王为中军；虢公林公将右军，蔡人、卫人属焉；周公黑肩将左军，陈人属焉。郑子元请为左拒，以当蔡人、卫人；为右拒，以当陈人。曰：陈乱，民莫有斗心。若先犯之，必奔。王卒顾之，必乱。蔡、卫不支，国将先奔。既而萃于王卒，可以集事。从之。曼伯为右拒，祭仲足为左拒，原繁、高渠弥以中军奉公，为鱼丽之陈。先偏后伍，伍承弥缝。战于繻葛。命二拒曰：旝动而鼓。蔡、卫、陈皆奔，王卒乱。郑师合以攻之，王卒大败。祝聃射王中肩，王亦能军。祝聃请从之，公曰：君子不欲多上人，况敢陵天子乎？苟自救也，社稷无陨，多矣。"天子之师，不敌诸侯之师，以其阵乱，而蔡、卫不支所致，是以祝聃射王中肩。故初六曰："师出以律，否臧凶。"《象》曰："失律凶也。"即失组织纪律而凶。

九二，在师中，吉，无咎。王三锡命。

〔译〕 九二，王在师中，吉利无灾。王三次颁布命令。

《象》曰："在师中吉，承天宠也。王三锡命，怀万邦也。"

〔证〕

在师中 《逸周书·武顺》曰："水道中流，人道尚中。"又曰："将居中军，顺人以利阵。"陈逢衡曰："将居中军，以节制左右，能得人心，则无往不利矣。故曰顺人以利阵。"九二在师之中军，是将在中军，顺人以利阵之象。又，九二见龙在田，利见大人，有君德者，为王在师中。《夏书·甘誓》之《序》曰："启与有扈战于甘之野。"《正义》曰："夏王启之时，诸侯有扈氏叛，王命率众亲征之。有扈氏发兵拒启，启与战于甘地之野。"夏王启在师中。《胤征》之《序》曰："羲和湎淫，废时乱日，胤往征之。"孔氏传："胤国之君，受王命往征之。"胤国之君在师中。《商书·汤誓》之《序》曰："伊尹相汤伐桀，升自陑。遂与桀战于鸣条之野。"《正义》曰："此序汤自伐桀。"汤王在师中。《周书·泰誓》之《序》曰："惟十有一年，武王伐殷。一月戊午，师渡孟津。"又分《序》曰："惟十有三年，春，大会于孟津。""惟戊午，王次于河朔，群后以师毕会，王乃徇师而誓。""时厥明，王乃大巡六师，明誓众士。"武王在师中。《牧誓》曰："王左杖黄钺，右秉白旄，以麾，曰：逖矣，西土之人。"武王在师中。《武成》曰："王朝步自周，于征伐商。厥四月哉生明，王来自商，至于丰，乃偃武修文。"武王在师中。《费誓》之《序》曰："鲁侯伯禽，宅曲阜。徐夷并兴，东郊不开。"《正义》曰："鲁侯伯禽，于成王即政元年，始就封于鲁，居曲阜之地。于时，徐州之戎，淮浦之夷，并起为寇于鲁，东郊之门不敢开辟。鲁侯时为方伯，率诸侯征之，至费地而誓。"鲁侯在师中。《秦誓》之《序》曰："秦穆公伐郑，晋襄公帅师败诸崤，还归作秦誓。"《正义》曰："秦穆公使孟明视、西乞术、白乙丙三帅帅师伐郑，未至郑而还。晋襄公帅师，败之于崤山，囚其三帅。后晋舍三帅，得还归于秦。秦穆公自悔己过，誓戒群臣。”晋襄公在师中。以上，夏启胜有扈氏，胤国之君胜羲和，商汤胜夏桀，周武王胜商纣王，鲁侯胜戎夷，晋襄公胜秦师，皆王在师中，得中得众。

吉，无咎 《象》曰："在师中吉，承天宠也。”二与五应，五为天位，为承天之宠。谓王亲征有罪，乃得上天之宠信任命。是以胜而吉，而无咎。《夏书·甘誓》："王曰：嗟，六事之人，予誓告汝：有扈氏威侮五行，怠弃三正，天用剿绝其命。今予惟恭行天之罚。”《胤征》："今予以尔有众，奉将天罚。尔众士同力王室，尚弼予，钦承天子威命。”《商书·汤誓》："王曰：格尔众庶，悉听朕言。非台小子敢行称乱，有夏多罪，天命殛之。夏氏有罪，予畏上帝，不敢不正。尔尚弼予一人，致天之罪。”《周书·泰誓上》："皇天震怒，命我文考，肃将天威，大勳未集。商罪贯盈，天命诛之。予弗顺天，厥罪惟钧。予小子夙夜祗惧，受命文考，类于上帝。宜于冢土，以尔有众，厎天之罚。”《泰誓中》："有夏桀弗克若天，流毒下国，天乃佑命成汤，降黜夏命。天其以予乂民。”《泰誓下》："今商王受，狎侮五常，荒怠弗敬，自绝于天，结怨于民。上帝弗顺，祝降时丧。尔其孜孜，奉予一人，恭行天罚。”《牧誓》："今予发，惟恭行天之罚。”《武成》："我文考文王，克成厥勳，诞膺天命，以抚方夏。予小子既获仁人，敢祗承上帝，以遏乱略。华夏蛮貊，罔不率俾，恭天成命。天休震动，用附我大邑周。”又，《泰誓》曰："天矜于民，民之所欲，天必从之。”"天视自我民视，天听自我民听。”王在师中，得中得众，恭行天罚，是以得天之宠。是天之应，亦民之顺。《彖》曰："刚中而应，行险而顺，以此毒天下，而民从之，吉又何咎。”即大有卦曰："自天祐之，吉无不利。”

王三锡命 《象》曰："王三锡命，怀万邦也。”锡即赐。《说文》段玉裁注："经典多假锡为赐字，凡言锡予者，即赐之假借也。”《说卦传》曰："坎为下首。”荀爽曰："水之流，首卑下也。”水流趋下，是以为赐。讼卦，坎下乾上。上九曰："或锡之鞶带，终朝三褫之。”或锡之，即谓下坎为锡。晋卦，坤下离上。卦辞曰："康侯用锡马蕃庶。”三之五为坎，坎为锡。师卦，坎下坤上。九二，君德也，为王，在坎中，坎为锡命，坤三爻，为王三锡命。亦王三次颁布命令，坤为布。又，《尔雅·释言》："怀，来也。”《周颂·时迈》："怀柔百神。”毛传："怀，来。”《周礼·怀方氏》："怀方氏掌来远方之民。”郑氏注："怀，来也，主来四方之民。”怀，招来。怀万邦，谓招来万邦诸侯。坤为地为邦，师卦，五阴来拥一阳，为怀万邦，言其多方。

《周书·泰誓上》曰："惟十有三年，春，大会于孟津。王曰：嗟我友邦冢君，越我御事庶士，明听誓。”《泰誓中》曰："惟戊午，王次于河朔。群后以师毕会。王乃徇师而誓，曰：呜呼！西土有众，咸听朕言。”《泰誓下》曰："时厥明，王乃大巡六师，明誓众士。"《正义》曰："上篇未次而誓，故略言大会。中篇既次乃誓，为文稍详，故言以师毕会。此篇最在其后，为文亦详，故言大巡六师。巡绕周遍大其事，故称大也。师者众也，天子之行，通以六师为言。于时诸侯尽会，其师不啻六也。礼成于三，故为三篇之誓。三度重申号令，为重慎艰难之义也。孙子兵法，三令五申之。此誓三篇，亦为三令之事也。"《史记·周本纪》曰："是时，诸侯不期而会盟津，八百诸侯。"《象》曰："王三锡命，怀万邦也。"盖历史有关。《易乾凿度》曰："王者，天下所归往。《易》曰：在师中，吉，无咎。王三锡命。师者，众也。言有盛德，行中和，顺民心，天下归往之，莫不美命为王也。行师以除民害，赐命以长世，德之盛。"郑注："武王受命行师，以除民害，遂享七百之祚，可谓之长世也。"即是。

六三，师或舆尸，凶

〔译〕 六三，军队如若载满自己人尸体，凶险。

《象》曰："师或舆尸，大无功也。"

〔证〕

师或舆尸 乾卦《文言》曰："或之者，疑之也。"朱熹曰："或者，随时而未定也。"《周礼·考工记》："轮人为轮"，"舆人为车"。车厢为车。车厢载物，故《广雅·释诂二》曰："舆，载也。"舆尸，即以车载尸。《左传》宣公十二年："射连尹襄老，获之，遂载其尸。"杨雄《太玄经·众》："次八，兵衰衰，见其病，不见舆尸。测曰：兵衰衰，不血刃也。范望注："众，象师卦。衰衰，瘦瘠之貌也。兵病于外，众之所见。言不见舆尸者，兵已劳疾，何能所克，故无尸俘以荣军也。兵马劳病，故不血刃也。"范谓舆尸，乃舆敌之尸。按，《左传》宣公二年："俘二百五十人，馘百人。"古代战争，以取死敌之左耳，计数献功，不舆其尸；杀获将帅，则舆其尸。六三乃自舆其尸，故凶。

《淮南子·兵略训》曰："兵有三诋：治国家，理境内，行仁义，布德惠，立正法，塞邪隧，群臣亲附，百姓和辑，上下一心，君臣同力，诸侯服其威，而四方怀其德。修政庙堂之上，而折冲千里之外，拱揖指㧑，而天下响应。此用兵之上也。地广民众，主贤将忠，国富兵强。约束信，号令明，两军相当，鼓錞相望，未至交兵接刃，而敌人奔亡。此用兵之次也。知土地之宜，习险隘之利，明奇正之变，察行陈解续之数，枹绾而鼓之。白刃合，流矢接，涉血屦肠，舆死扶伤，流血千里，暴骸盈场，乃以决胜，此用兵之下也。今夫天下，皆知事治其末，而莫知务修其本，释其根，而树其枝也。"舆死，即舆尸，谓不忍弃我方之尸，故而载之以车。按，坎为车舆，坤为列尸，为舆尸。

凶 《孙子·谋攻》曰："故上兵伐谋，其次伐交，其次伐兵，其下攻城。将不胜其忿，而蚁附之，杀士三分之一，而城不拔者，此攻之灾也。故善用兵者，屈人之兵，而非战也；拔人之城，而非攻也；毁人之国，而非久也。必以全胜于天下，故兵不顿，而利可全，此谋攻之法也。”谓作战之上策，是始谋胜敌，其次是破坏其外交，再次是袭击敌军，下策是攻城。若将师义愤用事，不审时度势，驱士卒一战，必伤亡惨重。故善用兵者，既能胜敌，亦能减少自我伤亡，甚至兵不血刃，而取得胜利。师卦六三，兵始相接，即师或舆尸，是舆死扶伤，用兵下者，故豫后不良，为凶。《象》曰：“师或舆尸，大无功也。”圣人之心，慈悲之心。《系辞传》曰：“三与五同功而异位，三多凶，五多功，贵贱之等也。其柔危，其刚胜邪。”三为公位。六三阴居阳位，德薄而位尊，知小而谋大，力小而任重，不胜其任，必大无功。又，三在坎，故凶。

六四，师左次，无咎。

〔译〕 六四，师靠左驻扎，无灾。

《象》曰：“左次无咎，未失常也。”

〔证〕

师左次 《唐风·有杕之杜》：“有杕之杜，生于道左。”郑笺：“道左，道东也。”《礼记·大射礼》：“宰胥荐脯醢，由左房。”郑氏注：“左房，东房也。”闻一多《风诗类钞》曰：“古人，以东为左。”故江左谓江东。伏羲八卦，上南下北，左东右西。师卦，坎下坤上。坎位正西，坤位正北，我国背北面南，是以左为东，东向阳。师左次，即师向东面阳而次。《广雅·释诂》曰：“次，舍也。”王念孙疏证：“次，为止舍之舍。”《周书·泰誓中》：“惟戊午，王次于河朔。”孔氏传：“次，止也。戊午，渡而誓；既誓，而止于河之北。”《正义》曰：“次，是止舍之名。《谷梁传》亦云：次，止也。《序》云：一月戊午，师渡孟津。则师以戊午日渡也。此戊午日，次于河朔，则是师渡之日。次，止也。上篇是渡河而誓，未及止舍，而先誓之。此次于河朔者，是既誓，而止于河之北也。庄三年，《左传》例云：凡师，一宿为舍，再宿为信，过信为次。此次，直取止舍之义，非《春秋》三日之例也。”杨伯峻《春秋左传注》：“一宿为舍者，古代行师，一日三十里，三十里为一舍，故一宿亦为舍。《诗·周颂·有客》：有客宿宿，有客信信。毛传云：一宿为宿，再宿为信。则舍亦谓之宿。故诸侯之出，必以师从，故传以师出，释经之次字。其实不必师出，凡出过三宿，俱可谓之次。昭二十八年，《经》：公如晋，次于乾侯。可证。”《易》，旅卦六三曰：“旅即次。”《九家易》曰：“次，舍也。”王弼注：“次者，可以安行旅之地也。”是师左次，谓师旅向东面阳驻扎。师卦，六四在震，震在东在左；倒震为艮，艮为止为次：是为师左次。按，王次于河朔者，水北为阳。师卦，坎为河，坤为北，为王师次于河朔，即师左次之例。此卦，亦由西土而来，北上往东，武王伐纣之象。

无咎 《孙子·行军篇》曰："凡军，好高而恶下，贵阳而贱阴，养生而处实；军无百疾，是谓必胜。丘陵堤防，必处其阳，而右背之。此兵之利，地之助也。"《十一家注孙子》："张预曰：居高，则便于觇望，利于驰逐；处下，则难以为固，易于生疾。东南为阳，西北为阴。养生，谓就善水草，放牧也；处实，谓倚隆高之地，以居也。居高面阳，养生处厚，可以必胜；地气干熯，故疾疠不作。面阳，所以贵明显；背高，所以为险固。用兵之利，得地之助。曹操曰：养生向水草，可放牧，养畜乘。实，犹高也。"师卦，坎下坤上。坎位西，坤位北，西北高，是为凡军好高而恶下。二之上震象，震位东北，当阳；初之三为坎，坎位西，西为阴。震上坎下，是贵阳而贱阴。下坎为水，上坤为地，互震为其于稼也，为反生，为蕃鲜，是以为养生而处实。师为军，坎为疾，坤为众。众在前，疾在后，乃军无百疾，是谓必胜。坤众在前，艮坎在后，是丘陵堤防，必处其阳，而右背之。坎为弓轮，坤为地。师卦得坎得坤，是谓得兵之利，地之助。《象》曰："左次无咎，未失常也。"即谓向东面阳扎营，没有凶灾，以其未失驻军常规。师卦，坎下坤上，是西至北向东之势，四在其中，当之无失，是以谓左次无咎。

又，《行军篇》曰："平陆处易，而右背高，前死后生，此处平陆之军也。"李筌曰："夫人利用，皆便于右，是以背之。前死，致敌之地；后生，我自处。"梅尧臣曰："择其坦易，车骑便利；右背丘陵，势则有凭；前低后隆，战者所便。"六四在坤，坤为平地。其后为互艮，艮为山陵，为高。坤在艮左，艮在坤右，是右背高阜，而前临平地，无咎。又，《九地篇》曰："投之亡地然后存，陷之死地然后生，夫众陷于害，然后能为胜败。故为兵之事，在于顺详敌意。并敌一向，千里杀将。"何氏曰："如汉王遣将，韩信击赵，诸将因问信曰：兵法，右背山陵，前左水泽。今者将军，令臣等反背水陈，曰：破赵会食。臣等不服，然竟以胜，此何术也？信曰：此在兵法，顾诸君不察耳。兵法不曰，陷之死而后生，置之亡地，而后存乎？且信，非得素拊循士大夫也，此所谓驱市人而战，其势非置之死地，使人人自为战。今与之生地，皆走，宁尚可得而用之乎？诸将皆服，曰：非所及也。"师卦，下坎上坤。坎为水，坤为众。六四在众，师左次，成背水一战之势，是置之死地而后生，为无咎，为未失兵家常法。

《谋攻篇》曰："凡用兵之法，全国为上，破国次之；全军为上，破军次之；全旅为上，破旅次之；全卒为上，破卒次之；全伍为上，破伍次之。是故百战百胜，非善之善者也；不战而屈人之兵，善之善者也。故上兵伐谋，其次伐交，其次伐兵，其下攻城。攻城之法，为不得已。将不胜其忿，而蚁附之，杀士三分之一，而城不拔者，此攻之灾也。故善用兵者，屈人之兵，而非战也；拔人之城，而非攻也。"《周书·武成》曰："既戊午，师逾孟津。癸亥，陈于商郊，俟天休命。甲子昧爽，受率其旅若林，会于牧野。罔有敌于我师，前徒倒戈，攻于后以北。"此即不攻城，而城破兵败之例。六四，当位之师，已临六五不正之君，师左次，以期战利可全，未失谋攻常法，故而无咎。

六五，田有禽，利执言，无咎。长子帅师，弟子舆尸，贞凶。

〔译〕 六五，征伐有俘虏，利于执讯其言，无灾。长子帅师，弟子以车载六五之尸，炫耀胜利，则正义之师有凶险。

《象》曰："长子帅师，以中行也；弟子舆尸，使不当也。"

〔证〕

田有禽，利执言 《说卦传》曰："坤为地，为子母牛。"《白虎通·田猎》曰："禽者何？鸟兽之总名，明为人所禽制也。"坤既为地为田，又为禽，六五在坤中，为田有禽。又，名词动用，为田猎有擒获。避臣伐君之讳，故以田猎喻之。《说文》："执，捕罪人也。"《周书·召诰》曰："徂厥亡出执。"孔氏传："往其逃亡，出见执杀。"又，《虢季子白盘》："折首五百，执讯五十，是以先行。"执，古文字象人两手枷梏之状；讯，金文象人反绑双手之形。《小雅·出车》："执讯获丑，薄言还归。"郑笺："讯，言；丑，众也。执其可言问所获之众，以归者，当献之也。"《大雅·皇矣》："执讯连连，攸馘安安。"郑笺："讯，言也。所执生得者，而言问之。"《尔雅·释言》亦曰："讯，言也。"是执言即执讯。执言，犹今军中之抓舌头。坎为言，六五应九二，五被二执讯其言，为利执言。

无咎 《大雅·皇矣》："临冲闲闲，崇墉言言。执讯连连，攸馘安安。是类是禡。是致是附，四方以无侮。"孔颖达疏："毛以为文王之伐崇也，兵至则服，无所用武。其临冲之车，闲闲然，动摇而已，不用之以攻敌。崇城言言然高大，如无所毁坏。既伐崇服之，则执其可言问者，连连然舒徐，尽其情而不逼迫也。所以当馘左耳者，安安然不暴疾也。文王之于此行，非直吊民伐罪，又能敬事明神。初出兵之时，于是为类祭；至所征之地，于是为禡祭。既克崇国，于是运致其社稷群神而来，更存祭之。于是依附其先祖宗庙，于国为之立后。文王伐得其罪，行得其法，四方服其德，畏其威，是以无敢侮慢文王者也。"《六韬·略地》曰："无燔人积聚，无毁人宫室，冢树社丛勿伐。降者无杀，得而无戮。示之以仁义，施之以厚德。令其士民曰：辜在一人。如此则天下和服。"田有禽，利执言，亦执讯连连，攸馘安安之类，为仁义之师，是以四方无侮，天下和服，而无灾眚。

长子帅师，弟子舆尸，贞凶　《黄帝经·称经》曰：“男阳女阴，父阳子阴，兄阳弟阴，长阳少阴。”九二阳，为长子，四、上阴，为弟子。坤为大舆，六五在坤中，为弟子所舆罪魁之尸。《象》曰：“长子帅师，以中行也；弟子舆尸，使不当也。”长子帅师中行，正而无过，弟子以车载，其六五败君之尸，以荣耀其师，此不利师之正道，为使令不当，为贞凶。《老子》曰：“夫唯兵者，不祥之器，物或恶之，故有道者不处。君子居则贵左，用兵则贵右。兵者不祥之器，非君子之器，不得已而用之，恬淡为上。胜而不美，而美之者，是乐杀人。夫乐杀人者，则不可以得志于天下矣。”六五，田有禽，利执言，不主杀，故无咎。弟子舆尸，乐杀人，不利正义之师，故为贞凶。

上六，大君有命，开国承家；小人勿用。

〔译〕　上六，天子有命令，封建诸侯之国、大夫之家；才量小之人不用从政。

《象》曰：“大君有命，以正功也。小人勿用，必乱邦也。”

〔证〕

大君有命　上为大君。《虞书·大禹谟》：“汝终陟元后。”孔氏传：“元，大也。大君，天子。”后，为君。元后，为大君。《周书·泰誓上》：“亶聪明，作元后。元后作民父母。”孔氏传：“人诚聪明则为大君，而为众民父母。”大君，万邦之君，天子。《易乾凿度》曰：“大君者，君人之盛者也。《易》曰：知临，大君之宜，吉。临者，大也。阳气在内，中和之盛，应于盛位。浸大之化，行于万民，故言宜处王位。施大化，为大君矣，臣民欲被化之词也。”大君有命，言天子有分封诰命。大君为民父母，坤为母，坤之上为大君。凡阴爻上下者，皆成口舌之象。如兑上缺，为口舌；巽下断，为命令；艮下缺，为鸣谦；坎上下断，为言语；震上缺，为善鸣；坤六断，为有命。坤，上口承天之命，下口司下之令，为大君有命。

开国承家　《周书·武成》曰：“一戎衣，天下大定。乃反商政，政由旧。释箕子囚，封比干墓，式商容闾，散鹿台之财，发巨桥之粟，大赉于四海，而万姓悦服。列爵惟五，分土惟三，建官惟贤，位事惟能。重民五教，惟食丧祭。惇信明义，崇德报功。垂拱而天下治。”此即大君有命，开国承家，分封事宜。《孟子·离娄上》：“孟子曰：人有恒言，皆曰天下国家。”赵岐注：“天下，谓天子之所主；国，谓诸侯之国；家，谓卿大夫家。”荀爽曰：“开国，封诸侯；承家，立大夫。”宋衷曰：“开国，谓析土地以封诸侯。如武王封周公七百里地也。承家，立大夫为差次。立大夫因采地，各正其功勳，行其赏禄。”按，诸侯有国，四为诸侯，为开国。大夫有家，二为大夫，为承家。《象》曰：“大君有命，以正功也。”谓大君有命，开国承家，以正其功。

小人勿用　《论语·卫灵公》曰："子曰：君子不可小知，而可大受也；小人不可大受，而可小知也。"王肃曰："君子之道深远，不可以小了知，而可大受；小人之道浅近，可以小了知，而不可大受也。"《集注》云："《淮南子·主术训》：是故，有大略者，不可责以捷巧；有小知者，不可任以大功。人有其才，物有其形。有任一而太重，或任百而尚轻。是故，审毫厘之计者，必遗天下之大数；不失小物之选者，惑于大数之举。譬犹狸之不可使搏牛，虎之不可使搏鼠也。"按，《老子》曰："以正治国，以奇用兵。"师旅和治国，非为一道。小人或立战功，不可治国家。是可赏赐金帛禄位，不可开国承家。《象》曰："小人勿用，必乱邦也。"谓小人不可大受，且傲上凌下，必乱家邦。四与二，或当位，或居中，已开国承家；初与三，不当位，不居中，为阴小未用，为勿用小人。《系辞传》："子曰：德薄而位尊，知小而谋大，力小而任重，鲜不及矣。《易》曰：鼎折足，覆公餗，其形渥，凶。言不胜其任也。"即此之谓。

第八卦　已 巳

☵☷ 坎上
坤下

比，吉。原筮：元永贞，无咎。不宁方来，后夫凶。

〔译〕 比，吉利。再筮：至善、长久而正道，无灾。不宁侯正来臣服，后来者有凶险。

《彖》曰："比，吉也，比辅也，下顺从也。原筮，元永贞，无咎，以刚中也。不宁方来，上下应也。后夫凶，其道穷也。"

《象》曰："地上有水，比，先王以建万国，亲诸侯。"

〔证〕

坤下坎上 九五一阳而五阴。乾卦九五曰："飞龙在天，利见大人。"《象》曰："飞龙在天，大人造也。"《释文》引王肃曰："造，就也，至也。"姚信曰："造，至也。"陆绩同，并疏，谓九五为大人之至，即君王天子。又，《文言》曰："飞龙在天，上治也。"何妥曰："此当尧舜冕旒之日，以圣德而居高位，在上而治民也。"程氏传："得位而行，上之治也。"朱熹曰："居上以治下。"按，《广雅・释诂》曰："上，君也。"《广韵》亦曰："上，君也，犹天子也。"《管子・君臣下》："民之制于上，犹草木之制于时也。"是亦谓九五为君王，为天子。又，《文言》："上九曰：亢龙有悔。何谓也？子曰：贵而无位，高而无民，贤人在下位而无辅，是以动而有悔也。"惟有九五，中正不亢，为有辅有民之位，为君王，为天子。

履卦，兑下乾上。《彖》曰："刚中正，履帝位而不疚，光明也。"虞翻曰："乾为大明，五履帝位。"《说文》："帝，王天下之号。"是履卦九五履帝位，即履天子之位。观卦，坤下巽上。《彖》曰："大观在上，顺而巽，中正以观天下。观，盥而不荐，有孚顒若，下观而化也。"中正以观天下，谓九五中正，居天子之位以观天下。故九五曰："观我生，君子无咎。"《象》曰："观我生，观民也。"九五为天子，是天子与民对举。家人卦，离下巽上。九五曰："王假有家，勿恤，吉。"《象》曰："王假有家，交相爱也。"朱熹曰："有家，犹言有国也。九五刚健中正，下应六二之柔顺中正，王者以是至于其家，则勿用忧恤，而吉可必矣。"亦谓九五为天子，为君王。萃卦，坤下兑上。卦辞曰："萃，亨。王假有庙，利见大人。"《象》曰："王假有庙，致孝享也。"九五曰："萃有位，无咎。"有位，即谓九五中正有王位。涣卦，坎下巽上。卦辞曰："涣，亨。王假有庙。"《象》曰："王假有庙，王乃在中也。"九五曰："涣汗其大号，涣王居，无咎。"《象》

曰："王居无咎，正位也。"是九五中正，为天子之大号。比卦，坤下坎上。九五得中得正，众阴比附，是天子得天下之象。

《白虎通·爵》云："天子者，爵称也。爵所以称天子何？王者父天母地，为天之子也。故《援神契》曰：天覆地载，谓之天子，上法斗极。《钩命决》曰：天子，爵称也。帝王之德有优劣，所以俱称天子者何？以其俱命于天，而王治五千里内也。《尚书》曰：天子作民父母，以为天下王。何以知帝亦称天子也？以法天下也。《中候》曰：天子臣放勋。《书·亡逸篇》曰：厥兆天子爵。何以言皇亦称天子也？以其言天覆地载，俱王天下也。故《易》曰：伏羲氏之王天下也。"按，《易乾凿度》云："孔子曰：《易》有君人五号：帝者，天称也；王者，美行也；天子者，爵号也；大君者，与上行异也；大人者，圣明德备也。变文以著名，题德以别操。"郑注："夫至人一也，应跡不同，而生五号，故百姓变其文名，别其操行。"

陈立《白虎通疏证》："《乾凿度》云：天子者，继天理物，改一统各得其宜，父天母地，以美万民，至尊之号也。《后汉书》注引《感精符》云：人主日月同明，四时合信，故父天母地，兄日姊月。宋注：父天，于圜丘之祀也；母地，于方泽之祭也。董子《繁露·三代改制篇》：天佑而子之，号称天子，故圣王生则称天子。蔡邕《独断》云：父天母地，故称天子。《太平御览》引应劭《汉官仪》云：号曰皇帝，道举措审谛，父天母地，为天下主。《诗·时迈》云：昊天其子之。郑笺：天其子爱之。何氏《公羊》成公八年《传》注：圣人受命，皆天所生，谓之天子。《御览》引《保乾图》云：天子至尊也。神精与天地通，血气含五帝精，天爱之子之也。《后汉·李固传》云：王者父天母地。是也。《说苑·修文篇》：天覆地载，谓之天子。"比卦，上爻为天位，在九五之上，为天父；五阴包一阳，阴为地，为地母。是以九五为天子，以天为父，以地为母。又，九五上有天覆，下有地载，亦谓之天子。

《白虎通疏证》："《毛诗·序》云：文王受命作周也。笺云：受命者，受天命而王天下也。《诗·疏》引郑氏《六艺论》云：太平嘉瑞图书之出，必龟龙衔负焉。黄帝、尧、舜、周公，是其正也。若禹观河见长人，皋陶于洛见黑公，汤登尧台见黑乌，至武王渡河，白鱼跃，文王赤雀止于户，秦穆公白雀集于车，是其变也。故纬候皆载帝王受命之事。《诗·疏》引《春秋元命苞》云：凤皇衔图置帝前，黄帝再拜受。《古微书·元命苞》云：尧游河渚，赤龙负图以出。《路史》注引《尚书中候·考河命》曰：若稽古帝舜，曰重华，钦翼皇象。郑注言：敬奉皇天之历数。《御览》引《中候·握河纪》云：伯禹在庶，四岳师举荐之。帝曰：何斯若真出尔命，图示乃天。《诗·疏》引《中候·稷起篇》云：尧受《河图》、《洛书》，后稷有名录，苗裔当王。是黄帝、尧、舜、夏、商、周，受命于天事也。”比卦，天位阴，中断为口，为天命。九五承天之命，为受命之君主，为王为天子，即以其俱命于天。又，《大雅・下武》曰：“受天之祜，四方来贺。于斯万年，不遐有佐。”孔颖达疏：“武王既受得天之祜福，故四方诸侯之国，皆贡献庆之。又得于此万年之寿，岂不远有佐助之乎。言有远方夷狄，来佐助之也。”九五上承天祜，下有四阴，为四方诸侯来贺，又，不宁方来，为远方夷狄来佐助之。是比卦之象，亦圣王得天人比辅之象。

又，《白虎通・爵》云：“爵有五等，以法五行也。或三等者，法三光也。或法三光，或法五行何？质家者据天，故法三光。文家者据地，故法五行。《含文嘉》曰：殷爵三等，周爵五等。各有宜也。《王制》曰：王者之制禄爵，凡五等。谓公、侯、伯、子、男也，此据周制也。《春秋传》曰：天子三公称公，王者之后称公，其余大国称侯，小者称伯、子、男也。《王制》曰：公、侯田方百里，伯七十里，子、男五十里。所以名之为公侯者何？公者，通也，公正无私之意也。侯者，候也，候逆顺也。人皆千乘，象雷震百里所润同。伯者，白也。子者，孳也，孳孳无已也。男者，任也。人皆五十里。差次功德。小者不满为附庸。附庸者，附大国以名通也。”《疏证》曰：“《汉书・袁盎传》：殷道质，质者法天；周道文，文者法地。是质者据天，文者法地也。《大戴礼》注引《含文嘉》又曰：质以天德，文以地德。殷授天而王，周据地而王。”按，五等之爵，至周始备。《系辞传》曰：“《易》之兴也，其当殷之末世，周之盛德邪。”故比卦坎上坤下，一阳五阴。九五之阳为君，为天子；其他五阴为臣，为公、侯、伯、子、男。

《礼记・王制》：“王者之制禄爵，公、侯、伯、子、男，凡五等。诸侯之上大夫卿、下大夫、上士、中士、下士，凡五等。天子之田方千里，公、侯田方百里，伯七十里，子、男五十里。不能五十里者，不合于天子，附于诸侯，曰附庸。天子之三公之田，视公、侯；天子之卿，视伯；天子之大夫，视子、男；天子之元士，视附庸。”《正义》曰：“凡王者之制度禄爵，为重其食禄受爵之人。有公、侯、伯、子、男，並南面之君，凡五等也。其诸侯之下，北面之臣，有上大夫卿，有下大夫，有上士，有中士，有下士，凡五等也。南面之君五者，法五行之刚。曰北面之臣五者，法五行之柔。”谓天子以下其爵有五等，即公、侯、伯、子、男，其皆有国，故并为臣兼君。比卦，一阳五阴。阳为天子，则五阴为公、侯、伯、子、男。阳为诸侯，则五阴为上大夫卿、下大夫、上士、中士、下士。比卦之阳，居上，上北下南，是背北面南，为南面而王。四阴，与九五之阳相对，为背南面北，为北面称臣。上六阴之亢极，为不宁侯，方转而下来。

又，《孟子・万章下》：“北宫锜问曰：周室班爵禄也，如之何？孟子曰：其详不可得闻也，诸侯恶其害己也，而皆去其籍。然而轲也尝闻其略也：天子一位，公一位，侯一位，伯一位，子、男同一位，凡五等也。君一位，卿一位，大夫一位，上士一位，中士一位，下士一位，凡六等。天子之制，地方千里，公、侯皆方百里，伯七十里，子、男五十里，凡四等。不能五十里，不达于天子，附于诸侯，曰附庸。天子之卿，受地视侯，大夫受地视伯，元士受地视子男。”孟子所言凡五等者，其爵称为六，即天子、公、侯、伯、子、男，如比卦之一阳五阴。故诸侯法天子，爵名亦有六等，即君、卿、大夫、上士、中士、下士。是孟子所言，盖为《王制》所本。

《周书·武成》云：“一戎衣，天下大定。乃反商政，政由旧。释箕子囚，封比干墓，式商容闾。散鹿台之财，发巨桥之粟，大赉于四海，而万姓悦服，列爵惟五，分土惟三。建官惟贤，位事惟能。重民五教，惟食丧祭。惇信明义，崇德报功。垂拱而天下治。”孔氏传：“即所识政事而法之，爵五等：公、侯、伯、子、男。列地封国：公侯方百里，伯七十里，子、男五十里。为三品。”蔡沈注：“列爵为五：公、侯、伯、子、男也。分土惟三：公、侯百里，伯七十里，子、男五十里，之三等也。”《汉书·地理志上》曰：“周爵五等，而土三等：公、侯百里，伯七十里，子、男五十里。不满为附庸，盖千八百国。而太昊、黄帝之后，唐、虞侯伯犹存，帝王图籍相踵而可知。周室既衰，礼乐征伐自诸侯出，转相吞灭，数百年间，列国秏尽。至春秋时，尚有数十国，五伯迭兴，总其盟会。陵夷至于战国，天下分而为七，合从连衡，经数十年，秦遂并兼四海。以为周制微弱，终为诸侯所丧，故不立尺土之封。分天下为郡县，荡灭前圣之苗裔，靡有孑遗者矣。”以上，祖述分封之制，始备于周初，而废于秦兴。《周易》，演周之故事，是以比卦九五为天子，其余五阴为公、侯、伯、子、男。孔子曰：“吾从周。”故作《象》曰：“比，辅也，下顺从也。”谓公、侯、伯、子、男，皆顺从上之天子，以辅以翼，天下大定。

《左传》僖公二十四年曰：“昔周公吊二叔之不咸，故封建亲戚，以蕃屏周。管、蔡、郕、霍、鲁、卫、毛、聃、郜、雍、曹、滕、毕、原、酆、郇，文之昭也。邘、晋、应、韩，武之穆也。凡、蒋、邢、茅、胙、祭，周公之胤也。”又曰，“周之有懿德也，犹曰莫如兄弟，故封建之。其怀柔天下也，犹惧有外侮。扞御侮者，莫如亲亲，故以亲屏周。”《春秋左传注》：“蕃屏，为周室作蕃篱屏障也。十六国，皆文王子。四国皆武王子。胤，嗣也。”《小雅·常棣》曰：“死丧之威，兄弟孔怀。兄弟阋于墙，外御其务。”郑笺：“死丧可畏怖之事，维兄弟之亲，甚相思念。务，侮也。兄弟虽内阋，而外御侮也。”此即封建为蕃篱屏障之义。朱熹曰：“比，亲辅也。九五以阳刚居上之中，而得其正。上下五阴，比而从之。以一人而抚万邦，以四海而仰一人之象。”朱星《古代文化基本知识·历代职官沿革概况》：“爵位始于奴隶社会，即统治阶级内部所分等级。这是根据其亲属关系，和有功勋者，或职位是宰相卿大夫才授爵。周中央称王，同姓兄弟子侄为诸侯，分称公、侯、伯、子、男。如齐桓公、晋侯、秦伯、楚子。”封同姓兄弟子侄为诸侯，即是以亲屏周，即是比辅。

比　《象》曰：“比，辅也，下顺从也。”《说文》：“辅，《春秋传》曰：辅车相依。从车，甫声。人颊车也。”段玉裁注：“此引《春秋传》僖公五年文。不言辅义者，义已具《传》文矣。《小雅·正月》曰：其车既载，乃弃尔辅。《传》曰：大载既载，又弃其辅也。无弃尔辅，员于尔辐。《传》曰：员，益也。《正义》云：大车，牛车也。为车不言作辅。此云弃辅，则辅是可解脱之物。盖如今人缚杖于辐，以防覆车也。今按《吕览·权勳篇》曰：宫之奇谏虞公曰：虞之与虢也，若车之有辅也。车依辅，辅亦依车，虞、虢之势是也。此即《诗》无弃尔辅之说也。合《诗》与《左传》，则车之有辅信矣。引伸之义，为凡相助之称。《春秋传》：辅车相依。许厕之于此者，所以说辅之本义也，所以说左氏也。谓辅与车必相依倚也。”盖车轮外榜，缚两条直木，以增其载重力者，谓之辅。姚文田、严可均校议：“辅者，大车榜木。《考工记》不言作辅，盖非车人所为，驾车者自择用之。辅在两旁，故《春秋传》、《国语》，皆言夹辅。其俌相之俌，䩉颊之䩉，皆取此象。故经典皆借辅为之，而辅亦得训人颊车矣。”

《鲁颂·閟宫》：“敦商之旅，克咸厥功，王曰叔父，建尔元子，俾侯于鲁。大启尔宇，为周室辅。乃命鲁公，俾侯于东。锡之山川，土田附庸。”郑笺：“敦，治；旅，众；咸，同也。武王克殷，而治商之臣民，使得其所，能同其功于先祖也。后稷、大王、文王，亦同公之祖考也，伐纣周公又与焉，故述之以美大鲁。叔父，谓周公也。成王告周公曰：叔父，我立女首子，使为君于鲁，谓欲封伯禽也。封鲁公以为周公后，故云大开女居，以为我周室之辅。谓封以方七百里，欲其强于众国。既告周公以封伯禽之意，乃策命伯禽，使为君于东，加赐之以山川土田，及附庸，令专统之。《王制》曰：名山大川，不以封诸侯，附庸则不得专臣也。”成王封周公元子伯禽于鲁，此即师卦上六所云：“大君有命，开国承家。”分封诸侯，为周室辅，辅谓辅佐。

《系辞传》曰：“圣人之大宝曰位。”车之与辅，车于上，辅于下；车为主，辅为辅。故《象》曰：“辅也，下顺从也。”谓下顺从上。《夏书·胤征》：“百宦修辅，厥后惟明明。”孔氏传：“修职辅君，君臣俱明。”《商书·汤誓》：“尔尚辅予一人，致天之罚，予其大赉汝。”孔传：“赉，与也。庶几辅成我，我大与汝爵赏。”我为王，辅我即辅王。《伊训》：“敷求哲人，俾辅于尔后嗣。”孔传：“布求贤智，使师辅于尔嗣王，言仁及后世。”《说命上》：“命之曰：朝夕纳诲，以辅台德。”孔传：“言当纳谏诲，直辞以辅我德。”

高宗命傅说辅王之德。《周书·泰誓中》："剝丧元良，贼虐谏辅。"孔传："剝，伤害也；贼，杀也；元，善之长；良，善。以谏辅纣，纣反杀之。"《洛诰》："诞保文武受民，乱为四辅。"孔传："大安文武所受之民，治之为我四维之辅，明当依倚公。"成王表明当依倚周公，以公为辅。按，《诗》、《书》、《易》皆以辅佐君王为辅，即下顺从上之意。比，甲骨文从二匕，女比男之意。赵诚《卜辞分类读本》："匕，与人形相近，可能为女人侧面之形。甲骨文大多数用作祖妣之妣。在偏旁中作为形符时，基本上表示雌的、母的这一类意思。匕字，偶尔也单独用来表示母的、雌的之义，当是引伸义，为形容词，但极少见。如匕牛，今所谓母牛（乙八七二八·八八一四·外六七）。由此可见，匕是牝牛之牝的初文。"按，商先王之配偶，称妣庚、妣甲者，约二三十人，妣皆为匕，是匕为女性无疑。《甲骨文编》载单文人字，皆侧身，计十九字，其面向左，手臂左摆者，有十四字。又，载单文匕字，皆侧身，计二十八字，手臂皆见上举，身多凸腹，有十八人，其面向右。是匕之女人特征明显。《说文》曰："匕，从反人。"即"之子于归，宜其室家"，女人归其室家之义。比卦，众阴簇一阳，是众阴归往阳。阳犹君，阴犹臣，故《象》曰："比，辅也，下顺从也。"谓臣辅君，服事天子。

《尔雅·释诂》曰："比，俌也。"郭璞注："俌，犹辅也。"《商书·盘庚中》："曷不暨朕幼孙有比。"《正义》曰："何故不与我幼孙盘庚有相亲比，同心徙乎。"谓民应顺从盘庚迁徙。《周书·多士》曰："比事臣我宗多逊。"《正义》曰：比近服事臣我宗周，多为顺道。"《唐风·杕杜》："嗟行之人，胡不比焉。"郑笺："比，辅也。此人女何不辅君为政命。"《大雅·皇矣》："王此大邦，克顺克比。比于文王，其德无悔。"《毛诗传笺通释》："乃言文王之德，能使民顺比也。《祭统》：身比焉，顺也。《荀子·议兵篇》曰：立法司令，莫不顺比。是顺与比义正相近。《左传》：择善而从之曰比。正以从释比字。《诗》比于文王，承上克比言之，言民亲比于文王也。"《杂卦传》曰："比乐师忧。"比卦，四方服，而来比附顺从，故乐；师卦，四方不服，而去杀伐征战，堪忧。是比，为比辅顺从之意。

吉　《系辞传》曰："《易》曰：自天祐之，吉无不利。子曰：祐者助也，天之所助者顺也，人之所助者信也，履信思乎顺，又以尚贤也，是以自天祐之，吉无不利也。"《易》爻，初、二为地，三、四为人，五、上为天。九五在天之下，与之阴阳相应为顺，顺而得天之祐助。又，从初至四皆阴，与九五相应为顺，顺而得地上民人之信。六四阴在阴位，为诸侯、为三公，为贤者得位。九五履信思乎顺，又以尚贤，是以自天祐之，吉无不利。比卦，初六曰："有孚比之。"六二曰："比之自内。"六三曰："比之匪人。"六四曰："外比之。"九五曰："显比。"上六曰："比之无首。"六爻皆曰比，除六三比之匪人，上六比之无首外，其他则为有孚比，比之自内，外比之贞，显比。比卦，得天下之比，是以为吉。

《周书·武成》曰："一戎衣，天下大定。""列爵惟五，分土惟三。""垂拱而天下治。"九五阳刚，居天子之位，是一戎衣天下大定，大定为吉。五阴为列爵惟五，下坤为土，分三爻，为分土惟三。孔氏传："言武王所修皆是，所任得人，故垂拱而天下治。"《系辞传》曰："是以自天祐之，吉无不利。黄帝尧舜，垂衣裳而天下治。"比卦，由师卦来，亦一戎衣天下大定。大定达大治，是以为吉。又，《大雅·下武》曰："受天之祜，四方来贺。于斯万年，不遐有佐。"孔颖达疏："武王既受得天之祜福，故四方诸侯之国，皆贡献庆之。又得于此万年之寿，岂在远有佐助之乎？言有远方夷狄，来佐助之也。四方，谓中国诸侯也。"言武王受天之祜福，即天子位，得天下归顺。比卦，犹武王践祚之象，以一人而抚万邦，以四海而仰一人，四方既同，万国既亲，故曰吉。

原筮　《尔雅·释言》："原，再也。"郭璞注："今呼重蚕为蠠。"阮元《校勘记》："《释文》原。"邢昺疏引孔炎云："今呼重蚕为原者，《周礼·夏官·马质》云：禁原蚕者是也。"郝懿行《尔雅义疏》："原者，《文王世子》云：末有原；《周礼·马质》云：禁原蚕者；《淮南·泰族篇》云：原，蚕一岁再收。郑注及高诱注，并云：原，再也。再亦重，故《汉书·礼乐志》及《叔孙通传》集注，并云：原，重也。原，或作蠠。"又，《史记·高祖本纪》曰："及孝惠五年，思高祖之悲乐沛，以沛宫为高祖原庙。《集解》骃案：谓原者，再也。先既已立庙，今又再立，故谓之原庙。"顾炎武《日知录》(卷三十二)："原者，再也。《易》：原筮。古人亦有称原官者。后汉张衡应问：曩滞日官，今又原之。注：《尔雅》曰：原，再也。衡为太史令，去官五载，复为太史令，故曰原之。然则，原官乃再官之义也。"

又，《一切经音义二》云："《礼记》：龟为卜，蓍为筮。卜筮者，所以决嫌疑，定犹豫，故疑即筮之。"按，卜，以龟兆为卜；筮，以蓍策为筮。蒙卦曰："初筮告，再三渎。"是有初筮和再筮。比卦，原筮即再筮。其初筮：吉。问已然。再筮，元永贞，无咎。问未然。虽再问而不相同，故不为渎。虞翻曰："原筮，再筮也。"朱熹《周易本义》曰："以一人而抚万邦，以四海而仰一人之象，故筮者得之，则当为人所亲辅。然必再筮以自审，有元善长永正固之德，然后可以当众之归而无咎。"朱骏声《六十四卦经解》："原，再也。即《戴记》末有原，《周礼》原蚕，《汉志》原庙之原。"又于蒙卦云："《公羊》曰：求吉之道三，故有初筮原筮。"胡朴安《周易古史观》曰："原，再也。古者，大事皆以卜筮决之；再筮而善，则各永安其事，而无咎矣。"是原筮，当为再筮。地为大地，大地为原；坎为言为疑，言疑为筮。比卦，坤下坎上，为原筮。又，天一地二，原筮即二筮，二筮谓再筮。

元永贞 乾卦《彖》曰："大哉乾元，万物资始乃统天。"《文言》曰："元者，善之长也。""贞者，事之干也。"《说文》："永，水长也。象水巠理之长永也。"比卦九五为乾元，为众阴之长，为善之长。五在坎中，坎为水，为水长。一阳独居上卦之中，为正，为事之干。《文言》曰："九五曰：飞龙在天，利见大人。何谓也？子曰：同声相应，同气相求；水流湿，火就燥；云从龙，风从虎；圣人作，而万物睹；本乎天者亲上，本乎地者亲下：则各从其类也。"九五，为乾之主，其出为乾道，则万物各得其位，故《彖》曰："乾道变化，各正性命，保合太和，乃利贞。首出庶物，万国咸宁。"比卦，乾爻得上之中正，其他众阴在下，或将转而来下，是圣人作，而万物睹，故曰元永贞。程氏传："元，谓有君长之道；永，谓可以长久；贞，谓得正道。"又曰，"所谓元永贞，如五是也，以阳刚居中正，尽比道之善者也。"干宝曰："考之蓍龟，以谋王业，大相东土，卜惟洛食，遂乃定鼎郏鄏，卜世三十，卜年七百，德善长于兆民，戬禄永于被业，故曰元筮，元永贞。"干氏，上卦既象以武王伐纣，此卦遂拟以成王定鼎，即所谓《易》之兴，当殷之末世，周之盛德。

无咎 《说文》："咎，灾也。从人各。各者，相违也。"《彖》曰："元永贞，无咎，以刚中也。"九五，阳刚居中，与各不相违，故无灾咎。乾卦《文言》谓九五曰："夫大人者，与天地合其德，与日月合其明，与四时合其序，与鬼神合其吉凶。先天，而天弗违；后天，而奉天时，天且弗违，而况于人乎？况于鬼神乎？"朱熹曰："先天不违，谓意之所为，默与道契；后天奉天，谓知理如是，奉而行之。"程氏传："大人与天地、日月、四时、鬼神合者，合乎道也。天地者道也，鬼神者造化之迹也。圣人先于天，而天同之；后于天，而能顺天者，合于道而已。合于道，则人与鬼神岂能违也？"《易》上卦为天卦，下卦为地卦。比卦九五，居上卦之中，与下卦六二相应，是天地合其德。与天地合德，故与日月合明，与四时合序，与鬼神合吉凶，与人合心，超神入化，所行合于道，而无所违，故曰无咎。《论语·尧曰》："允执其中，四海困穷，天禄永终。"注曰："言为政信执其中，则能穷极四海，天禄所以长终。"执中，而天禄长终，即比卦《彖》曰："元永贞，无咎，以刚中也。"

不宁方来 《考工记·梓人》："祭侯之礼，以酒脯醢。其辞曰：惟若宁侯。毋或若女不宁侯，不属于王所，故抗而射女。"谓要象安宁敬顺之侯，不要象你不安宁、不归顺之侯，不朝王庭，故而举箭射你。《说文》："矦，春飨所射侯也。从人，从厂，象张布，矢在其下。天子射熊虎豹，服猛也；诸侯射熊虎；大夫射麋，麋惑也；士射鹿豕，为田除害也。其祝曰：毋若不宁侯，不朝于王所，故伉而射汝也。"又，"矦，古文侯。”《仪礼·大射仪》：“司马命量人，量侯道。”郑氏注：“侯，谓所射布也。尊者射之，以威不宁侯；卑者射之，以求侯也。”《大戴礼·投壶》：“无荒无傲，无倨立，无逾言。若是者，有常爵。嗟尔不宁侯，为尔不朝于王所，故亢而射女。”《白虎通·乡射》：“名之为侯者何？明诸侯有不朝者，则当射之。故《礼》射祝曰：嗟尔不宁侯，尔不朝于王所，故亢而射尔。”

屯卦《象》曰：“宜建侯而不宁。”比卦卦辞曰：“不宁方来。”不宁，皆指不宁侯。《广雅·释诂》：“方，始也。”《大雅·行苇》：“方苞方体，维叶泥泥。”孔颖达疏：“此苇方欲茂盛，方欲成体。”又，《鄘风·定之方中》：“定之方中，作于楚宫。”《诗集传》：“此星昏而正中，夏正十月也。”方，犹正当。又，《秦风·小戎》：“方何为期。”朱熹注：“方，将也。”卦辞不宁方来，谓上六为不宁，正将动而来下。上六乃亢傲之侯，本不伏服，因九五天子中正，是以不宁而宁，也正将归顺来朝。故《象》曰：“不宁方来，上下应也。”《小雅·北山》曰：“溥天之下，莫非王土；率土之滨，莫非王臣。”毛传：“溥，大；率，循；滨，涯。”郑笺：“此言王之土地广矣，王之臣又众矣，何求而不得，何使而不行。”周天子为王。比卦，九五为王，其他五阴为土为臣，是大有天下之象。

后夫凶　夫，代词。谓后于不宁方来者，有凶险。比卦四阴，下顺从上，比辅九五。上六，动而来下，则为臣服。如未方来，而以阴乘阳，以虚凌实，以柔加刚，以偏盖正，以臣上君，此乃咎由自取，为阴之末路。故《象》曰：“后夫凶，其道穷也。”《国语·鲁语下》：“仲尼曰：丘闻之，昔禹致群神于会稽之山，防风氏后至，禹杀而戮之。”韦昭注：“群神，谓主山川之君，为群神之主，故谓之神也。防风，汪芒氏君之名也。违命后至，故禹杀之。陈尸为戮也。”朱骏声《六十四卦经解》曰：“后夫凶，所谓天下后服者，先亡也。禹会塗山，防风后至；齐合诸侯，谭子不来，后夫也。先比，如窦融、钱俶；后夫，如隗嚣、公孙述。”比卦上六，未先来下比辅九五，而成终爻，为其道穷，为后夫凶。

《象》曰：“地上有水，比，先王以建万国，亲诸侯。”《周礼·考工记》曰：“匠人建国，水地以县。”郑氏注：“立王国若邦国者，于四角立植，而县以水，望其高下。高下既定，乃为位而平地。”贾公彦疏：“《周礼》单言国者，据王国。邦国连言，据诸侯。经既单言国，郑兼言邦国者，以其下文有王及诸侯。城制明此，以王国为主。其中兼诸侯邦国。可知下文又有都城制，则此亦兼都城也。此经说欲置国城，先当以水平地。欲高下四方皆平，乃始营造城郭也。云于四角立植而县者，植即柱也。于造城之处，四角立四柱。而县，谓于柱四畔，县绳以正柱。柱正，然后去柱远以水平之法，遥望柱高下，定即知地之高下。然后平高就下，地乃平也。乃后行下以景，正四方之事。”

《考工记》曰：“匠人营国，方九里，旁三门。”郑氏注：“营，谓丈尺其大小。天子十二门，通十二子。”贾公彦疏：“按《典命》云：上公九命，国家、宫室、车旗、衣服、礼仪以九为节。侯、伯、子、男已下，皆依命数。郑云国家，谓城方。公之城，盖方九里；侯、伯七里；子、男五里。丈尺，据高下而言；云大小，据远近而说也。”又，《匠人》曰：“门阿之制，以为都城之制。宫隅之制，以为诸侯之城制。”郑氏注：“都四百里外，距五百里，王子弟所封。其城隅高五丈，宫隅门阿皆三丈。诸侯、畿以外也。其城隅制高七丈，宫隅门阿皆五丈。《礼器》曰：天子诸侯台门。”以上《匠人》建国，谓建王国、邦国，即建天子、诸侯之都城。又曰水地以县，即在地上，以水平之法而营造之。

又，江永《周礼疑义举要》曰：“此谓测景之地，须先平之。盖地不平，则景有差。故下注云：于所平之地，中央树八尺之臬，非谓通国城之地，皆须平也。”戴震《考工记图》曰：“水地者，以器长数尺，承水，引绳中水而及远，则平者准矣。立植以表所平之方，县绳正直，则度水面距地者准矣。”孙诒让《正义》曰：“水地以县者，将国，必先以水平地，以为测量之本。”《管子·水地》曰：“水者，万物之准也。”《尚书大传》曰：“非水，无以准万里之平。”《淮南子·齐俗训》曰：“视高下不差尺寸，明主弗任，而求之乎浣准。”高诱注：“浣准，水望之平。”按，《象》曰：“地上有水，比，先王以建万国，亲诸侯。”即谓先王在地上，用水平比地之高低，修建诸侯之城国，以此来亲密诸侯。朱熹曰：“《彖》意人来比我，此取我往比人。”比，亦亲密之意。《太玄》即拟《易》之比为亲密。《彖》与《象》，见仁见智，为事物两面。比卦，坤下坎上，为地上有水。初之三为坤，为坤地；初之五为大艮，大艮为大山；二之五为中艮，中艮为中阜；三之五为小艮，小艮为小丘；四之上为坎，坎为水，为水平其地。又，坎为国，内阳外阴，王在其中为国。坎在坤上，为王在地上建万国，亲诸侯。夏、商、周皆行封建，故曰先王。

师卦和比卦，互为邻卦和综卦。《序卦传》曰：“师者，众也。众必有所比，故受之以比。”韩康伯注：“众起而不比，则争无由息，必相亲比，而后得宁也。”程氏传：“比，亲辅也。人之类，必相亲辅，然后能安。故既有众，则必有所比，比所以次师也。”故师卦之后，受之以比，师比相邻。又，朱骏声《六十四卦经解》：“师，以一人之心怀天下；比，以天下之心归一人，故次师。”按，师卦和比卦，皆五阴一阳之卦。师卦，阳在下卦之中，为九二。《彖》曰：“能以众正，可以王矣。刚中而应，行险而顺，以此毒天下，而民从之。”此为以臣伐君之时。比卦，阳在上卦之中，为九五。《彖》曰：“比，吉也。比，辅也，下顺从也。原筮：元永贞，无咎，以刚中也。不宁方来，上下应也。”此为君临天下之时。是师卦之九二，即比卦之九五，地位颠倒，两卦互为综卦。革卦《彖》曰：“汤武革命，顺乎天而应乎人，革之时大矣哉。”即此之谓。

比卦和大有卦，互为错卦。《易乾凿度》曰：“天子者，继天理物，改一统，各得其宜，父天母地，以养万民，至尊之号也。《易》曰：公用享于天子。”郑注：“大有九三曰：公用享于天子，小人不克，害也。”按，大有卦，乾下离上。卦辞曰：“元亨。”《彖》曰：“大有，柔得尊位，大中而上下应之，曰大有。其德，刚健而文明，应乎天而时行，是以元亨。”大有，亦天子之卦。比卦在前，谓一戎衣，而天下大定，四方震服，诸侯来附。故《彖》曰：“比，辅也，下顺从也。”大有卦在后，谓已大有天下，仪刑文王，万邦作孚。故《彖》曰：“柔得尊位，大中而上下应之。”比卦，为天下大定，即《象》所曰：“先王以建万国，亲诸侯。”大有卦，为天下大治，即上九所曰：“吉，无不利。”两卦阴阳相反，相辅相成。无比之时，则无大有之时；有大有之时，则比之时方不为废。

又以三卦而言，师卦在前，比卦在中，大有卦在后。师卦，坎下坤上。《彖》曰：“刚中而应，行险而顺，以此毒天下，而民从之。”是九二刚中为主爻。比卦，坤下坎上。《彖》曰：“比，辅也，下顺从也。原筮：元永贞，无咎，以刚中也。不宁方来，上下应也。”是九五刚中为主爻。大有卦，乾下离上。《彖》曰：“柔得尊位，大中而上下应之，曰大有。其德刚健而文明，应乎天而时行。”是六五大中为主爻。师卦，以武取天下，故须刚中之帅。比卦，以威震诸侯，故须刚中之主。大有卦，文明以治，故须大中之主。《史记·郦生陆贾列传》云：“陆生时时前说称《诗》、《书》。高帝骂之曰：乃公居马上而得之，安事《诗》、《书》？陆生曰：居马上得之，宁可以马上治之乎？且汤、武逆取，而以顺守之，文武并用，长久之术也。”逆取顺守，亦武取文治，是以先师卦，次比卦，再次之以大有卦。又，文、武皆不可过与不及，故三卦言刚中或大中。

初六，有孚，比之无咎。有孚盈缶，终来有它吉。

〔译〕 初六，天子有诚信，亲比之无灾。天子诚信满怀，最终使远方诸侯来臣服，吉利。

《象》曰：“比之初六，有它吉也。”

〔证〕

有孚 《尔雅·释诂上》：“孚，信也。”邢昺疏：“谓诚实不欺也。”《说文》：“孚，卵孚也。从爪，从子；一曰信也。”徐锴系传：“孚，信也，鸟之孚卵，皆如其期，不失信也。"《大雅·下武》:"永言配命,成王之孚。"郑笺:"孚,信也。"又,《大稚·文王》:"仪刑文王,万邦作孚。"郑笺:"仪法文王之事,则天下咸信而顺之。"孚,为人所信顺。《左传》庄公十年:"小信未孚,神弗福也。"谓小信不足为诚实可信,惟诚实可信为孚。乾卦《文言》曰:"闲邪存其诚","修辞立其诚"。是《易》以阳为诚实,为信孚。

小畜卦,乾下巽上。九五曰:"有孚挛如。"九五为阳,阳为实为信,为有孚。六四曰:"有孚,血去惕出,无咎。"《象》曰:"有孚惕出,上合志也。"六四为阴,九五为阳有孚,阴阳相合,故《象》曰:"上合志也。"泰卦,乾下坤上。九三曰:"勿恤其孚。"九三为阳,阳性信孚,故曰勿忧其孚。六四曰:"不戒以孚。"谓六四因下来之阳为信实之物,故而不存戒心。不仅不存戒心,且阴往阳来,阴阳相推,心之所愿。故其《象》曰:"不戒以孚,中心愿也。"大有卦,乾下离上。六五曰:"厥孚交如。"六五本阴,然上下为阳为信孚,相交于五,故曰其孚交如。此犹"仪刑文王,万邦作孚。"故《象》曰:"厥孚交如,信以发志也。"谓发王天下之大志。随卦,震下兑上。九四曰:"有孚在道。"九四阳爻,阳有信实,为有孚。九五曰:"孚于嘉,吉。"《象》曰:"孚于嘉,吉,位正中也。"九五为阳,阳为孚,且当中正,是孚于嘉。大壮卦,乾下震上。初九曰:"有孚。"初九阳爻,为有孚。晋卦,坤下离上。初六曰:"罔孚。"初六阴爻,为无孚。家人卦,离下巽上。上九曰:"有孚威如。"上九阳爻,阳性信实,故曰有孚。睽卦,兑下离上。九四曰:"遇元夫,交孚。"九四阳,信实,故交元夫以孚信。解卦,坎下震上。九四曰:"朋至斯孚。"九四阳,有孚信,以此待朋之至。六五曰:"有孚于小人。"九二为阳,阳为有孚。二应六五,为有孚于小人。益卦,震下巽上。六三曰:"有孚中行,告公用圭。"九五阳爻,为有孚信,又居上卦之中,为中行。五为天子,三为公,故曰告公用圭。九五曰:"有孚惠心,勿问元吉,有孚惠我德。"如六三所述,九五阳爻,有孚信,能对下惠心惠德。姤卦,巽下乾上。初六曰:"有攸往,见凶,羸豕孚蹢躅。"坎为豕,羸为瘦,阳爻似骨,阴爻似肉,下巽为坎之少阴,是少肉之豕,为羸豕。羸豕为巽为五月,五月柔阴方来,孚阳踌躇不去,为羸豕孚蹢躅。孚为阳之谓。萃卦,坤下兑上。初六曰:"有孚不终。"下卦初六与上卦九四正应,九四阳有孚信,然上六为阴,为有孚不终。六二曰:"孚乃利用禴。"六二应九五,六二在坤,坤为牛,九五为天子,天子用牛祭祀。是孚为九五之阳。九五曰:"萃有位,无咎,匪孚。"《象》曰:"萃有位,志未光也。"朱熹曰:"未光,谓匪孚。"即初六所曰:"有孚不终。"匪孚,谓九五之诚信,未及上六。孚谓阳。升卦,巽下坤上。九二曰:"孚乃利用禴。"《象》曰:"九二之孚,有喜也。"是九二阳为孚信。井卦,巽下坎上。上六曰:"有孚元吉。"上六与九三应,九三曰:"王明,并受其福。"是有孚指九三王明,因有孚信而元吉。革卦,离下兑上。九三曰："革言三就，有孚。"九四曰："有孚，改命吉。"《象》曰："改命之吉，信志也。"九五曰："未占有孚。"皆谓阳有孚信。丰卦，离下震上。六二曰："有孚发若，吉。"六二居离之中，为离卦之主爻。离之六二，上下皆阳爻，似若六二所发出，故《象》曰："有孚发若，信以发志也。"兑卦，兑下兑上。九二曰："孚兑。"九五曰："孚于剥。"皆以阳为孚信。中孚卦，兑下巽上。九五曰："有孚挛如。"《象》曰："有孚挛如，位正当也。"位正当九五之阳，阳有孚。未济卦，坎下离上。六五曰："有孚吉。"上九曰："有孚于饮酒。"离为乾卦，是六五、上九皆为阳爻，为有孚。比卦，坤下坎上。初六曰："有孚比之。"即谓九五天子，阳刚中正，有诚信，故比之。

比之无咎　《商书·太甲下》："一人元良，万邦以贞。邦其永孚于休。"孔氏传："一人，天子。天子有大善，则天下得其正。言君臣各以其道，则国长信保于美。"君臣各以其道，谓君有孚，臣比之，则各国长信保于美，是以比之无咎。《系辞传》曰："君子居其室，出其言善，则千里之外应之，况其迩者乎；居其室，出其言不善，则千里之外违之，况其迩者乎。言出乎身，加乎民；行发乎迩，见乎远。言行，君子之枢机，枢机之发，荣辱之主也。言行，君子之所以动天地也，可不慎乎？"比卦，九五为天子，上坎为言象，是天子之言信孚，故初六虽远，比之无咎。荀爽曰："初在应外，比喻殊俗。圣王之信，光被四表，绝域殊俗，皆来亲比，故无咎也。"《系辞传》曰："无咎者，善补过也。"虞翻曰："失位为咎。悔变而之正，故善补过。"初六阴处阳位，失位为咎。然不应四而应五，亦善补过者，为无咎。

有孚盈缶　《尔雅·释器》："盎谓之缶。"盎，一种腹大口小之瓦制盛器。《说文》："缶，瓦器，所以盛酒浆。秦人鼓之以节歌。"又曰，"瓦，土器已烧之总名。"习坎卦，坎下坎上。六四曰："樽酒、簋二，用缶。"谓两杯酒，二簋食物，皆用土器皿装盛。六四阴爻，坤土之象，为缶。比卦，下卦坤，坤为土器，为缶；上卦坎，坎为水，在坤之上，为盈缶。又，坎中有九五之阳，阳为孚，为有孚盈缶。缶实为坤，坤为地，有孚盈缶，即有孚满地。《虞书·尧典》："允恭克让，光被四表，格于上下。"孔氏传："信恭能让，故其名闻充溢四外，至于天地。"《说文》："允，信也。"是《书》之允，即《易》之孚。有孚盈缶，犹允恭克让，光被四表，格于上下。是有孚盈缶，乃谓天子孚信充溢中国。

终来有它　《说文》："来，天所来也。"自天而降谓之来。《易》以初为始，以上为终。终极反来于下，为终来。又，段注《说文》曰："它，俗作他，经典多作它，犹言彼也。"朱熹《周易本义》，有它作有他，它、他相通。《小雅·鹤鸣》："它山之石，可以为错。"郑笺："它山，喻异国。"孔疏："王者虽以天下为家，畿外亦得为异国也。"

《国语·晋语》“不出有他矣。”韦昭注：“他，谓异族也。”《论语·公冶长》曰：“至于他邦。”有它，即他邦之省。终来有它，谓天子有孚盈缶，其诚信盈溢，流泽于域外，使其终来下比辅者，有他邦之国。卦辞曰：“不宁方来。”《象》曰：“不宁方来，上下应也。”即是指天子有孚盈孚，域外之上六，亦来下亲比九五。坎为域，上六在外，为域外。朱骏声《六十四卦经解》曰：“相比以信为先，积之既久，昔所未比者，皆自外至。”即谓昔所未比者，皆自上来下为初六，从而顺应九五，亲比天子。

吉 《象》曰：“比之初六，有它吉也。”谓比卦初六，有异国他邦来亲比，为吉利。九五之信，既已盈缶，足以及乎殊俗异邦，故而终来及初，下顺从上，比附九五，是以为吉。荀爽曰：“缶者应内，以喻中国。孚既盈满中国，终来及初，非应，故曰它也。《象》云有它吉者，谓信及非应，然后吉也。”《韩诗外传·卷三》曰：“当舜之时，有苗不服。其不服者，衡山在南，岐山在北，左洞庭之陂，右彭泽之水，由此险也。以其不服，禹请伐之，而舜不许，曰：吾喻教犹未竭也。久喻教，而有苗请。”久喻教，而有苗请服，此乃有孚盈缶，终来有它，是以为吉。《论语·季氏》曰：“故远人不服，则修文德以来之。”反之，如周穆王责犬戎以非礼，暴兵露师，伤威毁信，故荒服者不至。中孚《象》曰：“孚乃化邦也”，“信及豚鱼也”，“乃应乎天也。”比卦初六，有孚盈缶，故终来有它，故吉。又，比卦初六曰：“终来有它吉。”大过卦九四曰：“栋隆吉，有它吝。”中孚卦初九曰：“虞吉，有它不燕。”是比卦谓有他来则吉；而大过、中孚，谓有它向则吝、则不燕。

六二，比之自内，贞吉。

〔译〕 六二，自内亲比九五，正应而吉利。

《象》曰：“比之自内，不自失也。”

〔证〕

比之自内 二在下卦之中，下卦为内卦，故六二应比九五，为比之自内。上卦为外卦，上卦之终，来下为初六，比应九五，为终来有它，为比之自外。《象》曰：“比之自内，不自失也。”内为自，外为他。不自失，谓不自失于内。坤为地为国，二在国中，为中国。比之自内，为比自中国；比之自外，为比自外域他邦。崔憬曰：“自内而比，不失己亲也。”李道平疏：“自内而比于五，不失己可亲之人也。《论语》曰：因不失其亲，亦可宗也。是其义也。又二比自内，得中得正，内不失己者也。坤身为自，故曰不自失也。”干宝曰：“二在坤中，坤，国之象也，得位应五，而体宽大，君乐民人自得之象也。”李道平疏：“二在坤中，内也。坤为地，故云国之象也。阴得位，正应五。坤为民，位在中，中和化应，故民人自得。《杂卦》曰：比乐。是比有乐象，故君乐民人自得之象也。自二应五，故比之自内。”

《国语·周语上》：“夫先王之制，邦内甸服，邦外侯服，侯、卫宾服，蛮、夷要服，戎、狄荒服。”韦昭注：“邦内，谓天子畿内，千里之地。《商颂》曰：邦畿千里，维民所止。《王制》曰：千里之内曰甸。京邑在其中央，故《夏书》曰：五百里甸服。则古今同矣。甸，王田也。服，服其职业也。邦外，邦畿之外也。方五百里之地，谓之侯服。侯服，侯圻也。言诸侯之近者，岁一来见也。侯、卫，此总言之也。侯，侯圻也；卫，卫圻也。言自侯圻至卫圻，其间凡五圻，圻五百里，五五二千五百里，中国之里也。谓之宾服，常以服贡，宾见于王也。五圻者，侯圻之外曰甸圻，甸圻之外曰男圻，男圻之外曰采圻，采圻之外曰卫圻。《周书·康诰》曰：侯、甸、男、采、卫。是也。蛮，蛮圻；夷，夷圻也。《周礼》：卫圻之外曰蛮圻，去王城三千五百里，九州之界也。夷圻，去王城四千里。《周礼·行人职》：卫圻之外，谓之要服。此言蛮、夷要服，则夷圻朝贡，或与蛮圻同也。要者，要结好信，而服从也。戎、狄，去王城四千五百里，至五千里也。四千五百里为镇圻，五千里为蕃圻，在九州之外，荒裔之地，与戎、狄同俗，故谓之荒，荒忽无常之言也。”以比卦例之，九五，为天子居所；六四，为邦内，谓畿内千里之地；六三，为邦外，邦畿外方五百里之地；六二，为侯、卫，二千五百里之地，中国之界；初六，为蛮、夷，去王城三千五百里之地，九州之界；上六，为戎、狄，去王城四千五百里，至五千里，在九州之外。服，犹比。六二之比，以其在中国界内，为侯、卫之服，故曰比之自内。初六之比，以其在九州之界，为蛮、夷之服，故曰终来有它。

贞吉 《黄帝经·称经》曰：“大国阳，小国阴；主阳，臣阴；上阳，下阴。”九五是天子，在上为阳；六二是诸侯，在下为阴。六二、九五得位，得中，阴应阳，下顺上，为正应。君臣正应，乃君君臣臣之正道，正道则吉，谓贞吉。《大戴礼记·少间》曰：“故天子昭有神于天地之间，以示威于天下也。诸侯修礼于封内，以事天子；大夫修官守职，以事其君；士修四卫，执技论力，以听大夫；庶人仰视天文，俯视地理，力时使以听乎父母。此唯不同等，民以可治也。”王聘珍注：“《本命》曰：冠、昏、朝、聘、丧、祭、宾主、乡饮酒、军旅，此之谓九礼也。此九礼者，诸侯所以守其国，行其政令，勤于辅事于天子者也。”又注，“《大司徒职》曰：以仪辨等，则民不越。”六二，诸侯勤于辅事天子，则民不越，此之谓正应，正应则中国安宁，是谓比之自内，是谓贞吉。

六三，比之匪人。

〔**译**〕 六三，所比非仁者之人。

《象》曰："比之匪人，不亦伤乎？"

〔**证**〕

比之匪人 虞翻曰："匪，非也。"马融曰："匪，非也。"《说文》段玉裁注："匪，有借为非者，如《诗》：我心匪鉴、我心匪石，是也。"《周书·周官》："称匪其人，惟尔不任。"孔氏传："举非其人，亦惟汝之不胜其任。"《冏命》："其侍御仆从，罔匪正人。"《正义》曰："其左右侍御仆从，无非中正之人。"《小雅·四月》："四月维夏，六月徂暑。先祖匪人，胡宁忍予。"郑笺："匪，非也。我先祖非人乎，人则当知患难，何为曾使我当此难世乎？"《正义》曰："人困则反本，穷则告亲，故言我先祖非人，出悖慢之言，明怨恨之甚，犹《正月》之篇，怨父母生己不自先后也。"先祖匪人，谓先祖非仁。《礼记·中庸》曰："仁者，人也。"郑氏注："人也，读如相人偶之人，以人意相存问之言。"

六三，阴在阳位，为不当位；在下卦之上，为不当中。上六，虽阴在阴位，为当位，然在上卦之上，为不当中。六三往应上六，以阴应阴，为应所非应，即比所非比，为比之匪人。谓其非仁人之人，而非谓其不是人。《论语·颜渊》："子曰：天下归仁焉。"比卦九五，可以谓之。又，《宪问》："子曰：君子而不仁者有矣夫，未有小人而仁者也。"《正义》曰："《易·系辞传》：小人以小善为无益，而弗为也；以小恶为无伤，而弗去也。故恶积而不可掩，罪大而不可解，是小人必无有仁也。"六三所比之上六，为阴为小人，非仁者之人，为比之匪人。《象》曰："比之匪人，不亦伤乎！"就六三言，不中不正，已可伤悲，又往应上六，行将消亡，是阴小比阴小，故曰不也大可伤悲。

《史记·殷本纪》曰："百姓怨望，而诸侯有畔者，于是纣乃重刑辟，有炮格之法。以西伯昌、九侯、鄂侯为三公。九侯有好女，入之纣。九侯女不喜淫，纣怒，杀之，而醢九侯。鄂侯争之强，辨之疾，并脯鄂侯。西伯昌闻之，窃叹。崇侯知之，以告纣，纣囚西伯羑里。"又，《周本纪》曰："崇侯虎谮西伯于殷纣曰：西伯积善累德，诸侯皆向之，将不利于帝。帝纣乃囚西伯于羑里。闳夭之徒患之，乃求有莘氏美女，骊戎之文马，有熊九驷，他奇怪物，因殷嬖臣费仲，而献之纣。纣大说，曰：此一物，足以释西伯，况其多乎！乃赦西伯，赐之弓矢斧钺，使西伯得征伐。曰：谮西伯者，崇侯虎也。"纣，将亡之天子，崇侯虎亲比殷纣，犹比卦六三之比上六，乃比之匪人。

六四，外比之，贞吉。

〔**译**〕 六四，向上比辅天子，正而吉。

《象》曰：“外比于贤，以从上也。”

〔证〕

外比之 《易》以下为内，以上为外。四为公，五为天子，四承五，为向上比之。《象》曰：“外比于贤，以从上也。”谓六四外比九五之贤，是下以从上。乾卦《文言》曰：“九五曰：飞龙在天，利见大人，何谓也？子曰：同声相应，同气相求，水流湿，火就燥，云从龙，风从虎，圣人作，而万物睹。本乎天者亲上，本乎地者亲下，则各从其类也。”又曰，“夫大人者，与天地合其德，与日月合其明，与四时合其序，与鬼神合其吉凶。先天而天弗违，后天而奉天时，天且弗违，而况于人乎？况于鬼神乎？”《系辞传》曰：“乾以易知，坤以简能。易则易知，简则易从。易知则有亲，易从则有功。有亲则可久，有功则可大。可久则贤人之德，可大则贤人之业。”是乾坤阴阳皆可为贤，乾阳有贤人之德，坤阴有贤人之业。《象》曰：“外比于贤，以从上也。”即外比《文言》九五所曰之德，是比于善者。

干宝曰：“四为三公，在比之家而得其位。上比圣主，下御列国，方伯之象也。能外亲九服贤德之君，务宣上志，绥万邦也。故曰外比于贤，以从上也。”李道平《周易集解纂疏》：“四为三公，四近五也。四在比家而得三公之位。上比圣主，谓乾五也。下御列国，谓坤三爻也。以三公而得正位，故为方伯之象。能外亲九服贤德之君，故曰外比于贤。宣上志，谓五坎为志也。绥万邦，谓坤土为邦也。从五而得外比于贤，五在四上，故曰以从上也。”按，《礼记·王制》曰：“天子百里之内以共官，千里之内以为御，千里之外设方伯。”郑司农曰：“长诸侯为方伯。”柳宗元《封建论》曰：“有诸侯，而后有方伯连帅；有方伯连帅，而后有天子。”千里之外有方伯比之，曰外比之。方伯比辅圣明天子，故曰外比于贤，以从上也。

贞吉 六四，阴在偶数，当位。四以柔顺刚，三公方伯弼辅之象。九五，阳在奇数，当位。五以刚上柔，君王之象。六四率众阴承九五中正，四、五阴阳合和，君臣相得，其道正，其事吉，谓之贞吉。王弼注：“外比于五，履得其位。比不失贤，处不失位，故贞吉也。”程氏传：“四与初不相应，而五比之。外比于五，乃得贞正而吉也。君臣相比，正也。相比相与，宜也。五，刚阳中正，贤也；居尊位，在上也。亲贤从上，比之正也。故为贞吉。以六居四，亦为得正之义，又阴柔不中之人，能比于刚明中正之贤，乃得正而吉也。又，比贤从上，必以正道，则吉也。数说相须，其义始备。”

《周书·周官》曰：“立太师、太傅、太保，兹惟三公，论道经邦，燮理阴阳。弼予一人。”孔氏传：“师，天子所师法；傅，傅相天子；保，保安天子于德义者。此惟三公之任，佐王论道，以经纬国事，和理阴阳，以辅我一人之治。”《君奭》之《序》曰：

“召公为保，周公为师，相成王为左右。”孔氏传：“保，太保也；师，太师也。左右，马云：分陕为伯，东为左，西为右。”《公羊传》隐公五年：“天子三公者何？天子之相也。天子之相，则何以三？自陕而东者，周公主之；自陕而西者，召公主之；一相处乎内。”孔颖达疏《周南·召南谱》曰：“文王犹为诸侯，王业未定，必不得分定二南，故据武王言之耳。武王遍陈诸国之诗，非特六州而已。而二南之风，独有二公之化，故知六州者，得二公之德教风化，尤最纯洁。其得圣人之化者，谓之周南；得贤人之化者，谓之召南。言二公之德教，自岐而行于南国也。”周、召二公，分东西而德教行于南国，周室鼎定。六四率南下之众阴，外比九五，其象相似，故曰正而吉。

九五，显比。王用三驱，失前禽，邑人不诫，吉。

〔译〕 九五，显出比之正道。王用春、秋、冬三时赶猎，围而不合，让前禽跑掉，不加警戒，吉利。

《象》曰：“显比之吉，位正中也。舍逆取顺，失前禽也。邑人不诫，上使中也。”

〔证〕

显比 《说文》：“㬎，众微杪也。从日中视丝，古文以为显字。”又，“顯，头明饰也。从页，㬎声。”按，两字有别。㬎，从日中视丝，故曰众微杪，是见微。顯（显），㬎为明，加页，明于头上，是显著。《商书·仲虺之诰》：“佑贤辅德，显忠遂良。”孔氏传：“贤者助之，德者辅之，忠则显之，良则进之，明天之道。”显忠，为忠则显之；显比，当为比则显之。比卦《彖》曰：“比，辅也，下顺从也。”《象》曰：“比，先王以建万国，亲诸侯。”显比，即是显现下顺上，上亲下之义。初六曰：“比之无咎，终来有它，吉。”六二曰：“比之自内，贞吉。”六四曰：“外比之，贞吉。”反之，六三曰：“比之匪人。”《象》曰：“不亦伤乎？”上六曰：“比之无首，凶。”此皆九五中正，能显比之故。故《象》曰：“显比之吉，位正中也。”朱熹曰：“一阳居尊，刚健中正，卦之群阴，皆来比己，显其比而无私。”比卦和大有卦 ，互为错卦，大有六五曰：“厥孚交如，威如。”谓天子有孚信威严。比卦九五曰：“显比。”谓天子显出亲比之中正。是错卦意义相对，阳为显，阴为隐。九五于比，为显比。

王用三驱 《汉书·五行志上》：“田狩有三驱之制。”师古曰：“谓田猎三驱也。三驱之礼：一为干豆，二为宾客，三为充君之庖也。”《礼记·王制》：“天子诸侯无事，则岁三田：一为干豆，二为兵客，三为充君庖。”郑氏注：“三田者，夏不田，盖夏时也。《周礼》：春曰蒐，夏曰苗，秋曰狝，冬曰狩。干豆，谓腊之以为祭祀豆实也。庖，今之厨也。”《正义》曰：“天子诸侯无事者，谓无征伐出行丧者之事，则一岁三时田猎，猎在田中，又为田除害，故称田也。夏不田，盖夏时也者，以夏是生养之时。夏禹以仁让得天下，又触其夏名，故夏不田。”《公羊传》桓公四年注：“不以夏田者，《春秋》制也。以为飞鸟未去于巢，走兽未离于穴，恐伤害于幼稚，故于苑囿中取之。”是王用三驱，夏不田猎者，乃仁君之道。上坎为车，下坤三阴为三田，九五在车中，为王用三驱之象。

失前禽 《王制》曰：“无事而不田，曰不敬，田不以礼，曰暴天物。天子不合围，诸侯不掩群。”孔颖达疏：“田不以礼，曰暴天物者，若田猎不以其礼，杀伤过多，是暴害天之所生之物。以礼田者，则下文天子不合围以下，至覆巢皆是也。天子四时田猎皆得围，但围而不合。若诸侯惟春田不得围，其夏秋冬皆得围，围亦不合。故下《曲礼》云：国君春田不围泽。诸侯不掩群者，是畿内诸侯，为天子大夫。故下《曲礼》云：大夫不掩群。”《象》曰：“舍逆取顺，失前禽也。”谓田猎不四面包围，不聚群而取，背逆我去者舍弃之，如上六，即失前禽；顺我而来者取用之，如初六、六二、六四。即法令从宽，施政以仁。《小雅·吉日》曰：“田车既好，四牡孔阜。升彼大阜，从其群丑。悉率左右，以燕天子。”《毛诗传笺通释》：“此诗悉率左右，谓从旁翼驱之。”亦舍逆取顺，失前禽之意。《老子》曰：“容乃公，公乃王，王乃天，天乃道，道乃久。”宽容为王者长久之道。

邑人不诫 讼卦，坎下乾上，九二曰：“不克讼，归而逋，其邑人三百户，无眚。”是坎为邑，归而逋者九二。比卦，坤下坎上，九五曰：“邑人不诫。”是坎为邑，九五为邑人。《一切经音义二十二》：“诫，警敕也，或省作戒。”邑人不诫，谓九五之君王，不加警戒，听其前禽跑失。朱熹曰：“如天子不合围，开一面之网，来者不拒，去者不追，故为用三驱，失前禽，而邑人不诫之象。”《象》曰：“邑人不诫，上使中也。”谓邑人因为不加禁戒，上六之前禽得以逸失，故而使自己得中恕之道。失前禽使得中道，为上使中也。《周书·武成》曰：“垂拱而天下治。”《系辞传》曰：“黄帝尧舜，垂衣裳而天下治。”《老子》曰：“不言之教，无为之益，天下希及。”邑人不诫，即此之谓，坎为邑，九五为邑人，其邑周边有缺，为邑人不戒。

吉 《史记·殷本纪》曰：“汤出，见野张网四面，祝曰：自天下四方皆入吾网。汤曰：嘻，尽之矣！乃去其三面，祝曰：欲左，左；欲右，右；不用命，乃入吾网。诸侯闻之，曰：汤德至矣，及禽兽。”按，《帝王世纪第四》曰：“汉南诸侯闻之，咸曰：汤之德至矣！泽及禽兽，况于人乎？一时归者三十六国。”《商书·太甲下》曰：“一人元良，万邦以贞。”众望以归，是以为吉。程氏传：“五居君位，处中得正，尽比道之善者也。人君比天下之道，当显明其比道而已。如诚意以待物，恕己以及人，发政施仁，使天下蒙其惠泽，是人君亲比天下之道也。如是，天下孰不亲比于上？若乃暴其小仁，违道干誉，欲以求下之比，其道亦狭矣，其能得天下之比乎？故圣人以九五尽比道之正，取三驱为喻，曰王用三驱，失前禽，邑人不诫，吉。先王以四时之畋不可废也，故推其仁心，为三驱之礼，乃《礼》所谓天子不合围也。成汤祝网，是其义也。”邑人在九五，得中得正，是以吉利。

上六，比之无首，凶。

〔译〕 上六，比辅无首，凶。

《象》曰："比之无首，无所终也。"

〔证〕

比之无首 乾卦《彖》曰："首出庶物，万国咸宁。"是阳为首。比，下比上。上六，在九五之上，不在九五之下，非比辅顺从之位，为比之无首。九五一阳独尊，为众阴之首。比之无首，即谓不得比辅九五。坤卦《彖》曰："至哉坤元，乃顺承天。"谓阴以承阳为顺。又曰，"先迷失道，后顺得常。西南得朋，东北丧朋，乃终有庆。"谓阴不得阳为迷，为失道，顺阳为得常，东北丧朋而得阳，方有好终。其六三曰："或从王事，无成有终。"比卦上六，不得从王事，是以无成无终。阴应于阳为终，故女归于男为终，臣比于君为终。上六阴应无阳，臣比无君，故《象》曰："比之无首，无所终也。"虞翻曰："迷失道，故无所终。"即谓上之阴，不与五之阳比辅，则迷道，则无所终。上为不宁侯，不宁侯不得比辅九五之天子，为比之无首，为无所终。

凶 《系辞传》曰："天尊地卑，乾坤定矣；卑高以陈，贵贱位矣。"天为乾，为阳，为尊，为高，为贵；地为坤，为阴，为卑，为贱。尊者应在上，卑者应在下。上六，阴在阳上，以柔乘刚，僭次居上，悖理而行，无比无首，不得其终，故凶。卦辞曰："后夫凶。"即谓上六在九五之后之上，不在九五之前之下，不比辅顺从九五，为凶。《周易集解》注曰："无首，后也。处卦之终，是后夫也。亲道已成，无所与，终为时所弃，宜其凶也。"《六十四卦经解》曰："乾无首吉，比无首凶。阳欲无首，阴以大终。阴而无首，不以大终，凶之道也。"坎为险，上六处坎险之极，故成凶。《史记·周本纪》云："成王少，周初定天下，周公恐诸侯畔周，公乃摄行政当国。管叔、蔡叔群弟疑周公，与武庚作乱，畔周。周公奉成王命，伐诛武庚、管叔，放蔡叔。"此犹比卦六三与上六，亦比之匪人而伤，比之无首而凶，盖管、蔡、武庚之谓。

第九卦　庚 午

☰☴ 巽上
乾下

小畜，亨。密云不雨，自我西郊。

〔译〕 小畜，亨通。风敛云聚，尚未下雨，密云正起自我西边郊外。

《彖》曰："小畜，柔得位，而上下应之，曰小畜。健而巽，刚中而志行，乃亨。密云不雨，尚往也。自我西郊，施未行也。"

《象》曰："风行天上，小畜，君子以懿文德。"

〔证〕

乾下巽上 马国翰《玉函山房辑佚书》，引《归藏》云："子复，丑临，寅泰，卯大壮，辰夬，巳乾，午姤，未遁，申否，酉观，戌剥，亥坤。"是《易》有十二月卦，即十一月，斗建子之辰，一阳生，为复卦，十二月，斗建丑之辰，二阳生，为临卦；一月，斗建寅之辰，三阳生，为泰卦；二月，斗建卯之辰，四阳生，为大壮卦；三月，斗建辰之辰，五阳生，为夬卦；四月，斗建巳之辰，六阳生，为乾卦；五月，斗建午之辰，一阴生，为姤卦；六月，斗建未之辰，二阴生，为遁卦；七月，斗建申之辰，三阴生，为否卦；八月，斗建酉之辰，四阴生，为观卦；九月，斗建戌之辰，五阴生，为剥卦；十月，斗建亥之辰，六阴生，为坤卦。小畜卦，下卦乾阳生，为四月之象；上卦一阴生，为五月之象。

《淮南子·本经训》曰："四时者，春生夏长，秋收冬藏，取予有节，出入有时，开阖张歙，不失其叙，喜怒刚柔，不离其理。"《史记·太史公自序》云："夫春生夏长，秋收冬藏，此天道之大经也，弗顺则无以为天下纲纪，故曰四时之大顺，不可失也。"《系辞传》曰："夫《易》，变通配四时。"虞翻曰："变通趋时，谓十二月消息也。泰、大壮、夬配春，乾、姤、遁配夏，否、观、剥配秋，坤、复、临配冬。谓十二月消息，相变通而周于四时也。"李道平《周易集解纂疏》："《下传》云：变通者，趋时者也。时，谓四时；变通，谓乾坤通变十二消息，即十二辟卦也。泰，乾三也；大壮，乾四也；夬，乾五也。皆春时卦，故配春。乾，乾上也；姤，坤初也；遁，坤二也。皆夏时卦，故配夏。否，坤三也；观，坤四也；剥，坤五也。皆秋时卦，故配秋。坤，坤上也；复，乾初也；临，乾二也。皆冬时卦，故配冬。十二月，阳息阴消，周于四时，故变通配四时。"小畜卦，乾下巽上，乃孟夏至仲夏之象。又，大畜卦，乾下艮上，乃孟夏至季秋之象。按，春生夏长，秋收冬藏，是乾下巽上，为生长之期，为小畜；乾下艮上，为长成收获之期，为大畜。

《月令·孟春之月》云："是月也，天子乃以元日，祈谷于上帝。乃择元辰，天子亲载耒耜，措之于参保介之御间。帅三公、九卿、诸侯、大夫，躬耕帝藉，天子三推，三公五推，卿、诸侯九推。""是月也，天气下降，地气上腾，天地和同，草木萌动。王命布农事，命田舍东郊，皆修封疆，审端经术。善相丘陵、阪险、原隰，土地所宜，五谷所殖，以教道民必躬亲之。""命祀山林川泽，牺牲毋用牝。禁止伐木，毋覆巢，毋杀孩虫，胎夭飞鸟，毋麛毋卵。毋聚大众，毋置城郭。""是月也，不可以称兵，称兵必天殃。兵戎不起，不可以我始。毋变天之道，毋绝地之理，毋乱人之纪。"《仲春之月》云："是月也，安萌芽，养幼少，存诸孤。""是月也，耕者少舍，乃修阖扇，寝庙毕备。毋作大事，以妨农之事。是月也，毋竭川泽，毋漉陂池，毋焚山林。"《季春之月》云："天子始乘舟，荐鲔于寝庙，乃为麦祈实。是月也，生气方盛，阳气发泄，句者毕出，萌者尽达，不可以内。天子布德行惠，命有司发仓廪，赐贫穷，振乏绝；开府库，出币帛，周天下；勉诸侯，聘名士，礼贤者。""田猎罝罘、罗网、毕翳、餧兽之药，毋出九门。是月也，命野虞无伐桑柘。具曲植籧筐，后妃齐戒，亲东乡躬桑。禁妇女毋观，省妇使，以劝蚕事。蚕事既登，分茧称丝效功，以共郊庙之服，无有敢惰。是月也，命工师，令百工，审五库之量，金、铁、皮、革、筋、角、齿、羽、箭、干、脂、胶、丹、漆，毋或不良。百工咸理，监工日号，毋悖于时。"此为春时。

《孟夏之月》云："蝼蝈鸣，蚯蚓出，王瓜生，苦菜秀。""命太尉，赞杰俊，遂贤良，举长大。是月也，继长增高，毋有坏堕，毋起土功，毋发大众，毋伐大树。是月也，天子始絺，命野虞，出行田原，为天子劳农劝民，毋或失时。命司徒，巡行县鄙，命农勉作，毋休于都。是月也，驱兽毋害五谷，毋大田猎，农乃登麦。""是月也，聚畜百药，靡草死，麦秋至。""蚕事毕，后妃献茧，乃收茧税。以桑为均，贵贱长幼如一，以给郊庙之服。"《仲夏之月》云："命有司，为民祈祀山川百源，大雩帝，用盛乐。乃命百县，雩祀百辟卿士，有益于民者，以祈谷实。农乃登黍。""令民毋艾蓝以染，毋烧灰，毋暴布，门闾毋闭，关市毋索。"上述月政，农桑林牧，春生夏长，以至蚕事毕，麦黍登，较秋之五谷丰登，农事备收，是为小畜。朱骏声《六十四卦经解》曰："玄田为畜，养也，积也，聚也，又止也。巽为入，为近利，为长女；乾为金玉，金玉入于长女之手，畜亦无几。故《杂卦传》曰：小畜，寡也。"

《邶风·凯风》云："凯风自南，吹彼棘心。"毛传："南风谓之凯风，乐夏之长养者。"《正义》曰："李巡曰：南风长养万物，万物喜乐，故曰凯风。凯，乐也。传以风性乐养万物，又从南方而来，故云乐夏之长养也。"《大戴礼记·夏小正》曰："正月，时有俊风。俊者，大也。大风，南风也。何大于南风也？曰：合冰必于南风，解冰必于南风，生必于南风，收必于南风，故大之也。”王聘珍《大戴礼记解诂》：“《易》曰：挠万物者，莫疾乎风。传云大风南风也者，《说文》云：南风曰景风。《尔雅》曰：景，大也。云合冰必于南风，解冰必于南风者，《白虎通》云：南者，任也。十月纯阴用事，阳疑于阴，任成其功，故有风以合冰。正月阴气渐消，阳薄乎阴，任散其德，故有风以解冰。云生必于南风，收必于南风者，任养万物故曰生，任成万物故曰收也。”于《易》，伏羲八卦方位，乾位南方，乾下巽上，即南风。又，乾为大，巽为风。小畜卦，乾下巽上，是为大风，即俊风。以其生收万物，为畜；时届夏之小收，是为小畜。

《白虎通·八风》曰：“风者何谓也？风之为言萌也。养物成功，所以象八卦。阳立于五，极于九。五九四十五，日变，变以为风。阴合阳以生风也。距冬至四十五日，条风至，条者，生也。四十五日明庶风至，明庶者，迎众也。四十五日清明风至，清明者，青芒也。四十五日景风至，景者，大也，言阳气长养也。”陈立疏证：“《考异邮》云：距冬至四十五日，条风至，条者，达生也。注：自冬至后，四十五日而立春，此风应其方而来，生万物。《考异邮》云：四十五日明庶风至，明庶者，迎众也。注：春分之候，言庶众也。阳以施惠之恩德，迎众物而生之。《考异邮》云：四十五日清明风至，清明者，精芒挫收也。注：立夏之候也。挫，犹止也。时齐麦之属秀出已备，故挫止其锋芒，收之使成实。《考异邮》云：四十五日景风至，景者，強也，強以成之。注：夏至之候強也，言万物強盛也。一名凯风。《诗·邶风》：凯风自南。传：南方长养之风，一名巨风。”按，小畜卦，乾下巽上。下乾四月，立夏之候。上巽五月，当夏至之候，是景风至之时，此时阳气长养众物，使之成实，是为小畜。

泰卦，乾下坤上。卦辞曰：“小往大来。”坤往上为往，乾来下为来。小往大来，谓坤阴为小，乾阳为大。否卦，坤下乾上。卦辞曰：“大往小来。”阳往上为往，坤来下为来。大往小来，谓乾阳为大，坤阴为小。朱熹《周易本义》曰：“泰，正月之卦也。小，谓阴；大，谓阳。言坤往居外，乾来居内。”剥卦，坤下艮上。《象》曰：“不利有攸往，小人长也。”上九曰：“硕果不食，君子得舆，小人剥庐。”阴为小。随卦，震下兑上。六二曰：“系小子失丈夫。”谓六二系于六三，则失去与九五相应。六三曰：“系丈夫失小子。”谓六三系于九四，则失去与上六相应。是阴为小。又，按伏羲八卦方位，乾为正南，巽为西南。正南为四月，纯阳之月；巽为五、六月，为阴生之月。阴为小，生为养为畜，是为小畜。姤卦，五月卦。《象》曰：“姤，遇也，柔遇刚也。天地相遇，品物咸章也。”小畜卦，乾下巽上，四至五月之象。是时，品物咸章，故为小畜。

《说文》：“午，啎也。五月阴气午逆阳，冒地而出。”桂馥义证：“五月阴气午逆阳，冒地而出也者，徐锴曰：人为阳，一为地，丨为阴气贯地，午逆阳也。五月阳极而阴生。孔颖达曰：五月夏至，日北极，阴进而阳退。本书五下云：阴阳在天地间交午也。《史记·律书》：午者，阴阳交，故曰午。物皆附丽阳气以茂也。《月令·仲夏之月》：阴阳争。注云：争者，阳方盛，阴欲起也。《淮南·天文训》：夏至，阳气极，阴气萌。《白虎通》：五月，律谓之蕤宾何？蕤者，下也；宾者，敬也。言阳气上极，阴气始起，故宾敬之。《汉书·律历志》：蕤宾，蕤，继也；宾，导也。言阳始导阴气，使继养物也。位于午，在五月。"《彖》曰："小畜，柔得位，而上下应之，曰小畜。"柔得位，谓阴得时位；而上下应之，谓上与上巽九五之阳相应，下与下乾初九之阳相应。上巽为五月，下乾为四月。阴为地道，阳为天道，地气得与天气相应，云行雨施，品物咸亨，是为小畜。

小畜卦，初之三为乾，二之四为兑。乾为天，兑为泽。乾在下，兑在上，为天将施雨泽，地将滋万物。二之四为兑，三之五为离。兑为泽，离为日。泽为雨露，日为阳光，雨露阳光，万物生长。三之五为离，四之上为巽。离为日，巽为风。丽日和风，万物长养。以上，皆为小畜之象。《易稽览图》曰："小畜，四月多风雨。"谓乾下巽上之象，乾为四月，巽为风雨。又曰，"小畜，小满四月中。"谓四月之风雨阳光，使物小满，故为小畜。又，《彖》曰："小畜，柔得位，而上下应之，曰小畜。"六四，阴在阴位，上下有阳包孕，阴得其养，小有所畜，为小畜。引伸之，六四虽阴柔小者，但下与初九相应，上顺九五中正之道，以自进取，小者得以畜养，是为小畜。《系辞传》曰："《易》以天地准，故能弥纶天地之道。仰以观于天文，俯以察于地理，是故知幽明之故；原始反终，故知死生之说。"《易》本乎天文，而言人文。《彖》曰："小畜，柔得位，而上下应之，曰小畜"。即是。

杨雄《太玄经》曰："敛，阳气大满于外，微阴小敛于内。"范望注："象小畜卦，行属于木。谓之敛者，言是时纯阳据位，阴在于下，各自俭敛。初一，日入井宿三度。"按，纯阳据位，阴在于下，是四至五月。日入井宿三度。《礼记·月令》云："仲夏之月，日在东井。"是敛和小畜，皆为五月之象。又，《太玄经》曰："积，阴将大闭，阳尚小开，山川泽薮，万物攸归。"范注："象大畜卦。行属于水。谓之积者，言是时阴气盛上，阳气尚微，见山川林泽，物之所归，积聚其中，故谓之积。积之初一，日入角宿三度。"按，阴气盛上，阳气尚微，是八至九月。日入角宿三度，《月令》云："仲秋之月，日在角。"是积和大畜，皆为八月之象。按，敛、积，皆有收获之义。《小雅·大田》曰："彼有不获稚，此有不敛穧。"《大雅·公刘》曰："廼积廼仓，廼裹餱粮。"然敛而积，是以谓五月小畜为敛，八九月大畜为积。

小畜 陆德明《经典释文》："小畜，本又作蓄，同，敕六反，积也，聚也，卦内皆同。郑，许六反，养也。"《说文》："畜，田畜也。"段玉裁注："田畜，谓力田之蓄积也。艸部曰：蓄，积也。畜与蓄义略同。畜从田，其源也；蓄从艸，其委。"按，《汉书·西域传》曰："尉头国，田畜随水草，衣服类乌孙。"又，"乌孙国，不田作种树，随畜逐水草。"是田为耕种，畜为养牧。桂馥义证："田畜也者，戴侗曰：《周官·牧人》，掌牧六牲，而阜蕃其物。《小司徒》：经土地，而井牧其田野。郑司农曰：井牧者，《春秋传》所谓井衍沃、牧隰皋也。按古人言井牧，犹汉人言田畜也。上古畜而不田，中古田畜兼之，故言井牧。知田而不知畜，故骑者乏马，耕者乏牛。夫衍沃之地宜稼，故井之；隰皋，水草所生，则牧焉。《司徒》、《司空》之典既队，井牧之制亡矣。"

王力《同源字典》曰："《说文》：田，陈也。树谷曰田。按，依《说文》，则田的本义是动词，种田。《一切经音义一》引苍颉：田，种禾稼也。《诗·齐风·甫田》：无田甫田。传：田，谓耕治之也。《汉书·高帝纪上》：令民得田之。师古曰：田，谓耕作也。"又曰，《说文》：畜，田畜也。《周礼·天官·庖人》：掌共六畜六兽六禽。注：始养曰畜，将用曰牲。《夏官·序官》：掌畜。注：畜，谓敛而养之。《诗·邶风·日月》：畜我不卒。笺：畜，养也。《小雅·我行其野》：尔不我畜。传：畜，养也。《节南山》：以畜万邦。笺：畜，养也。《左传》宣公四年：从其母畜于邧。注：畜，养也。《易·小畜卦》郑注：畜，养也。《师卦》：君子以容民畜众。虞注：畜，养也。"又曰，"《说文》：蓄，积也。《广雅·释诂三》：蓄，聚也。《文选·班固典引》：蓄炎上之烈精。蔡注：蓄，聚也。《一切经音义四》引《字书》：蓄，积也，聚也。《诗·谷风·邶风》：我有旨蓄，亦以御冬。笺：蓄积美菜者，以御冬月乏无时也。《文选·张衡东京赋》：洪恩素蓄。薛注：蓄，积也。字亦作畜。《诗·谷风·释文》：蓄，本亦畜。《易·小畜卦名·释文》：畜，积也，聚也。《荀子·王制》：我今将畜积，并聚之于仓廪。《天论》：畜积收藏于秋冬。"

按，《说文》曰："畜，田畜也。"前畜为蓄，谓以其种田养殖，是以得蓄积。此与《货殖列传》，任氏力田畜故富，所述佥同。杨树达《积微居小学述林·释蓄》曰："《说文一篇下艸部》云：蓄，积也，从艸，畜声。按畜声有义。知者：《礼记·王制篇》曰：问国君之富，数畜以对。夫富由于蓄积，数畜以对富问，是以畜明蓄也。大抵古人财物，自圭璧币帛而外，以牲畜为大宗。是古人之贿赂征求，皆以畜也：此经传以畜为蓄之证也。《史记·货殖传》曰：乌氏倮，以奇缯物，献遗戎王。戎王什倍以偿，与之畜。畜至用谷量马牛，秦始皇令倮比封君。此史传以畜为蓄之证也。"

于省吾《双剑誃诸子新证·易经二》云："《西溪易说》，引《归藏》大畜作大毒畜，小畜作小毒畜。黄宗炎曰：大畜、小畜，为⿱大毒畜、⿱小毒畜。毒，取亨之义。按，⿱大毒、⿱小毒均合文也。甲骨文及金文，合文之例习见。《说文》：毒，原也。毒、笃古通。《书微子》：天毒降灾荒殷邦。《史记·宋微子世家》，作天笃下灾亡殷国。《诗·椒聊》：实大且笃。传：笃，厚也，《释文》：畜，积也。小毒畜，即小厚积；大毒畜，即大厚积也。”按，《说文》曰：“蓄，积也。从艸，畜声。”是《归藏》与《周易》，大畜、小畜之畜，皆为蓄。《太玄经》准小畜为敛，准大畜为积。敛积为收蓄之意，是以畜为蓄。又，长沙马王堆出土之《帛书周易》，小畜作少蓺，大畜作泰蓄。少与小通，泰与大通。少蓺即小蓺，泰蓄即大蓄。蓺，会意字，少蓺，谓庄稼等物小孰。孰，即今熟。小熟为小蓄，大熟为大蓄。《序卦传》曰：“比必有所畜，故受之以小畜。物畜然后有礼。”物畜然后有礼，即所谓衣食足，然后知礼仪，畜亦蓄。综上，小畜犹小蓄，然畜有田畜专义，故卦名用之。小畜，谓四、五月间，耕种养殖，小有收获。此为卦象本义，而卦辞用引伸义，谓人事小有所成。

亨　《易》卦卦辞，有谓元亨、亨、小亨、光亨、吉亨五种，元亨即大亨。乾卦《文言》曰：“亨者，嘉之会也。”朱熹《周易本义》注：“亨者，生物之通。物至于此，莫不嘉美。”亨，为通之名。蒙卦，坎下艮上。《彖》曰：“蒙亨，以亨行时中也。”亨行时中，谓通行时中。履卦，兑下乾上。《彖》曰：“亨，刚中正，履帝位而不疚，光明也。”谓刚得中正，履帝位乃光明之行。光明之行是以得通，故曰亨。同人卦，离下乾上。《彖》曰：“同人于野，亨，唯君子为能通天下之志。”通天下之志为亨。谦卦，艮下坤上。《彖》曰：“谦亨，天道下济而光明，地道卑而上行；天道亏盈而益谦，地道变盈而流谦；鬼神害盈而福谦，人道恶盈而好谦。”此谓谦受益，满招损，受益则亨通。噬嗑卦，震下离上。《彖》曰：“噬嗑而亨，刚柔分，动而明，雷电合而章，柔得中而上行。”此皆亨通之象。贲卦，离下艮上。《彖》曰：“贲亨，柔来而文刚，故亨。”柔来文刚谓离，离为文明，文明则行通。复卦，震下坤上。《彖》曰：“复亨，刚反。”刚反于其道则通，故谓亨。大过卦，巽下兑上。《彖》曰：“利有攸往，乃亨。”往则通，故亨。习坎卦，坎下坎上。《彖》曰：“维心亨，乃以刚中也。”刚以中而行，故通。离卦，离下离上。《彖》曰：“柔离乎中正，故亨。”谓文明中正，故通。咸卦，艮下兑上。《彖》曰：“柔上刚下，二气感应以相与，止而说，男下女，是以亨。”合乎婚姻礼仪，是以通顺。恒卦，巽下震上。《彖》曰：“恒亨，久于其道也，天地之道，恒久而不已也。”久而不已，是以为亨通。遁卦，艮下乾上。《彖》曰：“遁亨，遁而亨也，刚当位而应，与时行也。”与时偕行，是以为通。萃卦，坤下兑上。《彖》曰：“王假有庙，致孝享也，利见大人亨。”孝感神人，故无不通。困卦，坎下兑上。《彖》曰：“险以说，困而不失其所亨。”陷险而乐观，虽困而能突破，故通。震卦，震下震上。《彖》曰：“震亨，震来虩虩，恐致福也；笑言哑哑，后有则也；震惊百里，惊远而惧迩也；出可以守宗庙社稷，以为祭主。”震可致者四，为亨通。丰卦，离下震上。卦辞曰：“丰，亨。”《彖》曰：“丰，大也，明以动，故丰。”明以动而不失，是以通达。兑卦，兑下兑上。卦辞曰：“兑，亨。”《彖》曰：“兑，说也。刚中而柔外，说以利贞，是以顺乎天而应乎人。说以先民，民忘其劳；说以犯难，民忘其死。说之大，民劝矣哉！”说可得天得民，故曰兑通。涣卦，坎下巽上。《彖》曰：“涣亨，刚来而不穷，柔得位乎外而上同。”不穷为通。节卦，兑下坎上。《彖》曰：“节亨，刚柔分，而刚得中。”阴阳等分，而阳得中得正，势必亨通。小过卦，艮下震上。《彖》曰：“小过，小者过而亨也。”阴为小。阴塞阳通，阴过阳来，为小者过而亨。既济卦，离下坎上。《彖》曰：“既济亨，小者亨也。”坎为月，为阴为小。既济月行天上，为小者通。未济卦，坎下离上。《彖》曰：“未济亨，柔得中也。”柔谓六五君子之光，日中照天下，为通。小畜卦，乾下巽上。《彖》曰：“健而巽，刚中而志行，乃亨。”乾为天行健，巽为风为顺，二、五阳刚中正。其行健风顺，其志不移，乃亨。小畜，春夏生长之卦，无物不通，故亨。以上，为嘉之会。

密云不雨 《释名》曰：“云，犹云，云众盛意也。”又曰，“运也，运行也。”《说文》：“雲（云），山川气也，从雨，云象回转之形。”云从雨，即云有雨。《礼记·孔子闲居》：“天降时雨，山川出云。”郑氏注：“天将降时雨，山川为之先出云矣。”《素问·阴阳应大论》：“地气上升为云，天气下降为雨。”注曰：“阴凝上结，则合以成云；阳散下流，则注而为雨。”谓山川之气，升天为云，云化而下降为雨。《说文》：“雨，水从云下也。一象天，冂象云，水霝其间也。凡雨之属，皆从雨。”《洪范五行传》曰：“云者，起于山，弥于天。”弥于天，即密云而未雨。《说卦传》曰：“巽为风。”云从风行，风起云涌。故巽半坎，即半雨，半雨为密云。《彖》曰：“密云不雨，尚往也。”气升为云，云降为雨。云升天，遇冷而为雨。尚，同上；往，下往上。尚往，谓云气正在蓄聚升上，而未成雨。朱熹《周易本义》曰：“尚往，言畜之未极，其气犹上进也。”

虞翻曰：“需，坎升天为云，坠地称雨。上变为阳，坎象半见，故密云不雨，上往也。”李道平《周易集解纂疏》：“需变小畜，需上为坎，上坎为云，故升天为云，下坎为雨，故坠地称雨也。今上变巽为阳，是坎象半见，故密云不雨。需，上往而变坎雨为巽风，风以散之，且不果，故曰密云不雨，上往也。”程氏传：“畜道不能成大，如密云而不能成雨。阴阳交而和，则相固而成雨。二气不和，阳尚往而上，故不成雨。盖自我阴方之气先倡，故不和而不能成雨，其功施未行也。小畜之不能成大，犹西郊之云，不能成雨也。”朱熹亦曰：“然畜未极，而施未行，故有密云不雨，自我西郊之象。”

又，小过卦，艮下震上。六五曰："密云不雨，自我西郊。"《象》曰："密云不雨，已上也。"小过，震为雷云；小畜，巽为风云。故两者皆为密云不雨。《大戴礼·曾子天圆》曰："阴阳之气，各静其所，则静矣。偏则风，俱则雷，交则电，乱则雾，和则雨。阳气胜，则散为雨露；阴气胜，则凝为霜雪。阳之专气为雹，阴之专气为霰，霰雹者，一气之化也。"《春秋元命苞》曰："阴阳和而为雨。"小过，小者过，即阴过阳来，为十一月，为阳来遇阴。小畜，小者畜，即阳过阴来，为五月，为阴来遇阳。两者皆阴阳合，而又未和，是以密云不雨。《农书》谓四月曰：从本月开始，天气由暖转热，进入雨季。雨量明显增多，月降雨量，在一百二十，至一百八十毫米之间，是立夏、小满，盆满、钵满季节。又谓五月曰：本月气温逐渐升高，进入梅雨季节。月降雨量，在一百至二百毫升，东南部二百至三百毫升。小畜之密云不雨，即谓四、五月间有云雨之事。《象》曰："密云不雨，尚往也。"即谓云气氤氲，正在上腾，而未成雨。《象》曰："自我西郊，施未行也。"未成雨，故未施行惠泽。施，谓天施地受；君子施，庶人受。

自我西郊　伏羲八卦方位：乾南，坤北，离东，坎西，震东北，兑东南，巽西南，艮西北。又，《尔雅·释地》："邑外谓之郊。"郝懿行义疏："此邑即国都矣。郊者，《说文》云：距国百里为郊。此据王畿千里而言，设百里之国，则十里为郊矣。郊有远近，以国为差。《聘礼》云：宾及郊。郑注：郊，远郊也。《周制》：天子畿内千里，远郊百里。以此差之远郊，上公五十里，侯四十里，伯三十里，子二十里，男十里也。近郊各半之。如郑此言，是天子近郊五十里。"小畜卦，乾下巽上。自我西郊，郊谓交界，在南之西郊，即在西之南郊，即西南，即风云起自西南。巽位西南，为风云，乾下巽上，正是风云起自乾之西郊。又，纣都朝歌，文王国岐山。岐山在朝歌之西方，是以文王为西伯。自我西郊，即谓文王在朝歌西之岐山兴起。其象，乾为王，巽为臣，西伯三分天下有其二。

《史记·周本纪》："西伯阴行善，诸侯皆来决平。于是虞、芮之人，有狱不能决，乃如周。入界耕者皆让畔，民俗皆让长。虞、芮之人，未见西伯，皆惭，相谓曰：吾所争，周人所耻，何往焉？只取辱耳。遂还，俱让而去。诸侯闻之，曰：西伯盖受命之君。明年，伐犬戎；明年，伐密须；明年，败耆国。殷之祖伊闻之，惧，以告帝纣。纣曰：不有天命乎？是何能为！明年，伐邘；明年，伐崇侯虎。而作丰邑，自岐下而徙都丰。明年，西伯崩，太子发立，是为武王。"盖文王之起，为密云不雨，自我西郊之谓；文王之崩，为施未行也之谓。

《大雅·皇矣》曰："维此王季，帝度其心，貊其德音，其德克明。克明克类，克长克君。王此大邦，克顺克比。比于文王，其德靡悔。既帝祉，施于孙子。帝谓文王，无然畔援，无然歆羡，诞先登于岸。密人不恭，敢距大邦，侵阮徂共。王赫斯怒，爰整其旅，以按徂旅，以笃于周祜，以对于天下。”朱熹《诗集传》曰：“此诗叙大王、大伯、王季之德，以及文王伐密伐崇之事也。”如《诗》所云，周至文王为西伯，得专征伐，即是密云不雨，自我西郊，是为小畜。迨武王灭殷，一戎衣天下大定，至成王垂拱而治，才是大畜大有。

又，程氏传：“以人观之，云气之兴，皆自四远，故云郊。据四而言，故云自我。畜阳者四，畜之主也。”故曰小畜。朱熹《周易本义》曰：“巽，亦三画卦之名。一阴伏于二阳之下，故其德为巽为入，其象为风为木。小，阴也；畜，止之之义也。上巽下乾，以阴畜阳；又，卦唯六四一阴，上下五阳皆为所畜，故为小畜。又，以阴畜阳，能系而不能固，亦为所畜者小之象。内健外巽，二五皆阳，各居一卦之中而用事，有刚而能中，其志得行之象，故其占当得亨通。然畜未极，而施未行，故有密云不雨，自我西郊之象。盖密云，阴物；西郊，阴方；我者，文王自我也。文王演《易》于羑里，视岐周为西方，正小畜之时也。”《周易集解纂疏》：“文王化洽西岐，而施未行于天下，故以是喻之。”

《象》曰：“风行天上，小畜，君子以懿文德。”《说卦传》曰：“风以散之。”《集解》曰：“谓建巳之月，万物上达，布散田野。”乾为天，又为建巳之月，即四月。万物上达，布散田野者，谓巽风使然。《考异邮》云：“四十五日，清明风至。清明者，精芒挫收也。”宋均注：“立夏之候也，挫犹止也。时荠麦之属，秀出已备，故挫其锋芒，收之使成实。”《淮南子·天文训》曰：“明庶风至四十五日，清明风至。”高诱注：“巽卦之风也，为柷也。”补曰：“《乐说》：巽主立夏，乐用笙。此云柷者，服虔云：巽音木，其风清明。”《白虎通·八风》曰：“清明风至，物形干。”陈立注：“黍稷于是始熟。”是风行天上，即谓立夏以后，四、五月间，巽风行于天上，此小畜之时。

《礼记·月令》：“孟夏之月，其日丙丁，其虫羽。”（仲夏之月同）郑氏注：“丙之言炳也。日之行夏，南从赤道，长育万物，月为之佐，时万物皆炳然，著见而强大，又因为日名焉。《易》曰：齐乎巽，相见乎离。其虫羽，象物从风鼓翼，飞鸟之属。”《集解》云：“立夏，则巽王，而万物絜齐。夏至，则离王，万物皆相见也。”小畜卦，下为乾为天，上为巽，为立夏之天，万物齐乎巽；为夏至之天，万物皆相见，为小畜。《说文》：“丙，位南方，万物成炳然。阴气初起，阳气将亏。从一入冂，一者阳也。”又，“丁，夏时万物皆丁实，象形。”桂馥义证：“夏时万物皆丁实者，徐锴本作夏时万物皆丁壮成实。《释名》：丁，壮也，物体皆丁壮也。《白虎通》：丁者强也。《参同契》：老物复丁壮。《急就篇》：长乐无极老复丁。《汉书·律历志》：大成于丁。《史记·律书》：丁者，言万物之丁壮也，故曰丁。《淮南·天文训》：巳在丁，曰强圉。高注：万物刚盛。”小畜，乾下巽上，四、五月之象。其日丙丁，万物炳然丁实，是以谓小畜。

《系辞传》曰：“天地变化，圣人效之。”《象》曰：“风行天上，小畜，君子以懿文德。”即是谓君子者，因此而修养文德。《说文》：“懿，专久而美也。”段玉裁注：“专者，壹也。《释诂》、《诗·烝民》传皆曰：懿，美也。《周书·谥法》曰：柔克为懿，温柔圣善曰懿。许益之以专久者，为其字从壹也。专壹而后可久，可久而后美。所谓持其志，无暴其气，美在其中，而畅于四支也。《国语》卫武公，作懿戒以自儆。韦注：懿，读曰抑，《大雅》之《抑》诗也。古懿，抑同用，懿，抑、壹三字同音，可证，古读如一。”《象》曰：“君子以懿文德。”是懿为专一，其用与《说文》同。《大雅·江汉》：“明明天子，令闻不已。矢其文德，洽此四国。”直正为矢。《易》之以懿文德，与《诗》之矢其文德，皆矢志不移文德之意。

《虞书·大禹谟》：“帝曰：咨禹，惟时有苗弗率，汝徂征。三旬，苗民逆命，帝乃诞敷文德，舞干羽于两阶。七旬，有苗格。”孔氏传：“三苗之民数千，不循帝道，言乱逆，命禹讨之。以师临之，一月不服。责舜不先有文诰之命，威让之辞，而便惮之。以威胁之以兵，所以生辞。远人不服，（帝）大布文德以来之。干，楯；羽，翳也。皆舞者所执，修阐文教，舞文舞于宾主阶间，抑武事。讨而不服，不讨自来，明御之者必有道。三苗之国，左洞庭，右彭蠡，在荒服之例，去京师二千五百里也。”《论语·季氏》：“故远人不服，则修文德以来之。”《正义》曰：“修文德者，修，谓加治之；文德，谓文治之德，所以别征伐为武事也。”《左传》襄公八年：“小国无文德，而有武功，祸莫大焉。”又，二十七年：“兵之设久矣，所以威不轨，而昭文德也。”《说苑·指武篇》：“圣人之治天下也，先文德而后武力。凡武之兴，为不服也。文化不改，然后加诛。夫下愚不移，纯德之所不能化，而后武力加焉。”文德，谓礼乐教化，与武功相反。

《象》曰：“风行天上，小畜，君子以懿文德。”即谓君子者，见天上风行，而小畜万物，因此以风教畜万民。《诗序》曰：“风，风也，教也。风以动之，教以化之。”沈云：“上风是国风，即诗之六义也；下风即是风伯鼓动之风。君上风教，能动万物，如风之偃草也。”《大雅·烝民》：“吉甫作诵，穆如清风。”毛传：“清微之风，化养万物者也。”郑笺：“穆，和也。其调和人之性，如清风之养万物然。”《论语·颜渊》：“君子德风，小人德草。草上之风，必偃。”邢疏：“在上君子，为政之德若风；在下小人，从化之德如草。”《说苑·君道》：“夫上之化下，犹风靡草：东风，则草靡而西；西风，则草靡而东。”小畜卦，下为乾，乾为君子；上为巽，巽为风，为君子之风。风乎其上，谓君子自修其文明之德。又，乾为王，巽为风，乾下巽上，为将升之主，有王者之风，是以谓之小畜。《正义》曰："以于其时，施未得行，喻君子之人，但修美文德，待时而发。"程氏传："君子观小畜之义，以懿美其文德。畜聚为蕴畜之义，君子所蕴畜者，大则道德经纶之业，小则文章才艺。"是文德又有广义。

比卦和小畜卦，互为邻卦。《序卦传》曰："比者，比也，比必有所畜，故受之以小畜。"《说文》曰："比，密也。二人为从，反从为比。"段玉裁注："要密义足以括之。其本义谓相亲密也，余义俌也、及也、次也、校也、例也、类也、频也、择善而从之也、阿党也，皆其所引伸。许书无篦字，古只作比。"余义亦均有密义。《序卦传》曰："比者，比也。"即谓比者，密也。以其密，才相聚积。《说文》："蓄，积也。"蓄即畜，是以比必有所畜，故受之以小畜。《杂卦传》曰："小畜，寡也。"以其所蓄未丰，故谓小畜。韩康伯注："比非大通之道，则各有所畜，以相济也。由比而畜，故曰小畜，而不能大也。"谓比，先少而后多，故先曰小畜。

小畜卦和履卦，互为邻卦和综卦。《序卦传》曰："物畜然后有礼，故受之以履。"韩康伯注："履，礼也。礼所以适时用也，故既畜则须用，有用则须礼也。"李道平纂疏："《礼器》：礼时为大。故云礼所以适时用也。物畜则用以通之，《孟子》曰：用之以礼。故有用则须礼也。"《白虎通·礼乐》曰："礼，所以防淫泆，节其侈靡也。"又，"礼贵忠何？礼者，盛不足，节有余，使丰年不奢，凶年不俭，贫富不相悬也。"《周礼·大司徒》曰："以五礼防万民之伪，而教之中。"郑氏注："礼所以节止民之侈伪，使其行得中。"贾公彦疏："礼者，辨尊卑，别贵贱，皆有上下之宜，不得奢侈僭伪，故云礼所以节止民之侈伪也。使其行得中者，上不逼下，下不僭上，得其中正是也。"小畜，为物有所畜。物畜而节之以礼，其次第为邻卦。又，物畜为丰用，以礼用之则节俭，是以小畜乾下巽上，履卦兑下乾上，两卦相倒，互为综卦。

小畜卦和豫卦，互为错卦。畜字，《说文》段玉裁注："俗用畜为六兽字。"又于兽字下云："今俗语多云畜牲。兽，今多用畜者，俗书假借而然。"《左传》僖公十九年："古者六畜不相为用。"孔颖达疏："《尔雅·释畜》，马、牛、羊、豕、犬、鸡，谓之六畜。《周礼》谓之六牲。养之曰畜，用之曰牲，其实一物也。"又，《说文》："豫，象之大者。从象，予声。"段注："此豫之本义，故其字从象也。引伸之，凡大皆称豫。"又，"象，南越大兽。"按，畜，为家畜；豫，为野兽。畜小，兽大，是以两卦卦象相错，即小畜卦，乾下巽上；豫卦，坤下震上。《彖》曰："小畜，柔得位，而上下应之，曰小畜。"又，"豫，刚应而志行，顺以动，豫。"前者柔得位而上下应之，后者刚应而志行。一柔一刚，一应一行，是亦相错之义。

小畜卦和大畜卦，相对为名。小畜，乾下巽上，《象》曰：“风行天上，小畜，君子以懿文德。”谓君子自我修养文德，以待时用。大畜，乾下艮上，《象》曰：“天在山中，大畜，君子以多识前言往行，以畜其德。”谓君子日上其高山之德。是以前者为小畜，后者为大畜。小畜卦和姤卦，为上下互换卦。小畜，乾下巽上，《象》曰：“风行天上，小畜，君子以懿文德。”姤卦，巽下乾上，《象》曰：“天下有风，姤，后以施命四方。”乾在下时，为君子小畜之时；乾在上时，为君王施命之时。两卦不同，因乾之上下地位不同。需卦和小畜卦，为互有异同卦。需卦，乾下坎上，《象》曰：“云上于天。”小畜卦，乾下巽上，《象》曰：“风行天上。”天上有云则有雨，天上有风则无雨。前者云雨已在天上，故须等待；后者风行天上，云雨尚在形成。于象，坎为水象，巽为半坎水象，是以一为雨水，一为风云。

初九，复自道，何其咎？吉。

〔**译**〕　初九，复自七日来复之道，有何灾害？吉利。

《象》曰：“复自道，其义吉也。”

〔**证**〕

复自道　《说文》：“復，往来也。”段玉裁注：“辵部曰：返，还也；还，復也。皆训往而仍来。”又，“复，行故道也。”段注：“復行而复废矣，疑彳部之復，乃后人增也。”《易》分阴阳，阴阳各以六为数。即乾卦，乾下乾上；坤卦，坤下坤上。阴极阳生为复卦，即震下坤上；阳极阴生为姤卦，即巽下乾上。故复卦卦辞曰：“反复其道，七日来复。”《系辞传》曰：“一阴一阳之谓道。”复自道，即谓复自阴阳变化之道。乾卦《象》曰：“终日乾乾，反复道也。”又，复卦初九曰：“不远复。”泰卦九三曰：“无往不复。”睽卦初九曰：“勿逐自复。”震卦六二曰：“勿逐，七日得。”既济卦六二曰：“勿逐，七日得。”是阴阳推移，七日复得，阳称复，阴称得。《象》曰：“姤，遇也，柔遇刚也。”柔来遇刚，阴来姤阳，是为相得。《字彙》：“得，又合也，人相契合曰相得。”即是其义。于象，阳来下为复，阴极阳生为自道。自，言由。

何其咎　何其咎，即无咎。复卦卦辞曰：“复，亨。出入无疾，朋来无咎。反复其道，七日来复。利有攸往。”《彖》曰：“复，亨，刚反。动而以顺行，是以出入无疾，朋来无咎。反复其道，七日来复，天行也。利有攸往，刚长也。复其见天地之心乎？”复其见天地之心乎，谓复见天地阴阳之规律。即七日刚反，动以顺行，是以无咎。小畜初九复自道，即复卦七日来复之义，亦刚反而顺天之行，利有攸往，故曰何其咎。又，《系辞传》曰：“日往则月来，月往则日来，日月相推，而明生焉。寒往则暑来，暑往则寒来，寒暑相推，而岁成焉。”系辞所云，亦谓阴阳转换。小畜初九复自道，是乃穷神知化，而无灾咎。即阳从下起，为无咎。

吉 《老子》曰：“道生之，德畜之，物形之，势成之。是以万物莫不尊道而贵德。道之尊，德之贵，夫莫之命而常自然。故道生之，德畜之，长之育之，亭之毒之，养之覆之。”《河上公章句》：“道生万物。德，一也。一主布气而畜养之。一为万物设形象也。一为万物作寒暑之势以成之。道德所为，万物无不尽惊动，而尊敬之。道一不命召万物，而常自然应之如影响。道之于万物，非但生之而已，乃复长养、成熟、覆育，全其性命。人君治国治身，亦当如是也。”王弼注：“物生而后畜，畜而后形，形而后成。何由而生？道也。何得而畜？德也。何由而形？物也。何使而成？势也。唯因也，故能无物而不成。凡物之所以生，功之所以成，皆有所由，有所由焉，则莫不由乎道也。故推而极之，亦至道也。随其所因，故各有称焉。道者，物之所由也；德者，物之所德也。由之乃得，故曰不得不尊；失之则害，不得不贵也。”是天地阴阳之道生万物。小畜初九复自道，复为阳复。乾卦《彖》曰：“大哉乾元，万物资始乃统天。云行雨施，品物流形。首出庶物，万国咸宁。”乾既为万物之始，又为万国咸宁，故初九《象》曰：“复自道，其义吉也。”谓乾阳之复，乃为天道。顺天道者，得天祐之，是其义当吉利。

小畜，本耕种养殖，小有收获之卦，初九，是十一月之一阳生。《说文》曰：“子，十一月，阳气动，万物滋。”于《易》，为潜龙勿用。马融曰：“初九建子之月，阳气始动于黄泉。既未萌芽，犹是潜伏。复卦七日来复，先儒解云：七日，当为七月。谓阳气从五月建午而消，至十一月建子始复，所历七辰，故谓七月。《月令·仲冬之月》：阴阳争，诸生荡。注云：争者，阴方盛，阳欲起也。荡谓物动萌芽也。《逸周书·周月解》：维十有一月，微阳动于黄泉，阴降惨于万物。《白虎通》：十一月之时，阳气始养根核，故黄泉之下，万物皆赤。赤者，盛阳之气也。”又云，“十一月，律谓之黄钟何？黄者，中和之色，钟者，动也。言阳气于黄泉之下，动养万物也。”按，初九为十一月，为阳复，与六四阴相应，阳升阴沉，为刚柔始交，而生万物，是以谓复自道，何其咎。吉。

九二，牵复，吉。

〔译〕 九二，牵引阳气来复，吉利。

《象》曰：“牵复在中，亦不自失也。”

〔证〕

牵复 《说文》：“牽（牵），引而前也。从牛，冖象引牛之縻也，玄声。”段玉裁注：“牵引迭韵。引伸之，輓牛之具曰牵，牛人牵傍是也。又，凡联贯之词曰牵。”《广雅·释诂》:“牵，引也。”《周书·酒诰》曰:“肇牵车牛，远服贾。”孔氏传:“农功既毕，始牵车牛，载其所有，求易所无，远行贾卖。”《周礼·宰夫》“饮食宾赐之飧牵。”郑司农云:“牵，牲牢可牵而行者。”《牛人》:“共其兵军之牛，与其牵徬。”郑氏注:“牵徬，在辕外輓牛也，人御之，居前曰牵，居其旁曰徬。”《左传》僖公三十三年:“吾子淹久于敝邑，唯是脯资、饩牵竭矣。”杜预注:“牵，谓牛羊豕。”《正义》曰:“牛羊豕可牵行，故云牵。”《礼记·月令》:“季冬之月，出土牛，以送寒气。”郑氏注:“季冬者，日月会于玄枵，而斗建丑之辰也。作土牛者，丑为牛，牛可牵止也。”《正义》曰:“季冬，《元嘉历》:日在牛三度。出土牛以送寒气者，其时月建丑，又土能克水，持土之阴气，故特作土牛，以毕送寒气也。”以上，牵既作动词，也作名词。

《周易》之牵，以牵引为义，以所牵之物为象，与上述牵字，动词、名词兼备一致。夬卦，乾下兑上。九四曰:“牵羊。”四之上为兑，兑为羊，羊可牵，故曰牵羊。又，羊与阳谐音。九五为首，九四牵众阳来五下，为牵羊。兑卦，兑下兑上。上六曰:“引兑。”兑为羊，上六在兑上，有牵引羊之象，故曰引兑。《象》曰:“上六引兑，未光也。”以兑之阳上有阴，需引阳以光之。兑在伏羲八卦，位东南，二、三月卦象，阳至四月方为纯阳，故需引阳以光大之。小畜卦，乾下巽上。乾为阳，阳与羊谐音，羊可牵，故牵羊即牵阳。九二，在下乾之中，承九三之阳，启初九之阳，是以谓牵阳来复，为牵复。又，九二为季冬之阳，十二月当丑，丑为牛。牛可牵。坤为子母牛，乾为大牛公牛，九二牵牛，为牵乾阳来复。又，二之四为兑，兑为羊，羊可牵，羊为阳。牵复，亦牵阳来复。

吉 《象》曰:“牵复在中，亦不自失也。”亦，承上而言，谓初九复自道，吉;又，九二牵复，吉。复而又复，不失其道，故吉而又吉。程氏传:“二，居中得正者也，刚柔进退，不失乎中道也。阳之复，其势必强。二以处中，故虽强于进，亦不至于过刚。过刚乃自失也。爻止言牵复而吉之义，象复发明其在中之美。”《月令·季冬之月》云:“其日壬癸”,“律中大吕”。郑氏注:“壬之言任也，癸之言揆也。日之行冬，北从黑道，闭藏万物，月为之佐。时万物怀任于下，揆然萌芽。”又曰，“大吕者，蕤宾之所生也。季冬气至，则大吕之律应。《周语》曰:大吕助阳宣物。”按，《国语·周语下》曰:“大吕，助宣物也。”韦昭注:“十二月大吕，大吕，助阳宣散物也。天气始于黄钟，萌而赤，地受之于大吕，芽而白，成黄钟之功也。”又曰，“十一月黄钟，乾初九也。黄，中之色也;钟，言阳气聚钟于下也。”于小畜，初九为黄钟，九二为大吕。初九，阳气聚钟于下，为复自道。九二，阳气出地，为牵复。阳气复，万物滋，是以为吉。

《周礼·师氏》:“掌国中失之事。”郑氏注:“中，中礼者也;失，失礼者也。《故书》:中为得。”《校勘记》云:“高诱曰:中犹得。然者中失犹得失。”《太玄经·从锐至事》云："达于中衢，大小无迷。"又云，"达于中衢，道四通也。"九二，在下乾之中，得中而不失，牵阳来复，无迷四通，是阳得畜养之道，故吉。乾卦《文言》曰："九二曰：见龙在田，利见大人，何谓也？子曰：龙德而正中者也。庸言之信，庸行之谨，闲邪存其诚，善世而不伐，德博而化。《易》曰：见龙在田，利见大人，君德也。"朱熹曰："正中，不潜而未跃之时也。常言亦信，常行亦谨，盛德之至也。闲邪存其诚，无斁亦保之意。言君德也者，释大人之为九二也。"九二，虽未得位，而大人之德已著。在下位为九二，在上位则为九五，是以牵复为小畜之时，终将利见大人，故曰吉。

九三，舆说辐，夫妻反目。

〔译〕　九三，车舆脱掉轮辐，阴阳不相和睦。

《象》曰："夫妻反目，不能正室也。"

〔证〕

舆说辐　《急就篇》："辎轺辕轴舆轮𨏥。"颜师古注："著轮曰车，无轮曰舆。"王应麟补曰："《古史考》，黄帝作车。《世本》：奚仲作车。《续汉志》：上古圣人见转蓬，始知为轮。轮行可载，复为之舆。《说文通释》：舆，车底也。"《周礼·考工记》："舆人为车。"郑氏注："车，舆也。"贾公彦疏："此舆人，专作车舆。记人言车者，车以舆为主，故车为总名。"段注《说文》曰："舆为人所居，可独得车名也。"车以舆为主，故以舆代车。如：师卦六三："师或舆尸"；六五："弟子舆尸"；剥卦上九："君子得舆"；大畜卦九二："舆说輹"；大壮卦九四："壮于大舆之輹"；睽卦九三："见舆曳"，皆以舆为车。《说卦传》曰："坤为大舆"；"坎其于舆也为多眚"，亦以舆为车名。《老子》曰："虽有舟舆，无所乘之。"舟舆即舟车，是舆为车名。

《说文》："说，说释也。从言兑。一曰谈说。"段玉裁注："说释者，开解之意。"《大雅·瞻卬》："此宜无罪，女反收之；彼宜有罪，女覆说之。"《释文》："说，一音他活反。"《卫风·氓》："士之耽兮，犹可说也；女之耽兮，不可说也。"郑笺："说，解也。"孔疏："言士之耽兮，尚可解说；女之耽兮，则不可解说。"余冠英《诗经选·氓》注："说，读为脱，解脱。"《左传》昭公二十一年："既战，说甲于公而归。"说，脱。《仪礼·士昏礼》："主人说服于房，媵受；妇说服于室，御受。"说，皆脱。《易》蒙卦，初六："用说桎梏"；大畜卦，九二："舆说輹"；遁卦，六二："执之用黄牛之革，莫之胜说"；睽卦，上九："先张之弧，后说之弧"；困卦，九五："困于赤绂，乃徐有说。"说，皆脱。小畜，九三："舆说辐。"朱熹《周易本义》注："说，吐活反。"亦谓说为脱。

《说文》："辐，轮轑也。从车，畐声。"段玉裁注："以上六篆，言毂而及轴末，之出于毂者，故遂以凑于毂者终之也。辐凡三十。"《魏风·伐檀》："坎坎伐辐兮。"《小雅·正月》："员于尔辐。"《正字通》曰："辐，谓轮中木之直指者，下有菑以指辋，上有爪以凑毂。"《考工记·轮人》："毂也者，以为利转也；辐也者，以为直指也。"《辀人》："轮辐三十，以象日月也。"《老子》："三十辐共一毂。"谓三十条辐，集中到一个毂。毂，即车轮中心，车轴穿过之圆木。《淮南子·泰族训》："轮不运，而三十辐条以其力。"又，《说林训》："轮非辐，不能追疾。"是车行止不可无辐。《说卦传》曰："坎，其于舆也，为多眚。"小畜卦，二之四为兑，兑为毁折，为坎少下阴，似舆少两轮辐，九三正当其中，故为舆说辐。舆说辐，谓不利于前行，即九三之阳，受六四之阴所阻，不利于阳气之畜养增进。

夫妻反目 家人卦，离下巽上；小畜卦，乾下巽上。《说卦传》曰："离为乾卦。"离、乾相通，是小畜卦有家人卦象。家人九三曰："家人嗃嗃，悔厉吉；妇子嘻嘻，终吝。"小畜九三曰："舆说辐，夫妻反目。"两爻阴阳位置相同，辞义亦大致仿佛。皆谓阴阳不和，夫妻不谐。《彖》曰："家人，女正位乎内，男正位乎外。男女正，天地之大义也。"《易》以下卦为内，以上卦为外。九三和六四，是阴在外，阳在内，即女反位乎外，男反位乎内。其女不正乎位，为夫妻反目。《象》曰："夫妻反目，不能正室也。"夫为家，妻为室。《礼记·曲礼上》："三十曰壮，有室。"郑氏注："有室，有妻也，妻称室。"不能正室，即不能正妻。家人卦六二曰："无攸遂，在中馈，贞吉。"九三与六四比近，虽有夫妻之象，但九三过刚不中，不能正其室，即不能使六四无进于外，而入主中馈，得其正位之吉，反倒被六四阴爻所乘。于象，三之五为离，离为目，为火，火炎上；四之上为巽，巽为多白眼，白眼向下：为夫妻反目。又，离跨上下，为反眼相对，为夫妻反目，为阴阳不和。阴阳不和，则物尚且难养，小畜亦还未就。《月令·仲夏之月》云："是月也，日长至，阴阳争。"郑氏注："争者，阳方盛，阴欲起也。"阴阳争，谓四、五月间，阴来阳下，即乾下巽上之象。九三曰夫妻反目，即阴阳争之义。

六四，有孚，血去惕出，无咎。

〔译〕 六四，上有信孚，忧惧尽除，无灾过。

《象》曰："有孚惕出，上合志也。"

〔证〕

有孚 孚为诚信，诚信为实。《周易》，以阳为实，以阴为虚。有孚，指有阳实之象。大有卦，乾下离上。六五曰："厥孚交如。"谓上下皆阳实相交。益卦，震下巽上。六三曰："有孚中行，告公用圭。"有孚，指九五有孚惠心，阳实为孚，居上卦之中，为中行。五为至尊，为天子，三为公位。谓天子命公使用圭瑞。丰卦，离下震上。六二曰：“有孚发若。”《象》曰：“有孚发若，信以发志也。”六二在离之中，离之初九、九三，为阳为孚信，似六二信以发志，故曰有孚发若，孚亦指上下阳爻。中孚卦，兑下巽上。《彖》曰：“柔在内，而刚得中。”阳刚为诚信，刚得中即中孚之象。故九五曰：“有孚挛如。”《象》曰：“有孚挛如，位正当也。”位正当，即谓九五阳刚中正，阳刚为有孚，中正似挛如，故曰有孚挛如。未济卦，坎下离上。六五曰：“君子之光，有孚，吉。”六五为君子 ，在离之中，离为日为光，为君子之光。光则外发，其外发者为九四、上九，皆阳实有孚，故曰君子之光有孚。小畜，乾下巽上。六四之有孚，乃指九五之有孚挛如。六四得九五阳实孚信，富以其邻，故而血去惕出，无咎。虞翻曰：“孚，谓五。”《周易集解纂疏》：“五，中实称孚；四承五，故孚谓五也。”

血去惕出　《管子·水地》曰：“水者，地之血气，如筋脉之通流者也。”故《说卦传》曰：“坎为水，为血卦。”屯卦，震下坎上。上六曰：“泣血涟如。”上六在坎上，坎为水为血卦，故曰泣血涟如。需卦，乾下坎上。六四曰：“需于血。”四之上为坎，坎为水为血，需于血即需于坎。归妹卦，兑下震上。上六曰：“士刲羊，无血，无攸利。”上六与六三不应，犹士刲羊无血，无所利。初九为士，兑为羊，以其初九来刲羊，所以不成坎象，故无血。涣卦，坎下巽上。上九曰：“涣其血去。”《象》曰：“涣其血，远害也。”涣其血去，即涣其坎去。《说卦传》曰：“坎，其于人也，为加忧，为心病。”血去，犹忧去，故曰远害。小畜卦，四之上为巽，巽不成坎，无忧是以为血去，为远害。

《玉篇》：“惕，惧也。”又，“惕，忧也。”《商书·盘庚上》：“惟汝含德，不惕予一人。”孔氏传：“汝不从我命，所含恶德，但不畏惧我耳。”《陈风·防有鹊巢》：“谁侜予美，心焉惕惕。”郑笺：“惕惕，犹忉忉也。”《诗集传》：“忉忉，忧貌。”《左传》襄公二十二年：“无日不惕，岂敢忘职。”杜预注：“惕，惧也。”乾卦，九三曰：“君子终日乾乾，夕惕若，厉无咎。”《释文》引郑康成曰：“惕，惧也。”讼卦，卦辞曰：“有孚，窒惕，中吉。”王弼注：“唯有信而见塞惧者，乃可以得吉也。犹复不可终，中乃吉也。故虽复有信，而见塞惧，犹不可以为终也。”窒惕犹塞惧，是惕为惧。小畜六四在巽，巽者坎之上阴变阳，无忧惧之象，是以为血去惕出。虞翻曰：“逸坎为血为惕。惕，忧也。坎象不见，故血去惕出。”

无咎　《象》曰：“有孚惕出，上合志也。”《说文》曰：“午，啎也。五月阴气午逆阳，冒地而出。”《大戴礼记·夏小正》：“五月，时有养白。养，长也。”《解诂》引《白虎通·三正》云：“白者阴气，时有养白，谓五月中时，阴气方生也。传云：养，长养也者，长为生长之长，非长短之长。”又，《五行》曰：“午，物满长。其日丙丁。丙者，其物炳明；丁者，强也。时为夏，夏之言大也。”疏正：“《大义》引《义宗》云：午，长也，大也。明物皆长大也。是即物满长之义也。《说文·丙部》：丙，位南方，万物成炳然。阴气初起，阳气将亏。《释名·释天》云：丙，炳也。物生炳然，皆著见也。《史记·律书》：丁者，言万物之丁壮也。《说文·丁部》：丁，夏时万物皆丁实。《太玄·玄数》为夏注：夏，大也。万物皆长大也。《御览》引《义宗》云：夏，大也。至此之时，物已长大，故以为名。”《彖》曰：“大哉乾元，万物资始”，“至哉坤元，万物资生”。《系辞传》曰：“乾知大始，坤作成物。”小畜之四，为巽之阴，巽在伏羲卦位为五月，为五月阴气逆阳而出，以成万物，是以无灾咎。六四，有天文，有人文。阴来阳下，阳上无阴，为血去惕出，无咎，为天文。四承五，阴顺阳，臣顺君，亦血去惕出，无咎，为人文。又，四在兑上，兑为羊，羊为吉祥，为无咎。

九五，有孚挛如，富以其邻。

〔译〕 九五，有诚信，敬慎拘束然，富及其邻。

《象》曰：“有孚挛如，不独富也。”

〔证〕

有孚挛如 五在上巽之中，巽为风，八风应期而至，有信为有孚。又，五为阳实中正，为有孚挛如。家人卦，离下巽上。上九曰：“有孚威如。”益卦，震下巽上。九五曰：“有孚惠心，勿问元吉，有孚惠我德。”姤卦，巽下乾上。初六曰：“羸豕孚蹢躅。”升卦，巽下震上。九二曰：“孚乃利用禴。”中孚卦，兑下巽上。九五曰：“有孚挛如。”是巽亦为孚。《说文》：“挛，系也。”段玉裁注：“系者絜束也。”絜束，犹拘束。《集韵》：“挛，手足曲病。”《易林》：“一牛九锁，更相牵挛。”《素问·皮部论》：“寒多，则筋挛骨痛。”《史记·范雎蔡泽列传》：“先生膝挛。”裴骃《集解》：“挛，两膝曲也。”按，巽为逊，为敬慎。五为中极，敬慎诚信之至，是以手足蜷曲挛如。《说卦传》曰：“巽为绳直。”为绳，故有拘系之状。

富以其邻 《说文》：“富，备也；一曰厚也。从宀，畐声。”又，“實（实），富也。从宀贯，贯为货物。”《易》以阳为实，以阳为富；以阴为虚，以阴为不富。小畜九五阳，阳为实，实为富，故曰富以其邻。反之，泰卦，乾下坤上。六四曰：“翩翩，不富以其邻。”《象》曰：“翩翩不富，皆失实也。”是阳实为富，失实则不富。谦卦，艮下坤上。六五曰：“不富以其邻。”六五阴虚，为不富。《经传释词》：“以，犹及也。《易》小畜九五曰：富以其邻。虞翻注曰：以，及也。泰六四、谦六五，并曰：不富以其邻。”《说文》：“邻，五家为邻。”《释名·释州国》：“五家为伍，又谓之邻。邻，连也，相接连也。”

九五为富，与其他四阳相比与，为邻；不独富，为富以其邻。

《小雅·大田》："有渰凄凄，兴云祁祁。雨我公田，遂及我私。"毛传："渰，云兴貌；凄凄，云行貌；祁祁，徐也。"郑笺："古者，阴阳和，风雨时，其来祁祁然，而不暴疾。其民之心，先公后私，令天主雨于公田，因及私田尔。此乃民怙君德，蒙其余惠。"小畜九五，在上巽之中，风挟雨降，将播泽于天下。是《诗》有大田，《易》有小畜，皆谓怙君之盛德，蒙其余惠。故《象》曰：有孚挛如，不独富也。益卦，震下巽上。《象》曰："损上益下，民说无疆；自上下下，其道大光。利有攸往，中正有庆，利涉大川，木道乃行。"木道即巽道，巽为木，木为仁，仁者德之光。《老子》曰："天之道，其犹张弓欤？高者抑之，下者举之，有余者损之，不足者补之。天之道，损有余而补不足；人之道则不然，损不足以奉有余。孰能有余以奉天下？唯有道者。是以圣人为而不恃，功成而不处，其不欲见贤。"九五富以其邻，谓畜而得富，富而不居，损有余而补不足，行天之道。小畜，初、二、三、上皆为实，六四在互离之中，离为乾卦，是六四亦为实。九五为实为富，其他五爻亦为实为富，故曰富以其邻，不独富。

上九，既雨既处，尚德载。妇贞厉，月几望，君子征凶。

〔**译**〕上九，已经降下雨泽，又已经停止，庶可载德而归。阴来正厉，月之转机在望日，君子前行有凶险。

《象》曰："既雨既处，德积载也。君子征凶，有所疑也。"

〔**证**〕

既雨既处　《说文》："既，小食也。"段玉裁注："引伸之义为尽也、已也。小食则必尽。"李孝定《甲骨文字集释》云："既，契文象人食已，顾左右而将去之也，引伸之义为尽。"《广雅·释诂》："既，已也。"《玉篇》："既，已也。"《虞书·尧典》："九族既睦，平章百姓。"孔氏传："既，已也。"《易》卦既济未济，既、未对举，言已济未济。又，《说文》："処（处），止也。从夂几，夂得几而止也。"段注："人遇几而止，引伸之，为凡居処之字。夂，读若黹，从后致也。人两胫，后有致之者，至乎几而止，故字从夂几。"巽为风雨，九五在巽之中，为云行雨施之时。其于人文，为君王泽惠下施，故其辞曰：富以其邻。至上九，为巽之终，即为风雨之终，终为尽为止，为既雨既处，谓雨已经下过，已经停止。小畜，自密云不雨始，至既雨既处终，终即目的。

尚德载　《说文》："尚，曾也，庶几也。"段玉裁注："尚之词亦舒，故释尚为曾。曾，重也；尚，上也。皆积累加高之意，义亦相通也。《释言》曰：庶几，尚也。"尚为积累加高之义，是以尚德载，即积德载。故《象》曰："既雨既处，德积载也。"《小雅·

大东》："薪是穫薪，尚可载也。哀我惮人，亦可息也。"郑笺："薪是穫薪者，析是穫薪也。尚，庶几也。庶几析是穫薪，可载而归，蓄之以为家用。哀我劳人，亦可休息养之，以待国事。"孔疏："郑唯穫为木名，尚可庶几。又尚可载，以对亦可息。是薪可载归，犹人可休息。直文比事，于义为通。"《诗集传》："穫，艾也；惮，劳也；尚，庶几也；载，载以归也。苏氏曰：薪已获矣，而复渍之，则腐。民已劳矣，而复事之，则病，故已艾，则庶其载而畜之。已劳，则庶其息而安之。"按，既雨既处，尚德载，谓小畜德已满，庶几可载而归之，以待国事之用。坎为车舆，上下虚。巽为坎上满载之象，上九为尚，阳为德，为尚德载。

妇贞厉 《说文》："妇，服也。从女持帚，洒掃也。"段玉裁注："亦以迭韵为训。妇，主服事人者也。《大戴礼·本命》曰：女子者，言如男子之教，而长其义理者也，故谓之妇女。妇人，伏于人也，是故无专制之义，有三从之道。"颜师古注《急就篇》：曰："妇者，服事舅姑之称。"《白虎通·嫁娶》："妇者服也，服于家事，事人者也。"《正字通》："妇，女子已嫁曰妇。"《卫风·氓》："三岁为妇，靡室劳矣。"郑笺："有姑舅曰妇。"《豳风·七月》："同我妇子，馌彼南亩。"妇谓妻。蒙卦，九二曰："纳妇吉，子克家。"朱熹曰："以阳受阴，为纳妇之象。"小畜，上卦巽，一阴来于阳下，阴内阳外，其阴为妇。巽于伏羲八卦，为五月卦，为阴生阳退之卦，故曰妇正危厉。此单卦，犹重卦姤卦，巽下乾上。《象》曰："姤，遇也，柔遇刚也。勿用取女，不可与长也。"虞翻曰："消卦也，与复旁通。巽长女，女壮；伤也，阴伤阳，柔消刚，故女壮也。"女壮消阳，为妇正厉。

月几望 《周髀》云："日犹火，月犹水。火则月光，水则含景。故月光生于日所照，魄光生于日所蔽。故就其明之所生，则月生于日；就其明之所指，则日照昼，月照夜也。"《保乾图》云："日以圆照，月以亏全。"宋均注："全，十五日时是也。"《体运》："是以三五而盈，三五而缺。"注："一盈一缺，屈伸之义也。"《系辞传》曰："悬象著明，莫大乎日月。"李氏《周易集解》引虞翻曰："谓日月悬天，成八卦象。三日震象出庚，八日兑象见丁，十五日乾象盈甲，十六日巽象退辛，二十三日艮象消丙，三十日坤象灭乙。"《说文》："幾（几），微也，殆也。"《系辞传》："几者，动之微，吉凶之先见者也。"月之几微，在日月相望之时，十五而盈，十五而缺。小畜上九，亢龙有悔，如月满而亏，为上穷之灾。《说卦传》曰："巽为白。"月色白，故小畜卦、中孚卦，皆以巽为月，离为日，巽、离相互为月几望。又，巽阴在下，为月下弦之象，示人以物盛而衰之理。

君子征，凶 《说文》："征，正行也。"段玉裁注："《释言》、《毛传》皆曰：征，行也。许分别之：征，为正行；迈，为远行。”小畜，上卦巽，为五月，一阴生，一阳退，是为姤卦。六月，二阴生，二阳退，是为遁卦。七月，三阴生，三阳退，是为否卦。八月，四阴生，四阳退，是为观卦。九月，五阴生，五阳退，是为剥卦。十月，六阴生，六阳退，是为坤卦。否卦卦辞曰：“否之匪人，不利君子贞，大往小来。”《彖》曰：“否之匪人，不利君子贞，大往小来：则是天地不交，而万物不通也；上下不交，而天下无邦也；内阴而外阳，内柔而外刚；内小人，而外君子；小人道长，君子道消也。”又，剥卦卦辞曰：“剥，不利有攸往。”《彖》曰：“剥，剥也，柔变刚也。不利有攸往，小人长也。”不利有攸往，小人长也，即君子征，凶。谓阳消阴长，故而为凶。

第十卦　辛未

☰ 乾上
☱ 兑下

履虎尾，不咥人，亨，利贞。

〔译〕　行走在老虎之后，老虎不咬人，亨通，利于正道。

《彖》曰："履，柔履刚也。说而应乎乾，是以履虎尾，不咥人，亨。刚中正，履帝位而不疚，光明也。"

《象》曰："上天下泽，履，君子以辩上下，定民志。"

〔证〕

兑下乾上　《彖》曰："履，柔履刚也。说而应乎乾。"兑为说（悦）为柔，乾为刚。兑下乾上，为柔履刚，为说而应乎乾。以上下二体言之。《周易》六十四卦，皆以伏羲八卦重迭而成，故上下单卦，为卦名卦义之由来。八纯卦，以其重迭不变性质，是以卦名卦义如旧。如：乾下乾上为乾卦，坤下坤上为坤卦，坎下坎上为坎卦，离下离上为离卦，震下震上为震卦，艮下艮上为艮卦，巽下巽上为巽卦，兑下兑上为兑卦。其他五十六卦，因上下单卦不一，是以卦形、卦名、卦义各异。如：屯卦，震下坎上。《彖》曰："屯，刚柔始交而难生。"始交谓震，难生谓坎，以上下二体言之。蒙卦，坎下艮上。《彖》曰："蒙，山下有险，险而止，蒙。"坎为险，艮为山为止，为山下有险，险而止，为蒙。以上下二体言之。需卦，乾下坎上。《彖》曰："需，须也，险在前也，刚健而不陷，其义不困穷矣。"坎为险，在上为前，乾为刚健，在下而不往，为刚健而不陷，故其义为不困穷。以上下二体言之。讼卦，坎下乾上。《彖》曰："讼，上刚下险，险而健，讼。"上乾为刚，下坎为险，险而健行，为讼。以上下二体言之。师卦，坎下坤上。《彖》曰："师，众也；贞，正也。能以众正，可以王矣。刚中而应，行险而顺，以此毒天下，而民从之。"阳居坎中为正，坤阴为众；坎为刚中，为行险，坤为顺，为民从。以上下二体言之。比卦，坤下坎上。《彖》曰："比，辅也，下顺从也。"上坎一阳居九五之尊，下坤为顺，是以有比辅顺从之义。以上下二体言之。小畜卦，乾下巽上。《彖》曰："小畜，柔得位，而上下应之，曰小畜。"伏羲八卦，乾为四月，巽为五月，四五月间，阴来应阳成物，为小畜。此以上下二体，阴应阳言之。泰卦，乾下坤上。《彖》曰："泰，小往大来，则是天地交而万物通也，上下交而其志同也；内阳而外阴，内健而外顺，内君子而外小人；君子道长，小人道消也。"坤为阴为小，乾为阳为大。三阴往而消，三阳来而长，亦以上下二体言之。否卦，坤下乾上。《彖》曰："大往小来，则是天地不交，而万物不通也，上下不交，而天下无邦也；内阴而外阳，内柔而外刚，内小人而外君子；小人道长，君子道消也。”与泰卦相反，以上下二体言之。同人卦，离下乾上。《彖》曰：“同人，柔得位得中，而应乎乾，曰同人。”柔得位得中，谓下离之六二，为文明君子；而应乎乾，谓文明君子，能通天下之志，诸侯之象。以上下二体言之。大有卦，乾下离上。《彖》曰：“柔得尊位，大中而上下应之，曰大有。”柔得尊位，谓上离六五得天子尊位，至大至中，而上下相应，谓之大有天下，天子之象。以上下二体言之。谦卦，艮下坤上。朱熹曰：“山至高而地至卑，乃屈而止于其下，谦之象也。”以上下二体言之。豫卦，坤下震上。《彖》曰：“豫，刚应而志行，顺以动，豫。”震为雷为刚，坤为地为万物为顺。雷出地动，万物以豫。以二体言之。随卦，震下兑上。《彖》曰：“随，刚来而下柔，动而说，随。”刚谓震雷，柔谓兑说，下动上说，天下随时。以上下二体言之。蛊卦，巽下艮上。《彖》曰：“蛊，刚上而柔下，巽而止蛊。”艮山为刚为止，巽顺为柔为入。下顺而上止，顺以止之，治蛊之道。以上下二体言之。临卦，兑下坤上。《彖》曰：“临，刚浸而长，说而顺。”刚浸而长，谓阳来阴退；说而顺，谓兑为说，坤为顺。以上下二体，阴阳之推移言之。观卦，坤下巽上。《彖》曰：“大观在上，顺而巽，中正以观天下。”由上往下看，上巽下坤象观，为大观在上；由下往上看，下坤上巽，为顺而巽；又，上巽九五，君临下坤，为中正以观天下。以二体之合言之。噬嗑卦，震下离上。《彖》曰：“颐中有物，曰噬嗑。”颐，外刚中虚，故颐卦为震下艮上。震下离上，四为阳爻，似颐中有物，故名噬嗑。此以上下二体之合言之。贲卦，离下艮上。《彖》曰：“贲，柔来而文刚，分刚上而文柔，天文也，文明以止，人文也。”分刚上而文柔，谓下离；文明以止，艮为止。亦以上下二体言之，为月之象。剥卦，坤下艮上。《彖》曰：“剥，剥也，柔变刚也。小人长也，顺而止之。”坤下艮上合看，五阴剥一阳，为剥，为柔变刚，为小人长。下坤为顺，上艮为止，为顺而止之。以上下二体合、分言之。复卦，震下坤上。《彖》曰：“复，刚反，动而以顺行。”震为动，坤为顺，由下而上，为动而顺行。以上下二体言之。无妄卦，震下乾上。《彖》曰：“无妄，刚自外来，而为主于内，动而健。”刚自外来，谓阴阳推移，震为动，乾为健。以上下二体言之。大畜卦，乾下艮上。《彖》曰：“大畜，刚健笃实辉光，日新其德，刚上而尚贤，能止健。”乾为刚健笃实辉光，为日新其德，艮之刚在上为止，为尚贤而能止健。以上下二体言之。颐卦，震下艮上。《彖》曰：“观颐，观其所养也。自求口实，观其自养也。”程氏传：“上艮下震，上下二阳爻，中含四阴，上止而下动，外实而中虚，人颐颔之象也。”以上下二体分、合言之。大过卦，巽下兑上。《彖》曰：“大过，大者过也。栋桡，本末弱也。刚过而中，巽而说行。”本末弱而栋桡，阳刚过而中，巽来兑往。亦以上下二体合、分言之。咸卦，艮下兑上。《彖》曰："咸，感也。柔上而刚下，二气感应以相与，止而说，男下女。"兑为阴柔，艮为阳刚，二气相与；艮为止，兑为说，为止而说；艮为少男，兑为少女，为男下女。以上下二体言之。恒卦，巽下震上。《彖》曰："恆，久也。刚上而柔下，雷风相与，巽而动，刚柔皆应，恒。"震为刚在上，巽为柔在下；震为雷为动，巽为风为顺，为雷风相与，刚柔皆应。以上下二体言之。遁卦，艮下乾上。《彖》曰："遁，刚当位而应，与时行也；小利贞，浸而长也。遁之时义大矣哉。"刚当位而应，谓上乾之九五，有下艮之六二相应；小利贞，谓下艮之阴小，应上乾之阳正；浸而长，谓艮之阴长，乾之阳消；时义，谓阳退阴来之六月。以上下二体分、合言之。大壮卦，乾下震上。《彖》曰："大壮，大者壮也。刚以动，故壮。"下乾上震，四阳升腾，可谓大者壮。又，乾为刚，震为动，乾下震上，为刚以动，故壮。以二体合、分言之。晋卦，坤下离上。《彖》曰："晋，进也。明出地上，顺而丽乎大明。"离为日，为明，坤为地、为顺。以上下二体言之。明夷卦，离下坤上。《彖》曰："明入地中，明夷。内文明而外柔顺。"离为明，坤为顺；离为文明在内，坤为柔顺在外。以上下二体言之。家人卦，离下巽上。《彖》曰："家人，女正位乎内，男正位乎外，家人有严君焉，父母之谓也。"中则正。下离之中爻为阴，为女正位乎内；上巽之中爻为阳，为男正位乎外，为严君父母。以上下二体中爻言之。睽卦，兑下离上。《彖》曰："睽，火动而上，泽动而下；二女同居，其志不同行；说而丽乎明，柔进而上行，得中而应乎刚。"火炎上，泽润下，是以二阴不同行；兑为说为柔，往上二应五。以二体及中爻言之。蹇卦，艮下坎上。《彖》曰："蹇，难也。险在前也，见险而能止，知矣哉。"坎为险，在上为见险在前；艮为止，在下为险能止。以上下二体言之。解卦，坎下震上。《彖》曰："解，险以动，动而免乎险，解。"坎为险，震为动。以上下二体言之。损卦，兑下艮上。《彖》曰："损，损下益上，其道上行。"谓损下乾之阳爻，益上坤之阴爻。以上下二体之变言之。益卦，震下巽上。《彖》曰："益，损上益下，民说无疆，自上下下，其道大光。"谓损上乾之阳爻，益下坤之阴爻。以上下二体之变言之。夬卦，乾下兑上。《彖》曰："夬，决也，刚决柔也。健而说，决而和。"刚决柔，谓五阳决一阴；乾为健，兑为说，乾决而兑和。以上下二体合、分言之。姤卦，巽下乾上。《彖》曰："姤，遇也，柔遇刚也。天地相遇，品物咸章也。"柔谓阴，刚谓阳，阴阳始交，天地相遇。以上下二体之合言之。萃卦，坤下兑上。《彖》曰："顺以说，刚中而应，故聚也。"坤为顺，兑为说，二、五相应。以上下二体，及二、五言之。升卦，巽下坤上。《彖》曰："柔以时升，巽而顺，刚中而应。"阴柔来升，巽而顺行，二、五相应。以上下二体，推移中应言之。困卦，坎下兑上。《彖》曰："困，刚掩也。险以说，困而不失其所亨。"三阳在三阴之中，坎为险，兑为说，刚被掩而不失中。以上下二体，合、分及刚中言之。井卦，巽下坎上。《彖》曰："巽乎水而上水，井。"巽为入，坎为水，入于水下，而汲水上来，为井。以上下二体言之。革卦，离下兑上。《彖》曰："革，水火相息，二女同居，其志不相得，曰革。"离为火，兑为泽为水，水火相克；六二往上，上六往下，志不相得，为革。以上下二体，及二爻言之。鼎卦，巽下离上。《彖》曰："鼎，象也，以木巽火，亨饪也。"巽为木，离为火，巽下离上，以木下火，象鼎烹饪。以上下二体言之。渐卦，艮下巽上。《彖》曰："渐之进也。止而巽，动不穷也。"艮为止，巽为逊顺，知止知巽，动而不穷。以上下二体言之。归妹卦，兑下震上。《彖》曰："说以动，所归妹也。"兑为说，震为动，嫁妹乃喜悦之举。以上下二体言之。丰卦，离下震上。《彖》曰："丰，大也。明以动，故丰。"离为日为明，震为动，日光明而动于天，故为盛大。以上下二体言之。旅卦，艮下离上。《彖》曰："旅，柔得中乎外，而顺乎刚，止而丽乎明，是以小亨。"上为外，离之六五为柔为中，而顺于阳；艮为止，离为明，艮下离上，为止附于明。以上下二体，及上之中爻言之。涣卦，坎下巽上。《彖》曰："涣，亨，刚来而不穷，柔得位乎外而上同。"下坎之阳来阴中，为通，为不穷；上巽柔下阳，而应同九五。以上下二体之中爻言之。节卦，兑下坎上。《彖》曰："节，亨，刚柔分，而刚得中。"刚为阳刚，柔为阴柔。三阴三阳，刚柔等分，为有节。以上下二体之阴阳分言之。中孚卦，兑下巽上。《彖》曰："中孚，柔在内，而刚得中，说而巽，孚乃化邦也。"三、四阴柔，在卦内，二、五阳刚，居上下卦之中；下说上巽，孚乃化邦。以上下二体，及爻位言之。小过卦，艮下震上。《彖》曰："小过，小者过而亨也。"艮为阴剥一阳，为九月，震为一阳来复，为十一月。小者为坤阴，为十月，九至十一月，为小过。以上下二体言之。既济卦，离下坎上。《彖》曰："既济，亨，小者亨也。"离为日为阳为大，坎为月为阴为小，离下坎上，日落月升，一日已过，为既济。以上下二体言之。未济卦，坎下离上。《彖》曰："未济，亨，柔得中也，小狐汔济，未出中也。"离为日，为柔得中，坎为月，月似狐，昼伏夜出，昼间月已落，日未过，为未济。以上下二体言之。《系辞传》曰："刚柔相摩，八卦相荡。"谓阴阳相交，八卦相合，此即《周易》成卦之理。

履卦，兑为泽，泽低为卑；乾为天，天高为尊。兑下乾上，高低尊卑有别，各履其位，为履为礼。《系辞传》曰："天尊地卑，乾坤定矣，卑高以陈，贵贱位矣；动静有常，刚柔断矣；方以类聚，物以群分，吉凶生矣；在天成象，在地成形，变化见矣。"乾位上，为天为君，君临于上；兑位下，为泽为臣，臣承于下，成君臣之象，为履礼。又，兑为泽，乾上兑下，君施泽于下；兑为说，兑下乾上，臣说君于上，成君臣之义。伏羲八卦次序：乾一，兑二，离三，震四，巽五，坎六，艮七，坤八。奇数为阳，偶数为阴。

履卦，乾为一为阳，兑为二为阴，阳为君，阴为臣。兑下乾上，一在前，二在后，阳在前，阴在后，君在前，臣在后，相率以序，履之以礼，是以为履。

伏羲八卦方位：乾位正南，兑位东南，巽位西南。履卦，初之三为兑，位东南；三之五为巽，位西南；四之上为乾，位正南。乾居中，兑、巽分列两厢，似王与左臣右相，各履其位，各尽其礼，为履。《彖》曰："刚中位，履帝位而不疚，光明也。"《说卦传》曰："坎，其于人也为加忧，为心病。"履卦，三之五成巽，而不成坎，是为九五阳刚中正，履帝位而不疚。《论语·颜渊》："子曰：内省不疚，夫何忧何惧。"注："包曰：疚，病也。自省无罪恶，无可忧惧。"《正义》曰："疚，病，《尔雅·释诂》文。《礼·中庸》云：故君子内省不疚，无恶于志。郑注：疚，病也。君子自省，身无愆病。"又，二之四为离，离为光明。犹尧之允恭克让，光被四表，格于上下。

又，《论语·学而》："有子曰：礼之用，和为贵。先王之道，斯为美。小大由之，有所不行。知和而和，不以礼节之，亦不可行也。"注："马曰：人知礼贵和，而每事从和，不以礼为节，亦不可行。"《正义》曰："礼，《祭义》云：礼者，履此者也。《管子·心术篇》：登降揖让，贵贱有等，亲疏有体，谓之礼。礼主于让，故以和为用。《贾子·道术篇》：刚柔得道谓之和。和是礼中所有，故行礼以和为贵。又《易系辞传》：履以和行。虞翻注：礼之用，和为贵，故以和行。《史记·礼书》云：君臣朝廷、尊卑贵贱之序，下及黎庶；车舆衣服宫室、嫁娶丧祭之分，事有宜适，物有节文。是言人小大皆有礼也。有所不行者，谓人但循礼，不知用和，故不可行，所谓礼胜则离者也。"《说文》："和，相应也。"履卦，兑下乾上，说而应乎乾，即下应和上，以和而行，是以为履，履为礼。

又，《周礼·春官宗伯》曰："惟王建国，辨方正位，体国经野，设官分职，以为民极。乃立春官宗伯，使帅其属，而掌邦礼，以佐王和邦国。"贾公彦疏："郑目录云：象春所立之官也。宗，尊也；伯，长也。春者出生万物，天子立宗伯，使掌邦礼典礼。以事神为上，亦所以使天下报本反始。"又曰，"云掌邦礼，以佐王和邦国者，乐主和同，礼主简别。案《乐记》云：乐胜则流，礼胜则离。郑云：离，谓析居不和。恐其不和，是以礼言和。《论语》云：礼之用，和为贵也。"《系辞传》曰："履和而至。"亦礼以和行之类。春官宗伯，周之礼官，礼以和为核心，故曰掌邦礼，佐王和邦国。履卦，兑下乾上，《彖》曰："说而应乎乾。"是天下应乎其上，万国协和，礼治之象，故为履卦。

又，《白虎通·礼乐》曰："礼贵忠何？礼者，盛不足，节有余。使丰年不奢，凶年不俭，贫富不相悬也。"陈立疏证："孙志祖云：案下文，似忠当作中。案，忠与中通。古文《孝经》引《诗》云：忠心藏之。见《释文》。今《毛诗》作中。伪古文《仲虺之诰》：建中。本或作建忠。皆假中为忠，不必改中也。《礼·礼器》云：不可多也，不可寡也，唯其称也。即忠之义也。《礼·孔子燕居》云：子贡越席而对曰：敢问将何以为此中乎？子曰：礼乎，夫礼所以制中也。是也”。《礼记·中庸》曰：“中也者，天下之大本也；和也者，天下之达道也。致中和，天地位焉，万物育焉。”天地位焉，万物育焉，皆为礼之中和所致。履卦，刚中正，为中；说而应乎乾，为和。是履有礼之中和之象。《说文》：“中，和也。从□丨，上下通也。”桂馥义证：“晁说之曰：林罕谓从□，象四方上下通中也。”《白虎通·五行》曰：“中央者，中和也。”履卦，刚中正，是以得中和之道。

履　《说文》：“履，足所依也。”徐灏注笺：“履践也，行也。此古义也。”朱骏声通训定声：“此字本行践，转注为所以践之具也。”又，“**履**（屦），履也。”段玉裁注：“晋蔡谟曰：今时所谓履者，自汉以前皆名屦。《左传》：踊贵屦贱。不言履贱。《礼记》：户外有二屦。不言二履。贾谊曰：冠虽敝，不以苴履。亦不言屦。《诗》曰：纠纠葛屦，可以履霜。屦、舄者，一物之别名；履者，足践之通称。按蔡说极精。《易》、《诗》、《三礼》、《春秋传》、《孟子》皆言屦，不言履；周末诸子、汉人书，乃言履。《诗》、《易》凡三履，皆谓践也。然则履本训践，后以为屦名，古今语异耳。许以今释古，故云古之屦，即今之履也。”《方言》：“履，其通语也。”《笺疏》曰：“《易》履霜，《诗》履霜、履帝武敏，皆谓践也。然则履本训践，后以为屦名，古今语异耳。此云履通语，据今言之也。”《周易》，屦，履分别使用。噬嗑卦：“屦校灭趾。”言屦不言履。履卦：“履虎尾。”言履不言屦。《论语·乡党》：“立不中门，行不履阈。”皇疏：“履，践也。《曲礼》云：大夫士出入君门不践阈。践阈，即履阈。”是先秦汉以前，履与屦别，履为践意。

桂馥《说文解字义证》：“履，足所依也者，《小尔雅·广服》：在足谓之屦。《释名》：履，礼也，饰足所以为礼也。”段玉裁《说文解字注》：“履、依迭韵。古曰屦，今曰履；古曰履，今曰鞋。名之随时不同者也。引伸之训践，如君子所履是也。又引伸之训禄，《诗》福履绥之。毛传曰：履，禄也。又引伸之训礼，《序卦传》、《诗·长发传》是也。履、礼为迭韵，履、禄为双声。”《说文》：“礼，履也。”桂证：“履也者，礼、履声相近。《释言》：履，礼也。郭注：礼可以履行。《释名》：履，礼也。《易·大壮象》：君子以非礼弗履。《荀子·大略篇》：礼者，人之所履也。《祭义》：礼者，履者也。《汉书·公孙宏传》：礼者，所履也。颜注：履而行之。《白虎通·情性篇》：礼者，履也，履道成文也。又，《礼乐篇》：礼之为言履也，可履践而行。《申鉴·政体篇》：礼也者：履此者也。《中论·法象篇》：夫礼也者，可终身蹈，而不可须臾离也。《物理论》：礼者，履也，律也，义同而名异。”又曰，“《仲尼燕居》：言而履之，礼也。《坊记》引《诗》：履无咎言。注云：履，礼也。《诗·东方之日》：履我即兮。传云：履，礼也。又，《长发》：率履不越。传云：履，礼也。馥案：《韩诗外传》、《说苑》、《汉书》，并引《诗》作率礼。《家语·问玉篇》：言而可履，礼也。”按，履之以礼，是履即礼。

坤卦，初六曰：“履霜，坚冰至。”郑康成曰：“履，读为礼。”归妹卦，初九曰：“跛能履。”虞翻曰：“履，礼也。”大壮卦，《象》曰：“君子以非礼弗履。”李道平《周易集解纂疏》：“履者，礼也。天在泽上为履，上下有辩。以坤柔履刚，故嘉会合礼。”离卦，初九曰：“履错然，敬之无咎。”王弼注曰：“故宜慎其所履，以敬为务。”孙星衍《周易集解》曰：“先儒云：统之于心曰礼，践而行之曰履。”《序卦传》曰：“物畜然后有礼，故受之以履。”崔憬曰：“履，礼也。物畜不通，则君子先懿文德，然后以礼导之，故言物畜然后有礼也。”《系辞传》曰：“履，德之基也”，“履以和至”，“履以和行”。朱熹曰：“履，礼也。上天下泽，定分不易，必谨乎此，然后，其德有以为基而立也。”又曰，“礼非强世，然事皆至极。”《太玄经》曰：“礼，阴在下，而阳在上。上下正体，物与有礼。”范望注：“象履卦。阳在上将退，阴在下将进，进以谕宾，退以为主。主下以宾，宾主之义。献酬以礼，故谓之礼。”《周易》，上天下泽为履；《太玄》，阴在阳下为礼。扬雄以礼准履。又，长沙马王堆，出土之《汉帛书周易》，直以礼为履，是礼、履互训通义。

程氏传：“履，礼也；礼，人之所履也。为卦，天上泽下。天而在上，泽而处下，上下之分，尊卑之义，理之当也，礼之本也，常履之道也，故为履。履，践也，藉也。履物为践，履于物为藉。以柔藉刚，故为履也。言履藉于刚，乃见卑顺说应之义。”朱熹《周易本义》曰：“履，有所蹑而进之义也。”《周易折中》引梁氏寅曰：“履者践履也。人之于礼，亦践行其天理者，故履为礼也。”按，《彖》曰：“履，柔履刚也，说而应乎乾。”谓初、二、三、以礼应上。又，“刚中正，履帝位而不疚，光明也。”谓四、五、上，以礼对下。上下行之以礼，为履。履，从尸，从復。段玉裁注：“尸，此字象首俯而曲背之形。”又，“復，皆训往而仍来。”或曰从彳夂，从舟。彳夂皆行，舟象履形。会意，弓身往来，以礼履行之义。

履虎尾　《说文》：“虎，山兽之君。”《淮南子·时则训》：“孟秋之月，其虫毛。”高诱注：“毛虫，虎为之长。”《风俗通义·画虎》：“虎者阳物，百兽之长也，能执搏挫锐，噬食鬼魅。”乾为阳，为君为长，是虎喻乾喻君。革卦，离下兑上，三之五为乾。九五曰：“大人虎变。”九五为大人，乾为虎，为大人虎变。又，颐卦，震下艮上，大离之象。《说卦传》曰：“离为乾卦。”乾为虎，是离为目亦为虎，故颐卦六四曰：“虎视眈眈。”履卦，兑下乾上，乾在上为老阳，是以为老虎。《说文》：“尾，微也。从到毛在尸后。”《玉篇》：“尾，末后稍也。”《史记·张仪传》：“献恒山之尾五城。”《索隐》：“尾，末也。”

遁卦，初六曰：“遁尾厉。”王弼注：“尾之为物，最在后者也。”在上为首，在下为尾。履卦，上乾为虎，九四为虎之尾。《彖》曰：“履，柔履刚也。”即谓下卦兑柔，践行在上卦乾刚之后，为履虎尾。又，伏羲八卦方位：乾位南，为一；兑位东南，为二。乾在前，兑在后；乾为虎，兑为履虎尾。《朱子语类》曰：“履，上乾下兑，以阴蹑阳，是随后蹑他，如踏他脚迹相似。所以云履虎尾，是随后履他尾。故于卦之三四爻发虎尾义，便是阴去蹑他阳背脊后处。”《周书·君牙》：“心之忧危，若蹈虎尾，涉于春冰。”孔氏传：“心怀危惧，虎尾畏噬，春冰畏陷，危惧之甚。”蔡沈注：“若蹈虎尾，畏其噬；若涉春冰，畏其陷。言忧危之至。”《小雅·小旻》：“战战兢兢，如临深渊，如履薄冰。”朱熹曰：“如履薄冰，恐陷也。”又曰，“惧及其祸之词也。”《新序·杂事四》：“《易》曰履虎尾，《诗》曰如履薄冰，不亦危乎！”履虎尾，犹履薄冰，谓当小心谨慎，行之以礼，勿及祸殃。

不咥人　《彖》曰：“说而应乎乾，是以履虎尾，不咥人。”《说文》：“兑，说也。”段注：“说者，今之悦字。”兑、说、悦相通，和悦合礼。履卦，兑下乾上，谓下和悦以礼敬上，上不降祸于下，为说而应乎乾，为履虎尾不咥人。朱熹《周易本义》曰：“履，有所蹑而进之义也。以兑遇乾，和说以蹑刚强之后，有履虎尾，而不见伤之象。” 咥，陆德明《经典释文》曰：“啮也；马云龁。”啮、龁，均为咬之意。上乾无口象，无以啮为不咥人。《朱子语类》“履虎尾，言危而不伤之象。”《说卦传》曰：“兑三索而得女，故谓之少女。”少女为人。男为阳，女为阴；君为阳，臣为阴。履虎尾不咥人，即谓臣以礼行君之下，君不降罪于臣。《抱朴子·臣节》云：“人臣履信思顺，天人攸赞，畏盈居谦，乃终有庆。举足则蹈道度，抗手则奉绳墨，褒崇虽淹留，而悔辱亦必远矣。”此亦谓说而应乎乾，履虎尾不咥人。

亨　《彖》曰：“说而应乎乾，是以履虎尾不咥人，亨。”《小雅·小旻》：“不敢暴虎，不敢冯河。”毛传：“徒涉为冯河，徒搏曰暴虎。”郑笺：“暴虎冯河，立至之害。”履卦，兑以和悦小心，应乾而不暴，是以履虎尾，而虎不咥人，为亨通。《尸子·发蒙》：“孔子曰：临事而惧，希不济。《易》曰：若履虎尾，终之吉。若群臣之众，皆戒慎恐惧，若履虎尾，则何不济之有乎？君明则臣少罪。”汪注：“《论语·述而篇》：子曰：必也临事而惧，好谋而成。《曾子·立事篇》云：临事而慄者，鲜不济矣。”《荀子·臣道篇》曰：“《书》曰：从命而不拂，微谏而不倦，为上则明，为下则逊。此之谓也。”履卦，说而应乎乾，履虎尾，虎不咥人，是上明下逊之象，故亨。乾卦《文言》曰：“亨者，嘉之会也。”又，“嘉会足以合礼。”履卦，上下嘉会合礼，礼以救乱，是以亨通。

利贞 《彖》曰：“刚中正，履帝位而不疚，光明也。”以阳居五，刚中且正，故为履帝位。坎为心病，四在坎毁为不疚。《诗·小雅》：“忧心孔疚。”是心病为疚。三体离，离为日，故言光明。乾卦《彖》曰：“乾道变化，各正性命，保合太和，乃利贞。”九五，飞龙在天，利见大人，故曰利贞，即利正。孙星衍《周易集解》按：“李氏本，亨下有利贞。”朱骏声《六十四卦经解》曰：“王弼本，脱利贞二字。”李道平《周易集解纂疏》：“《彖传》刚中正以下，释利贞也。王弼本脱利贞，荀氏有之，李从荀本也。”李氏本，谓唐李鼎祚之《周易集解》。收有东汉荀爽，及曹魏时王弼等人《易》注。孔子依卦辞作《彖》传，各有所系，此乃通例。是有《彖》传，必有卦辞。履卦，兑下乾上。卦辞曰：“履虎尾，不咥人，亨。”《彖》曰：“履，柔履刚也。说而应乎乾，是以履虎尾，不咥人，亨。刚中正，履帝位而不疚，光明也。”柔履刚，解释履。说而应乎乾，解释履虎尾，不咥人，亨。刚中正，履帝位而不疚，光明也，亦依次系文，解释利贞。唐孔颖达《周易正义》，用王弼本，后为官定《五经正义》之一。自有宋以来，程、朱《易》本，履卦有《彖》传利贞，而卦辞阙如，是以补正，如李氏本。

《象》曰：“上天下泽，履，君子以辩上下，定民志。”乾为天，在上，为上天；兑为泽，在下，为下泽。《说文》：“辯（辩），治也。”段玉裁注：“治者，理也。俗多与辨不别。”又，“辨，判也。”“判，分也。”“分，别也。”是辨兼治理分别之义。坤卦《文言》曰：“积善之家，必有余庆；积不善之家，必有余殃。臣弑其君，子弑其父，非一朝一夕之故，其所由来者渐矣，由辩之不早辩也。”《系辞传》：“辩吉凶者，存乎辞。”辩亦辨。《系辞传》曰：“天尊地卑，乾坤定矣。卑高以陈，贵贱位矣。动静有常，刚柔断矣。方以类聚，物以群分，吉凶生矣。在天成象，在地成形，变化见矣。”《象传》之义，即《系辞传》之义。《周义正义》曰：“天尊在上，泽卑处下，君子法此履卦之象，以分辨上下尊卑，以定正民之志，意使尊卑有序也。”

程氏传：“天在上，泽居下，上下之正理也。人之所履当如是，故取其象而为履。君子观履之象，以辨别上下之分，以定其民志。夫上下之分明，然后民志有定。民志定，然后可以言治。民志不定，天下不可得而治也。古之时，公卿大夫而下，位各称其德，终身居之，得其分也。位未称德，则君举而进之。士修其学，学至而君求之，皆非有预于己也。农工商贾勤其事，而所有限，故皆有定志，而天下之心可一。后世，自庶士至于公卿，日志于尊荣；农工商贾，日志于富侈。亿兆之心，交骛于利，天下纷然，如之何其可一也？欲其不乱，难矣。此由上下无定志也。君子观履之象，而分辨上下，使各当其分，以定民之心志也。”《周易集解纂疏》按：“《乐记》曰：天高地下，万物散殊，而礼制行矣。乾为天，兑为泽，礼以地制，泽又卑于地，故君子法之以制礼。天高地下，礼者，天地之别也，故以辩上下。万物散殊而未定，礼节民心，故以定民志。”

《大戴礼记·小辨》：“是故，昔者先王学齐大道，以观于政。天子学乐辨风，制礼以行政；诸侯学礼辨官政，以行事，以尊事天子；大夫学德别义，矜行以事君；士学顺辨言，以遂志；庶人听长辨禁，农以行力。”王聘珍解诂；“大道，谓大学之道。《礼运》曰：诸侯以礼相与。《聘义》曰：尽之以礼，则内君臣不相陵，而外不相侵。故天子制之，而诸侯务焉。辨官政者，官不易方，政有常经也。杜注《左传》云：在君为政，在臣为事。《表记》曰：诸侯勤以辅事于天子。《书》曰：日宣三德，日夜浚明有家。《孝经》曰：以敬事长者顺。卢注云：致命遂志，士之节也。聘珍谓：曾子曰：庶人日旦思其事，战战唯恐刑罚之至也。《左传》曰：庶人力于穑。又曰：小人农力以事其上。”以上，自天子至士，为君子以辩上下之事；自庶人至小人，为定民志之事。

又，《荀子·礼论》：“礼起于何也？曰：人生而有欲，欲而不得，则不能无求；求而无度量分界，则不能不争；争则乱，乱则穷。先王恶其乱也，故制礼义以分之，以养人之欲，给人之求，使欲必不穷乎物，物不屈于欲，两者相持而长，是礼之所起也。”《礼记·经解》：“夫礼，禁乱之所由生，犹坊止水之所自来也。”《坊记》：“子言之，君子之道，辟则坊与，坊民之所不足者也。大为之坊，民犹逾之，故君子礼以坊德，刑以坊淫，命以坊欲。”陆德明《经典释文》曰：“坊音防。郑云：名《坊记》者，以其记六艺之义，所以坊人之失也。辟，又音譬。”礼可以禁乱，如堤防可以止水，故曰礼防。或曰礼节，以礼节制之意。皆人君在上，设礼防以防民德之失。

《大戴礼记·礼察》：“孔子曰：君子之道，譬犹防与？夫礼之塞，乱之所从生，犹防之塞，水之所以来也。故以旧防为无用，而坏之者，必有水败；以旧礼为无所用，而去之者，必有乱患。故昏姻之礼废，则夫妇之道苦，而淫辟之罪多矣。乡饮酒之礼废，则长幼之序失，而争斗之狱繁矣。聘射之礼废，则诸侯之行恶，而盈溢之败起矣。丧祭之礼废，则臣子之恩薄，而倍死忘生之礼众矣。”王聘珍解诂：“塞，止也。《稻人职》曰：以防止水。郑彼注云：防潴旁隄也。《大司徒职》曰：以阳礼教让，则民不争。”《白虎通·礼乐》曰：“礼，所以防淫泆，节其侈靡也。故《孝经》曰：安上治民，莫善于礼。”故君使臣以礼，臣事君以忠。”“故孔子曰：为礼不敬，吾何以观之哉？夫礼者，阴阳之际也，百事之会也，所以尊天地，傧鬼神，序上下，正人道也。履《象》，天为天子，泽为水在隄防之中，水为民，上天下泽，是天子畜民于礼之象。故曰履。君子以辩上下，定民志。

小畜卦与履卦，互为邻卦和综卦。《序卦传》曰："物畜然后有礼，故受之以履。"韩康伯注曰："履者，礼也。礼所以适时用也。故既畜则宜用，有用则须礼也"。《周易集解纂疏》："《礼器》：礼时为大。故云礼所以适时用也。物畜则用以通之。《孟子》曰：用之以礼。故有用则须礼也。"又，崔觐曰："履，礼也。物畜不通，则君子先懿文德，然后以礼导之，故言物畜然后有礼也。"《纂疏》曰："物当畜而未通之时，惟内懿文德，以养其心，外设礼文，以制其宜，美在其中，畅于四支，此礼所以继畜也。《洪范》曰：既富方穀。《论语》曰：既富矣，又何加焉？曰教之。《孟子》曰：饱食暖衣，逸居而无教，则近于禽兽。故人民育，然后可教之以礼，皆物畜然后有礼之义也。"按，物畜然后有礼者，即衣食足，然后有礼义之谓，故小畜之后，次之以履。又，《象》曰："风行天上，小畜，君子以懿文德。""上天下泽，履，君子以辩上下，定民志。"谓君子畜养有素，以懿文德，方能履礼而行，辩上下，定民志；唯有履礼而行，辩上下，定民志，才能畜养有素，以懿文德。是以小畜和履，互为综卦。

履卦和谦卦，互为错卦。履卦，兑下乾上。高者高，低者低。故《象》曰："上天下泽，履，君子以辩上下，定民志。"谦卦，艮下坤上。高者低，低者高。故《象》曰："地中有山，谦，君子以裒多益寡，称物平也。"履卦讲上下，谦卦称物平，两卦相反，阴阳相错。《朱子语类·易六》曰："礼主卑下，履也是那践履处，所以若不由礼，自是乖戾，所以曰：履以和行。谦又更卑下，所以节制乎礼。礼是自家恁地卑下，谦是就应物而言。履出于人情之自然，所以和者，疑于不然而却至。谦尊而光，若秦人尊君卑臣，则虽尊而不光，惟谦，则尊而又光。"履言对己，谦言应物，为礼之两面，相对相成，互为错卦。

初九，素履往，无咎。

〔译〕 初九，本其礼而往，无灾。

《象》曰："素履之往，独行愿也。"

〔证〕

素履往 《说文》："素，白致缯也。"段玉裁注："缯之白而细者也。郑注《杂记》曰：素，生帛也。然则生帛曰素，对湅缯曰练而言，以其色白也，故为凡白之称；以白受采也，故凡物之质曰素。如𤰇下一，曰素也是也，以质未有文也。故曰素食，曰素王。"《释名》："素，朴素也。已织则供用，不复巧饰也。"《方言》："素，本也。"笺疏："《列子·天瑞篇》云：太素者，质之（本）始也。《易乾凿度》同。郑注云：地质之所本始也，是素为本也。”《老子》曰：“见素抱朴，少私寡欲。”初九，在履之初，为履之本始，不易乎世，不成乎名，无位而隐，安分而守己，其行素朴寡欲，为素履。履者，履虎尾，虎喻君王。素履，素面对天子，未施脂粉而面君，真诚之谓。

《论语·八佾》：“子夏问曰：巧笑倩兮，美目盼兮，素以为绚兮，何谓也？子曰：绘事后素。曰：礼后乎？子曰：起予者商也！始可与言《诗》已矣。”朱熹《论语集注》：“倩，好口辅也；盼，目黑白分也；素，粉地，画之质也；绚，采色，画之饰也。言人有此倩盼之美质，而又加以华采之饰，如有素地，而加采色也。子夏疑其反，谓以素为饰，故问之。绘事，绘画之事也。后素，后于素也。《考工记》曰：绘画之事后素功。谓先以粉地为质，而后施五采。犹人有美质，然后可加文饰。礼必以忠信为质，犹绘事必以粉素为先。”《仪礼·乡射礼》曰：“凡画者丹质。”郑氏注：“宾射之侯，燕射之侯，皆画云气于侧，以为饰。必先以采其地，丹浅于赤。”此犹先以粉地为质，后施五采，亦绘事后素之类。绘事后素，礼亦后素，唯忠信质素之人，然后可以学礼。

《礼记·礼器》：“君子曰：甘受和，白受采。忠信之人，可以学礼；苟无忠信之人，则礼不虚道。是以得其人之为贵也。”孔颖达疏：“甘受和、白受采者，记者举此二物，喻忠信之人，可得学礼。甘为众味之本，一偏主一味，不得受五味之和。白是五色之本，不偏主一色，故得受五色之采。以其质素，故能包受众味及众色也。忠信之人，可以学礼者，心致忠诚，言又信实，质素为本，不有杂行，故可以学礼也。苟无忠信之人，则礼不虚道者，苟犹诚也，道犹从也，言人若诚无忠信为本，则礼亦不虚空，而从人也。言虽学礼，而不得也。是以得其人之为贵也者，其人即忠信之人也，学礼得忠信之人，则是礼道为贵也。”此经明学礼之人，忠信质素为本。

《中庸》曰：“君子素其位而行，不愿乎其外。素富贵，行乎富贵；素贫贱，行乎贫贱；素夷狄，行乎夷狄；素患难，行乎患难。君子无入而不自得焉。在上位不陵下，在下位不援上，正己而不求于人，则无怨。上不怨天，下不尤人。故君子居易以俟命，小人行险以徼幸。”按，物无饰为素。《广雅·释诂》：“素，本也。”君子素其位而行，谓本其位而行。

前言，绘事后素，礼亦后素，是素在礼之先。初九，为履之始；素履，为守本之礼。程氏传：“夫人，不能自安于贫贱之素，则其进也，乃贪躁而动，求去乎贫贱耳，非有为也。既得其进，骄益必矣，故往则有咎。贤者则安履其素，其处也乐，其进也将有为也，故得其进，则有为而无不善，乃守其素履者也。”朱熹《周易本义》曰：“以阳在下，居履之初，未为物迁，率其素履者也。”《周易折中》引胡氏炳文曰：“初未交于物，有物象。素者无文之谓。盖履，礼也，履初言素，礼以质为本也。”按，《孟子·离娄下》

曰："礼，朝廷不历位而相与言，不逾阶而相揖也。"是礼以位言。《礼记》谓君子素其位而行，亦君子素其礼而行，即《易》之素履而往。《大戴礼记·保傅》云："《易》曰：正其本，万物理；失之毫厘，差之千里：故君子慎始也。"初九曰素履，乃慎始之意。

无咎　《象》曰："素履之往，独行愿也。"《尔雅·释诂》："願（愿），思也。"《方言》："愿，欲思也。"《中庸》："君子素其位而行，不愿乎其外。"郑氏注："不愿乎其外，谓思不出其位也。"是素履之往，乃思不出其位。履卦，九五至尊，为天子，其他如九二，阳居阴位，不当位，为思出其位；六三，阴居阳位，不当位，为思出其位；九四，阳居阴位，不当位，为思出其位；上九，阳居阴位，不当位，为思出其位，初九，阳居阳位，为当位，为思不出其位，为独行其愿，为无咎。又，下往上为往，初九在下，故曰素履往，无咎。又，《说文》："咎，灾也。从人各，各者相违也。"初九与九四，相违不相应，为有咎。《系辞传》曰："无咎者，善补过也。"素履之往，虽独而能行其愿，故无咎。艮卦《象》曰："兼山，艮，君子以思不出其位。"初九得位，即思不出其位，故无咎。

王弼注："处履之初，为履之始，履道恶华，故素乃无咎。处履以素，何往不从，必独行其愿，物无犯也。"程氏传："初处至下，素在下者也。而阳刚之才，可以上进，若安其卑下之素而往，则无咎矣。"又曰，"安履其素而往者，非苟利也，独行其志耳。独，专也。若欲贵之心，与行道之心，交战于中，岂能安履其素也。"《周易集解纂疏》解荀爽注："乾初九曰，潜龙勿用，故谓初九为潜位。隐而未见，行而未成，乾初《文言》文。素履者，谓布衣之士，未得居位。与乾初九同占，故潜藏不见，独善其身。初震为行，故独行义礼。以阳居阳，故不失其正。素位而行，不愿乎外，故无咎。"朱骏声《六十四卦经解》："礼以质为本，故素。又，素，始也，太素者，质之始。复德之本，履德之基，故初皆无咎。《中庸》素位而行，《左传》履端于始，皆不愆于素之义也。"

九二，履道坦坦，幽人贞吉。

〔译〕　九二，履道平坦，幽隐未显之人，守正则吉利。

《象》曰："幽人贞吉，中不自乱也。"

〔证〕

履道坦坦　《广雅·释训》："坦坦，平也。"《管子·幼官》曰："坦气修通。"房玄龄注："坦，平也。平七政，则其气修通。"《枢言》："坦坦之利不以功，坦坦之备不为用。"房注："坦坦，谓平平，非有超而异者，故不能立功而成用也。"《论语·述而》："子曰：君子坦荡荡。"郑注："坦荡荡，宽广貌。"朱熹《论语集注》："坦，平也；荡荡，宽广貌。程子曰：君子循理，故常舒泰。”理，通律通礼。《论语正义》曰：“《说文》云：坦，安也。君子居易俟命，无入而不自得，故心体常安。皇疏引江熙曰：君子坦而夷任，荡然无私。”《庄子·秋水》：“明乎坦涂。”疏：“坦，平也；涂，道也。”《说卦传》曰：“兑，其于地也，为刚卤。”刚则坚，卤地平不生物，其道坦坦而无碍。九二，当履之兑中，故曰履道坦坦。

《大雅·绵》：“柞或拔矣，行道兑矣。”毛传：“兑，成蹊也。”《诗集传》：“兑，通也，始通道于柞棫之间也。”《皇矣》：“柞棫斯拔，松柏斯兑。”毛传：“兑，易直也。”《诗集传》：“拔、兑，见《绵》篇。此亦言其山林之间，道路通也。”《毛诗传笺通释》，于《绵》下曰：“柞棫拔矣，行道兑矣，此二句，当与《皇矣》诗互证。《皇矣》诗柞棫斯拔，承上章作之屏之，八句而言，谓拔而去矣。此诗柞棫拔矣，亦当同义。柞棫丛生塞路，拔而去之，故行路开通。行道兑矣，犹言松柏斯兑也。《传》于松柏斯兑，训为易直，而此《传》兑训成蹊者，松柏错于柞棫，柞棫去而松柏乔立，是为易直；柞棫塞道，柞棫拔而道路成蹊，不烦迂折，亦易直也。非易直不能成蹊，是成蹊与易直，义正相成。”又于《皇矣》下曰：“柞棫斯拔，松柏斯兑，乃人之拔去丛木，以待松柏大木之易直，实人事，非天时也。”兑，一说通达。

又，《老子》曰：“塞其兑，闭其门。”朱谦之《老子校释》：“俞樾曰：案，兑当读为穴。《文选·风赋》：空穴来风。注引《庄子》：空阅来风。阅，从兑声，可假作穴；兑，亦可假为穴也。塞其穴，正与闭其门文义一律。孙诒让曰：案，兑当读为隧，二字古通用。襄二十三年《左传》：杞植、华还，载甲夜入且于之隧。《礼记·檀弓》郑注，引之云：隧或为兑。《晏子春秋·内篇·问下篇》，又作兹于兑，是其证也。《广雅·释室》云：隧，道也。《左传》文元年，杜注云：隧，径也。塞其兑，亦谓塞其道径也。谦之案，俞说是也。兑者通之处，兑假借为阅，实为穴为窍，耳目鼻口是也。《易·说卦》：兑为口。《老子》：塞其兑。河上注：兑，目也。《庄子·德充符》：通而不失于兑。亦指耳目而言。《淮南·道应训》：大公曰：塞民于兑。高诱注；兑，耳目鼻口也。《老子》曰：塞其兑。是也。”按兑，为穴、为隧、为口，皆通之义。兑卦《象》曰：“丽泽，兑，君子以朋友讲习。”兑为泽，两泽相对以口，相通之象，兑为通。九二在兑之中，体兑，故履道坦坦，谓礼道大通。

《周书·洪范》曰：“无偏无陂，遵王之义。无有作好，遵王之道。无有作恶，遵王之路。无偏无党，王道荡荡。无党无偏，王道平平。无反无侧，王道正直。会其有极，归其有极。”孔氏传：“偏，不平；陂，不正。言当循先王之正义，以治民。言无有乱为私好恶，动必循先王之道。言开辟，言辩治。言所行无反道不正，则王道平直。言会其有中而行之，则天下皆归其有中矣。"《正义》曰："会谓集会，言人之将为行也，集会其有中之道而行之。行实得中，则天下皆归其为有中矣。天下者，大言之。《论语》云：一日克己复礼，天下归仁焉。此意与彼同也。"此意与彼同者，谓王道犹礼道。王道行，天下归中；礼道行，天下归仁。九二，龙德而正中也；见龙在田，德施普也。履卦九二，得中得仁，故曰履道坦坦。

幽人贞吉 《说文》："幽，隐也。"段玉裁注："幽，从山，犹隐从阜，取遮蔽之意。从𢆶者，微则隐也。"又曰，"阜部曰：隐，蔽也。"《老子》曰："塞其兑，闭其门。"段注《说文》曰："兑，借为阅字，阅同穴。"穴，"覆其上也。"覆其上为隐。又，兑为泽。段注《说文》："泽，水草交厝曰泽。"水草交厝为隐蔽，是兑为泽，泽为隐。九二，居下兑之中，犹处穴中和泽中，为未出而隐居之人，是为幽人。归妹卦，兑下震上，九二曰："利幽人之贞。"在下兑之中为幽人。节卦，兑下坎上，九二曰："不出门庭。"不出门庭，亦为幽人。中孚卦，兑下巽上，九二曰："鸣鹤在阴，其子和之。"《小雅·鹤鸣》："鹤鸣于九皋，声闻于野。"毛传："皋，泽也。言身隐而名著也。"郑笺："皋泽中，水溢出为坎，自外数至九，喻深远也。鹤在中鸣焉，而野其鸣声，兴者喻贤者虽隐居，人咸知之。"《诗序》曰："《鹤鸣》，诲宣王也。"郑笺："教宣王求贤人之未仕者。"是鹤鸣在阴，亦谓幽隐之人，处江湖之远，而未仕者。

《礼记·儒行》曰："儒有博学而不穷，笃行而不倦，幽居而不淫，上通而不困，礼之以和为贵。"郑氏注："幽居，谓独处时也；上通，谓仕道达于君也。"《正义》曰："幽居而不淫者，幽居谓未仕独处也。淫，谓倾邪也。君子虽复隐处，常自修整，不倾邪也。"曰，"云幽居谓独处时也者，既未仕，对已仕者为独处也。"九二幽人贞吉，即谓隐居未仕之人，守正是吉。君子大居正，以礼进退，屈伸达节，不违贞信。九二不当位，与九五相敌，不相应。进不合礼，守中是正，为贞。二在兑中，兑为羊，羊为祥善，为吉：是为贞吉。

《论语·泰伯》："子曰：笃信好学，守死善道，危邦不入，乱邦不居。天下有道则见，无道则隐。邦有道，贫且贱焉，耻也；邦无道，富且贵焉，耻也。子曰：不在其位，不谋其政。"刘宝楠《正义》曰："下篇曾子曰：君子思不出其位。《孟子·离娄》云：位卑而言高，罪也。《礼·中庸》云：君子素其位而行，不愿乎其外。又云：在上位，不陵下；在下位，不援上。并与此文义相发。"履卦，上为乾为天，下为兑为说，天下皆说，为天下有道。说而应乎乾，为守正，为吉。又，上为乾为天，下为兑为毁折，天下毁折，为天下无道。隐而不进，为守正，为吉。《象》曰："幽人贞吉，中不自乱也。"即此之谓。《史记·太史公自序》，引《鬼谷子佚文》曰："圣人不朽，时变是守。"九二中不自乱，守正得吉，盖守时而已。艮卦《彖》曰：“时止则止，时行则行，动静不失其时，其道光明。”亦履道坦坦，幽人贞吉之义。

六三，眇能视，跛能履，履虎尾咥人，凶。武人为于大君。

〔译〕　六三，小眼睛虽能看，跛子虽能行，行在虎后，虎咬其人，有凶险。武人为对天子尽职，志刚不阿。

《象》曰：“眇能视，不足以有明也；跛能履，不足以与行也；咥人之凶，位不当也；武人为于大君，志刚也。”

〔证〕

眇能视　《说文》：“眇，一目小也。从目，从少，少亦声。”段玉裁本：“眇，小目也，从目少。”并注曰：“各本作一目小也。误。今依《易·释文》正。履六三：眇能视。虞翻曰：离目不正，兑为小，故眇而视。《方言》曰：眇，小也。《淮南·说山训》：小马大目不可谓大马，大马之目眇，谓之眇马。物有似然而似不然者。按眇训小目，引伸为凡小之称。”又曰，“按物少则小，故从少，少亦声。”《释名》：“目匡陷急曰眇。眇，小也。”目眶陷而小者，或为近视。《周书·顾命》：“眇眇予末小子，其能而乱四方，以敬忌天威。”眇眇，谓目光短小。《谷梁传》成公元年：“晋郤克眇，卫孙良夫跛。”眇，小目。《易林·解之节》：“左眇右盲，视不明。”尚秉和注：“兑半离，故曰眇。眇，小目也。”《象》曰：“眇能视，不足以有明也。”谓眇虽能视，但眼力不够，即目光短小之意。

跛能履　《说文》：“跛，行不正也。从足，皮声。一曰足排之。读若彼。”《礼记·曲礼上》：“立毋跛，坐毋箕。”郑氏注：“跛，偏任也。”孔颖达疏：“跛，偏也，谓挈举一足，一足蹋也。立宜如齐，双足并立，不得偏也。”《问丧》：“跛者不踊。”《释文》：“跛，足废也。”《礼器》：“有司跛倚以临祭，其为不敬大矣。”《正义》曰：“有司跛倚以临祭者，以其事久，有司倦怠，故皆偏跛邪倚于物，临于祭祀，其为不敬甚大矣。”《公羊传》成公二年：“则客或跛或眇，于是使跛者迓跛者，眇者迓眇者。”《素问·通评虚实》曰：“蹠跛，寒风湿之病也。”张隐庵注：“跛，行不正而偏废也。”《说文通训定声》曰：“按，此字当为尬之或体。”《说文》：“尬，蹇也。”《象》曰：“蹇，难也。”行难谓之蹇。《象》曰：“跛能履，不足以与行也。”谓跛虽能履，但不足以与之同行。即同行难，有缺陷之意。

归妹卦，兑下震上。初九曰：“跛能履。”九二曰：“眇能视。”《说卦传》曰：“兑为毁折。”“震为足。”“离为目。”初九在兑，兑又半震，是毁折其足，为跛。九二在兑，兑又半离，是毁折其目，为眇。履卦，兑下乾上。六三在兑，兑半离、半震，有毁折其目其足之象，故曰眇曰跛。《小雅·大东》曰："周道如砥，其直如矢。君子所履，小人所视。"毛传："如砥，贡赋平均也；如矢，赏罚不偏也。"郑笺："此言古者天子之恩厚也。君子皆法效而履行之，其如砥矢之平；小人又皆视之，共之无怨。"《正义》曰："以天子崇其施予之厚，故其时君子皆法效，所以履而行之，以周道布其砥矢之平直。时小人皆共承奉，所以视而供之。既君子履其厚，小人视其平，是上下相和，举世安乐。"又曰，"以履、视不同，故《笺》分以当之也。"按，六三阴，为小人，眇虽能视，然而不足以有明，以其对天子共之有怨。又，三为阳位，应为君子能履，然而跛，不足与行，以其不法效天子而行之。以上，眇能视，跛能履，皆不合履礼之义。

履虎尾，咥人，凶 眇虽能视，不足以有明；跛虽能履，不足以与行。以不足明，不足行，履虎尾，虎则咥人。谓不明白礼，不教行礼，不得奉上。若以诡随奉上，乃自取祸殃。六三，在上乾之后，为履虎尾，又，六三阴爻，似虎口噬后；三在虎口，为虎所咥。且处兑之极，兑为毁折，为凶。《象》曰："咥人之凶，位不当也。"谓六三以阴柔小人，居阳刚君子之位，德不称职，非礼而凶。王弼注："居履之时，以阳处阳，犹曰不谦，而况以阴居阳，以柔乘刚者乎？故以此为明，眇目者也；以此为行，跛足者也；以此履危，见咥者也。"程氏传："三以阴居阳，志欲刚而体本阴柔，安能坚其所履？故如盲眇之视，其见不明；跛躄之履，其行不远。才既不足，而又处不得中，履非其正，以柔而务刚，其履如此，是履于危地，故曰履虎尾。以不善履履危地，必及祸患，故曰咥人，凶。"

武人为于大君 巽卦，巽下巽上。初六在巽下，故曰："利武人之贞。"阴伏阳下，犹臣伏君下，初本刚健，为武人。履卦，三在互巽之下，阴伏乾下，犹臣伏君下，三本刚健，亦为武人。又，讼卦，三在互巽之下，曰："或从王事。"履卦之武人为于大君，犹讼卦之或从王事。两者爻象相同，爻义仿佛。三为公位，故或从王事，或专征伐。履卦，三与上相应，上为大君，为武人为于大君。《小雅·渐渐之石》云："渐渐之石，维其高矣，山川悠远，维其劳矣。武人东征，不皇朝矣。"孔颖达疏：不但伐戎狄而已，又其武人将率以役人东征，征伐荆舒之国。疲于军役而病，不暇修礼而相朝矣。"云，"渐渐之石，维其卒矣。山川悠远，曷其没矣。武人东征，不皇出矣。"疏："不但伐戎狄而已，又其武人，将率以役人东征，疲于军役而辛苦，不暇出而相与为礼也。"云，"有豕白蹢，烝涉波矣。月离于毕，俾滂沱矣。武人东征，不皇他矣。"疏："不但久劳，又逢大雨，为甚苦之辞也。又王之武人，将率以役人东征，伐荆舒之国。皆以劳病，不暇更有他事矣，故不得相朝为礼也。"履卦《象》曰："武人为于大君，志刚也。"即谓武人为从王事，志刚不阿，不辞劳苦，不及他顾，虽有失礼，也在所不惜。故爻、象皆无凶咎悔吝之占。武人为于大君，正与眇能视，跛能履相对。

九四，履虎尾，愬愬，终吉。

〔译〕　九四，履虎尾，战战兢兢，最终吉利。

《象》曰：“愬愬终吉，志行也。”

〔证〕

履虎尾　履卦，履虎尾三见。卦辞曰：“履虎尾。”《象》曰：“履，柔履刚也。说而应乎乾，是以履虎尾。”朱熹曰：“以二体释卦名义。”即是下兑为柔为说，上乾为刚为虎，为柔履刚，说应乾，在上乾之下，为履虎后。六三曰：“眇能视，跛能履，履虎尾。”《象》曰：“眇能视，不足以有明也；跛能履，不足以与行也。”朱熹曰：“六三不中不正，柔而志刚，以此履乾。”谓六三不胜其任，在上乾之下，以履虎后。按，乾为虎，上九为虎首，九五为虎身，九四为虎尾。九四之履虎尾，即履虎之尾巴，与卦辞和六三之履虎后不同。又，说以应乎乾，为履虎尾；六三应上九，为履虎尾；九四近九五，为履虎尾。初九、九二，虽在乾下，但不应不近，故只言履，不言履虎尾。

愬愬　一作虩虩。《说文》：“虩，《易》：履虎尾，虩虩。恐惧也。从虎，𡭴声。”段玉裁注：“履九四爻辞，今《易》虩虩作愬愬。《释文》曰：愬愬，子夏传云恐惧貌。马本作虩虩，云恐惧也。《说文》同。按震卦辞：震来虩虩。马云恐惧貌。郑同也。郑用费《易》，许用孟《易》，而字同义同也。许逆切，古音在五部，故《易》一作愬也。”桂馥义证：“《易》，履虎尾虩虩者，履卦文，彼作愬愬。子夏传、马、郑、王并同。《吕氏春秋》引《易》，亦作愬愬。高云：读如虩。又震来虩虩，荀本作愬愬。宣六年《公羊传》：灵公望见赵盾，愬而再拜。何注：愬者惊貌，知其欲谏，欲以敬拒之。”《系辞传》曰：“四多惧，近也。”王弼注：“逼近至尊，以阳承阳，处多惧之地，故曰履虎尾，愬愬也。”九五为虎为君，九四伴君如伴虎，是以愬愬。又，三之五为巽，巽为风为木，木为树，风吹树动，瑟瑟如惶恐之貌，故曰愬愬。《周书·君牙》曰：“心之忧危，若蹈虎尾，涉于春冰。”孔氏传：“虎尾畏噬，春冰畏陷，危惧之甚。”此即履虎尾，愬愬之意。

终吉　井卦曰：“王明，并受其福。”履卦九四，虽以阳居阴近五，且伴君如伴虎，但九五中正当位，为圣明之君，初或不以为然，终必明辨是非，能纳忠言。故《象》曰：“愬愬终吉，志行也。”谓外比于贤，以从其上，不特无咎，且意志可达而行。随卦，震下兑上。九四曰：“随有获，贞凶，有孚在道以明，何咎？”《象》曰：“随有获，其义凶也。有孚在道，明功也。”朱熹曰：九四以刚居上之下，与五同德，故其占随而有获。

然势陵于五，故虽正而凶。惟有孚在道而明，则上安而下从之，可以无咎也。履卦九四，亦阳实有孚，在互离之上，在道以明，是以无咎而终吉。《尸子·发蒙》："孔子曰：临事而惧，希不济。《易》曰：若履虎尾，终之吉。若群臣之众，皆戒慎恐惧，若履虎尾，则何不济之有乎？君明则臣少罪。"注："《论语·述而篇》：子曰：必也临事而惧，好谋而成。《曾子·立事篇》云：临事而慄者，鲜不济矣。《易》履卦云：履虎尾，愬愬，终吉。"是临事而惧，好谋而成，为愬愬终吉。

九五，夬履，贞厉。

〔译〕 九五，决断所行之礼，虽正而有危险。

《象》曰："夬履贞厉，位正当也。"

〔证〕

夬履 《说文》："夬，分夬也。从又，⺺象决形。"徐锴曰："コ，物也；丨，所以决之。"《释名》曰："夬，决也，有所破坏，决裂之于终始也。"《字源》曰："夬，读如怪，其实就是缺字。"《小雅·车攻》："夬拾既佽，弓矢既调。"《释文》曰："夬，本又作决，或作抉，同。古穴反。钩弦也。"钩弦，即抉弦。古缺、夬、决、抉通。夬，表示断决、抉择。《庄子·田子方》曰："缓佩玦者，事至而断。"《史记·项羽本纪》："范增数目项王，举所佩玉玦，以示之者三。" 玦，环形而有缺口的佩玉，以示夬决。夬卦，乾下兑上。《象》曰："夬，决也，刚决柔也。"王弼注："夬者，明法而决断之象也。"又，《太玄经》："断，阳气强内而刚外，动而能有断决。"范望注："断，下中象夬卦。行属于火，谓之断者，阳气在五位之上，内外刚壮，能所断决于万物，故谓之断。"是夬即决断。夬履，谓决断礼仪。干宝曰："夬，决也。居中履正，为履贵主，万方所履，一决于前。"

贞厉 贞，正；厉，危。夬履贞厉，谓决断履礼，虽正而危，并非易事。《象》曰："夬履贞厉，位正当也。"即谓夬履当位，刚中而正，故有危险，为贞厉。王弼注："得位处尊，以刚决正，故曰夬履贞厉也。履道恶盈，而五处尊，是以危。"程氏传："夬，刚决也。五以阳刚乾体，居至尊之位，任其刚决而行者也。如此，则虽得正，犹危厉也。古之圣人，居天下之尊，明足以照，刚足以决，势足以专，然而未尝不尽天下之议，虽刍荛之微必取，乃其所以为圣也，履帝位而光明者也。若自任刚明，决行不顾，虽使得正，亦危道也，可固守乎？有刚明之才，苟专自任，犹为危道，况刚不足者乎？《易》中云贞厉，义各不同，随卦可见。"《周易折中》："凡《易》中贞厉、有厉，有以常存危惧之心为义者。如噬嗑之贞厉无咎，夬之其危乃光，是也。然则此之贞厉，兑五之有厉，当从此例也。”按，履卦，九二以阳居阴，刚中而不正，与九五阳刚中正不相应，是九五虽正而有危，为贞厉。

上九，视履考祥，其旋元吉。

〔译〕 上九，审视考察履之情形，履道周旋，大吉。

《象》曰：“元吉在上，大有庆也。”

〔证〕

视履考祥 《周书·洪范》：“五事：一曰貌，二曰言，三曰视，四曰听，五曰思。”又曰，“视曰明。”孔氏传：“视，观正；明，必清审。”《正义》曰：“此据人主为文，皆是人主之事。”“视必明于善恶，故必清彻而审察也。”“视能清审，则照了物情，故视明致照哲也。”“君视明，则臣照哲。”《虞书·舜典》：“三载考绩，黜陟幽明。”《周书·周官》：“王乃时巡，考制度于四岳。”考，考察，考核。《尔雅·释诂》：“祥，善也。”《说文》：“祥，福也。”段玉裁注：“凡统言，则灾亦谓之祥；析言，则善者谓之祥。”《左传》僖公十六年：“宋襄公问焉，曰：是何祥也，吉凶焉在？”杜预注：“祥，吉凶之先见者。”履卦，上九为大君，视履考祥，谓大君审视考察，礼之善恶征兆。

《商颂·长发》：“率履不越，遂视既发。”郑笺：“皆能达其教令，使其民循礼不得逾越，乃遍省视之，教令则尽行也。”《诗集传》曰：“率，循；履，礼；越，过；发，应也。言契能循礼不过越，遂视其民，则既发以应之矣。”《诗毛氏传疏》曰：“率礼不越：率，用也，言用礼立教，而不逾越也。遂视既发：发，行也，言巡视述职，已行其教也。《孟子·滕文公篇》云：使契为司徒，教以人伦：父子有亲，君臣有义，夫妇有别，长幼有序，朋友有信。”此诗率履不越，遂视既发，与履卦视履考祥，盖亦相合，皆谓视察其礼教情形。《说卦传》曰：“离为目”，“兑为口舌，为羊。”上九与六三应：三互离，离为目，目为视；三在兑，兑为口舌，口问为考；兑为羊，《说文》：“羊为祥。”上九大君，下临其履，为视履考祥。

其旋元吉 《说文》：“旋，周旋，旌旗之指麾也。”段玉裁注：“《左传》曰：师之耳目，在吾旗鼓，进退从之。旗有所向，必运转其杠，是曰周旋。引伸为凡转运之称。”桂馥义证：“周，当为舟。本书般下云：象舟之旋。”履字亦从舟。初之四为臣，言履礼；五之上为君，言夬礼、视礼。如此，由下往上，又由上往下，履道往复其旋，周转不亏，是以大吉。《象》曰：“元吉在上，大有庆也。”上，为大君，即天子；大有，即大有天下。谓天子大吉，其庆乃大有天下。《论语·季氏》：“天下有道，则礼乐征伐自天子出；天下无道，则礼乐征伐自诸侯出。”履卦，上九视履考祥，是天下有道，礼出自天子，为天子大有天下，故言大吉。《周书·周官》曰：“宗伯掌邦礼，治神人，和上下。”礼治邦国神人，和上下，此即其旋元吉之义。上乾为圜，有旋之象，又乾为元；下兑为羊，羊为祥，故曰其旋元吉。

第十一卦　壬 申

☷坤上
☰乾下

泰，小往大来，吉亨。

〔译〕　泰，阴气往上，阳气来下，吉利亨通。

《彖》曰："泰，小往大来，吉亨，则是天地交而万物通也，上下交而其志同也。内阳而外阴，内健而外顺，内君子而外小人，君子道长，小人道消也。"

《象》曰："天地交，泰，后以财成天地之道，辅相天地之宜，以左右民。"

〔证〕

乾下坤上　《归藏》云："子复，丑临，寅泰，卯大壮，辰夬，巳乾，午姤，未遁，申否，酉观，戌剥，亥坤。"按：震下坤上，为子月，即十一月，为复卦；兑下坤上，为丑月，即十二月，为临卦；乾下坤上，为寅月，即正月，为泰卦；乾下震上，为卯月，即二月，为大壮卦；乾下兑上，为辰月，即三月，为夬卦；乾下乾上，为巳月，即四月，为乾卦；巽下乾上，为午月，即五月，为姤卦；艮下乾上，为未月，即六月，为遁卦；坤下乾上，为申月，即七月，为否卦；坤下巽上，为酉月，即八月，为观卦；坤下艮上，为戌月，即九月，为剥卦；坤下坤上，为亥月，即十月，为坤卦。以上十二卦，为十二辟卦。《说文》："辟，法也。"十二辟，谓乾坤阴阳消息，十二变化，各有所法。《系辞传》："子曰：天下何思何虑？天下同归而殊涂，一致而百虑。天下何思何虑？日往则月来，月往则日来，日月相推，而明生焉。寒往则暑来，暑往则寒来，寒暑相推，而岁成焉。往者屈也，来者信也，屈信相感，而利生焉。尺蠖之屈，以求信也；龙蛇之蛰，以存身也；精义入神，以致用也；利用安身，以崇德也。过此以往，未之或知也。穷神知化，德之盛也。"十二阴阳屈伸，即是法日月往来，寒暑易节。泰卦，乾下坤上，于周为三月，于夏为正月，是泰卦为正月卦。

《月令·孟春之月》："是月也，天气下降，地气上腾，天地和同，草木萌动。"郑氏注："此阳气达，可耕之候也。"《正义》曰："天气下降者，天地之气谓之阴阳。一年之中，或升或降。故圣人作象，各为六爻，以象十二月。阳气之升，从十一月为始。阳气渐升，阴气渐下。至四月，六阳皆升，六阴皆伏。至五月，一阴初升。阴气渐升，阳气渐伏。至十月，六阴尽升，六阳尽伏。然则天气下降，地气上腾，五月至十月也；地气下降，天气上腾，十一月至四月也。今正月云天气下降，地气上腾者，阳气五月之时，为阴从下起，上向排阳气，第六阳气上极，反退至十月之时，六阳退尽，皆伏于下。至十一月，阳之一爻始动地中。至十二月，阳渐升，阳尚弱，未能生物之极。正月，三阳既上，成为乾卦，乾体在下；三阴为坤，坤体在上。乾为天，坤为地。今天居地下，故云天气下降；地在天上，故云地气上腾。是阳气五月初降，至正月为天体，而在坤下也。”按《正义》所云，正月正值天气上升，地气下降之中，故正月为泰，为天地交通。

《说文》："寅，髌也。正月阳气动，去黄泉欲上出，阴尚强，象宀不达，髌寅于下也。”郭沫若《甲骨文研究·释干支》，谓甲骨文寅字，作𡚤若𡚤，均象矢若弓矢形。于省吾《甲骨文字释林·附录一例》："矢——寅。甲骨文早期干支的寅字，均作𡚤，即古矢字。”朱芳圃《殷周文字释丛》曰："寅，甲文早期作𡚤，晚期作𡚤，口为附加之形符，所以别兵器之矢，于干支之寅也。间有作两手奉矢形者。入周以后，字形顿异，要皆两手奉矢形之演变也。”约斋《字源》云："寅字，是用两手扶矢向前的形象，因以表示引进的意思。加上水旁，就成演进的演字。后来箭头扩大，做了宝盖头，变成现在的形状。”则矢为箭，为名词，寅为两手奉矢而进，为动词。犹今示进者，画一箭头然。泰卦，乾下坤上，乾为阳气，来于下为动；坤为阴气，为黄泉。阳气蒸腾而上，为正月阳气动，去黄泉欲上出。于《易》，下卦乾为进，上卦坤为退，是寅为阳进之义。

《小雅·六月》："元戎十乘，以启先行。”毛传："殷曰寅车，先疾也。”郑笺："寅，进也。”《尔雅·释诂》："寅，进也。”郝懿行义疏："寅者，《释名》云：演也。演，生物也。《汉书·律历志》云：引达于寅。然则，引导演长，俱进之意。通作夤。《玉篇》云：夤，进也。按夤，缘为干进之言，义出于此。《说文》夤训敬。惕下文云："寅，敬也。是寅又为敬之进矣。”《惟南子·天文训》曰："指寅，则万物螾螾也。”《集释》曰："高诱注：动生貌。补曰：《律书》云：寅，言万物始生螾然也。《汉志》云：引达于寅。《说文》：螾，侧行者。螾，或从引。则螾有引义。王念孙云：此当作指寅，寅，则万物螾螾然也。寅则万物螾螾然者，犹云寅者，言万物螾螾然。故高注曰：动生貌。《史记·律书》亦曰：寅者，言万物始生螾然也。”按，正月建寅，阳气动，去黄泉欲上出，于卦为乾下坤上，正阳气进生之象。

《说文》："髌，**厀耑**也。”**厀**，俗作膝。段玉裁注："**厀**，胫头节也。《释骨》云：盖膝之骨曰膝髌，《大戴礼》曰：人生期而髌，髌不备则人不能行。古者五刑膑、宫、劓、墨、死。膑者髌之俗，去**厀**头骨也。周改髌作**跀**，其字借作刖，断足也，汉之斩趾是也。髌者废不能行。”按，人期而生髌，然后能行，是髌亦进之意。故《说文》云："寅，髌也。髌寅于下也。”髌、寅两字相通。髌寅于下，谓阳进于阴下，即乾下坤上之象。《周颂·载芟》：“驿驿其达。”毛传：“达，射也。”郑笺：“达，出地也。”干宝说《易》曰：“正月之时，阳气上达，故屯为物之始生，蒙为物之稚也。”《说文》云：“正月阴尚强，象宀不达。”即谓阴气交覆于上，阳气不达，故进生于下。此亦乾下坤上，泰卦之象。

《夏小正》云：“正月必雷，雷不必闻，惟雉为必闻。何以谓之？雷则雉震呴，相识以雷。”解诂：“呴，《说文》作雊，云：雊，此雄鸣也。雷始动，雉鸣而雊其颈。传云：正月必雷者，雷，阴阳薄动也。正月，三阳已盛，有与阴相薄之义，故泰卦互体为雷也。云雷不必闻，惟雉为必闻者，雷动地中，人或不闻，雉情刚，故独知之，应而鸣也。云何以谓之者，谓犹记也，言《小正》何以记雉震呴也。云相识以雷者，人闻雉鸣，则可识雷之动于地中也。《汉书·五行志》云：雉者听察，先闻雷声，故《月令》以纪气。”泰卦，三之五为互震，震为雷。阳来薄阴，动于坤中，即动于地中。又，震为动为飞，为雉鸣，雷鸣雉应，乃正月之象。

《夏小正》云：“鱼陟负冰。陟，升也。负冰云者，言解蛰也。农纬厥耒。纬，束也。束其耒云尔者，用是见君之亦有耒也。”解诂：“负之言背也。传云负冰云者，言解蛰也者，解读若解卦，犹开也。魚，水虫也。盛寒之时，蛰于水下，逐其温暖；正月阳气既上，出游于水上，近于冰。《说文》云：农，耕也。耒，手耕曲木也。传云用是见君之亦有耒也者，《祭义》曰：天子为藉千亩，冕而朱纮，躬秉耒。《月令》曰：乃择元辰，天子亲载耒耜，措之于参保介之御间，帅三公九卿、诸侯大夫，躬耕帝藉。”《吕氏春》、《淮南子》同，皆载孟春之月。泰卦，二之四为兑，兑为泽，泽有魚，魚陟负冰。又，乾为君，坤为地，乾下坤上，君在地中，为天子帅三公九卿、诸侯大夫，躬耕帝藉。帝藉，为祭祀之用，借民力所耕之田地。是泰卦为正月之象。

《老子》：“万物负阴而抱阳，冲气以为和。”高明《帛书老子校注》：“《淮南子·精神篇》、《文子·上德篇》，均作万物背阴而抱阳。蒋锡昌云：按《说文》：冲，涌摇也。此字老子用以形容牝牡相合时，摇动精气之状，甚为确切。气，指阴阳之精气而言。和者，阴阳精气互相调和也。《庄子·田子方》：至阴肃肃，至阳赫赫，两者交通成和，而物生焉。《荀子·天论篇》：万物各得其和以生。《贾子·道术篇》：刚柔得适调之和。并与此谊相同。冲气以为和，言摇动精气，以为调和也。万物负阴而抱阳，冲气以为和，即万物生育之理，乃所以释上文，生生之义者也。”段玉裁于《说文》负字下注曰：“凡以背任物曰负。”是背与负通。《老子》河上公注：“万物无不负阴而向阳。”是抱为向义。伏羲八卦，乾为阳，位南方；坤为阴，位北方。物向阳而背阴，为负阴而抱阳。阳气上升，阴气下降，为阴阳冲气。一与四交应，二与五交应，三与上交应，是冲气以为和。《荀子·天论》曰：“万物各得其和以生。”王先谦《集解》：“和，谓和气。”《白虎通·

五行》曰：“正月，律谓之太蔟何？太亦大也，蔟者凑也，言万物始大，凑地而出也。”泰卦，乾下坤上，阴阳相和，万物以生，是正月之象。

《邶风·匏有苦叶》：“士如归妻，迨冰未泮。”毛传：“迨，及；泮，散也。”郑笺：“归妻，使之来归于己，谓请期也。冰未散，正月中以前也。二月可以昏矣。”孔颖达疏：“毛以为既行纳采之等礼成，又须及时迎之。言士如使妻来归于己，当及冰之未散，正月以前迎之。”又《正义》曰：“郑以冰未散，未二月，非亲迎之时，故为使之来归于己，谓请期也。以正月尚有魚上负冰，故知冰未散，正月中以前也。所以正月以前请期者，二月可以为昏故也。正月冰未散，《月令·孟春》云：东风解冻。《出车》云：雨雪载塗。谓陆地也，其冰必二月散，故《溱洧》笺云：仲春之时，冰始散，其水涣涣然是也。”陈奂《诗毛氏传疏》曰：“《大戴礼·诰志篇》：孟春，冰泮发蛰。《月令》谓之解冻。冰未泮犹在解冻前也。《荀子·大略篇》云：霜降逆女，冰泮杀止。言霜降始逆女，冰泮而杀止也。毛氏亲业荀门，故其说嫁娶时，与荀说同。”按，坤卦初六曰：“履霜，坚冰至。”霜降始逆女，冰泮而杀止，即乾下坤上之象。坤为十月，乾为正月，男下于女，迎娶之期。《象》曰：“天地交，而万物通也；上下交，而其志同地。”在天为阴阳，在人为男女。男女交，志同而通，故为之泰。

扬雄《太玄经》：“达，阳气枝枝条出，物莫不达。”范望注：“象泰卦，谓之达者，言阳气日盛布施万物也。枝条枚末，莫不达者，故谓之达。”司马光集注：“准泰。宋曰：自枝别者为枚，自枚别者为条。谓阳气动出，万物皆得其理，无有钩缠而不达。陆曰：枝枚条出，言阳布施无不浃也。”《太玄》：“交，阳交于阴，阴交于阳，物登明堂，矞矞皇皇。”范望注：“亦象泰卦。谓之交者，雨水之气，大蔟用事，阴阳交泰，万物登明，上在地上，故称明堂。矞矞，物长春风之声貌也；皇皇，犹荧荧也。物长顺节，枝枚营营，而顺风交泰之时，故谓之交。”司马光集注：“准泰。宋曰：于七分息卦为泰，升阳在三，已出地上也。陆曰：地下称黄宫，故地上称明堂。”泰卦，阳升至三；达、交，物莫不达，物登明堂，是互证为孟春之象，乾下坤上。

泰 《说文》：“泰，滑也。从廾，从水，大声。”段玉裁注：“字从𠬞水，水在手中，下溜甚利也。与辵部达字义近，皆他达切。《周易》：泰，通也；否，塞也。”按，泰，为隶定字，篆为𣴎，其上为大，中为左右手，手下为水。《说文》：“大，天大，地大，人亦大焉。象人形。”段注：“《老子》曰：道大，天大，地大，人亦大。人法地，地法天，天法道。按天之文，从一大，则先造大字也。人之文，但象臂胫。大文，则首手足皆具，而可以参天地，是为大。”王筠《说文释例》曰：“大下云：天大，地大，人亦大。故大象人形，古文大也。此谓天地之大，无由象之以作字，故象人之形，以作大字，非谓大字即是人也。故部中奎夾二字指人，以下则皆大小之大矣。它部从大义者，凡二十六字，惟亦、矢、夭、交、尣、夫六字取人义，余亦大小之大。或用为器之盖矣，两臂侈张，在人无此礼体，惟取其大而已。”又曰，“人，象臂胫之形，而两而不四者，人长则有礼，臂下垂与胫相属也。大，亦人形，而有臂者，其义在大，故恢张之也。”按，《彖》曰：“大哉乾元。”是大谓天。

《说文》：“𠬞（𠬞），竦手也。从𠂇，从又。𢪔，扬雄说：廾，从两手。”段玉裁注：“竦，敬也。按此字，谓竦其两手，以有所奉也。故下云：奉，承也。手部曰：承，奉也、受也。”王筠《说文句读》：“𠬞，拱手也。从𠂇又。依元应改。𠬞，盖拱之古文，会意兼指事字也。当作从𠂇又相对。本居竦切，《广韵》收之三钟，与恭同音。或者上古字少，供、恭二字，亦作𠬞也。隶变作廾”。又，《说文释例》：“𠬞下云：竦手也，是与拱同也。而部中字，皆执持之义，则人有所持，其手必竦而上，不复下垂也。”朱骏声《说文通训定声》：“廾，扬雄说从两手，按与捀略同，与拱别。𠬞者，两手择物；拱者，沓手致敬也。”宋育仁《部首笺正》：“廾，会意也。竦手者，有所奉持，合其手，故从二手相对，犹言捧手。后演为奉，又加手为捧。”

《说文》：“雨，水从云下也。一象天，冂象云，水霝其间也。凡雨之属，皆从雨。”段玉裁注：“引申之，凡自上而下者称雨。⺢者，水字也。”桂馥义证：“水从云下也者，隐九年《左传》《正义》引同。又云：然则雨者，天上下水之名。《初学记》引《释名》：雨，水从云下也。雨者辅也，言辅时生养。《诗·雨无正》《序》云：雨，自上下者也。《文子》：水之道，上天为雨露，下地为江河。水霝其间也者。⺢，水也。”又，《说文》：“黍（黍），禾属而黏者也。以大暑而种，故谓之黍。从禾，雨省声。”王筠《说文句读》：“氾胜之书曰：先夏至二十日，此时有雨，强土可种黍。”按《曹风·下泉》：“芃芃黍苗，阴雨膏之。”亦是。赵诚《卜辞分类读本》：“黍，此字或从𣱱（水），或以数点代水，用意均同。小篆的黍字，写作黍，从水，即从甲骨文的从𣱱发展而来。”由上观之，水为雨之水。

《逸周书·周月解》云：“中气以著时应。春三月中气：雨水、春分、谷雨。”朱右曾《逸周书集训校释》云：“孔颖达曰：雨水，雪散而为雨水也。”又，《时训解》：“雨水之日，獭祭鱼；又五日，鸿雁来；又五日，草木萌动。”潘振《周书解义》云：“此解正月中气也。”陈逢衡《逸周书补注》：“雨水之日，正月中气也。谓之雨水者，前此雨雪，今则融为水也。”《月令·仲春之月》云：“始雨水，桃始华。”郑氏注：“汉始以雨水为二月节。”《正义》曰：“云汉始以雨水为二月节者，证此雨水为二月节也。但雨水惊蛰，据其早作在正月，若其晚在二月。故汉初惊蛰为正月中，雨水为二月节。至在后以来，事稍变改，故《律历志》云：雨水为正月中，惊蛰为二月节。由气有参差故也。”又，孔颖达疏《孟春之月》云：“按《三统历》：正月节立春，雨水中。”按公历日月计算，立春，二月三日至五日交节；雨水，二月十八日至二十日交节。以夏历算，雨水当为正月中气，中气为当月气候。

《大戴礼记·曾子天圆》：“阴阳之气，冬尽其所，则静矣，偏则风，俱则雷，交则电，乱则雾，和则雨。阳气胜，则散为雨露；阴气胜，则凝为霜雪。阳之专气为雹，阴之专气为霰，霰包者，一气之化也。”王聘珍解诂：“阴畜阳极则和，故水从云下也。”《春秋元命苞》曰：“阴阳和而为雨。”又曰，“和而为雨，雨固阴阳之和气也。”《开元占经·雨占》曰：“雨者，阴阳和，而天地气交之所为也。”泰卦，乾下坤上，天气上腾，地气下降，天地阴阳之气相交，两两相应相和，是以成雨，故正月中气为雨水。《太玄经》曰：“交，阳交于阴，阴交于阳。”范望注：“交，象泰卦，谓之交者，雨水之气。”泰（泰），大为天大，双手为捧，水为雨水，乃双手喜捧天降雨水，雨水滑溜之象。杜甫《春夜喜雨》云：“好雨知时节，当春乃发生。”喜得春雨及时之义，与泰字相通。

《说文》：“夳，古文泰。”段玉裁注：“按当作夳，从巜，取滑之意也，从大声。转写恐失其真矣。后世凡言大，而以为形容未尽，则作太。如大宰，俗作太宰；大子，俗作太子；周大王，俗作太王是也。谓太即《说文》夳字，夳即泰，则又用泰为太。辗转贻缪，莫能諟正。”黄锡全《汗简注释》曰：“夳，汉骀荡宫壶，泰作夳；衡方碑作夳；今本《说文》，泰字古文夳，此同。”按，二，当如段说为巜。《说文》：“巜，水流浍浍也。”段注：“浍浍，当作𣶒𣶒。毛传曰：活活，流也。水部曰：活活，水流声也。古昏声、会声多通用。水流涓涓曰𡿨，活活然则曰巜，《大于𡿨矣。”又，于省吾《甲骨文字释林·附录一例》云：“春秋时器韶埙，太室之太作夳，太字下从巜。”《说文》：“𡿨，水小流也。”故夳、太与泰同义，皆为水流，为正月雨水，顺而润物，为泰。《孝经纬·周天玉衡六问》曰：“立春后十五日，斗指寅为雨水。”是正月为寅，寅当雨水，雨水为泰。

《史记·律书》：“正月也，律中泰簇。泰簇者，言万物簇生也，故曰泰簇。”《左传》哀公九年：“遇泰之需。”《正义》曰：“乾下坤上，泰。乾为天，坤为地，地在上，天在下。《象》曰：天地交合，万物大通，故名此卦为泰。”泰卦《释文》曰：“如字，大通也。郑云通也。”王弼注：“泰者，物大通之时也。”程氏传：“为卦，坤阴在上，乾阳居下，天地阴阳之气，相交而和，则万物生成，故为通泰。”朱熹《周易本义》曰：“泰，通也。为卦，天地交，而二气通，故为泰。正月之卦也。”朱骏声《六十四卦经解》：“坤息至三为泰。大也，通也。文从廾，从水，大声。以手掬水洒物，故训滑。又过也，同汰。古无汰，有夳，乃二大也。”胡朴安《周易古史观》：“《说文》：泰，滑也。从𦥑，从水，大声。言两手合而取水，而水滑也。水滑者，手不能阻水之意，引伸为通，故曰：泰者，通也。泰卦之通，九州攸同，交通无阻也。（泰卦之通，不可确知何时期，至少在商之前。）”正月，二气通为雨水，雨水泽惠万物，则政通人和，故曰泰。

小往大来　《晋书·天文上》：“《浑天仪注》云：天如鸡子，地如鸡中黄，孤居于天内，天大而地小。天表里有水，天地各乘气而立，载水而行。周天三百六十五度，四分度之一，又中分之，则半覆地上，半绕地下，故二十八宿半见半隐，天转如车毂之运也。诸论天者虽多，然精于阴阳者少。若天果如浑者，则天之出入，行于水中，为的然矣。故黄帝书曰：天在地外，水在天外。水浮天而载地者也。又《易》曰：时乘六龙。夫阳称龙，龙者居水之物，以喻天。天，阳物也，又出入水中，与龙相似，故以龙比也。圣人仰观俯察，审其如此。故晋卦，坤下离上，以证日出于地也。又明夷之卦，离下坤上，以证日入于地也。需卦，乾下坎上，此亦天入水中之象也。”引《虞书》曰：“在璇玑玉衡，以齐七政。”又引《春秋文曜钩》云：“唐尧即位，羲和立浑仪。”前儒旧说，天地之体，状如鸟卵，天包地外，犹壳之裹黄。是以天大地小，天为阳，地为阴，为阳大阴小。

屯卦，震下坎上。九五曰：“大贞凶。”谓九五虽正其位，然在坎险之中，为阴所包围，阳为大，故曰大贞凶。小畜卦，乾下巽上。六四，阴居阴位，上下被阳包孕畜养，阴为小，为小畜。《彖》曰：“柔得位，而上下应之，曰小畜。”大畜卦，乾下艮上。乾阳为大，大居山下畜养，为大畜。《彖》曰：“大畜，刚健，笃实，辉光，日新其德。”大过卦，巽下兑上。大者为阳，四月阳过阴来，为大过。《彖》曰：“大过，大者过也。”小过卦，艮下震上。小者为阴，十月阴过阳来，为小过。《彖》曰：“小过，小者过也。”大壮卦，乾下震上。大者为阳，二月阳生至四，为大壮。《彖》曰：“大壮，大者壮也。”否卦，坤下乾上。卦辞曰：“大往小来。”大为阳，小为阴，往为上，来为下，为阳往阴来。泰卦，乾下坤上。卦辞曰：“小往大来。”小为阴，大为阳，往为上，来为下，阴往阳来。虞翻曰：“阳息坤，反否也。坤阴诎外，为小往；乾阳信内，称大来。”朱熹曰：“小谓阴，大谓阳，言坤往居外，乾来居内。”

吉亨　《彖》曰：“泰，小往大来，吉亨，则是天地交，而万物通也。”按，乾卦《彖》曰：“大哉乾元，万物资始，乃统天。首出庶物，万国咸宁。”坤卦《彖》曰：“至哉坤元，万物资生，乃顺天。坤厚载物，德合无疆。含弘光大，品物咸亨。”乾为万物资始，坤为万物资生，故而天地交，万物通也。李鼎祚《周易集解》，引何妥曰：“天地交，而万物通也，此明天道泰也。夫泰之为道，本以通生万物。若天气上腾，地气下降，各自闭塞，不能相交，则万物无由得生。明万物生，由天地交也。"《月令·孟冬之月》曰："是月也，天气上腾，地气下降，天地不通，闭塞而成冬。"是天地交通，则生万物，则吉亨。即小往大来，吉亨之谓。

《彖》曰："上下交，而其志同也。"何妥曰："此明人事泰也。上之与下，犹君之与臣。君臣相交感，乃可以济养民也。天地以气通，君臣以志同也。"李道平《周易集解纂疏》："以人事之泰言之，则君上臣下，交相感应，乃可济养万民。阴阳有气，故天地之通以气言。上下有志，故君臣之同以志言。"《初学记十八》，引《魏文帝集》曰："夫阴阳交，万物成。君臣交，邦国治。士庶交，德行光。同忧乐，共富贵，而友道备矣。《易》曰：上下交，而其志同。由是观之，交乃人伦之本务，王道之大义，非特士友之志也。"《系辞传》曰："古者包牺氏之王天下也，仰则观象于天，俯则观法于地。"又，"子曰：君子安其身而后动，易其心而后语，定其交而后求。君子修此三者，故全也。危以动，则民不与也；惧与语，则民不应也；无交而求，则民不与也。莫之与，则伤之者至矣。"上下交，而其志同，则是民应而与。非但无伤，并且吉亨。

《彖》曰："内阳而外阴，内健而外顺。"李氏《周易集解》引何妥曰："此明天道也。阴阳之名，就爻为语；健顺之称，指卦为言。顺而阴居外，故曰小往；健而阳在内，故曰大来。"《纂疏》曰："此又以天道言也。《稽览图》：六十四卦策术曰：阳爻九，阴爻六。轨术：阳爻九、七，阴爻八、六。故云：阴阳之名，就爻为语。《系下》曰：乾，天下之至健；坤，天下之至顺也。故云：健顺之称，指卦为言。坤顺，而阴诎居外，故曰小往；乾健，而阳信在内，故曰大来。内外当位，天道所以常泰也。"按，乾卦曰："大哉乾乎！刚健中正，纯粹精也。"坤卦曰："至哉坤元！万物资生，乃顺承天。"《系辞传》曰："子曰：乾坤其《易》之门邪？乾，阳物也；坤，阴物也。阴阳合德，而刚柔有体，以体天地之撰，以通神明之德。"乾健坤顺，阴阳合德，生生不息，是为吉亨。

《彖》曰："内君子，而外小人。"《集解》引崔憬曰："此明人事也。阳为君子，在内健于行事。阴为小人，在外顺以听命。"《纂疏》："此又以人事言也。君子之性刚强，故阳为君子。信在内，则健于行事。小人之性柔弱，故阴为小人。诎在外，则顺以听命。内外得所，人事所以常泰也。"王符《潜夫论·论荣》曰："所谓贤人君子者，非必高位厚禄、富贵荣华之谓也。此则君子之所宜有，而非其所以为君子者也。所谓小人者，非贫贱冻馁，困辱阨穷之谓也。此则小人之所宜处，而非其所以为小人者也。奚以明之哉？夫桀、纣者，夏、殷之君王也，崇侯、恶来，天子之三公也。而犹不免于小人者，以其心行恶也。伯夷、叔齐，饿夫也，傅说胥靡，而井臼处虏也。然世犹以为君子者，以为志节美也。"又，《说文》曰："内，入也。"假借为纳。"外，远也。"内君子，外小人，即纳君子，远小人。如此用人，事必吉亨。

《象》曰："君子道长，小人道消也。"此句承上。《九家易》曰："谓阳息而升，阴消而降也。阳称息者，长也，起复成巽，万物盛长也。阴言消者，起姤终乾，万物成熟。成熟则给用，给用则分散，故阴用特言消也。"《纂疏》曰："阳主息，息故升，阴主消，消故降。《月令》郑注：阳生为息。故息即长也。起于复，终成巽，万物盛长之时也。阴主消，阴之消阳起于姤，终反成乾。万物已成熟之后也。物已成熟，则给用于人；给用于人，则分散矣。阴消自有而无，故阴用特言消也。君子，阳也，内之阳日息，故曰君子道长。小人，阴也，外之阴日消，故曰小人道消也。《杂卦传》曰：夬，决也，刚决柔也。君子道长，小人道消，义并同也。"按《伏羲八卦》，阳息则阴消。阳自十一月至四月，即自震至乾，为息。阴自十一月至四月，即自震至乾，为消。泰卦，乾下坤上，阳为君子，阴为小人。内之阳息至三，故曰君子道长；外之阴消已三，故曰小人道消。

乾卦，《文言》曰："九三曰：君子终日乾乾，夕惕若，厉无咎。何谓也？子曰：君子进德修业。忠信所以进德也，修辞立诚，所以居业也。知至至之，可与几也，可与存美也。是故居上位而不骄，在下位而不忧，故乾乾因其时而惕，虽危无咎矣。"干宝曰："爻以气表，繇以龙兴，嫌其不关人事，故著君子焉。阳在九三，正月之时，自泰来也。阳气始出地上，而接动物。人为灵，故以人事成天地之功，在于此爻焉。故君子以之，忧深思远，朝夕匪懈。仰忧嘉会之不序，俯惧义和之不逮。反复天道，谋始反终，故曰终日乾乾。此盖文王反国，大厘其政之日也。"终日乾乾，如文王然，即君子道长之谓。

坤卦，《文言》曰："天地变化，草木蕃。"李氏《周易集解》，引虞翻曰："谓阳息坤成泰，天地反，以乾变坤，坤化升乾，万物出震，故天地变化，草木蕃矣。"《集解纂疏》曰："阳息坤三成泰，天下地上，故云天地反。天地反者，天地交也。阳主变，阴主化。以乾变坤者，阳息坤成乾也。坤化升乾者，坤本化乾始，升居乾上也。故曰天地变化。泰，三互四五成震，万物出乎震。震为草木，其究为蕃鲜，故曰草木蕃。此言天地交，而万物通也。"以乾变坤，坤化升乾，即阳息阴消。阳既为君子，为道长；阴则为小人，为道消。朱骏声《六十四卦经解》，坤卦上六曰："文王抑三、二之强，以事纣，盖欲弥缝其阙，匡救其灾，以祈殷命，以济生民。纣遂长恶不悛，天命殛之。至于武王，遂有坶野之事，是其义也。天道穷，至于阴相薄，君德穷，至于攻战受诛。"纣，阴物，德穷受诛，小人道消之谓。泰卦，乾下坤上，君子道长，小人道消，各归其位，是以大吉。

《象》曰："天地交，泰，后以财成天地之道，辅相天地之宜，以左右民。"荀爽曰：

“坤气上升，以成天道；乾气下降，以成地道。天地二气，若时不交，则为闭塞。今既相交，乃通泰。”虞翻曰：“后，君也。阴升乾位，坤女主，故称后。”郑康成曰：“财，节也。辅相左右，助也。以者，取其顺阴阳之节，为出内之政。春崇宽仁，夏以长养，秋教收敛，冬敕盖藏，皆可以成物助民也。”王弼注：“春者，物大通之时也。上下大通，则物失其节，故财成而辅相，以左右民也。”程氏传：“天地交，而阴阳和，则万物茂遂，所以泰也。人君当体天地通泰之象，而以财成天地之道，辅相天地之宜，以左右生民也。财成，谓体天地交泰之道，而财制成其施为之方也。辅相天地之宜，天地通泰，则万物茂遂，人君体之而为法制，使民用天时，因地利，辅助化育之功，成其丰美之利也。如春气发生万物，则为播植之法；秋气成实万物，则为收敛之法。乃辅相天地之宜，以左右辅助于民也。民之生，必赖君上为之法制，以教率辅之，乃得遂其生养，是左右之也。”

《说文》：“后，继体君也。象人之形。施令以告四方，故厂之。从一口，发号者君后也。”后，为后（后）王，非开创之君，故称继体君。继体君主治理，故曰：“后以财成天地之道，辅相天地之宜，以左右民。”陆明德《释文》曰：“财，荀作裁。”朱熹曰：“财，裁同。左，音佐；右，音佑。财成以制其过，辅相以补其不及。”《荀子·非十二子》曰：“一天下，财万物，长养人民，兼利天下。”《集解》注：“财与裁同。王念孙曰：财，如《泰·象传》，财成天地之道之财，亦成也。（说见《经义述闻》。）则万物与长养人民，兼利天下连文，是财万物即成万物。《系辞传》曰：曲成万物，而不遗是也。”《广雅·释诂》：“辅，助也。”比卦《象》曰：“比，辅也，下顺从也。”《商书·汤誓》：“尔尚辅予一人。”《夏书·益稷》曰：“予欲左右有民，汝翼。”孔氏传：“左右，助也，助我所有之民，富而教之。汝翼成我。”《正义》曰：“《释诂》云：左右，助虑也，同训为虑，是左右得为助也。立君所以牧人，人之自营生产，人君当助救之。”《商颂·长发》：“实维阿衡，实左右商王。”毛传：“阿衡，伊尹也。左右，助也。”是《象》之所言，乃谓承治之君，因观天地交泰，而以此制成，符合天地交泰之道，辅助天地交泰之事宜，以此帮助百姓生产生活。

《易》卦，上为前，下为后。既谓空间，亦谓时间。泰卦，乾下坤上。四之上为坤，为十月，阳动于下。三之上为一阳生，为复卦，为十一月。二之上为二阳生，为临卦，为十二月。初之上为三阳生，为泰卦，为正月。此时三阳上升，三阴下降，为天地交通。立春后，阳用事。乾为君为王，故称后。人法天地，故曰后以财成天地之道。乾知始，坤资生；乾知大始，坤作成物。天地如此，故后亦辅相天地，生物成物之事宜。《周礼·考工记》云：“天有时，地有利。”乾下坤上，即天地时利之象，为天地之宜。天地生万物，万物以养人，故曰以左右民。

《史记·货殖传》:“夫然，故上下序，而民志定。于是辨其土地川泽丘陵、衍沃原隰之宜，教民种树畜养。五谷六畜，及至鱼鳖鸟兽、雚蒲材干器械之资，所以养生送终之具，靡不皆育。育之以时，而用之有节。草木未落，斧斤不入于山林。豺獭未祭，置网不布于野泽。鹰隼未击，矰弋不施于徯隧。既顺时取物，然犹山不茬蘖，泽不伐夭。蝝鱼麛卵，咸有常禁。所以顺时宣气，蕃阜庶物，蓄足功用，如此之备也。然后四民因其土宜，各任智力，夙兴夜寐，以治其业。相与通功易事，交利而俱赡，非有征发期会，而远近咸足。故《易》曰：后以财成辅相天地之宜，以左右民。备物致用，立成器以为天下利，莫大乎圣人，此之谓也。”又,《汉纪·文帝纪》，文义略同。

履卦和泰卦，互为邻卦。《序卦传》曰：“履而泰，然后安，故受之以泰。”晁氏曰：“郑本无而泰二字。”《荀子·礼论篇》:“礼起于何也？曰：人生而有欲，欲而不得，则不能无求；求而无度量分界，则不能不争；争则乱，乱则穷。先王恶其乱也，故制礼义以分之，以养人之欲，给人之求，使欲必不穷乎物，物必不屈于欲。两者相持而长，是礼之所起。”又，“凡礼，天地以合，日月以明，四时以序，星辰以行，江河以流，万物以昌，好恶以节，喜怒以当，以为下则顺，以为上则明，万物变而不乱，贰之则丧也。礼岂不至矣哉!”王先谦《荀子集解》:“言礼能上调天时，下节人情；若无礼以分别之，则天时人事皆乱也。昌，谓各遂其生也。礼在下位则使人顺，在上位则治万变而不乱。”礼能调节天时人事，各遂其生而不乱，是以谓履而泰，泰然后安，故履以后次泰。

《大戴礼记·礼三本》曰：“礼有三本：天地者，性之本也；先祖者，类之本也；君师者，治之本也。无天地焉生，无先祖焉出，无君师焉治，三者偏亡，无安之人。故礼，上事天，下事地，宗事先祖，而宠君师，是之三本也。”谓礼之三本阙一，则无安泰之人。是礼为本，在前；安泰为礼所生，在后。又，“凡礼，天地以合，四海以洽，日月以明，星辰以行，江河以流，万物以昌，好恶以节，喜怒以当。以为下则顺，以为上则明，万变不乱，贷之则丧。”王聘珍《大戴礼记解诂》曰：“张氏《史记正义》云：自天地以下八事，大礼之备，情文俱尽，故用为下则顺，用为上则明。”礼用而上明下顺，是以履受之以泰。《荀子》和《大戴礼记》，同文迭出，皆言礼而安，盖为古之通论。

李鼎祚《周易集解》，引荀爽曰：“谓乾来下降，以阳通阴也。”又引姚信曰：“安上治民，莫过于礼。有礼然后泰，泰然后安也。”李道平《周易集解纂疏》:“荀注，乾天在上，坤地在下；今乾来下降成泰，天地交，故云以阳通阴也。姚注，《孝经》曰：安上治民，莫善于礼。盖有礼则辨上下，定民志，上下交，而其志同，故泰也。《曲礼》:有礼则安。故履然后安也。”《周易折中》引项氏安世曰：“履，不训礼，人所履，未有外于礼者。外于礼，则非所当履，故以履为有礼也。上天下泽，亦有礼之名分焉。”上天下泽，谓履卦。天施泽于下，下承泽于上，万物生，天下泰。履卦之象，亦泰字之形，是以履则泰。

初九，拔茅茹，以其彙。征吉。

〔译〕 初九，阳气拔动白茅根，与其同类滋生。正行吉利。

《象》曰：“拔茅征吉，志在外也。”

〔证〕

拔茅茹 《本草纲目·草部》：“白茅，根名茹根、兰根、地筋。”时珍曰：“茅叶如矛，故谓之茅。其根牵连，故谓之茹。《易》曰：拔茅连茹。是也。有数种：夏花者为茅，秋花者为菅。二物功用相近，而名谓不同。《诗》云：白华菅兮，白茅束兮。是也。《别录》不分茅菅乃二种，谓茅根一名地菅，一名地筋，而有未用，又出地筋，一名菅根。盖物之根状皆如筋，可通名地筋，不可并名菅也，正之。”茅茹，即谓茅根。《说文》：“拔，擢也。”《小尔雅·广物》：“拔根曰擢”。拔茅茹，即谓拔茅根。初九为潜龙。《象》曰：“潜龙勿用，阳在下也。”《说文》：“子，十一月，阳气动，万物滋。”《史记·律书》：“子者，滋也。言万物滋于下也。”《大戴礼记·夏小正》曰：“十一月，日冬至，阳气至始动，诸向生皆蒙蒙符矣。”《解诂》引郑注《周易》云：“蒙蒙，物初生形。”《释名》：“子，孳也。阳气始萌孳，生于下也。”《白虎通·三正》：“十一月之时，阳气始养根株黄泉之下。”陈立《疏证》：“《后汉书》注引《礼纬》云：十一月，时阳气始施于黄泉之下。”拔茅茹，即谓阳气在黄泉之下，生发白茅之根。

以其彙 《广雅·释诂》：“以，与也。”王念孙《疏证》曰：“以者，《召南·江有汜篇》云：不我以。又云：不我与。郑笺云：以，犹与也。”又，《击鼓》曰：“不我以归。”谓不与我归。《商书·盘庚中》：“尔忱不属，惟胥以沈。”孔氏传：“汝忠诚不属逮古，苟不欲徙，相与沈溺。”以，亦与。《仪礼·乡射礼》：“主人以宾揖。”谓主人与宾揖。《易》鼎卦，初六曰：“得妾以其子。”谓得妾与其子。泰卦初六之拔茅茹以其彙，即拔茅茹与其彙。《广雅·释诂》曰：“彙，类也。”《疏证》：“彙者，泰初九：拔茅茹以其彙。虞翻注云：彙，类也。”孔颖达疏：“彙，类也。以类相从。”《太玄经》：“周，阳气周复，而反乎始，物继其彙。”范望注：“谓之周者，冬至之后，阳气之所始也，周复也。《易》曰：七日来复。是也。彙，类也，言万物各继其类。”司马光《太玄集注》：“宋曰：彙，类也。光谓：万物随阳出入，生长收藏，皆阳之神也。岁功既毕，神化既周，而复反乎始，万物各继其类，而更生也。”《易》谓初九之时，茅茹以类相从而滋生；《太玄》谓阳气之始，万物各继其类而更生，是义相通。乾卦为阳之纲，坤卦，为阴之纲。凡阳位，义与乾之阳位不悖；凡阴位，义与坤之阴位不悖。《太玄》准《易》而作，是以阴阳与《易》不相悖。

《本草纲目·草部》："白茅，《别录》曰：茅根生楚地山谷田野，六月采根。弘景曰：此即今白茅菅。《诗》云：露彼菅茅。是也。其根如渣芹甜美。颂曰：处处有之，春生芽，布地如针，俗谓之茅针，亦可啖，甚益小儿。夏生白花，茸茸然，至秋而枯。其根至洁白，六月采之。又有菅，亦茅类也。陆玑《草木疏》云：菅似茅而滑，无毛，根下五寸，中有白粉者，柔韧宜为索，沤之尤善。其未沤者，名野菅，入药与茅功等。时珍曰：茅有白茅、菅茅、黄茅、香茅、芭茅数种，叶皆相似。"是茅有五种，拔茅茹以其彙，即谓阳气抽拔白茅根，与其同类滋生。盖茅草易生，其根最先感受阳气。

征吉　《说文》："𨒅，正行也。从辵，正声。征，𨒅或从彳。"段玉裁注："《释言》、《毛传》皆曰：征，行也。许分别之，征为正行，迈为远行。引伸为征伐。《孟子》曰：征之为言正也。"征吉，谓正行吉。《说文》曰："子，十一月，阳气动，万物滋。"为初九。"丑，纽也，十二月，万物动用事。"为九二。"寅，髌也，正月阳气动，去黄泉欲上出。"为九三。"卯，冒也，二月，万物冒地而出。"为九四。"辰，震也，三月阳气动，雷电振，民农时也，物皆生。"为九五。"巳，已也，四月阳气已出，阴气已藏，万物见，成文章。"为上九。由初往上，阳气用事，万物得阳以生。阳为正，是以征吉，即正行吉。《象》曰："拔茅征吉，志在外也。"下为内，上为外。志在外，即志在阴气藏，万物见，成文章。

程氏传："初以阳爻居下，是有刚明之才，而在下者也。时之否，则君子退而穷处；明既泰，则志在上进也。君子之进，必与其朋类相牵援，如茅之根然，拔其一，则牵连而起矣。茹，根之相牵连者，故以为象。彙，类也。贤者以其类进，同志以其道行，是以吉也。君子之进，必以其类，不唯志在相先，乐于与善，实乃相类以济。故君子小人，未有能独立，不赖朋类之助者也。自古君子得位，则天下之贤，萃于朝廷，同志协力，以成天下之泰。小人在位，则不肖者并进，然后其党胜，而天下否矣。盖各从其类也。"又曰，"时将泰，则群贤皆欲上进。三阳之志，欲进同也。故取茅茹彙征之象。志在外，上进也。"《汉书·刘向传》："故贤人在上位，则引其类，而聚之于朝。《易》曰飞龙在天，大人聚也。在下位，则思与其类俱进。《易》曰拔茅茹以其彙，征吉。在上则引其类，在下则推其类，故汤用伊尹，不仁者远，而众贤至，类相致也。"泰卦，阳息阴消，即众贤至，不仁者远，以类相致。

九二，包荒，用冯河，不遐遗。朋亡，得尚于中行。

〔译〕　九二，阳气包孕荒野，由南向北，徒步涉过黄河，但不远送。阴气在消亡，阳气将上到大地之中道。

《象》曰："包荒，得尚于中行，以光大也。"

〔证〕

包荒　《说文》："包，象人怀妊，巳在中，象子未成形也。元气起于子，子，人所生也。"段玉裁注："包，妊也。女部曰：妊者孕也。子部曰：孕者怀子也。引伸为凡外裹之称。亦作苞，皆假借字。勹象怀其中，巳字象未成之子也。勹亦声。"约斋《字源》曰："勹，就是包字。又曰，"巳，这是胞胎的象形，就是子字少两臂膀。"林义光《文源》曰："包，当即胞之古文，胎衣也。"《汉书·董仲舒传》："天者，群物之祖也，故遍覆包函，而无所殊。"又，《说文》："荒，芜也；一曰草掩地也。"一曰草掩地者，谓草芜之地为荒。《夏书·禹贡》：五百里荒服。"孔氏传："要服外之五百里言荒。"《大雅·公刘》："度其夕阳，豳居允荒。"毛传："荒，大也。"郑笺："允，信也；夕阳者，豳之所处也。度其广轮，豳之所处，信宽大也。"《山海经》有《大荒东经》、《大荒南经》、《大荒西经》、《大荒北经》。荒，泛指辽阔之地。《离骚》："往观乎四荒。"《过秦论》："并吞八荒。"荒，谓四面八方，广袤原野。九二，当乾之中爻，代乾。六五，当坤之中爻，代坤。二、五相应，天地交，阳气包孕大地，万物生，是为包荒。乾卦九二曰："包蒙，吉。"姤卦九二曰："包有鱼，无咎。"亦皆谓阳包育阴。乾卦九二曰："见龙在田。"朱熹曰："九二刚健中正，出潜离隐，泽及于物，物所利见，故其象为见龙在田。"包荒，即泽及于物。《白虎通·三正》曰："十二月之时，万物始芽而白。"即是。

用冯河　《尔雅·释训》："冯河，徒涉也。"郭璞注："无舟楫。"郝懿行《尔雅·疏证》："冯者，淜之假音也。《说文》：淜，无舟渡河也。《玉篇》：徒涉曰淜，今冯字。《诗·小旻传》：徒涉曰冯河。《正义》引李巡曰：无舟而渡水，曰徒涉。与《说文》合，此冯字正解。"《召南·关雎》："关关雎鸠，在河之洲。"《诗集传》："河，北方流水之通名。"《孟子·滕文公下》曰："水由地中行。"上坤为地，是以有水有河。《汉书·司马相如传》："罢池陂陁，下属江河。"颜师古引文颖曰："南方无河也，冀州凡水大小皆谓之河，诗赋通方言耳。"《易·系辞传》曰："河出图，洛出书，圣人则之。"河，黄河。伏羲八卦，乾位南，坤位北。泰卦，二之四为兑，兑为泽，河水泛泛之象。河之南为河南，河之北为河北，南北之间有河，阳气由南向北，涉河不用舟楫，为冯河。《邶风·凯风》曰："凯风自南，吹彼棘心。"毛传："南风谓之凯风。"《夏小正·正月》云："时有俊风，俊者，大也。大风，南风也。"泰卦，由上向下看，即由北向南看，二之四为巽，巽为风，自南来，为南风。南风为阳气，用冯河，即谓将阳气从黄河之南，吹到黄河之北。

不遐遗 《尔雅·释诂》："遐，远也。"《说文新附》："遐，远也。从辵，叚声。"徐铉等注："遐，或通用假字。"《商书·太甲下》曰："若升高，必自下；若陟遐，必自迩。"孔氏传："言善政有渐，如登高升远，必用下近为始，然后终致高远。"陟远，即升远。《小雅·白驹》曰："毋金玉尔音，而有遐心。"郑笺："毋爱女声音，而有远我之心。"又，《尔雅·释言》："贻，遗也。"郭璞注："相归遗。"《说文》段玉裁注："遗，赠也。"《周书·大诰》曰："宁王遗我大宝龟。"《释文》："遗，唯季反。"《豳风·鸱鸮》之《序》曰："成王未知周公之志，公乃为诗以遗王。"《释文》："遗，唯季反，本亦作贻，此从《尚书》本也。"《尚书》，贻作遗，赠送之意。此处不遐遗，谓九二阳气不远送，不违时位。《礼记·月令》云："季冬行春令，则胎夭多伤。"郑氏注："辰之气乘之也。夭，少长也。此月物甫萌芽，季春乃句者毕出，萌者尽达。胎夭多伤者，生气早至，不充其性。"故戒之不遐遗，亦言善政有渐。

朋亡 《广雅·释诂》曰："朋，类也。"《豳风·七月》："朋酒斯飨，曰杀羔羊。"毛传："两樽曰朋。"《小雅·菁菁者莪》："既见君子，锡我百朋。"《正义》引《汉书·食货志》曰："二贝为一朋。"阴数二，朋为阴象。坤卦卦辞曰："西南得朋，东北丧朋。"伏羲八卦方位，西南巽，一阴生于下，为得朋；东北震，一阳生于下，为失朋。豫卦九四曰："勿疑朋盍簪。"谓初六阴为朋。复卦卦辞曰："朋来无咎。"谓上阴折转来下无咎。咸卦九四曰："朋从尔思。"谓初六阴为朋。蹇卦九五曰："大蹇朋来。"谓六二阴为朋。解卦九四曰："朋至斯孚。"谓初六阴为朋。损卦六五曰："或益之十朋之龟。"谓六五阴为朋。益卦六二曰："或益之十朋之龟。"谓六二阴为朋。泰卦九二曰："朋亡。"即谓阴在消亡。亦小往大来，君子道长，小人道消之义。又，九二不见阴，为朋亡。

得尚于中行 《说文》："得，行有所得也。"得亦通德。《广雅·释诂》："尚，加也。"《正字通》："尚，与上通。"《易》言中行，凡九处。师卦，坎下坤上。六五《象》曰："长子帅师，以中行也。"长子谓九二，居下卦之中行师。复卦，震下坤上。六四曰："中行独复。"《象》曰："中行独复，以从道。"四处五阴之中，为中行。益卦，震下巽上。六三曰："有孚中行，告公用圭。"九五之尊，阳实居上卦之中，告公执圭瑞掌国，三为公位。六四曰："中行告公从。"谓九五居中之王，告三公从王事。四为天子三公位。夬卦，乾下兑上。九五曰："中行无咎。"《象》曰："中行无咎，中未光也。"中行，谓九五居上卦之中。《说文》："行，人之步趋也。"罗振玉《殷虚书契考释》："𠁩，象四达之衢，人之所行也。"《尔雅·释宫》："行，道也。"中行即中道。泰卦《象》曰："包荒，得尚于中行，以光大也。”谓九二阳回大地，其行为所得，将上到六五大地中道，以此光大包荒之成果。二、五相应，故曰得尚中行。中行，有天道，有人道，双关。

九三，无平不陂，无往不复，艰贞无咎。勿恤其孚，于食有福。

〔译〕 九三，地无平不凹，天无往不复，坚持正道无灾。不怀疑其可信，则于食富庶有福。

《象》曰："无往不复，天地际也。"

〔证〕

无平不陂 《说文》："陂，阪也；一曰池也。"段玉裁注："陂与坡，音义皆同。凡陂必邪立，故引申之义为倾邪。《子虚赋》：罢池陂陀。言旁颓也。《易》：无平不陂。《洪范》：无偏无陂。"又曰，"此云陂者，池也；故水部有池篆云：陂也。正考老转注之例。陂得训池者，陂言其外之障，言池其中所蓄之水。湖训大陂，即大池也。《陈风》：彼泽之陂。传曰：陂，泽障也。《月令》注曰：畜水曰陂。凡经传云陂池者，兼言其内外。或分析言之，或举一以互见。许池与陂互训，浑言之也。"《尔雅·释地》："下湿曰隰，大野曰平，广平曰原，高平曰陆，大陆曰阜，大阜曰陵，大陵曰阿。"是坤地有平有隰，有高有低，故谓无平不陂。《风俗通义·山泽》："陂，谨按，传曰：陂者，繁也，言因下钟水，以繁利万物也。今陂皆以灌溉，今汝南富陂县是也。"按，坤卦六二曰："直方大。"泰卦六五，即坤卦六二，是以谓平直；二之四为兑，兑为泽，泽为陂：为无平不陂之象。（段氏改《说文》陂下，一曰沱也，为一曰池也，有《易》象为证，可谓不刊之论。）

无往不复 乾卦九三曰："终日乾乾，夕惕若。"《象》曰："终日乾乾，反复道也。"谓日以继夜，夜以继日，日夜往复。复卦卦辞曰："反复其道，七日来复。"谓阴阳往复。虞翻曰："往谓消外，复谓息内。从三至上体复，《象》：终日乾乾反复道。故无平不陂，无往不复也。"王弼注："乾本上也，坤本下也，而得泰者，降与升也。而三处天地之际，将复其所处。复其所处，则上守其尊，下守其卑。是故无往而不复也，无陂而不平也。《象》曰："无往不复，天地际也。"《说文》："际（际），壁会也。"段注："两墙相合之缝也。引申之，凡两合皆曰际。际取壁之两合，犹间取门之两合也。"《孔丛子·小尔雅》曰："际，接也。"天地际，即谓天地交接，阴阳往复。泰卦，下乾上坤，九三在天地往复之间，故曰。《系辞传》曰："一阴一阳之谓道。"即此之谓。

艰贞无咎 大有卦，乾下离上。初九曰："无交害，匪咎，艰则无咎。"王弼注："其欲匪咎，艰则无咎。"噬嗑卦，震下离上。九四曰："噬干胏，得金夫，利艰贞，吉。"

《象》曰：“利艰贞，吉未光也。”谓艰贞则吉，以其尚未光大之故。大畜卦，乾下艮上。九三曰：“良马逐，利艰贞。曰闲舆卫，利有攸往。”《象》曰：“利有攸往，上合志也。”朱熹曰：“艰贞闲习，乃利于有往也。”大壮卦，乾下震上。上六曰：“羝羊触藩，不能退，不能遂，无攸利，艰则吉。”《象》曰：“不能退，不能遂，不详也；艰则吉，咎不长也。”王弼曰：“苟定其分，固志在三，以斯自处，则忧患消亡，故曰艰则吉也。”明夷卦，离下坤上。卦辞曰：“明夷，利艰贞。”《象》曰：“利艰贞，晦其明也。内艰而能正其志，箕子以之。”郑康成曰：“明夷，日之明伤。犹圣人君子，有德而遭乱世。抑在下位，则宜自艰，无干事故，以避小人之害也。”朱熹曰：“利于艰难以守正。”泰卦，乾下坤上。九三曰：“无平不陂，无往不复，艰贞无咎。”朱熹曰：“艰难守贞，则无咎而有福。”以上艰字，皆有坚持之义。

《说文》：“艱（艰），土难治也。从堇，艮声。囏籀文艱，从喜。”王筠《说文句读》曰：“籀文艱从喜者，似节卦说以行险之意。”段玉裁注：“引申之，凡难理皆曰艱。按许书无墾字，疑古艱字即今墾字。豤亦艮声也。必有喜悦之心，而后不畏其艱，而后无不治也，故从喜。此字见《周礼》。”是籀文之艰，难治而治，义为坚持。又，《说文》：“堅（坚），刚也。从臤从土。”王筠注：“刚，泛言之也，故入臤部；若主谓土，则入土部矣。《地官·草人》：骍刚用牛。”段玉裁《说文解字注》：“堅（坚），土刚也。从臤土。注曰：土字今补。《周礼·草人》：骍刚用牛。引伸为凡物之刚。”按，《周礼·草人》郑氏注：“杜子春絜读为骍，谓地色赤，而土刚强也。”艰和坚，皆为土之难治，其义相通。《史记·周本纪》：“共王崩，子懿王囏立。”《索隐》曰：“《系本》作坚。”又，《汉书·古今人表》：“懿王坚。”艰与坚通。然，履霜坚冰至，坚表坚硬；艰贞，艰表坚持，其字会意更切。泰九三，无平不陂，无往不复，艰贞无咎，即谓坚持阴阳正道，没有灾过。九三在兑，其于地为刚卤，为艰；三在阳位，为正，正为贞；兑为羊，羊为祥，为无咎。

勿恤其孚 《尔雅·释诂》：“恤，忧也。”《周书·大诰》：“无毖于恤。”孔氏传：“无劳于忧。”《小雅·杕杜》：“期逝不至，而多为恤。”毛传：“恤，忧也。”《大雅·桑柔》：“告尔忧恤。”郑笺：“恤，亦忧也。”《说文》：“孚，卵即孚也。从爪子。一曰信也。”九三，阳气成体，勿恤其孚，谓不用怀疑，春之可信。《说卦传》曰：“坎，其于人也为加忧。”按，晋卦，坤下离上。六五出互坎而在离中，故曰失得勿恤。家人卦，离下巽上。九五在巽中，曰勿恤。夬卦，乾下兑上。九二在乾中，曰勿恤。升卦，巽下坤上。全无坎象，故卦辞曰勿恤。泰卦九三，在互兑之中，为勿恤。阳为实，实为信，九三为阳，故其为孚。《乐记》曰：“地气上齐，天气下降，阴阳相摩，天地相荡。”此乃自然规律，故而勿恤其孚。

于食有福　《吕氏春秋·孟春纪》："是月也，天气下降，地气上腾，天地和同，草木繁动。王布农事，命田舍东郊。皆修封疆，审端径术。善相丘陵阪险原隰，土地所宜，五谷所殖，农乃不惑。"又曰，"无变天之道，无绝地之理，无乱人之纪。孟春行夏令，则风雨不时，草木早槁，国乃有恐。行秋令，则民大疫，疾风暴雨数至，藜莠蓬并兴。行冬令，则水潦为败，霜雪大挚，首种不入。"高诱注："是月也，泰卦用事，乾下坤上，天地和同，繁众动挺而生也。"《尚书大传》曰："八政何以先食，食者万物之始，人之所本者也。"一年之计在于春，若不违农时，顺天时地理人纪行令，则人民丰衣足食。故曰勿恤其孚，于食有福。二之四为兑，兑为口舌；三之五为震，震为动，为口中有食嚼动。兑为羊，羊为祥，祥为福，为于食有福。又，乾为王，九三在乾上兑中，有王明并受其福之象。

六四，翩翩，不富以其邻，不戒以孚。"

〔译〕　六四，阴气飞舞消逝，与其邻皆失阳气而不富，因此不须告戒，而承阳有信。

《象》曰："翩翩不富，皆失实也。不戒以孚，中心愿也。"

〔证〕

翩翩　《说文》："羽，鸟长毛也，象形。凡羽之属，皆从羽。"翩为羽之属，从羽，故又曰："翩，疾飞也。从羽，扁声。"《鲁颂·泮水》："翩彼飞鸮，集于泮林。"毛传："翩，飞貌。"《字源》曰："飛（飞），非。飞字下部象展开的两翼，上部象鸟尾。去了尾部，剩下两翼就成非。本来也象飞，但因两翼展开，而有彼此违背的意思，故以为是非的非。"泰卦上卦为坤，坤阴象两翼展开，有飞象，是以言翩。《周易》凡言飞者，皆与坤阴之象有关。坤卦，坤下坤上。六二曰："不习。"习为数飞。明夷卦，离下坤上。初九曰："明夷于飞。"离上有坤，为明夷于飞。小过卦，艮下震上。卦辞曰："飞鸟遗之音。"上下四阴，象羽毛展开。又，初六曰："飞鸟以凶。"上六曰："飞鸟离之。"《大雅·桑柔》："四牡骙骙，旟旐有翩。"毛传："翩翩，在路不息也。"泰卦自四以上，为众阴消逝飞去之貌，故曰翩翩。王弼注："乾乐上复，坤乐下复。四处坤首，不固所居，见命则退，故曰翩翩也。"又，四在震，为飞动。

不富以其邻　《说文》："富，备也；一曰厚也。"《释名》："福，富也。"《周书·洪范》："二曰富。"孔氏传："财丰备。"《礼记·郊特牲》曰："富也者福也。"郑氏注："或曰福也者备也。"富者福，福者富，富与福音义近同。又，《释名·释州国》："五家为伍，又谓之邻。邻，连也，相接连也。"《周礼·遂人》曰："五家为邻，五邻为里。"《礼记·问丧》曰："故邻里为之糜粥以饮食之。"郑氏注："五家为邻，五邻为里。"又，《广雅》曰："以，与也。"《经典释词》曰："以，犹及也。"不富以其邻，谓六四不与六五等富。《说文》："实，富也。"阳为实，阴为虚；实为富，虚为不富。故《象》曰："翩翩不富，皆失实也。"谓四以上，乃阴虚之爻，非承阳实，故而不富。谦卦，艮下坤上。六五曰："不富以其邻。"小畜卦，乾下巽上。九五曰："富以其邻。"《象》曰："不独富也。"皆以阳为富，阴为不富。泰卦，三阴消于上，为不富以其邻；三阳息于下，则为富以其邻。《象》曰："内君子，外小人；君子道长，小人道消也。"是君子富以其邻，小人不富以其邻。

不戒以孚　《象》曰："不戒以孚，中心愿也。"王引之《经传释词》："以，犹而也。《易·泰》六四曰：不戒以孚。"《系辞传》曰："刚柔者，立本者也；变通者，趋时者也。"虞翻曰："本天亲上，本地亲下，故立本者也。变通配四时，故趋时者也。"阴阳消息，勿须告戒，而自然往来，于时不误，于信不欺。天气下降以感地，地气升动而应天，天地之理。寒往则暑来，暑往则寒来，如此到明年五月，阴又承阳。阴成阳事，臣成王事，中心之愿，不戒而必信乎。《九家易》曰："乾升坤降，各得其政。阴得承阳，皆阴心之所愿也。"朱熹曰："已过乎中，泰已极矣，故三阴翩然而下复，不待戒令而信也。"巽卦《象》曰："重巽以申命。"巽为命令。二之四为兑，兑为巽之倒，为不戒。四虽为阴虚，而往承阳有信，为不戒以孚。

六五，帝乙归妹，以祉元吉。

〔译〕　六五，帝乙嫁妹，因天赐福而大吉。

《象》曰："以祉元吉，中以行愿也。"

〔证〕

帝乙归妹　三之五为震，震惊百里，威震百里者为王。五在震上，为王之上者，为帝。《说卦传》曰："帝出乎震。""震为龙。"龙为帝王。又，五为至尊之位，为帝。震一索而得男，谓之长男，为帝乙；再索而得女，谓之中女；三索而得女，谓之少女。《尔雅·释亲》："谓女子先生为姊，后生为妹。"四为先生，为姊；五为后生，为妹。妹在帝位，为帝乙之妹。五下应二，女嫁男为归，为帝乙归妹。《九家易》曰："五者帝位，震象称乙，是为帝乙。六五以阴处尊位，帝者之姊妹。五在震后，明其为妹也。五应于二，当下嫁二。妇人谓嫁曰归，故言帝乙归妹。"《召南·何彼秾矣》之《序》曰："何彼秾矣，美王姬也。虽则王姬，亦下嫁于诸侯。车服不系其夫，下王后一等，犹执妇道，以成肃雍之德也。”又，归妹卦六五亦曰：“帝乙归妹。”亦谓不以尊卑而论，而以阴阳交为理。

《易乾凿度》：“孔子曰：《易》本阴阳，以譬于物也。掇序帝乙、箕子、高宗著德，《易》者所以昭天道，定王业也。上术先圣，考诸近世，采美善以见王事，言帝乙、箕子、高宗，明有法也。美帝乙之嫁妹，顺天地之道，以立嫁娶之义。立则妃匹正，妃匹正则王化全。”又，“孔子曰：泰者，正月之卦也。阳气始通，阴道执顺。故因此以见汤之嫁妹，能顺天地之道，立教戒之义也。至于归妹，八月卦也。阳气归下，阴气方盛，故复以见汤妹之嫁，以天子贵妹，而能自卑，顺从变节。而欲承阳者，以执汤之戒。是以因时变一用，见帝乙之道，所以彰汤之美，明阴阳之义也。孔子曰：自成汤，至帝乙，帝乙汤之元孙也。此帝乙，即汤也。殷录质，以生日为名，顺天性也。元孙之孙，外绝恩矣，同以乙日生，疏可同名。汤以乙生，嫁妹，本天地，正夫妇。夫妇正，王道兴矣。故曰《易》之帝乙为成汤；《书》之帝乙六世王，同名不害以明功。”

《周易集解纂疏》：“又，《子夏传》曰：帝乙归妹，汤之嫁妹也。《世本》：汤名天乙。故称帝乙。《京房章句》载汤嫁妹之辞曰：无以天子之尊，而乘诸侯；无以天子之贵，而骄诸侯。阴之从阳，女之顺夫，本天地之义也。往事尔夫，必以礼义。其辞未必传于上世，然亦帝乙为汤也。又，荀爽《后汉书・本传》言：汤有娶礼，归其妹于诸侯也。是先儒皆以帝乙为汤也。归，嫁也。释见上。自二至五，体互震、兑。震长男，故为兄；兑少女，故为妹。坤为妻道，五当降二，故为嫁妹。”又曰，“愚案：三四为天地之交，《易》位则体归妹。于五言之者，五为卦主也。”程氏传：“史谓汤为天乙；厥后有帝祖乙，亦贤王也；后又有帝乙。《多士》曰：自成汤至于帝乙，罔不明德恤祀。称帝者，未知谁是。以爻义观之，帝乙，制王姬下嫁之礼法者也。”泰卦六五，因爻系事，明阴阳相交，是天之道，亦人之道。

以祉元吉 《尔雅・释诂》曰：“祉，福也。”《大雅・皇矣》：“既受帝祉，施于子孙。”郑笺：“帝，天也；祉，福也。”《周颂・列文》：“列文辟公，锡兹祉福，惠我无疆，子孙保之。”郑笺：“天锡之以此福祉也。”祉，天赐之福。以祉元吉，谓因天赐之福而大吉。阴为地，阳为天，天地交泰而万物生，乃天赐之福。《象》曰：“以祉元吉，中以行愿也。”谓六五应九二，得以行中行之愿，故而以祉元吉。坤卦六五曰：“黄裳，元吉。”《象》曰：“黄裳元吉，文在中也。”亦谓因中而元吉。王弼注：“泰者，阴阳交通之时也。女处尊位，履中居顺，降身应二，感与相与，用中行愿，不失其礼。帝乙归妹，诚合斯义。履顺居中，行愿以祉，尽夫阴阳交配之宜，故元吉也。”谓六五之阴，应九二之阳，中以应中，阴以顺阳，之子于归，得自然之理，故而大吉。

上六，城复于隍，勿用师。自邑告命：贞吝

〔译〕上六，城墙倾覆到干涸之城壕，不要用兵。从都邑下来告示：正者恨惜。

《象》曰："城复于隍，其命乱也。"

〔证〕

城复于隍 《说文》："城，以盛民也。从土，从成，成亦声。"《释名》："城，盛也，盛受国都也。"疏证补："《古今注》：城者盛也，所以盛受民物也。"《说文通训定声》："从土从成，会意。"解卦，上六曰："公用射隼于高墉之上。"墉，城垣。泰卦，上六曰："城复于隍。"是城、墉皆为坤阴之爻，坤阴为土，为土所成之物。《说文》："隍，城池也。有水曰池，无水曰隍。从阜，皇声。《易》曰：城复于隍。"古之城，取土为之，隆起者为城，凹下者为隍。复，往而又来为复。是城复于隍，犹城覆于隍。泰卦，乾下坤上，以其城基少土，坤下无坤，是以倾覆。谓上六已极，将转折向下，复归原位。《象》曰："城复于隍，其命乱也。"谓阳息阴消，阴将溃不成体，阴用事之时命，已乱阵脚。按，上六崩下于乾，乾为干，为城复于隍，与臣服于皇谐音。

勿用师 谓不用兴师征讨，而臣服自来朝聘。师卦，坎下坤上。《象》曰："师，众也；贞，正也。能以众正，可以王矣。"泰卦，乾下坤上。师象不备，是以勿用师。又，师卦《象》曰："地中有水，师，君子以容民畜众。"泰卦，下乾为君子，二之四为兑，兑为泽，泽积水为容民，上坤为众，为畜众。是泰卦有容民畜众之象，故上六曰：城复于隍，勿用师。又，《吕氏春秋·孟春纪》云："是月也，不可以称兵，称兵必有天殃，兵戎不起，不可以从我始。无变天之道，无绝地之理，无乱人之纪。"高诱注："春当行仁，非兴兵征伐时也，故曰不可以从我始。"《月令》孔颖达疏："天有阴阳之道路，恐人改变，故云毋变天之道。地有刚柔之理，恐人断绝，故云毋绝地之理。人有礼义纲纪，恐其迷乱，故云毋乱人之纪。按《易·说卦》云：立天之道，曰阴与阳，故郑此注：以阴政犯阳。《说卦》云：立地之道，曰柔与刚，故注地理云：《易》刚柔之宜。《说卦》云：立人之道，曰仁与义，春为仁，故注：仁之时而举义事。"是勿用师，亦谓孟春之月，勿违天地人之道。

自邑告命 坤为邑，邑为都邑。晋卦，坤下离上。上九曰："维用伐邑。"谓上九转折来下消坤。升卦，巽下坤上。九三曰："升虚邑。"谓升上坤。谦卦，艮下坤上。上六曰："征邑国。"上六来下成坤。又，邑中有人，是坎亦称邑。如讼卦，坎下乾上。九二曰："其邑人三百户。"坤为邑，二在坤中为邑人。比卦，坤下坎上。九五曰："邑人不诫。"坤为邑，五在坤中为邑人。泰卦，乾下坤上，上六在坤，故称邑。又，二之四

为兑，兑为口舌，为告；自上看，二之四为巽，巽为命，为自邑告命。《说文》："命，使也。从口令。"段玉裁注："令者，发号也，君事也。非君而口使之，是以令也。故曰命者，天之令也。"《荀子·天论》："天行有常，不为尧存，不为桀亡。应之以治则吉，应之以乱则凶。"朱熹《论语章句集注》："天命，即天道之流行，而赋于物者，乃事物所以当然之故也。"天命犹天道。自邑告命，即谓天命从坤阴之象，已经向人告示。

贞吝　《易》穷则变，处泰之极，阴转而来下。《象》曰："城复于隍，其命乱矣。"谓泰之时命已乱，将变为坤下乾上，成阴长阳退之势，故曰贞吝，即谓阳者恨惜。否卦卦辞曰："否之匪人，不利君子贞，大往小来。"《彖》曰："否之匪人，不利君子贞，大往小来，则是天地不交，而万物不通也；上下不交，而天下无邦也；内阴而外阳，内柔而外刚，内小人而外君子；小人道长，君子道消也。"《序卦传》曰："泰者，通也；物不可终通，故受之以否。"天垂象见吉凶，上六由泰将至否，是以谓贞吝。贞吝，正者恨惜，即谓阳气将壮而老，老而衰，泰极否来。

第十二卦　癸 酉

☰乾上
☷坤下

否之匪人，不利君子贞，大往小来。

〔译〕 否于不当否之人，不利于君子正道，阳往阴来。

《彖》曰："否之匪人，不利君子贞，大往小来，则是天地不交，而万物不通也；上下不交，而天下无邦也；内阴而外阳，内柔而外刚，内小人而外君子；小人道长，君子道消也。"

《象》曰："天地不交，否，君子以俭德辟难，不可荣以禄。"

〔证〕

坤下乾上 按十二消息卦：复卦，震下坤上，为十一月，斗建子。子，阳气滋。临卦，兑下坤上，为十二月，斗建丑。丑，阳气纽牙于丑。泰卦，乾下坤上，为正月，斗建寅。寅，阳气生物螾然。大壮卦，乾下震上，为二月，斗建卯。卯，物得阳冒地而出。夬卦，乾下兑上，为三月，斗建辰。辰，阳动而震。乾卦，乾下乾上，为四月，斗建巳。巳，阳气已出。姤卦，巽下乾上，为五月，斗建午。午，阴气午逆阳。遁卦，艮下乾上，为六月，斗建未。未，阴成物有滋味。否卦，坤下乾上，为七月，斗建申。申，阴气成体自申束。观卦，坤下巽上，为八月，斗建酉。酉，阴成物就。剥卦，坤下艮上，为九月，斗建戌。戌，阴灭阳。坤卦，坤下坤上，为十月，斗建亥。亥，亥而生子。是自十一月至四月，为阳息阴消之期；自五月至十月，为阴息阳消之期。

阴气浊而重，性下沉；阳气清而轻，性上扬。正月，三阳在下，三阴在上，上下阴阳相等相交，谓之泰。七月，三阴在下，三阳在上，上下阴阳相等不相交，谓之否。《左传》僖公五年："凡分、至、启、闭，必书云物，为备故也。"杨伯峻《春秋左传注》："分，春分、秋分；其日昼夜平分，故谓之分。至，夏至、冬至；其日昼夜极长或极短，其影极长或极短，至，极也，故谓之至。启，立春、立夏；春生夏长，古人谓之阳气用事，启，开也，故谓之启。闭，立秋立冬；秋收冬藏，古人谓之阴气用事，故谓之闭。"正月，立春为节，阳气用事，谓之启，故三阳开春为泰。七月，立秋为节，阴气用事，谓之闭，故闭塞不通为否。

孔颖达《月令·孟春之月》云："五月一阴生，六月二阴生，阴气尚微，成物未具。七月三阴生，而成坤体，坤体在下；三阳为乾，而体在上。则是地气在下，天气在上。故正月为泰，泰，通也，天地交通。七月为否，否，塞也，言天地隔塞。所以十月云地气下降，天气上腾者，以十月之时，纯阴用事，地体凝冻，寒气逼物，地又在下，故云地气下降。于时，六阳从上退尽，无复用事，天体在上，不近于物，似若阳归于天，故云天气上腾。”七月，三阴生而成坤体，坤下乾上，天气上腾，地气下降，天地阴阳之气不交，为否塞。此种情况，至八月四阴生，至九月五阴生，至十月六阴生，纯阴用事。坤卦初六曰：“履霜，坚冰至。”《象》曰：“履霜坚冰，阴始凝也，驯致其道，至坚冰也。”按，七月立秋、处暑以后，即是八月白露、秋分，九月寒露、霜降，俗话白露为霜，是三阴生为阴气始凝，直至坚冰，大地封闭，故七月为闭塞之初，为否。

《吕氏春秋·孟秋纪》曰：“孟秋之月，律中夷则，凉风至，白露降，寒蝉鸣。”高诱注：“夷则，阳律也，竹管音与夷则和。太阳气衰，太阴气发，万物肃然，应法成性，故曰律中夷则。凉风，坤卦之风，为损降下。寒蝉，得寒气鼓翼而鸣，时候应也。”又，《孟秋纪》曰：“是月也，命有司修法制，缮囹圄，具桎梏，禁止奸。天地始肃，不可以赢。命百官，始收敛。完隄防，谨壅塞，以备水潦。修宫室，坿墙垣，补城郭。”高注：“囹圄，法室。桎梏，谓械在足曰桎，在手曰梏，所以禁止人之奸邪。肃杀素气始行，不可以骄赢。犯令必诛，故曰不可以赢。收敛，孟秋始内。是月，月丽于毕，俾雨滂沱，故预完隄防，备水潦。”以上，皆谓孟秋之月，坤下乾上，阴阳不交，天地不通，自然闭塞，为否。故人以效之，修法制，始收敛，完隄防，筑宫室。

《说文》：“申，神也。七月阴气成体，自申束。从臼，自持也。”段玉裁注：“阴气成，谓三阴成为否卦也。古屈伸字，作诎申，亦假信。其作伸者，俗字，或以羼入许书人部耳。《韩子·外储说》曰：申之束之。申者，引长；束者，约结。《广韵》曰：申，伸也。臼，叉手也。当是从丨以象其申，从臼以象其束。”王筠《说文句读》曰：“《系传》：七月三阴，故曰阴气成。案于卦为否，下卦成坤也。申束者，揫敛之意，汉人相传之故训也。《释名》：申，身也。物皆成其身体，各申束之，使备成也。《淮南·道应训》：约车申辕。注：申，束也。《内则》郑注：绅，大带，所以自申约也。案绅约，亦即申束。”否卦，坤下乾上，阴申束，阳闭塞，故谓否。

《淮南·时则训》曰：“孟秋之月，律中夷则。”高诱注：“夷，伤也；则，法也。是月阳衰阴盛，万物凋伤，应法成性，故曰夷则也。”《天文训》曰：“律受夷则，夷则者，易其则也，德以去矣。”《集释》“庄逵吉云：《太平御览下》有注云：夷则，七月律。德以去，生气尽也。补曰：《律书》云：夷则者，言阴气之贼万物也。《汉志》云：则，法也。言阳气正法度，而使阴气夷当伤之物也。然《左传》言：毁则为贼。故阴气贼物为夷则。阴气贼物，易其则之谓也。德已去矣者，《管子·四时篇》云：德始于春，长于夏；刑始于秋，流于冬。然则七月刑之始，故德去也。”按，《管子·四时》曰：“阳为德，阴为刑。”又曰，“刑德离向，时乃逆行。”七月坤下乾上，易其正月乾下坤上之则，是以为夷则，为泰极否来。又，上乾为阳为德，下坤为阴为刑，阳往阴来，德往刑来，时乃逆行，为不通，为否塞。

《豳风·七月》：“七月流火，九月授衣。”毛传：“火，大火也；流，下也。九月霜始降，妇功成，可以授冬衣矣。”郑笺：“大火者，寒暑之候也。火星中而寒暑退，故将言寒，先著火所在。”孔颖达疏：“毛以为周公云：先公教民周备，民奉上命，于七月之中，有西流者，是火之星也，知是将寒之渐至。”又，《正义》引服虔云：“火，大火心也。季冬十二月平旦，正中在南方，大寒退；季夏六月黄昏，火星中，大暑退：是火为寒暑之候事也。”《虞书·尧典》：“日永星火，以正仲夏。”孔氏传：“永，长也。谓夏至之日，火苍龙之中星举，中则七星见，可知以正仲夏之气节，季孟亦可知。”《尔雅·释天》：“大火，谓之大辰。”郭璞注：“大火，心也。在中最明，故时候主焉。”火星中，季夏之气节，故七月时，其星已西下，谓七月流火。《系辞传》曰：“寒往则暑来，暑往则寒来。”阳气为暑气，阴气为寒气。否卦，坤下乾上，暑往寒来，为捍格不通，为否。

《左传》昭公三年：“张趯曰：譬如火焉。火中，寒暑乃退。此其极也，能无退乎？”杨伯峻《春秋左传注》：“火，大火，即心宿二，天蝎座α星。心宿二为一等星，夏末于黄昏时，在天空中，暑气渐消；冬末在将天明时，在天空中，寒气渐消。言晋平公于此，已达极盛点。古人以为盛极必衰，犹火中寒暑乃退。此亦古代朴素辩证法。”丰卦《彖》曰：“日中则昃，月盈则食，天地盈虚，与时消息，而况于人乎？况于鬼神乎？”按，六月中气为大暑，七月中气为处暑。《说文》：“処（处），止也。”是处暑为止暑，故其时为阳气消，阴气息，肃杀之气至，草木将从此枯败，是以为否。《易乾凿度》云：“孔子曰：泰者，天地交通，阴阳用事，长养万物也。否者，天地不交通，阴阳不用事，止万物之长也。”

临卦，兑下坤上。卦辞曰：“至于八月有凶。”《彖》曰：“临，刚浸而长，至于八月有凶，消不久也。”《系辞传》曰：“易之兴也，其当殷之末世，周之盛德邪？当文王与纣之事邪？是故其辞危。”文王演《易》，当殷之末世，殷以夏之十二月为正月，是至于八月有凶，即谓至于夏之七月有凶。否卦《彖》曰：“内小人而外君子，小人道长，君子道消也。”其阴阳消长，与临卦相反，故谓八月有凶，即谓七月否之意，谓消所不当消者。《系辞传》曰：“《易》之兴也，其于中古乎？作《易》者其有忧患乎？”又曰，“《易》之为书也，广大悉备：有天道焉，有人道焉，有地道焉。”否卦，三道兼而有之。于人道言，乾为君，坤为臣，坤下乾上，君处消势，臣处长势，君弱臣强，是以为否。坤卦《文言》曰：“积善之家，必有余庆；积不善之家，必有余殃。臣弑其君，子弑其父，非一朝一夕之故，其所由来者渐矣，由辩之不早辩也。《易》曰履霜坚冰至，盖言顺也。”即谓“阴始凝也，驯致其道，至坚冰也。”七月三阴成体，为阴始凝，为否。

《老子》曰：“道生一，一生二，二生三，三生万物。万物负阴而抱阳，冲气以为和。”《淮南子·天文训》曰：“道始于一，一而不生，故分而为阴阳，阴阳合和而万物生。故曰一生二，二生三，三生万物。”《精神训》曰：“三生万物，万物背阴而抱阳，冲气以为和。”高诱注：“阴阳流通，万物乃生；阴阳与和，共生物形。”《文子·上德》曰：“万物负阴而抱阳，冲气以为和。”《说文》：“冲，涌摇也。”段玉裁注：“涌，上涌也；摇，旁摇也。”冲气，谓阴阳二气相合和。泰卦，乾下坤上，阳气清轻而扬，阴气浊重而沉，阴阳二气相合和，是以正月为通泰。又，上坤为北为背负，下乾为南为抱向，物在阴阳交中生，为万物负阴而抱阳。否卦，坤下乾上，阳气性上者上，阴气性下者下，万物不得负阴而抱阳，阴阳二气不相通，是以七月为否塞。

否卦，初之三为坤，坤为地；二之四为艮，艮为山。地上有山，山阻于前，为隔塞不通，为否。二之四为艮，三之五为巽；巽风受艮山所止，为阻塞不通，为否。三之五为巽，四之上为乾。巽为下，乾为上，一下一上，相隔不相交，为否。二之四为艮，初之四为大艮；三之五为巽，三之上为大巽。艮为山，巽为木，是为重山密林，其道不通，为闭塞，为否。又，乾为公马，坤为母牛，三之五为巽，巽为风，为风马牛不相及，为否。乾为首，坤为腹，首不及腹，为不交，为否。又，乾为天，天在上；坤为地，地在下。天高地卑，远而不通，为否。伏羲八卦方位，乾位南，坤位北。南方火，北方水，阳之精为火，阴之精为水。乾南坤北，为南火北水，水火不相逮，为否。乾为良马，坤为大舆，乾位南，坤位北，为南辕北辙，为否。乾为阳，阳为昼；坤为阴，阴为夜。今阳退阴进，昼将尽，夜将来，光明将尽，黑暗将来，为否。

扬雄《太玄经》：“唫，阴不之化，阳不之施，万物各唫。”范望注：“象否卦。谓之唫者，言阳在于上，阴在于下，阴阳唫闭，故谓之唫。唫之初一，日入轸宿三度也。”按，言阳在于上，阴在于下，阴阳唫闭；犹乾上坤下，阴阳之气闭塞不交。司马光《集注》：“唫，准否。《说文》曰：口急也。与噤同，今从之，陵曰：唫，闭塞也。凡阳施其精，阴化其形，万物乃生。处暑之气，阴不化，阳不施，万物各闭塞之时也。”是以范谓唫象否卦，司马谓唫准否。又，《太玄经》：“守，阴守户，阳守门，物莫相干。”范注：“亦象否卦。谓之守者，言二气相对，上下否隔，各守其位，故谓之守。守之初一，日入轸宿六度。”司马亦曰：“守，准否。”按，黄道十二宫二十八宿，日入乌鸦宫之轸宿，当在孟秋之月，故否与唫、守，皆为七月卦，为坤下乾上，阴阳不通之象。

否　《周易》，凡卦名与卦辞，同文重迭者，皆省卦名。故履卦，直曰履虎尾。否卦，直曰否之匪人。同人卦，直曰同人于野。艮卦，直曰艮其背，又，长沙马王堆，出土之《汉帛书周易》，否卦，直曰妇之匪人。妇，假借为否。履卦，直曰礼虎尾。礼，假借为履。同人卦，直曰同人于野。艮卦，直曰根其背。根，假借为艮。或曰，此四卦之名，因传抄脱落。然四卦无一例外，当不为传抄脱落；其他六十卦，又无一例外，其卦名与卦辞，首文不同，皆有卦名。是行文以不雷同为例，非偶然或抄失所致。又，履卦《彖》曰："履，柔履刚也。"否卦《彖》曰："否之匪人。"同人卦《彖》曰："同人，柔得位得中。"艮卦《彖》曰："艮，止也。"履、同人、艮，三卦先著卦名，再著《彖》文；唯否卦不著卦名，只著《彖》文否之匪人，是亦避免否、否重迭之例。故履、否、同人、艮，既为卦名，又为卦辞，乃兼词。此处将否字单列，以为卦名者，只为证明之便，非为当补。

《说文》："否，不也。从口，从不，不亦声。"徐锴系传："否者，不可之意见于言也。"段玉裁注："不者，事之不然也。否者，说事之不然也。故音义皆同。《孟子·万章》曰：然则舜伪喜者与？孟子曰：否。注：孟子言舜不诈喜也。又，咸丘蒙问：舜南面而立，瞽叟亦北面而朝之？孟子曰：否。注：言不然也。又，万章曰：尧以天下与舜，有诸？孟子曰：否。注：尧不与之。又，万章问曰：人有言，伊尹以割烹要汤。孟子曰：否然也。万章又问：孔子于卫主痈疽？孟子曰：否然也。万章又问：百里奚自鬻于秦养牲者。孟子曰：否然。注皆曰：否，不也，不如是也。注以不如是释否然，今本正文皆讹作：否，不然。语赘而注不可通矣。否字，引申之义训为不通，如《易》之泰否，《尧典》之否德，《小雅》之否难知也，《论语》之子所否者，皆殊其音，读符鄙切。"桂馥《说文义证》曰："否、咅，皆读与丕同。"《字源》曰："否，咅。这是一个纯然的表声字。不字加口，本来读如呸，象吐唾沫的声音，因而当作一个表示反对的语词用。不字上头，也有多写一画的，后来分化成否、咅两字。"《说文》曰："咅，相与语唾，而不受也。"相与语唾而不受，犹否字之从口从不，皆谓反对不合。

《虞书·益稷》曰："格则承之庸之，否则威之。"孔氏传："天下人能至于道，则承用之，任以官；不从教，则以刑威之。"格与否，正反相对。《夏书·太甲下》曰："德惟治，否德乱。"孔氏传："为政以德则治，不以德则乱。"德与否德，正反相对。《盘庚下》曰："今我既羞告尔于朕志，若否？"孔氏传："已进告汝之后，顺与汝心与否？"若否，即顺与不顺。若与否，正反相对。《周书·无逸》曰："既诞，否则侮厥父母。"《正义》曰："既为欺诞父母矣，不欺则又侮慢其父母。"诞与否，反正相对。又，《邶风·匏有苦叶》云："人涉卬否，卬须我友。"毛传："人皆涉，我友未至，我独特之而不涉。

以言室家之道，非得所适。”涉与否，正反相对。《小雅·甫田》云：“攘其左右，尝其旨否。”郑笺：“成王亲为尝其馈之美否。”旨与否，正反相对。《小雅·宾之初筵》云：“凡此饮酒，或醉或否。”醉与否，反正相对。《大雅·抑》云：“于乎小子，未知臧否。”《释文》曰：“臧否，音鄙。臧，善也；否，恶也。”臧否，正反相对。《烝民》云：“邦国若否，仲山甫明之。”郑笺：“若，顺也。顺否犹臧否，谓恶也。”若否，为顺与逆，正反相对。

师卦初六曰：“师出以律，否臧凶。”师出以律为臧，反之为否，故凶。遁卦九四曰：“好遁，君子吉，小人否。”否为吉之反，为不吉。鼎卦初六曰：“鼎颠趾，利出否。”革卦与鼎卦，互为综卦。革旧鼎新，否为新之反，为旧。《杂卦传》曰：“否泰，反其类也。”即谓相反相对。《序卦传》曰：“泰者，通也。物不可以终通，故受之以否。是否为不通。泰卦《彖》曰：“天地交而万物通也；上下交而其志同也。”泰卦为阴阳交通。否为泰之反，故《彖》曰：“天地不交而万物不通也，上下不交而天下无邦也。”否卦为阴阳不交通。否卦为泰卦之错卦，即泰之反，是否为不泰。否本为不，作为卦名，以其与泰相反，是以为闭，为不通。朱熹《周易本义》曰：“否，备鄙反。否，闭塞也。七月之卦也，正与泰反。”朱骏声《六十四卦经解》曰：“否，从口从不，以不可之意见于言也。本音，方有反。否，闭塞不通也。”谓否于言为不意，读方有反；否、闭以同音相训，故曰闭塞不通，此乃引伸之义。

否之匪人 《说文》：“匪，器似竹筐。从匚，非声。《逸周书》曰：实玄黄于匪。”王筠《说文句读》曰：“当云竹器似筐。此字，经典皆借篚。其仅存者，《春官·肆师》：共设匪瓮之礼。而郑君注云：豆实实于瓮，簋实实于篚。匪其篚字之误与？是郑君以车笭之篚，为匡匪；而以匡匪之匪，为是非。徇俗而违古也。又，《士冠礼》：篚实。郑注：篚，竹器如笭者。此虽仍是匡匪，而曰如笭，则与竹部：篚，车笭也，相涉。盖匪似车笭，故篚字从匪。经典即借篚为匪。迨借匪为非既久，而车笭之义无用，遂迷失本来耳。”又，《说文释例》曰：“是则，以前后文互勘焉，而可得者也。又如匪，似竹筐器也。而媾下引《易》匪寇婚媾，则以知匪之可借为非也。”《广雅·释诂》曰：“匪，勿，非也。”《疏证》曰：“《大雅·灵台篇》：经始勿亟。郑笺，训勿为非。匪、勿、非，一声之转。”《玉篇》：“匪，甫尾切，非也。”

《易》屯卦六二曰：“匪寇婚媾。”虞翻曰：“匪，非也。”蒙卦卦辞曰：“匪我求童蒙，童蒙求我。”郑康成曰：“而童蒙者求为之弟子，非己乎求之也。”比卦六三曰：“比之匪人。”马融曰：“匪，非也。”虞翻曰：“匪，非也。”魏征曰：“非己所亲，故曰匪人。”朱熹曰：“所比皆非其人之象。”朱骏声曰：“匪，非也。”大有卦初九曰：“匪咎。”虞翻曰："匪，非也。"九四曰："匪其彭。"虞翻曰："匪，非也。"贲卦六四曰："匪寇婚媾。"朱熹曰："九三刚正，非为寇者也，乃求婚媾耳。"无妄卦卦辞曰："其匪正有眚。"虞翻曰："非正谓上也。"王弼注："以不正有所往，天命之所不祐。"朱熹曰："若其不正，则有眚。"离卦上九曰："获匪其丑。"虞翻曰："获非其丑。"王弼注："除其非类。"睽卦上九曰："匪寇婚媾。"虞翻曰："匪，非。"朱熹曰："匪寇，非寇。"蹇卦六二曰："匪躬之故。"朱熹曰："非躬之故。"萃卦九五曰："匪孚。"程氏传："不信。"朱熹曰："未信；未光谓匪孚。"涣卦六四曰："匪夷所思。"虞翻曰："匪，非也。"程氏传："非平常之见，所能思及也。"朱熹曰："非常人思虑之所及也。"周《易》经文，用匪不用非，全当非字之义。

王引之《经传释词》曰："之，犹于也。诸、之，一声之转。诸训为于，故之亦训为于。"杨树达《词诠》曰："之，介词，于也。"裴学海《古书虚字集释》曰："之，犹于也。《韩非子·显学篇》：孔子曰：以容取人乎，失之子羽；以言取人乎，失之宰予。《论衡·骨相篇》作以貌取人，失于子羽；以言取人，失于宰予也。"否之匪人，犹失之子羽，之，介词，当于用。比卦六三曰："比之匪人。"《象》曰："比之匪人，不亦伤乎？"三比六而非五，故曰比于不当比之人。朱骏声《六十四卦经解》曰："匪，非也。孟子斥乐正子从王驩，以其比匪人也。"否之匪人，与比之匪人句式同，谓否于不当否之人。六二曰："小人吉，大人否。"大人为不当否之人。遁卦，九四曰："君子吉，小人否。"小人为当否之人。小人为当否之人，为否之当人；大人为不当否之人，为否之匪人。否卦，坤阴在下为贞，乾阳在上为悔。《系辞传》曰："往者屈也，来者信也。"此时，阳反为屈为否，为否之匪人，即谓否于不当否之人。故卦辞和《象》皆曰："否之匪人，不利君子贞。"高亨《周易古经今注》："使不肖者闭而不通，是否其所当否也。使贤者闭而不通，是否其所不当否也。否其所不当否，是谓否之匪人。否之匪人，则贤者斥，国政乱，君位危矣。故曰否之匪人，不利君子贞。"

不利君子贞 《白虎通·号》曰："或称君子者何？道德之称也。君之为言群也；子者，丈夫之通称也。故《孝经》曰：君子之教以孝也，所以敬天下之为人父者也。何以知其通称也？以天子至于民。故《诗》云：恺悌君子，民之父母。《论语》曰：君子哉若人。此谓弟子，弟子者，民也。"陈立《疏证》曰："是其通称，自天子至于民也。《诗》见《泂酌》，《毛诗·序》谓为，召康公戒成王诗，是谓天子也。《论语》见《公冶长篇》，为孔子称子贱语，是谓弟子，弟子即民。此上举天子，下举民，以见君子为通称。"父母、君民，有德者称君子 ，是以乾坤阴阳亦谓君子。乾卦《象》曰："天行健，君子以自强不息。"坤卦《象》曰："地势坤，君子以厚德载物。"泰卦《象》曰："君子道长，小人道消也。”否卦《彖》曰：“小人道长，君子道消也。”君子道长，为君子正道，为有利君子贞。君子道消，非君子正道，为不利君子贞。

虞翻曰：“阴来灭阳，君子道消，故不利君子贞。”崔憬曰：“君子道消，故不利君子贞也。”按，姤卦，巽下乾上。卦辞曰：“勿用取女。”《彖》曰：“勿用取女，不可与长也。”谓不可阴长阳消，不利君子之贞。又，遁卦，艮下乾上。卦辞曰：“小利贞。”《彖》曰：“小利贞，浸而长也。”浸而长，谓阴渐长。遁卦为六月卦，是否卦之先导。小利贞，浸而长，犹小人道长，君子道消。故不利君子贞，而小利贞。《象》曰：“天下有山，遁，君子以远小人，不恶而严。”亦谓小人道长，君子应远小人，不与交恶，而当严以自守。此亦不利君子贞之谓。坤卦《文言》曰：“其所由来者渐矣。”五月一阴生，六月二阴生，至七月三阴生，阴气凝而成体，阴息阳消。于天地，为闭塞；于人，为不利君子贞。卦辞曰：“不利君子贞，大往小来。”谓大往小来，故而不利君子之正。

大往小来 《说文》：“往，之也。”虞翻曰：“之外称往。”又，《说文》：“来，周所受瑞麦来麰也。天所来也，故为行来之来。凡来之属，皆从来。”段玉裁注：“自天而降之麦，谓之来麰。因而凡物之至者，皆谓之来。引伸之义行，而本义废矣。如许说，是至周初，始有来字。”桂馥义证：“《诗・生民》：诞降嘉种。传云：天降嘉种。本书秠下，引此诗而说之云：天赐后稷之嘉谷也。馥谓天所来，即此意。又案，《夏小正》：来降燕。传云：言来者何也？莫能见其始出也，故曰来降。”罗振玉《增订殷虚书契考释》：“卜辞中诸来字，皆象形，其穗或垂或否者。假借为往来字。”就上下而言，往者往上，来者来下；就前后而言，往者往前，来者来后。天与地相对，天大地小。乾天为阳，坤地为阴，故阳为大，阴为小。

泰卦，乾下坤上。卦辞曰：“小往大来。”谓阴气去往上卦之位，阳气来至下卦之位。故《彖》曰：“小往大来，则是天地交，而万物通也；上下交，而其志同也；内阳而外阴，内健而外顺，内君子而外小人；君子道长，小人道消也。”与泰卦相反，否卦，坤下乾上。卦辞曰：“大往小来。”故《彖》曰：“大往小来，则是天地不交，而万物不通也；上下不交，而天下无邦也；内阴而外阳，内柔而外刚，内小人而外君子；小人道长，君子道消也。”万物负阴而抱阳，冲气以为和，皆在阴阳对立统一中生存。天地不交，阴阳之气不得合和，故万物闭塞不通。自然如此，人事亦然。上下不交，天下无邦，谓君臣上下不和，则无天下国家。内阴外阳，内柔外刚，内小人外君子，谓内纳阴柔小人，外排阳刚大人。小人道长，君子道消，谓小人之势正在浸长，君子之势正在渐消。徐干《中论・虚道》云：“《易》曰：否之匪人，不利君子贞，大往小来，阴长阳消之谓也。”

《京房易传》曰：“泰，乾坤二象，合为一运。天入地交泰，万物生焉。小往大来，阳长阴危，金土二气交合。《易》云：泰者，通也。通于天地，长于品彙。阳气内进，阴气升降，升降之道，成于泰象。地下有天，阳气浸长不可极，极则否成。存泰之义，在于六五，阳居阳位，能顺于阳。阴阳相纳，二气相感。终于泰道。”又，“否，内象阴长。天气上腾，地气下降，二气分离，万物不交也。小人道长，君子道消。《易》云：否之匪人。君子以俟时，小人为灾。阴阳升降，阳道消铄，阴气凝结，君臣父子，各不逭及。《易》云：其亡其亡，系于苞桑。天地清浊，阴薄阳消。天地盈虚，与时消息。危难之世，势不可久。五位既分，四时行矣。上九云：否极则倾，何可长也。”京氏易传，与《象》传仿佛，亦谓物换星移，阴阳相推。阳道长，天地交，万物通；阴道长，天地不交，万物不通。泰极则否来，否极则泰来，春秋交替，周而复始，同而不同，自然人事之理。

《象》曰：“天地不交，否，君子以俭德辟难，不可荣以禄。”《说文》：“俭，约也。从人，佥声。”段玉裁注：“约者，缠束也。俭者，不敢放侈之意。”桂馥义证：“约也者，《广雅》：俭，䙴也。《玉篇》：䙴，约也、俭也。”《论语·学而》：“夫子温良恭俭让以得之。”朱熹集注：“俭，节制也。”又，《八佾》曰：“礼，与其奢也，宁俭。”皇侃注：“去奢从约谓之俭。”《大戴礼记·曾子立事》曰：“宽而不纵，惠而不俭。”“与其奢也，宁俭。”王聘珍解诂：“《易》曰：用过乎俭。”《孟子·告子下》曰：“周公之封于鲁，为方百里也。地非不足，而俭于百里。”《贾谊新书·道术》曰：“广较自敛谓之俭，反俭为侈。”《群书治要》，引汉仲长统《昌言》曰：“情无所止，礼为之俭；欲无所齐，法为之防。”俭为约，有日用之俭，也有卑谦之俭，俭为约束、节制之意。

《商书·太甲上》：“慎乃俭德，惟怀永图。”孔氏传：“言当以俭为德，思长世之谋。”《正义》曰：“王当慎汝俭约之德，令其以俭为德，而谨慎守之。”蔡沈注：“太甲欲败度，纵败礼，盖奢侈失之，而无长远之虑者。伊尹言当谨其俭约之德，惟怀永久之谋；以约失之者鲜矣。此太甲受病之处，故伊尹特言之。”《周书·周官》：“位不期骄，禄不期侈。恭俭惟德，无载尔伪。”孔传：“贵不与骄期，而骄自至；富不与侈期，而侈自来。骄侈以行己，所以速亡。言当恭俭，惟以立德，无行奸伪。”蔡注：“故居是位，当知所以恭；飨是禄，当知所以俭。”《逸周书·官人解》：“其色俭而不谄。”潘振曰：“谄，卑屈也。其颜色俭约而不屈。”朱右曾云：“俭，卑约也。”又，《大戴礼记·文王官人》解诂：“色，容色也。俭，卑谦也。《玉藻》曰：立容辨卑，毋谄。”《左传》庄公二十四年：“俭，德之共也。”杨伯峻《春秋左传注》：“共，读为洪，大也。”僖公二十三年：“楚子曰：晋公子广而俭，文而有礼。”杜预注：“志广而体俭。”《礼记·乐记》：“恭俭而好礼者，宜歌《小雅》。”孔颖达疏：“恭，谓以礼自持；俭，谓以约自处。若好礼而动，不越法也。《小雅》者，王者小正。性既恭俭，好礼而守分，不能广大疏通，故宜歌《小雅》者也。”是俭，为俭约自处，为德之大者，为俭德。

《论语·里仁》：“子曰：以约失之者鲜矣。”何晏集解：“奢则骄佚招祸，俭约无忧患。”邢昺疏：“此章贵俭。鲜，少也。得中合礼为事乃善。设若奢俭俱不得中，奢则骄佚招祸，俭约无忧患，是以约致失者少也。”《礼记·表记》：“子曰：恭近礼，俭近仁，信近情。敬让以行此，虽有过，其不甚矣。夫恭寡过，情可信，俭易容也。以此失之者，不亦鲜乎？”孙希旦《礼记集解》，引吕氏大临曰：“俭则不夺，得仁之意，近乎仁矣。不夺人则知足，斯易容矣。”以俭为近仁爱，为知足，而平易容颜，斯俭亦节俭自约之意。以其节俭自约，故无忧患。是以君子不可以禄位为荣耀，以免高标见疾。尤其天地不交，否塞不通，小人希冀非分之时，君子者，岂可不以俭德避难？

孔颖达曰：“言君子于此否时，以节俭为德，辟其危难。不可荣华其身，以居禄位。若据诸侯公卿而言，是辟时群小之难，不可重受官爵也。若据王者言之，谓节俭为德，辟阴阳厄运之难，不可自重荣贵，而骄逸也。”程氏传：“天地不相交通，故为否。否塞之时，君子道消，当观否塞之象，而以俭损之德，避免祸难，不可荣居禄位也。否者，小人得志之时，君子居显荣之地，祸患必及其身，故宜晦处穷约也。”朱熹曰：“辟，音避；难，去声。收敛其德，不形于外，以避小人之难。人不得以禄位荣之。”朱骏声曰：“天气上升，而不下降；地气沉下，又不上升，二气隔也。否时以节俭为德，不可荣华其身，俭约也。谭子《化书》云：俭于听，可以养虚；俭于视，可以养神。不必作敛读。《书》：慎乃俭德。坤为吝啬，俭之象也。此文羑里之时也。”

《文言》曰：“本乎天者亲上，本乎地者亲下，则各从其类也。”乾上坤下：阳本乎天，亲上；阴本乎地，亲下。各从其类，不相交，为否。乾卦九三曰：“君子终日乾乾，夕惕若，厉无咎。”《文言》曰：“九三曰：君子终日乾乾，夕惕若，厉无咎，何谓也？子曰：君子进德修业：忠信，所以进德也；修辞立其诚，所以居业也。知至至之，可与几也；知终终之，可与存义也。是故居上位而不骄，在下位而不忧，乾乾因其时而惕，虽危无咎矣。”按照十二阴阳推移，否卦之上乾，乃乾卦之下乾，是以有君子自约，乾乾惕厉之象，故《象》曰君子以俭德辟难。坤卦六四曰：“括囊，无咎无誉。”《文言》曰：“地道化，草木蕃；天地闭，贤人隐。《易》曰：括囊，无咎无誉。盖言谨也。”按照十二阴阳推移，否卦之下坤，乃坤卦之上坤，是以有括囊无咎，慎而不害之象，故《象》曰不可荣以禄。

《周易》六十四卦，或相错，或相综，或错兼综。乾卦，乾下乾上；坤卦，坤下坤上：互为错卦。屯卦，震下坎上；蒙卦，坎下艮上；互为综卦。需卦，乾下坎上，讼卦，坎下乾上；互为综卦。师卦，坎下坤上；比卦，坤下坎上：互为综卦。小畜卦，乾下巽上；履卦，兑下乾上：互为综卦。泰卦，乾下坤上；否卦，坤下乾上：互为错综卦。同人卦，离下乾上；大有卦，乾下离上：互为综卦。谦卦，艮下坤上；豫卦，坤下震上：互为综卦。随卦，震下兑上；蛊卦，巽下艮上：互为错综卦。临卦，兑下坤上；观卦，坤下巽上：互为综卦。噬嗑卦，震下离上；贲卦，离下艮上：互为综卦。剥卦，坤下艮上；复卦，震下坤上：互为综卦。无妄卦，震下乾上；大畜卦，乾下艮上：互为综卦。颐卦，震下艮上；大过卦，巽下兑上：互为错卦。习坎卦，坎下坎上；离卦，离下离上：互为错卦。咸卦，艮下兑上；恒卦，巽下震上：互为综卦。遁卦，艮下乾上；大壮卦，乾下震上：互为综卦。晋卦，坤下离上；明夷卦，离下坤上：互为综卦。家人卦，离下巽上；睽卦，兑下离上：互为综卦。蹇卦，艮下坎上；解卦，坎下震上：互为综卦。损卦，兑下艮上；益卦，震下巽上：互为综卦。夬卦，乾下兑上；姤卦，巽下乾上：互为综卦。萃卦，坤下兑上；升卦，巽下坤上：互为综卦。困卦，坎下兑上；井卦，巽下坎上：互为综卦。革卦，离下兑上；鼎卦，巽下离上：互为综卦。震卦，震下震上；艮卦，艮下艮上：互为综卦。渐卦，艮下巽上；归妹卦，兑下震上：互为错综卦。丰卦，离下震上；旅卦，艮下离上：互为综卦。巽卦，巽下巽上；兑卦，兑下兑上：互为综卦。涣卦，坎下巽上；节卦，兑下坎上：互为综卦。中孚卦，兑下巽上；小过卦，艮下震上：互为错卦。既济卦，离下坎上；未济卦，坎下离上：互为错综卦。以上，错卦四偶八卦，综卦二十四偶四十八卦，错综卦四偶八卦，共三十二偶，六十四卦。《序卦传》准此，《杂卦传》亦只后八卦有错简。卦有错综，万事万物，皆寓于错综复杂之中。《易》主要以综卦成偶，唯乾坤离坎之综卦，仍为本卦，故以错卦相配。

月卦之错卦，以其阴阳相反，故而节气相反。泰卦，三阳生。黄道经度：三百三十度至三百六十度。正月节为立春，中气为雨水。否卦，三阴生。黄道经度：一百五十度至一百八十度。七月节为立秋，中气为处暑。大壮卦，四阳生。黄道经度：零度至三十度。二月节为惊蛰，中气为春分。观卦，四阴生，黄道经度：一百八十度至二百一十度。八月节为白露，中气为秋分。夬卦，五阳生。黄道经度：三十度至六十度。三月节为清明，中气为谷雨。剥卦，五阴生。黄道经度：二百一十度至二百四十度。九月节为寒露中气为霜降。乾卦，六阳生。黄道经度：六十度至九十度。四月节为立夏，中气为小满。坤卦，六阴生。黄道经度：二百四十度至二百七十度。十月节为立冬，中气为小雪。姤卦，一阴生。黄道经度：九十度至一百二十度。五月节为芒种，中气为夏至。复卦，一阳生。黄道经度：二百七十度至三百度。十一月节为大雪，中气为冬至。遁卦，二阴生。黄道经度：一百二十度至一百五十度。六月节为小暑，中气为大暑。临卦，二阳生。黄道经度：三百度至三百三十度。十二月节为小寒，中气为大寒。月卦中，泰、否非惟相错，而且相综。乃春去秋来，气候相反，季节交替之故。

初六，拔茅茹以其彚，贞吉，亨。

〔译〕 初六，拔起茅茹与其同类上长，正道则吉，则亨通。

《象》曰："拔茅贞吉，志在君也。"

〔证〕

拔茅茹以其彚 李时珍《本草纲目·白茅》："茅有白茅、菅茅、黄茅、香茅、芭茅数种，叶皆相似。白茅短小，三四月开白花成穗，结细实。其根甚长，白软如筋而有节，味甘，俗称丝茅。可以苫盖，及祭祀包苴之用，本经所用茅根是也。其根干之，夜视有光，故腐则变为萤火。菅茅只生山上，似白茅而长，入秋抽茎，开花成穗如荻花，结实尖黑，长分许，粘衣刺入。其根短硬，如细竹根，无节而微甘，亦可入药，功不及白茅。《尔雅》所谓，白华野菅是也。黄茅似菅茅，而茎上开叶，茎下有白粉，根头有黄毛，根亦短而细，硬无节，深秋开花，穗如菅，可为索绹，古多黄菅，《别录》所用菅是也。香茅一名青茅，一名琼茅，生湖南及江淮间，叶有三脊，其气香芬，可以包藉及缩酒，《禹贡》所谓，荆州苞匭青茅是也。芭茅丛生，叶大如蒲，长六七尺，有二种，即芒也。"

王引之《经传释词》云："《广雅》曰：以，与也。"又，"以，犹及也。《易》小畜九五曰：富以其邻。虞翻注曰：以，及也。泰六四、谦六五，并曰：不富以其邻。泰初九曰：拔茅茹以其彚。言及其彚也。否初六同。"以，有与、及义，与、及义通。又，《广雅·释诂三》："彚，类也。"扬雄《太玄经·周》："物继其彚。"范望注："彚，类也。言万物各继其类，周复其道。"司马光《集注》："宋曰：彚，类也。光谓：万物各继其类，而更生也。"孔颖达疏泰卦初九曰："以其彚者，彚，类也，以类相从。"《释文》曰："彚，音胃，类也。"朱熹曰："彚，于位反，音胃，否卦同。"荀爽于否卦初六曰："彚者，类也。"是否卦之拔茅茹以其彚，与泰卦之拔茅茹以其彚同，皆谓使茅茹与其相类之物，拔地而起。以其茹为茅根，长从根始，故泰、否两卦，皆在初爻言之，以象根柢。

乾卦《彖》曰："大哉乾元，万物资始，乃统天。云行雨施，品物流形。"《九家易》曰："大哉乾元者，气之始也。"荀爽曰："谓分为六十四卦，万一千五百二十策，皆受始于乾也。策取始于乾，犹万物之生禀于天。"庄氏曰："阳气昊大，乾体广远，又以元大，始生万物，故曰大哉乾元。万物资始者，释其乾元称大之义。以万象之物，皆资取乾元，而各得始生，不失其宜，所以称大也。乃统天者，以其至健而为物始，以此乃能统领于天。乾能用天之德，使云气流行，雨泽施布，故品类之物，流布成形。”坤卦《彖》曰：“至哉坤元，万物资生，乃顺承天。坤厚载物，品物咸亨。”《九家易》曰：“谓乾气之坤，万物资受而以生也。坤者纯阴，配乾生物，亦善之始，地之象也。万一千五百二十策，皆受始于乾，由坤而生也，策生于坤，犹万物成形，出乎地也。”刘瓛曰：“万物资生于地，故地承天而生也。”蜀才曰：“坤以广厚之德，载含万物，无有穷竟也。”崔憬曰：“含育万物为宏，光华万物为大，动植各遂其性，故言品物咸亨也。”《系辞传》曰：“乾道成男，坤道成女；乾知大始，坤作成物。”朱熹曰：“此变化之形成者。知，犹主也。乾主始物，而坤作成之。承上文男女，而言乾坤之理。盖凡物之属乎阴阳者，莫不如此。大抵阳先阴后，阳施阴受，阳之轻清未形，而阴之重浊有迹也。”乾阳始物，坤阴成物，故泰之时，乾下坤上，阳来用事，拔茅茹以其彙；否之时，坤下乾上，阴来用事，亦拔茅茹以其彙。阴阳之气，皆由下而上，从根柢作用于物，相辅相成，相反相成。

贞吉　泰卦初九曰：“征吉。”谓处泰之时，阳来用事，往前才吉，万物得以资生长成，故曰征吉。否卦初六曰：“贞吉。”谓处否之时，阴来用事，必须正其道，万物才得以长成收获，故曰贞吉。荀爽曰：“贞者，正也。谓正居其所则吉。”《月令·孟秋之月》云：“天气始肃，不可以赢。是月也，农乃登谷，天子尝新，先荐寝庙。命百官始收敛，完隄防，谨壅塞，以备水潦。修宫室，坏（培）墙垣，补城郭。是月也，毋以封诸侯，立大官；毋以割地，行大使，出大币。”郑氏注：“肃，严急之言也；赢，犹解也。黍稷之属，于是始孰。顺秋气，收敛物。象秋收敛物，当藏也。”又，《月令》云：“孟秋行冬令，则阴气大胜，介虫败谷，戎兵乃来。行春令，则其国乃旱，阳气复还，五谷无实。行夏令，则国多火灾，寒暑不节，民多疟疾。”所行当令，则为正，所行不当令，则为不正。正则吉，是为贞吉。谓否卦之时，三阴于下，三阳于上，阴阳有节为正。

亨　《象》曰：“拔茅贞吉，志在君也。”此喻人事。乾为男，坤为女；乾为父，坤为子；乾为君，坤为臣。否卦，坤下乾上，下顺承上，有臣应君之象，是以谓志在君也。《九家易》曰：“阴志在下，欲承君也。”程氏传：“爻以六自守于下，明君子处下之道，《象》复推明，以尽君子之心。君子固守其节，以处下者，非乐于不进，独善也；以其道方否，不可进，故安之耳。心固未尝不在天下也，其志常在得君而进，以康济天下，故曰志在君也。”《文言》曰：“亨者，嘉之会也。”《广韵》曰：“亨，通也。”三阴三阳，相应相通，是以为嘉之会，为亨。《唐风·野有蔓草》：“野有蔓草，零露漙兮。

有美一人，清扬婉兮。邂逅相遇，适我愿兮。野有蔓草，零露瀼瀼。有美一人，婉如清扬。邂逅相遇，与子皆臧。”鲁人申培《诗说》云：“《野有蔓草》，晋臼季荐郤缺于文公，晋人美之。比也。”邂逅相遇，与子皆臧，即言臣良君明，其为正道，正道则吉，是谓贞吉。此吉，原于君臣相遇，上下皆善皆美，为嘉之会，是以亨通。

六二，包承，小人吉，大人否，亨。

〔译〕 六二，阴气包承阳气，小人吉，大人否，亨通。

《象》曰：“大人否亨，不乱群也。”

〔证〕

包承 《说文》：“勹，裹也。象人曲形，有所包裹。凡勹之属，皆从勹。”王筠《说文句读》曰：“今借包为勹。象人曲形，谓人字曲之，而成勹也。有所包裹者，字空中，故云然。直以包字代勹，此以今字说古字之法。”又，《说文》：“包，象人怀妊，巳在中，象子未成形也。”段玉裁注：“勹，象怀其中，巳字象未成之子也，勹亦声。”包，有包育、包有之义。乾卦《彖》曰：“大哉乾元，万物资始，乃统天。云行雨施，品物流形。”是乾阳，包育和包有时空一切。又，坤卦《彖》曰：“至哉坤元，万物资生，乃顺承天。坤厚载物，德合无疆。含弘光大，品物咸亨。”是坤阴，亦包育和包有万事万物。

蒙卦，坎下艮上。九二曰：“包蒙。”六五曰：“童蒙。”包蒙，即包育童蒙，九二包六五，以阳包阴。泰卦，乾下坤上。九二曰：“包荒。”谓乾阳包育坤地。姤卦，巽下乾上。九二曰：“包有鱼。”九二包有初六，阳包阴。九四曰：“包无鱼，起凶。”《象》曰：“无鱼之凶，远民也。”九四距初六远。包无鱼，亦谓阳包阴。又，九五曰：“以杞包瓜。”瓜者，地类，九五以阳包阴。否卦，坤下乾上。六二曰：“包承。”此与泰卦九二之包荒相反，谓阴包阳，故曰包承。坤卦《彖》曰：“万物资生，乃顺承天。”《文言》曰：“含万物而化光，坤道其顺乎，承天而时行。”按《易》，阳包阴，阴包阳；阳中有阴，阴中有阳，如《太极图》然。《系辞传》曰：“乾知大始，坤作成物。”春来阳气生物，秋来阴气成物。是以泰卦九二曰包荒，谓春来阳气包育四野之物，使之生长。否卦六二曰包承，谓秋来阴气承阳，包育所生之物，使之成熟。《系辞传》曰：“生生之谓《易》，成象之谓乾，效法之谓坤。”盖犹包荒、包承之谓。

小人吉，大人否 《彖》曰：“否之匪人，不利君子贞。大往小来，则是天地不交，而万物不通也；上下不交，而天下无邦也。内阴而外阳，内柔而外刚；内小人而外君子。小人道长，君子道消也。”六二，下坤之中爻，代表阴柔之小人。当否之时，正下往上来，由微至著，由弱到强，入主其内，是小人道长之势，故曰小人吉。九五，上乾之中爻，代表阳刚之大人。当否之时，否不当否，不利行君子正道。此时上下不交，天下无邦，被小人排斥于外，是君子道消之势，故曰大人否。王弼注："处否之时，而得其位，用其至顺，包承于上，小人路通；内柔外刚，大人否之。"又，遁卦，艮下乾上。《象》曰："天下有山，遁，君子以远小人，不恶而严。"否卦，六二之上九，亦天下有山，六月遁卦之象。此阴浸而长，阳渐而消，犹小人吉、大人否之象，故戒以不与交恶，而严以自守。

亨 《系辞传》曰："寒往则暑来，暑往则寒来，寒暑相推，而岁成焉。往者屈也，来者信也，屈信相感，而利生焉。尺蠖之屈，以求信也；龙蛇之蛰，以存身也。精义入神，以致用也；利用安身，以崇德也。"又曰，"《易》穷则变，变则通，通则久。"《老子》曰："曲则全，枉则直，洼则盈，敝则新，少则得，多则惑。"又曰，"道可道，非常道。""天乃道，道可久。"谓合乎自然变化之道，才是道，才能长久。六二处阴长阳消，小人吉，大人否之中；然不塞不流，不止不行，泰极则否来，否极则泰来，否泰互相转换，是以大人虽否而亨通。朱熹曰："六二阴柔而中正，小人而能包容，承顺乎君子之象，小人之吉道也。故占者小人如是则吉；大人则当安守其否，而后道亨。"

《象》曰："大人否亨，不乱群也。"《说文》："群，辈也。从羊，君声。"段玉裁注："若军发车，百辆为辈。此就字之从车言也。朋也，类也，此辈之通训也。《小雅》：谁谓尔无羊，三百维群。犬部曰：羊为群，犬为独。引伸为凡类聚之称。"《系辞传》曰："天尊地卑，乾坤定矣；卑高以陈，贵贱位矣；动静有常，刚柔断矣；方以类聚，物以群分，吉凶生矣。"物以群分，吉凶生矣，谓人以群分，不乱阴阳之群。阳生阴杀，阳吉阴凶，如泰卦，乾下坤上；阴生阳杀，阴吉阳凶，如否卦，坤下乾上。又，《小雅·吉日》："或群或友。"毛传："兽三为群。"故虞翻曰："物三称群。"按，或群或友，群友谓人。否卦，坤下乾上，三阳上往，三阴下沉，隔而不通，亦君子以远小人，不恶而严之义。程氏传曰："大人于否之时，守其正节，不杂乱于小人之群类，身虽否，而道之亨也，故曰否亨。不以道而身亨，乃道之否也。不云君子，而云大人，能如是，则其道大矣。"

六三，包羞。

〔译〕 六三，阴包阳而进。

《象》曰："包羞，位不当也。"

〔证〕

包羞 《夏书·禹贡》曰："厥包橘柚锡贡。"孔氏传："小曰橘，大曰柚，其所包裹而致者，锡命乃贡，言不常也。”《正义》曰：“此物必须裹送，故云其所包裹而送之，以须之有时，故待锡命乃贡，言不常也。”《诗·召南》云：“野有死麕，白茅包之。”毛传：“包，裹也。野有死麕，群田之获，而分其肉；白茅，取洁清也。”大过卦，巽下兑上，初六曰：“藉用白茅，无咎。”《象》曰：“藉用白茅，柔在下也。”朱熹曰：“当大过之时，以阴柔居巽下，过于畏慎，而无咎者也，故其象占如此。白茅，物之洁者。”《系辞传》曰：“初六，藉用白茅无咎，子曰：苟错诸地而可矣。藉之用茅，何咎之有，慎之至也。夫茅之为物薄，而用可重也。慎斯术也以往，其无所失矣。”否卦初六，拔茅茹以其彚，六三阴包阳，有藉用白茅之象，是以慎而无失，虽错诸地，亦无咎。

《尔雅·释诂》：“羞，进也。”郝懿行《尔雅义疏》：“羞者，《说文》云：进献也。羞、羑俱从羊。羊，善也，有美善可进献也。故《周礼·笾人》注：荐、羞皆进也。未食未饮曰荐，既食既饮曰羞。《包人》注：备品物曰荐，致滋味乃为羞。然则羞、荐对文则别，散文则通，故云荐、羞皆进也。又，《月令》云：群鸟养羞。《夏小正》云：丹鸟羞白鸟。传云：羞也者，进也，不尽食也，是羞又为进食之通名矣。”《说文》：“羞，进献也。从羊、丑，羊所进也，丑亦声。”段玉裁注：“宗庙犬名羹献，犬肥者献之。犬羊一也，故从羊。引申之，凡进皆曰羞。今文《尚书》次二曰：羞用五事。羞，进也。从丑者，谓手持以进也。”否卦，坤下乾上，坤为子母牛，为肉，有进献之象。赵诚《卜辞分类读本》：“𢻮，从又（手）执羊，表示美食。后代演化为从丑，即成了羞。甲骨文用作动词，有前进之义。”《师旋簋》：“王曰：师旋，令女羞追于齐。”羞追于齐，即进追于齐。

《周书·洪范》曰：“人之有能有为，使羞其行，而邦其昌。”孔氏传：“功能有为之士，使进其所行，汝国其昌盛。”《盘庚》之“予不克羞尔”，“今我羞告尔于朕志”；《酒诰》之“尔大克羞者惟君”，“尔尚克羞馈祀”；《立政》之“惟羞刑暴德之人”。羞，孔传并为进。《周礼·膳夫》：“羞用百有二十品”，《庖人》：“共祭祀之好羞”；《大司徒》：“羞其肆”；《牛人》：“共其膳羞之牛”；《小子》：“羞羊肆牛骰肉豆”；《司士》：“羞俎豆”。羞，注皆曰进。《仪礼·乡饮酒礼》：“乃羞”；《乡射礼》：“乃羞”；《大射礼》：“羞，庶羞”；《公食大夫礼》：“士羞庶羞”；《少牢馈食礼》：“主人羞肵俎”，“宾长羞牢肝”。羞，皆注曰进。《逸周书·皇门》：“羞于王所。”《礼记·曲礼上》：“使某羞。”羞，注曰进。《左传》隐公三年：“可羞于王所”；文公十六年：“时加羞珍异”；昭公二十七年：“羞者，献体改服于门外”。注皆曰：羞，进也。《国语·晋语》：“有武德，以羞为正卿”；《鲁语》：“羞鳖焉小”；《楚语》：“不羞珍异”，“以羞子文”。注曰：“羞，进也。”

《系辞传》曰：“一阴一阳之谓道，继之者善也，成之者性也。”虞翻曰：“继，统也，谓乾能统天生物；坤合乾性，养化成之。故继之者善，成之者性也。"又，坤卦六三曰："含章可贞。或从王事，无成有终。"《象》曰："含章可贞，以时发也。或从王事，知光大也。"虞翻曰："贞，正也。以阴包阳，故含章。三失位，发得正，故可贞也。"干宝曰："阴气在三，七月之时，自否来也。"否卦六三，犹坤卦六三，以阴包阳，以时进发，故曰包羞，即阴气包阳气而进。《象》曰："包羞，位不当也。"三为阳位，六三以阴居阳位，为位不当。故进而至四，方可阴居阴位。《月令·孟秋之月》云："行春令，则其国乃旱，阳气复还，五谷无实。"郑氏注："阳气能生不能成。"六三阴在阳位，位不当，必进至六四，即仲秋之月，以达秋气，以成万物。又，阴为臣道，阳为君道。六三阴而在阳，其位不当，必进至四，方为臣道之谊。按，观卦，坤下巽上，六四曰："观国之光，利用宾于王。"《象》曰："观国之光，尚宾也。"即六三进至六四之谓。《说卦传》曰："巽为进退。"否卦六三在互巽，故曰包羞。六二曰包承，六三曰包羞，先承后进，坤阴驯致其道之义。

九四，有命无咎，畴离祉。

〔译〕 九四，阳有天命，无灾；阴类来附阳，而得福祉。

《象》曰："有命无咎，志行也。"

〔证〕

有命 《说文》："命，使也，从口令。"段玉裁注："令者，发号也，君事也；非君而口使之，是亦令也。故曰命者，天之令也。"《虞书·大禹谟》："皇天眷命。"孔氏传："言尧有此德，故为天所命。"他如《皋陶谟》之"天命有德"；《益稷》之"天其申命用休"，"敕天之命"；《商书·汤誓》之"天命殛之"；《仲虺之诰》之"奉若天命"，"式商受命"；"永保天命"；《汤诰》之"天命明威"，"天命弗僭"。命，皆为天命，又，《商书·伊训》："皇天降灾，假手于我有命。"《正义》曰："天不能自诛于桀，故假手于我有命之人。谓成汤也。言汤有天命，将为天子，就汤借手，使诛桀也。既受天命诛桀，始攻从鸣条之地而败之。天所以命我者，由汤始自修德于亳故也。"有命，即有天之命。

《大雅·文王》："周虽旧邦，其命维新"；"有周不显，帝命不时"；"假哉天命，有商孙子"；"上帝既命，侯于周服"；"侯服于周，天命靡常"；"永言配命，自求多福"；"宜鉴于殷，骏命不易"；"命之不易，无遏尔躬"。《诗序》曰："《文王》，文王受命作周也。"郑笺："受命，受天命而王天下，制立周邦。"《周颂·维天之命》云："维天之命，于穆不已。"郑笺："命，犹道也。天之道于乎美哉，动而不止，行而不已。"是天命亦谓天道。师卦上六曰："大君有命，开国承家。"干宝曰："大君，圣人也。有命，天命也。"

《周易集解纂疏》:“干注:《乾凿度》曰:大君者,君人之盛者也。孟喜曰:大君者,兴盛行异者也。故云:大君,圣人也。”大君,天子之谓,汤武革命为圣人,为有天命者。否卦九四有命,亦犹维天之命,于穆不已,谓阳由下而上,乃天之道,是谓有天之命。四之上为乾,乾为天;三之五为巽,巽为命,是天命为有命。

无咎 《象》曰:“有命无咎,志行也。”《说文》:“咎,灾也。从人各。各者,相违也。”是人各相违为咎,不相违为无咎。乾卦,九四曰:“或跃在渊,无咎。”《象》曰:“或跃在渊,进无咎也。”荀爽曰:“阳道乐进,故曰进无咎。”《文言》:“九四曰:或跃在渊,无咎,何谓也?子曰:上下无常,非为邪也;进退无恒,非离群也;君子进德修业,欲及时也,故无咎。”又,“或跃在渊,乾道乃革。”《集解》:“所以进退无恒者,时使之然,非苟欲离群也。”否卦九四,犹乾卦九四,与时消息。大往小来,小往大来,上下无常,进退无恒;所谓泰极否来,否极泰来,阴阳迭运,寒暑易节。如此以天之命,行天之志,不与天道相违,是以无灾。又,贲卦《象》曰:“观乎天文,以察时变,观乎人文,以化成天下。”九五,天子之位;九四,天子三公。公行天子之命,以令下之阴众,是亦无咎。

畴离祉 《说文》:“畴,耕治之田也。从田,象耕屈之形。”段玉裁注:“许谓耕治之田为畴,耕治必有耦,且必非一耦,故贾逵注《国语》曰:一井为畴。杜预注《左传》曰:并畔为畴。并畔则二井也。引伸之,高注《国策》,韦注《汉书》:畴,类也。王逸注《楚辞》:二人为匹,四人为畴。张晏注《汉书》:畴,等也。如淳曰:家业世世相传为畴。考《国语》,人与人相畴,家与家相畴。《战国策》曰:夫物各有畴。《汉书》曰:畴人子弟,畴其爵邑。王粲《赋》:显敞寡畴。曹植《赋》:命畴啸侣。盖自唐以前,无不用从田之畴,绝无用从人之俦训类者。此古今之变,不可不知也。杨倞注荀卿,乃云畴当为俦矣。”徐灏《说文解字注笺》:“畴,引伸为畴类、畴匹、畴等,其人旁之俦,乃后出之字也。”朱骏声《说文通训定声》曰:“按耦耕并畔,故引申为辈类之意。”坤卦《象》曰:“牝马地类,行地无疆。”“西南得朋,乃与类行。”是畴为坤阴之类。

《方言》:“娌,耦也。”《方言笺疏》:“《士冠礼》(按为《士昏礼》)、《聘礼》:俪皮。郑注:离,犹两也。古文俪为离。《月令》云:宿离不贷。郑注云:俪,读为俪偶之丽。《玉篇》云《字书》儷与俪同。《广雅·释言》:儷,扶也。《说文》:扶,并行也。读若伴侣之伴。”又曰,“丽、俪、离、儷、謧,声并与娌相近。”离卦,离下离上。《彖》曰:“离,丽也,日月丽乎天。”《象》曰:“明两作,离。”荀爽曰:“阴丽于阳,相附丽也。”《说文》曰:“祉,福也。”“福,备也。”段玉裁注:“备者,百顺之名也,无所不顺者之谓备。”九四之下,便是阴来,阴顺承阳,为备为福。泰卦,乾下坤上。六五曰:“帝乙归妹，以祉元吉。”谓归阴于阳下，因以得福而大吉，是阴来顺阳，为福祉之证。又，坤卦《彖》曰：“至哉坤元，万物资生，乃顺承天。”“柔顺利贞，君子攸行。”“先迷失道，后顺得常。”“乃终有庆。”亦阴顺阳，终得福庆之证。阳为有福，如泰卦九三曰：“于食有福。”是畴离祉，谓阴丽阳而得祉。《九家易》曰：“畴者，类也，谓四应初，据三与二同功，故阴类皆离祉也。离，附；祉，福也。阴皆附之，故曰有福。谓下三阴，离受五、四之福也。”

九五，休否，大人吉。其亡其亡！系于苞桑。

〔译〕 九五，止息否塞，大人吉利。将有危亡，将有危亡！阴类正系于丛桑之下。

《象》曰：“大人之吉，位正当也。”

〔证〕

休否，大人吉 《尔雅·释诂》：“休，息也。”《说文》：“休，息止也。从人依木。”《广雅》：“息，休也。”《五经文字》：“休，象人息木阴。”否卦，初之三为坤，坤为众；二之四为艮，艮为止；三之五为巽，巽为木。是众人止于树下为休。又，三阳来为泰，三阴来为否。由初之五，树下所止息者三阴，是以为休否。《系辞传》：“《易》曰：自天祐之，吉无不利。”否卦，乾上坤下。乾为正道，九五阳刚，居中得正，上有天之祐，下能止息而不否塞，是以为大人吉。故《象》曰：“大人之吉，位正当也。”《大雅·民劳》：“民亦劳止，汔可小休。惠此中国，以为民逑。无纵诡随，以谨惽怓。式遏寇虐，无俾民忧。”逑，合聚。孔颖达疏：“今周民亦皆疲劳，而又危耳，王可以小安定止息矣。当爱此中畿之国，以为诸夏之民，使得会聚。王若施善政，当纠察有罪，无得纵此诡随之人，以此敕慎其喧哗为大恶者。又用此无纵之事，止其寇虐之害，无使有遭此寇虐之忧。”《诗集传》引苏氏曰：“故无纵诡随，则无良之人肃，而寇虐无畏之人止；然后柔远能迩，而王室定矣。”九五，休否，大人吉，盖犹此之所谓。

其亡其亡 《经传释词》：“其，犹将也。《易·否》九五曰：其亡其亡。”《词诠》曰：“其，时间副词，将也。《易·否》九五：其亡其亡，系于苞桑。”《卫风·伯兮》：“其雨其雨，杲杲出日。”郑笺：“人言其雨其雨，而杲杲然日复出，犹我言伯且来伯且来，则复不来。”郑以其、且对举，且犹将，其亦当为将。《左传》隐公十一年：“五子孙其覆亡之不暇。”僖公七年：“郑将覆亡之不暇。”其、将通用。其亡，谓将有危亡。圣人戒之至深，故迭用其亡。亦阴息推阳消，成坤下坤上，无阳之象。《系辞传》：“子曰：危者，安其位者也；亡者，保其存者也；乱者，有其治者也。是故君子安而不忘危，存而不忘亡，治而不忘乱，是以身安而国家可保也。《易》曰：其亡其亡，系于苞桑。”王弼注：“处君子道消之时，己居尊位，何可以安？故心存将危，乃得固也。”其亡其亡，谓九五君临天下，存而不忘其危亡。

系于苞桑　《玉篇》：“繫，约束。”《类篇》：“繫，联也。”《广韵》：“繫，缚繫。”《论语·阳货》曰：“吾岂匏瓜也哉，焉能繫而不食？”郑注云：“我非匏瓜，焉能繫䙏。”《国语·周语下》：“繫之丝木。”韦昭注：“繫丝木以为琴瑟也。”朱熹《繫辞传》题解曰：“繫辞，本谓文王、周公所作之辞，繫于卦爻之下者。”姤卦，巽下乾上，初六曰：“繫于金柅。”《象》曰：“繫于金柅，柔道牵也。”繫，今作系。繫于金柅，谓初六之阴，系于阳下。系于苞桑，亦指阴系于阳下。《唐风·鸨羽》：“肃肃鸨行，集于苞桑。”毛传：“苞，稹。”《正义》曰：“苞，稹，《释言》文。孙炎曰：物丛生曰苞。”否卦，三之五为巽，巽为木；初之三为坤，坤为田地；植木于田中，为桑田。桑田之桑，乃丛生之桑，为苞桑。鸨行集于丛桑之上，为集于苞桑；阴类系于丛桑之下，为系于苞桑。其亡其亡，系于苞桑，犹言阴将亡阳，阴将亡阳，阴类正系于丛桑之下。又，伏羲八卦，巽数五为阳，坤数八为阴，故坤系于巽，为阴系于阳。《潜夫论·思贤》云：“《老子》曰：夫唯病病，是以不病。《易》称：其亡其亡，系于苞桑。是故养寿之士，先病服药；养世之君，先乱任贤。是以身常安，而国家脉永也。”皆防患于未然之谓。

上九，倾否，先否后喜。

〔译〕　上九，否开始倾侧向泰，先否塞后泰喜。

《象》曰：“否终则倾，何可长也。”

〔证〕

倾否　《说文》：“倾，仄也。从人顷，顷亦声。”“仄，侧倾也。从人在厂下。籀文从夨，夨亦声。”“夨，倾头也。从大，象形。”段玉裁注：“人部曰：倾者，夨也。夨象头倾，因以为凡倾之称。”是头倾为凡倾之称。头在上，《易》卦以上为头为首，以下为足为尾。比卦，上六曰：“比之无首。”上为首，故无可比辅。大过卦，上六曰：“过涉灭顶。”上为首为顶。咸卦，上六曰：“咸其辅颊舌。”辅颊舌皆在头部，是上为首，晋卦，上九曰：“晋进角。”姤卦，上九曰：“姤其角。”角在头部，是上为首。革卦，上六曰：“小人革面。”面为头面，是上为首。旅卦，上九曰：“旅人先笑后号咷。”笑和号咷，皆见于头面，是上为首。既济卦，上六曰：“濡其首。”未济卦，上九曰：“濡其首。”是上为头。否卦上九曰倾否，是谓否之首开始倾侧。头倾则向下，阴阳推移，七日来复。卦之首，为爻之终，故《象》曰：“否终则倾，何可长也。”按倾，谓头倾。

先否后喜 按十二消息卦，否为七月，泰为正月。由七月到正月，即由否到泰，为七日来复。否为否塞，泰为泰通，通则可喜，故否极泰来，为先否后喜。泰卦上六曰："城复于隍。"否卦上九曰："倾否。"一复一倾，皆言物极则反，否泰互替。《系辞传》曰："易穷则变，变则通，通则久。"可为否泰之谓。王弼注："先倾后通，故后喜也。始以倾为否，后得通，乃喜。"《周易集解纂疏》："否极则泰来，穷上反下，故否穷则倾矣。言倾之时，其体犹否，故先否也。倾毕则反泰而通矣，故后喜也。"虞翻曰："否终必倾，盈不可久，以阴剥阳，不可久也。"《老子》曰："祸兮，福之所倚；福兮，祸之所伏。孰知其极？其无正，正复为奇，善复为妖，人之迷，其日固久。是以圣人方而不割，廉而不刿，直而不肆，光而不耀。"祸福倚伏，犹否泰迭运。鼎卦，巽下离上。初六曰："鼎颠趾，利出否。"《象》曰："利出否，以从贵也。"虞翻曰："出初之四，承乾五，故以从贵也。"出否谓出初六阴，是阴为否。故否卦上九来下消阴，为之倾否。又，程氏传："极而必反，理之常也。然反危为安，易乱为治，必有阳刚之才，而后能也。故否之上九，则能倾否。"朱熹曰："以阳刚居否极，能倾时之否者也。"亦谓阳消阴，为倾否。

第十三卦　甲　戌

☰ 乾上
☲ 离下

同人于野，亨，利涉大川，利君子贞。

〔译〕　同人战于野，顺通，利于渡过大难大险，利于君子行正道。

《彖》曰："同人，柔得位得中，而应乎乾，曰同人。同人曰：同人于野，亨，利涉大川，乾行也。文明以健，中正而应，君子正也。唯君子，为能通天下之志。"

《象》曰："天与火，同人，君子以类族辨物。"

〔证〕

离下乾上　《彖》曰："同人，柔得位得中，而应乎乾，曰同人。"六二为阴位，阴柔得居阴位，为得位。又，二为下卦之中，六二居下卦之中，为得中。六二与九五正应，而九五居乾卦之中，为应乎乾。小畜卦，乾下巽上。六四《象》曰："上合志也。"谓六四阴，与九五阳合志。大畜卦，乾下艮上。九三《象》曰："利有攸往，上合志也。"谓九三阳与六五阴合志。损卦，兑下艮上。初九《象》曰："巳事遄往，尚合志也。"《彖》曰："损，刚益柔有时，损益盈虚。"亦以阳益阴为合志。升卦，巽下坤上。初六《象》曰："允升大吉，上合志也。"《九家易》曰："谓初失正，乃与二阳允然合志，俱升五位，故曰上合志也。"谓阴与阳应为合志。泰卦，乾下坤上。《彖》曰："天地交，而万物通也；上下交，而其志同也。"亦谓阴阳交应，而其志同。同人卦，六二居离之中，应九五中正之阳，故《彖》曰："文明以健，中正而应，君子正也。唯君子为能通天下之志。"能通同天下之志，即得天心和人心，为能同人。《周书·泰誓上》："天矜于民，民之所欲，天必从之。"是天心亦民心，同人，谓合和民人之心。

《国语周语上》："十五年，王问于内史过。对曰：国之将兴，其君齐明衷正，精洁惠和，其德足以昭其馨香，其惠足以同其民人，神飨而民听，民神无怨。"韦昭注："惠王十五年，鲁庄公三十二年也。内史，周大夫；过，其名也。掌爵禄废置，及策命诸侯、孤、卿、大夫也。齐，一也；衷，中也；惠，爱也；馨香，芳馨之升闻者也；同，犹一也。"同人卦，乾上离下。乾为天为君，离为日为明，二、五中正相应，以昭天下，为惠足以一同民人，是国之将兴之象。《逸周书·成开解》曰："主为之宗，德以抚众，众和乃同。"陈逢衡云："主为之宗，明主之效。德以抚众，明惠之效。众和乃同，明位之效。"《吕氏春秋·君守》曰："至圣变习移俗，而莫知其所从；离世别群，而无不同；君民孤寡，而不可障壅。"高诱注："同，和。孤寡，人君之谦称也，能自卑谦名誉者，不可防障。”此谓至圣而能君民者，可使民人和同，亦同人卦象之义。

《周书·泰誓上》曰：“受有臣亿万，惟亿万心。予有臣三千，惟一心。”孔氏传：“人执异心，不和谐。三千一心，言欲同。”纣有亿万臣，而有亿万心，众叛亲离，不能同人。武王有臣三千，只有一心，而能同人。《泰誓中》曰：“受有亿兆夷人，离心离德。予有乱臣十人，同心同德。虽有周亲，不如仁人。”《正义》曰：“传训夷为平，平人为凡人。言其智虑齐，识见同；人数虽多，执心用德不同。心谓谋虑，德谓用行。智识既齐，各欲申意，故心德不同也。《释诂》云：乱，治也。故谓我治理之臣，有十人也。十人皆是上智，咸识周是殷非，故人数虽少，而心能同。同佐武王，共灭纣也。多恶不如少善，故言纣至亲虽多，不如周家之少仁人也。”少仁人，谓仁人虽少，而能兼人。以上，一心，同心同德，皆谓一同人心。

《洪范》曰：“汝则有大疑，谋及乃心，谋及卿士，谋及庶人，谋及卜筮。汝则从，龟从，筮从，卿士从，庶民从，是之谓之同。”孔氏传：“将举事，而汝则有大疑，先尽汝心以谋虑之，次及卿士、众民，然卜筮以决之。 人心和顺，龟筮从之，是谓大同于吉。”《正义》曰：“物贵和同，故大同之吉延及于后。”《礼记·礼运》曰：“大道之行也，天下为公，选贤与能，讲信修睦。故人不独亲其亲，不独子其子，使老有所终，壮有所用，幼有所长，矜、寡、孤、独、废、疾者，皆有所养；男有分，女有归。货恶其弃于地也，不必藏于己；力恶其不出于身也，不必为己。是故谋闭而不兴，盗窃乱贼而不作，故外而不闭，是谓大同。”郑氏注：“同，犹和也，平也。”《正义》曰：“率土皆然，故曰大同。”以上《书》、《礼》言同，亦皆谓人心和同，同人六二，在离之中， 文明中正，与上下皆应，是有和同众心之象。

《大雅·文王有声》云：“王公伊濯，维丰之垣。四方攸同，王后维翰。王后烝哉！丰水东注，维禹之绩。四方攸同，皇王维辟。皇王烝哉！镐京辟雍，自西自东，自南自北，无思不服。皇王烝哉！”毛传：“濯，大；翰，干也；烝，君也；绩，业；皇，大也；后，君也。”郑笺：“公，事也。文王述行大王、王季之王业，其事益大，作邑于丰。城之既成，又垣之，立宫室，乃为天下所同心而归之。王后为之干者，正其政教，定其法度。君哉者，言其诚得人君之道。绩，功；辟，君也。昔尧时洪水，而丰水亦氾滥为害。禹治之，使入渭，东注于河，禹之功也。文王、武王，今得作邑于其旁地，为天下所同心而归。大王为之君，乃由禹之功，故引美之。丰邑在丰水之西，镐京在丰水之东。自，由也。武王于镐京行辟雍之礼，自四方来观者，皆感化其德心，无不归服者。”朱熹《诗集传》曰：“四方于是来归，而以文王为桢干也。”“故四方得以来同于此，而以武王为君王也。”又引张子曰，“周家自后稷居邰，公刘居豳，大王邑岐，而文王则迁于丰 ，至武王又居于镐。当是时，民之归者日众，其地有不能容，不得不迁也。灵台辟雍，文王之学也。镐京辟雍，武王之学也。至此始为天子之学矣。无思不服，心服也。《孟子》曰：天下不心服而王者，未之有也。"《诗》曰四方攸同，无思不服，正是六二上下以应，得天心、得人心，同人之象。

《荀子·议兵篇》："孙卿子曰：臣所闻古之道，凡用兵攻战之本，在乎一民。弓矢不调，则羿不能以中微；六马不和，则造父不能以致远；士民不亲附，则汤、武不能以心胜也。故善附民者，是乃善用兵者也。故兵要在乎善附民而已。"乾为天，为主兵；离为甲胄，为戈兵。用兵之本在乎一民，使民亲附。故离下乾上，为和同其民而用兵，乃同人之象。又，古之田猎与作战同。乾上离下，乾为天，离为火，天下举火，是众人同心田猎与作战，为同人之象。又，二之四为巽，巽为风，天下有风有火，为战火纷飞，为同人于野之象。

《说卦传》曰："乾为君。""离为乾卦。"又，大有卦，乾下离上。《彖》曰："柔得尊位，大中而上下应之，曰大有。"柔得尊位而大有天下，是离为君。晋卦，坤下离上。卦辞曰："康侯用锡马蕃庶。"坤为牝马地类，是离为康侯，为君王之类。明夷卦，离下坤上。《彖》曰："明入地中，明夷。内文明，而外柔顺，以蒙大难，文王以之。"以之者似之，谓文王似日在地下，是离为君王之象。革卦，离下兑上。《彖》曰："革，水火相息，汤武革命。"兑为泽为水，离为火，火长于下，水消于上，犹汤武之革桀纣。是离为商汤王、周武王。丰卦，离下震上。《彖》曰："丰 ，大也。明以动，故丰。王假之，尚大也。勿忧，宜日中，宜照天下也。"以日喻王，是离为王象。同人卦，离下乾上，六二应九五，下王应上王，是为一同天下人之象，故谓之同人。武王伐纣，八百诸侯会盟，同时同辞，此上述同人之义。《左传》昭公二十九年："其同人，曰见龙在田。"以六二为在田之龙，亦犹武王之谓。

又，《考工记·匠人》曰："九夫为井，井间广四尺，深四尺，谓之沟。方十里为成，成间广八尺，深八尺，谓之洫。方百里为同，同间广二寻，深二仞，谓之浍。"郑氏注："郑司农说以《春秋传》曰：有田一成；又曰：列国一同。"《左传》襄公二十五年："且昔天子之地一圻，列国一同。"《春秋左传注》："圻，音祈，又作畿。《诗·商颂·玄鸟》：邦畿千里。是也。一圻，方千里；一同，方百里也。"昭公二十三年："无亦监乎若敖、蚡冒，至于武、文，土不过同。"杜预注："方百里为一同，言未满一圻。"震卦卦辞曰："震惊百里，不丧匕鬯。"《白虎通·封公侯》曰："诸侯封不过百里，象雷震百里，所润云雨同也。"是百里为同，诸侯之人为同人。乾上离下，上乾，九五为天子；下离，六二为诸侯。离在乾下，是为同人。

京房曰："离下乾上，同人。二气同进，健而炎上，同途异致，性则合也。"郑康成曰："乾为天，离为火，卦体有巽，巽为风。天在上，火炎上而从之，是其性于天也。火得风，然后炎上益炽，是犹人君在上，施政教，使天下之人，和同而事之。以是为人和同者，君之所为也，故谓之同人。"《九家易》曰："谓乾舍于离，同而为日，天日同明，以照于下，君子则之，上下同心，故曰同人。"蜀才曰："柔得位得中，而应乎乾，下奉上之象，义同于人，故曰同人。"程氏传："为卦，乾上离下。以二象言之，天在上者也，火之性上，与天同也，故为同人。以二体言之，五居正位，为乾之主，二为离之主，二爻以中正相应，上下相同，同人之义也。又卦为一阴，众阳所欲同，亦同人之义也。他卦固有一阴者，在同人之时，而二五相应，天火相同，故其义大。"

《太玄经》曰："昆，阴将离之，阳尚昆之，昆道尚同。"范望注："象同人卦。"《释文》："昆，混同也。"司马光《太玄集注》云："准同人。陆曰：昆，亦同也。"《说文》："昆，同也。从日，从比。"段玉裁注："从日者，明之义也，亦同之义。从比者，同之义，今俗谓合同曰浑，其实当用昆。"按，《说文》："日，实也。太阳之精不亏，从〇一，象形。"又，《说文》："比，密也。二人为从，反从为比。凡比之属，皆从比。""从，相听也，从二人。凡从之属，皆从从。"段注："听者，聆也，引伸为相许之称。言部曰：许，听也。以类相与曰从。"盖《太玄》之昆，谓阴将比丽于阳，阳尚光明，光明之道尚同。亦犹同人，六二在离日之中，日为文明之君，众人相从，谓之同人。

同人　《说文》："同，合会也。从冃，从口。"又，"冖，覆也。""冃，重覆也。"段玉裁注："下一，覆也；上又加冖，是为重覆。口皆在所覆之下，是同之意也。"《说文》："口，人所以言食也。象形。凡口之属，皆从口。"段注："言语饮食者，口之两大端。舌下亦曰：口所以言别味也。**頤**《象》传曰：君子以慎言语，节饮食。"会意，同言语饮食者，为同人。《说文》："合，合口也。从亼，从口。"又，"亼，三合也。从入一，象三合之形。凡亼之属，皆从亼。读若集。"段注："三口相同，是为合；十口相传，是为古。引伸为凡会合之称。"《说文》："會（会），合也。从亼，曾省。曾，益也。"段注："见《释诂》。《礼经》：器之盖曰会。为其上下相合也。凡曰会计者，谓合计之也，皆非异义也。三合而增之，会意。"

又，杨树达《积微居小学述林》曰："今寻甲文，同字作凥，字从凡，不从冃，按《说文》：凡，训最括。引申有皆字之义，此与口字义会，且与咸、佥、皆诸文组织相似，其形是也。《说文二篇上口部》云：咸，皆也，悉也。从口，从戌。戌，悉也。凡口为同，犹悉口为咸也。《五篇下亼部》云：合，亼口也。从亼口。凡口为同，犹亼口为合也。又云：僉，皆也，从亼，从吅 ，从从。按吅从二口，从从二人，凡口为同，犹亼口为合也。又云：僉，皆也，从亼，从吅，从从。按吅从二口，从从二人，凡口为同，犹二人二口亼合为僉也。《四篇下㐫部》云：皆，俱词也，从比 从㐫。按㐫者鼻也，比为反从，亦二人也，凡口为同，犹比㐫为皆也。古人制字，因义赋形，形与义未有不密合者。说者失其形，则义具而不知其源；失其义，则形孤而无所丽。其以冂口解同，乃失其形。刘心源说金文，谓同字当从凡，善矣。余今以甲文同字亦从凡，更取同之义类字：咸、合、僉、皆四文之构造，申证其说云尔。”又，《睡虎地秦简文字编》曰：“效一七：同官而各有主殹。”同字亦为凬。同人《彖》曰：“唯君子为能通天下之志。”盖凡口为同，为能使天下之志同。

《说文》：“同，合会也。”盖谓诸侯之同盟合会。《左传》昭公三年：“昔文、襄之霸也，其务不烦诸侯；今诸侯三岁而聘，五岁而朝，有事而会，不协而盟。”是诸侯有为霸者，有合会，有同盟。僖公八年：“凡夫人，不薨于寝，不赴于同。”杨伯峻注：“同，同盟之国。凡君与夫人之死，必赴告同盟之国。”同，为同盟之义，故训为合会，桓公八年：“夏，楚子合诸侯于沈鹿，黄、随不会。使薳章让黄，楚子伐随，军于汉、淮之间。”《论语・宪问》：“桓公九合诸侯。”邢昺疏：“九合者，《史记》云：“兵车之会三，乘车之会六。”《荀子・儒效篇》：“合天下，立声乐。”杨倞注：“合天下，谓合会天下诸侯，归一统也。”合会，即诸侯同盟之会。《春秋经》僖公二十九年：“夏六月，公会王人、晋人、宋人、齐人、陈人、蔡人、秦人，盟于翟泉。”《司马法・仁本》曰：“同患同利以合诸侯。”盖诸侯会同之人，谓之同人。

《韩诗外传・卷八》：“孔子曰：《易》，先同人，后大有，承之以谦，不亦可乎？”即是谓先合同诸侯，后大有天下，再承之以谦德。《序卦传》曰：“物不可以终否，故受之以同人；与人同者，物必归焉， 故受之以大有；大有者，不可以盈，故受之以谦。”《杂卦传》曰：“大有，众也；同人，亲也。”天子大有天下为有众，诸侯同志为相亲。杨树达《周易古义》曰：“《吴志・孙皓传》注，引干宝《晋纪》：陆抗之克步阐，皓意张大，乃使尚广筮并天下，遇同人之颐，对曰：吉，庚子岁，青盖当入洛阳。故皓不修其政，而有窥上国之志。是岁也，实在庚子。按，谓皓亡之岁。”朱骏声《六十四卦经解》曰：“石晋高祖，以太原拒命时，筮得此卦。是岁契丹助晋，遂有天下。”以上，皆以同人卦，为诸侯将王天下之卦。《白虎通・号》曰：“《春秋传》曰：虽文王之战不是过，知其霸也。”即是同人卦名之义。

同人于野 《尔雅・释地》：“邑外谓之郊，郊外谓之牧，牧外谓之野，野外谓之林，林外谓之坰。”《说文》：“野，郊外也。”段玉裁注：“《诗》・《召南》、《邶风》，传皆曰：郊外曰野。《郑风》传曰：野，四郊之外也。”同人卦，乾上离下，天高而明，四方空旷野大，故谓之野。《大雅·皇矣》：“帝谓文王，询尔仇方，同尔兄弟，以尔钩援，与尔临冲，以伐崇墉。”毛传：“仇，匹也；钩，钩梯也，所以钩引上城者；临，临车也；冲，冲车也；墉，城也。”郑笺：“询，谋也；怨耦曰仇仇方。谓旁国诸侯，为暴乱大恶者，女当谋征讨之。以和协女兄弟之国，率与之往。亲亲则多志齐心一也。当此之时，崇侯虎倡纣为无道，罪尤大也。”同尔兄弟，以伐崇墉，即同人于战之意。《杂卦传》曰：“同人，亲也。”即谓同人亲亲，志齐心一，攻无不克，战无不胜。

《夏书·甘誓》之《序》曰：“启与有扈，战于甘之野，作《甘誓》。”孔氏传：“甘，有扈郊地名。将战先誓。”《正义》曰：“夏王启之时，诸侯有扈氏叛。王命率众亲征之。有扈氏发兵拒启，启与战于甘地之野。将战，集将士而誓戒之。史叙其事，作《甘誓》。”又，《商书·汤誓》之《序》曰：“伊尹相汤伐桀，升自陑，遂与桀战于鸣条之野，作《汤誓》。”孔氏传：“桀都安邑。汤升道，从陑出其不意。陑在河曲之南。鸣条之野，地在安邑之西，桀逆拒汤。《汤誓》，戒誓汤士众。”

《周书·牧誓》：“王朝至于商郊牧野，乃誓。”孔氏传：“纣近郊三十里地名牧。癸亥夜陈，甲子朝誓，将与纣战。”《正义》曰：“传言在纣近郊三十里，或当有所据也。皇甫谧云：在朝歌南七十里，不知出何书也。言至于商郊牧野，知牧是郊上之地。战在平野，故言野耳。《诗》云：于牧之野。《礼记大传》云：牧之野，武王之大事。继牧言野，明是牧地。而郑玄云：郊外曰野，将战于郊，故至牧野而誓。案经至于商郊牧野乃誓，岂王行已至于郊，乃后到退适野，誓讫而更进兵乎？何不然之甚也！《武成》云：癸亥夜陈，未毕而雨。是癸亥夜已布陈，故甲子朝而誓众，将与纣战，故戒敕之。”《序》曰：“武王戎车三百两，虎贲三百人，与受战于牧野，作《牧誓》。”孔氏传：“牧，如字，徐一音茂；《说文》作坶，云地名，在朝歌南七十里；《字林》音母。”

《国语·周语下》曰：“王以二月癸亥夜陈，未毕而雨。王以黄钟之下宫，布戎于牧之野。故谓之厉，所以厉六师。”韦昭注：“二月，周二月四日癸亥，至牧野之日。夜陈，陈师未毕而雨，天地神人协同之应也。布戎，陈兵，谓夜陈之晨。旦，甲子昧爽。左仗黄钺，右秉白旄时也。黄钟所以宣养气德，使皆自勉，尚桓桓也。黄钟在下，故曰下宫。名此乐为厉者，所以厉六军之众也。”《逸周书·克殷解》曰：“周车三百五十乘，陈于牧野，帝辛从。”孔晁云：“牧野，商郊。纣出朝歌二十里，而迎战也。”《世俘解》曰：“越五日甲子朝至，接于商。”潘振云：“朝至，晨至牧野；接，兵刃接也。”陈逢衡云：“接，交也。接于商者，谓接仗于商郊牧野之地。”以上皆谓战于野，是同人于野，即谓同人战于野。《说卦传》曰：“离为火，为甲胄，为戈兵。”同人卦，乾上离下，是天下有战火，有干戈之象。又，《郑风·大叔于田》曰："叔在薮，火烈具举"；"叔在薮，火烈具扬"；"叔在薮，火烈具阜"。郑笺："列人持火俱举，言众同心。"《正义》亦曰："火烈具举，是得众也。"古人田猎即准作战，故乾上离下，天下有火，亦列人持火俱举，同人同心，而战于野之象。

亨 《史记·夏本纪》曰："及禹崩，虽授益，益之佐禹日浅，天下未洽，故诸侯皆去益而朝启，曰：吾君帝禹之子也。是为夏后帝启。有扈氏不服，启伐之，大战于甘。遂灭有扈氏。天下咸朝。"《殷本纪》曰："当是时，夏桀为虐政淫荒，而诸侯昆吾氏为乱。汤乃兴师率诸侯，伊尹从汤，汤自把钺以伐昆吾，遂伐桀。桀败于有娀之虚，桀奔于鸣条，夏师败绩。汤遂伐三㚇，俘厥宝玉，义伯、仲伯作《典宝》。汤既胜夏，欲迁其社，不可，作《夏社》。伊尹报政，于是诸侯毕服。汤乃践天子位，平定海内。"《周本纪》曰："武王朝至于商郊牧野，乃誓。誓已，诸侯兵会者，车四千乘，陈师牧野。帝纣闻武王来，亦发兵七十万人距武王。武王使师尚父，与百夫致师，以大卒驰帝纣师。纣师虽众，皆无战之心，心欲武王亟入。纣师皆倒兵以战，以开武王。武王驰之，纣兵皆崩畔纣。纣走，反入登于鹿台之上，蒙衣其殊玉，自燔于火而死。武王持大白旗，以麾诸侯，诸侯毕拜武王。武王乃揖诸侯，诸侯毕从。武王至商国，商国百姓咸待于郊。"《周书·武成》曰："一戎衣，天下大定。"孔氏传："衣，服也。一著戎服而灭纣，言与众同心，动有成功。"此即同人于野，而通达之谓。六二为同人之主，居中得正，为在下之君子。《彖》曰："唯君子为能通天下之志。"故曰亨。

利涉大川 《易》以下为地，以上为天，天地之间为大水。下卦升至上卦，上卦降至下卦，上下推移，为涉大川。需卦，乾下坎上。卦辞曰："利涉大川。"《彖》曰："利涉大川，往有功也。"讼卦，坎下乾上。卦辞曰："利见大人，不利涉大川。"《彖》曰："利见大人，尚中正也；不利涉大川，入于渊也。"需卦涉大川，则为讼卦，九五居中得正，利于大人，为往有功，故曰利涉大川。讼卦涉大川，则为需卦，乾在坎下，为入于渊，故曰不利涉大川。蛊卦，巽下艮上。卦辞曰："利涉大川。"《彖》曰："利涉大川，往有事也。"渐卦，艮下巽上。《彖》曰："进得位，往有功也。进以正，可以正邦也。"即往有事之谓。《说文》："事，职也。"大畜卦，乾下艮上。卦辞曰："利涉大川。"《彖》曰："利涉大川，应乎天也。"遁卦，艮下乾上。《彖》曰："刚当位而应，与时行也。"由大畜到遁，遁为六月卦，谓如此应乎天时之行。益卦，震下巽上。卦辞曰："利涉大川。"《彖》曰："利涉大川，木道乃行。"恒卦，巽下震上。《彖》曰："雷风相与，巽而动。"由益到恒，皆雷风之象，是为春。春位东方，色为青，五行为木，故曰木道乃行。木道为生道。涣卦，坎下巽上。卦辞曰："利涉大川。"《彖》曰："利涉大川，乘木有功也。”井卦，巽下坎上。《象》曰：“巽乎水而上水，井，井养而不穷。”由木在水上，到水乘木而上，井养而不穷，为乘木有功。反之，《象》曰：“未有功也。”中孚卦，兑下巽上。卦辞曰：“利涉大川。”《象》曰：“利涉大川，乘木舟虚也。”大过卦，巽下兑上。《彖》曰：“刚过而中，巽而说行，利有攸往，乃亨。”乘木之空舟，谓由泽下木上，而利于行，而到大过。同人卦，离下乾上，卦辞曰：“利涉大川。”《彖》曰：“利涉大川，乾行也。”大有卦，乾下离上。《彖》曰：“其德刚健而文明，应乎天而时行。”同人卦之利涉大川，即谓同人动而为大有，由诸侯而为天子，为应乎天而时行，是以为乾行，即得天命之君王之行。

《淮南子·缪称训》：“黄帝曰：芒芒昧昧，从天之道，与元同气。故至德者，言同略，事同指，上下一心。无岐道旁见者，遏障之于邪，开道之于善，而民乡方矣。故《易》曰：同人于野，利涉大川。”高诱注：“言能同人道至于野，则可以济大川，大川，大难也。”此就意义而言。《荀子·议兵篇》：“故仁人上下，百将一心，三军同力。臣之于君也，下之于上也，若子之事父，弟之事兄，若手臂之扞头目，而覆胸腹也。诈而袭之，与先惊而后击之，一也。且仁人之用十里之国，则将有百里之听；用百里之国，则将有千里之听；用千里之国，则将有四海之听。必将聪明警戒，和搏而一。故仁人之兵，聚则成卒，散则成列；延则若莫邪之长刃，婴之者断；兑则若莫邪之利锋，当之者溃；圜居而方止，则若盘石然，触之者角摧。故仁人用，国日明。诸侯先顺者安，后顺者危；虑敌之者削，反之者亡。《诗》曰：武王载发 ，有虔秉钺，如火烈烈，则莫我敢遏。此之谓也。”仁人犹同人，其用师莫我敢遏，即同人于野，利涉大川之义。

利君子贞 《彖》曰：“文明以健，中正而应，君子正也。”离为文明，乾为健。离下乾上，为文明以健。六二阴正其位，居下卦之中，为中正。九五阳正其位，居上卦之中，为中正。下阴应上阳，中正应中正，为中正而应。坤卦六二之《文言》曰：“直其正也，方其义也。君子敬以直内，义以方外。敬义立，而德不孤；直方大，不习无不利，则不疑其所行也。”直方大，犹中正君子之谓。六二为君子，得中得正，则为君子正。卦辞曰：“利君子贞。”谓同人于野，利涉大川，利行君子正道。崔憬曰：“以离文明，而合乾健，九五中正，同人于二，为能通天下之志。故能利涉大川，利君子之贞。”何妥曰：“离为文明，乾为刚健。健非尚武，乃以文明。应不以邪，乃以中正，故曰利君子贞也。”王弼注：“行健不以武，而以文明用之；相应不以邪，而以中正应之：君子正也，故曰利君子贞。”《孟子》曰：“征之为言正也。”同人之利君子正，即利君子吊民伐罪，正行其道。

《象》曰："天与火，同人，君子以类族辨物。"《洪范·五行》："水曰润下，火曰炎上。"孔氏传："言其自然之常性。"《正义》曰："《易·文言》云：水流湿，火就燥。王肃曰：水之性，润万物而退下；火之性，炎盛而升上。是润下炎上，言其自然之本性。"又曰，"由此而观，水则润下，可用以灌溉；火则炎上，可用以炊爨，亦可知也。水既纯阴，故润下趣阴；火是纯阳，故炎上趣阳。"火是纯阳，炎上趣阳，故《象》曰："天与火，同人。"谓乾与离，同为阳性，其志相同，为同心。《说文》："類（类），种类相似，唯犬为甚。从犬，頪声。"段玉载注："類，本谓犬相似，引伸假借为凡相似之称。"又，《说文》："族，矢鏠也，束之族族也。从㫃，从矢。㫃，所以标众，众矢之所集。"段注："今字用镞，古字用族。族族，聚貌。毛传云：五十矢为束。引伸为族类之称。"

乾卦《文言》："九五曰：飞龙在天，利见大人，何谓也？子曰：同声相应，同气相求。水流湿，火就燥，云从龙，风从虎，圣人作，而万物睹。本乎天者亲上，本乎地者亲下，则各从其类也。"张璠曰："天者，阳也；君者，阳也。雷风者，天之声；号令者，君之声。明君与天地相应，合德同化，动静不违也。"崔憬曰："方诸与月，同有阴气，相感则水生。阳燧与日，同有阳气，相感则火生也。"又曰，"决水先流湿，然火先就燥。"虞翻曰："乾为龙，云生天，故从龙也。坤为虎，风生地，故从虎也。"王肃曰："龙举而景云属；虎啸而谷风兴。"朱熹曰："作，起也；物犹人也；圣人，人类之首也。故兴起于上，则人皆见之。"庄氏曰："天地絪緼，和合二气，共生万物。然万物之体，有感于天气偏多者，有感于地气偏多者，故《周礼·大宗伯》，有天产地产。"虞翻曰："方以类聚，物以群分，乾道变化，各正性命，触类而长，故各从其类。"又，乾卦《文言》九五曰："夫大人者，与天地合其德，与日月合其明，与四时合其序，与鬼神合其吉凶。先天而天弗违，后天而奉天时。天且弗违，而况于人乎，况于鬼神乎？"此即君子类族辨物之谓。

《周书·洪范》曰："鲧陻洪水，汩陈其五行。帝乃震怒，不畀洪范九畴，彝伦攸斁。鲧则殛死，禹乃嗣兴，天乃锡禹洪范九畴，彝伦攸叙。"孔氏传："陻，塞：汩，乱也。治水失道，乱陈其五行。畀，与；斁，败也。天动怒鲧，不与大法九畴。畴，类也。故常道所以败。放鲧至死不赦。嗣，继也。废父兴子，尧舜之道。天与禹洛出书，神龟负文而出，列于背，有数至于九。禹遂因而第之，以成九类，常道所以次叙。"《正义》曰："水是五行之一。水性下流，鲧反塞之，失水之性。水失其道，则五行皆失矣。"曰，"畴是辈类之名，故为类也。言其每事，自相类者有九。"又曰："周既克殷，以箕子归周，武王亲虚己而问焉。即得九类，以后圣王，法而行之。从之则治，违之则乱。"由是观之，不违类族，而辨物性，乃治国安邦之道。

虞翻曰："以类族辨物，谓方以类聚，物以群分。孔子曰：君子和而不同。故于同人象，见以类族辨物也。"王弼注："天体在上，而火炎上，同人之义。君子小人，各得所同。"《正义》曰："天体在上，火又炎上，取其性同，故云天与火同人。族，聚也。言君子法此同人，以类而聚也。辨物，谓分辨事物，各同其党，使自相同，不间杂也。"程氏传："不云火在天下，天下有火，而云天与火者，天在上，火性炎上，火与天同，故为同人之义。君子观同人之象，而以类族辨物，各以其类族，辨物之同异也。若君子小人之党，善恶是非之理，物情之离合，事理之异同。凡异同者，君子能辨明之，故处方不失其方也。"朱熹曰："天在上，而火炎上，其性同也。类族辨物，所以审异而致同也。"按，《系辞传》曰："方以类聚，物以群分，吉凶生矣。在天成象，在地成形，变化见矣。"韩康伯注："方有类，物有群，则有同有异，有聚有分也。顺其所同则吉，乖其所趣则凶，故吉凶生矣。"又，《礼记·乐记》曰："方以类聚，物以群分，则性命不同矣。"以其性命不同，故有类聚群分。《象》曰："天与火，同人，君子以类族辨物。"是谓君子者，见天与火同人之象，因此以同类相聚之理，而辨别事物之性。

《周易》六十四卦，相邻之奇数卦至偶数卦，互为错卦或综卦。如：第一卦乾卦，乾下乾上；第二卦坤卦，坤下坤上。两卦阴阳相错，互为錯卦。第三卦屯卦，震下坎上；第四卦蒙卦，坎下艮上。两卦卦形相倒，互为综卦。又，相邻之偶数卦，至奇数卦，则既不为错卦，亦不为综卦。如：第二卦坤卦，坤下坤上；第三卦屯卦，震下坎上。两卦不错不综。六十四卦，相错或相综者，三十二对；不相错亦不相综者，三十一偶。然自乾卦至未济卦，义皆相属。是六十四卦中，有卦形相关，义亦相关者，乃变化有形；有卦形不相关，而义相关者，乃变化无形。《系辞传》曰："《易》范围天地之化而不过，曲成万物而不遗，通乎昼夜之道而知，故神无方，而易无体。"干宝曰："言神之鼓万物无常方，易之应变化无定体也。"韩康伯注："方、体者，皆系乎形器者也。神则阴阳不测，易则唯变所适，不可以一方一体明。"是以易之变化，有形无形，与天地准，言天下之至賾。

否卦与同人卦，互为邻卦。《序卦传》曰："物不可以终否，故受之以同人。"由否卦到同人卦，即由偶数卦，到奇数卦，虽无外形错综关係，但有内在变化联系。否卦，坤下乾上。《彖》曰："否之匪人，不利君子贞。大往小来，则是天地不交，而万物不通也；上下不交，而天下无邦也。内阴而外阳，内柔而外刚，内小人而外君子；小人道长，君子道消也。"说天时，阴来阳往；说人事，小人道长，君子道消。同人卦，离下乾上。《彖》曰："同人，柔得位得中，而应乎乾，曰同人。同人曰：同人于野，亨，利涉大川。乾行也。文明以健，中正而应，君子正也。唯君子为能通天下之志。”此言人事，谓君子能通天下之志。前者君子道消，此者君子通天下之志。故否卦卦辞曰：“不利君子贞。”同人卦卦辞曰：“利君子贞。”即《序卦传》曰：“物不可终否，故受之以同人。”《系辞传》曰：“一阴一阳之谓道。”斯之谓阴阳化育之功。

师卦与同人卦，互为错卦。师卦，坎下坤上；同人卦，离下乾上。两卦阴阳同位相错，相反相成，对立统一。师卦卦辞曰：“贞，丈人吉。”同人卦卦辞曰：“利君子贞。”辞义仿佛。师卦《彖》曰：“师，能以众正，可以王矣。刚中而应，行险而顺，以此毒天下，而民从之，吉又何咎矣。”同人卦《彖》曰：“乾行也。文明以健，中正而应，君子正也，唯君子为能通天下之志。”能以众正，可以王矣，与乾行也仿佛。刚中而应，而民从之，与中正而应，能通天下之志仿佛。又，师卦九二在下卦之中，以刚中驱众；同人卦六二在下卦之中，以文明驱众，皆有兴师作战之象，是亦仿佛。又，师卦上六曰：“大君有命，开国承家。”大君，天子。谓一戎衣天下定，分封之事。《韩诗外传·卷八》：“孔子曰：《易》，先同人，后大有，承之以谦，不亦可乎？”亦先为诸侯之伯，后为天子大有天下，是亦两卦仿佛。或曰，师卦，汤武以之；同人卦，文王以之。故《系辞传》曰：“《易》之兴也，其当殷之末世，周之盛德邪？当文王与纣之事邪？”

《周礼·小司徒》曰：“及三年则大比，大比则受邦国之比要，乃会万民之卒伍而用之。五人为伍，五伍为两，四两为卒，五卒为旅，五旅为师，五师为军，以起军旅，以作田役，以比追胥，以令贡赋。”郑氏传：“郑司农云，五家为比，故以比为名。伍、两、卒、旅、师、军，皆众之名。两，二十五人；卒，百人；旅，五百人；师，二千五百人；军，万二千五百人。此皆先王所因农事，而定军令者也。欲其恩足相恤，义足相救，服容相别，音声相识。”贾公彦疏：“在军五卒为旅，旅五百人也；五旅为师者，在乡五党为州，州二千五百家；在军亦五旅为师，师亦二千五百人也；五师为军者，在乡五州为乡，乡万二千五百家；在军五师为军，军亦万二千五百人也。以起军旅者，谓征伐也。以作田役者，谓田猎役作皆是也。以比追胥者，追谓逐寇，胥谓伺捕寇贼。以令贡赋者，依乡中家数，而施政令，以贡赋之事。”是以五为编制。师卦，坎下坤上，九二居中殿后，以刚健率五阴，以力驭众，为师。同人卦，离下乾上，六二居中殿后，以文明率五阳，以德服人，为同人。是两卦阴阳相错，卦义仿佛，有同有异。

初九，同人于门，无咎。

〔译〕初九，出国门与人同心，无灾。

《象》曰：“出门同人，又谁咎也。”

〔证〕

同人于门　《玉篇》:“门，人所出入也。在堂房曰户，在区域曰门。”《六书精蕴》:“户，室之口也。凡室之口曰户，堂之口曰门；内曰户，外曰门；一扉曰户，两扉曰门。”引伸之，凡关塞要口及城门，皆曰门户，或单称门，国门亦称门。《周礼·鬯人》:“禜门用瓢赍。”郑氏注：“门，国门也。”《说卦传》曰：“艮为门阙。”即以艮一阳在上，二阴在下，似两扉之形。艮卦，艮下艮上。卦辞曰：“行其庭。”是艮为门庭。随卦，震下兑上。初九曰：“出门交有功。”二之四为艮，艮为门阙。观卦，坤下巽上。六二曰：“闚观。”三之五为艮，艮为门阙。节卦，兑下坎上。“九二曰：“不出门庭。”三之五为艮，艮为门阙。初九曰：“不出户庭。”外曰门，内曰户。又，明夷卦，离下坤上。六四曰：“出于门庭。”三之五为震，已出者回看，见震为艮，艮为门庭。同人卦，离下乾上。初九曰：“同人于门。”《象》曰：“出门同人。”谓初九正经过门阙，而欲出同人，故门半见，即止见一阳在上，一阴在中，不见在下之阴。

《周书·费誓》之《序》曰：“鲁侯伯禽宅曲阜，徐夷并兴，东郊不开，作《费誓》。”又，《正义》曰：“鲁侯伯禽，于成王即政元年，始就封于鲁，居曲阜之地。于时徐州之戎，淮浦之夷，并起为寇于鲁，东郊之门不敢开辟。鲁侯时为方伯，率诸侯征之，至费地而誓戒士众。诸侯之制，于郊有门。恐其侵逼鲁境，故东郊之门不开。”鲁侯至东郊之门费地，会诸侯而誓，盖即爻曰 同人于门，《象》曰出门同人之谓。引伸之，凡出国门，与诸侯同心协力者，皆谓出门同人。

无咎　《象》曰：“出门同人，又谁咎也。”桂馥义证：“《一切经音义九》:《说文》:咎，灾也。字体从人从各，人各相违，即成罪咎。又，二人同心，其利断金；二人相违，其祸成灾。”同人卦，初往上，二之四为巽，巽为近利市三倍，为无咎。又，初之三为离，离为坎象之反，是为无咎。又，二之三半坎，半坎不成坎，亦为无咎。《史记·殷本纪》曰：“汤出，见野张网四面。祝曰：自天下四方，皆入吾网。汤曰：嘻，尽之矣！乃去其三面。祝曰：欲左，左；欲右，右。不用命，乃入吾网。诸侯闻之，曰：汤德至矣，及禽兽。当是时，夏桀为虐政淫荒，而昆吾氏为乱。汤乃兴师率诸侯，伊尹从汤，汤自把钺以伐昆吾，遂伐桀。桀败于有娀之虚，桀奔于鸣条，夏师败绩。于是诸侯毕服，汤乃践天子位，平定海内。”　又，《周本纪》曰：“武王即位，太公望为师，周公旦为辅，召公、毕公之徒左右王，师修文王绪业。九年，武王上祭于毕，东观兵，至于盟津。是时，诸侯不期而会盟津者，八百诸侯。十一年十二月戊午，师毕渡盟津，诸侯咸会。”以上出门同人，皆无咎之例。又，出门同人，既无所弃，便无所怨，广为同人，事必有成，故《象》曰：“又谁咎也。”

李鼎祚《周易集解》:“案，初九震爻，帝出乎震。震为大途，又为日门，出门之象也。”《周易集解纂疏》:“愚案，二、三艮象半见，故为门。初、二震象半见，故为出。所同者二，二阴为偶象同人，故曰出门同人。”程氏传:“九居同人之初，而无系应，是无偏私，同人之公者也，故为出门。同人出谓在外，在外则无私昵之偏，其同溥而公，如此则无过咎也。”又曰，“出门同人于外，是其所同者广，无所偏私。人之同也，有厚薄亲疏之异，过咎所由生也。既无所偏党，谁其咎之？”朱骏声《六十四卦经解》:“两户为门，阴画偶，有门形，指二也。与随初九、节九二同义。随必出门有功，同人必出门无咎。”按，随卦初九《象》曰:“出门交有功，不失也。”谓天下随时，出门交则不失时。节卦九二《象》曰:“不出门庭凶，失时极也。”谓出门庭，则不失时极。同人卦初九《象》曰:“出门同人，又谁咎也。”谓出门可以同人，故无人归咎。乾卦《象》曰:“天行健，君子以自强不息。”阳虽有潜时，然潜以为用，故初九《文言》。曰:“乐则行之。”审时度势而已。

六二，同人于宗，吝。

〔译〕 六二，只和同于宗人，可惜。

《象》曰:“同人于宗，吝道也。”

〔证〕

同人于宗 《说文》:“宗，尊祖庙也。从宀从示。”段玉裁注:“宗尊双声。按当云尊也，祖庙也。《大雅》:公尸来燕来宗。传曰:宗，尊也。凡尊者谓之宗，尊之则曰宗之。《大雅》:君之宗之。笺云:宗，尊也。尊莫尊于祖庙，故谓之宗庙。宗，从宀从示。示，谓神也；宀，谓屋也。”桂馥义证:“《丧服小记》:尊祖故敬宗，敬宗所以尊祖祢也。戴侗曰:宗，祭祖祢之室也。故庙曰宗庙，祧曰宗祧，祊曰宗祊，祏曰宗祏，器曰宗器，主宗庙祭祀者曰宗子、曰宗主，职宗庙祭祀者曰宗人，其正曰宗伯。”按，《说文新附》:“祢，亲庙也。”戴侗曰:“宗，祭祖祢之室也。”即《说文》云:“宗，尊祖庙也。”赵诚《卜辞分类》:“宗，为安放神主之地。《说文》训宗为祖庙，大体可信。商代之先祖先父，先妣先母，皆有宗。”六二曰:“同人于宗。”谓同人于祖庙，即于祖庙同人。二之三，有门观庙宇之象，二位下为中，故曰同人于宗。

《白虎通·宗族》曰:“宗者，何谓也？宗者，尊也。为先祖主者，宗人之所尊也。《礼》曰:宗人将有事，族人皆侍。古者所以必有宗，何也？所以长和睦也。大宗能率小宗，小宗能率群弟，通其有无，所以纪理族人者也。宗其为始祖后者，为大宗，此百世之所宗也。宗其为高祖后者，五世而迁者也。故曰祖迁于上，宗易于下。宗其为曾祖后者，为曾祖宗。宗其为祖后者，为祖宗。宗其为父后者，为父宗。父宗以上，至高祖，皆为小宗。以其转迁，别于大宗也。别子者，自为其子孙祖。继别者，各自为宗。所谓小宗有四，大宗有一，凡有五宗，人之亲所以备矣。”陈立疏证：“《仪礼》疏引《书大传》：宗子将有事，宗人皆入侍也。《礼大传》云：亲亲故尊祖，尊祖故敬宗，敬宗故收族。注：收族，序以昭穆也。”六二曰：“同人于宗。“即谓与同宗之人同心。

吝《象》曰：“同人于宗，吝道也。”，《白虎通·宗族》曰：“族者，何也？族者，凑也，聚也。上凑高祖，下至玄孙，一家有吉，百家聚之，合而为亲，生相亲爱，死相哀痛，有聚会之道，故谓之族。《尚书》曰：以亲九族。族所以有九何？九之为言究也。亲疏恩爱究竟，谓之九族也。父族四，母亲三，妻族二。四者：谓父之姓为一族也；父女昆弟适人有子，为二族也；身女昆弟适人有子，为三族也；身女子适人有子，为四族也。母族三者：母之父母，为一族也；母之昆弟，为二族也；母之女昆弟，为三族也。妻之亲疏，故父母各一族。”六二同人于宗，只与父族之人同心，所同者少。《周书·泰誓中》曰：“虽有周亲，不如仁人。”蔡沈注：“周，至也。纣虽有至亲之臣，不如周仁人之贤而可恃也。此言人事有必克之理。”文王之时，三分天下有其二；至武王之时，八百诸侯会盟津。是纣虽有至亲，何如周之仁人。至亲，犹同人于宗之谓，为吝道。

《虞书·尧典》曰：“克明俊德，以亲九族。九族既睦，平章百姓。百姓昭明，协和万邦。黎民于变时雍。”《正义》曰：“言尧之为君也，能尊明俊德之士，使之助已施化，先令亲其九族之亲。九族蒙化，已亲睦矣，又使之和协，显明于百官之族姓。百姓蒙化，皆有礼仪，昭然而明显矣，又使之合会，调和天下之万国。其万国之众人，于是变化从上，是以风俗大和。能使九族敦睦，百姓显明，万邦和睦，是安天下之当安者也。”六二，惟宗人是同，不能以亲九族，平章百姓，协和万邦，是安天下之不当安者，故为吝道。程氏传：“宗，谓宗党也。同于所系应，是有所偏与，在同人之道为私狭矣，故可吝。”又曰，“盖私比非人君之道，相同以私，为可吝也。”

又，《周书·洪范》曰：“无偏无陂，遵王之义。无有作好，遵王之道。无有作恶，遵王之路。无偏无党，王道荡荡。无党无偏，王道平平。无反无侧，王道正直。会其有极，归其有极。”《正义》曰：“为人君者，当无偏私，无陂曲，动循先王之正义，无有乱为私好，谬赏恶人。动循先王之正道，无有乱为私恶，乱罚善人。动循先王之正路，无偏私，无阿党。王家所行之道，荡荡然，开辟矣。无阿党，无偏私，王者所立之道，平平然，辩治矣。所行无反道，无偏侧，王家之道正直矣。所行得无偏私，皆正直者，会集其有中之道而行之。若其行必得中，则天下归其中矣，言人皆谓此人，为大中之人也。”六二，同人于宗，则是偏私阿党，非王之道，故为吝。《老子》曰：“知常容，容乃公，公乃王，王乃天，天乃道，道乃久，殁身不殆。”同人于宗，乃非王天下之道，是为吝道。

九三，伏戎于莽，升其高陵，三岁不兴。

〔译〕　九三，把兵车埋伏在草丛之中，登上高山，三年不发起进攻。

《象》曰：“伏戎于莽，敌刚也。三岁不兴，安行也。”

〔证〕

伏戎于莽　《小雅·六月》：“元戎十乘，以先启行。”毛传：“元，大也。夏后氏曰钩车，殷曰寅车，周曰元戎。”《正义》曰；“其元戎者，传已训元为大，故郑不复解之言大车。”《秦风·小戎》：“小戎俴收，五楘梁辀。”毛传：“小戎，兵车也。”郑笺；“此群臣之兵车，故曰小戎。”《正义》曰：“兵车，兵戎之车。小大应同。而谓之小戎者，《六月》云：元戎十乘，以先启行。元，大也。先启行之车，谓之大戎：从后行者，谓之小戎。故笺申之云：此群臣之兵车，故曰小戎。言群臣在元戎之后故也。”《左传》僖公三十三年：“梁弘御戎，莱驹为右。”《春秋左传注》：“梁弘、莱驹，为晋襄公御戎车、为车右。”柳宗元《岭南节度使飨军堂记》：“其大小之戎，号令之用，则听于节度使焉。”孙汝听注：“大戎、小戎，皆兵车也。”戎，谓兵车，车不能升其高陵，故伏戎于莽。

《说文》：“莽，南昌谓犬善逐兔草中，为莽。从犬从茻，茻亦声。”段玉裁注：“此字犬在茻中，故称南昌方言，说其会意之旨也。引伸为卤莽。”薛传均《答问疏证》：“茻，众艸也。是正字。”朱骏声《说文通训定声》：“经传草茻字，皆以莽为之。”《左传》哀公元年：“吴日敝于兵，暴骨如莽。”杜预注：“草之生于广野，莽莽然，故曰草莽。”《孟子·万章》：“在野曰草莽之臣。”赵岐注：“莽，亦草也。”《楚辞·离骚》：“朝搴阰之木兰兮，夕揽洲之宿莽。”王逸注：“草冬生不死者，楚人名曰宿莽。”莽为草，伏戎于莽，谓把兵车埋伏草丛之中。二之四为巽 ，巽为入为伏，三在其中，为埋伏；初之三为离，离为日，日似车轮为车，车为戎；车在天下，天苍苍，地莽莽，为伏戎于莽。《象》曰：“伏戎于莽，敌刚也。”三往前遇乾，乾为阳为刚，为敌刚。为避强敌，故须伏戎于莽，升其高陵。《孙子·计篇》曰：“强而避之。”《谋攻篇》曰：“不若则能避之。”杜佑曰：“引兵备之，强弱不敌，势不相若，则引军避，待利而动。”伏戎于莽，亦避强待利，伺机而动。

升其高陵　《鄘风·定之方中》：“升彼虚矣，以望楚矣。”郑笺：“文公将徙，登漕之虚。以望丘。”升，犹登。升卦，《释文》曰：“升，郑本作昇。”是日上为升。现下离往上，故为升登。《说卦传》曰："巽为高。"二之四为巽，三在巽中，故为高。《小雅天保》："如山如阜，如冈如陵。"毛传："言广厚也。高平曰陆，大陆曰阜 ，大阜曰陵。"坤卦《象》曰："坤厚载物。"六二坤阴之爻，曰厚；九三阳爻广平，是广厚为陵。乾为天，三在上乾之下，为高陵，故九三曰："升其高陵。"《孙子·势篇》："激水之疾，至于漂石者，势也。"孟氏曰："势峻，则巨石虽重不能止。"杜牧曰；"势者，自高注下，得险疾之势，故能漂石也。"《势篇》又曰："故善战人之势，如转圆石，于千仞之山者，势也。"梅尧臣曰："圆石在山，屹然其势。一人推之，千人莫制也。"张预曰："石转于山，而不可止遏者，由势使之也。兵在于险，而不可制御者，亦势使之也。"李靖曰："关山狭路，羊肠狗门。一夫守之，千人不过，谓之地势。故用兵任势，如峻走丸，用力至微，而成功甚博也。"九三，升其高陵，居高临下，若滚圆石，于千仞之上，成激流漂石之势，立于不败之地，是待敌善策。

三岁不兴　《象》曰："三岁不兴，安行也。"《史记·周本纪》曰："九年，武王上祭于毕。东观兵，至于盟津。为文王木主，载以车，中军。武王自称太子发，言奉文王以伐，不敢自专。是时，诸侯不期而会盟津者，八百诸侯。诸侯皆曰：纣可伐矣。武王曰：女未知天命，未可也。乃还师归。居二年，闻纣昏乱暴虐滋甚，杀王子比干，囚箕子。太师疵、少师疆，抱其乐器而奔周。于是武王遍告诸侯曰：殷有重罪，不可以不毕伐。乃遵文王，遂率戎车三百乘，虎贲三千人，甲士四万五千人，以东伐纣。十二年十二月戊午，师毕渡盟津，诸侯咸会。曰：孳孳无怠！武王乃作《太誓》，告于众庶。二月甲子昧爽，武王朝至于商郊牧野，乃誓。誓已，诸侯兵会者，车四千乘，陈师牧野。"史称武王观兵至伐纣，自九年至十一年十二月，又至明年二月，即十二年二月，历时三年，纣众判亲离，牧野一战灭殷，可谓三岁不兴，可谓安稳之行。

九四，乘其墉，弗克攻，吉。

〔译〕九四，登占敌人城墙，不能最终打败敌人，吉利。

《象》曰："乘其墉，义弗克也。其吉，则困而反则也。"

〔证〕

乘其墉　《说文》："椉（乘），覆也。从入桀。桀，黠也。军法曰乘。"段玉裁注；"加其上曰乘。人乘车是其一端也。凡黠者必强，故桀训黠 。入桀者，谓笼罩桀黠。"又曰，"入桀者，以弱胜强。《书序》云：周人乘黎。《左传》：车驰卒奔，乘晋军。"容庚《金文编》："乘，从大在木上。《说文》从入桀，非。"李孝定《甲骨文字集释》："乘之本义为升为登，引伸之为加其上。许训覆也，与加其上同意。字象人登木之形 。"人登木，即人登车之象，为乘。《周书·梓材》："若作室家，既勤垣墉。"《释文》引马云："卑曰垣，高曰墉。"《大雅·皇矣》："以尔临冲，以伐崇墉。"毛传："墉，城也。"解卦上六曰："公用射隼于高墉之上。"乘其墉，意犹登上敌城。坎象，外虚中实为邑；离象，外实中虚为城。《说文》："邑，国也。""城，以盛民也。"四为阴位，然九四阳刚，不当位。在离上，即在城上，为乘其墉。

弗克攻 《说文》段玉裁注："《公羊传》曰：弗者，不之深也。"乘其墉，弗克攻，谓登占敌人城墙，不能攻破敌人。《孙子·谋攻》曰："凡用兵之法，全国为上，破国次之；全军为上，破军次之；全旅为上，破旅次之；全卒为上，破卒次之；全伍为上，破伍次之。是故百战百胜，非善之善者也；不战而屈人之兵，善之善者也。故上兵伐谋，其次伐交，其次伐兵，其下攻城。攻城之法，为不得已。修橹轒辒，具器械，三月而后成，距闉又三月而后已。将不胜其忿，而蚁附之，杀士三分之一，而城不拔者，此攻之灾也。故善用兵者，屈人之兵，而非战也；拔人之城，而非攻也，毁人之国，而非久也。必以全争于天下，故兵不顿，而利可全，此谋攻之法也。"《三国志·马谡传》注，引《襄阳记》："夫用兵之道，攻心为上，攻城为下；心战为上，兵战为下。"九四，刚愎自用，不攻其心，而攻其城，乃谋攻之下策。`故虽强力登城，然不能破敌，为弗克攻。《象》曰："乘其墉，义弗克也。"即谓攻城屠民，乃以力取，非为义取，故其不克，为义不克。同人者以义同，岂能逞武力克之。

吉《象》曰："其吉，则困而反则也。"则，法则。谓遇困穷，反其道而行之，则吉利。《虞书·大禹谟》："帝曰：咨禹，惟时有苗弗率，汝徂征。禹乃会群后，誓于师曰：济济有众，咸听朕命。蠢兹有苗，昏迷不恭，侮慢自贤，反道败德。君子在野，小人在位。民弃不保，天降之咎。肆予以尔众士，奉辞伐罪。尔尚一乃心力，其克有勳。三旬，苗民逆命。益赞于禹曰：惟德动天，天远弗届。满招损，谦受益，时乃天道。帝初于历山，往于田，日号泣于旻天。于父母，负罪引慝。祗载见瞽瞍，夔夔斋慄。瞽亦允若。至諴感神，矧兹有苗。禹拜昌言曰：俞，班师振旅。帝乃诞敷文德，舞干羽于两阶。七旬，有苗格。"《左传》僖公十九年："文王闻崇德乱而伐之，军三旬而不降，退修教而复伐之，因垒而降。"文王所筑之堡垒照旧，而崇军降。禹征有苗，文王征崇，皆困而反则，于是有苗格，崇人降，是以为吉。程氏传："所以乘其墉，而弗克攻之者，以其义之弗克也。其所以得吉者，由其义不胜，困穷而反于法则也。《周易折中》引胡炳文曰："卦唯三、四不言同人，三、四有争夺之象，非同者也。"故爻辞曰："弗克攻。"《象》曰："义弗克也。"

九五，同人先号咷，而后笑，大师克相遇。

〔**译**〕　九五，同人先号咷，而后笑，其大师遇敌即克之。

《象》曰：“同人之先，以中直也。大师相遇，言相克也。”

〔**证**〕

同人先号咷，而后笑　《说文》：“号，痛声也。从口，在丂上。”段玉裁注：“丂者，气舒而碍。虽碍，而必张口出其声，故口在丂上，号咷之象也。”《虞书大禹谟》曰：“帝初于历山，往于田，日号泣于旻天。”《魏风·硕鼠》：“乐郊乐郊，谁之永号。”毛传：“号，呼也。”《诗集传》：“永号，长呼也。”《诗毛氏传疏》：“谁则永号，犹言乐郊之地，民无长叹耳。”《小雅·北山》：“或不知叫号，或惨惨劬劳。”叫号，犹言叫哭。《方言》：“凡大人小儿，泣而不止，楚谓之嗷咷。”《楚辞悼乱》：“声嗷誂兮清和。”洪兴祖补曰：“嗷，呼也。楚谓儿啦不止，曰嗷咷。”旅卦上九曰：“旅人先笑，后号咷 。”亦以号咷和笑对举，即哭、笑对举。按，号咷 ，嗷誂，嚎啕，互通，皆为哭叫声，《说卦传》曰：“离为目。”哭形于目，离中之阴，有涕零象。同人卦，离下乾上，离在先，故曰先号咷；旅卦，艮下离上，离在后，故曰后号咷。

《象》曰：“同人之先，以中直也。”朱骏声《说文通训定声》：“先，前进也。从儿从之，会意。儿，古文人字；之，出往也。《广雅·释诂一》：先，始也。《易》坤：先迷后得。同人：先号咷而后笑。又，《礼·乐志》：背死忘先者众。注：先者，先人，谓祖考。《论衡四》：讳死亡谓之先。”《说文》曰：“凡先之属，谓之先。”文王在武王之前，已死，故为九五同人之先。《吕氏春秋·行论》：“昔者，纣为无道，杀梅伯元醢之，杀鬼侯而脯之，以礼诸侯于庙。文王流涕而咨之。天下闻之，以文王为畏上，而哀下也。”高诱注：“咨，嗟叹辞。”《史记·殷本纪》曰：“百姓怨望，而诸侯有畔者，于是纣乃重刑辟，有炮格之法。九侯女不憙淫，纣怒，杀之，而醢九侯。鄂侯争之强，辨之疾，并脯鄂侯。西伯昌闻之，窃叹。崇侯虎知之，以告纣。纣囚西伯羑里。”《正义》曰：“羑城，在相州汤阴县，北九里，纣囚西伯城也。《帝王世纪》云：囚文王；文王之长子，曰伯邑考，质于殷，为纣御。纣烹为羹，赐文王，曰：圣人当不食其子羹。文王食之。纣曰：谁谓西伯圣者，食其子羹，尚不知也。”文王以中直，而被纣囚，并其长子被烹，为同人先号咷。待武王伐纣，一戎衣，天下大定，万姓悦服，垂拱而天下治，是为后笑。九五与六二相应，六二为目中有泪，九五为目中无泪，在后为后笑。

大师克相遇　谓大师克于相遇之间。《史记·周本纪》曰：“二月甲子昧爽，武王朝至于商郊牧野，乃誓。武王左杖黄钺，右秉白旄 ，以麾，曰：远矣西土之人！武王曰：嗟！我有国冢君，司徒、司马、司空，亚旅、师氏，千夫长、百夫长，及庸、蜀、

羌 、髳 、微、纑、彭、濮人，称尔戈，比尔干，立尔矛，予其誓。帝纣闻武王来，亦发兵七十万人，距武王。武王使师尚父，与百夫致师，以大卒驰帝纣师。纣师虽众，皆无战之心，心欲武王亟入。纣师皆倒兵以战，以开武王。武王驰之，纣兵皆崩，畔纣。纣走，反入登于鹿台之上，蒙衣其殊玉，自燔于火而死。武王持大白旗，以麾诸侯。诸侯毕拜武王，武王乃揖诸侯，诸侯毕从。"大师克相遇，言同人之师，锐不可当；独夫之师，众判亲离。故《象》曰："大师相遇，言相克也。"《白虎通・封公侯》曰："天者施生，所以主兵何？兵者为谋除害也，所以全其生，卫其养也，故兵称天。"九五在乾天之中，天主兵，兵除害，故有大师克相遇之象。

上九，同人于郊，无悔。

〔**译**〕 上九，同人在郊外，无有悔恨。

《象》曰："同人于郊，志未得也。"

〔**证**〕

同人于郊 《说文》："郊，距国百里为郊。"段玉裁云："杜子春注《周礼》曰：五十里为近郊，百里为远郊。"《尔雅・释地》："邑外谓之郊。"郝懿行义疏："《说文》：距国百里为郊，此据王畿千里而言。设百里之国，则十里为郊矣。郊有远近，以国为差。"邢昺疏："邑外谓之郊者，邑，国都也。谓国都城之外，名郊也。"九五，同人已在王畿，是同人于郊，谓王畿之郊。需卦初九曰："需于郊。"注："郊者，是境上之地。"《白虎通诛伐》："将入人国，先使大夫执币假道，主人亦遣大夫于郊。"《左传》昭公九年："使逼我诸姬，入我郊甸。"郊，并为国境。《孙子・虚实篇》："我不欲战，画地而守之。"《九地篇》："交地，吾将谨其守。"上为外，上九为国之外，为郊。同人于郊，谓同人守于国境。《象》曰："同人于郊，志未得也。"同人虽大师克相遇，然天下未协，未乾下离上，大有天下。即柔未得尊位，未大中而上下应之，是大同之志未得。故须防范，以谨不良。

无悔 《周书毕命》："申画郊圻，慎固封守，以康四海。"《正义》曰："郊圻，谓邑之境界。境界虽旧有规画，而年世久远，或相侵夺，当重分明画之，以防后相侵犯。王城之立四郊，以为京师屏障，预备不虞。又当谨慎牢固封疆之守备，以安四海之内。此是王之近郊，牢设守备，惟可以安京师耳。而云安四海者，京师安，则四海安矣。"有备无患，无患无悔。《史记・周本纪》："成王少，周初定天下，周公恐诸侯畔周，公乃摄行政当国。管叔、蔡叔群弟疑周公，与武庚作乱，畔周。周公奉成王命，伐诛武庚、管叔，放蔡叔。以微子开代殷后，国于宋。颇收殷余民，以封武王少弟封，为卫康叔。

初管、蔡畔周，周公讨之，三年而毕定。周公行政七年，成王长，周公反政成王，北面就群臣之位。”周初定天下，管、蔡、武庚叛周，周公东征，即同人于郊之事。成王命周公讨之，三年而毕定，天下宗周，可谓之无悔。乾卦《文言》曰：“上九曰：亢龙有悔。何谓也？子曰：贵而无位，高而无民，贤人在下位而无辅，是以动而有悔也。”同人卦，动而成乾下离上，为大有天下，为有位有民有辅，是以无悔。

第十四卦　乙　亥

☲ 离上
☰ 乾下

大有，元亨。

〔译〕大有，大通。

《彖》曰："大有，柔得尊位，大中而上下应之，曰大有。其德刚健而文明，应乎天而时行，是以元亨。"

《象》曰："火在天上，大有，君子以遏恶扬善，顺天休命。"

〔证〕

乾下离上　《说卦传》曰："乾为天"，"离为日"。乾下离上，丽日在天上，阳光浴下，温暖而不炙灼，宜人宜物，万类仰承，其生长蕃殖、兴旺景象，为大有之象。伏羲八卦方位，离位东，东为春。《月令孟春之月》云："其日甲乙。"郑氏注："乙之言轧也。日之行春，东从青道，发生万物，月为之佐，时万物皆解，孚甲自抽轧而出。"《尸子》(卷下)："东方为春。春，动也。是故为鸟兽孕孳，草木华生，万物咸遂。"注曰："《尚书大传》云：东方者何也？动方也。物之动也，何以谓之春？春，出也。物之出也，故曰东方春也。《汉书律历志》云：少阳者东方。东，动也，阳气动物，于时为春。春，蠢也，物蠢生乃运动。《礼记·乡饮酒义》云：东方者春，春之为言蠢也，产万物者圣也。《白虎通·五行篇》云：春之为言，偆偆动也，位在东方。《释名》云：春，蠢也，动而生。"

伏羲八卦方位，乾位南，南为夏。《月令·孟夏之月》云："其日丙丁。"郑氏注："丙之言炳也。日之行夏，南从赤道，长育万物，月为之佐，时万物皆炳然，著见而强大。"《尸子》(卷下)曰："南方为夏。夏，兴也；南，任也。是故万物莫不任兴，蓄殖充盈。"注曰："《尚书大传》云：南方者何也？任方也，任方者物之方任。何以谓之夏？夏者假也，假者，呼荼万物，而养之外也，故曰南方夏也。《律历志》云：大阳者南方。南，任也，阳气任养物，于时为夏。夏，假也，物假大乃宣平。《礼记》云：南方者夏，夏之为言假也，养之长之，假之仁也。《白虎通》云：夏之言大也，位在南方。《释名》云：夏，假也，宽假万物，使生长也。"大有卦，乾下离上。离为春，在前；乾为夏，在后。为春生夏长，万物繁茂，大有之象。

又，初之三为乾，二之四亦为乾。天外有天，朗朗晴天，万物齐相见，为大有。二之四为乾，三之五为兑。乾为天，兑为泽，天上有雨泽，则地上有万物，为大有。三之五为兑，四之上为离。兑为泽，离为日，有雨泽，有阳光，万物蕃衍滋长，人泰物丰，为大有。又，初之三为乾，二之四亦为乾，乾下乾上，为纯乾卦。乾卦卦辞曰："乾，元亨利贞。"《彖》曰："大哉乾元，万物资始乃统天。云行雨施，品物流形，大明终始，六位时成，时乘六龙以御天。乾道变化，各正性命，保和太和，乃利贞。首出庶物，万国咸宁。"乾天包有一切，是以大有。又，二之四为乾，三之五为兑，乾下兑上，为夬卦。《象》曰："泽上于天，夬，君子以施禄及下。"施禄及下，则人和年丰，亦大有。三之五为兑，四之上为离，兑下离上，为睽卦。《彖》曰："天地睽，而其事同也；男女睽，而其志通也；万物睽，而其事类也。睽之时用大矣哉！"《象》曰："上火下泽，睽，君子以同而异。"天地有阴有阳，有同有异，丰富多采，亦大有。又，阳为大，阴为小。大有卦，五阳一阴，为大者有余，小者不足，为大有。

《系辞传》曰："天地之大德曰生，圣人之大宝曰位。何以守位曰仁，何以聚人曰财。"韩康伯注："施生而不为，故能常生，故曰大德也。"崔憬曰："言圣人行《易》之道，常须法天地之大德，宝万乘之天位，谓以道济天下为宝。"宋衷曰："守位当得士大夫公侯，有其人贤，兼济天下。"陆绩曰："人非财不聚，故圣人观象制器，备物尽利，以业万民而聚之也，盖取聚人之本矣。"大有卦，观天文，则万物生长靠太阳；观人文，则容民保民赖圣人，是大有卦，乃大有天下之卦。《彖》曰："大有，柔得尊位，大中而上下应之，曰大有。"柔得尊位，谓六五柔得天子尊位。《杂卦传》曰："大有众也。"谓大得天下人众。《序卦传》曰："与人同者，物必归焉，故受之以大有。"《韩诗外传·卷八》："孔子曰：《易》，先同人，后大有，承之以谦，不亦可乎？"亦皆谓诸侯同人，天子大有天下。

《京氏易传》曰："大有，吉凶度数与乾卦同。分六五阴柔为日，照于四方，象天行健。少者为多之所宗，六五为尊也。"陆绩注："柔处尊位，以柔履刚，以阴处阳，能柔顺于物，万物归附，故曰照于四方。"王弼注："大有，处尊以柔，居中以大，体无二阴以分其应，上下应之，靡所不纳，大有之义也。"《周易集解纂疏》："处尊以柔，居中以大，谓六五也。五止一阴，而众阳皆应，故云无二阴以分其应。五正应二，上承上，下乘四，三与五同功，唯初在应外，亦比二以应五，故云上下应之，靡所不纳。上应则天道助信，下应则人道助顺，故曰大有。"程氏传："一柔居尊，众阳并应，居尊执柔，物之所归也。上下应之，为大有之义。大有，盛大丰有也。"朱骏声《六十四卦经解》："五阳为贤人，贤才众多，万邦黎献，共惟帝臣。车书一统，玉帛来同也。《大学》曰：有德此有人，有人此有土，有土此有财，有财此有用。比，一阳而五阴应之，庶民子来之象；大有，一阴而五阳应之，众贤辅主之象。"是大有，亦大有天下之象。

《古三坟·连山易》云："象君日，象臣月。"传曰："日为阳精，象之君也。月为阴精，象之臣也。"《周易·说卦传》曰："离为日，为乾卦。"又，"乾为君。"是离亦为君。噬嗑卦，震下离上。《象》曰："雷电，噬嗑，先王以明罚敕法。"震为雷，离为电；离明为先王明罚，震动为敕法。是离有先王之象。离卦，离下离上。《象》曰："明两作，离，大人以继明照于四方。"又，六五《象》曰："离，王公也。"其上九曰："王用出征。"《象》曰："王用出征，以正邦也。"皆以离为王象。晋卦，坤下离上。卦辞曰："康侯用锡马蕃庶，昼日三接。"以上离为康侯，是离为王侯之象。明夷卦，离下坤上。《象》曰："内文明而外柔顺，以蒙大难，文王以之。"以，通似。离在坤下，似文王蒙大难，故离为王象。家人卦，离下巽上。《象》曰："家有严君焉，父母之谓也。"朱熹曰："亦谓二、五。"二在离，是离亦为君。睽卦，兑下离上。九二曰："遇主于巷。"《说文》："主，灯中火主也。"段玉裁注："引伸假借为臣主、宾主之主。"二上应五，五在离中，为臣主之主，是离为君主之象。革卦，离下兑上。《象》曰："水火相息，汤武革命。"兑为泽为水，离为火。火炎上，水湿下，为相止息。革卦，离下兑上，火处长势，水处消势，是犹汤武革命，故离为王象。鼎卦，巽下离上。《象》曰："鼎，象也，以木巽火，亨饪也。圣人亨以享上帝，而大亨以养圣贤。"能烹而享上帝、养圣贤者，在象为离，在人为君王。《象》曰："木上有火，鼎，君子以正位凝命。"朱熹曰："鼎，重器也，故有正位凝命之意。传所谓协于上下，以承天休者也。"是离在天位，承天之休，有天子之象。丰卦，离下震上。卦辞曰："丰，亨，王假之，勿忧，宜日中。"《象》曰："丰，大也，明以动故丰。王假之，尚大也。勿忧，宜日中，宜照天下也。"明以动，谓离日行天，故丰。王假之，谓君王如之，故勿忧。是离日为君王之象。旅卦，艮下离上。六五曰："射雉，一矢亡，终以誉命。"《象》曰："终以誉命，上逮也。"上为天爻，五为天子爻。天子代天行命，终以完美其命，而上闻于天。是上离为天子象。中孚卦，兑下巽上，大离之象。《象》曰："中孚，柔在内而刚得中，说而巽，孚乃化邦也。"惟君王有孚，乃能化邦，是离为君王之象。又，上下两卦合为中孚，中孚覆盖天地，故大离为大君之象，即天子之象。既济卦，离下坎上。九三曰："高宗伐鬼方，三年克之。"初之三为离，离为君王象。高宗，即殷中兴帝，故离为天子之象。未济卦，坎下离上。九四曰："震用伐鬼方，三年有赏于大国。"震惊百里，为诸侯。四为诸侯位，五为天子位，四近五，为有赏于大国。五在离中，四在离下，是离为天子之象。同人卦，离下乾上。《象》曰："同人，柔得位得中，而应乎乾，曰同人。文明以健，中正而应，君子正也。唯君子为能通天下之志。"离象在下位，上通天，下通民，是有命之诸侯长。大有卦，乾下离上。《象》曰："大有，柔得尊位，大中而上下应之，曰大有。"离日在乾天之上，又大又中，上下拥戴，是大有天下之象，故离为天子。

《虞书·尧典》:“曰若稽古帝尧，曰放勳，钦明文思安安，允恭克让，光被四表，格于上下。”孔颖达疏：“有此四德，其于外接物，又能信实恭勤，善能谦让。由此为下所服，名誉著闻，盛德美名充满，被溢于四方之外，又至于上天下地。言其日月所照，霜露所坠，莫不闻其声名，被其恩泽。”光被四表，格于上下，即喻帝尧如日之在天。《商书·汤誓》:“有众率怠弗协，曰：时日曷丧，予及汝皆亡。”孔氏传：“众下相率为怠惰，不与上和合，比桀于日，曰：是日何时丧，我与汝俱亡。欲杀身以丧桀。”比桀于日，即以日为天子。《周书·泰誓下》:“惟我文考，若日月之照临，光于四方，显于西土。”《史记·周本纪》:“诸侯闻之，曰：西伯盖受命之君。”受命之君，谓受天命之君，文王为未冕天子。以日比文王，亦以日比天子。

《邶风·柏舟》:“日居月诸，胡迭而微。”郑笺：“日，君象也；月，臣象也；微，谓亏伤也。君道当常明如日，而月有亏盈。今君失道，而任小人，大臣专恣，则如月然。”又，《日月》:“日居月诸，照临下土。”毛传：“日乎月乎，照临之也。”郑笺：“日月，喻国君与夫人也。当同德齐意，以治国者，常道也。”《小雅·十月之交》:“十月之交，朔日辛卯。日有食之，亦孔之丑。彼月而微，此日而微。今此下民，亦孔之哀。”毛传：“之交，日月之交会。丑，恶也。月，臣道；日，君道。”郑笺：“周之十月，夏之八月也。八月朔日，日月交会而日食，阴侵阳，臣侵君之象。日辰之义，日为君，辰为臣。辛，金也；卯，木也。又以卯侵辛，故甚恶也。微，谓不明也。彼月则有微，今此日反微，非其常为，异尤大也。君臣失道，灾害将起，故下民亦甚可哀。”《诗序》云：“十月之交，大夫刺幽王也。”《正义》曰：“毛以为刺幽王，郑以为刺厉王。”是《诗》 亦以日为国君天子之象。

《逸周书·明堂解》曰：“天子之位，负斧扆南面立。”潘振云：“斧扆，户牖间画斧屏风也。”陈逢衡云：“天子，成王也。负，背也。《尔雅·释宫》：户牖之间谓之扆。斧亦作黼，其绣用斧，故谓之斧，盖取其有断也。”《说卦传》曰：“离为戈兵。”是离为斧。伏羲八卦方位，乾位南。大有卦，离上乾下，离为天子，为天子负扆南面而立。又，《王会解》:“成周之会，天子南面立。”孔晁云：“王城既成，大会诸侯及四夷也。”王应麟云：“《司仪》诏王仪，南向见诸侯。古者受朝，立而不坐。《明堂位》：天子负斧依，南向而立。”《周礼·司士》曰：“正朝仪之位，辨其贵贱之等，王南向。”《大戴礼记·朝事》曰：“天子南向见诸侯。”《说卦传》曰：“圣人南面而听天下。”皆证大有卦，为大有天下之卦。离为圣明天子，乾位南，为诸侯之君，离上乾下，为天子南向诸侯。

《周书·周官》:“今予小子，祗勤于德，夙夜不逮，仰惟前代时若，训迪厥官，立大师、大傅、大保。兹惟三公，论道经邦，燮理阴阳，官不必备，惟其人。”孔氏传：“今我小子，敬勤于德，虽夙夜匪懈，不能及古人。言仰惟先代之法是顺，训蹈其所建官而则之。不敢自同尧舜之官，准拟夏殷而蹈之。师，天子所师法；傅，傅相天子；保，保安天子于德义者，此惟三公之任。佐王论道，以经纬国事，和理阴阳，言有德乃堪之。”《书序》曰：“成王既黜殷命，灭淮夷，还归在丰，作《周官》。”《正义》曰：“成王于周公摄政之时，既黜殷命，及其即位之后，灭淮夷，于是天下大定。”天下大定，即大有天下，因此设官分职。大有卦，离上乾下，即天子之下，设三公之象。又，《公羊传》隐公五年：“天子三公者何？天子之相也。天子之相，则何以三？自陕而东者，周公主之；自陕而西者召公主之，一相处乎内。”是离上乾下，即大有天下之象。

大有《老子》曰：“故道大，天大，地大，王亦大。域中有四大，而王居其一焉。”王弼注：“天地之性，人为贵，而王是人之主也，虽不职大，亦复为大。与三匹，故曰王亦大也。四大：道、天、地、王也。而王居其一焉，处人主之大也。”《说文》：“大，天大，地大，人亦大，故大象人形。”段玉裁注：“人之文，但象臂胫；大文则首足皆具，而可以参天地，是为大。”李圃《甲骨文选注·出虹》云：“王，卜辞王字形体有三种。一期武丁时，作大。徐中舒曰：大象人端拱而坐之形，一指地。二期祖甲时，于大上加一，指天，作天。四期五期，尤其是五期，帝乙、帝辛时，作王。由大而大，当为甲骨契刻时，复笔所致。后世讹变为王，故有孔子一贯三为王，和董仲舒三画，而连其中谓之王，三者，天、地、人也，而参通之者王也，诸臆说。实则古代王之音义已具，而造字之始，则于大上下加一，指示天地，以会王权至上意。”约斋《字源》曰：“大，这是一个人，正面站在那儿的形象，两手两脚一起张开的。手脚张开，显得身体大起来，故以为大小的大。”又，“王字，由大字上加一画为头，下加一画为地，其实等于天字底下加一画。大约造字的时候，就已想象王是由天降的吧。大字的两脚，合并成底下的一画。”以上，皆谓大与王有关，人之大者为王。

乾卦《文言》谓九五曰：“夫大人者，与天地合其德。”《系辞传》曰：“是故，圣人以通天下之志，以定天下之业，以断天下之疑。”按，与天地合德之大人，通天下之志之圣人，皆人之大者，为顶天立地之王。《彖》曰：“大有，柔得尊位，大中而上下应之，曰大有。”大中而上下应之，犹乾之九五与天地合德，是圣王之谓。故大有，谓王者大有天下。师卦《彖》曰：“能以众正，可以王矣。以此毒天下，而民从之。”《杂卦传》曰：“大有，众也。”是有众者可以王天下，大有为大有天下。《易乾凿度》曰：“天子者，继天理物，改一统，各得其宜；父天母地，以养万民，至尊之号也。《易》曰：公用享于天子。”公用享于天子，此大有九三辞，是大有为天子之卦，谓天子大有天下。《韩诗外传·卷八》：“孔子曰：《易》，先同人后大有，承之以谦，不亦可乎？”《序卦传》曰：“与人同者，物必归焉，故受之以大有。大有者，不可以盈，故受之以谦。”同人，谓诸侯能和同人者；大有，则谓大有天下之君，故次之以谦，谓谦以守之，不使失之。

大夫有家，诸侯有国，三代统一诸侯之国，称有天下；由统一而分裂，称失天下。《虞书·大禹谟》：“奄有四海，为天下君。”即谓天子大有天下。《小雅·北山》：“溥天之下，莫非王土；率土之滨，莫非王臣。”郑笺：“此言王之土地广矣，王之臣又众矣，何求而不得，何使而不行。”王，谓天子，天子大有天下。《周颂·思文》：“无此疆尔界。”郑笺：“无此封竟于汝今之经界，乃大有天下也。”《正义》曰：“无此封境于汝今之经界者，谓当时经界，已广大万里于汝，此之内使无封疆，是乃大有天下之辞也。”阮元《毛诗注疏校勘记》曰：“无此疆尔界：案《释文》云：界，音介，大也。是《释文》本此字作介也。考《笺》无此封竟于汝今之经界，乃大有天下也。云无此封竟于汝之经界者，说经疆尔也。经界之界，郑自解义之辞，非经中之介。云乃大有天下者，训介为大，乃经中之介也。”言无此疆尔界，本为无此封疆尔介，乃大有天下之谓。

《左传》昭公五年：“小有述职，大有巡功。”杜预注：“诸侯适天子，曰述职；天子巡守，曰巡功。”《释文》：“述职，述其所治国之功职也；巡功，巡所守之功绩。”《正义》曰：“《孟子》云：天子适诸侯，曰巡狩。巡狩者，巡所守也，诸侯朝天子，曰述职。述职者，述所职也。其意言诸侯职在治国家，事天子，以时入朝，述修其所职也。天子职在立诸侯，抚下民，以时巡狩，省视其功劳也。”小有，谓诸侯小有国家；大有，谓天子大有天下。履卦，兑下乾上，乾为君，上九为大君，大君为天子。其辞曰：“视履考祥，其旋元吉。”视履考祥，即谓天子以时巡狩，省视其功。《象》曰：“元吉在上，大有庆也。”谓大吉在上乃天子之庆。是小有，指诸侯小有国家；大有，指天子大有天下。

《荀子·富国篇》曰：“墨子大有天下，小有一国。”杨倞注：“天子、诸侯。”又，“墨子大有天下，小有一国、将少人徒，省官职，上功劳苦，与百姓均画业，齐功劳。”杨注：“谓君臣并耕而食，饔飧而治。”君臣，谓大有天下之天子，与小有一国之诸侯。《王霸篇》曰：“大有天下，小有一国。”杨注：“天子、诸侯。”亦谓大有指天子，大有天下；小有指诸侯，小有国家。《左传》僖公二十年：“以欲从人，则可；以人从欲，鲜济。”又，昭公四年：“求逞于人，不可；与人同欲，尽济。”杨伯峻注：“以欲从人者，推己之所欲以从人，使人同得所欲也。以人从欲者，强迫他人，以逞一己之欲也。杜注：逞，快也。求人以快意，人必违之。己所为者，亦人之所期望于己者，则同欲而无不成。”与人同欲，则能同人；能同人，则人必归焉；人必归焉，则大有天下。程氏传：“五以阴居君位，柔得尊位也。处中得大中之道，为诸阳所宗，上下应之也。夫居尊执柔，固众之所归也；而又有虚中，文明大中之德，故上下同志应之，所以为大有。”此亦天子，大有天下之意。

元亨 《易》有元亨和小亨，元亨即大亨。阳为大，阴为小。大亨为阳刚者亨通，小亨为阴柔者亨通。屯卦，震下坎上。卦辞曰：“屯，元亨利贞。”《彖》曰：“屯，刚柔始交而难生，动乎险中。大亨贞，雷雨之动满盈，天造草昧，宜建侯而不宁。”谓下震之阳生于阴下，雷雨助阳而生，为大者亨通。随卦，震下兑上。卦辞曰：“元亨利贞，无咎。”《彖》曰：“随，刚来而下柔，动而说，随。大亨贞无咎，而天下随时。”阳动于阴下，天下万物随时而萌，是以大者亨通。蛊卦，巽下艮上。卦辞曰：“蛊，元亨。”《彖》曰：“蛊，刚上而柔下，巽而止蛊，蛊，元亨，而天下治也。”刚上而柔下，巽而止蛊，是刚柔得位，为刚者亨通。临卦，兑下坤上。卦辞曰：“元亨利贞。”《彖》曰：“临，刚浸而长，说而顺，刚中而应，大亨以正，天之道也。”刚浸而长，说而顺通，刚得中位而有应，是以为大者亨通。无妄卦，震下乾上。卦辞曰：“无妄，元亨利贞。”《彖》曰：“无妄，刚自外来，而为主于内，动而健，刚中而应，大亨以正，天之命也。”刚中而应，即大中而有应，故曰元亨。升卦，巽下坤上。卦辞曰：“升，元亨。”《彖》曰：“柔以时升，巽而顺；刚中而应，是以大亨。”阳刚为大，中而应为亨。革卦，离下兑上。卦辞曰：“元亨利贞。”《彖》曰：“文明以说，大亨以正。”离日为阳为文明，阳文明以说众，为大亨。鼎卦，巽下离上。卦辞曰：“鼎，元亨。”《彖》曰：“圣人亨以享上帝，而大亨以养圣贤。得中而应乎刚，是以元亨。”圣人为大，上享上帝，下养圣贤，上下相通，为元亨。乾卦，乾下乾上。卦辞曰：“乾，元亨利贞。”《彖》曰：“大哉乾元，万物资始乃统天。”言阳为元为大，通统天地万物，为元亨，为大通。

又，旅卦，艮下离上。卦辞曰：“旅，小亨。”《彖》曰：“旅，小亨，柔得中乎外，而顺乎刚，止而丽乎明，是以小亨。”上卦为外，旅卦以六五为主，故曰柔得中。得中而顺于上刚，下则有礼止，而附丽于上离之明，是六五阴柔得通上下，为小者亨通。巽卦，巽下巽下。卦辞曰：“巽，小亨。”《彖》曰：“重巽以申命：刚巽乎中正而志行；柔皆顺乎刚，是以小亨。”初六在九二之下，六四在九五之下，为柔皆顺伏于刚。在重巽申命之时，六四出纳君言，初六服命，上下承应，小者顺通，为小亨。又，坤卦，坤下坤上。卦辞曰：“坤，元亨。”《彖》曰：“至哉坤元，万物资生，乃顺承天。坤厚载物，德合无疆。含弘光大，品物咸亨。”按，乾为天，坤为地，天大地大，是以坤与乾匹，亦称元亨。然以阴柔之爻象而言，则比阳刚为小，故称小亨。

大有卦，乾下离上。卦辞曰：“大有，元亨。”《彖》曰：“其德刚健而文明，应乎天而时行，是以元亨。”乾为刚健，离为文明。乾卦《文言》曰：“大哉乾乎！刚健中正。”离在乾上，日在天上，离之中六五，与乾之中九二相应，为应乎天。乾卦《彖》曰：“大明终始，六位时成，时乘六龙以御天。”大明，晋卦谓日。日行天上，是应乎天时而行，所以大通。元亨，既大者通，亦通之甚。小亨，既小者通，亦通之小。虞翻曰：“与比旁通。柔得尊位大中，应天而时行，故元亨。”王弼注：“德应于天，则行不失时矣。刚健不滞，文明不犯，应天则大，时行无违，是以元亨。”孙氏《周易集解》，引褚氏、庄氏云：“六五应乾，九二亦与五为体，故云应乎天地。德应于天，则行不失时，与时无违，虽万物皆行亨通，故云是以元亨。”程氏传：“卦之德，内刚健而外文明。六五之君，应于乾之九二。五之性柔顺而明，能顺应乎二。二，乾之主也，是应乎乾也。顺应乾行，顺乎天时也，故曰应乎天而时行。其德如此，是以元亨也。”《月令·孟夏之月》：“日在毕，昏翼中，旦婺女中。其日丙丁。”郑氏注：“孟夏者，日月会于实沈，而斗建巳之辰。丙之言炳也。日之行夏，南从赤道，长育万物，月为佐。时万物皆炳然，著见而强大，又因以为日名焉。《易》曰：“齐乎巽，相见乎离。”乾为夏之四月，离为日。大有卦，乾下离上，为日之行夏，为阳气最盛之时。

扬雄《太玄经》：“盛，阳气隆盛充塞，物寘然尽满厥意。”范望注：“象大有卦。行属于火。谓之盛者，小满气终于此首之初一，芒种节起于此首之次二。谓是时阳象隆盛，充满于天地之间。故万物孕妊，冥冥然满其意，故谓之盛。”日之行夏，在天为阳气隆盛，物寘然尽满厥意；在人为天子大有天下，诸侯归于一统。即《彖》曰：“其德刚健而文明，应乎天而时行，是以元亨。”贲卦《彖》曰：“观乎天文，以察时变；观乎人文，以化成天下。”`大有，有天文，有人文。元亨，言大通，即是以察时变，化成天下之谓。朱熹曰：“乾健离明，居尊应天，有亨之道。占者有其德，则大善而亨也。”

《象》曰：“火在天上，大有，君子以遏恶扬善，顺天休命。”《说卦传》曰：“乾为天”，“离为火”。火在天上，即乾下离上，为大有卦象。离卦，离下离上。《象》曰：“明两作，离，大人以继明照于四方。”是离火为明，烛照四方，尽知善恶。又，《说卦传》曰：“离为目，为戈兵。”目能视，视履考祥，奖善惩恶；戈兵除邪扶正，遏恶扬善。噬嗑卦，震下离上。卦辞曰：“噬嗑，亨，利用狱。”《彖》曰：“刚柔分，动而明，雷电合而章，柔得中而上行，虽不当位，利用狱。”《象》曰：“雷电，噬嗑，先王以明罚敕法。”离明在上，是以有明断之象。旅卦，艮下离上。《象》曰：“山上有火，旅，君子以明慎用刑，而不留狱。”离明在上，是以为明断之象。中孚卦，兑下巽上，大离之象。《象》曰：“泽上有风，中孚，君子以议狱缓死。”离为明，为明断。反之，贲卦，离下艮上。

《象》曰："山下有火，贲，君子以明庶政，无敢折狱。"下明只可理各种政务，其明不敢决断狱情。大有卦，乾下离上。离在天上，故而明断天下之事，以此遏恶扬善。

《说文》："休，息止也。从人依木。"段玉裁注："《周南》曰：南有乔木，不可休思。"谓休为息止之意。休，与庥、茠通，有荫庇之义，转而为赐与。如《周书·武成》之俟天休命，即俟天赐命。《左传》襄公二十八年："以礼承天之休。"杨伯峻注："杜注：休，福禄也。但金文中，休字常作赐予解。"僖公二十八年："奉扬天子之丕显休命。"杨伯峻注："奉扬，义近《诗·大雅·江汉》，对扬王休之对扬。丕，大也；显，明也；休，赐与之义。旧训为美，误。《江汉》云：虎拜稽首，对扬王休。答扬王赐也。此句则谓奉扬，天子之赏赐与策命。休命为平列名词。说参杨树达先生，《积微居小学述林·诗对扬王休解》。"以上所述，奉扬天子休命，乃谓奉扬天子，所赐予策命。《象》曰顺天休命，则是谓顺承上天，所赐之命。谓遏恶扬善，并非己意，乃顺承上天之意。

《虞书·舜典》曰："五载一巡守，群后四朝。敷奏以言，明试以功，车服以庸。流共工于幽州，放驩兜于崇山，窜三苗于三危，殛鲧于羽山，四罪而天下服。"《正义》曰："每五载一巡守。其巡守之年，诸侯群后，四方各朝天子，于方岳之下。诸侯四处来朝，每朝之处，舜各使陈进，其治理之言，令自说己之治政。既得其言，乃依其明试之，以要其功。以如其言，即功实成，则赐之车服，以表显其人有才能，可用也。人以车服为荣服为荣，故天子之赏诸侯，皆以车服赐之。《觐礼》云：天子赐侯氏以车服。是也。流徙共工于北裔之幽州，放逐驩兜于南裔之崇山，窜三苗于西裔之三危，诛殛伯鲧于东裔之羽山。行此四罪，各得其实，而天下皆服从之。"虞舜，圣明大有之君，遏恶扬善，顺天休命，故车服以庸，四罪而天下服。《象》之所曰，即此之谓。

同人卦和大有卦，互为邻卦和综卦。同人卦，离下乾上；大有卦，乾下离上。《序卦传》曰："与人同者，物必归焉，故受之以大有。"《韩诗外传·卷八》："孔子曰：《易》，先同人，后大有，承之以谦，不亦可乎？"即谓诸侯先与人同志，然后方能为天子，为大有天下。是大有卦，由同人卦变化而来。同人卦，离下乾上。《彖》曰："同人，柔得位得中，而应乎乾，曰同人。"六二，柔为同人卦之主爻。《易》卦之动，下往上，上来下。同人卦，一动而为履卦，成兑下乾上。《彖》曰："履，柔履刚也，说而应乎乾，是以履虎尾不咥人。"六三，柔为履卦之主爻。履卦，一动而为小畜卦，成乾下巽上。《彖》曰："小畜，柔得位而上下应之，曰小畜。"六四，柔为小畜卦之主爻。小畜卦，一动而为大有卦，成乾下离上。《彖》曰："大有，柔得尊位，大中而上下应之，曰大有。"六五，柔为大有卦之主爻。六二同人，得下卦之中，经由履礼，小畜，而升至大有，六五，得上卦大中，成文明天子。三动成综卦，原来上卦动而降下，下卦动而升上，其位倒置。

比卦和大有卦，互为错卦，比卦，坤下坎上。《彖》曰："以刚中也，上下应也。"大有卦乾下离上。《彖》曰："柔得尊位，大中而上下应之。"《系辞传》曰："天地之大德曰生，圣人之大宝曰位，何以守位，曰仁。"崔觐曰："言圣人行《易》之道，当须法天地之德，宝万乘之天位。"《礼记·中庸》曰："致中和，天地位焉，万物育焉。"孔颖达疏："致，至也；位，正也；育，生长也。言人君所能至极中和，使阴阳不错，则天地得其正位焉，生成得理，故万物得其养育焉。"五为天子之位，居上卦之中，为守其中和之道，为万物得其养育，是为仁。比卦，以刚得中，而上应天，下应人；大有卦，以柔得中，而上应天，下应人。比卦，一阳得五之位，为天下所比；大有卦，一阴得五之位，为大有天下。是圣人之大宝曰位，得位即得其宝。《系辞传》曰："天下同归而殊途，一致而百虑。"比卦和大有卦，虽阴阳相错，然其情相通。

又，大有卦由同人卦、履卦、小畜卦三动而来，比卦则由师卦、谦卦、豫卦三动而来。师卦，坎下坤上。《彖》曰："师，众也；贞，正也。能以众正，可以王矣。刚中而应，行险而顺，以此毒天下，而民从之，吉又何咎矣。"《易》有师卦，《诗》有《常武》，皆谓有德而伐罪吊民。师卦动而成谦卦，艮下坤上。《彖》曰："谦，亨。天道下济而光明，地道卑而上行；天道亏盈而益谦，地道变盈而流谦；鬼神害盈而福谦，人道恶盈而好谦。谦尊而光，卑而不可逾，君子之终也"。师卦以武逞，谦卦以谦律之，是以谓谦亨，君子之终。谦卦动而成豫卦，坤下震上。《彖》曰："豫，刚应而志行，顺以动，豫。豫，顺以动，故天地如之，而况建侯行师乎？天地以顺动，故日月不过，而四时不忒。圣人以顺动，则刑罚清而民服。豫之时义大矣哉！"以谦为守，以顺为动，故而卦辞曰："豫，利建侯行师。"豫卦动而成比卦，坤下坎上。《彖》曰："比，吉也。比，辅也，下顺从也。原筮元永贞，无咎，以刚中也。不宁方来，上下应也。后夫凶，其道穷也。"比卦，刚得上卦之中，而上下应之，然后来凶。而大有卦，柔得上卦之中，而上下应之，大亨通。比，为刚居尊位；大有，为柔居尊位。是文明之君，较刚武之君长。

初九，无交害，匪咎，艰则无咎。

〔译〕 初九，与六五相交无伤害，非灾，虽有困难，而坚持以礼就无灾过。

《象》曰："大有初九，无交害也。"

〔证〕

无交害 《说文》："爻，交也，象《易》六爻头交也。"是无交害，谓阴阳之爻，相交无害。《说文》："害，伤也。从宀口，言从家起也。丰声。"段注："人部曰：伤，创也。刀部曰：创，伤也。会意，言为乱阶，而言每起于衽席。”是无交害，即是谓上下爻交，无伤害之意。六五曰：“厥孚交如。”《象》曰：“厥孚交如，信以发志也。”朱熹曰：“大有之世，柔顺而中，以处尊位，虚己以应九二之贤，而上下归之，是其孚信之交也。”又注《象》曰：“一人之信，足以发上下之志也。”是初九之无交害，谓初九与六五相交无伤害。随卦，震下兑上。初九曰：“官有渝，贞吉，出门交有功。”《象》曰：“官有渝，从正吉也；出门交有功，不失也。”随卦，谓阳气随时而升，初九出互艮之门，与九五交，是不失阳正养物，为出门交有功。其交，亦谓初、五相交。睽卦，兑下离上。九四曰：“遇元夫，交孚，厉无咎。”《象》曰：“交孚无咎，志行也。”元夫，大夫，谓六五。九四交六五，为交。屯卦，震下坎上。《彖》曰：“刚柔始交而难生。”始交，谓初九与六二相交。是不相应者，两爻相交为交。大有卦，天下归仁于六五，初九与六五不相应，是以为交。以初九之实，交六五之虚己，故无交害。

匪咎　屯卦，震下坎上。初九曰：“盘桓，利居贞，利建侯。”虞翻曰：“震起艮止，动乎险中，故盘桓。得正得民，故利居贞。谓君子居其室，慎密而不出也。”王弼注：“处屯之初，动则难生，不可以进，故盘桓也。处此时也，其利安在，不唯居贞建侯乎？夫息乱以静，守静以侯，安民在正，宏正在谦。”屯，难生。谓刚柔始交，坎险在上，故宜盘桓、居正、建侯，遽进则危。需卦，乾下坎上。初九曰：“需于郊，利用恒，无咎。”《彖》曰：“险在前也，刚健而不陷，其义不困穷矣。”《象》曰：“需于郊，不犯难行也。利用恒无咎，未失常也。”不犯难行，谓前有坎险，能抑其进；以远险待时，虽小有稽留，终于必达，故利于用常规，如此则无咎。否则，冒进则有咎。大畜卦，乾下艮上。初九曰：“有厉，利已。”《象》曰：“有厉利已，不犯灾也。”初九与六四逆应，四在震，震为雷；又在艮，艮为止。初九上进，则有雷止于上，为有危厉，故而以停止前进为利，以便不犯灾难。颐卦，震下艮上。初九曰：“舍尔灵龟，观我朵颐，凶。”《象》曰：“观我朵颐，亦不足贵也。”王弼注：“朵颐者，嚼也。以阳处下，而为动始，不能令物由己养，动而求养者也。夫安身莫若不竞，克己莫若自保，守道则福至，求禄则辱来。居养贤之世，不能贞其所履，以全其德，而舍其灵龟之明兆，羡我朵颐而躁求，离其致养之至道，闚我宠禄而竞进，凶莫甚焉。”此亦谓初九进则凶。大壮卦，乾下震上。初九曰：“壮于趾，征凶有孚。”《象》曰：“壮于趾，其孚穷也。”程氏传：“九在下，用壮而不得其中。夫以刚处壮，虽居上犹不行，况在下乎？故征则其凶有孚。孚，信也，谓以壮往，则得凶可必也。”《老子》曰：“物壮则老，是谓不道，不道早已。”初九壮进，故往征凶。又，夬卦，乾下兑上。初九曰：“壮于前趾，往不胜，为咎。”《象》曰：“不胜而往，咎也。”亦谓初九往有咎。节卦，兑下坎上。初九曰：“不出户庭，无咎。”不出无咎，出则有咎。以上，谓初九遽进为咎。然亦有进而无咎者，如大有初九，无交害，匪咎，即谓上遇六五文明之君，故无交害，不是灾咎。《象》曰："大有初九，无交害也。"即谓大有初九，有别于其他，以其无交害，而不是灾。

艰则无咎　《说文》："艱（艰），土难治也。从堇，艮声。""堇，黏土也。从黄省，从土。凡堇之属，皆从堇。""艮，很也。从匕目。匕目，犹目相匕，不相下也。"段玉裁注："很者，不听从也。一曰行难也，一曰戾也。《易传》曰：艮，止也。"又，《说文》："囏，籀文艱，从喜。"段注："必有喜悦之心，然后不畏其艰，而后无不治也，故从喜。"《周礼·乡师》曰："而賙万民之囏阨"。《校勘记》云："《释文》：囏，古艱字，本文作艱。案，经当作囏，注当作艱。"盖亦谓囏、艱古今字。囏，有难和不畏难两义；艱，亦有难和不相下两义。后来艱只用其难之义，而不相下则废。《周易》用古义，即用囏义，难和不畏其难。此乃古语通例，如乱，乱和治；面，面和背。大有初九之艰则无咎，孔颖达疏："以夫刚健为大有之始，不能履中谦退，虽无交切之害，久必有凶。其欲匪咎，能自艰难其志，则得无咎。故云无交害匪咎，艰则无咎也。"艰则无咎，即谓不畏艰难，坚持则无灾咎。

按，《说文》："艱（艰），土难治也。""堅（坚），土刚也。"两字音同义通。《史记·周本纪》曰："共王崩，子懿王艰立。"《索隐》注："《系本》作坚。"《汉书·古今人表》亦作懿王坚。《帝王世纪·周》："王在位二十年崩，子艰代立。"注曰："艰，一作坚。"明夷卦，离下坤上。卦辞曰："明夷，利艰贞。"《彖》曰："利艰贞，晦其明也，内难而能正其志，箕子以之。"孔颖达疏："明虽至暗，不可随世倾邪。故宜艰难坚固其贞正之德。"难而正其志，即坚贞之义。泰卦九三曰："无平不陂，无往不复，艰贞无咎。"朱熹曰："艰难守贞，则无咎而有福。"艰，亦虽难而坚持之义。大有卦，上九为自天祐之。二、四异位而同功，一者以中应五，一者以近应五，故皆曰无咎。九三："公用亨于天子，小人弗克。"《象》曰："公用亨于天子，小人害也。"除小人外，亦无咎。初九，其位远下，本不相应而有咎；然大有之时，六五大中，上下相交，初九虽有困难，而坚持以礼相交，则无咎，是以谓艰则无咎。初为天子元士之位，位卑不忘忠君，是以艰则无咎。

九二，大车以载，有攸往，无咎。

{**译**}九二，大车装载大夫，为王事而往，没有灾咎。

《象》曰："大车以载，积中不败也。"

{**证**}

大车以载 朱骏声《六十四卦经解》曰："九二大夫也。《诗》：大车槛槛。大夫之车也。九三公也，九四卿也，疑于天子，故曰匪其彭。六五则天子也，上九则天也。"此就朝廷而言。《王风·大车》："大车槛槛，毳衣如菼。"毛传："大车，大夫之车；槛槛，车行声也；毳衣，大夫之服；菼，鵻也，芦之初生者也。天子大夫四命，其出封五命，如子男之服，乘其大车，槛槛然，服毳冕以决讼。"郑笺：菼，薍也。古者天子大夫，服毳冕，以巡行邦国，而决男女之讼。则是子男入为大夫者，毳衣之属，衣绘而裳绣，皆有色焉，其青者如鵻。"

《诗毛氏传疏》："大车，大夫之车。何注昭二十五年《公羊传》云：《礼》，天子大路，诸侯路车，大夫大车，士饰车。是大夫之车曰大车，古礼有明文矣。此大车，即墨车，巾车。大夫乘墨车。郑注云：墨车不画也。《觐礼》：侯氏裨冕，乘墨车。注云：墨车，大夫制也。乘之者，入天子之国，车服不可尽同也。案，侯氏入天子之国，裨冕如其命数之冕服，所乘之车，则皆墨车。故此诗言，子男入为天子大夫，仍服毳冕，而其所乘之大车，为墨车无疑也。"《白虎通·爵》云："《春秋传》曰：大夫无遂事。以为大夫职在之适四方，受君之法，施之于民。"

九二，大夫之位。大车以载，谓大夫之车，载天子之大夫，之适四方，巡行大小邦国，使之弊绝风清。二与五应，五为君，二为臣，为天子派大夫出巡，为大车以载。《象》曰："大车以载，积中不败。"升卦《象》曰："君子以顺德，积小以高大。"坤卦《文言》曰："积善之家，必有余庆。"《说文》曰："中，和也，从口，上下通也。"《礼记·中庸》曰："致中和，天地位焉，万物育焉。"大有卦，六五居中，九二行中，积小中以成大中，天下中和，万物育兴，是积善之家必有余庆，谓之积中不败。又，积中和之德于中国，则积厚流广，万邦是赖，故立于不败。《周礼·考工记》曰："车有六等之数。"郑氏注："车有天地之象，人在其中焉。六等之数，法《易》之三材六画。"贾公彦疏："云车有天地之象者，下文云：轸之方也以象地，盖之圆也象天，是车有天地之象也。云人在其中焉者，在车盖之中也。"乾为天为大，有大车象，九二在其中，是大车以载。

有攸往，无咎 《尔雅·释言》："攸，所也。"解卦卦辞曰："无所往，其来复，吉；有攸往，夙吉。"所、攸对文，互训。有攸往，即往所欲往。九二，大车以载，为王事而往，为有所为而往。往则忠君利国，故无咎。大有之时，五为文明之君，二以刚中之质，而应五命，为无咎。虞翻曰："体刚履中，可以任重，有应于五，故所积皆中，而不败也。"不败无咎。王弼曰："健不违中，为五所任，任重不违，致远不泥，故可以往而无咎也。"程氏传："九以阳刚居二，为六五之君所倚任，刚健则才胜，居柔则谦顺，得中则无过，其如此，所以能胜大有之任。故有攸往，而无咎也。"《周书·周官》："王曰：呜呼！三事暨大夫，敬尔有官，乱尔有政，佑乃辟，永康兆民，万邦惟无斁。”蔡沈注：“三事，即立政三事也。乱，治也。”孔氏传：“叹而敕之，公卿已下，各敬居汝所有之官，治汝所有之职。言当敬治官政，以助汝君长，安天下兆民，则天下万国，乃无厌我周德。”助君安民，天下不厌弃周德，谓有攸往，无咎。又，《周易集解纂疏》：“僖十五年《左传》：涉河，侯车败。隐三年《左》曰：郑伯之车偾于济。是车偾为败也。”《说文》曰：“偾，僵也。”段玉裁注：“引伸之，为倒败之称。”因有车败之说，故曰大车以载，积中不败，谓积重于车之中，则无车败，则可利涉大川而事济。即有攸往，无咎。此乃义象双关。

九三，公用亨于天子，小人弗克。

〔译〕 九三，公杀牲献享天子，小人则不可能。

《象》曰：“公用亨于天子，小人害也。”

〔证〕

公用亨于天子 《白虎通·爵》云：“所以名之为公侯者何？公者通也，公正无私之意也。”陈立注：“《韩非》曰：苍颉造字，自营为厶。于公字下注云：八犹背也。《韩非》曰背厶为公。《左传》疏引《环济要略》云：自营为厶，八私为公。《广雅·释诂》云：公，正也。是公正无私之意也。”又，《爵》云：“公卿大夫者何谓也？内爵称也。曰公卿大夫何？爵者尽也，各量其职，尽其才也。公之为言，公正无私也；卿之为言，章善明理也；大夫之为言，大扶，扶进人者也。故《传》曰：进贤达能，谓之大夫也。”《易乾凿度》曰：“初为元士，二为大夫，三为三公，四为诸侯，五为天子，上为宗庙。凡此六者，阴阳所以进退，君臣所以升降，万人所以为象则也。故阴阳有盛衰，人道有得失。圣人因其象，随其变，为之设卦。方盛则托吉，将衰则寄凶。”大有之时，六五大中，而上下应之，九三当位，是以为公与天子相应。

《甲骨文合集》（三０一）：“癸卯卜，王侑于祖乙。二牛一用。”侑，祭名；用，杀牲之称。此用，为祀典用牲。《周礼·庖人》：“凡用禽献。”贾公彦疏：“杀牲谓之用。”《商书·微子》：“今殷民，乃攘窃神祇之牺牷牲用以容，将食无灾。”孔氏传：“器实曰用。”《正义》曰：“以牷为言，必是全体具也，故体完为牷。经传多言三牲，知牲是牛羊豕也。以牺牷牲三者，既为俎实，则用者簠簋之实，谓黍稷稻粱，故云器实曰用，谓粢盛也。”《春秋经》昭公十一年：“楚师灭蔡，执蔡世子，有以归用之。”杜预注：“用之，杀以祭山。”赵诚《卜辞分类读本》：“用，象甬（今作桶）形，引伸为施用之用。甲骨文用作祭，乃杀牺牲以祭之义。”《甲骨文合集》（四五六）：“甲午卜，争贞翌乙未，勿善用羌。”又《矢尊》：“明公用牲于京宫。”是用，为杀牲献享之义。

《说文》：“亯，献也。从高省，象孰物形。《孝经》曰：祭则鬼亯之。凡亯之属，皆从亯。”段玉裁注：“献者必高奉之。《曲礼》曰：执天子之器则上衡，国君则平衡，后世亦以举案齐眉为敬。《礼经》言：馈食者荐熟也。许两切，十部。亯象荐熟因以为饪物之称，故又读普庚切。亯之义训荐神，诚意可通于神，故又读许庚切。古音则皆在十部。其形，荐神作亨，亦作享；饪物作亨，亦作烹。《易》之元亨，则皆作亨，皆今字也。”《唐韵》、《集韵》，并曰亨同享。朱熹曰：“亨，《春秋传》作享，谓朝献也。古者亨通之亨，享献之享，烹饪之烹，皆作亨字。”随卦上六曰：“王用亨于西山。”升卦六四曰：“王用亨于岐山。”大有卦九三曰：“公用亨于天子。”亨，并为享献之享。益卦六二曰：“王用享于帝。”其句式相同，亨同享。鼎卦《彖》曰：“鼎，象也，以木巽火，亨饪也。圣人亨以享上帝，而大亨以养圣贤。是以元亨。”亨同烹。是亨，兼亨通、献享、烹饪之义。

鼎卦，巽下离上。《彖》曰：“鼎，象也。”谓巽下离上，象鼎之形。故初谓鼎趾，二、三、四谓鼎实，五谓鼎耳，上谓鼎铉。大有卦，乾下离上。除无初六鼎趾，其余略同，盖为上下圆形之簋类食具。大有卦，下乾为圆，上离为日，日亦圆，为上下圆。簋盛熟食，为商、周重要礼器。又，《说卦传》曰：“兑为羊”，“兑为口”。大有卦，柔得尊位，大中而上下应之。九三上应六五，献亨熟羊于其口，为公用亨于天子。按，随卦上六曰：“王用亨于西山。”朱熹曰：“诚意之极，可通神明，故其占为王用亨于西山。自周而言，岐山在西，凡筮祭山川者得之，其诚意如是，则吉也。”益卦六二曰：“王用享于帝，吉。”程氏传：“王用享于帝吉，如二之虚中，而能永贞；用以享上帝，犹当获吉。”升卦六四曰：“王用亨于岐山，吉，无咎。”《象》曰：“王用亨于岐山，顺事也。”四近五，臣事君，下顺事其上，为吉无咎。九三，公用亨于天子，亦臣子服事天子之义，故曰大有。

小人弗克　《虞书·大禹谟》：“君子在野，小人在位。“孔氏传：“废仁贤，任奸佞。”《小雅·节南山》：“式夷式已，无小人殆。”毛传：“式，用；夷，平也。用平则已，无以小人之言，至于危殆也。”郑笺：“殆，近也。为政当用平正之人，用能纪理其事者，无小人近。”《管子·牧民》曰：“信小人者，失士。”《三国志·诸葛亮传》：“亲贤臣，远小人，此先汉所以兴隆也；亲小人，远贤臣，此后汉所以倾颓也。”师卦上六曰：“大君有命，开国承家，小人勿用。”《象》曰：“大君有命，以正功也；小人勿用，必乱邦也。”小人乱邦。否卦六二曰：“包承，小人吉，大人否，亨。”《象》曰：“大人否，亨，不乱群也。”小人则乱群。观卦初六曰：童观，小人无咎，君子吝。”《象》曰：

"初六童观，小人道也。"又，六二曰：闚观，利女贞。《象》曰："闚观，女贞，亦可丑也。"唯女子与小人为难养。剥卦上九曰："君子得舆，小人剥庐。"《象》曰："君子得舆，民所载也；小人剥庐，终不可用也。"小人不可用。大壮卦九三曰："小人用壮，君子用罔。"《象》曰："小人用壮，君子罔也，贞厉。"小人自大。解卦六五曰："君子维有解，吉，有孚小人。"《象》曰："君子有解，小人退也。"小人困君子。革卦上六曰："君子豹变，小人革面。"《象》曰："君子豹变，其文蔚也；小人革面，顺以从君也。"小人革面而未革心。既济卦九三曰："高宗伐鬼方，三年克之，小人勿用。"小人偾事。大有卦九三曰："公用亨于天子，小人弗克。"《象》曰："公用亨于天子，小人害也。"小人有害。

综上，《周易》谓小人者，为无德才之人，非就地位而言。《尔雅·释言》曰："克，能也。"小人弗克，谓公能用亨于天子，而小人则不能，且有害于天子。大有之时，大中而上下应之，九三当位，是以有公用亨于天子之象。又九三与六五，其位不相应，且三居下卦之上，刚愎自用，故三有小人弗克之象，即三有不服从六五之象。程氏传："公当用亨于天子，若小人处之，则为害也。自古诸侯能守臣节，忠顺奉上者，则蕃养其众，以为王之屏翰，丰殖其财，以待上之征赋。若小人处之，则不知为臣奉上之道，以其为己之私。民众财丰，则反擅其富强，益为不顺。是小人大有则为害，又大有为小人之害也。"《周书·洛诰》曰："汝其敬识百辟享，亦识其有不享。享多仪，仪不及物，惟曰不享。"孔氏传："奉上谓之享。言汝为王，其当敬识，百君诸侯之奉上者，亦识其有违仪，不及礼物，惟曰不奉上。"公用亨于天子，即百君诸侯之奉上者；小人弗克，即违仪不奉上者。

九四，匪其彭，无咎。

〔译〕九四，不自大，无祸。

《象》曰："匪其彭无咎，明辨晢也。"

〔证〕

匪其彭　《说文》："彭，鼓声也。从壴，彡声。"段玉裁注："从彡，各本作彡声，今正。从彡，犹从三也。指之列多，略不过三。故毛饰画文之字作彡。彭亦从彡也。《大司马》冬狩言三鼓者四，言鼓三阕者一。《左传》曹刿亦言三鼓。虽未知每鼓若干声，而从彡之意可见矣。薄庚切，古音在十部，同旁。"康殷《文字源流浅说》："壴（壴）是鼓的正视图。Ψ，象鼓上羽毛等装饰物之形，即《诗》所谓崇牙树羽。凵，形象鼓下虡形。字形鲜明之极，也即鼓名词的本字。篆讹断作壴，并未过分失形。""鼓（鼓），象执桴击壴之状，常由二人，由两面敲击。本是动词，示击鼓之意。典籍中，如中军以鼙令鼓，一鼓作气，齐人三鼓，等。周人已用鼓字泛指敲奏，如钟铭，也作永保鼓之——鼓钟。后更指鼓琴瑟，鼓刀，仍是动词。”又曰，“甲、金并释彭，用⺀彡表示由鼓发出的嘭嘭之音。表现方法，与现代画法相同。彭，古读如邦或旁，在后来的《诗》里，也用以描写马蹄声，如四牡彭彭，我姑称为状声字。《说文》彭也解作鼓声，不误，然而又误解作字从彡声。”是壴为名字，鼓为动词，彭为状声词。

《齐风·载驱》：“汶水汤汤，行人彭彭。”毛传：“汤汤，大貌；彭彭多貌。”《小雅·出车》：“出车彭彭，旂旐央央。”毛传：“彭彭，四马貌。”《诗集传》：“彭彭，众盛貌。”《汉书·匈奴传上》，颜师古注：“彭彭，盛也。”《北山》：“四牡彭彭，王事傍傍。”毛传：“彭彭然不得息，傍傍然不得已。”《大雅·大明》：“牧野洋洋，檀车煌煌，驷騵彭彭。”郑笺：“兵车鲜明马又强。”孔颖达疏：“马彭彭然，皆强盛。”《鲁颂·駉》：“以车彭彭。”毛传：“彭彭，有力有容也。”《正义》曰：“彭彭然，有壮力，有仪容。”又，《广雅·释训》曰：“彭彭，盛也。”《玉篇》曰：“彭，多貌，又盛也。”《韵会》曰：彭，壮也。“《集韵》曰：“彭，壮也；一曰彭亨，骄满貌。”《类篇》曰：“彭，多貌，壮也，一曰彭亨骄满貌。”王肃曰：“彭，壮也。”干宝曰：“彭亨，骄满貌。”

按彭，本为击鼓彭彭之声，是以引伸为气壮自满之意，故干宝谓彭为彭亨。大壮卦，乾下震上。《象》曰：“大壮，大者壮也，刚以动，故壮。”朱熹曰：“大，谓阳也，四阳盛长，故为大壮。”又曰，“以卦体言，则阳长过中，大者壮也。”大有卦，阳出至四，为大壮之体，故戒之曰匪其彭，谓九四不要自壮自大。《老子》曰：“果而无矜，果而勿伐，果而勿骄，果而不得已，果而勿强。物壮则老，是谓不道，不道早已。”此亦谓不可自大。《系辞传》曰：“二与四，同功而异位，其善不同。二多誉，四多惧，近也。柔之为道，不利远者，其要无咎，其用柔中也。三与五，同功而异位。三多凶，五多功，贵贱之等也。其柔危，其刚胜邪。”谓二、四两位，以柔中为利；三、五两位，柔危刚胜。大有九四，近五而多惧，且不柔不中，要无咎，必匪其彭，不自大。

无咎　《象》曰：“匪其彭无咎，明辨晢也。”阮氏《十三经校勘记》：“石经、岳本同，闽本辩，监、毛本，辩晢作辨晳，古本无也字。《释文》晢，王廙作晣，又作哲字。郑本作遰，陆本作逝，虞作折。凡俗本作晳者误。”《说文》：“晢，昭晢，明也。从日，折声。”段玉裁注：“《周易》王弼本：明辨晢也。《陈风》：明星晢晢。传曰：晢晢，犹煌煌也。《洪范》：明作晢　。郑曰：君视明，则臣昭晢。按昭、晢皆从日，本谓日之光，引伸之为人之明晢。口部曰：哲，知也。”六五为君，离目为明，为君视明；九四为臣，为日所照，为臣昭明，九四以刚健居柔近君，而非其彭，为明晢，故无咎。

《大雅·烝民》："既明且哲，以保其身。夙夜匪解，以事一人。"《正义》曰："既能明晓善恶，且又是非辨知，以此明哲，择安去危，而保全其身，不有祸败。又能早起夜卧，非有解倦之时，以常尊事此一人之宣王也。"尊事一人，明辨是非，即匪其彭，无咎之谓。朱骏声《六十四卦经解》曰："《诗》，明星皙皙，臣罔以宠利，居成功，伊尹之匪彭也。公孙硕肤，赤舄几几，周公之匪彭也。《诗》曰：既明且哲，以保其身。有若无，实若虚，亦颜回之匪彭也。"三人以其匪彭，思不出位，故终身不殆。

六五，厥孚交如，威如，吉。

〔译〕六五，其诚信可交之样，威严之样，吉利。

《象》曰："厥孚交如，信以发志也。威如之吉，易而无备也。"

〔证〕

厥孚交如　厥，其；孚，信；交，相交；如，若、然。阴阳相交应为孚。比卦，坤下坎上。初六曰："有孚比之。"初六与九五相交应。小畜卦，乾下巽上。六四曰："有孚。"六四与初九相交应。泰卦，乾下坤上。六四曰："不戒以孚。"六四与初九相交应。随卦，震下兑上。九五曰："孚于嘉。"九五与六二相交应。晋卦，坤下离上。初六曰："有孚。"初六与九四相交应。解卦，坎下震上。九四曰："朋至斯孚。"九四与初六相交应。六五曰："有孚于小人。"六五与九二相交应。益卦，震下巽上。六三曰："有孚。"六三与上九相交应。九五曰："有孚。"九五与六二相交应。姤卦，巽下乾上。初六曰："羸豕孚蹢躅。"初六与九四相交应。萃卦，坤下兑上。初六曰："有孚不终。"初六与九四相交应。六二曰："孚乃利用禴。"六二与九五相交应。九五曰："匪孚。"九五与九四不相交应。升卦，巽下坤上。九二曰："孚乃利用禴。"九二与六五相交应。井卦，巽下坎上。上六曰："有孚。"上六与九三相交应。革卦，离下兑上。九三曰："有孚。"九三与上六相交应，九五曰："未占有孚。"九五与六二相交应。未济卦，坎下离上。六五曰："有孚。"六五与九二相交应。上九曰："有孚于饮酒，有孚失是。"上九与六三相交应。大有卦，乾下离上。六五，柔得尊位，大中而上下应之，应乎天而时行，不仅与九二中正相应，且与天人相应，是以谓厥孚交如。《象》曰："厥孚交如，信以发志也。"侯果曰："其体文明，其德中顺，信发乎志，以覃于物；物怀其德，以信应君。君物信交，厥孚交如也。"程氏传："下之志，从乎上者也。上以孚信接于下，则下亦以诚信事其上，故厥孚交如。"朱熹曰："一人之信，足以发上下之志也。"

《大雅·文王》："仪刑文王，万邦作孚。"郑笺："仪法文王之事，则天下咸信而顺之。"孔疏："王欲顺之，但近法文王之道，则与天下万国作信。言王用文王之道，则皆信而顺之矣。”一人有信，万邦作孚，此即厥孚交如，信以发志之谓。中孚卦，兑下巽上。卦辞曰：“中孚，豚魚吉，利涉大川，利贞。”《彖》曰：“中孚，柔在内，而刚得中；说而巽，孚乃化邦也。豚魚吉，信及豚魚也。利涉大川，乘木舟虚也。中孚以利贞，乃应乎天也。”中孚之卦，上二阳，下二阳，中二阴，犹单卦离，外刚内柔，是离之三画而两之。故二、五中爻，阳实为孚信，称为中孚。大有六五，谓厥孚交如，上下应之，大有天下。中孚谓信及豚魚，乃应乎天，孚乃化邦。其象相似，其辞一致，皆谓君王取信天人之义，是信为立国之本。《论语·颜渊》：“子曰：民无信不立。”即此。

威如，吉 《象》曰：“威如之吉，易而无备也。”六五至尊为威，以柔居中为易。既威乎其上，又平易近物，如日在天上，光照于地，万物向上，故为威为吉。《论语·述而》：“君子温而厉，威而不猛，恭而安。”《系辞传》曰：“乾以易知，坤以简能。易则易知，简则易从。易知则有亲，易从则有功。有亲则可久，有功则可大。可久则贤人之德，可大则贤人之业。易简而天下之理得矣。天下之理得，而成位乎其中矣。”朱熹注：“人之所为，如乾之易，则其心明白而人易知；如坤之简，则其事要约而人易从。易知则与之同心者多，故有亲；易从则与之协力者众，故有功，有亲则一于内，故可久；有功则兼于外，故可大。”六五之尊，在离之中，既在阳位，又为阴爻，是以兼乾坤之质，威如而简易，与物亲近而无戒备，故吉。

《系辞传》曰：“黄帝尧舜，垂衣裳而天下治，盖取诸乾坤。”《周书·武成》曰：“垂拱而天下治。”亦皆谓威如之吉，在于简易无为而治。《吕刑》曰：“德威惟畏。”“尔尚敬逆天命，以奉我一人，虽畏无畏。”孔氏传：“言尧监苗民之见怨，则又增修其德行，威则民畏服。汝当庶几敬逆天命，以奉我一人之戒行事。虽见畏，勿自谓可敬畏。”亦谓天子之威以德，而不以畏，以平易而无戒备为吉。王弼注：“居尊以柔，处大以中，无私于物，上下应之，信以发志，故其孚交如也。夫不私于物，物亦公焉；不疑于物，物亦诚焉。既公且信，何难何备。不言而教行，何为而不威如。为大有之主，而不以此道，吉可得乎？”侯果曰：“为卦之主，有威不用，唯行简易，无所防备，物感其德，翻更畏威，威如之吉也。”

上九，自天祐之，吉，无不利。

〔译〕 上九，上天祐助天子，吉利，没有不利。

《象》曰：“大有上吉，自天祐也。”

〔证〕

自天祐之 《系辞传》曰：“《易》之为书也，广大悉备。有天道焉，有人道焉，有地道焉。兼三才而两之，故六。六者非它也，三才之道也。”上二爻为天者，如乾卦，乾下乾上。九五曰：“飞龙在天。”五为天位。需卦，乾下坎上。《象》曰：“位乎天位，以正中也。”五为天位。大畜卦，乾下艮上。上九曰：“何天之衢，亨。”上为天位。明夷卦，离下坤上。上六曰：“初登于天。”上为天位。姤卦，巽下乾上。九五曰：“有陨自天。”上九为天。革卦，离下兑上。《象》曰：“顺乎天而应乎人。”上六柔为顺为天。丰卦，离下震上。上六《象》曰：“天际翔也。”上为天。兑卦，兑下兑上。《象》曰：“顺乎天而应乎人。”上六柔为顺为天。中孚卦，兑下巽上。《象》曰：“乃应乎天。”六三应上九，上为天。又，上九曰：“翰音登于天。”上为天。大有卦，乾下离上。上九曰：“自天祐之。”上为天。

吉，无不利 《系辞传》：“《易》曰：自天祐之，吉无不利。子曰：祐者，助也。天之所助者，顺也；人之所助者，信也。履信思乎顺，又以尚贤也，是以自天祐之，吉无不利。”又，“是以自天祐之，吉无不利，黄帝尧舜，垂衣裳而天下治，盖取诸乾坤。”阳施阴受，取乾以祐坤，坤以承乾，吉无不利。《商书·咸有一德》曰：“惟尹躬暨汤，咸有一德，克享天心，受天明命。”《周书·泰誓上》：“天矜于民，民之所欲，天必从之。”《蔡仲之命》：“皇天无亲，惟德是辅；民心无心无常，惟惠之怀。”孔氏传：“天之与人，无有亲疏，惟有德者，则辅佑之；民之于上，无有常主，惟爱己者，则归之。”《大雅·假乐》：“假乐君子，显显令德，宜民宜人，受禄于天。”毛传：“假，嘉也。”郑笺：“显，光也。”《正义》曰：“言上天嘉美，而爱乐此君子成王也。以其有光光然，明察之善德，宜于民而能安之，宜于人而能官之，以此能受其福禄于天，是天嘉乐之也。”天心即民心。六五厥孚交如、威如，宜民宜人，故而上九曰：“自天祐之，吉无不利。”《易》之天，非只莽莽苍苍之天，乃指自然之道。得天之祐，即得自然之道。《老子》曰：“执大象，天下往。往而不害，安平泰。”河上公注：“象，道也。”大象，大道。《系辞传》曰：“是故君子居则观其象，玩其辞；动则观其变，而玩其占，是以自天祐之，吉无不利。”《荀子·天论》：“天行有常，不为尧存，不为桀亡。应之以治则吉，应之以乱则凶。”《象》曰：“大有上吉，自天祐也。”即谓得天然之道祐助，吉，无不利。五为天子，上九为天，三之五为兑，兑为羊，羊为祥福，在天之下，为天所赐，有天祐天子之象，故曰自天祐之，吉，无不利。

第十五卦　丙 子

☷坤上
☶艮下

谦，亨，君子有终。

〔**译**〕　谦，亨通，君子有好结果。

《彖》曰：“谦亨，天道下济而光明，地道卑而上行；天道亏盈而益谦，地道变盈而流谦；鬼神害盈而福谦，人道恶盈而好谦。谦尊而光，卑而不可逾，君子之终也。”

《象》曰：“地中有山，谦，君子以裒多益寡，称物平施。”

〔**证**〕

艮下坤上　艮为山，山比地高；坤为地，地比山低。今高者居低者之下，为谦。《小雅·车舝》：“高山仰止，景行行止。”毛传：“景，大也。”郑笺：“景，明也。诸大夫以为，贤女既进，则王亦庶几古人，有高德者，则慕仰之，有明行者，则而行之。”《正义》曰：“言高山者，以山之高，比人德之高，故云古人有高德者，则慕仰之也。且仰是心慕之辞，故为高德。德者在内，未见之；言行者已见，施行之语。德则慕仰多，行则法行。故仰之行之，异其文也。”《诗集传》曰：“高山则可仰，景行则可行。《表记》曰：《小雅》曰：高山仰止，景行行止。子曰：《诗》之好仁如此。”《史记·孔子世家》：“太史公曰：《诗》有之：高山仰止，景行行止。虽不能至，然心乡往之。余读孔氏书，想见其为人。适鲁，观仲尼庙堂，车服礼器，诸生以时，习礼其家，余祗迴留之，不能去云。天下君王，至于贤人，众矣！当时则荣，没则已焉。孔子布衣，传十余世，学者宗之。自天子王侯，中国言《六艺》者，折中于夫子，可谓至圣矣！”艮山为有德望之人，坤众为一般人，艮下坤上，有德望之人，来居一般人之下，为谦。

《韩诗外传》（卷三）：“问者曰：夫仁者，何以乐于山也？曰：山夫者，万民之所瞻仰也。草木生焉，万物植焉，飞鸟集焉，走兽休焉，四方并取与焉。出云导风，炊乎天地之间。天地以成，国家以宁，此仁者何以乐于山也。《诗》曰：太山岩岩，鲁邦所瞻。乐山之谓也。”又，《说苑·杂言》：“夫仁者，何以乐山也？曰：夫山，巃嵸㠑嵬，万民之所观仰。草木生焉，众物立焉，飞禽萃焉，走兽休焉，宝藏殖焉，奇夫息焉，育群物而不倦焉，四方并取而不限焉。出云风，通气于天地之间，国家以成。是仁者之所以乐山也。《诗》曰：太山岩岩，鲁侯是瞻。乐山之谓也。”《春秋繁露·山川颂》：“孔子曰：山川神祇，立宝藏，殖器用，资曲直。合大者，可以为宫室台榭；小者，可以为舟舆浮瀛。大者无不中，小者无不入。折斧则斫，折镰则艾。生人立，禽兽伏，死人入，多其功而不言。是以君子取譬焉。且积土成山，无损也；成其高，无害也；成其大，无亏也。小其上，泰其下，久长安，后世无有去就，俨然独处，惟山之意。《诗》云：节彼南山，惟石岩岩。赫赫师尹，民具尔瞻。此之谓也。”谦卦，艮为山，坤为众，艮下坤上，为山生万物，万物于其上，为多其功而不言，为君子取譬，为谦。

《周书·洪范》：“水曰润下。”《正义》：“王肃曰：水之性，润万物而退下。”《易乾坤凿度》：“水情内刚外柔，性下不上。”《韩诗外传》(卷三)：“夫智者何以乐水也？曰：夫水者，缘理而行，不遗小间，似有智者。动而之下，似有礼者。蹈深不疑，似有勇者。障防而清，似知命者。历险致远，卒成不毁，似有德者。天地以成，群物以生，国家以平，品物以正。此智者所以乐于水也。《诗》曰：思乐泮水，薄采其茆。鲁侯戾止，在泮饮酒。乐水之谓也。”《说苑·杂言》云：“子贡问曰：君子见大水必观焉，何也？孔子曰：夫水者，君子比德焉：遍与而无私，似德；所及者生，似仁；其流卑下句倨，皆循其理，似义；浅者流行，深者不测，似智；其赴百仞之谷不疑，似勇；绰弱而达，似察；受恶不让，似贞；包蒙不清以入，鲜洁以出，似善化；主量必平，似正；盈不求概，似度；其万折必东，似志。是以君子，见大水观焉尔也。”谦卦，艮下坤上，坤中有坎，似水行于地，动而之下，皆循其理，是以君子比德，亦谦之象。坎卦《彖》曰：“水流而不盈。”不盈是不自满，即是谦。

《荀子·尧问篇》：“伯禽将归于鲁，周公谓伯禽之傅曰：我，文王之为子，武王之为弟，成王之为叔父，吾于天下不贱矣。然而，吾所执贽而见者十人，还贽而相见者三十人，貌执之士者，百有余人，事者千有余人。于是，吾仅得三士焉，以正吾身，以定天下。吾所以得三士者，亡于十人与三十人中，乃在百人与千人之中。故上士吾薄为之貌，下士吾厚为之貌。人人皆以我为越逾好士，然故士至。士至，而后见物；见物，然后知其是非之所在。戒之哉！女以鲁国骄人，几矣！夫抑禄之士，犹可骄也；正身之士，不可骄也。彼正身之士，舍贵而为贱，舍富而为贫，舍佚而为劳，颜色黎黑，而不失其所，是以天下之纪不息，文章不废也。”周公礼贤下士，犹艮下坤上，为谦。

《商颂·长发》：“汤降不迟，圣敬日跻，昭假迟迟。上帝是祗，帝命于九围。”毛传：“跻，升也，九围，九州也。”郑笺：“降，下；假，暇；祗，敬；式，用也。汤之下士，尊贤甚疾，其圣敬之德日进。然而，以德聪明宽暇，天下之人迟迟然。言急于己，而缓于人。天用是故爱敬之也，天于是又命之，使用事于天下，言王治也。”《正义》曰：“汤为天子，而云汤降，故知下者，是下士尊贤也。晋维宗公孙固，说公子重耳之德，引此诗乃云：降，有礼之谓也。是亦以此为下贤也。宽暇天下之人，谓不责人所不能，驭之舒缓也。待士则疾，驭下则舒，言其急于己，而缓于人也。”《诗毛氏传疏》：“不迟，即疾之意。《晋语》：《商颂》曰：汤降不迟，圣敬日跻。降，有礼之谓也。笺云：汤之下士，尊贤甚疾，与《国语》解汤降不迟句合，传意亦然也。传训跻为升者，《文选·闲居赋》注，引《韩诗》云：言汤圣敬之道，上闻于天。韦昭《国语》注，同《大戴礼·卫将军文子篇》，亦云汤恭以恕，是以日跻也，并与毛诗训合。”汤降不迟，谓成汤下士尊贤而甚疾，亦艮下坤上，谦卦之象。

《孟子·梁惠王下》：“齐宣王问曰：交邻国有道乎？孟子对曰：有。惟仁者，为能以大事小，是故汤事葛，文王事混夷。惟智者，为能以小事大，故大王事獯鬻，句践事吴。以大事小者，乐天者也。以小事大者，畏天者也。乐天者，保天下。畏天者，保其国。《诗》云：畏天之威，于时保之。”赵注：“圣人乐天行道，则天无不盖也，故保天下，汤、文是也。智者量时畏天，故保其国，大王、句践是也。《诗·周颂·我将》之篇。言成王尚畏天之威，于是时故能安太平之道也。”焦疏：“天道又亏盈而益谦，不畏则盈满招咎，戮其身即害其国。智者不使一国之危，故以天下亏盈益谦为畏也。”按，谦卦《象》曰：“天道下济而光明。”以大事小，是天道下济，能保天下，故曰光明。《诗》云畏天之威，谓成王谦以自律，故能安守太平，是谦为守天下之道。

《老子》：“大国者下流，天下之交，天下之牝。牝常静胜牡，以静为下。故大国以下小国，则取小国。小国以下大国，则取（于）大国。故或下以取，或下而取。大国不过欲兼畜人，小国不过欲入事人。夫两者各得其所欲，大者宜为下。”王弼注：“江海居大而处下，则百川流之；大国居大而处下，则天下流之。故曰大国下流也，天下所归会也。静而不求，物自归之也。以其静，故能为下也。牝，雌也。雄躁动贪欲，雌常以静，故能胜雄也。以其静复能为下，故物归之也。大国以下，犹云以大国下小国，小国则附之，大国纳之也。言唯修卑下，然后乃各得其所。小国修下，自全而已，不能天下归之。大国修下，则天下归之。故曰各得其所欲，则大者宜为下也。”又，《老子道德经河上公章句》，谓此章为《谦德》章，《道藏》本注曰：“大国尤宜谦下也。”《易乾坤凿度》郑氏注：“谦道不进也，升位可让，德无违众，名曰谦。”谦卦，艮下坤上。山高者在下，地低者在上，犹大国下小国，恭谦自下之象。唯其大国下小国，大小皆得其欲，天下可安，故在大有天下之后，次之以谦。

阳为乾为天，阴为坤为地。天在上，地在下。在上者，来到在下者之中，为谦。《黄帝经·称经》云：“大国阳，小国阴；重国阳，轻国阴；有事阳，无事阴；伸者阳，而屈者阴。”又曰，“主阳臣阴，上阳下阴，男阳女阴，父阳子阴，兄阳弟阴，长阳少阴，贵阳贱阴，制人者阳，制于人者阴，客阳主人阴，师阳役阴，言阳默阴，予阳受阴。”《说苑·辨物》亦曰："阳者，阴之长也。其在鸟，则雄为阳，雌为阴；其在兽，则牡为阳，而牝为阴；在其民，则夫为阳，而妇为阴；在其家，则父为阳，而子为阴；在其国，则君为阳，而臣为阴。故阳贵而阴贱，阳尊而阴卑。"谦卦，艮下坤上，一阳驭五阴，阳在众阴之中，不居尊贵长大之位，而居卑贱少小之中，知其雄，而守其雌，非谦者，孰能为之，故为谦。

又，初之三为艮，艮为山；二之四为坎，坎为水。艮下坎上，水从山上流下，其性谦。二之四为坎，坎为雨；三之五为震，震为雷。坎下震上，上泽下施，为天道下济，为谦。三之五为震，震为诸侯；四之上为坤，坤为众庶。震下坤上，诸侯在众庶之下，为谦。又，初之三，二之四，为艮下坎上，为蹇卦。《象》曰："山上有水，蹇，君子以反身修德。"反身修德，有谦虚自律之义。二之四，三之五，为坎下震上，为解卦。《象》曰："雷雨作，解，君子以赦过宥罪。"赦过宥罪，有天道下济之义。三之五，四之上，震下坤上，为复卦。《彖》曰："刚反，动而以顺行。"刚反于下而顺行，有谦虚谨慎之义。《象》曰："雷在地中。"雷在地下，不在地上，亦有谦下之义。又，艮下坤上，地益山之高，山益地之厚，有互谦之义。

《九家易》曰："艮山坤地，山至高，地至卑，以至高下至卑，故曰谦也。"郑康成曰："艮为山，坤为地。山体高，今在地下，其于人道，高能下下，谦之象。"刘表曰："地中有山，以高下下，故曰谦。谦之为道，降己升人。山本地上，今居地中，亦降体之义，故为谦象也。"程氏传："为卦，坤上艮下，地中有山也。地体卑下，山高大之物，而居地之下，谦之象也。以崇高之德，而处卑之下，谦之义也。"朱熹曰："谦者，有而不居之义。止乎内，而顺乎外，谦之意也。山至高，而地至卑，乃屈而止于其下，谦之象也。"朱骏声曰："山高而在地下，于人道谦象。"《周易折中·集说》："冯氏椅曰：一阳五阴之卦，其立象也，一阳在上下者，为剥、复，象阳气之消长也。在中者，为师、比，象众之所归也。至于三、四，在二体之际，当六画之中，故以其自上而退处于下者，为谦；自下而奋出乎上者为豫。此观画立象之本指也。"

又，《礼记·月令》曰："季秋之月，日在房，昏虚中，旦柳中。"《尔雅·释天》曰："玄枵，虚也。"郭璞注："虚，在正北，北方黑色；枵之言秏，秏亦虚意。"郝懿行义疏："虚者，二星上下如连珠。《律书》云：虚者，能实能虚，言阳气冬则宛藏于虚。日冬至，则一阴下藏，一阳上舒，故曰虚。《天官书》：虚为哭泣之事。《尧典》：宵中星虚。《月令》：季秋之月，昏虚中。是虞夏以仲秋昏虚中，周秦则在季秋，此所谓岁差也。玄枵者，《说文》引《春秋传》曰：岁在玄枵，枵，虚也。《左氏襄廿八年传》：淫于玄枵。玄枵，虚中也。枵，秏名也。《正义》引孙炎曰：虚在北方，北方色玄，故曰玄枵。

枵之言秏；秏，虚之意也。《分野略例》云：自须女八度，至危十五度，于辰在子，为玄枵也。玄者黑，北方之色；枵者秏也，十一月之时。阳气在下，阴气在上，万物幽死，未有生者，天地空虚，故曰玄枵也。”谦卦，艮下坤上，九月十月之象，其位于北方。依《月令》，此时日阳在北方虚中，故以处虚为谦。谦卦，九三一阳处五阴之中，以阳实处阴虚，亦为谦。杨雄《太玄经》司马光集注：“少，准谦，日舍虚宿。”可见谦亦日舍虚宿。日为天子，日阳处虚，是天子谦守天下之象。

谦 杨树达《积微居小学述林·释谦》曰：“《说文》三篇上言部云：谦，敬也。从言，兼声。树达按：敬，《说文》训肃，主从心言之，谦字从言，义不相副，此许君泛训，非胜义也。愚以兼声类诸字求之，谦盖谓言之不自足者也。知者：兼声之字，多含薄小不足之义。五篇下食部云：𩜵，嘰也，从食，兼声。按口部云：嘰，小食也。是𩜵有小义也。六篇上木部云：槏，户也。从木，兼声。按槏字，服虔《通俗文》字作㡘。《一切经音义》十六，引《通俗文》云：小户曰㡘。《广韵》五十二，𧄍，㡘、槏二字同苦减切。㡘亦训小户，二文实一字也，是槏字有小义也。八篇下欠部云：歉，食不满也。从欠，兼声。《广雅·释诂三》云：歉，少也。又《释天》云：一谷不升曰歉。《荀子·仲尼篇》云：生信爱之，则谨慎而歉。杨倞注云：歉，不足也。是歉有少不足之义也。十一篇上水部云：溓，溓溓薄水也，或曰中绝小水。从水，兼声。《玉篇》、《广韵》并云：大水中绝，小水出也。是溓有薄小之义也。《晋语》云：嗛嗛之德，不足就也。韦昭注云：嗛嗛，犹小小也。《汉书·郊祀志》云：今谷嗛未报。颜注云：嗛，少意也。《荀子·仲尼篇》云：满则虑嗛。杨注云：嗛，不足也。是嗛字有少小不足之义也。《孟子·公孙丑下篇》云：吾何慊乎哉！赵注云：慊，少也。《淮南子·原道篇》云：不以慊为悲。高注云：慊，约也。是慊有少约之义也。《释名·释用器》云：𨨗，廉也，体廉薄也。是𨨗受义于廉薄也。”

按兼，有廉薄不足之义。《管子·五行》曰：“出皮幣，命行人，修春秋之礼于天下，诸侯通，天下遇者兼和。”于省吾新证：“兼，应读作谦，言通之天下，有所遇者，均接之以谦和之道也。”《马王堆汉墓帛书·经法十六经》：“夫雄节者，浧之徒也；雌节者，兼之徒也。”浧，同盈；兼，亦谦。又，《说文新附》：“賺，重卖也。从贝，廉声。”《广雅》：“賺，卖也，或省。”《集韵》：“賺，或省。”《龙龛手鑑·贝部》：“赚，俗；賺，正。”或省者，汉字构字常例，此处谓廉字省作兼字。是兼为廉。《老子》王弼本：“是以圣人方而不割，兼而不刿。”马王堆汉墓《帛书老子》曰：“是以方而不割，兼而不刺。”用兼为廉。《汗简注释》曰：“马王堆汉墓帛书《老子》，乙本廉作兼，与此类同。”是《汗简》亦有廉作兼者。《说文》："廉，仄也。从广；兼声。"段玉裁注："此与广为对文，谓逼仄也。"逼仄，犹狭窄，引申为收敛、拘束。《释名·释言语："廉，敛也，自检敛也。"《虞书·皋陶谟》："直而温，简而廉。"孔氏传："性简大而有廉隅。"《正义》曰："廉隅，亦是不为傲也。"不为傲，为谦。韩愈《上宰相书》："可进而进焉，不必廉于自进也。"是廉亦谦让之意。兼，盖为廉。言为心声，言、兼会意，为谦。

《虞书·大禹谟》："帝曰：来禹，降水儆予。成允成功，惟汝贤，克勤于邦，克俭于家，不自满假，惟汝贤。不矜，天下莫与汝争能；汝惟不伐，天下莫与汝争功。予懋乃德，嘉乃丕绩，天之历数在汝躬，汝终至元后。满招损，谦受益，时乃天道。"《正义》曰："帝不许禹让，呼之曰：或禹，下流之水，儆戒于我，我恐不能治之。汝能成声教之信，能成治水之功，惟汝之贤。汝能勤劳于国，谓尽力于沟洫，能节俭于家，谓薄饮食，卑宫室，常执谦冲，不自满溢夸大，惟汝之贤也。又申美之，汝惟不自矜夸，故天下莫敢与汝争能；汝惟不自称伐，故天下莫敢与汝争功，美功之大也。我今勉汝之德，善汝大功，天之历运之数，帝位当在汝身，汝终当升此大君之位，宜代我为天子。自满者招其损，谦虚者受其益，是乃天之常道。"《老子》曰："贵以贱为本，高以下为基。是以侯王自谓孤、寡、不穀，此非以贱为本邪？"又曰，"人之所恶，唯孤、寡、不穀，而王公以为称。故物或损之而益，或益之而损。人之所教，我亦教之：强梁者不得其死，吾将以为教父。"又，《韩诗外传》(卷八)曰："夫《易》有一道焉，大足以治天下，中足以安国家，近足以守其身者，其惟谦德乎？"故孔子曰："《易》先同人，后大有，承之以谦，不亦可乎？"所以谦德，尤是天子之德。

亨 《彖》曰："谦亨，天道下济而光明，地道卑而上行；天道亏盈而益谦，地道变盈而流谦；鬼神害盈而福谦，人道恶盈而好谦。"天道，即阳道。九三，乾阳来至阴中，以阳济阴，为天道下济。阳为光明，故谓天道下济而光明。晋卦，坤下离上。《彖》曰："明出地上，顺而丽乎大明。"离为日，日为大明。《说卦传》曰："离为乾卦。"故乾卦《彖》曰："大明终始，六位时成。"是乾阳之爻，亦为日。谦卦，九三阳爻为日，日为光明。又，阳来阴中，二之四为坎，坎为月，月受日光而明。如此，天之日月下照于地，为天道下济而光明。李鼎祚《周易集解》，引荀爽曰："乾来之坤，故下济。阴去为离，阳来成坎，日月之象，故光明。"李道平《周易集解纂疏》："天道谓乾，乾上来之坤三，故为下济。阴去阳中为离，阳来阴中成坎。本体坎，亦伏离。离日坎月，故象光明。"

地道，即阴道。谦卦，艮下坤上。坤为阴为地，地与天比为卑。卑应来下，反而往上，为地道卑而上行。《周易集解》引侯果曰："此本剥卦，乾之上九，来居坤三，是天道下济而光明也。坤之六三，上升乾位，是地道卑而上行。”《周易集解纂疏》：“此本剥卦者，一阳五阴之例也。乾上来居坤三，以乾照坤，是天道下济而光明也。坤三升居乾上，天尊地卑，互震为行，是地道卑而上行。”按，《说文》：“戌，灭也。九月阳气微，万物毕成，阳下入地也。五行土生于戊，盛于戌。从戊一，一亦声。”段玉裁注：“《律历志》：毕入戌。《释名》：戌，恤也，物当收敛，矜恤之也。九月于卦为剥，五阴方盛，一阳将尽，阳下入地，故其字从土中含一。《天文训》曰：土生午，壮于戌，死于寅。戌者，中宫，亦土也。一者，一阳也，戊中含一，会意也。”

又，《说文》：“亥（[illegible]），荄也。十月微阳起接盛阴。从二，二，古文上字也；一人男，一人女也；从∠，象怀子咳咳之形也。亥而生子，复从一起。”谦卦，艮下坤上，九月至十月之象。九月，盛阴升，微阳入地中，故谓天道下济，地道上行。十月微阳起接盛阴，亥而生子，子为十一月，万物复滋。九三，一阳来五阴之中，为天道下济而光明；坤阴往上，为地道卑而上行。乾卦《文言》曰：“亨者，嘉之会也。”天道下济为谦，以地道为上亦为谦，谦以律己，谦以待人，是嘉之会，故亨。

《虞书·尧典》：“曰若稽古帝尧，曰放勳。钦明文思安安，允恭克让，光被四表，格于上下。克明俊德，以亲九族。九族既睦，平章百姓。百姓昭明，协和万邦。黎民于变时雍。”孔氏传：“若，顺；稽，考也；勳，功；钦，敬；允，信；克，能；既，已也；昭，亦明也；时，是；雍，和也。”《正义》曰：“史将述尧之美，故为题目之辞曰：能顺考校古道，而行之者，是帝尧也。又申其顺考道之事曰：此帝尧能放效上世之功，而施其教化。心意恆敬，智慧甚明，发举则有文谋，思虑则能通敏。以此四德，安天下之当安者，在于己身，则有此四德。其于外接物，又能信实恭勤，善能谦让。恭则人不敢侮，让则人莫与争。由此为天下所服，名誉著闻，圣德美名充满，被溢于四方之外，又至于上天下地，言其日月所照，霜露所坠，莫不闻其声名，被其恩泽。此即稽古之事也。”又曰：“言尧能名闻广远，由其委任贤哲。故复陈之，言尧之为君也，能尊明俊德之士，使之助己施化。以此贤臣之化，先令亲其九族之亲。九族蒙化，已亲睦矣，又使之和协，显明于百官之族姓。百姓蒙化，已亲睦矣，又使之和协，显明于百官之族姓。百姓蒙化，皆有礼仪，昭然而明显矣，又使之合会调和天下之万国。其万国之众人，于是变化从上，是以风俗大和，能使九族敦睦，百姓显明，万邦和睦，是安天下之当安者。”《书》谓帝尧钦明，文思安安，允恭克让，光被四表，格于上下，犹《易》曰天道下济而光明。《书》谓以亲九族，平章百姓，协和万邦，黎民以变时雍，犹《易》曰地道卑而上行。《系辞传》曰：“谦，德之柄也。”又曰，“谦以制礼。”以允恭克让之谦德安天下，天下安之，故亨。

又，《彖》曰："天道亏盈而益谦，地道变盈而流谦，鬼神害盈而福谦，人道恶盈而好谦。"按，亏，减；益，加；变，改变；流，填补；害，危害；福，保祐；恶，厌恶；好，喜好。丰卦《彖》曰："日中则昃，月盈则食，天地盈虚，与时消息，而况于人乎？况于鬼神乎？"亦谓盈则损，虚则益。程氏传："以天行而言，盈者则亏，谦者则益，日月阴阳是也。以地势而言，盈满者倾变而反陷，卑下者流注而益增也。鬼神谓造化之跡，盈满者祸害之，谦损者福祐之，凡过而损，不足而益者，皆是也。人情疾恶于盈满，而好与于谦巽也。谦者人之至德，故圣人详言，所以戒盈而劝谦也。"朱骏声《六十四卦经解》："日中则昃，月满则亏；满招损，谦受益；高岸为谷，深谷为陵，所谓变盈也。高门之家，鬼瞰其室，所谓害盈也。黍稷非馨，明德惟馨，所谓福谦也。禹、汤罪己，兴也勃焉；桀、纣罪人，亡也忽焉，所谓好谦也。"谦虚，得天、地、人及鬼神之道，故而亨通。

君子有终　《老子》曰："曲则全，枉则直，洼则盈，敝则新，少则得，多则惑。是以圣人抱一为天下式。不自见故明，不自是故彰，不自伐故有功，不自矜故长。夫唯不争，故天下莫能与之争。古之所谓曲则全者，岂虚言哉？诚全而归之。"任继愈《老子今译》曰："委曲反能保全，屈枉反能伸直，卑下反能充盈，敝旧反能新奇，少取反能多得，多取反而迷惑。因此圣人坚持以上这一原则，作为天下人的工具。不专靠自己的眼睛，所以才看得分明；不自以为是，所以才是非昭彰；不自己夸耀，所以才有功劳；不自高自大，所以才能领导。正因为不与人争，所以天下没有谁能争得过他。古时所谓委曲反能保全，哪里是假话呢？实在能使人得到保全。"王弼训式为法则，河上公释式为法式，《帛书老子》将式作牧，谓牧治。谦之为道，最为圣人君子所须，可以为天下式，可以为天下牧，故曰谦亨，君子有终。

《荀子·宥坐篇》："孔子观于鲁桓公之庙，有欹器焉。孔子问于守庙者曰：此为何器？守庙者曰：此盖为宥坐之器。孔子曰：吾闻宥坐之器者，虚则欹，中则正，满则覆。孔子顾谓弟子曰：注水焉！弟子挹水而注之：中而正，满而覆，虚而欹。孔子喟然而叹曰：吁！恶有满而不覆者哉！子路曰：敢问持满有道乎？孔子曰：聪明圣知，守之以愚；功被天下，守之以让；勇力抚世，守之以怯；富有四海，守之以谦。此所谓挹而损之道也。"杨倞注："欹，易覆之器。宥与右同，言人君可置于坐右，以为戒也。《文子》曰：三王、五帝，有劝戒之器，名侑卮。注云：欹器也。"高诱注《淮南子·道应训》曰："中，水半卮也。"欹器，水中而正，满而覆，空而斜，以谦为是。谦谦君子，守此不渝，得而弗失，故曰君子有终。

《彖》曰："谦，尊而光，卑而不可逾，君子之终也。"谦尊而光，谓天道下济而光明；卑而不可逾，谓地道卑而上行。谓谦之君子，如天之高远光明，如地之厚广不可逾越，此乃君子之最终。谦卦，艮下坤上。九三乾爻，乾为天，谦而来下，为谦尊而光；余为坤爻，坤为地，地虽卑而上行，为卑而不可逾。程氏传："君子有终：君子志在乎谦巽，达理故乐天而不竞，内充故退让而不矜，安履乎谦，终身不易。自卑而人益尊之，自晦而德益光显，此所谓君子有终也。"又曰，"谦为卑巽也，而其道大而光明；自处虽卑屈，而其德实高不可加尚，是不可逾也。君子至诚于谦，恆而不变，有终也，故尊光。"朱熹曰："人能谦，则其居尊者，其德愈光；其居卑者，人亦莫能过。此君子所以有终也。"

《象》曰："地中有山，谦，君子以裒多益寡，称物平施。"《说卦传》曰："坤为地"，"艮为山"。艮下坤上，地在山之上，山在地之下，地中有山，以上下下，为谦。又，山为高，地为低，山来地中，以高补低，为地中有山。《系辞传》曰："古者包牺氏之王天下也，仰则观象于天，俯则观法于地，观鸟兽之文，与地之宜，近取诸身，远取诸物，于是始作八卦，以通神明之德，以类万物之情。"谦卦，地中有山，是以君子观法于地，裒多益寡，称物平施。陆德明《经典释文》曰："裒，蒲侯反。郑、荀、董、蜀才作捊，云取也。《字书》作掊，《广雅》云掊减。"《说文》："捊，引坚也。从手，孚声。《诗》曰：原隰捊矣。"段玉裁注："坚，各本作取，今正。《诗·释文》作坚，今本讹为取土二字，非也。坚义同聚。引坚者，引使聚也。《玉篇》正作引聚也。《常棣》：原隰裒矣。传云：裒，聚也。此重聚不重引，故不言引，但言聚也。裒者捊之俗，《易》：君子以裒多益寡。郑、荀、董、蜀才作捊，云取也。此重引，故但言取也。"是裒字有两义：一为取，一为聚。《易》用取义，《诗》用聚义。裒多益寡，称物平施，即是取多补少，万物皆称，而公正施与。

又，谦卦，二之四为坎，坎为水，初与五、上为坤，坤为地，为水流地中。坎卦《象》曰："水流而不盈。"是亦为谦，为裒多益寡，称物平施。《考工记·轮人》曰："水之，以视其平沈之均。"《尚书大传》曰："非水，无以准万里之平。"《说文》："水，准也，北方之行，象众水并流，中有微阳之气也。"段注："《释名》曰：水，准也。准，平也。天下莫平于水，故《匠人》建国必水地。《月令》曰：太史谒之天子，曰：某日立冬，盛德在水。火，外阳内阴；水，外阴内阳。中画象其阳，云微阳者，阳在内也，微犹隐也。水之文，与坎卦略同。"《说文》及段注所云，酷似谦卦之象。伏羲八卦，坤位正北，水在坤中，谓北方之行，九三一阳，为微阳之气隐于阴中。下艮为九月，上坤为十月，为立冬之时。此时江河湖海，水皆归平，故曰盛德在水。《月令·孟冬之月》云："天子赏死事，恤孤寡。”此即裒多益寡，称物平施之义。

《老子》曰：“天之道，其犹张弓欤？高者抑之，下者举之，有余者损之，不足者补之。天之道，损有余而补不足；人之道则不然，损不足以奉有余。孰能有余以奉天下？唯有道者。是以圣人为而不恃，功成而不处，其不欲见贤。”《玉篇》：“贤，多也。”其不欲见贤，即不欲见多，以有余奉天下。《老子》又曰：“天下莫柔弱于水，而攻坚强者，莫之能胜，其无以易之。弱之胜强，柔之胜刚，天下莫不知，莫能行。是以圣人云：受国之垢，是谓社稷主；受国不祥，是为天下王。”蒋锡昌云：“凡《老子》书中所言曲、枉、洼、敝、少、雌、柔、弱、贱、损、啬、慈、俭、后、下、孤、寡、不穀之类，皆所谓垢与不祥也。此言人君唯处谦下，守俭啬，甘损少，能受天下人之所恶者，而后方能清静无为，以道化民。如此，乃可真谓之社稷主，或谓之天下王也。”《老子》所言，损有余补不足，受国之垢，受国不祥，亦君子谦下，裒多益寡之谓。

程氏传：“地体卑下，山之高大而在地中，外卑下而内蕴高大之象，故为谦也。不云山在地中，而曰地中有山，言卑下之中，蕴其崇高也。君子观谦之象，山而在地下，是高者下之，卑者上之，见抑高举下，损过益不及之义，以施于事，则裒取多者，增益寡者，称物之多寡，以均其施与，使得其平也。”朱熹曰：“以卑蕴高，谦之象也。裒多益寡，所以称物之宜，而平其施，损高增卑，以趣于平，亦谦之意也。”《汉书·食货志》：“赞曰：《易》称裒多益寡，称物平施，《书》云楙迁有无，周有泉府之官，而《孟子》亦非狗彘食人之食不知敛，野有饿殍而弗知发。故管氏之轻重，李悝之平糴，弘羊均输，寿昌常平，亦有从来。顾古为之有数，吏良而令行，故民赖其利，万国作乂。”

大有卦和谦卦，互为邻卦。《序卦传》曰：“有大者，不可以盈，故受之以谦。”《韩诗外传》（卷八）：“孔子曰：《易》，先同人后大有，承之以谦，不亦可乎？故天道亏盈而益谦，地道变盈而流谦，鬼神害盈而福谦，人道恶盈而好谦。谦者，抑事而损者也。持盈之道，抑而损之，此谦德之于行也。顺之者吉，逆之者凶。五帝既没，三王既衰，能谦德者，其惟周公乎。周公以文王之子，武王之弟，成王之叔父，假天子之尊位七年，所执贽而师见者十人，所还质而友见者十三人，穷巷白屋之士，所先见者四十九人，时进善者百人，宫朝者千人，谏臣五人，辅臣五人，拂臣六人，载干戈以至于封侯，异族九十七人，而同姓之士百人。孔子曰：犹以为周公为天下党，则以同族为众，而异族为寡也。故德行宽容，而守之以恭者荣；土地广大，而守之以俭者安；位尊禄重，而守之以卑者贵；人众兵强，而守之以畏者胜；聪明睿智，而守之以愚者哲；博闻强记，而守之以浅者不隘。此六者皆谦德也。《易》曰：谦亨，君子有终吉。能以此终吉者，君子之道也。贵为天子，富有四海，而德不谦，以亡其身，桀、纣是也，而况众庶乎？夫《易》有一道焉，大足以治天下，中足以安国家，近足以守其身者，其惟谦德乎！《诗》曰：汤降不迟，圣敬日跻。”此即有大者不可以盈，而受之以谦之义。

履卦和谦卦，互为错卦。履卦，兑下乾上。乾为天，天高；兑为泽，泽低。履卦即礼卦，故其《彖》曰：“刚中正，履帝位而不疚，光明也。”谦卦，艮下坤上。艮为山，山高；坤为地，地低。故其《彖》曰：“天道下济而光明，地道卑而上行。”履卦，高者在上，低者在下。谦卦，高者在下，低者在上。两卦相反，而同言光明，是履卦与谦卦，相反相成。《礼记·乐记》曰：“礼至则不争，揖让而治天下者，礼乐之谓也。”又，《系辞传》曰：“谦以制礼。”故《易》之履卦在前，谦卦在后。《史记·乐书》：“太史公曰：余每读《虞书》，至于君臣相敕，维是几安，而股肱不良，万事堕坏，未尝不流涕也。成王作颂，推己惩艾，悲彼家难，可不谓战战恐惧，善守善终哉？君子不为约则修德，满则弃礼。佚能思初，安能惟始，淋浴膏泽，而歌咏勤苦，非大德谁能如斯！满而不损则溢，盈而不持则倾。君子以谦退为礼，以减损为乐，乐其如此也。”又曰，“故礼主其谦。”太史公所曰，亦谓履礼必以谦，有大必以谦，故《易》在履和大有之后，次之以谦。

《大戴礼·易本命》曰：“山为积德。”《易》卦，凡艮山不当居下，而居下者，皆有谦损敛止之意。咸卦，艮下兑上。《彖》曰：“柔上而刚下”，“男下女”，“取女吉”。《象》曰：“山上有泽，咸，君子以虚受人。”是艮下兑上，有谦虚之意。蹇卦，艮下坎上。《象》曰：“山上有水，蹇，君子以反身修德。”反身修德，谦虚自律。艮卦，艮下艮上。《彖》曰：“艮，止也。时止则止，时行则行。”《象》曰：“兼山，艮，君子以思不出其位。”止于所止，思不出其位，皆收敛谦慎之意。渐卦，艮下巽上。《象》曰：“山上有木，渐，君子以居贤德善俗。”谦以损己益人。旅卦，艮下离上。《象》曰：“山上有火，旅，君子以明慎用刑，而不留狱。”亦谦慎之意。小过卦，艮下震上。卦辞曰：“可小事，不可大事。不宜上，宜下。”《象》曰：“山上有雷，小过，君子以行过乎恭，丧过乎哀，用过乎俭。”皆谨慎谦诚之意。反之，艮当居下而下者，如遁卦，艮下乾上，山当在天下，故无谦止之意。

初六，谦谦君子，用涉大川，吉。

〔译〕 初六，谦而又谦之君子，可用礼贤下士，渡过艰险，吉利。

《象》曰：“谦谦君子，卑以自牧也。”

〔证〕

谦谦君子 《虞书·大禹谟》曰："君子在野，小人在位。"孔氏传："废仁贤，任奸佞。"君子与小人对举，仁贤与奸佞对举，是君子为仁贤。《周书·酒诰》曰："越庶伯君子，其尔典听朕教。"孔氏传："众伯君子，长官大夫统庶士有正者。"《大雅·柔桑》曰："君子实维，秉心无竞。"郑笺："君子，谓诸侯及卿大夫也。"又，《假乐》："假乐君子，显显令德。"谓成王为君子。是君子，为有德之称。于《易》，言君子者有：乾卦九三，"君子终日乾乾。"屯卦六三，"君子几。"小畜卦上九，"君子征。"谦卦初六，"谦谦君子。"九三，"劳谦君子。"观卦初六，"君子吝。"九五，"君子无咎。"上九，"君子无咎。"剥卦上九，"君子得舆。"遁卦九四，"君子吉。"大壮卦九三，"君子用罔。"明夷卦初九，"君子于行。"解卦六五，"君子维有解。"夬卦九三，"君子夬夬。"革卦上六，"君子豹变。"未济卦六五，"君子之光。"《易》由初到上，皆有君子，是古之君子，为有德之称，不为位名，阴阳不拘，上下皆可，于《易》了然。

谦卦，九三为劳谦君子，初六在九三之下，在元士位上，处位最卑，是谦而又谦，为谦谦君子。荀爽曰："初最在下，为谦，二阴承阳，亦为谦，故曰谦谦也。"王弼注："处谦之下，谦之谦者也。能体谦谦，其唯君子。"程氏传："初六以柔顺处谦，又居一卦之下，为自处卑下之至，谦而又谦也，故曰谦谦。能如是者，君子也。"又曰，"初处谦，而以柔居下，得无过于谦乎？曰：柔居下，乃其常也，但见其谦之至，故为谦谦，未见其失也。"《周易折中》引胡氏炳文曰："谦主九三，故三爻辞与卦辞皆称君子有终。初亦曰君子，何也？三在下卦之上，劳而能谦，在上之君子也。初在下卦之下，谦而又谦，在下之君子也。在上者尊而光，在下者卑而不可逾，皆所以为君子之终也。"

《象》曰："谦谦君子，卑以自牧也。"《说文》："牧，养牛人也。从攴从牛。《诗》曰：牧人乃梦。"桂馥义证："养牛人也者，昭七年《左传》：牛有牧。注云：养牛曰牧。馥案：《易》谦卦《象》：卑以自牧。郑注：牧，养也。《书·禹贡》：莱夷作牧。传云：可以放牧。《周礼·叙官·牧人》注云：养牲于野田者，僖二十八年《左传》：不有行人，谁扞牧圉。皆不专主牧牛。其为文也，从牛，则牛为正训，通于羊、豕、马也。"段玉裁注："《左传》曰：马有圉，牛有牧。引伸为牧民之牧。"杨伯峻《春秋左传注》："养牛曰牧，养马曰圉。牧圉，可为牧牛马之奴隶。"《广雅·释诂一》："有司、股肱、陪、佁、皁、隶、牧、圉，臣也。"《左传》昭公七年："古之制也，封略之内，何非君土，食土之毛，谁非君臣。故《诗》曰：普天之下，莫非王土；率土之滨，莫非王臣。天有十日，人有十等。下所以事上，上所以共神也。故王臣公，公臣大夫，大夫臣士，士臣皁，皁臣舆，舆臣隶，隶臣僚，僚臣仆，仆臣佁，马有圉，牛有牧，以待百事。"杜预注："十日，甲至癸；十等，王至佁。"牧，在十等之后，处臣之最下。《小雅·无羊》："尔牧来思，以薪以蒸。”郑笺：“此言牧人有余力，则取薪蒸。”《诗序》曰：“《无羊》，宣王考牧也。”郑笺：“厉王之时，牧人之职废，宣王始兴而复之，至此而成。”《正义》曰：“言至此而成者，初立牧官，数未即复，至此作诗之时而成也。”是牧，为牧官，官位下者。《象》曰谦谦君子，卑以自牧，谓谦而又谦之君子，卑以自己为牧，即以牧人自我卑贱。《杂卦传》曰：“谦，轻。”即谓谦者，自视轻微。《系辞传》曰：“圣人之大宝曰位。”爻辞曰谦谦，言初六下而又下，乃位之谓。《象》曰卑以自牧，亦当释位，故牧谓牧官。

用涉大川 《说卦传》曰：“坎为水。”坎卦《彖》曰：“习坎，重险也。”是坎为险。《说文》：“川，贯穿通流水也。”谦卦，二之四为坎，初之上为大坎，是以为大川。三之五为震，震为动，动而过水，为用涉大川。《易》以上动而之下，下动而之上为涉，或谓用涉大川，与利涉大川。大过卦，巽下兑上。上六曰：“过涉灭顶。”谓由上过，而来下为灭顶。颐卦，震下艮上。六五曰：“居贞吉，不可涉大川。”《象》曰：“居贞之吉，顺以从上也。”谓居五中正之位为吉，转而来下则失位，是以不可涉大川。上九曰：“利涉大川。”《象》曰：“大有庆也。”谓上九来至下卦，即成兑下坤上，为临卦。君临天下，是为大有天下之庆。未济卦，坎下离上。六三曰：“利涉大川。”离为日，坎为月，日往月来，转相升落，自然不变之道。月进至六三，即将升起，是为利涉大川。谦卦，初六曰：“谦谦君子。用涉大川。”谓在下谦而又谦之君子，用此谦德克服险阻，过渡到上位，即谦尊而光，君子有终。

吉 《汉书·艺文志》曰：“道家者流，盖出于史官，历记成败存亡祸福古今之道，然后知秉要执本，清虚以自守，卑弱以自持，此君人南面之术也。合于尧之克让，《易》之嗛嗛，一谦而四益，此其所长也。”师古曰：“四益：谓天道亏盈而益谦，地道变盈而流谦，鬼神害盈而福谦，人道恶盈而好谦也。此谦卦《彖》辞。嗛与谦同。”一谦而四益，故为吉。《商书·说命》：“王庸作书以诰曰：以台正于四方，惟恐德弗类，兹故弗言。恭默思道，梦帝赉予良弼，其代予言。乃审厥象，俾以形旁求于天下。说筑傅岩之野，惟肖。爰立作相，王置诸其左右。命之曰：朝夕纳诲，以辅台德。若金，用汝作砺；若济巨川，用汝作舟楫；若岁大旱，用汝作霖雨。启乃心，沃朕心。若药弗瞑眩，厥疾弗瘳；若跣弗视地，厥足用伤。惟暨乃僚，罔不同心，以匡乃辟。俾率先王，迪我高后，以康兆民。”武丁，德高可尊，故曰高宗。以高宗之贤，下傅岩之说，可谓谦谦。当此之时，殷衰而复兴，礼废而再起，成一代中兴，可谓用涉大川，吉。

《孔子家语·六本》云：“孔子读《易》，至于损益，喟然而叹。子夏避席问曰：夫子何叹焉？孔子曰：夫自损者必益之，自益者必决之，吾是以叹也。子夏曰：然则学者不可以益乎？子曰：非道益之谓也，道弥益而身弥损。夫学者损其自多，以虚受人，故能成其满。博哉天道，成而必变。凡持满而能久者，未尝有也。故曰，自贤者，天下之善言，不得闻于耳矣。昔尧治天下之位，犹允恭以持之，克让以接下。是以千岁而益盛，迄今而逾彰。夏桀、昆吾，自满而极，亢意而不节，斩刈黎民，如草芥焉。天下讨之，如诛匹夫。是以千载而恶著，迄今而不灭。观此如行，则让长不疾先；如在舆，遇三人则下之，遇二人则式之。调其盈虚，不令自满，所以能久也。”不令自满，所以能久，犹谦而用涉大川，无凶而吉。

六二，鸣谦，贞吉。

〔**译**〕　六二，谦虚闻名，为正道，吉利。

《象》曰：“鸣谦贞吉，中心得也。”

〔**证**〕

鸣谦　《说文》：“鸣，鸟声也。从鸟从口。”《广雅·释诂三》：“命、鸣，名也。”疏证：“鸣者，《夏小正》传云：鸣者，相命也。《春秋繁露·深察名号篇》云：古之圣人，鸣而命施谓之鸣。名之为言，鸣与命也。名、鸣、命，古亦同声同义。”《玉篇·鸟部》：“鸣，声相命也。”《集韵·映韵》：“鸣，相呼也。”《列子·黄帝篇》曰：“（禽兽）饮则相携，食则鸣群。”张湛注：“夫龟龙，甲鳞之宗；麟凤，毛羽之长；爰逮蜎飞蠕动，皆乎相闻，各有意趣，共相制御，岂异于人？”马融《长笛赋》：“山鸡成群，野雉朝雊，求偶鸣子，悲号长啸。”曹子建《名都赋》：“鸣俦啸匹侣，列坐竟长筵。”以上之鸣，皆为呼号、召告之意。程氏传：“二以柔顺居中，是为谦德积于中。谦德充积于中，故发于外，见于声音颜色，故曰鸣谦。”朱骏声曰：“天子、诸侯，称孤道寡，所谓鸣谦也。”

《小雅·鹿鸣》：“呦呦鹿鸣，食野之苹。人之好我，示我周行。”毛传：“呦呦然，鸣而相呼。恳诚发乎中，以兴嘉乐宾客，当有恳诚相招呼，以成礼也。周，至；行，道也。”孔颖达疏：“毛以为，呦呦然为声音，乃是鹿鸣。所以为此声者，鸣而相呼食，野中之苹草。言鹿既得苹草，有恳笃诚实之心，发于中，相呼而共食。以兴文王，既有酒食，亦有恳笃诚实之心，发于中，召其臣下，而共行飨宴之礼，以致之。王既有恳诚以召臣；臣下被召，莫不皆来。故嘉宾皆爱好我，以敬宾如是，乃输诚矣，示我以先王至美之道也。”《诗毛氏传疏》：“陆贾《新语·道基篇》云：《鹿鸣》，以仁求其群。《淮南子·泰族篇》云：《鹿鸣》兴于兽，君子大之，取其见食而相呼也。《盐铁论·刺复篇》云：《鹿鸣》之乐贤。此皆与毛义同。”

又，《伐木》：“伐木丁丁，鸟鸣嘤嘤。出自幽谷，迁于乔木。嘤其鸣矣，求其友声。

相彼鸟矣，犹求友声；矧伊人矣，不求友生？神之听之，终和且平。”毛传：“幽，深；乔，高也。君子虽迁于高位，不可以忘其朋友。”郑笺：“言昔日未居位，在农之时，与友生于山岩伐木，为勤苦之事，犹以道德相切正也。嘤嘤，两鸟声也。其鸣之志，似于有友道然，故连言之。谓向时之鸟，出从深谷，今移处高木。嘤其鸣矣，迁处高木者；求其友声，求其尚在深谷者。其相得，则复鸣嘤嘤然。鸟尚知居高木呼其友，况是人乎，可不求之？此言心诚求之，神若听之，使得如志，则友终相与和，而齐功也。”《诗序》曰：“伐木，燕朋友故旧也。自天子至于庶人，未有不须友以成者。亲亲以睦，友贤不弃，不遗故旧，则民德归厚矣。”

以上之鸣，皆谓鸣以求应。《系辞传》曰：“鸣鹤在阴，其子和之。我有好爵，吾与尔靡之。子曰：君子居其室，出其言善，则千里之外应之，况其迩者乎？居其室，出其言不善，则千里之外违之，况其迩者乎？言出乎身，加乎民；行发乎迩，见乎远。言行，君子之枢机。枢机之发，荣辱之主也。言行，君子之所以动天地也，可不慎乎？”是以君子鸣谦，惟以谦虚名闻远迩。古鸣、名、明通。《说卦传》曰：“艮为黔喙。”《说文》：“喙，口也。从口，彖声。”朱骏声《说文通训定声》曰：“兽虫之口曰喙。”按，鸟兽虫魚之口皆曰喙。六二在下艮之中，艮为喙为口，口能鸣，鸣于下，是为鸣谦。

贞吉 六二，在下卦之中，阴在阴位，为得中得正，为正而吉。谦之为谦，以艮山下坤地，得艮之中，即得谦之中，得中即得正。贞吉，即得谦正之吉。正行不败，是以为吉。《彖》曰：“谦，亨。天道下济而光明，地道卑而上行；天道亏盈而益谦，地道变盈而流谦；鬼神害盈而福谦，人道恶盈而好谦；谦尊而光，卑而不可逾，君子之终也。”六二，得谦之正，是以可得天地人，及鬼神之助，故而吉利。《象》曰：“鸣谦贞吉，中心得也。”谓鸣谦，以其有中正之心，而得吉利。《周易折中》引胡氏瑗曰：“中心得者，言君子所作所为，皆得诸心，然后发诸于外，故此谦谦，皆由中心得之，以至于声闻，流传于人，而获至正之吉也。”朱骏声《六十四卦经解》曰：“所谓鸣谦也，非共工之象恭，非新莽之貌恭。”亦谓鸣谦，乃中心诚恳之谦；无哗众取宠，沽名钓誉之意，故而得吉。

九三，劳谦君子，有终，吉。

〔译〕 九三，劳苦功高，而谦虚之君子，有好结果，吉利。

《象》曰：“劳谦君子，万民服也。”

〔证〕

劳谦君子 《说文》：“勞（劳），劇（剧）也。从力，荧省。荧火烧门，用力者劳。”按，《说文》：“荧，屋下镫烛之光也。从焱冂。”段玉裁注：“镫者，锭也。镫以膏助然之，烛以麻蒸然之，其光荧荧然，在屋之下，故其字从冖。冖者，覆也。荧者，光不定之貌。以火华照屋，会意。”又，《说文》：“力，筋也，象人筋之形。治功曰力。”荧，为荧火烧门者，然为烧，即谓荧为镫烛之火，然于门牖，焚膏继晷。乏其筋骨体肤之意。故《说文》曰：“劳，剧也。”“劇，务也。”段注：“务者，趣也，用力尤甚者。”劳谦，即谓既劬劳，又谦虚。《文选·孔融荐祢衡表》：“遭遇厄运，劳谦日仄。”李善注：“言勤劳谦恭，日晚不食，以求贤也。”

《史记·周本纪》：“成王少，周初定天下，周公恐诸侯畔周，公乃摄行政当国。管叔、蔡叔群弟疑周公，与武庚作乱，畔周。周公奉成王命，伐诛武庚、管叔，放蔡叔。以微子开代殷后，国于宋。颇收殷余民，以封武王少弟封为卫康叔。晋唐叔得嘉谷，献之成王，成王以归周公于兵所。周公受禾东土，旅天子之命。初，管、蔡畔周，周公讨之，三年而毕定，故初作《大诰》，次作《微子之命》，次《归禾》，次《嘉禾》，次《康诰》、《酒诰》、《梓材》，其事在《周公》之篇。周公行政七年，成王长，周公反政成王，北面就群臣之位。”周公乃文王之子，武王之弟，成王之叔父，亦为天下之贵。然一沐三捉发，一饭三吐哺，起以待士，犹恐失天下之贤人，可谓劳谦君子。三与二、四为坎，坎为劳；阳应居五，而下居三，为谦：是以为劳谦君子。

有终，吉 《象》曰：“劳谦君子，万民服也。”《系辞传》曰：“劳谦，君子有终，吉。子曰：劳而不伐，有功而不德，厚之至也，语以其功下人者也。德言盛，礼言恭，谦也者，致恭以存位者也。”万民服，所谓君子有终。致恭以存位，所谓君子吉。荀爽曰：“民功曰劳，又事功曰劳，坎为劳卦。艮终万物，三居艮之终。阳当居五，自卑下众，降居下体，君有下国之意。众阴皆欲执阳，上居五位，群阴顺阳，故万民服也。”程氏传：“三以阳刚之德，而居下体，为众阴所宗，履得其位，为下之上。是上为君所任，下为众所从，有功劳而持谦德者也，故曰劳谦。古之人，有当之者，周公是也。身当天下之大任，上奉幼弱之主，谦恭自牧，夔夔发畏然，可谓有劳而能谦矣。既能劳谦，又须君子行之有终，则吉。”朱骏声曰：“五阴为万民。大禹不矜不伐，周公躬吐握，下白屋，颜子无施劳，此其义也。”按，《周书·金縢》曰：“公勤劳王家。”即是。谓周公为劳谦君子，似合《周书》之义。

又，于《易》，三为公位，凡言公或君子者，皆有褒词。益卦，六三曰：“有孚中行，告公用圭。”谓有诚信之九五中道天子，告诉六三之公，执桓圭享用其国。六四曰：“中行告公从。”行中道之九五天子，告六三之公，升至六四，随从天子。故《象》曰：“告公从，以益志也。”大有卦，九三曰：“公用亨于天子，小人弗克。”谓公杀牲献享天子。

又，三或称君子。乾卦，九三曰："君子终日乾乾，夕惕若，厉无咎。"《文言》曰："九三曰：君子终日乾乾，夕惕若，厉无咎，何谓也？子曰：君子进德修业。忠信，所以进德也；修辞立其诚，所以居业也。知至至之，可与几也；知终终之，可与存义也。是故居上位而不骄，在下位而不忧。故乾乾因其时而惕，虽危无咎矣。"大壮卦，九三曰："小人用壮，君子用罔。"《象》曰："小人用壮，君子罔也。"谓小人自大，君子则不自大。谦卦，九三曰："劳谦君子，有终，吉。"《象》曰："劳谦君子，万民服也。"是《周易》之三，或谓公，或谓君子，或奉上，或谦下，有周公之德。《论语·述而》："子曰：久矣，吾不复梦见周公！"《潜夫论·梦系列篇》曰："孔子生于乱世，日思周公之德，夜即梦之。"孔子尊周公，于修《易》之时，故而多之。

六四，无不利，㧑谦。

〔译〕　六四，谦无不利，继续发挥谦虚。

《象》曰："无不利，㧑谦，不违则也。"

〔证〕

无不利　《系辞传》曰："二与四，同功而异位，其善不同：二多誉，四多惧，近也。柔之为道，不利远者，其要无咎，其用柔中也。"二、四，同在阴位，上应五，不过二位在远，四位在近，为异位。二在下卦之中，得中正之誉；四近在五下，多惧而小心无害，是以其善不同。又，阴柔之道，利于近者，如六四顺上承五；不利于远者，远者要无咎，如六二用柔得中为是。比卦，坤下坎上。六四曰："外比之，贞吉。"《象》曰："外比于贤，以从上也。"朱熹注："以柔居柔，外比九五，为得其正，吉之道也。"观卦，坤下巽上。六四曰："观国之光，利宾于王。"《象》曰："观国之光，尚贤也。"朱注："六四最近于五，故有此象。其占为利于朝觐仕进也。"坤卦，坤下坤上。六四曰："括囊，无咎无誉。"《象》曰："括囊无咎，慎不害也。"《文言》曰："天地变化，草木蕃；天地闭，贤人隐 。《易》曰：括囊，无咎无誉，盖言谨也。"谦卦六四，柔居柔位，为谦。四有坤卦六四之德，似比卦六四与观卦六四，同以柔近君，其君六五，又为黄中通理，是以谦应上谦，又以谦接下之九三劳谦，故无不利。

㧑谦　《说文》："㧑，裂也。从手，为声。一曰手指㧑也。"段玉裁注："《易》：㧑谦。马曰：㧑犹离也。按，㧑谦者，溥散其谦，无所往而不用谦，裂义之引申也。"朱骏声《通训定声》曰："㧑，又为挥。"《九经字》曰："麾、㧑同，通作挥。"程氏传："㧑，布施之象，如人手之㧑也。动息进退，必施其谦，盖居多谦之地，又在贤臣上故也。"朱熹曰："㧑，与挥同。柔而得正，上而能下，其占无不利矣。然居九三之上，故戒以更当发挥其议，以示不敢自安之意也。”按，初六谦谦，卑以自牧，主在身谦。六二鸣谦，中心得也。主在心谦。九三劳谦，万民服也，主在事功。六四㧑谦，不违则也，主在发挥谦德，以利六五之利用侵伐，征不服也。六四，以柔居柔，为谦，初之三为艮，艮为手；三之五为震，震为动。手动为㧑，所㧑为谦，为㧑谦。

《象》曰：“无不利，㧑谦，不违则也。”《尔雅·释诂上》：“则，常也。”《广韵·德韵》：“则，法则。”《大雅·烝民》：“天生烝民，有物有则。”毛传：“则，法。”《诗集传》：“言天生众民，有是物必有是则。”《管子·形势》：“天不变其常，地不易其则。”常，常规；则，法则，皆有规律之意。谦卦《彖》曰：“谦，亨。天道下济而光明，地道卑而上行；天道亏盈而益谦，地道变盈而流谦；鬼神害盈而福谦，人道恶盈而好谦；谦尊而光，卑而不可逾，君子之终也。”六四，谦而无不利，而发挥其谦者，以其不违谦受益之规律，即不违谦受益之道。

李鼎祚《周易集解》，引荀爽曰：“四得位处正，家性为谦，故无不利。”李道平《周易集解纂疏》：“太玄八十一家，各有刚柔之性，故称家性。六十四卦亦然，以六居四，故得位处正，而在谦家。家性为谦，故无不利也。”王弼注：“处三之上而用谦焉，则是自上下下之义也。”承五而用谦顺，则是上行之道也。尽乎奉上下下之道，故无不利。”程氏传：“四居上体，切近君位；六五之君，又以谦柔自处；九三又有大功德，为上所任、众所宗；而己居其上，当恭畏以奉谦德之君，卑巽以让劳谦之臣，动作施为，无所不利于㧑谦也。㧑，布施之象，如人手之㧑也。动息进退，必施其谦，盖居多惧之地，又在贤臣之上故也。”又曰：“唯四以处近君之地，据劳臣之上，故凡所动作，靡不利于施谦，如是然后中于法则，故曰不违则也，谓得其宜也。”言得其谦道之宜。

六五，不富以其邻，利用侵伐，无不利。

〔译〕 六五，不福及那不服之诸侯邻国，利于使用侵伐，没有不利。

《象》曰：“利用侵伐，征不服也。”

〔证〕

不富以其邻 《说文》：“富，备也；一曰厚也。从宀，畐声。”段玉裁注：“富与福意义皆同。《释名》曰：福，富也。”朱骏声《说文通训定声·颐部》：“富，假借为福。《大雅·瞻卬》：“天何以刺，何神不富？”毛传：“刺，责；富，福。”郑笺：“王之为政，既无过恶，天何以责王，见变异乎？神何以不福王，而有灾害也？”《召旻》：“维昔之富，不如时。”郑笺：“富，福也；时，今时也。”《礼记·郊特牲》：“富也者，福也。”《墨子·尚贤中》：“是故，上者天鬼富之，外者诸侯与之，内者万民亲之，贤者归之。”

富，动用为使富，上对下为赐福。又，《说文》："实，富也。"于《易》，阳为实，为富；阴为虚，为不富。故小畜卦九五曰："富以其邻。"而泰卦六四、谦卦六五，则曰："不富以其邻。"王引之《经传释词》曰："以，犹及也。《易》小畜九五曰：富以其邻。虞翻注曰：以，及也。泰六四、谦六五，并曰：不富以其邻。泰初九曰：拔茅茹以其彙。言及其彙也。否初六同。剥初六曰：剥床以足；六二曰：剥床以辨；六四曰：剥床以肤。言及足、及辨、及肤也。复上六曰：用行师，终有大败，以其国君凶。言及其他国君也。《国语》引《汤誓》曰：余一人有罪，无以万夫。言无及万夫也。"以，为及，不富以其邻，即不福及其邻。

《虞书·益稷》曰："臣哉邻哉，邻哉臣哉。"又曰，"钦四邻。"孔氏传："四近，前后左右之臣。"《周书·蔡仲之命》："睦乃四邻，以蕃王室，以和兄弟。"孔传："亲汝四邻之国，以蕃屏王室，以和协同姓之邦。"《周礼·遂人》："五家为邻，五邻为里。"《孟子·滕文公下》："今有人，日攘其邻之鸡者。"邻里为邻。《汉书·扬雄传》："是以遐方疏俗，殊邻绝党之域。"师古注："邻，邑也。"小畜卦九五曰："有孚挛如，富以其邻。"九五君王，近臣为邻。泰卦六四曰："翩翩，不富以其邻。"相近为邻。震卦上六曰："震不于其躬，于其邻。"他人为邻。既济卦九五曰："东邻杀牛，不如西邻之礿祭。"东西为邻。以上邻字，随文取义。谦卦六五曰："不富以其邻，利用侵伐。"邻，当为邻国。《说卦传》曰："坤为吝啬。"六五当坤之中，是以吝啬，有不福及邻国之象。

利用侵伐　《象》曰："利用侵伐，征不服也。"《周礼·大司马》："负固不服，则侵之。"郑氏注："负，犹恃也；固，险可依以固者也；不服，不事大也；侵之者，兵加其境而已。"又，"贱贤害民则伐之。"郑注："《春秋传》曰：粗者曰侵，精者曰伐。又曰：有钟鼓曰伐。则伐者兵入其境，鸣钟鼓以往，所以声其罪。"《春秋》胡传："声罪致讨曰伐，潜师掠境曰侵。"《左传》庄公二十九年："凡师有钟鼓曰伐，无曰侵，曰袭。"《正义》曰："侵、伐、袭者，师旅讨罪之名也。鸣钟鼓以声其过，曰伐；寝钟鼓以入其境，曰侵；掩其不备，曰袭。此所以别兴师用兵之状也。"《象》曰："利用侵伐，征不服也。"即谓征讨负固不服，和贼贤害民者。师卦，坎下坤上。《象》曰："地中有水，师。"《彖》曰："行险而顺，以此毒天下，而民从之，吉又何咎矣。"谦卦，艮下坤上。亦地中有水，为师卦之象。且互坎互震在坤阴之中，坎为险，震为行，坤阴为顺为众，亦行险而顺，以此毒天下，民从而无咎，故曰利于使用侵伐。

无不利　《论语·季氏》："孔子曰：天下有道，则礼乐征伐，自天子出；天下无道，则礼乐征伐，自诸侯出。自诸侯出，盖十世希不失矣；自大夫出，五世希不失矣；陪臣执国命，三世希不失矣。天下有道，则政不在大夫。天下有道，则庶人不议。"谦卦，接大有卦之后，六五为天子，征伐自天子出，天下有道，百姓无非议，故无不利。《史记·周本纪》曰："成王少，周初定天下，周公恐诸侯畔周，公乃摄行政当国。管叔、蔡叔群弟疑周公，与武庚作乱，畔周。周公奉成王命，伐诛武庚、管叔，放蔡叔。"谦卦，九三公位，为师之主，似周公奉成王命，帅师出征之象。程氏传："然君道不可专尚谦柔，必须威武相济，然后能怀服天下，故利用行侵伐也。威德并著，然后尽君道之宜，而无所不利也。盖五之谦柔，当防于过，故发此议。"又曰，"征其文德谦巽，所不能服者也。文德所不能服，而不用威武，何以平治天下？非人君之中道，谦之过也。"二之四为坎，坎为险，为不利。六五已出坎，为无不利。

上六，鸣谦，利用行师，征邑国。

〔译〕 上六，谦虚闻名，利于出兵，征伐不服之国。

《象》曰："鸣谦，志未得也；可用行师，征邑国也。"

〔证〕

鸣谦 五和上，皆为天子大君之位。如：家人卦，九五曰：王假有家。上九曰："有孚威如。"师卦，上六曰："大君有命，开国承家。"离卦，上九曰："王用出征，有嘉折首。"随卦，上六曰："王用亨于西山。"谦卦，上六鸣谦，即天子大君之鸣谦。上六，以柔处至高之地，必须鸣谦以遂志，故《象》曰："鸣谦，志未得也。"《周颂·访落》："访予落止，率时昭考。于乎悠哉，朕未有艾。将予就之，继犹判涣。"毛传："访，谋；落，始；时，是；率，循；悠，远；犹，道；判，分；涣，散也。"郑笺："昭，明；艾，数；犹，图也。成王始即政，自以承圣父之业，惧不能遵其道德，故于庙中，与群臣谋我始即政之事。群臣曰：当循是明德，考所施行。（王）故答之以谦，曰：于乎远哉，我于是未有数，言远不可及也。汝扶将我，就其典法而行之，继续其业，图我所失，分散者收敛之。"《系辞传》曰："《易》之兴也，其当殷之末世，周之盛德邪？"故《易》之爻象，因事系辞，以史为鉴。谦卦上六，处震之上，震为善鸣，所鸣者谦，为鸣谦。

利用行师，征邑国 《孟子·尽心篇》："征者，上伐下也；敌国不相征也。"《白虎通·诛伐》曰："征者何谓也？征犹正也，欲言其正也。"《说文》："邑，国也。尊卑有大小。"《周书·武成》："天休震动，用附我大邑周。"《左传》桓公十一年："君次于郊郢，以御四邑。"杜预注："四邑：随、绞、州、蓼也。邑，亦国也。"上六征邑国，即大国征小国，征不服者。上六出征至下，则为坤，坤为地为邑国。至此则成坤下震上，为豫卦。《彖》曰："豫，刚应而志行，顺以动，豫。豫顺以动，故天地如之，而况建侯行师乎？天地以顺动，故日月不过，而四时不忒；圣人以顺动，则刑罚清而民服。豫之时义大矣哉!”谦卦上六曰:“鸣谦,利用行师,征邑国。”即是欲得豫卦之时。《象》曰:“鸣谦,志未得也,可用行师,征邑国。”谓上六鸣谦者,志在得豫,为达目的,可用行师,征邑国,亦不为过。

《周书·成王政》之《序》曰:“成王东伐淮夷,遂践奄,作《成王政》。”《正义》曰:“周公摄政之初,奄与淮夷从管、蔡作乱,周公征而定之。成王即政之初,淮夷与奄又叛,成王亲往征之。成王东伐淮夷,遂践灭奄国。以其数叛,徙奄民,作诰命之辞,言平淮夷、徙奄之政令。史叙其事,作《成王政》之篇。成,训平也,言平比叛逆之民,以为王者政令,故以《成王政》为篇名。”《正义》曰:“此篇在成王书内,知是成王即政,淮夷又叛,王亲征之。又案《洛诰》,成王即政,始封伯禽。伯禽既为鲁侯,乃居曲阜。《费誓》称鲁侯伯禽宅曲阜,淮夷、徐戎并兴,鲁侯征之,作《费誓》。彼言淮夷并兴,即此伐淮夷。王伐淮夷,鲁伐徐戎,是同时伐,明是成王即政之年,复重叛也。”此次征伐,君臣同心,故有九三和上六之应。

第十六卦　丁　丑

☷☳ 震上
坤下

豫，利建侯行师。

〔译〕豫，利于建立侯国，用兵作战。

《彖》曰："豫，刚应而志行，顺以动，豫。豫，顺以动，故天地如之，而况建侯行师乎？天地以顺动，故日月不过，而四时不忒。圣人以顺动，则刑罚清而民服。豫之时义大矣哉！"

《象》曰："雷出地奋，豫，先王以作乐崇德，殷荐之上帝，以配祖考。"

〔证〕

坤下震上　《说文》："亥，荄也。十月，微阳起接盛阴。从二，二，古文上字也，一人男，一人女也。从乚，象怀子咳咳之形也。亥而生子，复从一起。"段玉裁注："许云荄也者，荄，根也，阳气根于下也。十月，于卦为坤，微阳从地中起接盛阴，即壬下所云：阴极阳生。故《易》曰：龙战于野。战者，接也，谓阴在上也。其下从二人，一人男，一人女，象乾道成男，坤道成女。此言始一终亥，亥终则复始一也。"又，《说文》："子，十一月，阳气动，万物滋。人以为称，象形。"段注："《律书》：子者，滋也，言万物滋于下也。《律历志》曰：孳萌于子。子本阳气动，万物滋之称，万物莫灵于人，故因假借以为人之称。象物滋生之形，亦象人首与足之形也。"按《说文》所称，十月、十一月，阴极阳生，万物滋，即《周易》坤下震上，豫卦之象。坤为十月，震为十一月。

《大戴礼记·夏小正》："十月，时有养夜。养者，长也，若日之长也。"王聘珍解诂："《论衡·说日》云：夜，阴也。时有养夜者，郑注《周易》云：建戌之月，以阳气既尽，建亥之月，纯阴用事也。传云养者长也者，谓生长也。云若日之长也者，《小尔雅》云：若，乃也。《汉书·天文志》云日，阳也。十月纯阴，何云阳长？《易》曰：剥，穷上反下。盖剥卦上九，一画为三十分，一日剥一分，至九月尽方尽。然阳气无间可息，剥于上，则生于下，至十月一日，便生一分，积三十分而成一画，故十一月，一阳复而养之，则自十月始矣。十月纯阴，乃所以养阳也。"《尔雅·释天》："十月为阳。"《尔雅义疏》曰："今按阴阳消息，迭运不穷，故董仲舒《雨雹对》云：十月阴虽用事，而阴不孤立。《诗采薇·正义》，引《诗纬》曰：阳生酉仲，阴生戌仲。是十月中，兼有阴阳。"

《夏小正》:“十一月，日冬至，阳气至始动，诸向生，皆蒙蒙符矣。故麋角陨，记时焉尔。”王聘珍解诂:“郑注《周易》云：蒙蒙，物初生形。是其未开著之名也。符，信也，验也。万物应微阳而动，皆有信验也。《月令》曰：日短至，阴阳争，诸生荡。郑注云：争者，阴方盛，阳欲起也；荡，谓物动，萌芽也。高注《淮南·时则》云：麋角解堕，皆应微阳也。”《月令·仲冬之月》云:“芸始生，荔挺出，蚯蚓结，麋角解，水泉动。”《正义》曰:“芸始生，荔挺出者，皇氏云：以其俱香草，故应阳气而出。而蚯蚓结者，蔡云：结，犹屈也。蚯蚓在穴，屈首下向阳气；气动，则宛而上首，故其结而屈也。麋角解者，节气早，则麋角十一月解。故《夏小正》云：十一月，麋角陨坠。是也。若节气晚，则十二月陨麋角。”《逸周书·时训解》陈逢衡注:“麋角解者，麋是阴兽，冬至得阳气而解角也。水泉动者，泉涘于地，阳气聚于内，故禀微阳而动，动谓气始达也。”豫卦，坤下震上，坤为地，震为动，为阳气生于地中，而出于地。又，三之五为坎水，震为动，上下皆阴，阴为地，为泉涘于地。

《礼记·月令》:“孟冬之月，律中应钟。”郑氏注:“孟冬气至，则应钟之律应。《周语》曰：应钟均利器用，俾应复。”《正义》曰:“按《春秋说》云：应其钟。注云：应钟，应其种类。《律历志》：应钟，言阴气应无射，该藏万物而杂阳。阂种，注云：阂，藏塞也，阴杂阳气，藏塞为万物作钟。晋灼曰：外闭曰阂。以此言之，云应其种类，正谓应无射也。云均利器用，俾应复者。按《周语》注：十月应钟，坤六三用事。言阴应阳用事，万物钟聚，百器具备。俾应复者，阴阳用事，终而复始也。”《白虎通·五行》曰:“十月谓之应钟何？应者，应也；钟者，动也。言万物应阳而动，下藏也。”按，坤卦上六曰:“龙战于野，其血玄黄。”龙战于野，即是阴阳之争；其血玄黄，即是阴中有阳。是十月应钟，为阴应阳，而藏万物。

《月令》:“仲冬之月，律中黄钟。”郑氏注:“黄钟者，律之始也，九寸。仲冬气至，则黄钟之律应。《周语》曰：黄钟，所以宣养六气九德。”《正义》曰:“按《元命包》：黄钟者，始黄。注云：始萌黄泉中。《律历志》云：黄者，中之色，君之服，钟，种也。又云：黄，五色莫盛焉，故阳气始种于泉，孳萌万物，为六气元也。《周语》曰：黄钟，所以宣养六气九德者，按彼注：十一月建子，阳气在中。正德利用厚生，作乐宣遍黄钟，象气伏地，物始萌，所以遍养六气九功之德。”《吕氏春秋·仲冬纪》曰:“仲冬之月，律中黄钟。”高诱注:“黄钟，阳律也。竹管音与黄钟和也。阳气聚于下，阴气盛于上，万物萌聚于黄泉之下，故曰黄钟也。”《淮南子·时则训》曰:“仲冬之月 ，律中黄钟。”注:“黄钟者，阳气聚于下，阴气盛于上，万物黄，萌于地中，故曰黄钟 。”《白虎通·五行》曰:“《月令》十一月，律谓之黄钟何？黄者，中和之色；钟者，动也。言阳气于黄泉之下动，养万物也。”《五行大义》引《三礼义宗》云：“钟，应也。言阳气潜动于黄泉之下，应养万物，萌芽欲出。”阳气潜动于黄泉之下，即豫卦上震，是阳气来复。其阳为初九，为潜龙。豫卦，坤下震上，皆谓阴极阳来，为阳复用事之象，是以为豫。《彖》曰：“豫，刚应而志行。”谓刚应时而志行，即此之谓。

《月令》：“仲冬之月，命之曰畅月。”《正义》曰：“畅，充也。言名此月为充实之月，当使万物充实，不发动也。”《说文》：“畼，不生也。从田，昜声。”段玉裁注：“今之畅，盖即此字之隶变。《诗》：文茵畅毂。传曰：畅毂，长毂也。《月令》：令之曰畅月。注曰：畅，充也。盖皆义之相反，而相生也。”桂馥义证：“不生也者，当为才生。本书⿱艹畼从此，云：草茂也。《广雅》：畼，长也。或作畅。《月令》：命之曰畅月。注云：畅，犹充也。按本书：充，长也。潘岳《西征赋》：桑麻条畅。《七发》：使师堂操畅。李善引《琴道》：尧畅达则兼善天下。无不通畅，故谓之畅。”朱骏声《通训定声》曰：“《汉书·礼乐志》：四畅交于中。注：通达也。《神女赋》：不可尽畅。注：申也。《风俗通·声音》：其道行和乐而作者，命其曲曰畅。畅者，言其道之美畅。”按，坤卦《文言》曰：“君子黄中通理，正位居体，美在其中，而畅于四支，发于事业，美之至也。”畅于四支，犹通于四支。屯卦，震下坎上。《彖》曰：“屯，刚柔始交而难生。”朱熹曰：“始交，谓震；难生，谓坎。”豫卦，坤下震上，十月以后，至十一月，一阳起用事，天地由不通到通，仲冬之月，命之曰畅月。畼，畅通义。畼，阳生于田；畅，谓阳气申。

按，十二消息卦：十一月为复卦，震下坤上，一阳生于下；十二月为临卦，兑下坤上，二阳生于下；一月为泰卦，乾下坤上，三阳生于下；二月为大壮卦，乾下震上，四阳生于下；三月为夬卦，乾下兑上，五阳生于下；四月为乾卦，乾下乾上，六阳生，五月为姤卦，巽下乾上，一阴生于下；六月为遁卦，艮下乾上，二阴生于下；七月为否卦，坤下乾上，三阴生于下；八月为观卦，坤下巽上，四阴生于下；九月为剥卦，坤下艮上，五阴生于下；十月为坤卦，坤下坤上，六阴生。豫卦，坤下震上，十月至十一月，阴消阳生。

《说卦传》曰：“坤为顺。”坤卦，坤下坤上。《彖》曰：“乃顺承天”，“柔顺利贞”，“后顺得常”。坤为顺。师卦，坎下坤上。《彖》曰：“行险而顺。”坎为险，坤为顺。比卦，坤下坎上。《彖》曰：“下顺从也。”坤为顺。泰卦，乾下坤上。《彖》曰：“内健而外顺。”乾为健，坤为顺。临卦，兑下坤上。《彖》曰：“说而顺。”兑为说，坤为顺。观卦，坤下巽上。《彖》曰：“顺而巽。”坤为顺，巽为巽。剥卦，坤下艮上。《彖》曰：“顺而止之。”坤为顺，艮上止。复卦，震下坤上。《彖》曰：“动而以顺行。”震为动，坤为顺。晋卦，坤下离上。《彖》曰：“顺而丽乎大明。”坤为顺，离为明。明夷卦，离下坤上。《象》曰："内文明而外柔顺。"离为明，坤为顺。萃卦，坤下兑上。《象》曰："顺以说。"坤为顺，兑为说。升卦，巽下坤上。《象》曰："巽而顺。"巽为巽，坤为顺。

《说卦传》曰："震为动。"屯卦，震下坎上。《象》曰："动乎险中。"震为动，坎为险。随卦，震下兑上。《象》曰："动而说。"震为动，兑为说。噬嗑卦，震下离上。《象》曰："动而明。"震为动，离为明。复卦，震下坤上。《象》曰："动而以顺行。"震为动为行，坤为顺。无妄卦，震下乾上。《象》曰："动而健。"震为动，乾为健。颐卦，震下艮上。颐，下动上止。震为动，艮为止。恒卦，巽下震上。《象》曰："巽而动。"巽为巽，震为动。大壮卦，乾下震上。《象》曰："刚以动。"乾为刚，震为动。解卦，坎下震上。《象》曰："险以动。"坎为险，震为动。益卦，震下巽上。《象》曰："动而巽。"震为动，巽为巽。震卦，震下震上。《象》曰："震惊百里，惊远而惧迩也。"震惊，犹惊动，震为动。归妹卦，兑下震上。《象》曰："说以动。"兑为说，震为动。丰卦，离下震上。《象》曰："明以动。"离为明，震为动。小过卦，艮下震上。《象》曰："有飞鸟之象焉。"反看艮亦震，两翼震而飞，震为动。豫卦，坤下震上。《象》曰："顺以动。"坤为顺，震为动，阳顺以动。

郑康成曰："坤，顺也；震，动也。顺其性而动者，莫不得其所，故谓之豫。"程氏传："为卦，震上坤下，顺动之象。动而和顺，是以豫也。九四为动之主，上下群阴所共应也。坤又承之从顺，是以动而上下顺应，故为和豫之义。"又曰，"刚应，谓四为群阴所应，刚得众应也。志行，谓阳志上行，动而上下顺应，其志得行也。顺以动豫，震动而坤顺，为动而顺理；顺理而动，又为动而众顺，所以豫也。"朱熹曰："豫，和乐也，人心和乐以应其上也。九四一阳，上下应之，其志得行。又坤遇震，为顺以动，故其卦为豫。"扬雄《太玄经》："乐，阳始出奥，舒迭得以和淖，物咸喜乐。"范望注："象豫卦，行属于水。"司马光注："淖，和也。阳始出幽奥，舒展迭积之物，皆得和淖而喜乐。"按，《白虎通·五行》曰："水位在北方。北方者阴气，阳气在黄泉之下，任养万物。"是《太玄》之义，与《周易》同，皆谓冬季阳气顺动之象。

豫 《说文》："豫，象之大者。贾侍中说：不害于物。从象，予声。"段玉裁注："此豫之本义，故其字从象也。引伸之，凡大皆称豫。故《淮南子》、《史记·循吏传》、《魏都赋》，皆云：市不豫价。《周礼·司市》注：防诳豫。皆谓卖物者，大其价以愚人也。大必宽裕，故先事而备，谓之豫。宽裕之意也，宽大则乐。故《释诂》曰：豫，乐也。《易》郑注曰：喜豫说乐之貌也。亦借为舒字。如《洪范》：豫，恆燠若也。亦借为与字。如《仪礼》，古文与作豫，是也。贾侍中名逵，许所从受古学者也。侍中说：豫象虽大，而不害于物。故宽大舒缓之义取此字。非许书，则从象不可解。”豫卦，借用豫字本义。于《易》，象之大者谓阳，阳为大，阴为小。《彖》曰：“豫，刚应而志行，顺以动，豫。豫顺以动，故天地如之。”豫，皆谓阳。

《周书·洪范》：“曰豫，恆燠若。”孔氏传：“君行逸豫，则常燠顺之。”《正义》曰：“君行逸豫，则常暖顺之。”《说文》：“燠，热在中也。从火，奥声。”段玉裁注：“《洪范》：庶征：曰燠、曰寒。古多假奥为之。《小雅》：日月方奥。传曰：奥，暖也。奥者，宛也。热在中，故以奥会意。”于《易》，热在中，犹阳在阴中。豫则恆燠若，谓豫为阳类，常暖为豫之兆。《国语·晋语》曰：“坤，母也，震，长男也，母老子强，故曰豫。”又，孔子欲作《春秋》，卜得阳豫之卦。子强，阳豫，皆谓阳气伸长为豫。《尔雅·释地》曰：“河南曰豫州。”李巡云：“河南其气著密，厥性安舒，故曰豫。豫，舒也。”《春秋元命苞》曰：“豫之为言叙也，言阴阳分部，各得其处，故其气平静多序。”《释文·释地》引之曰：“豫之言序也，言阳气分布，各得其处，故其气平静多序也。”亦谓阳气顺动，伸舒为豫。

《夏书·五子之歌》：“太康尸位以逸豫。”《释文》曰：“豫，本又作忬，音同。”黄焯《释文彙校》：“豫，本或作忬，旧抄本作悆。”《商书·说命中》：“不惟逸豫。”《释文彙校》：“唐写本作悆。案，《说文》悆引《周书》曰：悆，喜也。是逸豫之豫，本当作悆。”《周书·洪范》：“豫，恆燠若。”《释文》曰：“豫，又音舒。”《尔雅·释言》曰：“豫，叙也。”郝懿行《尔雅义疏》：“豫者，舒也，序也。故《释地·释文》，引《春秋无命苞》云：豫之言序也，亦通作序。《祭义》注：序，或为豫。《乡射礼》云：豫则鉤楹内。郑注：豫，读如《成周》宣榭灾之榭。今文豫为序，是序、豫同。豫、榭古音又同又通，作舒。《释诂》云：舒，叙也，绪也。《书》：曰豫，恆燠若。《史记· 宋世家》作曰舒，常奥若。《大戴礼·五帝德篇》云：贵而不豫。《史记·五帝纪》作贵而不舒。是舒、豫音又同矣。”《集韵》云：“舒，豫。”释曰：“《说文》：伸也。《方言》：东齐之间，凡展物谓之舒；一曰叙也，散也；或作豫。”又云，“悆，忬。”释曰：“《说文》：缓也；一曰解也。悆、忬通作舒。”是豫字之义，本作舒。于《易》，则为阳气伸舒。

《尔雅·释天》：“十月为阳，十一月为辜，十二月为涂。”《尔雅义疏》：“辜者，故也。十一月阳生，欲革故取新也。十月建亥，亥者根荄也。至建子之月，而孳孳然生矣。涂者，古本作荼，荼亦舒也。言阳虽微，气渐舒也。舒、荼古字通用。”豫卦，坤下震上。坤位正北，为十月；震位东北，为十一月、十二月。豫通舒，舒通荼，即涂，为十二月，是豫为阳气虽微，而气渐舒，豫为舒。《夏小正》：“十一月，日冬至；阳气至，始动，诸向生皆蒙蒙符矣。故麋角陨，记时焉尔。”又，“十二月，陨麋角。盖阳气旦睹也，故记之也。”十一月，阳气至，始动；十二月，阳气旦睹。是阳气自十一月始动，至十二月出地明见。麋鹿灵物，感阳先著，十一月至十二月陨角，即阳气伸展舒豫之时，故《易》称之为豫。《系辞传》曰：“日往则月来，月往则日来，日月相推，而明生焉。寒往则暑来，暑往则寒来，寒暑相推，而岁成焉。往者屈也，来者信也，屈信相感，而利生焉。”《释文》：“信，本又作伸。”十月以后，则是寒往暑来，阴屈阳伸，故其卦为阳气伸舒，为豫。豫谓乐者，为引伸之义。

利建侯行师 建侯，此处为立功创业，建立侯国。汉，韦孟《讽谏》诗：“乃命厥弟，建侯于楚。”屯卦，震下坎上。卦辞曰：“利建侯。”《象》曰：“雷雨动满盈，天造草昧，宜建侯而不宁。”又，初九曰：“利建侯。”是震为雷为侯。震卦，震下震上。卦辞曰：“震惊百里，不丧匕鬯。”《象》曰：“震惊百里，惊远而惧迩也。出可以守宗庙社稷，以为祭主也。”《白虎通·封公侯》曰：“诸侯封不过百里，象雷震百里，所润云雨同也。雷者，阴中之阳也，诸侯象也。诸侯比王者为阴，南面赏罚，为阳法雷也。”豫卦，坤下震上。震为诸侯象，故卦辞曰：“利建侯。”十一月冬至前后，阳升阴降，阴阳交，是以为震。《说卦传》曰：“万物出乎震。”“动万物者，莫疾乎雷。”是以震为建侯之象，亦为立功创业之象。《象》曰：“豫，顺以动，故天地如之，而况建侯行师乎？”是观天象，类人事。

行师，此处犹兴动师众，用兵作战。《说卦传》曰：“坤为众。”师卦，坎下坤上。《象》曰：“师，众也。”坤阴为众，众为师。故初六曰：“师出以律。”六三曰：“师或舆尸。”六四曰：“师左次。”而九二曰：“在师中。”是初六、六三、六四，三阴为坤，坤为众为师；九二在坤之中，曰在师中，不曰师。泰卦，乾下坤上。上六曰：“城复于隍，勿用师。”以其坤阴极，必反下，故曰城复于隍，勿用师。是坤为师。同人卦，离下乾上。九五曰：“大师克相遇。”三为众，众为师。坤阴为小，三阴为师；乾阳为大，三阳为大师。谦卦，艮下坤上。六五曰：“不富以其邻，利用侵伐。”上六曰：“利用行师，征邑国。”五、上在坤，故并有行师之象。复卦，震下坤上。上六曰：“用行师，终有大败，以其国君凶，十年不克。”上坤为师象，故曰用行师。豫卦，坤下震上。震为动为侯，为建侯；坤为众，震为动，众动为行师，故曰利建侯行师。又，豫亦大坎，坎为水，水流于地，为行师之象。《象》曰：“豫，顺以动，故天地如之，而况建侯行师乎？”谓阳息，顺时以动，天地亦顺时以动，何况人之建侯行师，皆必顺时以动。得天时者昌，逆天时者亡。《系辞传》曰：“穷神知化，德之盛也。”

又，震为雷，为刑罚。噬嗑卦，震下离上。卦辞曰：“利用狱。”《象》曰：“雷电合而章，利用狱。”《象》曰：“雷电，噬嗑，先王以明罚敕法。”上离为明断，下震为刑罚 。

大壮卦，乾下震上。《象》曰："雷在天上，大壮，君子以非礼弗履。"震为刑罚，谓刑罚在上，君子遵纪守法，故而非礼弗履。解卦，坎下震上。《象》曰："雷雨作，解，君子以赦过宥罪。"震雷而化作雨，是以君子赦免过错，宽宥罪行，是震为刑罚。益卦，震下巽上。《象》曰："风雷，益，君子以见善则迁，有过则改。"雷动则风顺，是以君子迁善改过。亦谓震雷犹刑罚，不犯法而循法，为改过。震卦，震下震上。卦辞曰："震惊百里。"《彖》曰："恐致福也，后有则也。"恐惧以致福；则为法。《象》曰："洊雷震，君子以恐惧修省。"震为刑罚，为恐惧。丰卦，离下震上。《象》曰："雷电皆至，丰，君子以折狱致刑 。"离为明断，为折狱；震为刑罚，为致刑。豫卦，坤下震上。坤为顺为众，震为动为刑罚。《彖》曰："天地以顺动，故日月不过，而四时不忒。圣人以顺动，则刑罚清而民服。豫之时义大矣哉！"不过，谓日月之行，不失其度数；不忒，谓四时变化，无有差错。人法天地，圣人顺时而动，则刑罚清而民服。圣人惟时，故曰时义为大。

程氏传："既言豫顺之道矣，然其旨味渊永，言尽而意有余也。故复赞之云：豫之时义大矣哉！欲人研味其理，优柔涵泳而识之也。时义，谓豫之时义。诸卦之时与义用大者，皆赞其大矣哉。豫以下十一卦是也：豫、遁、姤、旅，言时义；坎、睽、蹇，言时用；颐、大过、解、革，言时，各以其大者也。"《周易折中》引吴氏澄曰："专言时者，重在时字；时义，重在义字；时用，重在用字。"重在时者，谓其时重大；重在用者，谓其时功用重大；重在义者，谓其时意义重大。三者皆告诫之意。王弼《周易略例·明卦适变通爻》曰："夫卦者，时也；爻者，适时之变者也。夫时有否泰，故用有行藏。"韩康伯注："卦者，统一时之大义；爻者，适时中之通变。泰时则行，否时则藏。"

按，言卦之时大矣哉者：革卦，离下兑上。伏羲八卦，离位正东，为正月；兑位东南，为二、三月。是以革卦《彖》曰："革之时大矣哉！"乃谓春之时，大矣哉。大过卦，巽下兑上。大过，大者过，阳过阴来之时，即兑往巽来，四月已过，此夏至之时，是以《彖》曰："大过之时大矣哉！"谓夏之时，大矣哉。颐卦，震下艮上。《月令·仲秋之月》云："是月也，日夜分，雷始收声。"震为雷，艮为止。秋分雷止，即雷始收声，是以《彖》曰："颐之时大矣哉！"乃谓秋之时，大矣哉。解卦，坎下震上。震为雷，坎为雨。《彖》曰："雷雨作，而百果草木皆甲坼。"《月令·仲冬之月》云："是月也，日短至，阴阳争，诸生荡。"郑氏注："争者，阴方盛，阳欲起也。荡，谓物动，萌芽也。"物动、萌芽，即百果草木皆甲坼。是以《彖》曰："解之时大矣哉！"乃谓冬之时，大矣哉。

言卦之时用大矣哉者：习坎卦，坎下坎上。大过卦后，即夏至，天上地下，雨水加多，是以有坎上坎下之象。《尔雅·释天》：“暴雨谓之涷。”郭璞注：“今江东呼夏月暴雨为涷雨。”《岁时广记》曰：“《风土记》：夏至，雨名黄梅雨，沾衣服皆败黦。《四时纂要》云：梅熟而雨，曰梅雨。农人以得梅雨，乃宜耕稼。故谚云：雨不梅，无来炊。”是以《彖》曰：“险之时用大矣哉！”乃谓夏之时，雨水功用重大。睽卦，兑下离上。伏羲八卦，离位正东，为正月；兑位东南，为二、三月，是为春象。《彖》曰：“天地睽，而其事同也；男女睽，而其志通也；万物睽，而其事类也。”谓春时，天高地卑，皆为春回；男女异性，同结婚媾；万物差别，而一例生长。是以《彖》曰：“睽之时用大矣哉！”乃谓春之时，相反相成之功用重大。蹇卦，艮下坎上。伏羲八卦，坎位正西，为七月；艮位西北，为八、九月，是为秋象。是以《彖》曰：“蹇之时用大矣哉！”乃谓秋之时，收获之功用重大。

言卦之时义大矣哉者：豫卦，坤下震上。伏羲八卦，坤位正北，为十月；震位东北，为十一月、十二月。十月阴极，阳动于地中；十一月，一阳生，十二月，二阳生。《系辞传》曰：“乾知大始。”是以《彖》曰：“豫之时义大矣哉！”乃谓豫之时阳生，意义重大。遁卦，艮下乾上。于十二月卦，为六月卦。二阴浸进，四阳退避，为遁。《彖》曰：“遁，亨，遁而亨也。刚当位而应，与时行也。小利贞，浸而长也。遁之时义大矣哉！”乃谓六月之时阳退，意义重大。姤卦，巽下乾上。于十二月卦，为五月卦。《彖》曰：“姤，遇也，柔遇刚也。天地相遇，品物咸章也。刚遇中正，天下大行也。姤之时义大矣哉！”《系辞传》曰：“坤作成物。”乃谓五月之时阴生，意义重大。旅卦，艮下离上。伏羲八卦，艮位西北，为九月；离位正东，为正月。由九月至正月，中经十月、十一月、十二月，是以《彖》曰：“旅之时义大矣哉！”乃谓冬之时，阴极而退，意义重大。《系辞传》曰：“变通莫大乎四时。”故随卦《彖》曰：“天下随时，随时之义大矣哉！”

《象》曰：“雷出地奋，豫，先王以作乐崇德，殷荐之上帝，以配祖考。”《说文》：“靁（雷），阴阳薄动，雷雨生物者也。从雨，畾象回转形。”段玉裁注：“薄，音博，迫也。阴阳迫动，即谓雷也。凡积三则为众，众则盛，盛则必回转。二月阳盛，雷发声，故以畾象其回转之形，非三田也。”又，《说文》：“震，劈历振物者。从雨，辰声。《春秋传》曰：震夷伯之庙。”桂馥证：“《广雅》：震，雷也。隐九年《谷梁传》：震，雷也。《诗·十月之交》：烨烨震电。传云：震，雷也。”《说卦传》曰：“震为雷。”震卦，震下震上。《象》曰：“洊雷，震。”卦辞曰：“震惊百里。”朱熹注：“震惊百里，以雷言。”屯卦，震下坎上。《彖》曰：“雷雨之动满盈。”是雷为震。豫卦，坤下震上。《象》曰：“雷出地奋，豫。”《广雅·释诂》：“奋，动也。”雷为震，雷出震地，大地动，万物舒，为豫。豫为乐，乐为乐，故又曰："先王以作乐崇德，殷荐之上帝，以配祖考。"

《月令·仲冬之月》云："是月也，日短至，阴阳争，诸生荡。"又曰："氛雾冥冥，雷乃发声。"郑氏注："争者，阴方盛，阳欲起也；荡，谓物动，萌芽也。"又注，"雷乃发声，震气动也。"此即雷出地奋，物豫之义。王充《论衡·雷虚篇》曰："冬雷，人谓之阳气泄；春雷，谓之阳气发；夏雷，不谓阳气盛，谓之天怒，竟虚言也。"又，"实说雷者，太阳之激气也。何以明之？正月阳动，故正月始雷；五月阳盛，故五月雷迅；秋冬阳衰，故秋冬雷潜。"是四季皆有雷。《开元星占·雷》："冬三月有大雷，闻千里者。"又，"天冬雷，地必震。"亦谓冬有雷。屯卦，震下坎上。《彖》曰："屯，刚柔始交而难生，雷雨之动满盈，天造草昧。"刚柔始交，谓十一月震出雷，雷出地奋。

天以雷声震物，帝以五声振民。《国语·周语中》曰："五声昭德。"韦昭注："昭德，谓政平者，其乐和也；亦谓见其乐，知其德也。"《白虎通·礼乐》云："《礼记》曰：黄帝乐曰《咸池》，颛顼乐曰《六茎》，帝喾乐曰《五英》，尧乐曰《大章》，舜乐曰《箫韶》，禹乐曰《大夏》，汤乐曰《大濩》，周乐曰《大武象》，周公之乐曰《酌》，合曰《大武》。黄帝曰《咸池》者，言大施天下之道而行之；天之所生，地之所载，咸蒙德施也。颛顼曰《六茎》者，言和律吕以调阴阳，茎著万物也。帝喾曰《五英》者，言能调和五声，以养万物，调其英华也。尧曰《大章》者，大明天地人之道也。舜曰《箫韶》者，舜能继尧之道也。禹曰《大夏》者，言禹能顺二圣之道而行之，故曰《大夏》也。汤曰《大濩》者，言汤承衰，能护民之急也。周公曰《酌》者，言周公辅成王，能斟酌文武之道，而成之也。武王曰《象》者，象太平而作乐，示已太平也。合曰《大武》者，天下始乐周之征伐行武，故诗人歌之曰：王赫斯怒，爰整其旅。当此之时，乐文王之怒，以定天下，故乐其武也。"此其先王以作乐崇德之谓。

《礼乐》云："所以作四夷之乐何？德广及之也。《乐元语》曰：受命而六乐，乐先王之乐，明有法也。兴其所自作，明有制。兴四夷之乐，明德广及之也。故东夷之乐曰《朝离》，南夷之乐曰《南》，西夷之乐曰《昧》，北夷之乐曰《禁》。合欢之乐舞于堂，四夷之乐陈于右，先王所以得之，顺命重始也。《乐元语》曰：东夷之乐持矛舞，助时生也。南夷之乐持羽舞，助时养也。西夷之乐持戟舞，助时煞也。北夷之乐持干舞，助时藏也。谁制夷狄之乐？以为先圣王也。先王推行道德，调和阴阳，覆被夷狄。故夷狄安乐，来朝中国，于是作乐乐之。"《汉书·艺文志》："《易》曰：先王作乐崇德，殷荐之上帝，以亨祖考。故自黄帝，下至三代，乐各有名。孔子曰：安上治民，莫善于礼；移风易俗，莫善于乐。二者相与并行。周衰俱坏，乐尤微眇，以音律为节，又为郑、卫所乱，故无遗法。"是以先王作乐崇德，发扬正气之声，广化民人。

《说文》:“殷，作乐之盛称殷。从㐆，从殳。《易》曰：殷荐之上帝。”段玉裁注：“此殷之本义也，如《易·象传》是。引伸之为凡盛之称，又引伸之为大也，又引伸之为众也，又引伸为正也，中也。乐者，乐其所自成，故从㐆；殳者，干戚之类，所以舞也。豫《象传》曰：雷出地奋，先王以作乐崇德，殷荐之上帝，以配祖考。郑注：王者功成作乐。以文得之者，作籥舞；以武得之者，作万舞，各充其德而为制。祀天地以配祖考者，使与天地同享其功也。”《孝经·圣治章》:“昔者，周公郊祀后稷以配天；宗祀文王于明堂，以配上帝。”注：“后稷，周之始祖也。郊，谓圜丘祀天也。周公摄政，因行郊天之祭，乃尊始祖以配之也。明堂，天子布政之宫也。周公因祀五方上帝于明堂，乃尊文王以配之也。”是乐以昭德，亦殷荐上帝。

《周礼·大司乐》曰：“凡乐，圜钟为宫，黄钟为角，大蔟为徵，姑洗为羽，雷鼓雷鼗，孤竹之管，云和之琴瑟，云门之舞，冬日至，于地上之圜丘奏。若乐六变，则天神皆降，可得而礼矣。凡乐，函钟为宫，大蔟为角，姑洗为徵，南宫为羽，灵鼓、灵鼗，孙竹之管，空桑之琴瑟，咸池之舞，夏日至，于泽中方丘奏之。若乐八变，则地示皆出，可得而礼矣。凡乐，黄鈡为宫，大吕为角，大蔟为徵，应钟为羽，路鼓、路鼗，阴竹之管，龙门之琴瑟，九德之歌，大韶之舞，于宗庙之中奏之。若乐九变，则人鬼可得而礼矣。”贾公彦疏：“礼天神必于冬至，礼地祇必于夏至之日者，以天是阳，地是阴。冬至一阳生，夏至一阴生，是以，还于阳生阴生之日，祭之也。”豫卦，坤下震上，坤为地，互艮为丘，震为奏乐。《象》曰：“殷荐之上帝。”此乃冬至之日 ，于地上之圜丘奏乐，以享天帝。

《史记·乐书》:“太史公曰：夫上古明王举乐者，非以娱心自乐，快意恣欲，将欲为治也。正教者皆始于音，音正而行政。所以动荡血脉，通流精神，而和正心也。故宫动脾而和正圣，商动肺而和正义，角动肝而和正仁，徵动心而和正礼，羽动肾而和正智。故乐所以内辅正心，而外异贵贱也；上以事宗庙，下以变化黎庶也。”司马迁之言，与豫卦《象》义相同。程氏传：“雷者，阳气奋发，阴阳相薄而成声也。阳始潜闭地中，及其动，则出地奋震也。始闭郁，及奋发则通畅和豫，故为豫也。坤顺震发，和顺积中而发于声，乐之象也。先王观雷出地而奋，和畅发于声之象，作声乐以褒崇功德，其殷盛至于荐之上帝，推配之以祖考。殷，盛也。礼有殷奠，谓盛也。荐上帝，配祖考，盛之至也。”又，《礼记·乐记》:“子曰：夫乐者，象成者也。”王者功成作乐。大有卦，大有天下，为创业；谦卦，谦以接物，为守成。斯可谓功成，故于豫卦作乐。

谦卦和豫卦，互为邻卦和综卦。谦卦，艮下坤上。艮为九月，坤为十月。其时，阴气尽升，阳气剥而伏下，为屈为谦。豫卦，坤下震上。坤为十月，震为十一月。其时，阴极而消，一阳来生，为伸舒，为豫。前屈后伸，是为邻卦。谦卦《彖》曰：“天道下济而光明，地道卑而上行；天道亏盈而益谦，地道变盈而流谦；鬼神害盈而福谦，人道恶盈而好谦；谦尊而光，卑而不可逾。”豫卦《彖》曰：“刚应而志行，顺以动，豫。豫，顺以动，故天地如之。而况建侯行师乎？天地以顺动，故日月不过，而四时不忒；圣人以顺动，则刑罚清而民服。豫之时义大矣哉！”谦则尊光不可逾，故而大之，得以建侯行师，刑罚清而民服。大之即豫之。由谦小到尊大，是以互为综卦。大有卦为创业，谦卦为守业，豫卦为发展壮大其业。故《序卦传》曰：“大有而能谦，必豫，故受之以豫。”谦卦，为阳之屈；豫卦，为阳之伸。一屈一伸，互为综卦。

小畜卦和豫卦，互为错卦。小畜卦，乾下巽上。乾为四月，巽为五月。此时一阴生，阴气养畜，为小畜。豫卦，坤下震上。坤为十月，震为十一月。此时一阳生，阳气舒伸，为豫。五月夏至，日行最北，昼长夜短。十月冬至，日行最南，昼短夜长。由夏至到冬至，其间六个月，阴来用事，以成万物。由冬至到夏至，其间六个月，阳来用事，以生万物。夏至到，阴息阳消。冬至到，阳息阴消。周代以前，一年只分春、秋两季。冬至到夏至为春，夏至到冬至为秋。是小畜卦为秋之始，豫卦为春之始。又，伏羲八卦，乾南坤北，离东坎西，震东北，兑东南，巽西南，艮西北。即《说卦传》曰：“天地定位，山泽通气，雷风相薄，水火不相射，八卦相错。”小畜卦，乾下；豫卦，坤下。乾为天，坤为地，是天地定位，南北相对。小畜卦，巽上，豫卦，震上。巽为风，震为雷，是雷风相薄，西南和东北相对。两卦阴阳相反，时空相对，卦象相错，是以互为错卦。

《说卦传》曰：“乾，天也，故称乎父。坤，地也，故称乎母。震一索而得男，故谓之长男，巽一索而得女，故谓之长女。小畜卦，乾下巽上，是父与长女。豫卦，坤下震上，是母与长男。两卦各自相错，又互为相错。又，伏羲八卦，邵子曰：“自震至乾为顺，自巽至坤为逆。即震、离、兑、乾，阳息阴消为顺，巽、坎、艮、坤，阴息阳消为逆。小畜卦，乾下巽上，四月至五月，阳极阴生，是阳消阴息，故其《彖》曰：“柔得位而上下应之。”为逆。豫卦，坤下震上，十月至十一月，阴极阳生，是阴消阳息，故其《彖》曰：“刚应而志行，顺以动。”为顺。一逆一顺，是以互为错卦。《系辞传》曰：“天一，地二，天三，地四，天五，地六，天七，地八，天九，地十。”奇数为天数，即阳数；偶数为地数，即阴数。小畜卦，乾下巽上。乾为一，巽为五，皆为阳数，为阳卦。豫卦，坤下震上。坤为八，震为四，皆为阴数，为阴卦。两卦阴阳相反，互为错卦。又，小畜卦，初、二、三、五、上为阳爻，四为阴爻。豫卦，初、二、三、五、上为阴爻，四为阳爻。前者，阳中有阴；后者，阴中有阳。两卦各自阴阳相错，又互相错，如

《先天太极图》然。

王弼《周易略例·明象》曰："夫少者，多之所贵也。寡者，众之所宗也。一卦五阳而一阴，则一阴为之主矣。五阴而一阳，则一阳为之主矣。夫阴之所求者，阳也。阳之所求者，阴也。阳苟一焉，五阴何得不同而归之？阴苟只焉，五阳何得不同而从之？故阴爻虽贱，而为一卦之主者，处其至少之地也。"韩康伯注："一阴为之主者，同人、履、小畜、大有之例是也；一阳为之主者，师、比、谦、豫、复、剥之例是也。王弼曰：夫阴阳相求之物，以所求者贵也。王氏曰：阳贵而阴贱，以至少处至多之地，爻虽贱，众亦从之。小畜《象》曰：柔得位，而上下应之。是也。"按，一阴五阳者，尚有夬、姤。《易》于六十四卦，从初往上，有一阴之卦，与一阳之卦，计十二卦。姤，巽下乾上；复卦，震下坤上，互为错卦。同人卦，离下乾上；师卦，坎下坤上，互为错卦。履卦，兑下乾上；谦卦，艮下坤上，互为错卦。小畜卦，乾下巽上；豫卦，坤下震上，互为错卦。大有卦，乾下离上；比卦，坤下坎上，互为错卦。夬卦，乾下兑上；剥卦，坤下艮上，互为错卦。

初六，鸣豫，凶。

〔译〕 初六，阳气自鸣伸舒，凶。

《象》曰："初六鸣豫，志穷凶也。"

〔证〕

鸣豫 《说文》："鸣，鸟声也。从鸟，从口。"段玉裁注："引申之，凡出声皆曰鸣。"豫，象之大者。于《易》为阳之生息，与小畜为错卦，当为十至十一月。《易》卦，初爻为事之始。乾卦《文言》曰："初九曰：潜龙勿用。何谓也？子曰：龙德而隐者也。不易乎世，不成乎名，遁世无闷，不见是而无闷。乐则行之，忧则违之，确乎其不可拔，潜龙也。"又，坤卦《文言》曰："积善之家，必有余庆；积不善之家必有余殃。臣弑其君，子弑其父，非一朝一夕之故，其所由来者渐矣，由辨之不早辨也。《易》曰：履霜坚冰至，盖言顺也。"以上，言初为龙之潜，为积之始。豫卦初六，阳气方动于坤下。坤为十月，为地，此时此地即鸣，乃小器而无大志，故《象》曰："初六鸣豫，志穷凶也。"朱熹注："穷，谓满极。"谓自满足，而无志进取。是初六鸣豫，乃谓阳气于坤之初六，自鸣伸舒。

《左传》襄公二十一年："齐庄公朝，指殖绰、郭最曰：是寡人之雄也。州绰曰：君以为雄，谁敢不雄？然臣不敏，平阴之役，先二子鸣。"杨伯峻《春秋左传注》："《说文》：雄，鸟父也。此盖以雄鸡喻其勇。春秋时，喜以斗鸡博胜负。杜注：十八年晋伐齐，及平阴，州绰获殖绰、郭最，故自于鸡斗胜而先鸣。《太平御览》九一八，引《尸子》云：战如斗鸡，胜者先鸣。”《月令·仲冬之月》曰：“是月也，日短至，阴阳争，诸生荡。”郑氏注：“争者，阴方盛，阳欲起也。荡，谓物动，萌牙也。”《释文》曰：“争，争斗之争。”坤卦上六曰：“龙战于野，其血玄黄。”《文言》曰：“阴疑于阳，必战。为其嫌于无阳，故称龙焉；犹未离其类也，故称血焉。夫玄黄者，天地之杂，天玄而地黄。”龙战于野，即阴阳相争。十月至十一月，阴极阳生，阳气舒伸，为争斗胜者。阳胜而鸣，为鸣豫。又，初六与九四相应，九四在震，震为善鸣，为鸣豫。

凶 《虞书·大禹谟》曰：“满招损，谦受益，时乃天道。”孔氏传：“自满者，人损之；自谦者，人益之，是天之常道。”《正义》曰：“自以为满，人必损之；自谦受物，人必益之。《易》谦卦《象》曰：天道亏盈而益谦，地道变盈而流谦；鬼神害盈而福谦，人道恶盈而好谦。是满招损，谦受益，为天道之常也。”《商书·仲虺之诰》曰：“德日新，万邦为怀；志自满，九族乃离。”孔氏传：“日新，不懈怠；自满，自盈溢。”《正义》曰：“《易》系辞云：日新之谓盛德。修德不怠，日日益新，德加于人，无远不届。故万邦之众，惟尽归之。志意自满则陵人；人既被陵，情必不附，虽九族之亲，乃亦离之。万邦，举远以明近；九族，举亲以明疏也。谓万邦惟怀，实归之；九族乃离，实离之。圣贤设言为戒，容辞颇甚，父子之间，便以自满相弃。”是凡自满便招凶。乾卦《文言》曰：“君子以成德为行，日可见之行也。潜之为言也，隐而未见，行而未成，是以君子弗用也。”阳于初六，应为在地下之潜龙，隐而未见，行而未成，故《象》曰：“初六鸣豫，志穷凶也。”亦谓自满，不知潜藏而凶。

《说文》：“壬，位北方也，阴极阳生。故《易》曰：龙战于野。战者，接也。”段玉裁《说文解字注》：“《月令》郑注：壬之言任也，时万物怀任于下。《律书》曰：壬之为言任也，言阳气任养万物于下也。《律历志》曰：怀任于壬。《释名》曰：壬，妊也，阴阳交，物怀妊，至子而萌也。引《易》者，证阴极阳生也。《乾凿度》曰：阳始于亥，乾位在亥。《文言》曰：为其兼于阳，故称龙。许君以亥壬合德，亥壬包孕阳气，至子则滋生矣。”伏羲八卦，乾南坤北，乾为四月，坤为十月。壬位北方，即位坤，为十月，十月阴极阳生。乾卦初九《象》曰：“潜龙勿用，阳在下也。”十月，上在盛阴，阳为微阳，当潜藏妊物，鸣豫则遭积阴之凶。《系辞传》曰：“尺蠖之屈，以求信也；龙蛇之蛰，以存身也；精义入神，以致用也；利用安身，以崇德也。”朱熹引张子曰：“气有阴阳，推行有渐为化，合一不测为神。”豫卦，于初六阴盛用事之时，阳不知微，不知履霜坚冰至，当屈而鸣豫，乃不知神不知化，不知阴阳推行有渐，而踌躇满志，故凶。

无妄卦卦辞曰：“其匪正，有眚。《象》曰：其匪正有眚，不利有攸往。天命不祐行矣哉。”谓行不正，则有灾眚，盖其非自然之命，自然不保祐之，反受其害，是以为灾眚。豫卦初六，柔居刚位，为不正。二之四为艮，艮为山为阻；三之五为坎，坎为水为险；四之上为震，震为雷为天威。始有不正，后有灾眚，故曰鸣豫凶。又，《周易折中》引袭氏焕曰：“豫之初六，即谦上六之反，故谦上六曰鸣谦，豫初六曰鸣豫。谦之上六应九三，故鸣其谦，豫之初六应九四，故不胜其豫以自鸣。谦而鸣则吉，豫而鸣则凶。”《折中》引杨氏简曰：“位之在下，未为穷也；豫而鸣，其志穷矣。”又引赵氏汝楳曰：“位方在初，时势未穷，而竟躁如此，是志已先穷，自取其凶者也。”

六二，介于石，不终日，贞吉。

〔译〕 六二，阳气在石中间，不俟终日，中正吉利。

《象》曰：“不终日，贞吉，以中正也。”

〔证〕

介于石 《说文》：“介，画也。从人，从八。人各有介。”段玉裁注：“画部曰：画，界也，接界也。当是本作介也，介与画互训。田部界字，盖后人增之耳，介、界古今字。分介则必有间，故介又训间。”《集韵·怪韵》：“介，间也。”间，处于二者之间。《考工记·凫氏》：“钟带谓之篆，篆间谓枚。”郑氏注：“带所以介其名也。介在于鼓钲舞甬衡之间。”贾公彦疏：“介，间也。言四处，则中二通上下，畔为四处也。”《左传》襄公九年：“天祸郑国，使介居二大国之间。”杜预注：“介，犹间也。”《释文》：“介，界音，注同。犹间，音间厕之间；又如字。”襄公三十年：“政出多门，以介于大国，能无亡乎？”杜注：“介，间也。”又，襄公三十一年：“以敝邑褊小，介于大国，诛求无时，是以不敢宁居。”杜注：“介，间也。”《史记·南越列传》：“介汉使者权。”《索引》：“介者，间也。”《汉书·邹阳传》：“阳为人有智略，忼慨不苟合，介于羊胜、公孙诡之间。”师古曰：“介，谓间厕也。”介，处于其间。兑卦，兑下兑上。九四曰：“商兑未宁。介疾有喜。”虞翻曰：“坎为疾，故介疾。”三之上为坎象，坎为疾，四在中间，介于疾，为介疾。王弼注：“介，隔也。三为佞说，将近至尊，故四以刚德裁而隔之，处于几近，闲邪介疾。”《系辞传》曰：“是故，列贵贱者存乎位，齐小大者存乎卦，辩吉凶者存乎辞，忧悔吝者存乎介。”如勿恤，悔亡，往吝，即对上下前后爻之间而言，介亦间。是介于石，即间于石。又，二之四为艮，初之四为大艮，艮为山石，二在两艮之间，为介于石。

困卦，六三曰：“困于石，据于蒺藜，入于其宫，不见其妻，凶。”豫卦六二，介于石，犹困于石，亦受困之意。坤为十月，初六为十月上旬，六二为十月中旬。《逸周书·

时训解》曰："小雪之日，虹藏不见；又五日，天气上腾，地气下降；又五日，闭塞而成冬。"潘振云："此解十月中气也。虹，阴阳之交气，阴壮则不见，专一之理。"陈逢衡云："小雪之日，十月中气也。《淮南子·天文训》：立冬加十五日，斗指亥，则小雪。《三礼义宗》：十月小雪为中气，气叙转寒，雨变成雪，故以小雪为中。谓之小雪者，未盛之辞，对十一月而言也。虹者，阴阳相接而成。今气不交，故藏不见。天气上腾，地气下降者，非复前，此絪缊化生，而暂为凝聚，以待来岁之发泄也。闭塞而成冬，亦指天地之气言。《吕氏·孟冬纪》注谓：天地闭，冰雪凛烈成冬。《吕氏·音律篇》亦云：应钟之月，阴阳不通，闭而为冬是也。"丁宗洛《外篇》云："气至而物应，是为候。若天气上腾，地气下降，闭塞成冬，二者是气，即以气为候也。"十月，阳气上腾，阴气下降，闭塞成冬，于豫卦，则为阳介于石，谓阳气受盛阴之阻。艮为石，二在大小艮中，故曰介于石。

不终日 乾卦九三曰："君子终日乾乾，夕惕若厉，无咎。"乾为圜天之象。日夕相对，即昼夜相对。至九三为昼之终，为终日。君子终日乾乾，即乾乾终日，即不俟终日之义。《系辞传》曰："几者，动之微，吉之先见者也。君子见几而作，不俟终日。《易》曰：介于石，不终日，贞吉。介如石焉，宁用终日？断可识矣。君子知微知彰，知柔知刚，万夫之望。"谓介困如在石中，岂能终其日，决可知其不能。即君子见几而作，不俟终日之谓。艮卦，艮下艮上。艮为山为石，亦两石之象。《彖》曰："艮，止也。时止则止，时行则行，动静不失其时，其道光明。"随卦《彖》曰："天下随时，随时之义大矣哉！"豫之六二，微阳从地下升至地中，起接盛阴，动静不失其时，为随时。此为君子知微知彰，知柔知刚，万夫之望，为人文。于天文，则为万物之望，望微阳之升，不俟终日。乾卦《象》曰："天行健，君子以自强不息。"此亦不俟终日之义。

贞吉 《象》曰："不终日，贞吉，以中正也。"坤为终，为十月，为周历年终之日。六二，在坤之中，为不终日。以其居中得正，故贞吉。王弼注："处豫之时，得位履中，安夫贞正，不求苟豫者也。顺不苟从，豫不违中，是以上交不谄，下交不渎，明祸福之所生，故不苟说。辨必然之理，故不改其操。介如石焉，不终日明矣。"《易》以道阴阳，《月令·孟冬之月》云："其日壬癸。"郑氏注："壬之言任也，癸之言揆也。日之行冬，北从黑道，闭藏万物，月为之佐。时万物怀任于下，揆然萌牙，又因以为日名焉。"《鄘风·定之方中》："揆之以日。"毛传："揆，度也。"《释名》："癸，揆也，揆度而生，乃出土也。"揆然萌牙，即阳气揆度而生物，不后于时，不先于时，中正而吉，为贞吉。《月令》云："孟冬行春令，则冻闭不密，地气上泄，民多流亡。行夏令，则多暴风，方冬不寒，蛰虫复出。行秋令，则雪霜不时，小兵时起，土地侵削。"是冬行冬令，为正为吉，而无灾吝。

六三，盱豫悔，迟有悔。

〔译〕 六三，阳气早生有悔，迟生有悔。

《象》曰："盱豫有悔，位不当也。"

〔证〕

盱豫悔 《说文》："盱，张目也。从目，于声。"《方言笺疏》"盱，注谓举眼也。"《玉篇》："盱，举目也。"《方言》："于，大也。"钱绎笺疏："《尚书大传》：羲伯之乐，名曰朱于。郑注：于，大也。《檀弓》(下)：于则于。疏云：于谓广大。《文王世子篇》：况于其身，以善其君乎。郑注：于，读为迂。迂，犹广也，大也。《子路篇》：子之迂也。《释文》引郑本作于。是迂与于同。"《说文》段玉裁注："于，皆广大之义。吁，《吕刑》：王曰吁来。按于有大义，故从于之字多训大者。芋下云：大叶实根骇人。吁训惊语，故从于、口，于者惊意。此篆重以于会意，故不入口部。"朱骏声《说文通训定声》曰："訏，《玉篇》引《说文》：齐楚谓大言曰訏。竽，《吕览・仲夏》：调竽笙壎篪。注：竽，笙之大者。盂，《汉书・东方朔传》：置守宫盂。下注：若盔而大。宇，《尔雅・释诂》：宇，大也。"凡有于之字，皆有大义，故盱为张目。《龙龛手鑑》曰："盱，仰目也。"

《周南・卷耳》："我仆痡矣，云何吁矣。"朱熹注："《尔雅》注引此诗作盱，张目望远也。"《小雅・何人斯》："壹者之来，云何其盱。"朱注："盱，望也。《字林》云：盱，张目也。言何不一来见我，如何而使我望汝之切乎？"《都人士》："我不见兮，云何盱矣。"又注："盱，望也。言不可得而见矣，则如何而不望之乎？"《荀子・非十二子》曰："盱盱然。"杨倞注："盱盱，张目之貌。皆谓视瞻不平，或大察也。盱，许于反。"《汉书・王莽传》："盱衡厉色。"孟康曰："眉上曰衡。盱衡，举眉扬目也。"左太冲《魏都赋》："乃盱衡而诰曰。"注："眉上曰衡；盱，举眉大视也。"

《说卦传》曰："震为的颡。"李鼎祚《周易集解》："的，白；颡，额也。震体头在口上，白，故的颡。《诗》云：有马白颠。是也。此上虞义也。"李道平《周易集解纂疏》："《博雅》：的，白也。《玉篇》：颡，额也。震反生，以初为颡。乾为首，兑为口，震乾初在兑口上，故体头在口上。初阳白，故为的颡。有马白颠，《诗・秦风》文。毛传：白颠，的颡也。故引以为证。"六三，在额之下，似两目，震上动，为张目仰视，为盱。又，《荀九家》有艮为鼻。六三在额下鼻上，分两侧似目 。目上动，亦为盱。九四由豫，为豫之主，六三上望，为盱豫。三，不至豫，而上望豫，为盱豫悔。与迟有悔对举，盱豫悔，谓早豫有悔。《彖》曰："豫，刚应而志行，顺以动，豫。豫顺以动，故天地如之，而况建侯行师乎？天地以顺动，故日月不过，而四时不忒。圣人以顺动，则刑罚清而民服。”故六三曰：“盱豫悔。”即谓不顺动，则不可建侯行师，四时有忒，而民不服，是以有悔。

迟有悔 《周书·洪范》：“庶征：曰雨，曰旸，曰燠，曰寒，曰风，曰时。五者来备，各以其叙，庶草蕃庑。一极备，凶；一极无，凶。”孔氏传：“言五者备至，各以次序，则众草蕃滋庑丰也。一者备极过甚，则凶；一者极无不至，亦凶。谓不时失叙。”《正义》曰：“五气所以生成万物，正可时来时去，不可常无常有。故言五者备至，各以次序。须至则来，须止则去，则众草百物，蕃滋庑丰也。”又曰，“此谓不以时来，其至无次序也。一者备极过甚则凶，谓来而不去也；一者极无不至亦凶，谓去而不来也。谓至不待时，失次序也，如此则草不茂，谷不成也。”五者皆由阴阳，一极备凶，一极无凶，亦谓阴阳。盱豫悔，谓阳气不以时往则凶；迟有悔，谓阳气不以时来亦凶。十月，以天干为壬，阴极阳生，怀妊万物。以地支为亥，微阳起接盛阴，怀子咳咳。如阳气早至，则盛阴未去，物早夭。如阳气迟来，则盛阴不去，物不生。是以盱豫悔，迟有悔。

《象》曰：“盱豫有悔，位不当也。”谓非刚应而志行，非顺时以动，阳不当位。曰盱豫有悔，含迟有悔，省文。王弼注：“居下体之极，处两卦之际，履非其位，承动豫之主。若其睢盱而豫，悔亦生焉。迟而不从，豫之所疾。位非所据，而以从豫，进退离悔，宜其然矣。”李道平《周易集解纂疏》：“以柔居刚，故履非其位。上承震动，为豫之主。若以睢盱而求豫，悔所由生也。若迟而不从于豫，亦豫之所疾也。位既不正，而又多犹豫，宜其进退，皆离悔也。”又曰，“爻之失位，以速改为善。故二不终日，贞吉；三迟则有悔也。”《周易正义》曰：“若睢盱之求豫，则悔吝也。迟有悔者，居豫之时，若迟停不求于豫，亦有悔也。”又曰，“《象》载经文，多从省略。经有盱豫有悔，迟有悔，两文具载。《象》唯云盱豫有悔，不言迟者，略其文也。”当阳未阳为迟。

九四，由豫，大有得，勿疑朋盍簪。

〔译〕 九四，一阳生，大有所得，不用怀疑众阴合独阳。

《象》曰：“由豫大有得，志大行也。”

〔证〕

由豫 朱骏声《通训定声》于甹字下云：“按许书夺由字，盖即此字之古文，篆文加马耳。《书·盘庚》：若颠木之有由蘖。《释文》引马本，蘖作枿。不言由作甹，是古文《尚书》正作由。《后汉·儒林传》云：杜林传古文《尚书》，马融作传，是马本为古文也。”又，“由，按古甹字，从果省木，萌芽于果实中人也。上出者，芽蘖初抽之象，指事。《说文》𢎘下夺古文，今补于此。《书·禹贡》：厥草惟繇。马注：抽也。以繇为之，古多用繇字为由字。”按，徐锴系传曰：“𢎘，谓是已倒之木，更生孙枝也。”又曰，“《说文》无由字，今《尚书》只作由枿，盖古文省马，而后人因省之，通用为因由等字。”按，《商书·盘庚上》曰：“若颠木之有由蘖。”《左传》昭公八年：“犹将复由。”由，即《说文》之𢎘，谓物生动之象。

《说文》：“田，陈也，树谷曰田。象四口；十，阡陌之制也。凡田之属，皆从田。”桂馥义证：“本书：地，万物所陈列也。《释地》：郊外谓之牧。《释文》：李本牧作田字。释云：田，陈也，谓陈列种谷之处。树谷曰田者，颜注《急就篇》：树，殖也。《孟子》：树艺五谷。《周书·大聚解》：陂沟道路，蘩苴丘墟。不可以树谷者，树以材木。《月令》章句：谷田曰田。《释名》：已耕者曰田，田，填也，五稼填满其中也。《苍颉篇》：田，种禾稼也。《书·禹贡》：厥田惟中中。郑注：能吐生万物者曰土，据人功作力，竞得而田之，则谓之田。”田、土、地异名，而义当然。豫卦，坤下震上。坤为地，地为田。九四，一阳从田中生出田上，是以为由豫，为生阳。在此以前，阳为潜龙，故皆不见；至此一阳升，为见龙在田。

大有得　《象》曰：“由豫，大有得，志大行也。”豫卦，只有一阳，阳为大。九四，一阳得上下五阴之应，是以为大有得，为志大行。《国语·晋语四》：“一夫之行也，众顺而有武威，故曰利建侯。坤，母也；震，长男也。母老子强，故曰豫。其繇曰：利建侯行师。居乐出威之谓也。是二者，得国之卦也。”韦昭注：“一夫，一人也。”《易》曰：震一索而得男，故曰一夫。又曰为作足，故为行也。居乐，母在内也；出威，震在外也。居乐故利建侯，出威故利行师。二，谓屯、豫。按大有，为大有天下。大有得，谓得天下。得天下者，志大行。《彖》曰：“豫，刚应而志行，顺以动，豫。豫顺以动，故天地如之，而况建侯行师乎？”贲卦《彖》曰：“观乎天文，以察时变；观乎人文，以化成天下。”豫卦九四，即此之谓。王弼注：“处豫之时，居动之始，独体阳爻，众阴所从，莫不由之以得其豫，故曰由豫大有得也。”

勿疑朋盍簪　《豳风·七月》：“朋酒斯飨，曰杀羔羊。”毛传：“两樽曰朋。”《诗集传》：“两尊曰朋，乡饮酒之礼。两尊壶，于房户间，是也。”《小雅·菁菁者莪》：“既见君子，锡我百朋。”郑笺：“古者货贝，五贝为朋。”《正义》曰：“五贝者，《汉书·食货志》以为，大贝，壮贝、么贝、小贝、不成贝，为五也。言为朋者，言为小贝以上四种，各二贝为一朋；而不成贝者，不为朋。”《淮南子·道应》：“大贝百朋。”俞樾平议：“古者实以二贝为朋。《周易·损》：六五，十朋之龟。李鼎祚《集解》引崔憬曰：双贝曰朋。得之矣。”朋为二，是以有朋酒、朋贝。阴亦为二，故为朋。坤卦卦辞曰：“西南得朋，东北丧朋，《象》曰："西南得朋，乃与类行；东北丧朋，乃终有庆。"按伏羲八卦：西南巽，一阴生；西方坎，二阴生，西北艮，二阴生；北方坤，三阴生。为西南得朋，乃与类行。东北震，一阳生；东方离，二阳生；东南兑，二阳生；南方乾，三阳生。为东北丧朋，乃终有庆。是朋为阴之谓。《尔雅·释诂》："盍，合也。"簪，首笄。九四，一阳横挑众阴之中，谓朋盍簪。众阴应阳，阳大有得，志大行，故曰勿疑朋盍簪。侯果曰："为豫之主，众阴所宗，莫不由之以得逸；体刚心直，志不怀疑，故得群依归，朋从大合，若以簪篸之固括也。"

《月令·仲冬之月》云："命有司曰：土事毋作，慎毋发盖，毋发室屋，及起大众，以固而闭。地气沮泄，是谓发天地之房，诸蛰则死，民必疾疫，又随以丧。命之曰畅月。"《正义》曰："云土事毋作，慎毋发盖者，于此之时，土地之事，毋得兴作，又须谨慎，毋得开发掩盖之物。则孟冬云：谨盖藏是也。非惟仲冬一月之事，故不言是月，良为此也。为阴气凝固，阳须闭藏；若起土功，开盖物，发室屋，起大众，开泄阳气，故下云诸蛰则死，人则疾疫也。命此有司云：于此之时，以坚固汝闭塞之事，勿令开动。地气沮泄，是谓发天地之房者，约束有司，若其不固汝所闭之事，令地气沮泄，谓泄露地之阳气，是发彻天地之房。房是人次舍之处，拥蔽于此之时。天地亦拥蔽万物，不使宣露，与房舍相似。令地气泄露，是开发天地之房也。如此则诸蛰死，人必疾疫。非但蛰死人疾，又随以丧者，国有大丧逐其后。命之曰畅月者，告有司云：所以须闭藏，以其命此月为畅月。畅，充也，言名此月，为充实之月，当使万物充实，不发动故也。"豫卦九四，一阳在众阴之中，为其拥蔽，得以充实，故曰勿疑朋盍簪。《系辞传》曰："阖户谓之坤，辟户谓之乾，一阖一辟，谓之变，往来无穷谓之通。"阴盍阳辟，变通之道，是以勿疑。

六五，贞疾，恒不死。

〔译〕 六五，虽正而有疾，但长久而不亡。

《象》曰："六五贞疾，乘刚也。恒不死，中未亡也。"

〔证〕

贞疾 卜贝问之正，贞为正。《广雅·释诂》曰："贞，正也。"《商书·太甲》曰："一人元良，万邦以贞。"孔氏传："贞，正也。一人，天子。天子有大善，则天下得其正。"王弼本《老子》："侯王得一，以为天下贞。"河上公、景龙、景福、颜尊及顾欢等，多种古本皆作正。《帛书老子》甲、乙本，贞俱作正。《吕氏春秋·执一篇》："执一为天下正。"与为天下贞同。《尔雅·释诂》："正，长也。"《广韵·劲韵》："正，君也。"师卦，坎下坤上，《象》曰："贞，正也。能以众正，可以王矣。"比卦，坤下坎上，《象》曰："元永贞无咎，以刚中也。"是贞谓正，谓中正之君王。豫卦，六二、六五为阴爻，以其得中而正，故皆称贞。虽九四一阳独著，也莫之及。《系辞传》曰："圣人之大宝曰位。"二、五得中正之位，即得宝，是以为贞正。

《说文》："疾，病也。"段玉裁注："析言之，则病为疾加；浑言之，则亦病也。按经传多训为急也，速也。此引伸之义，如病之来，多无期无迹也。矢能伤人，矢之去甚速，故从矢，会意。"《周易》经文，著疾者六次。无妄卦九五曰："无妄之疾，勿药有喜。"遁卦九三曰："系遁，有疾厉。"损卦六四曰："损其疾，使遄有喜。"鼎卦九二曰："我仇有疾，不我能即。"丰卦六二曰："往得疑疾。"兑卦九四曰："介疾有喜。"疾，皆浑言之，病为疾。豫卦，六五居君位，为贞为正。但以柔居君位，临阳刚之臣，在坎险之上，是以为病。然中正而柔，柔以治刚，将出坎险，其患不大，为病之轻者，是以为贞疾。《象》曰："六五贞疾，乘刚也。"谓以六五之柔，乘九四之刚，故而虽正而有疾。

恒不死 《说文》："恆，常也。从心，从舟，在二之间上下，心以舟施，恆也。"段玉裁注："常，当作长。古长久字只作长，浅人稍稍分别，乃或借下裙之常为之。故至《集韵》，乃有一曰久也之训，而韵皆无之。此俗字之不可不正者也。时之长，与尺寸之长，非有二义。上下犹往复也，谓往复遥远，而心似舟运旋，历久不变，恆之意也。宙下曰：舟车所极复也。此说会意之旨。"舟车所极复者，谓在二之间上下。《说文》："二，天地也。"是以，在天地之间，心以舟运旋，而保其长久，为恆。恒卦《象》曰："恒，久也。"又曰，"天地之道恒，久而不已也。"六五曰："恒其德贞，妇人吉。"谓长保其德正，则六五虽阴而吉。故其《象》曰："妇人贞吉，从一而终也。"谓六五虽阴而吉者，因为恒其德正，始终如一。恒卦，巽下震上；豫卦，坤下震上。两卦上卦相同。六五虽均以柔乘刚，为不利，然恒其中正之德，一为吉，一为不死。故豫卦《象》曰："恒不死，中未亡也。"即为恒不死者，因为久守中正之道，故而未亡。侯果曰："六五居尊而乘于四，四以刚动，非己所乘。乘刚为政，终亦病。若恒不死者，以其中也。"震为十一月。此时，一阳刚出地上，六五居中未退，是以未亡。天道如此，人道亦然。

上六，冥豫，成有渝，无咎。

〔译〕 上六，豫盛而衰，成而又变，无咎。

《象》曰："冥豫在上，何可长也。"

〔证〕

冥豫 《说文》："冥，幽也。从日，从六，冖声。日数十，十六日而月始亏，幽也。"段玉裁注："冖者，覆也，覆其上则窈冥。日之数十，昭五年《左传》文，谓甲至癸也。历十日，复加六日，而月始亏，是冥之意，故从日六。"桂馥义证："十六日，而月始亏幽也者，《一切经音义》引作亏冥。徐锴本，作月数始亏幽也。《鬻子》曰：有冥有旦，有昼有夜，然后以为数。月一盈一亏，月合月离以数纪。《书·顾命》：惟四月哉生魄。传云：始生魄，月十六日也。《帝王世纪》：尧有草，夹阶而生。每月朔生一荚，月半则十五荚；自十六日一荚落，至晦而尽，名曰蓂荚。"冥者，盈极而亏为冥。六五为中，中为极，月过中极则冥，阳过中极亦冥，上六已过六五中极，故曰冥豫。《象》曰："冥豫在上，何可长也。"即谓盛极必衰。升卦上六曰："冥升。"《象》曰："冥升在上，消不富也。"亦谓上六过中，盛极而消减。

成有渝 乾卦《彖》曰："大明终始，六位时成。"《文言》曰："君子以成德为行。"反之，坤卦六三曰："或从王事，无成有终。"《文言》："阴有美含之，以从王事，弗敢成也。地道也，妻道也。臣道也。地道无成，而代有终也。"又，讼卦六三曰："或从王事，无成。"皆谓阳有成，阴无成。豫卦，阳生至上，六阳俱出，是以谓成。《经传释词》曰："有，犹又也。《诗·终风》曰：终风且曀，不日有曀。笺、注并曰：有，又也。有、又古同声，故又字或通作有。《易·系辞传》：履信思乎顺，又以尚贤也。郑、虞本：又，并作有。《易·蛊彖传》曰：终则有始，天行也。言终则又始也。"成有渝，与终则有始同，是有为又。渝，《尔雅》、《玉篇》，皆曰变也。《郑风·羔裘》："彼其之子，舍命不渝。"毛传："渝，变也。"郑笺："是子处命不变。"随卦，初九曰："官有渝。"《象》曰："官有渝，从正吉也。"渝，亦改变之意。豫卦上六之成有渝，谓阳生成乾，变而成坤。《说卦传》曰："故《易》六画而成卦。""故《易》六位而成章。"《系辞传》曰："《易》穷则变。"即成有渝之谓。

无咎 《说文》："咎，灾也。从人，从各。各者，相违也。"桂馥义证："灾也者，本书；殃，咎也。《一切经音义九》："《说文》：咎，灾也。字体从人从各，人各相违，即成罪咎。又，二人同心，其利断金；二人相违，其祸成灾。"《系辞传》曰："无咎者，善补过也。"又曰，"震无咎者，存乎悔。"豫卦上六，成有渝，豫成又变，是善补过，故无咎。《系辞传》曰："《易》穷则变，变则通，通则久。是以自天祐之，吉无不利。黄帝尧舜，垂衣裳而天下治，盖取诸乾坤。"又曰，"是故，知鬼神之情状，与天地相似，故不违。"即谓阴阳变化，无违故无咎。又，上六在震，震动有悔，悔则无咎。复卦《彖》曰："刚反，动而以顺行。"豫之上震即复，故其《彖》亦曰："豫，刚应而志行，顺以动。"顺止顺动，与天不违，故无咎。

第十七卦　戊　寅

☱兑上
☳震下

随，元亨，利贞，无咎。

〔译〕 随，大亨，利正，无灾。

《彖》曰："随，刚来而下柔，动而说。随，大亨贞，无咎。而天下随时，随时之义大矣哉！"

《象》曰："泽中有雷，随，君子以向晦入宴息。"

〔证〕

震下兑上　《彖》曰："随，刚来而下柔。"按，乾卦，乾下乾上。《文言》曰："大哉乾乎！刚健中正。"是乾阳为刚健，为刚。坤卦，坤下坤上。《彖》曰："至哉坤元！柔顺利贞。"《文言》："坤至柔。"是坤阴为柔顺，为柔。屯卦，震下坎上，《彖》曰："屯，刚柔始交而难生。"震为阳来初交阴，阳为刚，阴为柔，为刚柔始交。坎为阳陷阴中，为难生。蒙卦，坎下艮上。《彖》曰："以刚中也。"谓九二阳刚居中。需卦，乾下坎上。《彖》曰："险在前也，刚健而不陷。"乾阳为刚健。讼卦，坎下乾上。《彖》曰："讼，上刚下险。"上乾为上刚。师卦，坎下坤上。《彖》曰："刚中而应。"九二阳为刚。比卦，坤下坎上。《彖》曰："以刚中也。"九五阳为刚。小畜卦，乾下巽上。《彖》曰："刚中而志行。"谓九五、九二，上下阳刚中正。履卦，兑下乾上。《彖》曰："刚中正，履帝位。"九五阳为刚，居中得正。否卦，坤下乾上。《彖》曰："内柔而外刚。"坤阴为柔，乾阳为刚。同人卦，离下乾上。《彖》曰："柔得位得中。"六二阴为柔。大有卦，乾下离上。《彖》曰："大有，柔得尊位，其德刚健而文明。"六五阴为柔。乾阳为刚健，离外刚而内柔为文明。豫卦，坤下震上。《彖》曰："刚应而志行。"九四阳为刚。蛊卦，巽下艮上。《彖》曰："刚上而柔下。"巽二阳在上，一阴在下；艮一阳在上，二阴在下，谓刚上而柔下。临卦，兑下坤上。《彖》曰："刚浸而长，刚中而应。"初九、九二渐长，而九二居中。噬嗑卦，震下离上。《彖》曰："刚柔分。"言三阴三阳等分。贲卦，离下艮上。《彖》曰："柔来而文刚，分刚上而文柔。"谓阴柔来阳刚之中，而文刚；三阴三阳等分，而阳在上。剥卦，坤下艮上。《彖》曰："柔变刚也。"言阴进于阳，变阳为阴。复卦，震下坤上。《彖》曰："刚反。"即一阳来复。无妄卦，震下乾上。《彖》曰："刚自外来，而为主于内。"言阳自上来下，为初九。大畜卦，乾下艮上。《彖》曰："刚健笃实辉光，日新其德；刚上而尚贤。"乾为刚健，上九为刚上。大过卦，巽下兑上。《彖》

曰："刚过而中。"中间四阳为刚过而中。习坎卦，坎下坎上。《彖》曰："乃以刚中也。"九二、九五，以阳居中。离卦，离下离上。《彖》曰："柔丽乎中正。"六二、六五，阴丽于中正。咸卦，艮下兑上。《彖》曰："柔上而刚下，二气感应以相与。男下女，取女吉也。"谓阴气在上，阳气在下，阳娶阴，阴来下。恒卦，巽下震上。《彖》曰："刚上而柔下，刚柔皆应。"谓乾阳上行，坤阴下来，阴阳皆应。遁卦，艮下乾上。《彖》曰："刚当位而应。"九五阳当阳位。大壮卦，乾下震上。《彖》曰："刚以动。"乾为刚，震为动。明夷卦，离下坤上。《彖》曰："内文明而外柔顺。"坤为柔顺。睽卦，兑下离上。《彖》曰："柔进而上行，得中而应乎刚。"三、五阴为柔，六五得中而应九二阳，为柔应刚。损卦，兑下艮上。《彖》曰："损刚益柔有时。"即损阳益阴有时。夬卦，乾下兑上。《彖》曰："刚决柔也。"阳决阴，为刚决柔。姤卦，巽下乾上。《彖》曰："柔遇刚也。"阴来遇阳，为柔遇刚。萃卦，坤下兑上。《彖》曰："刚中而应。"九五阳为刚。升卦，巽下坤上。《彖》曰："刚中而应。"九二阳为刚。困卦，坎下兑上。《彖》曰："刚掩也。"谓阳被阴所掩。井卦，巽下坎上。《彖》曰："乃以刚中也。"二、五阳居中。鼎卦，巽下离上。《彖》曰："得中而应乎刚。"九二阳为刚。渐卦，艮下巽上。《彖》曰："刚得中也。"九五阳为刚。归妹卦，兑下震上。《彖》曰："柔乘刚也。"谓阴乘阳。旅卦，艮下离上。《彖》曰："柔得中乎外，而顺乎刚。"谓六五之阴，顺于上九之阳。巽卦，巽下巽上。《彖》曰："刚巽乎中正而志行，柔皆顺乎刚。"二、五之阳，居上下巽之中正；初、四之阴，皆顺于阳。兑卦，兑下兑上。《彖》曰："刚中而柔外。"谓阳在中，而阴在外。涣卦，坎下巽上。《彖》曰："刚来而不穷，柔得位乎外。"坎为通，九二阳来阴中为不穷；六四阴居阴位，为柔得位乎外。节卦，兑下坎上。《彖》曰："刚柔分，而刚得中。"三阳三阴等分，而二、五阳得中位。中孚卦，兑下巽上。《彖》曰："柔在内，而刚得中。"三、四阴在内，二、五阳得中位。小过卦，艮下震上。《彖》曰："柔得中，刚失位而不中。"二、五阴得中位；三、四阳不中，而四失位。既济卦，离下坎上。《彖》曰："刚柔正，而位当也。"谓阴阳皆正当其位。未济卦，坎下离上。《彖》曰："柔得中也，虽不当位，刚柔应也。"六五阴得中位，虽皆失位，然阳阴相应。综上所述，阳爻为刚，阴爻为柔，刚柔为阳阴之谓。

《系辞传》曰："动静有常，刚柔断矣。是故刚柔相摩，八卦相荡。"朱熹注："动者阳之常，静者阴之常；刚柔者，《易》中卦爻阴阳之称也。六十四卦之初，刚柔两画而已；两画相摩而为四，四相摩而为八，八相荡而为六十四。"是刚指阳爻，柔指阴爻。又，《系辞传》曰："八卦以象告，爻彖以情言，刚柔杂居，而吉凶可见矣。"刚柔杂居，即谓阳爻阴爻杂处。《说卦传》曰："昔者，圣人之作《易》也，将以顺性命之理。是以立天之道，曰阴与阳；立地之道，曰柔与刚；立人之道，曰仁与义。兼三才而两之，故《易》六画而成卦，分阴分阳，迭用柔刚，故《易》六位而成章。”是阴阳、柔刚、仁义，三者相同而异称。故分阴分阳，迭用柔刚，换文言之，以备天地之道。随卦，震下兑上。初九一阳，在六二、六三二阴之下；九四、九五二阳，在上六一阴之下。阳为刚，阴为柔，故曰刚来而下柔。

《系辞传》曰：“一阴一阳之谓道。”又，“子曰：天下何思何虑？天下同归而殊途，一致而百虑。天下何思何虑？日往则月来，月往则日来，日月相推，而明生焉。寒往则暑来，暑往则寒来，寒暑相推，而岁成焉。”崔憬曰：“言日月寒暑，往来虽多，而明生岁成，相推则一，何思何虑于其间哉？”言阴阳相推，乃是规律。复卦，震下坤上。卦辞曰：“反复其道，七日来复。”《彖》曰：“反复其道，七日来复，天行也。”朱熹曰：“阴阳消息，天运然也。”按，十二月阴阳消息卦：十一月，一阳生，一阴消；十二月，二阳生，二阴消；正月，三阳生，三阴消；二月，四阳生，四阴消；三月，五阳生，五阴消；四月，六阳生，六阴消；五月，一阴生，一阳消；六月，二阴生，二阳消；七月，三阴生，三阳消；八月，四阴生，四阳消；九月，五阴生，五阳消；十月，六阴生，六阳消。是乾坤之变，七动而复。随卦，震一阳来阴之下，为十一月；兑二阳来阴之下，为十二月。震下兑上，由下往上，为十一月至十二月卦象。

《国语·周语下》：“故名之曰黄钟，所以宣养六气九德也。”韦昭注：“黄，中之色也；钟之言阳气钟聚于下也。十一月，阳伏于下，物始萌。”《史记·律书》云：“言阳气踵黄泉而出也。”《汉书·律志》云：“黄，五色莫盛焉，故阳气施种于黄泉，孳萌万物，为六气元也。”《五行大义》引《义宗》云：“钟，应也。言阳气潜动于黄泉之下，应养万物，萌芽欲出。”《白虎通·五行》曰：“《月令》：十一月，律谓之黄钟何？黄者，中和之色；钟者，动也。言阳气于黄泉之下，动养万物也。”又，《国语·周语下》：“元閒大吕，助宣物也。”韦注：“十二月，大吕。大吕助阳宣散物也。天气始于黄钟，萌而赤；地受之于大吕，牙而白，成黄钟之功也。”《汉书·律志》云：“大吕，吕，旅也。言阴大旅，助黄钟宣气而牙物。”《五行大义》引《三礼义宗》云：“吕，助也。十二月，阳方生长，阴气助之，生育之功，其道广大也。”是刚来柔下，阳生物生，万物随阳而生，名之曰随。

《大戴礼记·夏小正》：“十一月：王狩。狩者，言王之时田也，冬猎为狩。陈筋革。陈筋革者，省兵甲也。啬人不从。不从者，弗行。于时月也，万物不通，陨麋角。陨，坠也。日冬至，阳气至始动，诸向生皆蒙蒙符矣。故麋角陨，记时焉尔。”王聘珍解：“《大司马职》曰：中冬教大阅，遂以狩田。何注《公羊传》云：狩，犹兽也。冬时禽兽长大，遭兽可取。陈，列也；省，视。啬人，谓省啬徒众也。不从，谓不从王狩也。冬狩非为社事，故有不行者。郑注《周易》云：蒙蒙，物初生形。是其开著之名也。符，信也，验也。万物应微阳而动，皆有信验也。《月令》曰：日短至，阴阳争，诸生荡。郑注云：争者，阴方盛，阳欲起也；荡谓物动萌芽也。高注《淮南·时则》云：麋角解堕，皆应微阳气也。"

《夏小正》："十二月：鸣弋。弋也者，禽也。先言鸣，而后言弋者，何也？鸣而后知其弋也。玄驹贲。玄驹也者，螘也；贲者何也？走于地中也。纳卵蒜。卵蒜也者，本如卵者也；纳者何也？纳之君也。虞人入梁。虞人，官也；梁者，主设网罟者也。陨麋角。盖阳气旦睹也，故记之也。"解诂曰："弋，谓鸷鸟也，鹰隼之属，缴射为弋。十二月，鹰隼取鸟，捷疾严猛，亦如弋射，故谓之弋。《小雅》曰："蚍蜉，大螘；小者螘。《方言》：蚍蜉，齐鲁之间谓之蚼蟓，西南梁益之间谓之玄蚼，燕谓之蛾蛘。传云走于地中也者，感阳气而动于蛰中。虞人，掌水之官，水虞，渔师是也。《王制》曰：虞人入泽梁。郑注云：梁，绝水取鱼者。《尔雅》曰：旦，早也。《广雅》云：睹，见也。阳气旦睹，谓十一月阳来复，阳气早见，已有陨麋角之事矣。十二月亦有陨者，物候各有不齐，故经重记之。孔氏《月令》疏云：若节气早，则麋角十一月解，故《夏小正》云：十一月麋角陨坠。是也。若节气晚，则十二月麋角解，故《夏小正》云：十二月陨麋角。"随卦，震下兑上，十一月、十二月之象。故《彖》曰："随，刚来而下柔，动而说，随。"震为动，兑为说，动而说，谓此时万事万物，随阳来而动，动而喜悦。

又，《逸周书·时训解》曰："冬至之日，蚯蚓结；又五日，麋角解；又五日，水泉动。"陈逢衡云："冬至之日，十一月中气也。麋角解者，麋是阴兽，冬至得阳气而解角也。水泉动者，泉浚于地，阳气聚于内，故禀微阳而动，动谓气始达也。"《时训解》曰："小寒之日，雁北向；又五日，鹊始巢；又五日，雉始雊。"陈逢衡云："小寒之日，十二月节气也。雁北向者，自南而北。此据早者而言也，晚者正月二月乃北向，故《时训》于雨水，又言鸿雁来始巢。《淮南》作加巢。高诱曰：鹊感阳而动，上加巢也。冬至加功，至春乃成，故曰始巢。雉始雊，雊谓鼓其翼也。《小正》：正月雉震响。而此在十二月者，一言其震响乃大鸣之候，一言其始雊乃微鼓其音也。"朱右曾云："《诗纬·推度灾》云：复之日，鹊始巢。是也。雷在地中，雉闻则雊。"又，《时训解》曰："大寒之日，鸡始乳；又五日，鸷鸟厉；又五日，水泽腹坚。"陈逢衡云："大寒之日，十二月中气也。《白虎通》曰：冬至阳始起，反大寒何？阴气推而上，故大寒也。鸡始乳者，谓当字育之时，即《小正》鸡桴粥也。鸷鸟，题肩也，亦谓之击征。厉，疾，猛迅也。"朱右曾云："鸷鸟，鹰隼之属，太阴杀气将尽，故猛疾与时竞。腹坚，言冰坚固凸出如腹。”言阳推阴上，冰坚如腹之厚。随卦，震下兑上，自十一月一阳生，至十二月二阳生，物随刚来下柔而动，动而说阳，故曰随。

扬雄《太玄经》：“从，阳跃于渊，于泽，于田，于岳，物企其足。”范望注：“象随卦。行属于水。谓之从者，言阳气遍接此四处，万物莫不企足，欲长而从之，故谓之从。”司马光集注：“宋曰：阳气踊跃，在渊、泽、田、岳者，谓其高下备矣，万物亦企其足，而随之。”

随　《说文》：“随，从也。”桂馥义证：“从也者，本书：从，随行也。”《方言》：“追、末，随也。”钱绎笺疏：“《说文》：追，逐也；逐，追也。《广雅·释诂三》：追、末、随，逐也。”《玉篇》：“随，随从也。”《广韵》：“随，从也，顺也。”王筠《说文句读》：“《易》随卦取随从之义，不论应与。二随六三之阴，故系小子，而失初阳之丈夫。三随九四之阳，故系丈夫，而失二阴之小子。四随五而凶者，以阳随阳，多惧之地也。初、上无位，故初九不以随六二为凶，而以渝得吉。上在事外，而六为阴爻，不以乾上之亢，是可嘉尚之人。王者五也，嘉者上也，拘系从维，皆五爻所谓孚也。”按，随，谓阴随阳，贱随贵。初九阳，在六二阴之后，阳不随阴，不言随；六二阴，在六三阴之后，阴不随阴，不言随；六三阴，在九四阳之后，阴随阳，言随有求得；九四阳，在九五阳之后，贱随贵，言随有获。九五阳，在上六阴之后，阳不随阴，不言随。上六虽阴，但前无所随，故不言随。

坤卦，坤下坤上。卦辞曰：“先迷后得主。”阴极阳来，阳为元，为首，为主；阴为迷，为从。故六三曰：“或从王事，无成有终。”即阳为主，阴为从，阴随阳之意。屯卦，震下坎上。《彖》曰：“刚柔始交而难生”，“雷雨之动满盈，天造草昧”。亦阴随阳生。师卦，坎下坤上。《彖》曰：“师，众也；贞，正也。能以众正，可以王矣。刚中而应，行险而顺，以此毒天下，而民从之。”众从正，阴随阳。比卦，坤下坎上。《彖》曰：“比，辅也，下顺从也。以刚中也，不宁方来，上下应也。”上下之阴，顺应九五之阳，阴随阳。履卦，兑下乾上。《彖》曰：“柔履刚，说而应乎乾。”即阴随阳。泰卦，乾下坤上。《彖》曰：“小往大来，吉亨。则是天地交，而万物通也。”大来为阳来。阳来万物通，万物随阳而生。豫卦，坤下震上。《彖》曰：“豫，顺以动，故天如之，而况建侯行师乎？天地以顺动，故日月不过，而四时不忒。圣人以顺动，则刑罚清而民服。”豫为阳气舒伸，阳气动万物随动，为随阳。观卦，坤下巽上。《彖》曰：“中正以观天下”，“下观而化也”，“圣人以神道设教，天下服矣。”九五之阳，以中正观示天下，天下阴众化而服从之，为阴随阳。复卦，震下坤上。《彖》曰：“刚反，动以顺行。”谓阳息阴消，阳行阴顺，阴随阳动。无妄卦，震下乾上。《彖》曰："刚自外来，而为主于内。动而健，刚中而应。"阳为主，阴为从，六二应九五，为阴随阳。随卦，震下兑上。《彖》曰："随，刚来而下柔，动而说，随。"其为十一、十二月卦，阳来阴随，其象最著，故名之曰随。

《系辞传》曰："服牛乘马，引重致远，以利天下，盖取诸随。"古人以牛驾车，为服牛；以马御车，为乘马。下震，坤阴为牛，为大舆，牛拉大舆，为服牛引重；上兑，坤阴为牝马，为大舆，马行千里，为乘马致远。上下卦，皆阴随阳，为随。《易乾凿度》曰："万物随阳而出。故上六欲待九五拘系之，维持之，明被阳化，而阴随之也。譬犹文王之崇至德，显中和之美，拘民以礼，系民以义，当此之时，仁恩所加，靡不随从，咸悦其德。"程氏传："君子之道，为众所随，与已随于人，及临事择所随，皆随也。凡人君之从善，臣下之奉命，学者之徙义，临事而从长，皆随也。"此亦谓阴随阳行，为随。

元亨　《说文》："元，始也。从一，从兀。"高鸿缙《中国字例》："元、兀一字，意为人之首也。从人，而一或二指明其部位，正指其处，故为指事字。"《广韵》："元，大也。"《小雅·六月》："元戎十乘，以先启行。"毛传："元，大也。"《史记·鲁周公世家》："今我其即命于元龟。"裴骃集解引马融曰："元龟，大龟也。"王筠《说文释例》："天地之大，无由象之以作字，故象人之形，以作大字；非谓大字即是人也。"王说是。段玉裁注："人之文，但象臂胫；大文，则首、手、足皆具，而可以参天地，是为大。"又，《说文》："天，颠也。至高无上，从一、大。"王国维《观堂集林》曰："古文天字，本象人形。本谓人颠顶，故象人形。所以独坟其首者，正特著其所象之处也。"综上，元为始，为首，为大，为天。

乾卦，乾下乾上。卦辞曰："元亨。"《彖》曰："大哉乾元，万物资始，乃统天。"《文言》曰："乾元者，始而亨者也。"又曰，"元者，善之长也；亨者，嘉之会也。"是以元亨为最善最嘉，《彖》曰大亨。屯卦，震下坎上。卦辞曰："元亨。"《彖》曰："屯，刚柔始交而难生，动乎险中，大亨贞。"一阳来下与阴相交，万物资始。此为十一月阳用事，天行健，大者亨，是为大亨。大有卦，乾下离上。卦辞曰："元亨。"《彖》曰："大有，其德刚健而文明，应乎天而时行，是以元亨。"其德刚健，谓有乾元之德，是以为元亨。蛊卦，巽下艮上。卦辞曰："元亨。"《彖》曰："蛊，刚上而柔下，巽而止蛊。蛊，元亨，而天治也。"刚上柔下，天下治，阳用事之象，故曰元亨。临卦，兑下坤上。卦辞曰："元亨。"《彖》曰："临，刚浸而长，说而顺，刚中而应，大亨以正，天之道也。"天之道，即乾之道，故曰元亨，即大亨。无妄卦，震下乾上。卦辞曰："元亨。"《彖》曰："无妄，刚自外来，而为主于内，动而健，刚中而应，大亨以正，天之命也。"天之命，乾之命，是以谓元亨，即大亨。升卦，巽下坤上。卦辞曰："元亨。"《彖》曰："柔以时升，巽而顺，刚中而应，是以大亨。"阴往阳来，乾元亨通，为大亨。革卦，离下兑上。卦辞曰："元亨。"《彖》曰："文明以说，在亨以正，汤武革命，顺乎天，而应乎人，革之时大矣哉!"谓阳革阴得正位，为大亨以正，是为元亨。鼎卦，巽下离上。卦辞曰："元吉亨。"《彖》曰："圣人亨以享上帝，而大亨以养圣贤。是以元亨。"此卦，谓圣人革故鼎新。圣人，阳者。乾阳主事，是以元亨。

《老子》曰："故道大，天大，地大，王亦大。域中有四大，而王居其一焉。"《系辞传》曰："一阴一阳之谓道。"又曰，"夫《易》，广矣大矣。以言乎远，则不御；以言乎迩，则静而正；以言乎天地之间，则备矣。"此言道为大；乾元为天大；坤元为地大；大有、革、鼎为王亦大。反之，阴为小，其亨则为小亨。旅卦，艮下离上。卦辞曰："小亨。"《彖》曰："旅，小亨。柔得中乎外，而顺乎刚，止而丽乎明，是以小亨。"柔得中乎外，而顺乎刚，谓阴得五之中位，又顺上九之天，是以六五亨通。六五为阴，阴为小，故阴亨为小亨。巽卦，巽下巽上。卦辞曰："小亨。"《彖》曰："刚巽乎中正而志行，柔皆顺乎刚，是以小亨。"柔顺乎中正之刚，是以亨通。柔为阴，阴为小，为小亨。阳刚通达为元亨，即大亨，大者亨通；阴柔通达为小亨，即小者亨通。随卦，震下兑上。卦辞曰："元亨。"《彖》曰："随，刚来而下柔，动而说，随，大亨贞。"谓十一月、十二月，阳来阴下，动万物，万物悦而随阳，是阳气通达之时。阳为元，元为大，故卦辞曰元亨，《彖》曰大亨。

利贞　师卦《彖》曰："贞，正也。"《系辞传》曰："吉凶者，贞胜者也；天地之道，贞观者也；日月之道，贞明者也；天下之动，贞夫一者也。"《老子》曰："道生一。"任继愈曰："道使万物得到统一。"一为道。言吉与凶，正者为吉为胜；天与地之道，以正示人；日与月之道，以正为明；天下之动，正为道。是天下万事万物，各有其正；动而求正，则为一理。故《系辞传》曰："天下同归而殊途，一致而百虑。"乾卦，乾下乾上。辞曰："元亨利贞。"《彖》曰："乾道变化，各正性命，保合太和，乃利贞。"谓乾道变化，于是利万物之正，故曰利贞。屯卦，震下坎上。辞曰："元亨利贞。"《彖》曰："大亨正，雷雨之动满盈，天造草昧，宜建侯而不宁。"谓阳气通，而得二、五之中正，天地人事得正，为利贞。临卦，兑下坤上。辞曰："元亨利贞。"《彖》曰："大亨以正，天道也。"谓阳气通，而得九二之中正，刚浸而长，乃自然之道，故曰利贞。无妄卦，震下乾上。辞曰："元亨利贞。"《彖》曰："大亨以正，天之命也。"谓阳气通，而得九五之正，承上九天之命，故曰利贞。革卦，离下兑上。辞曰："元亨利贞。"《彖》曰："文明以说，大亨以正。"谓阳气通，而得九五之正，故曰利贞。随卦，震下兑上。辞曰："元亨利贞。”《象》曰：“刚来而下柔，动而说随，大亨贞。”谓阳气通，而得九五之正，万物悦随，故曰利贞。

又，由五月，至十月，为阴用事。由十一月，至明年四月，为阳用事。泰卦，乾下坤上。《彖》曰：“小往大来，吉亨。则是天地交，而万物通；上下交，而其志同也。内阳而外阴，内健而外顺，内君子而外小人。君子道长，小人道消也。”否卦，坤下乾上。《彖》曰：“大往小来，则是天地不交，而万物不通也；上下不交，而天下无邦也。内阴而外阳，内柔而外刚；内小人，而外君子。小人道长，君子道消也。”是阳用事为泰，泰为通；阴用事为否，否为不通。阳通，则利阳之正；阳不通，则不利阳之正。阳息用事之卦，故皆曰元亨利贞，谓阳气亨通，利行其正。

无咎 《月令·仲冬之月》云：“其日壬癸，其音羽，律中黄钟。”郑氏注：“壬之言任也，癸之言揆也。日之行冬，北从黑道，闭藏万物，月为之佐。时万物怀任于下，揆然萌芽。”又，“黄钟者，律之始也，九寸。仲冬气至，则黄钟之律应。《周语》曰：黄钟，所以宣养六气九德。”《正义》曰：“按《元命包》：黄钟者，始黄。注云：始萌黄泉中。《律历志》云：黄者，中之色，君之服；钟，种也。又云：黄，五色莫盛焉。故阳气始种于黄泉，孳萌万物，为六气元也。《周语》曰：黄钟所以宣养六气九德者，按彼注：十一月建子，阳气在中。六气：阴、阳、风、雨、晦、明。九德：金、木、水、火、土、谷、正德、利用、厚生。作乐宣遍。黄钟，象气伏地，物始萌，所以遍养六气九功之德。”《白虎通·五行》曰：“其音羽，羽之为言舒，言万物始孳。”陈立《白虎通疏证》：“羽、舒，亦谐声为义。”按，豫卦，豫为舒，豫、舒、羽，皆谐声为义，谓阳气生。

《季冬之月》云：“律中大吕，雁北乡，鹊始巢，雉雊鸡乳。”《释文》：“乡，音向。”郑氏注：“季冬气至，则大吕之律应。《周语》曰：大吕助阳宣物。雊，雉鸣也。《诗》云：雉之朝雊，尚求其雌。”《正义》曰：“按《律历志》云：大吕，吕，旅也。言阴大旅助黄钟，宣气而聚物。雁北乡，有早有晚。早者，则此月；北乡晚者，二月乃北乡。故《易说》云：二月惊蛰，侯雁北乡。鹊始巢者，此据晚者；若早者，十一月始巢。故《诗纬·推度灾》云：复之日，鹊始巢也。雉雊鸡乳者，《易·通卦验》云：雉雊鸡乳，在立春节，与此同，以立春在此月也。《通卦验》又云：小寒虎始交，豺祭兽。此季冬不言者，文不具也。若节气晚，则季冬虎交，若节气早，则在仲冬，故仲冬虎始交。按《月令》，九月豺祭兽。《通卦验》，季冬豺祭兽者，熊氏云：再祭也。”

随卦，震下兑上，十一月、十二月卦。故《彖》曰：“随，刚来而下柔，动而说随，大亨贞，无咎。”《说文》：“咎，灾也。从人，从各。各者，相违也。”段玉裁注：“引伸之，凡失意自天而至曰灾。"《月令》谓仲冬、季冬之月阳气来，万物悦，随阳而动，是不违天之时，是以无灾咎。故《象》曰："而天下随时，随时之义大矣哉！"《国语·越语下》："夫圣人随时以行，是谓守时。"《管子·白心篇》曰："天不使不随。"房玄龄注："后天而奉天时，则举无不随也。"又，《白心篇》曰："随变断事也，知时以为度。"房注："事非其时则不成。"《庄子·则阳》："冉相氏得其环中以随成。"郭象注："冉相氏，古之圣王也。居空以随物，物自成。"盖谓居空间以随时间，物自成正。《荀子·天论篇》"列星随旋，日月递照，四时代御，阴阳大化，风雨博施，万物各得其和以生。"杨倞注："列星，有列位者，二十八宿也。随旋，相随回旋也。阴阳大化，谓寒暑变化万物也。"物换星移，万物之时变而变，亦谓随时。随卦，万物随阳，即是天下随时。随阳以动，不违天时，是以大亨贞，无咎，故曰随时之义大矣哉。

王弼注："为随而令大通，利贞得于时也。得时，则天下随之矣。"又曰，"随之所施，唯在于时也。时异而不随，否之道也。故随时之义大矣哉。"蜀才曰："相随而大亨无咎，得于时也，得时则天下随之矣，故曰随时之义大矣哉。"程氏传："君子之道，随时而动，从宜适变，不为典要，非造道之深，知几能权者，不能与于此也。故赞之曰：随时之义大矣哉！凡赞之者，欲人知其义之大，玩而识之也。此赞随时之义大，与豫等诸卦不同，诸卦时与义是两事。"李道平《周易集解纂疏》："《中庸》曰：君子而时中。时中之义本大，事事得时，则天下皆随，故曰随时之义大矣哉。"按，《系辞传》曰："刚柔者，立本者也；变通者，趣时者也。"朱熹曰："一刚一柔，各有定位，自此而彼，变以从时。"此即随时之谓。不知随时，即不知阴阳，故曰随时之义大矣哉。

按《易》，大象凡言雷所在空间者，亦言所在时间及事。豫卦，坤下震上。《象》曰："雷出地奋，豫，先王以作乐崇德，殷荐之上帝，以配祖考。"坤为十月，震为十一月。此时龙战于野，阳激阴为雷，故曰雷出地奋，豫。震为雷，坤为地。复卦，震下坤上。《象》曰："雷在地中，复，先王以至日闭关，商旅不行，后不省方。"坤为十月，震为十一月。此时刚柔始交，阳激阴为雷，故曰雷在地中，复。震为雷，坤为地。无妄卦，震下乾上。《象》曰："天下雷行，物与无妄，先王以茂对时，育万物。"震为十一月，乾为明年四月。此时天下雷动，各正性命，故曰天下雷行，物与无妄。乾为天，震为雷。颐卦，震下艮上。《象》曰："山下有雷，颐，君子以慎言语，节饮食。"艮为九月，震为十一月。由一阳退，至一阳出，中经十月纯阴，阳气畜养，故曰山下有雷，颐。艮为山，震为雷。大壮卦，乾下震上。《象》曰："雷在天上，大壮，君子以非礼弗履。"乾三阳，震一阳，四阳生。此时大者壮，为二月，雷乃发声，故曰雷在天上，大壮。震为雷，乾为天。归妹卦，兑下震上。《象》曰："泽上有雷，归妹，君子以永终知敝。"震一阳生，为十一月，兑二阳生，为十二月。故曰泽上有雷，归妹。兑为泽，震为雷。小过卦，艮下震上。《象》曰："山上有雷，小过，君子以行过乎恭，丧过乎哀，用过乎俭。"艮为九月，震为十一月。坤为十月，阴为小。由九月至十一月，中间经过十月，小者过，为小过。故曰山上有雷，小过。艮为山，震为雷。

随卦，震下兑上。《象》曰："泽中有雷，随，君子以向晦入宴息。"震一阳生，为十一月；兑二阳生，为十二月。此时刚来下柔，阳动而万物悦随，故曰泽中有雷，随。兑为泽，震为雷。《说卦传》曰："坤，其于地也为黑。"坤阴为晦，乾阳为君子。十一月、十二月，阳来息阴下，为君子向晦入安息。《周颂·酌》曰："于铄王师，遵养时晦，时纯熙矣。"《诗序》云："《酌》，告成大武也。言能酌先祖之道，以养天下也。"朱熹《诗集传》曰："此亦颂武王之诗。言其初，有于铄之师而不用，退自循养，与时皆晦；既纯光矣，然后一戎衣，而天下大定。"艮卦《象》曰："时止则止，时行则行，动静不失其时，其道光明。"君子向晦入宴息，犹遵养时晦，时止则止。

《月令·仲冬之月》云："命有司曰：土事毋作，慎毋发盖，毋发室屋，及起大众，以固而闭。地气沮泄，是谓发天地之房，诸蛰则死，民必疾疫，又随以丧。""是月也，命奄尹，申宫令，审门闾，谨房室，必重闭。""是月也，日短至，阴阳争，诸生荡。君子齐戒，处必掩身。身欲宁，去声色，禁耆欲，安形性，事欲静，以待阴阳之所定。"又，《季冬之月》云："是月也，日穷于次，月穷于纪，星回于天，数将几终。岁且更始，专而农民，毋有所使。"郑氏注："言日月星辰，运行于此月，皆周匝于故处也。次，舍也；纪，会也。"《正义》曰："此月既终，岁且更始。而，女也。言在上专一女农之事，无得兴起造作，有所使役也。"此皆君子以向晦入宴息之义。

《说文》："晦，月尽也。"段玉裁注："引伸为凡光尽之称。僖十五年《春秋经》：晦，震夷伯之庙。《公羊》曰：晦，昼冥也。《谷梁》曰：晦，冥也。杜注《左》云：与凡书晦同。《尔雅》曰：雾，谓之晦。"《释名·释水》："海，晦也。其色黑而晦也。"《释采帛》："黑，晦也。如晦冥时色也。"《释书契》："墨，晦也，言似物晦黑也。"又，《释名·释天》："霾，晦也。言如物尘晦之色也。"按，四时天气有变，景色各异，故春曰青，夏曰赤，秋曰白，冬曰黑。故冬之神曰玄冥，日之行从黑道，此皆晦冥之义。晦冥之时，万物随时闭藏，从阳怀任于下。故《象》曰："泽中有雷，随，君子以向晦入宴息。"圣人奉天时，及万物节候，按月行令，故谓之《月令》。乾卦《文言》谓九五曰："夫大人者，与天地合其德，与日月合其明，与四时合其序，与鬼神合其吉凶。先天而天弗违，后天而奉天时。天且弗违，而况于人乎？况于鬼神乎？"《象》曰君子，即九五大人之类。

李鼎祚《周易集解》引侯果曰："坤为晦，乾之上九，来入坤初，向晦者也。坤初升兑二，为休息入宴者也。欲君民者，晦德息物，动悦黎庶，则万方归随也。"程氏传："雷震于泽中，泽随震而动，为随之象。君子观象，以随时而动。随时之宜，万物皆然，取其最明且近者言之。君子以向晦入宴息：君子昼则自强不息，及向昏晦，则入居于内，宴息以安其身，起居随时，适其宜也。《礼》：君子昼不居内，夜不居外，随时之道也。"《朱子语类》："问：程子云泽随雷动，君子当随时宴息，是否？曰：既曰雷动，何不言君子以动作，却言宴息，盖其卦震下兑上，乃雷入地中之象，雷随时伏藏，故君子亦向晦入宴息。"《集解》引翟玄曰："晦者冥也。雷者阳气，春夏用事。今在泽中，秋冬时也。"按旧说，雷八月入地，明年二月出地。今雷在泽下，泽又在地中，当是仲冬、季冬之象。《说文》："宴，安也。"仲冬，季冬，乃物与安息之时。

豫卦和随卦，互为邻卦。《序卦传》曰："有大而能谦，必豫，故受之以豫。豫必有随，故受之以随。"按，谦卦，艮下坤上。卦辞曰："谦，亨，君子有终。"《彖》曰："谦，亨，天道下济而光明，地道卑而上行；天道亏盈而益谦，地道变盈而流谦。谦尊而光，卑而不可逾，君子之终也。"谦卦，艮下，艮为九月；坤上，坤为十月。九月至十月，最后一阳由上退下，纯阴上升，为天道下济，地道卑而上行。又，阳满至纯阳而更往下，阴满至纯阴而更向下，谓之天道变盈而益谦，地道变盈而流谦。阳气，虽然谦下，然贵而光明，卑而不可超越，谓之谦尊而光，卑而不可逾。朱熹《周易本义》曰："有终，谓先屈而后伸也。"阳气，在十月伏于阴下，待十月阴极，阳动于地中，谓之豫。豫，即阳气屈而伸，其卦为坤下震上。故豫卦《彖》曰："豫，刚应而志行，顺以动，豫。豫顺以动，故天地如之。"豫卦既为阳气伸，天地如之，万物随之以动。故随卦《彖》曰："随，刚来而下柔，动而说随。而天下随时。"豫卦，坤下震上，十月至十一月。随卦，震下兑上，十一月至十二月。故豫卦之后，次之以随卦。《序卦传》曰："豫必有随，故受之以随。"即谓阳气伸舒，必有物随，故接之以随。

随卦和归妹卦，上下卦互换。随卦，震下兑上，十一月、十二月之象。就阳爻看，是阳气渐生之卦。故卦辞曰："元亨利贞"谓阳气大亨通，有利阳之正道。《彖》曰："刚来而下柔，动而说，随。"言阳生阴下，天下随时，亦元亨利贞之谓。归妹卦，兑下震上，十二月、十一月之象。就阴爻来看，是阴气渐退之卦。故卦辞曰："征凶，无攸利。"谓阴气往前凶，无所利。《象》曰："说以动，所归妹也。征凶，位不当也。无攸利，柔乘刚也。"言阴消阳上，柔乘刚上，亦征凶，无攸利之谓。两卦，皆仲冬、季冬之象。《月令·仲冬之月》云："是月也，日短至，阴阳争，诸生荡。"日短至，谓冬至日间最短，此后日间渐长，夜间渐短，直至夏至，是阳长阴退之时。阴阳争，诸生荡，犹阳来物随之意。又，《季冬之月》云："命有司，大难旁磔，以送寒气。"郑氏注："送，犹毕也。"高诱注《吕纪》曰："大傩，逐尽阴气，为阳导也。旁磔犬羊于四方，以攘其毕冬之气也。"阳气生于十一月，故随卦为震下兑上，阳始生于下。冬气毕于十二月，故归妹卦为兑下震上，阴将尽于下。

豫卦，坤下震上。《彖》曰："豫，刚应而志行，顺以动，豫。豫顺以动，故天地如之，而况建侯行师？天地以顺动，故日月不过，而四时不忒。圣人以顺动，则刑罚清而民服，豫之时义大矣哉！"伏羲八卦，坤为十月，震为十一月。此时，阳气应时而生，顺时以动，故日月不过，而四时不忒，故曰豫之时义大矣哉。遁卦，艮下乾上。《彖》曰："遁亨，遁而亨也。刚当位而应，与时行也。小利贞，浸而长也。遁之时义大矣哉！"按十二消息卦，遁为六月。此时，阳退阴长，阴来成物，故曰遁之时义大矣哉。《说文》："未，味也，六月滋味也。五行木老于未，象木重枝叶也。"《史记·律书》曰："未者，言万物皆成，有滋味也。"即此。姤卦，巽下乾上。《彖》曰："姤，遇也，柔遇刚也。天地相遇，品物咸章也；刚遇中正，天下大行也。姤之时义大矣哉！"姤为五月，夏至之月。春生夏长，此月阴来助阳长物，品物咸章，故曰姤之时义大矣哉。旅卦，艮下离上。《彖》曰："旅，小亨。柔得中乎外，而顺乎刚，止而丽乎明，是以小亨，旅贞吉也。旅之时义大矣哉！"伏羲八卦，艮为九月，离为正月。九至正月之间为冬。无冬之藏，则无春之生，故曰旅之时义大矣哉。随卦，震下兑上。《彖》曰："随，刚来而下柔，动而说，随。而天下随时。随时之义大矣哉！"十二月卦，震为一阳生，为十一月；兑为二阳生，为十二月。由下往上，为十一月至十二月，天下随阳动而动，为天下随时，故曰随时之义大矣哉。随时之义，并非随之时义。以上，豫之时义大矣哉，遁之时义大矣哉，姤之时义大矣哉，旅之时义大矣哉，皆谓卦之时义大矣哉；随时之义大矣哉，则并非谓随卦之时义大矣哉，而是谓天下随时之义大矣哉。或曰："时字，在之字下。"为随之时义大矣哉，与豫、遁、姤、旅同。然则与"而天下随时，随时之义大矣哉"不合，不可从。

初九，官有渝，贞吉，出门交有功。

〔译〕 初九，月份季节有更变，从正而行吉利，阳出门与阴交有功。

《象》曰："官有渝，从正吉也。出门交有功，不失也。"

〔证〕

官有渝 《说文》："官，吏事君也。从宀从𠂤，𠂤犹众也。此与师同意。"桂馥义证："吏事君也者，本书臣下云：事君也；事下云：职也。馥谓：百官，百职事也。《楚语》：千品万官。《释诂》：寀、寮，官也。从宀者，与宰、宦同意。《玉藻》：在官不俟屦。注云：官谓朝廷治事处也。𠂤犹众也，此与师同意者，本书师下云：𠂤，众意也。"段玉裁注："𠂤不训众，而可职之训从。以宀覆之，则治众意也。"又谓此与师同意曰："人众而匝□之，与事众而宀覆之，其意同也。"杨树达《积微居小学金石论丛》："官字从宀，凡从宀之字，皆以屋室为义。官字下从𠂤，盖象周庐列舍之形，谓臣吏所居，后乃引伸为官职之称。《周礼》，官府都鄙并称，是本义。"约斋《字源》："𠂤、𠂤、𠂤、阜、阝，这是从层级上，区分高矮土山的形象。较矮的变成现在的𠂤字，或者省了一撇，写作𠂤；较高的变成现在的阜字，做偏旁时写作阝。"按，官，百官。宀，舘，舍；𠂤，有等级而众多之象。《系辞传》曰："百官以治，万民以察。"是官之职为管。《管子·海王篇》："桓公曰：然则吾何以为国？管子对曰：唯官山海为可耳。"马元材注："官即管字之假借。"又，《说文通训定声》曰："《礼记·王制》疏：官者，管也。"

《周礼》官职，就其大者，有天官冢宰，地官司徒，春官宗伯，夏官司马，秋官司寇，冬官考工。贾公彦疏："春官，象春所立之官。宗，尊也；伯，长也。春者出生万物，天子立宗伯，使掌邦礼典礼。以事神为上，亦所使下报本反始。夏官，象夏所立之官。马者武也，言为武者也。夏整齐万物，天子立司马，共掌邦政，可以平诸侯，故曰统六师，平邦国。秋官，象秋所立之官。寇，害也；秋者，遒也。如秋义杀害收聚、敛藏于万物也。天子立司寇，使掌邦刑。刑者，所以驱耻恶，纳人于善道也。冬官，象冬所立官也。是官名司空者，冬闭藏万物。天子立司空，使掌邦事，亦所以富立家，使民无空者也。"郑氏注："百工，司空事官之属，于天地四时之职，亦处其一也。"由上可见，天地四时，各有其官。

又，《淮南子·时则训》曰："正月官司空，其树杨；二月官仓，其树杏；三月官乡，其树李；四月官田，其树桃；五月官相，其树榆；六月官少内，其树梓；七月官库，其树楝；八月官尉，其树柘；九月官候，其树槐；十月官司马，其树檀；十一月官都尉，其树枣；十二月官狱，其树栎。"高诱注："司空主土，春土受嘉穑，故官司空也。二月兴农播谷，故官仓也。三月料民户口，故官乡也。四月勉农事，故官田也。五月阴气长养，故官相。相，佐也。六月植稼成熟，故官少内也。库，兵府也。秋节整兵，故七月官库也。尉，戎官。八月治兵，故官尉。候，望也。九月缮修守备，故曰官候也。十月冬闲讲武，故官司马也。十一月冬成军师，故官都尉。十二月岁尽刑断，故官狱也。"是季有季官，月有月官。随卦，震下兑上。伏羲八卦，震为夏之十一月，周之正月。正月，为岁时月之始，是以为官有渝。即谓月份季节有更变。《尔雅·释言》曰：“渝，变也。”《说文》：“变，更也。”《诗·羔裘》传及《板》笺，并云：“渝，变也。”

贞吉　《象》曰：“官有渝，从正吉也。”谓随时正行为吉。《月令·仲冬之月》云：“命有司曰：土事毋作，慎毋发盖，毋发室屋，及起大众，以固而闭。地气沮泄，是谓发天地之房，诸蛰则死，民必疾疫，又随以丧。命之曰畅月。”孔颖达疏：“云土事毋作，慎毋发盖者，于此之时，土地之事，毋得兴作；又须谨慎，毋得开发掩盖之物。为阴气凝固，阳须闭藏。若起土功，开盖物，发室屋，起大众，开泄阳气，故下云诸蛰则死，人者疾疫也。以固而闭者，而，汝也。命此有司云：于此之时，以坚固汝闭塞之事，勿令开动地气沮泄。是谓发天地之房者，约束有司，若其不固汝所闭之事，令地气沮泄，谓泄漏地之阳气，是发彻天地之房。房是人次舍之处，拥蔽于此之时。天地亦拥蔽万物，不使宣露，与房舍相似。令地气泄漏，是开发天地之房也。如此，则诸蛰则死，人必疾疫。非但蛰死人疾，又随以丧者，国有大丧，随逐其后，命之曰畅月者，告有司云：所以须闭藏，以其命此月曰畅月。畅，充也，言名此月为充实之月，当使万物充实，不发动故也。”夏之十一月，周之正月，微阳初生，须加保护。故月令以时而施，可得周之岁首之吉。岁首，阳来用事，阳为贞，阳吉为贞吉。

又，《逸周书·时训解》：“冬至之日，蚯蚓结；又五日，麋角解；又五日，水泉动。蚯蚓不结，君政不行；麋角不解，兵甲不藏；水泉不动，阴不承阳。”陈逢衡云：“冬至之日，十一月中气。蚯蚓结者，高诱《吕氏注》：结，纡也。麋角解者，麋是阴兽，冬至得阳气而解角也。水泉动者，泉浚于地，阳气聚于内，故禀微阳而动，动谓气始达也。蚯蚓蠕动之物，今阳气已达黄泉，而犹挺然若死，则是一阳未生，而号令不伸于至近也，故其占为君政不行之象。麋角象刃，亦如麋角，俱兵甲之应。今不解，是耀武也，故其占为兵甲不藏之象。水泉乘阴而凝，乘阳而达。今不动，则嫌于无阳矣，故其占为阴不承阳之象。”蚯蚓结，麋角解，水泉动，君令行，皆为随阳之正而吉，是谓从正吉。

出门交有功　《说卦传》曰：“艮为门阙。”虞翻曰：“乾为门，艮阳在门外，故为门阙。两小山，阙之象也。”《周易集解纂疏》：“《易》出于乾，故乾为门。艮阳，乾三也。在门外，故为门阙。《广韵》：阙在门两旁，中央阙然为道也。艮下二耦，象两小山，故云阙之象也。”《尔雅·释宫》：“观，谓之阙。”郭璞注：“宫门双阙。”邢昺疏：“雉门之旁名观，又名阙。”孔颖达疏引孙炎《尔雅注》：“宫门双阙，旧章悬焉，使民观之，因谓之观。”《周礼·大司徒》：“正月之吉始和，布教于邦国都鄙，乃悬教象之法于象魏，使万民观教象。”贾公彦疏：“云乃悬教象之法，于象魏者，是建寅之月，乃悬教象之法，于象魏阙上。使万民观教象者，谓使万民，来就雉门象魏之处，观教象文书，使知一年教法。”此即旧章悬焉，使民观之，因谓之观。观卦，坤下巽上。《彖》曰：“大观在上，顺而巽，中正以观天下。”即是。随卦，震下兑上。二之五，阴列于下，阳横于上。有艮象，有观象，为门阙。初九出门，即出二之五之门。

《说文》：“交，交胫也。从大，象交形。凡交之属，皆从交。”段玉裁注：“交胫谓之交，引申之为凡交之称。故烎下曰：交也。凡两者相合曰交。”屯卦，震下坎上。《彖》曰：“屯，刚柔始交而难生。”阴阳始交，谓震之初九来交六二。震为十一月，冬至一阳生，上与阴交。泰卦，乾下坤上。《彖》曰：“泰，小往大来，吉亨，则是天地交，而万物通也；上下交，而其志同也。”小为阴，大为阳；天为阳，地为阴；天地上下交，即阴阳交。否卦，坤下乾上。《彖》曰：“大往小来，则是天地不交，而万物不通也；上下不交，而天下无邦也。”大为阳，小为阴；天为阳，地为阴；天地上下不交，即阴阳不交。大有卦，乾下离上。初九曰：“无交害。”大有，六五文明中正之君，大有天下，初九位正应之，是以无交害。六五曰：“厥孚交如，威如，吉。”《象》曰：“厥孚交如，信以发志也。”谓六五以信交初九、九二、九三、九四、上九，亦谓阴阳相交。睽卦，兑下离上。九四曰：“遇元夫交孚。”四臣位，五君位。臣为小，君为大，为元。九四之臣，与六五文明之君，阴阳相交以孚信，为遇元夫交孚。归妹卦，兑下震上。《彖》曰：“归妹，天地之大义也，天地不交，而万物不兴；归妹，人之终始也。”天地之交，男女之交，皆阴阳之交。随卦，下震初九之阳，若出二之五之门观，与上六之阴相交，则为阳交阴，为刚柔交。

《月令·孟春之月》：“其日甲乙，律中大蔟，东风解冻，蛰虫始振，魚上冰，獭祭鱼，鸿雁来。”郑氏注：“乙之言轧也。日之行春，东从青道，发生万物，月为之佐，时万物皆解孚甲，自抽轧而出。《周语》曰：大蔟，所以金奏赞阳出滞。”又，《孟春之月》云：“是月也，天气下降，地气上腾，天地和同，草木萌动。王命布农事，命田舍东郊，皆修封疆，审端经术。善相丘陵、阪险、原隰，土地所宜，五谷所殖，以教道民，必躬亲之。田事既饬，先定准直，农乃不惑。”郑氏注：“此阳气蒸达，可耕之候也。《农书》曰：土长冒橛，陈根可拔，耕者急发。田，谓田畯，主农之官也。舍东郊，顺时气而居，以命其事也。”正月天气下降，谓阳气自十一月，一阳来阴之下，上与阴气相交生物，屯为天造草昧，蒙为阳使物萌，随为物随阳生。出门交有功，谓阳出十一、十二之月，与上六之阴相交有功。泰卦《象》曰：“天地交，泰，后以财成天地之道，辅相天地之宜，以左右民。”即阴阳交有功。故随卦初九《象》曰：“出门交有功，不失也。”乃谓天地阴阳相交，不失时正而有功。

六二，系小子，失丈夫。

〔译〕　六二，阴连阴而往，则失所来之阳。

《象》曰："系小子，弗兼与也。"

〔证〕

系小子　《尔雅·释诂》："係（系），继也。"邢昺疏："係者，系属之继。《易》曰：係小子，失丈夫。"《说文》："係，絜束也。从人，系声。"段玉裁注："絜者，麻一耑也。絜束者，围而束之。《左传》，係舆人；又，以朱丝係玉二穀。束之义也。束之，则缕与物相连，故凡相联属谓之係。《周易》，係遁，係丈夫，係小子。"又曰，"按俗通用繫。考诸古经，若《周礼》：《司门》、《校人》，字皆作毄。《周易·繫辞》，据《释文》：本作毄。《汉书·景帝纪》亦用毄。盖古假毄为係。后人尽改为繫耳。"朱骏声《说文通训定声》曰："係，经传多以繫为之，假借为系。"王筠《说文句读》曰："案係者，系之累增字也。系下云：繫也。繫即系之假借字，谓古作系，今借繫为之也。彼云繫也，此云絜束也，合此两说，而其义始明。盖絜者，麻之一耑也；絜而束之，则不止一端矣。既聚多絜而束之，故厂在系上。厂者，抴也。抴其系，则提挈之象也。提挈则有所繫属，故以今字之繫说之。"按，系之籀文作𦃃，从爪絲，与甲骨文同，会意缀系之义。系，为其字之省。係，为拘系人，甲骨文象用绳索牵系人颈。《说文》："繫，繫䌌也，一曰恶絮。"三字本不相同，后来相通，今简化用系。系，为连结，联系。

《说文》："子，人以为称。"段玉裁注："子本阳气动，万物滋之称。万物莫灵于人，故因假借以为人之称。"朱骏声《说文通训定声》："子，象形。古文从巛，象发也。籀文从囟有发，臂、胫在儿上也。按象儿在襁褓中，足并也。《礼记·哀公问》：子也者，亲之后也。又，《礼记·曲礼》：子于父母。注：言子者通男女。"《鲁颂·閟宫》："建尔元子，俾侯于鲁。"《诗集传》："元子，鲁公伯禽。"《大雅·大明》："长子维行，笃生武王。"毛传："长子，长女也。"郑笺："莘国之长女大姒。"随卦六二，在震行动之中，往前系于六三。六三为阴，阴为小为女，女亦为子，为小子。三之五为巽，巽为绳。六二系于绳下端之六三，为系于小子。王弼注："阴之为物，以处随世，不能独立，必有係也。"天地之数，阳奇阴偶，是以阴必有系。

失丈夫　《说文》："失，纵也。从手，乙声。"段玉裁注："纵者，缓也；一曰舍也。在手而逸去为失，兔部曰：逸，失也。古多假为逸去之逸。"随卦，二之四为艮，艮为手为指；初之三为震，震为震动。六二，在手指下端，受震动而逸去，为失。又，《说文》："丈，十尺也，从又持十。"又，手也。手持十尺为丈。"夫，丈夫也，从大一，以象簪也。周制：以八寸为尺，十尺为丈。人长八尺，故曰丈夫。"段注："从一大则为天，从大一则为夫，于此见人与天同也。天之一，冒大上，为会意；夫之一，贯大首，为象形，亦为会意。依《御览》，宜补冠而后簪，人二十而冠，成人也。十二字。此说以一象簪之意。”《公羊传》定公八年：“阳虎曰：夫孺子得国而已，如丈夫何？”何休注：“丈夫，大人称也。”《谷梁传》文公十二年：“男子二十而冠，冠而列丈夫。”

《说卦传》曰：“乾，天也，故称乎父；坤，地也，故称乎母。震，一索而得男，故谓之长男；巽，一索而得女，故谓之长女。坎，再索而得男，故谓之中男；离，再索而得女，故谓之中女。艮，三索而得男，故谓之少男；兑三索而得女，故谓之少女。”索，所求之爻。男女，阳爻为男，阴爻为女。随卦，震下兑上。下震一索而为长男，长男为丈夫。六二，已过初九长男，是以为失丈夫。《系辞传》曰：“寒往则暑来，暑往则寒来，寒暑相推，而岁成焉。”随之时，刚来而下柔，动而天下随时。此时冬至以后，阳来推阴，六二阴，阴必往上，与六三之阴渐次消去，故曰系小子，失丈夫。《象》曰：“系小子，弗兼与也。”《说文》：“与，党与也。”《系辞传》曰：“方以类聚，物与群分。”朱熹曰：“谓事情所向，各以类分。”阴与阴往，不可与阳俱来，故曰弗兼与也。

六三，系丈夫，失小子。随有求得，利居贞。

〔译〕 六三，阴连阳而舍阴，随阳有所求得，居时之正有利。

《象》曰：“系丈夫，志舍下也。”

〔证〕

系丈夫，失小子 三之五为巽，巽为绳，六三在绳下，为系。阳为男，九四于上卦为大男，大男称丈夫。《易》爻，下往上行。六三阴，上与九四相接，为系丈夫。六二阴，阴为小子。随卦为随时之卦，时不可反。六三以其已过六二，故曰失小子。于象，六二不在巽，即不在绳系，故曰失小子。《象》曰：“系丈夫，志舍下也。”三之上，外柔中刚，坎之象，坎为志。六三系于九四，其志在往前，而不在向后，是以为系丈夫，志舍下也。《黄帝经·称经》曰：“凡论必以阴阳为大义。天阳地阴，春阳秋阴，夏阳冬阴，昼阳夜阴。”又，《经法》曰：“四时而定，不爽不忒，常有法式。盛极而衰，一立一废，一生一杀，四时代正，终而复始。”《系辞传》曰：“往者屈也，来者信也，屈信相感，而利生焉。”荀爽曰：“阴气往，则万物屈者也；阳气来，则万物信者也。”随卦，十一月、十二月之卦，阳来之时。《彖》曰：“随，刚来而下柔，动而说，随，而天下随时。”六三系丈夫，舍小子，即随阳之义。

随有求得 《说文》：“随，从也。”跟随、从随，有主从之意。六三系于九四，为阴随阳。三之五为巽，柔顺乎刚，为阴求阳。坤卦卦辞曰：“先迷后得主。”主，谓阳。

随卦六三，系随于九四，阴得阳，为随有求得。又，《说文》："得，行有所得。"震为动，动为行，六三在震，为随有求得。《系辞传》曰："一阴一阳之谓道，继之者善也，成之者性也。"谓阴阳相对转化，为自然规律。阴阳相续为其善，阴阳相成为其性。《黄帝经·十大经》："静作得时，天地与之。静作不衰，时静不静，国家不定。可作不作，天稽环周，人反为客。静作得时，天地与之。静作失时，天地夺之。夫天地之道，寒热燥湿，不能并立。刚柔阴阳，固不两行。两相养，两相成。"谓静和动，合天之时，则天地襄助。静而又静，动而又动，长不衰退，其时当静不静，国家不会安定。可动而不动，则同圆环周转，人反为其寄客，不主动而被动。静和动，合天之时，则天地襄助。静和动，失天之时，则天地夺人之志。天地之规律，寒冷暑热，干燥潮湿，各有时节，不能并立。刚健柔弱，阴气阳气，本不两行。阴阳相养，四时相成。随卦，阳进阴退。六三舍小子，系丈夫，舍阴随阳，随时而动，得阳而生，故曰随有求得。

利居贞 谓利于居处时之正，即居时之正有利。随之时，阳来用事。六三，系丈夫，失小子。《象》曰："系丈夫，志舍下也。"丈夫为九四，下为六二，即就九四而舍六二。此时，阴随阳为正道，顺正道而行则亨通，则有利，故曰利居贞。又，《系辞传》曰："三与五同功而异位，三多凶，五多功，贵贱之等也。其柔危，其刚胜邪。"六三，柔居阳位，德薄而位尊，知小而谋大，力小而任重。以其不胜其任，鲜有不及凶者。然阴顺阳，居时之正则有利，故曰利居贞。《系辞传》曰："六爻相杂，唯其时物也。"虞翻曰："阴阳错居称杂。时阳则阳，时阴则阴，故唯其时物。乾，阳物；坤，阴物。"韩康伯注："爻，各存乎其时。物，事也。"亦谓阴阳之爻，必居时事之正。六三，居震之上，震为动，动极轻妄，故戒之以利居正。王弼注："应非其正，以系于人，何可以妄，故利居贞也。"按，《说卦传》曰："巽为近利市三倍。"随卦，三之五为巽，故言利。

九四，随有获，贞凶，有孚在道，以明何咎。

〔译〕 九四，随时有得，正道遇凶。有阳气信实、顺乎自然之道，因有成功，何咎之有？

《象》曰："随有获，其义凶也。有孚在道，明功也。"

〔证〕

随有获 《说文》："获，猎所获也。"《周礼·大司马》："徒衔枚而进，大兽公之，小禽私之，获者取左耳。"郑氏注："获，得也，得禽兽者取左耳，当以计功。"《山虞》："若大田猎，则莱山田之野，及弊田，植虞旗于中，致禽而珥焉。"郑注："田上树旗，今获者皆致其禽，而校其耳，以知获数也。"又，《说文》："取，捕取也。从又，从耳。

《周礼》：获者取左耳。《司马法》曰：载献聝。聝者耳也。”段玉裁注：“称《周礼》，又称《司马法》释之，以说从耳之意。”巽卦，巽下巽上。六四曰：“田获三品。”初之四为大坎，坎为耳为获。解卦，坎下震上。九二曰：“田获三狐。”初之三为坎，坎为耳为获。明夷卦，离下坤上。六四曰：“获明夷之心。”二之四为坎，坎为耳为获。离卦，离下离上。上九曰：“获匪其丑。”二之五为大坎，坎为耳为获。上在获之外，谓获匪其丑。无妄卦，震下乾上。六二曰：“不耕获。”二在半坤半坎，坤为田为耕。坎为耳为获，非耕非获，为不耕获。随卦，震下兑上，九四曰：“随有获。”四在五之后，为随；按取，耳为左耳，又为手，以手取左耳，为取。《说卦传》：“艮为手。”随卦，二之四为艮，三之上为大坎，是为取获之象，为随有获。阴柔，物与为系；阳刚，物与为随。十二月，二阳生，万物动用事，故曰随有获。

贞凶　《系辞传》曰：“二与四，同功而异位，其善不同。二多誉，四多惧，近也。柔之为道，不利远者；其要无咎，其用柔中也。”崔憬曰：“二主士大夫位，佐于一国；四主三孤、三公牧伯之位，佐于天子。皆同有助理之功。二，士大夫，位卑；四，孤公牧伯，位尊，故有异也。二、四皆阴位。阴之为道，近比承阳，有异也。二、四皆阴位。阴之为道，近比承阳，故不利远矣。二是阴，远阳，虽则不利，其要或有无咎者，以二柔居中，异于四也。”韩康伯注：“二处中和，故多誉也；四逼于君，故多惧也。四之多惧，以近君也。柔之为道，须援而济，故有不利远者。二之能无咎，柔而处中也。”朱熹曰：“同功，谓皆阴位；异位，谓远近不同。四近君，故多惧。柔不利远，而二多誉者，以其柔中也。”九四为阳，阳为贞。以阳居阴位承五，不仅多惧，而且多凶，故曰贞凶。上言人文，就其天文而言，十二月阳推阴上，阴气浓重，小寒大寒，而阳尚弱，故贞凶。

有孚在道　《尔雅·释诂》：“孚，信也。”邢昺疏：“谓诚实不欺也。”《说文》：“孚，一曰信也。”“信，诚也。”《字彙》：“信，悫实也。”阳实阴虚，阳为信实，为孚。比卦，坤下坎上。初六曰：“有孚比之，无咎。有孚盈缶。”九五阳实有孚信，比辅之，不会获咎。九五在坎，坎为水；下坤为土，为缶。阳在水中，水溢缶上，为有孚盈缶。大有卦，乾下离上。六五曰：“厥孚交如。”谓六五文明之君，上下五阳以诚信相交。随卦，九四为阳，阳为实信，为有孚。又，《说卦传》曰：“震为大途。”大途为道。九四在震上，为有孚在道。《系辞传》曰：“一阴一阳之谓道。”《说卦传》曰：“是以立天之道，曰阴与阳；立地之道，曰柔与刚；立人之道，曰仁与义。”韩康伯注：“在天成象，在地成形。阴阳者，言其气；刚柔者，言其形。变化始于气象，而后成形。万物资始乎天，成形乎地，故天曰阴阳，地曰柔刚也。或有在形而言阴阳者，本其始也；在气而言柔刚者，要其终也。”九四之道，为天地人之道。在天，寒往暑来，冬至阳生，时不我欺，为有孚在道。在地，阳气动，万物滋，生物、长物，而不失其信，为有孚在道。在人，九四虽刚居臣位，然在互巽之中，不失忠君之义，为有孚在道，不失阳实。

以明何咎 初之四为大离，离为明。《尔雅·释诂》：“功、绩、就、明，成也。”郭璞注：“功、绩皆有成；事有分明，亦成济也。”郝懿行疏：“明，古文从月从日。《史记·历书》云：日月成故明也。明者，孟也。是明以日月成为义，故明训成。孟者，长也，长大亦成就。”《周颂·臣工》：“于皇来牟，将受厥明。”马瑞辰《毛诗传笺通释》：“古以年丰谷熟为成。《周书·糴匡解》：成年，年谷足宾、祭是也。上言王厘尔成，谓往告以丰成也。上告之，则下受之，故言将受厥明。明，亦成也。又按，将受厥明，对下迄用康年而言，谓将且受厥成也。”王念孙《经义述闻·尔雅上》：“功、绩、明，成也。明者，随九四云：有孚在道以明。《象》曰：有孚在道，明功也。《周语》曰：明令德矣。言令德已成也。又曰：纯明则终。言纯成则终也。《史记·李斯传》曰：大山不让土壤，故能成其大；河海不择细流，故能就其深；王者不却众庶，故能明其德。明，与成就同义。”按，《礼记·大学》曰：“大学之道，在明明德，古之欲明明德于天下者，先治其国。”盖明明德，亦成功德之谓。九四，有孚在道，以明何咎？即谓阳气当道，因生长成功万物，而无灾咎。《象》曰：“有孚在道，明功也。”明功，犹成功。成功故无咎。《系辞传》曰：“无咎者，善补过也。”九四虽阳在阴位，不当位，其义凶；然有孚在道以明，故而无咎。

九五，孚于嘉，吉。

〔译〕 九五，阳在善美之中，吉利。

《象》曰：“孚于嘉，吉，位正中也。”

〔证〕

孚于嘉 孚，谓阳。嘉，《尔雅·释诂》曰：“善也，美也。”九四阳气在道，九五阳臻于嘉，序进之义。乾卦九五曰：“飞龙在天，利见大人。”《象》曰：“飞龙在天，大人造也。”《说文》：“造，就也。”《文言》“九五曰：飞龙在天，利见大人，何谓也？子曰：同声相应，同气相求，水流湿，火就燥，云从龙，风从虎，圣人作，而万物睹；本乎天者亲上，本乎地者亲下，则各从其类也。”又曰，“夫大人者，与天地合其德，与日月合其明，与四时合其序，与鬼神合其吉凶；先天而天弗违，后天而奉天时；天且弗违，而况于人乎？况于鬼神乎？”是九五为善美之名。人法天，九五既谓天，亦谓人。又，随卦，初之三为震，二之四为艮，三之五为巽，四之上为兑，初之四为大离，三之上为大坎，三阳为乾，三阴为坤，尽伏羲八卦之象。是四时具，八方备。随卦九五为十二月，至此，为阳于嘉。《说卦传》曰："兑为羊。"《说文》："羊，祥也。"段玉裁注："《考工记》注曰：羊，善也。"善、美皆从羊。九五居兑中，故曰孚于嘉。

吉 《尔雅·释天》："春为青阳，夏为朱明，秋为白藏，冬为玄英，四气和，谓之玉烛。春为发生，夏为长嬴，秋为收成，冬为安宁，四时和为通正，谓之景风。甘雨时降，万物于嘉，谓之醴泉，祥。"邢昺疏："此释太平之时，四气和畅，以致嘉祥之事也。云祥者，亦题上事也。"祥，吉也，善也，言此上皆太平之吉祥也。《尸子·仁意》亦云："烛于玉烛，饮于醴泉，畅于永风。春为青阳，夏为朱明，秋为白藏，冬为玄英。四时和，正光照，此之谓玉烛。甘雨时降，万物以嘉，高者不少，下者不多，此之醴泉。其风，春为发生，夏为长嬴，秋为方盛，冬为安静。四气和为通正，此之谓永风。"随卦，为四时卦。有离为光，为四时和，正光照，此之谓玉烛。有坎，兑为雨泽，高者不少，下者不多，此之谓醴泉。有巽为风，四气和，为通正，此之谓永风。以上征兆，皆万物随时，太平之象，为吉利。《象》曰："孚于嘉，吉，位正中也。"阳居五位为正，居上卦之中为中。位正中也，谓阳气正位而中，故至于善美，故吉。随卦，二为阴、五为阳，上下中正，下以应上，是以孚于嘉，吉。王弼注："履正居中，而处随世，尽随时之宜，得物之诚，故嘉吉也。"

上六，拘系之，乃从维之，王用亨于西山。

〔译〕 上六，捉绑它，而后紧随维持它，王于西山，用它祭献祖先。

《象》曰："拘系之，上穷也。"

〔证〕

拘系之 《说文》："拘，止也。从手，从句，句亦声。"段玉裁注："手句者，以手止之也。"《广韵》："拘，执也。"《周书·酒诰》："群饮，汝勿佚，尽执拘以归于周，予其杀。"随卦，初之三为震，震为动；二之四为艮，艮为手；三之五为巽，巽为绳；四之上为兑，兑为羊。由下往上，为动手用绳拘系羊，为拘系之。《系辞传》曰："极其数，遂定天下之象。"又曰，"乾坤成列，而《易》立乎其中矣。乾坤毁，则无以见《易》，《易》不可见，则乾坤或几乎息矣。"朱熹曰："《易》之所有，阴阳而已。凡阳皆乾，凡阴皆坤。画卦定位，则二者成列，而《易》之体立矣。乾坤毁，谓卦画不立；乾坤息，谓变化不行。"随卦，至上六，遂成天下随阳之象。兑象毁，孚于嘉毁。故圣人戒之曰："拘系之。"《象》曰："拘系之，上穷也。"《系辞传》曰："《易》穷则变。"是以上穷而不拘系之，则将生变。

乃从维之　《古书虚字集释》："乃，犹然后也，而后也。《史记·晋世家》，重耳谓其妻曰：待我二十五年，不来乃嫁。《左传》僖公二十三年，作待我二十五年，不来而后嫁。"《说文》："从，随行也。"段玉裁注："又引伸训顺。《春秋经》：从祀先公。《左传》曰：顺祀先公。是从训顺也。"《尔雅·释天》："饰以组，维以缕。"郭璞注："用朱缕维连持之，不欲令曳也。"郑氏注《周礼·大司马》曰："维，犹连结也。"《小雅·白驹》："皎皎白驹，食我场苗。絷之维之，以永今朝。"《正义》曰："宣王之末，不能用贤；有贤人，乘皎皎然白驹而去者。我愿其乘此白驹而来，食我场中之苗。我则絷绊之，维持之。谓绊絷其马，留其人，以久今日之朝。"乃从维之，谓然后顺随维持之。艮为手，巽为绳，上六为其所维。拘系之，又乃从维之，再申告戒，谓无或逸去，以失羊之吉象。

王用亨于西山　朱熹《周易本义》："亨，亦当作祭享之享。自周而言，岐山在西。"又，艮为山，伏羲八卦方位，艮在西北。周之祖先在岐山，故曰用享于西山。用，用之。之为兑，兑为羊。兑在艮上，九五为王，为王用之享于西山，即王用羊，献祭周之祖先于岐山。又，阳、羊谐音，羊为吉祥，为太平盛时，谓王用太平，告慰祖先在天之灵。《礼记·祭义》曰："君子反古复始，不忘其所由生也。是以致其敬，发其情，竭力从事，以报其亲，不敢弗尽也。"孔颖达疏："竭力从事，以报其亲，谓竭尽气力，随从其事，以上报其亲，不敢不极尽也。"随卦，万物随阳，王亦阳，万民所仰。九五，孚于嘉；上六，拘系之，乃从维之，王用亨于西山，可谓竭力从事，以报其亲，不敢不尽力尽情，敬共尔位。

第十八卦　己　卯

☶艮上
☴巽下

蛊，元亨，利涉大川。先甲三日，后甲三日。

〔**译**〕 蛊，大亨通，利于渡过艰难险阻，七日来复，周而复始。

《彖》曰：“蛊，刚上而柔下，巽而止蛊。蛊，元亨，而天下治也。利涉大川，往有事也。先甲三日，后甲三日，终则有始，天行也。”

《象》曰：“山下有风，蛊，君子以振民育德。”

〔**证**〕

巽下艮上 《说文》：“風，八风也：东方曰明庶风，东南曰清明风，南方曰景风，西南曰凉风，西方曰阊阖风，西北曰不周风，北方曰广莫风，东北曰融风。风动虫生，故虫八日而化。从虫，凡声。凡风之属皆从风。”《论衡·商虫》：“夫虫，风气所生。苍颉知之，故凡虫为风之字，取气于风，故八日而化。”《春秋考异邮》：“风之为言萌也。其立字，虫动于凡中者为风。”又曰，“二九十八，八主风精。为虫八日而化，风烈波微，故其命字从虫。虫之为言屈申也。”约斋《字源》：“凡，风。凡字本是船帆的象形，古时把它当作风字用；后来这字变做一个虚字眼，这才用虫字做意符，造出现在的风字。因为，古人以为虫是由风化成的。”《广雅·释诂》曰：“风，气也。”风动虫生，即气动虫生，虫得风气而化生。《说文》：“山，宣也，宣气散生万物，有石而高，象形。”蛊卦，艮为山，山生万物；巽为风，风动虫生，故山下有风生蛊。

《彖》曰：“蛊，刚上而柔下，巽而止蛊。”阳为刚，阴为柔。刚上而柔下，谓上下卦皆阳在上，而阴在下。下卦巽，一阴来阳之下，为五月。上卦艮，二阴来阳之下，为九月。《说文》：“午，啎也，五月阴气午逆阳，冒地而出。”又，“啎，逆也。”“屰，不顺也。”段玉裁注：“后人多用逆，逆行而屰废矣。”桂馥义证：“啎也者，午、啎声相近。《广雅》：午，仵也。《淮南·天文训》：午者，忤也。《哀公问》：午其众以伐有道。注云：午其众，逆其族类也。大戴作忤。《荀子·富国篇》：午其军。杨注：午，读为迕。五月阴气午逆阳，冒地而出也者，徐锴曰：人为阳，一为地，丨为阴气贯地，午逆阳也。五月阳极而阴生。孔颖达曰：五月夏至，日北极，阴进而阳退。《淮南·天文训》：夏至，阳气极，阴气萌。《白虎通》：五月，律谓之蕤宾何？蕤者下也，宾者敬也，言阳气上极，阴气始起，故宾敬之。《汉书·律历志》：蕤宾，蕤，继也；宾，导也。言阳始导阴气，使继养物也。位于午，在五月。《五经通义》：夏至，阴动于下，推阳而上之，故大热于上。《三礼义宗》：夏至，一以明阳气之至极，二以助阴气之始至。"《系辞传》曰："日月相推，而明生焉"，"寒暑相推，而岁成焉。"五月至九月，刚上而柔下，阴起推阳，为阴逆阳。

家人卦，离下巽上。《彖》曰："家人，女正位乎内，男正位乎外，男女正，天地之大义也。家人有严君焉，父母之谓也。父父、子子、兄兄、弟弟、夫夫、妇妇，而家道正。正家而天下定矣。"是阴阳亦男女、夫妇、父母、子女、君臣之谓。董仲舒《春秋繁露·基义》曰："君臣、父子、夫妇之义，皆取诸阴阳之道。君为阳，臣为阴；父为阳，子为阴；夫为阳，妻为阴。"又，"是故，仁义制度之数，尽取之天。天为君，而覆露之，地为臣，而持载之。阳为夫而生之，阴为妇而助之。春为父而生之，夏为子而养之，秋为死而棺之，冬为痛而丧之。王道之三纲可求于天。天出阳，为暖以生之；地出阴，为清以成之。不暖不生，不清不成。圣人之道，同诸天地，荡诸四海，变易习俗。"五月至九月，阳极阴起，乃春生秋成，子似逆父，而实承父。

《说文》："巽，具也。"段玉裁注："孔子说《易》曰：巽，入也。巽乃愻之假借字。愻，顺也；顺，故善入。许云具也者，巽之本义也。"《说卦传》："巽为木，为风。"《左传》昭公二十二年："巽，风也。"按，风善入，故曰巽为入。《字彙》："巽，与逊同。"《虞书·尧典》："汝能庸命，巽朕位。"蔡沈集传："吴氏曰：巽、逊，古通用。"《释文》"巽音逊。马云：让也。"《论语·子罕》："巽与之言，能无说乎？"马融注："巽，恭也。谓恭逊谨敬之言。"《说文》："艮，很也。"段玉裁注："很者，不听从也。一曰行难也，一曰戾也。《易传》曰：艮，止也。止，可兼很三义。许不依孔子训止者，止，下基也，足也。孔子取其引伸之义。许说字之书，嫌云止则义不明审，故易之。此字书与说经有不同，实无二义也。《方言》曰：艮，坚也。《释名》曰：艮，限也。"

《广雅·释诂三》："风，告也。"王念孙疏证："风者，《诗序》云：风，风也，教也。上以风化下，下以风刺上。郑笺云：风化、风刺，皆谓譬喻不斥言也。《白虎通义》云：讽谏者知患祸之萌，睹其未然而讽告也。讽，与风通。"按，《诗序·释文》："风，崔本作讽。"《广韵·侵部》："风，通讽。"《集韵·送韵》："讽，谏刺。或作风。"《篇海类编·天文类》："风，微加晓告也。"朱骏声《说文通训定声》曰："《甘泉赋》：奏甘泉赋以风。注：不敢正言谓之讽。按风，动风，示亦无形而善入，有及而皆受之意。"《小雅·北山》："或出入风议，或靡事不为。"陆明德《经典释文》曰："风，音讽，放也。"朱熹《诗集传》曰："风，音讽。"《史记·梁孝王世家》："而王与任王后，以此使人风止李太后。"风止，犹讽止。《汉书·田蚡传》："蚡乃微言太后风上。"师古曰："风，读曰讽。"蛊卦，巽下艮上。巽为风，艮为止，止风为止蛊。又，巽为逊，巽为风，风为入，为讽，巽而止蛊，为逊以入谏止蛊。

蛊卦，巽下艮上。巽为逊，艮为止。《象》曰："刚上而柔下，巽而止蛊。"是谓阴逊而止阳之蛊，下逊而止上之蛊。《荀子・臣道篇》引《书》曰："从而不拂，微谏而不倦，为上则明，为下则逊。"《论语・里仁》："子曰：事父母，几谏；见志不从，又敬不违，劳而不怨。"包咸曰："几者，微也。当微谏，纳善言于父母也。见父母志有不从己谏之色，则又当恭敬，不敢违父母，而遂己之谏也。"《荀子・子道篇》："鲁哀公问于孔子曰：子从父命，孝乎？臣从君命，贞乎？三问，孔子不对。孔子趋出，以语子贡曰：乡者君问丘也，曰：子从父命，孝乎？臣从君命，贞乎？三问而丘不对，赐以为何如？子贡曰：子从父命，孝矣，臣从君命，贞矣。夫子有奚对焉？孔子曰：小人哉！赐不识也。昔万乘之国，有争臣四人，则封疆不削；千乘之国，有争臣三人，则社稷不危；百乘之家，有争臣二人，则宗庙不毁。父有争子，不行无礼；士有争友，不为不义。故子从父，奚子孝？臣从君，奚臣贞？审其所以从之，之谓孝，之谓贞也。"

又，《大戴礼记・曾子事父母》："单居离问于曾子曰：事父母有道乎？曾子曰：有，爱而敬。父母之行，若中道则从，若不中道则谏。谏而不用，行之如由己。从而不谏，非孝也；谏而不从，亦非孝也。孝子之谏，达善而不敢争辩。"解诂曰："由，自也，如由己者，过则归己也。达善，谓致其善道于亲。对辨为争，分别为辨。"《礼记・内则》曰："父母有过，下气怡色，柔声以谏。谏若不入，起敬起孝；说则复谏。不说，与其得罪于乡党州闾，宁孰谏。"郑氏注："子从父之令，不可谓孝也。"《正义》曰："宁孰谏者，犯颜而谏，使父母不说，其罪轻，畏惧不谏，使父母得罪于乡党州闾，其罪重。二者之间，宁可孰谏，不可使父母得罪。孰谏，谓纯孰殷勤而谏，若物之成孰然。"《坊记》曰："子云：从命不忿，微谏不倦，劳而不怨，可谓孝矣。《诗》云：孝子不匮。"《曲礼下》曰："子之事亲也，三谏而不听，则号泣而随之。"以上，皆刚上而柔下，巽而止蛊之谓，即巽下艮上之象。

又，《说卦传》："艮为狗。"《九家易》曰："艮止，主守御也。"《说文》："狗，孔子曰：狗，叩也，叩气吠以守。"《周礼・犬人》疏云："艮卦在丑，艮为止以能吠守，止人则为艮。"蛊卦，艮为狗，为吠守，巽为风，为虫生，为蛊。艮上巽下，为止蛊。《尔雅・释天》："祭风曰磔。"郭璞注："今俗当大道中磔狗，云以止风，此其象。"《周礼・大宗伯》云："以副辜祭四方百物。"郑司农云："披磔牲以祭，若今时磔狗祭以止风。"《淮南子・时则训》："九门磔攘，以毕春气。"高诱注："九门，三方九门。磔犬，阳气尽之，故曰毕春之气也。"《风俗通・杀狗磔邑四门》云："俗说，狗别宾主，善守御，故著四门，以辟盗贼也。"注曰："盖天子之城，十有二门。东方三门，生气之门也。不欲使死物见于生门，故独于九门杀犬磔禳。”《史记·秦本纪》：“初伏，以狗御蛊。”《正义》曰：“磔，禳也。狗，阳畜也。以狗张磔于郭四门，禳却热毒气也。”磔犬，裂犬；禳，又作攘。蛊卦，巽下艮上。艮为狗，为门，为止；巽为风，为气，位五、六月，为阳之热气。磔犬于门，止其热毒之气，为以狗御蛊。又，巽为敬，有禳祭之意，是以巽而止蛊。

《说卦传》曰：“巽一索而得女，故谓之长女；艮三索而得男故谓之少男。”蛊卦，下巽以独生长女，应上艮独生少男，谓之蛊惑，为蛊。《左传》昭公元年：“在《周易》，女惑男，风落山，谓之蛊。”杜预注：“巽下艮上，蛊。巽为长女，为风，艮为少男，为山。少男而说长女，非匹，故惑。”又。初之三为巽，巽为树木，为风生虫；二之四为兑，兑为毁折。树木毁折多以虫蛀，为蛊。《易林·旅之履》云：“木内生蠹，上下相贼，祸乱我国。”是木生蠹蛊。又初之三为巽，二之四为兑，三之五为震，巽为木，兑为口，震为动。动于木上口穴者，为蛀蚀，为蛊。二之四为兑，四之上为艮。兑为口，艮为止。兑下艮上，止其树木虫穴之口，为止蛊。人之止口，亦为止蛊。《老子》曰：“知者不言，言者不知。塞其兑，闭其门，挫其锐，解其纷，和其光，同其尘，是谓玄同。”《淮南子·道应训》：“王者欲久持之，则塞民于兑。”高诱注：“兑，耳目鼻口也。《老子》曰：塞其兑，是也。”谓聪明者不随便说话，随便说话者不聪明。防止口舌，紧闭祸门，不露锋芒，解除纷争，和其广众，随其尘世，这就是玄妙和同之道。是止口舌为止蛊。又，初之四为大坎，坎为隐伏，为蛊。三之上为大离，离为光明。以光明烛照隐伏，为止阴暗蛊惑，为止蛊。《荀九家》曰：“坎为狐。”《左传》哀公十五年：“夫狐蛊。”蛊卦，初之四为大坎，坎为狐为蛊，四之上为艮，艮为止。艮止坎上，为止蛊。

蛊　《甲骨文编》凡七字，上虫下皿，皿中有虫。前六字，皿中二虫；第七字，皿中一虫，与简化字蛊同。篆文皿中三虫，表示皿物之中虫多。《说文》：“蛊，腹中虫也。《春秋传》曰：皿虫为蛊，淫溺之所生也；枭磔之鬼亦为蛊。从虫从皿，皿，物之用也。”段玉裁注：“中、虫皆读去声。《广韵》、《集韵》皆曰：虫，直众切，虫食物也，亦作蚛。腹中虫者，谓腹内中虫食之毒也。外而入，故曰中；自内而蚀，故曰虫。此与虫部腹中长虫、腹中短虫，读异。《周礼·庶氏》：掌除毒蛊。注云：毒蛊，虫物而病害人者。《贼律》曰：敢蛊人及教令者，弃市。《左氏正义》曰：以毒药药人，令人不自知，今律谓之蛊。玄应屡引《说文》：蛊，腹中虫也，谓行虫毒也。下五字，盖默注语。顾野王《舆地志》曰：主人行食饮中杀人，人不觉也。字从箸虫于饮食器中，会意。《春秋传》者，《昭元年左氏传》文：医和视晋侯疾，曰：是为近女室疾，如蛊。非鬼非食，惑以丧志。天有六气，淫生六疾：阴淫寒疾，阳淫热疾，风淫末疾，雨淫腹疾，晦淫惑疾，明淫心疾。女，阳物而晦时，淫则生内热，惑蛊之疾。于文，皿虫为蛊，谷之飞亦为蛊。在《周易》，女惑男，风落山，谓之蛊。皆同物也。和言如蛊者，蛊以鬼物饮食害人。女色非有鬼物饮食也，而能惑害人，故曰如蛊。人受女毒，一如中蛊毒然。故《系辞》谓之蛊容，张平子《赋》，谓之妖蛊，谓之蛊媚。皆如蛊之说也。女惑男，风落山，男亦皿也，故云皆同物也。此皆蛊之引伸之义。”又云：“《史记·封禅书·索引》引乐彦云：《左传》皿虫为蛊，枭磔死之鬼亦为蛊。枭，当作县，断首倒县；磔，辜也，杀人而申张之也。强死之鬼，其魂魄能冯依于人，以为淫厉，是亦以人为皿，而害之也。此亦引申之义。”

李鼎祚《周易集解》：“伏曼容曰：蛊，惑乱也。万事以惑而起，故以蛊为事也。案：《尚书大传》云：乃命五史，以书五帝之蛊事。然为训者，正以太古之时，无为无事也。今言蛊者，是卦之惑乱也。时既渐浇，物情惑乱，故事业因之而起惑矣。故《左传》云：女惑男，风落山，谓之蛊。是其义也。”李道平《周易集解纂疏》：“伏注：昭元年《左传》：赵孟曰：何谓蛊？对曰：淫溺惑乱之所生也。故云：蛊，惑乱也。蛊非事，万事从蛊惑而起，故以蛊为事也。《尚书大传》，汉伏生作。乃命五史，书五帝之蛊事者，《杂卦传》曰：蛊则饬也。言书五帝之饬事。盖太古之时，结绳而治，无为无事，不可以惑乱训蛊也。今卦言蛊者，义取惑乱。以时既浇薄，物情惑乱，将欲整饬纪纲，则事因之以起。《左传》曰：于文，皿虫为蛊。坤器为皿，之初成巽，巽为风。《说文》曰：风，风动虫生。故风为蛊卦。二、五不正，初、上失位，以巽女而惑艮男，以巽风而落艮果，故《左传》曰：女惑男，风落山，谓之蛊，皆同物也。”

《尔雅·释诂》：“蛊，疑也。”郭璞注：“蛊惑有二心者，皆疑也。”《周易》王弼注：“蛊者，有事而待能之时也，可以有为，其在此时矣。物已说随，则待夫作制，以定其事也。”谓待能治蛊之事。孔颖达疏：“褚氏曰：蛊者，惑也。物既惑乱，终至损坏，当须有事也，有为治理也。故《系卦》云：蛊者，事也。谓物蛊必有事，非谓训蛊为事。”程氏传：“自古，治因乱，乱则治，理自然也。”朱熹曰：“蛊，坏之极，乱当复治。”于《易》，泰极否来，否极泰来。物极而反，训诂义有反复旁通。故香臭合文，美恶同名。犹以乱为治，蛊亦为治。《序卦传》曰：“以喜随人者，必有事，故受之以蛊。蛊者，事也。”《大雅·大明》：“昭事上帝，聿怀多福。”《正义》曰：“《表记》引此诗乃云：有君民之大德，有事君之小心。”事君，犹侍佐其君。又，《烝民》曰：“夙夜匪解，以事一人。”又曰，“衮职有阙，维仲山甫补之。”毛传：“有衮冕者，君之上服也。仲山甫补之，善补过也。”郑笺：“衮职者，不敢斥王之言也。王之职有阙，辄能补之过者，仲山甫也。”

《正义》曰："王之职有缺，辄能补之，谓有所不可，则谏争之。"是蛊者事也，其事谓子事其父、臣事其君之事。蛊卦上九曰："不事王侯。"即是。

《杂卦传》曰："蛊，则饬也。"《说文》："饬，致坚也。从人，从力，食声。读若敕。"又，"敕，诫也。"《释文》曰："敕，饬也，使自警饬，不敢废慢也。"是饬亦诫意。《白虎通·谏诤》云："臣所以有谏君之义何？尽忠纳诚也。《孝经》曰：天子有诤臣七人，虽无道，不失其天下；诸侯有诤臣五人，虽无道，不失其国；大夫有诤臣三人，虽无道，不失其家；士有诤友，则身不离于令名；父有诤子，则身不陷于不义。天子置左辅、右弼、前疑、后承，以顺。左辅主修政，刺不法。右弼主纠，周言失倾。前疑主纠度，定德经。后承主匡正，常考变天。四弼兴道，率主行仁。夫阳变于七，以三成，故建三公，序四诤，列七人。虽无道，不失天下，杖群贤也。"《孝经·事君章》曰："进思尽忠，退思补过。"又，"将顺其美，匡救其恶。"注："君有美善，则顺而行之；君有过恶，则正而止之。"即君有蛊，而臣止其蛊。是蛊，有蛊和止蛊二义，蛊卦则重在止蛊，故谓蛊为饬。

元亨　《彖》曰："蛊，元亨，而天下治也。"《周易》卦辞，有元亨、小亨之谓。元，天元、地元、君元，即天大、地大、王亦大。故乾卦曰："元亨利贞"；坤卦曰："元亨利牝马之贞"。其他，屯卦曰："元亨。"《彖》曰："宜建侯而不宁。"大有卦曰："元亨。"《彖》曰："柔得尊位，大中而上下应之。"随卦曰："元亨利贞。"《彖》曰："大亨贞。"临卦曰："元亨利贞。"《彖》曰："大亨以正。"无妄卦曰："无亨利贞。"《彖》曰："大亨以正。"升卦曰："元亨。"《彖》曰："巽而顺，刚中而应，是以大亨。"革卦曰："元亨利贞。"《彖》曰："文明以说，大亨以正。"是元为大，元亨，皆为大亨。又，屯卦，谓建侯；大有卦，谓大有天下；随卦，谓万物随阳；临卦，谓君临天下；无妄卦，谓先王以茂对时，育万物；升卦，谓大人积德建业；革卦，谓汤武革命。以上，皆谓阳者之事顺通，阳为大，故曰大亨。

反之，旅卦曰："小亨。"《彖》曰："柔得中乎外，而顺乎刚，止而丽乎明，是以小亨。"巽卦曰："小亨。"《彖》曰："柔皆顺乎刚，是以小亨。"柔为阴，刚为阳。阴小阳大，阴柔顺通，是为小亨。又，旅卦，言师众之道；巽卦，言臣服之道。臣众较君王为小，小者之事顺通，为小亨。其他，不特指大者小者，故不言大亨小亨，只言亨。蛊卦，《彖》曰："蛊，元亨，而天下治也。"谓君王止其蛊，而得治理天下，是以为大亨通。乾卦《文言》曰："元者，善之长也。亨者，嘉之会也。"又曰，"君子体仁足以长人，嘉会足以合礼。"天子止其蛊，而天下治，是长于人，合于礼。如是，则王业兴顺，故为元亨。程氏传："治蛊之道，如卦之才，则元亨而天下治矣。夫治乱者，苟能使尊卑上下之义正，在下者巽顺，在上者能止齐安定之，事皆止于顺，则何蛊之不治也？其道大善而亨也，如此则天下治矣。”蛊卦，巽下艮上。上者，艮止于上；下者，巽逊于下。可谓卑高以陈，贵贱位矣；动静有常，刚柔断矣。是乃有治之象，故而元亨。

利涉大川 《周易》之利涉大川，皆谓上下卦之推移。上为北，下为南，南北之间有江河，谓之大川。需卦，乾下坎上。卦辞曰：“利涉大川。”《彖》曰：“利涉大川，往有功也。”往有功，谓坎下乾上。讼卦，坎下乾上。卦辞曰：“不利涉大川。”《彖》曰：“不利涉大川，入于渊也。”入于渊，谓乾下坎上。需卦和讼卦，互为综卦。需卦，乾在坎下，即乾在渊下，故下乾涉过大川，推上坎而下，成坎下乾上，乾出于渊，而得天位，为利涉大川。讼卦，乾在坎上，即乾在渊上，故下坎涉过大川，推上乾而下，成乾下坎上，乾入于渊，而失天位，为不利涉大川。蛊卦，巽下艮上。卦辞曰：“利涉大川。”即下巽涉过大川，推上艮而下，成艮下巽上，为渐卦。渐卦卦辞曰：“女归吉，利贞。”《彖》曰：“渐之进也，女归吉也。进得位，往有功也。进以正，可以正邦也。其位，刚得中也。止而巽，动不穷也。”渐卦，为大臣归辅之卦，故曰往有功，可以正邦。蛊卦《彖》曰：“利涉大川，往有事也。”即谓为臣子者，由巽而止之蛊，到止而巽之渐，可以事君王，正邦国，故曰利涉大川。

《豳风·鸱鸮》之《序》曰：“《鸱鸮》，周公救乱也。成王未知周公之志，公乃为诗以遗王，名之曰《鸱鸮》焉。”《正义》曰：“此《鸱鸮》诗者，周公所以救乱也。毛以为：武王既崩，周公摄政，管、蔡流言，以毁周公。以导武庚叛，与淮夷叛，将危周室。周公东征而灭之，以救周室之乱也。于是之时，成王仍惑管、蔡之言，未知周公之志，疑其将篡，心益不悦。故公乃作诗，言不得不诛之意，以贻遗成王，名之曰《鸱鸮》焉。经四章，皆言不得不诛管、蔡之意。郑以为：武王崩后三年，周公将欲摄政，管、蔡流言，周公乃避之，出居东都。周公之属党，与知将摄政者，见公之出，亦皆奔亡。至明年，乃为成王所得。此臣无罪，而成王罪之，罚杀无辜，是为国之乱政。故周公作诗，救止成王之乱。于时，成王未知周公，有摄政成周道之志，多罪其属党，故公乃为诗，言诸臣先祖有功，不宜诛绝之意，以恰悦王心，名之曰《鸱鸮》焉。四章皆言不宜诛杀属臣之意。”《家语·辨政篇》：“唯度主而行之，吾从其讽谏乎。”注：“风谏，依违远罪，避害者也。”昔三监流言，武庚叛乱，周公以诗讽谏，成王亦未敢诮让周公。后金縢发书，王痛改前非，是以承文武之绪，启成康之治，斯可谓巽而止蛊，利涉大川。

先甲三日，后甲三日 十天干：甲、乙、丙、丁、戊、己、庚、辛、壬、癸。《礼记·月令》：“孟春之月，其日甲乙。”郑氏注：“乙之言轧也。时万物皆解孚甲，自抽轧而出，因以为日名焉。”《正义》曰：“孚甲在前，抽轧在后，则应孟春为甲，季春为乙。今三春总云甲乙者，孚甲抽轧相去不远也。”是其日甲乙者，实谓万物解甲之日为正月。《尔雅·月名》邢昺疏：“设若正月得甲，则曰毕陬；二月得乙，则曰橘如；三月得丙，则曰修痡；四月得丁，则曰圉余；五月得戊，则曰厉皋；六月得己，则曰则且；七月得庚，则曰窒相；八月得辛，则曰塞壮；九月得壬，则曰终玄；十月得癸，则曰极阴；十一月得甲，则曰毕辜；十二月得乙，则曰橘涂。周而复始，亦可知也，若《史记·历书》云：月名毕聚也。”郝懿行疏：“《史记·历书》云：月名毕聚。《索隐》曰：聚，音陬。是则正月得甲为毕陬也。”是甲为正月日名。阳领阴，日代月。甲之日，即正月。

《豳风·七月》：“一之日觱发，二之日栗烈，无衣无褐，何以卒岁。三之日于耜，四之日举趾，同我妇子，馌彼南亩。”毛传：“一之日，十之余也。一之日，周正月也；觱发，风寒也。二之日，殷正月也；栗烈，寒气也。三之日，夏正月也；豳土晚寒，于耜，始修耒耜也。四之日，周四月也；民无不举足而耕矣。”《正义》曰：“一之日，二之日，犹言一月之日，二月之日。故传辨之，言一之日者，乃是十分之余。谓数从一起，而终于十，更有余月，还以一、二纪之也。既解一、二之意，又复指斥其一之日者，周之正月，谓建子之月也。二之日者，殷之正月，谓建丑之月也。下传曰三之日，夏之正月，谓建寅之月也。正朔三而改之。既言三正事，终更复从周为说。故言四之日，周之四月，即是夏之二月，建卯之月也。此篇设文，自立一体。从夏之十一月，至夏之二月，皆以数配日而言之；从夏之四月，至于十月，皆以数配月而称之；唯夏之三月，特异常例，下云春日迟迟，蚕月条桑。皆是建辰之月，而或日或月，不以数配，参差不同者，盖以日月相对。日阳月阴，阳则生物，阴则成物。建子之月，纯阴已过，阳气初动，物以牙蘖将生，故以日称之。建巳之月，纯 阳用事，阴气已萌，物有秀实成者，故以月称之。夏之三月，当阴阳之中，处生成之际。物生已极，不可以同前，不得言五之日；物既未成，不可以类后，不得称三月。故日月并言，而不以数配，见其异于上下。”按《七月》，阳来之月称日，阴来之月称月。于《周易》和《月令》则不然，日亦为月之通称。

复卦，震下坤上。卦辞曰：“反复其道，七日来复。”《彖》曰：“反复其道，七日来复，天行也。”“复，其见天地之心乎。”《系辞传》曰：“一阴一阳之谓道。”反复其道，即谓阳极生阴，阴极生阳，阴阳反复，寒暑易节，乃为自然之道。十二月卦，一阳生为十一月，二阳生为十二月，三阳生为正月，四阳生为二月，五阳生为三月，六阳生为四月；一阴生为五月，二阴生为六月，三阴生为七月，四阴生为八月，五阴生为九月，六阴生为十月。由四月之乾卦，变为十月之坤卦，须经六月，至第七月，即十一月，则一阳生，谓之七日来复。是七日来复，即七月来复，日为月。巽卦九五曰：“先庚三日，后庚三日。”七日亦七月。庚为孟秋七月，先庚三月为丁，丁为四月纯阳；后庚三月为癸，癸为十月纯阴。是先庚三日，后庚三日，乃谓阴阳变化。甲为正月。蛊卦，先甲三日为癸，癸为十月纯阴；后甲三日为丁，丁为四月纯阳。是先甲三日，后甲三日，亦谓阴阳变化。《象》曰：“先甲三日，后甲三日，终则有始，天行也。”十月阴极为终；终则生阳为始。先甲三日，后甲三日，终则有始，乃七日来复，自然之行。知蛊止蛊，乱则必治，其道不爽。

《象》曰：“山下有风，蛊，君子以振民育德。”艮为山，巽为风。蛊卦，艮上巽下，是以为山下有风。又，艮为止，风动虫生，止其虫生，为止蛊，为蛊。蒙卦，坎下艮上。《象》曰：“山下出泉，蒙，君子以果行育德。”山，喻君子。谦卦，艮下坤上。《象》曰：“地中有山，谦，君子以裒多益寡，称物平施。”山，喻谦谦君子。贲卦，离下艮上。”《象》曰：“山下有火，贲，君子以明庶政，无敢折狱。”山，喻君子。剥卦，坤下艮上。《象》曰：“山附于地，剥，上以厚下安宅。”山，喻在上之君子。咸卦，艮下兑上。《象》曰：“山上有泽，咸，君子以虚受人。”山，喻谦虚君子。蹇卦，艮下坎上。《象》曰：“山上有水，蹇，君子以反身修德。”山，喻君子。损卦，兑下艮上。《象》曰：“山下有泽，损，君子以惩忿窒欲。”山，喻君子。艮卦，艮下艮上。《象》曰：“兼山，艮，君子以思不出其位。”山，喻君子。渐卦，艮下巽上。《象》曰：“山上有木，渐，君子以居贤德善俗。”山，喻君子。旅卦，艮下离上。《象》曰：“山上有火，旅，君子以明慎用刑，而不留狱。”山，喻君子。小过卦，艮下震上。《象》曰：“山上有雷，小过，君子以行过乎恭，丧过乎哀，用过乎俭。”山，喻君子。

《周南·关雎》之《序》曰：“风之始也，所以风天下，而正夫妇也。故用之乡人焉，用之邦国焉。”郑氏笺：“风之始，此风谓十五国风。风是诸侯政教也，下云所以风天下。《论语》云：君子之德风。并是此义。所以风如字。”《正义》曰：“言后妃之有美德，文王风化之始也。言文王行化，始于其妻，故用此为风教之始，所以风化天下之民，而使之皆正夫妇焉。周公制礼作乐，用之乡人焉，令乡大夫，以之教其民也。又用之邦国焉，令天下诸侯，以之教其臣也。欲使天子至于庶民，悉知此诗，皆正夫妇也。施化之法，自上而下。当天子教诸侯，教大夫；大夫教其民。今此先言风天下，而正夫妇焉，既言化及于民，遂从民而广之，故先乡人，而后邦国也。《老子》云：修之家，其德乃余；修之邦，其德乃丰；修之天下，其德乃普。亦自狭至广，与此同意也。”又，《序》曰：“风，风也，教也。风以动之，教以化之。”郑笺：“风，风也，并如字。沈云：上风是国风，即诗之六艺也；下风，即是风伯鼓动之风。君上风教，能动万物，如风之偃草也。"《正义》曰："上言风之始，谓教天下之始也。《序》又解名，教为风之意。风，训讽也，教也。讽谓微加晓告，教谓殷勤诲示。讽之与教，始末之异名耳。言王者施化，依违讽谕以动之，民渐开悟，乃后明教命以化之。风之所吹，无物不扇化之，所被无往不沾，故取名焉。"蛊卦，艮上巽下。艮山在上，为居上之君子；巽风在下，为施风教于下，为君子以振民育德。

《周书·康诰》曰："汝惟小子，乃服惟弘王，应保殷民；亦惟助王宅天命，作新民。"《史记·卫康叔世家》曰："武王已克殷纣，复以殷余民，封纣子武庚禄父，比诸侯，以奉其先世勿绝。为武未集，恐其有贼心，武王乃令其弟管叔、蔡叔，傅相武庚禄父，以和其民。武王既崩，成王少，周公旦代成王治，当国。管叔、蔡叔疑周公，乃与武庚禄父作乱，欲攻成周。周公旦以成王命，兴师伐殷，杀武庚禄父、管叔，放蔡叔。以武庚殷余民，封康叔为卫君，居河淇间故商墟。周公惧康叔齿少，乃申告康叔，曰：必求殷之贤人、君子、长者。问其先殷所以兴，所以亡，而务爱民。告以纣所以亡者，以淫于酒。酒之失，妇人是用，故纣之乱自此始。为《梓材》，示君子可法则。故谓之《康诰》、《酒诰》、《梓材》以命之。康叔之国，既以此命，能和其民，民大说。"马振彪《周易学说》曰："《康诰》言作新民，即治其国民之蛊也。"

《礼记·大学》："大学之道，在明明德，在亲民，在止于至善。"朱熹注："程子曰：亲，当作新；大学者，大人之学也；明，明之也；明德者，人之所德乎天，而虚灵不昧，以具众理，而应万事者也。但为禀气所拘，人欲所蔽，则有时而昏。然其本体之明，则有未尝息者。故学者当因其所发，而遂明之，以复其初也。新者，革其旧之谓也。言既自明其明德，又当推以及人，使之亦有以去其旧染之污也。止者，必至于是，而不迁之意。至善，则事理当然之极也。言明明德新民，皆当至于至善之地，而不迁，盖必其有以尽夫天理之极，而无一毫人欲之私也。此三者，《大学》之纲领也。"按，大学之道，在明明德，在新民，在止于至善，即君子以振民育德，即止蛊之谓。朱骏声《六十四卦经解》曰："虫以风化，故風（风）从虫。风在山下，郁而不畅，则山木多滞淫而虫生，蛊之象也。《诗》曰：习习谷风，惟山崔嵬。无草不死，无木不萎。又，山高而静，风宣而疾，似君处上而安静，臣在下而行令也。风以振万物，山以育万物。《大学》自新新民，盖先施教化；非如汉武，遣绣衣直指之使，惟诛击之也。"按，《彖》曰："刚上而柔下，巽而止蛊。"下以谏上。《象》曰："山下有风，蛊，君子以振民育德。"上以教下。两者相反相成，对举以备全。

随卦和蛊卦，互为邻卦和错卦。《序卦传》曰："以喜随人者，必有事，故受之以蛊。

蛊者，事也。”随卦，震下兑上。《彖》曰：“随，刚来而下柔，动而说随。”谓阳动而万物喜随。以善随人者，谓心悦臣服于人者，必有所事事。如子事其父，臣事其君。事父事君，必有所谏，故随卦之后，接以蛊卦。蛊，即下事上，即止蛊。蛊者，事也，即谓蛊卦为事父事君之义。蛊卦，巽下艮上。《彖》曰：“蛊，刚上而柔下，巽而止蛊。”是阴来随阳，下事上之象。《荀子·臣道》云：“事圣君者，有听从，无谏争；事中君者，有谏争，无谄谀；事暴君者，有补削，无挢拂。”又曰，“恭敬而逊，听从而敏，不敢有以私决择也，不敢有以私取与也，以顺上为志，是事圣君之义也。忠信而不谀，谏争不谄，挢然刚折，端志而无倾侧之心，是案曰是，非案曰非，是事中君之义也。调而不流，柔而不屈，宽容而不乱，晓然以至道，而无不调和也，而能化易，时关内之，是事暴君之义也。”关、内，皆为纳之。听从、谏争、补削，皆臣事其君，即随人者，必有事，故次之以蛊。

又，随卦和蛊卦，互为错卦和综卦。随卦，震下兑上。一阳二阳来阴之下，乃冬至以后节气。蛊卦，巽下艮上。一阴二阴来阳之下，乃夏至以后节气。两卦相距半年，由日北至，到日南至。随卦，阳进阴退。蛊卦，阴进阳退。随卦，阳来用事。蛊卦，阴来用事。阳来用事，则生物。阴来用事，则成物。阳为君，为父。阴为臣，为子。随卦《彖》曰：“随，刚来而下柔，动而说随。”蛊卦《彖》曰：“蛊，刚上而柔下，巽而止蛊。”随卦为随阳，阳为君，为臣随君。蛊卦为止蛊，蛊者君，为臣止君。伏羲八卦方位，震位东北，为雷；兑位东南，为泽。巽位西南，为风；艮位西北，为山。《说卦传》曰：“天地定位，山泽通气，雷风相薄，水火不相射，八卦相错。”两卦东北对西南，阴阳相反相倒，为雷风相薄；东南对西北，阴阳相反相倒，为山泽通气。两卦相反相倒，互为错卦和综卦。

《杂卦传》曰：“随，无故也；蛊，则饬也。”韩康伯注：“随时之宜，不系于故也。随则有事，受之以蛊。饬，整治也。蛊，所以整其事也。”《说文》：“故，使为之也。从攴，古声。”段玉裁注：“今俗云原故是也。凡为之，必有使之者。使之而为之，则成故事矣。”又，“饬，致坚也。从人力，食声，读敕。”段注：“饬与敕义略相近，敕，诫也。”《广雅·释诂》：“蛊、故，事也。”王念孙《广雅疏证》曰：“蛊者，《序卦传》云：蛊者，事也。蛊之言故也。《周官·小行人》云：周知天下之故。蛊、故同声，故皆训为事也。”朱熹曰：“随，从也。”“蛊，坏极而有事也。”又于《杂卦传》曰：“饬与敕同。随，前无故；蛊，后当饬。”按，随之时，刚来而下柔，阳气兴起之时，是以随而无饬诫之事。蛊之时，刚上而柔下，阳气衰退之时，是以蛊而有饬诫之事。随卦《彖》曰：“动而说随。”蛊卦《彖》曰：“巽而止蛊。”随卦随顺，蛊卦拂逆，是以两卦相错相综。

蛊卦，巽下艮上；渐卦，艮下巽上。两卦上下易置，然阳皆在上，阴皆在下。《系辞传》曰："天尊地卑，乾坤定矣；卑高以陈，贵贱位矣。"阳为君，阴为臣。阳上阴下，君臣之象。蛊卦六五，阴居阳位，居至尊而不当，是以有蛊惑之象。九二，阳居阴位，以中而正，上应六五，以下阳应上阴，是以有止蛊之象。故其《彖》曰："巽而止蛊，元亨，而天下治也。利涉大川，往有事也。"渐卦九五，阳居阳位，居至尊而当位，是以有中正之象。六二，阴居阴位，中而且正，上应九五，以下阴应上阳，是以有归顺之象。故其《彖》曰："渐之进也，女归吉也。进得位，往有功也。进以正，可以正邦也。"两卦，皆谓臣事其君之义：蛊卦以逆应，渐卦以顺应。前者为事中君，有谏争，无谄谀；后者为事圣君，有听从，无谏争。《说卦传》曰："观变于阴阳而立卦，发挥于刚柔而生爻，和顺于道德而理于义，穷理尽性，以至于命。"蛊卦、渐卦，皆五月、六月之时，阴来事阳之象，故而立卦。又发挥二、五刚柔之爻，和顺君臣首选之义，穷理尽性，是以知逆顺之道。

初六，幹父之蛊，有子考无咎。厉，终吉。

〔译〕 初六，正父之蛊；有其子，父无灾过。虽然危恶，终究吉利。

《象》曰："幹父之蛊，意承考也。"

〔证〕

幹父之蛊 《尔雅·释诂》："桢，榦也。"《释文》："本又作幹，又作翰。"幹，榦之俗字。榦，或作幹。《帛书周易》之蛊卦初六曰："榦父之箇（蛊）。" 榦，即榦，即幹。《说文》："幹，筑墙耑木也。从木，倝声。"徐锴系传："筑墙两旁木也，所以制版者。"段玉裁注："耑，谓两头也。假令版长丈，则墙长丈，其两头所植木曰榦。《释诂》曰：桢，榦也。舍人曰：桢，正也，筑墙所立两木也；榦，所以当墙之两边，障土者也。《费誓》注曰：题曰桢，旁曰榦。《正义》云：题曰桢，谓当墙两端者；旁曰榦，谓在墙两边者也。然则旧说皆谓桢为两耑木，榦为夹版两边木。许不尔者，旧说析言之，《尔雅》与许皆浑言之也。《大雅》传亦以榦释桢。许于桢下，浑云刚木。多以翰为榦，故《尔雅》毛传曰：翰，榦也。言六书之假借也。榦，俗作幹。"幹，简化作干。

《左传》宣公十一年："分财用，平板榦。"杜预注："榦，桢也。"《释文》："榦，古旦反，亦作幹；桢，音贞。"《正义》曰："平板榦者，等其高下，使城齐也。"杨伯峻《春秋左传注》："板，筑城筑墙时，所用之夹墙板；榦，亦作幹，筑墙时树立两头之支柱。平板榦者，平其高低，使所筑城齐也。"庄公二十九年："水昏正而栽。"杜注："谓今十月，定星昏而中，于是树板榦而兴作。"《正义》曰："榦在墙之两端树立之，即桢是也；翰则在两边障土，即板是也。板、榦既异，而云树板榦者，因类连言耳。”《急就篇》曰：“榦桢筑板度圜方。”颜氏注：“幹桢，筑墙之植木，谓竖立者也。”《卫风·淇奥》：“倚重较兮。”马瑞辰《毛诗传笺通释》：“《小尔雅》：较谓之幹。胡承珙曰：凡物在两旁者，皆名幹。故两胁谓之幹，筑墙两边障土谓之幹。”按，旧时筑墙时，于夹板两边，所竖之柱，起正固作用者，谓之幹。

《小雅·桑扈》：“之屏之翰，百辟为宪。”毛传：“翰，榦；宪，法也。”《正义》曰：“《释诂》云：桢，榦也。舍人曰：桢，正也。筑墙所立两木也；榦所以当墙两边，障土者也。然则言桢幹者，皆以筑墙为喻。”按，两边立木，所以榦正墙体，故榦又训正。《大雅·文王有声》：“四方攸同，王后维翰。”毛传：“翰，幹也。”郑笺：“天下所同心而归之，王后为之幹者，正其政教，定其法度。”《正义》曰：“幹者，筑墙所立之木幹，与墙为法，故为之幹者，正其正教，定其法度。”榦，亦训正。《韩奕》：“朕命不易，榦不庭方。”毛传：“庭，直也。”郑笺：“我之所命者，勿改易不行。当为不直，违失法度之方，作桢榦而正之。”孔颖达疏曰：“我之所命汝者，不得改易而不行。以此为桢榦有违道不直之方。”桢榦，即正之。朱熹《诗集传》曰：“榦，正也。”陈奂《诗毛氏传疏》：“《文选·张衡西京赋》注，引《韩诗章句》云：榦，正也。庭，训直，正曲为直也；方，四方也。榦不庭方，言四方有不直者，则正之。”《说文》：“正，是也。从止，一以止。”桂馥义证：“从止者，《大学》：在止于至善。《诗·终风》笺云：正，犹止也。”幹父之蛊，谓正父之蛊，即止父之蛊，使之至于善。《象》曰：“幹父之蛊，意承考也。”是子幹父蛊，其意在继承父志，非为干逆。

家人卦《象》曰：“家人有严君焉，父母之谓也。父父子子，兄兄弟弟，夫夫妇妇，而家道正，正家而天下定。”是小则为家，大则为天下，君臣犹父子。故九三曰家人，九五曰王。三与五同功而异位，在下为父，在上为君。幹父之蛊，亦为幹君之蛊。初本当应四。然六四阴当阴位，无蛊可正。九二阳在阴位，为蛊；初六阴在阳位，为幹。初六承九二之后，阴推阳上，阳为父，阴为子，为幹父之蛊。

有子考无咎　《周易正义》曰：“对文，父没称考；若散而言之，生亦称考。此避幹父之文，故变云考也。”《尔雅·释亲》：“父为考，母为妣；父之考为王父，父之妣为王母；王父之考为曾祖王父，王父之妣为曾祖王母；曾祖王父之考为高祖王父，曾祖王父之妣为高祖王母。”郭璞注：“《礼记》曰：生曰父、母、妻；死曰考、妣、嫔。今世学者从之。案，《尚书》曰：大伤厥考心、事厥考厥长、聪听祖考之彝训、如丧考妣。《公羊传》曰：惠公者何？隐之考也；仲子者何？桓之母也。《苍颉篇》曰：考比延年。《书》曰：嫔于虞。《诗》曰：聿嫔于京。《周礼》有九嫔之官。明此非死生之异称矣。

其义，犹今谓兄为昆，妹为媦，即是此例也。”扬雄《方言》云：“谓妇妣曰母姼，称妇考曰父姼。”郭注：“古考，通以考妣为生存之称。”《说文》：“考，老也。”罗振玉《增订殷虚书契考释》曰：“妣，卜辞多作匕，与古金文同，多不从女。吴中丞说：古妣字，与父相比，右为父，左为匕。予案：考妣之匕，引申为匕箸字。匕必有偶，犹父之与母相匕矣。”考为老，老为人父；妣为父之配偶，是考妣即父母，无在世与已故之分。后世以考妣为亡父母者，盖自《曲礼》始。《周易》与《尔雅》同，故初六父、考并称，避重而换文。《系辞传》曰：“无咎者，善补过也。”有子考无咎，谓有幹父蛊之子，父得子救正，子善补父之过，是以父无灾过。九二，虽不当位，但因其下有初，而使己得二之中，中则无违无灾，为有子考无咎。

厉，终吉 王弼注：“处事之首，始见任者也。以柔巽之质，幹父之事，能承先轨，堪其任者也，故曰有子也。任为事首，能堪其事，考乃无咎也，故曰有子考无咎也。当事之首，是以危也，能堪其事，故终吉。”程氏传：“子幹父蛊之道，意在承当于父之事也，故祗敬其事，以置父于无咎之地。常怀惕厉，则终得其吉也；尽诚于事，吉之道也。”李光《读易详说》曰：“天下蛊坏，非得善继之子，不足以振起之。宣王承厉王，修车马，备器械，复会诸侯于东都，可谓有子矣。”朱骏声《六十四卦经解》曰：“大禹治水，幹鲧之蛊；周宣中兴，幹厉之蛊；蔡仲盖愆，幹鲜之蛊。《书》：若考作室，肯堂肯构；《中庸》：善继人志；《礼记》：视无形，听无声：皆所谓意承也。子改父道，事若不顺，其意则承，始劳终吉。”

《史记·殷本纪》曰：“帝太甲既立三年，不明，暴虐，不遵汤法，乱德，于是伊尹放之于桐宫。三年，伊尹摄行政当国，以朝诸侯。帝太甲居桐宫三年，悔过自责，反善，于是伊尹乃迎帝太甲，而授之政。帝太甲修德，诸侯咸归殷，百姓以宁。伊尹嘉之，乃作《太甲训》三篇，褒帝太甲，称太宗。”《帝王世纪》亦云：“太甲反位，又不怨，故更尊伊尹曰保衡，即《春秋传》所谓伊尹放太甲，卒为明王是也。太甲修政，殷道中兴，号曰太宗。《孔丛》所谓，忧思三年，追悔前愆；起而即政，谓之明王者也。一名祖甲，享国三十三年，年百岁。”史称伊尹放太甲，卒成明王，即始厉终吉之义。初六，阴来推阳，其势危；然使九二利涉大川，得九五中正之位，虽危而终吉，为厉，终吉。

九二，幹母之蛊，不可贞。

〔译〕 九二，正母之蛊，不可为正道。

《象》曰：“幹母之蛊，得中道也。”

〔证〕

幹母之蛊 蛊卦九二，在初六之上。坤阴为地为田，是九二为见龙在田，为有君德者。《说卦传》曰："坤为地为母。"六五坤阴之爻，是以称母。家人卦《彖》曰："家人有严君焉，父母之谓也。"母亦为君。六五，以阴居阳，且处至尊，中不当位，为蛊。九二之阳，逆应六五之阴，以君德逆应非君之德，为幹母之蛊。《象》曰："幹母之蛊，得中道也。"九二居下卦之中，龙德而正中，故曰得中道。以其得中道，是以可幹正母之蛊事。《说文》："中，和也。从□1，上下通。"《礼记·中庸》曰："中也者，天下之大本也；和也者，天下之达道也。致中和，天地位焉，万物育焉。"《正义》曰："言人君所能至极中和，使阴阳不错，则天地得其正位焉；生成得理，故万物其养育焉。"幹母之蛊，使上下通，万物谐，非为悖理，且为得中之道。

不可贞 九二，阳居阴位，虽得中道，但位不正，即子幹母之蛊，臣幹君之蛊，不可为贞正之道。《彖》曰："蛊，刚上而柔下，巽而止蛊。"谓止蛊非正，故必巽。通观蛊之全卦，无一处言贞，即不可贞之义。朱熹曰："九二刚中，上应六五，子幹母蛊而得中之象。以刚承柔，而治其坏，故又戒以不可坚贞，言当巽以入之也。"程氏传曰："九二阳刚，为六五所应，是以阳刚之才在下，而幹夫在上阴柔之事也，故取子幹母蛊为义。以刚阳之臣，辅柔弱之君，义亦相近。二，巽体而处柔，顺义为多，幹母之蛊之道也。夫子之于母，当以柔巽辅导之，使得于义。不顺而致败蛊，则子之罪也。从容将顺，道无道乎？以妇人言之，则阴柔可知。若伸己刚阳之道，遽然矫拂则伤恩，所害大矣，亦安能入乎？在乎屈己下意，巽顺将承，使之身正事治而已，故曰不可贞。谓不可贞固，尽其刚直之道，如是乃中道也。"

《鄘风·相鼠》："人而无礼，胡不遄死。"《小雅·楚茨》："礼仪卒度，笑语卒获。"《荀子·礼论》："礼有三本：天地者，生之本也；先祖者，类之本也；君师者，治之本也。无天地恶生？无先祖恶出？无君师恶治？三者偏亡焉，无安人。故礼上事天，下事地，尊先祖而隆君师，是礼之三本也。"子幹母之蛊，臣幹君之蛊，非隆君师，非为礼之本，故不可为正。《礼记·哀公问》："哀公问于孔子曰：大礼何如？孔子曰：丘闻之，民之所由生，礼为大。非礼，无以节事天地之神也；非礼，无以辨君臣上下长幼之位也；非礼，无以别男女父子兄弟之亲，昏姻疏数之交也，君子以此为尊敬然。"又，"公曰：敢问为政如之何？孔子对曰：夫妇别，父子亲，君臣严。三者正，则庶物从之矣。"君臣上下长幼之礼为大，大礼为正。子幹母蛊，臣幹君蛊，非大礼，是以不可以为正。《大戴礼记·礼察》："孔子曰：君子之道，譬犹防与？夫礼之塞，乱之所从生也。犹防之塞，水之所从来也。故以旧防为无用，而坏之者，必有水败。以旧礼为无所用，而去之者，必有患乱。"孔氏《经解》疏云："水败，谓水来败于产业也。乱患，谓必有乱患之事也。"

九二，子幹母之蛊，臣幹君之蛊，此亦礼之塞，若以为正，则乱所从生，故曰不可贞，谓不可为正道，免伤母子之情，君臣之义。

履卦谓礼，其《象》曰："上天下泽，履，君子以辨上下，定民志。"程氏传："天在上，泽居下，上下之正理也。人之所履当如是，故取其象而为履。君子观履之象，以辨别上下之分，以定其民志。夫上下之分明，然后民志有定；民志定，然后可以言治。民志不定，夫下不可得而治也。古之时，公卿大夫而下，位各称其德，终身居之，得其分也。位未称德，则君举而进之。士修其学，学至而君求之，皆非有预于己也。农工商贾勤于事，而所享有限，故皆有定志，而天下之心可一。后世，自庶士至于公卿，日志于尊荣；农工商贾，日志于富侈：亿兆之心，交骛于利，天下纷然，如之何其可一也？欲其不乱，难矣。此由上下无定志也。君子观履之象，而分辨上下，使各当其分，以定民之心志也。"上下辨，民心定，此其为正。九二当巽之体，子可巽而止母之蛊，臣可巽而止君之蛊，虽得中道，不可为正道，以其逆应。

九三，幹父之蛊，小有悔，无大咎。

〔译〕 九三，正父之蛊，小有悔恨，无大灾过。

《象》曰："幹父之蛊，终无咎也。"

〔证〕

幹父之蛊 《易乾凿度》曰："乾坤相并俱生，物有阴阳，因而从之，故六画而成卦。卦者，挂也，挂万物而见之。故三画已下为地，四画已上为天。物感以动，类相应也。《易》气从下生，动于地之下，则应于天之下；动于地之中，则应于天之中；动于地之上，则应于天之上。故初以四，二以五，三以上，此谓之应。阳动而进，阴动而退。此天地人道之分际也。天地之气，必有终始，六位之设，皆由上下。故《易》始于一，分于二，通于三，达于四，盛于五，终于上。初为元士，二为大夫，三为三公，四为诸侯，五为天子，上为宗庙。凡此六者，阴阳所以进退，君臣所以升降，万人所以为象则也。故阴阳有盛衰，人道有得失，圣人因其象，随其变，为之设卦。方盛则托吉，将衰则寄凶。阴阳不正，皆为失位；其应实而有之，皆失义；善虽微细，必见吉端；恶虽纤芥，必有悔吝。所以极天地之变，尽万物之情，明王事也。丘系之曰：立象以尽意，设卦以尽情伪，系辞焉，以尽其言。"

又，"孔子曰：《易》有君人五号也：帝者，天称也；王者，美行也；天子者，爵号也；大君者，与上行异也；大人者，圣明德备也。变文以著名，题德以别操。王者，天下所归往。《易》曰：在师中，吉无咎，王三锡命。师者，众也。言有盛德，行中和，顺民心，天下归往之，莫不美命为王也。行师以除民害，赐命以长世，德之盛。天子者，继天理物，改一统，各得其宜。父天母地，以养万民，至尊之号也。《易》曰：公用享于天子。大君者，君人之盛也。《易》曰：知临，大君之宜，吉。临者，大也。阳气在内，中和之盛，应于盛位。浸大之化，行万民，故言宜处王位，施大化，为大君矣。臣民，欲被化之词也。大人者，圣人之在位者也。夫大人者，与天地合其德。《易》曰：见龙在田，利见大人。又曰，飞龙在天，利见大人。言德化施行，天地之合，故曰大人。"

蛊卦，上下卦六爻皆非正应，是以为子幹父母之蛊，臣幹君王之蛊。九三地之上，应上九天之上。大有卦，九三曰："公用享于天子，小人弗克。"益卦，六三曰："有孚，中行告公用圭。"是三为公位。师卦，上六曰："大君有命，开国承家。"临卦，六五曰："知临，大君之宜。"是五、上，皆为大君天子位。九三，阳居阳位，为得位。上九，阳居阴位，为失位。乾卦，《文言》曰："九三曰：君子终日乾乾，夕惕若，厉无咎，何谓也？子曰：君子进德修业，忠信所以进德也，修辞立其诚，所以居业也。知至至之，可与几也；知终终之，可与存义也。是故居上位不骄，在下位不忧，故乾乾因其时而惕，虽危无咎矣。"《文言》曰："上九曰：亢龙有悔，何谓也？子曰：贵而无位，高而无民，贤人在下位而无辅，是以动而有悔也。"又曰，"亢之为言也，知进而不知退，知存而不知亡，知得而不知丧。"蛊卦，上九亢龙为蛊，九三终日乾乾，与上敌应，为幹父之蛊。

《荀子·臣道篇》曰："争然后善，戾然后功，出死无私，致忠而公，夫是之谓通忠之顺，信陵君似之矣。夺然后义，杀然后仁，上下易位然后贞，功参天地，泽被生民，夫是之谓权险之平，汤、武是也。过而通情，和而无经，不恤是非，不论曲直，偷合苟容，迷乱狂生，夫是之谓祸乱之从声，飞廉、恶来是也。"杨倞注："谏争君，然后能善；违戾君，然后立功；出身死战，不为私事，而归于至忠至公。信陵君谏魏王，请救赵，不从；遂矫君命破秦，而魏国以安，故似之。"又曰，"夺者，不义之名；杀者，不仁之称；上下易位，则非贞也。而汤、武恶桀、纣之乱天下，而夺之，是义也；不忍苍生之涂炭，而杀之，是仁也；虽上下易位，而使贤愚当分，归于正道，是贞也。"革卦《彖》曰："革而信之，文明以说，大亨以正，革而当，其悔乃亡。天地革，而四时成；汤、武革命，顺乎天而应乎人。革之时大矣哉！"周于殷为三公。九三乾乾惕若，幹上九亢龙之蛊，犹武王灭纣，臣革君命，子幹父蛊。九三，出巽体而入兑体，兑为毁折，是以子幹父蛊，为臣革君命。

小有悔，无大咎 王弼注："以刚幹事，而无其应，故有悔也。履得其位，以正幹父，虽小有悔，终无大咎。"李道平《周易集解纂疏》："九为刚爻，故云以刚幹事。上无正应，以刚济刚，故有悔。兑为小，故小有悔也。以阳居阳，故为履得其位，得位之正，以幹父之蛊。重刚虽有小悔，然得正，终无大咎也。”朱熹《周易本义》曰：“过刚不中，故小有悔；巽体得正，故无大咎。”朱骏声《六十四卦经解》曰：“无应故悔，得正故无大咎。”按，九三正当互兑之中，兑为少女，为小，又，兑为毁折，故小有悔。《系辞传》曰：“三与五，同功而异位。三多凶，五多功，贵贱之等也。其柔危，其刚胜邪。”九三，以刚居刚，刚则能胜，是以无大咎。《象》曰：“幹父之蛊，终无咎也。”无大咎，谓最终无咎。事观其终，故人皆虑始谋终。

《史记・周本纪》曰：“西伯崩，太子发立，是为武王。师修文王绪业，会诸侯，与纣战于牧野。纣兵皆崩畔纣，纣走，反入登于鹿台之上，蒙衣其殊玉，自燔于火而死。武王持大白旗，以麾诸侯。诸侯毕拜武王。武王乃揖诸侯，诸侯毕从。”此盖小有悔，无大咎，乃终无咎之谓。三之上为大离，离为火，大离为大火；四之上为艮，艮为台，为反身；阳为乾，乾为玉，上九为殊玉；上为大君，为纣反入，登于鹿台之上，蒙衣其殊玉，自燔于火而死。上九，高而无民，亢龙有悔，居艮山之巅必反下，为崩溃之象。九三幹父之蛊，乃汤、武幹桀、纣之蛊。《资治通鑑外纪・周纪》：“（武）王问周公曰：天下以殷为天子，以周为诸侯，诸侯攻天子，胜之有道乎？周公曰：攻礼者为贼，攻义者为残，失其民者为匹夫。王攻失民者也，何天子乎？王曰善。”九三幹上九之蛊，即此之谓。

六四，裕父之蛊，往见吝。

〔译〕 六四，宽容父之蛊，往前将见恨惜。

《象》曰：“裕父之蛊，往未得也。”

〔证〕

裕父之蛊 《说文》：“裕，衣物饶也。从衣，谷声。《易》曰：有孚裕，无咎。”段玉裁注：“引伸为凡宽足之称。”《广雅・释诂》：“裕，宽也。”“裕，容也。”王念孙疏证：“裕为宽容之容。”《周书・洛诰》：“惇大成裕。”孔氏传：“裕，宽裕。”又，经曰：“彼裕我民，无远用戾。”孔传：“彼天下被宽裕之政，则我民无远用来，言皆来。”《君奭》：“告君乃猷裕，我不以后人迷。”传曰：“告君汝谋宽饶之道，我留与汝辅王，不用后人迷惑。”裕，传谓宽裕、宽饶。《小雅・角弓》：“此令兄弟，绰绰有裕。”毛传：“绰绰，宽也；裕，饶也。”《诗毛氏传疏》：“宽饶者，能让之谓也。”贾谊《新书・道术》：“包众容易谓之裕，反裕为褊。”包容互文。

杨树达《积微居小学述林・释裕》：“《说文八篇上衣部》云：裕，衣物饶也。从衣，谷声。按，字从谷，而训为饶者，谷之为物，空广能容。容字从谷即其义也。谷大能容，故古人称物者，或以谷为量。《史记·货殖传》云：畜至，用谷量牛马。是也。《庄子·人间世篇》曰：死者，以国量乎泽若蕉。《吕氏春秋·期贤篇》曰：无罪之民，其死者量于泽矣。此皆以泽言其多者也。《淮南子·氾论篇》曰：道路死人以沟量。桓公八年《公羊传》，疏引《春秋说》曰：龙门之战，民死伤者满沟。此皆以沟言其多者也。义与谷量并相类。《北史记》，高欢谓尔朱荣曰：闻公有马十二谷。六朝时尚然矣。"《说文》曰："容，盛也。从宀、谷。"徐铉注："屋与谷皆所以盛受也。"徐锴系传："此但为容受字；容貌字，古作颂也。"按，山谷空大能容，故谷为容。宀谷为盛物；衣谷为裕人，故皆为宽容之义。盖容、裕本义如此。六四，裕父之蛊，即宽容父之蛊。《系辞传》曰："二与四，同功而异位，其善不同，二多誉，四多惧。"二与四，均与五之君王相应。四为近臣，多惧，不似二之中正不阿，且六四以阴柔，顺从六五失正之君，故有宽裕父蛊之象。

往见吝 《说文》："吝，恨惜也。从口，文声。《易》曰：以往吝。"《说苑·臣术》："人臣之术，顺从而复命，无所敢专，义不苟合，位不苟尊，必有益于国，必有补于君，故其身尊而子孙保之。故人臣之行，有六正六邪。行六正则荣，犯六邪则辱。"曰，"安官贪禄，营于私家，不务公事，怀其智，藏其能；主饥于论，渴于策，犹不肯尽节，容容乎与世沉浮，左右观望，如此者具臣也。"又曰，"主所言皆曰善，主所为皆曰可，隐而求主之所好；即进之以快主之耳目，偷合苟容，与主为乐，不顾其后害，如此者谀臣也。"蛊卦六四，近在君侧，对六五君王不正之蛊，宽容苟合，亦徒具要位、阿谀奉承之臣，为非正而邪。邪则受辱，往必见吝。《象》曰："裕父之蛊，往未得也。"坤卦卦辞曰："先迷后得主。"随卦六三曰："系丈夫，失小子，随有求得。"皆谓阴遇阳为得。六四，不幹六五使之正，则阴不能得阳，臣不能得君，君臣之义失而不得，故爻辞曰往见吝，《象》曰往未得。

六五，幹父之蛊，用誉。

〔译〕 六五，正父之蛊，因此受称誉。

《象》曰："幹父用誉，承以德也。"

〔证〕

幹父之蛊 六五在上九之下，阳上为父为君，阴下为子为臣。乾卦曰："上九，亢龙有悔。"《象》曰："亢龙有悔，盈不可久也。"《文言》曰："亢龙有悔，穷之灾也。"又曰，"亢龙有悔，与时偕极。"是以为蛊。坤卦曰："六五，黄裳，元吉。"《象》曰："黄裳元吉，文在中也。"《文言》曰："君子黄中通理，正位居体，美在其中，而畅于四支，发于事业，美之至也。”朱熹《周易本义》曰：“黄，中色；裳，下饰。六五以阴居尊，中顺之德充诸内，而见于外，故其象如此，而其占为大善之吉也。”又曰，“黄中，言中德在内，释黄字之义也。虽在尊位，而居下体，释裳字之义也。美在其中，复释黄中。畅于四支，复释居体。”蛊卦六五，黄中居体，为子可幹父之蛊，为臣可幹君之蛊。荀爽曰：“体和应中，承阳有实，用斯幹事，荣誉之道也。”王弼注：“以柔处尊，用中而应，承先以斯，用誉之道也。”李道平疏：“六阴为体和，五阴为应中，上承九阳，故有实。用斯幹事，刚柔相济，荣誉之道也。”

用誉 井卦九三曰：“井渫不食，为我心恻，可用汲。”《史记·屈原、贾生列传》，引作“可以汲”。《经传释词》曰：“用，词之以也。《一切经音义七》，引《苍颉篇》曰：用，以也。以、用，一声之转。凡《春秋公羊传》之释经，皆言何以；《谷梁》则或言何用，其实一也。《书·皋陶谟》曰：侯以明之，挞以记之，书用识哉。用，亦以也。互文耳。”《上古汉语词典》曰：“用，读为以。用，东部喻纽字；以，之部喻纽字。东、之旁对转；喻纽双声，介词。”用、以，表示行为、动作，赖以进行之凭借，此处有以之，因此之意。又，《说文》：“誉，稱（称）也。”桂馥义证：“称也者，称当为偁。《广雅》：偁，誉也。本书：偁，扬也。经典通用称字。《表记》：君子称人之善则爵之。《汉书·贾谊传》：以能诵《诗》、《书》，属文，称于郡中。”坤卦六四曰：“无咎无誉。”谓既无归咎，也无称誉。誉，为称誉。蛊卦六五：幹父之蛊，用誉。谓六五正父之蛊，以此受到称誉。《象》曰：“幹父之蛊，承以德也。”《说文》：“德，升也。”段玉裁注：“升，当作登。今俗谓用力徙前曰德，古语也。”幹父之蛊用誉，即谓阴承阳而进，子承父而前。朱骏声《六十四卦经解》：“体和应中，承阳有实，用斯幹事，荣誉之道也。《礼》云：思贻父母，令名必果；又云：善则归亲；又云：国人称愿；然曰：幸哉有子。皆斯谊也。”

《周书·洪范》：“箕子乃言曰：我闻在昔，鲧堙洪水，汩陈其五行。帝乃震怒，不畀洪范九畴，彝伦攸斁。鲧则殛死，禹乃嗣兴。天乃锡禹洪范九畴，彝伦攸叙。”《正义》曰：“箕子乃言答王曰：我闻在昔，鲧障塞洪水，治水失道，是乃乱陈其五行，而逆天道也。天地乃动其威怒，不与鲧大法九类，天之常道所以败也。鲧则放殛，至死不赦。禹以圣德，继父而兴，代治洪水，决道使通。天乃赐禹大法九类，天之常道所以得其次叙。”禹继父而兴，代治洪水，改堙塞为疏导，终成大业，因而留芳百世，功盖千古，泽被万代，可谓幹父之蛊，用誉，亦《象》之所曰：承以德也。《虞书·大禹谟》：“帝曰：来，禹！降水儆予，成允成功，惟汝贤；克勤于邦，克俭于家，不自满假，惟汝贤。汝惟不矜，天下莫与汝争能；汝惟不伐，天下莫与汝争功。予懋乃德，嘉乃丕绩。天之历数在汝躬，汝终至元后。”舜善禹治水之功，言天道在禹，终当升为天子，即因禹幹父之蛊，承之以德，故称誉之。

上九，不事王侯，高尚其事。

〔译〕 上九，不事桀、纣之类王侯，事其高尚者。

《象》曰：“不事王侯，志可则也。”

〔证〕

不事王侯 六五阴居阳，为不当位之王；三之五为震，震为侯。上九亢龙而有悔，为不事王侯。《孔丛子·抗志》云：“曾申谓子思曰：屈己以伸道乎？抗志以贫贱乎？子思曰：道伸，吾所愿也。今天下王侯，其孰能哉？与屈己以富贵，不若抗志以贫贱。屈己，则制于人；抗志，则不愧于道。”（又见《子思子全书·过齐》）《史记·宋微子世家》：“箕子者，纣亲戚也。纣始为象箸，箕子叹曰：彼为象箸，必为玉杯；为杯，则必思远方珍怪之物，而御之矣；舆马宫室之渐自此始，不可振也。纣为淫泆，箕子谏，不听。人或曰：可以去矣。箕子曰：为人臣谏，不听而去，是彰君之恶，而自说于民，吾不忍为也。乃披发，详狂而为奴；遂隐而鼓琴，以自悲。传之曰：《箕子操》。”又，“微子曰：父子有骨肉，而臣主以义属。故父有过，子三谏不听，则随而号之；人臣三谏而不听，其义可以去矣。于是，太师、少师乃劝微子去，遂行。”不事王侯，即不服事桀、纣之类王侯。《象》曰：“不事王侯，志可则也。”谓其志可作法则典范。

高尚其事 上九亢而来下，成离下震上，为丰卦。《彖》曰：“丰，大也。明以动，故丰。王假之，尚大也。勿忧，宜日中，宜照天下也。”上九来下，服事犹日升起之王，为高尚其事。《荀子·臣道篇》：“《传》曰：从道不从君，此之谓也。”不事王侯，高尚其事，即是从道不从君。君有道则从，君无道则不从。《宋微子世家》曰：“周武王伐纣克殷，微子乃持祭器，造于军门。肉袒面缚，左牵羊，右把茅，膝行而前以告。于是，武王乃释微子，复其位如故。”又曰，“武王既克殷，访问箕子。武王曰：於乎！维天阴定下民，相和其居，我不知其常伦所序。箕子对曰：在昔，鲧堙鸿水，汩陈其五行。帝乃震怒，不从鸿范九等，常伦所斁。鲧则殛死，禹乃嗣兴。天乃锡禹鸿范九等，常伦所序：初一曰五行；二曰五事；三曰八政；四曰五纪；五曰皇极；六曰三德；七曰稽疑；八曰庶征；九曰向用五福，畏用六极。”纣王时，箕子隐，微子去；武王时，微子复其位，箕子归作《洪范》。二贤不事殷而事周，即事道不事君，为高尚其事。艮为山，山为高。上九在高山之上，上与尚通，为高尚其事之象。

第十九卦　庚　辰

☷坤上
☱兑下

临，元亨利贞。至于八月有凶。

〔**译**〕临，大亨通，利于正道。到八月有凶。

《彖》曰："临，刚浸而长，说而顺。刚中而应，大亨以正，天之道也。至于八月有凶，消不久也。"

《象》曰："泽上有地，临，君子以教思无穷，容保民无疆。"

〔**证**〕

兑下坤上　《象》曰："泽上有地，临。"李鼎祚《周易集解》引荀爽曰："泽卑地高，高下相临之象也。"李道平《周易集解纂疏》："兑为泽，坤为地。地在泽上，泽卑于地。地高于泽，以高临下，其象为临。"孔颖达《周易正义》曰："泽上有地者，欲见地临于泽，在上临下之义，故云泽上有地也。"程氏传："为卦，泽上有地。泽上之地，岸也，与水相际，临近乎水，故为临。天下之物，密近相临者，莫若地与水。故地上有水则为比，泽上有地则为临也。临者，临民临事，凡所临皆是。在卦，取自上临下，临民之义。"又曰，"泽之上有地，泽岸也，水之际也。物之相临与含容，无若水之在地，故泽上有地为临也。"朱熹《周易本义》曰："地临于泽，上临下也。"朱骏声《六十四卦经解》："泽卑地高，相临之象。泽上有地，乃泽涯也，水之际也。"

《说卦传》曰："兑为泽"，"兑，说也"，"说万物者，莫说乎泽"。兑为泽，泽说万物，是以兑泽又为说。说，即今之悦。《说文》："兑，说也。从儿，㕣声。"又，"㕣，山间陷泥地。从口，从水败貌。"段玉裁注："间，《玉篇》作涧；陷，当作㴸。字之误。水部曰：㴸，泥水㴸㴸也。从口，谓山间；从水败貌，谓㴸泥。谷字、㕡字，皆从水半见。㕣，亦从水半见，出于口也。水败土而㴸泥多，是曰㕣。"《释名》曰："下而有水曰泽。"是兑为下而有水之象。又，坤卦《象》曰："坤厚载物。"《小雅·正月》："谓天盖高，不敢不局；谓地盖厚，不敢不蹐。"谓天高地厚。《荀子·劝学》："不临深谿，不知地之厚也。"亦谓地厚。《说文》："岸，水厓而高者，从屵，干声。"桂馥义证："水厓而高者者，《小尔雅·广诂》：岸，高也。《释丘》：重厓岸。郭云：两厓累者为岸。又云：望厓洒而高岸。郭云：厓，水边；洒，谓深也。视厓峻而水深者，曰岸。馥案：孙炎、李巡俱训洒为陗。《诗》：新台有洒。传云：洒，高峻也。《楚辞·九章》：上高岩之峭岸兮。峭与陗同。《诗·氓》：淇则有岸。《皇矣》：诞先登于岸。传云：岸，高位也。"临卦，兑下坤上，兑为泽为水，坤为地为厚，为高岸临深之象。

又，初之上为临深之象，二之上亦临深之象；初之五为临深之象，二之五亦临深之象；初之四为临深之象，二之四亦临深之象；三之上，四之上，并临深之象。临卦，仰面则天高不见，地厚莫及；俯视则天在泽底，不寒而慄。其卦，若临深渊，故曰临，初之三为兑，兑为泽，为说；二之四为震，震为雷，雷震百里为诸侯。震上兑下，雷行雨施，为王侯施泽说民，为临民。二之四为震，三之五为坤。震为王为动，坤为民为众。震下坤上，为王治众，治众为临众。三之五为坤，坤为众庶；四之上为坤，坤为高位，为临众庶。《论语·为政》："子曰：为政以德，譬如北辰，居其所而众星共之。"《尔雅·释天》："北极谓之北辰。"郭璞注："北极，天之中，以正四时。"刘宝楠《论语正义》曰："天中，即天心。天体圜，此为最高处。"伏羲八卦，坤在圜天最高之处，位北，为众，北辰居其所，而众星共之；兑为善，为泽，为德。临卦，坤上兑下，为王居北，而南面施泽，乃为政以德之象，为临。《系辞传》曰："无有师保，如临父母。"君王为政以德，是如父母临之。

《谷梁传》哀公七年云："春秋有临天下之言焉，有临一国之言焉，有临一家之言焉。"范宁集解："徐乾曰：临者，抚有之也。王者无外，以天下为家，尽其有也。诸侯之临国，亦得有之，如王于天下。大夫临家，犹诸侯临国。"杨世勋疏："此下三者，皆以内外辞别之。王者，则以海内之辞言之。即僖二十八年，天王狩于河阳，传曰全天王之行也，是也。王者微弱，则以外辞言之。即僖二十四年，天王出居于郑，传曰失天下也，是也。谓天子和诸侯、大夫，居其域内，则为临天下和临国、临家；反之，天子和诸侯、大夫，居其域外，则为失天下和失国、失家。"临卦，三之上为大坤，为天下；初与二为乾阳为君，初得位，二得中，为得位得中之君。下为内，君在大地之内，为临天下。四之上为坤，坤为域为国；二之四为震，震为诸侯。诸侯在国内，为临一国。杨世勋疏："家，谓采地，大夫氏采为家。大夫称家，是以一家言之也。"二为大夫位，三之五为坤，坤为地，为采地。大夫在采地之内，是有家，为临一家。以上，三临具备，故为临卦之象。

《小雅·小旻》："不敢暴虎，不敢冯河。人知其一，莫知其他。战战兢兢，如临深渊，如履薄冰。"毛传："冯，陵也。徒涉曰冯河，徒搏曰暴虎。一，非也；他，不敬小人之危殆也。战战，恐也；兢兢，戒也。如临深渊，恐坠也；如履薄冰，恐陷也。"又，《传疏》曰："《云汉》传：兢兢，恐也。此以战战为恐，则兢兢为戒。戒惧与恐惧，无二义也。《云汉》兢兢，亦作矜矜。宣十六《左传》，引《诗》战战兢兢，本亦作矜矜。《说文·兄部》云：兢，读若矜。坠，俗队字。陷，从高下也。此传云：如临深渊，恐队也；如履薄冰，恐陷也。《小宛》传云：如集于木，恐队也；如临于谷，恐陨也。二传训同。案此诗，本刺幽王用小人而作，故章末三句，自言王者在上，进贤退不肖，当有戒慎恐惧之意。《左传》晋羊舌职，引此诗而释之云：善人在上。《小宛》末章，《韩诗》亦谓大人居人上。毛意或然也。《吕览·慎大篇》云：贤主愈大愈惧，愈强愈恐。其下即引《周书》曰：若临深渊，若履薄冰。以言慎事也，文义亦同。”朱熹《诗集传》曰：“众人之虑，不能及远；暴虎冯河之患，近而易见，则知避之。丧国亡家之祸，隐于无形，则不知以为忧也。故曰：战战兢兢，如临深渊，如履薄冰，惧及其祸之词也。”亦谓如临深渊，为临国临家之象。

《小宛》：“温温恭人，如集于木。惴惴小心，如临于谷。战战兢兢，如履薄冰。”毛传：“温温，和柔貌。如集于木，恐坠也。如临于谷，恐陨也。”《传疏》曰：“《尔雅》：温温，柔也。郭注云；和柔，《抑》温温恭人传：温温，宽柔也。各随文立训。坠，当作队。队，落也。《秦·黄鸟》传云：惴惴，惧也。陨，亦队也。案，此诗刺幽王，以小智登高位，故末章陈古明王，居上位而不敢怠忽于政事者。恭人，以言明王也。《韩诗外传》：孔子曰：明王有三惧：一曰处尊位，而恐不闻其过；二曰得志，而恐骄；三曰闻天下之至道，而恐不能行。三惧者，明君之务也。《诗》曰：温温恭人，如集于木；惴惴小心，如临于谷；战战兢兢，如履薄冰。此言大王居人上也。《韩诗》说，与毛诗首章兴义，首尾相应，与《小旻》章末文义亦同。”临卦，兑下坤上，如临深渊，如临于谷，是大人居上位，而以小心临人之象。

《诗序》曰：“《灵台》，民始附也。文王受命，而民乐其有灵德，以及鸟兽昆虫焉。”郑笺：“民者，冥也。其见仁道迟，故于是乃附也。天子有灵台者，所以观祲象，察气之妖祥也。文王受命，而作邑于丰，立灵台。《春秋传》曰：公既视朔，遂登观台以望，而书云物，为备故也。”《正义》曰：“作《灵台》诗者，言民始附也。文王受天之所命，而民乐其有神灵之德，以及鸟兽昆虫焉。以文王德及昆虫，民归附之，故作此诗，以歌其事也。经说作台，《序》言始附，则是作台之时，民始附也。文王嗣为西伯，三分天下而有其二，则为民所从事应久矣。而于作台之时，始言民附者，三分有二诸侯之君，从文王耳。其民从君而来，其心未见灵德。至于作台之日，民心始知，故言始附，谓心附之也；往前则貌附之耳。此言作台，而民始附，则其附在受命六年。而《序》追言受命者，以民心之附，事亦有渐。初受命已附，至作台而齐心，故系之受命见附之所由也。”按，临卦，兑下坤上，亦灵台之象。《说文》：“靈（灵），巫也。”《说卦传》曰：“兑，巫也。”是兑为灵，坤厚在上为台，是为灵台。《彖》曰：“临，刚浸而长，说而顺。”即谓受命之君兴起，民说而顺附。《国语·楚语上》曰：“故先王之为台榭也，榭不过讲军实，台不过望氛祥。官僚之暇，于是乎临之；四时之隙，于是乎成之。故《周诗》曰：经始灵台，经之营之。庶民攻之，不日成之。经始勿亟，庶民子来。王在灵囿，麀鹿攸伏。夫为榭台，将以教民利也。”

又，《孟子·梁惠王》：“孟子见梁惠王，王立于沼上，顾鸿雁麋鹿，曰：贤者亦乐此乎？孟子对曰：贤者而后乐此；不贤者，虽有此不乐也。《诗》云：经营灵台，经之营之，庶民攻之，不日成之。经始勿亟，庶民子来。王在灵囿，麀鹿攸伏；麀鹿濯濯，白鸟鹤鹤。王在灵沼，于牣魚跃。文王以民力为台为沼，而民欢乐之，谓其台曰灵台，谓其沼曰灵沼，乐其有麋鹿魚鳖。古之人与民偕乐，故能乐也。”《国语》曰灵台教民利，《孟子》曰灵台见民乐，皆谓明王临民以德，故利民乐民。《彖》曰：“临，刚浸而长，说而顺。”即谓明王临民，众庶乐其利，而归顺之。临卦，兑下坤上。兑为沼泽，麀鹿魚鳖所伏；坤为积土，积土为台，是以有灵台之象。

《系辞传》曰：“寒往则暑来，暑往则寒来，寒暑相推，而岁成焉。”古人以阴阳消长，著明十二月象。早在殷之《归藏》，即有“子复、丑临、寅泰、卯大壮、辰夬、巳乾，午姤、未遁、申否、酉观、戌剥、亥坤”之称。以十二地支，配十二卦名，谓之十二辟卦。子月，十一月，一阳来复，故谓之复。丑月，十二月，二阳来临，故谓之临。《淮南子·天文训》曰：“太阴在丑岁，名曰赤奋若。”高诱注：“奋，起也；若，顺也。言阳奋物而起之，无不顺其性也。赤，阳色。”何宁《淮南子集释》案：“《五行大义》引注作：奋，起也；若，从也。言阳气奋迅，万物而起，无不顺其性。赤，阳色也。《历书正义》引李巡云：阳气奋迅，万物而起，无不若其性，故曰赤奋若。赤，阳色；奋，迅也；若，顺也。”赤奋若，即刚浸而长，说而顺之义。临卦，兑下坤上，阳升阴降。阳升为乾，乾为天为君；阴降为坤，坤为地为众。上天临下地，君王临民众，为临。《彖》曰：“临，刚浸而长，说而顺，刚中而应。”即是。

《京氏易传》曰：“兑下坤上，临，阳长阴消，悦而顺。”又曰，“临，阳升阴降，入三阳，乾象入坤，即泰卦。”陆绩注：“临卦，内象先，阳长逼阴成乾，为泰象。”泰为正月卦，是临卦为十二月卦。《太玄经》：“疏，阳气强内而弱外，物咸扶疏而进乎大。”司马光集注：“疏，准临。疏，进也，大也。阳进而大，故曰强内；阴气犹盛，故曰弱外。扶疏，布散之貌。”范望注：“疏，象临卦。谓之疏者，阳气在内而大，阴气在外，万物扶疏而上，故谓之疏。疏，初一入危宿七度。”《月令·季冬之月》云：“日在婺女。”《正义》曰：“按《律历志》：季冬初，日在婺女八度。《三统历》：小寒，日在婺女八度；大寒，日在危初度。”大寒，为十二月中气，范注《太玄·疏》之初一，日入危七度，疏准临，是临卦亦为大寒之象，即阳进至二，将为三而成体，为阳临阴。

临 《说文》:“臨(临),监临也。从臥,品声。”又,“臥,休也。从人,臣,取其伏也。凡臥之属,皆从臥。”段玉裁注:“臥,伏也。伏,大小徐作休。误,臥,与寝异。寝于床。《论语》:寝不尸。是也。臥于几。《孟子》:隐几而卧。是也。臥于几,故曰伏。尸篆下曰:臥之形。是也。此析言之耳,统言之,则不别。故宀部曰:寝者,臥也。《曲礼》云:寝毋伏。则谓寝于床者,毋得俯伏也。引伸为凡休息之称。”郭沫若《甲骨文字研究》:“臣,(甲金文)均象一竖目之形。”于省吾《甲骨文字释林·释臣》:“甲骨文以横目为目,以纵目为臣。周代金文略同。臣与目,只是纵横之别。”杨树达《积微居小学述林·释臥》:“余谓古文臣与目同形,臥,当从人从目。”按,臣为目,臥,为人伏而目下视。《说文》:“监,临下也。”林光义《文源》:“监,即鑑之本字。上世未制铜时,以水为鑑。”鑑,即后代之镜。约斋《字源》:“监,象一个人睁着一只大眼睛,向一个盆子里的水,照着自己。”唐兰《殷虚文字记》:“象一人立于盆侧,有自监其容之意。”郭沫若《殷周青铜器铭文研究》:“皿上或益以一若者,监中之水也。”又,《两周金文辞大系攷释》:“临水正容为监,盛水正容之器亦为监。”

赵诚《卜辞分类读本》:“臣,象竖目形。甲骨文的目,作罒,象目横形。竖目和横目,这两种形体区别甚严。如甲骨文看见的见,作罘。因为是一般地看,所以从人,从横目(眼睛在自然状况下的形象)。张望、远望的望,作[illegible]。因为张望、远望要极力睁目,所以从人,从竖目(眼睛在变形状况下的形象)。又如甲骨文眉毛的眉,作[illegible],眼睛上面,有眉毛之形,所以从自然状况下的横目。惊惧之惧的古文,作界。人如惊惧,目必变形,故从竖目。甲骨文的臣,似与[illegible]字的构形之意相近。[illegible],有监视之义,而卜辞的臣,为协助君主,管理国家的各级官员,自有监临之义,两者有相近之处。臣有监临之义,其面部表情,及眼睛之状况,有时自然有一种与众不同之处,故以竖目之臣表示,似为一种较为抽象的象形会意字。”又曰,“[illegible],从皿,象一个水盆,象人睁大着眼睛,总体表示人在水盆之侧,从水里看自己的面容,当即监字之本义。金文又发展了一步,把人的眼睛,扩大成了臣,后来臣又和人分开,皿里多写了一点,以表示水。到了小篆,变写成了臥。臣写成了臣,人全部到了皿上。隶定楷化之后,很自然地就写成监。甲骨文作为动词,用为监视之义,则为本义之引伸。”

《说文》:“品,众庶也,从三口,凡品之属,皆从品。”段玉裁注:“人三为众,故从三口,会意。”杨树达《积微居小学述林》:“品,众庶也。从三口。按众庶谓物多,不止一二也。孳乳为临,监也,从臥,品声。按临字从人、从目、从品,谓人以目监视庶物也。臥、监、临,诸字皆从目,不从臣。古文目与臣形近,故许皆误,以从目为从臣也。品,为监视之对象。”按临,监临,从臥,从品。臥,人俯视下方;品,众庶。《毛公鼎》："肆皇天兵射，临保我有周。"金文临，为监视，象人俯视众庶之象，是以为监临。

《虞书·大禹谟》："临下以简，御众以宽。"《正义》曰："临下，据其在上；御众，斥其治民。"《夏书·五子之歌》："予临兆民，懔乎若朽索之驭六马。"《正义》曰："我临兆民之上。"临，上临下。《周书·顾命》："临君周邦，率循大卞。"孔氏传："临君周国，率群臣循大法。"临君，君临，君亦临。《大雅·大明》："上帝临女，无二尔心。"郑笺："临，视也。"《皇矣》："皇矣上帝，临下有赫。监视四方。"朱熹《诗集传》："临，视也；监，亦视也。此其首章，先言天之临下甚明。"是监、临皆言视下。《管子·八观》："置法出令，临众用民，计其威严宽惠，行于其民，与不行于其民，可知也。"临众，君临民众。《论语·为政》："季康子问：使民敬忠以劝，如之何？子曰：临之以庄，则敬。"包曰："君临民以严，则民敬其上。"邢昺《正义》曰："自上莅下曰临。"《左传》宣公七年："王叔桓公临之。"杜预注："王叔桓公，周卿士。衔天子之命，以监临诸侯。"昭公六年："临之以敬，莅之以强。"《正义》曰："临、莅一也。临，谓位居其上，俯临其下；莅，谓有所施为，临抚其事。临，谓平常之时；莅，谓当事之时。居上位者，失于骄慢，临之以敬，言常共敬以临之。其监于行事者，失于懈倦，莅之以强，言当强力以临之。"《华严经音义·入法界品》："大王临庶品。"注引贾逵《国语》注："临，治也。治，谓治理也。"

元亨利贞 《周易》，元亨利贞四字连言，而系于卦象之下，为卦辞者，分别见于乾卦、屯卦、随卦、临卦、无妄卦和革卦。乾卦，乾下乾上。卦辞曰："元亨利贞。"《彖》曰："大哉乾元，万物资始，乃统天。云行雨施，品物流形。大明终始，六位时成，时乘六龙以御天。乾道变化，各正性命，保合太和，乃利贞。首出庶物，万国咸宁。"《九家易》曰："观乾之始，以知天德。惟天为大，惟乾则之，故曰大哉元者，气之始也。"庄氏曰："大哉乾元，万物资始，乃统天者，此三句，总释乾与元也。乾是卦名，元是乾德之首，故以元德配乾释之。阳气昊大，乾体广远，又以元大始生万物，故曰大哉乾元。"又曰，"万物资始者，释其乾元称大之义。以万象之物，皆资取乾元，而各得始生，不失其宜，所以称大也。"《九家易》曰："乾之为德，乃统继天道，与天合化也。"庄氏曰："乃统天者，以其至健而为物始，以此乃能统领于天。"虞翻曰："乾以云雨流坤之形，万物化成，故曰品物流形也。"庄氏曰："此二句释亨之德也。言乾能用天之德，使云气流行，雨泽施布，故品类之物，流布成形，各得亨通，无所壅蔽，是其亨也。"侯果曰："大明，日也。六爻效彼而作也。大明以昼夜为终始，六位以相揭为时成。"谓昼夜阳六，四时阳六。以上谓乾阳大通，为元亨。

庄氏曰："言乾卦之德，自然通物，故云乾道也。变，谓后来改前，以渐移改，谓之变也。化，谓一有一无，忽然而改，谓之为化。言乾之为道，使物渐变者，使物卒化者，各能正定物之性命。性者，天生之质，若刚柔迟速之别；命者，人所禀受，若贵贱夭寿之属。"朱熹曰："变者，化之渐；化者，变之成。物所受为性，天所赋为命。太和，阴阳会合冲之气也。各正者，得于有生之初。保合者，全于已生之后。此言乾道变化，无所不利，而万物各得其性命以自全，以释利贞之义也。"又曰，圣人在上，高出于物，犹乾道之变化也，万国各得其所而咸宁。犹万物之各正性命，而保合太和也。此言圣人之利贞也。盖尝统而论之：元者，物之始生；亨者，物之畅茂；利，则向于实也；贞，则实之成也。实之既成，则其根蒂脱落，可复种而生矣。此四德之所以循环而无端也。然而四者之间，生气流行，初无间断，此元之所以包四德，而统天也。其以圣人而言，则孔子之意，盖以此卦，为圣人得天位，行天道，而致太平之占也。"以上谓乾道利物，为利贞。

屯卦，震下坎上。卦辞曰："元亨利贞。"《彖》曰："屯，刚柔始交而难生，动乎险中，大亨贞；雷雨之动满盈，天造草昧。"震一阳生，为十一月；坎为雨水。阳动于下，雨泽于上，故而天造草昧，万物虽难生，然犹动乎险中。此其阳来亨通，利于万物回归生长正道，为元亨利贞。随卦，震下兑上。卦辞曰："元亨利贞。"《彖》曰："随，刚来而下柔，动而说随。大亨贞，无咎，而天下随时。随时之义大矣哉！"震一阳来阴下，为十一月；兑二阳来阴下，为十二月。为刚来而下柔，为阳动而万物说随。阳为元为大，阳来亨通，利于万物随阳，回归生长正道，为元亨利贞。无妄卦，震下乾上。卦辞曰："元亨利贞。《彖》曰："无妄 ，刚自外来，而为主于内，动而健，刚中而应，大亨以正，天之命也。"震一阳来下，为刚自外来，为主于内，为十一月；震为动，乾为健，为动而健。九五阳中，得六二相应，天地正应，万物得阳之正而生。为大通以正，为自然天成，为元亨利贞。革卦，离下兑上。卦辞曰："元亨利贞。"《彖》曰："文明以说，大亨以正，革而当，其悔乃亡。天地革而四时成。"离为文明，兑为说。按，伏羲八卦方位，离位正东，为正月；兑位东南，为二、三月。阴消阳息，大地回春，万物生长，为天地革而四时成，为元亨利贞。临卦，兑下坤上，卦辞曰："元亨利贞。"《彖》曰："临，刚浸而长，说而顺，刚中而应，大亨以正，天之道也。"兑二阳渐长，为十二月；坤为众庶为顺，为万物说阳而顺阳；九二之阳，居中而得六五之应，是以大者亨通，以行其正，此乃天理自然之道，为元亨利贞。

以上，乾卦、屯卦、随卦、临卦、无妄卦及革卦，皆阳来亨通，为元亨。乾卦，乾下乾上，阳得二、五中正；屯卦，震下坎上，阳得九五中正；随卦，震下兑上，阳得九五中正；临卦，兑下坤上，阳得九二之中，得中亦正；无妄卦，震下乾上，阳得九五中正；革卦，离下兑上，阳得九五中正。阳为正，利阳为利贞。

《吕氏春秋·季冬纪》曰：“季冬之月，律中大吕。”“雁北乡，鹊如巢，雉雊鸡乳。”“天子命有司大傩旁磔，出土牛，以送气。”“是月也，命渔师始渔，天子亲往。”“令告民出五种，命司农计耦耕事，修耒耜，具田器。”“数将几终，岁将更始。专于农民，无有所使。天子乃与卿大夫，饬国典，论时令，以待来岁之宜。”高诱注：“季冬，夏之十二月。万物萌动于黄泉，未能达见。吕，旅也，所以旅阴即阳，助其成功，故曰大吕也。雁在彭蠡之泽，是月皆北乡，将来至北漠也。鹊，阳鸟，顺阳而动，是月始为巢也。《诗》云：雉之朝雊，尚求其雌。乳，卵也。大傩逐尽阴气，为阳导也。旁磔犬羊于四方，于攘其毕冬之气也。出土牛，令之乡县得立春节，出劝耕土牛，于东门外是也。是月也，将捕鱼，故命其长也。天子自行观之。夏以十三月为正，夏数得天，言天时者，皆从夏正也。故于是月，十二月之数近终，岁将更始于正月也。农事将起，独于农民，无所役使也。饬，读曰敕。敕正国法，论时令所宜者而行之。”《易》有天文、人文。天文，以察时变；人文，以化成天下。季冬之月，天子观刚浸而长，布月令如斯，而临民治民，是亦为元亨利贞。

李鼎祚《周易集解》，引虞翻曰：“阳息至二，与遁旁通。刚浸而长，乾来交坤。动则成乾，故元亨利贞。”李道平《周易集解纂疏》：“此十二月辟卦也。阳初息复，至二则成临矣。与遁相反，故云旁通。二刚有渐长之势，乾来交坤，谓乾息坤也。三动则成乾，故元亨利贞，与乾同占也。”王弼注：“阳转进长，阴道日消；君子日长，小人日忧：大亨以正之义。”《正义》曰：“案《序卦》云：临，大也。以阳之浸长，其德壮大，可以监临天下，故曰临也。刚既浸长，说而且顺，义以刚居中，有应于外，大得亨通而利正也，故曰元亨利贞也。”程氏传：“浸，渐也。二阳长于下，而渐进也。下兑上坤，和说而顺也。刚得中道，而有应助，是以能大亨而得正，合天之道。刚正而和顺，天之道也。化育之功，所以不息者，刚正和顺而已。以此临人，临事，临天下，莫不大亨而得正也。”

至于八月有凶 《周易》所谓三日，七日，三年，三岁，十年，皆以阴阳推移位次而言。复卦，震下坤上，一阳在下，五阴在上，卦辞曰：“七日来复。”即谓乾卦经过六变，而成坤卦。阴极阳生，第七变便成复卦，一阳来复于下，为七日来复。又，复卦上六曰：“至于十年，不克征。”即谓复卦上六，经过上来下，下往上，第十次移位，成为剥卦之六五。剥卦，坤下艮上。五阴在下，一阳在上，与复卦互为综卦。剥卦六五之阴，被上九之阳所止，为至于十年，不克征。临卦，至于八月有凶，与复卦上六，至于十年，不克征一致，亦谓阴阳推移。临卦，十二月，二阳在下，四阴在上。阴阳推移八次，谓明年八月。即至前一次，为正月。三阳在下三阴在上，为泰卦。至前二次，为二月。四阳在下，二阴在上，为大壮卦，至前三次，为三月。五阳在下，一阴在上，为夬卦。至前四次，为四月。三阳在下，三阳在上，为乾卦。至前五次，为五月。阳极阴生，一阴在下，五阳在上，为姤卦。至前六次，为六月。二阴在下，四阳在上，为遁卦。至前七次，为七月。三阴在下，三阳在上，为否卦。至前八次，为八月。四阴在下，二阳在上，为观卦。

《吕氏春秋·仲秋纪》曰："凉风生，候雁来，玄鸟归，群鸟养羞。"高诱注："凉风，坤卦之风。是月，候时之雁，从北漠中来，南过周、雒，之彭蠡。玄鸟，燕也。春分而来，秋分而去，归蛰所也。寒气将至，群鸟养进其毛羽，御寒也，故曰群鸟养羞。"又，《仲秋纪》曰："是月也，日夜分，雷乃始收声，蛰虫俯户。杀气浸盛，阳气日衰，水始涸。"高注："是月秋分。分，等也。昼漏五十刻，夜漏五十刻，故曰日夜分也。雷乃始收藏其声，不震也。将蛰之虫，俯近其所蛰之户。杀气，阴气；涸，竭。"《淮南子集释》曰："盛，言阴胜也。"八月观卦，坤下巽上，阴气浸盛，阳气日衰。阴气即杀气，阴气杀物，故曰八月有凶。王弼注："八月，阳衰而阴长，小人道长，君子道消，故曰有凶。"临卦和观卦，互为倒卦，即综卦。临卦，二阳进于下，刚渐息。观卦，二阳退于上，刚渐消。《象》曰："至于八月有凶，消不久也。"谓八月至十月，阳刚全消，只有两月，已经不久。

《白虎通·三正》："《尚书大传》曰：夏以孟春月为正，殷以季冬月为正，周以仲冬月为正。孔子承周之弊，行夏之时，知继十一月正者，当用十三月也。"陈立《白虎通疏证》："《大义》四云：孔子得天，此谓得天道四时之气，应八节生杀之期也。故云行夏之时，乘殷之辂，服周之冕，兼三代而为法，盖取其可久者也。《后汉·东平王苍传》云：孔子曰，行夏之时，乘殷之辂，服周之冕，为汉制法也。"皆谓孔子用夏之正。《豳风·七月》："七月流火，九月授衣。"毛传："火，大火也；流，下也。九月霜始降，妇功成，可以授冬衣矣。"又，《七月》云："五月斯冬动股，六月沙鸡振羽，七月在野，八月在宇，九月在户，十月蟋蟀入我床下。"郑笺："自七月在野，至十月入我床下，皆谓蟋蟀也。言此三物之如此著，将寒有渐，非卒来也。"《小雅·六月》："六月悽悽，戎车既饬。"《诗序》曰："六月，宣王北伐也。"郑笺："记六月者，盛夏出兵，明其急也。"六月盛夏，以夏之正月为一月。《春秋传》云，周之三王，以夏为正。《周易》，月从夏正，以就四时之序。所谓至于八月，即夏之八月。《说文》："酉，就也。八月黍成，可为酎酒。"又曰，"古文酉，从卯。卯为春门，万物已出；酉为秋门，万物已入，一闭门象也。”《左传》僖公五年：“凡分、至、启、闭，必书云物。”杜预注：“分，春秋分也；至，冬夏至也；启，立春立夏；闭，立秋立冬。云物，气色灾变也。”《正义》曰：“四时之气，寒暑不同。春夏生物，秋冬杀物。生物则当启，杀物则当闭。故立春立夏为启，立秋立冬为闭。”服虔曰：“启，立春夏也，阳气用事为启；闭，立秋冬也，阴气用事为闭。”八月，在立秋之后，秋分当气，阴来用事。为观卦，坤下巽上，一闭门象。杀物则当闭，气色灾变为凶。

《系辞传》曰：“《易》之兴也，其当殷之末世，周之盛德邪？当文王与纣之事邪？是故，其辞危。危者使平，易者使倾，其道甚大，百物不废。惧以终始，其要无咎，此之谓《易》之道也。”至于八月有凶，即其辞危，危者使平，惧以终始，其要无咎之谓。郑康成曰：“临，大也，阳气自此浸而长大。阳浸长矣，而有四德，齐功于乾，盛之极也。人之情，盛则奢淫将亡，故戒以凶也。临卦，斗建丑而用事，殷之正月也。当文王之时，纣为无道，故于是卦，为殷家著兴衰之戒。”程氏传：“二阳方长于下，阳道向盛之时。圣人豫为之戒曰：阳虽方长，至于八月，则其道消矣，是有凶也。大举圣人为戒，必于方盛之时。方盛而虑衰，则可以防其满极，而图其永久。若既衰而后戒，亦无及矣。自古天下安治，未有久而不乱者，盖不能戒于盛也。方其盛而不知戒，故狃安富则骄侈生，乐舒肆则纲纪坏，忘祸乱则衅孽萌，是以浸淫，不知乱之至也。”朱熹曰：“虽言天运之当然，然君子宜知所戒。”

《象》曰：“泽上有地，临，君子以教思无穷，容保民无疆。”李鼎祚《周易集解》引荀爽曰：“泽卑地高，高下相临之象也。”又引虞翻曰：“君子谓二也，震为言，兑口讲习。学以聚之，问以辨之。坤为思，刚浸长，故以教思无穷。容，宽也。二，宽以居之，仁以行之。坤为容、为民，故保民无疆矣。”《周易集解纂疏》：“兑为泽，坤为地，地在泽上，泽卑于地。地高于泽，以高临下，其象为临。阳息至二，刚而得中，故君子谓二也。互震声为言，体兑口讲习，教之义也。学以聚之，问以辨之，乾九二《文言》文。《洪范》思曰睿，以五事配土。坤为土，故为思。刚浸长，息而不已，故以教思无穷。《中庸》：宽裕温柔，足以有容也。故容训宽。宽以居之，仁以行之，亦乾二《文言》文。坤广为容，众为民，又行地无疆，故容保民无疆。临本坤卦，又上体坤，故即坤以释其象。乾息至二为临，临二即乾二，故复引乾二《文言》，以明其意。两卦相须，义始备也。”胡炳文《周易本义通释》：“不徒曰教，而曰教思，其意思如兑泽之深；不徒曰保民，而曰容保民，其度量如坤土之大。”

《周书·微子之命》：“作宾于王家，与国咸休，永世无穷。”孔氏传：“为时王宾客，与时皆美，长世无穷。”《毕命》：“公其惟时成周，建无穷之基，亦有无穷之闻。”孔传：“公其惟以是成周之治，为周家立无穷之基业，于公亦有无穷之名，以闻于后世。”《史记·淮南衡山列传》：“高皇始于丰沛，一倡天下，不期而响应者，不可胜数。百姓愿之，若旱之望雨。故起于行陈之中，而立为天子。功高三王，德传无穷。”陆贾《新语·辅政》：“昔者，尧以仁义为巢，舜以稷、契为杖，故高而益安，动而益固。处宴安之台，承克让之涂，德配天帝，光被八极，功垂于无穷，名传于不朽，盖自处得其巢，任杖得其人也。秦以刑罚为巢，故有覆巢破卵之患；以李斯、赵高为杖，故有顿仆跌伤之祸。何者？所任者非也。故杖圣者帝，杖贤者王；杖仁者霸，杖义者强；杖谗者灭，杖贼者亡。”以上无穷，皆谓圣贤王者，治理之功德无穷。《象》曰：“泽上有地，临，君子以教思无穷。”谓君子见临卦之象，所以教临民者思无穷。盖谓思谋临民之功，永世无穷。

《虞书·大禹谟》：“帝曰：来，禹！予懋乃德，嘉乃丕绩。天之历数在汝躬，汝终陟元后。人心惟危，道心惟微，惟精惟一，允执厥中。无稽之言勿听，弗询之谋勿庸。可爱非君？可畏非民？众非元后何戴？后非众罔与守邦。钦哉！慎乃有位，敬修其可愿，四海困穷，天禄永终。”《正义》曰：“帝不许禹让，呼之曰：来，禹！我今勉汝之德，善汝大功，天之历运之数，帝位当在汝身；汝终当升此大君之位，宜代我为天子。因戒以为君之法。民心惟甚危险，道心惟甚幽微。危则难安，微则难明。汝当精心，惟当一意。信执其中正之道，乃得人安而道明耳。又为人君，不得妄受用人语，无可考验之言，勿听受之；不是询众之谋，勿信用之。言民所爱者，岂非人君乎？民以君为命，故爱君也。言君可畏者，岂非民乎？君失道则民叛之，故畏民也。众非大君，而何所奉戴，无君则民乱，故爱君也。君非众人，无以守国，国无人则国亡，故畏民也。君民相须如此，当宜敬之哉！谨慎汝所有之位，守天子之位，勿使失也。敬修其可愿之事，谓道德之美，人所愿也。养彼四海困穷之民，使皆得存立，则天之禄籍长终汝身矣。”舜告禹慎乃有位，天禄永终，即君子以教思无穷之义。

《大戴礼记·武王践阼》曰：“武王践阼三日，召士大夫而问焉，曰：恶有藏之约，行之行，万世可以为子孙恒者乎？诸大夫对曰：未得闻也。然后，召师尚父而问焉，曰：黄帝、颛顼之道存乎意，亦忽不可得见与？师尚父曰：在《丹书》。王欲闻之，则齐矣。三日，王端冕；师尚父亦端冕，奉书而入，负屏而立。师尚父西面，道书之言，曰：敬胜怠者吉，怠胜敬者灭；义胜欲者从，欲胜义者凶。凡事不强则枉，弗敬则不正。枉者灭废，敬者万世。藏之约，行之行，可以为子孙恒者，此言之谓也。且臣闻之，以仁得之，以仁守之，其量百世；以不仁得之，以仁守之，其量十世；以不仁得之，以不仁守之，必及其世。王闻书之言，惕若恐惧，退而为戒书。于席之四端为铭焉，于机为铭焉，于鉴为铭焉，于盥盘为铭焉，于楹为铭焉，于杖为铭焉，于带为铭焉，于履屦为铭焉，于觞豆为铭焉，于户为铭焉，于牖为铭焉，于剑为铭焉，于弓为铭焉，于矛为铭焉。”王聘珍解诂曰：“孔氏《曲礼下》疏云：践，履也；阼，主人阶也。履主阶行事，故云践阼也。卢注云：恶，犹于何也。言于何有约言而行之，乃行万世而犹得其福。”武王欲子孙万世，犹得其祚，师尚父以《丹书》教之，即君子以教思无穷之谓。

又，《周颂·天作》：“天作高山，大王荒之。彼作矣，文王康之。彼徂矣，岐有夷之行。子孙保之。”毛传：“作，生；荒，大也。天生万物于高山，大王行道，能安天之所作也。夷，易也。”郑笺：“高山，谓岐山也。《书》曰：道岍及岐，至于荆山。天生此高山，使兴云雨，以利万物。大王自豳迁焉，则能尊大之，广其德泽，居之一年成邑，二年成都，三年五倍其初。彼，彼万民也；徂，往行道也。彼万民居岐邦者，皆筑作宫室，以为常居。文王则能安之。后之往者，又以岐邦之居，有佼易之道故也。《易》曰：乾以易知，坤以简能。易则易知，简则易从。易知则有亲，易从则有功。有亲则可久，有功则可大。可久则贤人之德，可大则贤人之业。以此订大王、文王之道，卓尔与天地合其德。”按，乾卦《彖》曰：“大哉乾元，万物资始，乃统天。”坤卦《彖》曰：“坤厚载物，德合无疆，含弘光大，品物咸亨。”乾坤为天地，与天地合其德，谓如天地，容保万物无疆。《诗》曰：“子孙保之。”盖亦此义。

《老子》曰：“知常容，容乃公，公乃王，王乃天，天乃道，道乃久，没身不殆。”《河上公章句》：“能知道之所常行，则去情忘欲，无所不包容也。无所不包容，则公正无私，众邪莫当。公正元私，则可以为天下王。治身正则形一，神明千万，其凑已躬也。能王，则德合神明，乃与天通。德与天通，则与道合同也。与道合同，乃能长久。能公能王，通天合道，四者纯备，道德弘远，无殃无咎，乃与天地俱没，不危殆也。”王弼注：“容，无所不包通也。无所不包通，则乃至于荡然公平也。荡然公平，则乃至于无所不周普也。无所不周普，则及至于同乎天也。”苏辙云：“无所不容，则彼我之情尽，谁尚私乎？无所不公，则天下将往而归之矣。无所不怀，则天何以加之。”《象》曰：“容保民无疆。”与《老子》之义同。

刘向《说苑·君道》云：“齐宣王谓尹文曰：人君之事何如？尹文对曰：人君之事，无为而能容下。夫事寡易从，法省易因，故民不以政获罪也。大道容众，大德容下。圣人寡为，而天下理矣。《书》曰：睿作圣。《诗》曰：岐有夷之行，子孫其保之。”向宗鲁《说苑校证》曰：“《书·洪范》今文，睿作容。子政用今文，亦当作容。上文云：大道容众，大德容下。故引容作圣，以证成其义。《汉书·五行志》引《传》云：容，宽也。言上不宽大，包容臣下，则不能居圣位。正与此文相应。”大道容众，大德容下，容作圣，与《象》义相同。以其容民保民，能居圣位，故曰容民保民无疆。卦辞曰："临，元亨利贞，至于八月有凶。"谓有兴有衰，治乱交替。《象》曰："泽上有地，临，君子以教思无穷，容保民无疆。"谓君子见泽上有地，临卦之象，所以教导思谋临民，永无穷困，容民保民，没有止境。是《象》之义，乃卦辞至于八月有凶之补救。

蛊卦和临卦，互为邻卦。《序卦传》曰："蛊者，事也。有事而后可大，故受之以临。临者，大也。"蛊卦，巽下艮上。《彖》曰："蛊，刚上而柔下，巽而止蛊。蛊，元亨，而天下治也。"《系辞传》曰："天尊地卑，乾坤定矣；卑高以陈，贵贱位矣。"刚为乾阳，柔为坤阴。乾阳为君，坤阴为臣。刚上而柔下，君臣之象；巽而止蛊，臣谏君之义。上九曰："不事王侯。高尚其事。"《象》曰："不事王侯，志可则也。"谓上九亢，不事六五、九三王侯，而别事高尚之君，是蛊者事也之事，为臣事其君之事。有谏臣事君，故而元亨，而天下治。天下治，人民众，疆域宽，谓之有事而后可大。临卦，兑下坤上。《彖》曰："临，刚浸而长，说而顺，刚中而应。"明王兴起，皆说而顺应其中，是以君临天下，故曰临者大也。由止蛊而君临天下，前因后果。故曰有事而后可大，故受之以临。

临卦和遁卦，互为错卦。临卦，兑下坤上，二阳在下，四阴在上。遁卦，艮下乾上，二阴在下，四阳在上。两卦阴阳相反。临卦，阳处来势，为阳来临。遁卦，阳处去势，为阳遁去。《彖》曰："临，刚浸而长，大亨以正，天之道也。"又，《彖》曰："遁，小利贞，浸而长也。"阳为大，阴为小。大亨以正，谓阳亨以正。小利贞，谓阴利正。临卦，以其大亨以正，有君临之象，故《象》曰："泽上有地，临，君子以教思无穷，容保民无疆。"遁卦，以其小利贞，有阴小得势之象，故《象》曰："天下有山，遁，君子以远小人，不恶而严。"临卦，季冬十二月之卦，小寒、大寒气节。遁卦，季夏六月之卦，小暑、大暑节气。以上，阴阳相反，去来相反，大亨小利相反，寒暑相反，是以为错卦。

初九，咸临，贞吉。

〔译〕　初九，感临，阳正其道吉利。

《象》曰："咸临贞吉，志行正也。"

〔证〕

咸临　《广雅·释诂》："咸，感也。"《说文》："感，动人心也。从心，咸声。"《左传》昭公二十一年："（钟）小者不窕，大者不槬，则和于物。窕则不咸，槬则不容。"

杜预注："不咸，不充满人心。"《释文》曰："咸，如字，本或作感。"黄焯《释文汇校》："严云：《汉书·五行志下之上》、《通典·卷百四十四》，引作感。咸，本古文感字也。"又，僖公二十四年："昔，周公吊二叔之不咸。"杜注："吊，伤也；咸，同也。"同，谓和同。《小雅·常棣》之《序》笺："周公吊二叔不咸，而使兄弟之恩疏。"《正义》曰："咸，和也。"《周书·无逸》曰："用咸和万民。"《正义》曰："用善政以谐和万民。"又，《诏诰》："諴于小民。"《虞书·大禹谟》："至諴感神。"《正义》曰："諴，亦咸也。咸，训皆也，皆能相从亦和之义也。"桂馥《说文解字义证》曰："諴，借咸字。"朱骏声《说文通训定声》曰："咸，假为諴。"俞樾《古书疑义举例》："咸，读为諴。《说文》：諴，和也，咸和即諴和。"《说文》："和，相应也。"按，咸为諴，諴为和，和为相应，相应由相感，故咸训感。《说文》："感，动人心也。从心，咸声。"

咸卦，艮下兑上。《彖》曰："咸，感也。柔上而刚下，二气感应以相与，止而说，男下女。"又曰，"天地感，而万物化生；圣人感人心，而天下和平。"初六曰："咸其拇。"谓初六与九四，阴阳感应为咸。六二曰："咸其腓。"谓六二与九五，阴阳感应为咸。九三曰："咸其股。"谓九三与上六，阴阳感应为咸。按咸卦，柔上而刚下，男下女，二气相感为咸。临卦，兑下坤上，二阳在下，四阴在上，男下女之象，是以初九、九二皆谓咸临。《荀子·大略》云："《易》之咸，见夫妇。夫妇之道，不可不正也，君臣父子之本也。咸，感也。以高下下，以男下女，柔上而刚下。"杨倞注："阳唱阴和，然后相成也。"临卦，初九乾阳之爻，为君；六四坤阴之爻，为众。初九在兑之初，兑为说。初九主动和悦六四，以贵下贱，以高下下，感而临之，是以为咸临。王弼注："咸，感也；感，应也。有应以四，感以临者也。"谓初九感，六四应，为感以临，即感临。程氏传："咸，感也。阳长之时，感动于阴；四应于初，感之者也。"

贞吉 《象》曰："咸临贞吉，志行正也。"阳为正，初九阳来感阴，志在行阳之正。万物以应，为贞吉。《系辞传》曰："寂然不动，感而遂通天下之故"；"屈信相感，而利生焉"；"情伪相感，而利害生"。以上皆谓阴阳相感，是以天下事通，而利生，而吉利。临卦，初九阳正，六四阴正，正感正应，即明君临顺民，此其为正道得行，为贞吉。李鼎祚《周易集解》，引虞翻曰："咸，感也，得正应四，故贞吉也。"又引荀爽曰："阳始咸升，以刚临柔。得其位而居，是吉，故曰志行正。"《纂疏》曰："王弼又云：感，应也。。惟初与四，二与五为正应。应，故感；感，故皆言咸。初得正应四，得正故贞，有应故吉也。愚案：初感四应，二感五应，故初、二皆言咸临。三动上不应，故三不言咸也。"程氏传："所谓贞吉，九之志在于行正也。以九居阳，又应四之正，其志正也。"

《老子》："知其雄，守其雌，为天下溪；为天下溪，常德不离，复归于婴儿。知其白，守其黑，为天下式；为天下式，常德不忒，复归于无极。知其荣，守其辱，为天下谷；为天下谷，常德乃足，复归于朴。"王弼注："雄，先之属；雌，后之属也。知为天下之先也，必后也，是以圣人后其身，而身先也。溪不求物，而物自归之。婴儿不用智，而合自然之智。此三者，言常反终，后乃德全其所处也。"《河上公章句》曰："雄以喻尊，雌以喻卑。夫虽自知其尊显，当复守之以卑微，去雄之强梁，就雌之柔和，如是则天下归之，如水流入深溪也。人能谦下如深溪，则德常在，不复离于己。当复归志于婴儿，惷然而无所知也。白以喻昭昭，黑以喻默默。人虽自知昭昭明白，当复守之以默默，如暗昧无所见，如是则可为天下法式，其德常在。人能为天下法式，则德常在于己，不复差忒。德不差忒，则长生久寿，归身于无穷极也。荣以喻尊贵，辱以喻污浊。人能自知己之有荣贵，当复守之污浊，如是则天下归之，如水流入深谷也。足，止也。人能为天下谷，则德乃常止于己。复当归身于质朴，不复为文饰。"临卦初九，以阳下阴，以贵下贱，以君下民，与为天下溪，为天下式，为天下谷，文异而义通，皆谓本乎上而为下者，复归于上；能下人，才能上人，此其为志行正也。

九二，咸临，吉无不利。

〔译〕　九二，感临，吉而无不利。

《象》曰："咸临，吉无不利，未顺命也。"

〔证〕

咸临　乾卦《文言》："九二曰：见龙在田，利见大人，何谓也？子曰：龙德而正中者也。庸言之信，庸行之谨，闲邪存其诚，善世而不伐，德博而化。《易》曰：见龙在田，利见大人，君德也。"李鼎祚《周易集解》，引虞翻曰："中，下之中。二非阳位，故明言能正中也。阳始触阴，当升五为君，时舍于二。"朱骏声《六十四卦经解》："二，于三才为地道。地上为田，阳在九二，丑月之时。阳气将施，圣人将显。此舜妫汭，文王免囚，孔子设教之爻也，故利见大人。阳称大。《易》有周人五号：帝，天称也；王，美称也；天子，爵号也；大君者，兴感行异也；大人者，圣明德备也。见者，居其位；田，谓坤也。二当升坤五。大人，谓天子。见据尊位，临长群阴，德施于下也。又，处和应坤，故曰信。阳居阴位，故曰谨。庸，常也，常信常谨也。闲，防也，二非其位，故曰闲邪。能处中和，故言存诚。阳爻中实为诚，阴爻中虚为敬。阳升居五，始以美德利天下。不言所利，即是不伐。《老子》曰：上德不德，是以有德。"按，六五在坤中，坤为众，九二以上述君德感应之，不临之以威，是以为咸临。《淮南子·缪称训》："中君子之意，忠也。忠信形于内，感动应于外，故禹执干戚，舞于两阶之间，而三苗服。”初九感之以正，九二感之以德，故皆谓咸临。

吉无不利 《系辞传》曰：“是故，君子居则观其象，而玩其辞；动则观其变，而玩其占。是以自天祐之，吉无不利。”又，“《易》曰：自天祐之，吉无不利。子曰：祐者，助也。天之所助者顺也，人之所助者信也。履信思乎顺，又以尚贤也，是以自天祐之，吉无不利也。”此谓得天祐与人助者，为吉无不利。九二，位乾之中，乾为天，为得天之中道；应于坤之中，坤为地，为得地之中道；又，应于坤之中，坤为众，为得人之中道。九二，得天、地、人之中道，故得天之祐，地之利，人之助，是以吉无不利。李鼎祚《周易集解》，引荀爽曰：“阳咸至二，当升居五，，群阴相承，故无不利也。”又引虞翻曰：“得中多誉，兼有四阴，体复初元吉，故无不利。”李道平《周易集解纂疏》曰：“在二为得中。《系辞下》曰：二多誉。以得中，故多誉也。上兼四阴，其体象复，复初九曰：元吉。有应，故吉；得中，故无不利也。”

乾卦九二曰：“见龙在田。”九五曰：“飞龙在天。”其于人道，龙为君王。故临卦九二阳居阴位，为得中而在下位之王。六五，阴在阳位，居位不正，为不当位之天子。是以九二以中正之王，感临不正之君，为咸临。《象》曰：“咸临，吉无不利，未顺命也。”谓二不顺五，阳不顺阴，反而感临其阴，阳道得行，是以吉无不利。是吉无不利者，乃九二未顺六五之命而然。《系辞传》曰：“吉凶者，贞胜者也。”九二，阳为中正，正胜则吉。又曰，“《易》之兴也，其当殷之末世，周之盛德邪？当文王与纣之事邪？”《易》乾凿度》曰：“文王虽纣之三公，而为小人所困。且进不得伸其职事也，故遂同于大夫。二为大夫也。”又曰，“临之九二，有中和美异之行，应于五位，故百姓欲其与上，为大君也。”虞翻曰：“文王则庖牺，亦与天地合德，日月合明。天道助顺，人道助信，履信思顺，故自天祐之，吉无不利也。”文王顺天地人之道，犹九二未顺六五之命，是以吉无不利。

六三，甘临，无攸利。既忧之，无咎。

〔译〕 六三，贪临，无所利。既知无利而忧虑，而思补过，则将无灾。

《象》曰：“甘临，位不当也。既忧之，咎不长也。”

〔证〕

甘临 《说文》：“甘，美也。从口含一；一，道也。”段玉裁注：“羊部曰：美，甘也。甘为五味之一，而五味之可口，皆曰甘。食物不一，而道则一，所谓道之腴也。”《释名》：“甘，含也，人所含也。”王先谦疏证曰：“《淮南·览冥训》高注：甘，犹嗜也。物之甘美者，人所嗜，推之于事亦然。甘、含迭韵。”《玉篇》：“甘，甘心快意也，乐也。”《洪武正韵·覃韵》：“甘，湛嗜也。”近人约斋《字源》曰：“甘，口中的一点代表食物。食物含在嘴里，不肯咽下去，显得它味道很好，故而以为美味的形容。加了舌旁就成甜。”虞翻曰：“兑为口，坤为土。土爰稼穑作甘。兑口衔坤，故曰甘临。”按，《周书·洪范》曰：“土爰稼穑，稼穑作甘。”孔氏传：“种曰稼，敛曰穑。土可以种，可以敛，甘味生于百谷。”又，《周礼·食医》疏：“中央土味甘。”《素问·阴阳应象大论》：“凡物之味甘者，皆土气之所生也。”六三之临，在兑上坤下，若口含土生之物，故曰甘临。

《夏书·五子之歌》曰：“甘酒嗜音，峻宇雕墙。”孔氏传：“甘、嗜，无厌足。”物甘美而人嗜之，人嗜之者物甘美。甘酒，以酒为甘美。《小雅·巧言》：“盗言孔甘，乱是用餤。”《正义》曰：“食之甘者，使人嗜之而不厌，言之美者，使人听之而不倦，故以美言为甘言。”汉墓竹简《孙膑兵法》云：“劲弩趋发者，所以甘战持久也。”甘战，酣战。《韩非子·六反》曰：“受赏者甘利，未赏者慕业。”甘利，好贪其利。《史记·律书》曰：“咎生穷武之不知足，甘得之心不息也。”甘得，犹贪得。《老子》：“甘其食，美其服，安其居，乐其俗。”甘、美、安、乐，随言变文，甘犹美，犹安，犹乐。《易》有甘临、甘节之辞；谓以临为美，以节为美。甘临，即谓以监临民众为美乐。朱骏声《六十四卦经解》：“又，人主好大喜功，无醉饱之心。”是甘临犹贪临。

无攸利　《象》曰：“甘临，位不当也。”《系辞传》曰：“三与五，同功而异位。三多凶，五多功，贵贱之等也。其柔危，其刚胜邪。”《周易集解》引崔憬曰：“三，诸侯之位；五，天子之位。同有理人之功，而君臣之位异者也。”侯果曰：“三、五阳位，阴柔处之，则多凶危；刚正居之，则胜其任。言邪者，或有不定之辞也。”六三，以柔临之，阴居阳位，故无所利。《象》曰：“位不当也。”位不当，即位不正。《孟子·尽心上》：“饥者甘食，渴者甘饮，是未得饮食之正也，饥渴之害也。岂惟口腹有饥渴之害，人心亦皆有害。”是口腹饥渴者，以饮食为甘，不得饮食味道之正；临民饥渴者，以临民为甘，不得临民之道正。《系辞传》曰：“德薄而位尊，知小而谋大，力小而任重，鲜不及矣。《易》曰：鼎折足，覆公餗；其形渥，凶。言不胜其任也。”此亦六三甘临，无攸利之谓。《说卦传》：“兑为毁折。”甘临必有毁折，是以无攸利。

既忧之，无咎　《象》曰：“既忧之，咎不长也。”《系辞传》曰：“其出入以度，内外使知惧，又明于忧患与故，无有师保，如临父母。”又曰，“无咎者，善补过也。”甘临，无所利而忧，则是明于忧患与故，则可补救而无过，是以灾而不长。程氏传：“既知危惧而忧之，若能持谦守正，至诚以自处，则无咎也。”又曰，“阴柔之人，处不中正，而居下之上，复乘二阳，是处不当位也。既能知惧而忧之，则必强勉自改，故其过咎不长也。”胡炳文《周易本义通释》：“三，兑体，在二阳之上，为以甘说临人之象。节，九五以中正为甘，则吉；此以不中不正为甘，故无攸利。忧者说之反，能忧而改，则无咎矣。”李光地《周易折中》按：“六三说主，德不中正，以势为乐，故曰甘临。夫恣情于势位，则何利之有哉？然说极则有忧之理，既忧则知势位之非乐，而咎不长矣。”兑为毁折，故忧。六三处兑之上，为既忧之。往前则无忧，故曰咎不长也。

六四，至临，无咎。

〔译〕 六四 ，下去监临，无灾过。

《象》曰：“至临无咎，位当也。”

〔证〕

至临 《说文》：“至，鸟飞从高下至地也。从一。一，犹地也，象形。不上去而至下，来也。凡至之属，皆从至。”段玉裁注：“一在下，故云地。不，象上升之鸟，首向上；至，象下集之鸟，首向下。”桂馥义证：“鸟飞从高下至地也者，《易》小过《象》：有飞鸟之象焉。王注：不宜上宜下，即飞鸟之象。《诗・有駜》：鹭于下。《周礼・翨氏》注：鸟来下，则掎其足。《春秋》文三年：雨螽于宋。何休云：本飞从地上，而下至地。《易》临卦：至临。虞云：至，下也。一犹地也者，本书：氐，至也。从氏下著一，一，地也。不上去者，不，上翔之象；而至下来者，至，下来之象。《乐记》：物至知知。注云：至，来也。《杂记》：大功将至。注云：来也。本书：来，天所来也。《书・太誓逸篇》：有火自上复于下，至于王屋，流为雕，五至，以谷俱来。注云：赤鸟五至犹五来。”又曰，“古文至从土。与篆文从一犹地字同。”

罗振玉《雪堂金石文字跋尾》：“至，象矢远来，降至地之形，不象鸟形。”约斋《字源》曰：“至字，是箭头落着地面的形象，因而产生了到来的到，又产生颠倒的倒。后来，箭头箭尾，都演变做了横画，才成现在的至字。”按，小过卦，艮下震上。卦辞曰：“飞鸟遗之音。”初六曰：“飞鸟以凶。”上六曰：“飞鸟离之。”小过卦有飞鸟之象，单卦艮与震亦皆有飞鸟象。又，明夷卦，离下坤上。初九曰：“明夷于飞，垂其左翼。”谓上有明夷飞象，而下无。《易》有鸟之飞，亦有非鸟之非，如明夷。至，象矢飞来，降至于地，斯说可信。《系辞传》曰：“二与四同功而异位。”崔憬曰：“二主士大夫位，佐于一国；四主三孤、三公，牧伯之位，佐于天子：皆同有助理之功。”六四诸公位，为天子治理下国，故曰至临，即下临。又，初九阳，六四阴，以阴应阳，六四有下去临民之象。

无咎 《象》曰："至临无咎，位当也。"《周易集解》引虞翻曰："至，下也。谓下至初应，当位有实，故无咎。"《纂疏》："《说文》：至，从一。一，地也。初为地在下，故云：至，下也。四与初应，故谓下至初应。初阳为实，而又当位，故云当位有实。得应，故无咎。"《十三经·周易注疏校勘记卷三》："位当也：石经、岳本、闽、监、毛本同，释文本或作当位实，非也。"按，现行王弼本。虞翻之说，不啻较早，且于象有征。六四当位，而有初九实应，是以六四临下，职当而有实绩，为当位实也，为无咎。程氏传："四居正位，而下应于刚阳之初，处近君之位，守正而任贤，以亲临于下，是以无咎，所处当也。"朱骏声《六十四卦经解》："至之为文，鸟飞从高下至地也，从一，地也，象形，故训下。谓下至初应，当位有实，故无咎。乾道以大为临，坤道以至为临。又，临之言至，如至于东岳，至于西岳，巡狩备以时至，即省方观民也。"

《荀子·臣道篇》："人臣之论，有态臣者，有篡臣者，有功臣者，有圣臣者。内不足使一民，外不足使距难；百姓不亲，诸侯不信；然而巧敏佞说，善取宠乎上，是态臣者也。上不忠乎君，下善取誉乎民；不恤公道通义，朋党比周，以环主图私为务，是篡臣者也。内足使以一民，外足使以距难；民亲之，士信之；上忠乎君，下爱百姓而不倦，是功臣者也。上则能尊君，下则能爱民；政令教化，刑下如影；应卒遇变，齐给如响；类推接誉（与），以待无方，曲成制象，是圣臣者也。故用圣臣者王，用功臣者强，用篡臣者危，用态臣者亡。态臣用则必死，篡臣用则必危，功臣用则必荣，圣臣用则必尊。"临卦六四，以当位近君，以柔临初，是上忠尊于君，下亲爱于民，是功臣、圣臣之属，用之则王强，是以无咎。

六五，知临，大君之宜，吉。

〔译〕 六五，以智哲临天下，乃天子所宜，吉利。

《象》曰："大君之宜，行中之谓也。"

〔证〕

知临 《经典释文》："知临，音智，又如字。"《说文解字》："知，词也。"段玉裁注："按此词也之上，亦当有识字。知、智义同，故智作知。"《说文》又曰："智，识词也。"段注："此与矢部知，音义皆同，故二字多通用。"徐灏《说文解字注笺》："知，智慧，即知识之引伸，故古只作知。"甲金文与《诗》，有知字而无智字，《易》亦只有知字。《释名·释言语》："智，知也，无所不知也。"《尔雅·释言》："哲，智也。"郝懿行疏："哲者，《说文》、《方言》并云知也。知、智古字通。智、哲声相转，经典哲亦多作智。"《淮南子·道应》："知可否者，智也。"《法言·问道》："智也者，知也。"《白虎通·情性》曰："智者，知也，独见前闻，不惑于事，见微者也。"《系辞传》曰："仁者见之谓之仁，知者见之谓之知。"朱熹《周易本义》曰："知，音智，不知之知如字。仁阳，知阴，各得是道之一隅，故随其所见，而目为全体也。"蹇卦《彖》曰："见险而能止，知矣哉！"朱熹注："知，音智。"坤卦六三《象》曰："知光大也。"王弼注："知虑光大。"朱熹注："知，音智。"是知虑即智虑，知临亦智临。《楚辞·离骚》："夫维圣哲以茂行兮，苟得用此下土。"王逸注："哲，智也；下土，谓天下也。言天下之所立者，独有圣明之智，盛德之行，故得用事天下，而为万民之主。"以圣明之智，用事天下，即谓以智临天下，不以力临天下，于《易》谓知临。六五，坤之六三，爻曰："含章可贞。"《象》曰："知光大也。"含文章美，智虑光大，故有知临之象。又，柔用智，故六五之临，为知临。

大君之宜 《说文》："宜，所安也。"师卦上六曰："大君有命，开国承家。"诸侯有国，大夫有家，大君者天子，大有天下。五为天子位，为大君。《虞书·尧典》之《序》："昔在帝尧，聪明文思，光宅天下。"《正义》曰："言昔日，在于帝号尧之时也，此尧身智无不知聪也，神无不见明，以此聪明之神智，足可以经纬天地。"《舜典》："帝舜浚哲文明。"孔氏传："浚，深；哲，智也。"《正义》曰："舜有深智，言其智之深，所知不浅近也；经纬天地曰文，照临四方曰明。"《皋陶谟》："皋陶曰：都，在知人，在安民。禹曰：吁，咸若时，惟帝其难之。知人则哲，能官人；安民则惠。"孔氏传："言帝尧，亦以知人安民为难，故曰吁。哲，智也，无所不知，故能官人。惠，爱也，爱则民归之。"《正义》曰："皋陶叹而言曰：人君行此道者，在于知人善恶，择善而信任之；在于能安下民，为政以安定之也。禹闻此言，乃惊而言曰：吁，人君皆如是，能知人能安民，惟帝尧犹其难之，况余人乎！知人善恶，则为大智，能用官得其人矣。能安下民，则为惠政，众民皆归之矣：此甚不易也。若帝尧能智而惠，则当朝无奸佞。是知人之难。"《大雅·下武》："下武维周，世有哲王。"郑笺："下，犹后也；哲，知也。后人能继先祖者，维有周家最大，世世益有明知之王。"是古之明君，皆以智临天下为所安，故曰知临，大君之宜。临卦，二之四为震，六五在震外，坤为静为安，为大君之宜。

吉 《象》曰："大君之宜，行中之谓也。"《说文》："中，内也。从口、丨，上下通。"六五，行中之道，在内有位，不在外蒙尘，为有天下；五与二应，以中应中，行中之谓，故曰吉。又，上临下，下为兑，兑为羊，羊为祥，为吉祥，故曰吉。王弼注："处于尊位，履得其中。能纳刚以礼，用建其正。不忌刚长，而能任之，委物以能，而不犯焉。则聪明者竭其视听，知力者尽其谋能，不为而成，不行而至矣。大君之宜，如此而已，故曰知临，大君之宜，吉也。"程氏传："五以柔中顺体，居尊位，而下应于二，刚中之臣，是能倚任于二，不劳而治，以知临下者也。夫以一人之身，临乎天下之广，若区区自任，岂能周于万事？故自任其知者，适足为不知。惟能取天下之善，任天下之聪明，则无所不周。是不自任其知，则其知大矣。五顺应于九二刚中之贤，任之以临下，乃己以明知临天下，大君之所宜也，其吉可知。”又曰，“君臣道合，盖以气类相求。五有中德，故能倚任刚中之贤，得大君之宜，成知临之功，盖由行其中德也。”

上六，敦临，吉，无咎

〔译〕　上六，敦厚临下，吉利，无灾。

《象》曰：“敦临之吉，志在内也。”

〔证〕

敦临　《尔雅·释丘》：“丘一成为敦丘。”郭璞注：“成，犹重也。《周礼》曰：为坛三成。今江东呼地高堆者为敦。”郝懿行疏：“敦之为言，堆也。敦，训为厚。厚、重义近，故一重之丘因以为名。”《邶风·北门》：“王事敦我。”毛传：“敦，厚也。”郑注《乐记》云：“敦，厚也。”艮卦，艮下艮上。上九曰：“敦艮吉。”《象》曰：“敦艮之吉，以厚终也。”艮为山，山高为厚。艮以厚终为敦艮，是敦即厚义。又，坤卦，坤下坤上。《彖》曰：“坤厚载物，德合无疆，含弘光大，品物咸亨。”《象》曰：“地势坤，君子以厚德载物。”是地为厚。复卦，震下坤上。六五曰：“敦复无悔。”是地象为厚。临卦，兑下坤上。上六曰：“敦临。”亦以坤象为厚，故曰敦。又，《系辞传》曰：“乐天知命，故不忧；安土敦乎仁，故能爱。”韩康伯注：“顺天之化，故曰乐也；物顺其情，则仁功赡也。”谓顺天之命无忧，顺土之厚有仁，仁者能爱人。敦临，即是仁厚临民。五、上皆大君位。五曰知临，上曰敦临，是仁、智之德备，可以为大君，临天下。

吉，无咎　上以临下，下为兑，兑为羊，羊为祥为吉。《象》曰：“敦临之吉，志在内也。”《说文》：“志，意也。”上为外，下为内。志在内，谓敦临之意在对下。即意在以仁厚临下。以仁厚临下则吉，则无灾。《荀子·君道篇》：“君者何也？曰：能群也。能群也者何也？曰：善生养人者也，善班治人者也，善显设人者也，善藩饰人者也。善生养人者，人亲之；善班治人者，人安之；善显设人者，人乐之；善藩饰人者，人荣之。四统者俱，而天下归之。”天下归仁。又曰，“故知而不仁不可，仁而不知不可。既知且仁，是人主之宝也，而王霸之佐也。”临卦，既以知临，又以敦临，有智有仁，故而吉利，无有灾眚。王弼曰：“处坤之极，以敦而临者也。志在助贤，以敦为德。虽在刚长，刚不害厚，故无咎也。”程氏传：“上六，坤之极，顺之至也，而居临之终，敦厚于临也。与初、二虽非正应，然大率阴求于阳，又其至顺，故志在从乎二阳。尊而应卑，高而从下，尊贤善取，敦厚之至也。故曰敦临，所以吉而无咎。阴柔在上，非能临者，宜有咎也。以其敦厚以顺刚，是以吉而无咎。六居临之终，而不取极义，临无过极，故止为厚义。”

第二十卦　辛　巳

䷓ 巽上
坤下

观，盥而不荐，有孚颙若。

〔译〕　观，净手而不立即进献祭品，先心存虔诚然。

《彖》曰："大观在上，顺而巽，中正以观天下。观，盥而不荐，有孚颙若，下观而化也。观天之神道，而四时不忒；圣人以神道设教，而天下服矣。"

《象》曰："风行地上，观，先王以省方，观民设教。"

〔证〕

坤下巽上　《说卦传》曰："艮，为门阙。"坤为门，艮阳在门上，故为门阙。《广韵》："阙在门两旁，中央阙然为道也。"艮，阳下二阴，象阙象，中间阙然为道。观卦，乃艮之三才而两之，重而为六，为一大艮象，故为门阙。《尔雅·释宫》："观谓之阙。"郭璞注："宫门双阙。"刘熙《释名》云："阙在门两旁，中央阙然为道也。"然则其上县法象，其状魏魏然。高大谓之象魏，使人观之谓之观。是观与象魏、阙，一物而三名。以门之两旁相对为双，故云双阙。《郑风·子衿》："挑兮达兮，在城阙兮。"《正义》曰："《释宫》云：观谓之阙。孙炎曰：宫门双阙，旧章悬焉，使民观之，因谓之观。"因以高大门阙为观，是以坤下巽上，象大门阙，故其卦为观。《说文》："阙，门观也。"段玉裁注："此观上必加门者，观有不在门上者也。凡观与台，在于平地，则四方而高者曰台，不必四方者曰观。其在门上者，则中央阙然，左右为观，曰两观。《周礼》之象魏，《春秋经》之两观，《左传》僖五年之观台也。若中央不阙，则跨门为台。《礼器》谓之台门，《左传》谓之门台是也。此云阙，门观也者，谓门有两观者称阙。"观卦，坤下巽上，中央阙然，似门而有两观，为门观之象。

《周礼·大司徒》："正月之吉，始和，布教于邦国都鄙，乃县教象之法于象魏，使万民观教象，挟日而敛之。乃施教法于邦国都鄙，使之各以教其所治民。"郑氏注："正月之吉，周正月朔日也。司徒以布王教，至正岁，又书教法而县焉。"《释文》："县，音玄；注同。"贾疏："正月之吉者，谓建子之月一日也。始和者，从十二月教已下，于此月之时，始调和也。政教皆有故法，依旧而行之。言始和者，若改造云尔。其实不改造也。始以对终，对下县之，是在建寅之月，为终也。言布教于邦国都鄙者，于此正月之时，调和教典讫，即布于邦国诸侯，及畿内二鄙公卿大夫等。云乃县教象之法于象魏者，言乃者，缓辞，是建寅之月，乃县教象之法，于象魏阙上。云使万民观教象者，谓使万民，来就雉门象魏之处，观教象文书，使知一年教法。云挟日而敛之者，县之从甲至甲为挟日。而后敛藏之于明堂，月月乃更受而行之，谓之听朔者也。”

又，《周礼·大宰》曰：“正月之吉，始和，布治于邦国都鄙，乃县治象之法于象魏，使万民观治象，挟日而敛之。”郑氏注：“正月，周之正月。吉，谓朔日。大宰以正月朔日，布王治之事于天下；至正岁，又书而县于象魏，振木铎以徇之，使万民观焉。小宰亦帅其属而往，皆所以重治法，新王事也。凡治有故，言始和者，若改造云尔。郑司农云：象魏，阙也。故鲁灾，季桓子御公，立于象魏之外，命藏象魏，曰旧章不可忘。从甲至甲，谓之挟日，凡十日。”贾公彦疏：“郑司农云象魏阙也者，周公谓之象魏，雉门之外，两观阙，高魏魏然。孔子谓之观，《春秋·左传》定二年夏五月，雉门灾及两观是也。云观者，以其有教象可观望。又谓之阙者，阙，去也，仰视治象，阙去疑事，或解阙中通门。是以庄二十一年云：郑伯享王于阙西辟。注：阙，象魏也。案《公羊传》云：子家驹谓昭公云：诸侯僭天子，大夫僭诸侯，久矣。公曰：吾何僭矣哉？子家驹曰：设两观，乘大路。何氏云：天子两观，诸侯台门，则诸侯不合有观也。若然，雉门灾及两观，及《礼运》云游于观之上，有观亦是僭也。云故鲁灾，季桓子御公，立于象魏之外，命藏象魏，曰旧章不忘者，此哀公三年《左氏传》辞。案彼桓僖庙灾，天火曰灾，谓桓僖庙被天火所烧。旧章象魏在大庙中，恐火连及，故命藏之。若然，象魏县教治也。以其象魏建寅之月县之，十日藏之大庙中，季桓子御公，立于雉门象魏之外，观旧县之处，故命藏大庙中。”

按，象魏，即象巍。《说文》：“巍，高也。从嵬，委声。”段玉裁注：“高者必大，故《论语》注曰：巍巍，高大之称也。《左传》卜偃曰：万，盈数也；巍，大名也。雉门外，阙高巍巍然，谓之象巍。按，本无二字，后人省山作魏，分别其义与音，不古之甚。”桂馥义证：“《淮南·本经训》：魏阙之高，上际青云。高注：门阙高崇嵬嵬然，故曰魏阙。象魏者，两观阙是也。”象魏，宫廷外之阙门。古宫廷门外有二台，上建楼观，下方上圆。方象地，圆象天。两观对植，门在两边，中央阙然为道，用以县象明法，故谓象魏。观卦，坤下巽上。坤为地为方，巽为工为高，为在方台上，建楼观门阙，其上乾圆象天。坤之巽，象两观对植，门在两边，中间阙然为道。又，坤为布，为文，为众，巽为广颡，为多白眼。乾阳为首，巽阳见多，为广颡；上望则白眼见，故多白眼。是天子布告其文于众，众人仰望其象魏，即仰视其观。观之为物，上以示下，下以观上。《彖》曰：“大观在上，顺而巽，中正以观天下。”大观在上，即言象魏在上。顺而巽，言下顺行而上巽逊。中正以观天下，言九五之天子，以中正示天下。即正位辨方，仪刑万国之谓。观卦，坤下巽上，双观之象。巽以申命，故言大观在上。坤为顺，巽为逊，故言顺而巽。九五居巽中得正，即居申命之中正，下与坤众相应，是以为中正以观天下。

观卦，为八月卦。《礼记·月令》："仲秋之月，其祀门，祭先肝。"郑氏注："秋阴气出，祀之于门外，阴也。祀之先祭肝者，秋为阴中，于藏值肝，肝为尊也。祀门之礼，北面设主于门左枢，乃制肝及肺心为俎，奠于主南。又设于俎东，其他皆如祭灶之礼。"《正义》曰："云北面设主于门左枢者，谓庙门外左枢。北面以在门外，故王得南向， 而北面设之。"又，《淮南子·时则训》云："仲秋之月，天子朝于总章太庙。"高诱注："总章，西向堂也；太庙，中央室也。"观卦，坤下巽上，上九为天帝，九五为天子，艮为门阙 ，为宗庙，坤为门，天子于宗庙之门，是仲秋之月，天子祀于门之象。

李鼎祚《周易集解》引郑玄曰："坤为地为众，巽为木为风，九五天子之爻，互体有艮，艮为鬼门，又为宫阙。地上有木，而为鬼门宫阙者，天子宗庙之象也。"李道平《纂疏》曰："郑注：坤为地为众，巽为木为风，皆《说卦》文。五位天子，故九五为天子之爻。五互三、四为艮。艮为鬼门者，《乾坤凿度》曰：艮为鬼冥门。上圣曰：一阳二阴，物之生于冥昧，气之起于幽蔽。《地形经》曰：山者，艮也。地土之余，积阳成体，石亦通气，万灵所止。起于冥门，言鬼其归也。众物归于艮，艮者止也；止宿诸物，大齐而出。出然后至于吕申，艮静如冥暗，不显其路，故曰鬼门。《说卦》曰：艮为门阙，故又为宫阙。坤地之上而有巽木，又互艮为鬼门宫阙。五为天子，故云天子宗庙之象也。"

《商书·咸有一德》曰："七世之庙，可以观德；万夫之长，可以观政。后非民罔使，民非后罔事。"孔氏传："天子立七庙。有德之王，则为祖宗其庙不毁，故可观德，能整齐万夫，其政可知。君以使民自尊，民以事君自生。"《正义》曰："王者祖有功， 宗有德，虽七世之外，其庙不毁。呜呼，七世之庙其外，则犹有不毁者，可以观知其有明德也。立德在于为政，万夫之长能使其整齐，可以观知其善政也。万夫之长尚尔，况天子乎？观王使为善政也。"按，《说卦传》曰："坤为众，巽为工。"《说文》："工，与巫同意。"又，"巫，巫祝也，与工同意。"是观卦有庙祀之象，为君王有德，民可以观知其有明德。又，《说卦传》曰："巽为长，坤为众。"观卦，巽上坤下，为万夫之长，能使其整齐，民可以观知其善政。王弼注："王道之可观者，莫盛乎宗庙。"程氏传："予闻之胡翼之先生曰：君子居上，为天下之表仪，必极其庄敬，则下观仰而化也。故为天下之观，当如宗庙之祭。"示人莫大于礼，礼莫大于祭。观卦，巽上坤下，巽为申命， 坤为众人，以祭礼教人，人皆仰之，为观之象。

《彖》曰："观天之神道，而四时不忒。圣人以神道设教，而天下服矣。"观卦，坤下巽上，阳往阴来，是时和月之属象。又，《系辞传》曰："是以明于天之道，而察于民之故，是兴神物，以前民用。圣人以此斋戒，以神明其德夫。”圣人假天道之神机设教，而使天下服从，故有庙观之礼。程氏传：“夫天道至神，故运行四时，化育万物，无有差忒。至神之道，莫可名言，惟圣人默契，体其妙用，设为政教。故天下之人，涵泳其德、而不知其功，鼓舞其化，而莫测其用，自然仰观而戴服，故曰：以神道设教，而天下服矣。”王道可观，尤在祭祀，故而设祭祀鬼神之道以为观。观，亦庙观，是以有祭祀鬼神象。按，《周礼·大司徒》，施十有二教，一曰以祀礼教敬，则民不苟。《周易》观卦，以神道设教，而天下服：两者说异，其事为一。

《孝经·圣治章》曰：“昔者，周公郊祀后稷以配天，宗祀文王于明堂，以配上帝。是以四海之内，各以其职来祭。夫圣人之德，又何以加于孝乎？”邢昺注：“明堂，天子布政之宫也。周公因祀五方上帝于明堂，乃尊文王以配之也。君行严配之礼，则德教刑于四海。海内诸侯各修其职，来助祭也。言圣人之德，无大于孝者。”《孝经纬·援神契》曰：“宗庙所以尊祖也。郊祀后稷以配天，配灵威仰也。宗祀文王于明堂，以配上帝，泛配五帝也。明堂，文王之庙。夏后氏曰世室，殷人曰重屋，周人曰明堂。明堂上圆下方，八窗四闼，布政之宫。在国之阳，得阳气明朗，谓之明堂。明堂有五室，天子每月于其室听朔布教，祭五帝之神，配以有德之君。”观卦，坤下巽上，重艮为重屋，上之乾阳为圆，下之坤阴为方，为上圆下方。坤为国为北，相对之乾为南，南为阳，在国之阳，为明堂。上九为天帝，九五居巽逊之君为文王，阴为臣，初之四之阴，为四海之臣，来助祭之象。

《礼记·祭统》曰：“凡治人之道，莫急于礼。上则顺于鬼神，外则顺于君长，内则以孝于亲，如此之谓备。是故孝子之事亲也，有三道焉：生则养，没则丧，丧毕则祭。养则观其顺也，丧则观其哀也，祭则观其敬而时也。祭者，泽之大者也。是故上有大泽，则惠必及下。顾上先下后耳，非上积重，而下有冻馁之民也。是故上有大泽，则民夫人待于下流，知惠之必将至也。由馂见之矣，故曰可以观政矣。夫祭之为物大矣，其兴物备矣。顺以备者也，其教之本与。是故君子之教也，外则教之以尊其君长，内则教之以孝于其亲。是故明君在上，则诸臣服从；崇事宗庙社稷，则子孙顺孝。尽其道，端其义，而教生焉。是故君子之教也，必由其本，顺之至也。祭其是与，故曰祭者教之本也已。”祭为吉礼，为教之本，可以观政，故圣人崇事宗庙社稷，以神道设教，而使天下服膺，此为祭祀之义。《论语·学而》曰：“慎终追远，民德归厚矣。”

观　《尔雅·释言》：“观，示也。”郭璞注：“《国语》曰：且观之兵。”邢昺疏：“示，谓呈见于人也。”郝懿行疏：“观者，见之示也。《考工记·栗氏》云：以观四国。

《庄子·大宗师篇》云：以观众人之耳目。《释文》并云：观，示也。按《释宫》云， 观谓之阙，亦所以表示于人也。"《说文》："观，谛视也。"段玉裁注："审谛之视也。《谷梁传》曰：常事曰视，非常曰观。凡以我谛视物曰观，使人谛视我亦曰观。犹之以我见人，使人见我皆曰视。一义之转移，本无二音也。而学者强为分别，乃使《周易》一卦而平去错出，支离殆不可读，不亦固哉！"观，《尔雅》训为示，《说文》训为视。《尔雅义疏》曰："《玉篇》云：以事告人曰示也。《华严经义上》引《苍颉篇》云：示，现也。《说文》云：天垂象，见吉凶，所以示人也。通作视。《诗》：视民不恌。笺：视，古示字也。《曲礼》：幼子常视毋诳。注：视，今之示字。《士昏礼记》：视诸衿鞶。注：示之以衿鞶。视乃正字，今文作示，俗误行之。《庄子·应帝王》及《徐无鬼》篇，《释文》并云：示，本作视。"

《国语·周语上》："周穆王将征犬戎。祭公谋父谏曰：不可，先王耀德不观兵。" 韦昭注："耀，明也；观，示也。明德，尚道化也；不示兵者，有大罪恶，然后致诛，不以小小示威武也。"又，《周书·泰誓上》："肆予小子发，以尔友邦冢君，观政于商。惟受罔有悛心，乃夷居，弗事上帝神祇，遗厥先宗庙弗祀。"孔氏传："父业未就之故，故我与诸侯，观纣政之善恶。悛，改也。言纣纵恶无改心，平居无故，废天地百神宗庙之祀，慢之甚。"观政，观其善恶、祭祀。观，犹视。按，《周语》观兵，示兵；《周书》观政，视政。观，兼示、视二义。示人者，人视之，事之常理。《夏书·益稷》："帝曰：臣作朕股肱耳目，予欲左右有民，汝翼，予欲观古人之象。"孔氏传："欲观示法象之服制。"《正义》曰："我欲观示君臣上下，以古人衣服之法象。"又曰，"观示法象之服制者，谓欲申明古人法象之衣服，垂示在下，使观之也。《易·系辞》云：黄帝尧舜，垂衣裳而天下治。舜言已欲观古，知在舜之前耳。"是观有上观下，下观上之义。

《老子》曰："修之于身，其德乃真；修之于家，其德乃余；修之于乡，其德乃长；修之于国，其德乃丰；修之于天下，其德乃普。故以身观身，以家观家，以乡观乡，以国观国，以天下观天下。吾何以知天下然哉？以此。"谓善修身、齐家、治国、平天下者，能以我身示他身，以我家示他家，以我国示他国，以我之天下示他之天下。我何以知天下之治乱呢？就根据此。《老子》之观，盖即观示于人，而人观视之。《礼记·大学》曰："古之欲明明德于天下者，先治其国；欲治其国者，先齐其家；欲齐其家者，先修其身；欲修其身者，先正其心。心正而后身修，身修而后家齐，家齐而后国治，国治而后天下平。自天子以至于庶人，一是皆以修身为本。其本乱而末治者，否矣。"明，显示。显示明德于人，犹观示其德于人，人必见之。是明与观，有我示人，人视我之义。

观卦，大观在上，中正以观天下，为上示下；下观而化也，天下服矣，为下视上。

是观有二义。司马光注《太玄经》曰："视，准观。王曰：是时万物形貌已成，皆可见。"又，"沈，亦准观。沈，下视也。"按，《说文》："视，瞻也。"《太玄》拟《周易》，是扬雄谓观有下视上、上视下之义。程氏传："凡观视于物则为观，为观于下则为观。如楼观谓之观者，为观于下也。人君上观天道，下观民俗，则为观。修德行政，为民瞻仰，则为观。"朱熹曰："观者，有以示人，而为人所仰也。九五居上。四阴仰之，又内顺外巽，而九五以中正示天下，所以为观。"李士铃曰："巽为命令，坤为民。命令所布，众民仰之，观之象也。示人莫大乎礼，礼莫重乎祭。"胡瑗曰："君子居上，为天下之表仪，必极其庄敬，则下观而化也。"

盥而不荐　《说文》："盥，澡手也。从𦥑水临皿。《春秋传》曰：奉匜沃盥。"段玉裁注："澡，洒手也。《礼经》多言盥。《内则》：每日进盥，五日请浴，三日具沐；其间，面垢请靧，足垢请洗。是古人每日必洒手，而洒面则不必旦旦为之也。凡洒手曰澡、曰盥，洒面曰頮，濯发曰沐，洒身曰浴，洒足曰洗。匜者，柄中有道，可以注水。《内则》亦云：请沃盥。沃者，自上浇之；盥者，手受之，而下流于槃，故曰𦥑水临皿。"朱骏声《通训定声》曰："凡洒手以匜，勺水于罍，浇手上，受以槃，挥手令干而已。惟尸尊用巾，敬老亦盥卒授巾。"王筠《句读》曰："《内则》：进盥，少者奉槃，长者奉水，请沃盥。注槃，承盥水者。案，沃者浇也，盖频频浇之。槃中水污，不复掬之。"桂馥义证："《论衡·讥日篇》：沐去首垢，洗去足垢，盥去手垢，浴去身垢。《魏书》载武帝令曰：临祭就洗，以手拟水而不盥。夫盥，以洁为敬，未闻拟而不盥之礼。且祭神如神在，故吾亲受水而盥也。"按，《说文》："𦥑，叉手也。"盥字，从𦥑水临皿，即双手捧水临皿上，乃净手之意象。罗振玉《增订殷虚书契考释》曰："盥，象仰掌就皿以受沃。"

《说文》："薦，兽之所食草。"段玉裁注："凡注家云，薦，进也者，皆荐之假借字。荐者，藉也，故引伸之义为进也、陈也。"《尔雅·释诂》："薦，陈也、进也。"《广雅·释诂》："奠祭，薦也。"《玉篇》："薦，兽所食草也，又进献也，陈也。"《周颂·雝》："天子穆穆，于薦广牡，相予肆祀。"郑笺："天子是时则穆穆然，于进大牡之牲，百辟与诸侯，又助我陈祭祀之馔，言得天下之欢心。"其薦，即进，陈之意。《左传》隐公三年："可薦于鬼神，可羞于王公。"《正义》曰："言薦又言羞者，郑玄注《庖人》云：备品物曰薦，致滋味乃为羞。"备品物，即陈进之意。《礼记·祭义》："天子有善，让德于天；诸侯有善，归诸天子；卿大夫有善，薦于诸侯。"郑氏注："薦，进也。"豫卦《象》曰："雷出地奋，豫，先王以作乐崇德，殷薦之上帝，以配祖考。"李鼎祚《周易集解》，引郑康成曰："薦，进也。"朱骏声《六十四卦经解》亦曰："薦，进也。"薦即荐，谓陈列进献牲羞。盥而不荐，谓洗净双手，而不随即进献供品。《说卦传》曰：“艮为手”，“坎为水” ，“坤为釜”。观卦，三之上，重合之艮，为双手合捧，即𦥑；上巽，坎象下见，为水在手而注，即[illegible]；下坤釜，即皿：合为双手捧水就皿上净手，为盥。又，《说卦传》曰：“艮止也”，“坤为牛”，“巽入也”。观卦，下坤，互艮，上巽，为暂时止其牲羞，而不进入献享，为盥而不荐。

有孚颙若 《尔雅·释诂》：“孚，信也。”邢昺疏：“谓诚实不欺也。”孚，为诚信。于《易》，为阳爻。需卦，乾下坎上，卦辞曰：“有孚。”《彖》曰：“有孚，位乎天位，以正中也。”天位正中谓九五，阳为信实，为有孚。讼卦，坎下乾上，卦辞曰：“有孚。”《彖》曰：“有孚，刚来而得中也。”九二刚来阴中，而得中位，阳刚为信实，为有孚。习坎卦，坎下坎上，卦辞曰：“有孚维心。”《彖》曰：“行险而不失其信，乃以刚中也。”不失信，为有诚信；以刚中，因阳居中。谓九二、九五阳实，故曰有孚。损卦，兑下艮上，卦辞曰：“有孚。”《彖》曰：“损下益上，其道上行，损而有孚。”谓减损原来之下乾，而加在坤之上，成兑下艮上之式，是以上为阳实有孚。观卦，坤下巽上，卦辞曰：“有孚。”《彖》曰：“有孚颙若，下观而化也。”即是谓九五中正，阳实有孚信。

《尔雅·释训》云：“颙颙 卬卬，君之德也。”郭璞注：“道君人者之德望。”《大雅·卷阿》：“颙颙卬卬，如圭如璋，令闻令望。”毛传：“颙颙，温貌；卬卬，盛貌。”郑笺：“王有贤臣，与之以礼义相切磋，体貌则颙颙然敬顺，志气则卬卬然高明，如玉之圭璋也。人闻之则有善声誉，人望之则有善威仪，德行相副。”《正义》引孙炎曰：“颙颙，体貌温顺也；卬卬，志气高远也。”朱熹《诗集传》曰：“颙颙卬卬，尊严也；如圭如璋，纯洁也；令闻，善誉也；令望；威仪可望法也。”《荀子·正名》杨倞注：“颙颙，体貌敬顺也；卬卬，志气高朗也。”颙若，犹颙颙然。有孚颙若，谓九五有诚信而敬顺。九五至尊为大，中实为孚，下坤为顺，上巽为敬。故《彖》曰：“大观在上，顺而巽，中正以观天下。”

《礼记·祭义》云：“孝子将祭，虑事不可以不豫，比时具物，不可以不备，虚中以治之。”“孝子之祭也，尽其悫而悫焉，尽其信而信焉，敬其敬而敬焉，尽其礼而不过失焉。进退必敬，如亲听命，则或使之也。”“孝子之有深爱者，必有和气。有和气者，必有愉色。有愉色者，必有婉容。孝子如执玉，如奉盈，洞洞属属然，如弗胜，如将失之。”“是故悫善不违身，耳目不违心，思虑不违亲。结诸心，形诸色，而述省之，孝子之志也。”卦辞曰：“盥而不荐，有孚颙若”。盖与孝子之志同，意在竭尽敬慎，以合进享鬼神之礼。故《彖》曰：“盥而不荐，有孚颙若，下观而化也”。萃卦六二曰：“孚乃利用禴。”升卦九二曰：“孚乃利用禴。”均谓诚信为祭祀之本。是以盥而不荐，有孚颙若，即谓诚信存乎心中，而形于外，谓其至诚。至诚利用祭祀，祭祀利用格天感人。此盖盥而不荐，有孚颙若之意。

朱熹《周易本义》曰："盥，将祭而洁手也；荐，奉酒食以祭也；颙然，尊敬之貌。言致其洁清，而不轻自用，则其孚信在中，而颙然可仰。"《朱子语类》云："或问：伊川以为，灌鬯之初，诚意犹存，至荐羞之后，精意懈怠；《本义》以为，致其洁清，而不轻自用，其义不同。曰：盥，只是浣手，不是灌鬯。伊川承先儒之误。若云荐羞之后，诚意懈怠，则先王祭祀，只是灌鬯之初，犹有诚意，及荐羞之后，皆不成礼矣。"《周易折中》引梁氏寅曰："盥而不荐，设辞以见其洁清之至，而不轻自用耳。犹《中庸》曰：不动而敬，不言而信。圣人未尝不言不动也，而其敬其信，则尤在于未言动之时。故圣人之御天下也，其政教之施，民固无不化矣。而其政教未施之时，所以化民者，尤有不言之妙焉。盖其笃恭之极，如临大祭，而孚诚之念存于中，颙然之容见于外，故下民之望之也，其信从化服，自有不知其然矣。"故徐干《中论·法象》曰："唐尧之帝，允恭克让，而光被四表；成汤不敢怠遑，而奄有九域；文王祗畏，而造彼区夏。《易》曰：观，盥而不荐，有孚颙若。言下观而化也。"

《象》曰："风行地上，观，先王以省方，观民设教。"巽为风，坤为地，巽上坤下，为风行地上。风行大地，犹巡视大地，故曰观。见风之巡行大地，王以之巡狩考察四方，故曰先王以省方；又，巽为风，为申命，故曰观民设教。《孟子·梁惠王》："巡狩者，巡所守也。"《公羊传》隐八年注："王者所以必巡守者，天下虽平，自不亲见，犹恐远方独有不得其所，故三年一使三公黜陟，五年亲自巡狩。"《风俗通·山泽》云："巡者，循也；狩者，守也。道德太平，恐远近不同化，幽隐有不得其所者，故自亲行之也。"《文选》李善注，引《逸礼》曰："巡狩者何？巡者，循也；狩者，牧也。谓天子巡行守牧也。"《白虎通·巡狩》曰："王者所以巡狩者何？巡者，循也；狩者，牧也。为天下巡行守牧民也。道德太平，恐远近不同化，幽隐不得所者，故必亲自行之，谨敬重民之至也。考礼义，正法度，同律历，叶时月，皆为民也。"先王省方观民设教，盖即王者巡狩之谓。

《虞书·舜典》："岁二月，东巡守，至于岱宗，柴。望秩于山川。肆覲东后，协时月正，同律度量衡。修五礼、五玉、三帛、一死，贽。如五器，卒乃复。五月南巡守，至于南岳，如岱礼。八月西巡守，至于西岳，如初。十有一月朔巡守，至于北岳，如西礼。归，格于艺祖，用特。五载一巡守，群后四朝。敷奏以言，明试以功，车服以庸。"《正义》曰："舜既班瑞群后，即以其岁二月，东行巡省守土之诸侯，至于岱宗之岳，燔柴告至。又望而以秩次，祭于其方岳山川。柴望既毕，遂以礼见东方诸侯诸国之君。于此，诸国协其四时节气，月之大小，正其日之甲乙，使之齐一。均同其国之法制，度之丈尺，量之斛斗，衡之斤两。皆使齐同，无轻重大小。又修五礼：吉、凶、宾、军、嘉之礼。修五玉：公、侯、伯、子、男，所执之圭璧也。又修三帛：诸侯世子，公之孤，附庸之君，所执玄、纁、黄之帛也。又修二生：卿所执羔，大夫所执雁也。又修一死：士所执雉也。自五玉至于一死，皆蒙上修文，总言所用玉帛生死，皆为贽以见天子也。其贽之内，如五玉之器，礼终乃复还之；其帛与生死，则不还也。东岳礼毕，即向衡山，五月南巡守，至于南岳之下，柴望。以下，一如岱宗之礼。南岳礼毕，即向华山。八月西巡守，至于西岳之下。其礼如初时，如岱宗所行。西岳礼毕，即向恒山。朔，北也。十有一月，北巡守至于北岳之下，一如西岳之礼。巡守既周，乃归京师。艺，文也。至于文祖之庙，用特牛之牲，设祭以告巡守归至也。从是以后，每五载一巡守。其巡守之年，诸侯群后，四方各朝天子，于方岳之下。其朝之时，各使自陈进，其所以治化之言。天子明试其言，以考其功。功成有验，则赐之车服，以表显其有功，能用事。”先王以省方，观民设教，盖即如舜，巡行考察四方，而设施教治。

《艺文类聚·巡守》：“《礼》注曰：王者必制巡守之礼何？尊天重民也。所以五年一巡守何？五岁再闰，天道大备，王者恩亦当竟也。所以至四岳者，盛得之山，四方之中，能兴云雨也。又曰：天子五年一巡守，二月东巡守，至于岱宗，柴而望祀山川，觐诸侯，问百年者，就见之。命太师陈诗，以观民风。命市纳贾，以观民之好恶。《易》曰：先王以省方，观民设教。《尚书》曰：岁二月东巡守，至于岱宗，柴。传曰：天子非展义不巡守。注云：巡守所以布德展义。《周礼》曰：职方氏掌天下之图，王巡守则戒于四方，考职事，无不敬戒。《白虎通》曰：巡守所以时出何？当承宗庙，故不逾也。以夏之中月，同律度，得其中也。《越绝书》曰：禹巡守大越，见耆老，纳诗书，审铨衡，平斗斛。《汉书》曰：元封五年冬，行南巡，至于盛唐，望祠虞舜于九疑，登天柱山。自寻阳浮江，亲射蛟江中，获之。舳舻千里，薄枞阳而出，作盛唐枞阳之歌。《东观汉记》曰：章帝东巡，至岱宗，祀五帝于汶上。”《易》曰省方，《礼》曰巡守，皆谓天子出巡视察，督行政事。

《九家易》曰：“先王谓五：应天顺民，受命之王也；风行地上，草木必偃；枯槁朽腐，独不从风；谓应外之爻，天地气绝；阴阳所去，象不化之民，五刑所加。故以省察四方，观视民俗，而设其教也。言先王德化，光被四表。有不宾之民，不从法令，以五刑加之，以齐德教也。”《周易正义》曰：“风行地上者，风主号令，行于地上。犹如先王设教，在于民上，故云风行地上，观也。先王以省方，观民设教者，以省视万方，观看民之风俗，以设于教。非诸侯以下之所为，故云先王也。”程氏传：“风行地上，周及庶物，为由历周览之象。故先王体之，为省方之礼，以观民俗，而设政教也。天子巡省四方，观视民俗，设为政教，如奢则约之以俭，俭则示之以礼，是也。省方，观民也。设教，为民观也。”

又，《周书·君陈》曰：“尔其戒哉！尔惟风，下民惟草。”孔氏传：“汝戒！勿为凡人之行。民从上教而变，犹草应风而偃，不可不慎。”《书经传说彙纂·集说》：“天地之化育，有可以指而言者，有不可求而得者。至于风，悠然布于天地之间。来不知其所出，去不知其所入，故曰天地之化育，有不可求而得者。盖风之于物，鼓舞摇荡，而不知其所以然。君子之化民似之。至于草，则其势柔弱，惟风是从。民之于上亦如之。”《论语·颜渊》：“君子之德风，小人之德草。草上之风，必偃。”注：“孔曰：偃，仆也。加草以风，无不仆者，犹民之化于上。”邢疏：“在上君子，为政之德若风；在下小人，从化之德如草。”《说苑·君道》曰：“夫上之化下，犹风靡草。东风，则草靡而西；西风，则草靡而东。在风所由，而草为之靡。是故人君之动，不可不慎也。”《六十四卦经解》曰：“君子之德风，小人之德草。坤为方，巽为申命，设教之义，四方所以风动也。”按，巽为风，为君子；坤为地，地生草，为小人。巽上坤下，为君子之德风，小人之德草，草上之风，必偃，为先王以省方，观民设教。

临卦和观卦，互为邻卦。《序卦传》曰：“临者，大也。物大然后可观，故受之以观。”《老子》曰：“道大，天大，地大，王亦大。域中有四大，而王居其一焉。”王者君临天下，为域中之大，为天下所瞻仰，为物大然后可观，故接之以观卦。《小雅·小弁》云：“靡瞻匪父，靡依匪母。”郑笺：“此言人无不瞻仰其父，取法则者；无不依恃其母，以长大者。”君王为百姓父母，为百姓所取法则，所依怙恃，为万民所瞻仰。瞻仰为观望，是以为观。《大雅·文王》云：“文王在上，于昭于天。”“仪刑文王，万邦作孚。”《商书·太甲下》曰：“一人元良，万邦以贞。”皆谓王为大，大而为天下所观。《系辞传》曰：“有功则可大。”又曰：“可大则贤人之业。”宋衷曰：“事立功成，可推而大也。”崔觐曰：“言德业大者，可以观政于人也。”是以临卦之后，次之以观卦。故临卦和观卦，互为邻卦。

临卦和观卦，互为综卦。临卦，兑下坤上；观卦，坤下巽上。临卦《彖》曰：“刚浸而长。”谓阳由下来而升上。观卦《彖》曰：“大观在上。”谓阳在上而观下。临卦二阳在下，观卦二阳在上，阴阳相倒，为综卦。临卦，刚浸而长，天子监临天下，天下被临。观卦，大观在上，天子观示天下，天下观仰。两卦被动和主动相倒，是以为综卦。临卦为十二月之卦，观卦为八月之卦。《彖》曰：“临，刚浸而长，大亨以正；至于八月有凶，消不久也。”前者，阳处长势，故曰大者亨通而得正；后者，阳处消势，故曰至于八月有凶。两卦阴阳长消相倒，故曰互为综卦。又，临卦《象》曰：“泽上有地，临，君子以教思无穷，容保民无疆。”谓君子见泽润大地，因而想到厚泽人民，宽容保护人民。观卦《象》曰：“风行地上，观，先王以省方，观民设教。”谓先之圣王，见风加地，草木必偃，因而省视方域，观民俗而设教治。前者容民保民，后者观民教民；前者以泽润，后者以风化。前后相辅相成，是以为综卦。

观卦和大壮卦，互为错卦。大壮，乾下震上，四阳生于下，二阴消于上。阳为大，为大壮。《彖》曰：“大壮，大者壮也。刚以动，故壮。大壮利贞，大者正也。正大，而天地之情可见矣。”观卦，坤下巽上，四阴生于下，二阳巽于上。阴为小，为小者壮。小者壮，不利于贞，非天地之正道。故《彖》曰：“圣人以神道设教，而天下服矣。”大壮卦和观卦，即阳者壮和阴者壮之卦，是以互为错卦。又，观卦《象》曰：“风行地上，观，先王以省方，观民设教。”大壮卦《象》曰：“雷在天上，大壮，君子以非礼弗履。”是阴壮则律人，阳壮则律己，两者相反，互为错卦。又，观卦，为八月卦。《月令·仲秋之月》云：“是月也，日夜分；雷始收声，蛰虫坏户；杀气浸盛，阳气日衰，水始涸。”大壮卦，为二月卦。《仲春之月》云：“是月也，日夜分；雷乃发声，始电；蛰虫咸动，启户始出。”观卦时为秋分，大壮卦时为春分，阴阳之气相反，感时之虫动亦相反，是互为错卦。

又，观卦和升卦，上下卦位互易。观卦，坤下巽上；升卦，巽下坤上。是观卦由升卦推移而来。升卦《彖》曰：“柔以时升，巽而顺，刚中而应，是以大亨。用见大人，勿恤，有庆也。南征吉，志行也。”谓坤阴以时升，而转折来下，成坤下巽上，八月之卦，是为观卦。是以巽在上，为大人见，有庆贺。伏羲八卦，乾位南方，乾为天。南征吉，即向上之天位升登吉，即成坤下巽上，成为观卦为吉。观卦《彖》曰：“大观在上，顺而巽，中正以观天下。”又曰，“下观而化也”，“天下服矣”。此即升卦南征吉之谓。又，升卦《象》曰：“地中生木，升，君子以顺德，积小以高大。”积小德以成大德，是以观卦《象》曰：“风行地上，观，先王以省方，观民设教。”小德德己，大德德人。积小德而升至大德，是以如风行地上，草木伏焉。是观卦由升卦演进而来，先有升登，才有观示天下。

初六，童观，小人无咎，君子吝。

〔译〕 初六，童昏观示，小人无灾，君子恨惜。

《象》曰：“初六，童观，小人道也。”

〔证〕

童观 王筠《说文释例》曰："䇂部童下云：男有罪曰奴，奴曰童。人部僮下云：未冠也。《韵会》曰：《说文》：童，奴也；僮，幼也。今以僮幼字作童，童仆字作僮，相承失也。"段玉裁注："按，《说文》僮、童之训，与后人所用正相反。今经传僮子字，皆作童子，非古也。《杂记》注曰：童，未成人之称。《学记》注曰：成童，十五以上。引伸为僮蒙。《玉篇》引诗：狂僮之狂也且。传曰：狂行，僮昏所化也。《广雅》曰：僮，痴也。若《召南》僮僮，竦敬也，则又如愚之义也。"桂馥义证："未冠也者，《玉篇》：僮，僮幼迷荒者。《广雅》：僮，稚也。颜注《急就篇》：僮，谓仆使之，未冠笄者也。《鲁语》：使僮子备官，而未之闻邪。韦云：僮，僮蒙不达也。通作童。《释名》：十五曰童。牛羊之无角曰童，山无草木曰童，言未巾冠似之也。《易》蒙卦：匪我求童蒙。《释文》云：《字书》作僮。郑云：未冠之称。"朱骏声通训："《贾子·道术》：亟见窕察谓之慧，反慧为童。《郑语》：而近顽童穷固。注：童昏固陋也。《太元·错》：童无知。《晋语》：胥童，亦曰胥之昧。"又曰，"《释训》：僮，昏疾也。《晋语》：僮昏不可使谋。注：无知也。"按《易》蒙卦卦辞曰："匪我求童蒙，童蒙求我。"六五曰："童蒙吉。"大畜卦六四曰："童牛之牿。"旅卦六二曰："得童仆贞。"九三曰："丧其童仆。"及观卦初六曰："童观。"是《易》以童字兼童、僮二字，既为童仆，亦为僮稚。《帛书周易》同，《诗》亦同。

《说卦传》曰："终万物始万物者，莫盛乎艮。"童，为人之始，故艮为童。又曰，"艮三索而得男，故谓之少男。"少男为童男，故艮为童。蒙卦，坎下艮上。卦辞曰："匪我求童蒙，童蒙求我。"六五曰："童蒙吉。"童在上艮，是艮为童。大畜卦，乾下艮上。六四曰："童牛之牿。"四在上艮，是艮为童。旅卦，艮下离上。六二曰："得童仆贞。"九三曰："丧其童仆。"二、三皆在下艮，艮为童，童不分阴阳。观卦，坤下巽上。观为艮象，一似大艮，一似重艮。初六在艮之下，所观示者，乃童观之象。童观者，谓以童昧观示天下，而非大观在上，中正以观天下，犹《芄兰》之惠公然。或年虽长，其志童昧，亦谓童观。《系辞传》曰："子曰：德薄而位尊，知小而谋大，力小而任重，鲜不及矣。《易》曰：鼎折足，覆公餗，其形渥，凶，言不胜其任也。"初，为阳位。初六以阴居阳，是不胜其任。故其观示为童蒙之观，非观示之正。故《象》曰："初六童观，小人道也。"此为观示之下者，非君子之道。

又，《豳风·鸱鸮》之《序》曰："《鸱鸮》，周公救乱也。成王未知周公之志，公乃为诗以遗王，名之曰《鸱鸮》焉。"《正义》曰："毛以为武王既崩，周公摄政，管、蔡流言，以毁周公。又导武庚与淮夷叛而作乱，将危周室。周公东征而灭之，以救周室之乱也。于是之时，成王仍惑管、蔡之言，未知周公之志，疑其将篡，心益不悦。故公乃作诗，言不得不诛管、蔡之意，以贻遗成王，名之曰《鸱鸮》焉。”又，《伐柯》之《序》曰：“《伐柯》，美周公也。周大夫刺朝廷之不知也。”又，《九罭》之《序》曰：“《九罭》，美周公也，周大夫刺朝廷之不知也。”《正义》曰：“此《序》与《伐柯》尽同。则毛以为刺成王也。周公既摄政而东征，三年罪人尽得。但成王惑于流言，不悦周公所为。周公且止东方，以待成王之召。成王未悟，不欲迎之。故周大夫作此诗以刺王。”又，《周书·金縢》曰：“惟予冲人弗及知。”孔氏传：“言已童幼，不及知周公昔日忠勤。”是成王年幼时之表现，亦为童观。

小人无咎，君子吝 《郑风·山有扶苏》：“山有乔松，隰有游龙。不见子充，乃见狡童。”毛传：“松，木也；龙，红草。子充，良人也；狡童，昭公也。”郑笺：“游龙，犹放纵也。乔松，在山上，喻忽无恩泽于大臣也。红草放纵枝叶于隰中，喻忽听恣小臣。此又言养臣颠倒，失其所也。”《序》曰：“《山有扶苏》，刺忽也，所美非美然。”郑注：“言忽所美之人，实非美人。”谓君王不用良人，乃狡好无实，而童稚之故。《狡童》云：“彼狡童兮，不与我言兮。维子之故，使我不能餐兮。”毛传：“昭公有壮狡之志。”《正义》曰：“贤人欲与忽图事，而忽不能受。忽虽年长，而有壮狡之志，童心未改，故谓之狡童。言彼狡好之幼童兮，不与我贤人，言说国事兮。维子昭公，不与我言之故，至令权臣擅命，国将危亡，使我忧之不能餐兮。忧惧不暇餐，言已忧之甚也。”又曰，“解乎昭公为狡童之意，以昭公虽则年长，而有幼壮狡好，作童子之时之志，故谓之狡童。襄三十一年《左传》，称鲁昭公年十九矣，犹有童心，亦此类也。”《序》曰：“《狡童》，刺忽也。不能与贤人图事，权臣擅命也。”郑注：“权臣擅命，祭仲专也。”

又，《褰裳》云：“子惠思我，褰裳涉溱。子不我思，岂无他人。狂童之狂也且。”《正义》曰：“此《狂童》，斥突也。狂童，谓狂顽之童稚。狂童之狂也且，言其日益为狂，故传解其益狂之意。言突以狂行童昏其所，风化于人，人又从之，徒众渐多；所以益为狂行，作乱不已，故郑人思欲告急也。狂行，谓篡其国，是疏狂之行。童昏，谓年在幼童，昏暗无知。郑突时年实长，以其志似童幼，故以童名之。”《序》曰：“《褰裳》，思见正也。狂童恣行，国人思大国之正己也。”《正义》曰：“作《褰裳》诗者，言思见正也。所以思见正者，见者，自彼加己之辞。以国内有狂悖幼童之人，恣极恶行。身是庶子，而与正适争国，祸乱不已。无可奈何，是故郑国之人，思得大国之正己。欲大国以兵征郑，正其争者之是非，欲令去突而定忽也。”

《虞书·大禹谟》曰：“蠢兹有苗，昏迷不恭，侮慢自贤，反道败德。君子在野，小人在位。”孔氏传：“蠢动，昏暗也。狎侮先王，轻慢典教，反正道，败德义。废仁贤，任奸佞。”君子在野，小人在位，盖即小人无咎，君子吝之谓。《说文》：“咎，灾也。” 吝，恨惜也。”以其童昏而任用奸佞，故小人无咎；又以其童昏而废弃仁贤，故君子恨惜。《论语·为政》曰：“子曰：君子周而不比，小人比而不周。”郑玄注：“忠信为周， 阿党为比。”凡童昏为政，小人结党营私，阿比为亲，是以官宦相卫，横行而无咎。君子忠信奉上，上弃不用，故而佯狂江湖，恨惜不已。《象》曰：“初六童观，小人道也。” 上作童观，行小人道时，虽周公之尊，亦有恐怖流言之日，于东三年不得归辅。郑君忽、突童观，是以有小人当道，君子被贬。此其小人无咎，君子吝之谓。观卦，初之四，为阴浸长，为小人无咎；五之上，为阳渐退，为君子吝。犹否卦所谓：小人道长，君子道消也。

六二，闚观，利女贞。

〔**译**〕　六二，妇道观示，利于女子之正。

《象》曰：“闚观女贞，亦可丑也。”

〔**证**〕

闚观　《说文》：“闚，闪也。从门，规声。”段玉裁注：“此与窥义别。窥，小视也。”又，“闪，闚头门中也。从人在门中。”段注：“会意。王在门中则重王，故入王部；人在门中则重门，入门部。”沈涛《古本攷》：“闚、闪互训。”《一切经音义》卷一百：“闚，《集训》云：门中窃见也。”《字林》：“闚，倾头门内视也。”《史记·管晏列传》：“晏子为齐相，出，其御之妻，从门间而闚其夫。”又，《说文》：“规，有法度也。从夫，从见。”桂馥义证：“从夫从见者，《一切经音义二十五》：规，模也。字从夫从见，言丈夫之见，必合规矩。” 闚，会意，谓门内从夫之见，引伸为门中窃见、倾头门内视也。丰卦，离下震上。上六曰：“闚其户，闃其无人。”《象》曰：“天际翔也。”由上往下看，震为艮，艮为门。上六在门内视，为闚其户。观卦，二之五为艮，艮为门。二在门内观示，为闚观。

利女贞　六二，在门内，为阴，阴为女，且居内卦之中，得正位，为入主中馈之女，其象为女子之正。以此为观，为女子正观，为利女贞。家人卦六二曰：“无攸遂， 在中馈，贞吉。”谓六二之女子，不往外而在内，主持中馈之事，这样为正位，为吉利。 观卦六二，在中馈之位，故曰利女贞。《象》曰：“闚观女贞，亦可丑也。”谓童观为小人之道，为丑；闚观为女子之道，也为丑。《象》曰：“大观在上，顺而巽，中正以观天下。”今童观、闚观，非中正之道，是皆可丑。《说文》：“醜（丑），可恶也。”《周易本义》曰：

"阴柔居内，而观乎外，闚观之象，女子之正也，故其占如此。丈夫得之，则非所利矣。"《六十四卦经解》曰："处大观之时，而为闚观，女正则利，君子则丑也。又，妇无公事，所知者蚕织；女无是非，所议者酒食，是为贞。又，仁者见之谓之仁，知者见之谓之知。闚观者，所见者小也。"

刘向《说苑·谈丛》曰："王者知所以临下而治众，则群臣畏服矣；知所以听言受事，则不蔽欺矣；知所以安利万民，则海内必定矣；知所以忠孝事上，则臣子之行备矣。凡所以劫杀者，不知道术以御其臣下也。"又曰，"夫小快害义，小慧害道，小辨害治，苟心伤德；大政不险。"《淮南子·主术训》曰："是故，君臣异道则治，同道则乱。各得其宜，处其当，则上下有以相使也。"何宁《集释》引杨树达云："《管子·明法解》云：主行臣道则乱，臣行主道则危。故上下无分，君臣共道，乱之本也。故明法曰：君臣共道则乱。"引高诱注："主道宜员，臣道宜方，故当异道。君得君道，臣得臣道，故曰得其宜也。"六二闚观，利女子之正，非大观在上，中正以观天下，是不得君之其宜，故《象》曰："亦可丑也。"朱熹曰："在丈夫则为丑也。"君臣如阴阳，如夫妇。观卦，二与五应，二为妇为臣，五为夫为君，是闚观在妇在臣则为正，在夫在君则为丑。于象，以五下二，以阳易阴，不为君子之正，而为女子之正，为可丑。

王弼注："处在于内，寡所鉴见，体性柔弱，从顺而已。犹有应焉，不为全蒙，所见者狭，故曰闚观。居内得位，柔顺寡见，故曰利女贞，妇人之道也。处大观之时，居中得位，不能大观广鉴，闚观而已，诚可丑也。"侯果曰："得位居中，上应于五，闚视朝美，不能大观。处大观之时，而为闚观，女正则利，君子则丑也。"李鼎祚《周易集解》案："六二，离爻。离为目，又为中女，外互体艮，艮为门阙。女目近门，闚观之象。"程氏传："五，刚阳中正之道，非二阴暗柔弱所能观见也，故但如闚觇之观耳。闚觇之观，虽可少见，而不能甚明也。二既不能明见刚阳中正之道，则利如女子之贞。虽见之不能甚明，而能顺从者，女子之道也，在女子为正也。二既不能明见九五之道，能如女子之顺从，则不失中正，乃为利也。"胡炳文《周易本义通释》曰："初位阳，故为童。二位阴，故为女。童观，是茫然无所见，小人日用而不知也。闚观，是所见者小，而不见全体也。占曰利女贞，则非丈夫之所为，可知矣。"

六三，观我生，进退。

〔译〕 六三，观示天下生民，进退从善。

《象》曰："观我生进退，未失道也。"

〔证〕

观我生 《说文》:“生，进也。象草木生出土上。凡生之属，皆从生。”段玉裁注:“下象土，上象出。”凡生之属皆从生，是人亦为生。《虞书·大禹谟》:“正德、利用、厚生，惟和。”孔氏传:“正德以率下，利用以阜财，厚生以养民，三者和，所谓善政。”孔颖达疏:“厚生，谓薄征徭，轻赋税，不夺农时，令民生计温厚，衣食丰足。”《左传》文公六年:“闰以正时，时以作事，事以厚生。”厚生即养民，生亦民。《国语·楚语下》:“生乃不殖，其用不从；其生不殖，不可以封。”生，谓人与物。《礼记·祭义》曰:“众生必死，死必归土，此之谓鬼。骨肉毙于下，阴为野土。”《正义》曰:“此一经因而言物，实是说人也。”人必死，死必骨肉归土。是众生谓众人，生即人。《管子·君臣上》:“坐万物之原，而官诸生之职者也。”宋翔凤云:“诸生，犹言群生。”房玄龄注:“生，谓知学之士。”《晋书·谢安传》:“安石不出，其如苍生何？”《文选·出师颂》:“苍生更始。”李善注:“苍生，犹黔首也。”黔首，黎民。是生即民，或重言为生民。九五曰:“观我生。”《象》曰:“观我生，观民也。”是六三之观我生，即观示我民之谓。虞翻曰:“生，民也。”《说卦传》曰:“坤为众。”《彖》曰:“至哉坤元，万物资生。”是坤为众生，为民。我，九五天子。朕即国家，天子之民，即天下之民。观我生，谓天子观示天下之人。

进退 《说文》:“进，登也。”“登，上车也。从癶、豆，象登车形。”段玉裁注:“引伸之，凡上升曰登。”徐锴系传:“豆，非俎豆字，象形耳。籀文登从収，臣锴曰：两手捧登车之物也。登车之物，王谓之乘石。”又,《说文》:“退，却也；一曰行迟。”《大雅·桑柔》:“人亦有言，进退维谷。”《正义》曰:“此责臣不相信，令百姓困穷。言视彼中林之处，乃见甡甡然众多者，是其鹿群。鹿乃走兽，犹以其类相善，辈偶而行。以喻朝廷群臣，亦当以善相与，共处官位。何为今汝群臣朋友，皆僭差，情不相信。不肯相告以善道者，是乃鹿之不如也。既政恶如此，上下有害，古之贤人亦有言曰：无道之世，其民前无明君，却迫罪役，其进与退，维皆困穷。此即今时是也。”六三，观我生进退，谓观示天下众生进退。乃谓有道之世，生民进登有明君赏识，退却无罪役之迫，其进与退皆不困穷。

《毛诗传笺通释》:“瑞辰按：阮宫保曰：谷乃穀之假借。《尔雅》：东风谓之谷风。郭注：谷之言穀。《书·尧典》昧谷，《周礼·缝人》注，引作柳谷，皆谷、穀同声通用之证。进退维穀，穀，善也。此乃古语，诗人用之，近在不胥以穀之下，嫌其二穀相并为韵，因假谷字当之，此诗人义同字变之例也。又引《晏子春秋》：晏子对叔向引《诗》：进退维谷。以证君子进不失忠，退不失行。《韩诗外传》引《诗》：进退维谷。以证石他之进盟，以免父母；退伏剑，以死其君。皆处两难善全之事，以见进退皆谷为善。其说甚确，足正毛、郑之误，今按以《韩诗外传》，引《诗》证之，则训谷为善，盖本《韩诗》之说。”是观我生进退，乃谓观示我之众生，进退从善，即进不失忠，退不失行。

《商书·说命中》：“惟治乱在庶官，官不及私，昵惟其能。爵罔及恶，德惟其贤。”孔氏传：“言所官得人则治，失人则乱。不加私昵，惟能是官。言非贤不爵。”《周书·武成》曰：“一戎衣，天下大定。乃反商政，政由旧。释箕子囚，封比干墓，式商容闾；散鹿台之财，发巨桥之粟，大赉于四海，而万姓悦服。列爵唯五，分土唯三，建官惟贤，位事惟能。重民五教，惟食丧祭，惇信明义，崇德报功，垂拱而天下治。”《荀子·大略篇》曰：“武王始入殷，表商容之闾，释箕子之囚，哭比干之墓，天下乡善矣。”杨倞注：“言武王好善，天下向之。”《大略篇》又曰：“君子进则能益上之誉，而损下之忧。不能而居之，诬也。无益而厚爱之，窃也。学者非必为仕，而仕必如学。”注：“进，仕。此言仕必不负所学。”以上，皆为观示我生，进退之义。《汉书·武帝纪》曰：“与闻国政，而无益于民者斥；在上位，而不能进贤者退，此所以劝善黜恶也。今诏书先帝圣绪，令二千石举孝廉，所以化元元，移风易俗也。不举孝，不奉诏，当以不敬论。不察廉，不胜任也，当免。”此亦观示我生进退之义。

观卦，六三以下为坤，坤为众，为观我生；六四以上为巽，巽为进退。六三处在交接处，故为观我生进退。又，六为阴爻，三为阳位，六三兼阴与阳。《系辞传》曰：“变化者，进退之象也。”《象》曰：“观我生进退，未失道也。”尚未失观卦之道。《彖》曰：“大观在上，顺而巽，中正以观天下。”六三，观示天下众生进退，正是大观在上，中正以观天下，故未失道。反之，初六童观，小人无咎，君子吝；六二闚观，利女贞。故初六《象》曰：“童观，小人道也。”六二《象》曰：“闚观女贞，亦可丑也。”斯为非大观在上，失中正以观天下之道，乃小人之道，女子之道。李道平《周易集解纂疏》：“五《象》虞注云：坤为民，谓三也。巽为进退，《说卦》文。观我生进退者，谓五，五观示坤民进退。愚案：坤为广生，故曰观我生。三处上下之交，位阳主进，爻阴主退，故可进可退。”按，三为公位，有黜陟之职。

六四，观国之光，利用宾于王。

〔译〕　六四，观示诸侯之光荣，利于用诸侯宾服于王。

《象》曰：“观国之光，尚宾也。”

〔证〕

观国之光　《说文》：“國（国），邦也。从口，从或。”段玉裁注：“戈部曰：或，邦也。古或、国同用；邦、封同用。”封，分封诸侯。师卦，坎下坤上。上六曰：“大君有命，开国承家。”大君，谓天子；开国，谓诸侯有国；承家，谓大夫有家。是国谓诸侯之国。《易乾凿度》曰：“初为元士，二为大夫，三为三公，四为诸侯，五为天子，上为宗庙。凡此六者，阴阳所以进退，君臣所以升降，万人所以为象则也。”六四，观国之光，国谓诸侯之国。《荀子·王霸篇》曰：“大有天下，小有一国。”杨倞注：“天子、诸侯。”卢文弨曰：“虞、王合校本作：天下，谓天子；一国，谓诸侯也。”《孟子·离娄上》：“孟子曰：人有恒言，皆曰天下国家。”赵岐注：“天下，谓天子所主；国，谓诸侯之国；家，谓卿大夫也。治天下者，不得良诸侯，无以为本。治其国者，不得良卿大夫，无以为本。治其家者，不得良身，无以为本也。”治天下者，不得良诸侯，无以为本，是以六四观国，即天子观示诸侯。师卦开国，观卦观国，国皆谓坤。

《说文》：“光，明也。从火在儿上，光明意也。”段玉裁注：“《左传》，周内史释《易》观国之光曰：光，远而自他有耀者也。”儿，即人。火在儿上，为会意，谓人头上有光者为光耀。《玉篇》：“光，光荣也。”《字源》：“光，象火在人的头上，因而显出光明四照的意思。”未济卦，坎下离上。六五曰：“君子之光。”《周易集解纂疏》：“以阴居阳，是以臣代君，为周公摄政之象。《明堂位》：昔者，周公朝诸侯，于明堂之位，天子负扆南乡而立。又曰：六年，朝诸侯于明堂，制礼作乐。《书·洛诰》曰：朕复子明辟。故天下明其摄政之道，信其复辟之诚：此君子之光。”君子之光，谓君子之光荣；国之光，则谓国之光荣。诸侯有国，观国之光，即谓观示诸侯之光荣。六四在艮，艮为门阙，为观；下坤为国，为文：为观国之光。

《小雅·南山有台》：“乐只君子，邦家之光。”郑笺：“光，明也，政教明有荣耀。”《蓼萧》：“既见君子，为龙为光。”毛传：“龙，宠也。”郑笺：“为宠为光，言天子恩泽光耀，被及己也。”《正义》曰：“言远国之君，蒙王恩泽，今皆来朝。既得见君子之王者，为君所宠遇，为君所光荣，得其恩意。”《大雅·皇矣》：“则笃其庆，载锡之光。”谓于是增厚其福庆，而赐给他光荣。《韩奕》：“八鸾锵锵，不显其光。”郑笺：“不显，显也；光，犹荣也，气有荣光也。”以上之光，皆谓诸侯之荣光。诸侯受天子之宠，为一国之最光荣者，是以光谓诸侯。观卦，九五为天子，六四为诸侯，天子观示诸侯之荣光，为观国之光。

利用宾于王　《说文》：“宾，所敬也。”段玉裁注：“又，宾谓所敬之人，因之敬其人亦曰宾。又，君为主，臣为宾。故《老子》曰：朴虽小，天下莫能臣也。侯王若能守之，万物将自宾。”按，《河上公章句》：“道朴虽小，微妙无形，天下不敢有臣使道者也。侯王若能守道无为，万物将自宾服，从于德也。”万物将自宾，谓万物将自来为王之臣，臣服于王。《周书·旅獒》：“明王慎德，四夷咸宾。”孔氏传：“言明王慎德以怀远，故四夷皆宾服。”《微子之命》：“作宾于王家。”孔氏传：“为时王宾客。”又，《白虎通》：“王者不纯臣。”陈立疏证：“郑云：玄闻之，宾者，敌主人之称。而礼，诸侯见天子，称之曰宾，不纯臣诸侯之明文矣。是郑据《周礼》以从《公羊》，与此同也。”称宾者，崇尚贤良，表示王者不纯臣。故《象》曰：“观国之光，尚宾也。”是利用宾于王，谓利于使诸侯来作宾于王家，即作王敬重之大臣。六四，在诸侯大臣之位，上近九五之阳，为至尊天子，四为阴为臣，巽顺于下，表示宾服，为利用宾于王。

《小雅·鹿鸣》：“呦呦鹿鸣，食野之苹。我有嘉宾，鼓瑟吹笙。吹笙鼓簧，承筐是将。人之好我，示我周行。”毛传：“苹，蓱也。鹿得此蓱，呦呦然鸣而相呼。恳诚发乎中，以兴嘉乐宾客，当有诚恳相招乎，以成礼也。簧，笙也，吹笙而鼓簧矣。筐，篚属，所以行币帛也。周，至；行，道也。”郑笺：“周行，周之列位也。好，犹善也。人有以德善我者，我则置之于周之列位。言己维贤是用。”《序》曰：“《鹿鸣》，燕群臣嘉宾也。既饮食之，又实币帛筐篚，以将其厚意。然后忠臣嘉宾，得尽其心矣。”《正义》曰：“群臣嘉宾一矣，故群臣嘉宾并言之，明群亦为嘉宾也。”又曰，“言人君之于群臣嘉宾，既设飨以饮之，陈馔以食之，又实币帛于筐篚，而酬侑之，以行其厚意；然后忠臣嘉宾，佩荷思德，皆得尽其忠诚之心，以事上焉。明上隆下报，君臣尽诚，所以为政之美也。”上隆，谓天子，观示诸侯之光；下报，谓诸侯，利于用作宾服于王。

九五，观我生，君子无咎。

〔译〕九五，观示天下民众，君子者无灾。

《象》曰：“观我生，观民也。”

〔证〕

观我生　《说文》：“我，施身自谓也。或说我，顷顿也。从戈，从𠂇。𠂇，或说古垂字。”段玉裁注：“不但云自谓，而云施身自谓者，取施与我，古为迭韵。施，读施舍之施。谓用己侧于众中，而自称则为我也。顷顿，谓倾侧也。顷，头不正；顿，下首也：故引伸为顷侧之意。”李孝定《甲骨文字集释》：“契文我，卜辞均假为施身自谓之词。”赵诚《卜辞分类读本》：“由上列三辞所说的我，可以这样讲：我，不是商我自指，但却是指以商王为中心的集体，或我们，或商王政权所及的国家。我和余的区别是非常明显的。我和后代的我，也有差别，即后代的我，可以代个人，也可代集体；而甲骨文的我，未见代个人者。”观我生之我，既是施身自谓，亦代国家。又，《论语·述而》：“窃比于我老彭。”朱熹注：“我，亲之之辞。”观我生，即是观示我国家众生。我，亦含亲爱意。

《象》曰："观我生，观民也。"《说文》："民，众萌也。"众萌，即众生。《说卦传》曰："坤，为众。"是三阴为众，四阴为大众。九五为至尊，天子向下临示大众，为观示我生。六三之下，为伯子男，故言观我生进退；九五之下，为诸侯，故不言观我生进退，进则犯君。《荀子・大略篇》曰："君人者，隆礼尊贤而王，重法爱民而霸，好利多诈而危。欲近四旁，莫如中央，故王者必居天下之中，礼也。"杨倞注："此明都邑居土中之意，不近偏旁，居中央，取其朝贡道里均。礼也，言其礼制如此。"九五居中得正，为王者中正以观天下，为合乎礼制。徐干《中论・法象》曰："《传》称大人正己，而物自正者，盖此之谓也。以匹夫之居犹然，况得意而行于天下者乎？"九五，居天之中，中正以观示天下，下观而化，此之谓观我生。九五位巽中，巽为风。《说卦传》曰："挠万物者，莫疾乎风。"风加乎万物，万物随风，是以观我生，为九五观示我生，我生观九五而化。

君子无咎　初六童观，小人无咎，君子吝；反之，九五中正以观，则君子无咎。君子与小人对举，君子为有道德之通称。《陈风・东门之池》之《序》曰："而思贤女，以配君子。"疏："妻谓夫为君子。"又，《秦风・小戎》云："言念君子。"是庶人亦称君子。《大雅・泂酌》曰："岂弟君子，民之父母。"《序》云："《泂酌》，召康公戒成王也，言皇天亲有德，飨有道也。"是君子亦称天子。是上至天子，下及民，有道德者皆可称君子，无道德者则为小人。九五曰："观我生，君子无咎。"《象》曰："观我生，观民也。"是君子谓民之君子。谓观示百姓臣民，是君子者无咎，小人者不可。

《史记・周本纪》曰："公季卒，子昌立，是为西伯。西伯曰文王，遵后稷、公刘之业，则古公、公季之法，笃仁，敬老，慈少。礼下贤者，日中不暇食以待士，士以此多归之。伯夷、叔齐在孤竹，闻西伯善养老，盍往归之。太颠、闳夭、散宜生、鬻子、辛甲大夫之徒，皆往归之。"《正义》曰："《括地志》云：孤竹，故城在平州卢龙县，南十二里，殷时诸侯孤竹国也，姓墨胎氏。"《集解》引刘向《别录》曰："鬻子名熊，封于楚。辛甲，故殷之臣，事纣。盖七十五谏而不听，去至周，召公与语，贤之。告文王，文王亲自迎之，以为公卿，封长子。长子，今上党所治县是也。"以上，皆殷之旧臣，纣王童观，是以如崇侯等小人无咎，而君子者吝。待文王立，中正以观示天下，诸侯向之，贤者归之，为君子者无咎。《周易正义》曰："九五居尊，为观之主。四海之内，由我而化。我教化善，则天下有君子之风；教化不善，则天下著小人之俗。故观民以察我道，有君子之风者，则无咎也。"

上九，观其生，君子无咎。

〔译〕　上九，观示九五之众人，君子无灾。

《象》曰：“观其生，志未平也。”

〔证〕

观其生　《小雅·北山》：“溥天之下，莫非王土，率土之滨，莫非王臣。”九五之王，为天下主；天下之人，皆是王民，故曰观我生。上九，以阳刚健行示下，所示之民，皆王之民，故曰观其生，即观示九五之生民。其，指九五天子。《周书·大诰》之《序》曰：“武王崩，三监及淮夷叛。周公相成王，将黜殷，作《大诰》。”周公代成王，摄行政事，并大告天下之人，即观示其生。《象》曰：“观其生，志未平也。”《尔雅·释诂》：“平，成也。”《豳风·鸱鸮》之《序》曰：“《鸱鸮》，周公救乱也。成王未知周公之志，公乃为诗以遗王，名之曰《鸱鸮》焉。”郑注：“未知周公之志者，未知其摄政之意。”又，《史记·周本纪》曰：“初，管、蔡畔周，周公讨之，三年而毕定。故初作《大诰》，次作《微子之命》，次《归禾》，次《嘉禾》，次《康诰》、《酒诰》、《梓材》，其事在周公之篇。周公行政七年，成王长，周公反政成王，北面就群臣之位。”此皆观其生之类。若伊尹、周公摄政为例，则志未平者，谓辅幼主之志未成。

君子无咎　程氏传：“上九，以阳刚之德处于上，为下之所观，而不当位，是贤人君子不在于位，而道德为天下所观仰者也。若皆君子矣，则无过咎也。”按，在九五之上，盖为王者师尊，若伊尹之与太甲，周公之与成王。《商书》云：“太甲既立，不明，伊尹放太甲于诸桐。三年复归于亳，思念常道，谓伊尹曰：既往背师保之训，弗克于厥初。尚赖匡救之德，图惟厥终。”言己已往，不能修德于其初，今庶几赖教训之德，谋终于善。是太甲不罪伊尹，反而信赖。《周书·金縢》：“王执书，以泣曰：昔，公勤劳王家，惟予冲人弗及。今天动威，以彰周公之德。惟朕小子其新逆，我国家礼亦宜之。”成王改过自新，遣人往迎周公，行褒崇有德之礼，是不罪之，更敬之。伊尹与周公，以嗣王之师保，摄行王政，而终无灾，是君子无咎之类。又，《商书·太甲上》，伊尹语太甲曰：“惟尹躬先见于西邑夏，自周有终，相亦维终。其后嗣王，罔克有终，相亦罔终。”孔氏传：“周，忠信也。言身先见夏君臣，用忠信有终。言桀君臣，灭先人之道德，不能终其业，以取亡。”九五、上九，居上巽之体，忠信有终之象，是亦君子无咎。

第二十一卦　壬　午

☲ 离上
☳ 震下

噬嗑，亨，利用狱。

〔**译**〕噬嗑，亨通，利于用以治狱。

《彖》曰："颐中有物，曰噬嗑。噬嗑而亨，刚柔分，动而明，雷电合而章，柔得中而上行，虽不当位，利用狱也。"

《象》曰："雷电，噬嗑，先王以明罚敕法。"

〔**证**〕

震下离上　《彖》曰："颐中有物，曰噬嗑。"《说文》段玉裁注："𦣝者，古文颐也。郑《易》注曰：颐中，口车辅之名也。震动于下，艮止于上，口车动而上。因辅嚼物以养人，故谓之颐。颐，养也。按，郑意谓口下为车，口上为辅，合口、车、辅三者为颐。左氏云：辅车相依。车部云：辅，人颊车也。此文当横视之。横视之，则口上、口下、口中之形，俱见矣。"按，颐卦，震下艮上，口齿之象。震为动，艮为止。震下，为下牙床动而向上；艮上，为上牙床止而不动。上下齿一合一张，为咀嚼之象。噬嗑卦，震下离上，上下齿之中，横九四一阳，故曰颐中有物。颐中有物，谓食而遇刚，为噬嗑。故《杂卦传》曰："噬嗑，食也。"又，《系辞传》曰："古者，包牺氏之王天下也，仰则观象于天，俯则观法于地；观鸟兽之文，与地之宜；近取诸身，远取诸物：于是始作八卦，以通神明之德，以类万物之情。"噬嗑，乃圣人近取诸身，观食物之象，而取其啮切决断之义，是噬嗑即治狱。

《京氏易传》云："《易》曰：颐中有物，曰噬嗑。阴阳分中，动而明。物有不齐，啮而噬。"虞翻曰："物谓四，则所噬干胏也。颐中无物，则口不噬，故先举颐有物，曰噬嗑也。"王弼注："颐中有物，啮而合之，噬嗑之义也。"程氏传："卦上下，二刚爻而中柔，外刚中虚，人颐口之象也。中虚之中，又一刚爻，为颐中有物之象。口中有物，刚隔其上下，不得嗑，必啮之，则得嗑，故为噬嗑。圣人以卦之象，推之于天下之事。在口，则为有物隔，而不得合；在天下，则为有强梗或谗邪，间隔于其间。故天下之事，不得合也，当用刑罚。小则惩戒，大则诛戮，以除去之，然后天下之治得成矣。"又曰，"在二体，明照而威震，乃用刑之象。"李士鉁曰："上、初象辅颊，二、三、五象上下齿，九四在中，象物。四不中正，故须啮而去之。"颐中有物，啮而去之，为噬嗑；圣人则之，为明罚敕法，为治狱。

《说文》："狱，确也。从㹜，从言，二犬所以守也。"段玉裁注："《召南》传曰：狱，埆也。埆，同确，坚刚相持之意。《韩诗》曰：宜犴宜狱。乡亭之系曰犴，朝廷曰狱。狱字从㹜者，取相争之意。许云：所以守者，谓陛牢拘罪之处也。"陛，又作狴，如狴犴。桂馥义证："确也者，狱、确声近。《释名》：狱，确也，实确人之情伪也。《春秋元命苞》：狱者，核确也，或作埆。《集韵》：埆，狱也。颜注《急就篇》：狱之言埆也，取其坚牢也。《诗・行露》：谁谓女无家，何以速我狱。传云：狱，埆也。《释文》陆植云：相质觳争讼者也。崔云：埆者，埆正之义，一云狱名。郑《驳异义》：狱者，埆也，囚证于角核之处，《周礼》谓之圜土。"又曰，"从言者，郑《驳异义》：从言者，谓以言相争也。二犬所以守也者，颜注《急就篇》：狱，从二犬，所以守备也。《荀子・宥坐篇》：狱犴不治。杨注：狱从二犬，象所以守者。"孙诒让《古籀拾遗》："《说文》，狱从㹜，而㹜训两犬相啮。此篆，《召伯簋》作两犬反正相对之形。"相对，即相争啮。《周礼・大司寇》："以两剂禁民狱。"郑氏注："狱，谓相告以罪名者。"相告以罪名，犹《说文》之从㹜从言。狱之本意为争讼，争讼必有折狱，折狱然后有刑狱，刑狱则有牢狱。故狱为确，从㹜，从言，二犬所以为守。《说卦传》曰："艮为狗。"狗，即犬。噬嗑卦，震下离上。犹两艮相对，中间有坎。艮为犬，坎为言，是噬嗑卦象，即狱字之象。

《周礼・大司寇》曰："以两造禁民讼，入束矢于朝，然后听之。"郑氏注："讼，谓以财货相告者；造，至也，使讼者两至。既两至，使入束矢乃治之也；不至，不入束矢，则是自服不直者也。必入束矢者，取其直也。《诗》曰：其直如矢。古者一弓百矢，束矢，其百个与？"噬嗑卦象，上下似对艮，艮为至为止；坤为民，坎为言为讼；九四曰得金矢，为矢；离为日，日为王为朝；坎为耳，耳听讼：为以两造禁民讼，入束矢于朝，然后听之。《大司寇》又曰："以两剂禁民狱，入钧金三日，乃致于朝，然后听之。"郑注："狱，谓相告以罪名者；剂，今券书也，使狱者各赍券书。即两券书，使入钧金。又三日，乃治之，重刑也。不券书，不入金，则是亦自服不直者也。必入金者，取其坚也。三十斤曰钧。"噬嗑卦象，上下似对震，震为苍筤竹，竹帛为券书为剂；对震为对艮，艮为止为禁；坤为民，坎为言为狱；《说文》："内，入也"；阴为十，三阴为钧；九四曰金矢，为金；离数三，离为日，为三日；坎狱达于离，离为日，日为王为朝；坎为耳，耳听狱：为以两剂禁民狱，入钧金，三日，乃致于朝，然后听之。

又，初之四，为正反两艮，艮为犬。《说文》："㹜，两犬相啮。"两犬相啮，争斗之象；二、三阴，阴为民；四之上为离，位东方，主生；离为日，日主明：为以好生之德，明断民之纷争，为折狱。初之四，外垣为乾爻，乾为圜；中为坤爻，坤为土，为圜土；圜土中之二阴，又为刑狱之民。《大司寇》曰："以圜土聚教罢民。"郑注："圜土，狱城也。聚罢民于其中，困苦以教之为善也。”又，坎为耳，耳为听者，《周礼·小司寇之职》曰：“以五声听狱讼，求民情：一曰辞听，二曰色听，三曰气听，四曰耳听，五曰目听。”郑氏注：“观其出言，不直则烦；观其颜色，不直则赧然；观其气息，不直则喘；观其听聆，不直则惑；观其眸子，视不直则眊然。”孙诒让《周礼正义》：“以五声听狱讼， 求民情者，五声、八辟、三刺等，并《小司寇》之官法也。贾疏云：案下五事，惟辞听是声，而以五声目之声，四事虽不是声，亦以声为本故也。案《吕刑》云：惟貌有稽，在狱定之后。则此五听，亦在要辞定讫，恐其滥失，更以五听观之，以求民情也。诒让案：此五声，亦谓之五听。《荀子·成相篇》云：五听修领。杨注云：折狱之五听也。”噬嗑卦，震下离上，三之五为耳，是有五声听狱讼之象。

《周礼·朝士》：“朝士掌建邦外朝之法，左九棘，孤卿大夫位焉，群士在其后；右九棘，公侯伯子男位焉，群吏在其后；面三槐，三公位焉，州长众庶在其后。左嘉石，平罢民焉；右肺石，达穷民焉。”《周礼正义》曰：“注云树棘以为位者，取其赤心而外刺，象以赤心三刺也者，《说文·朿部》云：棘，小枣丛生者。《毛诗·魏风·园有桃》传云：棘，枣也。又《小雅·大东》传云：棘，赤心也。《初学记·政理部》，引《春秋元命包》云：树棘槐，听讼于其下。棘，赤心有刺，言治人者，原其心不失赤实，示所以刺人其情，令各归实。《左》昭四年传：桃弧棘矢。孔疏引服虔云：棘矢者，棘赤有箴，取其名也。案：《毛诗传》以枣训棘，《吕氏春秋·分职篇》云：枣，棘之有。此九棘，亦即枣之通名，非小枣丛生之木也。《淮南子·时则训》高注云：枣，取其赤心也。《方言》云：凡草木刺人，自关而西谓之刺，江湘之间谓之棘。是棘与刺义同。《小司寇》及《司刺》，以三刺听狱讼，即在三询之外朝，故《王制》云：正以狱成告于大司寇，大司寇听之棘木之下。明外朝树棘，即取义于是也。云槐之言怀也者，《荀子·劝学篇》，怀作槐。《淮南子·时则训》高注云：槐，怀也，可以怀来远人也。《初学记· 政理部》引《元命包》云：槐之言归也，情见归实。”

又，《正义》曰：“云左九棘，右九棘，故《易》曰系用徽纆，置于丛棘者，案：坎上六爻辞云：系用徽纆，置于丛棘，三岁不得，凶。是后郑《易注》说，亦以丛棘为左右九棘，与先郑同。又案：二郑以丛棘为九棘，盖谓讼在朝外。而李氏《周易集解》， 引虞翻云：狱外种九棘，故称丛棘。依虞说，则狱在九棘之处，是棘在库门外之左右矣。考《韩诗外传》云：子产之治郑，一年而负罚之过省，二年而刑杀之罪亡，三年而库无拘人。彼库，似即指狱言之。若然，王都之狱在皋门内，侯国之狱在库门内与？”《说卦传》曰：“坎，其于木也，为坚多心。”《九家易》曰：“坎，为丛棘。”噬嗑卦，震下离上。三之五为坎，坎为丛棘。听讼于其下。又，狱在九棘，即丛棘之处。艮为门，噬嗑之坎，在外门之内，内门之外，是王都之狱在皋门内，侯国之狱在库门内。《易》象与《周礼》不差。

《周礼·秋官司寇》，引《郑目录》云："象秋所立之官。寇，害也。秋者，遒也，如秋义，杀害收聚，敛藏于万物也。天子立司寇，使掌邦刑。刑者，所以驱耻恶，纳人于善道也。"《正义》曰："《郑目录》云：象秋所立之官者，司寇于六官为第五，于四时当秋，故象之而称秋官。《大戴礼记·千乘篇》云：司寇司秋，以听狱讼。是也。云：寇，害也者，《说文·支部》云：寇，暴也。又，《宀部》云：害，伤也。《史记·卫世家·集解》，引马融《书注》亦云：司寇，主诛寇害。云：秋者，遒也者，《乡饮酒义》云：秋之言愁也，愁之以时察，守义者也。郑彼注云：愁读为揫。揫，敛也。察，犹察察，严杀之貌也。郑说即本《乡饮酒义》。云如秋义，杀害收聚，敛藏于万物也者，《御览·时序部》，引《洪范五行传》云：西方金，其性义。《春秋繁露·阴阳义篇》云：秋，怒气也，故杀。《御览·时序部》引《三礼义宗》云：秋之言揫缩之意，阴阳出地，始杀万物。《管子·形势解》云：秋者，阴气始下，故万物收。是秋主义，又兼杀害收聚，敛藏万物。司寇主刑，亦象之也。《书·周官》伪孔传亦云：秋，司寇刑奸，顺时杀。云：天子立司寇，使掌邦刑，刑者所以驱耻恶，纳人以善道也者，《说苑·政理篇》云：刑者，惩恶而禁后者也。《白虎通义·刑罚篇》云：圣人治天下，必有刑罚何？所以佐德助治，顺天之度也。故悬爵赏者，示有劝也；设刑罚者，明有所惧也。"圣人治天下，顺天之度，所以设春官宗伯，夏官司马，秋官司寇，冬官考工。噬嗑卦《彖》曰："颐中有物，曰噬嗑。"三之五为坎，坎为丛棘，为狱。又，伏羲八卦：乾南坤北，离东坎西。坎位西为秋，司寇司秋，以听狱讼，故颐中有物，有狱讼之象，为听狱之卦。

《吕氏春秋·孟秋纪》曰："是月也，命有司修法制，缮囹圄，具桎梏，禁止奸，慎罪邪，务搏执；命理瞻伤察创，视折审断；决狱讼，必正平，戮有罪，严断刑。天地始肃，不可以嬴。"高诱注："法制，禁令；囹圄，法室；桎梏，谓械在足曰桎，在手曰梏。所以禁止人之奸邪。慎，戒；有奸罪者，搏执之也；理，狱官也。使视伤创毁折者，可断之，故曰审断。争罪曰狱，争财曰讼。决之者，必得其正平。不直者，戮而刑之。肃，杀。素气始行，不可以骄嬴，犯令必诛，故曰不可以嬴。"《仲秋纪》曰："命有司，申严百刑，斩杀必当；无或枉桡，枉桡不当，反受其殃。"高注："有司，理官。刑非一，故言百。军刑斩，狱刑杀，皆重其事，故曰必当。凌弱为枉，违强为桡，反还殃咎。"《季秋纪》曰："乃趣狱刑，无留有罪。"高注："阴气杀僇，故刑狱当者决之，故曰无留有罪也。"又，《礼记·月令》、《淮南子·时则训》，亦皆谓秋为决狱之时，是震下离上，所噬者坎，坎为秋为狱，噬嗑为决狱之象。

《淮南子·天文训》曰："条风至，则出轻系，去稽留。"高诱注："立春，故出轻系。"何宁《集释》："马宗霍云：《白虎通》作出轻刑，解稽留。《通卦验》作赦小罪，出稽留。"又，《天文训》："距日冬至四十五日，条风至。"《集释》："条者调也，调即融矣。《周语》云：先立春五日，瞽告有协风至。亦即此风也。《易通卦验》云：立春，条风至。马宗霍云：《易纬》云：立春，条风至。"《天文训》曰："广漠风至，则闭关梁，决刑罚。"高诱注："象冬闭藏，不通关梁也。罚刑疑者，于是顺时而决之。"《集释》："补曰：文亦见《通卦验》，唯以闭关梁，决刑罚，为诛有罪，断大刑。"按，《易通卦验》曰："冬至，广漠风至，王者诛有罪，断大刑。立春，条风至，王者赦小罪，出羁留。"伏羲八卦，离位东，为正月。正月立春，条风至，顺时之解，故出轻系，去稽留。震位东北，为十一月。十一月冬至，广漠风至，顺时之严，决刑罚，断大狱。噬嗑卦，离上震下，宽严相济，轻重有别，是亦决狱之象。

噬嗑　《象》曰："颐中有物，曰噬嗑。"王弼注："噬，啮也；嗑，合也。凡物之不亲，由有间也；物之不齐，由有过也。有间与过，啮而合之，所以通也。刑克以通，狱之利也。"程氏传："噬，啮也；嗑，合也。口中有物间之，啮而后合之也。"又曰，"凡天下至于一国一家，至于万事，所以不和合者，皆由有间也；无间则合矣。以至天地之生，万物之成，皆合而后能遂；凡未合者，皆有间也。若君臣、父子、亲戚、朋友之间，有离贰怨隙者，盖谗邪间于其间也；除去之，则和合矣。故间隔者，天下之大害也。圣人观噬嗑之象，推之于天下万事，皆使去其间隔而合之，则无不和且洽矣。噬嗑者，治天下之大用也。去天下之间，在任刑罚，故卦取用刑为义。"

《周书·吕刑》曰："三后成功，惟殷于民。士制百姓于刑之中，以教祗德。"孔氏传："各成其功，惟所以殷盛于民。言礼教备，衣食足。言伯夷道民典礼，断之以法。皋陶作士，制百姓于刑之中，助成道化，以教民为敬德。"《正义》曰："尧既诛苗民，乃命三君伯夷、禹、稷，忧施功于民。使伯夷下礼典教民，折断下民惟以典法。伯禹身平治水土，主名天下山川，其无名者，皆与作名。后稷下教民，布种在于农亩，种殖嘉谷。三君者各成其功，惟以殷盛于民，使民衣食充足，乃使士官，制御百官之姓，于刑之中正，以教民为敬德。言先以礼法化民，民既富而后教之，非苟欲刑杀也。此三事之次，当禹功在先；先治水土，乃得种谷；民得谷食，乃能行礼。《管子》云：衣食足，知荣辱；仓廪实，知礼节。是言足食足衣，然后行礼也。"又曰，"此经大意，言禹、稷教民，使衣食充足；伯夷道民，使知礼节；有不从教者，乃以刑威之。故先言三君之功，乃说用刑之事。言禹、稷教民稼穑，衣食既已充足；伯夷道民典礼，又能折之以法；礼法既行，乃使皋陶作士，制百官于刑之中。”

又，《说文》：“噬，啗也，喙也。”啗，啖。《玉篇》：“噬，啮噬也。”《左传》哀公十二年：“国狗之瘈，无不噬也。”杜预注：“瘈，狂也；噬，啮也。”《战国策·楚一》：“狗恶之，当门而噬之。”《楚辞·天问》：“兄有噬犬，弟何欲？”王逸注：“噬犬，啮犬也。”《淮南子·原道训》曰：“是故鞭噬狗，策蹄马，而欲教之。”《说山训》曰：“保者不敢畜噬狗。”《集释》引洪颐煊云：“保，酒家佣也。《韩非子·外储说右上篇》：宋人有酤酒者，升概甚平，遇客甚谨，为酒甚美，著然不售，酒酸。问其所知长者杨倩，倩曰：汝狗猛也！而狗迓而龁之，此酒所以酸也。”龁，咬。狗龁，亦犬噬。《淮南子·兵略训》曰：“凡有血气之虫，含牙带角，前爪后距。有角者触，有齿者噬，有毒者螫，有蹄者趹，喜而戏，怒而相害，天之性也。”犬有齿者，故曰噬。

又，《说文》：“嗑，多言也。从口，盍声，读若甲。”《孔丛子·儒服》：“平原君与子高饮，强子高酒曰：昔有遗谚，尧舜千钟，孔子百觚，子路嗑嗑，尚饮十榼。”嗑嗑，谓好争多言。又，《玉篇》曰：“狺，犬声。”《广韵·欣韵》曰：“狺，犬争。”《集韵·谆韵》曰：“狺，犬吠声。”《字彙·犬部》曰：“狺，犬争声。”《类篇》曰：“狺，犬吠声，又犬争。”《楚辞·九辩》曰：“猛犬狺狺而迎吠声兮，关梁闭而不通。”洪兴祖补注：“狺，音垠，犬争，一云吠声。”朱熹曰：“狺，犬争吠声。”按狱字，从㹜，从言。㹜，两犬相啮也。段玉裁注：“从㹜者，取相争之意。”噬，为犬啮；嗑，为多言。噬嗑，即狱讼之狱字，取喻两犬争啮，其声吠吠。有狱情则必断狱，故噬嗑又为治狱。杨树达《周易古义》曰：“《太平御览》六百四十三，引《风俗通》：《易》，噬嗑为狱。”

亨 离明在上为亨。大有卦，乾下离上。卦辞曰：“元亨。”《彖》曰：“大有，柔得尊位，大中而上下应之，曰大有。其德刚健而文明，应乎天而时行，是以元亨。”柔得尊位，谓上离，六五在天子之位。文明，亦谓上离，六五之阴与其他五阳相应，为应乎天时而行。是以元亨，即谓上离因此而大亨，是离明在上为亨。离卦，离下离上。卦辞曰：“利正，亨。”《彖》曰：“重明以丽乎正。柔丽乎中正，故亨。”重明谓上下离，故上离为明，为丽乎正。六五亦丽乎中正，故亨，是上丽为明为亨。鼎卦，巽下离上。卦辞曰：“元吉亨。”《彖》曰：“巽而耳目聪明，得中而应乎刚，是以元亨。”离为目，目为明；六五得上离之中，而与九二应，是以大亨。亦离明在上为亨。旅卦，艮下离上。卦辞曰：“小亨。”《彖》曰：“柔得中乎外，而顺乎刚，止而丽乎明，是以小亨。”上为外，六五在上卦之中，顺应九二，上离为明，是以小亨。未济卦，坎下离上。卦辞曰：“亨。”《彖》曰：“未济亨，柔得中也。”言六五得上离之中，离为文明之象，上文明，故亨。噬嗑卦，震下离上。《彖》曰：“噬嗑而亨，刚柔分，动而明。”明，即谓上离。上明，刚柔等分，不偏刚，不偏柔，动而文明得中，故噬嗑而亨。

《虞书·舜典》:“帝曰：皋陶，蛮夷猾夏，寇贼奸宄。汝作士，五刑有服。五服三就，五流有宅，五宅三居。惟明克允。”孔氏传：“猾，乱也；夏，华夏。群行攻劫曰寇，杀人曰贼；在外曰奸，在内曰宄。言无教所致。士，理官也。五刑：墨、劓、剕、宫、大辟。服，从也，言得轻重之中正。既从五刑，谓服罪也，行刑当就三处：大罪于原野，大夫于朝，士于市。谓不忍加刑，则流放之。若四凶者，五刑之流，各有所居。五居之差，有三等之居：大罪四裔，次九州之外，次千里之外。言皋陶能明信五刑，施之远近，蛮夷猾夏，使咸信服，无敢犯者。”《正义》曰：“惟明，谓皋陶之明；克允，谓受罪者信服。故王肃云：惟明其罪，能使之信服，是信施于彼也。”《书经传说彙纂》，引陈氏经曰：“《易》卦言用刑者，如噬嗑，如贲，如旅，其象皆有取于离。用刑在惟明，可知居刑官，不明不足以尽人心，不允不足以当人罪，故戒以惟明克允。”

《周书·吕刑》曰：“穆穆在上，明明在下，灼于四方，罔不惟德之勤。故乃明于刑之中，率乂于民棐彝。”《正义》曰：“言尧躬行敬敬之道，在于上位；三后之徒，躬秉明德，明君道在于下。君臣敬明与德，灼然著于四方。故天下之事，无不惟德之勤，悉皆勤行德矣。天下之士，皆勤立德，故乃能明于用刑之中正，循大道以治于民，辅成常教。美尧君臣明德，能用刑得中，以辅礼教。”噬嗑卦，震下离上。离为日为君，为穆穆于上；离为日为明，明照四方，为明明德于下。四之上为离，初之四亦为离，上明下明，是君臣无不勤于明察，为君臣有明察之德。三之五为坎，坎为律，为丛棘，为桎梏，是为狱。以其坎在上下明之中，是明察刑狱，得判刑正中之象。《彖》曰：“噬嗑而亨，刚柔分，动而明。”即谓震下离上，阳三爻，阴三爻，刚柔相济相等，动于下，明于上，故而亨。《礼记·王制》曰：“司寇正刑明辟，以听狱讼。”亦谓上中正执法，明察罪行，为治狱亨通之本。

利用狱 《彖》曰：“雷电合而章，柔得中而上行，虽不当位，利用狱也。”下震为雷，上离为电，相得益彰，合成天威，以象法威。六二得中，震而向上，行中不过乎猛，为柔得中而上行。六五阴居阳位，虽不当位，然既文且明，中行于上，故利于用以治狱。王弼注：“刚柔分动，不溷乃明；雷电并合，不乱乃章，皆利用狱之义。”虽不当位，利用狱也。侯果曰：“虽则失位，文明以中，断制枉直，不失情理，故利用狱。”程氏传：“不云利用刑，而云利用狱者，卦有明照之象，利于察狱也。狱者，所以究察情伪。得其情，则知为间之道，然后可以设防，与致刑也。”又曰，“明辨，察狱之本也。动而明，下震上离，其动而明也。雷电合而章，雷震而电耀，相须并见，合而章也。照与威并行，用狱之道也。能照则无隐情，有威则莫敢不畏。上既以二象言其动而明，故复言威照并用之意。"又曰，"虽不当位，谓以柔居五为不当。而利于用狱者，治狱之道，全刚则伤于严暴，过柔则失于宽纵。五为用狱之主，以柔处刚而得中，得用狱之宜也。"

朱熹曰："盖治狱之道，唯威与明，而得其中之为贵。"噬嗑卦，震下离上。下震之威，六二柔得中而上行；上离之明，六五虽不当位而得中。是治狱之道，唯威与明，而以得中为贵。《周书·吕刑》曰："士制百姓于刑之中，""故乃明于刑之中"，"观于五刑之中"，"惟良折狱，罔非在中"，"咸庶中正"，"民之乱（治），罔不中听狱之两辞"，"天罚不极（中）"，"属于五极（中），咸中有庆"。孔氏传："以其折狱，属五常之中正，皆中有善，所以然也。"所以然也，谓折狱咸中，故而有庆。《书经集传》曰："明哲之人，用刑而有无穷之誉，盖由五刑咸得其中，所以有庆也。"《书经传说彙纂·吕刑》之《总论》，引王氏应麟曰："《舜皋陶》曰钦曰中，苏公曰敬曰中。此心法之要也。《吕刑》言敬者七言，中者十所，惟克天德，在此二字。"然而，敬者为中，惟中为治狱之要。噬嗑，下卦柔得中而上行，上卦柔虽不当位而得中，故而利用狱。《虞书·大禹谟》曰："人心惟危，道心惟微，惟精惟一，允执厥中。"孔传："危则难安，微则难明，故戒以精一，信执其中。"惟执其中，则通而和。于噬嗑可亨，为利用狱。

《象》曰："雷电，噬嗑，先王以明罚敕法。"《说卦传》曰："震为雷"，"离为电。"《召南·殷其雷》："殷其雷，在南山之阳。"毛传："雷出地奋，震惊百里。"《正义》曰："雷之发声，犹人君出政教，以动国中之人，故谓之震，惊之言警戒也。"《小雅·十月之交》："烨烨震电，不宁不令。"毛传："震，雷也。"《诗毛氏传疏》："震电，阴阳薄激而生。震者，电之声；电者，震之光。震为雷，言雷以该电也。"《大雅·常武》："震惊徐方，如雷如霆，徐方震惊。"郑笺："震，动也。驿驰走相恐惧，以惊动徐国。如雷霆之恐怖人然，徐国则惊动而将服罪。"《云汉》："旱既太甚，则不可推。兢兢业业，如霆如雷，周余黎民。"郑笺："旱既不可移去，天下困于饥馑，皆心动意惧，兢兢然，业业然，状有如雷霆近发于上，周之众民，多有死亡者矣。"雷电，有震惊、震戒、震处之意。

雷电，《汉石经》作电雷。或曰："六十四卦，大象无倒置者，当从《石经》。"或曰："噬嗑《象传》当作电雷；丰，离下震上，《象传》乃作雷电。二者不可相混，今据改。"按，《彖传》先言下卦，再言上卦；《大象》先言上卦，再言下卦。此其一般，亦非尽然。如：比卦，坤下坎上。《象》曰："地上有水，比，先王以建万国、亲诸侯。"泰卦，乾下坤上。《象》曰："天地交，泰，后以财成天地之道，辅相天地之宜，以左右民。"临卦，兑下坤上。《象》曰："泽上有地，临，君子以教思无穷，容保民无疆。"复卦，震下坤上。《象》曰："雷在地中，复，先王以至日闭关，商旅不行，后不省方。"大畜卦，乾下艮上。《象》曰："天在山中，大畜，君子以多识前言往行，以畜其德。"咸卦，艮下兑上。《象》曰："山上有泽，咸，君子以虚受人。"明夷卦，离下坤上。《象》曰："明入地中，明夷，君子以莅众，用晦而明。"蹇卦，艮下坎上。《象》曰："山上有水，蹇，君子以反身修德。"井卦，巽下坎上。《象》曰："木上有水，井，君子以劳民劝相。"鼎卦，巽下离上。《象》曰："木上有火，鼎，君子以正位凝命。"渐卦，艮下巽上。《象》曰："山上有木，渐，君子以居贤德善俗。"归妹卦，兑下震上。《象》曰："泽上有雷，归妹，君子以永终知敝。"旅卦，艮下离上。《象》曰："山上有火，旅，君子以明慎用刑，而不留狱。"节卦，兑下坎上。《象》曰："泽上有水，节，君子以制数度，议德行。"中孚卦，兑下巽上。《象》曰："泽上有风，中孚，君子以议狱缓死。"小过卦，艮下震上。《象》曰："山上有雷，小过，君子以行过乎恭，丧过乎哀，用过乎俭。"噬嗑卦，震下离上。《象》曰："雷电，噬嗑，先王以明罚敕法。"以上，并噬嗑卦，凡一十七卦，皆由下卦言至上卦，取义使然，故丰卦与噬嗑卦同，皆取刑罚之义，皆曰雷电。若改雷电为电雷，岂非不词。且阴阳相激，雷电相随，事理亦然。

《广雅·释诂》："勑，顺也。"王念孙疏证："敕，理也；理，亦顺也。勑与敕通。"《集韵·职韵》："敕，或作勑。"《释文》："勑，耻力反，此俗字也，《字林》作勅。郑康成曰：勑，犹理也。"毛诗《小雅·楚茨》："既匡既勅。"《诗集传》："既匡既敕。"《诗毛诗传疏》："敕，读为饬。匡、敕，皆祭祀肃敬之意，所谓如法也。"先王以明罚敕法，即谓先王根据噬嗑雷电之象，按照刑法，而彰明惩罚。《潜夫论·三式》云："噬嗑之卦，下动上明，其《象》曰：先王以明罚饬法。夫积怠之俗，赏不隆，则善不劝；罚不重，则恶不惩。故凡欲变风改俗者，其行赏罚也，必使足惊心破胆，民乃易视。"李鼎祚《周易集解》，引宋衷曰："雷动而威，电动而明，二者合，而其道彰也。用刑之道，威明相兼。若威而不明，恐致淫滥；明而无威，不能伏物。故须雷电并合，而噬嗑备。"又引侯果曰："雷所以动物，电所以照物，雷电震照，则万物不能怀邪。故先王则之，明罚敕法，以示万物，欲万物一心也。"

《白虎通·五刑》曰："圣人治天下，必有刑罚何？所以佐德助治，顺天之度也。故悬爵赏者，示有所劝也。设刑罚者，明有所惧也。《传》曰：三皇无文，五帝画象。三王明刑，应世以五。五刑者，五常之鞭策也。刑所以五何？法五行也：大辟，法水之灭火；宫者，法土之壅水；膑者，法金之刻木；劓者，法木之穿土；墨者，法火之灭金。五帝画象者，其衣服象五刑也。犯墨者，蒙巾；犯劓者，以赭著其衣；犯膑者，以墨蒙其膑处而画之；犯宫者，履杂扉；犯大辟者，布衣无领。科条三千者，应天地人情也。

五刑之属三千，大辟之属二百，宫辟之属三百，腓辟之属五百，劓、墨刑之属各千。张布罗众，非五刑不见。墨者，墨其额也。劓者，劓其鼻也。腓者，脱其膑也。宫者，女子淫，执置宫中，不得出也；丈夫淫，割去其势也。大辟者，谓死也。”五帝画象，三王明刑，应世以五，科条三千，应天地人情，盖先王明罚敕法之谓。

又，贲卦，离下艮上。《象》曰：“山下有火，贲，君子以明庶政，无敢折狱。”下离为火，上艮为山。山下有火，为火明于山下，照于下，而不得照于上。朱熹曰：“山下有火，明不及远。明庶政，事之小者；折狱，事之大者。内离明，而外艮止，故取象如此。”谓明不及远，不可折狱。丰卦，离下震上。《象》曰：“雷电皆至，丰，君子以折狱致刑。”王弼注：“文明以动，不失情理也。”程氏传：“离，明也，照察之象；震，动也，威断之象。折狱者，必照其情实，唯明克允；致刑者，以威于奸恶，唯断乃成。”旅卦，艮下离上。《象》曰：“山上有火，旅，君子以明慎用刑，而不留狱。”程氏传：“火之在高，明无不照。君子观明照之象，则以明慎用刑。明不可恃，故戒以慎明，而止亦慎象。观火行不处之象，则不留狱。狱者，不得已而设，民有罪而入，岂可留滞淹久也？”旅卦，中有互坎之象，坎为狱。上明狱，则下止狱，狱止于明，此其明慎用刑，而不留狱。中孚卦，兑下巽上。《象》曰：“泽上有风，中孚，君子以议狱缓死。”王弼注：“信发于中，虽过可亮。”崔憬曰：“流风令于上，布泽惠于下，中孚之象。”程氏传：“风之动乎泽，犹物之感于中，故为中孚之象。君子观其象，以议狱与缓死。君子之于议狱，尽其忠而已；于决死，极其恻而已，故诚意常求于缓。缓，宽也。于天下之事，无所不尽其忠。而议狱缓死，其最大者也。”泽上有风，兴惠泽之风，是以中孚，是以惠及议狱缓死。中孚乃大离之象，唯大明方可泽及刑人。又，大有卦，乾下离上。《象》曰：“火在天上，大有，君子以遏恶扬善，顺天休命。”离为明，乾为天，明于天上，无所不见，故能遏恶扬善。司马光《温公易说》：“火在天上，明之至也。至明则善恶无所逃。善则举之，恶则抑之，庆赏刑威得其当，然能保有四方，所以顺天休命也。”噬嗑《象》曰：“雷电，噬嗑，先王以明罚敕法。”雷因明而光照天下，王因明而明罚敕法，是明为治狱之本，唯明则能允执其中，不过与不及。

观卦和噬嗑卦，互为邻卦。《序卦传》曰：“可观，而后有所合，故受之以噬嗑。”按，观卦，坤下巽上。卦辞曰：“观，盥而不荐，有孚颙若。”《彖》曰：“大观在上，顺而巽，中正以观天下。观，盥而不荐，有孚颙若，下观而化也。观天之神道，而四时不忒，圣人以神道设教，而天下服矣。”噬嗑卦，震下离上。卦辞曰：“噬嗑，亨，利用狱。”《彖》曰：“颐中有物，曰噬嗑。噬嗑而亨，刚柔分，动而明，雷电合而章。柔得中而上行，虽不当位，利用狱也。”又，前者《象》曰：“风行地上，观，先王以省方，观民设教。”后者《象》曰：“雷电，噬嗑，先王以明罚敕法。”可观而有所合者，谓大观在上，下观而有所化合；故受之以噬嗑者，谓继之以明罚敕法。是观卦为教化，噬嗑卦为治狱。圣人先教后治狱，教而不化则治狱。教化，以身教化，以孝教化，以神教化；治狱，以中治狱，以明治狱，以威治狱。前者为观民设教，后者为明罚敕法：先王先教后诛。

《周礼·大司寇》：“正月之吉，始和，布刑于邦国都鄙，乃县刑象之法于象魏，使万民观刑象，挟日而敛之。”孙氏疏：“云：乃县刑象之属于象魏，使万民观刑象者，凡周正，建子月朔日，大司寇布刑于天下。即于是日，县刑象之法于象魏，使万民观之。刑象之法，即上三典五刑，及《司刑》五刑，二千五百条之属是也。”《小司寇》：“正岁，帅其属而观刑象。令以木铎，曰：不用法者，国有常刑。令群士，乃宣布于四方，宪刑禁。”郑氏注：“群士，遂士以下。宣，遍也；宪，表也，谓县之也。刑禁，《士师》之五禁。”《布宪》曰：“掌宪邦之刑禁。正月之吉，执旌节以宣布于四方，而宪邦之刑禁，以诘四方邦国，及其都鄙，达于四海。”郑氏注：“宪，表也，谓县之也。刑禁者，国之五禁，所以左右刑罚者。司寇正月布刑于天下，正岁又县其书于象魏。布宪于司寇布刑，则以旌节出宣令之；于司寇县书，则亦县之于门闾，及都鄙邦国。刑者，王政所重，故屡丁宁焉。诘，谨也，使四方谨行之。《尔雅》曰：九夷、八蛮、六戎、五狄，谓之四海。”以上观刑象，亦事先教化之类。

《大司寇》：“掌建邦之三典，以佐王刑邦国，诘四方。一曰刑新国，用轻典。二曰刑平国，用中典。三曰刑乱国，用重典。以五刑纠万民：一曰野刑，上功纠力；二曰军刑，上命纠守；三曰乡刑，上德纠孝；四曰官刑，上能纠职；五曰国刑，上愿纠暴。以圜土聚教罢民，凡害人者，置之圜土，而施职事焉，以明刑耻之。”皆以上纠察下。《小司寇》：“以五刑听万民之狱讼，附于刑，用情讯之。至于旬，乃幣之，读书用法。”幣之，即断之。贾疏：“云附于刑，用情讯之者，以因所犯罪附于五刑，恐有枉滥，故用情实问之，使得真实。云至于旬乃幣之者，缓刑之意，欲其钦慎也。云读书则用法者，谓行刑之时，当读刑读罪状，则用法刑之。”又，《方士》：“听其狱讼之辞，辨其死刑之罪而要之，三月而上狱讼于国。司寇听其成于朝，群士、司刑皆在，各丽其法，以议狱讼。”以上治狱讼，在观刑象之后，故《周易》观卦在前，噬嗑卦在后；教育在前，刑罚在后。

噬嗑卦与井卦，互为错卦。噬嗑，震下离上，治民以狱；井，巽下坎上，安民以井。噬嗑《彖》曰：“利用狱也。”井卦《彖》曰：“井养而不穷也。”噬嗑《象》曰：“雷电、噬嗑，先王以明罚敕法。”井卦《象》曰：“木上有水，井，君子以劳民劝相。”朱熹曰：“劳民者，以君养民；劝相者，使民相养：皆取井养之义。”前者从狱，后者以养，两者相反相成。《大戴礼记·盛德》云：“凡民之为奸邪、窃盗、历法妄行者，生于不足；不足，生于无度量也。无度量，则小者偷堕，大者侈靡而不知足。故有度量则民足，民足则无为奸邪、窃盗、历法妄行。故有奸邪、窃盗、历法妄行之狱，则饰度量也。凡不孝，生于不仁爱也；不仁爱，生于丧祭之礼不明。丧祭之礼，所以教仁爱也，致爱故能致丧祭。春秋祭祀之不绝，致思慕之心也。夫祭祀，致馈养之道也。死且思慕馈养，况于生而存乎？故曰：丧祭之礼明，则民孝矣。故有不孝之狱，则饰祭祀之礼也。凡弑上，生于义不明。义者，所以等贵贱，明尊卑。贵贱有序，民尊上敬长矣。民尊上敬长而弑者，寡有之也。朝聘之礼，所以明义也。故有弑狱，则饰朝聘之礼也。凡斗辩，生于相侵陵也；相侵陵，生于长幼无序，而教以敬让也。故有斗辩之狱，则饰以乡饮酒之礼也。凡淫乱，生于男女无别，夫妇无义。昏礼享聘者，所以别男女，明夫妇之义也。故有淫乱之狱，则饰昏礼享聘也。故曰：刑罚之所从生有源，不务塞其源，而务刑杀之，是为民设陷，以贼之也。”有狱则饰之以礼，故噬嗑之后有井养。噬嗑卦，前有观卦以教，后有井卦养之以礼，是务塞其源，而不务刑杀。

噬嗑卦与丰卦，上下卦互相易置。噬嗑卦，震下离上；丰卦，离下震上。两卦皆雷电用事，故皆有狱象。噬嗑《象》曰：“雷电，噬嗑，先王以明罚敕法。”丰卦《象》曰：“雷电皆至，丰，君子以折狱致刑。”《说卦传》曰：“震为雷”，“离为电”。噬嗑卦，离于上为明，震于下为威，故先王以此明罚敕法，法天之象而治狱。丰卦，震于上为威，电于下为击杀，故君子以此折狱致刑，法天之象而判刑。又，讼卦，坎下乾上。《彖》曰：“讼，上刚下险，险而健，讼。”《象》曰：“天与水违行，讼，君子以作事谋始。”《说文》：“讼，争也。从言，公声。”段玉裁注：“公言之也。《汉书·吕后纪》：未敢讼言诛之。邓展曰：讼言，公言也。此形声包会意。”按，乾为天，坎为言，对簿于公之堂，为公言，为争讼。《周易》，讼卦在前，噬嗑在中，丰卦在后。是先有讼卦，争而诉讼；次有噬嗑卦，明罚敕法；后有丰卦，折狱致刑。诉讼、审理、判刑，三者依次成序。

初九，屦校灭趾，无咎。

〔**译**〕　初九，戴械没足，无灾。

《象》曰：“屦校灭趾，不行也。”

〔**证**〕

屦校灭趾　《说文》：“屦，履也。从履省，娄声。一曰鞮也。”段玉裁注：“晋蔡谟曰：今时所谓履者，自汉以前皆名屦。《左传》，踊贵屦贱，不言履贱。《礼记》，户外有二屦，不言二履。贾谊曰：冠虽敝，不以苴履。亦不言苴屦。《诗》曰：纠纠葛屦，可以履霜。屦、舄者，一物之别名；履者，足践之通称。按，蔡说极精。《易》、《诗》、《三礼》、《春秋传》、《孟子》，皆言屦，不言履；周末诸子、汉人书，乃言履。《诗》、《易》凡三履，皆谓践也。然者履本训践，后以为屦名，古今语异耳。许以今释古，故云古之屦，即今之履也。《周礼·屦人》，掌为舄屦。” 舄、屦皆鞋名。《易》坤卦，初六曰：“履霜。”履卦，卦辞曰：“履虎尾。”离卦，初九曰：“履错然。”归妹卦，初九曰：“跛能履。”履皆践意。又履卦，为礼卦，履引伸为礼。是《周易》之履，无鞋名之意。噬嗑卦，初九曰：“屦校灭趾。”屦为鞋，鞋著于足，故为著意，名词转为动词。是《周易》履、屦不同。

《说文》：“校，木囚也。从木，交声。”段玉裁注：“囚，系也。木囚者，以木羁之也。《易》曰：屦校灭趾，何校灭耳。屦校，若今军流犯人，新到著木鞾；何校，若今犯人带枷也。”桂馥义证：“木囚也者，《韵会》引《系传》：校者，连木也。《易》何校灭耳，此梏也；屦校灭趾，此桎也。馥案，王弼云：校者，以木绞校者也，即械也。校者，取其通名也。干宝云：屦校，贯械也。”桎、梏，犹后之镣、铐；拲，犹枷。《说文》：“灭，尽也。”桂馥义证：“《诗·桑柔》：灭我立王。笺云：灭，尽也。”《庄子·应帝王》：“列子追之不及，反，以报壶子曰：已灭矣，已失矣，吾弗及已。”《释文》：“崔云：灭，不见也。”《尔雅·释言》：“趾，足也。”郭璞注：“足，脚。”《国风·周南》：“麟之趾。”毛传：“趾，足也。”屦校灭趾，即给犯人戴上不见足之械具。初之三为震，震为足；二之四为艮，艮为止，为坚木。震上有艮，为足受坚木所止，为屦校；三之五为坎，坎为隐伏，为灭趾。

《周礼·掌囚》：“掌守盗贼、凡囚者。上罪梏拲而桎，中罪桎梏，下罪梏；王之同族拲，有爵者桎：以待弊罪。”郑氏注：“凡囚者，谓非盗贼，自以他罪拘者也。郑司农云：拲者，两手共一木也；桎梏者，两手各一木也。玄谓：在手曰梏，在足曰桎。中罪不拲，手足各一木耳；下罪又去桎。王同族及命士以上，虽有上罪，或拲或桎而已。弊，犹断也。”《周礼正义》孙氏疏曰：“掌守盗贼、凡囚者者，谓盗贼及凡以罪囚者者，并械系于乡士、遂士等狱，此官则守视之也。贾疏云：此谓五刑罪人，古者五刑不入圜土，故使身居三木，掌囚守之。此一经所云五刑之人，三木之囚，轻重著之。极重者三木俱著，次者二，下者一。云王之同族拲，有爵者桎者，贾疏云：纵重罪，亦著一而已，以其尊之故也。又案，梏、拲、桎，亦或通称校。《易》噬嗑初九：屦校灭趾，无咎。上九：何校灭耳，凶。王弼注云：校者，以木绞校者也，即械也，校者取其通名也。云王同族，及命士以上，虽有上罪，或桊或桎而已者，以亲贵优假之，虽上罪，同于中下，不兼著三木也。命士，谓王下士一命以上。周之爵，下及命士，故下士以上为有爵，详《大宰》疏。云弊犹断也者，《大宰》注义同。”乾为王，初九乾爻，为王之同族。又《易乾凿度》曰：“初为元士。”元士，天子之士，为有爵者。初九为王之同族，又有爵，故屦校灭趾，只桎没其足，以待弊断其罪。

无咎 《象》曰：“屦校灭趾，不行也。”《释文》：“不行也，或本作止不行也。”止不行，谓屦校灭趾，禁止其非法行为，故而无灾过。《系辞传》：“子曰：小人不耻不仁，不畏不义，不见利不劝，不威不惩。小惩而大诫，此小人之福也。《易》曰：履校灭趾，无咎，此之谓也。”王弼注：“凡过之所始，必始于微，而后至于著。罚之所始，必始于薄，而后至于诛。过轻戮薄，故屦校灭趾，桎其行也，足惩而已，故不重也。过而不改，乃谓之过。小惩大诫，乃得其福，故无咎也，过止于此。”程氏传：“九居初，始罪小而刑轻。校，木械也。其过小，故屦之于足，以灭伤其趾。人有小过，校而灭其趾，则当惩惧，不敢进于恶矣，故得无咎。《系辞》云：小惩而大诫，此小人之福也。言惩之小与初，故得无咎也。”又云，“屦校而灭其趾，则知惩诫，而不敢长其恶，故云不行也。古人制刑，有小罪，则校其趾，盖取禁止其行，使不进于恶也。”朱熹亦曰：“初在卦始，罪薄过小，又在卦下，故为屦校灭趾之象。止恶于初，故得无咎。占者小伤，而无咎也。灭趾，又有不进于恶之象。”《周易折中》引俞氏琰曰：“校，狱具也。初在下，趾象也。灭，没而不见也。以刚物加于著屦之足，而没其趾，故曰屦校灭趾。惩之于小，戒之于初，则不进于恶，故无咎。”

六二，噬肤灭鼻，无咎。

[译] 六二，折狱灭私，无灾。

《象》曰：“噬肤灭鼻，乘刚也。”

[证]

噬肤灭鼻 剥卦，六四曰：“剥床以肤。”睽卦，六五曰：“厥宗噬肤。”夬卦，九四曰：“臀无肤。”姤卦，九三曰：“臀无肤。”阴柔，六四、六五曰肤。阳刚，九四、九三曰无肤。又，噬嗑卦，六二曰：“噬肤。”六三曰：“噬腊肉。”九四曰：“噬干胏。”干胏，干硬带肉之骨。六五曰：“噬干肉。”亦以阴为肤肉，阳为骨。《说文》：“滅（灭），尽也。从水，烕声。”段玉裁注：“此举形声包会意。”又，《说文》：“戌，烕也。九月阳气微，万物毕成阳下入地也”。又，“烕，滅也。从火烕，火死于戌，阳气至戌而尽。”至戌不见阳气之火。滅，从水，从戌，从火，即火被水灭，灭则不见。噬嗑卦，震下离上，初之四为互离，离为火；三之五为坎，坎为水。水戌火，为滅字。《荀九家易》曰：“艮，有为鼻。”噬嗑卦，二之四为互艮，艮为鼻，六二为艮之下端。噬肤灭鼻，谓噬嗑肌肤，则鼻尖因此埋没不见。噬嗑为折狱，噬肤灭鼻，此乃审理案件，由浅入深，由表及里之谓。

《说文》：“自，鼻也，象鼻形。凡自之属，皆从自。”段玉裁注：“此以鼻训自，而又曰象鼻形。王部曰：自读若鼻，今俗以作始生子，为鼻子是。然则，许谓自与鼻，义同音同；而用自为鼻者，绝少也。凡从自之字，如尸部眉，卧息也；言部诣，胆气满、声在人上也：亦皆于鼻息会意。今义从也，己也，自然也，皆引伸之义。”又于鼻字下注曰：“自本训鼻，引伸为自家。”桂馥义证：“鼻也者，本书皇下云：自读若鼻。”《玉篇》：“自，鼻也，象形。”《正字通・鼻部》：“鼻，《说文》本作自，象鼻形。小篆因借所专，谐畀声，作鼻。”近人约斋《字源》曰：“自，这是鼻子的象形，有鼻梁，有鼻翅，和一道两道的皱纹。后来鼻翅塌平了，鼻孔封没了，成了现在的形状。人们说话时，点点鼻子指本人，故以为自己的自。”《卜辞分类读本》：“自，象鼻子之形，即鼻之本字。卜辞所说：疾自——鼻子生病（乙六三八五），即用其本义。一般人自己指自己，常指鼻子自称，故由自（鼻）引伸为自己。又借用为介词。为了区别，后代于鼻子之义的自，加声符畀，写成鼻，成了从自，畀声的形声字。”按《甲骨文编》，收自字六十二个，均呈鼻形，不见鼻字甲文。可见后来之鼻，在先前为自。是噬肤灭鼻，亦噬肤灭自。灭自，犹言灭私。《周书・周官》曰：“以公灭私，民其允怀。”孔氏传：“从政以公平灭私情，则民其信归之。”治狱亦从政，且人命关天，更须以公灭私。坤卦曰：“六二，直方大。”《象》曰：“六二之动，直以方也。”噬嗑卦六二，以柔居中，得位居正，折狱有无偏无私之象，故谓之噬肤灭鼻，言审理必求实情，而无私心。

《周书・吕刑》曰：“五过之疵：惟官，惟反，惟内，惟货，惟来，其罪惟均，其审克之。”《正义》曰：“《释诂》云：疵，病也。此五过之所病，皆谓狱吏故出入人罪。应刑不刑，应罚不罚，致之五过而赦免之，可知指害王道，于政为病，故谓之病。惟官，谓尝同官位与吏，旧同僚也；或诈反囚辞，拒讳实情，不承服也；或内亲用事，囚有亲戚在官吏；或望其意，而曲笔也；或行货于吏，吏受财枉法也；或囚与吏，旧相往来。此五事，皆是病之所在，五事皆是枉法。但枉法多是为货，故于货言枉，余皆枉可知。”《吕刑》曰：“民之乱，罔不中听狱之两辞，无或私家于狱之两辞。”《正义》曰：“狱之两辞，谓两人竞理，一虚一实。实者枉屈，虚者得理，则此民之所以不得治也。民之所以得治者，由典狱之官，其无不以有中正之心，听狱之两辞。弃虚从实，实者得理，虚者受刑。虚者不敢更讼，则刑狱清，两民治矣。孔子称：必也使无讼乎！谓此也。”又曰："典狱知其虚，受其货，而听其诈；诈者虚而得理，狱官致富成私家：此民之所以乱也。故戒诸侯，无使狱官成私家，于狱之两辞。"以上，勿以五惟，无或私家，皆犹噬肤灭鼻之谓。《象》曰："噬肤灭鼻，乘刚也。"初九为刚，六二以中正加乎其上，即治狱而能灭私，为乘刚。乘刚，言克刚，灭私亦犹克刚，谓艰而不易。

无咎 《吕刑》："王曰：嗟，四方司政典狱，非尔惟作天牧？今尔何监？非时伯夷播刑之迪？其今尔何惩？惟时苗民，匪察于狱之丽，罔择吉人，观于五刑之中。惟时庶威夺货，断制五刑，以乱无辜。上帝不蠲，降咎于苗。苗民无辞于罚，乃绝厥世。"《正义》曰："王呼诸侯戒之曰：咨嗟，汝四方主政事、典狱讼者，诸之君等，非汝惟为天牧养民乎？言汝等皆为天养民，言任重也。受任既重，当观古成败。今汝何所监视乎？其所视者，非是伯夷布刑之道也？言当效伯夷，善布刑法，受令名也。其今汝何所惩创乎？其所创者，惟是苗民，非察于狱之施刑乎？言当创苗民，施刑不当，取灭亡也。彼苗民之为政也，无肯选择善人，使观视于五刑之中正；惟是众为威虐者任之，以夺取人之货赂。任用此人，使断制五刑，以乱加无罪之人。上天不絜其所为，故下咎恶于苗民。苗民无以辞于天罚，尧乃绝灭其世。汝等安得不惩创乎？"夺货奸人有咎，噬肤灭私者无咎。《吕刑》以反面有咎惩恶，噬嗑从正面无咎劝善，其实为一。六二，得正居中多誉，动而明，故无咎。又，《系辞传》曰："无咎者，善补过也。"艮为鼻为自为私，艮在坎，坎为咎，为有咎；然坎象隐伏艮鼻，为灭鼻，即灭私，故而无咎。

附：《汉书·佞幸传》："（哀帝）遂册免（丁）明曰：有司致法将军，请狱治，朕惟噬肤之恩未忍。"师古曰："《易》噬嗑卦六二爻辞曰：噬肤灭鼻。噬肤者，言自啮其肌肤。诏云：为明是恭后之亲，有肌肤之爱，是以不忍加法，故引噬肤之言也。"所注得义。

六三，噬腊肉，遇毒，小吝，无咎。

〔译〕六三，折狱遇上疑难、有危害，小有恨惜，无有灾过。

《象》曰："遇毒，位不当也。"

〔证〕

噬腊肉 《甲骨文编》、《尚书》、《诗经》，有昔无腊；《尔雅》、《说文》，亦只收昔。《说文》："昔，干肉也。从残肉，日以晞之，与俎同意。籀文从肉。"段玉裁注："昔者，古文；籀文增肉，作腊，于义为短。"又曰，"俎，从半肉，且荐之；昔，从残肉，日晞之：其作字之旨同也，故曰同意。今隶作腊，专用诸脯腊。"桂馥义证："干肉也者，《释名》：腊，干肉也。《急就篇》：肌𦢊脯腊魚臭腥。颜注：合骨全干腊。《易·噬嗑》：

腊肉。《释文》音昔。马云：晞于阳，而炀于火，曰腊肉。虞本作昔，云：三在肤里，故称肉，离日熯之为昔。”按，《甲骨文编》（改订本），收昔字凡十三个：前五字，日在上，肉在下；后八字，肉在上，日在下，噬嗑卦，离在上，震在下，其象似甲文早期昔字：日在上，肉在下。六三在震之上，承离日之熯，故为昔肉，后写作腊肉。

遇毒 《周礼·酒正》：“二曰昔酒。”郑氏注：“昔酒，今之酋久白酒，所谓旧醳者也。”贾疏：“昔酒者，久酿乃熟，故以昔酒为名。”《国语·周语下》：“高位实疾颠，厚味寔腊毒。”韦昭注：“厚味，喻重禄也。腊，亟也，读若酋昔酒焉。味厚者，其毒亟也。”《礼记·郊特牲》：“于旧泽之酒也。”郑氏注：“泽，读为醳。旧醳之酒，谓昔酒也。为其味厚腊，毒也。”《释文》曰：“腊毒，音昔。隐义云：腊，久也，久酒有毒。”《汉书·五行志》：“味厚者腊毒。”师古注：“腊，久也，味厚者为毒久也。”《文选·七命》：“耽口爽之馔，甘腊毒之味。”李善注：“贾逵曰：腊，久也，言味厚者，其毒久也。”六三，噬腊肉遇毒，谓所噬之腊肉，积久味重而有毒，以此比喻案情有疑难服。六三为颐之下齿，九四为颐之物，下动而向上，以柔噬刚，岂有不难，岂易服之，故曰遇毒。又，坎为毒，三入互坎，为遇毒。《象》曰：“遇毒，位不当也。”谓六三阴居阳位，力小而任重，不当其位，治狱有难。九四位高而阳，故于六三有害。

小吝，无咎 六三之柔，虽遇九四之刚，噬腊肉遇毒；但四在颐中，有噬而亨之象，利于用狱。往前，三与上应，过坎以后，阴阳和合，故当前有小恨惜，而终无灾过。荀爽曰：“腊肉，谓四也。三以不正，噬取异家，法当遇罪，故曰遇毒。为艮所止，所欲不得，故小吝也。所欲不得，则免于罪，故无咎矣。”王弼注：“处下体之极，而履非其位，以斯食物，其物必坚。岂唯坚乎？将遇其毒。噬以喻刑人，腊以喻不服。毒以喻怨生。然承于四，而不乘刚，虽失其正，刑不侵顺，故虽遇毒，小吝无咎。”程氏传：“三居下之上，用刑者也。六居三，处不当位，自处不得其当，而刑于人，则人不服，而怨怼悖犯之。如噬啮干腊坚韧之物，而遇毒恶之味，反伤于口也。用刑而人不服，反致怨伤，是可鄙吝也。然当噬嗑之时，大要噬间而嗑之。虽其身处位不当，而强梗难服，至于遇毒；然用刑非为不当也，故虽可吝而亦小，噬而嗑之，非有吝也。”按，噬嗑卦卦辞曰：“噬嗑，亨，利用狱。”噬嗑卦为用狱之谓。用狱，即治狱，即折狱，即审理判刑，非已行刑。

《周书·吕刑》：“王曰：吁，来！有邦有土，告尔祥刑。两造具备，师听五辞；五辞简孚，正于五刑；五刑不简，正于五罚；五罚不服，正于五过。五过之疵；惟官，惟反，惟内，惟货，惟来。其罪惟均，其审克之。五刑之疑有赦，五罚之疑有赦，其审克之。简孚有众，惟貌有稽。无简不听，具严天威。”孔氏传：“吁，叹也。有国土诸侯，告汝以善用刑之道。两，谓囚证；造，至也。两至具备，则众狱官共听其入五刑之辞。五辞简核，信有罪验，则正之以五刑。不简核，谓不应五刑，当正五罚，出金赎罪。不服，不应罚也。正过五过，从赦免。五过之所病，或尝同官位，或诈反囚辞，或内亲用事，或行货枉法，或旧相往来，皆病所在。以病所在，出入人罪，使在五过，罪与犯法者同。其当清察，能之不行。刑疑赦从罚，罪疑赦从免。其当清察，能得其理。简核诚信，有合众心，惟察其貌，有所考合。重刑之至。无简核诚信，不听理其狱，皆当严敬天威，无轻用刑。”按，若遇五刑不简，五罚不服，五过之疵，为噬腊肉遇毒，为吝。然遵王之祥刑，简孚其辞，疑则从宽，审克其私，严敬天威，无轻用刑，则虽有小吝，而可无咎。古人重视刑罚，而不轻用，何以五刑之属三千？粗则易以罗织人罪，细则不可欲加之过。

九四，噬干胏，得金矢，利艰贞，吉。

〔译〕 九四，噬有排骨之脯肉（比喻听讼已至攻坚），没收不实者之金属束矢，坚持正道吉利。

《象》曰：“利艰贞，吉未光也。”

〔证〕

噬干胏 《说文》：“乾，上出也。”段玉裁注：“上出为乾，下注则为湿，故乾与湿相对。俗别其音，古寒切，古无是也。”乾，简化字为干。《说卦传》曰：“离为乾卦。”四之上为离，离为乾，乾为干，为干胏。胏，𦙐之或体。《说文》：“𦙐，食所遗也。从肉，仕声。《易》曰：噬乾𦙐。胏，杨雄说：𦙐从𠂔。”段玉裁注：“马融、陆绩皆曰：肉有骨谓之胏。”桂馥义证：“《广雅》：胏，脯也。《玉篇》：胏，脯有骨也。《广韵》：脯有骨曰胏。馥谓：食脯吐其骨也。”又，《说文》：“𠂔，止也，从市盛，而一横止之也。”按胏，从肉从𠂔，即肉中有骨横止谓胏。噬干胏，噬干而有骨之肉。六三阴柔，为肉。九四，在三、五两阴之中，即在肉之中，阳刚为骨，且当离日之熯，为干而有骨之肉。又在颐中，是以有噬干胏之象。九四，所噬之物，已骨梗在口，势在必须噬嗑。以此比喻办案已得实情。

又，杨树达《积微居小学述林·释姊》：“《说文》十二篇下女部云：姊，女兄也。从女，𠂔声。按六篇下市部云：𠂔，止也，从市盛而一横止之也。此与姊义不相涉。今按：姊之为言次也。古书凡云次舍者，次通训为止，为𠂔训止同。今龟甲文次字作𠂤𠂔。第或作茨，次或作趀，趀读若资，次假作趀，次舍之次，古文从𠂔，作𠂤𠂔，此皆古𠂔、次同音之证也。按古次声字，多含次比之义。《释名·释宫室》云：屋以草盖为茨。茨，次也，次比草为之也。《诗·小雅·车攻》云：决拾既佽。笺云：佽，谓手指相次比也。𠂔与次古音同，故𠂔声字，亦有含次比之义者。姊娣为对文，犹次弟为连文矣。”按，𠂔声字含次比之义，胏，当为有排骨之肉。初九、九四、上九为排骨；六二、六三、六五为肉；又，离为火为熯，为干排骨肉。故干胏为有排骨之脯肉。

得金矢　《说卦传》曰：“离，为乾卦。”乾为金。”九四在离之初，亦乾之初，为金。《说文》：“金，五色金也。凡金之属，皆从金。”又，坎为弓矢。九四得位互坎之中，有矢象，为得金矢。《周礼·大司寇》：“以两造禁民讼，入束矢于朝，然后听之。”郑氏注：“讼，谓以财货相告者。造，至也，使讼者两至。既两至，使入束矢乃治之也。不至，不入束矢，则是自服不直者也。必入矢者，取其直也。《诗》曰：其直如矢。古者一弓百矢，束矢，其百个与？”贾疏：“言禁者，谓先令入束矢，不实则没入官。若不入，则是自服不直。是禁民省事之法也。”禁民讼不使虚妄。诒让案：“《国语·齐语》云：索讼者，三禁而不可上下，坐成以束矢。韦注云：索，求也，求讼者之情也。三禁，禁之三日，使审实其辞也。而不可上下者，辞定不可移也。坐成，讼狱之坐已成也。则讼者坐成，以束矢入于朝，乃听其讼。《管子·中匡篇》云：军无所计而讼者，成以束矢。又《小匡篇》云：无坐抑而讼狱者，正三禁之，而不直，则入束矢以罚之。并禁讼入束矢之遗制。据《管子》所云，盖讼未断之先，则令两入束矢；既断之后，则不直者，没入其矢以示罚，其直者还其矢。故《准南子·氾论训》云：齐桓公令讼而不胜者，出一束箭。明胜者不失矢矣。”是得金矢，谓已得民讼曲直，没收败讼金矢。

利艰贞，吉　《说文》：“艱（艰），土难治也。”又，“堅（坚），刚也。从臤，从土。”故段玉裁《说文解字注》曰：“堅，土刚也。”按，艰，土难治也；坚，土刚也。土刚亦土难治，是艰与坚，音义相通。《周易》经文，除坤卦初六，曰“坚冰至”；其他如泰九三，曰“艰贞无咎”；大有卦初九，曰“艰则无咎”；大蓄卦九三，曰“利艰贞”；大壮卦上六，曰“艰则吉”；明夷卦卦辞，曰“利艰贞”。盖皆以艰含坚义，而艰较坚意为长，有难治而治，坚持不懈之意。“坚冰至”，坚谓坚固，形容词，无动词坚持之意，故用坚，而不用艰。噬嗑卦，九四之“利艰贞，吉”，谓坚持正道有利，吉利。《象》曰：“利艰贞，吉未光也。”谓必须继续坚持正道，方才有利，因为折狱之绩，尚未光大。《论语·颜渊》：“子曰：听讼，吾犹人也，必也使无讼乎！”谓必使之不再有讼，言使其口服心服。九四时，虽噬得其物，然坎象未去，故曰吉未光大。朱熹曰：“《周礼》，狱讼入钧金、束矢，而后听之。九四以刚居柔，得用刑之道，故有此象。言所噬愈坚，而得听讼之宜也。然必利于艰难正固则吉，戒占者宜如是也。”

六五，噬干肉，得黄金。贞厉，无咎。

〔译〕六五，噬干肉（比喻治狱已至判决），没收不直一方钧金。中正而严厉，无过咎。

《象曰》："贞厉无咎，得当也。"

〔证〕

噬干肉　李鼎祚《周易集解》引虞翻曰："阴称肉，位当离中，日烈，故干肉也。"又引王弼注："乾肉，坚也。"按，《说卦传》曰："离为乾卦。"乾又为干。阴为肉，阳为骨，已见六三、九四。六五阴，在离为干肉。又，六五在九四之上，上为外，九四为骨，在骨外为肉。其肉在离火之中，为可噬之干肉。噬肉，先噬其皮，次噬其肉，再噬骨外之肉，后噬骨与骨间之肉。六五之阴，在两阳之间，为骨间之肉，噬非易事。折狱亦然，由表及里，逐步深入，以致决狱。又，六五，虽黄中通理，当离明之中，然在坎上，犹未去坎，坎为隐伏，是以明暗参互，其案未臻全明。又，坎下离上，为未济卦象。《象》曰："未济，亨，柔得中也。"《象》曰："火在水上，未济，君子以慎辨物居方。"决狱亦然，尚待最后完成，仍须再接再厉，故喻之曰噬干肉。

得黄金　坤卦六五曰："黄裳。"《说卦传》曰："离为乾卦"，"乾为金"。噬嗑卦六五，兼得其位，为得黄金。黄金，今之黄铜。《周礼·大司寇》："以两剂禁民狱，入钧金，三日乃致于朝，然后听之。"郑氏注："狱，谓相告以罪名者。剂，今券书也。使狱者各赍卷书。既两券书，使入钧金。又三日乃治之，重刑也。不券书，不入金，则是亦自服不直者也。必入金者，取其坚也。三十斤曰钧。"贾公彦疏："此一经听罪之事，与上听讼有异。此则各遣持剂之书契，又入金，不入矢；三日乃致于朝者，皆谓以狱事重于讼事，故郑云重刑也。"孙诒让疏："入钧金，三日乃致于朝，然后听之者，此亦狱未断之先，两入钧金；既断之后，则不直者没入金，以示罚，直者仍还其金。故《易·噬嗑》为狱讼之象，其九四爻辞云：得金矢；又六五云：得黄金。即谓讼得直，而归其钧金、束矢也。"金矢，铁矢；黄金，黄铜。铜比铁贵，决狱比决讼重要。得黄金，谓折狱取得重大突破，得以没收不直者钧金，为得黄金。

贞厉，无咎　《象》曰："贞厉无咎，得当也。"正厉，谓判决狱讼严正，以其严正，不偏不倚，故而得当，故而无咎。《彖》曰："噬嗑而亨，刚柔分，动而明，雷电合而章，柔得中而上行，虽不当位，利用狱也。"《象》曰："雷电，噬嗑，先王以明罚敕法。"两传皆谓正而厉无咎，利于用狱。《吕刑》曰："明于刑之中，率乂于民棐彝。典狱非讫于威，惟讫于富。"孔氏传："明于用刑之中正，循道以治于民，辅成常教。言尧时，主狱有威有德有恕，非绝于威，惟绝于富，世治货赂不行。"用刑中正，有德恕，有威严，非绝于威，惟绝货赂致富，此即正厉之谓。又，《吕刑》曰："敬忌，罔有择言在身。"孔传："尧明典狱，皆能敬其职，忌其过，故无有可择之言在其身。"此即贞厉而无咎。朱熹曰："黄，中色；金，亦谓钧金。六五柔顺而中，以居尊位，用刑于人，人无不服，故有此象。然必贞厉，乃得无咎。亦戒占者之辞也。"六五，居中得正，为贞；当离之中，离为电，为厉。六五，虽阴在阳位，然居中，善补过，为无咎。又，九四入金矢，相告以财货；六五入钧金，相告以罪名。盖前为民事，后为刑事，故九四利艰贞，吉；六五曰贞厉，无咎。惟于罪者加厉。又，《礼记·王制》曰："三公以狱之成告于王，王三又，然后制刑。"六五至尊，当王之位，故而制刑。

上九，何校灭耳，凶。

〔译〕　上九，戴枷没耳，凶。

《象》曰："何校灭耳，聪不明也。"

〔证〕

何校灭耳　《说文》："何，儋也。"段玉裁注："何，俗作荷，儋之俗作擔（担）也。《商颂》：百禄是何、何天之休、何天之龙。传曰：何，任也。笺云：谓担负。《周易》：何天之衢。虞翻曰：何，当也。何校灭耳，王肃云：何，荷担也。又《诗》：何戈与祋、何蓑何笠。传皆云揭也。揭者，举也。戈祋手举之，蓑笠身举之，皆担义之引伸也。凡经典作荷者，皆后人所窜改。"校，木囚也。何校灭耳，言戴枷刑厚重，以致淹没其耳。《系辞传》曰："善不积，不足以成名；恶不积，不足以灭身。小人以小善为无益，而弗为也；以小恶为无伤，而弗去也。故恶积而不可掩，罪大而不可解。《易》曰：何校灭耳，凶。"朱熹曰："何，负也。过极之阳，在卦之上，恶极罪大，凶之道也。故其象占如此。灭耳，盖罪其听之不聪也。若能审听，而早图之，则无此凶矣。"郑康成曰："离为槁木，坎为耳，木在耳上，何校灭耳之象。"按，离为槁木者，《说卦传》曰："离，其于木也，为科上槁。"

《象》曰："何校灭耳，聪不明也。"《说文》："聰（聪），察也。"段玉裁注："察者，覈也。聰、察以双声为训。"《说文》："覈，实也。其辞得实曰覈。"覈，即核，聪亦核。《史记·商君传》："反听之谓聪，内视之谓明。"聪不明，即核察未明。即谓五辞、五刑不简核。噬嗑卦上九，已过初、二、三、四、五，犯人既不正五刑，也不正五罚，又不入五过赦免，且留狱荷校灭耳，是审核狱情未明，乱刑之象，故曰："何校灭耳，聪不明也。"

凶　《吕刑》曰："惟克天德，自作元命，配享在下。"《正义》曰："惟克天德，言能效天为德。当谓天德平均，狱官效天为平均，凡能明于刑之中正矣。皇天无亲，惟德是辅。若能断狱平均者，必寿长久大命。大命由己而来，是自为大命。享，训当也。是此人能配当天命，在于天之下。郑云：大命，谓延期长久也。”能断狱中正，则长久大命；上九过中不正，故曰凶。又，苗民非察于狱刑，以取灭亡，故凶。《礼记·王制》曰：“刑者侀也，侀者成也，一成而不可变，故君子尽心焉。析言破律，乱名改作，执左道以乱政，杀。”谓巧卖法令、更造法度者凶。上九，过犹不及。何校灭耳，察核不明，未正刑罚，量刑不中正，或大命不长，或如苗民绝世，或自取杀身，是以凶。

第二十二卦　贲

☶艮上
☲离下

贲，亨，小利，有攸往。

〔译〕贲，亨通，小者利，有所往。

《彖》曰：“贲，亨，柔来而文刚，故亨。分刚上而文柔，故小利。有攸往，天文也；文明以止，人文也。观乎天文，以察时变；观乎人文，以化成天下。

《象》曰：“山下有火，贲，君子以明庶政，无敢折狱。”

〔证〕

离下艮上　初之三为离，离为日；二之四为坎，坎为月；三之五为震，震为动；四之上为艮，艮为山：为日月往来，出入于山。贲卦，日落山下，月上山麓，为太阳落山，月亮升起之卦。

《山海经·大荒东经》，记日月所出之山：“东海之外，大荒之中，有山名曰大言，日月所出。”《山海经校注》袁珂案：“此大言山，为日月所出山之一也。”又，“大荒之中，有山名曰合虚，日月所出。”珂案：“此合虚山，为日月所出山之二也。”又，“大荒中，有山名曰明星，日月所出。”珂案：“此明星山，为日月所出山之三也。”又，“大荒之中，有山名曰鞠陵于天、东极、离瞀，日月所出。”珂案：“此鞠陵于天山（包括东极、离瞀二山），为日月所出之四也。”又，“大荒之中，有山名猗天苏门，日月所生。”珂案：“此猗天苏门山，为日月所出山之五也。”又，“东荒之中，有山名曰壑明俊疾，日月所出。”珂案：“此壑明俊疾山，为日月所出山之六也。”

《山海经·大荒西经》，记日月所入之山：“大荒之中，有山名曰丰沮玉门，日月所入。”《山海经校注》袁珂案：“此丰沮玉门山，为日月所入山之一也。”又，“大荒之中，有龙山，日月所入。”珂案：“此龙山，为日月所入山之二也。”又，“大荒之中，有山名日月山，天枢也。吴姖天门，日月所入。”珂案：“此日月山，为日月所入山之三也。”又，“大荒之中，有山名曰鏖鏊巨，日月所入者。”珂案：“此鏖鏊巨山，为日月所入山之四也。”又，“大荒之中，有山名曰常阳之山，日月所入。”珂案：“此常阳之山，为日月所入山之五也。”又，“大荒之中，有山名曰大荒之山，日月所入。”珂案：“此大荒之山，盖日月所入山之六也。”

袁珂《山海经校注》，于“东海之外，大荒之中，有山名曰大言”下，案曰：“《山海经》，记日月所出之山，凡六（杨慎《补注》云七，盖合汤谷扶木而计也。然汤谷扶木，仅日出之地，非日月所出之地)：曰大言山、曰合虚山、曰明星山、曰鞠陵于天山、曰猗天苏门山、曰壑明俊疾山，皆在《大荒东经》；纪日月所入之山，亦六（杨慎《补注》云五，盖漏列龙山也)：曰丰沮玉门山、曰龙山、曰日月山、曰鏖鏊巨山、曰常阳山、曰大荒山，皆在大荒西经。”六个日月所出之山，六个日月所入之山，正是从冬至到夏至，太阳由南往北，每月所移出入之山；又是再从夏至到冬至，太阳由北往南，每月所移出入之山。来回各六个月，为一回归年。《淮南子·天文训》：“日冬至，日出东南维，入西南维。至春、秋分，日出东中，入西中。夏至，出东北维，入西北维。”贲卦，阴三阳三，阴阳均分，盖当春分、秋分之时。此时，太阳出入于地球南北之中，即日月出东方之山，日月落西方之山，昼夜等长。伏羲八卦，离为日，位正东；坎为月，位正西；艮为山，为径路：正是日月出入，于正东正西之山。

贲卦，有天文，有人文。《彖》曰：“观乎天文，以察时变；观乎人文，以化成天下。”《邶风·日月》：“日居月诸，照临下土”；“日居月诸，下土是冒”；“日居月诸，出自东方”；“日居月诸，东方自出”。《正义》曰：“言日乎日以照昼，月乎月以照夜，故得同曜齐明，而照临下土。以兴国君也，夫人也。国君视外治，夫人视内政，亦当同德齐意，以治理国事，如此是其常道。”曰，“言日乎月乎，日之始照，月之盛望，皆出东方。言月盛之时，有与日同。以兴国君也，夫人也。国君之平常，夫人之隆盛，皆秉其国事。夫人之盛时，亦当与君同，如此是其常。”又曰，“日月虽分照昼夜，而日恒明，月则有盈有缺，不常盛；盛则与日皆出东方。犹君与夫人，虽各听内外，而君恒伸，夫人有屈有伸；伸则与君同居尊位。故笺云：夫人当盛之时，与君同位。”贲卦，日月升于山下，为日居月诸，出自东方。日与月，同曜齐明，为天文；犹国君与夫人，同德齐意，为人文。

《柏舟》云：“日居月诸，胡迭而微？”郑笺：“日，君象也；月，臣象也；微，谓亏伤也。君道当常明如日，而月有亏盈。今君失道，而任小人，大臣专恣，则日如月然。”《正义》曰：“日当常明，月即有亏。今日何为与月更迭而亏伤乎？犹君何为与臣更迭而屈伸乎？日实无亏伤，但以日比君，假以言之耳。”曰，“《礼器》曰：大明生于东，月生于西，阴阳之分，夫妇之位，则日月喻夫妇也。《孝经谶》曰：兄日姊月。日月又喻兄姊。以其阴阳之象，故随尊卑为喻。”按，《说文》曰：“微，隐行也。从彳，散声。《春秋传》曰：白公其徒微之。”《左传》哀公十六年，杜预注：“微，匿也。”桂馥《说文解字义证》：“隐行也者，《一切经音义十四》云：《字林》：微，隐行也。字体从彳，散妙之散，从人。”按，日月昼夜更迭，隐行地下，为迭而微。日为阳，月为阴。阳以喻君，阴以喻臣。贲卦，日月之象，故《彖》曰：“观乎天文，以察时变；观乎人文，以化成天下。”

《小雅·十月之交》:“十月之交，朔月辛卯。日有食之，亦孔之丑。彼月而微，此日而微。今此下民，亦孔之哀。”毛传:“之交，日月之交会；丑，恶也。月臣道，日君道。”郑笺:“周之十月，夏之八月也。八月朔日，日月交会而日食，阴侵阳，臣侵君之象。日辰之义，日为君，辰为臣。辛，金也；卯，木也。又以卯侵辛，故甚恶也。微，谓不明也。彼月则有微，今此日反微，非其常，为异尤大也。君臣失道，灾害将起，故下民亦甚可哀。”《正义》曰:“交者，日月行相逮及，交而会聚，故云交会也。日月交会，谓朔日也。此言十月之交，即云朔月辛卯。朔月，即是之交为会也。古《历纬》及《周髀》，皆言周天三百六十五度，四分度之一。日月皆右行于天。日，日行一度；月，日行十三度，十九分度之七。是月行疾，日行迟。二十九日有余，而月行天一周，追及于日，而与之会，是会之交也。每月皆交会，而月或在日道表，或在日道里，故不食。其食要与交会，又月与日同道，乃食也。”贲卦，初之三为离，离为日，日为君；二之四为坎，坎为月，月为臣。月在日上，日之一半为月所掩。月侵日，为日食为天文；臣侵君，为君弱，为人文。又，离为火，坎为水。水性注下，火性炎上，有水火不相容之象。

《彖》曰:“分刚上而文柔，故小利，有攸往，天文也；文明以止，人文也。”贲卦，阴来分阳，而文柔，为天文；离下艮上，文明以止，为人文。《礼记·哀公问》云:“哀公问于孔子曰：大礼何如？君子之言礼，何其尊也？孔子曰：丘也小人，不足以知礼。君曰：否！吾子言之也。孔子曰：丘闻之，民之所由生，礼为大。非礼，无以节事天地之神也；非礼，无以辨君臣、上下、长幼之位也；非礼，无以别男女、父子、兄弟之亲，婚姻疏数之交也。君子以此之为尊敬然，然后以其所能，教百姓，不废其会节。”谓不废此上事之期节。是善为政者以礼，礼为节，节为止。贲卦，下卦为离，六二柔，而得中得正，在离明之中，为文明；上卦为艮，艮为止，止于上，为文明以止。王弼注:“止物不以威武，而以文明，人之文也。”程氏传:“天文，天之理；人文，人之道。”李道平《周易集解纂疏》曰:“愚案:《尧典》钦明文思安安，即文明以止之义也。”离，为日为君，阳中有阴，刚中有柔，谓人君，效天阴阳之道，成人文明之德，以礼仪节制天下。即观乎天文以察时变；观乎人文，以化成天下。

《鄘风·相鼠》之《序》曰:“《相鼠》，刺无礼也。卫文公能正其群臣；而刺在位，承先君之化，无礼仪也。”《正义》曰:“作《相鼠》诗者，刺无礼也。由卫文公能正其群臣，使有礼仪，故刺其在位，有承先君之化，无礼仪者。由文公能化之，使有礼，而刺其无礼者，所以美文公也。《凯风》美孝子，而反以刺君；此刺无礼，而反以美君：作者之本意然也。在位无礼仪，文公不黜之，以其承先君之化，弊风未革，身无大罪，不可废之故也。"《韩诗外传·卷一》："《传》曰：在天者莫明乎日月，在地者莫明于水火，在人者莫明乎礼义。故日月不高，则所照不远；水火不积，则光炎不博；礼义不加乎国家，则功名不白。故人之命在天，国之命在礼。君人者，降礼尊贤而王，重法爱民而霸；好利多诈而危，权谋倾覆而亡。《诗》曰：人而无礼，胡不遄死。"《诗》曰，即《相鼠》诗曰。按，《易》之贲卦，《诗》之《相鼠》，《韩诗外传》此篇，相因相通。《易》曰文明以止，《诗》曰文公能正群臣，《传》曰明 乎礼义，均以日月君臣大义为意。是贲卦之象，由《相鼠》与《外传》可见。

扬雄《太玄经》曰："饰，阴白阳黑，分行厥职，出入有饰："范望注："饰，象贲卦。谓之饰者，白露节终于此首之次五，秋分气起于此首之次六，斗指酉，南吕用事。阴升于西，故言白，阳退于北，故言黑。阴阳分职所主，白黑相袭，故谓之饰。饰之初一，入角宿七度。"司马光《太玄集注》："饰，准贲。入饰次八三十六分，一十五秒， 秋分气应。宋曰：阴气出治于上，故以白为饰。阳气入治于下，故以黑为饰。陆曰：阴时治西，故言白。阳退于北，故言黑。王曰：白为见，黑为隐，白黑分形，饰之象也。" 又，《太玄经》："疑，阴阳相硙，物咸彫离，若是若非。"司马光注："疑，亦准贲。硙，五对切。宋曰：物相切劘称硙。是时阴阳相劘，分数均，昼夜等。陆曰：彫，伤也；离，散也。阴卑而生，阳尊而废，故若是若非，疑之也。"按，《太玄》之饰、疑，阴阳均，昼夜等，日在角宿，即周之十月，夏之八月，故阴起阳退，阴白阳黑，仲秋气象。自此以后，天气渐渐冷肃，物咸彫离。贲卦，离下艮上，艮即八、九月，《太玄》得之。

贲 《说文》："贲，饰也。"段玉裁注："《易·象传》曰：山下有火，贲。《序卦传》曰：贲，饰也。按古假贲为奔。"朱骏声《说文通训定声》："贲，假借为奔。"又，《说文》："奔，走也。"段注："走者，趋也。《释宫》曰：堂上谓之行，堂下谓之步， 门外谓之趋，中庭谓之走，大路谓之奔。此析言之耳，浑言之，则奔、走、趋不别也。引伸之，凡赴急曰奔，凡出亡曰奔，其字古或假贲。"又，《说文》："走，趋也。"段注："《释名》曰：徐行曰步，疾行曰趋，疾趋曰走。"按奔，较趋走更疾。桂馥义证："《汉官仪》：虎贲，古官也。《书》称武王伐纣，虎贲三百人，言其猛怒如虎之奔赴。平帝元始元年，更名虎贲郎。古有勇者孟贲，改奔为贲。"容庚《金文编》："奔，从夭，从三止，奔之意也。"卉，由三止演变而来，故曰三止。《说文》："止，下基也。故以止为足。"按， 奔从三止，贲亦从三止，且两音相同，是奔与贲通假。

《周书·立政》："(周公)用咸戒于王曰：王左右常伯、常任、准人、缀衣、虎贲。"孔氏传："周公用王所立政之事，皆戒于王曰：常所长事、常所委任，谓三公六卿；准人，平法，谓士官；缀衣，掌衣服；虎贲，以武力事王：皆左右近臣，宜得其人。”《释文》曰：“贲，音奔。”《鄘风·鹑之奔奔》：“鹑之奔奔，鹊之彊彊。”郑笺：“奔奔彊彊，言其居有常匹，飞则相随之貌。”《左传》僖公五年曰：“鹑之贲贲。”《释文》：“贲，音奔。”襄公二十七年曰：“伯有赋《鹑之贲贲》。”《释文》：“贲，音奔。”杨伯峻《春秋左传注》：“《诗·鄘风》，今本作《鹑之奔奔》。”《礼记·表记》：“《诗》曰：鹊之姜姜，鹑之贲贲。”《释文》“贲，音奔。”孔颖达疏：“《诗》曰鹊之姜姜者，此《诗鄘风·鹑之奔奔篇》。”又，《小雅·白驹》：“皎皎白驹，贲然来思。”《诗集传》曰：“贲，音奔。贲然，光采之貌，或以为来之疾也。”《毛诗传笺通释》：“《释文》：贲，徐音奔。贲、奔古通用。《诗》：鹑之奔奔，《表记》、《吕氏春秋》，引《诗》俱作贲贲，是也。《考工记·弓人》郑注：奔，犹疾也。贲然，盖状马来疾行之貌。”是贲即奔。

《周礼·夏官》：“虎贲士，掌先后王，而趋以卒伍；军旅、会同亦如之。舍则守王闲；王在国，则守王宫；国有大故，则守王门；大丧亦如之。及葬，从遣车而哭。适四方使，则从士大夫。若通路不通，有征事，则奉书以使于四方。”《释文》：“贲，音奔。”郑氏注：“王出，将虎贲士居前后，虽群行，亦有分居。”又，“旅贲士，掌执戈盾，夹王车而趋，左八人，右八人，车止则持轮。凡祭祀、会同、宾客，则服而趋。丧纪，则衰葛执戈盾。军旅，则介而趋。”以上，虎贲士先后王而趋，旅贲士夹王车而趋，是皆为王趋。贲，即奔。《说文》：“奔，走也。”“走，趋也。”于象，坎为弓轮，离为甲胄为戈兵，艮为径路为止，是两种贲士，随王先后，夹王车而趋奔，故名为贲。

《白虎通·日月》云：“日行迟，月行疾何？君舒臣劳也。日，日行一度，月，日行十三度，十九分度之七。《感精符》曰：三纲之义，日为君，月为臣也。”陈立疏证：“《周髀算经》云：日月俱起建星，月疾，日度迟，日月相逐，于二十九日三十日间。而日行天二十九度，余未有定分，于是三百六十五日，南极景长，明日反短，以岁终日影反长，故知之也。《古微书》载《考灵耀》云：日行迟，月行疾何？君舒臣劳也。日，日行一度，月，日行十三度，十九分度之七，故日一月行二十九度半余；月一月行天一匝，三百六十五度，四分度之一，过而更行二十九度半余，而与日会。所会之处，谓之为辰也。《左疏》引《感精符》云：日者阳之精，月者阴之精，日阳月阴，故日君月臣也。故《诗·柏舟篇》：日居月诸。传云：日，君象；月，臣象也。”贲卦，初之三为离，离为日为君，君行迟；二之四为坎，坎为月为臣，臣行疾；四之上为艮，艮为山为径路：是日月出入于山，犹君行迟，臣行疾。在天文为日月之象，日迟月疾；在人文为君臣之象，君舒臣劳。贲卦，戒从王事之臣行疾。行疾为奔，故名贲。

又，《太玄经·视》云：“上九、日没其光，贲于东方，用视厥始。测曰：日没贲东，终顾始也。”司马光《太玄集注》：“范曰：贲，黄白色也。小宋曰：日之将没，贲在东方。光谓：九居视之终，而当昼。君子修德立功，慎终如始，如日之将没，反照东方。《易》曰：视履考祥，其旋元吉。”日没贲东，月出贲西。贲卦，有日没月出之象，是以为贲。《太玄经·饰》云：“阴白阳黑，分行其职，出入有饰。”范望注：“饰，上下象贲卦。阴升于西，故言白；阳退于北，故言黑。阴阳分职所主，白黑相袭谓之饰。”按，月为阴精，日为阳精。《太玄》准《周易》，饰即贲。所谓阴白阳黑，谓月白日黑，即贲卦日没月起之象。日月之行，为天奔命，不可或失。是以日月奔行于天，皆为贲。

《孔子家语·好生》云：“孔子尝自筮，其卦得贲焉，愀然有不平之状。子张进曰：师闻卜者得贲卦，吉也；而夫子之色有不平，何也？孔子对曰：以其离邪！在《周易》，山下有火谓之贲，非正色之卦也。夫质也，黑白宜正焉。今得贲，非吾兆也。吾闻：丹漆不文，白玉不雕，质有余，不受饰故也。”言贲，质不足，是故而受饰。又，《说苑·反质篇》云：“孔子曰：贲非正色也，是以叹之。吾思也质素：白当正白，黑当正黑。夫质又何也？吾亦闻之：丹漆不文，白玉不雕，宝玉不饰，何也？质有余者，不受饰也。”按，既济卦，离下坎上，日黑月白，正色之卦。今贲卦，初之三为离，二之四为坎。离为日，日在下，受白之饰，当黑不黑；坎为月，月不在上，而在中受黑之饰，当白不白。故贲卦为日月相饰之卦，是以谓贲为饰。贲，谓日月之行；饰，谓日月相饰。故《序卦传》曰：“贲者，饰也。”《说文》：“贲，饰也。”

亨　《彖》曰：“贲亨，柔来而文刚，故亨。”《杂卦传》曰：“乾刚坤柔。”柔来而文刚者，谓乾卦之中，而来坤爻，刚中有柔，刚健变成文明。离，外刚内柔，刚柔并济，故亨通。又，初九刚，得正位；九三刚，亦得正位；六二柔，不仅得正，而且得中。下离得中得正，刚柔正而位当，故而亨通。离卦《彖》曰：“离，丽也。日月丽乎天；百谷草木丽乎地；重明以丽乎正，乃化成天下；柔丽乎中正，故亨。”是离，丽天丽地，丽乎中正，化成天下，故亨。万物滋生靠太阳，唯离唯明，是以离为亨通。又，离为日，日为王，故《虞书·尧典》曰：“若稽古帝尧，曰放勳。钦明文思安安，允恭克让，光被四表，格于上下。克明俊德，以亲九族。九族既睦，平章百姓。百姓昭明，协和万邦，黎民于变时雍。”在天，日明为亨；在地，王明为亨。

按离，柔在刚中，以文明为亨。同人卦，离下乾上。卦辞曰：“同人于野，亨。”《彖》曰：“同人，柔得位得中，而应乎乾，曰同人。同人曰：同人于野，亨。”同人，以柔得离之中正而亨，即以离而亨。大有卦，乾下离上。卦辞曰：“大有，元亨。”《彖》曰：“大有，柔得尊位，大中而上下应之，曰大有。其德刚健而文明，应乎天而时行，是以元亨。”是亨，亦谓柔得尊位，大中而上下应之之离。噬嗑卦，震下离上。卦辞曰：“噬嗑，亨。”

《彖》曰："噬嗑而亨，刚柔分，动而明，雷电合而章，柔得中而上行。"明、电、柔得中，亦皆谓噬嗑，有离明而亨。离卦，离下离上。卦辞曰："离，利贞，亨。"《彖》曰："柔丽乎中正，故亨。"上下离，皆柔得中正，故是离为亨。革卦，离下兑上。卦辞曰："革，元亨。"《彖》曰："文明以说，大亨以正。"亦谓离为文明中正，为亨。鼎卦，巽下离上。卦辞曰："鼎，亨。"《彖》曰："得中而应乎刚，是以元亨。"谓离柔得中，而应乎刚，是以亨。丰卦，离下震上。卦辞曰："丰，亨。"《彖》曰："明以动，故丰（亨）。"以离明为亨。旅卦，艮下离上。卦辞曰："旅，小亨。"《彖》曰："旅，小亨，柔得中乎外，而顺乎刚，止而丽乎明，是以小亨。"亨，亦谓柔得中之离。既济卦，离下坎上。卦辞曰："既济，亨。"《彖》曰："既济亨，小者亨也。"坎为月为小，离为明为亨。未济卦，坎下离上。卦辞曰："未济，亨。"《彖》曰："未济亨，柔得中也。"离柔得中，故亨。贲卦，《彖》曰："柔来而文刚，故亨。"即谓离柔文刚而中正，故亨。是离之所以亨，由柔得中而文明。

《论语·尧典》："尧曰：咨，尔舜！天之历数在尔躬，允执其中，四海困穷，天禄永终。"刘宝楠《论语正义》："执中者，谓执中道用之。《礼·中庸》云：子曰：舜其大知也与！执其两端，用其中于民。执而用中，舜所受尧之道也。用中即中庸，故庸训用也。中庸之义，自尧发之，其后圣贤，论政治学术，咸于此。"《礼记·中庸》曰："中也者，天下之大本也；和也者，天下之达道也。致中和，天地位焉，万物育焉。仲尼曰：君子中庸，小人反中庸。君子之中庸也，君子而时中；小人之反中庸也，小人而无忌惮也。子曰：中庸其至矣乎，民鲜能久矣。子曰：道之不行也，我知之矣：知者过之，愚者不及也。道之不明也，我知之矣：贤者过之，不肖者不及矣。"中者，无过无不及，中和而致之。离，柔来文刚，得中和之道，是以亨通。

小利 阳为大，阴为小。如：小畜卦，乾下巽上。卦辞曰："小畜，亨。"《彖》曰："柔得位，而上下应之，曰小畜。"六四阴柔，为小。泰卦，乾下坤上。卦辞曰："小往大来。"坤阴往上，为小往；乾阳来下，为大来。否卦，坤下乾上。卦辞曰："大往小来。"乾阳往上，为大往；坤阴来下，为小来。遁卦，艮下乾上。卦辞曰："小利贞。"《彖》曰："小利贞，浸而长也。"初六、六二，两阴为小；处长势，为利正。睽卦，兑下离上。卦辞曰："小事吉。"《彖》曰："说而丽乎明，得中而应乎刚，是以小事吉。"指六三奉上，六五应刚，阴为小，为小事吉。旅卦，艮下离上。卦辞曰："旅，小亨。"《彖》曰："柔得中乎外，而顺乎刚，止而丽乎明，是以小亨。"阴柔为小，柔得中乎外，而顺乎刚，是以小亨。巽卦，巽下巽上。卦辞曰："巽，小亨。"《彖》曰："柔皆顺乎刚，是以小亨。"阴柔皆得以顺乎阳，为小亨。小过卦，艮下震上。卦辞曰："小过，亨。小事吉。"《彖》

曰："小过，小者过而亨也。柔得中，是以小事吉也。"阴为小者，十月坤阴过，阳气来，为小者过，为亨。六二、六五得中位，为柔得中，是以小事吉。既济卦，离下坎上。卦辞曰："既济，亨，小利贞。"《彖》曰："既济亨，小者亨也。"既济卦，离为日，坎为月。太阳为大，太阴为小。月在日上，月升日降，为小者亨。贲卦，初之三为离，二之四为坎。离下坎上，犹既济卦然，月升日降，为小者利。然既济卦，刚柔皆正位，曰小利贞。贲卦，刚柔未得全正，只正于坎月，但曰小利。故阴为小，小利，即小者利，月为阴精，此处谓利于月之行。

《彖》曰："分刚上而文柔，故小利。"贲卦，离下艮上。坎月乃得六二、九三、六四而成。离为阳，阳为刚。坎月分下离之光而上，而阴阳相杂，为分刚上而文柔。月之亮，源于日之光。月从朔日起，得日之光而渐大，由蛾眉月，而弓月，而凸月，而满月。杨泉《物理论》曰："月，阴之精，其形也圆，其质也清。禀日之光，而见其体；日不照，则谓之魄。故月望之日，日月相望。人居间，尽睹其明，故形圆也。二弦之日，日照其侧，人观其旁，故半照半魄也。晦朔之日，日照其表，人在其里，故不见也。"陈立《白虎通；日月》疏证："月初未正对日，故无光阙。月半而与日相对，故光满。十六日已后渐阙，亦渐不对日也。"

朱星《古代文化基本知识·月相》云："一般分月为六期：朔，每月初一。朔从屰、月。屰即逆，迎也，准备欢迎明月回来。朏，月生三日，光未盛。从出，表示月又要出来。明，《说文》：照也，古文囧。囧是窗。按日月相照为明。古人已知月自己无光，因照日而生光。望，十五日，即满月。与日相望，是日光全照在月上，月正走在与地球、太阳一条线上。魄，指月十六日后，所生阴影。魄是形声字，从白声；鬼，归也，表示月光将死。晦，月终一日。《说文》：月尽也。又，每与昧字声同。"按月终，月在太阳与地球之中，因昧光为晦。又云，"月，又分新月、残月、上弦、下弦。月如弓，指上弦下弦。弦，即弓弦。月已半，月如弓。初七、八，月上缺，如弓弦向上，称上弦。二十四、五，月下缺，如弓弦向下，称下弦。"贲卦，阴阳等分，为春分、秋分之象。又，初之三为离，离为日；二之四为坎，坎为月，是坎月得离日半照，为上弦。《彖》曰："分刚上而文柔，小利。"月得日半照，其光文柔而渐满。太阳为大，月亮为小。上半月，为月渐盈之时，故小者利，为小利。

有攸往 谓日月有所往。《系辞传》曰："天下何思何虑？日往则月来，月往则日来，日月相推，而明生焉。寒往则暑来，暑往则寒来，寒暑相推，而岁成焉。往者屈也，来者信也，屈信相感，而利生焉。"日月往来相推，明生、岁成、利生，即日月有攸往之谓，即天文。《虞书·尧典》曰："乃命羲和，钦若昊天，历象日月星辰，敬授人时。"

《正义》曰："（尧）乃命有俊明之人，羲氏和氏，敬顺昊天之命，历此法，象其日之甲乙，月之大小，昏明递中之星，日月所会之辰，定其所行之数，以为一岁之历。乃依此历，敬授下人，以天时之早晚。"《礼记·月令》，孔颖达疏曰："其天高地下，日盈月缺，觜星度少，共斗度多，日月右行，星辰左转，四游升降之差，二仪运动之法，非由人事所作，皆是造化自然。先儒因其自然，遂以人事为义。"贲卦《彖》曰："有攸往，天文也；文明以止，人文也。"日月往来，寒暑相推，为有攸往，为造化自然，为天文；先儒因其自然，遂以人事为义，为文明以止，为人文。

《彖》曰："观乎天文，以察时变。"《白虎通·日月》："所以必有昼夜何？备阴阳也。日照昼，月照夜。日所以长短何？阴阳更相用事也。故夏节昼长，冬节夜长。夏日宿在东井，出寅入戌；冬日宿在牵牛，出辰入申。"陈立疏证："《诗疏》引马注云：古制漏刻，昼夜百刻：昼长六十刻，夜短四十刻；夜长六十刻，昼短四十刻；昼中五十刻，夜亦五十刻。《汉书·律历志》：冬至之时，日在牵牛初度；春分之时，日在娄四度；夏至之时，日在东井三十一度；秋分之时，日在角十度。《御览》引《考灵耀》云：仲春仲秋，日出于卯，入于酉。仲夏日出于寅，入于戌。仲冬日出于辰，入于申。其言四时短长之数，与此同也。又引《物理论》曰：夏则阳盛阴衰，故昼长夜短。冬则阴盛阳衰，故昼短夜长。行阳之道长，故出入卯酉之北。行阴之道短，故出入卯酉之南。春秋阴阳等，故日行中乎，昼夜等也。"以上，观乎日月星辰之行，得以察四时之变。

《彖》曰："观乎人文，以化成天下。"贲卦，有天文，日月星辰四时；有人文，君臣父子夫妇。家人卦，离下巽上。初之三为离日，二之四为坎月，男女君臣之象。卦辞曰："家人，利女贞。"《彖》曰"家人，女正位乎内，男正位乎外，男女正天地之大义也。家人有严君焉，父母之谓也。父父，子子，兄兄，弟弟，夫夫，妇妇，而家道正，正家而天下定矣。"贲卦，离下艮上。初之三为离日，二之四为坎月，男女君臣之象。卦辞曰："贲，小利。"小为女，女利，犹利女。贲卦，六二在中馈，亦阴在内，阳在外，为女正位乎内，男正位乎外，男女正，得天地之大义。男女正，则家有严君，有父母。是以父父，子子，兄兄，弟弟，夫夫，妇妇。君臣如父子，家道正，是以君臣正，是以正家而天下定。是以观乎人文之理，可以得父子君臣之义，可以化成天下。程氏传："人文，人理之伦序。观人文以教化天下，天下成其礼俗，乃圣人用贲之道也。"

《象》曰："山下有火，贲，君子以明庶政，无敢折狱。"《周书·周官》："庶政惟和。"孔氏传："官职有序，故众政惟和。"庶政，众政，各种政务。程氏传："山者，草木百物之所聚生也。火在其下而上照，庶类皆被其光明，为贲饰之象也。君子观山下有火明照之象，以修明其庶政，成文明之治，而无果敢于折狱也。折狱者，人君之所至慎也；岂可持其明，而轻自用乎？乃圣人之用心也，为戒深矣。象之所取，唯以山下有火，明照庶物，以用明为戒；而贲，亦自有无敢折狱之义。折狱者，专用情实；有文饰，则没其情矣，故无敢用文以折狱也。”朱熹曰：“山下有火，明不及远。明庶政，事之小者。折狱，事之大者。内离明，而外艮止，故取象如此。”李道平《周易集解纂疏》：“愚案：动无不明，雷电之象也。故噬嗑利用狱。明而忽止，山火之象也，故贲无敢折狱。”

人命关天，上明明刑狱，下明明庶政。上明明刑狱者：噬嗑卦，震下离上。卦辞曰：“噬嗑，亨，利用狱。”《象》曰：“雷电，噬嗑，先王以明罚敕法。”旅卦，艮下离上。《象》曰：“山上有火，旅，君子以明慎用刑，而不留狱。”中孚卦，兑下巽上。《象》曰：“泽上有风，中孚，君子以议狱缓死。”中孚大离象，大离大明，故君子以议狱缓死。下明明庶政者：同人卦，离下乾上。《象》曰：“天与火，同人，君子以类族辨物。”明夷卦，离下坤上。《象》曰：“明入地中，明夷，君子以莅众，用晦而明。”家人卦，离下巽上。《象》曰：“风自火出，家人，君子以言有物，而行有恒。”革卦，离下兑上。《象》曰：“泽中有火，革，君子以治历明时。”既济卦，离下坎上。《象》曰：“水在火上，既济，君子以思患，而豫防之。”贲卦，离下艮上。《象》曰：“山下有火，贲，君子以明庶政，无敢折狱。”上明明狱刑，明足以折狱；下明明庶政，明不足以折狱。贲卦下明，故《象》曰：“君子以明庶政，不敢折狱。”另，丰卦，离下震上。《象》曰：“雷电皆至，丰，君子以折狱致刑。”上震为雷，下离为电，雷电皆至，折狱致刑，重在致刑。

《虞书·舜典》：“帝曰：皋陶！蛮夷猾夏，寇贼奸宄。汝作士，五刑有服，五服三就，五流有宅，五宅三居，惟明克允。”舜帝以皋陶惟明克允，而命作士理官，即狱官。《大禹漠》：“帝曰：皋陶！汝作士，明于五刑。”亦言皋陶明于五刑而作士。《夏书·益稷》：“皋陶方施象刑惟明。”又谓皋陶于四方施其法刑以明。《周书·康诰》：“王曰：封！敬明乃罚。”谓凡行刑罚，必敬慎明察。《吕刑》：“故乃明于刑之中，率乂于民棐彝。”《正义》曰：“刑者 ，所以助教，而不可专用，非是身有明德，则不能用刑。以天下之大，万方之众，必当尽能用刑，天下乃治。此美尧，能使天下皆勤立德，故乃能明于用刑之中正。”又，《无逸》曰：“乱罚无罪，杀无辜，怨有同，是丛于厥身。”《正义》曰：“罚无罪，杀无辜，罚杀欲以止怨，乃令人怨益甚。天下之民，有同怨君，令怨恶聚于其身。”《象》曰：“山下有火。贲，君子以明庶政，无敢折狱。”即谓下明明庶政，上明明折狱。若下明折狱，必草菅人命，为君王敛怨，故曰无敢折狱。

噬嗑卦和贲卦，互为邻卦和综卦。《序卦传》曰：“嗑者，合也。“物不可以苟合而已，故受之以贲。”《后汉书·律历下》曰：“日月相推，日舒月速，当其同所，谓之合朔。舒先速后，近一远三，谓之弦。相与为衡，分天之中，谓之望。以速及舒，光尽体伏，谓之晦。晦朔合离，斗建移辰，谓之月。”贲卦，日月卦。合，谓日月运行，处于同宫同度，一般指夏历每月初一，谓之合朔。此时日月邻近，在一横线上，为日月相会合。《汉书·天文志》：“日有中道，月有九行。中道者，黄道，一曰光道。光道：北至东井，去北极近；南至牵牛，去北极远；东至角，西至娄，去极中。月有九行者：黑道二，出黄道北；赤道二，出黄道南；白道二，出黄道西；青道二，出黄道东。”日月虽有会合，然日行缓，月行疾，日有中道，月有九行；君舒臣劳，君有君道，臣有臣道：是物不可以苟合而已，故受之以贲。贲，即奔，日月、君臣，各有所奔命。又，噬嗑卦，震下离上，以上明临下，故《象》曰：“先王以明罚敕法。”贲卦，离下艮上，其离在下，明不及远，故《象》曰：“君子以明庶政，无敢折狱。”是两卦互为倒卦。

贲卦和困卦，互为错卦，贲卦，离下艮上；困卦，坎下兑上，两卦阴阳相反。贲卦卦辞曰：“小利。”阴为小，小利，谓阴利。困卦卦辞曰：“大人吉。”阳为大，大人吉，谓阳吉。阴利阳吉，两卦阴阳相错。贲卦《彖》曰：“贲亨，柔来而文刚，故亨。分刚上而文柔，故小利，有攸往，天文也。”困卦《彖》曰：“困，刚掩也。险以说，困而不失其所亨，其唯君子乎！贞，大人吉，以刚中也。”前者柔来文刚，后者刚被柔掩；前者小利，后者大人吉；前者有攸往，天文也，谓月阴，后者大人吉，以刚中也，谓阳刚：是以两卦错然。又，贲卦，《象》曰：“山下有火，贲，君子以明庶政，无敢折狱。”困卦《象》曰：“泽无水，困，君子以致命遂志。”前者山下有火，后者泽中无水；前者为奔，有攸往，后者为困，刚掩也；前者君子以明庶政，无敢折狱，事小；后者君子以致命遂志，事大：是互为相错之卦。

贲卦和明夷卦，互为类似卦。贲卦，离下艮上。离为日，艮为山，日在山下。明夷卦，离下坤上。离为日，坤为地，日在地下。两卦离在下位，离皆为日；又，两卦中为互坎，坎皆为月：是两卦同有日象和月象。日月之象，有君臣大义。贲卦，重在言月，月在离前，月行疾，日行缓，臣劳君舒，故卦辞曰：“小利，有攸往。”明夷卦，重在言日，日在月后，为月所掩，故卦辞曰：“利艰贞。”贲卦言月升于山，故《彖》曰：“分刚上而文柔，故小利，有攸往。”谓月分得日光而上升，故月有利，有所前往。明夷卦言日落于地，故《彖》曰：“内文明而外柔顺，以蒙大难，文王以之。”谓日落地中，似文王拘羑里，终得以显。又，贲卦《彖》曰：“小利，有攸往，天文也；文明以止，人文也。”明夷卦《彖》曰：“明入地中，明夷。内文明而外柔顺，以蒙大难，文王以之。”亦天文和人文。是以两卦相似相异，见智见仁。

贲卦和旅卦，上下单卦互易。贲卦，离下艮上，离明在艮山之下，为明不及远。故《象》曰："山下有火，贲，君子以明庶政，无敢折狱。"谓此类君子，只可修明政事，不可折狱。旅卦，艮下离上，离明在艮山之上，为明能及远。故《象》曰："山上有火，旅，君子以明慎用刑，而不留狱。"谓此类君子，可以明慎使用刑罚，而不滞留狱情。《周易》六十四卦，离于十五卦十六见，离卦重明两见。其中，言治狱和刑罚者，有噬嗑卦、贲卦、丰卦、旅卦。又，中孚卦为大离，其《象》亦曰："君子以议狱缓死。"《左传》庄公十年春："齐师伐我，公将战。曹刿请见。乃入见，问：何以战？公曰：衣食所安，弗敢专也，必以分人。对曰：小惠未遍，民弗从也。公曰：牺牲、玉帛，弗敢加也，必以信。对曰：小信未孚，神弗福也。公曰：小大之狱，虽不能察，必以情。对曰：忠之属也，可以一战。"古人重视狱讼，讲求明察忠信。离为明，有中孚之象，故明在上者，多涉治狱，以其事关生杀予夺。

初九，贲其趾，舍车而徒。

[译] 初九，太阳奔腾其足落山，弃车徒步行走。

《象》曰："舍车而徒，义弗乘也。"

〔证〕

贲其趾 《周南·麟之趾》曰："麟之趾，振振公子。"毛传："趾，足也。麟信而应礼，以足至者也。"《经典释文》曰："本或直云麟止，无之字。止，本亦作趾，两通。"《诗毛氏传疏》："趾，《释文》作止。《尔雅》：止，足也，今作趾。止、趾古今字。止与至同，故传既释止为足，又以足至，申明止足之义。"《豳风·七月》："四之日举趾。"毛传："四之日，周四月也，民无不举足而耕矣。"《诗毛氏传疏》："《汉书·食货志》引《诗》：四之日举止。止、趾古今字，传训为足《麟之止》同。"《诗集传》曰："举趾，举足而耕也。"《尔雅》郭璞注："足，脚。"是止、趾、足、脚四字通。贲为奔。贲其趾，谓其脚奔赴。贲卦，初之三为离，离为日。又，伏羲八卦方位，离东坎西。日来坎下，为日落西下。初九，为离之下爻，似日之脚，故曰贲其趾。谓日奔腾其脚，向西落下。

舍车而徒 《说文》："徒，步行也。"桂馥义证："步行也者，《易》贲卦：舍车而徒。王肃云：是徒步也。"屈原《离骚》曰："吾令羲和弭节兮，望崦嵫而勿迫。"王逸注："羲和，日御也。弭，按也。按节，徐步也。崦嵫，日所入山也。下有蒙水，水中有虞渊。迫，附也。言我恐日暮年老，道德不施，欲令日御按节徐行，望日所入之山，且勿附近，冀及盛时，遇贤君也。"《天问》曰："羲和之未扬，若华何光？"王逸注："羲和，日御也。"《广雅·释天》："日御谓之羲和，月御谓之望舒。"张揖《广雅疏证》，引许慎注云：“日乘车，驾以六龙，羲和御之。”又，郭宪《别国洞冥记》(卷第四)：“朔曰：东北有地日之草，西南有春生之魚。帝曰：何以知之。朔曰：三足乌数下地食此草，羲和欲驭，以手掩乌目，不听下也。”《说文》：“驭，古文御。”羲和为日御，是日乘车而行。乾卦《彖》曰：“大明终始，六位时成，时乘六龙以御天。”大明谓日，日乘六龙以御天，谓日乘六龙所驾之车而行。六龙谓阳，阳为昼，是日昼间乘车而行。既济卦，离下坎上。初九曰：“曳其轮，濡其尾。”贲卦，初之三之象，与既济同，亦谓日圆如轮，行空如乘车，日落为舍车。

《淮南子·天文训》：“日出于旸谷，浴于咸池。拂于扶桑，是谓晨明。登于扶桑，爰始将行，是谓朏明。至于曲阿，是谓旦明。至于曾泉，是谓蚤食。至于桑野，是谓晏食。至于衡阳，是谓隅中。至于昆吾，是谓正中。至鸟次，是谓小还。至于悲谷，是谓餔时。至于女纪，是谓大还。至于渊虞，是谓高舂。至于连石，是谓下舂。至于悲泉，爰止其女，爰息其马，是谓县车。至于虞渊，是谓黄昏。至于蒙谷，是谓定昏。日入于虞渊之汜，曙于蒙谷之浦。行九州七舍，有五亿万，七千三百九里。禹以为朝、昼、昏、夜。”何宁《淮南子集释》：“庄逵吉云：《太平御览》引作：爰止羲和，爰息六螭，是谓县车。洪兴祖云：虞世南引云：爰止羲和，爰息六螭，是谓县车。案：徐坚引注云：日乘车，驾以六龙，羲和御之。日至此而薄于虞渊，羲和至此而回。六螭即六龙也。”县，读为悬。日至悲泉，爰止其女，爰息其马，是谓县车，乃谓日昼行乘车，至悲泉，即至于虞渊，是谓黄昏之前，舍车而徒。贲卦，初之三为离为日，二之四为坎，为陷为水，离已入坎，是日进虞渊，黄昏之时，为日落山水之下。

《象》曰：“舍车而徒，义弗乘也。”《虞书·尧典》：“乃命羲和，钦若昊天，历象日月星辰，敬授人时。”孔氏传：“重黎之后，羲氏、和氏，世掌天地四时之官，故尧命之，使敬顺昊天。”羲氏、和氏，本为帝尧时，执掌天文历数之官。神话合为一人，为日御。《夏书·胤征》：“政典曰：先时者杀无赦，不及时者杀无赦。”又，《序》曰：“羲和湎淫，废时乱日，胤往征之。”孔氏传：“先时，谓历象之法。四时节气，弦望晦朔。先天时，则罪死无赦；不及，谓历象后天时。虽治其官，苟有先后之差，则无赦，况废官乎？”古人敬顺天时，不乱行次。一昼夜十二时，日职事六时，月职事六时。故乾卦《彖》曰：“大明终始，六位时成，时乘六龙以御天。”日从出山至落山，六时已成，故《象》曰：“舍车而徒，义弗乘也。”谓白昼已过，太阳当落，月亮当起。又，明夷卦，离下坤上。初九《象》曰：“君子于行，义不食也。”既济卦，离下坎上。初九《象》曰：“曳其轮，义无咎也。”并此舍车而徒，义弗乘也，皆谓日落下地。坎为车，离日当在坎车之上；今来坎车之下，是舍车而徒之象。

六二，贲其须

〔译〕　六二，日之奔赴，迟缓等待。

《象》曰：“贲其须，与上兴也。”

〔证〕

贲其须　段玉裁《说文解字注》：“须，俗假须为需。”又，“需，䇓也。遇雨不进，止䇓也。从雨而。《易》曰：云上于天，需。䇓者，待也。以迭韵为训。《易・彖传》曰：需，须也。须即䇓之假借也。《左传》曰：需，事之贼也。又曰，需，事之下也。皆待之义也，凡相待而成曰需。”又，“䇓，立而待也。从立，须声。今字多作需、作须，而䇓废也。雨部曰：需，䇓也，遇雨不进，止䇓也。引《易》：云上于天，需。需与䇓，音义皆同。樊迟名须。须者，䇓之假借。䇓字，仅见《汉书・翟方进传》。”桂馥《说文解字义证》，䇓字下曰：“《五经文字》：须，今借为须待，字本作䇓，今不行已久。”朱骏声《说文通训定声》：“须，假借为䇓。”又，“䇓，待也。从立，须声。《汉书・翟方进传》：下车立䇓。经传皆以须为之。”又，“需，䇓也，遇雨不进，止䇓也。从雨，而声。《易》曰：云上于天，需。按许意，谓而者须也，须者䇓也。《公羊传》：而者何？难也。《谷梁传》：而，缓词也。亦䇓意。而引《周易》：云上于天，需。李阳冰傅会其说，谓字从雨从天。非是。”按，篆文天与而近，需字，当从雨从天，《易》说与李阳冰说不误。云上于天，需。需则䇓，省作须，待意。又，《广韵・虞韵》：“须，意所欲也。”《篇海类编》：“须，待也。”《正字通》：“须，迟缓也。”

《象》曰：“贲其须，与上兴也。”《说文》：“兴，起也。”贲卦，下离上艮，离为日，艮为山。二之四为坎，坎为月，月升于山之腰，日动于山之下。日月一上一下，一前一后，故曰在下之日，与在上之月，相继兴起。《七略・京房易说》：“月与星至阴也。有形无光，日照之乃有光。喻如镜照日，即有影见。月初，光见西方；望以后，光见东：皆日所照也。”日月会合，朔日初一夜黑，不见月光，初二初生明，初三月如钩，初四、初五娥眉月，夜始亮。初八、初九月半明，为上弦。贲卦，离日照坎月之半，是月半现半隐。日照昼，月照夜。月行疾，日行迟，是以月渐盈。如日行疾，则月不按时盈缺。君臣如日月，君劳臣舒，则臣不得尽职，不归功于王，失君臣之义。《象》曰：“贲其须，与上兴也。”犹言日之奔赴，迟缓等待，以与在上之月，互相兴起。下离，得中得正，上有艮止，是以行止中正，故有是象。须，相须，相与配合。

《说文》：“**與**（与），党**與**也。从舁与。”段玉裁注：“党当作**攩**。**攩**朋群也。**與**，当作与。与，赐予也。从舁与，会意。共举而与之也。”又，《说文》：“興（兴），起也。从异同，同力也。”段注：“从廾同，会意，说从同之意。”按，《说文》：“廾，共举也，从臼廾。”段注：“谓有叉手者，有竦手者，皆共举之人也。共举，则或休息更番，故有叉手者。”贲其须，与上兴也，即谓日月共举而更番。《白虎通·日月》云：“所以必有昼夜何？备阴阳也。日照昼，月照夜。”又，《周易》离卦，离下离上。《彖》曰：“离，丽也。日月丽乎天，百谷草木丽乎土，重明以丽乎正，乃化成天下。”《象》曰：“明两作，离，大人以继明照于四方。”《象》曰：“贲其须，与上兴也。”即谓日月重明之用，君臣继明之义。

附《月相图》及《月在一年中昏旦出没方向表》(夏历)

摘自朱星《古代文化基本知识》

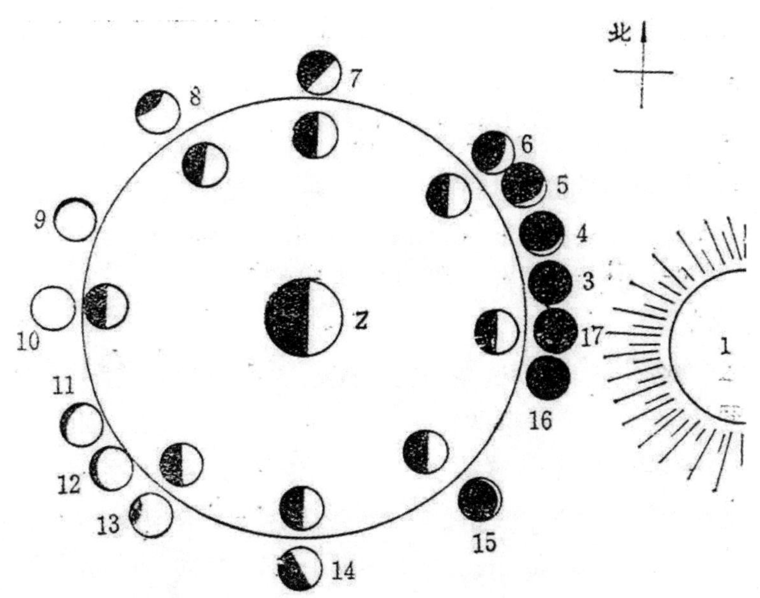

月相图

说明： 1.太阳，2.地球，3.朔(初一日)，4.初生明，5.朏(月生三日)，6.新月，7.上弦，8.凸月，9.旁死魄，10.望(十五日)，11.初生魄，12.既生魄，13.凸月，14.下弦，15.残月，16.旁死明，17.晦(月末)。

月在一年中昏旦出没方向表(夏历)

月相 日期 节气 昏旦		蛾眉月	上弦	凸月	满月
		初三——五	七——九	十——十三	十五——十七
昏见	春分秋分	西南	南	东南	东
	夏至	西南偏西	南偏西	东南偏南	东偏南
	冬至	西南偏南	南偏东	东南偏东	东偏北
月相 日期 节气 昏旦		蛾眉月	下弦月	凸月	满月
		廿四——廿六	廿一——廿三	十七——十九	十五——十七
旦见	春分秋分	东南	南	西南	西
	夏至	东南偏东	南偏东	西南偏南	西偏南
	冬至	东南偏南	南偏西	西南偏西	西偏北

九三，贲如濡如，永贞吉。

〔译〕 九三，月如奔赴，如滋润，永远正其道则吉利。

《象》曰："永贞之吉，终莫之陵也。"

〔证〕

贲如濡如 《说文》："如，从随也。从女，从口。"段玉裁注："从随，即随从也。随从，必从口；从女者，女子从人者也。故《白虎通》曰：女者，如也。引伸之，凡相似曰如，凡有所往曰如，皆从随之引伸也。"《尔雅·释天》："二月为如。"郝懿行义疏："如者，随从之义，万物相随而出，如如然也。"《广雅·释亲》："女，如也。"王念孙疏证曰："《大戴礼·本命篇》云：女者，如也；子者，孳也。女子者，言如男子之教，而长其义理者也，故谓之妇人。如人，伏于人也。《白虎通义》云：女者，如也，从如人也。"贲卦，初九、六二，为离日之爻，谓奔其趾、贲其须，不谓贲如。九三、六四，为坎月之爻，谓贲如濡如、贲如皤如，而不单独谓奔，表明月从日，阴随阳，臣事君。故屯卦六二曰："屯如邅如，乘马班如。"六四曰："乘马班如。"上六曰："乘马班如，泣血涟如。"皆在阴位。《经传释词》曰："如，若也。""如，然，语之转。"贲卦之如，皆为若然意。

《广雅·释诂》曰："濡，渍也。"《集韵·虞韵》："濡，沾湿也。"《邶风·匏有苦叶》："济盈不濡轨。"毛传："濡，渍也。"《郑风·羔裘》："羔裘如濡，洵直且侯。"毛传："如濡，润泽也。"《正义》曰："如，似；濡，湿。言古之君子，在朝廷之上，服羔皮为裘，其色润泽如濡湿然。"《小雅·皇皇者华》："我马维驹，六辔如濡。"郑笺："如濡，言鲜泽也。”《正义》曰：“此文王教使臣曰：我使臣出使所乘之马，维是驹矣。所御六辔，如汙物之被洗濯，濡湿甚鲜泽矣。”朱熹《诗集传》亦曰：“如濡，鲜泽也。”《易》夬卦，九三曰：“君子夬夬独行，遇雨若濡。”言为雨水沾濡，即淋湿，是濡为湿貌。既济卦，初九曰：“曳其轮，濡其尾。”上六曰：“濡其首。”未济卦，初六曰：“濡其尾。”上九曰：“濡其首。”濡，皆谓濡湿，俗谓打湿。物湿则润泽，润泽则鲜洁明亮，此为濡之引伸义。

《山海经·大荒西经》曰：“有女子方浴月。帝俊妻常羲，生月十有二，此始浴之。”郭璞注：“义与羲和浴日同。”又云，“羲和，盖天地始生，主日月者也。故《归藏·启筮》曰：空桑之苍苍，八极之既张，乃有夫羲和，是主日月，职出入，以为明晦。又曰，瞻彼上天，一明一晦，有夫羲和之子，出于旸谷，故尧因此而立羲和之官，以主四时。其后世遂为此国，作日月之象而掌之，沐浴运转之于甘水中，以效其出入旸谷虞渊也，所谓世不失职耳。”旸谷，一为汤谷，从水。《淮南子·地形训》：“东方，川谷之所注，明之所出；西方，高土，川谷出焉，日月入焉。”是日月出入，皆浴于水。贲卦，二之四为坎，坎为月为水，为月出水中。又，初之三为离，离位东方，为月出东方水中。以其洗尽一路尘埃，泽润明洁，故曰贲如濡如。既济卦，离下坎上；未济卦，坎下离上。前者，初九曰：“濡其尾。”上六曰：“濡其首。”后者，初六曰：“濡其尾。”上九曰：“濡其首。”两卦，皆为日月升落，出入水中，故亦言濡尾濡首。

永贞吉　《白虎通·日月》云：“日月东行，而日行迟，月行疾何？君舒臣劳也。日，日行一度；月，日行十三度，十九分度之七。《感精符》曰：三纲之义，日为君，月为臣也。故《易》曰：悬象著明，莫大乎日月。日之为言实也，常满有节；月之为言缺也，有满有缺也。所以有缺何？归功于日也。八日光成，二八十六日，转而归功。晦至朔旦，受符复行。”又曰，“日月径千里也，所以必昼夜何？备阴阳也。日照昼，月照夜。”日常满有节，月有满有缺；日不变，月有变。月变不离随日之正道，则日月不紊，昼夜无乱，阴阳有备，君臣得位。天道正，人道正，永正则吉。《象》曰：“永贞之吉，终莫之陵也。”终莫之陵，谓终莫陵之。日为阳为高，月为阴为卑，谓永远阴阳卑高以陈，正其行道，不以阴乘阳，不以臣陵君，为吉利。按，贲卦之时，月在日上，故《象》观乎天文，戒月终莫陵日；观乎人文，戒臣终莫陵君。月在望日以前，行在日前；即望以后，行在日后。日缓月疾，故月终莫陵日；君舒臣劳，故臣终莫陵君。九三，虽为离日之三，然为坎月之中，是以言月象，而不言日象。

六四，贲如皤如，白马翰如，匪寇婚媾。

〔译〕 六四，月象疾奔，象白头，象白马飞动，阴阳相应。

《象》曰：“六四当位疑也，匪寇婚媾，终无尤也。“

〔证〕

贲如皤如 《说文》：“皤，老人白也。从白，番声。《易》曰：贲如皤如。”又，“顲，皤或从页。”段玉裁注：“《两都赋》曰：皤皤国老。《周易》贲六四：贲如皤如。引伸为凡白素之称。白蒿曰蘩，是其理也。然则白发亦称皤。”《尔雅·释草》曰：“蘩，皤蒿。”郭璞注：“白蒿。”邢昺疏：“《诗·召南》云：于以采蘩，于沼于沚。毛传云：蘩，皤蒿也。郭氏云：白蒿。然则皤犹白也。”老人皓首，是白发亦称皤。《周书·泰誓》曰：“番番良士，旅力既愆，我尚有之。”孔氏传：“勇武番番之良士，虽众力已过老，我今庶几欲有此人而用之。”《书经集传》：“番番，老貌，叶氏梦得曰：番番，如世称皤然。”《尚书孔传参正》曰：“番番，一作皤皤。皤皤为老人状貌。此番番，当读为皤皤。《诗·嵩高》：申伯番番。王念孙云：言番番然，白头之善士。”《汉书·叙传下》：“营平皤皤，立功立论。”师古曰：“皤皤的发貌也。音蒲何反。”《后汉书·班固传》：“皤皤国老。”《樊准传》：“故朝多皤皤之良，华首之老。”皆注云：“皤皤，白首貌也。”左思《白发赋》云：“皤皤荣期，皓首角里。”贲卦，二之四为坎，坎为月，月白似老人白头貌，故九四谓月之上升，为贲如皤如。亦谓如申伯之白头善士，为王命而奔赴者。

白马翰如 《周颂·有客》曰：“有客有客，亦白其马。有萋有且，敦琢其旅。”郑笺：“有客有客，重言之者，异之也。亦，亦武庚也。武庚为二王后，乘殷之马，乃叛而诛，不肖之甚也。今微子代之，亦乘殷之马，独贤而见尊异，故言亦駮而美之。其来威仪，萋萋且且，尽心力于其事。又选择众臣，卿大夫之贤者，与之朝王。言敦琢者，以贤美之故，玉言之。”《正义》曰：“解言亦白其马，意以殷尚白故也。《檀弓》曰：“殷人戎事，乘翰翰白色马。虽戎事乘之，亦以所尚故白，言亦白其马。”《小雅·小宛》云：“宛彼鸣鸠，翰飞戾天。”毛传：“翰，高。”《大雅·常武》云：“如飞如翰。”《正义》曰：“翰，是飞龙之疾者。”《太玄·应》曰：“龙翰于天。”龙翰于天，犹龙飞于天。《易》中孚卦，上九曰：“翰音登于天。”五弼注：“翰，高飞也。”《说卦传》曰：“坎，其于马也，为美脊。”贲卦，二之四为坎，四当坎之上，为美脊之马。又，坎为月，月色白，是以月为白马。又，月行疾，似飞，故曰白马翰如。以其白马隐微子之故事，故月之会日，喻臣之朝王。

匪寇婚媾 《说文》：“寇，暴也。”容庚《金文编》曰：“寇，从人，从攴，在宀下，会意。”攴，为小击；宀，为深屋。人在深屋小击，为贼取。匪寇婚媾，言不是强取婚姻。《易》谓匪寇婚媾，均谓阴阳不违应，而相应。屯卦，震下坎上。六二曰：“匪寇婚媾。”

六二与九五相应。睽卦，兑下离上。上九曰："匪寇婚媾。"上九与六三应。反之，震卦，震下震上。上六曰："婚媾有言。"上六与六三不相应，为婚媾有难。贲卦，离下艮上。六四曰："匪寇婚媾。"六四与初九相应，故曰匪寇婚媾。《象》曰："六四当位疑也，匪寇婚媾，终无尤也。"六四，阴在偶数位，为当位；四近五之君，近君而多惧，为当位而疑。月一日，行十三又十九分之七度，日一日行一度。月行疾，日行迟，日月之行，有节有度，阴阳相应，一月一会，不乱日月之期，敬授天时，是以终无灾异。

《小雅·白驹》云："皎皎白驹，贲然来思。尔公尔侯，逸豫无期。慎尔优游，勉尔遁思。"毛传："白驹，马五尺以上曰驹。"《诗集传》："贲，或以为来之疾也；思，语词也。言此乘白驹者，若其肯来，则以尔为公，以尔为侯，而逸乐无期矣。犹言横来，大者王，小者侯也，岂可以过于优游，决于遁思，而终不我顾哉。"《毛诗传笺通释》："《释文》：贲，徐音奔。贲、奔古通用。《诗》：鹑之奔奔。《表记》、《吕氏春秋》，引《诗》俱作贲贲是也。《考工记·弓人》郑注：奔，犹疾也。贲然，盖状马来疾行之貌。前二章，望贤者之来；此章望其来，而又惧其遁也。盖以时不可为，言若尔为公侯，则将忧时病国，终无逸豫之期，而因以其优游隐遁，为深忧也。《方言》：慎，忧也。慎尔优游，犹云忧尔优游也。勉尔遁思，亦望其勿遁之词。"《白驹》，愿贤者乘白驹而来，不废君臣之义。贲卦六四，谓月奔日，不失日月之应。后者为天文，前者为人文，两者相为表里，实为一致。

六五，贲于丘园。束帛戋戋，吝，终吉。

〔译〕 六五，月奔行于丘园。其光象束帛而影残，虽然恨惜，但终归吉庆。

《象》曰："六五之吉，有喜也。"

〔证〕

贲于丘园 《说文》："丠（丘），土之高也，非人所为也。从北从一：一，地也；人居在丘南，故从北。中邦之居，在昆仑东南。一曰四方高，中央下为丘，象形。"《括地象》曰："昆仑在西北，其高万一千里。昆仑东南，地方五千里，名神州。中有五山，帝王居之。"又，《说文》："园，所以树果也。""圃，种菜曰圃。"桂馥义证："园圃种植，对文则异，散文则通。郑注《周礼·载师》云：圃树果蓏之属。《魏略》：颜裴为京兆太守，起菜园。此称圃树果，园种菜，所谓散文则通也。园圃又可并称。王隐《晋书》：张骏北城殖园果，命曰元武圃。"按昆仑为丘，园亦为圃，是丘园即昆仑圃。贲于丘园，亦奔于昆仑圃。六五，在上艮之中，艮为山为丘。西方之山丘，为昆仑。上有瑶池，为四方高，中央下。月亮奔腾于其中，为贲于丘园。园与戋为韵。

《山海经·大荒西经》曰："有大山，名曰昆仑之丘。其下有弱水之渊环之，其外有炎火之山，投物辄然。有人戴胜，虎齿，有豹尾，穴处，名曰西王母。此山万物尽有。"六五之丘，盖指此处。其下有坎，再下有离，亦其下有弱水，其外有炎火之山。《楚辞·离骚》："朝发轫于苍梧兮，夕余至乎县圃。"又，《天问》："昆仑县圃，其居安在？"王逸注："县圃，神山，在昆仑之上。"《穆天子传》谓穆天子至昆仑丘曰："春山之泽，清水出泉，温和无风，飞鸟百兽之所饮食，先王所谓县圃。"《淮南子·地形训》曰："倾宫、县圃、凉风、樊桐，在昆仑阊阖之中，是其疏圃。"高诱注："县圃、凉风、樊桐，皆昆仑之山名。"《水经注》："《昆仑说》曰：昆仑之山三级：下曰樊桐，一名松板；二曰玄圃，一名阆风；上曰层城，一名天庭。"玄圃，或作县圃。又，《拾遗记·昆仑山》曰："昆仑山者，西方曰须弥山，对七星之下，出碧海之中，上有九层。第六层有五色玉树，荫翳五百里，夜至水上，其光如烛。第三层有禾穟，一株满车。有瓜如桂，有奈冬生如碧色，以玉井水洗食之，骨轻柔能腾虚也。第五屋有神龟，长一尺九寸，有四翼，万岁则升木而居，亦能言。九层山形渐狭小，下有芝田蕙圃，皆数百顷，群仙种耨。"贲卦，艮为山，即昆仑之丘，六五位于山之中，其中层为丘之圃，是以为丘园。又，《说卦传》曰："艮为山，为果蓏。"六五在昆仑之中，为果蓏，是以为丘园。

束帛戋戋，吝，终吉　子夏传曰："五匹为束。"帛，白缯。戋戋，《说文》曰："戋，贼也。"段玉裁注："此与残音义皆同，故残用以会意，今则残行，而戋废矣。《篇》、《韵》皆云伤也。故《周礼》注曰：虽其潘瀾戋余，不可亵也。《周易》：束帛戋戋。子夏传作残残，皆残余之意也。"《广雅·释诂》："戋，伤也。"王念孙注："戋，与残通。"又，高明《中国古文字学通论·形声》云："戋，小也，水之小者曰浅，金之小者曰钱，餐之小者曰残，贝之小者曰贱，以戋为义。"在贲之六五时，月行昆仑山中，其光如束帛，然十五盈而亏，故曰束帛戋戋，又，五以上为巽之残小，巽为白，犹帛，为束帛戋戋。又，坤为帛，四、五为坤之残小，故曰束帛戋戋。《说文》曰："吝，恨惜也。"月残是以恨惜，然月终会日，月全归光于日，臣全归功于君，是为终吉。故其《象》曰："六五之吉，有喜也。"

上九，白贲，无咎

〔译〕　上九，月西奔，无灾。

《象》曰："白贲无咎，上得志也。"

〔证〕

白贲　《说文》："白，西方色也。阴用事，物色白。凡白之属，皆从白。"桂馥义证："西方色也者,《释名》：白，启也，如冰启时色也。《抱朴子》：金行为白。《周礼·大宗伯》：以白琥礼西方。《考工记》：画缋之事，西方谓之白。"《礼记·月令》郑氏注："日之行春，东从青道，发生万物，月为之佐。""日之行夏，南从赤道，长育万物，月为之佐。""日之行秋，西从白道，成熟万物，月为之佐。""日之行冬，北从黑道，闭藏万物，月为之佐。"日西从白道，月为之佐，亦从白道。《汉书·天文志》曰："月有九行者：黑道二，出黄道北；赤道二，出黄道南；白道二，出黄道西；青道二，出黄道东。立春，春分，月东从青道；立秋、秋分，西从白道；立冬、冬至，北从黑道；立夏、夏至，南从赤道。"《白虎通·五行》曰："秋之为言愁也。其位西方，其色白，其精白虎。"是白为西方之色。白贲，即西奔，谓月向西奔。

无咎 《月令·仲春之月》云："是月也，日夜分。"《仲秋之月》云："是月也，日夜分。"日夜分，谓日间、夜间刻漏相等分，昼夜一般长短。贲卦，阴三爻，阳三爻，阴阳等分。春分、秋分，十五至十六，月圆，昏见于东方，是谓月升于东；旦见于西方，是谓月明于西。白贲，即月西奔，《系辞传》曰："日往则月来，月往则日来，日月相推，而明生焉。"又，"往者屈也，来者信也。屈信相感，而利生焉。"又曰，"日月之道，贞明者也。"即谓日照昼，月照夜，各司其明。《象》曰："白贲，无咎，上得志也。"月生明，为月得日光。今月得日全照而满月，是谓得志，得日之照拂，是以无咎。在天，日迟月疾，日月之行有常道；在地，君舒臣劳，君臣之道有定节。臣之得志，犹月之得志，故日月无凶，君臣无咎。《象》曰："观乎天文，以察时变；观乎人文，以化成天下。"贲卦，以察时变，以化成天下，故得志而无咎。上九，在艮山之上，即月至西方昆仑山上，将转而向下，迭往迭来，得日月之宜，君臣之义，是以无咎。

第二十三卦　甲　申

☶ 艮上
☷ 坤下

剥，不利有攸往。

〔译〕　剥，不利于有所往。

《彖》曰："剥，剥也，柔变刚也。不利有攸往，小人长也。顺而止之，观象也。君子尚消息盈虚，天行也。"

《象》曰："山附于地，剥，上以厚下安宅。"

〔证〕

坤下艮上　《系辞传》曰："一阴一阳之谓道"，"生生之谓易"，又曰，"寒往则暑来，暑往则寒来，寒暑相推，而岁成焉；往者屈也，来者信也，屈信相感，而利生焉"。是阴阳变化，往来屈伸，而有四时十二月。按十二消息卦，一阳生为十一月，名复；二阳生为十二月，名临；三阳生为正月，名泰；四阳生为二月，名大壮；五阳生为三月，名夬；六阳生为四月，名乾。阳极阴生，一阴生为五月，名姤；二阴生为六月，名临；三阴生为七月，名否；四阴生为八月，名观；五阴生为九月，名剥；六阴生为十月，名坤。然后，又阴极阳生，一阳来复，为十一月。《庄子·天下篇》曰："《易》以道阴阳。"即此之谓。剥卦，五阴生，为季秋之月，为阴剥阳。《易通卦验》曰："寒露，霜小下，秋草死，众鸟去。霜降，候雁南向，豺祭兽，霜大下，草禾死。"郑氏注："霜小下，阴微著也，秋草死；众鸟暑来寒去，候雁南向，阳气尽之候也。"寒露，为九月节；霜降，为九月中气。此皆阴来剥阳，阳气将尽之候。

《逸周书·时训解》曰："霜降之日，豺乃祭兽；又五日，草木黄落；又五日，蛰虫咸附。"陈逢衡云："霜降之日，九月中气也。《淮南·天文训》：寒露加十五日，斗指戌则霜降。《国语》：驷见而陨霜。注谓建戌之中，霜始降。《考异邮》曰：霜之为言亡也。豺乃祭兽者，是月豺杀诸兽，四面陈之，有似乎祭。《小正》在十月者，举其晚也。草木黄落者，九月金盛克木，故先黄而后落。《国语》：本见而草木节解。注：本，氐也。谓寒露之后十日，阳气尽，草木之枝节皆理节也。蛰虫咸俯，俯也者，伏也，谓以身附土，就地阳而不出也。《吕氏·季秋纪》：所谓蛰虫咸俯，在穴皆墐其户也。"又曰，"九月阳浸微，故草木尽凋。"九月阳气微，只剩一阳于上，故草木凋落，为阴气剥阳。

《说文》："霜，丧也，成物者，从雨，相声。"段玉裁注："以迭韵为训。《秦风》：白露为霜。传曰：白露凝戾为霜，然后岁事成。"桂馥义证："《释名》：霜，丧也，其气惨毒，物皆丧也。成物者者，《京房气候》：霜成就万物；《春秋考异邮》：霜者阴精，冬令也，四时代谢，以霜收杀。霜之为言亡也，物以终也。《曾子》：阴气胜，则凝为霜。《月令章句》：露凝为霜。《白虎通》：霜之为言亡也，阳以散亡。”又，《诗含神雾》：“阳气终，白露凝为霜。”宋均注：“白露，行露也。阳终阴用事，故曰白露凝为霜也。”《孝经援神契》：“寒露后十五日，斗指戌，为霜降。言气肃凝结，结而为霜矣”，“霜以挫物”。《春秋元命包》：“霜以杀木。”按，九月阴盛剥阳，阴盛则寒露，则霜降。阳气生物长物，阴气成物杀物。霜降则物成而陨，是以为剥落。

《国语·周语下》：“六曰无射，所以宣布哲人之令德，示民轨仪也。”韦昭注：“九月无射，乾上九也。九月，阳气上升，阴气收藏万物，无射见者。故可以遍布前哲之令德，示民道法也。”《豳风·七月》云：“七月流火，九月授衣。”孔颖达疏：“毛以为周公云：先公教民周备，民奉上命。于七月之中，有西流者，是火星也，知是将寒之渐至。九月之中，云可以相授以冬衣矣。九月之中，若不授冬衣，则一之日，人之贵者无衣，贱者无褐，何以终其岁乎？故至八月，则当绩也。”又，经曰：“九月肃霜。”毛传：“肃，缩也，霜降而收缩万物。”《正义》曰：“肃音近缩，故肃为缩也。霜降收缩万物，言物干而缩聚也。”暑往寒来，九月阳气上腾，阴气收藏万物，是以为阴剥阳之象。

《礼记·月令》：“季秋之月，日在房。是月也，申令号令，命百官，贵贱无不务内，以会天地之藏，无有宣出。”又曰，“是月也，草木黄落，乃伐薪为炭。蛰虫咸俯在穴，皆墐其户。”郑氏注：“季秋者，日月会于大火，而斗建戌之辰。伐木必因杀气。墐，为涂；闭之，辟杀气。”《正义》曰：“九月中，日在房五度。于此月之时，敕命百官，贵之与贱，无不务内。内，谓收敛其物，言贵之与贱，无有一人，不勤务收敛内物。以会天地之藏者，会犹趣也，言心皆趣向，天地所藏之事，谓心顺天地，以深闭藏也。无有宣出者，以物皆收敛时，又闭藏，无得有宣露出散其物，以逆时气。”又曰，“俯，垂头也。前月但藏而坏户，至此月既寒，故垂头向下，以随阳气，阳气稍沉在下也；而又涂塞其户穴，以避地上阴杀之气也。”季秋霜降寒至，天地闭藏，即谓阴气上升，阳气下沉，草木随之黄落，是以《易》谓之剥，谓阴来剥阳。

《吕氏春秋》曰：“季秋之月，其音商，律中无射。”高诱注：“无射，阳律也，竹管音与无射和也。阴气上升，阳气下降，故万物随而藏，无射出见也。”《淮南子·时则训》曰：“季秋之月，招摇指戌，昏虚中，旦柳中。其位西方，其日庚辛，其虫毛，其音商，律中无射。”高注：“阴气上升，阳气下降，万物随阳而藏，无射出见也。”《天文训》曰：“九月指戌。戌者，灭也。律受无射。无射，入无厌也。”又曰，“至秋三月，地气不藏，乃收其杀；百虫蛰伏，静居闭户；青女乃出，以降霜雪。行十二时之气，以至于仲春二月之夕，乃收其藏，而闭其寒。”至秋三月，季秋之月。地气，阴气。谓季秋之月，阴不藏而升出，乃收杀万物。万虫潜伏，静居闭穴，以避其害。以此到仲春二月之末，才收藏其阴气，而关闭其寒冷。九月，坤下艮上，阴气盛，阳气微，万物随阳而落，故谓之剥。

《说文》："戌，滅（灭）也，九月，阳气微，万物毕成，阳下入地也。五行，土生于戊。盛于戌，从戊含一。凡戌之属，皆从戌。"桂馥义证："滅也者，当为烕。本书：烕，阳气至戌而尽。戌、烕声相近，通作滅。"段玉裁注："烕，大徐作滅，非。火部曰：烕，滅也，本毛诗传。火死于戌，阳气至戌而尽，故烕从火、戌。此以烕释戌之旨也。"又曰，"九月，于卦为剥，五阴方盛，一阳将尽，阳下入地，故其字从土中含一。戊、午合德。《天文训》曰：土生于午，壮于戌，死于寅。戊者，中宫，亦土也。一者，一阳也。戊中含一，会意也。"按，剥卦，坤下艮上，五阴一阳。五阴为大坤，为中央土，为戊；一阳，为戊中含一，即土中含一，为戌。戌为九月，剥卦为九月卦象。《淮南子·天文训》曰："火生于寅，壮于午，死于戌。"《集释》引京房《易积算传》云："丑中有死金，戌中有死火，未中有死木，辰中有死水，土兼乎中。"戌中有死火，亦一阳入于戊土之中，是坤下艮上，九月剥卦之象。

罗振玉曰："卜辞中，戌字象戉形。"李孝定曰："戌，象兵器形，与戊、戉、戚之形并近。"康殷曰："戌，象斧头很宽的大斧形，两侧或出戟——有觚棱。近年来，有极大的铜斧——商戌实物出土。"按，甲骨文、金文，戌是平口大斧，与今之宽斧近似。盖戌，本为砍斫用器，九月寒露、霜降，凋落万物，有伤杀之象，故借戌以为九月。《尔雅·释天》："太岁在戌曰阉茂。"郝懿行疏："阉茂者，《占经》引李巡云：言万物皆蔽冒，故曰阉茂。阉，蔽也；茂，冒也。孙炎云：霜阉茂物，使俱落也。是李、孙并以阉为掩。《汉书》及《淮南》俱作掩。"《释名·释天》："戌，恤也，物当收敛，矜恤之也；亦言脱也、落也。"《疏证补》："《律志》云：毕入于戌，则有收恤之义。苏舆曰：下云脱落，即灭之意。"按，《尔雅》言阉茂，《释名》言脱落，皆阴盛剥阳之象。

《彖》曰："剥，剥也，柔变刚也。"柔变刚，以阴柔变化阳刚。候卦，四月六阳全升地上，为纯阳。至五月，上九反下入地，初六升上出地。依次至九月，五阳入地，五阴出地。此时，只存一阳于上，下五阳为五阴代替，为柔变刚，即阴剥阳落，为剥。郑康成曰："阴气侵阳，上至于五，万物零落，故谓之剥也。"虞翻曰："剥，阴消乾也。"荀爽曰："谓阴外变五，五至尊，为阴所变，故曰剥也。"卢氏曰："此本乾卦，群阴剥阳，故名为剥也。"孔颖达《正义》曰："剥，剥也者，释剥卦名为剥。不知何以称剥，故释云：剥者，解剥之义，是阴长解剥于阳也。柔变刚者，释所以此卦名剥之意也。"程氏传："剥卦，五阴而一阳，阴始自下生，渐长至于盛极，群阴消剥于阳，故为剥也。以二体言之，山附于地，山高起地上，而反附著于地，颓剥之象也。”又曰，“剥，剥也，谓剥落也。柔变刚也，柔长而刚变也。夏至，一阴生而渐长，一阴长则一阳消，至于建戌，则极而成剥，是阴柔变刚阳也。”朱熹曰：“剥，落也。五阴在下而方生，一阳在上而将尽，阴盛长，而阳消落，九月之卦也。”《易乾凿度》曰：“剥之六五，言盛杀万物，皆剥堕落。”《尚氏周易学》云：“剥，候卦，時当九月，阴消阳，柔变刚。《杂卦》云：剥，烂也。盖阴消阳，柔变刚，皆以渐而及，非猝然为之，有似于树木老，皮之剥落。”《说文》：“烂，孰也。”物熟则剥落，故九月为剥。

《周礼·秋官司寇》：“《郑目录》云：象秋所立之官。寇，害也。秋者，遒也，如秋义，杀害、收聚、敛藏于万物也。天子立司寇，使掌邦刑。刑者，所以驱耻恶，纳人于善道也。”孙诒让疏：“《郑目录》云：象秋所立之官者，司寇于六官为第五，于四时当秋，故象之而称秋官。《大戴礼记·千乘篇》云：司寇司秋，以听狱讼。是也。云：寇，害也者，《说文·攴部》云：寇，暴也。又，《宀部》云：害，伤也。《史记·卫世家·集解》，引马融《书注》亦云：司寇，主诛寇害。云：秋者，遒也者，《乡饮酒义》云：秋之言愁也，愁之以时察，守义者也。郑彼注云：愁读为揫。揫，敛也。察，犹察察，严杀之貌也。云：如秋义杀害、收聚、敛藏于万物也者，《御览·时序部》，引《洪范五行传》云：西方金，其性义。《春秋繁露·阴阳义篇》云：秋，怒气也，故杀。是秋主义，又兼杀害、收聚、敛藏万物。司寇主刑，亦象之也。《书·周官》伪孔传亦云：秋，司寇刑奸，顺时。云：天子立司寇，使掌邦刑，刑者所以驱耻恶，纳人于善道也者，《说苑·政理篇》云：刑者，惩恶而禁后者也。《白虎通义·刑罚篇》云：圣人治天下，必有刑罚何？所以佐德助治，顺天之度也。故悬爵赏者，示有劝也；设刑罚者，明有所惧也。”《彖》曰：“顺而止之，观象也。君子尚消息盈虚，天行也。”坤下艮上，坤为顺，艮为止，为顺而止之之象。按，春生，夏长，秋收，冬藏。至秋，肃杀之气至，万物生长止而收敛，圣人亦效之设秋官司寇，以止奸宄，是观天象而顺而止之，为君子尚消息盈虚，为行天道。

扬雄《太玄经》：“割，阴气割物，阳形县杀，七日几绝。”范望注：“上下象剥卦。行属于火。谓之割者，言阴气甚急，减割物之形体，阳无所据，县绝于天地之间，余去冬至四十九日。当言七七，但言七者，约数之也。几，近也。言于此至来复之日，亦近于割绝，故谓之割。割之初一，日入尾宿二度。”尾宿，在天蝎宫，日行房、心、尾，在九月。日入尾宿二度，盖当九月中气霜降，与《周易》剥卦之候同。范注：“七为失志，故为疾，阳家之阳，故不割。”《周易》一阳不剥，为剥；《太玄》一阳不割，为割。是《太玄》之割，犹《周易》之剥，阴气割物，阳气悬杀，为之割剥。

剥 《说文》："剥，裂也。从刀，从录。录，刻割也，录亦声。"《广雅·释诂三》："剥，落也。"《释诂四》："剥，脱也。"《玉篇》："剥，削也。"《广韵·觉韵》："剥，削也。"《字彙·刀部》："剥，褫也。"褫，剥夺、革除。又，《说文》："录，刻木录录也。"段玉裁注："小徐曰：录录，犹历历也，一一可数之貌。按剥下曰：录，刻割也。录录，丽廔嵌空之貌。"约斋《字源》曰："录，这字加刀为剥，加金为録，都含刻剥雕镂的意思。因为它原是用车钻，钻木的形象，字形也正如此。旁边的点，象钻落的木屑。"按，刀刻木落为剥，是以阴推阳落亦称剥。阳自五月以后，一一被阴来剥落，至九月只剩一阳，其象剥。

《周书·泰誓中》："剥丧元良，贼虐谏辅。"孔氏传："剥，伤害也。"《正义》曰："《说文》云：剥，裂也；一曰剥，割也。裂与割，俱是伤害之义也。"《豳风·七月》："八月剥枣，十月获稻。"毛传："剥，击也。"《正义》曰："枣，当剥击取之。"剥枣，击落其枣。《小雅·楚茨》："或剥或亨，或肆或将。"郑笺："祭祀之礼，各有其事。有解剥其皮者，有煮熟之者，有肆其骨体于俎者，或奉持而进之者。"剥，解落之意。《信南山》："疆埸有瓜，是剥有菹。"郑笺："剥削淹渍以为菹。"剥、削义同。《周礼·大宰》："五曰百工饬化八材。"郑氏注："郑司农云：八材：珠曰切，象曰瑳，玉曰琢，石曰磨，木曰刻，金曰镂，革曰剥，羽曰折。"剥，解剥。又，《柞氏》："夏日至，令刊阳木而火之；冬日至，令剥阴木而水之。"郑氏注："刊、剥互言耳，皆谓斫去次地之皮。"疏曰："刊、剥互言耳者，谓削之亦剥之。剥谓剥去其皮，亦削之，故云互也。"《左传》昭公十二年："君王命剥圭以为鏚柲。"杜预注："破圭玉以饰斧柄。"剥，割裂。《庄子·人世间》："夫楂、梨、橘、柚，果蓏之属，实熟则剥。"疏曰："夫果蓏之类，其味堪食。子实既熟，即遭剥落。"剥，即剥落。《墨子·非攻下》："此刺杀天民，剥振神位，倾覆社稷，攘杀牺牲。"剥，亦割裂剥落之意。

康殷《文字源流浅说》："录，象扎缚布、囊、包，囊内装过滤物品过滤，有汁液滴下之状。如制酒、醋、淀粉等物，都须这样滤出，是日常生产生活，及农产品加工的常事。古代人生产能力低下，物力艰难，因而常用农、兽猎，有获及享用为福为吉。因而也用这录，孳乳为禄，表示福、幸之意。前人释为汲水形，不确。"此说近是。录，从彐，从水。彐，为又。《说文》："又（𠃌），手也，象形。三指者，手之列多，略不过三也。凡又之属，皆从又。"彐，为手之三指。《说文·又部》："尹，治也。从又丿，握事者也。"秉，禾束也。从又持禾。""彗，埽竹也。从又持甡。""事，职也。从史，从彐。""聿，所以书也。"从彐执丨而书。另，"帚，从又持巾，埽冂内。""丑，纽也，十二月万物动用事，象手之形。”从彐从丨。谓凡从彐之字，皆从手。俗误以彑为彐。彑，豕之头。录，手下有水，盖似手加力，使水滴落。剥，在录旁加刀，则为割削剥落。九月霜降，寒冷之阴气，割煞阳气，是以谓剥。

不利有攸往 《象》曰：“不利有攸往，小人长也。”泰卦，乾下坤上。卦辞曰：“小往大来，吉亨。”《彖》曰：“泰，小往大来，吉亨，则是天地交，而万物通也；上下交，而其志同也。内阳而外阴，内健而外顺，内君子而外小人，君子道长，小人道消也。”否卦，坤下乾上。卦辞曰：“否之匪人，不利君子贞，大往小来。”《彖》曰：“否之匪人，不利君子贞。大往小来，则是天地不交，而万物不通也；上下不交，而天下无邦也。内阴而外阳，内柔而外刚，内小人而外君子，小人道长，君子道消也。”是阳为大，阴为小；阳为大人，阴为小人。自五月一阴生，至九月五阴升，至十冬腊月，更是阴气用事，故为小人长，不利有攸往。郑玄曰：“五阴一阳，小人极盛，君子不可有所之，故不利有攸往也。”程氏传：“剥者，群阴长盛，消剥于阳之时。众小人剥丧于君子，故君子不有所往。惟当巽言晦迹，随时消息，以免小人之害也。”朱熹曰：“九月之卦也，阴盛阳衰，小人壮而君子病；又内坤而外艮，有顺时而止之象，故占得之者，不可有所往。”按，坤卦，坤下坤上。初六曰：“履霜坚冰至。”《象》曰：“履霜坚冰至，阴始凝也；驯致其道，至坚冰也。”剥为九月卦，九月中气霜降，往前为十月。坤为十月卦，六阴升，是由九月履霜，至十月坚冰。届时全阴用事，全阳被消，故于九月往前，为不利有攸往，亦为小人道长。

《淮南子·时则训》云：“季秋之月，其位西方，其虫毛，霜始降，是月草木黄落，乃伐薪为炭，蛰虫咸俯。孟冬之月，其位北方，其虫介，水始冰，地始冻，立冬之日。仲冬之月，其位北方，其虫介，冰益壮，地始坼，是月也，日短至，阴阳争。季冬之月，其位北方，其虫介，是月也，日穷于次，月穷于纪，星周于天，岁将更始。”又，《天文训》曰：“秋分雷戒，蛰虫北向，音比蕤宾；加十五日指辛，则寒露，音比林钟；加十五日指戌，则霜降，音比夷则；加十五日指蹄通之维，则秋分尽，故曰有四十六日立冬，草木毕死，音比南吕；加十五日指亥，则小雪，音比应钟；加十五指子，故曰阳生于子，阴生于午。阳生于子，故十一月日冬至，鹊始加巢，人气钟首。阴生于午，故五月刑，荠麦亭历枯，冬生草木必死。”又曰，“加十五日指癸，则小寒，音比应钟；加十五日指丑，则大寒，音比无射。”按，九月节气，寒露、霜降；十月节气，立冬，小雪；十一月节气，大雪、冬至；十二月节气，小寒、大寒。是阴气上浮，愈演愈烈，以至天寒地冻。剥卦，九月卦。自九月起，随之而入冬，故曰不利有攸往。

《礼记·月令》云：“孟冬之月，水始冰，地始冻，雉入大水为蜃，虹藏不见。”又云，“命有司曰：天气上腾，地气下降，天地不通，闭塞而成冬。”朱彬《礼记训纂》：“郑注：皆记时候也。大水，淮也。大蛤曰蜃，高注《吕氏春秋》曰：秋分后三十日霜降，后十五日立冬。传曰：雉入于淮为蜃。虹，阴阳交气也。是月阴壮，故藏不见。方性夫曰：水以阳释，冰以阴凝。冻，盖地气闭，而阳不能熙故也。马彦醇曰：雉，火属；蜃，水属，阳不胜阴，而并与迁焉，故化虹；以阴干阳，故见。至是阳升阴降而弗通，故藏。”孙希旦《礼记集解》云：“孔氏曰：以《易》卦爻象言之，则七月三阳在上，为天气上腾；三阴在下，为地气下降。以气应言之，则从五月地气上腾，至十月，地气六阴俱升，天气六阳并谢。天体在上，阳归于虚无，故云上腾；地气六阴用事，地体在下，阴下连于地，故云地气下降。《易》含万物，言非一端，各取其义，不相妨也。愚谓命有司以此者，欲使之顺天地，而行闭藏之令。”按，坤卦曰：“履霜坚冰至。”复卦曰：“先王以至日闭关，商旅不行，后不省方。”皆谓自九月以后，阴盛而当闭藏，不利有攸往。

乾卦，上九曰：“亢龙有悔。”《象》曰：“亢龙有悔，盈不可久也。”。《文言》曰：“上九曰：亢龙有悔。何谓也？子曰：贵而无位，高而无民，贤人在下位而无辅，是以动而有悔也。”又，“亢龙有悔，穷之灾也。”“亢龙有悔，与时偕极。”又曰：“亢之为言也，知进而不知退，知存而不知亡，知得而不知丧。”王肃曰：“穷高曰亢，知进忘退，故悔也。”《九家易》曰：“阳当居五，今乃居上，故曰盈也。亢极失位，当下之坤三，故曰盈不可久也。若太上皇者也，下之坤三，屈为诸侯，故曰悔者也。”荀爽曰：“在上故贵，失正故无位。升极当降，故有悔。”何妥曰：“既不九五帝王之位，故无民也。夫率土之滨，莫非王臣。既非王位，则不隶属。”李鼎祚《周易集解》：“案，此当桀纣失位之时，亢极骄盈，故致悔恨穷斃之灾祸也。”何妥曰：“此当九月，阳气大衰，向将极尽，故云偕极也。”王弼注：“与时运俱终极。”荀爽曰：“阳位在五，今乃居上，故曰知进，而不知退也。在上当阴，今反为阳，故曰知存，而不知亡也。得谓阳，丧谓阴。”《集解》：“案，此论人君骄盈过亢，必有丧亡。若殷纣招牧野之灾，太康遘洛水之怨，即其类矣。”剥卦，阳退至上九，亢龙有悔之象，是以不利有攸往。

《易》分阴阳，而以阳为主。元亨利贞，要在谓阳。屯卦，震下坎上。卦辞曰：“勿用有攸往。”《彖》曰：“屯，刚柔始交而难生，动乎险中。”屯为十一月卦，阳气初一而生难，阴盛险大，宜作潛龙，故曰勿用有攸往。否卦，坤下乾上。卦辞曰：“不利君子贞，大往小来。”《彖》曰：“内阴而外阳，内柔而外刚，内小人而外君子，小人道长，君子道消也。”不利，亦谓不利阳。无妄卦，震下乾上。卦辞曰：“其匪正有眚，不利有攸往。”一阳生至三阳生，十一月至正月，小寒、大寒，阴气用事，微阳妄行则有眚灾，是以不利有攸往。归妹卦，兑下震上。卦辞曰：“无攸利。”《彖》曰：“无攸利，柔乘刚也。”

亦谓刚无利。未济卦，坎下离上。卦辞曰："无攸利。"《象》曰："濡其尾，无攸利，不续终也。"离下乃坎，为濡其尾。来者是坎月，不是离日，故曰不续终也。无攸利，对阳无续其终而言。剥卦，坤下艮上。卦辞曰："不利有攸往。"《彖》曰："不利有攸往，小人长也。"亦谓上九之阳，不利有攸往。

《彖》曰："顺而止之，观象也。"《月令·季秋之月》云："是月也，申严号令，命百官贵贱，无不务内，以会天地之藏，无有宣出。"又，"是月也，霜始降，则百工休。乃命有司曰：寒气总至，民力不堪，其皆入室。"《正义》曰："于此月之时，敕命百官贵之与贱，无不务内。内谓收敛其物。言贵之与贱，无有一人，不勤务收敛内物。以会天地之藏者，会，犹趣也，言心皆趣向天地所藏之事，谓心顺天地，以深闭藏也。无有宣出者，以物皆收敛，时又闭藏，无得有宣露出散其物，以逆时气。"高诱注《吕氏春秋·季秋纪》曰："秋分后十五日寒露，寒露后十五日霜降，故曰始也。霜降天寒，朱漆不坚，故百工休，不复作器。有司于《周礼》为司徒。司徒主众，故命之使民入室也。《诗》云：穹窒熏鼠，塞向墐户。嗟我妇子，曰为改岁，入此室处。此之谓也。"斯即观天之象，顺而止之。于象，坤为顺，艮为止。剥卦，坤下艮上，为顺而止之，为不利有攸往。

《系辞传》曰："易穷则变，变则通，通则久。是以自天祐之，吉无不利。"又曰，"刚柔者，立本者也；变通者，趣时者也。"剥卦《彖》曰："君子尚消息盈虚，天行也。"剥卦之阳，虽有全消之势，然阴极阳生，十月纯阴过后，一阳来下，则成阳复。复卦，震下坤上。卦辞曰："复，亨，出入无疾，朋来无咎，反复其道，七日来复，利有攸往。"《彖》亦曰："复，亨，刚反，动而以顺行，是以出入无疾，朋来无咎。反复其道，七日来复，天行也。利有攸往，刚长也。复，其见天地之心乎？"由九月剥卦，中经十月坤卦，至十一月复卦，由阳消阴息，到阳息阴消，阳由不利有攸往，到阳利有攸往，其中阴阳消息盈虚，乃是自然之道，故君子尚之。程氏传："君子尚消息盈虚，天行也。君子存心消息盈虚之理，而能顺之，乃合乎天行也。理有消衰，有息长，有盈满，有虚损。顺之则吉，逆之则凶，君子随时敦尚，所以事天地。"又，《周易集解纂疏》："消息十二卦，成于乾、坤十二画。复、临、泰、大壮、夬、乾，皆乾息而成也，故云乾息为盈。姤、遁、否、观、剥、坤，皆自坤消而成也，故云坤消为虚。阴生于阳，消息皆乾道，而实始于震。乾为天，震为行，故曰君子尚消息盈虚，天行也。"

《象》曰："山附于地，剥，上以厚下安宅。"《说文》："附，附娄，小土山也。"段玉裁注："依许传文，本作附娄，字从阜，其本义也。《玉篇》曰：《说文》以坿为坿益，从土；此附，小土山也。玉裁谓：土部坿，益也，增益之义宜用之，相近之义亦宜用之。今则尽用附，而附之本义废矣。”又，《说文》：“坿，益也。”段注：“按，今多用附训益。附，乃附娄，非益义也。今附行而坿废矣。”谓附已用作坿，为增益附着之义。《广雅·释诂》：“附、坿，益也。”王念孙曰：“附，与下坿字同。《说文》：坿，益也。”是附用作加意。《小雅·角弓》：“毋教猱升木，如涂涂附。”毛传：“涂，泥；附，着。”《诗集传》曰：“是犹教猱升木，又如于泥涂之上，加以泥涂附之也。”附，加附其上。又，《左传》襄公三十年：“衣服附在吾身，我知而慎之。”附，附着。

《说文》：“厚，山陵之厚也。”桂馥义证：“山陵之厚也者，本书竺下云：厚也，二地之数也。《释名》：阜，厚也。《一切经音义》十三，引《国语》覃注：阜，厚也。《诗》谓地盖厚。《中庸》：博厚配地。《韩诗外传》：地设其厚，而山陵成名。隐元年《左传》：厚将崩。杜云：厚，谓土地广大，非众所附，虽厚必崩。”按《左传》原文：“子封曰：可矣，厚将得众。公曰：不义不暱，厚将崩。”剥卦，坤下艮上。坤为地，艮为山，地上有山陵，为厚之象。又，坤为众，艮上得下之坤众为厚，失下之坤众则崩。故《象》曰：“山附于地，剥，上以厚下安宅。”谓在上位者，厚下则得众，则山高不崩。《说文》徐锴系传：“安，止也，从女在宀中。”宅，段玉裁据《御览》，作人所托居也。《周书·多方》：“今尔尚宅尔宅，畋尔田，尔曷不惠王熙天之命。”孔氏传：“今汝殷之诸侯，皆尚得居汝常居臣民，皆尚得畋汝故田，汝何不顺从王政广天之命，而自怀疑乎？”惠王，感戴成王。《象》曰：“上以厚下安宅。”谓上者厚益其下者，使其安居乐业。厚，引伸为厚待。

益卦《彖》曰：“益，损上益下，民说无疆。自上下下，其道大光。利有攸往，中正有庆。利涉大川，木道乃行。益，动而巽，日进无疆。天施地生，其益无方。凡益之道，与时偕行。”程氏传：“上卦损，而下卦益，损上益下，所以为益，此以义言也。下厚则上安，故益下为益。”“卦之为益，以其损上益下也。损于上而益下，则民说之无疆，谓无穷极也；自上而降己以下下，其道之大光显也。”“天道资始，地道生物，天施地生，化育万物，各正性命，其益可谓无方矣。无方，谓广大无穷极也。天地之益万物，岂有际穷乎？”“圣人利益天下之道，应时顺理，与天地合，与时偕行也。”损上益下，犹上以厚下。又，谦卦《彖》曰：“天道下济而光明。”程氏传：“济，当为际。此明谦而能亨之义。天之道，以其气下际，故能化育万物，其道光明。下际，谓下交也。”天道下济，亦犹上以厚下。

《小雅·天保》云：“天保定尔，亦孔之固。俾尔单厚，何福不除。俾尔多益，以莫不庶。”郑笺：“保，安；尔，女也；女，王也。天之安定女，亦甚坚固。单，尽也。

天使女尽厚天下之民，何福而不开，皆开出以予之。莫，无也。使女每物益多，以是故无不众也。”孔颖达疏：“毛以为，作者见时人物得，所生业日隆，歌而称之，以告王。言天之安定汝王位，亦甚坚固矣。何者？天使汝之成信，爱厚天下臣民，即知何等福，不开出与之。天又使汝天下，每物皆多，有所益，以是之故，物无不众多也。每物众多，是安定汝王位甚坚固也。毛又云：单厚者，天使汝以厚德厚天下耳。”《诗序》曰：“《天保》，下报上也。君能下下，以成其政；臣能归美，以报其上焉。”《李黄集解》王安石《诗义钩沉》：“王氏曰：单，厚也，厚下之至也。此言天之保定我君，其位甚固。俾之单厚，凡有所福，无不与之。又与之以福禄，俾尔多益，以莫不庶，以见其受福之多也。”君以厚德厚天下，即上以厚下安宅之谓。

《大雅·卷阿》：“尔土宇昄章，亦孔之厚矣。岂弟君子，俾尔弥尔性，百神尔主矣。”毛传：“昄，大也。”郑笺：“土宇，谓居民以土地屋宅也。孔，甚也。女得贤者与之为治，使居民大得其法，则王恩惠亦甚厚矣。劝之使然。”《正义》曰：“劝王或得贤者，与之为治，使之教民，则汝之土地居宅之民，大得其礼法文章矣。下民蒙其德泽，皆荷王者之恩；则为王之恩惠，亦甚之厚矣。王何以不求之乎？此乐易之君子，既来在王位，以德助汝，使汝得终汝之性命，百神皆以汝为主矣，言其爱而飨祐之。”又，《正义》曰：“贤者所以养民，故以土宇，谓居民以土地屋宅也，以教之，故民有所法则。而下得其恩，故云王恩惠亦甚厚。言甚者，王恩亦厚，臣又益之。”此为召康公戒成王之诗。又，《公刘》之《序》曰：“《公刘》，召康公戒成王。成王将涖政，戒以民事。美公刘之厚于民，而献是诗也。”《正义》曰：“召康公以王年尚幼，恐其不能留意于民，故戒之以治民之事。美往昔公刘之爱厚于民，欲王亦如公刘，而献是《公刘》之诗，以戒成王。此与《泂酌》、《卷阿》，俱是召公所作。而为此次者，厚民之事，人君之急务。”此皆谓上以厚下安宅之义，即使民安居乐业之义。

程氏传：“艮重于坤，山附于地也。山高起于地，而反附着于地，圮剥之象也。上，谓人君与居人上者，观剥之象，而厚固其下，以安其居也。下者，上之本，未有基本固，而能剥着也。故上之剥必自下，下剥则上危矣。为人上者，知理之如是，则安养人民，以厚其本，乃所以安其居也。《书》曰：民惟邦本，本固邦宁。”《周易集解》：“卢氏曰：上，君也；宅，居也；山，高也。山高绝于地，今附地者，明被剥矣。属地时也。君当厚锡于下，贤当卑降于愚，然后得安其居。”《周易集解纂疏》：“上，君也，谓上九也。以非君位，故曰上。宅，居也，《释言》文。山高地卑，故山高绝于地。今附地者，明被阴气所剥，故曰属地时也。在上者观其象，知安上必由于厚下。故人君当厚锡于下，贤者当卑降于愚，然后得安其居。愚案：坤厚载物，故为厚。地道卑，故曰下。地道静，故曰安。艮为门阙，故为宅。上观山崩由于地崩，则当法坤以厚下，然后得安其宅。宅言安者，以艮互坤也。”按，艮卦上九《象》曰：“敦艮之吉，以厚终也。”剥似大艮，故亦厚象。

贲卦和剥卦，互为邻卦。《序卦传》曰：“贲者，饰也。致饰然后亨则尽矣，故受之以剥。剥者，剥也。”饰，掩饰。贲卦，离下艮上。初之三为离，离为日；二之四为坎，坎为月，是月饰日之一半。又，艮于伏羲八卦方位在西北，为九月，离在正东，为正月。九月以后，至正月，中经十月、十一月、十二月，冬为阳气生时，为阴掩阳。故贲卦《象》曰：“观乎天文，以察时变。”察秋冬与春夏之时变。贲为阳生之卦，故贲卦之后，受之以剥卦。剥者，阳消卦。贲卦与剥卦，生消为序，故贲卦与剥卦，互为邻卦。

剥卦和复卦，互为综卦和邻卦。《序卦传》曰：“剥者剥也，物不可以终尽，剥穷上反下，故受之以复。”剥卦，九月卦，一阳终于上，中经十月纯阴之坤卦，至十一月，一阳始复于下，为复卦。又，夬卦和姤卦，亦互为综卦。夬卦，乾下兑上，一阴终于上，中经四月纯阳之乾卦，至五月，一阴始复于下，为姤卦。是易讲终而复始，去旧更新，永而无穷。《系辞上传》云：“一阴一阳之谓道，继之者善也，成之者性也。”又曰，“日新之谓盛德，生生之谓易。”是一阴一阳互相迭运为道，阴阳相继乃为善，阴阳相成乃为性，故日新月异，生而又生，变化无穷为易。阴阳相反相成，无阴阳相推，则无终始，则无道。《系辞下传》云：“子曰：天下何思何虑？天下同归而殊途，一致而百虑。天下何思何虑？日往则月来，月往则日来，日月相推，而明生焉。寒往则暑来，暑往则寒来，寒暑相推，而岁成焉。往者屈也，来者信也，屈信相感，而利生焉。”斯乃继之者善，终而复始之义。

剥卦和夬卦，互为错卦。剥卦，坤下艮上，五阴消上九一阳，为九月卦。夬卦，乾下兑上，五阳消上六一阴，为三月卦。由暮春三月，到深秋九月，中经半年六个月，于十二消息卦，则互为错卦。剥卦，一阳消于上，阴将全盛，故卦辞曰：“不利有攸往。”谓不利于阳。夬卦，一阴消于上，阳将全盛，故卦辞曰：“利有攸往。”谓利于阳。《系辞传》曰：“乾知大始，坤作成物。”朱熹《周易本义》注：“知，犹主也。乾主始物，而坤作成之。承上文男女，而言乾坤之理。盖凡物之属乎阴阳者，莫不如此。大抵阳先阴后，阳施阴受，阳之轻清未形，而阴之重浊有迹也。”是《易》道阴阳，而阳为主。又，剥卦《象》曰：“剥，剥也，柔变刚也。不利有攸往，小人长也。顺而止之，观象也。君子尚消息盈虚，天行也。”剥卦，虽柔来变刚，小人长，不利阳之所往；然可顺而止之，君子可遵行阴阳消息盈虚，利用自然之道，是不利中之有利。夬卦《象》曰：“夬，决也。刚决柔也。健而说，决而和。扬于王庭，柔乘五刚也。孚号有厉，其危乃光也。告自邑，不利即戎，所尚乃穷也。利有攸往，刚长乃终也。”夬卦，虽则五刚来决一阴，健而说，决而和，阳利有攸往；然阴扬于王庭，柔乘五刚，有厉危，不利即戎，刚长乃终，终极而穷，是有利中之不利。《系辞传》曰：“仁者见之，谓之仁；知者见之，谓之知。显诸仁，藏诸用，鼓万物而不与圣人同忧，盛德大业至矣哉！”程子曰：“天地无心而成化，圣人有心而无为。”《易》与天地齐，能见知见仁。通变之谓事，为盛德大业至矣。

谦卦和剥卦，上下卦易置。谦卦，艮下坤上。卦辞曰：“谦，亨，君子有终。”剥卦，坤下艮上。卦辞曰：“剥，不利有攸往。”山在地下，其《彖》曰：“谦亨，天道下济而光明，地道卑而上行；天道亏盈而益谦，地道变盈而流谦；鬼神害盈而福谦，人道恶盈而好谦。谦尊而光，卑而不可逾，君子之终也。”此者谦受益。山在地上，其《彖》曰：“剥，剥也，柔变刚也。不利有攸往，小人长也。”此者满招损。艮卦《象》曰：“君子以思不出其位。”《系辞传》曰：“圣人之大宝曰位。”谦卦，君子有终，以其谦尊而光，卑而不可逾。剥卦，不利有攸往，以其贵而无位，亢龙有悔。《老子》曰：“上善若水，水善利万物而不争，处众人之所恶，故几于道。夫唯不争，故无尤。持而盈之，不如其已。揣而锐之，不可长保。金玉满堂，莫之能守。富贵而骄，自遗其咎。功遂身退，天之道。”按，谦卦，大坎之象，可当上善若水；剥卦，上九亢龙，可谓富贵而骄。《系辞传》曰：“是故《易》者象也，象也者像也。”朱熹曰：“《易》卦之形，理之似也。”

初六，剥牀以足，蔑贞凶。

〔译〕 初六，剥牀及足，灭正凶。

《象》曰：“剥牀以足，以灭下也。”

〔证〕

剥牀以足 《说文》：“牀（床），安身之坐者。从木，爿声。”牀，今作床。桂馥义证：“安身之坐者者，徐锴本作安身之几座也。《字鑑》同。《初学记》引作身之安也。《御览》同。《玉篇》：牀，身所安也。颜注《急就篇》：牀，所以坐卧也。《释名》：人所坐卧曰牀。牀，装也，所以自装载也。《易》剥卦：剥牀以肤。王肃云：在下而安人者，牀也；在上而处牀者，人也。李尤《牀铭》：体之所安，寝处之欢。王观国曰：古人称牀榻，非特卧具也，多是坐物，王羲之东牀坦腹而食；庾亮登南楼，据胡牀，与佐史谈咏；桓伊吹笛，据胡牀三弄；管宁家贫，坐藜牀欲穿；陈蕃为豫章太守，徐孺子来，特设一榻，去则悬之；汉沛公踞牀，使两女子洗足：凡此皆坐物也。”段玉裁注：“牀，安身之几坐也。铉本作安身之坐者五字，非是。牀之制，略同几，而卑于几，可坐，故曰安身之几坐。牀制同几，故有足有枕。牀可坐，故凥下曰：処也，从尸得几而止。引《孝经》仲尼凥而释之曰：谓闲居如此。按得几而止者，谓得牀而止也；仲尼凥者，谓坐于牀也。上文曰：凭，依几也。乃谓手所冯之几。汉管宁常坐一木榻，积五十余年，未尝箕股，其榻上当膝处皆穿。此皆古人坐于牀，而又不似今人垂足而坐之证也。牀亦可卧。古人之卧，隐几而已。牀前有几，孟子隐几而卧是也。孟子曰：舜在牀琴。盖《尚书》佚篇语也，而古坐于牀可见。琴必在几，则牀前有几亦可见。”牀，可坐可卧之具。

《小雅·斯干》："乃生男子，载寝之牀。""乃生女子，载寝之地。"郑笺："云男子生，而卧于牀，尊之也。""卧于地，卑之也。"《系辞传》曰："圣人有以见天下之赜，而拟诸其形容，象其物宜，是故谓之象。"《说文》牀字桂馥义证："爿声者，《佩觿》作故从爿，爿则牀之省。"林义光《文源》曰："考爿并有牀象，实即牀之古文。"近人约斋《字源》曰："片，爿，这两个字都象牀。要横转来看，上面一条是牀板，底下两竖是牀脚。后来分成两个字：片字，代表一切扁平如板的东西；爿字，只当偏旁用，大都作声符，如墻。"《甲骨文编》："片，象牀形。《说文》有片无爿。《六书故》云：唐本有爿部。段玉裁《说文注》，补爿字于片之末。注曰：反片为爿，读若牆。按，古文一字，可以反正互写，片，爿当是一字。"剥卦，五阴中阙，似牀之腿，一阳上横，似牀之板，故谓之牀。又，上九为阳，阳为男子，是以载寝之牀，在牀之上。初之五为阴，阴为女子，是以载寝之地，在牀之下。《庄子·齐物论》曰："与王同筐牀。"崔譔云："筐，方也；一云正牀也。"《商君书·画策》曰："是以人主处匡牀之上，听丝竹之声，而天下治。"《淮南子·主术训》曰："匡牀蒻席，非不宁也，明主弗安也。"《诠言训》曰："心有忧者，筐牀衽席弗能安也。故虽富有天下，贵为天子，而不免为哀之人。"剥卦，坤下艮上似牀，又，下坤为方，上为天子，为天子之匡牀。

《经传释词》："以，犹及也。《易》小畜九五曰：富以其邻。虞翻注曰：以，及也。泰六四、谦六五，并曰：不富以其邻。泰初九曰：拔茅茹，以其彙。言及其彙也。否初六同。剥初六曰：剥牀以足；六二曰：剥牀以辨；六四曰：剥牀以肤。言及足、及辨、及肤也。复上六曰：用行师，终有大败，以其国君，凶。言及其国君也。《周语》引《汤誓》曰：余一人有罪，无以万夫。言无及万夫也。"按，《汤诰》曰："予一人有罪，无以尔万方。"孔氏传："言非所及。"《汤誓》，当为《汤诰》。《说文》曰："足，人之足也。在下，从止口。"段玉载注："口，犹人也。举口，以包足已上者也。"桂馥证："在下者，《玉篇》、《篇海》，并引作在体下。《释名》：足，续也，言续胫也。从止口者，《五经文字》：从口下止。本书：止，下基也。故以止为足。"口止，人之下基，是足即脚。初六为牀之下基，为足，为剥牀及足。《象》曰："剥牀以足，以灭下也。"谓初六剥牀及足，毁牀之基脚。虞翻曰："坤所以载物，牀所以安人，在下故称足，先从下剥，渐及于上，则君政崩灭，故曰以灭下也。"

蔑贞凶 《说文解字》："蔑，劳目无精也。从苜，人劳则蔑然，从戍。"桂馥证曰："当从戌亥之戌。本书：戌，滅也。今从戍边之戍，误。《汉书·宣元六王传》：夫子所痛曰：蔑之命矣夫。颜注：蔑，无也。蔑然，当为烕然。蔑、烕声相近。本书：烕，滅也，火死于戌，阳至戌而尽。《易》剥卦：剥牀以足，蔑贞凶。卢士曰：蔑，滅也。《桑柔》："国步蔑资，天不我将。"一作"国步灭资"。《诗集传》："蔑，灭。"按蔑之本义，当为灭。苜，模结切，为声；戍，灭，为意。剥卦，初六曰："剥牀以足，蔑贞凶。"《象》曰："剥牀以足，以灭下也。"是蔑即灭。王弼注："蔑，犹削也。剥牀之足，灭下之道也。下道始灭，刚陨柔长，则正削而凶来也。"《易》讲厚下安宅，此为治国之正道。剥灭安身之牀，岂非毁灭正道？故曰蔑贞凶。正道，犹政道。初为阳位，今被阴占，为阴剥阳初之象，为剥牀以足，为蔑贞凶。

六二，剥牀以辨，蔑贞凶。

〔译〕 六二，剥及牀腿之中，灭正而凶险。

《象》曰："剥牀以辨，未有与也。"

〔证〕

剥牀以辨 《尔雅·释器》曰："革中绝谓之辨，革中辨谓之𢍰。"郭璞注："辨，中断皮也；𢍰，复分半也。"郝懿行疏："辔首之革，中分之谓之辨。"《释木》曰："桑辨有葚、栀。"郭注："辨，半也。"半分为辨。《说文》："辨，判也。从刀，辡声。"段玉裁注："《小宰》傅别，故书作傅辨。《朝士》判书，故书判为辨。大郑辨读为别。古辨、叛、别，三字义同也。辨从刀，俗作辨，为辨别。别作从力辨，为干辦字。古辨别、干辦无二义。亦无二形二音也。"桂馥义证："隶作辨，刀变为丿。孙炎云：辨，半分也。馥案，《易》剥牀以辨，《正义》云：牀足之上，牀身之下，分辨处也。《周礼·朝士》：凡有责者，有判书以治则听。注云：判，分半而合者，故书判为辨。《鱼豢典略》：凡宗庙，三岁大祫，每太牢分之：左辨上帝，右辨上后。"郑康成曰："足上称辨，谓近膝之下，屈则相近，伸则相远，故谓之辨。辨，分也。"程氏传："辨，分隔上下者，牀之干也。"朱骏声曰："辨，在第足之间，牀梐也，或曰牀干也，一曰牀箦也，亦谓之荐。大氐牀之下，牀足之上，分辨处近是。"辨，为判；判，为半；辨，亦为半。下坤似牀腿，上艮似牀身。六二，阴剥阳至牀腿之中，为至半，为剥牀以辨。此犹人之膝，恰为腿之半。

蔑贞凶　《象》曰："剥牀以辨，未有与也。"《说文》："與（与），党與也。从舁从与。"段玉裁注："党，当作攩。攩，朋群也。與，当作与。与，赐予也。会意，共举而与之也。舁、与皆亦声。"桂馥义证："按，与亦众意。本书：旗从与。云：众也。《管子·八观篇》：请谒得于上，则党与成于下。襄三十年《左传》：孰杀子产，吾其与之。《战国策》：是君以合齐与强楚。注云：与，党与也。又云：韩、齐为与国。注云：相与为党与也。"《周易》，阴阳相应为与。咸卦，艮下兑上。《彖》曰："二气感应以相与。"二气，阴阳二气。谓初六与九四相与，六二与九五相与，九三与上六相与。艮卦，艮下艮上。《彖》曰："上下敌应，不相与也。"阴阳同类相敌，不相应，为不相与。谓初六与六四不相与，六二与六五不相与，九三与上九不相与。大过卦，巽下兑上。九二《象》曰："老夫女妻，过以相与也。"谓九二与九五不相应，越过九五，与上六相与。困卦，坎下兑上。九四《象》曰："虽不当位，有与也。"谓九四虽阳处阴位，为不当位；但有初六相应，为有与。井卦，巽下坎上。九二《象》曰："无与也。"谓九二与九五皆阳，相敌不相应，为无与。

郑康成曰："无应在剥，故蔑贞凶也。"崔憬曰："未有与者，言至三则应，故二未有与也。"朱骏声《六十四卦经解》曰："与，应也。未有与者，言至三则有应，阳刚以制之；若二，未有应也。"《周易折中》引龚焕曰："六二阴柔中正，使上有阳刚之与，则必应之助之，而不为剥矣。惟其无与，所以杂于群阴之中，而为剥。若三则有与，故虽不如二之中正，而得无咎。"《系辞传》："子曰："乾坤，其易之门邪？乾，阳物也；坤，阴物也。阴阳合德，而刚柔有体，以体天地之撰，以通神明之德。"又曰，"乾坤其《易》之缊邪？乾坤成列，而《易》立乎其中矣。乾坤毁，则无以见易。"剥卦，以阴剥阳，六二未有阳应，是阴阳不合德，乾坤毁，坤不顺承乾，故曰灭贞凶。阳为贞，即正。《文言》曰："贞者，事之干也。"剥卦，初六、六二，皆以阴剥灭阳，灭事之干，事无干不立，故皆曰凶。

坤卦《文言》曰："积善之家，必有余庆；积不善之家，必有余殃。臣弑其君，子弑其父，非一朝一夕之故，其由来者渐矣，由辩之不早辩也。《易》曰：履霜坚冰至，盖言顺也。"李氏《周易集解》："案，圣人设教，理贵随宜。今于《易》象，阐扬天道，故曰积善之家，必有余庆，积不善之家，必有余殃者，以明阳生阴杀，天道必然；理国修身，积善为本。故于坤爻初六，阴始生时，著此微言，永为深戒。欲使防微杜渐，灾害不生；开国承家，君臣同德也。故《系辞》云：善不积，不足以成名；恶不积，不足以灭身。是其义也。"《周易集解纂疏》："《孟子》曰：今之君子，过则顺之。言过不可顺也。圣人惧人顺阴之性，积恶以灭身，故结言顺，以示戒也。"剥卦初六、六二，皆曰蔑贞凶，即圣人戒勿灭阳之正；阴灭阳，则有履霜，而顺至坚冰之患。

六三，剥之，无咎。

〔译〕 六三，剥夺上九，无咎。

《象》曰："剥之无咎，失上下也。"

〔证〕

剥之 剥卦六爻，六五，文明中正不言剥，其他五爻皆言剥。然初、二、四，阴所剥者，皆谓剥牀，即剥阳所安身之牀，亦剥君王所安身之牀。惟六三剥之，已是直剥上九。乾卦，上九曰："亢龙有悔。"《象》曰："亢龙有悔，盈不可久也。"《文言》曰："上九曰：亢龙有悔。何谓也？子曰：贵而无位，高而无民，贤人在下位而无辅，是以动而有悔也。"又曰，"亢龙有悔，穷之灾也。""亢龙有悔，与时偕极。"剥卦，属十二月消息之卦，本自乾卦。四月，六阳尽出，自五月至九月，阴皆剥阳，阳退至上，是以贵而无位，高而无民。六二，虽有得中得正之贤，亦剥之不辅，是以上九动极，而必反下有悔。六三剥之，即剥上九之亢龙。《易乾凿度》云："乾坤相并俱生，物有阴阳，因而重之，故六画而成卦 。三画已下为地，四画已上为天。物感以动，类相应也。《易》气从下生，动于地之下，则应于天之下；动于地之中，则应于天之中；动于地之上，则应于天之上。初以四，二以五，三以上，此之谓应。"剥卦，剥于地之上，则应于天之上。在阴剥阳时，六三所剥上九，故谓剥之。

无咎 《象》曰："剥之无咎，失上下也。"《广雅·释诂》："上，君也。"《广韵·漾韵》："上，君也，犹天子也。"《周礼·训方氏》："掌道四方之政事，与其上下之志。"郑氏注："上下，君臣也。"《仪礼·士相见礼》："凡自称于君，则曰下臣。"是君为上，臣为下。《礼记·曲礼》："君臣上下，父子兄弟，非礼不定。"《吕氏春秋·圜道》："天道圜，地道方，圣王法之，所以立上下。"高诱注："上，君；下，臣。"《论威》："君臣上下，亲疏之所由起也。"高注："上、长；下、幼。"又，《管子·君臣下》："君以利和，臣以节信，则下无邪矣。故曰：君人者制仁，臣人者守信，此言上下之礼也。"《史记·高本纪》："上问左右。"《文选·东京赋》："上下通情。"注："上，谓君；下，谓臣。言君情通于下，臣情达于上，故能国家安，而君臣欢乐也。善曰：《墨子》曰：古者圣王，惟能审以尚同，是故上下通情。"《周易》泰卦《象》曰："上下交而其志同也。"何妥曰："此明人事泰也。上之与下，犹君之与臣。君臣相交感，乃可以济养民也。天地以气通，君臣以志同也。"《系辞传》："君子上交不谄，下交不渎。"侯果注："上谓王侯，下谓凡庶。"是上下者，指君臣、父子、尊卑之类。《象》之失上下，即失阴阳君臣之义。

讼卦，六三曰："食旧德，贞厉终吉。或从王事，无成。"或从王事，三为臣位。上九曰："或锡之鞶带，终朝三褫之。"赏赐剥夺，上为君位。师卦 ，上六曰："大君有命，开国承家，小人勿用。"大君有命，上为天子位。履卦 ，六三曰："履虎尾，咥人，凶，武人为于大君。"履虎尾，为于大君，三为臣位。上九曰："视履考祥，其旋元吉。"视履考祥，天子巡视，上为天子位。大有卦，九三曰："公用亨于天子，小人弗克。"三为公位，为臣。谦卦，上六曰："鸣谦，利用行师，征邑国。"行师，征邑国，为大君。随卦 ，上六曰："拘系之，乃从维之，王用亨于西山。"王用亨于西山，王事神人，上为王位。蛊卦，上九曰："不事王侯，高尚其事。"上九，王者之位，故言不事王侯。复卦 ，上六曰："用行师，终有大败，以其国君凶，至于十年不远征。"上九，大君之位，故言行师、国君凶、不克征。离卦，上九曰："王用出征，有嘉折首。"上九王位，故曰用出征。遁卦 ，九三曰："系遁，有疾厉，畜臣妾吉。"三为臣位，故曰畜臣妾吉。家人卦 ，上九曰："有孚威如，终吉。"上九，家有严君位，有孚威如，谓父谓君。《象》曰："失上下。"谓阴来剥阳，失君君、臣臣之义。上九阳居阴位，六三阴居阳位，君不君，臣不臣，失上下之象。然以其上九阳不当位，六三阴来剥之，故曰无咎。

《商书·汤誓》："王曰：格尔众庶，悉听朕言：非台小子，敢行称乱。有夏多罪，天命殛之。今尔有众，汝曰：我后不恤我众，舍我穑事，而割正夏。予惟闻汝众言，夏氏有罪，予畏上帝，不敢不正。"孔氏传："以诸侯伐天子，非我小子敢行此事。桀有昏德，天命诛之，今顺天。"又，《周书·牧誓》："王曰：古人有言曰：牝鸡无晨，牝鸡之晨，惟之索。今商王受，惟妇言是用，昏弃厥肆祀弗答，昏弃厥遗王父母弟不迪。乃惟四方之多罪逋逃，是崇是长，是信是使，是以为大夫卿士。俾暴虐于百姓，以奸宄于商邑。今予发，惟恭行天之罚。"谓纣王听信妇言，不祭祀祖宗，不用殷之贤良，而用四方逃来罪人，使之暴虐百姓，为非作歹于商。故而我恭行天命伐纣。此皆以诸侯伐天子，犹六三以阴剥上九。革卦《象》曰："天地革，而四时成。汤武革命，顺乎天，而应乎人，革之时大矣哉！"六三剥上九，有顺乎天时之象，亦有应乎人情之象，是以剥之无咎。

六四，剥牀以肤，凶。

〔译〕 六四，剥牀至腹前，凶。

《象》曰："剥牀以肤，切近灾也。"

〔证〕

剥牀以肤 《说文》："肤，皮也。"《释名·释形体》："肤，布也，布在表也。" 又曰，“柔，肉也。”在《易》，阴为柔，阳为刚；柔者为肉肤，刚者为筋骨。噬嗑六二曰：“噬肤灭鼻。”六二阴柔，柔为肤。六三曰：“噬腊肉。”六三阴柔，柔为肉。九四曰：“噬干胏。”胏为骨，九四阳刚，刚为骨。六五曰：“噬干肉。”六五阴柔，柔为肉。睽卦六五曰：“厥宗噬肤。”六五阴柔，柔为肤。夬卦九四曰：“臀无肤。”九四阳刚，刚为骨，为无肤。革卦上六曰：“小人革面。”上六阴柔，柔为肤为面。剥卦六四曰：“剥牀以肤。”六四阴柔，柔为肤。《系辞传》曰：“古者，包牺氏之王天下也，仰则观象于天，俯则观法于地，观鸟兽之文，与天地之宜。近取诸身，远取诸物。于是始作八卦，以通神明之德，以类万物之情。”是以，周易取象天、地、人、物，统之以阴阳。剥卦，取象于牀，故有牀足、牀辨、牀肤之谓。下坤，为牀之下肢；上艮，为牀之上身。六四，剥牀以肤，盖谓剥及牀之上身。

就六爻而言，初、二为体下部，三、四为体中部，五、上为体上部。如：乾卦用九：“见群龙无首。”上九为群龙之首。蒙卦六三：“见金夫，不有躬。”躬即身，三以上为身。比卦上六：“比之无首。”上已为首，故比之无首。履卦 六三：“履虎尾，咥人。” 六四：“履虎尾，愬愬。”虎尾在虎身之后，故系于三、四。噬嗑初九：“屦校灭趾。”最下为趾。上九：“何校灭耳。”上为首，耳在头上。贲卦初九：“贲其趾。”最下为趾。大畜六五：“豮豕之牙。”牙架在上，豮豕挂于下，故位五。大过上六：“过涉灭顶。”上为头顶。离卦六五：“出涕沱若。”五在上下，泪从脸上流下。上九：“有嘉折首。”上为首。咸卦初六：“咸其拇。”六二：“咸其腓。”九三：“咸其股，执其随。”九五：“咸其脢。”上六：“咸其辅颊舌。”初、二、三、五、上之次，即脚趾、小腿、大腿、脊背、口舌之次。遁卦初六：“遁尾。”下亦为尾。大壮初九：“壮于趾。”下为趾。上六：“羝羊触蕃。”角生于上。晋卦上九：“晋其角。”角生于上。明夷初九：“明夷于飞，垂其翼。”翼垂则位下。六二：“夷于左股。”垂翼上为股。六四：“入于左股，获明夷之心。”二为股，三当为臀，四为腹近心。解卦九四：“解尔拇。”初为拇，九四与初六应，为解尔拇。夬卦初九：“壮于前趾。”初为趾。九四：“臀无肤。”四在上下体之中，为臀。姤卦九三：“臀无肤。”三在上下体之中，为臀。上九：“姤其角。”上为头，角生于头。萃卦上六：“赍咨涕洟。”上为头，涕洟自头面出。艮卦初六：“艮其趾。”六二：“艮其腓。”九三：“艮其限。”六四：“艮其身。”六五：“艮其辅。”初、二、三、四、五之次，即脚、胫、腰、身、颊之次。既济初九：“濡其尾。”下为尾。上六：“濡其首。”上为首。未济初六：“濡其尾。”下为尾。上九：“濡其首。”上为首。《易》卦六爻，自下而上。取诸身之各卦，皆自趾至首，无一例外。

凶 剥卦 ，初为趾，二为膝，三未以言，四谓肤，是肤当为腹肤。明夷六四曰：

“入于左腹，获明夷之心。”是四位腹，与五相近，犹腹心相近。《集韵·魚韵》：“肤，腹前曰肤。”段玉裁注《说文》曰：“刘熙《释名》：鸿肤，腹前肥者曰肤。以京师为心体，王侯外国为腹腴，以养之也。”剥卦之牀，为王者安身之具。六四剥牀以肤，谓剥及牀腹。四为腹，五为心。四近五，犹腹切近心。剥牀及腹，即剥牀将至牀中。即已剥王侯外国腹腴，已近京师心体，故为凶。初六，阴剥阳之正，有凶；六二，阴剥阳之正，其凶渐近；六四，阴剥阳之正，已近中心，其凶尤近。《象》曰：“剥牀以肤，切近灾也。”即谓剥阳之灾，已切近五之中心，京师告危，天子蒙尘在外，凶。崔憬曰：“剥于大臣之象，言近身与君。”李道平《纂疏》曰：“四为三公，故云剥于大臣之象。五为天子，故言近君。”程氏传：“阴长已盛，阳剥已甚，贞道已消，故更不言蔑贞，直言凶也。”李士鉁曰：“四为近臣之位，腹心之任，并此而剥，天下事尚可问乎？”意谓其凶无疑。

六五，贯鱼以宫人宠，无不利。

〔译〕 六五，民人似宫人，有礼有序尊崇大君，没有不利。

《象》曰：“以宫人宠，终无尤也。”

〔证〕

贯鱼以宫人宠 《说文》：“贯，钱贝之毋也。”段玉裁注：“串，即毌之隶变。”贯鱼，鱼成串而有次序。多作比喻，如：《晋书·蔡谟传》：“今猥以轻鄙，超伦逾等， 上乱圣朝贯鱼之序，下违群士准平之论。”《周易集解》引何妥曰：“夫剥之为卦，下比五阴，骈头相次，似贯鱼也。鱼为阴物，以喻众阴也。”贯鱼，犹鱼贯。《集韵·止韵》：“以，或作似，亦省。”《邶风·旄丘》：“何其处也，必有与也；何其久也，必有以也。”《仪礼·特牲馈食礼》注：“必有似也。”《庄子·马蹄》：“夫赫胥氏之时，民能以此矣。”成玄英疏：“民能如此也。”如，亦似。《汉书·高帝纪上》：“乡者，夫人儿子皆以君，君相贵不可言。”如淳曰：“言并得君之贵相也。以，或作似。”《史记·高祖本纪》，作“皆似君”。明夷卦《象》曰：“内文明而外柔顺，以蒙大难，文王以之。”《释文》曰：“郑、荀、向，作似之；下亦然。”下亦然，谓“内难而能正其志，箕子以之。”以之，亦似之。《帛书周易》云：“贯鱼食宫人笼。”食，与似同音假借，是以字即似字。

《左传》昭公十八年：“商成公儆司宫，出旧宫人，置诸火所不及。”杜预注：“旧宫人，先公宫女。”何妥曰：“夫宫人者，后夫人嫔妾。”程氏传：“宫人，宫中之人，妻妾侍使也。”朱熹曰：“宫人，阴之美而受制于阳者也。五为众阴之长，当率其类，受制于阳，故有此象。”《说文》：“宠，尊居也。从宀，龙声。”桂馥义证：“尊居也者，《书·周官》：居宠思危。”《周颂·酌》：“我龙受之。”郑笺：“龙，宠也。来助我者，我宠而受之。"《国语·楚语上》:"赫赫楚国,而君临之,抚征求意见南海,训及诸夏,其宠大矣。"韦昭注:"宠,荣也。"《楚语下》:"宠神其祖,以取威于民。"韦注:"宠,尊也。"《老子》:"宠辱若惊。"得之若惊,失之若惊,是谓宠辱若惊。《河上公章句》:"宠者尊荣,辱者耻辱。"师卦,坎下坤上。九二《象》曰:"在师中吉,承天宠也。"宠,尊崇。剥卦六五,率初、二、三、四众阴,敬承上九天之尊崇,故曰宫人似鱼贯而尊崇天子。鱼贯以宫人宠,即上下以礼。艮为宫阙,天子在上,在下五阴为宫人。

无不利 《小雅·鱼藻》:"鱼在在藻,有颁其首。"郑笺:"藻,水草也。鱼之依水藻,犹人之依明王也。明王之时,鱼何所处乎?处于藻。既得其性则肥充,其首颁然。此时人物皆得其所。"《大雅·灵台》:"王在灵沼,于牣魚跃。"《诗序》曰:"灵台,民始附也。文王受命,而民乐其有灵德,以及鸟兽昆虫焉。"爱人及物,灵台观鱼,亦取养民之义。姤卦,巽下乾上。九二曰:"包有鱼,无咎。"谓包有初六之阴,无咎。九四曰:"包无鱼,起凶。"《象》曰:"无鱼之凶,远民也。"是以鱼喻阴喻民。中孚卦,卦辞曰:"中孚,豚鱼吉。"《象》曰:"豚鱼吉,信及豚鱼也。"信及豚鱼,谓信及贤良之民,鱼亦喻民。民为国之本,民人如宫人尊崇君王,故无不利。谓于君于民,皆无不利。《象》曰:"以宫人宠,终无尤也。"《说文》:"尤,异也。"《玉篇》:"尤,怪异也。"民似宫人,尊崇君王,君王有孚威如,则始终不出怪异。即不出臣弑其君,子弑其父之怪异,故曰无不利。六五,居上艮之中。艮卦《象》曰:"艮,止也,时止则止,时行则行,动静不失其时,其道光明。艮其止,止其所也。"以其其道光明,止其所也,故无不利。

上九,硕果不食,君子得舆;小人剥庐。

〔译〕 上九,君子不被小人食掉,得大众拥戴;小人自毁所寄居之庐。

《象》曰:"君子得舆,民所载也;小人剥庐,终不可用也。"

〔证〕

硕果不食 《方言》:"硕,大也。齐宋之间曰巨,曰硕。"钱绎笺疏:"硕者,《释诂》:硕,大也。《说文》:硕,头大也。《邶风·简兮篇》:硕人俣俣。毛传:硕人,大德也。《卫风·考槃篇》:硕人之宽。郑笺:硕,大也。阮瑀为曹操与孙权书:明弃硕交。李善注:硕与石,古字通用。《汉书·历律志上》:石者,大也,权之大者也。始于铢,两于两,明于斤,均于钧,终于石,物终石大也。《匈奴传下》:石画之臣甚众。邓展注:石,大也。案,石画,犹硕画也。"石为大,页为头面。硕,大头,为硕人,为君子。引伸为凡大之称。艮为山石,为果蓏,石为大,为硕果。又,乾阳为大,为木果,故为大果，即硕果。颐卦，震下艮上。卦辞曰："自求口实。"剥卦，坤下艮上。下无颐之震动，有硕果不食，即上阳不被阴食之象。王弼注："处卦之终，独全不落，故果至于硕，而不见食也。"此言上九一阳，硕果独存，岿然不动，其德难能可贵，故有君子得舆之赞。

君子得舆 《说文》："舆，车舆也。从车，舁声。"桂馥义证："车舆也者，《增韵》：舆，主驾车者。徐锴曰：舆，车底也。《诗诂》：轸轴之上，加板以载物，轸轼輢较之所附植，舆其总名也。《考工记》：舆人为车。注云：舆人专作舆，而言为车者，车以舆为主也。颜注《急就篇》：著轮曰车，无轮为舆。"舆，载人则众，载物则多，又引伸为众多。《广雅・释诂》："舆，多也。"王念孙疏证："舆者，《周官・舆司马》注云：舆，众也。"《左传》僖公二十八年："晋侯围曹，门焉，多死。曹人尸诸城上。晋侯患之，听舆人之谋，称：舍于墓。"杜预注："舆，众也。"《公羊》昭公二十年注："古者诸侯师出，世子率舆守国。"疏："言率舆守国者，舆，众也。谓率众以守国也。"《说卦传》曰："坤，为大舆，为众。"剥卦，一阳在上为君子，五阴在下为大舆，为大众，为君子得舆，即为君子得大众拥戴。《象》曰："君子得舆，民所载也。"即是。

小人剥庐 《说文》："庐，寄也，秋冬去，春夏居。"段玉裁注："《大雅》：于时庐旅。毛传：庐，寄也。《小雅》：中田有庐。笺云：中田，田中也，农人作庐焉，以便其农事。"桂馥义证："秋冬去，春夏居者，《一切经音义三》：庐，别舍也。《释名》云：寄止曰庐。宣十五年《公羊解诂》：在田曰庐，在邑曰里。又云：春夏出田，秋冬入保城郭。《诗》云：中田有庐。是也。"《汉书・食货志上》："在野曰庐，在邑曰里。春令民毕出在野，冬则毕入于邑。所以顺阴阳，备寇贼，习礼文也。"《说文》曰："寄，托也。"阴得春夏之阳以生，又得春夏之阳为寄托，然秋冬剥阳以尽，是阴为小人，阳为君子，为小人剥君子。故《象》曰："小人剥庐，终不可用也。"坤为地为田，艮为门阙为屋。坤下艮上，在田之屋为庐。五阴剥艮之上九，是小人剥庐之象，谓冬则田庐无用，其卦变为坤下坤上，为坤卦。小人剥庐，是天之必然，亦人之必然，故曰终不可用。即谓坤下艮上之庐象，维系不久，小人终不可信用。

第二十四卦　乙　酉

☷☳ 坤上
震下

复，亨。出入无疾，朋来无咎，反复其道，七日来复。利有攸往。

〔译〕　复，亨通。阳气出入无疾，阴气来下无灾，阴阳反复于道，经七次推移，阳又返初。往前有利。

《彖》曰："复，亨，刚反。动而以顺行，是以出入无疾，朋来无咎。反复其道，七日来复，天行也。利有攸往，刚长也。复其见天地之心乎？"

《象》曰："雷在地中，复，先王以至日闭关，商旅不行，后不省方。"

〔证〕

震下坤上　我国位于北纬，冬至，太阳南至，然后向北移动，是以阳气渐生，一月一阳。至夏至，太阳北至，然后向南移动，是以阴气渐生，一月一阴。由冬至至夏至，六阳生；由夏至再至冬至，六阴生：是以冬至后，一阳复生，故为复卦。《贾谊新书·六术》曰："是以阴阳各有六月之节，而天地有六合之事，人有仁义礼智信之行。行和则乐兴，乐兴则六，此之谓六行。故能合六法。人谨修六行，则亦可以合六法矣。然而人虽有六行，微细难识，唯先王能审之。凡人弗能自至，是故必待先王之教，乃知所从事。是以先王为天下设教，因人所有，以之为训，道人之情，以之为真。是故内本六法，外体六行，以与《诗》、《书》、《易》、《春秋》、《礼》、《乐》六者之术，以为大义，谓之六艺。令人缘之以自修，修成则得六行矣。六行不正，反合六法。艺之所以六者，法六法而体六行故也，故曰六则备矣。六者，非独为六艺本也，他事亦皆以六为度。声音之道，以六为首，以阴阳之节为度。是故一岁十二月，分而为阴阳，各六月。是以声音之器十二钟，钟当月，其六钟阴声，六钟阳声，声之术律是而出，故谓之六律。六律和五声之调，以发阴阳天地人之清声，而内合六行六法之道。是故五声宫、商、角、微、羽，唱和相应而调和，调和而成理，谓之音。声五也，必六而备，故曰声与音六。夫律之者，象测之也。所测者六，故曰六律。人之亲属，以六为法，人有六亲。事之以六为法者，不可胜数也。此所言六，以效事之尽。以六为度者，谓六理，可谓阴阳之六节，可谓天地之六法，可谓人之六行。"贾谊之《六术》，即阴阳各六律，又相生为十二律，是为天地之数，自伏羲以下，文王用之，以类万物之情。

《系辞传》曰："夫《易》，广大配天地，变通配四时，阴阳之义配日月，易简之善配至德。"韩康伯注："《易》之所载，配此四义。"虞翻曰："变通趋时，谓十二月消息也。泰、大壮、夬，配春；乾、姤、遁，配夏；否、观、剥，配秋；坤、复、临，配冬。谓十二月消息相变通，而周于四时也。"复，为十二消息卦之一。周历，一阳升于五阴之下，为正月；二阳升于四阴之下，为二月；三阳升于三阴之下，为三月；四阳升于二阴之下，为四月；五阳升于一阴之下，为五月，六阳全升，为六月。又，阳极阴生。一阴升于五阳之下，为七月；二阴升于四阳之下，为八月；三阴升于三阳之下，为九月；四阴升于二阳之下，为十月；五阴升于一阳之下，为十一月；六阴全升，为周之十二月。然后，阴极阳升，阳极阴生，终而又始。前六个月，六阳次第升起，为阳用事；后六个月，六阴次第升起，为阴用事。

商、周前，一年只分春、秋二时，故称年为春秋。盖上半年，阳用事为春；下半年，阴用事为秋。后又加冬、夏，称春、秋、冬、夏，后又改为春、夏、秋、冬四季。我国，在地球北半部，大体冬至以后，太阳光照，由南往北渐移，气温逐渐由寒变暖、变热，直至夏至；大体夏至以后，太阳光照，由北往南渐移，气温逐渐由热变凉、变冷，直至冬至。周之正月，即夏之十一月，即冬至之月，故一阳升起；周之七月，即夏之五月，即夏至之月，故一阴升起。复卦，正是周之正月，夏之十一月。冬至之月，一阳又起，为复。《彖》曰："复，刚反。"阳为刚，阴为柔。刚反，谓阳反，谓阳反回于初，为复。董仲舒《春秋繁露·阴阳终始》曰："天之道，终而复始。故北方者，天之所终始也，阴阳之所合别也。冬至之后，阴俯而西入，阳仰而东出，出入之处，常相反也。"冬至之后，阴俯阳仰，即复卦之象。

阴阳之变，即天地乾坤之变。阳六爻，阴六爻，合成十二爻次。《周礼·春官》："冯相氏掌十有二岁，十有二月，十有二辰。"贾公彦疏："十有二岁者，岁谓太岁，左行于地，行有十二辰，一岁移一辰者也。十有二月者，谓斗柄月建一辰，十二月而周，故云十有二月。云十有二辰者，谓子、丑、寅、卯之等，十有二辰也。"岁星即木星，自西向东，在恒星间移行，十二年一周天。古时，一周天分作十二次舍，岁星一年行一次舍，所以用它纪年，名曰岁星。十二次，不啻用于天际星次，也用于月次、辰次。《周礼·秋官》曰："司寤氏掌夜时，以星分夜。"即是将一昼夜，等分为十二时辰。根据北斗星，围绕北极星，一昼夜转动一周天，将北斗星转动之一周天，等分为十二区域，北斗斗柄转动时，每指一区域，即一时辰。

《小雅·大东》云："跂彼织女，终日七襄。"毛传："跂，隅貌；襄，反也。"郑笺："襄，驾也。驾谓更其肆也。从旦至莫七辰，辰一移，因谓之七襄。"孔疏："彼织女也，终一日历七辰，至夜而回反。”又《正义》曰：“襄反者，谓从旦至暮，七辰而复反于夜也。襄，驾，《释言》文。言更其肆者，《周礼》有市之肆，谓止舍处也。而天有十二次，日月所止舍也。舍，即肆矣。在天为次，在地为辰，每辰为肆，是历其肆舍有七也。星之行天，无有舍息，亦不驾车，以人事言之耳。昼夜虽各六辰，数者举其终始，故七，即自卯至酉也。言终日，是昼夜也。昼不见，而言七移者，据其理当然矣。”地支十二辰纪日，昼夜各六辰。若卯至酉，含两头，则为七时，则昼已过，是七襄，实则历七时而反夜。乾卦《彖》曰：“大明终始，六位时成，时乘六龙以御天。”大明，谓昼夜等分之日，言日出日落，六时成昼。是以六阳昼，六阴夜，昼夜十二时。

《虞书·益稷》曰：“予欲闻六律五声八音，在治忽，以出纳五言。”治忽，治乱。六律，亦取象乾坤各六画，共十二爻，是以有阳六律，阴六吕，为十二律。《周礼·春官》：“大师掌六律六同，以合阴阳之声。阳声：黄钟、大簇、姑洗、蕤宾、夷则、无射；阴声：大吕、应钟、南吕、函钟、小吕、夹钟。”郑氏注：“以合阴阳之声者，声之阴阳各有合。黄钟，子之气也，十一月建焉，而辰在星纪；大吕，丑之气也，十二月建焉，而辰在玄枵；大簇，寅之气也，正月建焉，而辰在娵訾；应钟，亥之气也，十月建焉，而辰在析木；姑洗，辰之气也，三月建焉，而辰在大梁；南吕，酉之气也，八月建焉，而辰在寿星；蕤宾，午之气也，五月建焉，而辰在鹑首；林钟，未之气也，六月建焉，而辰在鹑火；夷则，申之气也，七月建焉，而辰在鹑尾；中吕，巳之气也，四月建焉，而辰在实沈；无射，戌之气也，九月建焉，而辰在大火；夹钟，卯之气也，二月建焉，而辰在降娄。辰与建交错，贸处如表里然，是其合也。”贾疏：“郑云以合阴阳之声者，声之阴阳，各有合者。六律为阳，六同为阴，两两相合，十二律为六合，故云各有合也。”

《国语·周语下》：“王将铸无射，问律于伶州鸠。对曰：律，所以立均出度也。古之神瞽，考中声而量之以制，度律均钟，百官轨仪，纪之以三，平之以六，成于十二，天之道也。”贾侍中云：“无射，钟名。”韦昭注：“王，景王也。律，谓六律 、六吕也。阳为律 ，阴为吕。六律：黄钟、大簇、姑洗、蕤宾、夷则、无射；六吕：林钟、仲吕、夹钟、大吕、应钟、南吕也。均，平也；轨，道也；仪，法也。度律，度律吕之长短，以平其钟，和其声，以立百事之道法也。故曰：律、度、量、衡，于是乎生。三，天、地、人也。古纪声合乐，以舞天神、地祇、人鬼，故能人神以和。平，平之以六律也。上章曰：律以平声。十二，律吕也。阴阳相扶，律取妻，而吕生子，上下相生之数备也。天之大数，不过十二。”亦谓阴阳各六，十二律吕，为十二律。

又，“王曰：七律者何？”韦昭注：“周有七音，王问七音之律，意谓七律为音器，用黄钟为宫，大簇为商，姑洗为角，林钟为徵，南吕为羽，应钟变宫，蕤宾变徵也。”按，宫、商、角、变徵、徵、羽、变宫，是我国古代七声音阶。由宫到变宫，第七次，在更高阶段返复，谓之七律。《乐纬》曰：“黄钟为宫，林钟为徵，太簇为商，南吕为羽，姑洗为角，应钟为变宫，蕤宾为变徵。以次配之，五音备矣。黄钟下生林钟，故林钟为徵。次黄钟。林钟上生太簇，故太簇为商。次林钟。太簇下生南吕，故南吕为羽。次太簇。南吕上生姑洗，故姑洗为角。次南吕。姑洗下生应钟，故应钟为变宫。次姑洗。应钟上生蕤宾，故蕤宾为变徵。凡有七音，圜相为宫。七音者，蓋以相生数七故也。始黄钟生林钟，自十二月至六月，凡七月也。”阴阳十二律和七律，体现天地自然之道，阳极生阴，阴极生阳，七日来复，在阴阳变化中，循环上升往复，此乃复卦道理。

《史记·天官书》:“北斗七星，所谓旋、玑、玉衡，以齐七政。杓携龙角，衡殷南斗，魁枕参首,。用昏建者杓；杓，自华以西南。夜半建者衡；衡，殷中州河、济之间。平旦建者魁；魁海岱以东北也。斗为帝车，运于中央，临制四乡。分阴阳，建四时，均五行，移节度，定诸纪，皆系于斗。”《中国传统天文历法通书》云：“由于北斗，每天都要旋转一周（实际是地球自转），因此，只要在天刚黑时，记下北斗的位置，在夜里，便可根据它的斗柄，离开初始位置的角度，来推算出当时的时刻。每转十五度，即为一小时。所以《宋史 ·乐志》，有斗转参横将旦，天开地辟如春的句子。”斗柄一个时辰，转动三十度，十二个时辰，转动三百六十度。昼夜各一百八十度，各为六个时辰，六转而尽，七转而复。

《大戴礼记·本命》曰：“阴穷反阳，阳穷反阴，是故阴以阳化，阳以阴变。”王聘珍解诂：“穷，极也。阴极于上，则阳已复于下，剥之反为复也。阳极于上，则阴已复于下，夬之反为姤也。阴不自化，得阳而化；阳不自变，得阴而变。《韩诗外传》云：阴阳消息，则变化有时矣。”阳复于初，十一月为复，是阴阳消息，变化有时。《系辞传》曰：“《易》与天地准，故能弥纶天地之道。仰以观于天文，俯以察于地理，是故知幽明之故；原始反终，故知死生之说。”又曰，“圣人有以见天下之赜，而拟诸其形容，象其物宜，是故谓之象。圣人有以见天下之动，而观其会通，以行其典礼，系辞焉以断其吉凶，是故谓之爻。”又曰，“是故，《易》者象也。象也者，像也。彖者，材也。爻也者，效天下之动者也。”《周易》，阳六爻，阴六爻，象天地阴阳；六变而反，七变而复，象天地阴阳之道。是以六与十二，为天地自然之律。

扬雄《太玄经》曰：“周，阳气周神，而反乎始，物继其彙。”范望注：“周，象复卦。行属于火。谓之周者，冬至之后，阳气之所始也。周，复也。《易》曰七日来复， 是也。彙，类也。言万物各继续其类，周复其道，故谓之周。周之初一，日入牛宿五度也。”按，牛宿，二十八宿之一，在十二宫（座）之摩羯宫，时序十一月，冬至之月， 是以阴阳气周，而阳又复。司马光注："周，准复。周，匝也，旋也。宋曰：彙，类也。光谓：万物随阳出入，生长收藏，皆阳之神也。岁功既毕，神化既周，而反乎始，万物各继其类，而更生也。"即一阳更生。又，"上九，还于丧，或弃之行。《测》曰：还于丧，其道穷也。"司马注："生极则反乎死，盛极则反乎衰，治极则反乎乱。九处周之极，逢祸之穷，当日之夜，故曰清寒以丧。"还于丧，其道穷，谓之周。周而复，是以周似复。然周为终，复为始，终而复始。

复 赵诚《卜辞分类读本》曰："复，復之古体。甲骨文有一些与行走有关的字，到了后代，都增加了一个彳旁。复字，后来写作復，也如此。复之本义，似是从原路走回去。甲骨文用作副词，有又、再的意思，应为引伸义。如丁卯卜，戊辰复旦——丁卯一天占卜，第二天戊辰日，再一次出太阳。"又曰，"复，即后代的復。字从止，即趾，与行走有关，本义当为动词。甲骨文的复，有归、还、返回之义。如：王复（粹一0五八）；乙酉卜，争贞，往复从臬，地名（前五·一三·五）。"许慎《说文》："复，行故道也。"段玉裁注："彳部又有復，復行而复废矣。疑彳部之復，乃后增也。"又，"復，往来也。"段注辵部曰："返，还也；还，復也。皆训往而仍来。今人分别入声、去声，古无是分别也。"

桂馥《说文解字义证》："复，行故道也者，通作復。《释言》：复，返也。《小尔雅·广言》：复，还也。《易》复卦：反复其道，七日来复，利有攸往。《释文》云：复，反也，还也。《杂卦传》：复，反也。《书·舜典》：卒乃复。传云：复，还也。郑云：复，归也，巡守礼毕，乃返归矣。《诗·我行其野》：言归斯复。传云：复，反也。《黄鸟》：复我邦族。笺云：复，反也。《春秋》宣八年：公子遂入齐，至黄乃复。杜云：盖有疾而还。昭二年：公如晋，至河乃复。杜云：晋人辞之，故还。昭元年《传》：郑伯如晋吊，及雍乃复。杜云：盖赵氏辞之而还。桓五年《传》：淳于公如曹，度其国危，遂不复。杜云：国有危难，不能自安，故出朝，而遂不还。闵二年《传》：金玦不复。应劭曰：复，反也。襄二十八年《传》引《易》：迷复凶。杜云：复，返也。宣六年《公羊传》：复国不讨贼，何云复反也。《礼记·檀弓》：复，尽爱之道也。注云：复谓招魂， 庶几其精气之反。《玉藻》：亲老，出不易方，复不过时。注，复，反也。"复，谓还、反（返），有往则有还反，故《彖》曰："复，刚反。"言刚往而又反回，十一月之谓。

李鼎祚《周易集解》，引何妥曰："复者，归本之名，群阴剥阳，至于几尽，一阳来下，故称反复。"李道平《周易集解纂疏》："上为末，初为本，阳尽于上，复归于初， 故云复者，归本之名。群阴剥阳，至于几尽者，剥之上，不食者也。一阳来下，故称反复者，复初之不远者也。”孙星衍《周易集解》，引郑康成曰：“复，反也，还也。阴气侵阳，阳失其位，至此始还，反起于初，故谓之复。阳，君象。君失国而还反，道德更兴也。”程氏传：“物无剥尽之理，故剥极则复来。阴极则阳生，阳剥极于上，而复生于下，穷上而反下也，复所以次剥也。为卦，一阳生于五阴之下，阴极而阳复也。岁十月，阴盛既极； 冬至，则一阳复生于地中，故为复也。阳，君子之道。阳消极而复反，君子之道，消极而复长也，故为反善之义。”

亨 乾卦《文言》曰：“亨者，嘉之会也。”嘉为美，凡美为亨通。亨，谓阴阳之事亨通。复卦,《彖》曰：“复亨，刚反。”何妥曰：“阳气复反而得交通，故云复亨也。” 交通，谓阴阳交通。泰卦《彖》曰：“小往大来，吉亨，则是天地交，而万物通也；上下交，而其志同也。内阳而外阴，内健而外顺，内君子而外小人。君子道长，小人道消也。”泰卦由复卦而来，故泰卦言吉亨，复卦言亨。又，程氏传：“阳气复生于下，渐亨盛而生育万物。君子之道既复，则渐以亨通，泽于天下，故复则有亨盛之理也。”

出入无疾 《说文》:“出，进也，象草木益滋，上出达也。凡出之属，皆从出。”桂馥义证：“象草木益滋，上出达也者，本书生下云：象草木生出土上。《月令》：句者毕出，萌者尽达。“又,《说文》:“入，内也，象从上俱下也。凡入之属，皆从入。”段玉裁注：“内也，自外而中也。上下者，外中之象。”桂馥义证：“内也者,《释名》：入，纳也；纳，使还也。”《说文》:“内，入也，从冂，自外而入也。” 《彖》曰：“动而以顺，是以出入无疾。”震为动，坤为顺。复卦，震下坤上，由下往上，为动而以顺，为顺行。自复之时，阳气升上，渐次出地；又，阳气降下，渐次入地，自然规律，必无病患，谓出入无疾。《系辞传》曰：“寒往则暑来，暑往则寒来，寒暑相推，而岁成焉。往者屈也，来者信也，屈信相感，而利生焉。尺蠖之屈，以求信也；龙蛇之蛰，以存身也；精义入神，以致用也；利用安身，以崇德也。”十一月，阳气始出，为伸；五月，阳气始入，为屈。阴屈阳伸，阳屈阴伸，是屈伸相感，而利生焉。亦动而以顺，出入无疾。《说卦传》曰：“坎，其于人也，为加忧，为心病，为耳痛。”复卦，震下坤上，阳出阳入，皆无坎象，故曰出入无疾。

朋来无咎 坤卦，坤下坤上。卦辞曰：“西南得朋，东北丧朋。” 《彖》曰：“西南得朋，乃与类行；东北丧朋，乃终有庆。”按，伏羲八卦方位：巽，西南；坎，正西；艮，西北；坤，正北；震，东北；离，正东；兑，东南；乾，正南。自巽至坤，即自西南至正北，阴气渐长，为西南得朋，为乃与类行；自震至乾，即自东北至南，阴气渐消，为东北丧朋，为乃终有庆。是得阴为得朋，失阴为丧朋。朋，谓阴。泰卦，乾下坤上。九二曰：“不遐遗，朋亡。”朋亡，谓小往，朋为小为阴。豫卦，坤下震上。九四曰：“大有得，勿疑朋盍簪。”大，谓阳；朋，谓阴。谓勿疑众阴拥阳。咸卦，艮下兑上。九四曰：“朋从尔思。”谓初六之阴，来应九四之阳。蹇卦，艮下坎上。九五曰：“大蹇朋来。”谓阳难，六二之阴来应阳。解卦，坎下震上。九四曰：“朋至斯孚。”朋谓初六之阴相应。损卦，兑下艮上。六五曰：“或益之十朋之龟。”阳益六五之阴。益卦，震下巽上。六二曰：“或益之十朋之龟。”阳益六二之阴。按，朋，甲金文象两串贝并列之形，似坤阴之爻，故《周易》谓阴为朋。

《说文》：“咎，灾也。从人从各，各者相违也。”《商书·太甲》曰：“天作孽，犹可违；自作孽，不可逭。”言人各自违，则不可逃出天降灾眚，故咎为灾。《虞书·大禹谟》曰：“君子在野，小人在位，民弃不保，天降之咎。”孔氏传：“言民叛之，天灾之。”《左传》庄公二十一年：“原伯曰：郑伯效尤，其亦将有咎。”又，睡虎地秦简《日书》（一一00）：“庚辛死者去室北，不去有咎。”咎，皆谓灾。朋来无咎，谓阴来无灾。按，夏至，五月中气，一阴来阳下；大暑，六月中气，二阴来阳下；处暑，七月中气，三阴来阳下；秋分，八月中气，四阴来阳下；霜降，九月中气，五阴来阳下；小雪，十月中气，六阴升。万物春生，夏长，秋成，冬藏。乾卦《彖》曰：“大哉乾元！万物资始，乃统天。”坤卦《彖》曰：“至哉坤元！万物资生，乃顺承天。”又，《系辞传》曰：“乾知大始，坤作成物。”朱熹曰：“知，犹主也。乾主始物，而坤作成之。承上文男女，而言乾坤之理。盖凡物之属乎阴阳者，莫不如此。大抵阳先阴后，阳施阴受。阳之轻清未形，而阴之重浊有迹也。”复卦，出入无疾，谓阳出入无疾；朋来无咎，谓阴来成物无咎。来，谓来下。朋来无咎，谓阴来下无咎。

又，郑氏注《月令·仲冬之月》云：“日短至，则伐木，取竹箭：此时坚成之极时。是月也，可以罢官之无事，去器之无用者：谓先时权所建作者也；天地闭藏，而万物休，可以去之。涂阙廷六间，筑囹圄，此以助天地之闭藏也，顺时气也。”又曰，“仲冬行夏令，则其国乃旱，午之气乘之也。氛雾冥冥，霜露之气散相乱也。雷乃发声，震气动也。行秋令，则天时雨汁，瓜瓠不成，酉之气乘之也。酉宿直昴毕，毕好雨，雨汁者，水雪杂下也，子宿直虚、危，虚、危内有瓜瓠。国有大兵，兵亦金之气。行春令，则蝗虫为败，当蛰者，出卯之气乘之也。水泉咸竭，大火为旱。民多疥疠，疥疠之病，孚甲之象。”《正义》曰：“其国乃旱，氛雾冥冥，雷乃发声，皆天灾也。天时雨汁，天灾也。瓜瓠不成，地灾也。国有大兵，人灾也。蝗虫为败，水泉咸竭，地灾也。民多疥疠，人灾也。“复卦，即仲冬之月卦。阳出以时，阴入以时，顺时之动，而无违时，故《彖》曰：“动而以顺时，是以出入无疾，朋来无咎。”

反复其道　《老子》曰：“道生一，一生二，二生三，三生万物。万物负阴而抱阳，冲气以为和。”谓自然之道生太极，太极生阴阳，阴阳生天地人，天地人生万物。万物背阴向阳，阴阳之气相荡，以成太和，又归为一。阴阳冲气，即阴阳推移，反复其道。按十二消息：自一阳生，二阳生，三阳生，四阳生，五阳生，至六阳生，为阳极；自一阴生，二阴生，三阴生，四阴生，五阴生，至六阴生，为阴极。阳极阴生，阴极阳生，一阴一阳，迭运不已，此之谓道，即阴阳反复其道。《系辞传》曰：“一阴一阳之谓道。”又，“子曰：乾坤，其《易》之门邪？乾，阳物也；坤，阴物也。阴阳合德，而刚柔有体，以体天地之撰，以通神明之德。其称名也杂，而不越。”而不越，即不越阴阳之道。又曰，“乾坤，其《易》之缊邪？乾坤成列，而《易》立乎其中矣。乾坤毁，则无以见《易》。《易》不可见，则乾坤或几乎息矣。”乾坤成列，而不毁息，即反复其道。《说卦传》曰：“昔者，圣人之作《易》也，将以顺性命之理，是以立天之道，曰阴与阳；立地之道，曰柔与刚；立人之道，曰仁与义。兼三才而两之，故《易》六画而成卦。分阴分阳，迭用柔刚，故《易》六位而成章。”亦谓阴阳迭运反复，为天地人之道。《说卦传》曰：“震为大涂。”复卦，一阳反复来下为震，震为大途，为反复其道。

七日来复　《系辞传》曰：“《易》之为书也，不可远，为道也屡迁，变动不居，周流六虚，上下无常，刚柔相易，不可为典要，唯变所适。”七日来复，阴阳反复，不可执一。《周易》六十四卦，乾，为天；坤，为地。既济，月上日下，为夜；未济，日上月下，为昼。天左旋，地右旋，日月升落，昼夜不息。中间，自屯至小过，六十卦，每卦六爻，计三百六十爻，在天地日夜运转之中。一周天三百六十度，太阳日行一度，行三百六十日为一年（大数）。是爻数与日数相当。七日来复，谓乾卦六变为坤，七变而一阳复来。一爻当一日，故谓七日来复。然复卦，十二消息卦，阳七日来复，亦是七月来复。即：五月，巽下乾上，一阳消；六月，艮下乾上，二阳消：七月，坤下乾上，三阳消；八月，坤下巽上，四阳消；九月，坤下艮上，五阳消；十月，坤下坤上，六阳消；十一月，震下坤上，一阳来复。由五月至十一月，七月来复，谓之七日来复。又，于十二辰计：午时，一阴消阳；未时，二阴消阳；申时，三阴消阳，酉时，四阴消阳；戌时，五阴消阳；亥时，六阴消阳；子时，一阳复来。一爻为一日，为七日来复。《彖》曰：“反复其道，七日来复，天行也。”即谓此为自然之道。

虞翻曰：“谓乾成坤，反出于震而来复，阳为道，故复其道。刚为昼日，消乾六爻为六日，刚来反初，故七日来复，天行也。”《周易集解纂疏》：“剥消乾成坤，故谓乾成坤。灭藏于坤，从下反出，体震成复，故云反出于震而来复。乾元为道，故阳为道。阳初出复，故复其道。《系上》曰：刚柔者，昼夜之道也。故刚为昼。虞君《易》例，日数并以爻数解之。剥消乾成坤，故云消乾六爻为六日，刚从剥来，反于坤初，故云刚来反初。以乾六爻，至复初凡七爻，故曰七日来复。入坤出震，皆乾之一阳，乾为天，震为行，故曰天行也。”

利有攸往 《彖》曰：“利有攸往，刚长也。”自十一月往前，至十二月，兑下坤上，二阳生，为临卦。卦辞曰：“元亨利贞。”《彖》曰：“临，刚浸而长，说而顺，刚中而应，大亨以正，天之道也。”至正月，乾下坤上。三阳生，为泰卦。卦辞曰：“小往大来，吉亨。”《彖》曰：“泰，小往大来，吉亨，则是天地交，而万物通也；上下交，而其志同也；内阳而外阴，内健而外顺，内君子而外小人；君子道长，小人道消也。”至二月，乾下震上，四阳生，为大壮卦。卦辞曰：“利贞。”《彖》曰：“大壮，大者壮也。刚以动，故壮。大壮利贞，大者正也。正大，而天地之情可见矣。”至三月，乾下兑上，五阳生，为夬卦。卦辞曰：“扬于王庭，孚号有厉，告自邑。不利即戎，利有攸往。”《彖》曰：“夬，决也，刚决柔也。健而说，决而和。扬于王庭，柔乘五刚也。孚号有厉，其危乃光也。告自邑，不利即戎，所尚乃穷也。利有攸往，刚长乃终也。”至四月，乾下乾上，六阳生，为乾卦。卦辞曰：“元亨利贞。”《彖》曰：大哉乾元！万物资始乃统天，云行雨施，品物流形。大明终始，六位时成，时乘六尤以御天。乾道变化，各正性命。保合太和，乃利贞。首出庶物，万国咸宁。”由复至乾，阳刚长而利正道，故曰利有攸往。

又，《彖》曰：“复，其见天地之心乎？”程氏传：“其道反复往来，迭消迭息。七日而来复者，天地之运行如是也。消长相因，天之理也。阳刚君子之道长，故利有攸往。一阳复于下，乃天地生物之心也。先儒皆以静，为见天地之心，盖不知动之端，乃天地之心也。非知道者，孰能识之？”朱熹曰：“积阴之下，一阳复生。天地生物之心，几于灭息，而至此乃复可见。在人则为静极而动，恶极而善，本心几息而复，见之端也。程子论之详矣，而邵子之诗亦曰：冬至子之半，天心无改移，一阳初动处，万物未生时，玄酒味方淡，大音声正希，此言如不信，更请问包羲。至哉言也，学者宜尽心焉。”按，天地之心，即乾坤之义。乾卦《彖》曰：“大哉乾元！万物资始。”坤卦《彖》曰：“至哉坤元！万物资生。”又，《系辞传》曰：“乾知大始，坤作成物。”又曰，“天地之大德曰生。”复卦，见天地乾坤之变，体春生、夏长、秋成、冬藏之理，是以见天地之心。

《象》曰：“雷在地中，复，先王以至日闭关，商旅不行，后不省方。”坤为地，震为雷。震下坤上，雷在地中，即雷在地下，一阳来复，故曰复。《月令·仲秋之月》云：“是月也，日夜分，雷始收声。”又，《仲春之月》云：“是月也，日夜分，雷乃发声， 始电。”郑氏注：“雷始收声在地中，动内物也。”《正义》曰：“知动内物者，以雷是阳气，主于动。不惟地中潜伏而已，至十一月，一阳初生，震下坤上，复卦用事。震为动，坤为地，是动于地下，。是从此月为始，故云动内物也。”雷于八月而入，二月而出，是以十一月雷在地中，为一阳动于地下，为阳气复来，为复。《逸周书·时训解》：“冬至之日，蚯蚓结；又五日，麋角解；又五日，水泉动。”陈逢衡补注：“冬至之日，十一月中气也。蚯蚓结者，高诱《吕氏注》：结，纡也。麋角解者，麋是阴兽，冬至得阳气而解角也。水泉动者，泉浚于地，阳气聚于内，故禀微阳而动，动谓气始达也。”是雷在地中，为微阳之复。

《月令·仲冬之月》云：“命有司曰：土事毋作，慎毋发盖，毋发室屋，及起大众，以固而闭。地气沮泄，是谓发天地之房，诸蛰则死，民必疾疫，又随以丧。命之曰畅月。”《正义》曰：“土事毋作，慎毋发盖者，于此之时，土地之事，毋得兴作。又须谨慎，毋得开发掩盖之物，则孟冬云，谨盖藏是也。非惟仲冬一月之事，故不谓是月，良为此也。为阴气凝固，阳须闭藏。若起土功，开盖物，发室屋，起大众，开泄阳气，故下云诸蛰则死，人则疾疫也。以固而闭者，而，汝也。命此有司云：于此之时，以坚固汝闭塞之事，勿令开动。地气沮泄，是谓发天地之房者，约束有司，若其不固汝所闭之事，令地沮泄，谓泄漏地之阳气，是发彻天地之房。房是人次舍之处，拥蔽于此之时，天地亦拥蔽万物，不使宣露，与房舍相似。令地气泄漏，是开发天地之房也。如此则诸蛰则死，人必疾疫。非但蛰死人疾，又随以丧者，国有大丧，随逐其后。命之曰畅月者，告有司云，所以须闭藏，以其命此月曰畅月。畅，充也，言名此月为充实之月，当使万物充实，不发动故也。”又，《仲冬之月》云：“是月也，日短至，阴阳争，诸生荡。君子齐戒，处必掩身，身欲宁；去声色，禁耆欲，安形性，事欲静，以待阴阳之所定。”朱熹《周易本义》曰：“安静以养微阳也。《月令》：是月斋戒、掩身，以待阴阳之所定。”

《周礼·考工记》曰：“通四方之珍异以资之，谓之商旅。”郑氏注：“商旅，贩卖之客也。《易》曰：至日，商旅不行。”贾疏：“按《大宰·九职》注：行曰商，处曰贾。商旅，贾客也。行商与处贾，为客。此文无贾，直云商旅，商是贩卖之人，故云贩卖之客也。云《易》曰者，复卦《象》辞文也。是一日之中，商旅不行，余日即行，是行曰商也。”又，《周礼·司市》曰：“以商贾阜货而行布。”郑注：“通物曰商，居卖物曰贾。阜，犹盛也。郑司农云：布，谓泉也。”贾疏：“郑知通物曰商者，《易》云：至日闭关，商旅不行。除至之日，商旅则行。故郑注《大宰》云：行曰商。行商，则是通物者也。郑知居卖物曰贾者，商既通物，明贾则在市，而居卖物者也。故郑注《大宰》云：处曰贾也。由此二等之人，或通货，或在市卖之，故货贿阜盛，而布泉得行，故曰阜货而行布也。”《白虎通·商贾》曰：“商贾，何谓也？商之为言商也。商其远近，度其有亡，通四方之物，故谓之商也。贾之为言固也。固其有用之物，以待民来，以求其利者也。行曰商，止曰贾。《易》曰：先王以至日闭关，商旅不行，后不省方。”

观卦《象》曰：“先王以省方观民设教。”孔颖达疏：“省视万方，观看民之风俗。”班固《东都赋》：“乃动大辂，遵皇衢，省方巡守。”天子巡视四方曰省方。《白虎通·巡狩》曰：“王者所以巡狩者何？巡者，循也；狩者，牧也：为天下巡行，守牧民也。道行太平，恐远近不同化，幽隐不得所者，故必亲自行之，谨敬重民之至也。考礼义，正法度，同律历，叶时月，皆为民也。《尚书》曰：遂觐东后，叶时月正日，同律度量衡，修五礼。《尚书大传》曰：见诸侯，问百年，太师陈诗，以观民风俗。命市纳贾，以观民好恶。山川神祇，有不举者，为不敬；不敬者，削以地。宗庙有不顺者，为不孝；不孝者，黜以爵。变礼易乐者，为不从；不从者，君流。改衣服制度，为畔；畔者，君讨。有功者，赏之。《尚书》曰：明试以功，车服以庸。巡狩，所以四时出何？当承宗庙，故不逾时也。以夏之仲月者，同律度当得其中也。二月、八月昼夜分，五月、十一月阴阳终。《尚书》曰：二月东巡守，至于岱宗；五月南巡守，至于南岳；八月西巡守，至于西岳；十有一月朔巡守，至于北岳。”此为后省四方之例。

《白虎通·诛伐》曰：“冬至，所以休兵不举事，闭关商旅不行何？此日阳气微弱，王者承天理物，故率天下静，不复行役，扶助微气，成万物也。”陈立疏证：“《初学记》引《五经通义》云：冬至，所以休兵鼓，商旅不行，君不亲政事何？冬至阳气萌生，阴阳交精，始成万物，气微在下，不可动泄。王者承天理物，率先天下，静而不扰也。《御览》引《历义疏》云：冬至者，极也，太阴之气上干于阳，太阳之气下极于地，寒气已极，故曰冬至。气当易之，是以王者闭间，商旅不行。《通典》引刘遐说曰：阳实君道，是以微阳初兴，庆其方盛，寝鼓息兵，不欲震荡。又，郑瑶谓：冬至少阳初发，萌芽之渐，欲省事顺动，以应至道，是以不省方事，安能鸣鼓？”李鼎祚《周易集解》引宋衷曰：“商旅不行，自天子至公侯，不省四方之事，将以辅遂阳体，成致君道也。制之者，王者之事；奉之者，为君之业也。故上言先王，而下言后也。”程氏传：“雷者，阴阳相薄而成声。当阳之微，未能发也。雷在地中，阳始复之时也。阳始生于下而甚微，安静而后能长。先王顺天道，当至日阳之始生，安静以养之，故闭关，使商旅不得行，人君不省视四方，观复之象，而顺天道也。在一人之身亦然，当安静以养其阳也。”于象，震下坤上，雷在地中，为复，为冬至之卦。乾为王，初九为乾之先，为先王。《系辞传》：“阖户谓之坤，辟户谓之乾。”坤为阖户，为先王以至日闭关，故商旅不行。《说文》：“后，继体君也。象人之形，从口。《易》曰：后以施令告四方。”乾为君，坤为乾之继体君，为后。冬至之时，坤极而阳用事，是以后不省方。又，阳不在中，有军旅不行之象。

剥卦和复卦，互为邻卦和综卦 。《序卦传》曰：“剥者，剥也。物不可以终尽，剥穷上反下，故受之以复。”崔觐曰：“夫《易》，穷则有变，物极则反于初。故剥之为道，不可终尽，而受之于复也。”《周易集解纂疏》：“阳至四月，乾穷于上；至五月，一阴消姤；至九月成剥，十月成坤；至十一月，阳反下出复，故曰穷上反下。”按，九月，坤下艮上，阳将剥尽；十月，坤下坤上，阳已剥尽；十一月，震下坤上，一阳复生。中间只隔十月纯阴，是物不可终尽。剥穷于上，复反于下，故剥卦和复卦为邻卦。又，剥卦，坤下艮上。卦辞曰：“不利有攸往。”《彖》曰：“剥，剥也，柔变刚也。不利有攸往，小人长也，顺而止之。”复卦，震下坤上。卦辞曰：“利有攸往。”《彖》曰：“复，亨，刚反。动而以顺行。利有攸往，刚长也。”两卦，卦象相倒，卦辞、彖传相反，是互为综卦。

复卦和姤卦，互为错卦。复卦，震下坤上，一阳来于五阴之下；姤卦，巽下乾上，一阴来于五阳之下。两卦之象阴阳相反，是以互为错卦。冬至，日南至，冷；夏至，日北至，热。复卦，乾来变坤而复；姤卦，坤来变乾而反。复卦《彖》曰：“复，刚反，动而以顺行，利有攸往，刚长也。”姤卦，《彖》曰：“柔遇刚也，勿用取女，不可与长也。”阳为正，其动为顺行，故利有攸往，利于刚长。阴非正，其动为逆行，故勿用取女，不可与长。又，复卦《象》曰：“雷在地中，复，先王以至日闭关，商旅不行，后不省方。”姤卦《象》曰：“天下有风，姤，后以施命告四方。”两卦，天、地、风、雷相错，不省方、告四方相错。《白虎通·诛伐》曰：“冬至所以休兵，不举事，闭关，商旅不行何？此日阳气微弱，王者承天理物，故率天下静，不复行役，扶助微气，成万物也。”《后汉书·鲁恭传》曰：“恭上疏：案《易》，五月姤用事。《经》曰：后以施命四方。言君以夏至之日，施命止四方行者，所以助微阴也。”天子冬至不省方，对四方诸侯而言；夏至告四方，对四方行者而言。一王一民，相反相错，是为错卦。

复卦 和豫卦，上下单卦易置。复卦，震下坤上。阳气来复盛阴之下。《彖》曰：“复亨，刚反，动而以顺行。是以出入无疾，朋来无咎，反复其道，七日来复，天行也。利有攸往，刚长也。复其见天地之心乎？”复，阳乃初复，乾坤阴阳转换之际，盖为十一月冬至之时。豫卦，坤下震上。阳已生出地上。《彖》曰：“豫，刚应而志行，顺以动。豫，豫顺以动，故天地如之，而况建侯行师乎？天地以顺动，故日月不过，而四时不忒。圣人以顺动，则刑罚清，而民服。豫之时义大矣哉！”豫，阳已见之于四，或跃于渊， 盖为二月春分之时。又，复卦《象》曰：“雷在地中，复，先王以至日闭关，商旅不行， 后不省方。”阳尚在地下。豫卦《象》曰：“雷出地奋，豫，先王以作乐崇德，殷荐之上帝，以配祖考。”阳已升地上。一静一动，前后相反，故两卦上下单卦易置。

初九，不远复，无祇悔，元吉。

〔译〕 初九，阳不远复，无震物之悔，大吉利。

《象》曰：“不远之复，以修身也。”

〔证〕

不远复 十一月，阴气盛，阳气只可复于初，不可远复至二、三，以利于畜养微阳。《月令》：“仲冬之月，其日壬癸，律中黄钟，其数六。”郑氏注：“黄钟者，律之始也，九寸。仲冬气至，则黄钟之律应。《周语》曰：黄钟，所以宣养六气九德。”《正义》曰：“按《元命包》，黄钟者，始黄。注云：始萌黄泉中。《律历志》云：黄者中之色， 君之服；钟，种也。又云：黄，五色莫盛焉，故阳气始种于黄泉，孳萌万物，为六气元也。《周语》曰：黄钟，所以宣养六气。九德者，按彼注：十一月建子，阳气在中。六气：阴、阳、风、雨、晦、明；九德：金、木、水、火、土、谷、正德、利用、厚生。作乐宣遍黄种，象气伏地，物始萌，所以遍养六气九功之德。此养之者，若施人六情。正德，天德，利用地德厚生人德。”又，其日壬癸者，《说文》曰：“壬，阴极阳生，象人怀妊之形。癸，可揆度也。”《三礼・义宗》云：“冬日壬癸者，癸，揆也，言万物更任，生于黄泉，皆有法度也。”皆谓仲冬之月，宜妊养阳气，揆度而生，不可远复。

《象》曰：“不远之复，以修身也。”《月令・仲冬之月》云：“是月也，命奄尹，申宫令，审门闾，谨房室，必重闭，省妇事。”《正义》曰：“命奄尹者，尹谓正也，谓命奄官正长，申重其政令，常察门闾之事，谨慎房室之处。必重闭者，谓门闾房室，必外内重闭。远者谓之门闾，近者谓之房室，皆有外内门房，必重迭闭之。此月阴气既静，故减省妇人之事，顺阴类也。”《仲冬之月》又云：“是月也，日短至，阴阳争，诸生荡。君子齐戒，处必掩身，身欲宁，去声色，禁耆欲，安形性，事欲静，以待阴阳之所定。”郑氏注：“争者，阴方盛，阳欲起也；荡，谓物动将萌牙也。”《易》与天地，相似而不违。仲冬之月，阴盛阳弱，阳不远复。故谨宫闱，严律己，如阳之伏而修身。乾卦初九曰：“潜龙勿用。”《文言》曰：“君子以成德为行，日可见之行也。潜之为言也，隐而未见，行而未成，是以君子弗用也。”行而未成，是以弗用，是不远之复，以修身也。《礼记・大学》曰：“修身而后齐家，齐家而后治国，治国而后平天下。自天子以至于庶人，一是皆以修身为本；其本乱而末治者，否矣。”故《系辞传》曰：“复，德之本也。”

又，《吕氏春秋・仲冬纪》云：“仲冬行夏令，则其国乃旱，气雾冥冥，雷乃发声。行秋令，则天时雨汁，瓜瓠不成，国有大兵。行春令，则虫螟为败，水泉减竭，民多疾疠。”高诱注：“夏，火炎上，故其国旱也。清浊相干，气雾冥冥也。夏气发泄，故雷动声也。秋，金水之母也。冬节白露，故雨汁也。金用事以干水，故瓜瓠不成，有大兵来伐之也。春，木气。木生虫，故虫螟为败。食谷心曰螟。阳气炕燥，故水泉减竭也。水木相干，气不和，故民多疾疠也。”按，行夏令：四月，乾上乾下，六阳；五月，巽下乾上，五阳；六月，艮下乾上，四阳。行秋令：七月，坤下乾上，三阳；八月，坤下巽上，二阳；九月，坤下艮上，一阳亢。行春令：正月，乾下坤上，三阳；二月，乾下震上，四阳，三月，乾下兑上，五阳。是仲冬之月，行春、夏、秋令，为阳气远复，为不利。故初九曰：“不远复。”《象》曰：“动而以顺行。”皆以自然规律为戒。

无祇悔　《说文》：“祇，敬也。”“敬，肃也。”“肃持事振敬也。从聿在𣶒上，战战兢兢也。”振敬，犹震敬，振与震略同。《说文通训定声》曰：“振、震、祇，一声之转。”《尔雅·释诂》：“祇，敬也。”郝懿行义疏：“祇，通作振。《书》：日严祇敬六德。《史记·夏纪》，祇敬作振敬。《内则》云：祇见孺子。郑注：祇，或作振。振、祇，声相转也。”又，《商书·盘庚下》：“曷震动万民以迁。”《汉石经》震作祇。《周书·无逸》：“治民祇惧。”《史记·鲁周公世家》：“治民震惧。”《逸周书·大武》：“祇人死。”《文政》：“祇民之死。”王念孙《读书杂志》云：“祇之言振。振，救也，言救人之死，非敬死之谓也。祇与振声近而义同，故字亦相通。”《墨子·兼爱中》：“以祇商夏蛮夷丑貉。”孙诒让《墨子间诂》：“祇，读为振，此谓得仁人，以救中国及四夷之民。”按，祇通震、振、拯，无祇悔，即无震悔。十一月，一阳来复于初，而不远复，则无阳气过度震万物之悔恨，为无祇悔。坎卦，坎下坎上。二之四为震，九五已出震，中正一阳横于震上，曰祇既平，即震已平。祇与震通。复卦初九曰：“不远复，无祇悔。”谓阳不远复，则无发盖藏，起大众，地气泄；是谓发天地之房，诸蛰则死，民多疾疫，又随以丧：故谓无震悔。于象，复卦震下坤上，初九为震之初，阳复不远，是以无震悔。

元吉　乾卦《彖》曰：“大哉！乾元。万物资始，乃统天。”乾，为元为大，元吉，谓阳之大吉。又，初复有应，初为元，应则吉，为元吉。《礼记·月令》：“仲冬之月，芸始生，荔挺出，蚯蚓结，麋角解，水泉动。”《正义》曰：“芸始生，荔挺出者，皇氏云：以其俱香草，故应阳气而出。而蚯蚓结者，蔡云：结，犹屈也。蚯蚓在穴，屈首下向阳气；气动则宛而上首，故其结而屈也。”麋角解者，《大戴礼记·夏小正》曰：“十有一月，陨麋角。陨，坠也。曰冬至，阳气至，始动，诸向生，皆蒙蒙符矣，故麋角陨，记时焉尔。”水泉动者，郑氏注：“水泉动润上出。”初九，阳复于初而不远，即万物向阳，又无灾病，故曰元吉。《系辞传》曰：“子曰：颜氏之子，其殆庶几乎！有不善未尝不知，知之未尝复行也。《易》曰：不远复，无祇悔，元吉。”几者，动之微。复卦初爻，为震动之初，为几微。颜氏之子，知几微，无妄行，故孔子引《易》曰："不远复，无祇悔，元吉。"即谓无妄行者，大吉。

六二，休复，吉。

〔**译**〕 六二，阳休止其复，吉利

《象》曰："休复之吉，以下仁也。"

〔**证**〕

休复 休，从人从木，甲骨文象人倚树而息之形。《说文》："休，息止也，从人依木。"桂馥义证："息止也者，《五经文字》：休，象人息木阴。"《释诂》："休，息也。"《广雅》："息，休也。"《易》否卦九五曰："休否。"《释文》："休，息也。"《大雅·民劳》："民亦劳止，汔可小休。"郑笺："休，止息也。"《左传》襄公二十八年："吾乃休吾民矣。"注云："休，息也。"《荀子·大略篇》："君子息焉，小人休焉。"休、息换文，其义相同。按，阳气一复于初，为震下坤上，为复卦，为十一月；再复于二，为兑下坤上，为临卦，为十二月；三复于三，为乾下坤上，为泰卦，为正月；四复于四，为乾下震上，为大壮卦，为二月；五复于五，为乾下兑上，为夬卦，为三月；六复于上，为乾下乾上，为乾卦，为四月。六二休复，即谓十二月，二阳复时，当与民休息，阴性静，阳性动，阳休复，意即静而不动。

《月令·季冬之月》云："是月也，日穷于次，月穷于纪，星回于天，数将几终。岁且更始，专而农民，毋有所使，天子乃与公卿大夫，共饬国典，论时令，以待来岁之宜。"郑氏注："言日月星辰，运行于此月，皆周匝于故处也。次，舍也；纪，会也；而，犹女也。言专一女农民之心，令之豫有志于耕稼之事；不可徭役，徭之，则志散失业也。"《正义》曰："日穷于次者，谓去年季冬，日次于玄枵，从此以来，每月移次他辰，至此月穷尽，还次玄枵，故云日穷于次。月穷于纪者，纪犹会也。去年季冬，月与日相会于玄枵，自此以来，月与日相会于他辰，至此月穷尽，还复会于玄枵，故云月穷于纪。星回于天者，谓二十八宿，随天而行，每日虽周天一匝，早晚不同，至于此月，复其故处，与去年季冬，早晚相似，故云星回于天。数将几终者，几，近也。以去年季冬，至今年季冬，三百五十四日，未满三百六十五日，未得正终，唯近于终，故云数将几终。"以上，日月星辰运行周匝，谓休复。《正义》又曰："此月既终，岁且更始，而，女也，言在上，专一女农之事，无得兴起造作，有所使役也。"《吕氏春秋·季冬纪》云："专于农民，无有所使。"高诱注："农事将起，独于农民无所役使也。"《淮南子·时则训》云："令静农民，无有所使。"无有所使，亦即休复。

吉 《象》曰："休复之吉，以下仁也。"谓休复能以仁爱下人，故而吉利。《大雅·民劳》："民亦劳止，汔可小康。惠此中国，以绥四方。民亦劳止，汔可小休。惠此中国，以为民逑。民亦劳止，汔可小息。惠此京师，以绥四国。民亦劳止，汔可小愒。惠此中国，俾民忧泄。民亦劳止，汔可小安。惠此中国，国无有残。"毛传：逑，合也；愒，息。"郑笺："汔，几也；康、绥皆安也；惠，爱也。今周民罢劳矣，王几可以小安之乎。爱京师之人，以安天下。京师者，诸夏之根本，王爱此京师之人，则天下邦国之君，不为残酷。"民劳而康，而休，而息，而愒，惠此中国，以绥四方，为休复以下仁，为吉。又，《韩诗外传·卷七》："《传》曰：善为政者，循性之宜，顺阴阳之序，通本末之理，合天人之际。如是，则天气奉养，而生物丰美矣。不知为政者，使情压性，使阴乘阳，使末逆本，使人诡天，气鞠而不信，郁而不宣。如是，则灾害生，怪异起，群生皆伤，而年谷不熟。是以其动伤德，其静亡救。故缓者事之，急者弗知，日反理，而欲以为治。《诗》曰：废为残贼，莫知其尤。"诗者，《小雅·四月》之诗。《序》曰："《四月》，大夫刺幽王也。在位贪残，下国构祸，怨乱并兴焉。"是休复，以下仁惠者，吉利；不知休复，不下仁惠者，凶险。季冬之月，岁且更始，专而农民，毋有所使，是休复以下仁惠者，故而吉利。十二月，阳升至二，当为九二；然此为六二，是为休复。又，十二月，兑下坤上。二在兑中，兑为羊。《说文》："羊，祥也。"是以为吉祥。

六三，频复，厉，无咎。

〔译〕 六三，阳再三复，有危厉，无灾。

《象》曰："频复之厉，义无咎也。"

〔证〕

频复 《广雅·释诂》："频，比也。"王念孙疏证："数谓之频，亦谓之比，义相因也。《学记》：比年入学。比年，犹频年也。"《广韵·真韵》："频，数也。"《集韵》："频，一曰频数也。"《字彙》："频，数也，连也，比也。《汉书》比年，犹频年也。昭武黄氏曰：案《说文》，频，水厓也，引《诗》率土之频；又云俗作滨者，误。今文水厓之字，皆作滨，又音宾。而频，但为频数之频矣。"李孝定《甲骨文字集解》称："古文页、**百**、首，当为一字。页，象头及身；**百**，但象头；首，象头及其上发，小异耳。"步，甲骨文象足一前一后之形，行进不停之象。杨树达《积微居小学述林》，释步曰："《说文二篇上步部》云：步，行也，从止少相北。按，止少皆象足趾。左右异向者，一象左足，一象右足也。步字，止在上，少在下，象左右二足，前后相承之形。许君云从止少相背，非也。《礼记·祭义篇》云：故君子顷步，而弗敢忘孝也。《释文》云：顷读为跬，一举足为跬，再举足为步。《小尔雅·广度》云：跬，一举足，倍跬谓之步。倍跬，亦谓再举足也。以再举足释步，较许君泛训为行者，其于字义，尤为密合也。”按频，从页从步，页象头及身，即象人；步，象左右足前后相承，为再举足，故为频数。人之数行为频，犹鸟之数飞为習，行与飞，皆必不断为之。是频为频数，为多次。六三，在震之第三爻，震动则生频，是为震频。复卦之时，阳复至三，为频复。

厉 按十二消息，阳复至三，为正月。《月令·孟春之月》云：“其日甲乙。”郑氏注：“乙之言轧也。日之行春，东从青道，发生万物，月为之佐。时万物皆孚甲，自抽轧而出。”《说文》：“甲，东方之孟，阳气萌动，从木戴孚甲之象。”段玉裁注：“《史记·历书》曰：甲者，言万物剖符甲而出也。《汉书·律历志》曰：出甲于甲。孚者，卵孚也。孚甲，凡草木初生，或戴种于颠，或先见其叶，故其字象之。下象木之有茎，上象孚甲下覆也。”又，《说文》曰：“乙，象春草木冤曲而出，阴气尚强，其出乙乙也。与丨同意。”段玉裁注：“《月令》郑注云：乙之言轧也，时万物皆抽轧而出。物之出土艰屯，如车之辗地涩滞。”桂馥义证：“象春草木冤曲而出者，本书：㡯，从乙，云：隘也。辰下云：物皆生从乙。《广雅》：乙，轧也。《释名》：乙，轧也，自抽轧而出也。《史记·律书》：乙者，言万物生轧轧也。《白虎通》：乙者，物蕃屈有节欲出。昭二十九年《左传》：木正曰句芒。杜注：取木生句曲，而有芒角也。阴气尚强，其出乙乙也者，《淮南子》：太岁在甲曰阏逢。注：万物拥遏未通也。在乙曰旃蒙。注：万物遏蒙甲而出也。《史记·律书》：乙者，万物生轧轧也。《汉书·律历志》：奋轧于乙。《谷梁传》：轧辞。范宁注：轧，委曲也。引丨同意者，丨当为中。徐锴系传音彻，云同为出也。馥案：屯，从中，象草木之初生，屯然而难。”又，《说文》：“寅，髌也。正月阳气动，去黄泉欲上出，阴尚强也。象宀不达，髌寅于下也。”正月，阴气尚强，万物戴甲而孵，冤曲而出，是以为厉。又，乾卦九三曰：“君子终日乾乾，夕惕若厉。”日为阳，夜为阴，亦谓阳至三，阴在前，有厉。

无咎 《月令·孟春之月》云：“是月也，天气下降，地气上腾，天地和同，草木萌动。”孔颖达疏：“天气下降者，天地之气，谓之阴阳。一年之中，或升或降。故圣人作象，各分为六爻，以象十二月。今正月云天气下降，地气上腾者，阳气五月之时，为阴从下起，上向排阳气；第六阳气上极反退，至十月之时，六阳退尽，皆伏于下。至十一月，阳之一爻，始动地中；至十二月，阳渐升。阳尚微，未能生物之极。正月，三阳既上，成为乾卦。乾体在下，三阴为坤，坤体在上。乾为天，坤为地。今天居地下，故云天气下降；地在天上，故云地气上腾。故正月为泰，泰，通也，天地交通。”天地交通，犹天地和同，是以草木萌动，百果草木皆甲坼，故曰无咎，即无灾。泰卦，乾下坤上，曰："泰，小往大来，吉亨。"《彖》曰："泰，小往大来，吉亨，则是天地交，而万物通也；上下交，而其志同也。内阳而外阴，内健而外顺，内君子而外小人，君子道长，小人道消也。"《象》曰："频复之厉，义无咎也。"《荀子·大略篇》曰："义，理也，故行。"频复，阳复至三，阳渐盛，阴渐衰，自然之理，势在必行，故曰有危厉，而无灾。又，乾卦九三曰："君子终日乾乾，夕惕若，厉无咎。"频复当九三，故无咎。

六四，中行独复。

〔译〕 六四，阳复独得中正之行。

《象》曰："中行独复，以从道也。"

〔证〕

中行独复 阳复至四，为二月，为仲春，中气为春分。《虞书·尧典》曰："日中星鸟，以殷仲春。"孔氏注："日中，谓春分之日；殷，正也。"蔡沈注："殷，中也，春分，阳之中也。"《占经》引张衡《浑仪注》云："春分秋分，日在黄赤二道之交，中去极，俱九十一度少强，出卯入酉，昼行地上，夜行地下，俱一百八十二度少强。《御览》引《考灵耀》云："仲春、仲秋，日出卯，入于酉。"又引《物理论》曰："夏则阳盛阴衰，故昼长夜短。冬则阴盛阳衰，故昼短夜长。行阳之道长，故出入卯酉之北。行阴之道短，故出入卯酉之南。春秋阴阳等，故行中，平昼夜等也。"《春秋繁露·阴阳出入上下》云："至于仲春之月，阳在正东，阴在正西，谓之春分。春分者，阴阳相半也，故昼夜均，而寒暑平。"二月，太阳由南向北，移至黄经零度，阳光直射赤道，太阳行在冬至与夏至，两至之中，昼夜相半，冷热适中，故而独得中行之复，为中行独复。

《月令·仲春之月》云："始雨水，桃始华，仓庚鸣，鹰化为鸠。是月也，日夜分；雷乃发声，始电。蛰虫咸动，启户始出。"《说文》："卯，冒也。二月，万物冒地而出，象开门之形，故二月为天门。"桂馥义证："二月万物冒地而出者，郑注《月令·仲春》云：仲春者，日月会于降娄，而斗卯之辰也。又注命乐正习舞云：顺万物始出地，鼓舞也。《乾凿度》又云：随者二月之卦，随德施行，藩决难解。郑注：言二月之时，阳已壮，施生万物，而阴气渐微，不能为难以障闭阳气，故曰藩决难解也。象开门之形者，本书**易**下云：开也。卯下云：卯为春门，万物已出。《增韵》：卯，从两户相背。日出于卯，辟户之时也。与卯不同，酉从两阖户，上画连。日入于酉，阖户之时也。《易·系辞》：辟户谓之乾。《正义》云：辟户，谓吐生万物也。若室之开辟其户。"阳复至四，成乾下震上之象。卦辞曰："大壮，利贞。"谓利生物之正。《象》曰："中行独复，以从道也。"即从中正之道。按，震为大途，为道。《汉书·天文志》曰："日有中道，月有九行。”阳复至四，正当日之中道，即春分时节，故曰以从道也。

六五，敦复，无悔

〔译〕 六五，厚复，无悔。

《象》曰：“敦复无悔，中以自考也。”

〔证〕

敦复 《尔雅·释诂》：“敦，勉也。”疏曰：“敦者，厚相勉也。”《邶风·北门》：“王事敦我，政事一埤遗我。”毛传：“敦，厚；遗，加也。”《诗毛氏传疏》：“厚，犹加也。”《毛诗紬义》：“《传》所谓厚，非厚意之厚，言以役事重迭与之也。”《释文》引《韩诗》：“敦，迫也。”《毛诗后笺》：“敦与督，一声之转。《广雅》：督，促也。”按，厚为本义，督促为引伸义。敦从享从攵。《说文》：享，从高省；㫗即厚字。享，盖为高、厚之省。敦字，高厚以手，乃加厚之意。《周易集解纂疏》引《中庸》曰：“敦厚以崇德。敦厚连文，是敦即厚也。”坤卦，《象》曰：“坤厚载物。”《象》曰：“地势坤，君子以厚德载物。”剥卦，坤下艮上。《象》曰：“山附于地，剥，上以厚下安宅。”是坤为地，地为厚。临卦，兑下坤上。上六曰：“敦临。”坤为敦厚。艮卦，艮下艮上。上九曰：“敦艮。”《象》曰：“敦艮之吉，以厚终也。”是敦为厚。复卦，震下坤上。六五在坤，坤为厚，故曰敦。阳复加厚加高，复至五位，故曰敦复。

无悔 《象》曰：“敦复无悔，中以自考也。”《说文》：“考，老也。从老省，丂声。”段玉载注：“凡言寿考者，此字之本义也。引伸之为成也。《考槃》、《江汉》、《载芟》、《丝衣》，毛传是也。”《尔雅·释诂》：“考，成也。”《卫风·考槃》：“考槃在涧，硕人之宽。”毛传：“考，成；槃，乐也。”《小雅·湛露》：“厌厌夜饮，在宗在考。”郑笺：“考，成也。”《春秋》隐公五年：九月，考仲子之宫。”《谷梁传》曰：“考者，成之也。”《春秋辨疑》引赵匡《集传》云：“考，成室之名。”杨伯峻《春秋左传注》：“古时宗庙宫室，或重要器物初成，必举行祭礼。或名曰考，此考仲子之宫，及《诗·斯干序》所云：宣王考室，是也。或名曰落，昭四年《传》：叔孙为孟钟，飨大夫以落之，是也。或名曰成，《礼记·檀弓》：晋献文子成室，是也。”《礼记·礼运》：“礼义以为器，故事行有考也。”事行有考，即事行有成。中以自考，犹中以自成。《释文》引郑康成曰：“考，成也。”复卦，阳复至五，得上卦之中。凡得中者，事必自成，故而无悔。

《说卦传》曰：“昔者，圣人之作《易》也，将以顺性命之理。是以立天之道，曰阴与阳；立地之道，曰柔与刚；立人之道，曰仁与义。”复卦，阳复至五，成乾下兑上，三月夬卦之象。《月令·季春之月》云：“是月也，生气方盛，阳气发泄，句者毕出，萌者尽达，不可以内。天子布德行惠，命有司，发仓廪，赐贫穷，振乏绝，开府库，出币帛，周天下。勉诸侯，聘名士，礼贤者。是月也，命司空曰：时雨将降，下水上腾，循行国邑，周视原野，修利隄防，道达沟渎，开通道路，毋有障塞。田猎，罝罘、罗罔、毕翳、餧兽之药，毋出九门。”郑氏注：“为鸟兽方孚乳，伤之逆天时也。兽罟曰罝罘，鸟罟曰罗罔，小而柄长谓之毕翳，射者所以自隐也。凡诸罟及毒药，禁其出九门，明其常有，时不得用耳。”敦复之时，天生万物，天子布仁。九五以得中得仁，是以无悔。

乾卦九五曰：“飞龙在天，利见大人。”《文言》曰：“九五曰：飞龙在天，利见大人。何谓也？子曰：同声相应，同气相求，水流湿，火就燥，云从龙，风从火，圣人作，而万物睹，本乎天者亲上，本乎地者亲下，则各从其类也。”又曰，“夫大人者，与天地合其德，与日月合其明，与四时合其序，与鬼神合其吉凶。先天而天弗违，后天而奉天时。天且弗违，而况于人乎？况于鬼神乎？”郑康成注：“六爻，五、上为天。上浮者为气，其气清明而无形。《说文》：龙，春分而登天。四于消息为二月，春之时，已有跃跃自试之势。五则飞而在天矣，故云飞之象也。”干宝曰：“阳在九五，三月之时，自夬来也。五在天位，故曰飞龙。此武王克纣，正位之爻也。圣功既就，万物既睹，故曰利见大人矣。”《文言》曰：“飞龙在天，乃位乎天德。”又曰，飞龙在天，上治也。”复卦敦复，阳复至九五，得天德之中，故万物应从，天地鬼神人物不违，是以无悔。

上六，迷复凶，有灾眚。用行师，终有大败，以其国君凶，至于十年不克征。

〔译〕　上六，迷惑于复，凶，有天灾人祸。用以行师，终必大败，连同国君危险，直至十年，不能征服。

《象》曰：“迷复之凶，反君道也。”

〔证〕

迷复凶　《说文》：“迷，惑也。”《韩非子·解老》：“夫缘道理以从事者，无不能成。无不能成者，大能成天子之势尊，而小易得卿相将军之赏禄。夫弃道理，而妄举动者，虽上有天子诸侯之势尊，而下有倚顿、陶朱、卜祝之富，犹失其民人，而亡其财资也。众人之轻弃道理，而易妄举动者，不知其祸福之深大，而道阔远若是也，故谕人曰：孰知其极。人莫不欲富贵全寿，而未有能免于贫贱死夭之祸也。必欲富贵全寿，而今贫贱死夭，是不至于其所欲至也。凡失其所欲之路，而妄行者之，谓迷。迷则不能至于其所欲至矣。今众人之不能，至于其所欲至，故曰迷。众人之所不能，至于其所欲至也，自天地之剖判，以至于今，故曰人之迷也，其日故以久矣。”按，《老子》曰：“人之迷，其日固久。”《河上公章句》曰：“言人君迷惑失正以来，其日已固久。”《老子》又曰：“知常曰明，不知常，妄作凶。”阳复至上，为亢龙，为迷不知常，为妄作，故凶。坤卦曰：“先迷后得主。”谓物极而为迷。上六为坤之极，故阳复至上六，为迷复，为亢。

有灾眚 《虞书·舜典》：“眚灾肆赦。”孔氏传：“眚，过；灾，害。”《释文 》：“郑云：异自内生曰眚，自外曰祥，害物曰灾。”程氏传：“有灾眚：灾，天灾，自外来；眚，己过，由自作。既迷不复善，在己则动皆过失，灾祸亦自外而至，盖所招也。”按，阳复至五，为九五，为飞龙在天，利见大人。阳复至上，为上九，为亢龙有悔。《象》曰：“亢龙有悔，盈不可久也。”《文言》曰：“上九曰：亢龙有悔，何谓也？子曰：贵而无位，高而无民，贤人在下位而无辅，是以动而有悔也。”又，“亢龙有悔，穷之灾也。”“亢龙有悔，与时偕极。”又曰，“亢之为言也，知进而不知退，知存而不知亡，知得而不知丧。”亢龙者，上不顺乎天，下不应乎民，是以《象》曰：“迷复之道，反君道也。”反君道则凶，则有灾眚。阳复至上九，随之阳极阴生。乾为君王，乾卦消，为反君道。又，复卦乃大震象，震为雷，雷为天火。《说文》：灾，天火曰灾。”天火从天而降，为灾自外来。又，震为决躁。崔憬曰：“取其刚动在下，故为决躁也。”下为内，刚动在内，决躁于心，为己之过，为眚由自作。

用行师，终有大败 师卦，坎下坤上，一阳御五阴，师旅之象。谦卦，艮下坤上，一阳御五阴，师旅之象，故上六曰：“鸣谦，利用行师，征邑国。“豫卦，坤下震上，一阳御五阴，师旅之象，卦辞曰：“利建侯行师。”复卦，震下坤上，一阳御五阴，亦师旅之象。《白虎通·诛伐》曰：“冬至，所以休兵不举事，闭关商旅不行何？此日阳气微弱，王者承天理物，故率天下静，不复行役，扶助微气，成万物也。故《孝经谶》曰：夏至，阴气始动；冬至，阳气始萌。《易》曰：先王以至日闭关，商旅不行。”又，《三军》曰：“古者，师出不逾时者，为怨思也。天道，一时生，一时养。人者，天之贵物也。逾时，则内有怨女，外有旷夫。《诗》云：昔我往矣，杨柳依依；今我来思，雨雪霏霏。”陈立疏证：“《盐铁论·备胡篇》云：“古者无过时之师，无逾时之役。”“故圣人怜其如此，闵其久去父母妻子，暴露中野，居寒苦之地。”古者六腊不用兵，冬天休兵，合乎天理人情，故《诗》曰：今我来思，雨雪霏霏。复卦仲冬之月，上六迷复，而用行师，暴师中野寒苦之地，以生怨思，是必终有大败。

以其国君凶，至于十年不克征 《经传释词》曰：“以，犹及也。复上六曰：用行师，终有大败，以其国君凶。言及其国君也。”周礼，大曰邦，小曰国。震为诸侯，初九为诸侯之国君。古代行师，王自督军，如师卦九二曰：“在师中。”即王在师中。是师有大败，则危及国君，故曰凶。又，《易》有以一爻为一年者，如既济卦，离下坎上，离为日在下，坎为月在上，为夜之象。九三曰："高宗伐鬼方，三年克之。"谓在下之日，上进三位，成坎下离上，为昼之象。三年指三爻。颐卦，震下艮上。六三曰："十年勿用。"《象》曰："十年勿用，道大悖也。"六三经十次推移，成艮下震上，与震下艮上大悖。复卦，震下坤上，上六经十次推移，成坤下坎上之比卦，上六仍未被阳征服，为不宁方，为至于十年不克征。

第二十五卦　　丙戌

☰乾上
☳震下

无妄，元亨利贞。其匪正有眚，不利有攸往。

〔译〕　无妄，大亨通,利于正道。如其不正，则有灾眚，不利于有所往。

《彖》曰："无妄，刚自外来，而为主于内，动而健，刚中而应，大亨以正，天之命也。其匪正有眚，不利有攸往。无妄之往何之矣？天命不祐行矣哉！"

《象》曰："天下雷行，物与无妄，先王以茂对时，育万物。"

〔证〕

震下乾上　《彖》曰："无妄，刚自外来，而为主于内。"《月令·孟冬之月》云："是月也，天子始裘，命有司曰：天气上腾，地气下降，天地不通，闭塞而成冬。"《正义》曰："若以《易》卦言之，七月三阳在上，则天气上腾；三阴在下，则地气下降也。今十月，乃云天气上腾，地气下降者,《易》含万象，言非一概，周流六虚，事无定体。若以爻象言之，则七月为天气上腾，地气下降。若气应言之，则从五月地气上腾，至十月地气六阴俱升，天气六阳并谢。天体在上，阳归于虚无，故云上腾；地气六阴用事，地体在下，阴气下连于地，故云地气下降。各取其义，不相妨也。"十月，天气上腾，归于虚无。至十一月，一阳来复，自此阳气渐升，阳气用事，为无妄之时，为刚自外来，而为主于内。此即震下乾上之象。中有互艮，艮止阳，是以无妄。

《月令·孟春之月》云："是月也，天气下降，地气上腾，天地和同，草木萌动。"孔颖达疏："天气下降者，天地之气，谓之阴阳。一年之中，或升或降，故圣人作象，各分为六爻，以象十二月。阳气之升，从十一月为始。阳气渐升，阴气渐下，至四月六阳皆升，六阴皆伏。至五月一阴初升。阴气渐升，阳气渐伏，至十月六阴尽升，六阳尽伏。然则，天气下降，地气上腾，五月至十月也。地气下降，天气上腾，十一月至四月也。今正月天气下降，地气上腾者，阳气五月之时，为阴从下起，上向排阳气；第六阳气上极，反退至十月之时，六阳退尽，皆伏于下。至十一月，阳之一爻，始动地中。至十二月，阳渐升，阳尚微，未能生物之极。正月，三阳既上，成为乾卦，乾体在下；三阴为坤，坤体在上。乾为天，坤为地。今天居地下，故云天气下降；地在天上，故云地气上腾。是阳气五月初降，至正月为天体，而在坤下也。十一月，一阳初生，而上排阴；阴之上六渐退，反归于下。至四月，阴爻伏尽，六阳在上。五月一阴生，六月二阴生，阴气尚微，成物未具。七月三阴生，而成坤体，坤体在下；三阳为乾，而体在上：则是地气在下，天气在上。故正月为泰，泰，通也，天地交通；七月为否，否，塞也，言天地隔塞。所以，十月云地气下降，天气上腾者，以十月之时，纯阴用事，地体凝冻，寒气逼物，地又在下，故云地气下降。于时六阳从上退尽，无复用事，天体在上，不近于物，似若阳归于天，故云天气上腾。其实，十月天气，反归地下。”按，十月天气上腾已毕，六阳皆消；十一月天气下降开始，一阳方生。无妄卦，震下乾上，内震一阳为刚，外乾三阳为天，阳极反下，为刚自天上来地下，而为主于内。为十一月至明年四月，阳反无妄。

无妄卦，震下乾上，刚自外来，而为主于内，乃十一月阴阳转换之象。《序卦传》曰：“剥，穷上反下，故受之以复；复则不妄矣，故受之以无妄。”即谓阳复而不妄行，亦不远复之意。《月令·仲冬之月》云：“命有司曰：土事毋作，慎毋发盖，毋发室屋，及起大众，以固而闭。地气沮泄，是谓发天地之房。诸蛰则死，民必疾疫，又随以丧，命之曰畅月。是月也，命奄尹，申宫令，审门闾，谨房室，必重闭。省妇事，毋得淫。虽有贵戚近习，毋有不禁。”曰，“是月也，农有不收藏积聚者，马牛畜兽有放佚者，取之不诘。山林薮泽，有能取蔬食，田猎禽兽者，野虞教导之，其有侵夺者，罪之不赦。”曰，“是月也，日短至，阴阳争，诸生荡。君子齐戒，处必掩身。身欲宁，去声色；禁耆欲，安形性；事欲静，以待阴阳之所定。”又曰，“仲冬行夏令，则其国乃旱，氛雾冥冥，雷乃发声。行秋令，则天时雨汁，瓜瓠不成，国有大兵。行春令，则蝗虫为败，水泉咸竭，民多疥疠。”以上，皆谓仲冬之月，不可妄行之事。

又，《月令》云：“仲冬之月，其日壬癸。”郑氏注：“壬之言任也，癸之言揆也。日之行冬，北从黑道，闭藏万物，月为之佐。时万物怀任于下，揆然萌牙，又因以为日名焉。”《说文》：“壬，位北方也。阴极阳生，故《易》曰：龙战于野。战者，接也。象人怀妊之形。癸，冬时水土平，可揆度也。象水从四方，流入地中之形。”桂馥义证：“冬时水土可揆度也者，癸、揆声相近。《释诂》：度，谋也。《广雅》：癸，揆也。《月令》章句：癸，揆也。《白虎通》：癸者，揆度也。《释名》：癸，揆也，揆度而生乃出之也。《诗·定之方中》：揆之以日。传云：揆，度也。昭二十八年《左传》：心制义曰度。服注：言善揆度事也。《淮南·天文训》：子在癸曰昭阳。高注：阳气始萌，万物食生。《三礼义宗》：冬日壬癸者，癸，揆也，言万物更任，生于黄泉，皆有法度也。”按，仲冬之月，刚自外来，而为主于内，时万物怀任于黄泉之下，揆度然而萌牙，皆有法度，不可妄行，故曰无妄。

又，《月令·仲冬之月》郑氏注：“仲冬者，日月会于星纪，而斗建子之辰也。”《孟春之月·正义》曰：“斗谓北斗，循天而转行，建一月一辰，辰三十度，九十六分度四十二。正月建寅，二月建卯，三月建辰，四月建巳，五月建午，六月建未，七月建申，八月建酉，九月建戌，十月建亥，十一月建子，十二月建丑也。其十二辰之名，按《律历志》云：孳萌于子，则子孳也。”《说文》：“子，十一月，阳气动，万物滋。”《逸周书·周月解》曰：“惟一月，既南至。微阳动于黄泉，阴惨于万物。”潘振云：“一月，周正月也。南至者，自秋分，日行南陆；冬至，日南极也。阴惨降落，而万物将舒也。此节专言冬至。”陈逢衡云：“一月，仲冬之月，夏之十一月。南至，冬至也。 微阳动于黄泉， 气初发于内也，地底谓之黄泉。阴惨降于万物，地上之物无不摧落也。”《淮南·天文训》： “太阴在子岁，名曰困敦。”高诱注：“困，混；敦，沌。阳气皆混沌，万物牙蘖。”按， 十一月，微阳养万物于地下，盛阴杀万物于地上，故万物避阴之害，不得妄行，为无妄。

《彖》曰：“无妄，刚自外来，而为主于内。”按，无妄卦，震下乾上，刚自外而来内，为初九，为潜龙。乾卦初九曰：“潜龙勿用。”《象》曰：“潜龙勿用，阳在下也。”《文言》曰：“初九曰：潜龙勿用。何谓也？子曰：龙德而隐者也。不易乎世，不成乎名； 遁世无闷，不见是而无闷；乐则行之，忧则违之。确乎其不可拔，潜龙也。”又曰，“潜龙勿用，下也。”又曰，“潜龙勿用，阳气潜藏。”又曰，“君子以成德为行，日可见之行也。潜之为言也，隐而未见，行而未成，是以君子弗用也。”崔憬曰：“潜，隐也，龙下隐地，潜德不彰。是以君子韬光待时，未成其行，故曰勿用。”干宝曰：“阳在初九，十一月之时，自复来也。初九甲子，天正之位，而乾元所始也。阳处三泉之下，圣德在愚俗之中。此文王在羑里之爻也，虽有圣明之德，未被时用，故曰勿用。”程氏传：“初九在一卦之下，为始物之端。阳气方萌，圣人侧微，若龙之潜隐，未可自用，当晦养以俟时。”按，刚自外来，而为主于内，即潜龙建子之月，无妄犹勿用。

《周书·洪范》：“王省惟岁，卿士惟月，师尹惟日。岁月日，时无易，百谷用成，乂用明，俊民用章，家用平康。日月岁，时既易，百谷用不成，乂用昏不明，俊民用微，家用不宁。”《正义》曰：“王之省职，兼总群吏，惟如岁也。卿士分居列位，惟如月也。众正官之长，各治其职，惟如日也。此王也，卿士也，师尹也，掌事犹岁月日者，言皆无易。君秉君道，臣行臣事，则百谷用此而成，岁丰稔也。其治用是，而明世安泰也。俊民用此，而章在官位也。国家用此而平安，风俗和也。若王也，卿士也，师尹也，掌事犹如日月岁者，是已变易，君失其柄，权臣各专恣。百谷用此而不成岁，饥馑也。其治用此，昏暗而不明，政事乱也。俊民用此，而卑微皆隐遁也。国家用此，而不安泰，时世乱也。此是皇极所致，得中则致善，不中则致恶。岁月日无易，是得中也；既易，是不中也。所致善恶，乃大于庶征，故于此叙之也。”无妄，震下乾上。刚自外来，得周之正，是为岁象；又，为仲冬之月，是为月象；又，日短至，是为日象：得岁月日君臣之象，是为无易之象，无易亦无妄。

又，乾为天，震为动，下动承上天，动于天之下，为无妄。《说文》：“天，颠也， 至高无上，从一大。”段玉裁注：“然则，天亦可为凡颠之称。臣于君，子于父，妻于夫，民以食，皆曰天是也。”乾为君为父，震为诸侯为臣为长子，震下乾上，卑高以陈，贵贱位矣，为无妄。又，天子南面而王，诸侯北面事君。震为诸侯，乾为天子。震下乾上，下为南，上为北，为君君臣臣，履礼无妄。又，乾为君为父，震为威为决躁。为君为父，无威不可，威而决躁也不可，故曰无妄。艮卦《彖》曰：“艮，止也。时止则止，时行则行，动静不失其时，其道光明。艮其止，止其所也。”从无妄之互卦看，初之三为震，震为动；二之四为艮，艮为止；动静有常，行有所止，为无妄。二之四为艮，艮为止；三之五为巽，巽为进退。有进有退，进退有止，为无妄。三之五为巽，巽为逊；四之上为乾，乾为君。逊于君下，为无妄。又，震为行，巽为顺，乾为天。行顺于天，为无妄。乾为天，巽为风，大离为日光，震为雷雨。天下风和日丽，雷行雨施，万物生长有序，为无妄。

无妄　《说文》：“无，奇字無，通于元者，虚无道也。王育说：天屈西北为无。”王筠句读：“古文奇字，其無如此作。《周易注疏》本作无。《释文》说乾之九三无咎曰：《易》内皆作此字。通于元者，此说字形也。元之丿，在二之下；无之丿，通于二之上，故云然。”徐锴系传：“《淮南子》曰：天不满西北，至此屈曲也。不满则无也。”按乾卦《彖》曰：“大哉乾元。”是天为元，天为虚极，通元即通虚无，是以通于元为无。又，无为無之奇字。《说文》：“無，亡也。”王筠句读：“此以古通之字，为训诂也。無之字，《论语》借亡及毋为之，而多为后人改。惟曰知其所亡，亡而为有，读者以为失亡之字，得不改；毋意，毋必，毋固，毋我，读者以为禁止之字，得不改。《释文》犹有毋倦， 毋欲速，今并作無。”按無，有为禁止之字，无为奇字無，是无亦有禁止之义，无妄，犹毋妄，谓不要妄行。

《说文》：“妄，乱也。从女，亡声。”按，女亡为乱，妄，会意字。《广雅·释诂》：“妄，乱也。”《毛公鼎》：“余非庸又昏，毋敢妄宁。”《晋姜鼎》：“余不暇宁。”妄宁， 谓乱而安乐。《管子·牧民》：“上无量，则民乃妄。文巧不禁，则民乃淫。”《左传》哀公二十五年：“彼好专利而妄。”杜预注：“妄，不法。”不法犹恣乱。又，哀公二十七年：“三桓亦患公之妄也。”妄，谓乱而不法。《韩非子·八说》：“易诛，则妄杀加于人；妄诛，则民将背叛；暴人在位，则法令妄。”妄，皆为乱义。《春秋繁露·天道施》：“妄者，乱之始也。夫受乱之始，动盗之本，而欲民之静，不可得也。”《太玄经·法》：“《测》 曰：井无幹，法妄恣也。”范望注：“妄，乱也。”《论衡·雷虚》：“人君不空喜怒，喜怒必有赏罚。无所罚而空怒，是天妄也。妄则失威，非天行也。”妄，谓乱；无妄，谓无乱，即毋乱。

无妄，《帛书周易》作无孟。段玉裁注《说文》曰：“《尔雅》：孟，勉也。此借孟为猛。”朱骏声《说文通训定声·壮部》：“孟，假借为猛。”《帛书经法·称》：“虎狼为孟可揗。”孟，为猛。《管子·任法》：“奇术技艺之人，莫敢高言孟行，以过其情，以遇其主矣。”张文虎云：“孟，疑猛之借字。高言孟行，犹高言妄行。孟，通猛，通妄。《庄子·齐物论》：瞿鹊子问乎长吾子曰：吾闻诸夫子（长吾子），圣人不从事于务，不就利，不违害，不喜求，不缘道；无谓有谓，有谓无谓，而游乎尘垢之外。夫子（孔子）以为孟浪之言，而我以为妙道之行也。吾子以为奚若？”孟浪之言，谓不缘道等言。孟浪，犹猛浪；不缘道，犹不循道。孟浪不循道，为妄为。是《帛书》无孟，犹通行无妄，皆谓不可妄为乱行。

无妄，《史记》作无望，曰：“无所期望，而有得焉。”《经典释文》曰：“无妄，无虚妄也。《说文》云：妄，乱也。马、郑、王肃皆云：妄，犹望，谓无所希望也。”《周易集解》引何妥曰：“乾上震下，天威下行，物皆絜齐，不敢虚妄也。”李道平纂疏：“上体乾，乾为天，为威。《左传》曰：天威不违颜咫尺。是也。下体震，震足为行，故云天威下行. 互体巽。《说卦》曰：齐乎巽，言万物之絜齐也。故云物皆絜齐。阳为实，乾阳在上，至诚动物；物以诚应，故不敢虚妄也。”程氏传：“《序卦》：复则不妄矣，故受之以无妄。复者，反于道也，既复于道，则合正理而无妄，故复之后，受之以无妄也。为卦，乾上震下。震，动也。动于天，为无妄；动于人，则妄矣。无妄之义大矣哉！” 按，《老子》曰：“复命曰常，知常曰明；不知常，妄作凶。”复归于天命曰常，不知天命，妄作则凶，是无妄，谓毋违自然之道而妄作。高明《帛书老子校释》曰：“此云复命曰常，不知常，妄作凶，与《易》义相合。《序卦传》：复则不妄矣，故受之以无妄。”

元亨利贞　《彖》曰：“无妄，刚自外来，而为主于内。动而健，刚中而应，大亨以正，天之命也。”上为外，下为内。无妄卦，震下乾上，下震阳刚之爻，自上来下，而成初九，阳接阴为雷，阳为主，为刚主于内。下震为动，上乾为健，由下往上，阳气动而健。又，上乾九五，有六二承应，为刚中而应。如此阳主上下前后，动而健，中而正，为大亨利正。阳为元为大，阳得正位，为元亨利贞，谓阳气亨通而得正位。《老子》曰：“知常容，容乃公，公乃王，王乃天，天乃道，道乃久，殁身不殆。”谓知常理，才能包有人和物；包有人和物，才为大公；大公，才能王天下；王天下，才得天命；得天命，才得自然之道；得自然之道，才能长久，才能终身没有凶险。无妄即知常，知常则得自然之道，故卦辞曰元亨利贞，《彖》曰大亨以正。

《周易正义》孔颖达疏曰："无妄者，以刚为内主，动而能健。以此临天下，物皆无敢诈伪虚妄，俱行实理，所以大得亨通，利于贞正，故曰元亨利贞也。"程氏传："无妄者，至诚也；至诚者，天之道也。天之化育万物，生生不穷，各正其性命，乃无妄也。人能合无妄之道，则所谓与天地合其德也。无妄有大亨之理。君子行无妄之道，则可以致大亨矣。无妄，天之道也；卦言人由无妄之道也。利贞，法无妄之道，利在贞正；失贞，正则妄也。"朱熹曰："又二体，震动而乾健，九五刚中，而应六二，故其占大亨而利于正。"朱骏声《六十四卦经解》曰："遁三之初，天威下行，物皆洁齐，不敢虚妄。邪妄之道消，大通以正，乃天道恒命也。"乾天为大，天道恒命，故元亨利贞。

又，乾卦，乾下乾上。卦辞曰："元亨利贞。"《彖》曰："大哉乾元，万物资始，乃统天。"此释乾为元，元为大。"云行雨施，品物流行。大明终始，六位时成，时乘六龙以御天。"此释亨通。"乾道变化，各正性命，保合太和，乃利贞。"此释利正。屯卦，震下坎上。卦辞曰："元亨利贞。"《彖》曰："屯，刚柔始交而难生，动乎险中，大亨贞。"此卦，阳刚为主于内，阳为大。下震，刚生柔下，必亨通，为亨。刚来与柔相交，必利于阳，阳为正，为利正。随卦，震下兑上。卦辞曰："元亨利贞。"《彖》曰："随，刚来而下柔，动而说，随，大亨贞。"此卦言刚，刚为大。下震，刚生柔下，必亨通，为亨。下动而说上，上为正，为利正。临卦，兑下坤上。卦辞曰："元亨利贞。"《彖》曰："临，刚浸而长，说而顺，刚中而应，大亨以正。"此亦言刚，刚为大，刚浸而长，说而顺，为亨通。刚中而应，谓九二浸长之刚正，得六五之柔应，为利正。革卦，离下兑上。卦辞曰："元亨利贞。"《彖》曰："文明以说，大亨以正。"《说卦传》曰："离为乾卦。"乾为大，故离亦为大。又，离为文明，兑为说，文明而得喜悦，为亨通。又，离为阳，阳为正，利于文明为利正。无妄卦，震下乾上。卦辞曰："元亨利贞。"《彖》曰："无妄，刚自外来，而为主于内。动而健，刚中而应，大亨以正。"刚为大，为主于内，动而健，为亨通；刚中而应，谓九五刚中，得六二柔中之应，阴应阳，为利正，为元亨利贞。在《周易》六十四卦中，言元亨利贞者，有上述六卦，其中五卦在上经，仅革卦一卦在下经。上经，周之春夏之卦，为阳长之时，故多元亨利贞。下经，周之秋冬之卦，为阴长之时，故少元亨利贞。

其匪正有眚 无妄卦，震下乾上，二、五中正。如若二、五不正，即若二为阳爻，五为阴爻，则变成兑下离上，为睽卦。睽卦，兑下离上。《彖》曰："睽，火动而上，泽动而下，二女同居，其志不同行。"《说文》："睽，目不相听也。"段玉裁注："听，犹顺也。二女志不同行，犹二目不同视也。”又，“ 倈，左右两视。”段注：“倈，即睽之或字。”《说文》：“眚，目病生翳也。”段注：“眚，引伸为过误。如眚灾肆赦、不以一眚掩大德，是也。又为灾眚。李奇曰：内妖曰眚，外妖曰祥，是也。”其匪正有眚，谓无妄卦，若二、五不能得正，而成睽卦，则有灾眚。又，睽为睽违。《说文》：“咎，灾也，从人各。各者，相违也。”是人各相违为灾。无妄，二、五不正则成睽卦，睽亦人各相违，是以得咎，故曰其匪正有灾眚。

《序卦传》：“复则不妄矣，故受之以无妄。”其匪正有眚，即谓复而妄行，不得其正，故而有灾。《吕氏春秋·仲冬纪》云：“仲冬行夏令，则其国乃旱。气雾冥冥，雷乃发声。行秋令，则天时雨汁，瓜瓠不成，国有大兵。行春令，则虫螟为败，水泉咸竭，民多疾疠。”高诱注：“夏火炎上，故其国旱也。清浊相干，气雾冥冥也。夏气发泄，故雷动声也。秋金水之母也。冬节白露，故雨汁也。金用事以干水，故瓜瓠不成，有大兵来伐之也。春木气，木生虫，故虫螟为败，食谷心曰螟。阳气炕燥，故水泉咸竭也。水木相干，气不行，故民多疾疠也。”《月令·仲冬之月》孔颖达疏：“其国乃旱，气雾冥冥，雷乃发声，皆天灾也。天时雨汁，天灾也。瓜瓠不成，地灾也。国有大兵，人灾也。虫蝗为败，水泉咸竭，地灾也。民多疾疠，人灾也。”以上，仲冬行夏令，行秋令，行春令，皆行令不正，是以有天、地、人灾，即其匪正有眚之谓。

《易》曰：“其匪正有眚。”《老子》曰：“知常曰明，不知常，妄作凶。”其义同。《荀子·天论》：“天行有常，不为尧存，不为桀亡。应之以治则吉，应之以乱则凶。”俞樾曰：“《尔雅·释宫》：行，道也，天行有常，即天道有常。”梁启雄《荀子简释》按：“《说苑·谈丛》，作天道有常，不为尧存，不为桀亡。《诗·十月之交》：日月告凶，不用其行。笺：行，道度也。盖大自然之运行，是有定的，正常的，具有客观规律性。因此，《说苑》称天行为天道。自然规律既无意识，亦无情感。因此，它不能爱尧，就保存规律的正常性；亦不能恶桀，就丧亡规律的正常性。”又曰，“《说文》：应，当也。是动词，相值也。《不苟》：礼义之谓治，非礼义之谓乱。治、乱都是形名词。此言以礼义适应自然规律就吉，以非礼义适应自然规律就凶。”无妄为无乱，为治。应之以治则吉，故曰元亨利贞。应之以乱则凶，故曰其匪正有眚。程氏传：“虽无邪心，苟不合正理，则妄也，乃邪心也，故其匪正则为过眚。”

不利有攸往 《彖》曰：“无妄之往何之矣？天命不祐行矣哉。“无妄卦，上乾为天，下震为行，为天命祐行。若往前推移，上乾来下，下震往上，则成乾下震上，为大壮之卦。”《彖》曰：“大壮，大者壮也。”《老子》曰：“物壮则老，是谓不道，不道早已。”《象》曰：“雷在天上，大壮，君子以非礼弗履。”履非其正，则有妄行之灾。此时天命不位乎上，震行不位乎下，为妄行之往，为天命不祐行矣哉。《韩非子·解老》云：“周公曰：冬日之闭冻也不固，则春夏之长草木也不茂。天地不能长侈常费，而况于人乎？故万物必有盛衰，万事必有弛张，国家必有文武，官治必有赏罚。是以，智士俭用其财则家富，圣人爱宝其神则精盛，人君重战其卒则民众。民众则国广，是以举之曰：俭故能广。”冬日之闭冻不固，则春夏之长草木不茂，犹无妄之时 ，其匪正有眚，不利有攸往之意。

王弼曰：“天之教命，何可犯乎？何可妄乎？是以匪正则有眚，而不利有攸往也。”又曰，“居不可以妄之时，而欲以不正有所往，将欲何之？天命之所不祐竟矣哉！”程氏传：“所谓无妄，正而已。小失于正，则为有过，乃妄也。所谓匪正，盖由有往。若无妄而不往，何由有匪正乎？无妄者，理之正也。更有往，将何之矣？乃入于妄也。往则悖于天理，天道所不祐，可行乎哉？”不可行，即不利有攸往。朱熹曰：“以卦变、卦德、卦体，言卦之善如此，故其占当获大亨而利于正，乃天命之当然也。其有不正，则不利有所往。欲何往哉？盖其逆天之命，而天不祐之，故不可以有行也。”《周易折中》引胡氏居仁曰：“无妄，诚也。诚，天理之实也。圣人只是循其实理之自然，无一毫私意造为。故出乎实理无妄之外，则为过眚。循此实理，无妄而行之，则吉无不利。不幸而灾疾之来，亦守此无妄之实理，而不足忧。卦辞爻辞皆此意。”

《象》曰：“天下雷行，物与无妄，先王以茂对时，育万物。”乾为天，震为雷，乾上震下，为天下雷行。《说文》：“靁（雷），阴阳薄动，雷雨生物者也。”桂馥义证：“《洪范论》：阳用事，百八十三日而终；阴用事，百八十三日而终。雷出地，百八十三日而入地；入地，百八十三日而复出地。是其常经也。”又曰，“阴阳薄动，雷雨生物者也者，《吕氏春秋·开春篇》：开春始雷，则蛰虫动矣。《韩诗外传》：天施地外，阴阳和合， 动以雷霆，润以风雨。《谷梁传》：阴阳相薄，感而为雷。《淮南·天文训》：阴阳相薄，感而为雷，激而为霆，乱而为雾。《易·系辞》：雷雨相薄。又，动万物者，莫疾乎雷。又，天地解，而雷雨作；雷雨作，而百果草木皆甲拆。又，雷以动之。又，鼓之以雷霆，润之以风雨。又，天下雷行，物与无妄。《九家易》：物受之以生，无有灾妄。又云，雷雨者，兴养万物。《乾坤凿度》：雷能鼓万物，息者起之，闭者启之。《汉书·五行志》：于《易》，雷以二月出，其卦曰豫，言万物随雷出地，皆逸豫。以八月入，其卦曰归妹， 言雷复归入地，则孕毓根核，保藏蛰虫，避盛阴之害。出地则养长华实，发扬隐伏，宣盛阳之德。入能除害，出能兴利，人君之象也。《后汉书·郎𫖮传》：雷者，所以开发萌芽，避阴除害，万物须雷而解，资雨而润。故经曰：雷以动之，雨以润之。”又，《说卦传》

曰；“万物出乎震，震，东方也。”“其于稼也，为反生。其究为健，为蕃鲜。”郑康成曰：“雷发声以生之也。”又曰，“生而反出也。”虞翻曰：“出，生也。”宋衷曰：“阴在上，阳在下，故为反生。谓枲豆之类，戴甲而生。”按，震为雷，为健，为蕃鲜，为东方，东方属木，主生，皆反生之象。《象》曰：“天下雷行。”言自二月雷出，至八月雷入，乃万物生长之期。

《说文》；“与，党与也。”段玉裁注：“党，当作攩。攩，朋群也。”《尔雅·释诂》郝懿行疏：“《说文》云：与，党与也。又为许与之与，又从也，随也，如也。《公羊》注：与，并也。《汉书》注：与，偕也。”《左传》襄公三十年：“孰杀子产，吾其与之。”《国语·齐语》：“桓公知天下诸侯，多与己也。”韦昭注：“与，从也。”《战国策·齐策二》：“韩、齐为与国。”注云：“相与为党与也。”《淮南子·地形》：“蛤蟹珠龟，与月盛衰。”高诱注：“与，犹随也。”物与之与，有众物皆相从随之意。按《月令》，二月日夜分，雷乃发声；至八月日夜分，雷始收声。正是万物相与从随阳气，生长不乱之期，故曰天下雷行，物与无妄。随卦，震下兑上。《彖》曰：：“随，刚来而下柔，动而说，随，大亨贞，无咎，而天下随时。”天下随时，犹物与无妄。

《九家易》曰：“天下雷行，阳气普遍，无物不与，故物与也；物受之以生，无有灾妄，故曰物与无妄。”程氏传：“雷行于天下，阴阳交和，相薄而成声，于是惊蛰藏，振萌芽，发生万物，共所赋与，洪纤高下，各正性命，无有差妄，物与无妄也。”又，孔颖达疏：“案诸卦之《象》，直言两象，即以卦名结之。若雷在地中，复。今无妄应云：天下雷行，无妄。今云物与无妄者，欲见万物皆无妄，故加物与二字也。其余诸卦，未必万物皆与卦名同义，故直显象，以卦结之。至如复卦，唯阳气复，非是万物皆复。”《周易集解纂疏》：“《乐记》曰：天地欣合，阴阳相得，煦妪覆育万物。然后草木茂，句萌达，羽翼奋，角觡生，蛰虫昭苏，羽者妪伏，毛者孕鬻，胎生者不殰，而卵生者不殈，则乐之道归焉耳。乐道本震声，故云物受之以生，无有灾妄，是物与无妄之义也。”按，万物皆与雷行生长成熟，而不妄行，故曰物与无妄。

《尔雅·释诂》：“茂，勉也。”郝懿行疏：“茂者，懋之假音也。《说文》云：懋，勉也。本《释训》文，又引《书》曰：惟时懋哉。马融注：懋，美也。美、勉义近。又，懋建大命，《汉石经》懋作勖。勖、懋声相转也，通作茂。《诗》方茂尔恶，《易》先王以茂对时，毛传及马融注并云：茂，勉也。《尚书大传·大誓》云：茂哉，茂哉，《书·皋陶谟》作懋哉，懋哉。《尔雅·释文》：茂字又作懋。《文选·东京赋》注，引《尔雅》作懋勉也。”是茂字，即懋字同音假借，敦勉之义。又，《释文》：“对，配也。”孔颖达疏：“对，当也。”配、当，皆为相合之意。《礼记·仲尼燕居》：“子贡越席而曰：敢问何如？”郑氏注：“对，应也。”《集韵》：“对，《说文》：应无方也。”对，即对应。先王以茂对时，育万物，谓先王根据天下雷行，万物与之生长不乱，敦勉臣民，顺应时节气候，生产养育万物。

程氏传：“先王观天下雷行，发生赋与之象，而以茂对天时，养育万物，使各得其宜，如天与之无妄也。对时，谓顺合天时。天道生万物，各正性命而不妄。王者体天之道，养育人民，以至昆虫草木，使各得其宜，乃对时育物之道也。”《周易折中》引俞氏琰曰：“天有是时，先王非能先后之也，对而循之耳；物有是生，先王非能损益之也，育而成之耳。《中庸》之所谓诚，即《易》之所谓无妄也。《中庸》云：唯天下至诚，为能尽其性；能尽其性，则能尽人之性；能尽人之性，则能尽物之性；能尽物之性，则可以赞天地之化育；可以赞天地之化育，则可以与天地参矣。子思之说，盖本于此。”《周易学说》引吴澄曰：“茂，懋通。上奉天时，以行政令，使无一民不得其所，无一物不遂其生。”又引许桂林曰：“东作、南讹、西成、朔易，对乎四时，而厥民鸟兽，莫不育焉。先王谓尧，此尧之制作，而《夏小正》、《周时训》，因之者也。”

《月令·仲春之月》云：“是月也，安萌牙，养幼少，存诸孤。是月也，日夜分，雷乃发声，始电。蛰虫咸动，启户始出。先雷三日，奋木铎，以令兆民曰：雷将发声，有不戒其容止者，生子不备，必有凶灾。是月也，毋作大事，以妨农之事。是月也，毋竭川泽，毋漉陂池，毋焚山林。”《季春之月》云：“是月也，生气方盛，阳气发泄，勾者毕出，萌者尽达，不可以内。天子布德行惠，命有司发仓廪，赐贫穷，振乏绝；开府库，出币帛，周天下。勉诸侯，聘名士，礼贤者。是月也。田猎罝罘罗网毕翳，馁兽之药，毋出九门。是月也，命野虞无伐桑柘。后妃斋戒，亲东乡躬桑，以劝蚕事。”《孟夏之月》云：“是月也，继长增高，毋有坏堕，毋起土功，毋发大众，毋伐大树。是月也，命野虞出行田原，为天子劳农劝民，毋或失时。命司徒巡行县鄙，命农勉作，毋休于都。是月也，驱兽毋害五谷，毋大田猎。”《仲夏之月》云：“令民毋艾蓝以染，毋烧灰，毋暴布。游牝别群，则执腾驹，班马政。是月也，毋用火南方。”《季夏之月》云：“命渔师伐蛟，取鼍，登龟，取鼋。命泽人纳材苇。是月也，命四监，大合百县之秩刍，以养牺牲。令民无不咸出其力。是月也，树木方盛，乃命虞人，入山行木，毋有斩伐。不可以兴土功，不可以合诸侯，不可以起兵动众，毋举大事，以摇养气。毋发令而待，以妨神农之事。”《孟秋之月》云：“天地始肃，不可以赢。是月也，农乃登谷，命百官始收敛，完隄防，谨壅塞，以备水潦。修宫室，坏墙垣，补城郭。是月也，毋以封诸侯，立大官，毋以割地。行大使，出大币。”《仲秋之月》云：“是月也，养衰老，授几杖，行糜粥饮食。乃命有司，趣民收敛，务畜菜，多积聚。乃劝种麦，毋或失时。其有失时，行罪无疑。是月也，日夜分，雷始收声，蛰虫坏户，杀气浸盛，阳气日衰，水始涸。”从春分，雷乃发声，至秋分，雷始收声，共六个月。其间，雷行雨施，万物生长、成熟不乱秩，为天下雷行，物与无妄。从仲春到仲秋，《月令》所记之事，为先王以茂对时，育万物。《系辞传》曰：“是故天生神物，圣人则之；天地变化，圣人效之。”即此之谓。无妄卦，乾为王，在前为先王；震为雷，雷厉风行，又为反生：乾上震下，为先王以茂对时，育万物。

复卦与无妄卦，互为邻卦。《序卦传》曰：“复则不妄矣，故受之以无妄。”《易》例，阳为实，阴为虚。复卦，震下坤上，阳来阴往，为实来虚往，为无虚妄。复卦，一阳来复于初，为阳复其时，为仲冬之月。十一月冬至，为冬之中气。往前尚有小寒、大寒，寒气最著。《白虎通·诛伐》曰：“夏至，阴始起，反大热何？阴气始起，阳气推而上，故大热也。冬至，阳始起，阴气推而上，故大寒。”无妄卦，下为震，震具复卦之体而微；上为乾，乾为天，合为冬天之象。一年四季，春天种，夏天长，秋天熟，冬天藏。冬天，乃休整养息之时，故不可妄行。十二月卦，即阴阳消息卦，即阳息消阴，阴息消阳。由乾变开始坤为姤，由坤变开始乾为复。十一月，一阳来于五阴之下；十二月，二阳来于四阴之下；正月，三阳来于三阴之下；二月，四阳来于二阴之下；三月，五阳来于一阴这下；四月，六阳俱出，产生飞跃，坤变为乾。由冬至至夏至，由冷到热，事物自然法则，循序渐进，由量变至质变，故曰复则不妄，故受之以无妄。

《老子》曰：“致虚极，守静笃。万物并作，吾以观复。夫物芸芸，各复归其根。归根曰静，是谓复命。复命曰常，知常曰明；不知常，妄作，凶。”阴为虚，为静。谓至十月阴极之时，守持静寂。十一月后，万物运作，我观察其往来返复。事物虽芸芸众生，但各自回归根本。回归根本曰静，曰回复其本性本命。回复其本性本命曰常道。知常道曰明；不知常道，乱作则凶险。乾卦《彖》曰：“乾道变化，各正性命，保合太和，乃利贞。”乾道变化，即阳极生阴，阴极生阳，即复则不妄，各正性命。严遵《老子指归》曰：“阴阳反复，故能生杀；日月进退，故能光耀；四时始终，故能育成。往而不反，则阴阳不能以通；进而不退，则日月不能以明；终而不始，则万物不能以生。”此谓观复。又曰，“天地反复，故能长；人复寝寐，故能聪明；飞鸟复集，故能高翔；走兽复止，故能远腾；龙蛇复蛰，故能章章；草木复本，故能青青。”此谓复命曰常，知常曰明。又曰，“失道之人，废弃经常，事其聪明，纵其志欲，妄作凶行。”此谓不知常，妄作凶。是以复卦之后，次之以无妄，谓之复则不妄。

无妄卦和升卦，互为错卦。无妄卦，震下乾上；升卦，巽下坤上：两卦阴阳相错。

无妄卦，戒勿妄行；升卦，劝以升登。无妄卦卦辞曰："其匪正有眚，不利有攸往。"升卦卦辞曰："无恤，南征吉。"一则不正有灾，往有不利；一则无忧，南征有吉。无妄卦《彖》曰："不利有攸往，无妄之往何之矣？天命不祐行矣哉。"升卦《彖》曰："用见大人，无恤有庆也；南征吉，志行也。"所言相反。无妄《象》曰："天下雷行，物与无妄。"升卦《象》曰："地中生木，升。"天下与地中，无妄与升登，其义反对。无妄《彖》曰："刚自外来，而为主于内。"升卦《彖》曰："柔以时升，巽而顺。"刚为阳，柔为阴。刚自外来，由上来下；柔以时升，由下往上。为主于内，阳来为主于内；巽而顺，阴来巽顺于下。是皆阴阳相错。又，无妄谓行，升登谓德，是亦德行对举，阴阳相错。无妄卦与升卦，行而无妄，德以升登，两卦相反相成，是以互为错卦。乾卦《象》曰："天行健，君子以自强不息。"是以乾阳主事为行。坤卦《象》曰："地势坤，君子以厚德载物。"是以坤阴主事为德。无妄，刚自外来，阳主事为行。升卦，柔以时升，阴主事为德。

初九，无妄，往吉。

〔译〕 初九，不妄作，往前吉利。

《象》曰："无妄之往，得志也。"

〔证〕

无妄 初九微阳，为重阴所乘，故有不可妄行之象。《序卦传》曰："复则不妄，故受之以无妄。"谓无妄，即阳复而不妄。阳复有序，应时而复，不可乱秩妄行。无妄卦，下震上乾。无妄之震，犹复卦，均为一阳来于阴下。阳起激阴，成雷雨之象。《易通卦验》曰："冬至，阴气去，阳气来，大阴奋于上，青阳萌于下。"复卦为冬至卦象；无妄之震，亦为冬至卦象。冬至之月，于周为正月，于夏为十一月。故《月令·仲冬之月》曰："命有司曰：土事毋作，慎无发盖，毋发室屋，及起大众，以固而闭。地气沮泄，是谓发天地之房，诸蛰则死，民必疾疫，又随以丧。命之曰畅月。"《正义》曰："云土事毋作，慎毋发盖者，于此之时，土地之事毋得兴作。又须谨慎，毋得开发掩盖之物，则孟冬云谨盖藏是也，非惟仲冬一月之事，故不云是月，良为此也。为阴气凝固，阳须闭藏。若起土功，开盖物，发室屋，起大众，开泄阳气，故下云诸蛰则死，人则疾疫也。以固而闭者，而，汝也。命此有司云，于此之时，以坚固汝闭塞之事，勿令开动。地气沮泄，是谓发天地之房者，约束有司，若其不固汝所闭之事，令地沮泄，谓泄漏地之阳气，是发彻天地之房。房是人次舍之处，拥蔽于此之时，天地亦拥蔽万物，不使宣露，与房舍相似。令地气泄漏，是开发天地之房。如此，则诸蛰则死，人必疾疫。非但蛰死人疾，又随以丧者，国有大丧随逐其后。命之曰畅月者，畅，充也，言名此月为充实之月，当使万物充实，不发动故也。”此谓有司无妄。

《仲冬之月》云：“是月也，命奄伊，申宫令，审门闾，谨房室，必重闭。省妇事，毋得淫，虽贵戚近习，毋有不禁。”《正义》曰：“命奄尹者，尹谓正也，谓命奄官正长，申重其政命，当察门闾之事，谨慎房室之处，必重闭者，谓门闾房室，必外内重闭。远者谓之门闾 ，近者谓之房室，皆有外内门户，必重迭闭之。此月阴气既静，故减省妇人之事，顺阴类也。妇人所事者，务在质素，无得过为淫巧。其所禁妇人，无限贵戚姑姊妹之徒，及王亲近爱习嬖之类，无有不禁。言禁之无得淫巧也。”此谓宫中无妄。

《仲冬之月》云：“是月也，农有不收藏积聚者，马牛畜兽有放佚者，取之不诘。 山川薮泽，有能取蔬食田猎禽兽者，野虞教导之。其有相侵夺者，罪之不赦。”郑氏注：“此收敛尤急之时，人有取者不罪，所以警惧其主也。《王居明堂礼》曰：孟冬之月，命农毕积聚，系收牛马。”又曰：“务收敛野物也。大泽曰薮，草木之实，为蔬食。”《正义》曰：“引之者，证若不积聚，收牛马，他人取之不诘。”孙希旦《礼记集解》曰：“至仲冬，乃藏物之候也，今其积聚，非唯不藏，而且未收，则其怠惰勿率甚矣！故又下此令，非徒警惧其主，使之急于收敛，且与其积聚耗败于外，牛马冻露而死，不如使他人取得之以为用，亦货恶其弃于地之意也。愚谓是时，禾稼既毕，故命之以余力取蔬食，猎禽兽。教道之者，指示其所在也。《易》曰：即鹿无虞，惟入于林中。既教道以遂其求， 又禁侵夺，以止其争，所以为民计者周矣。”其有相侵夺者，罪之不赦，谓民无妄。

《仲冬之月》曰：“是月也，日短至，阴阳争，诸生荡。君子斋戒，处必掩身，身欲宁，去声色，禁耆欲，安形性，事欲静，以待阴阳之所定。”郑氏注：“争者，阴方盛，阳欲起也；荡，谓物动萌牙也；宁，安也；声，谓乐也。”陈澔注：“短至，短之极也。阴阳之争，与夏至同。诸生者，万物之生机也。荡者，动也。”又曰，“此皆与夏至同，而有谨之至者，彼言声色，而此言去；彼言节耆欲，而此言禁。盖仲夏之阴犹微，而此时之阴犹盛。阴微，则盛阳未至于甚伤；阴盛，则微阳当在于善保故也。”君子犹阳， 微阳当在于善保，君子此时，亦当善保，故此谓君子无妄。

《仲冬之月》云：“芸始生，荔挺出，蚯蚓结，麋角解，水泉动。”《正义》曰：“芸始生，荔挺出者，皇氏云：以其俱香草，故应阳气而出。而蚯蚓结者，蔡云：结，犹屈也。蚯蚓在穴，屈首下向阳气；气动则宛而上首，故其结而屈也。麋角解者，说者多家，皆无明据。熊氏云：鹿是山兽，夏至得阴气而解角；麋是泽兽，故冬至得阳气而解角。今以麋为阴兽，情淫而游泽。冬至阴方退，故解角从阴退之象。鹿是阳兽，情淫而游山。夏至得阳而解角，从阳退之象。既无明据，故略论焉。若节气早，则麋角十一月解，故

《夏小正》云：十一月麋角坠是也。若节气晚，则十二月麋角解，故《小正》云：十二月陨麋角。”陈澔曰：“此又言子月之侯。芸与荔挺，皆香草；结，犹屈也；解，脱也；水者，天一之阳所生。阳生而动，言枯涸者渐发也。十二月，惟子午之月，皆再记其侯者，详于阴阳之萌也。”此谓物生无妄。

《仲冬之月》云：“日短至，则伐木，取竹箭。是月也，可以罢官之无事，去器之无用者，涂阙廷门闾，筑囹圄，此以助天地之闭藏也。”郑氏注：“此其坚成之极时。谓先时权所建作者也。天地闭藏，而万物休，可以去之，顺时气也。”陈澔注：“阴盛则材成，故伐而取之。大曰竹，小曰箭。官以权宜而设，器以权宜而造，皆暂焉之事。此闭藏休息之时，故可罢去。”高诱注《吕氏春秋·仲冬纪》云：“是月也，竹木调牣，又斧斤入山林之时也，故伐取之也。阙，门阙也。于《周礼》为象魏。门闾皆涂塞，使坚牢也。”毕沅案：“《周礼·地官·山虞》：仲冬斩阳木，仲夏斩阴木。郑注云：坚濡调。此注调意正同。又，牣与韧、刃、忍，古皆通用，有取柔韧者，此则取其坚韧也。”或物或事，皆随仲冬之时，此谓取舍无妄。

往吉 以其无妄，往必有吉，故曰往吉。卦辞曰：“无妄，元亨利贞。”初九，刚自外来，而为主于内，动而健，上得天之祐，是以无妄而往吉。《说文》：“子，滋也。 十一月，阳气动，万物滋。”“丑，纽也。十二月，万物动用事。”“寅，髌也。正月阳气动，去黄泉欲上出。”“卯，冒也。二月万物冒地而出，象开门之形，故二月为天门。”“辰，震也。三月阳气动，雷电振，民农时也，物皆生。”“巳，已也。四月阳气已出，阴气已藏，万物见，成文章。”《象》曰：“无妄之往，得志也。”即十一月阳滋万物，而无妄行，则可依次而得生息，以至四月阴气尽，纯阳出，万物见，成文章，此为无妄之往，得志也。王弼注：“体刚处下，以贵下贱，行不犯妄，故往得其志。”程氏传：“九以阳刚为主于内，无妄之象。从刚实变柔而居内，中诚不妄者也。以无妄而往，何所不吉？卦辞言不利有攸往，谓既无妄，不可复有往也，过则妄矣。爻言往吉，谓以无妄之道而行，则吉也。”又解《象》曰：“以无妄而往，无不得其志也。盖诚之于物，无不能动。以之修身，则身正；以之治事，则事得其理；以之临人，则人感而化：无所往而不得其志也。”

六二，不耕穫，不菑畬，则利有攸往。

〔译〕 六二，不耕作不收穫，不反草，不烧田，则利于有所前往。

《象》曰：“不耕穫，未富也。”

〔证〕

不耕穫 《月令·季秋之月》云：“乃命冢宰，农事备收。”“是月也，霜始降，则百工休。”“乃命有司曰：寒气总至，民力不堪，其皆入室。”谓九月即农事尽收。《孟冬之月》云：“命有司曰：天气上腾，地气下降，天地不通，闭塞而成冬。”又曰，“劳农以休息之。”高诱注《吕氏春秋·孟冬纪》云：“是月，农夫空闲，故劳犒休息之，不役使也。”《月令·仲冬之月》云：“命有司曰：土事毋作，慎毋发盖。”“地气沮泄，是谓发天地之房。诸蛰则死，民必疾疫，又随之以丧。”《季冬之月》云：“岁且更始，专而农民，毋有所使。”《正义》曰：“此月即终，岁且更始。而，女也。言在上专一女农之事，无得兴起造作，有所使役也。”以上，季秋农尽收，其皆入室；孟冬天地闭塞，劳农休息；仲冬土事毋作，慎毋发盖；季冬专而农民，毋有所使，是谓季秋以后，冬时概不耕穫。无妄卦震下乾上。下震仲冬之象，故不耕穫者，谓冬至后不耕穫。

《豳风·七月》云：“一之日觱发，二之日栗烈。”“三之日于耜，四之日举趾。同我妇子，馌彼南亩，田畯至喜。”毛传：“一之日，十之余也。一之日，周正月也。二之日，殷正月也。三之日，夏正月也。豳土晚寒。于耜，始修耒耜也。四之日，周四月也。民无不举趾而耕矣。馌，馈也。田畯，田大夫也。”《正义》曰：“其一之日，周之正月，谓建子之月也。二之日者，殷之正月，谓建丑之月也。下传曰三之日，夏之正月，谓建寅之月也。正朔三而改之。既言三正，事终更复从周为说，故言四之日，周之四月，即是夏之二月，建卯之月也。”《正义》又曰：“于训，于三之日，于是始修耒耜。《月令》季冬，命农计耦耕事，修耒耜，具田器。孟春天子躬耕帝籍。然则修治耒耜，当季冬之月。举足而耕，当于孟春之月者，今言豳人以正月修耒耜，二月始耕，故云豳土晚寒。”又，《七月》云：“八月其穫。”“十月穫稻。”按，四时者，春耕种，夏生长，秋收穫，冬闭藏。是仲冬不耕穫，与民休息，与地休息。

《象》曰：“不耕穫，未富也。”《说文》：“实，富也。从宀，从贯，贯，货贝也。”桂馥《说文解字义证》曰：“富也者，《哀公问》：好实无厌。注云：实，犹富也。”于《易》，阳为实，阴为虚，是阳为富。小畜卦，乾下巽上。九五曰：“有孚挛如，富以其邻。”《象》曰：“有孚挛如，不独富也。”九五阳爻中实，富以其邻，即富实及其邻。泰卦，乾下坤上。六四曰：“翩翩，不富以其邻。”《象》曰：“翩翩不富，皆失实也。”六四以上皆阴虚，皆失实，故谓不富。谦卦，艮下坤上。六五曰：“不富以其邻，利用侵伐。”六五阴爻，阴为虚，不实为不富。家人卦，离下巽上。六四曰：“富家，大吉。”《象》曰：“富家大吉，顺在位也。”《说卦传》曰：“离，为乾卦。”家人卦，三之五为离，离为乾卦，六四虽是阴爻，犹是阳实，富家，为富实其家。无妄，六二《象》曰：“不耕穫，未富也。”富，亦谓实，即阳实为富。仲冬之月，阴气隆盛，非阳实之月，谓气侯未阳，不是耕作之时。耕穫，偏正词，意在言耕。又，《说文》：“俻，富也。”《白虎通·五行》曰：

“春之为言偆偆动也。”是富有春义。不耕穫，未富也，犹言不耕穫者，未开春也。富为阳，富为春，其义通，故曰三阳开春。无妄卦，坤为田，震为耕稼；二之四为艮，艮为止。止其耕稼，为不耕穫。又，《诗》曰：“四之日举趾。”周之四月，即夏之二月， 民无不举足而耕。震为动为足，为举趾为耕；艮为止，止其耕作，为不耕穫。

不菑畬 《尔雅·释地》：“田一岁曰菑，二岁曰新田，三岁曰畬。”郝懿行疏：“《诗·采芑》，《正义》云：菑者，灾也。引孙炎曰：菑，始灾杀其草木也。《易·无妄》，《释文》引董遇云：菑，反草也。盖田久芜莱，必须利耜，炽菑发其冒橛，拔彼陈根，故云反草。《诗》：俶载南亩。《笺》读俶载为炽菑，是其义也。”《说文》：“菑，不耕田也。”段玉载注：“不，当为反。《诗·大田》笺曰：俶载读为炽菑。时至，民以其利耜炽菑，发所受之地，趋农急也。”按，《小雅·采芑》之《正义》曰：“菑亩者，菑对未耕亦为新也。且菑，杀草之名，虽二岁之后，耕而杀草，亦名为菑也。”《周书·大诰》：“厥父菑，厥子乃弗肯播，矧肯获。”《正义》曰：“菑，谓杀草。故治田一岁曰菑，言其始杀草也。”菑，反耕田，谓初耕反草，把草翻入地下，即以此杀草。郭璞注《尔雅·释地》曰：“今江东呼初耕地，反草为菑。”

《广韵·麻韵》：“畬，烧榛种田。”《集韵》：“畬，火种也。”《类篇》：“畬，火种也。”元稹《酬乐天得微之诗知通州事因成四首》之一：“沙含水弩多伤骨，田仰畬刀少用牛。”刘禹锡《竹枝词九首》之九：“银钏金钗来负水，长刀短笠去烧畬。”王禹偁《谪居感事》：“畬烟浓似瘴，松雪白如梨。”范成大《劳畬耕诗序》：“畬田，峡中刀耕火种之地也。 春初斫山，众木尽蹶，至当种时，伺有雨候，则前一夕火之，藉其灰以粪。”《农政全书·田制篇》：“耕畬元不用犁，短镈长镵皆佃器。”《中华大字典》：“按，广东旧潮州府属，有畬蛮，号百家蛮。其人刀耕火种，因以畬名。明永乐间为寇，官军讨平之。字或作畲。据《天下郡国利病书》，及《广东新语》，字均作畲。”又，胡耐安《中国民族志·苗傜族系》云：“畬民，一称畬客。畬字，训义烧榛种（火耕），亦即刀耕火种的耕种方法，亦可解释为种山的火。”综上，菑为翻耕杀草，畬为以火烧榛。《月令·仲冬之月》云：“命有司曰：土事毋作，慎毋发盖。“六二曰不菑畬，即命毋作土事，毋发地之盖。初之三为震，震为萑苇，为草榛，二之四为艮，艮为山，为止，是为不杀山田之草。又。初之四为大离，离为火，艮为止，为不大火烧山田之榛。是两者相合，为不菑畬。

则利有攸往 《月令·仲冬之月》云：“其日壬癸。”郑氏注：“壬之言任也，癸之言揆也。日之行冬，北从黑道，闭藏万物，月为之佐。时万物怀任于下，揆然萌牙，又因以为日名焉。”《说文》：“壬位北方，阴极阳生。”段玉裁注：“《律书》曰：壬之为言，壬也。言阳气任养万物于下也。《律历志》曰：怀任于壬。《释名》曰：壬，妊也。

阴阳交，物怀任，至子而萌也。"《仲冬之月》又云："律中黄钟。"郑氏注："黄钟者，律之始也，九寸。仲冬气至，则黄钟之律应。"《国语·周语下》："黄钟，所以宣养六气九德也。"韦昭注："十一月黄钟，乾初九也。黄，中之色也；钟，言阳气聚钟于下也。宣，遍也。六气：阴、阳、风、雨、晦、明也。九德，九功之德，水火金木土谷，正德利用厚生。十一月阳伏于下，物始萌，于五声为宫，含元处中，所以遍养六气九德之本也。"仲冬之月，不耕穫，不菑畬，不发地之盖，阳气怀妊于下，能遍养六气九德之本，以此而往，则必利有攸往。六二，得中得位，处震艮之中，动止适时，而不失正，是利有攸往之象。反之，匪正有眚，不利有攸往。此承不耕穫，不菑畬而言。

六三，无妄之灾，或系之牛，行人之得，邑人之灾。

〔译〕 六三，无妄所言之灾，如有系放之牛，行人所得，乃邑人之灾

《象》曰："行人得牛，邑人灾也。"

〔证〕

无妄之灾 卦辞曰："无妄，元亨利贞；其匪正有眚，不利有攸往。"无妄，大亨通，利于正道，无灾；无妄不正，则有灾眚。六三无妄之灾，其灾在不正。《系辞传》曰："三多凶。"又，三本阳位，六三以阴居阳，乃为不正，不正则有灾。王弼注："以阴居阳，行违谦顺，是无妄之所以为灾也。"程氏传："三以阴柔而不中正，是为妄者也；又志应于上，欲也，亦妄也：在无妄之道，为灾害也。人之妄动，由有欲也。妄动而得，亦必有失，虽使得其所利，其动而妄，失已大矣，况复凶悔随之乎？知者见妄之得，则知其失必与称也。故圣人三有妄之象，而发明其理云：无妄之灾，或系之牛，行人之得，邑人之灾。言如三之为妄，乃无妄之灾害也。"六三，无妄之灾，谓六三不正，是以有无妄卦之灾象。

或系之牛，行人之得，邑人之灾 《经传释词》："《易·乾文言》：或之者，疑之也。《管子·白心篇》曰：夫或者何？若然者也。《墨子·小取篇》曰：或也者，不尽然也。此常语也。"又曰，"或，犹有也。《尚书古义》曰：无有作好，遵王之道；无有作恶，遵王之路。《吕览》引此，有作或。《贵公篇》高诱曰：或，有也。古有字通作或。"按有，亦不尽然为有。行人，谓行路之人。邑人，谓当地居住之人。六三无妄之灾者，谓有系放之牛，逸出路上，被行人所得，乃牛主人之灾。此为放牧不正所致之灾。朱熹《周易本义》曰："卦之六爻，皆无妄者也。六三处不得正，故遇其占者，无故而有灾。如行人牵牛以去，而居者反遭诘捕之扰也。"六三，阴居阳位，实是有妄。所谓无妄之灾，是谓无妄所言之灾，即不正有眚，并非无故而有灾。

无妄卦，震下乾上。震为一阳初生，所言为仲冬之事。《月令·仲冬之月》云："是月也，农有不收藏积聚者，马牛畜兽有放佚者，取之不诘。"郑氏注："此收敛尤急之时，人有取者不罪，所以警惧其主也。《王居明堂礼》曰：孟冬之月，农毕积聚，系收牛马。"《正义》曰："引之者，证若不积聚、收牛马，他人取之不诘。"《礼记训纂》引方性夫曰："孟冬既命谨盖藏，又命有司循行积聚，至此犹不收藏积聚，畜兽犹放佚，是游惰之民，不听令者也，不为之诘，亦宜矣。"《吕氏春秋·仲冬纪》曰："是月也，农有不收藏积聚者，牛马畜兽有放佚者，取之不诘。"高诱注："诘，诛也。"又，《淮南子·时则训·仲冬之月》云："是月也，农有不收藏积聚，牛马畜兽有放佚者，取之不诘。"高注："诘，呵问也。"以上同述者三、四，既为十一月政之事，盖当可信。所谓或系之牛，行人之得，邑人之灾，即谓有放佚牛者，行人可得牛，主人该受灾，以其收敛之急，而不收敛之故。

《象》曰："行人得牛，邑人灾也。"仲冬之月，当收藏积聚，而邑人放佚犁牛，既非得时之正道，又误春耕，所以行人得牛，邑人灾也，即不罪行人，而灾其主。《说文解字注》："牛，事也，理也。"段玉裁曰："事也者，谓能事其事也，牛任耕。理也者，谓其文理可分析也。庖丁解牛，依乎天理，批大郤，道大窾。"得牛者，得事得理；失牛者，失事失理。按，无妄卦，行人为阳，邑人为阴。阴阳相推，刚来柔往。行人之得，邑人之灾，即阳得而阴灾。《说卦传》曰："坤为子母牛"，"巽为木，为绳直"。无妄卦，震下乾上。二、三坤阴之爻，为牛；三之五为巽。巽为树木，又为绳索；二之四为艮，艮为手为牵；上九为行将消去之人，为行人；初之四为大离，离有邑象，中居邑人。是六三，为邑人系于树下之牛，应上九而牵去，为行人之得；三处位不当，不正有眚；三为人位，为邑人之灾。

九四，可贞，无咎。

〔译〕 九四，能正其道，无灾。

《象》曰："可贞无咎，固有之也。"

〔证〕

可贞 《古书虚字集释》曰："可，犹能也。《管子·任法篇》：圣君置仪设法，而固守之。然故谌杵习士，闻识博学之人，不可乱也；众强富贵私勇者，不能侵也。《礼记·大学篇》：其家不可教，而能教人者无之。《左传》哀十三年：可胜也，而弗能居也。此上三例，可与能，为互文。《易·系辞传》：是以身安，而国家可保也。"可贞，谓可以、能够正其道。无妄卦，二之四为互艮，艮为止，能止其正，为可贞。艮卦《彖》曰：

"艮，止也。时止则止，时行则行，动静不失其时，其道光明。艮其止，止其所也。" 止其所，即止其正，为可贞。乾卦《文言》曰："其唯圣人乎？知进退存亡，而不失其正者，其唯圣人乎！"《史记·鲁周公世家》云："其后武王既崩，成王少，在强葆之中，周公恐天下闻武王崩而畔，周公践阼，代成王摄行政当国。成王长，能听政。于是周公乃还政于成王，成王临朝。周公之代成王治，南面 倍依以朝诸侯。及七年后，还政成王，北面就臣位，匔匔如畏然。"九四，阳居阴位，上承九五至尊，下令诸侯，震为诸侯，是能正道之爻，故曰可贞。

无咎 《象》曰："可贞无咎，固有之也。"固有，本来就有 。三之五为互巽，巽为命。命自上乾，乾为天，为天命。天命，天道之命，自然为正，正则无咎。本来如此，天命使然。卦《象》曰："天下雷行，物与无妄。"无妄则无咎。雷为天之号令，此亦天命使然。否卦，坤下乾上。三之五为互巽，巽为命。九四曰："有命，无咎。"《象》曰："有命无咎，志行也。"有命，有天之命。有天之命，其志必行。讼卦，坎下乾上。三之五为互巽，巽为命。九四曰："不克讼，复即命。渝，安贞吉。"《象》曰："复即命，渝安贞，吉，不失也。"即命，顺从天命，上乾为天，互巽为命，为天之命。顺从天命，吉而不失。履卦，兑下乾上。三之五为巽，巽为命。九四曰："履虎尾，愬愬，终吉。"《象》曰："愬愬终吉，志行也。"履虎尾，愬愬，小心受命之意。凡受乾天之命者，皆吉或无咎，天命固然。

王弼注："处无妄之时，以阳居阴，以刚乘柔，履于谦顺，比近至尊，故可以任正，固有所守，而无咎也。"程氏传："四，刚阳而居乾体，复无应与，无妄得也。刚而无私，岂有妄乎？可贞固守此，自无咎也。九居阴，得为正乎？曰：以阳居乾体，若复处刚，则为过矣。过则妄也。居四，无尚刚之志也。可贞与利贞不同，可贞谓其所处可贞固守之，利贞，谓利于贞也。"又谓《象》曰："贞固守之，则无咎也。"按，《系辞传》曰："圣人之大宝曰位。"《周易》，爻位大义，定于乾坤两卦。如，乾卦初九曰："谮尤勿用。"无妄初九曰："无妄。"乾卦九四曰："或跃在渊，无咎。"无妄九四曰："可贞，无咎。"乾卦九五曰："飞龙在天，利见大人。"无妄九五曰："无妄之疾，勿药有喜。"亦利见大人之意。乾卦上九曰："亢龙有悔。"无妄上九曰："无妄，行有眚，无攸利。"《象》曰："可贞无咎，固有之也。"盖亦谓无妄九四，如乾卦九四，本当可贞而无咎。要之，无妄之时，如九四之爻，能正其道者，则无灾咎。矧处巽体之中，逊而不失。

九五，无妄之疾，勿药有喜。

〔译〕 九五，无妄之小病，不要用药，就有可能痊愈。

《象》曰："无妄之药，不可试也。"

〔证〕

无妄之疾 《说文》："疾，病也。从疒，矢声。"段玉裁注："析言之，则病为疾加；浑言之，则疾亦病也。按经传，多训为急也，速也。此引伸之义，如病之来，多无期无迹也。矢能伤人，矢之去甚速，故从矢会意。"李孝定《甲骨文字集释》，谓疾曰："象矢著人腋下，会意，谓其来之疾也。与训病之疾，本非一字。惟矢中人，既有创病之义，与疾病之义近，而二者之形，复不甚相远，后世遂以病之篆文疾，兼该疾病、疾速二义。"康殷《文字源流浅说》："疾，金文像人被矢伤腋下之状，用以表示外伤和轻病。又，矢射人最快速，因用以表疾速之意。注：春秋人，习惯似以疾指较轻病症，而以病指重病。如：魏武子疾，命颗曰：必嫁是。疾病则曰：必以为殉。疾病则乱——《左·宣十五》。疾病而立之——《左·襄十九》。故疾、病二字有别。《说文》也解病为疾加也，不误。然《说文》却解疾为病也，自相矛盾。"

豫卦，坤下震上。六五曰："贞疾。"《象》曰："贞疾，乘刚也。"阴乘阳，阳为正，是为贞疾。遁卦，艮下乾上。九三曰："系遁，有疾厉。"《象》曰："系遁之厉，有疾惫也。"惫为疾。明夷卦，离下坤上。九三曰："不可疾贞。"疾贞，犹急正。损卦，兑下艮上。六四曰："损其疾，使遄有喜，无咎。"《象》曰："损其疾，亦可喜也。"六四在艮止之下，在震躁之上，止其躁，犹损其急，则下兑为喜。是疾犹急。鼎卦，巽下离上。九二曰："我仇有疾，不我能即，吉。"《象》曰："我仇有疾，终无尤也。"九二之仇匹六五，六五阴乘阳，为众阳阻隔，为轻病，为疾。丰卦，离下震上。六二曰："往得疑疾。"二往应五，两阴相疑。疑疾，为疑心病。兑卦，兑下兑上。九四曰："介疾有喜。"《说卦传》曰："坎，其于人也，为加忧，为心病，为耳痛，为血卦，为赤。"兑卦，三之上为大坎，是以为介疾。介为大，疾为病。故《周易》之疾，亦有二义：一为急，一为病。以急和病皆是毛病，故用疾该之。无妄卦，三之五为巽，五在巽体，居九五而巽，为无妄之疾。

勿药有喜 《说文》："药，治病草。"《玉篇》："治疾病之草总名。"《说卦传》曰："震，为苍筤竹，为萑苇。"二与五应，震为治病之草。患病则有忧，病愈则有喜。损卦六四："损其疾，使遄有喜。"兑卦九四："介疾有喜。"并此无妄九五："勿药有喜。"喜，皆谓病愈之喜。九五在巽，巽多白眼。然，九五得乾体之中正，是以白眼视人之疾，不用服药，而自可克服；虽然有药，勿须服用，而疾病可愈，谓之勿药有喜。《象》曰："无妄之药，不可试也。"震为药，亦为决躁，无妄之时，服用此药，岂不反而为妄？ 既不药可喜，何须用药？药非所需，适得其反，岂不无病招病？九五乃无妄卦之主爻。《象》

曰："刚中而应，大亨以正，天之命也。"天命大亨以正，无妄卦之小病又有何惧？定当勿药即愈。程氏传："九以中正当尊位，下复以中正顺应之，可谓无妄之至者也，其道无以加矣。疾，为之病者也。以九五之无妄，如其有疾，勿以药治，则有喜也。人之有疾，则以药石攻去其邪，以养其正。若气体平和，本无疾病而攻治之，则反害其正矣，故勿药则有喜也。有喜，谓疾自亡也。" 谦卦《彖》曰："天道亏盈而益谦，地道变盈而流谦，鬼神害盈而福谦，人道恶盈而好谦，谦尊而光，卑不可逾，君子之终也。"此即无妄之疾，无药有喜之谓。

上九，无妄，行有眚，无攸利

〔译〕 上九，勿妄，妄行有灾，无所利。

《象》曰："无妄之行，穷之灾也。"

〔证〕

无妄 上九，已非九五中正，故戒以无妄。初九曰无妄，上九曰无妄，谓无妄于始终。有始之无妄，才有往吉；有终之无妄，才无得眚。善始善终，尤应慎终如始，故上九戒之再三：一曰无妄，二曰行有眚，三曰无攸利。上九之无妄，处无妄之极。物极而反，由无妄变有妄，则功亏一篑。乾卦《文言》："上九曰：亢龙有悔，何谓也？子曰：贵而无位，高而无民，贤人在下位而无辅，是以动而有悔也。"又曰，"亢之为言也，知进而不知退，知存而不知亡，知得而不知丧。"无妄，于时谓毋违时令，于人谓无为亢龙。《系辞传》曰："《易》之兴也，其当殷之末世，周之盛德邪？当文王与纣之事邪？ 是故其辞危。危者使平，易者使倾，其道甚大，百物不废；惧以终始，其要无咎：此之谓《易》之道也。"

行有眚，无攸利 上九《象》曰："无妄之行，穷之灾也。"《说文》："穷，极也。"桂馥义证："极也者，《释诂》：极，至也。颜注《急就篇》：极，尽也。《楚辞·天问》：天极焉加？《吕氏春秋·下贤篇》：与物变化，而无所终穷。注云：穷，极也。"穷尽则生变，至极则复反。崔憬曰："居无妄之终，，有妄者也。妄而应三，上下非正。穷而反妄，故为灾也。"上九亢，不可妄而妄，势必行穷而致灾。《说文》："眚，目病生翳也。从目，生声。"段玉裁注："眚，引伸为过误，又为灾眚。李奇曰：内妖曰眚，外妖曰祥。是也。"按，无妄卦《彖》曰："无妄之往何之矣，天命不祐矣哉。"上九之行，则乾天之象毁损，唯三之五之巽，巽为命，但不复为天命，为天命不祐行。且上九行消，所剩之巽，巽多白眼，为目病生翳，为眚。眚为灾，为行有眚。《系辞传》曰："《易》曰： 自天祐之，吉无不利。"今上九行消，天命不祐，是以不吉，而无所利。又，上九阳居阴位，其匪正有眚，故曰无攸利。王弼注："处不可妄之极，唯宜静保其身而已，故不可以行也。"程氏传："上九居卦之终，无妄之极者也。极而复行，过于理也，过于理则妄也。故上九而行，则有过眚，而无所利矣。"又曰，"无妄既极，而复加进，乃为妄矣，是穷极而为灾害也。"《序卦传》曰："复则不妄矣，故受之以无妄。"复卦，为十一月卦。复则无妄，谓冬至万物，避盛寒而闭藏，不可仲冬行夏令，行秋令，行春令，行则有眚，无攸利。此无妄卦上九之象，阴阳言天人之际。《杂卦传》曰："无妄，灾也。"谓匪正则有眚，如三、上。

第二十六卦　丁　亥

☶ 艮上
☰ 乾下

大畜，利贞，不家食吉，利涉大川。

〔译〕　大畜，利于正道，食君禄吉利，利于渡过大难关。

《彖》曰："大畜，刚健、笃实、辉光，日新其德。刚上而尚贤，能止健，大正也。不家食吉，养贤也。利涉大川，应乎天也。"

《象》曰："天在山中，大畜，君子以多识前言往行，以畜其德。"

〔证〕

乾下艮上　伏羲八卦：离位正东，为正月；兑位东南，为二、三月；乾位正南，为四月；巽位西南，为五、六月；坎位正西，为七月；艮位西北，为八、九月；坤位正北，为十月；震位东北，为十一、十二月。大畜卦，乾下艮上，是九月后，至来年四月之象。十月阴气将穷，阳气将生。阳为大，阳气生聚，为大畜。

《说文》："亥，荄也，十月，微阳起接盛阴。"《史记·律书》："亥者，该也。言阳气藏于下，故该也。"十月，微阳起接盛阴者，徐锴系辞曰："十月，坤之上六，阴极阳将生也。"《释天》曰："十月为阳。"郝懿行《尔雅疏证》："阳者，《诗》：岁亦阳止。毛传：阳历阳月也。郑笺：十月为阳。时坤用事，嫌于无阳，故以名此月为阳。孙、郭义与郑同，皆以十月无阳，强名之耳。今按阴阳消息，迭运不穷，故董仲舒雨雹对云：十月阴虽用事，而阴不孤立。《诗·采薇·正义》，引《诗纬》曰：阳生酉仲，阴生戌仲。是十月中，兼有阴阳，旧说非也。"按，坤卦，坤下坤上。上六曰："龙战于野，其血玄黄。"《文言》曰："阴疑于阳，必战。为其嫌于无阳也，故称龙焉。犹未离其类也，故称血焉。夫玄黄者，天地之杂也，天玄而地黄。"天地之杂，即是阴阳之杂。故十月，微阳起接盛阴，阴阳皆有，只是阳气微，阴气强。

《说文》："子，十一月。阳气动，万物滋。"《释名·释天》："子，孳也，阳气始萌，孳生于下也。"《史记·律书》："子者，滋也；滋者，言万物滋于下也。"《白虎通·五行》："子者，孳也，孳孳无已也。"《晋书·乐志》："十一月子；子，孳也，谓阳气至此，更孳生也。"《通典》："十一月之辰名子；子者孳也，阳气至此，更孳益而生，故谓之子也。"《易》乾卦："初九，潜龙勿用。"马融曰："初九建子之月，阳气动于黄泉。既未萌芽，犹是潜伏。"复卦卦辞曰："七日来复。"先儒解云："七日当为七月，谓阳气，从五月建午而消，至十一建子始复，所历七辰，故谓七月。"《月令·仲冬之月》云："阴阳争，诸生荡。"郑氏注："争者，阴方盛，阳欲起也。荡，谓物动，萌芽也。"《逸周书·周月解》：

“维一月，既南至，昏，昴、毕见，日短极，基践长，微阳动于黄泉，阴惨于万物。”此十一月，一阳升见。

《说文》：“丑，纽也。十二月，万物动用事。象手之形，时加丑，亦举手时也。”《史记·律书》：“丑者，纽也。言阳气在上未降，万物厄纽未敢出。”《白虎通·五行》：“十二月，律谓之大吕何？大者，大也；吕者，拒也。言阳气欲出，阴不许也。吕之为言拒也，旅抑拒难之也。”陈立疏证：“《五行大义》引《三礼义宗》云：吕，助也。十二月，阳方生长，阴气助之，生育之功，其道广大也。《国语·周语》：元间大吕，助宣物也。注：大吕助阳，宣散物也。《汉书·律志》云：大吕，吕，旅也。言阴大，旅助黄钟，宣气而牙物。《吕览》注：吕，旅也。所以旅阴即养，助其成功。《淮南·天文训》注：吕，旅也。万物萌动于黄泉，未能达见，所以旅，旅去阴即阳，助其成功，故曰大吕。”诸家之说，虽与《白虎通》有异，然阳气欲出，实不相悖。《汉志》：“吕，拒也。言与阳相承，更迭而至也。”此十二月，二阳升见。

《说文》：“寅，髕也。正月阳气动，去黄泉欲上出。阴气尚强，象宀，不达髕寅于下也。”桂馥义证：“正月阳气动，去黄泉欲上出；阴气尚强，象宀，不达髕寅于下也者，《汉书·五行志》：言天者以夏正。《月令·孟春之月》：是月也，天气下降，地气上腾，天地和同，草木萌动。《易乾凿度》：泰者，正月之卦也。阳气始通，阴道执顺。《白虎通》：十三月之时，万物始达，孚甲而出。皆黑，人得加功力。又云：正月，律谓之太蔟何？太亦大也，蔟者凑也。言万物始大，凑地而出也。《汉书·律历志》：太族，族，奏也。言阳气大，奏地而达物也。位于寅，在正月。干宝说《易》云：正月之时，阳气上达。故屯为物之始生，蒙为物之稚也。”按，天气下降，地气上腾，天地和同，谓乾下坤上，此正月泰卦卦象，三阳升见。

《说文》：“卯，冒也。二月，万物冒地而出，象开门之形，故二月为天门。”《白虎通·五行》云：“卯者，茂也。律中夹钟。”陈立疏证：“《淮南·天文训》：木生于亥，壮于卯。《史记·律书》：卯之言茂也。《释名》：卯，冒也，戴冒土而出也。《淮南·天文训》亦云：卯，则茂茂然也。《大义》引《义宗》云：卯，茂也。阳气至此，物生滋茂。古茂、卯、冒，并同音。”按，二月，万物冒地而出者，徐锴系传：“二月，阴不能制阳，阳冒地而出也。”《易乾凿度》云：“随者二月之卦，随德施行，藩决难解。”郑氏注：“言二月之时，阳已壮，施生万物，而阴气渐微，不能为难，以障闭阳气，故曰藩决难解也。”《淮南·天文训》：“太阳在卯，岁名曰单遏。”高诱注：“单，尽；遏，止。阳气推万物而起，阴气尽止。”《汉书·律历志》：“夹钟，言阴夹助太蔟，宣四方之气，而出种物也。位于卯，在二月。”二月，于十二消息卦，为大壮卦。《彖》曰：“大壮，大者壮也。”此时四阳升见。

《说文》："辰，震也。三月，阳气动，雷电振，民农时也，物皆生。从乙匕，匕象芒达，厂声。"段玉裁注："震、振古通用。振、奋也。《律书》曰：辰者，言万物之蜄也。《律历志》曰：振美于辰。《释名》曰：辰，伸也，物皆伸舒而出也。季春之月，生气方盛，阳气发泄，句者毕出，萌者尽达。二月雷发声，始电至。三月而大振动。《豳风》曰：四之日举止。故曰民农时。匕，呼跨切，变也。此合二字会意。乙，象春草木冤曲而出，阴气尚强，其出乙乙。至是月，阳气大盛，乙乙难出者，始变化矣。匕字，依《韵会》补。芒达，芒者尽达也。"《白虎通・五行》曰："辰者，震也。律中姑洗。"陈立疏证："《大义》云：辰，震也。震动奋迅也。又引《义宗》云：此月之时，物尽震动而长。"《五行》又曰："三月，律谓之姑洗何？姑者，故也；洗者，鲜也。言万物皆去故就新，莫不鲜明也。"陈立证："《国语・周语》注：言阳气养生，洗濯枯秽，改柯易叶也。《汉书・律志》：洗之言洁也，言阳气洗物，辜洁之也。《淮南・天文训》注：阳气养生，去故就生，故曰姑洗。"此时三月，五阳升见。

《说文》："巳，已也。四月，阳气已出，阴气已藏，万物见，成文章。故巳为蛇，象形。"桂馥义证："已也者，巳、已声相近。李阳冰曰：辰巳之巳，借为已止之已。《释名》：巳，已也。阳气毕布已也。《容斋・三笔》：《律书》释十母、十二子之义，大略与今所言同。惟至四月云：其于十二子为巳，巳者，言阳气之已尽也。据此，则辰巳之巳，乃为矣音。顾炎武曰：吴才老《韵补》：古巳午之巳，亦读如已矣之已。《汉・律历志》：振美于辰，已盛于巳。《史记》：巳者，言阳气之已尽也。五经文字，经从辰巳之巳。《白虎通》：太阳见于巳，巳者物必起。《晋书・乐志》：四月之辰谓之巳。巳者起也，物至此时，毕尽而起也。宋毛晃曰：阳气生于子，终于巳，巳者终已也。象阳气既极，回复之形，故又为终已之义。"又曰，"四月，阳气已出，阴气已藏者，徐锴曰：四月，纯阳之月，故曰阴气已藏。"《系辞传》曰："古者，包牺氏之王天下也，仰则观象于天，俯则观法于地，观鸟兽之文，与地之宜，近取诸身，远取诸物，于是始作八卦，以通神明之德，以类万物之情。"钟鼎文，龙蛇同类，故乾龙之月谓巳，此时六阳升见。大畜，法天地之情，以类人事，而言君子大畜。

乾卦，初九曰："潜龙勿用。"九二曰："见龙在田。"九三曰："君子终日乾乾，夕惕若厉。"九四曰："或跃在渊。"九五曰："飞龙在天。"上九曰："亢龙有悔。"用九曰："群龙无首。"是乾阳六爻皆为龙，初之三为未跃飞之龙，为卧龙。《文言》曰："初九曰潜龙勿用，何谓也？子曰：龙德而隐者也。不易乎世，不存乎名；遁世无闷，不见是而无闷；乐则行之，忧则违之：确乎其不可拔，潜龙也。九二曰见龙在田，利见大人，何谓也？子曰：龙德而正中者也。庸言之信，庸言之谨；闲邪存其诚，善世而不伐，德博而化。《易》曰：见龙在田，利见大人，君德也。九三曰君子终日乾乾，夕惕若厉，无咎，何谓也？子曰：君子进德修业。忠信，所以进德也；修辞立其诚，所以居业也。知至至之，可与几也；知终终之，可与存义也。是故居上位而不骄，在下位而不忧。故乾乾因其时而惕，虽危无咎矣。”又曰，“君子以成德为行，日可见之行也。潜之为言也，隐而未见，行而未成，是以君子弗用也。君子学以聚之，问以辨之，宽以居之，仁以行之。”大畜卦，乾下艮上。乾为龙为君子，艮为山为养，龙卧山下，畜养德行，以备跃飞，是为大畜。

《小雅·车舝》：“高山仰止，景行行止。”郑笺：“古人有高德者，则慕仰之；有明行者，则而行之。”《正义》曰：“高山者，以山之高，比人德之高。故云古人有高德者，则慕仰之也。且仰是心慕之辞，故为高德。德者，在内未见之言；行者，已见施行之语。德则慕仰，多行则法行，故仰之行之，异其文也。”又，《礼记·表记》：“《小雅》曰：高山仰止，景行行止。子曰：《诗》之好仁如此。”孔颖达疏：“引之者，证古昔贤圣，能行仁道，则后世之人，瞻仰慕行也。子曰《诗》之好仁者，言高山景行，瞻仰慕行，是好仁德如此之甚也。”《史记·孔子世家》：“太史公曰：《诗》有之：高山仰止，景行行止。虽不能至，然心向往之。余读孔氏书，想见其为人。适鲁，观仲尼庙堂，车服礼器，诸生以时习礼其家，余祗迴留之，不能去云。天下君王，至于贤人众矣。当时则荣，没则已焉。孔子布衣，传十余世，学者宗之。自天子王侯，中国言六艺者，折中于夫子，可谓至圣矣！”大畜卦，艮上乾下，艮为高山，乾为景行。有高山仰之，有景行行之，有学者宗之，此大畜之象。

《彖》曰：“大畜，刚健，笃实，辉光，日新其德。“需卦，乾下坎上。《彖》曰：“险在前也，刚健而不陷。”乾为刚健。讼卦，坎下乾上。《彖》曰：“上刚下险，险而健。”乾为刚健。大有卦，乾下离上。《彖》曰：“其德，刚健而文明。”乾为刚健。无妄卦，震下乾上。《彖》曰：“动而健，刚中而应。”乾为刚健。大畜卦，下为乾，是以为刚健。又，蒙卦，坎下艮上。六四曰：困蒙吝。“《象》曰：“困蒙之吝，独远实也。”六四距九二、上九之阳远，是阳为实。泰卦，乾下坤上。六四曰：“翩翩，不富以其邻。”《象》曰：“翩翩不富。皆失实也。”谓六四、六五、上六，为阴虚；失实，即失阳，阳为实。颐卦，震下艮上。卦辞曰：“观颐，自求口实。”朱熹曰：“为卦，上下二阳，内含四阴，外实内虚。”阳为实，颐中无阳，故曰自求口实。蹇卦，艮下坎上。六四曰：“往蹇来连。”《象》曰：“往蹇来连，当位实也。”谓值位于阳实当中。鼎卦，巽下离上。九二曰：“鼎有实。”六五《象》曰：“鼎黄耳，中以为实也。”皆谓九二阳为实。归妹卦。兑下震上。上六曰：

“女承筐无实。”《象》曰：“上六无实，承虚筐也。”阴为虚，阳为实。上六为阴，故曰无实，既济卦，离下坎上。九五曰：“实受其福。”《象》曰：“实受其福，吉大来也。” 九五阳，阳为实。阳爻为实，大畜卦，下乾三阳，是以为笃实。《尔雅·释沽下》：“笃，厚也。”又，《说文》：“阳，高明也。”段玉裁注：“暗之反也。毛传：山东曰朝阳，山西曰夕阳。”桂馥证：“高明也者，对阴言也。阴，暗也。《释名》：阳，扬也，气在外发扬也。又云：明，阳也。《诗·七月》：我朱孔阳。传云：阳，明也。文四年《左传》：天子当阳。《白虎通·号篇》：高阳者，阳犹明也，道德高明也。”乾卦《彖》曰：“大明终始，六位时成。”乾阳为明，明为辉光。

《小雅·湛露》：“湛泄露斯，匪阳不晞。”毛传：“阳，日也；晞，干也。露虽湛湛然，见阳则干。”《诗毛氏传疏》曰：“阳，读为旸。《祭义》：殷人祭其阳。注：阳，读为曰雨曰旸之旸，此阳、旸古通矣。《说文》云：旸，日出也。”按，山南为阳，日之所照为阳，阳本义为太阳，即日。《说卦传》曰：“离为日，为乾卦。”是乾亦为日。《礼记·大学》：“汤之盘铭曰：苟日新，日日新，又日新。《康诰》曰：作新民。《诗》曰：周虽旧邦，其命维新。是故君子无所不用其极。”《系辞传》曰：“日新之谓盛德。”乾阳犹离日，为日新其德，谓日日新其德。又，《大戴礼·易本命》曰：“山为积德。”按，乾为刚健，笃实，辉光，日新其德；艮为山，山为积德：故乾下艮上，为君子大畜之象。又，初之三为乾，乾为君子；三之上为离，离为日；四之上为艮，艮为山：为君子如日出山，刚健，笃实，辉光，日新其德，是以为大畜。又，初之三为乾，乾为大；三之上为颐，颐为养为畜，是为大畜。又，乾阳为大，艮止为畜，为大畜。又，乾为金为玉，艮为山为门阙。乾下艮上，金玉藏于名山石阙，是为大畜。又，初之三为乾，乾为大；二之四为兑，兑为泽；四之上为艮，艮为山，山泽所以畜藏万物，为大畜之象。

大畜 《商书·盘庚中》：“予岂汝威，用奉畜汝众。”孔氏传：“我岂以威胁汝乎，用奉畜养汝众。”《小雅·我行其野》：“尔不我畜，复我邦家。”毛传：“畜，养也。”《节南山》：“式讹尔心，以畜万邦。”郑笺：“讹，化；畜，养也。”《左传》宣公四年：“从其母畜于䢵。”杜预注：“畜，养。”《说文》：“畜，田畜也。《淮南子》曰：玄田为畜。”玄，甲骨文象束丝。《甲骨文字典·解字》：“《淮南子·本经训》：拘兽以为畜。田猎所得而拘系之，斯为家畜，此为畜田之正解。”又，《释义》曰：“豢养也。”按，玄田为畜，即拘兽以为畜。本为畜养，后引舒伸出畜聚，畜积，物必畜养方可聚积。《释名·释言》曰：“畜，养也。”《广雅·释诂》曰：“畜，养也。”桂馥《说文解字义证》曰：“田畜也者，读若畜牧之畜。《广韵》：畜，养也。《易·小畜》郑注：养也。《师·象》：君子以容民畜众。《论语》：君赐生，必畜之。《通鉴》：隋文帝骂太子曰：畜生，何足付大事。注云：畜生，待畜养而生者也。”

杨树达《积微居小学述林·释蓄》曰：“《说文一篇下艸部》云：蓄，积也，从艸，畜声。按畜声有义。知者：《礼记·王制篇》曰：问国君之富，数畜以对。夫富由于蓄积，数畜以对富门，是以畜明蓄也。大抵古人财物，自圭璧币帛而外，以牲畜为大宗。《左氏传》闵公二年载：卫侯之庐于曹，齐归卫以牛羊豕鸡狗，皆三百。襄公二年载：齐侯伐莱，莱人使正舆子，赂夙沙卫以索马牛，皆百匹。哀公七年载：吴征鲁百牢，鲁人不可。吴人曰：宋百牢我，鲁不可以后宋；且鲁牢晋大夫过十，吴王百牢，不亦可乎？是古人赂赂征求，皆以畜也：此经传以畜为蓄之证也。《史记·货殖传》曰：乌氏倮以奇缯物，献遗戎王，戎王十倍以偿，与之畜。畜至用谷量马牛，秦始皇令倮比封君。又曰：陆地牧马二百蹄，牛蹄角千，千足羊，泽中千足彘，则其人皆与千户侯等，又马蹄躈千，牛千足，羊彘千双，则亦比千乘之家。又记：塞之斥也，桥姚致马千匹，牛倍之，羊万头以成富：此史传以畜为蓄之证也。”

畜，《周易》三见。除小畜、大畜外，遁卦九三曰：“畜臣妾吉。”《孟子·梁惠王上》：“是故，明君制民之产，必使仰足以事父母，俯足以畜妻子，乐岁终身饱，凶年免于死亡；然后驱而至善，故民之从之也轻。今也制民之产，仰不足以事父母，俯不足以畜妻子，乐岁终身苦，凶年不免于死亡，此惟救死而恐不赡，奚暇治礼义哉！王欲行之，则盍反其本矣！五亩之宅，树之以桑，五十者可以衣帛矣。鸡豚狗彘之畜，无失其时，七十者可以食肉矣。百亩之田，勿夺其时，八口之家，可以无饥矣。谨庠序之教，申之以孝悌之义，颁白者不负戴于道路矣。老者衣帛食肉，黎民不饥不寒，然而不王者，未之有也。”是畜有二义：一为六畜；一为畜养，犹蓄养。《周易》之畜，为后者，皆蓄积蓄养之义。扬雄《太玄经》，拟小畜为敛，拟大畜为积，盖亦此义。

《礼记·大学》曰：“大学之道，在明明德，在亲民，在止于至善。知止而后有定，定而后能静，静而后能安，安而后能虑，虑而后能得。物有本末，事有终始，知先后，则近道矣。古之欲明明德于天下者，先治其国。欲治其国者，先齐其家。欲齐其家者，先修其身。欲修其身者，先正其心。欲正其心者，先诚其意。欲诚其意者，先致其知。致知在格物，物格而后知至。知至而后意诚，意诚而后心正。心正而后身修，身修而后家齐。家齐而后国治，国治而后天下平。自天子以至于庶人，一是皆以修身为本。”郑氏注：“明明德，谓显明其至德也。”修身在于欲明明德，小畜言修身，大畜言明明德。明德，大德，齐家、治国、平天下之德。程氏传：“在人为学术道德，充积于内，乃所畜之大也。既道德充积于内，宜在上位，以享天禄。施为于天下，则不独于一身之吉，天下之吉也。所畜既大，宜施之于时，济天下之艰险，乃大畜之用也。”

利贞 《象》曰：“刚上而尚贤，能止健，大正也。”谓以刚居上，而能崇尚贤良，则能止畜刚健之人，此为大正之道，为利贞。上艮为止，下乾为健，乾止于艮下，为能止健。《玉篇》：“止，住也。”《广韵》：“止，息也。”《商颂·玄鸟》：“邦畿千里，维民所止。”郑笺：“止，犹居也。王畿千里之内，其民居安。”《小雅·甫田》：“攸介攸止，烝我髦士。”毛传：“烝，进也。”《诗毛氏传疏》：“止，犹息也，休息其民人也。”《毛诗传笺通释》：“《说文》：介，画也。从人，从八。八，别也。盖于众农之中，分别其秀者而教之，谓之攸介。农事既息，令其入止里宅，谓之攸止。《公羊传》何休注：十月事讫，父老教于校室，八岁者学小学，十五者学大学。其有秀者，移于乡学。《诗》所谓攸介也。又曰：五谷毕入，民皆居宅，《诗》所谓攸 止也。又曰：乡学之秀者移于庠，庠之秀者移于国学。学于小学，诸侯岁贡小学之秀者于天子，于大学。其有秀者，命曰进士。《诗》所谓烝我髦士也。”段玉裁《说文解字注》曰：“《诗》三言髦士。《尔雅》、《毛传》皆曰：髦，俊也。《释文》云：毛中之长豪曰髦，士之俊傑者。借譬为名，此引伸之义也。”《诗》曰：“烝我髦士。”《象》曰：“能止健。”二者义同。艮为门阙，为朝廷，乾为健，乾在艮下，下在内，为朝廷尚贤纳能，为能止健。大畜，既有自畜功德，亦有上畜贤能之义。自畜与上畜，合阳大者之正，故曰利贞。又，正，通政，利正，犹利政，利国家天下之大政。程氏传：“刚上，阳居上也。阳刚居尊位之上，为尚贤之义。止居健上，为能止健之义。止乎健者，非大正，则安能以刚阳在上，与尊尚贤德？能止至健，皆大正之道也。”

不家食吉 大畜，乾下艮上。初之三为乾，乾为贤人；二之四为兑为羊，羊为吉祥；三之上有颐象，颐为口食；四之上为艮，艮为门阙，为朝廷。《周易》，以下为内，以上为外，由下而上行。是贤人不食于家，食于朝则吉之象。又，贤人食禄于朝，利于正道，为不家食吉。故《象》曰：“不家食吉，养贤也。”《礼记·表记》：“子曰：事君，大言入，则望大利；小言入，则望小利。故君子不以小言受大禄，不以大言受小禄。《易》曰：不家食吉。”郑氏注：“大言可以立大事也，小言可以立小事也。入，为君受之；利，禄赏也。言臣受禄，各用其德能也。《象》曰：不家食吉，养贤也。言君有大畜积，不与家食之而已，必以禄贤者。贤有大小，禄有多少。”是不家食吉，谓贤事君，君养贤，故而吉利。《论语·子张》曰：“学而优则仕。”邢昺疏：“若学而德业优长者，则当仕进，以行君臣之义。”刘宝楠《正义》曰：“学至大成乃仕，是学而优则仕。”学而优则仕者，不家食；不家食，乃君臣之义。中孚卦九二曰：“鸣鹤在阴，其子和之。我有好爵，吾与尔靡之。”盖亦有不家食，受君禄为吉善之意。

郑康成曰："自三至上，有颐象居外，是不家食吉而养贤。"《周易正义》曰："不家食吉，养贤者，释不家食吉，所以不使贤者，在家自食，而获吉也。以在上有大畜之实，养此贤人，故不使贤者，在家自食也。"李鼎祚《周易集解》："案：乾为贤人，艮为宫阙也。令贤人居于阙下，不家食之象。"李道平《周易集解纂疏》："案：乾《文言》曰：贤人在下位，故乾为贤人。艮为门阙，故宫阙。乾居艮下，是贤人居于阙下，不家食之象也。"程氏传："既道德充积于内，宜在上位，以享天禄，施为于天下，则不独于一身之吉，天下之吉也。若穷处而自食于家，道之否也，故不家食则吉。"朱熹曰："以卦体言，六五尊而尚之；以卦德言，又能止健。皆非大正不能，故其占为利贞，而不家食吉也。"又曰，"不家食，谓食禄于朝，不食于家也。"刘沅曰："事君，必求有利于君民，惟恐受禄之有愧。《易》言不家食吉，非徒以受禄为荣。"

利涉大川 预后之语，言利于渡过艰难险阻。需卦，乾下坎上。卦辞曰："利涉大川。"坎为水，坎处消势；乾处长势，坎险将过，为利涉大川。讼卦，坎下乾上。卦辞曰："不利涉大川。"坎为水险，坎处长势；阳处消势，坎险将升，为不利涉大川。同人卦，离下乾上。卦辞曰："利涉大川。"离为日，乾为天，日处升势，日行天下，光照上下，为利涉大川。蛊卦，巽下艮上。卦辞曰："利涉大川。"艮为山，艮处消势；巽为风，风处升势，山之险阻将过，为利涉大川。益卦，震下巽上。卦辞曰："利涉大川。"巽为风险，巽处消势；震为动，震处进势，风险将过，为利涉大川。涣卦，坎下巽上。卦辞曰："利涉大川。"坎为水，巽为风。巽处消势，水上将无风险，为利涉大川。中孚卦，兑下巽上。卦辞曰："利涉大川。"兑为泽，巽为风。巽处消势，泽上将无风险，为利涉大川。

大畜卦，乾下艮上。卦辞曰："利涉大川。"艮为山，山为高；乾为天行健，君子自强不息：山高可登，为利涉大川。《彖》曰："利涉大川，应乎天也。"在下为地，在上为天。大畜，乾进而上，贤人得以升登，如山之高位，为过越险阻，利涉大川，为应于天。王弼注："尚贤制健，大正应天，不忧险难，故利涉大川。"程氏传："所畜既大，宜施之于时，济天下之艰险，乃大畜之用也，故利涉大川。"《系辞传》曰："《易》曰：自天祐之，吉无不利。子曰：祐者，助也。天之所助者，顺也；人之所助者，信也。履信思乎顺，又以尚贤也，是以自天祐之，吉无不利也。"大畜卦，乾进应乎天，为顺行，亦得天之祐助，故利涉大川。《白虎通·礼乐》曰："君使臣以礼，臣事君以忠，谦谦君子，利涉大川。"大畜，乾居下以上，不家食，犹臣事君以忠，亦谦谦君子，利涉大川。

《象》曰："天在山中，大畜，君子以多识前言往行，以畜其德。"大畜，初之三为乾，乾为君子；二之四为兑，兑为口舌为言，在前为前言；三之五为震，震为动为行，行往上，为往行；三之上为大离，大离为大明，为多识；四之上为艮，艮为高山，为古之仁者；三之上有颐象，颐为养为畜。是高山仰之，景行行之，君子以多识前言往行，以畜己德。《诗》云："太山岩岩，鲁侯是瞻。"是山为积德之象。

《荀子·劝学》："君子曰：学不可以已。青，取之于蓝，而青于蓝；冰，水为之，而寒于水。木直中绳，輮以为轮，其曲中规，虽有槁暴，不复挺者，輮使之然也。故木受绳则直，金就砺则利，君子博学，而日参省乎己，则知明而行无过矣。故不登高山，不知天之高；不临深溪，不知地之厚也；不闻先王之遗言，不知学问之大也。诗曰：嗟尔君子，无恒安息。靖共尔位，好是正直。神之听之，介尔景福。神莫大于化道，福莫长于无祸。（孔子曰）吾尝终日而思矣，不如须臾之所学也；吾尝跂而望矣，不如登高之博见也。登高而招，臂非加长也，而见者远；顺风而呼，声非加疾也，而闻者彰。假舆马者，非利足也，而致千里；假舟楫者，非能水也，而绝江河。君子生非异也，善假于物也。积土成山，风雨兴焉；积水成渊，蛟龙生焉；积善成德，而神明自得，圣心备焉。故不积跬步，无以至千里；不积小流，无以成江海。骐骥一跃，不能十步；驽马十驾，功在不舍。锲而舍之，朽木不折；锲而不舍，金石可镂。学恶乎始？恶乎终？曰：其数则始乎诵经，终乎读礼；其义则始乎为士，终乎为圣人。故《书》者，政事之纪也；《诗》者，中声之所止也；《礼》者，法之大分，类之纲纪也。故学至乎《礼》而止矣，夫是之谓道德之极。《礼》之敬文也，《乐》之中和也，《诗》、《书》之博也，《春秋》之微也，在天地之间者毕矣。君子之学也，入乎耳，著乎心，布乎四体，形乎动静，端而言，蠕而动，一可以为法则。生乎由是，死乎由是，夫是之谓德操。德操然后能定，能定然后能应，能定能应，夫是之谓成人。天见其明，地见其光，君子贵其全也。"《象》曰："君子以多识前言往行，以畜其德。"谓君子学以畜其德，即读圣贤书，行圣贤道，以成其人，以全其德。

《潜夫论·赞学》云："天地之所贵者，人也；圣人之所尚者，义也；德义之所成者，智也；明智之所求者，学问也。虽有至圣，不生而智；虽有至材，不生而能。故志曰：黄帝师风后，颛顼师老彭，帝喾师祝融，尧师务成，舜师纪后，禹师墨如，汤师伊尹，文武师姜尚，周公师庶秀，孔子师老聃。若此言之而信，则人不可以不就师矣。夫此十一君者，皆上圣也，犹待学问，其智乃博，其德乃硕，而况于凡人乎？是故工欲善其事，必先利其器；王欲宣其义，必先读其智。《易》曰：君子以多志前言往行，以畜其德。《汉纪》三十《自序》：《易》称：多识前言往行，以畜其德；《诗》云：古训是式。中兴已前，一时之事，贤主贤臣，规模法则，得失之轨，亦足以监矣。"此皆以古为训，学而知之，以畜其德。程氏传："天为至大，而在山之中，所畜至大之象。君子观象，以大其蕴畜。人之蕴畜，由学而大，在多闻前古圣贤之言与行，考迹以观其用，察言以求其心，识而得之，以畜成其德，乃大畜之义也。"

无妄卦和大畜卦，互为邻卦。《序卦传》曰："有无妄，然后可畜，故受之以大畜。"谓有对时育万物，物始得生长，物得生长，方可大畜。无妄之与大畜，因果关系。《系辞传》曰："探賾索隐，钩深致远，以定天下之吉凶。"又曰，"圣人立象以尽意，设卦以尽情伪。"由无妄卦到大畜卦，正是钩深致远，尽自然之情，与人为之谓。又，无妄卦和大畜卦，互为综卦。无妄卦，震下乾上；大畜卦，乾下艮上。无妄卦卦辞曰："不利有攸往。"大畜卦卦辞曰："利涉大川。"前者乾在上，处消势，故不利有攸往；后者乾在下，处长势，故利涉大川。无妄卦，乾为上卦，故《彖》曰："刚中而应，大亨以正，天之命也。"得天位之正。大畜卦，乾为下卦，故《彖》曰："刚上而尚贤，能止健，大正也。"得地位之正。故无妄卦《象》曰："先王以茂对时，育万物。"大畜卦《象》曰："君子以多识前言往行，以畜其德。"无妄卦，乾在上，喻君；大畜卦，乾在下，喻臣。前者谓育万物，后者谓畜己德，是前后两卦，互为综卦，即倒卦。

大畜卦和萃卦，互为错卦。大畜卦，乾下艮上；萃卦，坤下兑上。两卦阴阳相反。大畜为畜积，使己畜积；萃为萃聚，使人萃聚。大畜卦卦辞曰："利涉大川。"萃卦卦辞曰："利有攸往。"大畜卦，阳健以上进；萃卦，阴顺以说上。故大畜《彖》曰："刚健、笃实、辉光、日新其德。"萃卦《彖》曰："顺以说，刚中而应，故聚也。"又，大畜《象》曰："君子以多识前言往行，以畜其德。"萃卦《象》曰："君子以除戎器，戒不虞。"除戎器，修戎器。前者谓德，后者谓威，相反相成，互为错卦。《礼记·大学》："《诗》云：瞻彼淇澳，菉竹猗猗，有斐君子,如切如错,如琢如磨。瑟兮僩兮，赫兮喧兮。有斐君子，终不諠兮。如切如错者，道学也。如琢如磨者，自修也。瑟兮僩兮者，恂慄也。赫兮喧兮者，威仪也。有斐君子，终不可諠兮者，道盛德至善，民之不能忘也。《诗》曰：于戏前王不忘，君子贤其贤，而亲其亲；小人乐其乐，而利其利：此以没世不忘也。"是先有道盛德至善，后有人怀而来之，故大畜卦在前，萃卦在后。

小畜卦和大畜卦，互为类比卦。小畜，乾下巽上。乾为四月，巽为五月。由四月至五月，乃阴气生畜之月，阴为小，为小畜。大畜，乾下艮上。乾为四月，艮为九月。从九月以后，至来年四月，乃阳气生畜之月，阳为大，为大畜。小畜成坤，大畜成乾，乾坤非一朝一夕之故，其所由来者渐。《系辞传》曰："乾坤，其《易》之缊邪！乾坤成列，而《易》立乎其中矣。乾坤毁，则无以见《易》，《易》不可见，则乾坤或几乎息矣。"是小畜、大畜之变，则乾坤不息，阴阳迭运，化解得行。又，小畜《象》曰："风行天上，小畜，君子以懿文德。"大畜《象》曰："天在山中，大畜，君子以多识前言往行，以畜其德。"是小畜为修身，大畜为畜德。又，小畜卦卦辞曰："密云不雨，自我西郊。"《彖》曰："密云不雨，尚往也；自我西郊，施未行也。"谓小畜时，君子尚在醞酿成长，未能厚积远施。大畜卦卦辞曰："不家食吉，利涉大川。"《彖》曰："不家食吉，养贤也；利涉大川，应乎天也。"谓大畜时，君子已刚健、笃实、辉光、日新其德，能食公禄，能行天命。是大畜由小畜而来。

大畜卦和遁卦，上下卦易置。大畜，乾下艮上；遁卦，艮下乾上。大畜，乾阳将由下升上艮山，为出山之象。遁卦，乾阳将由上降下艮山，为入山之象。程氏传："既道德充积于内，宜在上位，以享天禄，施为于天下，则不独于一身之吉，天下之吉也。若穷处而自食于家，道之否也，故不家食则吉。所畜既大，宜施之于时，济天下之艰险，乃大畜之用也，故利涉大川。"又曰，"遁者，阴长阳消，君子遁藏之时也。君子退藏以伸其道，道不屈则为亨，故遁所以有亨也。在事，亦有由遁避而亨者。虽小人道长之时，君子知几退避，固善也。"阳长于山下，为大畜；阳消于山上，为遁避。又，大畜《象》曰："天在山中，大畜，君子以多识前言往行，以畜其德。"遁卦《象》曰："天下有山，遁，君子以远小人，不恶而严。"以畜其德，将用于世；以远小人，将不用于世。卦上下易置，其义相左。

初九，有厉，利已。

〔译〕 初九，前有危险，暂时停止有利

《象》曰："有厉利已，不犯灾也。"

〔证〕

有厉 《大雅·民劳》毛传："厉，危也。"乾卦，乾下乾上。九三曰："君子终日乾乾，夕惕若厉。"以夕阴为厉。蛊卦，巽下艮上。初六曰："厉，终吉。"阴在阳位，为厉。噬嗑卦，震下离上。六五曰："贞厉。"阴在阳位，为厉。复卦，震下坤上。六三曰："频复，厉。"阴在阳位，为厉。颐卦，震下艮上。上九曰："由颐，厉吉。"阳在阴位，为厉。遁卦，艮下乾上。初六曰："遁尾，厉。"阴在阳位，为厉。晋卦，坤下离上。九四曰："贞厉。"阳在阴位，为厉。上九曰："厉吉。"阳在阴位，为厉。家人卦，离下巽上。九三曰："悔厉吉。"九三与上九敌应，为厉。睽卦，兑下离上。九四曰："交孚厉。"初九与九四敌应，为厉。夬卦，乾下兑上。卦辞曰："孚号有厉。"上六一阴乘五阳，为厉。姤卦，巽下乾上。九三曰："其行次且，厉。"九三与上九敌应，为厉。革卦，离下

兑上。九三曰："征凶，贞厉。"阳逆应上六之阴，为贞厉。艮卦，艮下艮上。九三曰："厉。"阳在上下阴中，为坎，为厉。渐卦，艮下巽上。初六曰："小子厉。"阴在阳位，为厉。旅卦，艮下离上。九三曰："贞厉。"九三与上九敌应，为厉。兑卦，兑下兑上。九五曰："有厉。"上六阴乘九五，为有厉。既济卦，离下坎上。上六曰："濡其首，厉。"《象》曰："濡其首厉，何可久也。"物极必反，为厉。大畜卦，乾下艮上。初九曰："有厉。"初九之阳，逆应六四之阴，为有厉。厉，为各种乖戾危恶之称。

利已　《郑风·风雨》郑笺："已，止也。"利已，谓往前有危险，利于停止。《象》曰："有厉利已，不犯灾也。"《公羊传》襄公九年曰："大者曰灾，小者曰火。"大火在上，为天火，《说文》："烖，天火曰烖。"段玉裁注："《春秋》宣十六年：夏，成周宣榭火。《左传》曰：人火之也。凡火，人火曰火，天火曰灾。引伸为凡害之称。经传多借菑为之。"烖，或作災、灾。《易》复卦："有灾眚。"《释文》作灾，云："本又作災，郑作烖。"桂馥义证曰："天火曰灾者，宣十六年《左传》文。《春秋》桓十四年：御廪灾；僖二十年：西宫灾；襄九年：宋灾；昭九年：陈灾；昭十八年：宋、卫、陈、郑灾；定二年：雉门及两观灾；哀三年：桓公、僖宫灾。杜注并云：天火曰灾。《周语》：火无灾燀；《魏志》延康二年：天火烧万余家。古微书引《春秋考异邮》曰：人火为火，天火为灾。初九《象》曰："有厉利已，不犯灾也。"三之上为大离，大离为大火，在乾天上，为天火。初九不犯天火，即不犯灾。

《周礼·大司乐》："大礼、大凶，大灾。"郑氏注："灾，水火也。"《司服》曰："大灾素服。"郑氏注："大灾，水火为害。"《大宗伯》曰："以吊礼哀祸灾。"郑氏注："祸灾，谓遭水火。"《礼记·曲礼下》："故谓灾患丧病。"孔颖达疏："灾，水火也。"大畜卦，二之四为兑，兑为泽，泽为大水；三之上大离，大离为大火。水火为灾，是以初九往上有灾，有灾即有厉。故初九曰："有厉，利已。"《象》曰："有厉利已，不犯灾也。"即不往前，犯水火之灾。又，二之四为兑，兑为泽；四之上为艮，艮为山。有山泽阻于前，为有险。蒙卦《象》曰："山下有险，险而止。"艮卦《象》曰："艮，止也。时止则止，时行则行，动静不失其时，其道光明。艮其止，止其所也。"又，二之四为兑，三之五为震，兑下震上为归妹卦，卦辞曰："归妹，征凶，无攸利。"征凶，无攸利，亦有厉，利已。又，二之四为兑，四之上为艮，兑下艮上，为损卦。《象》曰："山下有泽，损，君子以惩忿窒欲。"上有惩忿欲之象，亦有厉利已之义。又，乾为健为进，艮为山为阻。进而受阻，有危而止，亦不犯灾。

乾卦初九曰："潜龙勿用。"《象》曰："潜龙勿用，阳在下也。"《文言》曰：初九曰：潜龙勿用，何谓也？子曰；龙德而隐者也。不易乎世，不成乎名；遁世无闷，不见是而无闷；乐则行之，忧则违之：确乎其不拔，龙德也。”忧则违之，即有厉利已，而不犯灾。干宝曰：“阳在初九，十一月之时，自复来也。初九甲子，天正之位，而乾元所始也。阳处三泉之下，圣德在愚俗之中，此文王在羑里之爻也。虽有圣明之德，未被时用，故曰勿用矣。”崔憬曰：“潜，隐也，龙下隐地，潜德不彰，是以君子韬光待时，未成其行，故曰勿用。”荀爽曰：“气微位卑，虽有阳德，潜藏在下，故曰勿用。”程氏传：“初九在一卦之下，为始物一端，阳气方萌，圣人侧微，若龙之潜德，未可自用，当晦养以俟时。”又曰，初九阳之微，龙德之潜隐，乃圣贤之在侧陋也。守其道，不随世而变；晦其行不求知于时；自信自乐，见可而动；知难而避，其守坚不可夺，潜龙之德也。”大畜初九，犹乾之初九，应知进退存亡，潜而勿用，不失时正；更况往而有厉，故曰利已，以不犯灾。

九二，舆说輹。

〔译〕 九二，车解脱轴缚不前行。

《象》曰：“舆说輹，中无尤也。”

〔证〕

舆说輹　《周礼·冬官考工记》曰：“一器而工聚焉者，车为多。”贾公彦疏：“一器者，车也；而工聚者，谓有轮人、舆人、车人，就职中仍有辀人。是一器工聚者最多，多于余官，以周所上故也。”上，同尚。又“舆人为车。”郑氏注：“车，舆也。”贾疏：“此舆人，专作车舆。记人言车者，车以舆为主，故车为总名。郑为舆者，此官实造舆，故从舆为正。”车以舆为主，是舆可代车。《说文》：“舆，车舆也。从车，舁声。”段玉裁注：“车舆，谓车之舆也。《考工记》：舆人为车。注曰：车，舆也。按不言为舆，而言为车者，舆为人所居，可独得车名也。”《老子》：“虽有舟舆，无所乘之。”《释文》：“舆，河上曰车。”《左传》僖公十五年：“车说其輹，火焚其旗。”是舆说輹，即车说輹。《史记·乐书》：“所谓大路者，天子之舆也。”《正义》曰：“舆，车也。”又，《说卦传》曰：“坤为大舆。”舆，亦谓车。大有卦九二曰：“大车以载。”子夏、蜀才，并作大舆。小畜卦九三曰：“舆说辐。”舆，子夏、马融、虞翻，皆谓车。《释文》亦以为车。马王堆汉墓《帛书周易》，大畜九二曰：“车说緮。”是舆说輹即车说輹，舆犹车。

《卫风·硕人》：“硕人敖敖，说于农郊。”《毛诗传笺通释》：“说之言解脱也，今俗皆以解衣为脱衣。”《大雅·瞻卬》：“此宜无罪，女反收之；彼宜有罪，女覆说之。”朱熹《诗集传》：“说，音脱。说，赦也。”《潜夫论·述赦》曰：“《诗》刺彼宜有罪，汝反脱之。”是说即脱字。《方言笺疏》：“毛传云：说，舍也。《周官·典路》云：辨其名物，与其用说。郑注云：说，谓舍车也。《士昏礼》：主人说服于房。注云：今文说皆作税。《释文》：说，言脱也。昭二十一年《左氏传》云：说甲于公而归。税、说、脱，古字并通。”《左传》僖公十五年引曰：“车说其輹。”注、疏并曰：“车脱輹。”《说文》引作“舆脱輹”。是蒙卦初六“用说桎梏”，小畜卦九三“舆说辐”，并此“舆说輹”，说，皆读作脱。《说文》：“说，说释也。”段玉裁注：“说释者，开解之意。采部曰：释，解也。”桂馥义证：“《易》小畜，《释文》引作：说，解也。《广雅》：解，说也。”是说为解，又为解脱。

《说文》：“輹，车轴缚也。”《易》曰：“舆脱輹。从车，复声。”段玉裁注：“谓以革若丝之类，缠束于轴，以固轴也。缚者，束也，古者束辀曰楘，曰历录，束轴曰輹，亦曰轐。”桂馥义证：“车轴缚也者，《广雅》：輹，束也。《急就篇》：盖轑俾倪枙缚棠。颜注：缚，在车下，主缚轴，令舆相连，即今所谓钩心也。《通俗文》：轴限者谓之枸。《释名》：輹，伏也，伏于轴上也。又云：缚在车下，与舆相连缚也。僖十五年《左传》：车说其輹。注云：輹，车下缚也。”《周易正义》曰：“《子夏易传》云：輹，车下伏兔也，今人谓之车屐，形如伏兔，以绳缚于轴，因名缚也。”《帛书周易》作緮，亦见其缚意。王筠《说文释例·存疑》：“伏兔有轐、輹两名者，盖其制之异，自古而然。轻车曰轐，《考工记》：加轸与轐，是也；大车曰輹，《易》：壮于大舆之輹，是也。”朱星《古代文化基本知识》：“輹，又作轐，俗名伏兔，钉在车下，左右各一，置轴上。”控制两轮之用。

《周礼·考工记》：“轮人为盖。”郑氏注：“围三寸，径一寸。”谓车盖圆周与直径，三比一。贾公彦疏：“轮辐三十，盖弓二十有八。器类相似，故因遣轮人造盖。”《考工记·辀人》曰：“轸之方也，以象地也；盖之圜也，以象天也。轮辐三十，以象日月也；盖弓二十八，以象星也。”《老子》曰：“三十辐共一毂。”河上公章句：“古者车三十辐，法月数也。”朱谦之《老子校释》：“日三十日而与月会，辐数象之。”《贾谊新书·容经》：“古之为路舆也，盖圜以象天，二十八橑以象列星；轸方以象地，三十辐以象月。故仰则观天文，俯则察地理，前视则睹鸾和之声，四时之运，此舆教之道也。”《说卦传》曰：“乾为天，为圜。”是乾有车盖、车轮之象，即车之象。小畜卦，乾下巽上。九三曰：“舆说辐。”乾为车象。大畜卦，乾下艮上。九二曰：“舆说輹。”乾亦为车象。

《墨子·节用篇》：“车为服重致远，乘之则安，引之则利。安以不伤人，利以速至，此车之利也。”《系辞传》曰：“服牛乘马，引重致远，以利天下。”此与“舟楫之利”对举，盖亦谓车舆之利。大畜卦，下乾为车利，上艮为禁止，故有车释輹，暂停待进之象。舆说輹，谓车舆停息而卸驾。《象》曰：“舆说輹，，中无尤也。”乾为车，九二处车舆进退之中，得中之道，故无过尤。王弼注：“能以其中，不为冯河，死而无悔；遇难能止，故无尤也。”卢氏曰：“乾为舆，止不我升，故且脱輹，停留待时，而进退得正，故无尤也。”程氏传：“二虽刚健之体，然其处得中道，故进止无失。虽志于进，度其势之不可，则止而不行，如车舆脱去轮輹，谓不行也。”又曰，“舆说輹而不行者，盖其处得中道，动不失宜，故无过尤也。善，莫善于刚中；柔中者，不至于过柔耳。刚中，中而才也。初九处不得中，故戒以有危，宜已。二得中，进止自无过差，故但言舆说輹，谓其能不行也，不行则无尤矣。”艮卦《彖》曰：“艮，止也。时止则止，时行则行，动静不失其时，其道光明。”大畜卦，上艮为止，下乾为其轮，二之四为兑，兑为毁折，为舆脱輹，是上有所止，则下脱其輹，为时止则止，得行止之中，故而无尤。乾卦《文言》曰：“见龙在田，时舍也。”朱熹曰：“言未为时用也。”九二为时所止舍，故舆说輹，谓贤人尚未驾而行之。

九三，良马逐，利艰贞。曰闲舆卫，利有攸往。

〔译〕 九三，良马竞逐，坚持正道为利。防止车前阴朋，利于有所前往。

《象》曰：“利有攸往，上合志也。”

〔证〕

良马逐 《说卦传》曰：“乾为良马。”《周礼·庾人》曰：“马八尺以上为龙，七尺以上为騋，六尺以上为马。”《尔雅·释畜》曰：“马八尺为駥。”郭璞注：“马八尺已上为駥。”郝懿行疏：“駥，当为戎。《释文》作戎，是矣，即上云马之绝有力者也。郭引《周礼·庾人》职文，但彼作龙，诸书引亦作龙。《说文》騋字下云：马八尺为龙。《月令》：驾苍龙。注：马八尺以上为龙。《淮南·时则篇》注引《周礼》，乃《后汉书》注引《尔雅》，亦俱作龙。郭引作駥者，欲明此駥彼龙，二者相当，因而改龙为駥，非《周礼》旧文也。徐松云：八尺言长，马身长者必善走，故相马者以长为贵。长者必高，言长足以该高，高不足以该长。”乾卦，乾谓龙。马八尺为龙，是乾为良马，为善走者。《说文》；“马，怒也，武也。”桂馥证：“《白虎通》：大司马主兵。不言兵言马者，马阳物，乾之所为。行兵用马，不以伤害为名，故言马也。”又曰，“《广雅》武、怒并云健也。 谓马训武、怒，言其健也。”马为武，怒为健，健为乾，是良马指乾。良马，谓千里马， 谓贤者。

《尔雅·释言》：“竞、逐，强也。”郭璞注：“皆自强勉。”郝懿行疏：“逐者，《说文》云：追也；追，逐也。逐与竞同意。”《玉篇》：“逐，竞也。”桂馥《说文解字义证》：“《山海经·海外北经》：夸父与日逐走。”郝懿行云：“《北堂书钞》李善注《西京赋》、

《鹦鹉赋》，及张协《七命》，引此经并作与日竞走。”王念孙云：“《御览·服用十二》，作竞走；《妖异三》作竞走；《文选》阮籍《孤怀诗》注，引作夸父与日竞逐而渴死，其杖化为邓林；《七命》注，引作竞走；《书钞服饰二》作竞走；《酒食三》同。”以上竞、逐互见，是逐即竞。《左传》昭公元年：“自无令王，诸侯逐进，狎主齐盟，其又可一乎？”杜预注：“逐，犹竞也。”杨伯峻《春秋左传注》：“逐，追逐，竞争也。”《韩非子·五蠹》曰：“上古竞于道德，中古逐于智谋，当今争于气力。”竞、逐、争换文，逐亦犹竞争。《汉书·五行志》：“后章坐走马，上林下烽驰逐，免官。”晋灼曰：“竞走曰逐。”《后汉书·冯异传》：“当兵革始起，扰攘之时，豪傑竞逐，迷惑千数。”李贤注：“逐，争也。”大畜九三在乾，乾为良马；三之五为震，震惊百里，又为足。良马驰骋，为良马竞逐。谓下乾三阳，竞相往上，以不家食为吉。

《汉书·五行志》（下之上）曰：“《京房易传》：经曰良马逐。逐，进也。言大臣得贤者谋，当显进其人；否则为下相攘善，兹谓盗明。”其意差可。王弼注：“凡物，极则反，故畜极则通。九二之进，值于畜盛，故不可以升。至于九三，升于上九，而上九处天衢之亨，途径大通，进无违距，可以驰骋，故曰良马逐也。”程氏传：“三，刚健之极，而上九之阳，亦上进之物。又处畜之极而思变也，与三乃不相畜，而志同相应以进者也。三以刚健之才，而在上者，与合志而进，如良马之驰逐，言其速也。”朱熹曰：“三以阳居健极，上以阳居畜极，极而通之时也。又皆阳爻，故不相畜而俱进，有良马逐之象焉。”朱骏声《六十四卦经解》：“乾为良马，震亦为龙，为惊走。逐，一作逐逐，音胄，两马走也，疾而并驱之貌。”大畜九三，犹乾卦九三，良马逐，亦进德修业。乃知至至之，可与几也；知终终之，可与存义也。所谓不失时机，以存君畜臣，臣事君，达者以济天下，而不家食吉之义。

利艰贞　《说文》：“艱（艰），土难治也，从堇，艮声。”又，“堇，粘土也。”《方言》曰：“艮，坚也。”《说卦传》曰：“艮为山。”艱（艰），为会意字。土难治，谓土坚粘而难治。艰，有艰难而坚持之义。朱熹曰：“然过刚锐进，故其占必戒以艰贞。”艰，亦赅坚。噬嗑卦，震下离上。九四曰：“噬干胏，得金矢，利艰贞，吉。”《象》曰：“利艰贞，吉未光也。”以其断狱难，成绩尚未光大，故以不畏艰难，坚持正道为利。明夷卦，离下坤上。卦辞曰：“利艰贞。”《象》曰：“利艰贞，晦其明也。内难而能正其志，箕子以之。”朱熹曰：“故占者利于艰难以守正。”艰难以守正，即不畏艰难，坚持正道。又，泰卦，乾下坤上。九三曰：“无平不陂，无往不复，艰贞无咎。”谓艰苦坚持阳之正道，则无灾咎。大有卦，乾下离上。初九曰：“艰则无咎。”亦谓在下之阳，艰难而坚持无咎。大畜九三，往上遇艮，艮为山为石，克坚克难而上，登上高山，为艰。利艰贞，谓不畏艰难，坚持大畜乾阳正道，为吉利。此为戒勉之辞。

曰闲舆卫 《说文》:“曰，词也。”徐锴云:“凡称词者，虚也，语气之助也。”《秦风·渭阳》云:“我送舅氏，曰至渭阳。”《笺》、《序》皆不见曰字之义。又，《豳风·七月》云:“嗟我妇子，曰为改岁，入此室处。”又，“九月肃霜，十月涤场。朋酒斯飨，曰杀羔羊。”《小雅·宾之初筵》云:“其未醉止，威仪抑抑。曰既醉止，威仪怭怭。”又，“其未醉止，威仪反反。曰既醉止，威仪幡幡。”《大雅·抑》云:“天方艰难，曰丧厥国。”《周颂·载见》云:“载见辟王，曰求厥章。”曰字皆无实义，用在句首，补足句式。九三，曰闲舆卫，曰，亦补足四字，与利有攸往相当。

《周礼·校人》:“天子十有二闲，马六种；邦国六闲，马四种；家四闲，马二种。”郑氏注:“每厩为闲。”马舍为厩，是闲即阑，同栏。故汉《帛书周易》作“曰阑车卫。”《说文》:“闲，阑也。从门中有木。”段玉裁注:“引伸防闲。”《周书·毕命》:“虽牧放心，闲之维艰。”孔氏传:“虽今顺从周制，心未厌服，以礼闲御其心维艰。”乾卦，《文言》曰:“闲邪存其诚。”宋衷曰:“闲，防也。”家人卦，初九曰:“闲有家。”马融曰:“闲，阑也。”扬雄《太玄经·闲》曰:“阳气闲于阴，礥然物咸见闲。”范望注:“闲者，阴虽尽于下，而犹壮于上，故能防闲礥礥焉，而万物亦皆见其防闲，故谓之闲。”又，“闲其藏，固珍宝。”范注:“防闲不与流俗。”司马光《太玄集注》:“闲，闲也，防也。宋曰:礥然者，阳欲出不能之貌也。阳主出内万物者也，而见防遏，故万物亦皆见闲。”乾卦，九三曰:“朝乾乾，夕惕若。”是乾之九三，有防闲之意。大畜九三，为阳为实；六四，为阴为虚：以实塞虚，为防闲。

《说文》:“衞（卫），宿衞也。从韋、帀、行。行，列也。”段玉裁注:“《宫正》:夕击柝而比之。注:暮行夜以比直宿者。《宫伯》:掌王宫之士庶子，凡在版者。大郑云:庶子，宿卫之官。后郑云:卫王宫者，必居四角四中，于候便也。汉有卫尉，掌宫门卫屯兵。韋者，圍之省，圍守也；帀，周也；行者，列也。今音读如杭，别于步趋之行。衞，从三字会意。”商承祚《十二家吉金图录》:“罗叔蕴师谓众足绕口，有守卫意。”《周书·康王之诰》:“一二臣卫，敢执壤奠。”孔颖达疏:“言卫者，诸侯之在四方，皆为天子蕃卫，故曰臣卫。”《左传》文公七年:“文公之入也无卫。”卫，护卫。大畜，四、五为阴，坤阴之行列，在乾舆 之前，为舆之卫。九三谓曰闲舆卫，谓防闲车前之护卫，即阳防闲于阴，以自珍固。《系辞传》曰:“三与五同功而异位，三多凶，五多功，贵贱之等也。”三多凶，有不虞之虑，故曰闲舆卫，以防阴人之奸。

利有攸往 《象》曰:“利有攸往，上合志也。”《易乾凿度》曰:“物有阴阳，因而重之，故六画而成卦。卦者，挂也，挂万物，视而见之。故三画已下为地，四画已上为天。物感以动，类相应也。阳气从下生，动于地之下，则应于天之下；动于地之中，则应于天之中；动于地之上，则应于天之上。故初以四，二以五，三以上，此谓之应。”三应于上，即应于天上。《说文》：“合，合口也。从亼，从口。”《殷周文字释丛》曰：“字象器盖相合之形。”按《说文》：“亼，三合也。”故段玉裁注：“三口相同是为合，十口相传是为古，引伸为会合之称。”上合志，谓九三往上，与上九之天上合其志。乾卦《文言》曰：“子曰：同声相应，同气相求，水流湿，火就燥，云从龙，风从虎，圣人作而万物覩，本乎天者亲上，，本乎地者亲下，则各从其类也。”九三，本乎天者，故而从其类，与上合志。萃卦《象》曰：“利有攸往，顺天命也。”大有卦《象》曰：“应乎天而时行。”同人卦《象》曰：“唯君子为能通天下之志。”九三为君子，能与天同其志，应乎天命而时行，是以利有攸往。又，艮卦《彖》曰：“艮，止也。时止则止，时行则行，动静不失其时，其道光明。”上九，艮象之极。九三与上九合其志，即与时行止，其道光明，故曰利有攸往。于象，九月后，至明年四月，利于阳往。

六四，童牛之牿，元吉。

〔译〕 六四，童牛进圈，大吉。

《象》曰：“六四元吉，有喜也。”

〔证〕

童牛之牿 《说卦传》曰：“坤为子母牛。”六四，坤阴初爻，坤体未成，于牛为童年。又，“艮为黔喙之属。”牛黑口，六四在上艮之初，为童牛。又，二之四为兑，兑有两角，为牛为羊。《大雅·抑》：“彼童而角，实虹小子。”毛传：“童羊之无角者也， 而角自用也。虹，溃也。”郑笺：“童羊，譬王后也；而角者，喻与政事有所害也。此人实溃乱小子之政。《礼》，天子未除丧称小子。”按，彼童而角者，朱熹《诗集传》：“彼谓不必修德，而可以服人者，是牛羊之童者，而求其角也，亦徒溃乱汝而已，岂可得哉。”陈奂《诗毛氏传疏》：“谓彼幼稚无知之人，自恃其刚力，改常易度，未有不倾覆我国家者也。彼童而角，与众稚且狂，句义正同。”无角曰童。彼童而角，言无角而自以为有角。童牛，即此之牛。六四，以阴乘阳，故有童牛之称，谓其稚狂。

《说文》：“牿，牛马牢也。从牛，告声。《周书》曰：今惟牿牛马。”按《费誓》曰：“今惟淫舍牿牛马。杜乃擭，敜乃井，无敢伤牿。”《正义》曰：“此戒军旁之民也。今军人惟欲大放舍牿牢之牛马，令牧于野泽。杜汝捕兽之擭，塞汝陷兽之阱，无敢令伤，所放牿牢之牛马。”又曰，“此言大舍牿牛马，则是出之牢闲，牧于野泽，今其逐草而牧之，故谓此牢闲之牛马，为牿牛马，而知牿即闲牢之谓也。”《史记·鲁周公世家》曰：

"无敢伤牿，马牛其风。"《正义》曰："牿，牛马牢也。今臣无伤其牢，恐牛马逸。"《淮南子·齐俗训》曰："析天下之朴，牿服马牛以为牢。"谓剖天下之木材，栏服马牛，作为圈牢。是牿牢即圈栏。之，梁惠王问牛何之之之，当往讲。童牛之牿，谓童牛进圈。《说文》："掔，牛很不从牵也，从牛、臤。"臤，同堅（坚）。牛很不从牵，是以童牛之牿。艮为门阙，六四在门之初，为童牛之牿之象。九三言曰闲舆卫，六四言童牛之牿，一闲一牿，前后相承。震为动，艮为止，牛动止离中，为牿。离有圈牿之象。

元吉 《象》曰："六四元吉，有喜也。"艮为门阙，有圈象。童牛进了圈，且四、五牲畜充盈，无所纵逸，岂不为喜？有喜故为大吉。卢浙云："《说文》：牿，牛马牢。牛在牢，则范而不越，故吉。"《大雅·民劳》曰："无纵诡随，以谨无良；式遏寇虐，憯不畏明。"毛传："诡随，诡人之善，随人之恶者。以谨无良，慎小以惩大也。憯，曾也。"郑笺："谨，犹慎也；良，善；式，用；遏，止也。王为政，无听于诡人，之善不肯行，而随人之恶者，以此敕慎无善之人。又用此止为寇虐，曾不畏敬明白刑罚者。"《诗集传》："苏氏曰：人未无故而妄从人者，维无良之人，将悦其君，而窃其权，以为寇虐则为之。故无纵诡随，则无良之人肃，而寇虐无畏之人止；然后柔远能迩，而王室定矣。"童牛之牿。犹无纵诡随。谓防范阴小之人，贤人君子得进，是以大吉。乾为元为大，元吉，亦阳刚之人吉。六四近君，故戒以童牛之牿，以谨诡随。又，二之四为兑，兑为羊。《说文》："羊，祥也。"以其吉祥，故谓元吉。

六五，豶豕之牙，吉。

〔译〕 六五，供犍猪肉于其架，吉利。

《象》曰："六五之吉，有庆也。"

〔证〕

豶豕之牙 《说文》："豶，羠豕也。"段玉裁注："羠，騬羊也；騬，犗马也；犗，騬牛也：皆去势之谓也。"桂馥义证："羠豕也者，赵宧光曰：羠训騬羊，騬训犗马，犗训騬牛，豶训羠豕。豶、羠、騬、犗，皆割势异名。《方言》读若闷，或读若敦，皆豶讹也。豶豕之牙，崔憬曰：《说文》：豶，剧豕。今俗犹呼剧猪是也。然以豕本刚突，剧乃性和。馥案，虞翻云：剧豕称豶，令不害物。《一切经音义十六》：《说文》：豶，羠豕也。羠，騬也，谓犍豕也。《玉篇》：豶，犗也。《广雅》：豶，羯也。《尔雅·释文》：豶，谓犍猪。《易·释文》引刘云：豕去势曰豶。陆希声《易传》：豶，豕之去势者。字或作豮。《韩非·十过篇》：公妒而好内，竖刁自豮，以为治内。何犿注云：豮，亏势也。"豶豕，阉割之猪。唯阉割之猪，性温而不突呼，方可肉食，为人所用。《说卦传》曰："坎为豕。”坎中实，四之五缺中，是阉割去势之象，为豮豕。

《周礼·牛人》：“凡祭礼，共其牛牲之互。”郑氏注：“郑司农云：互，谓楅衡之属。玄谓：互，若今屠家悬肉格。”《释文》：“互，刘音护，徐音牙。”互、𠀋、牙，三者屡见通用。𠀋，为互俗字；牙，有互错义，又与𠀋形近，故作互用。《小雅·楚茨》：“絜尔牛羊，以往烝尝，或剥或亨，或肆或将。”毛传：“亨，饪之也；肆，陈；将，齐也。或陈于牙，或齐于肉。”孔颖达疏：“《周礼》曰：或陈其肉于牙之上。”又，《正义》曰：“《地官·牛人》云：凡祭祀，共其牛牲之牙。注云：牙，若今屠家悬肉架。则肆，谓既杀，乃陈之于牙之上也。齐其肉者，王肃云：分齐其肉所当用。则是既陈于牙，就牙上而齐之也。”张衡《西京赋》曰：“置互摆牲。”李善注引薛综曰：“互，所以挂肉。”陆佃《埤雅》（卷五）曰：“今东齐、海岱之间，以杙系豕谓之牙。《赋》曰：置牙摆牲。是也。”是牙为互。《释文》曰：“牙，郑读为互。”孙星衍《周易集解》，牙写作𠀋。豮豕之牙，与共其牛牲之牙一例，谓置犍猪之肉于其架，以供祭祀之用。艮为黔喙之属，五在艮，为黔喙之豕。又，四之上象互架，六五阴在阳位，非阴非阳，其肉悬架中，为豮豕之牙。又，三之上有颐象，颐中是牙，亦谓豮豕之牙，以为人食。

吉　《易乾凿度》曰：“初为元士，二为大夫，三为三公，四为诸侯，五为天子，上为宗庙。”《说卦传》曰：“艮为门阙。”是上艮有宗庙祭祀之象。《礼记·祭统》曰：“凡治人之道，莫急于礼。礼者有五经，莫重于祭。夫祭者，非物自外至者也，自中出于心也。心怵而奉之以礼，是故唯贤者能尽祭之义。贤者之祭也，必受其福，非世所谓福也。福者备也，备者百顺之名也，无所不顺者谓之备。言内尽于己，而外顺于道也。忠臣以事其君，孝子以事其亲，其本一也。上则顺于鬼神，外则顺于君长，内则孝于亲，如此之谓备。唯贤者能备，能备然后能祭。是故贤者之祭也，致其诚信，与其忠敬，奉之以物，道之以礼，安之以乐，参之以时，明荐之而已矣。不求其为，此孝子之心。祭者，所以追养继孝也；孝者，畜也。顺于道，不逆于伦，是之谓畜。”是祭祀亦是畜养其德。《正义》曰：“此一节，明祭祀受福，是百顺之理。”豮豕之牙，祭祀受福，是以为吉。《象》曰：“六五之吉，有庆也。”《说文》：“庆，行贺人也。”是六五之吉，因行贺鬼神而吉。又，二之四为兑，兑为羊为祥，六五乘其上，亦为吉象。

上九，何天之衢亨！

〔译〕　上九，天道何其通达！

《象》曰：“何天之衢，道大行也。”

〔证〕

何天之衢亨 《邶风·旄丘》:“叔兮伯兮，何多日也。”郑笺:“女日数何其多也。”何天之衢亨，句式犹何多日也。何，疑问感叹之词。《尔雅·释宫》曰:“四达谓之衢。”郝懿行疏:“衢者，《说文》用《尔雅》、《释名》云：齐、鲁间谓四齿杷为欋，欋杷地则有四处，此道似之也。《公羊》定八年，疏引李巡云：四达各有所至曰衢。孙氏曰：交通四出是也。按，衢为四道交错，故《周礼·保氏》说：五驭云舞衢。郭氏注《中山经》云：言树枝交错相重，五出有象衢路也。《楚辞天问篇》注：九交道曰衢。《淮南·缪称篇》注云：道六通谓之衢。《荀子·劝学篇》注：衢道两道也，今秦俗犹以两为衢。然则，衢无定名。据《楚辞》、《淮南》注，是道四达以上通，谓之衢。《荀子》注，又以两道为衢，衢与歧声转，疑秦人读歧如衢，因而以两道为衢耳。《楚辞》九衢，盖直以衢为道之通，非《尔雅》义也。” 衢，四通八达之路。上九，何天之衢亨，谓天道何等通达，一无阻碍。

《象》曰:“何天之衢，道大行也。”言何为天衢通达！道大行为是。《老子》曰:“修之于身，其德乃真；修之于家，其德乃余；修之于国，其德乃丰；修之于天下，其德乃普。”上九，居大畜之极，是修之于天下，其德乃普，亦得天之衢，道大行之谓。乾卦《文言》曰:“夫大人者，与天地合其德，与日月合其明，与四时合其序，与鬼神合其吉凶。先天而天弗违，后天而奉天时。天且弗违。而况于人乎？况于鬼神乎？”大畜畜其德，唯得天之道，方能与天地、鬼神、民人相合，道乃大行。王弼注:“处畜之极， 畜极则通，大畜以至于大亨之时。何，辞也，犹云：何畜乃天之衢亨也！”《周易集解》引何氏曰:“天衢既通，道乃大亨。”程氏传;“何以谓之天衢？以其无止碍，道路大通行也。”朱熹曰:“何天之衢！言何其通达之甚也。畜极而通，豁达无碍，故其占如此。” 按，三之五为震，震为大途；四之上为艮，艮为径路。大途与径路相交，是为衢。又，震、艮相交于天，为天之衢，为何等亨通！

第二十七卦　戊　子

艮上
震下

颐，贞吉。观颐，自求口实。

〔译〕　颐，正道则吉利，观察颐象所示之理，在于自谋口实。

《彖》曰：“颐，贞吉，养正则吉也。观颐，观其所养也。自求口实，观其自养也。天地养万物，圣人养贤，以及万民，颐之时大矣哉！”

《象》曰：“山下有雷，颐，君子以慎言语，节饮食。”

〔证〕

震下艮上　《说文》曰：“齒（齿），口齗骨也。象口齿之形，止声。凡齿之属，皆从齿。”又，“齗，齿本也。”段玉裁注：“郑注《周礼》曰：人生齿而体备。男八月，女七月而生齿。㐺者，象齿；余口字也。古文独体象形，不加声旁。”又谓齿本曰，“各本无肉，玄应两引作齿肉也。《篇》、《韵》皆作齿根肉也。齗为肉，故上文齿为齗骨。此骨出肉外，故肉为骨本。”颐卦，中间四阴象齿，即口齗骨；上下两阳象齗，即今之牙龈。又，约斋《字源》曰：“齿字，本来也跟牙字一样，是个象形字；后来加上一个止字，作声符，就变成形声字了。但是，底下的㐫部分，仍旧保存着一点原来的形象。”查新编《甲骨文编》，甲骨文齿上，皆无止字。齿上有止者，后见于中山王壶。《周易》颐卦，震下艮上，中间四阴象齿，上下阳象龈，是以为颐。又，震为动，艮为止，震下艮上，表明下齿动而向上，上齿止而向下，上下相合。是齿上有止，不仅形声，而且会意，故齿即颐象。盖齿因颐象而加止，有止之齿，为后出字。颐卦，震下艮上，为口齿象。

噬嗑卦，震下离上。《彖》曰：“颐中有物，曰噬嗑。”虞翻曰：“物谓四，则所噬干胏也。颐中无物，则口不噬，故先举颐中有物，曰噬嗑也。”王弼注：“颐中有物，齧而合之，噬嗑之义也。”崔憬曰：“物在颐中，隔其上下，因齧而合。”孔颖达疏：“噬，齧也；嗑，合也。物在于口，刚隔其上下。若齧去其物，上下乃合。”又曰，“此卦之名，假借口象以为义。”程氏传：“噬，齧也；嗑，合也。口中有物间之，齧而后合之也。卦：上下二刚爻，而中柔，外刚中虚，人颐口之象也。中虚之中，又一刚爻，为颐中有物之象。口中有物，则隔其上下，不得嗑，必齧之，则得嗑，故为噬嗑。”朱熹亦曰：“噬，齧也；嗑，合也。物有间者，齧而合之也。为卦，上下两阳而中虚，颐口之象。九四一阳间于其中，必齧之而后合，故为噬嗑。”噬嗑卦，假借口象以为义；颐卦，亦假借口象以为义。噬嗑，颐中有物；颐卦，颐中无物，是颐为口齿之象。

《说文》段玉裁注：“𦣝者，古文颐也。郑《易》注曰：颐中口、车、辅之名也。震动于下，艮止于上，口车动而上，因辅嚼物以养人，故谓之颐。颐，养也。按郑意，谓口下为车，口上为辅，合口、车、辅三者为颐。左氏云：辅、车相依。车部云：辅，人颊车也。”又曰，“此文当横视之。横视之，则口上、口下、口中之形，俱见矣。”按，𦣝篆为，横视之为，为全口形，是𦣝即谓口腔。朱熹曰：“颐，口旁也。”《释名》：“口，空也。”王启原曰：“《易·颐》：自求口实。郑注：颐中有物曰口实。则无物其口之本体，故口云空也。”口空，即颐中无物。颐卦，震下艮上，初九、上九为阳爻，阳为实；二、三、四、五为阴爻，阴为虚，虚为空。外实内空，为口空，为颐中无物，是颐之象，亦口辅之象。又，卦象横看，则上下两阳，成左右两边，似颐颊；中间四阴，成上下两排，似颐中牙齿。《释名》曰：“颊，夹也，面旁称也，亦取挟敛食物也。”《说文》曰：“牙，牡齿也，象上下相错之形。”按颐，即口与牙齿之形。下震为动，上艮为止，下动上止，为口齿咀嚼食物，故卦以颐象示之，其义为食而养之。

《说文》：“震，劈历振物者。从雨，辰声。”又，“辰，震也，三月阳气动，雷电振，民农时也，物皆生。从乙匕，匕象芒达，厂声。辰，房星，天时也。从二，二，古文上字。凡辰之属，皆从辰。”段玉裁注：“震、振古通用，振，奋也。《律书》曰：辰者，言万物之蜄也。《律历志》曰：振美于辰。《释名》曰：辰，伸也，物皆伸舒而出也。季春之月，生气方盛，阳气发泄，勾者毕出，萌者尽达。二月雷发声，始电至，三月而大振动。《豳风》曰：四之日举止。故曰民农时。”又曰，“乙，象春草木冤曲而出，阴气尚强，其出乙乙，至是月，阳气大盛，乙乙难出者，始变化矣。芒达，芒者尽达也。韦注《国语》曰：农祥，房星也。房星晨正，为农事所瞻仰，故曰天时。”震，劈历振物，又与辰通，为阳气化育万物，是为孕毓生长，有颐养之象。

又，震为霹雳，为雷。《说文》：“雷，阴阳薄动，雷雨生物者也。”《易》曰：“雷风相薄”，“动万物者莫疾乎雷”，“天地解而雷雨作，雷雨作而百果草木皆甲坼”，“雷以动之”，“鼓之以雷霆，润之以风雨”，“天下雷行，物与无妄”。《九家易》曰：“物受之以生，无有灾妄。”又曰，“雷雨者，兴养万物。”《易乾坤凿度》曰：“雷能鼓万物，息者起之，闭者启之。”《吕氏春秋·开春篇》：“开春始雷，则蛰虫动矣。”《韩诗外传》：“天地施化，阴阳和合，动以雷霆，润以风雨。”《洪范五行传》：“雷于天地为长子，以其首长万物，为出入也。雷二月出地，百八十日，雷出则万物出；八月入地，百八十日，雷入则万物入。入则除害，出则兴利，人君之象也。”《汉书·五行志》：“于《易》，雷以二月出，其卦曰豫。言万物随雷出地，皆逸豫也。以八月入，其卦曰归妹，言雷复归入地，则孕毓根核，保藏蛰虫，避盛阴之害。出地则养长华实，发扬隐伏，宣盛阳之德。入能除害，出能兴利，人君之象也。”《后汉书·郎顗传》：“雷者，所以开发萌芽，避阴除害，万物须雷而解，资雨而润。故《经》曰：雷以动之，雨以润之。”按，震为雷，雷雨生物，亦养之义。

又，艮为山。《说文》曰：“山，宣也，宣气散生万物，有石而高，象形。”桂馥义证：“宣也者，《广雅》同。山、宣声相近。徐锴《通证》：山，所以镇地出云雨，以宣地气，故曰山宣也。昭元年《左传》：宣汾洮。注云：宣，犹通也。《传》又云：节宣其气。注云：宣，散也。《春秋说题辞》：一岁三十六雨，天地之气宣。《晋书》：天地之有四渎，所以宣泄其气。馥谓：山泽通气是也。《公羊传》：山川有能润千百里者，天子秩而祭之。注云：此皆助天宣气布功，故祭天及之。《春秋说题辞》：阴含阳，故石凝为山。山之为言宣也，含泽布气，调五行也。”证曰，“宣气散生万物者，《释名》：山，产也，产生物也。韦昭《国语》注：山河，所以宣地气而出则用。《诗》：天作高山。传云：作，生也，天生万物于高山。笺云：天生此高山，使兴云雨，以利万物。《孔丛子·论书篇》：仁者何乐于山？孔子曰：夫山者，岿然高。子张曰：高则何乐尔？孔子曰：夫山，草木植焉，鸟兽蕃焉，财用出焉，兴吐风云，以通乎天地之间，阴阳和合，雨露之泽，万物以成，百姓咸飨，此仁者之所以乐乎山也。”又证曰，“有石而高者，《广雅》：土高有石，山。山，产也。”按，山生万物，犹山养万物，是上艮亦有养义。

《月令·孟冬之月》：“其日壬癸。”郑氏注：“壬之言任也，癸之言揆也。日之行冬，北从黑道，闭藏万物，月为之佐，时万物怀任于下，揆然萌芽。”《说文》：“壬，位北方也。阴极阳生，故《易》曰：龙战于野。象人怀妊之形。”段玉裁注：“《律书》曰：壬之为言任也，言阳气任养万物于下也。《律历志》曰：怀任于壬。《释名》曰：壬，妊也。阴阳交，物怀妊，至子而萌也。引《易》者，证阴极阳生也。《乾凿度》曰：阳始于亥，乾位在亥。《文言》曰：为其兼于阳，故称龙。许君以亥壬合德，亥、壬包孕阳气，至子则滋生矣。”又，桂馥证：“《淮南·天文训》：戌在壬曰玄黓。高注：岁终包任万物。《释名》：癸，揆也，揆度而生，乃出之也。《三礼义宗》：冬日任癸者，癸，揆也，言万物更任，生于黄泉，皆有法度也。”颐卦，二之上为大艮。大艮，众阴剥一阳，为剥卦，为九月之象。初之五为大震。大震，一阳来复于众阴之下，为复卦，为十一月之象。上为往，下为来，是九月已往，十一月方来，中间正值十月。孟冬之月，其日壬癸，是亦有妊养万物之义。

《说文》：“子，十一月，阳气动，万物滋。”桂馥义证：“阳气动，万物滋者，子、滋声近。”《诗推度灾》：“子者，滋也。”僖十五年《左传》：“物生而后有象，象而后有滋，滋而后有数。”《史记·律书》：“子者，滋也，言万物滋于下也。”《汉书·律历志》：“孳萌于子。”《释名》：“子，孳也，阳气始萌孳，生于下也。”《易》乾卦：“潜龙勿用。”

马融曰："初九建子之月，阳气始动于黄泉，既未萌芽，犹是潜伏。"《月令》："仲冬之月，阴阳争，诸生荡。"郑氏注："争者，阴方盛，阳欲起也；荡，谓物动萌芽也。"《淮南·天文训》："太阴在子岁，名曰困敦。"高诱注："困，混；敦，沌。阳气皆混沌，万物牙蘖。"《白虎通·三正》："十一月之时，阳气始养根核，故黄泉之下，万物皆赤。赤者，盛阳之气也。故周为天正，色尚赤也。"又《五行》云，"《月令》十一月，律谓之黄钟何？黄者，中和之色；钟者，动也。言阳气于黄泉之下，动养万物也。"十一月，阳气始养万物根核。颐卦，震下艮上，震为十一月，为动养之象。

《彖》曰："天地养万物，圣人养贤，以及万民，颐之时大矣哉！"下震为雷，雷震万物；上艮为山，山生万物：可谓天地养万物。圣人法天地之宜，故有养贤，以及万民之谓，故有颐之时大矣之谓。颐卦，初、上为乾阳，乾为天，二、三、四、五为坤阴，坤为地。乾卦《彖》曰："大哉乾元，万物资始。"坤卦《彖》曰："至哉坤元，万物资生。"是天地生养万物。又，乾为圣人，坤为贤为万民，为圣人养贤，以及万民。万物非得时而养不可，贤人与万民，亦非得时而养不可，故颐养及时为大。《潜夫论·班禄》云："是故，明君临众，必以正轨。既无厌有，务节礼而厚下，复德而崇化，使皆阜于养生，而竞于廉耻也。是以官长正，而百姓化；邪心黜，而奸匿绝；然后乃能协和气，而致太平也。《易》曰：圣人养贤，以及万民。国以民为本，君以臣为基，然后高能可崇也。人君不务此，而欲致太平，此犹薄趾而望高墙，骥瘠而责远道，其不可得也必矣。"颐卦，下震一阳来复，为德复；上艮高山仰止，为崇化；阳包阴众，为圣人养贤，以及万民。

李鼎祚《周易集解》；"天地养物，圣人养贤，以及万民，人非颐不生，故大矣。"程氏传："圣人极言颐之道，而赞其大。天地之道，则养育万物；养育万物之道，正而已矣。圣人则养贤才，与之共天位，使之食天禄，俾施泽于天下，养贤以及万民也，养贤所以养万民也。夫天地之中，品物之众，非养则不生。圣人裁成天地之道，辅相天地之宜，以养天下，至于鸟兽草木，皆有养之政，其道配天地。故夫子推颐之道，赞天地与圣人之功曰：颐之时大矣哉！或云义，或云用，或止云时，以其大者也。万物之生与养，时为大，故云时。"颐象，大离之象。离为日为时，颐之离大，故云颐之时大。颐卦所云之时，乃艮、坤、震之时，即九、十、十一月之时，阳气终而复始，万物得阳养而复生，是此颐养之时重大。

扬雄《太玄经》："养，阴弸于野，阳蓲万物，赤之于下。"范望注："象颐卦，谓之养者，言是时，阴气盛极，阳气隐藏渊深，万物之根荄，使皆芽赤于地下，养长使出，故谓之养。养之初一，日入斗宿二十二度。"按，初一，日入斗宿二十二度，当在摩羯宫。十一月，日冬至，一阳生于下，是与颐卦下震同。司马光集注："养，准颐。宋曰：盛极称**诒**（翑）；茂，隐也。物之初生，其色赤。谓是时，阴气盛极于田野，故阳隐藏万物，赤之于下。陆曰：茂，读与沤菅之沤同。言阳养沤万物之根，使皆赤也。"又，经上九："星如岁如。復继之初。"《测》曰："星如岁如，终养始也。"司马光注："养之上九，居首赞之末，日穷于次，月穷于纪，星回于天，岁将更始。以终养始，以初继末，循环无端，此天道之所以无穷也。"养之上九，日穷于次，月穷于纪，是养准颐，颐为阳回养物之象。

颐　《释名·释形体》："颐，养也。动于下，止于上，上下咀物以养人也。或曰辅车，言其骨强，所以辅持口也；或曰牙车，牙所载也；或曰颔车，颔，含也，口含物之车也；或曰颊车，亦所以载物也；或曰鼸车，鼸鼠之食，积于颊，人食似之，故取名也。凡系于车，皆取在下载上物也。"《说文》："**𦣝**，顩也。象形。顩为正字，又作颔。宣公六年《公羊传》："绝其颔。"何休注："颔，口。是颐亦为口。口嚼物以养人，故颐引伸义为养。《尔雅·释诂》："颐，养也。"郝懿行义疏："颐者，宧之借假音也。《说文》云：宧，养也，室之东北隅，食所居。本《释宫》为说也。李巡注：宧，养也，通作颐。《易·序卦》云：颐者，养也。《杂卦》云：颐，养正也。《曲礼》云：百年曰期颐。《文选·典礼》云：微胡琐而不颐。颐，皆训养。"

《尔雅·释宫》："东北隅谓之宧。"郝疏："宧，与颐同。《释诂》，颐训养也。古人庖厨、食阁，皆在室之东北隅，以迎养气。故《御览》引舍人曰：东北阳气始起，万物所养，故谓之宧。"又，《释名·释宫室》："东北隅曰宧。宧，养也，东北阳气始出，布养物也。"王先谦集注："毕沅曰：《尔雅》：东北隅谓之宧。李巡注：东北者，阳气始起，育养万物，故曰宧。宧，养也。"又，段玉裁《说文解字注》："宧，养也。以双声为训。《周易》颐卦，亦训为养。《释诂》曰：颐，养也。《释宫》曰：东北隅谓之宧。邵氏晋涵云：君之居，恒当户。户在东南，则东北隅为当户，饮食之处在焉。此许意也。舍人云：东北阳气始起，育养万物，故曰宧。宧，养也。《释名》与舍人略同。以形声包会意，与之切，一部。"桂馥《说文解字义证》亦云："《释文》：李云：东北者，阳气始起，育养万物，故曰宧。宧，养也。《说文》训同，与《周易》颐卦养义同。"按，颐卦，艮上震下，艮象室，震于伏羲八卦，位东北隅，为室之东北隅；震为动，艮为止，下动上止，为咀嚼。是宧为食所居，又宧为颐，故颐为养。

《易乾坤凿度上》曰："艮为鬼冥门。上圣曰：一阳二阴，物之生于冥昧，气之起于幽蔽。《地形经》曰：山者，艮也，地土之余。积阳成体，石亦通气，万灵所止。起于冥门。言鬼，其归也。众物归于艮。艮者，止也。止宿诸物，大齐而出；出后至于吕申。艮静如冥暗，不显其路，故曰鬼门。”“雷木震，日月出入门。日出震，月入于震，震为四正德，形鼓万物不息。圣人画之，二阴一阳，不见其体。假自然之气，顺风而行，成势作烈，尽时而息。天气不和，震能翻息；万物不长，震能鼓养。《万形经》曰：雷，天地之性情也，性情之理自然。”按，艮为物之所归，震为物之所出，是颐为养之义， 故曰：“颐法养”。又，《易乾坤凿度下》云：“无怀氏曰：上圣颐天以尽象，颐物以尽源，颐事以尽情，而后天平地成，万穴效灵，五物析行，三天不乱，圣与造游，理俾运冥，易动而敷，运化诸府。”郑玄注：“圣人包氏，大造元体，情游冥运，究天地平成之理，明万业当物之行，训行也。《易》敷散于三天，气潜通于五物。物者，事也；乱，治也。治行劈析，令万汇不挠；苍生效化，物尚有处，况于大业。”谓颐养天地万物，使顺行不乱，各有所处，何虑大业不成，是颐之意义甚大。

贞吉　《象》曰：“颐，贞吉，养正则吉也。”又曰，“天地养万物，圣人养贤，以及万民。”《礼记·月令》：“仲冬之月，律中黄钟。”郑氏注：“黄钟者，律之始也。九寸，仲冬气至，则黄钟之律应。《周语》曰：黄钟所以宣养六气九德。”《正义》曰：“按，《元命包》：黄钟者，始黄。注云：始萌黄泉中。《律历志》云：黄者，中之色，君之服；钟，种也。又云：黄，五色莫盛焉，故阳气始种于泉，孳萌万物，为六气元也。《周语》曰：黄钟所以宣养六气九德者，按彼注：十一月建子，阳气在中。六气：阴、阳、风、雨、晦、明；九德：金、木、水、火、土、谷、正德、利用、厚生。作乐宣遍，黄钟象气伏地，物始萌，所以遍养六气九功之德。此养之者，若施于人六情：正德、天德，利用、地德，厚生、人德；六府者：金、木、水、火、土、谷也。”十一月，律中黄钟， 为阳气始于黄泉，宣养六气九德，是为贞吉。又，《月令》：“季秋之月，收禄秩之不当， 供养之不宜者。”郑氏注：“禄秩之不当，恩所增加也；供养之不宜，欲所贪耆，熊蹯之属非常食。”《正义》曰：“春夏阳气宽施，许人主从时，虽禄秩不当，亦所权许。今秋阴气急敛，禁罚必当，是春夏所权置者，今悉收停之也。禄秩不当，谓彼不应得禄，而王恩私与之者。供养不宜，谓非常之膳求，不可得者也。”收禄秩不当，供不宜者，谓君王志在养贤，是贤者吉。颐卦震下艮上。震为十一月，天地养万物；艮为九月，阳在上，阴在下，圣人养贤，皆为养正。养正则吉，是为贞吉。

《荀子·君道》：“道者何也？曰：君道也。君者何也？曰：能群也。能群也者何也？曰：善生养人者也，善班治人者也，善显设人者也，善藩饰人者也。善生养人者人亲之，善班治人者人安之，善显设人者人乐之，善藩饰人者人荣之。四统者俱，而天下归之，夫是之谓能群。不能生养人者，人不亲也；不能班治人者，人不安也；不能显设人者，人不乐也；不能藩饰人者，人不荣也。四统者亡，而天下去之，夫是之谓匹夫。故曰：道存则国存，道亡则国亡。省工贾，众农夫，禁道贼，除奸邪，是所以生养之也。天子三公，诸侯一相，大夫擅官，士保职，莫不法度而公，是所以班治之也。论德而定次，量能而授官，皆使其能，载其事，各得其所宜。上贤使之为三公，次贤使之为诸侯，下贤使之为士大夫，是所以显设之也。修冠弁、衣裳、黼黻、文章、琱琢、刻镂，皆有等差，是所以藩饰之也。故由天子至于庶人也，莫不骋其能，得其志，安乐其事，是所同也。”此即圣人养贤，以及万民，为养正则吉。

《说苑·尊贤》曰：“禹以夏王，桀以夏亡；汤以殷王，纣以殷亡；阖庐以吴战胜，无敌于天下，而夫差以见禽于越；文公以晋国霸，而厉公以见弑于匠丽之宫；威公以齐强于天下，而湣王以弑死于庙梁；穆公以秦显名尊号，而二世以劫于望夷。其所以君王者同，而功迹不等者，所任异也。是故，成王处襁褓，而朝诸侯，周公用事也；赵武灵王五十，而饿死于沙丘，任李兑故也；桓公得管仲，九合诸侯，一匡天下；失管仲，任竖刁、易牙，而身死不葬，为天下笑。一人之身，荣辱俱施焉，在所任也。故魏有公子无忌，削地复得；赵任蔺相如，秦兵不敢出；鄢陵任唐睢，国独特立；楚有申包胥，而昭王反位；齐有田单，襄王得国。由此观之，国无贤佐俊士，而能以成功立名，安危继绝者，未尝有也。故国不务大，而务得民心；佐不务多，而务得贤俊。得民心者，民往之；有贤佐者，士归之。”此亦谓养贤，以及万民为正，为吉，正吉即贞吉。遁卦，艮下乾上。九三曰：“畜臣妾吉。”盖与此同。

观颐 颐卦，震下艮上。艮为门阙，为门观。在上，为上观。震为倒艮，在下，为仰观。上下合为离，离为目，为观看。观卦，坤下巽上。《彖》曰：“大观在上，顺而巽，中正以观天下。观盥而不荐，有孚颙若，下观而化也。“是观有上观下观，上为示之观，下为观之示。朱熹曰：“观者，有以示人，而为人所仰也。”《说文》：“观，谛视也。”段玉裁注：“观，审谛之视也。《谷梁传》曰：常事曰视，非常曰观。凡以我谛视物曰观，使人得以谛视我亦曰观。犹之以我见人，使人见我皆曰视。《小雅·采绿》传曰：观，多也。此亦引伸之义。物多而后可观，故曰观，多也。”《毛诗传笺通释》曰：“薄言观者，笺：观，多也。瑞辰按，《尔雅·释诂》：观，多也。郭注引《诗》：薄言观者。物多而后可观，故观有多义。”观，所示多而可观，故而训多，是观乃示人以观。《系辞传》曰：“古者包牺氏之王天下也，仰则观象于天，俯则观法于地，观鸟兽之文，与地之宜，近取诸身，远取诸物，于是始作八卦。”又曰，“八卦以象告。”是以，观颐，乃近取诸身，观颐象所告示人者。《彖》曰：“观颐，观其所养也。”谓观颐象，所示之颐养道理。《周易集解》引姚信曰：“以阳养阴，动于下，止于上，各得其正，则吉也。”此其观颐之理。

《孟子·梁惠王上》:“梁惠王曰：寡人之于国也，尽心焉耳矣。河内凶，则移其民于河东，移其粟于河内；河东凶，亦然。察邻国之政，无如寡人之用心者，邻国之民不加少，寡人之民不加多，何也？孟子对曰：不违农时，谷不可胜食也。数罟不入洿池，鱼鳖不可胜食也。斧斤以时入山林，材木不可胜用。谷与鱼鳖不可胜食，材木不可胜用，是使民养生，丧死无憾也。养生丧死无憾，王道之始也。五亩之宅，树之以桑，五十者可以衣帛矣。鸡豚狗彘之畜，无失其时，七十者可以食肉矣。百亩之田，勿夺其时，数口之家可以无饥矣。谨庠序之教，申之以孝悌之义，颁白者不负戴于道路矣。七十者衣帛食肉，黎民不饥不寒，然而不王者，未之有也。”又曰，“今王发政施仁，使天下仕者，皆欲立于王之朝，耕者皆欲耕于王之野，商贾皆欲藏于王之市，行旅皆欲出于王之途，天下之欲疾其君者，皆欲赴诉于王，其若是，孰能御之？”孟子所言，盖观颐之理，观其所以养贤，以及万民之理。

自求口实 噬嗑卦，震下离上，四为阳爻，阳为实，故其《彖》曰：“颐中有物。”颐卦，中间四爻皆阴，阴为虚，为颐中无物。颐中无物，故自求口实。卦辞曰：“观颐，自求口实。”《彖》曰：“自求口实。观其自养也。”谓颐中所示无物，表明当自求口实，从而自养。《彖》曰：“天地养万物，圣人养贤，以及万民，颐之时大矣哉！”是《易》既重天时地理，亦重人谋。自求口实，观其自养也，谓观其圣人养贤，以及万民之理，即谓观其明君养国之道。朱熹曰；“自求口实，谓观其所以养身之术。”是指其一端。《孟子·梁惠王上》曰：“是故，明君制民之产，必使仰足于事父母，俯足于畜妻子；乐岁终身饱，凶年免于死亡；然后驱而之善，故民之从之也轻。今也制民之产，仰不足于事父母，俯不足于畜妻子；乐岁终身苦，凶年不免于死亡；此惟救死而恐不赡，奚暇治礼义哉？”此即君王自求口实，自养之道。于象，《荀九家》有艮为鼻，鼻为自；震为动，动而向上，为求；颐为口，口中无物，需自求口实。

《象》曰：“山下有雷，颐，君子以慎言语，节饮食。”史游《急就篇》曰：“鼻口唇舌龂牙齿。”颜氏注：“鼻，所以引气也；口，所以言、食也；唇，口端也；舌，主知味，又所以言也；龂，齿根肉也；牡齿曰牙；齿者，总谓口中之骨，主齰齧者也.”王氏补曰：“《荀子》：鼻辨芬芳腥臊。《孟子》：口之于味也，鼻之于臭也。《左传》：唇亡齿寒。《易》：咸其辅颊舌。《太玄》：琢齿依龈。与龂同。《说文》：龂，齿本也。齰，齧。傅玄《口戒》曰：病从口入，祸从口出。《晋语》：史苏占之，曰：遇兆，挟以衔骨，齿牙为猾。”按《晋语》韦昭注：“猾，弄也。齿牙，谓兆端左右衅坼，有似齿牙。中有从画，故曰衔骨。骨在口中，齿牙弄之，以象谗口之为害也。”口、唇、舌、龈、牙、齿，皆统于颐口，故有君子以慎言语，节饮食之谓。《周易正义》曰："山止于上，雷动于下，颐之为用，下动上止，故曰山下有雷，颐。人之开发言语，咀嚼饮食，皆动颐之事。故君子观此颐象，以谨慎言语，裁节饮食。先儒云：祸从口出，患从口入。故于颐养而慎节也。"谓言语饮食，皆颐之事，故君子以慎言语，节饮食。

《说文》："口，人所以言、食也。"段玉裁注："言语、饮食者，口之两大端。舌下亦曰：口，所以言、别味也。颐《象传》曰：君子以慎言语，节饮食。"段氏列颐《象》于口字下，是亦谓颐象为口，桂馥《说文解字义证》："人所以言、食也者，本书：舌在口，所以言也，别味也。《诗·正月》：好言自口，莠言自口。《白帖》周生烈曰：口者，言之门。《鬼谷子·权篇》：故口者机关也，所以关闭情意也。又，古人有言曰：口可以食，不可以言者，有讳忌也。《七修类稿》：天食人以五气，五气由鼻入，鼻通天气也；地食人以五味，五味由口入，口通地气也。天阳有余，故鼻窍未尝闭；地阴不足，故口常闭，必因言语饮食而后开也。"《白虎通·性情》曰："口为之候何？口能啖尝，舌能知味，亦能出音声，吐滋液。"其说亦与颐《象》同。

慎言语者，《虞书·大禹谟》："惟口出好兴戎，朕言不再。"孔氏传："好，谓赏善；戎，谓伐恶。言口荣辱之主，虑而宣之，成于一也。"《正义》曰："昭二十八年《左传》云：庆赏刑威曰君，君出言有赏有刑。出好谓爱人，而出好言，故为赏善；兴戎谓疾人，而动甲兵，故谓伐恶。"《商书·说命上》："王宅忧，亮阴三祀，既免丧，其惟弗言。群臣咸谏于王曰：呜呼！知之曰明哲，明哲实作则。天子惟君万邦，百官承式。王言惟作命，不言，臣下罔攸禀令。王庸作书以诰曰：以台正于四方，惟恐德弗类，兹故弗言。"高宗居丧毕，惟恐德不善，仍弗言，此即慎言语者。《老子》曰："多言数穷，不如守中。"又曰，"知者不言，言者不知。"河上公注："多事害神，多言害身。口开舌举，必有祸患。不如守德于中，育养精神，爱气希言。"又注，"知者贵行，不贵言也。驷不及舌，多言多患。"《潜夫论·断讼》曰："故先己唯舌，以示小民。孔子曰：乱之所生也，则言语以为阶。"亦谓君子以慎言语。《系辞传》曰："子曰：君子居其室，出其言善，则千里之外应之，况其迩者乎；居其室，出其言不善，则千里之外违之，况其迩者乎。言出乎身，加乎民；行发乎迩，见乎远。言行，君子之枢机。枢机之发，荣辱之主也。言行，君子之所以动天地也，可不慎乎？"又曰，"将叛者，其辞惭；中心疑者，其辞枝；吉人之辞寡；躁人之辞多；诬善之人，其辞游；失其守者，其辞屈。"言为心声，慎其言语，即慎其德行。困卦《象》曰："有言不信，尚口乃穷也。"颐卦，口象，有动有止，是慎言语之象。震为动，艮为止。

节饮食者，《周书·酒诰》曰："天降威，我民用大乱丧德，亦罔非酒惟行。越小大邦用丧，亦罔非酒惟辜。”又曰，“饮惟祀，德将无醉。”孔氏传：“天下威罚，使民乱德，亦无非以酒为行者。言酒本为祭祀，亦为乱行。于小大之国，所用丧亡，亦无不以酒为罪也。饮酒惟当祭祀，以德自将，无令至醉。”以德自将，无令至醉，乃得饮食之道， 亦即节饮食之谓。《抱朴子外篇·酒诫》：“夫酒醴之近味，生病之毒物，无毫分之细益， 有丘山之巨损。君子以之败德，小人以之速罪，耽之惑之，鲜不及祸。世之士人，亦知其然。既莫能绝，又不肯节：纵心口之近欲，轻召灾之根源；似热渴之恣冷，虽适己而身危也。小大乱丧，亦罔非酒。”又曰，“昔仪狄既疏，大禹以兴。糟丘酒池，辛、癸以亡。丰侯得罪，以戴尊衔杯。景升荒坏，以三雅之爵。刘松烂肠，以逃暑之饮。郭珍发狂，以无日不醉。信陵之凶短，襄子之乱政，赵武之失众，子反诛戮，汉惠之伐命，灌夫之灭族，陈遵之遇害，季布之疏斥，子建之免退，徐邈之禁言，皆是物也。世人好之乐之者甚多，而戒之畏之者至少。彼众我寡，良箴安施？且愿君子节之而已。”且愿君子节之，犹《象》曰君子以节饮食。困卦，九二《象》曰：“困于酒食，中有庆也。”得饮食之中有庆，是以君子以节饮食。颐卦，口象，有动有止，是节饮食之象。

大畜卦和颐卦，互为邻卦。《序卦传》曰：“物畜然后可养，故受之以颐。颐者，养也。”《彖》曰：“大畜，刚健、笃实、辉光，日新其德。”《象》曰：“大畜，君子以多识前言往行，以畜其德。”皆谓君子自修自养，以期食公禄，济国民。故卦辞曰：“大畜，利贞，不家食吉，利涉大川。”颐卦，《彖》曰：“观颐，观其所养也。自求口实，观其自养也。天地养万物，圣人养贤，以及万民。”《象》曰；“颐，君子以慎言语，节饮食。”是颐之养，有自养和养贤，以及万民之义。大畜之养，为君子之养；颐之养，为圣人之养。《说卦传》曰：“离为日，为乾卦。”日为君王，乾亦为君王。颐卦，震下艮上，上下为阳爻，中间为阴爻，大离之象，是以为天子。古之唐尧、虞舜、禹、汤、文、武，皆圣人为君。《书》曰：“一人元良，万邦以贞。”《诗》曰：“仪刑文王，万邦作孚。”是圣人自养而养贤，以及万民之谓。《易》之大畜与颐卦之理，亦《大学》修身齐家、治国平天下之理。

伏羲八卦，乾、坤、离、坎，为四正卦。正卦有错卦无综卦。震、艮、巽、兑，为四隅卦，隅卦有错卦有综卦。六十四重卦，除乾卦、坤卦、离卦、坎卦，有错卦无综卦外，其他大离、大坎，亦无综卦。如颐卦，震下艮上，似离而大；大过卦，巽下兑上，似坎而大。又，中孚卦，兑下巽上，似离而大；小过卦，艮下震上，似坎而大。六十四重卦，无综卦者凡八卦。是相错之卦六十四，相综之卦五十六，错综之卦共一百有二十。虽错综变化，然乾、坤、离、坎，只有相错，而无相综，盖天地日月，可推移，而不可颠倒，是有变与不变。《系辞传》曰：“范围天地之化而不过，曲成万物而不遗，通乎昼夜之道而知，故神无方，而《易》无体。”又曰，“是故，天生神物，圣人则之，天地变化，圣人效之。”即谓六十四卦，机微极致。

初九，舍尔灵龟，观我朵颐，凶。

〔译〕 初九，舍弃你之灵龟，观慕我之口中饮食，凶险。

《象》曰：“观我朵颐，亦不足贵也。”

〔证〕

舍尔灵龟 《说卦传》曰：“离，为龟。”颐象大离，为大龟。《说文》：“龟，旧也；外骨内肉者也。天地之性，广肩无雄，龟鳖之类，以它为雄。”段玉裁注：“旧字，假借为故旧，即久字也。刘向曰：蓍之言耆，龟之言久。龟千年而灵，蓍百年而神。以其长久，故能辨吉凶。”桂馥义证：“外骨内肉者也者，《考工记》：梓人为**筍虡**，外骨。注云：外骨，龟属。《易·说卦》：离为龟。《正义》云：取刚在外也。《风土记》：龟，甲表肉里，阳外阴内之形。”《风土记》所云，盖即天地之性，亦离之爻象。《尔雅·释鱼》：“龟，俯者灵。”郭璞注：“俯者灵，行头低。”郝懿行疏：“俯者，天龟也。《卜师》注：下俯者也。《龟人》注：天龟俯。《书大传》云：孟诸灵龟。郑注：龟俯首者灵。《晋书·文帝纪》：魏咸熙二年，朐䏰县献灵龟，盖即此矣。《左氏昭二十五年传》：窃其宝龟偻句。张聪咸《杜注辨证》，引高诱《吕览注》：伛偻，俯者也。句，犹倨句之句，亦俯首向下貌。然则偻句，盖天龟矣。”天俯下，天龟亦俯下。龟有六龟，离有六爻。龟上下在阳，左右在阴；离上下为阳，左右为阴。天龟俯，俯者灵。

《本草纲目·介之一》：“时珍曰：盖山、泽、水、火四种，乃因常龟所生之地而名也。其大一尺已上者，在水曰宝龟，亦曰蔡龟；在山曰灵龟，皆国之守宝，而未能变化者也。龟形象离，其神在坎。上隆而文以法天，下平而理以法地。背阴向阳，蛇头龙颈。外骨内肉，肠属于首，能运任脉。广肩大腰，卵生思抱，其息以耳。雌雄尾交，亦与蛇匹。或云大腰无雄者，谬也。今人视其底甲，以辨雌雄。龟以春夏出蛰脱甲，秋冬藏穴导引，故灵而多寿。《南越志》云：神龟，大如拳而色如金，上甲两边如锯齿，爪至利，能缘树食蝉。《抱朴子》云：千岁灵龟，五色具焉，如玉如石；变化莫测，或大或小；或游于莲叶之上，或伏于丛蓍之下。张世南《质龟论》云：龟老则神，年至八百。”按颐，震下艮上，为大离；离为龟，大离为大龟；艮为山，龟在山，故曰灵龟。

《鬼谷子外篇》：“养志法灵龟。养志者，心气之思不达也。有所欲，志存而思之。志者，欲之使也。欲多则心散，心散则志衰，志衰则思不达也。故心气一，则欲不偟；

欲不偟，则意志不衰；意志不衰，则思理达矣。理达则和通；和通，则乱气不烦于胸中。故内以养气，外以知人。养志则心通矣，知人则职明矣。将欲用之于人，必先知其养气志。知人气盛衰，而养其气志。察其所安，以知其所能。志不养，心气不固；心气不固，则思虑不达；思虑不达，则志意不实；志意不实，则应对不猛；应对不猛，则失志而心气虚；志失而心气虚，则丧其神矣。神丧则仿佛，仿佛则参会不一。养志之始，务在安己；己安，则志意实坚；志意实坚，则威势不分，神明常固守，乃能分之。"养志法灵龟，谓人之颐养，应效法灵龟，此为颐养之道。又，《史记·龟策列传》曰："龟千岁，乃游莲叶之上，蓍百茎共一根。又其所生，兽无虎狼，草无毒螫。江傍家人，常畜龟饮食之，以为能导引致气，有益于助衰养老，岂不信哉！"此则谓食龟，能导引致气，是龟为养志养身之神物。舍尔灵龟，谓舍你颐养之道。艮为止，震为动，止其动为舍。

观我朵颐　《说文》："朵，树木垂朵朵也。从木，象形。"徐锴系传："今谓花为一朵，亦取其下垂也。此下从木，其上几，但象其垂形，无声。非全象形字也，权而言之，则指事也。"段玉裁注："凡枝叶华实之垂者，皆曰朵朵。今人但谓一华为朵。引伸为《易》之朵颐。李鼎祚曰：朵，颐垂下动之貌也。"桂馥义证："树木垂朵朵也者，《广韵》：朵，木上垂也。象形者，《五经文字》：朵，象树木垂形。"朱骏声通训："转注：《易·颐》：观我朵颐。注：朵颐者，嚼也。"按朵，象形兼指事。朵颐，则为转注，谓腮帮鼓朵，口中有食。《象》曰："观我朵颐，亦不足贵也。"谓舍你灵龟，养志养身之道，观慕我口食一饱，乃不够贵重。上艮有观卦象，为观；下震位于颐朵。四应初，为舍尔灵龟，观我朵颐。四在艮山，为灵龟。

凶　初之三为震，初九阳，为震之主，震为动，在颐为朵颐。舍尔灵龟，观我朵颐，凶：谓舍弃你灵龟养颐正道，而观慕我口食之利，则凶。尔，谓颐之艮象；我，谓颐之震象。《彖》曰："颐，贞吉，养正则吉也。观颐，观其养也。"舍尔灵龟，观我朵颐，非养正之道，故凶。王弼曰："安身莫若不竞，修己莫若自保，守道则福至，求禄则辱来。居养贤之世，不能贞其所履，以全其德，凶莫甚焉。"言舍灵龟而观朵颐，舍高就低，舍贵就贱，失颐养正道，必凶。谓上食于下，非为正道。

六二，颠颐，拂经于丘颐，征凶。

〔译〕　六二，在下而养上，由下逆向上颐，往前有凶险。

《象》曰："六二征凶，行失类也。"

〔证〕

颠颐　《尔雅·释言》："颠，顶也。"《说文》："颠，顶也。从页，真声。"段玉裁

注：“《国语》：班序颠毛。注同。引申为凡物之顶。如《秦风》：有马白颠。传曰：白颠，的颡也，马以颡为顶也。《唐风》：首阳之颠。山顶曰顶也。颠为最上，倒之则为最下。故《大雅》颠沛之揭，传曰：颠，仆也。《论语》：颠沛。马注曰：僵仆也。《离骚》注曰：自上下曰颠。《广雅》曰：颠，末也。”《方言》：“颠、顶，上也。”《方言笺疏》曰：“《尔雅·释言》、《说文》并云：颠，顶也。郭注云：头上也。《齐语》云：班序颠毛。《墨子·修身篇》：华发隳颠。《说文》：槙，木顶也。槙与颠，声义并同。颠为最上之称，倒言之下亦谓之颠。《太玄·疑》次八云：颠疑遇干客。范望注云：颠，下也。下谓之颠，自上而下亦谓之颠。《颐》六四：颠颐吉。王弼注云：以上养下，得颐之义，故曰颠颐吉也。《楚辞·离骚》云：厥首用夫颠陨。王逸注云：自上而下曰颠。皆是也。”

《齐风·东方未明》：“东方未明，颠倒衣裳。颠之倒之，自公召之。东方未晞，颠倒裳衣。倒之颠之，自公令之。”毛传：“上曰衣，下曰裳。”郑笺：“群臣促遽，颠倒衣裳而入朝。”《正义》曰：“言朝廷起居无节度，于东方未明之时，群臣皆颠倒衣裳而著之。方始倒之颠之，著衣未往；已有使者，从君而来召之。”《荀子·大略篇》：“诸侯召其臣，臣不俟驾，颠倒衣裳而走，礼也。”《说苑·奉使》：“文侯于是遣仓唐，赐太子衣一袭，敕仓唐鸡鸣时至。太子迎拜受赐。发箧，视衣，尽颠倒。太子曰：趣早驾，君侯召击也。”张澍《读诗钞说》：“颠倒衣裳，非颠倒著之，急持则上下不顺，盖状其急遽耳。”颠亦倒，倒亦颠。上而下为颠为倒，下而上亦为颠为倒。六二颠颐，谓下颐上。初之三为震，震为动。六二中正以应五，在颐之象，为颠颐，即下养上。

拂经于丘颐 《说文》：“拂，过击也。从手，弗声。”徐锴系传：“击而过之也。”段玉裁注：“刀部曰：刜，击也。与拂义同。”桂馥义证：“《通鉴》：斛律金欲急向河东，高欢鞍未动，金以鞭拂马，乃驰去。”朱骏声通训定声：“随击随过，苏俗语谓之拍，与拭略同。”《玉篇》：“拂，去也，击也。”又，《玉篇》：“咈，甫物切。《易》曰：咈经于丘颐。违也。”《集韵》：“攒、拂，楚谓搏击曰攒，或省。”《大雅·皇矣》：“四方以无拂。”郑笺：“拂，犹佹也，言无复佹戾文王者。” 佹，违逆。孔疏：“四方服德畏威，无敢违拂文王之志者。”拂，有逆向而动之意。《周易集解》：“刘氏云：拂，违也。”咈、拂，一则以言，一则以行，皆为违意。六二居下颐震中，震动而上，即下牙床，而逆向上牙床动，故为拂。

《说文》：“经，织从丝也。”段玉裁注：“古谓横直为衡从。《毛诗》云：衡从其亩。是也。字本不从纵，后人妄以代之，分别其慈容、足容之不同。《韩诗》作横由其亩。其说曰：东西耕曰横，南北耕曰由。由，即从也。织之从丝谓之经，必先有经，而后有纬。《大戴礼》曰：南北曰经，东西曰纬。”桂馥义证：“本书：纬，织横丝也。《玉篇》：经，经纬以成缯帛也。”按，上下为经，左右为纬。拂经，谓由下而上，即下齿动，逆向上齿，为拂经。又，《说卦传》曰：“艮为山。”说卦举其类，是艮亦为丘，山、丘同类。六二，颠颐、丘颐对举。颠颐，指颐之下震，震为动，动而向上，为颠颐。丘颐，指颐之上艮，艮为丘，丘谓上腭隆起，为丘颐。杨树达《词诠》曰：“于，介词，表动作之所归趋。”六二，颠颐，拂经于丘颐，即下颐逆向上颐，下养上之象。

征凶　《说文》：“征，正行也。”段玉裁注：“《释言》、《毛传》皆曰：征，行也。许分别之：征，为正行；迈，为远行。”是征凶，即谓正行凶。《象》曰：“六二征凶，行失类也。”《尔雅·释诂》：“类，美也。”郝懿行义疏：“类者，法之善也。《方言》云：类，法也。法与善义近。《逸周书·芮良夫篇》云：后作类。《荀子·儒效篇》云：其言有类。孔晁及杨倞注并云：类，善也。类与戾同。故《广雅》云：戾，善也。又与赖同。《孟子》云：富岁子弟多赖。赵岐注：赖，善也。赖、戾、类，并一声之转也。”《大雅·既醉》：“孝子匮，永锡尔类。”毛传：“类，善也。”《诗毛氏传疏》：“言孝子有不竭之善，则祖之神，长与孝子以善也。”又，《瞻卬》：“威仪不类。”毛传：“类，善。”郑笺：“威仪又不善于朝廷矣。”《左传》昭公二十八年：“勤施无私曰类。”《正义》曰；“郑玄云：类，善也。无失类者，不失善之类也。”于《易》，阳为善，阴为恶。颐卦，六二虽中正，然六五非阳，岂不失善？《象》曰：“六二征凶，失类也。”谓二以中正前行，因无阳正应之善，而有凶险。

《史纪·殷本纪》曰：“百姓怨望，而诸侯有畔者，于是纣乃重刑辟，有炮格之法。以西伯昌、九侯、鄂侯为三公。九侯有好女，入之纣。九侯女不喜淫，纣怒杀之，而醢九侯。鄂侯争之强，辨之疾，并脯鄂侯。西伯昌闻之，窃叹。崇侯虎知之，以告纣，纣囚西伯羑里。而用费中为政。费中善谀好利，殷人弗亲。纣又用恶来。恶来善毁谗，诸侯以此益疏。王子比干谏，弗听。商容贤者，百姓爱之，纣废之。及西伯伐饥国，灭之。纣之臣祖伊，闻之而咎周，恐，奔告纣曰：今王其奈何？纣曰：我生不有命在天。祖伊反，曰：纣不可谏矣！纣愈淫乱不止，微子乃与太师、少师谋，遂去。比干曰：为人臣者，不得不以死争。乃强谏纣。纣怒曰：吾闻圣人心有七窍。剖比干，观其心。箕子惧，乃详狂为奴，纣又囚之。”前有鄂侯，后有比干，皆当六二中正之臣，以不得九五之应，故行失其类，此其为颠颐，下养上之凶。《系辞传》曰：“《易》之兴也，其于中古乎？作《易》者其有忧患乎？”又曰，“《易》之兴也，其当殷之末世，周之盛德邪？当文王与纣之事邪？是故其辞危。”朱熹曰：“夏商之末，《易》道中微。文王拘于羑里，而系彖辞，《易》道复兴。”盖文王鉴于纣王之事，故而系辞。

六三，拂颐，贞凶，十年勿用，无攸利。

〔译〕　六三，违颐，正凶，十年不可用，无所利。

《象》曰："十年勿用，道大悖也。"

〔证〕

拂颐　《系辞传》曰："《易》之为书也，不可远，为道也屡迁，变动不居，周流六虚。上下无常，刚柔相易，不可为典要，唯变所适。"颐卦，近取诸颐，以类口颐之情，唯颐之动所适。以常而论，三、上以应；在颐，则三、四相接。初之三为震，震为颐之下部，六三为下牙齿；四之上为艮，艮为颐之上部，六四为上牙齿。六二曰："颠颐。"六三曰："拂颐。"颠颐，谓下牙床逆而上之；拂颐，则是下牙齿进击上牙齿。因下之牙齿，咬合上之牙齿，非但咬动，而且错动，故《说文》曰："拂，过击也。"徐锴系传曰："击而过之也。"是以为拂颐。

贞凶　《象》曰："颐，贞吉，养正则吉。"今六三贞凶，谓养不正则凶。三与上应，六三所养，在于上九。六三，阴在阳位，不中不正；上九，阳在阴位，亦不中不正，养不中不正，为所养不正，为凶。颐卦，震下艮上。震为诸侯，六三在震之极，犹管、蔡、霍三监之象。管、蔡流言，以惑幼主成王，涣散诸侯之心，危及周室，盖此亦六三拂颐贞凶之谓。六三，以阴柔居阳刚之位，是不当位。诸侯不当位，则危及天子，是以贞凶，即正凶。王弼注曰："履夫不正，以养于上，纳上以谄者也。拂养正之义，故曰拂颐贞凶也。"管、蔡流言，毁周公，惑成王，以不正养上，是纳上以谄者。虞翻曰："三失位，体剥，不正相应，弑父弑君，故贞凶。"体剥，谓阴剥阳。三监导武庚，与淮夷叛而作乱，是弑父弑君之类。贞凶，谓对正道有凶险。

十年勿用　《系辞传》曰："天一，地二，天三，地四，天五，地六，天七，地八，天九，地十。"十为地数，地为坤，是十为坤，如十月为坤之月。屯卦，震下坎上。六二曰："女子贞不字，十年乃字。"二之四为坤，坤为十。复卦，震下坤上。上六曰："用行师，终有大败，以其国君凶，至于十年不克征。"四之上为坤，坤为十。损卦，兑下艮上。六五曰："或益之十朋之龟，弗克违，元吉。"三之五为坤，坤为十。益卦，震下巽上。六二曰："或益之十朋之龟，弗克违，永贞吉。"二之四为坤，坤为十。颐卦，震下艮上。六三曰："拂颐，贞凶，十年勿用，无攸利。"二之五为坤，坤为十。又，复卦，虞翻曰："坤为至，为十年。坤主数十，十年之象也。"损卦，虞翻曰："坤数十，十，谓神、灵、摄、宝、文、筮、山、泽、水、火之龟也，故谓十朋之龟。"侯果曰："坤数又十，故曰十朋。十朋之益，所以大吉也。"益卦，虞翻曰："坤数十，故十朋之龟。"颐卦，虞翻曰："坤为十年，故十年勿用。"

《易》卦爻位，下往上，上来下，推移而动，日、月、年、岁，皆以爻动次数为数。屯卦，震下坎上。六二曰："女子贞不字，十年乃字。"屯之时，刚柔始交而难生，六二不宜往嫁九五。爻动十次成蹇卦，艮下坎上，六二为上六，由外与九三相应，为十年乃字。临卦，兑下坤上。卦辞曰："至于八月，有凶。"临卦为十二月，至于第八个月，为坤下巽上，为观卦，阳消为凶。复卦，震下坤上。卦辞曰：反复其道，七日来复。"乾坤阴阳互易，第七次一阳来复，为七日。又，上六曰："用行师，终有大败，以其国君凶。至于十年，不克征。"复卦推移十次，成比卦，上六为六四，为人臣，为不克征。坎卦，坎下坎上。上六曰："系用徽纆，寘于丛棘，三岁不得，凶。"上六三动来下，上下坎互易，坎卦未变，上六为六三，仍在坎中，故曰三岁不得出狱，凶。明夷卦，离下坤上。初九曰："君子于行，三日不食，有攸往。"离为日，坤为地。初九三动，而成坤下离上，为晋卦，是日出之时，为有所往，不可误。困卦，坎下兑上。初六曰："入于幽谷，三岁不觌。"困卦三动而成节卦，兑下坎上。初六为六四，其辞曰："安节。"《说文》："安，从女子在宀中。"是以为三岁不当面。革卦，离下兑上。九三曰："革言三就。"九三向上推移，变更三次，而成兑下离上，为睽卦。睽，相违背，为革，是以为革言三就。震卦，震下震上。六二曰："勿逐，七日得。"震七变而成坎下坎上，为坎卦，二位得阳，为七日得。丰卦，离下震上。上六曰："闚其户，闃其无人，三岁不觌，凶。"丰卦三动，成噬嗑卦，震下离上。上六为六三，下震为云雷，离日仍在云雷之上，是以三岁不见天日。既济卦，离下坎上。六二曰："妇丧其茀，勿逐，七日得。"既济经过七次变动爻位，成未济卦，坎下离上，六二变成九二，为七日得阳。又，九三曰："高宗伐鬼方，三年克之。"既济九三三动，成未济，坎下离上，离日升于坎月之上，为三年克之。未济卦，坎下离上。九四曰："震用伐鬼方，三年，有赏于大国。"九四三动来初九，成离下坎上，为既济。离日推坎月而上，为伐鬼方。颐卦，震下艮上。六三曰："十年勿用。"颐卦，十动而成萃卦，坤下兑上。六三为初六，其辞曰："有孚不终，乃乱乃萃。"《象》曰："乃乱乃萃，其志乱也。"六三为三公，若有忠诚而不终，作乱而聚众，为其志乱，是以戒以十年勿用。《象》曰："十年无用，道大悖也。"谓犯上作乱，背君臣、父子大道。十年勿用，谓应长久不用。至若革卦，《彖》曰："汤、武革命，顺乎天，而应乎人，革之时大矣哉。"斯亦可用。

无攸利 《周书·蔡仲之命》："惟周公位冢宰，正百工。群叔流言，乃致辟管叔于商；囚蔡叔于郭邻，以车七乘；降霍叔于庶人，三年不齿。"此盖为拂颐，而无攸利之例。程氏传："颐之道，唯正则吉。三以阴柔之质，而处不中正，又在动之极，是柔邪不正，而动者也。其养如此，拂违于颐之正道，是以凶也。得颐之正，则所养皆吉。

求养养人，则合于义；自养，则成其德。三乃拂违正道，故戒以十年勿用。十，数之终，谓终不可用，无所往而利也。”按，初九谓上取养不当则凶，六二谓下供养失类征凶，六三谓下违养正凶。《彖》曰：“颐，贞吉，养正则吉也。”以上三者，同为不得颐养正道，故皆占之为凶。

六四，颠颐，吉，虎视眈眈，其欲逐逐，无咎。

〔译〕 六四，在上而养下，吉利，如虎注目下视，其意在紧紧追逐初九，没有灾过。

《象》曰：“颠颐之吉，上施光也。”

〔证〕

颠颐，吉 颠、倒互文。颠颐，在下者为养上，在上者为养下。六四，阴居阴位；初九，阳居阳位。四与初，得位相应，为善故吉。颐卦，阳气从下生，动于地之下，应于天之下，为天地相应。其于人事，犹上下相应，圣与贤应。即天地养万物，圣人养贤，以及万民。四得上养下，天地之道，故而吉利。《象》曰：“颠颐之吉，上施光也。”《释名·释天》曰：“光，亦言广也，所照广远也。”《虞书·尧典》：“允恭克让，光被四表，格于上下。”孔颖达疏：“曰此帝尧，能放效上世之功，而施其教化，心意恒敬，智慧甚明，发举则有谋，思虑则能通敏。以此四德，安天下之当安者。在于己身，则有此四德；其与外接物，又能信实恭勤，善能谦让。恭则人不敢侮，让则人莫与争。由此为下所服，名誉著闻，圣德美名充满，被溢于四方之外，又至于上天下地。言其日月所照，霜露所坠，莫不闻其声名，被其恩泽。”《书》之莫不被其恩泽，盖犹《易》之上施光也。四在上卦，而当离日之中，故曰上施光。

虎视眈眈 《说文》：“虎，山兽之君。”《说卦传》曰：“艮为山，为黔喙之属。”《荀九家易》：“艮为虎。”《汉上易》：“虞翻曰：艮为虎。”履卦，兑下乾上。卦辞曰：“履虎尾。”谓乾为君，君为虎。又，离为目，目为视，为虎视。颐卦为大目，大目而视，为眈眈。四为大臣之位，大臣为王之耳目，为虎视眈眈。《说文》：“眈，视近而志远，从目，冘声。《易》曰：虎视眈眈。”段玉裁注：“谓其意深沈也。马云：虎下视貌。”六四阴，与初九之阳相应，虎视眈眈，是为君王上养下，专注下之贤良，以及万民之象。《荀子·尧问篇》曰：“我，文王之为子，武王之为弟，成王之为叔父，吾于天下不贱矣。然而，吾所执贽而见者，十人；还贽而相见者，三十人；貌执之士者，百有余人。于是，吾仅得三士焉，以正吾身，以定天下。吾所以得三士者，亡于十人与三十人中，乃在百人与千人之中。故上士吾薄为之貌，下士吾厚为之貌。人人皆以我为越逾好士，然故士至。士至而后见物，见物然后知其是非之所在。”周公好士，即圣人养贤，以及万民。又，《周书·梓材》：“王曰：封，以厥庶民，暨厥臣，达大家。以厥臣达王，惟邦君。”孔氏传：“（周公）以成王命，告康叔以为政之道，亦如《梓人》治材。言当用其众人之贤者，与其小臣之良者，以通达卿大夫，及都家之政于国。汝当信用其臣，以通王教于民。言通民事于国，通王教于民，惟乃国君之道。”上养下，下亦养上。《韩诗外传·卷三》：“能制天下，必能养其民也，能养民者，为自养也。”《彖》曰：“观颐，观其所养也。自求口实，观其自养也。”盖皆此义。

其欲逐逐 其，谓虎。欲，《说文》曰：“欲，贪欲也。从欠，谷声。”段玉裁注：“贝部贪下云：欲也。二篆为转注。感于物而动，性之欲也。欲而当于理，则为天理；欲而不当于理，则为人欲。欲求适可，斯已矣。欲从欠者，取慕液之意；从谷者，取虚受之意。《易》曰：君子以惩忿窒欲。”桂馥义证：“贪欲也者，《曲礼》：欲不可从。《正义》云：心所爱为欲。”是其欲逐逐，谓心所爱而逐逐。《说文》：“逐，追也。”商承祚《殷虚文字类编》云：“此字或从豕，或从犬，或从兔、从鹿、从止，象兽走圹，而人追之，故不限何兽。”大畜卦九三曰：“良马逐。”睽卦初九曰：“丧马，勿逐自复。”震卦六二曰；“勿逐，七日得。”又，既济卦六二曰：“勿逐，七日得。”逐，追求之意，皆有所为而逐。逐逐迭用，逐而又逐，犹追逐连用，为紧追不舍，十分急切。《释文》：逐逐，薛云：速也。“速，亦急切。虎视眈眈，其欲逐逐，谓求贤专注若渴，急切之意。于象，阴贪得阳，为欲；下震为雷，雷行逐逐，为其欲逐逐。

无咎 《说文》：“咎，灾也。从人、从各。各者，相违也。”桂馥义证：“灾也者，本书：殃，咎也。从人从各，各者相违也者，《一切经音义九》：《说文》：咎，灾也。字体从人从各，人各相违，即成罪咎。又，二人同心，其利断金；二人相违，其祸成灾。”咎，为会意字。六四，以天之下，应地之下，以阴之正，应阳之正，上下相应。《象》曰：“颠颐之吉，上施光也。”上施光，乃天地养万物，圣人养贤，以及万民，故上下不相违，是以无咎。朱熹曰：“柔居上而得正，所应又正，而赖其养以施于下，故虽颠而吉。虎视眈眈，下而专也。其欲逐逐，求而继也。又能如是，则无咎矣。”《朱子语类》：“问：《音辩》载马氏曰：眈眈 ，虎下视貌，则当为下而专矣。曰：然。又问：其欲逐逐如何？曰：求于下以养人，必当继继求之，不厌乎数，然后可以养人而不穷。”养人而不穷，故人不相违，故无咎。

六五，拂经；居贞吉。不可涉大川。

〔译〕 六五，上下相违；居于正位则吉，不可渡大险。

《象》曰："居贞之吉，顺以从上也。"

〔证〕

拂经　拂，违逆。上下为纵，左右为横。纵为经，横为纬。拂经，谓上下相违。六二与六五，阴与阴相斥，故六二曰拂经，六五亦曰拂经。下不应上，上不应下，是上下失养之象。故六二曰："拂经于丘颐，征凶。"是六五亦凶，以其相同，故省。《商书·汤誓》曰："夏王率遏众力，率割夏邑。有众率怠弗协，曰：时日何丧？予及汝皆亡。"孔氏传："言桀君臣，相率为劳役之事，以绝众力，谓废农工，相率割剥夏之邑居，谓征赋重。众下相率为怠惰，不与上和合。比桀于日，曰：是日何时丧，我与汝俱亡。欲杀身以丧桀。"此谓夏桀与夏民，上下不养。又，《汤誓》曰："乃葛伯仇饷，初征自葛。东征，西夷怨；南征，北狄怨。曰：奚独后予？攸徂之民，室家相庆，曰：徯予后，后来其苏。"孔传："葛伯游行，见农民之饷于田者，杀其人，夺其饷，故谓之仇饷。仇，怨也。汤为是，以不祀之罪伐之，从此后遂征无道。西夷、北狄，举远以言，则近者著矣。汤所往之民，皆喜曰：待我君来，其可苏息。"是葛伯与西夷、北狄之君，亦上下不养，而百姓望汤。

居贞吉　乾卦卦辞曰："乾，元亨利贞。"此贞谓乾阳之正。又坤卦卦辞曰："坤，元亨，利牝马之贞。"此贞谓坤阴之正。又，《彖》曰；"牝马地类，行地无疆，柔顺利贞，君子攸行。""安贞之吉，应地无疆。"六三曰："含章可贞。"用六曰："利永贞。"以上各贞，亦皆坤阴之正。又，六五曰："黄裳，元吉。"《文言》曰："君子黄中通理，正位居体，美在其中，而畅于四支，发于事业，美之至也。"六五元吉，以其正位居体，故颐卦六五曰："居贞吉。"《象》曰："居贞之吉，顺以从上也。"上，谓上九，谓天。谓六五居阴正黄裳之位，顺从天意则吉利。《系辞传》曰："《易》曰：自天祐之，吉无不利。子曰：祐者，助也。天之所助者，顺也；人之所助者，信也。履信思乎顺，又以尚贤也，是以自天祐之，吉无不利。"《周书·泰誓中》："惟天惠民，惟辟奉天。有夏桀弗克若天，流毒下国，天乃佑命成汤，降黜夏命。"孔氏传："言君天下者，当奉天以爱民。桀不能顺天，流毒虐于下国万民，言凶害。言天助汤命，使下退桀命。"天心即民心，顺天即顺民，是居正之吉，乃顺以从天惠民为吉。《彖》曰："天地养万物，圣人养贤，以及万民。"此即圣人顺以从上之谓。六五有二象：与六二敌应，为拂经；与上九顺从，为居贞吉。

不可涉大川　盖涉大川，谓上下卦，下往上，上来下，互相推移。需卦，乾下坎上。卦辞曰："利涉大川。"《彖》曰："利涉大川，往有功也。"谓下乾进至上，上坎来于下，成坎下乾上之势。乾至上，得天位，为有功。讼卦，坎下乾上。卦辞曰："不利涉大川。"《象》曰："不利涉大川，入于渊也。" 谓下坎进至上，上乾来于下，成坎上乾下之势。乾在坎水之下，是入于渊。同人卦，离下乾上。卦辞曰："利涉大川。"《象》曰："利涉大川，乾行也。" 乾行，谓离往上，乾来下，成乾下离上，为大有卦。同人，诸侯卦，诸侯有国；大有，天子卦，天子大有天下。由同人到大有，为利涉大川。颐卦，震下艮上。若涉大川，则成震上艮下之势。六五为六二，六二为六五。不独二、五敌应，更由六五降至六二，失在五之位，顺以从上之吉无。非但不利涉大川，且不可涉大川。

上九，由颐，厉吉，利涉大川。

〔**译**〕　上九，用颐，先危后吉，利于涉险致远。

《象》曰："由颐厉吉，大有庆也。"

〔**证**〕

由颐　《尔雅·释诂》："由，自也。"郭璞注："自，犹从也。"郝懿行疏："由者，《易》：由豫、由颐。虞翻注并云：由，自从也。由，又用也，行也。行、用与自义亦近。"《大雅·假乐》："不愆不忘，率由旧章。"郑笺："愆，过；率，循也。成王之令德，不过误，不遗失，循用旧典之章，谓用公之礼法。"又，《假乐》曰："无怨无恶，率由群匹。"郑笺："无有怨恶，循用群臣之贤者。"孔颖达《正义》曰："循用旧典"，"循用群臣"。由，皆作用。《论语·学而》："礼之用，和为贵。先王之道，斯为美。小大由之，有所不行。"程树德《论语集释》，引邢昺疏："由，用也。言每事小大皆用礼，而不以乐和之，则其政有所不行也。"又引皇疏云："小大由之，有所不行者，由，用也。若小大之事皆用礼，而不用和，则于事有所不行也。"由，亦皆作用。由旧章、由之，与由颐，句式同，由颐亦用颐，谓用颐之道。

厉吉　按，初九曰凶，六二曰征凶，六三曰贞凶，六四曰吉，无咎，六五曰居贞吉，上九曰由颐厉吉。下三爻，颐道未成，只有下动，而无上止，故多凶，凶为厉。《论语·学而》曰："不以礼节之，亦不可行也。"上三爻，成颐之道，有下动，有上止，即天地养万物，圣人养贤，以及万民，是以多吉。上九，颐道之终极，故曰由颐厉吉。即谓用颐道，有厉有吉，以厉始，以吉终。《象》曰："由颐厉吉，大有庆也。"大有，大有天下为大有。大有庆者，大有天下之庆。上九，群阴集于其下，初九亦与六四应，是得天下之象。《虞书·大禹谟》曰："帝念哉，德惟善政，政在养民。"上九能养天下之民，是以吉庆。王弼曰："以阳处上，而履四阴；阴不能独为主，必宗于阳，故莫不由之以得其养，故曰由颐。为众阴之主，不可渎也，故厉乃吉。高而有民，是以吉也。" 朱熹曰："位高任重，故厉而吉。"

利涉大川　《易》象以上下卦推移为涉大川。颐卦，震下艮上，上下卦推移，则成艮下震上，为小过卦象。《彖》曰："小过，小者过而亨也。过以利贞，与时行也。" 又，艮之上九，原为大有天子，今来震下，震为诸侯，是以上下下，又应于上，以尊下卑，谦之象。《韩诗外传・卷八》："孔子曰：《易》，先同人后大有，承之以谦，不亦可乎？ 故天道亏盈而益谦，地道变盈而流谦，鬼神害盈而福谦，人道恶盈而好谦。谦者，抑事而损者也。持盈之道，抑而损之，此谦德之于行也。顺之者吉，逆之者凶。" 又，"《易》曰：谦亨，君子有终吉。能以此终吉者，君子之道也。贵为天子，富有四海，而德不谦，以亡其身，桀、纣是也，而况众庶乎？夫《易》有一道焉，大足以治天下，中足以安国家，近足以守其身者，其惟谦德乎！"《白虎通・礼乐》曰："故君使臣以礼，臣事君以忠。 谦谦君子，利涉大川，以贵下贱，大得民也。屈己敬人，君子之心。故孔子曰：为礼不敬，吾何以观之哉？" 颐卦上九，利涉大川，即谓上能来下，大得民心，能克服艰难险阻，而致久远。

第二十八卦　己 丑

☱兑上
☴巽下

大过，栋桡。利有攸往，亨。

〔译〕大过，大栋弯曲。利于有所前往，亨通。

《彖》曰："大过，大者过也。栋桡，本末弱也。刚过而中，巽而说行，利有攸往，乃亨。大过之時大矣哉！"

《象》曰："泽灭木，大过，君子以独立不惧，遁世无闷。"

〔证〕

巽下兑上　《周易》，阳刚为大，阴柔为小。乾卦，乾下乾上。《彖》曰："大哉乾元。"乾为大。泰卦，乾下坤上。卦辞曰："小往大来。"上往为往，下来为来，是坤阴为小为往，乾阳为大为来。否卦，坤下乾上。卦辞曰："大往小来。"阳为大为往，阴为小为来。大有卦，乾下离上。卦辞曰："大有元亨。"乾为阳为大，离亦为阳为大，上下皆大，大有天下，为大有。随卦，震下兑上。《彖》曰："刚来而下柔，动而说，随，大亨贞。"阳刚为大，大者亨贞。临卦，兑下坤上。《彖》曰："刚中而应，大亨以正。"阳刚为大，故曰大亨以正。观卦，坤下巽上。《彖》曰："大观在上。"阳为大，观卦阳在上，故为大观。无妄卦，震下乾上。《彖》曰："刚自外来，而为主于内，动而健，刚中而应，大亨以正。"阳刚为大，故曰大亨以正。大畜卦，乾下艮上。《彖》曰："大畜，刚健、笃实，辉光，日新其德。"乾止于山下，日新其德，为大畜，是乾阳为大。离卦，离下离上。《象》曰："明两作，离，大人以继明照于四方。"离为乾卦为阳，是以谓大人。以上属上经卦象。

大壮卦，乾下震上。《彖》曰："大壮，大者壮也。"阳为大，四阳为大壮。晋卦，坤下离上。《彖》曰："明出地上，顺而丽乎大明。"离为阳为大，为大明。明夷卦，离下坤上。《彖》曰："内文明而外柔顺，以蒙大难，文王以之。"离为阳为大，离在坤下为大难。蹇卦，艮下坎上。《彖》曰："利见大人，往有功也；当位贞吉，以正邦也。"九五为阳，阳为大，又当五位，故为大人。益卦，震下巽上。《彖》曰："自上下下，其道大光。"阳为大，阳自上下下，为其道大光。姤卦，巽下乾上。《彖》曰："刚遇中正，天下大行也。"阳刚为大，阳刚中正，故曰天下大行。萃卦，坤下兑上，《彖》曰："王假有庙，致孝亨也，利见大人。"王谓九五，九五为阳，阳为大，为大人。升卦，巽下坤上。《彖》曰："刚中而应，是以大亨。"阳刚为大，是以刚中而应为大亨。困卦，坎下兑上。《彖》曰："贞，大人吉，以刚中也。"阳刚为大，刚中为大人。革卦，离下兑上。

《彖》曰："大亨以正。"九五中正，阳为大，为大亨以正。鼎卦，巽下离上。《彖》曰："亨，饪也。圣人亨以享上帝，而大亨以养圣贤。"二之四为乾，乾为天为大，为大亨。归妹卦，兑下震上。《彖》曰："归妹，天地之大义也。"天地为大，故为大义。丰卦，离下震上。《彖》曰："丰，大也，明以动，故丰。"离为明为阳，阳为大，明以动，为丰为大。巽卦，巽下巽上。《彖》曰："刚巽乎中正而志行，利见大人。"阳刚为大，巽乎中正而志行，是以利见大人。兑卦，兑下兑上。《彖》曰："刚中而柔外，说之大，民劝矣哉！"二、五阳刚为大，又刚中，故曰说之大，民劝矣哉。小过卦，艮下震上，《彖》曰："大吉，上逆而下顺也。"上阴背阳消去，下阴顺阳来下，阳为大，为大吉。以上属下经卦象。

又，乾卦，九二曰："利见大人。"九五曰："利见大人。"皆阳为大，二、五中正，为大人。屯卦，初九《象》曰："以贵下贱，大得民也。"大，谓初九之阳，在阴之下，故曰大得民。需卦，上六《象》曰："不速之客来，虽不当位，未大失也。"下乾来上，不失阳之天位，故曰未大失。履卦，上九《象》曰："元吉在上，大有庆也。"阳为大，在上，为大有庆。泰卦，九二《象》曰："包荒，得尚于中行，以光大也。"阳为大，故曰光大。否卦，九五曰："休否，大人吉。"阳为大，九五为大人。同人卦，九五曰："大师克相遇。"阳为大，为大师。大有卦，九二曰："大车以载。"阳为大，为大车。豫卦，九四曰："由豫，大有得。"九四阳有得，阳为大，为大有得。蛊卦，九三曰："无大咎。"阳为大，阳无咎，为无大咎。大畜卦，上九《象》曰："何天之衢，道大行也。"阳为天为大，故曰大行。颐卦，上九《象》曰："由颐厉吉，大有庆也。"阳为大，故曰大有庆。坎卦，九五《象》曰："坎不盈，中未大也。"坎中水流为阳，阳为大，不盈为未大。以上属上经爻象。

又，咸卦，九四《象》曰："憧憧往来，未光大也。"阳应为大，憧憧往来，以其未光大。恒卦，上六《象》曰："振恆在上，大无功也。"上六为阴，是阳无功，阳为大，为大无功。遁卦，九三《象》曰："畜臣妾吉，不可大事也。"谓阳本应为大事，只此时不可。大壮卦，九四曰："壮于大舆之輹。"阳为大，称大舆。明夷卦，九三曰："明夷于南狩，得其大首。"《象》曰："南狩之志，乃大得也。"阳为大，为大首、大得。家人卦，六四曰："富家，大吉。"《象》曰："富家大吉，顺在位也。"大吉，言九五王假有家，是大谓阳。蹇卦，九五曰："大蹇，朋来。"《象》曰："大蹇朋来，以中节也。"九五为阳，阳为大，故曰大蹇。上六曰："往蹇，来硕吉，利见大人。"《象》曰："往蹇来硕，志在内也。利见大人，以从贵也。"硕，为大。九五为硕，为内，为大人，为贵， 是阳为大。损卦，上九《象》曰："弗损益之，大得志也。"大得志，谓上九得临下之志，阳为大。益卦，初九曰："利用为大作，元吉，无咎。"初九阳为大。九五《象》曰："有孚惠心，勿问之矣。惠我德，大得志也。"阳为大，九五至尊，为大得志。萃卦，九四曰："大吉，无咎。"阳为大。升卦，初六曰："允升，大吉。"《象》曰："允升大吉，上合志也。"上合九二阳之志，阳为大，为大吉。六五《象》曰："贞吉，升阶，大得志也。"六五，阴在阳位，阳为大，为大得志。井卦，上六曰："有孚元吉。"《象》曰："元吉在上，大成也。"有孚，谓九五阳实有孚信，至上六大成，乃阳为大。革卦，九五曰："大人虎变，未占有孚。"阳为大，九五之阳，为大人。鼎卦，上九曰："鼎玉铉，大吉。" 阳为大，为大吉。震卦，六五《象》曰："其事在中，大无丧也。"六五得阳位，阳无丧为大无丧。丰卦九三《象》曰："不可大事。"阳为大，三多凶，故戒以不可。涣卦，六四《象》曰："涣其群，元吉，光大也。"谓六四光大九五之阳。九五曰："涣其大号，涣王居，无咎。"九五阳为大。既济卦，九五《象》曰："实受其福，吉大来也。"九五阳，阳为大。未济卦，九四曰："震用伐鬼方，三年有赏于大国。"亦 谓阳，阳为大。以上属下经爻象。是《易》凡称大者，皆谓阳刚之象。

《易》以上卦为前为往，以下卦为后为来。大过卦，上卦为二阳在阴下，十一月、十二月之象，下卦为一阴在阳下，为五月之象。是为冬至以后，至来年夏至以前，为阳气用事时期。《彖》曰："大过，大者过也。"即谓大过，为阳气经过。

《月令·孟冬之月》云："命有司曰：天气上腾，地气下降，天地不通，闭塞而成冬。"孔颖达《正义》曰："若以《易》卦言之，七月三阳在上，则天气上腾，三阴在下，则地气下降也。今十月乃云天气上腾，地气下降者，《易》含万象，言非一概，周流六虚，事无定体。若以爻象言之，则七月为天气上腾，地气下降。若气应言之，则从五月地气上腾，至十月地气六阴俱升，天气六阳并谢。天体在上，阳归于虚无，故云上腾。地气六阴用事，地体在下，阴气下连于地，故云地气下降。各取其义，不相妨也。"《逸周书·时训解》曰："小雪之日，虹藏不见。又五日，天气上腾，地气下降。又五日， 闭塞而成冬。潘振云："此解十月中气也。"朱右曾云："六阳尽消，天不尽物，故曰上腾。纯阴用事，地体凝冻，故云下降。闭塞谓物尽蛰。"十月纯阴用事，阳气由上腾，转而潜伏，物随阳蛰。至十一月中气冬至，一阳生于阴下；至十二月中气大寒，则二阳生于阴下，如大过卦之上兑。

又，《月令·孟春之月》云："是月也，天气下降，地气上腾，天地和同，草木萌动。"《正义》曰："天气下降者，天地之气，谓之阴阳，一年之中，或升或降。故圣人作象，各分为六爻，以象十二月。阳气之升，从十一月为始。阳气渐升，阴气渐下，至四月六阳皆升，六阴皆伏。至五月一阴初升。阴气渐升，阳气渐伏，至十月六阴尽升，六阳尽伏。然则天气下降，地气上腾，五月至十月也。地气下降，天气上腾，十一月至四月也。今正月云天气下降，地气上腾者，阳气五月之时，为阴从下起，上向排阳气，第六阳气上极反退，至十月之时，六阳退尽，皆伏于下。至十一月，阳之一爻，始动地中。至十二月，阳渐升，阳尚微，未能生物之极。正月，三阳既上，成为乾卦。乾体在下，三阴为坤，坤体在上。乾为天，坤为地。今天居地下，故云天气下降；地气在天上，故云地气上腾。是阳气五月初降，至正月为天体，而在坤下也。十一月，一阳初生，而上排阴。阴之上六渐退，反归于下。至四月，阴爻伏尽，六阳在上。五月一阴生，六月二阴生，阴气尚微，成物未具。七月三阴生，而成坤体，坤体在下。三阳为乾，而体在上，则是地气在下，天气在上。故正月为泰，泰，通也，天地交通。七月为否，否，塞也，言天地隔塞。所以十月云：地气下降，天气上腾者，以十月之时，纯阴用事，地体凝冻，寒气逼物，地又在下，故曰地气下降。于时，六阳从上退尽，无复用事，天体在上，不尽于物，似若阳归于天，故云天气上腾。其实，十月天气反归地下。”大过卦，兑上巽下。上兑为阴气上腾，二阳由下升起，是十一月、十二月之象；下巽阳气上腾，一阴由下升起，是五月之象。十一月，阳之一爻，始动地中，十二月，九二始出地面，至次年五月，一阴又生，即冬至以后，夏至以前，主要为阳气过往之时，为大过。伏羲八卦，邵子曰：“乾南坤北，离东坎西，震东北，兑东南，巽西南，艮西北。”大过卦，巽下兑上。兑居乾之右，巽居乾之左。兑往而巽来，中间乾为过渡。乾阳为大，为大者过渡。

《系辞传》曰：“刳木为舟，剡木为楫，舟楫之利，以济不通，致远以利天下。”大过卦，初之上为大坎，大坎为大水；初之三为巽，巽为木，木于水则为舟楫。舟楫在大水之中，由此及彼，为舟楫之利，以济不通，为致远以利天下，为大过。又，初之四之五为大巽，大巽为大舟。大水以大舟而过，为大过大者过。又，《系辞传》曰：“古之葬者，厚衣之以薪，葬之中野，不封不树，丧期无数。后世圣人，易之以棺椁，盖取诸于大过。”大过卦，上下为阴，阴为地为土，是土封之象。巽为木，木为树，是墓树之象。又，初之五，为大小重套之巽，巽为木，是棺椁之象。由古之野葬，到既封且树之棺椁葬，是圣人之大过渡。圣人兴功建业，匡世济时，移风易俗，以利天下，亦大过大者过。郑康成曰：“大过，阳爻过也。”孔颖达曰：“此衰难之世，唯阳爻乃大能过越常理，以拯患难也，故曰大过。以人事言之，犹若圣人过越常理，以拯患难也。”程氏传：“如立非常之大事，兴百世之大功，成绝俗之大德，皆大过之事也。”朱熹曰：“大过之时，非有大过人之材，不能济也。”

《太玄经》曰：“失，阴大作贼，阳不能得，物陷不测。”范望注：“失，象大过卦，谓之失者，立冬节终于此首之次一，小雪气起于此首之次二，斗指亥，应钟用事。言此时，阴大贼阳，阳无所据，二气不和，万物之生，无所测立，阴阳相失，故谓之失。失之初一，日入箕宿六度。”司马光集注：“失，准大过。小雪气应。宋曰：谓是时，阳为贼阴所攻夺，不能复有所得也。”按，立冬、小雪、斗指亥、应钟用事、日入箕宿六度，皆在十月。十月纯阴，故为阴大作贼，阳不能得。万物随阳，阳不能得，故物陷不测。又，《太玄经》曰：“剧，阴穷大，泣于阳，无介俦，离之剧。”范望注：“剧，亦象大过卦。”司马光集注：“剧，亦准大过。”按，阴穷大，谓阴至极。物极则必反于下，为泣于阳。一阴来下，无其朋类，乃离析之甚，为无介俦，离之剧。一阴来于阳下，此五月之象。由十月至次年五月，中间是阳过之时，故失、剧象大过。大过者，大者过，谓阳气过往之时。

大过 杨树达《积微居甲骨文说·释⿺辶戈》曰：“⿺辶戈，读为过。”赵诚《卜辞分类读本》：“⿺辶戈，从戈从辵，与行走有关。甲骨文用作动词，有前往之义。如：王其⿺辶戈于梌，亡灾。”（粹一0一九）。《上古汉语词典》：“甲骨文过字，从辵从戈，戈亦声。往也。《甲》二·二三·一一：〔〕巳卜贞：王过于召，往来无灾？在五月。《前》二·八·三：癸巳卜，在长贞：王过于射，往来无灾？《吕氏春秋·异宝篇》：伍员过于吴。”《睡虎地秦简·日书》：“人过于丘虚。”由上，过字原为往义。《尔雅·释言》：“邮，过也。”郭璞注：“道路所经过。”释曰：“邮，谓邮亭；过，经过也。”《方言》：“过度谓之涉济。”笺疏：“《广雅》：过、涉，渡也。又云：渡，过也。渡与度通，本亦作渡。按，过度亦谓之绝。《吕氏春秋·异用篇》云：丈人度之，绝江。高诱注云：绝，过也。”《玉篇》：“过，度也，越也。”《夏书·禹贡》：“东过洛汭，至于大伾；北过降水，至于大陆。”《论语·微子》：“楚狂接舆，歌而过孔子。”是过为渡过、经过。《说文》：“过，度也。”段玉裁注：“引伸为有过之过。《释言》：邮，过也。谓邮亭是人所过；愆，过也，是人之过。”吴善述《广义校订》：“过，本经过之过，故从辵，许训度也。度者，过去之谓，故过水曰渡，字亦作度。经典言过我们、过其门者，乃过之本义。”王弼《周易注》云：“大过，音相过之过。”孔疏亦云：“相过者，谓相过越之甚也；非谓相过从之过。”按《周易》为文，多用本义。过，既非愆过之过，亦非过从之过，是过往之过。大过，乃阳气过往，谓有所为而过往。复卦，震下坤上，一阳升于阴下。临卦，兑下坤上，二阳升。泰卦，乾下坤上，三阳升。大壮卦，乾下震上，四阳升。夬卦，乾下兑上，五阳升。乾卦，乾下乾上，六阳升。以上，由一阳动自阴下，至六阳尽升而阴起，为大者过。《杂卦传》曰：“大过，颠也。”《说文》：“天，颠也。”按，乾为天。是大过，即乾阳过。《彖》曰：“大过之时大矣哉！”既谓天时，亦谓人事。

栋桡 《尔雅·释宫》曰："栋，谓之桴。"郭璞注："屋檼。"邢昺疏："栋，屋檼也，一名桴，今屋脊也。《易》曰：栋隆吉。是也。"《释名·释宫室》曰："栋，中也，居屋之中。"《说文》："栋，极也。"沈涛古本考："《一切经音义》卷六、卷十四、卷十五，皆引：栋，屋极也。是古本有屋字。"段玉裁注："极者，谓屋至高之处。《系辞》曰：上栋下宇。五架之至，正中曰栋。"王筠句读："栋为正中一木之名，今谓之脊檩者是。"朱骏声通训定声："栋，极也，屋内至中至高之处。亦曰阿，俗谓之正梁。"按，李诫《营造式·大木作制度二》："栋，其名有九：一曰栋，二曰桴，三曰檼，四曰棼，五曰甍，六曰极，七曰槫，八曰檩，九曰櫋。"阮元《栋梁考》云："屋材之大者，曰栋曰梁。栋者，王架屋，由东至西，最高中脊下，横木之名。今俗名中梁。梁者，屋中四柱，由北至南，纵架柱上之木名也，今俗名驼梁。是以栋宜三，而梁宜二，梁上受短柱以载栋。"然大过之栋，谓大者如栋梁，喻其至重。从上往下看，从下往上看，皆为巽，巽为木，大巽为大木，是以为栋梁之象。又，《易林》、《荀九家》，以坎为栋，坎有隐伏，木坚多心之象。

《说文》："桡，曲木也。"段玉裁注："引伸为凡曲之称。见《周易》、《考工记》、《月令》、《左传》。古本无从手挠字，后人肊造之，以别于桡，非也。"《考工记·矢人》："桡之，以眡其鸿杀之称也。"郑氏注："桡搦其干。"孙诒让疏："注云桡搦其干者，《广雅·释诂》云：桡，曲也。《说文·手部》云：搦，按也。谓抑按其干，令曲。"《左传》成公二年："畏君之震，师徒桡败。"杜预注："震，动；桡，曲也。"《说卦传》："桡万物者，莫疾乎风。"谓风能使万物曲折。《列子·汤问》："纶不绝，钩不伸，竿不桡。"《释文》云："桡，乃孝切，曲木也。"《论衡·感虚》："神农之桡木为耒。"《论衡校释》："桡，屈也。"按，《正字通》："桡，木曲。"栋桡，谓栋梁之木弯曲。巽为木，兑为毁折，巽下兑上，是以为栋桡。

《象》曰："栋桡，本末弱也。"《周易本义》曰："本，谓初；末，谓上；弱，谓阴柔。"《说文》："本，木下曰本。从木，一在其下。"徐锴系传："一，记其处也。与末同义，指事也。"《释名》曰："木以下为本。"《大雅·荡》："颠沛之揭，枝叶未有害，本实先拨。"《正义》曰："云树木将欲颠仆倾拔之时，其根揭然而见。此时枝叶未有折伤之害，而根本实先断绝。但根本既绝，枝叶亦从而绝。"本，谓根本。《左传》成公二年："禽之而乘其车，系桑本焉。"《春秋左传注》："桑本，桑树根。以桑树根系于车。"昭公九年："木水之有本原。"本，亦根。《荀子·致士篇》："水深而回，树落则粪本。"杨倞注："谓木叶落，粪其根也。"《吕氏春秋·辩土》："是以晦广以平，则不丧本。"高诱注："本，根也。"又，《说文》："末，木上曰末。从木，一在其上。"徐锴系传："指事也。”徐灏注笺：“木杪曰末，故于木上作画，指事。”《左传》昭公十一年：“末大必折，尾大不掉。”《春秋左传注》：“《韩非子·扬権篇》云：“枝大本小，将不胜春风。”末，谓枝。《庄子·人间世》：“仰而视其细枝，则拳曲而不可以为栋梁。”《系辞传》曰：“《易》之为书也，原始要终，以为质也，六爻相杂，唯其时物也。其初难知，其上易知，本末也。初辞拟之，卒成之终。”朱熹曰：“此言初、上二爻。”是栋桡，本末弱也，谓大过之时，上下皆阴，阴为虚弱，而阳任重，因而栋桡。

《左传》襄公三十一年：“子于郑国，栋也。栋折榱崩，侨将厌焉。”《春秋左传注》：“子产为政，实由子皮。子皮若败，子产亦必受其影响，故云我亦将被压。”《国语·晋语一》：“夫太子，国之栋也。栋成乃制之，不亦危乎！”韦昭注：“栋成，谓位已定，而更其制，使将兵，危之道也。”《鲁语上》：“不厚其栋，不能任重。重莫如国，栋莫如德。”韦注：“厚，大也；任，胜也。言国至重，非德不任国栋。《汉书·佞臣传·赞》曰：“主疾无嗣，弄臣为辅，鼎足不强，栋干微挠。”师古注：“挠，弱也。音女教反。”《后汉书·陈球传》：“公为国栋梁，倾危不持，焉用彼相邪？”又，《谢夷吾传》：“诚社稷之元龟，大汉之栋甍。”《三国志·魏高柔传》：“今公辅之臣，皆国之栋梁，民所瞻具。”是栋，亦为国家栋梁。栋桡，本末弱者，君在上为末，臣在下为本。君臣弱，则社稷危，栋梁摧。大过卦，既有物理，亦有人事。

利有攸往 《彖》曰：“刚过而中，巽而说行，利有攸往。”下巽为逊顺，上兑为和悦。阳刚虽处大坎之中，然九二得下卦之中位，其行敬顺而和悦，直至九五，故利于往前。得中为得道。巽而说为得术。得道得术，逢凶化吉，履险如夷，利有攸往。大过卦，阳过之卦。九二，阳刚中位，巽而说行者，谓从九二至九五之行，即从十二月至三月之行。《说文》：“丑，纽也。十二月，万物动用事。象手之形，时加丑，亦举手时也。”段玉裁注：“《律历志》曰：纽牙于丑。《释名》曰：丑，纽也，寒气自屈纽也。《后汉书·陈宠传》曰：十二月，阳气上通，雉雊鸡乳，地以为正，殷以为春。人于是举手有为。”桂馥义证：“《淮南·天文训》：太阴在丑岁，名曰赤奋若。高注：奋，起；若，顺也。阳奋物而起，无不顺其性。赤，阳色。《月令》：季冬之月，令告民，出五种；命农计耦耕事，修耒耜，具田器。注云：明大寒气过，农事将起也。”又，“寅，髌也。正月，阳气动，去黄泉欲上出。”段注：“《律书》曰：寅，言万物始生，螾然也。正月，阳气欲上出，如水泉欲上行也。”桂证：“《月令·孟春之月》：是月也，天气下降，地气上腾，天地和同，草木萌动。《易乾凿度》：泰者，正月之卦也。阳气始通，阴道执顺。《白虎通》：十三月之时，万物始达，孚甲而出，皆黑，人得加工力。又云：正月，律谓之太簇何？太亦大也。簇者凑也。言万物始大，凑地而出也。”又，“卯，冒也。二月，万物冒地而出。象开门之形，故二月为天门。”段注：“《律书》曰：卯之为言，茂也，言万物茂也。《释名》曰：卯，冒也，载冒土而出也。盖阳气至是始出地也。字象开门也。卯为春门，万物已出。”桂证：“徐锴曰：二月，阴不能制阳，阳冒而出也。《乾凿度》郑注：言二月之时，阳已壮，施生万物，而阴气渐微，不能为难以障闭阳气，故曰藩决难解也。”又，“辰，震也。三月，阳气动，雷电振，民农时也，物皆生。”段注：“《释名》曰：辰，伸也，物皆伸舒而出也。季春之月，生气方盛，阳气发泄。句者毕出，萌者尽达。二月雷发声，始电至，三月始大振动。《豳风》曰：四之日举止。故曰民农时。”桂证：“《白虎通》：三月，律谓之姑洗何？姑者故也，洗者鲜也。言万物皆去故就其新，莫不鲜明也。《淮南・天文训》：太阴辰岁，名曰执徐。高注：执，蛰；徐，舒。伏蛰之物，皆散舒而出。”阳气，以九二出地著见，大寒过后，阳渐长，阴渐消，至三月，阳升至五，由下之中，至上之中，万物随阳而生，为利有攸往。

亨 乾卦《文言》曰：“亨者，嘉之会也。”《周易本义》云：“亨者，生物之道。和盘托出至于此，莫不嘉美。”蒙卦《彖》曰：“蒙亨，以亨行时中也。”小畜卦《彖》曰：“健而巽，刚中而志行，乃亨。”履卦《彖》曰：“说而应乎乾，是以履虎尾不咥人，亨。”同人卦《彖》曰：“同人于野，亨。”谦卦《彖》曰：“谦亨。”噬嗑《彖》曰：“噬嗑而亨。”贲卦《彖》曰：“柔来而文刚，故亨。”复卦《彖》曰：“复亨，刚反，动而以顺行。”习坎卦《彖》曰：“亨，乃以刚中也。”离卦《彖》曰：“柔丽乎中正，故亨。”咸卦《彖》曰：“男下女，是以亨。”恒卦《彖》曰：“恒亨，无咎，利贞，久于其道也。”遁卦《彖》曰：“遁亨，遁而亨也。”萃卦《彖》曰：“利见大人，亨，聚以正也。”困卦《彖》曰：“险以说，困而不失其所，亨。”震卦《彖》曰：“震亨，震来虩虩，恐致福也；笑言哑哑，后有则也。”涣卦《彖》曰：“涣亨，刚来而不穷，柔得位乎外而上同。”节卦《彖》曰：“节亨，刚柔分而刚得中。”小过卦《彖》曰：“小过，小者过而亨也。”既济卦《彖》曰：“既济亨，小者亨也。”未济卦《彖》曰：“未济亨，柔得中也。”是《易》之亨，为凡美之辞，美则通，为亨通。

大过卦，巽下兑上。《彖》曰：“刚过而中，巽而说行，利有攸往，乃亨。”谓二、五得中，又逊顺和悦而行，以此利有攸往，故而亨通。乾卦《文言》曰：“九二曰：见龙在田，利见大人。何谓也？子曰：龙德而正中者也。庸言之信，庸行之谨，闲邪存其诚，善世而不伐，德博而化。《易》曰：见龙在田，利见大人。君德也。”又，“九五曰：飞龙在天，利见大人。何谓也？子曰：同声相应，同气相求；水流湿，火就燥；云从龙，风从虎；圣人作，而万物睹；本乎天者亲上，本乎地者亲下：各从其类。”九二、九五，得上下正中之位，善己利物，是以利有攸往而亨通。王弼注：“拯弱兴衰，不失其中也。

巽而说行，以此救难，难乃济也。危而弗持，则将焉用？故往乃亨，是君子有为之时也。”程氏传：“刚虽过，而二、五皆得中，是处不失中道也。下巽上兑，是以巽顺和说之道而行也。在大过之时，以中道巽说而行，故利有攸往，乃所以能亨也。”朱熹曰：“二、五得中，内巽外说，有可行之道，故利有所往，而得亨也。”

《史记·殷本纪》：“西伯（文王）归，乃阴行善，诸侯多叛纣，而往归西伯。西伯滋大，纣由是稍失权重。王子比干谏，弗听。商容贤者，百姓爱之，纣废之。及西伯伐饥国，灭之，纣之臣祖伊，闻之而咎周，恐，奔告纣。纣曰：我生不有命在天乎！祖伊反，曰：纣不可谏矣。西伯既卒，周武王之东伐，至盟津，诸侯叛殷，会周者八百。诸侯皆曰：纣可伐矣。武王曰：尔未知天命。乃复归。”又，“纣愈淫乱不止，周武王于是，遂率诸侯伐纣。纣亦发兵距之牧野。甲子日纣兵败。纣走，入登鹿台，衣其宝玉衣，赴火而死。周武王遂斩纣头，悬之（大）白旗。杀妲己，释箕子之囚，封比干之墓，表商容之闾。封纣子武庚禄父，以续殷祀，令修行盘庚之政。殷民大说，于是周武王为天子。”《系辞传》曰：“《易》之兴也，其当殷之末世，周之盛德邪？当文王与纣之事邪？是故其辞危。”文、武之事，犹大过之事，虽处栋桡之时，而居二、五之中，是利有攸往而亨通。贲卦《彖》曰：“观乎天文，以察时变；观乎人文，以化成天下。”大过卦，有天文，亦有人文。

《象》曰：“泽滅（灭）木，大过，君子以独立不惧，遁世无闷。”《小尔雅·广诂》：“滅，没也。”《说文》：“滅，尽也。从水，滅也。从火，从戌。火死于戌，阳气至戌而尽。《诗》曰：赫赫宗周，褒姒威之。”是滅为没，非为威。后来威废，而滅存，其义混而无别。泽灭木，繁写为滅。《吕氏春秋·爱类》：“昔上古龙门未开，吕梁未发，河出孟门，大溢逆流，无有丘陵沃衍平原高阜，尽皆滅之，名曰鸿水。”高诱注：“滅，没也。”《说文》：“没，沉也。”桂馥义证：“《小尔雅》：沉，没也。襄二十四年《传》：何没没也？杜注：没没，沉滅之言。《庄子·达生篇》：若乃夫没人，则未尝见舟，而便操之也。注云：没人，谓能鹜没于水底。《说苑》：不临于深渊，何以知没溺之患。”是滅为没，即谓沉没于水为滅。噬嗑卦，震下离上。上九曰：“何校滅耳，凶。”三之五为坎，坎为水；上九在坎上，耳在头上，在坎，是有荷校淹没其耳之象。又，大过卦，大坎之象，上六曰：“过涉滅顶，凶，无咎。”亦以坎水淹没为滅。《象》曰：“泽滅（灭）木，大过，君子以独立无惧，遁世无闷。”谓上兑为泽，下巽为木，兑上巽下，谓水草交错，以淹没其木，而木仍生长其中，下往上升。君子观此，是以处乱世而独立，无所畏惧，避乱世而无所烦闷。又，乾为君子。大过卦，二之五为乾为君子。乾独立于大坎之中，而不混杂其间，又得二、五中正之位，是为君子独立无惧。又，乾在坎水、兑泽、巽木之中，是处江湖、泉下、林中，而巽以说，为君子遁世无闷。

王弼注："此所以为大过，非凡所及也。"孔颖达《正义》曰："君子以独立不惧， 遁世无闷者，明君子于衰难之时，卓尔独立，不有畏惧；隐于世，而无忧闷，欲有遁难之心，其操不改。凡人过此则不能，然唯君子独能如此，是其大过越之义。"程氏传："泽，润养于木者也；乃至灭没于木，则过甚矣，故为大过。君子观大过之象，以立其大过人之行。君子所以大过人者，以其能独立不惧，遁世无闷也。天下非之而不顾，独立不惧也；举世不见知而不悔，遁世无闷也。如此然后能自守，所以为大过人也。"朱熹曰："泽灭于木，大过之象也。不惧无闷，大过之行也。"李道平《周易集解纂疏》："愚案：泽虽灭木，木得水而益荣。君子法此，则有大过乎人之学问焉。独立，则如巽木，故不惧；无闷，则如兑以说之，闷与说反，说故无闷。本末虽弱，中互两乾，阳刚不桡，故能独立不惧，遁世无闷。"

《周书·金縢》曰："武王既丧，管叔及其群弟，乃流言于国，曰：公将不利于孺子。周公乃告二公曰：我之弗辟，我无以告我先王。周公居东二年，则罪人斯得。于后，公乃为诗以贻王，名之曰《鸱鸮》。王亦未敢诮公。"孔氏传："武王死，周公摄政。弟管叔及蔡叔、霍叔，乃放言于国，以诬周公，以惑成王。三叔以周公大圣，有次立之势，遂生流言。孺，稚也。稚子，成王。辟，法也。告召公、太公，言我不以法，法三叔，则我无以成周道，告我先王。周公既告二公，遂东征之。二年之中，罪人此得。成王信流言，而疑周公。故周公既诛三监，而作诗，解所以宜诛之意，以遗王。王犹未悟，故欲让公，而未敢。"《豳风·狼跋》之《序》曰："《狼跋》，美周公也。周公摄政，远则四国流言，近则王不知，周大夫美其不失其圣也。"郑笺："不失其圣者，闻流言不惑，王不知不怨，终立其志，成周之王功，致太平。复成王之位，又为之大师。终始无愆，圣德著焉。"周公，不畏流言和王不知，决然东征，可谓君子以独立不惧。

《史记·鲁周公世家》云："初，成王少时，病。周公乃自揃其蚤，沈之河，以祝于神曰：王少未有识，奸神命者，乃旦也。亦藏其策于府。成王病为瘳。及成王用事，人或谮周公，周公奔楚。成王发府，见周公祷书，乃泣，返周公。"《索隐》："经典无文，其事或别有所出。又与《蒙恬传》同，事或然也。"《蒙恬传》云："昔周成王初立，未离襁褓，周公旦负王以朝，卒定天下。及成王有病甚殆，公自揃其爪，以沈于河，曰：王未有识，是旦执事。有罪殃，旦受其不祥。乃书而藏之记府，可谓信矣。及王能治国，有贼臣言：周公旦，欲为乱久矣。王若不备，必有大事。王乃大怒。周公旦走，而奔于楚。成王观于记府，得周公旦沈书。乃流涕曰：孰谓周公旦欲为乱乎？杀言之者，而反周公旦。”

《竹书纪年统笺》：“成王元年，武庚以殷叛，周文公出居于东。”徐笺：“今据《竹书》，成王元年，武庚以殷叛，周文公出居于东；二年秋，王逆周文公于郊，遂伐殷， 则是居东者，谓出居于东也。孔传谓周公既告二公，遂东征之。非矣。然马、郑以居东为东都，亦非。《史记·鲁世家》曰：人或谮周公，周公奔楚。邵氏宝曰：周公避流言， 尝居东矣。鲁，公封也。不之鲁，而之楚乎？据《战国策》惠施曰：昔王季历，葬于楚山之尾，栾水啮其墓。季妇鼎铭曰：王在成周，王徙于楚麓。《左传》成十三年：迓晋侯于新楚。杜注：新楚，秦地。《括地志》：终南册，一名楚山，在雍州万年县南五十里。武王墓，在万年县西南三十里。周公奔楚，当是因流言出居，依于王季、武王之墓地，必无远涉东都之理。邵疑为楚国，谬矣。观下文，王启金縢，执书以泣曰：维朕小子，其新逆，王出郊，天乃雨，反风。则居东为成周之近郊，而必非东都明矣。”按，《竹书纪年统笺》，谓周公出居于东，因流言而避；后成王召，又返。与《史记》皆同，是周公亦君子遁世无闷之类。

颐卦和大过卦，互为邻卦和错卦。《序卦传》曰：“颐者，养也，不养则不可动，故受之以大过。”言颐为养者，颐卦，震下艮上，初、上为阳，前阳将过，后阳方来，是冬之象。冬为敛藏为养。言大过为动者，大过，巽下兑上，初上为阴，前阴将过，后阴方来，是春之象。春为生长为动。《考工记·梓人》曰：“张皮侯而栖鹄，则春以功。” 郑氏注：“春，读为蠢。蠢，作也，出也。”《礼记·乡饮酒义》：“春之为言蠢也，产万物者圣也。”郑注：“春犹蠢也。蠢，动生之貌也。圣之言生也。”《尸子·卷下》：“春，动也。是故鸟兽孕孳，草木桦 生，万物咸遂。”《汉书·律历志》：“阳气动物，于时为春。春，蠢也，物蠢生，乃动运。”《白虎通·五行》云：“春之为言，偆偆动也。”《风俗通义·禊》：“春者，蠢也。蠢蠢摇动也。”《尚书大传》曰：“物之动也，何以谓之春？春，出也，物之出也。”《春秋元命苞》：“春者，岁之始也，神明推移，精华结纽。”宋均注：“神明犹明阴阳也，相推相移，使物精华结成纽要也。”《说文》：“春，推也。”桂馥义证：“《五经通义》：冬至阳动于下，推阴而上之。”是阳动为春。颐为冬养，大过为春动，养而动，是以相邻相错。

大过卦和小过卦，互为类比卦。大过《象》曰：“大过，大者过也。”小过《象》曰：“小过，小者过而亨也。”大过卦，巽下兑上。兑，二阳在阴下，是一阳升和二阳升之象，是以为十一月和十二月之象。巽，一阴在阳下，是五月之象。大过卦，即头年冬至，至次年夏至之象。其间，阳由十一月一阳升，至十二月二阳升，至正月三阳生，至二月四阳升，至三月五阳升，至四月六阳升，直至五月一阴来，为阳气南来过北陆，推阴气而下，为大过大者过。小过卦，艮下震上。艮，二阴于阳下，是一阴和二阴升之象，是以为五月和六月之象。震，一阳在阴下，是十一月之象。小过卦，即当年夏至，至当年冬至之象。其间，阴由五月一阴升，至六月二阴升，至七月三阴升，至八月四阴升，至九月五阴升，至十月六阴升，直至十一月一阳来，为阴气北来过大陆，推阳气而下，为小过小者过。是阳来经过大陆，为大过；阴来经过大陆，为小过：两卦互为类比。又，两卦皆呈坎象。坎险务过，是以大者过为大过，小者过为小过。

初六，藉用白茅，无咎。

〔译〕 初六，垫以白茅，没有灾过。

《象》曰："藉用白茅，柔在下也。"

〔证〕

藉用白茅 《象》曰："藉用白茅，柔在下也。"谓藉用白茅者，以柔软白茅，垫在下面。《说文》曰："藉，祭藉也。"段玉裁注："祭天以为藉也。"《释文》："藉，马云：在下曰藉。"《仪礼·士虞礼》："馔黍稷二敦于阶间，藉苇席。"郑氏注："藉，犹荐也，古文藉为席。"释曰："藉，犹荐也者，谓先陈席，乃陈黍稷于上，是所陈席，藉荐黍稷也。"《本草纲目·草部》时珍曰："茅，有白茅、菅茅、黄茅、香茅、芭茅数种，叶皆相似。白茅短小，三四月，开白花成穗，结细实。其根甚长，白软如筋而有节，味甘，俗称丝茅。可以苫盖，及供祭祀苞苴之用，本经所用茅根，是也。其根干之，夜视有光，故腐则变为萤火。"按，白茅，多年生长草本植物，高一二尺，野生于山丘平地，叶细长且尖。开春，花先叶而开。花密集，生于花轴上部，成穗，高尺许，丛生白毛，新嫩时可采食，淡甜。民谚：三月三，吃茅针。白茅，以其洁白柔软，不同于其他各茅，故用于苞苴祭藉。

《召南·野有死麕》："野有死麕，白茅包之。"毛传："白茅，取洁清也。"《正义》曰："以白茅包之者，由取其洁清也。《易》曰：藉用白茅，无咎。《传》曰：尔供包茅不入，王祭不供，无以缩酒。明其洁清。"《小雅·白华》："白华菅兮，白茅束兮。"《毛诗传笺通释》："白华、白茅，皆取洁白之义。"《周礼·乡师》："大祭礼，羞牛牲，其茅蒩。"郑氏注："郑大夫读蒩为藉，谓祭前藉也。《易》曰：藉用白茅，无咎。玄谓：蒩，《士虞礼》所苴，刌茅长五寸，束之者是也。"《甸师》："祭祀，共萧茅。"郑注："茅以共祭之苴，苴以藉祭。"《仪礼·士虞礼》："取黍稷祭于苴三。"郑注："苴，所以藉祭也。"按，郑谓《仪礼》之苴，即《周礼》之蒩，茅藉。桂馥于《说文》藉字下曰："黄帝问元女兵法祭法，白茅为藉，长二尺四寸，广六寸，饼枣栗并脯，置藉上。”国之大事，祭祀与戎。以茅藉祭，尤其以白茅藉祭，乃虔敬慎重之意。

无咎 《系辞传》曰：“初六，藉用白茅，无咎。子曰：苟错诸地而可矣，藉之用茅，何咎之有？慎之至也。夫茅之为物薄，而用可重也。慎斯术也以往，其无所失矣。”谓茅虽轻薄，但用之义，可谓重大。藉用白茅，是慎而又慎。大过之时，犹如祭祀，持慎道而往，将无所失，故无咎。王弼注：“以柔处下，过而可以无咎，其惟慎乎！”《正义》曰：“无咎者，既能谨慎如此，虽过大过之难，而无咎也。”又曰，“以柔道在下，所以免害。”李鼎祚《周易集解》引侯果曰：“以柔处下，履非其正，咎也。苟能洁诚肃恭不怠，虽置羞于地，可以荐奉，况藉用白茅，重慎之至，何咎之有矣。”按，大过卦，巽下兑上。巽为进退，为谨慎。初六在巽之初，为进退谨慎之始。大过，过大坎，不能慎始，则不可善终；惟其慎始，方可善终。故初六曰：“藉用白茅，无咎。”《象》曰：“藉用白茅，柔在下也。”柔在下，即谓巽于初，谓敬慎而行，不以遽进。于象，巽为白，生于地为白茅。初六阴柔，犹白茅柔，在阳下，为藉用白茅，柔在下也。又，白茅感阳先发，故初曰藉用白茅。阳不得阴降不生，故初为阴。

九二，枯杨生梯，老夫得其女妻，无不利。

〔译〕 九二，枯杨之根生发，老夫得其女妻，无所不利。。

《象》曰：“老夫女妻，过以与也。”

〔证〕

枯杨生梯 《说文》：“乾，上出也。”段玉裁注：“此乾字之本义也。自有文字以后，乃用为卦名，而孔子释之曰健也。健之义生于上出，上出为乾，下注则为湿，故乾与湿相对。俗别其音，古无是也。”按，二之五为大乾，与湿相对为干（乾），大干为枯。大过，巽下兑上，巽，为白为木；兑，其于地为刚卤。枯杨，谓生于北方刚卤地中之白杨，经冬则枯，故谓枯杨。又，尚秉和曰：“巽，为杨，为陨落，为枯。《易林》，泰之咸云：老杨日衰，条多枯枝；噬嗑之否云：朽根枯树。是以咸、否互巽为枯也。”《本草纲目·白杨》：“《释名》：独摇。宗奭曰：木身似杨微白，故曰白杨，非如粉之白也。时珍曰：郑樵《通志》言：白杨一曰名高飞，与移杨同名。今俗通呼移杨为白杨，且白杨亦因风独摇，故得同名也。《集解》：恭曰：白杨，取叶圆大，蒂小，无风自动者。藏器曰：白杨，北土极多，人种墟墓间，树大皮白。颂曰：今处处有之，北土尤多。株甚高大，叶圆如梨叶，皮白色，木似杨，采无时。崔豹《古今注》云：白杨叶圆，青杨叶长。是也。宗奭曰：陕西甚多，永、耀间，居人修盖，多此木也。其根易生，斫木时，碎扎入土，即生根，故易繁植。土地所宜尔。风才至，叶如大雨声。谓无风自动，则无此事。但风微时，其叶孤绝处，则往往独摇。以其蒂细长，叶重大，势使然也。时珍曰：白杨木高大。叶圆似梨，而肥大有尖；面青而光，背甚白色，有锯齿。木肌细白，性坚直，用为梁栱，终不挠曲，与移杨乃一类二种也。”

虞翻曰：“稊，稚也，杨叶未舒称稊。”王弼注：“稊者，杨之秀也。”《经典释文》：“稊，徒稽反，杨之秀也。郑作荑，荑，木更生，音夷。”《经典释文彙校》曰：“卢云：《说文》无稊字，毛居正谓当作梯，亦无左证。焯案：写本《释文》作梯，写本《周易》亦作梯，知古本从木旁，作梯也。”明校本《夏小正》：“正月，柳梯，梯也者，发孚也。”既为柳梯，不作稊；杨柳同科，枯杨生稊，亦应作枯杨生梯。程氏传作稊，朱熹《周易本义》作梯，后者校正前者。《洪武正韵·齐韵》：“梯，本稚也。”《字彙·辰集》：“梯，又杜兮切，音题，木稚。《易》大过二爻：枯杨生梯。后作稊。误。”长沙马王堆汉墓，出土之《帛书周易》曰：“楛杨生荑。”段玉裁注《说文》苐字曰：“锴本作荑，夷声；铉本作苐。今铉本篆体，尚未全误。考《广韵》、《玉篇》、《类篇》，皆本《说文》云苐，艸也，知《集韵》合苐、荑为一字之误矣。荑，见《诗》，茅之始生也。”按，《庄子·知北游》曰：“在荑稗。”《释文》曰：“稊与荑同。”草始生为苐，木始生当为梯，九二应为枯杨生梯。

《大戴礼·夏小正》：“正月，柳梯。梯也者，发孚也。”《说文》：“孚，卵孚也。从爪，从子。”段玉裁注：“《通俗文》：卵化曰孚。音方赴反。《广雅》：孚，生也。谓子出于卵也。《方言》：鸡卵伏而未孚。于此可得孚之解矣。卵因伏而孚，学者因即呼伏为孚。凡伏卵曰抱，亦曰菢。锴曰：鸟抱，恒以爪反覆其卵也。按，反覆其卵者，恐照妪之不均。”孚，孚化；发孚，为发生。草之始生为苐，木之始生为梯，皆发生之义。解卦《彖》曰：“天地解，而雷雨作；雷雨作，而百果草木皆甲坼。解之时大矣哉！”九二，阳出于地，枯杨生梯，即谓枯杨之根，得阳而生孚。孙星衍《周易集解》引郑康成曰：“荑，木更生。”虞翻曰：“枯杨在二也，十二月时，周之二月，兑为雨泽，枯杨得泽复生梯。”此时地上为大寒，木之更生，必著于根。朱熹《周易本义》曰：“阳过之始，而比初阴，故其象占如此。梯，根也，荣于下者也。荣于下，则生于上矣。”朱子之意，枯杨生梯者，亦谓枯杨之根，生孚于下。杨柳迎春，最为感阳之物，又，阳、杨谐音，故以枯杨生梯，喻阳之来，生死肉骨。

老夫得其女妻　《大雅·板》云：“老夫灌灌，小子蹻蹻。”《论语·季氏》之《正义》曰：“少，谓人年二十九以下；壮，谓气力方当刚强；老，谓五十以上。”老夫，谓五十岁以上之男子。《说文》：“夫，丈夫也。从大，一以象簪也。周制，以八寸为尺，十尺为丈，人长八尺，故曰丈夫。”段玉裁注：“从一大则为天，从大一则为夫，于此见人与天同也。天之一，冒大上，为会意；夫之一，毌大首，为象形，亦为会意。”高鸿缙《中国字例》：“夫，成人也。童子披发，成人束发，故成人戴簪。字倚大（人），画其首发戴簪形。由丈夫（人）生意，故为成人意之夫。童子长五尺，故曰五尺之童；成人长一丈（周尺），故曰丈夫；伟人曰丈夫。许言汉八寸为周一尺，人长汉八尺也。至妻之对曰夫，或丈夫，皆是借用。”《系辞传》曰：“乾道成男。”《说卦传》曰：“巽，为寡发，为广颡。”九二在巽之中，是以为少发广颡之男，为老夫之象。

《说文》：“妻，妇与夫齐者也。从女，从屮，从又。又，持事，妻职也。”桂馥义证：“颜注《急就篇》：妻者，齐夫之称。《释名》：士庶人曰妻。妻，齐也。夫贱不足以尊称，故齐等言也。《内则》：聘则为妻。注云：妻之言齐也，以礼聘问，则得与夫敌体。”《白虎通·三纲六纪》曰：“夫妇者，何谓也？夫者，扶也，以道扶接也。妇者，服也，以礼屈服也。《昏礼》曰：夫亲脱妇之缨。传曰：夫妇判合也。”陈立疏证：“《释名·释亲》云：妇，服也，服家事也。《大戴记》又云：妇人，伏于人也。”《说文》：“婦(妇)，服也。从女持帚，洒扫也。”桂馥义证：“颜注《急就篇》：妇者，服事舅姑之称。《白虎通·嫁娶》：妇者，服也，服于家事，事人者也。从女持帚者，赵宧光曰：妇，从女持帚；妻，从又持屮，可以观女人之职。”《系辞传》曰：“坤道成女。”初六，在卦之下，下为内，又为阴，是以为妻为妇，服事于家室之象。《说卦传》曰：“巽一索而得女，故谓之长女。”九二曰：“老夫得其女妻。”即谓九二得到初六相应，为内室之妻。

《陈风·东门之杨》之《序》云：“东门之杨，刺时也。昏姻失时，男女多违，亲迎女，犹有不至者也。”《正义》曰：“此刺昏姻失时，而举杨叶为喻。则是以杨叶初生喻正时，杨叶已盛喻失时。毛以为，秋冬，为昏之正时；故云男女失时，不逮秋冬也。秋冬为昏，无正文也。《邶风》云：士如归妻，迨冰未泮。知迎妻之礼，当在冰泮之前。荀卿书云：霜降逆女，冰泮杀止。霜降九月也，冰泮二月也。然则荀卿之意，自九月至于正月，于礼者可为昏。荀在焚书之前，必当有凭据。毛公亲事荀卿，故亦以为秋冬。《家语》云：群生闭藏为阴，而为化育之始。故圣人以合男女，穷天数也。霜降而妇功成，嫁娶者行焉。冰泮而农业起，昏礼杀于此。又云：冬合男女，春颁爵位。《家语》，出自孔冢，毛氏或见其事，故依用焉。《地官·媒氏》云：仲春之月，令会男女。于是时也，奔者不禁，唯谓三十之男，二十之女，所以蕃育人民，特令于仲春会耳。其男未三十，女未二十者，皆用秋。不得用仲春也。”据《夏小正》，正月柳梯，据《邶风》，冰未泮，九二枯杨生梯，老夫得其女妻，为十二月，其时大致相当。《象》曰：“老夫女妻，过以相与也。”过，谓大者过。阳过阴，阳大配阴小，得阴阳之和，生育之道，为老夫得其女妻。按，初六顺，又藉用白茅，柔在下也，故九二过以相与。即谓阳虽过阴，而相与为生。

无不利　谓阳来阴和，无有不利。复卦，震下坤上。《彖》曰：“复，亨，刚反，动而以顺行。是以出入无疾，朋来无咎。反复其道，七日来复，天行也。利有攸往，刚长也。复，其见天地之心乎？”复卦，于时为十一月，一阳来复。临卦，兑下坤上。《彖》曰：“临，刚浸而长，说而顺，刚中而应，大亨以正，天之道也。”临卦，于时为十二月，九二升。此时，枯杨生梯，老夫得其女妻，故曰无不利。利，谓利阳之贞。又，下巽为风，上兑为泽，九二过居下卦之中，与初六阴阳合和，得风顺泽施，故无不利。虞翻曰：“巽为杨，乾为老，老杨故枯。阳在二也，十二月时，周之二月。兑为雨泽，枯杨得泽复生稊。二体乾老，故称老夫。大过之家，过与相与，老夫得其女妻，故无不利也。”王弼注：“拯弱兴衰，莫盛斯爻，故无不利也。”程氏传：“九二阳过而与初，老夫得女妻之象。老夫而得女妻，则能成生育之功。二得中，居柔而与初，故能复生稊，而无过极之失，无所不利也。”按，九二在巽，阴来续阳成物，故老夫得女妻，无不利。

九三，栋桡，凶。

〔译〕　九三，大栋弯曲，凶险。

《象》曰：“栋桡之凶，不可以有辅也。”

〔证〕

栋桡　《九家易》：“巽为杨。”初之五大巽，大巽为大杨。白杨高达数丈，性劲直，堪为屋之栋梁之材。又，《九家易》曰：“坎为栋。”坎为栋者，取坎中之阳。中为屋之中极，阳为刚直。屋之中极而刚直者，为栋。初之上为大坎，三、四两爻，以阳居大坎之中，故皆称栋。《象》曰：“栋桡，本末弱也。”九三之时，杨之本末乃为新生，根未生固，枝未长成，其干难支而桡。《说卦传》曰：“挠万物者，莫疾乎风。”大过卦，巽下兑上。巽为风为杨，兑为毁折，其于地也为刚卤。九三，为生于刚卤地中之杨，又在风头，不胜其风力，是以有曲桡毁折之象。大壮卦，乾下震上，四阳升。故其《彖》曰：“大壮，大者壮也。”大过九三，阳才生二，未壮之时，故易受曲桡。

凶　《象》曰：“栋桡之凶，不可以有辅也。”栋，屋之中极，犹国之中极，犹王。栋桡，犹王桡。阳为主，阴为辅。比卦，坤下坎上。《彖》曰：“比，吉也。比，辅也，下顺从也。原筮，元永贞，无咎，以刚中也。不宁方来，上下应也。”九五为刚中，其下四阴为顺从，其上一阴亲比九五，为上下应。故其《象》曰：“地上有水，比，先王以建万国，亲诸侯。”大过九三，虽在栋极位，下不得初六之应，而逆应上六之阴，是以不可以有辅比之臣。《吕氏春秋·先己》曰：“当今之世，巧谋并行，诈术递用，攻战不休，亡国辱主愈众，所事者末也。”程氏传：“以过甚之刚，动则违于中和，而拂于众心，安能当大过之任乎？故不胜其任，如栋之桡，倾败其室，是以凶也。”拂于众心，则失在下之本；失在下之本，则不可以有辅；不可以有辅，则不胜其任；不胜其任，则如屋之栋桡；如屋之栋桡，则有凶险。

《豳风・鸱鸮》：“鸱鸮鸱鸮，既取我子，无毁我室。恩斯勤斯，鬻子之闵斯。”《诗集传》：“比也，为鸟言以自比也。鸱鸮，鸺鹠，恶鸟，攫鸟子而食者也。室，鸟自名其巢也。恩，情爱也；勤，笃厚也；鬻，养；闵，忧也。武王克商，使弟管叔鲜、蔡叔度，监于纣子武庚之国。武王崩，成王立，周公相之。而二叔以武庚叛，且流言于国，曰：周公将不利于孺子。故周公东征，二年，乃得管叔、武庚而诛之。而成王犹未知公之意也，公乃作此诗以贻王。托为鸟之爱巢者，呼鸱鸮而谓之曰：鸱鸮鸱鸮，尔既取我之子，无更毁我之室也。以我情爱之心，笃厚之意，鬻养此子，诚可怜悯。今既取之，其毒甚矣，况又毁我室乎！以比武庚既败管、蔡，不可更毁我王室也”又，《诗》曰：“予羽谯谯，予尾翛翛，予室翘翘，风雨所漂摇，予唯音哓哓。”《集传》：“比也。谯谯，杀也；翛翛，敝也；翘翘，危也；哓哓，急也，亦为鸟言。羽杀尾敝，以成其室，而未定也；风雨又从而飘摇之，则我之哀鸣，安得不急哉！以比己既劳悴，王室又未安，而多难乘之。则其作诗以喻王，亦不得而不汲汲也。”《毛诗传笺通释》：“既取我子，无毁我室，言其既诱管、蔡，无更伤毁周室。以鸟室喻周室也。传云：宁亡二子，不可以毁我周室。是也。”室，既喻国家天下，则栋为室之中梁，一室之主，犹一国之主。是栋桡者，或谓王之不直者。栋桡室毁为凶，王之不直亦凶。

九四，栋隆，吉；有它吝

〔译〕　九四，大树枝叶丰荣，吉利；有灾患则恨惜。

《象》曰：“栋隆之吉，不桡乎下也。”

〔证〕

栋隆《尔雅・释山》：“宛中，隆。”郝懿行义疏：“宛中隆者，谓中央下，而四边高，因其高处，名之为隆者。谓中央下，而四边高，因其高处，名之为隆。此与《释丘》之宛中，义同而名异者，彼据中言，故曰宛；此据外言，故曰隆矣。郭以中央高为义，误与《释丘》同。”《左传》襄公二十九年：“择善而举，则世隆也。”杜预注：“世所高也。”是隆为高义。《说文》：“隆，丰大也。从生，降声。”丰卦《象》曰：“丰，大也。”丰大，犹盛大。《一切经音义》：“《尔雅》：隆，盛也。”《大雅・云汉》：“旱既大甚，蕴隆虫虫。”《诗集传》：“隆，盛也。”《战国策・秦策一》：“当秦之隆。”高诱注：“隆，盛也。”《礼记・檀弓上》：“道隆，则从而隆；道污，则从而污。”《释文》：“隆，盛也。”

《前汉纪·孝昭皇帝纪》："上及唐、虞之隆，下及殷、周之盛。"隆、盛互文。是隆为高大兴盛貌。按，阳升至九二谓十二月；阳升至九三，谓正月；阳升至九四，谓二月。阳升至九四，为大壮卦。《彖》曰："大壮，大者壮也。刚以动，故壮。大壮则贞，大者正也。正大，而天地之情可见矣。"万物随阳，阳正大，则天地生育，万物之情可见。故而杨柳枝繁叶茂，谓之栋隆。

吉 《象》曰："栋隆之吉，不桡乎下也。"九四，不桡乎下者，谓九四下有初六应辅，故而栋隆，栋隆则吉。《系辞传》曰："乾知大始，坤作成物。"《九家易》曰："始谓乾禀元气，万物资始也。"荀爽曰："物谓坤任育体，万物资生。"朱熹曰："知，犹主也。乾主始物，而坤作成之。承上文男女，而言乾坤之理。盖凡物之属乎阴阳者，莫不如此。"卦以二体言，下为地，上为天。九四，得天地阴阳之气，故不桡乎下者，即不桡乎地气。于树言之，初为本，四为枝干，本固则枝干荣。枝干荣，则谓之栋隆，栋隆谓之吉。《老子》曰："深根固蒂，长生久视之道。"《抱朴子外篇·循本》曰："莫或无本而能立焉。是以欲致其高，必丰其基；欲茂其末，必深其根。"杨明照《抱朴子外篇校笺》："《文子·上义》：不广其基，而增其高者，覆。《说文·木部》：末，木上曰末。木上，盖统指木之枝叶。《君道》篇：夫根深则末盛矣。《博喻》篇，有本朽则末枯语，文意与此二句同。是末茂、末盛，皆谓枝叶茂盛也。《文心雕龙·宗经》篇：至根柢槃深，枝叶峻茂。"此栋隆之吉，不桡乎下之理。九三《象》曰："栋桡之凶，不可以有辅也。:"辅，为比辅。九四在乾体，乾为君，不桡乎下，谓下有臣民比辅，故栋隆不桡，国家昌盛。

有它吝 《说文》："它，虫也。从虫而长，象冤曲垂尾形。上古艸居患它，故相问无它乎？蛇，它或从虫。"《玉篇》："它，蛇也。"《集韵》："它，虵也。"《甲骨文合集》（一一五〇六版）："有壱。"为有趾被蛇咬之灾。段玉裁《说文解字注》："上古者，谓神农以前也。相问无它，犹后人之不恙、无恙也。语言转移，则以无别故当之。而其字，或假佗为之，又俗作他；经典多作它，犹言彼也。蛇，它篆本以虫篆引长而已，乃又加虫左旁，是俗字也。"王筠《说文句读》："《韩子》：上古之世，人民少，而禽兽多，不胜禽兽蛇虵。有圣人作，构木为巢，以避群害。《风俗通》：无恙，俗说疾也。凡人相见，及书问者，曰：无疾邪？按上古之时，草居露宿。恙，噬虫也，食人心。凡相劳问者，曰：无恙乎？非为疾也。案此说与许君意同，特所称者异耳。"按，《周易》各本，它、他不分，唯程氏传、朱子《周易本义》，前后有别。于比卦初六，则曰有他吉；于大过九四，则曰有它吝。又，汉墓《帛书周易》，于比卦初六曰：有池吉；于大过九四曰：有它吝。盖池为他之误。他，古为中性，是以有吉则用他。它，古有贬义，故有吝则用它。参之《帛书》，程、朱或得《易》之本意。有它吝，谓有灾患则有恨惜。

《月令·仲春之月》云："仲春行秋令，则其国大水，寒气总至，寇戎来征，则人灾也。阳气不胜，天灾；麦乃不熟，地灾；民多相掠，人灾也。国乃大旱，暖气早来，天灾；虫螟为害，地灾；行令失所，人灾之应，故无其灾也。"阳升至九四，当仲春之月。无它栋隆，有它则吝。盖谓令不当时，则有天地人灾，故而恨惜，是以为有它吝。又，阳升至九四，为大壮卦时。其《象》曰："雷在天上，大壮，君子以非礼弗履。"其九三曰："小人用壮，君子用罔。贞厉，羝羊触藩，羸其角。"阳盛之时，骄者必败，故君子以非礼弗履，而不用壮。《老子》曰："物壮则老，是谓不道，不道早已。"河上公章句："草木壮极则枯落，人壮极则衰老。言强者不以久，枯老者坐不行道也，不行道者早死。"有它吝，盖亦谓栋隆之时，不可用壮；用壮则有恨惜。

九五，枯杨生华。老妇得其士夫，无咎无誉。

〔译〕　九五，枯杨生花。老妇得配年轻未婚丈夫，没有过咎，无可称誉。

《象》曰："枯杨生华，何可久也。老妇士夫，亦可丑也。"

〔证〕

枯杨生华　《周易折中》引沈该曰："九二比于初，近本也，生稊之象；九五承于上，近末也，生华之象。"二、五对应，故有生梯生华之谓。《周南·桃夭》："桃之夭夭，灼灼其华。"《说文》："华，荣也。"段玉裁注："华，俗作花，其字起于北朝。"是枯杨生华，即枯杨开花。《大戴礼记·夏小正》曰："三月，委杨，杨则花而后记之。"注曰："委，一作萎。"杨花在二月开，三月凋，是以谓三月萎。不记其开，而记其委，谓开而后，于萎之时记之。九二，十二月；九三，正月；九四，二月；九五，三月。故《象》曰："枯杨生华，何可久也。"谓杨华即将落谢。唐《新修本草》曰："柳华，一名柳絮。生琅玡川泽。"陶隐居注云："柳，即今水杨也。花熟随风起，状如飞雪。"按，杨柳有别：枝条上扬者为杨，枝条下垂者为柳。俗间自古杨柳通名，所谓柳华，即杨华。随风开，随风飞，故曰何可久也。晋谢道韫云："未若柳絮因风起。"人称咏絮才，即谓杨华因风起。大过卦，初之三为巽，巽为木为高，是以为杨。二之五为乾，乾为干，是以为枯杨。四之上为兑，兑为雨泽，上爻缺，似花开，是以为枯杨生华。又，巽为风吹，兑为毁折，初爻缺，似落花，为枯杨生华，何可久也。《汉书·叙传下》曰："枯杨生华，曷惟其旧!"应劭曰："《易》云枯杨生华，暂贵之意也。曷惟其旧，言不能久也。"枯谓乾，杨谓阳，九五谓至尊，谓枯杨生华。然转瞬即过，谓何可久也。

老妇得其士夫　坤卦上六《象》曰："龙战于野，其道穷也。"是上六之阴，已道穷至老，比之于男女，则为老妇。《字彙》云："未娶亦曰士。《易》大过五爻：老妇得其士夫。《诗·小雅》：以杀我士女。”俞正燮《癸巳类稿·释士补仪礼篇名义》：“士者，古人年少未冠娶之通名。”黄生《义府·士》：“士者，少男之称。《易》大过：老妇得其士夫，此本义也。又，壮字，壻字，皆从士，意益可见。”《召南·野有死麕》：“有女怀春，吉士诱之。”《经学卮言》：“未嫁称女，未娶称士，故士皆与女对文。”《郑风·褰裳》：“子不我思，岂无他士。”《诗集传》曰：“士，未娶之称。”士，为未婚青年男子。九二既为老夫，则九三为长男，九四为中男，九五为少男，且内无阴应，为未娶，故称士。少男应配少女，老妇以老配少，老妇得其士夫，岂能成生育之功。《象》曰：“老妇士夫，亦可丑也。《说文》：“醜（丑），可恶也。”男女不配，谓阴阳不应，阴阳不应，不能成物，故可恶。阳升至九五，为阳决阴之象。夬卦《彖》曰：“夬，决也，刚决柔也。健而说，决而和。”阳决阴则和，和则不丑。夬卦，于十二消息为三月。阳春三月，残阴一息尚存，已不宜时。不宜时为可恶，为丑，当决。

无咎无誉 九五，枯杨生花，但不可久开；上六，老妇得其士夫，但不可久与。盛极转衰，相应相推，自然之理，故曰无咎无誉。《系辞传》曰：“《易》穷则变，变则通，通则久。是以自天祐之，吉无不利。黄帝尧舜，垂衣裳而天下治，盖取诸乾坤。” 自天祐之，谓天之自然使然。取诸乾坤，谓效法阴阳乾坤，相推相转。大过《彖》曰： “大过，大者过也。”即谓自冬至至夏至，为阳过之时，是为阳用事。九五阳气盛极，至亢龙有悔，转为阴来。小过《彖》曰：“小过，小者过也。”即谓自夏至至冬至，为阴过之时，是为阴用事。《系辞传》曰：“一阴一阳之谓道。继之者善也，成之者性也。”九五曰：“老妇得其士夫，无咎无誉。”即谓阴阳之道如此，故而无可过咎，无可称誉。按，大过卦，下卦为巽，为五月。故九二曰：“老夫得其女妻，无不利。”谓今夏之阴来姤阳，成万物之功，故无不利。上卦为兑，为二、三月。故九五曰：“老妇得其士夫，无咎无誉。”谓去冬之阴乘阳上，无成有终，故无咎无誉。此谓阴阳推移 ，自然之理，故无咎无誉。

上六，过涉灭顶，凶，无咎。

〔译〕 上六，徒行深水没顶，凶险，并无灾过。

《象》曰：“过涉之凶，不可咎也。”

〔证〕

过涉灭顶，凶 《尔雅·释水》：“济有深涉。深则厉，浅则揭。揭者，揭衣也。以衣涉水为厉，由膝以下为揭，由膝以上为涉，由带以上为厉。”邢昺疏：“案《诗·邶风·匏有苦叶》：济有深涉，深则厉，浅则揭。故此先引诗文，然后释之。云揭者，揭衣也，谓渡处水浅，惟褰裳可涉者，名揭。注云：谓褰裳也者，对文言之，则在上曰衣，在下曰裳；散而言之，则通是。以此经言，揭衣，注云：褰裳。《曲礼》云：两手抠衣，去齐尺。衣亦谓裳也。云以衣涉水为厉者，此衣谓裈也，言水深至于裈以上者，而涉渡者，名厉。云由膝以下为揭者，此更释揭、涉及厉之名。言水浅，自膝以下为揭；水差深，自膝以上者为涉；水若深至衣带以上者，为厉。”段玉裁《说文解字注》曰：“涉，《释水》曰：由膝以上为涉。毛传同。”

《说文》：“涉，徒行厉水也。从林，从步。涉，篆文从水。”王筠句读：“厉者，砅之省文也。”段玉裁注：“引伸为凡渡水之称。《释水》曰：由膝以上为涉。毛传同。许云徒行者，以别于以车，及方之、舟之也。许意：《诗》所言揭、厉，皆徒行也，皆涉也，故字从步。”《周书·君牙》：“若蹈虎尾，涉于春冰。”孔氏传：“春冰畏陷。”是涉亦谓徒行。朱骏声《六十四卦经解》：“《风俗通》曰：涉起于足，足一跃三尺，再跃则涉。盖一举足为跬，再举足为步。涉从步，步长六尺。以长为深，则涉六尺。”赵诚《卜辞分类读本》：“涉，从水从两止（趾），表示从水里走过去，此为本义。甲骨文时代，涉之词义已基本虚化，所以卜辞已经用来泛指渡水而言。”是涉有本义和引伸义。爻曰过涉灭顶，与《诗》、《书》、《说文》同，用本义，谓徒步过深水，则有灭顶之灾。初之上为大坎，坎为水，大坎为大水、深水。上六之阴，过而来下，是以灭顶，是以为凶。

无咎 阳升至九五，上六乘刚，为阳决阴之象，夬卦《彖》曰：“夬，决也，刚决柔也。健而说，决而和。所尚乃穷也，利有攸往，刚长乃终也。”虽上六阴穷有凶，然于阳有利，故无灾。《月令·季春之月》云：“是月也，生气方盛，阳气发泄，句者毕出，萌者尽达，不可以内。”郑氏注：“时可宣出，不可收敛。”此时阴气消，阳气长，万物竞发，故无灾咎。《系辞传》：“子曰：天下何思何虑？天下同归而殊途，一致而百虑，天下何思何虑？日往则月来，月往则日来，日月相推，而明生焉。寒往则暑来，暑往则寒来，寒暑相推，而岁成焉。往者屈也，来者信也，屈信相感，而利生焉。尺蠖之屈，以求信也；龙蛇之蛰，以存身也；精义入神，以致用也；利用安身，以崇德也。”谓来往屈伸，莫非自然，合道则无咎。大过之时，春来必有冬去，阳来必有阴去。上六，乃去冬残阴，春之三月，虽有灭顶之灾，为凶；然应自然，何咎之有？至此，大过之义已备，故《象》曰：“过涉之凶，不可咎也。”王弼注：“志在救时，故不可咎也。”又曰，“虽凶无咎，不害义也。”盖于人事，谓杀身成仁，舍生取义之类。见智见仁，不一而已。

第二十九卦　庚　寅

☵☵ 坎上
坎下

习坎，有孚维心，亨，行有尚。

〔译〕 习坎，有诚信系心，亨通，往前行有功。

《彖》曰：“习坎，重险也。水流而不盈，行险而不失其信；维心亨，乃以刚中也；行有尚，往有功也。天险不可升也，地险山川丘陵也。王公设险以守其国，险之时用大矣哉！”

《象》曰：“水洊至，习坎，君子以常德行，习教事。”

〔证〕

坎下坎上 《说文》：“水，准也。象众水并流，中有微阳之气也。”桂馥义证：“象众水并流，中有微阳之气也者，《尔雅·释文》引作象众泉并流，著微阳之气也。本书：乀，流也。馥谓：水之中画从乀。坎，古文作☵，中画阳也。《元命苞》：水者，元气之腠液也。《周语》：川，气之导也。《乾坤凿度》：水，内刚外柔，性下不上，恒附于气也。《子华子》：阴之正气其色黑，水阳也，而其伏为阴。《书·洪范·正义》：五行之体，水最微。”段玉裁注：“火，外阳内阴；水，外阴内阳，中画象其阳。云微阳者，阳在内也。微，犹隐也。水之文，与☵卦略同。”《说文》：“微，隐行也。从彳，𢼸声。《春秋传》曰：白公其徒微之。”段注：“𢼸，训眇；微，从彳，训隐行。假借通用微，而𢼸不行。白公其徒微之，《左传》哀十六年文。杜曰：微，匿也，与《释诂》匿，微也，互训，皆言隐，不言行，𢼸之假借字也。此称《传》说假借。”微，从彳，是以训隐行。坎象，外阴内阳，阳为水流，阴为地，为水隐行地中之象。

甲骨文水字，作[甲骨文]或[甲骨文]、[甲骨文]、[甲骨文]，似水流之形，其两旁之短画，盖为两岸山地断续之形。故《易乾坤凿度》曰：“☵，古坎字，水情内刚外柔，性下不上。”《虞书·尧典》曰：“汤汤洪水方割，荡荡怀山襄陵，浩浩滔天。”孔氏传：“汤汤，流貌；洪，大；割，害也。言大水方方为害。荡荡，言之奔突，有所涤除。怀，包；襄，上也。包山上陵，浩浩盛大，若漫天。”《正义》曰：“今汤汤流行之水，所在方方为害。又，其势奔突，荡荡然，涤除在地之物。包裹高山，乘上丘陵，浩浩盛大，势若漫天。”《夏书·益稷》：“禹曰：洪水滔天，浩浩怀山襄陵。”《正义》曰：“禹曰：往昔洪水漫天，浩浩然盛大，包山上陵。”此皆谓水行于陆，两岸为山为地。《管子·水地》曰：“水者，地之血气，如筋脉之通流者也。”房玄龄注：“言水材美具备，其润泽若气，以支持于地，若筋分流地上，若脉也。”《左传》桓公元年：“凡平原出水，为大水。”《春秋元命苞》曰：“水之为言，演也。阴化淖濡，流施潜行也。”宋均注：“水由地中行，故曰流施潜行也。”按，《说文》曰：“演，长流也。”此亦明坎象，中间之阳为水流，两旁之阴为地，为水流地中之象。师卦《象》曰：“地中有水。”即是。

《象》曰：“习坎，重险也。水流而不盈，行险而不失其信。”习坎，谓坎下坎上；重险也，谓坎为险，是以坎下坎上为重险。虞翻曰：“两象也：天险、地险，故曰重险也。”《周易集解纂疏》曰：“两象，上下两象也，五，天位，坎在上，为天险。二，地位，坎在下，为地险。故曰重险也。”程氏传：“习坎者，谓重险也。上下皆坎，两险相重也。初六云坎窞，是坎中之坎，重险也。”又曰，卦中一阳，上下二阴，阳实阴虚，上下无据，一阳陷于二阴之中，故为坎陷之义。阳居阴中则为陷，阴居阳中则为丽。凡阳在上者止之象，在中陷之象，在下动之象。”习坎卦，二、五之阳，陷上下阴中，成重坎之象，是为重险。

于《易》，乾为天，坤为地；天为一，地为二；天一无缝，地二有隙；一为阳，二为阴。坎，两侧为阴，中间为阳；阴为地，阳为天，为天一落地二之中。天落地中者为雨，雨于地中为水。习坎卦，二、五水行地中而不出，是水流趋下；而不盈之象。荀爽曰：“阳动阴中，故流；阳陷阴中，故不盈也。”陆绩曰：“水性趋下，不盈溢崖岸也。月者水精，月在天，满则亏，不盈溢之义也。”王弼注：“险峭之极，故水流而不能盈也。”程氏传：“水流而不盈，阳动于阴中，而未出于险，乃水性之流行，而未盈于坎。阳刚中实，居险之中，行险而不失其信者也。坎中实，水就下，皆为信义有孚也。”朱骏声曰：“乾阳，天一之水；两阴，坤岸之土。岸高水深，故为陷为险。阳动阴中，故流；阳陷阴中，故不流。水性趋下，不盈溢崖岸。”

《周书·洪范》：“五行：一曰水，水曰润下。”乾卦《文言》曰：“水流湿。”润下流湿，则卑而不盈。《老子》曰：“上善若水，水善利万物而不争，处众人之所恶，故几于道。居善地，必善渊，与善仁，言善信，正善治，事善能，动善时。夫唯不争，故无尤。”《河上公章句》：“上善之人，如水之性。水在天为雾露，在地为泉源也。众人恶卑湿垢浊，水独静流居之也。水性几于道同。水性善喜于地，草木之上，即流而下，有似于牝动，而下人也。水心空虚，渊深清明。万物得水以生，与虚不与盈也。水内影照形，不失其情也。无有不洗，清且平也。能方能圆，曲直随形。夏散冬凝，应期而动，不失天时。壅之则止，决之则流，听从人也。水性如是，故天下无有怨尤水者也。”谓水律己善处，谦虚不争，故可无过，此亦水流而不盈之谓。

《易乾凿度》曰：“四渎通情，优游信洁。”郑氏注：“水有信，而清洁。”《易乾坤凿度》曰："水为天地信，顺气而潮。潮者，水气来往，行险而不失其信者也。"据《宋史·河渠志》记载：黄河水位，随时节变化。自立春解冻以后，候水初至凡一寸，则夏秋当为尺。屡试不爽，故称信。又，海洋之水，受日月引力，生定时之涨落，谓之潮。分别言之，早潮谓之潮，晚潮谓之汐。潮汐高涨之后，渐次低落，迄于再行高潮之期。平均为二十四小时五十一分，与月球两次经过子午线之时间适合，历久不变。可知潮汐受月球引力之影响，较日尤大。一日之中，潮涨至最高者，曰满潮；退至最低者，曰落潮。一月之中，潮涨至最高者，曰大潮，多在朔、望左右，因此时日月两引力相合。最低者，曰小潮，多在上下弦左右，因此时日月两引力相消。按，河有水信，海有潮汐，为行险而不失其信。《易》卦，中孚为信。《彖》曰："中孚，柔在内，而刚得中。"习坎，坎下坎上，水流为行；又，柔在内，而刚得中，有中孚之象，故曰行险而不失其信。

《逸周书·时训解》曰："大暑之日，腐草化萤；又五日，土润溽暑；又五日，大雨时行。腐草不化为萤，谷实鲜落；土润不溽暑，物不应罚；大雨不时行，国无恩泽。"陈逢衡云："大暑之日，六月中气也。谓之大暑者，比小暑为盛也。土润溽暑，大雨时行者，《内经》曰：中央生湿，湿生土，土生甘，甘在天为湿，在地为土。《管子·四时》曰：中央为岁德掌和，和为雨。《春秋繁露·五行之义》曰：土居中央，谓之天润。雨者，天之发施，犹国之恩泽也。今万物皆待命，而大雨不降，是惠不及众也，故其占为国无恩泽之象。"《管子·四时》曰："九暑乃至，时雨乃降。"房玄龄注："九暑，谓九夏之暑也。"郭沫若《管子集校》："王引之云：九，当为大字之误也。大暑乃至，与下大寒乃止对文。大暑乃至，时雨乃降，犹《月令》言土润溽暑，大雨时行耳。"在天为雨，在地为水。大暑乃至，时雨乃降，此即水之有信。

《彖》曰："天险不可升也。"上坎在天位，为天险。《荀子·天论》："天行有常，不为尧存，不为桀亡。应之以治则吉，应之以乱则凶。强本而节用，则天不能贫。养备而动时，则天不能病。修道而不二，则天不能祸。故水旱不能使之饥，寒暑不能使之疾，祆怪不能使之凶。本荒而用侈，则天不能使之富。养略而动罕，则天不能使之全。倍道而妄行，则天不能使之吉。故水旱未至而饥，寒暑未薄而疾，祆怪未至而凶。受时与治世同，而殃祸与治世异。不可以怨天，其道然也。故明于天人之分，则可谓至人矣。不为而成，不求而得，夫是之谓天职。如是者，虽深，其人不加虑焉；虽大，不加能焉；虽精，不加察焉：夫是之谓不与天争职。天有其时，地有其财，人有其治，夫是之谓能参。舍其所以参，而愿其所参，则惑矣！"舍其所以参，而愿其所参，与天争职，此之谓干犯天道。天地自然之道不可逾，逾则遭凶，故曰天险不可升登。

《彖》曰："地险山川丘陵也。"下坎在地位，为地险。三之五为艮，艮为山，山在地上。初之三为坎，坎为水为川，九二水流地中。《说文》：“丠（丘），土之高也。从北，从一。一，地也。”习坎，三之四为坤爻，坤为土，下一地位，是土在地上，为土之高者，为丘。《说文》：“陵，大阜也。”曰，“阜，大陆也。”又曰，“陆，高平地。”习坎，初之二为地爻，二高平，是以为陵。虞翻曰：“坤为地，乾二之坤，故曰地险。艮为山，坎为川，半山称丘，丘下称陵，故曰地险山川丘陵也。”《周易集解纂疏》：“二于三才为地位，又坤为地，乾二之坤，坎险以成，故曰地险。互艮为山，体坎水为川。丘高半于山，故山半称丘。《尔雅》：大阜曰陵，又，溴梁河墳，备八陵之数。知陵下于丘，故丘下称陵。皆地之险，故曰地险山川丘陵也。”

《彖》曰：“王公设险以守其国，险之时用大矣哉！”比卦，坤下坎上。九五曰：“显比，王用三驱。”九五为王位，故称王。家人卦，离下巽上。九五曰：“王假有家。”九五为王位，故称王。涣卦，坎下巽上。九五曰：“涣汗其大号，涣王居。”九五为王位，故称王。习坎，九五为王位，故为王。九五至尊，为上国之王，即天子。大有卦，乾下离上。九三曰：“公用亨于天子。”三为公位，故称公。益卦，震下巽上。六三曰：“中行告公用圭。”中行谓九五天子，三为公位，故称公。习坎，三为公位，故公谓六三。又，师卦，坎下坤上。上六曰：“大君有命，开国承家。”上六在坤，坤为国。谦卦，艮下坤上。上六曰：“征邑国。”上六在坤，坤为国。观卦，坤下巽上。六四曰：“观国之光。”六四在坤，坤为国。复卦，震下坤上。上六曰：“以其国君凶。”上六在坤，坤为国。益卦，震下巽上。六四曰：“利用为依迁国。”六四在互坤，坤为国。习坎，三之四，略具坤体，坤为国；又在前后险中，是以为王公设险，以守其国。

《彖》曰：“险之时用大矣哉！”按，《易》之《彖》，有时大矣哉，时义大矣哉，时用大矣哉。时大矣哉，以时为著。颐卦，震下艮上。艮为九月，震为十一月，中经十月，十月养万物于下，其时重大，故曰：“颐之时大矣哉！”大过卦，巽下兑上。是冬至至夏之时，阳气经过，万物生长，其时重大，故《彖》曰：“大过之时大矣哉！”解卦，坎下震上。天地解，雷雨作；雷雨作，而百果草木皆甲坼。此时重大，故《彖》曰：”解之时大矣哉！”革卦，离下兑上。兑。二阳起，十二月；离，伏羲卦为正东，正月。十二月往，正月来，为除旧迎新，为革。其时重大，故《彖》曰：“革之时大矣哉！”

时义大矣哉，以义为著。豫卦，坤下震上。坤为十月，震为十一月。从此阳气始生，阴气始消。天地以顺动，故日月不过，四时不忒；圣人以顺动，则刑罚清而民服。其义深远重大，故《彖》曰：“豫之时义大矣哉！”随卦，震下兑上。震一阳生，为十一月；兑二阳生，为十二月。此时阳渐生，阴渐消，天下万物，随阳来之时而动。其义深远重大，故《彖》曰：“随时之义大矣哉！”遁卦，艮下乾上。此六月卦，二阴升于四阳之下，且浸而长，阴气利于得时之正，而成熟万物。是阳气遁隐之时，其义深远重大，故《彖》曰："遁之时义大矣哉！"姤卦，巽下乾上。此五月卦，一阴升于五阳之下。天地相遇，品物咸章。《系辞传》曰："乾知大始，坤作成物。"有阳无阴，不能成万物，是阴来阳下，其义深远重大，故《彖》曰："姤之时义大矣哉！"旅卦，艮下离上。艮为九月，离为正月，自九月至正月，中经一冬。此时阴当盛时，万物休眠。无冬藏，则无春生、夏长、秋熟。是以旅卦卦辞曰："旅，小亨，旅贞吉。"谓阴众之时，阴气亨通，此时阴众得正则吉。其义深远重大，故《彖》曰："旅之时义大矣哉！"

时用大矣哉，以用为著。睽卦，兑下离上。兑为泽，离为火。火炎上，泽润下，两者相反。天地睽而其事同。男女睽而其志通，万物睽而其事类。事物相反相成，其作用重大，故《彖》曰："睽之时用大矣哉！"蹇卦，艮下坎上。坎为险，艮为止。险在前在上，止于后于下，见险而止，是为智。蹇，利西南，往得中；不利东北，其道穷。其智用重大，故《彖》曰："蹇之时用大矣哉！"习坎，坎上坎下，重险之象。然如水行，不盈而信，有孚维心，往则有功。又，王公法天险地险，设险以守其国，其时用途甚大，故《彖》曰："险之时用大矣哉！"

《易》泰卦，乾下坤上。上六曰："城复于隍，勿用师，自邑告命，贞吝。"《象》曰："城复于隍，其命乱也。"此亦城池为国之守。《孙子·形篇》："善守者，藏于九地之下；善攻者，动于九天之上：故能自保而全胜也。"曹操曰："因山川丘陵之固者，藏于九地之下；因天时之变者，动于九天之上。"《孟子·公孙丑下》："三里之城，七里之郭，环而攻之而不胜。夫环而攻之，必有得天时者矣；然而不胜者，是天时不如地利也。"《风俗通·山泽篇》："《易》曰：伏戎于莽，升起高陵。又，天险不可升，地险山川丘陵。陵有天性自然者。"《贾谊新书·过秦论》："秦孝公据崤函之固，拥雍州之地，君臣固守，以窥周室。"《吴志·孙皓传》，引陆机《辨亡论》云："古人有言曰：天时不如地利。《易》曰：王侯设险，以守其国。言为国之恃险也。"朱骏声《六十四卦经解》曰："下阳举虢亡，虎牢城郑惧，西河失魏蹙，大岘度燕危，设险所以为守国也。"

习坎 《说文》："習（习），数飞也。从羽，从白。"徐锴系传："習，数飞也，从羽，白声。凡習之属，皆从習。臣锴曰：《易》曰：君子以朋友讲習。似入反。"桂馥义证："徐锴本作白声。馥案，白非声。"按，《甲骨文编》收習字凡八，只见从日，不见从白，均写作習。郭沫若《卜辞通纂考释》："此字（甲文），分明从羽，从日，盖谓禽鸟，于晴日学飞。许之误，在讹日为白，而云白声。"黄锡全《汗简注释》："習，古文作習。《说文》正篆变作習，此同。"《睡虎地秦简文字编》："《为》四0：变民習俗。"是習字从白，由篆变始，隶定从之，沿袭至今，简化为习。《六书故·动物三》：“习，鸟肆飞也。引之，凡数数扇阖者，皆谓之习。”《月令·季夏之月》：“鹰乃学习，腐草为萤。”《邶风·谷风》：“习习谷风，以阴以雨。”严粲《诗缉》引钱氏曰：“习习，连续不断之貌。”《商书·太甲上》：“兹乃不义，习与性成。”《论语·学而》：“学而时习之，不亦说乎”是习，皆有重复施行之义。坤卦六二曰：“直方大，不习，无不利。”不习，谓四时不重。习坎卦，《彖》曰：“习坎，重险也。”《象》曰：“水洊至，习坎。”洊，为再，为重复。是习坎，谓险重水复。

《周易》，八经卦自重，为八纯卦：乾下乾上，乾；坤下坤上，坤；震下震上，震；巽下巽上，巽；坎下坎上，习坎；离下离上，离；艮下艮上，艮；兑下兑上，兑。八纯卦，有七卦与经卦同名，唯习坎多一习字。或曰：习为衍文。按，卦中经文，称习坎者二：卦名称习坎，初六称习坎。传文称习坎者三：《彖》曰：“习坎，重险也。”大《象》曰：“水洊至，习坎。”初六小《象》曰：“习坎入坎。”长沙马王堆汉墓，出土之《帛书周易》，卦名称习赣，初六爻辞亦称习赣。除赣假借为坎外，均冒以习字，与现行《周易》同。是自文王、周公，至孔子，至《帛书周易》，至《十三经》，皆谓习坎。程氏传：“他卦虽重，不加其名，独坎加习者，见其重险，险中复有险，其义大也。”

按，《彖》曰：“习坎，重险也。水流而不盈，行险而不失其信。维心亨，乃以刚中也。行有尚，往有功也。天险不可升，地险山川丘陵也。王公设险以守其国，险之时用大矣哉！”是习坎，非唯言坎，既谓重险，亦谓学险，化险，用险。习，本义为重复，引伸为学习。习坎之习，兼而有之。盖圣人济世之心，于斯独深。孔颖达《正义》曰：“坎，是险陷之名，习者，便习之义。险难之事，非经便习，不可以行，故须便习于坎，事乃得用，故云习坎也。案卦之名，皆于卦上不加其字。此坎卦之名，特加习者，以坎为险难，故特加习名。习，有二义：一者，习重也，谓上下俱坎，是重迭有险，险之重迭，乃成险之用也；一者，人之行险，先须便习，其事乃可得通，故云习也。”便习，犹熟习。习坎，一言重险之形，二言用险之义。盖其他七卦，则形义自明，不须加字。

有孚维心 水行地中，人则观法于地，故曰有孚维心。《尔雅·释诂上》：“孚，信也。”邢昺疏：“谓诚不欺也。”桂馥《说文解字义证》：“孚，一曰信也者，《释诂》文，《字林》同。《易·大有》：厥孚交如。虞云：孚，信也。《汤诰》：上天孚佑下民。传云：孚，信也。《君奭》：若卜筮，罔不是孚。传云：若卜筮，无不是而信之。《诗·文王》：万邦作孚。传云：孚，信也。《下武》：成王之孚。笺云：孚，信也。僖十五年《公羊传》：季氏之孚也。”按，何休注：“孚，信也，季氏所信任臣。”《周书·吕刑》曰：“五辞简孚”，“简孚有众”。《史记·周本纪》云：“五辞简信”，“简信有众”。又，革卦《彖》曰：“巳曰乃孚，革而信之。”是孚即信。有孚维心，谓有诚信维心。

习坎卦，坎下坎上。卦辞曰：“有孚维心，亨。”《彖》曰：“维心亨，乃以刚中也。”有孚，谓九五、九二。以其阳实而中，故曰有孚。《说文》：“维，车盖维也。”桂馥义证：“车盖维也者，本书：𨰻，盖弓也，维谓系盖之绳也。《字林》：维，持也。《释天》：维以缕。郑注《周礼·大司马》云：维，犹连结也。”段玉裁注：“引伸之，凡相系者曰维，韨维、绶维是也。《管子》曰：礼义廉耻，国之四维。”《小雅·白驹》：“絷之维之，以永今朝。”毛传：“絷，绊；维，系也。”有孚维心，谓有诚信系心，即谓心怀诚信。二、五阳实，居上下卦之中心，是有孚维心之象。《虞书·大禹谟》曰：“人心惟危，道心惟微，惟精惟一，允执厥中。”孔氏传：“危则难安，微则难明，故戒以精一，信执其中。”人心难安，为坎；道心难明，为坎。处下坎上坎，而以诚信执其中，是有孚维心之类。

亨　《彖》曰：“水流而不盈，行险而不失其信，维心亨，乃以刚中也。”人心法之，有孚维心，则可亨通。中孚卦，兑下巽上。《彖》曰：“柔在内而刚得中，孚乃化邦也。”“信及豚鱼也，利涉大川。”“中孚以利贞，乃应乎天也。”习坎卦，坎下坎上。亦柔在内，而刚得中，即三、四阴柔，二、五阳刚，与中孚卦略同。当亦孚乃化邦，信及豚鱼，利涉大川，利贞应天。故曰有孚维心，亨。《大雅·下武》：“永言配命，成王之孚。成王之孚，下土之式。”郑笺：“永，长；言，我也；命，犹令也；孚，信也；式，法也。此为武王言也。今长我之配行，三后之教令者，欲成我周家，王道之信也。王德之道，成于信。《论语》曰：民无信不立。王道尚信，则天下以为法勤行。”《晋语四》曰：“公曰：安信？对曰：信于君心，信于名，信于令，信于事。公曰：然则若何？对曰：信于君心，则美恶不逾；信于名，则上下不干；信于令，则时无废功；信于事，则民从事有业。”《大戴礼记·主言》：“多信而寡貌，其礼可守；其信可复，其跡可履。其于信也，如四时：春、秋、冬、夏。其博有万民也，如饥而食，如渴而饮，下土之人信之夫。暑热冻寒，远若迩，非道迩也。及其明德也，是以兵革不动而威，用利不施而亲。此之谓明主之守也，折冲乎千里之外，此之谓也。”此之谓也，谓信可通上下，达内外。故习坎卦卦辞曰：“有孚维心，亨。”坎下坎上，水流不断之象，为亨通。

行有尚　《彖》曰：“行有尚，往有功也。”既谓天时，六月大雨时行，有利农事，亦谓人事如之。《广雅·释诂》：“尚，上也。”“尚，加也。”“尚，高也。”行有尚，谓行有加，即往前更加亨通，而有事功。《说文》曰：“功，以劳定国也。从力，从工，工亦声。”桂馥义证：“以劳定国也者，《释诂》：绩，勳功也。郭云：谓功劳也。《诗·民劳》：无弃尔劳。笺云：劳，犹功也。《周礼·司勳》：国功曰功。注云：保全国家，若伊尹。事功曰劳。注云：以劳定国，若禹。又，《司约》：治功之约次之。注云：功约，谓王功国功之属。《史记·高祖功臣年表》：用力曰功。”按，《高祖功臣侯者年表》：“太史公曰：古者人臣，功有五品：以德立宗庙、定社稷曰勳，以言曰劳，用力曰功，明其等曰伐，积日曰阅。”斯五者，皆谓有功。《象》曰：“行有尚，往有功。”谓有功于国家社稷。坎卦，二在地位，五在天位。二与五以中相应，得君臣之义。二之四，互震为行，为行有尚，往有功。

《论语·为政》：“子曰：殷因于夏礼，所损益可知也；周因于殷礼，所损益可知也。”夏、商、周，其脉相承，然设官分职，有所损益。《礼记·王制》曰：“天子三公、九卿，二十七大夫、八十一元士。”又曰，“天子使其大夫为三监，监于方伯之国，国三人。” 郑氏注：“使佐方伯领诸侯。”《正义》曰：“天子使其大夫者，谓使在朝之大夫，往监于方伯。每州辄三人。”《白虎通·爵》曰：“公卿大夫者何谓也？内爵称也。大夫之为言大扶，扶进人者也。故《传》曰：进贤达能，谓之卿大夫。”又曰，“爵皆一字也，大夫独两字何？《春秋传》曰：大夫无遂事。以为大夫职在之适四方，受君之法，施之于民，故独两字言之。”大夫，三代之时，天子及诸侯皆置之。九二大夫之位，以中应中，上应九五中正之天子。《象》曰：“行有尚，往有功也。”盖谓天子之大夫，在下监于方伯之国，效忠于在上之天子，是以行有嘉尚，往有功于国家天下。虞翻曰：“功谓五，二动应五，故往有功也。”

《象》曰：“水洊至，习坎，君子以常德行，习教事。”《说文》：“瀳，水至也。从水，薦声，读若尊。”段玉裁注：“至，疑当作巟。巟，大也。《广韵》曰：水荒曰洊。 洊者，瀳之异文。《周易》曰：水洊至，习坎；洊雷，震。《释言》：荐，再也。荐，同洊。今音：在甸切。”桂馥义证：“水至也者，徐锴本作水至貌。《易》坎卦：水瀳至。《唐石经》作洊。”《大雅·云汉》：“饥馑薦臻。”毛传：“薦，重。”《毛诗传笺通释》：“薦与荐同。《尔雅·释言》：荐，再也。故传训薦为重。臻，亦重也。薦臻，犹今言频仍也。《释天》又曰：仍饥为荐。《释文》：荐，本作薦。是薦、荐通。《易》：习坎，水洊至。《释文》引《京房易》，作水臻至。臻犹洊，洊即薦也。《说文》洊作瀳。从水，薦声，读若尊，是又薦、臻声转之证。”按《易》，坎下坎上，《象》曰：“水洊至，习坎。”震下震上，《象》曰：“洊雷，震。”离下离上，《象》曰：“明两作，离。”艮下艮上，《象》曰：“兼山，艮。”巽下巽上，《象》曰：“随风，巽。”兑下兑上，《象》曰：“丽泽，兑。” 除乾坤天地两卦，上述六纯卦之《象》，皆言重再之义。

陆绩曰：“洊，再；习，重也。水再至，而益通流，不舍昼夜，重习相随以为常， 有似于习。故君子像之，以常习教事，如水不息也。”《说文》：“教，上所施，下所效也。”

段玉裁注："教效迭韵。"习教事，谓教学相长而不间断。《系辞传》曰："古者包牺氏之王天下也，仰则观象于天，俯则观法于地；观鸟兽之文，与地之宜；近取诸身，远取诸物。于是始作八卦，以通神明之德，以类万物之情。"君子者，俯则观法于地，与地之宜，见习坎，则以水则之，保持如水之常德常行，常习教事。君子，谓二、五阳爻。得上坎下坎之中，即得水流之道，是以常德行，习教事。程氏传："水自涓滴，至于寻丈，至于江海，洊习而骤者也。其因事就下，信而有常。故君子观坎水之象，取其有常，则常久其德行。人之德行，不常则伪也。故当如水之有常，取其洊习相受，则以习熟其教令之事。"

《论语・子罕》："子在川上曰：逝者如斯夫，不舍昼夜。"朱子《论语集注》："夫，音扶；舍，上声。天地之化，往者过，来者续，无一息之停，乃道体之本然也。然其可指而易见者，莫如川流，故于此发以示人，欲学者时时省察，而无毫发之间断也。程子曰：此道体也。天运而不已，日往则月来，寒往则暑来，水流而不息，物生而不穷，皆以道为体，运乎尽夜，未尝已也。是以君子法之，自强不息。及其至也，纯亦不已焉。又曰，自汉以来，儒者皆不识此义。此见圣人之心，纯亦不已也。纯亦不已，乃天德也。有天德，便可语王道，其要只在谨独。愚按，自此至篇终，皆勉人进学不已之辞。"按，程子言水流而不息，是以君子法之，盖与水洊至，君子以常德行相同。朱子言学者时时省察，而无毫发之间断，则与习教事无异。

《孟子・离娄章句下》："徐子曰：仲尼亟称于水，曰：水哉，水哉！何取于水也？孟子曰：原泉混混，不舍昼夜；盈科而后进，放乎四海。有本者如是，是之取尔。苟为无本，七八月之间雨集，沟浍皆盈；其涸也，可立而待也。"朱子《孟子集注》："亟，数也。水哉，水哉！叹美之辞。原泉，有原之水也。混混，涌出之貌。不舍昼夜，言常出不竭也。盈，满也。科，坎也。言其进以渐也。放，至也。言水有原本，不已而渐进，以至于海。如人有实行，则亦不已而渐进，以至于极也。"又，《荀子・宥坐篇》："孔子观于东流之水，子贡问于孔子曰：君子之所以见大水，必观焉者是何？孔子曰：夫水，遍与诸生，而无为也，似德；其流也埤下，裾拘必循其理，似义；其洸洸乎，不淈尽，似道；若有决行之，其应佚若声响，其赴百仞之谷不惧，似勇。主量必平，似法。盈不求概，似正。绰约微达，似察。以出以入，以就鲜洁，似善化。其万折也必东，似志。是故，君子见大水必观焉。"君子见大水必观焉，谓君子见大水必观法之。此亦水洊至，习坎，君子以常德行，习教事之义。

《说文》："水，准也。象众水并流，中有微阳之气也。"桂馥义证："准也者，本书：法，弄也，平之如水，从水。《广韵》：水，准也。《释名》：水，准也；准，平物也。《尔雅》疏引《白虎通》：水之为言准也。《考工记·辀人》：辀注则利准。郑注：故书准作水。《栗氏》：为量权之，然后准之。郑注：准，故书或作水。《轮人》：水之，以视其平沉之均也。《释言》：坎，铨也。樊光注：坎，水也，水性平，铨亦平也。《管子·水地篇》：水者，万物之准也。《尚书大传》：非水无以准万里之平。《淮南·齐俗训》：视高下不差尺寸，明主弗任，而求之乎浣准。高注：浣准，水望之平。《说林训》：水静则平，平则清，清则见物之形，弗能匿也，故可以为正。《汉书·律历志》：以井水准其概。《李寻传》：水为准平，王道公正修明，则百川理落脉通。《说苑》：夫水者，至量必平，盈不求概。”按，水流准平，亦君子以常德行，习教事之列。

又，《礼记·王制》曰：“天子命之教，然后为学。小学在公宫南之左，大学在郊。天子曰辟雍，诸侯曰泮宫。”郑氏注：“学，所以学士之宫。此小学、大学，殷之制，尊卑学异名。辟，明也；雍，和也，所以明和天下。泮之言班也，所以班政教也。”《正义》曰：“《释诂》云：辟，君也。君则尊明雍和也。《释训》文云：所以明和天下者，谓于此学中，习学道艺，欲使天下之人，悉皆明达谐和，故云明和天下。云泮之言班也，所以班政教也者，泮是分半之义，故为班于此学中，施化使人观之，故云所以班政也。按《诗》注云：辟雍者，筑土壅水之外，圆如璧。注又云：泮之言半也，半水者，盖东西门以南通水，北无也。《诗》云：王在灵沼，于牣鱼跃。又云：思乐泮水，薄采其芹。皆论水之形壮，故《诗》注以形言之。”《白虎通·辟雍》：“雍者，壅之以水，象教化流行也。”古者，学皆设于水，盖亦取水之性，以常德行，习教事。故《韩诗外传·卷三》云：“《诗》曰：思乐泮水，薄采其茆。鲁侯戾止，在泮饮酒。乐水之谓也。”

大过卦与习坎卦，互为邻卦。《序卦传》曰：“物不可以终过，故受之以坎。坎者，陷也。”大过卦，巽下兑上。往者，二阳升于阴下，十一、十二月之象；来者，一阴升于阳下，五月之象。是阳气由生至消，为大过之时。时至四月，六阳尽出，是为乾卦。上九曰：“亢龙有悔。”《象》曰：“亢龙有悔，盈不可久也。”《文言》曰：“亢龙有悔，穷之灾也。”“亢龙有悔，与时偕极。”又，“上九曰：亢龙有悔，何谓也？子曰；贵而无位，高而无民，贤人在下位而无辅，是以动而有悔也。”又，“亢之为言也，知进而不知退，知存而不知亡，知得而不知丧。”亢龙有悔，即是大过而陷。故大过上六曰：“过涉灭顶，凶，无咎。”韩康伯注：“过而不已，则陷没也。”程氏传：“理无过而不已，过极则必陷，坎所以次大过也。”《系辞传》曰：“物穷则变，变则通。”大过至坎，即穷则变，变则通之理。大过为穷，坎为通。按，大过，大者过，是五月之时。习坎，大雨时行，是六月之时。两卦月份相邻，故亦互为邻卦。

习坎卦与离卦，互为邻卦和错卦。《序卦传》曰："坎者，陷也，陷必有所丽，故受之以离，离者，丽也。"离卦《象》曰："日月丽乎天，百谷草木丽乎地。"是丽谓附丽，附丽于物则不陷，故坎卦之后，次之以丽。韩康伯注："物极则变，极陷则反所丽。"李道平疏："物穷则变，阴极变阳，阳极变阴也。盖坎一阳陷于两阴，离一阴丽于两阳，故坎陷已极，则反变为离，而有所丽也。"程氏传："阳在阴中则为陷，阴居阳中则为丽。凡阳在上者止之象，在中陷之象，在下动之象；阴在上说之象，阴在上说之象，在中丽之象，在下巽之象。"习坎卦，　坎下坎上，阳陷阴中，为陷。离卦，离下离上，阴居阳中，为丽。陷而后丽，故为邻卦；　阴阳相反，故为错卦。《说卦传》曰："坎，为水，为月。""离，为火，为日。"按，日月相接，东西相望，是以为邻卦；水火相反，润下炎上，是亦为错卦。六月，水潦昌盛，土润溽暑，亦水火之象。

初六，习坎，入于坎窞，凶。

〔译〕　初六，学习渡过坎险，入于坎底深处，凶险。

《象》曰："习坎入坎，失道凶也。"

〔证〕

习坎　朱骏声《说文通训定声》："习，数飞也。《礼记·月令》：鹰乃学习。转注：《论语》：学而时习之。"习，引伸为学习。《吕氏春秋·审己》："子列子常射中矣，请之于关尹子。关尹子曰：知子之所以中乎？答曰：弗知也。关尹子曰：未可。退而习之三年，又请。"高诱注："习，学也。"《礼记·学记》："五年视博习亲师。"孔颖达疏："博习，谓广博学习也。"《韩非子·五蠹》："然者为匹夫计者，莫如修行义而习文学。行义修则见信，见信则受事；文学习则为明师，为明师则显荣。"两习字皆为学之义。初六习坎，犹习射、习文学。习坎谓学习渡险。《说卦传》曰："坎为亟心。"蒙卦，于坎初曰发蒙，亦学习之义。《易》用习字二义：坤卦六二曰："直方大，不习无不利。"不习，谓春夏秋冬不重。习坎卦《象》曰："习坎，重险也。"习，亦为重。又，兑卦《象》曰："君子以朋友讲习。"习坎卦《象》曰："习教事。"初六曰："习坎。"习，皆谓学习。

入于坎窞　《说文》："窞，坎中小坎也。从穴，从臽，臽亦声。《易》曰：入于坎窞。一曰旁入也。"徐锴系传："坎中复有坎也。"段玉裁注："坎中更有坎也。"桂馥义证："坎中小坎也者，李善注《长笛赋》引同。《广雅》：窞，坑也。虞翻云：坎中小穴称窞。或作窴。《太元》：雷推欿窴。《释文》云：《说文》云：坎中更有坎。王肃曰：坎底也。《字林》曰：坎中小坎；一曰旁入。馥案：所引坎中更有坎，当是。《字林》下引云云，乃本书之文，盖互误。"又，干宝曰："窞，坎之深者也。"王弼注："最处坎底，入坎窞者也。"王念孙《广雅·释水》疏证："窞之言深也。今通作陷、欿、窞、臽，声并相近。"《说卦传》曰："坎，陷也。""坎为水。"《说文》："陷，高下也。"段注："高下者，高与下有悬绝之势也。高下之形曰陷。故自高入于下，亦曰陷。义之引伸也。《易》曰：坎，陷也。谓阳陷阴中也。凡深其中曰陷。"按，初六入于坎窞，盖谓入于坎之最深处。

凶　《论语·雍也》曰："君子可逝也，不可陷也。"朱子注："逝，谓使之往救；陷，谓陷之于井。盖身在井上，乃可以救井中之人；若从之于井，则不复能救之矣。此理甚明，人所易晓。仁者虽切于救人，而不私其身，然不应如此之愚也。"初六，习坎在于济坎，今不济而深陷坎底，岂不谓凶。《象》曰："习坎入坎，失道凶也。"谓习坎而落入坎底，乃不得习坎之道，故而淹没而遭凶。王弼注："处重险而复入坎底，其道凶也。行险而不能自济，习坎而入坎窞，失道而凶。在坎底，上无应援可以自济，是以凶也。"程氏传："初以阴柔，居坎险之下，柔弱无援，而处不得当，非能出乎险也，唯益陷于深险耳。窞，坎中之陷处。已在习坎中，更入坎窞，其凶可知。"又曰，"由习坎而更入坎窞，失道也，是以凶。能出于险，乃不失道也。"

《荀子·哀公篇》曰："且丘闻之：君者舟也，庶人者水也。水则载舟，水则覆舟：君以此思危，则危将焉，而不至矣！"《新序·杂事四》赵仲邑注："则，能。水则载舟，水则覆舟：《贞观政要》卷四，作水能载舟，亦能覆舟。"《意林》卷三引作："水所以载舟，亦能以覆舟。"《孔子家语·五仪解》、《贞观贞要》卷十，均作"水所以载舟，亦所以覆舟"。《后汉书·皇甫规传》曰："夫君者舟也，人者水也。群臣乘舟者也，将军兄弟操楫者也。若能平志毕力，以度元元，所谓福也。如其怠弛，将沦波涛，可不慎乎？"又，《小雅·小旻》："战战兢兢，如临深渊，如履薄冰。"《诗序》曰："《小旻》，大夫刺幽王也。"《易》临卦，兑下坤上。兑为泽，坤为地。泽在地下为临渊。《说文》："渊，回水也。从水，象形：左右岸也，中象水貌。"是渊即水。《诗》与《易》之临渊，皆犹临民，是水亦谓民。

《列子·说符篇》曰："孔子自卫反鲁，息驾乎河梁而观焉。有悬水三十仞，圜流九十里。鱼鳖弗能游，鼋鼍弗能居。有一丈夫方将厉之。孔子使人并涯止之，曰：此悬水三十仞，圜流九十里，鱼鳖弗能游，鼋鼍弗能居。意者难可以济乎。丈夫不错意，遂度而出。孔子问之曰：巧乎？有道术乎？所以能入而出者，何也？丈夫对曰：始吾之入也，先以忠信；及吾之出也，又从以忠信。忠信错吾躯于波流，而吾不敢用私。所以能入而复出者，以此也。孔子谓弟子曰：二三子识之！水且犹可以忠信诚身亲之，而况人乎？"《列子集解》引卢解："夫忠者同于物，作者无所疑。同而不疑，不私其己，故能而复出也。然则同而不疑，不私其己，知道矣夫！"孔子直以水比人，是水喻民之证。临卦六五曰："知临，大君之宜，吉。"《象》曰："大君之宜，行中之谓也。"《彖》曰："刚中而应，大亨以正，天之道也。"中，通忠，即谓临民以忠信。习坎卦初六，既不中，亦非阳，不为忠信，故而习坎入坎，失道凶。盖谓失治民之中道，故凶。《说符篇》云："本学泗，不学溺，而利害如此。""大道以多歧亡羊，学者以多方丧生。"亦习坎，入于坎窞，失道凶。

九二，坎为险，求小得。

〔译〕　九二，坎有危险，努力求索，小有所得。

《象》曰："求小得，未出中也。"

〔证〕

坎有险　阳陷阴中为坎。九五在上坎，曰："坎不盈，祇既平，无咎。"九二在下坎，曰："坎有险，求小得。"以其深陷于下坎，且上无相应援手，故坎有险。大凡阳处下坎之中，上有应则无凶险。蒙卦，坎下艮上，九二曰："包蒙吉，纳妇吉，子克家。"二、五相应。师卦，坎下坤上，九二曰："在师中，吉，无咎，王三锡命。"二、五相应。解卦，坎下震上，九二曰："田获三狐，得黄矢，贞吉。"二、五相应。未济卦，坎下离上，九二曰："曳其轮，贞吉。"二、五相应　与此相反，大凡阳处下坎之中，上无应，则有凶险。讼卦，坎下乾上，九二曰："不克讼，归而逋。"二、五不应，困卦，坎下兑上，九二曰："困于酒食，朱绂方来，利用享祀，征凶，无咎。"二、五不应，涣卦，坎下巽上，九二曰："涣奔其机，悔亡。"二、五不应，故意谓原本有悔。习坎，坎下坎上，九二曰："坎有险。"亦二、五不应。是以，阳在下坎之中时，无应为凶险，有应则化险为夷，为吉。

与上不同，阳在上坎之中，有应无应，一般皆不谓凶险。需卦，兑下坎上，九五曰："需于酒食，贞吉。"《象》曰："贞吉，以中正也。"二、五不应。比卦，坤下坎上，九五曰："显比，王用三驱，失前禽，邑人不诫，吉。"《象》曰："显比之吉，位正中也。"二、五相应。蹇卦，艮下坎上，九五曰："大蹇朋来。"《象》曰："大蹇朋来，以中节也。"二、五相应。井卦，巽下坎上，九五曰："井冽寒泉，食。"《象》曰："寒泉之食，中正也。"二、五不应。节卦，兑下坎上，九五曰："甘节，吉，往有尚。"《象》曰："甘节之吉，居位中也。"二五不应。既济卦，离下坎上，九五曰："东邻杀牛，不如西邻之礿祭，实受其福。"《象》曰："东邻杀牛，不如西邻之时也，实受其福，吉大来也。"二、五相应。习坎，坎下坎上，九五曰："坎不盈，祇既平，无咎。"《象》曰："坎不盈，中未大也。"二、五不应。然屯卦例外，震下坎上，九五曰："屯其膏，小贞吉，大贞凶。"

《象》曰："屯其膏，施未光也。"时届隆冬，阳动阴中，阴强阳弱，故凶。二、五相应。《系辞传》曰："圣人之大宝曰位。"《易》以得位为主，相应为辅。九五以得中得正得尊，不言凶险；唯屯卦九五，虽得尊位，而施泽未光，亦言凶。

求小得 求，求索；小，阴小；得，行有所得。二之四为震，震为动，动必有所求，求有所得。九二曰："坎有险，求小得。"坎为险。九二与九五不应，动求于深坎险中，乘于初上，初为阴小，为求小得。《象》曰："求小得，未出中也。"谓九二之求，只求得升于初之阴小而已，仍未出下坎深陷之中。又，求字与泅字谐音，求小得，盖亦谓于水中泅小得。程氏传："二当坎险之时，陷上下二阴之中，乃至险之地，是有险也。然其刚中之才，虽未能出乎险中，亦可小自济，不至如初，益陷入深险，是所求小得也。君子处险难，而能自保者，刚中而已。刚则才足自卫，中则动不失宜。"又曰，"方为二阴所陷，在陷之地。以刚中之才，不至陷于深险，是所求小得。然未能出坎中之险也。"

又，《周易》经文用求字者，皆为坎象。屯卦，震下坎上。六四曰："求婚媾，往吉。"《象》曰："求而往，明也。"四之上为坎，六四在坎，在坎则求。蒙卦，坎下艮上。卦辞曰："匪我求童蒙，童蒙求我。"《象》曰："匪我求童蒙，童蒙求我，志应也。"六五曰："童蒙。"六五来应九二，为匪我求童蒙，童蒙求我。九二在坎，在坎则求。随卦，震下兑上。六三曰："系丈夫，失小子，随有求得。"三之上为互坎，六三在坎，在坎则求。颐卦，震下艮上。卦辞曰："观颐，自求口实。"《象》曰："自求口实，观其自养也。"阳为实，颐为口，口中无阳，故自求口实，口中有阳则为坎，有坎则求。习坎卦，坎下坎上。九二曰："坎有险，求小得。"《象》曰："求小得，未出中也。"九二在坎，在坎则求。又，恒卦，巽下震上。初六《象》曰："浚恒之凶，始求深也。"初之五为互坎，初在坎，在坎则求。井卦，巽下坎上。九三《象》曰："求王明，受福也。"初之四为互坎，九三在坎，在坎则求。

《说文》："求，古文省衣。"桂馥义证："古文省衣者，后人乱之。裘从求声，裘出于求。求省衣，岂又出于裘邪？徐锴本作古文裘。锴曰：古象衣求形，后则加衣也。《诗·大东》：熊罴是裘。笺以为当作求，声相近故也。"朱骏声通训定声："《说文》以求为裘之古文，省衣象形。按，《诗·大东》：熊罴是裘。笺：裘当作求，声相近故也。是郑君不以裘、求为一字。今从之，别分求为正篆。按，从又从尾省，会意，与隶同意，以手索取物也。"按，《说文》求篆作 手向上，似有所求。据《易》，凡用求字者，皆在坎象，盖于坎陷水中，有上求之意。是《周易》之象，与字相通，以其在坎，故有所求。

六三，来之坎坎，险且枕，入于坎窞，勿用。

〔译〕　六三，来坎去坎，险相枕藉，入于坎陷之中，不求有所作用。

《象》曰：“来之坎坎，终无功也。”

〔证〕

来之坎坎　来，本为来往之来。于《易》，则有下来为来者。需卦，乾下坎上。上六曰：“入于穴，有不速之客三人来，敬之终吉。”三人来，谓乾三阳爻升来。比卦，坤下坎上。卦辞曰：“不宁方来，后夫凶。”谓上六正反下，来比九五。泰卦，乾下坤上。卦辞曰：“小往大来。”大来，谓乾阳由下升来。否卦，坤下乾上。卦辞曰：“大往小来。”谓坤阴由下升来。复卦，震下坤上。卦辞曰：“反复其道，七日来复，利有攸往。”谓阴阳相推，阳经过七动，又来升于初。此来，谓从下而来。六三来之坎，亦谓由下坎而升来。又，《说文》：“之（㞢），出也。象草过屮，枝茎渐益大，有所之也。一者，地也。”段玉裁注：“引伸之义为往。《释诂》曰：之，往是也。”《卫风·伯兮》：“自伯之东，首如飞蓬。”《正义》曰：“自伯之东，明从王为前驱而东行。故据以言之，非谓郑在卫东。”之东，谓往东。是来之坎坎，即来往坎坎。

险且枕　《说文》：“且，荐也。从几，足有二横，一，其下地也。”桂馥义证：“荐也者，本书，丌：下基也，荐物之丌。凡从且者，皆有荐藉意。《诗·韩奕》：笾豆有且。”段玉裁注：“荐，当作荐。今不改者，存其旧，以示人推究也。荐，训兽所食草；荐，训荐席。荐席，谓草席也。草席可为藉，谓之荐。故凡言藉，当曰荐。而经传荐、荐不分，凡藉义皆多用荐，实非许意。且，古音俎，所以承藉进物者。引伸之，凡有藉之词，皆曰且。凡语助云且者，必其义有二：有藉而加之也；谓姑且、苟且者，谓仅有藉，而无所加。”又，《说文》：“藉，祭藉也。”段注：“稭字下：禾稿去其皮，祭天以为藉也。引伸为凡承藉、蕴藉之义，又为假藉之义。”按，且，从几，为藉垫之义，是险且枕，犹险枕藉。《说文》：“枕，卧所荐首者。”六三，在坎之首，紧接上坎，是一险枕藉一险，即一险未了，又接一险。

入于坎窞，勿用　初六，在下坎之底，为入于坎窞。六三，在上坎之下，故而又入于坎窞。初六，在重险最下，是以凶。六三，在下险之上，上险之下，将出下险，故不言凶。以其上下前后有险，不宜遽动，故曰勿用。坤卦六三《象》曰：“含章可贞，以时发也。”三之五为艮，艮为止。艮卦《象》曰：“艮，止也。时止则止，时行则行，动静不失其时，其道光明。艮其止，止其所也。上下敌应，不相与也。是以不获其身，行其庭不见其人，无咎。”习坎六三，亦上下敌应，与上六不相与。勿用，犹不获其身，不见其人，隐而不用，无咎之义。无妄卦《象》曰：“其匪正有眚，不利有攸往。无妄之往何之矣，天命不祐行矣哉！”六三，入于坎窞，勿用，亦谓匪正有眚，不利攸往。故

《象》曰："来之坎坎，终无功也。"

《文言》曰："知进而不知退，知存而不知亡，知得而不知丧，其唯圣人乎？知进退存亡，而不失其正者，其唯圣人乎！"朱熹注："知其理势如是，而处之以道，则不至于有悔矣，固非计私以避害者也。"《庄子·秋水》："孔子曰：夫水行不避蛟龙者，渔父之勇也；陆行不避兕虎者，猎夫之勇也；白刃交于前，视死若生者，烈士之勇也；知穷之有命，知通之有时，临大难而不惧者，圣人之勇也。"习坎卦，二之五互离。离为目为明，又为乾卦。六三虽居不得正，然为公位，有圣哲之象。故知通之有时，临大难不惧，入于坎窞而勿用。二之四为震，震为动；三之五为艮，艮为止。有动有止，智勇双全。按，武王崩，下有管蔡流言，上有成王疑心，周公来之坎坎，居东三年勿用，似此爻象。

六四，樽酒，簋贰，用缶，纳约自牖，终无咎。

〔译〕　六四，酒浆一尊，饭菜二簋，用瓦器装盛，受此俭约饮食于牖里，最终无灾。

《象》曰："樽酒簋贰，刚柔际也。"

〔证〕

樽酒　《尔雅·释文》："尊，本又作罇，酒器也，又作樽，同。"《说文》："尊，酒器也。从酋，廾以奉之。《周祀》六尊：牺尊、象尊、著尊、壶尊、太尊、山尊，以待祭祀宾客之礼。尊，或从寸。"段玉裁注："凡酒必实于尊，以待酌者。郑注：《礼》曰：置酒曰尊。凡酌酒者，必资于尊，故引伸为尊卑字。犹贵贱本谓货物，而引伸之也。自专用为尊卑字，而别制罇、樽，为酒尊字矣。廾者，竦手也；奉者，承也。设尊者，必竦手以承之。"按，《帛书周易》习坎卦，六四曰："奠酒。"《仪礼·士丧礼》："幂奠用布功。"郑氏注："古文奠为尊。"《特牲馈食礼》："举觯者，洗各酌于其尊。"《校勘记》："毛本尊作奠。"是尊、奠古文讹通。《帛书》曰奠酒，可见《周易》古本为尊酒。坎象，外虚内实，酒实于尊，六四在艮，竦手承之，即盛酒之尊象。又，坎为水，酒亦为水。尊酒，今语杯酒，即一杯酒之意，与下文簋贰对举。

簋贰　《说文》："簋，黍稷方器也。从竹，从皿，从皀。"段玉裁注："合三字会意。按簋，古文或从匚，或从木。盖本以木为之。大夫刻其文为龟形；诸侯刻龟，而饰以象齿；天子刻龟，而饰以玉。其后，乃有瓦簋，乃有竹簋，方，因制从竹之簋字。木簋、竹簋，礼器；瓦簋，常用器也。皀，谷之馨香，谓黍稷也。"按，皀，甲骨文象圆形盛食器。上下加竹加皿，乃成簋。《秦风·权舆》："于我乎，每食四簋。"毛传："四簋：黍、稷、稻、粱。"《释文》曰："簋，音轨，内方外圆曰簋，以盛黍稷；外方内圆曰簠，用贮稻粱。《小雅·伐木》："于粲洒扫，陈馈八簋。"毛传："圆曰簋，天子八簋。"《周礼·舍人》："凡祭祀共簠簋，实之陈之。"郑氏注："方曰簠，圆曰簋，盛黍稷稻粱器。"杨树达《小学述林·释簠》："此与许君说正相反。今验之古器，簠形侈口而长方，簋形敛口而椭圆，与郑注说合。事经目验，许君误记，不待论矣。"按，《中国青铜器》，收簋图六十七幅，除第六十六，和第六十七，两图方形外，六十五幅，其形为圆形，大腹，有大口和小口，有盖与无盖。又，收簠图六幅，皆呈方形。是簋圆簠方，皆为盛食器，有木制，有竹制，有土制，也有青铜制。《说卦传》曰："离为日。"日为圆。又曰，"离为乾卦。""乾为圜。"习坎卦，二之五为离，六四在离，是簋为圆形。

《中国青铜器》云："商周时期，簋是重要礼器。特别是西周时代，它和列鼎制度一样，在祭祀和宴飨时，以偶数组合，与奇数列鼎配合使用。据记载：天子用九鼎八簋，诸侯七鼎六簋，大夫五鼎四簋，元士三鼎二簋。出土的簋，也是以偶数为多。一九六〇年，陕西扶风齐家一个窖藏，出土一套形制大小、花纹、铭文相同的中友父簋，共二器。宝鸡茹家庄，強伯墓出土的儿簋，共四器。扶风庄白一号窖，出土的㾓簋，共八器。中友父的身份是元士，強伯身份是大夫，簋数正合。微伯㾓的身份是大夫，㾓簋八器，应是两套。西周晚期，到春秋早期，墓葬中随葬的簋，有六器、四器和两器之别，与文献记载的情况相符。"习坎六四曰簋贰，即二簋，按礼制似元士所用。损卦卦辞曰："曷用之，二簋可用享。"二簋可用享，谓二簋为俭薄之用享。今六四为诸侯位，不用六簋，而用元士二簋，可谓俭薄之至。《象》曰："樽酒，簋贰，刚柔际也。"九五阳刚，为樽酒；六四、六三阴柔，为簋二。六四在刚柔之间，为刚柔际也。即谓四在上君下臣之中。

用缶　《周礼·司尊彝》曰："春祠、夏礿，裸用鸡彝鸟彝，皆有舟。其朝践用两献尊，其再献用两象尊。皆有罍，诸臣之所昨也。秋尝、冬烝，裸用斝彝黄彝，皆有舟。其朝献用两著尊，其馈献用两壶尊。皆有罍，诸臣之所昨也。凡四时之间祀，追享、朝享，裸用虎彝蜼彝，皆有舟。其朝践用两大尊，其再献用两山尊。皆有罍，诸臣之所昨也。"郑氏注："昨，读为酢字之误也。诸臣献者，酌罍以自酢，不敢与王之神灵共尊。郑司农云：舟，尊下台，若今时承盘。" 罍，从缶，陶之龟目酒尊，较王之尊为贱。《说文》："缶，瓦器。凡缶之属，皆从缶。"《韩非子·外储说右上》曰："夫瓦器，至贱也。"六四，樽酒簋贰用缶，即谓尊、簋用至贱之瓦器。坎中实，上下坤阴之爻，为土，是用土制陶器盛物之象，故曰用缶。《尔雅·释器》："小罍谓之坎。"《经义述闻》曰："言一樽之酒，二簋之食，樽、簋皆用缶为之。"

纳约自牖　《广雅·释诂》："纳，入也。"《帛书周易》，纳为人，乃入之误。是纳即入，为纳入。又，“约，薄也。”“约，少也。”《释言》：“约，俭也。”《说文》：“羑，进善也。从羊，久声。文王拘羑里，在汤阴。”桂馥义证：“羑，通作牖。”《方言笺疏》曰：“牖、诱、羑，古字并通。”段玉裁注：“文王拘羑里，《尚书大传》、《史记》作牖里。”按，《史记·殷本纪》曰：“纣囚西伯牖里。”《正义》曰：“牖，一作羑，音酉。”《广雅·释诂》疏证：“牖者，《顾命》：诞受羑若。《老子·释文》云：羑与牖同。”《淮南子·氾论训》：“纣居于宣室，而不反其过，而悔不诛文王于羑里。”高诱注：“羑里，今河南汤阴是也。羑，古牖字。”《群书治要》，引羑作牖。是牖即羑。黄以周《周易故训订》曰：“纳此至约之物于牖下，以交神明也。”自牖，训于牖。《天问》：“出自汤谷。”《淮南子·天文训》：“日出于旸谷。”是自犹于，纳约自牖，犹纳约于牖。又，《说文》：“牖，穿壁以木，为交窗也。”段注：“交窗者，以木横直为之，即今之窗也。在墙曰牖，在屋曰窗。”六四，诸侯之位，又有穿壁之象。纳约自牖，盖谓文王拘于牖里，接受一尊酒，两簋饭菜，用瓦器装盛之俭约饮食。《系辞传》曰：“尺蠖之屈，以求信也；龙蛇之蛰，以存身也；精义入神，以致用也；利用安身，以崇德也。”六四在习坎之中，坎为丛棘，为桎梏，屈以求伸，似此之谓。丛棘，古置犯人于其中。

终无咎　《系辞传》曰：“二与四，同功而异位，其善不同。二多誉，四多惧，近也。柔之为道，不利远者，其要无咎，其用柔中也。”六四，近九五之君，不得中位，且在坎象，本应有咎。然阴居阴位，以阴承阳，故终无咎。履卦《彖》曰：“履，柔履刚也。说而应乎乾，是以履虎尾，不咥人，亨。”习坎卦，除九五外，下三爻皆不当位，上六又凶，故六四当位顺行，而有水德。王弼注：“处重险而履正，以柔居柔，履得其位，以承于五。五亦得位，刚柔各得其所，不相犯位；皆无余应以相承比，明信显著，不存外饰。处坎以斯，虽复一樽之洒，二簋之食，瓦缶之器，纳此至约，自进于牖，乃可羞之于王公，荐之于宗庙，故终无咎也。”按，初六曰：“习坎，入于坎窞，凶。”九二曰：“坎有险，求小得。”六三曰：“来之坎坎，险且枕，勿用。”六四已出下之坎窞，以柔履刚后得位，故曰终无咎。《殷本纪》曰：“西伯出，而献洛西之地，以请出炮格之刑。纣乃许之，赐弓矢斧钺，使得征伐，为西伯。”似可比况。

九五，坎不盈，祗既平，无咎。

〔译〕　九五，坎陷而不满盈，震惧已经平静，无灾。

《象》曰：“坎不盈，中未大也。”

〔证〕

坎不盈　《说文》：“盈，满器也。”坎上为满，坎中为不满。《象》曰：“坎不盈，中未大也。”谓九五居坎之中，而未自大，为坎不盈。九五，阳居阳位，既中且正，有中正之德，故而不自满。乾卦《文言》曰：“夫大人者，与天地合其德，与日月合其明，与四时合其序，与鬼神合其吉凶。先天，而天弗违；后天，而奉天时。天且弗违，而况于人乎？况于鬼神乎？”大人者谓九五，以其中而不过无不及，又正而不偏不倚，故而与天地人合其德，无盈满之象。《彖》曰：“水流而不盈，行险而不失其信，维心亨，乃以刚中也。”九五阳实其中，为中孚维心，为不失其信，此皆以刚中，而坎不盈，中未大之故。又，《说卦传》曰：“坎为月。”《孔子家语·礼运篇》云：“是以三五而盈，三五而缺。”注曰：“月阴道，不常满，故十五而满，十五而缺。”《春秋元命苞》云：“月之为言缺也。”《说文》、《释名》、《广雅》，皆谓月为缺。坎为月，月为缺，九五在上坎之中，是以为坎不盈，谓月满又缺。

祗既平 祗，通作振、震、拯。《礼记·内则》曰：“祗见孺子。”郑氏注：“祗，或作振。”《虞书·皋陶谟》曰：“日严祗敬六德，亮采有邦。”《史记·夏本纪》曰：“日严振敬六德，亮采有国。”祗、振通用。《商书·盘庚下》曰：“尔谓朕，曷震动万民以迁。”《汉石经》震作祗。《周书·无逸》曰：“治民祗惧，不敢荒宁。”《史记·鲁周公世家》曰：“治民震惧，不敢荒宁。”祗、震通用。《逸周书·大武》曰：“祗人死。”又，《文政》曰：“祗民之死。”王念孙《读书杂志》云：“祗之言振。振，救也，言救人之死，救民之死；非敬死之谓也。祗与振声近而义同，故字亦相通。”《墨子·兼爱中》曰：“仁人尚作，以祗商夏蛮夷丑貉。”孙诒让《墨子间诂》：“祗，当读为振。此谓得仁人以拯救中国，及四夷之民。”因祗与震声近而义同，故复卦初九曰：“不远复，无祗悔。”下卦一阳来二阴之下，是震之象。阳不远复，无过震之象，则无震之悔恨。恒卦上六曰：“振恒，凶。”上卦为震，是振与震通。习坎卦，二之四为震，为祗；三之五为艮，为止。艮止震之上，为祗既平。《广雅·释诂》曰：“既，已也。”祗既平，谓进至九五，坎险已风平浪静。

无咎 《说文》：“咎，灾也。”九五，坎不盈，祗既平，故无咎。二之五为互离，离为火为日，以明照暗，无咎。三之五为艮，艮为山为石，砥柱中流，无咎。《系辞传》曰：“无咎者，善补过也。”“震无咎者存乎悔。”虞翻曰：“震，动也。有不善，未尝不知之，知之未尝复行，无咎者善补过，故存乎悔也。”习坎卦，有行险之灾。然二之四，阳震动于下；三之五，阳艮止于上。下动上止，为善补过，为无咎。坎卦为险象，亦为水象。《老子》曰：“上善若水。”又曰，“持而盈之，不如其已。”九五在水，得位得中，为上善，故无咎。又，谦卦《彖》曰：“谦，亨。天道下济而光明，地道卑而上行。天道亏盈而益谦，地道变盈而流谦，鬼神害盈而福谦，人道恶盈而好谦。谦尊而光，卑而不可逾，君子之终也。”九五，坎不盈，得谦之道，是以无咎。

上六，系用徽纆，置于丛棘，三岁不得，凶。

〔译〕 上六，用绳索捆绑，投入监牢，三年不得悔改者，有凶险。

《象》曰：“上六失道，凶，三岁也。”

〔证〕

系用徽纆 《说文》：“係（系），絜束也。从人，系声。”段玉裁注：“絜者，麻一耑也。絜束者，围而束之。《左传》：係輿人。又，以朱丝係玉二瑴。束之义也。束之，则缕与物相连，故凡相联属，谓之係。”又，《说文》曰：“系，县也。”段注：“县者，系也，引申为凡总持之称，故系与县二篆为转注。系者，垂统于上，而承于下也。系与係可通用。然经传係多谓束缚，故係下曰絜束也。”随卦，震下兑上。六二曰：“系小子，失丈夫。”六三曰：“系丈夫，失小子。”上六曰：“拘系之，乃从维之。”无妄卦，震下乾上。六三曰：“无妄之灾，或系之牛，行人之得，邑人之灾。”遁卦，艮下乾上。九三曰：“系遁，有疾厉，畜臣妾吉。”系遁，谓九三之遁，被六二所系。姤卦，巽下乾上。初六曰：“系于金柅，贞吉。”是凡言系者，皆谓阴爻。习坎上六阴爻，故亦称系。

《说文》：“徽，一曰三纠绳也。”段玉裁注：“三纠，谓三合而纠之也。丩部曰：纠，三合绳。《易》：系用徽纆。刘表曰：三股曰徽，两股曰纆。一说纠本三股，三纠当为九股。”《玉篇》：“徽，大索也。”“纆，索也。”《华严经音义》：“珠丛纆，绳索也。”《五经文字》：“徽、纆，皆绳也。三股曰徽，两股曰纆。”《汉书·扬雄传》：“范雎，魏之亡命也，折胁拉髂，免于徽索。”师古曰：“徽，绳也。”《后汉书·西羌传论》：“壮悍则委身于兵场，女妇则徽纆而为虏。”《周易集解纂疏》：“《谷梁传》疏：陆德明云：三纠绳曰徽，二纠绳曰纆，与刘注合。《字林》又以纠为两合绳，纆为三合绳。是二股三股，亦无定诂，不如马氏概言索也。《论语》：缧绁。注云：缧，黑索。疏云：古者以黑索拘挛罪人。不如虞云黑索，为可据也。”按，蒙卦，坎下艮上。初六曰：“发蒙，利用刑人，用说桎梏。”《荀九家》：“坎为桎梏。”本卦上六在坎，系用徽纆，犹加桎梏。一则用绳索，一则用械器，皆为拘系。

置于丛棘 《周礼·秋官》：“朝士掌建邦外朝之法。左九棘，孤卿大夫位焉，群士在其后；右九棘，公侯伯子男位焉，群吏在其后；面三槐，三公位焉，州长众庶在其后。左嘉石，平罢民焉；右肺石，达穷民焉。”郑氏注：“郑司农云：左九棘，右九棘，故《易》曰：系用徽纆，置于丛棘。”孙诒让《周礼正义》曰：“《公羊》宣元年，徐疏引郑《易》注云：系，拘也。爻辰在巳，巳为蛇，蛇之蟠屈，似徽纆也。三五互体艮，又与震同体。艮为门阙，于木为多节；震之所为，有丛拘之类。门阙之内，有丛木多节之木，是天子外朝，左右九棘之象也。外朝者，所以询事之处也。左嘉石，平罢民焉；右肺石，达穷民焉。罢民，邪恶之民也。上六乘阳，有邪恶之罪，故缚约徽纆，置于丛棘，而后公卿以下议之。是后郑《易》注说，亦以丛棘为左右九棘，与先郑同。又案：二郑以丛棘为九棘，盖谓讼在外朝。而李氏《周易集解》引虞翻云：狱外种九棘，故称丛棘。依虞说，则狱在九棘之外，是棘在库门外之左右矣。"按坎，其于木为坚多心，为丛棘。

又，《诗诂》："棘，如枣而多刺，木坚色赤，丛生，人多以为藩。"《左传》哀公八年："邾子又无道，吴子使大宰子余讨之，囚诸楼台，栫之以棘。"杨伯峻《春秋左传注》："栫，音荐。《广韵》：围也。《广雅·释宫》：篱也。此谓以棘针为篱，以围之也。"栫之以棘，谓周围植棘，以防犯人逃逸。《汉书·息夫躬传》："丛棘栈栈，曷可栖兮！"丛棘栈栈，谓植棘众盛，指监禁之所。《通鉴》："侯景幽帝于永福，墙垣悉枳棘。"注云："棘似枣，而多刺。"《周易》王弼注："险峭之极，不可升也；严法峻整，难可犯也。宜其执，置于思过之地。"孔颖达《正义》曰："上六居此险峭之处，犯此峻整之威，所以被系用其徽纆之绳，置于丛棘，谓囚执之处，以丛棘而禁之也。"程氏传："上六以阴柔，而居险之极，其陷之深也。以其陷之深，取牢狱为喻。如系缚之以徽纆，囚置于丛棘之中。"李士鉁曰："互艮手为系，震、艮亦为木，故丛棘。狱外种棘，置于丛棘者，入狱之象。"

三岁不得，凶 《周礼·秋官》："司圜，掌收教罢民。凡害人者，弗使冠饰，而加明刑焉，任之以事，而收教之。能改者，上罪三年而舍，中罪二年而舍，下罪一年而舍。其不能改，而出圜土者，杀。虽出，三年不齿。"郑氏注："弗使冠饰者，著墨幪，若古之象形与？舍，释之也。郑司农云：罢民，谓恶人不从化，为百姓所患苦，而未入五刑者也，故曰凡害人者。不使冠饰，任之以事，若今时罚作矣。"《释名·释宫室》："狱，确也。又谓之圜土，土筑表墙，其形圜也。"入此圜土者，上罪三年而释放，中罪二年而释放，下罪一年而释放。其不改过，又逃离圜土者，杀之。即使释放出圜土，三年之内，不能等同于一般人。《说文》："得，行有所得也。"三岁不得，凶，谓三岁坚顽不悔改，而不得释放者，必有凶险。坎，有人在土中之象，为圜土。上六，居上坎第三爻，仍未出坎，为三岁不得，凶。《象》曰："上六失道，凶，三岁也。"即谓上六阴乘阳，三岁未改，不得出坎，失习坎之道，故凶。按，初六《象》曰："习坎入坎，失道凶。"上六《象》曰："上六失道，凶，三岁也。"是入坎为凶，不得出坎为凶，皆因失道而凶。

第三十卦　辛　卯

☲☲ 离上
离下

离，利贞，亨，畜牝牛吉。

〔译〕　离，利于正道，亨通，蓄养阴柔吉利。

《彖》曰：“离，丽也。日月丽乎天，百谷草木丽乎土，重明以丽乎正，乃化成天下。柔丽乎中正，故亨，是以畜牝牛吉也。”

《象》曰：“明两作，离，大人以继明，照于四方。”

〔证〕

离下离上　《说卦传》曰：“天地定位，山泽通气，雷风相薄，水火不相射，八卦相错。”按，伏羲八卦：乾为天，在上；坤为地，在下，为天地定位。艮为山，在西北；兑为泽，在东南，为山泽通气。震为雷，在东北；巽为风，在西南，为雷风相薄。坎为水，在西；离为火，在东，为水火不相射。又，乾、坤阴阳相反，艮、兑阴阳相反，震、巽阴阳相反，坎、离阴阳相反，是以两两相错，为四对错卦，为八卦相错。八重卦亦如此，方位相对者，互相为错卦。又，方位左右，阴阳相倒者，为综卦。如：兑位东南，巽位西南，互为综卦；震位东北，艮位西北，互为综卦。《易》以错卦或综卦，互为邻卦，是以习坎以后，次之以离。于六十四重卦中，上经之乾卦、坤卦；坎卦、离卦，分别相错。下经之震卦、艮卦；巽卦、兑卦，分别相综。震卦、巽卦；艮卦、兑卦，分别相错。是万事万物，错综复杂。然乾、坤、离、坎四正之卦，只有相反之错卦，而无相倒之综卦。震、艮，巽、兑四隅之卦，既有相反之错卦，又有相倒之综卦。是正卦只有阴阳正反之象，而无颠倒之理；隅卦则可阴阳相反相倒。《系辞传》曰：“参伍以变，错综其数，通其变，遂成天地之文，极其数，遂成天下之象，非天下之至变，其孰能与于此。夫《易》，圣人之所以极深而研几也。”

程氏传：“八纯卦，皆有二体之义：乾，内外皆健；坤，上下皆顺；震，威震相继；巽，上下顺随；坎，重险相习；离，二明继照；艮，内外皆止；兑，彼己相说。”离，离下离上为二明。《彖》曰：“离，丽也。日月丽乎天，重明以丽乎正。”《象》曰：“明两作，丽，大人以继明，照于四方。”是日月为重光，为继明，即离下离上之义。《说卦传》曰：“坎为月。”然月本无光，因日照而有光，故月光亦日光，月归光于日，是亦为离。离卦，离下离上。《彖》曰：“离，丽也，日月离乎天。”即以下离为日，上离为月。

商承祚《说文中之古文攷》曰：“朙、明，皆古文也。囧，象光之煽动，有明意，故可用为明。日月相合，以会明意。”按，甲骨文明字，有从月从囧，从月从田，从日从月。

囧、田，为窗之象形，以夜间月光射入室内，会意为朙。明，则以日月会意。是以有户牖之朙，有日月之明。然经传皆用日月之明，而户牖之朙废。《管子·内业》曰："视于大明。"房玄龄注："大明，日月也。"《国语·越语下》："明者以为法。"韦昭注："明，谓日月盛满时。"《孟子·尽心上》："日月有明，容光必照。"赵歧注："容光，小郤也，言大明照幽微。"日月为明。《荀子·劝学》："天见其明，地见其光。"杨倞注："见，显也；明，谓日月。"又，《天论》："在天者，莫明于日月。"《史记·历书》："日月成，故明也。"《系辞传》曰："日月相推，而明生焉。"又，"县象著明，莫大乎日月。"孔颖达疏："日月中时，遍照天下，无幽不烛，故云明。"《象》曰："明两作，离。"是日月皆为明，离为火为明，离下离上，为日下月上。

离为明，位东。离卦，离下离上，是日月先后东行。《白虎通德论·日月》云："天左旋，日月五星右行何？日月五星比天为阴，故右行。右行者，犹臣对君也。《含文嘉》曰：计日月右行也。《刑德放》曰：日月东行。日行迟，月行疾何？君舒臣劳也。日日行一度，月日行十三度，十九分度之七。《感精符》曰：三纲之义，日为君，月为臣也。日月所以悬昼夜者何？助天行化，照明下地。故《易》曰：悬象著明，莫大于日月。日之为言实也，常满有节；月之为言阙也，有满有阙也。所以阙何？归功于日也。三日成魄，八日成光，二八十六日，转而归功，晦至朔旦，受符复行。故《援神契》曰：月三日成魄，三月而成时。所以名之为星何？星者，精也，据日节言也。一日一夜，适行一度，一日夜为一日剩。复分天为三十六度，周天三百六十五度，四分度之一，日月径行千里也。"《彖》曰："离，丽也，日月丽乎天。"即谓日月行于天。

《开元占经·论天》："昔在颛顼，使南正重司天，而帝喾亦序三辰。尧命羲和，钦若昊天，历象日月星辰。舜之受禅，在璇玑玉衡，以齐七政。以是数者言之，曩时已立浑天之象，明矣。周公序次六十四卦，两两相承，反复成象，以法天行，周而复始，昼夜之义。故晋卦《彖》曰：昼日三接；明夷《象》曰：初登于天，后入于地。仲尼说之曰：明出地上，晋进而丽乎大明，是以昼日三接；明入地中，明夷，夜也。先昼后夜，先晋后明夷，故曰：初登于天，照临四国也；后入于地，失则也。日月丽乎天，随天运转；出入乎地，以成昼夜也。浑天之义，盖与此同。"又曰，"扬子云《太玄经》曰：天穹窿而周乎下地，旁薄而向乎上。故知天裹地下，周天三百六十五度，四分度之一：一百八十二度，八分度之五覆地上；一百八十二度，八分度之五周地下。故二十八宿半见半隐，日月出入，以成昏明。"离卦，离下离上。下离为日，上离为月，亦日月出入，以成昏明之象。

《邶风·日月》云："日居月诸，照临下土。""日居月诸，下土是冒。""日居月诸，出自东方。”《正义》曰：“言日乎，日以照昼；月乎，月以照夜。故得同曜齐明，而照临下土。以兴国君也，夫人也。国君视外治，夫人视内政，当亦同德齐意，以治理国事。如此是其常道。”又曰，“言日乎月乎，日之始照，月之盛望，皆出东方。言月盛之时，有与日同，以兴国君也，夫人也。国君之平常，夫人之隆盛，皆秉其国事。夫人之盛时，亦当与君同，如此是其常。”又曰，“日月虽分照昼夜，而日恒明，月则有盈有缺，不常盛，盛则与日皆出东方。犹君与夫人，虽各听内外，而君恒伸；夫人有屈有伸，伸则与君同居尊位。故笺云：夫人当盛之时，与君同位。”离卦，离下离上。离位东，是日月先后皆出自东，亦月隆盛之时。《彖》曰：“离，丽也，日月丽乎天。”即是。《诗集传》曰：“日旦必出东方，月望亦出东方。”离卦，为月望时日月之象。

日月虽为重明，但日为君，为父，为夫；月为臣，为子，为妇。贲卦《彖》曰：“观乎天文，以察时变；观乎人文，以化成天下。”《小雅·十月之交》曰：“彼月而微，此日而微。今此下民，亦孔之哀。”孔颖达疏：“毛以为幽王之时，正在周之十月，夏之八月，日月之交会，朔日辛卯之日。以此时，而日有食之。此其为异，亦甚之恶也。何则？日食者，月掩之也。月食日，为阴侵阳，臣侵君之象，其日又是辛卯。辛是金，卯是木，金常胜木。今木反侵金，亦臣侵君之象。臣侵君，逆之大者。一食而有二象，故为亦甚恶也。所以为甚恶者，日君道也，月臣道也。君当制臣，似月应食；臣不当侵君，似日不应食。故言彼月，而容有被食不明。今此日，而反被食不明，以日被月食，似君被臣侵，非其常事，故为异尤大也。”离卦，有天文，亦有人文。离下离上，晦朔已过，月不掩日，是日月继明，丽乎天之象；亦君舒臣劳，各职其事之象。

大过卦，巽下兑上。《彖》曰：“大过，大者过也。”阳为大，阳过为大者过，即冬至一阳生，至夏至一阴生，为大者阳过之时。夏至以后，雨量渐大，江河汛期到来；至六月，烈日当顶，天气炎热，是为小暑、大暑，三伏天气。故大过以后，次之以坎卦和离卦。此月雨水多，阳光充足，最利庄稼草木生长成熟。《吕氏春秋·季夏纪》云：“季夏之月，日在柳，律中林钟。”高诱注：“季夏，夏之六月也。柳，南方宿，周之分野。是月，日躔此宿。林，众；钟，聚。阴律也。阳气衰，阴气起，万物众聚而成。竹管之音，应林钟也。”是季夏之月，为万物众聚而成之月。《月令·季夏之月》云：“其日丙丁，其帝炎帝，其神祝融。”郑氏注：“丙之言炳也。日之行夏，南从赤道，长育万物，月为之佐。时万物皆炳然，著见而强大。又因以为日名焉。《易》曰：齐乎巽，相见乎离。此赤精之君，火官之臣，自古以来，著德立功者也。炎帝，大庭氏也。祝融，颛顼氏之子，曰黎，为火官。”

《说文》：“丙，位南方，万物成炳然。阴气初起，阳气将亏。从一入冂，一者阳也。”

桂馥义证："位南方者，丙，火，故位在南。《月令》：孟夏之月，其日丙丁。郑注：日之行夏，南从赤道。万物成炳然者，丙，炳，声相近。《淮南·天文训》：辰在丙曰柔兆。高注：万物皆生枝布叶。郑注《月令》：丙之言炳也，长育万物，月为之佐。时万物皆炳然，著见而强大。《释名》：丙，炳也，物生炳然，皆著见也。《白虎通》：其日丙丁者，其物炳明。《律历志》：明炳于丙。《律书》：丙者，言阳道著明，故曰丙。阴气初起，阳气将亏，从一入冂。一者阳也者，徐锴曰：夫物极则衰，功成则去，明盛而晦，阳极而阴。物非阴不定。夏之有秋，所以揫敛焦杀万物，使成也。冂，犹门也。《易》曰：乾坤，其《易》之门邪。天地阴阳之门户，阳功成，将入于冂也。"又，《说文》："丁，夏时万物皆丁实。"桂证："夏时万物皆丁实者，徐锴本作：夏时万物皆丁壮成实。《释名》：丁，壮也，物体皆丁壮也。《白虎通》：丁者强也。《参同契》：老物复丁壮。《急就篇》：长乐无极老复丁。《汉书·律历志》：大成于丁。《史记·律书》：丁者，言万物之丁壮也，故曰丁。《淮南·天文训》：巳在丁曰强圉。高注：万物刚盛。"按，夏日丙丁，谓万物炳然丁实，即离卦《彖》曰："日月丽乎天，百谷草木丽乎土。"

《荀子·天论》："列星随旋，日月递照，四时代御，阴阳大化，风雨博施，万物各得其和以生，各得其养以成，不见其事，而见其功，夫是之谓神。"日照昼，月照夜，万物得日月光照而成。据一九九九年，《实用知识农历·万物生长也要靠月亮》云："俗话说：万物生长靠太阳。可是，科学家们近来发现，月光对植物生长，也有很重要的作用。长期得不到月光照射的树木，木质松软，树干细弱，且易折断。而且当木质纤维，受到损害以后，太阳光的照射，只能有助于生成大的疤痕；而月光则能消除，木质纤维中的死亡组织，使伤口愈合。在南美一些国家，如秘鲁、玻利维亚，农民们早就懂得，月光的这种奇妙作用。他们发现，在下弦时摘的水果，收割的庄稼，往往像经过净化了一样，能贮藏较长的时间。农学家们建议，人们在种植、收获庄稼时，还要考虑到月光。最好新月（农历初一）时，播种茄子、洋葱、南瓜、山药等；满月时，播种土豆、黄瓜、大蒜等。在下弦月时，给南瓜和西红柿打枝，收萝卜入窖。"我国最早使用阴历，《大戴礼记·夏小正》，即按阴历分月记载，某些动植物生长时间。《逸周书·时训解》，又分月为节气和中气，一年二十四气，以表物侯。《彖》曰："离，丽也。日月丽乎天，百谷草木丽乎土。"是日之行，月为之佐，此即离下离上之义。

离 《彖》曰："离，丽也。"《序卦传》曰："离者，丽也。"《说文》："麗（丽），旅行也。鹿之性，见食急，则必旅行。从鹿，丽声。《礼》：麗皮纳聘。盖鹿皮也。丽，古文；[illegible]，篆文麗字。"段玉裁注："麗，旅行也：此麗之本义，其字本作丽，旅行之象也，后乃加鹿耳。《周礼》：麗马一圉，八麗一师。注曰：麗，耦也。《礼》之儷皮，《左传》之伉儷，《说文》之驪驾，皆其义也。两相附则为麗。《易》曰：离，麗也，日月麗乎天，百谷草木麗乎土。是其义也。麗则有耦可观。㸚部曰：麗尔犹靡麗也。是其义也。两而介其间，亦曰麗，离卦之一阴麗二阳是也。鹿之性，见食急，则必旅行：此说从鹿之意也，见食急，而犹必旅行者，义也。《小雅》：呦呦鹿鸣，食野之苹。传曰：鹿得苹，呦呦然，鸣而相呼。恳诚发乎中，以兴嘉乐宾客。当有恳诚相招呼，以成礼也。《北史》：裴安祖闻讲鹿鸣，而兄弟同食。古文只作丽，后乃加鹿之意如是。《礼》：麗皮纳聘，盖鹿皮也。《聘礼》曰：上介奉币儷皮。《士冠礼》：主人酬宾，束帛儷皮。儷，即麗之俗。郑注：儷皮，两鹿皮也。郑意麗为两，许意麗为鹿，其意实相通。《士冠》注曰：古人麗为离。"

《小尔雅·广言二》曰："麗，两也。"《小尔雅今注》："《说文》：麗，旅行也。王筠句读：旅，俗作侣。旅行，谓结伴行走，成群结队地行走。引申为连结、连属。《易·兑·象传》：麗泽兑，君子以朋友讲习。魏王弼注：麗，犹连也。孔颖达疏：两泽相连，润说之盛。又《离·象传》：日月麗乎天，百谷草木麗乎土。王弼注：麗犹著也。著谓附着，与连属义通。数目依次相连，故麗引申为数目之义。宋咸注云：麗，取其数各有所麗著。其说是。"《方言》："⿰麗攵，数也。"郭璞注："偶物与麗，故云数也。"钱绎笺疏："《说文》：⿰麗攵，数也。《广雅·释诂四》同。《大雅·文王篇》：其麗不亿。毛传云：麗，数也。《小尔雅·广言》，及《离娄篇上》赵岐注，并同。麗，与⿰麗攵通。注：偶物云者，按：麗，两也，两两而数之也。"张舜徽《说文约注》云："今俗计物，犹两两而数之，盖即⿰麗攴字从麗之意。"按，又、攵、攴，皆手字，故云⿰麗攵或⿰麗攴，为两两而数之。《汗简》：麗作丽，又作EE。郑珍云："依此形，从重二、从比会，麗偶意甚合。"

《广雅·释诂》："离，丽也。"王念孙疏证："离与丽，古同声而通用。《士冠礼》注云：古文离为丽。《月令》注云：离，读如俪偶之俪，与丽同。"《小雅·渐渐之石》："月离于毕，俾滂沱矣。"毛传："月离阴星则雨。"《诗毛氏传疏》："离，读与丽同。《论衡·说日》，及《淮南子·原道》注，引《诗》作丽。"昭公元年《左传》："楚公子围，设服离卫。"杜预注："设君服，二人执戈陈于前，以自卫。"离卫，以二人为卫。离，即丽。桓公二年《公羊传》："蔡侯、郑伯会于邓。离不言会，此其言会何？盖邓与会尔。"何休注："二国会曰离，时因邓都，得与邓会。"徐彦疏："五年夏，齐侯、郑伯如纪，当时纪不与会，是以齐侯、郑伯为离会。但离不言会，故变言如矣。"按，桓公五年《公羊传》："夏，齐侯、郑伯如纪。离不言会。"王念孙曰："离，谓丽也。离与丽，古同声而通用。"三者为会，二者为离。纪不与会，是以言离，不言会。《后汉书·邓皇后传》：

“若并时进见，则不敢正坐离立，行则偻身自卑。”李贤注：“离，并也。”离犹并，犹偶，犹丽。离、丽同源字。

《周易》八纯卦，以八经卦自重为象，其义亦皆取其比联。乾卦，乾下乾上。《象》曰：“天行健，君子以自强不自。“天行健，言天体运行不已，一天又一天。坤卦，坤下坤上。《象》曰：“地势坤，君子以厚德载物。”地势坤，言地下有地，故厚。习坎卦，坎下坎上。《象》曰：“水洊至，习坎，君子以常德行，习教事。”洊，再；习，重。谓水前后连接。震卦，震下震上。《象》曰：“洊雷，震，君子以恐惧修省。”洊雷，一雷接一雷，是以为震。艮卦，艮下艮上。《象》曰：“兼山，艮，君子以思不出其位。”《说文》：“兼，并也。”段注：“并，相从也。”兼山，谓一山从一山。巽卦，巽下巽上。《象》曰：“随风，巽，君子以申命行事。”《说文》：“随，从也。”随风，谓风从风。兑卦，兑下兑上。《象》曰：“丽泽，兑，君子以朋友讲习。”丽泽，两泽，故而相连而交流。离卦，离下离上。《象》曰：“明两作，离，大人以继明照于四方。”日月为两明。《彖》曰：“离，丽也。”即谓离，为日月两者。

利贞　《彖》曰：“日月丽乎天，百谷草木丽乎土；重明以丽乎正，乃化成天下。”谓日月两明于天，阴阳相济，百谷和草木就能相互生长于地；日月以此两相行于正道，方可化育成天下万物万事。在天，日月正，利于万物；在地，君臣正，利于万事。《系辞传》曰：“县象著明，莫大乎日月。”“阴阳之义，配日月。”“日往则月来，月往则日来，日月相推，而明生焉。寒往则暑来，暑往则寒来，寒暑相推，而岁成焉。往者屈也，来者信也，屈信相感，而利生焉。”明生、岁成、利生，皆日月正行之利，故曰利贞。晋卦，坤下离上。卦辞曰：“晋，康侯用锡马蕃庶。”《彖》曰：“明出地上，顺而丽乎大明，柔进而上行，是以康侯用锡马蕃庶。”《象》曰：“明出地上，晋，君子以自昭明德。”贲卦，离下艮上。卦辞曰：“小利有攸往。”《彖》曰：“分刚上而文柔，故小利有攸往。”《象》曰：“山下有火，贲，君子以明庶政，无敢折狱。”晋为日象，贲为月象。两卦《彖》言天文，谓日月在天，百谷草木生于地；《象》言人文，谓君臣在地，乃化成天下。此即日月利正之义。按，离下离上为日月，又，离为乾卦，乾为天，是日月丽乎天。二之四为巽，巽为风；三之五为兑，兑为泽。风生万物，泽润万物，初为地，为百谷草木丽乎土。下离为日，上离为月。日在后，月在前。日行迟，月行疾，君舒臣劳，为重明以丽乎正，乃化成天下，是以为利正。

《小雅·天保》云：“如月之恒。如日之升；如南山之寿，不骞不崩；如松柏之茂，无不尔或承。”《正义》曰：“弦有上下，知上弦者，以对如日之升。是益之义，故知上弦矣。日月在朔交会，俱右行于天。日迟月疾，从朔而分。至三日，月去日已当一次。

始死魄而出，渐渐远日，而月光稍长。八日九日，大率月体正半昏，而中似弓之张而弦，直谓上弦也。后渐进，至十五、十六日，月体满，与日正相当，谓之望，云体满而相望也。从此后渐亏，至二十三日、二十四日，亦正半在，谓之下弦。于后亦渐亏，至晦而尽也。以取渐进之义，故云上弦，不云望。”如此周而复始，月复一月，年复一年，以利正道。《诗序》曰：“《天保》，下报上也。君能下下，以成其政；臣能归美，以报其上焉。”此盖日月君臣利正之谓。

亨　《彖》曰：“柔丽乎中正，故亨。”六二、六五，为上下卦之中，分别得位中之正，和文明之正，为柔丽乎中正。《说文》：“中，和也，从口|，上下通也。”桂馥义证：“晁说之曰：林罕谓从口，象四方上下通中也。和也者，和当为龢。《礼记·中庸》：致中和，天地位焉，万物育焉。馥谓：中和之气，上下相通，故能化成万物。”中正亦中和。中和，上下相通，故为亨通。贲卦，离下艮上。《彖》曰：“柔来而文刚，故亨。”离卦，六二，居下离之中；六五，居上离之中，均为柔来而文刚，故亨。临卦，六五《象》曰：“大君之宜，行中之谓也。”离卦，下离为日，日为君；上离为月，月为臣。君臣皆行中道，故亨。既济卦，离下坎上。六二《象》曰：“七日得，以中道也。”未济卦，坎下离上。《彖》曰：“未济亨，柔得中也。”离卦，上下皆为柔得中道，为柔丽乎中正，故亨。王弼注：“柔著于中正，乃得亨通。”

《礼记·中庸》：“喜怒哀乐之未发，谓之中；发而皆中节，谓之和。中也者，天下之大本也；和也者，天下之达道也。致中和，天地位焉，万物育焉。仲尼曰：君子中庸，小人反中庸。君子之中庸也，君子而时中；小人之反中庸也，小人而无忌惮也。”程氏《中庸解》：“非中不立，非和不行。所出所由，未尝离此大本根也。达道，众所出入之道。极吾中以尽天地之中，极吾和以尽天地之和，天地以此立，化育亦以此行。”朱熹注：“中庸者，不偏不倚，无过不及，而平常之理，乃天命所当然，精微之极致也。君子之所以为中庸者，以其有君子之德，而又能随时以处中也。小人之所以反中庸者，以其有小人之心，而又无所忌惮也。盖中无定体，随时而在，是乃平常之理也。游氏曰：以性情言之，则曰中和；以德行言之，则曰中庸是也。然中庸之中，实兼中和之义。”离卦《彖》曰：“柔丽乎中正，故亨。”犹谓致中和，天下位焉，万物育焉，故而亨通。六二、六五，皆为中和中庸之象。

畜牝牛吉　《说卦传》曰：“坤为子母牛。”即牝牛为坤阴。《彖》曰：“柔丽乎中正，故亨，是以畜牝牛吉。”谓阴在阳中，为阳所养而吉利，为畜牝牛吉。同人卦，离下乾上。《彖》曰：“同人，柔得位得中，而应乎乾，曰同人。同人于野，亨，利涉大川，乾行也。文明以健，中正而应，君子正也，唯君子为能通天下之志。”此谓柔在刚中，当位得中，文明中正，为君子之正，故利涉大川。即阴在阳中，畜牝牛吉之象。大有卦，乾下离上。六五曰：“厥孚交加，威如，吉。”《象》曰：“厥孚交如，信以发志也。威如之吉，易而无备也。”六五得上离之中，刚中有柔，为吉。噬嗑卦，震下离上。六五曰：“噬干肉，得黄金，贞厉无咎。”《象》曰：“贞厉无咎，得当也。”谓六五，阴柔得当阳刚中位，无咎。贲卦，离下艮上。六二曰：“贲其须。”《象》曰：“贲其须，与上兴也。”六二，阴当阳之中而兴。晋卦，坤下离上。六五曰：“悔亡，失得勿恤，往吉，无不利。”《象》曰：“失得勿恤，往有庆也。”六五，谓离日中行，故往吉，无不利，有庆。明夷卦，离下坤上。六二曰：“明夷，夷于左股，用拯马壮，吉。”《象》曰：“六二之吉，顺以则也。”六二，阴当阳中，吉。家人卦，离下巽上。六二曰：“无攸遂，在中馈，贞吉。”《象》曰：“六二之吉，顺以巽也。”六二，阴当阳中，吉。睽卦，兑下离上。六五曰：“悔亡，厥宗噬肤，往何咎？”《象》曰：“厥宗噬肤，往有庆也。”六五，阴得阳中，往有庆，犹往有吉。革卦，离下兑上。六二曰：“巳日乃革之，征吉，无咎。”《象》曰：“巳日革之，行有嘉也。”六二，阴当阳中，故征吉，无咎，行有嘉。鼎卦，巽下离上。六五曰：“鼎黄耳，金铉，利贞。”《象》曰：“鼎黄耳，中以为实也。”六五，阴得阳中，故利贞，中以为实。丰卦，离下震上。六二曰：“丰其蔀，日中见斗，往得疑疾。有孚发若，吉。”《象》曰：“有孚发若，信以发志也。”六二，阴当阳中，故有孚发若，吉。旅卦，艮下离上。六五曰：“射雉，一矢亡，终以誉命。”《象》曰：“终以誉命，上逮也。”六五，阴得阳中，故而终以誉命。既济卦，离下坎上。六二曰：“妇丧其茀，勿逐，七日得。”《象》曰：“七日得，以中道也。”六二，阴当阳中，故勿逐，七日得。未济卦，坎下离上。六五曰：“贞吉，无悔，君子之光，有孚，吉。”《象》曰：“君子之光，其晖吉也。”六五，阴得阳中，故吉。离卦，离下离上。畜牝牛吉者，亦谓柔丽乎中正。是凡阴居阳中，为阳所畜，即离之中爻，皆得中位，皆为吉善之象。

坤卦卦辞曰：“元亨，利牝马之贞。”《象》曰：“牝马地类，行地无疆，柔顺利贞，君子攸行。”又，六二曰：“直方大，不习无不利。”六五曰：“黄裳，元吉。”《文言》曰：“直其正也，方其义也。君子敬以直内，义以方外。敬义立而德不孤，直方大，不习无不利，则不疑其所行也。”又曰：“君子黄中通理，正位居体，美在其中，而畅于四支，发于事业，美之至也。”程氏传：“直，言其正也；方，言其义也。君子主敬以直其内，守义以方其外。敬立而内直，义形而外方。义形于外，非在外也。敬义既立，其德盛矣，不期大而大矣，德不孤也。无所用而不周，无所施而不利，孰为疑乎？”又曰，“黄中，文居中也。君子文中，而达于理；居正位，而不失为下之体。五尊位，在坤则惟取中正之义。美积于中，而通畅于四体，发见于事业，德美之至盛也。”离卦之畜牝牛吉，犹坤卦之利牝马之贞，皆谓阴类。离卦之六二、六五，犹坤卦之六二、六五，故其《彖》曰："柔丽乎中正，故亨，是以畜牝牛吉也。"即谓有六二、六五，中正文明之修养，则亨通吉利。

《系辞传》："子曰：乾坤，其《易》之门邪。乾，阳物也；坤，阴物也。阴阳合德，而刚柔有体，以体天地之撰，以通神明之德。""八卦以象告，爻彖以情言，刚柔杂居，而吉凶可见矣。"谓诸卦之体，皆以阴阳合德，刚柔相济而成。唯其阴阳合德，刚柔相济，方可见吉凶。故坎卦，阴中有阳，《彖》曰："维心亨，乃以刚中也。"离卦，阳中有阴，《彖》曰："柔丽乎中正，故亨，是以畜牝牛吉也。"王弼注："柔处于内，而履正中，牝之善也。外强而内顺，牛之善也。离之为体，以柔顺为主者也。故不可以畜刚猛之物，而吉于畜牝牛也。"又，"柔著于中正，乃得通也。柔通之吉，极于畜牝牛，不能及刚猛也。"程氏传："牛之性顺，而又牝焉，顺之至也。既附丽于正，必能顺于正道，如牝牛则吉也。畜牝牛，谓养其顺德。人之顺德，由养以成。既丽于正，当养习以成其顺德也。"又曰，"二、五以柔顺丽于中正，所以能亨。人能养其至顺，以丽中正，则吉，故曰畜牝牛吉也。"按，亦谓阳养阴正之物，乃为吉利。

《象》曰："明两作，离，大人以继明，照于四方。"《说文》："作，起也。"谓离下离上，日月相继而起，照于四方，大人以之，光被四表。乾卦《文言》曰："夫大人者，与天地合其德，与日月合其明。"李鼎祚《周易集解》："案，恩威远被，若日月之照临也。"《易乾坤凿度》曰："乾坤在道，日月相对。"又曰，"日月与明。"郑氏注："日与月相将，合而又离，不离乾坤者也。天地得日月，恒久明辉；日月得天地，恒行明，圣人理法亦然。"《周易集解纂疏》："孟子曰：天无二日。故两谓日与月也。盖于文，日月合而为明。月无光，以日之光为光，是明者皆离，故明两作而为离也。《中庸》曰：如日月之代明。代明，即继明也。以月继日，故云继日之明。《周书·谥法》曰：照临四方曰明。故曰照于四方也。"按，乾为大人；又，《说卦传》曰："离，为乾卦。"是离下离上，既为大人，又为继明，照于四方。

《虞书·尧典》："曰若稽古帝尧，曰放勳。钦明文思安安，允恭克让，光被四表，格于上下。克明俊德，以亲九族；九族既睦，平章百姓；百姓昭明，协和万邦，黎民于变时雍。"《释文》引马云："照临四方谓之明。"《正义》曰："曰能顺考校古道，而行之者，是帝尧也。曰此帝尧，能放效上世之功，而施其教化。心意恒敬，智慧甚明，发举则有文谋，思虑则能通敏。以此四德，安天下之当安者。在于己身，则有此四德，其于外接物，又能信实恭勤，善能谦让。恭则人不敢侮，让则人莫与争。由此为下所服，名誉著闻，圣德美名，充满被溢于四方之外，又至于上天下地。言其日月所照，霜露所坠，莫不闻其声名，被其恩泽，此即稽古之事也。郑玄云：敬事节用谓之钦，照临四方谓之明，经纬天地谓之文，虑深通敏谓之思。四者皆在身之德，故谓之四德。凡是臣人，王者皆须安之，故广言安天下之当安者。所安者，则下文九族、百姓、万邦是也。”又曰，“言尧之为君也，能尊明俊德之士，使之助己施化。以此贤臣之化，先令亲其九族之亲。九族蒙化，已亲睦矣，又使之和协，显明于百官之族姓。百姓蒙化，皆有礼仪，照然而明显矣，又使之合会，调和天下之万国。其万国之众人，于是变化从上，是以风俗大和。能使九族敦睦，百姓显明，万邦和睦，是安天下之当安者也。”此即光被四表，格于上下，君臣以继明，照于四方之谓。

徐干《中论·智行》曰：“《易》离《象》称：大人以继明，照于四方。且大人，圣人也；其余《象》，皆称君子。盖君子，通于贤者也。聪明，惟圣人能尽之；大才通人，有而不能尽也。《书》美唐尧，钦明为先。”孙星衍《周易集解》，引郑康成曰：“明两者，取君明，上下以明德相承，其于天下之事，无不见也。”王弼注：“继，谓不绝也。明照相继，不绝旷也。”程氏传：“明两而为离，继明之义也。大人，以德言则圣人，以位言则王者。大人观离相继之象，以世继其明德，照于四方。”按，日月为君臣之象，日月为明。朱骏声《六十四卦经解》：“重明，日月也。月得日而有光，月之明，即日之明也。《象传》故曰继明。《诗》言缉熙，《书》言重光，其义也。两，谓日月；作，起也；继，不绝也。夜以继昼，昼以继夜。尧光被四表，汤日新又新，皆其谊也。又，君日臣月，继者，君臣同明。”按，《礼记·大学》云：“大学之道，在明明德，在亲民，在止于至善。”明德，盖即大人以继明，照于四方之义。于伏羲八卦，离为明为照，离位东；离为乾卦，乾位南；二之五为坎，坎位西；二、五坤阴之爻，坤位北：是以有照于四方之象。

坎卦与离卦，互为邻卦和错卦。《序卦传》曰：“坎者，陷也。陷必有所丽，故受之以离。离者，丽也。”《说文》段注陷字曰：“坎，陷也。谓阳陷阴中也。”阳陷两阴之中，是以有两，两为丽。离下离上为两离，故《象》曰：“离，丽也。日月丽乎天。”谓日月两明行于天。坎卦与离卦，以其水火相接，为邻卦；以其水火相反，为错卦。大过卦，为阳气过，时当五月。习坎卦与离卦，在其后，是六月之卦。《逸周书·时训解》曰：“大暑之日，腐草化萤；又五日，土润溽暑；又五日，大雨时行。”陈逢衡云：“大暑之日，六月中气也。谓之大暑者，比小暑为盛也。土润溽暑，大雨时行者，《内经》曰：中央生湿，湿生土，土生甘，甘在天为湿，在地为土。《管子·四时》曰：中央为岁德掌和，和为雨。《春秋繁露·五行之义》曰：土居中央，谓之天润。《白虎通》曰：土在中央者，主吐含万物，土为言吐也。”又曰，“季夏土润，因溽暑所致。”“雨者；天之发施，犹国之恩泽也。”《月令·季夏之月》云：“是月也。土润溽暑，大雨时行。”六月，雨水多，赤日炎炎，是以习坎之后，受之以离。

《列子·汤问》：“物有不足，故昔者女娲氏，练五色石，以补其阙，以立四极。其后，共工氏与颛顼争为帝，怒而触不周之山。折天柱，绝地维。故天倾西北，日月星辰就焉；地不满东南，故百川水潦归焉。”又，《淮南子·天文训》：“昔者，共工与颛顼争为帝，怒而触不周之山。天柱折，地维绝。天倾西北，故日月星辰移焉；地不满东南，故水潦尘埃归焉。”天倾西北，言西北高，天似倾下；地不满东南，言东南低，地似缺损。又，《地形训》：“江，出岷山，东流绝汉入海。河，出积石。”高诱注：“岷山，在蜀西徼外；绝，犹过也。河，原也昆仑，伏流地中，万三千里。禹导而通之，故出积石。”《水经注》：“《山海经》曰：河水出渤海，又海水西北，入禹所导积石山。”是江、河皆由西向东流。伏羲八卦，坎为水，位为西；离为日，位为东。是水自西流向东，日月从东行往西，故习坎卦与离卦，互为邻卦和错卦。

《周易》上经，以乾、坤开篇，以坎、离终篇。乾卦《彖》曰：“大哉乾元！万物资始，乃统天。云行雨施，品物流形。大明终始，六位时成，时乘六龙以御天。乾道变化，各正性命。保合太和，乃利贞。首出庶物，万国咸宁。”坤卦《彖》曰：“至哉坤元！万物资生，乃顺承天。坤厚载物，德合无疆。含弘光大，品物咸亨。牝马地类，行地无疆。柔顺利贞，君子攸行。先迷失道，后顺得常。西南得朋，乃与类行。东北丧朋，乃终有庆。安贞之吉，应地无疆。”习坎卦《彖》曰：“习坎，重险也。水流而不盈，行险而不失其信。维心亨，乃以刚中也。行有尚，往有功也。天险不可升也，地险山川丘陵也。王公设险以守其国，险之时用大矣哉！”离卦《彖》曰：“离，丽也。日月丽乎天，百谷草木丽乎土。重明以丽乎正，乃化成天下。柔丽乎中正，故亨。是以畜牝牛吉也。”按，乾言天，坤言地，习坎言水，离言光。天生物，地载物，水润物，光照物，是以万物生长，化成天下，此其自然之理，乃上经之义。

《周易》，阳中有阴，阴中有阳。然自冬至至夏至，主要以阳用事；自夏至至冬至，主要以阴用事。即上经主要言阳用事，下经主要言阴用事。屯卦，震下坎上。《彖》曰：“刚柔始交。”谓阳来交阴。蒙卦，坎下艮上。《彖》曰：“匪我求童蒙，童蒙求我，志应也。”谓六五下来应九二。需卦，乾下坎上。《彖》曰：“刚健而不陷，其义不困穷矣。”谓阳不困穷。讼卦，坎下乾上。《彖》曰：“讼，上刚下险，险而健，讼。”刚健谓阳。师卦，坎下坤上。《彖》曰：“刚中而应，行险而顺。”谓阳得中。比卦，坤下坎上。《彖》

曰："比，辅也，下顺从也。"下顺从九五之阳。小畜卦，乾下巽上。《彖》曰："健而巽，刚中而志行。"谓阳中而志行。履卦，兑下乾上。《彖》曰："刚中正，履帝位而不疚， 光明也。"谓阳中正。泰卦，乾下坤上。《彖》曰："泰，小往大来。"大来，谓阳来。否卦，坤下乾上。《彖》曰："否，大往小来。"大往，谓阳往。否卦为泰卦之错综卦，故次之。同人卦。离下乾上。《彖》曰："同人，柔得位得中，而应乎乾，曰同人。"谓应乎阳。 大有卦，乾下离上。《彖》曰："其德刚健而文明。"谓有乾阳之德。谦卦，艮下坤上。《彖》曰："谦亨，天道下济而光明。"天道谓阳道。豫卦，坤下震上。《彖》曰："豫，刚应而志行，顺以动，豫。"谓阳动。随卦，震下兑上。《彖》曰："随，刚来而下柔，动而说，随。"谓阳来而动。蛊卦，巽下艮上。《彖》曰："蛊，元亨，天下治也。"元亨，大亨，即阳亨。临卦，兑下坤上。《彖》曰："临，刚浸而长。"谓阳浸而长。观卦，坤下巽上。谓阳浸而长。观卦，坤下巽上。《彖》曰："大观在上，顺而巽，中正以观天下。"九五阳为大，为中正以观天下。噬嗑卦，震下离上。《彖》曰："颐中有物，曰噬嗑 。噬嗑而亨。"颐中有物亨，谓九四之阳亨。贲卦，离下艮上。《彖》曰："贲，亨。柔来而文刚，故亨。"柔来而文刚，谓刚亨。剥卦，坤下艮上。《彖》曰："顺而止之，观象也。"谓阳刚在上而止之，乃观卦之象。复卦，震下坤上。《彖》曰："复亨，刚反。"谓阳返而亨。无妄卦，震下乾上。《彖》曰："无妄，刚自外来，而为主于内，动而健，刚中而应，大亨以正。"谓阳正而亨。大畜卦，乾下艮上。《彖》曰："大畜，刚健、笃实、辉光，日新其德。"谓阳日新其德。颐卦，震下艮上。《彖》曰："颐，贞吉，养正则吉也。"贞吉，谓阳吉。大过卦，巽下兑上。《彖》曰："大过，大者过也。"大过，谓阳过。自屯卦，刚柔始交之冬至，至大过卦，大者过之夏至，为周之春夏，其时阳气用事，为万物生长之期。

初九，履错然，敬之无咎。

〔译〕 初九，日月相错而行，敬慎其事，没有过咎。

《象》曰："履错之敬，以辟咎也。"

〔证〕

履错然 履，践行。天浑圆，周天三百六十度。日月行天，而日行迟，日行约一度；月行疾，日行约十三度。故两者所行之处不一，或前或后，相错而行，为履错然。

一年，日月所会星位：

《礼记·月令》："孟春之月，日在营室。"郑氏注："孟，长也。日月之行，岁十二会。圣王因其会而分之，以为大数焉。观斗所见，命其四时。此云孟春者，日月会于娵訾，而斗建寅之辰也。”

“仲春之月，日在奎。”注：“仲，中也。仲春者，日月会于降娄，而斗建卯之辰也。”

“季春之月，日在胃。”注：“季，少也。季春者，日月会于大梁，而斗建辰之辰。”

“孟夏之月，日在毕。”注：“孟夏者，日月会于实沈，而斗建巳之辰。”

“仲夏之月，日在东井。”注：“仲夏者，日月会于鹑首，而斗建午之辰也。”

“季夏之月，日在柳。”注：“季夏者，日月会于鹑火，而斗建未之辰也。”

“孟秋之月，日在翼。”注：“孟秋者，日月会于鹑尾，而斗建申之辰也。”

“仲秋之月，日在角。”注：“仲秋者，日月会于寿星，而斗建酉之辰也。”

“季秋之月，日在房。”注：“季秋者，日月会于大火，而斗建戌之辰也。”

“孟冬之月，日在尾。”注：“孟冬者，日月会于析木之津，而斗建亥之辰也。”

“仲冬之月，日在斗。”注：“仲冬者，日月会于星纪，而斗建子之辰也。”

“季冬之月，日在婺女。”注：“季冬者，日月会于玄枵，而斗建丑之辰也。”

四季，日月昏旦所见方位：

仲春，日，旦见东方，昏见西方。月，初三至初五，昏见西南方，蛾眉月。初七至初九，昏见南方，上弦。初十至十三，昏见东南方，凸月。十五至十七，昏见东方，满月；十五至十七，旦见西方，满月。十七至十九，旦见西南方，凸月。二十一至二十三，旦见南方，下弦月。二十四至二十六，旦见东南方，蛾眉月。

仲夏，日，旦见东北方，昏见西北方。月，初三至初五，昏见西南偏西方，蛾眉月。初七至初九，昏见南偏西方，上弦。初十至十三。昏见东南偏南方，凸月。十五至十七，昏见东偏南方，满月；十五至十七，旦见西方，满月。十七至十九，旦见西南偏南方，凸月。二十一至二十三，旦见南偏东方，下弦。二十四至二十六，旦见东南偏东方，蛾眉月。

仲秋，日，旦见东方，昏见西方。月，初三至初五，昏见西南方，蛾眉月。初七至初九，昏见南方，上弦。初十至十三，昏见东南方，凸月。十五至十七，昏见东方，满月；十五至十七，旦见西方，满月。十七至十九，旦见西南方，凸月。二十一至二十三，旦见南方，下弦月。二十四至二十六，旦见东南方，蛾眉月。

仲冬，日，旦见东南方，昏见西南方。月，初三至初五，昏见西南偏南方，蛾眉月。初七至初九，昏见南偏东方，上弦。初十至十三，昏见东南偏东方，凸月。十五至十七，昏见东偏北方，满月；十五至十七，旦见西偏北方，满月。十七至十九，旦见西南偏西方，凸月。二十一至二十三，旦见南偏西方，下弦。二十四至二十六，旦见东南偏南方，蛾眉月。

《系辞传》曰："日往则月来，月往则日来，日月相推，而明生焉。"既济卦，离下坎上。未济卦，坎下离上。离为日，坎为月。既济，月往则日来；未济，日往则月来。即日月相推，而明生焉。离卦，离下离上，下离为日，上离为月。故初九曰履错然，乃谓日月前后相错而行。

敬之无咎　《象》曰："履错之敬，以辟咎也。"辟，通避。谓敬慎日月相错之行，上得阴阳之理，下得君臣之义，因此可以避免灾过。《虞书・尧典》："乃命羲和，钦若昊天，历象日月星辰，敬授人时。"孔氏传："重黎之后羲氏、和氏，世掌天地四时之官。故尧命之，使敬顺昊天。昊天，言元气广大；星，四方中星；辰，日月所会辰。象其分节，敬记天时，以授人也。"敬授人时，谓敬顺昊天，日月星辰之历象，授民人以作息之时，方可无误农时工期，而无悖逆之灾过。《夏书・胤征》："惟仲康肇位四海，胤侯命掌六师。羲和废厥职，酒荒于厥邑。胤后承王命徂征。告于众曰：羲和尸厥官，罔闻知，昏迷于天象，以干先王之诛。《政典》曰：先时者杀无赦，不及时者杀无赦。"《序》曰："羲和湎淫，废时乱日，胤往征之，作《胤征》。"孔氏传："羲氏、和氏，世掌天地四时之官。自唐虞至三代，世职不绝承。太康之后，沉湎于酒，过差非度，废天时，乱甲乙。胤国之君，受王命往征之。"以上，亦敬之无咎，不敬有咎之例。

《周书・洪范》："岁月日，时无易，百谷用成，乂用明，俊民用章，家用平康。日月岁，时既易，百谷用不成，乂用昏不明，俊民用微，家用不宁。"孔氏传："岁月日，时无易，则百谷成；君臣无易，则政治明明，贤臣选用，国家平宁。是三者已易，喻君易职，君失其柄，权臣擅命，治暗贤隐，国家乱。"《正义》曰："掌事犹岁月日者，言皆无改易。君秉君道，臣行臣事，则百谷用此而成，岁丰稔也。其治用是而明，世安泰也。俊民用此而章，在官位也。国家用此而平安，风俗和也。若王也，卿士也，师尹也，掌事犹如日月岁者，是已变易，君失其柄，权臣各专恣，百谷用此而不成，岁饥馑也。其治用此昏暗而不明，政事乱也。俊民用此而卑微，皆隐遁也。国家用此而不安泰，时世乱也。"是岁月日，敬之无咎，不敬有咎。故《象》曰："履错之敬，以辟咎也。"按，履在下，于爻为初，故于初九谓履。《系辞传》曰："初率其辞，而揆其方。"谓初始由辞以度其道理。又曰，"初辞拟之，卒成之终。"亦谓卦有六爻，以初为本，以上为末。离卦，离下离上，为履错然，故于初辞拟之。又，二之四为巽。巽为逊，初九在巽下，为敬之之象。二之五为大坎，大坎为咎。今初以在巽下为敬，不在大坎之中为无咎，为敬之无咎。

六二，黄离，元吉。

〔译〕 六二，日中，大吉利。

《象》曰："黄离元吉，得中道也。"

〔证〕

黄离 日升东为红日，日偏西为白日，日中为黄离。黄，于五彩：青、赤、黄、白、黑，为中色，于五行：东、南、中、西、北，为中央土色。故黄为中，于离为中极之离。《邶风·绿衣》："绿兮衣兮，绿衣黄里。"毛传："绿，间色；黄，正色。"《诗集传》曰："黄，中央土之正色，正色贵。"坤卦《文言》曰："君子黄中通理，正位居体，美在其中，而畅于四支，发于事业，美之至也。"丰卦，离下震上。卦辞曰："丰，亨，王假之，勿忧，宜日中。"《彖》曰："丰，大也，明以动，故丰。王假之，尚大也。勿忧，宜日中，宜照天下也。"谓中天之日，光照天下。王若以此居之，高明以动，岂但无忧，还可光大。《易林·升之履》曰："日中明德，盛兴两国，仁圣会遇，君受其福，臣多荣禄。"离为日为明，日中明德，盖谓离之中爻；上下两阳，为盛兴两国；乾阳为仁为圣，为仁圣会遇；日中为君，为受兹介福；日旁为臣，为臣多荣禄。是以黄离，为日中之离，为文明之君。

元吉 《象》曰："黄离元吉，得中道也。"坤卦，坤下坤上。六五曰："黄裳，元吉。"《象》曰："黄裳元吉，文在中也。"晋卦，坤下离上。六二《象》曰："受兹介福，以中正也。"既济卦，离下坎上。《彖》曰："柔得中也。"其六二曰："勿逐，七日得。"《象》曰："七日得，以中道也。"皆谓柔居上下卦之中，为得中道。《论语·尧曰》："咨，尔舜！天之历数在尔躬，允执其中。"《正义》曰："咨，嗟也。尧有所重诫于舜，故叹而后言也。历数，是岁日月星辰运行之法。执中者，谓执中道用之。《礼·中庸》云：子曰：舜其大知也与？执其两端，用其中于民。执而用中，舜所受尧之道也。用中即中庸，故庸训用也。中庸之义，自尧发之；其后贤王，论政治学术，咸本此矣。"朱子《中庸章句》曰："中者，天下之正道；庸者，天下之定理。此篇乃孔子传授心法。子思恐其久而差也，故笔之于书，以授孟子。"中庸，发于尧，成于孔。黄离，得天中正之道，故而元吉。

《周书·洪范》曰："建用皇极。皇极，皇建其有极。"孔氏传："皇，大；极，中也。凡立事，当用大中之道。大中之道，大立其有中，谓行九畴之义。"《正义》曰："皇，大，《释诂》文；极之为中，常训也。凡所立事，王者所行，皆是无得过与不及，常用大中之道也。《诗》云：莫匪尔极。《周礼》：以为民极。《论语》：允执其中。皆谓用大中也。"又曰，"皇，大也；极，中也。施政教治下民，当使大得其中，无有邪僻。故演之云：大中者，人君为民之主，当大自立其有中之道，以施教于民。在上能教如此，惟是其众民皆效上所为，无不于汝人君，取其中道而行。积久渐以成性，乃更与汝人君，以安之道，言皆化也。若能化如是，凡其众民，无有淫过朋党之行，人无有恶相阿比之德，惟皆大为中正之道，言天下众民，尽得中也。”

《汉书·天文志》曰：“日有中道，月有九行。中道者，黄道，一曰光道。日之所行为中道，月、五星皆随之也。”故《象》曰：“黄离元吉，得中道也。”《白虎通·号》曰：“黄帝，中和之色，自然之姓，万世不易。黄帝始作制度，得其中和，万世常存，故称帝也。”六二黄离，日行中天，得大中之道，明照四方，化成天下，故为大吉。王弼注：“居中得位，以柔处柔，履文明之盛，而得其中，故曰黄离元吉也。”侯果曰：“此本坤爻，故云黄离；来得中道，所以元吉也。”疏：“《九家说卦》：坤为黄。故云黄离。”程氏传：“二居中得正，丽于中正也。黄，中之色，文之美也。文明中正，美之盛也，故云黄离。所以元吉者，以其德中道也。不云正者，离以中为重。所以成文明，由中也，正在其中矣。”

九三，日昃之离，不鼓缶而歌，则大耋之嗟，凶。

〔译〕 九三，衰落之王，不以礼乐而治，则有老大徒悲之叹，凶险。

《象》曰：“日昃之离，何可久也。”

〔证〕

日昃之离 《周书·无逸》：“自朝至于日中昃，不遑暇食，用咸和万民。”孔氏传：“从朝日至昳，不暇食，思虑政事，用皆和万民。”《正义》曰：“《易》丰卦《彖》曰：日中则昃，谓过中而斜昃也。昃，亦名昳，言日蹉跌而下，谓未时也。”《周礼·司市》：“大市，日昃而市，百族为主；朝市，朝时而市，商贾为主；夕市，夕时而市，贩夫贩妇为主。”郑氏注：“日昃，昳中也。”贾公彦疏：“昃者，倾侧之义；昳者，差跌之言。”倾侧、差跌，谓日倾斜。《管子·白心篇》：“日极则仄。”即日极则昃，谓日中则偏西。是以日昃之离，犹言西下之日。《象》曰：“日昃之离，何可久也？”言为时不多，应倍加珍惜。《周易集解》引荀爽曰：“初为日出，二为日中，三为日昃。”离之初为日出，而月将落，故言履错然。离之二为日中，日中色黄，故为黄离。离之三为日昃，是以为日昃之离。

不鼓缶而歌 《陈风·宛丘》：“坎其击缶，宛丘之道。”毛传：“坎坎，击鼓声；盎，谓之缶。”《正义》曰：“《释器》文。孙炎曰：缶，瓦器。郭璞曰：盎，盆也。此云击缶，则缶是乐器。《易》离卦九三：不鼓缶而歌，则大耋之嗟。注：艮爻也，位近丑，丑上值弁星，弁星似缶。《诗》云：坎其击缶，则乐器亦有缶。案，坎卦六四：尊酒簋贰用缶。注云：爻辰在丑，丑上值斗，可以斟之，象斗上有建星，建星之形似簋。贰，副也。建星上弁星，弁星之形又如缶。天子大臣，以王命出会诸侯，主国尊于簋副，设玄酒以缶，则缶又是酒器也。比卦初六爻：有孚盈缶。注云：爻辰在未，上值东井，井之水，人所汲用缶，缶，汲器。襄九年宋灾。《左传》曰：具绠缶，备水器。则缶是汲水之器。然则缶是瓦器，可以节乐，若今击瓯；又可以盛水盛酒，即今之瓦盆也。”《风俗通义·声音》曰：“缶者，瓦器，所以盛浆；秦人鼓之，以节歌。”《尔雅·释器》：“小罍谓之坎。”郝懿行疏：“坎者，坑也，犹言空也，乐器有箜篌，一曰坎侯，一曰空侯。名罍之意，盖亦取中空为意也。”是坎，既为击缶，又为乐器缶。离卦，二之五为坎为缶。又，初之三为离，离为大腹，似缶。九三无击缶之象，为不鼓缶。《白虎通·礼乐》曰：“乐所以必歌者何？夫歌者，口言之也，中心喜乐，口欲歌之。”离卦，三之五为兑，兑为口舌。口向上，为引吭而歌。承前之不鼓缶，为不鼓缶而歌。

则大耋之嗟　《秦风·车邻》：“今者不乐，逝者其耋。”毛传：“耋，老也，八十曰耋。”《正义》曰：“耋，老，《释言》文。孙炎曰：耋者，色如生铁。《易》离卦云：大耋之嗟。注云：年逾七十。僖九年《左传》曰：伯舅耋老。服虔云：七十曰耋。此言八十曰耋者，耋有七十、八十，无正文也。”按，逝者，逝者如斯夫之逝。今者与逝者相对，谓今者不乐，往者将老，则有老大无为之嗟叹。《唐风·蟋蟀》：“蟋蟀在堂，岁聿其莫。今我不乐，日月其除。”“蟋蟀在堂，岁聿其逝。今我不乐，日月其迈。”“蟋蟀在堂，役车其休。今我不乐，日月其慆。”毛传：“除，去也；迈，行也；休，农功毕，无事也；慆，过也。”又，《序》曰：“《蟋蟀》，刺晋僖公也。俭不中礼，故作是诗以闵之，欲其及时以礼，自虞乐也。此晋也而谓之唐，本其风俗，忧深思远，俭而用礼，乃有尧之遗风焉。”古者以礼乐治国，豫卦《象》曰：“先王以作乐崇德。”故周公制礼作乐。《诗》之今我不乐，日月其除，今我不乐，日月其迈，今我不乐，日月其慆；犹《易》之不鼓缶而歌，则大耋之嗟。皆戒式微之君，而《易》则以日昃之离为喻。三之五为兑，三为兑之初九，初为大，九为老，为大老；兑为口，口向上为舒气，为嗟叹：合为大耋之嗟。

凶　《论语·阳货》：“子之武城，闻弦歌之声。夫子莞尔而笑，曰：割鸡焉用牛刀。子游对曰：昔者，偃也闻诸夫子曰：君子学道则爱人，小人学道则易使也。子曰：二三子，偃之言是也；前言戏之耳。”《正义》曰：“《乐记》云：乐者为同，礼者为异。同则相亲，异则相敬。合情饰貌者，礼乐之事也。又云：乐至则无怨，礼至则不争，揖让而治天下者，礼乐之谓也。则学礼乐，自知相亲相敬之道，故易为上所使也。”《唐风·山有枢》云：“子有廷内，弗洒弗扫。子有钟鼓，弗鼓弗考。宛其死矣，他人是保。”“子有酒食，何不曰鼓瑟。且以喜乐，且以永日。宛其死矣，他人入室。”《序》曰：“《山有枢》，刺晋昭公也。不能修道，以正其国。有财不能用，有钟鼓不能以自乐，有朝廷不能洒扫，政荒民散，将以危亡，四邻谋取其国而不知，国人作诗以刺之也。”日昃之离，衰落之君，不以礼乐治国，则日月将逝，时不我与，徒呼奈何，是以为凶。

九四，突如其来如，焚如，死如，弃如。

〔译〕 九四，月亮似突然出来，先似逐渐焚烧而大，再似逐渐死亡而小，后似弃之于沟壑。

《象》曰：“突如其来如，无所容也。”

〔证〕

突如其来如 《彖》曰：“离，丽也，日月丽乎天。”《象》曰：“明两作，离。”初之三为日，四之上为月。九四，突如其来，谓月亮每晚出现之时间、方位、形状非一；不似太阳，朝出暮落，大率由东到西，形状不变，故谓突如其来如。如春分、秋分：蛾眉月，昏见西南；上弦，昏见南方；凸月，昏见东南；满月，昏见东方。夏至：蛾眉月，昏见西南偏西；上弦，昏见南偏西；凸月，昏见东南偏南；满月，昏见东偏南。冬至：蛾眉月，昏见西南偏南；上弦，昏见南偏东；凸月，昏见东南偏东；满月，昏见东偏北。《象》曰：“突如其来如，无所容也。”《说文》：“容，盛也。”桂馥义证：“盛也者，当为宬，通作盛。《急就篇》：汉地广大，无不容。”《卫风·河广》：“谁谓河广，曾不容刀。”《左传》僖公七年：“无适小国，将不女容焉。”突如其来如，无所容，谓月亮突然于此，突然于彼，似无所收留容纳。九四为月之初爻，月初见于天，故曰突如其来如。又，月行疾，时而穿云过雾，忽隐忽现，亦似突然而来然，无处容藏。

焚如，死如 四之上为离，离为火，故曰焚。每月初一为朔，一月又反；初二为初生明，其明如线；初三、初四为朏，明生三日；初五、初六为新月，明如蛾眉；初七至初九为上弦，明如仰弓；初十至十三为凸月，明已过半；十五至十七为望，明圆如车轮。月亮由明如线，到明如轮，如火之焚然，越烧越大，故曰焚如。望以后，月又生魄。《增韵·陌韵》曰：“魄，月体黑者，亦谓之魄，或作霸。”白为月，鬼为归，魄为月光之死。《周书·武成》曰：“既生魄。”孔氏传：“魄生，明死，十五日之后。”谓月圆以后，月亮黑体渐生，明体渐死。依次为初生魄，初生黑体；既生魄，黑体已著；凸月，黑体小半；下弦，半黑半明；残月，黑多明少；旁死明，黑迫明死；晦，明死全黑。月朔至月望，月体明渐生，为焚如；望至晦，月体明渐死，为死如。于象，三之五为兑，兑为毁折。月盈而亏，直至明灭，为毁折而死如。

弃如 《释名·释丧制》:“不得埋曰弃，谓弃之于野也。”毕沅曰:“《孟子》云:盖上世尝有不葬其亲者，其亲死，则举而委之于壑。云弃于野，即委诸沟壑也。”《系辞传》曰:“古之葬者，厚衣之以薪，葬之中野，不封不树，丧期无数，后世圣人，易之以棺椁，盖取诸大过。”焚而死，死而葬，以其月死，而无人埋葬，故曰弃如。月继日照于天，蹈火冒死，弃尸于野，在所不惜，此君臣之义。又，《说文》:“弃，损也。”段玉裁注:“古文以竦手去𠫓子，人所弃也。”《周易集解纂疏》:“《孝经》曰：五刑之属，而罪莫大于不孝。如淳云：焚如、死如、弃如，谓不孝子也。不畜于父母，不容于朋友，故焚杀弃之。《秋官·掌戮》曰：凡杀其亲者，焚之。故郑氏谓焚如，杀其亲之刑。刑人之丧，不居兆域，不序昭穆，故焚杀弃之，不入于兆也。”不入于坟墓，即弃尸于野。九四月体，居位不正，以月凌日，犹臣弑君，子弑父，故焚如，死如，弃如。盖《易》义双关，见智见仁，并受其益。

六五，出涕沱若，戚嗟若，吉

〔译〕 六五，泪流滂沱然，忧愁叹息然，吉利。

《象》曰:“六五之吉，离王公也。”

〔证〕

出涕沱若 《陈风·泽陂》:“彼泽之陂，有蒲与荷。有美一人，伤如之何。寤寐无为，涕泗滂沱。”毛传:“自目曰涕，自鼻曰泗。”孔颖达疏:“目涕鼻泗，一时俱下，滂沱然也。”《诗集传》曰:“言彼泽之陂，则有蒲与荷矣。有美一人而不可见，则虽忧伤，而如之何哉？寤寐无为，涕泗滂沱而已矣。”又曰，“有天地，然后有万物；有万物，然后有男女；有男女，然后有夫妇；有夫妇，然后有父子；有父子，然后有君臣；有君臣，然后有上下；有上下，然后礼义有所错。男女者，三纲之本，万事之先也。”《诗三家义集疏》，及《毛诗传笺通释》，皆谓是以女思男。日月，犹男女，犹君臣。六五，出涕沱若，虽则谓月光如水下注，亦女思男，臣念君。思念至苦，是以出涕沱若。二之五为坎，坎为月为水；四之上为离，离为目：为月光似泪水滂沱。

戚嗟若 《说文》:“戚，戉也。”段玉裁注:“戚训促迫，故又引伸训忧。度古只有戚，后乃别制慽字。”《经传释词》云:“《诗·麟之趾》，传曰：于嗟，叹辞。”又云，“若，犹然也。”按，九四之如，六五之若，皆然之意。戚嗟若，谓月色朦朦阴沉，犹人愁然。《说卦传》曰:“坎，其于人也，为加忧，为心病。”“兑，为口舌。”离卦，二之五为坎，三之五为兑，五为坎、兑之上爻，甚是忧叹之象。《小雅·小明》:“明明上天，照临下土。我征徂西，至于艽野。二月初吉，载离寒暑。心之忧矣，其毒太苦，念彼共人，涕零如雨。岂不怀归，畏此罪罟。”朱熹《诗集传》曰：“大夫以二月西征，至于岁莫，而未得归，故呼天而诉之。复念其僚友之处者，且自言其畏罪，而不敢归也。”方玉润《诗经原始》曰：“《小明》，大夫自伤久役，书怀以寄友也。”离卦，上离亦月亦臣，戚嗟若，亦谓供职之臣，不惮毒苦，为王西征，虽忧戚嗟叹，而终不擅返。

吉　《象》曰：“六五之吉，离王公也。”谓六五为离卦之王公，得文明之中，故而吉利。离卦，下离为日，上离为月。日为天子为君，月为公侯为臣。《白虎通·号》曰：“德合天地者称帝，仁义合者称王，别优劣也。《礼记·谥法》曰：德象天地称帝，仁义所生称王。帝者天号，王者五行之称也。”帝者天号，称天子；王者五行之称，称公、侯、伯、子、男。蔡清《易经蒙引》曰：“味离王公也之词，则知诸爻之五，所谓尊位者，不必皆为天王，凡诸侯之君其国者，亦足当五也。”《小明》曰：“嗟尔君子，无恒安处。靖共尔位，正直是与。神之听之，式穀以女。”又，“嗟尔君子，无恒安息。靖共尔位，好是正直。神之听之，介尔景福。”郑笺：“好，犹与也；介，助也。神明听之，则将助女以大福。谓遭是明君，道施行也。”离卦六五之王公，亦敬供其职，行中正之道，必得明君赐福，是以为吉。按，《大明》在《大雅》，《小明》在《小雅》。《大明》言文武之道，曰仪刑文王，万邦作孚；《小明》言臣子劬劳，曰神明听之，介尔景福。在《易》为离下离上，为日为月。故初之三，言天子言大君；四之上，言王公言臣子。

上九，王用出征，有嘉折首；获匪其丑，无咎。

〔译〕　上九，王用上公出征有罪诸侯，嘉奖其斩首敌人；俘获敌人众多，无灾。

《象》曰：“王用出征，以正邦也。”

〔证〕

王用出征　《说文》：“征，正行也。”段玉载注：“《释言》、《毛传》皆曰：征，行也。许分别之：征，为正行；迈，为远行。引伸为征伐。《孟子》曰：征之为言正也。”《论语·季氏》：“孔子曰：天下有道，则礼乐征伐自天子出；天下无道，则礼乐征伐自诸侯出。”《正义》曰：“《白虎通·诛伐篇》：诸侯之义，非天子之命，不得动众兴兵。诛不义者，所以强干弱枝，尊天子、卑诸侯也。是诸侯虽有征伐，亦须天子之命。盖礼乐征伐，皆黜陟之大权，所以褒贤诛不肖，天子之所独操之者也。”《孟子·尽心下》曰：“征者，上伐下也；敌国不相征也。”赵岐注：“上伐下谓之征，诸侯敌国不得相征。五霸之世，诸侯相征，于三王之法，不得其正也。”上九，王用出征，谓天子派用王公大臣，出征下国之不义者，乃为正行。故《象》曰：“王用出征，以正邦也。”谓以正邦国君臣之法纪。《史记·历书》曰：“日归于西，起明于东；月归于东，起明于西。”离卦，下离为日为君，上离为月为臣，日月运行，月转而来下，为王用出征，以上伐下，以正邦国。《周礼·大司马之职》曰："以九伐之法，正邦国。"郑氏注："诸侯有违王命，则出兵以征伐之，所以正之也。"

有嘉折首 《孔丛子·问军礼》曰："有司简功行赏，不稽于时。其用命者，则加爵受赐，于祖奠之前；其奔北犯命者，则加刑罚，戮于社主之前。"又曰，"舍奠于帝学，以讯馘告。大享于群吏，用备乐飨。有功于祖庙，舍爵策勳焉。"《翏生盨》文："执讯折首。"《虢季子白盘》文："折首五百，执讯五十。"馘，杀敌割耳以报数。讯，金文象双手反绑之人形。执讯，活捉俘虏，以供询讯。《说文》："聝，军战断耳也。《春秋传》曰：以为俘聝。从耳，或声。馘，聝或从首。"段玉裁注："《大雅》：攸馘安安。传曰：馘，获也。不服者，杀而献其左耳，曰馘。《鲁颂》：在泮献馘。笺云：馘其所格者左耳。以为俘聝，《左传》成三年文。今经传中多从首。"是古以割取左耳，为格杀敌人，为折首。有嘉折首，谓嘉奖用命杀敌。乾卦卦辞曰："元亨利贞。"《文言》曰："亨者，嘉之会也。"是乾为嘉。随卦九五曰："孚于嘉，吉。"《象》曰："孚于嘉吉，位正中也。"谓九五为嘉。遁卦九五曰："嘉遁，贞吉。"《象》曰："嘉遁贞吉，以正志也。"亦谓九五为嘉。革卦，六二《象》曰："巳日革之，行有嘉也。"谓上行与九五相应，九五为嘉。是乾与九五，为嘉之会，为嘉。离为乾卦，上九，王用出征，是有嘉折首。

获匪其丑 屯卦，震下坎上。六二曰："匪寇婚媾。"六二之阴，与九五之阳正应，非为不正婚姻。蒙卦，坎下艮上。卦辞曰："匪我求童蒙，童蒙求我。"谓非是九二之阳，求六五之阴；而是六五之阴，来求九二之阳。比卦，坤下坎上。六三曰："比之匪人。"谓六三比辅上六，阴比阴，所比非是应比之人。否卦，坤下乾上。卦辞曰："否之匪人，不利君子贞，大往小来。"谓当否者非阳，而应是阴。大有卦，乾下离上。初九曰："匪咎。"九四曰："匪其彭。"虞翻曰："匪，非也。"贲卦，离下艮上。六四曰："匪寇婚媾。"谓六四与初九，阴阳相应，非是强暴结合。无妄卦，震下乾上。卦辞曰："其匪正有眚。"六三、上九，位非得正，皆有灾眚。睽卦，兑下离上。上九曰："匪寇婚媾。"三、上非强暴婚媾。蹇卦，艮下坎上。六二曰："王臣蹇蹇，匪躬之故。"因前有险而蹇，六二位正，非自身之故。萃卦，坤下兑上。九五曰："匪孚，元永贞，悔亡。"非信，善而永正，亦无悔。涣卦，坎下巽上。六四曰："匪夷所思。"朱熹注："非常人思虑之所及也。"《诗》之经文，多用匪为非；《易》之经文，则全用匪为非。此处用匪为非为敌。

《说文通训定声》："醜（丑），可恶也。假借为俦为畴。《尔雅·释诂》：醜，众也。《方言三》：醜，同也。《广雅·释诂三》：醜，类也。《易·离》：获匪其醜。虞注：类也。《诗·出车》：执讯获醜；《吉日》：从其群醜；《常武》：仍执醜虏。笺皆训众。《绵》：戎醜攸行；《民劳》：以谨醜厉；《泮水》：屈此群醜。传皆训众。《礼记·曲礼》：在醜夷不争。注：众也。”于省吾《诗经新证》曰：“虢季盘：执讯五十。不期殷：女多折首执讯。兮伯盘：兮甲从王，折首执讯。”《诗》曰执讯获丑、仍执丑虏，《易》曰获匪其丑，以及铭文所言，皆谓俘获非类众多。六五，在两阳之中，为阳所获，阴为非类，为众，为获非其丑。又，前离为月为臣，后离为日为君。月之征行，犹臣为君伐有罪。故曰王用出征，有嘉折首，获匪其丑。

无咎 《白虎通·三军》曰：“王法天诛者，天子自出者，以为王者，乃天之所立，而欲谋危社稷，故自出，重天命也。犯王法，使方伯诛。《尚书》曰：今予惟恭行天之罚。此言启自出伐扈也。《王制》曰：赐之弓矢，乃得专征伐。谓诛犯王法者也。”上论天子自出，与使方伯之义。《周礼·大宗伯之职》曰：“八命作牧，九命作伯。”郑氏注：“谓诸侯有功德者，加命得专征伐于诸侯。郑司农云：一州之牧，王之三公，亦八命。上公有功德者，加命为二伯，得专征五侯九伯者。郑司农云：长诸侯为方伯。”孙诒让疏：“上公，即三公也。《典命》云：上公，九命为伯。又云：王之三公八命，及其出封，加一等。知为二伯者，据《王制》：天子之老为左右二伯。注云：老谓上公是也。”按，如周公、召公。《象》曰：“六五之吉，离王公也。”盖六五为三公，上九为上公。以其王用出征，有嘉折首，获匪其丑，有功而无咎。《系辞传》曰：“无咎者，善补过也。”上九，阳虽居阴位而亢，但以功补过，是以无灾。此爻，似周公东征故事，而离亦位东。

周易经象义证

王文采　编著

下　册

（修订本）

九州出版社 JIUZHOUPRESS | 全国百佳图书出版单位

下 册 目 录

下经

第三十一卦　壬　辰

☱☶ 兑上
艮下

咸，亨，利贞，取女吉。

〔译〕　咸，亨通，有利于正道，男娶女吉利。

《彖》曰："咸，感也。柔上而刚下，二气感应以相与，止而说，男下女，是以亨，利贞，取女吉也。天地感，而万物化生；圣人感人心，而天下和平。观其所感，而天地万物之情可见矣。"

《象》曰："山上有泽，咸，君子以虚受人。"

〔证〕

艮下兑上　艮为山。《说文》："山，宣也，宣气散生万物。有石而高，象形。"桂馥义证："宣也者，《广雅》同。山、宣声相近。徐锴《通论》：山所以镇也，出云雨以宣地气，故曰山宣也。昭元年《左传》：宣汾洮。注云：宣，犹通也。《传》又云：节宣其气。注云：宣，散也。《春秋说题辞》：一岁三十六雨，天地之气宣。《晋书》：天地之有四渎，所以宣泄其气。馥谓：山泽通气是也。《公羊传》：山川有能润千百里者，天子秩而祭之。注云：此皆助天宣气布功，故祭天及之。《春秋说题辞》：阴含阳，故石凝为山。山之为言宣也，含泽布气，调五行也。宣气散生万物者，《释名》：山，产也，产生物也。韦昭《国语》注：山河，所以宣地气，而出财用。《诗》：天作高山。传云：作，生也，天生万物于高山。笺云：天生此高山，使兴云雨，以利万物。《孔丛子·论书篇》：仁者何乐于山？孔子曰：夫山，草木植焉，鸟兽蕃焉，财用出焉；兴吐风云，以通乎天地之间；阴阳和合，雨露之泽，万物以成，百姓咸飨：此仁者之所以乐乎山也。《易乾坤凿度》：山，外阳内阴，圣人以山含元气，积阳之气成石，可感天降雨，石润然，山泽通元气。"

兑为泽。《说文》："泽，光润也。"桂馥义证："光润也者，《广韵》：润，润泽也。徐锴系传引《山海经》：浊泽而有光。《释名》：下而有水曰泽，言泽润也。《易》：润之以风雨。虞云：润泽也。《书·毕命》：泽润生民。《孟子》：若夫润泽之。又，君子之泽。赵注：泽者，滋润之泽。《文子》：水之道也，上天则为雨露，下地则为润泽。《子华子》：水函太一之中精，故能润泽百物，而行乎地中。《说苑》：润泽草木。崔琼《七依》：加以脂粉，润以滋泽。《春秋经传集解序》：若江海之漫，膏泽之润。姚规注《易》云：泽则流润。《意林》引《鬼谷子》：天生草木，以雨润泽之。"《风俗通·山泽》云："《易》称山泽通气，《礼》名山大泽。谨按，《尚书》：雷夏既泽。《诗》云：彼泽之陂，有蒲与荷。传曰：水草交厝，名之为泽。泽者，言其润泽万物，以阜民用也。”泽，在地为湖泽之泽，在天为雨泽之泽。《易乾凿度》：“三画已下为地，四画已上为天，物感以动，类相应也。”咸卦，艮下兑上，山产物，泽润物，山泽通气，天地相感，万物化生。

《说卦传》曰：“乾，天也，故称乎父；坤，地也，故称乎母；震一索而得男，故谓之长男；巽一索而得女，故谓之长女；坎再索而得男，故谓之中男；离再索而得女，故谓之中女；艮三索而得男，故谓之少男；兑三索而得女，故谓之少女。”朱熹曰：“索，求也，谓揲蓍以求爻也。男女，指卦中一阴一阳之爻而言。”《易乾凿度》曰：“动于地之下，刚应于天之下；动于地之中，则应于天之中；动于地之上，则应于天之上。故初以四，二以五，三以上，此谓之应。”咸卦，艮下兑上。三阳爻三阴爻，有乾与坤，有阴与阳，有男与女。下卦谓之内，上卦谓之外。初六为长女，在内为在家；九四为长男，在外为有家。长女配长男，为长夫长妇。六二为中女，在内为在家；九五为中男，在外为有家。中女配中男，为中夫中妇。九三为少男，在内为未娶；上六为少女，在外为待嫁。少男少女，正待嫁娶之时。咸卦，兑为柔，艮为刚，阴阳相应，男女相感，故《彖》曰：“咸，感也。柔上而刚下，二气感应以相与。”

《桃夭》云：“之子于归，宜其室家。”《毛诗传笺通释》曰：“婚姻时月，毛、郑异说。毛主于起自秋季，至仲春则礼杀而止。据《荀子》霜降逆女，冰泮杀止为说也。郑主于起自仲春，至仲夏而止。据《周官·媒氏》，中春令会男女为说也。今按：起自季秋，至于孟春者，殷制也。张皋闻师曰：以《易》义言之，归妹九月之卦，泰正月之卦，其辞皆曰帝乙归妹，则季秋至于孟春，为殷礼婚期，审矣。起自仲春者，夏制也，而周因之。《夏小正》：二月绥多士女。传曰：冠子娶妇之时也。是二月娶妻为夏制矣。《周官·媒氏》：仲春大会男女。于是时也，奔者不禁，司男女之无夫家而会之。会，当读如唯王不会之会，谓会计其未嫁娶者，令其及时嫁娶也。奔，当读如奔则为妾之奔，谓二月婚期已及，不禁其六礼不备也。是周因夏制，二月娶妻之证。以《诗》义考之，《召南》诗曰：有女怀春，谓仲春婚姻之时也。《豳风》采蘩祁祁之下，继以殆及公子同归；仓庚于飞之下，继以之子于归。采蘩，《夏小正》系之二月；仓庚鸣，《月令》亦在仲春。此皆以二月为婚姻正时。至《卫诗》：秋以为期。周正之孟秋，为夏正之仲夏。以仲夏为期尽，此郑氏所谓三月至五月，皆得行之者也。此诗首章桃华，为二月正婚之期；二章有蕡其实，三章其叶蓁蓁，为三月至五月，期尽之时。《序》所谓婚姻以时者，此也。”咸卦，艮下兑上。艮，阴剥于阳，一阳在上，八、九月之象；兑，阳决于阴，一阴在上，二、三月之象。由下往上，即秋天至明年春天之间，为男娶女嫁正时。按，《卫风·氓》：“将子无怒，秋以为期。”又，《邶风·匏有苦叶》：“士如归妻迨冰未泮。”

是《诗》、《易》相同。《彖》曰："柔上而刚下，二气感应以相与。"二气，为阴阳，为男女。男女感应，而为婚姻。

艮为少男，兑为少女，艮下兑上，以男下女，存古婚姻礼制之义。郑《目录》云："士娶妻之礼，以昏为期，因而名焉。必有昏者，阳往而阴来，日入三商为昏。"按，以昏为期，车、服皆黑者，以示尚阴。所谓纳采、问名、纳吉、纳徵、请期、亲迎，皆以男下女，男往而女来。即咸卦之九三在下，上六在上，下往上，上来下，阴阳感应，男娶女嫁。又，艮为止，兑为羊，羊为阳。兑上艮下，阳止之时为昏，是为婚时。

《白虎通·嫁娶》曰："天子下至士，必亲迎授绥者何？以阳下阴也。欲得其欢心，示亲之心也。"又曰，"所以昏时行礼何？示阳下阴也，婚亦阴阳交时也。"《大雅·大明》："文王嘉止，大邦有子。大邦有子，伣天之妹。文定厥祥，亲迎于渭。造舟为梁，不显其光。"孔颖达疏："上既言天为生配，此言成昏之礼。故言文王既闻大姒之贤，则嘉美之曰：大邦有子女，可求以为昏姻，媒以行纳采也。既纳采问名，将加卜之。又益知大姒之贤，言大邦之有子女，言尊敬之，磬作是天之妹然，言尊重之甚也。卜而得吉，行纳吉之后，言大姒之有文德，文王则以礼，定其卜吉之善祥，谓人纳币，则视成昏定也。既纳币，于请期之后，文王亲往迎之，于渭水之傍，造其舟以为桥梁。敬重若此，岂不明其礼，之有光辉乎？言其明也。"又，《正义》曰："昏礼，人伦之本，礼始于正夫妇。然则，周有天下王业之基，皆始迎于大姒矣。故云文王受命之宜，及周家王业之基，乃初始于是，不可不敬重之，故造舟也。"咸卦，三之五为乾，乾为王；四之上为兑，兑为善为少女。乾在兑下，有王下贤德少女，求为婚姻之象。又，二之上坎象，坎为水，为王亲迎之渭水。又，二之四为巽，巽为木，刳木为舟，造舟为梁。以上，虽王者娶妻，亦男下女。

《周南·关雎》："关关雎鸠，在河之洲。窈窕淑女，君子好逑。"又曰，"窈窕淑女，寤寐求之。"《诗序》曰："《周南》·《召南》，正始之道，王化之基。是以《关雎》乐得淑女，以配君子，爱在进贤，不淫其色。哀窈窕，思贤才，而无伤善之心焉，是《关雎》之义也。"王安石《诗义钩沉》："《段氏集解》：王曰，先言乐，后言哀思，惟其以得淑女为乐，故其求之而不得，则哀思也。"朱熹《诗集传》："淑，善也；女者，未嫁之称。盖指文王之妃，大姒为处子时而言也。君子，则指文王也。"咸卦，艮下兑上。九三，阳在内，为未娶；上六，阴在外，为未嫁。又，三居乾初，为君子；上居兑上，兑为善美，为淑女。下艮为止，上兑为说，中间为巽，有止有悦，不失礼节。《彖》曰："咸，感也。柔上而刚下，二气感应以相与，止而说，男下女。"盖亦应《关雎》故事，哀窈窕，思贤才，而无伤善之心。

又，初之三为艮，二之四为巽，艮下巽上，渐卦之象。卦辞曰："渐，女归吉，利正。"《象》曰："渐之进也，女归吉也。进得位，往有功也。进以正，可以正邦也。"《杂卦传》曰："渐，女归待男行也。"韩康伯注："女从男也。"李鼎祚《周易集解》曰："兑为女，艮为男。反成归妹：巽成兑，故女归待艮；艮成震乃行，故待男行也。"程氏传："在渐体而言，中二爻交也。由二爻之交，然后男女各得正位。初、终二爻，虽不当位，亦阳上阴下，得尊卑之正。男女各得其正，亦得位也。与归妹卦正相对。女之归，能如是之正，则吉也。天下之事，进必以渐者，莫如女归。臣之进于朝，人之进于事，固当有序；不以其序，则陵节犯义，凶咎随之。然以义之轻重，廉耻之道，女之从人，最为大也，故以女归为义。且男女，万事之先也。"朱骏声《六十四卦经解》："渐与归妹反对卦，又旁通，故取象女归。女，礼不备则不行。自问名至亲迎，有渐进之谊。咸，为取女家之占；渐，为嫁女家之占。"

又，二之四为巽，三之五为乾，巽下乾上，姤卦之象。卦辞曰："姤，女壮，勿用取女。"按，女壮已字人。《象》曰："姤，遇也，柔遇刚也。天地相遇，品物咸章也。"《杂卦传》曰："姤，遇也，柔遇刚也。"王弼注："施之于人，即女遇男也。"李鼎祚《周易集解》曰："坤遇乾也。"程氏传："阴始生于下，与阳相遇，天地相遇也。阴阳不相交遇，则万物不生。天地相遇，则化育庶类，品物咸章，万物章明也。"又曰，"天地不相遇，则万物不生；君臣不相遇，则政治不兴；圣贤不相遇，则道德不亨；事物不相遇，则功用不成。"《周易尚氏学》云："姤，《归藏》曰夜。古娶必以夜，故曰昏。姤，阴遇阳，即女遇男，亦婚姤也。是夜与姤义同也。"按，《系辞传》曰："天地絪缊，万物化醇，男女构精，万物化生。《易》曰：三人行，则损一人，一人行则得其友，言致一也。"此亦云天地相感，阴阳相应，男女婚媾，而万物化生致一。

又，三之五为乾，四之上为兑，乾下兑上，夬卦之象。《象》曰："夬，决也，刚决柔也。"《说文》曰："决，下流也。"段玉裁注："各本作行流。《众经音义三》，引皆作下流。下，读自上下下之下。"《序卦传》曰："益而不已必决，故受之以夬。夬者，决也。"是夬为决，益而不已，则决而下流。刚决柔也，即刚决上六之阴下来，使阴不居外，不乘阳，变成阴阳相姤。故《象》曰："刚决柔，健而说，决而和。"谓刚决柔下，才得阴下阳上，阴内阳外，才得阴阳之和。夬卦，《归藏》作规。《说文》："规，有法度也。从夫从见。"段玉裁注："从夫见，会意，丈夫所见也。公父文伯之母曰：女智莫如妇，男智莫如夫。《字统》曰：丈夫识用，必合规矩，故规从夫。"是规、夬皆谓女从男，阴应阳。以上，咸函三卦，渐、姤、夬，皆谓阴阳和合之事，与咸卦阴阳，感应之义相通。

咸 《彖》曰："咸，感也。柔上而刚下，二气感应以相与。"郑康成曰："咸，感也。艮为山，兑为泽，山气下，泽气上，二气通而相应，以生万物，故曰咸也。"又曰，"与，犹亲也。"临卦，兑下坤上。初九曰："咸临，贞吉。"虞翻曰："咸，感也，得正应四，故贞吉也。"王弼注："咸，感也；感，应也。有应于四，感以临者也。"其九二曰："咸临，吉。"王弼注："有应在五，感以临者也。"程氏传："咸，感也。不曰感者，咸有皆义，男女交相感也。"李道平《周易集解纂疏》："感，阴阳相感也；咸、感古今字。"又，《杂卦传》曰："咸，速也。"王引之《经义述闻·周易下》："《杂卦传》：咸，速也。虞翻曰：相感者，不行而至，故速也。韩康伯曰：物之相应，莫速乎咸。引之谨案，下文：恒，久也。训恒为久也。此云：咸，速也。训咸为速也。盖卦名为咸，即有急速之义。咸者，感忽之谓也。咸与感，声义正同。虞、韩二家，训咸之感应之速，而不知咸字本有速义，故未得古人之指。"按王所云，咸者为感忽之谓。

《虞书·大禹谟》："至諴感神。"孔氏传："諴，和，至和感神。"《释文》："諴，音咸。"《正义》曰："諴，亦咸也。咸训为皆，皆能相从，亦和之义也。"《夏书·咸有一德》，孔氏传："言君臣皆有纯一之德，以戒太甲。"咸，谓君臣皆能同心同德，亦和之义。《周书·召诰》："呜呼！有王虽小，元子哉。其丕能諴于小民。"孔氏传："召公叹曰：有成王虽小，而大为天所子，其大能和于小民。"《释文》曰："諴，音咸。"《正义》曰："言任大也，若其大能和同于天下小民。"又，《无逸》曰："自朝至于日中昃，不遑暇食，用咸和万民。"俞樾《古书疑义举例》："咸，读为諴。《说文》：諴，和也。咸和即諴和。"黄锡全《汗简注释》："咸，释为諴。"朱骏声《说文通训定声》："咸，假借为諴。"《通假字萃编》："按咸，皆諴之省借字。"咸，见于甲金文；諴，但见于金文。盖咸为本字，諴为后生字。其义为和，皆、同为引伸。

《鲁颂·閟宫》："敦商之旅，克咸厥功。"郑笺："咸，同也。"《正义》曰："《释诂》云：咸，皆也。皆亦同之义，故以咸为同也。今武王诛纣，竟先祖之意，故美其能同其功于先祖，言与先祖同成其功也。"《诗集传》曰："咸，同也。言辅佐之臣，同有其功，而周公亦与焉。"同，协同。犹二气感应以相与。《小雅·常棣》之《序》，郑笺："周公弔二叔之不咸。"《正义》曰："咸，和也。言周公闵伤此管、蔡二叔之不和睦。"《左传》僖公二十四年："昔周公弔二叔不咸。"杜预注："咸，同也。"同与和义近。《左传》昭公二十一年："（钟）小者不窕，大者不槬。窕者不咸，槬者不容。"杜注："不咸，不充满人心。"《释文》曰："咸，本亦作感。户暗反。"又，昭十一年："王贪而无信，唯蔡于感。"《释文》曰："感，户暗反。"按《释文》，咸、感音义相同。《太玄经》："应，阳气极于上，阴信萌乎下，上下相应。”又，“迎，阴气成形乎下，物咸溯而迎之。”应、迎皆准咸，是谓咸为阴阳迎应。《易》以道阴阳，二气和同相感，是以谓之咸。

《说卦传》曰：“天地定位，山泽通气，雷风相薄，水火不相射，八卦相错。”八卦相错，首先谓八卦两两阴阳相错。即乾坤阴阳相错，艮兑阴阳相错，震巽阴阳相错，坎离阴阳相错。阴阳相错，是以阴阳相应相通。《易乾凿度》曰：“故六十四卦，三百八十四爻戒，各有所系焉。故阳唱而阴和，男行而女随。”咸为取女卦，阴阳唱和相随，即是男女相感。《荀子·大略篇》曰：“《易》之咸，见夫妇。夫妇之道，不可不正也，君臣父子之本也。咸，感也。以高下下，以男下女，柔上而刚下。”以高下下，谓以艮山之高，下兑泽之低；以男下女，谓以艮之少男，下兑之少女；柔上而刚下，谓兑泽之柔而在上，艮山之刚而在下：是以为咸为感。

亨 乾卦《文言》曰：“亨者。嘉之会也。”《说文》曰：“嘉，美也。”咸卦，初六与九四感应，六二与九五感应，九三与上六感应，阴阳和合。下艮为止，上兑为善，阴阳感应，止于至善，为嘉美之会，为亨。咸卦，取女之卦。九三少男，上六少女，以少男求少女，乃嘉之会。《文言》曰：“嘉会足以合礼。”合礼则事通。故《彖》曰：“柔上而刚下，二气感应以相与，止而说，男下女，是以亨。”《白虎通·礼乐》曰：“夫礼者，阴阳之际也，百事之会也，所以尊天地，傧鬼神，序上下，正人道也。”又，《嫁娶》曰：“人道所以有嫁娶何？以为情性之大，莫若男女；男女之交，人伦之始，莫若夫妇。《易》曰：天地氤氲，万物化醇；男女构精，万物化生。”家人卦《彖》曰：“家人，女正位乎内，男正位乎外，男女正，天地之大义也。家人有严君焉，父母之谓也。父父子子，兄兄弟弟，夫夫妇妇，而家道正，正家而天下定矣。”咸卦，男女正，家道兴，是以亨。

姤卦《彖》曰：“姤，遇也，柔遇刚也。天地相遇，品物咸章也。刚遇中正，天下大行也。姤之时义大矣哉！”姤，阴遇阳为姤。渐卦《彖》曰：“渐之进也，女归吉也。进得位，往有功也。进以正，可以正邦也。”渐，女归吉，谓宜其室家。归妹卦《彖》曰：“归妹，天地之大义也。天地不交，而万物不兴，归妹，人之终始也。”归妹，谓之子于归。又，《序卦传》曰：“有天地，然后有万物；有万物，然后有男女；有男女，然后有夫妇；有夫妇，然后有父子；有父子，然后有君臣；有君臣，然后有上下；有上下，然后礼义有所错。”《汉书·匡衡传》：“臣又闻之师曰：妃匹之际，生民之始，万福之原。婚姻之礼正，然后品物遂，而天命全。孔子论《诗》，以《关雎》为始。言太上者，民之父母，后夫人之行，不侔乎天地，则无以奉神灵之统，而理万物之宜。故《诗》曰：窈窕淑女，君子好仇。言能致其贞淑，不二其操。情欲之感，无介乎容仪，宴私之意，不形乎动静，夫然后可以配至尊，而为宗庙主。此纲纪之首，王教之端。自上世已来，三代兴废，未有不由此者也。”咸卦，婚姻之礼正，得人伦纲纪之首，故而亨通。

利贞 《礼记·昏义》：“敬慎重正，而后亲之，礼之大体。而所以成男女之别，而立夫妇之义也。男女有别，而后夫妇有义；夫妇有义，而后父子有亲；父子有亲，而后君臣有正。故曰：昏礼者，礼之本也。”《正义》曰：“所以昏礼为礼本者，昏姻得所，则受气纯和，生子必孝，事君必忠。孝则父子亲，忠则朝廷正。”《礼记训纂》引吕与叔曰：“人伦之本，始于夫妇，终于君臣。本正而末不治者，未之有也，故曰昏者礼之本。”孙希旦《礼记集解》曰：“敬慎重正，则男女之别成；亲之，则夫妇这义立。《礼运》曰：夫义妇顺。此不言顺，而言义者，夫妇之道，不患其不顺也；患其苟于顺，而伤于义也。失义，则顺亦不可保矣，故曰立夫妇之义。物之苟合者，亲也不可以久。故男女有别，而后夫妇有义。有夫妇，然后有父子；故父子之亲，由于夫妇之别。有父子，然后有君臣；故君臣之正，由于父子之亲。”

《大戴礼记·哀公问于孔子》：“公曰：敢问为政如之何？孔子对曰：夫妇别，父子亲，君臣严，三者正，则庶民从之矣。公曰：寡人虽无似也，愿闻所以行三言之道，可得而闻乎？孔子对曰：古之为政，爱人为大；所以治爱人，礼为大；所以治礼，敬为大；敬之至也，大昏为大。大昏至矣！大昏既至，冕而亲迎，亲之也。亲之也者，敬之也。是故君子兴敬为亲，舍敬是遗亲也。弗爱不亲，弗敬不正。爱与敬，其政之本也！”《礼记·哀公问》郑氏注：“宗庙之礼，祭宗庙也。夫妇配天地，有日月之象焉。《礼器》曰：君在阼，夫人在房，大明生于东，月生于西，此阴阳之分，夫妇之位也。直，犹正也。正言，谓出政教也。政教有夫妇之礼焉。《昏义》曰：天子听外治，后听内职。教顺成俗，外内和顺，国家理治，此之谓盛德。”咸曰利贞，即谓阴阳内外位正，而利夫妇、父子、君臣之正。三者正，则庶民从之，故利正，亦利政。

《汉书·匡衡传》：“臣又闻：室家之道修，则天下之理得。故《诗》始《国风》，《礼》本《冠婚》。始乎《国风》，原情性而明人伦也；本乎《冠婚》，正基兆而防未然也。福之兴，莫不本乎室家；道之衰，莫不始乎阃内。故圣王必慎妃后之际，别适长之位。礼之于内也。卑不逾尊，新不先故，所以统人情，而理阴气也。其尊适而卑庶也，适子冠乎阼，礼之用醴，众子不得与列，所以贵正体，而明嫌疑也。非虚加其礼文而已，乃中心与之殊异。故礼探其情，而见之外也。圣人动静游燕，所亲物得其序；得其序，则海内自修，百姓从化。如当亲者疏，当尊者卑，则佞巧之奸，因时而动，以乱国家。故圣人慎防其端，禁于未然，不以私恩害公义。陛下圣德纯备，莫不修正，则天下无为而治。《诗》云：于以四方，克定厥家。传曰：正家而天下定矣。”《诗》云者，师古曰：“《周颂·桓》之诗也。言欲治四方者，先当能定其家，从内以及外。”是亦谓夫妇正，利正道。《文言》曰："利者，义之和也。贞者，事之干也。"咸卦，三阴三阳得男女、夫妇、父子、兄弟、君臣之和，是以为利；又，此五者，为人事之大义，故曰利贞。

取女吉 《虞书·尧典》："帝曰：咨！四岳，朕在位七十载，汝能庸命，巽朕位。师锡帝曰：有鳏在下，曰虞舜。帝曰：俞，予闻，如何？岳曰：瞽子，父顽，母嚚，象傲。克谐以孝，烝烝乂，不格奸。帝曰：我其试哉。女于时，观厥刑于二女。厘降二女于妫汭，嫔于虞。帝曰：钦哉！"孔氏传："尧年十六，以唐侯升为天子。在位七十年，则时年八十六，老将求代。巽，顺也。言四岳能用帝命，故欲使顺行帝命之事。师，众；锡，与也；无妻，曰鳏；虞，氏；舜，名；在下，民之中。众臣知舜圣贤，耻己不若，故不举，乃不获已而言之。俞，然也，然其所举。言我亦闻之，其德行如何？无目曰瞽。舜父有目，不能分别好恶，故时人谓之瞽。心不则德义之经，为顽。象，舜弟之字，傲慢不友，言并恶。谐，和；烝，进也。言能以至孝，和谐顽嚚昏傲，使进进以善自治，不至于奸恶。（帝）言欲试舜，观其行迹。女，妻；刑，法也。尧于是以二女妻舜，观其法度接二女。以治家观治国。降，下；嫔，妇也。舜为匹夫，能以义理，下帝女之心，于所居妫之汭，使行妇道于虞氏。（帝）叹舜能修己，修敬以安人，则其所能者大矣！"舜，匹夫，能以义理，下帝女之心，使行妇道，由善治家，而善治国，是善取女者吉。

又，《彖》曰："天地感，而万物化生；圣人感人心，而天下和平。观其所感，而天地万物之情可见矣。"咸卦，兑为泽，在天为天施泽；艮为山，在地为地生物：为天地感，而万物生。《系辞传》曰："古者包牺氏之王天下也，仰则观象于天，俯则观法于地。""与天地相似，故不违；知周乎万物，而道济天下。"故曰圣人感人心，而天下和平，观其所感，而遂通天下之故，而天地万物之情可见。《诗·周颂》："天作高山，大王荒之。"毛传："作，生；荒，大也。天生万物于高山，大王行道，能安天之所作也。"郑笺："云高山，谓岐山也。《书》曰：道岍及岐，至于荆山。天生此高山，使兴云雨，以利万物。大王自豳迁焉，则能尊大之，广其德泽。居之一年成邑，二年成都，三年五倍其初。"天作高山，大王广其德泽，与《彖》辞物象义理相似。咸卦，以其天地感，而万物化生；圣人感人心，而天下和平：故曰亨，利贞，取女吉。

程氏传："物之相感，莫如男女，而少复甚焉。凡君臣上下，以至万物，皆有相感之道。物之相感，则有亨通之理。君臣能相感，则君臣之道通；上下能相感，则上下之志通；以至父子、夫妇、亲戚、朋友，皆情意相感，则和顺而亨通。事物皆然，故咸有亨之理也。利贞，相感之道，利在于正也。取女吉，以卦才言也。卦有柔上刚下，二气感应，相与止而说，男下女之义。以此义取女，则得正而吉也。"又曰，"既言男女相感之义，复推极感道，以尽天地之理、圣人之用。天地二气交感，而化生万物；圣人至诚，以感亿兆之心，而天下和平。天下之心，所以和平，由圣人感之也。观天地交感，化生万物之理，与圣人感人心，致和平之道，则天地万物之情可见矣。感通之理，知道者默而观之可也。"

《象》曰："山上有泽，咸，君子以虚受人。"按咸，《归藏》作钦，《帛书周易》亦作钦。《说文》："钦，欠貌。"段玉裁注："《诗·晨风》：忧心钦钦。传曰：思望之，心中钦钦然。"又曰，"钦、歁、欿、歉，皆双声迭韵，皆谓虚而能受也。"尚秉和《周易尚氏学》亦曰："盖以少男，仰求少女，有钦慕之情。是钦亦有感意，与咸义同。"又，《晨风》郑笺："言穆公始未见贤者之时，思望而忧之。"君为阳，臣为阴，穆公求贤者，亦阳下阴，男求女。是钦，与咸通，亦君子以虚受人，皆为阳感阴，以求应和。咸卦，艮下兑上。艮为山，兑为泽。《说文》："山，有石而高。"《释名》："下而有水曰泽。"山高而实，泽下而虚。实于其内，虚于其外，故君子以诚实之心，谦虚待人，必感人至深，是以为咸。

谦卦，艮下坤上。《象》曰："地中有山，谦，君子以裒多益寡，称物平施。"谓山本应在地上，而在地中，犹君子分多益少，以谦虚平等待人。咸卦，艮下兑上。山在泽下，以高下低，以实下虚，不啻以谦自牧，且以虚自持，是以为君子以虚受人。虞翻曰："艮山在地下为谦，在泽下为虚。"王弼曰："君子以虚受人，物乃感应。"孔颖达曰："君子法此咸卦，下山上泽，故能空虚其怀，不自有实，受纳于物，无所遗弃。以此感人，莫不皆应。"程氏传："泽性润下，土性受润，泽在山上，而其渐润通彻，是二物之气相感通也。君子观山泽通气之象，而虚其中，以受于人。夫人中虚则能受，实则不能入矣。虚中者无我也。中无私主，则无感不通。以量而容之，择合而受之，非圣人有感必通之道也。"

《中论·虚道》曰："人之为德，其犹虚器与欤。器虚则物注，满则止焉。故君子常虚其心志，恭其容貌；不以逸群之才，加乎众人之上。视彼犹贤，自视犹不足也，故人愿告之而不倦。《易》曰：君子以虚受人。《诗》曰：彼姝者子，何以告之。君子之于善道也，大则大识之，小则小识之。善无大小，咸载于心，然后举而行。我之所有，既不可夺；而我之所无，又取于人。是以功常前人，而人后之也。故夫才敏过人，未足贵也，博辩贵也；勇决过人，未足贵也。君子之所贵者，迁善惧其不及，改恶恐其有余。故孔子曰：颜氏之子，其殆庶几乎！有不善，未尝不知；知之，未尝复行。"按《诗》，谓《鄘风·干旄》。之《序》曰："《干旄》，美好善也。卫文公臣子多好善，贤者乐告以善道也。"咸卦，艮为君子，为手；兑为善，为口。艮下兑上，似君子承善言，以虚受人之象。

《论语 ·学而》:“子贡曰:夫子温良恭俭让以得之,夫子之求之也,其诸异乎人之求之也!”刘宝楠《论语正义》曰:“温良恭俭让以得之者,《尔雅·释训》:温,温柔也。《诗·燕燕》笺:温,谓颜色和也。下篇子温而厉,是温指貌言。《说文》:良,善也。《贾子·道术篇》:安柔不苛谓之良。良,谓心之善也。《尔雅·释诂》:恭,敬也。《说文》:恭,肃也;又,俭,约也。《易·象传》:君子以俭德辟难。《左襄十三年传》:让者,礼之主也。又,《说文·彳部》:得,有所得也。《论衡·知实篇》引此文,解之云:温良恭俭让,尊行也。有尊行于人,人亲附之,则人告语之矣。但其迹,有似于求而得之。故子贡就其求之之言,以明其得闻之故。” 程树德《论语集释》曰:“学者读这章书,要知天下人,无不可感动。不能感动人者,只是我未能到圣人地位耳。”是夫子温良恭俭让以得之,亦以虚受人之故。

《序卦传》下篇曰:“有天地,然后有万物;有万物,然后有男女;有男女,然后有夫妇;有夫妇,然后有父子;有父子,然后有君臣;有君臣,然后有上下;有上下,然后礼义有所错。夫妇之道,不可以不久也,故受之以恒。恒者,久也。”错,措。礼义有所错,谓礼义有所施行。干宝曰:“上经始于乾、坤,有生之本也;下经始于咸、恒,人道之首也。”程氏传:“天地,万物之本;夫妇,人伦之始。所以上经首乾、坤;下经首咸,继以恒也。天地二物,故二卦分为天地之道。男女交合,而成夫妇,故咸与恒,皆二体合为夫妇之义。”《系辞传》曰:“天地细缊,万物化醇,男女构精,万物化生。《易》曰:三人行,则损一人;一人行,则得其友,言致一也。”对立统一,而生万物。天地为万物之本,男女为人伦之本。是乾、坤居上经之首;咸、恒居下经之首。一为天地,一为人世。

《易乾凿度》曰:“故《易》卦六十四,分而为上下,象阴阳也。夫阳道纯而奇,故上篇三十,所以象阳也。阴道不纯而偶,故下篇三十四,所以法阴也。乾、坤者,阴阳之根本,万物之祖宗也。为上篇始者,尊之也。离为日,坎为月。日月之道,阴阳之经。所以终始万物,故以坎、离为终。咸、恒者,男女之始,夫妇之道也。人道必兴,必由夫妇。所以奉承祖宗,为天地主也。故为下篇始者,贵之也。既济、未济为最终者,所以明戒慎,而存王道。孔子曰:泰者,天地交通,阴阳用事,长养万物也。否者,天地不交通,阴阳不用事,止万物之长也。上经象阳,故以乾为首,坤为次,先泰而后否。损者,阴用事,泽损山而万物损也,下损以事其上。益者,阳用事,而雷风益万物也,上自损以益下。下经以法阴,故以咸为始,恒为次,先损而后益,各顺其类也。”郑注:“象阳用事之时,阴宜自损,以奉阳者。所以戒阴道,以执其顺者也。当阴用事之时,阳宜自损，以益阴者。所以戒阳道，以宏其化也。咸则男下女，恒则阳上而阴下。先阴而后阳者，以取类阴也。”

《易》，六十四卦，乾、坤象天地，既济、未济象夜以继日，中间六十卦，象六十甲子，运转不息。上经屯卦，震下坎上。《彖》曰：“屯，刚柔始交而难生，动乎险中，大亨贞。雷雨之动满盈，天造草昧，宜建侯而不宁。”刚柔始交，为冬至，一阳生。大过卦，巽下兑上。《彖》曰：“大过，大者过也。”阳为大，大过即阳气过。由十一月冬至，至第二年五月夏至，一阴来生，成姤卦，巽下乾上，为阳用事已过，为大过。离、坎，为阴阳交接物候。下经咸卦，艮下兑上，阴来阳往，乃夏至之后，阴气续生之象。至小过卦，艮下震上。由艮之二阴生，至震之一阳生。二阴生，乃夏至以后；一阳生，乃冬至时节。冬至为阴用事已过，为小过。是冬至以后，至夏至以前，为阳主用事；夏至以后，至冬至以前，为阴主用事，上经阳主用事，下经阴主用事。《系辞传》曰：“寒往则暑来，暑往则寒来，寒暑相推，而岁成焉。”寒暑即阴阳，阴阳相推而成岁。

初六，咸其拇。

〔译〕 初六，感动其脚之大指。

《象》曰：“咸其拇，志在外也。”

〔证〕

咸其拇 《说文》：“拇，将指也。从手，母声。”桂馥义证：“将指也者，徐锴曰：所谓将指者，为诸指之率也。《左传·正义》：将者，言其将领诸指也。《玉篇》：拇，手拇。《广韵》：拇，大拇指也。”又证曰，“手足皆以拇为将指。”王筠《说文句读》：“拇，为手巨擘；而足大指，亦沿此称也，经传无异词。解卦：解而拇。王云：手大指；陆云：足大指。咸卦：咸其拇。马、郑、薛云：足大指。《释训》：履帝武敏。武，迹也；敏，拇也。郭注：拇、迹大指处。《楚语》：至于手拇毛脉。韦注：拇，大指也；将指之为手大指也。盖自许君倡之，韦昭、王肃、颜师古皆沿之。颜注《急就篇》曰：拇，大指也，一名将指，是也。将指之为手中指也，则郑君倡之，杜预、贾公彦、孔颖达沿之。《乡射礼》：凡挟矢，于二指之间横之。郑注：此以食指、将指挟之。《大射礼》：设决朱极三。注云：三者，食指、将指、无名指。《左定四年传·正义》云：定十四《左传》：阖闾伤将指。注云：其足大指见斩。足之用力，大指为多；手之取物，中指最长。故足以大指为将指，手以中指为将指，是也。许君既以将指拇，吾知其不谓中指者。《庄子》云：骈拇枝指。人指生歧，非巨擘即小指，未有生于中指者也。即郑君以中指为将指，亦必不以中指为拇也。至于《乡射礼》，贾疏云：第三指为将指，《左传》阖闾伤于将指是也，则大谬也。”又于指下曰：“大指为拇指，二为食指，三为中指，四为无名指，五为小指。言手者，以手统足也。”朱骏声《说文通训定声》曰：“大指为拇指，手足大指皆曰拇。字亦作拇、作𧿹。《易》：咸其拇。虞注：足大指也。子夏传作𧿹。”

《系辞传》曰：“古者包牺氏之王天下也，仰则观象于天，俯则观法于地，观鸟兽之文，与地之宜，近取诸身，远取诸物，于是始作八卦，以通神明之德，以类万物之情。”《易》爻，由下而上。噬嗑卦，初九曰：履校灭趾；贲卦，初九曰：贲其趾；剥卦，初六曰：剥床以足；大壮卦，初九曰：壮于趾；夬卦，初九曰：壮于前趾；鼎卦，初六曰：鼎颠趾；艮卦，初六曰：艮其趾。是趾、足在下，故皆于初爻。咸卦，初六曰：咸其拇；解卦，九四曰：解而拇。是拇为大指，初位为足大指，四位为手大指。千年聚讼，《易》于三千年前解得。《说卦传》曰：“艮为指。”《左传》定公十四年：“阖庐伤将指，取其一屦。”杜预注：“其足大指见斩，遂失屦，姑浮取之。”又，《史记·高祖本纪》：“汉王伤匈，乃扪足曰：虏中吾指。”是指，亦为足指。《说文》：“指，手指也。”且无趾字，存疑，盖止为趾。

《象》曰：“咸其拇，志在外也。”《礼记·檀弓下》：“文伯之丧，而内人皆行哭失声。”郑氏注：“内人，妻妾。”《正义》曰：“案《家语》云：文伯歜卒，其妻妾皆行哭失声。敬姜戒之曰；吾闻好外者，士死之；好内者，女死之。今吾子早夭，吾恶其好内闻也。”外谓男，内谓女。《孟子·梁惠王下》曰：“当是时也，内无怨女，外无旷夫。”赵岐注：“普使一国男女，无有怨旷。”孙奭疏：“内无怨女，外无旷夫；皆男女嫁娶过时者，谓之怨女旷夫也。女生向内，故云内；男生向外，故云外。”杨伯峻《孟子译注》：“内无怨女，外无旷夫——这里内外，系指男女而言。古代以女子居内，男子居外。所以这里怨女用内字，旷夫用外字。”钱大昕《恒言录·亲属称谓类·夫妇相称曰外内》：“梁，徐悱有《赠内诗》，又有《对房前桃树咏佳期赠内诗》，其妻刘氏有《答外诗》。”《易》重卦，以上卦为外，下卦为内。初与四应，志在外，谓初六意在应九四，即长女应长男。古人以男主外，女主内，故妇称夫为外子，夫称妇为内子。

《白虎通·嫁娶》曰：“妻妾者何谓也？妻者，齐也，与夫齐体。自天子下至庶人，其义一也。妾者，接也，以时接见也。女者，如也，从如人也。夫妇者何谓也？夫者，扶也，扶以人道者也。妇者，服也，服于家事，事人者也。妃者，匹也。妃匹者何谓？相与为偶也。”陈立疏证：“《通典》引雷次宗《丧服》注云：妻，明其齐所以称夫也。又云：不直云至亲，而言妻者，明其为齐判合之亲，：以明至极之称而言。《礼记·内则》：聘则为妻。注：妻之言齐也。《诗·十月之交》：艳妻。传：敌夫曰妻。《释名·释亲属》云：士庶人曰妻。妻，齐也。夫贱不足以尊称，故齐等言也。《大戴·本命篇》云：女者，如也。言如男子之教，而长其义礼者也。”《释名·释长幼》：“女，如也，妇人外成如人也。”毕沅曰：“《说文》：如，从随也。”是《象》曰志在外者，谓初六之妇，从随九四之夫，夫倡妇随。

《周南·卷耳》：“采采卷耳，不盈顷筐。嗟我怀人，置彼周行。”《正义》曰：“言有人，事采此卷耳之菜，不能满此顷筐。顷筐易盈之器，而不能满者，由此人志有所念，忧思不在于此故也。此采菜之人，忧念之深矣。以兴后妃志在辅佐君子，欲其官贤赏劳。朝夕思念，至于忧勤。其忧勤深远，亦如采菜之人也。此后妃之忧为何事，言后妃嗟呼而叹：我思念君子，官贤人，欲令君子置此贤人，于彼周之列位，以为朝廷臣也。”《诗序》曰：“《卷耳》，后妃之志也。又当辅佐君子，求贤审官，知臣下之勤劳。内有进贤之志，而无险诐私谒之心。朝夕思念，至于忧勤也。”《正义》曰：“作《卷耳》诗者，言后妃之志也。后妃非直忧在进贤，躬率妇道，又当辅佐君子。其志欲令君子，求贤德之人，审置于官位。复知臣下出使之勤劳，欲令君子赏劳之。内有进贤人之志，唯有德是用；而无险诐不正私请，用其亲戚之心。又朝夕思此，欲此君子官贤人，乃至于忧思而成勤，此是后妃之志也。”勤，为劳心。后妃之志，即感于内，而志在外。艮为门阙，初六在门阙之下，为在内；九四在门阙之外，为在外。初六阴，为后妃；九四互乾，为君子。此爻与《卷耳》义合。《礼记·内则》曰：“礼始于谨夫妇。”《中庸》曰：“君子之道，造端乎夫妇。”初六咸其拇，即造端乎夫妇之谓。

六二，咸其腓，凶；居吉。

〔译〕 六二，感动其小腿肚，凶险；止而悦吉利。

《象》曰：“虽凶，居吉，顺不害也。”

〔证〕

咸其腓 《说文》：“腓，胫腨也。从肉，耑声。”段玉裁注：“《咸》六二：咸其腓。郑曰：腓，膊肠也。按诸书或言膊肠，或言腓肠，谓胫骨后之肉也。腓之言肥，似中有肠者然，故曰腓肠。”《说文通训定声》曰：“苏俗谓之膀肚肠子。”按，即小腿肚肌。初六曰咸其拇，九三曰咸其股；六二在足与大腿之间，曰咸其腓。不曰咸其胫，而曰咸其腓者，胫为骨，骨为阳；腓为肉，肉为阴。噬嗑卦，六二曰噬肤灭鼻，六三曰噬腊肉，九四曰噬干胏，六五曰噬干肉。六二、六三、六五，皆为阴位，所噬皆肉；九四为阳爻，所噬干胏为肉骨。骨为主干，肉为附着，犹阳之为主，阴之为辅，是以骨肉分阴阳。咸卦，艮下兑上，六二与九五相应，故曰咸其腓。反之，艮卦，艮下艮上，六二与六五不相应，则曰艮其腓。艮为止，是异性相感应，同性相斥止。按，子之在下为阴，犹腓之在下为阴，故以腓喻子。

凶 人之下肢，足大指动，则小腿之肚动，是以初六曰咸其拇，六二曰咸其腓。然《说卦传》曰："艮，止也。"又，"兑，为毁折。"六二，在艮止之中，所应九五，在毁折之中，是以所感则凶。艮卦《彖》曰："艮，止也。时止则止，时行则行，动静不失其时，其道光明。艮其止，止其所也。"《说文》："感，动人心也。"咸其腓，于时于事，感非所感，是凶之道。李道平《周易集解纂疏》："腓，脚膊，即郑氏所云膊肠，是也。脚膊次于拇上，象二，故二为腓。六为得位，二为居中。二正应五，故于五有应。但二在艮中，宜守艮止。若感应于五，变以相与，是失艮止之礼，故凶也。"《彖》曰："二气感应以相与，止而说。"是二气感应，必有礼节；不知礼节，则上不悦，有凶。又，渐卦，艮下巽上。《彖》曰："止而巽，动不穷也。"咸卦，初之三为艮，二之四为巽，亦止而巽之象。六二咸其腓，不止不巽，其动必穷，故凶。

《序卦传》曰："有夫妇，然后有父子。"咸卦初与四，夫妇之应；二与五，则父子之谓。坤卦《文言》曰："积善之家，必有余庆；积不善之家，必有余殃。臣弑其君，子弑其父，非一朝一夕之故，其所由来者渐矣，由辩之不早辩也。《易》曰：履霜坚冰至，盖言顺也。"又，《系辞传》曰："善不积，不足以成名；恶不积，不足以灭身。小人以小善为无益，而弗为也；以小恶为无伤，而弗去也；故恶积而不掩，罪大而不可解。《易》曰：何校灭耳，凶。"程氏传："天下之事，未有不由积而成。家之所积者善，则福庆及于子孙；所积不善，则灾殃流于后世。其大至于弑逆之祸，皆因积累而至，非朝夕所能成也。明者则知渐不可长，小积成大，辩之于早，不使顺长。故天下之恶，无由而成，乃知霜冰之戒也。霜而至于冰，小恶而至于大，皆事势之顺长也。"按，艮为积石成山，为积；兑为羊，为善；艮为门阙，为家：为积善之家，为必有余庆。又，兑为毁折，为积不善之家，必有余殃。二与五应。二在下卦之中，为子为臣；五在上卦之中，为父为君。二在艮止之中，五在兑之毁折之中，若以此相感，则犹子弑其父，臣弑其君，凶。

居吉 《说文》："凥，処也。从尸几，尸得几而止也。《孝经》曰：仲尼凥。凥，谓闲凥如此。"段玉裁注："凡尸得几，谓之凥。尸，即人也。引伸之，为凡凥処之字。今作居。"居吉，意为居止、居处则吉，即止而吉。谦卦，艮下坤上，六二曰："鸣谦，贞吉。"以卑而不逾自鸣，得正而吉。六二有谦止之意。遁卦，艮下乾上。六二曰："执之用黄牛之革，莫之胜说。"执之莫脱，固止之意。蹇卦，艮下坎上。六二曰："王臣蹇蹇，匪躬之故。" 蹇蹇，难行欲止之象。艮卦，艮下艮上。六二曰："艮其腓，不拯其随，其心不快。"二止其腓，不拯其初，故心不快。渐卦，艮下巽上。六二曰："鸿渐于磐，饮食衎衎，吉。”饮食衎衎，安而处止。旅卦，艮下离上。六二曰：“旅即次，怀其资，得童仆贞。”旅即次，旅即止所。小过卦，艮下震上。六二曰：“过其祖，遇其妣，不及其君，遇其臣，无咎。”《象》曰：“不及其君，臣不可过也。”不可过，亦止之意。是凡艮在下者，六二皆为止象。

《象》曰：“二气感应以相与，止而说。”居吉，即谓六二与九五感应相与，下者止于礼节，则上者喜悦，故曰居吉。《象》曰：“居吉，顺不害也。”《说文》：“顺，理也。从页，从川。”段玉裁注：“凡物得其治之方，皆谓之理。理之，而后天理见焉，条理形焉。顺之所以理之，未有不顺民情，而能理者。凡训诂曰从，顺也；曰悉，顺也；曰驯，顺也：此六书之转注。”朱骏声《说文通训定声》：“从页从川，会意，川亦声。按，本训谓人面文理之顺。转注：《方言二》：好目谓之顺。《仪礼·特牲礼》：南顺。注：犹从也。《礼记·月令》：顺彼远方。注：犹服也。《诗·泮水》：顺彼长道。笺：从也。《皇矣》：克顺克比。《左昭廿八传》：慈和遍服曰顺。《襄三传》：师众以顺为武。注：莫敢违也。又，《孝经》：以敬事长则顺。《孟子》：为不顺于父母。注：爱也。”徐灏《说文解字注笺》：“人之恭谨悉顺曰顺。”《象》曰：“居吉，顺不害也。”盖谓子事其父，臣事其君，孝顺而不受害。

《论语·学而》：“有子曰：其为人也孝弟，而好犯上者鲜矣；不好犯上，而好作乱者，未之有也。”何晏注：“孔子弟子，有若。鲜，少也。上，谓凡在己上者。言孝弟之人必恭顺，好欲犯其上者少也。”此亦居止于礼则吉，恭顺则无害。《为政》：“孟懿子问孝。子曰：无违。樊迟御，子告之曰：孟孙问孝于我，我对曰无违。樊迟曰：何谓也？子曰：生事之以礼，死葬之以礼，祭之以礼。”按，无违为顺。又，“孟武伯问孝。子曰：父母唯其疾之忧。”注：“言孝子不妄为非，唯疾病然后使父母忧。”不妄为非，则是居礼顺行。又，“子游问孝。子曰：今之孝者，是谓能养。至于犬马，皆有养；不敬，何以别乎？”谓敬顺为孝。又，“子夏问孝。子曰：色难。有事弟子服其劳，有酒食先生馔，曾是以为孝乎？”注：“包曰：色难者，谓承顺父母颜色，乃为难。马曰：先生，谓父兄；馔、饮食也。马曰：孔子喻子夏，服劳先食，汝谓此为孝乎？未孝也；承顺父母颜色，乃为孝也。”是顺，为孝顺。《象》曰：“顺不害也。”谓孝顺而无害。

九三，咸其股，执其随，往吝。

〔译〕 九三，感动其股肱，无纵下之阴随，往前有恨惜。

《象》曰：“咸其股，亦不处也；志在随人，所执下也。”

〔证〕

咸其股 《说卦传》曰："巽为股。"咸卦，二之四为巽，九三在巽中，为股。《说文》："股，髀也。从肉，殳声。"桂馥义证："髀也者，本书：髀，股也。《广韵》：䏶，股也，俗作腿。颜注《急就篇》：股，髀肉也。《释名》：股，固也，强固也。《诗·采菽》：赤芾在股。笺云：胫本曰股。《吴语》：将还玩吾国于股掌之上。韦云：胫本曰股。《庄子·在宥篇》：尧舜于是乎股无胈。《释文》：胫本曰股。《汉书·高五王传》：股战而栗。颜注：股，脚也。"《广雅·释亲》："股，胫也。"王念孙疏证："《释名》云：胫，茎也，直而长，似物茎也。《说文》：胫，胻也；股，髀也。凡对文，则膝以上为股，膝以下为胫。《小雅·采菽》笺云：胫本曰股。是也。散文，则通谓之胫。《说文》云：彳，象人胫三属相连。是也。或通谓之股，经言股肱是也。"咸卦，九三在六二之上，股与腓对文，股在腓之上，则股为大腿。

《象》曰："咸其股，亦不处也。"《说文通训定声》："処（处），止也，得几而止。从几，从夂。会意。"会意者，《说文》曰："几，踞几也。象形。《周礼》五几：玉几、雕几、彤几、漆几、素几。凡几之属，皆从几。"又，"夂，从后至也。象人两胫，后有致之者。读若黹。"是処，谓人胫至几，凭几而止，故処为止。程氏传："此言亦者，承上爻象辞也。上云：咸其拇，志在外也；虽凶居吉，顺不害也。咸其股，亦不处也，前二阴爻，皆有感而动；三虽阳爻，亦然，故云亦不处也。不处，谓动也。"按，初六阴，往上应九四；六二阴，往上应九五，为不处。今九三阳，往上应上六阴，为亦不处。《序卦传》曰："有夫妇，然后有父子；有父子，然后有君臣。"初与四为夫妇相感，二与五为父子相感，三与上为君臣相感。《象》曰："感其股，亦不处也。"谓君臣亦犹夫妇、父子，心相感通，而不相止。

《夏书·益稷》："帝曰：臣作朕股肱耳目。"又，"乃歌曰：股肱喜哉，元首起哉，百工熙哉。""乃赓载歌曰：元首明哉，股肱良哉，庶事康哉。又歌曰：元首丛脞哉，股肱惰哉，万事堕哉。"孔氏传："元首，君也。股肱之臣，喜乐尽忠，君之治乃起，百官之业乃广。赓，续；载，成也。帝歌归美股肱义未足，故续歌先君后臣，众事乃安，以成其义。丛脞，细碎无大略。君如此，则臣懈惰，万事堕废，其功不成，歌以申戒。"又，《商书·说命下》："王曰：呜呼！说，四海之内，咸仰朕德，时乃风。股肱惟人，良臣惟圣。"《左传》昭公九年："君之卿佐，是谓股肱。股肱或亏，何痛如之？"又，僖公二十六年："昔，周公、大公，股肱周室，夹辅成王。成王劳之，而赐之盟，曰：世世子孙，无相害也！"三为公位，公卿之与君王，犹大腿胳膊之与身子，随其驱使而有力，故以股肱喻之。九三，以股赅肱。《象》曰："咸其股，亦不处也，志在随人。"即谓公卿之吉，志在随君事君，意不自专。

执其随 《说文》："執（执），捕罪人也。从丮，从幸，幸亦声。"董作宾《殷历谱》："幸，象手械，即桊字，盖加于俘虏之刑具也。"按丮，象手有所持。桂馥义证："《释名》：执，慑也，使畏慑已也。僖十七年《左传》：齐人以为讨而止公。杜注：内讳执，皆言止。《孟子》：执之而已。《孔丛子·刑论篇》：孟氏之臣叛，自归，武伯将执之。夫子曰：今其自反，罪以反除，又何执焉？"又，"捕罪人也者，《书·召诰》：徂厥亡，出执。传云：出见执杀。《檀弓》：肆诸市朝，而妻妾执。"师卦六五曰："田有禽，利执言。"遁卦六二曰："执之用黄牛之革。"《大雅·常武》云："铺敦淮濆，仍执丑虏。"是执，为捕捉、拘系之意。巽为绳，二之四为互巽，三在巽绳之中，是以为执。

《说文》："随，从也。"段玉裁注："行可委曲从迹，谓之委随。"九三执其随，《象》曰："所执下也。"即谓执其在下之六二、初六。《大雅·民劳》："无纵诡随，以谨无良。"毛传："诡随，诡人之善，随人之恶者；以谨无良，慎小以惩大也。"郑笺："王为政，无听于诡人，之善不肯行，而随人之恶者。以此敕慎无善之人，又用此止为寇虐，曾不畏敬明白之刑罚者。"戴震《毛郑诗考证》曰："无纵诡曲阿从之人，以谨防其无良。"咸卦，三之五为乾，乾为王；初之三为艮，艮为止。九三止于二阴之上，有王为政，无纵诡随，以谨无良之象。又，三为公位。《周书·金縢》曰："武王既丧，管叔及其群弟，乃流言于国，曰：公将不利于孺子。周公乃告二公曰：我之弗辟，我无以告我先王。周公居东二年，则罪人斯得。"管、蔡二叔，流言以惑成王，周公东征，罪人被获，盖与执其随、所执下也相类。

往吝 九三在艮，艮当止；上六在兑，兑亦毁折。今九三与上六应，当止而往，故曰往吝，谓往有恨惜。大过卦，巽下兑上。九三曰："栋桡，凶。"夬卦，乾下兑上。九三曰："壮于頄，有凶。"革卦，离下兑上。九三曰："征凶，贞厉。"凡九三与兑之上六相应者，皆不凶则吝，盖以阳刚逆应阴柔，当毁折之义。乾卦《文言》曰："亢之为言也，知进而不知退，知存而不知亡，知得而不知丧。其唯圣人乎？知进退存亡，而不失其正得，其唯圣人乎！"故周公居东，成王不召不返。又，《系辞传》曰："彖者，言乎象者也；爻者言乎变者也。"在象，九三为少男，上六为少女，故《彖》曰："男下女，是以亨，利贞，取女吉也。"在爻，九三为阳在艮，上六为阴在兑，以当艮止之阳，去遇兑毁之阴，当止不止，故爻辞曰："往吝。"《系辞传》曰："仁者见之谓之仁，知者见之谓之知。百姓日用而不知，故君子之道鲜矣。"《说文》："鲜，鲜鱼。"段玉裁注："经传乃假借为新鲜。"君子之道鲜矣，谓唯有仁智君子，才因变而变，悟道常新。

九四，贞吉，悔亡。憧憧往来，朋从尔思。

〔译〕　九四，以正而吉，悔恨消失，往来不止，阴随阳思。

《象》曰：“贞吉悔亡，未感害也。憧憧往来，未光大也。”

〔证〕

贞吉，悔亡　九四为长男，男在外；初六为长女，女在内。男有室，女有家，得夫妇之正。九四为阳，阳为尊；初六为阴，阴为卑。阳上阴下，阴阳有分，得尊卑之正。三之五为乾，乾为王，九四居乾之中，为中正之王；初六在下，坤阴为众，众为民，君上民下，得君臣之正。《礼记·哀公问》：“孔子对曰：夫妇别，父子亲，君臣严，三者正，则庶物从之矣。”三者正，庶物从之，即贞吉。四在股上，为人之腹，腹当身之中，中则正，正则吉，为贞吉。六二曰凶，九三曰往吝，九四曰贞吉，悔恨消亡，故曰悔亡。《说文》：“羊，祥也。”《青铜器·双羊尊》释：“由于迷信，也就特别冀望吉祥符瑞。羊字就是祥字，吉羊也就是吉祥，把羊作吉祥之物，予以崇高。所以，不仅把青铜器做成羊形，玉器亦雕琢成羊形，佩挂在身上，以求吉祥多福。”九四在兑，兑为羊，羊为吉祥，故曰贞吉，悔亡。又，兑为毁折，六二、九三，分别感应九五、上六，有凶有吝，是以有悔恨。九四在兑，因羊得福，不似二、三，故其《象》曰：“贞吉悔亡，未感害也。”谓九四贞吉悔亡，与初六感应无害。

憧憧往来　《说文》：“憧，意不定也。从心，童声。”按，童心不定，会意。《一切经音义》卷二十，引作“憧憧，意不定也。”《赵策·建信君贵于赵》：“今王憧憧，乃辇建信，以与强秦角逐，臣恐秦折王之椅也。”《大戴礼记·千乘》：“作起不敬，以斯惑憧愚。”王聘珍解诂：“憧愚，无定识之民。”《史记·三王世家》：“臣青翟、臣汤等，宜奉义遵职，愚憧而不逮事。”《盐铁论·刺复》：“方今为天下腹居郡，诸侯并臻，中外未然，心憧憧若涉大川，遭风而未薄。”薄，犹泊。《论衡·吉验》：“光耀憧憧上属天，有顷不见。”又，《论衡·恢国》：“光武起，过旧庐，见气憧憧，上属于天。”《晋书·后妃传上》：“夜耿耿而不寐兮，魂憧憧而至曙。”是憧憧，为不定之意。九四在乾，乾阳往上，坤阴来下，终而复始，永动而无定止。《周易本义》引张子曰：“气有阴阳，推行有渐为化。”阴阳推行有渐，为憧憧往来。《象》曰：“憧憧往来，未光大也。”三之五为乾，四在乾中。乾为君，四应升五，光被四表，格于上下，成九五德尊。今乾之中爻在四，故曰憧憧往来，未光大也。九四当为天子，而在方伯之位，文王以之。

朋从尔思　坤卦卦辞曰：“西南得朋，东北丧朋。”按伏羲八卦：西南巽，一阴生；正西坎，二阴生；西北艮，亦二阴生；正北坤，三阴生。东北震，一阳生；正东离，二阳生；东南兑，亦二阳生；正南乾，三阳生。自西南，阴生阳消，为西南得朋；至东北，阳生阴消，为东北丧朋。豫卦，坤下震上。九四曰：“由豫，大有得，勿疑朋盍簪。”即谓勿疑下坤，众阴聚首，是朋谓阴。《系辞传》曰："《易》曰：憧憧往来，朋从尔思。子曰：天下何思何虑？天下同归而殊途，一致而百虑。天下何思何虑？"又，《系辞传》曰："乾道成男，坤道成女，乾知大始，坤作成物。"朱熹曰："知，犹主也。乾主始物，而坤作成之。承上文男女，而言乾坤之理。盖凡物之属乎阴阳者，莫不如此。大抵阳先阴后，阳施阴受；阳之轻清未形，而阴之重浊有迹也。"是朋从尔思，谓阴随阳动。

九五，咸其脢，无悔。

〔译〕　九五，感动其背，无悔恨。

《象》曰："咸其脢，志末也。"

〔证〕

咸其脢　《说文》："脢，背肉也。从肉，每声。《易》曰：咸其脢。"段玉裁注："咸九五：咸其脢。《子夏易传》云：在脊曰脢。马云：脢，背也。郑云：脢，背脊肉也。虞云：夹脊肉也。按诸家之言，不若许分析憭然。胂为迫吕之肉，脢为全背之肉也。"王筠《说文句读》曰："《广雅》：胂谓之脢，许君类列之而不转注，盖胂狭而脢广也。"《孟子・尽心上》："君子所性，仁义礼智根于心，其生色也睟然，见于面，盎于背，施于四体，四体不言而喻。"谓仁义礼智，植根于心，见于脸上，显于背上，达于四肢。是面、背、四体与心相连。《荀子・劝学》："君子之学也，入乎耳，著乎心，布乎四体，形乎动静。"杨倞注："入乎耳，著乎心，谓闻则志而不忘也。布乎四体，谓有威仪润身也。形乎动静，谓知所措履也。"此亦谓心为身之主。咸卦，咸其拇，咸其腓，咸其股，咸其脢，咸其辅颊舌，皆动于心，背于心切近，咸其脢，尤动于心，故于九五当之。

《史记・外戚世家》："子夫上车，平阳主拊其背，曰：行矣，强饭，勉之！即贵，无相忘。"子夫，卫皇后字，初为平阳主讴者。《汉书・吴王刘濞传》："已拜受印，高祖召濞相之，曰：若状有反相。独悔，业已拜，因拊其背，曰：汉后五十年，东南有乱，岂若邪？然天下同姓一家，慎无反！濞顿首，曰：不敢！"《抱朴子・交际》："夫厚则亲爱生焉，薄则嫌隙结焉，自然之理也，可不详择乎！为可临觞拊背，执手须臾，欲多其数，而必其全，吾所惧也。"又，《全唐诗四三・妾薄命》："羞闻拊背之，恨说舞腰轻。"凡欲动其心者，皆拊其背，背当其心，是咸其脢，即感其心。五为卦之主，心为人之主。《彖》曰："天地感，而万物生焉；圣人感人心，而天下和平。观其所感，而天地万物之情可见矣。"是咸卦之要，重在人心。

《象》曰："咸其脢，志末也。"《说文》："末，木上曰末。从木，一在其上。"《小尔雅》："末，终也。"《周书・立政》："我则末惟成德之彦。"《正义》曰："末，训为终。"

《左传》庄公六年："夫能固位者，必度于本末。"杜预注："本末，终始也。"《系辞传》曰："《易》之为书也，原始要终以为质也。六爻相杂，唯其时物也。其初难知，其上易知，本末也。初辞拟之，卒成之终。"本末，即初上、始终之谓。大过卦，巽下兑上。《象》曰："栋桡，本末弱也。本末弱，谓初、上阴柔而弱。"咸卦，初六《象》曰："咸其拇，志在外也。"九五《象》曰："咸其脢，志末也。"后者以前者而省在字，谓咸其脢者，意在上六。李鼎祚《周易集解》："案，末犹上也。故咸其脢志末者，谓五志感于上也。"即谓咸其脢者，意在咸其辅颊舌，使之滕口说也。先感其心，后感其口，心之声在言，心不诚，则言不真。

无悔　《系辞传》："悔吝者，言乎小疵也。"九四悔恨消失，九五无悔。五位上卦之中，阳居阳位，得中得位，且得二应，善之善者，故而无悔。《孟子·告子上》曰："耳目之官不思，而蔽于物。物交物，则引之而已矣。心之官则思，思则得之，不思则不得也。此天之所与我者。先立乎其大者，则其小者不能夺也。此为大人而已矣。"谓耳目不会思索，易受蒙蔽，一与事物相交，则受其牵引。心会思索，思索则有所得，不思索则不得。此乃天所赋。人立其心之大器官，则小器官不被物惑。《荀子·解蔽》曰："心者，形之君也，而神明之主也。"杨倞注："心出令以使百体，不为百体所使也。"《素问·灵兰秘典论》："心者，君主之官也，神明出焉。"心，为器官之君，故位于五。然感必有渐，故初咸其拇，二咸其腓，三咸其股，四与初阴阳相咸，五咸其脢，上咸其辅颊舌。咸之目的在于咸心，五得人心，是以无悔。故中孚九二《象》曰："其子和之，中心愿也。"此即感人心之谓。

上六，咸其辅颊舌。

〔译〕　上六，感动其口舌。

《象》曰："咸其辅颊舌，滕口说也。"

〔证〕

咸其辅颊舌　《小雅·正月》："其车既载，乃弃尔辅。"毛传："大车重载，又弃其辅。"郑笺："弃女车辅，则堕女之载。"陈奂《诗毛氏传疏》："传以车为大车，载为重载，辅者，掩舆之版。《大东》传：箱，大车之箱也。《方言》：箱谓之𨏥。《尔雅》：棐，辅也。棐与𨏥通，箱取辅相之义，则辅即箱矣。大车掩版，置诸两旁，可以任载。今大车既重载矣，而又弃其两旁之版，则所载必堕。此其显喻也。僖五年《左传》，宫之奇设辅车相依、唇亡齿寒两喻。《吕览·权勳篇》：虞之与虢也，若车之有辅也。车依辅，辅亦依车，虞、虢之势是也。先人有言曰：唇竭而齿寒。《韩子·十过篇》、《淮南子·

人间篇》，并有此文。然者车之有辅，犹齿之有唇，最相切近。人之两颊曰口辅，亦曰牙车，其命名即取车辅之义也。自来解者，皆不识辅为何物。”《后汉书·大丧》曰：“车皆去辅幡，疏布恶轮。”辅，即指车舆两边箱版。因酺颊与牙车相依，故亦借辅车为酺车。是辅颊皆谓脸之两面，中夹牙车，即牙床。上六在兑，兑为口舌。在咸卦之位，为咸其辅颊舌。又，二之上为大坎，坎为车舆，大坎为大车车舆。上六阴爻，相辅车舆之边，为车箱，为辅，在口通酺。

《虞书·大禹谟》曰：“惟口出好兴戎，朕言不再。”孔氏传：“好，谓赏善；戎，谓伐恶。言口荣辱之主，虑而宣之，成于一也。”《上雅·正月》云：“好言自口，莠言自口。”郑笺：“善言从女口出，恶言亦从女口出，一耳。善也恶也，同出其中。”朱骏声《说文通训定声》曰：“口，人所以言食也。象形。《易》：兑为口。《晋语》：且夫口，三、五之门也。注：所以纪三辰、宣五行也。《春秋元命苞》：口之为言，达也。又口者，脾之门户。《鬼谷子·捭阖》：口者，心之门户。《白虎通·情性》：口者，心之候。《鬼谷·权篇》：故口者机关也，所以开闭情意也。”马融曰：“辅颊舌者，言语之具。”咸其辅颊舌者，即咸其口，亦感其言语之谓。九五《象》曰：“咸其脢，志末也。”咸其脢谓感其心，感其心之意，在感其上六之口。九五阳实中孚，以中心实意相感，故而感动上六之口，其言真善。六在兑上，兑为口舌；又，兑为羊，为善美：为口吐善美之言。

《象》曰：“咸其辅颊舌，滕口说也。”《说文》：“滕，水超涌也。从水，朕声。”桂馥义证：“水超涌者，本书：涌，滕也。《玉篇》：《诗》曰：百川沸滕，水上涌也。或通作腾。”《经典释文》曰：“口说，如字；徐音脱；又，始锐反。”按，滕口说也，犹俗谓脱口出者，言发自内心。《说卦传》曰：“兑为口。”上在兑口，口为心役，九五感于心，上六则脱口说出。《系辞传》曰：“将叛者，其辞惭；中心疑者，其辞枝；吉人之辞寡；躁人之辞多；诬善之人，其辞游；失其守者，其辞屈。”又，“子曰：君子居其室，出其言善，则千里之外应之，况其迩者乎？居其室，出其言不善，则千里之外违之，况其迩者乎？”言为心声，上六咸其辅颊舌，滕口说之言，乃为真言善言，千里之外应之，况其迩者。《象》曰：“圣人感人心，而天下和平。”盖亦心真言善之故。

第三十二卦　癸　巳

☳☴ 震上 巽下

恒，亨，无咎，利贞，利有攸往。

〔译〕　恒，亨通，无灾，利于正道，利于有所前往。

《彖》曰：“恒，久也。刚上而柔下，雷风相与，巽而动，刚柔皆应，恒。恒，亨，无咎，利贞，久于其道也。天地之道恒，久而不已也。利有攸往，终则有始也。日月得天，而能久照；四时变化，而能久成；圣人久于其道，而天下化成。观其所恒，而天地万物之情可见矣。”

《象》曰：“雷风，恒，君子以立不易方。”

〔证〕

巽下震上　《月令·孟冬之月》云：“是月也，天子始裘，命有司曰：天气上腾，地气下降，天地不通，闭塞而成冬。”《正义》曰：“若以《易》卦言之，七月三阳在上，则天气上腾；三阴在下，则地气下降也。今十月乃云天气上腾，地气下降者，《易》含万象，言非一概；周流六虚，事无定体。若以爻象言之，则七月为天气上腾，地气下降。若气应言之，则从五月地气上腾，至十月地气六阴俱升；天气六阳并谢，天体在上，阳归于虚无，故云上腾；地气六阴用事，地体在下，阴气下连于地，故云地气下降。各取其义，不相妨也。”《系辞传》曰：“日往则月来，月往则日来，日月相推，而明生焉。寒往则暑来，暑往则寒来，寒暑相推，而岁成焉。”日月寒暑，皆谓阴阳。阴阳相推：或天气上腾，地气下降；或地气上腾，天气下降。恒卦，巽下震上。二之四为乾，往上；上阴来下，为坤。是天气上腾，地气下降。然后，天气下降，地气上腾，终而复始，运行不已，为恒。

《月令·孟春之月》云：“是月也，天气下降，地气上腾，天地和同，草木萌动。”《正义》曰：“天气下降者，天地之气谓之阴阳。一年之中，或升或降，故圣人作象，各分为六爻，以象十二月。阳气之升，从十一月为始。阳气渐生，阴气渐下，至四月六阳皆升，六阴皆伏。至五月，一阴初长。阴气渐升，阳气渐伏。至十月，六阴尽升，六阳尽伏。然则，天气下降，地气上腾，五月至十月也；地气下降，天气上腾，十一月至四月也。今正月，云天气下降，地气上腾者，阳气五月之时，为阴从下起，上向排阳气，第六阳气上极，反退至十月之时，六阳退尽，皆伏于下。至十一月，阳之一爻，始动地中。至十二月，阳渐升，阳尚微，未能生物之极。正月三阳既上，成为乾，乾体在下。

三阴为坤，坤体在上。乾为天，坤为地。今天居地下，故云天气下降；地在天上，故云地气上腾。是阳气五月初降，至正月为天体，而在地下也。十一月，一阳初生，而上排阴。阴之上六渐退，反归于下。至四月，阴爻伏尽，六阳在上。五月一阴生，六月二阴生，阴气尚微，成物未具。七月三阴生，而成坤体。坤体在下；三阳为乾，而体在上。则是地气在下，天气在上。故正月为泰，泰，通也，天地交通。七月为否，否，塞也，言天地隔塞。所以十月云：地气下降，天气上腾者，以十月之时，纯阴用事，地体凝冻，寒气逼物，地又在下，故云地气下降。于时六阳从上退尽，无复用事，天体在上，不近于物，似若阳归于天，故云天气上腾。其实，十月天气反归地下，若审察于此，不足可疑。”以上阴阳推移，恒以一德。

按，伏羲八卦，西南得朋，是为阴生，为巽；东北丧朋，是为阳生，为震。巽下震上，阴阳相生之卦，故为恒卦。一年十二月卦，周而复始。十一月，震下坤上，一阳生，为复卦。《史记·律书》曰：“其于十二子为子。子者，滋也；滋者，言万物滋于下也。”十二月，兑下坤上，二阳生，为临卦。《律书》曰：“其于十二子为丑。丑者，纽也。言阳气在上未降，万物厄纽，未敢出也。”正月，乾下坤上，三阳生，为泰卦。《律书》曰：“其于十二子为寅。寅，言万物始生螾然也，故曰寅。”《索隐》：“螾，音引。”二月，乾下震上，四阳生，为大壮卦。《律书》曰：“其于十二子为卯。卯之为言茂也，言万物茂也。”三月，乾下兑上，五阳生，为夬卦。《律书》曰：“其于十二子为辰。辰者，言万物之蜄也。”《索隐》：“蜄，音振。”四月，乾下乾上，六阳生，为乾卦。《律书》曰：“其于十二子月为巳。巳者，言阳气之已尽也。”以上，十一月至四月，为阳气用事之月。《易》卦《彖》曰：“大过，大者过也。”即谓阳过之月。

阳极阴生。五月，巽下乾上，一阴生，为姤卦。《律书》曰：“其于十二子为午。午者，阴阳交，故曰午。”午，阴午逆阳而生。六月，艮下乾上，二阴生，为遁卦。《律书》曰：“其于十二子为未。未者，言万物皆成，有滋味也。”《说文》：“未，五行木老于未，象木重枝叶也。凡未之属，皆从未。”七月，坤下乾上，三阴生，为否卦。《律书》曰：“其于十二子为申。申者，言阴用事，申贼万物，故曰申。”《集解》：“徐广曰：贼，一作则。”《索隐》：“《律历志》：物坚于申也。”八月，坤下巽上，四阴生，为观卦。《律书》曰：“其于十二子为酉。酉者，万物之老也，故曰酉。”《说文》：“酉，就也。八月黍成，可为酎酒。”九月，坤下艮上，五阴生，为剥卦。《律书》曰：“其于十二子为戌。戌者，言万物尽灭，故曰戌。”《索隐》：“《律历志》：毕入于戌也。”十月，坤下坤上，六阴生，为坤卦。《律书》曰：“其于十二子为亥。亥者，该者也。言阳气藏于下，故该也。”《索隐》：“按《律历志》云：该阂于亥。”《正义》：“孟康云：阂，藏塞也。阴杂阳气藏塞，为万物作种也。”以上，五月至十月，为阴用事之月。《易》卦《彖》曰：“小过，小者过而亨也。”即谓阴过之月。至十一月，一阳又生；至五月，一阴又生。是阴阳消息，终而复始，年复一年，为恒。《彖》曰：“恒，久也，刚上而柔下。”即谓上震，为阳刚升上；下巽，为阴柔来下。阳气升上为十一月，阴气来下为五月，是刚上柔下，为阴阳推移，恒久不已之象。

《说卦传》曰：“雷风相薄。”“雷以动之，风以散之。”“万物出乎震，齐乎巽。”“动万物者，莫疾乎雷；挠万物者，莫疾乎风。”“雷风不相悖。”孙星衍《周易集解》：“雷风相薄，谓震、巽同声相应，故相薄。雷以动之，荀爽曰：谓建卯之月，震卦用事，天地和合，万物萌动也。风以散之，谓建巳之月，万物上达，布散田野。万物出利震，齐乎巽，郑康成曰：雷发声以生之也，风摇动以齐之也。动万物者，莫疾乎雷，崔憬曰：谓春分之时，雷动则草木滋生，蛰虫发起，所动万物，莫疾于此也。挠万物者，莫疾乎风，言风能鼓挠万物，春则发散草木枝叶；秋则摧残草木枝条，莫疾于风者也。雷风不相悖，孔颖达曰：上言雷风相薄，此言不相悖者，二象俱动，若相薄而相悖逆，则相伤害，亦无成物之功，明虽相薄，而不相逆者也。”恒卦，巽下震上。巽为风，震为雷，故《象》曰：“雷风相与。”《口诀义》引褚氏云：“雷资风而益远，风假雷而增威。”按，雷震物，风发物，雷风相与，万物应时生长成熟，此乃自然不易之恒理。

六十四卦中，凡巽在下者，皆有顺义。蛊卦，巽下艮上。《彖》曰：“刚上而柔下，巽而止，而天下治也。”《象》曰：“山下有风，蛊，君子以振民育德。”振民育德，亦使民顺而天下治。大过卦，巽下兑上。《彖》曰：“巽而说行。”《象》曰：“泽灭木，大过，君子以独立不惧，遁世无闷。”闷，懑。无闷，无烦，犹谓顺受。姤卦，巽下乾上。《彖》曰：“姤，遇也，柔遇刚也。”《象》曰：“天下有风，姤，后以施命诰四方。”谓诏诰下方，使之顺命。升卦，巽下坤上。《彖》曰：“柔以时升，巽而顺。”《象》曰：“地中生木，升，君子以顺德，积小以高大。”井卦，巽下坎上。《彖》曰：“巽乎水而上水，井，井养而不穷也。”谓其井逊顺于水，而上水，故而井养不穷。《象》曰：“木上有水，井，君子以劳民劝相。”谓君子效井水之施，劳徕其民，使其相顺于下。鼎卦，巽下离上。《彖》曰：“圣人亨以享上帝。”是巽为敬顺。《象》曰：“木上有火，鼎，君子以正位凝命。”朱熹曰：“传所谓协于上下，以承天休者也。”以承天休，即顺承天赐。巽卦，巽下巽上。《彖》曰：“重巽以申命，刚巽乎中正而志行，柔皆顺乎刚。”程氏传：“为卦，一阴在二阳之下，巽顺于阳，所以为巽也。重巽者，上下皆巽也。上顺道以出命，下奉命而顺从。”《象》曰：“随风，巽，君子以申命行事。”荀爽曰：“法教百端，令行为上，贵必从，故曰行事也。”贵必从，谓居小位者，贵在顺从。

恒卦，巽下震上。《彖》曰："巽而动。"巽为顺，震为动，为顺以动。程氏传："巽而动：下巽顺，上震动，为以巽而动。天地造化，恒久不已者，顺动而已。巽而动，常久之道也。动而不顺，岂能常也？"豫卦《彖》曰："顺以动，故天地如之，而况建侯行师乎？天地以顺动，故日月不过，而四时不忒。圣人以顺动，则刑罚清，而民服。"复卦《彖》曰："动而以顺行，是以出入无疾，朋来无咎，反复其道，七日来复，天行也。"顺动犹顺行，即天行。天行为道，道则久而不已，是为恒。又，《系辞传》曰："神农氏没，黄帝尧舜氏作。通其变，使民不倦。神而化之，使民宜之。《易》穷则变，变则通，通则久。"陆绩曰："阴穷则变为阳，阳穷则变为阴，天之道也。穷则变，变乃通，与天地始终，故可久。"韩康伯注："通变则无穷，故可久也。"是巽而动，谓顺天地阴阳变动而动，唯变动而通，通可久，久而不已为恒。

《易乾凿度》曰："物有始，有壮，有究，故三画而成乾，乾坤相并俱生。物有阴阳，因而重之，故六画而成卦。卦者，挂也，挂万物，视而见之。故三画已下为地，四画已上为天。物感以动，类相应也。阳气从下生，动于地之下，则应于天之下；动于地之中，则应于天之中；动于地之上，则应以天之上。故初以四，二以五，三以上，此谓之应。阳动而进，阴动而退。"郑注："夫阳，则言乾成者；阴则坤成可知矣。阴阳，刚柔之与仁义也。《易》本无形，自微及著。故气从下生，以下爻为始也。天气下降以感地，故地气升动而应天也。"恒卦，巽下震上。初六阴，与九四阳应；九二阳，与六五阴应；九三阳，与上六阴应。阳为刚，阴为柔。刚以应柔，柔以应刚，刚柔相应相济，故《彖》曰："刚柔皆应，恒。"《系辞传》曰："子曰：乾坤其《易》之门邪！乾，阳物也；坤，阴物也。阴阳合德，而刚柔有体，以体天地之撰，以通神明之德。"刚柔相应，阴阳合德，体天地之撰，通神明之德，故可久恒。

《说卦传》曰："乾，天也，故称乎父。坤，地也，故称乎母。震一索而得男，故谓之长男。巽一索而得女，故谓之长女。坎再索而得男，故谓之中男。离再索而得女，故谓之中女。艮三索而得男，故谓之少男。兑三索而得女，故谓之少女。"孔颖达曰："索，求也，以乾坤为父母，而求其子也。得父气者为男，得母气者为女。坤初求得乾气为震，故曰长男。坤二得乾气为坎，故曰中男。坤三得乾气为艮，故曰少男。乾初得坤气为巽，故曰长女。乾二得坤气为离，故曰中女。乾三得坤气为兑，故曰少女。此言所以生六子者也。"恒卦，巽下震上。初六为长女，九四为长男，为妇在内，夫在外。九二、九三在内，为未娶之中男、少男；六五、上六在外，为未嫁之中女、少女。女在上，男在下，为男下女。《序卦传》曰："有天地，然后有万物；有万物，然后有男女；有男女，然后有夫妇；有夫妇，然后有父子；有父子，然后有君臣；有君臣，然后有上下；有上下，然后礼义有所错。夫妇之道，不可以不久也，故受之以恒。”恒卦，乾为天，坤为地，有乾坤天地之道；阳为男，阴为女，有男女夫妇之道；五为君，二为臣，有君臣上下之道，道则久，故为恒。

又，恒卦初之三为巽，二之四为乾，巽下乾上，为姤卦。《彖》曰：“姤，遇也，柔遇刚也。天地相遇，品物咸章也。刚遇中正，天下大行也。”阴来遇阳，以成万物，为天地之道；天下大行，亦久行不已，为恒。二之四为乾，三之五为兑，乾下兑上，为夬卦。《彖》曰：“夬，决也，刚决柔也。健而说，决而和。利有攸往，刚长乃终也。”阳刚决阴柔而下，则阳往上，阴往下，得天地、阴阳、夫妇、父子、君臣、上下之和。《说文》：“和，相应也。”决而和，谓刚决柔下，则阴阳相应。阴阳相应则可久，为恒。刚长乃终，终而又始，阴阳迭运，无有穷尽，为恒。又，三之五为兑，四之上为震，兑下震上，为归妹卦。《彖》曰：“归妹，天地之大义也。天地不交，而万物不兴。归妹，人之终始也。”《系辞传》曰：“天地絪缊，万物化醇；男女构精，万物化生。”此即谓阴阳交，万物兴；男女交，子孙衍，亦恒之义。

恒　《尔雅·释诂》：“恒，常也。”郝懿行疏：“常，《说文》以为裳本字，经典借为久长字。盖寻常俱度长之名，因训为长。故《方言》云：凡物长谓之寻。是寻亦训长，常与长音义同。故《诗·文王》笺：长，犹常也。”《广雅·释诂》：“恒、长，久也。”《说文》：“恒，常也。从心，从舟，在二之间上下，心以舟施恒也。𠄨，古文恒从月。《诗》曰：如月之恒。”段玉裁《说文解字注》：“常，当作长。古长久字，只作长。浅人稍稍分别，乃或借下裳之常为之。故至《集韵》，乃有一曰久也之训，而《篇》、《韵》皆无之，此俗字之不可不正者也。时之长，与尺寸之长，非有二义。”又曰，“上下，犹往复也。谓往复遥远，而心以舟运旋，历久不变，恒之意也。”桂馥《说文解字义证》：“施，当为旋。本书：般，象舟之旋；服，所以舟旋。”朱骏声《说文通训定声》：“恒常之常，乃长之假借字。长，亦久也。汉人避文帝讳恒，故恒山亦名常山，田恒亦名田常，《禹贡》恒卫，《洪范》恒雨、恒旸，《诗》无恒安息；《史记》、《汉书》皆作常，实皆长字。”

《观堂集林》卷九，王国维释《王恒》云：“案，许君既云古文恒从月，复引《诗》以释从月之意；而今本古文乃作𠄨，从二从古文外，盖传写之讹字，当作亙。案古从月之字，后或变而从舟。以此例之，亙，本当作互。曶（舀）鼎有恒字，从心从亙，与篆文之恆，从亙者同，即恆之初字。可知亙、亙一字。”又释《王亥》云：“然观殷人之名，即不用日辰者，亦取于时为多。自契以下，若昭明，若昌若，若冥，皆含朝莫明晦之意。而王恒之名，亦取象于月弦。是以时为名或号者，乃殷俗也。”

商承祚《说文中之古文考》曰："（甲骨文、金文）恒，皆从月。既云古文从月，又引《诗》释之，则原本作亙，从外为传讹。"又，《睡虎地秦简·法》（五二）："以钱若金赏，毋恒数。"《秦律》（一二二）："恒作官府以负债。"《老子》（甲后二九五）："恒。"《天文杂占》（二·一二）："恒。"按，恒字，自金文以下才有，心为后加字，意为有恒心，且以恒代亙。上古只作亙，从月，从二。二为天地，月在其中运行不已，为亙。《彖》曰："日月得天而能久照，四时变化而能久成，圣人久于其道，而天下化成。观其所恒，而天地万物之情可见矣。"月得日有光，是以月该日；月积为时，是以月该四时。日月照天，犹圣人化成天下。是以观亙之象，万物之情可见。恒卦，巽下震上。初之五为坎象，坎为月，上为天，月照天下，为亙字之象，是以卦名恒即亙。《正字通》："亙，《诗》：如月之亙。"是亙为古会意字，于《诗》于《易》皆通。

《商书·汤诰》："若有恒性，克绥厥猷惟后。"孔氏传："顺人有常之性，能安立其道教，则惟为君之道。"《周书·梓材》："王曰：汝若恒。越曰，我有师师。"孔氏传："汝惟君道，使顺常。于是曰，我有典常之师，可师法。"《洛诰》："王若曰：公，明保予冲子。奉答天命，和恒四方民，居师。"孔传："成王顺周公意，请留之自辅。言公当明安我童子，不可去之。又当奉当天命，以和常四方之民，居处其众。"和恒四方，为人君之道。《毕命》："政贵有恒，辞尚体要，不惟好异。"孔传："政以仁义为常，辞以理实为要，故贵尚之。若异于先王，君子所不好。"《老子》云："知常曰明；不知常，妄作，凶。知常容，容乃公，公乃王，王乃天，天乃道，道乃久，没身不殆。"河上公章句："德与天通，则与道合同也。与道合同，乃能长久。"常、长与恒通，《老子》所云，即天地之道，恒久而不已之义。

亨　《周易》六十四卦，言亨者凡四十卦，其中三十八卦在卦辞。《文言》曰："亨者，嘉之会也。"乾卦，乾下乾上。卦辞曰："乾，元亨利贞。"《彖》曰："大哉乾元，万物资始乃统天。云行雨施，品物流形。大明终始，六位时成；时乘六龙以御天。乾道变化，各正性命；保合太和，乃利贞。首出庶物，万国咸宁。"乾为嘉之会，故亨。坤卦，坤下坤上。卦辞曰："坤，元亨，利牝马之贞。"《彖》曰："至哉坤元，万物资生，乃顺承天。坤厚载物，德合无疆。含弘光大，品物咸亨。牝马地类，行地无疆。柔顺利贞，君子攸行。先迷失道，后顺得常。西南得朋，东北丧朋，乃终有庆。安贞之吉，应地无疆。"坤为嘉之会，故亨。泰卦，乾下坤上。卦辞曰："泰，小往大来，吉亨。"《彖》曰："泰，小往大来，吉亨，则是天地交，而万物通也；上下交，而其志同也。内阳而外阴，内健而外顺；内君子，而外小人。君子道长，小人道消也。"泰为嘉之会，故亨。谦卦，艮下坤上。卦辞曰："谦，亨，君子有终。"《彖》曰："谦亨，天道下济而光明；

地道卑而上行。天道亏盈而益谦，地道变盈而流谦；鬼神害盈而福谦，人道恶盈而好谦。谦尊而光，卑而不可逾，君子之终也。”谦为嘉之会，故亨。离卦，离下离上，卦辞曰：“离，利正，亨。”《彖》曰：“离，丽也。日月丽乎天，百谷草木丽乎土；重明以丽乎正，乃化成天下；柔丽乎中正，故亨。”离为嘉之会，故亨。震卦，震下震上。卦辞曰：“震，亨。”《彖》曰：“震，亨。震来虩虩，恐致福也。笑言哑哑，后有则也。震惊百里，惊远而惧迩也。出可以守宗庙社稷，以为祭主也。”震为嘉之会，故亨。

又，利阳为亨。屯卦，震下坎上。卦辞曰：“屯，元亨利贞。”《彖》曰：“刚柔始交，动乎险中，大亨贞。”阳气生动为亨。蒙卦，坎下艮上。卦辞曰：“蒙，亨。”《彖》曰：“蒙亨，以亨行时中也。”九二阳行时中，为亨。需卦，乾下坎上。卦辞曰：“需，有孚，光亨。”《彖》曰：“需，有孚，光亨，贞吉，位乎天位，以正中也。”九五天位，阳得中正，为亨。小畜卦，乾下巽上。卦辞曰：“小畜，亨。”彖曰：“健而巽，刚中而志行，乃亨。”阳健而得中，为亨。履卦，兑下乾上。卦辞曰：“履，亨。”《彖》曰：“亨，刚中也。”二、五阳中，为亨。同人卦，离下乾上。卦辞曰：“同人于野亨。”《彖》曰：“同人于野亨，乾行也。”乾行，即阳行，为亨。大有卦，乾下离上。卦辞曰：大有，元亨。《彖》曰：“其德刚健而文明，应乎天而时行，是以元亨。”乾阳刚健时行，为亨。随卦，震下兑上。卦辞曰：“随，元亨。”《彖》曰：“随，刚来而下柔，动而说，随，大亨贞。”刚来即阳息，为亨。蛊卦，巽下艮上。卦辞曰：“蛊，元亨。”《彖》曰：“蛊，元亨，而天下治也。”阳行而天下治，为亨。临卦，兑下坤上。卦辞曰：“临，元亨利贞。”《彖》曰：“临，刚浸而长，说而顺，刚中而应，大亨以正，天之道也。”九二阳得中，为亨。噬嗑卦，震下离上。卦辞曰：“噬嗑，亨。”《彖》曰：“噬嗑而亨，刚柔分，动而明，雷电合而章。”阳动而章，为亨。贲卦，离下艮上。卦辞曰：“贲，亨。”《彖》曰：“贲，亨。柔来而文刚，故亨。”阳得阴济，为亨。复卦，震下坤上。卦辞曰：“复，亨。”《彖》曰：“复，亨，刚反。”阳反为亨。无妄卦，震下乾上。卦辞曰：“无妄，元亨。”《彖》曰：“刚中而应，大亨以正。”九五阳刚中正，为亨。大过卦，巽下兑上。卦辞曰：“大过，亨。”《彖》曰：“刚过而中，乃亨。”阳过而中，为亨。习坎卦，坎下坎上。卦辞曰：“习坎，维心亨。”《彖》曰：“维心亨，乃以刚中也。”阳居中心，为亨。遁卦，艮下乾上。卦辞曰：“遁，亨。”《彖》曰：“遁亨，遁而亨也，刚当位而应，与时行也。”九五阳，当中正之位而应，为亨。萃卦，坤下兑上。卦辞曰：“萃，亨，王假有庙，利见大人亨。”《彖》曰：“刚中而应，故聚也，王假有庙，致孝亨也。利见大人亨，聚以正也。”九五阳刚中正，故聚众致孝为亨，利见大人为亨。升卦，巽下坤上。卦辞曰：“升，元亨。”《彖》曰：“刚中而应，是以大亨。”九二阳中为亨。困卦，坎下兑上。卦辞曰：“困，亨，贞。”《彖》曰：“困而不失其所亨，其唯君子贞，以刚中也。”二、五阳刚中正，为亨。革卦，离下兑上。卦辞曰：“革，元亨。”《彖》曰：“大亨以正，革而当。”阳以正当位，为亨。鼎卦，巽下离上。卦辞曰：“鼎，元亨。”《彖》曰：“柔进而上行，得中而应乎刚，是以元亨。”阴应乎阳，为亨。丰卦，离下震上。卦辞曰：“丰，亨。”《彖》曰：“勿忧，宜日中，宜照天下也。”日中即阳中，为亨。兑卦，兑下兑上。卦辞曰：“兑，亨。”《彖》曰：“刚中而柔外。”阳得中为亨。涣卦，坎下巽上。卦辞曰：“涣，亨。”《彖》曰：“涣，亨，刚来而不穷，王乃在中也。”二、五阳中，为亨。节卦，兑下坎上。卦辞曰：“节，亨。”《彖》曰：“节，亨，刚柔分，而刚得中。”阴阳分，阳得中，为亨。小过卦，艮下震上。卦辞曰：“小过，亨。”《彖》曰：“小过，小者过而亨也。”阴过阳来，为亨。利于阳，则万物生，万事顺，亦嘉之会，为亨。

咸卦，艮下兑上。卦辞曰：“咸，亨。”《彖》曰：“柔上而刚下，二气感应以相与，止而说，男下女，是以亨。”初应四，二应五，三应上，阴阳相应，为亨。恒卦，巽下震上。卦辞曰：“恒，亨。”《彖》曰：“刚上而柔下，雷风相与，巽而动，刚柔皆应，恒；恒，亨。”初与四应，二与五应，三与上应，阴阳皆应，为亨。咸卦与恒卦，六爻皆应，为嘉之会，为亨。又，旅卦，艮下离上。卦辞曰：“旅，小亨。”《彖》曰：“柔得中乎外，而顺乎刚，止而丽乎明，是以小亨。”六五，阴得上卦之中，而顺于上九之阳，为小亨。巽卦，巽下巽上。卦辞曰：“巽，小亨。”《彖》曰：“刚巽乎中正而志行，柔皆顺乎刚，是以小亨。”柔进而顺乎刚，为小亨。既济卦，离下坎上。卦辞曰：“既济，亨。”《彖》曰：“亨，小者亨也。利贞，刚柔正而位当也。”离为日，坎为月，离下坎上，日下月上。月为阴为小，日为阳为大。月当中天，利贞，为小者亨。是阴用事而顺阳，为小亨，亦可谓嘉之会。

无咎　《老子》曰：“致虚极，守静笃。万物并作，吾以观复。夫物芸芸，各复归其根。归根曰静，是曰复命。复命曰常，知常曰明。不知常，妄作，凶。”任继愈《老子今译》：“尽量使心灵虚极，坚守清静。万物都生长发展，我因而考察它的往复循环。事物尽管复杂纷纭，最后又各自回到它的老根。回到老根叫做静，这叫做复命。复命叫做常，认识常叫做明。不认识常，而轻举妄动，其结果必凶。”又注：“古代唯物主义的哲学家，都主张在认识过程中，尽量抛弃主观成见，冷静地观察事物。《荀子·解蔽篇》，虚一而静的道理，与本章的致虚极，守静笃，互相参看。”高明《帛书老子校注》：“这是在致虚极，守静笃的前提下，从万物并作中，观察到宇宙间，循环往复之自然规律，从而体会到，作为一定运动形态之物，虽纷然杂陈，但最终仍然是，无一不复归于其根，即复归于创造宇宙本体的道。”《老子》谓道为常，知常无凶。《周易》谓道为恒，知恒无灾。《象》曰："恒，亨，无咎，利贞，久于其道也。"即是恒久其道，则亨通无咎。《说文》曰："咎，灾也。从人各。各者，相违也。"恒卦，六爻阴阳应合，各不相违，是以无咎。

利贞　《彖》曰："日月得天，而能久照；四时变化，而能久成；圣人久于其道，而天下化成。观其所恒，而天地万物之情可见矣。"程氏传："此极言常理。日月，阴阳之精气耳。唯其顺天之道，往来盈缩，故能久照而不已。得天，顺天理也。四时，阴阳之气耳。往来变化，生成万物，亦以得天，故常久不已。圣人以常久之道，行之有常，而天下化之，以成美俗也。观其所恒，谓观日月之久照，四时之久成，圣人之道，所以能常久之理。观此，则天地万物之情理，可见矣。天下常久之道，天下常久之理，非知道者，熟能识之？"朱熹曰："恒固能亨，且无咎矣。然必利于正，乃为久于其道；不正，则久非其道矣。天地之道，所以长久，亦以正而矣。"此谓恒久之道，利正之道。唯其有恒久自然之道，故日月、四时、圣人各得其正，故谓恒能利正。

郑康成曰："恒，久也。巽为风，震为雷，雷风相须而养物，犹长女承长男，夫妇同心而成家，久长之道也。夫妇以嘉会，礼通故无咎。其能和顺干事，所行而善矣。"所行而善，意谓利正。荀爽曰："长男在上，长女在下，夫妇道正，故利贞，久于其道也。"王弼注："道得所久，则常通无咎，而利贞也。"是得道，则得恒，则利正。《老子》曰："昔之得一者：天得一以清，地得一以宁，神得一以灵，谷得一以盈，万物得一以生，侯王得一，以为天下贞。"又曰，"道生一。"是得一亦得道，其道一以贯之，谓之恒。朱谦之《老子校释》案："《易系辞》曰：天下之动，贞夫一者也。又曰：言致其一也。《老子》此章，言侯王得一，以为天下贞也；傅、范及《释文》下，有其致之一也，与《易》义均合。"《老子》所谓得一以清、以宁、以灵、以盈、以生、以贞，皆谓恒其道，则可以利天地万物之正，即利贞。恒卦，阴向下来，阳往上去，利正之象。

利有攸往　《彖》曰："利有攸往，终则有始也。"按，此本泰卦，乾下坤上；阴极来下，成恒卦，巽下震上；再阴极来下，成咸卦，艮下兑上；再阴极来下，成否卦，坤下乾上；再阳极来下，成益卦，震下巽上；再阳极来下，成损卦，兑下艮上；再阳极来下，成泰卦，乾下坤上；再阴极来下，成恒卦，巽下震上。如此阴阳推移，终则又始，恒而不变，为利有攸往。《系辞传》曰："往者屈也，来者信也，屈信相感，而利生焉。尺蠖之屈，以求信也；龙蛇之蛰，以存身也；精义入神，以致用也；利用安身，以崇德也。过此以往，未之或知也。穷神知化，德之盛也。"侯果曰："夫精义入神，利用崇德，亦一致之道极矣。过斯以往，则未之能知也。若穷于神理，通于变化，则德之盛者能矣。"德，亦得，合于道，才有所得。恒，为阴阳屈伸、推移变化之道，必合有得，故曰利有攸往。

《老子》曰："执大象，天下往，往而不害，安平泰。道之出口，淡乎其无味，视之不足见，听之不足闻，用之不足既。"既，犹尽。范应元注："道不可执，此言执者，谓守道者，如手之执物，不可失也。道本无象，此言象者，以万象皆由是而兆见，故曰大象也。圣人能执道不失，则天下皆心往，而诚归之。"执大象，谓守道以恒，如此则天下归往，以适其道，而平安无害，故曰利有攸往。荀爽曰："谓乾气下终，始复升上居四也；坤气上终，始复降下居初者也。"谓乾坤终则有始，利有攸往。王弼注："各得所恒，修其常道，终则有始，往而无违，故利有攸往也。"又曰，"得其常道，故终则复始，往无穷也。"程氏传："夫所谓恒，谓可恒久之道，非守一隅而不知变也，故利于有往。唯其有往，故能恒也；一定则不能常矣。又常久之道，何往不利？"又曰，"天下之理，未有不动而能恒者也。动则终而复始，所以恒而不穷。凡天地所生之物，虽山岳之坚厚，未有能不变者也。故恒非一定之谓也；一定，则不能恒矣。唯随时变易，乃常道也，故云利有攸往。明理之如是，惧人之泥于常也。"

《象》曰："雷风，恒，君子以立不易方。"《说文》曰："雷，阴阳薄动，雷雨生物者也。"《月令·仲春之月》："是月也，日夜分，雷乃发声，始电，蛰虫咸动，启户始出。"《正义》曰："雷乃发声者，雷是阳气之声，将上与阴相冲，蔡邕云：季冬，雷在地下，则雉应而雊；孟春，动于地之上，则蛰虫应而振出；至此，升而动于天之下，其声发扬也。以雷出有渐，故言乃云始。电者，电是阳光。阳微则光不见；此月阳气渐盛，以击于阴，其光乃见，故云始电。蛰虫咸动，启户始出者，户谓穴也，谓发所蛰之穴。蛰虫早者，孟春乃出，则《左传》启蛰而郊是也。蛰虫晚者，则二月始出，故此云蛰虫咸动，则正月未皆动。"经曰："是月也，耕者少舍，乃修阖扇，寝庙毕备。毋作大事，以妨农之事。"郑氏注："舍，犹止也。因蛰虫启户，耕事少闲，而治门户也。用木曰阖，用竹苇曰扇。毕，犹皆也。凡庙前曰庙，庙后曰寝。大事，兵役之属。"经又曰："是月也，毋竭川泽，毋漉陂池，毋焚山林。"郑氏注："顺阳养物也。"

《月令·仲秋之月》："是月也，日夜分，雷始收声，蛰虫坏户，杀气浸盛，阳气日衰，水始涸。日夜分，则同度量，平权衡，正钧石，角斗甬。是月也，易关市，来商旅，纳货贿，以便民事。四方来集，远乡皆至，则财不匮，上无乏用，百事乃遂。凡举大事，毋逆大数，必顺其时，慎因其类。"郑氏注："雷始收声，在地中动，内物也。易关市，谓轻其税，使民利之。商旅，贾客也。匮，亦乏也。遂，犹成也。事，谓兴土功，合诸侯，举兵聚众也。季夏禁之，孟秋始征伐。此月筑城郭，季秋教田猎。是以于中为之戒焉。”二月雷发声，为阳气盛；八月雷收声，为阴气盛。故必无逆天之大数，顺其阴阳之时，谨慎因其事类，不烦乱妄为，是以君子以立不易之方，为恒。又，《洪范论》：“阳用事，百八十三日而终；阴用事，百八十三日而终。雷出地，百八十三日而入地；入地，百八十三日而复出地。是其常经也。”是其常经，谓是其常久恒道。《论衡·雷虚》云：“雷者，太阳之激气也。何以明之？正月阳动，故正月始雷；五月阳盛，故五月雷迅；秋阳衰，故秋冬雷潜。”如是，万物随雷，消长不息，周而复始，为恒；君子顺时而动，为立不易方。

《史记·律书》：“不周风居西北，主杀生。十月也，律中应钟。应钟者，阳气之应，不用事也。其于十二子为亥。亥者，该也。言阳气藏于下，故该也。广莫风居北方。广莫者，言阳气在下，阴莫阳广大也，故曰广莫。十一月也，律中黄钟。黄钟者，阳气踵黄泉而出也。其于十二子为子。子者，滋也。滋者，言万物滋于下也。十二月也，律中大吕。大吕者，其于十二子为丑。丑者，纽也。言阳气在上未降，万物厄纽，未敢出也。条风居东北，主出万物。条之言条治万物而出之，故曰条风。正月也，律中泰蔟。泰蔟者，言万物蔟生也，故曰泰蔟。其于十二子为寅。寅言万物始生螾然也，故曰寅。明庶风居东方。明庶者，明众物尽出也。二月也，律中夹钟。夹钟者，言阴阳相夹厕也。其于十二子为卯。卯之为言物茂也。三月也，律中姑洗。姑洗者，言万物洗生。其于十二子为辰。辰者，言万物之蜄也。清明风居东南维，主风吹万物而西之。四月也，律中中吕。中吕者，言万物尽旅，而西行也。其于十二子为巳。巳者，言阳气之已尽也。五月也，律中蕤宾。蕤宾者，言阴气幼少，故曰蕤；痿阳不用事，故曰宾。景风居南方。景者，言阳气道竟，故曰景风。其于十二子为午。午者，阴阳交，故曰午。凉风居西南维，主地。地者，沈夺万物气也。六月也，律中林钟。林钟者，言万物就死，气林林然。其于十二子为未。未者，言万物皆成，有滋味也。七月也，律中夷则。夷则，言阴气之贼万物也。其于十二子为申。申者，言阴用事。申贼万物，故曰申。八月也，律中南吕。南吕者，言阳气之旅入藏也。其于十二子为酉。酉者，万物之老也，故曰酉。阊阖风居西方。阊者，倡也；阖者，藏也。言阳气道万物，阖黄泉也。九月也，律中无射。无射者，阴气盛用事，阳气无余也，故曰无射。其于十二子为戌。戌者，言万物尽灭，故曰戌。”《正义》：“无射，音亦。《白虎通》云：射，终也。言万物随阳而终，当复随阴而起，无有终已。”八风，随阴阳消息，依次更迭而至，终而又始，其风不已，为久为恒。

《白虎通·八风》曰：“风者，何谓也？风之为言萌也。养物成功，所以象八卦。阳立于五，极于九。五九四十五日变，变以为风，阴合阳以生风也。距冬至四十五日，条风至。条者，生也。四十五日明庶风至，明庶者，迎众也。四十五日清明风至。清明者，青芒也。四十五日景风至。景者，大也，言阳气长养也。四十五日凉风至。凉，寒也，阴气行也。四十五日昌盍风至，昌盍者，戒收藏也。四十五日不周风至。不周者，不交也，言阴阳未合化也。四十五日广莫风至。广莫者，大莫也，开阳气也。故曰条风至地暖，明庶风至万物产，清明风至物形干，景风至棘造实，凉风至黍禾干，昌盍风至生荠麦，不周风至蛰虫匿，广莫风至则万物伏。是以王者承顺之：条风至，则出轻刑，解稽留；明庶风至，则修封疆，理田畴；清明风至，出币帛，使诸侯；景风至，则爵有德，封有功；凉风至，则报土功，祀四乡；昌盍风至，则申象刑，饰囷仓；不周风至，则筑宫室，修城郭；广莫风至，则断大辟，行刑狱。"以上雷风节候，及王者承顺之政，即《象》曰："雷风，恒，君子以立不易方。"

咸卦和恒卦，互为邻卦和综卦。咸卦，艮下兑上；恒卦，巽下震上，故互综。《序卦传》曰："有天地，然后有万物；有万物，然后有男女；有男女，然后有夫妇；有夫妇，然后有父子；有父子，然后有君臣；有君臣，然后有上下；有上下，然后礼义有所错。夫妇之道，不可以不久也，故受之以恒。恒者，久也。"咸卦《彖》曰："咸，感也。柔上而刚下，二气感应以相与，止而说，男下女，是以亨，利贞，取女吉也。"咸卦，于天文，则谓阴阳之道；于人文，则谓夫妇、父子、君臣、上下之道。此道存乎天人之际，久而不已，为恒。故咸卦和恒卦，互为邻卦。又，咸卦，两女在内，两男在外，长女中女，长男中男，皆已嫁娶；九三、上六两爻，亦男下女，取女吉，是咸卦为得男女婚姻之终。恒卦，两女在外，两男在内，中女少女，中男少男，皆未嫁娶；唯长女在内，长男在外，已经嫁娶，是恒卦为得男女婚姻之始。一终一始，故恒久不已，为恒。

初六，浚恒，贞凶，无攸利。

〔译〕 初六，深求其恒，对正道有凶险，无所利。

《象》曰："浚恒之凶，始求深也。"

〔证〕

浚恒 《说文》："浚，抒也。从水，夋声。"段玉裁注："抒者，挹也，取诸水中也。《春秋经》浚洙，《孟子》使浚井，《左传》浚我以生，义皆同。浚之则深，故《小弁》传曰：浚，深也。"按，《小雅·小弁》曰："莫高匪山，莫浚匪泉。"毛传："浚，深也。"又，《商颂·长发》曰：濬哲维商，长发其祥。"毛传："濬，深也。"又，《虞书·益稷》云："予决九川，距四海，濬畎浍，距川。"《史记·夏本纪》云："以决九川，致四海，浚畎浍，致之川。"《公羊传》庄公九年："浚之者何？深之也。"按，《释文》："浚，郑作濬。"《正字通》:"濬,通作浚。"《说文》:"濬,深通川也。"是浚,濬通用,其义谓疏通使深,是为疏浚。《说卦传》曰:"巽,入也。""坎,陷也;坎为水,为沟渎。"恒卦,巽下震上。初之三为巽,初之五为大坎,恒之初六,入大坎之下,为深恒之象。

贞凶 《象》曰:"浚恒之凶,始求深也。"谓于恒之初始,而求深者,非循序渐进,不利于正道,有凶,故曰贞凶。按,渐卦初六曰:"鸿渐于干。"六二曰:"鸿渐于磐。"九三曰:"鸿渐于陆。"六四曰:"鸿渐于木。"九五曰:"鸿渐于陵。"上九曰:"鸿渐于陆。"由水之边,渐进至最高之处,为渐。卦辞曰:"渐,女归吉,利贞。"《彖》曰:"渐之进也,女归吉也。进得位,往有功也。进以正,可以正邦也。"渐卦渐进,故曰利贞。恒卦,初六浚恒,初始即求深恒,非由渐进,不利正道,故曰贞凶。又,需卦,初九曰:"需于郊,利用恒,无咎。"九二曰:"需于沙。"九三曰:"需于泥。"六四曰:"需于血。"九五曰:"需于酒食。"上六曰:"入于穴。"《彖》曰:"需,须也。险在前也,刚健而不陷,其义不困穷矣。"需卦,天上有雨云,初则利用恒常之道,故无灾。恒卦,初则不用恒常之道,故凶。又,习坎卦,初六曰:"习坎,入于坎窞,凶。"《象》曰:"习坎入坎,失道凶也。"恒卦,初六浚恒,入于大坎之下,犹习坎初六,入于坎窞,失其正道而凶,故曰贞凶。、

《老子》曰:"合抱之木,生于毫末;九层之台,起于累土;千里之行,始于足下。"又曰,"将欲天下而为之,吾见其不得已。天下神器,不可为也。为者败之,执者失之。是以圣人去甚,去奢,去泰。"谓谁违背渐进,违背自然,刚必失败。故圣人不为太甚,不过贪欲。恒卦,初则浚恒,悖自然而过分,为贞凶。王弼注:"处恒之初,最处卦底,始求深者也。求深穷底,令物无余蕴。渐以至此,物犹不堪,而况始求深者乎 ?以此为恒,凶正害德。"程氏传:"居恒之始,而求望于上之深,是知常,而不知度势之甚也。所以凶,阴暗不得恒之宜也。"李衡《周易义海撮要》,引陆希声曰:"常之为义,贵久于其道,日以浸深。初为常始,宜以渐为常,而体巽性躁,遽求深入,是失久于其道之义,不可以为常。"《说卦传》曰:"巽,入也;其究为躁卦。"又曰:"震,动也。"恒卦,巽下震上。初六与九四应,为躁入之动,是以虽然正应,亦凶,为贞凶。

无攸利 初六始恒求深,于正道为凶,故言无所利。朱熹《周易本义》曰:"初与四为正应,理之常也。然初居下而在初,未可以深有所求。四震体而阳性,上而不下,又为二、三所隔,应初之意,异乎常矣。初之柔暗,不能度势,又以阴居巽下,为巽之主,其性务入,故深以常理求之,浚恒之象也。占者如此,则虽贞亦凶,而无所利矣。"朱骏声《六十四卦经解》:"浚,深也。木在地下,象井底;互长坎,水也。井卦,改邑不改井,恒义也。井初本旧井,故泥,利用浚。恒初如方掘井,而急欲及泉,欲速助长

也。巽，究为躁卦。《孟子》曰：其进锐者，其退速。故君子深造之以道，欲其自得而资之深焉。从井之仁，穿凿之智，皆非也。以人事方言，相知之未深，相求之太激，如贾谊、京房、刘蕡辈，亦浚也。故君子之于君也，信而后谏；于民也，信而后劳。或曰：始求深者，求在外者也，非求在我者也。若学之始，求至周、孔；治之始，求之尧、舜。”按，《系辞传》曰：“出入以度，内外使知惧。”恒卦初六，始而求深，是不知度，不知惧，故谓无所利。

九二，悔亡。

〔译〕 九二，悔恨消失。

《象》曰：“九二悔亡，能久中也。”

〔证〕

悔亡 《说文》：“亡（亾），逃也。从入，从乚。”徐锴系传：“乚，音隐。鲁昭公逃于齐，称亡人也。会意，勿强反。”段玉裁注：“逃者，亡也。二篆为转注。亡之本义为逃；今人但谓亡为死，非也。引伸之，则谓失为亡，亦谓死为亡，亦假借为有无之无，双声相借也。”按，从入从乚者，《说文》曰：“乚，匿也，象迟曲隐蔽形。凡乚之属，皆从乚，读若隐。”《玉篇》：“乚，今作隐。”是乚、隐古今字。亡（亾），入隐蔽之处，故为会意字，为逃，为失。《左传》僖公二十四年：“晋侯赏从亡者。”亡，为逃。僖公二十五年：“公曰：信，国之宝也，民之所庇也。得原失信，何以庇之？所亡滋多。”亡，为失。旅卦，六五曰：“射雉，一矢亡。”干宝曰：“虽复射雉，终亦失之，故曰一矢亡也。”孔颖达疏：“射之，而复亡失其矢。”亡，皆作失讲。

按，《易》有有悔、无悔和悔亡三辞。乾卦，上九曰：“亢龙有悔。”同人卦，上九曰：“无悔。”豫卦，六三曰：“迟有悔。”蛊卦，九三曰：“小有悔。”复卦，初九曰：“无祇悔。”六五曰：“无悔。”咸卦，九四曰：“悔亡。”九五曰：“无悔。”恒卦，九二曰：“悔亡。”大壮卦，九四曰：“悔亡。”六五曰：“无悔。”晋卦，六三曰：“悔亡。”六五曰：“悔亡。”家人卦，初九曰：“悔亡。”睽卦，六五曰：“悔亡。”夬卦，九四曰：“悔亡。”萃卦，九五曰：“悔亡。”困卦，上六曰：“有悔。”革卦，卦辞曰：“悔亡。”《象》曰：“革而当，其悔乃亡。”九四曰：“悔亡。”艮卦，六五曰：“悔亡。”巽卦，六四曰：“悔亡。”九五曰：“悔亡。”兑卦，九二曰：“悔亡。”涣卦，九二曰：“悔亡。”《象》曰：“得愿也。”六三曰：“无悔。”节卦，上六曰：“悔亡。”未济卦，九四曰：“悔亡。”《象》曰：“悔亡，志行也。”六五曰：“无悔。”以上，言有悔四处，言无悔七处，言悔亡十八处。以其有悔、无悔、悔亡三者分言，是悔亡谓悔恨消失。恒卦，九二曰：“悔亡。”即是此义。

《系辞传》曰："悔吝者，忧虞之象也"；"悔吝者，言乎其小疵也"；"忧悔吝者，存乎介；震无咎者，存乎悔"。韩康伯注："失得之微者，足以致忧虞而已，故曰悔吝。"又，"介，纤也。王弼曰：忧悔吝之时，其介不可慢也。即悔吝者，言乎小疵也。"虞翻曰："介，纤也。介如有焉，断可识也。故存乎介，谓识小疵。"又，"震，动也。有不善，未尝不知之；知之，未尝复行。无咎者，善补过，故存乎悔也。"恒卦，初六《象》曰："浚恒之凶，始求深也。"九二《象》曰："九二悔亡，能久中也。"由始求深，到能久中，是知过而改，善莫大焉，故而悔恨消失，乃善补过之类。又，九二以阳居阴位，有悔。然不失中道，其悔恨因之消亡，故曰悔亡。又，九二以阳应六五之阴，为逆应，有悔。然九二居下卦之中，六五居上卦之中，上下以中应中，是以悔恨消除，谓之悔亡。

《虞书·大禹谟》："人心惟危，道心惟微，惟精惟一，允执厥中。"孔氏传："危则难安，微则难明，故戒以精一，信执其中。"《论语·尧典》："尧曰：咨，尔舜！天之历数在尔躬，允执其中。"朱熹注："允，信也；中者，无过不及之名。"《老子》曰："多言数穷，不如守中。"九二，居下卦之中，得地之中；六五，居上卦之中，得天之中。阴气下沉，阳气上升。九二与六五，天地阴阳相应，可谓中和。豫卦，六五曰："贞疾，恒不死。"《象》曰："贞疾，乘刚也；恒不死，中未亡也。"朱熹曰："当豫之时，以柔居尊，沉溺于豫，又乘九四之刚，众不附而处势危，故贞疾之象。然以其得中，故又为恒不死之象。即象而观，占在其中矣。"益卦，上九曰："莫益之，或击之，立心勿恒，凶。"王弼注："处益之极，过盈者也。求益无已，心无恒者也。无厌之求，人弗与也。独唱莫和，是偏辟也。人道恶盈，怨者非一，故或击之也。"是中则和，和则久，久则恒。恒道，亦中和之道。故豫卦曰："恒不死。"益卦曰："立心勿恒，凶。"

《淮南子·氾论训》："天地之气，莫大于和。和者，阴阳调，日夜分，而生物。春分而生，秋分而成。生之与成，必得和之精。故圣人之道，宽而栗，严而温，柔而直，猛而仁。太刚则折，太柔则卷。圣人正在刚柔之间，乃得道之本。积阴则沉，积阳则飞，阴阳相接，乃能成和。"九二，在刚柔之中，得道之本，故而悔亡。《老子》曰："天长地久。"长久互文，天地皆为长久。荀爽曰："乾为久也，能久行中和，以阳据阴，故曰能久中也。"二之四为乾，乾为天，天为久长；二居中，为久中。王弼注："虽失其位，恒位于中，可以消悔也。"程氏传："九，阳爻，居阴位，非常理也。处非其常，本当有悔，而九二以中德，而应于五；五复居中，以中而应中，其处与动，皆得中也，是能恒久于中也。能恒久于中，则不失正矣。中重于正，中则正矣；正不必中也。九二，以刚中之德，而应于中，德之胜也，足以亡其悔矣。人能识重轻之势，则可以言《易》矣。"又曰，"所以得悔亡者，由其能恒久于中也。人能恒久于中，岂止亡其悔，德之善也。"

九三，不恒其德，或承之羞，贞吝。

〔译〕　九三，不常守道德法则，将受到羞辱，为居正位者之遗恨。

《象》曰："不恒其德，无所容也。"

〔证〕

不恒其德　《象》曰："不恒其德，无所容也。"朱骏声《说文通训定声》曰："容，盛也。从宀从谷，会意。古文从宀，公声。《易·师》：君子以容民畜众。虞注：宽也。《书·洪范》：思曰容。《汉书·五行志》：言宽大包容。《春秋繁露》：容者，言无不容也。按，宇宙之大，古今之遥，惟思能容。《秦誓》：其心休休焉，其如有容。《公羊》引作能有容。《荀子·解蔽》：故曰心容。注：受也。"《老子》曰："知常容，容乃公，公乃王，王乃天，天乃道，道乃久，殁身不殆。"王弼注："无所不包通，则乃至于荡然公平。荡然公平，则乃至无所不周普。无所不周普，则乃至于同乎天也。与天合德，体道大通，则乃至于极虚无也。穷极虚无，得道之常，则乃至于不穷极也。"范应元注："无不包容，则公而忘私，众邪莫当。王者，天下归往之称。惟其无私，故天下之人，往而归之。王乃如天之不言而行，无为而生。不言而行，无为而生，乃虚通而大也。虚通而大，则常久自然，则终身不危殆矣。"一谓天理，一谓人事，皆谓持道以恒，则无所不容，则符合常久自然之道，则无危殆。恒，犹常。不恒其德，即不知常。不知常，则不能包容兼备，则必亏损而危殆。

或承之羞　乾卦，《文言》曰："或之者，疑之也。"《周书·多士》："时予乃或言。"孔氏传："或，有也。"《老子》曰："孔德之容，惟道是从。"范应元注："甚有德之人，无不包容。其所以无不包容者，盖唯道之是从也。"恒其德，即恒其道；不恒其德，即不恒其道，则可能承受其羞侮。《老子》又曰："知常曰明，不知常，妄作，凶。"谓知道天地自然之道德者，叫做明白；不知道天地自然之道德，而非分行动者，遭凶险。即不恒其德，或承之羞。《说卦传》曰："巽，为风，为进退，为不果；震，为雷。"九三，在巽之极，震之下，风随雷之进退，其行不果，是不恒其德之象。又，"震，为足，为决躁。"九三在震下，被其足践，为或承之羞之象。王弼注："处三阳之中，居下体之上，处上体之下。上不全尊，下不全卑，中不在体。体在乎恒，而分无所定，无恒者也。德行无恒，自相违错，不可致诘，故或承之羞也。"朱熹曰："位虽得正，然刚不中，志从于上，不能久于其所，故为不恒其德，或承之羞之象。"

乾卦有恒德。《文言》曰："初九曰：潜龙勿用，何谓也？子曰：龙德而隐者也。""九二曰：见龙在田，利见大人，何谓也？子曰：龙德而正中者也。""九三曰：君子终日乾乾，夕惕若，厉无咎，何谓也？子曰：君子进德修业，忠信所以进德也；修辞立其诚，所以居业也。”“九四曰：或跃在渊，无咎，何谓也？子曰：上下无常，非为邪也；进退无恒，非离群也；君子进德修业，欲及时也，故无咎。”又，谓九五曰：“飞龙在天，乃位乎天德也。”谓上九曰：“亢龙有悔，与时偕极。”有时德也。谓用九曰：“用九，天德不可为首也。”是初为龙德，二亦为龙德，三为进德，四亦为进德，五为天德，上为时德，用九亦为天德。恒卦，二之四为乾，其德未备，为不恒其德；上下前后，为阴所挟持，为或承之羞。如夏桀、商纣，不恒其禹、汤之德，天命不再，汤、武诛之，身死为天下笑。《象》曰：“不恒其德，无所容也。”即斯之谓。

《论语·子路篇》：“子曰：南人有言曰：人而无恒，不可以作巫医。善夫！不恒其德，或承之羞。子曰：不占而已矣。”陈树德《论语集释》曰：“皇疏引卫瓘云：言无恒之人，不可以为巫医，巫医则疑误人也，而况其余乎？皇疏：孔子引《易·恒卦》不恒之辞，证无恒之恶，言人若为德不恒，则必羞辱承之。羞辱必承，而云或者，或常也，言羞辱常承之也。何以知或是常？按《诗》云：如松柏之茂，无不尔或承。郑玄曰：或，常也。《老子》曰：湛兮似或存。河上公注云：或，常也。此记者，又引《礼记》孔子语，来证无恒之恶也。言无恒人，非唯不可作巫医而已，亦不可为卜筮。卜筮亦不能占无恒之人，故云不占而已矣。《礼记》云：南人有言曰：人而无恒，不可以为卜筮。古之遗言与？龟筮犹不能知也，而况于人乎？是明南人有两时两语，故孔子两称之，而《礼记》、《论语》亦各有所录也。”按，《子路篇》曰：“人而无恒，不可以作巫医。”《缁衣篇》曰：“人而无恒，不可以为卜筮。”皆如孔子所言：“善夫！不恒其德，或承之羞。”

贞吝 恒卦九三，以阳居阳，得其正位；然不得恒卦之中，为不恒其德。其于下为巽，巽为进退，为不果，为多白眼，其究为躁卦。其于上为震，震为雷，为霹雳。九三得正位，不恒其德，进而遇雷，而受天诛，是虽正而终恨惜，为贞吝。李道平《周易集解纂疏》：“愚案：阳为刚德，唯三得正。然正而不中，位又多凶，且居巽极，其究为躁卦，又为进退，为不果，故有不恒其德之象。承四承五，爻皆不正。承上振恒，凶而无功。四五不当承而承，上当承而不获所承，故有或承之羞之象。得正而羞，故曰贞吝。”《大雅·皇矣》曰：“帝谓文王，询尔仇方，同尔兄弟，以尔钩援，与尔临冲，以伐崇墉。”郑笺：“仇方，谓旁国诸侯，为暴乱大恶者。女当谋征讨之，以和协女兄弟之国，率与之往，亲亲则方齐一心也。当此之时，崇侯虎倡纣为无道，罪尤大也。”三为公位，崇侯虎为纣之大公。以其助纣为虐，不恒其德，文王讨之，武王灭之，是贞吝之类。

九四，田无禽。

〔译〕 九四，田猎而无擒获。

《象》曰："久非其位，安得禽也。"

〔证〕

田无禽 徐中舒主编《甲骨文字典》云："田，象田猎战陈之形。古代贵族有囿，以为田猎之所。囿有沟封以为疆界，亦即隄防。其形方，因谓之防。甲骨文田字从口，从十、井、丰等。口，象其方，十、井、丰等，表示防内划分之狩猎区域。故封疆之起，在田猎之世。围场之防，就田猎言，本以限禽兽之足；就封疆言，则为封疆界。故此，古代之封疆，必为方形。而殷代行井田制，其井田之形，亦必为方形。此井田乃农耕之田，已非田猎之所。后世不知农田阡陌之形，初本田猎战阵之制。"《说文》曰："田，陈也；树谷曰田。象四口，十，阡陌之制也。"《大雅·常武》："左右陈行。"郑笺："左右陈列。"《广雅·释诂》："陈，列也。"是《说文》田字之义，与甲骨文同：一为畋猎之田；一为田地之田。《颜氏家训·书证篇》："夫行陈之义，取于陈列耳，此六书为假借也。《苍》、《雅》及近世字书，皆无别字；唯羲之《小草章》，独阜傍作车。"是以田为列阵之形，亦为阡陌之形。又，《白虎通·田猎》曰："禽者何？鸟兽之总名，明为人所禽也。"马叙伦《六书疏证》："禽，实擒之初文，禽兽皆取获动物之义。禽之金文，皆从本书田网也之毕，今声毕。所以捕获动物，故即从毕。"禽，本动词禽获；后名所获之物为禽，遂为名词，而以擒为动词。禽兽，所擒有两足生羽之鸟，有四足生毛之兽，故禽为鸟兽总名。

于《易》，阴为田，阳为禽，田禽谓阴阳。师卦，坎下坤上。六五曰："田有禽。"六五阴，阴为田；九二阳，阳为禽。六五有九二应，为田有禽。比卦，坤下坎上。九五曰："失前禽。"九五阳，阳为禽；上六阴，阴为田，不为禽，故九五曰失前禽。解卦，坎下震上。九二曰："田获三狐。"九二得初、三、五三阴相应，阴为田，坎为狐，故曰田获三狐。井卦，巽下坎上。初六曰；"旧井无禽。"阳为禽，初当阳而无阳，为无禽。恒卦，巽下震上。九四曰："田无禽。"九四与初六应。初六为阴，阴为田，不为禽，故曰田无禽。《象》曰："久非其位，安得禽也。"恒为久，在恒卦之时，九四阳在阴位，为久非其位。上不当其位，下焉当其位，是以初六阴居阳位，故曰安得禽也，即谓安得阳者。王弼注："恒于非位，虽劳无劳也。"朱熹曰："以阳居阴，久非其位，故为此象。占者田无所获，而凡事亦不得其所求也。"

《论语·泰伯》曰："三分天下有其二，以服事殷，周之德，其可谓至德也已矣。"注："包曰：殷纣淫乱，文王为西伯，而有圣德。天下归周者，三分有二，而犹以服事殷，故谓之至德。"《逸周书·程典解》："维三月既生魄，文王合六州之侯，奉勤于商。"

潘振曰："魄，形也，月轮廓无光处也。望后生魄曰既，望后一日也。六州：荆、扬、雍、豫、幽、营也。徐、兖、冀，尚属纣尔。"陈逢衡云："按《竹书纪年》：帝辛三十年春三月，西伯率诸侯入贡。与此解合。盖《程典》，作于逆西伯归程之后，文王在程，故云《程典》。是文王即位之四十一年，在帝辛释西伯之次年。下文商王用崇谗，盖述前事，事在帝辛二十三年。奉勤，服劳王家也。是时，诸侯意欲叛纣，文犹率以归命，故《左襄四年传》，韩献子言于朝曰：文王率殷之叛国，以事纣，唯知时也。"《系辞传》曰："《易》之兴也，其当殷之末世，周之盛德邪？当文王与纣之事邪？"六五，阴居天子之位，似纣之不当。九四在乾，乾当为王，而四在方伯位，似文王久非其位，而不得禽；至武王牧野之战，才得天下。此谓不得位，不得禽，非恒道。

六五，恒其德贞，妇人吉，夫子凶。

〔译〕　六五，常守德之正道，妇人得吉利，夫子有凶险。

《象》曰："妇人贞吉，从一而终也。夫子制义，从妇凶也。"

〔证〕

恒其德贞　六五，居恒上卦之中，中则正，得恒卦之德正，为恒其德贞。同人卦九五《象》曰："以中直也。"坤卦《文言》曰："直其正也。"是以中则正。《说文》："中，和也。从口丨，上下通也。"阴气重浊而下沉，阳气轻清而上扬，六五与九二应，中和之象。《礼记·中庸》曰："中也者，天下之大本也；和也者，天下之达道也。致中和，天地位焉，万物育焉。"朱熹注："无所偏倚，故谓之中；发皆中节，情之正也，无所乖戾，故谓之和。大本者，天命之性，天下之理皆由此出，道之体也。达道者，循性之谓，天下古今之所共由，道之用也。自戒惧而约之，以至于至静之中，无少偏倚，而其守不失，则极其中，而天地位矣。自谨独而精之，以至于应物之处，无少差谬，而无适不然，则极其和，而万物育矣。"恒其德贞，亦谓恒守中正和合之道，与《中庸》致中和同，为所共由之恒道。

妇人吉　《象》曰："妇人贞吉，从一而终也。"按，坤卦卦辞曰："坤，元亨，利牝马之贞。君子有攸往，选迷后得主，利。西南得朋，东北丧朋。安贞吉。"《彖》曰："至哉坤元，万物资生，乃顺承天。坤厚载物，德合无疆。含弘光大，品物咸亨。牝马地类，行地无疆。柔顺利贞，君子攸往。先迷失道，后顺得常。西南得朋，乃与类行；东北丧朋，乃终有庆。安贞之吉，应地无疆。"以上，谓坤阴为牝马，为比辅，为顺承，为载物，为地类，为柔顺，皆谓阴从阳为安正，为吉。《系辞传》曰："天一，地二，天三，地四，天五，地六，天七，地八，天九，地十。"是一为阳数。妇人贞吉，从一而终也，谓阴从阳而终，为正道，为吉利。又，坤卦六五曰："黄裳，元吉。"黄为中色，裳为下饰，以黄中通理之色，而为服饰之下者，乃阴之至善之德。《文言》曰："阴虽有善含之，以从王事，弗敢成也。地道也，妻道也，臣道也。地道无成，而代有终也。"故六五谓妇人吉，乃谓阴从阳吉，此其恒道。

夫子凶 《象》曰："夫子制义，从妇凶也。"乾卦九五曰："飞龙在天，利见大人。"《文言》曰："利者，义之和也。"《系辞传》曰："吉凶者，言乎其失得。"五为阳位，应为九五。今六五居之，是以阴居阳。阳行阳道则吉，阳行阴道则凶。故曰夫子制义，从妇凶也。六五有双重性，得位为吉，失义为凶。程氏传："五应于二，以阴柔而应阳刚，居中而所应又中，阴柔之正也，故恒久其德，则为贞也。夫以顺从为恒者，妇人之道。在妇人则为贞，故吉。若丈夫，而以顺从于人为恒，则失其刚阳之正，乃凶也。五，君位，而不以君道言者，如六五之义，在丈夫犹凶，况人君之道乎？在它卦，六居君位而应刚，未为失也；在恒，故不可耳。君道岂可以柔顺为恒也？"又曰，"如五之从二，在妇人则为正而吉。妇人以从为正，以顺为德，当终守于从一。夫子则以义制者也，从妇人之道，则为凶。"

《孟子·滕文公下》："女子之嫁也，母命之，往送之门，戒之曰：往之女家，必敬必戒，无违夫子。以顺为正者，妾妇之道也。居天下之广居，立天下之正位，行天下之大道，得志与民由之，不得志独行其道。富贵不能淫，贫贱不能移，威武不能屈，此之谓大丈夫。"焦循《正义》曰："妾妇之徒，以柔顺为道，故为大道也。盖既生于天地间，居如此其广也，又身为男子，位如此其正也，则所行，自宜为天下之大道，而奈何跼蹐，而效妾妇为也。"由上观之，即女子以顺为正，为吉；夫子效妾妇为不正，为凶。亦妇人贞吉，从一而终也；夫子制义，从妇凶也：此阴阳之义。五居兑坎，故有吉凶之象。又，六五阴居阳位，故曰妇人吉，夫子凶。事物之性，有两面与多重。

上六，振恒，凶。

〔译〕 上六，动摇恒道，凶险。

《象》曰："振恒在上，大无功也。"

〔证〕

振恒 《广雅·释诂》："振，动也。"《说卦传》："震，动也。"振、震通。《广雅·释言》："辰，振也。"王念孙疏证："《律书》云：辰者，言万物之蜄也。《律历志》云：振美于辰。《说文》：辰，震也，三月阳气动，雷电振，民农时也。振、震、蜄，并通。"《荀子·王霸》曰："及以燕、赵起而攻之，若振槁然。"振槁然，谓震落枯槁然。又，《正论》曰："莫不振动从服，以化顺之。"杨倞注："振与震同。"《楚辞·九怀·尊嘉》："秋风兮萧萧，舒芳兮振条。"王逸注："阴气用事，天政急也；动摇百草，使芳熟也。"振，犹震。《左传》庄公二十八年："为馆于其宫侧，而振万焉。"杜预注："振，动也。"振、震通。《释文》："振恒，之刃反。马云：动也。郑云：摇落也。张作震。"李鼎祚《周易集解》，振恒作震恒，从虞翻。李道平《纂疏》："震，亦作振、祗，三字同物同音。"阮元《校勘记》："振恒，凶：《石经》、《岳本》、《闽》、《监》、《毛本》同，《释文》：振，张作震。"故《十三经本》作振恒，从众。按，上六在恒卦上震之极，振通震，故曰振恒。

凶　《象》曰："振恒在上，大无功也。"上六，处震之极，震动摇落而下，恒象不复存在，其上卦成兑，兑为毁折，振恒犹毁恒，故曰大无功。震，阳动震阴，阳为大，其用无功，为振恒在上，大者无功。吉凶者，得失之谓，振恒而大无功，故为凶。过犹不及，初、上一例，皆不中而凶。《老子》曰："治大国，若烹小鲜，以道莅天下，其鬼不神。"《韩非子·解老》曰："工人数变业，则失其功，作者数摇徙，则亡其功。一人之作，日亡半日，十日则亡五人之功矣。万人之作，日亡半日，十日则亡五万人之功矣。然则数变业者，其人弥众，其亏弥大矣。凡法令更，则利害易。利害易，则民务变。民务变，谓之变业。故以理观之，事大众而数摇之，则少成功；藏大器而数徙之，则多败伤；烹小鲜而数挠之，则贼其宰；治大国而数法，则民苦之。是以有道之君，贵虚静而重变法。故曰治大国者，若烹小鲜。"谓治理大国，象烹小鱼，不常扰动，必以道临天下。常动则为振动恒道，则凶。

程、朱云："振者，动之速也。上六居恒之极，处震之终。恒极则不常，震终则过动。又阴柔不能固守，居上非其所安，故有振恒之象，而其占则凶也。"《周易折中》，引邱氏富国曰："恒，中道也，中则能恒，不中则不恒矣。恒卦六爻，无上下相应之义，唯以二体而取中焉，则恒之义见矣。初在下体之下，四在上体之下，皆未及乎恒者，故泥常而不知变，是以初浚恒，四田无禽也。三在下体之上，上在上体之上，皆已过乎恒者，故好变而不知常，是三不恒，而上振恒也。唯二、五得上下体之中，知恒之义者。而五位刚爻柔，以柔中为恒，故不能制义，而但为妇人之吉。二位柔爻刚，以刚中为恒，而居位不当，亦不能尽守常之义，故特言悔亡而已。恒之道，岂易言哉！"

第三十三卦　甲　午

☰乾上
☶艮下

遁，亨，小利贞。

〔译〕　遁，亨通，阴利于正道。

《彖》曰："遁亨，遁而亨也。刚当位而应，与时行也。小利贞，浸而长也。遁之时义大矣哉！"

《象》曰："天下有山，遁，君子以远小人，不恶而严。"

〔证〕

艮下乾上　《系辞传》曰："《易》之为书也，广大悉备。有天道焉，有人道焉，有地道焉，兼三才而两之，故六。六者，非它也，三才之道也。"李鼎祚《周易集解》引崔憬曰："言《易》之为书，明三才。广无不被，大无不包，悉备有万物之象者也。言重卦六爻，亦兼天地人道。两爻为一才，六爻为三才，则是兼三才而两之，故六。六者，即三才之道也。"李道平《周易集解纂疏》："《说卦》曰：立天之道，曰阴与阳；立地之道，曰柔与刚；立人之道，曰仁与义。故言《易》之为书，明三才也。广，故无不被；大，故无不包；悉备，故有万物之象也。三画，备三才之道；重卦六爻，亦兼天地人之道。初、二为地道，三、四为人道，五、上为天道。故云两爻为一才，六爻为三才。"朱熹《周易本义》："三画已具三才，重之故六。而以上二爻为天，中二爻为人，下二爻为地。"《易乾凿度》："孔子曰：《易》有六位三才，天地人道之分际也。三才之道，天地人也。天有阴阳，地有柔刚，人有仁义。法此三者，故生六位。"依此六画而为三才，重之故六之理，遁卦乃巽之象。即巽之初六而两之，为初六、六二；巽之九二而两之，为九三、九四；巽之九三而两之，为九五、上九。是巽之三爻而两之，乃遁卦之象。

《说卦传》曰："天地定位，山泽通气，雷风相薄，水火不相射，八卦相错。数往者顺，知来者逆，是故逆数也。"朱熹《周易本义》云："邵子曰：此伏羲八卦之位。乾南，坤北；离东，坎西；兑居东南，震居东北；巽居西南，艮居西北。于是八卦相交，而成六十四卦，所谓先天之学也。起震而历离、兑，以至于乾，数已生之卦也。自巽而历坎、艮，以至于坤，推未生之卦也。《易》之生卦，则以乾、兑、离、震、巽 、坎、艮、坤为次，故皆逆数也。"又，坤卦卦辞曰："西南得朋，东北丧朋。"《彖》曰："西南得朋，乃与类行；东北丧朋，乃终有庆。"巽位西南，阴起于巽，阴为朋比，谓西南得朋。震位东北，阳起于震，阳非朋比，谓东北丧朋。《文言》曰："坤道其顺乎，承天而时行。"阳为天，阴承阳，随时而行。巽位西南，夏秋之际。巽得阴而失阳，即阴进阳退，是阳遁为遁。

朱骏声《说文通训定声》曰：“巽 ，假借为顨，实为愻。《易·杂卦传》：巽，伏也。《说卦传》：巽，入也。《系辞传》：巽 ，德之制也。《广雅·释诂一》：巽，顺也。《论语》：巽与之言。马注：恭也。《书·尧典》：汝能庸命，巽朕位。马注：让也。则谓借为逊。”又，《字彙》：“巽，与逊同。”《说文》：“逊，遁也。从辵，孙声。”段玉裁注：“按《六经》有孙无逊。《大雅》：孙谋。《聘礼》：孙而说。《学记》：不陵节而施之，谓孙。《论语》：孙以出之。皆愻之假借也。《春秋》：夫人孙于齐。《诗》：公孙硕肤。《尚书序》：将孙于位。皆逡遁迁延之意。故《谷梁》云：孙之为言，犹孙也。《公羊》云：孙犹孙也。何休云：孙犹遁也。郑笺云：孙之言孙遁也。《释言》云：孙，遁也。《释名》曰：孙，逊也。逊遁在后生也。古就孙义引伸，卑下如儿孙，非别有生也。至部𦤶字下云：从至，至而复孙；孙，遁也。此亦有孙无逊之证。今《尚书》、《左氏》经传，《尔雅·释言》，浅人改为逊。许书：逊，遁也。盖后人据今本《尔雅》增之，非本有也。”以其巽有逊遁之义，故巽之象，即遁之象。

又，大过卦，巽下兑上。《象》曰：“泽灭木，大过，君子以独立不惧，遁世无闷。”以其巽伏在下，巽为遁象，故曰遁世。《系辞传》曰：“巽，称而隐。”崔憬曰：“言巽申命行事，是称扬也；阴助德化，是微隐也。”孔颖达曰：“言巽称扬号令，而不自彰伐，而幽隐也。”朱熹曰：“巽，称物之宜，而潜隐不露。”巽称而隐，隐有隐遁之义，故巽象为遁象。《杂卦传》曰：“巽，伏也。”《说文》段玉裁注：“伏，引伸之为俯伏，又引伸之为隐伏。”《广雅·释诂四》曰：“伏，藏也。”王念孙疏证：“襄二十一年《左传》云：无所伏窜。”《小雅·正月》：“潜虽伏矣，亦孔之炤。”《正义》曰：“以兴贤者，在于朝廷之上，为时所陷害，不得行道，意非能有乐，退而隐居，虽遁于山林之中，又其姓名闻彻。”是巽为伏，伏为遁，即巽为遁。又，《说卦传》曰：“巽 ，为进退。”《老子》曰：“功成身退，天之道。”王弼注：“四时更迭，功成则移。”巽为进退，阴进阳退，退为隐遁。遁卦，初六曰：“遁尾。”六二曰：“执之用黄牛之革。”九三曰：“系遁。”九四曰：“好遁。”九五曰：“嘉遁。”上九曰：“肥遁。”自九三以上为遁体，是阴进不为遁，阳退为遁。遁，六月卦。

《月令·仲夏之月》云：“是月也，日长至，阴阳争，死生分。”郑氏注：“争者，阳方盛，阴欲起也；分，犹半也。”《正义》曰：“长至者，谓此月之时，日长之至极。太史漏刻：夏至，昼漏六十五刻，夜漏三十五刻，是日长至也。死生分者，分，半也。阴气既起，故物半死半生。蔡云：感阳气长者生，感阴气成者死，故于夏至日相与分也。”经又云：“君子齐戒，处必掩身，毋躁，止声色，毋或进。”《正义》曰：“蔡氏云：君子，谓人君以下，至在位士也。齐戒，所以敬道萌阴也。处必掩身，处，犹居也；掩，隐翳也。阴既始萌，故君子居处不显露，恐于阴也。毋躁者，躁，动也。既不显露，又不得躁动，宜静，以安萌阴也。郑引今《月令》毋躁为欲静，欲静则毋躁之义。止声色者，歌乐华丽之事。为助阴静，故止之。无或进者，进，御见也。既止声色，故嫔房不得进御侍夕也。亦为微阴始动，不可动于阴事也。蔡云：方斋戒，故止色，内御之属，勿或有所进也。”五月夏至，阳盛而反，以让阴起，故六月阳退之势已著，为阳遁。君子效阳，处必掩身，以让阴萌，是以为遁。

《系辞传》曰：“寒往则暑来，暑往则寒来，寒暑相推，而岁成焉。”《月令·季夏之月》云：“日在柳，昏火中，旦奎中。”《豳风·七月》：“七月流火，九月授衣。”毛传：“火，大火也；流，下也。九月霜始降，妇功成，可以授冬衣矣。”郑笺：“云大火者，寒暑之候也。火星中而寒暑退，故将言寒，先著火所在。”《正义》曰：“昭三年《左传》，张趯曰：火星中而寒暑退。服虔云：火，大火，心也。季冬十二月，平旦正中在南方，大寒退。季夏六月，黄昏火星中，大暑退。是火为寒暑之候事也。”杨伯峻《春秋左传注》：“心宿二，为一等星。夏末于黄昏时，在天空中，暑气渐消；冬末在将天明时，在天空中，寒气渐消。”六月，大暑退，即阳气退。退为逊遁，故卦名为遁。

钱塘《淮南天文训补注》：“正月指寅，十二月指丑，一岁而匝，终而复始。指寅，则万物螾。补曰：《律书》云：寅，言万物始生螾然也。指卯，卯则茂茂然。补曰：《律书》云：卯之言茂也。《汉志》云：冒茆于卯。《说文》：卯，冒出。二月，万物冒地而出，象开门之形。指辰，辰则振之也。补曰：《汉志》云：振羡于辰。《说文》：辰，震也。三月阳气动，雷电振，民农时也。物皆生。指巳，巳则生已定也。补曰：《汉志》云：巳盛于巳。《释名》云：巳，已也，阳气毕布已也。指午，午者，忤也。补曰：《律书》云：午者，阴阳交。《大射仪》云：若丹若墨，度尺而午。注谓：一纵一横曰午。即阴阳交也。指未，未，昧也。补曰：《汉志》云：昧薆于未。《释名》云：昧也，日中则昃，向幽昧也。指申，申者，呻之也。补曰：《律书》云：言阴用事，申贼万物。然则呻之者，谓阴气贼物，物呻吟也。指酉，酉者，饱也。补曰：《律书》云：酉者，万物之老也。《汉志》云：留孰于酉。指戌，戌者，滅（灭）也。补曰：《律书》云：戌者，言万物尽滅。《汉志》云：毕入于戌。《说文》云：戌，滅也，九月阳气微，万物毕成，阳下入地也。指亥，亥者，阂也。补曰：《律书》云：亥者，该也，言阳气藏于下，故该也。指子，子者，兹也。补曰：《律书》云：子者，滋也。滋者，万物滋于下也。指丑，丑者，纽也。补曰：《律书》云：言阴气在上未降，万物厄纽未敢出。《汉志》云：纽牙于丑。”按，自子月至巳月，物与时生长而进；自午月至亥月，物与时成熟而退。

六月木老为未，物向幽昧，故于卦为遁。

《淮南子·天文训》："日出于旸谷，浴于咸池，拂于扶桑，是谓晨明。登于拂桑，爰始将行，是谓朏明。至于曲阿，是谓旦明。至于曾泉，是谓蚤食。至于桑野，是谓晏食。至于衡阳，是谓隅中。至于昆吾，是谓正中。至于鸟次，是谓小还。至于悲谷，是谓餔时。至于女纪，是谓大还。至于渊虞，是谓高舂。至于连石是谓下舂。至于悲泉，爰止其女，爰息其马，是谓县车。至于虞渊，是谓黄昏。至于蒙谷，是谓定昏。入于虞渊之汜，曙于蒙谷之浦，行九州七舍，有五亿万七千三百九里。禹以为朝、昼、昏、夜。"高诱注："扶桑，东方之野；昆吾丘，在南方；鸟次，西南之山名；悲谷，西南方之大壑；女纪，西北阴地；连石，西北山；蒙谷，北方之山名。"是日起于东方，中经南方、西方，至于北方，入于虞渊之汜，曙于蒙谷之浦。蒙谷之浦 ，东北方向，即日所始出。日至于鸟次，在正中之后，餔时之前。正中为午时，餔时即晡时，为申时，是日至鸟次为未时。鸟次，西南之山。日于未时至鸟次，即日已偏西。故未时，为日向幽暗隐退之时，为遁。

又，王念孙云："小还、大还，当为小迁、大迁，字之误也。迁之为言西也。日至昆吉，谓之正中。至鸟次，则小西矣，故谓之小迁。至于女纪，则大西矣，故谓之大迁。《汉书·律历志》曰：少阴者西方。西，迁也，阴气迁落物。《白虎通义》曰：西方者，迁方也，万物迁落也。是迁与西同义。若作小还、大还，则义不可通矣。旧本《北堂书钞·天部一》，及《艺文类聚》、《初学记·天部上》、《太平御览·天部三》，引此并作小迁、大迁。"按，未时为日昳。《说文》："昳，日昃也。"酉时为日入。日入即太阳落山。日至未时，行至西南之鸟次，谓小西，即日昳；日至酉时，行至西北之女纪，谓大西，即日入。是未时，为日西遁之始，故名遁。丰卦《彖》曰："日中则昃，月盈则食，天地盈虚，与时消息。"日中，日当中天，午之时；昃，日侧西方，未之时。是艮下乾上，为阳退之象，于十二子为未，于卦为遁。

扬雄《太玄经》："逃，阴气章强，阳气潜退，万物将亡。"范望注："亦象遁卦。谓之逃者，言是时，阳气当退而未讫，阴气当上而未腾，犹以阳为难，故章强。强，强梁伤败之貌也。阴阳之气，更相避逃，故谓之逃。逃之初一，日入张宿六度。"按，《月令》："季夏之月，日在柳，昏火中，旦奎中。"郑氏注："季夏者，日月会于鹑火，而斗建未之辰也。"《正义》曰："按《三统历》，六月节，日在柳九度；六月中，日在张三度。"又，《太玄经》："唐，阴气兹来，阳气兹往，物且荡荡。"范注："亦象遁卦。谓之唐者，言是时阴气日盛，阳气日损，万物损落荡荡然，故谓之唐。唐之初一，日入张宿十一度。"按，阴气章强，阳气潜退，乃阴气兹来，阳气兹往，皆与遁卦卦象同。又，黄道十二宫二十八宿，与十二月对照，柳、星、张三宿，在长蛇宫，日行此宫为六月，是范注逃、唐，亦与遁卦同时。

遁（遯）　杨树达《积微居小学述林·释遯》：“《说文二篇下辵部》云：遯，逃也。从辵，豚声。按豚为小豕，性善逃。《孟子·尽心下篇》云：今之与杨墨辩者，如追放豚。豚云放者，以其逃也。辵部又云：遁，逃也。按遯与遁，声义并同。遁字从盾者，盾与豚古音同也。《四篇下肉部》云：腯，牛羊曰肥；豕曰腯，从肉，盾声。按字从盾，而义属于豕，亦假盾为豚也。豕与豚，细言则有别，总言则不分矣。《辵部》又云：逐，追也。从辵，从豚省。徐锴曰：豚走而豕逐之。余谓字当从辵从豕，豕走而人追之，故为逐也。甲文逐字作𨑂，可以证明余说矣。许君必谓从豚省者，盖有见于豚之善遯，故云尔；不悟豕、豚义大同，不必审别也。《十篇上·兔部》云：逸，失也，从辵兔，兔谩訑善逃也。按羊为群，而犬为独，豚善遯，而兔善逃，造字者体物之精，可见一斑矣。或问曰：遯字形义密合，胡为复假盾为豚，更造遁字，何其不惮烦也？答曰：制字者非一人，亦非一地，更不必一时。或一字先制，而后乃易之；或甲造此形，乙制彼，或两文并存，流行不废，故有此事矣。遯，从豚声有义，而后复有遁。”

朱骏声《说文通训定声》：“遯，逃也。从辵，豚声。字亦作遂。《尔雅·释言》：逊，遯也。《广雅·释诂四》：遯，去也。《易·遯》郑注：逃去之名也。《诗·白驹》：勉尔遯思。《礼记·缁衣》：则民有遯心。注：厞 也。《离骚》：后悔遯而有他。注：隐也。《郑烈碑》：遂而不闷。假借为遁。《易·序卦》：遯者，退也。《书·尧典序传·释文》：遯，退也，避也。《汉书·叙传》注：遯，避也。”《商书·说命下》曰：“台小子，旧学于甘盘，既乃遯于荒野，入宅于河。”谓学讫，乃隐居于田野河洲。《微子》曰：“我不顾行遯。”孔氏传：“明君子之道，出处语默，是非一途。”处，即隐遯。《大雅·云汉》曰：“昊天上帝，宁俾我遯。”郑笺：“遯，逊遯。”朱熹《诗集传》曰：“遯，逃也。言天又不使我，得逃遯而去也。”《礼记·中庸》曰：“遯世不见知，而不悔，唯圣者能之。”郑氏注：“言隐者当如此也，唯舜为能如此。”《释文》云：“遯，本又作遁。”《孟子·公孙丑上》曰：“邪辞知其所离，遁辞知其所穷。”赵岐注：“有隐遁之辞，若秦客之廋辞于朝。”

遁，有天道。自夏至以后，阳气渐退，是为天道。又，有人道。乾卦《文言》曰：“初九曰：潜龙勿用。何谓也？子曰：龙德而隐者也。不易乎世，不成乎名，遯世无闷，不见是而无闷，乐则行之，忧则违之，确乎其不可拔，潜龙也。”此者为遁之义。《系辞传》曰：“君子之道，或出或处，或默或语。”处，谓遁。《论语·微子》：“逸民：伯夷、叔齐、虞仲、夷逸、朱张、柳下惠、少连。子曰：不降其志，不辱其身，伯夷、叔齐与！谓柳下惠、少连，降志辱身矣，言中伦，行中虑，其斯而已矣。谓虞仲、夷逸，隐居放言，身中清，废中权。我则异于是，无可无不可。”何晏注：“马曰：亦不进，亦不必退，惟义所在。”刘宝楠《正义》曰：“逸民或治则进，乱则退，或虽治亦退，或虽乱亦进，行各不同，皆未适于大道。惟夫子本从心之矩，妙隐见之权，进退皆视乎义。义苟可进，虽乱亦进；义苟可退，虽治亦退。《孟子》云：孔子可以仕则仕，可以止则止，可以久则久，可以速则速。久谓久居其国，速谓速去，此孔子之行也。孟子以孔子为圣之时，此注则以义衡之。义者，宜也，即时也，故《易》传屡言时义也。”《彖》曰：“遁之时义大矣哉！”即谓遁卦，有天道人道之时义。

亨　《彖》曰：“遁亨，遁而亨也。刚当位而应，与时行也。”六月，四阳退于上，二阴起于下。初与四应，二与五应，以阴应阳，品物咸章，故亨。六二，柔居下卦之中，以阴居阴，得中得位。九五，刚居上卦之中，以阳居阳，得中得位。九五之阳，得六二之应，为当位而应。遁而亨，当位而应，皆谓刚遁而亨，刚当位而应，谓阴阳与时偕行所致。《礼记·月令》：“季夏之月，温始至，蟋蟀居壁，鹰乃学习，腐草为萤。”又，“是月也，树木方盛，乃命虞人，入山行木，毋有斩伐，不可以兴土功，不可以合诸侯，不可以起动众。毋举大事，以摇养气。毋发令而待，以妨神农之事。水潦盛昌，神农将持功，举大事则有天殃。”又，“是月也，土润溽暑，大雨时行，烧薙行水，利以杀草，如以热汤。可以粪田畴，可以美土疆。”以上所谓，皆阳遁之时，与时偕行事宜。

《月令》云：“季夏行春令，则谷实鲜落，国多风欬。民乃迁徙。”朱彬《礼记训纂》：“郑注：辰之气乘之也。未属巽，辰又在巽位，二气相乱为害。风向转移物也。高注《吕氏春秋》曰：春木王，木性堕落，阳发多雨，而行其令，故谷实散落，民病风欬，上气也。民迁徙移家，春阳布散也。”经云，“行秋令，则丘隰水潦，禾稼不熟，乃多女灾。”《礼记训纂》：“郑注：戌之气乘之也。九月宿直奎，奎为沟渎，沟渎与此月大雨并，而高下皆水，伤于水也。高注《吕氏春秋》曰：丘，高；隰，下也。言高下有水潦，象金气也，故杀禾稼，使不成熟也。金干火，故多女灾。女灾，生子不育也。”又，经云，“行冬令，则风寒不时，鹰隼早鸷，四鄙入保。”《训纂》：“郑注：丑之气乘之也，得疾厉之气也，象鸟雀之走窜也，都邑之城曰保。高注《吕氏春秋》曰：冬阴闭固而行其令，故寒风不节也。鹰隼早鸷，象冬气杀戮，四界之民畏寇贼之来，故入城郭自保守也。”以上所谓，皆不当令。故与时行则亨，不与时行则不亨。

《吕氏春秋·首时》曰：“圣人之于事，似缓而急，似迟而速，以待时。王季历困而死，文王苦之有不忘羑里之丑，时未可也。武王事之，夙夜不懈，亦不忘玉门之辱。

立十二年，而成甲子之事，时固不易得。”又曰，“有汤、武之贤，而无桀、纣之时不成；有桀、纣之时，而无汤，武之贤亦不成。圣人之见时，若步之与影，不可离。故有道之士，未遇时，隐匿分窜，勤以待时。”高诱注：“若武王会于孟津，八百诸侯皆曰：纣可伐矣。武王曰：汝未知天命也。还归二年，似迟也。甲子之日，克纣于牧野，故曰待时。”《扬子法言·渊骞》曰：“或曰：隐者也。曰：昔之隐者，吾闻其语矣，又闻其行矣。或曰：隐者多端。曰：固也。圣言圣行，不逢其时，圣人隐也；贤言贤行，不逢其时，贤者隐也；谈言谈行，而不逢其时，谈者隐也。昔者箕子之漆其身也，狂接舆之被其发也，欲去而恐罹害者也。箕子之《洪范》，接舆之歌凤也哉！”李轨注：“昔之隐者，文王拘于羑里，而重《易》六爻；箕子隐于殷朝，而为周陈《洪范》；接舆之在楚，而歌凤兮。”是以古之圣贤，务在唯时，时进则进，时退则退，与万物始终，与时事偕行，为亨通。

又，《系辞传》曰：“往者屈也，来者信也，屈信相感，而利生焉，尺蠖之屈，以求信也；龙蛇之蛰，以存身也；精义入神，以致用也；利用安身，以崇德也。过此以往，未之或知也。穷神知化，德之盛也。”《释文》：“信，本又作伸，同音申。韦昭《汉书音义》云：古伸字。”荀爽曰：“阴气往，则万物屈者也。阳气来，则万物信者也。以喻阴阳气，屈以求信也。”侯果曰：“不屈则不信，不蛰则无存，则屈蛰相感，而后利生矣。以况无思得一，则万物归思之矣。《庄子》曰：古畜天下者，其治一也。《记》曰：通于一，万事毕，无心得，鬼神服，此之谓矣。蠖，屈行虫。郭璞云：蝍蝛也。”按，一谓道。《九家易》曰：“利用，阴道用也，谓姤时也。阴升上究，则乾伏坤中，屈以求信。阳当复升，安身嘿处也。时既潜藏，故利安身，以崇其德。崇德，体卑而德高。”遁卦，姤卦之次，亦乾伏坤下，屈以求伸，故谓遁亨。

郑康成曰：“遁，逃去之名也。艮为门阙，乾有健德，于体有巽，巽为进退。君子出门，行有进退，逃去之象。二、五得位而有应，是用正道。”用正道则通，故亨。虞翻曰：“阴消姤二也。艮为山，巽为入，乾为远，远山入藏，故遁。以阴消阳，子弑其父，小人道长，避之乃通，故遁而通。则当位而应，与时行之也。”孔颖达疏：“小人方用，君子日消。君子当此之时，若不隐遁避世，即受其害；须遁然后通，故曰遁亨。”程氏传：“遁者，阴长阳消，君子遁藏之时也。君子退藏，以伸其道，道不屈则为亨，故遁所以有亨也。在事，亦有由遁避而亨者，虽小人道长之时，君子知几退避，固善也。然事有不齐，与时消息，无必同也。”朱熹曰：“为卦二阴浸长，阳当退避，故为遁，六月之卦也。阳虽当遁，然九五当位，而下有六二之应，若犹可以有为。但二阴浸长于下，则其势不可以不遁，故其占，为君子能遁，则身退而道亨。”

小利贞　泰卦，乾下坤上，卦辞曰："小往大来。"谓阴往阳来。否卦，坤下乾上，卦辞曰："大往小来。"谓阳往阴来。是阴为小，阳为大。小利贞，谓阴来阳往，夏长秋成，以利天地万物之正道。《彖》曰："小利贞，浸而长也，遁之时义大矣哉。"《广韵·沁韵》："浸，渐也。"孔颖达疏："浸者，渐进之名。"谓寒来暑往，相推成岁，相感生利，于四时变化，意义很大。《说文》曰："未，味也，六月滋味也。五行木老于未，象木重枝叶也。凡未之属，皆从未。"段玉裁注："老则枝叶重迭，故其字象之。"饶炯《部首订》："未从木，重其枝叶，指事者。言其时，万物滋长。"高鸿缙《字例》："后世借为午未，或未有之未。"按，《汉帛书·老子德经甲本》曰："为无为，事无事，味无未。"是未与味通。故《史记·律书》曰："未者，言万物皆成，有滋味也。"又，巽为木。遁卦，兼三才而两之，巽之象，象木枝叶重迭，为六月。阳生物，阴成物。六月二阴助阳，是以万物未然，为小利贞。

桂馥《说文解字义证》："《释天》：太岁在未曰协洽。李巡云：阳气欲化万物，故曰协洽。协，和；洽，合也。馥案：阳气，当为阴气。高注《淮南·天文训》：阴欲化万物，和合协洽。味也者，《广雅》：未，味也。《白虎通》：未，味也。《淮南·天文训》；未者，味也。六月滋味也者，《易乾凿度》：坤养之于西南方，位在六月。《白虎通》：六月，律谓之林钟何？林者众也，万物成熟，种类众多。本书**利**下云：未，物成有滋味。[illegible]下云：果熟有味。《书·洪范》：木曰曲直，曲直作酸。《檀弓》：必有草木之滋焉。注云：增以香味。《史记·律书》：未者，言万物皆成，有滋味也。《五行大义论》：未者，味也，物向盛，皆有气味也。《晋书·乐志》：六月未。未，味也，言时物向成，有滋味。《汉书·律历志》：林钟，林，君也，言阴气受任，助蕤宾，君主种物，使长大茂盛也。位于未，在六月。"是六月阴来化物，万物向成，阴为小，为小利贞。

《说文》："申，神也，七月阴气成体，自申束。""酉，就也，八月黍成，可为酎酒。""戌，滅（灭）也，九月阳气微，万物毕成，阳下入地也。"又，"亥，荄也，十月，微阳起接盛阴。从二，二，古文上字。一人男，一人女也。从乚，象怀子咳咳之形。"自五月阴来**姤**阳，六月阴进阳退，至十月纯阴，阳退于阴下，物由长成，而老而根生，是阴作成物之妙。《彖》曰："小利贞，浸而长也，遁之时义大矣哉！"即谓阳遁阴长，利于万物生长正道，故阳遁之时，意义重大。

《象》曰："天下有山，遁，君子以远小人，不恶而严。"遁卦，上为乾，下为艮，阳为君子，阴为小人。阴进阳退，为君子以远小人，为遁。又，乾为王，艮为山，王道消退，唯山可遁，为遁。初之三为艮，艮为高山；二之四为巽，巽为木为林；四之上为乾，乾为天，天有白云。是白云之下，高山之上，林木之中，为隐遁之象。又，初之三为艮，艮为门阙；二之四为巽，巽为进退；四之上为乾，乾为君子。下为内，上为外，为君子退于庙堂之外，为隐为遁。王弼注：“天下有山，为阴长之象。”乾天为阳，艮山为地之长，即阴之长。天下有山，为阴长阳退之象，为遁。《周易集解纂疏》：“乾为天，纯阳以喻君子。艮为山，二阴消阳，以比小人。阴在下而浸长，若山欲侵于天。阳在上而自尊，若天常远于山，故曰：天下有山，遁。”

《白虎通·号》曰：“或谓君子者何？道德之称也。君之为言群也；子者，丈夫之通称也。”陈立疏证：“《法言·道术篇》云：乐道者谓之君子。《荀子·解蔽篇》云：类是而几，君子也。《韩诗外传》云：君者，群也。《周书·谥法》云：从之成群曰君。又《太子晋》云：侯能成群谓之君。皆以群训君，迭韵也。《论语·学而》云：子曰。《集解》引马注云：子者，男子之通称。《文选》注，引刘熙《孟子》注云：子，通称也。《左传》昭十二年：从我者子乎？注：子，男子之通称也。《易·系辞传》：是故君子所居而安者。《集解》引虞注云：君子谓文王。是天子称君子也。《荀子·大略篇》：君子听律习容而后士。注：君子，在位者之通称。在位则兼及诸侯也。《仪礼·士相见礼》：凡侍坐于君子。注：君子谓卿大夫，及国中贤者也。是卿大夫称子也。《礼记·玉藻》：古之君子必佩玉。注：君子，士已上。是士亦称君子也。《诗·东门之池·序》：而思贤女，以配君子。疏：妻谓夫为君子。又，《小戎》云：言念君子。是庶人亦称君子也。是其通称，自天子至于民也。”又，《虞书·大禹谟》曰：“君子在野，小人在位。”孔氏传：“废仁贤，任奸佞。”《三国志·蜀书·诸葛亮传》：“亲贤臣，远小人，此先汉所以兴隆也；亲小人，远贤臣，此后汉所以倾颓也。”《朱子语类·否》：“君子、小人，只是个正不正。”按，君子、小人，或道德之称，或见识之称，亦或道德见识统称。《象》曰：“君子以远小人。”乃道德之称。盖道不同，不相谋，疏远之意。《大雅》曰：“无纵诡随，以谨无良。”即是。

《说文》：“恶，过也。”又，“憎，恶也。”段玉裁注：“人有过曰恶，有过而人憎之，亦曰恶。本无去、入之别。后人强分之。”桂馥义证：“过也者，《论语》不念旧恶。定五年《左传》：吾以志前恶。杜注：恶，过也。”又，“恶也者，当为䛩，本书：䛩，相毁也。经典承用恶字。《广雅》：憎，恶也。《方言》：宋、鲁凡相恶，谓之谆憎。《诗·鸡鸣》：无庶予子憎。传云：无见恶于夫人。隐三年《左传》：周、郑交恶。杜注：两相疾恶也。”《说文》：“嚴（严），教命急也。”段注：“赵注《孟子》曰：事嚴，丧事急。从吅，敦促之意。”桂馥证：“教命急也者，《广韵》引作嚴令急也。《五音集韵》、《六书故》，引作教令。《释名》：嚴，儼也，儼然人惮之也。《学记》：师嚴然后道尊。《论语》：

听其言也厉。注云：厉，嚴也。”《象》曰：“不恶而严。”言君子对小人，不交恶，而急切教命，使之从善。

《论语·泰伯》：“子曰：笃信好学，守死善道。危邦不入，乱邦不居。天下有道则见，无道则隐。”《正义》曰：“此章劝人守道也。子曰：笃信好学者，言厚于诚信，而好学问也。守死善道者，守节至死，不离善道也。危邦不入，乱邦不居者，乱谓臣弑君，子弑父；危者，将乱之兆也；不入，谓始欲往，见其乱兆，不复入也；不居，谓今欲去，见其已乱。则遂去之也。天下有道则见，无道则隐者，言值明君，则当出仕；遇暗主，则当隐遁。”遁卦，上乾为君子，为健，为刚，正行不二，为笃信好学，守死善道。下艮以阴干阳，以下犯上；又艮为门阙，乾在门外，为君子危邦不入，乱帮不居。阳长为有道，有道则阳见；阴长为无道，无道则阳隐。《象》曰：“天下有山，遁。”即阴长阳消，天下无道则隐。

《楚辞·涉江》曰：“山峻高以蔽日兮，下幽晦以多雨。霰雪纷其无垠兮，云霏霏而承宇。哀吾生之无乐兮，幽独处乎山中。吾不能变心而从俗兮，固将愁苦而终穷。接舆髡首兮，桑扈臝行。忠不必用兮，贤不必以。伍子逢殃兮，比干菹醢。与前世而皆然兮，吾又何怨乎今之人。余将董道而不豫兮，固将重昏而终身。”又曰，“阴阳易位，时不当兮。怀信侘傺，忽乎吾将行兮！”王逸注：“或曰：日以喻君，山以喻臣，霰雪以兴残贼，云以象佞人。山峻高以蔽日者，谓臣蔽明君也。下幽晦以多雨者，群下专擅施恩惠也。霰雪纷其无垠者，残贼之政害仁贤也。云霏霏而承宇者，佞人并进满朝廷也。”朱熹《楚辞集注》：“阴谓小人，阳谓君子。将行，谓将远去也。”故天下有山，遁，以远小人，不随其流，不受其害。

虞翻曰：“君子谓乾，乾为远。为严；小人谓阴，坤为恶，为小人。故以远小人，不恶而严也。”侯果曰：“群小浸盛，刚德殒削，故君子避之也。高尚林野，但矜严于外，亦不恨恶于内，所谓吾家耄逊于荒也。”李道平《纂疏》：“吾家耄逊于荒，《书·微子》文。言吾家老成之人，皆逃遁于荒郊之外。引之以明远小人之义。”《论语·泰伯》曰：“人而不仁，疾之已甚，乱也。”注：“包曰：疾恶太甚，亦使其为乱。”《正义》曰：“不仁之人，未有势位以惩禁之，而疾之已甚，或为所侮贼，亦致乱也。《大戴礼记·曾子立事篇》：君子恶人之为不善，而弗疾也。即此意。郑注云：不仁之人，当以风化之；若疾之甚，是益使为乱。”程氏传：“君子观其象，以避远乎小人。远小人之道，若以恶声厉色，适足以致其怨忿；唯在乎矜庄威严，使知敬畏，则自然远矣。”朱骏声《六十四卦经解》：“天下无邦，惟山可遁。又图其暂安，苟得为之，孔孟所屑也。王允、谢安之于汉晋是也。时当危行言逊，小人疾之已甚则乱。子曰：近之则不孙，远之则怨。孔孟之于虎𩧢亦是。”

恒卦和遁卦，互为邻卦。《序卦传》：“恒者，久也。物不可以久居其所，故受之以遁。遁者，退也。”天地，万物，男女，夫妇，父子，君臣，上下，礼义，皆阴阳之谓。恒卦《彖》曰：“天地之道恒，久而不已也。”《系辞传》曰：“一阴一阳之谓道。”“刚柔相推而生变化。”“变化者，进退之象也。”“《易》穷则变，变则通，通则久。”是恒中有变，变中有恒。故曰：物不可以久居其所，故受之以遁。《老子》曰：“有物混成，先天地生。寂兮寥兮，独立不改，周而不殆，可以为天下母。吾不知其名，字之曰道，强为之名曰大。大曰逝，逝曰远，远曰反。”有物混成，独立不改，周行而不殆，即谓阴阳相成为道，恒久而不已。大曰逝，逝曰远，远曰反，谓阴阳进退往反。故恒卦之后，次之以遁，即《系辞传》曰：“为道也屡迁，变动不居，周流六虚。”

临卦和遁卦，互为错卦。临卦，兑下坤上，二阳升于下，其卦辞曰：“元亨，利贞。”《彖》曰：“临，刚浸而长。”遁卦，艮下乾上，二阴升于下，其卦辞曰：“亨，小利贞。”《彖》曰：“小利贞，浸而长也。”临卦，为十二月卦，节气为小寒、大寒。冬至以后，至夏至以前，阳气渐升，万物生长。遁卦，为六月卦，节气为小暑、大暑。夏至以后，至冬至以前，阴气渐升，万物成熟。万物由生长到成熟，终而复始，为之正道。阳为大，阴为小，故阳升为元亨，利贞；阴升为亨，小利贞。《系辞传》曰：“乾知大始，坤作成物。”知，主管。谓阳主生物，阴作成物，是阴阳皆利贞，《系辞传》曰：“子曰：天下何思何虑，天下同归而殊涂，一致而百虑。”即谓天下异曲而同工，阴阳皆利正道。《周易本义》曰：“乾主始物，而坤作成之，承上文男女，而言乾坤之理。盖凡物之属乎阴阳者，莫不如此。大抵阳先阴后，阳施阴受，阳之轻清未形，而阴之重浊有迹也。”阳先阴后，是以临卦在前，遁卦在后，相反相成，而利正道。

初六，遁尾，厉，勿用有攸往。

〔译〕 初六，遁之尾后者，危恶，不用它有所前往。

《象》曰：“遁尾之厉，不往何灾也。”

〔证〕

遁尾 《说文》：“尾，微也。从到毛在尸后，古人或饰系尾，西南夷亦然。”此即倒毛之象。《方言》曰：“尾，尽也。”“尾，梢也。”钱绎笺疏：“《晋语三》云：岁之二七，其靡有微也。是尽之义也。梢，《广雅·释诂一》作稍，稍与梢通。梢，犹尾也。《玉篇》：尾，末后稍也。《史记·张仪传》：献恒山之尾五城。《索隐》：尾，犹末也。末亦梢也。尾谓之梢，亦谓之末，犹木末谓之梢矣。”《释名·释形体》：“尾，微也，承脊之末稍，微杀也。”按尾，各家有上下前后之说。于《易》，尾皆谓后。履卦，兑下乾上，卦辞曰：“履虎尾。”《彖》曰：“履，柔履刚也。说而应乎乾，是以履虎尾。”乾为虎，兑为说，兑在乾后，为说而应乎乾，为履虎尾。履虎尾，即履虎后。既济卦初九曰：“濡其尾。”上六曰：“濡其首。”是前为首，后为尾；上为首，初为尾。遁卦，初六曰：“遁尾。”即谓遁之后者。遁，谓阳遁。遁尾，即谓阳后最下之阴。王弼注：“尾之为物，最在体后者也。”是尾为末后之称，遁尾指初六阴爻。

厉　《说文》：“厉，旱石也。”《玉篇》：“厉，磨石也。”此义又写作砺。《释名·释天》：“厉，疾气也，中人如磨厉伤物也。”《广雅·释诂一》：“厉，危也。”《释诂二》：“厉，恶也。”王念孙疏证：“厉者，《大雅·桑柔篇》：谁生厉阶。毛传云：厉，恶也。《逸周书·谥法解》云：杀戮无辜曰厉。襄十七年《左传》：疠疾不降。注云：疠，恶气也。《庄子·天地篇》：厉之人，夜半生其子。郭象注云：厉，恶人也。是凡言厉者，皆恶之义也。”初六，阴居阳位，为恶为厉。《象》曰：“遁尾之厉，不往何灾也。”谓初六在艮止之下，当止而止，则不为灾。谦卦，艮下坤上。初六曰：“谦谦君子，用涉大川，吉。”《象》曰：“谦谦君子，卑以自牧也。”谦居下，当止而止。咸卦，艮下兑上。初六曰：“咸其拇。”《象》曰：“咸其拇，志在外也。”女居内，男居外，当止而止。蹇卦，艮下坎上。初六曰：“往蹇来誉。”《象》曰：“往蹇来誉，宜待也。”往蹇宜待，谓当止而止。艮卦，艮下艮上。初六曰：“艮其趾，无咎，利永贞。”《象》曰：“艮其趾，未失正也。”当止而止，故未失正。渐卦，艮下巽上。初六曰：“鸿渐于干，小子厉，有言，无咎。”《象》曰：“小子之厉，义无咎也。”当止而渐进，故曰小子厉，虽于义无咎。旅卦，艮下离上。初六曰：“旅琐琐，斯其所取灾。”《象》曰：“旅琐琐，志穷灾也。”当止不止，志穷取灾。小过卦，艮下震上。初六曰：“飞鸟以凶。”《象》曰：“飞鸟以凶，不可如何也。”当止不止，以此而凶。艮为止象，遁卦初六，为阳遁之尾随，为阴厉，若止而不往，亦不为灾。初六，阴占阳位，为厉。

《吕氏春秋·有始览》：“西北曰厉风。”高诱注：“乾气所生，一曰不周风。”《庄子·齐物论》：“厉风济，则众窍为虚。”《释文》：“厉风，司马云：大风。向、郭云：烈风。”遁卦，四之上为乾，初之三为艮，艮为山，位西北，二之四为巽，巽为风，是为乾气所生，西北不周山之大风、烈风，即厉风，故曰厉。遁尾厉，谓阳气依次而遁，阴气逐渐肃厉。《月令·孟秋之月》：“凉风至，白露降，寒蝉鸣，天地始肃。”《仲秋之月》：“是月也，日夜分，雷始收声，蛰坏户，杀气浸盛，阳气日衰，水始涸。”《季秋之月》：“是月也，霜始降，则百工休。寒气总至，民力不堪，其皆入室。”《孟冬之月》：“水始冰，地始冻，雉入大水为蜃，虹藏不见。天气上腾，地气下降，天地不通，闭塞而成冬。”坤卦初六曰：“履霜坚冰至。”《象》曰：“履霜坚冰，阴始凝也，驯至其道，至坚冰也。”即谓自六月以后，阴气浸长，由秋到冬，阴来为厉。

勿用有攸往 由六月遁卦往前，则为七月否卦，坤下乾上。《彖》曰：“否之匪人，不利君子贞。大往小来，则是天地不交，而万物不通也；上下不交，而天下无邦也；内阴而外阳，内柔而外刚，内小人而外君子；小人道长，君子道消也。”往前为八月观卦，坤下巽上。四阴于下，二阳于上，阴盛阳衰，阴进阳退。故初六曰：“童观，小人无咎，君子吝。”《象》曰：“初六童观，小人道也。”又，六二曰：“闚观，利女贞。”《象》曰：“闚观女贞，亦可丑也。”往前为九月剥卦，坤下艮上。《彖》曰：“剥，剥也，柔变刚也。不利有攸往，小人长也。”朱熹曰：“剥，落也。五阴在下而方生，一阳在上而将尽，阴盛长而阳消落，九月之卦也。阴盛阳衰，小人壮而君子病。又内坤而外艮，有顺时而止之象。故占得之者，不可有所往也。”自遁至剥，皆有艮止之象，且小人道长，君子道消，故曰不用有攸往。《象》曰：“遁往之厉，不往何灾也。”言遁尾之阴，不往上升，则阳无受剥之灾，谓阳当止阴，勿纵其往。坤卦《文言》谓初六曰：“积善之家，必有余庆；积不善之家，必有余殃。臣弑其君，子弑其父，非一朝一夕之故，其所由来者渐矣，由辩之不早辩也。《易》曰：履霜坚冰至。盖言顺也。”故遁卦初六曰：“勿用有攸往。”即谓不使阴小厉物，有所浸长前往。

《大雅·民劳》云：“无纵诡随，以谨丑厉。式遏寇虐，无俾正败。戎虽小子，而式弘大。”毛传：“诡随，诡人之善，随人之恶者；丑，众；厉，危也；戎，大也。”郑笺：“谨，犹慎也；厉，恶也；败，坏也，无使先王之正道坏；戎，犹女也；式，用也；弘，犹广也。今王女虽小子自遇，而女用事于天下，甚广大也。《易》曰：君子出其言善，则千里之外应之，况其迩者乎？出其言不善，则千里之外违之，况其迩者乎？是以此戒之。”孔颖达疏：“又当无纵诡随之人，以此敕慎众，为危殆之行者。又用此止其寇虐之害，无使王之正道败坏也。所以须然者，在王之大位者，虽小子，而用事甚大。大不可不慎，故须息劳民，而止寇虐也。”又，《正义》曰：“《易》之言厉者，皆危之义。乾九三，夕惕若厉之类，皆是危也，故以为危。丑厉，谓众为恶行，以恶人者也。”《诗集传》引苏氏曰：“人未有无故，而妄从人者，维无良之人，将悦其君，而窃其权，以为寇虐则为之。故无纵诡随，则无良之人肃，而寇虐无畏之人止。然后柔远能迩，而王室定矣。”按，《诗序》曰：“《民劳》，召穆公刺厉王也。”笺云：“厉王，成王七世孙也。时赋敛重数，徭役繁多，人民劳苦，轻为奸宄，强陵弱，众暴寡，作寇害，故穆公以刺之。”遁卦，四之上为乾，乾为王；初之三为艮，艮为阳止阴，为王无纵诡随，以谨丑厉之象。故初六勿用有攸往，犹无纵诡随，以谨无良之义。

六二，执之用黄牛之革，莫之胜说。

〔译〕　六二，用黄牛皮绳缚住它，使它不能挣脱。

《象》曰：“执用黄牛，固志也。”

〔证〕

执之用黄牛之革　《说文》：“執（执），捕罪人也。从丮从㚔，㚔亦声。”又，《说文》曰：“丮，持也，象手有所丮据也。”丮，甲骨文象一人侧面蹲踞，伸出两手，有所作为。董作宾《殷历谱》曰：“㚔，象手械之象，盖加于俘虏之刑具也。”赵诚《卜辞分类读本》曰：“丮，象跪立举起两手之形；㚔，一种将人双手系住的刑具，是比较原始的木手铐。作为动词，其本义当为系人双手；甲骨文用来表示夹取，即强制地带来，或綑着拿来，则为引伸义。如㚔羌（京一二八二）。甲骨文还用作夹击之义，则为进一步引伸。如：贞，我弗其㚔吕方（遗一七一）。㚔字，现在都写作幸。㚔丮从㚔从丮，象用㚔箝制人的两腕。㚔丮后代楷书写作執。甲骨文用作动词，有两种意义：一、捕執之义。如：王乎執羌（前八·八·二）。乎，即呼，有命令之义，这里是去捕執（尚未捕得）之义。二、夹击之义。如：己巳贞，執井方（粹一一六三）。大体看来，執和幸的意义比较相近，有的地方基本重复。后来，幸向另外一个方向发展，逐渐和執义分开；现在，幸和執基本上成了两个，意义毫无关系的词。幸有幸福、幸运之义，和本义完本相反。”《小雅·出车》：“执讯获丑，薄言还归。”郑笺：“执其可言问所获之众，以归者。”师卦六五曰：“田有禽，利执言。”《诗》云执讯，《易》曰执言。随卦上六曰：“拘系之，乃从维之。”执，犹拘系之意。

《说文》：“革，兽皮治去其毛曰革。”又，“韦，兽皮之革，可以束物。”段玉裁注：“生革为缕围束物。”《大雅·皇矣》：“不大声以色，不长夏以革。”《毛诗传笺通释》：“夏谓夏楚，扑作刑也；革谓鞭革，鞭作官刑也。”《史记·孔子世家》：“孔子晚而喜《易》，序彖、系、象、说卦、文言。读《易》，韦编三绝。”古以竹简为书，用皮绳编缀，故曰韦编。《汉书·郑崇传》颜注：“熟曰韦，生曰革。”析言韦、革，统言为革。执之用黄牛之革，即用坚韧耐用黄牛之皮，制成绳鞭，将其拘系。按，初之三为艮，艮为手为止，用手止之为执；初之二为坤阴，坤阴为牛为地，地色黄，为黄牛；又，艮象内柔外刚，为肤为皮，巽为绳，为皮绳：合为执之用黄牛之革。《周易集解纂疏》：“艮为手，称执者，《九家说卦》曰：坤为黄，又为子母牛，故为黄牛。又曰艮为肤，皮肤同义。乾阳为骨，坤阴为肉。乾三覆坤成艮，在肉之外，故为皮。《考工记》：攻皮之工五：函、鲍、鞹、韦、裘。始析谓之皮，已干谓之革，既熟谓之韦，其实一物也。故执之用黄牛之革也，以艮手持革缚之。”

莫之胜说 《邶风·北门》：“莫知我艰。”《魏风·硕鼠》：“莫肯我顾。”莫，皆不义。蒙卦初六曰：“利用刑人，用说桎梏。”说，为脱，虞翻曰：“胜，能；说，解也。”解，解脱。莫之胜说，谓不能解脱。《小雅·白驹》：“皎皎白驹，食我场苗。絷之维之，以永今朝。所谓伊人，于焉逍遥。皎皎白驹，食我场藿。絷之维之，以永今夕。所谓伊人，于焉嘉客。皎皎白驹，贲然来思，尔公尔侯，逸豫无期。慎尔优游，勉尔遁思，皎皎白驹，在彼空谷。生刍一束，其人如玉。毋金玉尔音，而有遐心。”毛传：“宣王之末，不能用贤，贤者有乘白驹而去者。絷，绊；维，系也。”郑笺：“永，久也。愿此去者，乘其白驹而来，使食我场中之苗；我则绊之系之，以永今朝。爱之欲留之，所谓是乘白驹而去之贤人，今于何游息乎？思之甚也。”《诗集传》曰：“言此乘白驹者，若其肯来，则以尔为公，以尔为侯，而逸乐无期矣。犹言横来，大者王，小者侯也。岂可以过于优游，决于遁思，而终不我顾哉！”又曰，“贤者必去而不可留矣，于是叹其乘白驹入空谷，束生刍以秣之。而其人之德美如玉也，盖已邈乎其不可亲矣。然犹冀其相闻而无绝也，故语之曰：毋贵重尔之音声，而有远我之心也。”马五尺以上曰驹。白驹，贤者所乘。遁卦六二之执之，犹《白驹》之絷之维之，即绊之系之；莫之胜说，犹言以永今朝，以永今夕。皆谓愿与去而来之贤者结好，不使决绝。《象》曰：“执用黄牛，固志也。”谓用黄牛之革鞭执之，使贤者不致逸去，以此固定其比辅之志。革卦初九曰：“巩用黄牛之革。”朱熹曰：“革，所以固物。”遁卦六二，得中得正，有比辅九五正德，故当巩用黄牛之革，以固其志。

《说文》曰：“黄，地之色也。”《左传》昭公十二年：“故曰黄裳元吉。黄，中之色也。”《白虎通·号》曰：“黄者，中和之色，自然之性。”又，《说文》曰：“牛，事也，理也。”段玉裁注：“事也者，谓能事其事也，牛任耕。理也者，谓其文理可分析也。庖丁解牛，依乎天理，批大郤，道大窾。”按，《象》曰：“执用黄牛，固志也。”亦谓用黄中通理，以固其阴辅阳，臣事君之志。六二上应九五，有中和顺应之象。程氏传：“二与五为正应，虽在相违遁之时，二以中正顺应于五，五以中正亲合于二，其交自固。黄，中色；牛，顺物；革，坚固之物。二、五以中正顺道相与，其固如执系之以牛革也。莫之胜说，谓其交之固。”又曰，“上下以中顺之道相固结，其心志甚坚，如执之以牛革也。”

《虞书·尧典》之《序》曰：“昔在帝尧，聪明文思，光宅天下。将逊于位，让于虞舜。”孔氏传：“言（尧）圣德之远著。逊，遁也。老使摄，遂禅之。”《释文》：“遁，本作遯，退也。避也。遂禅，让也，授也。”《正义》曰：“言昔日，在于帝号尧之时也，此尧身智无不知聪也，神无不见明也。以此聪明之神智，足可以经纬天地，即文也。又神智之运，深敏于机谋，即思也。聪明文思，即其圣性，行之于外，无不备知，故此德充满，居止于天下而远著。德既如此，政化有成，天道冲盈，功成者退。以此故将逊，遁避于帝位，以禅其有圣德之虞舜。”又，《舜典》之《序》曰：“虞舜侧微，尧闻之聪明，将使嗣位，历试诸难。”孔氏传：“（舜）为庶人，故微贱。嗣，继也。试以治民之难事。”《正义》曰：“经文所云：慎微五典，纳于百揆，宾于四门，皆是试以治民之难事也。”尧历试舜以诸难，委以重任，使无辞让之心，可谓执之用黄牛之革，莫之胜说。遁卦，艮下乾上。九五逊遁之君，唐尧当之；六二侧微山中，虞舜当之。唯六二中正，与九五中正顺应，故当执用黄牛，以固其比辅继嗣之志。

九三，系遁，有疾厉；畜臣妾吉。

〔译〕 九三，缚住遁者，有疾惫；畜养臣妾，则吉利。

《象》曰：“系遁之厉，有疾惫也；畜臣妾吉，不可大事也。”

〔证〕

系遁 《说文》：“係（系），絜束也。从人，系声。”段玉裁注：“絜者，麻一耑也。絜束者，围而束之。《左传》：係舆人，又以朱丝係玉二瑴，束之义也。束之，则缕与物相联属，谓之係。”朱骏声《说文通训定声》：“係，从人从系，会意，与结略同。《易·遁》：係遁。虞注：巽绳为係。《吴语》：係马舌。注：缚也。《越语》：係妻孥。注：繫也。《孟子》：係累其子弟。注：犹缚结也。《淮南·本经》：傒人之子女。字亦作傒。”随卦，震下兑上。六二曰：“系小子，失丈夫。”阴为小，阳为大。谓六二系于六三小子之下，则失初九丈夫。六三曰：“系丈夫，失小子。”谓六三系于九四丈夫之下，则失六二小子。《象》曰：“系丈夫，志舍下也。”是系，谓系于其下。遁卦，谓阳气遁。九三殿后，故曰系遁。又，二之四为巽，巽为绳。九三当巽之中，是系遁之象，即缚遁之象。

有疾厉 《象》曰：“系遁之厉，有疾惫也。”《说文》：“㒞（惫），㦽也。”桂馥义证：“㦽也者，《广韵》：惫，疲劣。《玉篇》：惫，极也 疲劳也。《广雅》：惫，羸困也。《一切经音义七·通俗文》：疲极曰惫；惫，疲劣也。馥案：惫，病也；病，如《孟子》今日病矣之病。《易》遁卦：系遁之厉，有疾惫也。郑注：惫，困也。《既济》：三年克之，惫也。虞云：坎为劳，故惫也。《列子》：昼则呻呼即事，夜则昏惫而熟寐。《汉书·樊哙传》：又何惫也。颜注：惫，力极也。”爻言疾厉，《象》曰疾惫，是疾厉即疾惫之意。《吕氏春秋·季夏之月》云：“是月也，土润溽暑，大雨时行。”《月令辑要》云：“六月长夏，炎火行，广化象。”按，《实用农历》云：“小暑、大暑在七月（夏历六月）。

本月是一年中，最炎热的月份，全国普遍高温，进入伏天，最高气温可达四十摄氏度左右。雨带由南向北，移动到黄淮流域、华北等地，台风将侵袭沿海诸省。本月，要做好防汛、抗旱、防暑工作。早稻适时抢收，中稻施好分蘖肥穗肥，棉花中耕松土、摘顶、施花肥，防治红蛉虫和棉蛉虫。抢时抢种晚秋作物。”我国古为农业国，六月农事纷繁，若系住阳气不退。事必多疾而疲惫，故曰：“系遁，有疾厉。”《白虎通·诛伐》云：“《易》曰：先王以至日闭关，商旅不行。夏至阴始起。反大热何？阴气始起，阳气推而上，故大热也。冬至阳始起，反大寒何？阴气推而上，故大寒也。”《易稽览图》云：“冬至之后，三十日极寒；夏至之后，三十日极温。”大暑，在夏至后三十日，故极热，有疾厉。又，二之四互巽，巽在伏羲卦位，为西南，时当五、六月，正为夏至至大暑，是以为有疾厉之象。又，三多凶，刚而过中，故有疾厉象。

畜臣妾吉　《象》曰：“畜臣妾吉，不可以大事。”《说卦传》曰：“艮为门阙。”遁卦，上乾为王，下艮为门阙，门阙内之阴，为臣为妾。《系辞传》曰：“吉凶者，言乎其失得也。”九三得畜臣妾，故吉。又曰，“自天祐之，吉无不利。”九三上有乾，乾为天。为自天祐之，吉无不利。万物得阳气生长，得阴气养成。六月阴气尚未成体，而待畜养，故《象》曰不可大事也，以免伤阴害物。《吕氏春秋·季夏纪》云：“是月也，树木方盛，乃命虞人，入山行木，无或斩伐。不可以兴土功，不可以合诸侯，不可以起兵动众。无举大事，以摇荡于气。无发令而干时，以妨神农之事。水潦盛昌，命神农将巡功；举大事则有天殃。”高诱注：“土功，筑台穿池。合诸侯，造盟会也。举动兵众，思启封疆也。大事，征伐也。于时不时，故曰摇荡于气。于此时，或举大事，妨害农事，禁戒之云：有天殃之罚。”九三，畜养阴气，不举大事，不误农时，故无天殃，而有吉利。按，《月令》云：“毋举大事，以摇养气。”郑注养气为土神之气。土气即阴气，是谓阴气尚弱，不得摇荡，故不可大事。古曰，六、腊不用兵，即是。

又，《小雅·我行其野》云：“昏姻之故，言就尔居。尔不我畜，复我邦家。”孔颖达疏：“妇人言我嫁他族以求夫，唯得无行不信之恶夫。既得恶夫遇己不善，乃责之言：我以我父之昏，尔父之姻，二父敕命之故，我就尔居处为室家耳。我岂无礼而来乎，而恶我也？尔既不我畜养，今当复反我之邦家矣。与之自诀之辞。”《诗序》曰：“《我行其野》，刺宣王也。”郑笺：“刺其不正嫁取之数，而有荒政多淫昏之俗。”按，畜妻妾者，妻妾不去；畜臣民者，臣民不往。其理如一，故曰畜臣妾吉。谓畜之如臣之重，养之如妾之亲，则人心归向，何用系遁，故而吉利。又，《易乾凿度》曰：“初为元士，二为大夫，三为三公，四为诸侯，五为天子，上为宗庙。”《周书·周官》曰：“立太师、太傅、太保，兹惟三公。论道经邦，燮理阴阳。”孔氏传：“师，天子所师法；傅，傅相天子；

保，保字天子于德义者，此惟三公之任。佐王论道，以经纬国事，和理阴阳，言有德乃堪之。”九三，三公。上为乾，为仰承天子；下为阴，为俯畜臣妾，是为王畜臣妾吉。爻曰：“系遁，有疾厉；畜臣妾吉。”谓遁心不可系，有疾厉；唯畜臣妾方为吉利。《周礼·小宰》曰：“大事则从其长，小事则专达。”《左传》成公十三年：“国之大事，在祀与戎。”九三，不当天子、诸侯之位，又非值事之长，故虽贵为三公，亦不可决断大事。《论语·泰伯》：“子曰：不在其位，不谋其政。”艮卦《象》曰：“兼山，艮，君子以思不出其位。”遁卦，艮下乾上，有兼山艮止之象，是以不可大事，亦思不出其位之义。

九四，好遁，君子吉，小人否。

〔译〕 九四，好待隐遁者，君子吉利，小人否塞。

《象》曰：“君子好遁，小人否。”

〔证〕

好遁 《说文》：“好，美也。从女子。”徐锴系传：“子者，男子之美称也，会意。”段玉载注：“好，本谓女子，引伸为凡美之称。凡物之好恶，引伸为人情之好恶，本无二音，而俗强别其音，会意。”按，《说文》之例，但言从女，某声。从女子者，盖言从女、子相得为好，会意。是徐锴系传义长。《商书·说命上》：“王宅忧，亮阴三祀。既免丧，其惟弗言。群臣咸谏于王曰：呜呼！知之曰明哲，明哲实作则。天子惟君万邦，百官承式。王言惟作命；不言，臣下罔攸禀令。王庸作书以诰曰：以台正于四方，台恐德弗类，兹故弗言。恭默思道，梦帝赉予良弼，其代予言。乃审厥象，俾以形旁求于天下。说筑傅岩之野，惟肖，爰立作相，王置诸其左右。命之曰：朝夕纳诲，以辅台德。”《书序》曰：“高宗梦得说，使百工营求诸野，得诸傅岩。”孔氏传：“傅氏之岩，在虞、虢之界，通道所经，有涧水坏道，常使胥靡刑人，筑护此道。说贤而隐，代胥靡筑之，以供食也。”高宗梦寐以求傅说，以说为师，傅说隐者，是为好遁。《说卦传》曰：“乾为君。”九四，上乾之初，是高宗初为王时。《文言》曰：“元者，善之长也。”《广韵》：“善，好也。”九四在乾，乾为元为善为好，于遁为好遁。

君子吉 《史记·殷本纪》：“帝小乙崩，子武丁立。帝武丁即位，思复兴殷，而未得其佐。三年不言，政事决定于冢宰，以观国风。武丁夜梦得圣人，名曰说。以梦所见，视群臣百吏，皆非也。于是乃使百工，营求之野，得说于傅险中。是时说为胥靡，筑于傅险。见于武丁，武丁曰是也。得而与之语，果圣人。举以为相，殷国大治。故遂以傅险姓之，号曰傅说。武丁修政行德，天下咸欢，殷道复兴。”又，《书序》之《正义》曰：“《世本》云：盘庚崩，弟小辛立；崩，弟小乙立；崩，子武丁立。是武丁为盘弟小乙子也。《丧服四制》云：高宗者，武丁，武丁者，殷之贤王也。当此之时，殷衰而复兴，礼废而复起，中而高之，故谓之高宗。是德高可尊，故号高宗也。”九四曰：“好遁，君子吉。”高宗得傅说而中兴，即此之谓。九四阳，阳为君子；在乾之下，得天之祐为吉，是以为君子吉。

小人否 《史记·周本纪》：“公季卒，子昌立，是为西伯。西伯曰文王，遵后稷、公刘之业，则古公、公季之法，笃仁，敬老，慈少。礼下贤者，日中不暇食以待士，士以此多归之。伯夷、叔齐在孤竹，闻西伯善养老，盍往归之。太颠、闳夭、散宜生、鬻子、辛甲大夫之徒，皆往归之。崇侯虎谮西伯于殷纣曰：西伯积善累德，诸侯皆向之，将不利于帝。帝纣乃囚西伯于羑里。闳夭之徒患之，乃求有莘氏美女，骊戎之文马，有熊九驷，他奇怪物，因殷嬖臣费仲，而献之纣。纣大说，曰：此一物足以释西伯，况其多乎！乃赦西伯，赐之弓矢斧钺，使西伯得征伐。”《集解》引刘向《别录》曰：“鬻子名熊，封于楚。辛甲，故殷之臣，事纣。盖七十五谏而不听，去至周。召公与语，贤之，告文王，文王亲自迎之，以为公卿，封长子，今上党所治县是也。”伯夷、叔齐，商孤竹君之子，耻食周粟，隐于首阳山。文王得遁者而兴，纣以失遁者而亡，是君子吉，小人否。《象》曰：“君子好遁，小人否也。”盖即此类。阳气扬，阴气沉，九四与初六，阴阳不交，呈否象，以阳往阴来所致，故曰小人否。

九五，嘉遁，贞吉。

〔译〕 九五，嘉奖遁者，正道吉利。

《象》曰：“嘉遁贞吉，以正志也。”

〔证〕

嘉遁 《说文》：“嘉，美也。从壴，加声。”段玉裁注：“又曰：嘉，善也。《周礼》：以嘉礼亲万民。郑曰：嘉，善也。所以因人心所善者，而为之制。”《尔雅·释诂》：“假，嘉也。”郭璞注：“《诗序》曰：《假乐》，嘉成王也。”郝懿行义疏：“上文云：嘉，善也，美也。美、善义同，通作贺。《觐礼》云：予一人嘉之。郑注：嘉之者，美之辞也。今文嘉作贺。按，今东齐里语，美辞亦曰嘉贺，盖古之遗言也。嘉、贺俱从加声。古读嘉如柯，音转为何。何、贺音同，故嘉、贺通矣。”按，嘉本为形容词，转为动词。故《正字通·口部》曰：“嘉，褒也。”《虞书·大禹谟》：“予懋乃德，嘉乃丕绩。”孔氏传：“舜善禹有治水之大功。”《小雅·北山》：“嘉我未老，鲜我方将。”郑笺：“鲜、嘉皆善也。”《诗集传》曰：“言王之所以使我者，善我之未老而方壮，旅力可以经营四方耳。”以上皆以嘉为赞美。《左传》宣公十四年：“朝而献功，于是有容貌采章，嘉淑而有加货。”

杜预注："嘉淑，令词称赞也。"《论语·子张》："君子尊贤而容众，嘉善而矜不能。"《正义》曰："嘉者，《说文》云美也。嘉善，犹尊贤。"

《周书·微子之命》："王若曰：猷，殷王元子。惟稽古，崇德象贤，统承先王，修其礼物，作宾于王家，与国咸休，永世无穷。呜呼！乃祖成汤，克齐圣广渊，皇天眷佑，诞受厥命。抚民以宽，除其邪虐。功加于时，德垂后裔。尔惟践修厥猷，旧有令闻。恪慎克孝，肃恭神人。予嘉乃德，曰笃不忘。上帝时歆，下民祗协，庸建尔于上公，尹兹东夏。"《书序》之《正义》曰："启知纣必亡，告父师、少师，而遁于荒野。微子作诰，是其事也。武王既克纣，微子乃归之。非去纣即奔周也。传言得封之由，故言其奔周耳。"微子启，殷之遁者，成王嘉其德，封为上公，正东方华夏之国，是嘉奖遁者，盖为嘉遁。乾为亨。《文言》曰："亨者，嘉之会也。"九五，天子之位，于遁，是成王嘉遁之象。

贞吉　《微子之命》曰："钦哉！往敷乃训。慎乃服命，率由典常，以蕃王室。弘乃烈祖，律乃有民，永绥厥位，毗予一人。世世亨德，万邦作式，俾我有周无斁。呜呼！往哉惟休，无替朕命。"孔氏传："敬哉，敬其为君之德，往临人，布汝教训。慎汝祖服命数，循用旧典，无失其常，以蕃屏周室，戒之。大汝烈祖成汤之道，以法度齐汝所有之人，则长安其位，以辅我一人，言上下同荣庆。言微子累世享德，不忝厥祖，虽同公侯，而特为万国法式。汝世世享德，则使我有周，好汝无厌。叹其德，遣往之国，言当惟为美政，无废我命。"九五为正，为天子。成王封微子于宋，勉其以蕃王室，毗予一人，万邦作式，俾我有周无斁，即嘉遁利周之正，是以为贞吉。《象》曰："嘉遁贞吉，以正志也。"谓嘉遁，正定遁者之志，利于正道，为嘉遁贞吉。九五，得中得位，上为天，得天祐之，吉无不利，是贞吉之象。

上九，肥遁，无不利。

〔译〕　上九，厚养隐遁者，没有不利。

《象》曰："肥遁无不利，无所疑也。"

〔译〕

肥遁　《说文》："肥，多肉也。从肉从卪。"《广雅·释诂二》："肥，盛也。"肥，形容词，或转为动词。《左传》襄公二十九年："何必瘠鲁以肥杞。"《战国策·秦策四》："省攻伐之心，而肥仁义之诫。"《姚本》："肥，犹厚也。厚宣仁义之道。"《荀子·王制》："聚敛者，召寇肥敌。"又，《富国》曰："多粪肥田。"《淮南子·地形训》："江水肥仁而宜稻。"《史记·楚世家》："裂其地不足以肥国。"又，"裂楚之地，足以肥国。"以上，肥有厚养之义。《仪礼·乡饮酒礼》曰："出自左房。"郑氏注："阳主养。"又，《乡饮酒礼》曰："亨于堂东北。"郑注："阳气主养。"乾卦《象》曰："大哉乾元，万物资始乃统天。云行雨施，品物流行。首出庶物，万国咸宁。"是阳气养万物。上九，阳之上，肥遁，即厚养隐遁者。《诗·白驹》曰："皎皎白驹，食我场苗"；"皎皎白驹，食我场藿"；"皎皎白驹，在彼空谷，生刍一束"。盖皆养遁之喻。

无不利 《象》曰："肥遁无不利，无所疑也。"谓养遁可以无所疑惑，故无不利。《小雅·鹤鸣》："鹤鸣于九皋，声闻于野。魚潛在渊，或在于渚。它山之石，可以为错。"又曰，"鹤鸣于九皋，声闻于天。鱼在于渚，或潛在渊。它山之石，可以攻玉。"孔颖达疏："毛以为，言鹤鸣于九皋之中，其声闻于外方之野，鹤处九皋，人皆闻之，以兴贤者，隐于幽远之处，其名闻于朝廷之间。贤者虽隐，人咸知之。王何以不求，而置之于朝廷乎？所以必求此隐者。以鱼有能潛在渊者，或在于渚者。小鱼不能入渊，而在渚；良鱼则能逃处于深渊。以兴人有能隐者，或出于世者。小人不能自隐，而处世；君子则能逃遁，而隐居。逃遁之人，多是贤者，故令王求之。又，它山远国之石，取而得之，可以为错物之用。兴异国沉滞之贤，任而官之，可以为理国之政。国家得贤，匡辅以成治，犹宝玉得石，错琢以成器，故须求之也。"此即养贤无不利之义。上九在乾，乾卦元亨利贞，故无不利。

《周书·洪范》："惟十有三祀，王访于箕子。王乃言曰：呜呼！箕子。惟天阴骘下民，相协厥居。我不知其彝伦攸叙。箕子乃言曰：我闻在昔，鲧陻洪水，汨陈其五行，帝乃震怒，不畀洪范九畴，彝伦攸斁。鲧则殛死，禹乃嗣兴，天乃锡洪范九畴，彝伦攸叙。初一曰：五行；次二曰：敬用五事；次三曰：农用八政；次四曰：协用五纪；次五曰：建用皇极；次六曰：乂用三德；次七曰：明用稽疑；次八曰：念用庶徵；次九曰：向用五福，威用六极。"孔氏传："洪，大；范，法也。言天地之大法。此年四月，（王）归宗周。先告武成，次问天道。言我不知，天所以定民之常道理、次叙，问何由。"《史记·宋微子世家》："纣为淫泆，箕子谏，不听，人或曰：可以去矣。乃被发详狂，而为奴。遂隐而鼓琴，以自悲，故传之曰《箕子操》。"武王封箕子于朝鲜，得洪范九畴，是肥遁无不利，无所疑之谓。

第三十四卦　乙　未

☳震上
☰乾下

大壮，利贞。

〔译〕　大壮，利于阳正。

《彖》曰："大壮，大者壮也。刚以动，故壮。大壮利贞，大者正也。正大，而天地之情可见矣。"

《象》曰："雷在天上，大壮，君子以非礼弗履。"

〔证〕

乾下震上　《太平御览》，引《三五历纪》云："天地浑沌如鸡子，盘古生其中。万八千岁，天地开辟，阳清为天，阴浊为地，盘古在其中，一日九变。神于天，圣于地。天日高一丈，地日厚一丈，盘古日长一丈。如此八万千岁，天数极高，地数极深，盘古极长，故天去地九万里。"浑天说，源于神话。张衡《浑天仪注》："浑天如鸡子，天体圆如弹丸。地如鸡子中黄，孤居于内。天大而地小，天表里有水。天之包地，犹壳之裹黄。天地各乘气而立，载水而浮。周天，三百六十五度，四分度之一，又中分之，则一百八十二度，八分之五覆地上；一百八十二度，八分之五绕地下。故二十八宿，半见半隐，其两端谓之南北极。北极，乃天之中也，在正北，出地上三十六度；然则北极上，规径七十二度，常见不隐。南极，天之中地，在南入地三十六度；南极下规七十二度，常伏不见。两极，相去一百八十二度半强。天转如车毂之运也，周旋无端，其形浑浑，故曰浑天也。赤道横带天之腹，去南北二极，各九十一度，十九分度之五。"

又，陆绩《浑天图》曰："先王之道，存乎治历明时本之验，著在于天仪。夫法象莫若浑天，浑天之设久矣。昔在颛顼，使南正重司天，而帝喾亦序三辰。尧命羲和，钦若昊天，历象日月星辰。舜之受禅，在璇玑玉衡，以齐七政。以是数者言之，曩时已立浑天之象，明矣。周公序次六十四卦，两两相承，反覆成象，以法天行，周而复始，昼夜之义。故晋卦《彖》曰：昼日三接；明夷《象》曰：初登于天，后入于地。仲尼说之曰：明出地上，晋进而丽乎大明，是以昼日三接，明入地中。明夷，夜也。先昼后夜，先晋后明夷，故曰：初登于天，照四国也；后入于地，失则也。日月丽乎天，随天转运，出乎地，以成昼夜也，浑天之义，盖与此同。仲尼殁，大道乖，诸子穿凿妄作，乃有盖天之说。其为虚伪，较然可知。又，《尚书》：寅宾出日，寅饯纳日。以此言之，知出入于地审矣。若日不出于地，则何缘得有昼夜明暗乎？天半覆地上，半周地下，绕地而运，故二十八宿，半见半隐。如天半右覆地上，半不在地下，二十八宿，何故更见更隐乎？由此言之，天乃裹地而运，信矣！此是昏明之大术也。天之形状，圆周浑然，运于无穷，故曰浑。《易》曰：乾为天，为圆。又曰：先甲三日，后甲三日，终则有始，天行也。此之谓矣。天大地小，天统地，半覆地上，半周地下，譬如卵白，白绕黄也。扬子云《太玄经》曰：天穹隆而周乎下地，旁薄而向乎上，故知天裹地下。”天裹地，天大地小。乾阳为天，坤阴为地。是以阳为大，阴为小。

乾卦，乾下乾上。《彖》曰：“大哉乾元，万物资始，乃统天。”《文言》曰：“大哉乾乎！”大有卦，乾下离上。《彖》曰：“大有，柔得尊位大中，而上下应之为大有。”六五阴居阳中，为柔得尊位大中；又有上下五阳应之，为有天下之大，是阳为大。大畜卦，乾下艮上。《彖》曰：“大畜，刚健笃实、辉光，日新其德。”《象》曰：“天在山中，大畜，君子以多识前言往行，以畜其德。”大，指乾阳。大过卦，巽下兑上。《彖》曰：“大过，大者过也。栋桡，本末弱也。”初、上为本末，以其阴柔，为弱；中间四阳，正处过渡，为大过，即大者过也，是阳为大。泰卦，乾下坤上。卦辞曰：“小往大来，吉亨。”《彖》曰：“泰，小往大来吉亨，则是天地交，而万物通也；上下交，而其志同也。内阳而外阴，内健而外顺；内君子而外小人，君子道长，小人道消也。”否卦，坤下乾上。卦辞曰：“否之匪人，不利君子贞，大往小来。”《彖》曰：“否之匪人，不利君子贞，大往小来，则是天地不交，而万物不通也；上下不交，而天下无邦也。内阴而外阳，内柔而外刚；内小人而外君子，小人道长，君子道消也。”由泰、否二卦看，乾阳为大，坤阴为小；大处长势为吉亨，处消势为否；小处长势为否，处消势为泰。大壮卦，由泰卦而来，阳由三爻长至四爻，阴由三爻消至二爻，阳为大，阳壮为大壮。

大壮卦，为十二消息卦之一。复卦，震下坤上，一阳生，为十一月，于十二子为子；临卦，兑下坤上，二阳生，为十二月，于十二子为丑；泰卦，乾下坤上，三阳生，为正月，于十二子为寅；大壮卦，乾下震上，四阳生，为二月，于十二子为卯。《说文》：“子，十一月，阳气动，万物滋，人以为称，象形。”段玉裁注：“《律书》：子乾，滋也，言万物滋于下也。《律历志》曰：孳萌于子。子本阳气动、万物滋之称，万物莫灵于人，故因假借以为人之称。象物滋生之形，亦象人首与手足之形也。”《说文》：“丑，纽也，十二月，万物用事。象手之形。”段注：“《律历志》曰：纽牙于丑。《后汉书·陈冠传》曰：十二月，阳气上通，雉雊鸡乳，地以为正，殷以为春。人于是举手有为。又者，手也。从又而联缀其三指，象欲为。”《说文》：“寅，髌也。正月，阳气动，去黄泉欲上出，阴尚强也，象宀不达髌寅于下也。”段注：“正月阳气欲上出，如水泉欲上行也。螾之为物，诘诎于黄泉，而能上出，故其字从寅。《律书》、《天文训》，以螾释寅。杜注《左传》曰：

地中之泉，故曰黄泉。阴尚强，阳不能径遂，如冖之屋于上，故从冖。冖，象阴尚强，丣，象阳气去黄泉欲上出。”《说文》：“卯，冒也。二月，万物冒地而出，象开门之形，故二月为天门。”段注：“《律书》曰：卯之为言茂也，言万物茂也。《律历志》：冒茆于卯。《天文训》曰：卯则茂茂然。《释名》曰：卯，冒也，载冒土而出也。盖阳气至是始出地。卯，为春门，万物已出。”阳气至是已出地上，即谓阳气升至九四，是阴已弱，阳已强，为大壮，大者壮。

桂馥《说文解字义证》：“《白虎通》：卯者，茂也。《晋书·乐志》：卯者，茂也，言阳气生而孳茂也，故谓之卯。本书：木，冒也，冒地而生。徐锴曰：二月，阴不能制阳，阳冒而出也。《乾凿度》郑注：言二月之时，阳已壮，施生万物，而阴气渐微，不能为难，以障闭阳气，故曰藩决难解也。《淮南·天文训》：太阴在卯，岁名曰单阏。高注：单，尽；阏，止。阳气推万物而起，阴气尽止。象开门之形者，本书昜下云：开也。卯下云：卯为春门，万物已出。《增韵》：卯，从两户相背，日出于卯，辟户之时也。与酉不同，酉从两阖户，上画连，日入于酉，阖户之时也。《系辞》：辟户谓之乾。《正义》云：辟户，谓吐生万物也，若室之开辟其户。僖五年《左传》：凡分、至、启、闭。服虔曰：启，立春、夏也，阳气用事为启。《鬼谷子·捭阖篇》：观阴阳之开阖以命物，知存亡之门户。注云：阳开以生物，阴阖以存物。《风俗通》：《青史子书》说：岁终更始，辨秩东作，万物触户而出。故二月为天门者，《老子》：天门开阖，能无雌乎？《史记·天官书》：苍帝行德，天门为之开。《正义》云：苍帝，东方灵威仰之帝也。春，万物开发，东作起，则天发其德化，天门为之开也。”乾为天，震为雷，乾下震上，天上雷鸣，为开天门，为卯，为二月大壮卦象。

《易乾凿度》曰：“物有始，有壮，有究，故三画而成乾。乾坤相并俱生，物有阴阳，因而重之，故六画而成卦。卦者，挂也，挂万物，视而见之。故三画已下为地，四画已上为天。”郑氏注：“物于太初时如始，太始时如壮，太素时如究。而后天地开辟，乾坤卦象立焉。三画成体，象卦亦然。”朱骏声《六十四卦经解》：“三画之卦，初为少，二为壮，三为究。六画之卦，初、二为少，三、四、五为壮，上为究。”《说文》：“究，穷也。”“穷，极也。”于《易》，为上为终。大壮卦，阳进至四，四值壮中。物太始时如壮，二月，万物冒地而出，故为大壮。又，六爻之卦，初之三为下卦，四之上为上卦。下卦为地，上卦为天。阳进至四，冒地而出至天，为阳气大壮。阳气滋生万物，阳气所达，万物亦达。故阳气冒出地上，万物亦冒出地上，是亦大壮。

《月令·仲春之月》：“是月也，日夜分，雷乃发声，蛰虫咸动，启户始出。”《正义》曰：“雷乃发声者，雷是阳气之声，将上与阴相冲。蔡邕云：季冬，雷在地下，则雉应而雊。孟春，动于地之上，则蛰虫应而振出。至此，升而动于天之下，其声发扬也。以雷出有渐，故言。乃云始电者，电是阳光。阳微则光不见，此月阳气渐盛，以击于阴，其光乃见，故云始电。蛰虫咸动，启户始出者，户谓穴也，谓发所蛰之穴。蛰虫早者，孟春乃出，则《左传》启蛰而郊是也。蛰虫晚者，则二月始出，故此云蛰虫咸动，则正月未皆动。"《说文》："雷，阴阳薄动，雷雨生物者也。"《吕氏春秋·开春篇》："开春始雷，则蛰虫动矣。"解卦《象》曰："天地解，而雷雨作；雷雨作，而百果草木皆甲坼。"此月节气为惊蛰，谓雷声惊动冬眠万物，万物破甲而出。大壮卦，乾下震上，盛阳上冲阴气，雷乃发声，万物随阳而出，是大壮，大者壮之象。

《礼记·月令》："仲春之月，始雨水，桃始华。"郑氏注："汉始以雨水为二月节。"《正义》曰："云汉始以雨水，为二月节者，证此雨水，为二月节也。但雨水、惊蛰，据其早作在正月，若其晚在二月。故汉初惊蛰，为正月初，雨水为二月节。至在后以来，事稍变改，故《律历志》云：雨水在正月中，惊蛰为二月节，由气有参差故也。"《淮南子·时则训》云："仲春之月，始雨水，桃李始华。"《吕氏春秋·仲春纪》："仲春之月，始雨水，桃李华。"高诱注："自冬冰雪，至此土发而耕，故曰始雨水也，桃李之属，皆舒华也。"按，《系辞传》曰："上古穴居而野处，后世圣人易之以宫室，上栋下宇，以待风雨，盖取诸大壮。"《易》之重卦，兼三才而两之。乾下震上，为兑之象。《说卦传》曰："兑为泽。"二月大壮，天泽下施为雨水，故古之圣人，仰以观象于天，易穴居野外，为宫室栋宇，以待风雨，即取二月雨水之象。

扬雄《太玄经》曰："格，阳气内壮，能格乎群阴，攘而却之。"范望注："格，象大壮卦。谓之格者，阳气内壮，格拒群阴也。攘却而上，故谓之格。格之初一，日入娄宿八度也。"又，《太玄经》曰："夷，阳气伤剔，阴无救瘣，物则平易。"范注："夷，亦象大壮。谓之夷者，春分气也。于四分一息卦为大壮。阳升在四，去天正朔旦日。剔，除也；瘣，病也。言此时，阳气上在天下，除云瘣病，故万物平易而长，谓之夷。夷，平也。夷之初一，日入娄宿十二度。"孔颖达疏《月令·仲春之月》云："按《三统历》云：二月节，日在奎五度；春分，日在娄四度。"范谓格之初一，日入娄宿八度；夷之初一，日入娄宿十二度。娄宿在白羊宫，时当二月，故格、夷与大壮不悖，言阳气内壮，而伤阴气，万物得以平易生长。

大壮　乾卦，乾下乾上。《象》曰："大哉乾元！"乾阳为大。大有卦，乾下离上。《说卦传》曰："离为乾卦。"乾阳为大，是大有天下。又，伏羲八卦，乾南坤北，离东坎西，离为正月，乾为四月，坎为七月，坤为十月。乾下离上，自正月至四月，即自立春至立夏，为阳用事，阳为大，为大有天下。又，六五，上有上九天祐，下有群贤辅佐，上下阳应，阳为大，为大有天下。大畜卦，乾下艮上。伏羲八卦，艮为九月。乾为四月。自九月阴剥阳后，十月阳孕于地下，十一月一阳来复，至明年四月纯阳，即由立冬到立夏，为阳气积畜之时。阳为大，为大畜。大过卦，巽下兑上。兑为二阳在阴下，巽为一阴在阳下。即由头年十一、二月，到第二年五月，由冬至到夏至，是阳息阴消之时。阳为大，为大过。反之，小畜卦，乾下巽上。乾为四月，巽为五月。由四月至五月，乃阴气始升之时，阴为小，是以为小畜。小过卦，艮下震上。艮为九月，震为十一月。十一月，一阳来复，中间经过十月，十月为坤，坤阴为小，为小过。大壮卦，乾下震上。按十二消息卦，阳息消阴，阳为大，至四为壮，是为大壮。

《说文》："壯（壮），大也。从士，爿声。"《尔雅·释诂》文。《方言》："秦晋之间，凡人之大，谓之奘，或谓之壮。"《方言笺疏》曰："奘者，《说文》：奘，驵大也。通作壮。《释诂》：壮，大也。《月令》：仲夏之月，养壮佼。《楚辞·天问》：何壮武厉？王逸注云：壮，大也。《太玄·玄告》：四时不俱壮。范望注同。《庄子·天下篇》：不可与庄语。《释文》：一本作壮，大也。《释天》：太岁在午，曰敦牂。《史记·天官书·索隐》，引孙炎云：敦，盛；牂，壮也。言万物盛壮。"《篇海类编·人物类》："壮，盛也。"《管子·小门》："管仲曰：苗，始其少也，眴眴乎，何其孺子也；至其壮也，庄庄乎，何其士也。"房玄龄注："壮，谓苗转长大。"按段玉裁注："奘，与壮音同。从大壮，壮亦声。"大壮，会意；壮与奘通，是壮即大壮之义。

又，《淮南子·天文训》："木生于亥，壮于卯，死于未，三辰皆木也。火生于寅，壮于午，死于戌，三辰皆火也。土生于午，壮于戌，死于寅，三辰皆土也。金生于巳，壮于酉，死于丑，三辰皆金也。水生于申，壮于子，死于辰，三辰皆水也。"《汉书·翼奉传》注："孟康曰：北方水，生于申，盛于子。东方木，生于亥，盛于卯。南方火，生于寅，盛于午。西方金，生于巳，盛于酉。"《春秋元命苞》曰："木者，阳精。"《白虎通·五行》曰："木在东方。东方者，阳气始动，万物始生。木之为言触也，阳气动跃。"木者阳精，在东方，壮盛于卯，乃阳气壮盛于卯。卯为二月，是二月阳气壮盛，故曰大壮。物皆有生长，强壮，老死。阳在卯，介于生长、老死之中，是以为大壮。《彖》曰："大壮，大者壮也。"谓大壮，为阳气盛壮。

利贞　即利正。有利阳道之正，有利阴道之正，有利阴阳道之正。乾卦，乾下乾上。卦辞曰："元亨利贞。"《彖》曰："乾道变化，各正性命，保合太和，乃利贞。"利贞，利阳道之正。屯卦，震下坎上。卦辞曰："元亨利贞。"《彖》曰："屯，刚柔始交而难生，动乎险中，大亨贞。"大亨贞，即是利阳道之正，为利贞。坤卦，坤下坤上。卦辞曰：“元亨，利牝马之贞。”《象》曰：“牝马，地类，行地无疆，柔顺利贞。”利贞，利阴道之正。遁卦，艮下乾上。卦辞曰：“亨，小利贞。”《象》曰：“小利贞，浸而长也。”阴为小，小利贞，谓阴渐长，利阴道之正。咸卦，艮下兑上。卦辞曰：“利贞。”《象》曰：“柔上而刚下，二气感应以相与，止而说，男下女，是以亨，利贞。”利贞，利男女夫妇之正道。恒卦，巽下震上。卦辞曰：“利贞。”《象》曰：“利贞，久于其道也。天地之道，恒久而不已也。”利贞，利天地阴阳之正道。大壮卦，乾下震上。卦辞曰：“利贞。”《象》曰：“大壮利贞，大者正也。”谓大壮，阳长而盛，得阳道之正，为利贞。

乾卦九五曰：“飞龙在天，利见大人。”《象》曰：“飞龙在天，大人造也。”造，犹作；作，兴起。《文言》曰：“九五曰：飞龙在天，利见大人。何谓也？子曰：同声相应，同气相求，水流湿，火就躁，云从龙，风从虎，圣人作，而万物睹。本乎天者亲上，本乎地者亲下，则各从其类也。”谓九五正，圣人作，则万物各正性命。又曰，“飞龙在天，上治也。”“飞龙在天，乃位乎天德。”谓九五得以天位，中正以治天下。又曰，“夫大人者，与天地合其德，与日月合其明，与四时合其序，与鬼神合其吉凶。先天而天弗违，后天而奉天时。天且弗违，而况于人乎？况于鬼神乎？”朱熹曰：“先天不违，谓之所为，默与道契；后天奉天，谓知理如是，奉而行之。”九五为乾阳之正，大壮利正，谓利得九五之正。故《象》曰：“大壮利贞，大者正也。”按，初九，阳得阳位，而不得中；九二，阳得中，而在阴位；九三，阳在阳位，而不得中；九四，阳在阴位，且不得中；九五，阳在阳位，且得中位；是乾阳九五，得位得中为正。大壮利贞，即谓大壮刚长利正。《周易集解》引虞翻曰：“谓四进至五，乃得正位，故大者正也。”李道平纂疏：“阳在四为失位，进而至五，乃得乎正。阳为大，故曰大者正也。”

《象》：“正大，而天地之情可见矣。”四升至五，得正得大，为正大。阳气正大，则天地物候之情可见。阳升至五为三月。《月令·季春之月》云：“是月也，生气方盛，阳气发泄，句者毕出，萌者尽达，不可以内。天子布德行惠，命有司，发仓廪，赐贫穷，振乏绝；开府库，出币帛，周天下；勉诸侯，聘名士，礼贤者。是月也，命司空曰：时雨将降，下水上腾，循行国邑，周视原野，修利堤防，道达沟渎，开通道路，毋有障塞。田猎罝罘、罗罔、毕翳，餧兽之药，毋出九门。是月也，命野虞：无伐桑柘。鸣鸠拂其羽，戴胜降于桑。具曲直籧筐，后妃齐戒，亲东乡躬桑。禁妇女毋观，省妇使，以劝蚕事。蚕事既登，分茧称丝效功，以共郊庙之服，无有敢惰。是月也，命工师，令百工，审五库之量，金、铁、皮、革、筋、角、齿、羽、箭、干、脂、胶、丹、漆，毋或不良。百工咸理，监工日号，毋悖于时。毋或作为淫巧，以荡上心。是月之末，择吉日大合乐。天子乃率三公、九卿、诸侯、大夫，亲往视之。是月也，乃累牛腾马，游牝于牧。牺牲驹犊，举书其数。命国难，九门磔攘，以毕春气。”天有所施，地有所动，人有所行。季春之月，生气方盛，阳气发泄，勾者毕出，萌者尽达，不可以内。是之谓正大，而天地之情可见。天地之情见，是谓利贞。

《说文》：“辰，震也。三月阳气动，雷电振，民农时也。物皆生，从乙、匕。匕象芒达，厂声。辰，房星，天时也，从二。二，古文上字。凡辰之属，皆从辰。”段玉裁注：“震、振古通用。振，奋也。《律书》曰：辰者，言万物之蜄也。《律历志》曰：振美于辰。《释名》曰：辰，伸也，物皆伸舒而出也。季春之月，生气方盛，阳气发泄，句者毕出，萌者尽达。二月雷发声，始电至；三月而大振动。《豳风》曰：四之日举止。故曰民农时。匕，呼跨切，变也。此合二字会意。乙，象春草木冤曲而出，阴气尚强，其出乙乙。至是月，阳气大盛，乙乙难出者，始变化矣。芒达，芒者尽达也。韦注《周语》曰：农祥，房星也。房星晨正，为农事所瞻仰，故曰天时。房星高高在上，故从上。”三月阳气盛，房星在上，地上物皆生，民农时，是亦为正大，而天地之情可见。

乾卦《文言》曰：“利者，义之和也；贞者，事之干也。”又曰，“利物足以和义，贞固足以干事。”《正义》曰：“利者义之和者，言天能利益庶物，使物各得其宜，而和同也。贞者事之干者，言天能以中正之气，成就万物，使物皆得干济。”又曰，“利物足以和义者，言君子利益万物，使物各得其宜，足以和合于义，法天之利也。贞固足以干事者，言君子能坚固贞正，令物得成，使事皆干济，此法天之贞也。”《周易学说》引张浚曰：“天地不壮，无以成动出之功；君子不壮，无以立朝廷之治；元气不壮，无以保一身之安。阳胜阴，君子胜小人，正气胜邪气，皆大者壮也。惟不贞，则必暴、必折、必拂，常逆理而违厥中，大壮所以贵正。”唯正则大，则上顺天，下应地，天地之情不悖。故利贞，利大者之正，正大而见天地之情。

《象》曰：“雷在天上，大壮，君子以非礼弗履。”震为雷，在《易》中，震雷有示警之意。屯卦，震下坎上。卦辞曰：“勿用有攸往。”《彖》曰：“屯，刚柔始交而难生，动乎险中。”豫卦，坤下震上。《彖》曰：“圣人以顺动，则刑罚清，而民服。”随卦，震下兑上。《象》曰：“泽中有雷，随，君子以向晦入宴息。”噬嗑卦，震下离上。卦辞曰：“利用狱。”《彖》曰：“雷电合而章，柔得中而上行，虽不当位，利用狱也。”《象》曰：“雷电，噬嗑，先王以明罚敕法。”复卦，震下坤上。《象》曰：“雷在地中，复，先王以至日闭关，商旅不行，后不省方。”无妄卦，震下乾上。卦辞曰：“其匪正有眚，不利有攸往。”《彖》曰：“其匪正有眚，不利有攸往。无妄之往，何之矣？天命不祐行矣哉。”《象》曰：“天下雷动，物与无妄，先王以茂对时，育万物。”颐卦，震下艮上。《象》

曰："山下有雷，颐，君子以慎言语，节饮食。"恒卦，巽下震上。九三曰："不恒其德，或承之羞，贞吝。"解卦，坎下震上。《象》曰："雷雨作，解，君以赦过宥罪。"益卦，震下巽上。《象》曰："风雷，益，君子以见善则迁，有过则改。"震卦，震下震上。《象》曰："洊雷，震，君子以恐惧修省。"归妹卦，兑下震上。卦辞曰："征凶，无攸利。"《彖》曰："征凶，位不当也；无攸利，柔乘刚。"《象》曰："泽上有雷，归妹，君子以永终知敝。"朱熹曰："君子观其合之不正，知其终之有敝也。"丰卦，离下震上。《彖》曰："日中则昃，月盈则食，天地盈虚，与时消息，而况于人乎？况于鬼神乎？"《象》曰："雷电皆至，丰，君子以折狱致刑。"小过卦，艮下震上。卦辞曰："可小事，不可大事。飞鸟遗之音，不宜上，宜下。"《彖》曰："刚失位，而不中，是以不可大事也。有飞鸟之象焉，飞鸟遗之音，不宜上，宜下。"大壮卦，乾下震上，震雷在天上，是亦有儆戒之意。

履卦，兑下乾上。卦辞曰："履虎尾，不咥人。"《彖》曰："履，柔履刚也，说而应乎乾，是以履虎尾，不咥人。"谓柔履乎刚后，合乎礼义，是以虎不吃人。大壮卦，乾下震上。刚履柔后，不合礼义，故谓非礼。又，乾为天子，震为诸侯，天子履诸侯之后，是为非礼。又，震为足，足下为履，诸侯履于天子之上，为非礼。震为雷，乾为天，雷震于天上，有天威示警之象。按阴阳消息，阴乘阳，必被阳消。故《象》曰："雷在天上，大壮，君子以非礼弗履。"大壮，大者壮，位极人臣，而及于大君。若阳动不止，以刚干君，则为非礼，必取祸殃。《杂卦传》曰："大壮止。"即是君子无妄，非礼弗履之义。崔憬曰："乾下震上，故言雷在天上。一曰：雷，阳气也，阳至于上卦，能助于天威，大壮之象也。"陆绩曰："天尊雷卑，君子见卑乘尊，终必消险，故《象》以为戒，非礼不履。"《正义》曰："盛极之时，好生骄溢，故于大壮，诫以非礼勿履也。"

《魏志·管辂传》："吏部尚书何晏请之，邓飏在晏许。晏谓辂曰：闻君著爻神妙，试为作一卦，知位当至三公不？辂曰：昔元、凯之弼重华，宣惠慈和；周公之翼成王，坐而待旦，故能流光六合，万国咸宁。此乃履道休应，非卜筮之所明也。今君侯位重山岳，势若雷电，而怀德者鲜，畏威者众，殆非小心翼翼，多福之仁。又鼻者艮，此天中之山，高而不危，所以常守贵也。位峻者颠，轻豪者亡，不可不思害盈之数，盛衰之期。是故山在地中曰谦，雷在天上曰壮。谦则裒多益寡，壮则非礼不履。未有损己而不光大，行非而不伤败。愿君侯上追文王六爻之旨，下思尼父《彖》、《象》之义，然后三公可决也。晏曰：过岁更当相见。辂还邑舍，具以此言语舅氏，舅氏责辂言太切至。辂曰：与死人语，何所畏邪？舅大怒，谓辂狂悖。岁朝，西北大风，尘埃蔽天。十余日，闻晏、飏皆诛，然后舅氏乃服。"何晏身居高位，可谓大壮。君子以非礼弗履，而晏觊觎三公之贵，是以行非而自伤败。

《说苑·敬慎》云："昔成王封周公，周公辞不受，乃封周公子伯禽于鲁。将辞去，周公戒之曰：去矣！子其无以鲁国骄士矣。我文王之子也，武王之弟也，今王之叔父也，又相天子，吾于天下，亦不轻矣。然尝一沐而三握发，一食而三吐哺，犹恐失天下之士。吾闻之曰：德行广大，而守以恭者荣；土地博裕，而守以俭者安；禄位尊盛，而守以卑者贵；人众兵强，而守以畏者胜；聪明睿智，而守以愚者益；博闻多记，而守以浅者广。此六守者，皆谦德也。夫贵为天子，富有四海，不谦者，失天下，亡其身，桀、纣是也，可不慎乎？故《易》曰：有一道，大足以守天下，中足以守国家，小足以守其身，谦之谓也。夫天道毁满而益谦，地道变满而流谦，鬼神害满而福谦，人道恶满而好谦。是以衣成则缺衽，宫成则缺隅，屋成则加错，示不成者，天道然也。《易》曰：谦，亨，君子有终，吉。《诗》曰：汤降不迟，圣敬日跻。其戒之哉，子其无以鲁国骄士矣！"按，处大壮之时，君子谦虚敬慎，盖亦非礼弗履之谓。于卦，阴在天位，阳在人位、地位，是以有谦虚敬慎，非礼弗履之象。

《论语·泰伯》："三分天下有其二，以服事殷，周之德，其可谓至德也已矣。"郑玄注："包曰：殷纣淫乱，文王为西伯，而有圣德，天下归周者，三分有二，而犹以服事殷，故谓之至德。"刘宝楠《正义》曰："周得群才，故能三分有二，其时，实有得天下之势，而犹以服事殷，与泰伯之以天下让，无以异，故夫子均叹为至德也。《表记》云：子曰：下之事上也，虽有庇民之大德，不敢有君民之心，仁之厚也。又下言舜、禹、文王、周公之事云：有君民之大德，有事君之小心，故此极美文王有至德也。然不曰文王之德，而曰周者，明服事之诚，武王与文王同，故统言周也。郑注：文王为雍州之伯，南兼梁、荆，在西，故曰西伯是也。包必先言文王为西伯，继言三分有二者，明三分有二，在为西伯后也。《左襄四年传》：文王帅殷之畔国，以事纣。毛诗《四牡》传：文王率诸侯，抚叛国，而朝聘乎纣。姚氏配中《周易学》云：三分有二，以服事殷，即欲殷有以抚之，此文王之忧患，所以独深也。案文之服事，非畏殷也；亦非曰吾姑柔之，俟其恶盈而取之也。惟是冀纣之悔悟，俾无坠厥命已尔。终文之世，暨乎武王，而纣淫乱日益甚，是终自绝于天，不至灭亡不止也。是故文之终服事也，至德也；武之不终服事也，纣为之也，亦无损于至德也。"大壮卦，阳四阴二，阳下阴上，犹文王三分天下有其二，以服事殷，是君子以非礼弗履之象。

遁卦和大壮卦，互为邻卦和综卦。《序卦传》曰："物不可以终遁，故受之以大壮。"遁卦与大壮卦，谓阳爻进退之卦。遁卦，四阳在上，二阴在下，呈阳消阴长之势，故谓阳退至三为遁。大壮卦，二阴在上，四阳在下，呈阳长阴消之势，故谓阳进至四为壮。六月，二阴进于下，四阳退于上；七月，三阴进于下，三阳退于上；八月，四阴进于下，二阳退于上；九月，五阴进于下，一阳退于上；十月，六阴全进，六阳全退。又，十一月，一阳进于下，五阴退于上；十二月，二阳进于下，四阴退于上；正月，三阳进于下，三阴退于上；二月，四阳进于下，二阴退于上。自六月阳遁，至明年二月阳壮，万物随阳退，随阳进，故曰物不可以终遁，故受之以大壮，是互为邻卦。《彖》曰："遁，小利贞，浸而长也，遁之时义大矣哉！""大壮，大者壮也，刚以动，故壮。"遁卦，四阳退；大壮卦，四阳进。一退一进，是以互为综卦。

观卦和大壮卦，互为错卦。观卦，坤下巽上。四阴在下，二阳在上。故《彖》曰："大观在上，顺而巽，中正以观天下。"大壮卦，乾下震上。四阳在下，二阴在上。故《彖》曰："大壮，大者壮也，刚以动，故壮。"阳为大，前者，二阳观示于四阴之上，是以谓大观，中正以观天下；后者，四阳动于二阴之下，是以谓大壮，大者壮也。两卦，阴阳相错，是以互为错卦。观卦，八月卦，为秋分之时；大壮卦，二月卦，为春分之时。《吕氏春秋·仲秋纪》云："是月也，日夜分，雷乃始收声，蛰虫俯户，杀气浸盛，阳气日衰，水始涸。"高诱注："是月秋分。分，等也，昼漏五十刻，夜漏五十刻，故曰日夜分也。雷乃始收藏其声，不震也。将蛰之虫，俯近其所蛰之户。杀气，阴气；涸，竭。"又，《仲春纪》："是月也，日夜分，雷乃发声，始电，蛰虫咸动，开户始出。"高注："分，等，昼夜钧也。冬，阴闭固，阳伏于下；是月阳升，雷始发声。震气为雷，激气为电。蛰伏之虫，始动苏；开蛰之户，始出生。"观卦之时，乃始收声，蛰虫伏户；大壮之时，雷乃发声，蛰虫出户。一为阴盛阳衰，一为阳盛阴衰，两卦相错。

初九，壮于趾，征凶，有孚。

〔译〕 初九，壮于下，征行将遇凶险，但有阳来可信。

《象》曰："壮于趾，其孚穷也。"

〔证〕

壮于趾 《象》曰："壮于趾，其孚穷也。"《系辞传》曰："其初难知，其上易知，本末也。初辞拟之，卒成之终。"王弼注："夫事始于微，而后至于著。初者，数之始，拟议其端，故难知也；上者，卦之终，事皆成著，故易知也。"侯果曰："初则事微，故难知；上则事彰，故易知。"是以知微知彰，莫不原始以要终，初之意义重大。乾卦初九曰："潜龙勿用。"《象》曰："潜龙勿用，阳在下也。"马融曰："物莫大于龙，故借龙以喻天之阳气也。初九，建子之月，阳气动于黄泉。既未萌芽，犹是潜伏，故曰潜龙。"

程氏传："理无形也，故假象以显义。乾以龙为象。龙之为物，灵变不测，故以象乾道变化，阳气消息，圣人进退。初九，在一卦之下，为始物之端。阳气方萌，圣人侧微，若龙之潜隐，未可自用，当晦养以俟时。"朱熹曰："初阳在下，未可施用，故其象为潜龙，其占曰勿用。凡遇乾，而此爻变者，当观此象，而玩其占也。余爻放此。"是以，凡得初九之正者，为是；反之，为非。

《尔雅·释言》："趾，足也。"郭璞注："足，脚。"《释文》曰："趾，足也。"按，噬嗑卦初九曰："履校灭趾。"贲卦初九曰："贲其趾。"夬卦初九曰："壮于前趾。"鼎卦初六曰："鼎颠趾。"艮卦初六曰："艮其趾。"又，剥卦初六曰："剥床以足。"咸卦初六曰："咸其拇。"《释文》："子夏作䠋。"《系辞传》曰："近取诸身，远取诸物。"初九、初六，或曰趾，或曰足，或曰拇（䠋），皆为下之义。初九之壮于趾，犹壮于足。按初九，于乾卦为潜龙，应勿用。而大壮初九，始则壮于趾，是违初九正道。《象》曰："壮于趾，其孚穷也。"按，《说文》："孚，卵孚也，从爪，从子。"又。"穷，极也。"万物随阳孚化、生长。初九，十一月之阳即壮，已至二月，岂不孚化之功穷极。随卦《彖》曰："随，刚来而下柔，动而说，随，大亨贞，无咎，而天下随时，随时之义大矣哉！"又，无妄卦《彖》曰："无妄，刚自外来，而为主于内，动而健，刚中而应，大亨以正，天之命也。"《象》曰："天下雷行，物与无妄，先王以茂对时，育万物。"大壮初九壮于趾，不是随时，无妄，对时育物，是以其孚穷也。

征凶 《说文》："延，正行也。从辵，正声。"桂馥义证："正行也者，经典用或体作征。《释言》：征，行也。郭云：《诗》曰：王于出征。《书序》作成王政，马本政作征。注云：征，正也。《孟子》：征之为言正也。《诗·小星》：肃肃宵征。传云：征，行。《小明》：我征徂西。《黍苗》：烈烈征师。《小宛》：而月斯征。《桑柔》：征以中垢。笺并云：征，行也。"初九壮于趾，征凶，谓初九壮于开始，阳气未当壮而壮，不得初九之正，其行必凶，为征凶。无妄卦卦辞曰："无妄，元亨利贞。其匪正有眚，不利有攸往。"《彖》曰："其匪正有眚，不利有攸往，无妄之往何之矣？天命不祐行矣哉！"匪正有眚，不利有攸往，犹大壮初九，壮于趾，征凶，皆不得正致之。《月令·仲冬之月》云："行春令，则蝗虫为败，水泉咸竭，民多疥疠。"郑氏注："当蛰者出，卯之气乘之也。大火为旱，疥疠之病，孚甲之象。"《正义》曰："虫蝗为败，水泉咸竭，地灾也。民多疥疠，人灾也。"大壮卦，初九壮于趾，即仲冬行仲春之令，是以征凶。

阴阳十二消息，一阳起于下，震下坤上，五阴乘之。《说文》曰："子，十一月，阳气动，万物滋。"《礼记·月令》云："仲冬之月，阴阳争，诸生荡。"郑氏注："争者，阴方盛，阳欲起也。荡谓物动萌芽也。"《逸周书·周月解》："维十有一月，既南至，昏昴、毕见，日短极，基践长，微阳动于黄泉，阴惨于万物。是月斗柄建子，始昏北指，阳气亏，草木萌荡。”《鹖冠子·环流篇》曰：“斗柄北指，天下皆冬。”阳气亏，谓一阳不敌五阴，故亏。又，二阳起于下，兑下坤上，四阴乘之。《说文》曰：“丑，纽也，十二月，万物动用事。”《史记·律书》：“丑者，纽也，言阳气在上未降，万物厄纽未敢出。”《白虎通·五行》云：“十二月，律谓之大吕何？大者，大也；吕者，拒也。言阳气欲出，阴不许也。吕之为言拒也，旅抑拒难之也。”陈立《白虎通疏证》：“《御览》引《风俗通》云：吕之言拒也。依即拒难之也。”又，十一月，大雪、冬至；十二月，小寒、大寒。《豳风·七月》云：“一之日觱发，二之日栗烈，无衣无褐，何以卒岁？”毛传：“一之日，十之余也。一之日，周正月也。觱发，风寒也。二之日，殷正月也。栗烈，寒气也。”郑笺：“褐，毛布也；卒，终也。此二正之月，人之贵者无衣，贱者无褐，将何以终岁乎？”大壮初九曰征凶，盖亦谓此二月，当大雪、大寒之时，阳弱阴强，征行有凶险。于象，初往遇四，四为阴阳相激为雷，为征凶。

有孚　《尔雅·释诂上》：“孚，信也。”刑昺疏：“谓诚实不欺也。”《说文·爪部》：“孚，信也。”徐锴系传：“孚，信也。鸟之孚卵，皆如其期，不失信也。”于《易》，阳来孚物，阳实为信，是以阳为孚。需卦，乾下坎上。卦辞曰：“需，有孚，光亨，贞吉。”《彖》曰：“需，有孚，光亨，贞吉，位乎天位，以正中也。”九五天位，正中，是以有孚，谓有九五之阳。讼卦，坎下乾上。卦辞曰：“讼，有孚，窒惕，中吉。”《彖》曰：“讼，有孚，窒惕，中吉，刚来而得中也。”下为来，上为往。刚来谓九二，是有孚谓有九二之阳。比卦，坤下坎上。初六曰：“有孚比之，无咎，有孚盈缶。”坤土之器为缶，坎水在上为盈缶。有孚比之，即坎中有九五之阳可比辅。小畜卦，乾下巽上。六四曰：“有孚，血去惕出，无咎。”《象》曰：“有孚惕出，上合志也。”九五阳，为有孚；六四阴，上合九五，故无忧惧。又，九五曰：“有孚挛如。”是九五阳，为有孚。随卦，震下兑上。九四曰：“有孚在道，以明何咎？”《象》曰：“有孚在道，明功也。”九四阳，为有孚。四在互艮，艮为径路；又，在互震之上，震为大途：为有孚在道。观卦，坤下巽上。卦辞曰：“有孚颙若。”《彖》曰：“中正以观天下。有孚颙若，下观而化也。”有孚，谓九五中正之阳。习坎卦，坎下坎上。卦辞曰：“习坎，有孚维心，亨。”《彖》曰：“维心亨，乃以刚中也。”有孚，谓上下坎中有阳。以上为上经，下经如之。大壮初九，虽然往征遇凶，但一路有阳，必成大壮而利贞，故曰征凶，有孚。

九二，贞吉。

〔**译**〕　九二，中正吉利。

《象》曰："九二贞吉，以中也。"

〔证〕

贞吉 《象》曰："九二贞吉，以中也。"《广雅·释诂一》："贞，正也。"《易》以二、五为中正，故曰。乾卦九二曰："见龙在田，利见大人。"《象》曰："见龙在田，德施普也。"《文言》曰："九二曰：见龙在田，利见大人。何谓也？子曰：龙德而正中者也。庸言之信，庸行之谨，闲邪存其诚，善世而不伐，德博而化。《易》曰：见龙在田，利见大人，君德也。"又曰，"见龙在田，天下文明。"九二，阳升至二，为临卦，以其得正中而吉，为王者兴起之象。虽不在上位，而德施普遍，天下已被其化。《周礼·大司徒》曰："以五礼防万民之伪，而教之中；以六乐防万民之情，而教之和。"郑氏注："礼所以节止民之侈伪，使其行得中。郑司农云：五礼谓吉、凶、宾、军、嘉。乐所以荡正民之情思，使其心应和也。郑司农云：六乐谓云门、咸池、大韶、大夏、大濩、大武。"贾疏："案《礼记·乐记》云：礼者，著诚去伪。故以礼防万民之伪，而教之中，使得中正也。"以五礼教之中，以六乐教之和，即《中庸》之致中和，临民以中和，是有九二正中之君德，是谓贞吉。《荀子·天论》曰："故道之所善，中则可从，畸则不可为，匿则大惑。"此亦正中则吉之谓。

《洪范》云："无偏无陂，遵王之义。无有作好，遵王之道。无有作恶，遵王之路。无偏无党，王道荡荡。无党无偏，王道平平。无反无侧，王道正直。会其有极，归其有极。"孔氏传："偏，不平；陂，不正。言当循先王之正义，以治民。言无有乱为，私好，恶动，必循先王之道路。言开辟，言辩治，言所行无反道不正，则王道平直。言会其有中而行之，则天下皆归其有中矣。"《正义》曰："更言大中之体，为人君者，当无偏私，无陂曲。动循先王之正义，无有乱为私恶，滥罚善人。动循先王之正路，无偏私，无阿党，王家所行之道，荡荡然，开辟矣。无阿党，无偏私，王者所立之道，平平然，辩治矣。所行无反道，无偏侧，王家之道正直矣。所行得无偏私，皆正直者，会集其有中之道，而行之。若其行必得中，则天下归其中矣。言人皆谓此人，为大中之人也。"天下归其中，即是贞吉，中则正。贞，正也。

《虞书·尧典》："乃命羲和，钦若昊天，历象日月星辰，敬授人时。日中星鸟，以殷仲春。日永星火，以正仲夏。宵中星虚，以殷仲秋。日短星昴，以正仲冬。"孔氏传："日中，谓春分之日；鸟，南方朱鸟七宿；殷，正也。春分之昏，鸟星毕见，以正仲春之气节转，以推季、孟则可知。永，长也。谓夏至之日，火苍龙之中星举中，则七星见，可知以正仲夏之气节，季、孟亦可知。宵，夜也。春言日，秋言夜，互相备。虚立武之中星，亦言七星，皆以秋分日见，以正三秋。日短，冬至之日；昴，白虎之中星。亦以七星并见，以正冬之三节。”古人重中，以仲月定四时。仲即中，得中即得正，时令正，则贞吉。故《夏书·胤征》云：“政典曰：先时者，杀无赦；不及时者，杀无赦。”

杨雄《法言·先知》：“甄陶天下者，其在和乎？刚则甈，柔则坏。龙之潜亢，不获其中矣。是以过中则惕，不及则跃，其近于中乎！圣人之道，譬犹日之中矣。不及则未，过则昃。十一，天下之中正也。多则桀，寡则貉。”李轨注：“甈，燥也；坏，湿也。言失和也。夫陶者失刚柔之和，则不成器；为政者失宽猛之中，则不成治。初九，潜龙勿用；上九，亢龙有悔。九三，居下卦之上，过其中，则夕惕也。九四，居上卦之下，不及中，故跃渊。二、五得中，故有利见之吉。日之中，光被四表；不及中，未盛明；日昃明尽，言昏昧也。什一税民，天下之中赋正法也。《公羊传》曰：多乎十一，大桀、小桀；寡乎十一，大貉、小貉。”汪荣宝《法言义疏》：“按，《宣公篇》文，彼《解诂》云：奢泰多取于民，比于桀也。蛮貉无社稷、宗庙、百官、制度之费，税薄。故《书》曰：越维有胥赋，小大多政。《公羊传》陈疏云：政者，正也，今《书》作正，小大多得其正也。”贞，即正，政。大壮九二，阳在阴位，以中，得刚柔之和，体乾为王，为王者政吉。

九三，小人用壮，君子用罔。贞厉，羝羊触藩，羸其角。

〔译〕　九三，小人狂妄自大，君子虚怀若谷。为正者前进有危困，若公羊牴触藩屏，累坏其角。

《象》曰：“小人用壮，君子罔也。”

〔证〕

小人用壮，君子用罔　《尔雅·释言》：“罔，无也。”郝懿行义疏：“罔者，从亡，亡亦无。《易》：君子用罔。马融、王肃注并云：罔，无也。《书》：罔水行舟，《史记·夏纪》作毋水行舟；罔有攸赦，《殷纪》作无有攸赦。”大壮卦，九三与上六反应，阳为君子，阴为小人。坤卦上六曰：“龙战于野，其血玄黄。”此上六之阴极而战，小人用壮之象，又，上六震上，震为雷，亦壮。乾卦九三曰：“君子终日乾乾，夕惕若，厉无咎。”《文言》曰：“九三曰：君子终日乾乾，夕惕若，厉无咎。何谓也？子曰：君子进德修业：忠信，所以进德也；修辞立其诚，所以居业也。知至至之，可与几也。知终终之，可与存义也。是以居上位而不骄，在下位而不忧。故乾乾因其时而惕，虽危无咎矣。”此九三之阳，乾乾而惕，君子用罔之象。虞翻曰：“应在震也。三阳君子，小人谓上，上逆，故用壮。”

《老子》曰：“物壮则老，是谓不道，不道早已。”范应元注：“凡物之壮者必老，惟道则无壮无老。苟不体道，而恃兵为壮，得无老乎？”凡是壮而过盛者，必致衰败。故《老子》曰：“是以圣人去甚，去奢，去泰。”又曰，“益生曰祥，心使气曰强。物壮则老，谓之不道，不道早已。”范应元注：“谓知常久之道者，则因自然而不益生，守和柔而不强壮。不知常久之道者，则欲益生而妄作，是谓妖怪也。欲以心而使气，是谓强壮也。道生无为，岂可益之？冲虚自然，岂可使之？凡物壮则老。强壮之人，是谓不合于道，早已矣。”谓阴阳冲和，才能长久。阴阳不和，如阳壮，则万物将老；阴盛，则万物将衰。阴阳不冲和，谓之不道，不道早已。万物壮盛之时，便是万物衰败之始。上六阴，居上，为逞强小人，而用壮。九三阳，在下，为谦谦君子，不用壮。故《象》曰：“小人用壮，君子罔也。”《京氏易传》：“物不可极，极则反。故曰君子用罔，小人用壮。”《周易会通》引京房云：“壮，一也：小人用之，君子有而不用。”

贞厉　阳至九三，为正月。《说文》：“寅，髌也。正月阳气动，去黄泉欲上出，阴气尚强也，象宀不达，髌寅于下也。”正月，阳升遇强阴，正遇厉，为贞厉。又，三为阳位，九三阳居阳位，为正。上六体震，震为厉雷。九三遇上六，谓虽正，而有危厉。乾卦九三曰：“君子终日乾乾，夕惕若，厉无咎。”乾道，天道。昼为阳，夜为阴。昼间，阳则终日乾乾不息；夜间，阳则惕惧阴之为厉。正者遇厉，为贞厉。乾乾，《文言》曰：九三，重而不中，上不在天，下不在田，故乾乾因其时而惕，虽危无咎矣。”何妥曰：“处危惧之地，而能乾乾怀厉，至夕犹惕，乃得无咎矣。”亦曰九三，虽正而有厉。干宝曰：“爻以气表，繇以龙兴。嫌其不关人事，故著君子焉。阳在九三，正月之时，自泰来也。阳气始出地上，而接动物。人为灵，故以人事，成天地之功，在于此爻焉。故君子以之，忧深思远，朝夕匪懈。仰忧嘉会之不序，俯惧义和之不逮，反复天道，谋始反终，故曰终日乾乾。此盖文王反国，大厘其政之日也。”以此拟之，九三为文王，则上六为大君。三遇上，文王遇纣王之昏，正遇厉，是为贞厉。

羝羊触藩，羸其角　《说文》：“羝，牡羊也。从羊，氐声。”《大雅·生民》：“取萧祭脂，取羝以軷。”毛传：“羝羊，牡羊也；軷，道祭也。”牡羊，公羊。《释名·释姿容》：“望羊，羊，阳也，言阳气在上，举头高视，若望之然也。”毕沅曰：“古羊、阳字通。”王先谦曰：“苏舆曰：《洪范五行传》郑注：羊，畜之远视者，属视故望远，取义于羊。《家语·辨乐篇》注：望羊，远视也。《庄子·秋水篇》：望洋向若。《释文》作盳羊。引司马崔云：盳洋，犹望羊，仰视太阳也。望阳即望羊，与此义合。”羊为阳，故羝羊指乾阳。羝羊，刚健喜触之畜。阳升至三，成乾下坤上。坤阴障于乾阳之前，为藩屏。时令阳升，故曰羝羊触藩。九三，位乾体之上，为羊之角。因乾与坤，势均力敌，而坤据上，故乾阳羸其角。又，大壮有兑之象，兑为羊，其阳爻为羝羊，即公羊。《释名·释言》："羸，累也，恒累于人也。"王先谦疏证："皮锡瑞曰：《易·大壮》：羸其角。《释文》：郑、虞作累。古累、羸通。《礼·玉藻》：丧容累累。注：羸，惫貌也。"又，《礼记·问丧》："身病体羸，以杖扶病也。"郑氏注："羸，疫也。"《左传》桓公六年："请羸师以张之。"又曰，"楚之羸，其诱我也。"杜预注："羸，弱也。"羸其角，谓其角因触藩，而疲惫受累。

九四，贞吉，悔亡，藩决不羸，壮于大舆之輹。

〔译〕 九四，正者吉利，悔恨消失，藩屏已经决开，公羊不再疲累，大舆之輹坚牢，阳正好向前。

《象》曰："藩决不羸，尚往也。"

〔证〕

贞吉，悔亡 《彖》曰："大壮利贞，大者正也。正大，而天地之情可见矣。"九四，已进至壮时，大者将得正其位，故而有利正道。因阳得正大，而天地阴阳之情可见，是以万物资始，云行雨施，品物流形，各正性命，乃利贞。利贞，故而贞吉，即正者吉。九三曰："贞厉。"正者非但不吉，且有危厉。九四，阳进至四，《彖》曰："大壮，大者壮也。"故利正而吉。以其贞吉，是以九三之悔恨，亦已消亡。在他卦，九四阳居阴位，为不当位。施之于人事，则四为臣位，五为君位。以刚健之臣，近柔弱之君，有臣逼君之象。然大壮系十二消息卦，阳进阴退，自然之道。合道则吉，则无悔。《系辞传》曰："圣人设卦，观象系辞焉，而明吉凶。刚柔相推，而生变化。是故吉凶者，失得之象也；悔吝者，忧虞之象也。"大壮初九，壮于趾，征凶。以失潜龙勿用，阳气在下之道，故曰征凶。九二，贞吉。以得龙德而正中之道，故曰贞吉。九三，贞厉。以君子夕惕有厉，故曰贞厉。是故得为吉，失为凶，忧虞为悔吝。

藩决不羸 《大雅·板》："价人维藩，大师维垣，大邦维屏，大宗维翰。"毛传："价，善也；藩，屏也；垣，墙也；王者，天下之大宗；翰，干也。"郑笺："价，甲也，被甲之人，谓卿士掌军事者；大师，三公也；大邦，成国诸侯也；大宗，王之同姓世适子也。王当用公卿、诸侯及宗室之贵，得为藩屏垣干，为辅弼，无疏远之。"《史记·吴王濞列传》："高皇帝亲表功德，建立诸侯。幽王、悼惠王绝无后，孝文皇帝哀怜加惠，王幽王子遂、悼惠王子卬等，令奉其先王宗庙，为汉藩国。德配天地，明并日月。"是诸侯为天子藩屏，为藩国。大壮，震为诸侯，乾为天子，震在乾上，诸侯凌驾于天子，悖逆之象。九四乾阳进至四，反叛之国已破，谓之藩决。以藩决之故，不须如九三之羝羊触藩，羸其角。故曰藩决不羸，犹言乾阳勿须再有疲累。《象》曰："藩决不羸，尚往也。”谓藩决而阳壮，利于上往。十二消息卦，至于二月，阴则势削，阳刚势壮，故利于阳气往前进取。程氏传：“刚阳之长，必至于极，四虽已盛，然其往未止也。以至盛之阳，用壮而进，故莫有当之。藩决开而不羸困，其力也尚往，其进不已也。”

震卦《象》曰：“震惊百里，惊远而惧迩也。出可以守宗庙社稷，以为祭主也。”《白虎通·封公侯》云：“诸侯封不过百里，象雷震百里，所润云雨同也。雷者，阴中之阳也，诸侯象焉。诸侯比王者为阴，南面赏罚为阳，法雷也。”陈立疏证：“《易》震卦词云：震惊百里，不丧匕鬯。《仪礼》疏引郑注：雷发声于百里，古者诸侯象。诸侯出教令，能警戒百里。国内则守宗庙社稷，为之祭主，不亡其匕鬯。《御览》引王注又云：有灵而尊者，莫若于天；有灵而贵者，莫若于王；有声而威者，莫若于雷；有震而严者，莫若于侯。是天子当乾，诸侯用震，地不过一同，雷不过百里。《古微书·元命苞》云：阴阳合为雷。雷于《易》为震，震为一阳生于二阴之下，故为阴中之阳也。《初学记》引《五行传》曰：雷者，诸侯之象。《集解》引虞氏《易》注云：震为侯。故雷为侯象也。”大壮卦，亦天子当乾，诸侯用震，九四之时，是坤阴藩决，而乾阳不羸。

壮于大舆之輹 《周礼·考工记》曰：“舆人为车。”郑氏注：“车，舆也。”贾公彦疏：“此舆人专作车舆。记人言车者，车以舆为主，故车为总名。郑为舆者，此官实造舆，故从舆为正。”《说卦传》曰：“坤为地，为大舆。”《隋书·礼仪志》云：“车之盖圆，以象天，舆方以象地。” 舆为车厢，或曰车厢底板。《说文》：“**輹**，车轴缚也。从车，复声。《易》曰：舆说**輹**。”段玉裁注：“谓以革若丝之类，**缠**束于轴，以固轴也。缚者，束也。”**輹**，俗间因其形，称车伏兔，使舆、轴不脱。按，大有卦，乾下离上。九二曰：“大车以载。”上离为有盖车厢，下乾为圜为轮，具车全貌，二当轮中，故曰大车以载。大壮卦，乾下震上，上无车盖，坤阴为舆，下乾为轮，九四在轮轴上，为车轴缚，为**輹**。阳升于四，谓壮于大舆之**輹**。犹言藩决于前，不羸在我，今轴、舆已经固定，车驾备好，只待发轫，阳气何不趁时？《象》曰：“藩决不羸，尚往也。”即此之谓。又，剥卦，坤下艮上。上九曰：“君子得舆。”《象》曰：“君子得舆，小人载也。”是坤阴为舆。按十二消息，坤卦，坤下坤上。阳进至四，在下卦之上，在上卦之下，于车为**輹**，为壮于大舆之**輹**，谓阳已壮。

六五，丧羊于易，无悔。

〔译〕 六五，失阳于阴，无有悔恨。

《象》曰：“丧羊于易，位不当也。”

〔证〕

丧羊于易 甲骨文易字，最早有象两酒卮相倾注、相承受之形，故易字有更易之义。《周礼·大司徒》："凡造都鄙，制其地域，而封沟之。以其室数制之。不易之地，家百亩；一易之地，家二百亩；再易之地，家三百亩。"郑氏注："郑司农云：不易之地，岁种之，地美，故家百亩，一易之地，休一岁乃复种，地薄，故家二百亩。再易之地，休二岁乃复种，故家三百亩。"贾公彦疏："云不易之地，家百亩者，此谓上地，年年佃之，故家百亩。云一易之地，家二百亩者，谓年年佃百亩，废百亩，云再易之地，家三百亩者，以其地薄，年年佃百亩，废二百亩，三年再易乃遍，故云再易也。"《县师》曰："县师掌邦国、都鄙、稍甸、郊里之地域，而辩其夫家、人民、田莱之数，乃其六畜车辇之稽。"郑注："莱，休不耕者。郊内谓之易，郊外谓之莱，善言近也。"贾疏："云莱休不耕者，《诗》云：田卒汙莱。注云：下者汙，高者莱，是莱谓草莱之地，若上地莱五十亩之类也。云郊内谓之易，郊外谓之莱，善言近者，郊外言莱，即此经田莱，据郊而言。《遂人》亦云：莱五十亩、百亩之类。是莱为草莱秽污之称也。郊内谓之易，案《大司徒》云：凡造都鄙，制其地域，云上地不易，中地一易，下地再易。司徒主六乡，则六乡之地从易。可知不言莱，直言易者，善言近也。"

《汉书·食货志》云："民受田，上田夫百畞，中田夫二百亩，下田夫三百亩。岁耕种者，为不易上田；休一岁者，为一易中田；休二岁者，为再易下田。三岁更耕之，自爰其处。"段注《说文》䞟字曰："孟康云：三年爰土易居，古制也。末世浸废。商鞅相秦，复立爰田。上田不易，中田一易，下田再易，爰自在其田，不复易居也。依孟，则商鞅田分上中下，而多少之。得上田者百亩，得中田者二百亩，得下田者三百亩，不令得田者彼此相易。其得中田二百亩者，每年耕百亩，二年而遍。得下田三百亩者，亦每耕百亩，三年而遍。故曰上田不易，中田一易，下田再易。爰自在其田，不复易居。《周礼》之制，得三等田者，彼此相易。今年耕上田百亩；明年耕中田，二百亩之百亩；又明年耕下田，三百亩之百亩。又明年，仍耕上田之百亩。如是乃得有休一岁、休二岁之法，故曰三岁更耕，自爰其处。"按《周礼》，凡造都鄙，以其室数，制之易地。五为天子位焉，其都郊之地为易。又地为阴，丧羊于易，谓丧阳于易地。《象》曰："丧羊于易，位不当也。"五为阳位，而阴居之，为位不当。

无悔 圣人惟时，时止则止，时行则行，动静不失其时，其道光明。大壮，二月卦，阳进至四，与时偕行，五当为阴，是以无悔。又，五为君位，以柔履刚，乃文明之象，得君子用罔之谊，故无悔。坤卦六五曰："黄裳，元吉。"《象》曰："黄裳元吉，文在中也。"《文言》曰："君子黄中通理，正位居体，美在其中，而畅于四支，发于事业，美之至也。"《荀子·王制篇》曰："知强大者，不务强也。虑以王命，全其力，凝其德。

力全，则诸侯不能弱也；德凝，则诸侯不能削也。天下无王霸主，则常胜矣，是知强道者也。”杨倞注：“知强大之术者，不务以力胜也。虑，计也；以，用也。其计虑常用王命，谓不敢擅侵暴也。凝，定也。定其德，谓不轻举也。无王霸之主，则强国常胜。”六五，居君位而不用壮，知强大之术，不务以力，是以诸侯不能削弱，故而无悔。

上六　羝羊触藩，不能退，不能遂，无攸利；艰则吉。

〔译〕　上六，阳推阴，阴不能退，阳不能进，无所利；坚持阳推阴就吉利。

《象》曰：“不能退，不能遂，不详也；艰则吉，咎不长也。”

〔证〕

羝羊触藩，不能退，不能遂，无攸利　《广雅·释诂一》：“遂，行也。”《玉篇》：“遂，进也。”《广韵·至部》：“遂，达也，进也，成也，安也，止也，往也，从志也。”《商书·仲虺之诰》曰：“显忠遂良。”孔氏传：“忠则显之，良则进之。”《小雅·雨无正》曰：“戎成不退，饥成不遂。”朱熹《诗集传》曰：“遂，进也。《易》曰：不能退，不能遂。是也。言近寇已成，而王之为恶不退；饥馑已成，而王之迁善不遂。”《吕氏春秋·孟夏纪》曰：“命太尉赞杰俊，遂贤良。”高诱注：“遂，达也。有贤良长大之人，皆当白达举用之。”郑注《月令·孟夏之月》云：“遂，犹进也。”《汉书·礼乐志》：“青阳开动，根荄以遂。”师古曰：“遂者，言皆生出也。”生出，乃进达之引伸。家人卦六二曰：“无攸遂，在中馈，贞吉。”无攸遂，谓妇人居内中，无所进，位正为吉。大壮上六，虞翻曰：“遂，进也。”又，段玉裁《说文解字注》：“详，经传多假为祥字。”《左传》成公十六年：“德以施惠，刑以正邪，详以事神。”孔颖达疏：“详者，祥也，古字同耳。《释诂》云：详，善也。”又谓大壮上六《象》曰：“详者，善也。”

坤卦上六曰：“龙战于野，其血玄黄。”《文言》曰：“阴疑于阳，必战。为其嫌于无阳也，故称龙焉，犹未离其类也，故称血焉。夫玄黄者，天地之杂也，天玄而地黄。”上六之言，谓阴盛之极，至与阳争，故而天龙与地野战，其血玄黄。大壮卦，乾为羝羊，震为藩。三与上逆应，是以并为羝羊触藩之象。大壮之时，二月之时，四阳生于下，二阴消于上。此时，若上六之阴不能退，九三之阳不能进，则阴阳不能转换，时令不能更移，万物不能生长、成熟，故无所利。《系辞传》曰：“一阴一阳之谓道。”“刚柔者，立本者也；变通者，趣时者也；吉凶者，贞胜者也。”是阴阳之变为道，为本，为趣时，正胜则吉，匪正则凶。《象》曰：“不能退，不能遂，不详也。”不祥者，谓阴不能退，阳不能进，阴阳不能变通，不能趣时，则不合自然正道。悖道者必致不祥，故爻辞谓之无攸利。又，乾为天子，震为诸侯，乾下震上，诸侯凌驾于天子之上。乾阳往上，羝羊触藩，为天子征伐藩国。若有罪者不退，征伐者不遂，不能正君臣之义，亦为无所利，为不祥。

艰则吉 《说文》："艰，土难治也。"又，"坚，土刚也。"土刚亦难治。《史记·周本纪》："共王崩，子懿王艰立。"《索隐》曰："艰，《系本》作坚。"按，《汉书·古今人表》，亦作懿王坚。盖两字音同义通。泰卦，九三曰："艰贞无咎。"大有卦，初九曰："艰则无咎。"噬嗑卦，九四曰："利艰贞。"大畜卦，九三曰："利艰贞。"明夷卦，卦辞曰："利艰贞。"孔颖达《正义》曰："时虽至暗，不可随世倾邪，故宜艰难坚固，守其贞正之德，故明夷之世，利在艰贞。"朱熹亦曰："故占者利于艰难以守正，而自晦其明也。"是艰，皆有艰难而坚持之义。大壮上六艰则吉，谓坚持羝羊触藩，使其阴退阳进，则有吉利。《象》曰："艰则吉，咎不长也。"《说文》："咎，灾也。从人各，各者，相违也。"人相违为灾，会意。是以，只有坚持阳进阴退，君上臣下，不违天时，不悖人事，则灾难不长，终可吉利。又，大壮为大兑象，兑为羊，是以有羝羊触藩，艰则吉之象，羊为吉祥。

第三十五卦　丙　申

☲☷ 离上
坤下

晋，康侯用锡马蕃庶，昼日三接。

〔译〕　晋，太阳用光芒赐予大地，使万物蕃殖昌盛，白天太阳，由东到中到西，接连运行。

《彖》曰："晋，进也。明出地上，顺而丽乎大明，柔进而上行，是以康侯用锡马蕃庶，昼日三接也。"

《象》曰："明出地上，晋，君子以自昭明德。"

〔证〕

坤下离上　《说卦传》曰："坤为地，""离为日"。坤下离上，日出大地之上。黑夜过去，白昼伊始，阳光普照，大地复苏，万物于兹生长，谓之晋。据悉，日为太阳系之中心天体，乃一恒星。其与地球之平均距离，约为一亿四千九百六十万公里。直径一百三十九万公里，为地球之一百零九倍；休积为地球之一百三十万倍，质量为地球三十三万倍；其平均密度　每立方厘米一点四克。太阳为一炽热气体，表面温度约摄氏六千度，愈向内部，温度愈高，中心约摄氏一千五百万度。由氢核聚变，成氦核热核反应，产生巨大能量，以辐射方式，由内部转移到表面，而发射到宇宙空间。肉眼所见之表面，称为光球；光球上面是色球，最外层称为日冕。而在色球与日冕之间，有一过度气层，此数层组成太阳大气。太阳自转周期，在日面赤道约二十五天，两极约三十五天。太阳最丰富之元素有氢，其次有氦，再次有碳，有氮，有氧，以及各种金属。太阳总体稳定，但其大气层，处于局部激烈运动之中；最明显者，太阳活动区中，有黑子群体出没，以及日珥变化，和耀斑爆发。

又据，地球为太阳系九大行星中，近日之第三星。体扁平椭圆，赤道半径，六千三百七十八公里；两极半径，六千三百五十七公里；面积，约五亿一千万平方公里。二十四小时自转一次（合平太阳日，二十三时，五十六分四秒），三百六十五日，五时四十八分，四十八秒，绕日一周。绕日轨道之垂直线，与地轴成二十三度半之角度，故有四季寒暖之分，昼夜长短之别。自西径二十度，至东径一百六十度，称东半球；反对方面一百八十度，称西半球。赤道以北，称北半球；赤道以南，称南半球。以南北回归线，及南北极圈，分气候带为热带、南温带、北温带、南寒带、北寒带。地球之生成，天文学家谓最初受他星之引力，由日吸引而出，为炽热之气体；后冷凝为液体；再后，而外层凝固为地壳。因收缩之故，外部呈凸凹状，空气中水分，冷凝为雨水，潴汇于陷凹之部，而山川以成。今地球内层，仍为炽热液体，火山不时迸发，即其为证。但亦有主瓦斯体说，和固体说等。其卫星为月。

王充《论衡·说日篇》曰："然则日之出近也，其入远，不复见，故谓之入。运见于东方，近，故谓之出。人望不过十里，天地合矣，远，非合也。今视日入，非入也，亦远也。当日入西方之时，其下民亦谓之日中。从日入之下，东望今之天下，或时亦天地合。如是，方今天下在南方也。故日出于东方，入于西方。北方之地，日出北方，入于南方。各于近者为出，远者为入。实者不入，远矣。临大泽之滨，望四边之际，与天属。其实不属，远若属矣。日以远为入，泽以远为属，其实一也。泽际有陆，人望而不见。陆在，察之若亡。日亦在，视之若入，皆远之故也。太山之高，参天入云，去之百里，不见埵块。夫去百里不见太山，况日去人以万里数乎？"《论衡校释》："方今天下，谓中国也。位在东南，于东方为近，故日出于东方，入于西方。"古人所言日之近为出，日之远为入，即地球绕日，自转与公转所致。按，伏羲八卦，坤位北，离位东。又，《说卦传》曰："坤为地"，"离为日"。我国在赤道北，坤下离上，即日照北陆之象。

综上，日球为一炽热气体，产生巨大能量，以辐射方式，发射到宇宙空间；地球为近日之第三星，故受其光照。日球为太阳系之中心天体，为恒星；地球为太阳系之行星，以自转和公转之故，有四季寒暖之分，昼夜长短之别，是以物有生长收藏。《系辞传》曰："《易》与天地准，故能弥纶天地之道。仰以观于天文，俯以察于地理，是故知幽明之故。"又曰，"是故法象莫大乎天地，变通莫大乎四时，县象著明莫大乎日月。"又曰，"是故天生神物，圣人则之；天地变化，圣人效之；天垂象见吉凶，圣人象之。"贲卦《彖》曰："观乎天文，以察时变；观乎人文，以化成天下。"按，《虞书·尧典》曰："乃命羲和，钦若昊天，历象日月星辰，敬授人时。""期，三百有六旬有六日，以闰月定四时成岁。"又曰，"稽古帝尧，曰放勳，钦明文思安安，允恭克让，光被四表，格于上下。"此即天文、人文之谓。盖圣人，因观日出大地之象，设坤下离上之卦，名之曰晋。《杂卦传》曰："晋，昼也。"

《说文》："旦，明也。从日见一上，一，地也。"段玉裁注："《易》曰：明出地上，晋。"桂馥义证："明也者，《释诂》：旦，早也。《玉篇》引《诗》：信誓旦旦。《诗·板》：昊天曰旦。传云：旦，明。《东门之枌》：谷旦于差。《葛生》：谁与独旦。笺并云：旦，明也。夜未央，王肃云：央，旦未旦，夜半。《周礼》：鸡人掌大祭祀，夜呼旦，以叫百官。馥案，《礼》：旦明行事，是也。僖二十八年《左传》：诘朝将见。杜云：诘朝，平旦。《淮南·天文训》：日至于曲阿，是谓旦明。高云：平旦也。《五经要义》：旦，明也。"

又，“从日见一上，一，地也者，哀十三年《公羊解诂》：旦者，日方出。疏云：日方出地，未相去离之词。《甕牖闲评》云：旦字，从日从一。一者地，日初出，在地上则为旦，故《孟子》：坐以待旦。《左氏传》云：旦而战。《月令》云：昏参中，旦尾中。古诗亦谓：将旦，群阴伏。皆日初出之谓。而或者不知，乃以日一为旦，谓初一日也，此说误矣。又有以日下一为旦，此说尤误矣。”旦，既为明，为日出地上，为群阴皆伏，是坤下离上之象犹旦；以日之升登地上，故为晋。《彖》曰：“晋，进也，明出地上。”《象》曰：“明出地上，晋。”即此之谓。

《说文》：“日，实也，太阳之精不亏。从O一，象形。”段玉裁注：“以迭韵为训。《月令正义》引《春秋元命苞》云：日之为言实也。《释名》曰：日，实也，光明盛实也。故曰实。O，象其轮郭，一，象其中不亏。”桂馥义证：“象形者，画成其物，随体诘诎，日月是也。卫恒曰：象形者，日满月亏，效其形也。《初学记》引象形下，有又君象也四字。《御览》引同。《易传》：日者，众阳之精，以象人君。《易说》：日者，至阳之精，象君德。《礼统》：日者，实也，形体光实，人君之象。《诗·柏舟》：日居月诸，胡迭而微。笺云：微，谓亏伤也。君道当常明如日，而月有亏盈。今君失道，而任小人；大臣专恣，则日如月然。《洪范传》：日者，照明之大表，光景之大纪，群阳之精，众贵之象也。故日出，而天下光明；日入，而天下冥晦，此其效也。故日者天之象，君、父、夫、兄之类，中国之应也。明王之践位，群贤履职，天下和平，黎民康宁，则丽其精明，扬其景耀，抱珥重光，以见吉祥，君获庆贺。《尸子》：日，五色，阳之精，象君德也。《汉书·李寻传》：夫日，众阳之长，辉光所烛，万里同晷，人君之表也。郑注《尚书大传》：日，君象也，月臣象也。《后魏书》：日，君象；月，后象；星，百官象。”按，《说卦传》曰：“离为日，为乾卦。”又，“乾为君。”既离与乾通，故日为君象。

《小雅·小明 》：“明明上天，照临下土。”郑笺：“明明上天，喻王者当光明如日之中也；照临下土，喻王者当察理天下之事也。据时，幽王不能然，故举以刺之。”《正义》曰：“言明明之上天日中之时，能以其光，照临下土之国，使无幽不烛，品物咸亨也。以喻王者处尊之极，当以其明，察理于天下之事然，无屈不伸，劳逸得所也。”曰，“言照临，故知有日之明察，唯中乃然。故云王者光明，当如日中之照也。昭五年《左传》曰：日上其中。《易》丰卦《象》曰：王宜日中。以王明之光，照临天下，如日中之时，是也。必责王令明如天日者，以王者继天理物，当与日同。故《易》曰：大人与日月合其明。是也。”因大人与日月合其明，故《小明》言幽王日小其明，《大明》言文、武相承，其明德日以广大。晋卦，坤下离上，明出地上，既为天象，亦为人事，谓王者之事。

上为北，下为南。离上坤下，离为日为王，坤为地为众，为君王南面而王天下。古代，以坐北朝南为尊位。故天子见诸侯，诸侯见群臣，皆南面而坐，南面，即南向。《说卦传》曰：“圣人南面而听天下，向明而治。”《礼记·明堂位》曰：“昔者，周公朝诸侯，于明堂之位，天子负斧依，南向而立。”郑氏注：“周公摄王位，天子周公也。负之言背也，斧依为斧文屏风，于户牖之间，周公于前立焉。”周公摄王位，背北面南，朝见诸侯于明堂之上，盖即离上坤下之象。离为君为天子，坤为诸侯为臣。《论语·雍也》：“子曰：雍也，可使南面。”包曰：“可使南面者，言任诸侯治。”《正义》曰：“《周官·撢人》注：面，犹向也。人君向明而治，故位皆南面。《说苑·修文篇》：当孔子之时，上无明天子也，故言雍也可使南面。南面者，天子也。《盐铁论·殊路篇》：七十子，皆诸侯、卿相之才，可南面者数人。亦兼天子、诸侯言之。”《庄子·至乐篇》：“髑髅曰：死，无君于上，无臣于下，亦无四时之事，从然以天地为春秋，虽南面王乐，不能过也。”疏曰：“虽南面称孤，王侯之乐，亦不能过也。”南面称孤，犹南面称王。晋卦，离上坤下，君在上，臣在下。上北下南，为君位北，臣位南，为南面而王。

《小雅·北山》：“溥天之下，莫非王土；率土之滨，莫非王臣。”溥、普；率，循。郑笺：“此言王之土地广矣，王之臣又众矣，何求而不得，何使而不行。”《正义》曰：“诗意言民之所居。民居不尽近水，而以滨为言者，古先圣人，谓中国为九州者，以水中可居曰洲；言民居之外，皆有水也。邹子曰：中国名赤县，赤县内有九州，禹之序九州是也。其外，有瀛海环之，是地之四畔，皆至水也。滨是四畔近水之处。言率土之滨，举其四方所至之内，见其广也。”《广雅疏证》曰：“滨与边声相近，水滨犹言水边，故地之四边，亦谓之滨。《小雅·北山篇》云：率土之滨。是也。”晋卦，初之三为坤，坤为地；二之四为艮，艮为山；三之五为坎，坎为水；四之上为离，离为明为王：为明王有山水土地，有天下国家。又，按重卦，上卦位天，下卦位地。离为王，坤为土，为溥天之下，莫非王土。坤为土为臣，三之五为坎为水，为率土之滨，莫非王臣。是以离上坤下，为君王兴起之象。

《邶风·日月》云：“日居月诸，照临下土。”“日居月诸，下土是冒。”“日居月诸，出自东方。”“日居月诸，东方自出。”毛传：“日乎月乎，照临之也。冒，覆也。日始月盛，皆出东方。”郑笺：“日月喻国君与夫人也，当同德齐意，以治国者，常道也。覆，犹照临也；自，从也。言夫人当盛之时，与君同位。”《正义》曰：“言日乎日以照昼，月乎月以照夜，故得同曜齐明，而照临下土，以兴国君也、夫人也。国君视外治，夫人视内政，当亦同德齐意，以治理国事。如此是其常道。言日乎月乎，日之始照，月之盛望，皆出东方。言月盛之时，有与日同，以兴国君、夫人也。国君之平常，夫人之隆盛，皆秉其国事。夫人之盛时，亦当与君同，如此是其常。日月虽分照昼夜，而日恒明，月则有盈有缺，不常盛。盛则与日皆出东方，犹君与夫人，虽各听内外，而君恒伸，夫人有屈有伸，伸则与君同居尊位。故笺云：夫人当盛之时，与君同位。”晋卦，四之上为离，离为日为国君；三之五为坎，坎为月为夫人；初之三为坤，坤为地为下土：为日居月诸，照临下土。又，上为外，下为内，为国君视外治，夫人视内政。伏羲八卦方位，离东坎西。今坎随其离，是日月皆出东方，国君与夫人同德齐意之象。

晋 《说文》：“晉（晋），进也，日出而万物进。从日，从臸。《易》曰：明出地上，晉。”段玉裁注：“《周易·彖传》曰：晉，进也。以迭韵为训。凡进皆曰晉，难进亦曰晉。《周礼》：凡田，王提马而走，诸侯晉。是也。古文《周礼》、《故书》，皆假晉为箭。日出而万物进，故其字从日。臸者，到也，以日出而作会意。《易》曰：明出地上，晉。此引《易·象传》文，以证从日之意也。”桂馥义证：“进也者，《释诂》、《广雅》并同。晉、进，声相近。《释名》：晉，进也。又云：进，引也，引而前也。《太玄》：进，阳引而进。《易·晉·彖》：晉，进也。《诗·天保》：如月之恒，如日之升。传云：言俱进也。《幽通赋》：盍孟晉以迨群兮。曹大家注：晉，进也。日出万物进者，本书：出，进也。《文子·上德篇》：日出于地，万物蕃息。《易》曰：明出地上，晉者，晉卦《象》文。郑注：地虽生万物，日出于上，其功乃著。崔憬曰：浑天之义，日从地出，而升于天，故曰明出地上。”

《说文》：“臸，到也，从二至。”段玉裁注：“不言至言到者，到者至之得地者也。会意，至亦声。”又，《说文》：“至，鸟飞从高下至地也。从一，一犹地也。象形。不，上去；而至，下来也。凡至之属，皆从至。”罗振玉《雪堂金石文字跋尾》认为：“象矢远来，降至地之形，不象鸟形。”杨树达《积微居小学述林》（卷五）：“晉字，据字形及字音合考之，晉即箭之初文也。《说文·五篇上竹部》云：箭，矢竹也。从竹，前声。《仪礼·大射仪》云：幎用锡若絺，缀诸箭。郑注云：古文箭作晉。《周礼·夏官职方氏》云：扬州，其利金锡竹箭。郑注云：故书箭为晉。《吴越春秋·句践归国外传》云：晉竹十廋。此皆用晉字本义者。而杜子春注《周礼》，乃曰：晉，当为箭。已不知晉即箭字矣。晉为初字，箭其初义，箭为后起之形声字，占有晉字之初义，而晉皆用为他义矣。”按晉，上为箭头，下为日，表示日进之义。又，朱骏声《六十四卦经解》：“晉，从臸，到也；从日，日出万物进也。两至者，自北至，至南至，日益进也。”谓夏至时，日由北至之区，渐次南移；冬至时，日由南至之区，渐次北移：为一回归年。晉，从日，从臸省，表示日有所进之义。

《释名·释州国》："晋，进也。其地在北，有事于中国，则进而南也。又取晋水以为名，其水迅进也。"王先谦引苏舆曰："晋，初封唐，后都绛。献公以后，灭虞、虢等国，据桃林以西，阻三河，以与秦、楚各国为难，遂跨有东南之地。以今地考之，自山西平阳、太平以东，至北直广平、大名之间 ，又蔓延于陕西、河南之境，故成国云然。"《水经注》："《山海经》曰：悬瓮之山，晋水出焉，今在（晋阳）县之西南。"《帛书周易》之晋，写作溍，盖取晋水以为名。又，《释文》云："晋，孟作齐。齐，子西反，义同。"《六十四卦经解》："晋卦，一作齐，即跻。"《说文》："跻，登也。从足，齐声。《商书》曰：予颠跻。"段玉裁注："《微子》篇文，今《尚书》作隮。注家云：颠，陨；隮，坠。按升、降同谓之跻，犹治、乱同谓之乱。俗作隮。《顾命》：由宾阶隮；《毛诗》：朝隮于西、南山朝隮；《周礼》：九曰隮。皆训升。"晋，为升进；齐为跻、隮，亦可训升进，故曰义同。然晋字从日从臸，于卦象坤下离上，明出地上相似，故晋长于齐，通行本用晋，而不用齐，明日两至之义。

康侯用锡马蕃庶　《商颂·烈祖》："自天降康，丰年穰穰。"郑笺："天于是下平安之福，使年丰。"《周颂·臣工》："明昭上帝，迄用康年。"毛传："康，可乐也。"郑笺："此瑞乃明见于天，至今用之，有乐岁五谷丰熟。"朱熹《诗集传》："康年，犹丰年也。"《毛诗传笺通释》："康，亦可训大，与丰年训大同义。年大则乐，故康又训乐。《谥法解》：丰年好乐曰康。是也。则康年犹云乐岁矣，迄用康年，犹云用致康年。"故《正字通》曰："康，岁稔也。"《逸周书·谥法解》云："执应八方曰侯。"朱右曾云："执，所守者，可应八方。侯，侯也。"侯，天子诸侯之侯。日为天之侯，执照四面八方，使万物生长，是以为康侯。《尔雅·释诂上》："锡，赐也。"段玉裁《说文解字注》："经典多假锡为赐字。凡言锡予者，即赐之假借也。"朱骏声《说文通训定声》："锡，假借为赐。"《公羊传》庄公元年："王使荣叔，来锡桓公命。锡者何？赐也。"讼卦上九曰："或锡之鞶带，终朝三褫之。"《释文》："锡，赐也。"乾卦《文言》曰："本乎天者亲上，本乎地者亲下，则各从其类也。"坤卦卦辞曰："坤，利牝马之贞。"《彖》曰："牝马地类。"《象》曰："驯致其道。"王弼注："乾以龙御天，坤以马行地。"干宝曰："行天者莫如龙，行地者莫若马，故乾以龙繇，坤以马象也。坤阴类，故称利牝马之贞矣。"《春秋说题辞》曰："地精为马。"《易乾坤凿度》曰："坤为马。"涣卦，坎下巽上。坎为雨，巽为风。初六曰："用拯马壮。"即谓风雨，使地上万物，茁壮成长。是亦以马为地类。晋卦，离上坤下。《彖》曰："明出地上，顺而丽乎大明，柔进而上行，是以康侯用锡马蕃庶。"即谓日出地上，万物顺依太阳，太阳用其光芒，赐予大地万物，蕃殖昌盛。

又，《商书·说命上》："以匡乃辟，俾率先王，迪我高后，以康兆民。"孔氏传："言匡正汝君，使循先王之道，蹈成汤之踪，以安天下。”《周书·康诰》：“用康保民”，“用康乂民”。孔传皆谓安治其民。《蔡仲之命》：“康济小民。”传曰：“汝为政，当安小民之居，成小民之业。”其他如《毕命》：“以康四海。”《文侯之命》：“惠康小民。”康，皆谓安治。又，《周颂·天作》：“彼作矣，文王康之。”郑笺：“彼万民居岐邦者，皆筑作宫室，以为常居，文王则能安之。”《诗集传》曰：“康，安也。言天作岐山，而大王始治之。大王既作，而文王又安之。”《周书·无逸》：“文王卑服，即康功田功。”孔氏传：“文王节俭，卑其衣服，以就其安人之功，以就田功，以知稼穑之艰难。”《逸周书·谥法解》云：“安乐抚民曰康。”是康侯，为安民之侯。虞、马、陆并曰：“康，安也。”朱熹曰：“康侯，安国之侯也。”

又，《周礼·梓人》：“祭侯之礼，以酒脯醢。”其辞曰：“惟若宁侯；毋或若女不宁侯，不属于王所，故抗而射女。”贾公彦疏：“祭侯者，祭先有功德之侯。若射侯，则射不宁侯，有罪者也。举有功以劝示，又举有罪以惩之，故两言之也。”宁、康皆训安，宁侯犹康侯，谓有功德之侯者，犹谓安国之侯。《周书·大诰》云：“宁王遗我大宝龟，”“天休于宁王”，“宁王惟卜用”，“尔知宁王若勤哉”，“予不敢不极卒宁王图事”，“敉宁王大命”。孔氏传：“安天下之王，谓文王也。”《正义》曰：“纣为昏虐，天下不安，言文王能安之。安天下之王，谓文王也。”《君奭》：“我道惟宁王德延，天不庸释于文王受命”，“割申劝宁王之德”。孔传宁王，皆为文王。王先谦《孔传参正》：“据《洛诰》郑注：不专指文王，详经意，总谓受命安天下之前王耳。”又，《洛诰》：“伻来毖殷，乃命宁。”《孔传参正》：“《诗·何彼秾矣》疏引郑云：周公谓文王为宁王，成王亦谓武王为宁王，此一名二人兼之。孙星衍云：谓武王为宁王，《尚书》无其文。先谦案《大诰》云：不可不成乃宁考图功。宁考，实谓武王。武之称宁，《尚书》未尝无文。此宁王亦自周公称之，疑郑说成王二字衍。”按，康侯犹宁王，皆为美名，以当者为是。宁王不专指，康侯亦不专指。明夷卦，离下坤上。《象》曰：“内文明，而外柔顺，以蒙大难，文王以之。利艰贞，晦其明也。”以之，即似之，举例而已。明夷卦和晋卦，互为综卦。明夷卦，以蒙难之文王为例；是晋卦，亦可以安民之文王为例。

昼日三接 《说文》：“晝（昼），日之出入，与夜为界。从畫（画）省，从日。”徐锴系传：“会意。《论语》曰：今汝晝晝止也。夜至晝而止也。”徐灏注笺：“自日出，至日入，通谓之晝。故云日之出入，与夜为界也。”桂馥义证：“日之出入，与夜为界者，本书：𣅟（甲），晨也。从日在甲上。莫，日且冥也；夕，莫也；旦，明也。从日见一上。《易》晋卦：晝日三接。《论衡》：日，晝行千里，夜行千里。张衡《灵宪》：夫日，宣明于晝，纳明于夜。《范子计然》：日者主晝，居晝而为明。《说文》：接，交也。从手，妾声。”段玉裁注：“交者，交胫也。引申为凡相接之称。”蒙卦九二曰：“纳妇吉，子克家。”《象》曰：“子克家，刚柔接也。”《正义》曰：“阳居卦内，接待群阴。”又，屯卦《象》曰：“屯，刚柔始交而难生。”是阴阳交接。晋卦，坤下离上。日出地上为昼，下与三阴相交，为昼日三接。即日出地上，光照万物之谓。

离卦，离下离上。《象》曰：“日月丽乎天，百谷草木丽乎土，重明以丽乎正，乃化成天下。”初九曰：“履错然，敬之。”日与月相错，而出于东方。六二曰：“黄离元吉。”《象》曰：“黄离元吉，得中道也。”日升至中央大地，其色金黄。九三曰：“日昃之离。”《象》曰：“日昃之离，何可久也。”日偏西方，为日昃之离。白天，日由东方，至中央，再至西方，照遍大地。大地为坤 ，坤三阴，为昼日三接。其于人事，居上者为阳，在下者为阴。三，言多。如文王礼下贤者，日中不暇食以待士；周公一沐三捉发，一饭三吐哺，勤于王事之类。虞翻曰：“离日在上，故昼日，三阴在下，故三接。”侯果曰：“《大行人职》曰：“诸公三飨三问三劳，诸侯三飨再问再劳，子男三飨一问一劳。即天子三接诸侯之礼。”程氏传：“凡卦，离在上者，柔居君位，多云柔进而上行。噬嗑、睽、鼎是也。六五，以柔居君位，明而顺丽，为能待下，宠遇亲密之义，是以，为康侯用锡马蕃庶，昼日三接也。大明之君，安天下者也。”

《象》曰：“明出地上，晋，君子以自昭明德。”《说文》：“昭，日明也。从日，召声。”桂馥义证：“日明也者，日当为旦。《乐记》：蛰虫昭苏。注云：昭，晓也。蛰虫以发出为晓，更息曰苏。《易》晋卦：君子以自昭明德。馥案，本书：晋，日出万物进。引《易》：明出地上，晋。则昭为旦明，审矣。《洪范五行传》：日者，昭明之大表。又云：日出，而天下光明。”王筠于昕字下曰：“昭、晤、的、晃、旷，乃日之明，与阴晦对，故以昭领之，而说曰日明也，下四字但云明也，皆视此矣。”按昭，许云日明也，盖谓东方日明，故又通炤、照。《尔雅·释诂上》：“昭，光也。”郭璞注：“《诗》曰：学有缉熙于光明。又曰，休有烈光。”郝懿行义疏：“《说文》云：光，明也。从火在人上，光明意也。《释名》云：光，晃也，晃晃然也；亦言广也，所照广远也。《诗·南山有台》传：光，明也。《敬之》传：光，广也。《皇矣》传：光，大也。”昭既为光，光又训明，训晃，训广，训大，故君子以自昭明德，谓君子以此，效仿明出地上，晋，而自我广大明德。郑康成曰：“地虽生万物，日出于上，其功乃著，故君子法之，而以明自昭其德。”王弼注：“以顺著明，自显之道。”自显之道，即自昭明德。

《礼记·大学》：“大学之道，在明明德，在亲民，在止于至善。知止而后有定，定而后能静，静而后能安，安而后能虑，虑而后能得。物有本末，事有终始。知所先后，则近道矣。古之欲明明德于天下者，先治其国；欲治其国者，先齐其家；欲齐其家者，先修其身；欲修其身者，先正其心；欲正其心者，先诚其意；欲诚其意者，先致其知；致知在格物，格物而后知至；知至而后意诚，意诚而后心正；心正而后身修，身修而后家齐；齐家而后国治，国治而后天下平。自天子以至于庶人，一是皆以修身为本。其本乱而末治者，否矣！其所厚者薄，而其所薄者厚，未之有也。”又，“《康诰》曰：克明德。《太甲》曰：顾**諟**天之明命。《帝典》曰：克明峻德。皆自明也。汤之《盘铭》曰：苟日新，日日新，又日新。《康诰》曰：作新民。《诗》曰：周虽旧邦，其命维新。是故，君子无所不用其极。”

《礼记正义》曰：“此经《大学》之道，在于明明德，在于亲民，在止于至善。积德而行，则近于道也。在明明德者，言《大学》之道，在于章明己之光明之德。谓身在明德，而更章显之，此其一也。在亲民者，言大学之道，在于亲爱于民，是其二也。在止于至善者，言大学之道，在止处于至善之行，此其三也。言《大学》之道，在于此三事矣。一是皆以修身为本者，言上从天子，下至庶人，贵贱虽异，所行此者专一，以修身为本。上言诚意、正心、齐家、治国，今此独言修身为本者，细则虽异，其大略皆是修身也。《康诰》曰克明德者，此一经广明意诚，则能明己之德。周公封康叔而作《康诰》，戒康叔能明用有德。此记之意，言周公戒康叔，以自明其德，与《尚书》异也。《太甲》曰顾**諟**天之明命者，顾，念也；**諟**，正也。伊尹戒太甲云：尔为君，当顾念奉正天之显明之命，不邪僻也。《帝典》曰克明峻德者，《帝典》谓《尧典》之篇。峻，大也。《尚书》之意，言尧能用贤俊之德。此记之意，言尧能自明大德也，皆自明也。此经所云，《康诰》、《太甲》、《帝典》等之文，皆是人君自明其德也，故云皆自明也。汤之《盘铭》者，汤沐浴之盘，而刻铭为戒。必于沐浴之盘者，戒之甚也。苟日新者，此《盘铭》辞也。非唯洗沐自新，苟诚也，诚使道德日益新也。日日新者，言非一日之新，当使日日益新。又日新者，言非唯日日益新，又须恒常日新，皆是丁宁之辞也。此谓精诚其意，修德无已也。《康诰》曰作新民者，成王既伐管叔、蔡叔，以殷余民封康叔，诰言殷人化纣恶俗，使之变改为新人。此记之意，自念其德，为新民也。《诗》曰周虽旧邦，其命惟新者，此《大雅·文王》之篇。其诗之本意，言周虽旧是诸侯之邦，其受天之命，唯为天子而更新也。此记之意，其所施教命，唯能念德而自新也。是故，君子无所不用其极者，极，尽也。言君子欲日新其德，无处不用其心尽力也，言自新之道，唯在尽其心力，更无余行也。”按，《大学》所言，修身、齐家，治国、平天下者，即君子以自昭明德。在象，日从地下，逐渐升出地上。故朱骏声《六十四卦经解》曰：“《大学》，皆自明也，盖取诸晋。”

《左传》桓公二年："君人者，将昭德塞违，以临照百官；犹惧或失之，故昭令德，以示子孙。夫德，俭而有度，登降有数，文、物以纪之，声、明以发之，以临昭百官。百官于是乎戒惧，而不敢易纪律。"《正义》曰："君子，谓与人为君也。昭德，谓昭明善德，使德益章闻也。塞违，谓闭塞违邪，使违命止息也。德者得也，谓内得于心，外德于物，在心为德，施之为行，德是行之未发者也。而德在于心，不可闻见，故圣王设法以外物，表之俭与度、数、文、物、声、明，皆是昭德之事。故《传》每事皆言昭，是昭其德也。自不敢易纪律以上，言昭德耳。"《周易》程氏传："昭，明之也。《传》曰：昭德塞违，昭其度也。君子观明出地上，而益明盛之象，而以自昭其明德。去蔽致知，昭明德于己也；明明德于天下，昭明德于外也。明明德在己，故云自昭。"

大壮卦和晋卦，互为邻卦。《序卦传》曰："物不可以终壮，故受之以晋。晋者，进也。"大壮卦，乾下震上。《彖》曰："大壮，大者壮也。刚以动，故壮。"十一月一阳生，成复卦，震下坤上，为刚反，动而以顺行；十二月二阳生，成临卦，兑下坤上，为刚浸而长，说而顺；正月，三阳生，成泰卦，乾下坤上，为小往大来，天地交泰，万物通。二月，四阳生，成大壮卦，乾下震上，为刚以动，故壮。三月，五阳生，成夬卦，乾下兑上，为刚决柔，健而说，决而和。四月，六阳生，成乾卦，乾下乾上，为乾道变化，各正性命。此为物之终。万物随阳，大壮阳未终，为物不可终壮，故受之以进。李鼎祚《周易集解》引崔觐曰："不可以终壮于阳盛，自取触藩，宜柔进而上行，受兹锡马。"李道平纂疏："物壮盛则必进。然壮而进，故不可以终壮于阳盛，自取羝羊触藩之咎；宜柔进而上行，以受锡马蕃庶之休，晋所以继大壮也。《说文》曰：晋，进也。日出万物进，故曰：晋者，进也。"又，《杂卦传》曰："大壮则止。"上六曰："羝羊触藩，不能退，不能遂，无攸利，艰则吉。"即止之意。《象》曰："不能退，不能遂，不详也；艰则吉，咎不长也。"即谓有止有进，大壮以后有晋。

《说文》曰："子，十一月，阳气动，万物滋。丑，纽也，十二月，万物动用事。寅，髌也，正月，阳气动，去黄泉欲上出，阴气尚强。卯，二月，万物冒地而出，象开门之形，故二月为天门。辰，震也，三月，阳气动，雷电振，民农时也，物皆生。巳，已也，四月，阳气已出，阴气已藏，万物见，成文章。"大壮，二月卦，万物冒地而出，尚未万物见，成文章，是物不可以终壮，故受之以晋。晋者，进，万物继续生进。《易乾凿度》曰："震生物于东方，位在二月。"郑氏注："震主施生，卯为日出象，人道之阳也。"大壮，乾下震上，为阳震施生，为卯时日出，万物苏醒长时，故受之以晋，晋为日出地上。大壮和晋，皆当卯时，是以互为邻卦。

需卦和晋卦，互为错卦。伏羲八卦方位：乾南坤北，离东坎西。《说卦传》曰："乾为天，坤为地，离为日，坎为水。"需卦，乾下坎上，西南天上有云雨。晋卦，坤下离上，东北日出地上。两卦方向相对，阴晴相反，是以相错。需卦《彖》曰："需，须也。险在前也，刚健而不陷，其义不困穷矣。"朱熹曰："需，待也。以乾遇坎，乾健坎险；以刚遇险，而不遽进以陷于险，待之义也。"又曰，"尤贵于能待，则不欲速而犯难也。"晋卦《彖》曰："晋，进也。明出地上，顺而丽乎大明，柔进而上行，是以康侯用锡马蕃庶，昼日三接也。"程氏传："为卦，离在坤上，明出地上也。日出于地，升而益明，故为晋。晋，进而光明盛大之意也。凡物渐盛为进，故《彖》云：晋，进也。"又曰，"晋，进也，明进而盛也。明出于地，益进而盛，故为晋。"又，需卦《象》曰："云上于天，需，君子以饮食宴乐。"晋卦《象》曰："明出地上，晋，君子以自昭明德。"一则天上有云，一则地上日出；一则须待，一则前进。时止则止，君子以饮食宴乐而待时；时行则行，君子以自昭明德而用世。是两卦阴阳相反相成，互为错卦。

初六，晋如摧如，贞吉。罔孚，裕无咎。

〔译〕　初六，进然推然，行正道吉利。无有信孚，宽余以进无灾过。

《象》曰："晋如摧如，独行正也。裕无咎，未受命也。"

〔证〕

晋如摧如　　《经传释词》曰："如，犹然也。《诗·旄邱》曰：褎如充耳。毛传：褎然有尊盛之服。《野有蔓草》曰：婉如清扬。义亦同也。如、然语之转，故《诗·葛屦》宛然左辟，《说文》引作宛如左僻。"《易》屯卦六二曰："屯如邅如，乘马班如。"子夏传曰："如，辞也。"离卦六四曰："突如其来如，焚如，死如，弃如。"按，并此晋如摧如，如皆用为然。《说文》："摧，挤也。从手，崔声。一曰挏也。一曰折也。"段玉裁注："《释诂》、《毛传》皆曰：摧，至也，即抵之义也。自推至摧，六篆同义。"六篆：推，排也；𢮦，推也；排，挤也；挤，排也；抵，挤也；摧，挤也。六篆其义互参，故而互训。晋之时，日进初六为晋如；上有重阴，其进必排闼，为摧如。《淮南子·天文训》曰："日出于旸谷，浴于咸池，拂于扶桑，是谓晨明；登于扶桑，爰始将行，是谓朏明；至于曲阿，是谓旦明。"刘文典《集解》曰："旸谷，并作汤谷；拂，犹过，一曰至；扶桑，东方之野；朏明，将明也；曲阿，山名；旦明，平旦也，曲阿所由明也。"晋之初六，盖值晨明之后，朏明以前。此时之日，喷薄而出，故为晋如摧如。《象》曰："晋如摧如，独行正也。"《周易集解纂疏》云："《方言》曰：一，蜀也，南楚谓之獨（独）。郭注：蜀，獨也。故云初一称獨。"初六与九四正应，日由初升四，由地下升至天下，光明照耀，为独行正也。此时不见月和星辰，故称独。

贞吉 《虞书·尧典》："乃命羲和，钦若昊天，历象日月星辰 敬授人时。分命羲仲，宅嵎夷，曰旸谷。寅宾出日，平秩东作。"孔氏传："重黎之后，羲氏、和氏，世掌天地之官，故尧命之，使敬顺昊天，敬记天时，以授人时也。寅，敬；宾，导；秩，序也。岁起于东，而始就耕，谓之东作。东方之官，敬导出日，平均秩序东作之事，以务农也。"是日行正，平秩东作，不误农时，为贞吉。人法天地。大《象》曰："明出地上，晋，君子以自昭明德。"小《象》曰："晋如摧如，独行正也。"谓行正道而吉利之义。《礼记·中庸》曰："道也者，不可须臾离也；可离非道也。是故，君子戒慎乎其所不睹，恐惧乎其所不闻；莫见乎隐，莫显乎微，故君子慎其独见。"郑氏注："小人闲居为不善，无所不至也。君子则不然，虽视之无人，听之无声，犹戒慎恐惧，自修正，是其不须臾离道。慎独者，慎其闲居之所为。"初六，在下在隐，而能正行，是独行其正，是君子慎独。虽未受命，有利受命，故曰贞吉。

罔孚 《说文》裕字下云："有孚裕无咎。"段玉裁注："晋初六爻辞，今经有作罔。虞翻、王弼同。则未知许所据孟《易》，独异与？抑字讹与？"《尔雅·释言》："罔，无也。"郝懿行义疏："罔者，从亡；亡，亦无。《易》：君子用罔。马融、王肃注，并云：罔，无也。《书》：罔水行舟。《史记·夏纪》作毋水行舟；罔有攸赦，《殷纪》作无有攸赦。罔，古读如莽；无，古读如模。靡、罔、无，俱一声之转。"按，《尚书》用罔一百多字，传、疏皆谓罔为无。孚，阳为实为孚。阴阳相应，亦为信孚。就初爻而言，比卦，坤下坎上，初六曰："有孚比之。"初六本无孚，比辅九五，为有孚比之。大壮卦，乾下震上，初九曰："有孚。"初九阳为孚。萃卦，坤下兑上，初六曰："有孚不终。"初六本无孚，与九四相应为孚，但兑阳不终，是有孚而不可终。晋卦，坤下离上，初六阴，故曰罔孚。《重订费氏学》曰："孚，有在己之孚，有交际之孚。"大壮初九之孚，为在己之孚；比卦、萃卦之孚，为交际之孚。晋卦初六，在己非阳，故而无孚。

《大雅·文王》："仪刑文王，万邦作孚。"毛传："刑，法；孚，信也。"郑笺："仪文王之事，则天下咸信而顺之。"文王明昭诸侯，是以诸侯信孚，谓之受命之君。又，《下武》："永言配命，成王之孚。"《正义》曰："欲成王道，所为多矣。独以信为言者，由王德之道成于信。欲民信王道，然后天下顺从，必伐纣功成，然始得耳。以民无信不立。"晋卦初六，明未出地，其明未明，众人尚不信孚，是为无孚。《左传》庄公十年："对曰：小信未孚，神弗福也。公曰：小大之狱，虽不能察，必以情。对曰：忠之属也，可以一战。"《正义》曰："孚亦信耳，以言小信未孚，故解孚为大信以形之。言以情审察，不用使之有枉，则是思欲利民，故为忠之属也。"敬神为小信，为未孚；利民为大信，为忠孚。晋卦初六，离未升出地上，尚未利民，是以无孚。王弼注："处卦之始，功业未著，物未之信，故曰罔孚。"

裕无咎 《说文》："裕，衣物饶也。从衣，谷声。"段玉裁注："引伸为凡宽足之称。"蛊卦六四曰："裕父之蛊，往见吝。"《释文》引马融曰："裕，宽也。"谓宽容。《小雅·角弓》："此令兄弟，绰绰有裕。"毛传："绰绰，宽也；裕，饶。"郑笺："令，善也。"《正义》曰："若此令善之人，于兄弟恩义相与，绰绰然有饶裕也。"《孟子·公孙丑下》："曰：吾闻之也，有官守，不得其职则去；有言责者，不得其言则去。我无官守，我无言责也，则吾进退，岂不绰绰然，有余裕哉！"赵氏注："官守，居官守职者；言责，献言之责，谏诤之官也。孟子言人臣居官，不得守其职；谏正君，不见纳者，皆当致仕而去。今我居师宾之位，进退自由，岂不绰绰然，舒缓有余裕乎？绰、裕皆宽也。"晋卦初六，日未升出，王未临国，其舒缓有余裕，无官守言责之灾咎，为裕无咎。故《象》曰："裕无咎，未受命也。"

王弼注："方践卦始，未至履位，以此为足，自丧其长者也。故必裕之，然后无咎。未得履位，未受命也。"《周易折中》援引王安石曰："初六以柔进，君子也，度礼义以进退者也。常人不见孚，则或急于进，以求有为；或急于退，则怼上之不知。孔子曰：我待价者也，此罔孚而裕于进也。孟子久于齐，此罔孚而裕于退者也。"程氏传："君子之于进退，或迟或速，唯义所当，未尝不裕也。圣人恐后之人，不达宽裕之义，居位者，废职失守以为裕，故特云初六，裕则无咎者，始进未受命、当职任故也。若有官守，不信于上，而失其职，一日不可居也。然事非一概，久速唯时，亦容有为之兆者。"朱熹曰："占者如是，而能守正则吉。设不为人所信，亦当处以宽裕，则无咎也。"按，《礼记·王制》曰："制：三公一命卷，若有加则赐也，不过九命；次国之君，不过七命；小国之君，不过五命；大国之卿，不过三命；下卿，再命；小国之卿，与下大夫一命。"初为士位，未受命，为裕无咎。

六二，晋如愁如，贞吉。受兹介福，于其王母。

〔译〕 六二，进然愁然，正行吉利。受此大福，于他王母。

《象》曰："受兹介福，以正中也。"

〔证〕

晋如愁如 《山海经·大荒东经》云："东海之外，大荒之中，有山名曰大言，日月所出。""大荒之中，有山名曰合虚，日月所出。""大荒中，有山名曰明星，日月所出。""大荒之中，有山名曰鞠陵于天、东极、离瞀，日月所出。""大荒之中，有山名曰猗天苏门，日月所生。”“东荒之中，有山名曰壑明俊疾，日月所出。”晋卦，二之四为艮，艮为山；三之五为坎，坎为水为月；四之上为离，离为东为日：是日月所出，自东海山水之中。冬至到夏至，历时六个月，日月之出，由南向北，移动于东海六山。夏至到冬至，历时六个月，日月之出，由北向南，移动于东海六山。晋卦六二之时，离日之进，在艮山坎水之下，为在东海之外，大荒之中，山重水复，是以晋如愁如。又，《说卦传》曰：“坎为加忧，为心病，为亟心。”《说文》：“愁，忧也。”“惪（忧），愁也。”六二应在坎上，是以进而忧愁。

《虞书·尧典》：“分命羲仲，宅嵎夷，曰旸谷。”孔氏传：“宅，居也；东表之地称嵎夷；旸，明也，日出于谷，而天下明，故称旸谷。旸谷、嵎夷，一也。羲仲，居东方之官。”《释文》：“马曰：嵎，海嵎也；夷，莱夷也。”日进至六二，在重艮之下，即在重山之下，重山之下为谷，为日出于旸谷。又，艮山在坎水之中，为海嵎，莱夷在东，离日所出之地，亦谓日出东方海嵎。《淮南子·天文训》曰：“日出于旸谷，浴于咸池，拂于扶桑，是谓晨明；登于扶桑，爰始将行，是谓朏明；至于曲阿，是谓旦明。”刘文典《集解》：“《初学记》、《御览》，并引注云：扶桑，东方之野；曲阿，山名；旦明，平旦也，曲阿所由明也。”六二在坤，坤为地，日出之地为东方之野。离日升至艮山之上，即至曲阿，是谓旦明，方为晋卦之象。六二之时，日在旸谷之中，扶桑之野，只是朏明，未至曲阿，旦明尚远，前瞻艰难多险，故曰晋如愁如。

贞吉　《史记·周本纪》：“公季卒，子昌立，是为西伯。西伯曰文王，遵后稷、公刘之业，则古公、公季之法，笃仁，敬老，慈少。礼下贤者，日中不暇食以待士，士以此多归之。伯夷、叔齐在孤竹，闻西伯善养老，盍往归之。太颠、闳夭、散宜生、鬻子、辛里大夫之徒，皆往归之。崇侯虎谮西伯，于殷纣曰：西伯积善累德，诸侯皆向之，将不利于帝。帝纣乃囚西伯于羑里。闳夭之徒患之，乃求有莘氏美女，骊戎之文马，有熊九驷，他奇怪物，因殷嬖臣费仲，而献之纣。纣大说，曰：此一物，足以释西伯，况其多乎！乃赦西伯，赐之弓矢斧钺，使西伯得征伐。曰：谮西伯者，崇侯虎也。西伯乃献洛西之地，以请纣去炮格之刑。纣许之。西伯阴行善，诸侯皆来决平。诸侯闻之，曰：西伯盖受命之君。明年，伐犬戎；明年，伐密须；明年，败耆国。殷之祖伊闻之，惧，以告帝纣。纣曰：不有天命乎？是何能为！明年，伐邘；明年，伐崇侯虎。而作丰邑，自岐下而徙都丰。”以上，既为晋如愁如之例，也是正行而吉之例。于象，六二阴在阴位，又得坤阴之中，是以为中正之正。《系辞传》曰：“吉凶者，贞胜者也。”朱熹曰：“贞，正也，常也，物以其所正为常者也。天下之事，非吉则凶，非凶则吉，常相胜而不已也。”阴阳正常为胜，胜为吉，故曰贞吉。

受兹介福 《虞书·大禹谟》:“念兹在兹。”孔氏传:“兹,此。念此人,在此功。”朱骏声《说文通训定声》:“介,假借为奈。《尔雅·释诂》:介,大也。《易·晋》:受兹介福。《昭二十四传》:问于介众。”段玉裁注:“《方言》曰:奈,大也。按,经传多假介为之。《释诂》曰:介,大也。《诗·生民、小民》传,皆曰:介,大也。”按,《小雅·甫田》:“报以介福,万寿无疆。”又,《楚茨》:“孝孙有庆,报以介福,万寿无疆。”又,《左传》襄公七年:“《诗》曰:靖共尔位,好是正直。神之听之,介尔景福。恤民为德,正直为正,正曲为直,参和为仁。如是,则神听之,介福降之。”《象》曰:“受兹介福,以中正也。”与《诗》意相合。六二,位下坤之中,阴居阴位为正,是为中正。犹文王阴行善事,诸侯皆来决平,终得征伐之功。程氏传:“受兹介福,以中正之道也。人能守中正之道,久而必亨,况大明在上而同德,必受大福也。”《说卦传》曰:“离为乾卦。”是以二与五应。二之四为艮,艮为手为授。初之三为坤,坤阴为虚,虚则能受。乾阳为大为福,五施二受,为受兹介福。

于其王母 《大雅·大明》:“挚仲氏任,自彼殷商,来嫁于周,曰嫔于京,乃及王季,维德之行。大任有身,生此文王。维此文王,小心翼翼,昭事上帝,聿怀多福,厥德不回,以受方国。”毛传:“挚仲氏任,挚国任姓之中女也。嫔,妇;京,大也。王季,大王之子,文王之父也。”郑笺:“京,周国之地小,别名也;及,与也,挚国中女曰大任,以殷商之畿内,嫁为妇于周之京,配王季,而与之共行仁义之德,同志意也。”《正义》曰:“大任既嫁于周,今有身而怀孕矣。至终月,而生文王。维此文王,既生长之后,小心而恭慎,翼翼然,明慎上天之道。既维恭慎,而明事上天,述行此道,思得多福。其德不有所违。以此之故,受得四方之国来归附之。言文王有德,亦由于父母。”又曰,“人度量,欲其心之大;谨慎,欲其心之小。见其终常戒惧,出于性然。《表记》引此诗乃云:有君民之大德,有事君之小心也。言受方国,故知四方之国来附之。此篇主美文王有明德,而上述大任之配王季,故解之云:此言文王有德,亦由父母也。”又于《诗序》下曰:“但说文王之德,则追本其母。”《说卦传》曰:“离再索而得女,故谓之中女。”《系辞传》曰:“《易》之兴也,其当殷之末世,周之盛德邪?当文王与纣之事邪?”若六五为挚国中女大任,为王母;六二以中承六五之中,则谓文王受此介德,于其王母。

《史记·周本纪》:“古公有长子曰太伯,次子虞仲,太姜生少子季历,季历娶太任,皆贤妇人。生昌,有圣瑞。古公曰:我世当有兴者,其在昌乎?长子太伯、虞仲,知古公欲立季历,以传昌,乃二人亡如荆蛮,文身断发,以让季历。”意在立昌。《列女传·周室三母》:“太任者,文王之母,挚任氏中女也,王季娶为妃。太任之性,端一诚庄,惟德之行。及其有娠，目不视恶色，耳不听淫声，口不出敖言，能以胎教。溲于豕牢，而生文王。文王生而明圣，太任教之，以一而识百。君子谓太任，为能胎教。古者妇人妊子，寝不侧，坐不边，立不跸，不食邪味，割不正不食，席不正不坐，目不视于邪色，耳不听于淫声，夜则令瞽诵诗，道正事。如此则生子形容端正，才德必过人矣。故妊子之时，必慎所感。感于善则善，感于恶则恶。人生而肖父母者，皆其母感于物，故形意肖之。文王母，可谓知肖化矣。”斯即受之介福，于其王母之谓。或谓祖母太姜。

六三，众允，悔亡。

〔译〕　六三，万众信仰，悔恨消无。

《象》曰：“众允之志，上行也。”

〔证〕

众允　《广韵》：“众，多也，三人为众。”《左传》桓公十一年：“师克在和，不在众。”人多为众。《国语·周语》：“夫兽三为群，人三为众，女三粲。”《汉书·功臣表》：“三人为众。”三表多数，三人为众者，谓人多为众。《说文》：“允，信也。从儿，以声。”六三，坤已成体，三人为众，明在其上，众人信仰，为允。《象》曰：“众允之志，上行也。”谓众允者，众人之意向上，即众人信赖于上。《象》曰：“明出地上，顺而丽乎大明，柔进而上行。”即此众允之谓。《论语·为政》：“为政以德，譬如北辰，居其所，而众星共之。”《虞书·舜典》：“惟明克允。”《史记·五帝纪》，作“惟明能信”。即谓明在其上，故而众允。《商书·伊训》：“惟我商王，布昭圣武，代虐以宽，兆民允怀。”孔氏传：“言汤布明武德，以宽政代桀虐政，兆民以此，皆信怀我商王之德。”兆民以此皆信怀，众允之意。《大雅·文王》：“穆穆文王，于缉熙敬止。假哉天命，有商孙子。商之孙子，其丽不亿。上帝既命，侯于周服。”郑笺：“穆穆乎文王，有天子之容于美乎！又能敬其光明之德，坚固哉！天为此命之，使臣有殷之子孙。商之孙子，其数不徒亿，多言之也。至天已命文王之后，乃为君于周之九服之中，言众之不如德也。”商之子孙，为臣于周之九服之中，亦六三众允之谓。又，《诗》曰：“仪刑文王，万邦作孚。”孚亦信，万邦作孚，犹言众允。

悔亡　初六，晋如摧如，罔孚，未受命也。谓进有阻拦，需大力排除；尚无威信，未受天命，当有恨惜。六二，晋如愁如。谓道路多艰，进而堪忧，亦有恨惜。六三，众允，众允之志上行。至此，明出大地，万物向阳，信赖于上，故曰悔恨消无。三与上应，三为众，以阴应阳，为之志上行，为众允，为悔亡。晋卦，康侯之卦，天人之际。于人事，盖以文王拟之。六三，当在羑里归后，西伯阴行善事，诸侯皆来决平，曰西伯盖受命之君。此时征伐亦毕，作丰邑，自岐下徙丰，是众允而悔无。又，《大雅·皇矣》云：“维此王季，帝度其心，貊其德音。其德克明，克明克类，克长克君。王此大邦，克顺克比。比于文王，其德靡悔。既受帝祉，施于孙子。”《诗集传》曰：“言上帝制王季之心，使有尺寸，能度义，又清静其德音，使无非闻之言。是以王季之德，能此六者。至于文王，而其德尤无遗恨。是以既受上帝之福，而延及于子孙也。”此亦众允悔无之义。马其昶曰：“三处天地之际，大明而上行者五也，丽乎大明者三也。三之志在丽乎上，众皆信而顺之。”众皆信而顺之，即是众允悔无。

九四，晋如鼫鼠，贞厉。

〔译〕　九四，进如贪婪大鼠，政事危殆。

《象》曰：“鼫鼠贞厉，位不当也。”

〔证〕

晋如鼫鼠　《尔雅·释兽》：“鼫鼠，鼠类。”郭璞注：“形大如鼠，头大如兔，尾有毛，青黄色，好在田中食粟豆，关西呼为鼫鼠。”郝懿行义疏：“鼫鼠即雀鼠也。”《本草纲目·兽部·鼫鼠》：“时珍曰：硕，大也，似鼠而大也。关西方音转鼫为鼩，讹为鼩雀，蜀人谓之鼨鼠，取其毛作笔。又，“鼫鼠处处有之，居土穴树孔中，形大于鼠，头似兔，尾有毛，青黄色，善鸣，能人立，交前两足而舞。好食粟豆，与鼢鼠俱为田害。鼢小居田，而鼫大居山也。范成大云：宾州鼫鼠专食山豆根。土人取其腹干之，入药，名鼫鼠肚。陆机谓此亦有五技，与蝼蛄同名者，误矣。”《说文》：“鼩，胡地风鼠。从鼠，勺声。”段玉裁注：“按《广雅》云：鼩鼠、鼫鼠，与景纯皆合鼩、鼫为一物。以《说文》正之，鼫与鼩，迥非一物也。盖俗语，有移易其名者耳。”《说卦传》曰：“艮为山，为小石，为鼠。”晋卦九四，在艮之上爻，是为居山之鼫鼠。

《说文》：“鼫，五技鼠也：能飞不能过屋，能缘不能穷木，能游不能渡谷，能穴不能掩身，能走不能先人。从鼠，石声。”段玉裁注：“《释兽·鼠属》有鼫鼠。孙炎云：五技鼠也。舍人、樊光同。《易》晋九四：晋如鼫鼠。《九家易》以五技鼠释之。荀卿云：梧鼠五技而穷。”杨倞注《荀子·劝学篇》曰：“梧鼠，当为鼯鼠。盖本误为鼫字，传写又误为梧耳。技，才能也。言技能虽多，而不能如螣蛇专一，故穷。”按，《大戴礼记·劝学》曰：“鼫鼠五伎而穷。”伎，读如技。是五技而穷者，谓鼫鼠。《九家易》曰：“鼫鼠喻贪，谓四也。体离欲升，体坎欲降。游不度渎，不出坎也。飞不上屋，不至上也。缘不极木，不出离也。穴不掩身，五坤薄也。走不先足，外震在下也。五伎皆劣，四爻当之，故曰晋如鼫鼠也。”按，四体离，离为火，火炎上，故曰体离欲升。四在坎，坎为水，水润下，故曰体坎欲降。四在坎水之中，两边为岸，故曰游不度渎，不出坎也。四在坎，坎有飞鸟之象，在艮上，在上下，故曰飞不上屋，不至上也。离于木为科上槁，四在离下，故曰缘不极木，不出离也。六五一阴，坤土不厚，四在坎陷之中，故曰穴不掩身，五坤薄也。四在艮，艮为手，动则上来下为震，震为足，是手在上在先，足在下在后，为走不先足，外震在下也。五技皆劣，四爻当之，故曰晋如鼫鼠。

《说文》段玉裁注："石，或借为硕大字。"《庄子·外物》曰："婴儿生，无石师而能言，与能言者处也。"《释文》："石师，又作硕师。"《汉书·匈奴传下》："时奇谲之士，石画之臣甚众。"颜师古注引邓展曰："石，大也。"又，《说文》："硕，头大也。从页，石声。"段注："引伸为凡大之称。《释诂》、《毛传》皆曰：硕，大也。《简兮》传曰：硕人，大德也。硕与石二字互相借。"《魏风·硕鼠·序》曰："硕鼠，刺重敛也。国人刺其君重敛，蚕食于民，不修其政，贪而畏人，若大鼠也。"石为大，鼫鼠犹硕鼠，为大鼠。即形大如鼠，头大如兔，贪而畏人。《释文》："鼫，子夏传作硕鼠。"李鼎祚《周易集解》，引郑康成曰："《诗》云：硕鼠硕鼠，无食我黍。"李道平《周易集解纂疏》："九四，晋如硕鼠。《象》曰：硕鼠贞厉。"并疏曰："硕与石通，故为硕鼠。硕又与鼫通，故本亦作鼫。"朱骏声《六十四卦经解》："鼫，一作硕。硕鼠，五伎鼠也，出河东地，或曰即蝼蛄。"

贞厉　《硕鼠》曰："硕鼠硕鼠，无食我黍。三岁贯女，莫我肯顾。逝将去女，适彼乐土。乐土乐土，爰得我所。硕鼠硕鼠，无食我麦。三岁贯女，莫我肯德。逝将去女，适彼乐国。乐国乐国，爰得我直。硕鼠硕鼠，无食我苗。三岁贯女，莫我肯劳。逝将去女，适彼乐郊。乐郊乐郊，谁之永号。"《正义》曰："国人疾其君重敛畏人，比之硕鼠。言硕鼠硕鼠，无食我黍，犹言国君国君，无重敛我财。君非直重敛于我，又不修其政。我三岁以来事汝矣，曾无于我之处，肯以教令恩德，眷顾我也。君既如是，与之诀别，言往矣。将去汝，之彼乐土有德之国。我所以之彼乐土者，以者乐土若往，则曰得我所宜故也。言往将去汝者，谓我往之他国，将去汝国也。"贞，即正，正犹政。民困于贪残，托言大鼠害己而去，是政事危厉。四为诸侯，国君如大鼠，政弊国危，造端于此。《象》曰："鼫鼠贞厉，位不当也。"阳为正，九四阳入阴位，不中不正，且在坎险之中，故曰贞厉。

六五，悔亡，失得勿恤，往吉，无不利。

〔译〕　六五，悔恨已无，施德不必忧虑，往前吉利，无所不利。

《象》曰："失得勿恤，往有庆也。"

〔证〕

悔亡 坤卦六五曰："黄裳元吉。"《象》曰："黄裳元吉，文在中也。"《文言》曰："君子黄中通理，正位居体，美在其中，而畅于四支，发于事业，美之至也。"又，大有卦，乾下离上，六五曰："厥孚交如威如，吉。"《象》曰："厥孚交如，信以发志也；威如之吉，易而无备也。"睽卦，兑下离上，六五曰："悔亡，厥宗噬肤，往何咎。"《象》曰："厥宗噬肤，往有庆也。"未济卦，坎下离上，六五曰："贞吉，无悔，君子之光，有孚，吉。"《象》曰："君子之光，其晖吉也。"晋卦六五，得康侯之正，有上述六五之象，美在其中，发于其外，其日之昭昭，故而悔亡。又，九四曰："晋如鼫鼠，贞厉。"《象》曰："鼫鼠贞厉，位不当也。"六五，文明中正之象，居刚位而用柔，鼫鼠之厉已无，众顺而丽乎大明，故一切悔憾消失。程氏传："六以柔居尊位，本当有悔；以大明而下皆顺附，故其悔得亡也。"于象，六五已出坎陷，为悔亡。

矢得勿恤 《十三经·周易注疏校勘记卷四》："失得勿恤，《石经》、《岳本》、《闽》、《监》、《毛本》同；《释文》：失，孟、马、郑、虞、王肃本作矢。"《帛书周易》晋卦六五曰："悔亡，矢得勿血。"盖汉本作矢。唐李鼎祚《周易集解》、清孙星衍《周易集解》，亦皆谓矢得勿恤。噬嗑卦，震下离上，九四曰："噬干胏，得金矢。"旅卦，艮下离上，六五曰："射雉，一矢亡。"并此晋卦，矢皆在上离，别无他例。《说卦传》曰："离为日，为戈兵。"矢即戈兵之类。以日光芒四射如矢，故上离有矢象。矢主射。《说文》："射，弓弩发于身，而中于远也。"段玉裁注："谓弓弩发矢于身，而中于远也。"《说文》："得，行有所得。"矢得，即谓射有所得。又，"恤，忧也。"矢得勿恤，即谓离日之矢，光被四表，格于上下，不用忧虑。《大雅·江汉》："矢其文德，洽此四国。"毛传："矢，施也。"孔颖达疏："施布其经纬天地之文德，以和洽此四方之国，使皆蒙德。"《毛诗传笺通释》："矢、施、弛，三字皆同声，故互相假借。"《尔雅·释诂下》："矢，弛也。"郝懿行义疏："弛，当为施。经典弛、施二字多通用。"又，古得、德字通，是矢得即施德。六五文明之君，矢得勿恤，谓施其文德，洽和四方之国，是以不忧。

往吉，无不利 六五，得晋卦之正，日升上大地，施赐万物，使之繁衍生长，故曰往前吉利，无所不利。日又为王者之象，以明临众，德惠万民，王业兴盛，亦往前吉利，无所不利。《象》曰："矢得勿恤，往有庆也。"往有庆，即谓往吉，无不利。《周易集解》引荀爽曰："离者，射也，故曰矢得。阴居尊位，故有悔也；以终圣明，光照四海，故悔亡勿恤，吉无不利也。"李道平纂疏："旅外为离，六五曰：射雉一矢亡。故云离者射也。《说卦》曰：离为戈兵。故曰矢得。六阴居五尊位，不正宜有悔；然处中向明，光照四海，故悔亡。且失位互坎，坎忧为恤，宜有恤；然离矢得中，故无恤。往变得正，故吉无不利也。”往变得正，谓六五至上，成上六得正。按，六五往上，上九来下，成震下坎上，屯卦卦辞曰：“利建侯。”盖即往吉，无不利。程氏传：“以大明之德，得下之附，推诚委任，则可以成天下之大功，是往而有福庆也。”

上九，晋其角，维用伐邑，厉，吉无咎；贞吝。

〔译〕　上九，角触而进，用以征伐诸侯之国，有危险，但吉利无灾；然而正者将有恨惜。

《象》曰：“维用伐邑，道未光也。”

晋其角　初称尾，上称首，如既济、未济；初称干，上称陆，如渐卦；初称趾，上称铉，如鼎卦；初称蹢躅，上称角，如姤卦；初称拇，上称辅颊舌，如咸卦；初称趾，上称耳，如噬嗑；初称门，上称郊，如同人；初称郊，上称穴，如需卦；初称潜，上称亢，如乾卦。《释名·释姿容》：“望羊，羊，阳也，言阳气在上，举头高，似若望之然也。”毕沅曰：“《史记·孔世家》云：眼如望羊。与下云举头高，似若望之之谊合。古羊、阳字通。《论衡·骨相篇》：武王望阳，言望视太阳也。望阳即望羊，与此义合。”羊、阳谐音，并羊为吉利，今语三阳开泰，也作三羊开春。大壮卦，乾下震上，下三阳为羊，初称趾，三称角。晋卦，上九位离阳上爻，阳为羊，上为羊角。离阳务进，故称晋其角。犹大壮之羝羊触藩，艰则吉。

维用伐邑　《韵会》曰：“按六经，惟、维、唯三字皆通，作语辞。”《说文》：“邑，国也。从口。先王之制，尊卑有大小。从卪，凡邑之属，皆从邑。”段玉裁注：“尊卑，谓公、侯、伯、子、男也；大小，谓方五百里，方四百里，方三百里，方二百里，方百里也。土部曰：公、侯百里，伯七十里，子、男五十里，从《孟子》说也。尊卑大小出于王命，故从卪。”是邑指国，指封地。晋卦，坤下离上，坤为地，为邑。上九维用伐邑，谓上九爻动，而转折来下，为征伐诸侯之国。明夷卦，离下坤上，九三曰：“明夷于南狩，得其大首。”《象》曰：“南狩之志，乃大得也。”明夷于南狩，即此维用伐邑之义。《系辞传》曰：“县象著明，莫大乎日月。”晋卦，明出地上，本为天文，亦为人文。《象》曰：“维用伐邑，道未光也。”道未光，既谓日道未光大，需要继续照耀；亦谓王道未光大，尚有不服之地，不宁之侯，须得征伐。

厉，吉无咎　上九之阳，伐邑即伐阴，阴为厉。乾卦九三曰：“君子终日乾乾，夕惕若，厉无咎。”《象》曰：“终日乾乾，反复道也。”《文言》：“乾乾因其时而惕，虽危无咎矣。”日为阳，夕为阴，日终夕至，反复其道，虽危无灾。既济卦，离下坎上。离为日，坎为月，离下坎上，即日下月上，为夜间之象。九三曰：“高宗伐鬼方，三年克之，小人勿用。”《象》曰：“三年克之惫也。”词义双关。离日为阳，为王；鬼方，西方，西方为阴。殷高宗伐鬼方，亦谓阳伐阴。三年克之，谓阴虽厉，但终致无灾。《系辞传》曰：“变化者，进退之象也；刚柔者，昼夜之象也。”又曰，“刚柔相推，变在其中。”晋卦上九，维用伐邑，厉，吉无咎，即谓阴阳相推，昼夜反复，故其厉无咎，与乾卦九三略同。师卦卦辞曰：“师贞，丈人吉，无咎。”晋卦上九，以上伐下，以阳伐阴，为师正。正义之师，虽遇危厉，然逢凶化吉，故曰厉，吉无咎。

贞吝 刚柔相推，变通趣时。晋卦，坤下离上，就其卦言，《彖》曰：“晋，进也。明出地上，顺而丽乎大明，柔进而上行，是以康侯用锡马蕃庶，昼日三接也。”故初六，贞吉无咎；六二，贞吉，受兹介福；六三，悔亡；六五，悔亡，勿恤，往吉，无不利；上九，厉，吉无咎。然九四，贞厉。《象》曰：“贞厉，位不当也。”《系辞传》曰：“吉凶悔吝者，生乎动者也。今上九阳居阴位，亢而有悔，动则来下，成离下坤上，明夷之卦。”《象》曰：“明入地中，明夷。”故晋卦上九曰贞吝，即谓明将入地中，为阳之恨惜。又，《彖》曰：“内文明而外柔顺，以蒙大难，文王以之。”《系辞传》曰：“《易》之兴也，其于中古乎？作《易》者其有忧患乎？”又曰，“《易》之兴也，其当殷之末世，周之盛德邪？当文王与纣之事邪？是故其辞危。”上九曰贞吝，即其有忧患，故惧以终始。

第三十六卦　丁　酉

☷☲ 坤上
离下

明夷，利艰贞。

〔译〕　明夷，不畏艰难，坚持正道，有利。

《彖》曰："明入地中，明夷。内文明，而外柔顺，以蒙大难，文王以之。利艰贞，晦其明也。内难而能正其志，箕子以之。"

《象》曰："明入地中，明夷，君子以莅众，用晦而明。"

〔证〕

离下坤上　《说卦传》曰："坤为地，离为日。"离下坤上，日入大地之下。昼间过去，夜间伊始，黑暗笼罩大地，万物于兹沉寂，谓之明夷。晋卦，坤下离上，明出地上，昼象。明夷卦，离下坤上，明入地中，夜象。地球向日之半为昼，背日之半为夜，故地球自转一周，成一昼夜。昼夜长短，则因地轴，与轨道平面之垂线，有二十三度，二十七分之角。当日正射赤道时，南北两半球，昼夜均分；向北移射时，北半球昼长夜短，南半球夜长昼短；向南移射时，南半球昼长夜短，北半球夜长昼短。南北两极，昼夜各六月。日光向北，则北极入昼；日光向南，则南极入昼。明夷，离下坤上，是地下向日为昼，地上背日为夜。明夷卦，为夜之卦，为日沉地下。古人以阳为动，以阴为静；以日为动，以地为静；并以地为中心，以日月星辰绕地运转，是以有日出日入之说。

《虞书·尧典》："分命羲仲，宅嵎夷，曰旸谷，寅宾出日。"又，"分命和仲，宅西，曰昧谷，寅饯纳日。"孔氏传："宅，居也；东表之地，称嵎夷。旸，明也。日出于谷，而天下明，故称旸谷。旸谷、嵎夷一也。羲仲，居治东方之官。东方之官，敬导出日。"又，"昧，冥也。日入于谷，而天下冥，故曰昧谷。昧谷曰西，则嵎夷东可知。饯，送也。日出言导，日入言送。"《正义》曰："阴阳相对，阴暗而阳明也，故以旸为明。谷无阴阳之导，以日出于谷，而天下皆明，故谓日出之处，为旸谷。冬南夏北，不常其处。但日由空道，似行自谷，故以谷言之，非实有深谷，而日从谷出也。"又，"《释言》云：晦，冥也。冥是暗，故昧为冥也。谷者，日所行之道。日入于谷，而天下皆冥，故谓日入处，为昧谷；非实有谷，而日入也。此经春秋相对，春不言东，但举昧谷曰西，则嵎夷东可知也。然则东言嵎夷，则西亦有地明矣，缺其文，所以互见之。"明夷卦，离下坤上，是日入地下。又，上北下南，而日出冬南夏北；今日在南方地下，为冬之日入。《春秋经》庄公七年注："夜者，自昏至旦之总名。"是冬之日入，为冬之夜。

《山海经·大荒西经》：

“大荒之中，有山名曰丰沮玉门，日月所入。”袁珂案：“此丰沮玉门山，为日月所入山之一也。”

“大荒之中，有龙山，日月所入。”珂案：“此龙山，为日月所入山之二也。”

“大荒之中，有山名日月山，天枢也。吴姖天门，日月所入。”郝懿行案：“姖字，《说文》、《玉篇》所无；《藏经》本作姬。”珂案：“此日月山，为日月所入山之三也。”

“大荒之中，有山名曰鏖鏊巨，日月所入者。”珂案：“此鏖鏊巨山，为日月所入山之四也。”

“大荒之中，有山名曰常阳之山，日月所入。”懿行案：“或说《海外西经》，形天葬常羊之山即此，非也；常羊之山，见下文。”珂案：“此常阳山，与下文偏句、常羊之山，（二山名）之常羊山，疑均《海外西经》刑天所葬之常羊山；《荒经》地名，多复沓重出，记非一手，不足异也。此常阳之山，为日月所入山之五也。”

“大荒之中，有山名曰大荒之山，日月所入。是谓大荒之野。”懿行案：“《上林赋》云：过乎泱漭之野。张揖注云：《山海经》所谓大荒之野。”珂案：“此大荒之山，盖日月所入之六也。”

按，日出东南，则日入西南，由南向北，渐次移动六位。即由冬至到夏至，中经六月，每月换位。实际每天移位，因其甚微，而不显见，故以月为单位。日出东北，则日入西北，由北向南，渐次移动六位。即由夏至到冬至，中经六月，每月换位。实际每天移位，因其甚微，而不显见，故以月为单位。明夷卦，离下坤上。上为北，下为南，是日由西南落下，乃冬至时期之夜，此时寒凝大地，阴盛至极。《月令》：“仲冬之月，日在斗。”《正义》曰：“按《律历志》云：仲冬之初，日在斗十二度，故云日在斗也。《三统历》：大雪，日在斗十二度；冬至，日在牛初度。《元嘉历》云：大雪，日在箕十度。”冬至，为十一月中气。斗，谓南斗。斗、牛、箕三星，皆在黄道最南之处。日入于此，即冬至日落于最南之时。明夷卦，坤上离下，上北下南，又坤为十月，是十月以后，则日落于南方之下。

孔颖达疏《尧典》曰：“其仲春、仲秋、冬至、夏至，马融云：古制刻漏，昼夜百刻：昼长六十刻，夜短四十刻；昼短四十刻，夜长六十刻；昼中五十刻，夜亦五十刻。融之此言，据日出见为说。天之昼夜，以日出入为分；人之昼夜，以昏明为限。日未出前二刻半，为明；日入后二刻半，为昏。损夜五刻，以裨于昼，则昼多于夜，复校五刻。古今历术，与太史所候，皆云夏至之昼，六十五刻，夜三十五刻；冬至之昼，四十五刻，夜五十五刻；春分、秋分之昼，五十五刻，夜四十五刻。此其不易之法也。然今太史细候之法，则校常法半刻也。从春分至于夏至，昼暂长增九刻半；夏至至于秋分，所减亦如之；从秋分至于冬至，昼暂短减十刻半；从冬至至于春分，其增亦如之。又于每气之间，增减刻数，有多有少，不可通而为率。”虽说法不一，然夏至太阳北至，我国在北陆，因而阳盛昼长；冬至太阳南至，我国在北陆，因而阴盛夜长。明夷，日入南方地下，冬时之夜，是长夜。《唐风·葛生》曰：“夏之日，冬之夜。”毛传：“言长也。”郑笺：“思者，于昼夜之长时尤甚，故极之以尽情。”明夷，冬夜之象，亦极尽长夜难明之义。

《楚辞·离骚》：“欲少留此灵琐兮，日忽忽其将暮。吾令羲和弭节兮，望崦嵫而勿迫。路曼曼其修远兮，吾将上下而求索。饮余马于咸池兮，总余辔乎扶桑。”《楚辞补注》：“《山海经》：东南海外，有羲和之国，有女子名曰羲和，是生十日，常浴日于甘渊。注云：羲和，天地始生，主日月者也。故尧因是立羲和之官，以主四时。虞世南引《淮南子》云：爰止羲和，爰息六螭，是谓悬车。注云：日乘车，驾以六龙，羲和御之，日至此而薄于虞渊，羲和至此而回。《山海经》曰：鸟鼠同穴山西南，曰崦嵫。又云：西曰峅（崦）嵫之山。《淮南子》云：日入崦嵫，经细柳，入虞渊之汜。《九歌》云：与女沐兮咸池。逸云：咸池，星名，盖天池也。《天文大象赋》云：咸池，浮津而淼漫。注云：咸池三星，天潢南，魚鸟之所托也。又，《七谏》云：属天命而委之咸池。注云：咸池，天神。按下文言扶桑，则咸池乃日所浴者也。《山海经》云：黑齿之北，曰汤谷，有扶木，九日居下枝，一日居上枝，皆戴鸟。郭璞云：扶木，扶桑也。天有十日，迭出运照。东方朔《十洲记》曰：扶桑在碧海中，叶似桑树，长数千丈，大二千围，两两同根，更相依倚。《说文》云：榑桑，神木，日所出。榑，音扶。汤与旸同。”按，《淮南子·天文训》云：“日出于旸谷，浴于咸池。”“日入于虞渊之汜，曙于蒙谷之浦。”《初学记》引注曰：“蒙谷，蒙汜之水。”是日出入皆由水。明夷卦，初之三为离，离为日；二之四为坎，坎为水；三之五为震，震为动；四之上为坤，坤为地。是日动入地下，必经水；日动出地上，亦必经水。今离下坤上，是日从地上，经水而入地下，为夜，为明夷。

张衡《浑天仪注》：“浑天如鸡子，天体圆如弹丸，地如鸡子中黄，孤居于天内。天大而地小，天表里有水。天之包地，犹壳之裹黄。天地各乘气而立，载水而浮。周天三百六十五度，四分度之一，又中分之，则一百八十二度，八分之五覆地上，一百八十二度，八分之五绕地下，故二十八宿半见半隐，其两端谓之南北极。天转如车毂之运也，周旋无端，其形浑浑，故曰浑天也。”《开元占经·天地名体》曰：“详寻前说，因观浑仪，研求其意，有悟天形：正圆而水居其半，地中高，外卑，水周其下。言四方者，东曰旸谷，日之所出；西曰蒙汜，日之所入。《庄子》又云：北溟有鱼，化而为鸟，将徙于南溟。斯亦古之遗记，四方皆水证也。四方皆水，谓之四海。凡五行相生，水生于金，是百川发源，皆自山也，由高趋下，归注于海。日为阳精，光曜炎炽。一夜入水，所经焦竭。百川归注，故以相补。故旱不为减，浸不为增。又云：周天三百六十五度，三百四分之七十五，天常西转，一日一夜过周一度。”地自转，天常西转，是以日每天向西，落入地下，沉入水中，故明夷之离，在上坤、互坎之下。

又，晋卦，坤下离上，明出地上。初之三为坤，坤为地；二之四为艮，艮为山；三之五为坎，坎为水；四之上为离，离为日。是太阳从地下、山下，中经由水，而升出地上。以天表里有水，日行天地之间，故谓之既济、未济。既济卦，离下坎上。离为日，坎为月，谓日已过天，为既济。未济卦，坎下离上。谓日未过天，为未济。既济初九曰："曳其轮，濡其尾。"谓日经水落下，其尾尚湿濡。上六曰："濡其首。"谓月将经水落下，其头已湿濡。未济初六曰："濡其尾，"谓月已经水落下，其尾尚湿濡。上九曰："濡其首。"谓日将经水落下，其头已湿濡。是日月出入，皆经由水。又，乾卦初九曰："潜龙勿用。"九四曰："或跃在渊。"古人认为，水则浮天载地，天亦或潜于水，或跃于渊，是以有昼夜之分，日复一日。

《彖》曰："明入地中，明夷。内文明，而外柔顺，以蒙大难，文王以之。"《论语·泰伯》："三分天下有其二，以服事殷，周之德，可谓至德也已矣。"何晏集解："包曰：殷纣淫乱，文王为西伯，而有圣德，天下归周者，三分有二，而犹以服事殷，故谓之至德。"刘宝楠《正义》曰："《书·西伯戡黎》郑注：文王为雍州之伯，南兼梁、荆；在西，故曰西伯是也。"《左襄四年传》："文王帅殷之畔国，以事纣。《周书·程典解》：维三月既生魄，文王合六州之众，奉勤于商。六州者，郑《诗谱》谓雍、梁、荆、豫、徐、扬。孔疏申之，以为其余冀、青、兖属纣。此依九州，约略分之，九州而有六州，是天下三分有其二。毛诗《四牡》传：文王率诸侯，抚叛国，而朝聘乎纣。姚氏配中《周易学》云：三分有二，以服事殷，即欲殷有以抚之。此文王之忧患，所以独深也。案文之服事，非畏殷也；亦非曰吾姑柔之，俟其恶盈而取之也；惟是冀纣之悔悟，俾无坠厥命已尔。终文之世，暨乎武王，而纣淫乱日益甚，是终自绝于天，不至灭亡不止也。是故文之终服事也，至德也；武之不终服事也，纣为之也，亦无损于至德也。"文王为世子，兢兢于孝，一日三朝王季；为西伯，有君民之大德，有事君之小心，故为内文明，而外柔顺。于象，离为文明，坤为柔顺。

《经传释词》："以，犹而也。《易·泰》六四曰：不戒以孚。犹《系辞传》言：不疾而速，不行而至也。《书·牧誓》曰：俾暴虐于百姓，以奸宄于商邑。"《彖》曰："内文明，而外柔顺，以蒙大难。"以，犹而，与前面换文，皆为连词。《释文》："文王以之，郑、荀、向作似之，下亦然。"《邶风·旄丘》："必有以也。"《仪礼·特牲馈食》注，作"必有似也。"《老子》："众人皆有以，我独顽似鄙。"《古书虚字集释》："以字，或作似。"按《帛书老子》："甲本：我独顽以俚；乙本：我独顽以鄙。"《左传》襄公三十一年："令尹似君矣。"《正义》曰："服虔云：言令尹动作以君仪，故云以君矣。服言以君仪者，明年《传》云：二执戈者前矣，是用君仪也。俗本作似君，今定本亦作似君。"杨伯峻

《春秋左传注》："以、似古书多混。如《史记·高祖本纪》：乡者，夫人婴儿皆似君。《汉书·高帝纪》则作：乡者，夫人儿子皆以君。《易·明夷·彖辞》：文王以之、箕子以之。皆可为证。"明夷卦，离下坤上，明入地中。文王内文明，外柔顺，而拘羑里，蒙大难，故曰似之。六五阴居帝位，似纣，二之四为坎，坎为陷；初之三为离，离为文王：是帝纣拘文王，于羑里之象。

明夷 《系辞传》曰："县象著明，莫大乎日月。"又，"日往则月来，月往则日来，日月相推，而明生焉。"《孟子》曰："日月有明，容光必照焉。"《史记·历书》："日月成，故明也。"此谓日月为明。乾卦《彖》曰："大明终始，六位时成。"侯果曰："大明，日也。大明以昼夜为终始。"《礼记·礼器》曰："大明生于东。"郑氏注："大明，日也。"古人知月得日光而明，故称日为大明，或直称日为明。《七略·京房易说》："月与星至阴也，有形无光，日照之乃有光。喻如镜照日，即有影见。月初，光见西方；望以后，光见东，皆日所照也。"《齐风·鸡鸣》："东方明矣，朝既昌矣。匪东方则明，月出之光。"《诗集传》："言古之贤妃，御于君所，至于将旦之时，必告君曰：东方明矣，会朝之臣，既已盈矣。欲令君早起，而视朝也。然其实，非东方之明也，乃月出之光也；东方明，则日将出矣。"是日谓明，月谓光。《小雅·小明》郑笺："名篇曰小明者，言幽王日小其明。"《大雅·大明》郑笺："二圣相承其明德，日以广大，故曰大明。"是明谓王明。

于《易》，离为明，明有上述各义。离卦，离下离上。《彖》曰："日月丽乎天"，"重明以丽乎正"。《象》曰："明两作，离。"虞翻曰："两，谓日与月也。"故九三曰："日昃之离。"九四曰："突如其来如，焚如，死如，弃如。"是下离谓日，上离谓月，以离为日月。既济卦，离下坎上。《说卦传》曰："离为日"，"坎为月"。既济，谓日行过天，已经落下，月已升起，正行天上。日为阳精，阳为大；月为阴精，阴为小。故卦辞曰："既济，亨，小利贞。"谓夜利于月行正道。未济卦，坎下离上。谓日正行当天，月来于日下。《彖》曰："未济，亨，柔得中也。"谓日阳亨，六五得中。是既济、未济，皆以离为日。丰卦，离下震上。卦辞曰："丰，亨，王假之，勿忧，宜日中。"《彖》曰："丰，大也。明以动，故丰。王假之，尚大也。勿忧，宜日中，宜照天下也。日中则昃，月盈则食，天地盈虚，与时消息，而况于人乎？况于鬼神乎？"晋卦，坤下离上。《象》曰："明出地上"，"是以康侯用锡马蕃庶，昼日三接。"明夷卦，离下坤上。《彖》曰："明入地中"，"以蒙大难，文王以之"。以上诸卦，离为日，为明，为王。

《序卦传》曰："晋者，进也。进必有所伤，故受之以明夷。夷者，伤也。"《小尔雅·广言》："夷，伤也。"《说文》："痍，伤也。"段玉裁注："成十六年，晋侯及楚子、郑伯，战于鄢陵。楚子、郑师败绩。《公羊传》曰：败者称师，楚何以不称师？王痍也。王痍者何？伤乎矢也。按《周易》：夷，伤也。《左传》：察夷伤。皆假夷字为之。”王筠《说文句读》曰：“经典多作夷，古文假借字，痍则后起之专字。”按，《大雅·瞻印》：“罪罟不收，靡有夷瘳。”谓罪网不收，就没有生民伤病痊愈之时。《逸周书·谥法解》：“克杀秉政曰夷。”陈逢衡云：“夷，伤也，灭也，诛也。以杀为政，惨莫大焉。是故周王燮以纪侯之谮，而烹齐哀侯不辰于鼎，故有斯谥。”《国语·晋语三》：“将止不面夷。”《晋语九》：“夷请无筋无骨。”韦昭注：“夷，伤也。”《孟子·离娄上》：“继之以怒，则反夷矣。”赵岐注：“夷，伤也。”《战国策·齐策五》：“死者破家而葬，夷伤者空财而共药。”《后汉书·班超传》：“每有攻战，辄为先登，身被金夷，不避死亡。”《论衡·祸虚》：“天下心未定，夷伤未瘳。”即经典痍多作夷之证。

《管子·四时篇》曰：“德始于春，刑始于秋，阴气刑物，故谓之夷则。”《史记·律书》：“七月也，律中夷则。夷则，言阴气之贼万物也。其于十二子为申。申者，言阴用事，申贼万物，故曰申。”《淮南子·天文训》曰：“音比夷则。”高诱注：“夷，伤；则，法也。阳衰阴发，万物凋伤，应法成性，故曰夷则。”《白虎通·五行》：“七月谓之夷则何？夷，伤；则，法也。言万物始伤，被刑法也。”岁有十二月，日有十二时。冬时明夷，始于申时，阴气用事而贼阳，是日始伤，而被刑法。故《象》曰：“明入地中，明夷。内文明，而外柔顺，以蒙大难，文王以之。”前者谓天文，后者谓人文，两者皆谓阳被阴伤。《九家易》曰：“日在坤下，其明伤也。言进极当降，复入于地，故曰明夷也。”李道平《周易集解纂疏》：“日在坤上则明盛，日在坤下则明伤。言进极当降，日中则昃，故复入于地，而曰明夷也。”朱熹《周易本义》：“夷，伤也。为卦，下离上坤，日入地中，明而见伤之象，故为明夷。”

利艰贞　《说文》：“艱（艰），土难治也。从堇，艮声。囏，籀文艱，从喜。”段玉裁注：“艱，引申之，凡难理皆曰艱。囏，必有喜悦之心，而后不畏其艱，而后无不治也，故从喜。此字见《周礼》。”《说文》：“堅（坚），土刚也。从臤土。”段注：“引伸为凡物之刚，如云臤堅也，是也。”按，艰为土难治，坚为土刚，是两字音同义近。盖艰亦坚，言土难治，则坚持治。《史记·周本纪》曰：“共王崩，子懿王囏立。”《索隐》：“《系本》作坚。”《汉书·古今人表》曰：“懿王坚，穆王子。”是艰通坚。利艰贞，谓明夷虽处艰难，而坚持正道有利。艰，有艰难而坚持之义。泰卦，乾下坤上。九三曰：“无平不陂，无往不复，艰贞无咎。”谓坚持正道无咎。大有卦，乾下离上。初九曰：“无交害，匪咎，艰则无咎。”谓坚持则无咎。噬嗑卦，震下离上。九四曰：“噬干胏，得金矢，利艰贞，吉。”《象》曰：“利艰贞吉，未光也。”谓利于坚持正道，吉利。大畜卦，乾下艮上。九三曰：“良马逐，利艰贞。”谓利于坚持正道。大壮卦，乾下震上。上六曰：

“羝羊触藩，不能退，不能遂，无攸利，艰则吉。”《象》曰：“不能退，不能遂，不详也。艰则吉，咎不长也。”谓咎不长，坚持则吉利。以上，阳爻多谓艰贞，阴爻谓艰。明夷卦，离下坤上。谓虽明入地中，然坚持阳之正道，则终可登于天，照四国。故《彖》曰：“利艰贞，晦其明也。”孔颖达疏：“时虽至暗，不可随世倾邪，故宜艰难坚固，守其贞正之德。”亦谓利艰贞者，为处艰难，而宜坚守正道。

《史记·微子世家》：“箕子者，纣亲戚也。纣始为象箸，箕子叹曰：彼为象箸，必为玉杯；为杯，则必思远方珍怪之物，而御之矣；舆马宫室之渐，自此始，不可振也。纣为淫泆，箕子谏，不听。人或曰：可以去矣。箕子曰：为人臣，谏不听而去，是彰君之恶，而自说于民，吾不忍为也。乃被发详而为奴，遂隐而鼓琴以自悲，故传之曰《箕子操》。”《集解》引《风俗通义》曰：“其道闭塞，忧愁而作者，命其曲曰操。操者，言遇灾遭害，困厄穷迫，虽怨恨失意，犹守礼义，不惧不慑，乐道而不改其操。”《乐府诗集·箕子操》曰：“嗟嗟！纣为无道杀比干。嗟重复嗟，独奈何？漆身为厉，被发以佯狂，今奈宗庙何？天乎天哉！欲负石自投河。嗟复嗟，奈社稷何？”《古今乐录》曰：“纣时，箕子佯狂，痛宗庙之为虚，乃作此歌，后传以为操。”《琴集》曰：“《箕子吟》，箕子自作也。”以上，虽所记略异；然直至佯狂披发，犹正道守礼，忧君国之志不变。故《彖》曰：“利艰贞，晦其明也。内难而能正其志，箕子以之。”

李鼎祚《周易集解》，引郑康成曰：“夷，伤也。日出地上，其明乃光；至其入地，明则伤矣。日之明伤，犹圣人君子，有明德而遭乱世，抑在下位，而宜自艰，无干事故，以避小人之害也。”程氏传：“明夷之时，利于处艰厄，而不失其贞正，谓能晦藏其明也。不晦其明，则被祸患；不守其正，则非贤明。箕子当纣之时，身处其国内，切近其难，故云内难。然箕子能藏晦其明，而自守其正志，箕子所用之道也，故曰箕子以之。”《周易学说》：“彪谨案：文王、箕子，易地则皆然，其道一也。明虽夷，而自有其不可伤者在也。文王之明夷，见于羑里，而六十四卦之辞以著；箕子之明夷，见于囚奴，而洪范九畴之道以传。一若天使之明夷，而其明更昭于千古，此艰贞之所以为利也。素患难行乎患难，庸何伤乎？”又，大难，谓天下社稷之难，故文王以之；内难，谓一家宗庙之难，故箕子以之。故利艰贞，特谓箕子。《荀九家易》曰：“坎为丛棘。”习坎卦，坎下坎上。上六曰：“系用徽纆，置于丛棘，三岁不得，凶。”丛棘，古牢狱。明夷卦，离下坤上。二之四为坎，坎为丛棘，为牢狱。离明在坤阴之下，互坎之中，似文王箕子被囚，明夷之象。然小往大来，内君子而外小人，君子道长，小人道消，是以利艰贞。犹日之将出，圣人亦将明明德于天下。

《象》曰：“明入地中，明夷，君子以莅众，用晦而明。”《说文》：“𨽸，临也。从立，隶声。”《小雅·采芑》：“方叔涖止，其车三千。”毛传：“涖，临师众。”《国语·周语中》：“至于王吏，则皆官正莅事，上卿监之。”韦昭注；“莅，临也。”《论语·卫灵公》：“不庄以涖之，则民不敬”，“庄以涖之，动之不以礼，未善也。”刘宝楠《论语正义》曰：“庄以涖之者，涖，临也。皇本作莅，又涖或体。庄以涖之，谓威仪也。动作有文，言语有章，以临其下，谓之有威仪也。皆言临民当庄之仪。”临卦《象》曰：“临，君子以教无穷，容保民无疆。”明夷卦《象》曰：“明夷，君子以莅众。”莅众犹临民，是莅即临义。

明夷卦，初、二两爻，明入地中；五、上两爻，明不可息，初登于天。君子以此，由暗而明，而临众，为用晦而明。《老子》曰：“曲则全，枉则直，窪则盈，敝则新，少则得，多则惑。是以圣人抱一，为天下式。不自见，故明；不自是，故彰；不自伐，故有功；不自矜，故长夫唯不争，故天下莫能与之争。古之所谓曲则全者，岂虚言哉？诚全而归之。”《系辞传》曰：“尺蠖之屈，以求信也；龙蛇之蛰，以存身也；精义入神，以致用也；利用安身，以崇德也。过此以往，未之或知也。穷神知化，德之盛也。”《象》曰：“明夷，君子以莅众，用晦而明。”即曲则全，枉则直，利用安身，以崇德也之谓。

《孟子·离娄上》：“孟子曰：天下有道，小德役大德，小贤役大贤；天下无道，小役大，弱役强；斯二者，天也。顺天者存，逆天者亡。齐景公曰：既不能令，又不受命，是绝物也。如耻之，莫若师文王。师文王，大国五年，小国七年，必为政于天下矣。孔子曰：仁，不可为众也。夫国君好仁，天下无敌。”赵岐注：“有道之世，小德小贤，乐为大德大贤役，服于贤德也。无道之时，小国弱国，畏惧而役于大国强国也。此二者，天时所遭也，当顺从之，不当逆也。齐景公，齐侯；景，谥也。言诸侯既不能令告邻国，使之进退，又不能事大国，往受教命，是所以自绝于物。物，事也。文王行仁政，以移殷民之心，使皆就之。今师效文王，大国不过五年，小国七年，必为政于天下矣。文王时难，故百年乃洽。今之时易，文王由百里起，今大国乃踰千里，过之十倍有余，故五年足以为政；小国差之，故七年。孔子云，行仁者，天下之众不能当也。诸侯有好仁者，天下无敢与之为敌。”焦循《孟子正义·章指》言：“遭衰逢乱，屈服强大；据国行仁，天下莫敌。”

《孟子·离娄上》：“孟子曰：伯夷辟纣，居北海之滨，闻文王作兴，曰：盍归乎来，吾闻西伯善养老者。太公辟纣，居东海之滨，闻文王作兴，曰：盍归乎来，吾闻西伯善养老者。二老者，天下之大老也，而归之，是天下之父归之也。天下之父归之，其子焉往？”《大雅·绵》：“虞、芮质厥成，文王蹶厥生。”毛传：“质，成也；成，平也；蹶，动也。虞、芮之君，相与争田，久而不平。乃相谓曰：西伯，仁人也，盍往质焉？乃相与朝周。入其竟，则耕者让畔，行者让路。入其邑，男女异路，斑白不提挈。入其朝，士让为大夫，大夫让为卿。二国之君，感而相谓曰：我等小人，不可以履君子之庭。乃相让，以其所争田为间田，而退。天下闻之，而归者四十余国。”当纣之时，囚西伯于羑里；然西伯阴行善，敬老慈少，诸侯皆来决平；天下闻之，而归者四十余国，盖犹《象》曰：“明入地中，明夷，君子以莅众，用晦而明。”离下坤上，明入地中，明夷。离为乾卦，乾为君子，坤为众，为君子以莅众。离为明，明在地中为晦；离在晦后明，是用晦而明。又，离为文明之君，故文王以之。

晋卦和明夷卦，互为邻卦和综卦。《序卦传》曰：“晋者，进也。进必有所伤，故受之以明夷。夷者，伤也。”是为邻卦。晋卦，坤下离上。坤为地，离为日，日在地上。明夷卦，离下坤上。离为日，坤为地，日在地下。故晋卦《象》曰：“明出地上。”《象》曰：“君子以自昭明德。”明夷卦《象》曰：“明入地中。”《象》曰：“君子以莅众，用晦而明。”其明，一出一入，一昭一晦，两相颠倒，是为综卦。《开元占经》(卷一)，引陆绩《纪浑天》曰：“周公序次六十四卦，两两相承，反覆成象，以法天行，周而复始，昼夜之义。故晋卦《象》曰：昼日三接。明夷《象》曰：初登于天，后入于地。仲尼说之曰：明出地上，晋，顺而丽乎大明，是以昼日三接。明入地中，明夷，夜也。先昼后夜，先晋后明夷。故曰：初登于天，照四国也；后入于地，失则也。日月丽乎天，随天转运；入乎地，以成昼夜也。浑天之义，盖与此同。”程氏传：“夫进之不已，必有所伤，理自然也，明夷所以次晋也。为卦，坤上离下，明入地中也。反晋成明夷，故义与晋正相反。晋者，明盛之卦，明君在上，群贤并进之时也。明夷，昏暗之卦，暗君在上，明者见伤之时也。日入于地中，明伤而昏暗也，故为明夷。”

又，明夷卦，离下坤上。《象》曰：“内文明，而外柔顺，以蒙大难，文王以之”；“晦其明也，内难而能正其志，箕子以之。”此为诸侯、大臣蒙难之象。晋卦，坤下离上。《象》曰：“明出地上，顺而丽乎大明，是以康侯用锡马蕃庶，昼日三接也。”此为诸侯上升之象。同人卦，离下乾上。《象》曰：“同人，柔得位得中，而应乎乾，曰同人。同人于野，亨，利涉大川，乾行也。文明以健，中正而应，君子正也。唯君子为能通天下之志。”此为受命诸侯之象。大有卦，乾下离上。《象》曰：“大有，柔得尊位，大中而上下应之，曰大有。其德刚健而文明，应乎天而时行，是以元亨。”此为践祚天子，大有天下之象。丰卦，离下震上。《象》曰：“丰，大也，明以动，故丰。王假之，尚大也。勿忧，宜日中，宜照天下也。”此为天子宜盛德之象。既济卦，离下坎上。九三曰：“高宗伐鬼方，三年克之，小人勿用。”此为中兴之帝，伐有罪之象。未济卦，坎下离上。九四曰：“贞吉，悔无。震用伐鬼方，三年有赏于大国。”此为诸侯受天子命，伐有罪之象。是离为天子、诸侯，其义甚备。

讼卦和明夷卦，互为错卦。讼卦，坎下乾上。卦辞曰：“终凶”，“不利涉大川。”《象》曰：“上刚而下险”，“终凶，讼不可成也”；“不利涉大川，入于渊也”。明夷卦，离下坤上。卦辞曰：“利艰贞。”《象》曰：“内文明，而外柔顺”；“利艰贞，晦其明也。”。前者，讼不可成，不利涉大川，入于渊也；后者，利艰贞，用晦而明，初登于天。两卦刚柔相反，其义相错。又，伏羲八卦，乾南为四月，坎西为七月；坤北为十月，离东为正月。讼卦，乾往坎来，四月至七月之象，即由乾至否之象。明夷卦，坤往离来，十月至明年正月之象，即由坤至泰之象。两卦乾坤泰否相错。《白虎通·诛伐》曰：“夏至阴始起，反大热何？阴气始起，阳气推而上，故大热也。冬至阳始起，反大寒何？阴气推而上，故大寒也。”《易稽览图》云：“冬至之后，三十日极寒；夏至之后，三十日极温。”按，夏至，为五月中气，其后一月为大暑，为六月中气，正当讼卦时中。冬至，为十一月中气，其后一月为大寒，为十二月中气，正当明夷卦时中。两卦一热一寒，气侯相错。讼卦，乾上坎下，阳极而反生阴；明夷卦，坤上离下，阴极而反生阳。两卦阴阳生消相反，是为错卦。

初九，明夷于飞，垂其翼。君子于行，三日不食。有攸往，主人有言。

〔译〕　初九，受伤的金乌往西飞，翅膀下垂落地。君子往前行，三日不顾进食。因有所往，故主人有难。

《象》曰：“君子于行，义不食也。”

〔证〕

明夷于飞　李孝定《甲骨文字集释》：“卜辞用于，与经传于字同义，皆以示所在。”赵诚《卜辞分类读本》：“于，甲骨文用作介词，则为借音字。其用法，大体可分为三类：一，如：甲戌卜，𣪊贞，今六月，王入于商。是介绍地点和方位。二、如：己丑贞，王于庚寅，步自衣。衣，地名。是介绍时间。三、如：祭于且丁。且丁，即祖丁。是介绍祭祀对象。”《说文》：“于，於也。”段玉裁注：“《释诂》、《毛传》，皆曰：于，於也。凡《诗》、《书》用于字，凡《论语》用於字。盖于、於二字，在周时为古今字。故《释诂》、《毛传》，以今字释古字也。凡言於，皆自此之彼之词。”《周南·葛覃》：“黄鸟于飞，集于灌木，其鸣喈喈。”《正义》曰：“黄鸟往飞。”又，《桃夭》：“之子于归，宜其室家。”毛传：“之子，嫁子也；于，往也。”又，《王风·君子于役》：“君子于役，不知其期。”郑笺：“君子往行，我不知其反期。”于，用作往，为常词。明夷于飞，谓落日往西飞。

《山海经·大荒东经》："汤谷上有扶木。一日方至，一日方出，皆载于乌。"郭璞注："中有三足乌。"《春秋元命苞》："阳以一起，故日日行一度。阳成于三，故有三足乌。乌者阳精，其言偻吟，俗人见偻吟似乌，故以名之。"郑氏注："偻吟，湿润生长之言。"《淮南子·精神训》："日中有踆乌，而月中有蟾蜍。"高诱注："踆，犹蹲也，谓三足乌。"《论衡·说日》："儒者曰：日中有三足乌，月中有兔、蟾蜍。夫日者，天之火也，与地之火无以异也。地火之中，无生物；天火之中，何故有乌？火中无生物，生物入火，焦烂而死焉，乌安得立？"又曰，"夫乌、兔、蟾蜍，日月气也。若人之腹脏，万物之心膂也。月尚可察也；人之察日，无不眩。不能知日审何气，通而见其中有物，名曰乌乎？审日不能见乌形，通而能见其足有三乎？"是古人以日中有乌，或曰金乌。《乐府诗·公无渡河》（二六卷）："请公无渡河，河广风威厉。樯偃落金乌，舟倾没犀榧。"落金乌，就是落日，即明夷于飞。《昌黎集·李花赠张十一署》诗："金乌海底初飞来，朱辉散射青霞开。"是日行曰飞。

垂其翼　《楚辞·天问》："羿焉弹日？乌焉解羽？"王逸注："《淮南》言：尧时十日并出，草木焦枯。尧命羿，仰射十日。中其九日，日中九乌皆死，堕其翼，故留其一日也。"洪兴祖补曰："《山海经》：黑齿之北，曰汤谷，居水中，有扶木。九日居下枝，一日居上枝，皆戴乌。注云：羿射十日，中其九，《离骚》所谓羿焉射日？乌焉解羽？传曰：天有十日，日之数，十也。此言九日居下枝，一言居上枝者。《大荒经》曰：一日方至，一日方出。明天地虽有十日，自使以次迭出运照；而今俱见，为天下妖，故羿禀天命，洞其灵诚，仰天控弦，而九日潜退。《归藏易》云：羿弹十日《淮南》又云：羿除天下之害，死而为宗布。注云：羿，古之诸侯，此尧时羿，非有穷后羿。又云：日中有踆乌。踆，犹蹲也。《春秋元命苞》云：阳成于三，故中有三足乌者，阳精也。"中矢之日乌，堕其翼，正是明夷，垂其翼之谓。张翼为飞，垂翼为落。垂其翼，谓金乌下落。初九，为离最后下来之爻，故为日落。小过卦，艮下震上。卦辞曰："飞鸟遗之音。"《彖》曰："有飞鸟之象焉。"朱熹曰："内实外虚，如鸟之飞。"坎为内实外虚，是坎为飞象。贲卦，离下艮上。二之四为坎，六四曰："白马翰如。"翰为高飞。明夷卦，初之三为离，为明夷；二之四为坎，坎为飞：离入坎象之中，为明夷于飞。又，初九半坎，伤其一翼，一翼未张，故曰垂其翼。

君子于行，三日不食　阳为君子，阴为小人。离为阳，为君子。离日之行，为君子于行。又，明入地中，内文明而外柔顺，以蒙大难，文王以之；晦其明也，内难而能正其志，箕子以之。文王与箕子，圣哲之人，其行为君子于行。明夷卦离下坤上，由晋卦坤下离上而来。离为日，离往下来一爻，为一日。离三爻，往下来三爻，为三日。又，《说卦传》曰："离为大腹，"明夷之离，明入地中，大腹之离不见，是三日不食之象。《周易》，卦爻辞之数字，即爻动之数。复卦卦辞曰："反复其道，七日来复。"蛊卦卦辞曰："先甲三日，后甲三日。"巽卦九五曰："先庚三日，后庚三日。"临卦卦辞曰："至于八月，有凶。"同人卦九三曰："三岁不兴。"复卦上六曰："至于十年不克征。"其例多以十计，日、月、岁年，则因事而别名。日月运行，本自然之理。王弼注："志急于行，饥不遑食，故曰三日不食。"此以人事喻之。

《象》曰："君子于行，义不食也。"《经义述闻·周易下》："引之谨案：义者，理也、道也，言此一爻也，理固然也。解，《象传》曰：刚柔之际，义无咎也。王注曰：义，犹理也。《正义》曰：刚柔既散，理必无咎。理，亦道也。复，《象传》曰：频复之厉，义无咎也。渐，《象传》曰：小子之厉，义无咎也。既济，《象传》曰：曳其轮，义无咎也。言其道固无咎也，同人，《象传》曰：乘其墉，义弗克也。言其道固弗克也。贲，《象传》曰：舍车而徒， 义弗乘也。言其道固弗乘也。明夷，《象传》曰：君子于行，义不食也。言其道固不食也。姤，《象传》曰：包有魚，义不及宾也。言其道固不及宾也。或曰其义：其义者，其理也，其道也，言此一卦也，此一爻也，其道固如是也。需，《彖传》曰：刚健而不陷，其义不困穷矣。言其道不困穷也。比，《彖传》曰： 后夫凶，其道穷也。是也。小畜，《象传》曰：复自道，其义吉也。言其道固当吉也。随，《象传》曰：随有获，其义凶也。言其道固当凶也。旅，《象传》曰： 以旅与下，其义丧也。言其道固当丧也。又曰，以旅在上，其义焚也。言其道固当焚也。鼎，《象传》曰：鼎耳革，失其义也。言失其道也。渐，《象传》曰：妇孕不育，失其道也。是也。"按王氏所训，义为理为道，合于义者，合于道理。离卦，离下离上。《彖》曰："日月丽乎天，百谷草木丽乎土，重明以丽乎正，乃化成天下。"《象》曰："明两作，离，大人以继明照于四方。"明夷卦，亦言离之卦，唯其不半途稽废，才得照于四方，万物生长，化成天下。故君子于行，义不食也，谓君子者，义在效日，日以继夜，锲而不舍，不遑其食，以全其志，以利其物。故乾卦《文言》曰："利者，义之和也。"又曰，"利物足以和义。"

有攸往，主人有言　《系辞传》曰："日往则月来，月往则日来，日月相推，而明生焉。"明夷卦，初之三为离，离为日；二之四为坎，坎为月；三之五为震，震为动为往；四之上为坤，坤为地。伏羲八卦，离位东，坎位西，为日月相推，东来西往，为有所往。《说文》曰："[illegible]（主），镫（灯）中火主也。[illegible]象形，从▲，▲亦声。"段玉裁注："《释器》：瓦豆谓之登。郭曰： 即膏镫也。膏镫，《说文·金部》之镫锭二字也。其形如豆，今之镫盏是也。上为盌，盛膏而焚火，是为主。其形甚微，而明照一室。引伸假借为臣主、宾主之主。[illegible]，谓象镫形；▲，谓火主。▲，之庾切，古音在四部。按

▲、主，古今字。主、炷亦古今字。凡主人、主意字，本当作▲；今假主为▲，而▲废矣。假主为▲，则不得不别造镫炷字。正如假左为𠂇，不得不别造佐为左也。”《说卦传》曰：“离为火。”为火主。又，初九有攸往，离阳为主，主人有言，谓明夷往前有言。需卦，乾下坎上。九二曰：“小有言。”《象》曰：“虽小有言，以终吉也。”九二往前与九五应，五在坎险之中，为阴小所陷，故曰小有言。言谓坎为难，如初九《象》曰：“不犯难行也。”讼卦，坎下乾上。初六曰：“小有言。”《象》曰：“虽小有言，其辩明也。”初六为坎之初六，阴小陷阳于中，小有难于阳，为小有言。震卦，震下震上。上六曰：“婚媾有言。”上六与六三阴阳不应，中隔互坎，坎为难为言，故曰婚媾有言。渐卦，艮下巽上。初六曰：“小子厉，有言。”二之四为互坎，坎为难为言。初六来于坎下，故曰小子有言，即有难。明夷卦，离下坤上。二之四为坎险，初九来于坎下，故曰有言，即有难。言、难古在一部，有言谓有难，盖为古语，明入地中，明受其伤，是以主人有言。《象》曰：“以蒙大难，文王以之”；“内难而能正其志，箕子以之”。皆与主人有言象合。

六二，明夷，夷于左股，用拯马壮，吉。

〔译〕 六二，日落，落于西南，用以拯救万物，使之茁壮生长，吉利。

《象》曰：“六二之吉，顺以则也。”

〔证〕

明夷，夷于左股 《淮南子·地形训》曰：“西方有形残之尸。”高诱注：“西方金。金，断割攻战之事，有形残之尸也。”西方金，为伤为夷，故谓明夷，夷于左股。《说卦传》曰：“天地定位，山泽通气，雷风相薄，水火不相射，八卦相错。”朱熹《周易本义》注：“邵子曰：此伏羲八卦之位：乾南坤北，离东坎西，兑居东南，震居东北，巽居西南，艮居西北。于是八卦相交，而成六十四卦，所谓先天之学也。”明夷卦，离下坤上。上坤位北方，是下离位南方，南北相对。则右为东方，左为西方。如今之地图方位，上北下南，亦日落西时在左。明夷初九，日落西方。日月向东行，明夷六二，日入西南地下。巽位西南，《说卦传》曰：“巽为股。”故曰明夷，夷于左股，即谓夷于西南。又，初之三为离为明，二之四为坎为西，明落西南，西南为巽为股：为明夷于西南，为夷于左股。李鼎祚《周易集解》案：“初为足，二居足上，股也。二互体坎，坎主左方，左股之象也。”

《周髀算经上》：“故折矩，以为勾广三，股修四，径隅（弦）五。”又，“数之法，出于圆方。”赵君卿注：“展方之匝，而为股。”是股为方之边。《孟子·离娄上》曰：“不以规矩，不能成方员。”规作圆，矩成方。《荀子·不苟》曰：“五寸之矩，尽天下之方也。”杨倞注：“矩，正方之器也。”郝懿行曰：“荀意，当以勾股法，开方而言，故以五寸尽之，言操弥约也。”《吕氏春秋·序意》曰：“爰有大圜在上，大矩在下。”高诱注：“圜，天也；矩，方地也。”谓天圆地方。扬子《太玄·玄图》曰：“天道成规，地道成矩。”范望注：“矩，方；规，圆。”因地为方，即地四周两边为股。明夷，夷于左股，即明伤落于地之西边。故其象，为日在坤、坎之下。《系辞传》曰：“古者包牺氏之王天下也，仰则观象于天，俯则观法于地，观鸟兽之文，与地之宜。近取诸身，远取诸物。于是始作八卦，以通神明之德，以类万物之情。”明夷，为金乌向西方落下，故初九曰：明夷于飞，垂其翼；六二曰：明夷，夷于左股。此为观鸟兽之文，与地之宜。

用拯马壮　《说文》：“拯，上举也，出溺为拯，从手，丞声。《易》曰：拯马壮吉。”《广雅》：“拯，举也。”《方言》：“拯，拔也，出溺为拯。”《左传》宣公十二年：“目于眢井而拯之。”杜预注：“出溺为拯。”昭公十二年：“是以无拯。”邵宝曰：“出溺为拯。”《孟子·梁惠王下》：“民以为，将拯己于水火之中也。”赵氏注云：“拯，救也。”又，屯卦六二曰：“屯如邅如，乘马班如。”六四曰：“乘马班如，求婚媾。”上六曰：“乘马班如，泣血涟如。”贲卦六四曰：“贲如皤如，白马翰如。”涣卦初六曰：“用拯马壮，吉。”中孚卦六四曰：“月几望，马匹亡。”凡言马者，皆在阴爻，是马为阴性。晋卦，坤下离上，明日照临大地，故曰：“康侯用锡马蕃庶。”坤卦，坤下坤上。卦辞曰：“利牝马之贞。”马为阴，牝马，阴上加阴，纯阴。以其马为阴，故睽卦初九曰：“丧马，勿逐自复。”丧马即丧阴，不为初六，而为初九，故曰丧马。又，大畜卦九三曰：“良马逐，利艰贞。”《神异经》曰：“西南大宛宛丘，有良马。日行千里，至日中而血汗。”《史记·大宛列传》：“初，天子发书《易》，云：神马当从西北来。得乌孙好马，名曰天马。及得大宛汗血马，益壮，更名乌孙马曰西极，名大宛马曰天马云。”是良马为天马，为乾阳之性，故在九三。《周礼·廋人》：“马八尺以上为龙。”或曰天龙为马。《说卦传》曰：“乾为马，为良马，为老马，为瘠马，为驳马。”是坤阴之马为牝马，为地类。

《系辞传》曰：“服牛乘马，引重致远，以利天下，盖取诸随。”牛马地类，供役使，性顺而善走。《说文》：“驯，马顺也。从马，川声。”段玉裁《说文解字注》：“古驯、训、顺，三字互相假借，皆川声也。驯之本义，为马顺，引伸为凡顺之称。”《淮南子·说林训》：“马先驯，而后求良。”是《易》以阴柔为马，为驯。《易乾坤凿度》曰：“乾为龙，纯颢气，气若龙；坤为马。”郑氏注：“乾类为长也。兽介之长为尊。百甲附之于龙，大附也。圣以类为马，马者顺行。坤亦有龙。《大元》曰：土龙在坤，不敢争类。马思顺体，唯坤顺之。圣人知有上德，要下而奉，故显尊也。坤之卑顺辅乾，不敢为龙，故称马，附依之理也。”牝马既为地类，为万物，是六二用拯马壮，即谓用以拯救万物，使之出冬进春，茁壮生长。又，日阳夜阴，是万物生长之道，故六二明夷，曰用拯马壮。

吉 离卦《彖》曰：“离，丽也。日月丽乎天。百谷草木丽乎土，重明以丽乎正，乃化成天下。柔丽乎中正，故亨，是以畜牝牛吉也。”《象》曰：“明两作，离，大人以继明照于四方。”《说卦传》曰：“坤为子母牛，为众。”日月两明丽乎天，相继照明四方，使百谷草木丽乎地，化成天下，众庶得以生长，为畜牝牛吉利。明夷卦，初之三为离，离为日；二之四为坎，坎为月；三之五为震，震为动为升；四之上为坤，坤为众：为日月相继从地下升起，以阴阳畜养万物，即用拯马壮，故而吉利。《象》曰：“六二之吉，顺以则也。”谓六二循以法则而吉。二在离之中，为离之主。柔丽乎中正，日以法则而动，故吉利。圣人唯时唯势。是不屈不伸，屈伸相反相成。六二明夷，夷于左股，顺于阴阳屈伸之则，可用救万物茁壮，是以吉利。

九三，明夷于南狩，得其大首，不可疾贞。

〔**译**〕 九三，日落入南方，大得南狩之志，不可急于升正。

《象》曰：“南狩之志，乃大得也。”

〔**证**〕

明夷于南狩 明夷卦，离下坤上。坤位北，则离日在南方出入，是冬之时节。夏至以后，日躔自北而南移；冬至以后，又自南而北移。故夏至日称北至，冬至日称南至。夏至日长，又称长至；冬至日短，又称短至。《左传》僖公五年：“春，王正月，辛亥朔，日南至。”杜预注：“周正月，今十一月，冬至之日，日南极。”《说文》：“狩，火田也。从犬，守声。《易》曰：明夷于南狩。”段玉裁注：“《释天》曰：冬猎为狩。《周礼》、《左传》、《公羊》、《谷梁》、《夏小正传》、《毛诗传》，皆同。又《释天》曰：火田为狩。许不称冬猎，而称火田者，火田必于冬。《王制》曰：昆虫未蛰，不以火田。故言火以该冬也。《孟子》曰：天子适诸侯，曰巡狩。巡狩者，巡所守也。”郭璞注《尔雅·释天》曰：“放火烧草，猎亦为狩。”明夷在南，离为火，似明于南方，火田狩猎。又，日入南方，象天子南巡，故曰明夷于南狩。又，狩亦征伐。

得其大首 《说文》：“𩠐（首），与𦣻同，古文首也。巛象发，谓之鬊，鬊即巛也。凡首之属，皆从首。”王筠句读：“依《玉篇》引补，是以不言从𦣻也。依《玉篇》引改，谓古文𦣻作首也，犹子古文作𢀈。然则鬊者，今所谓胎发也，故𩠐与𢀈皆从巛。巛之形，蒙茸上向，正小儿初生之形。小篆作𦣻者，人长则发盘曲于顶也。”又，《说文》：“𦣻，头也，象形。”按，甲骨文首字，其上存发或省发之形同，金文则简化，但存发、额、目等形。商承祚《说文中之古文考》：“𦣻者篆文，𩠐者古文。曷以古篆别出为部首？

以各有隶之字故也。其字从古文者多，篆文者少，又肖其形，遂篆废而古文行矣。”即谓百废而首行。乾卦《彖》曰：“大哉乾元。”《说卦传》曰：“乾为首。”是至九三得离体，即得乾体，为得其大首。又，下离为目似面，上坤（巛）似发，亦为人首之象。明夷九三之时，日已全入地下，明耀地之下面。故《象》曰：“南狩之志，乃大得也。”谓光被四表，至于上下，以遂光芒普照之志，为离阳之大得。

不可疾贞 《说文》：“疾，病也。”段玉裁注：“析言之，则病为疾加；浑言之，则疾亦病也。按，经传多训为急也，速也。此引伸之义，如病之来，多无期无迹也。矢能伤人，矢之去甚速，故从矢，会意。”又，《说文》：“贞，卜问也。从卜，贝以贽。”段注：“《大卜》：凡国大贞。大郑云：贞，问也。国有大疑，问于蓍龟。后郑云：贞之为问，问于正者。必先正之，乃从问焉。引《易》：师贞，丈人吉。”朱骏声《说文通训定声》曰：“假借为正，为定。《易》乾：元亨利贞。《子夏传》：贞，正也。《文言》：贞，事之干也。《书·禹贡》：厥赋贞。传：正也。《广雅·释诂一》：贞，正也。”又，《说文》：“正，是也。从止，一以止。𤴓，古文正，从二；二，古上字。”《文选·东京赋》注：“正，中也。”按，一在上为天，一在下为地，止于一，即止于天。是，日正为是，会意。不可疾贞，即不可急正，不可急是，谓明夷之日，不可急于升向正中。

朱骏声《六十四卦经解》云：“如成汤起于夏台，文王假弓矢为方伯，遂成王业。然遵时养晦，《书》曰须暇之子孙，故不可疾贞。”按，《周书·多方》曰：“天惟五年，须暇之子孙。诞作民主，罔可念听。”孔氏传：“天以汤故，五年须暇汤之子孙，冀其改悔。而纣大为民主，肆行无道，事无可念，言无可听。武王服丧三年，还师二年。”《正义》曰：“汤是创业圣王，理祚殷长远。计纣未死五年之前，已合丧灭。但纣是汤之子孙，天以汤圣人故，故五年须待闲暇汤之子孙，冀其改悔，能念善道。而纣大为民主，肆行无道，所为皆恶，事无可念者；言皆恶言，无可听者。由是天始改意，故诛灭之。文王受命，九年而崩。其年，武王嗣立。服丧三年，未得征伐；十一年服阕，乃观兵于孟津，十三年方始杀纣。从九年至十三年，是为五年也。”文王三分天下有其二，以服事殷；武王观兵孟津，后二年伐纣，皆得不可疾贞之道。《九家易》曰：“自暗复明，当以渐次，不可卒正，故曰不可疾贞也。”初之三为离，离为日；二之四为坎，坎为月；四之上为坤，坤为地。明夷至九三，是明入地中，月起地下之时。日行迟，月行速，君子利艰贞，用晦而明，故思不出其位，不可急正。

六四，入于左腹，获明夷之心，于出门庭。

〔译〕 六四，日入地之下方，获得日落心意，正当走出门庭之际。

《象》曰："入于左腹，获心意也。"

〔证〕

入于左腹　《仪礼·乡射礼》曰："当左物，业面揖。"郑氏注："左物，下物也。"《史记·孝文本纪》："昔先王远施，不求其报，望祀不祈其福，右贤左戚，先民后己，至明之极也。"《集解》引韦昭曰："右犹高，左犹下。"《春秋繁露·玉杯》曰："然则，《春秋》之序道也，先质而后文，右志而左物。"右，上；左，下。《汉书·灌夫传》："夫为人刚直，使酒，不好面谀。贵戚诸势在己之右，欲必陵之；士在己左，愈贫贱，尤益礼敬，与钧。"师古曰："右，尊也；左，卑也；钧，等也。"左为卑，亦为下。又，《说文》："腹，厚也。从肉，复声。"段玉裁注："腹、厚迭韵。此与发，拔也；尾，微也，一例。谓腹之取名，以其厚大。《释诂》、《毛传》皆云：腹，厚也。则是引伸之义，谓凡厚者，皆可称腹。如《小雅》出入腹我；《月令》：水泽腹坚。是也。"颜师古注《急就篇》云："腹者，肚之总名。谓之腹者，取厚为义也。"《释名·释形体》："腹，复也，富也。肠胃之属，以自裹盛，复于外复之，其中多品，似富者也。"《春秋元命苞》："腰而下者为阴，丰厚，地之象。"六二为股，过九三，六四为腹。坤卦《彖》曰："坤厚载物。"《象》曰："地势坤，君子以厚德载物。"《说卦传》曰："坤为腹。"是坤为厚，厚为腹。四位坤之下爻，下为左，坤为腹，为左腹。入于左腹，即谓日至六四，已正式进入地之下方。

获明夷之心　《说文》："心，人心，土藏，在身之中，象形。"桂馥义证："《释名》：心，纤也。所识纤微，无物不贯心也。《文子》：心者，神之主也；神者，心之宝也。《淮南子》：夫心者，五藏之主也，所以制使四支，流行血气。《古尚书》说：脾，木也；肺，火也；心，土也；肝，金也；肾，水也。谨按，《月令》：春祭脾，夏祭肺，季夏祭心，秋祭肝，冬祭肾。与《古尚书》同。在身之中者，颜注《急就篇》：心，最在中央，为诸藏之所主。"心在身之中，获明夷之心，亦谓获明夷之中。离下坤上为明夷，六四在离之上，坤之下，内文明而外柔顺，得明夷之中正，为获明夷之心。《象》曰："入于左腹，获心意也。"《说文》："意，志也。""志，意也。"意、志互训。段玉裁注；"志，即识，心之所识也。《大学》曰：欲正其心者，先诚其意。诚谓实其心之所识也。"日升于东，落于西；昼照东，夜照西。犹今之日照东半球，夜照西半球。此为日之心意。故日入左腹，即日入地之西下时，为获明夷之心意。《说卦传》曰："坎为心病，为亟心，为坚多心。"是坎为心，故六四曰获明夷之心。

于出门庭　《说文》："户，护也，半门曰户，象形。"又，"門（门），闻也。从二户，象形。"《系辞传》曰："阖户谓之坤。"《诗》，《大田》、《韩奕》、《闵予小子》

传曰："庭，直也。"谓庭者，道正直之处。坤为地，三断中缺，如门庭之通道。干宝曰："一为室，二为户，三为庭，四为门。"《说卦传》曰："艮为门阙。"于出门庭，谓正在出门庭者，回看见震为艮，震为动。艮为门，四在出门庭之际，是以谓之于出门庭。于时，初、二为上夜，三、四为中夜，五、上为下夜。四值夜半之末，下即鸡鸣、平旦，是四之时，为日出夜之门庭之时。按，初九曰："明夷于飞，垂其翼。"六二曰："明夷，夷于左股。"九三曰："明夷于南狩，不可疾贞。"六四曰："入于左腹，获明夷之心，于出门庭。"六五曰："箕子之明夷，利贞。"一入一出，谓日之入夜与出夜。故下三爻，明夷在辞之首，谓日下落而明伤。《老子》曰："视之不见，名曰夷。"四、五二爻，明夷在辞之中，谓日上升而明生。又，坤为阴暗，二之四互坎，坎为陷，六四正当出坎之时，似文王蒙难，终出羑里之象。

六五，箕子之明夷，利贞。

〔译〕 六五，如箕子之明夷，内难而能正其志，利于正道。

《象》曰："箕子之贞，明不可息也。"

〔证〕

箕子之明夷 《资治通鉴外纪·夏商纪》："箕子谏，不听。人曰：可以去矣。箕子曰：知不用而言，愚也；杀身以彰君之恶，不忠也；为人臣而悦于民，吾不忍为也。乃被发，佯狂为奴，隐而鼓琴以自悲，故传之曰《箕子操》。纣囚之。"《周书·洪范》之《序》曰："以箕子归，作《洪范》。"《正义》曰："《书》传云：武王释箕子之囚，箕子不忍周之释，走之朝鲜。武王闻之，因以朝鲜封之箕子。既受周之封，不得无臣礼，故于十三祀来朝。武王因其朝，而问《洪范》。"《史记·宋世家》："箕子朝周，过殷故墟。城坏生黍，箕子伤之，乃作麦秀之诗曰：麦秀渐渐兮，禾黍油油兮。彼狡童兮，不与我好兮。狡童谓纣也。是箕子封朝鲜，来朝于周之事也。"箕子，不彰君之恶，不忍周之释，走之朝鲜，过殷虚而伤之，是内难而能正其心志者。

《山海经·海内北经》曰："朝鲜，在列阳东，海北山南。列阳属燕。"郭璞注："朝鲜，今乐浪县，箕子所封也。列亦水名也，今在带方，带方有列口县。"郝懿行案："《魏志·东夷传》云：涉南与辰韩，北与高句丽、沃沮接，东穷大海，今朝鲜之东，皆其地也。昔箕子既适朝鲜，作八条之教以教之，无门户之闭，而民不为盗，云云。《地理志》云：乐浪郡，朝鲜。又，吞列、分黎山，列水所出，西至黏蝉入海。又云，含资、带水，西至带方入海。"按，朝鲜在古营州外，周之东北，为临海之半岛，日出方向，晞光鲜明，平壤有箕子陵。明夷卦，初之三为离，为明夷；二之四为坎，坎为海水；三之五为震，震为动，位于东北：为明夷从东北朝鲜海中升起，为箕子之明夷。是箕子之明夷，参乎天地人之间，尤得明夷中正。六五，阳位阴爻，箕子之象。

利贞　日升于五，得坤之中，即得地厚之中，于时为平明。是日之光，终不可泯灭。利贞，谓晦其明，而用晦而明。于人，内难而能正其志，箕子以之。故《象》曰："箕子之贞，明不可息也。"马融曰："箕子，纣之诸父，明于天道，《洪范》之九畴，德可以王，故以当五。知纣之恶，无可奈何；同姓恩深，不忍弃去；被发佯狂，以明为暗，故曰箕子之明夷。卒以全身，为武王师，名传无穷，故曰利贞矣。"侯果曰："体弱履中，内明外暗，群阴其掩，以夷其明。然以正为明，而不可息。以爻取象，箕子当之，故曰箕子之贞，明不可息也。"程氏传："箕子，商之旧臣，而同姓之亲，可谓切近于纣矣。若不自晦其明，被祸可必也，故佯狂为奴，以免于害。虽晦藏其明，而内守其正，所谓内难而能正其志，所以谓之仁与明也，若箕子，可谓贞矣。以五阴柔，故为之戒云利贞，谓宜如箕子之贞固也。"又云，"箕子晦藏，不失其贞固，虽遭患难，其明自存，不可息灭也。若逼祸患，遂失其所守，则是亡其明，乃息灭也。"按，坤卦卦辞曰："元亨，利牝马之贞。"六五曰："黄裳元吉。"《象》曰："黄裳元吉，文在中也。"《文言》曰："君子黄中通理，正位居体，美在其中，而畅于四支，发于事业，美之至也。"六五，黄中通理，故而利正。

上六，不明晦，初登于天，后入于地。

〔译〕　上六，不论白天黑夜，太阳先升上天空，后落入地下，运转不息。

《象》曰："初登于天，照四国也；后入于地，失则也。"

〔证〕

不明晦　《大雅·荡》："靡明靡晦，俾昼作夜。"毛传："使昼为夜也。"郑笺："不为明晦，无有止息也。"《左传》昭公元年："晦淫惑疾，明淫心疾。"杜预注："晦，夜也。为宴寝过节，则心惑乱。明，昼也。思虑烦多，心劳生疾。"《正义》亦曰："晦是夜也，明是昼也。"屈原《九章·抽思》："望孟夏之短夜兮，向晦明之若岁！"晦明，即明晦之倒文。王逸注："四月之末，阴尽极也。忧不能寐，常倚立也。"洪兴祖补曰："上云曼遭夜之方长，此云望孟之短夜者，秋夜方长，而夏夜最短，忧不能寝，冀夜短而易晓也。"朱熹《楚辞集注》亦云："秋夜方长，忧不能寐，望孟夏之短夜，而冀其易晓也。晦明若岁，夜未短也。"何晦明之若岁，谓何昼夜之如岁，言日子难熬。《后汉书·赵咨传》曰："夫含气之伦，有生必终，盖天地之常期，自然之至数。是以通人达士，鉴兹性命，以存亡为晦明，死生为朝夕，故其生也不为娱，亡也不知戚。"存亡与生死互文，晦明与朝夕互文，是晦为黑夜，明为白昼。明夷上六不明晦，与《诗》同，犹靡明靡晦，即不论白天黑夜，无有止息，与下文贯通。《系辞传》曰：“一阴一阳之谓道。”是阴阳互转，为自然之道。晋卦，坤下离上，明出地上。明夷卦，离下坤上，明入地中。一出一入，周而复始。上为卦之极，物极必反。是以不明晦者，谓太阳不分昼夜，运行不已。

初登于天，后入于地 初登于天，即由明夷卦到晋卦。《象》曰：“初登于天，照四国也。”《大雅·皇矣》：“监观四方，维彼四国。”毛传：“四国，四方也。”又，《序》云：“《皇矣》，美周也。天监代殷，莫若周；周世世修德，莫若文王。”《易》与《诗》相通，晋卦，犹文王之卦，四国亦谓四方诸侯之国。又，《文王》曰：“文王在上，于照于天。”郑笺：“云文王初为西伯，有功于民，其德著见于天。故天命之以为王，使君天下也。”斯亦初登于天之义。后入于地，即由晋卦到明夷。《象》曰：“后入于地，失则也。”按，明出地上为晋，晋为进；明入地中为明夷，夷为伤。进而出，伤而入，何等差异。离为阳，坤为阴，阳性升，阴性降；今阳降阴升，适得其反。阳位尊，阴位卑；今尊下卑上，贵贱非常。是以，后入于地，为失则。

《开元占经一》，引陆绩《浑天仪说》：“周公叙次六十四卦，两两相承，反覆成象，以法天行，周而复始，昼夜之义。故晋卦《彖》曰：昼日三接。明夷爻《象》曰：初登于天，后入于地。仲尼说之曰：明出地上，晋。进而丽乎大明，是以昼日三接。明入地中，明夷，夜也。先昼后夜，先晋后明夷。故曰：初登于天，照四国也；后入于地，失则也。日月丽乎天，随天转运。入乎地，以成昼夜也。浑天之义，盖与此同。”李鼎祚《周易集解》，引侯果曰：“初登于天，谓明出地上，下照于坤。坤为众国，故曰照于四国也，喻阳之初兴也。后入于地，谓明入地中，昼变为夜。暗晦之甚，故曰失则也。况纣之乱世也。此之二象，言晋与明夷，往复不已。故见暗则伐取之，乱则治取之，圣人因象设诫也。”于象，坤为地，地有四方，为方国。离卦《象》曰：“大人以继明照于四方。”故曰照四国也。三互坎为则，日升至上六，将入于地下，不与三应，是为失则。

第三十七卦　戊　戊

䷤ 巽上
离下

家人，利女贞。

〔译〕　家人，女正有利。

《彖》曰：“家人，女正位乎内，男正位乎外，男女正，天地之大义也。家人有严君焉，父母之谓也。父父，子子，兄兄，弟弟，夫夫，妇妇，而家道正，正家而天下定矣。”

《象》曰：“风自火出，家人，君子以言有物，而行有恒。”

〔证〕

离下巽上　《说文》曰：“杲，明也。从日在木上，读若槁。”又，“杳，冥也。从日在木下。”段玉裁《说文解字注》：“《卫风》：杲杲出日。毛曰：杲杲然，日复出矣。日在木中，昒也；日在木上，旦也。冥，窈也。莫，为日且冥；杳，则全冥矣。由莫而行地下，而至于榑桑之下也。引伸为凡不见之称。”又于榑字下注：“叒下曰：日初出东方汤谷，所登榑桑，叒木也。然则，榑桑即叒木也。東下曰：从日在木中；杲下曰：从日在木上：皆谓榑木也。”《楚辞·东君》：“暾将出兮东方，照吾槛兮扶桑。杳冥冥兮以东行。”王逸注：“言东方有扶桑之木，其高万仞。日出，下浴于汤谷，上拂其扶桑，爰始而登，照曜四方。日以扶桑为舍槛，故曰照吾槛兮扶桑也。”又注：“言日过太阴，不见其光，出杳杳，入冥冥，直东行而复出。”此所谓日出杲，日入杳。《淮南子·天文训》曰：“日出于旸谷，浴于咸池，拂于扶桑，是谓晨明。登于扶桑，爰始将行，是谓朏明。”又曰，“日入于虞渊之汜，曙于蒙谷之浦。”《初学记》引作“日入崦嵫，经于细柳，入虞泉之池，曙于蒙谷之浦。日西垂，景在树端，谓之桑榆。”又引注：“嵫，音兹，亦曰落棠山；细柳，西方之野；蒙谷，蒙汜之水；桑榆，言其光在桑榆树上。”谓日落木下，而光反射其上。《后汉书·冯异传》：“玺书劳异曰：赤眉破平，士吏劳苦，始虽垂翅回溪，终能奋翼黾池，可谓失之东隅，收之桑榆。”注曰：“桑榆，谓晚也。”榑桑，即扶桑。《说卦传》曰：“巽为木”，“离为日”。家人卦，离下巽上，日落树下之象。

《帝王世纪》：“帝尧之世，天下大和，百姓无事，有八十老人，击壤于道。观者叹曰：大哉！帝之德也。老人曰：吾日出而作，日入而息，凿井而饮，耕田而食，帝何力于我哉？”《庄子·让王》亦云：“舜以天下让善卷。善卷曰：余立于宇宙之中，冬日衣皮毛，夏日衣葛絺；春耕种，形足以劳动；秋收敛，身足以休食。日出而作，日入而息，逍遥于天地之间，而心意自得，吾何以天下为哉？”《王风·君子于役》：“鸡栖于埘，日之夕矣，羊牛下来。君子于役，如之何勿思。”《诗集传》曰：“君子，妇人目其夫之辞。凿墙而栖曰埘。日夕，则羊先归，而牛次之。大夫久役于外，其室家思而赋之曰：君子行役，不知其还反之期，且今亦何所至哉？鸡则棲于埘矣，日则夕矣，羊牛则下来矣。是则畜产出入，尚有旦暮之节，而行役之君子，乃无休息之时，使我如何而不思也哉！”《说文》：“夕，莫也。”段玉裁注：“莫者，日且冥也。”家人卦，离下巽上。离为日，巽为木，日落木下，为日入。日出木上，则一家人分别劳动；日入木下，则一家人团聚歇息，是以得见家人之象。又，初之三为离，离在下为日落；二之四为坎，坎为豕，在内外之际；三之五为离，离为大腹为牛，《荀九家》有为牝牛，由外入内；四之上为巽，巽为鸡，鸡棲于垣为埘；反巽为兑，兑为羊，为羊归来；二、四为阴，阴为马；又，艮为狗，跨内外：是日落之时，见豕牛鸡羊马狗于一家，为家人之象。

《说文》：“爨，齐谓之炊爨。臼，象持甑；冂，为灶门口；廾，推林内火。㸑，籀文，爨省。凡爨之属，皆从爨。”徐锴系传：“取其进火谓之爨，取其气上谓火炊。”徐灏注笺：“同，象甑，从臼持之；冂，象灶口，从廾推林纳火。林，薪也。此象形、指事、会意，三者兼之。”朱骏声《说文通训定声》：“同，象甑，臼，持之；冂，为灶口，廾，推林内火。甑象形，又合五字会意。籀文从冂、林、廾、火，会意。林者，柴也。”段玉裁注：“火部曰：炊，爨也。然则二字互训。《孟子》赵注曰：爨，炊也。齐谓炊爨者，齐人谓炊曰爨。《特牲、少牢礼》，注皆曰：爨，灶也。此因爨必于灶，故谓灶为爨。《礼器》：燔柴于爨。同。《楚茨》传曰：爨，饔爨、廪爨也。此谓灶。又曰：踖踖，爨灶有容也。此谓炊。中似甑，臼持之。林，柴也；内，同纳。然则，爨，本古文也。”《楚辞·九叹·忧苦》：“爨土鬵于中宇。”王逸注：“爨，炊灶也。”家人卦，初之三为离，离为火；二之四为坎，坎为曳；三之五为离，其于木也为科上槁；四之上为巽，巽为木，又其形似籀文㸑之灶门，故为引火入灶，然烧枯柴，家人炊爨之象。

《说文》：“炊，爨也。从火，吹省声。”桂馥义证：“《东观汉记》：梁鸿比舍先炊已，呼鸿及热釜炊。鸿曰：鸿不因人热者也。灭灶更然火。爨也者，《月令》注云：薪施炊爨。《急就篇》：薪炭萑苇炊熟生。颜注：炊熟生者，谓烝者生物，使之烂熟也。宣十五年《左传》：析骸以爨。《史记·宋世家》，作析骨而炊。《汉书·郊祀志》：晋巫祠五帝、东君、云中君、巫社、巫祠、族人炊之属。颜注：炊，谓饎爨也。”按，吹省声者，《说文》曰：“吹，出气也。从欠，从口。”又，“欠，张口气悟也。象气从儿上出之形。”段玉裁注：“悟，觉也。引伸为解散之意。”欠，甲骨文象人跽，而向前张口之形，故有气出从上之象。炊，从火从欠，犹火施气出，是以为炊。家人卦，初之三为离，离为火，为火施于下；二之四为坎，坎为水，为水在火上；三之五为离，离为鼎卦上体，为皿；四之上为巽，巽为风，风为气：是火然于下，水沸于皿，气烟出其上，为家人炊事之象。《文选》曹植《送应氏》诗之一："中野何萧条，千里无人烟。"《博异志·崔无隐》："师行可七八日，入南阳界。日晚过一大泽中，东西路绝，目无人烟。四面阴云，且渐暮，遇寥落三两家，乃欲寄宿耳。"人烟与三两家换文，是凡有炊烟，就有人家，即家人。

伏羲八卦，离为东，为正月；巽为西南，为五月。家人卦，离下巽上，由正月至五月，乃蚕事之时。《夏书·禹贡》："桑土既蚕，是降丘宅土。"孔氏传："地高曰丘。大水去，民下丘，居平地，就蚕桑。"《鄘风·定之方中》："降观于桑，卜云其吉，终然允臧。"毛传："地势宜蚕，可以居民。"《正义》曰："又下漕墟，而往观于其处之桑。既形势得宜，蚕桑又茂美，可以居民矣。人事既从，乃命龟卜之云，从其吉矣。终然信善，非直当今而已。"陈奂《诗毛氏传疏》曰："《书·禹贡》：桑土既蚕，是降丘宅土。传云地势宜蚕，可以居民者，即本《书》义，作《诗》训也。"《豳风·七月》云："春日载阳，有鸣仓庚。女执懿筐，遵彼微行，爰求柔桑。"又云，"蚕月条桑，取彼斧斨，以伐远扬，猗彼女桑。"毛传："微行，墙下径也。五亩之宅，树之以桑。"《正义》曰："行，训为道也，步道谓之径。微行，为墙下径。五亩之宅，树之以桑，孟子文。引之者，自明墙下之意。"是凡有家人地方，皆有植桑。

又，《小雅·小弁》："维桑与梓，必恭敬止。"毛传："父之所树，己尚不敢不恭敬。"马瑞辰《毛诗传笺通释》："瑞辰按：甘棠美召伯，思其人，因爱其树也。桑梓怀父母，睹其树，因思其人也。故上言必恭敬止，下即继以靡瞻匪父，靡依匪母。《记》所云见似目瞿也。至后世，以桑梓为故里之称。崔应榴曰：张衡《南都赋》：永世克孝，怀桑梓焉。真人南巡，睹旧里焉。后人相沿，遂以桑梓为故里。按范宁《谷梁传》，古者公田为居。注：损其庐舍，家作一园，以种五菜，外种楸桑，以备养生送死。《旧五代史》王建立曰：桑以养生，梓以送死。此桑梓必恭之义也。今按《南都赋》，永世克孝，怀桑梓焉，其义乃本毛传。以桑梓为父母所树，故有永世克孝之文；而父母树桑梓，必在乡里所居之宅，此又可以义推，故通以为乡里之称。《后汉书·宣秉传》：父母之国，所宜尽礼。注引《诗》：维桑与梓，必恭敬止。正以桑梓为父母之国。"桑梓，有父母家人之义。

《孟子·尽心上》曰："五亩之宅，树墙下以桑，匹妇蚕之，则老者足以衣帛矣。五母鸡，二母彘，无失其时，老者足以无失肉矣。百亩之田，匹夫耕之，八口之家，足以无饥矣。所谓西伯善养老者，制其田里，教之树畜，导其妻子，使养其老。五十非帛不暖，七十非肉不饱。不暖不饱，谓之冻馁。"又，《梁惠王上》："五亩之宅，树之以桑，五十者可以衣帛矣。鸡豚狗彘之畜，无失其时，七十者可以食肉矣。百亩之田，勿夺其时，数口之家，可以无饥矣。"赵岐注："庐井邑居，各二亩半以为宅。冬入保城二亩半，故为五亩也。树桑墙下，古者年五十，乃衣帛矣。”孙奭疏：“五亩之宅，栽墙下以桑，则年至五十之老，可以着其绢帛。鸡豚狗彘，不失其养字之时，则年至七十之老，可以食其肉。百亩之田，不夺其耕耨之时，则七八口之家，可以无饥。凡云可者，但得过而已，未至于富足有余也。”家人卦，初之三为离，离为火；二之四为坎，坎为豕；四之上为巽，巽为鸡；又，三之五为离，《说文》：“离，离黄，仓庚也，鸣则蚕生。”四之上，巽为木为桑。是以有烟火，有豚有鸡，有蚕桑，为家人之象。

《序卦传》曰：“有天地，然后有万物；有万物，然后有男女；有男女，然后有夫妇；有夫妇，然后有父子；有父子，然后有君臣；有君臣，然后有上下；有上下，然后礼义有所错。”《系辞传》曰：“乾道成男，坤道成女；乾知大始，坤作成物。”乾卦《彖》曰：“大哉乾元，万物资始，乃统天。”坤卦《彖》曰：“至哉坤元，万物资生，乃顺承天。”恒卦《彖》曰：“恒，久也。刚上而柔下，刚柔皆应，恒。”又曰，“恒，久于其道也。天地之道恒，久而不已也。”归妹卦《彖》曰：“归妹，天地之大义也。天地不交，而万物不兴。归妹，人之终始也。”家人卦《彖》曰：“家人，女正位乎内，男正位乎外，男女正，天地之大义也。”六二，阴在偶位，且在内卦之中，为女正位乎内。九五，阳在奇位，且在外卦之中，为男正位乎外。阴阳之道，本乎天地，盈乎天地。男女正，即阴阳正，为天地大义。朱熹曰：“家人者，一家之人。卦之九五、六二，外内各得其正，故为家人。”

《彖》曰：“家有严君焉，父母之谓也。父父，子子，兄兄，弟弟，夫夫，妇妇，而家道正，正家而天下定矣。”《说文》：“严，教命急也。”父母教命子严，故称严。父母为全家所尊，如同国之有君，故称父母为严君。后谓严父慈母，是严君多指父亲。《晋书·潘尼传》：“国事明王，家奉严君，各有后尊。”《彖》谓严君为父母，是男女并列。家人卦，上九为天，九五乾为父；六二坤为母。二、五皆居中正，其教命急，为家有严君。又，九五之阳，居中得正，为父父；初、三、四，各得其位，为子子。初九，震一索而得男，故谓之长男，当位，为兄兄；九三，为艮三索而得男，故谓之少男，当位，为弟弟；九五、初九，当位有应，为夫夫；六二、六四亦当位有应，为妇妇。《说文》：“女，妇人也。”是凡女皆为妇。六四长女，应初九长男之求，待嫁之女称妇。家人各当其位，故家道正，正而兴，兴而天下定。

家人卦，阴阳正其位，即父父，子子，兄兄，弟弟，夫夫，妇妇，是修身齐家之谓。《大学》曰：“所谓治国，必先齐其家者，其家不可教，而能教人者无之。故君子不出家，而成教于国。孝者，所以事君也；弟者，所以事长也；慈者，所以使众也。一家仁，一国兴仁；一家让，一国兴让；一人贪戾，一国作乱。其机如此，此谓一言偾事，一人定国。尧舜率天下以仁，而民从之；桀纣率天下以暴，而民从之。其所令反其所好，而民不从。是故君子有诸已，而后求诸人；无诸已，而后非诸人。所藏乎身不恕，而能喻诸人者，未之有也。故治国在齐其家。《诗》云：桃之夭夭，其叶蓁蓁。之子于归，宜其家人。宜其家人，而后可以教国人。《诗》云：宜兄宜弟。宜兄宜弟，而后可以教国人。《诗》云：其义不忒，正是四国。其为父子兄弟足法，而后民法之也。此谓治国在齐其家。所谓平天下，在治其国者。上老老，而民兴孝；上长长，而民兴弟；上恤孤，而民不倍。”即家道正，而天下定。

家人 《说文》：“家，居也。从宀，豭省声。”段玉裁改家，居也；为家，凥也。并注：“凥，各本作居，今正。凥，处也；处，止也。《释宫》：户牖之间谓之扆，其内谓之家。引伸之，天子、诸侯曰国，大夫曰家。凡古曰家人者，犹今曰人家也。家人字，见哀四年《左传》、《夏小正传》，及《史记》、《汉书》。家、凥迭韵。豭，按此字为一大疑案。豭省声读家，学者但见从豕而已。从豕之字多矣，安见其为豭省耶？何以不叚声，而纡回至此耶？窃谓此篆本义，乃豕之凥也，引伸假借，以为人之凥。字义之转移多如此：牢，牛之居也。引伸为所以拘罪之陛牢，庸有异乎？豢豕之生子最多，故人凥聚处，借用其字，久而忘其字之本义，使引伸之义，得冒据之，盖自古而然。”

按，《甲骨文编》，收家字二十，宀下之豕，有去势或不去势，最后只一字从二豕，是家皆以宀、豕会意。于省吾《甲骨文字释林·释宀》曰：“甲骨文第一期的宀字，作介、介、ᐱ等形。《说文》：“宀，交覆深屋也，象形。自来文字学家，对宀字的形与音，均无异议。今以甲骨文验之，则宀字本象宅形，也即宅的初文。甲骨文宀与宅互见，用法有别，今分条释录于下，并加以阐述（略）。以上所列甲类的宀字，均指住宅为言，系名词；乙类各条的宅字，均作动词用，训为居住之居。王筠《说文释例》谓介，乃一极两宇两墙之形也，这是对的。但还不知，其为宅字的初文。宅字，是由象形的宀字，加乇为声符，遂成为形声字。总之，甲骨文的宀字，乃宅舍之宅的初文，而宅字则作居住的动词用，两者并不混同。据前文的辨解，初文宀与宅之用法，迥然不同。后世则宅行，而宀字，只习见于文字的偏旁中，并且读音也误。”

康殷《文字源流浅说》：“家，用屋中有豕之状，以表示家。由此可见，字的产生，是在早已有定居，并饲养家畜，而非游牧的农业，已经发展为主要生产的时期。一个字，给了我们很多启示。家字的构造，反映着当时，及其稍前一段时期，人们的家庭观念之形成；是否与其后的含义全同？也须研究。初文，多从豕腹下，加势的牡猪。概缘古称牡豕曰豭，家字遂兼取豭声，后省作豕。《说文》：豭省声，或有初意，已属难能。因许氏未必见过古文家字，本从此牡豕之豕豭的。”按，《说文》：“豭，牡豕也。从豕，叚声。”甲金文牡豕，有牡器，为豭之初文，豭乃后起形声字。据上，宀，为人所居之宅字初文；

豕，为牡豕之豭字初文，合宀、豕为家，会意。盖谓家者，有家人居处，有家畜饲养。此以豕，赅鸡、牛、羊、马、狗，与家人卦象全同，豕养于家中。

《周南·桃夭》："之子于归，宜其家人。"毛传："一家之人，尽以为宜。"孔疏："桓十八年《左传》曰：女有家，男有室，室家谓夫妇也。此云家人，家犹夫也，犹妇也。"有夫妇人等者，为家人。《周礼·小司徒》："上地家七人，可任也者，家三人；中地家六人，可任也者，二家五人；下地家五人，可任也者，家二人。"郑氏注："一家男女七人以上，则授之以上地，所养者众也。男女五人以下，则授之以下地，所养者寡也。正以七人、六人、五人为率者，有夫有妇，然后为家。自二人以至于十，为九等，七、六、五者，为其中。可任，谓丁强任力役之事者，除老者一人，其余男女，强弱相半，其大数。"贾公彦疏："但一家之内，二人至十人，或男多女少，或女多男少，不可齐准。今皆以强弱半者，周公设法，据其大数故也。"是家人，谓有夫有妇，男女丁强，以及老弱。

丰卦上六曰："丰其屋，蔀其家，闚其户，闃其无人。"人，乃家中之人。家人卦《彖》曰："家人，女正位乎内，男正位乎外。男女正，天地之大义也。"又曰，"家人，有严君焉，父母之谓也。父父，子子，兄兄，弟弟，夫夫，妇妇，而家道正。正家，而天下定矣。"是家人，谓家之人，谓男女、夫妇、父子、兄弟，各正其位。推而广之，正国之人，正天下之人。陆绩曰："圣人教，先从家始，家正则天下化之，修己以安百姓者也。"王肃曰："凡男女，所以能各得其正者，由家人有君也。家人有严君，故父子夫妇，各得其正。家家咸正，而天下之治大定矣。"孙星衍《周易集解》案："二、五相应，为卦之主。五，阳在外，二，阴在内，父母之谓也。"程氏传："家人者，家内之道。父子之亲，夫妇之义。尊卑长幼之序，正伦理，笃恩义，家人之道也。"又曰，"夫人有诸身者，则能施于家；行于家者，则能施于国，至于天下治。治天下之道，盖治家之道也，推而行之于外耳。故取自内而出之象，为家人之义也。"

利女贞　《说文》："女，妇人也。象形，王育说。凡女之属，皆从女。"段玉裁注："男，丈夫也；女，妇人也。立文相对。《丧服经》，每以丈夫、妇人连文。浑言之，女亦妇人；析言之，适人乃言妇人也。《左传》曰：君子谓宋共姬，女而不妇，女待人，妇义事也。此可以知女道、妇道之有不同者矣。言女子者，对男子而言。子皆美称也。曰女子子者，系父母而言也。"又曰，"不得其居六书何等，而惟王育说是象形也，盖象其掩敛自守之状。"《周南·关雎》之《序》："《关雎》，后妃之德。是以《关雎》乐得淑女，以配君子；忧在进贤，不淫其色；哀窈窕，思贤才，而无伤善之心焉，是《关雎》之义也。"《葛覃》之《序》曰："《葛覃》，后妃之本也。后妃在父母家，则志在于女功之事，躬俭节用，服浣濯之衣，尊敬师傅，则可以归安父母，化天下以妇道也。"《卷耳》之《序》曰：“《卷耳》，后妃之志也。又当辅佐君子，求贤审官，知臣下之勤劳。内有进贤之志，而无险诐私谒之心。朝夕思念，至于忧勤也。”《樛木》之《序》曰：“《樛木》，后妃逮下也。言能逮下，而无嫉妒之心焉。”《螽斯》之《序》曰：“《螽斯》，后妃子孙众多也。言若螽斯不妒忌，则子孙众多也。”《桃夭》之《序》曰：“《桃夭》，后妃之所致也。不妒忌，则男女以正，婚姻以时，国无鳏民也。”《兔罝》之《序》曰：“《兔罝》，后妃之化也。《关雎》之化行，则莫不好德，贤人众多也。”《芣苢》之《序》曰：“《芣苢》，后妃之美也。和平，则妇人乐有子矣。”《汝坟》之《序》曰：“《汝坟》，道化行也。文王之化，行乎汝坟之国，妇人能闵其君子，犹勉之以正也。”《麟之趾》之《序》曰：“《麟之趾》，《关雎》之应也。《关雎》之化行，则天下无犯非礼。虽衰世之公子，皆信厚如《麟趾》之时也。”

又，《召南·鹊巢》之《序》曰：“《鹊巢》，夫人之德也。国君积行累功，以致爵位；夫人起家而居有之，德如鸤鸠，乃可以配焉。”《采蘩》之《序》曰：“《采蘩》，夫人不失职也。夫人可以奉祭祀，则不失职矣。”《草虫》之《序》曰：“《草虫》，大夫妻能以礼自防也。”《采蘋》之《序》曰：“《采蘋》，大夫妻能循法度也。能循法度，则可以承先祖，共祭祀矣。”《行露》之《序》曰：“《行露》，召伯听讼也。衰乱之俗微，贞信之教兴，强暴之男，不能侵陵贞女也。”贞女，谓女贞。《殷其雷》之《序》曰：“《殷其雷》，劝以义也。召南之大夫，远行从政，不遑宁处；其室家能闵其勤劳，劝以义也。”《小星》之《序》曰：“《小星》，惠及下也。夫人无妒忌之行，惠及贱妾，进御于君。知其命有贵贱，能尽其心矣。”《江有汜》之《序》曰：“《江有汜》，美媵也。勤而无怨，嫡能悔过也。文王之时，江沱之间，有嫡不以其媵备数，媵遇劳而无怨，嫡亦自悔也。”《何彼秾矣》之《序》曰：“《何彼秾矣》，美王姬也。虽则王姬，亦下嫁于诸侯。车服不系其夫，下王后一等，犹执妇道，以成肃雍之德也。”《驺虞》之《序》曰：“《驺虞》，《鹊巢》之应也。《鹊巢》之化行，人伦既正，朝廷既治，天下纯被文王之化，则庶类蕃殖，蒐田以时。仁如驺虞，则王道成也。”郑笺《诗谱序》曰：“初，古公亶父，聿来胥宇，爰及姜女；其后大任思媚周姜，大姒嗣徽音，历世有贤妃之助，以致其治。文王刑于寡妻，至于兄弟，以御于家邦。是故，二国之诗，以后妃、夫人之德为首，终于《麟趾》、《驺虞》，言后妃、夫人有斯德，兴助其君，皆可以成功，至于获嘉瑞。”家人卦利女贞，正谓女子正其德，能赞助君子，利于家国，乃至天下。是家人之卦，与二南通义。

渐卦卦辞曰：“女归吉，利贞。”《彖》曰：“渐之进也，女归吉也。进得位，往有功也；进以正，可以正邦也。”所谓女归吉、利贞者，亦谓其家，以女正为利，进可以正邦。《周易集解》引马融曰：“家人，以女为奥主。长女中女，各得其正，故曰利女贞矣。”引虞翻曰：“女谓离、巽二、四；得正，故利女贞也。”《周易折中》引杨时曰：“家人者，治家人之道也。齐家自夫妇始，舜观刑于二女，文王刑于寡妻，至于兄弟。利女贞者，言家道之本也。”按，家人之义，利在女贞。女贞，则家道正；家道正，则天下定。反之，如周幽之有褒姒，商纣之有妲已，女不正而不利，毁家乱邦，以失王位，身死为天下笑。故《系辞传》曰：“《易》之兴也，其于中古乎？作《易》者其有忧患乎？”又曰，“《易》之兴也，其当殷之末世，周之盛德邪？当文王与纣之事邪？”《杂卦传》曰：“睽，外也；家人，内也。”内，家内。男主乎外，不家食；女主乎内，入主中馈。是以家人，特言利女贞。

《象》曰：“风自火出，家人，君子以言有物，而行有恒。”离为火，巽为风，离下巽上，离内巽外，为风自火出。《周书·洪范》曰：“水曰润下，火曰炎上。”火然风生，火炎上，风自火出，为炊爨之象，为风火家人。火有风声，乃所烧有物，为言有物。火炎上，其行不改，谓行有恒。又，离为文明之体，为君子。君子见仁见智，身修则家治，故曰君子以言有物，而行有恒。朱骏声《六十四卦经解》：“屋下有火炊爨，则瓦上有风，自突而出。火必有风，故曰风自火出。风火相与，必附于物。言行相顾，必要以实，故曰言有物。大暑烁金，火不增烈；大寒凝冰，火不损热，故曰行有恒。”程氏传：“正家之本，在正其身。身正之道，一言一动，不可易也。君子观风自火出之象，知事之由内而出，故所言必有物，所行必有恒也。物谓事实，恒谓长度法则也。德业之著于外，由言行之谨于内也。言慎行修，则身正而家治矣。”故《系辞传》曰：“拟之而后言，议之而后动，以成其变化。子曰：君子居其室，出其言善，则千里之外应之，况其迩者乎？居其室，出其言不善，则千里之外违之，况其迩者乎？言出乎身，加乎民；行发乎迩，见乎远。言行，君子之枢机。枢机之发，荣辱之主也。言行，君子所以动天地也，可不慎乎？”

晋卦，坤下离上。《象》曰：“明出地上，晋，君子以昭明德。”离喻君子。《彖》曰：“明出地上，是以康侯用锡马蕃庶。”离比康侯。明夷卦，离下坤上。《象》曰：“明入地中，明夷，君子以莅众，用晦而明。”离喻君子。《彖》曰：“明入地中，以蒙大难，文王以之。”离比文王。家人卦，离下巽上。其离亦喻君子，可比文王。《诗序》曰：“《关雎》、《麟趾》之化，王者之风。”《正义》曰：“《关雎》、《麟趾》之化，是王者之风，文王之所以教民也。”家人卦，女正位乎内，男正位乎外，犹《关雎》乐得淑女，以配君子。是以其风，犹文王之风，所以教民而天下定。《周书·君陈》：“尔惟风，下民惟草。”孔氏传：“民从上教而变，犹草应风而偃，不可不慎。”《论语·颜渊》：“君之德风，小人之德草，草上之风，必偃。”《孟子·滕文公上》：“上有好者，下必甚焉者矣。君子之德风也，小人之德草也，草尚之风，必偃。”《说苑·君道篇》：“夫上之化下，犹风靡草。

东风，则草靡而西；西风，则草靡而东。在风所由，而草为之靡。是故，人君之动，不可不慎也。”家人卦，火为离，离为君子，巽为风，离下巽上，为君子之德风；风自火出者，犹谓风自君子出。

《礼记·表记》：“子曰：君子不以口誉人，则民作忠。故君子问人之寒，则衣之；问人之饥，则食之；称人之美，则爵之。《国风》曰：心之忧矣，于我归说。子曰：口惠而实不至，怨灾及其身。是故，君子与其有诺责也，宁有已怨。《国风》曰：言笑晏晏，信誓旦旦。不思其反，反是不思，亦已焉哉！”《正义》曰：“前经明其言当实，此明言若不实，则怨及身。口惠而实不至者，言品施恩惠于人，而实行不至，人则怨之，故曰怨灾及其身也。是故，君子与其有诺责也者，诺谓许人之物，责谓许而不与而被责，若其有物许人，不与被责也。宁有已怨者，已谓休已，宁可有发初，休已不许而被怨。许而不与其责大，发初不与其责小。《国风》曰：言笑晏晏，信誓旦旦者，《卫风·氓》之篇也。妇人被男子所诱，在后色衰见弃，追恨男子云：初时与我言笑晏晏然，和悦也；信其言誓旦旦然，相思恳诚也。不思其反者，谓今男子不思念其本，思之反覆。是男子不思之事如此，则如之何？亦已焉哉，言恨之甚也。引者证许而不与，被人所怨也。”此谓君子不用虚言，有言不可以无实，即君子以言有物之谓。

《论语·子路》：“子曰：南人有言曰：人而无恒，不可以作巫医。善夫！不恒其德，或承之羞。子曰：不占而已矣。”邢昺《正义》曰：“此章，疾性行无恒之人也。子曰南人有言曰，人而无恒，不可以作巫医者，南人，南国之人也。巫主接神除邪，医主疗病。南国之人，尝有言曰：人而行性无恒，不可以为巫医。言巫医不能治无恒之人也。善夫者，孔子善南人之言有征也。不恒其德，或承之羞者，此《易》恒卦之辞。孔子引之，言德无恒，同羞辱承之也。子曰不占而已者，孔子既言《易》文，又言夫《易》所以占吉凶，无恒之人，《易》所不占也。云此《易》恒卦之辞者，谓此经所言，是《易》恒卦九三爻辞也。王弼云：处三阳之中，居下体之上，处上体之下，上不全尊，下不全卑，中不在体。体在乎恒，而分无所定，无恒者也。德行无恒，自相违错，不可致诘，故或承之羞也。”又，《礼记·缁衣》：“《易》曰：不恒其德，或承之羞。”《正义》曰：“引之者，证人而无恒，其行恶也。此不恒其德，或承之羞者，是《易》恒卦巽下震上，九三爻辞。得正，互体为乾，乾有刚健之德。体在巽，巽为进退，是不恒其德也。又，互体为兑，兑为毁折，是将有羞辱也。”恒卦九三《象》曰：“不恒其德，无所容也。”是其行恒其德，则有所容。故家人卦《象》曰：“君子以言有物，而行有恒。”

明夷卦和家人卦，互为邻卦。《序卦传》曰：“夷者，伤也。伤于外者，必反其家，故受之以家人。”按，晋卦之时，离在外，再进而明伤，离在内，为明夷。是君子应知进退，故而离下巽上，离为君子，巽为进退。韩康伯注：“伤于外，必反修诸内。”伤于外者，如文王拘羑里，以蒙大难；必反其家者，如文王正其家，而天下定。《史记·周本纪》，谓崇侯谮西伯于殷纣，帝纣乃囚西伯于羑里。闳夭之徒，献美女珍奇于纣，乃赦西伯。西伯归，阴行善，诸侯皆来决平。《集解》引《括地志》曰：“《诗》云：虞、芮质厥成。毛苌云：虞、芮之君，相与争田，久而不平，及相谓曰：西伯仁人，盍往质焉？乃相与朝周。入其境，则耕者让畔，行者让路。入其邑，男女异路，班白不提挈。入其朝，士让为大夫，大夫让为卿。二国君相谓曰：我等小人，不可履君子之庭。乃相让所争之地，以为间原，至今尚在。”文王刑于寡妻，至于兄弟，以御于家邦，盖亦伤于外者，必反其家之谓。

家人卦和解卦，互为错卦。家人卦，离下巽上。《彖》曰：“家人有严君焉，父母之谓也。父父，子子，兄兄，弟弟，夫夫，妇妇，而家道正，正家而天下定矣。”解卦，坎下震上。《彖》曰：“天地解，而雷雨作。雷雨作，而百果草木皆甲拆。解之时大矣哉!”前者言家庭社会，后者言天地自然。前者言治家以严，后者言待物以宽。是以两卦阴阳相反，意义相对，互为错卦。扬雄拟《周易》，作《太玄经》曰：“居，阳方躔肤赫赫，为物城郭，物咸得度。”范望注：“象家人卦。谓之居者，言是时，阳气躔万物之肌肤，赫然盛大，包团关郭，若城郭也。故万物之生，皆得其数度，而安其居，故谓之居。”《太玄经》又曰：“释，阳气和震圜煦，释物咸税其枯，而解其甲。”范注：“象解卦。谓之释者，惊蛰节终此。首次二，春分气起于此。首次三，斗指卯，夹钟用事。震，动也；圜，阳气形势也；煦，暖也。谓阳气温暖，万物咸税枯解甲，而生于太阳之中也，故谓之释。释，亦解也。”一则谓万物安其居，一则谓万物脱枯解甲，是亦相反相错；犹家人卦，之与解卦然。

家人卦和睽卦，互为综卦。家人卦，离下巽上。《彖》曰：“女正位乎内，男正位乎外，男女正，天地之大义也。”又曰，“家人有严君焉，父母之谓也。父父，子子，兄兄，弟弟，夫夫，妇妇，而家道正；正家，而天下定矣。”阴阳男女，家庭天下，相对相成。睽卦，兑下离上。《彖》曰：“火动而上，泽动而下，二女同居，其志不同行。”又曰，“天地睽，而其事同也；男女睽，而其志通也；万物睽，而其事类也。睽之时用大矣哉!”阴阳男女，万事万物，相反相成。又，家人卦《象》曰：“风自火出，家人，君子以言有物，而行有恒。”风以生火，火以生风，风火相与，君子以言有物，而行有恒，亦相对相成。睽卦《象》曰：“上火下泽，睽，君子以同而异。”火炎上，泽润下，水火于一体，君子以同而异，亦相反相成。《杂卦传》曰：“睽，外也；家人，内也。”内外相倒，是以家人卦和睽卦，互为综卦。

初九，闲有家，悔亡。

〔译〕 初九，防闲其家，悔恨消释。

《象》曰："闲有家，志未变也。"

〔证〕

闲有家 《说文》："闲，阑也。从门中有木。"段玉裁注："会意，引伸为防闲。古多借为清閒字，又借为娴习字。"桂馥义证："阑也者，本书：牢，闲也，养牛马圈也。《广雅》：阑，闲也；闲，止也。《易》乾卦：闲邪存其诚。宋衷曰：闲，防也。《家人》：闲有家。马融曰：闲，阑也。《书·毕命》：虽收放心，闲之维艰。《论语》：大德不逾闲，小德出入可也。昭六年《左传》：是故闲之以义。杜注：闲，防也。桓二年《谷梁传》：孔父闲也。范云：闲，谓捍御。《汉书·百官表》：龙马闲驹。注：闲，阑养马之所也。《夏小正》：五月颁马，将閒诸则。馥谓：閒，当作闲。《诗》：比物四骊，闲之维则。是也。从门中有木者，《韵会》引《系传》：闲，犹谏也，以木拒门也。"又，大畜卦九三曰："曰闲舆卫。"长沙马王堆出土，《汉帛书周易》曰："曰阑舆卫。"《周礼·虎贲氏》："舍则守王闲。"郑氏注："舍，王出所止宿处；闲，梐枑。"疏曰："周卫有外内校人，职养马曰闲。是其闲与梐枑，皆禁卫之物，故以闲为梐枑释之也。"《校人》："天子十有二闲，马六种；邦国六闲，马四种；家四闲，马二种。"郑氏注："每厩为一闲。"闲，为阑；阑，即栏。用作动词犹拦，是闲为防闲。

《经传释词》曰："有，语助也。一字不成词，则有字以配之。若虞、夏、殷、周，皆国名，而曰有虞、有夏、有殷、有周，是也。凡国名之上，加有字者，放此。推之他类，亦多有此。故邦曰有邦。《书·皋陶谟》曰：亮采有邦；又曰，无教逸欲有邦。家曰有家。《皋陶谟》曰：夙夜浚明有家。《易》家人初九曰：闲有家。室曰有室。《立政》曰：乃有室大竞。庙曰有庙。《易》萃、涣二卦，《彖》辞并曰：王假有庙。"又，《小雅·巷伯》曰："取彼谮人，投彼豺虎。豺虎不食，投畀有北。有北不受，投有昊。"按，一字不成词，则有字以配之者，必位于单字名词之上，以足音节。是以，有家谓家。闲有家，谓防闲其家。初九为长男，下为内；阳得奇位为正，为阳刚之正；二之四为坎陷，为隐伏。长男以阳刚之正，居家之内，祛邪扶正，故曰闲有家。《象》曰："闲有家，志未变也。"《礼记·大学》云："古之欲明明德于天下者，先治其国；欲治其国者，先齐其家；欲齐其家者，先修其身。"又曰，"所谓治国，必齐其家者，其家不可教，而能教人者，无之。"按，家人卦，离下巽上。离为日明，巽为进退，日往上升，是欲明明德于天下。初九履正，是日升之志未改，故曰志未变也。

又，《论语·泰伯》："子曰：泰伯，其可谓至德也已矣！三以天下让，民无得而称焉。”刘宝楠《论语正义》：“郑注云：泰伯，周太王之长子；次子，仲雍；少子，季历。泰伯见季历贤，又生文王，有圣人表，故欲立之，而未有命。太王疾，泰伯因适吴、越采药。太王殁，而不返，季历为丧主，一让也。季历赴之，不来奔丧，二让也。免丧之后，遂断发文身，三让也。三让之美，皆隐蔽不著，故人无得而称焉。案《左僖五年传》：太伯、虞仲，太王之昭也。太伯不从，是以不嗣。虞仲，即仲雍。不从者，谓不从太王命，立己为嗣也。《史记·周本纪》：古公有长子，曰太伯；次曰虞仲；太姜生少子季历。季历生昌，有圣瑞。古公曰：我世当有兴者，在其昌乎！长子太伯、虞仲，知古公欲立季历以传昌，乃二人亡入荆蛮，文身断发，以让季历。古公卒，季历立，是为公季。公季卒，子昌立，是为西伯。西伯曰文王。”周家，自太伯三让家之贤者，至文王不悔，刑于寡妻，至于兄弟，以御于家邦，是谓闲有家，志未变。《说卦传》曰：“震一索而得男，故谓之长男。”初九，长男，太伯之象，故曰闲有家。

《齐风·敝笱》之《序》曰：“《敝笱》，刺文姜也。齐人恶鲁桓公微弱，不能防闲文姜，使至淫乱，为二国患焉。”《正义》曰：“所以刺之者，文姜是鲁桓夫人，齐人恶鲁桓公，为夫微弱，不能防闲文姜，使至于齐，与兄淫乱，为二国之患焉，故刺之也。齐则襄公通妹，鲁则夫人外淫 ，桓公见杀，于齐襄公恶名不灭，是为二国患也。”《诗集传》：“按《春秋》鲁庄公二年，夫人姜氏，会齐侯于禚。四年，夫人姜氏，享齐侯于祝丘。五年，夫人姜氏，如齐师。七年，夫人姜氏，会齐侯于防，又会齐侯于谷。”又，《猗嗟》之《序》曰：“《猗嗟》，刺鲁庄公也。齐人伤鲁庄公，有威仪技艺，然不能以礼，防闲其母，失子之道，人以为齐侯之子焉。”《正义》曰：“见其母与齐淫，谓为齐侯种胤，是其可耻之甚。故齐人作此诗，以刺之也。礼，妇人夫死从子，子当防母奸淫。庄公不能防禁，是失为人子之道。”桓公见杀，庄公威命不行，皆不得闲其家，女不正之故。

悔亡 晋卦，坤下离上。上九曰：“晋其角，维用伐邑，厉，贞吝。”卦爻之动，下往上，上来下。日出日落，征行不已，故曰维用伐邑。明而变暗，故而为厉。上九之时，红日将厌厌下降，故曰贞吝。明夷卦，离下坤上。《彖》曰：“明入地中，明夷。内文明而外柔顺，以蒙大难，文王以之。”又曰，“利艰贞，晦其明也。内难而能正其志，箕子以之。”上六《象》曰：“后入于地，失则也。”是明转而下为悔。家人卦，离下巽上。明在下，本当为悔恨；然闲有家，欲明明德于天下之志未变，明将登于天，明夷之恨将消，文王以之，故曰悔亡。王弼注：“凡教在初，而法在始。家渎而后严之，志变而后治之，则悔矣。处家人之初，为家人之始，故宜必以闲有家，然后悔亡矣。”程氏传：“初，家道之始也。闲，谓防闲法度也。治其有家之始，能以法度为之防闲，则不至于悔矣。治家者，治乎众人也。苟不闲之以法度，则人情流放，必至于有悔。失长幼之序，乱男女之别，伤恩义，害伦理，无所不至。能以法度闲之于始，则无是矣，故悔亡也。九，刚明之才，能闲其家者也。不云无悔者，群居必有悔，以能闲，故亡耳。”

六二，无攸遂，在中馈，贞吉。

〔译〕 六二，无所擅进，在家中操办饮食之事，道正而吉利。

《象》曰：“六二之吉，顺以巽也。”

〔证〕

无攸遂 《尔雅·释训》：“遂，作也。”郭璞注：“物盛兴作之貌。”《说文》：“辵，乍行乍止也。从彳从止，凡辵之属，皆从辵。”桂馥义证：“乍行乍止也者，犹彳亍也。”段玉裁注：“辵，从彳、止。彳者，乍行；止者，乍止。”又，《说文》：“㒸，从意也。”按，遂字，从辵从㒸，是行止从意为遂，会意。故段引《广韵》曰：“遂，达也，进也，成也，安也，止也，往也，从志也。”《商书·仲虺之诰》：“佑贤辅德，显忠遂良。”孔氏传：“贤则助之，德则辅之，忠则显之，良则进之，明王之道。”遂为进。《小雅·雨无正》：“戎成不退，饥成不遂。”《毛诗传笺通释》曰：“《玉篇》、《广韵》并云：遂，进也。诗以遂与退对言。朱子《集传》引《易》：不能退，不能遂。训遂为进，较《传》、《笺》为确。今按，戎成不退，外患炽而敌势强也；饥成不遂，内灾起而兵力弱也。不退，即指敌言；不遂，指周民言为允。”遂与退相对，为进。无攸遂，即无所进。六二，在两阳之间，为阳所止，正位居中，是无遂行之象。《左传》襄公三十年：“君子谓宋共姬女而不妇。女待人，妇义事也。”王引之《经义述闻》曰：“义，读为仪。仪，度也，言妇当度事而行，不必待人也。”六二，家中主妇，妇当度事而行，亦无攸遂之义。

在中馈 《说文》：“中，内也。从口丨，下上通也。”段玉裁注：“入部曰：内者，入也；入者，内也。然则中者，别于外之辞也，别于偏之辞也，亦合宜之辞也。作内，则此字平声、去声之义，无不赅矣。按中字会意之旨，必当从口，音围。云下上通者，谓中直，或引而上，或引而下，皆入其内也。”《大雅·召旻》：“泉之竭矣，不云自中。”《诗毛氏传疏》：“池濒、泉中对文，中犹内也。”《周礼·匠人》：“国中九经九纬。”郑氏注：“国中，城内也。”坤卦六五《象》曰：“黄裳元吉，文在中也。”《文言》曰：“美在其中，而畅于四支。”《正义》曰：“有美在于中，必通畅于外，外内俱善。”是中犹内。明夷卦，离下坤上。《象》曰：“明入地中，明夷。内文明，而外柔顺。”是中为内。家人卦，离下巽上。《彖》曰：“家人，女正位乎内，男正位乎外。”此谓六二、九五。是六二之在中，即谓在内。

《周书·酒诰》：“尔尚克羞名祀。”孔氏传：“汝庶几能进馈于祖考矣。”《小雅·

伐木》:“陈馈八簋。”郑笺:“陈其黍稷矣。”昭公四年《左传》:“使置馈于个而退。”成公十年《左传》:“馈人为之。”注云:“馈人,主治公膳者也。”《周礼·膳夫》:“凡王之馈,食用六谷,膳用六牲,饮用六清,羞用百二十品,珍用八物,酱用百有二十瓮。”郑氏注:“此馈之盛者,王举之馔也。”《仪礼·既夕礼》:“燕养馈羞,汤木之馔如他日。”郑注:“馈,朝夕食也。”又,《馈食礼》:“主妇视饎,爨于西堂下。”郑注:“炊黍稷曰饎,宗妇为之。爨,炊也。”是主妇以炊爨馈食为职。《玉台新咏》,张衡《同声歌》曰:“邂逅承际会,得充君后房。绸缪主中馈,奉礼助烝尝。”王粲《出妇赋》曰:“竦余身兮敬事,理中馈兮恪勤。”理中馈,犹主中馈,皆谓妇女在家中,主理饮食供给。《列女传·邹孟轲母》:“孟母曰:夫妇人之礼,精五饭,幂酒浆,养舅姑,缝衣裳而已矣。故有闺内之修,而无境外之志。《易》曰:无攸遂,在中馈。”家人卦,初之三为离,离为火;二之四为坎,坎为水:水火为炊爨之象。六二在家内,为主妇,主管饮食炊事,为在中馈。郑康成曰:“二为阴爻,得正于内;五,阳爻也,得正于外。犹妇人自修正于内,丈夫修正于外。无攸遂,言妇人无敢自遂也。爻体离,又互体坎,火位在下,饪之象也。馈,食也,故在中馈也。”又云,“中馈,酒食也。”

贞吉 《小雅·斯干》:“无非无仪,唯酒食是议,无父母诒罹。”孔颖达疏:“女子至其长大,为行谨慎,无所非法,质少文饰,又无威仪,唯酒食,于是乃谋议之,无于父母,而遗之以忧也。若妇女不谨,为夫所出,是遗父母以忧。言能恭谨,不遗父母忧也。”《仪礼·士昏礼》:“父送女,命之曰:戒之敬之,夙夜毋违命。母施衿结帨,曰:勉之敬之,夙夜毋违宫事。庶母及门内施鞶,申之以父母之命,命之曰:敬恭听宗尔父母之言,夙夜无愆。”贾公彦疏:“宫事,则姑命妇之事。若《内宰》职云:后教六宫。妇人称宫故也。”《释宫》曰:“宫谓之室,室谓之宫。”古者,前堂后室。是宫事,即室事,妇女之事。无违宫事,犹无攸遂,在中馈,亦谓女正乎内则吉。《象》曰:“六二之吉,顺以巽也。”六二以柔,应九五之刚,坤阴为顺;居下不居上,居内不居外,为顺而逊。《礼记·内则》曰:“男不言内,女不言外。”又,“内言不出,外言不内。”六二得内之正,故吉。王弼注:“居内处中,履得其位,以阴应阳,尽妇人之正义,无所必遂,职乎中馈,巽顺而已,是以贞吉也。”

九三,家人嗃嗃,悔厉吉;妇子嘻嘻,终吝。

〔译〕 九三,家有严君呼吼,悔改其严厉,则可吉利;若妻与子女,嘻嘻哈哈,最终将必恨惜。

《象》曰:“家人嗃嗃,未失也;妇子嘻嘻,失家节也。”

〔证〕

家人嗃嗃《广雅·释诂》："嗃、咆，鸣也。"王念孙疏证："嗃者，李善注《长笛赋》，引《埤苍》云：嗃，大呼也。"《玉篇》："嗃，《易》曰：家人嗃嗃。严大之声也。"《说文新附》："嗃，嗃嗃，严酷貌。从口，高声。"《广韵·肴韵》："嗃，嗃謈，恚也。"《效韵》："嗃，大嘷。又，呼各切。"《铎韵》："嗃，严厉貌。《易》云：家人嗃嗃。"《集韵·爻韵》："嗃，嘗嗃，迅声。"《巧韵》："嗃哮，孝狡切，大呼。"《效韵》："嗃，大嘷也。或作謞、詨。"《类篇·口部》："嗃，虚交切，嘗嗃，奋迅声；又，孝狡切，大呼；又，许教切，大嘷；又，呼酷切，声也；又，黑角切，悦乐也；又，黑各切，《说文》：嗃嗃，严酷。"《字彙·口部》："嗃，黑各切，音壑，嗃嗃，严厉貌。《易》：家人嗃嗃，悔厉吉。又，虚交切，音哮，叫呼声；又，哮去声，许教切，义同；又，辖觉切，音学，义同。"按，读音大同小异，其义多为大声以色。

《大雅·板》曰："匪我言耄，尔用忧谑。多将熇熇，不可救药。"毛传："八十曰耄；熇熇然，炽盛也。"郑笺："将，行也。今我言，非老耄有失误，乃告女用可忧之事，而女反如戏谑，多行熇熇惨毒之恶。谁能止其祸！"《正义》曰："《曲礼》云：熇熇，是气热之气。故为炽盛也。"郑珍《说文新附考·口部》："依郑君意，则熇是本字。《说文》：熇，火热也。疑郑《易》，亦本是熇字。《毛诗》：多将熇熇。笺云：多行熇熇惨毒之恶。此热义之引伸，与《易》嗃嗃，训严酷者同。"按《释文·易》曰："嗃嗃，郑云苦热之意，刘作熇熇。"《庄子·齐物论》："激者，謞者，叱者。"《庄子集释》曰："《疏》：謞者，如箭镞头孔声。《释文》：謞者，简文云：若箭去之声；司马云：若讙謞声。"又，《则阳》云："惠子曰：夫吹管也，犹有嗃也；吹剑首者，吷而已矣。"《集释》曰："《疏》：嗃，大声；吷，小声也。夫吹竹管，声犹高大；吹剑环，声则微小。"《六韬·选将》曰："有肃肃而反易人者，有嗃嗃而反静悫者。"嗃嗃与静诚反。《系辞传》曰："躁人之辞多。"家人嗃嗃，盖谓家人急躁，粗声粗气。九三，阳过其中，为过刚，故而嗃嗃。《说卦传》曰："坎，亟心。"《毛诗》郑笺："亟，急也。"家人卦，九三阳刚过中，二之四互坎，三正当坎中离上，心急如焚，故而嗃嗃，或熇熇。

悔厉吉　《象》曰："家人嗃嗃，未失节也。"谓家人虽厉怒咆哮，但未失家节，即未失父父，子子，兄兄，弟弟，夫夫，妇妇之大义，是以悔改其严厉，其家则可吉利。九三，阳当刚位，男居家内之上者，然刚过乎中，故为厉。《系辞传》曰："吉凶者，言乎其失得也；悔吝者，言乎其小疵也；无咎者，善补过也。"家人嗃嗃，未失家节，为小疵，又悔厉，为善补过，是以为吉。王弼注："以阳居阳，刚严者也。处下体之极，一家之长。行与其慢也，宁过乎恭；家与其渎也，宁过乎严。是以家人虽嗃嗃，悔厉犹得吉也。"程氏传："九三，在内卦之上，主治乎内者也。以阳居刚而不中，虽得正，而过乎刚者也。治内过刚，刚伤于严急，故家人嗃嗃然。治家过严，不能无伤，故必悔于严厉。骨肉恩胜，严过故悔也。虽悔于严厉，未得宽猛之中；然而家道齐肃，人心祗畏，犹为家之吉也。”

妇子嘻嘻 《周书·召诰》：“夫知保抱携持厥妇子，以哀吁天。”孔氏传：“言困于虐政，夫知保抱其子，携持其妻，以哀号呼天，告冤无辜。”王肃云：“匹夫欲安其室，抱其子，携其妻，以悲呼天也。”《正义》曰：“言困于虐政，抱子携妻，欲去之。”《豳风·七月》：“同我妇子，馌彼南亩。”郑笺：“耕者之妇子，俱以饷来，至于南亩之中。”又，“嗟我妇子。”《正义》曰：“嗟乎我之妇与子。”《后汉书·孔融传》：“初，曹操攻屠业城，袁氏妇子多见侵略。”妇子，妻与子女之谓。九三，家人与妇子对文。妇子嘻嘻，谓除九三严父外，家中妻与子女，皆嘻嘻哈哈。震卦，震下震上。卦辞曰：“震来虩虩，笑言哑哑。”家人卦，六二为妇，初九为子。九三与六四，有震象，为震来虩虩，为家人嗃嗃。六二与初九，有震象，为笑言哑哑，为妇子嘻嘻。按，嗃嗃，嘻嘻，皆迭用，盖言失中过度之意。

终吝 《象》曰：“妇子嘻嘻，失家节也。”谓妇子嘻嘻，则失父子、兄弟、男女、夫妇之家道。家道不正，家规不行，故终至悔吝恨惜。《说卦传》曰：“坎，其于人也，为加忧，为心病。”二之四互坎，九三在坎中，中为极，极为终，为终吝。节卦《彖》曰：“天地节，而四时成，节以制度，不伤财，不害民。”《象》曰：“泽上有水，节，君子以制数度，议德行。”家人九三，妇子嘻嘻，是无节制数度，是必失节而终吝。程氏传：“嘻嘻，笑乐无节也。自恣无节，则终至败家，可羞吝也。盖严谨之过，虽于人情不能无伤；然苟法度立，伦理正，乃恩义之所存也。若嘻嘻无度，乃法度之所由废，伦理之所由乱，，安能保其家乎？嘻嘻之甚，则致败家之凶；但云吝者，可吝之甚，则至于凶，故未遽言凶也。”又曰，“虽嗃嗃，于治家之道，未为甚失；若妇子嘻嘻，是无礼法，失家之节，家必乱矣。”

六四，富家，大吉。

〔译〕 六四，国家得富，大吉利。

《象》曰：“富家大吉，顺在位也。”

〔证〕

富家 《说文》：“富，备也，一曰厚也。”《释名·释言》：“福，富也，其中多品，如富者也。”《周书·洪范》：“五福：一曰寿，二曰富，三曰康宁，四曰攸好德，五曰考终命。”《正义》曰：“二曰富家，丰财货也。”民以家为家，诸侯以国为家，天子以天下为家。《易乾凿度》曰："初为元士，二为大夫，三为三公，四为诸侯，五为天子，上为宗庙。"又曰，"阴阳不正，皆为失位。"六四，为诸侯之位，阴在阴位，为得位，故而富家，即富其国家。《礼记·礼运》曰："四体既正，肤革充盈，人之肥也。父子笃，兄弟睦，夫妇和，家之肥也。大臣法，小臣廉，官职相序，君臣相正，国之肥也。天子以德为车，以乐为御，诸侯以礼相与，大夫以法相序，士以信相考，百姓以睦相守，天下之肥也。是谓大顺，大顺者，所以养生送死，事鬼神之常也。"郑氏注："常，谓皆有礼用，无匮乏也。"六四之富家，犹《礼运》国之肥也，非唯财货丰备，亦谓君臣相正。

大吉　《洪范》曰："凡厥正人，既富方榖。"孔氏传："凡其正直之人，既当以爵禄富之，又当以善道接之。"《大雅·召旻》："维昔之富，不如时。维今之疚，不如兹。"毛传："往昔富仁贤，今也富谗佞，今则病贤也。"郑笺："富，福也；时，今时也。"孔颖达疏："毛以为邦国之乱，由远贤者，而任小人，故举明王之政以并之。言维昔明王之所富者，不如今之时。言昔时富贤人，今时富谗佞也。又言今时，所以异于昔者，维今时之所病者，不如此明王。言明王富贤人，今世则病贤人，是其异于昔也。"《周礼·大宰》："以八柄诏王驭群：二曰禄，以驭其富。"郑氏注："《诗》云：诲尔序爵。言教王以贤否之次第也，班禄所以富臣下。《书》曰：凡厥正人，既富方榖。"贾公彦疏："二曰禄，以驭其富者，《司士》云：以功诏禄，禄所以富臣下，故云以驭其富。"《礼记·祭义》曰："殷人贵富而尚齿。"郑氏注："臣能世禄曰富。"

《墨子·尚贤》曰："况又有贤良之士，厚乎德行，辩乎言谈，博乎道术者乎？此固国家之珍，而社稷之佐也，亦必且富之贵之，敬之誉之。"又曰，"傅说被褐带索，庸筑乎傅岩。武丁得之，举以为三公，与接天下之政，治天下之民。此何故始贱卒而贵，始贫卒而富？则王公大人，明乎以尚贤，使能为政。"亦以功诏禄，赐禄为富。家人卦，下离为东，上巽为风，东风生万物，于家人为富家之象。又，《说卦传》曰："巽，为近利市三倍。"四在巽，在诸侯之家，故此富家，为富诸侯国家。《象》曰："富家大吉，顺在位也。"六四诸侯，在巽之下，上承九五天子，为顺；又，阴在阴位，为在位，为顺而在位，故而富家，故而大吉。《周易正义》曰："富谓禄位昌盛也。六四体弱处巽，得位承五，能富其家者也。由其体巽承尊，长保禄位，吉之大者也，故曰富家大吉。"又，"顺在位者，所以致大吉，由顺承于君，而在臣位，故不见黜夺也。"按，三之五互离，内之阴爻为封地，外之阳爻为封界，为国家之象。离为明，国家昌明，是为大吉。

九五，王假有家，勿恤，吉。

〔译〕　九五，王至以天下为家，不须忧虑，吉利。

《象》曰："王假有家，交相爱也。"

〔证〕

王假有家　《说文》："假，非真也。从人，叚声。一曰至也。《虞书》曰：假于上下。"段玉裁注："彳部曰：徦，至也。经典多借假为徦，故称之。"又曰，"毛诗《云汉》传、《泮水》传：假，至也。《烝民》、《玄鸟》、《长发》笺同。此皆谓假，为徦之假借字也。其《楚茨》传：格，来也；《抑》传：格，至也：亦谓格，为徦之假借字也。"《方言》："假、狢，至也。"郭璞注："狢，古格字。"钱绎笺疏："《虞书》曰：假于上下。古额切。《周颂·噫嘻》，《正义》引郑注云：言尧德光耀，及于四海之外，至于天地。今《书》作格。家人九五：王假有家。《释文》：音古白切，至也。徐古雅反。涣爻辞：王假有庙。《释文》：庚白反，云梁武帝音贾。《说文》又云：徦，至也。古雅切。《益稷篇》：祖考来格。《后汉书·章帝纪》作假。《西伯戡黎篇》：格人元龟。《史记·殷本纪》作假。假、徦、格，字异义并同也。"按，家人卦王假有家，萃卦王假有庙，涣卦王假有庙，王弼皆注曰："假，至也。"九五，得中得正，是王升至以天下为家，即王有天下，为天子。

勿恤，吉　《象》曰："王假有家，交相爱也。"九五在巽，阳以中正逊顺，上承天，下接地；六二在离，阴以中正文明应上，为交互相爱。在家为夫妇相爱，在国为君臣相爱，是夫妇正，天下顺，无须忧虑而吉利。《虞书·尧典》："曰若稽古帝尧，曰放勳，钦明文思安安，允恭克让；光被四表，格于上下；克明俊德，以亲九族；九族既睦，平章百姓；百姓昭明，协和万邦，黎民于变时雍。"孔氏传："若，顺；稽，考也。能顺考古道，而行之者，帝尧。勳，功；钦，敬也。言尧放上世之功化，而以敬明文思之四德，安天下之当安者。允，信；克，能；光，充；格，至也。既有四德，又信恭能让，故其名闻充溢四外，至于天地。能明俊德之士任用之，以睦高祖玄孙之亲。既，已也；百姓，百官。言化九族，而平和章明。昭，亦明也；协，合；黎，众；时，是；雍，和也。言天下众民，皆变化从上，是以风俗大和。"此盖王假有家，交相爱也之谓，故而勿恤而吉。五已出坎，为勿忧；天子南面而王，巽为兑，兑为羊为吉：为勿恤而吉。又，上九《象》曰："威如之吉，反身之谓也。"巽反身，则为兑为吉。

王弼注："履正而应，处尊体巽，王至斯道，以有其家者也。居于尊位，而明于家道，则莫不化矣。父父，子子，兄兄，弟弟，夫夫，妇妇，六亲和睦，交相爱乐，而家道正；正家，而天下定矣。故王假有家，则勿恤而吉。"程氏传："九五，男而在外，刚而处阳，居尊而中正。又其应顺正于内，治家之至正至善者也。王假有家：五君位，故以王言；假，至也，极乎有家之道也。夫王者之道，修身以齐其家，家正则天下治矣。

自古圣王，未有不以恭己正家为本。故有家之道既至，则不忧劳而天下治矣，勿恤而吉也。五恭己于外，二正家于内，内外同德，可谓至矣。”又曰，“王假有家之道者，非止能使之顺从而已；必致其心化诚合，夫爱其内助，妇爱其刑家，交相爱也。能如是者，文王之妃乎？若身修法立，而家未化，未得为假有家之道也。”

上九，有孚威如，终吉。

〔**译**〕　上九，有诚信而有威望，最终吉利。

《象》曰：“威如之吉，反身之谓也。”

〔**证**〕

有孚威如　《大雅·文王》：“仪刑文王，万邦作孚。”毛传：“刑，法；孚，信也。”郑笺：“仪法文王之事，则天下咸信而顺之。”孔颖达疏；“近法文王之道，则与天下万国作兴，言王用文王之道，则皆信而顺之矣。”《诗毛氏传疏》：“孚，信，《释诂》文。仪刑文王，性与天合也；万邦作孚，受命作周也。襄三十年《左传》：《诗》曰：文王陟降在帝左右，信之谓也。《雒诰》，周公曰：作周孚先。”又，《大雅·下武》：“永言配命，成王之孚。成王之孚，下土之式。”毛传：“式，法也。”郑笺：“永，长；言，我也；命，犹教令也；孚，信也。此为武王言也。今长我之配行，三后之教令者，欲成我周家王道之信也。王德之道成于信。《论语》曰：民无信不立。王道尚信，则天下以为法勤行之。”《正义》曰：“欲成王道，所为多矣。独以信为言者，由王德之道成于信。使民信王道，然后天下顺从，必伐纣功成，然始得耳。以民无信不立，故引《论语》以证之。”成王之孚，下土之式，犹有孚威如之义。盖有孚，则有威，是以作周孚先。王道尚信，信立而天下归顺。《易》以阳为实为信，上九之阳，为尚信立威之象。

终吉　《象》曰：“威如之吉，反身之谓也。”朱熹曰：“谓非作威也，反身自治，则人畏服之矣。”《大雅·思齐》曰：“刑于寡妻，至于兄弟，以御于家邦。”《正义》曰：“以礼法接待其妻，明化自近始，是正己身，以及天下之身；正己妻，以及天下之妻；正己之兄弟，以及天下之兄弟。天下皆然，则无所不治。从妻而言，至于兄弟，为首尾之次焉。以此待妻及兄弟之法，又能为政治于家邦，使之皆如己也。言家者，谓天下之众；家邦者，尽境界之极也。”斯即文王，心诚而威严，正己及人，得于风化天下，是以终为吉利。《礼记·大学》：“物有本末，事有终始，知所先后，则近道矣。古之欲明明德于天下者，先治其国；欲治其国者，先齐其家；欲齐其家者，先修其身；欲修其身者，先正其心；欲正其心者，先诚其意；欲诚其意者，先致其知。”是威如之吉，在于反身求诸己。有孚则得威如，故在于诚其意。

程氏传："上，卦之终，家道之成也。故极言治家之本。治家之道，非至诚不能也，故必中有孚信，则能长久，而众人自化为善。不由至诚，己且不能常守也，况欲使人乎？故治家以有孚为本。治家者，在妻孥情爱之间，慈过则无严，恩过则掩义。故家之患，常在礼法不足，而渎慢生也。长失尊严，少忘恭顺，而家不乱者，未之有也。故必有威严，则能终吉。保家之终，在有孚威如，二者而已，故于卦终言之。"又谓《象》曰："治家之道，以正身为本，故曰反身之谓。爻辞谓治家，当有威严；而夫子又复戒云，当先严其身也。威严不先行于己，则人怨而不服。故云威如而吉者，能反于身也。孟子所谓，身不行道，不行于妻子也。"按，《象》曰："正家，而天下定矣。"上九，在家人卦之终，是家道正，而天下定，故曰终吉。

第三十八卦　己　亥

☲ 离上
☱ 兑下

睽，小事吉。

〔译〕　睽，小事吉利。

《彖》曰："睽，火动而上，泽动而下，二女同居，其志不同行。说而丽乎明，柔进而上行；得中而应乎刚，是以小事吉。天地睽，而其事同也；男女睽，而其志通也；万物睽，而其事类也。睽之时用大矣哉！"

《象》曰："上火下泽，睽，君子以同而异。"

〔证〕

兑下离上　《说卦传》曰："离为火"，"兑为泽"。《周书·洪范》曰："水曰润下，火曰炎上。"《正义》曰："《易·文言》云：水流湿，火就燥。王肃曰：水之性，润万物而退下；火之性，炎盛而升上。是润下炎上，言其自之本性。"又曰，"水既纯阴，故润下趣阴；火是纯阳，故炎上趣阳。"睽卦，兑下离上：兑为水，离为火。水润下，火炎上，是上下相违。润下趣阴，炎上趣阳，阴阳相反。乾卦《文言》曰："九五曰：飞龙在天，利见大人，何谓也？子曰：同声相应，同气相求，水流湿，火就燥，云从龙，风从虎，圣人作，而万物睹。本乎天者亲上，本乎地者亲下，则各从其类也。"睽卦，兑泽在下，为水流湿；离火在上，为火就燥。一水一火，一湿一燥，是亦相违。又，离为日，日在天上；兑为泽，泽在地下。日本乎天，在上为亲上；泽本乎地，在下为亲下。一则亲上，一则亲下，是亦相反。又，兑泽湿，湿性凉；离火燥，燥性热。凉热不一，为不相类。《彖》曰："睽，火动而上，泽动而下。"虞翻曰："离火炎上，泽水润下也。"程氏传："火之性，动而上；泽之性，动而下。二物之性违异，故为睽义。"

又，伏羲八卦，兑数二，离数三；兑为阴，离为阳；兑为柔，离为刚。是以阴阳相反，刚柔相济。《洪范》："三德：一曰正直，二曰刚克，三曰柔克。惟辟作福，惟辟作威，惟辟玉食。"《正义》曰："此三德者，人君之德。张弛有三也：一曰正直，言能正人之曲，使直；二曰刚克，言刚强而能立事；三曰柔克，言和柔而能治。既言人主有三德，又随时而用之。平安之世，用正直治之；强御不顺之世，用刚能治之；和顺之世，用柔能治之。"又曰，"君臣之分，贵贱有恒。惟君作福，得专赏人也；惟君作威，得专罚人也；惟君玉食，得备珍食也。"按，离为王，为威；兑为泽，为福。睽卦，离上兑下，为王作威作福，刚柔相反相济之象。《系辞传》曰："弦木为弧，剡木为矢，弧矢之利，以威天下，盖取诸睽。”即谓德怀之，威临之，怀而威，睽之义。

《系辞传》曰：“天下同归而殊途，一致而百虑。天下何思何虑？日往则月来，月往则日来，日月相推，而明生焉。寒往则暑来，暑往则寒来，寒暑相推，而岁成焉。往者屈也，来者信也，屈信相感，而利生焉。”睽卦，兑下离上。兑为泽，泽为雨水；离为日，日为阳光。一湿一干，凉热相反。《洪范》曰：“庶征：曰雨，曰旸，曰燠，曰寒，曰风，曰时。五者来备，各以其叙，庶草蕃庑。一极备，凶；一极无，凶。”《正义》曰：“五者行于天地之间，人物所以得生成也。其名曰雨，所以润万物也；曰旸，所以干万物也；曰燠，所以长万物也；曰寒，所以成万物也；曰风，所以动万物也。此是五气之名。曰时，言五者各以时来，所以为众事之验也。更述时与不时之事，五者于是来皆备足。须风则风来，须雨则雨来。其来各以次序，则众草木蕃滋，而丰茂矣，谓来以时也。若不以时，五者之内，一者备极过甚，则凶；一物极无不至，亦凶。雨多则涝，雨少则旱，是备极亦凶，极无亦凶。其余四者亦然。”睽卦，兑下离上。兑为润物，旸为干物，各以时来，无一者备极过甚，无一物极无不至，是以兑下离上，虽水泽与阳光互睽，然相反为用。

《老子》曰：“天下皆知美之为美，斯恶矣；皆知善之为善，斯不善矣。故有无相生，难易相成，长短相形，高下相倾，音声相和，前后相随。”吴澄曰：“物之有无，事之难易，形之长短，势之高下，音之辟翕，声之清浊，位之前后，两相对待。一有则俱有，一无则俱无，美恶善不善之相因，亦犹是也。相形，谓二形相比并；相倾，谓一俯临，一仰视；相和，谓一唱一和；相随，犹随风巽之随，相连属也。”任继愈《老子今译》：“天下的人，都知道怎样才算美，这就有了丑了；都知道怎样才算善，这就有了恶了。所以有无，由互相对立而生；难易，由互相对立而成；长短，由互相对立而体现；高下，由互相对立而倾倚；音声，由互相对立而产生谐和；前后，由互相对立而产生顺序。”此亦谓相反相成，为天地自然之理。

《象》曰：“睽，火动而上，泽动而下，二女同居，其志不同行。”《说卦传》曰：“离再索而得女，故谓之中女”；“兑三索而得女，故谓之少女。”二女同居，其志不同行者，即言离、兑同居一卦，火炎上，泽润下，相互矛盾，而又统一。《彖》曰：“天地睽，而其事同也；男女睽，而其志通也；万物睽，而其事类也。睽之时用大矣哉！”乾为天，坤为地。乾卦，乾下乾上。《彖》曰：“大哉乾元！万物资始，乃统天。”坤卦，坤下坤上。《彖》曰：“至哉坤元！万物资生，乃顺承天。”乾为万物资始，坤为万物资生；乾乃统天，坤乃顺承天，是天地相反，阴阳相反，相反而相成于物，为天地睽，而其事同。咸卦，艮下兑上。《彖》曰：“咸，感也。柔上而刚下，二气感应以相与。止而说，男下女。是以亨利贞，取女吉也。”又曰，“ 天地感，而万物化生；圣人感人心，而天下和平。观其所感，而天地万物之情可见矣。”《说卦传》曰：“山泽通气。”咸卦，下山上泽，阴阳相反，即男女睽，而其志通。

《庄子·天下》曰：“大同而与小同异，此之谓小异；万物毕同毕异，此之谓大同异。”郭庆藩《庄子集释》：“《疏》曰：物情分别，见有同异，此小同异也；生死交谢，寒暑递迁，形性不同，体理无异，此大同异也。《释文》曰：大同而与小同异，此之谓小同异；万物毕同毕异，此之谓大同异；同体异分，故曰小同异。死生祸福，寒暑昼夜，动静变化，众变莫同，异之至也；众异同于一物，同之至也，则万物之同异一矣。若坚白，无不合，无不离也。若火合阴，水含阳，火中之阴异于水，水中之阳异于火，然则水异于水，火异于火。至异异所同，至同同所异，故曰大同异。”谓同异有二：一为小同异，一为大同异。事物之间，有一致，有不一致，此为小同异；万物皆有存亡变化，为毕同，又皆存亡变化不一，为毕异，此为大同异。《彖》曰：“火动而上，泽动而下，二女同居，其志不同行；天地睽，而其事同也；男女睽，而其志通也。”此为物情分别，见有同异，为小同异。《彖》曰：“万物睽，而其事类也。”此为形性不同，体理无异，为大同异。《系辞传》曰：“一阴一阳之谓道。”即万物睽，而其事类。

伏羲八卦，离位正东，为正月；兑位东南，为二、三月。《月令·孟春之月》云：“是月也，天气下降，地气上腾，天地和同，草木萌动。王命布农事，命田舍东郊，皆修封疆，审端经术。善相丘陵、阪险、原隰，土地所宜，五谷所殖，以教道民，必躬亲之。田事既饬，先定准直，农乃不惑。命祀山林川泽，牺牲毋用牝。禁止伐木，毋覆巢，毋杀孩虫，胎夭飞鸟，毋麛毋卵。毋聚林众，毋置城郭。掩骼埋胔。是月也，不可称兵，称兵必天殃。兵戎不起，不可从我始。毋变天之道，毋绝地之理，毋乱人之纪。”《仲春之月》云：“是月也，安萌芽，养幼少，存诸孤。择元日，命民社。命有司，省囹圄，去桎梏，毋肆掠，止狱讼。是月也，耕者少舍，乃修阖扇，寝庙毕备。毋作大事，以妨农之事。是月也，毋竭川泽，毋漉陂池，毋焚山林。”《季春之月》云：“是月也，生气方盛，阳气发泄，句者毕出，萌者尽达，不可以内。天子布德行惠，命有司，发仓廪，赐贫穷，振乏绝；开府库，出币帛，周天下。勉诸侯，聘名士，礼贤者。是月也，命司空曰：时雨将降，下水上腾，循行国邑，周视原野，修利堤防，道达沟渎，开通道路，毋有障塞。田猎罝罘、罗罔毕翳、馁兽之药，毋出九门。是月也，命野虞无伐桑柘。后妃齐戒，亲东乡躬桑。禁妇女毋观，省妇使，以劝蚕事。”阳应在上，阴应在下，然春之时，天地之气睽违，天气下降，地气上腾，天地和同，草木萌动。一年之计在于春，是以睽之时用大矣哉！

程氏传：“火之性，动而上；泽之性，动而下。二物之性违异，故为睽义。中、少二女虽同居，其志不同行，亦为睽义。女之少也同处，长则各适其归，其志异也。言睽者，本同也；本不同，则非睽也。推物理之同，以明睽之时用，乃圣人合睽之道也。见同之为同者，世俗之知也。圣人则明物理之本同，所以能同天下，而和合万类也。以天地男女万物明之：天高地下，其体睽也，然阳降阴升，相合而成化育之事，则同也。男女异质，睽也，而相求之志则通也；生物万殊，睽也，然而得天地之和，禀阴阳之气，则相类也。物虽异，而理本同，故天下之大，群生之众，睽散万殊，而圣人为能同之。处睽之时，合睽之用，其事至大，故云大矣哉。”虞翻曰：“离火炎上，泽水润下也。二女，离、兑也，坎为志。”王肃曰：“高卑虽异，同育万物。”侯果曰：“出处虽殊，情通志合。”崔觐曰：“万物虽睽于形色，而生性事类，言亦同也。”《九家易》曰：“而天地事同，共生万物，故曰用大。”睽、坎、蹇言时用，谓春、夏、秋之用。

扬雄《太玄经》：“戾，阳气孚微，物各乖离，而触其类。”司马光《太玄集注》曰：“戾，准睽。戾者，相乖反也。卵之始化谓之孚，草之萌甲亦曰孚，然则孚者，物之始化也。阳气始化，其气尚微，万物之形，粗可分别，则各以类生，而相乖离矣，戾之象也。”范望注：“戾，象睽卦。谓之戾者，言阳气信微，而万物乖离，射地而出，触类相将，故谓之戾。戾之初一，日入虚宿四度。”《礼记·月令》：“孟春之月，日在营室，昏，参中；旦，尾中。”孔颖达疏：“日在营室者，按《三统历》，立春，日在危十六度；正月中，日在室十四度。《元嘉历》，立春，日在危三度，正月中，日在室一度。”按，黄道十二宫座 ，二十八宿。十二月，日在女、虚。黄道经度：三百度至三百三十度。正月，日在危、室、壁、奎。黄道经度：三百三十度至三百六十度。戾之初一，日入虚宿四度，当十二月末，再往日入危宿，当正月初。是《太玄》戾之时，与《周易》睽之时，大致相同。

睽 《说文》：“睽，目不相听也。从目，癸声。”段玉裁注：“听，犹顺也。二女志不同行，犹二目不同视也，故卦曰睽。人部傒即睽。”桂馥义证：“目不相听也者，李焘本、《易·睽卦·释文》、《增韵》、《洪武正韵》，并作目不相视也。本书：傒，左右两视；聧，耳不相听。馥谓：从耳之聧，当云听；从目之睽，当云视也。《广韵》引作目少精；《一切经音义一》引《广苍》：睽，目少精也。”朱骏声《说文通训定声》曰：“睽，目不相视也。从目，癸声。《广苍》：睽，目少精也。”又曰，“聧，耳不相听也。《玉篇》、《广韵》，引《说文》有此字，故附于此。按形即睽之误，文义即睽之转注；不则，亦聩之或体也。”王筠《说文释例》：“《广韵·十二齐》聧下，引《说文》云：耳不相听；又引《方言》云：聋之甚者，秦、晋之间，谓之聧。盖《说文·耳部》，本有聧篆。既脱之后，遂以耳不相听之义，嫁于睽。”又于《说文句读》曰：“睽，目少精也。从目，癸声。依《广韵》引改。今作目不相听也者，《广韵》聧引《说文》：耳不相听。今耳部脱聧，遂以其说，嫁于睽也。《易·睽·释文》引睽：目不相视也。朱文游本仍作听。《集韵》：睽，耳不相听也。当是初嫁之本，校者以字从目改为目，又以目不可言听，改为视也。”按上说，《说文》有聧、睽二字：聧曰耳不相听，睽曰目少精。

宋玉《高唐赋》：“煌煌荧荧，夺人目精。”目精，即眼睛。《淮南子·主术》：“夫据榦而窥井底，虽达视，犹不能见其睛。”高诱注：“睛，目瞳子也。”是目精即目瞳子，目少睛，犹谓目瞳子少见，乃反目相视之貌，即睽义。睽，《归藏》作瞿。《说文》：“瞿，鹰隼之视也。从隹䀠，䀠亦声。”段玉裁注：“经传多假瞿为䀠。”《说文》：“䀠，左右视也。”两目左右视，故少睛；两目不相属，故睽违。长沙马王堆，出土之《汉帛书周易》，睽作乖，取《序卦传》睽者乖也之义。《说文》：“𠁥（乖），戾也，从𠁥而兆。兆，古文别。”段玉裁注：“犬部曰：戾，曲也。曲则不伸，故为睽离。八部曰：兆，分也。乖，从𠁥从兆，皆取分背之意。”桂馥义证：“隶作乖，从北。本书：北，乖也。”按《说文》，𠁥，为羊角；兆，为分。是皆为分背之义，与睽、瞿同。睽卦，二之四为离，四之上为离。《说卦传》曰：“离为目。”是上下其目，上为右，下为左，亦左右其目，其视不一，故为睽，为矛盾。《彖》曰：“二女同居，其志不同行。”正谓两目之睛，不相同视。《六书故》曰：“睽，反目也，因之为睽乖。”

又，《说文》：“癸，承壬，象人足，凡癸之属，皆从癸。𥎸，籀文，从𣥠，从矢。”桂馥义证：从𣥠者，本书：𣥠，足剌𣥠也。癸象人足，故从𣥠。段玉裁注：“𣥠，隶变作癶。”杨树达《积微居小学述林·释步𣥠》：“《说文二篇上步部》云：步，行也，从止𣥂相背。按止𣥂皆象足趾，左右异向者，一象左足，一象右足也。步字，止在上，𣥂在下，象左右二足，前后相承之形。许君云从止𣥂相背，非也。《𣥠部》云：𣥠，足剌𣥠也。从止𣥂。读若拨。按𣥠，象左右二足，分张之形。许君但云从止𣥂，亦非也。今长沙谓左右两足，分张为𣥠开，读𣥠为平音，与字形音义皆相合。”按癸字，癶为左右足，矢为所之。人之足手耳目，皆相反相成，加手为揆，加耳为聧，加目为睽。近取诸身，远取诸物，故《彖》曰：“天地睽，而其事同也；男女睽，而其志通也；万物睽，而其事类也。”是又矛盾，又统一。

小事吉　泰卦，乾下坤上。卦辞曰：“小往大来。”否卦，坤下乾上。卦辞曰：“大往小来。”在上为往，在下为来。小往大来，谓阴往阳来；大往小来，谓阳往阴来。是阳为大，阴为小。阳为君，阴为臣。是君为大，臣为小。大事，为君之事；小事，为臣之事。《周书·大诰》曰：“我有大事休，朕卜并吉。”孔氏传：“大事，我事也。”我谓朕，即天子。《周礼·大宰》曰：“作大事，则戒于百官，赞王命。王视治朝，则赞听治。视四方之听朝，亦如之。凡邦之小治，则冢宰听之。待四方之宾客之小治。”郑氏注：“大事决于王，小事冢宰专平。”孙诒让疏：“注云大事决于王者，即上云王视治朝，则赞听治。彼大治，大宰虽助平断可否，必决于王，不敢专也。云小事冢宰专平者，亦训听为平断也。此云小事则大宰听之，不言赞王，明大宰专决之，不待王命。《大戴礼记·千乘篇》云：君发禁，宰受而行之，以时通于地，散布于小理。亦谓此也。”亦谓大事决于王，小事冢宰专平。《左传》成公十三年：“是故，君子勤礼，小人尽力。勤礼莫如致敬，尽力莫如敦笃。敬在养神，笃在守业。国之大事，在祀与戎。祀有执膰，戎有受脤。”孔颖达疏：“故君子勤礼以临下，小人尽力以事上。勤礼，莫如临事致敬；尽力，莫如用心敦笃。敬之所施，在于养神，朝廷百官，事神必敬。笃在守业，草野四民，勿使失业也。国之大事，在祀与戎。宗庙之祀，则有执膰；兵戎之祭，则有受脤。此是交神之大节也。”祭祀兵戎，国之大事，君王主之；其他诸事，百官小事，臣子治之。坤卦六三曰：“或从王事，无成有终。”讼卦六三曰：“或从王事，无成。”从王事，为小事。

《说卦传》曰：“乾为君。”又，“离为乾卦。”是离亦为君王。同人卦，离下乾上。《彖》曰：“柔得位得中，而应乎乾，曰同人。同人于野，亨，利涉大川，乾行也。文明以健，中正而应，君子正也。唯君子为能通天下之志。”乾行也，君行也。能通天下之志者，谓上应乎天，下应乎民，谓离为文明之侯王。大有卦，乾下离上。《彖》曰：“大有，柔得尊位，大中而上下应之，曰大有。其德刚健而文明，应乎天而时行，是以元亨。”谓离之六五，得天子尊位，居大域之中，上应天，下应民，顺应天时而行，是以大有天下，为天子。晋卦，坤下离上。卦辞曰：“晋，康侯用锡马蕃庶。”《彖》曰：“晋，进也。明出地上，顺而丽乎大明，柔进而上行，是以康侯用锡马蕃庶。”离为康侯，为明王。明夷卦，离下坤上。《彖》曰：“明入地中，明夷。内文明，而外柔顺，以蒙大难，文王以之。”离谓文王，文明之君。革卦，离下兑上。《彖》曰：“汤、武革命，顺乎天，而应乎人。”离为商汤王、周武王。鼎卦，巽下离上。《彖》曰：“圣人亨以享上帝，而大亨以养圣贤。巽而耳目聪明，柔进而上行，得中而应乎刚，是以元亨。”在上之六五，得中位，应乎在下之九二，是以为鼎新之圣人，若周成王。丰卦，离下震上。《彖》曰：“丰，大也。明以动，故丰。王假之，尚大也。”以离明喻王。中孚卦，兑下巽上。《彖》曰：“中孚，柔在内，而刚得中，说而巽，孚乃化邦也。豚魚吉，信及豚魚也。利涉大川，乘木舟虚也。中孚以利贞，乃应乎天也。”中孚，大离之象，亦天子之象，故曰刚得中，孚乃化邦，下信及豚鱼，上应乎天。既济卦，离下坎上。九三曰：“高宗伐鬼方，三年克之。”离为君王，故离之九三曰殷高宗。未济卦，坎下离上。九四曰：“震用伐鬼方，三年有赏于大国。”震为诸侯，代天子伐有罪，以离当之。是离之象，在《易》之中，常为君王之象。

睽卦，兑下离上。《彖》曰：“说而丽乎明，柔进而上行，得中而应乎刚，是以小事吉。”兑在下，为说，为臣；离在上，为明，为君。兑附于离下，为心悦之臣，附于文明之君，为说而丽乎明。离之六五为阴，阴为柔，离行至上卦，为柔进而上行，晋、鼎一例。六五，居上卦之中；九二，居下卦之中。中允之君，有刚中之臣辅佐，为得中而应乎刚。大事，唯祀与戎，王所主持；其他诸事，百官执掌，皆得吉利，故曰小事吉。郑康成曰：“睽，乖也。炎欲上，泽欲下，犹人同居而志异也。故谓之睽，二、五相应，君阴臣阳，君而应臣，故小事吉。”荀爽曰：“小事者，臣事也。百官异体，四民殊业，故睽而不同。”《周易集解纂疏》：“以小事为臣事者，阴为小也。百官异体，四民殊业，睽而不同之象也。刚为天德，乾为天，为君，故刚者君也。五柔得中，变正应乎君位；二变应之，阴利承阳。阴为小，故小事吉也。”按，兑数二，为阴柔；离数三，为阳刚。又，离为乾卦。兑下离上，阴利承阳，故曰小事吉。王弼注：“事皆相违，害之道也。何曰得小事吉？以有此三德也。”三德：说而丽乎明，柔进而上行，得中而应乎刚。有此三德，是以小事吉。

大畜卦卦辞曰：“利贞，不家食吉，利涉大川。”谓食禄于朝，任重致远，以济世艰，可为吉利。小事，臣事君。小事吉，犹不家食吉。《礼记·表记》：“子曰：事君不下达，不尚辞，非其人弗自。《小雅》曰：靖共尔位，正直是与。神之听之，式縠以女。”孔颖达疏：“此一节，广明臣之事君，当以正直之道。不下达者，不以在下细碎小事，通达于君。不尚辞者，不贵尚浮之言辞。非其人弗自者，非其好人，不身自与之相亲。《小雅》曰：靖共尔位，正直是与。此《诗·小雅·小明》之篇，戒其未仕者云：靖共尔位。靖，谋也；共，具也。言靖谋其具尔之爵位，有正直之德者，于是与也。神之听之，式縠以女者，式，用也；縠，善也；以，用也，言神明听聆女德，君若用其人，则当用女也。”按，《诗》曰：“靖共尔位，正直是与，神之听之，式縠以女”，犹《彖》曰：“说而丽乎明，柔进而上行，得中而应乎刚，是以小事吉。”又，《小明》曰：“嗟尔君子，无恒安息。靖共尔位，好是正直。神之听之，介尔景福。”郑笺：“好，犹与也；介，助也。神明听之，则将助女以大福。谓遭是明君，道施行也。”遭是明君，道施行也，犹九二得中之臣，应六五文明之君，是以中道施行，臣事君之事皆吉，故即小事吉。

《吕氏春秋·孟春纪》云：“是月也，不可以称兵；称兵，必有天殃。兵戎不起，不可以从我始。无变天之道，无绝地之理，无乱人之纪。”高诱注：“称，举也；殃，咎也。春当行仁，非兴兵征伐时也，故曰不可以从我始。变，犹戾故；绝，犹断也；人反德，为乱纪道也。”《月令·孟春之月》，孔颖达疏：“起兵伐人者，谓之客；敌来御捍者，谓之主。此经云：兵戎不合兴起之时，不可从我而始，我为主人也。主人既不先起兵，彼来伐我，我不得不应，故云主则可。客既先兴兵，故云为客不利。”又，《仲春纪》云：“无作大事，以妨农功。”高注：“大事，兵戈征伐也。”《仲春之月》郑氏注：“大事，兵役之属。”《淮南子·时则训》高注：“大事，戎旅征伐之事，妨害农民之功也。”按，春之盛德在木，尚仁，长养万物，不可误农时，故不宜举大事，兴兵戎。睽卦，正、二、三月之卦，故卦辞曰：“小事吉。”

《象》曰：“上火下泽，睽，君子以同而异。”荀爽曰：“大归虽同，小事当异。百官殊职，四民异业，文武并用，威德相反，共归于治，故曰君子以同而异也。”程氏传：“上火下泽，二物之性违异，所以为睽离之象。君子观睽异之象，于大同之中，而知所当异也。夫圣贤之处世，在人理之常，莫不大同。于世俗所同者，则有时而独异。盖于秉彝则同矣，于世俗之失则异也。不能大同者，乱常拂理之人也；不能独异者，随俗习非之人也：要在同而能异耳。《中庸》曰：和而不流。是也。”按，《礼记·中庸》云：“故君子和而不流，强哉矫；中立而不倚，强哉矫；国有道不变塞焉，强哉矫；国无道至死不变，强哉矫。”郑氏注：“流，犹移也。国有道不变，以趋时；国无道不变，以辟害：有道无道一也。矫，强貌；塞，或为色。”是君子依乎中庸，和而不流，以同而异。

《商书·说命》：“若作酒醴，尔惟曲蘖；若作和羹，尔惟盐梅。”孔氏传：“酒醴须曲蘖以成，羹须咸醋以和之。”《集说》引苏氏轼曰：“曲蘖盐梅，和而不同也。”《论语·子路》：“子曰：君子和而不同，小人同而不和。”何晏《集解》：“君子心和，然其所见各异，故曰不同。小人所嗜好者则同，然各争利，故曰不和。”刘宝楠《论语正义》曰：“和因义起，同由利生。义者，宜也，各适其宜。未有方体故不同，然不同因乎义，而非执己之见，无伤于和。利者，人之所同欲也。民务于是，则有争心，故同而不和。此君子小人之异也。”《论语》之君子和而不同，犹睽《象》之君子以同而异。又，“子贡问曰：乡人皆好之，何如？子曰：未可也。乡人皆恶之，何如？子曰：未可也。不如乡人之善者，好之；其不善者，恶之。”《正义》曰：“《公羊传》庄十七年，注引此文，徐彦疏：一乡之人，皆好此人，此人何如？子曰：未可即为善。何者？此人或者行与众同，或朋党矣。子贡又曰：若一乡之人，皆恶此人，此人何如？子曰：未可即以为恶也。何者？此人或者行与众异，或孤特矣。不若乡人之善行者，善之；恶行者，恶之。与善人同，复与恶人异。”君子有同有不同，亦君子同而异之类。

《左传》昭公二十年：“齐侯至自田，晏子侍于遄台，子犹驰而造焉。公曰：惟据与我和夫。晏子对曰：据亦同也，焉得为和？公曰：和与同异乎？对曰：异。和如羹焉，水、火、醯、醢、盐、梅，以烹鱼肉，燀之以薪，宰夫和之，齐之以味，济其不及，以泄其过。君子食之，以平其心。君臣亦然。君所谓可，而有否焉；臣献其否，以成其可。君所谓否，而有可焉；臣献其可，以去其否。是以政成而不二，民无争习。故《诗》曰：亦有和羹，既戒既平。鬷嘏无言，时靡有争。先王之济五味、和五声也，以平其心，成其政也。声亦如味，清浊、大小，长短、徐疾，哀乐、高下，出入、周疏，以相济也。君子听之，以平其心。心平，德和。故《诗》曰：德音不瑕。今据不然，君所谓可，据亦曰可；君所谓否，据亦曰否。若以水济水，谁能食之？若琴瑟之专一，谁能听之？同之不可也如是。”此谓和与同，犹谓君子以同而异。

《国语·周语中》：“饮食可飨，如同可观。”韦昭注：“以可去否曰和，一心不二曰同，和同之道行，则德义可观也。”又，《郑语》：史伯曰：“今王弃高明昭显，而好谗慝暗昧，恶角犀丰盈，而近顽童穷固，去和而取同。夫和实生物，同则不继。以他平他谓之和，故能丰长，而物归之。若以同裨同，尽乃弃矣。故先王以土，与金、木、水、火杂，以成百物。是以和五味以调口，刚四支以卫体，和六律以聪耳，正七体以役心，平八索以成人，建九纪以立纯德，合十数以训百体。出千品，具万方，计亿事，材兆物，收经入，行姟极。故王者居九畡之田，收经入以食兆民，周训而能用之，和乐如一。夫如是，和之至也。于是乎先王聘后于异姓，求财于有方，择臣取谏工，而讲以多物，务和同也。声一无听，色一无文，味一无果，物一不讲。王将弃是类也，而与剸同，天夺之明，欲无弊，得乎？”韦注：“和，谓可、否以相济；同，同欲也。君子和而不同。阴阳和，而万物生；同，同气。谓阴阳相生，异味相和。土气和，而物生之；国家和，而民附之。同者，谓以水益水，水尽乃弃之，无所成也。八索，谓八体，以应八卦也。谓乾为首，坤为腹，震为足，巽为股，离为目，坎为耳，艮为手。此所谓近取诸身，远取诸物。”此谓和而不同，亦即《象》曰以同而异。

荀悦《申鉴·杂言上》：“或问致治之要，君乎？曰：两立哉。非天地不生物，非君臣不成治。首之者天地也，统之者君臣也哉。先王之道致训焉，故亡斯须之间，而违道矣。昔有上致圣，由教戒，因辅弼，钦顺四邻。故检柙之臣，不虚于侧，礼度之典，不旷于目，先哲之言，不辍于身。齐桓公中材也，末能成功业，由有异焉者矣。”又曰，“君子食和羹，以平其气；听和声，以平其志；纳和言，以平其政；履和行，以平其德。夫酸咸甘苦不同，嘉味以济，谓之和羹。宫商角徵不同，嘉音以章，谓之和声。臧否损益不同，中正以训，谓之和言。趋舍动静不同，雅度以平，谓之和行。人之言曰，唯其言而莫予违也，则几于丧国焉。孔子曰：和而不同。”黄省曾注：“天无独运，君无独理。检柙，犹法度也。言法度之臣，常充左右也。”孔子于《易》曰：“君子以同而异。”于《论语》曰：“君子和而不同。”虽同、和有别，盖其旨一，谓物有同有不同，君子以之。

家人卦和睽卦，互为综卦。《序卦传》曰：“家道穷必乖，故受之以睽。”《说文》：“穷，极也。”物极必反。家人卦为离下巽上，睽卦则兑下离上，是以两卦互为倒卦。家人卦，风自火出，火因风炽，风火相生。故《象》曰：“女正位乎内，男正位乎外。”

谓相对相应。睽卦，火炎而上，泽润而下，火泽相违。故《象》曰：“二女同居，其志不同行。”谓相对相背。《杂卦传》曰：“睽，外也；家人，内也。”《管子·版法》曰：“骤令不行，民心乃外。”尹知章注：“外，有外叛之心。”《史记·赵世家》：“群众皆有外心。”外，犹背。《汉书·霍光传》：“令将军坟墓未干，尽外我家。”师古曰：“外，谓疏斥之。”疏斥，谓相背。《管子·法法》：“正言直行之士危，则人主孤而毋内，则人臣党而成群。”毋内，谓无相亲近。《周书·吕刑》：“五过之疵：惟官，惟反，惟内，惟货，惟来。”孔氏传：“五过之所病：或尝同官位，或诈反囚辞，或内亲用事，或行货枉法，或旧相往来，皆病所在。”内，为亲近。泰卦《象》曰：“内君子，而外小人。”否卦《象》曰：“内小人，而外君子。”内外，除表示上下消长外，亦谓内为相亲相应，外为相疏相背。是以，睽外也，谓睽卦上下相背；家人内也，谓家人卦上下相应。又，家人卦为君道。《象》曰：“父父，子子，兄兄，弟弟，夫夫，妇妇，而家道正，正家而天下定矣。”要在言齐家，治国，平定天下之理。睽卦为臣道。《象》曰：“说而丽乎明，柔进而上行，得中而应乎刚，是以小事吉。”要在言臣服，尽忠，弼辅之理。两卦卦象互综，卦义亦互综，故为综卦。

睽卦和蹇卦，互为错卦。睽卦，兑下离上；蹇卦，艮下坎上。即睽卦之阳爻，变而成蹇卦阴爻；睽卦之阴爻，变而成蹇卦阳爻。是睽变成蹇，蹇由睽而来。睽为因，蹇为果，一物两端。故《序卦传》曰：“睽者，乖也；乖必有难，故受之以蹇。蹇者，难也。”《系辞传》曰：“《易》之为书也，不可远，为道也屡迁；变动不居，周流六虚；上下无常，刚柔相易；不可为典要，唯变所适；其出入以度，外内使知惧，又明于忧患与故；无有师保，如临父母。”谓《易》之为书，由近及远，阴阳互换，一阴一阳之谓道。六爻以恆动为适，使上往下来，合乎度数。在下在上，知道可怕，明白忧患，与其缘故。如此虽无师保，而若有父母保护。《易》卦，先睽后蹇，谓刚柔相易，阴阳相错，睽乖则必至蹇难，在于明忧患与其缘故。蹇卦《象》曰：“险在前也，见险而能止，知矣哉！”睽卦，臣事君，小事大，履虎尾者险在前，是睽吉或有蹇险，两者相反相错，故受之以蹇，戒慎之至。

睽卦和革卦，单卦上下互易。睽卦，兑下离上；革卦，离下兑上。《象》曰：“睽，火动而上，泽动而下，二女同居，其志不同行。”又，《象》曰：“革，水火相息，二女同居，其志不相得，曰革。”前者，水火相背，故二女同居一体，其志不同行，必致睽违，谓睽。后者，水火相克，故二女同居一体，其志不相容，必生变革，谓革。前者矛盾，而未必激化，故曰睽。后者矛盾，已经激化，故曰革。前者化而未变，故《象》曰：“天地睽，而其事同也；男女睽，而其志通也；万物睽，而其事类也。”后者化而已变，故《象》曰：“天地革，而四时成；汤武革命，顺乎天，而应乎人。”睽卦，兑下离上。

离位伏羲八卦正东，为正月；兑位东南，为二、三月。春时，天地睽，而万物生，故而《彖》曰："睽之时用大矣哉!"革卦，离下兑上。上为往，兑二阳生，为头年十二月；下为来，离为第二年正月。冬春交替，寒燠易节，故而《彖》曰："革之时大矣哉!"

初九，悔亡。丧马，勿逐自复。见恶人，无咎。

〔译〕 初九，悔恨消无。虽然丧失阴柔，不用追逐，它自会来复。往见恶人，没有灾眚。

《象》曰："见恶人，以辟咎也。"

〔证〕

悔亡 睽卦，春卦，太阳高照，阳来阴下，阳盛阴衰，阴阳睽违，一冬之悔恨消释，故曰悔亡。又，乾卦，乾下乾上。上九曰："亢龙有悔。"因亢而有悔。豫卦，坤下震上。六三曰："盱豫悔，迟有悔。"六三不当位，为盱豫悔；六三与上六无应，为迟有悔。蛊卦，巽下艮上。九三曰："小有悔。"九三与上九无应，有悔；然三在巽，巽为逊顺，故称小者有悔。复卦，震下坤上。初九曰："无祇悔。"初九当位，震复无悔，为无祇悔。六五曰："无悔。"不当位，本应有悔；然得中位，无悔。咸卦，艮下兑上。九四曰："悔亡。"九四不当位，有悔；然九四与初六应，故悔消亡。九五曰："无悔。"九五中正，又得六二应，故无悔。恒卦，巽下震上。九二曰："悔亡。"二与五非正应，有悔；然得中位，故悔消亡。大壮卦，乾下震上。九四曰："悔亡。"九四不当位，有悔；然为上震之初，当位，故悔消亡。六五曰："无悔。"得中位，无悔。晋卦，坤下离上。六三曰："悔亡。"六三不当位，有悔；然与上九相应，故悔消亡。六五曰："悔亡。"六五无下应，有悔；然当中位，故悔消亡。家人卦，离下巽上。初九曰："悔亡。"初九与六四非正应，有悔；然当位，故悔消亡。九三曰："悔厉吉。"九三与上不应，有悔；然若悔厉，得阴阳相谐则吉。萃卦，坤下兑上。九五曰："悔亡。"九五被九四所迫，有悔；然得中正之位，且有六二以应，故悔消亡。困卦，坎下兑上。上六曰："曰动悔有悔。"上六与六三不应，为悔；上六动而往下，为又悔。革卦，离下兑上。卦辞曰："悔亡。"《彖》曰："革，水火相息，二女同居，其志不相得，曰革。"二女同居，其志不相得，有悔；然水火相克而革，故悔消亡。九四曰："悔亡，有孚，改命吉。"九四不当位，有悔；然处革之时，改命吉，故悔消亡。鼎卦，巽下离上。九三曰："方雨亏悔。"《说文》曰："亏，气损也。"二之五为大坎，坎为雨。三在坎中，为正遇雨。鼎遇雨，则气损则悔憾，为方雨亏悔。艮卦，艮下艮上。六五曰："悔亡。"六五不当位，下又无应，有悔；然六五得中位，故悔消亡。巽卦，巽下巽上。九五曰："悔亡。"九五无应，有悔；然得中正之位，故悔消亡。兑卦，兑下兑上。九二曰："悔亡。"九二无应，有悔；然得中位，故悔消亡。涣卦，坎下巽上。九二曰："悔亡。"九二上无应，有悔；然得中位，故悔消亡。六三曰："无悔。"《象》曰："志在外也。"六三与上九正应，得志，故无悔。节卦，兑下坎上。上六曰："悔亡。"上与六三无应，有悔；然上六当位，故悔消亡。未济卦，坎下离上。九四曰："悔亡。"九四不当位，有悔；然与下应，故悔消亡。六五曰："无悔。"六五得中位，又与九二应，故无悔。综上，《易》之谓悔，皆各因爻位、爻应、卦象而言。《系辞传》曰："远近相取，而悔吝生。"圣人言悔，为道屡迁，示人以机变，其要在防悔。睽卦，初九与九四，相敌不应，有悔；然初九当位，故其悔恨消亡。犹下谏上，处初虽睽，有悔；然忠于其守，何憾之有，故曰悔亡。

丧马　坤卦，坤下坤上。卦辞曰："元亨，利牝马之贞。"《彖》曰："牝马地类，行地无疆，柔顺利贞。"马性驯服，坤下坤上，顺而又顺，故曰牝马，是以马为阴柔之喻。屯卦，六二曰："屯如邅如，乘马班如。"六四曰："乘马班如，求婚媾。"上六曰："乘马班如，泣血涟如。"阴爻皆言马，是马为阴性。又，六三曰："即鹿无虞，惟入于林中。"六三阴在阳位，似马非马，鹿象有角之马，为野生动物之驯顺者，是其阴柔之性如马。贲卦，六四曰："贲如皤如，白马翰如。"马，亦当阴爻。晋卦，坤下离上。卦辞曰："康侯用锡马蕃庶。"谓太阳照万物生长，是离为日，坤为马，马为地类。《易乾坤凿度》曰："坤大𨏥。"又，"坤为马。"郑氏注："𨏥者，辅也。圣以类为马，马者顺行。坤亦有龙，《太元》曰：土龙在坤，不敢争类。马思顺体，唯坤顺之。圣人知有上德，要下而奉，故显尊也。坤之卑顺辅乾，不敢为龙，故称马。𨏥依之理也。"是马谓坤。睽卦，初九曰丧马，谓初九阳刚，而失阴柔，不能与九四和合，故成睽违。

勿逐自复　《说卦传》曰："圣人观变于阴阳而立卦，发挥于刚柔而生爻，和顺于道德而理于义，穷理尽性，以至于命。"又曰，"是以立天之道，曰阴与阳；立地之道，曰柔与刚；立人之道，曰仁与义。兼三才而两之，故《易》六画而成卦。分阴分阳，迭用柔刚，故《易》立位而成章。"《系辞传》曰："《易》之为书也，不可远，为道也屡迁。变动不居，周流六虚；上下无常，刚柔相易。不可为典要，唯变所适。"故阴阳往复，周而又始。十一月，一阳来下，为复卦；至第二年四月，六阳升，为乾卦；至五月，一阴来下，为姤卦。睽卦，春之卦，阳处升时，是初位无阴，为丧马。然寒往暑来，暑往寒来，天下何思何虑？马失勿逐，至五月之时，阴自来姤阳，故曰勿逐自复。是时，初九变初六，初六之阴，与九四之阳相应，初九与九四之睽违将无。谓化解矛盾，顺应事理，不可操之过急，欲速则不达。

见恶人，无咎　离为明，明为见。九四，阳处阴位，以阳近逼六五文明之君，为不当位，为恶人。异性相爱，同性相恶。初九与九四，相敌，为见恶人。《说文》："咎，灾也。从人各，各者相违也。”睽卦，初与四，阳阳相斥，为相违，有咎。今不相绝，初九以当位之阳，见九四不当位之阳，以正祛邪，以下干上之蛊，是以相违无咎。《象》曰：“见恶人，以辟咎也。”辟，通避。程氏传：“当睽之时，虽同德者相与，然小人乖异者至众，若弃绝之，不几尽天下，以仇君子乎？如此，则失含弘之义，致凶咎之道也，又安能化不善，而使之合乎？故必见恶人则无咎也。”古者，有用世与避世之分。用世者，如周公、孔子；避世者，如老子、庄子。《易》主用世，是以睽之初九，下而往上，与九四敌应，矛盾相争，终至化释，谓之无咎。睽卦，离上兑下。离为日，日照天下；兑为泽，泽生万物。其于人道，睽有君臣、上下之象。初九谏诤九四，以解祸患为见恶人，以避咎。三之五互坎，坎为灾眚。九四居坎之中，初来敌反，是以避其灾咎。

九二，遇主于巷，无咎。

〔译〕 九二，遇见君王于中道，无灾。

《象》曰：“遇主于巷，未失道也。”

〔证〕

遇主于巷 《说文》：“遇，逢也。从辵，禺声。”桂馥义证：“《春秋》隐四年：夏，公及宋公遇于清。《公羊传》：遇者何？不期也。《春秋》隐八年：春，宋公、卫侯遇于垂。《谷梁传》：不期而会曰遇。《书序》：乃遇汝鸠汝方。传云：不期而会曰遇。”《商书·咸有一德》：“匹夫匹妇，不获自尽，民主罔与成厥功。”孔氏传：“言先尽其心，然后乃能尽其力，人君所以成功。”经言民主，传曰人君，是主为君。《周书·多方》：“天惟时求民主”，“简代夏作民主”，“诞作民主”。皆谓君为主。《周颂·载芟》：“侯主侯伯，侯亚侯旅。”于省吾《诗经新证》曰：“按主谓君主。《礼记·曲礼下》：凡执主器。注：主，君也。《吕览·审分》：凡人主必审分。注：主谓君也。《本生》：今世之惑主。注：主谓王也。《老子》奈何万乘之主。注：万乘之主谓王。”《淮南子·主术训》题解曰：“主，君也；术，道也。君之宰国，统御臣下，五帝三王以来，无不用道而兴，故曰主术也，因以题篇。”《易》以离为帝王。大有卦，乾下离上。《彖》曰：“大有，柔得尊位。”天子大有天下，诸侯小有国家，六五柔得大有尊位，是为天子。晋卦，坤下离上。卦辞曰：“康侯用锡马蕃庶。”离为康侯。明夷卦，离下坤上。《彖》曰：“以蒙大难，文王以之。”离为文王。初九曰：“有攸往，主人有言。”是主人有言，谓明夷，亦谓文王有难。睽卦，兑下离上。九二遇主，谓遇六五。五在上离之中，得尊位，故遇主，即遇君主。

《说文》：“巷，里中道也。从邑共，言在邑中所共。篆文从邑省。”段玉裁注：“引伸之，凡夹而长者，皆曰巷。宫中衖谓之壸是也。十七史言弄者，皆即巷字，语言之异也。今江苏俗尚云弄。”上 离，似里中甬道，两阳爻夹而长，中间阴爻，为地为途，象宫中道。六五为君王，以九二上应六五，为遇主于巷。蛊卦，巽下艮上。九二曰：“干母之蛊，不可贞。”《象》曰：“干母之蛊，得中道也。”朱熹曰：“九二刚中，上应六五，子干母蛊，而得中之象。以刚承柔，而治其坏，故又戒以不可坚贞，言当巽以入之也。”母为严君，即六五为严君。睽卦九二，以阳刚之身，履中道而往应六五，有子干母蛊，乃臣子谏君之象。《象》曰：“遇主于巷，未失道也。”即谓九二之臣，未失中和之道。兑为悦为和，九二居中，是谓中和。程氏传：“当睽之时，君心未合，贤臣在下，竭力尽诚，期使信合而已。至诚以感动之，尽力以扶持之，明义理以致其和，杜蔽惑以诚其意，如是婉转以求其合也。遇，非枉道迎逢也；巷，非邪僻曲径也。故夫子特云：“遇主于巷，未失道也。”九二与六五，阴阳睽而相应，君臣睽，而成济睽之功，是亦未失中正之道。

无咎　《荀子·臣道》曰：“从命而利君谓之顺，从命而不利君谓之谄；逆命而利君谓之忠，逆命而不利君谓之篡；不恤君之荣辱，不恤国之臧否，偷合苟容，以持禄养交而已耳，谓之国贼。”又曰，“君有过谋过事，将危国家、殒社稷之惧也，大臣父兄，有能进言于君，用则可，不用则去，谓之谏；有能进言于君，用则可，不用则死，谓之争；有能比知同力，率群臣百吏，而相与强君矫君，君虽不安，不能不听，遂以解国之大患，除国之大害，成于尊君安国，谓之辅；有能抗君之命，窃君之重，反君之事，以安国之危，除君之辱，功伐足以成国之大利，谓之拂。故谏争辅拂之人，社稷之臣也，国君之宝也，明君之所尊厚也；而暗主惑君，以为己贼也。故明君之所赏，暗君之所罚也；暗君之所赏，明君之所杀也。伊尹、箕子，可谓谏矣；比干、子胥，可谓争矣；平原君之于赵，可谓辅矣；信陵君之于魏，可谓拂矣。《传》曰：从道不从君。此之谓也。”谏争辅拂之臣，利社稷，益君王，合大道，故无咎。

《白虎通·谏诤》云：“臣所以有谏君之义何？尽忠纳诚也。《论语》曰：爱之能勿劳乎？忠焉能勿诲乎？《孝经》曰：天子有诤臣七人，虽无道，不失其天下；诸侯有诤臣五人，虽无道，不失其国；大夫有诤臣三人，虽无道，不失其家；士有诤友，则身不离于令名；父有诤子，则身不陷于不义。天子置左辅、右弼、前疑、后承。以顺：左辅主修政，刺不法；右弼主纠，纠害言失倾；前疑主纠度，定德经；后承主匡正常，考变失。四弼兴道，率主行仁。夫阳变于七，以三成，故建三公，序四诤，列七人。虽无道，不失天下，杖群贤也。”睽卦九二，位下卦之中，中则忠，为忠臣。并与初、三为兑，兑口朝上，是率群臣谏诤之象。六五在坎上离中，九二以阳应阴，解君王于水火。其赴汤蹈火，以纾君国之难，乃社稷之臣，未失为臣之道，故无咎。二为大夫位，大夫即大扶。

六三，见舆曳，其牛掣，其人天且劓。无初有终。

〔**译**〕　六三，被车拖牛扯，此人额破鼻缺。没有善始，却有善终。

《象》曰："见舆曳，位不当也；无初有终，遇刚也。"

〔**证**〕

见舆曳　《古书虚字集释》："见，犹受也。《史记·楚世家》：先绝齐，而后责地，则必见欺于仪；见欺于张仪，则王必怨之。《战国策·楚策二》，见欺皆作受欺。《孟子·尽心篇》：盆成括见杀。杨氏《词诠》曰：见杀，犹今言被杀也。按被亦受也。"二之四为离，六三在离，离为目为见。《周礼·考工记》："舆人为车。"释曰："此舆人，专作车舆。记人言车者，车以舆为主，故车为总名。"《说文》曰："舆，车舆也。"段玉裁注："车舆，谓车之舆也。《考工记》：舆人为车。注曰：车舆也。按不言为舆，而言为车者，舆为人所居，可独得车名。"谓舆代车名。《说卦传》曰："坎，其于舆也，为多眚。"坎为舆，三之五为坎，故曰舆。《说文》："曳，臾曳也。从申，丿声。"段注："臾曳，双声，犹牵引也。引之则长，故衣长曰曳地。"《玉篇·曰部》："曳，申也，牵也，引也。"《说卦传》曰："坎为曳。"六三为互坎下爻，下为后，为被舆曳。《象》曰："见舆曳，位不当也。"谓三当阳，而六三则阴，成坎舆之后，是以被牵引。

其牛掣　离，外坚内柔，为牛象。无妄卦，震下乾上。六三曰："或系之牛。"初之四离象，离为牛。大畜卦，乾下艮上。六四曰："童牛之牿。"三之上为离象，离为牛。离卦，离下离上。卦辞曰："畜牝牛吉。"离为牛。遁卦，艮下乾上。六二曰："执之用黄牛之革。"艮为手为止，九三象离之九三，为牛皮，六二坤阴为黄，故曰执之用黄牛之革。革卦，离下兑上。初九曰："巩用黄牛之革。"离为牛。旅卦，艮下离上。上九曰："丧牛于易。"离为牛。既济卦，离下坎上。九五曰："东邻杀牛，不如西邻之礿祭。"月亮升起，离日落下，为东邻杀牛，是离为牛。又，《尔雅·释训》："甹夆，掣曳也。"郭璞注："谓牵拕。"邢昺疏："孔炎曰：谓相掣曳入于恶也。然则掣曳者，从旁牵挽之言，是挽离正道，就邪僻。"郝懿行义疏："掣者，《说文》作㨎。云：引纵曰㨎，通作挚。《广雅》云：挚，引也。《玉篇》：挚与㨎同。"《释名·释姿容》"掣，制也，制顿之，使顺己也。"王先谦曰："掣，引也；顿，亦引也。《续史记·滑稽传》：当道掣顿人车马。《盐铁论·散不足篇》：吏捕掣顿，不以道理。掣顿，即制顿也。"睽卦，二之四，为离为牛；四之上，为离为牛。六三，在下离之中，上离之下，牛性强，力气大，为其牛掣。

其人天且劓　《系辞传》曰："《易》之为书也，广大悉备。有天道焉，有人道焉，有地道焉。兼三才而两之，故六。六者非它也，三之道也。”是以上二爻为天，中二爻为人，下二爻为地。睽卦，初九曰见恶人，四称人；六三曰其人，三称人：三、四在中二爻，故皆称人。《周书·吕刑》孔氏：“刻其颡而涅之，曰墨刑；截鼻，曰劓刑。”《周礼·司刑》郑氏注：“墨，黥也。先刻其面，以墨窒之；劓，截其鼻也。”马融曰：“刺凿其额曰天。”虞翻曰：“黥额为天，割鼻为劓。”《说文》：“天，颠也。”睽之五、上，在三，四人爻之颠，其五中缺，为人额刺凿之象，为天。《荀九家》曰：“艮为鼻。”如噬嗑卦，震下离上。二之四为艮，六二曰：“噬肤灭鼻。”睽卦，三之上，其艮象被九四中断，为截其鼻，为劓。《司刑》郑氏注：“《书传》曰：触易君命，革舆服制度，奸轨盗攘伤人者，其刑劓；非事而事之，出入不以道义，而诵不详之辞者，其刑墨。”睽卦六三，阴居阳位，盖触易君命，故其刑劓。又，三在兑，兑为口舌，盖诵不详之辞者，故其刑墨。其人天且劓，犹《吕刑》之“有并两刑”。六三入坎，舆曳，牛掣 ，其人天且劓之象，言事多乖戾而凶危。

无初有终　《象》曰：“无初有终，遇刚也。”无初，谓六三阴居阳位，位不當，故而见舆曳，其牛掣。《系辞传》曰：“三多凶，五多功，贵贱之等也。其柔危，其刚胜邪。”谓三、五皆阳位，而三处下卦之极，五居上卦之中，故极则有凶，中则有功，更况以阴居三，是以天且劓。然睽卦六三，最后与上九正应，故无初有终，始睽而终和。《周颂·小毖》：“予其惩，而毖后患。莫予荓蜂，自求辛螫。”毛传：“毖，慎也；荓蜂，𢻎曳也。”郑笺：“惩，艾也。始者，管叔及其群弟，流言于国，成王信之，而疑周公。至后，三监叛而作乱；周公以王命，举兵诛之，历年乃已。故今周公归政，成王受之，而求贤臣，以自辅助也。曰：我其创艾于往时矣，畏慎后复有祸难，群臣小人，无敢我𢻎曳，谓为谲诈诳欺，不可信也。女如是，徒自辛苦毒螫之害耳，谓将有刑诛。”《诗序》曰：“《小毖》，嗣王求助也。”睽卦，二之四为离，四之上为离，离为王。上为往，下为来，三居下离之中，是为嗣王。六三无初有终，或取象于《小毖》。言成王初时不省，未堪多难；后来有悟，终能承继先王之业。《象》曰：“见舆曳，位不当也；无初有终，遇刚也。”即是。又，舆为车为众。三人为众。见舆曳，亦谓成王受管、蔡、霍三叔之惑，舆字双关。六三，始终相因，否泰相生，相睽而不相违，相反相成。

九四，睽孤，遇元夫，交孚，厉，无咎。

〔译〕　九四，睽乖孤寡之王，遇上元士，以诚相交，态度恶厉，但可无灾。

《象》曰：“交孚无咎，志行也。”

〔证〕

睽孤　《吕览·君守》："君民孤寡，而不可障壅。"高诱注："孤寡，人君之谦称也。"《荀子·君道》："故人主，无便嬖左右足信者，谓之暗；无卿相辅佐足任者，谓之独；所使于四邻诸侯者，非其人，谓之孤；孤独而晻，谓之危。"《左传》庄公十一年："且列国有凶，称孤，礼也。"杜预注："列国诸侯无凶，则常称寡人。"《正义》曰："列国，谓大国也。"谓大国之君称孤寡。《老子》曰："贵以贱为本，高以下为基，是以侯王自谓孤、寡、不穀。"又曰，"人之所恶，唯孤、寡不穀，而王公以为称。故物或损之而益，或益之而损。"范应元注："穀，善也，又百穀之总名也。春秋王者多称不穀，自称孤称寡，有善而自称不善者，乃不自以为德也。"睽卦，上离为王，九四在离，而不得中，故自称睽孤，即乖君。即九四不当位，睽异不合，与初不应，因而自孤。程氏传："九四当睽时，居非所安，无应，而在二阴之间，是睽离孤处者也。"朱熹曰："睽孤，谓无应。"

遇元夫　《说文》："元，始也。从一，从兀。"乾卦《彖》曰："大哉乾元，万物资始，乃统天。"《文言》曰："元者，善之长也。""乾元者，始而亨者也。"《说卦传》：曰："震一索而得男，故谓之长男；巽一索而得女，故谓之长女。"元，为万物之始，为长，为一，为初。睽卦初九，为睽之初始，为元。又，初九为阳，阳为夫，为元夫。重卦，以上下单卦，同位之爻相应，故四与初九相遇，曰遇元夫。《易乾坤凿度》曰："六位之设，皆由下上，故《易》始于一。"又曰，"终于上，初为元士，二为大夫，三为三公，四为诸侯，五为天子， 上为宗庙。"《说文》："士，事也。数始于一，终于十，从一十。孔子曰：推十合一为士。"又，"壻，夫也。从士胥。《诗》曰：女也不爽，士贰其行。士者，夫也。"归妹卦，上六曰："女承筐，无实；士刲羊，无血。"士亦为夫。是以初九之元夫，亦即元士。《白虎通·爵》云："士者，事也，任事之称也。故《传》曰：古今辩然否，谓之士。"又曰，"天子之士，独称元士。"是初九之元夫，乃为天子辩然否之元士。

交孚　《说文》："孚，一曰信也。"又，"信，诚也。从人言。"人言诚实为信。于《易》，阴为虚，阳为实，是阳为孚。比卦，坤下坎上。初六曰："有孚比之，有孚盈缶。"九五之阳为孚。小畜卦，乾下巽上。六四曰："有孚，血去惕出。"《象》曰："有孚惕出，上合志也。"九五曰："有孚挛如。"九五之阳为孚。泰卦，乾下坤上。六四曰："不戒以孚。"以其初九阳实有孚，故而不戒来应。大有卦，乾下离上。六五曰："厥孚交如。"九二阳实有孚来交六五。随卦，震下兑上。九四曰："有孚在道。"九五曰："孚于嘉。"四、五阳实有孚。家人卦，离下巽上。上九曰："有孚威如。"阳实有孚。解卦，坎下震上。六五曰："有孚于小人。九二阳实有孚。益卦，震下巽上。"六三曰："有孚中行，告公用圭。"九五中行，阳实有孚，告三之公，用圭掌国。萃卦，坤下兑上。初六曰："有孚不终，乃乱乃萃。"谓九四、九五之阳实有孚，不得其终，上六乃阴虚无孚。升卦，巽下坤上。九二曰："孚乃利用禴。"九二阳实称孚。井卦，巽下坎上。上六曰："有孚元吉。"九三阳实来应，为有孚元吉。革卦，离下兑上。九三曰："有孚。"九四曰："有孚。"九五曰："有孚。"三、四、五皆阳实有孚。兑卦，兑下兑上。九二曰："孚兑。"九五曰："孚于剥。"皆阳实为孚。中孚卦，兑下巽上。九五曰："有孚挛如。"阳实有孚。未济卦，坎下离上。上九曰："有孚于饮酒。"离阳将来坎水之下，为有孚于饮酒。睽卦九四，与初九相交，阳为孚，阳交阳，为交孚，即以诚信相交。

厉，无咎　姤卦，巽下乾上，九三曰："其行次且，厉。"《象》曰："其行次且，行未牵也。"《说文》云："牵，引而前也。"九三不得而前，以其与上九敌应，故曰厉。睽卦九四在离，离为王，不当位，为睽孤，即初九所称恶人。睽孤之王，与当位元士，辩是与非，必龃龉而恶，为交孚厉，亦相敌应之故。又，三之五为坎，坎为陷为险，四当坎中，是厉之象。蛊卦，巽下艮上。初六曰："干父之蛊，有子考无咎，厉，终吉。"《象》曰："干父之蛊，意承考也。"考无咎，谓父有诤子，则身不陷于不义，故而父无咎。君臣如父子。睽卦九四，虽为睽孤之侯，遇元夫，无阴邪之患，有诤臣，不失其国，可悔过而无咎。《象》曰："交孚无咎，志行也。"言有诤臣敢谏，则治国之志得行。《系辞传》曰："无咎者，善补过也。"九四交孚，盖即其类。又，三之五为坎，坎为水；二之四为离，离为火。离下坎上，水火相济，是为既济。九四，在火上水中，在既济之中，是以无咎，程氏传："夫，阳称；元，善也。当睽离之时，孤居二阴之间，处不当位。危且有咎也。以遇元夫而交孚，故得无咎。初、四皆阳刚，君子当睽乖之时，上下以至诚相交，协志同力，则其志可以行，不止无咎而已。盖以君子阳刚之才，而至诚相辅，何所不能济也？"朱熹曰："睽孤，谓无应；遇元夫，谓得初九；交孚，谓同德相信。然当睽时，故必危厉，乃得无咎。"

六五，悔亡。厥宗噬肤，往何咎？

〔译〕　六五，悔恨消亡。在其宗庙燕享，以此而往，何灾之有。

《象》曰："厥宗噬肤，往有庆也。"

〔证〕

悔亡　六五，以阴柔当睽之尊位，可谓不堪其任，有悔。然居中道，且得九二之阳来应，以匡不逮，其悔消无。即五为天子，九二为大夫，以臣之强，补君之弱，是以悔亡。《白虎通·爵》曰："公卿大夫者，何谓也？内爵称也。内爵称公卿大夫何？爵者，尽也。各量其职，尽其才也。公之为言，公正无私也；卿之为言，章也，章善明理也；大夫之为言，大扶，扶进人者也。故《传》曰：进贤达能，谓之卿大夫。《王制》曰：上大夫卿。”陈立疏证：“《嫁娶篇》云：夫者，扶也。大夫，即卿大夫之总号。对文则卿为上大夫，大夫为下大夫；散则卿亦谓之大夫。故《春秋》之例，皆称大夫也。《王制》疏引作：大夫者，达人，谓扶达于人也。《说苑·修文篇》：进贤达能，谓之卿大夫。盖当时书传有此语，故各引用也。”睽卦六五，得九二大夫之扶，进贤达能，已当出坎，故而悔消。此亦阴阳相睽而相得。

厥宗噬肤　《说文》：“宗，尊祖庙也。从宀，从示。”《大雅·凫鹥》：“既燕于宗。”《正义》曰：“既来与王燕于宗庙。”《诗集传》：“于宗之宗，庙也。”又，《说文》：“廟（庙），尊先貌也。从广，朝声。”段玉裁注：“小篆从广朝，谓居之与朝廷同尊者，为会意。”《孝经》：“为之宗庙，以鬼享之。”旧注云：“宗，尊也；庙，貌也。亲虽亡没，事之若生，为立宫室，四时祭之，若见鬼神之容貌。”《吕氏春秋·召类》：“夫修之于庙堂之上，而折冲乎于千里之外者，其司城子罕之谓乎？”古代帝王，遇大事，告于宗庙，议于明堂，故也以庙堂指朝廷。宗，即宗庙。王在宗庙，主祭祀议事，故在六五谓其宗。同人卦，离下乾上。离为王，王在宗庙，故六二曰：“同人于宗。”噬嗑卦，震下离上。《象》曰：“颐中有物，曰噬嗑。”睽卦，二之上，亦颐中有物之象，故亦曰噬。噬嗑六二曰：“噬肤灭鼻。”阳刚为骨，阴柔为肤。夬卦九四曰：“臀无肤。”即以其非阴。《广雅·释器》：“肤，肉也。”《仪礼·聘礼》：“肤、鲜鱼、鲜腊，设扃鼏。”贾公彦疏：“肤，豕肉也。”又，《特牲馈食礼》：“长兄弟对之，皆坐，佐食授举各一肤。”六五在坎，坎为豕，故曰肤。以肉献享，为尊祖议事之仪。厥宗噬肤，即谓在宗庙，分食祭肉，议决事宜，此亦睽而不睽之义。《尔雅·释言》：“厥，其也。”

往何咎　《象》曰：“厥宗噬肤，往有庆也。”往有庆，谓往有可庆贺。《凫鹥》：“既燕于宗，福禄攸降。公尸燕饮，福禄来崇。”又曰，“福禄来成”，“福禄来为”，“福禄来下”，“无有后艰”。郑笺：“成，故祖考以福禄来成女；为，犹助也；崇，厚重也。艰，难也。”孔颖达疏：“于此之时，成王祭宗庙，明日而与尸燕。公尸之来燕也，其来有尊敬孝子之心。既来与王燕于宗庙，则福禄从尸所，而下与王也。于时王与公尸，燕乐饮酒，故致福禄而来，重与王也。”按，厥宗噬肤，往何咎者，犹《诗》曰：“既燕于宗，福禄攸降。”即《象》曰：“往有庆也。”《诗序》曰：“《凫鹥》，守成也。太平之君子，能持盈守成，神祇祖考，安乐之也。”唯有持盈而不盈，方能守成。六五，谦柔居中，下纳谏诤，上事鬼神，是以悔亡，而有福庆，故曰往何咎，往有庆。《易林·大有第十四》：“离，凫鹥游泾，君子以宁，福德不愆，福禄来成。”其义与象，盖与睽卦六五同。

上九，睽孤，见豕负涂，载鬼一车。先张之弧，后说之弧。匪寇婚媾，往遇雨则吉。

〔译〕 上九，睽孤之王，见豕负土曳泥，鬼装满一车。王先张矢于弓，后放矢于弓。不强取相应，往前阴阳和，则吉利。

《象》曰："遇雨之吉，群疑亡也。"

〔证〕

睽孤，见豕负涂 上九在离，离为王，王自称孤。与九四同，皆阳居阴位，离异中道，故称睽孤。三虽有应，但非得位正应，故仍为睽孤。《说文新附》："塗（涂），泥也。从土，涂声。"《夏书·禹贡》曰："厥土惟塗泥。"《小雅·角弓》："毋教猱升木，如塗塗附。"毛传："塗，泥；附，著也。"《诗集传》："又如于泥塗之上，加以泥塗附之也。"《出车》："昔我往矣，黍稷方华；今我来思，雨雪载塗。"《诗集传》曰："塗，冻释而泥塗也。"是塗为泥涂。《说卦传》曰："坎为豕。"三之五为坎为豕，离为目为见，故曰见豕。见豕负涂，谓离之上九，见坎之豕，身上负有泥涂。坤阴为土，坎又为水，是以为泥土，即泥涂。上九在离，离与其在下之坎，本当阴阳相反相应；以其位不正，而不相应，视坎为污秽之物，故曰睽孤，见豕负涂。王弼注："处睽之极，睽道未通，故曰睽孤。己居炎极，三处泽盛，睽之极也。以文明之极，而观至秽之物，睽之甚也。豕而负涂，秽莫过焉。至睽将合，至殊将通，恢诡谲怪，道将为一。未至于洽，先见殊怪，故见豕负涂，甚可秽也。"

载鬼一车 伏羲八卦方位：乾南坤北，离东坎西。西方为阴方，阴方为鬼方。既济卦，离下坎上。九三曰："高宗伐鬼方。"于象，即离伐坎，离为王，坎为鬼。又，《说卦传》谓坎为轮，为舆，为曳，是以谓载鬼一车。阴亦为鬼，坎多阴，为载鬼一车。程氏传："上居卦之终，睽之极也。阳刚居上，刚之极也。在离之上，用明之极也。睽极，则拂戾而难合；刚极，则躁暴而不详；明极，则过察而多疑。上九，有六三之正，实不孤，而其才性如此，自睽孤也。如人虽有亲党，而多自疑猜，妄生乖离，虽处骨肉亲党之间，而常孤独也。上之与三，虽为正应，然居睽极，无所不疑，其见三如豕之污秽，而又背负泥土，见其可恶之甚也。既恶之甚，则猜成其罪恶，如见载鬼满一车也。鬼本无形，而见载之一车，言其以无为有，妄之极也。"

先张之弧，后说之弧 《系辞传》曰："弦木为弧，剡木为矢，弧矢之利，以威天下，盖取诸睽。"《说文》："弧，木弓也。从弓，瓜声。一曰往体寡，来体多曰弧。"桂馥义证："一曰往体寡，来体多曰弧者，《考工记·弓人》：往体寡，来体多，谓之王弓之属。王观国曰：王弓弧弓，合九而成规。往体寡而来体多，强弓也。赵宧光曰：今之筋角合成之弓，反弯如规，此往体多也。本性坚直，往屈不多，故曰往体寡。弦以强攀，庶几稍进，故曰来体多也。”睽卦，三之五为坎，四之上为离。坎为弓轮，离为君王。其坎隶属于离，为王弓。《说文》：“张，施弓弦也。从弓，长声。”《小雅·吉日》：“既张我弓，既挟我矢。”《正义》曰：“虞人既驱禽待天子，故言既已张我天子所射之弓，既挟我天子所射发之矢。”《经典释文》：“说，本或作税，又作脱，同，始锐反。”按，《召南·甘棠》：“蔽芾甘棠，勿剪勿拜，召公所说。”毛传：“说，舍也。”《左传》僖公二十八年：“公惧于晋，杀子丛以说焉。”谓解脱。于《易》，蒙卦初九曰：“用说桎梏。”小畜九三曰：“舆说辐。”大畜九二曰：“舆说輹。”遁卦六二曰：“执之用黄牛之革，莫之胜说。”困卦九五曰：“乃徐有说。”说，皆为解脱。是先张之弧，后说之弧，谓先张矢于弓，引而不发；后发矢于弓，释而不张。三之上有艮手执弓矢之象。坎为弓矢，为曳，为先张矢于弓；上九一矢离弓，为后发矢于弓。如此张弛相济，成文武之用。《论语·子张》：“莫不有文武之道焉。”《礼记·杂记》：“张而不弛，文武弗能也，弛而不张，文武弗为也。”郑氏注：“弓弩久张之，则绝其力；久弛之，则失其体。”一张一弛，似睽而不睽。

匪寇婚媾　《系辞传》曰：“天地絪缊，万物化醇；男女构精，万物化生。”天地男女，皆为阴阳。婚媾，言阴阳相应。《说文》段玉裁注：“匪，借为非”；“寇，暴疾”。屯卦，六二曰：“匪寇婚媾，女子贞不字，十年乃字。”贲卦，六四曰：“匪寇婚媾。”《象》曰：“当位疑也，匪寇婚媾。”皆谓不强求阴阳相应。睽卦，初九与九四，阳阳相敌；九二阳六五阴，阴阳相逆；六三与上九，阴阳 不当位。其睽，由不应到应，皆须以时，不可强求，故曰匪寇婚媾。睽卦，为春之卦，离位正东，为正月。《礼记·月令》云：“孟春行夏令，则雨水不时，草木蚤落，国时有恐。行秋令，则其民大疫，猋风暴雨总至，藜莠蓬蒿并兴。行冬令，则水潦为败，雪霜大挚，首种不入。”《正义》曰：“从上以来，论当月施令之事。若施之顺时，则气序调释；若施令失所，则灾害滋兴。故自此而下，论政失政灾之事。上既云毋变天之道，毋绝地之理，毋乱人之纪，今若施之不失，则三才相应，以人与天地，共相感动故也。”上九匪寇婚媾，盖谓三才感应，阴阳不可强暴取灾，亦相须之义。

往遇雨则吉　《系辞传》曰：“《易》穷则变，变则通，通则久，是以自天祐之，吉无不利。”又曰，“《易》之为书也，不可远，为道也屡迁。变动不居，周流六虚，上下无常。”睽卦上离，至上九则穷，是以往而来下，下兑升上，成离下兑上之革卦。兑为雨泽，离为火，阴阳相济，而不相悖，故曰吉。革卦卦辞曰：“革，巳日乃孚，元亨，利贞，悔亡。”《彖》曰：“革，水火相息，二女同居，其志不相得，曰革。巳日乃孚，革而信之。文明以说，大亨以正，革而当，其悔乃亡。天地革而四时成，汤武革命，顺乎天，而应乎人。革之时大矣哉!”由睽卦火动而上，泽动而下，水火相背；到革卦火炎上，泽润下，水火相息，是以谓往遇雨则吉。《象》曰：“遇雨之吉，群疑亡也。”谓至革之时，孚信文明，顺乎天地，而应乎民人。坤卦《文言》曰：“积善之家，必有余庆；积不善之家，必有余殃。臣弑其君，子弑其父，非一朝一夕之故，其所由来者渐矣，由辩之不早辩也。《易》曰：履霜坚冰至。盖言顺也。”由履霜至坚冰，乃渐变到突变。睽为矛盾渐变，则革为矛盾突变。《大戴礼记·曾子天圆》曰：“阴阳之气，各静其所，则静矣。偏则风，俱则雷，交则电，乱则雾，和则雨。”《春秋元命苞》曰：“阴阳和而为雨。”鼎卦九三曰：“方雨亏悔。”王弼注：“雨者，阴阳交和。”睽卦，孔颖达疏：“雨者，阴阳交和之道也。”是往遇雨则吉，谓阴阳交和则吉。盖谓对立统一，矛盾消除而和，和则吉。睽为春之卦，于时，阴阳和，雨水多，万物生，是以往遇雨则吉。

附：《礼记·月令》：“仲春之月，日在奎。”奎宿，又名封豕。《小雅·渐渐之石》云：“有豕白蹢。”《诗集传》引张子曰：“豕之负涂曳泥，其常性也。”故《易》曰见豕负涂。鬼，有四星，星光皆暗。中有一星团，晦夜可见，称积尸气。因象车箱，故称舆，阴暗谓之鬼，又称舆鬼，故曰载鬼一车。《史记·天官书》：“廁下一星曰天矢，其东有大星曰狼，下有四星曰弧，直狼。”弧，天弧，九星，象张开之弓。天矢，七星，象脱弧之矢，射向天狼。天狼，一大星。张弧在先，发矢在后，故曰先张之弧，后说之弧。《楚辞·九歌·东君》：“青云衣兮白霓裳，举长矢兮射天狼。操余弧兮反沦降，援北斗兮酌桂浆。”王逸注：“言日神来下，青云为上衣，白蜺为下裳也。日出东方，入西方，故用其方色，以为饰也。天狼，星名，以喻贪残。日为王者，王者受命，必诛贪残，故曰举长矢，射天狼，言君当诛恶也。言日诛恶以后，复循道而退，下入太阴之中，不伐其功也。斗，谓玉爵。言诛恶既毕，故引玉斗酌酒浆。以爵命贤能，进有德也。”《系辞传》曰：“古者包牺氏之王天下也，仰则观象于天，俯则观法于地，观鸟兽之文，与地之宜；近取诸身，远取诸物，于是始作八卦，以通神明之德，以类万物之情。”此爻，或以天文类人事，亦未可知。

第三十九卦　庚　子

☵ 坎上
☶ 艮下

蹇，利西南，不利东北。利见大人，贞吉。

〔译〕　蹇，利于西南，不利于东北。利于大人，正道吉利。

《彖》曰："蹇，难也，险在前也。见险而能止，知矣哉。蹇利西南，往得中也。不利东北，其道穷也。利见大人，往有功也。当位贞吉，以正邦也。蹇之时用大矣哉！"

《象》曰："山上有水，蹇，君子以反身修德。"

〔证〕

艮下坎上　伏羲八卦，坎位正西方，为七月；艮位西北方，为八九月。上卦为往，下卦为来。艮下坎上，为七月已往，八九月正来，为秋季之象。《月令·孟秋之月》云："凉风至，白露降，寒蝉鸣，鹰乃祭鸟，用始行戮。"《仲秋之月》云："是月也，日夜分，雷始收声，蛰虫坏户，杀气浸盛，阳气日衰，水始涸。"《释文》："坏，音陪。"《季秋之月》云："是月也，霜始降，则百工休。乃命有司曰：寒气总至，民力不堪，其皆入室。是月也，草木黄落，乃伐薪为炭。蛰虫咸俯在内，皆墐其户。"是七、八、九月，阴气渐盛，故而《彖》曰："蹇，难也，险在前也。"于十二消息，七月为坤下乾上，为否卦。卦辞曰："否之匪人，不利君子贞，大往小来。"《彖》曰："否之匪人，不利君子贞，大往小来，则是天地不交，而万物不通也；上下不交，而天下无邦也。内阴而外阳，内柔而外刚，内小人而外君子，小人道长，君子道消也。"《象》曰："天地不交，否，君子以俭德辟难，不可荣以禄。"此亦险在前之谓。

在六十四卦中，坎上、坎下，凡十六见。屯卦，震下坎上。《彖》曰："刚柔始交而难生，动乎险中。"此坎，谓初生之险难。蒙卦，坎下艮上。《象》曰："山下有险，险而止，蒙。"此坎，谓稚生之险难。需卦，乾下坎上。《彖》曰："需，须也，险在前也。"此坎，谓前有险。讼卦，坎下乾上。《彖》曰："讼，上刚下险，险而健。"此坎，谓诉讼之险。师卦，坎下坤上。《彖》曰："刚中而应，行险而顺。"此坎，谓行师之险。比卦，坤下坎上。《彖》曰："后夫凶，其道穷也。"此坎，谓道穷之险。习坎卦，坎下坎上。《彖》曰："习坎，重险也。"此坎，谓重险之险。解卦，坎下震上。《彖》曰："解，险以动，动而免乎险。"此坎，谓出险之险。困卦，坎下兑上。《彖》曰："困，刚掩也。"此坎，谓君子之困险。井卦，巽下坎上。《彖》曰："羸其瓶，是以凶也。"此坎，谓井坏之险。涣卦，坎下巽上。《彖》曰："利涉大川，乘木有功也。"此坎，谓大川之险。

节卦，兑下坎上。《象》曰：“苦节不可贞，其道穷也。”此坎，谓苦节之险。既济卦，离下坎上。《象》曰：“终止则乱，其道穷也。”此坎，谓道穷之险。未济卦，坎下离上。《象》曰：“无攸利，不续终也。”此坎，谓不续终之险。《说卦传》曰：“坎，陷也。”阳陷阴中为陷。圣人因象系辞，是以凡有坎象，皆有险难不利之言。蹇卦，艮下坎上。《象》曰：“蹇，难也，险在前也。”亦上坎为难为险。

又，屯卦《象》曰：“动乎险中，大亨贞。”谓上坎九五为大为正。蒙卦《象》曰：“蒙亨，以亨行时中也。”又曰，“以刚中也。”谓下坎九二居中。需卦《象》曰：“贞吉，位乎天位，以正中也。”谓上坎九五，得中得正，得天位。讼卦《象》曰：“中吉，刚来而得中也。”谓下坎九二得中。师卦《象》曰：“能以众正，可以王矣。刚中而应，行险而顺，以此毒天下，而民从之。”谓下坎九二得中。比卦《象》曰：“元永贞，无咎，以刚中也。”谓上坎九五中正。习坎卦《象》曰：“维心亨，乃以刚中也；行有尚，往有功也。”谓下坎九二得中，上坎九五得中。解卦《象》曰：“其来复吉，乃得中也。”谓下坎九二得中。困卦《象》曰：“贞，大人吉，以刚中也。”谓下坎九二得中。井卦《象》曰：“改邑不改井，乃以刚中也。”主要谓上坎九五中正。涣卦《象》曰：“涣亨，刚来而不穷。”谓下坎九二来于中。节卦《象》曰：“节亨，刚柔分，而刚得中。”又曰，“位当以节，中正以通。”谓上坎九五，得中得正。既济卦《象》曰：“利贞，刚柔正，而位当也。”谓上坎九五，得中正之位。未济卦《象》曰：“小狐汔济，未出中也。”谓下坎九二，未出中位。是故，八卦之坎，为险为难；上下之坎，二、五中正。是不利又有利，有利寓于不利。故《老子》曰：“祸兮，福之所倚；福兮，祸之所伏。”

又，坎在下者，初六、九二、六三，全不当位，故其坎险之象重。然九二得中，往上与五之王位相应，是九二为君子；初六、六三，则不当其位。坎在上者，六四、九五、上六，全当其位，故其坎险之象轻。并九五得中得正，有二之得中者来应，是以九五为君王，六四为顺臣，上六则当位以终。九二君子得中，则忠于君王；九五君王得正，则正于万邦。《系辞传》曰：“《易》之兴也，其于中古乎？作《易》者其有忧患乎？”坎本为水，然于十六卦有坎象者，皆言险，是其作《易》者，有忧患意识。故坎之阳爻，处坎而中，补过救危，化险为夷。《孟子·告子下》：“孟子曰：舜发于畎亩之中，傅说举于版筑之间，胶鬲举于鱼盐之中，管夷吾举于士，孙叔敖举于海，百里奚举于市。故天将降大任于是人也，必先苦其心志，劳其筋骨，饿其体肤，空乏其身，行拂乱其所为，所以动心忍性，曾益其所不能。人恒过，然后能改；困于心，衡于虑，而后作；征于色，发于声，而后喻。入则无法家拂士，出则无敌国外患者，国恒亡。然后知生于忧患，而死于安乐也。”蹇卦上坎，阳处险，而得中正之道，是生于忧患之类。《象》曰：“蹇，利西南，往得中也；利见大人，往得功也；当位贞吉，以正邦也。”皆以坎主其义。

《说卦传》曰："坎为水"，"艮为山"。蹇卦，艮下坎上，山重水复，可谓大难。故《象》曰："蹇，难也。"又,《说卦传》曰："艮，止也。"艮卦，艮下艮上。《彖》曰："艮，止也。时止则止，时行则行，动静不失其时，其道光明。艮其止，止其所也。"又,《象》曰："兼山，艮，君子以思不出其位。"亦谓艮为止其当止。习坎卦，坎下坎上。《彖》曰："天险不可升也，地险山川丘陵也。"于《易》，上卦为天卦，下卦为地卦，是以天险谓上坎，地险谓下坎。蹇卦，艮下坎上。险在天位，是天险不可升登。又，二之四为坎，坎为水；三之五为离，离为火。卦中水火迭见，险象环生。故《彖》曰："蹇，难也，险在前也，见险而能止，知矣哉!"《老子》曰："夫亦将知止，知止可以不殆。""知止不殆，可以长久。"又曰，"出生入死：生之徒，十有三；死之徒，十有三；人之生，动之死地，亦十有三。夫何故？以其生生之厚。盖闻善摄生者，陆行不遇兕虎，入军不被甲兵。兕无所投其角，虎无所措其爪，兵无所容其刃。夫何故？以其无死地。"不入死地，所以无死，此亦艮止于坎险之下，止其当止，是以为智。

李鼎祚《周易集解》，引虞翻曰："离见坎险，艮为止。观乾为知，故知矣哉。"李道平纂疏："外卦互离目，故云离见。坎《彖》曰：习坎，重险也，故云坎险。《说卦》，艮，止也，故云艮止。五体观乾也,《系上》，乾以易知，故为知。又：夫乾，天下之至健也，德行　易以知险，故曰见险而能止，知矣哉。六爻皆有蹇象，唯九五当位正邦，余皆利止，见险而止之义也。"程氏传："蹇，险阻之义，故为蹇难。为卦，坎上艮下。坎，险也；艮，止也。险在前而止，不能进也。前有险陷，后有峻阻，故为蹇也。"曰，"屯，亦难也；困，亦难也。同为难，而义则异。屯者，始难而未得通；困者，力之穷；蹇，乃险阻艰难之义，各不同也。险在前也，坎险在前；下止而不得进，故为险。"又曰，"上险而下止，见险而能止也。犯险而进，则有悔吝，故美其能止为知也。方蹇难之时，唯能止为善。故诸爻，除五与二外，皆以往为失，来为得也。"

师卦，坎下坤上。《彖》曰："师，众也；贞，正也。能以众正，可以王矣。"又曰，"刚中而应，行险而顺，以此毒天下，而民从之。"《象》曰："地中有水，师，君子以容民畜众。"是坎有君民之象。比卦，坤下坎上。《彖》曰："比，吉也；比，辅也，下顺从也。"又曰，"以刚中也，不宁方来，上下应也。"《象》曰："地上有水，比，先王以建万国，亲诸侯。"其九五曰："显比，王用三驱，失前禽。"《象》曰："显比之吉，位正中也。"是坎有天子之象。又，谦卦，艮下坤上。初六曰："谦谦君子，用涉大川。"《象》曰："谦谦君子，卑以自牧也。"九三曰："劳谦，君子有终。"《象》曰："劳谦君子，万民服也。"是艮为山，山为君子之象。剥卦，坤下艮上。《彖》曰："不利有攸往，小人长也。君子尚消息盈虚，天行也。"小人长，谓下坤；君子尚消息盈虚，谓上艮。是艮为君子，故上九曰："硕果不食，君子得舆。"其《象》曰："君子得舆，民所载也。"

上艮，阳在阴上，为君子。蹇卦，坎上艮下。坎为王，为天子；艮为臣，为君子。下事上，臣事君，其险在前，为蹇为难。

《史记·宋微子世家》："微子者，殷帝乙之首子，而帝纣之庶兄也。纣既立，不明，淫乱于政。微子数谏，纣不听。及祖伊以周西伯昌之修德，灭阢国，惧祸至，以告纣。纣曰：我生不有命在天乎，是何能为？于是，微子度纣终不可谏，欲死之。及去，未能自决，乃问于太师、少师。太师若曰：王子！天笃下灾亡殷国，乃毋畏畏，不用老长；今殷民，乃陋淫神祇之祀。今诚得治国，国治身死不恨；为死，终不得治，不如去。遂亡。箕子者，纣亲戚也。纣始为象箸，箕子叹曰：彼为象箸，必为玉杯；为杯，则必思远方珍怪之物，而御之矣；舆马宫室之渐，自此始，不可振也。纣为淫泆，箕子谏，不听。人或曰：可以去矣。箕子曰：为人臣，谏不听，而去，是彰君之恶，而自说于民，吾不忍为也。乃被发，详狂为奴。王子比干者，亦纣之亲戚也。见箕子谏不听，而为奴，则曰：君有过，而不以死争，则百姓何辜！乃直言谏纣。纣怒曰：吾闻圣人之心，有七窍，信有诸乎？乃遂杀王子比干，刳视其心。"此臣事君之险。

《中论·智行》："或问曰：士或明哲穷理，或志行纯笃，二者不可兼，圣人将何取？对曰：其明哲乎！夫明哲之为用也，乃能殷民阜利，使万物无不尽其极者也。圣人之可及，非徒空行也，智也。伏羲作八卦，文王增其辞，斯皆穷神知化，岂徒特行善而已乎？昔武王崩，成王幼，周公居摄。管、蔡启殷畔乱，周公诛之。成王不达，周公恐之。天乃雷电风雨，以彰周公之德。然后成王悟。成王非不仁厚于骨肉也，徒以不聪睿之故，助畔乱之人，几丧周公之功，而坠文武之业。殷有三仁，微子介于石，不终日；箕子内难，而能正其志；比干谏，而剖心。君子以微子为上，箕子次之，比干为下。故《春秋》大夫见杀，皆讥其不能以智自免也。且徐偃王知修仁义，而不知用武，终以亡国；鲁隐公怀让心，而不知佞伪，终以致杀；宋襄公守节，而不知权，终以见执；晋伯宗好直，而不知时变，终以陨身；叔孙豹好善，而不知择人，终以凶饿。此皆蹈善，而少智之谓也。故《大雅》贵既明且哲，以保其身。"蹇卦《彖》曰："见险而能止，知矣哉！"知，音智。微子度纣终不可谏，遂亡；成王然后悟，逆周公于东土，皆见险而能止，乃智者。

《岁时广记》云："春，《孔子家语》曰：春者，四时之首也。《尚书大传》曰：春，出也，万物之所出也。《礼记·乡饮酒》曰：东方曰春，春之为言蠢也。《淮南子》曰：春为规，规者，所以圜万物也。规度不失，生气乃理。前汉《律历志》曰：少阳者，东方。东，动也，阳气动物，于时为春。春，蠢也，物蠢生乃动，运木曲直。仁者生，生者圜，故为规也。《月令》曰：春三月，其日甲乙，其帝大皞，其神勾芒，其虫鳞。夏，《礼记·乡饮酒》曰：南方曰夏。夏之为言假也，养之长之假之，仁也。《太玄经》曰：

夏者，物之修长也。董仲舒《策》曰：阳常居大夏，以生育养为事。《淮南子》曰：夏为衡，衡者，所以平万物也。前汉《律历志》曰：太阳者，南方。南，任也，阳气任养物，于时为夏。夏，假也，物假大，乃宣平，火炎上。礼者齐，齐者平，故为衡也。《月令》曰：夏三月，其日丙丁，其帝炎帝，其神祝融，其虫羽。秋，《礼记·乡饮酒》曰：秋，秋之为言愁也，愁之以时察守义者也。《太玄经》曰：秋者，物皆成象而聚也。《管子》曰：秋者，阴气始下，故万物收。《说文》曰：秋，禾谷熟也。《淮南子》曰：秋为矩矩者，所以方万物也。前汉《律历志》曰：少阴者西方。西，迁也，阴气迁落物，于时为秋。秋，揫也，物揫敛乃成熟。金从革，改更也。义者成，成者方，故为矩也。《月令》曰：秋三月，其日庚辛，其帝少皞，其神蓐收，其虫毛。"按，伏羲八卦，离正东，为正月，兑东南，为二、三月，睽卦，兑下离上，是为春之卦。在四月大过之后，水洊至，则为夏，习坎卦，坎下坎上，是为夏之卦。坎正西，为七月，艮西北，为八、九月，蹇卦，艮下坎上，是为秋之卦。于《易》，特此三卦，《彖》曰："时用大矣哉！"盖春生，夏长，秋收，赖斯三时。

蹇 《楚辞·离骚》："余固知謇謇之为患兮，忍而不能舍也。"王逸注："謇謇，忠贞貌也。《易》曰：王臣謇謇，匪躬之故。舍，止也。言已知忠言謇謇，谏君之过，必为身患；然中心不能自止，而不言也。"洪兴祖补曰："今《易》作蹇蹇，先儒引经多如此，盖古今本，或不同耳。"又，"汝何博謇而好修兮？"王注："女嬃数谏屈原，言汝何为独博采往古，好修謇謇？《文选》作蹇。"《思美人》："蹇蹇之烦冤兮。"王注："忠谋盘纡，气盈胸也。"洪补曰："《易》曰：王臣蹇蹇。"又，"蹇独怀此异路。"王注："遭逢艰难，思忠臣也。"《招魂》："謇其有意些。"王注："謇，正言貌也。謇，一作蹇。"《九叹·愍命》："虽謇謇以申志兮，君乖差而屏之。"王注："言已虽竭忠謇謇，以重达其志，君心乃乖差，而不与我同，故遂屏弃，而不见用也。謇，一作蹇。"

《史记·晋世家》："八年，使郤克于齐。齐顷公母，从楼上观而笑之。所以然者，郤公偻，而鲁使蹇，卫使眇，故齐亦令人如之，以导客。"蹇，跛足难行貌。又，《汉书·循吏传》："遂，为人忠厚，刚毅有大节，内谏争于王，外责傅相。引经义，陈祸福，至于涕泣，蹇蹇亡已。"《汉纪·昭帝纪》："龚遂亦数直谏，陈祸福，号泣謇謇无已。"前者作蹇蹇，后者作謇謇，是蹇、謇通用。《说文》："蹇，跛也。从足，寒省声。"段玉裁注："《易》曰：蹇，难也。行难谓之蹇，言难亦谓之蹇。俗作謇，非。"朱骏声《说文通训定声》曰："转注：《易·序卦》：蹇者，难也。"钱绎《方言笺疏》曰："蹇、謇，古今字。"按，《说文》无謇字，盖为后出，以合言难之意。析言之，有行难，有言难；浑言之，言难亦行难。蹇，以行赅言，是蹇卦之难，谓言行皆难。段氏《六书音均表一》

曰："训古之学，古多取诸同部。如：仁者，人也；义者，宜也；礼者，履也。"蹇与难，皆在十四部，是蹇、难同部通训。故《彖》曰："蹇，难也。"

蹇卦，取象于秋。《豳风·七月》云："七月流火，九月授衣。一之日觱发，二之日栗烈，无衣无褐，何以卒岁？"毛传："火，大火也；流，下也。九月霜始降，妇功成，可以授冬衣矣。一之日，十之余也。一之日，周正月也；觱发，风寒也。二之日，殷正月也；栗烈，寒气也。"郑笺："大火者，寒暑之候也。火星中，而寒暑退，故将言寒，先著火所在。褐，毛布也；卒，终也。此二正之月，人之贵者无衣，贱者无褐，将何以终岁乎？是故，八月则当绩也。"《正义》曰："昭三年《左传》：张趯曰：火星中，而寒暑退。服虔云：火，大火，心也。季冬十二月平旦，正中，在南方，大寒退；季夏六月黄昏，火星中，大暑退：是火为寒暑之候事也。知此两月昏旦，火星中者，《月令》：季夏昏，火星中。六月既昏中，以冲反之，故十二月旦而中也。"杨伯峻《春秋左传注》："火，大火，即心宿二，天蝎座α星。心宿二，为一等星。夏末，于黄昏时，在天空中，暑气渐消；冬末，在将天明时，在天空中，寒气渐消。"是自七月以后，暑退寒来；至冬，寒气栗烈，万物凋落，为险在前之象。故《彖》曰："蹇，难也，险在前也。"

利西南，不利东北 《说卦传》曰："天地定位，山泽通气，雷风相薄，水火不相射，八卦相错。数往者顺，知来者逆，是故《易》逆数也。"朱熹《周易本义》云："邵子曰：此伏羲八卦之位：乾南，坤北，离东，坎西；兑居东南，震居东北；巽居西南，艮居西北。于是八卦相交，而成六十四卦，所谓先天之学也。起震，而历离、兑，以至于乾，数已生之卦也。自巽，而历坎、艮，以至于坤，推未生之卦也。《易》之生卦，则以乾、兑、离、震、巽、坎、艮、坤为次，故皆逆数也。"又，"邵子曰：乾一，兑二，离三，震四，巽五，坎六，艮七，坤八。自乾至坤，皆得未生之卦，若逆推四时之比也。"利西南，不利东北，谓利巽，不利震。巽，阴来姤阳，以阴推阳，震，一阳来复，以阳推阴。《系辞传》曰："寒往则暑来，暑往则寒来，寒暑相推，而岁成焉。往者屈也。来者信也，屈信相感，而利生焉。"利西南，谓利阴气之生。蹇卦，秋之卦。按十二消息，七月三阴生，八月四阴生，九月五阴生，得阴盛之象，是以谓利阴。不利东北，谓不利阳气之生。七月三阳退，八月四阳退，九月五阳退，成硕果仅存，是以谓不利阳。坤卦卦辞曰："西南得朋，东北丧朋。"《彖》曰："西南得朋，乃与类行；东北丧朋，乃终有庆。"朋谓阴，此即谓阴利西南，不利东北。

《彖》曰："蹇，利西南，往得中也；不利东北，其道穷也。"谓自七月以往，至九月，五阴生，阴得六二、六五，上下中位。自十月以后，至十一月，阴极阳生，渐丧其朋，为其道穷。坤卦，坤下坤上。六二曰："直方大，不习无不利。"《象》曰："六二之动，直以方也。不习无不利，地道光也。"《文言》曰："直其正也。言其义也，君子敬以直内，义以方外，敬义立，而德不孤。直方大，不习无不利，则不疑其所行也。"《象》主地道之光，《文言》主人德之美。又，六五曰："黄裳，元吉。"《象》曰："黄裳元吉，文在中也。"《文言》曰："君子黄中通理，正位居体，美在其中，而畅于四支，发于事业，美之至也。"蹇卦，利西南，不利东北，谓君子当如阴道，利西南得朋，不利东北丧朋，应如坤中之道。

利见大人 易卦，利见大人凡七见。乾卦，见于九二和九五；讼卦，见于卦辞；蹇卦，见于卦辞和上六；萃卦，见于卦辞；巽卦，见于卦辞。以上各卦大人，皆谓九五；乾卦九二，得下乾之中，故亦谓大人。蹇卦上六，往蹇来硕吉，是其大人，亦谓九五。因九五得中得正，于大人有利，为利见大人。又，六爻相杂，唯其时物，各卦卦象不同，所利也异。蹇卦《彖》曰："利见大人，往有功也。"《说文》："国，以劳定国也。"段玉裁注："《司勋》曰：国功曰功。郑曰：保全国家若伊尹。许则举《祭法》文以释之也。《诗》：以奏肤公。传曰：肤，大也；公，功也，此谓假公为功也。"《周礼·司勋》，贾公彦疏："郑知保全国家者，以其言国继国而言，故知是保全国家者也。以伊尹比之者，以汤时天下太平；汤崩，孙太甲即位，不明政事，伊尹为数篇书，以谏之；谏既不入，乃放之桐宫；三年思庸，复归于亳，国家得全，故以伊尹拟之耳。"蹇卦，艮下坎上，有伊尹、太甲之象；又周公、成王之象。利见大人，犹利于太甲与成王。往有功，犹伊尹与周公，往有功于国。卦爻二、五相应，即此之谓。

贞吉 《象》曰："当位贞吉，以正邦也。"《系辞传》曰："圣人之大宝曰位。"《六书故·工事二》："邦，国也。别而言之，则城郭之内曰国，四境之内曰邦。"《玉篇·邑部》："邦，界也。"《周礼》："大宰之职，掌建邦之六典，以佐王治邦国：一曰治典，以经邦国，以治官府，以纪万民；二曰教典，以安邦国，以教官府，以扰万民；三曰礼典，以和邦国，以统百官，以谐万民；四曰政典，以平邦国，以正百官，以均万民；五曰刑典，以诘邦国，以刑百官，以纠万民；六曰事典，以富邦国，以任百官，以生万民。"郑氏注："大曰邦，小曰国，邦之所居亦曰国。《小宰职》曰：六曰各宫，其属六十，掌邦事。"孙诒让《周礼正义》曰："此经上曰邦者，据王国而言；下言邦国者，总举大小国通言之。王国亦曰国，故《诅祝》注云：国谓王之国。邦国，诸侯国也。贾疏云：《周礼》凡言邦国者，皆是诸侯之国。此言大曰邦，小曰国者，止据此文邦在上，国在下，故为此解。"蹇卦贞吉，当位贞吉，以正邦也，是指九五，得二、四比辅，居中正位，以正邦国，盖谓以正天下邦国。

《大雅·文王》："命之不易，无遏尔躬。宣昭义问，有虞殷自天。上天之载，无声无臭。仪刑文王，万邦作孚。"《诗集传》："遏，绝；宣，布；昭，明；义，善也。问，闻通；有，又通；虞，度；载，事；仪，象；刑，法；孚，信也。言天命之不易保，故告之使无若纣，之自绝于天，而布明其善誉于天下。又度殷之所以废兴者，而折之于天。然上天之事，无声无臭，不可得而度也。惟取法于文王，则万邦作而信之矣。子思子曰：维天之命，于穆不已，盖曰天之所以为天也，于乎不显。文王之德之纯，盖曰文王之所以为文也，纯亦不已。夫知天之所以为天，又知文王之所以为文，则夫与天同德者，可得而言矣。”又曰，“东莱吕氏曰：《吕氏春秋》引此诗，以为周公所作。味其词意，信非周公不能作也。”按，《诗序》孔颖达疏：“经五章以上，皆是受命作周之事也；六章以下，为因戒成王，言以殷亡为鉴，用文王为法，言文王之能伐殷，其法可则于后。”九五，在坎险之中，贞吉，当位贞吉，以正邦也，是危者使平之道。

《象》曰：“山上有水，蹇，君子以反身修德。”按，蹇卦，艮下坎上。康殷《文字源流浅说》：“艮，因象人眼之目，有极明显的方向性，即内眥向前，外眥向后，而一般人形之人，则以有臂的方向为前。据此，我们可确知，这里的艮形中，目向前，而人身向后，乃扭头向后回顾之状。与一般见字之眼、身，一致向前方的见，有严格区别。注：篆作艮，古恨切。由此顾盼之形，及艮声推测，应即回顾、顾盼之顾的本字；顾，是后来借声代用字。补：近年，始见唐兰先生，早已有类似的发见。此老确有灼识，不同流俗。”又曰，“限，《金》释限：象回顾时，目光为山崖阻蔽，用以表示限止、阻止等意，艮亦声。”按，见字，一般眼、身、手向左；艮字，身、手向右，是艮之文，为反身之状。艮卦，艮下艮上。卦辞曰：“艮其背，不获其身。”即见背不见身。蹇卦，坎上，为前有水有险。艮下，为君子见险而反身：是山上有水，蹇，君子以反身修德。《说文》：“㐆，归也，从反身。”徐锴系传：“古人所谓反身修道，故曰归也。”即是此义。又，谦卦，艮下坤上。卦辞曰：“谦，君子有终。”郑注：“艮为山，坤为地。山体高，今在地下。其于人道，高能下下，谦之象。”按，自贬损以下人，唯君子能之，是艮下为君子。又，谦卦初六曰：“谦谦君子，利涉大川。”《象》曰：“谦谦君子，卑以自牧也。”九三曰：“劳谦君子，有终吉。”《象》曰：“劳谦君子，万民服也。”是艮在下，为君子之象。又，艮为山，山为积厚，犹积德，积德即修德。是艮为君子，为反身，为修德。

《虞书·大禹谟》：“帝曰：咨，禹！惟时有苗弗率，汝徂征。禹乃会群后，誓于师曰：济济有众，咸听朕命。蠢兹有苗，昏迷不恭；侮慢自贤，反道败德；君子在野，小人在位；民弃不保，天降之咎。肆予以尔众士，奉辞伐罪。尔尚一乃心力，其克有勋。三旬，苗民逆命。益赞于禹曰：惟德动天，无远弗届。满招损，谦受益，时乃天道。帝初于历山，往于田，日号泣于旻天；于父母，负罪引慝。祗载见瞽瞍，夔夔齐慄；瞽亦允若。至諴感神，矧兹有苗。禹拜昌言曰：俞，班师振旅。帝乃诞敷文德，舞干羽于两阶。七旬，有苗格。”以师临苗，三旬苗民逆命；舞干羽于两阶，七旬苗自来服。盖亦险在前，弃武修文，君子以反身修德之类。

《小雅・十月之交》："彼月而食，则维其常；此日而食，于何不臧？烨烨震电，不宁不令。百川沸腾，山冢崒崩。高山为谷，深谷为陵。哀今之人，胡憯莫惩？"郑笺："臧，善也；烨烨，震电貌；震，雷也；崒者，崔嵬；憯，曾；惩，止也。云雷电过常，天下不安，政教不善之征。百川沸出，相乘陵者，由贵小人也。易位者，君子居下，小人处上之谓也。变异如此，祸乱方至。哀哉今在位之人，何曾无以道德止之？"《诗集传》："而以月食为其常，日食为不臧者，阴亢阳而不胜，犹可言也；阴胜阳而掩之，不可言也。故《春秋》日食必书，而月食则无纪焉，亦以此尔。"又曰，"言非但日食而已，十月而雷电，山崩水溢，亦灾异之甚者。是宜恐惧修身，改纪其政。"蹇卦，三之五为离，离为日；四之上为坎，坎为月。日下月上，日被月掩，为日食，为不臧。又，离为火，为电，为烨烨震电，为不宁不令。二之四为坎，四之上为坎，坎水并流，而溢出其上，必致崩塌，为山冢崒崩。山为高，今在水下，为河谷，是高岸为谷。河谷应在山下，今在山上，是深谷为陵。卦象与诗象合，是君子以反身修德，犹是宜恐惧修身，改纪其政。《孟子・离娄上》曰："行有不得者，皆反求诸已。"

《小雅・雨无正》之《序》曰："《雨无正》，大夫刺幽王也。雨自上下者也，众多如雨，而非所以为政也。"《正义》曰："雨从上而下于地，犹教令从王而下于民。而王之教令，众多如雨，然事皆苛虐。情不恤民，而非所以为政教之道，故此作诗以刺之。"《诗》曰："凡百君子，各敬尔身。胡不相畏，不畏于天。"郑笺："凡百君子，谓众在位者，各敬慎女之身，正君臣之礼。何为上下不相畏乎？上下不相畏，是不畏于天。"《诗集传》："然凡百君子，岂可以王之为恶，而不敬其身哉？不敬尔身，不相畏也；不相畏，不畏天也。"《诗》曰雨无正，君子敬慎尔身；《易》曰山上有水，君子以反身修德。谓惟其上乱之时，臣子必先自敬慎修德，以匡王辅政。孔颖达《周易正义》曰："蹇难之时，未可以进，惟宜反求诸身，自修其德，道成德立，方能济险，故曰君子以反身修德也。"蹇卦，二之四为坎，坎为雨为律；三之五为离，离为日为晴；四之上为坎，坎为雨为律。是晴雨不定，为雨不正，条律如雨。又，九五陷于阴中，为王之政教，不正如雨。艮为反身，为山，为君子以反身修德。

睽卦和蹇卦，互为邻卦错卦。《序卦传》曰："睽者，乖也。乖必有难，故受之以蹇。蹇者，难也。"崔觐曰："二女同居，其志乖，而难生，故曰乖必有难也。"谓睽乖而生蹇难，是以互为邻卦。按，睽卦；春之卦；蹇卦，秋之卦。两卦春秋阴阳相反，互为错卦。《吕氏春秋・孟春纪》云："无聚大众，无置城郭。是月也，不可以称兵，称兵必有天殃。兵戎不起，不可以从我始。"《仲春纪》云："是月也，耕者少舍。无作大事，以妨农功。"《季春纪》云:"是月也,命野虞,无伐桑柘。省妇使,劝蚕事。"又,《孟秋纪》云:"天子乃命将帅,选士厉兵,简练桀俊,专任有功,以征不义。诘诛暴慢,以明好恶,巡彼远方。"《仲秋纪》云:"命有司,申严百刑,斩杀必当,无或枉桡。枉桡不当,反受其殃。"《季秋纪》云:"是月也,天子乃教于田猎,以习五戎、獀马,及七驺咸驾,载旍旐。天子乃厉服厉饬,执弓操矢以射。"春季,阳生物,百姓耕田、采桑、养蚕,故睽卦卦辞曰:"小事吉。"秋季,阴杀物,天子征伐、申刑、厉兵,是为大事。故睽卦、蹇卦,两卦季节相反,事情亦反,互为错卦。

又,屯卦,震下坎上。《彖》曰:"屯,刚柔始交而难生,动乎险中,大亨贞。"震为刚柔始交,为动,坎为险,为动乎险中;以其十一月为阳复,所以大者亨通,而得时之正。此谓险在前,而宜动不止。即《象》曰:"宜建侯而不宁。"需卦,乾下坎上。《彖》曰:"需,须也,险在前也,刚健而不陷,其义不困穷矣。需,有孚,光亨,贞吉,位乎天位,以正中也。利涉大川,往有功也。"需卦,虽险在前,然乾为刚健,而不陷险,位乎天位以正中,故止须待时,利涉大川,往而有功。此谓险在前,须待而动。蹇卦,艮下坎上。《彖》曰:"蹇,难也,险在前也。见险而能止,知矣哉!蹇利西南,往得中也;不利东北,其道穷也。"蹇为秋之卦,因此西南之巽,阴来消阳,阴往而得时之中,故见阴来之险,而能止者为智。此谓险在前,见险而能止。节卦,兑下坎上。《彖》曰:"苦节不可贞,其道穷也。说以行险,当位以节,中正以通。"兑为说,坎为险。说以行险,即悦以行险。此谓险在前,不以为苦,而以为乐。此上四卦,皆险在前,圣人审时度势,得其所宜。

初六,往蹇来誉。

〔译〕 初六,往上则遇险难,来下则得称誉。

《象》曰:"往蹇来誉,宜待也。"

〔证〕

往蹇来誉 《说卦传》曰:"坎,陷也","艮,止也。"习坎卦,坎下坎上。《彖》曰:"习坎,重险也。水流而不盈,行险而不失其信。天险不可升也,地险山川丘陵也。王公设险以守其国,险之时用大矣哉!"又,艮卦,艮下艮上。《彖》曰:"艮,止也。时止则止,时行则行,动静不失其时,其道光明。艮其止,止其所也。"以上,坎皆谓险,艮皆言止。险各有异,止各不同。蹇卦,艮下坎上,七至九月之卦。利西南,不利东北,利于阴,不利于阳,所止于险,谓止于时艰。乾卦《文言》曰:"亢之为言也,知进而不知退,知存而不知亡,知得而不知丧,其唯圣人乎?知进退存亡,而不失其正者，其唯圣人乎！”蹇卦，即见险而能止之义。故六爻皆曰蹇，除二、五中正以外，四爻皆曰往蹇。

《象》曰：“往蹇来誉，宜待也。”《说文》：“誉，稱（称）也。”《左传》昭公二年：“季氏有嘉树焉，宣子誉之。”杜预注：“誉其好也。”《论语·卫灵公》：“吾之于人也，谁毁谁誉？”邢昺疏：“誉，谓称扬。”坤卦六四曰：“括囊，无咎无誉。”又，《系辞传》曰：“二多誉，四多惧。”是誉与咎、惧，相反相对。蹇卦初六，往与六四，四在坎险之体，是以初六往则遇难。初在艮体，艮为止，是以止待为本。艮卦，《象》曰：“兼山，艮，君子以思不出其位。”君子不出其位，为知止于礼。初六曰：“艮其趾，无咎。”《象》曰：“艮其趾，未失正也。”王弼注：“处止之初，行无所之，故止其趾，乃得无咎。”蹇之初六，亦处之初，不行而止其趾，不失其正，亦不获咎遇难，故而反得称誉。《象》曰：“见险而能止，知矣哉！”即往蹇来誉之谓。按，艮卦，艮下艮上。初之三为艮，二之四为坎。艮为 止，坎为险。初往则遇险，是与蹇卦初六象同，故其辞义仿佛，皆见险而能止之谓。

《韩非子·解老》曰：“是以圣人爱精神，而贵处静。此甚大于兕虎之害。夫兕虎有域，动静有时。避其域，省其时，则免其兕虎之害矣。民独知兕虎，之有爪角也；而莫知万物，之尽有爪角也，不免于万物之害。何以论之？时雨降集，旷野闲静，而以昏晨犯山川，则风露之爪角害之；事上不忠，轻犯禁令，则刑法之爪角害之；处乡不节，憎爱无度，则争斗之爪角害之；嗜欲无限，动静不节，则痤疽之爪角害之；好用其私智，而弃道理，则网罗之爪角害之。兕虎有域，而万害有原；避其域，塞其原，则免于诸害矣。远诸害，故曰兕无所投其角，虎无所错其爪，兵无所容其刃。”蹇卦初六，不往而遇险，见险而能止，即远诸害，不受角爪兵刃之祸。

又，坤卦六四曰：“括囊，无咎无誉。”蛊卦六五曰：“干父之蛊，用誉。”大过卦九五曰：“枯杨生华，老妇得其士夫，无咎无誉。”蹇卦初六曰：“往蹇来誉。”丰卦六五曰：“来章，有庆誉，吉。”旅卦六五曰：“射雉，一矢亡，终以誉命。”以上称誉者，皆为阴在阳位，如蛊卦六五，蹇卦初六；称无咎无誉者，皆为阳居阳位，阴居阴位，如大过卦九五，坤卦六四。《系辞传》曰：“天尊地卑，乾坤定矣，卑高以陈，贵贱位矣。”阴居阳位，卑而得尊，故而有誉。阴居阴位，阳居阳位，皆居本位，是以无咎无誉。蹇卦，艮下坎上。初六往上，遇坎险六四，有难；来下，为艮止之初，得誉。此为动无死地，而谓之善摄生，为往蹇来誉。《系辞传》曰：“君子藏器于身，待时而动，何不利之有？动而不括，是以出而有获，语成器而动者也。”曰，“几者，动之微，吉凶之先见者也，君子见几而作。”又曰，“子曰：颜氏之子，其殆庶几乎？有不善未尝不知，知之未尝复行。”初六《象》曰：“往蹇来誉，宜待也。”宜待者，宜待时而动，见几而作，不往前行蹇，而来下受誉。程氏传："六居蹇之初，往进则益入于蹇，往蹇也。当蹇之时，以阴柔无援而进，其蹇可知。来者，对往之辞。上进则为往，不进则为来。止而不进，是有见几知时之美，来则有誉也。"按，《象》曰："见险而能止，知矣哉！"即是来则有誉。

六二，王臣蹇蹇。匪躬之故。

〔译〕 六二，王臣难而又难，非是因为自身原故。

《象》曰："王臣蹇蹇，终无尤也。"

〔证〕

王臣蹇蹇 《小雅·北山》："陟彼北山，言采其杞。偕偕士子，朝夕从事。王事靡盬，忧我父母。溥天之下，莫非王土。率土之滨，莫非王臣。大夫不均，我从事独贤。"毛传："溥，大；率，循；滨，涯也。"《诗集传》曰："偕偕，强壮貌，士子，诗人自谓也。大夫行役，而作此诗。自言陟北山，而采杞以食者，皆强壮之人，而朝夕从事者也。盖以王事不可以不勤，是以贻我父母之忧耳。"又曰，"言土之广，臣之众，而王不平均，使我从事独劳也。不斥王，而曰大夫；不言独劳，而曰独贤：诗人之忠厚如此。"《毛诗传笺通释》："《广雅·释诂》：贤，劳也。王观察疏证曰：《诗》：我从事独贤。《孟子》引而释之曰：此莫非王事，我独贤劳也。贤，亦劳也；贤劳，犹言劬劳。故毛传曰：贤，劳也。《盐铁论·地广篇》亦曰：《诗》云：莫非王事，而我独劳，刺不均也。今按《序》曰，役使不均，己劳于从事，即本诗大夫不均，我从事独贤为说，正以贤为劳也。"《易》与《诗》通。蹇卦，二之四为坎为水，四之上为坎为水，水中可居曰州。由初之上，为率土之滨。六二在艮中，艮为山，伏羲八卦方位，艮在西北，是二为陟彼北山。六二与九五正应，五为王，二为大夫。又，二独应五，为我从事独贤。独贤即独劳，事劳必蹇难。二之四为坎，四之上亦为坎，坎为难为劳，二之上，坎而又坎，为王臣蹇蹇。

《象》曰："王臣蹇蹇，终无尤也。"《北山》诗云："四牡彭彭，王事傍傍。嘉我未老，鲜我方将。旅力方刚，经营四方。"《诗集传》曰："彭彭然，不得息也；傍傍然，不得已也。嘉，善；鲜，少也，以为少而难得也。将，壮也；旅，与膂同，言王之所以使我者，善我之未老而方壮，旅力可以经营四方耳。犹上章之言独贤也。"君王嘉美臣子独劳，与王臣蹇蹇，终无尤也，一言两端，其义相同。王臣蹇蹇，言在位之臣，竭忠报国，不贪图享受，不辞艰难，故终无过尤可言。李鼎祚《周易集解》，引侯果曰："处艮之二，上应于五，五在坎中，险而入险，志在匡弼，匪惜其躬，故曰王臣蹇蹇，匪躬之故。辅君以此，终无尤也。”按，六二得中得正，故坤卦《文言》曰：“直其正也，方其义也。君子敬以直内，义以方外。敬义立，而德不孤；直方大，不习无不利，则不疑其所行。”是以终无尤。

匪躬之故 《说文》：“躳，身也。从吕，从身。躬，俗从弓身。”段玉裁注：“从吕者，身以吕为柱也。侯执信圭，伸圭人形直；伯执躳圭，躳圭人形曲。鞠躳者，敛曲之貌也。弓身者，曲之会意也。”躬为身，故又作自身。《礼记·乐记》：“不能反躬。”郑氏注：“躬，犹己也。”蒙卦六三曰：“见金夫，不有躬。”躬，自身。又，《说文》：“故，使为之也。从攴，古声。”段注：“今俗云原故是也。凡为之，必有使之者；使之而为之，则成故事矣。引伸之，为故旧，故曰古，故也。”《墨子·经上》：“故，所得而后成也。”孙诒让《墨子间诂》曰：“案，此言故之为辞，凡事因得此，而成彼之谓。墨子说与许义正同。”六二，中正之臣，不当有难；然王臣蹇蹇，匪躬之故，即是谓王臣蹇蹇，非为自身之故。王弼注：“处难之时，履当其位，居不失中，以应于五，不以五在难中，私身远害，执心不回，志匡王室者也。故曰王臣蹇蹇，匪躬之故。履中行义，以存其上，处蹇以此，未见其尤也。”

又，《豳风·狼跋》：“狼跋其胡，载疐其尾。公孙硕肤，赤舄几几。狼疐其尾，载跋其胡。公孙硕肤，德声不瑕。”毛传：“跋，躐；疐，跲也。老狼有胡，进则躐其胡，退则跲其尾。进退有难，然而不失其猛。”《诗序》曰：“《狼跋》，美周公也。周公摄政，远则四国流言，近则王不知。周大夫，美其不失其圣也。”郑笺：“不失其圣者，闻流言不惑，王不知不怨，终立其志，成周之王功，致太平，复成王之位。又为之太师，终始无愆，圣德著焉。”蹇卦，初之三为艮，艮为止；二之四为坎，坎为难；四之上亦为坎，坎亦为难。六二，在艮中，止于两难，为周公之爻，为王臣蹇蹇，匪躬之故。又，周公德音不瑕，始终无愆，为王臣蹇蹇，终无尤也。

九三，往蹇来反。

〔译〕 九三，往上有险难，来下则相反。

《象》曰：“往蹇来反，内喜之也。”

〔证〕

往蹇来反 《说文》：“來（来），周所受瑞麥来麰，一來二缝。象芒束之形。天所來也，故为行來之來。《诗》曰：诒我來麰。凡來之属，皆从來。”徐灝注笺：“來，本为麥名。《广雅》曰：大麥，麰也；小麥，麳也。是也。古來、麥字祇作來，假借为行來之來。后为借意所专，别作麳、秾，而來之本意废矣。”罗振玉《增订殷虚书契考释》:“卜辞中，诸來字皆象形。其穗或垂或否者，麥之茎强，与禾不同。叚借为往來字。”叶玉森《说契》曰:“麥，从夂，应为行來之來初文；來，为麥之本字。”康殷《文字源流浅说》:“來，象成熟的麥形，也即麥的本字。《说文》也说它，象芒朿（刺）之形。由商人卜辞，已用为动词往來的來字；其实，它并不是往來的本字。而麥，用夂形，以象征人足，向近处走來，与复、各同。夂加來，即麥的本字，为声符。这才是动词來去的來本字。大约因卜辞中，使用禾麥字较少，而使用來去字极多，所以渐渐省刻麥中夂形，而只作來，后遂以麥为來。约定俗成，以來为麥。于是两字互相调换。清代学者，已经发现了，但少人信。所以金文來字，或又彳止，示动作迹。表示这是动词的來字，而非禾麥之來。《说文》知來象麥形，然而又硬要解成动词的來。”

《说文》曰:“麥，从來，有穗者也；从夂。”又曰，“夂，行迟曳夂夂，象两胫有所躧也。凡夂之属，皆从夂。”又,《说文》:“夂，从后至也，象人两胫后有致之者。”按夂，既为行迟貌，故麥为后來者。是以前去为往，后至为來。蹇卦，除二、五居中以外，其余初、三、四，上，皆言往來，是以著明。

《说文》:“反，覆也。从又；厂，反形。”朱骏声曰:“厂声，爪象形，为已覆之掌反，谓覆其掌也。《孟子》:由反手也。”段玉裁注:“覆、覂、反，三字双声。又部反下曰：覆也。反覆者，倒易其上下。覆与復义相通。復者，往来也。”蹇卦，艮为反身，为行故道，故有反象。九三，往上遇水，来下在山。水险山固，故九三往蹇来反，谓往上则遇难涉险，来下则相反居安。又，三之五为离，四之上为坎。伏羲八卦，离位东，坎位西；离为日，坎为月。是以往应坎上为阴道，来在离下为阳道，为往蹇来反。又，九三往上，则入险，为往蹇；来于三，则止二阴，则无险，为来反。《彖》曰:“见险而能止，知矣哉!”虞翻曰:“应正历险，故往蹇；反身据二，故来反也。”《周易集解纂疏》:“三正应上，中历五坎，故往蹇；上反于三，下据二，舍应从比，故曰来反。即《象传》所云，反身修德也。”

《周书·金縢》曰:“武王既丧，管叔及其群弟，乃流言于国，曰：公将不利于孺子。周公乃告二公曰：我之弗辟，我无以告我先王。周公居东二年，则罪人斯得。于后，公乃为诗以贻王，名之曰《鸱鸮》。王亦未敢诮公。”《正义》曰:“武王既丧，成王幼弱，周公摄王之政，专决万机，管叔及其群弟，蔡汉、霍叔，乃流放其言于国中，曰：公将不利于孺子。言欲篡王位，为不利。周公告二公曰：我之不以法，法此三叔，则我无以成就周道，告我先王。既言此，遂东征之。周公居东二年，则罪人于此皆得，谓获三叔，及诸叛逆者。罪人既得讫，成王犹尚疑公。公于此既得罪人之后，为诗遗王，名之曰《鸱鸮》。《鸱鸮》言三叔，不可不诛之意。王心虽疑，亦未敢责诮公。言王意欲责，而未敢也。”三为公位，九三在艮，艮为山，犹周公在东山。往上，见疑于成王；来下，平管、蔡诸叛，是以既无其难，反得其易，为往蹇来反。

《象》曰："往蹇来反，内喜之也。"否卦，坤下乾上。上九曰："倾否，先否后喜。"先否，谓上九，否终则倾；后喜，谓九五，休否，大人吉。无妄卦，震下乾上。九五曰："无妄之疾，勿药有喜。"朱熹曰："乾刚中正，以居尊位，而下应亦中正，无妄之至也。如是，而有疾勿药，而自愈矣，故其象占如此。"谓象占有喜。损卦，兑下艮上。六四曰："损其疾，使遄有喜。"《彖》曰："损，损下益上，其道上行。"又曰，"损刚益柔有时。"四与初应，以六四之阴，损初九之阳，益之上九，使上九速成九五中正，谓使遄有喜。兑卦，兑下兑上。九四曰："介疾有喜。"三之上，内刚外柔，大坎象，坎为疾。此坎九五中正，为介疾有喜。家人卦，离下巽上。九三曰："家人嗃嗃，妇子嘻嘻。"家人于外，妇子于内。妇子嘻嘻，谓六二。又，贲卦，离下艮上。六五《象》曰："六五之吉，有喜也。"大畜卦，乾下艮上。六四《象》曰："六四元吉，有喜也。"虞翻曰："得位承五，故元吉而喜。喜，五也。"升卦，巽下艮上。九二《象》曰："九二之孚，有喜也。"九二阳实为孚信，中正为有喜。蹇卦，艮下坎上。九三，在下卦之上，为外；六二，在下卦之内，为内。九三当位，六二中正喜之，为内喜之。《易》，二、五吉而利，故言喜者，皆二、五。《豳风·破斧》云："既破我斧，又缺我斨。周公东征，四国是皇。哀我人斯，亦孔之将。"《诗序》曰："《破斧》，美周公也。周大夫以恶四国焉。"周公因流言，见疑于成王，出征四国，得从役之心，大夫美之。三为公位，二为大夫位，内喜之也，盖大夫美之之义。

六四，往蹇来连。

〔译〕 六四，前难连接后难。

《象》曰："往蹇来连，当位实也。"

〔证〕

往蹇来连 《说文》："连，员连也。从辵、车。"徐锴系辞曰："若车之相连也，会意。邻延反。"《广雅·释诂二》曰："连，续也。"《大雅·皇矣》："执讯连连，攸馘安安。"《诗集传》曰："连连，属续状。"《礼记·曲礼上》："拾级聚足，连步以上。"郑氏注："连步，谓足相随，不相过也。"相随，谓后足接踵而至，是连为接连。四之上为坎，坎为难为蹇；二之四为坎，坎为难为蹇。四在两坎之间，为往有难，来亦有难，前难连接后难，为往蹇来连。又，坎为车，故坎续坎用连。李鼎祚《周易集解》，引虞翻曰："蹇，难也。在两坎间，进则无应，故往蹇；退初介三，故来连也。"王弼注："往则无应，来则乘刚，往来皆难，故曰往蹇来连。"李道平《周易集解纂疏》："四在两坎之间，进退两难。进谓往变，上已正则无应，故往蹇；退应初而间于三，故来连。”

《象》曰：“往蹇来连，当位实也。”《说文》：“日，实也。太阳之精不亏，从口丨，象形。⊖，古文，象形。”桂馥义证：“实也者，日、实声相近。本书惷下引《左传》：王室日惷惷焉。今《左传》日作实。《诗·节南山》传云：实，满也。《广雅》：日，实也。《释名》：日，实也，光明盛实也。《白虎通》：日为言实也，常满有节。《易·蒙卦》：独远实也。王弼曰：阳称实也。《孝经》：故亲生之膝下，以养父母日严。《释文》云：日者实也，日日行孝，故无缺也，象日。《元命苞》：日之为言实也。《盐铁论·论邹篇》：天道好生恶杀，好赏恶罚，故使阳居于实，而宣德施；阴藏于虚，而为阳佐辅。”又曰，“《春秋元命苞》：日尊故满，满故明，明故精在外。日满者，常盛无亏也。《易传》：日者，众阳之精，以象人君。《易说》：日者，至阳之精，象君德。《礼统》：日者实也，形体光实，人君之象。”蹇卦，三之五为离。《说卦传》曰：“离为日。”日为实，六四居日实之中，故曰当位实也。六四，往蹇来连，来之坎坎，险且枕，入于坎陷，固凶；然阴当阴位，且居离日之中，是以不言凶，而吉可知。

《史记·殷本纪》：“百姓怨望，而诸侯有畔者，于是纣乃重刑辟，有炮格之法。以西伯昌、九侯、鄂侯为三公。九侯有好女，入之纣。九侯女不喜淫，纣怒，杀之，而醢九侯。鄂侯争之强，辨之疾，并脯鄂侯。西伯昌闻之，窃叹。崇侯虎知之，以告纣，纣囚西伯羑里。西伯之臣，闳夭之徒，求美女、奇物、善马，以献纣；纣乃赦西伯。”又，《周本纪》：“西伯阴行善，诸侯皆来决平。于是虞、芮之人，有狱不能决，乃如周。入界，耕者皆让畔，民俗皆让长。虞、芮之人，未见西伯，皆惭。相谓曰：吾所争，周人所耻，何往为？只取辱耳。遂还，俱让而去。诸侯闻之，曰：西伯，盖受命之君。”九五为天子，六四有文王之象：往蹇，遇帝纣之暴虐；来连，遭崇侯之谗毁。然文王三分天下有其二，以服事殷，是当位诸侯之王，为当位实也。贲卦《彖》曰：“观乎天文，以察时变；观乎人文，以化成天下。”蹇卦亦然，六四当上升之日。

九五，大蹇，朋来。

〔译〕 九五，君有难，臣来效忠。

《象》曰：“大蹇朋来，以中节也。”

〔证〕

大蹇 《老子》曰：“故道大，天大，地大，王亦大：域中有四大，而王居其一焉。”于《易》，阳为大，阴为小；天为大，地为小；君为大，臣为小。乾卦，乾下乾上。《彖》曰：“大哉乾元！”天为大。师卦，坎下坤上。卦辞曰：“丈人吉，无咎。”《彖》

曰："刚中而应，行险而顺，以此毒天下，而民从之，吉，又何咎矣。"九二阳刚居中，为丈人，丈犹大。泰卦，乾下坤上。卦辞曰："小往大来。"乾阳为大。否卦，坤下乾上。卦辞曰："大往小来。"亦乾阳为大。大有卦，乾下离上。《彖》曰："大有，柔得位，大中而上下应之，曰大有。"大中，谓九二乾阳为大。大畜卦，乾下艮上。《彖》曰："大畜，刚健、笃实、辉光，日新其德。"乾阳为刚健，为大。大过卦，巽下兑上。《彖》曰："大过，大者过也。栋桡，本末弱也。刚过而中。"刚过即大过，是以阳为大。大壮卦，乾下震上。《彖》曰："大壮，大者壮也。刚以动，故壮。"阳壮为大壮，是以阳为大。蹇卦，艮下坎上。九五为阳为大，又得尊位，为王为天子。五陷坎中，坎为险为难，故大者有难，为大蹇。

朋来 甲骨文朋贝之朋，实为朋字，左右对称，金文亦如之。坤卦之形，象两串穿贝，是以谓朋。后以其相对，故引伸为朋友之朋。兑卦，兑下兑上。《象》曰："丽泽，兑，君子以朋友讲习。"即是。坤卦，坤下坤上。卦辞曰："西南得朋，东北丧朋。"伏羲八卦，巽位西南，震位东北。西南得朋，谓西南之巽始得阴；东北丧朋，谓东北之震始失阴。泰卦，乾下坤上。九二曰："朋亡。"二为阴位，见阳不见阴，为朋亡。豫卦，坤下震上。九四曰："勿疑朋盍簪。"言勿疑众阴合一阳。复卦，震下坤上。卦辞曰："朋来无咎，反复其道。"谓阴来无灾，反复其道。咸卦，艮下兑上。九四曰："憧憧往来，朋从尔思。"谓初六之阴，来应九四之阳，为朋从尔思。解卦，坎下震上。九四曰："朋至斯孚。"初六之阴，来应九四之阳，为朋至。损卦，兑下艮上。六五曰："或益之十朋之龟。"六五为阴为朋。益卦，震下巽上。六二曰："或益之十朋之龟。"六二为阴为朋。蹇卦，九五阳为大为君王，六二阴为朋为臣，君有难，臣来佐之，故曰大蹇朋来。

《象》曰："大蹇朋来，以中节也。"《说文》："節（节），竹约也。从竹，即声。"段玉裁注："约，缠束也。竹节如缠束之状。引伸为节省、节制、节义字；又假借为符卩字。"《论语·微子》："子路曰：不仕无义。长幼之节，不可废也；君臣之义，如之何其废之？欲洁其身，而乱大伦。君之仕也，行其义也。道之不行，已知之矣。"邢昺疏："言父子之道，天性也，君臣之义也。人性则皆当有之。若其不仕，是无君臣之义也。长幼之节，不可废也；君臣之义，如之何其废之者。言女知父子相养，是知长幼之节，不可废也。反可废君臣之义，而不仕浊世？欲清洁其身，则乱于君臣之义大道理也。君子之仕也，行其义也。道之不行，已知之矣者，言君子之仕，非苟利禄而已，所以行君臣之义，亦不必自己道得行。孔子道不见用，自已知之也。"刘宝楠《正义》曰："夫子栖栖不已，知其不可为，而犹为之，亦是冀行其道而已。道行，而君臣之伦已；道不行，而君臣之伦，终未尝一日敢废。故孟子言孔子，三月无君，皇皇如也。明虽知道不行，犹不敢忘仕也。"故君王有难，王臣来应，是尽君臣之节义，为中节。

《荀子·王霸篇》："朝廷必将隆礼义，而审贵贱。若是，则士大夫，莫不敬节死制者矣。"杨倞注："节，忠义；制，职分。"王先谦《荀子集解》："王引之曰：敬，当作敄，敄与務，古字通。《说文》：敄，强也。《尔雅》：務（务），强也。敄与敬字，相似而误。务节，谓以节操为务也。《曲礼》曰：士死制。务节与死制同义。下文云：士大夫，务节死制。是其证。今本作敬节，则于义疏矣。"六二，大夫位，大夫持节，是以大蹇朋来，为大夫敬节，为以中节也。李鼎祚《周易集解》，引干宝曰："在险之中，而当王位，故曰大蹇。此盖以托文王，为纣所囚也。承上据四应二，众阴并至。此盖以托四臣，能以权智相救也。故曰：以中节也。"李道平《纂疏》："五在坎中，故为在险中。五为天子，故当王位。当王位而遇坎险，故曰大蹇。《史记·周本纪》：崇侯虎谮西伯于殷纣，纣乃囚伯于羑里。故云：此盖以托文王，为纣所囚也。上、四、二皆险，而五承之、据之、应之，故云：众阴并至。《史记》：西伯之臣，闳夭之徒，求美女、奇物、善马，以献纣；纣乃赦西伯。此盖以托四臣，能以权智相救也。《史》但言闳夭之徒，此云四臣者，《书·君奭》武王惟兹四人。注谓：虢叔已死，而以四人为闳夭、散宜生、泰颠、南宫托也。五，阳处大蹇之时，而群阴朋来相济，故曰：以中节也。"

上六，往蹇来硕，吉，利见大人。

〔译〕 上六，往前有难，来应九三吉利，利于大人。

《象》曰："往蹇来硕，志在内也；利见大人，以从贵也。"

〔证〕

往蹇来硕，吉 蹇卦，艮下坎上。《象》曰："蹇，难也，险在前也。"是坎险为蹇。在前为往，为往蹇。剥卦，坤下艮上。上九曰："硕果不食，君子得舆，小人剥庐。"《象》曰："君子得舆，民所载也；小人剥庐，终不可用也。"是阳大为硕，在后为来，为来硕。《象》曰："往蹇来硕，志在内也。"上卦为外，下卦为内。上六阴，应九三阳，为志在内。志在内，即志在与九三同志，志在止蹇。三，公位。《豳风·狼跋》："公孙硕夫，赤舄几几。"毛传："硕，大；肤，美也。"郑笺："公，周公也。孙，读当如公孙于齐之孙，孙之言孙遁也。周公摄政七年，致太平，复成王之位，孙遁辟此，成公之大美。欲老，成王又留之，以为大师，履赤舄几几然。"往蹇来硕，谓见险而不能止，则往前有险难；来硕，谓见险而能止，知矣哉！上六，往蹇来硕，即坎险得艮止，是以吉。又，坎为七月，阴盛阳衰，否塞不通，为往蹇。艮为九月，一阳得舆，故为来硕，为吉。

利见大人 乾卦，九五曰："飞龙在天，利见大人。"《象》曰："飞龙在天，大人造也。"造，犹作。《文言》曰："九五曰：飞龙在天，利见大人。"蹇之上六，《象》曰："利见大人，以从贵也。"九五至尊为贵。上六从九五，贱从贵，为利见大人。比卦，坤下坎上。上六曰："比之无首，凶。"《象》曰："比之无首，无所终也。"今蹇卦上六，亦坎之象，然以贱从贵，而蹇有所终，是以吉，利于大人。按，蹇卦，艮下坎上。初六宜待之，六二应之，九三内喜之，六四承之，上六从之，是九五之阳，虽处坎中，然有众阴相与，化险为夷，得以济蹇。于象，上为往，坎为蹇，为往蹇；下为来，艮为石，为来硕。三之五为离，离为目，为见；二与五，得中得正，且相应，为吉；五为大人，六从贵，为利见大人。侯果曰："处蹇之极，体犹在坎，水无所之，故曰往蹇。来而复位，下应于三，三德大，故曰来硕。三为内主，五为大人，若志在内，心附于五，则利见大人也。"

第四十卦　辛　丑

☵☳ 震上 坎下

解，利西南，无所往；其来复吉，有攸往，夙吉。

〔译〕　解，利于有风，阳气无所往。阳气来复吉利，有所往。早敬其事为吉。

《彖》曰："解，险以动，动而免乎险，解。解利西南，往得众也。其来复吉，乃得中也。有攸往，夙吉，往有功也。天地解，而雷雨作；雷雨作，而百果草木皆甲坼。解之时大矣哉！"

《象》曰："雷雨作，解，君子以赦过宥罪。"

〔证〕

坎下震上　《说卦传》曰："震为雷"，"坎为水。"雨亦为水为坎。屯卦，震下坎上。《象》曰："雷雨之动满盈，天造草昧。"是震为雷，坎为雨。解卦与屯卦，震、坎上下互换，故震、坎亦谓雷雨。《说文》："靁（雷），阴阳薄动，雷雨生物者也。从雨畾象回转形。"段玉裁注："薄，音博，迫也。阴阳迫动，即谓雷也。迫动下文，所谓回转也，所以回生万物者也。凡积三则为众，众则盛，盛则必回转。二月阳盛，雷发声，故以畾象回之形，非三田也。"又曰，"電（电），阴阳激耀也。孔冲远引《河图》云：阴阳相薄为雷，阴激阳为电，电是雷光。按《易》，震为雷，离为电。《月令》：雷乃发声，始电。《诗·十月之交》、《春秋》隐九年言震电。《诗·采芑》、《常武》、《云汉》言雷霆。震、雷一也，电、霆一也。《谷梁传》曰：电，霆也。古义霆、电不别。许意则统言之，谓之雷。自其振物言之，谓之震；自其余声言之，谓之霆；自其光耀言之，谓之电。分析较古为惬心。雷电者，一而二者也。"

桂馥义证："阴阳薄动，雷雨生物者也者，《吕氏春秋·开春篇》：开春始雷，则蛰虫动矣。《韩诗外传》：天施地化，阴阳和合，动以雷霆，润以风雨。《谷梁传》：阴阳相薄，感而为雷。《淮南·天文训》：阴阳相薄，感而为雷，激而为霆，乱而为雾。《易·系辞》：雷风相薄。又，动万物者，莫疾乎雷。又，雷以动之。又，鼓之以雷霆，润之以风雨。又 ，天下雷行，物与无妄。《九家易》：物受之以生，无有灾妄。又云：雷雨者，兴养万物。《乾坤凿度》：雷能鼓万物，息者起之，闭者启之。《洪范五行传》：雷于天地为长子，以其首长万物，为出入也。雷二月出地，百八十日，雷出则万物出；八月入地，百八十日，雷入则万物入。入则除害，出则兴利，人君之象也。《汉书·五行志》：于《易》，雷以二月出，其卦曰豫，言万物随雷出地，皆逸豫也；以八月入，其卦曰归妹，言雷复归入地，则孕毓根核，保藏蛰虫，避盛阴之害。出地则养长华实，发扬隐伏，宣盛阳之德。入能除害，出能兴利，人君之象也。《后汉书·郎顗传》：雷者，所以开发萌芽，避阴除害，万物须雷而解，资雨而润，故经曰：雷以动之，雨以润之。《五经通义》：天所以有雷霆风雨、霜雪雾露何？欲以成岁，润万物，因以见灾异。”

《说文》：“雨，水从云下也。一象天，冂象云，水霝其间也。”桂馥义证；“《大戴礼·曾子天圆篇》：阴阳之气，各尽其所，则静矣。偏则风，俱则雷，交则电，乱则雾，和则雨。阳气胜，则散为雨露；阴气胜，则凝为霜雪。《春秋元命苞》：阴阳和而为雨。《素问》：清阳为天，浊阴为地。地气上为云，天气下为雨。水从云下也者，隐九年《左传·正义》引同。又云：然则雨者，天上下水之名。《御览》引《释名》：雨，羽也。如鸟羽，动则散。《初学记》引《释名》：雨，水从云下也，雨者辅也，言辅时生养。《诗·雨无正·序》云：雨，自上下者也。董仲舒《雨雹对》：二气之初蒸也，若有若无，若虚若实，若方若圆，攒聚相合，其体稍重，故雨乘虚而坠。一象天者，《文子》：水之道，上天为雨露，下地为江河。冂象云者，垂覆之象。水霝其间也者，丰，水也，石鼓文作丽，丨不出冂。”按丰，即☵，为水。《易》之重卦，下卦为在地，上卦为在天。解卦，坎在下，为雨从天降，而下地为水；震在上，为阴阳薄动，而在天为雷。

《礼记·月令》：“仲春之月，其日甲乙。始雨水，桃始华，仓庚鸣，鹰化为鸠。是月也，日夜分，雷乃发声，始电，蛰虫咸动，启户始出。”《说文》曰：“甲，位东方之孟，阳气萌动，从木戴孚甲之象。”桂馥义证：“按，东方甲为孟，卯为仲，乙为季。《易》：辨终备万物孳甲。郑注：孳，生也；甲，东方之行。物所生，故教以始也。徐锴曰：甲在东北；甲子，阳气所起也。董仲舒曰：太平之世，则风不鸣条，开甲散萌而已。汉章帝元和二年诏：方春之生养，万物孚甲，宜助萌阳，以育时物。《释名》：甲，孚也，万物解，孚甲而生也。《白虎通》：其曰甲乙者，万物孚甲也。《月令·孟春之月》：其虫鳞。注云：象物孚甲将解。《夏小正》：二月柳稊。传云：稊也者，发孚也。《史记·律书》：甲者，言万物剖符甲而出也。《汉书·律历志》：出甲于甲。《月令·正义》解之云：甲，是孚甲也。”按，孚，犹孵；甲，谓甲壳。春天，万物孚甲而出，谓万物孵化、破壳，而萌发新生。

又，《说文》曰：“乙，象春草木，冤曲而出，阴气尚强，其出乙乙也。”段玉裁注：“冤之言郁，曲之言诎也。乙乙，难出之貌。《史记》曰：乙者，言万物生轧轧也。《汉书》曰：奋轧于乙。《文赋》曰：思轧轧其若抽。轧轧，皆乙乙之假借，轧从乙声，故同音相假。《月令》郑注云：乙之言轧也，时万物皆抽轧而出。物之出土艰屯，如车之辗地涩滞。”桂馥义证：“乙与甲同位东方。本书：戹，从乙。云：隘也。辰下云：物皆生从乙。《广雅》：乙，轧也。《释名》：乙，轧也，自抽轧而出也。《白虎通》：乙者，物蕃屈有节欲出；从青道，发生万物，月为之佐。时万物皆解孚甲，自抽轧而出，因以为日名焉。昭二十九年《左传》：木正曰句芒。杜注：取木生句曲，而有芒角也。《淮南·天文训》：卯在乙曰旃蒙。高注：万物遏蒙甲而出，则轧者，乙之诂也。案《月令·季春》：句者毕出，萌者尽达。则此前犹未毕出，未尽达也。”解卦，坎下震上。《彖》曰：“天地解，而雷雨作；雷雨作，而百果草木皆甲坼。”即上述之谓。

春之时，以二月为中正。孙希旦《礼记集解》，谓仲春之月云：“自小雪雨雪，至此始雨水，阳升于地上也。郑氏曰：皆记时候也。仓庚，鹂黄也；鸠，抟谷也。汉始以雨水为二月节。孔氏曰：言汉始以雨水为二月节，证此雨水，为二月节也。雨水、惊蛰，据其早作在正月，若其晚在二月。故汉初，惊蛰为正月中，雨水为二月节；至后来，改正月中，惊蛰为二月节，由气有参差故也。”又曰，“雷乃发声者，雷是阳气之声，将上与阴气相冲。蔡邕云：季冬，雷在地下，则雉应而雊；孟春，动于地上，则蛰虫应而振出；至此月，而升于天之下，其气发扬也。以雷出有渐，故言乃。电是阳光，阳微则光不见；此月阳气渐盛，以击于阴，其光乃见。此月蛰虫咸动，则正月未皆动也。户，谓穴也。启户始出，谓发所蛰之户而出。高氏诱曰：冬阴闭固，阳伏于下；是月阳升，雷始发声。震气为雷，激气为电。”

《虞书·尧典》云：“寅宾出日，平秩东作。日中星鸟，以殷仲春。厥民析，鸟兽孳尾。”孔氏传：“寅，敬；宾，导；秩，序也。岁起于东，而始就耕，谓之东作。东方之官，敬导出日；平均次序东作之事，以务农也。日中，谓春分之日。鸟，南方朱鸟七宿；殷，正也。春分之昏，鸟星毕见，以正仲春之气节，转以推季、孟则可知。冬寒无事，并入室处；春事既起，丁壮就功。厥，其也。言其民，老壮分析。乳化曰孳，交接曰尾。”以仲春赅春，万物由冬之闭固，而到春之孚解。《豳风·七月》：“七月流火，九月授衣。一之日觱发，二之日栗烈。无衣无褐，何以卒岁。三之日于耜，四之日举趾。同我妇子，馌彼南亩。田畯至喜。”《诗集传》曰：“此章，首言七月暑退将寒，故九月而授衣以御之。盖十一月以后，风气日寒，不如是，则无以卒岁也。正月则往修田器，二月则举趾而耕。少者既皆出而在田，故老者率妇、子而饷子。治田早，而用力齐，是以田畯至，而喜之也。”此亦冬闭春解之象。

解卦，坎下震上，为二月雷雨之象，与《月令》、《尧典》相合。初之三为坎，坎为雨水；二之四为离，离为日光；三之五为坎，坎为雨水；四之上为震，震为雷动。如此时雨时晴，有雨有雷，正是春分前后景象。《春秋繁露·阴阳出入上下》曰：“至于中春之月，阳在正东，阴在正西，谓之春分。春分者，阴阳相半也。故昼夜均，而寒暑平。”解卦，雷在天上，中春之月。下之离、坎为阴阳，离位正东，坎位正西。为阳在正东，阴在正西。其阴阳相对半，故昼夜均，寒暑平。《二十四节与农事》云：“春分时节，大地春色更浓，温度升高，雨量增加。”二月春分，三月清明，解卦含两坎，有雨纷纷之象。按，二月春分之时，太阳到达黄经零度。此时，阳光直射赤道，昼夜几等。其后，阳光直射位置北移，北半球昼长夜短。天文学视春分，为北半球春季开始。中国位于北边，故大部分地区，进入春生阶段，是以百果草木，皆甲壳坼裂。荀爽曰："解者，震世也。仲春之月，草木萌芽，雷以动之，雨以润之，日以烜之，故甲坼也。"虞翻曰："险，坎；动，震。解，二月。雷以动之，雨以润之，物咸孚甲。万物生震，震出险上，故免乎险也。"朱骏声亦曰："此二月惊蛰之卦也。雷以动之，雨以润之，日以烜之，万物生乎震也。"

《说文》："卯，冒也，二月万物冒地而出；象开门之形，故二月为天门。"桂馥义证："《史记·律书》：卯之言茂也，言万物茂也。《淮南·天文训》：卯者，茂茂然。《白虎通》：卯者，茂也。《晋书·乐志》：卯者，茂也，言阳气生而孳茂也。《通典》：二月之辰名卯，卯者茂也，言阳气至此，物生孳茂也，故谓之卯。冒也者，卯、冒声相近。本书：木，冒也，冒地而生。馥谓：卯，木也。徐锴曰：二月，阴不能制阳，阳冒而出也。《释名》：冒也，戴冒土而出也。《汉书·律历志》：冒茆于卯。二月冒地而出者，《释名》：卯，于《易》为震，二月之时，雷始震也。郑注《月令·仲春》云：仲春者，日月会于降娄，而斗建卯之辰也。又注命乐正习舞云：顺万物始出地，鼓舞也。《易乾凿度》：震，生物于东方，位在二月。郑注：震主施生，卯为日出象，人道之阳也。《乾凿度》又云：随者二月之卦，随德施行，藩决难解。郑注：言二月之时，阳已壮，施生万物；而阴气渐微，不能为难，以障闭阳气，故曰藩决难解也。象开天门之形者，本书易下云：开也。丣（古卯）下云：丣为春门，万物已出。《增韵》：丣，从两户相背，日出于丣，辟户之时也。与丣不同，丣（古酉），从两阖户，上画连，日入于丣，阖户之时也。《易系辞》：辟户谓之乾。《正义》云：辟户，谓吐生万物也，若室之开辟其户。"天门开，则大地回春，故《彖》曰："天地解，而雷雨作；雷雨作，而百果草木皆甲坼，解之时大矣哉！"

扬雄《太玄经》曰："释，阳气和震，圜煦释物，咸税其枯，而解其甲。"司马光《太玄集注》"释，阳家，木，准解。入释次三二十六分，一十一秒，春分气应，故兼准震。税，与脱同。宋曰：震，动也；圜，阳形也。范曰：煦，暖也。"范望注："释，象解卦。行属于木。谓之释者，惊蛰节终此首次二，春分气起于此首次三，斗指卯，夹钟用事。震，动也；圜，阳气形势也；煦，暖也。谓阳气温暖，万物咸税枯解甲，而生于太阳之中也，故谓之释。释，亦解也。释之初一，日入娄宿三度。"《月令·仲春之月》，孔颖达《正义》曰："按《三统历》云：春分，日在娄四度。"范曰日入娄宿三度，孔曰日在娄四度，是释与解同，皆为二月之象，又，释之初三："风动雷兴，从其高崇。《测》曰：风动雷兴，动有为也。"解之《彖》曰："天地解，而雷雨作；雷雨作，而百果草木皆甲坼。”是释与解同，皆为惊蛰之时。

解　《说文》：“解，判也。从刀判牛角。”商承祚《殷虚文字类编》：“此象两手解牛角，丶丿象其残靡。”桂馥《说文解字义证》：“判也者，《月令》：鹿角解、麋角解。宣四年《左传》：宰夫将解鼋。《庄子·养生主》：庖丁解牛。《晏子》：公怒，令人操刀解养马者。《鲁语》：晋文公解曹地以分诸侯。《汉书·贾谊传》：所排击割剥，皆众理解也。颜注：解，支节也。”此为解之本义。《大雅·烝民》：“夙夜匪解，以事一人。”《正义》谓解为懈倦，是引伸之义。《周颂·桓》：“天命匪解。”谓天命不解除。《老子》曰：“挫其锐，解其纷。”王弼注：“纷解而不劳。”范应元注：“解事物之纷。”吴澄注：“纷，纠结也。解纠结者，以解彼之纷。”《文子·下德》：“不如挫其锐，解其纷。”旧注：“摧其凶锐之气，释其纷结之心。”解，犹释。《系辞传》曰：“积恶而不可掩，罪大而不可解。”解，用为解开、解脱。

《序卦传》曰：“解者，缓也。”《杂卦传》曰：“解，缓也。”《彖》曰：“解，险以动，动而免乎险，解。”皆谓解为缓解，舒解其险难为解。按，蹇卦，艮下坎上。《彖》曰：“蹇，难也，险在前也。”解卦，坎下震上。险落在后，已免乎险，故曰解。又，屯卦，震下坎上。《彖》曰：“屯，刚柔始交而难生，动乎险中。”解卦与之相反，动乎险外，而免乎险，故名解，是难已解为解。坤卦，坤下坤上，十月卦。初六曰：“履霜，坚冰至。”《象》曰：“履霜坚冰，阴始凝也；驯至其道，至坚冰也。”谓由十月至十二月，始是履霜，后是踩冰。《月令·孟冬之月》云：“水始冰，地始冻。”《仲冬之月》云：“冰益壮，地始坼。”《季冬之月》云：“冰方盛，水泽腹坚，命取冰，冰以入。”又，《孟春之月》云：“东风解冻，蛰虫始振，鱼上冰。”《仲春之月》云：“始雨水，桃始华。”是冬为冰冻之时，正月东风解冻，二月冰雪化解为雨水、惊蛰，故《易》名之为解。《夏小正·正月》云：“鱼陟负冰。陟，升也。负冰云者，言解蛰也。”王聘珍解诂：“负之言背也。传云负冰云者，言解蛰也者，解，读若解卦，犹开也。鱼，水虫也。盛寒之时，蛰于水下，逐其温暖；正月阳气既上，出游于水上，近于冰。”是解蛰为解。

《周礼·冬官考工记》曰：“天有时以生，有时以杀；草木有时以生，有时以死；石有时以泐，水有时以凝，有时以泽：此天时也。”郑氏注：“言百工之事，当审其时也。郑司农云：泐，当如再扐而后卦之扐，泐谓石解散也。夏时盛暑，大热则然。”孙诒让《周礼正义》疏曰：“云水有时以凝，有时以泽者，《释文》云：泽音亦，李音释。案：李音是也。泽、释声类同，古通用。《说文·采部》云：释，解也。《淮南子·诠言训》云：夫水向冬，则凝而为冰，迎春则释而为水。《国语·齐语》说工云：审其四时。韦注云：言四时各有所宜，谓死生凝释之时也。韦即本此经，亦以泽为释，是其证也。”《说文》曰："释，解也。从釆，釆取其分别，从睪声。"段玉裁注："《广韵》曰：舍也，解也，散也，消也，废也，服也。按，其实一解字足以包之。《考工记》以泽为释，《史记》以醳为释，皆同声假借也。"以其释训解，故《太玄》拟解为释。

《说文》："冬，四时尽也。从仌，从夂。夂，古文终字。"郭沫若《金文丛考》："（金文中）冬字多见，但均为终。"《汉书·律历志》："冬，终也。"《月令章名》："冬，终也，万物于是终也。"又，《说文》："终，絿丝也。从糸，冬声。"段玉裁注："絿之言纠也。"朱骏声训："纠，绳三合也。按纠，终也；又为絿。"林义光《文源》曰："终，甲骨文象两端有结形。"是冬为终，为结。《说文》："春，推也。""推，排也。"《史记·鲁仲连传》："为人排患、释难、解纷乱，而无取也。"是推、排、释、解相通。春为推，为排；亦为释，为解。日月寒暑相推，即阴阳相推。阴阳相推，为阴阳相排解。春天，阳推阴而上，凝结之阴，于春解体，故春为解。是《彖》曰："解之时大矣哉！"

利西南 《说卦传》曰："天地定位，山泽通气，雷风相薄，水火不相射，八卦相错。"朱熹《周易本义》："邵子曰：此伏羲八卦之位：乾南，坤北，离东，坎西；兑居东南，震居东北，巽居西南，艮居西北。于是八卦相交，而成六十四卦，所谓先天之学也。"巽居西南，是西南谓巽。坤卦卦辞曰："西南得朋，东北丧朋。"《彖》曰："西南得朋，乃与类行；东北丧朋，乃终有庆。"谓西南为巽，东北为震。朋谓阴。西南之巽，初得阴爻，为得朋。至坎，至艮，最后到坤，渐与同类之阴而行，为乃与类行。是西南谓巽，以方位指代。小畜卦，乾下巽上。卦辞曰："小畜，密云不雨，自我西郊。"乾位南，乾之西乃巽，巽为风云。小畜乾上有巽，不见坎，谓密云不雨，自我西郊。亦以方位代卦。蹇卦，艮下坎上。卦辞曰："蹇，利西南，不利东北。"亦谓西南为巽，利西南，谓以西南之巽为利。

《说卦传》曰："巽为风。"又曰，"雷以动之，风以散之，雨以润之，日以烜之。"解卦，初之三为坎为雨，二之四为离为日，四之上为雷为动，只差风以散之，故曰利巽，即更有风为利。万物出乎震，齐乎巽。《吕氏春秋·孟春纪》："东风解冻，蛰虫始振，鱼上冰，獭祭鱼，候雁北。"高诱注："东方木，木火母也。火气温，故东风解冰，冰泮释也，蛰伏之虫，乘阳始振动，苏生也。"东风，春之风，正月解冻，二月化物，故曰利西南，谓以有风为利。《周书·洪范》："曰雨，曰旸，曰燠，曰寒，曰风，曰时。五者来备，各以其叙，庶草蕃庑。"孔氏传："雨以润物，旸以干物，暖以长物，寒以成物，风以动物，五者各以其时。言五者备至，各以次序，则众草蕃滋庑丰也。"《正义》曰："《易·说卦》云：风以散之，雨以润之，日以烜之。日，旸也；烜，干也。是雨以润物，旸以干物，风以动物也。"

《大雅·烝民》："吉甫作诵，穆如清风。"毛传："清微之风，化养万物者也。"郑笺："吉甫作此工歌之诵，其调和人之性，如清风之养万物然。"《正义》曰："吉甫作是工师之诵，其调和人之情性，如清微之风，化养万物，使之日有长益也。"又曰，"清微者，言其不暴疾也；化养万物，谓谷风、凯风也。"《邶风·凯风》："凯风自南，吹彼棘心。"《正义》曰："言凯乐之风，从南长养之方而来，吹彼棘木之心，故棘心夭夭然，得盛长。以兴宽仁之母，以己慈爱之情，养我七子之身，故七子皆得少长。然棘木之难长者，凯风吹而渐大；犹七子亦难养者，慈母养之以成长，我母氏实已劬劳病若也。"《谷风》："习习谷风，以阴以雨。"毛传："习习，和舒貌；东风，谓之谷风。阴阳和，而谷风至；夫妇和，则室家成；室家成，而继嗣生。"《正义》曰："东风谓之谷风，《释天》文也。孙炎曰：谷之言穀，穀生也。谷风者，生长之风。阴阳不和，即风雨无节，故阴阳和，乃谷风至。此喻夫妇，故取于生物。"《小雅·谷风》："习习谷风，维风乃雨。"《正义》曰："东风谓之谷风，《释天》文。风类多矣，止取谷风为喻者，谷风生长之风，取其朋友，相长益故也。此据风为文，故云风而有雨，则润泽行。润泽是雨之事，但雨得风乃行，故润泽亦由风。故《易》曰：泽之以风雨。是风雨共为润泽。"

以上，皆谓风之利，风以散之，为解，为利生万物。有天道，有人道。《彖》曰："解，利西南，往得众也。"风和，既可得物之众，亦可得人之众，故曰利西南，犹言利有风。巽在西南，西南得朋，即巽之初爻得阴，往前为坎，为艮，为坤，得阴众，为往得众。《老子》曰："万物无以生，恐将灭；侯王无以高贵，恐将蹶。故贵以贱为本，高以下为基。是以侯王自谓孤、寡、不穀。此非以贱为本邪？非乎？"贵与贱对，高与下对，寡与众对。贵以贱为本，高以下为基，寡亦以众为本为基。否则万物无以生，侯王无以高贵。故《彖》曰："利西南，往得众也。"《礼记·大学》曰："道得众则得国，失众则失国。是故君子先慎乎德，有德此有人，有人此有土，有土此有财，有财此有用，德者本也。"西南为巽，巽为风。君子之德风，小人之德草，利西南，即谓君子之德，可以和人生物，可以得庶众。

无所往 《月令·仲春之月》云："雷乃发声。"《正义》曰："雷乃发声者，雷是阳气之声，将上与阴相冲。蔡邕云：季冬，雷在地下，雉应而雊。孟春，动于地之上，则蛰虫应而振出。至此，升而动于天之下，其声发扬也。"解卦，坎下震上。下为地，上为天，雷已动于天上，其声发扬也，故曰无所往。雷为阳气。正月，三阳开泰；二月，四阳大壮；三月，五阳夬阴；若至四月，六阳纯乾，则为阳极，极则穷，是以无所往。《易》爻，下向上行为往，上向下行为来，谓往来。复卦，震下坤上。卦辞曰："复，亨，出入无疾，朋来无咎，反复其道，七日来复，利有攸往。"阴阳乾坤，六爻互相推移，此乃天之道。是以阳极生阴，阴极生阳，反复其道，七日来复。复卦，十一月卦，方一阳生，故曰利有攸往。解卦，春之卦，至三月五阳生，再往则亢而有悔，则高而无民，则阳极生阴，故曰无所往。亦谓阴气在上，阳气依时序而进，不远复之意。

其来复吉 然至春之阳，先是正月泰卦，乾下坤上，九二得下卦之中；后是三月夬卦，乾下兑上，九五得上卦之中。故《彖》曰："其来复吉，乃得中也。"谓阳气来复，得二、五之中，中则正，是解卦得阳之正道。正道则行，则亨通吉利，是以其来复吉。《说文》："中，和也，从口丨，上下通也。"桂馥义证："中和之气，上下相通，故能化成万物。"《礼记·中庸》："致中和，天地位焉，万物育焉。"孔颖达疏："致中和，天地位焉，万物育焉。致，至也，位，正也；育，生长也。言人君所能至极中和，使阴阳不错，则天地得其正位焉；生成得理，故万物得其养育焉。"朱熹《中庸章名》曰："致，推而极之也；位者，安其所也；育者，遂其生也。自戒惧而约之，以至于至静之中，无少偏倚，而其守不失，则极其中，而天地位焉。自谨独而精之，以至于应物之处，无少差谬，而无适不然，则极其和，而万物育矣。"按，致中和，以中为本，非中正则不和。乾卦《文言》曰："夫大人者，与鬼神合其吉凶。先天，而天弗违，后天，而奉天时。天且弗违，而况于鬼神乎？"此谓九五，飞龙在天，至天地中和。解卦，春之时，按消息卦，阳得二、五中位，致中和，故曰其来复吉。

有攸往 《吕氏春秋·孟春纪》云："是月也，天气下降，地气上腾，天地和同，草木繁动。"高诱注："是月也，泰卦用事，乾下坤上，天地和同，繁众动挺而生也。"《释文》："繁动，《月令》作萌动。"郑氏注《孟春之月》云："此阳气蒸达，可耕之候也。农书曰：土长冒橛，陈根可拔，耕者急发。"《正义》曰："天气下降者，天地之气，谓之阴阳。一年之中，或升或降，故圣人作象，各分为六爻，以象十二月。阳气之升，从十一月为始。阳气渐升，阴气渐下。至四月，六阳皆升，六阴皆伏。至五月，一阴初升。阴气渐升，阳气渐伏。至十月，六阴尽升，六阳尽伏。然则，天气下降，地气上腾，五月至十月也；地气下降，天气上腾，十一月至四月也。今正月云天气下降，地气上腾者，阳气五月之时，为阴从下起，上向排阳气，第六阳气上极，反退至十月之时，六阳退尽，皆伏于下。至十一月，阳之一爻始动地中。至十二月，阳渐升，阳尚微，未能生物之极。正月，三阳既上，成为乾卦，乾体在下；三阴为坤，坤体在上。乾为天，坤为地。今天居地下，故云天气下降；地在天上，故云地气上腾。"是自正月，天气下降，地气上腾，为泰卦，三阳升；至二月为大壮卦，四阳升；至三月为夬卦，五阳升。泰卦《彖》曰："小往大来，吉亨。则是天地交，而万物通也；上下交，而其志同也。内阳而外阴，内健而外顺，内君子而外小人。君子道长，小人道消也。"解卦，正、二、三月之卦，以阳之道长，阴之道消，万物得阳而生，故曰有攸往。《彖》曰："天地解，雷雨作；雷雨作，而百果草木皆甲坼，解之时大矣哉！"即有攸往之义。

夙吉 《说文》："夙，早敬也。从丮。持事虽夕不休，早敬者也。"《说文古文考》："象人执事于月下，侵月而起，故其谊为早。"《虞书·舜典》："夙夜惟寅。"孔氏传："夙，早也，言早夜敬思其职，典礼施政教。"夙吉，谓早敬其事则吉。《月令·孟春之月》云："是月也，以立春。先立春三日，大史谒之天子，曰：某日立春，盛德在木。天子乃齐。立春之日，天子亲帅三公、九卿、诸侯、大夫，以迎春于东郊。"又，"王命布农事，命田舍东郊。皆修封疆，审端经术。善相丘陵、阪险、原隰，土地所宜，五谷所殖，以教导民，必躬亲之。田事既饬，先定准直，农乃不惑。"《仲春之月》云："是月也，安萌芽，养幼少，存诸孤。择元日，命民社。命有司，省囹圄，去桎梏，毋肆掠，止狱讼。"又，"是月也，耕者少舍，乃修阖扇，寝庙毕备。毋作大事，以妨农之事。"《季春之月》云："是月也，生气方盛，阳气发泄，句者毕出，萌者尽达，不可以内。天子布德行惠，命有司，发仓廪，赐贫穷，振乏绝；开府库，出币帛，周天下；勉诸侯，聘名士，礼贤者。是月也，命司空曰：时雨将降，下水上腾，循行国邑，周礼原野，修利堤防，道达沟渎，开通道路，毋有障塞。"又，"是月也，命野虞无伐桑柘。鸣鸠拂其羽，戴胜降于桑，具曲植蘧筐。后妃齐戒，亲东乡躬桑。禁妇女毋观，省妇使，以劝蚕事。蚕事既登，分茧称丝效功，以共郊庙之服；无有敢惰。"解卦《象》曰："有攸往，夙吉，往有功也。"盖谓一年之计在于春，宜早不宜迟，敬慎其事，往前有功，故曰夙吉。

《象》曰："雷雨作，解，君子以赦过宥罪。"《说卦传》曰："震为雷。"豫卦，坤下震上。《象》曰："雷出地奋，豫，先王以作乐崇德，殷荐之上帝，以配祖考。"雷为振奋。噬嗑卦，震下离上。《象》曰："雷电，筮嗑，先王以明罚敕法。"雷为敕法。无妄卦，震下乾上。《象》曰："天下雷行，物与无妄，先王以茂对时，育万物。"雷兼有示警无妄之意。颐卦，震下艮上。《象》曰："山下有雷，颐，君子以慎言语，节饮食。"雷为警戒。恆卦，巽下震上。《象》曰："雷风，恆，君子以立不易方。"雷风，为雷厉风行，毫不动摇。大壮卦，乾下震上。《象》曰："雷在天上，大壮，君子以非礼弗履。"雷为警告。益卦，震下巽上。《象》曰："风雷，益，君子以见善则迁，有过则改。"风雷，为雷厉风行，毫不犹豫。震卦，震下震上。《象》曰："洊雷，震，君子以恐惧修省。"雷为恐惧。归妹卦，兑下震上。《象》曰："泽上有雷，归妹，君子以永终知敝。"雷使知惧。丰卦，离下震上。《象》曰："雷电皆至，丰，君子以折狱致刑。"雷为折狱。小过卦，艮下震上。《象》曰："山上有雷，小过，君子以行过乎恭，丧过乎哀，用过乎俭。"雷为警戒。

又，《说卦传》曰："坎为水。"蒙卦，坎下艮上。《象》曰："山下出泉，蒙，君子以果行育德。"水为育德。需卦，乾下坎上。《象》曰："云上于天，需， 君子以饮食宴乐。"云水为饮食。师卦，坎下坤上。《象》曰："地中有水，师，君子以容民畜众。"水为畜众。比卦，坤下坎上。《象》曰："地上有水，比，先王以建万国，亲诸侯。"水为先王之恩泽。习坎卦，坎下坎上。《象》曰："水洊至，习坎，君子以常德行，习教事。"水为常德行。蹇卦，艮下坎上。《象》曰："山上有水，君子以反身修德。"水从山上流下，亦反身修德之象。困卦，坎下兑上。《象》曰："泽无水，困，君子以致命遂志。"水为渗透。井卦，巽下坎上。《象》曰："木上有水，井，君子以劳民劝相。"水为劳民。劳，慰劳。以上，雷见威厉，水为润泽。解卦，雷雨作，君子以赦过宥罪，有恩威并施之义，此处主施恩。

《虞书·舜典》曰："眚灾肆赦，怙终贼刑。"孔氏传："眚，过；灾，害；肆，缓；贼，杀也。过而有害，当缓赦之；怙奸自终，当刑杀之。"《正义》曰："若过为害，原情非故者，则缓纵而赦放之；若怙持奸诈，终行不改者，则贼杀而刑罪之。"孙诒让注《周礼·秋官》，引贾疏云："《孝经援神契·五刑章》曰：刑者，侀也。过出罪施者，下侀为著也。行刑者，所以著人身体。过误者出之，实罪者施刑。是《尚书》云：眚灾肆赦，怙终贼刑。引之者，证司寇行刑当审慎也。诒让案：《王制》云：刑者侀也，侀者成也，一成而不可变，故君子尽心焉。此说与《孝经纬》同。"孔颖达疏《王制》云："上刑是刑罚之刑，下侀是侀体之侀。"侀，同形。形体，已成形之物，引伸为事成，不可改变之意。故《象》曰："雷雨作，解，君子以赦过宥罪。"赦，犹舍；宥，为宽。过可舍，罪可宽不可舍。是圣人制法，过、罪分明，严中有宽。

《月令·仲春之月》云："命有司，省囹圄，去桎梏，毋肆掠，止狱讼。"郑氏注："顺阳宽也。省，减也。囹圄，所以禁守系者，若今别狱矣。桎梏，今械也：在手曰梏，在足曰桎。肆，谓死刑暴尸也。《周礼》曰：肆之三日。掠，谓捶治人。"《正义》曰："此一节，论助其生气，止其狱刑。"朱彬《礼记训纂》："高注《吕氏春秋》曰：有司，理官，主狱者也；囹圄，法室；省之者，赦轻微也；肆，极；掠，笞也；止，禁也。《说文》：狱，确也。从㹜从言，二犬所以守也。圉，囹圄，所以拘 罪人。《释名》：囹，领也；圄，御也：领录囚徒，禁御之也。《仓颉篇》：掠，问也，谓搒捶治人也。《正义》：蔡云：囹，牢也；圄，止也：所以止出入，皆罪人所舍也。"是仲春之月，省囹圄，去桎梏，毋肆掠，止狱讼，皆顺阳气生物。二月居春之中，为春之著，故仲春之辞，与解卦《象》曰，君子以赦过宥罪，同义。

又，孙希旦《礼记集解》曰："愚谓有司，理官也。周时以圜土聚教罢民，秦时谓之囹圄。仲冬时增筑之，至此则减省之也。古者五刑不入圜土，皆加桎梏，而掌囚守之。其入囹圄者，乃《大司寇》所谓罢民之害人，而置之圜土者。其罪本轻，此时行宽大之政，命有司，视其可赦者赦之，故省去囹圄也。五刑之桎梏，宜无去法。此云去桎梏，谓《大司寇》所谓，罢民之有罪过，而未丽于法，桎梏而坐诸嘉石者也。毋肆掠者，罪人未服，或当拷问，而不得肆意捶治也。《周礼》注曰：争罪曰狱，争财曰讼。上三者，所以宽之于已犯；止狱讼，所以禁之于未然。”此解，亦谓二月之时，君子效天地之解，以赦过宥罪。是天、地、人，皆有好生之德。《说卦传》曰：“坎，其于舆也，为多眚；其于木也，为坚多心。”众多眚为罪，木多心为棘。《荀九家》曰：“坎为丛棘，为桎梏。”解卦，初之三为坎，三之五亦为坎。下坎为桎梏，为有五刑之罪者；上坎为丛棘，为入圜土之罢民。二月雷雨作，天地解，是以有赦过宥罪之象。

蹇卦和解卦，互为综卦和邻卦。蹇卦，艮下坎上。《彖》曰：“蹇，难也，险在前也。”解卦，坎下震上。《彖》曰：“解，险以动，动而免乎险，解。”坎为险。蹇卦，险在前，由下往上，即由后往前，为入险，为蹇。解卦，险在后，由下往上，即由后往前，为出险，为解。又，蹇卦《象》曰：“山上有水，蹇，君子以反身修德。”解卦《象》曰：“雷雨作，解，君子以赦过宥罪。”前者，为严以律已；后者，为宽以待人。又，蹇卦，上为坎，坎为七月；下为艮，艮为九月，七月往，九月来，是为秋。解卦，上为震，震为雷；下为坎，坎为雨，雷雨作，是为春。如此蹇与解相倒，严与宽相倒，秋与春相倒，是以为综卦。又，《杂卦传》曰：“解，缓也；蹇，难也。”《序卦传》曰：“蹇者，难也。物不可以终难，故受之以解。解者，缓也。”是解次蹇，以互综而互邻。

家人卦与解卦，互为错卦。家人卦，离下巽上；解卦，坎下震上。家人《彖》曰：“家人，女正位乎内，男正位乎外，男女正，天地之大义也。”解卦，春之卦。《月令·仲春之月》云：“是月也，玄鸟至。至之日，以大牢祠于高禖。天子亲往，后妃帅九嫔御。”郑氏注：“玄鸟，燕也。燕以施生时，来巢人堂宇而孚乳，嫁娶之象也。媒氏之官以为候。高辛氏之出，玄鸟遗卵，娀简吞之而生契。后王以为媒官，嘉祥而立其祠焉。变媒言禖，神之也。”又，《周礼·媒氏》曰：“媒氏掌万民之判。中春之月，令会男女。”郑氏注：“判，半也。得耦为合，主合其半，成夫妇也。《丧服传》曰：夫妻判合。郑司农云：主万民之判合。中春，阴阳交，以成婚礼，顺天时也。”解卦，春之卦，亦男女婚姻嫁娶，成夫妇之时，是家人卦与解卦，阴阳相反相成，互为错卦。

屯卦和解卦，上下单卦互换。屯卦，震下坎上；解卦，坎下震上。震为阳之动，坎为阴之险。屯卦，震前有坎；解卦，坎落震后。故屯卦《彖》曰：“屯，刚柔始交而难生，动乎险中。”又，“雷雨之动满盈，天造草昧，宜建侯而不宁。”解卦《彖》曰：“解，险以动，动而免乎险，解。”又，“天地解而雷雨作；雷雨作，而百果草木皆甲坼，解之时大矣哉！”屯卦，动于险中；解卦，动乎险外。屯卦，刚柔始交而难生；解卦，天地解，而百果草木皆甲坼。屯卦，雷雨之动满盈；解卦，而雷雨作。前者，雷雨蠢动；后者，雷雨兴作。前者，宜建侯而不宁，谓滋生之初；后者，解之时大矣哉，谓大解之时。

屯卦，刚柔始交而难生，冬以十一月为著；解卦，天地解而雷雨作，春以二月为著。冷暖易节，是以卦象上下互换。

六十四卦，有四卦为四时之卦。解卦，坎下震上。《彖》曰："天地解，而雷雨作；雷雨作，而百果草木皆甲坼，解之时大矣哉！"是解之时，即春之时。大过卦，巽下兑上。《彖》曰："大过，大者过也。栋桡，本末弱也。刚过而中，巽而说行，利有攸往，乃亨，大过之时大矣哉！"阳为大，大者过，阳过之时，是大过之时，即夏之时。颐卦，震下艮上。《彖》曰："观颐，观其所养也。自求口实，观其自养也。天地养万物，圣人养贤，以及万民，颐之时大矣哉！"按，《月令·孟秋之月》云："是月也，农乃登谷，天子尝新，先荐寝庙，命百官始收敛。"《仲秋之月》云："盲风至，鸿雁来，玄鸟归，群鸟养羞。是月也，养衰老，授几杖，行糜粥饮食。乃命司服，具饬衣裳。文绣有恒，制有大小，度有长短。衣服有量，必循其故，冠带有常。是月也，可以筑城郭，建都邑，穿窦窖，修囷仓。乃命有司，趣民收敛，务畜菜，多积聚。乃劝种麦，毋或失时；其有失时，行罪无疑。"《季秋之月》云："命百官，贵贱无不务内，以会天地之藏，无有宣出。乃命冢宰，农事备收。举五谷之要，藏于帝藉之收于神仓，祗敬必饬。是月也，霜始降，则百工休。乃命有司曰：寒气总至，民力不堪，其皆入室。"是颐养之时，即秋之时。革卦，离下兑上。《彖》曰："天地革，而四时成。汤、武革命，顺乎天，而应乎人，革之时大矣哉！"按，《季冬之月》云："是月也，日穷于次，月穷于纪，星回于天，数将几终，岁且更始。专而农民，毋有所使。天子乃与公卿大夫，共饬国典，论时令，以待来岁之宜。"《正义》曰："日穷于次者，谓去年季冬，日次于玄枵；从此以来，每月移次他辰；至此月穷尽，还次玄枵，故云日穷于次。月穷于纪者，纪犹会也。去年季冬，月与日相会于玄枵；自此以来，月与日相会在于他辰；至此月穷尽，还复会于玄枵，故云月穷于纪。星回于天者，谓二十八宿，随天而行，每日虽周天一匝，早晚不同；至于此月，复其故处，与去年季冬，早晚相似，故云星回于天。数将几终者，几，近也。以去年季冬，至今年季冬，三百五十四日，未满三百六十五日，未得正终，唯近于终，故云数将几终。"岁将更始，则天地革，是革之时，即季冬之时。概言之，为冬之时，故曰革之时大矣哉！

初六，无咎。

〔**译**〕 初六，无灾。

《象》曰："刚柔之际，义无咎也。"

〔**证**〕

无咎 《象》曰："刚柔之际，义无咎也。"《说文》："際（际），壁会也。从𨸏，祭声。"段玉裁注："两墙相合之缝也。引申之，凡两合皆曰际。际取壁之两合，犹间取门之两合也。《诗·菀柳》郑笺：瘵，接也。此谓假瘵为际。"《广雅》："际，会也。"《象》曰刚柔之际，是谓刚柔会合。习坎卦，坎下坎上。六四《象》曰："樽酒，簋贰，刚柔际也。"刚柔际者，即谓九五与六四之会。屯卦，震下坎上。《彖》曰："屯，刚柔始交而难生，动乎险中，大亨贞。雷雨之动满盈，天造草昧，宜建侯而不宁。"刚柔始交，谓阴阳始交际。解卦，初六与九四相应，阴阳交合，故曰刚柔之际。《易乾坤凿度》曰："☵，古坎字。水情内刚外柔，性下不上，恆附于气也。"解卦，坎下震上。坎，外阴内阳，阴阳交，是以为水，雨亦为水。《大戴礼记·曾子天圆》曰："阴阳之气，各静其所，则静矣。偏则风，俱则雷，交则电，乱则雾，和则雨，阳气胜则散为雨露，阴气胜则凝为霜雪。"王聘珍谓和则雨曰："阴畜阳极则和，故水从云下也。"解卦，上之震雷为云电，为阴阳，阴阳和，下而为雨水。

泰卦，乾下坤上。《彖》曰："泰，小往大来，吉亨。则是天地交，而万物通也；上下交，而其志同也。内阳而外阴，内健而外顺。"《象》曰："天地交，泰。"《说文》："泰，滑也。从廾，从水，大声。"是阴阳交为泰，泰为雨水。孙希旦《礼记集解》曰："雨水、惊蛰，据其早在正月，若其晚在二月。"解卦，坎下震上。初与四应，阴与阳应。在天为震雷，在地为雨水。是天地解，而雷雨作；雷雨作，而百果草木皆甲坼，故曰无咎。《象》曰："刚柔之际，义无咎也。"即谓初与四，阴阳顺应，理当无灾。王弼注："解者，解也，屯难盘结，于是乎解也。处蹇难始解之初，在刚柔始散之际，将赦罪厄，以夷其险，处此之时，不烦于位，而无咎也。"程氏传："六居解初，患难既解之时，以柔居刚，以阴应阳，柔而能刚之义。既无患难，而自处得刚柔之宜。患难既解，安宁无事，唯自处得宜，则为无咎矣。"又曰，"初、四相应，是刚柔相际接也。刚柔相际，为得其宜。难既解，而处之刚柔得宜，其义无咎也。"

反之，阴阳不应，行不当令，则必有灾。《说文》："咎，灾也。从人各，各者，相违也。"段玉裁注："天火曰灾。引伸之，凡失意，自天而至，曰灾。"《释诂》曰：咎，病也。《小雅·伐木》传曰："咎，过也。《北山》笺云：咎，犹罪过也。《西伯戡黎》郑注：咎，恶也。《吕览·移乐篇》注：咎，殃也。《方言》：咎，谤也。会意，说从各之意。"《月令·孟春之月》云："孟春行夏令，则雨水不时，草木早落，国时有恐。行秋令，则其民大疫，猋风暴雨总至，藜莠蓬蒿并兴。行冬令，则水潦为败，雪霜大挚，首种不入。"《仲春之月》云："仲春行秋令，则其国大水，寒气总至，寇戎来征。行冬令，则阳气不胜，麦乃不熟，民多相掠。行夏令，则国乃大旱，暖气早来，虫螟为害。"《季春之月》云："季春行冬令，则寒气时发，草木皆肃，国有大恐。行夏令，则民多疾疫，时雨不降，山林不收。行秋令，则天多沈阴，淫雨蚤降。”是阴阳不应则多灾，阴阳相应则无灾。解卦，春之卦，初六与九四，阴阳际会，故曰无咎。

九二，田获三狐，得黄矢，贞吉。

〔译〕 九二，田猎获取三狐，又得黄金之矢，正道吉利。

《象》曰：“九二贞吉，得中道也。”

〔证〕

田获三狐 乾卦，乾下乾上。九二曰：“见龙在田。”九五曰：“飞龙在天。”是阳在二之阴位，为见龙在田；阳在五之阳位，为飞龙在天。天与田对举，犹天与地对举。即乾为天，坤为地。田，古通畋。田猎，为畋猎。《周礼·夏官》：“田仆掌驭田路，以田以鄙。”郑氏注：“田路，木路也；田，田猎也。”《地官·山虞》：“若大田猎，则莱山田之野。”《郑风·叔于田》：“叔于田，巷无居人。”毛传：“田，取禽也。”　卦，巽下震上。九四曰：“田无禽。”《象》曰：“久非其位，安得禽也。”四为阴位，为地为田；以阳居阴，不当其位，田无所获，为田无禽。禽，通擒。巽卦，巽下巽上。六四曰：“田获三品。”《象》曰：“田获三品，有功也。”四为阴位，为地为田，上承九五，下乘九三、九二、初六，使之巽伏，为田获三品，为有功。解卦，坎下震上。九在二，二为阴位，阴为地为田，田通畋，是以谓田获三狐。

《说文》：“狐，妖兽也，鬼所乘之。”因为妖兽，为鬼所凭，故昼隐夜现。《卦德彝赞》曰：“妖禽孽狐，当昼则伏。”《说卦传》曰：“坎，为隐伏，为弓轮，为月。”《荀九家》曰：“坎为狐。”狐昼间隐伏，故为坎象。未济卦，坎下离上。卦辞曰：“未济，亨。小孤汔济，濡其尾，无攸利。”《象》曰：“未济亨，柔得中也；小狐汔坎。未出中也。”下为中，小狐未出中，是小狐指坎。解卦，九二与六五逆应，中经互坎三爻，坎为狐，为三狐。狐与月，均为阴物，均为昼伏夜出，故狐为月之隐喻。坎又为弓轮，为田猎之象，故曰田获三狐。按，一阳升为十一月，二阳升为十二月，三阳升为正月，四阳升为二月，五阳升为三月，六阳升为四月。现九二，往得九五之位，田获三狐，是阳气连得正、二、三月。故解卦九二，言田获三狐者，谓得春之三月。

得黄矢 噬嗑卦，震下离上。九四曰：“得金矢。”旅卦，艮下离上。六五曰：“一矢亡。”解卦，二之四为离，九二曰：“得黄矢。”《说卦传》曰：“离为日。”太阳光芒四射，如金黄之矢，是以凡谓矢，皆在离象。九二与六五相应，中经互离故曰得黄矢，即得离。离卦，离上离下。卦辞曰：“离，利贞，亨，畜牝牛吉。”《象》曰：“离，丽也。日月丽乎天，百谷草木丽乎土，重明以丽乎正，乃化成天下。柔丽乎中正，故亨，是以畜牝牛吉也。"《象》曰："明两作，离，大人以继明照于四方。"《说卦传》曰："坤，为子母牛，为众。"畜牝牛吉，即畜养众庶而吉利。日照昼，月照夜，百谷草木丽乎土而生，乃化成天下。离为日为阳光，万物生长不可或缺。解卦，坎下震上，利西南，田获三狐，得黄矢，即谓雷雨作，风生物，春三月，阳光普照，是皆言春之象。

朱骏声《六十四卦经解》曰："田，猎也，二积田；坎为狐，亦为弓；离为黄矢。狐，穴地隐伏，黄矢刚中，横贯狐体为获。离三数，获狐则亦得矢。坎冬多言田猎，黄中色。此如文王田于渭滨，得吕散之刚直，如矢者也，即可用以射隼。"按，乾卦，九二曰："见龙在田，利见大人。"《象》曰："见龙在田，德施普也。"《文言》曰："九二曰：见龙在田，利见大人。何谓也？子曰：龙德而正中者也。庸言之信，庸行之谨，闲邪存其诚，善世而不伐，德博而化。《易》曰：见龙在田，利见大人。君德也。"又曰，"见龙在田，时舍也。"又曰，"见龙在田，天下文明。"又曰，"君子学以聚之，问以辨之，宽以居之，仁以行之。《易》曰：见龙在田，利见大人。君德也。"《易》有天文，有人文。以人文观之，九二之德，诚如朱氏之言，犹西伯姬昌。

贞吉　《象》曰："九二贞吉，得中道也。"九二居下卦之中，为中道。中则正，正则吉，故曰得中道吉。下坎为雨，九二得中道，即得雷雨之中道。得雷雨之中，则天地解，而百果草木皆甲坼，为吉利。反之，雷雨不正，则百果草木不甲坼，则不吉利。《周书·洪范》："八，庶征：曰雨，曰旸，曰燠，曰寒，曰风。曰时，五者来备，各以其叙，庶草蕃庑。一极备，凶；一极无，凶。"孔氏传："雨以润物，旸以干物，暖以长物，寒以成物，风以动物。五者各以其时，所以为众验。言五者备至，各以次序，则众草木蕃滋庑丰也。一者备极过甚，则凶；一者极无不至，亦凶：谓不时失叙。"解卦，九二在坎，坎为雨水，得中正之道，便是雨无极备，亦无极无，不涝不旱，丰年验征，是以谓贞吉。

又，《洪范》曰："曰肃，时寒若。曰狂，恆雨若。"孔氏传："君行敬，则时雨顺之。君行狂疾，则常雨顺之。"《正义》曰："《易·文言》云：云从龙，风从虎，水流湿，火就燥。是物各从类相应，故知天气顺人所行，以示其验也。其咎反于休者，人君行不敬，则狂妄，故狂对肃也。"《小雅·雨无正》之《序》云："《雨无正》，大夫刺幽王也。雨自上下者也，众多如雨，而非所以为政也。"郑笺："亦当为刺厉王，之所以教令甚多，而无正也。"《释文》："正，音政。"《正义》曰："经无此雨无正之字，作者为之立名，叙又说名篇，及所刺之意。雨是自上下者也，雨从上，而下于地；犹教令从王，而下于民。而王之教令，众多如雨然，事皆苛虐，情不恤民，而非所以为政教之道。故作此诗，以刺之，既成而名之曰《雨无正》也。经七章，皆刺王之辞；郑以为刺厉王，为异。"解卦，下为坎，坎为雨。九二，坎之中道，得雨之正，犹得政教之正。教令正，百事顺，是以贞吉。

六三，负且乘，致寇至，贞吝。

〔**译**〕 六三，背负阳，乘陵阳，致使阴者来犯，阳者恨惜。

《象》曰：“负且乘，亦可丑也。自我致戎，又谁咎也？”

〔**证**〕

负且乘 《尔雅·释丘》：“丘背有丘，为负丘。”郝懿行《尔雅义疏》曰：“丘背有丘者，犹北也。言丘之北，复有一丘，若背负然，因名负丘。”《说文》：“乘，覆也。”段玉裁注：“加其上曰乘，人乘车，是其一端也。”《老子》曰：“道生一，一生二，二生三，三生万物。万物负阴而抱阳，冲气以为和。”《文子·上德篇》：“万物负阴以抱阳，冲气以为和。”《淮南子·精神训》：“万物背阴而抱阳，冲气以为和。”高诱注：“万物以背为阴，以腹为阳，身中空虚，和气所行。阴阳以和，共生物形；君臣以和，致大平也。”负犹背。六三，上背九四之阳，下覆九二之阳，为负且乘。万物负阴而抱阳，冲气以为和。六三，上不负阴而负阳，不得阴阳二气相冲和，故不得天地解，万物生。《说卦传》曰：“坎为美脊。”美脊为背，是以有负之象。又，“坎为弓轮；其于舆也，为多眚。”轮舆为车，是以有乘之象。

《象》曰：“负且乘，亦可丑也。”《说文》：“醜（丑），可恶也。从鬼，酉声。”《郑风·遵大路》：“无我恶兮”，“无我䰦兮。”郑笺：“䰦，亦恶也。”《正义》曰：“䰦与醜，古今字。”六三，上背负阳，下乘覆阳，犹阴侵阳，故甚可恶。大过卦，巽下兑上。九五曰：“老妇得其士夫。”《象》曰：“老妇士夫，亦可丑也。”同谓阴阳不相应，故甚可恶。按，解卦，春之卦。正月为泰卦，乾下坤上。《彖》曰：“泰，小往大来，吉亨。则是天地交，而万物通也；上下交，而其志同也。”二月为大壮卦，乾下震上。《彖》曰：“大壮，大者壮也。刚以动，故壮。”三月为夬卦，乾下兑上。《彖》曰：“夬，决也，刚决柔也。健而说，决而和。”是春之三月，皆阳来推阴而上，阳息阴消。解卦六三，以阴居阳位，上则背逆九四之阳，下则乘陵九二之阳，甚违阴阳之和，故曰负且乘，亦可丑。

致寇至 《说文》：“寇，暴也。从攴、完。”容庚《金文编》：“从人、从攴、在宀下，会意。”《广雅·释言》：“寇，钞也。”“钞，掠也。”《周书·费誓》：“无敢寇攘，逾垣墙。”孔氏传：“军人无敢暴劫人，逾越人垣墙；物有自来者，无敢取之。”寇为劫掠。《周礼·大宗伯》：“以恤礼哀寇乱。”郑氏注：“兵作于外为寇，作于内为乱。”《左传》文公七年：“叔仲惠伯谏曰：臣闻之，兵作于内为乱，于外为寇。寇犹及人，乱自及也。今臣作乱，而君不禁，以启寇仇，若之何？”杨伯峻《春秋左传注》：“外寇若来，双方皆不免伤亡，故言及人。内乱作，死伤皆是一家人。国有内乱，势必使寇仇生心。”《说卦传》曰：“坎为盗。”初之三为坎，三之五为坎。下坎在内，为乱；上坎在外，为寇。三与内外坎象关连，为致寇至。《象》曰：“自我致戎，又谁咎也？”六三，先为下坎上爻，后为上坎初爻，是内乱而启外寇。《说文》：“戎，兵也。从戈甲。”《说卦传》曰：“离，为甲胄，为戈兵，为乾卦。”“乾，为君。”六三居互离之中，为君王。内开奸宄，外启寇仇，其自我致戎，以居不当位所致。

又，《系辞传》曰：“子曰：作《易》者其知盗乎？《易》曰：负且乘，致寇至。负也者，小人之事也；乘也者，君子之器也。小人而乘君子之器，盗思夺之矣。上慢下暴，盗思伐之矣。慢藏诲盗，冶容诲淫。《易》曰负且乘，致寇至，盗之招也。”程氏传：“圣人又于《系辞》，明其致寇之道。谓作《易》者，其知盗乎？盗者乘衅而至；苟无衅隙，则盗安能犯？负者小人之事，乘者君子之器。以小人而乘君子之器，非其所能安也，故盗乘衅而夺之。小人而居君子之位，非其所能堪也，故满假而陵慢其上，侵暴其下；盗则乘其过恶，而伐之矣。伐者，声其罪也。盗，横暴而至者也。货财而轻慢其藏，是教诲乎盗，使取之也。妇子夭冶其容，是教诲淫者，使暴之也。小人而乘君子之器，是招盗使夺之也，皆自取之之谓也。”孔子圣明睿哲，见智见仁，自我致戎之理不二。

贞吝　《小雅·十月之交》：“十月之交，朔日辛卯。日有食之，亦孔之丑。彼月而微，此日而微。今此下民，亦孔之哀。”孔颖达疏：“毛以为，幽王之时，正在周之十月，夏之八月，日月之交会，朔日辛卯之日。以此之时，而日有食之。此其为异，亦甚之恶也。何则？日食者，月掩之也。月食日，为阴侵阳，臣侵君之象。其日又是辛卯。辛是金，卯是木，金常胜木。今木反侵金，亦臣侵君之象。臣侵君，逆之大者。一食而有二象，故为亦甚恶也。所以为甚恶者，日君道也，月臣道也，君当制臣，似月应食；臣不当侵君，似日不应食。故言彼月而容有被食不明，今此日而反被食不明，以日被月食，似君被臣侵，非其常事，故为异尤大也。异既如此，灾害将生。灾害一起，天下罹毒。故今此下民，亦甚可哀伤矣。”解卦，二之四为离，三之五为坎。《说卦传》曰：“离为日”，“坎为月”。今离下坎上，日被月掩，犹君被臣侵，是以正者恨惜，为贞吝。

九四，解而拇，朋至斯孚。

〔译〕　九四，解开阳之手，阴来而信顺。

《象》曰：“解而拇，未当位也。”

〔证〕

解而拇 《小尔雅·广诂》：“而，若汝也。”《周书·洪范》：“而康而色。”孔氏传：“汝当安汝颜色，以谦下人。”《大雅·桑柔》：“嗟尔朋友，予岂不知而作。”郑笺：“而，犹女也。我岂不知你所行者恶与直。”《礼记·中庸》：“抑而强欤。”郑氏注：“而之言女也。”《左传》昭公二十年：“余知而无罪也。”杜预注：“而，女也。”《国语·晋语二》：“曩而言戏乎？”韦昭注：“而，汝也。”《战国策·齐策一》：“刬而类，破吾家。”姚、鲍本注：“而，汝也。”而、尔与女、汝，皆为同源字，常用作第二人称你。《说文》：“拇，将指也。从手，母声。”桂馥义证：“将指也者，徐锴曰：所谓将指者，为诸指之率也。《左传正义》：将指，言其将领诸指也。《玉篇》：拇，手拇。《广韵》：拇，大拇指也。颜注《急就篇》：拇，大指也，一名将指。《释训》：履帝武敏。武、迹也；敏，拇也。郭云：拇迹，大指处。《诗·生民》：履帝武敏。笺云：敏，拇也。《易》咸卦：咸其拇。《释文》，马、郑、薛云：足大指也。解卦：解而拇。陆云：足大指；王云：手大指。”按，手、足大指皆为拇。

《系辞传》曰：“古者包牺氏之王天下也，仰则观象于天，俯则观法于地，观鸟兽之文，与地之宜；近取诸身，远取诸物，于是始作八卦，以通神明之德，以类万物之情。”取诸身者，如咸卦：初六，咸其拇；六二，咸其腓；九三，咸其股，执其随；九四，贞吉；九五，咸其脢；上六，咸其辅颊舌。艮卦：初六，艮其趾；六二，艮其腓；九三，艮其限；六四，艮其身；六五，艮其辅；上九，敦艮。由下而上，由足至首，身体部位，与卦之爻位，互相对称。又，噬嗑卦：初九，屦校灭趾；上九，何校灭耳。贲卦：初九，贲其趾。剥卦：初六，剥床以足；六二，剥床以辨；六四，剥床以肤。大过卦：上六，过涉灭顶。离卦：初九，履错然；上九，有嘉折首。遁卦：初六，遁尾。大壮卦：初九，壮于趾；上六，羝羊触藩。晋卦：上九，晋其角。明夷卦：初九，垂其翼；六二，夷于左股；六四，入于左腹，获明夷之心。夬卦：初九，壮于前趾；九三，壮于頄；九四，臀无肤。姤卦：九三，臀无肤；上九，姤其角。鼎卦：初六，鼎颠趾。既济卦：初九，濡其尾；上六，濡其首。未济卦：初六，濡其尾；上九，濡其首。以上，体物之位，与各爻位，亦皆相对称。是咸卦初六咸其拇，拇谓足之大趾；解卦九四解而拇，拇不在足，而在艮卦身位，咸卦股上，当为手之大指。大指为将指，将率诸指，故解而拇，犹解其手。

《象》曰：“解而拇，未当位也。”《玉篇》曰：“未，犹不也。”《史记·范雎蔡泽列传》：“人固不易知，知人亦未易也。”不、未换文，未犹不。于《易》，四本阴位。今九四阳在阴位，为未当位。解卦，谓阳之解；阳解，则解万物于倒悬。初六，上应九四，刚柔际会，为解，为无咎。九二，阳来消阴，为解，为贞吉。六三，阴侵阳，阳未解，为吝。九四，阳来消阴，解而拇，为解。然九四之解，尚不当位，未得解之正，是以不言贞吉。《月令·仲春之月》云："是月也，日夜分，雷乃发声，始电，蛰虫咸动，启户始出。"解卦，四之上为震，震为雷；二之四为离，离为火为电。此为雷乃发声，始电，蛰虫始出之象，故为解而拇，谓万物始解开手脚，初六、九四相应，阴阳始得和合。

朋至斯孚　阴众为朋。咸卦，艮下兑上。九四曰："朋从尔思。"谓初六来从九四。蹇卦，艮下坎上。九五曰："大蹇朋来。"谓六二来应九五。解卦，坎下震上。九四曰："朋至斯孚。"谓初六来应九四，故曰朋至。《豳风·七月》："朋酒斯飨。"郑笺："国君闲于政事，而飨群臣。"《大雅·皇矣》："王赫斯怒。"孔疏："文王与群臣，赫然而尽怒。"《大雅·公刘》："弓矢斯张"，"于胥斯原"，"于京斯依"，"于豳斯舘"。斯，皆为连词。朋至斯孚，犹朋至而孚。《说文》："孚，一曰信也。"徐锴系传："孚，信也。鸟之孚卵皆如其期，不失信也。"朋至斯孚，谓阳既初解，阴众是以来而信顺，意为万物向阳而生。《大雅·文王》："仪刑文王。万邦作孚。"毛传："刑，法；孚，信也。"郑笺："仪法文王之事，则天下咸信而顺之。"《易》之斯孚，犹《诗》之作孚，皆谓信顺。习坎卦，坎下坎上。卦辞曰："习坎，有孚维心，亨。"《彖》曰："习坎，重险也。水流而不盈，行险而不失其信。维心亨，乃以刚中也。"是坎中实为信孚。解卦，三之五为坎象，九四刚中，为坎之中实，得初六阴朋信顺，故曰朋至斯孚。

六爻之中，直言解者，四、五两爻而已。四得初应，五得二应。上卦震为雷，下卦坎为雨，上下之应，即雷雨之应，雷雨所以解阴之闭固。《彖》曰："天地解，雷雨作；雷雨作，而百果草木皆甲坼。解之时大矣哉！"九四，当雷之初，以是首见言解。反之，三与上，阴阳不应，非但不言解，且致寇至，贞吝。《说卦传》曰："雷以动之"，"万物出乎震"，"动万物者，莫疾乎雷"，"震动也"，"其于稼也，为反生"。宋衷曰："阴在上，阳在下，故为反生。谓枲豆之类，戴甲而生。"《易乾凿度》曰："雷，天之号令，以惊世而发生，震动殷殷，屈蛰之始伸。"《易乾坤凿度》曰："雷，形鼓万物不息，圣人画二阴一阳，不见其体；假自然之气，顺风而行，成势作烈，尽时而息。天不和，震能翻息；万物不长，震能鼓养。《万形经》曰：雷，天地之性情也，性情之理自然。"雷和阴阳，动养万物；万物之解甲，皆在雷震之时，是以四、五言解。

六五，君子维有解，吉；有孚于小人。

〔译〕　六五，君子之结有解，吉利；有诚信于小人。

《象》曰："君子有解，小人退也。"

〔证〕

君子维有解　乾卦九三曰："君子终日乾乾，夕惕若，厉无咎。"《象》曰："天行健，君子以自强不息。”《文言》曰：“君子，体仁足以长人，嘉会足以合礼，利物足以和义，贞固足以干事：君子行此四德。”“子曰：君子进德修业。忠信，所以进德也；修辞立其诚，所以居业也。知至至之，可与几也；知终终之，可以存义也。是故，居上位而不骄，在下位而不忧。故乾乾因其时而惕，虽危无咎矣。” “君子学以聚之，问以辨之，宽以居之，仁以行之。”又，坤卦卦辞曰：“君子有攸往。”《彖》曰：“牝马地类，行地无疆，柔顺利贞，君子攸行。”《象》曰：“地势坤，君子以厚德载物。”《文言》曰：“君子敬以直内，义以方外。敬义立，而德不孤；直方大，不习无不利，则不疑其所行也。”“君子黄中通理，正位居体，美在其中，而畅于四支，发于事业，美之至也。”君子，旧指德行高者，不分阴阳。六五，居上卦之中，有德行者，故为君子。

《说文》：“维，车盖维也。从纟，隹声。”桂馥义证：“维，谓系盖之绳也。《字林》：维，持也。《释天》：维以缕。郑注《周礼·大司马》云：维，犹连结也。”段玉裁注：“引申之，凡相系者曰维。韨维、绥维是也。《管子》曰：礼、义、廉、耻，国之四维。”《小雅·白驹》：“絷之维之，以永今朝。”毛传：“絷，绊；维，系也。”随卦，上六曰：“拘系之，乃从维之，王用亨于西山。”朱熹曰：“居随之极，随之固结，而不可解者也。”系、维互为换文。是君子维有解，谓君子固结有解。又，六二曰系小子，六三曰系丈夫，解卦六五，曰君子维有解：维、系皆阴爻，是阴为固结。六五虽为阴爻，为维为系；但得五之阳位，而居震中，此时雷震于天，阳升阴退，其阴性将变，故曰君子维有解。王弼注：“居尊履中，而应乎刚，可以有解，而获吉矣。小人虽暗，犹知服之而无怨。”谓君子维有解，亦阴结有解，小人知退。

吉 《象》曰：“君子有解，小人退也。”按，解为春之卦。正月泰卦，乾下坤上。卦辞曰：“泰，小往大来，吉亨。”《彖》曰：“泰，小往大来，吉亨，则是天地交，而万物通也；上下交，而其志同也；内阳而外阴，内健而外顺；内君子，而外小人；君子道长，小人道消也。”君子道长，小人道消，吉亨，即君子有解，小人退也，吉利之谓。二月大壮卦，乾下震上。卦辞曰：“大壮，利贞。”《彖》曰：“大壮，大者壮也。刚以动，故壮。大壮利贞，大者正也。正大，而天地之情可见矣。”大壮，大者壮，利正，犹君子有解，小人退也，吉利之谓。三月夬卦，乾下兑上。卦辞曰：“夬，扬于王庭，孚号有厉，告自邑，不利即戎，利有攸往。”《彖》曰：“夬，决也，刚决柔也。健而说，决而和。扬于王庭，柔乘五刚也。孚号有厉，其危乃光也。告自邑，不利即戎，所尚乃穷也。利有攸往，刚长乃终也。”扬于王庭，刚决柔，所尚乃穷，刚长乃终，皆君子有解，小人退也，吉利之谓。阳解至五，犹阳决阴至五，是以谓吉。

有孚于小人 中孚卦，兑下巽上。卦辞曰：“中孚，豚鱼吉，利涉大川，利贞。”《彖》曰：“中孚，柔在内，而刚得中，说而巽，孚乃化邦也。豚鱼吉，信及豚鱼也。利涉大川，乘木舟虚也。中孚以利贞，乃应乎天也。”朱熹曰：“孚，信也。为卦，二阴在内，四阳在外，而二五之阳，皆得其中。以一卦言之，为中虚；以二体言之，为中实，皆孚信之象也。又下说以应上，上巽以顺下，亦为孚义。豚鱼无知之物，又木在泽上，外实内虚，皆舟楫之象。至信可感豚鱼，涉险难，而不可以失其贞，故占者能致豚鱼之应，则吉，而利涉大川，又必利于贞也。”按，《易》以阳为实信，实信为孚。中孚，谓九二、九五，得上下卦之中，且为阳为信实，是以谓中孚。孚则信及豚鱼，孚乃化邦，即信及民人，风化邦国。解卦，九二中实为孚，在上下阴小之中，六五与九二相应，是以得阴小信顺，故曰有孚于小人。即谓六五，有九二阳实相应，是以有孚信于初六、六三。亦即剥卦，君子得舆，小人载也之谓。下坎为舆。

上六，公用射隼，于高墉之上，获之无不利。

〔译〕 上六，公施弓矢，射高垣上之鹰隼，获取它，没有不利。

《象》曰：“公用射隼，以解悖也。”

〔证〕

公用射隼，于高墉之上　《易乾凿度》曰：“初为元士，二为大夫，三为公，四为诸侯，五为天子，上为宗庙。”大有卦，九三曰：“公用亨于天子。”朱熹曰：“九三，居下之上，公侯之象。”益卦，震下巽上。六三曰：“中行告公用圭。”中行，谓九五中行；公，谓六三。是三为公位。《说文》：“隼，一曰鹑字。”段玉裁注：“按此鹑字，即鷻字，转写混之。《诗·四月》鹑，陆明德《释文》云，字或作鷻，可证。毛诗两言隼，俱无传。《四月》：匪鹑匪鸢。传曰：鹑，鵰也。盖隼，人所习知，故不详其名物。隼与鹑，当是同物而异字异音。”《月令·季春之月》云：“田鼠化为鴽。”《释文》：“蔡云：鴽，鹑鷂之属。”《小雅·采芑》云：“鴥彼飞隼，其飞戾天。”冈元凤（日本）《毛诗品物图考》：“鴥彼飞隼，《笺》：隼，急疾之鸟也，飞乃至天。《集传》：鹞属，急疾之鸟也。似鹰，苍黑色，性猛而不悍，攫鸟而食，不争，群处并居。《埤雅》：鹰之搏噬，不能无失，独隼为有准。”王承略解说：“隼，一种猛禽，善飞，袭击别的鸟类而食。陆佃以为，此鸟因每发必中，搏击准确而得名。”

又，《四月》云：“匪鹑匪鸢，翰飞戾天。”按，隼、鹑同物，三月由田鼠化成，四月高飞至天。上为四月之位，三与上应，公用射隼，即射四月最后之阴。隼，贪残之物，故为阴象。《荀九家》曰：“震，为鹄。”解卦，三之五为坎。《说卦传》曰：“坎为弓轮。”三在弓后，上在弓前，震有飞鸟之象，为公用弓矢射隼。《说文》曰：“墉，城垣也。从土，庸声。”五、上重阴，坤阴为土，上在重土之上，即于高墉之上。《象》曰：“公用射隼，以解悖也。”解卦，初、四应，二、五应，唯三、上阴阳不应，故射而落之，以解阴阳相背，使之阴阳和合。程氏传：“至解终而未解者，悖乱之大者也。射之，所以解之也，解则天下平矣。”姚配中曰：“离矢坎弓，故用射。不言弓矢者，君子藏器于身矣。”又，震为诸侯，上六乘五之天子，公射之，以解悖逆。

获之无不利　艮为手，震为反艮，为反手获取之象。解卦，春之卦。阳解至上六，得四月纯阳，为乾卦。卦辞曰：“乾，元亨利贞。”《文言》曰：“元者，善之长也；亨者，嘉之会也；利者，义之和也；贞者，事之干也。君子体仁，足以长人；嘉会，足以合礼；利物，足以和义；贞固，足以干事。君子行此四德，故曰：乾，元亨利贞。”获之无不利，即谓上六消，阴全失，则无所不利。又，《系辞传》曰：“《易》曰：公用射隼，于高墉之上，获之无不利。子曰：隼者，禽也；弓矢者，器也；射之者，人也。君子藏器于身，待时而动，何不利之有。动而不括，是以出而有获，语成器而动者也。”程氏传：“鸷害之物在墉上，苟无其器，与不待时而发，则安能获之？所以解之之道，器也。事之当解，与已解之之道至者，时也。如是而动，故无括结，发而无不利矣。括结，谓阻碍。圣人于此，发明藏器待时之义。夫行一身，至于天下之事，苟无其器，与不以时而动，小则括塞，大则丧败。自古喜有为，而无成功，或颠覆者，皆由是也。”此皆夫子复伸之义。来知德《周易集注》曰：“《系辞》，别是孔子发未尽之意，与此不同。”谓《系辞》所发挥，与爻辞不同。

第四十一卦　壬　寅

☶艮上
☱兑下

损，有孚，元吉，无咎，可贞，利有攸往。曷之用，二簋可用享。

〔译〕　损，有实信，大吉利，无灾眚，可为正道，利于有所前往。控制用阳，二阳可供用献享。

《彖》曰："损，损下益上，其道上行。损而有孚，元吉。无咎可贞，利有攸往。曷之用，二簋可用享。二簋应有时，损刚益柔有时。损益盈虚，与时偕行。"

《象》曰："山下有泽，损，君子以惩忿窒欲。"

〔证〕

兑下艮上　伏羲八卦方位：离在东，为春；乾在南，为夏；坎在西，为秋；坤在北，为冬。又，震在东北，为冬春之交；兑在东南，为春夏之交；巽在西南，为夏秋之交；艮在西北，为秋冬之交。损卦，兑下艮上，由兑至艮，即由春夏之交，到秋冬之交，由一阴在上，到一阳在上，由阳息到阳消，为损。《汉书·律历志》云："东，动也，阳气动物，于时为春。春，蠢也。物蠢生，乃动运。""南，任也，阳气任养万物，于时为夏。夏，假也，物假大，乃宣平。""西，迁也，阴气迁落物，于时为秋。秋，揪也，物揪敛，乃成熟。""北，伏也，阳气伏于下，于时为冬。冬，终也，物终藏，乃可称。"损卦，下卦兑，兑交春夏，万物生长繁荣；上卦艮，艮交秋冬，万物迁落伏藏。由兑至艮，即万物由生长繁荣，到迁落伏藏，是亦为损。

《彖》曰："损，损下益上，其道上行。"六三曰："三人行，则损一人；一人行，则得其友。"皆谓损卦由泰卦变化而来。即下乾九三，至上坤之上，而成乾减坤增，阳损阴益，为之损下益上。乾阳九三，损而居上，成消减之势，是阳气由生到升，直至上九，其道皆为上行。程氏传："损，之所以为损者，以损于下，而益于上也。取下以益上，故云其道上行。夫损上而益下，则为益；损下而益上，则为损。损基本以为高者，岂可谓之益乎？"谓损下益上者，谓之损。朱熹曰："损，减省也。为卦，损下卦上画之阳，益上卦上画之阴。"益卦，震下巽上。《象》曰："益，损上益下，自上下下。"是一阳往上，为消为损；一阳来下，为息为益。《杂卦传》曰："损益，盛衰之始也。"损卦，一阳之消，为衰之始；益卦，一阳之息，为盛之始。一木知春，一叶知秋，皆谓阳之损益。

朱骏声《六十四卦经解》："损，减也。余读《杂卦传》，孔子曰：损益，盛衰之始。

而叹圣人，上律天时，实能洞悉于天行之终始也。天本无度，准太阳之行，而设为度。以古法平分四限，每限当得九十一度，三千一百零六分，二十五秒。则此四限，太阳皆应历九十一日奇。然而秋分至冬至，冬至至春分，皆只八十八日，九十刻零九十二分，二十五秒。则太阳于平行外，益二度四千零十四分也。春分至夏至，夏至至秋分，皆须九十三日，七十一刻二十分，零二十五秒。则太阳于平行内，损二度四千，零十四分也。此律家所谓盈缩差。但其差绝非匀派，一自多而渐少，一自少而渐多。故律法有平立定三差，以测其每日参差之数。如春分前，子正初刻，至春分时，夜子初四刻，命曰初日，黄道适足一度。交春分后一日，其度即盈二分九十七秒，是为最小之益差。递及夏至日，益至四百八十四分，八十四秒，是为最大之益差。交夏至后一日，其益度少损，为四百八十分，零四十一秒矣。又递损至秋分初日，适足一度。然统计太阳之行此两限，实皆于一度之内有损也。交秋分后一日，其度损五分零五秒，是为最小之损差。递及冬至初日，损至五百十分，零八十五秒，是为最大之损差。交冬至后一日，其损度稍益，为五百零五分，九十一秒矣。又递益至春分初日，适足一度。然统计太阳之行此两限，实皆于一度之外有益也。天度所损之度，即日行所益之度。天度损少，日度益多，则夜短。日行所损之度，即天度所益之度。天度益多，日度损少，则昼长。此四时盛衰之根也。”

《六十四卦经解》又云：“损卦，言夏至之候也。夏至日，天度积嬴二万四千，零十三分，五十秒，三十二微。太阳之行，最在赤道北，最近天顶，昼最长，益无可益，而为损之始。然所谓损者，损前之所益也。夏至以后为下，以前为上。夏至后，所损之度分，与夏至前，所益之度分，其数适均，是为损下益上，其道上行。”按，伏羲八卦，乾南坤北。乾当夏，坤当冬。损下，即损乾，损夏至之阳，故谓之损。《逸周书•时训解》：“夏至之日，鹿角解。”潘振云：“此解五月中气也。鹿，阳兽，有角象兵甲，而阴生而角解。”陈逢衡云：“夏至之日，五月中气也。《礼》所谓日长至也。日行南陆，临于东井，是谓夏至。《淮南•天文训》：芒种加十五日，斗指午，则阳气极，故曰有四十六日而夏至。鹿形小，山兽也。以阳为体，以阴为末。角，末也，故应阴而陨。”朱右曾云：“鹿，阳兽，感阴气而角解。”是损卦，为夏至后之卦，谓阳气损减之卦。

《虞书•尧典》：“申命羲叔，宅南交，平秩南讹，敬致。日永星火，以正仲夏。”孔氏传：“申，重也；南交，言夏与春交。举一隅以见之，此居治南方之官。讹，化也。掌夏之官，平叙南方化育之事，敬行其教，以致其功，四时同之，亦举一隅。永，长也。谓夏至之日，火，苍龙之中星，举中则七星见可知，以正仲夏之气节，季孟亦可知。”《正义》曰：“其仲春、仲秋、冬至、夏至，马融云：古制刻漏，昼夜百刻。昼长六十刻，夜短四十刻；昼短四十刻，夜长六十刻；昼中五十刻，夜亦五十刻。融之此言，据日出见为说。天之昼夜，以日出入为分；人之昼夜，以昏明为限。日未出前二刻半，为明；日入后二刻半，为昏。损夜五刻，以裨于昼，则昼多于夜，复校五刻。古今历术，与太史所侯皆云：夏至之昼，六十五刻，夜三十五刻；冬至之昼，四十五刻，夜五十五刻；春分、秋分之昼，五十五刻，夜四十五刻。此其不易之法也。然今太史细候之法，则校常法半刻也。从春分至于夏至，昼渐长，增九刻半；夏至至于秋分，所减亦如之；从秋分至于冬至，昼渐短，减十刻半；从冬至至于春分，其增亦如之。又于每气之间，增减刻数，有多有少，不可通而为率。”损卦，原为乾下坤上之卦。乾位伏羲八卦南，为夏；坤位伏羲八卦北，为冬。《易》之卦，由下而上，是由夏到冬之象。《彖》曰：“损，损下益上，其道上行。”犹谓损阳益阴，阳道上而消。即谓夏至以后，昼渐短，夜渐长。

《系辞传》曰：“乾知大始，坤作成物。”《释文》：“坤作，虞、姚作坤化。”《九家易》曰：“始谓乾禀元气，万物资始也。”荀爽曰：“物，谓坤任育体，万物资生。”《周易集解纂疏》：“《乾·彖传》曰：大哉乾元，万物资始。阳称大，资始未来，故曰知，神以知来，故乾知大始。《中庸》曰：发育万物。郑注：育，生也。故物谓坤任育体。《坤·彖传》曰：至哉坤元，万物资生。《大戴礼·天圆》云：曾子曰：吐气者施，而含气者化。阳施而阴化，故坤称化。地道无成，而代有终，承乾成物，故曰坤化成物。《乐记》云：地气上齐，天气下降，阴阳相摩，天地相荡，鼓之以雷霆，奋之以风雨，动之以四时，暖之以日月，而万化兴焉。”《周易本义》曰：“知，犹主也。乾主始物，而坤作成之。承上文男女，而言乾坤之理。盖凡物之属乎阴阳者，莫不如此。大抵阳先阴后，阳施阴受，阳之轻清未形，而阴之重浊有迹也。”阴阳损益，即乾知大始，坤作成物。有冬至至夏至，阳之生物，无夏至至冬至，阴之成物，则物不成，是以有阳损。

《老子》曰：“天之道，其犹张弓与欤？高者抑之，下者举之；有余者损之，不足者补之。天之道，损有余而补不足；人之道则不然，损不足以奉有余。熟能有余以奉天下？唯有道者。是以圣人为而不恃，功成而不处，其不欲见贤。”严遵《老子指归》：“天地未始，寒暑未兆，明晦未形，有物三立：一浊一清，清上浊下，和在中央。三者俱起，天地以成，阴阳以交，而万物生。失之者败，得之者荣。夫和之于物也，刚而不折，柔而不卷，在天为绳，在地为准，在阳为规，在阴为矩。”盖指天之道，阴阳损益，交和为物。《文子·十守篇》：“天之道，抑高而举下，损有余补不足。江海处之不足，故天下归之奉之。圣人卑谦、清静、辞让者，见下也；虚心无有者，见不足也。见下，故能致其高；见不足，故能成其贤。”此亦兑下艮上，损下益上，其道上行之象。

《孔子家语·六本》云：“孔子读《易》，至于损、益，喟然而叹。子夏避席问曰：夫子何叹焉？孔子曰：夫自损者必有益之，自益者必有决之，吾是以叹也。子夏曰：然则学者不可以益乎？子曰：非道益之谓也。道弥益，而身弥损。夫学者损其自多，以虚受人，故能成其满。博哉天道，成而必变，凡持满而能久者，未尝有也。故曰自贤者，天下之善言，不得闻于耳矣。昔尧治天下之位，犹允恭以持之，克让以接下，是以千岁而益盛，迄今而愈彰。夏桀、昆吾，自满而极，亢意而不节，斩刈黎民，如草芥焉。天下讨之，如诛匹夫，是以千载而恶著，迄今而不灭。观此如行，则让长不疾先；如在舆，遇三人则下之，遇二人则式之。调其盈虚，不令自满，所以能久也。子夏曰：商请志之，而终身奉行焉。”又，《说苑·敬慎》，记此事略同，其曰：“日中则昃，月盈则食，天地盈虚，与时消息。”是损益，即自阴阳消息而言。

《荀子·宥坐篇》：“孔子观于鲁桓公之庙，有欹器焉。孔子问于守庙者曰：此为何器？守庙者曰：此盖宥坐之器。孔子曰：吾闻宥坐之器者，虚则欹，中则正，满则覆。孔子顾谓弟子曰：注水焉。弟子挹水而注之，中而正，满而覆，虚而欹。孔子喟然而叹曰：吁，恶有满而不覆者哉！子路曰：敢问持满有道乎？孔子曰：聪明圣知，守之以愚；功被天下，守之以让；勇力抚世，守之以怯；富有四海，守之以谦。此所谓挹而损之之道也。”杨倞注：“欹器，倾欹易覆之器。宥，与右同。言人君可置于坐右，以为戒也。”按，《说苑·敬慎篇》云：“孔子曰：高而能下，满而能虚，富而能俭，贵而能卑，智而能愚，勇而能怯，辩而能讷，博而能浅，明而能暗：是谓损而不极。能行此道，唯至德者及之。《易》曰：不损而益之，故损；自损而终，故益。”天之道，损有余而补不足，故圣人与天道合，损有余以奉天下，行不矜持，功成不居，不自表现。

损卦，原自乾下坤上而来。乾为君，坤为众，损下益上，犹损君益民，成山泽通气之象。蜀才曰：“此本泰卦。案，坤之上六，下处乾三；乾之九三，上升坤六，损下益上者也。阳德上行，故曰其道上行也。”郑康成曰：“艮为山，兑为泽，互体坤，坤为地。山在地上，泽在地下，泽以自损，增山之高也。”程氏传：“为卦，艮上兑下。山体高，泽体深，下深则上益高，为损下益上之义。又泽在山下，其气上通，润及草木百物，是损下而益上也。”

扬雄《太玄经》曰：“减，阴气息，阳气消；阴盛阳衰，万物以微。”范望注：“减，象损卦。谓之减者，立秋气终于此首，处暑气起于此首之初一；斗指申，夷则用事；阴日已盛，阳日已衰；万物减损，故谓之减。减之初一，日入翼宿十五度。”司马光集注：“减，准损。入减初一，四十一分，一十七秒，处暑气应，次九，日舍轸宿。王本作：阴息阳消；小宋本作：群阴息，阳气消。今从宋、陆、范本。”又，《太玄经》曰：“增，阳气蓄息，物则增益，日宣而殖。”范注：“增，象益卦。谓之增者，阳气蓄息，万物布护而生。殖，长也。日以增益，故谓之增。增之初一，日入营室八度。”司马注：“增，准益。宋、陆本，阳气蓄息，作阳气兹蓄息；王、小宋本，作阳兹蓄息。今从范本。”按，《周易》谓损、益，《太玄》谓减、增，其义皆言阳之损益减增。然，《系辞传》曰：“《易》穷则变。”是阳气损益减增，当始于夏至、冬至。

损 《说文》：“损，减也。”“减，损也。”段玉裁注：“水部曰：減（减）者，损也。二篆为转注。”桂馥义证：“减也者，《广雅》同。《玉篇》：损，减少也。《易》损卦：损下益上。《正义》：下自减省，以奉于上也。”又曰，“损也者，《广韵》：减，减耗。《诗·巧言》：僭始既涵。《释文》：涵，《韩诗》作减。减，少也。文十七年《左传》：克减侯宣多。杜注：减，损也。”《释名·释天》：“昏，损也，阳精损灭也。”《释名疏证补》：“叶德炯曰：《说文》：昏，日冥也。从日，氐省。氐者，下也；一曰民声。《文选·新刻漏铭》，注引《五经要义》：昏，暗也。”按，阴至为暗，是阳损之义。又，《说文》：“员，物数也。”段注：“本为物数，引伸为人数，俗称官员。汉百官公卿表曰：吏员，自左史至丞相，十二万二百八十五人是也。数木，曰枚曰梃；数竹，曰箇；数丝，曰紽曰总；数物，曰员。《小雅》：员于尔福。毛曰：益也。此引伸之义也。”又，《说文》：“䚋，物数纷䚋，乱也。”段注：“䚋，今字作纭，纭行而䚋废矣。纷纭，谓多，多则乱也。”按，员为物数通词，加云为增多，加手为减少。损为减，形声兼会意。

《老子》曰：“为学日益，为道日损，损之又损，以至于无为，无为而无不为。”河上公章句：“学，谓政教礼乐之学也；日益者，情欲文饰，日以益多。道，谓自然之道；日损者，情欲文饰，日以消损。损之者，损情欲也；又损之者，所以渐去之也。当恬淡如婴儿，无所造为也。情欲断绝，德于道合，则无所不施，无所不为也。”高明《帛书老子校注》：“河上公注，其说诚是。为学，指钻研学问，因年积月累，知识日益渊博。闻道，靠自我修养，要求静观玄览，虚静无为，无知无欲，故以情欲自损，复反纯朴。”以其为道者当日损，当自我损欲修养，合乎自然之道，故《系辞传》曰：“损，德之修也。”《论语·为政》：“子曰：殷因于夏礼，所损益可知也；周因于殷礼，所损益可知也；其或继周者，虽百世可知也。”《正义》曰：“《说文》：损，减也；益，饶也。并常训。”又曰，“故凡有所损益，皆是变易之道。三王损益之极，极则思反。《白虎通·三教篇》：三者如顺连环，周则复始，穷则反本，此则天地之理，阴阳往来之义也。”《淮南子·人间训》云：“孔子读《易》，至损、益，未尝不喟然而叹，曰：益、损者，其王者之事与！事或欲利之，适足以害之；或欲害之，乃反以利之。利害之反，祸福之门户，不可不察也。”此其损益之谓。

《周易尚氏学》：“贞我悔彼，以我之阳，益彼之上，故曰损。《归藏》作员，朱彝尊谓即损卦。按员，古作云。《商颂》：景员维何。笺：员，古文作云。以此例之，《归藏》必原作云也。《说文》：云，山川气也，象回转形，后人加雨作雲，是云即雲字。卦，上艮下兑。《说卦》：山泽通气。气即云。中互坤，坤正为云。卦二至上，正反震，震为出。云出泽中，至上而反，正回转之形。与《说文》合，与卦象合。”按，《说文》段注："云，亦假员为云。如：昏姻孔云，本又作员；聊乐我员，本亦作云；《尚书》云来卫包，以前作员来，是云、员古通用，皆叚借风云字耳。象回转之形者，其字引而上行，《书》之所谓触石而出，肤寸而合也。”又，郭店《楚简老子》："学者日益，为道者日员，员之又员。”马王堆《帛书老子》（乙本）："为学者日益，闻道者日云，云之又云。”是损、员、云，古通假。尚氏谓《归藏》损为云，则泽气上升而润山，山则产物，即损下益上，其道上行之谓。来知德《周易集注》曰："损者，灭损也。其卦，损下刚卦，益上柔卦，此损之义也。又，泽深山高，损其深，以增其高，此损之象也。”

有孚，元吉 阳为实，为孚信。《彖》曰："损下益上，其道上行。损而有孚，元吉。”是损卦由泰卦九三，升至上九而成，故曰损而有孚。艮为山，为高为大；兑为羊，为祥为吉。阳有孚于阴，物丰人泰，是以大吉。《说卦传》曰："说万物者，莫说乎泽。”"终万物、始万物者，莫盛乎艮。”又曰，“山泽通气，然后能变化，既成万物也。”损卦，兑下艮上，为有孚，为说万物，为始万物，为山泽通气，然后能变化，既成万物，为大吉。《豳风·七月》云："蚕月条桑，取彼斧斨，以伐远扬，猗彼女桑。”"七月鸣鵙，八月载绩。载玄载黄，我朱孔扬，为公子裳。”"四月秀葽，五月鸣蜩。八月其获，十月陨萚。”"六月食郁及薁，七月亨葵及菽。八月剥枣，十月获稻。为此春酒，以介眉寿。”"七月食瓜，八月断壶。九月叔苴，采荼新樗，食我农夫。”"九月筑场圃，十月纳禾稼。麦稷重穋，禾麻菽麦。”毛传："春夏为圃，秋冬为场。”孔颖达疏："毛以为，此章说农夫作事之终，故言九月之时，筑场于圃之中，以治谷也。”以上，自三月至九月，阳由强而微，阴由微而强，是阳气生物，阴气成物。《彖》曰："损而有孚，元吉。”即谓阳气损而有信，阴气成物有期，是以大吉。随卦卦辞曰："元亨利贞。”《彖》曰："大亨贞。”临卦卦辞曰："元亨利贞。”《彖》曰："大亨以正。”无妄卦卦辞曰："元亨利贞。”《彖》曰："大亨以正。”是元为大。元吉，谓大吉利。

无咎，可贞 随卦卦辞曰："随，元亨利贞，无咎。”《彖》曰："大亨贞，无咎，而天下随时，随时之义大矣哉 ！”《象》曰："泽中有雷，随，君子以向晦入宴息。”是谓行止随时之义。无妄卦卦辞曰："无妄，元亨利贞；其匪正有眚，不利有攸往。”《彖》曰："大亨以正，天之命也。其匪正有眚，不利有攸往。无妄之往何之矣？天命不祐行矣哉。”《象》曰："天下雷行，物与无妄，先王以茂对时，育万物。”无妄，谓无妄天之时。损卦《彖》曰："损刚益柔有时，损益盈虚，与时偕行。"随卦谓随时，无妄谓无妄时，损卦谓与时偕行。时，谓阴阳之时，得时即得阴阳之正，即无灾眚。故随卦曰："元亨利贞，无咎。"无妄卦曰："元亨利贞；其匪正有眚。"损卦曰："无咎，可贞。"《说文》："咎，灾也。从人，从各。各者，相违也。"咎，金文或从人，从舛，从口。舛，相背。《虞书·大禹谟》："民弃不保，天降之咎。"孔氏传："言民叛天灾之。"损卦，损刚益柔有时，不背天道阴阳之理，故而辞曰："无咎，可贞。"

《韩诗外传》（卷七）："孔子曰：昔者周公事文王，行无专制，事无由己；身若不胜衣，言若不出口，有奉持于前，洞洞焉，若将失之，可谓能子矣。武王崩，成王幼。周公承文武之业，履天子之位，听天下之政；征夷狄之乱，诛管蔡之罪；抱成王而朝诸侯，诛赏制断，无所顾问；威动天地，振恐海内，可谓能武矣。成王壮，周公致政，北面而事之，请然后行，无伐矜之色，可谓能臣矣。故一人之身，能三变者，所以应时也。《诗》曰：左之左之，君子宜之；右之右之，君子有之。"按，《小雅·裳裳者华》，毛传："左阳道，朝祀之事；右阴道，丧戎之事。"《诗集传》曰："言其才全德备，以左之，则无所不宜；以右之，则无所不有。"周公能子，能君，能臣，阴道阳道迭运，是所以应时无咎，可为正道。

利有攸往 《管子·四时》曰："春嬴育，夏养长，秋聚收，冬闭藏。大寒乃极，国家乃昌，四方乃服，此谓岁德。"《尔雅·释天》曰："春为发生，夏为长嬴，秋为收成，冬为安宁。四时和，为通正，谓之景风。"损卦，当夏秋之季，万物长成之时。《逸周书·时训解》："夏至之日，鹿角解；又五日，蜩始鸣；又五日，半夏生。""小暑之日，温风至；又五日，蟋蟀居壁；又五日，鹰乃学习。""大暑之日，腐草化萤；又五日，土润溽暑；又五日，大雨时行。""立秋之日，凉风至；又五日，白露降；又五日，寒蝉鸣。""处暑之日，鹰乃祭鸟；又五日，天地如肃；又五日，禾乃登。""白露之日，鸿雁来；又五日，玄鸟归；又五日，群鸟养羞。""秋分之日，雷始收声；又五日，蛰虫培户；又五日，水始涸。""寒露之日，鸿雁来宾；又五日，爵入大水，化为蛤；又五日，菊有黄华。""霜降之日，豺乃祭兽；又五日，草木黄落；又五日，蛰虫咸俯。"损卦，五月至九月卦，正当损刚益柔，夏长秋成之时，故曰无咎可贞，利有攸往。

曷之用 《尔雅·释诂下》："曷、遏，止也。"邢昺疏："曷者，俗以抑止为曷；令以逆相止为遏。"郝懿行《尔雅义疏》："《一切经音义一》云：遏，古文阏同。又通作谒。《诗》：无遏尔躬。《释文》：遏，或作谒。《左氏襄廿五年经》云：吴子遏。《公羊》、《谷梁》，作吴子谒。又通作蔼。《周憬功勳碑》云：陬隅壅蔼。壅蔼，即壅遏也。遏、蔼、谒三字，俱从曷得声，曷、遏字通，亦其证。"《商颂·长发》："武于载旆，有虔秉钺。如火烈烈，则莫我敢曷。”朱熹《诗集传》：“曷，《又书》作遏，阿葛反，曷、遏通。言汤既受命，载旆秉钺，以征不义。桀与三蘖，皆不能遂其恶，而天下截然归商矣。”王先谦《诗三家义集疏》：“《鲁》、《韩》，曷作遏。”马瑞辰《毛诗传笺通释》：“然《荀子·议兵篇》、《汉书·刑法志》，引《诗》作遏。《尔雅·释诂》，曷、遏并训止。《说文》：遏，微止也。曷，当即遏之省借，则莫我敢曷，犹《鲁颂》则莫我敢承。承，亦止也。”又，《读书杂志·史记第四·范雎蔡泽列传》：“先生曷鼻。”王念孙按：“曷，读为遏。遏鼻者，偃鼻也。偃鼻者，抑鼻也。”损卦，艮为手为止，互震为动为用，以手止之动，为遏之用，犹言控制用之。

二簋可用享 杨树达《积微居小学述林·释簋》：“按《周礼·地官·舍人》云：凡祭祀，共簠簋。郑注云：方曰簠，圆曰簋。今验之古器，簠形侈口而长方，簋形敛口而椭圆，与郑注说合。”据《中国青铜器》所载，计六十七幅簋图，只最后两幅方形，为春秋晚期之物。在此以前，六十五簋，皆圆腹圆口，与郑注合。《说卦传》曰：“乾为圜。”圜为圆。损卦，兑下艮上。兑为口，下阳为圆腹，是兑为二簋。二之四为震，震为动；四之上为艮，艮为手，以手动之，为用。又，兑为羊，羊为进献之物；艮为门阙，有宗庙象，故曰二簋可用享。于《易》羊为阳。二簋可用享，谓损下益上，损刚益柔，尚有二阳可用进献。《彖》曰：“曷之用，二簋可用享，二簋应有时，损刚益柔有时，损益盈虚，与时偕行。”谓损阳益阴，阴阳盈虚应有时，与时偕行则无咎；违背时令，则有灾眚。曷之用，二簋可用享，谓损下益上，当不妄时而随时。《礼记集解·月令》，引陈氏祥道曰：“天人之道虽殊，而象类之理则一。圣人将有行，将有为，仰观日月、星辰、霜露之变，俯察虫鱼、草木、鸟兽之化，不先时而起，不后时而缩，以之受民时，而无不顺，因物性而无不适。此《尧典》若昊天，以授民事；《周官》正岁年，以序事之意。”亦《周易》与时偕行之谓。《系辞传》曰：“变通者，趋时者也。”唯其与时损益，故而变则通，通则元吉，无咎，可贞，利有攸往。

《象》曰：“山下有泽，损，君子以惩忿窒欲。”《周礼·大司乐》：“夏日至，于泽中之方丘奏之。若乐八变，则地祇皆出，可得而礼矣。”孔诒让《周礼正义》曰：“云夏日至，于泽中之方丘奏之者，中夏日北至，于周为孟秋。贾疏云：因高以事天，故于地上；因下以事地，故于泽中。取方丘者，水钟曰泽，不可以水中设祭，故亦取自然之方丘，象地方故也。金鹗云：《周礼》不徒曰方丘，而曰泽中之方丘，丘下在泽之中，故曰泽中。若封土为壇，不得谓之泽中矣。”《汉书·礼乐志》曰：“祭后土于汾阴，泽中方丘也。乃立乐府，采诗夜诵，有赵、代、秦、楚之讴。”师古曰：“汾水之旁，土特堆起，是泽中方丘也。祭地，以方象地形。"《晋书·武帝纪》："并圜丘、方丘于南北郊，二至之祀，合于二郊。"损卦，兑下艮上。兑为泽，艮为山为丘，三之五为坤，坤为地，地为方，故山下有泽，为泽中方丘之象。夏至于泽中方丘奏之，其时阳气至极而损，是以为损。又，损下益上，为损。是以泽下山上，卑高以陈，为礼乐之教。

《荀子·礼论篇》云："礼起于何也？曰：人生而有欲。欲而不得，则不能无求；求而无度量分界，则不能不争；争则乱，乱则穷。先王恶其乱也，故制礼义以分之，以养人之欲，给人之求，使欲必不穷乎物，物必不屈于欲，两者相持而长，是礼之所起也。"杨倞注："有分，然后欲可养，求可给。先王为之立中道，故欲不尽于物，物不竭于欲，欲与物相扶持，故能长久，是礼所起之本意也。"又，《乐论篇》云："故乐行而志清，礼修而行成，耳目聪明，血气和平，移风易俗，天下皆宁，美善相乐。"王先谦《荀子集解》，引王念孙曰："唯其乐行志清，礼修行成，是以天下皆移风易俗，而美善相乐。"又曰，"乐合同，礼别异，礼乐之统，管乎人心矣。"言乐行而志清，即惩忿；制礼义以分之，即窒欲：两者皆管乎人心。

《史记·乐书》："太史公曰：余每读《虞书》，至于君臣相敕，维是几安；而股肱不良，万事堕坏，未尝不流涕也。成王作颂，推己惩艾，悲彼家难，可不谓战战恐惧，善守善终哉？《传》曰：治定功成，礼乐乃兴。海内人道益深，其德益至，所乐者异。满而不损则溢，盈而不持则倾。凡作乐者，所以节乐。君子以谦退为礼，以损减为乐，乐其如此也。"又曰，"故闻宫音，使人温舒而广大；闻商音，使人方正而好义；闻角音，使人恻隐而爱人；闻徵音，使人乐善而好施；闻羽音，使人整齐而好礼。夫礼由外入，乐自内出。故君子不可须臾离礼，须臾离礼，则暴慢之行穷外。不可须臾离乐，须臾离乐，则奸邪之行穷内。故乐音者，君子之所养义也。夫淫佚生于无礼，故圣王使入耳闻《雅》、《颂》之音，目视威仪之礼，足行恭敬之容，口言仁义之道。故君子终日言，而邪辟无由入也。"《索隐述赞》曰："乐之所兴，在乎防欲。"

《大戴礼记·保傅》曰："天子无恩于父母，不惠于庶民，无礼于大臣，不中于制狱，无经于百官，不哀于丧，不敬于祭，不信于诸侯，不诚于戎事，不诚于赏罚，不厚于德，不强于行，赐与侈于近臣，吝爱于疏远卑贱，不能惩忿窒欲，不从太师之言，凡是之属，太傅之任也。"王聘珍解诂："惩，止也；窒，塞也。"《白虎通·礼乐》曰："瑟者，啬也，闲也。所以惩忿窒欲，正人之德也。故曰：瑟有君父之节，臣子之法。君父有节，臣子有义，然后四时和。四时和，然后万物生，故谓之瑟也。"陈立疏证："因瑟可以惩忿窒欲，引伸之为矜庄。《楚辞》，秋气萧瑟是。又引伸为肃义也。"《后汉纪·顺帝纪二》曰："愿陛下思惟所见，稽古率旧，勿令刑德大柄，不由天断；惩忿窒欲，事依礼制。”以上，言惩忿窒欲，皆由礼乐。损卦，上艮为止，下兑为泽，中间互震为波为忿，是惩忿之象。又，上艮为山，下兑为泽，以高填低，是窒欲之象。因象系辞，故曰君子以此止忿塞欲。

解卦和损卦，互为邻卦。《序卦传》曰：“解者，缓也。缓必有所失，故受之以损。”《释名·释言语》：“缓，浣也，断也，持之不急则动摇。浣断，自放纵也。”放纵则失，失必有损，故曰缓必有所损失。解卦，坎下震上。下坎为雨水，上震为雷，皆春之象。十二消息卦，二月四阳生，为大壮。是三月五阳为盛，四月亢而有悔，五月一阴生。故圣人受之以损，损下益上，损刚益柔，以合于道。《老子》曰：“果而勿矜，果而勿伐，果而勿骄，果而不得已，果而勿强。物壮则老，是谓不道，不道早已。”谓取得成果不自大，不自夸，不自骄，不自不得了，不自逞强。物过壮则衰老，所谓不合道，不合道者早亡。故夏至以后，阳气消，阴气息，于阳为损，于阴为益，阴阳相推，春夏交替，是以解卦和损卦，互为邻卦，损卦次于解卦之后，以示春夏之序。

咸卦和损卦，互为错卦。咸卦，艮下兑上。艮，阴剥阳，九月象；兑，阳夬阴，三月象。艮，阴生阳消；兑，阳生阴消。损卦，兑下艮上。兑，阳夬阴，三月象；艮，阴剥阳，九月象。咸卦，为九月至三月卦，即节交立冬，至节交立夏。损卦，为三月至九月卦，即节交立夏，至节交立冬。咸卦，由阴生阳消，到阳生阴消；损卦，由阳生阴消，到阴生阳消。咸卦，始于阴生，终于阴消；损卦，始于阳生，终于阳消。两卦阴阳生消，相反相成，互为错卦。咸卦由九月至三月，中历冬春，故《彖》曰：“柔上而刚下。”是阴气由盛，转而往上，阳气由衰，转而来下。损卦，由三月至九月，中历夏秋。故《彖》曰：“损刚益柔。”是阳气由盛，转而往上，阴气由衰，转而来下。两卦阴阳往来相反，其行相错。又，咸卦，《象》曰：“山上有泽，咸，君子以虚受人。”损卦，《象》曰：“山下有泽，损，君子以惩忿窒欲。”前者待人以虚心，后者律己勿忿欲，亦相反相成。两卦皆有艮，艮为山，高山仰止，君子之象。又，艮字为反身，反身修德，是以两卦之《象》，皆言修德。

初九，巳事遄往，无咎，酌损之。

〔译〕 初九，四月纯阳之职，在于不断上往，无灾，斟酌减损其阳。

《象》曰：“巳事遄往，尚合志也。”

〔证〕

巳事遄往 《甲骨文编》，巳二十一字。一、巳与子通；二、甲二三卜辞，巳用为辰巳之巳；三、铁二六三·四，巳用为祀；四、后二·四·一二，巳用为妃。《尚书》，巳二字，作地支名。如，《武成》曰：“越翼日癸巳。”《召诰》曰：“越三日丁巳。”又，祀二十五字，作祭祀。如，《五子之歌》曰：“覆宗绝祀。”《武成》曰：“祀于周庙。”《诗经》，祀作祭祀。如，《大雅·生民》曰：“克禋克祀。”《鲁颂·閟宫》曰：“龙旂承祀。”《左传》，巳作地支名，如，乙巳，己巳。又，祀作祭祀。如，隐公八年：“郑伯请释泰山之祀，而祀周公。”综上所述，巳字，除在甲骨文中，有用作祀外，《书》、《诗》、《传》中，巳为地支之名，祀作祭祀，巳不通祀。《周易》，用天干之名者，如蛊卦卦辞曰：“先甲三日，后甲三日。”如巽卦九五曰：“先庚三日，后庚三日。”用地支之名者，如损卦初九曰：“巳事遄往。”革卦卦辞曰：“巳日乃孚。”六二曰：“巳日乃革之。”又，困卦九二曰：“利用享祀。”九五曰：“利用祭祀。”是《易》亦巳、祀不通用。按，王弼本作巳事。李道平《周易集解纂疏》曰：“虞因卦辞言二簋可用享，故不从旧本作巳，直从古义作祀，训祭祀也。”故李鼎祚《周易集解》，巳事作祀事。《伊川易传》作巳事，朱熹宗程氏，《周易本义》亦作巳事。阮元《十三经·周易注疏校勘记》：“巳事遄往，《石经》、《岳本》、《闽》、《监》、《毛》本同。”一九七三年，长沙马王堆汉墓，出土《帛书周易》，其损卦初九曰：“巳事端（遄）往，无咎，酌损之。”巳事，与现行本同。

《说文》：“巳，已也。四月阳气已出，阴气已藏，万物见，成文章，故巳为蛇，象形。凡巳之属，皆从巳。”桂馥义证：“巳之巳，读为士音。宋毛晃曰：阳气生于子，终于巳。巳者，终巳也。象阳气既极，回复之形，故又为终已之义。今俗以有钩为终已之已，无钩为辰巳之巳，是未知字义也。馥案，《玉篇》，辰巳字，音徐里切；又，也旨切，即为已止之已。四月阳气已出，阴气已藏者，徐锴曰：四月，纯阳之月，故曰阴气已藏。《易乾凿度》：巽者，阴始顺阳者也。阳气壮于东南方，故位在四月。《汉书·律历志》：中吕，言微阴始起未成，著于其中旅，助姑洗宣气齐物也。位于巳，在四月。万物见，成文章，故巳为蛇者，《摄生月令》：四月为乾。是月也，万物已成，天地化生。徐锴曰：象蛇之变化，有文章也。四月巳，主蛇。杨慎曰：子，鼠；丑，牛。十二属之说，天地自然之理，非人能为也。观篆字，巳作蛇形，亥作豕形，余可推矣。馥案，钟鼎文，龙字从巳，龙蛇同类。”按，以其龙蛇同类，故四月为巳月，为乾，乾为六龙。

《说文》：“事，职也。从史，之省声。”又，“职，记微也。”段玉裁注：“记，犹识也，纤微必识，是曰职。《周礼》太宰之职、大司徒之职，皆谓其所司。《释诂》曰：职，主也。”《周书·酒诰》曰：“有正有事。”《经义述闻》：“任职谓之事。”《国语·鲁语上》：“卿大夫佐之，受事焉。”韦昭注：“事，职事也。”《礼记·典礼上》：“大夫七十而致事。”孔颖达疏：“致事，致职于君。”是事，即职司。巳事，谓纯阳之职。《说文》：“遄，往来数也。从辵，㪿声。《易》曰：已事遄往。”桂馥义证：“往来数也者，《释诂》：遄，速也。《考工记》：不微至，无以为戚速也。郑注：速，《书》或作数。”《鄘风·相鼠》：“人而无礼，胡不遄死。”毛传：“遄，速也。”《大雅·烝民》：“仲山甫徂齐，式遄其归。”毛传：“遄，疾也。”疾，亦速。损卦《彖》曰：“损下益上，其道上行。”又曰，“损刚益柔有时，损益盈虚，与时偕行。”初九，已事遄往，即谓四月纯阳之职，在于疾速不断，消退于阴之上。《象》曰：“已事遄往，尚合志也。”尚，同上。谓阳往上，则合阳上阴下，阴来顺阳之志。《系辞传》曰：“《易》穷则变”，“寒来暑往”。盖即已事遄往之义。

无咎 按，已事遄往，巳以后为午。《说文》：“午，啎也。五月阴气连逆阳，冒地而出。”“未，味也。六月滋味也。五行木老于未，象木重枝叶也。”“申，神也。七月阴气成体，自申束也。吏以餔时听事，申旦政也。”“酉，就也。八月黍成，可为酎酒。”“戌，灭也。九月阳气微，万物毕成，阳下入地也。”《释天》：“太岁在午曰敦牂。”高诱注《淮南·天文训》：“敦，盛；牂，壮也，言万物盛壮。”《晋书·乐志》：“五月午。午，长也，大也，言物皆长大。”《释天》：“太岁在未曰协洽。”李巡注：“阴气欲化万物，故曰协洽。协，和；洽，合也。”《释天》：“太岁在申曰涒滩。”李巡注：“言万物皆循精气，故曰涒滩。”孙炎云：“涒滩，万物吐秀，倾垂之貌。”《释天》：“太岁在酉曰作噩。”高注《天文训》：“作鄂，零落也，万物皆陊落。”《释天》：“太岁在戌曰阉茂。”《天文训》高注：“掩蔽茂冒，万物皆蔽冒。”是阳自巳不断以往，损刚益柔，阴来成物，万物无灾，为已事遄往，无咎。

酌损之 《周颂·酌》之《序》云：“《酌》，告成大武也。言能酌先祖之道，以养天下也。”《正义》曰：“此经无酌字，《序》又说名《酌》之意，言武王能酌取先祖之道，以养天下之民，故名题为《酌》。”陈奂《诗毛氏传疏》：“此告成大武之诗，而篇名酌者，言酌时之宜。所谓汤伐桀、武伐纣时也。曰酌先祖之道者，先祖谓文王，文王之道三分有二，而不取；武王酌其时，八百会同则取之。《孟子》曰：取之万民不悦，则勿取，文王是也；取之而万民悦，则取之，武王是也。《序》以大武之取天下，为能酌文王之道，即此意也。”《逸周书·文酌解》，潘振云：“文王作文垂教，修仁明耻，斟酌而示之，故次之以《文酌》。”丁宗洛云：“《左成六年传》：子为大政，将酌于民者也。注：酌取民心以为政。此篇曰文酌，盖言文之政，皆酌乎民者也。”《国语·周语上》：“而后王斟酌焉，是以事行而不悖。”初九酌损之，即斟酌损益之酌，与卦辞曷之用，实为换文，意皆按节损阳，无过无不及，与时偕行。《说文》：“羊，祥也。”段玉裁注：“《考工记》注曰：羊，善也。按善、義、羑、美字，皆从羊。”损卦初九在兑，兑为羊，酌损之，即善损之。

《管子・四时》云：“南方曰日，其时曰夏；其气曰阳，阳生火与气；其德施舍修乐；其事号令赏赐赋爵，受禄顺乡。谨修神祀，量功赏贤，以动阳气。九暑乃至，时雨乃降，五谷百果乃登，此谓日德。夏行春政则风，行秋政则水，行冬政则落。西方曰辰，其时曰秋；其气曰阴，阴生金与甲，其德忧哀静正严顺，居不敢淫佚；其事，号令毋使民淫暴，顺旅聚收，量民资以畜聚。赏彼群干，聚彼群材，百物乃收，使民毋怠。所恶其察，所欲必得，我信则克，此谓辰德。秋行春政则荣，行夏政则水，行冬政则耗。是以圣王治天下，穷则反，终则始。德始于春，长于夏；刑始于秋，流于冬。刑德不失，四时如一。刑德离乡，时乃逆行，作事不成，必有大殃。”圣王顺阴阳用事，阴阳有损益，事亦有损益。《系辞传》曰：“是故，法象莫大乎天地，变通莫大乎四时。”损卦，夏秋阳损阴益之卦。初九酌损之，即谓损刚益柔有时，损益盈虚，与时偕行，慎勿背阴阳之道。

九二，利贞，征凶，弗损益之。

〔译〕 九二，利于守持中正之道，前行有凶，勿过不及。

《象》曰：“九二利贞，中以为志也。”

〔证〕

利贞 《象》曰：“九二利贞，中以为志也。”《论语》：“尧曰：咨！尔舜，天之历数在尔躬，允执其中，四海困穷，天禄永终。舜亦以命禹。”郑玄注：“历数，谓列次也。包曰：允，信也；困，极也；永，长也。言为政，信执其中，则能穷极四海，天禄所以长终。舜亦以尧命已之辞，命禹。”刘宝楠《正义》曰：“王者，天之子，当法天而行，故尧以天之历数，责之于舜。执中者，谓执中道用之。《礼・中庸》云：子曰：舜其大知也与！执其两端，用其中于民。执而用中，舜所受尧之道也。用中即中庸，故庸训用也。中庸之义，自尧发之。其后，贤圣论政治学术，咸本于此矣。”《老子》曰：“多言数穷，不如守中。”任继愈《老子今译》：“议论太多，注定行不通，还不如保持适中。”老子法自然之道，虚静守中，故无为而无不为。《礼记・中庸》曰：“中也者，天下之大本也；和也者，天下之达道也。致中和，天地位焉，万物育焉。”又曰，“君子之中庸也，君子而时中。”九二，以中为志，处时之中，致中和之道，育万物之体，故而利正。

征凶 《说文》：“征，正行也。”《召南・小星》：“肃肃宵征，夙夜在公。”毛传：“征，行。”《小雅・小宛》：“我日斯迈，而月斯征。”郑笺：“迈、征，皆行也。”征凶，谓前行有凶。损卦，损阳益阴之卦。自四月以后，五月始，阳气损，阴气益，直至十月，纯阴用事，是为征凶。按，十二消息卦，五月姤卦，巽下乾上。卦辞曰：“姤，女壮，勿用取女。”《彖》曰：“勿用取女，不可与长也。”六月遁卦，艮下乾上。卦辞曰：“遁，小利贞。”《彖》曰：“小利贞，浸而长也。”《象》曰：“天下有山，遁，君子以远小人，不恶而严。”七月否卦，坤下乾上。卦辞曰：“否之匪人，不利君子贞，大往小来。”《彖》曰：“否之匪人，不利君子贞，大往小来，则是天地不交，而万物不通也；上下不交，而天下无邦也。内阴而外阳，内柔而外刚，内小人而外君子，小人道长，君子道消也。”《象》曰：“天地不交，否，君子以俭德辟难，不可荣以禄。”八月观卦，坤下巽上。卦辞曰：“观，盥而不荐，有孚颙若。”盖犹《诗》之战战兢兢，如履薄冰。朱熹《周易本义》曰：“此卦四阴长，而二阳消，正为八月之卦。而名卦系辞，更取他义，亦扶阳抑阴之意。”九月剥卦，坤下艮上。卦辞曰：“剥，不利有攸往。”《彖》曰：“剥，剥也，柔变刚也。不利有攸往，小人长也。”按，损卦卦辞曰：“利有攸往。”九二曰：“征凶。”即不利有攸往。前者言卦，一阴一阳之谓道，故曰利有攸往；后者言阳，阴长阳消，故曰征凶。于象，九二往前互震，震为征，阴爻重重，为兼艮所止，是以征凶。

弗损益之　兑为善，九二居其中，为善之善者。损之则不及，益之则过，是以弗损益之。《礼记・中庸》：“子曰：中庸其至矣乎，民鲜能久矣。子曰：道之不行也，我知之矣。知者过之，愚者不及也。道之不明也，我知之矣。贤者过之，不肖者不及也。子曰：舜其大知也与，执其两端，用其中于民，其斯以为舜乎！”朱熹《中庸章句集注》：“过则失中，不及则未至，故惟中庸之德为至。道者，天理之当然，中而已矣。知、愚、贤、不肖之过不及，则生禀之异，而失其中也。知者知之过，既以道为不足行；愚者不及知，又不知所以行：此道之所以常不行也。贤者行之过，既以道为不足知；不肖者不及行，又不求所以知：此道之所以常不明也。两端，谓众论不同之极致。盖凡物皆有两端，如小大厚薄之类。于善之中，又执其两端，而量度以取中，然后用之，则其择之审，而行之至矣。然非在我之权度，精切不差，何以与此？此知之所以无过不及，而道之所以行也。”九二，上为阴，下为阳，所谓两端；而居其中，是以无过不及，弗损益之，而得中庸之道。程子曰：“不偏之谓中，不易之谓庸。中者，天下之正道，庸者，天下之定理。”

六三，三人行，则损一人；一人行，则得其友。

〔译〕　六三，三阳行，则减损九三一阳；九三一阳至上九，则得此六三之阴为友。

《象》曰：“一人行，三则疑也。”

〔证〕

三人行，则损一人　需卦，乾下坎上。上六曰：“入于穴，有不速之客三人来，敬之终吉。”三人，指下乾三阳。损卦，原为下乾上坤，因损九三，而益于坤上，故曰三人行，则损一人。《月令·孟春之月》云：“是月也，天气下降，地气上腾，天地和同，草木萌动。”孔颖达疏：“天气下降者，天地之气，谓之阴阳。一年之中，或升或降，故圣人作象，各分为六爻，以象十二月。阳气之升，从十一月为始。阳气渐升，阴气渐下。至四月，六阳皆升，六阴皆伏。至五月，一阴初升，阴气渐升，阳气渐伏。至十月，六阴尽升，六阳渐伏。然则天气下降，地气上腾，五月至十月也；地气下降，天气上腾，十一月至四月也。今正月云天气下降，地气上腾者，阳气五月之时，为阴从下起，上向排阳气第六；阳气上极，反退至十月之时，六阳退尽，皆伏于下。至十一月，阳之一爻，始动地中。至十二月，阳渐升，阳尚微，未能生物之极。正月，三阳既上，成为乾卦，乾体在下；三阴为坤，坤体在上。乾为天，坤为地。今天居地下，故云天气下降；地在天上，故云地气上腾。是阳气五月初降，至正月为天体，而在坤下也。十一月一阳初生，而上排阴。阴之上六渐退，反归于下。至四月，阴爻伏尽，六阳在上。五月一阴生，六月二阴生，阴气尚微，成物未具。七月三阴生，而成坤体，坤体在下；三阳为乾，而体在上：则是地气在下，天气在上。故正月为泰，泰通也，天地交通。七月为否，否塞也，言天地隔塞。所以十月云，地气下降，天气上腾者，以十月之时，纯阴用事，地体凝冻，寒气逼物，地又在下，故云地气下降。于时，六阳从上退尽，无复用事，天体在上，不近于物，似若阳归于天，故天气上腾。其实，十月天气，反归地下。”损卦，三人行，则损一人，谓阳气盛极则损，一阳上腾而消退，为损一人。《说卦传》曰：“兑为毁折。”六三，在兑之第三爻，当乾体折损之处，故有三人行，则损一人之象。虞翻曰：“泰乾三爻，为三人；震为行，故三人行。”朱熹曰：“下卦本乾，而损上爻以益坤，三人行，而损一人也。”朱骏声曰：“三居人位，故言人；震为大涂，故言行。”

一人行，则得其友　《说文》：“友，同志为友。从二又，相交友也。”高鸿缙《中国字例》曰：“友，字从二又（手）合作。原为动词，周末渐与朋字同称，遂为名词。”杨树达《小学述林·释又𠂇》曰：“《说文三篇下又部》云：又，手也，象形。三指者，手之列多，略不过三也。又《𠂇部》云：𠂇，左手也，象形。按又象右手，𠂇象左手，故二手内向，相对则为收；外向相背，则关[illegible] 也。夫人之所以异于禽兽者，心能思，而手能作也。手之有助于人也至大。《史记》言汉王失萧何，如失左右手。以左右手喻人，其义可见也。又字，孳乳为右，助也；𠂇字，孳乳为左，𠂇手相左也。《易·泰·象传》曰：后以财成天地之道，相辅天地之宜，以左右民。《诗·商颂·长发》曰：

实维阿衡，左右商王。《周礼·秋官·士师》曰：掌国之五禁之法，以左右刑罚。左右义皆为助，此二字连文，皆用本义者也。又字，又孳乳为友。友下云：同志为友，从二又相交。按二又，犹言二人，此人之相助者也。”损卦六三曰：“一人行，则得其友。”谓一阳上消，则一阴下生，阴阳相应，相反相成，如左右其手，故称友。《象》曰：“一人行，三则疑也。”坤卦《文言》上六曰：“阴疑于阳，必战。”谓不同类，故阴阳争。李鼎祚《周易集解》引孟喜曰：“阴乃上薄，疑似于阳，必与阳战也。”李道平《纂疏》：“案，《说卦》：战乎乾，言阴阳相薄也。”此处，九三减损而上腾，为上九；其下三阴疑于阳，故曰三则疑。阴疑于阳，排阳而上，见其阴阳损益之道。

《系辞传》曰：“天地絪緼，万物化醇；男女构精，万物化生。《易》曰：三人行，则损一人；一人行，则得其友，言致一也。”《释文》：“絪，本又作氤；緼，本又作氲。”谓天地阴阳之气，孕育万物；雌雄合精，化生万物，万物得致于一道。金景芳《周易系辞传新编详解》：“三人行，则损一人；一人行，则得其友。是损卦六三爻辞。这段话与前文，天下之动，贞夫一者也、天下同归而殊涂，一致而百虑一样，讲的都是合二而一的问题。”《老子》曰：“道生一，一生二，二生三，三生万物。万物负阴而抱阳，冲气以为和。”谓道统一万物，统一分阴阳。又曰，“昔之得一者，天得一以清，地得一以宁，神得一以灵，谷得一以盈，万物得一以生，侯王得一，以为天下正，其致之一也。”《系辞》言致一也，与《老子》其致之一也，大略相同，皆谓得于一道所致，道即阴阳之道。

六四，损其疾，使遄有喜，无咎。

〔译〕 六四，减损阴气盛极之疾，使速有愈，没有灾眚。

《象》曰：“损其疾，亦可喜也。”

〔证〕

损其疾 《说文》：“疾，病也。从疒，矢声。”段玉裁注：“析言之，则病为疾加；浑言之，则疾亦病也。按经传，多训为急，速也。此引伸之义，如病之来，多无期无迹也。”《易》用本义者，疾为病。如：豫卦，坤下震上。六五曰：“贞疾。”《象》曰：“六五贞疾，乘刚也。”复卦，震下坤上。卦辞曰：“出入无疾。”《彖》曰：“动而以顺行，是以出入无疾。”无妄卦，震下乾上。九五曰：“无妄之疾，勿药有喜。”遁卦，艮下乾上。九三曰：“系遁，有疾厉。”《象》曰：“系遁之厉，有疾惫也。”鼎卦，巽下离上。九二曰：“我仇有疾，不能我即。”《象》曰：“我仇有疾，终无尤也。”丰卦，离下震上。六二曰：“日中见斗，往得疑疾。”兑卦，兑下兑上。九四曰：“介疾有喜。”又，《易》亦用引伸义，疾为急。如：明夷卦，离下坤上。九三曰：“明夷于南狩，得其大首，不可疾贞。”朱熹曰：“以刚居刚，又在明体之上，而屈于至暗之下，正与上六暗主为应，故有向明除害，得其首恶之象。然不可以亟也，故有不可疾贞之戒。成汤起于夏台，文王兴于羑里，正合此爻之义。”亟犹急。六四损其疾，则谓减损阴盛之病。

《周书·洪范》：“庶征：曰雨，曰旸，曰燠，曰寒，曰风，曰时。五者来备，各以其叙，庶草蕃庑。一极备，凶；一极无，凶。”《正义》曰：“须风则风来，须雨则雨来，其来各以次序，则众草木蕃滋，而丰茂矣，谓来以时也。若不以时，五者之内，一者备极过甚，则凶；一者极无不至，亦凶。雨多则涝，雨少则旱，是备极亦凶，极无亦凶，其余四者亦然。”《左传》昭公元年：“阴淫寒疾，阳淫热疾。”杜预注：“寒过则为冷。”孔颖达疏：“阴阳风雨，当受之有节，晦明当用之有限；无节无限，必有灾害，故过则为灾也。”损卦，三之五为坤，于伏羲八卦，坤位北，为冬，为阴极过寒，为寒疾。然与初九相应，得阳相济，故得减损其疾，为损其疾。又，《左传》宣公十五年：“川泽纳污，山薮藏疾。”杜注：“山之有林薮，毒害者居之。”孔疏：“《周礼》注云：山有木，薮有草，毒螫之虫，在草在木，故俱云藏疾，言其藏毒害也。”损卦，初之三为兑，兑为泽；四之上为艮，艮为山。六四，在泽之上，在山之下，在疾害之中。然得初九之阳相援，故损其疾。

使遄有喜 《说文》：“喜，乐也。”人有疾病，身心不乐；人无疾病，身心快乐。无妄卦九五曰：“无妄之疾，勿药有喜。”兑卦九四曰：“介疾有喜。”喜，皆谓病除。《孟子·公孙丑下》：“今病小愈，趋造于朝，我不识能至否乎？”王念孙《读书杂志》：“愈，即愉字。”朱骏声《说文通训定声》：“愉，乐也。从心，俞声。《广雅·释诂一》：喜也，字亦作愈，故病差者为愈。”病差，即病瘥。《方言》：“差、间、知，愈也。南楚病愈者，谓之差，或谓之间，或谓之知，知通语也，或谓之慧，或谓之憭，或谓之瘳，或谓之蠲，或谓之除。”钱绎笺疏：“凡人病甚，则昏乱无知；既差，则明了快意，故愈谓之慧知，亦谓之慧；愈谓之憭快，亦谓之憭，义并相通也。《说文》：瘳，疾瘉也。赵岐《滕文公》注云：药攻人疾，先使瞑眩愦乱，乃得瘳愈也。《金縢篇》：王翼日乃瘳。传云：瘳，差也。皆愈之意也。”愈，亦愉，亦喜。是以使遄有喜，犹使病速愈。即以初九之阳，济六四阴之疾，是谓使遄有喜。

《象》曰：“损其疾，亦可喜也。”按，无妄卦，震下乾上。九五曰：“无妄之疾，勿药有喜。”谓上乾阳气备极，为疾；然九五居中得正，故不用药治，可以除病。兑卦，兑下兑上。九四曰：“介疾有喜。”《象》曰：“九四之喜，有庆也。”谓三之上为大坎，坎为疾，大坎为介疾；二之四为离，离通丽，古礼丽皮纳聘，以庆贺人。因离馈坎，故虽介疾，而又有喜。损卦，初、二、三爻，皆谓损阳之极；六四，谓损阴之极，使遄有喜，是以谓亦可喜。阳气过甚，与阴气过甚，皆在减损之列，勿使一极备而凶，一极无而凶，唯其阴阳相济，以成万物。《易》言疾者，计九处。大凡以阴之故为疾，以阳之故为喜；又，阴阳备极之故，亦为疾，疾为病。唯明夷九三曰：“不可疾贞。”疾，为亟急，不为疾病之疾。

无咎　《说文》曰：“亥，荄也，十月微阳起接盛阴。从二，二，古文上字也。一人男，一人女也。从乙，象裹子咳咳之形也。亥生子，复从一起。”徐锴系传：“言万物之荄皆动也。十月，坤之上六，阴极阳将生也。从上者，阳微在下也。十月之时，阳气萌兆，盛阴感阳，万物皆含育于内，象人之怀妊腜兆也。天道终则复始，故亥生子，子生丑，复始于一也。易穷则变，变刚通，通则久之义也。”段玉裁注：“许云：荄，根也，阳气根于下也。十月于卦为坤，微阳从地中起接盛阴，即壬下所云：阴极阳生。故《易》曰：龙战于野。战者，接也，谓阴在上也。其下从二人，一人男，一人女，象乾道成男，坤道成女。”损卦，三之五为坤，坤为十月。十月之爻初六曰：“履霜，坚冰至。”六四居坤，为一极备，为凶，故损其疾。阴极阳生，有初来应，使遄有喜，无凶灾疾疠，故曰无咎。又，上卦为艮，艮为止，一阳止众阴，是以无咎。

六五，或益之十朋之龟，弗克违，元吉。

〔译〕　六五，若增益它，以价值十朋之阳，不悖阴阳之道，为大善之吉。

《象》曰：“六五元吉，自上祐也。”

〔证〕

或益之十朋之龟　《经传释词》云：“《管子·白心篇》曰：夫或者何？若然者也。”《古书虚字集释》曰：“或，犹若也，一为若或之义。《贾子·大都篇》：今大城陈蔡叶与不羹，或不充，不足以威晋；若充之以资财，实之以重禄之臣，是轻本而重末也。或与若为互文。”或，如若之义。《广韵·登韵》曰：“五贝曰朋。《书》云：武王悦箕子之对，赐十朋也。”《小雅·菁菁者莪》：“既见君子，赐我百朋。”郑笺：“古者货贝，五贝为朋。”《汉书·食货志下》曰：“大贝，四寸八分以上，二枚为一朋，直二百一十六；壮贝，三寸六分以上，二枚为一朋，直五十；幺贝，二寸四分以上，二枚为一朋，直三十；小贝，寸二分以上，二枚为一朋，直十；不盈寸二分，漏度不得为朋，率枚直钱三。是为贝货五品。”所言王莽时事，王莽多举古事。又曰，“元龟岠冉，长尺二寸，直二千一百六十，为大贝十朋；公龟九寸，直五百，为壮贝十朋；侯龟七寸以上，直三百，为幺贝十朋；子龟五寸以上，直百，为小贝十朋。是龟宝四品。”苏林曰：“两贝为朋，朋直二百一十六。元龟十朋。故二千一百六十也。”或益之十朋之龟，乃元龟，谓增益甚重。

弗克违　《说卦传》曰："离，为乾卦，为龟。"离为阳，龟亦阳物。离，外刚内柔，似龟。颐卦，震下艮上。初之上为大离之象，故初九谓之灵龟。损卦次之，二之上为离象，故谓之元龟。六五，阴居九五至尊之位，故损刚益柔，非益之以大阳，即非益之以九五，不可以当位。《文言》曰："夫大人者，与天地合其德，与日月合其明，与四时合其序，与鬼神合其吉凶。先天，而天弗违；后天，而奉天时。天且弗违，而况于人乎？况于鬼神乎？"《系辞传》曰："《易》之为书也，广大悉备。有天道焉，有人道焉，有地道焉。兼三才而两之，故六。六者非它也，三才之道也。"人法地，地法天，九五于三才为天道，得中得正，不能背违；违则失天地人之正道，故曰弗克违。

元吉　《文言》曰："元者，善之长也。"元吉，盖为大善之吉。《象》曰："六五元吉，自上祐也。"《系辞传》曰："是故君子，居则观其象，而玩其辞，动则观其变，而玩其占，是以自天祐之，吉无不利。"又曰，"《易》曰：自天祐之，吉无不利。子曰：祐者，助也。天之所助者，顺也；人之所助者，信也。履信思乎顺，又以尚贤也，是以自天祐之，吉无不利也。"此释大有上九爻象，损卦亦与之相同。六五之上，为上九，为乾为天；六五在坤，坤为顺，为天之所助者，顺也。下为兑，兑为口舌，人言为信，为人之所助者，信也。又，一阳居上九，为尚贤之象。如此下履所信，中思乎顺，以贤为上，是以自天祐之，为元吉。《荀子·天论》："天行有常，不为尧存，不为桀亡。应之以治则吉，应之以乱则凶。强本而节用，则天不能贫。养备而动时，则天不能病。修道而不二，则天不能祸。"是天祐之，即道祐之，循道则吉无不利，则元吉。

上九，弗损益之，无咎，贞吉，利有攸往，得臣无家。

〔译〕　上九，不减不增，无灾，正道吉利，利于有所前往，得三公秉公执政。

《象》曰："弗损益之，大得志也。"

〔证〕

弗损益之　《象》曰："弗损益之，大得志也。"谓损卦之目的，于上九达到，为大得志。故上九既不可损减，又不可益增。《象》曰："损，损下益上，其道上行。"损卦，由泰而来。泰卦，乾下坤上。阳在下，阴在上；天在下，地在上；君在下，臣在上；夫在下，妇在上；父在下，子在上。非天地、君臣、夫妇、父子之位。今损下益上，成兑下艮上。艮为山，兑为泽，是以高者在上，低者在下。履卦，兑下乾上。《象》曰："上天下泽，履，君子以辩上下，定民志。"《系辞传》曰："天尊地卑，乾坤定矣；卑高以陈，贵贱位矣。"阳为大，上九既得其高位，故曰大得志。《系辞传》曰："圣人之大宝曰位。”故上九不损不益，方可保有君临天下之位。上九为大君，初之五为临卦之象，是以为君临天下。又，损卦，为损下益上。上九一阳横于众阴之上，为艮为止，为不损不益之象。损卦九二与上九，皆曰弗损益之。前者《象》曰：“中以为志也。”后者《象》曰：“大得志也。”是先必执中正之道，方能大有天下。

无咎，贞吉 剥卦，坤下艮上。上九曰：“硕果不食，君子得舆，小人剥庐。”《象》曰：“君子得舆，民所载也；小人剥庐，终不可用也。”剥卦，大艮之象；损卦，三之上，具体而微，亦艮象。是损卦上九，与剥卦上九同。剥卦上九为君子，得众人拥戴；损卦上九亦为君子，得众人拥戴。阳得阴承，君得民顺，为大得志。上九，奉天休命，弗损弗益，无灾无过，不失其位，谓之无咎正吉。比卦，坤下坎上。卦辞曰：“永贞无咎。”《象》曰：“比，吉也；比，辅也。下顺从也，上下应也。”损卦与比卦略同，下有众阴辅阳，故亦无咎正吉。乾卦《文言》曰：“上九曰：亢龙有悔，何谓也？子曰：贵而无位，高而无民，贤人在下位而无辅，是以动而有悔也。”损卦上九，下乘三阴，坤为众，是高而有民。又，有六三来应，六三在兑上，兑为羊为善，是贤人在下位，而来辅者。《系辞传》曰：“震无咎者，存乎悔。”损卦，二之五为震，震为动，动而悔过，是以无咎正吉。

利有攸往 《说卦传》曰：“天地定位，山泽通气。”艮为山，兑为泽，山泽通气，谓艮与兑，阴阳之气相应。《老子》曰：“万物负阴而抱阳，冲气以为和。”《说文》曰：“和，相应也。”冲气以为和，谓阴阳二气相交应，则得燮和。乾卦《象》曰：“保合太和，乃利贞。”利贞，即上九利有攸往。《六韬·守国》曰：“（圣人）为之先唱，而天下和之。极其反常，莫进而争，莫退而逊。守国如此，与天地同光。”刘寅《直解》：“圣人为之先唱，而天下从而和之。凡物极则反其常，故莫进而与之争，莫退而与之逊，务得其中和之道。守国若能如此，则与天地同光矣。”损卦上九，阳唱阴随，得唱和之象；弗损益之，犹进退中和。是以利有攸往，与天地同光。又，和则恒。恒卦，巽下震上。三阴三阳，六爻阴阳相燮。卦辞曰：“恒，亨，无咎，利贞，利有攸往。”《象》曰：“刚上而柔下，刚柔皆应。天地之道恒，久而不已也。圣人久于其道，而天下化成。”损卦，亦三阴三阳，六爻燮和，和则得恒得久，利有攸往。《系辞传》曰：“《易》穷则变，变则通，通则久。”损卦上九，暑往寒来，阴阳迭运，是以利有攸往。

得臣无家 上是天子祭祀，与朝会之所。三为公位，得臣无家，谓得六三，大公无私者来应。大有卦九三曰：“公用亨于天子，小人弗克。”三为公，公用亨于天子，犹得臣无家之谓。又，解卦上六曰：“公用射隼于高墉之上。”《象》曰：“公用射隼，以解悖也。”谓六三与上六，同性相斥，是六三亦为公。《白虎通·爵》曰：“公之为言，公夏，假也；至，极也。万物于此，皆假大而至极也。”《孝经援神契》：“大雪后十五日，斗指子，为冬至。十一月中，阴极而阳始至，日南至，渐长至也。至有三义：一者，阴极之至；二者，阳气始至；三者，日行南至：故谓之至。”《汉学堂经解·三礼义宗》：“夏至为中者，至有三义：一、以明阳气之至极；二、以明阴气之始至；三、以明日行之北至：故谓之至。”按，每年太阳，至达黄经二百七十度，即到达冬至点时，为冬至。此日阳光，直射南回归线，南半球，白昼最长；北半球，白昼最短。其后，阳光直射位置，逐渐北移，南半球，白昼渐短；北半球，白昼渐长。又，每年太阳，到达黄经九十度，即到达夏至点时，为夏至。此日阳光，直射北回归线，北半球，白昼最长；南半球，白昼最短。其后，阳光直射位置，逐渐南移，北半球，白昼渐短；南半球，白昼渐长。我国位于北半球，故冬至，昼间最短，夜间最长；夏至，昼间最长，夜间最短。《系辞传》曰：“刚柔者，昼夜之象也。”于《易》，冬至夜长昼短，为阴盛阳衰；夏至昼长夜短，为阳盛阴衰。由冬至到夏至，是阳由衰到盛之时，即阳气增益过程，故其卦，震下巽上，为益。震为十一月，冬至之月；巽为五月，夏至之月。

《尧典》曰：“乃命羲和，钦若昊天，历象日月星辰，敬授人时。”《周礼》立天官、地官、春官、夏官、秋官、冬官，以象天地四时。《礼记》以月立令，以记十二月政所行。是自包牺氏以下，皆以阴阳损益为据。《白虎通·五行》云：“《月令》，十一月律，谓之黄钟何？黄者，中和之色；钟者，动也。言阳气于黄泉之下，动养万物也。十二月律，谓之大吕何？大者，大也；吕者，拒也。言阳气欲出，阴不许也。吕之为言拒也，旅抑拒难之也。正月律，谓之太蔟何？太，亦大也；蔟者，凑也。言万物始大，凑地而出也。二月律，谓之夹钟何？夹者，孚甲，种类分也。三月律，谓之姑洗何？姑者，故也；洗者，鲜也。言万物皆去故，就其新，莫不鲜明也。四月，谓之仲吕何？言阳气将极，中充大也，故复中难之也。五月，谓之蕤宾何？蕤者，下也；宾者，敬也。言阳气上极，阴气始起，故宾敬之也。六月，谓之林钟何？林者，众也。万物成熟，种类众多也。七月，谓之夷则何？夷，伤也；则，法也。言万物始伤，被刑法也。八月，谓之南吕何？南者，任也。言阳气尚有，任生荠麦也，故阴拒之也。九月，谓之无射何？射者，终也。言万物随阳而终，当复随阴而起，无有终已也。十月，谓之应钟何？应者，应也；钟者，动也。言万物应阳而动，下藏也。”是自十一月以后，阳渐息，逐月增益；自五月以后，阳渐消，逐月减损。益卦，震下巽上。震为十一月，巽为五月。自冬至以后，至夏至以前，为阳气增益之时，故谓之益。

《说苑·敬慎》云：“孔子读《易》，至于损、益，则喟然而叹。子夏避席而问曰：夫子何为叹？孔子曰：夫自损者益，自益者缺，吾是以叹也。子夏曰：然则，学者不可以益乎？孔子曰：否，天之道，成者未尝得久也。夫学者，以虚受之，故曰得。苟不知持满，则天下之善言，不得入其耳矣。昔尧履天子之位，犹允恭以持之，虚静以待下，故百载以逾盛，迄今而益章。昆吾自臧而满意，穷高而不衰，故当时而亏败，迄今而逾恶。是非损益之征与？吾故曰：谦也者，致恭以存其位者也。夫丰明而动，故能大；苟大，则亏矣。吾戒之，故曰：天下之善言，不得入其耳矣。日中则昃，月盈则食，天地盈虚，与时消息。是以圣人，不敢当盛。升舆而遇三人，则下；二人，则轼。调其盈虚，故能长久也。子夏曰：善！吾终身诵之。"又，"《易》曰：不损而益之，故损；自损而终，故益。"是益，由自损而来。

《淮南子·人间训》云："孔子读《易》至损、益，未尝不喟然而叹，曰：益、损者，其王者之事与！事或欲以利之，适足以害之；或欲害之，乃反以利之。利害之反，祸福之门户，不可不察也。"《缪称训》云："圣人之为治，漠然不见贤焉，终而后知其可大也。若日之行，骐骥不能与之争远。今夫夜有求，与瞽师併；东方开，斯照矣。动而有益，则损随之。故《易》曰：剥之不可遂尽也，故受之以复。积薄为厚，积卑为高。故君子日孳孳以成辉，小人日怏怏以至辱，其消息也，离朱弗能见也。文王闻善如不及，宿不善如不祥，非谓日不足也，其忧寻推之也。故《诗》曰：周虽旧邦，其命维新。"高诱注："益所以为损也。"又，"言物剥落，而复生也。"何宁案："《易·序卦》曰：物不可以终尽。剥穷上反下，故受之以复。"损、益，剥、复，皆为阴阳消息。故《杂卦传》曰："损、益，盛衰之始也。"

又，震为雷，巽为风，惊雷破甲，春风化雨。上巽下震，上施下生，万物获益。《说卦传》曰："万物出乎震"，"齐乎巽"；"齐也者，言万物之洁齐也"；"坤也者，地也，万物皆致养焉"。益卦，中间互卦为坤，为万物生出，致养而洁齐，为益。其爻，三阴三阳，阴阳相应。阳为实，阴为虚，以上实与下虚，为上益下。《老子》曰："天之道，其犹张弓欤？高者抑之，下者举之，有余者损之，不足者补之。天之道，损有余，而补不足；人之道则不然，损不足，以奉有余。孰能有余以奉天下？唯有道者。是以圣人，为而不恃，功成而不处，其不欲见贤。"补、损对举，是补犹益。益卦，本自坤下乾上。坤为民，乾为君。以实与虚，是损有余，益不足。《彖》曰："益，损上益下。"成震下巽上，为损君益民，是唯有道者。《礼含文嘉》曰："舜损己以安百姓，致鸟兽鸧鸧，凤皇来仪。"

《彖》曰："益，损上益下，民说无疆；自上下下，其道大光。"损自泰损，而将成否；益自否益，而将成泰。泰卦《彖》曰："小往大来，吉亨，则是天地交，而万物通也，上下交，而其志同也；内阳而外阴，内健而外顺，内君子而外小人，君子道长，小损上益下，民说无疆；自上下下，其道大光。”亦皆谓不盈，革故鼎新，是以为益。

《系辞传》曰：“益，德之裕也”，“益，长裕而不设”，“益以兴利”。《说文》：“裕，衣物饶也。从衣，谷声。《易》曰：有孚裕无咎。”段玉裁注：“引伸为凡宽足之称。”王弼注：“能益物者，其德宽大也。”《彖》曰：“损上益下，民说无疆；自上下下，其道大光。”“益动而巽，日进无疆；天施地生，其益无方；凡益之道，与时偕行。”以上皆宽裕、长裕之义。《说文》：“设，施陈也。从言、殳。殳，使人也。”《邶风·新台》：“鱼网之设，鸿则离之。”郑笺：“云设鱼网者，宜得鱼；鸿乃鸟也，反离焉。”是设，有使人之意，有设罟网之意。长裕而不设，谓自上益下之道，长久宽厚，而无圈套。离为网，初之五长离，为天网恢恢，疏而不故意罗织。荀爽曰：“天施地生，其益无方，故兴利也。”乾卦《文言》曰：“利者，义之和也。”益，为德宽裕长久，信而无欺，义之和也，故可以兴利。益卦，震下巽上。冬至至夏至之卦，时跨冬、春、夏，得雷以动之，风以散之，日以晅之，坤以藏之，故有衣物饶之裕，故为益。

利有攸往 益卦，震下巽上，为冬至至夏至之象，为阳气用事。《彖》曰：“益，损上益下。”即谓阳由上腾，而再来下升起，为阳益之时。按，十一月为复，震下坤上。卦辞曰：“复，亨，出入无疾，朋来无咎，反复其道，利有攸往。”《彖》曰：“复，亨，刚反，动而以顺行，是以出入无疾，朋来无咎。反复其道，七日来复，天行也。利有攸往，刚长也。复，其见天地之心乎。”十二月为临，兑下坤上。卦辞曰：“临，元亨利贞。”《彖》曰：“临，刚浸而长，说而顺，刚中而应，大亨以正，天之道也。”正月为泰，乾下坤上。卦辞曰：“泰，小往大来，吉亨。”《彖》曰：“泰，小往大来，吉亨，则是天地交，而万物通也；上下交，而其志同也。内阳而外阴，内健而外顺，内君子而外小人，君子道长，小人道消也。”二月为大壮，乾下震上。卦辞曰：“大壮，利贞。”《彖》曰：“大壮，大者壮也。刚以动，故壮。大壮利贞，大者正也。正大，而天地之情可见矣。”三月为夬，乾下兑上。卦辞曰：“扬于王庭，孚号有厉。告自邑，不利即戎。利有攸往。”《彖》曰：“夬，决也，刚决柔也。健而说，决而和。扬于王庭，柔乘五刚也。孚号有厉，其危乃光也。告自邑，不利即戎，所尚乃穷也。利有攸往，刚长乃终也。”四月为乾，乾下乾上。卦辞曰：“乾，元亨利贞。”《彖》曰：“大哉乾元！万物资始，乃统天。云行雨施，品物流形。大明终始，六位时成；时乘六龙，以御天。乾道变化，各正性命，保合太和，乃利贞。首出庶物，万国咸宁。”是自十一月震以往，至五月巽以前，阳气渐升，直至纯阳，万物生长，人事昌盛，故益卦，震下巽上，为利有攸往之象。

《象》曰：“利有攸往，中正有庆。”《说文》：“慶（庆），行贺人也。从心，从夊，吉礼以鹿皮为贽，故从鹿省。”段玉裁注：“贺下曰：以礼相奉庆也。是二篆为转注也。

贺从贝，故云以礼相奉庆；从夊，故云行贺人；从心夊，谓心所喜而行也。《士冠礼》、《聘礼》：俪皮。郑注：两鹿皮也。鹿部曰：《礼》，丽皮纳聘。盖鹿皮也。此说从鹿省之意。”中正，谓二、五。六二，居下卦之中，且阴居阴位，为中为正；九五，居上卦之中，且阳居阳位，为中为正。又，六二顺应九五，以下之中正，应上之中正，故曰利有攸往，中正有庆。按，坤卦六二曰：“直方大，不习，无不利。”《象》曰：“六二之动，直以方也；不习，无不利，地道光也。”乾卦九五曰：“飞龙在天，利见大人。”《象》曰：“飞龙在天，大人造也。”二、五，得天时、地利、人和，故曰利有攸往，中正有庆。

《系辞传》曰：“圣人，有以见天下之赜，而拟诸其形容，象其物宜，是故谓之象；圣人，有以见天下之动，而观其会通，以行其典礼，系辞焉，以断其吉凶，是故谓之爻。言天下之至赜，而不可恶也；言天下之至动，而不可乱也。拟之而后言，议之而后动，拟议以成其变化。”此其人法天地之谓。是益之道，为阴阳之道，亦为君臣之道。《彖》曰：“益，损上益下，民说无疆，自上下下，其道大光。”李鼎祚《周易集解》引郑康成曰：“阴阳之义，阳称为君，阴称为臣。今震一阳二阴，臣多于君矣。而四体巽之不应初，是天子损其所有，以下诸侯也。人君之道，以益下为德，故谓之益也。震为雷，巽为风，雷动风行，二者相成。犹人君出教令，臣奉行之，故利有攸往。”李道平纂疏：“震为雷，巽为风，《说卦》文。雷主动，风主行，震巽同声相应，故云二者相成。震为出，巽为令，故犹人君出教令，臣奉行之。命出必行，故利有攸往也。”程氏传：“五以刚阳中正居尊位，二复以中正应之，是以中正之道益天下，天下受其福庆也。”九五之下为大离，离为明，王明，并受其福。故曰民说无疆，利有攸往。

利涉大川　《彖》曰：“利涉大川，木道乃行。”《周书·洪范》：“五行：一曰水，二曰火，三曰木，四曰金，五曰土。”《月令·孟春之月》：“是月也，盛德在木。”《正义》曰：“盛德在木者，天以覆盖生民为德。四时各有盛时，春则为生，天之生育盛德，在于木位，故云盛德在木。”又于《中央土》下曰：“夫四时、五行，同是天地所生。而四时是气，五行是物，气是轻虚，所以丽天；物体质碍，所以属地。四时，系天年有三百六十日，则春夏秋冬，各分居九十日。五行，分配四时，布于三百六十日间，以木配春，以火配夏，以金配秋，以水配冬，以土则每时，辄寄王十八日也。”《白虎通·五行》曰：“木在东方。东方者，阳气始动，万物始生。木之为言触也，阳气动跃。”《说文》：“木，冒也，冒地而生，东方之行。从屮，下象其根。凡木之属，皆从木。”桂馥义证：“本书：卯，冒也。二月，万物冒地而出。《释名》：木，冒也，华叶自覆冒也。《管子》：东方曰岁星，其时曰春，其气曰风，风生木。《子华子》：东方阳动，以散而生风，风生木。《鹖冠子·泰鸿篇》：以木华物，天下尽木也。使居东方，主春。《汉书·五行志》：木，东王充《论衡·雷虚篇》："虽曰：《论语》云：迅雷风烈，必变。《礼记》曰：有疾风迅雷甚雨，则必变；虽夜必兴，衣服冠而坐。惧天怒，畏罚及己也。如雷不为天怒，其击不为罚过，则君子何为为雷变动，朝服而正坐乎？曰：天之与人犹父子，有父为之变，子安能忽？故天变，己亦宜变。顺天时，示己不违也。人闻犬声于外，莫不惊骇，竦身侧耳，以审听之，况闻天变异常之声，轩𨎋迅疾之音乎？"又，《感类篇》曰："怀嫌疑之计，遭暴至之气，以类之验见，则怒之效成矣。见类验于寂漠，犹感动而畏惧；况雷雨扬轩𨎋之声，成王庶几能不怵惕？迅雷风烈，孔子必变。礼，君子闻雷，虽夜，衣冠而坐，所以敬雷，惧激气也。圣人君子，于道无嫌，然犹顺天变动，况成王有周公之疑，闻雷雨之变，安能不振惧乎？然则雷雨之至也，殆且自天气；成王畏惧，殆且感物类也。"

《系辞传》曰："仰以观于天文，俯以察于地理，是故知幽明之故；原始反终，故知死生之说；精气为物，游魂为变，是故知鬼神之情状。"又曰，"引而伸之，触类而长之，天下之能事毕矣。显道神德行，是故可与酬酢，可与祐神矣。子曰：知变化之道者，其知神之所为乎？"朱熹曰："此穷理之事。以者，圣人以《易》之书也。《易》者，阴阳而已。幽明、死生、鬼神，皆阴阳之变，天地之道也。天文，则有昼夜上下；地理，则有南北高深。原者，推之于前；反者，要之于后。阴精阳气，聚而成物，神之伸也。魂游魄降，散而为变，鬼之归也。"圣人不信鬼神，而以鬼神教人。《礼记·祭义》曰："明命鬼神，以为黔首，则百众以畏，万民以服。"观卦，坤下巽上，庙堂之象。卦辞曰："观，盥而不荐，有孚颙若。"《彖》，曰："观盥而不荐，有孚颙若，下观而化也。观天之神道，而四时不忒。圣人以神道设教，而天下服矣。"益卦《象》曰："风雷，益，君子以见善则迁，有过则改。"盖以神道设教，敬天之怒，而迁善改过。

损卦和益卦，互为邻卦和综卦。《序卦传》曰："损而不已必益，故受之以益。"程氏传："盛衰损益如循环，损极必益，理之自然，益所以继损也。"又曰，"阳变而为阴者，损也；阴变而为阳者，益也。上卦损而下卦益，损上益下，所以为益，此以义言也。下厚则上安，故益下为益。"损卦，兑下艮上。由阳夬一阴，至阴剥一阳，由阳盛到阳衰，为损。益卦，震下巽上。由一阳生，至一阴生，由阳弱到阳强，为益。阳气由损到益，由益到损，故损卦和益卦，互为邻卦和综卦。《系辞传》曰："日往则月来，月往则日来，日月相推，而明生焉。寒往则暑来，暑往则寒来，寒暑相推，而岁成焉。"阳损于夏至，而益于冬至。损卦和益卦，阴阳推移，是以互为邻卦和综卦。

恆卦和益卦，互为错卦。恆卦，巽下震上。一阴生至一阳生。《系辞传》曰："一阴一阳之谓道。"谓阴阳转换，为自然之道。天不变，道亦不变，故谓之恆。《象》曰："恆，久于其道也。天地之道，恆久而不已也。”“日月得天，而能久照；四时变化，而能久成。圣人久于其道，而天下化成。观其所恆，而天地万物之情，可见矣。”益卦，震下巽上。一阳生至一阴生，阳气增长，故谓之益。《彖》曰：“益，动而巽，日进无疆。天施地生，其益无方。凡益之道，与时偕行。”前者，夏至至冬至；后者，冬至至夏至。两者皆为时节象。《系辞传》：“《易》曰：憧憧往来，朋从尔思。子曰：天下何思何虑？天下同归而殊涂，一致而百虑，天下何思何虑。”阴阳相反相成，故一曰恆久而不已，一曰与时偕行，其义合而为一，一致而百虑。恆久则为益，增益则可久，互错互补。又，恆卦《象》曰：“雷风，恆，君子以立不易方。”益卦《象》曰：“风雷，益，君子以见善则迁，有过则改。”一谓雷风，一谓风雷；一谓立不易方，一谓迁善改过，是亦相反相成，互为错卦。

《杂卦传》曰：“损、益，盛衰之始也。”韩康伯注：“极损则益，极益则损。”李鼎祚《周易集解》：“损，泰初益上，衰之始；益，否上益初，盛之始。”损卦，自乾下坤上而来。即损乾之九三，加于上九之位。按伏羲八卦，乾位四月，为阳盛。阳至上九为亢，为衰之始。是以损下益上，为阳由盛之始，而至衰之始，为损。益卦，自坤下乾上而来。即乾之上九，亢而来下，为初九，为损上益下。上为衰之始，下为盛之始。是以损上益下，为阳由衰之始，而至盛之始。日至夏至，则由北至而渐南；日至冬至，则由南至而渐北。物极必反，《易》穷则变。损卦，阳盛之始，即阳衰之始；益卦，阳衰之始，即阳盛之始。是盛中有衰，衰中有盛。故孔子读《易》，至于损、益，则喟然叹息。

初九，利用为大作，元吉，无咎。

〔译〕 初九，利于用为做大事，大吉利，无灾过。

《象》曰：“元吉无咎，下不厚事也。”

〔证〕

利用为大作 《说文》：“作，起也。从人，乍声。”段玉裁注：“《秦风・无衣》，传曰：作，起也。《释言》、《谷梁传》曰：作，为也。《鲁颂・駉》，传曰：作，始也。《周颂・天作》，传曰：作，生也。其义别而略同。别者，所因之文不同；同者，其字义一也。有一句同字而别之者，如《小雅》：作而作诗。笺云：上作，起也；下作，为也。”初九，利用为大作，阳为大，谓初九之阳，可利用为阳之升起兴盛。乾卦，初九曰：“潜龙勿用。”《象》曰：“潜龙勿用，阳在下也。”《系辞传》曰：“往者屈也，来者信也，屈信相感，而利生焉，尺蠖之屈，以求信也；龙蛇之蛰，以存身也；精义入神，以致用也；利用安身，以崇德也。过此以往，未之或知也。穷神知化，德之盛也。”朱熹曰：“至于穷神知化，乃德盛仁熟，而自致耳。然不知者，往而屈也；自致者，来而信也。是亦感应自然之理而已。张子曰：气有阴阳，推行有渐为化，合一不测为神。”初九，虽为潜龙，然利用安身崇德，可致九五飞龙。《象》曰：“飞龙在天，大人造也。”朱熹曰：“造，犹作也。”是初九自上下下，利用为大作，犹利用为大人造也。

屯卦，震下坎上。初九曰：“盘桓，利居贞，利建侯。”王弼注：“处屯之初，动则难生，不可以进，故盘桓也。处此时也，其利安在？不唯居贞建侯乎？夫息乱以静，守静以侯；安民在正，弘正在谦。屯难之世，阴求于阳，弱求于强，民思其主之时也。处初其首，而又下焉，爻备斯义，宜其得民也。”又曰，“不可以进，故盘桓也，非为宴安弃成也。故虽盘桓，志行正也。”屯卦与益卦，卦象、卦时略似，屯卦初九之盘桓、居贞、建侯，犹益卦初九，之利用为大作，说异而义同。又，震卦，震下震上。初九曰：“震来虩虩，后笑言哑哑，吉。”《象》曰：“震来虩虩，恐致福也；笑言哑哑，后有则也。”干宝曰：“得震之正，首震之象者，震来虩虩，羑里之危也；笑言哑哑，后受方国也。”程氏传：“震来，而能恐惧周顾，则无患矣，是能因恐惧，而反致福也。因恐惧，而自修省，不敢违于法度，是由震而后有法则，故能保其安吉，而笑言哑哑也。”干宝曰：“周木德，震之正象也，为殷诸侯。殷诸侯之制，其地百里。是以文王，小心翼翼，昭示上帝，聿怀多福，厥德不回，以受方国。故以百世而臣诸侯也。为诸侯，故主社稷；为长子，而为祭主也。”震卦初九，恐以致福，后受方国，亦犹益卦初九，利用为大作。

《说文》：“子，十一月，阳气动，万物滋。”益卦初九，一阳升于坤阴之下，其象为震，其卦为复，其时为十一月。阳为大，万物滋，是以利用为大作，义双关。《虞书·尧典》：“申命和叔，宅朔方，曰幽都。平在朔易，日短星昴，以正仲冬。厥民隩，鸟兽氄毛。”《正义》曰：“《释训》云：朔，北方也。舍人曰：朔，尽也。北方万物尽，故言朔也。李巡曰：万物尽于北方，苏而复生，故言北方，是北称朔也。”初九，震复之时，万物苏而复生，是以利用为大作。《月令·仲冬之月》：“命有司曰：土事毋作，慎毋发盖，毋发室屋，及起大众，以固而闭。地气沮泄，是谓发天地之房；诸蛰则死，民必疾疫，又随之以丧。命之曰畅月。”《正义》曰：“命之曰畅月者，告有司云：所以须闭藏，以其命此月曰畅月。畅，充也，言名此月为充实之月，当使万物充实，不发动故也。”不发动，使万物充实，即利用为大作之意。

元吉，无咎 《说文》：“元，始也。从一，从兀。”高鸿缙《中国字例》：“元、兀一字，意为人之首也。名词。从人，而以·或二，指明其部位，正指其处，故为指事字。”乾卦《彖》曰：“大哉乾元，万物资始。”《九家易》曰：“元者，气之始也。”庄氏曰：“万物资始者，释其乾元称大之义。以万象之物，皆资取乾元，而各得始生，不失其所宜，所以称大也。”元，指乾元。初九得乾元之义，有万物资始之吉兆。是乾阳资始之吉，为元吉。又，《说文》：“咎，灾也。从人各，各者，相违也。”益卦初九，往上动而巽，中得坤众，故不违而无咎。《象》曰：“元吉无咎，下不厚事也。”《释名·释言语》：“厚，後也，有终後也。故青、徐人，言厚如後也。”《释名疏证补》：“先谦曰：俗薄则罔终，惟厚者，能有终後也。毕沅曰：如，本皆作曰。亦从段校本改。王启原曰：《礼记·檀弓》有后木。注谓鲁孝公子，惠伯巩之後，据《世本》，则惠伯名巩，字厚，《左传》之厚成叔其後也。《礼记》作后，左氏或又作郈字，皆假借字。经典多假后为後，故厚、後音相通。”《庄子·列御寇》：“勇动多怨。”郭象注：“怯而静，乃厚其身耳。”《释文》：“乃厚其身耳，元嘉本厚作後；一本作乃後，恆无怨也。”王弼注：“处益之初，居动之始，体夫刚德，以莅其事，而之乎巽。以斯大作，必获大功。夫居下，非厚事之地；在卑，非任重之处；大作，非小功所济。故元吉，乃得无咎也。”又曰，“时可以大作，而下不可以厚事，得其时，而无其处。故元吉，乃得无咎也。”俞樾平议：“后训後，厚亦训後。”是厚事，即后于事。下不厚事，谓虽居下，处事之初，而不在事后。

《荀子·大略篇》：“天子即位，中卿进曰：配天而有下土者，先事虑事，先患虑患。先事虑事，谓之接，接则事优成；先患虑患，谓之豫，豫则祸不生。事至而后虑者，谓之后，后者事不举，患至而后虑者，谓之困，困则祸不可御。”《大戴礼记·曾子立事》曰：“先忧事者，后乐事；先乐事者，后忧事。昔者，天子旦旦，思其四海之内，战战唯恐不能乂；诸侯旦旦，思其四封之内，战战唯恐失损之；庶人旦旦，思其事，战战唯恐刑罚之至也。是故临事而栗者，鲜不济矣。”《礼记·中庸》：“凡为天下国家，有九经，所以行之者一也：凡事豫则立，不豫则废。言前定则跲，事前定则不困，行前定则不疚，道前定则不穷。”《说苑·谈丛》：“谋先事则昌，事先谋则亡。”注曰：“二句本太公《金匮》，见《意林》引。”下不厚事，谓初九虽处下，但所谋虑，不在事后。谋先于事则昌，是以元吉无咎。坤为事，乾上至坤下，为初，初为事先，上为事后。事预则立，为元吉，为无咎。又，乾为君王，初九有君王先事虑事，而无忧患之象。

六二，或益之十朋之龟，弗克违，永贞吉。王用享于帝，吉。

〔译〕 六二，若增之价值十朋之龟，不违背，永远守持正道，则吉利。君王用此献祭天帝，吉利。

《象》曰：“或益之，自外来也。”

〔证〕

或益之十朋之龟 王国维《观堂集林·说玨朋》：“殷时，玉与贝，皆货币也。

《商书·盘庚》曰：兹予有乱政同位，具乃贝玉。于文，寶字从玉从贝，缶声。其用为货币及服御者，皆小玉小贝，而有物焉以系之。所系之贝玉，于玉则谓之玨，于贝则谓之朋。然二者于古，实为一字。后世，遂以玨专属之玉，以朋专属之贝，不知其本一字也。又旧说，二玉为玨，五贝为朋。然以玨、拜诸字形观之，则一 玨之玉，一朋之贝，至少当有六枚。余意：古制贝玉，皆五枚为一系，合二系为玨，若一朋。贝制虽不可考，然古文朋字，确象二系。康成云：五贝为系。五贝，不能分为二系。盖缘古者，五贝一系，二系一朋。后失其传，遂误谓五贝一朋耳。观玨、拜二字，若止一系三枚，不具五者，古者三以上之数，亦以三象之。如手指之列五，而字作乂，许君所谓指之列，不过三也。余目验古贝，其长不过寸许，必如余说，五贝一系，二系一朋，乃成制度。古文字之学，足以考证古制者，如此。”

《经传释词》：“或，《易·乾文言》曰：或之者，疑之也。《管子·白心篇》曰：夫或者何？若然者也。《墨子·小取篇》曰：或也者，不尽然也。此常语也。”《说文》：“龟，旧也，外骨内肉者也。从它，龟头与它头同。天地之性，广肩无雄。龟鳖之类，以它为雄。象足、甲、尾之形。”《尔雅·图赞》：“天生神物，十朋之龟。”《汉书·食货志下》：“元龟岠冉，长尺二寸，直二千一百六十，为大贝十朋；公龟九寸，直五百，为壮贝十朋；侯龟七寸以上，直三百，为幺贝十朋；子龟五寸以上，直百，为小贝十朋。是为龟宝四品。”苏林曰：“两贝为朋，朋直二百一十六。元龟十朋，故二千一百六十也。”六二与九五应，损上益下，谓损上之九五，益下之六二。乾阳为元，离象外刚内柔，为龟。益之十朋元龟，值二千一百六十，谓上益下，至多至贵。《象》曰：“或益之，自外来也。”上卦为外，下卦为内。自外来，谓九五下来益六二，即损上益下。

弗克违，永贞吉 损卦，为益卦综卦，损卦之六五，于益卦为六二 。故损卦六五曰：“或益之十朋之龟，弗克违，元吉。”益卦六二亦曰：“或益之十朋之龟，弗克违，永贞吉。”因六五与六二，皆受阳益，又中与中应，十分可贵，故曰或益之十朋之龟，不相违，则吉利。又，损卦六五与九二，得中相应，二、五不得正，只谓元吉。益卦，六二与九五，得中得正，以中正相应，故谓贞吉。恆卦《彖》曰：“天地之道，恆久而不已也。”益卦，六二坤阴在下，九五乾阳在上，得天地中正之道，是以恆久而不已，故曰永贞吉。《彖》曰：“损上益下，民说无疆；自上下下，其道大光。利有攸往，中正有庆，利涉大川，木道乃行。”又曰，“益动而巽，日进无疆，天施地生，其益无方。凡益之道，与时偕行。”上以下为本，君以民为本，永远守持天地中正之道，而不违背，必然吉利。《易乾凿度》云：“孔子曰：益之六二：或益之十朋之龟，弗克违，永贞吉；王用享于帝，吉。益者，正月之卦也。天气下施，万物皆益。言王者之法天地，施政教，而天下被阳德，蒙王化，如美宝，莫能违害；永贞其道，咸受吉化，德施四海，能继天道也。”

王用享于帝　《说卦传》曰：“帝出乎震”，“乾为君。”益卦，原自否卦，由坤下乾上，上下不交，而损上益下，阴阳相交。至六二，九五来益，成兑下艮上。《象》曰：“或益之，自外来也。”即是五来二为兑。兑为羊，坤为牛，为王用享于帝。《周礼·夏官》：“羊人掌羊牲，凡祭祀饰羔。祭祀割羊牲，登其首。”郑氏注：“羔，小羊也。《诗》曰：四之日，其早羔祭韭。登，升也。升首报阳也，升首于室。”《地官》：“牧人掌六牲，而阜蕃其物，以共祭祀之牲。”又，“充人掌系祭之牲牷，祀五帝，则系于牢刍之三月。”郑注：“六牲，谓牛、马、羊、豕、犬、鸡。”又注《春官·小宗伯》曰：“以太昊、炎帝、黄帝、少昊、颛顼为五帝。”六二，王用享于帝，帝为总称，谓君主用牛羊，祭祀五帝。干宝曰：“圣王先成其民，而后致力于神。故王用享于帝，在巽之宫，处震之象，是则苍精之帝，同始祖矣。”按，《左传》桓公六年：“夫民，神之主也。是以圣王先成民，而后致力于神。谓其三时不害，而民和年丰也。奉酒醴以告曰：嘉粟旨酒，谓其上下皆有嘉德，而无违心也。所谓馨香，无谗慝也。故务其三时，修其五教，亲其九族，以致其禋祀。于是乎民和，而神降之福，故动则有成。”故王用享于帝，即谓王用先成民，而后致力于神。

吉　《说文》：“羊，祥也。”桂馥义证：“祥也者，羊、祥声相近 。本书：祥，善也。郑注《考工记·车人》云：羊，善也。《释名》：羊，祥也；祥，善也。昭十一年《春秋经》：盟于祲祥。《公羊传》作侵羊。《春秋说题辞》：羊者，祥也。《春秋繁露》：羊之为言，犹祥与。汉元嘉《刀铭》：大吉羊。《博古图·汉十二辰鑑》：辟除不羊。皆以羊为祥。”《墨子·明鬼下》：“有恐后世子孙，不能敬莙以取羊。”孙诒让间诂：“毕云：言敬威以取祥也。孙云：《说文》云：莙，读若威；又云：羊，祥也。秦汉金石，多以羊为祥。”《汉帛书·十六经·行字》：“骄溢好争，阴谋不羊。”不羊，为不祥。又，青铜器中，有饰之以羊者，如四羊方尊，三羊罍，双羊尊，亦以羊为吉祥。益卦，损上益下谓之益。六二，得九五之益下，是以震变兑。兑为羊，羊为祥，故有吉祥之象，称吉。《小雅·无羊》：“谁谓尔无羊，三百维群；谁谓尔无牛，九十其犉。”《诗序》曰：“《无羊》，宣王考牧也。”郑笺：“厉王之时，牧人之职废，宣王始兴而复之；至此而成，谓复先王牛羊之数。”《诗义钩沉》引《读诗记》云：“王氏曰：此牧成而考之诗也，故以吉祥之事终也。”《诗》用比兴，牧牛羊，犹牧民。《逸周书·命训》曰：“古之明王，奉此六者，以牧万民，民用而不失。”益卦，损九五益六二，有兑有坤。兑为羊为群，坤为牛为众，是牧牛羊，犹牧百姓。以是得天祐，得民说，故而吉利。

六三，益之用凶事，无咎。有孚中行，告公用圭。

〔译〕 六三，上九下益之，用于解救凶事，使之无灾。九五有诚信而中道之君，告诫六三之公，执圭归国。

《象》曰：“益用凶事，固有之也。”

〔证〕

益之用凶事，无咎 《系辞传》曰：“三与五，同功而异位。三多凶，五多功，贵贱之等也。其柔危，其刚胜邪。”崔觐曰：“三，诸侯之位；五，天子之位。同有理人之功，而君臣之位异者也。三处下卦之极，居上卦之下，为一国之君，有威权之重；而上承天子，若无含章之美，则必致凶。五既居中不偏，贵乘天位，以道济物，广被寰中，故多功也。”侯果曰：“三、五阳位，阴柔处之，则多凶危；刚正居之，则胜其任。”三为阴柔则危，今六三有凶，上九以阳刚益之，以解其凶，为益之用凶事无咎。《说文》：“凶，恶也。象地穿，交陷其中也。”徐锴系传：“恶不可居，象地之堑也。恶可以陷人也。”杨树达《小学述林·释凵亼》曰：“按凵，象坎陷之形，乃坎之初文。许君训凵为张口，非是。知者，《七篇上·凶部》云：凶，恶也。象地穿，交陷其中也。又《臼部》云：臼，舂也。古者掘地为臼，其后穿木石，象形，中，米也。凶下云地穿，臼下云掘土，字皆从凵，是其证也。凵之为坎，朱骏声、饶炯，皆颇言之。”赵诚《甲骨文卜辞分类》曰：“凶，从人，从凵，象坑坎，表示陷入于地中，即臽字的初文，为会意字。臽乃后起字，从阜的陷，又是臽的后起字。”益卦横视：视之五似凵，初九与九五两阳似阜，中坤为地，六三陷于其中，是为凶。又，初之五为长离，离为火，长离为大火。六三深陷大火之中，上九来援，成坎水之象，以水救火，为益之用于凶事，使其无灾。《象》曰：“益用凶事，固有之也。”谓损上益下，用于解救凶事，是其本来目的。《彖》曰：“益，损上益下，民说无疆；自上下下，其道大光。”由是可见，六三阴柔多凶，增益之，救民于火，为其上九固有之义。上九为大君，为天子。

有孚中行，告公用圭 《易乾凿度》曰：“益者，阳用事，而雷风益万物也。上自损以益下。”郑注：“当阴用事之时，阳宜自损，以益阴者，所以戒阳道，以宏其化也。”九五至尊，阳实居中，有诚信中道，为有孚中行，故得众阴拥戴。《系辞传》曰：“巽以行权。”《九家易》曰：“巽，象号令。”巽卦《彖》曰：“重巽以申命。”《象》曰：“君子以申命行事。”益卦，上卦为巽，六三在巽下，公位，是以为告公。《周礼·大宗伯》：“以玉作六瑞，以等邦国：王执镇圭，公执桓圭，侯执信圭，伯执躬圭，子执穀璧，男执蒲璧。”《说文》：“瑁，诸侯执圭朝天子；天子执玉以瑁之，似犁冠。”桂馥义证：“《尚书大传》：古者圭必有冒，言下之必有冒，不敢专达也。天子执冒，以朝诸侯，见则覆之。故冒圭者，天子所与诸侯为瑞也。诸侯执所受圭，以朝于天子。瑞也者，属也。无过行者，得复其圭，以归其国；有过行者，留其圭；能改过者，复之；三年圭不复，少黜以爵；六年圭不复，少黜以地；九年圭不复，而地削。此谓诸侯之朝于天子也。义则见属，不义则不见属。”又，《说文》：“圭，瑞玉也，上圜下方。”上圜象天，下方象地。益卦，上为乾，乾为圜，象天；下为坤，坤为方，象地；故为圭之象。六三，阴居阳位，为不当位，有凶事，乃有过行，而留其圭者。今上益之，有孚中行，告公用圭，以归其国，是其道大光，其益无方。

六四，中行告公从，利用为依迁国。

〔译〕 六四，九五中道，告公顺从，利于用为依仁迁国。

《象》曰：“告公从，以益志也。”

〔证〕

中行告公从 《尔雅·释宫》：“行，道也。”《豳风·七月》：“女执懿筐，遵彼微行。”毛传：“微行，墙下径也。”《国语·晋语四》：“夙夜征行。”韦昭注：“行，道也。”九五，中以行正，是以谓中行。中行，犹中道。《周书·周官》曰：“立太师、太傅、太保，兹惟三公，论道经邦，燮理阴阳。官不必备，惟其人。”孔氏传：“师，天子所师法；傅，傅相天子；保，保安天子于德义者，此惟三公之任。佐王论道，以经理国事；和理阴阳，言有德乃堪之。三公之官，不必备员，惟其人有德乃处之。”又，《礼记·文王世子》曰：“入则有保，出则有师，是以教喻而德成也。师也者，教之以事，而喻诸德者也。保也者，慎其身以辅翼之，而归诸道者也。《记》曰：虞、夏、商、周，有师保，有疑丞。设四辅及三公，不必备，唯其人。语使能也。君子曰：德，德成而教尊，教尊而官正，官正而国治，君子之谓也。”六四，在九五之下，在坤众之上，阴当阴位，是三公之象，故称公。

《说文》：“從（从），随行也。从辵，从从，从亦声。”段玉裁注：“以从辵，故云随行。《齐风》：并驱从两肩兮。传曰：从，逐也；逐，亦随也。又引伸训顺。《春秋经》：从祀先公。《左传》曰：顺祀先公。是从训顺也。《左传》：使乱大从。王肃曰：从，顺也。《左传》：大伯不从，是以不嗣。谓其不有顺其长幼之次也。”《论语·公冶长》：“道不行，乘桴浮于海，从我者其由与？”从，本义为随行、顺从。益卦，震下巽上。震为诸侯，六三，为诸侯之上者，为公。故曰中行告公用圭。六四，王之近臣，为三公；九五居中行正，行中道为中行；巽为号令，为申命，为告。是以为中行告公从。《孟子·

尽心》曰："中道而立，能者从之。"九五行中道，益于下，六四从之。是天下有道，小役于大。《象》曰："告公从，以益志也。"谓九五，以中行告公从，可增益六四随顺之心。

利用为依迁国 《论语·述而》："子曰：志于道，据于德，依于仁，游于艺。"注曰："依，倚也。仁者功施于人，故可依。"《大雅·公刘》："弓矢斯张，干戈戚扬，爰方启行。"毛传："张其弓矢，秉其干戈戚扬，以方开道路，去之豳。盖诸侯之从者，十有八国焉。"郑笺："干，盾也；戈，勾矛戟也；爰，曰也。公刘之去邰，整其师旅，设其兵器，告其士卒曰：为女方开道而行。明己之迁，非为迫逐之故，乃欲全民也。"《孟子·梁惠王下》："昔者，大王居邠，狄人侵之。事之以皮币，不得免焉；事之以犬马，不得免焉；事之以珠玉，不得免焉。乃属其耆老，而告之曰：狄人之所欲者，吾土地也。吾闻之也，君子不以其所以养人者，害人。二三子何患乎无君，我将去之。去邠，逾梁山，邑于岐山之下，居焉。邠人曰：仁人也，不可失也。从之者，如归市。"《孟子》所述，亦见《庄子·让王篇》、《吕氏春秋·审为篇》、《淮南子·道应训》、《尚书大传·略说》，及《史记·周本纪》、《说苑·至仁篇》等。大王古公亶父，仁君，能使二三子，率其民人，为依随仁者，而迁其国家。《系辞传》曰："二与四同功。"二、四皆与五应。九五中行，厚爱下民，故告六四顺从，利于用为依仁迁国。

九五，有孚惠心，勿问，元吉，有孚惠我德。

〔译〕 九五，上有诚爱之心，不用卜问，大吉利，下亦有诚爱我之德。

《象》曰："有孚惠心，勿问之矣；惠我德，大得志也。"

〔证〕

有孚惠心 《尔雅·释诂下》："惠，爱也。"《说文》曰："惠，仁也。"《广雅·释古》："惠、爱，仁也。"《虞书·皋陶谟》："安民则惠。"蔡沈注："惠，仁之爱也。"《邶风·北风》："惠而好我，携手同行。"毛传："惠，爱；行，道也。"郑笺："性仁爱，而又好我者，与我相携持，同道而去。"《郑风·褰裳》："子惠思我。"毛传："惠，爱也。"《大雅·民劳》："惠此中国。"《瞻卬》："则不我惠。"郑笺并云："惠，爱也。"《国语·周语》："爱人能仁，慈和能惠。"《贾谊新书·道术》："心省恤人谓之惠，反惠为困。"是惠皆仁爱之义。九五，君王之位。乾卦《文言》，谓九五曰："飞龙在天，上治也。"九五，阳实，有诚信，怀爱心，为有孚惠心。中孚卦，兑下巽上。《彖》曰："中孚，柔在内，而刚得中，说而巽，孚乃化邦也。"益卦，柔在内，刚得九五中道，是王之者，信孚而怀仁爱之象。在益卦之时，损上益下，九五有孚惠之心，惠莫大焉。程氏传："五，刚阳中正，居尊位，又得六二之中正相应，以行其益，何所不利？以阳实在中，有孚之象也。”

勿问，元吉 问，不问苍生问鬼神之问。《周书·洪范》曰：“稽疑，择建立卜筮人。”孔氏传：“龟曰卜，蓍曰筮，考工疑事，当选择知卜筮人，而建立之。”卜以问疑，问蓍曰筮。是决疑以卜筮为问。《周礼·大卜》：“凡国大贞，卜立君，卜大封，则视高作龟。”郑氏注：“郑司农云：贞，问也，国有大疑，问于蓍龟。作龟，谓凿龟，令可爇也。玄谓：贞之为问，问于正者，必先正之，乃从问焉。《易》曰：师，贞，丈人吉。”《系辞传》曰：“《易》有圣人之道四焉：以言者，尚其辞；以动者，尚其变；以制器者，尚其象；以卜筮者，尚其占。是以君子将有为也，将有行也，问焉而以言，其受命也如响。无有远近幽深，遂知来物，非天下之至精，其孰能与于此。”朱熹曰：“与，音预。此尚辞尚贞之事，言人以蓍问《易》，求其卦爻之辞，而以之发言处事；则《易》受人之命，而有以告之。如响之应声，以决其未来之吉凶也。”勿问元吉，谓有孚惠心，不须卜问，即可知大吉。故《象》曰：“有孚惠心，勿问之矣。”兑为口为问，上巽为倒兑，为勿问。初之五为大离，离为光，九五其道大光，为元吉。程氏传：“以九五之德，之才，之位，而中心至诚，在惠益于物，其至善大吉，不问可知，故云勿问元吉。人君居得致之位，操可致之权，苟至诚益于天下，天下受其大福，其元吉不假言也。”

有孚惠我德 益卦，原自坤下乾上，否卦上下不通。益则损上益下，是上有阳实孚信，下亦有阳实孚信。下以孚报孚，为有孚惠我德。又，九五居巽之中，六二居震之中。巽为风，震为反生，风吹万物反生，为天施地生。故《象》曰：“惠我德，大得志也。”《彖》曰：“损上益下，民说无疆；自上下下，其道大光。”即是上有德，下亦爱上之德，上下交孚，为大得志，大者得志于天下。《周书·吕刑》曰：“一人有庆，兆民赖之，其宁惟永。”《大雅·文王》曰：“仪刑文王，万邦作孚。”皆是此义。《周易集解纂疏》：“五，乾阳为德，故怀己之德，以信惠物；物亦应之，故曰有孚惠我德。盖君虽不言其德，而人皆自感其惠，则我损上益下之志，于是大得也。”程氏传：“有孚惠我德，人君至诚，益于天下；天下之人，无不至诚爱戴，以君之德泽，为恩惠也。天下至诚，怀吾德以为惠，是其道大行，人君之志得矣。”

上九，莫益之，或击之，立心勿恒，凶。

〔译〕 上九，不益下，或有击下，立心不恆久，有凶险。

《象》曰；“莫益之，偏辞也；或击之，自外来也。”

〔证〕

莫益之　《广雅·释言》："莫，无也。"《华严经音义上》，引珠从："莫，无也。"《商书·伊训》："亦莫不宁。"孔氏传："莫，无也。"《大雅·抑》："莫扪朕舌。"毛传："莫，无也。"《礼记·檀弓上》："莫相予位焉。"郑氏注："莫，无也。"《论语·雍也》："何莫由斯道也。"皇疏："莫，无也。"按，莫、无、不，三者略同，为否定词。遁卦六二曰："执之用黄牛之革，莫之胜说。"此处上九曰："莫益之。"并是不字之义。益卦，以损上益下为志。处益之极，有上亢而不益下之象。乾卦《文言》曰："上九，曰亢龙有悔，何谓也？子曰：贵而无位，高而无民，贤人在下位而无辅，是以动而有悔也。"又曰，"亢之为言也，知进而不知退，知存而不知亡，知得而不知丧。其唯圣人乎？知进退存亡，而不失其正者，其唯圣人乎！"不益下，则无民，是不知存亡之道，是失其正者。《象》曰："莫益之，偏辞也。"谓莫益之，为偏颇之名，而不为中正之名。

《周书·洪范》曰："无偏无陂，遵王之义；无有作好，遵王之道；无有作恶，遵王之路；无偏无党，王道荡荡；无党无偏，王道平平；无反无侧，王道正直。会其有极，归其有极。"孔颖达《正义》曰："更言大中之体。为人君者，当无偏私，无陂曲。动循先王之正义，无有乱为私好，谬赏恶人。动循先王之正道，无有私恶，滥罚善人。动循先王之正路，无偏私，无阿党，王家所行之道，荡荡然开辟矣。无阿党，无偏私，王者所立之道，平平然辩治矣。所行无反道，无偏侧，王家之道正直矣。所行得无偏私，皆正直者，会集其有中之道而行之。若其行必得中，则天下归其中矣。言人皆谓此人，为大中之人也。"又，《正义》曰："不平，谓高下；不正，谓邪僻。与下好恶反侧，其义一也。偏颇阿党，是政之大患，故箕子殷勤言耳。下传云，无有乱为私好私恶者，人有私好恶，则乱于政道，故传以乱言之。会，谓集会。言人之将为行也，集会其有中之道，而行之。行实得中，则天下皆归其为有中矣。天下者，大言之。《论语》云：一日克己复礼，天下归仁焉。此意与彼同也。"《象》曰："莫益之，偏辞也。"即谓莫益之，为偏私不正之辞。王有偏私好恶，则乱于政道。

或击之　王引之《经传释词》云："《易·益》上九曰：莫益之，或击之。或与莫，相对为文。莫者，无也；或者，有也。"又，恒卦九三曰："不恒其德，或承之羞。"按，"莫………或………"，犹"不………或………"。乾卦《文言》曰："或之者，疑之也。"是或击之，言将有击之。《说文》："击，攴也。"段玉裁注："攴下曰：小击也。二篆为转注。攴训小击，击则兼大小言之。而但云攴也者，于攴下见析言之理，于击下见浑言之理，互相足也。"《广韵·锡韵》："击，打也。"《象》曰："或击之，自外来也。"上为外，下为内。益卦，损上益下，自上下下。此时，九五已惠而益下；唯上九亢，而不益下，成艮之象。《说卦传》曰："艮为手。"上九以手，高加其下，是自外击之之象。虞翻曰："艮为手，故或击之。"又曰，"外谓上，上来之三，故曰自外来也。"上九，乾不当位，非仁义之君，故而莫益之，或击之。

立心勿恆，凶 《说文》："恆，常也。"《老子》曰："不知常，妄作凶。"恆卦，巽下震上；益卦，震下巽上，两卦单卦，上下互换。恆卦九三，即益卦上九。故九三曰："不恆其德，或承之羞，贞吝。"上九曰："立心勿恆，凶。"其辞义同。又，益卦卦辞曰："益，利有攸往，利涉大川。"《彖》曰："益，损上益下，民说无疆；自上下下，其道大光。"是损上之阳，益于阴下为吉。上位大君，即天子。今上九之阳，高不下下，甚或击下，是为不能恆其益下之心，谓之立心勿恆。无恆则不利，则凶。《系辞传》曰："子曰：君子安其身而后动，易其心而后语，定其交而后求，君子修此三者，故全也。危以动，则民不与也；惧以语，则民不应也；无交而求，则民不与也。莫之与，则伤之者至矣。《易》曰：莫益之，或击之，立心勿恆，凶。"侯果曰："益上九爻辞也。此明先安身，易心则群善自应；若亢动惧语，则物所不与，故凶也。"韩康伯注："夫虚己存诚，则众之所不迕也；躁以相求，则物之所不欲也。"躁以相求，谓或击之；物所不欲，谓有凶事。

第四十三卦　甲　辰

䷪ 兑上 乾下

夬，扬于王庭，孚号有厉；告自邑，不利即戎，利有攸往。

〔译〕　夬，在王庭发扬正气，诚信呼号有危厉；天子诰自京师，不利就用兵，利于有所前往。

《彖》曰："夬，决也，刚决柔也；健而说，决而和。扬于王庭，柔乘五刚也。孚号有厉，其危乃光也。告自邑，不利即戎，所尚乃穷也。利有攸往，刚长乃终也。"

《象》曰："泽上于天，夬，君子以施禄及下，居德则忌。"

〔证〕

乾下兑上　《九家易》曰："乾坤消息，法周天地，而不过于十二辰。"《月令·正义》曰："北斗循天而转行，建一月一辰。辰三十度，九十六分度，之四十二。正月建寅，二月建卯，三月建辰，四月建巳，五月建午，六月建未，七月建申，八月建酉，九月建戌，十月建亥，十一月建子，十二月建丑也。"《宋书·礼志》："夏以十三月为正，法物之始，其色尚黑。殷以十二月为正，法物之牙，其色尚白。周以十一月为正，法物之萌，其色尚赤。"《淮南子·天文训》："故曰：阳生于子，阴生于午。"补曰："子，乾初九复也；午，坤初六姤也。"按，子，一阳生；丑，二阳生；寅，三阳生；卯，四阳生；辰，五阳生；巳，六阳生；午，一阴生；未，二阴生；申，三阴生；酉，四阴生；戌，五阴生；亥，六阴生。夬卦，乾下兑上。《彖》曰："夬，决也，刚决柔也。"五阳决一阴，是以为夬。

《说文》："辰，震也。三月阳气动，雷电振，民农时也。物皆生，从乙，匕象芒达。"桂馥义证："震也者，辰、震声相近。《白虎通》：辰，震也。《晋书·乐志》：三月辰。辰，震也，谓时尽震动而长。《通典》：三月之辰名辰。辰者，震动之义。此月，物皆震动而长，故谓之辰。物皆生，从乙者，本书乙下云：象春草木，冤曲而出。乾下云：乙，物之达也。匕象芒达者，《三礼义宗》：物始生，皆句曲而有芒角。《释名》：辰，伸也，物皆伸舒而出也。《方言》：达，芒也。注云：谓草秒芒射出。《周礼·大宗伯》：以青圭礼东方。注云：圭锐，象春物初生。《月令·季春之月》：生气方盛，阳气发泄，句者毕出，萌者尽达。注云：句，屈生者，芒而直曰萌。《淮南·天文训》：太阴在辰岁，名曰执徐。高注：执，蛰；徐，舒。伏蛰之物，皆散舒而出。"段玉裁注："震、振古通用。

振，奋也。《律书》曰：辰者，言万物之蜄也。《律历志》曰：振美于辰。《释名》曰：辰，伸也，物皆伸舒而出也。《季春之月》：生气方盛，阳气发泄，句者毕出，萌者尽达。二月雷发声，始电至，三月而大振动。《豳风》曰：四之日举止。故曰民农时。匕，呼跨切，变也。此合二字会意：乙象春草木，冤曲而出，阴气尚强，其出乙乙；至是月，阳气大盛，乙乙难出者，始变化矣。芒达，芒者尽达也。”物随阳生。三月阳气动，雷电振，五阳决战一阴，是以为夬。

《老子》曰：“道生一，一生二，二生三，三生万物。万物负阴而抱阳，冲气以为和。”任继愈《老子今译》：“道，使万物得到统一；统一的事物，分裂为对立的两个方面；对立的两个方面，产生新生的第三者；新生的第三者，产生千差万别的东西；万物内，涵着阴阳两种对立的势力；阴阳在看不见的气中，得到统一。”阴阳得到统一，即阴阳冲气以为和。蒋锡昌《老子校诂》云：“按《说文》：冲，涌摇也。此字，老子用以形容牝牡相合时，摇动精气之状，甚为确切。气，指阴阳之精气而言；和者，阴阳精气互相调和也。《庄子·田子方》：至阴肃肃，至阳赫赫，两者交通，成和而生物焉。《荀子·天论篇》：万物各得其和以生。《贾子·道术篇》：刚柔得适调之和。并与此谊相同。冲气以为和，言动摇精气，以为调和也。万物负阴而抱阳，冲气以为和，即万物生育之理，乃所以释上文，生生之义者也。”按，万物负阴而抱阳，冲气以为和，即谓万物向阳背阴而生，阳决阴以为和，谓之决而和。随卦，震下兑上。《彖》曰：“随，刚来而下柔，动而说。随，大亨贞，无咎，而天下随时，随时之义大矣哉！”伏羲八卦，震位十一、二月，兑位二、三月。由十一月至三月，五阳生。是夬之时，犹随之时。阳气冲决阴气，决而和，万物生。

李鼎祚《周易集解》，引郑玄曰：“夬，决也。阳气浸长，至于五；五，尊位也，而阴先之。是犹圣人，积德说天下，以渐消去小人，至于受命为天子，故谓夬。”李道平纂疏：“郑注：夬，决也，《彖》传文。阳气由复，浸长至五，五为天子，故云尊位。而阴在其上，故云先之。自复至乾，为积善；积德犹积善。内体乾，乾为德，故言圣人积德。外体兑，兑为悦，故言悦天下。以乾阳消坤阴，自初至五，故云以渐消去小人。乾息至五，则受命而为天子。阴已决矣，故谓之夬。”孔颖达《周易正义》曰：“夬，决也。此阴消阳息之卦也。阳长至五，五阳共决一阴，故名为夬也。”程氏传：“为卦，兑上乾下。以二体言之，泽，水之聚也，乃上于至高之处，有溃决之象。以爻言之，五阳在下，长而将极；一阴在上，消而将尽。众阳上进，决去一阴，所以为夬也。夬者，刚决之义。众阳进，而决去一阴，君子道长，小人消衰，将尽之时也。”朱熹《周易本义》：“夬，决也，阳决阴也，三月之卦也。以五阳去一阴，决之而已。”

《彖》曰："健而说，决而和。"健，谓下乾；说，谓上兑。乾卦《象》曰："天行健，君子以自强不息。"虞翻曰："乾健故强。"《文言》曰："大哉乾乎！刚健中正，纯粹精也。"朱熹注："刚，以体言；健，兼用言；中者，其行无过不及；正者，其立不偏：四者乾之德也。纯者，不杂于阴柔；粹者，不杂于邪恶。盖刚健中正之至极，而精者又纯粹之至极也。"此谓乾为健。兑卦《彖》曰："兑，说也。刚中而柔外，说以利贞，是以顺乎天，而应乎人。说以先民，民忘其劳；说以犯难，民忘其死。说之大，民劝矣哉。"此谓兑为说。夬卦，乾下兑上，得天健，得民说，是以谓决而和。又，乾卦《文言》曰："夫大人者，与天地合其德，与日月合其明，与四时合其序，与鬼神合其吉凶。先天，而天弗违；后天，而奉天时。天且弗违，而况于人乎，况于鬼神乎？"夬卦，阳决阴，息至五，为飞龙在天，利见大人。天且弗违，而况于鬼神与人，故曰决而和。

《说卦传》曰："乾为圜，为金，为玉。""兑为口"。夬卦，乾下兑上，似古代环而有缺之玉佩，为**玦**。《世本》云："舜时，西王母献白环及**玦**。"新石器时代，和西周墓中，已时有出土。有玉**玦**，亦有金**玦**。《广韵·屑韵》："**玦**，珮如环，而有缺，逐臣赐**玦**，义取与之诀别也。"《荀子·大略篇》："聘人以**珪**，问士以璧，召人以瑗，绝人以**玦**，反绝为环。"王先谦《荀子集释》云："**玦**，如环而缺。古者臣有罪，待放于境，三年不敢去。与之环则还，与之**玦**则绝，皆所以见意也。反绝，谓反其将绝者。此明诸侯，以玉接人臣之礼也。"《国语·晋语一》："是故，使申生伐东山，衣之偏**裻**之衣，佩之以金**玦**。仆人赞闻之，曰：太子殆哉！"韦昭注："**玦**，如环而缺，以金为之。**玦**，亦离。《左》曰：金寒**玦**离。"按，《左传》亦有晋献公赐太子申生**玦**，以示决绝。夬卦，《彖》曰："夬，决也，刚决柔也。"刚决柔，即阳决阴，亦君绝臣之义。

又，夬卦上断，犹**玦**有决断。《左传》闵公二年："冬十二月，狄人伐卫。将战，公与石祁子**玦**，与宁庄子矢，使守，曰：以此赞国，择利而为之。"杜预注："**玦**，玉**玦**；赞，助也。**玦**，示以当决断；矢，示以御难。"《庄子·田子方》："庄子曰：周闻之，儒者冠圜冠，知天时；履句屦者，知地形；缓佩**玦**者，事至而断。"疏曰："缓者，五色**絛**绳，穿玉**玦**，以饰佩也。**玦**，决也。曳绶佩**玦**者，事到而决断。"《史记·项羽本纪》："项王即日因留沛公饮。项王、项伯东向坐，亚父南向坐。亚父者，范增也。沛公北向坐，张良西向侍。范增数目项王，举所佩玉**玦**，以示之者三；项王默然，不应。"《后汉书·齐武王**縯**传》："更始取伯升宝剑视之，绣衣御史申屠建，随献玉**玦**，更始竟不能发。及罢会，伯升舅樊宏，谓伯升曰：昔鸿门之会，范增举**玦**，以示项羽。今建此意，得无不善乎？伯升笑而不应。"注曰：**玦**，决也，令早决断。"夬卦，乾下兑上，乃**玦**之象，故亦为决断。

《说文》："玉，石之美。有五德：润泽以温，仁之方也；䚡理自外，可以知中，义之方也；其声舒扬，专以远闻，知之方也；万挠不折，勇之方也；锐廉而不忮，絜之方也。象三玉之连，丨其贯也。凡玉之属，皆从玉。"段玉裁注："絜，取圜转之义。凡度直曰度，围度曰絜。象三玉之连，谓三也。贯，谓如璧有组，杂佩有组，聘圭有系，瑬有五采丝绳，荀偃以朱丝，系玉二瑴之类。"《秦风·小戎》云："言念君子，温其如玉。"《序》曰："《小戎》，美襄公也。"《正义》曰："《聘义》云：君子比德于五焉：温润而泽，仁也；缜密以栗，知也；廉而不刿，义也；垂之如坠，礼也；孚尹旁达，信也。即引《诗》云：言念君子，温其如玉，有五德也。彼文又云：叩其声，清越以长，其终诎然，乐也；瑕不掩瑜，瑜不掩瑕，忠也；气如白虹，天也；精神见于山川，地也；圭璋特达，德也。凡十德。唯五德者，以仁、义、礼、智、信，五者人之常，故举五常之德言之耳。"他如《管子·水地》、《荀子·法行》，辞虽有异，亦皆谓君贵玉德。《礼记·曲礼下》曰："君无故，玉不去身。"孔颖达疏："玉，谓佩也。君子以玉比德，故恆佩玉，明身恆有德也。"夬卦，乾下兑上。乾为玉为圜，兑为口为缺，玉圜有缺，为玦，是为明君之象。

《说卦传》曰："兑为巫。"《说文》："巫，与工同意。"又，"工，巧饰也，象人有规矩，与巫同意。"段玉裁注："凡言某与某同意者，皆谓字形之意，有相似者。"是巫与工同，为巧饰，象人有规矩。夬卦，乾下兑上，故为玉加工。《说文》："理，治玉也。"段注："《战国策》，郑人谓玉之未理者，为璞，是理为剖析也。玉虽至坚，而治之得其䚡理，以成器不难，谓之理。凡天下一事一物，必推其情，至于无憾，而后即安。是之谓天理，是之谓善治，此引伸之义也。戴先生《孟子字义疏证》曰：理者，察之而几微，必区以别之名也，是故谓之分理。"《韩诗外传·卷二》曰："玉不琢，不成器；人不学，不成行。家有千金之玉，不知治，犹之贫也。良工宰之，则富及子孙。君子谋之，则为国用。故动则安百姓，议则延民命。《诗》曰：淑人君子，正是国人。正是国人，胡不万年？"是良工治玉，犹君子正是国人。故治玉之象，即治国之象。夬卦，为君子治理国家之卦。《系辞传》曰："上古，结绳而治；后之圣人，易之以书契，百官以治，万民以察，盖取诸夬。"是夬，为治理国家天下之象。

扬雄《太玄经》："断，阳气强内而刚外，动能有断决。"范望注："断，象夬卦。谓之断者，阳气上在五位之上，内外刚壮，能所断决于万物，故谓之断。断之初一，日入毕宿三度。"《月令·季春之月》："是月也，生气方盛，阳气发泄，句者毕出，萌者尽达。"郑氏注："季春者，日月会于大梁，而斗建辰之辰。"是《太玄》之断，准《易》之夬。又，《太玄》："毅，阳气方良，毅然敢行，物信其志。"司马光集注："毅，准夬。致果为毅，夬扬于王庭，故毅兼有言语之象。信，与伸同。宋曰：善而不挠为良。”范注：“亦象夬卦。谓之毅者，阳气已盛，方舟六位上下，良而毅毅然，便行于事，无所拘忌，故万物信其所志长大，故谓之毅。毅之初一，日入毕宿七度。”《左传》昭公十一年：“岁及大梁。”杨伯峻《春秋左传注》：“大梁，为十二星次之一，与黄道十二宫之金牛宫相当，在二十八宿为胃、昂、毕三宿。”按，《月令》：“季春之月，日在胃”；“孟夏之月，日在毕”。是日入毕七度，当在三月至四月，正与夬卦之辰相符。又，《易》之夬卦，阳息至九五之位，已得乾阳盛德。乾卦《象》曰：“天行健，君子以自强不息。”有决断、刚毅之义，故《太玄》以断、毅拟夬。

夬　《彖》曰：“夬，决也。”《吕氏春秋·辩土》：“正其行，通其风，夬心中央。”高诱注：“行，行列也；夬，决也；心，于苗中央。”夬心中央，应即缺心中央，因横行纵行使然。《睡虎地秦简·治狱程式》，六一：“有刀夬二所。”言缺二处。《日书》一0九六：“正东夬丽。”言正东缺明。七四一：“夬光日。”九一九：“成夬光之日。”夬光，皆谓缺光。《秦律·杂抄》二七：“夬革一寸。”《杂抄》六：“决革。”是夬通决，谓缺决之决。又，长沙马王堆，出土之汉墓帛书，《战国纵横家书·苏秦谓齐王章四》：“则王事速夬矣。”《睡虎地秦简·为吏之道》一一：“毋以忿怒夬。”四四：“夬狱不正。”夬，皆谓决断之决。《说文》曰：“夬，分决也。从又，中象决形。”徐锴系传：“ヨ，物也；丨，所以决之之器也。《易》曰：夬，决也。此指事。”桂馥义证：“《释名》：夬，决也，有所破坏，决裂之于终始也。”

《小雅·车攻》：“夬拾既佽，弓矢既调。”《释文》曰：“夬，本又作决，或作抉，钩弦也。”毛传：“决，钩弦也；拾，遂也；佽，利也。”郑笺：“佽，谓手指相比次也；调，谓弓强弱，与矢轻重相得。”《诗集传》曰：“决，以象骨为之，著于右手大指，所以钩弦开体；拾，以皮为之，著于左臂以遂弦，故亦名遂；佽，比也；调，谓弓强弱，与矢轻重相得也。”此夬，为射箭时、戴在右手大指上之骨套，也有玉制，用以钩弦。徐中舒主编《甲骨文字典》，于夬下曰：“[illegible]字，释者多家：刘鹗释哉，孙诒让释戋，胡小石释爭，叶玉森疑为杀之初文，唐兰释牵，柯昌济释爰，于省吾释曳，后又释爭。今按诸家所释，皆不确。[illegible]之凵，实象玦形，为环形而有缺口之玉壁，以两手持之会意，为玦之本字，从玉为后加义符。”按，徐说是。

《说卦传》曰：“乾，为圜，为玉”；“兑，为口，为毁折”。夬卦，乾下兑上，是环玉有缺口，为玦。以两手为之，故为决断之义。朱骏声《六十四卦经解》：“ユ，物也，手以之决之，分也，象形。《尔雅》：肉好一者玦。盖阙者玦，ユ，象环缺之形。”此说，与甲骨文夬，及《易》夬卦卦象近似。又，《周易尚氏学》曰："王育云：夬，即古文玦。故夬与玦同。玦，《说文》：玉佩也。《广韵》：佩，似环而有缺。夬，乾为玉为圜，兑上缺，俨然玦形也。而决者绝也。卦以五阳决一阴，故谓之夬也。《归藏》以夬为规，规圜也。夬重乾，乾圜故为规。玦亦圜，然上缺。是《周易》取象，与《归藏》同，而更功也。"来知德《周易集注》曰"夬者，决也。阳决阴也，三月之卦也。其卦，乾下兑上。以二体论，水在天上，势必及下，决之象也。以爻论，五阳长盛，一阴将消，亦决之象也。"前者，谓决泽下流；后者，谓阳决胜阴。

王力《同源字典》曰："水缺为决，玉缺为玦，器缺为缺，门缺为阙，四字同源。"其源当为夬。《说文》："缺，器破也。从缶，决省声。"徐灏注笺："《六书故》引唐本：夬声。"段玉裁《说文解字注》，朱骏声《说文通训定声》，及王筠《说文句读》，皆曰："夬声"。约斋《字源》，欠字下曰："夬，读如怪，其实就是缺字。"《周易》，以同声韵相训者，如：需卦，《彖》曰："需，须也。"离卦，《彖》曰："离，丽也。"咸卦，《彖》曰："咸，感也。"晋卦，《彖》曰："晋，进也。"蹇卦，《彖》曰："蹇，难也。"渐卦，《彖》曰："渐之进也。"巽卦，《彖》曰："重巽以申命。"兑卦，《彖》曰："兑，说也。"说，即悦。林义光《文源》曰："兑，即悦之本字。从人、口、八。八，分也，人笑故口分开。"是兑读悦。夬卦，《彖》曰："夬，决也。"《序卦传》曰："益而不已必决，故受之以夬。夬者，决也。"《杂卦传》曰："夬，决也，刚决柔也。君子道长，小人道忧也。"夬、决亦同声相训，夬读决，五阳决一阴。

扬于王庭　《释名·释天》："阳，扬也，气在外，发扬也。"《释名疏证补》曰："毕沅曰：《礼记·月令·正义》、《御览》，引皆气字上有阳字，兹不从。王启原曰：按《诗·正月》：燎之方扬；《汉书·谷永传》作阳。《春秋》昭公二十一年《传》：宋扬门；《礼记·檀弓》云：阳门。《玉藻》：盛气颠实扬休。注：读为阳。此皆阳、扬通用之证。"夬卦，阳气增益至九五王位，曰扬于王庭，乃阳、扬同音而通义。扬于王庭，亦阳刚之气，主于王庭，即刚决柔之义。又，上兑为羊，羊为祥为善，羊与阳、扬同音，其义互通，是扬于王庭，亦谓扬善弃恶于王庭。《汉书·艺文志》曰："夬，扬于王庭，言其宣扬于王者朝廷，其用最大也。"《说文》："庭，宫中也。从广，廷声。"段玉裁注："廴部曰：廷，中朝也。朝不屋，故不从广。宫者，室也，室之中曰庭。《诗》曰：殖殖其庭；曰：子有廷内；曰：洒扫庭内。《檀弓》：孔子哭子路于中庭。注曰：寝中庭也。凡经有谓堂下为庭者，如三分庭，一在南，正当作廷，为义相近。"以其庭、廷义相近而通，故《汉书·艺文志》，谓王庭为王者朝廷。

孚号有厉　《大雅·民劳》毛传："厉，危也。"《说文》："危，在高而惧也。"《广雅·释诂》："厉，高也，上也。"是厉与危同。上六柔乘五刚，为厉；九五在兑之中，阳实为孚，兑为口舌，为孚号有厉。《系辞传》曰："其出入以度，外内使知惧，又明于忧患与故，无有师保，如临父母。"又曰，"危者使平，易者使倾，其道甚大，百物不废。惧以终始，其要无咎，此之谓《易》之道也。"《孟子·告子下》曰："入则无法家拂士，出则无敌国外患，国恆亡。然后知生于忧患，而死于安乐也。"赵岐注："入，谓国内也。无法度大臣之家，辅拂之士。出，谓国外也。无敌国可难，无外患可忧，则凡庸之君，骄慢荒怠，国常以此亡也。故知能生于忧患，死于安乐也。死，亡也。安乐怠惰，使人亡其知能也。"夬卦，阳升至九五，中正当位，非凡庸之君，骄慢荒怠，而有忧患意识，孚号有厉。故《象》曰："孚号有厉，其危乃光。"谓虽有上六之危惧，最终乃得光明无咎。程氏传："君子之道，虽长盛，而不敢忘戒备，故至诚以命众，使知尚有危道。虽以此之甚盛，决彼之甚衰，若易而无备，则有不虞之悔。是尚有危理，必有戒惧之心，则无患。圣人设戒之意深矣。"又曰，"尽诚信以命其众，而知有危惧，则君子之道，乃无虞而光大也。"

告自邑　《尔雅·释地》曰："邑外谓之郊，郊外谓之牧，牧外谓之野，野外谓之林，林外谓之坰。"郭璞注："邑，国都也。"《商颂·殷武》："商邑翼翼，四方之极。"毛传："商邑，京师也。"郑笺："极，中也。商邑之礼俗，翼翼然可则效，乃四方之中正也。"《大雅·文王有声》："即伐于崇，作邑于丰。"郑笺："作邑者，徙都于丰，以应天命。"《崧高》："于邑于谢，南国是式。"郑笺："往作邑于谢。"作邑，谓建都城。《周书·洛诰》："朝至于洛师。"又曰，"祀于新邑。"《正义》曰："朝至于洛邑，众作之处，经营此都。"新邑谓洛邑，与旧邑镐京对言，是《书》亦谓邑为国都。《白虎通·京师》曰："京师者，何谓也？千里之邑号也。京，大也；师，众也。天子所居，故大众言之。或曰：夏曰夏邑，殷曰商邑，周曰京师。《尚书》曰：率割夏邑，谓桀也；在商邑，谓殷也。"又，《说文》："邑，国也。从囗，先王之制，尊卑有大小，从卪。"段玉裁注："郑庄公曰：吾先君新邑于此。《左传》，凡称人曰大国，凡自称曰敝邑，古国、邑通称。"又，讼卦，坎下乾上。九二曰："其邑人三百户。"是邑，有为国都之称，有为邦国之称，有为人聚居之称。夬卦，上兑为口舌为告，告自邑，谓告自九五，天子所居之地，邑为京都。

《论语·季氏》："孔子曰：天下有道，则礼乐征伐，自天子出；天下无道，则礼乐征伐，自诸侯出。"《孟子·尽心下》曰："春秋无义战，彼善于此，则有之矣。征者，上伐下也；敌国不相征也。"赵岐注："《春秋》所载战伐之事，无应王义者也，彼此相觉有善恶耳。孔子举豪毛之善，贬纤介之恶，故皆录之于《春秋》也。上伐下谓之征。

诸侯敌国不得相征。五霸之世，诸侯相征，于三王之法，不得其正者也。”《白虎通·诛伐》云：“诸侯之义，非天子之命，不得动众起兵，诛不义者。所以强干弱枝，尊天子、卑诸侯也。《论语》曰：天下有道，则礼乐征伐，自天子出；天下无道，则礼乐征伐，自诸侯出。”刘宝楠《论语正义》曰：“是诸侯虽有征伐，亦须天子之命。盖礼乐征伐，皆黜陟之大权，所以褒贤诛不肖，天子所以独操之者也。此惟治世则然，故曰天下有道，及无道之时。上替者必下陵，礼乐征伐，不待天子赐命，而诸侯辄擅行之。或更国有异政，僭上无等，虽极霸强，要为无道之天下矣。”夬卦，告自邑，不利即戎，盖天下有道之时，是以礼乐征伐，自天子而出。

不利即戎　《论语·子路》：“善人教民七年，亦可以即戎矣。”包曰：“即，就也；戎，兵也。言以攻战。”《虞书·大禹谟》曰：“惟口出好兴戎，朕言不再。”《正义》曰：“惟口之所言，出好事，兴戎兵，非善思虑，无以出口。”《商书·说命》：“唯口起羞，惟甲胄起戎。”孔氏传：“言不可轻教令，易用兵。”《正义》曰：“言王者法天施化，其举止不可不慎。惟口出令不善，以起羞辱；惟甲胄伐非其罪，以起戎兵。”《老子》曰：“兵者，不祥之器，非君子之器，不得已而用之。恬淡为止，胜而不美；而美之者，是乐杀人。夫乐杀人者，则不可以得志于天下矣。”曰，“善为士者不武，善战者不怒，善胜敌者不与。”又曰，“用兵有言：吾不敢为主，而为客；不敢进寸，而退尺。祸莫大于轻敌，轻敌几丧吾宝。”不敢为主，而为客，即《月令·孟春之月》所言：“兵戎不起，不可以从我始。”夬卦，乾下兑上。乾为王，兑为口。口可兴戎，是以有不利即戎之戒。《彖》曰：“不利即戎，所尚乃穷也。”尚，通上。谓不宜用武，上六已至穷困，将不攻自破。《易》穷则变，变则通；不可远复，必待以时。

《史记·殷本纪》：“纣囚西伯羑里。西伯之臣，闳夭之徒，求美女、奇物、美马，以献纣；纣乃赦西伯。西伯出，而献洛西之地，以请除炮格之刑。纣乃许之，赐弓矢斧钺，使得征伐，为西伯。而用费中政，费中善谀，好利，殷人弗亲。纣又用恶来，恶来善毁谗，诸侯以此益疏。西伯归，乃阴修德行善。诸侯多叛纣，而往归西伯。西伯滋大，纣由是稍失权重。王子比干谏，弗听。商容贤者，百姓爱之，纣废之。及西伯伐饥国，灭之；纣之臣祖伊闻之，而咎周。恐，奔告纣曰：天既讫我殷命，假人元龟，无敢知吉，非先王不相我后人，维王虐用自绝，故天弃我，不有安食，不虞知天性，不迪率典。今我民罔不欲丧，曰：天曷不降威，大命胡不至！今王其奈何？纣曰：我生不有命在天乎！祖伊反，曰：纣不可谏矣。西伯既卒，周武王之东伐，至盟津。诸侯叛殷会周者，八百。诸侯皆曰：纣可伐矣。武王曰：尔未知天命，乃复归。”人法天，此即不利即戎，所尚乃穷也之谓，言上六且自消。

利有攸往 夬卦，乃三月；利有攸往，谓四月。《月令·孟夏之月》云："其日丙丁。"郑氏注："丙之言炳也。日之行夏，南从赤道，长育万物，月为之佐。时万物，皆炳然著见而强大，又因以为日名焉。《易》曰：齐乎巽，相见乎离。"《彖》曰："利有攸往，刚长乃终也。"言夬卦之时，阳息至五，上有一阴凌乘五阳，是为有厉。若阳息往前，则得六阳纯刚，是为刚长乃终，为乾卦，得元亨利贞四德。《彖》曰："大哉乾元，万物资始乃统天。云行雨施，品物流形。大明终始，六位时成，时乘六龙以御天。乾道变化，各正性命，保合太和，乃利贞。首出庶物，万国咸宁。"夬卦至乾卦，只差一阳，故曰利有攸往。程氏传："阳刚虽盛，长犹未终，尚有一阴，更当夬去。则君子之道，纯一而无害之者矣，乃刚长之终也。"

孙星衍《周易集解》，引李翱曰："自古小人在上，最为难去。盖得位得权，而势不能摇夺。以四凶尚历尧至舜，而后能去。赏玩《易》之夬，夫一阴在上，五阳并进，以刚决柔，宜若易然。然爻辞俱险而四，盖小人在上，故繇曰：刚长乃终。是也。"《殷本纪》："纣愈淫乱不止。微子数谏不听，乃与大师、少师谋，遂去。比干曰：为人臣者，不得不以死争。迺强谏纣。纣怒曰：吾闻圣人心有七窍。剖比干，观其心。箕子惧，乃详狂为奴，纣又囚之。殷之大师、少师，乃持其祭乐器，奔周。周武王于是，遂率诸侯伐纣。纣亦发兵，距之牧野。甲子日，纣兵败。纣走，入登鹿台，衣其宝玉衣，赴火而死。周武王遂斩纣头，县之白旗。杀妲己。释箕子之囚，封比干之墓，表商容之闾。封纣子武庚禄父，以续殷祀。令修行盘庚之政，殷民大说。于是，周武王为天子。其后世，贬帝号，号为王。而封殷后为诸侯，属周。"八百诸侯会盟津，武王不伐纣；至此伐纣，一戎衣，天下大定。《彖》曰："利有攸往，刚长乃终也。"盖人事亦然。

《象》曰："泽上于天，夬，君子以施禄及下，居德则忌。"兑为泽，乾为天，兑上乾下，泽上于天。《彖》曰："夬，决也。"《说文》："决，下流也。"段玉裁注："各本作行流。《众经音义》三引，皆作下流。下，读自上下下之下。"雨泽在天上，则决然下降，故君子法天，施泽于下，为施禄及下。乾卦《文言》曰："上九曰：亢龙有悔，何谓也？子曰：贵而无位，高而无民，贤人在下位而无辅，是以动而有悔也。"夬卦，阳息至五，再动则成亢龙有悔。此为在上者居德之忌。居德之居，与居功之居同。《墨子·非儒下》："夫儒，浩居而自顺者也，不可以教下。"孙诒让间诂："毕云：按《史记》，作倨傲自顺。"《汉书·酷吏·郅都传》："丞相条侯，至贵居也。"颜师古注："居，怠傲，读与倨同。"《老子》曰："上德不德，是以有德；下德不失德，是以无德。"《韩非子·解老》曰："德者，内也；得者，外也。上德不德，言其神不淫于外也。"是以上德不居德，是以有德；下德居德，是以无德。居德则忌，谓自高自大，自以为有德，则当禁忌。

鲁人申培《诗说》："《蓼萧》，诸侯来朝，天子燕之，而歌此诗，兴也。"毛公《诗序》云："《蓼萧》，泽及四海也。"孔颖达《正义》曰："作《蓼萧》诗者，谓时王者，恩泽波及四海之国也。使四海无侵伐之忧，得风雨之节。书传称越常氏之译曰，吾受命吾国，黄老曰久矣。天之无烈风淫雨，意中国有圣人，远往朝之，是泽及四海之事。经四章，皆上二句是泽及四海。由其泽及，故其君来朝。王燕乐之，亦是泽及之事。故《序》总其目焉。经所陈，是四海君蒙其泽。而《序》漫言四海者，作者以四海诸侯朝王，而得燕庆。故本其在国蒙泽，说其朝见光宠。《序》以王者恩及其君，不可遗其臣，见其通其上下，故直言四海，以广之。"夬卦，兑上乾下，犹天子施泽于上，诸侯来朝于下，上慈下恭。《象》曰："泽上于天，夬，君子以施禄及下，居德则忌。"三以刚应上柔，是居德则忌之象。此为在下者居德之忌。

益卦和夬卦，互为邻卦。《序卦传》曰："益而不已，必决；夬者，决也。"《说文》："益，饶也。从水、皿。水、皿，益之意也。"李孝定《甲骨文字集释》按语："益，用为饶益、增益之义既久，而本义转晦，遂别制溢字。此字当以氾溢为本义。"《说文》："决，行流也。从水，从夬。庐江有决水，出于大别山。"段玉裁注："决，下流也。决水之义，引伸为决断。"是水过满则益，益则夬，故益与夬，互为邻卦。又，益卦，震下巽上。《彖》曰："益，损上益下，民说无疆，自上下下，其道大光。"是益卦，为一阳由上来下，为十一月。夬卦，乾下兑上。《彖》曰："夬，决也，刚决柔也，柔乘五刚也，孚号有厉。"夬卦，为五阳由上来下，为三月。是益而不已，必夬。又，益卦，为阳益阴；夬卦，为阳决阴。有益有夬，阴阳调和，是以互为邻卦。

剥卦和夬卦，互为错卦。剥卦，坤下艮上；夬卦，乾下兑上。《易乾凿度》："孔子曰：阳消阴言夬，阴消阳言剥者，万物之祖也。断制除害，全物为务。夬之为言，夬也，当三月之时。阳盛息，消夬阴之气，万物毕生，靡不蒙化。譬犹王者之崇至德，奉承天命，伐决小人，以安百姓，故谓之决。夫阴，伤害为行，故剥之为行，剥也。当九月之时，阳气衰消，而阴终不能尽阳，小人不能决君子也，谓之剥，言不安而已。是以夬之九五，言决小人；剥六五，言盛杀万物，皆剥堕落。譬犹君子之道衰，小人之道盛，侵害之行兴，安全之道废，阴贯鱼，而欲承君子也。"郑氏注："（剥）直剥落伤害，使万物不得安全而已，然不能决君子。（夬）经曰：苋陆夬夬，中行无咎。阳衰之时，（阴）若能执柔顺，以奉承君子，若鱼贯之序，然后能宠，无不利也。"易以阳为主为正，是以九月阳衰为剥，三月阳盛为夬。夬卦和剥卦，阴阳相反，盛衰相反，春秋相反，故互为错卦。

初九，壮于前趾，往不胜，为咎。

〔译〕　初九，趾高气扬，前往决斗，不会胜利，必成为灾。

《象》曰："不胜而往，咎也。"

〔证〕

壮于前趾　《尔雅·释诂》："壮，大也。"《说文》："壮，大也。"《小雅·采芑》："方叔元老，克壮其犹。"毛传："壮，大。"《礼记·曲礼上》："人生十年曰幼，学；二十曰弱，冠；三十曰壮，有室；四十曰强，而仕；五十曰艾，服官政；六十曰耆，指使；七十曰老，而传；八十、九十曰耄。七年曰悼，悼与耄虽有罪，不加刑焉。百年曰期，颐。"《释名·释亲属》："三十曰壮，言丁壮也。"其《释天》曰："丁，壮也，物体皆丁壮也。"大壮卦，乾下震上。《彖》曰："大壮，大者壮也。"《象》曰："雷在天上，大壮。"朱熹曰："大，谓阳也，四阳盛长，故为大壮，二月之卦也。以卦体言，则阳长过中，大者壮也。"是过中为壮。又，《尔雅·释言》："趾，足也。"郭璞注："足，脚。"大壮卦初九曰："壮于趾。"夬卦初九，在大壮初九之后，后来之脚，则出先动之脚前，故谓壮于前趾。《广释·释诂二》："前，进也。"夬卦初九，较大壮初九，为新进之脚，是为在前之趾。又，初在卦之下端，上为首，下为脚，是初爻于趾则在前。壮于前趾，意犹趾高气扬。

往不胜　乾卦初九曰："潜龙勿用。"《象》曰："潜龙勿用，阳在下也。"《文言》曰："初九曰：潜龙勿用，何谓也？子曰：龙德而隐者也。不易乎世，不成乎名；遁世无闷，不见是而无闷；乐则行之，忧则违之。确乎其不可拔，潜龙也。"又曰，"君子以成德为行，日可见之行也。潜之为言也，隐而未见，行而未成，是以君子弗用也"。干宝曰："位始，故称初；阳重，故称九。阳在初九，十一月之时，自复来也。初九甲子，天正之位，而乾元所始也。阳处三泉之下，圣德在愚俗之中，此文王在羑里之爻也。虽有圣明之德，未被时用，故曰勿用矣。"夬卦初九，处潜龙之时，而无潜龙之德，不潜藏勿用，而壮大其行，与之夬决，是必往而不胜。按天地象应，初九不利于往，往则与九四敌应，不胜之象，为往不胜。

为咎　《说文》："咎，灾也。从人，从各。各者，相违也。"《商书·太甲》："天作孽，犹可违；自作孽，不可逭。"孔氏传："孽，灾；逭，逃也。言天灾可避，自作灾不可逃。"初九，壮于前趾，往不胜，为咎，即自作灾。夬卦卦辞曰："扬于王庭，孚号有厉。告自邑，不利即戎。"皆谓阳往战阴事。初九曰，往不胜，九二曰，莫夜有戎，亦明言阳战阴。《老子》曰："祸莫大于轻敌，轻敌几丧吾宝。故抗兵相若，哀者胜矣。"即谓骄兵必败，哀兵必胜。夬卦初九，壮于前趾，骄兵之状。《孙子·九地篇》："是故，始如处女，敌人开户；后如脱兔，敌不及拒。"杜牧注曰："言敌人初时，谓我无所能为，如处女之弱；我因疾去攻之，险迅疾速，如兔之脱走，不可抗拒也。"夬卦初九，即壮于前趾，示敌以强，攻其有备，是以往必不胜，灾由自取，为咎。故《象》曰："不胜而往，咎也。"

王弼注："居刚之初，为决之始，宜审其策，以行其事。壮其前趾，往而不胜，宜其咎也。"程氏传："前趾，谓进行。人之决于行也，行而宜，则其决为是；往而不宜，则决之过矣，故往而不胜，则为咎也。夬之时而往，往决也，故以胜负言。九，居初而壮于进，躁于动者也，故有不胜之戒。阴虽将尽，而己之躁动，自宜有不胜之咎，不计彼也。"又谓《象》曰，"人之行，必度其事可为，然后决之则无过矣。理不能胜而且往，其咎可知。凡行而有咎者，皆决之过也。"《老子》曰："轻则失本，躁则失君。"言轻妄丧失根本，急躁丧失主宰。故夬卦，初即趾高气扬，必失根本和主宰，必往不胜，而取咎。大壮初九曰："壮于趾，征凶，有孚。"《象》曰："壮于趾，其孚穷也。"朱熹注："言必困穷。"是凡初九壮于趾，皆不合乾道，不凶则咎。反之，需卦初九曰："需于郊，利用恆，无咎。"《象》曰："需于郊，不犯难行也；利用恆，无咎，未失常也。"用恆无咎，即用初九潜龙之常，则无咎。恆，为常。

《老子》曰："人法地，地法天，天法道，道法自然。"《庄子·天下》："《易》以道阴阳。"《系辞传》曰："一阴一阳之谓道。"是人之行，必合于阴阳之道。初九，为十一月之爻。《月令·仲冬之月》："其日壬癸。命有司曰：土事毋作，慎毋发盖，毋发室屋，及起大众，以固而闭。地气沮泄，是谓发天地之房，诸蛰则死，民必疾疫，又随之以丧。命之曰畅月。是月也，日短至，阴阳争，诸生荡。君子齐戒，处必掩身。身欲宁，去声色，禁耆欲，安形性。事欲静，以待阴阳之所定。是月也，可以罢官之无事，去器之无用者。涂阙廷门闾，筑囹圄，此以助天地之闭藏也。"郑氏注："壬之言任也，癸之言揆也。日之行冬，北从黑道，闭藏万物，月为之佐。时万物怀任于下，揆然萌牙，又因以为日名焉。畅，犹充也。大阴用事，尤重闭藏。争者，阴方盛，阳欲起也。荡，谓物动萌牙也。可以罢官之无事，去器之无用者，谓先时权所建作者也。天地闭藏，而万物休，可以去之。助天地之闭藏也，顺时气也。"

又，《月令》云："仲冬行夏令，则其国乃旱，氛雾冥冥，雷乃发声；行秋令，则天时雨汁，瓜瓠不成，国有大兵；行春令，蝗虫为败，水泉咸竭，民多疥疠。"郑氏注："仲冬行夏令，则其国乃旱，午之气乘之也。氛雾冥冥，霜之气散相乱也。雷乃发声，震气动也，午属震。行秋令，则天时雨汁，瓜瓠不成，酉之气乘之也。酉宿直昴毕，毕好雨。雨汁者，水雪杂下也。子宿直虚危，虚危内有瓜瓠。国有大兵，兵亦金之气。行春令，则蝗虫为败，当蛰者出，卯之气乘之也。水泉咸竭，大火为旱。民多疥疠，疥疠之病，孚甲之象。”孔颖达《正义》曰：“其国乃旱，氛雾冥冥，雷乃发声，皆天灾也。天时雨汁，天灾也。瓜瓠不成，地灾也。国有大兵，人灾也。蝗虫为败，水泉咸竭，地灾也。民多疥疠，人灾也。”初九，当仲冬之月，而壮于前趾，行春夏秋之令，是以往不胜，必多灾，为咎。

九二，惕号，莫夜有戎，勿恤。

〔译〕 九二，警惕相呼号，深夜有敌兵，则无须忧虑。

《象》曰：“有戎勿恤，得中道也。”

〔证〕

惕号 《说文》：“惕，敬也。从心，易声。”《广雅·释诂》：“惕，惧也。”敬、惧相通。惕，警惕。惕号，警惕而呼号。夬卦卦辞曰：“孚号有厉。”九二曰惕号，亦有厉而惕号。《周书·冏命》：“怵惕惟厉，中夜以兴，思免厥愆。”孔氏传：“言常怵惧惟危，夜半以起，思所以免其过悔。”《国语·周语下》：“夫见乱而不惕，所残必多，其饰弥章。”韦昭注：“惕，惕然恐惧也；弥，终也；章，著也。言见祸乱之戒，不恐惧循省，以消灾咎，以壅饰之，祸败终将章著也。”惕号，即是见乱而惕号。兑为口舌，口舌呼号，为惕号。乾卦《文言》曰：“九二曰：庸言之信，庸行之谨，闲邪存其诚，善世而不伐，德博而化。《易》曰见龙在田，利见大人，君德也。”九二君德，防邪有诚，故夬之九二，曰惕号。

莫夜有戎 《说文》：“莫，日且冥也。从日在茻中，茻亦声。”段玉裁注：“且冥者，将冥也。木部曰：杳者，冥也。夕部曰：夕，莫也。引伸之义，为有无之无。”又，《说文》：“茻，众艸也。从四屮。凡茻之属，皆从茻。”朱骏声《说文通训定声》曰：“经传草茻字，皆以莽为之。”众艸，即草丛。日在草丛之中，乃日落地之时，为暮。是莫为暮本字。甲骨文《粹》六九五：“其莫，不其遘雨？”《佚》八五一：“其莫归？”莫，皆为暮。《小雅·采薇》：“曰归曰归，岁亦莫止。”《释文》曰：“莫，音暮，本或作暮。”《大雅·抑》：“民之靡盈，谁夙知而莫成。”毛传：“莫，晚也。”朱熹《诗集传》：“人若不自盈满，能受教戒，则岂有既早知，而反晚成者乎？”《论语·先进》：“莫春者，春服既成。”包曰：“莫春者，季春三月也。”皇疏：“暮春，谓建辰夏之三月也。年有四时，时有三月，初月为孟，次月为仲，后者为季。季春，是三月也。不云季春，而云暮春者，近月末也。"《释文》："莫，本亦作暮。"徐铉《新修字义》："暮，讹谬，本作莫，日在茻中也。"按，《说文》无暮字。莫，为晚之名。

昼分早、中、晚；夜亦分早、中、晚。故《周书·冏命》曰："中夜以兴。"是莫夜，即晚夜。岁有阴阳，十二月消长；日亦有阴阳，十二辰消长。以十二地支，表十二月和十二辰，阴盈则阳生，阳盈则阴生。与二十四小时对照，半夜二十三点至一点，为子时，一阳生；一点至三点，为丑时，二阳生；三点至五点，为寅时，三阳生；五点至七点，为卯时，四阳生；七点至九点，为辰时，五阳生；九点至十一点，为巳时，六阳生；十一点至十三点，为午时，一阴生；十三点至十五点，为未时，二阴生；十五点至十七点，为申时，三阴生；十七点至十九点，为酉时，四阴生；十九点至二十一点，为戌时，五阴生；二十一点至二十三点，为亥时，六阴生。如此周而复始。九二，二阳生，正当丑时，为半夜子时以后，乃一点至三点，为暮夜，即莫夜。

《六韬·虎韬》云："武王问太公曰：引兵深入诸侯之地，而天大寒甚暑，日夜霖雨，旬日不止；沟垒悉坏，隘塞不守，斥候懈怠，士卒不戒；敌人夜来，三军无备，上下惑乱，为之奈何？太公曰：凡三军，以戒为固，以怠为败。令我垒上，谁何不绝，人执旌旗，外内相望，以号相命，勿令乏音，而皆外向。三千人为一屯，诫而约之，各慎其处。敌人若来，视我军之警戒，至而必还，力尽气怠，发我锐士，随而击之。"凡三军，以戒严为固，以怠惰为败。夜深人倦，三军易懈，故敌人或于拂晓之前，丑时来攻。九二惕号，莫夜有戎，即太公以号相令之谓。《说文》："戎，兵也。从戈，从甲。"按戎，甲骨文、金文从戈，从十。十，即甲骨文、金文之甲字，今隶定从之，作戎。如兵由兵器，引伸为兵旅，戎亦由兵器，引伸为兵旅。同人卦，九三《象》曰："伏戎于莽，敌刚也。"戎指我军。《月令》云："寇戎来征。"戎指敌军。莫夜有戎，即谓下半夜有敌情。《系辞传》曰："变化者，进退之象也；刚柔者，昼夜之象也。"朱熹曰："柔变而趋于刚者，退极而进也；刚化而趋于柔者，进极而退也。既变而刚，则昼而阳矣；既化而柔，则夜而阴矣。"夬卦，阳决阴，阴为戎。至九二，当丑之辰，前有四阴临之，是为莫夜有戎。

勿恤 《说文》："恤，忧也。"晋卦六五曰："失得勿恤。"孔颖达疏："失之与得，不须忧恤。"故勿恤，谓警惕呼号，暮夜有寇戎来犯，则不须忧虑。《象》曰："有戎勿恤，得中道也。"又，师卦九二曰："在师中，吉，无咎。"《象》曰："在师中吉，承天宠也。"夬之九二，得中道，亦得师卦九二之中，是以无灾而无忧。程氏传："莫夜有兵戎，可惧之甚也。然可无恤者，以自处之善也。既得中道，又知惕惧，且有戒备，何事之足恤也。九居二，虽得中，然非正，其为至善，何也？曰：阳决阴，君子决小人，而得中，岂有不正也？知时识势，学《易》之大方也。”师卦，坎下坤上，九二一阳。其卦辞曰：“师，贞，大人吉，无咎。”《象》曰：“贞，正也，能以众正，可以王矣。”是阳虽不当位，得中道亦正。夬卦，阳决阴，本为正；九二又得中，故有戎勿恤。朱熹曰：“九二当决之时，刚而居柔，又得中道，故能忧惕号呼，以自戒备；而莫夜有戎，亦可无患也。”

九三，壮于頄，有凶。君子夬夬，独行遇雨，若濡有愠，无咎。

〔译〕 九三，满脸怒气，有凶险。君子决而又决，独行遇雨。似被浸湿，而有怨忿，没有过错。

《象》曰：“君子夬夬，终无咎也。”

〔证〕

壮于頄 頄，《帛书周易》为頯。《说文》曰：“頯，权也。从页，𠂇声。”桂馥义证：“权也者，《韵会》引徐锴本，作面权也。本书：䏝，面頯也。《广韵》：䪼，面秀骨。《玉篇》：汉高祖隆䪼龙颜。颜注《急就篇》：䪼，两颊之权也。《集韵》：頯，颊骨。《广韵》作頄，云颊间骨也。《易》夬卦：壮于頄。王注：頄，面权也。郑作頯，夹面也。蜀才作仇。《中山策》：若其首准頞权衡。鲍云：权，辅骨。《庄子·大宗师篇》：其颡頯块然也。《释文》：頯，权也。《洛神赋》：靥辅承权。张敏头责子羽文，双权隆起。权，或作颧。《广雅》：颧，䪼也。《周易·释文》：頄，颧也。翟云：面颧，颊间骨也。”頄，《帛书》与郑皆作頯，《说文》有頯而无頄，盖頯为正字，頄为后出字。《黄帝内经素问·气府论》：“鼽骨下各一。”注曰：“鼽，頄也；頄，面颧也。”《内经灵枢·经筋》：“足太阳之筋，其支者为目上纲，下经于頄。”下结于頄，谓下结于面颊。《东西均·道艺》：“一语及学，则頄为之赤。”是頄泛指脸面，壮于頄，即壮于脸上。乾为君子，为首。又初九，在乾之下端，犹足，谓阳壮于趾；九三，在乾之上端，犹首，谓阳壮于頄。

有凶 在阳决阴之时，壮于趾，为趾高气扬；壮于頄，为大声于色。前者，骄傲轻敌，有咎；后者，怒不可遏，有凶。《系辞传》曰：“三与五，同功而异位，三多凶，五多功，贵贱之等也。”三、五虽同阳位，而三贱五贵，三以刚过中而上，故多凶。朱熹《周易本义》曰：“九三当决之时，以刚而过乎中，是欲决小人，而刚壮见于面目，如是则有凶道矣。”朱骏声《六十四卦经解》：“三在乾首之上，称頄。壮頄，倖倖然，怒于面、赤于颧之意。疾之已甚，激则生变，故凶。”《孙子·火攻篇》曰：“主不可以怒而兴师，将不可以愠而致战；合于利而动，不合于利而止。怒可以复喜，愠可以复悦；

亡国不可以复存，死者不可以复生。故明君慎之，良将警之，此安国全军之道也。”杜牧注：“亡国者，非能亡人之国也。言不度德，不量力，因怒兴师，因愠合战，则其兵自死，其国自亡者也。”张预注：“君常慎于用兵，则可以安国；将常戒于轻战，则可以全军。”怒而兴师，愠而致战，此亡国灭军之道。故九三上决之时，壮于頄，有凶。

君子夬夬 乾卦九三曰：“君子终日乾乾。”《象》曰：“终日乾乾，反复道也。”《文言》曰：“终日乾乾，行事也。”又曰，“终日乾乾，与时偕行。”乾卦《象》曰：“天行健，君子以自强不息。”朱熹曰：“但言天行，则见其一日一周，而明日又一周，若重复之象，非至健不能也。君子法之，不以人欲，害其天德之则，则自强而不息矣。”夬卦九三，犹乾卦九三，亦为君子，夬夬犹乾乾，阳决阴，决而又决，即决而不息之意。荀爽曰：“九三体乾，乾为君子。三、五同功，二爻俱欲决上，故曰君子夬夬也。”司马光《奏弹王安石表》：“伏愿陛下，独奋乾刚，专行夬决，一遵祖宪，无用邪谋。”夬决，谓决断重大朝政，亦夬夬之义。《象》曰：“君子夬夬，终无咎也。”阳决阴，决而又决，故能尽决其阴，而得为乾，乾有元亨利贞四德。故乾卦九三曰：“君子终日乾乾，夕惕若，厉无咎。”夬卦九三如此，君子夬夬小人，终将无咎。

独行遇雨，若濡有愠 阳为晴，阴为雨。九三之阳，遇上六之阴，为遇雨。全卦，唯九三逆应上六，故曰独行遇雨。《广雅·释诂》：“濡，渍也。”《集韵·虞韵》：“濡，沾湿也。”《邶风·匏有苦叶》：“济盈不濡轨，雉鸣求其牡。”毛传：“濡，渍也。”郑笺：“渡深水者，必濡其轨。”未济卦曰：“小狐汔济，濡其尾。”济涉而濡，亦谓浸湿。《说文》：“愠，怒也。从心，昷声。”《一切经音义十》：“愠，怨也；又卷二：愠，恚也，怨也，恨也；又卷五：愠，怒也。”《大雅·绵》：“肆不殄厥愠。”《正义》曰：“《说文》云：“愠，怨也；恚，怒也。有怨者，必怒之，故以怨为恚。”以是，《说文》段注：“愠，怨也。”《小雅·雨无正》之《序》曰：“《雨无正》，大夫刺幽王也。雨自上下者也，众多如雨，而非所以为政也。”郑笺：“亦当为刺厉王。王之所下教令甚多，而无正也。”《正义》曰：“经无此雨无正之字，作者为之立名，《叙》又说名篇，及所刺之意。雨是自上下者也。雨从上而下于地，犹教令从王而下于民。而王之教令众多，如雨然，事皆苛虐，情不恤民，而非所以为政教之道，故作此诗以刺之。既成，而名之曰《雨无正》也。”夬卦上六，大君之位，九三逆应上六，独行遇雨，谓遇上之乱政。《易》曰独行遇雨，若濡有愠；犹《诗》曰大夫刺幽王，政令如雨。兑为泽，泽在天上，为雨。九三若濡有愠，言君子似受雨湿，忧心悄悄然，而怨上六宵小之人。九三，阳刚过中，是以有愠。

无咎 《周书·洪范》：“曰乂，时旸若；曰狂，恒雨若。”孔氏传：“君行政治，则时旸顺之；君行狂疾，则常雨顺之。”夬卦九三，独行遇雨，则时旸不顺，而雨顺之，是小人之君，使贤者见害，而不得志。旸、阳通。是以九三遇上六，君子遇小人，曰独行遇雨。遇小人在上不行政治，肆行狂疾，君子受害既多，象受天雨浸湿，而有怨怼之情，故无过错。又，君子夬夬，独行不顺，而有怨忿；然其汲汲，以天下为己任，乃无可咎责。《象》曰："君子夬夬，终无咎也。"亦谓君子唯夬夬是与，最终必然无咎。《系辞传》曰："无咎者，善补过也。"九三刚过中，为愠为咎。然阳当阳位，往决上六之阴，是为善补过，为无咎。夬卦，阳决阴至九三，为乾下坤上，为泰卦。《彖》曰："内阳而外阴，内健而外顺，内君子而外小人；君子道长，小人道消也。"九三为君子，道长；上六为小人，道消：是以九三终无咎。此亦阴阳消长，自然之理。

九四，臀无肤，其行次且。牵羊悔亡，闻言不信。

〔译〕 九四，臀部没有肌肤，行动趑趄难进。虽牵系于羊，悔恨消亡；却只听言，而不信言。

《象》曰："其行次且，位不当也。闻言不信，聪不明也。"

〔证〕

臀无肤 《系辞传》曰："古者包牺氏之王天下也，仰则观象于天，俯则观法于地，观鸟兽之文，与地之宜。近取诸身，远取诸物，于是始作八卦，以通神明之德，以类万物之情。"以是，以初九为前趾，则九四为臀，是近取诸身之例。《说文》："臀，髀也。"髀，股也。"桂馥义证："今俗呼臀，为髀股是也。"《释名》："髀，卑也，在下称也。"《说文》："肤，皮也。"《广雅·释器》："肤，肉也。"噬嗑卦初九曰："屦校灭趾。"六二曰："噬肤灭鼻。"六三曰："噬腊肉。"九四曰："噬干胏。"六五曰："噬干肉。"是阳爻曰趾，曰胏；阴爻曰肤，曰肉。以阳性刚，故趾、胏在阳，胏为骨。以阴性柔，故肤肉在阴。又，剥卦六四曰："剥床以肤。"睽卦六五曰："厥宗噬肤。"皆以阴爻曰肤。夬卦九四曰："臀无肤。"姤卦九三曰："臀无肤。"皆因阳爻，刚而无柔，为无肤。谓四本阴位，当阴而无阴，阴被阳所决，不见阴，而见阳，阳在四之阴位，为臀无肤。阳决至四，为二月。《月令·仲春之月》云："是月也，日夜分。"谓日夜等分。故九四亦阴亦阳，臀而无肤。

其行次且 《说文》："次，不前不精也。"徐锴系传："不前，是于上也；不精，是其次也。"《广雅·释诂四》："次，舍也。"《周书·泰誓中》："维戊午，王次于河朔。"孔氏传："次，止也。"《春秋经》庄公三年："冬，公次于滑。"《左传》："凡师，一宿为舍，再宿为信，过信为次。"《正义》曰："舍者，军行一日，止而舍息也。信者，住经再宿，得相信问也。《谷梁传》曰：次，止也。则次亦舍之名。过信以上，虽多日亦为次，不复别立名也。”又，《说文》：“且，荐也。从几，足有二横，一，其下地也。”徐锴本，且，又以为几字。《说文》：“几，踞几也，象形。”且，亦几立不动之貌，次且为复合词。又，《说文》：“趑，趑趄，行不进也。从走，次声。”段玉裁注：“《易》：其行次且。《释文》：次，本亦作趑，或作⿰足欠。王肃云；趑趄，行止之碍也。按，马云郤行不前者，于次本字得其义也。趑者，后出俗字；趄，又因趑而加走旁者也。许断不录。铉之前已有趑字，注曰趑趄；铉因又补趄，篆为十九文之一。今姑皆存之，俟好学者深思焉。”桂馥义证：“趄，此文徐铉所加。《太玄·更》：次八，四马跙跙。本书亦无跙字。”是次、且偏旁，为后人所加，以明行进之难。

《象》曰：“其行次且，位不当也。”《系辞传》曰：“四多惧，近也。”朱熹曰：“四近君，故多惧。”夬卦九四，以阳刚居近臣之位，无柔顺之质，谓臀无肤。臀在股上，股肱为大臣。九四虽阳刚务进，然与九五并非顺应，欲进而不能，谓其次且；以其阳居阴位，故谓位不当。王弼注：“下刚而进，非己所据，必见侵伤，失其所安，故臀无肤，其行次且也。”程氏传：“九处阴位，不当也；以阳居柔，失其刚决，故不能强进，其行次且。”刘向《新序·杂事五》曰：“宋玉事楚襄王，而不见察，意气不得，形于颜色。或谓曰：先生何谈说之不扬，计画之疑也？宋玉曰：不然，子独不见夫玄蝯乎？当其居桂林之中，峻叶之上，从容游戏，超腾往来，龙兴而鸟集，悲啸长吟。当此之时，虽羿、逢蒙，不得正目而视也。及其在枳棘之中也，恐惧而悼慄，危视而迹行，众人皆得意焉。此皮筋非加急，而体益短也，处势不便故也。夫处势不便，岂可以量功校能哉？《诗》不云乎？驾彼四牡，四牡项领。夫久驾而长不得行，项领不亦宜乎？《易》曰：臀无肤，其行趑趄。此之谓也。”九四，处势不便，不得九五赏识，岂可量功校能，故其行次且。

牵羊悔亡　《广雅·释诂》：“牵，连也。”小畜卦九二曰：“牵复。”孔颖达《正义》曰：“牵，谓牵连。”张衡《西京赋》：“夫人在阳时则舒，在阴时则惨，此牵乎天者也。”李善引薛综注：“牵，犹系也。”是九四与九五、上六，牵系连接为兑，为牵羊。《说卦传》曰：“兑为羊。”《正义》曰：“为羊，如上释，取其羊性顺也。”兑卦《彖》曰：“兑，说也。刚中而柔外，说以利贞，是以顺乎天，而应乎人。说以先民，民忘其劳；说以犯难，民忘其死。说之大，民劝矣哉！”兑为说，说即悦。九四，与羊牵连维系，终不失顺悦之象，其臀无肤，其行次且之悔，则可以消亡，为牵羊悔亡。又，羊、阳谐音相通，牵羊，即牵阳。牵羊悔亡，谓九四与阳牵连升进，则悔恨消无。程氏传：“羊者群行之物，牵者挽拽之义，言若能自强，而牵挽以从群行，则可以亡其悔。”按，巽为绳，为牵引；兑为倒巽，为牵连。

闻言不信　《说卦传》曰：“兑为口舌。”故卦辞曰：“孚号有厉，告自邑。”是言，谓君王号令。四在兑体，并近九五至尊，故亲聆其言。然九四阳刚不顺，为闻言不信。又，《说卦传》曰：“坎为耳。”九四因非阴爻，只有半坎之象。半坎为半边耳，兼听则明，半边耳其听不明。《象》曰：“闻言不信，聪不明也。”《管子·宙合》曰：“耳司听，听必须闻，闻审谓之聪。”尹知章注：“耳之所闻，既顺且审，故谓之聪。”《说文》：“聪，察也。”段玉裁注：“察者，核也。聪、察以双声为训。”是聪不明，谓听审察核不明。《系辞传》曰：“二与四，同功而异位，其善不同。”夬卦九二曰：“惕号，莫夜有戎。”九四曰：“闻言不信。”九二得中，为善，故能惕号；九四失位，为不善，故闻言不信。王弼注：“刚亢不能纳言，自任所处，闻言不信，以斯而行，凶可知矣。”程氏传：“刚然后能明，处柔则迁，失其正性，岂复有明也？故闻言而不能信者，盖其聪听之不明也。”

九五，苋陆夬夬，中行无咎。

〔译〕 九五，山羊跳跃决决，中道而行无过。

《象》曰：“中行无咎，中未光也。”

〔证〕

萈陆夬夬 《说文》：“莧，山羊细角者。从兔足，从苜声。凡莧之属，皆从莧。读若丸，寬字从此。”徐铉曰：“苜，徒结切，非声，疑象形。”王筠《说文句读》：“丫，其角也；目，其首也；儿，则足与尾也。似通体象形。”徐锴系传：“按《本草》注，莧羊似羚羊角，有文，俗作羱，户寒反。”《本草纲目》：“山羊，野羊，羱羊。时珍曰：羊之在原野者，故名。山羊有二种：一种大角盘环，肉至百斤者；一种角细者，《说文》谓之莧羊（音桓）。陆氏云：羱羊状如驴，而群行，其角甚大，以时堕角。暑天尘露在上，生草戴行。故《代都赋》云：羱羊养草以盘桓。”孙星衍《周易集解》引《路史》注：“孟喜曰：莧陆，兽名。夬有兑，兑为羊也。”王夫之《周易稗疏》曰：“莧字，当从卝，而不从艹，音胡官反，山羊细角者。”朱骏声《六十四卦经解》：“莧，从卝从見，音完。山羊细角者，从兔足。”按，萈与莧形近，俗讹作莧。又，《庄子·马蹄》：“马，蹄可以践霜雪，毛可以御风寒，龁草饮水，翘足而陆，此马之真性也。”《释文》：“足，崔本作尾。而陆，司马云；陆，跳也。《字书》作𩥭𩥭，马健也。《文选·江赋》，注引《庄子》，足正作尾；陆作踛。云：踛，音六。”《玉篇》：“踛，翘踛，行也。”《集韵》；“踛，翘足也。”翘踛，举足跳跃行走。夬卦，兑为羊，九五象山羊跳跃上行，决绝其阴，为莧陆夬夬。按，九五位飞龙，为阳最健者，故以山羊比类，谓其健行好斗。大壮卦曰，羝羊触藩，即此义。

中行无咎 《系辞传》曰：“吉凶者，贞胜者也；天地之道，贞观者也；日月之道，贞明者也；天下之动，贞夫一者也。”韩康伯注：“贞者，正也，一也。夫有动，则未免乎累；殉吉，则未离乎凶。尽会通之变，而不累于吉凶者，其唯贞者乎？《老子》曰：王侯得一，以为天下贞。万变虽殊，可以执一御也。明夫天地万物，莫不保其贞，以全其用也。”九五，在上卦之中，阳在阳位，为正，是为中正。其行纯粹精进，故而无咎。朱熹曰：“九五，当决之时，为决之主，而切近上六之阴，如苋陆然，若决而决之，又不为过暴，合于中行，则无咎矣。”《系辞传》曰：“三多凶，五多功，贵贱之等也。其柔危，其刚胜邪。”夬卦九五，得中得正，理应多功；然上六之阴未去，其中正之道，未得光明遍布，故只无咎而已。九三，君子独善其身，无咎可；九五，至尊之位，应兼及天下，故中行无咎未可，以其中道未光，上六犹存。

上六，无号，终有凶。

〔译〕 上六，没有名号，终必有凶。

《象》曰：“无号之凶，终不可长也。”

〔证〕

无号 《说文》：“号，呼也。”段玉裁注：“号呼者，如今云高叫也。引伸为名号，为号令。”《白虎通·号》曰：“帝王者何？号也。号者，功之表也。所以表功明德，号令臣下也。德合天地者称帝，仁义合者称王，别优劣也。《礼记·谥法》曰：德象天地称帝，仁义所生称王。帝者天号，王者五行之称也。皇者何谓也？亦号也。皇，君也，美也，大也。天人之总，美大之称也。”《公羊成八年传》注：“或言王，或言天子，皆相通矣。”《艺文类聚》，引《五经通义》云：“号者，所以表功德，号令臣下也。问曰：天子有天下大号，诸侯有国大号乎？曰：天子居无上之位，下无所屈，故立大号，以劝勉子孙。诸侯有爵禄之赏，削黜之义，铁钺之诛，故无所有国之号也。”《说卦传》曰：“乾为君。”九二有君德，是以有号而号令，故曰：惕号，莫夜有戎。九五天子，有大号，故卦辞曰：孚号有厉，告自邑。阳为尊为号。上六阴，虽居高位，其德不配，名不正，言不顺，无功无号。

终有凶 《象》曰：“无号之凶，终不可长也。”上六，物极必反。极为终，反则凶，上六处消亡之际，故曰无号之凶，终不可长也。虞翻曰：“阴道消灭，故不可长也。”李道平纂疏：“息至上成乾，是阴道消灭，终不可长也。”朱熹曰：“阴柔小人，居穷极之时，党类已尽，无所号呼，终必有凶也。”朱骏声曰：“一阳之剥，曰终不可用；一阴之夬，曰终不可长。凡终，皆言上。”于鬯《香草校书》曰：“此言无号，谓号令不能出也。惟人君有号令；号令至于不能出，则是君而不君。然则，上爻以独阴，据五阳之上，其位虽尊，其势已替，其殆亡国君之象乎！”夏桀灭于商汤，商纣灭于周武，皆与此象相合。阳决阴，亦阳革阴，是谓汤武革命。革卦，离下兑上。《说卦传》曰：“离，为乾卦。”是乾下兑上，犹离下兑上，夬卦与革卦相通。革卦《彖》曰：“天地革，而四时成。汤武革命，顺乎天而应乎人。革之时大矣哉。”两卦，皆有阳革阴之象，皆为天、人之象。

第四十四卦　乙　巳

☰ 乾上
☴ 巽下

姤，女壮，勿用取女。

〔译〕　姤，阴在生长壮大，不用取阴。

《彖》曰："姤，遇也，柔遇刚也。勿用取女，不可与长也。天地相遇，品物咸章也。刚遇中正，天下大行也。姤之时义大矣哉！"

《象》曰："天下有风，姤，后以施命诰四方。"

〔证〕

巽下乾上　《白虎通·三正》曰："十一月之时，阳气始养根株，黄泉之下，万物皆赤。赤者，盛阳之气也。故周为天色正，色尚赤也。十二月之时，万物始牙而白。白者，阴气。故殷为地正，色尚白也。十三月之时，万物始达，孚甲而出，皆黑，人得加功。故夏为人正，色尚黑。《尚书大传》曰：夏以孟春月为正，殷以季冬月为正，周以仲冬月为正。夏以十三月为正，色尚黑，以平旦为朔。殷以十二月为正，色尚白，以鸡鸣为朔。周以十一月为正，色尚赤，以夜半为朔。不以二月后为正者，万物不齐，莫适所统，故必以三微之月也。三正之相承，若顺连环也。孔子承周之弊，行夏之时，知继十一月正者，当用十三月也。天道左旋，改正者右行，何也？改正者，非改天道也，但改日月耳。日月右行，故改正者，亦右行也。"又曰，"王者必一质一文者何？所以承天地，顺阴阳。阳之道极，则阴道受；阴之道极，则阳道受。明二阴二阳，不能相继也。质法天，文法地而已。故天为质，地受而化之，养而成之，故为文。《尚书大传》曰：王者一质一文，据天地之道。《礼·三正记》曰：质法天，文法地也。帝王始起，先质后文者，顺天下之道，本末之义，先后之序也。事莫不先有质性，乃后有文章也。"

《周易》，法天地阴阳之序，以为十二月。以仲冬之月，一阳生，为周正月；季冬之月，二阳生，为周二月；孟春之月，三阳生，为周三月；仲春之月，四阳生，为周四月；季春之月，五阳生，为周五月；孟夏之月，六阳生，为周六月；仲夏之月，一阴生，为周七月；季夏之月，二阴生，为周八月；孟秋之月，三阴生，为周九月；仲秋之月，四阴生，为周十月；季秋之月，五阴生，为周十一月；孟冬之月，六阴生，为周十二月。又，以阴阳十二月，配十二地支。以一阳生，为子月；二阳生，为丑月；三阳生，为寅月；四阳生，为卯月；五阳生，为辰月；六阳生，为巳月；一阴生，为午月；二阴生，为未月；三阴生，为申月；四阴生，为酉月；五阴生，为戌月；六阴生，为亥月。如此，终而复始，亥再生子；始而复终，子再归亥；为天地阴阳，运行之道。《象》曰：“姤之时义大矣哉！”即谓姤为仲夏之月，阳极阴生，其时义甚大。

《国语·周语下》：“四曰蕤宾，所以安靖神人，献酬交酢也。”韦昭注：“五月蕤宾。蕤，委柔貌也。言阴气为主，委柔于下，阳气盛长于上，有似于宾主。故可用之宗庙宾客，以安静神人，行酬酢也。酬，劝；酢，报也。”《吕氏春秋·仲夏纪》高诱注：“蕤宾，阳律也。是月，阴气委蕤在下，象主人；阳气在上，象宾客。”《礼记·月令》：“仲夏之月，律中蕤宾。”孔颖达疏：“是月，阳反于下为复，阴生阳中为姤，各应其时，所以安静，是安静神人也。阴生为主，阳谢为宾，宾主之象，献酬之礼，献酢又酬之，阴阳代谢之义也。”《史记·律书》：“五月也，律中蕤宾。蕤宾者，言阴气幼小，故曰蕤；痿阳不用事，故曰宾。”《汉书·律历志》：“蕤宾，蕤，继也；宾，导也。言阳始导阴气，使继养物也。位于午，在五月。”《白虎通·五行》：“五月谓之蕤宾何？蕤者，下也；宾者，敬也。言阳气上极，阴气始起，故宾敬之也。”《象》曰：“姤，遇也，柔遇刚也。”即此之谓。

姤卦，巽下乾上，一阴生于五阳之下，是周之七月，夏之五月，于十二子为午。杨树达《积微居小学述林·卷五》曰：“按午，古文作个，字象杵形。饶炯《说文部首订》，及亡友林义光《文源》，并谓是杵之初文，是也。今则午初义之舂杵，为杵字所专有，而午只为午未之午矣。”约斋《字源》曰：“午字，象马鞭，又象棒槌，又象捣臼用的杵。这些东西的功用，虽然不同，却是一个模型化生出来的。后来加木，写成杵；本字就代替×字，而作交午的意思了。”交午，谓相交錯。午月，即谓阴来与阳，相交午之月。午时，则谓阴来与阳，相交之时。丰卦《象》曰：“日中则昃，月盈则食，天地盈虚，与时消息，而况于人乎？况于鬼神乎？”即谓阳极则阴生，阴极则阳生。复卦《象》曰：“反复其道，七日来复，天行也。”《系辞传》曰：“《易》穷则变，变则通，通则久。”姤卦，巽下乾上，是阳极而阴生，为午月之卦。

《说文》：“个（午），啎也。五月阴气午逆阳，冒地而出。此与矢同意。凡午之属，皆从午。”徐锴系传曰：“∧，为阳；一，为地；丨，为阴气贯地，午逆阳也。五月，阳极而阴生。午者，正冲之也。矢，亦相冲逆也。”段玉裁注：“啎者，屰也。啎屰，各本作午逆。《广雅·释言》：午，仵也。按仵，即啎字。四月纯阳，五月一阴逆阳，冒地而出，故制字以象其形。古者，横直交互谓之午，义之引申也。”《释名·释天》：“午，仵也，阴气从下上，与阳相仵逆也。”又，《尔雅·释天》：“太岁在午，曰敦牂。”郝懿行义疏：“敦牂者，《占经》引李巡云：言万物皆茂壮，猗那其枝，故曰敦牂。敦，茂也；牂，壮也。《史记·索隐》，引孙炎云：敦，盛；牂，壮也。言万物盛壮也。”《象》曰：

“大哉乾元！万物资始，乃统天”；“至哉坤元！万物资生，乃顺承天”。午之月，巽下乾上，一阴来于五阳之下，阳盛阴承，阴阳相继成物，万物敦实强壮，故曰敦牂。

《史记·律书》曰：“景风居南方。景者，言阳气道竟，故曰景风。其于十二子为午。午者，阴阳交，故曰午。其于十母为丙丁。丙者，言阳道著明，故曰丙；丁者，言万物之丁壮也，故曰丁。”按，《月令》：“其日丙丁。”郑氏注：“丙之言炳也。日之行夏，南从赤道，长育万物，月为之佐，时万物皆丙然，著见而强大。又因以为日名焉。《易》曰：齐乎巽，相见乎离。”姤卦，乾在上，为阳气道竟，为景；巽在下，巽为风，下为南：为景风居南方，为阴阳交午。又，午月，夏至之月。《淮南子·天文训》：“日夏至，则斗南中绳，阳气极，阴气萌。”《晋书·乐志》：“五月午。午，长也，大也，言万物皆长大。”《五经通义》：“夏至，阴动于下，推阳而上之，故大热于上。”又曰，“夏至，阴始动，未达，故寝兵鼓，不设政事，所以助阴气也。”《三礼义宗》：“夏至，一以明阳气之至极，二以助阴气之始至。”

《说文》：“X（五），五行也。从二，阴阳在天地间交午也。凡五之属，皆从五。×，古文X省。”桂馥义证：“从二者，徐锴曰：二，天地也。阴阳在天地间交午也者，《礼运》：夫礼，必本于太一，分而为天地，转而为阴阳。《潜夫论》：古有阴阳，然后有五行。徐锴曰：交午，更用事也。王观国曰：古篆，五字为×，象阴阳交×之义，而午字亦取交互之义。”于省吾《甲骨文字释林·释一至十之纪数字》曰：“×，为五之初文。《说文》，五之古文作×，与古陶文、古化文合。《说文》所引古文，乃晚周文字，固未可据以为初文也。凡纪数字，均可积画为之；但积至四画，已觉其繁，势不得不化繁为简，于是五字，以×为之。山东城子崖，所发现之黑陶，属于夏代末期。城子崖图版拾陆，有黑陶文之纪数字。其中五字作×，与甲骨文第一期，骨端常见纪数之五字相同。此外，甲骨文五字均作X，偶有作×者（粹一一四九）。五字之演变，由×而X，再由X而X，上下均加一横画，以其与乂字之作×形者，易混也。”五，说者小异，交互之形义，则大致相同。阳生于子，阴生于午。姤卦，巽下乾上，为阴生之卦，于夏月为五月，为阴来交阳之象。《系辞传》曰：“乾知大始，坤作成物。”物得阳而生，得阴而成。五月，阴阳交午，是以万物长成。姤卦《彖》曰：“天地相遇，品物咸章也。”即此之义。

《说卦传》曰：“天地定位，山泽通气，雷风相薄，水火不相射，八卦相错。”朱熹引邵子云：“此伏羲八卦之位：乾南，坤北，离东，坎西，兑居东南，震居东北，巽居西南，艮居西北，于是八卦相交，而成六十四卦，所谓先天之学也。起震而历离、兑，以至于乾，数已生之卦也；自巽而历坎、艮，以至于坤，推未生之卦也。”按，自震至乾，为阳生之卦；自巽至坤，为阴生之卦。震位东北，为十一月、十二月之象；离位正东，为正月之象；兑位东南，为二月、三月之象；乾位正南，为四月之象；巽位西南，为五月、六月之象；坎位正西，为七月之象；艮位西北，为八月、九月之象；坤位正北，为十月之象。姤卦，乾上巽下。乾为四月，巽为五月、六月。乾为已往之卦，巽为正来之卦。由四月至五、六月，正当夏时，是姤卦，亦为夏时之卦。

《逸周书·时训解》曰："芒种之日，螳螂生；又五日，鵙始鸣；又五日，反舌无声。"潘振云："此解五月节也。芒种者，有芒之谷，可稼种也。螳螂，螵蛸母，阴类。鵙，博劳，司至者也，阴类，感微阴而鸣。反舌者，能辨反其舌，效百鸟之鸣，谓之百舌。"又，"夏至之日，鹿角解；又五日，蜩始鸣；又五日，半夏生。"潘振云：此解五月中气也。鹿阳兽，有角象兵甲，而阴生而角解。蜩，蝉也。两翼，喙长在腹下，以胁鸣。蜋蜩者，五彩贝；螗蜩者，蝘，而阴生而始鸣，清高象贵臣。半夏，叶三、三相偶，白花圆上，根辛平有毒，感阳盛，故生，药可以治恶疾者也。"姤卦，乾上巽下，为夏长养之卦。《彖》曰："姤，遇也，柔遇刚也。天地相遇，品物咸章也。刚遇中正，天下大行也。姤之时义大矣哉！"即谓夏者，阳主生物，阴来成物，刚得九五中正，是以天下大行其正，夏之时义甚大。

扬雄《太玄经》曰："遇，阴气始来，阳气始往，往来相逢。"其《玄摛》曰："阳不极，则阴不萌；阴不极，则阳不牙。极寒生热，极热生寒。信道致诎，诎道致信。"又，《玄图》曰："子则阳生于十一月，阴终十月可见也。午则阴生于五月，阳终于四月可见也。生阳莫如子，生阴莫如午。"是《太玄》之遇，阴气始来，阳气始往，往来相逢，谓午之月，与《易》五月姤合。司马光《太玄集注》："遇，准姤。入遇初一，日舍柳。"范望注："遇，象姤卦。行属于火。谓之遇者，谓此时微阴初起，与阳相逢，故谓之遇。遇之初一，日入柳宿一度。"《月令》云："季夏之日，日在柳。昏，火中。旦，奎中。"孔颖达《正义》曰："按《三统历》，六月节，日在柳九度。昏，尾七度中，去日一百一十九度。旦，娄八度中。六月中，日在张三度。昏，箕三度中，去日一百一十七度。旦，胃十四度中。《元嘉历》，六月节，日在井三十三度。昏，房四度中。旦，东壁六度中。六月中，日在柳十二度。昏，尾八度中。旦，奎十二度中。"《三统历》，六月节，日在柳九度；则范注遇之初一，日入柳宿一度，其时约当五月中气。候以中为著，五月夏至，亦夏之象，是遇拟姤。

姤　《广雅·释言》曰："姤，遇也。"《尔雅·释诂》："遘，遇也。"郝懿行义疏："又通作姤。《易·彖传》及《杂卦传》，并云：姤，遇也。"《说文新附》："姤，偶也。从女，后声。"偶与遇通，为柔遇刚，成偶之义。偶，当即耦。《说文》："后，继体君也。

象人之形，施令以告四方，故厂之从一口。发号者，君后也。凡后之属，皆从后。”段玉裁注：“《释诂》、《毛传》皆曰：后，君也。许知为继体君者，后之言後也。开创之君在先，继体之君在後也。析言之如是，浑言之则不别矣。《易·象下传》曰：后以施命诰四方。虞云：后，继体之君也。此许说也，盖同用《孟易》。经传多假后为後。《大射》注引《孝经》说曰：后者，後也。此谓后即後之假借。”桂馥义证：“发号者，君后也者，本书：君发号，故从口。令字云：发号也。《北堂书钞》：君以出令。晋悼公曰：臣之求君，以出令也。”按，象人之形者，盖谓厂，故厂之从一口，谓象君王垂衣裳，出令一口不二，乃象形会意之字。《系辞传》曰：“黄帝尧舜，垂衣裳而天下治。”后字之义，盖即于此。泰卦，乾下坤上。《象》曰：“天地交，泰，后以财成天地之道，辅相天地之宜，以左右民。”虞翻曰：“后，君也。”

《尧典》：“帝曰：我其试哉，女于时，观厥刑于二女。”孔氏传：“言欲试舜，观其行迹。女，妻；刑，法也。尧于是以二女妻舜，观其法度”；“接二女，以治家观治国。”蔡沈注：“女，以女与人也。时，是；刑，法也。二女，尧二女：娥皇、女英也。此尧言其将试舜之意也。《庄子》所谓，二女事之，以观其内是也。盖夫妇之间，隐微之际，正始之道，所系尤重。故观人者，于此为尤切也。”《曹风·候人》：“婉兮娈兮，季女斯饥。”毛传：“季，人之少子；女，民之弱者。”又，《左传》桓公十一年：“宋雍氏女于郑庄公。”杜预注：“以女妻人，曰女。”庄公二十八年：“晋伐骊戎。骊戎男，女以骊姬。”杜注：“纳女于人，曰女。”《国语·越语上》曰：“请句践女女于王，大夫女女于大夫，士女女于士。唯君左右之。”韦昭注：“进女为女。左右，在君所用之。”《楚辞·离骚》：“众女嫉余之蛾眉兮，谣诼谓余以善淫。”王逸注：“众女，谓众臣。女，阴也，无专擅之义，犹君动而臣随也，故以喻臣。”又，《湘君》：“采芳洲兮杜若，将以遗兮下女。”王注：“女，阴也。以喻臣，谓己之俦匹。”

《大戴礼记·本命》曰：“女者，如也；子者，孳也。女子者，言如男子之教，而长其义理者也，故谓之妇人。妇人，伏于人也。”王聘珍解诂：“《说文》云：如，从随也。《释名》云：女，如也，妇人外成如人也。《白虎通》云：妇者，服也，以礼屈服也。”《系辞传》曰：“乾道成男，坤道成女。”在天地，阳为天，阴为地；在男女，阳为男，阴为女；在夫妇，阳为夫，阴为妇；在父母，阳为父，阴为母；在父子，阳为父，阴为子；在君臣，阳为君，阴为臣。《系辞传》曰：“古者，包牺氏之王天下也，仰则观象于天，俯则观法于地，以通神明之德，以类万物之情。”《象》曰：“姤，遇也，柔遇刚也。天地相遇，品物咸章也。”即是法天地之象，以类君王臣民之情，故姤从女、后，为会意之字，为阴来遇阳。

女壮 《说文》："壯（壮），大也。从士，爿声。"徐锴系传："爿则牀字之省。"王筠句读："爿，盖即疒字。《玉篇》：疒，又音牀。"段玉裁注："《方言》曰：凡人之大，谓之奘，或谓之壯。寻《说文》之例，当云大士也，故下云从士。"又，《说文》曰："大，天大，地大，人亦大，故大象人形。"王筠释例："此谓天地之大，无由象之以作字，故象人之形，以作大字；非谓大字，即是人也。"按，大字，象人伸开两臂，张开两腿，顶天立地之形。故头顶一为天，脚踩地为立。《论语·为政》曰："三十而立。"《释名·释长幼》曰："十五曰童，言未中冠似之也；女子之未笄者，亦称之也。二十曰弱，言柔弱也。三十曰壮，言丁壮也。"《说卦传》曰："乾，天也，故称乎父；坤，地也，故称乎母；震，一索而得男，故谓之长男；巽，一索而得女，故谓之长女；坎，再索而得男，故谓之中男；离，再索而得女，故谓之中女；艮，三索而得男，故谓之少男；兑，三索而得女，故谓之少女。"姤卦，乾上巽下。巽一索而得女，故谓之长女。长女，较少女、中女而言，为壮，故曰女壮，即女大。

勿用取女 《月令·仲夏之月》："是月也，日长至，阴阳争，死生分。"郑氏注："争者，阳方盛，阴欲起也；分，犹半也。"《正义》曰："长至者，谓此月之时，日长之至极。太史漏刻：夏至，昼漏六十五刻，夜漏三十五刻，是日长至也。死生分者，分，半也。阴气既起，故物半死半生。蔡云：感阳气长者生，感阴气成者死，故于夏至，日相与分也。"孙希旦《礼记集解》："愚谓以昏明为限，则夏至昼六十五刻，夜三十五刻；以日之出入为限，则昼六十刻，夜四十刻也。死生分者，天以阳气生物，以阴气杀物，阳谢阴兴，自夏至始，此万物之所由分也。"又，《仲冬之月》云："是月也，日短至，阴阳争，诸生荡。"郑氏注："争者，阴方盛，阳欲起也；荡，谓物动萌牙也。"孙希旦曰："愚谓日短至，谓短之至极。以昏明之限言，则昼四十刻，夜六十刻；以日出入之度言，则昼三十五刻，夜六十五刻也。荡，动也。诸生荡者，阳复于下，而诸物之生气初动也。仲夏曰死生分，惧阴之长也；仲冬曰诸生荡，喜阳之复也。"姤卦，时维仲夏，死生分，惧阴之长，此所以女壮，勿用取女。按，昼长为阳长，夜长为阴长。自五月夏至，至十一月冬至，昼渐短，夜渐长，是为阴长。阳气生物，阴气杀物，故女壮，勿用取女，谓不可与阴长，长则不利于阳，万物不得生长。《彖》曰："勿用取女，不可与长也。"

遁卦，艮下乾上。二阴生，六月之卦。卦辞曰："小利贞。"《彖》曰："小利贞，浸而长也。"《象》曰："天下有山，遁，君子以远小人，不恶而严。"谓阴小之势渐长，君子者虽不或恶之，然当严以自守正道，以远小人之浸，此亦女壮，勿用取女之义。否卦，坤下乾上。三阴生，七月之卦。卦辞曰："否之匪人，不利君子贞。"《象》曰："否之匪人，不利君子贞。”《象》曰：“天地不交，否。”谓阴长，不利君子之道，亦谓女壮，勿用取女，不可与长。观卦，坤下巽上。四阴生，八月之卦。初六曰：“童观，小人无咎，君子吝。”《象》曰：“初六童观，小人道也。”六二曰：“闚观，利女贞。”《象》曰：“闚观女贞，亦可丑也。”是阴为小人之道，非君子之正，亦不可与长。剥卦，坤下艮上。五阴生，九月之卦。卦辞曰：“剥，不利有攸往。”《彖》曰：“剥，剥也，柔变刚也。不利有攸往，小人长也。”小人道长，君子道消，故不可与长；长则不利阳之正道。坤卦，坤下坤上。六阴生，十月之卦。初六曰：“履霜，坚冰至。”《象》曰：“履霜坚冰，阴始凝也。驯致其道，至坚冰也。”干宝曰：“阴气在初，五月之时，自姤来也。阴气，始动乎三泉之下，言阴气动矣，则必至于履霜；履霜则必至于坚冰，言有渐也。藏器于身，贵其俟时。故阳潜龙，戒以勿用，防祸之原；欲其先机，故阴在三泉，而显以履霜也。”是自姤至坤，自女壮至履霜，驯致坚冰，皆阴用事。此时之阴，皆剥阳之阴，非顺阳之阴，故姤卦卦辞曰：“女壮，勿用取女。”谓阴气渐进，阳气渐退，不可与之长久。《齐风·南山》：“取妻如之何？必告父母。”《孟子·万章》：“《诗》云：娶妻如之何？必告父母。”取、娶通。

虞翻曰：“姤，消卦也，与复旁通。巽长女，女壮，伤也。阴伤阳，柔消刚，故女壮也。阴息剥阳，以柔变刚，故勿用取女，不可与长也。”李道平纂疏：“坤消乾自姤始，故云消卦也。复、姤之初，阴阳互伏，故姤、复旁通。内卦巽，巽一索而得女，为长女。壮，伤也。故云女壮，伤也。阴伤阳，即柔消刚也。但曰女壮，不言伤阳，讳之也。愚案：阳息至四成震，震为长男，阳也，阳为大，故称大壮。坤消乾初成巽，巽为长女，阴也，故称女壮。壮四、姤初，皆不得正，故称壮。壮者，伤也。阴息剥阳者，积姤成剥也。以柔变刚，则阳为阴伤，故勿用取女。以六居初，失位不正，故女不可取者，以其始不正，不可与长久也。以坤一阴，遇五阳，故曰天地相遇。姤生于午，正南方夏位，万物盛大之时；离为明，万物皆相见，故章明也。五为卦主，以九居五，得中得正，故刚谓九五，遇中处正也。巽，申命行事，乾为天，伏坤为下，伏震为行，故教化大行于天下也。天地相遇，而后化育成；万物亦相遇，而后生长遂。庄二年《谷梁传》曰：独阴不生，独阳不生。故姤之时义大矣哉！”

程氏传：“一阴始生，自是而长，渐以盛矣，是之将长壮也。阴长则阳消，女壮则男弱，故戒勿用取如是之女。取女者，欲其柔和顺从，以成家道。姤乃方进之阴，渐壮而敌阳者，是以不可取也。女渐壮，则失男女之正，家道败矣。姤虽一阴甚微，然有渐壮之道，所以戒也。一阴既生，渐长而盛，阴盛则阳衰矣。取女者，欲长久而成家也。此渐盛之阴，将消胜于阳，不可与之长久也。凡女子、小人、夷狄，势苟渐盛，何可与久也？故戒勿用取如是之女。”朱骏声解：“姤，从女从后，偶也。借为遘字，遇也。不期而会，曰遇；固有而来，曰复。巽为长女。纯乾消初，五月之卦也。阴柔之长，其所由来者渐。齐桓七年始伯，而陈敬仲，即于十四年奔齐，亡齐者已至矣。汉宣中兴，匈奴来朝，而王政君，已在太子宫。唐贞观之治平，而武氏已选入掖庭。宋艺祖受命二年，女贞来贡，而宣和之难，乃作于女贞。即林甫进而唐祸，丁谓进而宋危，亦此义也。故君子慎之，巽为长。”《系辞传》曰：“夫《易》，彰往而察来，而微显阐幽；开而当名辨物，正言断辞，则备矣。其称名也小，其取类也大，因二以济民行，以明失得之报。”二，盖谓阴阳。姤卦，明阴阳失得，以济民行。

《象》曰：“天下有风，姤，后以施命诰四方。”乾为天，巽为风，乾上巽下，天下有风。《说文》曰：“后，继体君也。”王筠《说文句读》：“《释诂》：后，君也。案，《典》、《谟》所有后字，皆一国之君，而非天下之君。盖是时，天子称帝，诸侯称后，尚无公、侯、伯、子、男之称。五瑞，亦不必是桓、信、躬、蒲、谷也。《商书》、《商颂》，所有后字，大率谓汤。是沿契在唐虞时称后，因以为天子之称。犹晋三家称主，分晋以后，犹称主也。惟周尚文，故《易传》、《毛传》，凡言后者，但主继体而言。故许君本之，以立说也。《易·大象》率言君子，其言先王者六：比、豫、观、噬嗑，无妄、涣，所言者，建国立朝作乐，皆开创之事也。其言后者二：泰之财成辅相，乃补偏救弊之事，非创始之事；姤之施命诰四方，亦承平之象也。兼言先王及后者一，复是也，先言先王，后言后，已著然可知。况观言先王，言省方；复言后，言不省方。不省方者，正言其勤于省方也。《立政》篇所谓方行天下，至于海表，以觐光扬烈者也。苟非十二年展义之期，则施命诰之而已，此继体之所有事也。惟离言大人者，两明相继，故统先王与后，而概谓之大人也。《大雅·文王有声》之篇，其前四章，先言文王，后言王后。毛传皆主文王言之者，追王也。曰后者，仍继先公之侯服也。其后四章，先言皇王，后言武王。毛公于五章之皇王，已以武王说之者，武王有天下，乃开创之君也。是以《下武》篇，言太王、王季、文王，谓之三后，亦继先公也。王配于京，传即解以武王，义与《文王有声》同。后之为言後也，故经典借后为後。”按，继体君，即《周颂》之嗣王。上乾，为开创之君，巽为继体君，为后。

李鼎祚《周易集解》引翟玄曰：“天下有风，风无不周布，故君以施令，告化四方之民矣。”君在上，民在下，天风下行，犹君施命化育四方。《周书·君陈》：“尔其戒哉！尔惟风，下民惟草。”孔氏传：“汝戒，勿为凡人之行。民从上教而变，犹草应风而偃，不可不慎。”《论语·颜渊》：“季康子问政于孔子曰：如杀无道，以就有道，何如？孔子对曰：子为政，焉用杀？子欲善，而民善矣。君子之德风，小人之德草，草上之风，必偃。”注：“孔曰：就，成也，欲多杀以止奸。亦欲令康子先自正也。偃，仆也。加草以风，无不仆者，犹民之化于上。”刘宝楠《正义》曰：“君子之德风，小人之德草者，邢疏：此为康子设譬也。在上君子，为政之德若风；在下小人，从化之德如草。《韩诗外传》传曰：鲁有父子讼者，康子欲杀之。孔子曰：未可杀也。夫民为不善，则是上失其道。上陈之教，而先服之，则百姓从风矣。”

《孟子·滕文公上》曰：“上有好者，下必有甚焉者矣。君子之德，风也；小人之德，草也。草尚之风，必偃。是在世子。”赵岐注：“上之所欲，下以为俗。尚，加也；偃，伏也。以风加草，莫不偃伏也。是在世子，以身帅之也。”刘向《说苑·君道》曰：“夫上之化下，犹风靡草：东风，则草靡而西；西风，则草靡而东。在风所由，而草为之靡。是故，人君之动，不可不慎也。”《汉书·董仲舒传》：“臣闻：命者，天之令也；性者，生之质也；情者，人之欲也。或夭或寿，或仁或鄙，陶冶而成之，不能粹美。有治乱之所生，故不齐也。孔子曰：君子之德风，小人之德草，草上之风，必偃。故尧舜行德，则民仁寿；桀纣行暴，则民鄙夭。夫上之化下，下之从上，犹泥之在钧，唯甄者之所为；犹金之在熔，唯冶者之所铸。绥之斯俫，动之斯和，此之谓也。”师古曰：“《论语》载子贡对陈子禽之言也。绥，安也。言治国家者，安之则竞来，动之则和悦耳。”《象》曰：“天下有风，姤，后以施命诰四方。”即谓君王之德犹风，臣民之德犹草，天下有风，犹君王号命行于天下。

《诗序》曰：“风之始也，所以风天下，而正夫妇也。故用之乡人焉，用之邦国焉。”“风，风也，教也。风以动之，教以化之。”“先王以是经夫妇，成孝敬，厚人伦，美教化，移风俗。”《正义》曰：“经，常也。夫妇之道有常，男正位乎外，女正位乎内，德音莫违，是夫妇之常。室家离散，夫妻反目，是不常也。教民使常此夫妇，犹《商书》云：常厥德也。成孝敬者，孝以事亲，可移于君；敬以事长，可移于贵。若得罪于君亲，失意于长贵，则是孝敬不成。故教民，使成此孝敬也。厚人伦者，伦，理也，君臣父子之义，朋友之交，男女之别，皆是人之常理。父子不亲，君臣不敬，朋友绝道，男女多违，是人理薄也。故教民，使厚此人伦也。美教化者，美，谓使人服之，而无厌也。若设言，而民未尽从，是教化未美。故教民，使美此教化也。移风俗者，《地理志》云：民有刚柔缓急，音声不同。系水土之风气，故谓之风。好恶取舍动静，随君上之情欲，故谓之俗。则风为本，俗为末，皆谓民情好恶也。缓急，系水土之气。急，则失于躁；缓，则失于慢。王者为政，当移之，使缓急调和，刚柔得中也。”风，讽劝教化。天下有风，风动万物；嗣王亦以施命，诏诰四方，教化万民。

又，《礼记·乐记》曰："昔者，舜作五弦之琴，以歌《南风》。夔始制乐，以赏诸侯。"孔疑达疏："《南风》，诗名，是孝子之诗。南风长养万物，而孝子歌之，言己得父母生长，如万物得南风生也。舜有孝行，故以此五弦之琴，歌《南风》之诗，而教天下之孝也。夔始制乐，以赏诸侯者，夔是舜典乐之官。夔欲天下同行顺道，故歌此《南风》，以赏诸侯，使海内同孝也。"《孝经·孝治章》："子曰：昔者，明王之以孝治天下也，不敢遗小国之臣，而况于公侯伯子男乎？故得万国之欢心，以事其先王。《诗》云：有觉德行，四国顺之。"注："言行孝道，以理天下，皆得欢心，则各以其职，来助祭也。天子有大德行，则四方之国，顺而行之。"以上，谓明王以孝道，治理天下之事。姤卦，乾上巽下。按伏羲八卦，乾为天，位南，巽为风。《象》曰："天下有风，姤，后以施命诰四方。"谓天行南风，长养万物，嗣王以此行孝治，身教言训，施命诏诰四方之国，使之顺而行之。

虞翻曰："后，继体之君。姤，阴在下，故称后，与泰称后同义也。乾为施，巽为命为诰。孔子行夏之时，经用周家之月。夫子传《彖》、《象》以下，皆用夏家月，是故复为十一月，姤为五月矣。"李道平纂疏："乾消，故后为继体君。天施地生，故乾为施。巽，申命为命，为诰。行夏之时，《论语》文。夫子传《彖》、《象》，用夏月，如此复为十一月，姤为五月是也。"程氏传："风行天下，无所不周，为君后者，观其周遍之象，以施其命令，周诰四方也。风行地上，与天下有风，皆为周遍庶物之象。而行于地上，遍触万物，则为观，经历观省之象也；行于天下，周遍四方，则为姤，施发命令之象也。诸象或称先王，或称后，或称君子大人。称先王者，先王所以立法制建国，作乐省方，敕法闭关，育物享帝皆是也。称后者，后王之所为也，财成天地之道，施命诰四方是也。"开创之君，以武得天下；继体之君，则以文治天下。

夬卦和姤卦，互为邻卦和综卦。《序卦传》曰："夬者，决也。决必有所遇，故受之以姤。姤者，遇也。"决于上者，必来于下，天地回转，自然之理。《系辞传》曰："日往则月来，月往则日来，日月相推，而明生焉。寒往则暑来，暑往则寒来，寒暑相推，而岁成焉。"即阴阳往返之谓。《老子》曰："有无相生，难易相成，长短相形，高下相盈，音声相和，前后相随，恒也。"《易》卦，阴阳生消，即此永恒之理。夬卦，乾下兑上。一阴消于上，为三月卦。姤卦，巽下乾上。一阴生于下，为五月卦。由阴消至阴生，相因相承，互邻互综。夬卦，阳气未极，阴气将亡；姤卦，阳气过极，阴气初生。由阳气未极，至阳气过极，亦互邻互综。夬卦《彖》曰："夬，决也，刚决柔也。"姤卦《彖》曰："姤，遇也，柔遇刚也。"前者阳决阴，后者阴遇阳，阴阳颠倒，决遇颠倒，其动互综。又，夬卦《象》曰：“泽上于天，夬，君子以施禄及下，居德则忌。”姤卦《象》曰：“天下有风，姤，后以施命诰四方。”两卦，互言君王之事。前者，泽上于天；后者，天下有风。泽为雨泽，为施禄及下；风为风行，为施命四方。上下相对，施禄和施命相对，是以互邻互综。

复卦和姤卦，互为错卦。复卦，震下坤上，一阳生于五阴之下。姤卦，巽下乾上，一阴生于五阳之下。两卦阴阳相错，互为错卦。一阳生，为周之正月；一阴生，为周之七月。是一为上半年之首，一为下半年之首。周之正月，为夏之十一月，冬至月份；周之七月，为夏之五月，夏至月份。我国位于北半球。冬至，日行南陸，昼短而寒；夏至，日行北陸，昼长而暑。是复卦和姤卦，阴阳相反，互为错卦。复卦《彖》曰刚反；姤卦《彖》曰柔遇。前者，谓利有攸往，刚长也；后者，谓勿用取女，不可与长也。前者，《象》曰：“雷在地中，复，先王以至日闭关，商旅不行，后不省方。”后者，《象》曰：“天下有风，姤，后以施命诰四方。”两卦，雷风相簿，君王不省四方，与施命四方相对，互为错卦。又，复卦，由坤动而来；姤卦，由乾动而来。即阴极阳生，阳极阴生。复卦，为阳息阴消之势；姤卦，为阴息阳消之势。前者，阳来用事；后者，阴来用事。复卦，阳来用事，故卦辞曰：“利有攸往。”姤卦，阴来用事，故卦辞曰：“勿用取女。”两卦阴阳相错用事，互为错卦。《系辞传》曰：“《易》曰：憧憧往来，朋从尔思。子曰：天下何思何虑？天下同归而殊途。”复卦和姤卦，冬至和夏至之候。虽阴阳相错，然相反相成，即是同归而殊途。

初六，系于金柅，贞吉；有攸往，见凶。羸豕孚蹢躅。

〔译〕 初六，阴系于阳，为正道而吉利；再有所前往，则现出凶险。瘦弱之小猪，暂时老实而踌躇。

《象》曰：“系于金柅，柔道牵也。”

〔证〕

系于金柅 《释文》：“柅，子夏作鑈。”《广韵》：“鑈，同檷。”《集韵》：“檷，络丝趺。或作鑈，通作柅。”段玉裁注《说文》：“柅，《中山经》注曰：檷音络柅之柅。《易》姤初六：系于金柅。《释文》曰：柅，《说文》作檷。按昔人，谓檷、柅同字。依许，则柅者，今时篗车之柄；檷者，今时籰丝于上之架子，以受篗者也，故曰络丝柎。”又，“檷，络丝柎也。柎，各本作檷。今依《易·释文》、《玉篇》、《广韵》正。《释文》作趺。柎、趺古今字。柎，罥足也。络丝柎者，若今络丝架子。姤初六：系于金柅。《九家易》曰：丝系于柅，犹女系于男，故以喻初宜系二也。”扬雄《方言》：“络谓之格。”郭璞注：“所以转篗络车也。”笺疏：“《说文》：篗，收丝者也。是《方言》之格，即《说文》之柅。今人络丝之器，刻木为六角，围尺许，以细竹长五、六寸者，六联其上下，复为穿，纳柄于其中，长二、三尺，持其柄而摇之，则旋转如车轮，谓之络车。疑即此与？”虞翻曰：“柅，谓二也。巽为绳，故系于柅。乾为金，巽木入金柅之象也。”朱骏声曰：“柅，当作柅，络丝篗，织绩之具也，女所用。巽为绳，乾为金，金者柅上之孔，巽木入金，柅之象也。丝系于柅，犹女系于男；初系于二，故以为喻。”

按，随卦，震下兑上。六三曰：“系丈夫。”谓六三系九四，即阴系于阳。故《象》曰：“系于金柅，柔道牵也。”初六为阴柔，以阴系阳，为用柔道牵制阳刚。《周书·洪范》：“一极备凶，一极无凶。”孔氏传：“一者备极，过甚则凶；一者极无，不至亦凶，谓不时失叙。”孔颖达《正义》曰：“此谓不以时来，其至无次序也。一者备极过甚则凶，谓来而不去也；一者极无不至亦凶，谓去而不来也。即下云恆雨若、恆风若之类是也。有无相刑，去来正反。恆雨则无旸，恆寒则无燠。恆雨亦凶，无旸亦凶；恆寒亦凶，无燠亦凶。谓至不待时，失至不待时，失次序也。如此则草不茂，谷不成也。”《书经传说彙纂》：“朱子曰：一极备凶，一极无凶：多些子不得，无些子不得。申氏时行曰：极备而伤于太多，则阴阳之气偏胜，而万物无以育其生，必致于凶灾。如雨多则涝，旸多则旱是也。或极无而伤太少，则阴阳之气有亏，而物无以遂其性，亦致以凶灾。如无燠则惨，无寒则泄是也。”四月阳极，五月阴来姤阳，故《象》曰：“系于金柅，柔道牵也。”谓阳生物，阴成物，阴阳牵连而前，则无凶灾。

贞吉 乾为天，为阳，为君，为金；坤为地，为阴，为臣，为系。初六，系于金柅，谓阴系于阳，是为正道。正道则吉，为贞吉。随卦，震下兑上。六二曰：“系小子，失丈夫。”六三曰：“系丈夫，失小子。随有求得，利居贞。”即谓阴系于阳，随有求得，利于居守正道，居正道则吉利。坤卦卦辞曰：“坤，利牝马之贞，安贞吉。”《象》曰：“至哉坤元！万物资生，乃顺承天。”《文言》曰：“坤道其顺乎，承天而时行。”六三曰：“或从王事，无成有终。”皆谓地承天，阴顺阳，臣事君，正道吉。故姤卦初六《象》曰：“系于金柅，柔道牵也。”亦谓阴柔之道，牵系于阳，即系于金柅。《系辞传》曰：“圣人设卦、观象、系辞焉，而明吉凶。刚柔相推，而生变化，是故吉凶者，失得之象也；悔吝者，忧虞之象也。”姤之初六，系于九二之阳，是有正有得，为贞吉。又，《系辞传》曰：“《易》曰：自天祐之，吉无不利。子曰：祐者，助也。天之所助者，顺也；人之所助者，信也。履信思乎顺，又以尚贤也，是以自天祐之，吉无不利也。”初六之阴，顺应九四之阳，得正应，得天祐，故亦贞吉。

有攸往，见凶 五月，一阴生，一阳消；六月，二阴生，二阳消；七月，三阴生，三阳消；八月，四阴生，四阳消；九月，五阴生，五阳消；十月，六阴生，六阳消。自五月至十月，阴剥阳，阴息阳消，为有攸往，见凶。又，自五月夏至以后，则是小暑至，大暑至，立秋至，处暑至，白露至，秋分至，寒露至，霜降至，立冬至，小雪至，大雪至，冬至至，小寒至，大寒至。天气由酷暑到酷寒，为有攸往，见凶。《说文》于十二子曰：“未，味也，六月滋味也。五行，木老于未。”段玉裁注：“《天文训》曰：木生于亥，壮于卯，死于未。”“申，神也。七月阴气成体，自申束。”段注：“阴气成体，谓三阴成，为否卦也。”“酉，就也。八月黍成，可为酎酒。卯为春门，万物已出；酉为秋门，万物已入，一闭门象也。”桂馥义证：“服虔曰：阴气用事为闭。”“戌，灭也。九月阳气微，万物毕成，阳下入地也。”段注：“《律书》曰：戌者，万物尽灭。”是自午至戌，有攸往，见凶。

于十二辟卦，自五月姤卦以后，六月为遁卦，艮下乾上。《象》曰：“天下有山，遁，君子以远小人，不恶而严。”朱熹曰：“遁，退避也。为卦，二阴浸长，阳当退避，六月之卦也。”程氏传：“君子观其象，以避远乎小人。远小人之道，若以恶声厉色，适足以致其怨忿；唯在乎矜庄威严，使知敬畏，则自然远矣。”远则无害。七月为否卦，坤下乾上。卦辞曰：“否之匪人，不利君子贞，大往小来。”《彖》曰：“否之匪人，不利君子贞，大往小来，则是天地不交，而万物不通也；上下不交，而天下无邦也。内阴而外阳，内柔而外刚；内小人，而外君子。小人道长，君子道消也。”《象》曰：“天地不交，君子以俭德辟难，不可以荣以禄。”八月为观卦，坤下巽上。初六曰：“童观，小人无咎，君子吝。”《象》曰：“初六童观，小人道也。”六二曰：“闚观，利女贞。”《象》曰：“闚观女贞，亦可丑也。”九月为剥卦，坤下艮上。卦辞曰：“剥，不利有攸往。”《彖》曰：“剥，剥也，柔变刚也。不利有攸往，小人长也。”十月为坤卦，坤下坤上。初六曰：“履霜，坚冰至。”《象》曰：“履霜坚冰，阴始凝也；驯致其道，至坚冰也。”阳用事生物长物，阴用事成物杀物。至十月，六阴积聚，以致履霜坚冰，殆无生机，故姤卦初六曰：“有攸往，见凶。”

羸豕孚蹢躅　《说文》：“羸，瘦也。”段玉裁注：“引伸为凡弱之称。”《急就篇》颜师古注：“羸，困弱也。”大畜卦，乾下艮上。六五曰：“豮豕之牙。”豮豕，阉割之猪。睽卦，兑下离上。上九曰：“见豕负涂。”姤卦，巽下乾上。初六曰：“羸豕孚蹢躅。”按，《说卦传》曰：“坎为豕。”大畜六五之豮豕，以其阉割不全，故象在半坎。睽卦上九，下见互坎，坎为豕，故曰见豕负涂。姤卦初六，方生而瘦弱，象在半坎，故曰羸豕，以喻五月微阴。张载《横渠易说》：“孚，信也。豕方羸时，力未能动，然至诚在于蹢躅，得申则申矣。”于《易》，孚指阳实，初六在阳位，阴本不实而实，以其羸弱，而暂老实。

《说文》:“蹢,蹢躅,逗足也。”桂馥义证:“字或作踯。”《荀子·礼论》曰:“踯躅焉,踯躅焉。”注:“踯躅,以足击地。踟蹰,不能去之貌。”段玉裁注:“俗用踌躇。”六为阴弱,初六尤为阴弱;又,五阳乘一阴,初六在盛阳之下,故曰羸豕孚蹢躅。乃对阴小之物,恶而戒之,以防壮而突之。

《小雅·何人斯》云:“彼何人斯,其心孔艰。”《正义》曰:“彼何人乎?与暴公俱见于王之人。此其持心甚难知也。迹同谮己,貌似不妄,故难知也。”又,《大雅·民劳》:“无纵诡随,以谨无良。式遏寇虐,憯不畏明。”《正义》曰:“此诡随、无良、寇虐,俱是恶行。但恶有大小:诡随,小恶;无良,其次;寇虐,则大恶也。诡随本为人害,故直云不得纵之;无良则为小恶已著,故谨敕之;寇虐则害加于民,故遏止之。然则,三者各自为罪,而云无纵诡随,以谨无良,以为相须之意。故《传》解之云:谨慎其小,以惩创其大。”坤卦初六《文言》曰:“臣弑其君,子弑其父,非一朝一夕之故,其所由来者渐矣,由辩之不早辩也。《易》曰:履霜坚冰至。盖言顺也。”朱熹曰:“古字顺、慎通用,按此当作慎,言当辩之于微也。”姤卦初六,羸豕孚蹢躅,谓瘦弱之小猪,暂时老实而踌躇,是亦戒人,以察微杜渐之意。

九二,包有鱼,无咎;不利宾。

〔译〕 九二,君王心怀下民,没有灾眚;不利用为嘉宾。

《象》曰:“包有鱼,义不及宾也。”

〔证〕

包有鱼 《说文》:“包,象人怀妊,巳在中,象子未成形也。元气起于子,子,人所生也。怀妊于巳,巳为子,十月而生。凡包之属,皆从包。”段玉裁注:“包,妊也。二字各本无,今推文意补。下文十三字,乃说字形,非说义,则必当有说义之文矣。女部曰:妊者,孕也。子部曰:孕者,怀子也。引伸之,为凡外裹之称。亦作苞,皆假借字。凡经传言苞苴者,裹之曰苞,藉之曰苴。勹,象怀其中;巳字,象未成之子也。勹,亦声,布交切。古子下曰:十一月阳气动,万物滋,人以为称。巳部曰:巳者,已也。四月阳气已出,阴气已藏,万物见,成文章。故夫妇会合而怀妊,是为子也。王筠句读:“包:儿生裹也。据《玉篇》,知包为古胞字,故遂胞字说于此。《众经音义》,一引同;一引儿生衣也;一引儿生裹衣者,曰胞也。象人怀妊,巳在中,象子未成形也,二句说字形。嫌巳不象子形,故申言之。《广雅》:四月而胞,七月而成。元气起于子,子,人所生也。上文言巳象子形,则巳似非字矣。然不以为非字,而出之者,巳于生子之义有合也。后汉时,地支以子为始,故推原于子,以为说巳之缘起。子,人所生也者,系传曰：子在北方，冬至夜半，一阳所起，故曰子人所生。怀妊于巳：承象人怀妊而言。巳为子，十月而生：未生为巳，已生为子，故曰巳为子。”又，“勹，裹也，象人曲形，有所包裹。凡勹之属，皆从：勹 今借包为。勹二句解字形，象人曲形，谓人字曲之，而成勹也。小徐作象人曲身形，义便不了。有所包裹者，字空中，故云然。直以包字代勹，此以今字说古字之法。布交切。”高明《中国古文字学通论》：“卩字，商代甲骨文，写作似人之坐形。今从甲骨、金文、战国文字，及秦篆中，共搜集五种篆体卩字形旁，发展到隶书时，多立于字体右侧，写作卩；个别在字体下部，则写作㔾形，如卷字。”按卷，《说文》谓膝曲也。是包字之形，为大人包育小人，人中有人；其义为仁，仁者兼人，爱人。乾卦《文言》九二曰：“宽以居之，仁以行之。《易》曰：见龙在田，利见大人，君德也。”即此之谓。

《小雅·南有嘉鱼》：“南有嘉鱼，烝烝罩罩。”《诗序》曰：“《南有嘉鱼》，乐与贤也。太平君子至诚，乐与贤者共之也。”郑笺：“烝，尘也。尘然犹言久如也。言南方水中有善鱼，人将久如，而俱罩之迟之也。喻天下有贤者，在位之人，将久如而并求，致之于朝，亦迟之也。迟之者，谓至诚也。”《鹤鸣》：“鱼潜在渊，或在于渚。”毛传：“良鱼在渊，小鱼在渚。”郑笺：“此言鱼之性，寒则逃于渊，温则见于渚。喻贤者乱世则隐，治平则出，在时君也。”《正月》：“鱼在于沼，亦匪克乐。潜虽伏矣，亦孔之炤。”郑笺：“池鱼之所乐，而非能乐其潜伏于渊，又不足以逃，甚炤炤易见。以喻时贤者在朝廷，道不行，无所乐；退而穷处，又无所止也。”《鱼藻》：“鱼在在藻，有颁其首。”毛传：“颁，大首貌。鱼以依蒲藻，为得其性。”郑笺：“藻，水草也。鱼之依水草，犹人之依明王也。明王之时，鱼何所处乎？处于藻既得其性，则肥充，其首颁然。此时，人物皆得其所。正言鱼者，以潜逃之类，信其著见。”此以人、鱼相比。《大雅·旱麓》：“鸢飞于天，鱼跃于渊。”郑笺：“鸢，鸱之类，鸟之贪恶者也。飞而至天，喻恶人远去，不为民害也。鱼跳跃于渊中，喻民喜得所。”《灵台》：“王在灵沼，于牣鱼跃。”郑笺：“云灵沼之水，鱼盈满其中，皆跳跃，亦言得其所。”牣，盈满。鱼亦喻民。灵池观鱼，犹观民情。九四《象》曰：“无鱼之凶，远民也。”是鱼喻民之证。九二包有鱼，即谓君王，心怀人民，故而得人。坤阴为众，乾阳为王，初六，巽顺于乾之下，是君王包有民众。

无咎 剥卦，坤下艮上。六五曰：“贯鱼，以宫人宠，无不利。”《象》曰：“以宫人宠，终无尤也。”贯鱼，谓众阴，谓民人；以宫人宠，谓似宫人得宠于王；无不利，终无尤，犹谓无咎。上九曰：“硕果不食，君子得舆。”君子得舆，谓得贯鱼，即谓得民众拥戴。故《象》曰：“君子得舆，民所载也。”剥卦六五、上九之谓，即是姤卦九二之义。包有鱼，犹君子得舆，为民所载，故无咎。又，中孚卦，兑下巽上。卦辞曰：“中孚，豚鱼吉。利涉大川，利贞。”《象》曰：“豚鱼吉，信及豚鱼也。利涉大川，乘木舟虚也。中孚以利贞，乃应乎天也。”豚鱼，喻远在江湖之人。信及豚鱼，喻信及贤人。以是利涉大川，利于正道。包有鱼，谓包有最下之民人，与信及豚鱼，同而有异。故一言无咎；一言利涉大川，利贞。《系辞传》：“《易》曰：自天祐之，吉无不利。子曰：祐者，助也。天之所助者，顺也；人之所助者，信也。”姤卦，乾上巽下。九二在巽中，上巽顺于天，下中孚于人，是以天助其顺，人助其信，故而无咎，即无灾过。

不利宾 《说文》曰：“賓（宾），所敬也。从贝，宩声。”按，卜辞賓字，王国维《观堂集林》云：“上从屋，下从人、从止，象人至屋下，其义为賓。古者賓客，必有物以赠之，故其字从贝。”段玉裁注：“《大宗伯》：以宾礼亲邦国宾客，浑言之也；析言之，则宾、客异义。又，宾谓所敬之人，因之敬其人亦曰宾。又，君为主，臣为宾。故《老子》曰：朴虽小，天下莫能臣也。侯王若能守之，万物将自宾。司马相如引《诗》：率土之宾，莫非王臣。贝者，敬之之物也。”《小雅·鹿鸣》：“我有嘉宾，鼓瑟吹笙。吹笙鼓簧，承筐是将。”孔颖达疏：“王既有恳诚，以召臣下；臣下被召，莫不皆来。我有嘉善之宾，则为鼓其瑟，而吹其笙。吹笙之时，鼓其笙中之簧，以乐之。又奉筐盛币帛，于是而行与之。由此燕食以享之，瑟笙以乐之，币帛以将之，故嘉宾皆爱好我。以敬宾如是，乃输诚矣，示我以先王至美之道也。”《诗序》曰：“《鹿鸣》，燕群臣嘉宾也。既饮食之，又实币帛筐篚，以将其厚意。然后忠臣嘉宾，得尽其心矣。”《周书·旅獒》：“明王慎德，四夷咸宾。”《微子之命》：“作宾于王家，与国咸休，永世无穷。”以上，皆以君为主，臣为宾。

观卦，坤下巽上。六四曰：“观国之光，利用宾于王。”《象》曰：“观国之光，尚贤也。”六四在九五之下，九五为王，六四为大臣，故为用宾于王，为尚贤。是君为主，臣为宾。乾卦九二曰：“见龙在田，利见大人。”《象》曰：“见龙在田，德施普也。”九二，龙德而正中，有君德；坤为众，初六坤阴之爻，故九二之包有鱼，谓在下之君王，应包育人民。然初六为阴小之人，只合为所包育，不利用为所敬之宾，故《象》曰：“包有鱼，义不及宾也。”师卦，上六曰：“大君有命，开国承家，小人勿用。”《象》曰：“大君有命 ，以正功也；小人勿用，必乱邦也。”大有卦，九三曰：“公用亨于天子，小人弗克。”《象》曰：“公用亨于天子，小人害也。”观卦，六四曰：“观国之光，利用宾于王。”《象》曰：“观国之光，尚宾也。”既济卦，九三曰：“高宗伐鬼方，三年克之，小人勿用。”皆谓利用嘉宾，不利用小人。九二有正中君德，能分贤与不肖，按君臣之义，初六当不及为宾，故曰不利宾。

九三，臀无肤，其行次且，厉，无大咎。

〔译〕　九三，象臀部无肌肉，大腿与腰身连系不好，其行进困难，有危厉，没有大灾。

《象》曰：“其行次且，行未牵也。”

〔证〕

臀无肤　《系辞传》曰：“近取诸身，远取诸物。”“以通神明之德，以类万物之情。”臀，位于人体中部，故夬卦九四，姤卦九三，皆谓臀。阴与阳，犹肤与骨。阴爻为肤，阳爻为骨，谓无肤。噬嗑卦六二曰：“噬肤灭鼻。”剥卦六四曰：“剥床以肤。”睽卦六五曰：“厥宗噬肤。”是阴爻皆称肤。与此相反，夬卦九四曰：“臀无肤。”姤卦九三曰：“臀无肤。”是阳爻谓无肤。臀，谓人和哺乳动物，身体背面，两股上端，与腰相连部位。动物因四脚着地，其臀不及人类发达。人直立时，臀与大腿之间，有明显分界沟。臀之外形，为骨盆外之肥厚肌肉，和大量脂肪造成。因其主要为肌肉，故利于活动，利于行走和坐卧。《广雅·释器》：“肤，肉也。”臀无肤，谓臀无肉。臀无肉，故其行趑趄难进，为厉。按，巽为股，三在巽上，为臀。肤为柔，臀无肤，即是臀无阴，谓九三无阴。

其行次且，厉　《象》曰：“其行次且，行未牵也。”《广雅·释诂》：“牵，连也。”张衡《西京赋》：“夫人，在阳时则舒，在阴时则惨，此牵乎天者也。”李善注引薛综曰：“牵，犹系也。”小畜卦，乾下巽上。九二曰：“牵复吉。”朱熹曰：“以其刚中，故能与初九，牵连而复，亦吉道也。”夬卦，乾下兑上。九四曰：“牵羊悔亡。”九四、九五，与上六连系为兑，兑为羊，为牵羊。姤卦，《象》曰行未牵，谓九三为阳而非阴，不能与上九阳爻，成阴阳相应相连，如臀无肤，两股不能连系于腰，故而其行困难。初六曰：“系于金柅，贞吉。”谓阴系于阳，为正道，为吉利。九三，以阳系阳，非是正道，故其行次且，危厉。即初六与九四，阴阳顺应，为贞为吉；九三与上九，阳阳敌应，为次且为厉。《系辞传》曰：“天尊地卑，乾坤定矣；卑高以陈，贵贱位矣。”朱熹曰：“天地者，阴阳形气之实体；乾坤者，《易》中纯阴纯阳之卦名也；卑高者，天地万物，上下之位；贵贱者，《易》中卦爻，上下之等也。”九三在下卦，上九在上卦，九三以下之阳，应上之阳，非天地、乾坤、卑高、贵贱之道，是以其行次且而厉。

无大咎　乾卦上九曰：“亢龙有悔。”《文言》曰：“上九曰：亢龙有悔。何谓也？子曰：贵而无位，高而无民，贤人在下位而无辅，是以动而有悔也。”又，九三曰：“君子终日乾乾，夕惕若，厉无咎。”《文言》曰：“九三曰：君子终日乾乾，夕惕若，厉无咎。何谓也？子曰：君子进德修业。忠信，所以进德也；修辞立其诚，所以居业也；知至至之，可与几也；知终终之，可与存义也。是故，居上位而不骄，在下位而不忧。故乾乾，因其时而惕，虽危无咎矣。”姤卦，三得位，上失位，九三之与上九，犹商汤之与夏桀，周文之与殷纣，虽臣不应君，有震主欺君之象，其行次且而厉；然上为过主，故下无大咎。《论语·泰伯》曰：“三分天下有其二，以服事殷，周之德，其可谓至德也矣。”注：“包曰：殷纣淫乱，文王为西伯，而有圣德，天下归周者，三分有二，而犹以服事殷，故谓之至德。”九三，虽刚正而处巽，故无大咎。三为公位，文王，殷之三公，居上位而不骄，在下位而不忧，有羑里之难，然终释之，是以当之。又，《史记·夏本纪》曰：“帝桀之时，自孔甲以来，而诸侯多畔夏，桀不务德，而武伤百姓，百姓弗堪。乃召汤，而囚之夏台，已而释之。汤修德，诸侯皆归汤，汤遂率兵以伐桀。桀走鸣条，遂放而死。”此即虽经危厉，而无大咎之例。三位多凶，其柔危，其刚胜。九三刚，故无大咎。

九四，包无鱼，起凶。

〔译〕 九四，不恤人民，将生凶险。

《象》曰：“无鱼之凶，远民也。”

〔证〕

包无鱼 天大地小，阳大阴小，君大臣小。九二正中，有君德，包有初六之民，为包有鱼。九四，阳在阴位，与初六非正应，故曰包无鱼。《桧风·匪风》：“谁能亨鱼，溉之釜鬵。谁将西归，怀之好音。”亨，同烹。《正义》曰：“此见周道既灭，思得有人辅之。言谁能亨鱼者乎？有能亨鱼者，我则溉涤，而与之釜鬵。以兴谁能西归，辅周治民者乎？有能治民者，我则归之以周旧政，令之好音。恨当时之人，无辅周者。亨鱼烦则碎，治民烦则散。亨鱼类于治民，故以亨鱼为喻。”《老子》曰：“治大国，若烹小鲜。”言治理国家，象煎鱼，不可经常翻动扰民。政教乱，民心散，则失民。四，辅臣之位，九四以阳居阴，上干君，下远民，如《匪风》所云，是不得贤辅之象，故曰包无鱼。

起凶 《释名》曰：“起，启也。”起凶，启开凶端。谓包无鱼，即君无民，是一切凶事之发端。《象》曰：“无鱼之凶，远民也。”言包无鱼之凶，是与民疏远，心不怀众之故。崔憬曰：“虽与初应，而失其位。二有其鱼，而宾不及。若起于竞，涉远行难，终不遂心。故曰无鱼之凶，远民也，谓初六矣。”程氏传：“四与初为正应，当相遇者也。而初已遇于二矣，失其所遇，犹包之无鱼，亡其所有也。四当姤遇之时，居上位而失其下，下之离，由己之失德也。四之失者，不中正也。以不中正而失其民，所以凶也。曰：初之从二，以比近也，岂四之罪乎？曰：在四而言，义当有咎，不能保其下，由失道也。岂有上不失道，而下离者乎？遇之道，君臣、民主、夫妇、朋友皆在焉。四以下睽，故主民而言，为上而下离，必有凶变。起者，将生之谓，民心既离，难将作矣。”朱熹曰：“初六正应，已遇于二，而不及于己，故其象占如此。民之去己，犹己远之。”

又，《夏书·五子之歌》曰：“太康尸位以逸豫，灭厥德，黎民咸二。乃盘游无度，畋于有洛之表，十旬弗反。有穷后羿，因民弗忍，距于河。”又曰，“皇祖有训，民可近，不可下。民惟邦本，本固邦宁。予视天下，愚夫愚妇，一能胜予。一人三失，怨岂在明，不见是图。予临兆民，懔乎若朽索之驭六马，为人上者，奈何不敬？”《正义》曰：“天子之在天位，职当牧养兆民。太康主以尊位，用为逸豫，灭其人君之德，众人皆有二心。太康乃复爱乐，游逸无有法度。畋猎于洛水之表，一出十旬不反。有穷国君，其名曰羿，因民不能堪忍太康之恶，率众距之于河，不得反国。”又曰，“我君祖大禹，有训戒之事，言民可亲近，不卑贱轻下。令其失分，则人怀怨，则事上之心不固矣。民惟邦国之本，本固则邦宁。言在上，不可使人怨也。我视天下之民，愚夫愚妇，一能胜过我，安得不敬畏之也，所以畏其怨者。一人之身，三度有失，凡所过失，为人所怨，岂在明著。大过，皆由小事而起，言小事不防，易致大过。故于不见细微之时，当于是豫图谋之，使人不怨也。我临兆民之上，常畏人怨，懔懔乎危惧，若腐索之驭六马，索绝则马逸。言危惧之甚，人之可畏如是，为居上者，奈何不敬慎乎？怨太康之不恤下民也。”姤卦九四在乾，乾为君，君王包无鱼，不恤下民，如太康亡国，故曰起凶。

九五，以杞包瓜，含章。有陨自天。

〔译〕　九五，用杞柳枝条编织之器，包盛瓜蓏，内含章美。警惕天降其位。

《象》曰：“九五含章，中正也。有陨自天，志不舍命也。”

〔证〕

以杞包瓜　杞，马注：“大木也。”郑注：“柳也。”虞注：“杞柳，木名也。”《郑风·将仲子》：“将仲子兮，无逾我里，无折我树杞。”毛传：“杞，木名也。”《正义》引陆机疏云：“杞，柳属也，生水傍，树如柳，叶粗而白色，理微赤，故今人以为车毂，今共北淇水傍，鲁国泰山汶水边，纯杞也。”《毛诗传笺通释》：“又按胡承珙曰：《诗》言杞者七。自《四牡》以后，言杞者六，当皆为枸檵。惟《将仲子》传云：杞，木名。据疏云：杞，柳属。盖即《孟子》之杞柳，后世谓之榉柳。《本草衍义》云：榉，木本，最大者，高五、六十尺，合二、三抱。此杞木，所由别于枸檵也。”李时珍《本草纲目·柳》下《集解》曰：“杞柳生水旁，叶粗而白，木理微赤，可为车毂。今人取其细条，火逼令柔，屈作箱箧。”《孟子·告子上》：“告子曰：性，犹杞柳也；义，犹桮棬也。以人性为仁义，犹以杞柳为桮棬。”杨伯峻《孟子译注》：“杞柳，旧说都以为就是榉树，但此不能为木材，仅可以取其新枝条之长六七尺者，供编物之用。桮棬，桮，同杯（《说文》只有桮字）。棬，音圈。赵岐注《孟子》，则以桮棬为桮素（杯盘之胎，未加工者）。”按，《汉语大词典》曰：“杞柳，木名。落叶乔木，枝条细长柔韧，可编织箱、筐等器物。也称红皮柳。”《说卦传》曰：“巽为木。”姤卦，似大巽，上乾为干，为落叶乔木，是以为杞。王夫之注：“杞柳为筐也。瓜易坏者，包械而藏之，使无急坏。”

《说卦传》曰：“艮为果蓏。”马融曰：“果，桃李之属；蓏，瓜瓠之属。”宋衷曰：“木实谓之果，草实谓之蓏。桃李瓜瓞之属也，皆出山谷也。”按，瓜果，皆外为壳，内为肉，是以于《易》，为外刚内柔，为艮之象。艮，在剥卦上为果，在姤卦下为瓜。姤之九五与九二，中与中应。二与初，刚柔表里，乾为圜，二者爻位为地，是生布于地之瓜。杞包瓜，瓜在杞条编织器皿之中，为包。所见不全，是以半艮。《大雅·绵》曰：“绵绵瓜瓞，民之初生，自土沮漆。”此处所引乃首句，周报太王。周公述其事，以训嗣王之诗。毛传：“绵绵，不绝貌；瓜，绍也；瓞，瓝也；民，周民也；自，用；土，居也；沮，水；漆，水也。古公，豳公也。古，言久也。亶父，字，或殷以名言质也。古公处豳，狄人侵之。事之以皮帛不得免焉；事之以犬马，不得免焉；事之以珠玉，不得免焉。乃属其耆老，而告之曰：狄人之所欲者，吾土地也。吾闻之，君子不以其所养人者害人，二三子何患乎无君？去之，逾梁山，邑于岐山之下。豳人曰：仁人之君不可失也，从之如归市。”《诗集传》曰：“比也。此亦周公戒成王之诗，追述太王始迁岐周，以开王业，而文王因之，以受天命也。”《左传》哀公十七年：“卫侯梦于北宫，见人登昆吾之观，被发北面而噪曰：登此昆吾之虚，绵绵生之瓜。”杜预注：“绵绵，瓜初生也。良夫善己，有以小成大之功，若瓜之初生，谓使卫侯得国。”是以杞包瓜，犹言以天下归仁。九二，在下之君，曰包有鱼；九五，在上之君，曰以杞包瓜。皆得其中，其位不同，天子与诸侯之分。按，杞与岐谐音，周起于岐。

含章 《象》曰：“九五含章，中正也。”九五，在上乾之中，得阳之正，为中正。乾卦《文言》曰：“九五曰：飞龙在天，利见大人。何谓也？子曰：同声相应，同气相求；水流湿，火就燥；云从龙，风从虎；圣人作，而万物睹；本乎天者亲上，本乎地者亲下，则各从其类也。”又曰，“夫大人者，与天地合其德，与日月合其明，与四时合其序，与鬼神合其吉凶。先天，而天弗违；后天，而奉天时。天且弗违，而况于人乎？况于鬼神乎？”九五，龙德而中正，与天地合其德，内含章美，故曰含章。在象为杞包瓜，在义为含章。《象》曰：“天行健，君子以自强不息。”姤卦九五，得乾之中正，是以内含章美。

有陨自天 《说文》：“陨，从高下也。从𨸏，员声。《易》曰：有陨自天。”《商书·

汤诰》曰："慄慄危惧，若将陨于深渊。"《卫风·氓》云："桑之落矣，其黄而陨。"以上之陨，皆坠落之意。《左传》桓公五年："苟自救也，社稷无陨多矣。"哀公十五年："大命陨队，绝世于良。"昭公十一年："桀克有缗，以丧其国；纣克东夷，而陨其身。"《正义》曰："桀身奔南巢，故曰丧国也；纣首县白旗，故云陨身也。"《资治通鑑》汉献帝建安二十四年："于是何进召戎，董卓乘衅，袁绍之徒，从而构难，遂使乘舆播越，宗庙丘墟，王室荡覆，烝民涂炭，大命陨绝。"是以，有陨自天，盖谓自天陨绝君命。《大雅·大明》曰："有命自天，命此文王。"天授其命，谓有命自天；天夺其命，谓有陨自天。天子有无君天下大命，皆自天出。九五，含章中正，当命之君。谓有陨自天者，是戒慎之辞。言天无所不见，若不尽职，则天降其位。《象》曰："有陨自天，志不舍命也。"即谓以有陨自天为戒者，是志在不舍弃大命。

九五中正皇极，过则亢，亢必有悔。《文言》曰："上九曰：亢龙有悔。何谓也？子曰：贵而无位，高而无民，贤人在下位而无辅，是以动而有悔也。"又曰，"亢之为言也，知进而不知退，知存而不知亡，知得而不知丧。其唯圣人乎？知进退存亡，而不失其正者，其唯圣人乎！"动而有悔，即动而有陨自天而悔；唯有圣人，不失其正，则无陨无悔。《虞书·大禹谟》曰："人心惟危，道心惟微，惟精惟一，允执厥中。无稽之言勿听，弗询之谋勿庸。可爱非君？可畏非民？众非元后何戴？后非众罔与守邦。钦哉！慎乃有位，敬修其可愿，四海困穷，天禄永终。"孔氏传："危则难安，微则难明，故戒以精一，信执其中。无考，无信验；不询，专独终必无成，故戒勿听用。民以君为命，故可爱；君失道，民叛之，故可畏。言众戴君以自存，君恃众以守国，相须而立。有位，天子有位；可愿，谓道德之美；困穷，谓天民之无告者。言为天子，勤此三者，则天之禄籍，长终汝身。"允执厥中，亦有陨自天之戒。于象，阳气过九五中正，必亢而反下，为有陨自天。

上九，姤其角，吝，无咎。

〔译〕　上九，阴来遇阳，至其顶角，可恨惜，没有灾过。

《象》曰："姤其角，上穷吝也。"

〔证〕

姤其角　凡物之角，生于上，生于前，以利攻伐。故《易》言角者在上爻，上亦为前。又，角质坚硬刚健，是以阳爻当之。晋卦上九曰："晋其角，维用伐邑。"反之，大壮卦，乾下震上，大兑之象，兑为羊。上六曰："羝羊触藩。"只言触，不言角，以其上六阴柔，非上九阳刚之故。姤其角，谓阴遇阳于上，在上在九为角。虞翻曰："乾为首，位在首上，故称角。”程氏传：“至刚而在最上者，角也。九以刚居上，故以角为象。”朱骏声《六十四卦经解》曰：“乾为首位，在首上故称角。乾又为龙，龙首为角。”扬雄《太玄经·遇》云：“上九，觝其角，遇下毁足。测曰：觝其角，何可当也。”范望注：“在下称足，不胜而丧，故毁足也。角折足毁，故不可当也。”遇拟姤，此亦谓阴来遇阳，阳不胜，而角折足毁。上九阳刚称角，与姤卦上九同。

吝，无咎 《说文》：“吝，恨惜也。”恨惜，犹悔恨。《后汉书·马援传》：“援与妻子生诀，无悔吝之心。”乾卦上九曰：“亢龙有悔。”《象》曰：“亢龙有悔，盈不可久也。”《文言》曰：“亢龙有悔，穷之灾也。”故姤卦上九《象》曰：“姤其角，上穷吝也。”谓上九阳行至极，极则必反于下，故而悔恨。又，《系辞传》曰：“一阴一阳之谓道，继之者善也，成之者性也。”朱熹曰：“阴阳迭运者，气也，其理则所谓道。继，言其发也；善，言化育之功，阳之事也。成，言其具也；性，谓物之所受，言物生则有性，而各具是道也，阴之事也。”又，《系辞传》曰：“神农氏没，黄帝尧舜氏作，通其变，使民不倦；神而化之，使民宜之。《易》穷则变，变则通，通则久。是以自天祐之，吉无不利。黄帝尧舜，垂衣裳，而天下治，盖取诸乾坤。”姤卦，亦乾坤之变。剥卦，坤下艮上。《彖》曰：“剥，剥也，柔变刚也。不利有攸往，小人长也。”此为吝。又曰，“君子尚消息盈虚，天行也。”此为无咎。剥卦，阴剥阳至上九；姤卦，阴姤阳至上九。两卦于此有相同之处，故姤卦上九曰：“吝，无咎。”剥卦，言阴消阳，犹姤卦言悔吝；剥卦言消息盈虚，天行也，犹姤卦言无咎。是皆见智见仁，事物两面。按，阴初遇阳为五月，及阴与上九遇时，即姤其角，当为九月。故姤卦上九，与剥卦时同义同。

第四十五卦　丙　午

☱兑上
☷坤下

萃，王假有庙，利见大人，亨，利贞。用大牲吉，利有攸往。

〔译〕　萃，王至宗庙，有利于君王，亨通，利于正道。祭祀用牛吉利，利于有所前往。

《彖》曰："萃，聚也。顺以说，刚中而应，故聚也。王假有庙，致孝享也。利见大人，亨，聚以正也。用大牲吉，利有攸往，顺天命也。观其所聚，而天地万物之情可见矣。"

《象》曰："泽上于地，萃，君子以除戎器，戒不虞。"

坤下兑上　坤为地，兑为泽，坤下兑上，为地上有泽。《周礼·夏职方氏官》："东南曰扬州，其山镇曰会稽，其泽薮曰具区，其川三江，其浸五湖，其利金、锡、竹、箭，其民二男五女，其畜宜鸟兽，其谷宜稻。正南曰荆州，其山镇曰衡山，其泽薮曰云瞢，其川江汉，其浸颍湛，其利丹、银、齿、革，其民一男二女，其畜宜鸟兽，其谷宜稻。河南曰豫州，其山镇曰华山，其泽薮曰圃田，其川荧、洛，其浸波、溠，其利林、漆、丝、枲，其民二男三女，其畜宜六扰，其谷宜五种。河东曰兖州，其山镇曰岱山，其泽薮曰大野，其川河、泲，其浸卢、维，其利蒲、鱼，其民二男三女，其畜六扰，其谷宜四种。正西曰雍州，其山镇曰岳山，其泽薮曰弦蒲，其川泾、汭，其浸渭、洛，其利玉石，其民三男二女，其畜宜牛马，其谷宜黍稷。东北曰幽州，其山镇曰医无闾，其泽薮曰貕养，其川曰河、泲，其浸菑、时，其利鱼、盐，其民一男三女，其畜宜四扰，其谷宜三种。河内曰冀州，其山镇曰霍山，其泽薮曰杨纡，其川漳，其浸汾、潞，其利松柏，其民五男三女，其畜宜牛羊，其谷宜黍稷。正北曰并州，其山镇曰恆山，其泽薮曰昭余祁，其川呼池、呕夷，其浸涞、易，其利布帛，其民二男三女，其畜宜五扰，其谷宜五种。"郑氏注："大泽为薮；浸，可以为陂灌溉者。"是九州大地，以及泽薮产物，以利其人民，生而聚之，故其象坤下兑上，为地上有泽，为萃。

《郑风·大叔于田》云："叔在薮，火烈具举。"毛传："薮，泽，禽之府也。"《正义》曰："此言府者，货之所藏谓之府。薮泽亦禽兽之所藏，故云禽之府。"《大雅·韩奕》："孔乐韩土，川泽訏訏，鲂鱮甫甫，麀鹿噳噳，有熊有罴，有猫有虎。"毛传："訏訏，大也；甫甫然，大也；噳噳然，众也；猫似虎，浅毛者也。"郑笺："甚乐矣，韩之国土也。川泽宽大，众鱼禽兽备有，言富饶也。"《周礼·地官》曰："泽虞掌固泽之政令，为之厉禁，使其地之人，守其财物，以时入之于玉府，颁其余于万民。"郑氏注："其地之人，占其泽物者，因以部分使守之，以时入之于玉府。谓皮、角、珠、贝也，入之以当邦赋。然后，得取其余，以自为也。入出亦有时日之期。”《风俗通义·山泽》曰：“泽，《尚书》：雷夏既泽。《诗》云：彼泽之陂，有蒲与荷。传曰：水草交厝，名之为泽。泽者，言其润万物，以阜民用也。”《广雅·释地》：“薮、泽，池也。”疏证曰：“薮之言聚也，草木禽兽之所聚也。故《周语》云：薮 ，物之归也。《说文》：薮，大泽也。”程氏传：“为卦，兑上坤下，泽上于地，水之聚也，故为萃。不言泽在地上，而云泽上于地，言上于地，则为方聚之义也。”泽生众物，为众物之府，仰以供玉府，俯以养万民，泽之功用至大。泽薮为物之所，是以坤下兑上，地上有泽，为聚为萃。《系辞传》曰：“坤也者，地也，万物皆致养焉，故曰致乎坤。”又曰，“说万物者，莫说乎泽，润万物者，莫润乎水。”萃卦，下有坤地致养，上有兑泽滋润，故而万物相聚而生。

兑为泽，为施泽润，施恩泽。于《易》，常见于卦之上体，为泽以润下。咸卦，艮下兑上。《彖》曰：“天地感，而万物化生；圣人感人心，而天下和平。观其所感，而天地万物之情可见矣。”谓天施润泽，地受感动，而生万物；圣人施恩泽，人心感动，而天下平安。夬卦，乾下兑上。《象》曰：“泽上于天，夬，君子以施禄及下，居德则忌。”君子施禄及下，即君王施恩泽及下。困卦，坎下兑上。《象》曰：“泽无水，困，君子以致命遂志。”朱熹曰：“水下漏，则泽上枯，故曰泽无水。致命，犹言授命，言持以与人，而不之有也。能如是，则虽困而亨矣。”谓以恩泽授人，自己虽然穷困，却能实现心志，故而亨通。兑卦，兑下兑上。《彖》曰：“兑，说也。刚中而柔外，说以利贞，是以顺乎天，而应乎人。说以先民，民忘其劳；说以犯难，民忘其死。说之大，民劝矣哉！”上不违于天，下施泽于民，顺乎天，而应乎人，为悦。故悦民以恩泽，则民无所不为。又，《象》曰：“丽泽兑，君子以朋友讲习。”朱熹曰：“两泽相丽，互相滋益；朋友讲习，其象如此。”互相滋益，亦互相赐惠。萃卦，坤下兑上，九五中正，坤为民，兑为泽，故为君王施泽，而民来聚之。

《周书·毕命》曰：“三后协心，同底于道。道洽政治，泽润生民。”孔氏传：“三君合心为一，终始相成，同致于道。道至嗇洽，政化治理，其德泽惠施，乃浸润生民。言三君之功，不可不尚。”萃卦，兑在上位，为润泽；坤在下位，为生民：为君王以泽润生民。《小雅·鸿雁》云：“鸿雁于飞，集于中泽。”毛传：“中泽，泽中也。”郑笺：“鸿雁之性，安居泽中。今飞又集于泽中，犹民去其居而离散，今见还定安集。”《正义》曰：“言鸿雁，性好居泽。今往飞，而集于泽中，得其志也。以兴万民，亦情乐处家。今还归，而止于家中，亦得其欲也。”《诗序》曰：“《鸿雁》，美宣王也。万民离散，不安其居，而能劳来还定，安集之，至于矜寡，无不得其所焉。”郑笺：“宣王，承厉王衰乱之敝而起，兴复先王之道，以安集众民为始也。《书》曰：天将有立父母，民之有政有居，宣王之为是务。”萃卦，萃为聚集，坤下兑上，坤为众，兑为泽，亦万民聚集，于君王恩泽之下。故《意林》引《鬼谷子》曰：“以德养民，犹草木之得时；以仁化人，犹天生草木，以雨润泽之。”

兑为泽，为池，为渊。《大雅·灵台》云：“王在灵沼，于牣鱼跃。”毛传：“沼，池也。灵沼，言灵道行于沼也；牣，满也。”郑笺：“灵沼之水，鱼盈满其中，皆跳跃，亦言得其所。”又，《旱麓》云：“鸢飞戾天，鱼跃于渊。”《诗集传》曰：“鸢，鸱类；戾，至也。李氏曰：《抱朴子》曰：鸢之在下无力，及至乎上，耸身直翅而已。盖鸢之飞，全不用力，亦如鱼跃，怡然自得，而不知其所以然也。言鸢之飞，则戾于天矣；鱼之跃，则出于渊矣。”亦谓各得其所。姤卦，九二曰：“包有鱼，无咎。”九四曰：“包无鱼，起凶。”《象》曰：“无鱼之凶，远民也。”是以鱼喻民。萃卦，兑上坤下。兑为泽，坤为众。兑之下为池中渊中，其坤众为鱼，即为民。鱼集于池渊之中，而得其所，即民集于君王泽润之中，而得其所居。临卦，兑下坤上。《象》曰：“泽上有地，临，君子以教思无穷，容保民无疆。”是泽能容民保民，以致无疆。

《说卦传》曰：“坤为牛”，“兑为羊”。萃卦，坤下兑上，为牛羊聚集，为萃。《象》曰：“萃，聚也。”《小雅·无羊》云：“谁谓尔无羊，三百维群。谁谓尔无牛，九十其犉。”《尔雅·释畜》：“牛七尺为犉。”郑笺：“宣王复古之牧法，汲汲于其数，故歌此诗，以解之也。谁谓女无羊，今乃三百头为一群。谁谓女无牛，今乃犉者九十头。言其多矣，足如古也。”《诗序》曰：“《无羊》，宣王考牧也。”《正义》曰：“作《无羊》诗者，言宣王考牧也。谓宣王之时，牧人称职，牛羊复先王之数，牧事有成，故言考牧也。经四章，言牛羊得所，牧人善牧；又以吉梦献王，国家将有休庆：皆考牧之事也。”又曰，“此美其新成，则往前尝废，故本厉王之时。今宣王始兴而复之，选牧官得人，牛羊蕃息，至此而牧事成功，故谓之考牧。又解成者，正谓复先王牛羊之数也。言至此而成者，初立牧官，数未即复，至此作诗之时，而成也。王者牛羊之数，经典无文，亦应有其大数。今言考牧，故知复之也。”《诗毛氏传疏》曰：“《斯干》营室，《无羊》畜牧，皆是宣王遭乱中兴，国家殷富也。”桂馥《说文解字义证》曰：“牧者，畜养之总名，非止牛马也。”是牧亦谓牧民。萃卦，以牛羊聚集为象，当谓盛世丰年，牧事有成，人民团聚，故谓之萃。

萃卦，坤下兑上。坤为十月之卦，兑为一阴消于上，为三月之卦。由下坤至上兑，为十月至三月，即由冬至春。冬则阳气聚集于下，春则万物荟萃，故谓之萃。《说文》：“亥，荄也，十月，微阳起接盛阴。从二，二，古文上字也。一人男，一人女也。从乚，象怀子咳咳之形也。”段玉裁注：“许云荄也者，荄，根也。阳气根于下也。十月，于卦为坤。微阳从地中，起接盛阴。即壬下所云：阴极阳生。故《易》曰：龙战于野。战者，接也。”又，“子，十一月，阳气动，万物滋。”段注：“《律书》：子者，滋也，言万物滋于下也。《律历志》曰：孳萌于子。”又，“丑，十二月，万物动用事，象手之形。”段注：“《后汉书》陈宠传曰：十二月，阳气上通，雉雊鸡乳，地以为正，殷以为春。人于是举手有为。”又，“寅，正月阳气动，去黄泉欲上出。”段注：“杜注《左传》曰：地中之泉，故曰黄泉。”又，“卯，二月，万物冒地而出，象开门之形，故二月为天门。”段注：“《律书》曰：卯之为言，茂也，言万物茂也。《律历志》：冒茆于卯。《天文训》曰：卯则茂茂然。《释名》曰：卯，冒也，载冒土而出也。盖阳气至是始出地。字象开门也。卯为春门，万物已出。”又，“辰，三月阳气动，雷电振，民农时也，物皆生。”段注：“《律书》曰：辰者，言万物之蜄也。《律历志》曰：振美于辰。《释名》曰：辰，伸也，物皆伸舒而出也。季春之月，生气方盛，阳气发泄，句者毕出，萌者尽达。”万物毕出尽达，是以为萃。

萃卦，二之四为艮，三之五为巽，下艮上巽，为渐卦。卦辞曰：“渐，女归吉，利贞。”《彖》曰：“渐之进也，女归吉也。”女归，阴来归依阳。坤阴为众，众来归顺于阳下，为聚为萃。三之五为巽，四之上为兑，巽下兑上，为大过卦。《彖》曰：“大过，大者过也。”阳为大，阴为小。大过之时，即阳气经过之时。此时，藉用白茅、枯杨生梯、栋桡、栋隆、枯杨生华，草木丛生，是以为萃。又，《尔雅·释丘》：“泽中有丘，都丘。”邢昺释曰：“都，水所聚也。言在池泽中者，因名都丘。”郝懿行义疏：“《释名》云：泽中有丘曰都丘，言虫鸟往所都聚也。《韩诗外传》云：禽兽厌深山，而下于都泽。”《广雅·释诂》曰：“都，聚也。”《谷梁传》僖公十六年：“民所聚曰都。”萃卦，上兑为泽，初之四互艮，艮为丘。丘在泽之下，为泽中有丘，为都。都为民所聚，故曰萃。

《京氏易传》曰：“萃，升降阴气盛，刚柔相应合，九五定群阴，二气悦而顺。泽上于地，积阴成萃。”郑玄曰：“坤为顺，兑为说。臣下以顺道承事其君，说德居上待之。上下相应，有事而和通，故曰萃，亨也。”荀爽曰：“谓五以刚居中，群阴顺说而从之，故能聚众也。”王弼注：“方以类聚，物以群分。情同而后乃聚，气合而后乃群。”程氏传：“顺以说，以卦才言也。上说而下顺，为上以说道使命，而顺于人心；下说上之政令，而顺从于上。既上下顺说，又阳刚处中正之位，而下有应助，如此固能聚也。欲天下之萃，才非如是不能也。”又曰，“观萃之理，可以见天地万物之情也。天地化育，万物之生成，凡有者，皆聚也。有无、动静、终始之理，聚散而已。故观其所以聚，则天地万物之情可见矣。”朱熹曰：“坤，顺；兑，说。九五刚中，而二应之。又为泽上于地，万物萃聚之象。”来知德注：“水润泽其地，万物群萃而生，萃之象也。又上悦而下顺，九五刚中，而二以柔中应之，萃之由也。”

萃 《说文》：“萃，艸皃。从艸，卒声。读若瘁。”《说文通训定声》：“萃，按草聚皃。”《集韵》：“萃，艸盛皃。”又，《广雅·释诂》：“萃，聚也。”《方言》：“萃，集也；东齐曰聚。”按，草聚貌为本义，聚集为引伸义，经传多用引伸。《陈风·墓门》云：“墓门有梅，有鸮萃止。”毛传：“萃，集也。”《左传》宣公十二年：“楚师方壮，若萃于我，吾师必尽。”杜预注：“萃，集也。”《孟子·公孙丑上》：“出于其类，拔乎其萃。”赵岐注：“萃，聚也。”《楚辞·天问》“苍鸟群飞，孰使萃之？”王逸注：“苍鸟，鹰也；萃，集也。言武王伐纣，将帅勇猛，如苍鸟群飞，谁使武王集聚之者乎？”洪兴祖补注：“按《诗》，鹰扬指尚父，此群飞者，士以类从也。”类从，犹类聚。《彖》曰：“萃，聚也。”《序卦传》曰：“萃者，聚也。”《杂卦传》曰：“萃，聚。”是《易》亦用引伸义。

《逸周书·大聚解》：“维武王胜殷，抚国绥民，乃观于殷政。告周公曰：呜呼！殷政总总，若风草，有所积，有所虚，和此如何？周公曰：闻之文考，来远宾，廉近者。道别其阴阳之利，相土地之宜、水土之便，营邑制，命之曰大聚。先诱之以四郊，王亲在之；宾大夫，免列以选；赦刑以宽，复亡解辱；削赦轻重皆有数，此谓行风。乃令县鄙商旅，曰：能来三室者，与之一室之禄。辟开修道，五里有郊，十里有井，二十里有舍。远旅来至，关人易资，舍有委。市有五均，早暮如一。送行逆来，振乏救穷。老弱疾病，孤子寡独，惟政所先，民有牧畜。发令以国为邑，以邑为乡，以乡为闾。祸灾相邺，资丧比服。五户为伍，以首为长；十夫为什，以年为长。合闾立教，以威为长；合旅同亲，以敬为长。饮食相约，与弹相庸。耦耕俱耘，男女有婚，坟墓相连，民乃有亲。六畜有群，室屋既完，民乃归之。乡立巫医，具百药以备疾灾，畜五味以备百草。立勤人以职孤，立正长以顺幼，立职丧以恤死，立大葬以正同。立君子以修礼乐，立小人以教用兵，立乡射以习客。春和猎耕耘，以习迁行。教茅与树艺比长，立职与田畴皆通。立祭祀，与岁谷登下厚薄，此谓德教。若其凶土陋民，贱食贵货，是不知政。山林薮泽，以因其利。工匠役工，以攻其材。商贾趣市，以合其用。外商资贵而来，贵物益贱。资贱物，出贵物，以通其器。夫然，则关夷市平，财无郁废，商不乏资，百工不失其时，无愚不教，则无穷乏，此谓和德。若有不言，乃政其凶。陂沟道路，从苴丘坟，不可树谷者，树之材木。春发枯槁，夏发叶荣，秋发实蔬，冬发薪烝，以匡穷困。揖其民力，相更为师，因其土宜，以为民资。则生无乏用，死无传尸，此谓仁德。旦闻禹之禁：春三月，山林不登斧，以成草木之长；夏三月，川泽不入网罟，以成鱼鳖之长。且以并农力执，成男女之功。夫然，则有生而不失其宜，万物不失其性，人不失其事，天不失其时，以成万财。万财既成，放此为人，此谓正德。泉深，而鱼鳖归之；草木茂，而鸟兽归之；称贤使能，官有材而归之；关市平，商贾归之；分地薄敛，农民归之。水性归下，农民归利。王若欲求天下民，先设其利，而民自至。譬之若冬日之阳，夏日之阴，不召而民自来，此谓归德。五德既明，民乃知常。"潘振《周书解义》云："《大聚》，所集者大也。管、蔡监殷，既告之《文政》，而民犹未和也，当有以大集之，故次之以《大聚》。"按，大聚，谓最大限度聚人聚物，尤以聚人。《易乾坤凿度》曰："聚民以萃。"是萃谓聚民。

《虞书·尧典》："曰若稽古帝尧，曰放勋。钦明文思安安，允恭克让，光被四表，格于上下。克明俊德，以亲九族；九族既睦，平章百姓；百姓昭明，协和万邦，黎民于变时雍。"《正义》曰："史将述尧之美，故为题目之辞曰：能顺考校古道，而行之者，是帝尧也。又申其顺考古道之事，曰：此帝尧，能放效上事之功，而施其教化。心意恆敬，智慧甚明，发举则有文谋，思虑则能通敏。以此四德，安天下之当安者。在于己身，则有此四德；其于外接物，又能信实恭勤，善能谦让。恭则人不敢侮，让则人莫与争。由此为下所服，名誉著闻，圣德美名充满，被溢于四方之外，又至上天下地。言其日月所照，霜露所坠，莫不闻其声名，被其恩泽。"又曰，"言尧能名闻广远，由其委任贤哲。言尧之为君也，能尊明俊德之士，使之助己施化。以此贤臣之化，先令亲其九族之亲；九族蒙化，已亲睦矣，又使之和协，显明于百官之族姓；百姓蒙化，皆有礼仪，昭然而明显矣。又使之合会，调和天下之万国；其万国之众人，于是变化从上。是以风俗大和，能使九族敦睦，百姓显明，万邦和睦，是安天下之当安者也。"按，以亲九族，平章百姓，协和万邦，黎民于变，即是聚集民人，犹萃之义。今语谓之团结人民。

王假有庙　《说文》："假，非真也。从人，叚声；一曰至也。《虞书》曰：假于上下。"《尔雅·释诂下》："假，已也。"郝懿行义疏："至亦止也，止亦已也。"《广雅·释诂》："假，至也。"《方言》："假、㑌（古格字），至也。邠、唐、冀、兖之间，曰假或曰㑌。"段玉裁注："徦，今本《方言》作假，非也。"钱坫斠诠："凡经训至之徦，皆当作此，因字从彳有至。"《辨字正俗》曰："《易》、《书》、《诗》、《礼》，凡假、格字，传、注并训至训来，皆徦之叚借字。今经典通作格、假，而徦字废。"是假即徦。《说文》："徦，至也。从彳，叚声。"桂馥义证："《易》丰卦：丰，亨，王假之。王云：大而亨者，王之所至。《正义》：假，至也。萃卦：王假有庙。家人：王假有家。王并云：假，至也。《诗·长发》：昭假迟迟。《释文》云：王肃训假为至。《烈祖》：鬷假无言。《释文》：假，郑音格，至也。《泮水》：昭假烈祖。《云汉》：昭假无赢。传并云：假，至也。《烝民》：昭假于下。《噫嘻》：既昭假尔。笺并云：假，至也。《祭统》：公假于太庙。《孔子·闲居》引《诗》：昭假迟迟。注并云：假，至也。《礼器》：龟龙假。《释文》：假，音格，至也。”是假即徦字，为至。

《大雅·文王》：“有周不显，帝命不时。”毛传：“有周，周也。”《正义》曰：“以周文章，故言有以助之。《烝民》曰：天监有周。《时迈》曰：明昭有周。皆同也，犹《左传》谓济为有济。传迭而解之，有周正周也。”《经传释词》曰：“有，语助也。一字不成词，则加有字以配之。若虞、夏、殷、周皆国名，而曰有虞、有夏、有殷、有周是也。推之他类，亦多有此。故邦曰有邦，家曰有家，室曰有室，庙曰有庙，居曰有居，方曰有方，济曰有济，北曰有北，昊曰有昊，帝曰有帝，王曰有王，司曰有司，正曰有正，僚曰有僚，民曰有民，众曰有众，幼曰有幼，政曰有政，事曰有事，功曰有功，比曰有比，极曰有极，梅曰有梅，的曰有的，三宅曰三有宅，三俊曰三有俊，三事曰三有事。说经者，未喻属词之例，往往训为有无之有，失之矣。”有，助词，置于名词前，或谓词头，无实意。是以王假有庙，谓王至宗庙。

家人卦，离下巽上，为风火家人。九五曰：“王假有家。”五为王位，九五得正得位得中，为王至其家。涣卦，坎下巽上，三之五为艮。《说卦传》曰：“艮为门阙。”有门阙者，乃宗庙之象。九五得中得正得王位，故卦辞曰：“涣，亨，王假有庙。”谓王至宗庙。萃卦，坤下兑上，初之五为大艮，艮为门阙，为宗庙之象。九五得中、得正、得王位，王假有庙，谓王至宗庙。又，观卦，坤下巽上。《彖》曰：“大观在上，顺而巽，中正以观天下。观，盥而不荐，有孚颙若，下观而化也。观天之神道，而四时不忒，圣人以神道设教，而天下服矣。”朱熹曰：“观者，有以示人，而为人所仰也。九五以中正示天下，所以为观。”萃卦，初之五，即观卦之象。宗庙，乃祭之地。王至宗庙，是以祭祀之礼，示天下人，以孝顺之道。故《彖》曰：“王假有庙，致孝享也。”《逸周书·大聚解》曰：“立祭祀，此谓德数。”盖王假有庙，致孝享之类。

利见大人　《礼记·祭义》：“至孝近乎王，至弟近乎霸。至孝近乎王，虽天子必有父；至弟近乎霸，虽诸侯必有兄。先王之教，因而弗改，所以领天下国家也。”又曰，“祀乎明堂，所以诸侯之孝也；食三老五更于大学，所以教诸侯之弟也；祀先贤于西学，所以教诸侯之德也；耕籍，所以教诸侯之养也；朝觐，所以教诸侯之臣也。五者，天下之大教也。”《祭统》曰：“凡治人之道，莫急于礼；礼有五经，莫重于祭。夫祭者，非物自外至者也，自中出于心也。心怵而奉之以礼，是故唯贤者，能尽祭之义。贤者之祭也，必受其福。非世所谓福也，福者备也，备者，百顺之名也，无所不顺者，谓之备。言内尽己，而外顺于道也。忠臣以事其君，孝子以事其亲，其本一也。”萃卦，利见大人，谓王假有庙，致孝享于先人，则可如上所述，以孝礼教人，有利于君王之治，为利见大人。

亨，利贞 《祭统》曰："夫祭之为物大矣，其兴物备矣。顺以备者也，其教之本与。是君子之教也，外则教之，以尊其君长；内则教之，以孝于其亲。是故明君在上，则诸臣服从。崇事宗庙社稷，则子孙顺孝。尽其道，端其义，而教生焉。是故，君子之教也，必由其本，顺之至也，祭其是与。故曰：祭者，教之本也已。"又曰，"夫祭，有十伦焉：见事鬼神之道焉，见君臣之义焉，见父子之伦焉，见贵贱之等焉，见亲疏之杀焉，见爵赏之施焉，见夫妇之别焉，见政事之均焉，见长幼之序焉，见上下之际焉，此之谓十伦。"王假有庙，致孝亨，既得教之本，又见十伦之义，是以亨通，有利于正道，谓之亨，利贞。

《孝经·开宗明义章》："子曰：夫孝，德之本也，教之所由生也。"又，"夫孝，始于事亲，中于事君，终于立身。《大雅》云：无念尔祖？聿修厥德。"李注："无念，念也；聿，述也。义取恆念先祖，述修其德。"《天子章》："子曰：爱亲者，不敢恶于人；敬亲者，不敢慢于人。爱敬尽于事亲，而德教加于百姓，刑于四海，盖天子之孝也。"谓天子之孝，德教加被天下，当为四夷之所法则。《孝治章》："子曰：昔者，明王之以孝治天下也，不敢遗小国之臣，而况于公侯伯子男乎？故得万国之欢心，以事其先王。"注："万国，举其多也。言行孝道，以理天下，皆得欢心，则各以其职，来助祭也。"《感应章》："故虽天子，必有尊也，言有父也；必有先也，言有兄也。宗庙致敬，不忘亲也；修身慎行，恐辱先也；宗庙致敬，鬼神著矣。孝悌之至，通于神明，光于四海，无所不通。《诗》云：自西自东，自南自北，无思不服。"注："能尽宗庙，顺长幼，以极孝悌之心，则至性通于神明，光于四海，故曰无所不通。"致孝敬，无所不通，无思不服，故亨通，而利于正，谓之亨，利贞。

又，《祭统》曰："祭者，泽之大者也。是故上有大泽，则惠必及下。顾上先下后耳；非上积重，而下有冻馁之民也。是故，上有大泽，则民夫人待于下流，知惠之必将至也，由馂见之矣，故可以观政矣。"萃卦，坤在下，坤为众为民；兑在上，兑为泽为惠。是上有大泽，泽润下民；民待于下，知惠之将至。为祭者，泽之大者之象。《彖》曰："萃，聚也，顺以说，刚中而应，故聚也。"此即以孝享教民，民顺应君王，是以得聚。得聚谓亨，谓利正。程氏传："王者萃人心之道，至于建立宗庙，所以致其孝享之诚也。祭祀，人心之所自尽也，故萃天下之心者，无如孝享。王者萃天下之道，至于有庙，则其极也。"亦谓王者聚民，莫如致其孝享。君臣犹父子，孝父则忠君，唯孝教方得君臣之义，故聚之本为孝道。得道亨通，得本利正。故《彖》曰："利见大人，亨，聚以正也。"

用大牲吉 《说文》:“用,可施行也。从卜,从中。卫宏说:凡用之属,皆从用。𤰔,古文用。”段玉裁注:“卜中则可施行,故取以会意。”桂馥义证:“《易》:是兴神物,以前民用。从卜从中者,《中庸》:用其中于民。”萃卦,二、五得位得中,是以可用。《说卦传》曰:“坤为牛”,“兑为羊”。羊,又为祥为吉。萃卦,坤下兑上,为用大牲吉。李鼎祚《周易集解》,引郑康成曰:“大牲,牛也。”《左传》僖公十九年:“小事不用大牲。”国之大事,在祀与戎,故祭祀用大牲。《周礼·牛人》曰:“凡祭祀,共其享牛、求牛。”郑氏注:“郑司农云:享牛,前祭一日之牛也;求牛,祷于鬼神,所求福之牛也。玄谓:享,献也,献神之牛,谓所以祭者也;求,终也,终事之牛,谓所以绎者也。宗庙有绎者,孝子求神非一处。”《礼记·祭义》曰:“古者,天子诸侯,必有养兽之官。及岁时,齐戒沐浴,而躬朝之。牺牷祭牲,必于是取之。敬之至也。君召牛,纳而视之,择其毛而卜之,吉,然后养之。君皮弁素积,朔月、月半,君巡牲,所以致力,孝之至也。”孔颖达疏:“所以致力,孝之至也者,是孝道之至极。”用大牲,为孝道之至极。上可以祈福求终,下可以化民聚民,是以吉利。

利有攸往 《论语·学而》:“曾子曰:慎终追远,民德归厚矣。”何晏《集解》:“孔曰:慎终者,丧尽其哀;追远者,祭敬其敬。君能此二者,民化其德,皆归于厚也。”朱熹《集注》:“慎终者,丧尽其礼;追远者,祭尽其诚;民德归厚,谓下民化之,其亦归于厚。盖终者,人之所易忽也,而能谨之;远者,人之所易忘也,而能追之,厚之道也。故以此自为,则己之德厚;下民化之,则其德亦归于厚也。”刘宝楠《正义》曰:“追远者,《说文》:追,逐也。《诗·鸳鸯》笺:远,犹久也。并常训。言凡父祖已殁,虽久远,当时追祭之也。《荀子·礼论》云:故有天下者,事十世;有一国者,事五世;有五乘之地者,事三世;有三乘之地者,事二世。又,《周官·司尊彝》言:四时间祀有追享。郑康成注:以为祭迁庙之主。则此文追远,不止以父母言矣。民德归厚者,《乐记》云:德者,性之端也。《淮南子·齐俗训》:得其天性谓之德。《谷梁僖二十八年传》:归者,归其所也。《墨子·经上》:厚,有所大也。当春秋时,礼教衰微,民多薄于其亲,故曾子讽在位者,但能慎终追远,民自知感厉,亦归于厚也。《礼·坊记》云:修宗庙,敬祭祀,教民追孝也。”萃卦,王假有庙,致孝享,以此观示天下,天下民德归厚,是以利有攸往。《说文》:“孝,善事父母者。从老省,从子,子承老也。”段玉裁注:“《礼记》:孝者,畜也。顺于道,不逆于伦,是之谓畜。”顺于道,不逆于伦,即顺天命。故《彖》曰:“王假有庙,致孝享也。”“利有攸往,顺天命也。”《说卦传》曰:“坤,顺也。”“兑,为口舌。”萃卦,坤下兑上,为顺天命。又,初六曰:“往无咎。”六二曰:“引吉无咎。”六三曰:“往无咎。”九四曰:“大吉无咎。”九五曰:“有位无咎。”上六曰:“无咎。”自初至上，皆曰无咎，为利有攸往，为顺天命。

按，《十三经·周易正义》，王假有庙之前，有亨字。阮元《校勘记》曰：“《石经》、《岳本》、《闽》、《监》、《毛本》同。《释文》曰：亨，王肃本同；马、郑、陆、虞等，并无此字。”一九七三年，长沙马王堆汉墓，出土《帛书周易》，曰：“卒（萃），王叚（假）于（有）庙。”无亨字。校之《象》，王假有庙之前，了无亨义，是亨为衍字，故不录。

《象》曰：“泽上于地，萃，君子以除戎器，戒不虞。”除，修治。《逸周书·文酌》曰：“除戎咎丑。”潘振云：“除，修也；戎，兵。”丁宗洛云：“除戎，即《易》除戎器，戒不虞意。”朱右曾云：“除，治也。”《大戴礼记·曾子立事》：“君子患难除之。”王聘珍解诂：“虞注《易·象传》云：除，修也。”按，李鼎祚《周易集解》引虞翻曰：“除，修戎兵也。《诗》曰：修尔车马，弓矢戎兵。”《周易正义》孔颖达疏：“除者，治也，修治戎器，以备不虞也。”陆德明《经典释文·周易音义》：“除戎器，本亦作储，又作治。王肃、姚、陆云：除，犹修治。”朱骏声《说文通训定声》曰：“除，又为储。按，《诗·斯干》：风雨攸除。《易·萃》：君子以除戎器。《诗·天保》：何福不除。”《群经平议·毛诗三》：“何福不除。”俞樾按：“除，当读为储。”是除戎器，为修治储备兵器。

《月令·季春之月》云：“是月也，命工师，令百工，审五库之量，金、铁、皮、革、筋、角、齿、羽、箭、干、脂、胶、丹、漆，毋或不良。”郑氏注：“工师，司空之属官也。五库，藏此诸物之舍也。量，谓物善恶之旧法也。干，器之木也。凡䊤干，有当用脂。良，善也。”孙希旦《礼记集解》：“愚谓：金，铜、锡也。皮去毛曰革。箭，竹之小者，可为箭笴。干，弓干也。脂，亦以柔皮革。《考工记》：革欲其柔滑，而腥脂之则需胶，烹兽之皮角，及鱼膘为之。丹，朱砂也。审五库之量，所以预察其材之美也。”又，《孟冬之月》云：“天子乃命将帅讲武，习射御，角力。”郑氏注：“为仲冬将大阅，简习之。亦因营室主武士也。凡田之礼，唯狩最备。《夏小正》：十一月王狩。”孔颖达《正义》曰：“《春秋说》云：营室主军士之粮。云凡田之礼，唯狩最备者，解此经孟冬。云乃命将帅，讲武习射御，言习是未正用也，备拟仲冬，教战之事所须，故言唯狩最备，谓狩礼大也。故仲冬教大阅，礼仪备。”萃卦，兑上坤下，为季春之月，与孟冬之月，是以有聚物聚人，除戎器，习射御，戒不虞之谓。

《逸周书·程典》曰：“于安思危，于始思终，于迩思备，于远思近，于老思行，不备？无违严戒。”《逸周书彙校集注》，引孙诒让云：“《左襄十一年传》，引《书》曰，即此文。彼下文又云：思则有备，有备无患。似亦本此义。又，《吕氏春秋·慎大篇》云：于安思危。又，《直谏篇》高诱注，引《书》云：于安思危。亦即此。”丁宗洛云：

"不备，犹言岂不备也。"《白虎通·三军》曰："国必三军何？所以戒非常，伐无道，尊宗庙，重社稷，安不忘危也。"《说苑·指武》："《司马法》曰：国虽大，好战必亡；天下虽安，亡战必危。《易》曰：君子以除戎器，戒不虞。夫兵不可玩，玩则无威；兵不可废，废则召寇。昔吴王夫差，好战而亡；徐偃王无武，亦灭。故明王之治国也，上不玩兵，下不废武。《易》曰：存不忘亡，是以身安，而国家可保也。"按，《系辞传》曰："君子安而不忘危，存而不忘亡，治而不忘乱，是以身安，而国家可保也。"故君子以除戎器，戒不虞，谓太平盛世，君子应修储兵器，讲习武事，以防战争不测。于象，《说卦传》曰："坤为地"，"兑为泽"。泽为流潦归之，万物聚之，故为萃。然泽当在下，坤当在上；今兑上坤下，泽上于地，赖堤防所安。若堤防决，水溢出，轻则成灾，重则灭顶。故君子者，治国安邦，必居安思危，除戎器，戒不虞。大过卦，巽下兑上。上六曰："过涉灭顶，凶。"是兑在上，有灭顶之灾，有凶象。

姤卦和萃卦，互为邻卦。《序卦传》曰："姤者，遇也。物相遇而后聚，故受之以萃。萃者，聚也。"姤卦《彖》曰："姤，遇也，柔遇刚也"，"天地相遇，品物咸章也；刚遇中正，天下大行也"。阴阳相遇，故品物咸章，天下大行，即谓阴阳相遇，而后有所聚。萃卦《彖》曰："萃，聚也。顺以说，刚中而应，故聚也。"谓阴来顺阳，即阴来遇阳，所以刚中而得柔应。阴阳相应，故万物生而聚之。是姤卦为因，萃卦为果，互为邻卦。又，姤卦之时，一阴来下遇阳，阴始成物。故《彖》曰："姤之时义大矣哉！"无姤之时，则无萃之时。萃卦，三阴来下遇阳，七月阴成体，万物成而聚。《太玄经·聚》曰："阴气收聚，阳不禁御，物相崇聚。"范望注："聚，象萃卦。谓之聚者，言阴盛阳衰，万物衰落，阴气收取，而崇聚之，故谓之聚。"故萃卦《彖》曰："观其所聚，天地万物之情可见矣。"谓观其所聚，乃见万物之理，皆乾知大始，坤作成物。乾卦《彖》曰："至哉乾元！万物资始，乃统天。"坤卦《彖》曰："至哉坤元！万物资生，乃顺承天。"此其万物之情，概莫能外。姤卦和萃卦，即是阴阳相遇而成物，物成而聚。故姤卦之后，次之以萃卦，姤、萃为邻卦。

大畜卦和萃卦，互为错卦。大畜卦，乾下艮上，乾在山下，大畜。乾为天，艮为山，乾不在山上，而在山下，是大者畜养之象，为大畜。萃卦，坤下兑上，坤在泽中，萃。坤为众，兑为泽，泽生万物，众聚于泽中，是聚集之象，为萃。《彖》曰："大畜，刚健、笃实、辉光，日新其德。刚上而尚贤，能止健，大正也。不家食吉，养贤也。"所畜，所尚，所养，皆为乾阳，故曰大畜。《彖》曰："萃，聚也。顺以说，刚中而应，故聚也。"坤阴为顺，为应。阴众来顺应阳，故曰萃。前者，谓阳息山下；后者，谓阴聚泽中。前者，阳息山下，乃为自修；后者，阴聚泽中，则是顺应。前者，为主体；后者，为客体。是以阴阳相反，互为错卦。又，大畜卦，乾下艮上。乾为四月，艮为九月。四月阳极而退，而阴渐升；至九月，阳将退尽，为阴来用事，为夏、秋。萃卦，坤下兑上。坤为十月，兑为三月。十月阴极而退，而阳渐升；至三月，阴将退尽，为阳来用事，为冬、春。是两卦阴阳相反，互为错卦。

初六，有孚不终，乃乱乃萃。若号，一握为笑。勿恤，往无咎。

〔译〕 初六，有诚信相应，而未致九五，就是乱聚。如若君王能行号令，天下运于一握之中，则为可喜。不须担忧，往归九五中正无灾。

《象》曰："乃乱乃萃，其志乱也。"

〔证〕

有孚不终 《说文》："孚，一曰信也。"凡信实为孚。阳为实，为君子，皆为可信，为孚。又，阴与阳相应，为有信，有信为有孚。比卦初六曰："有孚比之，无咎。"谓初六比辅九五，以阴比阳，为有孚比之。益卦六三曰："益之用凶事，无咎，有孚。"谓六三与上九相应，为有孚。萃卦，初六与九四相应，故曰有孚。《广雅·释诂一》云："终，极也。"《易》，九五为中极。初六有孚无终，初为始，四不为终。初六往上应九四，为有孚；九四不是萃之主，犹比之匪人，为虽有孚，而终无成，为有孚不终。坤卦卦辞曰："坤，先迷后得主。"《象》曰："先迷失道，后顺得常。"萃卦下为坤，初六先迷。以其先迷失道，故而有孚不终。《文言》曰："阴虽有美含之，以从王事，弗敢成也。地道也，妻道也，臣道也。地道无成，而代有终也。"宋衷曰："臣子虽有才美，含藏以从其上，不敢有所成名也。地得终天功，臣得终君事，妇得终夫业，故曰而代有终也。"萃卦九四非王，初六以应，失天地君臣之道，是以有孚不终。坤卦六三曰："含章可贞，或从王事，无成有终。"萃卦初六，所从非王者之事，为有孚不终。通观萃卦，九五曰："萃有位。"为萃聚之主。是以不与之相应，或相比者，如初六、六三，皆有不是之辞。故有孚不终者，谓有孚相应，而应非其主。终，《系辞传》曰："卒成之终。"有孚不成，是以不终。又，初六处萃之最下，地远难至，是或有孚不终。又，初六阴在阳位，九四阳在阴位。以不当位之阴，与不当位之阳相应，亦有孚不终。

乃乱乃萃 《经传释词》："乃，犹于是也。"谓有孚不终，于是乱萃。《说文》："亂（乱），治也。从乙，乙，治之也；从𤔔。"又，"𤔔，治也。读若亂，同。"《玉篇·乙部》："亂，理也。"杨树达《积微居小学述林·释𤔔》曰："余谓字当从爪从又，爪、又皆谓手也。𤔔，从爪从又者，人以一手持丝，又一手持互以收之。丝易乱，以互收之，则有条不紊，故字训治训理也。如此则形义密合无间。”又，《说文》：“敽，烦也。从攴，𤔔声。”段玉裁注：“烦，热头痛也。引伸为烦亂。按敽与受部𤔔，乙部亂，言部䜌，音义皆同。烦曰敽，治其烦亦曰亂也。”朱骏声《说文通训定声》：“亂，假借为敽。”故《广韵·换韵》曰：“亂（乱），不理也。”按，经传多以乱为不理。履卦九二《象》曰：“幽人贞吉，中不自乱也。”谓幽人，正道而吉利者，因为守中，不自昏乱。”既济卦卦辞曰：“初吉终乱。”《象》曰：“终止则乱，其道穷也。”道穷则乱，谓无道则乱。萃卦初六之乱，亦与履卦和既济卦同，即坤卦《象》曰：“先迷失道。”皆意志惑乱不理。朱骏声《六十四卦经解》：“比一阳，故上下皆应。萃二阳，故无所适从而志乱。初本应四，欲舍四从五，必勿恤，往乃不乱也。《伪书》曰：无主乃乱。《孟子》曰：定于一。如楚、汉方争，诸侯王叛附无常，乃乱乃萃之象。”《象》曰：“乃乱乃萃，其志乱也。”在萃之时，九五中正得位，天下响应。然初六应于九四，志乱而萃，是为乃乱乃萃，为乱萃。

若号，一握为笑 《说文》：“號（号），呼也。从号，从虎。”段玉裁注：“嗁號声高，故从号；虎哮声厉，故从虎。号亦声。引伸为名號，为號令。”《释名·释言语》：“號（号），呼也。以其善恶，呼名之也。”《白虎通·号》曰：“帝王者何？号也。号者，功之表也，所以表功明德，号令臣下者也。德合天地者称帝，仁义合者称王，别优劣也。《礼记·谥法》曰：德象天帝称帝，仁义所生称王。帝者天号，王者五行之称也。皇者何谓也？亦号也。皇，君也，美也，大也，天人之总，美大称也。时质，故总称之也。号之为皇者，煌煌人莫违也。或称天子，或称帝王何？以为接上称天子，明以爵事天也；接下称帝王者，明位号天下至尊之称，以号令臣下也。夏、殷、周者，有天下之大号也。百王同天下，无以相别，改制天下之大礼，号以自别于前，所以表著己之功业也。必改号者，所以明天命已著，欲显扬己于天下也。不以姓为号何？姓者，一字之称也，尊卑所同也。诸侯各称一国之号，而有百姓矣；天子至尊，即备有天下之号，而兼万国矣。《春秋传》曰：王者受命而王，必择天下之美号，以自号也。”《周礼·大祝》曰：“辨六号。”郑氏注：“号，谓尊其名，更为美称焉。”《韩非子·五蠹》：“上古之世，人民少，而禽兽众，人民不胜禽兽虫蛇。有圣人作，构木为巢，以避群害，而民悦之，使王天下，号曰有巢氏。”是号，既为呼号，亦为名号。

《系辞传》曰：“天尊地卑，乾坤定矣；卑高以陈，贵贱位矣。”是以，凡谓号者，皆在乾阳之爻。涣卦，坎下巽上。九五曰：“涣其大号。”九五，阳在君位，自号天子，而号令臣民，为大号。夬卦，乾下兑上。卦辞曰：“孚号有厉。”谓九五之上，有阴乘之，阳为孚为号，阴为恶厉，为孚号有厉。上六曰：“无号。”上六位高，而非阳爻，既不能自号，也不能号令臣民，故曰无号。又，同人卦，离下乾上。九五曰：“同人，先号咷，而后笑。”九五阳为号，六二阴顺似笑，号可读为号咷之号。旅卦，艮下离上。上九曰：“旅人，先笑后号咷。”上九阳为号，六五阴顺似笑，号可读为号咷之号。以上，凡谓号者，皆为阳爻，且在上卦五、上之位，即天位。是号，为尊贵之名，为号令其下。萃卦初六，有孚不终，乃乱乃萃，故须九五号召，以俾初六来聚。是号，亦谓九五。若号，一握为笑，谓九五君王，如能号召天下人民，则初之四为艮，艮为手，手成一握，而阴顺为笑，为一握为笑，即得萃聚之义。

《列子·汤问篇》曰：“当臣之临河持竿，心无杂虑，唯鱼之念；投纶沈钩，手无轻重，物莫能乱。鱼见臣之钩饵，犹沈埃聚沫，吞之不疑。所以能以弱制强，以轻制重也。大王治国，诚能若此，则天下可运于一握，将亦奚事哉？楚王曰：善。”张湛注：“善其此谕者，以讽其用治国矣。”《帛书十六经·成法》曰：“乃能操正以正奇，握一以知多。”皮日休《原化》曰：“率邪以御众，握乱以治天下。”是握，谓掌握、控制。初六所言，谓在乱聚之时，若得九五中正号召，天下掌握在其手中，则百姓无不顺而喜之。《说文》：“笑，喜也。”一握为笑，犹一统皆喜。

勿恤，往无咎 《说文》：“恤，忧也。”又，“往之也。”于《易》，下之上，内之外，阴之阳，为往。萃卦之往，皆谓往归九五中正之王。《老子》曰：“执大象，天下往；往而不害，安平泰。”河上公注：“象，道也。”成玄英疏：“大象，犹大道之法象也。”范应元注：“圣人能执道不失，则天下皆心往，而诚归之，非圣人有招天下之心也。”又曰，“天下皆心往，而诚归之，并育而不相害者，惟圣人一毫无私欲，神安气平，而极于精通，无一物不得其所。圣人安平泰，而天下亦自然安平泰也。”《史记·周本纪》曰：“公季卒，子昌立，是为西伯。西伯曰文王，遵后稷、公刘之业，则古公、公季之法，笃仁，敬老，慈少。礼下贤者，日中，不暇食以待士，士以此多归之。伯夷、叔齐在孤竹，闻西伯善养老，盍往归之。太颠、闳夭、散宜生、鬻子、辛甲大夫之徒，皆往归之。”《论语·颜渊》曰；“天下归仁焉。”萃卦初六，往归九五中正，乃归仁焉，是以不用忧虑，往而无灾。

六二，引吉，无咎。孚乃利用禴。

〔译〕 六二，引伸而上应，吉利，没有灾过。只要有诚信，可以用薄礼祭祀。

《象》曰：“引吉无咎，中未变也。”

〔证〕

引吉 《说文》：“引，开弓也。从弓、丨。”段玉裁注：“开下曰张也，是门可曰张，弓可曰开，相为转注也。施弦于弓曰张，**钩**弦使满，以竟矢之长，亦曰张，是谓之引。凡延长之称，开导之称，皆引申于此。”又曰，“从弓丨，此引而上行之丨也，为会意。丨，亦象矢形。”《尔雅·释诂上》：“引，长也。”郝懿行义疏：“《汉书·律历志》云：引者，信也，信与伸同。故《文选·典引》，蔡邕注：引者，伸也，长也。按乐歌皆有引，引声长言之意。故《乐记》注：长言之，引其声也。”《小雅·楚茨》：“子子孙孙，勿替引之。”毛传：“替，废；引，长也。”郑笺：“愿子孙无废，而长行之。”《正义》曰：“《释诂》云：子子孙孙，引无极也。舍人曰：子孙长行美道，引无极也。郭璞曰：世世昌盛，长无穷，是无废长行之。”《系辞传》：“引而伸之，触类而长之。”引，引伸，引长。六二引吉，即是谓六二，引伸向上吉利。

无咎　《系辞传》曰：“吉凶者，言乎其失得也。”六二引而向上，得与九五相应，是以为吉。又，《系辞传》：“《易》曰：自天祐之，吉无不利。子曰：祐者助也，天之所助者信也。履信思乎顺，又以尚贤也，是以自天祐之，吉无不利。”萃卦，六二阴，与九五应，是履信思乎顺，又以尚贤；九五天位，与六二应，是自天祐之，吉无不利，故引而向上吉利，为引吉。在萃之时，六二当位得中，引而向上，往应九五中正，为顺以说，刚中而应；为聚之以正，顺乎天命；为利有攸往，为引吉无咎。《象》曰：“引吉无咎，中未变也。”二位下坤之中，五位上兑之中，以中应中，六二得中未变。坤卦六二曰：“直方大，不习无不利。”《象》曰：“六二之动，直以方也；不习无不利，地道光也。”《文言》曰：“直其正也，方其义也。君子敬以直内，义以方外，敬义立而德不孤。直方大，不习无不利，则不疑其所行也。”六二，以此引而向上，应九五中正，或从王事，必吉利而无灾咎，谓引吉无咎。程氏传：“五居尊位，有中正之德，二亦以中正之道，往与之萃，乃君臣和合也。其所共致，岂可量也？是以吉而无咎也。”于象，初之五为重艮，重艮为双手；三之上为长坎，坎为弓，长坎为满弓；三之五为巽，巽为木，为绳直。手在弓矢之中和之后，似持弓、钩弦、引矢。竟矢之长而引发，是以矢直之言，往应九五，为引吉无咎。

孚乃利用礿　《尔雅·释天》：“春祭曰祠，夏祭曰礿，秋祭曰尝，冬祭曰烝。”郭璞注：“祠，祠之言食；礿，新菜可汋；尝，尝新谷；烝，进品物也。”《周礼·大宗伯》：“以祠春享先王。以礿夏享先王，以尝秋享先王，以烝冬享先王。”《礼记·王制》：“天子诸侯，宗庙之祭，春曰礿，夏曰禘，秋曰尝，冬曰烝。”郑氏注：“此盖夏、殷之祭名，周则改之：春曰祠，夏曰礿，以禘为殷祭名。”《祭统》曰：“凡祭有四时：春祭曰礿，夏祭曰禘，秋祭曰尝，冬祭曰烝。礿、禘，阳义也；尝、烝，阴义也。禘者，阳之盛也；尝者，阴之盛也。”郑氏注：“谓夏、殷时礼也。”按，《礼记》用夏正，故《月令》以一、二、三月为春，四、五、六月为夏，七、八、九月为秋，十、十一、十二月为冬。《王制》、《祭统》以夏礼，春祭曰礿。周以十一月为正，《释天》、《大宗伯》以周礼，故夏祭曰礿。其实，周历之夏，约夏历之春，周之夏祭曰礿，即夏之春祭曰礿，两者时值，大致相当。

《小雅·天保》："礿祠烝尝，于公先王。"《诗集传》曰："宗庙之祭，春曰祠，夏曰礿，秋曰尝，冬曰烝。公，先公也，谓后稷以下，至公叔祖类也。先王，大王以下也。文王时，周未有曰先王者，此必武王以后，所作也。"此诗，为武王后所作，所以春曰祠，夏曰礿，以周礼，故与《大宗伯》同。萃卦，坤下兑上，泽润大地，万物萃生，春来之卦。六二言礿，当谓春祭。春天物生而未成，只有新菜可瀹，故礿祭谓薄祭。既济卦九五曰："东邻杀牛，不如西邻之礿祭。"《论衡·祀义》曰："纣杀牛祭，不致其礼；文王礿祭，竭尽其敬。"《汉书·郊祀志下》引曰："东邻杀牛，不如西邻之瀹祭，言奉天之道，贵以诚质，大得民心也。行秽祀丰，犹不蒙祐；德修荐薄，吉必大来。"颜师古曰："此《易》既济九五爻辞也。东邻，谓商纣也；西邻，周文王也。瀹祭，谓瀹煮新菜以祭。言祭祀之道，莫盛修德，故纣之牛牲，不如文王之蘋藻也。"六二，以中道应五，中犹忠信，为孚。以忠信事上，犹孚乃利用礿，谓心诚则不须礼厚。

王弼曰："礿，殷春祭名也，四时祭之省者也。居聚之时，处于中正，而行于忠信，故可以省薄，荐于鬼神也。"李道平纂疏："隐三年《左传》：苟有明信，涧谿沼沚之毛，蘋蘩薀藻之菜，筐筥锜釜之器，潢汙行潦之水，可荐于鬼神，可羞于王公。又曰，《风》有《采蘩》、《采蘋》，《雅》有《行苇》、《泂酌》，昭忠信也，是其义也。"程氏传："孚乃利用礿：孚，信之在中，诚之谓也；礿，祭之简薄者也。菲薄而祭，不尚备物，直以诚意，交于神明也。孚乃者，谓有其孚，则可不用文饰，专以至诚，交于上也。以礿言者，谓荐其诚而已；上下相聚，而尚饰焉，是未诚也。盖其中实者，不假饰于外，用礿之义也。孚信者，萃之本也。不独君臣之聚，凡天下之聚，在诚而已。"按，升卦，巽下坤上。九二曰："孚乃利用礿。"升卦为萃卦综卦，是下中与上中，阴阳相应为孚，下以中应上，忠信不必厚礼。又，初之五为观，观为庙堂之象。二之四为艮，艮为果蓏。庙中以果蓏供荐，为礿祭。

六三，萃如嗟如，无攸利。往无咎，小吝。

〔译〕 六三，边往聚，边叹息，无所益处。前往归聚无灾，只有小憾。

《象》曰："往无咎，上巽也。"

〔证〕

萃如嗟如 《尔雅·释诂下》："嗟，咨嗟也。"郭璞注："今河北人云嗟叹。"郝懿行义疏：“《玉篇》云：嗟，忧叹也。《广韵》云：嗟，长叹。《太玄·菁》云：时嗟嗟。范望注：嗟嗟，长叹也。”《经传释词》：“如，犹然也。”《邶风·旄丘》：“叔兮伯兮，褎如充耳。”毛传：“大夫褎然，有尊严之服。”是如、然，可以互换。屯卦六二曰：“屯如邅如，乘马班如。”《子夏传》曰：“如，辞也。”马融曰：“邅如，难行不进之貌。”节卦六三曰：“不节若，则嗟若。”王弼注：“若，辞也。”是如、若，皆为辞，嗟如犹嗟若，如、若，皆为然。萃卦六三曰：“萃如嗟如。”即谓萃聚然，长叹然。今语谓萃聚样子，长叹样子。按，六三为下坤为首，坤为众，率众以顺承天，是为萃如。三多凶，三在巽，巽为不果；又，三之上为互坎，坎其于人也，为加忧，为心病，为亟心；其上为兑，兑为口舌，是以为忧而嗟叹。

无攸利 萃卦，初之三为坤，三之五为巽，坤下巽上，观卦之象。观卦《彖》曰：“大观在上，顺而巽，中正以观天下。观，盥而不荐，有孚颙若，下观而化也。观天之神道，而四时不忒，圣人以神道设教，而天下服矣。”萃卦，天下归仁之卦。六三，在进观阙之中，是上往萃聚之象，故曰萃如。然二之四为艮，艮为止。九四，横于九五中正之下；六三受阻，故欲归仁而不得，是以嗟如。节卦，兑下坎上，三之五为艮。六三曰：“不节若，则嗟若。”以其三在艮下，艮为止，三受其阻止，是亦嗟若。萃卦六三，且进且叹，无裨于萃，故曰无攸利。《彖》曰：“利有攸往，顺天命也。”在萃之时，上兑，九五中正；下坤，众望以归。九五，上应上六，为上顺乎天；下应六二，为下应乎人，为革卦汤、武之象，是以六三攸往，乃顺天命；萃如嗟如，或怀二心，则无所利。

往无咎 《象》曰：“往无咎，上巽也。”萃卦，三之五为巽，三在巽下，为上巽也。巽卦《彖》曰：“刚巽乎中正而志行，柔皆顺乎刚，是以小亨。”小亨，谓在巽之时，柔顺乎刚，刚又巽乎中正，是以小者亨通。阳为大，阴为小。小亨，即阴亨。六三往无咎，即往而亨通之意。又，巽卦《象》曰：“随风，巽，君子以申命行事。”六三在巽之下，随风，是君子以申命行事，聚向九五，故而往无咎。又，二之四为艮，艮为止；三之上为长坎，坎为多眚为灾；四之上为兑，兑为羊为祥。六三，若止而在坎，则有咎；若动而往上，则遇祥而无灾，是以谓往无咎。《周书·洪范》曰：“惟十有三祀，王访于箕子。”《序》曰：“武王胜殷，杀受，立武庚。以箕子归，作《洪范》。”《正义》曰：“《书传》云：武王释箕子之囚，箕子不忍周之释，走之朝鲜。武王闻之，因以朝鲜封之。箕子既受周之封，不得无臣礼，故于十三祀来朝。武王因其朝，而问《洪范》。”萃卦，上兑为口舌，为问；又，五在巽，六三往应，为往无咎，犹箕子之象。

小吝 《说文》：“吝，恨惜也。”小吝，谓小者吝，即阴小者之恨惜。《系辞传》曰：“三与五，同功而异位。三多凶，五多功，贵贱之等也。其柔危，其刚胜邪。”崔憬曰："三，诸侯之位；五，天子之位。同有理人之功，而君臣之位异者也。"韩康伯注："三、五阳位，柔非其位，处之则危。"萃卦六三，居众阴之首，在阳位而为阴，为小者而恨惜，为小者之吝。又，以柔顺五，有卑佞之嫌，为小吝。坤卦，六三曰："含章，可贞，或从王事，无成有终。"朱熹曰："六，阴；三，阳。内含章美，可贞以守。然居下之上，不终含章，故或时出，而从上之事，则始虽无成，而后必有终。"小者从王事，虽不得有成，而终有终，是小者之吝，亦小吝。三之上坎象。坎为加忧，为心病，为亟心。三位坎初，为小吝。

九四，大吉，无咎。

〔译〕 九四，大吉利，无灾过。

《象》曰："大吉无咎，位不当也。"

〔证〕

大吉 大吉与小吝对举。六三阴，阴为小，其吝为小吝。九四阳，阳为大，其吉为大吉。小畜卦，乾下巽上。《彖》曰："小畜，柔得位，而上下应之，曰小畜。"柔得位，即阴得位，阴为小，上下应之为畜，为小畜。泰卦，乾下坤上。卦辞曰："小往大来。"泰卦，坤阴在上，阴为小，上为往，为小往；乾阳在下，阳为大，下为来，为大来。与此相反，否卦，坤下乾上，卦辞曰："大往小来。"否卦，乾阳在上，阳为大，上为往，为大往；坤阴在下，阴为小，下为来，为小来。大畜卦，乾下艮上。《彖》曰："刚健、笃实、辉光，日新其德。"阳为刚健为大，笃实、辉光，日新其德，故乾在艮下为大畜。大过卦，巽下兑上。《彖》曰："大过，大者过也。栋桡，本末弱也，刚过而中。"阳为大者，阴为小者，是大过即阳过。大过卦，中间四阳，为栋桡；初、上阴，为本末弱。刚过而中，谓阳过而得中位，阳为大，故为大过。大壮卦，乾下震上。《彖》曰："大壮，大者壮也。刚以动，故壮。"刚为阳，阳动故壮，是大壮谓阳壮。小过卦，艮下震上。《彖》曰："小过，小者过而亨也。柔得中，是以小事吉也。"柔得中，而小事吉，即阴得中，而小事吉。是阴为小，谓小事吉。萃卦，九四为阳，阳为大，阳吉为大吉。《论语·述而》："子曰：甚矣，吾衰也！久矣，吾不复梦见周公！"《正义》曰："案，周公成文、武之德，致治太平，制礼作乐。"孔子于乱世梦见周公，思得如周公之人，匡时扶正，以从周室。九四，以阳刚辅五，如周公然，是以大吉。

无咎 《象》曰："大吉无咎，位不当也。"于卦，初、三、五为阳位；二、四、上为阴位。今九四为阳，阳居阴位，为位不当。位不当，应有咎；然当萃聚天下之时，四位为阳，为大吉，故而无咎。按，大吉无咎者，有四：一，九四以在阴位之阳，近比九五中正之阳，以阳比阳，其光益著，无以刚挟柔之嫌。二，九四上承九五，下乘众阴，上事一人，下治万人，有孚在道，以明何咎？三，初之四为艮象。艮卦《彖》曰："艮，止也。时止则止，时行则行，动静不失其时，其道光明。"四，三之五为巽，九四在巽之中。巽卦《彖》曰："刚巽乎中正而志行，柔皆顺乎刚。"《象》曰："随风，巽，君子以申命行事。"九四为刚，为君子。在聚之时，必须有九四刚健之臣，上辅天子，下令诸侯百姓。若以六四居位，则只能顺上，而不能理下。是以九四，如周公然，摄行天子之政，平三监，成周道，虽不当位，而大吉无咎。九四之上六为兑，兑为羊，羊为祥吉；又，阳为大，故有大吉无灾之象。

王弼注："履非其位，而下据三阴，得其所据，失其所处。处聚之时，不正而据，故必大吉，立夫大功，然后无咎也。"程氏传："四当萃之时，上比九五之君，得君臣之聚；下比下体群阴，得下民之聚也。得上下之聚，可谓善矣。然四以阳居阴，非正也，虽得上下之聚，必得大吉，然后为无咎也。夫上下之聚，固有不由正道而得者。非理枉道，而得君者，自古多矣；非理枉道，而得民者，盖亦有焉。如齐之陈恒，鲁之季氏是也。然得为大吉乎？得为无咎乎？故九四必能大吉，然后为无咎也。"又曰，"以其位之不当，疑其所为，未必尽善，故云必得大吉，然后为无咎也。非尽善，安得为大吉乎？"来知德《周易集注》曰："近悦体之君，临归顺之民，岂不大吉，人谁咎病？"朱骏声《六十四卦经解》："下坤为民，此亦大人之一辅。九五，以萃天下者也。（九四），位高而不震主，故大吉无咎。若齐之陈恒，鲁之季氏，其得民，未可为大吉矣。"

九五，萃有位，无咎。匪孚，元永贞，悔亡。

〔译〕 九五，萃聚而当位，无灾。虽未孚众望，但至善永远为正，则悔恨消亡。

《象》曰："萃有位，志未光也。"

〔证〕

萃有位 有位与无位相对。有位，谓得位，即当位；无位，谓失位，即不当位。乾卦，上九曰："亢龙有悔。"《文言》曰："上九曰：亢龙有悔，何谓也？子曰：贵而无位，高而无民，贤人在下位而无辅，是以动而有悔也。"上九亢而无位。乾卦，九五曰："飞龙在天，利见大人。"《文言》曰："九五曰：飞龙在天，利见大人。何谓也？子曰：同声相应，同气相求，水流湿，火就燥，云从龙，风从虎，圣人作，而万物睹。本乎天者亲上，本乎地者亲下，则各从其类也。"程氏传："五以龙德升尊位，人之类莫不归仰，况同德乎？上应于下，下从于上，同声相应，同气相求也。流湿就燥，从龙从虎，皆以气类。故圣人作，而万物皆睹，上既见下，下亦见上。乾之二、五，则圣人既出，上下相见，共成其事，所利者见大人也。本乎天者，如日月星辰。本乎地者，如虫兽草木。阴阳各从其类，人物莫不然也。”九五，圣人作，万物睹，人皆归仰，谓之萃有位。

无咎 观卦，九五曰：“观我生，君子无咎。”《象》曰：“观我生，观民也。”以九五中正观民，故无咎。大过卦，九五曰：“枯杨生华，老妇得其士夫，无咎无誉。”得中之象。坎卦，九五曰：“坎不盈，祇既平，无咎。”《象》曰：“坎不盈，中未大也。”以有中德而无咎。夬卦，九五曰：“苋陆夬夬，中行无咎。”《象》曰：“中行无咎，中未光也。”以中行而无咎。涣卦，九五曰：“涣汗其大号，涣王居，无咎。”《象》曰：“王居无咎，正位也。”正位，九五中正之位。中孚卦，九五曰：“有孚挛如，无咎。”《象》曰：“有孚挛如，位正当也。”位正当，位正当九五中正。凡《易》九五，皆无有咎，言无咎者，皆从中正。乾卦九五，《文言》曰：“夫大人者，与天地合其德，与日月合其明，与四时合其序，与鬼神合其吉凶；先天而天弗违，后天而奉天时；天且弗违，而况于人乎？况于鬼神乎？”九五，无过无不及，致中和之道，是以有利而无咎。

匪孚，元永贞 《广雅·释诂》：“匪，非也。”匪孚，犹不孚，未孚，谓天下尚不孚信。《象》曰：“萃有位，志未光也。”朱熹曰：“未光，谓匪孚。”夬卦，乾下兑上。九五《象》曰：“中行无咎，中未光也。”谓九五阳道未遍，上六为阴在外，是以九五中道，尚未光大远被。萃卦九五，虽得初之四，为艮止之象，即来归聚之象；然上六在外未服，与五尚不孚信，是谓匪孚。即九五虽当尊位，但萃聚之大业未竟，是其志未光大远著。夬卦与萃卦，两卦上卦均为兑卦，其《象》亦皆曰未光，其义相同。又，乾卦《文言》曰：“元者，善之长也。”讼卦初六《象》曰：“不永所事，讼不可长也。”永，长久。元永贞，谓大善，永远中正。比卦，卦辞曰：“元永贞，无咎。”朱熹曰：“有元善、长久、正固之德，然后可以当众之归而无咎；其未比，而有所不安者，亦将皆来归之。”萃卦，坤下兑上。《象》曰：“顺以说，刚中而应，故聚也。”比卦，坤下坎上。《象》曰：“以刚中也，不宁方来，上下应也。”两卦仿佛，九五为萃、比之主，一谓萃聚，一谓比辅，故皆戒以元永贞。九五，中正永固，有元永贞之象。

悔亡 《虞书·大禹谟》：“帝曰：咨禹，惟时有苗弗率，汝徂往。禹乃会群后，誓于师曰：济济有众，咸听朕命。蠢兹有苗，昏迷不恭，侮慢自贤，反道败德，君子在野，小人在位，民弃不保，天降之咎。肆予以尔众士，奉辞罚罪。尔尚一乃心力，其克有勋。三旬，苗民逆命。益赞于禹曰：惟德动天，无远弗届。满招损，谦受益，时乃天道。至诚感神，矧兹有苗。禹拜昌言曰：俞，班师振旅。帝乃诞敷文德，舞干羽于两阶。七旬，有苗格。”孔氏传：“讨而不服，不讨自来，明御之者，必有道。三苗之国，左洞庭，右彭蠡，在荒服之例。去京师，二千五百里。”此其孚信未达，元后坚持正道，故而悔恨消亡之例。兑为泽，犹左洞庭、右彭蠡。上六极而来下，犹三苗来服。是以匪孚之悔无，而萃有位之志，得以光大。

程氏传："九五，居天下之尊，萃天下之众，而君临之，当正其位，修其德。以阳刚居尊位，称其位矣，为有其位矣；得中正之道，无过咎也。如是，而有不信，而未归者，则当自反，以修其元永贞之德；则无思不服，而悔亡矣。元永贞者，君之德，民所归也。故比天下之道，与萃天下之道，皆在此三者。王者既有其位，又有其德，中正无过咎，而天下尚有未信服归附者，盖其道未光大也，元永贞之道未至也。在修德以来之，如苗民逆命，帝乃诞敷文德。舜德非不至也，盖有远近昏明之异，故其归有先后。既有未归，则当修德也。所谓德，元永贞之道也。元，首也，长也。为君德首出庶物，君长群生；有尊大之义焉，有主统之义焉；而又恒永贞固，则通于神明，光于四海，无思不服矣；乃无匪孚，而其悔亡也。所谓悔，志之未光，心之未慊也。"

上六，赍咨涕洟，无咎。

〔译〕 上六，哀叹而流涕洟，无灾。

《象》曰："赍咨涕洟，未安上也。"

〔证〕

赍咨涕洟 《字彙补·贝部》："赍，齎之俗字。"《说文》："赍，持遗也。"段玉裁注："《周礼·掌皮》：岁终，则会其财赍。注：予人以物曰赍。今时诏书，或曰赍计吏。郑司农云：赍，或为资。《外府》：共其财用之币赍。注：赍，行道之财用也。《聘礼》曰：问几月之赍。郑司农云：赍，或为资。今礼家定赍为资。玄谓赍、资同耳。其字，以齐、次为声，从贝变易，古字亦多或。玉裁按，此郑君不用许书说，谓赍、资一字，声义皆同也。"朱骏声《说文通训定声》："赍，又为资"；"资，又为赍"。按，《周礼》之《典枲》、《巾车》、《外府》、《典妇功》，赍，读为资。又，《尔雅·释诂下》："嗟、咨，蹉也。"蹉，古嗟字。郝懿行义疏："《易》：赍咨涕洟。《释文》引郑注：赍咨，嗟叹之辞也。是赍咨，即嗟咨声之转矣。咨者，嗞之假音也。《说文》云：嗞，嗟也。《广韵》云：嗞嗟，忧声也，说作嗟兹。《诗·绸缪》传：子兮者，嗟兹也，通作咨。《诗·文王》曰：咨。传：咨，嗟也。《书》：咨，四岳。《史记·五帝纪》作嗟，四岳。《论语》：咨，尔舜。皇侃疏亦云：咨，咨嗟也。又，通作资。《太玄·乐》云：则器泣之嗟资。范望注：嗟资，忧哀之貌也。按《帛书周易》，萃卦上六曰："秶欶涕洎，无咎。"欶，即欶省。朱熹曰："赍，音咨。"赍咨与秶欶，皆嗟叹之声，字形不同而音同。马融曰："赍咨，悲声，怨声。"程氏传："赍咨，咨嗟也。"又，郑康成曰："自目曰涕，自鼻曰洟。"《陈风·泽陂》："寤寐无为，涕泗滂沱。"毛传："自目曰涕，自鼻曰泗。"《说文》段玉裁注："泗，即洟之假借字也。"赍咨涕洟，因咨嗟而涕洟，亦悲叹而痛哭流涕。按，四之上为兑，兑为口舌，口舌向上，嗟叹之象。三之上为长坎，坎为水，长坎似涕洟下垂。

无咎　《象》曰："赍咨涕洟，未安上也。"按比卦，坤下坎上。卦辞曰："不宁方来，后夫凶。"上六曰："比之无首，凶。"谓四方诸侯，皆来九五之下，比辅天子，落后不比则凶。萃卦，初之四爻，亦皆集于九五之内；唯上六一爻，在九五之外，而未内服，是以赍咨涕洟，不安于上。《系辞传》曰："无咎者，善补过也"；"震无咎者，存乎悔"。朱熹曰："震，动也。知悔，则有以动其补过之心，而可以无咎矣。"上六，物穷则反，有动而来下之势，是知悔补过，可以无咎。《系辞传》曰："危者使平，易者使倾，其道甚大，百物不废，惧以终始，其要无咎，此之谓《易》之道也。"朱熹曰："危惧，故得平安；慢易，则必倾覆，《易》之道也。"王弼注："处聚之时，居于上极，五非所乘，内无应援，处上独立，近远无助，危莫甚焉。赍咨，嗟叹之辞也。若能知危之至，惧祸之深，忧病之甚，至于涕洟，不敢自安，亦众所不害，故得无咎也。"

第四十六卦　丁　未

☷☴ 坤上
巽下

升，元亨。用见大人，勿恤，南征吉。

〔译〕 升，大亨通。用于大人，勿须忧虑，南征吉利。

《彖》曰："柔以时升，巽而顺，刚中而应，是以大亨。用见大人，勿恤，有庆也。南征吉，志行也。"

《象》曰："地中生木，升，君子以顺德，积小以高大。"

〔证〕

巽下坤上　《彖》曰："柔以时升。"《说卦传》曰："天地定位，山泽通气，雷风相薄，水火不相射。"朱熹注："邵子曰：此伏羲八卦之位：乾南，坤北，离东，坎西，兑居东南，震居东北，巽居西南，艮居西北。于是八卦相交，而成六十四卦，所谓先天之学也。起震而历离、兑，以至于乾，数已生之卦也；自巽而历坎、艮，以至于坤，推未生之卦也。"又，离位东，为春之正月；兑位东南，为春之二、三月；乾位南，为夏之四月；巽位西南，为夏之五、六月；坎位西，为秋之七月；艮位西北，为秋之八、九月；坤位北，为冬之十月；震位东北，为冬之十一、十二月。升卦，巽下坤上。《易》由下而上，由巽至坤：巽一阴升，中经坎二阴升，艮二阴升，至坤三阴升，为柔以时升。

按，十二消息卦，十一月至四月，为阳以时升，亦刚以时升。即十一月为复卦，震下坤上，一阳升；十二月为临卦，兑下坤上，二阳升；正月为泰卦，乾下坤上，三阳升；二月为大壮卦，乾下震上，四阳升；三月为夬卦，乾下兑上，五阳升；四月为乾卦，乾下乾上，六阳升。阳极阴生。五月为姤卦，巽下乾上，一阴升；六月为遁卦，艮下乾上，二阴升；七月为否卦，坤下乾上，三阴升；八月为观卦，坤下巽上，四阴升；九月为剥卦，坤下艮上，五阴升；十月为坤卦，坤下坤上，六阴升。升卦，巽下坤上。巽为五月，坤为十月。由五月一阴升，中经六月二阴升，七月三阴升，八月四阴升，九月五阴升，至十月六阴升。阳为刚，阴为柔。升卦《彖》曰："柔以时升。"即谓柔之阴气，以五月、六月、七月、八月、九月、十月，顺时而渐升，谓之柔以时升。

《系辞传》曰："在天成象，在地成形，变化见矣。"升卦，巽下为五月，坤上为十月，是夏至以后，冬至以前之象。《月令·仲夏之月》曰："是月也，日长至，阴阳争，死生分。"郑氏注："争者，阳方盛，阴欲起；分，犹半也。"《正义》曰："长至者，谓此月之时，日长之至极。太史漏刻：夏至，昼漏六十五刻，夜漏三十五刻，是日长至也。死生分者，分半也。阴气既起，故物半死半生。蔡云：感阳气长者生，感阴气成者死，故于夏至日，相与分也。”仲夏之月，阴气既起，即谓五月一阴升。又，《季夏之月》曰：“鹰乃学习，腐草为萤。”郑氏传：“皆记时候也。鹰学习，谓攫搏也。《夏小正》曰：六月鹰始挚。”《正义》曰：“鹰乃学习者，于时二阴既起，鹰感阴气，乃有杀心，学习搏击之事。腐草为萤者，腐草此时，得暑湿之气，故为萤。”季夏之月，二阴既起，即谓六月二阴升。

《月令·孟秋之月》曰：“其虫毛。”郑氏注：“象物应凉气而备寒，狐貉之属，生旃毛也。”孟秋之月，其虫毛，即谓七月三阴升。《仲秋之月》曰：“是月也，日夜分，雷始收声，蛰虫坏户，杀气浸盛，阳气日衰，水始涸。”高诱注《吕氏春秋·仲秋纪》曰：“是月秋分。分，等也。昼漏五十刻，夜漏五十刻，故曰日夜分也。雷乃始收藏其声，不震也。将蛰之虫，俯近其所蛰之户。杀气，阴气；涸，竭。”仲秋之月，阴气浸盛，阳气日衰，即谓八月四阴升。《季秋之月》曰：“是月也，霜始降。”按，处暑后，天气渐凉，露呈白色，谓之白露；白露后，十五日秋分；秋分后，十五日露水更寒，谓之寒露；寒露后，十五日露水凝霜，谓之霜降。季秋之月，寒盛之时，即九月五阴升。《孟冬之月》曰：“水始冰，地始冻。”霜降后，十五日立冬。此时，水开始结冰，地开始冻凌。故坤卦初六曰：“履霜，坚冰至。”又，《象》曰：“履霜坚冰，阴始凝也。驯致其道，至坚冰也。”孟冬之月，水冰地冻，即谓十月六阴升。以上，自五月至十月，阴气逐月递增，为柔以时升。

升卦，巽下坤上。巽风为气，坤为地，下往上来，为风气升出大地。《吕氏春秋·季夏纪》曰：“凉风始至，蟋蟀居宇。”高诱注：“夏至后，四十六日立秋节，故曰凉风始至。蟋蟀，阴气应，故居宇鸣，以促织。”《孟秋纪》曰：“凉风至，白露降，寒蝉鸣。”高注：“凉风，坤卦之风，为损降下。寒蝉，得寒气鼓翼而鸣，时候应也。”《仲秋纪》曰：“凉风生，候雁来，玄鸟归，群鸟养羞。”《校勘》曰：“《月令》作盲风至。郑注：盲风，疾风也。”高注：“是月，候时之雁，从北漠来，南过周洛，之彭蠡。玄鸟，燕也。春分而来，秋分而去，归蛰所也。传曰：玄鸟氏司分者也。寒气将至，群鸟养进其毛羽，御寒也，故曰群鸟养羞。”《季秋纪》曰：“寒气总至，民力不堪，其皆入室。”高注：“《诗》云：穹窒熏鼠，塞向墐户。嗟我妇子，曰为改岁，入此室处。此之谓也。”按，此为《豳风·七月》诗句。《正义》曰：“言五月之时，斯螽之虫，摇动其股。六月之中，莎鸡之虫，振讯其羽。蟋蟀之虫，六月居壁中；至七月，则在田野之中；八月，在堂宇之下；九月，则在室户之内；至于十月，则蟋蟀之虫，入于我之床下。此皆将寒渐，故三虫应节而变。虫既近人，大寒将至，故穹塞其室之孔穴，熏鼠令出其窟，塞北出之向墐，涂荆竹所织之户，使令室无隙孔，寒气不入。豳人又告妻子，言已穹窒墐户之意：嗟乎我之妇与子，我所以为此者，曰为改岁之后，觱发栗烈，大寒之时，当入此室而居处，以避风寒，故为此也。”可见，自五月至十月，冷风寒气，渐浸而盛，亦柔以时升之象。

《系辞传》曰：“乾知大始，坤作成物。”朱熹注：“知，犹主也。乾主始物，而坤作成之。盖凡物，之属乎阴阳者，莫不如此。大抵阳先阴后，阳施阴受。阳之轻清未形，而阴之重浊有迹也。”从十一月至四月，即从一阳升，至六阳升，阳用事，乾主始物，万物生长。从五月至十月，即从一阴升，至六阴升，坤作成物，万物成熟。《月令·仲夏之月》云：“农乃登黍。是月也，天子乃以雏尝黍羞，以含桃先荐寝庙。”《正义》曰：“黍是火谷，于夏时，与雏同荐之。蔡氏以为，此时黍新熟，今蝉鸣黍是也。按《月令》诸月，无荐果之文，此独羞含桃者，以此果先成，异于余物，故特记之；其实，诸果亦时荐。”《孟秋之月》云：“是月也，农乃登谷。天子尝新，先荐寝庙。”郑氏注：“黍稷之属，于是始熟。”《仲秋之月》云：“以犬尝麻，先荐寝庙。”郑注：“麻始熟也。”麻，即芝麻。《季秋之月》云：“是月也，天子乃以犬尝稻，先荐寝庙。”郑注：“稻始熟也。”《孟冬之月》云：“是月也，大饮烝，劳农以休息之。”郑注：“十月农功毕，天子、诸侯，与其群臣，饮酒于太学，以正齿位，谓之大饮。”是自五月以后，至十月以前，为黍、稷、麻、稻，成熟之期。成熟为登，登为升，此之谓坤厚载物。

乾卦《彖》曰：“大哉乾元！万物资始，乃统天。”坤卦《彖》曰：“至哉坤元！万物资生，乃顺承天。”是坤阴顺承乾阳。柔以时升，即阴柔以时，顺承阳刚。姤卦，巽下乾上。《彖》曰：“姤，遇也，柔遇刚也。天地相遇，品物咸章也。姤之时义大矣哉！”柔遇刚，即阴顺承阳。《京氏易传》曰：“升，阳升阴。而阴道凝盛，未可便进，渐之曰升。升者，进也。卦虽阴，而取象于阳，故曰以阳用事。”按，柔以时升，亦阴因阳升而升，阳为主。《系辞传》曰：“《易》曰：憧憧往来，朋从尔思。子曰：天下何思何虑？天下同归而殊途，一致而百虑。”此引咸卦九四爻辞，谓阴从阳，同归而殊途。又，《系辞传》曰：“日往则月来，月往则日来，日月相推，而明生焉。寒往则暑来，暑往则寒来，寒暑相推，而岁成焉。往者屈也，来者信也，屈信相感，而利生焉。尺蠖之屈，以求信也；龙蛇之蛰，以存身也；精义入神，以致用也；利用安身，以崇德也。”升卦，以寒暑相推而言，在于成岁；以屈伸相感而言，在于生利；以精义入神而言，在于致用；以利用安身而言，在于崇德，是亦谓之升。

《老子》曰：“贵以贱为本，高以下为基，是以侯王自谓孤、寡、不穀。”又曰，“善为士者不武，善战者不怒，善胜敌者不与，善用人者为之下。是为不争之德，是谓用人之力，是谓配天。”《吕氏春秋·用众》曰：“物固莫不有长，莫不有短，人亦然。故善学者，假人之长，以补其短，故假人者，遂有天下。虽桀、纣，犹有可畏可取者，而况于贤者乎？天下无粹白之狐，而有粹白之裘，取之众白也。夫取于众，此三皇五帝，之所以大立功名也。凡君之所以立，出乎众也。立已定，而舍其众，是得其末，而失其本。得其末，而失其本，不闻安居。故以众勇，不畏乎孟贲矣；以众力，无畏乎乌获矣；以众视，无畏乎离娄矣；以众知，无畏乎尧舜矣。夫以众者，此君人之大宝也。”升卦，巽下坤上。巽为阳卦，坤为阴卦，阳在众阴之下，是善用人者，为之下。为之下，才得为之上，是为升。

《虞书·舜典》：“曰若稽古帝舜，曰重华，协于帝。浚哲文明，温恭允塞。玄德升闻，乃命以位。”孔氏传：“浚，深；哲，智也。舜有深智、文明、温恭之德，信允充塞上下。玄，谓幽；潜，潜行道德；升闻天朝，遂见征用。”《正义》曰：“老子云：玄之又玄，众妙之门。则玄者，微妙之名，故云玄，谓幽潜也。舜在畎亩之间，潜行道德，显彰于外，声闻天朝。天朝者，天子之朝也。从下而上，谓之为升。天子闻之，故遂见征用。”贲卦《彖》曰：“观乎天文，以察时变；观乎人文，以化成天下。”升卦，巽下坤上。虽为天文，亦为人文。坤为地，为畎亩；巽在坤下，下为其中，为逊在畎亩之中。逊者浚哲文明，温恭信实，其玄德必彰。又，坤为邑，邑为京城，天子所居，为朝；巽为进，由下往上，二、五以中相应，为声闻于朝，故被征用，为升。升卦，有舜起畎亩之象。尧为君，舜为臣，尧让以位，是柔以时升。

又，初之三为巽，二之四为兑，巽下兑上，为大过卦。大过《彖》曰：“大过，大者过也。”上兑二阳推阴是十一、十二月；下巽一阴来下，是五月。由十一月，至明年五月，阳气由生到消，是阳气经过之期，阳为大，故为大过，大者过。阳过阴来，阴为柔，为柔以时升。又，二之四为兑，三之五为震，兑下震上，为归妹卦。女主乎内，男主乎外，女出嫁来内。阴为女为妹，以秩来下而上，为柔以时升。又，三之五为震，四之上为坤，震下坤上，为复卦。《彖》曰：“复，亨，刚反，朋来无咎，反复其道，七日来复。”阴阳各六。刚反亨，朋来无咎者，刚为阳，朋为阴，均七日来复，则刚以时升，柔亦时升。又，初之四为坎，坎为月；三之五为震，震为动；四之上为坤，坤为地：为月动乎地中，将冒地而出。月为阴，阴为柔，为柔以时升。

升 《说文》：“升，十龠也。从斗，亦象形。”段玉裁注：“升，十合也。十合，各本作十龠。误，今正。《律历志》曰：合龠为合，十合为升，十升为斗，十斗为斛，而五量嘉矣。作十龠，则不可通。古经传，登多作升，古文假借也。《礼经》注曰：布八十缕为升。升字当为登，今之《礼》，皆为升。俗误，已行久矣。按今俗用，又作陞。经有言升，不言登者，如《周易》是也；有言登，不言升者，《左传》是也。”朱骏声《说文通训定声》曰："升，假借为登字，亦作昇，作陞。《易》卦，郑本作昇。注：昇，上也。马注：升，高也。《序卦传》：聚而上者谓之升。《广雅·释诂》：一、陞，上也；二、陞，进也。"按商、周，升、斗形状略同，故甲、金文，升、斗字形相近。林义光《文源》曰："升、斗所象形同，因加一画，为别耳。"约斋《字源》曰："斗、升、勺，本都象形，升比斗中多一画，表明它是斗的一部分；勺中的点，代表内容物。"高鸿缙《中国字例》："此升起之升字，依斗，画其已挹取有物，而升上倾注之形，托以寄升起之意。动词。后世借为十合之名，非本意也。"

徐中舒主编《甲骨文字典》："升，商器，升、斗形制略同，故字形亦相近。惟升小于斗，故加小点，表容纳，或散落之物，以区别之。一、容量单位；二、祭祀时，进献品物曰升，与𥙜同；三、地名。"又，"𥙜，以示从升，《说文》所无。或不从示，以升为之。升，本为量器，柄上之斜画，为所附之繁饰；容器口部，或周围所加之点，表示容纳，或散落之物。以手持升于神前，表示祭祀时，进献品物。"按，升字，甲、金文字形略同。进献品物必升登，故为升。《说文》："进，登也。""登，上车也。"段注："引伸之，凡上陞曰登。"故《帛书周易》，升作登。《尔雅·释诂下》曰："登，陞也。"《小尔雅·广言二》曰："登，升也。"郝懿行《尔雅义疏》："陞者，《玉篇》云：上也，进也，与升同。《方言》云：未陞天龙，谓之蟠龙。并以陞为上也，经典俱作升。升，登也，亦与登通。"是升，亦进升登高之名，日进其德，谓之升。

《六十四卦经解》："升，当作昇，日上也，故训高，犹圣人在诸侯之中，明德日益高大，故谓之升，进益之象也。"《小雅·天保》曰："如月之恒，如日之升。"毛传："恒，弦；升，出也。言俱进也。"郑笺："云月上弦而就盈；日始出而就明。"《正义》曰："言王德位日隆，有进无退。如月之上弦，稍就盈满；如日之始出，稍益明盛。"又曰，"弦有上下，知上弦者，以对如日之升，是益进之义，故知上弦矣。日月在朔交会，俱右行于天。日迟月疾，从朔而分。至三日，月去日已当一次，始死魄而出，渐渐远日，而月光稍长。八日九日，大率月体正半，昏而中，似弓之张，而弦直，谓上弦也。后渐进至十五、十六日，体满，与日正相当，谓之望，云体满而相望也。"是上旬日升之时，月在日前，日在月后；即月在日上，日在月下。日比君，月喻臣，故《诗序》曰："《天保》，下报上也。君能下下，以成其政，臣能归美，以报其上焉。"升卦，初之三为巽，四之上为坤。巽，阳卦，为君；坤，阴卦，为臣。巽在坤下，为君能下下，以成其政；坤自上来下，为臣能归美，以报其上。升卦，以阴来下归美阳，巽而升，为柔以时升，为升。按，通行本《周易》谓之升，帛书《周易》谓之登，《太玄》谓之上，皆柔以时升之义。

元亨　乾卦，乾下乾上。卦辞曰："元亨利贞。"《象》曰："大哉乾元。"是乾阳为元为大，元亨，谓大者亨，即大亨。屯卦，震下坎上。卦辞曰："元亨利贞。"《彖》曰："动乎险中，大亨贞。"下震为动，九五在坎险之中，为动乎险中。九五乾阳为元为大，故曰大者亨通。大有卦，乾下离上。卦辞曰："元亨。"《彖》曰："其德刚健而文明，应乎天而时行，是以元亨。"谓下之乾阳刚健，九二应六五。是以元亨，谓乾阳亨，即大亨。随卦，震下兑上。卦辞曰："元亨利贞，无咎。"《彖》曰："大亨贞无咎。"九五阳得中正，是以直言大亨贞。蛊卦，巽下艮上。卦辞曰："元亨。"《彖》曰："元亨，而天下治也。"蛊卦九二与六五，阴消阳长，元亨亦谓大亨。大者亨，故天下大治。临卦，兑下坤上。卦辞曰："元亨利贞。"《彖》曰："临，刚浸而长，说而顺，刚中而应，大亨以正，天之道也。"元亨，大者亨。无妄卦，震下乾上。卦辞曰："元亨利贞。"《彖》曰："无妄，刚自外来，而为主于内。动而健，刚中而应，大亨以正，天之命也。"九五，阳为大为正，大亨以正，即元亨利贞。革卦，离下兑上。卦辞曰："元亨利贞。"《彖》曰："大亨以正。"九五阳为大为元，得中得正，并有六二以应，故曰元亨利贞，即大亨以正。又，旅卦，艮下离上，卦辞曰："小亨。"《彖》曰："小亨，柔得中乎外，而顺乎刚，止而丽乎明，是以小亨。"柔得中乎外，为小亨，是小亨即阴亨，阴为柔。巽卦，巽下巽上。卦辞曰："小亨。"《彖》曰："柔皆顺乎刚，是以小亨。"阴柔为小，小者之亨，为小亨。《庄子·天下》曰："《易》以道阴阳。"《系辞传》曰："是故列贵贱者，存乎位；齐小大者，存乎卦；辩吉凶者，存乎辞。"朱熹注；"小谓阴，大谓阳。"

升卦《彖》曰："刚中而应，是以大亨。"九二为刚中，与六五相应，是以大亨。即九二阳为元，为大，阳亨即元亨，亦即大亨。乾卦《文言》曰："九二曰：见龙在田，利见大人。何谓也？子曰：龙德而正中者也。庸言之信，庸行之谨，闲邪存其诚，善世而不伐，德搏而化。《易》曰：见龙在田，利见大人，君德也。"朱熹曰："正中，不潜而未跃之时也；常言亦信，常行亦谨，盛德之至也；闲邪存其诚，无斁亦保之意；言君德也者，释大人之为九二也。"又曰，"盖由四者，以成大人之德。再言君德，以深明九二之为大人也。"升卦元亨，即升卦具上述阳刚之德，故亨。是以《彖》曰："柔以时升，刚中而应，是以大亨。"柔以时升，谓巽以柔升；巽而顺，谓巽逊而坤顺；刚中而应，谓九二之中，得六五之中相应；是以大亨，谓九二大者亨。荀爽曰："谓二以刚居中，而来应五，故能大亨，上居尊位也。"朱骏声曰："柔升而二得中，故元亨。大人谓二。"

用见大人　乾卦，乾下乾上。九二曰："见龙在田，利见大人。"九五曰："飞龙在天，利见大人。"六爻之内，唯二、五阳得中，故称大人。讼卦，坎下乾上。卦辞曰："利见大人。"《彖》曰："利见大人，尚中正也。"九五中正，中正为大人。师卦，坎下坤上。卦辞曰："师，贞，丈人吉。"《彖》曰："师，众也；贞，正也。能以众正，可以王矣。刚中而应，行险而顺，以此毒天下，而民从之，吉又何咎矣？”九二因得中而正，为丈人，是以民众从而吉。丈人，李鼎祚《周易集解》，引《子夏传》，一作大人；尚秉和《周易尚氏学》、高亨《周易大传今注》，皆引以为是。否卦，坤下乾上。六二曰：“小人吉，大人否，亨。”《象》曰：“大人否，亨，不乱群也。”二之中被阴占，因谓大人否；然阳不陷阴中，不乱群，是以亨通。亦明九二为大人。又，九五曰：“休否，大人吉。”《象》曰：“大人之吉，位正当也。”九五正当中正，故为大人，故吉。蹇卦，艮下坎上。卦辞曰：“利见大人，贞吉。”《象》曰：“利见大人，往有功也。当位贞吉，以正邦也。”下为来，上为往。九五当位正吉，以正邦，为往有功。是利见大人，谓利见九五。萃卦，坤下兑上。卦辞曰：“利见大人，亨，利贞。”《象》曰：“利见大人，亨，聚以正也。”以中正聚众者，唯九五，九五为大人。困卦，坎下兑上。卦辞曰：“贞，大人吉。”《象》曰：“贞，大人吉，以刚中也。”困卦，九二、九五分别为上下之中，中而得正故吉。是大人吉，即二、五阳刚吉。革卦，离下兑上。九五曰：“大人虎变，未占有孚。”《象》曰：“大人虎变，其文炳也。”九五阳实，为有孚。九五与六二应，二在离中，离为日为光，为其文炳也。是大人虎变，谓九五虎变。巽卦，巽下巽上。卦辞曰：“利有攸往，利见大人。”上为往。利有攸往，利见大人，谓利于九五。故九五曰：“贞吉，悔无，无不利。”《象》曰：“九五之吉，位正中也。”卦辞所谓利见大人，谓九五中正为大人。通观《周易》，凡称大人者，皆谓九二、九五，得中得正。升卦，《象》曰：“柔以时升，巽而顺，刚中而应，是以大亨，用见大人。”即谓阴柔来下，用于顺乎九二阳刚。附注：阮元《周易注疏校勘记》曰：“用见大人，《石经》、《岳本》、《闽》、《监》、《毛本》同；《释文》：本或作利见。”按，《象》曰用见大人，与卦辞同；郑、虞、王等，亦为用见大人；《汉帛书周易》，为利见大人，盖非。按，此时柔以时进，当是用初六见九二之时。

勿恤　《象》曰；“勿恤，有庆也。”《说文》：“慶（庆），行贺人也。从心，从夊。吉礼以鹿皮为贽，故从鹿省。”段玉裁注：“贺下曰：以礼相奉庆也。是二篆为转注也。贺从贝，故云以礼相奉庆；从夊，故云行贺人，谓心所喜而行也。《士冠礼》、《聘礼》：俪皮。郑注：两鹿皮也。鹿部曰：《礼》：丽皮纳聘。盖鹿皮也。此说从鹿省之意。”《国语·鲁语下》曰：“夫义人者，固庆其喜，而吊其忧。”韦昭注：“庆，犹贺也；喜，犹福也。”升卦，巽下坤上。坤众虽凌乎上，然处消势；今极而得反，来九二大人之下，柔以时升，用见大人，是为可贺，故曰勿恤有庆，即勿忧有贺。按，勿恤，此处谓阴来从阳事，勿恤有庆。

南征吉　《说文》：“**证**，正行也。从辵，正声。征，**证**或从彳。”伏羲八卦方位，乾南坤北。明夷卦，离下坤上，九三曰：“明夷于南狩。”即谓上坤为北，下离在北之下，为南狩，是上北下南。升卦，巽下坤上，有师卦坎下坤上之象，故为征。又，阴气沉，其上坤之爻，将渐次来下，由北而南，是谓南征，《系辞传》曰："《易》之为书也，不可远，为道也屡迁。变动不居，周流六虚，上下无常，刚柔相易，不可为典要，唯变所适。"南征吉，即谓上下无常，刚柔相易。升卦，巽下坤上。一动而成艮下震上，为小过卦。卦辞曰："小过，亨，利贞，大吉。"《彖》曰："小过，小者过而亨也。过以利贞，与时行也。大吉，上逆而下顺也。"小者过，大者来，阴过阳来，故利正大吉。又，二动而成坤下兑上，为萃卦。卦辞曰："萃，王假有庙，利见大人。亨，利贞。用大牲吉，利有攸往。"《彖》曰："萃，聚也。顺以说，刚中而应，故聚也。王假有庙，致孝亨也。利见大人，亨，聚以正也。用大牲吉，利有攸往，顺天命也。"人与万物以聚，故曰利见大人，利有攸往。三动而成坤下巽上，为观卦。卦辞曰："观，盥而不荐，有孚颙若。"《彖》曰："大观在上，顺而巽，中正以观天下。观，盥而不荐，有孚颙若，下观而化也。观天之神道，而四时不忒。圣人以神道设教，而天下服矣。"观，上示下以教，下观上而化，中正以观天下。升卦之巽下坤上，爻动而南下，成观卦之坤下巽上，而天下服，为南征吉。《象》曰："南征吉，志行也。"谓升卦，一动而成小过卦，阴小者过；二动而成萃卦，人与万物萃集于下；三动而成观卦，九五得以观示天下，天下人观而化之，治国平天下之志，得以实行。坎为志。升卦，初之四坎象，坎往上行，则坤阴下来，而成观，是坎行为志行。

王弼曰："以柔之南，则顺乎大明也。"又曰，"巽顺以升，至于大明，志行之谓。"按，《系辞传》曰："圣人南面而听天下，向时而治。"即谓南方为大明。又，朱骏声《六十四卦经解》云："此盖托文王伐崇之事。文王自岐迁程，程即毕郢，在岐东。崇在程南，克之而作都，所谓作邑于丰也。程，今陕西西安府咸阳县；丰，今西安府鄠县。自程伐崇，为南征，故《象》传曰：志行。迁丰而国愈大，即君子顺德积小，高大之义也。按文王释羑里，赐弓矢，在纣之十三祀。明年，虞、芮质成。明年，伐犬戎。明年，伐密须。明年，伐耆。明年，伐邘。明年，伐崇。逾年而薨。则伐崇，当文王立国之四十九年也。《书》曰：文王受命惟中身，厥享国五十年。《诗》曰：文王受命，有此武功。受命者，受纣得专征伐之命也。"按，六四曰："王用亨于岐山。"《象》曰："王用亨于岐山，顺事也。"盖朱言所据。

《象》曰："地中生木，升，君子以顺德，积小以高大。"郑康成曰："升，上也。坤，地；巽，木。木生地中，日长而上。犹圣人在诸侯之中，明德日益高大也，故谓之升。升，进益之象也。"荀爽曰："地谓坤，木谓巽，地中生木，以微至著，升之象也。"

何妥曰："君子谨习为先，修习道德，积其微小，以至高大。"孔颖达曰："地中生木，升者，地中生木，始于细微，以至高大，故为升象也。君子以顺德，积小以高大者，地中生木，始于毫末，终至合抱。君子象之，以顺行其德，积其小善，以成大名。故《系辞》云：善不积，不足以成名。是也。"程氏传："木生地中，长而上升，为升之象。君子观升之象，以顺修其德，积累微小，以至高大也。顺则可进，逆乃退也。万物之进，皆以顺道也。善不积不足以成名。学业之充实，道德之崇高，皆由积累而至。积小所以成高大，升之义也。"顺德，积小以高大，谓不躐等，日进其德。

《老子》曰："早服，谓之重积德；重积德，则无不克；无不克，则莫知其极；莫知其极，可以有国；有国之母，可以长久。是谓深根固柢，长生久视之道。"又曰，"合抱之木，生于毫末；九层之台，起于累土；千里之行，始于足下。"《韩非子·解老》曰："夫能令故德不去，新和气日至者，早服者也。故曰早服，是谓重积德。积德，而后神静；神静，而后和多；和多，而后计得；计得，而后能御万物；能御万物，则战易胜敌；战易胜敌，而论必盖世；论必盖世，故曰无不克；无不克，本于重积德；故曰重积德，则无不克。"又曰，"夫道，以与世周旋者，其建生也长，持禄也久，故曰有国之母，可以长久。树木有曼根，有直根。根者，书之所谓柢也。柢也者，木之所以建生也；曼根者，木之所以持生也。德也者，人之所以建生也；禄也者，人之所以持生也。今建于理者，其持禄也久，故曰深其根。体其道者，其生日长，故曰固其柢。柢固则生长，根深则视久，故曰深其根，固其柢，长生久视之道也。"《象》之所谓，地中生木，升，君子以顺德，积小以高大，犹《老子》所言，本于早服，重积德。以其木生于地中，深根固柢，其生日长，自本达干，以至枝叶繁茂。喻之君子，则是克顺其德，积小德，以成大德。

《荀子·劝学》曰："积土成山，风雨兴焉；积水成渊，蛟龙生焉；积善成德，而神明自得，圣心备焉。故不积跬步，无以至千里；不积小流，无以成江海。骐骥一跃，不能十步；驽马十驾，功有不舍。锲而舍之，朽木不折；锲而不舍，金石可镂。蚓无爪牙之利，筋骨之强，上食埃土，下饮黄泉，用心一也。蟹六跪而二螯，非蛇蟮之穴，无可寄托者，用心躁也。是故，无冥冥之志者，无昭昭之明；无惛惛之事者，无赫赫之功。行衢道者不至，事两君者不容。目不能两视而明，耳不能两听而聪。螣蛇无足而飞，梧鼠五技而穷。《诗》曰：尸鸠在桑，其子七兮。淑人君子，其仪一兮。其仪一兮，心如结兮。故君子终于一也。"王先谦案："孔广森《大戴礼记补注》，以积土成山，至末为一段，今从之。言学必积小高大，一志者成也。《荣辱篇》云：尧、禹者，非生而具者也。起于变故，成于修为，待尽而后备者也。与此言积善成德，圣心乃备义合。"杨倞

注："《诗》，《曹风·尸鸠》之篇，毛云，尸鸠，鸠，鴶鞠也。尸鸠之养七子，旦从上而下，暮从下而上，平均如一。善人君子，其执义，亦当如尸鸠之一。执义一，则用心坚固。故曰心如结也。"执义一，用心结，亦君子以顺德，积小以高大。又，《中论·修本》曰："先民有言：明出乎幽，著生乎微。故宋井之霜，以基升正之寒；黄芦之萌，以兆大中之暑。事亦如之。故君子修德，始乎笄丱，终乎鲐背；创乎夷原，成乎乔岳。《易》曰：升，元亨，用见大人，勿恤，南征吉。积小致大之谓也。"巽为君子，坤为顺。君子积德，循序顺进，为以顺德。阳上推阴，阴极来下。阴为小，为君子以顺德，积小以高大。《彖》以阴言，谓柔以时升，柔为阴；《象》以阳言，谓地中生木，木为阳。《彖》与《象》，阴阳相反相成，皆谓升。

萃卦与升卦，互为邻卦和综卦。《序卦传》曰："萃者，聚也。聚而上者，谓之升，故受之以升。"萃卦，坤下兑上。《说文》："亥，荄也。十月微阳，起接盛阴。""辰，震也。三月阳气动，雷电振，民农时也，物皆生。"萃卦下坤为十月，上兑阳决一阴，为三月。正是由微阳起接盛阴，至阳气动，物皆生之时，为万物荟萃，为萃。升卦，巽下坤上。《说文》："午，啎也。五月阴气啎逆阳，冒地而出也。"升卦，下巽为五月，上坤为十月。正是由一阴来于阳下，阴气啎逆阳，冒地而出，物皆上长茂盛，至十月万物升登，为升。萃卦之时，为十月至三月；升卦之时，为五月至十月。一在十月以后，一在十月以前。一先一后，一生一长，先后相邻，先后相倒，故互为邻卦和综卦。又，十月至三月，阳息阴消；五月至十月，阴息阳消。阴阳消息，相接相反，是亦互为邻卦和综卦。

无妄卦和升卦，互为错卦。无妄卦，震下乾上。下震为十一月，上乾为四月。《说文》："子，十一月，阳气动，万物滋。""巳，已也。四月阳气已出，阴气已藏，万物见，成文章。"无妄卦，为自十一月，至四月之时；升卦，为自五月，至十月之时。一为阳用事，一为阴用事。无妄《彖》曰："刚自外来，而为主于内。"谓阳气，由上而来下，即阳气复于下。此时，物生必随时，不可妄行。升卦《彖》曰："柔以时升，巽而顺。"谓阴气升，柔来遇刚。此时，阴来成物，品物咸章，为升。是无妄卦，为刚复之时；升卦，为柔升之时 。一谓阳复，万物无妄生；一谓阴升，庶物丰登。一阳一阴，阴阳相反，互为错卦。又，无妄《象》曰："天下雷行，物与无妄，先王以茂对时，育万物。"升卦《象》曰："地中生木，升，君子以顺德，积小以高大。"前者，先王因以勉其及时，育种万物；后者，君子以此巽顺其德，积小以高大。前者谓育物，后者谓积德，一物一人，一阴一阳，是亦互为错卦。

观卦和升卦，上下卦位互换。观卦，坤下巽上；升卦，巽下坤上。观卦，九五在上，故《象》曰：“大观在上，顺而巽，中正以观天下。”谓阳示观在上，中正以示天下，坤为地为众，为天下。升卦，九二在下，故《象》曰：“巽而顺，刚中而应，是以大亨。”谓九二刚中，应六五之位，是以大亨。前者，巽在上，而示下；后者，巽在下，而升上。两卦，因上下单卦互换，故而卦义颠倒。又，观卦《象》曰：“风行地上，观，先王以省方，观民设教。”升卦《象》曰：“地中生木，升，君子以顺德，积小以高大。”前者，谓王省视四方，观察民情，因以施教于民；后者，谓君子以巽顺之德，积小德，以成大德。一则在上示人，一则在下修己。刚中之上下位置不同，德化之上下对象亦不同。《易》言阴阳，阳为主，阴为从。是以观卦和升卦，皆因阳位而言，尤以二、五中位为主。故《系辞传》曰：“圣人之大宝曰位。”

初六，允升，大吉。

〔译〕 初六，诚信升登，大者吉利。

《象》曰：“允升大吉，上合志也。”

〔证〕

允升 《字源》曰：“允、夋，象一个人，向后回顾的神情，因而有信实可靠的意思。或加夊，那是足形的简化。有足无足，同是一个字。但是后来化成允和夋，两个字了。”《甲骨文合集》（一四一三八版）：“王占曰：丁雨，不叀（唯）辛。旬，丁酉，允雨。”谓王占视兆象后说：“丁酉日下雨，辛卯日不下雨。过了十天，丁酉日，果然下雨。”《甲骨文选注》：“允，甲骨作[illegible]，象人诚敬之形。甲骨文凡言允者，大抵为所卜事件之实际结果，即古人认为，上帝、祖先，允诺而实现之事，属卜辞验辞。其中，允字相当于信然，亦即确然、果然。允雨，犹言果然下雨了。”《卜辞分类读本》：“允，象人鞠躬低头，双手向后下垂之形，以表示恭敬、诚信的样子。用象形字，来表示一种较为抽象的意思，是极为罕见的现象。甲骨文用作副词，有果然、的确、真的之义，似为本义之引伸。如：庚午卜，壬申雨。壬申允雨——庚午那一天占卜，壬申日会下雨。到了壬申日那一天，果然下雨了（续四・六一）。”

《说文》：“允，信也，从儿，㠯声。”桂馥义证：“信也者，《释诂》文。《书・尧典》：允恭克让。传云：允，信也。又，允厘百工。《史记》作信饬百官。《诗・定之方中》：终焉允臧。传云：允，信。《小毖》：肇允彼桃虫。《常武》：王犹允塞。《时迈》：允王维后。笺并云：允，信也。文四年《左传》：君子，是以知出姜之不允于鲁也。文十八年《传》：明允笃诚。襄五年《传》：成允成功。杜注并云：允，信也。《晋语》：辱君之允令。韦云：允，信也。”按，《尔雅·释诂上》曰：“允，信也。”又曰，“允，诚也。”《方言》：“允，信也。齐、鲁之间曰允。”是允、信义同。升卦，初六允升，即诚信升登。君子慎终始，处升之初，必以诚信。《白虎通·情性》曰：“信者，诚也，专一不移也。”专一不移则升达。巽、允，皆诚信敬慎之状，故于巽之初，曰允升。

大吉 《周书·君陈》曰：“惟民生厚，因物有迁。违上所命，从又厥攸好。尔克敬典在德，时乃罔不变。允升于大猷，惟予一人，膺受多福，其尔之休，终有辞于永世。”孔氏传：“言人自然之性敦厚，因所见所习之物，有变迁之道，故必慎所以示人。人之于上，不从其令，从其所好，故人主不可不慎所好。汝治人能敬，常在道德，是乃无不变化，其政教则信升于大道。汝能升大道，则惟我一人，亦当受其多福，无凶危。非但我受多福而已，其汝之美名，亦终见称诵于长世，言没而不朽。”蔡沈又解题曰：“《君陈》，臣名。唐孔氏曰：周公迁殷顽民于下都，周公亲自监之。周公既殁，成王命君陈代周公。此其策命之词，史录共书，以《君陈》名篇。今文无，古文有。”君陈，《释文》曰：“郑注《礼记》云：周公之子。”

上述《君陈》所言，即谓大人，允升于大道，则民莫不巽而顺，刚中而应，是以大亨。《小雅·角弓》云：“君子有徽猷，小人与属。”毛传；“徽，美也。”郑笺：“猷，道也。君子有道，以得声誉，则小人亦乐与之，而自连属焉。”是以，允升于道者，得民多福，有辞于永世，为大吉，亦大者之吉。《象》曰：“允升大吉，上合志也。”上合志者，谓初六允升于道，则能往上，与九二相合，而得中道。又，地之中，与天之中应，升而得五位，是以大吉。小畜卦，乾下巽上。六四《象》曰：“有孚惕出，上合志也。”上合志，谓六四阴，上合九五中正，阴合阳刚中正，为合志。大畜卦，乾下艮上。九三《象》曰：“利有攸往，上合志也。”谓九三之阳，往上合得六五之中。是以，凡上合志，皆谓下往上，阴阳相合得中。《九家易》曰：“谓初失正，乃与二阳允然合志，俱升五位，故曰上合志也。”甚是。

九二，孚乃利用礿，无咎。

〔译〕 九二，有诚信，然后利用薄礼祭祀，无灾。

《象》曰：“九二之孚，有喜也。”

〔证〕

孚乃利用礿 《说文》：“礿，夏祭也。从示，勺声。”段玉裁注：“《周礼》以礿，夏享先王。《公羊传》曰：夏曰礿。注：始熟可汋，故曰礿。《释天》曰：春祭曰祠，夏祭曰礿，秋祭曰尝，冬祭曰蒸。孙炎曰：祠之言食；礿，新菜可汋；尝，尝新谷；蒸，进品物也。汋与礿迭韵。《王制》：春曰礿，夏曰禘。与《周礼》异。礿，亦作禴，勺、龠同部。”桂馥义证：“夏祭也者，周改夏、殷春祭，为夏祭也。《王制》：天子、诸侯之祭，春曰礿，夏曰禘，秋曰尝，冬曰烝。郑注：此盖夏、殷之祭名。周则改之：春曰祠，夏曰礿。是也。《释天》：夏祭曰礿。郭注：新菜可汋。《释诂》：禴，祭也。《释文》云：字又作礿，同夏祭名。《易》萃卦：孚乃利用礿。虞注：礿，夏祭也。郑注：礿，夏祭名。既济：不如西邻之礿祭。郑注：礿，夏祭之名。《论衡·祀义篇》：“《易》曰：东邻杀牛，不如西邻之礿祭。言东邻牲大福少，西邻祭少福多也。《诗·天保》：礿、祠、烝、尝。传云：夏日礿。《周礼·大宗伯》：以礿，夏享先王。又，《大司马》：献禽以享礿。郑注：礿，宗庙之夏祭也。桓八年《公羊传》：夏曰礿。何云：荐尚麦鱼，麦始熟，可汋，故曰礿。范宁注《谷梁传》云：夏祭曰礿，荐尚鱼麦。《白虎通·宗庙篇》：夏日礿者，麦熟进之。”按，九二在巽，巽为阴来姤阳，时当五月，正是夏至时分，故祭祀名礿，为夏祭。

《说文》：“巺，具也。从丌，卪卪声。巽，古文巺。巽，篆文巺。”又，《说文》：“顨，巺也。从丌，从頭。此《易》顨卦，为长女、为风者。”段注：“具也，页部曰：頭，选具也。按选具者，选而供置之也。今《周易》巺卦作巺，许于巺下云具也，不云卦名，谓顨为《易》卦名之字。盖二字皆训具也，其义同，其音同。”又，《说文》：“丌，下基也。荐物之丌，象形。凡丌之属，皆从丌。读若箕同。”桂证：“下基也者，丌，基声相近。《释名》：基，据也，在下，物所依据也。”又，《说文》曰：“共，同也。从廿廾。凡共之属，皆从共。”段注：“《周礼》、《尚书》，供给、供奉字，皆共字为之。卫包尽改《尚书》之共为恭，非也。《释诂》：供、共，具也。郭云：皆谓备具。此古以共为供之理也。”综上，顨、巺、巽，三字通，有具荐供奉之义。是以，《易》或以之为祭祀之象。升卦，巽下坤上。九二在下巽之中，阳实为孚，有祭具之象，故曰孚乃利用礿。又，萃卦，坤下巽上。六二曰：“引吉无咎，孚乃利用礿。”《象》曰：“引吉无咎，中未变也。”亦指六二引而伸之，九五在巽中，有孚乃利用礿之象。

《礼记·祭统》曰：“凡治人之道，莫急于礼。礼有五经，莫重于祭。夫祭者，非物自外至者也，自中出生于心也。心怵而奉之以礼，是故，唯贤者能尽祭之义。贤者之祭也，必受其福，非世所谓福也。福者，备也；备者，百顺之名也，无所不顺者，谓之备。言内尽于己，而外顺于道也。忠臣以事其君，孝子以事其亲，其本一也。上则顺于鬼神，外则顺于君长，内则以孝于亲，如此之谓备。唯贤者能备，能备然后能祭。是故，贤者之祭也，致其诚信，与其忠敬，奉之以物，道之以礼，安之以乐，参之以时，明荐之而已矣。不求其为，此孝子之心也。”九二，阳居下卦之中，是贤者。贤者之祭，致其诚信，与其忠敬，是为孚。再奉之以物，道之以礼，明荐之而已，不求其为，为孚乃利用礿。是祭之义，重在诚信，不重奉荐。《说卦传》曰：“巽为鸡。”九二阳实，在巽之中，以鸡为祭，非为大牲之祭，是孚乃利用礿，心诚而祭品薄。《周书·君陈》曰：“黍稷非馨，明德惟馨。”故神享德与信，不求物备。

无咎　《经传释词》曰：“乃，犹然后也。”《史记·晋世家》：“重耳谓其妻曰：待我二十五年，不来乃嫁。”《左传》僖公二十三年：“（重耳）将适齐，谓季隗曰：待我二十五年，不来而后嫁。”是孚乃利用礿，谓诚信以后，才利于用礿祭。观卦，坤下巽上。卦辞曰：“盥而不荐，有孚颙若。”即谓先必须有孚，然后，才可进荐祭物。无咎，即谓先有诚信，而后礿祭无咎。孔颖达疏《祭统》曰：“不求其为者，言孝子但内尽孝敬，以奉祭祀，求其鬼神福祥，为己之报。案，《少牢》嘏辞曰：皇尸命工祝，承致多福无疆，于女孝孙，使女受禄于天，宜稼于田，则是祭祀有求。所云不求者，谓孝子之心，无所求也。但神自致福，故有受禄于天之言。若水旱灾荒，祷祭百神，则有求也。故《大祝》有六祈之义，《大司徒》有荒政索鬼之礼。”升卦九二，得中道，诚信祭祀，虽然礼薄，也可以得鬼神之祐 ，是以免灾，即无咎。

《象》曰：“九二之孚，有喜也。”谓九二以孚信祭祀，其礼虽轻，不但无咎，而且有喜。《祭统》曰：“夫祭之为物大矣，其兴物备矣。顺以备者也，其教之本与。是故，君子之教也，外则教之，以尊其君长；内则教之，以孝于其亲。是故明君在上，则诸臣服从；崇事宗庙社稷，则子孙顺孝。尽其道，端其义，而教生焉。是故，君子之事君也，必身行之。所不安于上，则不以使下；所恶于下，则不以事上。非诸人，行诸己，非教之道也。是故，君子之教也，必由其本，顺之至也，祭其是与。故曰：祭者，教之本也已。”又曰，“夫祭，有十伦焉：见事鬼神之道焉；见君臣之义焉；见父子之伦焉；见贵贱之等焉，见亲疏之杀焉；见爵赏之施焉；见夫妇之别焉；见政事之均焉；见长幼之序焉；见上下之际焉：此之谓十伦。”《象》曰：“九二之孚，有喜也。”即谓九二以诚信祭祀，能得祭之益，是以有喜。上坤为众，九二与六五坤众相应，是以孚信得众有喜。二之四为兑，兑为悦为喜。按，乾卦《文言》曰：“九二曰：见龙在田，利见大人，何谓也？子曰：龙德而正中者也。”九二，利见大人，有君德，故而有喜。

虞翻曰：“升五得位，故有喜。”王弼曰：“与五为应，往必见任，体夫刚德，进不求宠，闲邪存诚，志在大业，故乃利用纳约于神明矣。”干宝曰：“刚中而应，故孚也。又言乃利用礿于春时也，非时而祭曰礿。然则文王俭以恤民，四时之祭，皆以礿礼；神享德与信，不求备也。”程氏传：“自古刚强之臣，事柔弱之君，未有不为矫饰者也。礿，祭之简质者也。云孚乃，谓既孚，乃宜不用文饰，专以其诚，感通于上也。如是，则得无咎。”又曰，“二能以孚诚事上，则不唯为臣之道，无咎而已；可以行刚中之道，泽及天下，是有喜也。言有喜者，事既善，而又有可喜也。如大畜：童牛之牿，元吉；《象》云：有喜。盖牿于童则易，又免强制之难，是有可喜也。”按，大畜卦，乾下艮上。《象》曰：“六四元吉，有喜也。”亦谓二之四为兑，兑为悦，为有喜。又，九二既有君德，又在臣位，若文王积德，而上升之时，是以有喜。

九三，升虚邑

〔译〕 九三，升上大丘建都邑。

《象》曰;“升虚邑，无所疑也。”

〔证〕

升虚邑 《说文》:“虚，大丘也。昆仑丘谓之昆仑虚。古者九夫为井，四井为邑，四邑为丘，丘谓之虚。从丘，虍声。”段玉裁注：“昆仑丘，丘之至大者也。《释水》曰：河出昆仑虚。《海内西经》曰：海内昆仑之虚，在西北，帝之下都。即《西山经》昆仑之丘，实惟帝之下都也。水部曰：泑津，在昆仑虚下。按虚者，今之墟字，犹昆仑，今之崐崘字也。虚本谓大丘，大则空旷，故引伸之，为空虚。如鲁，少皞之虚；卫，颛顼之虚；陈，大皞之虚；郑，祝融之虚，皆本帝都，故谓之虚。又引伸之，为凡不实之称。《邶风》：其虚其邪。毛传：虚，虚也。谓此虚字，乃谓空虚，非丘虚也。一字有数义数音，则训诂有此例。自学者罕能会通，乃分用墟、虚字，而虚之本义废矣。”又曰，“此又引《小司徒》职文，言丘亦名虚，皆说虚篆从丘之意也。丘、虚语之转。《易》升九三：升虚邑。马云：虚，丘也。虚，犹聚也，居也，引伸为虚落，今作墟。《鄘风》：升彼虚矣。传曰：虚，漕虚也。”按，《小司徒》职文，郑氏注：“此谓造都鄙也。”是虚邑犹都邑。都邑，比于国为小。

《鄘风·定之方中》：“升彼虚矣，以望楚矣。望楚与堂，景山与京，降观于桑。”毛传：“虚，漕虚也。楚丘有堂邑者。景山，大山；京，高丘也。地势宜桑，可以居民。”郑笺：“自河以东，夹于济水，文公将徙登漕之虚，以望楚丘，观其旁邑，及其丘山，审其高下所依倚，乃后建国焉，慎之至也。”《正义》曰：“此追本欲迁之由。言文公将徙，先升彼漕邑之墟矣，以望楚丘之地矣；又望其傍堂邑，及景山与京丘。言其有山林之饶，高丘之阻，可以居处。又下漕墟，而往观于其处之桑，既形势得宜蚕桑，又茂美可以居民矣。故文公徙居楚丘，而建国焉。”又曰，“知墟漕墟者，以文公自漕，而徙楚丘，故知升漕墟。盖地有故墟，高可登之以望。犹僖二十八年《左传》，称晋侯登有莘之墟也。升墟而并望楚堂，明其相近，故言楚丘有堂邑。楚丘本亦邑也，但今以为都，故以堂楚丘而言之。”

又，《诗序》曰：“《定之方中》，美卫文公也。卫为狄所灭，东徙渡河，野处漕邑。齐桓公攘戎狄而封之。文公徙居楚丘，始建城市，而营宫室，得其时制，百姓说之，国家殷富焉。”《正义》曰：“作《定之方中》诗者，美卫文公也。卫国为狄人所灭，君为狄人所杀，城为狄人所入，其有遗余之民，东徙渡河，暴露野次，处于漕邑。齐桓公攘去戎狄，而更封之，立文公焉。文公乃徙居楚丘之邑，始建城，使民得安处；始建市，使民得交易。而营造宫室，既得其时节，又得其制度，百姓喜而悦之。民既富饶，官亦充足，致使国家殷实，而富盛焉。故百姓所以美之。”按，九三为公位，如大有卦九三曰：“公用亨于天子。”升卦九三，盖如卫文公故事。升虚邑，犹文公乃徙居楚丘之邑。比喻大人升至九三，能如文公，建城建市，营造宫室，民既富饶，国家殷实，百姓美之。升卦，二之四为兑，四之上为坤，兑下坤上，为临卦，是为君临之象。《系辞传》曰：“三与五，同功而异位。”崔憬曰：“三，诸侯之位；五，天子之位。同有理人之功，而君臣之位异者也。”即谓三为诸侯国之君，五为天子。

《象》曰：“升虚邑，无所疑也。”《定之方中》曰：“卜云其吉，终然允臧。”《正义》曰：“人事既从，乃命龟卜之云：从其吉矣，终然信善，非直当今而已。乃由地势美而卜，又吉。”曰，“而言终善者，卜所以决疑。卫为狄人所灭，国人分散，文公徙居楚丘，兴复祖业，国家殷富，吉莫如之。后自更以时事，不便而迁，何害？终然允臧也。”是以，升虚邑，无所疑，盖亦如卫文公故事，谓安民建国，终然信善，无所疑虑。《说卦传》曰：“巽为高。”巽既为高，为虚丘，坤又为邑。则巽下坤上，为虚丘上有城邑，即虚邑。九三，已升至巽之上，坤之下，故为升虚邑。阳刚为实，实则不疑；阴柔为虚，虚则有疑。豫卦九四曰：“勿疑朋盍簪。”是阳实不疑。丰卦六二曰：“往得疑疾。”是阴虚有疑。升虚邑在九三，阳实不疑，故《象》曰无所疑也。又，九三与上六，得位相应，相应为孚信，亦无所疑。

六四，王用亨于岐山，吉，无咎。

〔译〕 六四，王献亨于岐山，吉利，无灾。

《象》曰：“王用亨于岐山，顺事也。”

〔证〕

王用亨于岐山 《易乾凿度》曰：“初为元士，二为大夫，三为三公，四为诸侯，五为天子，上为宗庙。凡此六者，阴阳所以进退，君臣所以升降，万人所以为象则也。故阴阳有盛衰，人道有得失。圣人因其象，随其变，为之设卦。方盛则托吉，将衰则寄凶。”按，升卦，巽下坤上。九三之六五，为互震。震卦卦辞曰：“震惊百里，不丧匕鬯。”《象》曰：“震惊百里，惊远而惧迩也；出可以守宗庙社稷，以为祭主也。”《白虎通·封公侯》曰：“诸侯，封不过百里，象雷震百里，所润雨同也。雷者，阴中之阳也，诸侯象也。”陈立疏证：“《仪礼》疏引郑注云：雷发声于百里。古者诸侯，象雷出教令，能警戒百里；国内则守宗庙社稷，为之祭主，不亡其匕鬯。《御览》引王注又云：有灵而尊者，莫若于天；有灵而贵者，莫若于王；有声而威者，莫若于雷；有震而严者，莫若于侯。是天子当乾，诸侯用震，地不过一同，雷不过百里也。”六四为震之中爻，是六四之王，为诸侯之王。坎卦六四曰：“樽酒、簋贰，用缶；纳约自牖，终无咎。”《象》曰：“樽酒、簋贰，刚柔际也。”唯文王，为得天命之诸侯，是以在刚柔阴阳之际。升卦六四，王用亨于岐山，盖亦谓文王。

《王力古汉语字典》：“亨，通。《易·乾》：乾，元亨利贞。又《坤》：品物咸亨。同享，《易·大有》：公用亨于天子。同烹，《诗·小雅·楚茨》：或剥或亨。按，《说文》无亨字，但有亯字，即亨字。《说文》亦无烹字。盖亨、享、烹，古同字。”《正字通》：“亨，即古享字。”《释文》：“用亨，京云：献也；干云：享，宴也；姚云：享，祀也。”朱熹曰：“亨，亦当作祭享之享。”又曰，“亨，《春秋传》作享，谓朝献也。古者，亨通之亨，享献之享，烹饪之烹，皆作亨字。”按，随卦上六曰：“王用亨于西山。”益卦六二曰：“王用享于帝。”是亨通作享。又，鼎卦《彖》曰：“鼎，象也。以木巽火，亨饪也。圣人亨以享上帝，而大亨以养圣贤。巽而耳目聪明，柔进而上行，得中而应乎刚，是以元亨。”是亨、享、烹，古同字。升卦，巽下坤上。初之三为巽，巽为供奉；二之四为兑，兑为羊；三之五为震，震为蕃鲜；四之上为坤，坤为牛。六四，在巽之上，在兑在震在坤，为所供奉之牛羊蕃鲜，故有献享之象。又，巽为高，坤为地，地中之高地为丘，已如九三称虚。坤中断，犹两峰对出，为岐山。六四在丘上峰下，故曰：王用亨于岐山。

吉，无咎　《论语·泰伯》曰：“三分天下有其二，以服事殷，周之德，其可谓至德也已矣。”注：“包曰：殷纣淫乱，文王为西伯，而有圣德；天下归周者，三分有二，而犹以服事殷，故谓之至德。”《正义》曰：“周德群才，故能三分有二。其时，实有得天下之势，而犹以服事殷，与泰伯之以天下让，无以异，故夫子均叹为至德也。《表记》云：子曰：下之事上也，虽有庇民之大德，不敢有君民之心，仁之厚也。又下言舜、禹、文王、周公之事云：有君民之大德，有事君之小心，故此，极美文王，有至德也。然不言文王之德，而曰周者，明服事之诚，武王与文王同，故统言周也。”又曰，“文王为西伯者，《书·西伯戡黎》，郑注：文王为雍州之伯，南兼梁、荆，在西，故曰西伯是也。

包必先言文王为西伯，继言三分有二者，明三分有二，在为西伯后也。《左襄四年传》：文王帅殷之畔国，以事纣。《周书·程典解》：维三月，既生魄，文王合六州之众，奉勤于商。六州者，《郑诗谱》谓：雍、梁、荆、豫、徐、扬。孔疏申之，以为其余，冀、青、兖属纣，此依九州约略分之。九州而有六州，是天下三分，有其二也。毛诗《四牡》传：文王率诸侯，抚叛国，而朝聘乎纣。"

《象》曰："王用亨于岐山，顺事也。"王用亨于岐山，犹大有卦之九三，公用享于天子。六四，居四爻之上，在两爻之下，是三分天下有其二，如此而以柔顺，服事六五之天子，为顺事。《大戴礼记·四代》曰："上服周室之典，以顺事天子；修政勤礼，以交诸侯。"周自太王，以至文王，皆经营于岐。王用享于岐山，即谓文王在岐，献享于殷，表示顺事殷朝。其德高则福厚，故而吉利，没有灾过。程氏传："昔者，文王之居岐山之下，上顺天子，而欲致之有道；下顺天下之贤，而使之升进，己则柔顺谦恭，不出其位，至德如此。四之才虽善，而其位当戒也。居近君之位，在升之时，不可复升；升则凶咎可知，故云如文王，则吉而无咎也。分虽当止，而德则当升也。"又曰，"以柔居坤，顺之至也。"《易乾凿度》："孔子曰：升者，阳气升上，阴气欲承，万物始进。譬犹文王，之修积道德，宏开基业，始即升平之路。当此时也，邻国被化，岐民和洽，是以六四蒙泽而承吉。九三可处王位，享于岐山，为报德也；明阴以显阳之化，民臣顺德也。"谓六四如文王，蒙授命之泽而承吉，故享献天子于岐山，而不逾越，为报殷封西伯、征伐之德。以此显明臣子，归功于君王之化，民臣顺从于君王之德。九二已言用禴，六四再言用享，非复言祭，为献享六五天子。按，二之四为兑，兑为羊，羊为祥吉；又，三之五为震，震为诸侯，六四居震，是诸侯吉无咎之象。

六五，贞吉，升阶。

〔译〕 六五，正道吉利，登上天子阶陛。

《象》曰："贞吉升阶，大得志也。"

〔证〕

贞吉 《易》谓贞吉，有在阳爻，有在阴爻，自初至上皆有。贞吉，谓正行则吉利。升卦，初六曰："允升，大吉。"《象》曰："允升大吉，上合志也。"九二曰："孚乃利用禴，无咎。"《象》曰："九二之孚，有喜也。"九三曰："升虚邑。"《象》曰："升虚邑，无所疑也。"六四曰："王用亨于岐山，吉，无咎。"《象》曰："王用亨于岐山，顺事也。"是升卦，顺其允升之道，一路正行，终至六五，得中得应，为正行吉利。六五，虽居高位，然由巽顺而至高；且在坤众之中，位高而得民，是以正吉。坤卦六五曰："黄裳，元吉。”《象》曰：“黄裳元吉，文在中也。”《文言》曰：“君子黄中通理，正位居体，美在其中，而畅于四支，发于事业，美之至也。”程氏传：“阴者，臣道也，妇道也。臣居尊位，羿、莽是也，犹可言也。妇居尊位，女娲氏、武氏是也。非常之变，不可言也，故有黄裳之戒，而不尽言也。或疑在革，汤、武之事，犹尽言之。独于此不言，何也？曰：废兴，理之常也；以阴居尊位，非常之变也。”按，革卦《象》曰：“天地革，而四时成。汤、武革命，顺乎天，而应乎人，革之时大矣哉！”升卦六五，虽为阴爻，然亦居坤顺中正，是顺乎天，而应乎人，其道得正而吉，是为正则吉，为贞吉。

《鲁颂·闷宫》：“是生后稷，降之百福。黍稷重穋，稙稚菽麦。奄有下国，俾民稼穑。有稷有黍，有稻有秬。奄有下土，缵禹之绪。后稷之孙，实维大王。居岐之阳，实始翦商。至于文武，缵大王之绪。致天之届，于牧之野。无二无虞，上帝临女。”孔颖达疏：“上言后稷之事，此又接说其后。言后稷后世之孙，实维是周之大王也。此大王自豳而来，居于岐山之阳，民归往之。初有王迹，实始有翦齐商家之萌兆也。至于文王武王，则能继大王之业。于时，商家暴虐，天欲诛之。武王乃致天之诛，于牧野之地。民皆乐战，不自以为苦。反劝戒武王云：今天下归周，无有二心，无有疑误，乃由上天之临视汝矣。言民从天助，往必克胜，欲使之勉力决战也。武王于是伐而克之，乃以礼法治商之众，民莫不得所能。同其功于先祖，谓先祖欲成王业，武王卒能成之，是合同其功。”周自后稷，至于大王，至于文武，由奄有下国，到奄有下土，到奄有天下，由君子以顺德，积小以高大，而登上天子之位，是正道而吉利，即贞吉，正则吉。

升阶 《说文》：“阶，陛也。”“陛，升高阶也。”段玉裁注：“凡以渐而升，皆曰阶。升、登，古今字，古假升为登也。自卑而可以登高者，谓之陛。贾谊曰：陛九级，上廉远地，则堂高；陛无级，廉近地，则堂卑。《独断》曰：群臣与至尊言，不敢指斥，故呼在陛下者，而告之。”桂馥义证：“升高阶也者，《玉篇》：陛，天子阶也。《三辅黄图》：陛，所由升堂也。天子必有近臣，执兵阶陛，以戒不虞。”《礼仪·觐礼》：“侯氏坐取圭，升致命，王受之玉；侯氏降阶，东北面，再拜稽首。”又，“侯氏升致命，王抚玉；侯氏降，自西阶东面，授宰币西阶前，再拜稽首。”阶、陛字通。九五升阶，即登天子阶陛，犹登阼，即位为天子。《说文》：“阼，主阶也。”天子所登。《象》曰：“贞吉升阶，大得志也。”坎为志，初之四为坎象。故初六曰上合志也，六五曰大得志也，是升卦之志，在于升登中极之位，乘坎得志。朱骏声曰：“坤为土阶，震为升高，故升阶，升阶践阼也。”

上六，冥升，利于不息之贞。

〔译〕上六，阴消，利在阳至正。

〔象〕曰："冥升在上，消不富也。"

〔证〕

冥升 《说文》曰："冥，幽也。从日从六，冖声。日数十，十六日而月始亏，幽也。凡冥之属，皆从冥。"桂馥义证："《盐铁论》：日者阳，阳道明；月道阴，阴道冥。《元命苞》：幽州，言北方太阴，故以幽冥为号。"段玉裁注："日之数十，昭五年《左传》文，谓甲至癸也。历十日，复加六日，而月始亏，是冥之意，故从六日。"冥为月亏，月为阴，月亏为阴亏，是冥升即阴升。阴升至上而亏，是为阴消，《象》："冥升在上，消不富也。"《说文》："富，备也。"段注："富与福，音义皆同。《释名》曰：福，富也。"桂证："《郊特牲》：富也者，福也。"注云：或曰：福也者，备也。"朱骏声《说文通训定声》："《诗・瞻卬》：何人不富。传：福也。假借为福。《书・吕刑》：惟讫于富。王氏引之曰：威福对文，言终作于福也。"又，《说文》曰："实，富也。"阳为实，实为富为福；阴为虚，虚为不富不福，小畜卦九五曰："有孚挛如，富以其邻。"阳爻称富。泰卦六四曰："翩翩，不富以其邻。"阴爻称不富。谦卦六四曰："不富以其邻，利用侵伐。" 阴爻称不富。是冥升在上，消不富，即谓阴升在上，消阴之不福。阳气生物，阴气杀物，故曰阴气不福。

利于不息之贞 乾卦《象》曰："天行健，君子以自强不息。"朱熹曰："天，乾卦之象也。凡重卦，皆取重义；此独不然者，天一而已。但言天行，则见其一日一周而明日又一周。若重复之象，非至健不能也。君子法之，不以人欲，害其天德之刚，则自强而不息矣。"乾阳为不息，贞为正道。利于不息之贞，即利于乾阳不息之正道。《象》曰消不富，爻曰利不息，实则一，即消阴利阳。阳为不息为正道，故曰利于不息之贞。《系辞传》曰："《易》曰：憧憧往来，朋从尔思。子曰：天下何思何虑？天下同归而殊涂，一致而百虑，天下何思何虑。日往则月来，月往则日来，日月相推，而明生焉。"朋从而思，谓阴阳相推，而阴从阳。日月，为阴阳之精。月有阴晴圆缺，而日无泯灭之时，是阳为不息正道。升卦，巽下坤上。上坤往而降下，下巽来而升上，阴降阳升，为利于不息之贞。

第四十七卦　戊　申

☱兑上
☵坎下

困，亨。贞，大人吉，无咎。有言不信。

〔译〕　困，亨通。正道，大人吉利，无灾。有言不被信任。

《彖》曰："困，刚揜也。险以说，困而不失其所亨，其唯君子乎！贞，大人吉，以刚中也。有言不信，尚口乃穷也。"

《象》曰："泽无水，困，君子以致命遂志。"

〔证〕

坎下兑上　《彖》曰："困，刚揜也。"《说文》："揜，一曰覆也。"《广雅·释诂》："揜，藏也。"《礼记·聘义》："瑕不揜瑜，瑜不揜瑕。"揜，为掩。刚揜，谓刚被柔掩。即二、四、五三阳，被初、三、上三阴所困。乾卦《文言》："九二曰：见龙在田，利见大人。""九四曰：君子进德修业，欲及时也。""九五曰：圣人作，而万物睹。"是九二为大人，九四为君子，九五为圣人，皆为阳刚之人。困卦，初之三为坎，四之上为兑。坎为水，兑为泽，阳陷水泽之中，为困。又，初之三为坎，三之上为大坎。小坎接大坎，坎为陷，阳陷大小坎陷之中，为困。

于伏羲八卦，坎在西，为七月；兑在东南，为二、三月。困卦，坎下兑上。由下往上，自七月至二、三月，是困卦之象。先是阴生阳下，后是阴乘阳上，前后有阴，阳为阴所掩，为刚掩于阴，为困。《说文》："申，七月阴气成体，自申束。"桂馥义证："七月阴气成体者，《汉书·律历志》：夷则，则，法也。言阳气正法度，而使阴气夷当伤之物也。徐锴曰：七月三阴，故曰阴气成。其曰三阴者，《洪范·正义》：数之所起，起于阴阳。阴阳往来，在于日道。五月夏至，日北极，阴进而是阳退。夏火位也，当以阴生为大数。但阴不名奇，数必以隅，故以六月二阴生为火数也。馥案：六月二阴，则七月三阴矣。"又，《说文》："卯，二月，万物冒地而出。"《淮南·天文训》曰："太阴在卯，岁名曰单遏。"高注："单，尽；遏，止。阳气推万物而起，阴气尽止。"是由七月，至明年二、三月，阳之上下，皆有阴爻，阳为阴掩，为阳困。

《周易》消息卦，七月为否。否卦，坤下乾上。卦辞曰："否之匪人，不利君子贞，大往小来。"《彖》曰："否之匪人，不利君子贞，大往小来，则是天地不交，而万物不通也；上下不交，而天下无邦也。内阴而外阳，内柔而外刚，内小人而外君子，小人道长，君子道消也。"又，《象》曰："天地不交，否，君子以俭德辟难，不可荣以禄。"此谓七月，阳困于阴之事。二月为大壮卦。大壮，乾下震上。六五曰："丧羊于易。"《象》曰："丧羊于易，位不当也。"上六曰："羝羊触藩，不能退，不能遂，无攸利。"《象》曰："不能退，不能遂，不详也。"羊，谓阳。不能退，不能遂，谓阳受阴之蕃篱所困阻。三月为夬。夬卦，乾下兑上。卦辞曰："夬，扬于王庭，孚号有厉。告自邑，不利即戎。"《彖》曰："夬，决也，刚决柔也。健而说，决而和。扬于王庭，柔乘五刚也。孚号有厉，其危乃光也。告自邑，不利即戎，所尚乃穷也。"扬于王庭，孚号有厉，谓阳虽至五，然柔乘五刚，其上六之阴，对阳仍有危厉。是自七月阴气成体，至第二年二、三月，阴气犹存，阴掩阳，谓之困。

《邶风·柏舟》："忧心悄悄，愠于群小。觏闵既多，受侮不少。""日居月诸，胡迭而微。"《诗序》曰："《柏舟》，言仁而不遇也。卫顷公之时，仁人不遇，小人在侧。"《诗义钩沉》："《读诗记》：王氏曰：国乱而君昏，则小人众，而君子独；君子忧，而小人乐。君子之忧者，忧其国而已。忧其国，则与小人异趣。其为小人所愠，固其理也。故曰觏闵既多，受侮不少。其曰既多、不少者，以著小人之众也。"郑笺："日，君象也；月，臣象也；微，谓亏伤也。君道当常明如日，而月有亏盈。今君失道，而任小人；大臣专恣，则日如月然。"《正义》曰："日当常明，月即有亏。今日何为，与月更迭，而亏伤乎？犹君何为，与臣更迭，而屈伸乎？日实无亏伤，但以日比君，假以言之耳。"困卦，坎下兑上。阳刚为阴柔所掩，犹小人在侧。又，初之三为坎，坎为月；二之四为离，离为日；三之五为巽，巽为风云；四之上为兑，兑为雨泽。是日为月所遮，又为风云雨水所遮，为阳掩于阴，为刚揜。

《小雅·十月之交》："十月之交，朔月辛卯。日有食之，亦孔之丑。彼月而微，此日而微。今此下民，亦孔之哀。"《诗集传》曰："一岁，凡十二会。方会，则月光都尽而为晦。已会，则月光复苏而为朔。朔后晦前，各十五日。日月相对，则月光正满而为望。晦朔而日月之合，东西同度，南北同道，则月揜日，而日为之食。望而日月之对，同度同道，则月亢日，而月为之食。是皆有常度矣。然王者修德行政，用贤去奸，能使阳盛足以胜阴，阴衰不能侵阳，则日月之行，虽或当食，而月常避日。故其迟速高下，必有参差，而不正相合。不正相对者，所以当食，而不食也。若国无政，不用善，使臣、子背君、父，妾妇乘其夫，小人陵君子，夷狄侵中国，则阴盛阳微，当食必食。虽曰行有常度，而实为非常之变矣。微，亏也。彼月则宜有时而亏矣，此日不宜亏，而今亦亏，是乱亡之兆也。"今困卦，月来侵日，是日不宜亏而亏，为刚揜。

《论语·卫灵公》："（孔子）在陈绝粮，从者病，莫能兴。子路愠见，曰：君子亦有穷乎？子曰：君子固穷，小人穷斯滥矣。"注曰："孔曰：从者，弟子；兴，起也。孔子去卫如曹，曹不容；又之宋，遭匡人之难；又之陈，会吴伐陈。陈乱，故乏食。滥，溢也。君子固亦有穷时，但不如小人，穷则滥溢为非。”又，《史记·孔子世家》曰：“孔子迁于蔡，三岁，吴伐陈，楚救陈，军于城父。闻孔子在陈、蔡之间，楚使人聘孔子。孔子将往拜礼。陈、蔡大夫谋曰：孔子，贤者，所刺讥，皆中诸侯之疾。今者，久留陈、蔡之间，诸大夫所设行，皆非仲尼之意。今楚，大国也，来聘孔子；孔子用于楚，则陈、蔡用事大夫，危矣！于是，乃相与发徒役，困孔子于野。不得行，绝粮，从者病，莫能兴。孔子讲诵弦歌不衰。子路愠见，曰：君子亦有穷乎？孔子曰：君子固穷，小人穷斯滥矣。”孔子，君子，阳刚之人；陈、蔡大夫，小人，阴柔之人。孔子见围，于陈、蔡大夫之徒，是刚掩于阴，为困。

《孟子·告子下》：“孟子曰：舜发于畎亩之中，傅说举于版筑之间，胶鬲举于鱼盐之中，管夷吾举于士，孙叔敖举于海，百里奚举于市。故天将降大任于是人也，必先苦其心志，劳其筋骨，饿其体肤，空乏其身，行拂乱其所为，所以动心忍性，曾益其所不能。人恆过，然后能改；困于心，衡于虑，而后作；征于色，发于声，而后喻。入则无法家拂士，出则无敌国外患者，国恆亡。然而，生于忧患，而死于安乐也。”赵岐注：“舜耕历山，三十征庸。傅说筑傅岩，武丁举以为相。胶鬲，殷之贤臣，遭纣之乱，隐遁为商；文王于鬻贩鱼盐之中，得其人，举之以为臣也。士，狱官也。管仲自鲁囚执于士官，桓公举以为相国。孙叔敖隐处，耕于海滨；楚庄王举之，以为令尹。百里奚亡虞适秦，隐于都市；缪公举之于市，而以为相也。言天将降下大任，以任圣贤，必先勤劳其身，饥其体，而瘠其肤，使其身乏资绝粮，所行不从，拂戾而乱之者，所以动惊其心，坚忍其性，使不违仁，困而知勤，曾益其素所不能行。”曰，“人常以有缪思过行，不得福，然后乃更其所为，以不能为能也。困瘁于心，横塞其虑，于胸臆之中；而后，作为奇计异策、愤激之说也。征验见于颜色，若屈原憔悴，渔夫见而怪之。发于声而后喻，若宁戚商歌，桓公异之。”又曰，“入，谓国内也，无法度大臣之家，辅拂之士。出，谓国外也，无敌国可难，无外患可忧，则凡庸之君，骄慢荒怠，国常以此亡也。故知能生于忧患，死于安乐也。死，亡也。安乐怠惰，使人亡其知能也。”按，圣贤穷困，亦刚受掩；而有所作为，亦险以说。困而不失其所亨，是为君子。

《荀子·宥坐篇》：“孔子南适楚，厄于陈、蔡之间。七日不火食，藜羹不糁，弟子皆有饥色。子路进，问之曰：由闻之，为善者，天报之以福，为不善者，天报之以祸。今夫子累德积义，怀美行之日久矣，奚居之隐也？孔子曰：由不识，吾语汝。汝以知者，为必用邪？王子比干，不见剖心乎？汝以忠者，为必用邪？关龙逢不刑乎？汝以为谏者，为必用邪？伍子胥不磔姑苏东门外乎？夫遇不遇者，时也；贤不肖者，材也。君子博学深谋，不遇时者多矣，何独丘也哉！君子之学，非为通也。为穷而不困，忧而意不衰也；知祸福终始，而心不惑也。夫贤不孝者，材也；为不为者，人也；遇不遇者，时也；死生者，命也。今有其人，不遇其时，虽贤，其能行乎？苟遇其时，何难之有？故君子博学深谋，修身端行，以俟其时。孔子曰：由！居，吾语汝。昔晋公子重耳，霸心生于曹；越王勾贱，霸心生于会稽；齐桓公小白，霸心生于莒。故居不隐者，思不远；身不佚者，志不广。汝庸安知，吾不得之桑落之下？”此亦如《彖》曰：“困，刚揜也，险以说，困而不失其所亨，其唯君子乎！”

又，《孔子家语·困誓》：“子贡问于孔子曰：赐倦于学，困于道矣，愿息而事君，可乎？孔子曰：《诗》云：温恭朝夕，执事有恪。事君之难也，焉可以息哉！曰：然则，赐愿息而事亲。孔子曰：《诗》云：孝子不匮，永锡尔类。事亲之难也，焉可以息哉！曰：然赐请息于妻子。孔子曰：《诗》云：刑于寡妻，至于兄弟，以御于家邦。妻子之难也，焉可以息哉！曰：然赐愿息于朋友。孔子曰：《诗》云：朋友攸摄，摄于威仪。朋友之难也，焉可以息哉！曰：然则赐愿息于耕矣。孔子曰：《诗》云：昼尔于茅，宵尔索绹。亟其乘屋，其始播百谷。耕之难也，焉可以息哉！曰：然则，赐将无所息者也。孔子曰：有焉耳，望其圹，则睪如也；视其高，则填如也；察其从，则隔如也，此其所以息也已。子贡曰：大哉乎死也！君子息焉，小人休焉，大哉乎死也！”子贡曰倦而困，孔子曰难而不息。乾卦《象》曰：“天行健，君子以自强不息。”故困卦《彖》曰：“困，刚揜也。险以说，困而不失其所亨，其唯君子乎！”唯君子，处难而愉悦，困穷而通达；小人则不能，穷斯滥矣。《系辞传》曰：“困，德之辩也。”“困以寡怨。”郑康成曰：“辩，别也。遭困之时，君子固穷，小人穷则滥，德于是别也。”韩康伯注：“困而不滥，无怨于物。”皆谓困而不困之理。

困 《说文》：“困，故庐也。从木在口中。朱，古文困。”《小雅·信南山》曰：“中田有庐，疆埸有瓜。”郑笺：“中田，田中也。农人作庐焉，以便于田事。”《正义》曰：“古者，宅在都邑，田于外野。农时，则出而就田，须有庐舍，故言中田。谓农人于田中作庐，以便其田事。于田中种谷，于畔上种瓜，亦所以便地也。”《诗集传》曰：“一井之田，其中百亩为公田，内以二十亩，分八家为庐舍，以便田事。”《毛诗传笺通释》：“古者井田之制，私田在外，公田在中，庐舍又在公田之中，故曰中田有庐。《谷梁传》曰：古者公田为居，井灶葱韭尽取焉。正与《诗》合。《韩诗外传》曰：八家为邻，家得百亩。家得公田十亩，舍二十亩，共为庐舍，各得二亩半。《公羊传》何休注：一夫一妇，受田百亩，公田十亩，庐舍二亩半，凡为田，一顷十二亩半。八家而九顷，共为一井，故曰井田。庐舍在内，贵人也；公田次之，贵公也；私田在外，贱私也。”

又，《说文》：“庐，寄也，秋冬去，春夏居。”段玉裁注：“《汉食货志》曰：一井八家共之，各受私田百亩，公田十亩，是为八百八十亩，余二十亩，以为庐舍。在野曰庐，在邑曰里。春令民毕出在野，冬则毕入。其《诗》曰：四之日举止，同我妇子，馌彼南亩。又曰：十月蟋蟀入我床下，嗟我妇子，聿为改岁，入此室处。”桂馥义证：“秋冬去，春夏居者，宣十五年《公羊解诂》：在田曰庐，在邑曰里。又云：春夏出田，秋冬入保城郭。《月令·孟夏之月》：命农勉作，毋休于都。注引《王居明堂礼》：毋宿于国。又，《季秋之月》：乃命有司曰：寒气继至，民力不堪，其皆入室。《王居明堂礼》：仲秋农隙，民毕入于室。杨慎曰：《说文》；庐，寄舍也，秋冬去，春夏居。盖古者，一夫五亩之宅：二亩半，在邑城中之奠居；二亩半，在田野外之寄居。《诗》云：中田有庐。是也。”

钱氏塘《溉亭述古录·三代田制考》云：“井田始于黄帝。洪水之后，禹修而复之。孔子所谓：尽力乎沟洫也。沟洫既定，不可复变，殷、周遵而用之耳。”按，《甲骨文·粹一二二三》，田作囲，是井田之制，在周以前，即已存在，故曰故庐。庐在田中，田在《易》为坤阴，是庐在阴中，为阴所包掩，为困。《说文》曰：“困，故庐也。”即以困比之于庐。剥卦，坤下艮上。上九曰：“硕果不食，君子得舆，小人剥庐。”《象》曰：“君子得舆，民所载也；小人剥庐，终不可用也。”君子，指上九；下之坤阴，为舆为众。故曰君子得舆，民所载也。小人，指众阴。剥卦似庐，剥庐，谓阴剥阳，故曰终不可用也。是庐为艮之阳。庐在田中，即阳在阴中。《说文》曰：“困，故庐也。”犹谓困，刚掩也。《说文》用井田之庐，解困之字，甚得阳陷阴中之义。庐与井，皆井田之制，是以，困卦与井卦，相邻为卦。

又，困从木在口中者，《六书本义》：“木在口中，不得申也。”《说文》：“木，冒也，冒地而生，东方之行。从中，下象其根。凡木之属，皆从木。”桂馥义证：“《春秋元命苞》：木者阳精，生于阴，故水者木之母。其字，八推十为木。八者阴合，十者阳数。冒也，冒地而生者。木、冒声相近。本书：卯，冒也。二月，万物冒地而出。《释名》：木，冒也，华叶自覆冒也。”又曰，“《白虎通》：木在东方。东方者，阳气始动，万物始生。木之为言触也，阳气动跃。”《说文》：“口，回也，象回帀之形。凡口之属，皆从口。”段玉裁注：“回，转也。按团结、周围，字常用此，围行而口废矣。帀，周也。”口，通作围，即《系辞传》，范围天地之化，而不过之围。木为阳，阳在包围之中，阴掩阳，是以为困。又，⿱止木为古文困，止木会意，亦阳而受阻，为困穷。

《周易正义》曰：“困者，穷困委顿之名。”程氏传：“困者，惫乏之义。为卦，兑上而坎下。水居泽下，则泽中有水也；乃在泽下，枯涸无水之象，为困乏义。又兑以阴在上，坎以阳居下，与上六在二阳之上，而九二陷于二阴之中，皆阴柔揜于阳刚，所以为困也。君子为小人所揜蔽，穷困之时也。”《经义述闻·周易下》：“困《彖传》：困，刚揜也。荀爽曰：谓二、五为阴所揜也。王弼曰：刚见揜于柔也。《正义》曰：此就二体以释卦名。兑，阴卦，为柔。坎，阳卦，为刚。坎在兑下，是刚见揜于柔也。刚应升进，今被柔揜。施之于人，其犹君子为小人所蔽，以为困穷矣。家大人曰：揜，即困迫之名。刚揜者，阳气在下，困迫而不能升也。《表记》；君子慎以辟祸，笃以不揜，恭以远耻。郑注曰：揜，犹困迫也。是其义。襄二十五年《左传》：行及弇中。杜注曰：弇中，狭道。狭道曰弇，亦是逼迫不容之称。与刚揜之揜，声同而义近，故虞翻本，揜作弇 。”古弇与奄，揜与掩，音义皆近同，是凡被所覆盖，不得伸者，为困穷。

亨 《彖》曰：“险以说，困而不失其所亨，其唯君子乎！”谓君子处险而乐观，不畏艰险，故而最终不失亨通。下坎为险，阳在坎险中间，为君子处险。上兑为说，说即悦。阳居其中，为君子险以说。又，坎为陷，陷则困；兑为口，口可通。故曰：困而不失其所亨。郑康成曰：“坎为月，互体离，离为日，兑为暗昧，日所入也。今上掩日月之明，犹君子处乱代，为小人所不容，故谓之困也。君子虽困，居险能悦，是以通而无咎也。”程氏传：“下险而上说，为处险而能说。虽在困穷艰险之中，乐天安义，自得其说乐也。时虽困也，处不失义，则其道自亨，困而不失其所亨也。能如是者，其唯君子乎！”朱熹曰：“九二为二阴所掩，四、五为上六所掩，所以为困。坎险兑说，处险而说，是身虽困，而道则亨也。”按，王夫之《张子正蒙注·三十篇》曰：“困之中，必有通焉，穷则变，变则通。”是以困亨。

《太玄·玄摛》曰：“盛则入衰，穷则更生。有实有虚，流止无常。阳不极，则阴不萌；阴不极，则阳不牙。极寒生热，极热生寒。信道致诎，诎道致信。其动也，日造其所无，而好其所新；其静也，日减其所有，而损其所成。故推之以刻，参之以晷，反覆其序，轸转其道也。”信通伸，诎通屈。阴阳屈伸互转，故困而亨。《风俗通义·穷通》曰：“《易》称：悬象著明，莫大乎日月；然时有昏晦。《诗》美：滔滔江汉，南北之纪；然有壅滞。《论语》：固天纵之，莫盛于圣；然时有困否。日月不失其体，故蔽而复明。江汉不失其源，故穷而复通。圣人不失其德，故废而复兴。非唯圣人，俾尔亶厚；夫有恆者，亦允臻矣。是故，君子厄穷而不闵，劳辱而不苟，乐天知命，无怨尤焉。故录先否后喜，曰穷通也。”《易》谓困亨，《风俗通》谓穷通，皆谓否泰往来，不穷之道。唯圣人君子，知几知务，屈而后伸，即所谓穷神知化，德之盛也。

贞，大人吉，无咎 《彖》曰：“贞，大人吉，以刚中也。”谓九二、九五，居上下卦之中，唯中则正，中正者是大人，不偏不倚，正中其道，故而吉利。故九二《象》曰："中有庆也。"九五《象》曰："以中直也，利用祭祀，受福也。"大人，以中正有庆受福，故曰：贞，大人吉，无咎。程氏传："困而能亨，且得贞正，乃大人处困之道也，故能吉而无咎。大人处困，不唯其道自吉，乐天安命，乃不失其吉也；况随时善处，复有裕乎！"又曰，"困而能贞，大人所以吉也，盖其以刚中之道也。五与二是也。非刚中，则遇困而失其正矣。"朱骏声《六十四卦经解》曰："《孟子》，生于忧患，所谓贞大人吉也。"师卦，坎下坤上。卦辞曰："贞，丈人吉，无咎。"《彖》曰："贞，正也。能以众正，可以王矣。刚中而应，行险而顺，以此毒天下，而民从之，吉又何咎矣？"丈人，谓九二，老成之大人，能为师众之正，终可王天下。是贞，为得中，为大人，为吉，为无咎。

又，需卦，乾下坎上。卦辞曰："贞吉。"《彖》曰："贞吉，位乎天位，以正中也。"九五曰："贞吉。"《象》曰："贞吉，以中正也。"颐卦，震下艮上。卦辞曰："贞吉。"《彖》曰："贞吉，养正则吉也。"六五曰："居正吉。"《象》曰："居正之吉，顺以从上也。蹇卦，艮下坎上。卦辞曰："贞吉。"《彖》曰："当位贞吉，以正邦也。"九五曰："大蹇朋来。"《象》曰："大蹇朋来，以中节也。"朱熹曰："九五居尊，而有刚健中正之德，必有朋来而助之者。"故而吉。旅卦，艮下离上。卦辞曰："贞吉。"《彖》曰："柔得中乎外，而顺乎刚，止而丽乎明，是以小亨，旅贞吉也。"综上所述，《易》以中为正，阴阳得中正之道则吉，故曰贞吉。困卦，初之三为坎，三之上为大坎，二、五虽陷坎险之中，为困；但居中得正，又为阳刚大人，董其道而行之，故曰贞，大人吉，无咎。其要在贞，即正。

《周书·洪范》曰："皇极，皇建其有极。"《正义》曰："皇，大也；极，中也。施政教治下民，当使大得其中，无有邪僻，故演之云：大中者，人君为民之主，当大自立，其有中之道，以施教于民。当先敬用五事，以敛聚五福之道，用此为教，布与众民，使众民慕而行之。在上能教如此，惟是其众民，皆效上所为，无不于汝人君，取其中道而行。积久以成性，乃更与汝人君，以安中之道，言皆化也。若能如是，凡其众民，无有淫过朋党之行，人无有恶相阿比之德，性皆大为中正之道。言天下众民，尽得中也。"又曰，"此畴，以大中为名，故演其大中之义。大中之道，大立其有中。欲使人主，先自立其大中，乃以大中教民也。凡行不迂僻，则谓之中。《中庸》，所谓从容中道；《论语》，允执其中：皆谓此也。九畴为德，皆求大中，是为善之总，故云谓行九畴之义。言九畴之义，皆求得中，非独此畴求大中也。此大中，是人君之大行，故特叙以为一畴耳。"天赐禹九畴，九畴皆求得中，是中正之道，一以贯之。唯中正，致中和，中和则大事吉，故曰贞，大人吉，无咎。

有言不信 需卦，乾下坎上。九二曰："需于沙，小有言。"雨在天上，坎为阴小、为言，为小有言，讼卦，坎下乾上。初六曰："不永所事，小有言。"坎为阴小、为言，为小有言。师卦，坎下坤上。六五曰："田有禽，利执言。"九二应于六五，二在坎中，坎为言，为利执言。明夷卦，离下坤上。初九曰："有攸往，主人有言。"二之四为坎，坎为言，离为主人，含有坎，为主人有言。革卦，离下兑上。九三曰："革言三就，有孚。"二之上为大坎，坎为言，三之上须三动，为革言三就。震卦，震下震上。初九曰："震来虩虩，后笑言哑哑。"初九在震，为震来虩虩；九四在坎，坎为言，为笑言哑哑。上六曰："婚媾有言。"上六与六三不应，六三在坎，坎为言，为婚媾有言。艮卦，艮下艮上。六五曰："艮其辅，言有序。"二之四为坎，坎为言；四之上为艮，艮为止。六五在艮止之中，言而有止，为言有序。渐卦，艮下巽上。初六曰："鸿渐于干，小子厉，有言。"初六与六四不应，六四在坎，坎为言，为小子厉，有言。《说文》："言，直言曰言，论难曰语。"直言有险，论难有难，是以言为坎，该险难之意。又，言必有信，坎中实，为言。《系辞传》曰："子曰：君子居其室，出其言善，则千里之外应之，况其迩者乎？居其室，出其言不善，则千里之外违之，况其迩者乎？言出乎身，加乎民；行发乎迩，见乎远，言行，君子之枢机。枢机之发，荣辱之主也。言行，君子之所以动天地也，可不慎乎？"是以，《易》以坎为言，谓言为难。

有言不信：有言，谓下坎；不信，谓兑为毁折，谓二、五不相顺应，为不信。《象》曰："有言不信，尚口乃穷也。"谓下有言，而不为上所信，是徒尚口说，则必穷困。尚，通上。兑口在上，为尚口。《礼记·表记》曰："子言之：归乎？君子隐而显，不矜而庄，不厉而威，不言而信。"郑氏注："此孔子行应聘，诸侯莫能用己，心厌倦之辞也。"即孔子处困而自励，勿尚口舌。《系辞传》曰："默而成之，不言而信，存乎德行。"反之，处困之时，言不足信，不默欲成之德行，如若有言，则不可见信于人，则为徒尚口舌，必穷困不拔。王弼注："处困而言，不见信之时也。非行言之时，而欲用言以免，必穷者也。其吉在于贞，大人口何为乎？"程氏传："当困而言，人所不信；欲以口免困，乃所以致穷也。以说处困，故有尚口之戒。"朱熹曰："有言不信，又戒以当务晦默，不可尚口，益取困穷。"

《象》曰："泽无水，困，君子以致命遂志。"《释名·释地》曰："下而有水，曰泽。"《夏书·禹贡》曰："九川涤源，九泽既陂。"泽，水汇聚之低洼地。《周语》曰："泽，水之钟也。"《月令·仲冬之月》云："山林薮泽。"孔颖达疏："有水之处，谓之泽。"《周书·洪范》曰："水曰润下，火曰炎上。"《正义》曰："由此而观，水则润下，可用以灌溉；火则炎上，可用以炊爨，亦可知也。水既纯阴，故润下趣阴；火是纯阳，故炎上趣阳。"《说卦传》曰："说万物者，莫说乎泽，润万物者，莫润乎水。"《风俗通义·山泽》曰："泽者，言其润泽万物，以阜民用也。"困卦，坎下兑上。兑为泽，坎为水。今兑上于水，水下于泽，为泽无水。为困者，因泽水向下润物，而自取困涸。即兑泽困，而万物生。《易乾凿度》曰："卦者，挂也，挂万物，视而见之。故三画已下，为地；四画已上，为天。物感以动，类相应也。"在自然，为天地，在人事，为君民。天施泽，万物生；君施泽，臣民福，此其一理。

伏羲八卦，兑位东南，为二、三月；坎位正西，为七月。兑往坎来，由二、三月至七月，天多雨泽，故有施泽之象。又，夬卦，乾下兑上。《象》曰："泽上于天，夬，君子以施禄及下。"是《易》，以兑上为德泽。《文子·道原》曰："水为道也，上天为雨露，下地为润泽，万物不得不生，百事不得不成，大苞群生，而无私好，泽及蚑蛲，而不求报。"泽，犹惠泽，德泽。《周书·毕命》曰："三后协心，同底于道。道洽政治，泽润生民。"孔氏传："三君合心为一，终始相成，同致于道。道至普洽，政化治理。其德泽惠施，乃浸润生民。"困卦，兑上坎下，泽无水为困，是损上益下之象。《老子》曰："天之道，损有余，而补不足；人之道，则不然，损不足，以奉有余。孰能有余，以奉天下？唯有道者。"故《象》曰："君子以致命遂志。"君子，有道者之称。九五居上兑之中，当之。

《论语·子张篇》："子张曰：士见危致命，见得思义，祭思敬，丧思哀，其可已矣。"《曾子·制言篇》："生以辱，不如死以荣。"卢辩注云："见危致命，死之荣也。"《后汉书·独行传》，注引《论语》："君子见危授命，见得思义。"《文选》，殷仲文《解尚书表》注，引《论语》："子张问士，子曰：见危授命，见得思义。"何晏《论语集解》："孔曰：致命，不爱其身。"邢昺《正义》曰："此章言士行也。士者，有德之称。自卿大夫已下，皆是致命，谓不爱其身。子张言为士者，见君有危难，不爱其身，致命以救之。见得利禄，思义然后取；有祭事，思尽其敬；有丧事，当尽其哀。有此行者，其可以为士已矣。"朱熹《论语集注》："致命，谓委致其命。犹言授命也。四者，立身之大节。一有不至，则余无足观。故言士能如此，则庶乎其可矣。"真德秀《四书集编》曰："义、敬、哀，皆言思，而致命独不言思者，盖生死之际，惟义是徇，有不待思而决也。"《四书约旨》："危邦不入，乱邦不居，非其君不仕，许多审慎，都在前面。若既仕之，则见危时，只有致命，并无思法耳。"按《论语·宪问篇》曰："见利思义，见危授命，久要不忘平身之言，亦可以为成人矣。"此与《子张篇》仿佛，是致命即授命。《左传》成公十三年：

“诸侯疾之，将致命于秦。”杜氏注：“致死命而讨秦。”是致命，犹效死命之意。

《系辞传》曰：“古者，包牺氏之王天下也，仰则观象于天，俯则观法于地，观鸟兽之文，与地之宜，近取诸身，远取诸物，于是始作八卦，以通神明之德，以类万物之情。”履卦，兑下乾上。《象》曰：“上天下泽，履，君子以辩上下，定民志。”程氏传：“君子观履之象，以辨别上下之分，以定其民志。夫上下之分明，然后民志有定。民志定，然后可以言志。民志不定，天下不可得而治也。古之时，公卿大夫而下，位各称其德，终身居之，得其分也。位未称德，则君举而进之。士修其学，学至而君求之，皆非有预于己也。农工商贾勤于事，而所享有限。故皆有定志，而天下之心可一。”君王施泽为安民，民安则国安，国安则遂君王之志。《老子》曰：“圣人无常心，以百姓心为心。”困卦，泽无水，泽水尽润于下，而自穷困，以是，君子远取诸物，竭尽性命，以成就安民之志，谓君子以致命遂志。朱熹曰：“水下漏，则泽上枯，故曰泽无水。致命，犹言授命，言持以与人，而不之有也。能如是，则虽困而亨矣。”

升卦和困卦，互为邻卦。《序卦传》曰：“升而不已，必困，故受之以困。”升卦《彖》曰：“柔以时升。”困卦《彖》曰：“困，刚揜也。”阴阳相对相推，柔升则刚掩，阴升则阳困，故升卦和困卦，互为邻卦。升卦《象》曰：“地中生木，升，君子以顺德，积小以高大。”困卦《象》曰：“泽无水，困，君子以致命遂志。”升卦，由下向上积德；困卦，由上向下施德。积德为致施德，施德本于积德，是以，两者相邻为卦。又，乾卦九二曰：“见龙在田，利见大人。”升卦二为阳，故卦辞曰：“用见大人。”乾卦九五曰：“飞龙在天，利见大人。”困卦五为阳，故卦辞曰：“大人吉。”由升卦至困卦，阳由二至五，由用见大人，到大人吉利，相因相关，是以相邻。《老子》曰：“物壮则老。”故升而不已则困。又曰，“祸兮，福之所倚；福兮，祸之所伏。孰知其极，其无正。正复为奇，善复为妖，人之迷，其日固久！是以圣人方而不割，廉而不刿，直而不肆，光而不耀。”福祸倚伏，以是《易》升而又困，困而又亨。

贲卦和困卦，互为错卦。贲卦，离下艮上。《彖》曰：“柔来而文刚”，“分刚上而文柔”。困卦，坎下兑上。《彖》曰：“刚揜也，险以说。”《说文》曰：“文，错画也。”贲卦，阴阳相错为文，阳掩阴。困卦，则相反，阴掩阳。故前者为贲，后者为困。贲即奔而前行，困则困而受阻，是义相反，互为错卦。又，贲卦《象》曰：“山下有火，贲，君子以明庶政，无敢折狱。”困卦《象》曰：“泽无水，困，君子以致命遂志。”山下有火，与泽下有水，卦象相反。火则炎上，可以照明，故曰君子以明庶政；水则润下，可以施泽，故曰君子以致命遂志。炎上、润下，相反相对，是以互错。又，贲卦，三阳三阴，有二阳二阴当位；困卦，三阳三阴，有二阳二阴不当位。故前者得以贲行，后者则受困阻。又，贲卦，为月升于山，以其月行疾，为贲。阴升则阳掩，是以贲卦之错卦，为刚掩、为困卦。

初六，臀困于株木，入于幽谷，三岁不觌。

〔译〕 初六，坐困于淫泆，如坠入黑暗深谷，三年不见光明。

《象》曰："入于幽谷，幽不明也。"

〔证〕

臀困于株木 人立，以三、四为臀；人坐，以初为臀，古人席地而坐。株木，盖谓株林。为与下句谷字为韵，故易林为木，且不实指。《陈风·株林》曰："胡为乎株林，从夏南？匪适株林，从夏南。驾我乘马，说于株野。乘我乘驹，朝食于株。"《诗序》云："《株林》，刺灵公也。淫乎夏姬，驱驰而往，朝夕不休息焉。"郑笺："夏姬，陈大夫妻，夏征舒之母，郑女也。征舒，字子南；夫字御叔。陈人责灵公，君何为之株林？从夏氏子南之母，为淫泆之行。言我非之株林，从夏氏子南之母，为淫泆之行，自之他耳。觝拒之辞。"又曰，"君亲乘君乘马，乘君乘驹，变易车乘，以至株林。或说舍焉，或朝食焉。又责之也。"《正义》曰："经二章，皆言灵公，往淫夏姬，朝夕不息之事。说于株野，是夕至也；朝食于株，是朝至也。"按，从夏南，口说从夏南，实则往从夏姬。

《左传》宣公九年："陈灵公与孔宁、仪行父，通于夏姬，皆衷其衵服，以戏于朝。洩冶谏曰：公卿宣淫，民无效焉，且闻不令。君其纳之！公曰：吾能改矣。公告二子，二子请杀之。公弗禁，遂杀洩冶。孔子曰：《诗》云：民之多辟，无自立辟。其洩冶之谓乎！"杜预注："衷，怀也；衵服，近身衣；纳，藏衵服；辟，邪也；辟，法也。《诗·大雅》言，邪辟之世，不可立法，国无道，危行言孙。"又，宣公十年："陈灵公与孔宁、仪行父，饮酒于夏氏。公谓行父曰：征舒似女。对曰：亦似君。征舒病之。公出，自其廏，射而杀之，二子奔楚。"杜注："灵公即位，于今十五年。征服已为卿，年大无嫌。是公子，盖以夏姬淫放，故谓其子为似，以为戏。"杨伯峻《春秋左传注》："《周语中》云：陈灵公与孔宁、仪行父，南冠入夏氏。单子曰：今陈侯不念胤续之常，弃其伉俪妃嫔，而帅其卿佐，以淫于夏氏，不亦嬻姓矣乎？弃衮冕，而南冠以出，不亦简彝乎？据此，则陈灵公南冠，盖微行也。《礼记·礼运》云：诸侯非问病、吊丧，而入诸臣之家，是谓君臣为谑。郑注云：陈灵公与孔宁、仪行父，数如夏氏，以取弑焉。"

困卦，坎下兑上。坎为邑。讼卦，坎下乾上。九二曰："其邑人三百户，无眚。"比卦，坤下坎上。九五曰："邑人不诫。"升卦，巽下坤上。九三曰："升虚邑。"初之四互坎。《尔雅·释地》："邑外谓之郊，郊外谓之牧，牧外谓之野，野外谓之林，林外谓之坰。"郝懿行义疏："野、林、坰者，《说文》云：野，郊外也；平地有丛木，曰林。"初六，在邑之下边，亦野外。株，为陈之邑名，平地有丛木曰林。是臀困于株木，盖即臀困于株林。臀用以坐。《说文》："坐，止也。"臀困于株木，犹谓止困于株林，谓其君臣，被淫泆所困惑。《说卦传》曰："坎，陷也，为赤，其于木也，为坚多心。"又，《说文》："株，木根也。"初在坎，又与四应，四在巽中，巽为木，是以谓臀困于株木。

入于幽谷　《象》曰："入于幽谷，幽不明也。"《小雅·伐木》曰："伐木丁丁，鸟鸣嘤嘤。出自幽谷，迁于乔木。"毛传："幽，深；升，高也。"郑笺："迁，徙也。谓乡时之鸟，出从深谷，今移处高木。"《诗》谓自下而上，由低而高，弃暗而明。《易》与此反，入于幽谷，即由上而下，由高而低，弃明而暗。《孟子·滕文公上》："吾闻出于幽谷，迁于乔木者；未闻下乔木，而入于幽谷者。"赵岐注："人当出深谷，上乔木；今子反下乔木，入深谷。"谓下乔木，入于幽谷者，乃背道而驰。程氏传："入于幽谷：阴柔之人，非能安其所遇，既不免于困，则益迷暗妄动，入于深困。幽谷，深暗之所也。"又曰，"幽，不明也，谓益入昏暗，自陷于深困也。明则不至于陷矣，"按，阴为幽，坎为陷为谷。初六，入于坎陷之下，故为入于幽谷。朱熹曰："初六，以阴柔处困之底，居暗之甚，故其象占如此。"

三岁不觌　《尔雅·释诂》："觌，见也。"《仪礼·聘礼》："宾告事毕，宾奉束锦以请觌。"注："郑曰：觌，见也。既享，乃以私礼见。"丰卦，离下震上。上六曰："丰其屋，蔀其家，窥其户，阒其无人，三岁不觌，凶。"《象》曰："丰其屋，天际翔也；窥其户，阒其无人，自藏也。"因自藏匿，故而不觌，是不觌为不见。困卦初六，入于幽谷，在坎陷最下，三动至四，仍不得为五位，是株林淫泆之困，困至至深，意谓难见光明。又，《小雅·采薇》："岂敢定居，一月三捷。"《毛诗传笺通释》曰："古者言数之多，每曰三与九。盖九者数之究，三者数之成，不必数之果皆三、九也。是故百囊罟，而曰九罭，《楚辞》·《九歌》、《九辨》，皆十一章，而并曰九，此以九为纪也。《易》：王三锡命，昼日三接，终朝三褫之。《论语》：令尹子文三仕、三已，柳下惠三黜，季文子三思，泰伯三以天下让。此以三为纪也。此诗一月三捷，特冀其屡有战功，亦三锡、三接之类。"又，《论语·学而》："曾子曰：吾日三省吾身：为人谋而不忠乎？与朋友交而不信乎？传不习乎？"是三为实数。按，《周易》形神兼备，三，既为虚指，为多；亦为实指，一、二、三。三岁不觌，谓堕落之深，久不见出。二之四为离，离为光，为目为见。初之三为坎，三之上为大坎，坎为陷为谷，大坎为幽谷。初三动，由小坎入大坎，故曰入于幽谷；三岁不觌，谓不见光明。

九二，困于酒食，朱绂方来。利用亨祀。征凶，无咎。

〔译〕 九二，受困于酒食(而行中道)，将服朱绂为天子。重视祭祀有利。正行有凶险，终究无灾过。

《象》曰："困于酒食，中有庆也。"

〔证〕

困于酒食 《说文》："酒，就也，所以就人性之善恶。从水从酉，酉亦声。一曰造也，吉凶所造也。古者，仪狄作酒醪，禹尝之而美，遂疏仪狄。杜康作秫酒。"桂馥义证："就也，所以就人性之善恶者，酒就声相近。卫宏说《酒诰》云：以慎酒成就人之道。一曰造也，吉凶所造也者，《初学记》引作：吉凶所起造也。王肃《家诫》：夫酒，所以行礼、养性命、欢乐也。过则为患，不可不慎。是故宾主百拜，终日饮酒，而不得醉，先王所以备祸也。祸福变兴，常于此作，所宜深慎。古者，仪狄作酒醪，禹尝之而美，遂疏仪狄者，《魏策》：昔者帝女，令仪狄作酒而美。进之禹，饮而甘之，遂疏仪狄，绝旨酒。曰：后世必有以酒亡其国者。"《史记·殷本纪》："帝纣资辨捷疾，闻见甚敏，材力过人，手格猛兽；知足以距谏，言足以饰非；矜人臣以能，高天下以声，以为皆出己下。好酒淫乐，嬖于妇人。以酒为池，县肉为林，使男女倮，相逐其间，为长夜饮。"又曰，"甲子日，纣兵败。纣走，入登鹿台，衣其宝衣，赴火而死。周武王遂斩纣头，县之白旗。"按纣，身首异地，为天下笑，是以酒亡其国者。

《论语·子罕》："子曰：出则事公卿，入则事父兄，丧事不敢不勉，不为酒困，何有于我哉！"注曰："马曰：困，乱也。"《正义》曰："困训乱者，引申之义。《乡饮酒义》：降说屦，升坐，修爵无数。饮酒之节，朝不废朝，莫不废夕。宾出，主人拜送，节文终遂焉。知真能安燕，而不乱也。"是不为酒困者，谓节文至终不乱。困卦，初之三为坎，坎为水为豕。酒为水，豕为猪肉，为酒食。二之四为离，离为大腹，贪食之象。九二介于坎离，为困于酒食。然九二，虽被酒食所困，却阳刚执中，不为酒食所乱。故《象》曰："困于酒食，中有庆也。"谓困于酒食，而有节有文，守中有喜。需卦，乾下坎上。九五曰："需于酒食，贞吉。"九五在坎，中正而吉，与此相同。程氏传："虽困于所欲，未能施惠于人，然守其刚中之德，必能致亨，而有福庆也。虽使时未亨通，守其中德，亦君子之道，亨乃有庆也。"朱熹曰："困于酒食，厌恶苦恼之意。酒食，人之所欲；然醉饱过宜，则是反为所困矣。"意宜得中。《易乾凿度》曰："困之九二，有中和。居乱世，交于小人，又困于酒食者，困于禄也。"九二大人，使为禄位所困，中和自持，亦为中而有庆。

朱绂方来 段《说文》曰：“**市**，䩨也。上古，衣蔽前而已，**市**以象之。天子朱**市**，诸侯赤市。卿大夫葱衡。从市，象连带之形。**市**之属，皆从市。韨，篆文**市**，从犮，俗作绂。”注曰：“韦部曰：䩨，韨也。二字相转注也。郑曰：䩨之言蔽也，韨之言亦蔽也。祭服称韨，玄端服称䩨。郑注《礼》曰：古者，佃渔而食之，衣其皮。先知蔽前，后知蔽后。后王易之以布帛，而独存其蔽前者，不忘本也。”又曰，“按，经传或借黻为韨，如《明堂位》注曰：韨或作黻，是也。或借芾为之。如《诗》：《候人》、《斯干》、《采菽》，是也。或借沛为之，如《易》：丰其沛，一作芾。郑云：蔽膝是也。芾与沛，盖本用古文作**市**，而后人改之。或借茀为之，如《诗·释文》所载，及李善所引《诗》，皆是也。或作绂，如今《周易·乾凿度》：朱绂、赤绂，是也。”郭沫若《师克盨铭考释》：“市，一般作芾，亦作绂，或韨等。古之蔽膝，今之围腰，古人以为命服。”

《小雅·斯干》：“其泣喤喤，朱芾斯皇，室家君王。”郑笺：“皇，犹煌煌也；芾者，天子纯朱，诸侯黄朱；室家，一家之内。宣王将生之子，或且为诸侯，或且为天子，皆将佩朱芾煌煌然。”《正义》曰：“《笺》以经言室家君王，则有诸侯与天子。而同言朱芾，故云天子纯朱，诸侯黄朱也。芾从裳色，祭时服纁裳，故芾用朱赤。但芾所以明尊卑，虽同色，而有差降。《乾凿度》以为，天子之朝朱芾，诸侯之朝赤芾。朱深于赤，故困卦注云：朱深于赤，是也。此论诸侯，则王子或封畿内，或以功德外封，皆为诸侯也，而文同朱芾。明对文，则朱赤深浅有异；散之，则皆谓之朱。故天子纯朱，明其深也；诸侯黄朱，明其浅也。举其大色，皆得为朱芾也。”《礼记·玉藻》：“䩨，天子朱。”又云，“三命赤韨葱衡。”《白虎通·绋冕》：“绋者何谓也？绋者蔽也，行以蔽前。绋蔽者小，有事，因以别尊卑，彰有德也。天子朱绋，诸侯赤绋。”绋通绂，是朱绂，为天子之绂。

《广雅·释诂》：“方，始也。”《秦风·小戎》：“方何为期，胡然我念之？”《诗集传》：“将以何时为归期乎？”《大雅·公刘》：“弓矢斯张，干戈戚扬，爰方启行。”《诗集传》：“方，始也。”《鄘风·定之方中》：“定之方中，作于楚宫。”毛传：“方中，昏正四方。”方，正当之意。九二，朱绂方来，谓正当朱绂到来之时，言即将得天子之位。困卦，初之三为坎，坎为赤，为赤绂。九二在坎中，为服赤绂之诸侯。又，二之四为离，离为日，为天子象。日色纯朱，为朱绂。九二在离之始，故为朱绂方来，即将服朱绂，为天子。乾卦《文言》：“九二曰：见龙在田，利见大人，何谓也？《易》曰：见龙在田，利见大人。君德也。”比爻，盖取诸文王。《易乾凿度》曰：“至于九二，周将王，故言朱绂方来，不易之法也。”按，坎卦，坎下坎上。六四曰：“樽酒簋贰用缶，纳约自牖，终无咎。”《象》曰：樽酒簋贰，刚柔际也。”六四，在九五天子，和六三诸侯之间，似与困卦九二义近，盖用文王故事。

利用亨祀 大有卦九三曰："公用亨于天子。"随卦上六曰："王用亨于西山。"升卦六四曰："王用亨于岐山。"困卦九二曰："利用亨祀。"亨，皆读作享。《礼记·祭统》曰："夫祭之为物大矣，其兴物备矣，顺以备者也，其教之本与。是故君子之教也，外则教之以尊其君长，内则教之以孝于亲。是故明君在上，则诸臣服从。崇事宗庙社稷，则子孙顺孝。尽其道，端其义，而教生焉。"故曰，"凡治人之道，莫急于礼；礼有五经，莫重于祭。"利用享祀，谓处困之时，重视祭祀有利。又，《大雅·下武》云："成王之孚，下土之式。永言孝思，孝思维则。媚兹一人，应侯顺德。永言孝思，昭哉嗣服，昭兹来许，绳其祖武。于斯万年，受天之祜。"《诗集传》曰："言武王，能继先王之德，而长言合于天理，故能成王者之信，于天下也。武王所以能成王者之信，而为四方之法者，以其长言孝思而不忘，是以其孝可为法耳。言天下之人，皆爱戴武王，以为天子。而所以应之，维以顺德。是武王能长言孝思，而明哉其嗣先王之事也。言武王之道，昭明如此，来世能继其迹，则久荷天禄，而不替矣。"《毛郑诗考证》："孝思，所思皆本乎孝也。"九二曰利用享祀，即谓祭祀鬼神，则有敬慎孝顺之心，则可永言配命，成王之孚，为朱绂天子。三之五为巽，巽为供奉；四之上为兑，兑为羊。二在其下，为利用享祀。

征凶，无咎 《说文》："延，正行也。从辵，正声。征，延或从彳。"段玉裁注："《释言》、《毛传》皆曰：征，行也。许分别之：征，为正行；迈，为远行。形声包会意。引伸为征伐。《孟子》曰：征之为言正也。"九二，居下卦之中，中为正；下往上为行，是为正行，为征。又，坎为险为凶，九二在大坎之下，前行有凶，为征凶。又，《说文》："咎，灾也。从人各。各者，相违也。"段注："灾，当是本作裁。天火曰灾。引伸之，凡失意，自天而至，曰灾。《释诂》曰：咎，病也。《小雅·伐木》传曰：咎，过也。《北山》笺云：咎，犹罪过也。《西伯戡黎》郑注：咎，恶也。《吕览·移乐篇》注：咎，殃也。《方言》：咎，谤也。"九二，正行无违，故虽有凶险，而无灾过。二之三为离，离为火，在九二之上，为天火，为灾。然初之三为坎，坎为水。水克火，水行则火灭，为无灾。又，四之上为兑，兑为羊，羊为祥善。二与五，中与中应，是以无咎。

《竹书纪年·帝辛》云："元年，命九侯、周侯、邘侯。六年，西伯初礿于毕。十七年，西伯伐翟。二十一年，春正月，诸侯朝周，伯夷、叔齐，自孤竹归于周。二十三年，囚西伯于羑里。二十九年，释西伯；诸侯逆西伯，归于程。三十年，春三月，西伯率诸侯入贡。三十一年，西伯治兵于毕，得吕尚以为师。三十二年，五星聚于房，有赤鸟集于周社；密人侵阮，西伯率师伐密。三十三年，密人降于周师，遂迁于程；王锡命西伯，得专征伐。约按，文王受命九年，大统未集，盖得专征伐，受命自此年始。三十四年，周师取耆及邘，遂伐崇，崇人降；冬十二月，昆夷侵周。三十五年，周大饥，西伯自程迁于丰。三十六年，春正月，诸侯朝于周，遂伐昆夷。三十七年，周作辟雍。三十九年，大夫辛甲出奔周。四十年，周作灵台；王使胶鬲，求玉于周。四十一年，春三月，西伯昌薨。四十二年，西伯发，受丹书于吕尚；有女子，化为丈夫。四十四年，西伯发伐黎。四十七年，内史向挚出奔周。四十八年，夷羊见，二日并出。五十一年，冬十一月戊子，周师渡孟津而还。五十二年，庚寅，周始伐殷；秋，周师次于鲜原；冬十有二月，周师有事于上帝，庸、蜀、羌、髳、微、卢、彭、濮，从周师伐殷。”如周之历史，文王正行，虽遭羑里之难，终至受命；及武王大统，故可谓征凶，无咎。

六三，困于石，据于蒺藜，入于其宫，不见其妻，凶。

〔译〕 六三，困于坚石之中，背倚刺蒺藜，围于宫墙之内，不见与己齐心之人，凶险。

《象》曰：“据于蒺藜，乘刚也。入于其宫，不见其妻，不祥也。”

〔证〕

困于石 《说卦传》曰：“乾为玉、为金、为冰。”玉即石。乾阳性刚，是以坚硬之物为阳。艮为山，为小石，即谓地上之刚者，为山石。豫卦，坤下震上。六二曰：“介于石。”谓地上之刚为山石，六二在地之中，艮之始，为介于石。渐卦，艮下巽上。六二曰：“鸿渐于磐。”在艮之阳下，为磐石。九三曰：“鸿渐于陆。”阳在地卦之上，为高平之山，为陆。九五曰：“鸿渐于陵。”阳为山为陵。上九曰：“鸿渐于阿。”阳为山陵，大陵为阿。困卦，坎下兑上。六三，阴上有阳，阴下有阳，阳为山石，为被困于石。二之四为离，离为日为王。六三在离之中，阴在阳位，为王而不当位。下有九二，朱绂方来相迫；上有九四，权臣欺压，故为困于石。按，困于石，或犹《大雅·桑柔》：“进退维谷。”《诗序》曰：“《桑柔》，芮伯刺厉王也。”六三困于石，盖刺王困者。

据于蒺藜 《说文》：“據，杖持也。从手，豦声。”段玉裁注：“谓倚杖而持之也。杖者，人所據，则凡所據皆曰杖。據，或作据。”《尔雅·释草》：“茨，蒺藜。”郭璞注：“布地蔓生，细叶，子有三角，刺人。”《鄘风·墙有茨》：“墙有茨，不可扫也。”毛传：“墙，所以防非常；茨，蒺藜也。欲扫去之，反伤墙也。”郑笺：“国君以礼防制一国。今其宫内，有淫昏之行者，犹墙之生蒺藜。”《诗序》曰：“《墙有茨》，卫人刺其上也。公子顽，通乎君母，国人疾之，而不可道也。”郑笺：“宣公卒，惠公幼，其庶兄顽，烝于惠公之母，生子五人：齐子、戴公、文公、宋桓夫人、许穆夫人。”是所谓据于蒺藜者，盖亦谓王不能齐家，何以邦国为？家人卦，离下巽上。《彖》曰："家人，女正位乎内，男正位乎外，男女正，天地之大义也。家人有严君焉，父母之谓也。父父，子子，兄兄，弟弟，夫夫，妇妇，而家道正。正家，而天下定矣。"故其初九曰："闲有家，悔亡。"今王据于蒺藜，是家道不正，国运不通。《象》曰："据于蒺藜，乘刚也。"即谓六三弱，九二强。即在上之君王弱，在下之臣子强。坎卦，坎下坎上。上六曰："置于丛棘。"《荀九家》曰："坎为丛棘。"困卦六三，在下坎上爻，是据于蒺藜，犹据于丛棘。

入于其宫　《说文》："宫，室也。从宀，躳省声。凡宫之属，皆从宫。"段玉裁注："《释宫》曰：宫谓之室，室谓之宫。郭云：皆所以通古今之异语，明同实而两名。按，宫言其外之围绕，室言其内。析言则殊，统言不别也。《毛诗》：作于楚宫，作于楚室。传曰：室犹宫也。此统言也。宫自其围绕言之，则居中谓之宫。五音：宫、商、角、徵、羽。刘歆云：宫，中也，居中央，唱四方，唱始施生，为四声纲也。按，说宫谓从宀、吕会意，亦无不合。宀绕其外，吕居其中也。吕者，脊骨也，居人身之中者也。"按，《说卦传》曰："乾为圜。"九二、九四，似环绕其外，六三居其中，互巽为入，为入于其宫。谓被权臣封闭，如惠公幼年。《荀子・君道篇》曰："墙之外，目不见也；里之前，耳不闻也；而人主之守司，远者天下，近者境内，不可不略知也。天下之变，境内之事，有弛易齵差者矣。而主人无由知之，则是拘胁蔽塞之端也。耳目之明，如是其狭也；人主之守司，如是其广也；其中不可以不知也，如是其危也。"此即入于其宫之谓。

不见其妻，凶　《说文》："妻，妇与夫齐者也。从女，从屮，从又。又，持事，妻职也。"《玉篇》："妻，妇与己齐者也。"《白虎通・嫁娶》曰："妻者何谓也？妻者齐也，与夫齐体。自天子下至庶人，其义一也。"《豳风・伐柯》："取妻如之何？匪媒不得。"郑笺："媒者，能通二姓之言，定人室家之道。以喻王欲迎周公，当先使晓王与周公之意者先往。"是喻君王为夫，臣子为妻。六三，不见其妻，谓不见与己齐心之人，即不见忠于君王之贤臣。《君道篇》曰："人主不可以独也，卿相辅佐，人主之基杖也，不可不早具也。故人主，无便嬖左右足信者，谓之暗；无卿相辅佐足任者，谓之独；所使于四邻诸侯者，非其人谓之孤。孤独而暗，谓之危。国虽若存，古之人曰亡矣。《诗》曰：济济多士，文王以宁。此之谓也。"《象》曰："入于其宫，不见其妻，不祥也。"即谓君王蔽塞无辅，为不祥，故凶。六三与上六，当应非应，为不见其妻；又应在兑上，兑为毁折，为凶，即谓内外无辅佐之人。

《韩诗外传》（卷六）："《易》曰：困于石，据于蒺藜，入于其宫，不见其妻，凶。此言困，而不见据贤人者也。昔者，秦缪公困于殽，疾据五羖大夫、蹇叔、公孙支，而小霸；晋文公困于骊氏，疾据咎犯、赵衰、介子推，而遂为君；越王勾践困于会稽，疾据范蠡、大夫种，而霸南国；齐桓公困于长勺，疾据管仲、宁戚、隰朋，而匡天下。此皆困，而知疾据贤人者也。夫困，而不知疾据贤人，而不亡者，未尝有之也。《诗》曰：人之云亡，邦国殄瘁。无善人之谓也。”按《诗》，谓《大雅·瞻卬》。《毛诗序》曰：“《瞻卬》，凡伯刺幽王大坏也。”郑笺：“贤人皆言奔亡，则天下邦国，将尽困穷。”《系辞传》曰：“《易》曰：困于石，据于蒺藜，入于其宫，不见其妻，凶。子曰：非所困而困焉，名必辱；非所据而据焉，身必危。既辱且危，死期将至，妻其可得见邪？”亦谓六三不当位，而无正应，非所困而困，非所据而据，故而不见齐心之人，凶。

九四，来徐徐，困于金车，吝，有终。

〔译〕 九四，日来迟迟，被困食于月。虽可恨惜，但终究大放光明。

《象》曰：“来徐徐，志在下也。虽不当位，有与也。”

〔证〕

来徐徐 马融曰：“徐徐，安行貌。”困卦，初之三为坎，二之四为离。《说卦传》曰：“坎为月”，“离为日”。《尚书·刑德放》曰：“日月五星皆行，而日行迟，月行疾也。三十日，日过三十，月过四百，行有迟速也。”郑氏注：“周天为三百六十五度。日日行一度，月行十三度。三十日，日过三十度；二十七日，月一周天。故日过三十，月过四百也。”《白虎通·日月》：“据日节言也，一日一夜，适行一度。一日夜为一日，剩复分天为三十六度，周天三百六十五度，四分度之一。天左旋，日月右行。日日行一度，月日行十三度，月及日为一月。至二十九日，未及七度；即三十日者，过行七度。日不可分，故月乍大乍小，明有阴阳也。故《春秋》曰：九月庚戌朔，日有食之；十月庚辰朔，日有食之。此三十日也。又曰：七月甲子朔，日有食之；八月癸巳朔，日有食之。此二十九日也。”困卦，坎行及离，为日行迟，月行疾，日月交会，日有食之。《说文》：“迟，徐行也。《诗》曰：行道迟迟。”是来徐徐，即谓日行迟迟。《象》曰：“来徐徐，志在下也。”晋卦，坤下离上。《彖》曰：“晋，进也。明出地上，顺而丽乎大明，柔进而上行，是以康侯，用锡马蕃庶，昼日三接也。”离卦，离下离上。《彖》曰：“离，丽也。日月丽乎天，百谷草木丽乎土，重明以丽乎正，乃化成天下。”皆谓太阳柔进上行，照耀下方，万物得以蕃庶。即来徐徐，志在下也。又，离为日为君王，谓其文思安安，光被四表，庶民百姓，并受赐福。

困于金车 《说卦传》曰：“坎为曳，为弓轮，其于舆也，为多眚。”坎为车舆象。睽卦，兑下离上。三之五为互坎，坎为车舆。故六三曰：“见舆曳。”上九曰：“载鬼一车。”困卦，初之三为坎，坎为月为车；二之四为离，离为日。日光照在车上，为金车。困于金车，谓离日困于坎月。《小雅·十月之交》：“十月之交，朔月辛卯，日有食之，亦孔之丑。彼月而微，此日而微。今此下民，亦孔之哀。”郑笺：“周之十月，夏之八月也。八月朔日，日月交会而日食，阴侵阳，臣侵君之象。日辰之义，日为君，辰为臣。辛，金也；卯，木也。又以卯侵辛，故甚恶也。微，谓不明也。彼月则有微，今此日反微，非其常，为异尤大也。”《诗集传》：“若国无政，不用善，使臣子背君父，妾妇乘其夫，小人陵君子，夷狄侵中国，则阴盛阳微。”困卦，离与坎相交，日掩于月，阴盛阳微，为困于金车。

吝，有终　《十月之交》又曰：“今此下民，亦孔之哀。”孔颖达疏：“日，君道也；月，臣道也。君当制臣，似月应食；臣不当侵君，似日不应食。故言彼月，而容月被食不明；今此日，而反被食不明。以日被月食，似君被臣侵，非其常事，胡为异尤大也？异既如此，灾害将生。灾害一起，天下蒙毒。故今此下民，亦甚可哀伤矣！”吝，恨惜，即谓阴掩阳为恨惜。然月终不能掩日，阴终不能困阳，故九四有终。又，《象》曰：“虽不当位，有与也。”九四，阳在阴位，君在臣位，为不当位，然，九四得初六顺应，阳得阴，君得民，为有与。剥卦，坤下艮上。上九《象》曰：“君子得舆，民所载也。”舆为众。得舆即得众，得民众所载，故曰有终。明夷卦，离下坤上。《彖》曰：“内文明，而外柔顺，以蒙大难，文王以之。”又，“内难而能正其志，箕子以之。”《象》曰：“君子以莅众，用晦而明。”皆谓离日之明，不可久掩。虽月有掩日，为吝；但日究不可掩，为有终。

九五，劓刖，困于赤绂。乃徐有说。利用祭祀。

〔译〕　九五，割鼻断足，困于贤能不应。然后慢慢解脱，而有喜悦。利用祭祀受福。

《象》曰；“劓刖，志未得也。乃徐有说，以中直也。利用祭祀，受福也。”

〔证〕

劓刖　《说文》：“臬刂，刑鼻也。从刀，臬声。《易》曰：天且臬刂。”又，“劓，臬刂或从鼻。”桂馥义证：“《书·舜典》：五刑有服。传云：五刑：墨、臬刂、剕、宫、大辟。《释文》云：劓，截鼻也。《康诰》：劓刵人。传云：劓，截鼻。《吕刑》：爰始淫为劓、刵、椓、黥。郑注：劓，截鼻。《多方》：尔罔不克臬。马本臬作臬刂。《周礼·司刑》：掌五刑之法，劓罪五百。注云：劓，截其鼻也。昭十三年《左传》：后者劓。注云：劓，截鼻。

《秦策》：黥劓其傅。高云：截其鼻曰劓。”《周礼·司刑》：“刖罪五百。”郑氏注：“刖，断足也。周改髌作刖。”段注《说文》：“刖，刖足则为跀。《周礼》：刖者使守囿。此是假刖为跀。困九五：劓刖。京房作劓刽。《说文》：刽与刖义同。”《说卦传》曰：“兑为毁折。”九五，居兑之中，故有伤残之象。按，艮为鼻，震为足。困卦，三之五、二之四，以四不当位，而破艮、震之象，是以为劓刖。此为阳居阴位，挟天子令诸侯，齐桓、晋文之类。故《象》曰：“劓刖，志未得也。”谓九五不得天子之志。

困于赤绂　赤绂，即赤芾，赤色蔽膝。《曹风·候人》：“彼其之子，三百赤芾。”毛传：“芾，韠也。一命缊芾，黝珩；再命赤芾，黝珩；三命赤芾，葱珩。大夫以上，赤芾乘轩。”《正义》曰：“《周礼》：公侯伯之卿三命，下大夫再命，士一命。”《毛诗传笺通释》：“瑞辰按：《说文》：市，韠也。天子朱，诸侯赤。《周易乾凿度》：赤芾，天子赐大夫之服。盖惟列国之卿大夫，命于天子者，始服赤服。故《玉藻》言再命、三命，皆赤芾。”陈奂《诗毛氏传疏》：“赤芾，为卿与大夫之服。”又，《小雅·采菽》：“赤芾在股。”毛传：“诸侯赤芾。”郑笺：“芾，太古蔽膝之象也。”《正义》曰：“以赤芾对朱为异，故云诸侯赤芾也。”按，《易乾凿度》曰：“初为元士，二为大夫，三为三公，四为诸侯，五为天子，上为宗庙。”困卦，九二与九五不应，是大夫与天子不应。大夫再命赤芾，故困于赤芾，即困于大夫。《盐铁论·除狭篇》曰：“古者封贤禄能，不过百里，犹以为一人之身，明不能照，聪不能达，故立卿大夫士，以佐之，而政治乃备。”是困于大夫，即困于贤能不应，政治不备。

乃徐有说　《说卦传》曰：“巽，为进退，为不果。”巽卦初六《象》曰：“进退，志疑也。”朱熹曰：“卑巽之过，故为进退不果之象。”巽，为逊，为迟疑、退让，是有迟缓之状。《说文》：“迟，徐行也。”三之五为巽，九五在巽，为徐。又，《说卦传》曰：“兑，说也。”朱熹注：“说，音悦。”九五在兑之中，为有说。以五在巽在兑，故曰乃徐有说。按说，有脱、悦双关之意。以其解脱其困，故而愉悦。《象》曰：“乃徐有说，以中直也。”又，同人卦九五曰：“同人之先，以中直也。”又，坤卦六二曰：“直方大。”《文言》曰：“直其正也。”《说文》：“直，正见也。”《广雅》：“直，正也。”《魏风·硕鼠》：“爰得我直。”郑笺：“直，犹正也。”是乃徐有说，以中直也，谓因为中正，才有迟来之悦。《大雅·文王》孔疏：“文王九十七而终，终时受命九年。受命之元年，年八十九岁。其即诸侯之位，已四十二年矣。故《帝王世纪》云：文王即位，四十二年，岁在鹑火。文王于是，更为受命之元命，始称王矣。”是乃徐有说，如文王执中和，顺时变，所以全王德，通至美，直到晚年，受命称王。

利用祭祀　《说文》：“祭，祭祀也。从示，以手执肉。”困卦，三之五为巽，巽为供置；四之上为兑，兑为羊；三之上为大坎，坎为水为酒：供置羊酒为祭祀。《象》曰："利用祭祀，受福也。"受福，谓施用祭祀，有利得福。《大雅·旱麓》曰："清酒既载，骍牡既备，以亨以祀，以介景福。"毛传："言年丰畜硕也，言祀所以得福也。"郑笺："介，助；景，大也。"《正义》曰："言酒见其丰年，言牲见其畜硕。桓六年《左传》曰：圣王先成于民，而后致力于神。故奉牲以告曰：博硕肥腯。谓其畜之硕大蕃滋也。奉酒以告曰：嘉栗旨酒。谓其三时不害，而民和年丰也。"困卦，奉牲酒以鬼神，是以亨以祀，以介景福。《说文》："羊，祥也。""祥，福也。"困卦，兑在上，兑为羊，有赐福之象。《系辞传》曰："《易》曰：自天祐之，吉无不利。子曰：祐者，助也。天之所助者，顺也；人之所助者，信也。履信思乎顺，又以尚贤，是以自天祐之，吉无不利也。"九五，利用祭祀，即是履信思乎顺，祈天人之祐。

上六，困于葛藟，于臲卼，曰动悔有悔，征吉。

〔译〕 上六，困于弃其九族，陷于听信巧言之险。动悔又悔，则正行吉利。

《象》曰："困于葛藟，未当也。动悔有悔，吉行也。"

〔证〕

困于葛藟 《王风·葛藟》之《序》云："《葛藟》，王族刺平王也。周室道衰，弃其九族焉。"《释文》："藟，似葛。《广雅》云：藟，藤也。"郑笺："九族者，据己上至高祖，下及玄孙之亲。"《正义》曰："弃其九族者，不复以族食族燕之礼，叙而亲睦之。故王之族人，作此诗，以刺王也。此叙其刺王之由，经皆陈族人，怨王之辞。"黄焯《诗说》："平王东迁，实由申侯主之。西都倾覆，幽王见杀，其祸皆由申侯。平王徇其私恩，绝灭天性，诗人所以为刺也。谓他人父者，刺平王谓申侯为父也。"《尚书·尧典》曰："曰若稽古帝尧，曰放勋。钦明文思安安，允恭克让。光被四表，格于上下。克明俊德，以亲九族。九族既睦，平章百姓。百姓昭明，协和万邦，黎民于变时雍。"孔氏传："能明俊德之士，任用之，以睦高祖玄孙之亲。言化九族，而平和章明。言天下众民，皆变化从上，是以风俗大和。"按，今平王弃其九族，则百官不能平和章明，万邦不协，黎民不能变化从上，是以风俗不和。《易》谓困于葛藟，盖谓王室道衰，困于弃其九族。故《象》曰："困于葛藟，未当也。"兑为毁折。上六毁其乾王之道，未当。

于臲卼 《说文》："隉，危也。从𠂤，从毁省。徐巡以为凶也。贾侍中说；隉，法度也。班固说：不安也。《周书》曰：邦之阢隉。"段玉裁注："危者，在高而惧也。《秦誓》曰：邦之杌隉。《易》作臲卼。许出部之槷䵬，不安也。皆字异，而音义同。"按，《秦誓》云："邦之杌隉，曰由一人。"孔氏传："杌隉，不安，言危也。一人所任用，国之倾危，曰由所任不用贤。”蔡沈《题解》曰：“《左传》：杞子自郑，使告于秦曰；郑人使我掌其北门之管，若潜师以来，国可得也。穆公访诸骞叔。骞叔曰不可。公辞焉，使孟明、西乞、白乙伐郑。晋襄公帅师，败秦师于殽，囚其三帅。”所谓邦之杌陧，曰由一人，谓背贤用佞，不听骞叔，而用杞子之言。于虓虒，即谓困于所信非贤，是以阽危。上六，阴居高位之象。兑为口舌，为巧言；又兑为毁折，为兵败；大坎，为大险：为巧言兵败大险象。

曰动悔有悔，征吉　《说文》：“曰，词也。”《经传释词》：“曰，语更端也。”“有，犹又也。”《助字辨略》：“有，又也。”《诗序》曰：“秦穆公伐郑，晋襄公帅师，败诸崤，还归作《秦誓》。”《正义》曰：“《左传》又称，晋文公之夫人文嬴，秦女也。请三帅曰：彼实构吾二君。寡君若得而食之，不厌；君何辱讨焉？使归就戮于秦，以逞寡君之志，若何？公许之。秦伯素服郊次，向师而哭曰：孤违蹇叔，以辱二三子，孤之罪也；不替孟明，孤之过也。是晋舍三帅而还，秦穆公于是悔过作誓。”动悔有悔，盖取诸《秦誓》。动悔，言穆公悔听杞子巧言，而不听蹇叔忠告，出师兵败。有悔，谓穆公知错，于是悔过作誓，为又悔。非非为是，知过而改，善莫大焉，故为征吉，即正行吉。《象》曰：“动悔有悔，吉行也。”上六在兑之上，兑既为毁折，又为羊为善，是改过则善。又，上六阴极，动则阴由上往下，为动悔；阳由下往上，亢又悔。《系辞传》曰：“一阴一阳之谓道，继之者善也。”亦谓阴阳正行者，为吉利。其卦，变成坤下巽上，为观卦。《彖》曰：“大观在上，顺而巽，中正以观天下。观，盥而不荐，有孚颙若，下观而化也。观天之神道，而四时不忒，圣人以神道设教，而天下服矣。”是以谓动悔有悔，征吉，即谓不断悔过前进，吉利。

第四十八卦　乙　酉

☵坎上
☴巽下

井，改邑不改井，无丧无得。往来井井，汔至，亦未繘井，羸其瓶，凶。

〔译〕井，改变都邑，不改变井田，无失无得。人们往来汲用井水，如汲瓶几乎降到井底，也未用汲绳引出水来，磨损那水瓶，则有危险。

《彖》曰："巽乎水而上水，井，井养而不穷也。改邑不改井，乃以刚中也。汔至，亦未繘井，未有功也。羸其瓶，是以凶也。"

《象》曰："木上有水，井，君子以劳民劝相。"

〔证〕

巽下坎上　《说卦传》曰："巽，入也。"《说文》："入，内也，象从上俱下也。"《字彙》："巽，卑也。""巽，与逊同。"是巽，为入为下，为卑逊。朱熹于巽卦下曰："巽，入也。一阴伏于二阳之下，其性能巽以入也。"按，巽卦九二曰："巽在床下。"谓二以阳处阴位，而居下，是巽为卑逊、谦下。井卦，巽下坎上。坎为水。《彖》曰："巽乎水，而上水，井。"即谓井者，其入在水之下，而水在其中其上。《孟子·尽心上》："孟子曰：有为者，辟若掘井，掘九轫，而不及泉，犹为弃井也。"赵岐注："轫，八尺也。虽深而不及泉，喻有为者，中道而尽弃前行也。"《正义》曰："轫，义与仞同，借用耳。九仞而不及泉，明及泉者，有不待九仞也。犹为弃井，明九仞，功方得半也。"其意，亦谓掘井，至水下为井；掘井不至水下，虽九仞，犹为弃井，仍不出水。是以，井必巽乎水；而上水者，谓使泉水涌出可汲，此其为井。故井卦卦象，巽下坎上，井深于水下，而水在井深之上。

杨升南《商代经济史·水井》："在商代水井中，目前所发现的，以河北藁城台西的两口水井，建筑最为讲究。这两口水井，保存较好，都在房基地附近，知为居民饮水井。二号井为早期，一号井为晚期。二号井口呈椭圆形，直径 1.38-1.58 米，深 3.7 米，井底为圆角长方形，长 1.46 米，宽 1.06 米，井壁涂有厚约二厘米的草拌泥。为使草拌泥不致脱落，在井壁上，还打进许多，直径为 1-1.5 厘米的小木橛。井底有木质井盘，分内外两层。内盘是井字形，系用两层圆木搭成，南北、东西，两两相互迭压，高 24 厘米。在盘内四周，并有加固盘的木柱五根（西北角两根，其它皆一根）。外盘高 0.64 米，南面用六层，其他三面皆五层，结构与内盘同。井盘所用圆木，直径 6-14 厘米不等。

加固的木桩长 50 厘米，亦有短仅 15 厘米者。圆木大都没有剥皮，有的树杈尚存，只是两头有加工削平。在二号井内，还发现一木桶，扁椭圆形口，似头盔形，口径 24.8 厘米，高 23.7 厘米，可容水 1.1 立方分米，是提水用的。”

“晚期的一号井，与早期的二号井相邻，为圆形，上口直径 2.95 米，深 6.02 米，井壁上粗下细，壁上也有很多小孔，为钉木橛痕迹。自井口至 4 米深处，内收缩成一小平台，井底直径为 1.70 米。井底木质盘形为井字。每边用四或五层圆木搭起，相互迭压，呈井字形。圆木两端，靠紧井壁，井盘外，插有大小木桩 30 根，以固定井盘，不致移动。圆木直径，12—22 厘米，木桩直径，2—4 厘米，长 38—70 厘米。井盘内堆满大量陶罐，有完整的，也有碎的，有的罐颈，仍可看到系绳索的痕迹。最大的罐，容积为 3.3 立方分米，小的 1.4 立方分米，它们当是汲水用的。”按，河北藁城台西，发现之一、二两号水井，井底均有木质井盘，且重迭呈井字形，此盖为井字来历。它之时间，或可不迟于井田产生。井卦，巽下坎上。巽为木，为基几，在坎水之下，是为井底之盘，故巽下坎上，为井之象。

《说文》：“丼（井），八家一井，象构韩形。• ，瓮之象也。古者伯益初作井。凡井之属，皆作井。”段玉裁注：“《谷梁传》曰：古者公田为居，井灶葱韭尽取焉。《风俗通》曰：古者二十亩为一井，因为市交易，故称市井。皆为八家共一井也。《孟子》曰：方里而井，井九百亩，其中为公田。此古井之制，因象井韩而命之也，谓井也。韩，井上木阑也，其形四角，或八角，又谓之银床。缶部曰：瓮，汲瓶也。”桂馥义证：“《急就篇》：门户井灶庑囷京。颜注：井，所以汲也。《释名》：井，清也，泉之清洁者也。《北堂书钞》引《字林》周云：井，以不变更为义。古者，穿地取水，以瓶引汲，谓之为井。象构韩形者，本书：韩，井垣也。瓮之象也者，本书：瓮，汲瓶也。《易》比初六：有孚盈缶。郑注：井之水，人所汲，用缶，缶，汲器也。又注井卦：坎，水也；巽，木桔槔也；互体离、兑，离，外坚中虚，瓶也；兑，为暗泽，泉口也：桔槔引瓶入泉口，汲水而出井之象也。”王筠《说文句读》曰：“井，凿地取水也。依《释水》疏引补。《帝王世纪》：凿井而饮。案，今本无此句者，误以井田为正义也。”王说是。有井田之井，有汲井之井。《说文》：“凡井之属，皆作井。”

《象》曰：“井养而不穷也。”《小雅·大田》：“有渰萋萋，兴雨祁祁。雨我公田，遂及我私。彼有不获稚，此有不敛穧；彼有遗秉，此有滞穗。伊寡妇之利，曾孙来止，以其妇子，馌彼南亩，田畯至喜。来方禋祀，以其骍黑，与其黍稷。以享以祀，以介景福。”毛传：“渰，云兴貌；萋萋，云行貌；祁祁，徐也；秉，把也；骍，牛也；黑，羊豕也。”《诗集传》曰：“公田者，方里而井，井九百亩，其中为公田，八家皆私百亩，而同养公田也。言农夫之心，先公后私，故望此云雨曰：天其雨我公田，而遂及我之私田乎！冀怙君德，而蒙其余惠。使收成之际，彼有不及获之稚禾，此有不及敛之穧束；彼有遗弃之获把，此有滞漏之禾穗。而寡妇尚德，取之以利也。此见其丰成有余，而不尽取，又与鳏寡共之。既足以为不费之惠，而亦不弃于地也。不然，则粒米狼戾，不殆于轻视天物，而慢弃之乎？农夫相告曰：曾孙来矣。于是与其妇子，馌彼南亩之获者，而田畯亦至而喜之也。曾孙之来，又禋祀四方之神，而赛祷焉。四方，各用其方色之牲，此言骍黑，举南北以见其余也。以介景福，农夫欲曾孙之受福也。”又曰，“然前篇上之人，以我田既臧，为农夫之庆，而欲报之以介福；此篇，农夫以雨我公田，遂及我私，而欲其享祀，以介景福。上下之情，所以相赖，而相报者如此，非盛德其熟能之。”井卦，巽下坎上。坎为水，在天上为雨水；巽为草木，木为冒，万物得雨水，冒地而生出。是《易》井卦之象，如《诗》之《大田》，有上下相赖相报，井养而不穷之义。

又，《甫田》云：“倬彼甫田，岁取十千。我取其陈，食我农人，自古有年。”郑笺：“甫之言丈夫也。明乎彼太古之时，以丈夫税田也。岁取十千，于井田之法，则一成之数也。九夫为井，井税一夫，其田百亩。井十为通，通税十夫，其田千亩。欲见其数，从井通起，故言十千。上地谷亩一钟。”又曰，“仓廪有余，民得赊贳取食之，所以纾官之蓄滞，亦使民爱存新谷。自古者，丰年之法如此。”《诗集传》曰：“十千，谓一成之田。地方十里，为田九万亩，而以其万亩为公田，盖九一之法也。我，食禄主祭之人也。陈，旧粟也。农人，私百亩而养公田者也。有年，丰年也。盖以自古有年，是以陈陈相因，所积如此。又言，自古既有年矣，今适南亩，则是又将复有年矣。”自古有年，谓井田九一之法，带来丰年，即是井养而不穷之谓。

《韩诗外传·卷四》：“古者八家而井田，方里为一井。广三百步，长三百步，为一里，其田九百亩。广一步，长百步，为一亩。广百步，长百步，为百亩。八家为邻，家得百亩。余夫，各得二十五亩。家为公田十亩，余二十亩，共为庐舍，各得二亩半。八家相保，出入更守，疾病相忧，患难相救，有无相贷，饮食相招，嫁娶相谋，渔猎分得，仁恩施行，是以其民和亲而相好。《诗》曰：中田有庐，疆埸有瓜。”按，《小雅·信南山》郑笺：“中田，田中也。农人作庐焉，以便其田事。于畔上种瓜。瓜成，又入其税天子。”又，《毛诗序》曰：“《信南山》，刺幽王也。不能修成王之业，疆理天下，以奉禹功。故君子思古焉。”思古禹功，即思古井田之功，亦谓井养而不穷。

《老子》曰：“江海之所以能为百谷王者，以其善下之，故能为百谷王。”井与江海同，唯其能下于水，故而能取水。下之者深，取之则多。是以《彖》曰：“巽乎水而上水，井，井养而不穷也。”《孟子·尽心下》：“孟子曰：民为贵，社稷次之，君为轻。是故得乎丘民，而为天子。”赵氏注：“君轻于社稷，社稷轻于民。丘十六井也。天下丘民，皆乐其政，则为天子，殷汤、周文是也。”《正义》曰：“此云丘十六井也者，案《司马法》云：六尺为步，步百为亩，亩百为夫，夫三为屋，屋三为井，井十为通，通十为成，是一丘为十六井，而一井为九夫之地也。今云十六井，盖有一万四千四百亩，为一百四十四夫，所受者也。云殷汤、周文者，盖引此二王，皆自百里而起；为天下王，是得乎民心者也。”按，伏羲八卦，巽数五，为阳；坎为六，为阴。阳为君，阴为民。巽下坎上，有君下民上之象。下民者，得乎丘民，即得乎天下井民，是以谓井养而不穷。

《说卦传》曰：“巽，入也，为绳直，为长，为高，为进退。”“坎，陷也，为水，为隐伏，为曳，为通。”井卦，巽下坎上，是其绳长而高，直入井中，一进一退，曳取隐伏之水，通达无碍，为汲水于井之象，为井养而不穷。又，巽为风，风为气，坎为陷为水，巽下坎上，井中有气有水，其井不涸，为井养而不穷。又，初之三为巽，巽为高为上；二之四为兑，兑为口；四之上为坎，坎为水：水出自井口，而不流泛于下，是汲水于井，井养而不穷之象。又，三之五为离，离为火为热。热于水中，为泉温不冰，亦井养而不穷之象。又，初之三为巽，巽为卑下；二之四为兑，兑为湖泽；四之上为坎，坎为水：井水出自于低泽，为汲用不尽之象。又，初之四为大坎，四之上为坎。坎为水，小水接大水，其水源源不断，是井养而不穷之象。

扬雄《太玄经》：“法，阳气高县厥法，物仰其墨，莫不被则。”范望注：“法，象井卦。谓之法者，言是时，阳气上在九天之上，洞下重渊之内，阴当上而微伏，阳亦升，而造在天之上，故言高悬。物由之而生，故仰其墨。墨，谓绳墨也。动以法则。故谓之法。法之初一，日入井宿三十五度。”按，井卦，巽下坎上。伏羲卦位，巽位西南，为五、六月，坎位正西，为七月。此时阳气升于上，阴气起于下，万物生成。《月令》：“仲夏之月，日在东井。”《正义》曰：“按《三统历》，五月节，日在井十六度；五月中，日在井三十一度。《元嘉历》：五月节，日在井三度；五月中，日在井十八度。”又，《正义》于《季夏之月》曰：“《元嘉历》：六月节，日在井三十二度。”于《孟秋之月》曰：“按《三统历》，七月中，日旦井初度中。”是自五月至七月，日皆在井宿。《元命包》云：“东井八星，主水衡也。”故《周易》以为井，《太玄》以为法。

井　《尔雅·释水》曰：“井，一有水，一无水，为瀱汋。”段玉裁注《说文》曰：“考《释名》作罽，不从水，《说文》当同之。瀱篆，乃浅人所增耳；《尔雅》作瀱，亦非古本。罽，训竭，于音得之。”按，《说文》：“罽，鱼网也。从网，㓹声。”《广雅·释器》曰：“罽，网也。”《广雅疏证》云：“各本罽下衍罯罽二字，网上又脱鱼字。”又，《说文》："汋，激水声也，从水，勺声。井一有水，一无水，谓之瀱汋。"段注："刘氏《释名》说其义曰：罽，竭也；汋，有水声汋汋也。然则瀱谓一无水，汋谓一有水。"又，《说文》："勺，枓也，所以挹取也。象形，中有实，与包同意。"段注："斗同枓，谓挹以注于尊之枓也。挹者，抒也。勺是器名，挹取者，其用也。"按井，一无水，谓瀱；一有水，谓汋。瀱，取义罽，即罟网，是其井，为无水捕兽之井。有水之井，为挹取之井，汋，为会意字。《说文》："阱，陷也。从𨸏井，井亦声。"又，"穽，阱或从穴。"段注："阱，穿地陷兽，于大陆作之如井。穽，《中庸・音义》曰：阱，本作穽，同。"按，甲金文不见阱、穽字，盖系后出。是井，原有水井和陷阱二义。井卦，巽下坎上，为有水之井，故卦辞曰："往来井井。"

《系辞传》曰："井，德之地也。""井，居其所而迁。""井，以辨义。"按，坤为地。坤卦《彖》曰："至哉坤元，万物资生，乃顺承天。坤厚载物，德合无疆。含弘光大，品物咸亨。"井，德之地者，即谓井养之德，如地资生之德，其功德于物无量。《说文》曰："迁，登也。"桂馥《说文解字义证》："迁，去下至高也。《易》益卦：君子以见善则迁。馥谓：从善如登者，迁善也。《诗・伐木》：迁于乔木。《汉书・贾谊传》：谊超迁，岁中至大中大夫。赵宧光曰：《商书・盘庚》：迁于殷，乃登进厥民。"《周书・毕命》："殊厥井疆，俾克畏慕。"孔氏传："其不循教道之常，则殊其井居田界，使能畏为恶之祸，慕为善之福，所以沮劝。"是井居其所而迁者，即使井居之民，弃恶迁善。乾卦《文言》曰："利者，义之和也。"朱熹曰："利者，生物之遂，物各得宜，不相妨害，故于时为秋，于人则为义，而得其分之和。"是相宜合理为义。井，八家合和共一井，明辨井养不穷之利，即井之辨义。

凡有井水地方，就有人居住。是以，有井田、市井。《系辞传》曰："黄帝尧舜，垂衣裳而天下治，盖取诸乾坤。"乾坤变化，无为而有为，井田亦然。《乐府诗集・击壤歌》云："《帝王世纪》曰：帝尧之世，天下大和，百姓无事。有八九十老人，击壤而歌：日出而作，日入而息。凿井而饮，耕田而食。帝何力于我哉？"此盖原始井田之歌。《汉书・食货志上》曰："是以圣王域民，筑城郭以居之，制庐井以均之，开市肆以通之，设庠序以教之；士农工商，四民有业。"《初学记・井》曰："《风俗通》云：井者，法也，节也。言法制居人，令节其饮食，无穷竭也。"郑玄曰："井以汲人，水无空竭。犹人君以政教养天下，惠泽无穷也。"孔颖达《正义》曰："井者，物象之名也。古者，穿地取水，以瓶引汲，谓之为井。此卦，明君子修德养民，有常不变，始终无改，养物不穷，莫过乎井。故以修德之卦，取譬名之井焉。"

改邑不改井　《周礼・小司徒》："经土地，而井牧其田野。九夫为井，四井为邑，四邑为丘，四丘为甸，四甸为县，四县为都，以任地事而令贡赋，凡税敛之事。”郑氏注：“此谓造都鄙也。采地制井田，异于乡遂，重立国。小司徒为经之，立其五沟五涂之界，其制似井之字，因取名焉。孟子曰：夫仁政，必自经界始。经界不正，井地不均，贡禄不平，是故暴君奸吏，必慢其经界。经界既正，分田制禄，可坐而定也。九夫为井者，方一里，九夫所治之田也。此制小司徒经之，匠人为之沟洫，相包乃成耳。”按，造都鄙，制井田，即是改邑，而不改井田之制。井田之制，孟子谓之仁政，仁政不可改。又，井田制禄，可坐而定天下，是亦不可改。《周易折中》：“案，改邑不改井句，解说多错。文意盖言所在之邑，其井皆无异制。如诸葛孔明，行军之处，千井其甃者，以喻王道之行，国不异政，家不殊俗也。”

《公羊传》宣公十五年：“古者，什一而藉。古者曷为什一而藉？什一者，天下之中正也。多乎什一，大桀小桀；寡乎什一，大貉小貉。什一者，天下之中正也。什一行，而颂声作矣。”何休注：“什一以借民力，以什与民，自取其一为公田。奢泰多取于民，比于桀也。蛮貉无社稷宗庙、百官制度之费，税薄。颂声者，太平歌颂之声，帝王之高致也。《春秋经传》数万，指意无穷，状相须而举，相待而成，至此独言颂声作者，民以食为本也。夫饥寒并至，虽尧舜躬化，不能使野无寇盗，贫富兼并。虽皋陶制法，不能使强不凌弱。是故圣人制井田之法，而口分之。井田之义，一曰无泄地气，二曰无费一家，三曰同风俗，四曰合巧拙，五曰通财货。因井田以为市，故俗语曰市井。种谷不得种一谷，以备灾害。田中不得有树，以妨五谷。还庐舍种桑荻，杂菜畜。五母鸡，两母豕。瓜果种疆畔，女上蚕织。老者得衣帛焉，得食肉焉。死者得葬焉。多于五口，名曰余夫。余夫以率受田二十五亩。十井共出兵车一乘。司空谨别田之高下善恶，分为三品。上田一岁一垦，中田二岁一艮，下田三岁一垦。肥饶不得独乐，墝埆不得独苦，故三年一换土易居。则均力平，兵车素定，是谓均民力，强国家。在田曰庐，在邑曰里。一里八十户，八家其一巷。中里为校室，选其耆老有高德者，名曰父老。其有辨伉健者，为里正。皆受倍田，得乘马。父老比三老孝弟官，里正比庶人在官吏。民春夏出田，秋冬入保城郭。田作之时，春，父老及里正，且开门坐塾上。晏出后时者，不得出；莫不持樵者，不得入。五谷毕，人民皆居宅。里正趋缉绩，男女同巷相从，夜绩至于夜中。故女功一月，得四十五日。作从十月，尽正月，正男女有所怨恨。相从而歌，饥者歌其食，劳者歌其事。男年六十，女年五十，无子者，官衣食之。使之民间求诗，乡移于邑，邑移于国，国以闻于天子。故王者不出牖户，尽知天下所苦；不下堂，而知四方。十月事讫，父老教于校室。八岁者，学小学；十五者，学大学；其有秀者，移于乡学；乡学之秀者，移于庠；庠之秀者，移于国学。学于小学，诸侯岁贡小学之秀者于天子；学于大学，其有秀者，命曰造士。同行而能偶，别之以射，然后爵之。士以才能进取，君以考功授官。三年耕，余一年之畜；九年耕，余三年之积；三十年耕，有十年之储。虽遇唐尧之水，殷汤之旱，民无近忧。四海之内，莫不乐其业，故曰颂声作矣。”井卦《彖》曰：“改邑不改井，乃以刚中也。”谓二、五刚中。九五《象》曰：“寒泉之食，中正也。”《公羊传》曰：“什一者，天下之中正也。”古之圣人，以天下安定，系于井田，故以不改井为中正。

《吕氏春秋·贵因篇》曰：“舜一徙成邑，再徙成都，三徙成国。”高诱注：“《周礼》，四井为邑，邑方二里也。四县为都，都方二十二里也。邑有封，都有成，然则邑小都大。”《释名》：“四井为邑，邑犹悒也，邑人聚会之称也。”在《易》，坤为邑；坎阴中有阳，为邑人。讼卦，坎下乾上。九二曰：“其邑人三百户。”九二在坎中，即阳在坤中，坤为邑，是以九二为邑人。比卦，坤下坎上。九五曰：“邑人不诫。”九五，阳在坤，坤为邑，为邑人。泰卦，乾下坤上。上六曰：“自邑告命。”上六在坤，坤为邑。谦卦，艮下坤上。上六曰：“征邑国。”上六来下成坤，坤为邑。晋卦，坤下离上。上九曰：“维用伐邑。”上伐下，下为坤，坤为邑。升卦，巽下坤上。九三曰：“升虚邑。”九三之上为坤，坤为邑。井卦，坎由阳入坤中而成，坤为邑；今变坤为坎，成巽下坎上，为井卦之象，是改邑不改井。

无丧无得 乾卦《文言》曰：“知得而不知丧。”得与丧对举，是丧为失。井卦，无丧无得，谓邑虽改，井不改，则井养而不穷。不然，或失或得，或得或失，而井养不常，天下不治，人心不安。《孟子·滕文公上》曰：“民之为道也，有恆产者，有恆心；无恆产者，无恆心。苟无恆心，放辟邪侈，无不为己。及陷乎罪，然后从而刑之，是罔民也。焉有仁人在位，罔民而可为也？”恆卦，巽下震上。《彖》曰：“天地之道，恆久而不已也。”《象》曰：“雷风，恆，君子以立不易方。”恆卦，雷风，为天地之道。井卦，风雨，亦为天地之道，故改邑不改井，有无丧无得之恆象；其井养不穷，亦为不易方。朱骏声《六十四卦经解》曰：“三代封建，沿革不一，人民登耗不恆，故分此邑之余，以补彼邑。若井以分田制税，公田之中，庐舍之间，居中作井，而百亩环之，沟洫隧路塍埒，视以为经界之标准，而永无所改也。此井无所失，彼井无可混，永为标准，故得丧两忘也。井以养人，兑口饮水，坎为通，故不穷。”《荀子·正名》：“以一易一，人曰无得亦无丧也。”

往来井井 《系辞传》曰：“往来不穷为之通。”故井卦卦辞曰：“往来井井。”《彖》曰：“井养而不穷也。”往来井井，谓人们往来汲用井水。泰卦，乾下坤上。以初九往五位，以六五来初位，则成巽下坎上，井卦之象。圣人因象系辞。泰卦《彖》曰：“泰，天地交，而万物通也；上下交，而其志同也。”《象》曰：“天地交，泰，后以财成天地之道，辅相天地之宜，以左右民。”按，阴阳和，而成雨成水，故得井道者，得天地交泰之道。井，人之食用所需，是以往来井井，井养不穷。又，巽为南风，坎为雨水。圣人以井道养天下，正如南风雨泽，惠及天下。荀爽曰：“此本泰卦，阳往居五，得坎为井，阴来在下，亦为井，故曰往来井井也。”虞翻曰：“往来井井，往谓之五，来谓之初也。”程氏传：“至者皆得其用，往来井井也。”朱熹曰：“往者来者，皆井其井也。”荀、虞说象，程、朱道义。

汔至，亦未繘井　《大雅·民劳》：“民亦劳止，汔可小康。”毛传：“汔，危也。”危，殆，犹庶几。郑笺：“汔，几也。”未济卦，坎下离上。卦辞曰：“小狐汔济，濡其尾。”谓小狐身子已经过水，只是尾巴尚在水里。汔济，谓几乎渡济。汔至，亦几至，《诗》、《易》用法相同。又，《说文》：“至，鸟飞从高下至地也。从一，一犹地也。象形。不，上去；至，下来也。凡至之属，皆从至。”段玉裁注：“凡云来至者，皆于此义引伸假借。不，象上升之鸟，首向上；至，象下集之鸟，首向下。”罗振玉《雪堂金石文字跋尾》认为：“至，象矢远来，降至地之形，不象鸟形。”按，汔为几，至为至地，是汔至，谓汲瓶几乎降至井底。又，《说文》：“繘，绠也。”“绠，汲井绠也。”段玉裁注：“郑云：繘，绠也。《方言》曰：繘，自关而东，周洛韩魏之间，谓之绠，或谓之络；关西谓之繘。绠者，汲水索也。何以盛水？则有缶。缶部曰：瓮，汲瓶也。是也。何以引瓶而上，则有绠。《春秋传》：具绠缶。是也。”汔至，亦未繘井，谓汲瓶几至井底，井绳还未引瓶上井。初之三为巽，巽为木为基；三之五为离，离中虚为瓶。瓶在井底基上，而未出井，为汔至，亦未繘井。《象》曰：“汔至，亦未繘井，未有功也。”谓下汲而不上引，无井养之功。程氏传：“井以济用为功，几至而未及用，亦与未下繘同也。君子之道，贵乎有成，所以五谷不熟，不如荑稗；掘井九仞，而不及泉，犹为弃井。有济物之用，而未及物，犹无有也。”亦谓半途而废，前功尽弃。

羸其瓶，凶　《说文》：“羸，瘦也。”徐铉曰：“羊主给膳，以瘦为病，故从羊。”段玉裁注：“引伸为凡瘦之称。又假借为累字。《易》：羸其角、羸其瓶，或作累，或作纍，其意一也。”《正字通·羊部》：“羸，缺折也。”《淮南子·修务训》：“今剑或绝侧羸文，齧缺卷刃。”高诱注：“绝无侧，羸无文。”羸犹磨损。井卦，二之四为兑，兑为毁折；三之五为离，离为瓶，两相交接，正是瓶受磨损之象。虞翻曰：“体兑毁缺，瓶缺漏，凶矣。”干宝曰：“水，殷德也；木，周德也。夫井，德之地也，所以养民性命，而清洁之主者也。自震化行，至于五世，故殷纣比屋之乱俗，而不易成汤昭格之法度也，故曰改邑不改井。二代之制，各因时宜。损益虽异，囊括则同，故曰无丧无得，往来井井也。当殷之末，井道之穷，故曰汔至。周德虽兴，未及革正，故曰亦未繘井。井泥为秽，百姓无聊，比者之间，交受涂炭，故曰羸其瓶，凶矣。”程氏传：“羸败其瓶而失之，其用丧矣，是以凶也。羸，毁败也。”按，《李卫公问对》曰：“周之始兴，则太公实缮其法，始于岐都，以建井亩。”然自春秋起，周室式微，井田日趋崩溃，代之以封建。秦并天下，徭赋无度，又代之以阡陌。孔子生于春秋之季，晚年订《易》，盖有感于势，是以断之以凶。

《象》曰：“木上有水，井，君子以劳民劝相。”井卦，巽下坎上。巽为木，坎为水。古者，井底垫有井字之木，水漫其上，谓木上有水，为井。王弼曰：“木上有水，井之象也。上水以养，养而不穷者也。”李道平纂疏：“郑注泰：辅相天地之宜，辅相，左右助也，故云相，助也。初阳之坤五，以阳助坤，谓以君助民也。愚案：掘井出水，即因井制田，皆养民不穷之事。故郑注井《象》云：井，法也。君子取法乎井，以恆产劳民，使之劝勉相助。以君养民，即以阳养阴之义也。”孔颖达《正义》曰：“木上有水，则是上水之象，所以为井。君子以劳民劝相者，劳，谓劳赉；相，犹助也。井之为义，汲养而不穷。君子以劳赉之恩，勤恤民隐，劝助百姓，使有成功，则此养而不穷也。”程氏传：“木承水而上之，乃器汲水而出之象。君子观井之象，法井之德，以劳徕其民，而劝勉以相助之道也。劳徕其民，法井之用也；劝民使相助，法井之施。”朱熹曰：“劳民者，以君养民；劝相者，使民相养：皆取井养之义。”

《孟子·滕文公上》：“乡田同井，出入相友，守望相助，疾病相扶持，则百姓亲睦。”赵岐注：“同乡之田，共井之家，各相营劳也。出入相友，相友耦也。《周礼·太宰》曰：八曰友，以任得民。守望相助，助察奸也。疾病相扶持，扶持其羸弱，救其困急。皆所以教民，相亲睦之道。”孙奭疏：“乡田同井，出入相友，守望相助，疾病相扶持，则百姓亲睦。以其谓同乡之田，其井之家者，凡有出入，皆相交友为伴，所以同其心也。相助以守，而此不可以威武；相助以望，而彼不得以投隙来。疾病则相扶持，其羸弱而救其困急。则百姓于是相亲，和睦矣。”按，《象》曰：“木上有水，井。”虽谓井，然上古之时，凡有井，则有人有田，是以所谓井养，即井田之养。以其井为中心，故只言井。《孟子》曰：“乡田同井。”是井谓井田之证。

焦循《孟子正义》曰：“《逸周书·大聚解》云：以国为邑，以邑为乡，以乡为闾，祸灾相恤，资丧比服；合闾立教，以威为长；合族同亲，以敬为长；饮食相约，兴弹相庸；耦耕曰耘，男女有婚；坟墓相连，民乃有亲。《孟子》此文略同。同乡之田，即同国同邑之谓，非专指六乡也。《韩诗外传》云：古者，八家而井，田方里而为井。广三百步，长三百步，一里共九百亩。八家为邻，家得百田，余夫各得二十五亩。家为公田十亩，余二十亩，共为庐舍，各得二亩半。八家相保，出入更守；疾病相忧，患难相救；有无相贷，饮食相召；嫁娶相谋，渔猎分得：仁恩施行，是以其民和亲而相好。此本《孟子》而衍之。《汉书·食货志》，引《孟子》云：出入相友，守望相助，疾病相救，民是以和睦，而教化齐同，力役生产，可得而平也。《荀子·荣辱篇》云：以相群居，以相持养。”以上所引，皆君子以劳民劝相之谓。

又，《周礼·大司徒》：“令五家为比，使之相保；五比为闾，使之相受；五闾为族，使之相葬；五族为党，使之相救；五党为州，使之相赒；五州为乡，使之相宾。”郑氏注：“此所以劝民者也。”贾疏云：“民有凶祸者，使民相救助。云五党为州，使之相赒者，相赒，谓以财相补给也。云五州为乡，使之相宾者，相宾，即《乡师》云：三年则大比，考其德行道艺，而兴贤者能者。乡老及乡大夫，帅其吏与众寡，以礼礼宾之。注云：此所以劝民者也者，谓此经六事，虽官施其令，而实则皆劝民，自相为之事也。”以上《大司徒》所言，虽非指井田之用，然君子以劳民劝相，其义相同。按，朱骏声《六十四卦经解》曰：“井之为物，有木底以隔泥，使清泉上出木上，故木上有水。坎为劳，巽为劝。又君谓泰乾，坤为民。初上成坎，为劝。相，助也，谓以阳助坤，劝助民人，使功日济。又相如字，即井田八家相友，相助，相扶持意。”甚是！

困卦和井卦，互为综卦和邻卦。困卦，坎下兑上；井卦，巽下坎上。是以互为综卦。《序卦传》曰：“困乎上者必反下，故受之以井。”是以互为邻卦。崔憬曰：“困极于臲卼，则反下以求安，故言困乎上必反下。”困于上者，谓困卦上兑，阴在阳上，以阴乘阳，因而为困穷。必反下者，谓兑反下，成井卦之巽，阴在阳下，以阴承阳，故为井通。《系辞传》曰：“神农氏没，黄帝尧舜氏作。通其变，使民不倦；神而化之，使民宜之。《易》穷则变，变则通，通则久。是以自天祐之，吉无不利。”困为穷，井为通，穷则变，变则通，穷与通相倒，故困卦和井卦，互为综卦。又，困卦《象》曰：“君子以致命遂志。”井卦《象》曰：“君子以劳民劝相。”前者，言君子律己；后者，言君子治人，是亦相综。困卦，六爻之中，一阳一阴当位，二阳二阴不当位，是以困。井卦，六爻之中，一阳一阴不当位，二阳二阴当位，是以井养而不穷。两卦，阴阳当位，和不当位，正相颠倒，故而互为综卦。《杂卦传》曰：“井通，而困相遇也。”姤卦《彖》曰：“姤，遇也，柔遇刚也。”困相遇，即谓柔掩刚，为不通。是通与不通，相互为综卦。于《易》，综卦常为邻卦。

噬嗑卦和井卦，互为错卦。噬嗑卦，震下离上；井卦，巽下坎上。噬嗑卦卦辞曰：

"利用狱。"《彖》曰:"虽不当位,利用狱也。"《象》曰:"雷电,噬嗑,先王以明罚勑法。"是噬嗑 为决狱之卦。井卦卦辞曰:"往来井井。"《彖》曰:"井,井养而不穷。"《象》曰:"君子以劳民劝相。"噬嗑讲决狱,讲法治;井卦讲井养,讲仁治。两卦相反相成,互为错卦。《系辞传》曰:"一阴一阳之谓道。"又曰,"刚柔者,立本者也;变通者,趣时者也。"朱熹曰:"一刚一柔,各有定位,自此而彼,变以从时。"故圣人唯时,不偏执一端,常以刚柔迭运,水火相济。故噬嗑卦,以离为上卦,以火为主;井卦,以坎为上卦,以水为主。噬嗑卦,六五阴居阳位;井卦,九五阳居阳位。是井卦为阳道,噬嗑卦为阴道。《周易》,以阳为正,以阴为辅。则井养为正,决狱为辅。即教养为正,法治为辅。

又,《说文》:"荆,罚罪也。从井从刀。《易》曰:井,法也,井亦声。"桂馥义证;"《易》曰井法也者,《易》无此文。《系辞传》:井居其所而迁。郑注:井,法也。《广雅》:井,法也。《风俗通》:井者,法也、节也,言法制居人,令节其饮食,无穷竭也。李尤《井铭》:法律取象,不概自平,多取不损,少汲不盈,执宪若斯,何有邪倾。《后汉书·五行志》:桓帝之末,帝京童谣曰:茅田一顷,中有井茅。喻群贤也,井者法也。"《广雅疏证》:"《越绝书·记地传》云:井者,法也。井训为法,故作事有法,谓之井井。《荀子·效儒篇》:井井兮,其有理是也。"《太玄经·法》上九测曰:"井无干,法妄恣也。"范望注:"法,象井卦。干,以检扞于井,泄取有时;妄,乱也。无干之井,妄自恣也。"扬雄拟井卦为法,并以井干,比扞检其法。又,《开元占经·卷六十三》:"《黄帝占》曰:东井,天府法令也。《石氏赞》曰:东井,主水衡,以平时,故置钺星,斩淫奢。东井八星,主水衡。井者象法水,法水平定,执性不淫,故主衡。"按,自古井田,以其均田共水,为治民之法,故以井为法。既噬嗑为决狱,井为大法,是以相辅相成,互为错卦。

初六,井泥不食,旧井无禽。

〔译〕 初六,井下尽泥,不可食用,旧日之井,已无可取获。

《象》曰:"井泥不食,下也。旧井无禽,时舍也。"

〔证〕

井泥不食 坤为土,坎为水,在水之土为泥,泥为水土混合。需卦,乾下坎上。九三曰:"需于泥。"九三接六四,六四阴为土,在坎,土在水为泥。睽卦,兑下离上。上九曰:"见豕负涂。"三之五为坎,坎为豕,六五阴为土,在坎背,土在水为泥,为上九所乘,为见豕负涂,涂亦泥。震卦,震下震上。九四曰:"震遂泥。"三之五互坎,坎为水，坎之阴爻为土，土在水为泥，是九四为震遂泥。井卦，巽下坎上。初之四为深坎，深坎为井水。坤阴之爻为土，土在井水之下，为井泥。《方言》："噬，食也。"笺疏："《说文》：噬，啗也。啗，食也。《广雅》：噬，食也。"井卦卦象，与噬嗑卦象相反，故曰不食。又，《说卦传》曰："兑，为口舌。"口舌可尝食。井卦初六在巽，巽为兑之倒，是以为不食。《古今韵会举要》："饮尽曰食。"《庄子·德充符》："适见㹠子，食于其母者。"郭象注："食，乳也。"《天工开物·稻灾》："凡苗，自函活以至颖粟，早者食水三斗，晚者食水五斗，失水即枯。"是食谓吸饮。井泥不食，谓井涸水泥，不可饮食之用。《周书·洪范》："八政：一曰食，二曰货，三曰祀，四曰司空，五曰司徒，六曰司寇，七曰宾，八曰师。"《正义》曰："八政如此次者，人不食则死，食于人最急，故食为先也。"《尚书大传》曰："八政何以先食？食者万物之始，人之所本者也。"《彖》曰："井，井养而不穷也。"初六相反，井水尽泥，不可食用，是井废之象。《象》曰："井泥不食，下也。"下者，一谓下为泥，一谓不得中，故不可食用。

旧井无禽　二之四为兑，兑为毁折。井体有毁折，是为旧井。《说文》："禽，走兽总名。"桂馥义证："《国语》：里革曰登川禽。韦昭注：川禽，鳖蜃之属。按鳖，介虫也，是亦可谓之禽。犹《考工记》，天下之大兽五，有鳞者。鳞，水虫也，亦可谓之兽。乃知禽兽所包其广，不必二足而羽、四足而毛者，而后谓之也。"马叙伦《六书疏证》："禽，实擒之初文。禽兽，皆取获动物之义。禽字金文，皆从本书田罔也之毕，今声。毕，所以捕取动物，故即从毕。"于《易》，阴应阳为禽。师卦，坎下坤上。六五曰："田有禽，利执言。"谓五与二应。比卦，坤下坎上。九五曰："王用三驱，失前禽。"谓五不得上应。恆卦，巽下震上。九四曰："田无禽。"《象》曰："久非其位，安得禽也。"九四与初六，皆不得位，故不得正应，为田无禽。禽兼名词、动词。井卦初六，既不得应，亦不得位，是以谓无禽可擒。旧井无禽，谓旧井弃置，而无所取获。《象》曰："旧井无禽，时舍也。"即不为时所用，而为时所弃，因此无井养之功。

崔憬曰；"处井之下，无应于上，则是所用之井不汲。以其多涂，久废之井不获。以其时舍，故曰井泥不食，旧井无禽。禽，古擒字，擒犹获也。"程氏传："井与鼎皆物也，就物以为义。六以阴柔居下，上无应援，无上水之象。不能济物，乃井之不可食也。井之不可食，以泥污也。在井之下，有泥之象。井之用，以其水之养人也；无水，则舍置不用矣。"《小雅·信南山》之《诗序》曰："《信南山》，刺幽王也，不能修成王之业，疆理天下，以奉禹功，故君子思古焉。"《正义》曰："又曰，《小司徒》云：四井为邑，四邑为丘，四丘为田。如数计之，丘十井，甸六十四井也。"是以，不能疆理天下，以奉禹功，是不能奉行井田之制。又，《楚茨》之《诗序》曰："《楚茨》，刺幽王也。政烦赋重，田莱多荒，饥馑降丧，民卒流亡，祭祀不飨，故君子思古焉。”幽王不修井田之政，政烦赋重，田莱多荒，即如井卦初六所云：井泥不食，旧井无禽。

《左传》宣公十五年：“初税亩，非礼也。谷出不过藉，以丰财也。”杜氏注：“周法，民耕百亩，公田十亩，借民力而治之，税不过此。”胡传曰：“《孟子》曰：耕者助而不税，则天下之农皆悦，而愿耕于其野矣。书初税亩者，讥宣公废助法，而用税也。殷制，公田为助。助者，藉也。周因其法为彻，彻者通也。其实皆什一也。古者，上下相亲。上之于下，则曰骏发尔私，终三十里，惟恐民食之不给也。下之于上，则曰雨我公田，遂及我私，惟恐公田之不善也。故助法行，而颂声作矣。世衰道微，上下交恶。民惟私家之利，而不竭力以奉公。上惟邦赋之入，而不恻怛以利下。水旱凶灾，相继而起，公田之入薄矣。所以废助法，而税亩乎？初者，志变法之始也。其后作邱甲，用田赋，至于二犹不足，则皆宣公启之也。故曰作法于凉，其弊犹贪；其弊犹贪，作法于贪，弊将若何？有国家者，必欲克守成法，而不变，其必先务本乎？杜氏预曰：公田之法，十取其一。今又履其余亩，复十收其一。故哀公曰，二吾犹不足，遂以为常，故曰初。朱子曰：商人以六百三十亩之地，画为九区，区七十亩，中为公田，其外八家，各授一区。但藉其力，以耕公田，而不复税其私田。周制，一夫受田百亩，而与同沟其井之人，通力合作，计亩均分。大率民得其九，公取其一，故谓之彻。鲁自宣公税亩，又逐亩什取其一，则为十而取二矣。”按，《公羊传》宣公十五年曰：“什一者，天下之中正也。”今初六不在中正，只有井泥而无水养民，是旧井无所取，为时所弃，如宣公然。

范文澜《中国通史简编·第一编第四章·东周时期的经济状况》：“武王克商，商朝的农业奴隶，被释放成为周朝的农奴。农奴与奴隶，同样受残酷的阶级压迫，同样在政治上，毫无权利。不过，农奴既有自己的私有经济，有自己的生产工具，这就可能推动生产力，向前发展。周本是西方小国，因为生产力进步，战胜了大国商。克商以后，周大小贵族，带着家属、奴仆，和数量不多的庶人，到广大地区，建立诸侯国。凡是周朝所封诸侯国，都实行一种新制度，这就是，以力役地租为内容的宗族制度。西周诸侯，在国内消灭商朝旧势力的反抗，建立并巩固自己的统治地位。宗族制度在当时所起的进步作用，是重大的。到了东周时期，因宗族兼并，出现大国、强宗。过去在土地面积较小，庶民人数较少的情况下，可以行施的公田制不能适合战争频繁，军费巨大的新局面。以鲁国为例，显示赋税制在变化，也就是土地制同样在变化。”

又，“前五九四年（鲁宣公十五年），鲁国初税亩。《左传》说它不合旧制度。据《左传》说，旧制度领主（国君和采邑主），只许收取公田上的谷物。《左传》所说，一方面表现，儒家的保守思想；一方面却说明，前五九四年以前，鲁国还保存着公田制。农夫耕种公田，不能同时供应军役，战争随时可以发生，公田也就有随时荒芜的危险。废除公田制，改为按亩收税的税亩制，显然对领主有利。税亩制行施以后，领主可不问有田者，所耕土田面积的大小，也不问有田者为何种人，只是向有田者，按亩数收税。这样，私田随着公田的废除，失去了私田的意义。农村间，允许公开兼并，有人占田多，有人失耕地，贫富的分化加剧了。多田人，逐渐形成地主阶级；有田农夫，和失地少地的农夫，逐渐形成为农民阶级。税亩制的行施，必然废除西周以来的公田制。在鲁国行施的先后，其他诸侯国，不能保持公田制不变，可以设想，也在采用税亩制。例如齐国，在齐桓公时，已废除公田制。农夫在公田制时期，领主要保证公田收入，还不敢过度忽视农时，任意发动战争。行施税亩，及田赋以后，领主把战争，与赋税力役，分为两事；农夫却要一人，同时负担两事。所以，孔子反对鲁国用田赋，说是贪冒无厌，比强盗还坏。孟子也说：征两种，有些人要饿死；征三种，有些家要破产。”此其井泥不食，旧井无禽之谓。

九二，井谷射鲋，瓮敝漏。

〔译〕 九二，井底鲋鱼，飞射不安，汲瓶破损漏水。

《象》曰：“井谷射鲋，无与也。”

〔证〕

井谷射鲋 《说文》：“谷，泉出通川为谷。从水半见，出于口。凡谷之属，皆从谷。”九二，其上为阳，其下为阴，二与初为半坎，坎为水，为水半见。二之四为兑，兑为口，大坎之水从口出，为出于口。初为谷底，二为谷，以其井下有谷象，故谓井谷。虞翻曰：“巽为谷。”李道平纂疏：“巽，坎水半见于下，故为谷。”《大雅·桑柔》：“人亦有言，进退维谷。”毛传：“谷，穷也。”《正义》曰：“古之贤人，亦有言曰，无道之世，其民前无明君，却迫罪役，其进与退，维皆困穷，此即今时是也。谷谓山谷，坠谷是穷困之义，故云谷穷。”又曰，“人君，是施政之本，民心所向，故以为前。罪役，是既施之后，民心所畏，故以为却。以此，故进退有穷也。王肃云：进不遇明君，退不遇良臣，维以穷。”九二，井谷射鲋，井谷亦困穷之意。

《说文》：“鲋，鱼名。从鱼。付声。”段玉载注：“鲋，见《易》、《礼》。郑注《易》曰：鲋鱼微小。虞翻曰：鲋，小鲜也。王逸注《大招》及《广雅》，皆云：鰿，鲋也。”桂馥义证：“鱼名者，《玉篇》：鲋，鰿鱼。《广雅》：鲋，鰿也。颜注《急就篇》：鲋，今之鰿鱼也，亦呼为鲋。《易》：井谷射鲋。王肃注：鲋，小鱼。”《埤雅·释鱼》曰：“鲋，小鱼也，即今之鲫鱼。其鱼肉厚而美，性不食钓。《本草》所谓鲫鱼，一名鲋鱼。”是鲋鱼，即鲫鱼。井鲋，鱼之小者。井谷射鲋，当谓井谷水竭，鲋鱼挣扎，飞刺射行，希冀远去。井深而暗，断无井上之人，射井底小鲜之理。射鲋，犹射蜮，主词后出。《说卦传》曰："巽，为白，为长，为臭，其究为躁卦。"鲋鱼，其色白，其形长条，其气腥臭，其躁如射。九二，下巽中爻，是以有鲋鱼之象。姤卦，巽下乾上。九二曰："包有鱼。"九二在巽中，是巽有鱼象。又，巽为入为伏，鱼入伏水中，是巽为鱼。

《象》曰："井谷射鲋，无与也。"《杂卦传》曰："临、观之义，或与或求。"韩康伯注；"以我临物，故曰与。"无与，谓鲋鱼，无与之生活之水，指井泥不可食。《庄子·外物》曰："庄周家贫，故往贷粟于监河侯。监河侯曰；诺。我将得邑金，将贷子三百金，可乎？庄周忿然作色，曰：周昨来，有道而呼者。周顾视车辙中，有鲋鱼焉。周问之曰：鲋鱼来！子何为者耶？对曰：我，东海之波臣也。君岂有斗升之水，而活我哉？周曰：诺。我且南游吴越之王，激西江之水，而迎子，可乎？鲋鱼忿然作色，曰：吾失我常与，我无所处，吾得斗升之水，然活耳；君乃此言，曾不如早索我，于枯鱼之肆！"常与，谓常所与共之物，即经常生活之环境，指水。《象》曰："无与也。"即谓无常与之相共之水，故井谷之鲋，惊恐万状，飞刺如射。九二阳在井谷，九五亦阳，无阴应援，谓无与。

庄周，以涸辙之鲋况己；井卦，以井谷之鲋喻民。剥卦六五曰："贯鱼，以宫人宠。"鱼似宫人，则是以鱼比人。姤卦九四曰："包无鱼，起凶。"《象》曰："无鱼之凶，远民也。"无鱼为远民，是以鱼喻民。《小雅·鱼藻》："鱼在在藻，有颁其首。"郑笺："藻，水草也。鱼之依水草，犹人之依明王也。明王之时，鱼何所处乎？处于藻。既得其性，则肥充其首颁然。此时人物，皆得其所正。言鱼者，以潜逃之类，信其著见。"《正义》曰："物之潜隐，莫过鱼；显见者，莫过人。经举潜逃，笺举著，则万物尽该之矣。故以人，类之鱼之依水草，犹人之依明王。"以人类鱼，即以人比鱼。《诗序》曰："《鱼藻》，刺幽王也。言万物失其性，王居镐京，将不能以自乐，故君子思古之武王焉。"郑笺："万物失其性者，王政教衰，阴阳不和，群生不得其所也。将不能以自乐，言必自是有危亡之祸。"井卦九二，与九五不应，是王政衰微，阴阳不和。井谷射鲋，犹水浊则鱼喁，则飞刺如射。鱼失其性，而不得其所，是亦有危殆之意。

瓮敝漏 《说文》："敝，帗也。一曰败衣。"段玉裁注："引伸为凡败之称。"徐灏注："因其败，而攴治之也。"李孝定《甲骨文集释》按语：**"㡀**，象败巾之形，契文正从攴、从**㡀**。会意。"三之五为离，离为瓮；二之四为兑，兑为毁折；又，初之二为半坎，下中断为口：如此汲瓶下部毁折，其水下漏，为瓮敝漏。《彖》曰："巽乎水而上水，井，井养而不穷也。"《象》曰："木上有水，井，君子以劳民劝相。"今瓮敝漏，水不上行而下注，是失井道，而无井养劳民之功。卦辞曰："羸其瓶，凶。"盖亦谓此。又，九二，以阳刚而居阴位，不得上往而应，却巽伏入下，是水漏下，而不得上用。然二本居中，并无过失悔咎。程氏传："阳则之才，本可以养人济物，而上无应援，故不能上，而就下，是以无济用之功。如水之在瓮，本可为用，乃破敝而漏之，不为用也。"

《孟子·梁惠王上》曰："王欲行之，则盍反其本矣！五亩之宅，树之以桑，五十者，可以衣帛矣。鸡豚狗彘之畜，无失其时，七十者，可以食肉矣。百亩之田，勿夺其时，八口之家，可以无饥矣。谨庠序之教，申之以孝悌之义，颁白者，不负戴于道路矣。老者衣帛食肉，黎民不饥不寒，然而不王者，未之有也。"又曰："今也制民之产，仰不足以事父母，俯不足以畜妻子，乐岁终身苦，凶年不免于死亡，此惟救死而恐不赡，奚暇治礼义哉？"赵岐注："庐井邑居，各二亩半以为宅，冬入保城二亩半，故为五亩也。"焦循《正义》曰："迨古法既坏，但有夺民之产，未有能制民之产者也。盖凡古法变易之初，未尝不托于权时制宜之说，是故齐作内政，晋作辕田，鲁作丘甲，用田赋，郑作丘赋，固皆以为制民之产也。李悝之尽地力，商鞅之开阡陌，莫不以为制民之产也。而适使民，仰不足以事，俯不足以畜，为其本不从民起见也。后世井法，既万无可复，限民名田之议，亦有不能行，民生田宅，一切皆民自营之。上之人，听其自勤自惰，自贫自富，自买自卖于其间，而惟征科之是计。安问所谓制民之产，民亦无取乎上之制，何也？立一法，反增一扰也。宋之营田制，置诸使，其已事也。然者善长民者，又将以何为知本乎？"后世，以田赋代井田，仰不能孝事父母，俯不能畜养妻子，井养之功废，是以谓瓮敝漏。

九三，井渫不食，为我心恻。可用汲，王明，并受其福。

〔译〕 九三，井已淘泄，而不食用，使我心中悲痛。可以汲水饮用，君王圣明，大家都受赐福。

《象》曰："井渫不食，行恻也。求王明，受福也。"

〔证〕

井渫不食 《说文》："渫，除去也。从水，枼声。"桂馥义证："除去也者，李善注《南都赋》，引作去除也。《易》：井渫不食。荀云：渫，除去秽浊，清洁之意也。《释文》：黄云治也。馥案，治、除义通。萃卦：君子以除戎器。《释文》：本又作治。王肃、姚陆云：除，犹修治。向秀《易义》：渫者，浚治去泥浊也。《风俗通》：不停污曰井渫。"钱绎《方言笺疏》："班固《东京赋》：士怒未渫。李善注引《方言》作渫。又，颜延之《赭白马赋》云：畜怒未洩。注引又作洩。渫、渫、洩，并与泄同。"《大雅·民劳》：

“惠此中国，俾民忧泄。”毛传：“泄，去也。”《正义》曰：“使诸夏之民，其忧写泄而去。”《诗毛氏传疏》：“泄者，渫之假借字。”《庄子·秋水》：“天下之水，莫大于海，万川归之而不盈，尾闾渫之而不虚。”一作尾闾泄之。《抱朴子外篇·博喻》：“抱朴子曰：浚井不渫，则泥泞滋积。”杨明照笺：“《易·井》：九三，井渫不食。王注：渫，不停污之谓也。《正义》：渫，治去秽污之名也。”泄，排泄。井卦，初之四为深坎。《说卦传》曰：“坎为沟渎。”沟渎用于排泄疏通，九三在坎，为井渫之象。又，以其初六井泥不食，九二井谷射鲋，至九三，人不遽信，是以井泥虽除，而犹不食其水，谓之井渫不食。噬嗑卦与井卦，互为错卦，噬嗑卦六三曰噬，井卦九三曰不食，其义相反。

为我心恻 《经传释词》：“为，犹使也。”《助字辨略》：“《鲁语》：其为后世，昭前之令闻也。《晋语》：为后世之见之也。注并云：为，使也。”王弼注：“为，犹使也。”罗振玉《增订殷虚书契考释》：“爲（为），卜辞作手牵象形，意古者役象以助劳。其事，或尚在服牛乘马以前。”此盖为意为使之由。《左传》昭公二十年：“今君疾病，为诸侯忧，是祝史之罪也。”隐公元年：“遂为母子如初。”为，皆用作使，乃本义。《说文》：“恻，痛也。从心，则声。”桂馥义证：“《一切经音义二》：恻，谓恻然心中痛也。”九三曰，井渫不食，为我心恻，即是谓井渫，而不饮用，使我心痛。《象》曰：“井渫不食，行恻也。”谓井谍，而不为食用，其渫井之行，使人同情可惜。王弼注：“行感于诚，故曰恻也。”《说卦传》曰：“坎，其于人也，为加忧，为心病，为亟心。”井卦，初之四为深坎，九三在深坎中，是以使我心恻。

可用汲 井卦，初六在下，阴居阳位，与四无应，不得井养之正，故曰井泥不食，旧井无禽。九二虽中，但阳居阴位，与五不应，亦非井养之道，故曰井谷射鲋，瓮敝漏。但自九三以上，阴阳皆当位，且九三与上六应，得井养正，故曰可汲用。又，《说卦传》曰：“说万物者，莫说乎泽；润万物者，莫润乎水。”井卦，二之四为兑，兑为说为泽。初之四为坎，坎为水。九三，在兑在坎，其兑泽坎水，可以说万物，润万物，故曰可汲用。又，井卦，三之五为离，外实内虚，为瓶；初之三为巽，巽为入，为绳直，为进退；初之四为深坎，深坎为深水，为井。九三，在离在巽在坎，是瓶入深井，其绳直，上下进退，为井可用汲之象。

王明，并受其福 《系辞传》曰：“三与五，同功而异位。”三与五同理人之功，是三为王。井卦，三之五为离，离为日，日象王为明，为王明。离卦，离下离上。《彖》曰：“离，丽也，日月丽乎天，百谷草木丽乎土，重明以丽乎正，乃化成天下。”《象》曰：“明两作，离，大人以继明照于四方。”日月之明，犹君臣之明，月本无光，得日而明。照四方万物者，为日为王，故曰王明，并受其福。晋卦，坤下离上。《象》曰：“明出地上，顺而丽乎大明，柔进而上行，是以康侯，用锡马蕃庶。”此亦以日明，并受其福，喻王明并受其福。《虞书·尧典》：“曰若稽古帝尧，曰放勋。钦明文思安安，允恭克让，光被四表，格于上下。”此即王明，并受其福之谓。《象》曰：“求王明，受福也。”初之三为巽，巽为伏为求；二之四为兑，兑为羊，羊为祥为福；三之五为离，离为王为明。巽在下，兑在中，离在上。于上，为王明而赐福；于下，为王明而受福。

《史记·屈原传》：“人君无愚智贤不肖，莫不欲求忠以自为，举贤以自佐。然亡国破家相随属，而贤君治国，累世而不见者，其所谓忠者不忠，而所谓贤者不贤也。怀王以不知忠臣之分，故内惑于郑袖，外欺于张仪；疏屈平，而信上官，死于秦，为天下笑。此不知人之祸也。《易》曰：井泄不食，为我心恻。可以汲，王明，并受其福。王之不明，岂足福哉？”《潜夫论·释难篇》：“是故，贤人君子既忧民，亦为身作。夫盖满于上，沾溥在下；栋折榱崩，惧有厥患。故大屋移倾，则下之人，不待告令，各争共柱之。仁者兼护人家者，且自为也。《易》曰：王明，并受其福。”又，《明忠篇》：“鸣鹤在阴，其子和之；相彼鸟矣，犹求友声。故人君不开精诚，以示贤忠，贤忠亦无以得达。《易》曰：王明，并受其福。是以忠臣，必待明君，乃能显其节；良吏必得察主，乃能成其功。”《中论·爵禄篇》：“故圣人，以无势位为穷；百工，以无器用为困。困则其资亡，穷则其道废。故孔子栖栖，而不居者，盖忧道废故也。《易》曰：井渫不食，为我心恻。可用汲，王明，并受其福。”

六四，井甃，无咎。

〔译〕 六四，修井，无灾过。

《象》曰：“井甃无咎，修井也。”

〔证〕

井甃 《庄子·秋水》：“子独不闻，夫坎井之蛙乎？谓东海之鳖曰：吾乐与！出跳梁乎井干之上，入休乎缺甃之崖。”疏曰：“甃，井中累砖也。”郭庆藩案：“《字林》云：井壁也。”《说文》：“甃，井壁也。从瓦，秋声。”段玉裁注：“井壁者，谓用砖为井垣也。《周易·井》九四曰：井甃，无咎。”桂馥义证：“井壁也者，《韵会》引徐锴本，作井甓也。《五经文字》：甃，砖垒井。《风俗通》：甃井，聚砖修井也。《易》：井甃。《释文》：马云：为瓦裹下达上也。干云：以砖垒井，曰甃。馥案，虞翻云：以瓦甓垒井，称甃。”子夏传曰：“甃，修治也。”《象》曰：“井甃无咎，修井也。”是井甃即修井。按，古以名词作动词，如《诗》之衣衣，《易》之井井。甃本井壁，此处则为修治井壁。《说卦传》曰：“兑为附决。”李鼎祚《周易集解》：“乾体未圜，故附决也。”附决，即带有决口。井卦，二之四为兑，为井壁破缺。三之五为离，离为火；四之上为坎，坎为泥：火烧泥坯为砖，井以砖加缺口之上，为井甃，即井修。

无咎 《系辞传》曰："无咎者，善补过也。"井卦：初九，井泥不食，旧井无禽；九二，井谷射鲋，瓮敝漏。但九三井渫，六四井甃，是修治其井，而补救过错。故六四《象》曰："井甃无咎，修井也。"二之四为兑，兑为毁折、为羊。毁折为改过，羊为祥为善。六四居兑之上，为改过而祥喜，是以无灾咎。四在离中，离为日为王。三谓王明，此亦谓王无咎。离处卦中，中兴之象。虞翻曰："坤为土，初之五，成坎互离，离火烧土，为瓦治象，故曰井甃无咎，修井也。"又，四在离，离为明。四以明当位，是以合井道，为无咎。卦辞曰："羸其瓶，凶。"《象》曰："井养不穷也。"六四井修，瓶不羸无凶，井养之功可由致达，故曰无咎。来知德《周易集注》曰："六四阴柔得正，近九五之君，盖修治其井，以潴蓄九五之寒泉者也。占者，能修治臣下之职，则可以因君而成井之功，斯无咎矣。"

九五，井冽寒泉，食。

〔译〕 九五，井水甘洁如寒泉，可食。

《象》曰："寒泉之食，中正也。"

〔证〕

井冽寒泉 《说文》："洌，水清也。从水，列声。《易》曰：井洌寒泉食。"段玉裁注："案，许书有洌、冽二篆。毛诗有冽无洌。冽彼下泉，传云：冽，寒也。有冽氿泉，传云：冽，寒意。二之日栗冽，传云：栗冽，寒气也。皆不从水。《东京赋》：玄泉洌清。薛曰：洌，清澄貌。井九五爻辞，王云：洁也。崔憬云：清且洁也。皆与许合。经云洌寒，故崔云既寒且洁。"《广雅·释诂》："洌，清也。"严粲《诗缉》云："洌，旁三点者，从水也，清也，洁也；旁二点者，从冰也，寒也。"井深水净，九五在井在坎，经过井渫，井甃，为井之至善。井洌，谓井水清纯甘洁。《说文》："申，七月阴气成体。"桂馥义证："徐锴曰：七月三阴，故曰阴气成。馥案，徐读成字绝句，似误。其曰三阴者，《洪范正义》：数之所起，起于阴阳，阴阳往来，在于日道。五月夏至，日北极，阴进而阳退。夏火位也，当以一阴生为大数。馥案，六月二阴，则七月三阴矣。"井卦，巽为五六月，坎为七月。巽下坎上，正是阴气成体之时。九五在坎，时当七月，阴气在下成体，阴性沉，故井水清澄，谓之井洌。

《邶风·凯风》："爰有寒泉，在浚之下。"毛传："浚，卫邑也。在浚之下，言有益浚。"郑笺："爰，曰也。曰有寒泉者，在浚之下浸润之，使浚之民逸乐。"《水经注·瓠子水》云："又东迳浚城南，西北去濮阳三十五里，城侧有寒泉冈，即《诗》所谓，爰有寒泉，在浚之下。"卫，建于公元前十一世纪，丰国名。周武王封建弟康叔，于邶、鄘、卫，都商都朝歌。后三迁至帝丘，浚在其南。寒泉，为古之名泉。《太科御览》（百九十三），引《郡国志》曰："水，冬夏常冷，故曰寒泉。"是寒泉即冷泉。冷泉，可口滋润之意。左思《招隐诗》："前有寒泉井，聊可莹心神。"即此之谓。九五寒泉，盖谓浸润民人，使民逸乐。《逸周书・时训解》曰："立秋之日，凉风至；又五日，白露降；又五日，寒蝉鸣。"陈逢衡云："立秋之日，七月节气也。凉风者，气转而将肃也。白露者，天地滋润之气至，是应金行之象，而白也，下降也。寒蝉者，寒蜩也。盖此虫不鸣于夏，鸣则天凉，故谓之寒蝉也。"井卦九五在坎，坎位伏羲八卦西方，为秋，又为水为泉，故曰寒泉。

《说文》："泉，水原也。象水流出，成川形。凡泉之属，皆从泉。"《大雅・召旻》曰："泉之竭矣，不云自中。"毛传："泉水，从中益者也。"郑笺："泉者，中水生则益深，水不生则竭，喻王犹泉也。"曾运乾《毛诗说》："以喻王者，当正其心，以正朝廷，以正百官；正百官，以正万民。君心不正，则祸败立至也。"《韩诗外传・卷五》："君者，民之源也。源清则流清，源浊则流浊。故有社稷者，不能爱其民，而求亲己爱己，不可得也。民不亲不爱，而求为己用，为己死，不可得也。民弗为用，弗为死，而求兵之劲，城之固，不可得也。兵不劲，城不固，而欲不危削灭亡，不可得也。夫危削灭亡之情，皆积于此，而求安乐是闻，不亦难乎？是枉生者也。悲夫！枉生者不须时，而灭亡矣。故人主，欲强固安乐，莫若反己；欲附下一民，则莫若反之政。"君者，民之泉源。九五，井洌寒泉，谓泉水清凉滋润，即谓王明政清，百姓并受其福。

食 噬嗑卦，阴中含阳为噬，噬为食。颐卦，阴中无阳，卦辞曰："观颐，自求口实。"谓口中无食可食，须自求。井卦九五，在上下阴爻之中，为食之象，故谓食。又，初六曰："井泥不食。"《象》曰："时舍也。"九二曰："井谷射鲋。"《象》曰："无与也。"九三曰："井渫。"《象》曰："可用汲。"六四曰："井甃。"《象》曰："修井也。"九五曰："井洌寒泉，食。"《象》曰："寒泉之食，中正也。"由井泥不可食，不可与，至井淘可用，到进而修井，直至井清似寒泉，不仅可用，而且可食，不被时舍，故谓中正。王弼注："中正高洁，故井洌寒泉，然后乃食也。"程氏传："五以阳刚中正，居尊位，其才其德，尽善尽美，井洌寒泉食也，洌，谓甘洁也。井泉以寒为美。甘洁之寒泉，可为人食也，于井道为至善也。然而不言吉者，井以上出为成功，未至于上，未及用也；故至上，而后言元吉。"朱骏声《六十四卦经解》："兑为口，五在兑上，故食。《诗》曰：泉之竭矣，不云自中。又曰，洌彼下泉，浸彼苞稂。故泉必中正也。"谓泉必自中，不中则竭，不中则见伤苞稂，故曰寒泉之食，中正也。

上六，井收，勿幕。有孚，元吉。

〔**译**〕 上六，井以栏杆围住，不覆盖。有诚信，大吉利。

《象》曰：“元吉在上，大成也。”

〔**证**〕

井收 《秦风・小戎》：“小戎俴收，五楘梁辀。”毛传：“小戎，兵车也；俴，浅；收，轸也。”《正义》曰：“收，轸者，相传为然，无正训也。轸者，上之前后两端之横木也。盖以为此轸者，所以收敛所载，故名收焉。”《诗集传》：“俴，浅也；收，轸也。谓车前后两端之横木，所以收敛所载也。凡车之制，广皆六尺六寸。其平地任载者，为大车，则轸深八尺。兵车，则轸深四尺四寸，故曰小戎收。”《诗毛氏传》：“其四面束舆之木，谓之轸。《诗》则谓之收。收，聚也，谓聚众材，而收束之也。”戴震《考工记图》：“舆下四面，材合而收舆，谓之轸，亦谓之收。”《说文通训定声》：“舆底四面材，前后左右，通谓之收，言敛束整齐也。轸宿四方，象之故名。”又，《说文》：“横，阑木也。从木，黄声。”段玉裁注：“阑，门遮也。引伸为凡遮之称，凡以木阑之，皆谓之横也。”按，收谓轸，轸为车舆前后、左右横木，横木为栏木，是收亦栏木。井收，即井槛。《释文》引陆绩云：“井收，井干也。”朱骏声《六十四卦经解》：“收，井干也。以辘轳收繘之处，故曰收。”按，井干，谓井口周边栏杆，收敛之形，谓之井收。井收，谓以栏杆围井，避免危险，以资爱护。

勿幕 《说文》：“幕，帷在上曰幕；覆食案亦曰幕。从巾，莫声。”朱骏声《说文通训定声》云：“《说文》：覆食案亦曰幕；又，《易》：井收勿幕。”《周礼・幕人》郑氏注：“在旁曰帷，在上曰幕，幕或在地，展陈于上。”《释名・释床帐》云：“帷，围也，所以自障围也。幕，幕络也，在表之称也。”《正字通》：“幕，凡覆物上者，通谓之幕。”上六，井收勿幕，谓井以栏杆围住，而不要覆盖。井收，护井防险，辘轳其上；勿幕，往来井井，尽井之功。井收勿幕，井养而不穷，君子以劳民劝相。《说卦传》曰：“坎为矫揉，为弓轮。”使曲者变直为矫，使直者变曲为揉。井栏有曲有直，有长有短，有缺有断，故在坎象。井栏杆与井幕，皆在井之上，故于井卦上六言之。又，坎为隐伏，阳隐伏于阴中。然上六中缺，若阳不得隐伏，故曰勿幕。勿幕者，井养而不穷之谓。朱熹曰：“井以上出为功，而坎口不掩，故上六虽非阳刚，而其象如此。”

有孚，元吉 阳为实为孚。上六得九三之应，为有孚。九三，井渫，可用汲，王明，并受其福。上六，井收勿幕，往来井井。君民相应，有诚而信，故曰有孚。又，初之四为大坎，四之上为小坎。大坎在下，为渊源；小坎在前，为水流。君亦为源，民亦为流。源流相应不断，井养不穷，是以有孚大吉。故《象》曰：“元吉在上，大成也。”谓于上六，得三与上之孚信，王得其民，竟井养之功，当大成；大成，为大吉。于象，上六出大坎小坎，是为大吉。王弼注：“幕，犹覆也。不擅其有，不私其利，则物归之，往无穷矣。故曰勿幕，有孚元吉。”程氏传：“取而不蔽，其利无穷，井之施广矣，大矣！”又曰，“以大善之吉，在卦之上，井道之大成也。井以上为成功。”按，《彖》曰：“巽乎水而上水，井，井养而不穷也。改邑不改井，乃以刚中也。”又，《象》曰：“木上有水，井，君子以劳民劝相。”是井卦，主张用井田惠民，并不断修缮改进，以臻大成大吉。

第四十九卦　庚　戌

☱☲ 兑上 离下

革，巳日乃孚。元亨，利贞，悔亡。

〔译〕　革，巳之日，始顺乎天，而应乎人。大亨通，利于正道，悔恨消失。

《彖》曰：“革，水火相息，二女同居，其志不相得，曰革。巳日乃孚，革而信之。文明以说，大亨以正，革而当，其悔乃亡。天地革，而四时成。汤武革命，顺乎天，而应乎人。革之时大矣哉！”

《象》曰：“泽中有火，革，君子以治历明时。”

〔证〕

离下兑上　《说卦传》曰：“离为火”，“兑为泽”。因泽亦水，故《彖》曰：“革，水火相息。”《说文》曰：“息，喘也。从心，从自。”段玉裁注：“口部曰：喘，疾息也。喘为息之疾者，析言之；此云息者喘也，浑言之。人之气疾曰喘，舒曰息。引伸为休息之称，又引伸为生长之称。引伸之义行，而鼻息之义废矣。《诗》曰：使我不能息兮。传曰：忧不能息也。《黍离》传曰：噎，忧不能息也。此息之本义也。其他《诗》息字，皆引伸之义也。”又，《唐风·葛生》：“予美亡此，谁与独息。”《大雅·民劳》：“民亦劳止，汔可小息。”毛传并曰：“息，止也。”按息，有休息和生息二义，相反相成，如终而又始。故乾卦《象》曰：“天行健，君子以自强不息。”干宝曰：“故尧舜一日万几，文王日昃不暇食，仲尼终夜不寝，颜子欲罢不能。自此以下，莫敢淫心舍力，故曰自强不息矣。”不息，即不休息而生息。

《释文·周易音义》：“息，如字，《说文》作熄。马融曰：息，灭也。”按，《说文》：“熄，畜火也。从火，息声。亦曰灭火。”段玉裁注：“畜，当从艸，积也。熄，取滋息之意。灭与蓄，义似相反，而实相成，止息即滋息也。《孟子》曰：王者之迹熄，而《诗》亡；《诗》亡，然后《春秋》作。”是止而滋，亡而作，为息。革卦，离下兑上。《彖》曰：“革，水火相息。”即谓水火，相灭而相胜，相为变革。王弼注：“凡不合，而后乃变生；变之所生，生于不合者也。故取不合之象，以为革也。息者，生变之谓也。火欲上，而泽欲下，水火相战，而后生变者也。”程氏传：“水火，相息之物。水灭火，火涸水，相变革者也。火之性上，水之性下，若相违行，则睽而已。乃火在下，水在上，相就而相克，相灭息者也，所以为革也。”朱熹曰：“革，变革也。兑泽在上，离火在下。

火然则水干，水决则火灭。”又曰，“大略与睽相似。然以相违而为睽，相息而为革也。息，灭息也，又为生息之义，灭息而后生息也。”

《夏书·甘誓》曰：“有扈氏，威侮五行，怠弃三正。”孔氏传：“五行之德，王者相承所取法。有扈与夏同姓，恃亲而不恭，是则威虐，侮慢五行，怠惰弃废，天地人之正道，言乱也。”《正义》曰：“五行：水、火、金、木、土也。”《周书·洪范》曰：“五行：一曰水，二曰火，三曰木，四曰金，五曰土。水曰润下，火曰炎上，木曰曲直，金曰从革，土爰稼穑。”《正义》曰：“《易·文言》云：水流湿，火就燥。王肃曰：水之性，润万物而退下；火之性，炎盛而升上。是润下炎上，言其自然之本性。”又曰，“揉曲直者，为器有须曲直也。可改更者，可销铸以为器也。木可以揉，令曲直。金可以从人改更，言其可为人用之意也。由此而观，水则润下，可用以灌溉；火则炎上，可用以炊爨，亦可知也。水既纯阴，故润下趣阴；火是纯阳，故炎上趣阳。木金阴阳相杂，故可曲直改更也。”按，木金可以改革，水火也可以改更，改更即为变革。革卦，二之上为坎，坎为水；初之三为离，离为火；二之四为巽，巽为木；三之五为乾，乾为金，又，二与上，坤阴之爻，为土。是有水、火、木、金、土，可改更之象，故谓之革。

《白虎通·五行》曰：“五行，所以更王何？以其转相生，故有终始也。木生火，火生土，土生金，金生水，水生木。木王，火相，金成，其火燋金。金生水，水灭火，报其理。水生土，土则害水，莫能而御。五行所以相害者，天地之性。众胜寡，故水胜火也；精胜坚，故火胜金；刚胜柔，故金胜木；专胜散，故木胜土；实胜虚，故土胜水也。火阳，君之象也；水阴，臣之义也。臣所以胜其君何？此谓无道之君，故为众阴所害，犹纣王也。是使水得施行，金以益之，土以应之，欲温则温，欲寒则寒，亦何从得害火乎？曰：五行各自有阴阳。木生火，所以还烧其母何？曰：金胜木，火欲为木害金，金者坚强难消，故母以逊体助火烧金，此自欲成子之义。土所以王四季何？木非土不生，火非土不荣，金非土不成，水非土不高，土扶微助衰，历成其道，故五行更王，亦须土也。”五行，相生相害，即谓五行相息。革卦，有五行相息之象，相息为变革，是以为革。

《孔子家语·五帝》云：“季康子问于孔子，曰：旧闻五帝之名，而不知其实，请问何谓五帝？孔子曰：昔某也闻诸老聃，曰：天有五行，水、火、金、木、土。分时化育，以成万物，其神谓之五帝。古之王者，易代而改号，取法五行。五行更王，终始相生，亦象其义。故其生为明王者，而死配五行。是以太皞配木，炎帝配火，黄帝配土，少皞配金，颛顼配水。康子曰：太业皞氏，其始之木何如？孔子曰：五行用事，先起于木。木东方，万物之初，皆出焉。是故王者则之，而首以木德王天下；其次，则以所生之行，转相承也。”按，革卦，二之四为巽，巽为木，配太皞；初之三为离，离为火，配炎帝；二和上为坤阴之爻，坤为土，土无所不在，其色黄，配黄帝；三之五为乾，乾为金，配少皞；二之上为坎，坎为水，配颛顼。革卦，有五帝易代、改号之象，是以谓之革。

又，《白虎通·三正》曰：“王者受命，必改朔何？明易姓，示不相袭也。明受之于天，不受之于人，所以变易民心，革其耳目，以助化也。”又曰：“正朔有三何？本天有三统，谓三微之月也。明王者，当奉顺而成之，故受命各统一正也，敬始重本也。朔者，苏也，革也，言万物革更于是，故统焉。《礼三正记》曰：正朔三而改文质，再而复也。三微者何谓也？阳气始施黄泉，万物动微，而未著也。十一月之时，阳气始养根株，黄泉之下，万物皆赤。赤者，盛阳之气也，故周为天正，色尚赤也。十二月之时，万物始牙而白。白者，阴气，故殷为地正，色尚白也。十三月之时，万物始达，孚由而出，皆黑，人得加功，故夏为人正，色尚黑。《尚书大传》曰：夏以孟春月为正，殷以季冬月为正，周以仲冬月为正。夏以十三月为正，色尚黑，以平旦为朔；殷以十二月为正，色尚白，以鸡鸣为朔；周以十一月为正，色尚赤，以夜半为朔。不以二月后为正者，万物不齐，莫适所统，故必以三微之月也。”革卦，初之三为离，离日为赤，周正之色；二之四为巽，巽为白，殷正之色，三之五为乾，乾为玄，玄即黑，夏正之色。《易》以上为前，下为后。三代之色，夏尚黑在前，殷尚白在中，周尚赤在后。是改正朔，易服色，与民变革之象，故谓之革。

《彖》曰：“二女同居，其志不相得，曰革。”二女，谓六二与上六。《系辞传》曰：“乾道成男，坤道成女。”是以坤阴之爻为女。二女同在一卦，为同居。六二，离再索而得女，故谓之中女。在下卦之中，下为内，为主内。家人卦，离下巽上，其六二曰：“无攸遂，在中馈，贞吉。”六二中女之志，在主中馈之事。《白虎通·嫁娶》曰：“妇者服也，服于家事，事人者也。”上六，兑三索而得女，故谓之少女。在上卦之上，上为外，为外适。《嫁娶》曰：“嫁者家也，妇人外成，以出适人为嫁。”此为二女同居，其志不相得。谓其又同一，又矛盾。二之上为坎，坎中实，为心中有志。《彖》以此为喻，谓上下相对相反：兑为泽，泽水润下；离为火，离火炎上，是以产生转换变革。离在下，升势；兑在上，降势。其结果是离盛兑衰，离长兑消，故曰革。又，睽卦，兑下离上。其《彖》曰：“火动而上，泽动而下，二女同居，其志不同行。”以下兑之泽润下，上离之火炎上，水火相背而行，曰不同行，曰睽。革卦，下离之火炎上，上兑之泽润下，水火相灭而行，曰不相得。不相得，谓水火不相容，必生革变，为革。

《彖》曰：“天地革，而四时成。汤武革命，顺乎天，而应乎人。革之时，大矣哉！”

按，伏羲八卦方位次序：坤位北，为冬；乾位南，为夏；离位东，为春；坎位西，为秋。四季阴阳，皆由乾坤变来。自坤冬以后，阴渐减，阳渐增。至离，二阳一阴，为春；至乾，三阳为夏。自乾夏以后，阳渐减，阴渐增。至坎，二阴一阳，为秋；至坤，三阴为冬。乾为天，坤为地。乾变为坤，坤变为乾，是为天地革。又，乾夏变，而成坎秋、坤冬；坤冬变，而成离春、乾夏。是以谓之天地革，而四时成。革卦，初之三为离，离为春；三之五为乾，乾为夏；二之上为坎，坎为秋；四之上为兑，二阳来阴下，是冬、腊之象。故曰天地革，而四时成。

汤武，商汤和周武。坤卦《文言》曰："夫玄黄者，天地之杂也，天玄而地黄。"三之五为乾，乾为玄，玄为黑，夏尚黑色。二之四为巽，巽为白，商尚白色。初之三为离，离为赤，周尚赤色。天道左旋，乾在先，巽在乾后，离在巽后，是夏在先，商代夏，周代商。即汤武革命，顺乎天时，应乎人情。又，在三代兴替之中，三之五为乾，乾为天；二之四为巽，巽为命：是汤武革命，顺乎天命。又，上六、九五为天位，九三、六二分别应之，为顺乎天。九五，阳刚中正；六二，阴柔中正。九五为君王，六二为民人，二、五相应，是下应乎人。天地革以时，汤武革命亦以时，天人均以时而革，革之时义至大，故曰；革之时大矣哉！《周易正义》曰："天地革者，天地之道。阴阳升降，温暑凉寒，迭相变革，然后四时之序，皆有成也。汤武革命，顺乎天，而应乎人者，以明人革也。夏桀殷纣，凶狂无度。天既震怒，人亦叛主。殷汤周武，聪明睿智，上顺天命，下应人心，放桀鸣条，诛纣牧野，革其王命，改其恶俗。故曰汤武革命，顺乎天，而应乎人。计王者相承，改正易服，皆有变革。而独举汤武者，盖舜禹禅让，犹或因循。汤武干戈，极其损益，故取相变甚者，以明革也。革之时大矣哉者，备论革道之广讫，总结叹其大，故曰大矣哉也。"

《礼记·大学》："汤之盘铭曰：苟日新，日日新，又日新。《康诰》曰：作新民。《诗》曰：周虽旧邦，其命维新，是故君子，无所不用其极。"郑氏注："盘铭，刻戒于盘也。极，犹尽也。君子日新其德，常尽心力，不有余也。"《正义》曰："汤之盘铭德，常尽心力，不有余也。"《正义》曰："汤之盘铭者，汤沐浴之盘，而刻铭为戒。必于沐浴之盘者，戒之慎也。苟日新者，此盘铭辞也。非唯洗沐自新，苟诚也，诚使道德，日益新也。日日新者，言非唯一日之新，当使日日新也。又日新者，言非唯一日之新，当使日日新也。又日新者，言非唯日日益新，又须恒常日新。皆是丁宁之辞也。此谓精诚其意，修己无已也。《康诰》曰作新民者，成王既伐管叔、蔡叔，以殷余民封康叔，诰言殷人化纣恶俗，使之变改为新人。《诗》曰周虽旧邦，其命维新者，此《大雅·文王》之篇。其诗之本意，言周虽旧是诸侯之邦，其受天之命，唯为天子，而更新也。其所教命，唯能念德，而自新也。是故君子，无所不用其极者，言君子欲日新其德，无处不用其心，尽其力也。言自新之道，唯在尽其心力，更无余行也。”革卦，离下兑上，日浴于咸池而欲出，亦犹君王，受天之命，而为天子，日新其德，无所不用其极，其命维新。

革卦，离下兑上。于伏羲八卦，离数三为阳，兑数二为阴。又，离为火为阳，兑为泽为阴。阳处生势，阴处消势，是以为阳革阴，于十二消息为夬。夬卦，乾下兑上。卦辞曰：“夬，扬于王庭，孚号有厉。告自邑，不利即戎，利有攸往。”《彖》曰：“夬，决也，刚决柔也。健而说，决而和。扬于王庭，柔乘五刚也。孚号有厉，其危乃光也。告自邑，不利即戎，所尚乃穷也。利有攸往，刚长乃终也。”利有攸往，刚长乃终，即谓阳革阴。《说文》：“辰，震也。三月阳气动，雷电振，民农时也。物皆生，从乙、匕。匕象芒达，厂声。辰，房星，天时也。”段玉裁注：“匕，呼跨切，变也。此合二字会意：乙象春艸木冤曲而出，阴气尚强，其出乙乙，至是月，阳气大盛，乙乙难出者，始变化矣。”变化即变革。是革卦，实指阳革阴。《说卦传》曰：“离，为乾卦。”是离下兑上，革；犹乾下兑上，夬。阳革阴，即阳决阴。

扬雄《太玄经》：“更，阳气既飞，变势易形，物改其灵。”范望注：“更，象革卦。谓之更者，清明节终于此首之次八，谷雨气起于此首之次九，斗指辰，姑洗用事。言阳气上在天中，故言既飞。万物洪舒，变形易体，改其灵曜，故谓之更。更初一，日入昴宿九度。”司马光《太玄集注》：“更，准革。入更初一，二十分九秒，清明气应。次八，日舍天毕。宋曰：在天称飞。”按，斗指辰为三月，清明为三月节气，谷雨为三月中气。姑洗用事者，《吕氏春秋·季春纪》，高注曰：“姑，故；洗，新。是月阳气养生，去故就新。”《白虎通义》：“三月谓之姑洗何？姑者故也，洗者鲜也，言万物皆去故，就其新，莫不鲜明也。”是春季，万物改革更新之时，《易》谓之革，《太玄》谓之更。离下兑上，即一至三月之象。

革　《说文》：“革，兽皮治去其毛；革，更之。象古文革之形。凡革之属，皆从革。”革，兽皮治去其毛者，《夏书·禹贡》：“齿革羽毛惟木。”孔氏传：“革，犀皮。”《正义》曰：“革之所美，莫过于犀，知革是犀皮也。《说文》云：兽皮治去其毛，为革。革与皮，去毛为异耳。”《召南·羔羊》：“羔羊之皮。”“羔羊之革。”毛传：“革，犹皮也。”《正义》曰：“对文言之异，散文则皮革通。”《周礼·掌皮》：“掌秋敛皮，冬敛革，春献之。”释曰：“秋敛皮，冬敛革，春献之者，许氏《说文》：兽皮治去其毛，曰革。秋敛皮者，鸟兽毛毨之时，其皮善，故秋敛之。革乃须治，用功深，故冬敛之。干久成善，乃可献，故春献之也。”段注《说文》亦曰：“皮与革，二字对文则分别，如秋敛皮，冬敛革，是也；散文则通用，如《司裘》之皮车即革路，《诗·羔羊》传：革犹皮。是也。”以其革由皮治而成，故其革有改革之义。

革，更也者，《虞书·尧典》：“鸟兽希革。”孔氏传：“夏时，鸟兽毛羽希少改易。革，改也。”《周书·毕命》：“道有升降，政由俗革。”传云：“政教有用俗改更之理。”《大雅·皇矣》：“不大声以色，不长夏以革。”毛传：“革，更也。不以长大有所更。”郑笺：“不长诸夏，以变更王法。”《诗毛氏传疏》：“革，训更，谓变易前代之法度。”《左传》襄公十四年：“善则赏之，过则匡之，患则救之，失则革之。”杜预注：“革，更也。”段注《说文》曰：“二字双声。治去其毛，是更改之义。故引伸为凡更新之用。《杂卦传》曰：革，去故也。郑注《易》曰：革，改也。《公羊传》：革取清者。何曰：革，更也。《管子·轻重》：革筑室房。注：革，更也。”又，杨树达《积微居小学述林·释革》曰：“《尧典篇》又记：仲秋，鸟兽毛毨。郑注云：毨，理，毛更生整理。《淮南子·天文篇》曰：春夏则群兽除。高注云：除，冬毛微堕也。盖鸟兽毛羽，有时除旧更生。革为鸟翅，引申有兽去毛之义，又引申有改革之义。”

象古文革之形者，《说文》：“**革**，古文革，从三十，三十年为一世，而道更也，臼声。”段玉裁注：“上廿下十，是三十也。据此，则革之本训更，后以为皮去毛之字。”桂馥义证：“本书世云：三十年为一世。系传引《尚书》：既历三纪，世变风移。《论衡·宣汉篇》：孔子曰：如有王者，必世然后仁。孔子所谓一世，三十年也。”又于今文革下云：“《一切经音义二十二》：革，更也。字从三十，从口，口为国邑。国三十年，而法更别，取别异之意也。口，音韦。”按，《说文》：“臼，叉手也，从**𦥑**，凡臼之属，皆从臼。”段注：“又部曰：叉手，指相错也。此云叉手者，谓手指正相向也。”臼，象两手持物作事，盖古文革，谓人加功，三十年而成道更，道更为之革。又，林义光《文源》曰：“**𠦝**，象兽头、角、足、尾之形，臼，象手治之。”革字，未知甲文原形，是以诸训并存。然《说文》有师承，故仍以今古之释为宗。

《资治通鉴外纪·商纪》曰：“商，原注：起庚戌，终戊寅，三十君，十七世，六百二十九年。”又曰，“成汤元年，原注：汤在诸侯位十七年，即天子位，元年庚戌。顾虎曰：殷家犹质，逾月即改元年，以明世异，不待正月为首。案汤以干戈取天下，与尧舜殊异，即位异代，必不俟逾年改元，亦不俟逾月也。”《夏纪》曰：“夏，原注：超戊戌，终己酉，十七君，一十四世，通羿浞，四百三十二年。”又曰，“明年，汤伐灭桀。原注：商汤元年庚戌。”《周书·武成》曰：“丁未，祀于周庙，邦甸、侯、卫，骏奔走，执豆、笾。越三日庚戌，柴、望，大告武成。”又，《逸周书·世俘解》：“时四月，既旁生魄，越六日庚戌，武王朝至，燎于周（庙）。武王降自车，乃俾史佚，繇书于天号。”

书于天号，书天子之号。此与《武成》，丁未祀于周庙，越三日庚戌，柴、望，大告武成，佥同。汤武，起元于庚戌之年；周武，武成于庚戌之日，天干地支相同。庚，为更；戌，为灭。更之灭之，革命之意。《彖》曰："汤武革命，顺乎天，而应乎人，革之时大矣哉！"圣人不与我欺，以革卦序于庚戌，良有以也。

朱骏声《六十四卦经解》云："革兼四义：时之革也；命之革，二也；火革金，三也；兽革毛，四也，故曰革。"遁卦六二曰："执之用黄牛之革，莫之胜说。"革卦初九曰："巩用黄牛之革。"革，谓黄牛皮绳之类。又，六二曰：巳日乃革之。"九三曰："革言三就，有孚。"上六曰："小人革面。"鼎卦九三曰："鼎耳革，其行塞。"革，谓改变、革新。革用为皮革义，皆为名词；用为变更义，皆为动词。《彖》曰："革，水火相息"，"革而信之"，"革而当"，"天地革"，"汤武革命"，"革之时"，并卦名之革，为变革。《史记·历书》曰："王者易姓受命，必慎始初，改正朔，易服色，推本天元，顺承厥意。"是以革卦之革，即革命之革，谓顺应天时人意，改革制度。郑玄曰："革，改也。水火相息，而更用事。犹王者受命，改正朔，易服色，故谓之革也。"按，《杂卦传》曰："革，去故也。"即此。

巳日乃孚　《说文》："巳，已也。四月阳气已出，阴气已藏，万物见，成文章。故巳为蛇，象形。凡巳之属，皆从巳。"桂馥义证："巳也者，巳、已声相近。李阳冰曰：辰巳之巳，借为已止之已。《释名》：巳，已也，阳气毕布已也。《律书》释十母、十二子之义，大略与今所同，惟至四月云：其于十二子为巳，巳者，言阳气之已尽也。《汉·律历志》：振美于辰，已盛于巳。《史记》：巳者，言阳气之已尽也。郑玄梦孔子告之曰：起，起。今年岁在辰，明年岁在巳。《五经文字》：起从辰巳之巳。《白虎通》：太阳见于巳，巳者物必起。《晋书·乐志》：四月之辰谓之巳，巳者起也，物至此时，必尽而起也。《释名》；商曰祀，祀，已也，新气升，故气已也。宋毛晃曰：阳气生于子，终于巳，巳者，终已也，象阳气既极，回复之形，故又为终已之义。"又曰，"四月阳气已出，阴气已藏者，徐锴曰：四月，纯阳之月，故曰阴气已藏。《汉书·律历志》：仲吕，言微阴始起未成，著于其中旅，助姑洗宣气齐物也，位于巳，在四月。《摄生月令》：四月为乾，是月也，万物已成，天地化生。徐锴曰：象蛇之变化，有文章也。"按，一阳生为子，二阳生为丑，三阳生为寅，四阳生为卯，五阳生为辰，六阳生为巳。至此，纯阴变纯阳，为革。

《周书·武成》："惟一月壬辰，旁死魄。越翼日癸巳，王朝步自周，于征伐商。"孔氏传："此本说始伐纣时。一月，周之正月。旁，近也。月二日近死魄。翼，明；步，行也。武王以正月三日行，自周往征伐商，二十八日渡孟津。"《逸周书·世俘解》："惟一月丙辰，旁生魄，若翼日丁巳，王乃步自周，征伐商王纣。”《逸周书彙校集注》：“陈逢衡据《汉书·律历志》，旁生魄，改旁死魄，丁巳改癸巳，丙辰改壬辰。衡案：由一日辛卯，数至丁未，是为十七日，翌日戊申，是为十八日，盖以就旁生魄之说，而不知生魄，实死魄之误也。今惟改从《汉志》，则前后日月，并与《武成》、《国语》，无不吻合。”又曰，“庄述祖云：丙辰，当从刘歆《三统世经》，作壬辰傍死霸；丁巳，当从《世纪》作癸巳。”《国语·周语下》：“武王伐殷，星在天鼋。”韦昭注：“谓周正月辛卯朔，二日壬辰，辰星始见，三日癸巳，武王发行，二十八日戊午，渡孟津。”是巳日，谓癸巳之日，即谓武王朝自周，于征伐商之日。

《彖》曰：“巳日乃孚，革而信之。”《牧誓》：“王曰：嗟！我友邦冢君御事，司徒、司马、司空、亚旅、师氏，千夫长、百夫长，及庸、蜀、羌、髳、微、卢、彭、濮人，称尔戈，立尔矛，予其誓。”孔氏传：“八国，皆蛮夷戎狄，属文王者，国名羌，在西蜀；叟髳、微，在巴蜀；卢、彭，在西北；庸、濮，在江汉之南。”《武成》：“甲子昧爽，受率其旅若林，会于牧野。罔有敌于我师，前徒倒戈，攻于后以北，血流漂杵。”孔氏传：“纣众服周仁政，无有战心，前徒倒戈，自攻于后，以北走，血流漂舂杵，甚之言。”武王伐纣，得诸侯大会，群后以师毕会，诸侯事武王如天子，六师尽会，又得四夷来会，及纣众倒戈服周，是武王巳日革纣，万邦信孚，谓革命获致大家拥护。《彖》曰：“汤武革命，顺乎天，而应乎人。”亦革而信之之谓。巳日，阳革阴，为顺乎天；巳日，武王于征伐商，八百诸侯会孟津，为应乎人。又，二应五，为顺乎天；五与二应，为应乎人。

元亨利贞 乾卦《文言》曰：“元者，善之长也；亨者，嘉之会也；利者，义之和也；贞者，事之干也。”又曰，“君子体仁，足以长人；嘉会，足以合礼；利物，足以和义；贞固，足以干事。”子夏传：“元，始也；亨，通也；利，和也；贞，正也。言乾禀纯阳之性，故能首出庶物，各得元始开通，和谐贞固，不失其宜。是以君子，法乾而行四德，故曰乾，元亨利贞矣。”朱熹曰：“元者，生物之始，天地之德，莫先于此，故于时为春，于人则为仁，而众善之长也。亨者，生物之通，物至于此，莫不嘉美，故于时为夏，于人则为礼，而众美之会也。利者，生物之遂，物各得宜，不相妨害，故于时为秋，于人则为义，而得其分之和。贞者，生物之成，实理具备，随在各足，故于时为冬，于人则为智，而为众事之干。干，木之身，而枝叶所依以立者也。”革卦，为阳夬阴，而成纯阳，于十二子为巳，于卦为乾卦，是亦元亨利贞。乾卦《彖》曰：“大哉乾元，万物资始，乃统天，云行雨施，品物流形。”又曰，“乾道变化，各正性命，保合太和，乃利贞。首出庶物，万国咸宁。”革如乾，亦万物之始，万国咸宁。是以革卦《彖》曰：“革之时大矣哉！”犹谓乾之时大矣哉!

悔亡　段玉裁《说文解字注》:“亡,亦假借为有无之无,双声相借也。”王力《同源字典》曰:“《诗唐风·葛生》:予美亡此。笺:亡,无也。《仪礼·士丧礼》:亡则以缁长半幅。注:亡,无也。《礼记·坊记》:则乱益亡。注:亡,无也。《檀弓上》:称家之有亡。《释文》引皇注:亡,无也。《论语·八佾》:不如诸夏之亡也。《集解》引包注:亡,无也。《雍也》:今也则亡。皇疏:亡,无也。按,亡有无义,但仍读武方切,不读无音。《广韵》下平声阳韵:亡,无也;上平声虞韵,不收亡。”按,经传多以亡作无。此处悔亡,盖读作悔无,与巳日乃孚谐韵。

《彖》曰:“文明以说,大亨以正,革而当,其悔乃亡。”谓革,以其文明,而悦众物,以其元亨利贞,是以革而当时,故其悔恨消无。《商书·汤誓》:“夏王率遏众力,率割夏邑。有众率怠弗协,曰:时日曷丧,予及汝皆亡。”孔氏传:“言桀君臣,相率为劳役之事,以绝众力,谓废农功;相率割剥夏之邑居,谓征赋重。众下相率为怠惰,不与上和合。比桀于日,曰:是日何时丧?我与汝俱亡,欲杀身以丧桀。”又,《仲虺之诰》:“民之戴商,厥惟旧哉!佑贤辅德,显忠遂良;兼弱攻昧,取乱侮亡。推亡固存,邦乃其昌。”孔氏传:“贤则助之,德则辅之,忠则显之,良则进之,明王之道。弱则兼之,暗则攻之,乱则取之,有亡形则侮之,言正义。有亡道,则推而亡之;有存道,则辅而固之。王者如此,国乃昌盛。”时日曷丧,言革之前,人民悔恨;邦乃其昌,言革之后,悔恨消无。言因夏桀而悔恨,因商汤而悔无。离为文明,兑为和悦。革卦,离下兑上,为文明以说,是以悔亡。

又,《周书·武成》曰:“一戎衣,天下大定。乃反商政,政由旧,释箕子囚,封比干墓,式商容闾,散鹿台之财,发巨桥之粟,大赉于四海,而万姓悦服。列爵惟五,分土惟三;建官惟贤,位事惟能。重民五教,惟食丧祭。惇信明义,崇德报功。垂拱而天下治。”孔氏传:“衣,服也。一著戎服,而灭纣,言与众同心,动有成功。反纣恶政,用商先王善政。释箕子囚,封比干墓,式商容闾,皆武王反纣政。囚,奴徒隶。封,益其土。商容贤人,纣所贬退。式其闾巷,以礼贤。纣所积之府仓,皆散发,以赈贫民。施舍已债,救乏赒无,所谓周有大赉,天下皆悦仁服德。列爵五等,即所识政事而法之。爵五等:公、侯、伯、子、男。列地封国,公侯方百里,伯七十里,子男五十里,为三品。立官,以官贤才;居位理事,必任能事。所重在民,及五常之教。民以食为命,丧礼笃亲爱,祭祀崇孝养,皆圣王所重。使天下厚行言,显忠义。言武王所修,皆是所任得人,欲垂拱而天下治。”武王灭纣,拨乱反正,平反昭雪,散财济贫,严明封赏,重民教民,是以万姓悦服,垂拱而天下治,此亦悔亡之谓。王弼注:“夫所以得革而信者,文明以说也。文明以说,履正而行,以斯为革,应天顺民,大亨以正者也。革而大亨以正，非当如何？”革得其当，则恨得其消，是以悔亡。革卦，虽水火不相射，然革而上之，文明以说，是以其悔乃亡。

《象》曰：“泽中有火，革，君子以治历明时。”革卦，离下兑上。离为日，为火；兑为泽，为海。离在兑下，泽中有火，谓日从海中，升起落下，昼夜变革，是以君子以此，治历数，明天时。《虞书·尧典》：“（帝尧）乃命羲和，钦若昊天，历象日月星辰，敬授人时。分命羲仲，宅嵎夷，曰旸谷。寅宾出日，平秩东作。日中星鸟，以殷仲春。厥民析，鸟兽孳尾。申命羲叔，宅南交。平秩南讹，敬致。日永星火，以正仲夏。厥民因，鸟兽希革。分命和仲，宅西，日昧谷，寅饯纳日，平秩西成。宵中星虚，以殷仲秋。厥民夷，鸟兽毛毨。申命和叔，宅朔方，曰幽都，平在朔易。日短星昴，以正仲冬。厥民隩，鸟兽氄毛。帝曰：咨，汝羲暨和。期，三百有六旬，有六日，以闰月，定四时成岁。允厘百工，庶绩咸熙。”孔氏传：“重黎之后，羲氏和氏，世掌天地四时之官，故尧命之，使敬顺昊天。昊天，言元气广大。星，四方中星。辰，日月所会历象。其分节敬记天时，以授人也。”《释文》：“嵎，音隅。马曰：嵎，海嵎也。”嵎夷曰旸谷，日出于旸谷，即日出于海。尧命羲和，依日出没，定四时成岁，即君子以治历明时之谓。

《淮南子·天文训》曰：“日出于旸谷，浴于咸池，拂于扶桑，是谓晨明。登于扶桑，爰始将行，是谓朏明。至于曲阿，是谓旦明。至于曾泉，是谓蚤食，至于桑野，是谓晏食。至于衡阳，是谓隅中。至于昆吾，是谓正中。至于鸟次，是谓小还。至于悲谷，是谓餔时。至于女纪，是谓大还。至于渊虞，是谓高舂。至于连石，是谓下舂。至于悲泉，爰止其女，爰息其马，是谓悬车。至于虞渊，是谓黄昏。至于蒙谷，是谓定昏。日入于虞渊之汜，曙于蒙谷之浦。行九州七舍，有五亿万，七千三百九里。禹以为朝、昼、昏、夜。”《山海经·海经·海外东经》曰：“汤谷上有扶桑。十日所浴，在黑齿北，居水中，有大木，九日居下枝，一日居上枝。”汤谷，即旸谷。日出于汤谷，入于虞渊，出入皆水。日从东海海底升起，浴于咸池。咸，海水咸。《象》曰泽中有火，谓日出海中，其红似火。日行即时移，日新月异，时过境迁，是以为革。因此，君子以治历明时，使人敬顺天时，而不有误。

《开元占经》，引张衡《浑仪注》曰：“浑天如鸡子，天体圆如弹丸。地如鸡子中黄，孤居于内。天大而地下，天表里有水。天之包地，犹壳之裹黄。天地各乘气而立，载水而浮。周天，三百六十五度，四分度之一。又中分之，则一百八十二度，八分之五覆地上；一百八十二度，八分之五绕地下。故二十八宿，半见半隐，其两端，谓之南北极。北极，乃天之中也，在正北，出地上三十六度。然则，北极上规径，七十二度，常见不隐。南极，天之中也，在南，入地三十六度。南极下规，七十二度，常伏不见。两极相去，一百八十二度半强。天转，如车毂之运也，周旋无端，其形浑浑，故曰浑天也。赤道，横带天之腹，去南北二极，各九十一度，九分度之五。”按，既济卦，离下坎上。初九曰：“曳其轮，濡其尾。”上六曰：“濡其尾。”上九曰：“濡其首。”离为日，坎为月，日月从水中升没，故曰濡。此与泽中有火，皆系浑天之说。

《占经》，引陆公《纪浑天》曰：“先王之道，存乎治历明时，本之验著，在于天仪。大法象莫若浑天，浑天之设久矣。昔在颛顼，使南正重司天，而帝喾亦序三辰。尧命羲和，钦若昊天，历象日月星辰。舜之受禅，在璇玑玉衡，以齐七政。以是数者言之，曩时已立浑天之象，明矣。周公序次六十四填充，两两相承，反覆成象，以法天行，周而复始，昼夜之义。故晋卦《象》曰：昼日三接。明夷《象》曰：初登于天，后入于地。仲尼说之曰：明出地上，晋进而丽乎大明，是以昼日三接。明入地中，明夷，夜也。先昼后夜，先晋后明夷。故曰：初登于天，照四国也；后入于地，失则也。日月丽乎天，随天转运，出入乎地，以成昼夜也。浑天之义，盖与此同。”是《周易》用浑天之说，谓日出入运转，于天地之间，天地之间为云水，日之出入于海，犹泽中有火，火出为昼，火入为夜。日南至为冬至，日北至为夏至，中为两分，是君子治历明时，皆本于此。

井卦和革卦，互为邻卦。《序卦传》曰：“井道不可不革，故受之以革。”井卦《彖》曰：“改邑不改井，乃以刚中也。汔至亦未繘井，未有功也。羸其瓶，是以凶也。”言井道虽得中，然旧井失修，无井养之功，为凶。故曰井道不可不革，即谓不可不去故出新。韩康伯曰：“井久则浊秽，宜革易其故。”《系辞传》曰：“神农氏没，黄帝尧舜氏作。通其变，使民不倦；神而化之，使民宜之。易穷则变，变则通，通则久。是以自天祐之，吉无不利。”三代，邑虽有改，然井道未改。至春秋，井道已坏，井道不可不革，故受之以革。《春秋经》宣公十五年曰：“初税亩，左传曰：初税亩，非礼也。谷出不过藉，以丰财也。”杨伯峻《春秋左传注》：“从此以后，按田亩之多少征税。此是对古代制度之大改革，有其进步意义与作用。《鲁语下》云：先王制土，藉田以力。即此藉字。藉，借也，借民力以耕田也。盖自殷、周以来，行井田之制。井田制有私田，亦有公田，农奴于公田，有进行无偿劳动之义务，即所谓藉法。其后，生产力日渐发展，不得不逐渐破坏，此束缚生产力之井田制。初税亩者，即表明鲁国，正式宣布，废除井田制，承认土地私有权，而一律取税。”孔子曰：“井道不可不革。”盖有见于此。

蒙卦和革卦，互为错卦。蒙卦，坎下艮上。坎位西，艮位西北。坎为水，艮为山，山水相连。革卦，离下兑上。离位东，兑位东南。离为火，兑为泽为水，水火相敌。相连相敌，其义互错。蒙卦，坎为月，艮为山，坎下艮上，月隐于山下，为蒙。革卦，离为日，兑为泽，离下兑上，日明于海中，为革。两卦卦象，相对相反，是以互为错卦。又，蒙卦《彖》曰："匪我求童蒙，童蒙求我，志应也。"革卦《彖》曰："水火相息，二女同居，其志不相得。"前者，其志相应；后者，其志不相得，两者相反相错。蒙，童蒙，物生之初，蒙昧未明。革，变革，物成之末，再生变革。是蒙在事物之始，革在事物之终，始、终互错。亦童则蒙，老则革，一童一老，互为相错。伏羲八卦，坎为七月，艮为八、九月；离为正月，兑为二、三月。蒙卦，坎下艮上，为七、八、九月，为阳气蒙难之时。革卦，离下兑上，为正、二、三月，为万物革新之时。是一为秋象，一为春象，春秋相错，互为错卦。

睽卦和革卦，上下卦位置互换。睽卦，兑下离上；革卦，离下兑上。《周书·洪范》："水曰润下，火曰炎上。"孔氏传："言其自然之常性。"孔颖达《正义》曰："《易·文言》云：水流湿，火就燥。王肃曰：水之性，润万物而退下；火之性，炎盛而升上。是润下炎上，言其自然之本性。"《白虎通·五行》曰："五行之性，或上或下何？火者，阳也，尊，故上；水者，阴也，卑，故下。"陈立疏证："《风俗通》引《书大传》曰：火者，太阳也。《古微书·春秋感符精》云：火者，阳之精也。《淮南·天文训》：阴气为水。《论衡·顺鼓篇》：水，阴也。"阴气重浊而沉下，阳气轻清而扬上，是以水润下，火炎上。睽卦，下兑为泽为水，水润下；上离为火，火炎上：水火上下南北，相背而行。故《彖》曰："睽，火动而上，泽动而下，二女同居，其志不同行。天地睽，而其事同也；男女睽，而其志通也；万物睽，而其事类也。"革卦，下离为火，火炎上；上兑为泽为水，水润下：水火上下南北，相向而行。故《彖》曰："革，水火相息，二女同居，其志不相得，曰革。天地革，而四时成，汤武革命，顺乎天，而应乎人。"睽卦，水火相背，而不相革；革卦，水火相向，而相革。前者相反相成，后者相对相克。

初九，巩用黄牛之革。

〔译〕 初九，用黄牛革制成之绳束缚。

《象》曰："巩用黄牛，不可以有为也。"

〔证〕

巩用黄牛之革 乾卦初九曰："潜龙勿用。"朱熹曰："初阳在下，未可施用，故其象为潜龙，其占曰勿用。凡遇乾，而此爻变者，当观此象，而玩其占也，余爻放此。"例如，屯卦初九曰："盘桓。"需卦初九曰："需于郊。"复卦初九曰："不远复。"无妄卦初九曰："无妄往。"大畜卦初九曰："有厉，利已。"离卦初九曰："敬之无咎。"大壮卦初九曰："壮于趾，征凶。"睽卦初九曰："勿逐自复。"夬卦初九曰："壮于前趾，往不胜，为咎。"节卦初九曰："不出户庭，无咎。"以上初九，皆有潜龙勿用之义。革卦，初九《象》曰："巩用黄牛，不可以有为也。"不可以有为，亦即潜龙勿用。朱熹曰："虽当革时，居初无应，未可有为，故为此象。巩，固也；黄，中色；牛，顺物；革，所以固物，亦取卦名，而义不同也。其占，为当坚确固守，而不可以有为。圣人之于变革，其谨如此。"

《说文》："鞏（巩），以韦束也。《易》曰：鞏用黄牛之革。从革，巩声。"《字林》曰："韦，柔皮也。"即熟革为韦。以柔皮约束之，谓其韧固，而不易脆断。《尔雅·释诂》："巩，固也。"《大雅·瞻卬》曰："藐藐昊天，无不克巩。无忝皇祖，式救尔后。"毛传："藐藐，大貌；巩，固也。"郑笺："藐藐，美也。王者有美德，藐藐然，无不能自坚固，于其位者。"《正义》曰："言人君，有美大之德，藐藐然，可以比于昊天，则无不能坚固，于其位者，是守位者，必由美德也。王当美德固之，无使辱汝君祖之先王。用此美德，以救汝后世之子孙，使之保守王位，无丧邦国也。"革卦，下离为日，日为王；前为兑，兑为毁折。王于初九，利居贞，利建侯，故曰巩用黄牛之革。

《说卦传》曰："离为乾卦。"是离之初九，犹乾之初九，为潜龙勿用。《史记·历书》："王者易姓受命，必慎始初。"《孟子·万章》："人有不为也，而后可以有为。"《老子》曰："道常无为，而无不为。侯王若能守之，万物将自化，化而欲作。"《大雅·皇矣》："帝谓文王，予怀明德，不大声以色，不长夏以革；不识不知，顺帝之则。"朱熹《诗集传》："言上帝眷恋文王，而言其德之深微。不暴著其形迹，又能不作聪明，以循天理。吕氏曰：此言文王德不形，而功无迹，与天同体而已。"帝之所诫，文王所行，与初九巩用黄牛之革，其义相同。《系辞传》曰："尺蠖之屈，以求信也；龙蛇之蛰，以存身也；精义入神，以致用也；利用安身，以崇德也。"即此之义。又，初九与四相敌，上无援应，故不可以有为。

六二，巳日乃革之，征吉，无咎。

〔译〕 六二，巳日开始革除暴君之命，征伐之行吉利，没有灾过。

《象》曰："巳日革之，行有嘉也。"

〔证〕

巳日乃革之 《逸周书·世俘解》云："惟一月丙辰，旁生魄，若翼日丁巳，王乃步自周，征伐商王纣。越若来二月，既死魄，越五日甲子，朝至接于商。则咸刘商王纣，执天恶臣百人。武王乃翼矢珪、矢宪，告天宗上帝。王不格服，格于庙，秉语治庶国，馘人九终。王烈祖自太王、太伯、王季、虞公、文王、邑考，以列升，维告殷罪。时四月，既旁生魄，越六日庚戌，武王朝至，燎于周。武王降自车，乃俾史佚，繇书于天号。武王在祀，太师负商王纣，悬首白旂，妻二首赤旆，乃以先馘入，燎于周庙。凡武王俘商旧玉，亿有八万。”按，以一月丁巳，《武成》为癸巳，王乃步自于周，征伐商王纣，及其余党。一路所向披靡，悬纣首于白旂，馘俘获玉万计，是为巳日乃革之。

征吉 《逸周书·克殷解》曰：“周车三百五十乘，陈于牧野；帝辛从。武王使尚父与伯夫致师。王既以虎贲戎车，驰商师；商师大败。商辛奔内，登于廪台之上，屏遮而自燔于火。武王乃手太白，以麾诸侯；诸侯毕拜，遂揖之。商庶百姓，咸俟于郊。群宾佥进曰：上天降休！再拜稽首；武王答拜，先入，适王所。乃克射之，三发而后下车。而击之以轻吕，斩之以黄钺，折县诸太白。适二女之所，乃既缢。王又射之三，乃右击之以轻吕，斩之以玄钺，县诸小白。乃出场于厥军。及期，百夫荷素质之旗，于王前；叔振奏拜假，又陈常车；周公把大钺、召公把小钺，以夹王；泰颠、闳夭，皆执轻吕以奏王。王入，即位于社太卒之左。群臣毕从。毛叔郑奉明水，卫叔傅礼，召公奭赞采，师尚父牵牲。尹逸筴曰：殷末孙受，德迷先成汤之明，侮灭神祇不祀；昏暴商邑百姓，其彰显闻于昊天上帝。周公再拜稽首，乃出。立王子武庚，命管叔相。乃命召公，释箕子之囚。命毕公、卫叔，出百姓之囚。乃命南宫，括赈鹿台之财，巨桥之粟。乃命南宫百达、史佚，迁九鼎三巫。乃命闳夭，封比干之墓。乃命宗祀崇宾，飨祷之于军。乃班。”乃班，谓武王伐纣，一戎衣，天下大定；胜利以后，乃班师还镐，是谓征吉。下离为日，为兴起之王。六二，在离之中爻，为文明之君，是以武王当之。征者，正之，以正正邪而吉，是为征吉。

无咎 《一切经音义九》：“《说文》：咎，灾也。字体从人从各，人各相违，即成罪咎。又，二人同心，其利断金；二人相违，其祸成灾。”《商书·咸有一德》曰：“惟尹躬暨汤，咸有一德，克享天心，受天明命，以有九有之师，爰革夏正。非天私我有商，惟天佑于一德；非商求于下民，惟民归于一德。德惟一，动罔不吉；德二三，动罔不凶。惟吉凶不僭在人，惟天降灾祥在德。”孔氏传：“行善则吉，行恶则凶，是不差。德一，天降之善；不一，天降之灾，是在德。”商汤周武，志在除恶行善，上下齐心，咸有一德。故《彖》曰：“汤武革命，顺乎天，而应乎人，革之时大矣哉！”顺乎天，而应乎人者，天佑民归，是以无咎。《象》曰：“巳日革之，行有嘉也。”谓汤武革命，非但无咎，而且其行嘉美。离为日为君，革卦离在下，六二居中正之位，是新兴明王之象。《说卦传》曰：“离，为乾卦。”乾卦，于十二消息为巳，六二当离之中，即乾之中，是为巳日。巳日，阳尽革阴，为巳日乃革之，征吉，无咎。

九三，征凶，贞厉。革言三就，有孚。

〔译〕　九三，前行有凶，正者有危。革命经三而成，有诚信。

《象》曰："革言三就，又何之矣。"

〔证〕

征凶，贞厉　大有卦，九三曰："公用享于天子，小人弗克。"益卦，六三曰："中行告公用圭。"按，三为公位，是周公之象。《周书·金縢》："武王既丧，管叔及其群弟，乃流言于国，曰：公将不利于孺子。周公乃告二公曰：我之弗辟，我无以告我先王。周公居东二年，则罪人斯得。于后，公乃为诗以贻王，名之《鸱鸮》；王亦未敢诮公。"孔氏传："武王死，周公摄王政，其弟管叔和蔡叔、霍叔，乃放言于国，以诬周公，以惑成王。三叔以周公大圣，有次立之势，遂生流言。孺，稚也。稚子，成王。辟，法也。（周公）告召公、太公，言我不以法法三叔，则我无以成周道，告我先王。周公既告二公，遂东征之。二年之中，罪人此得。成王信流言，而疑周公。故周公既诛三监，而作诗，解所以宜诛之意，以遗王。王犹未悟，故欲让公，而未敢。"周公辅成王，既有管蔡流言，武庚叛乱，又有成王疑心，居东山三年，而不得归，是以前行有凶，为正有危，谓之征凶贞厉。九三往前，遇兑，兑为毁折，为征凶。三与上，阳为正，阴为厉，阳遇阴，为贞厉。

革言三就　《经传释词》："言，云也；语词也。话言之言，谓之云；语词之云，亦谓之言。语词，若《芣苢》之薄言采之，《柏舟》之静言思之，《终风》之寤言不寐，愿言则嚏。"《助字辨略》："如《诗》：焉得谖草，言树之背；言念君子，温其如玉；驾言出游，以写我忧。诸言字，并是语助，不为义也。"《诗义钩沉》及《诗集传》，皆谓言字，相当于而。革言三就之言，亦为语助之词，为而。又，《尔雅·释诂》："就，成也。"郝懿行义疏："就者，终之成也。下文云：就，终也。故古微书，引《孝经·援神契》，及《鉤命诀》注，并云就之，为言成也。《公羊昭二十五年传》：馂饔未就。何休注：未就，未成也。《大行人》、《典瑞》、《弁师》、《巾车》，及《既夕礼》注，并以就为成也。"《说文》："成，就也。从戊，丁声。"桂馥义证："就也者，《广韵》：就，成也。《燕礼》：笙入三成。注云：三成，谓三终也。郭注《尔雅》：凡事物成就，亦终也。"就，犹成。是革言三就，谓革命一而再，再而三而成。

《周书·酒诰》曰："自成汤，咸至于帝乙，成王畏相。"孔氏传："从汤至帝乙，中间之王，犹保成其王道，敬畏辅相之臣，不敢为非。"保持王道，谓之成王。《逸周书·谥法解》："安民立政曰成。"潘振解义云："体国经野，各有宁宇；设官分职，各无废事；

民安政立，业斯成矣，故曰成。”陈逢衡补注云：“安民立政，如周成王是已。”《周颂·噫嘻》：“噫嘻成王，既昭假尔。”毛传：“噫，叹也；嘻，和也。成王，成是王事也。”郑笺：“噫嘻乎，能成周王之功，其德已著至矣。谓光被四表，格于上下也。”《正义》曰：“成是王事之王，谓周公、成王也。”按，周革殷命，文王奠基，武王创业，成王守成，是为革言三就。《象》曰：“革言三就，又何之矣？”又何之矣，又何再往矣。九三逆应上六，以阳革阴，是革言三就之象。故革言三就何之矣？盖在革故鼎新。朱熹曰：“过刚不中，居离之极，躁动于革者也。故其占，有征凶贞厉之戒。然其时则当革，故至于革言三就，则亦有孚，而可革也。”

有孚　《周颂·访落》曰：“访予落止，率时昭考。于乎悠哉，朕未有艾。将予就之，继犹判涣。”毛传：“访，谋；落，始；时，是；率，循；悠，远；犹，道；判，分；涣，散也。”郑笺：“昭，明；艾，数；犹，图也。”孔颖达疏：“毛以为，成王始即王政，恐不能继圣父之业，故于庙中，与群臣谋事。汝等当谋，我始即政之事止。群臣对王曰：当循是明德之考。令效武王所施而为之。王又谦而答之曰：於乎！可嗟叹也。此昭考之道，悠然至远哉，我去之悬绝，未有等数。言其远不可及，不能循之。汝若将我就之，使我继此先人之业。则先人之道，乃分散而去矣。言己之才，不足以继之也。维我小子，才智浅短，未任统理国家，众难成之事，所以不能循是昭考也。又述昭考之德，言武王能继其父。文王以直道，施于上下，又能上下其家之职事，谓治理群臣，使有次序也。美矣！我之君考武王，能以此文王之道，自安尊其身，是昭考德同文王。己不能及，欲令群臣，助谋之也。”《访落》之《序》曰：“嗣王谋于庙也。”离日为王，九三为嗣王。九三阳实，与群臣谋于庙，是为有孚信。

九四，悔亡，有孚，改命吉

〔译〕　九四，悔恨消无，而有信孚，革命之事吉利。

《象》曰：“改命之吉，信志也。”

〔证〕

悔亡　《周书·金縢》曰：“秋，大熟，未获，天大雷电以风，禾尽偃，大木斯拔，邦人大恐。王与大夫尽弁，以启金縢之书，乃得周公所自以为功，代武王之说。二公及王，乃问诸史与百执事。对曰：信，噫！公命我勿敢言。王执书以泣曰：其勿穆卜。昔公勤劳王家，惟予冲人，弗及知。今天动威，以彰周公之德。惟朕小子，其新逆，我国家礼，亦宜之。王出郊，天乃雨，反风，禾则尽起。”周公居东二年，秋，周生灾异。成王启金縢，求变异所由，而得周公请代武王之疾书。是以成王执书，以泣曰：天之意已可知，勿再敬卜。昔日公勤劳王家，惟我童幼之人，不及见之。今天动威，以彰周公之德。小子我当改过自新，遣人往迎。这也是国家，对有德者，应有之礼。成王并出外郊祀。于是天下雨，风反向，禾木尽起。至此，流言破，怀疑释，悔恨消失。九五至尊，为天子。九四阳爻，居天子之下，为刚健正直之臣。上匡天子，下令诸侯，非周公莫属。故九四之悔亡，盖谓其由东归来，复摄行政事，成周王朝之道，则《鸱鸮》之恨，从此而无。

有孚　《史记·鲁周公世家》曰："成王长，能听政。于是，周公乃还政于成王，成王临朝。周公之代成王治，南面倍依，以朝诸侯。及七年后，还政成王，北面就臣位，匔匔如畏然。初，成王少时，病。周公乃自揃其蚤，沈之河，以祝于神曰：王少未有识，奸神命者，乃旦也。亦藏其策于府。成王病有瘳。及成王用事，人或谮周公，周公奔楚。成王发府，见周公祷书，乃泣，反周公。周公归，恐成王壮，治有所淫佚，乃作《多士》、《毋逸》。《毋逸》称：为人父母，为业至长久，子孙骄奢忘之，以亡其家，为人子可不慎乎？《多士》称曰：自汤至于帝乙，无不率祀明德，帝无不配天者。在今后嗣王纣，诞淫厥佚，不顾天及民之从也。其民皆可诛。文王日中昃，不暇食，飨国五十年。作此以诫成王。"周公对成王，忠心耿耿，谆谆教导，是为有孚。又，九四阳实，为有孚。

改命吉　《史记·周本纪》曰："成王在丰，使召公复营洛邑，如武王之意。周公复卜甲视，卒营筑，居九鼎焉。曰：此天下之中，四方入贡道里均。作《召诰》、《洛诰》。成王既迁殷遗民，周公以王命告，作《多士》、《无佚》。召公为保，周公为师，东伐淮夷、残奄，迁其君薄姑。成王自奄归，在宗周，作《多方》。既绌殷命，袭淮夷，归在丰，作《周官》。兴正礼乐，度制于是改，而民和睦，颂声兴。成王既伐东夷，息慎来贺，王赐荣伯，作《贿息慎之命》。"《集解》引何休曰："颂声者，太平歌颂之声，帝王之高致也。"又，《周书·周官》之《序》曰："成王既黜殷命，灭淮夷，还归在丰，作《周官》。"《正义》曰："成王于周公摄政之时，即黜殷命，及其即位之后，灭淮夷，于是天下大定。自灭淮夷，还归在丰，号令群臣，言周家设官分职，用人之法。史叙其事，作《周官》。"武王死后，成王少弱，周公摄政，制礼作乐。于是，礼乐自天子出，谓改命吉。革卦，四之上为兑，兑为毁折，为改；又为羊，羊为祥为吉，故为改命吉。

《象》曰："改命之吉，信志也。"《周礼·鲍人》曰："引而信之。"《系辞传》曰："引而伸之。"《释文》："伸，本又作信。"又，《系辞传》："往者屈也，来者信也，屈信相感，而利生焉。尺蠖之屈，以求信也。"信，皆读作伸。伸、信，同属真部，通假。是信志，犹伸志。《资治通鑑外纪·周纪一》："七年。初，武王作邑于镐京，谓之宗周，是为西都。至是，成王欲如武王之志，定鼎于郏鄏，卜世三十，卜年七百。"注："定鼎于郏鄏，以下三句，《左氏宣三年传》文。杜预《左传》注曰：郏鄏，今河南也。武王迁之，成王定之。《续汉书·郡国志》：河南，尹河南。周公时，所城洛邑也。春秋时，谓之王城。东城门，谓鼎门。注引《帝王世纪》曰：城西有郏鄏陌，东南门，九鼎所以入，武王定鼎，洛阳西南洛水，九鼎中观是也。”禹铸九鼎象九州，得鼎犹得国，鼎为镇国之宝。改命而能定九鼎，是改命大吉。周公辅成王，如武王之意，定鼎郏鄏，正礼乐，改制度，实现文武之志，为伸志。二之上为大坎，坎中实为志，大坎为光大其志，是为伸志。

九五，大人虎变，未占有孚。

〔译〕　九五，大人变成仁义之君，不用卜问，定受信仰。

《象》曰："大人虎变，其文炳也。"

〔证〕

大人虎变　乾卦，九五曰："飞龙在天，利见大人。"《象》曰："飞龙在天，大人造也。"朱熹曰："造，犹作也。"作，犹起。九五至尊，为飞龙；大人造，为天子兴起。《说文》："虎，山兽之君。从虍，虎足象人足，象形。凡虎之属，皆从虎。"《淮南子·时则训》："孟秋之月，其虫毛。"高诱注："毛虫，虎为之长。"《风俗通·画虎》曰："虎者，阳物，百兽之长也。能执搏挫锐，噬食鬼魅。"按，俗谓虎额有王字，其行生风，百虫辟易。其虍，《说文》谓虎文也。象形，象其文章屈曲也。又，《说文》曰："虞，驺虞也。白虎黑文，尾长于身。仁兽也，食自死之肉。从虍，吴声。《诗》曰：于嗟乎驺虞。"乾为王，五在乾之上，为九五至尊之位，是以虎喻君王。履卦，兑下乾上。六三曰："履虎尾。"三在乾之下，即以乾为虎，虎为君王。二之上，正、倒皆巽，巽为白，为白虎。又，二之上为坎，坎位西，为西方百虎。三之五为乾，乾为天，天为玄为黑。乾在巽、坎之中，白虎黑文，谓大人虎变。

《召南·驺虞》云："于嗟乎驺虞。"毛传："驺虞，义兽也。白虎黑文，不食生物，有至信之德则应之。"《诗序》曰："《驺虞》，《鹊巢》之应也。《鹊巢》之化行，人伦既正，朝廷既治，天下纯被文王之化，则庶类蕃殖，蒐田以时。仁如驺虞，则王道成也。"《诗集传》曰："文王之化，始于《关雎》，而至于《麟趾》，则其化之入人者，深矣。形于《鹊巢》，而及于《驺虞》，则其泽之及物者，广矣。盖意诚心正之功，不息而久；则其熏烝透彻，融液周遍，自有不能已者，非智力之私，所能及也。故《序》以《驺虞》，为《鹊巢》之应，而见王道之成，其必有所传矣。"《毛诗传笺通释》："瑞辰按：此诗吁嗟乎驺虞，与吁嗟麟兮，句法相似。麟既为兽，则驺虞亦兽可知。《周官·仲师》贾疏，引《五经异义》，载古《毛诗》说：《周南》终《麟趾》，《召南》终《驺虞》，俱称嗟叹之，皆兽名。其说是。”麒麟与驺虞，皆为仁兽。九五大人虎变，谓大人已成仁慈君王。五在乾上，为天子；又在兑中，兑为恩泽，为羊为善，是为仁君。《象》曰：“大人虎变，其文炳也。”文炳，谓其仁君之文采，章明于世，召告天下，天下受其光被，意即王道已成。

未占有孚 《周礼·春官宗伯》曰：“占人，占蓍龟之卦兆吉凶。”《说文》：“占，视兆问也。从卜口。”又，“卜，灼剥龟也。象炙龟之形。一曰，象龟兆之纵衡也。凡卜之属，皆从卜。”又，“卟，卜以问疑也。从口卜。读与稽同。”段玉裁注：“《左传》曰：卜以决疑。不疑何卜，问疑故从口，俗作乩。当作卜口，卜而以口问也。按，小徐曰：《尚书》曰：明用卟疑，今文借稽字。”按，明用稽疑，在《周书·洪范》。孔氏传：“明用卜筮，考疑之事。”约斋《字源》曰：“卜字，象龟甲板上，炙出的裂纹，所以不成十字形，是因火炙之先，照例在背后，凿过半深半浅的洞孔，以使偏向一面，裂开的缘故。卜字加口就成占，就是卜问。”以上，占有两说，并存不悖。《系辞传》曰：“极数知来谓占。”又，“卜筮者尚其占。”革卦，四之上为兑，兑为巫，有视兆问吉凶之象，为占。又，兑为毁折。占而毁折，为不占。《玉篇》曰：“未，犹不也。”是未占有孚，即不占有孚。

又，《驺虞》曰：“彼茁者葭，一发五豝，于嗟乎驺虞。”《正义》曰：“言彼茁茁然出，而始生者，葭草也。国君于此草生之时，出田猎，一发矢，而射五豝。兽五豝，唯一发者，不忍尽杀。仁心如是，故比之如驺虞。驺虞义兽，不食生物，有仁心。国君亦有仁心，故比之。”朱熹《诗集传》曰：“南国诸侯，承文王之化，修身齐家，以治其国，而仁民之余思，又有以及庶类。故其春田之际，草木之茂，禽兽之多，至于如此。而诗人述其事，以美之。且叹之曰：此其仁心自然，不由勉强，是即真所谓驺虞矣。”陈奂《诗毛氏传疏》曰：“李善注《东都赋》，驺作邹。钞本《御览·乐部》，三引《墨子·三辩篇》：周成王因先王之乐，又自作乐，命曰邹吾。吾与虞通。诗盖作于成王，故古有是说也。”文王之化，形于《鹊巢》，而及于《驺虞》，而见王道之成，是革言三就。至九五，故其大人虎变，其文炳然。泽及深广，则王道必成，事必自然，何卜问之有？故曰未占有孚。仁者，天下归仁，万邦作孚。兑为口舌，为言。人言为信，信为孚。兑又为毁折，是不占，而知天下信孚，为未占有孚。又，阳为孚。

上六，君子豹变，小人革面，征凶，居贞吉。

〔译〕 上六，君子变成文采蔚然；小人改变颜面。前行凶险，居正道吉利。

《象》曰："君子豹变，其文蔚也。小人革面，顺以从君也。"

〔证〕

君子豹变 兑为羊为兽，虎、豹为兽，故于兑之阳大称虎，阴小称豹。又，阳上有阴，阴阳斑驳，是以上六豹变。《说文》："豹，似虎，圜文。从豸，勺声。"桂馥义证："似虎圜文者，《急就篇》：豹狐距虚豺犀兕。颜注：豹似乌涂，而圜文。《字林》：豹似虎，贝文。馥案，贝文，即钱文也。《本草衍义》：豹毛赤黄，其文黑，如钱而中空，比比相次，此兽猛健过虎。"《本草纲目》李时珍曰："豹，性暴，故曰豹。按，许氏《说文》云：豹之脊长，行则脊隆，豸豸然，具司杀之形，故字从豸，从勺。王氏《字说》云：豹性，勺物而取，程度而食，故字从勺，又名曰程。东胡谓之失刺孙。"又曰，"豹，辽东及西南诸山，时有之。状似虎而小，白面团头，自惜其毛采。"《象》曰："君子豹变，其文蔚也。"《广雅・释诂》："蔚，数也。"王念孙疏证："蔚者，《群经音义》卷七云：蔚，文采繁数也。"陆绩曰："兑之阳爻称虎，阴爻称豹。豹，虎类而小者也。君子小于大人，故曰豹变，其文蔚也。"《论衡・佚文篇》："《易》曰：大人虎变，其文炳；君子豹变，其文蔚。又曰，观乎天文，观乎人文。此言天人，以文为观；大人君子，以文为操也。"《白虎通・号》曰："或称君子者何？道德之称也。君之为言群也。子者，丈夫之通称也。"上六，为阴之上者，故为有道德，称之君子。又，兑为羊，羊合群，是君子之象。

小人革面 《象》曰："小人革面，顺以从君也。"《系辞传》曰："圣人以此洗心。"又曰，"子曰：小人不耻不仁，不畏不义，不见利不劝，不威不惩，小惩而大诫，此小人之福也。"于革之时，唯大人、君子洗心，有文质之变；小人则动于威利，只革其面，而不洗心。故小人革面，谓但以颜面，顺从其君。《说文》："面，颜前也。从首，象人面形。"段玉裁注："颜者，两眉之中间也。颜前者，谓自此而前，则为目、为鼻、为目下、为颊之间，乃正向人者。"上六阴，为小人；阴中断，似两眉，为颜面。王弼注："居变之终，变道已成。君子处之，能成其文。小人乐成，则变面以从上也。"程氏传："小人，昏愚难迁者。虽未能心化，亦革其面，以从上之教令也。人性本善，皆可以变化。然有下愚，虽圣人不移者。以尧舜为君，以圣继圣，百有余年，天下被化，可谓深且久矣。而有苗、有象，其来格烝乂，盖亦革面而已。"

征凶，居贞吉 《论语・先进》："子贡问：师与商也孰贤？子曰：师也过，商也不及。曰：然则师愈与？子曰：过犹不及。"《礼记・仲尼燕居篇》："子曰：师尔过，而商也不及。子贡越席而对曰：敢问将何以为此中者也？子曰：礼乎礼，夫礼所以制中也。"上六，居革之终极，再过则反，是为征凶；若居革之正道，不为已甚，则吉利。

王弼注："改命创制，变道已成。功成则事损，事损则无为。故居则得正而吉，征则躁扰而凶也。"程氏传："革至于极，而不守以贞，则所革随复变矣。天下之事，始则患乎难革，已革则患乎不能守也。故革之终，戒以居贞则吉也。居贞非为六戒乎？曰：为革终言也，莫不在其中矣。"朱骏声《六十四卦经解》："三不可妄动，上已动而当静，故征凶。五为创业，上为守文。伪书所谓，既历三纪，世变风移时也，故居贞吉。"《说卦传》曰："兑为毁折，为羊。"毁折为凶，羊为祥吉。上六当位，动则革毁，为征凶；不动则兑为祥，为居正吉。

附：《国宝大观·青铜器·利簋》摘引

"一九七六年三月，在陕西临潼县，零口公社，西段大队的一处，周代遗址的窖藏中，出土了一件铜簋。簋通高二十八厘米，口径二十二厘米。两兽形耳，有垂珥，圈足下有方座。腹与方座饰饕餮纹，两侧加饰倒夔纹。圈足饰纹带，方座面四隅，饰蝉纹。内底有铭文四行，三十二字，字体接近商末文字。铭文大意是：武王伐纣，在甲子日黎明，对伐商能否取得胜利，进行了卜问，兆象很好。就在当日，周师一举打败了商军。到辛未这一天，即甲子日后的第七天，武王在驻军处，赐给有事（官名）利以金（铜）。利觉得很荣耀，使铸成这件铜簋，作为纪念。由利簋的铭文，我们至少可以明确以下两点：其一，利簋铭文中，有唯甲子朝四字，明确记载，牧野之战的日期，甲子日，与《周书·世俘》、《尚书·牧誓》，所记相符，证明这两篇文献，虽有可能，非当时的著述，但其所言，确有根据。其二，铭文中，记有武王在辛未日，赏赐臣下，离甲子日只有七天。这恰恰说明，只有战争结束很快，才能在甲子日后几天，就进行庆功行赏。依此判断，《韩非子·初见秦》中，所记：战，一日而破纣之国，也是有根据的。利簋的发现，无可争辩地，肯定了牧野之战的具体日期。它是周初金文中，叙述武王伐商的、唯一珍贵史料。利簋，是武王时期的标准器，也是我们目前发现的、西周最早的青铜器。此器，现藏于临潼县博物馆。"据此，《周书》、《逸周书》所载，符合史实。"巳日乃孚"、"巳日乃革之"，亦当即《武成》和《世俘解》所云："癸巳，王朝步自周，于征伐商。"

第五十卦　辛　亥

䷱ 离上
巽下

鼎，元吉，亨。

〔译〕　鼎，大吉利，亨通。

《彖》曰："鼎，象也。以木巽火，亨饪也。圣人亨以享上帝，而大亨以养圣贤。巽而耳目聪明，柔进而上行，得中而应乎刚，是以元亨。"

《象》曰："木上有火，鼎，君子以正位凝命。"

〔证〕

巽下离上　《彖》曰："鼎，象也。"《系辞传》曰："象也者，像也。"又曰，"圣人有以见天下之赜，而拟诸其形容，象其物宜，故谓之象。"鼎之谓象，即拟诸其形容，象其物宜。颐卦，震下艮上，亦象其物，然谓养不谓象，以其虽然象物，而会意为主。鼎卦，巽下离上，既象其物，亦象其义，故曰鼎，象也。初六曰："鼎颠趾。"阴在下，分立似鼎足。九二曰："鼎有实。"阳在鼎足之上，似鼎腹，而有实物。九三曰："雉膏不食。"三为鼎腹之中，鼎中烹煮有膏。九四曰："覆公𫗧。"四在鼎腹之上，为鼎口，故倾覆公𫗧由之。六五曰："鼎黄耳。"鼎口之上，阴中断，分列两边，俨然鼎耳。上九曰："鼎玉铉。"阳横于鼎耳之上，恰似鼎铉。上述六爻，象鼎全形。虞翻曰："六十四卦，皆观象系辞，而独于鼎言象，何也？象事知器，故独言象也。"

在已出土鼎中，以乳钉纹鼎，和司母戊鼎较早。《中国青铜器发展史》云："前面已指出，商代青铜冶铸业，是先前所不能比拟的。最能反映商代前期，冶铸技术水平的，是一九七四年，郑州张寨杜岭出土的，两件大方鼎，均为斗形方腹，立槽耳，四柱足。腹表每面，左、右、下的边侧，饰乳钉纹；腹部上端，饰兽面纹。器的整体，谐调平稳。一号鼎，通高一百厘米，重约八十六点四千克。二号鼎，通高八十七厘米，重约六十四点二十五千克。形体之大，是这一时期，所罕见的。令人兴奋的是，一九八二年，在郑州发现的，一处铜器窖，藏有两件，与前者在造型与花纹上，都相似的大方鼎。从而表明，铸造这种方形大鼎，在当时已不属个别，可见其铸造水平。"《中国青铜器·饪食器》云："方鼎，具有方形，或长方槽形的，四足双耳容器。殷墟侯家庄，1004 号墓，出土鹿鼎、牛鼎，皆方形而且并置，郑州杜岭街，出土商代早期，青铜大方鼎亦并置，传世铸铭青铜方鼎，亦有成双的。无论大小，方鼎成偶数使用，这大约是常制。其为单个存在的，多为失散之器。"

《国宝大观·司母戊鼎》云："司母戊鼎，是世界上，罕见的青铜器，贵重文物；也是迄今为止，所有出土的鼎中，最大最重的。鼎重，八百七十五公斤（因缺一耳，故原鼎重，当不止此数）；通高，一百三十三厘米；口长，一百一十厘米，宽七十八厘米；足高，四十六厘米；壁厚，六厘米；立耳，长方形腹，四柱足中空；所有花纹，均以云雷纹为地。腹内壁，有铭文司母戊三字。关于这三个铭文，如何解释，目前学术界，有三种说法…………另一种意见认为，母戊，可能是指武丁的法定配偶，因此作器者，可能为祖庚、祖甲，或廪辛、康丁。这样该鼎，就是殷墟前期的遗物。殷墟妇好墓的发掘，出土了司母辛鼎，其形制和文字风格，都与司母戊鼎相近似。出土的铜钺，亦饰有虎噬人头的图案。这些都为后一种说法，即司母戊鼎，为武丁、祖庚、祖甲时所铸器，提供了证据。"

由上述可见，在商代早期，即已铸造四足方鼎，而且为著名大鼎。据一九六五年版，《甲骨文编》，计甲文鼎，二十六字，鼎腹之下，皆象四足。考之金文，则圆鼎三足较多。甲文在金文之先，足证早期，以方鼎四足为主。许慎《说文》曰："鼎，三足两耳。"谓三足者，乃承金文而言。朱骏声《说文通训定声》："按，目象器，其中有实，非眼目字，亦非贞省。"朱说甚是。甲文鼎字之目，与甲文皿字相似。鼎字之目，乃皿有实有耳，而省下基，与甲文眼目之目，全然不属。又，甲文鼎四足，籀文鼎四足，隶定亦四足，相承未变；三足并非鼎之早期形象。《说文》曰："巽，具也。"下基供物为具。《说卦传》曰："离，为大腹。"鼎卦，巽下离上，是鼎之象。上九为铉，初六之六五，为鼎之主体。鼎体上下皆为阴，坤阴为方，是为方鼎。鼎方则正，初六，为方鼎前见之两足，后两足隐而不见。是字与象，皆似其器，皆拟诸其形容，故曰鼎，象也。又，二之四为乾卦，四之上为离，离亦为乾卦。乾为金，立于四足，稳重坚固之势，是亦为镇国之象。

《象》曰："以木巽火，亨饪也。"《说文》："爨，齐谓之炊爨。臼，象持甑；冖，为灶口；廾，推林内火。"段玉裁注："火部曰：炊，爨也。然则二字互训。《孟子》赵注曰：爨，炊也。中似甑，𦥑持之。林，柴也；内，同纳。"按，《说卦传》曰："巽，入也，为木。"入，犹内，即纳。以木巽火，即是推柴入火，为以鼎炊食之象，故曰亨饪也。亨，即烹。《说文》："亯，献也。从高省，曰，象孰物形。《孝经》曰：祭则鬼亯之。"段注；"亯，象荐孰；因以为饪物之称，故又读普庚切。亯之义训荐神，诚意可通于神，故又读许庚切。古音则皆在十部。其形，荐神作亨，亦作享；饪物作亨，亦作烹。《易》之元亨，则皆作亨。皆今字也。"是亨饪，即烹饪。下同。

《国宝大观·饕餮乳丁纹方鼎》云："饕餮乳丁纹方鼎，是商代早期的器物，也是鼎最早的实物，鼎的底部，及足表面，皆留有烟熏痕，说明这两件方鼎，是实用的。方鼎器壁比较薄，以饕餮纹和乳丁纹，作主要纹饰，器上不施地纹，这些都是，商代早期铜器的特点。方鼎出土的情况，为推测其用途，提供了一点线索。方鼎，深埋在地表下六米，东西向，并列放置，在经过平整的、生土地面上。大鼎在西，小鼎在东。由于大鼎略高，所以把大鼎的地面，稍稍挖低一些，使两鼎上口平齐。说明两鼎的位置，是有意识安排的。郑州，有商代早期的都城遗趾。这样巨大的方鼎，也只有商代奴隶主贵族，才能拥有的。”按，鼎底部及足表面，皆留有烟熏痕迹，且方鼎器壁较薄，是最早之时，鼎亦作烹饪用，为以木巽火之表现。此两巨鼎，大小分东西并列，放置于商之都城，一平整地上，盖为统治者，祭祀典礼所用。《象》曰：“鼎，象也。以木巽火，亨饪也。圣人亨以享上帝，而大亨以养圣贤。”圣人亨以享上帝，盖谓置东之小鼎；而大亨以养圣贤，盖谓置西之大鼎。定鼎之后，礼莫大于祀与宾，故有小鼎大鼎之分。

《史记·封禅书》：“闻昔泰帝，兴神鼎一。一者一统，天地万物，所系终也。黄帝作宝鼎三，象天地人。禹收九牧之金，铸九鼎：皆尝亨鬺上帝鬼神。遭圣则兴，鼎迁于夏商。周德衰，宋之社亡，鼎乃沦没，伏而不见。《颂》云：自堂徂基，自羊徂牛，鼐鼎及鼒，不吴不骜，胡考之休。”《左传》宣公三年：“楚子伐陆浑之戎，遂至于雒，观兵于周疆。定王使王孙满劳楚子，楚子问鼎之大小轻重焉。对曰：在德不在鼎。昔，夏之方有德也，远方图物，贡金九牧，铸鼎象物，百物而为之备，使民知神、奸。故民入川泽山林，不逢不若，螭魅罔两，莫能逢之。用能协于上下，以承天休。桀有昏德，鼎迁于商，载六百。商纣暴虐，鼎迁于周。德之休明，虽小重也。其奸回昏乱，虽大轻也。天祚明德，有所厎止。成王定鼎郏鄏，卜世三十，卜年七百，天所命也。周德虽衰，天命未改，鼎之轻重，未可问也。”

鼎，为国重器，是为国宝。既用于祭祀典礼，也为政权地位之象。故列鼎制规定：天子九鼎，诸侯七鼎，大夫五鼎，元士三鼎或一鼎。不同身分之人，使用不同数之鼎。有鼎，则有祭祀；有祭祀，则有国家社稷。有德，才能保鼎；无德，则不能保鼎。天命迁，则鼎迁；失天命，则失鼎。是以谓鼎为象。《老子》曰：“执大象，天下往。往而不害，安平泰。”《老子道德经·河上公章句》注：“执，守也；象，道也。圣人守大道，则天下万民，移心归往之也。治身，则天降神明，往来于己也。万民归往，而不伤害，则国安家宁，而致太平矣。治身不害神明，则身安而大寿也。”是鼎，为执道守德之大象。王弼注：“鼎，象也，法象也。”程氏传：“卦之为鼎，取鼎之象也。卦复用器，而为义也。鼎，大器也，重宝也，故其制作形模，法象尤严。鼎之名正也，古人训方，方实正也。以形言，则耳对植于上，足分峙于下，周圆内外，高卑厚薄，莫不有法而至正。

至正，然后成安重之象。故鼎者，法象之器，卦之为鼎，以其象也。”按，鼎之名正，古人训方，足证早期鼎方，四足，象鼎字；鼎圆，而三足者，乃后出，亦不象鼎字。

《说文》曰：“鼎，和五味之宝器也。”又曰，“《易》卦，巽木于下者为鼎。”《说卦传》曰：“离为大腹。”“巽为木。”于鼎，大腹为鼎腹，木则生火，离上巽下，是鼎腹在上，木火于下，乃烹饪调和之象。荀爽曰：“巽入离下，中有乾象。木火在外，金在其内，鼎镬亨饪之象也。”李道平《周易集解纂疏》曰：“《天官·亨人》：掌共鼎镬，以给水火之齐。是也。”《帝王世纪》曰：“鼎为和味。”李尤《鼎铭》：“五鼎大和，滋味集具。”郭璞赞曰：“九牧贡金，鼎出夏后，和味养贤，以无化有。”王弼注：“鼎，烹饪调和之器，曰神曰宝，重之极也。”韩康伯曰：“鼎，所以和齐生物，成新之器也。”朱熹曰：“鼎，烹饪之器。又以巽木入离火，而致烹饪，鼎之用也，故其卦为鼎。”朱骏声曰：“古者铸金为此器，烹调五味，变故取新，以供天庙，养圣贤。如，用犊以祀帝于南郊，馈牢以尚宾于泽宫，是也。”鼎和五味，是鼎亦调和之象，故谓宝器。

《周书·洪范》：“五行：一曰水，二曰火，三曰木，四曰金，五曰土。水曰润下，火曰炎上，木曰曲直，金曰从革，土爰稼穑。润下作咸，火上作苦，曲直作酸，从革作辛，稼穑作甘。”鼎卦，初之五为坎，坎为水，水润下作咸；四之上为离，离为火，火炎上作苦；初之三为巽，巽为木，木曲直作酸；二之四为乾，乾为金，金从革作辛；初为坤阴，坤为土，土稼穑作甘。是酸甜苦咸辛，五味融合一鼎，鼎为调和神器。《商书·咸有一德》曰：“今嗣王新服厥命，惟新厥德。终始惟一，时乃日新。任官惟贤材，左右惟其人；臣为上为德，为下为民。其难其慎，惟和惟一。”《彖》曰：“鼎，象也。”鼎之五味调和，亦惟和惟一，咸有一德之象。又，《韩非子·难言》曰：“上古，有汤至圣也，伊尹至智也。夫至智说至圣，然且七十，说而不受，身执鼎俎为庖宰，昵近习亲，而汤乃仅知其贤，而用之。”又，《史记·殷本纪》曰：“伊尹名阿衡。阿衡欲奸汤无由，乃为有莘氏媵臣，负鼎，以滋味说汤，致于王道。”按，此说汤以至味，乃以木巽火，惟在中和，斯亦以鼎，为致于王道之象。

《白虎通·五行》曰：“水位在北方。北方者，阴气在黄泉之下，任养万物。水之为言准也，养物平均，有准则也。木在东方。东方者，阴阳气始动，万物始生。木之为言触也，阳气动跃。火在南方。南方者，阳在上，万物垂枝。火之为言委随也，言万物布施；火之为言化也，阳气用事，万物变化也。金在西方。西方者，阴始起，万物禁止，金之为言禁也。土在中央者，主吐含万物，土之为言吐也。”又曰，“五行所以更王何？以其转相生，故有终始也。木生火，火生土，土生金，金生水，水生木。”鼎卦，有五行之象，五行更王相生，是以革旧鼎新。又，“木生火，所以还烧其母何？曰，金胜木，火欲为木害金。金者坚强难销，故母以逊体，助火烧金，此自欲成子之义。”鼎卦，巽为木，木为火之母，巽为逊；离为火，火为木之子。巽下离上，中间互乾为金，木母以逊体，助火子销金，金销而出新，是为鼎新。

扬雄《太玄经》：“灶，阴虽沃而洒之，阳犹热而和之。”司马光《太玄集注》曰：“灶，准鼎，入灶次九，二十八分二十八秒，日次鹑火，小暑气应，斗建未位，律中林钟。鼎，大烹以养圣贤，故灶多养贤之象。光谓：阴洒阳和，有炊爨之象。”范望注：“灶，象鼎卦。谓之灶者，夏至气，终于此首次七；小暑节，起于此首次八。阴阳之气，更相沃洒，化饪若灶，故谓之灶。灶初一，日入柳宿六度。”《月令》云：“季夏之月，日在柳，昏火中，旦奎中。温风始至。”郑氏注：“季夏者，日月会于鹑火，而斗建未之辰也。”《逸周书·时训解》：“小暑之日，温风至。”陈逢衡云：“小暑之日，六月节气也。《淮南·天文训》：夏至加十五日，斗指丁则小暑。谓之小暑者，此时暑热之气犹未盛，对大暑而言也。”鼎卦，离上巽下。巽在伏羲八卦，位西南，为五、六月，正是一阴生，夏至过小暑到，温风始至，阴阳沃和，万物化饪，若鼎灶之烹。

鼎　《象》曰：“鼎，象也。以木巽火，亨饪也。圣人亨以享上帝，而大亨以养圣贤。”谓鼎卦六爻，有鼎象；又巽下离上，有以木巽火之象，为烹饪。《说文》曰：“鼎，《易》卦，巽木于下者，为鼎，象析木以炊。”按，篆文木，写作𣎳。《说文》：“片，判木也。从半木。凡片之属，皆从片。”段玉裁注：“判木也，谓一分为二之木。片、判，以迭韵为训。判者，分也。爿，反片为爿，读若墙。”桂馥义证：“判木也者，《广韵》：片，半也，析木也。《论语》：片言可以折狱者。郑注云：片，半也。《五经文字》：片，象半木形。”王筠句读：“判木也，谓已判之木也。《庄子》：阴阳片合。”孙海波《甲骨文编》：“《说文》有片无爿。《六书故》云：唐文有爿部。古文，一字可以反正互写，片、爿，当是一字。”《新加九经字样·杂辨部》：“鼎，下象析木以炊。析之两句，左为爿，右为片。”《通字·六书略一》曰：“爿，判木也。”判木即析木，是爿、片，为左右析木。鼎字，上象器皿中实，即鼎中有食；下象析木以炊。《说文》谓鼎，为和五味之宝器，以协承天休，即谓鼎有烹饪祭祀之用，此亦观象会意，有鼎镬出新之义。

《周颂·丝衣》：“自堂徂基，自羊徂牛。鼐鼎及鼒。”毛传：“基，门塾之基；自羊徂牛，言先小后大也；大鼎谓之鼐，小鼎谓之鼒。”《诗集传》亦曰：“鼐，大鼎；鼒，小鼎。此亦祭而饮酒之诗。”是鼎，以二为副，祭祀用鼎，有大小之分，故鼎卦《象》曰：“圣人亨以享上帝，而大亨以养圣贤。”朱熹曰：“享帝贵诚，用犊而已，养贤则饔飧牢礼，当极其盛，故曰大亨。”

《左传》昭公七年："郑子产聘于晋。晋侯有疾，韩宣子逆客，私焉曰：寡君寝疾，于今三月矣，并走群望，有加而无瘳。其何厉鬼也？对曰：以君之明，子为大政，其何厉之有？晋为盟主，其或者未之祀也乎？韩子祀夏郊。晋侯有间，赐子产莒之二方鼎。"杨伯峻《春秋左传注》："《晋语·八》云：宣子以告，祀夏郊，董伯为尸。（晋侯）病渐痊愈。杜注：方鼎，莒所贡。孔疏引服虔云：鼎，三足则圆，四足则方。沈钦韩补注云：以《宣和博古图》验之，其文王鼎、南宫中鼎，皆四足方鼎，如服说。今存世最大之司母戊鼎，即为方鼎，现藏中国历史博物馆。"莒鼎，春秋时代，山东莒国（今莒县）所造，系煮食器皿。然莒鼎既方且二，似不失三代余风，或即鼐及鼒之类。

《墨子·耕柱》曰："鼎成三足而方。"孙诒让《墨子间诂》曰："王云：三足，本作四足，此后人习闻鼎三足之说，而不知古鼎，有四足者，遂以意改之也。《艺文类聚》、《广川书跋》、《玉海》，引此皆作四足。《博古图》所载商周鼎，四足者甚多，未必皆属无稽。《广川书跋》曰：秘阁二方鼎：其一，受太府之量，一石七斗；又一，受量损二斗三升。四足承下，形方如矩。汉人谓鼎三足，以象三德，又谓禹之鼎三足，以有承也。韦昭以左氏说，莒之二方鼎，乃谓其上则方，其下则圆。方其时，古鼎存者尽废，其在山泽丘陇者，未出，故不得其形制。引《墨子》，鼎成四足而方，以为古鼎四足之证。王引之云：《左传》，莒之二方鼎，虔服曰：鼎三足者圆，四足者方，则汉人说方鼎，固有知其形制者。按二王说是也。此书多古字，旧本盖作亖足，故讹为三。后文：楚四竟之田。四，今本亦讹三，可证。"孙氏谓鼎有四足而方者，又大小成双，亦与鼎卦，亨以享上帝，大亨以养圣贤，颇相吻合。《易乾坤凿度》曰："鼎象以器。"郑氏注："神器传国。"有鼎，则有天命。上以敬神灵，下以养民人，调五味，而致和，是以《杂卦传》曰："革去故，鼎取新。"

元吉，亨　乾卦《彖》曰："大哉乾元，万物资始，乃统天。"鼎卦，二至四为乾，是以为乾元，元为始，为首，为大。三之五为兑，兑为羊，羊为美为善。《说文》："善，吉也。""吉，善也。"是以合乾、兑两象，为元吉。《文言》曰："亨者，嘉之会也。"元吉，即始善、首善、大善之谓，故曰亨通。乾卦卦辞曰："乾，元亨利贞。"子夏传曰："元，始也；亨，通也。言乾禀纯阳之性，故能首出庶物，各得元始开通。"李鼎祚《周易集解》，引周氏曰："元，始也。于时配春，言万物始生，得其元始之序，发育长养。亨，通也。于时配夏，夏以通畅，合其嘉美之道。"魏征曰："始万物为元，遂万物为亨。"革去故，鼎取新。武王去殷之故，为革；成王取周之新，为鼎。鼎新之时，一元伊始，万象更新，通达无碍，是为元亨，即无吉亨通。或曰，卦辞为元亨；吉，为衍文。圣人以象系辞，卦有兑象，是吉不为衍文。传曰元亨者，乃元吉亨之省语。如，革卦初九曰："巩用黄牛之革。"《象》曰："巩用黄牛，不可以有为也。"之革，不为衍文。

《系辞传》曰："《易》曰：自天祐之，吉无不利。子曰：祐者助也，天之所助者，顺也；人之所助者，信也。履信思乎顺，又以尚贤，是以自天祐之，吉无不利。"鼎卦《彖》曰："圣人亨以享上帝，而大亨以养圣贤。巽而耳目聪明，柔进而上行，得中而应乎刚，是以元亨。"亨以享上帝，是顺；大亨以养圣贤，是信。履信思乎顺，又以尚贤，是以自天祐之，吉无不利。王弼注："革去故，而鼎取新。取新而当其人，易故而法制齐明。吉，然后乃亨，故先元吉，而后亨也。鼎者，成变之卦也。革既变矣，则制器立法，以成之焉。变而无制，乱可待也。法制应时，然后乃吉。贤愚有别，尊卑有序，然后乃亨。故先元吉，而后乃亨。"李鼎祚《周易集解》，引何妥曰："古者铸金为此器，能调五味，变故取新，以成烹饪之用，以供宗庙，次养圣贤。天子以天下为鼎，诸侯以国为鼎。变故成新，尤须常理，故先元吉，而后亨通。"孔颖达《周易正义》曰："此卦，明圣人革命，示物法象，惟新其制，有鼎之义；以木巽火，有鼎之象，故名为鼎焉。变故成新，必须当理，故先元吉，而后乃亨。故曰：鼎，元吉，亨也。"按，上九为鼎铉，初之五，为鼎之主体。三之五为兑，兑为祥吉；初之三为巽，巽为顺通。兑在前，巽在后，是亦先元吉，后亨通。

段注《说文》曰："巽，孔子说《易》曰：巽，入也。巽乃愻之假借字。愻，顺也。顺故善入。许云具也者，巽字之本义也。"又于愻字曰："训顺之字作愻，古书用字如此。凡愻顺字从心，凡逊遁字从辵。今人逊专行，而愻废矣。《学记》：不陵节而施之，谓逊。刘向书作愻，此未经改窜之字也。《论语》：孙以出之，恶不孙以为勇者，皆愻之假借。"巽乃愻之假借字，今逊行而愻废，是巽为顺为逊。《广雅·释诂》："巽，顺也。"王念孙疏证："巽、顺声亦相近。《说文》：愻，顺也。引《唐书》五吕不愻。今本作逊。字或作孙，又作巽，并同。"鼎卦，《彖》曰："巽而耳目聪明，柔进而上行，得中而应乎刚，是以元亨。"按，初之三为巽，巽为逊顺；初之五为坎，坎为耳；四之上为离，离为目。又，巽在下为逊顺，坎长耳为大聪，目高望远为明，为巽而耳目聪明。又，下巽为柔，《易》之动，下往上，为柔进而上行。上离为日，日为王。离内柔而外刚，为文明之君。六五柔得中位，而九二刚中以应，为得中而应乎刚。《易》爻，柔中不弱，刚中不亢，皆为得中，是以元吉而亨通。坤卦六五曰："黄裳，元吉。"《象》曰："黄裳元吉，文在中也。"朱熹曰："黄，中色；裳，下饰。六五以阴居尊，中顺之德；充诸内，而见于外，其象如此；而其占，为大善之吉也。外强内温，忠也；和以率真，信也。故曰黄裳元吉，黄中之色也。"坤卦六五，与鼎卦六五，两者爻同位同，可以互参。于鼎，则为文明鼎新之君，是以元吉亨。

《周颂·访落》毛序：“《访落》，嗣王谋于庙也。”郑笺：“谋者，谋政事也。”朱熹《诗集传》曰：“此成王除丧，朝庙所作。访，问；落，始。成王既朝于庙，因作此诗，以道延访群臣之意。言我将谋之于始，以循我昭考武王之道。然而其道远矣，予不能及也。将使予勉强以就之，而所以继之者，犹恐其判涣，而不合也。则亦继其上下于庭，陟降于家。庶几赖皇考之休，有以保明吾身而已矣。”按，郑笺：“成王始即政，自以承圣父之事，惧不能遵其道德，故于庙中，与群臣谋，我始即政之事。”成王，鼎新之君。与群臣谋即政之事，此盖巽而耳目聪明，柔进而上行之谓。又，《敬之》毛序：“《敬之》，群臣进戒嗣王也。”《诗集传》曰：“成王受群臣之戒，而述其言曰：敬之哉，敬之哉！天道其明，其命不易保也。无谓其高，而不吾察。当知其聪明明畏，常若陟降于吾之所为，而无日不临监于此者，不可以不敬也。此乃自为答之之言。曰：我不聪，而未能敬也；然愿学焉，庶几日有所就，月有所进，续而明之，以至于光明。又赖群臣辅助，我所负荷之任，而示我以显明之德行，则庶乎其可及尔。”成王即政，虚心访落，群臣敬戒嗣王，盖为得中而应乎刚，是以元亨。

《象》曰：“木上有火，鼎，君子以正位凝命。”《说文》：“凝，俗冰，从疑。”《说文通训定声》：“俗从仌从疑，会意。按，疑者止不动也。《广雅·释诂四》：凝，定也。”《虞书·皋陶谟》：“百僚师师，百官惟时，抚于五辰，庶绩其凝。”孔氏传：“凝，成也，言百官，皆抚顺五行之时，众功皆成。”又，《释文》曰：“凝，马云：定也。”《卫风·硕人》：“肤如凝脂。”毛传：“如脂之凝。”《诗集传》：“凝脂，脂寒而凝者。”坤卦《象》曰：“履霜坚冰，阴始凝也；驯致其道，至坚冰也。”按，凝，本义为凝聚，凝固，引伸为成、定。鼎，木上有火，即巽下离上。离为日，日为文明之君，居其上，为正其位。巽为风，风为天命，天命下布，为成其命。鼎，四足而方正，庄重而包有，是享国受命之象，故曰鼎，君子以正位凝命。《史记·封禅书》曰：“唯受命而帝者，心知其意，而合德焉。鼎宜见于祖祢，藏于帝廷，以合明应。”《汉书·郊祀志》亦同。服虔曰：“高祖受命知之，宜见鼎于其庙也。”师古曰：“合德，谓与天合德。”君子以正位凝命，亦谓与天合德。

《荀子·议兵》：“兼并易能也，唯坚凝之难焉。齐能并宋，而不能凝也，故魏夺之；燕能并齐，而不能凝也，故田单夺之；韩之上地，方数百里，完全富足而趋赵，赵不能凝也，故秦夺之。故能并之，而不能凝，则必夺；不能并之，又不能凝其有，则必亡；能凝之，则必能并之矣。得之则凝，兼并无强。古者，汤以亳，武王以镐，皆百里之地也，天下为一，诸侯为臣，无它故焉，能凝之也。故凝士以礼，凝民以政，礼修而士服，政平而民安。士服民安，夫是之谓大凝。以守则固，以征则强，令行禁止，王者之事毕矣。”杨倞注：“凝，定也。坚固定有地为难。得其地则能定之，则无有强，而不可兼并者也。”凝，为定。得其地而能定之，谓得其地，而能安定之，则天下大凝为一，王者事成。《荀子》所言，即正位凝命之义。

《逸周书·大聚解》：“夫然，则有生而不失其宜，万物不失其性，人不失其事，天不失其时，以成万财。万财既成，放此为人，此为正德。泉深，而鱼鳖归之；草木茂，而鸟兽归之；称贤使能，官有材而归之；关市平，商贾归之；分地薄敛，农民归之。水性归下，农民归利。王若欲求天下民，先设其利，而民自至。譬之冬日之阳，夏日之阴，不召而民自来，此谓归德。”《逸周书彙校集注》，引潘振云：“大聚，所集者大也。管、蔡监殷，既告之《文政》，而民犹未和也。当有以大集之，故次之以《大聚》。”大聚，即大凝聚，正德、归德，犹王位凝命。谓王者位正德正，有归人之德，故而王者命成。又，萃卦《彖》曰：“萃，聚也。顺以说，刚中而应，故聚也。聚以正也，利有攸往，顺天命也。”聚以正，谓王者正其道，则聚其众，则上顺乎天，下应乎民，是亦君子正位凝命之谓。

朱骏声《六十四卦经解》：“凝，成也，坚也。王者位乎天位，修德凝道，乃能凝命。故德之休明，虽小亦重；其奸回昏乱，虽大亦轻。举者莫能胜，鼎是也。《荀子》曰：兼并易能也，惟坚凝之难焉.故凝士以礼,凝民以政,夫是之谓大凝,即所谓凝命也。昔者夏后开，使蜚廉在金于山川，陶铸之于昆吾。乃使翁难，卜于白若之龟，其兆之由曰：逢逢白云，东西南北。九鼎既成，迁于三国。夏命革，而鼎迁于商；商命革，而鼎迁于周。成王定鼎于郏鄏，卜世三十，卜年七百，天所命也。秦并六国，而不能凝，故至秦而鼎亡，莫知其所在矣。秦不郊天，是不享上帝也；焚书坑儒，是不养圣贤也。不能凝命，焉能定鼎。天子以天下为鼎，诸侯以国为鼎。即三公，上而调和阴阳，下而抚育百姓。”非独天子，诸侯亦然，不得鼎正调和，不足以成命，故曰鼎，君子以正位凝命。

革卦与鼎卦，互为邻卦和综卦。《序卦传》曰：“革物者，莫若鼎，故受之以鼎。”韩康伯注：“革去故，鼎取新，既已去故，则宜制器、立法，以制新也。鼎所以和齐生物，成新之器也，故取象焉。”革故鼎新，是以相邻相综。《墨子·耕柱》：“九鼎既成，迁于三国：夏后氏失之，殷人受之；殷人失之，周人受之。”革故为失，鼎新为受，一失一受，即有失有得，是以互为邻卦，和互为综卦。革卦，离下兑上，火消水。鼎卦，巽下离上。木生火。两卦，一消一生，相邻互综。又，离为日，兑为泽，离下兑上，日从海欲起，为革故。巽为木，离为日，巽下离上，日升上木，为鼎新。此亦相邻相综之象。又，《逸周书·克殷解》，第三十六；《大匡解》，第三十七。《克殷解》曰："周车三百五十乘，陈于牧野，帝辛从。武王使尚父，与伯夫致师。王既以虎贲戎车驰商师，商师大败。商辛奔内，登于廪台之上，屏遮而自燔于火。"此为革故。《大匡解》潘振云："匡，正也。文王大匡，救民之灾；武王大匡，正民之行。殷民染纣之恶已久，克殷之后，宜选举封建，以大正之。"此为鼎新。是《周易》与《逸周书》同，革故之后，次之以鼎新，两者相邻相综。

屯卦和鼎卦，互为错卦。屯卦，震下坎上。震为雷，坎为雨。《说卦传》曰："雷以动之"，"雨以润之"。雷以动之，谓雷动大地，初用事时，天地开始和合，万物萌动。雨以润之，谓雨水降时，万物含育萌芽。鼎卦，巽下离上。巽为风，离为日。《说卦传》曰："风以散之"，"日以烜之"。风以散之，谓风使万物上达，布散田野。日以烜之，谓太阳照万物，发育生长。是屯卦，言物萌动于下；鼎卦，言物生长于上。两者相反相成，互为错卦。故屯为难生，鼎为鼎新。屯卦，言自然屯生之象；鼎卦，言社会鼎新之理。贲卦《彖》曰："观乎天文，以察时变；观乎人文，以化成天下。"故《说卦传》曰："昔者，圣人之作《易》也，将以顺性命之理。"即顺天文、人文性命之理。又，屯卦，震下坎上。震一阳生于初，为子月。十一月，阳气动，万物滋，为屯生。鼎卦，巽下离上。巽一阴生于初，为午月。五月，阴气啎逆阳，冒地而出。《系辞传》曰："乾知大始，坤作成物。"春生夏长，五月物长而茂，为鼎新。屯卦，有仲冬物象；鼎卦，有仲夏物象。冬阴夏阳，冬寒夏暑，互为错卦。

又，井卦和鼎卦，卦象有同有异。井卦，巽下坎上。《象》曰："巽乎水而上水，井，井养而不穷也。"鼎卦，巽下离上。《象》曰："鼎，象也，以木巽火，亨饪也。圣人亨以享上帝，而大亨以养圣贤。"井、鼎下卦相同，皆为巽。其上卦虽相异，一为坎，一为离；然水火均饮食之需，故井为井养，鼎为以享上帝，以养圣贤，皆有养义。又，家人卦和鼎卦，单卦上下互易。家人，离下巽上，《象》曰："家人，女正位乎内，男正位乎外，男女正，天地之大义也。家人有严君焉，父母之谓也。父父子子，兄兄弟弟，夫夫妇妇，而家道正，正家而天下定矣。"鼎卦，巽下离上。《象》曰："鼎，象也。以木巽火，亨饪也。圣人亨以享上帝，而大亨以养圣贤。巽而耳目聪明，柔进而上行，得中而应乎刚，是以元亨。"家人卦，为修身齐家之卦；鼎卦，为治国平天下之卦。是以，家人卦在前，鼎卦在后。

初六，鼎颠趾，利出否，得妾以其子，无咎。

〔译〕　初六，鼎足颠倒朝上，利以泻出否恶，得到女妾与其男子，无灾过。

《象》曰："鼎颠趾，未悖也。利出否，以从贵也。"

〔证〕

鼎颠趾　《说文》："颠，顶也。从页，真声。"段玉裁注："引伸为凡物之顶。如《秦风》：有马白颠。传曰：白颠，的颡也，马以颡为顶也。《唐风》：首阳之颠。山顶亦曰颠也。颠为最上，倒之则为最下。"《一切经音义》卷五十一："颠，《广雅》：倒也。"《方言》："颠，顶上也。"钱绎笺疏："颠为最上之称；倒言之，下亦谓之颠。《太元·疑次八》云：颠疑遇干客。范望注云：颠，下也。下谓之颠，自上而下亦谓之颠。《楚辞·离骚》云：厥首用夫颠陨。王逸注云：自上而下曰颠。"又，《齐风·东方未明》："东方未明，颠倒衣裳。颠之倒之，自公召之。"颠、倒互文，颠亦倒，倒亦颠。刘向《九叹·悯命》："今反表以为里兮，颠裳以为衣。"王逸注："颠，倒也。言今世之君，迷惑谗佞，反表以为里，倒裳以为衣，而不能知也。"按，自下而上为颠，自上而下亦为颠，即相倒为颠。故《释文》曰："颠，倒也。"下为鼎趾，鼎颠趾，即将鼎趾颠倒朝上，成倒鼎之象。倒鼎之象，即革象：离下兑上。

利出否　《大雅·抑》："于乎小子，未知臧否。"《释文》："臧否，音鄙。臧，善也；否，恶也。"《烝民》曰："邦国若否，仲山甫明之。"郑笺："若，顺也，顺否犹臧否。"于《易》，师卦初六曰："师出以律，否臧凶。"朱熹曰："否臧，谓不善也。"泰卦，乾下坤上。卦辞曰："小往大来。"《彖》曰："泰，小往大来，吉亨。则是天地交，而万物通也；上下交，而其志同也；内阳而外阴，内健而外顺，内君子而外小人；君子道长，小人道消也。"否卦，坤下乾上。卦辞曰："大往小来。"《彖》曰："否，大往小来，则是天地不交，而万物不通也；上下不交，而天下无邦也；内阴而外阳，内柔而外刚，内小人而外君子；小人道长，君子道消也。"是泰卦，为阳用事之卦；否卦，为阴用事之卦。泰与否，犹臧与否，即善与恶。鼎颠趾，利出否，即将倒悬，利以除去恶秽之物。此谓鼎新之前，先应革旧。

《象》曰："鼎颠趾，未悖也；利出否，以从贵也。"《说文》："悖，乱也。"按，悖理为乱，是悖犹背。《国语·周语上》："是以事行而不悖。"韦昭注："悖，逆也。"鼎颠趾，成革象。革去故，鼎取新。去故为了取新，是以不相违背。不仅不相违背，且利以尽出其否。鼎颠趾，成离下兑上。阴为否。革卦上六，阴处消势，为利出否。阴极而反下，来离阳之下。离为日，日为王象，为以从贵也。阴从阳，臣事君，为不悖君臣之理。王弼曰："倒以写否，故未悖也。"荀爽曰："以阴承阳，故未悖也。"程氏传："鼎覆而趾颠，悖道也。然非必为悖者，盖有倾出否恶之时也。”又，《说卦传》曰：“离为乾卦。”如是，革卦离下兑上，犹夬卦乾下兑上。夬，刚决柔也，刚长乃终，与革卦通义。鼎卦巽下离上，犹姤卦巽下乾上。姤，柔遇刚，品物咸章，与鼎卦通义。姤卦，为夬卦之综卦；鼎卦，为革卦之综卦。是以姤由夬来，鼎由革来。

得妾以其子 《说文》：“妾，有罪女子给事之，得接于君者。从䇂从女。《春秋》云：女为人妾，妾，不娉也。”桂馥义证：“妾、接声相近。《玉篇》：妾，接也，得接于君者也。”《白虎通》：妾者，接也，以时接见也。《释名》：妾，接也，以贱见接幸也。《周礼·大宰》：臣妾聚敛疏材。注云：臣妾，男女贫贱之称。《内则》：奔则为妾。注云：妾之言，接也，闻彼有礼，走而往焉，以得接见于君子也。《书·费誓》：臣妾逋逃。传云：役人贱者，男曰臣，女曰妾。《赵策》：是使三晋之大臣，不如邹鲁之仆妾也。《汉书·刑法志》：鬼薪白粲，一岁为隶臣妾。颜注：男子为隶臣，女子为隶妾。”段玉裁注：“有罪女子给事，若《周礼》之女酒、女浆、女笾、女醢、女醯、女盐、女幂、女祝、女史、内司服女御、缝人女御、女工、女舂抌、女饎、女稿，各若干人，各有奚若干人是也。郑注：女酒，女奴晓酒者。古者，从坐男女，没入县官为奴，其少才知以为奚。今之侍史官婢，或曰奚宦女，云得接于君者。《左传》僖十七年，卜招父曰：男为人臣，女为人妾。越王勾践亦云：身请为臣，妻请为妾。”按，得妾以其子，盖谓获得罪女，与其罪男，而以之为奴。以、与通。如小畜卦，九五曰：“富以其邻。”虞翻注：“以，及也。”鼎卦，巽下离上。鼎颠趾，成革卦，离下兑上。下离生起，上兑消退；下离为革，上兑为被革。被革者为有罪。《系辞传》曰：“乾道成男，坤道成女。”《说卦传》曰：“兑为妾。”是革卦上六，为有罪之女，为妾；九五为有罪之男，为子。故鼎颠趾，利出否，得妾以其子，谓由革至鼎之时，得其兑上为巽下，是鼎新必先革故。不彻底革故，不可以鼎新。

无咎 《周书·牧誓》：“王曰：古人有言曰：牝鸡无晨。牝鸡之晨，惟家之索。今商王受，惟妇人是用，昏弃厥肆祀弗答，昏弃厥遗王父母弟不迪。乃惟四方之多罪逋逃，是崇是长，是信是使，是以为大夫卿士。俾暴虐于百姓，以奸宄于商。今予发，惟恭行天之罚。”《正义》曰：“此以牝鸡之鸣，喻妇人知外事。故重申喻，意云雌代雄鸣，则家尽；妇夺夫政，则国亡。纣身昏乱，弃其宜所陈设祭祀，不复当享鬼神，与上郊社，不修宗庙。言纣之昏乱，弃其所遗骨肉之亲，不接之以道。使四方罪人，暴虐奸宄于都邑。武王伐纣，斩妲己头，县之于小白旗上，以为亡纣者，此女也。”谓伐商诛纣，乃奉天之命，即《彖》所曰，汤武革命，顺乎天，而应乎人。非犯上作乱，是以无咎。鼎颠趾，成革卦，初六成上六，在兑上。《说卦传》曰：“兑为羊。”《说文》曰：“羊，祥也。”鼎颠趾，其上为祥，故曰无咎。初六，鼎颠趾出否，吐故纳新，以从其贵，是为鼎新之始。

九二，鼎有实，我仇有疾，不我能即，吉。

〔译〕　九二，鼎中有实物，我之匹偶病急，不能就近我，最终吉利。

《象》曰：“鼎有实，慎所之也。我仇有疾，终无尤也。”

〔证〕

鼎有实　《说文》：“實（实），富也。从宀，从贯。贯，货贝也。”富，谓富实。段玉裁注：“以货物充于屋下，是为实。”《六书故》曰：“贯盈于内，实之义也。”《周颂·载芟》：“有实其积，万亿及秭。”郑笺：“有实，实成也。”《诗集传》：“实，积之食也。”在器之物曰实，如笾实、豆实、俎实之类，实犹食。鼎有食，犹鼎有实。《彖》曰：“鼎，亨饪也。圣人亨以享上帝，而大亨以养圣贤。”鼎有实，是圣人享上帝，养圣贤之食物。《周颂·丝衣》曰：“自羊徂牛，鼐鼎及鼒。”毛传：“自羊徂牛，言先小后大也。大鼎谓之鼐，小鼎谓之鼒。”郑笺：“又视牲，从羊之牛，反告充；已乃举鼎幂告洁，礼之次也。”《丝衣》，祭祀宴饮之诗。告充，报告鼐鼒充实，即谓鼎有实。又，《左传》宣公四年：“楚人献鼋于郑灵公。公子宋与子家将见。子公之食指动，以示子家，曰：他日我如此，必尝异味。及入，宰夫将解鼋，相视而笑。公问之，子家以告。及食大夫鼋，召子公而弗与也。子公怒，染指于鼎，尝之而出。”杨伯峻《春秋左传注》：“《庄子·养生主》云：庖丁解牛。彼解牛，为牛生而杀剥之，此则为已熟而分解之，以便食用，故《郑世家》云：及入，见灵公进鼋羹也。”是亦鼎食为实。

《象》曰：“鼎有实，慎所之也。”《说文》：“慎，谨也。从心，真声。”段玉裁注：“言部曰：谨者，慎也。二篆为转注。未有不诚，而能谨者，故其字从真。”又于真字下曰，“引伸为真诚。慎字今训谨，古则训诚。《小雅》：慎尔优游，予慎无罪。传皆云：诚也。又慎尔言也，《大雅》：考慎其相。笺皆云：诚也。慎训诚者，其字从真。人必诚而后敬；不诚，未有能敬者也。敬者，慎之第二义；诚者，慎之第一义。学者沿其流，而不溯其源矣。故若《诗》传、笺，所说诸慎字，谓即真之假借字，可也。”慎为真，为真诚，是鼎有实，慎所之也，谓鼎中充实，乃真诚所到。《左传》庄公十年：“公曰：牺牲玉帛，弗敢加也，必以信。”杨伯峻注：“《说文》：信，诚也。必以信，谓祭祀必诚。桓六年《传》云：祝史正辞，信也。”即谓祭祀时，鼎有实而不妄，真诚之至。初六为鼎足，九二已为鼎腹。阳为实，为鼎有实。九二在巽之中，巽而中实，是以慎所至也，可以享上帝，可以养圣贤。

我仇有疾 《尔雅·释诂》:“仇，合也”，“合，对也”，又，“仇，匹也”。《说文》:“仇，雔也。从人，九声。”段玉裁注:“雔，犹应也。《左传》曰:嘉偶曰妃，怨偶曰仇。按仇与逑，古通用。辵部，怨匹曰逑，即怨偶曰仇也。仇为怨匹，亦为嘉偶。如乱之为治，苦之为快也。《周南》，君子好逑，与公侯好仇，义同。”朱骏声《说文通训定声》:“其实，相当相对谓之仇，两同为仇，两异亦为仇。后儒因之专训仇怨，非是。”九二与六五相应，是我仇谓六五。段玉裁《说文解字注》:“疾，按经传多训为急也，速也。此引伸之义，如病之来，多无期无迹也。矢能伤人，矢之去甚速，故从矢，会意。”王国维《古史新证·毛公鼎铭考释》:“疑疾之本字，象人亦下箸矢形。古多战事，人箸矢则疾矣。”鼎之六五，在离之中，离为火；又在大坎之上，坎为水，是在水火之中，为有疾。九二曰:“鼎有实。”六五曰:“鼎黄耳。”《象》曰:“鼎黄耳，中以为实也。”九二、六五，皆为中，故二谓五为我仇。我仇有疾，谓六五之中，在水在火。

不我能即，吉 《卫风·氓》:“匪来贸丝，来即我谋。”郑笺:“即，就也。此民非来买丝，但来就我，欲与我谋为室家也。”又。《郑风·东门之墠》曰:“岂不尔思，子不我即。”毛传:“即，就也。”郑笺:“我岂不思望女乎？女不就迎我，而俱去耳。”子不我即，乃宾词提到动词之前，顺句为子不即我。鼎卦九二，谓六五不我能即，亦不能就我之谓。谓六五之实，在水火中沸腾，故而不能就下。《象》曰:“鼎，以木巽火，亨饪也。”巽木生火，离火炎上，其理为五不下应二，而以二巽于五，此巽下离上，亨饪之义，上下之分。九二，虽不得六五之应，但龙德而正中，有君人之德才，而无君人之意，是以吉利。《象》曰:“我仇有疾，终无尤也。”谓六五不下应九二，最终没有过尤，是为吉。三之五为兑，兑为羊，羊为祥吉。五在兑上，是以五不下应二，不失鼎新之吉。又，上九曰:“鼎玉铉。”是六五为鼎正体之终，终在兑上，是以终无尤也。

又，成王，先是惑于管、蔡流言，疑周公摄政，有篡之心；后启金縢，得周公请代武王疾之书，终大省悟，以国礼迎公还，岁则大熟。九二曰:“我仇有疾，不我能即，吉。”《象》曰:“我仇有疾，终无尤也。”二、五，盖周公与成王之爻，犹周之鼎新故事。

九三，鼎耳革，其行塞，雉膏不食。方雨亏悔，终吉。

〔译〕 九三，鼎耳革掉，鼎行困难，雉鸡肉肥美不得食。云雨遮损太阳，但最终吉利。

《象》曰:“鼎耳革，失其义也。”

〔证〕

鼎耳革 《国宝大观·龙纹五耳鼎》云:“龙纹五耳鼎，是圆形鼎中，一件别具一格代表作。这件鼎，一九七九年，出土于陕西淳化县，史家源村。通高一百二十二厘米，口径八十三厘米，形体庞大，造形庄重。它是西周早期器物，但基本造形，仍保持了殷商晚期的风格。沿外折，沿上对称地耸立着粗大双耳，上端略外侈。腹部较深，底部平阔，下腹大于上腹，外形成垂腹状。这种式样，是这一时期，流行的做法。足为粗壮的柱足形状，上部变粗，微束腰，明显具有，向蹄形足转变的趋势。另在鼎腹中部，加饰三环状耳，环耳作立兽形。如此鼎上共有五耳，为青铜鼎所仅见。”又，《中国青铜器·方鼎》云：“长方体，敛口，鼓腹，附耳，足式：形似狭长而深的槽，口敛腹鼓，两侧有附耳，下承矮柱足。商晚期器。”鼎耳，一般双耳，立于鼎口，故九五曰：“鼎黄耳。”据《龙纹五耳鼎》，与《方鼎》，鼎耳也是附于鼎腹者，是以九三亦曰鼎耳。三之五为兑，兑为毁折；初之五为坎，坎为耳。毁折其耳，故曰鼎耳革。

其行塞 《说文》：“塞，隔也。”《月令·季春之月》云：“开通道路，毋有障塞。”鼎耳革，其行塞，谓鼎耳毁折，其行不通，即鼎重无以抬举，是以其行困难。《象》曰：“鼎耳革，失其义也。”鼎耳，既用以移动，又作装饰，文质兼备。革去鼎耳，即革去其文质，故而失去其意义。又，《说文》：“耳，主听者也。”《商书·高宗肜日》之《序》曰：“高宗既祭成汤，有飞雉升鼎耳而雊。祖己训诸王，作《高宗肜日》、《高宗之训》。”孔氏传：“祭之明日又祭，殷曰肜，周曰绎。”《正义》曰：“高宗祭其太祖成汤，于肜祭之日，有飞雉来，升祭之鼎耳，而雊鸣。其臣祖己，以为王有失德，而致此祥，遂以道义训王，劝王改修德政。今乃大宗庙之内，升鼎耳而鸣，孔以雉鸣在鼎耳，故以为耳不聪之异也。”若是，以鼎耳喻人耳，则在鼎新之时，耳革而不聪，其行必不通，亦失耳主听之义。九三，在坎陷之中，往前无应，故曰其行塞。盖鼎新之时，有该革与不该革之分。

雉膏不食 《本草纲目·禽二》：“雉，南北皆有之。形大如鸡，而斑色绣异。雄者文采而尾长，雌者文暗而尾短。”汉高祖以吕后名雉，改雉为野鸡。善走，不能远飞，肉味鲜美。《说文》：“膏，肥也。”九二曰：“鼎有食。”然九三鼎耳革去，无以抬动，其行困塞，是以虽有雉肉肥美，而不得食。《说卦传》曰：“离为雉。”旅卦，艮下离上，六五曰：“射雉。”鼎卦，巽下离上。三与上不应，为雉膏不食。朱熹曰：“以阳居鼎腹之中，本有美食者也。然以过刚失中，越五应上，又居下之极，为变革之时，故为鼎耳方革，而不可举移，虽承上卦文明之腴，有雉膏之美，而不得以为人之食。”鼎以耳行，耳革而行塞，虽有雉膏之美，焉得而食。三位多凶，五位多功，除有贵贱之等以外，三位过中。在鼎新革旧之时，九三鼎耳革，其行塞，雉膏不食，是乃过犹不及之类。故其《象》曰：“鼎耳革，失其义也。”言失其烹饪享养之义。

又，《广雅·释诂》："雉，理也。"《方言》："雉，理也。"钱绎笺疏："昭十七年《左氏传》云：五雉，为五工正，利器用，正度量，夷民者也。杜预注：夷，平也。《正义》云：雉声近夷，雉训夷，夷为平，故以雉名工正之官，使其利便民之器用，正丈尺之度、斗斛之量，所以平均下民也。樊光、服虔注云：雉者，夷也。夷，平也。使度量器用平也。是雉为正理也。"段玉裁注《说文》："按雉，古音同夷。《周记》：雉氏掌杀草。故书作夷氏。大郑从夷，后郑从雉，而读如剃。今本《周礼》作薙者，俗制也。《左传》五雉为五工正，夷民者也。"贾公彦疏《周礼·薙氏》曰："此《薙氏》所掌治地，从春至冬，亦一年之事，后年乃可种也。"按，雉为理，理为治，是雉亦为治，雉、治同音，雉犹治事、治理。九三，雉膏不食，盖为隐喻，谓鼎耳革去，其行蹇塞，是以治理不可得。谓鼎新之时，不可革不当革，必有利于治。离为雉，雉肥为雉膏，三无应，为雉膏不食。

方雨亏悔 段玉裁注《说文解字》："方，又假借为旁。旁，溥也。凡今文《尚书》作旁者，古文《尚书》作方，为大也。《生民》：实方实苞。毛曰：方，极亩也。极亩，大之意也。"按，《虞书·尧典》："汤汤洪水方割。"王引之《经典述闻》云："家大人曰：方皆读为旁，旁之言溥也，遍也。"《广雅·释诂》曰："方，大也。"方雨，为大雨。《邶风·北风》："北风其凉，雨雪其雱。"毛传："雱，盛貌。"按雱，盖方、雨合文，即大雨之谓。故《说文》以雱，为旁之籀文。云："旁，溥也。"或作汸、滂。滂，亦滂沱大雨。屯卦，震下坎上。《彖》曰："雷雨之动满盈。"《象》曰："云雷，屯。"是震为雷，坎为云雨。需卦，乾下坎上。《象》曰："云上于天，需。"是乾为天，坎为云雨。解卦，坎下震上。《彖》曰："天地解，而雷雨作；雷雨作，而百果草木皆甲坼。"《象》曰："雷雨作，解。"亦震为雷，坎为雨。鼎卦，初之五为大坎，坎为雨，大坎为大雨。

《说文》："亏，气损也。"段玉裁注："引伸凡损皆曰亏。"桂馥义证："《小尔雅》：亏，损也。《易》谦卦：天道亏盈而益谦。《书·旅獒》：为山九仞，功亏一篑。"《周书·洪范》："曰贞，曰悔。"孔氏传："内卦曰贞，外卦曰悔。"《正义》 曰：" 筮卦有二重，二体及成一卦。曰贞，谓内卦也；曰悔，谓外卦也。其筮用二，贞与悔也。僖十五年《左传》云：秦伯伐晋，卜徒父筮之，其卦遇蛊。蛊卦，巽下艮上。《说卦》云：巽为风，艮为山。其占云：蛊之贞风也。其悔山也。是内卦为贞，外卦为悔也。筮法爻从下起，故以下体为内，上体为外。下体为本，因而重之，故从下卦为贞。贞，正也，言下体是其正。郑玄云：悔之言晦，晦犹终也。晦是月之终，故以为终，言上体是其终也。"鼎卦，上体为离，离被大坎遮半，离为日，坎为雨，即日被云雨遮损，为方雨亏悔。又，离为日，为君；坎为月，为臣。离被大坎遮损，犹君被大臣遮损。

终吉 《史记·鲁周公世家》云："其后，武王既崩，成王少，在强葆之中。周公恐天下闻武王崩而畔，周公乃践阼，代成王摄行政当国。管叔及其群弟，流言于国曰：周公将不利于成王。周公乃告太公望、召公奭曰：我之所以弗辟，而摄行政者，恐天下畔周，无以告我先王太王、王季、文王。此三王之忧天下久矣，于今而后成。武王蚤终，成王少，将以成周，我所以为之若此。于是卒相成王，而使其子伯禽，代就封于鲁。成王长，能听政。于是，周公乃还政于成王，成王临朝。周公之代成王治，南面倍依以朝诸侯。及七年后，还政成王，北面就臣位，匔匔如畏然。"《集解》："《礼记》曰：周公朝诸侯，于明堂之位，天子负斧依，南向而立。郑玄曰：周公摄王位，以明堂之礼，仪朝诸侯也。不于宗庙，避王也。天子，周公也。负之言倍也。斧依，为斧文屏风，于户牖之间，周公于前立也。徐广曰：匔匔，谨敬貌也。见《三苍》，音穷穷。"九三公位，在乾，乾为君。周公代成王，摄行王政；成王虽遭管、蔡流言，武庚反叛，然周公终成周道。方雨亏悔，犹三监及武庚之乱；终吉，犹周公之功。

又，《白虎通·五行》云："五行各自有阴阳。木生火，所以还烧其母何？曰金胜木，火欲为木害金。金者，坚强难消，故母以逊体，助火烧金，此自欲成子之义。又阳道不相离，故为两盛。"鼎卦，巽下离上。巽为木，离为火，故《象》曰以木巽火。鼎为金在上，为木以逊体，助火烧金，是为木母，欲成火子烧金，最终火必胜金，是以终吉。又，初之三，为巽为风；四之上，为离为火。风助火势，火乘风威，何金不克，何烹不成？又，方雨亏悔，下巽为风，上离为日，风和日丽，有初有终，故曰终吉。又，四之上为离，离为日，日为王；初之四为大巽，大巽为大林木，大林木为众生。日照众生，犹王照众生，是必终吉。又，三之五为兑，兑为羊，羊为祥，祥为福，兑口朝上，示终为吉。又，九三鼎耳革，其行塞，然得六五鼎黄耳，金铉，及上九鼎玉铉，大吉，故曰终吉。九三，处巽之上，离之下，在大坎和乾之中，是以象兆纷呈。

九四，鼎折足，覆公餗，其形渥，凶。

〔译〕 九四，鼎足折损，公餗倾覆，其形沾濡，有凶险。

《象》曰"覆公餗，信如何也？"

〔证〕

鼎折足，覆公餗 三之五为兑，兑为毁折。九四居兑中，与初六相应，初六为鼎足，是毁折鼎足之象。足折鼎倾，是以覆公餗。王弼曰："初已出否，至四所盛，则已洁矣，故曰覆公餗。"《说文》："餗，鼎实。惟苇及蒲，陈留谓健为餗。从食，束声。"段玉裁注："此有夺，当云鼎实也。《诗》云：其餗维何？维笱及蒲。或曰笱作苇者，《三家诗》也。按，《诗》：其殽维何？炰鳖鲜鱼。此谓鼎中肉也。其蔌维何？维笋及蒲。此谓鼎中菜也。菜谓之芼。《释器》曰：肉谓之羹，菜谓之蔌。毛曰：蔌，菜殽也。菜殽，对肉殽而言。凡《礼经》之藿苦微，《昏义》之蘋藻，《二南》之荇，皆是。《周易》：覆公餗。郑曰：菜也。凡肉谓之醢，菜谓之菹，皆主谓生物实于豆者；肉谓之羹，菜谓之芼，皆主谓孰物实于鼎者。《周易》马注：餗，键也。按，鼎中有肉、有菜、有米。以米和羹曰糜，糜者，键之类。故古训，或举菜为言，或举米为言。”孔颖达疏：“餗，糁也，八珍之膳，鼎之实也。”

又，张衡《司徒吕公诔》曰：“黄耳金铉，公餗以盈。”黄耳金铉在六五，五为君位，是公餗谓王鼎之实。梁肃《盐池记》曰：“羹餗调膳，贤人之入用也。”钱易《南部新书·乙》：“长安四月以后，自堂厨，至百司厨，通谓之樱笋厨，公餗之盛，常日不同。”张四维《双烈记·家庆》曰：“奇珍异味天庖餗，饭须知恩可报，君恩似海深难掬。”天庖餗，天子庖厨之餗，喻君禄。按，《彖》曰：“鼎，亨饪也。圣人亨以享上帝，而大亨以养圣贤。”公餗，即谓亨以养圣贤之餗。又，大畜卦卦辞曰：“不家食吉。”《彖》曰；“不家食吉，养贤也。”李鼎祚《周易集解》：“案，乾为贤人也，艮为宫阙也。令贤人居于阙下，不家食之象。”朱熹曰：“不家食，谓食禄于朝。”是公餗，亦君禄王恩。四之上为离，离为日为王；三之五为兑，兑为泽：为王恩泽，为公餗。九四，鼎折足，覆公餗，鼎中无实，何以享上帝，养圣贤？《象》曰：“覆公餗，信如何也？”谓不能享上帝，养圣贤，焉能取信于天下。

《九家易》曰：“鼎谓和五味，足折覆餗，犹三公不胜其任，倾败天子之美，故曰覆餗也。”《春秋繁露·精化篇》：“以所任贤，谓之主尊国安；所任非其人，谓之主卑国危。万世必然，无所疑也。其在《易》曰：鼎折足，覆公餗，夫鼎折足者，任非其人也；覆公餗者，国家倾也。是故任非其人，而国家得不倾者，自古至今，未尝闻也。”《汉仪·武帝纪论》：“夫封必以功，不闻以位。孔子曰：如有所誉，必有所试。誉必待试，况于赏乎？《易》曰：鼎折足，覆公餗，其行渥，凶。若不胜任，覆乱鼎实，刑将加之，况于封乎？”又，《后汉纪·光武纪论》：“世祖中兴，王道草昧，格天之功，实赖台辅。不徇选贤，而信谶记之言，拔王梁于司空，委孙臧于上将，失其方矣。苟失其方，则任非其人，所以众心不悦，民有疑听，岂不宜乎？梁实负罪不暇，臧亦无所闻焉。《易》曰：鼎折足，覆公餗。此之谓也。”

其形渥，凶　《说文》；“渥，沾也。从水，屋声。”段玉裁注：“《小雅》：既优既渥。《考工记》：欲其柔滑而腥脂之。注：腥，读如沾渥之渥。按渥之言厚也，濡之深厚也。《北风》传曰：渥，厚渍也。”王弼曰：“渥，沾濡之貌也。”初之四，为大坎，大坎为大水之类，故有沾濡之象。《系辞传》："子曰：德薄而位尊，知小而谋大，力小而任重，鲜不及矣。《易》曰：鼎折足，覆公𫗧，其形渥，凶。言不胜其任也。"九四，大臣。以阳居阴位，以刚迫文明之君，又毁折其下，是德薄而位尊，知小而谋大，力小而任重之象。是以覆公𫗧，其形渥，以其德才皆不胜其任，故必凶。程氏传："四，大臣位，任天下之事者也。天下之事，岂一人所能独任？必当求天下之贤智，与之协力。得其人，则天下之治，可不劳而致也；用非其人，则败国家之事，贻天下之患。四，下应于初；初，阴柔小人，不可用者也。而四用之，其不胜任而败事，犹鼎之折足也。鼎折足，则倾覆公上之𫗧。𫗧，鼎实也。居大臣之位，当天下之任，而所用非人，至于覆败，乃不胜其任，可羞愧之甚也。其形渥，谓赧汗也，其凶可知。"

六五，鼎黄耳，金铉，利贞。

〔译〕 六五，鼎有黄色两耳，以金为铉，利于正道。

《象》曰："鼎黄耳，中以为实也。"

〔证〕

鼎黄耳 《说文》："黄，地之色也。从田从炗，炗亦声。炗，古文光。凡黄之属，皆从黄。"桂馥义证："地之色也者，《玉篇》：黄，中央色也。《纂要》：地方而色黄。《释名》：黄，晃也，犹晃晃，象日光色也。《易》坤卦《文言》：天玄而地黄。《书·禹贡》：厥土惟黄壤，厥田惟上上。林之奇曰：物得其常性者最贵，土色本黄，故黄壤为田之上上。《诗》：绿衣黄里。传云：黄，正色。《正义》云：黄，中央之正色。高堂隆曰：黄于五行，中央土也。"又，坤卦六五《象》曰："黄裳元吉，文在中也。"《文言》曰："君子黄中通理，正位居体，美在其中，而畅于四支，发于事业，美之至也。"是黄为中色，为中和。《象》曰："鼎黄耳，中以为实也。"谓鼎黄耳者，乃以中和为鼎实。鼎实者，亨上帝，养圣贤。以中和之实，亨上帝，养圣贤，必顺乎天，应乎人。二之五为大兑，兑为口，大兑为大口，鼎口之象。六五阴爻，中断似鼎耳对称，立于鼎口。又，初之五为大坎，坎为耳，大坎为大耳，即鼎耳。鼎耳乃青铜，铜黄色，为鼎黄耳。六五在离中，离日中时色黄，故曰黄耳。日中为当盛之君，君著中黄。鼎黄耳，谓文明之君，中和以治天下。

金铉，利贞 《说文》："金，五色金也，黄为之长。久埋不生衣，百炼不轻，从革不违，西方之行。生于土，从土。左右注，象金在土中形。今声。"饶炯《部首订》曰："五色之金，皆出于矿，矿生于地。地者，土也，文故从土。而以二注象矿，指事。"段玉裁注："凡有五色，皆谓之金也。"《虞书·舜典》："金作赎刑。"孔氏注："金，黄金。”《正义》曰：“古之金、银、铜、铁，总号为金，别之四名耳。《释器》云：黄金谓之璗，白金谓之银，是黄金、白银，俱名金也。《周礼·考工记》：攻金之工，筑氏为削，冶氏为杀矢，凫氏为钟，栗氏为量，段氏为镈，桃氏为剑。其所为者，有铜，有铁，是铜、铁俱名为金，则铁名亦包铜矣。”按金，为金属总名；青铜时代，金为铜。六五，先言黄耳，再言金铉，盖黄、金换文。

《说文》：“铉，所以举鼎也。从金，玄声。《易》谓之铉，《礼》谓之鼏。”又，“鼏，以木横贯鼎耳而举之。从鼎，冂声。《周礼》：庙门容大鼏七个。即《易》玉铉大吉也。”段玉裁注：“鼏者，正字；铉者，音近义同字也。以木横贯鼎耳，是曰鼏；两手举其木之耑，是扛鼎。鼏、铉异字同义。”鼎卦，二之四为乾，乾为金。五为鼎耳，二以应五，为以金杠横贯鼎耳，是为金铉。以金铉贯黄耳，以黄贯黄，以中应中，黄中之至，故曰利正。九二阳爻，以金杠之中坚，往应鼎耳；六五阴爻，以黄耳之中虚，受应金铉，是则何鼎不举？二犹中坚信实之臣，五犹中虚包容之君，鼎犹天下国家。君得臣，臣得君，何天下国家不治？此之谓利于正道。王弼注：“居中以柔，能以通理，纳乎刚正，故曰黄耳、金铉，利正也。耳黄，则能纳刚正，以自举也。”

上九，鼎玉铉，大吉，无不利。

〔译〕 上九，鼎以玉为铉，大吉祥，无所不利。

《象》曰：“玉铉在上，刚柔节也。”

〔证〕

鼎玉铉 《说文》：“玉，石之美。有五德：润泽以温，仁之方也；䚡理自外，可以知中，义之方也；其声舒扬，专以远闻，智之方也；不挠不折，勇之方也；锐廉不忮，絜之方也。象三玉之连，丨其贯也。凡玉之属，皆从玉。”《孔子家语·问玉》：“子贡问孔子曰：敢问君子贵玉而贱珉，何也？为玉之寡，而珉多与？孔子曰：非为玉之寡故贵之，珉之多故贱之。夫昔者，君子比德于玉：温润而泽，仁也；缜密以栗，智也；廉而不刿，义也；垂之如坠，礼也；叩之其声，清越而长，其终则诎然，乐也；瑕不掩瑜，瑜不掩瑕，忠也；孚尹旁达，信也；气如白虹，天也；精神见于山川，地也；珪璋特达，德也；天下莫不贵者，道也。《诗》云：言念君子，温其如玉，故君子贵之也。”按，《礼记·聘义》、《荀子·法行篇》，亦与此同。鼎卦，二之五为大兑，兑为口，大兑为鼎口。上九一阳，横于六五立耳之上，是以为铉。《说卦传》曰：“离为乾卦”，“乾为玉为金”。上九在离，为玉，是以为玉铉。又，离，内柔外刚，有玉质。上九在离，亦玉铉之象。

大吉，无不利 《象》曰：“玉铉在上，刚柔节也。”玉外坚而内温，有刚柔之质，以玉为铉加鼎，示鼎受阴阳刚柔调节，得中和之道，是以大吉。大吉，亦大者吉。大者谓阳，阳道吉，万物吉，故无所不利。《白虎通·文质》："《礼记·王度》曰：玉者有象君之德，燥不轻，湿不重，薄不浇，廉不伤，疵不掩，是以人君宝之。"《大雅·棫朴》："追琢其章，金玉其相。"毛传："追，彫也。金，曰彫；玉，曰琢；相，质也。"郑笺："《周礼》：追师掌追衡笄。则追亦治玉也。相，视也，犹观视也。追琢玉，使成文章，喻文王为政，先以心研精，合于礼义，然后施之万民，视而观之，其好而乐之，如睹金玉然，言其政可乐也。"《正义》曰："文王圣行业，其文如彫琢矣，其质如金玉矣。"是以六五金铉，上九玉铉，皆喻上离鼎新之君，金玉其相，王明并受其福，故此大吉，而无不利。鼎卦，二之五为大兑，兑为羊为吉，大兑为大吉。四之上为离，离为日，日光被四表，格于上下，是为无不利。王弼曰："处鼎之终，鼎道之成也。居鼎之成，体刚履柔，用劲施铉。以斯处上，高不诫亢，得夫刚柔之节，能举其任者也。应不在一，则靡所不举，故曰大吉，无不利也。"按，鼎和五味，鼎和则国家天下和，是鼎卦之义。

注：司母戊鼎，应为后母戊鼎。

第五十一卦　壬　子

☳☳ 震上 震下

震，亨。震来虩虩，笑言哑哑。震惊百里，不丧匕鬯。

〔译〕　震，亨通。雷来时可怕，后笑语吟吟。震惊百里，诸侯不失主宰之位。

《彖》曰：“震，亨，震来虩虩，恐致福也。笑言哑哑，后有则也。震惊百里，惊远而惧迩也。（不丧匕鬯，）出可以守宗庙社稷，以为祭主也。”

《象》曰：“洊雷，震，君子以恐惧修省。”

〔证〕

震下震上　《易乾坤凿度》云：“☳，古震字，今为震，动雷之声形，能鼓万物，息者起之，闭者启之。”又曰，“形鼓万物不息：圣人画二阴一阳，不见其体；假自然之气，顺风而行；成势作烈，尽时而息；天气不和，震能翻息；万物不长，震能鼓养。《万形经》曰：雷，天地之性情也，性情之理自然。”《说卦传》曰：“震为雷。”《说文》：“靁（雷），阴阳薄动，靁雨生物者也。从雨，畾象回转形。”段玉裁注：“薄，音博，迫也。阴阳迫动，即谓雷也。迫动下文，所谓回转也，所以回生万物者也。凡积三则为众，众则盛，盛则必回转。二月阳盛，雷发声，故以畾象其回转之形，非三田也。凡许书字，有畾声者，皆当云：靁省声也。”又，“籀文，靁间有回；回，雷声也。”桂馥义证：“回，雷声也者，《诗·终风》：虺虺其雷。传云：暴者震雷之声，虺虺然。馥谓：虺虺，犹回回也。《释名》：雷，硠也，如转物有所硠，雷之声也。”又，《说文》：“電（电），阴阳激耀也，从雨，从申。”段注：“孔冲远引《河图》云：阴阳相薄为雷，阴激阳为电，电是雷光。按《易》，震为雷，离为电。《月令》：雷乃发声，始电。《诗·十月之交》、《春秋》隐九年，言震电。《诗·采芑》、《常武》、《云汉》，言雷霆。震、雷一也；电、霆一也。《谷梁传》曰：电，霆也。古义霆、电不别。许意则统言之，谓之雷。自其振物言之，谓之震；自其余声言之，谓之霆；自其光耀言之，谓之电。分析较古为惬心，雷电者，一而二者也。雷，自其回屈言；电，自其引申言。”按《甲骨文编》，雷、电一字，无雨头，皆为回转滚动之云相合，而闪光曲屈之形。是雷，即两云荷阴阳之电，相接而爆炸者。

《月令·孟春之月》云：“是月也，天气下降，地气上腾，天地和同，草木萌动。”《正义》曰：“天气下降者，天地之气，谓之阴阳。一年之中，或升或降，故圣人作象，备分为六爻，以象十二月。阳气之升，从十一月为始。阳气渐升，阴气渐下。至四月，六阳皆升，六阴皆伏。至五月，一阴初升。阴气渐升，阳气渐伏。至十月，六阴尽升，六阳尽伏。然则，天气下降，地气上腾，五月至十月也；地气下降，天气上腾，十一月至四月也。今正月云天气下降，地气上腾者，阳气五月之时，为阴从下起，上向排阳气，第六阳气上极，反退至十月之时，六阳退尽，皆伏于下。至十一月，阳之一爻，始动地中。至十二月，阳渐升。阳尚微，未能升物之极。正月三阳既上，成为乾卦，乾体在下。三阴为坤，坤体在上。乾为天，坤为地。今天居地下，故云天气下降；地在天上，故云地气上腾。是阳气五月初降，至正月为天体，而在坤下也。十一月一阳初生，而上排阴。阴之上六渐退，反归于下。至四月，阴爻伏尽，六阳在上。五月一阴生，六月二阴生。阴气尚微，成物未具。七月三阴生，而成坤体，坤体在下。三阳为乾，而体在上，则是地气在下，天气在上。故正月为泰，泰通也，天地交通。七月为否，否塞也，言天地隔塞。所以十月云地气下降，天气上腾者，以十月之时，纯阴用事，地体凝冻，寒气逼物，地又在下，故云地气下降。于时六阳从上退尽，无复用事，天体在上，不近于物，似若阳归于天，故云天气上腾。其实，十月天气，反归地下。若审察于此，不足可疑。”按，一年之中，阴阳升降，产生激荡，是以成雷。震，其下为一阳，其上为二阴。阳气性腾，阴气性沉，故阴阳二气相薄，为雷为震。震卦，震下震上，表雷之震动，连绵不一。

又，《仲春之月》云：“是月也，日夜分，雷乃发声，始电，蛰虫咸动，启户始出。”《正义》曰：“雷乃发声音，雷是阳气之声，将上，与阴相冲。蔡邕云：季冬雷在地下，则雉应而雊。孟春动于地之上，则蛰虫应而振出。至此，升而动于天之下，其声发扬也。以雷出有渐，故言。乃云始电者，电是阳光，阳微则光不见。此月阳气渐盛，以击于阴，其光乃见，故云始电。”《逸周书·时训解》云：“春分之日，玄鸟至；又五日，雷乃发声；又五日，始电。”陈逢衡《逸周书补注》：“雷也者，震气也。正月必雷，雷不必闻；二月，始得闻之。电也者，激气也。二月雷不必电，然雷为火，电为焰。电则其雷之将发，而先见者，故其色青而紫。有电然后有雷。盖有电而不雷者，未有雷而不电者。二月，其气微，不甚著，故人有见、有不见也。谓之始者，因雷而使之也。”又，朱右曾《逸周书集训校释》：“大壮用事，阳盛上奋，与阴相搏，其声为雷，其光为电。”震，阳爻在下，阴爻在上，阳为进势，阴为退势。阳上二阴未退，是二月大壮之象。以二月雷乃发声为震，故震下震上，为洊雷。

《论衡·雷虚》曰：“实说雷者，太阳之激气也。何以明之？正月阳动，故正月始雷；五月阳盛，故五月雷迅；秋冬阳衰，故秋冬雷潜。盛夏之时，太阳用事，阴气乘之，阴阳分事（争），则相校轸。校轸则激射，激射为毒，中人辄死，中木木折，中屋坏。”

又，《洪范论》："阳用事，百八十三日而终；阴用事，百八十三日而终。雷出地，百八十三日而入地；入地，百八十三日而复出地。是其常经也。"按，《吕氏春秋·仲春纪》曰："是月也，日夜分，雷乃发声，始电。"《仲秋纪》曰："是月也，日夜分，雷乃始收声。"由春分至秋分，阳用事，通常为有雷之月；由秋分至明年春分，当阴用事，通常为无雷之月。二月四阳升起，阳胜阴，雷乃发声；八月四阴升起，阴胜阳，雷始收声，是震卦，上下皆阳升阴退，阳震阴动，为震为雷。

《开元占经·雷》，引京房曰："凡雷者，阴阳合和，震动万物，使各戴其元而起。故雷以动闻百里，或闻七十里，或闻五十里，或闻二十里，各应其德而起，以应人君行之动静。或雨且雷，或气令雷声，或殷殷轸轸，风雨微，皆阴阳和，利稼之雨，象君臣百姓和合也。"《初学记·天部上》曰："雷于天地为长子，以其首长万物，与其出入也。雷二月出地，百八十三日，雷出则万物出。八月入地，百八十三日，雷入则万物入。入能除害，出则兴利，人君象。《易》曰：雷出地奋，豫。雷者，所以开发萌芽，辟除灾害。万物须雷而解，资雨而润。故经曰：雷以动之，雨以润之。王者从春令，则雷应节；否则发动于冬，当出反潜。《易传》曰：当雷不雷，阳德弱也。"震卦，震下震上，下贞上悔，下震为雷出地，上震为雷入地。按，《汉书·五行志中上》曰："于《易》，雷以二月出，其卦曰豫，言万物随雷出地，皆逸豫也。以八月入，其卦曰归妹，言雷复归。入地则孕毓根核，保藏蛰虫，避盛阴之害；出地则养长华实，发扬隐伏，宣盛阳之德。入能除害，出能兴利，人君之象也。"是震雷为诸侯之象。

《召南·殷其雷》曰："殷其雷，在南山之阳。"毛传："殷，雷声也；山南曰阳。雷出地奋，震惊百里；山出云雨，以润天下。"郑笺："雷以喻号令，于南山之阳，又喻其在外也。《召南》，大夫以王命，施号令于四方，犹雷殷殷，发声于山之阳。"《正义》曰："此雷比号令，则雨雷之声，故云山出云雨，以润天下。《云汉》传曰：隆隆而雷，非雨震也。笺云：雨雷之声，尚殷殷然，是也。雷出地奋，豫卦《象》辞也。彼注云：奋，动也，雷动于地上，而万物豫也。震惊百里，震卦《彖》辞也。注云：震为雷，震，动物之气也。雷之发声，犹人君出政教，以动国中之人。故谓之震惊之言，警戒也。雷发声百里，古者诸侯之象。诸侯之出教令，警戒其国疆之内，是其义也。此二卦皆有雷，事义相接，故并引之，以证雷喻号令之义也。雷之发声，只闻百里。文王之化，非唯一国，直取喻号令耳。山出云雨者，《公羊传》曰：触石而出，肤寸而合，不崇朝而雨天下者，其唯泰山乎？是山出云雨之事。"震卦，二之四为艮为山，下震在艮山之下，为雷出山南，为殷其雷，在南山之阳。上震在艮山之上，并且在坎，坎为云雨，为山出云雨，以润天下。又，下震在艮之下，是雷出之时，如《公羊传》曰："触石而出"。又，初之四为大离，离为日为乾卦，日、乾皆为王。王在下位，为诸侯之象。大离为大著之诸侯，三分天下有其二，仍服事殷，故有文王王化之象。《易》有震卦，《诗》有《殷其雷》，一以卦言，一以诗言，盖两者有相通之处。

《礼记·王制》曰："天子之田方千里，公、侯田方百里。"《正义》曰："按《元命包》云：王者封之，上应列宿之位。注云：若角、亢为郑，房、心为宋之比。其余小国，不中星辰者，以为附庸，是象星辰大小也。非但象星辰，其百里者，又象雷。故《援神契》云：王者之后称公，大国称侯，皆千乘，象雷震百里，是取法于雷也。"《论语·泰伯》："曾子曰：可以托六尺之孤，可以寄百里之命。"《论语纬》云："雷震百里声相附。"宋均曰："雷动百里，故因以制国也。雷声谓诸侯之政教，所至相附也。"《孟子·告子下》曰："天子之地方千里；不千里，不足以待诸侯。诸侯之地方百里；不百里，不足以守宗庙之典籍。周公之封于鲁，为方百里也，地非不足也，而俭于百里也。"又，《万章下》曰："天子之制，地方千里，公、候皆方百里，伯七十里，子、男五十里，凡四等，不能五十里，不达于天子，附于诸侯，曰附庸。"赵岐注："凡此四等，制地之等差也。天子封畿千里，诸侯方百里，象雷震也。"皆谓诸侯取法于雷，象雷震百里。

《白虎通·封公侯》曰："诸侯封不过百里，象雷震百里，所润云雨同也。雷者，阴中之阳也，诸侯象焉。诸侯比王者为阴，南面赏罚为阳，法雷也。七十里，五十里，差德功也。故《王制》曰：凡四海之内九州，州方千里，建百里之国三十，七十里之国六十，五十里之国百有二十，名山大泽不以封，其余以为附庸闲田。天子所治方千里，此平土三千，并数邑居、山川，至五千里，名山大泽，不以封者，与百姓共之，不使一国独专也。山木之饶，水泉之利，千里相通，所以均有无，赡其不足。"陈立《白虎通疏证》："《御览》引王注又云：有灵而尊者，莫若于天；有灵而贵者，莫若于王；有声而威者，莫若于雷，有震而严者，莫若于侯。是天子当乾，诸侯用震，地不过一同，雷不过百里也。《后汉·光武纪》：建武二年，博士丁恭议曰：古帝王封诸侯，不过百里，故利以建侯，取法于雷，强干弱枝，所以为治也。"震卦，震下震上，即示王者，分封诸侯，非一而足。诸侯，众多之侯。

屯卦，震下坎上。卦辞曰："利建侯。"《彖》曰："雷雨之动满盈，天造草昧，宜建侯而不宁。"初九曰："利建侯。"《象》曰："以贵下贱，大得民也。"朱熹曰："震，一阳动于二阴之下，故其德为动，其象为雷。又，初九阳居阴下，而为成卦之主，是能以贤下人，得民而可君之象。故筮立君者，遇之则吉也。"又曰，"以阳下阴，为民所归，侯之象也。故其象如此，而占者如是，则利建以为侯也。"豫卦，坤下震上。卦辞曰："利建侯行师。"《彖》曰："豫，顺以动，故天地如之，而况建侯行师乎？"朱熹曰："豫，和乐也。人心和乐，以应其上也。九四一阳，上下应之，其志得行，又以坤遇震，为顺以动，故其卦为豫，而其占利以立君用师也。”是《易》以震为雷，为侯为君。

震　《说文》曰：“震，劈历振物者。从雨，辰声。《春秋传》曰：震夷伯之庙。”段玉裁注：“劈历，疾雷之名。《释天》曰：疾雷为霆。《仓颉篇》曰：霆，霹雳也。然则，古谓之霆，许谓之震。《诗·十月之交》、《春秋》隐九年、僖十五年，皆言震。振与震迭韵。《春秋正义》，引作震物为长，以能震物，而谓之震也。引伸之，凡动谓之震。辰下曰：震也。《春秋传》曰：震夷伯之庙。《左传》僖十五年，经、传皆有之。必引此者，以为劈历震物之证也。《史记》：殷武乙暴雷震死。神道设教之至显者也。”按，震夷伯之庙者，《春秋传》僖十五年文。震夷伯之庙，罪之也，《左传》僖十五年文。杜预注经文曰：“震者，震电击之。”是震，有威震之义。又，《说文》：“辰，震也。三月阳气动，雷电振，民农时也。物皆生，从乙，匕象芒达，厂声。辰，房星，天时也。从二，二，古文上字。凡辰之属，皆从辰。”段玉裁注：“震、振古通用。振，奋也。《律书》曰：辰者，言万物之蜄也。《律历志》曰：振美于辰。《释名》曰：辰，伸也，物皆伸舒而出也。季春之月，生气方盛，阳气发泄，句者毕出，萌者尽达。二月雷发声，始电至，三月而大振动。《豳风》曰：四之日举止，故曰民农时。匕，变也，此合二字会意；乙，象春草木冤曲而出，阴气尚强，其出乙乙。至是月，阳气大盛，乙乙难出者，始变化矣。芒达，芒者尽达也。”是震，又有振生之义。

于《易》，震亦有威震和振生二义。噬嗑卦，震下离上。卦辞曰：“利用狱。”《象》曰：“雷电，噬嗑 ，先王以明罚敕法。”颐卦，震下艮上。《象》曰：“山下雷行，君子以慎言语，节饮食。”大壮卦，乾下震上。《象》曰：“雷在天上，大壮，君子以非礼弗履。”丰卦，离下震上。《象》曰：“雷电皆至，丰，君子以折狱致刑。”小过卦，艮下震上。卦辞曰：“不宜上，宜下。”《彖》曰：“上逆而下顺也。”以上，雷皆有威震之义。又，屯卦，震下坎上。《彖》曰：“雷雨之动满盈，天造草昧，宜建侯而不宁。”豫卦，坤下震上。《彖》曰：“顺以动，故天地如之，而况建侯行师乎？天地以顺动，故日月不过，而四时不忒。”恆卦，巽下震上。《彖》曰：“刚上而柔下，雷风相与，巽而动，刚柔皆应，恆。”解卦，坎下震上。《彖》曰：“天地解，而雷雨作；雷雨作，而百果草木皆甲坼。”益卦，震下巽上。《彖》曰：“天施地生，其益无方。”以上，雷皆有振生之义。

又，无妄卦，震下乾上。《象》曰：“天下雷行，物与无妄，先王以茂对时，育万物。”王弼注：“与，辞也，犹皆也。天下雷行，物皆不可以妄也。”侯果曰：“雷震天下，物不敢妄；威震惊治，无物不与。故先王以茂养万物，乃对时而育矣。时泰，则威之以无妄；时否，则利之以嘉循：是对时而化育也。”朱熹曰：“天下雷行，震动发生，万物各正其性命。是物物而与之，以无妄也。先王法此，以对时育物，因其所性，而不为私焉。”是无妄之震，有威震和振生二义。震卦，郑康成曰：“震为雷，动物之气也。雷之发声，犹人君出政教，以动国中之人也，故谓之震。人君有善声教，则嘉会之礼通矣。”程氏传：“震，有动而奋发震惊之义。”按，震为动，动以刚柔，是诸侯恩威并用，为建侯之宜。《易乾坤凿度》曰：“雷，天之号令，以惊世而发生。震动殷殷，屈蛰之始伸。”诸侯行天子号令，以惊世而发生，犹雷行于天之下，故取以为象，名之曰震。

亨　乾卦《文言》曰：“亨者，嘉之会也。”又曰，“嘉会足以合礼。”震卦，震下震上，雷通天地，天地万物复苏。初之四为大离，二之上为大坎。离为日，坎为雨。大离大坎，为阳光普照，雨水遍地，为嘉之会，为亨。《说卦传》曰：“万物出乎震”，“动万物者，莫疾乎雷”。解卦《彖》曰：“天地解，而雷雨作；雷雨作，而百果草木皆甲坼。”《京氏易传》曰：“震，分阴阳交互用事，属于木德，取象为雷，出自东方。震有声，故曰雷。雷能警于万物，为发生之始，故取东也。为动之主，为生之本。”《吕氏春秋·开春论》曰：“一曰：开春始雷，则蛰虫动矣；时雨降，则草木育矣。饮食居处适，则九窍百节千脉，皆通利矣。王者厘其德，而凤皇圣人，皆来至矣。”《逸周书·时训解》曰：“春分之日，玄鸟至；又五日，雷乃发声；又五日，始电。玄鸟不至，妇人不娠；雷不发声，诸侯失民；不始电，君无威震。”朱右曾云：“大壮用事，阳盛上奋，与阴相搏，其声为雷，其光为电。雷震百里，诸侯之象，电光照耀，象君之威。”震卦，震下震上，为有雷；初之四为离，离为电。又，震为诸侯，为有威震之象，是以为亨。

震来虩虩　《周颂·思文》曰：“贻我来牟。”郑笺：“武王渡孟津，白鱼跃入于舟，出涘以燎。后五日，火流为乌，五至，以谷俱来，此谓贻我来牟。”罗振玉《增订殷虚书契考释》：“卜辞中，诸来字皆象形，其穗或垂或否者。”《说文》：“來（来），周所受瑞麦来麰也。二麦一缝，象其芒朿之形。天所来也，故为行来之来。”是来本为麦，以其天所赐，故为天所来之来，又为行来之来，即往来之来。震，天之号令。震来，谓雷从天降。又，《说文》：“虩，《易》履虎尾虩虩，恐惧也；一曰蝇虎也。从虎，㡿声。”段玉裁注：“履虎尾虩虩，履九四爻辞。今《易》虩虩，作愬愬。《释文》曰：愬愬，《子夏传》云：恐惧貌。马本作虩虩，云恐惧也。《说文》同。按震卦辞：震来虩虩。马云：恐惧貌；郑同马。郑用费《易》，许用孟《易》，而字同义同也。”桂馥义证：“《易》，履虎尾虩虩者，履卦文，彼作愬愬。子夏传、马、郑、王，并同。《吕氏春秋》引《易》，亦作愬愬。高云：读如虩。又，震来虩虩，荀本愬愬。宣六年《公羊传》：灵公望见盾，愬而再拜。何注：愬者，惊貌，知其欲谏，欲以敬拒之。”是愬愬，与虩虩通用，皆为惊惧。《汉帛书周易》曰："辰来朔朔。"辰为震之省，朔为愬之省，是辰来朔朔，即震来愬愬。亦愬愬与虩虩，互相通用。《风俗通义·画虎》曰："虎者阳物，百兽之长，能执搏挫锐，噬食鬼魅。"虩，从虎。虎为山兽之君，有王者之象。诸侯为震为王，是以用震来虩虩，喻诸侯之威可惧。于象，阳动为震，震苏万物，亦恐致福。

《象》曰："震来虩虩，恐致福也。"《左传》僖公十五年："震夷伯之庙，罪之也。于是，展氏有隐慝焉。"杜预注："隐慝，非法所得。尊贵，罪所不加。是以圣人，因天地之变，自然之妖，以感动之。知达之主，则识先圣之情，以自厉；中下之主，亦信妖祥，以不妄。神道助教，唯此为深。"《释文》："知，音智。"孔颖达《正义》曰："慝，训恶也。隐蔽之恶，不见于外，非法令所得绳也。其人尊贵，非刑罚所能加也。忽有震破其庙，乃是幽冥加罪。圣人因天地之变，自然之妖，故章其事，以感动秽行之人，使自惩肃也。知达之主，则识先圣之情，知此欲以惧愚人也；中下之主，亦信此妖祥之事。谓身为恶行，神必加祸，以此不妄动作。《易》称圣人，以神道设教，故云神道助教，唯此事为深。"是恐致福，即谓恐雷电之震，而自惩肃得福。《象》曰："洊雷，震，君子以恐惧修省。"即因恐惧而修省，而致福之意。

《周书·金縢》曰："秋大熟，未获，天大雷电以风。禾尽偃，大木斯拔，邦人大恐。王与大夫尽弁，以启金縢之书。乃得周公所自以为功，代武王之说。二公及王，乃问诸史与百执事。对曰：信，噫！公命我勿敢言。王执书以泣，曰：其勿穆卜。昔公勤劳王家，惟予冲人弗及知。今天动威，以彰周公之德。惟朕小子其新逆，我国家礼亦宜之。王出郊，天乃雨，反风，禾则尽起。二公命邦人，凡大木所偃，尽起而筑之。岁则大熟。"《正义》曰："武王有疾，周公作策书告神，请代武王死。事毕，纳书于金縢之匮，遂作《金縢》。及为流言所谤，成王悟而开之。史叙其事，乃作此篇。"按，周公于成王之世，为管、蔡所诬，居东二年，罪人斯得，而不得归。是年秋，天大雷电以风。王开金縢之书，始明周公本意，卒得反公，成就周道，天下太平。斯亦震来虩虩，恐致福也。

笑言哑哑　《说文》："哑，笑也。从口，亚声。《易》曰：笑言哑哑。"《广雅·释诂》："哑，笑也。"又，《释训》曰："哑哑，笑也。"《玉篇》："哑，笑声。"《法言·学行》："或人哑尔笑曰。"《释文》引马融曰："哑哑，笑声。"又引郑玄曰："哑哑，乐也。"《吴越春秋·越王无余外传》："禹乃哑然而笑。"注："哑，笑声。"按，笑言哑哑，犹谓笑语吟吟。凡笑在阴爻，阴顺似笑，其象亦似眉开眼笑。同人卦，离下乾上。九五曰："同人，先号咷而后笑，大师克相遇。"上卦为前，下卦为后。九五与六二应，九五为先号咷，六二为后笑。萃卦，坤下兑上。初六曰："有孚不终，乃乱乃萃；若号，一握为笑。”初六与九四应，为艮象，艮为手为握，初六阴爻为笑，为一握为笑。旅卦，艮下离上。上九曰：“鸟焚其巢，旅人先笑后号咷，丧牛于易。”离为雉为鸟，为火为焚，其于木也，为科上槁，故上九曰鸟焚其巢。六五阴柔，笑象，九四阳刚，性号咷，又阴在前，阳在后，故曰先笑后号咷。

又，坎为言。需卦，乾下坎上。九二曰：“需于沙，小有言，终吉。”九二与九五，当应不应，九五在坎，阳陷阴中，为小有言。讼卦，坎下乾上。初六曰：“不永所事，小有言，终吉。”初六坎爻，故曰小有言。师卦，坎下坤上。六五曰：“田有禽，利执言，无咎。”六五与九二应，二在坎，坎为言，故曰利执言。明夷卦，离下坤上。初九曰：“有攸往，主人有言。”谓往前二之四有坎，主人谓离，是主人有言，谓离遇坎险，坎为言。夬卦，乾下兑上。九四曰：“闻言不信。”坎为言，兑半坎，其言不可信。困卦，坎下兑上。卦辞曰：“有言不信。”下坎为言，为有言；上兑为毁折，为不信。革卦，离下兑上。九三曰：“革言三就。”二之上为坎象，坎为言。九三三动至上六，其坎象成就，为革言三就。艮卦，艮下艮上。六五曰：“艮其辅，言有序，悔亡。”初之五为坎象，坎为言。渐卦，艮下巽上。初六曰：“鸿渐于干，小子厉，有言无咎。”二之四为坎，初近坎，坎为言，为有言。震卦，震下震上。阴爻为笑为哑，三之五为坎为言，为笑言哑哑。

《象》曰：“笑言哑哑，后有则也。”《说文》：“则，等画物也。从刀从贝。贝，古之物货也。”段玉裁注：“等画物者，定其差等，而各为介画也。今俗云科则是也。介画之，故从刀；引伸之，为法则；假借之，为语词。说从贝之意，物货有贵贱之差，故从刀介画之。”桂馥义证：“《释诂》：则，法也。《诗・伐柯》：其则不远。笺云：则，法也。《书・五子之歌》：有典有则。传云：法则。《君牙》：式和民则。传云：法则。僖九年《左传》：唯则令国。杜注：则，法也。文十八年《传》：周公制《周礼》，曰：则以观德。作《誓命》曰：毁则为贼。杜注：毁则，坏法也。昭七年《传》：民心不一，事序不类，官职不则。馥案：谓官职不等也。《汉书・贾谊传》：罚其不则，而匡其不及。颜注：则，法也。贝，古之物货也者，本书：古者货贝而宝龟。馥谓：贝大小有定则。”唯则令国，是国必有等级法则，使各得其所，各适其值。

《小雅・蓼萧》：“蓼彼萧斯，零露湑兮。既见君子，我心写兮。燕笑语兮，是以有誉处兮。”《正义》曰：“言蓼然长大者，彼萧斯也。此萧所以得长大者，由天以善露润之，使其上露湑湑然盛兮，以故得其长大耳。以兴得所者，彼四夷之君。此四夷之君，所以得所者，由王以恩泽及之，使其恩泽丰多，故令其得所耳。然此萧，是香物之微者，天不以其微，而不润也。喻四海诸侯，乃国君之贱者；王不以其贱，而不及也。远国既蒙王泽，乃来朝见。自言已既得朝见，君子之王者，我心得舒写尽兮，无复留恨。在国恐不得见，今来得见，则意尽也。朝之后，王又与之燕饮，而笑语兮。感王之恩，皆称扬王之德美，是以使王得有声誉，又常处天子之位兮。言为天下所保，不忧危亡也。”郑笺：“天子与之，燕而笑语，则远国之君，各得其所，是以称扬德美，使声誉常处天子。”按，诸侯与天子，同理人之功。故震卦，亦借用此义，谓诸侯之王，亦当无大声以色，而应笑吟吟，润泽国中，使上下有则，各得其所，而不僭越，以永保其位。震卦有互坎，坎为水，水为准则，是以《象》曰：“笑言哑哑，后有则也。”

震惊百里　《周易正义》曰：“先儒云：雷之发声，闻乎百里，故古帝王制国，公、侯地方百里，故以象焉。”《论衡·雷虚》曰：“夫千里不同风，百里不共雷。《易》曰：雷惊百里。雷电之地，雷雨晦冥；百里之外，无雨之处，宜知天之东西南北也。”《汉纪·哀帝纪论》：“州牧数变易，非典也。古者诸侯之国，百里而已。故《易》曰震惊百里，以象诸侯之国也。”《古文苑·对事》：“问者因又谓（郦）炎曰：古者封建诸侯，皆云百里，取象于雷，雷何取也？炎曰：《易》，震为雷，亦为诸侯，雷震惊百里。曰：何以知之？炎曰：以其数知之。夫阳动为九，其数州六；阴动为八，其数州二。震一阳动，二阴静，故曰百里。”按，伏羲八卦卦数：乾一，兑二，离三，震四，巽五，坎六，艮七，坤八。震既为四，阳为九，阴为八，故四九三十六，四八三十二，二阴六十四，为一百。郦炎谓以其数知之，盖即指此，故曰震惊百里。《论语纬·论语撰考谶》云：“雷震百里声相附。”宋均曰：“雷动百里，故因以制国也。雷声，谓诸侯之政教，所至皆附也。”《系辞传》曰：“子曰：君子居其室，出其言善，则千里之外应之，况其迩者乎？居其室，出其言不善，则千里之外违之，况其迩者乎？言出乎身，加乎民，行发乎迩，见乎远。言行，君子之枢机。枢机之发，荣辱之主也。言行，君子之所以动天地也，可不慎乎？”诸侯之政教，亦君子之言，其言善者，所以动天地，所以震惊百里。

《周南·汉广》之《序》曰：“《汉广》，德广所及也。文王之道，被于南国，美化行乎江汉之域，无思犯礼，求而不可得也。”郑笺；“纣时，淫风遍于天下，维江汉之域，先受文王之教化。”《正义》曰：“作《汉广》诗者，言德广所及也。言文王之道，初致《桃夭》、《芣苢》之化，今被于南国，美化行于江汉之域。故男无思犯礼，女求而不可得，此由德广所及然也。此与《桃夭》，皆文王之化，后妃所赞。于此言文王者，因经陈江汉，指言其处为远。辞遂变后妃，而言文王，为远近积渐之义。叙于此，既言德广，《汝坟》亦广可知，故直云道化行耳。”又，《汝坟》之《序》曰：“《汝坟》，道化行也。文王之化，行乎汝坟之国。妇人能闵其君子，犹勉之以正也。”《正义》曰：“作《汝坟》诗者，言道化行也。文王之化，行于汝坟之国，妇人能闵念其君子，犹复劝勉之以正义。”文王在纣时，为西伯，其教化惊远惧迩，所润云雨同，亦震惊百里之义。

不丧匕鬯 《说文》:“匕，亦所以用匕取饭，一名柶。凡匕之属，皆从匕。”又，“匙，匕也。从匕，是声。”木部曰:“柶，《礼》有柶。柶，匕也。从木，四声。”又，鬯部曰:“匕，所以扱之。”《方言》云:“匕，谓之匙。”王氏《广雅疏证》云:“古者匕，或以匕黍稷，或以匕牲体。吉事用棘匕，丧事用桑匕。《小雅・大东篇》:有捄棘匕。传云:匕，所以载鼎实。”桂馥《说文解字义证》:“将荐，乃举冪而以匕出之，升于俎，故曰匕所以载鼎实也。”《说文》:鬯，以秬酿郁草，芬芳攸服，以降神也。从凵，凵，器也，中象米，匕所以扱之。《易》曰:不丧匕鬯。凡鬯之属，皆从鬯。”《周书・洛诰》:“予以秬鬯二卣，曰明禋。”孔氏传:“以黑黍酒二器，明絜致敬。”《周礼・鬯人》:“凡王之齐事，共其秬鬯;凡王吊临，其介鬯。”意为凡王祭祀，供其鬯酒。不丧匕鬯，谓四时祭祀，烟火连延，后嗣不绝，不失王位。震卦，二之四为艮，艮为门阙，为宗庙;初之四为大离，离为火，为烟火;三之五为坎，坎为水，为鬯酒。震而有此，是有宗庙、有祭祀之象，为不丧匕鬯。

《彖》谓不丧匕鬯曰:“出可以守宗庙社稷，以为祭主也。”李鼎祚《周易集解》，引郑玄曰:“雷发声闻于百里，古者诸侯之象。诸侯出教令，能警戒其国。内则守其宗庙社稷，为之祭主，不亡匕与鬯也。人君于祭之礼，匕牲体、荐鬯而已，其余不亲也。升牢于俎，君匕之，臣载之。鬯，秬酒，芬芳条鬯，因名焉。”孔颖达《正义》曰:“匕，所以载鼎实;鬯，香酒也:奉宗庙之盛者也。震卦施之于人，又为长子。长子则正体于上，将所传重。出则抚军，守则监国，威震惊于百里，可以奉承宗庙彝器粢盛，守而不失也。故曰震惊百里，不丧匕鬯。”朱骏声《六十四卦经解》曰:“震自坤来，分乾之一，以主坤土，侯象。震交坎险，故虩虩。震为善鸣，而体艮止，故哑哑。雷不过百里，故震惊百里。震为长男，主祭器。艮为门阙，象宗庙。艮为丘陵，象社稷。坎于木为坚多心，象棘匕。震为蕃鲜，为稼。坎为酒，艮为手。匕鬯皆器之仰受者，象震体，故不丧匕鬯。帝出乎震，震为出威，故《彖传》曰出守。”

《象》曰:“洊雷，震，君子以恐惧修省。”习坎卦，坎下坎上。《彖》曰:“习坎，重险也。”《象》曰:“水洊至，习坎。”是习为重，重为洊。洊雷，为重雷，即震下震上之谓。《正义》曰:“洊者，重也，因仍也。雷相因仍，乃为威震也。此是重震之卦，故曰洊雷震也。”《论语・乡党》云:“迅雷风烈，必变。”《集解》引郑曰:“敬天之怒也，风疾雷为烈。”《礼记・玉藻》:“若有疾风、迅雷、甚雨，则必变，虽夜必兴，衣服冠而坐。”郑氏注:“必变，必兴而坐，敬天之怒。”《月令・仲春之月》云:“先雷三日，奋木铎以令兆民，曰:雷将发声，有不戒其容止者，生子不备，必有凶灾。”孔颖达疏:“蔡云：迅雷风烈，孔子必变。《玉藻》云：迅雷甚雨则必变，虽夜必兴，衣服冠而坐，所以畏天威也。小人不畏天威，懈慢亵渎，或至夫妇交接。”按，《大雅·板》云：“敬天之怒，无敢戏豫。敬天之渝，无敢驰驱。昊天曰明，及尔出王。昊天曰旦，及尔游衍。”毛传：“戏豫，逸豫也；驰驱，自恣也；王，往；旦，明；游，行；衍，溢也。”《正义》曰：“上既劝王，和德以安国，故又言当畏敬上天，当敬天之威怒，以自肃戒，无敢忽慢之，而戏谑逸豫。又当敬天之灾变，以常战慄，无敢忽之，而驰驱自恣也。天之变怒，所以须敬者，以此昊天在上，人仰之，皆谓之明，常与汝出入往来，游溢相从，经常相随，见人善恶。既曰若此，不可不敬慎也。”又曰，“戏豫，谓戏而逸豫；驰驱，谓驰骋自恣。皆谓非礼而动，反道违天。如此者，则上天罚之，故戒王使敬天也。孔子：迅雷风烈必变。注云：敬天之怒。则天怒者，谓暴风疾雷也。《周礼》，大怪异灾，则去乐撤膳，则天之变者，谓大怪异灾也。言上天之道，有此变怒之时，故常须警戒；非谓当此变怒之时，独禁逸豫自恣也。”

《论衡·雷虚》曰：“《论语》云：迅雷风烈，必变。《礼记》曰：有疾风、迅雷、甚雨，则必变，虽夜必兴，衣服冠而坐。惧天怒，畏罚及己也。如雷不为天怒，其击不为罚过，则君子何为为雷变动、朝服而正坐乎？曰：天之与人犹父子，有父为之变，子安能忽？故天变，己亦宜变。顺天时，示己不违也。人闻犬声于外，莫不惊骇，竦身侧耳，以审听之；况闻天变异常之声，軯𫛽迅疾之音乎？《论语》所指，《礼记》所谓，皆君子也，君子重慎。”《论衡校释》：“《乡党篇》记孔子之行，《集解》引郑玄曰：敬天之怒也。风疾雷为烈也。”又谓《礼记》曰：“文见《玉藻》。郑注亦谓敬天之怒。”又，《感类篇》曰：“迅雷风烈，孔子必变。《礼》，君子闻雷，虽夜，衣冠而坐，所以敬雷，惧激气也。圣人君子，于道无嫌，然犹顺天变动。况成王有周公之疑，闻雷雨之变，安能不振惧乎？然则，雷雨之至也，殆且自天气；成王畏惧，殆且感物类也。”感物类，即君子以恐惧修省。

《记纂渊海·人事部·恐惧篇》曰：“《易》震卦：洊雷，震，君子以恐惧修省。乾卦：君子终日乾乾，夕惕若，厉无咎。艮卦：危熏心也。《书·大诰》：若涉渊水。《汤诰》：慄慄危惧，若将陨于深渊。《景命》：怵惕惟厉，中夜以兴，思免厥愆。《君牙》：心之忧危，若蹈虎尾，涉于春冰。《诗·小旻》：战战兢兢，如临深渊，如履薄冰。《小宛》注恐陨：如集于木，如临于谷。《诗》：谓天盖高，不敢不跼；谓地盖厚，不敢不蹐。”《周易正义》曰：“君子以恐惧修省者，君子恒自战战兢兢，不敢懈惰。今见天之怒，畏雷之威，弥自修身，省察己过，故曰君子以恐惧修省也。”程氏传：“雷重仍，则威益盛。君子观洊雷威震之象，以恐惧，自修饬循省也。君子畏天之威，则修正其身，思省其过，咎而改之。不唯雷震，凡遇惊惧之事，皆如是。”按，《系辞传》曰：“《易》与天地准，故能弥纶天地之道。仰以观于天文，俯以察于地理，是故知幽明之故，与天地相似，故不违。”《象》曰震，君子以恐惧修省，即是引而伸之，触类而长之。非唯畏天之怒，亦知阴阳变化之理，以修其道，而省其身，不受其害，借鉴而已。

鼎卦和震卦，互为邻卦。《序卦传》曰：“革物者莫若鼎，故受之以鼎。主器者莫若长子，故受之以震。”鼎卦，巽下离上。《彖》曰：“鼎，象也。以木巽火，亨饪也。圣人亨以享上帝，而大亨以养圣贤。”是鼎为亨饪之器，用以祭祀宴享。震卦，震下震上。《说卦传》曰：“震一索而得男，故谓之长男。”长男亦长子。《彖》曰：“震惊百里，惊远而惧迩也。出可以守宗庙社稷，以为祭主。”鼎为祭器，震为长子，为祭主，故曰主器者，莫若长子。故鼎卦之后，受之以震卦。崔憬曰：“鼎所以烹饪，享于上帝，主器者莫若冢嫡，以为其祭主也，故言主器者，莫若长子。”又，郑康成曰：“谓父退居田里，不能备祭宗庙，长子常亲视涤濯鼎俎。”按，革卦《彖》曰：“汤武革命，顺乎天，而应乎人。”鼎卦《彖》曰：“圣人亨以享上帝，大亨以养圣贤。”震卦《彖》曰：“震惊百里。”是革卦谓革命，鼎卦谓鼎新，震卦谓分封之诸侯，是以鼎卦之后，次之以震卦。

初九，震来虩虩，后笑言哑哑，吉。

〔译〕　初九，震雷来时可怕，后笑语吟吟，吉利。

《象》曰：“震来虩虩，恐致福也。笑言哑哑，后有则也。”

〔证〕

震来虩虩，后笑言哑哑，吉　《象》曰：“震来虩虩，恐致福也。笑言哑哑，后有则也。”既言自然之雷震百里，所润云雨同，也指诸侯之兴起，有法则而行仁。故初九曰：“震来虩虩，后笑言哑哑，吉。”《大雅·皇矣》之《序》曰：“《皇矣》，美周也。天监代殷，莫若周，周世世修德，莫若文王。”《正义》曰：“作《皇矣》诗者，美周也。以天监视善恶于下，就诸国之内，求可以代殷，为天子者，莫若于周。言周最可以代殷也。周所以善者，以天下诸国，世世修德，莫有若文王者也。此实文王之诗，而言美周者，周虽至文王而德盛，但其君积世行善，不独文王。以经有大伯、王季之事，故言周以广之也。”又曰，“周自后稷以来，莫不修德。祖绀以上，公刘最贤。公刘以下，则不及公刘。至大王、王季，德又益盛。今据文王而言，世世修德，则近指文王所因，不是远论上世。其世世之言，唯大王、王季耳。《论语》注云：周自大王、王季、文王、武王，贤圣相承四世，是相承不绝。唯大王以下，大王、王季大贤；至文王睿圣贤圣，相承莫之能及，故云唯有文王最盛也。”于人事，此盖震来虩虩，后笑言哑哑之义，故谓之吉。

《皇矣》诗曰：“密人不恭，敢距大邦，侵阮徂共。王赫斯怒，爰整其旅。以按徂旅，以笃于周祜，以对于天下。依其在京，侵自阮疆，陟我高冈。无矢我陵，我陵我阿。无饮我泉，我泉我池。帝谓文王：予怀明德，不大声以色，不长夏以革。不识不知，顺帝之则。”郑笺：“阮也，徂也，共也，三国犯周，而文王伐之。密须之人，乃敢距其义兵，违正道，是不直也。文王赫然，与其群臣尽怒曰：整其军旅而出，以却止徂国之兵众，以厚周当王之福，以答天下乡周之望。京，周地名。陟，登也；矢，犹当也；大陵曰阿。文王但发其依居京地之众，以往侵阮国之疆，登其山脊，而望阮之兵。兵无敢当其陵、及阿者；又无敢饮食于其泉、及池水者。小出兵，而令惊怖如此，此以德攻，不以众也。夏，诸夏也。天之言云：我归人君，有光明之德，而不虚大言语，以外作容貌；不长诸夏，以变更王法者；其为人不识古，不知今，顺天之法，而行之者：此言天之道，尚诚实，贵性自然。”文王整旅伐密，以德服众，而得天道，犹《象》曰：“震来虩虩，恐致福也；笑言哑哑，后有则也。”故初九曰：“震来虩虩，后笑言哑哑，吉。”

六二，震来厉，億丧贝。跻于九陵，勿逐，七日得。

〔译〕　六二，震雷来得厉害，料必丧失离日。震雷升上高丘，不用追逐，七日得复。

《象》曰：“震来厉，乘刚也。”

〔证〕

震来厉　《月令·仲春之月》云：“是月也，日夜分，雷乃发声，始电。”阴阳相冲之声为雷，其光为电。十月纯阴无阳，无雷；十一月，一阳生，十二月，二阳生，阳微，一般无雷；正月，三阳生，阴阳交泰，亦鲜雷声。二月，四阴生，阳盛气壮，雷乃发声，始电。大壮卦，乾下震上，即二月四阳生之卦。《彖》曰：“大壮，大者壮也，刚以动，故壮。”又，《象》曰：“雷在天上，大壮。”即大壮之时，雷乃发声于天，始电。按，震卦之初为二月，震卦之二为三月，震卦之三为四月，震卦之四为五月，震卦之五为六月，震卦之上为七月。八月雷入地。故《月令·仲秋之月》云：“是月也，日夜分，雷始收声。”六二，时当三月，一阴在上，五阳上冲，成阳决阴之势，故有光有声而厉。《象》曰：“震来厉，乘刚也。”即谓三月，一阴乘五刚，雷厉电激。三月夬卦，乾下兑上。《彖》曰：“夬，决也，刚决柔也，柔乘五刚也，孚号有厉，其危乃光也。”即是。又，六二阴柔，乘于初九阳刚，当下震正中，是以震来厉，乘刚也。

億丧贝 《广韵·职韵》："億，度也。"段玉裁《说文解字注》："億，或假为意字。如《论语》：不億不信，億则屡中。是也。億则屡中，《汉书·货殖传》作意。毋意毋必，诸家称作億必，是可证也。"《小雅·正月》："终逾绝险，曾是不意。"郑笺："女曾不以是为意乎？"《经义述闻》曰："意与億相等。億，度也。女何乃不度于是乎？"《毛诗传笺通释》曰："此诗曾是不意，谓曾是不测度之也。意，又读同不億不信、億则屡中之億，億，亦测度之也。"按，《论语·先进篇》："億则屡中。"何注："億度是非。"疏曰："億，度也。"《宪问篇》："不億不信。"《正义》曰："不可億度人之不信也。"又，《左传》襄公二十五年："不可億呈。"杜预注："億，度也。"《楚辞·天问》："厥谋在初，何所億焉？"洪兴祖补注："億，度也。"《资治通鑑》贞观十七年："岂可億度，妄生猜二邪？"胡注："億，未见而意之也。"按，億度，即臆度，億通臆。億，简化字亿。

《说文》："贝，海介虫也，居陆名猋，在水名蜬。象形。古者货贝而宝龟，周而有泉，至秦废贝行钱。凡贝之属，皆从贝。"又，具字下云："古以贝为货。"《归藏》："有人将来，遗我货贝。"《商书·盘庚》："具乃贝玉。"孙炎曰："贝者水虫，古人取其甲，以为货，如今之用钱然。"《周礼·大行人》："其贡货物。"郑氏注："货物，龟贝也。"《盐铁论·错币》曰："夏后以玄贝，周人以紫石，后世或金钱刀布。"是贝，犹"抱布贸丝"之布，即钱财。《说卦传》曰："坤为布。"震象，二、三两阴不足坤，初被阳占，为丧贝。又，《说卦传》曰："坎，其于人也，为加忧，为心病，为亟心。"崔憬曰："取其内阳刚动。"震卦互体坎，坎为心中臆度，震为丧贝，为億丧贝。即霹雳击物之意。然，初之四为离，离为日，为龟贝。震、坎为雷雨。雷雨之变，料必丧失离日，为億丧贝。又，离为乾卦，乾为君为天子。震为诸侯，诸侯之起，料必使天子有失，故爻辞曰："震来厉，億丧贝。"《象》曰："震来厉，乘刚也。"皆谓臣欺君。圣人因象系辞，其义丰而深远。此盖震来厉，億丧贝之真义。

跻于九陵 《商书·微子》曰："今尔无指告予颠隮。"《史记·宋微子世家》曰："今女无故告予颠跻。"隮作跻。《商颂·长发》曰："圣敬日跻。"《国语·晋语四》，《补音》引隮作跻。《周书·顾命》："由宾阶隮。"《豳风·七月》："跻彼公堂。"《曹风·侯人》："南山朝隮。"《太平御览》卷八，引《诗》作朝跻。《周礼·视祲》："九曰隮。"《春秋经》文公二年："跻僖公。"《公羊传》："跻者何？升也。"《方言》："跻，登也。东齐海岱之间，谓之跻。"钱绎笺疏："跻者，《说文》：跻，登也。《释诂》：跻，陞也。陞，即升之俗字。升与登，古亦通用。《广韵·霁韵》：跻，音子计切，与隮同，升也。《小雅·斯干篇》：君子攸跻。《泰风·蒹葭篇》：道阻且跻。毛传并云：跻，升也。《释文》：跻，本又作隮。《士虞礼记》：隮祔尔于尔皇祖某甫。郑注：隮，升也。今文隮为齐。《乐记》：

地气上齐。注：齐，读为跻。跻，升也。跻、隮、齐，古字并通。”孔颖达《周易正义》曰：“跻，升也。”

《周易·系辞传》曰：“天一，地二，天三，地四，天五，地六，天七，地八，天九，地十。”九为天数最高。《素问·三部九候论》：“天地之至数，始于一，终于九焉。”俞樾《群经平议》曰：“数始于一，而极于九，至十，则复为一矣。故古人之词，凡言多之数，必曰九。”《小雅·鹤鸣》：“鹤鸣于九皋，声闻于野。”郑笺：“皋，泽中水，溢出所为坎，自外数至九，喻深远也。”又，《说文》曰：“陵，大阜也。”“阜，大陆也。”段玉裁注：“《释地》、《毛传》皆曰：大陆曰阜。李巡曰：高平曰陆。谓土地丰正，名为陆；陆土地独高大，名曰阜；阜最大者，名为陵。”震卦，二之四为艮，艮为山，高平为陆，九陵为阜之最大者。跻于九陵，犹同人卦，九三之升其高陵。于易，下卦位于地，上卦位于天。震卦，震下震上，洊雷，其声相连。雷先震于互艮之下，再震于互艮之上。由下往上，直至跻于九陵，而在天上。故下震之中为二，上震之中为五，五在艮上，为跻于九陵。此亦震来厉，億丧贝，乘刚之谓。

勿逐，七日得　《说文》：“逐，追也。”桂馥义证：“《山海经》：夸父与日逐。隐九年《左传》：遇覆者奔，祝聃逐之。又十一年《传》：颍考叔挟辀以走，子都拔棘以逐之。”皆谓逐为追。勿逐，即不要追逐。《洪范论》：“阳用事，百八十三日而终；阴用事，百八十三日而终。雷出地，百八十三日而入地；入地，百八十三日而复出地。是其常经也。”《月令·仲春之月》：“雷乃发声。”《仲秋之月》：雷始收声。”是二月至八月，中经六个月，为雷入地。是以雷出地，至雷入地，时交七个月；雷入地，至雷出地，时交七个月。雷为阳气激阴，七日得复，即由地下，跻于九陵之上，得七个月，故曰勿逐，七日得。谓雷震有渐，必须顺乎自然之理。既济卦，离下坎上，离为日为昼，坎为月为夜。六二曰：“勿逐，七日得。”《象》曰：“七日得，以中道也。”则谓日行中道，落下六个时辰，到第七个时辰，又将升起。是七日之日，或为月分，或为时辰。复卦，震下坤上。卦辞曰：“反复其道，七日来复。”《彖》曰：“反复其道，七日来复，天行也。”天行，即阴阳之行。震为诸侯，六二谓震雷之兴起，亦谓诸侯兴起。唯其能屈能伸，方可利用安身，以崇其德，以建其侯。汤武起于夏台，文王兴于羑里，即此之类。

《竹书纪年》：“帝辛，名受。元年己亥，王即位居殷。命九侯，周侯、邘侯。六年，西伯初礿于毕。十七年，西伯伐翟。二十一年，春正月，诸侯朝周。伯夷、叔齐，自孤竹归于周。二十三年，囚西伯于羑里。二十九年，释西伯。诸侯逆西伯，归于程。三十年，春三月，西伯率诸侯入贡。三十一年，西伯治兵于毕。得吕尚，以为师。三十二年，五星聚于房，有赤鸟集于周社。密人侵阮，西伯帅师伐密。三十三年，密人降于周师，遂迁于程，王命西伯，得专征伐。三十四年，周师取耆及邘，遂伐崇，崇人降。冬十二月，昆夷侵周。三十五年，周大饥，西伯自程迁于丰。三十六年，春正月，诸侯朝于周，遂伐昆夷，西伯使世子发营镐。三十七年，周作辟雍。三十九年，大夫辛甲出奔周。四十年，周作灵台。王使胶鬲，求玉于周。四十一年，春三月，西伯昌薨。四十二年，西伯发受丹书于吕尚。有女子化为丈夫。四十三年，春，大阅，峣山崩。四十四年，西伯发伐黎。四十七年，内史向挚出奔周。四十八年，夷羊见，二日并出。五十一年，冬十一月，戊子，周师渡盟津而还。王囚箕子，杀王子比干，微子出奔。五十二年，庚寅，周始伐殷。秋，周师次于鲜原。冬，十有二月，周师有事于上帝。庸、蜀、羌、髳、微、卢、彭、濮，从周师伐殷。”周本殷之诸侯，由文王至武王，逐渐壮大，乃至灭殷，盖亦震来厉，億丧贝，跻于九陵之谓。然阴阳往复，朝代兴替，终而又始，故曰勿逐，七日得。圣人穷理尽性，以至于命。

六三，震苏苏，震行无眚。

〔译〕　六三，雷震疏疏，雷震行，没有灾害。

《象》曰：“震苏苏，位不当也。”

〔证〕

震苏苏　《本草》注曰：“苏，舒畅也。苏性舒畅，行气和血，故谓之苏。”《方言》：“舒，苏也。楚通语也。”钱绎笺疏：“《广韵·鱼韵》：舒，徐也。《召南·野有死麕篇》：舒而脱脱兮。毛传：舒，徐也；脱脱，舒迟也。脱与悦，古通字。《广雅·释诂三》：舒，展也。《释言》：展，适也。郭注云：得自申展，皆适意。义亦与苏相近。”《说文》：“舒，一曰舒缓也。”桂馥义证：“一曰舒缓也者，《释文》文。郭云：谓之迟缓。”朱骏声《说文通训定声》曰：“苏，假借又为疏。《楚辞·橘颂》：苏世独立。注：寤也。失之。”谓苏世为疏世，疏世与独立相应。《郑风·山有扶苏》，《释文》：“苏，如字，徐又音疏。”《毛诗传笺通释》：“胥、疏、苏，迭韵字，古通用。”《诗毛氏传疏》：“《吕览》及《汉书》司马相如、刘向、杨雄《传》，枚乘《七发》，许氏《说文》，皆谓扶疏。古疏、胥、苏通用。”《汉帛书周易》，震卦六三曰：“辰（震）疏疏。”即用本字。

又，《淮南子·修务训》：“苏援世事，分白黑利害。”何宁《淮南子集释》：“向宗鲁云：《说苑》苏援，作疏远，是也。疏远世事：苏之为疏，犹扶苏之为扶疏也；援之为远，犹鍰涛涂，之为辕涛涂也。正与上文，闲居静思相承。本书作苏援者，音近通用，杨树达云：《说苑·建本篇》云：疏远世事，字作疏远，文义较明。盖《淮南》假苏为疏，假援为远。而刘子政用本字，易其文也。上文云：逍遥仿佯，于尘埃之外，超然独立，卓然立世，正此所谓，疏远世事也。”按，苏与舒、疏，不仅秦汉前后通假，直至唐宋，亦见通用。杜甫《行次昭陵》云：“往者灾犹降，苍生喘未苏。”仇兆鳌《杜诗详注》：“苏，息缓也，”是震苏苏，即谓雷震至三，舒缓而稀疏。三本阳位，六三，阴在阳位。阳性动，阴性静，现阳位阴爻，动静参半，是以雷震疏缓下来，为震苏苏。按，初九，阳来激阴，为雷霆，故曰震来虩虩。六二，在震之中，为厉雷，故曰震来厉。六三，处下震之末，为尾雷，故曰震苏苏。故《象》曰：“震苏苏，位不当也。”朱熹曰：“苏苏，缓散自失之状。以阴居阳，当震时而居不正，是以如此。”

震行无眚　《说文》：“眚，目病生翳也。从目，生声。”段玉裁注：“眚，引伸为过误。如眚灾肆赦，不以一眚掩大德，是也。又为灾眚。李奇曰：内妖曰眚，外妖曰祥。是也。”震卦，初之三为震，三之五为坎，震下坎上，为屯卦。其《象》曰：“雷雨之动满盈，天造草昧，宜建侯而不宁。”又，三之五为坎，四之上为震，坎下震上，为解卦。其《彖》曰：“天地解，而雷雨作；雷雨作，而百果草木皆甲坼。解之时大矣哉！”震卦，兼屯、解二象，故曰震行无眚。《国语·周语上》：“阴阳分布，震雷出滞。土不备垦，辟在司寇。乃命其旅曰徇。农师一之，农正再之，后稷三之，司空四之，司徒五之，大保六之，太师七之，太史八之，宗伯九之，王则大徇。耨获亦如之。民用莫不震动，恪恭于农，修其疆畔，日服其镈，不解于时。财用不乏，民用和同。”谓春分雷出之时，王顺其动，与百官亲行农事，故民莫不震动勤农。是以财用不乏，而民和同。震雷出滞，振民农之时，此亦人效天行，震行无眚。六三之六五为坎，《说卦传》曰：“坎为多眚。”若下震动而上之，则三可以出坎，为震行无眚。

又，《逸周书·时训解》曰：“春分之日，玄鸟至；又五日，雷乃发声；又五日，始电。玄鸟不至，妇人不娠；雷不发声，诸侯失民；不始电，君无威震。”陈逢衡《逸周书补注》：“玄鸟以施生时来，巢人堂宇而字乳，故古礼祀于高禖，以为请子之候。今其鸟不至，则天失其施，地失其生，而人受厥咎矣。故其占，为妇人不娠之象。雷震百里，大国侯伯之应。今不发声，则无以号令，而民将畔矣，故其占，为诸侯失民之象。今不始电，非无电也，无雷则亦无电也。雷以电照民，君以刑政治国。刑政者，君之威震也。今因无雷，而亦不始电，则无以为五常之鞭策矣。故其占，为君无威震之象。”朱右曾《逸周书集训校释》曰：“雷震百里，诸侯之象；电光照耀，象君之威。”震卦六三曰：“震行无眚。”是亦谓诸侯之君，令行无灾过。豫卦，坤下震上。《彖》曰：“豫，顺以动，故天地如之，而况建侯行师乎？天地以顺动，故日月不过，而四时不忒；圣人以顺动，则刑罚清而民服。豫之时义大矣哉！”此亦震行无眚之谓。

九四，震遂泥。

〔译〕　九四，震雷进入泥坎之中。

《象》曰：“震遂泥，未光也。”

〔证〕

震遂泥　郝懿行《尔雅义疏》曰：“遂者，申也，进也，达也，通也。《文选》注，引《春秋孔演图》，宋均注云：遂，道也。道，亦进之意。《闲居赋》注，引《声类》云：遂，从意也。《谷梁传》云：遂，继事也。”《广韵》：“遂，达也，进也，往也，从志也。”按，金文遂作述，见于《中山王壶》和《盂鼎》。又，魏三体《石经》，《春秋·僖公》：“公子遂如晋。”古文遂作述。故《说文》于遂字下曰：“述，古文遂。”盖即此。《说文》曰：“述，循也。”“循，顺行也。”是遂亦为顺行，即行进之意。大壮卦，乾下震上。上六曰：“羝羊触藩，不能退，不能遂。”谓上为震动之终，是以不能再动，故不能退后，亦不能进前。是遂为进。震卦九四，阳进阴中，坤阴为土，互坎为水，土加水为泥，阳激阴为震，为震遂泥。《汉帛书周易》曰：“辰（震）遂泥。”遂泥与今本同。《释文》曰：“荀本，遂作队。”队，即坠，恐非。

又，《释名》曰：“泥，以水沃土，使相粘近也。”虞翻注：“坤土得雨为泥。”按，需卦，乾下坎上。九三曰：“需于泥。”坎为水，其阴坤之爻为土，水土混合为泥。三在坎后，为需于泥。井卦，巽下坎上。初之四为大坎，四之上为坎，是井呈泥象。故初六曰：“井泥不食，旧井无禽。”震卦，二之上大坎，三之五小坎，是泥泞之象。九四，上震之阳爻，陷于重阴之中，为震雷进于泥中。泥，滞留不通，有溺陷之意。《论语·子张》：“致远恐泥，是以君子不为也。”包曰：“泥难不通。”《史记·屈原列传》：“自疏濯淖污泥之中，皭然泥而不滓者也。”前泥名词，后泥动词。泥而不滓，谓虽被污泥浸渍，而不受秽染。震卦九四，阳在坎中，是震雷受泥之象。《象》曰：“震遂泥，未光也。”言震雷陷进泥淖，未声光远播。即震惊百里，一匡天下之志，尚未光大。

《竹书纪年》曰：“帝辛二十三年，囚西伯于羑里。”笺：“按《赵策》鲁连子曰：纣醢鬼侯，脯鄂侯。文王闻之，喟然而叹，故拘之于牖里之库。又，《淮南·道应训》：崇侯虎曰：周伯昌，行仁义而善谋；太子发，勇敢而不疑；中子旦，恭俭而知时。若与之从，则不堪其殃；纵而赦之，身必危亡。冠虽弊，必加于头。及未成，请图之。屈商乃拘文王于羑里。高诱曰：屈商，纣臣也。羑里，地名，在河内汤阴。皇甫谧云：河内荡阴县西山，羑水所出，至内黄入荡，有羑里城，西伯所拘也。《水经注》曰：昔纣王，纳崇侯虎之言，囚西伯于此。”西伯，殷之三公之一，九四当之。四之阳，身陷众阴之中，受六五暗昧之主所乘害。坎为丛棘，为囚禁。坎为水，为羑水之羑里。初之四为大离，离为日为光。九四，离未出其坎，是震陷泥，而未光。犹西伯陷羑里，而声闻未得光大远播。《象》曰：“震遂泥，未光也。”盖亦此意。

六五，震往来厉，意无丧有事。

〔译〕 六五，诸侯行动危惧，意欲不失祭主之位。

《象》曰：“震往来厉，危行也。其事在中，大无丧也。”

〔证〕

震往来厉 前往为往，后来为来。在《易》上卦为前，为往；下卦为后，为来。震卦，震下震上。是上震为往，下震为来，为震往来。《玉篇》曰：“厉，危也。”乾卦九三曰：“君子终日乾乾，夕惕若，厉无咎。”《文言》曰：“故乾乾因其时而惕，虽危无咎。”孔颖达《正义》曰：“厉，危也。”《论语·宪问》：“子曰：邦有道，危言危行；邦无道，危行言孙。”注：“包曰，危，厉也。邦有道，可以厉言行也。孙，顺也。厉行不随俗，顺言以远害。”《正义》曰：“《诗·民劳》传：厉，危也。展转相训，故危亦为厉。《广雅·释诂》：厉，高也，上也。邦有道，得行其志。申其说，故可厉言行也。郑注云：危，犹高也。据时高言高行者，皆见危，故以为谕也。案《说文》：危，在高而惧也。《庄子·盗跖篇》：去其危冠。李注：危，高也。凡高多致险，故又有险难之义。郑所云高言高行，皆见危者，此危谓危难也。”震卦，《象》曰：“震往来厉，危行也。”即是谓震行往来，高危肃惕。六五，以阴居阳，以柔乘刚，与二相对于大坎之中，是以居高而惧。《系辞传》曰：“《易》之兴也，其当殷之末世，周之盛德邪？当文王与纣之事邪？是故其辞危。危者使平，易者使倾，其道甚大，百物不废。惧以终始，其要无咎，此之谓《易》之道也。”《象》曰：“震往来厉，危行也。”盖谓惧以终始，其要无咎。文王，三分天下有其二，以服事殷，即震往来危行之义。

意无丧有事 《周礼·宫正》：“凡邦之事跸，宫中庙中则执烛。”郑氏注：“事，祭事也。邦之祭社稷，七祀于宫中，祭先公先王于庙中，隶仆掌跸止行者，宫正则执烛以为明。《春秋传》曰：有大事于大庙。又曰，有事于武宫。”贾公彦疏：“云《春秋传》曰，有大事于大庙者，《左氏》文二年秋，八月丁卯，大事于大庙是也。云又曰，有事于武宫者，照十年春，二月癸酉，月事于武宫。”孙诒让《周礼正义》曰：“大事，《公》、《谷》以为大祫；《左传》杜注，以为大禘；此引以证祭祀，为邦事也。云又曰，有事于武宫者，昭十五年《经》：春二月癸酉，有事于武宫。《左传》杜注云：武宫，鲁武宫庙。此武宫，亦庙也。郑引之者，亦以证有事，为祭祀事也。”《公羊传》隐公八年：“天子有事于泰山，诸侯皆从泰山之下。”何休注：“有事者，巡守祭天，告至之礼也。”《书大传》曰："天子有事。"注曰："事，谓祭祀。"虞翻曰："坤为丧也，事谓祭祀之事。出而随体，王享于西山，则可以宗庙社稷为祭主，故无丧有事也。"朱骏声《六十四卦经解》："事，谓祭祀。《春秋书》，祭祀曰有事。即《象》传云：不丧匕鬯也。"

《象》曰："其事在中，大无丧也。"《左传》成公十三年："国之大事，在祀与戎。"祀，祭祀；戎，军事。震卦，二之四为艮，艮为山，于伏羲八卦，位在西北；三之五为坎，坎水为酒；四之上为震，震为诸侯：为王用享于西山，为祭祀。六五，在震之中，得中为正，为得祭祀之主。祭祀为大事，为大无丧。爻辞曰："无丧有事。"《象》曰："大无丧也。"二者换文，其义如一。六五曰："震往来厉，意无丧有事。"谓诸侯之行，高危而惕惧，意欲无失祭祀，执匕鬯之位，即不失诸侯之位。朱熹曰："以六居五，而处震时，无时而不危也。以其得中，故无所丧，而能有事也。占者不失其中，则虽危无丧矣。"《十三经·周易注疏校勘记卷五》曰："意无丧有事，〔补〕毛本意作億。"又，王弼《周易注》、李鼎祚《周易集解》、《周易程氏传》、朱熹《周易本义》、孙星衍《周易集解》、朱骏声《六十四卦经解》，意亦作億。《汉帛书周易》，六二、六五均作意。按，意、億本通，《十三经》六二用億，六五用意，其义较长，故从。

上六，震索索，视矍矍，征凶。震不于其躬，于其邻，无咎。婚媾有言。

〔译〕 上六，雷声颤抖，闪电惊视，往前则凶。上六不震，六五震，没有灾过。阴阳相应有困难。

《象》曰："震索索，中未得也。虽凶无咎，畏邻戒也。"

〔证〕

震索索，视矍矍，征凶 《方言》："铺颁，索也。东齐曰铺颁，犹秦晋言抖薮也。"是索为抖薮。《汉书·天文志》曰："永始二年，二月癸未夜，东方有赤色，大三四围，长二三丈，索索如树。"王先谦补注："索索，犹瑟瑟也。此云索索如树，盖不独以状言，且兼声言矣。"《艺文聚类六·贞女峡赋》："山苍苍以坠叶，树索索而摇枝。"震索索，谓雷震颤抖。《说文》："矍，隹欲逸走也。从又，持之瞿瞿也。一曰遽视貌。"又，"瞿，鹰隼之视也。"矍，盖鹰隼惊惧，张目欲飞之貌。此以谓雷电之状，喻震之上六。《象》曰："震索索，中未得也。"六五为上震之中，上六过中，过中至极，极则穷，穷则反，违震之道，是以征凶。上六震索索，视矍矍，是见兆不祥，而畏征凶之状。矍矍，《汗简》引古《周易》，作眲眲。《说文》："眲，左右视也。"亦惊顾状。《唐风·蟋蟀》："好乐无荒，良士瞿瞿。"毛传："瞿瞿然，顾礼义也。"郑笺："君子好义，不当致于荒废政事，当如善士瞿瞿然，顾礼义也。”震为诸侯，为君子，不当荒废政事，故瞿瞿然，顾礼义，即顾中行之道。瞿与矍义近，皆为警视貌。震有飞象。《荀九家》曰：“震为鹄。”鹄，视矍矍。

震不于其躬，于其邻，无咎 《说文》曰：“躬，身也。”“身，躬也。”二字互训。《礼记·乐记》：“不能反躬。”郑氏注：“躬，犹己也。”《尔雅·释诂》：“身，我也。”《邶风·谷风》：“我躬不阅。”郑笺：“我身尚不能自容。”躬，引伸为自身。蹇卦，艮下坎上。六二曰：“王臣蹇蹇，匪躬之故。”即谓匪臣子自身之故，故《象》曰：“王臣蹇蹇，终无尤也。”此处之躬，谓上六自身；邻，谓六五。震不于其躬，于其邻，无咎，谓雷震之行，不可如上六之妄，而应如六五之中，上行触天则凶，中道则无灾。《象》曰：“虽凶无咎，畏邻戒也。”即谓上六，能敬畏六五，中行之告戒，虽处凶位，亦可化解，而无灾咎。《系辞传》曰：“无咎者，善补过也。”又曰，“震无咎者，存乎悔。”即上六之谓。程氏传：“所以恐惧自失如此，以未得于中道也，谓过中也。使之得中，则不至于索索矣。极而复征，则凶也。若能见邻戒，而知惧，变于未极之前，则无咎也。上六动之极，震极则有变义也。”

婚媾有言 《说文》：“媾，重婚也。从女，冓声。《易》曰：匪寇婚媾。”段玉裁注：“重婚者，重迭交互为婚姻也。杜注《左传》：重婚曰媾。按字从冓者，谓若交积材也。”《系辞传》曰：“乾道成男，坤道成女。”是阴阳相应为婚媾。屯卦，震下坎上。六二曰：“匪寇婚媾，女子贞不字，十年乃字。”二、五阴阳，相应为婚媾。六四曰：“求婚媾，往吉，无不利。”一、四阴阳相应，为求婚媾。贲卦，离下艮上。六四曰：“匪寇婚媾。”初九阳，六四阴，初、四阴阳相应，为婚媾。睽卦，兑下离上。上九曰：“匪寇婚媾，往遇雨则吉。”六三与上九，阴阳相应，为婚媾。言，甲骨文象舌从口中，伸出之形。于《易》，为坎象。震卦，上六与六三，同性不应。三之五为坎，坎为难为言，为婚媾有言，即谓上六，阴阳不相应，有困难。是上六之震，为阴阳未谐。天下有道，四海咸服；天下无道，诸侯兴作。夏有商汤，殷有周文。《白虎通·号》云：“《春秋传》曰：虽文王之战，不是过，知其霸也。”至于周自东迁以后，五霸七雄，兼并频仍，即如震之与震，而不相能，故曰春秋无义战。

第五十二卦　癸　丑

☶☶ 艮上
艮下

艮其背，不获其身。行其庭，不见其人。无咎。

〔**译**〕 后者止于前者背后，不可得见其前身。行走于其庭，不见其人，无灾咎。

《彖》曰："艮，止也。时止则止，时行则行，动静不失其时，其道光明。艮其止，止其所也；上下敌应，不相与也。是以不获其身，行其庭，不见其人，无咎也。"

《象》曰："兼山，艮，君子以思不出其位。"

〔**证**〕

艮下艮上　《彖》曰："艮，止也。时止则止，时行则行，动静不失其时，其道光明。"按艮，一阳横于二阴之上，象阻止。《京氏易传》曰："艮，本体属阳，阳极则止。"朱熹曰："艮，止也。一阳止于二阴之上，阳自下升，极上而止也。其象为山，取坤地，而隆其上之状，亦止于极，而不进之意也。"艮卦，艮下艮上。上艮，为天文之止；下艮，为地理之止；三之上为离，离为日为时；三之五为震，震为行：为时止则止，时行则行。又，震为动，艮为静，为动静不失其时；三之上为大离，离为光明，为其道光明。又，初之五为大坎。坎为陷，为隐伏，为加忧，为心病，为耳痛，为亟心，为多眚，为盗，为丛棘，为蒺藜，为桎梏，是以一阳止于上，止其所非。又，初之上为山重，初之五为水复，亦前有所止。又，艮卦六爻，相敌不相应，阴阳不谐为滞，滞而不通为止。故而《彖》曰："艮其止，止其所也，上下敌应，不相与也。"

艮下艮上，为艮之纯卦。艮，阴生阳消，为阴剥阳。剥卦，坤下艮上。卦辞曰："剥，不利有攸往。"《彖》曰："剥，剥也，柔变刚也。不利有攸往，小人长也；顺而止之，观象也；君子尚消息盈虚，天行也。"朱熹曰："剥，落也。五阴在下而方生，一阳在上而将尽，阴盛长而阳消落，九月之卦也。阴盛阳衰，小人壮而君子病。又，内坤而外艮，有顺时而止之象。故占得者，不可有所往也。"《说文》："戌，威也。九月阳气微，万物毕成，阳下入地也。五行，土生于戊，盛于戌，从戊含一。凡戌之属，皆从戌。"段玉裁注："威，大徐作滅。非。火部曰：威，滅也。本毛诗传，火死于戌，阳气至戌而尽。故威从火戌，此以威释戌之旨也。戊者，中宫，亦土也；一者，一阳也。戌中含一，会意也。"按，艮象犹剥象，众阴为土为戊，一阳为一，是以为戌，为九月之象。又，甲骨文、金文，戌象斧钺之形。罗振玉曰："卜辞戌字，象戉形。"李孝定曰："戌，象兵器形，与戊、戉、戚之形，并近。”盖以其为兵器，有杀灭之义，故戌为肃杀之九月，是艮犹剥，皆阳止之卦。阳气止，万物止。故剥卦《彖》曰：“顺而止之，君子尚消息盈虚，天行也。”艮卦《彖》曰：“时止则止，时行则行，动静不失其时。”

《尔雅·释天》云：“太岁在戌曰阉茂。”《尔雅义疏》曰：“阉茂者，《占经》引李巡云：言万物皆蔽冒。故曰阉茂阉蔽也。茂，冒也。孙炎云：霜阉茂物，使俱落也。是李、孙并以阉为掩。《汉书》及《淮南》，俱作掩。”《释名·释天》云：“戌，恤也。物当收敛，矜恤之也；亦言脱落也。”《史记·律书》云：“九月也，律中无射。无射者，阴气用事，阳气无余也，故曰无射。其于十二子为戌。戌者，言万物尽灭，故曰戌。”《正义》曰：“射，音亦。《白虎通》云：射，终也。言万物随阳而终，当复随阴而起，无有终已。”《汉书·律历志》曰：“亡射：射，厌也，言阳气究物，而使阴气毕剥落之，终而复始，亡厌已也。位于戌，在九月。”九月，群阴剥一阳。阳为动，阴为静，时动则动，时静则静。九月阴用事，宜静不宜动。《彖》曰：“艮，止也。时止则止，时行则行，动静不失其时。”即此之谓。

《月令·季秋之月》云：“是月也，申严号令，命百官，贵贱无不务内，以会天地之藏，无有宣出。”又云，“是月也，霜始降，则百工休。乃命有司曰：寒气总至，民力不堪，其皆入室。”郑氏注：“季秋者，日月会于大火，而斗建戌之辰也。”孔颖达《正义》曰：“于此月之时，敕命百官，贵之与贱，无不务内。内，谓收敛其物。言贵之与贱，无有一人，不勤务收敛内物。以会天地之藏者，会，犹趣也，言心皆趣向，天地所藏之事。谓心顺天地，以深闭藏也。无有宣出者，以物皆收敛时，又闭藏，无得有宣露，出散其物，以逆时气。”孙希旦《礼记集解》云：“张氏虙曰：将休老劳农，凡终岁勤动者，无不休矣。百工之役，使之少易，亦顺时之政也。入室，谓自庐舍，而入居于都邑也。”按，《月令》谓季秋之月，无有宣出，百工休，皆入室，即是《彖》曰：“艮，止也，时止则止。艮其止，止其所也。”艮卦，九月止于十月之象。

《豳风·七月》云：“五月斯螽动股，六月莎鸡振羽，七月在野，八月在宇，九月在户，十月蟋蟀入我床下。穹窒熏鼠，塞向墐户。嗟我妇子，曰为改岁，入此室处。”朱熹《诗集传》曰：“斯螽、莎鸡、蟋蟀，一物随时变化，而异其名。动股，始跃而以股鸣也。振羽，能飞而以翅鸣也。宇，檐下也。暑则在野，寒则依人。穹，空隙也；窒，塞也；向，北出牖也；墐，涂也。庶人筚户，冬则涂之。东莱吕氏曰：十月而曰改岁，三正之通，于民俗尚矣，周特举而迭用之耳。言睹蟋蟀之依人，则知寒之将至矣。于是，室中空隙者，塞之；熏鼠，使不得穴于其中。塞向，以当北风；墐户，以御寒气。而语其妇子曰，岁将改矣，天既寒而事亦已，可以入此室处矣。”《说文》：“处，止也。入此室处，即谓时将改岁，九月入室休止，以避寒气总至。《七月》诗，前曰馌彼南亩，后曰入此室处，亦即艮卦《象》曰："时止则止，时行则行，动静不失其时。"

《虞书·尧典》曰："分命羲仲，寅宾出日，平秩东作，厥民析。申命羲叔，平秩南讹，敬致，厥民因，鸟兽希革。分命和仲，寅饯纳日，平秩西成，厥民夷，鸟兽毛毨。申命和叔，平在朔易，厥民隩，鸟兽鹬毛。"孔氏传："寅，敬；宾，导；秩，序也。岁起于东，而始就耕，谓之东作。东方之官，敬导出日，平均秩序东作之事，以务农也。冬寒无事，并入室处。春事既起，丁壮就功。厥，其也。言其民老壮分析。讹，化也。掌夏之官，平序南方化育之事，敬行其教，以致其功。因谓老弱，因就在田之丁壮，以助农也。饯，送也。日出言导，日入言送，因事之宜。秋，西方万物成，平序其政，助成万物。夷，平也。老壮在田，与夏平也。北称朔；易，谓岁改易于北方。平均在察其政，以顺天常。隩，室也。民改岁入此室处，以避风寒。"王德钺《尚书偶记》曰："《尧典》，厥民析者，即《诗》：同我妇子，馌彼南亩。由隩处而出，分于外也。厥民因者，因田中以为屋，以便农事，即《诗》：中田有庐，疆埸有瓜也。厥民夷者，夷读如芟夷之夷。杀草以镰，获禾亦如之，即《诗》：八月其获也。厥民隩者，即《诗》：塞向墐户，入此室处也。"《诗》、《书》、《易》，相与发明，皆谓时行则行，时止则止。

《论语·子罕》："子曰："譬如为山，未成一篑，止，吾止也。譬如平地，虽覆一篑，进，吾往也。"注："包曰：篑，土笼也。此劝人进于道德。为山者，其功虽已多，未成一篑，而中道止者，我不以其前功多，而善之；见其志不遂，故不与也。马曰：平地者，将进加功，虽始覆一篑，我不以其功少，而薄之；据其欲进，而与之。"刘宝楠《正义》曰："《荀子·宥坐篇》：孔子曰：如垤而进，吾与之。如丘而止，吾已矣。即此章异文。《孟子·尽心篇》：有为者，辟若掘井。掘井九轫，而不及泉，犹为弃井也。二文并与此章义相发。"朱子《论语集注》云："篑，土笼也。《书》曰：为山九仞，功亏一篑。夫子之言，盖出于此。言山成，而但少一篑，其止者，吾自止耳。平地，而方覆一篑，其进者，吾自往耳。盖学者自强不息，则积少成多；中道而止，则前功尽弃。其止其往，皆在我，而不在人也。"杨伯峻《论语译注》曰："这一章，也可以这样讲解：好比堆土成山，只差一筐土了，如果应该停止，我便停止。好比平地堆土成山，纵是刚刚倒下一筐土，如果应该前进，我便前进。依照前一讲解，便是为仁由己的意思；依照后一讲解，便是唯义与比的意思。"或为仁由己，抑唯义与比，孔子之意，在于当止则止，当进则进，犹艮卦《彖》曰："艮其止，止其所也。"

《孟子·公孙丑上》云："可以仕则仕，可以止则止，可以久则久，可以速则速，孔子也。"赵氏注："止，处也；久，留也；速，疾去也。"焦循《孟子正义》曰："进退无常，量时为宜，即集义矣。义之所在，即仕即久，是进也。义之所不在，即止退速，是退也。《礼记·学记》云：当其可之谓时。任止久速，皆视其可，是为量时。”《万章下》云：“可以速而速，可以久而久，可以处而处，可以仕而仕，孔子也。”又云，“孔子，圣之时者也，孔子之谓集大成。集大成也者，金声而玉振之也。金声也者，始条理也；玉振之也者，终条理也。”赵氏注：“孔子时行则行，时止则止。孔子集先圣之大道，以成己之圣德也，故能金声而玉振之。”按，乾卦《文言》曰：“亢之为言也，知进而不知退，知存而不知亡，知得而不知丧。其唯圣人乎？知进退存亡，而不失其正者，其唯圣人乎！”艮卦《彖》曰：“艮，止也。时止则止，时行则行，动静不失其时。艮其止，止其所也。”亦进退得宜之谓。

《礼记·大学》云：“大学之道，在明明德，在亲民，在止于至善，知止而后有定。《诗》云：邦畿千里，惟民所止。《诗》云：缗蛮黄鸟，止于丘隅。子曰：于止，知其所止，可以人而不如鸟乎？《诗》云：穆穆文王，于缉熙敬止。为人君止于仕，为人臣止于敬，为人子止于孝，为人父止于慈，与国人交，止于信。”孔颖达疏：“在止于至善者，言大学之道，在止处于至善之行。知止而后有定者，更复说止于至善之事。既知止于至善，而后心能有定，不有差贰也。《诗》云：邦畿千里，惟民所止。此一经，广明诚意之事，言诚意在于所止。故上云大学之道，在于至善。此《商颂·玄鸟》之篇，言殷之邦畿方千里，为人所居止。此记断章，喻其民人而择所止，言人君贤则来也。《诗》云：缗蛮黄鸟，止于丘隅者，此《诗·小雅·缗蛮》之篇，刺幽王之诗。言缗蛮然微小之黄鸟，止在于岑蔚丘隅之处，得其所止。以言微小之臣，依托大臣，亦得其所也。子曰于止，知其所止者，孔子见其诗文而论之，云是观于鸟之所止，则人亦知其所止。鸟之知在岑蔚安闲之处，则知人亦择礼义乐土之处，而居止也。故《论语》云：里仁为美。择不处仁，焉得知是也。《诗》云：穆穆文王，于缉熙敬止者，此《大雅·文王》之篇，美文王之诗。缉熙谓光明也；止，辞也。诗之本意，云文王见此光明之人，则恭敬之。文王之德，缉熙光明，又能敬其所止，以自居处也。”大学之道，在止于至善，犹艮卦《彖》曰：“艮其止，止其所也。”

《汉书·李寻传》对问曰：“夫以喜怒赏罚，而不顾时禁，虽有尧舜之心，犹不能致和。善言天者，必有效于人。设上农夫而欲冬田，肉袒深耕，汗出种之，然犹不生。非人心不至，天时不得也。《易》曰：时止则止，时行则行，动静不失其时，其道光明。《书》曰：敬授民时。故古之王者，尊天地，重阴阳，敬四时，严月令。顺之以善政，则和气可立致，犹枹鼓之相应也。今朝廷忽于时月之令，诸侍中尚书近臣，宜皆令通知《月令》之意，设群下请事，若陛下出令，有谬于时者，当知争之，以顺时气。”《老子》

曰：“夫子亦将知止，知止不殆。”又曰，“知止不殆，可以长久。”《河上公章句》：“知可止则止，财利不累于身心，声色不乱于耳目，则终身不危殆也。人能知止知足，则福禄在己，治身者神不劳，治国者民不扰，故可长久。”知止不殆，可以长久，即艮卦《彖》曰：“其道光明。”《说卦传》曰：“终万物、始万物者，莫盛乎艮。”有终止，有启始，无否则无泰，无塞则无流，止其所止，是以艮道光明。

艮 朱骏声《六十四卦经解》曰：“艮，于文为反身。”反身为归。《说文》：“㐆，归也。从反身。”朱熹《斋居感兴》之十九曰：“反躬艮其背，肃容正冠襟。”亦谓艮为反身。约斋《字源》曰：“見（见），人的上头，装一只眼睛，就显出了，看见什么的意思。那只眼睛，也是由横变竖的。竖起来时，才显出了，它是朝左看的，也就是朝前的。艮，这本来也是見字，不同在那人，向后不朝前，因而生出，跟人违拗的意思，分化做了，另外一个字。现在的写法，把目字的下半，拆破了，人字也走了样。”两者方向不同，艮向后，不向前，即反归。《说文》：“退，却也。”按退，即艮、辵会意，谓反身行走为退。又，“很，不听从也。”王筠《说文句读》：“案，从部说：相听也。《吴语》：王将很天而伐齐。注：很，违也。”艮为反身，彳为行意，是反身而行为违，违行为不听从。又，“限，阻也。从𨸏，艮声。”𨸏为大陆，大陆为阻，受阻止而反身，是以《彖》曰：“艮，止也。”

伏羲八卦：震，一阳二阴，阳气生，为冬春之交，位东北方；离，二阳夹一阴，阳中有阴，为春，位东方；兑，二阳一阴，阴气消为春夏之交，位东南方；乾，三阳，纯阳为夏，位南方；巽，一阴二阳，阴气生，为夏秋之交，位西南方；坎，二阴夹一阳，阴中有阳，为秋，位西方；艮，二阴一阳，阳气消，为秋冬之交，位西北方；坤，三阴，纯阴为冬，位北方。邵子曰：“自震至乾为顺，自巽至坤为逆。”顺为阳气递生，阴气递消；逆为阴气递生，阳气递消。阳气递消至艮，阳将尽返，是以艮为反身。震，一阳于下，为出，为启始；反之，艮，一阳于上，为归，为终止。故《杂卦传》曰；“震，起也，艮，止也。”故《序卦传》曰：“震者，动也。物不可以终动，止之，故受之以艮。艮者，止也。”故《说卦传》曰：“雷以动之，艮以止之。”又曰，“艮，东（西）北之卦也，万物之所成终，而所成始也。”“终万物、始万物者，莫盛乎艮。”艮终万物，谓艮之阳止，万物止，即艮为止；艮始万物，谓艮止之阳，转而来下，阳始，万物始。是以《彖》曰：“艮，止也。时止则止，时行则行。”《释名・释天》曰：“艮，限也，时未可听物生，限止之也。”

艮为反身，反身也作反躬。《礼记・乐记》曰：“好恶无节于内，和诱于外，不能反躬，天理灭矣。夫物之感人无穷，而人之好恶无节，则是物至，而人化物也。人化物也者，灭天理而穷人欲者也。于是有悖逆作伪之心，有淫泆作乱之事。是故强者胁弱，众者暴寡，知者作愚，勇者若怯，疾病不养，老幼孤独，不得其所，此大乱之道也。"《正义》曰："不能反躬，天理灭矣者，躬，己也。恣己情欲，不能自反禁止理性也，是天之所生本性灭绝矣。"于《易》，蹇卦《象》曰："山上有水,蹇，君子以反身修德。"又，家人卦，上九《象》曰："威如之吉，反身之谓也。"朱熹曰："谓非作威也，反身自治，则人畏服之矣。"艮既为反身，是艮亦为反身修德。《彖》曰："艮，止也。时止则止，时行则行，动静不失其时，其道光明。艮其止，止其所也。"此即修德之谓。按，《周易》之例，凡卦名于卦辞开头者，不单列。如：履虎尾、否之匪人、同人于野、艮其背，避免重复。此处，为讲解之便，故加冠卦名。

艮其背　《周易》言象，由下往上，最下为初，最上为上，所以艮卦，艮下艮上，先言艮下，再言艮上，卦辞亦依此序。《说文》："背，脊也。从肉，北声。"段玉裁注："脊，背吕也。然则脊者，背之一端，背不止于脊。如髀者股外，股不止于髀也。云背脊也，股髀也，文法正同。艮卦，艮其背，不获其身。"《释名·释形体》曰："背，倍也，在后称也。"《韵会》："身北曰背。"背、北相通。《卫风·伯兮》曰："焉能谖草，言树之背。"毛传："背，北堂也。"《诗经通论》："堂而向南，背向北。"《老子》："万物负阴而抱阳。"《淮南子·精神训》，引作"万物背阴而抱阳。"高诱注："万物以背为阴，以腹为阳。"《说卦传》曰："坎为美脊。"艮卦，初之五为大坎，二之四为小坎，有背脊象，为艮其背。又，坤位北，北为背，阳止在坤阴之上，为艮其背。艮卦，上艮为止，下艮为止，下艮止于上艮之下，为止于所止。故《彖》曰："艮其止，止其所也。"又，艮为坚多节，亦背脊之象。

伏羲八卦方位，艮位西北，数七为九月。背通北，北为坤，坤数八，为十月。艮其背，即九月止于十月背后。《吕氏春秋·季秋纪》曰："是月也，申严号令，命百官贵贱，无不务入，以会天地之藏，无有宣出。命冢宰，农事备收，举五种之要。是月也，霜始降，则百工休，乃命有司曰：寒气总至，民力不堪，其皆入室。"《孟冬纪》曰："命有司曰：天气上腾，地气下降，天地不通，闭而成冬。命百官谨盖藏，命司徒循行积聚，无有不敛。附城郭，戒门闾，修楗闭，慎关籥，固封玺，备边境，完要塞，谨关梁，塞蹊径。"坤卦初六曰："履霜，坚冰至。"《象》曰："履霜坚冰，阴始凝也。驯致其道，至坚冰也。"由履霜至坚冰，犹艮其背。艮为止，坤为静为止，为止有所止，谓九月百工休止，于十月之前。于《易》，下艮在上艮之后，即下艮止于上艮坤阴之后，为艮其背。《系辞传》曰："《易》与天地准，故能弥纶天地之道。仰以观于天文，俯以察于地理，是故知幽明之故；原始反终，故知生死之说。”又曰，“与天地相似，故不违；知周乎万物，而道济天下，故不过。”艮卦，艮其背，顺自然之道，性命之理，故而《彖》曰：“艮，止也，时止则止。”

不获其身 《说文》：“获，猎所获也。”段玉裁注：“故从犬，引伸为凡得之称。”《周礼·大司马》：“获者取左耳。”郑氏注：“获，得也。得禽兽者，取左耳，当以计功。”又，《山虞》曰：“及弊田，植虞旗于中，致禽而珥焉。”郑注：“弊田，田者止也；植，犹树也。田止树旗，令获者皆致其禽，而校其耳，以知获数也。郑司农云：珥者，取禽左耳，以效功也。”《周礼》，用获本义；《周易》，获字且用本义之象。《说卦传》曰；“坎为耳。”随卦，震下兑上。九四曰：“随有获。”三之上坎象，坎为耳，为获。离卦，离下离上。上九曰：“有嘉折首，获匪其丑。”二之五为坎象，坎为耳，为获。解卦，坎下震上。九二曰：“田获三狐。”二在坎中，坎为耳，为获。上六曰：“公用射隼于高墉之上，获之。”下有坎，坎为耳，为获。巽卦，巽下巽上，六四曰：“田获三品。”初之四为坎象，坎为耳，为获。反之，坎象未成者，为不获。无妄卦，震下乾上。六二曰：“不耕获。”不得坎耳之象，是以无获。艮卦，艮下艮上。《彖》曰：“上下敌应，不相与也，是以不获其身。”即下艮止于上艮之背，是以不可获得前艮之身。其实，二之四有坎象，坎为耳，为获；以其艮其背，是以为不获其身。

《说文》：“身，船（躬）也，象人之身。”段玉裁注：“吕部曰：船，身也。二字为互训。船必入吕部者，船谓身之伛，主于脊骨也。”李孝定《甲骨文字集释》：“身，契文从人而隆其腹，象人有身之形，当是身之象初字。许君谓象人之身，其说是也。”约斋《字源》曰：“身体的身字，由人加一个肚子而成，后来底下加一画，那算是地面。可是那一横画，渐渐移到脚胫上去，变成现在的一撇子。又因左右向不同，而分为两字：身、㐆。”《说文》曰：“㐆，归也。从反身。”段注：“此如反人为匕，反从为比。”是人之身体，正见为身，反见为㐆。艮为反身，所见为后背，而不是前身。故艮其背，不获其身。《彖》曰：“上下敌应，不相与也，是以不获其身。”于《易》，上下卦，阴阳相反相对，则相应相与。下艮上艮，皆为反身，故而阴阳不相应相与。背字双关，既指身之背，也指阴阳相背。王弼注：“所止在后，故不得身也。”按，卦辞曰：“艮其背，不获其身。”身、背对举，可见艮为反身，背为背后，身为前身，两艮上下敌应，而不相与。

《月令·孟冬之月》云：“是月也，命有司曰：天气上腾，地气下降，天地不通，闭塞而成冬。”孔颖达《正义》曰：“以《易》卦爻象言之，则七月三阳在上，为天气上腾；三阴在下，为地气下降。以气应言之，则从五月地气上腾，至十月，地气六阴俱升，天气六阳并谢，天体在上，阳归于虚无，故云上腾；地气六阴用事，地体在下，阴下连于地，故云地气下降。《易》含万物，言非一端，各取其义，不相妨也。”艮卦，九月卦，以气应言之，正值阳气上腾至虚无，阴气上升至地上，阴在阳背，故而阴阳不应与。《孟春之月》云：“是月也，天气下降，地气上腾，大地和同，草木萌动。”孙希旦《礼记集解》曰：“天地之气，谓之阴阳。一年之中，或升或降。圣人作《易》，各分六爻，以象十二月。阳气之升，从十一月为始，正月三阳既上，成为乾卦。乾体在下，坤体在上，故正月为泰。乾为天，坤为地，天居地下，故云天气下降，地气上腾。愚谓天地和同，所谓天地交，而为泰也。天地交，则草木通矣。”九月以往，十月天地不交，不通。正月天地交，相通。艮之时，艮其背，不获其身，即是谓阴阳不交，与泰之时相反。

《大雅·大明》曰：“大任在身，生此文王。”毛传：“身，重也。”郑笺：“重，谓怀孕也。”《正义》曰：“以身中复有一身，故言重。”艮卦，三之上为大离之象。《说卦传》曰：“离，其于人也，为大腹。”按，大腹为身，是以下艮不获上艮之应，犹不获离，为不获其身。又，上艮在离，下艮在坎。离为日为君，坎为月为臣。艮其背，不获其身，犹谓君背臣，臣不得面君。《彖》曰：“艮其止，止其所也。上下敌应，不相与也，是以不获其身。”亦臣不得君，下不得上之谓。君止则臣止，上止则下止，故艮下艮上，为艮卦。程氏传：“艮为止。止之道，唯其时；行止动静，不以时则妄也。不失其时，则顺理而合义。在物为理，处物为义。动静合理义，不失其时也，乃其道之光明也。君子所贵乎时，仲尼行止，久速是也。艮体笃实，有光明之义。”按，艮上艮下，三之上为离象。离为日，日为时为光，是上下止于时，其道光明。

行其庭　《说卦传》曰：“震，动也；震为足。”足动为行。震卦，震下震上。六三曰：“震行无眚。”六五曰：“震往来厉。”《象》曰：“震往来厉，危行也。”是震为行。艮卦，三之五为震象，是以为行。《说文》曰：“庭，宫中也。从广，廷声。”桂馥义证：“宫中也者，本书《序》：令说文字未央庭中。《魏书·江式传》，作宫中。”段玉裁注：“廴部曰：廷，中朝也。朝不屋，故不从广。宫者，室也。室之中曰庭。《诗》曰：殖殖其庭；曰：子有庭内；曰，洒扫庭内。《檀弓》：孔子哭子路于中庭。注曰：寝中庭也。”朱骏声《说文通训定声》：“庭，今俗谓之厅。字作厅。《易·艮》：行其庭；《节》：不出户庭；《诗·斯干》：殖殖其庭；《闵予小子》：陟降庭止；《周礼·阍人》：掌扫门庭；《礼记·檀弓》：孔子哭子路于中庭；《束皙补亡诗》：眷恋庭闱。按堂寝正室，皆曰庭。”《说卦传》曰：“艮，为门阙。”门阙见庭。艮卦，艮下艮上，震于其中，故曰行其庭。

不见其人，无咎　《九章·涉江》：“接舆髡首兮，桑扈裸行。忠不必用兮，贤不必以。伍子逢殃兮，比干菹醢。与前世而皆然兮，吾又何怨乎今之人！余将董道而不豫兮，固将重昏而终身！”王逸注：“接舆，楚狂接舆也。髡，剔也；首，头也。自刑身体，避世不仕也。桑扈，隐士也。夫衣裸裎，效夷狄也。言屈原，自伤不容于世，引此隐者，以自慰也。伍子，伍子胥也。为吴王夫差臣，谏令伐越；夫差不听，遂赐剑而自杀。后越竟灭吴，故言逢殃。比干，纣之诸父也。纣惑妲己，作糟丘酒池，长夜之饮，断斫朝涉，刳剔孕妇。比干正谏，纣怒曰：吾闻圣人心有七孔。于是乃杀比干，剖其心而观之，故言菹醢也。谓行忠直，而遇患害，如比干、子胥者多也。自古有迷乱之君，若纣、夫差，不用忠信，灭国亡身，当何为复怨今之君乎？五臣云：此自抑之词。董，正也；豫，犹豫也。言己虽见先贤，执忠被害，犹正身直行，不犹豫而狐疑也。昏，乱也。言己不逢明君，思虑交错，心将重乱，以终年命。”艮卦，初之五为大坎，二之四为小坎。《说卦传》曰：“坎，为隐伏。”《彖》曰：“艮其止，止其所也。上下敌应，不相与也。是以不获其身，行其庭，不见其人，无咎。”谓有臣者，遇纣而夫差之君，道不同，则不相与谋，如微子、箕子，接舆、桑扈，隐遁行迹，则无灾咎；若比干、伍员，则有灾。不见其人，无咎，谓坎象隐伏，其人谓九三，在众阴之中隐伏，是以无咎。

《象》曰：“兼山，艮，君子以思不出其位。”《说文》：“兼，并也。从又持秝。兼，持二禾；秉，持一禾。”“并，相从也。”“从，相听也，随行也。”凡以类相与曰从。兼山，艮上艮下。又，《说文》曰：“位，列中庭之左右谓之位。从人立。”段玉裁注：“庭，当作廷，字之误也，廴部曰：廷，朝中也。《释宫》曰：中廷之左右谓之位。郭云：群臣之列位也。《周语》注亦曰：中廷之左右曰位。按，中廷，犹言廷中。古者朝不屋，无堂阶，故谓之朝廷。朝士掌外朝之位：左九棘，孤卿大夫位焉；右九棘，公侯伯子男位焉；面三槐，三公位焉。司士掌治朝之位：王南乡；三公北面东上；孤东面北上；卿大夫西面北上；王族故虎士，在路门之右，南面东上；大仆大右大仆从者，右路门之左，南面西上。虽有北而南面之臣，皆以左右约举之。《左传》云：有位于朝。是也。引伸之，凡人所处，皆曰位。”

《系辞传》曰：“天地之大德曰生，圣人之大宝曰位。何以守位？曰仁。何以聚人？曰财。理财正辞，禁民为非，曰义。”故君子思不出其位，当思仁义之理。乾卦《文言》：“九三曰：君子终日乾乾，夕惕若，厉无咎，何谓也？子曰：君子进德修业，忠信所以进德也；修辞立其诚，所以居业也。知至至之，可与几也；知终终之，可以存义也。是故，居上位而不骄，在下位而不忧。故乾乾因其时而惕，虽危无咎矣。”又，“上九曰：亢龙有悔，何谓也？子曰：贵而无位，高而无民，贤人在下位而无辅，是以动而有悔也。”艮卦，有九三、上九之爻。九三，知至至之，知终终之，居上位而不骄，在下位而不忧，是止其所止，不出其位。上九，亢而无应，是贵而无位，高而无民，贤人在下位而无辅。

兼山艮，有九三和上九之象，是以使君子，思不出其位。

《小雅·小明》曰："靖共尔位，正直是与。"《大雅·假乐》曰："不解于位，民之攸塈。"毛传："塈，息也。"《论语·宪问》："子曰：不在其位，不谋其政。曾子曰：君子思不出其位。"刘宝楠注："孔曰：不越其职。《正义》曰：毛氏奇龄《稽求篇》：夫子既言位分之严，故曾子引夫子，赞《易》之词以为证。此与牢曰子云，吾不试故艺正同。又曰；思不出位，系艮卦《象》辞。世疑《象》传多以字，或古原有此语，而夫子引以作《象》辞；曾子又引，以证不在其位之语，故不署《象》曰、子曰二字，亦未可知。案《礼·中庸》云：君子素其位而行，不愿乎其外；素富贵，行乎富贵；素贫贱，行乎贫贱；素夷狄，行乎夷狄；素患难，行乎患难。君子无入而不自得焉。在上位，不陵下；在下位，不援上。正己而不求于人，则无怨。上不怨天，下不尤人。郑注：不愿乎其外，谓思不出其位也。与此章义相发。"

《先进篇》曰："季子然问：仲由、冉求，可谓大臣与？子曰：吾以子为异之问，曾由与求之问。所谓大臣者，以道事君，不可则止。"《礼记·内则篇》曰："四十始仕，方物出谋发虑。道合则服从，不可则去。"《说苑·正谏篇》曰："君有过失者，危亡之萌也。见君之过而不谏，是轻君之危亡也。夫轻君之危亡者，忠臣不忍为也。三谏而不用则去，不去则身亡。身亡者，仁人所不忍为也。夫不谏则君危，固谏则危身。与其君危，宁危身。危身而终不用，则谏亦无功矣。智者度君权时，调其缓急，而处其宜。上不敢危君，下不以危身，故在国而国不危，在身而身不殆。昔陈灵公，不听泄治之谏而杀之；曹羁三谏曹君，不听而去。《春秋》序义，虽俱贤，而曹合礼。"按，以合礼为不出其位。故履卦《彖》曰："履，柔履刚也。说而应乎乾，是以履虎尾，不咥人，亨。刚中正，履帝位而不疚，光明也。"又，家人卦《彖》曰："家人，女正位乎内，男正位乎外，男女正，天地之大义也。家人有严君焉，父母之谓也。父父，子子，兄兄，弟弟，夫夫，妇妇，而家道正。正家，而天下定矣。"此即以礼，而思不出其位之谓。

《泰伯篇》曰："子曰：不在其位，不谋其政。"杨树达《论语疏证》："《易·象传》曰：兼山，艮，君子以思不出其位。《宪问篇》曰：曾子曰：君子思不出其位。《庄子·消遥游篇》曰：庖人虽不治庖，尸祝不越樽俎而代之矣。《孟子·离娄上篇》曰：位卑而言高，罪也。《韩非子·二柄篇》曰：昔者，韩昭侯醉而寝。典冠者，见君之寒也，故加衣于君之上。觉寝而说，问左右曰：谁加衣者？左右对曰：典冠。君曰：兼罪典衣与典冠。其罪典衣，以为失其事也；其罪典冠，以为越其职也。非不恶寒也，以为侵官之害，甚于寒。故明主之畜臣，臣不得越官而有功，不得陈言而不当。越官则死，不当则罪。"又引《左传僖公》曰："三十三年春，秦师过周北门，及滑。郑商人弦高，将市于周，遇之。以乘韦先，牛十二，犒师曰：寡君闻吾子，将步师出于敝邑，敢犒从者。不腆敝邑为从者之淹，居者具一日之积，行则备一夕之卫。且使遽告于郑。孟明曰：郑有备矣，不可冀也。攻之，不克；围之，不继。吾其还也。灭滑而还。树达按：不在其位，不谋其政，经也。弦高佯为郑吏，以犒秦，权也。国家存亡，在呼吸之顷，如弦高不在其位，而不谋，则悖矣。此又古人行事，深合辨证法者也。”

又，《左传》庄公：“十年春，齐师伐我。公将战，曹刿请见。其乡人曰：肉食者谋之，又何间焉？刿曰：肉食者鄙，未能远谋。乃入见，问何以战。公曰：衣食所安，弗敢专也，必以分人。对曰：小惠未遍，民弗从也。公曰：牺牲、玉帛，弗敢加也，必以信。对曰：小信未孚，神弗福也。公曰：小大之狱，虽不能察，必以情。对曰：忠之属也，可以一战。战则请从。公与之乘，战于长勺。公将鼓之，刿曰：未可。齐人三鼓，刿曰：可矣。齐师败绩，公将驰之，刿曰；未可。下视其辙，登轼而望之，曰：可矣！遂逐齐师。既克，公问其故。对曰；夫战，勇气也。一鼓作气，再而衰，三而竭。彼竭我盈，故克之。夫大国，难测也，惧有伏焉。吾视其辙乱，望其旗靡，故逐之。”按，《国语·鲁语上》，与此文略同。古人虽思不出位，然祀与戎，国之大事，匹夫有责，亦不拘泥。

震卦和艮卦，互为邻卦和综卦。《序卦传》曰：“震者，动也。物不可以终动，止之，故受之以艮。艮者，止也。”《月令·仲春之月》曰：“是月也，日夜分，雷乃发声。”《仲秋之月》曰：“是月也，日夜分，雷始收声。”雷二月乃发声，至雷始收声为八月，九月则雷已入。雷为阳气，万物随阳。雷动，万物动；雷止，万物止。《说文》：“卯，冒也。二月，万物冒地而出。”“酉，就也。八月，黍成可为酎酒。”卯，象开门之形，为春门；酉，象闭门之形，为秋门。是以卯为万物出，酉为万物入。震卦，震下震上，即为雷出雷入之义。又，《说文》：“戌，威也。九月，阳气微，万物毕成，阳下入地也。”段玉裁注：“火部曰：威，灭也。本毛诗传。火死于戌，阳气至戌而尽，威从火、戌。”八月雷始收声，是以至九月，阳气将尽，故震卦以后，次之以艮卦，互为邻卦。震卦，为阳出，艮卦，为阳入，两卦相倒，是以互为综卦。又，震卦，为诸侯兴起之卦，艮卦，为君臣相止之卦，一行一止，互为邻卦和综卦。

初六，艮其趾，无咎，利永贞。

〔译〕 初六，止其足，没有灾过，利于长久正道。

《象》曰：“艮其趾，未失正也。”

〔证〕

艮其趾　《尔雅·释言》：“趾，足也。”郭璞注：“足，脚。”《易》象，近取诸身，远取诸物，常以卦之最下为趾。噬嗑卦，初九曰：“履校灭趾。”贲卦，初九曰：“贲其趾。”剥卦，初六曰：“剥床以足。”咸卦，初六曰：“咸其拇。”大壮卦，初九曰：“壮于趾。”夬卦，初九曰：“壮于前趾。”鼎卦，初六曰：“鼎颠趾。”艮卦，初六亦在最下，当足之位，是以谓艮其趾。又，艮为人体反身，乃向后之象，故曰艮其背，艮其趾，艮其腓，艮其限，艮其身，艮其辅。《象》曰：“艮其趾，未失正也。”初六与六四敌应，是初不可往四，故初应止住脚步，方为不失阴阳正道。《彖》曰：“上下敌应，不相与也，是以不获其身；行其庭，不见其人，无咎。”谓上下敌应，不艮其趾，与之相与，则将有咎。《系辞传》曰：“一阴一阳之谓道。”设以初六应六四，以阴应阴，岂不失道。故止其初，为未失正道。又，《系辞传》曰：“天下之动，贞夫一者也。”朱熹曰：“天下之动，其变无穷。然顺理则吉，逆理则凶，则其所正而常者，亦一理而已矣。”贞夫一，即正其阴阳之道。艮其趾，未失正，即未失阴阳正道。

《老子》曰：“其安易持，其未兆易谋，其脆易泮，其微易散。为之于未有，治之于未乱。合抱之木，生于毫末；九层之台，起于累土；千里之行，始于足下。为者败之，执者失之。是以圣人，无为故无败，无执故无失。”言慎始方可善终，不艮其趾而冒进，必致失败。《礼记·中庸》：“凡为天下国家，有九经所以行之者，一也。凡事豫则立，不豫则废。言前定则不跲，事前定则不困，行前定则不疚，道前定则不穷。”《正义》曰：“此一节，明前九经之法，唯在豫前谋之，故云所以行之者，一也。一，谓豫也。言前定则不跲者，案《字林》云：跲，踬也；踬，谓行倒蹶也。将欲发言，能豫前思定，然后出口，则言得流行，不有踬蹶也。事前定则不困者，困，乏也，言欲为事之时，先须豫前思定，则临事不困。行前定则不疚者，疚，病也，言欲为行之时，豫前思定，则行不疚病。道前定则不穷者，言欲行道之时，豫前谋定，则道无穷也。”言豫则立，犹谓艮其趾，不失其正，皆重其初。

无咎　《说文》：“咎，灾也。”字体从人从各，人各相违，即成罪咎。又，二人同心，其利断金；二人相违，其祸成灾。《系辞传》曰：“无咎者，善补过也。”艮卦，初与四敌应，为二人相违，为咎。又，《系辞传》曰：“几者，动之微，吉之先见者也。君子见几而作，不俟终日。君子知微知彰，知柔知刚，万夫之望。子曰：颜氏之子，其殆庶几乎！有不善未尝不知，知之未尝复行。”《老子》曰：“盖闻善摄生者，陆行不遇兕虎，入军不被甲兵。兕无所投其角，虎无所措其爪，兵无所容其刃。夫何故？以其无死地。”六四，于艮止之时，而居震动中位，且以柔乘刚，大谬不然。初六，可谓知几微，而先见者，不援应六四，而艮其趾，止于初，不入危险之地，是以无咎。

利永贞　坤卦用六曰："利永贞。"《象》曰："用六永贞，以大终也。"利永贞，谓坤阴之类，永久利牝马之贞。故其《彖》曰："至哉坤元，万物资生，乃顺承天。坤厚载物，德合无疆；含弘光大，品物咸亨。牝马地类，行地无疆；柔顺利贞，君子攸行，乃终有庆。"艮卦初六，阴在阳位。故戒之以利永贞，谓止其非分之动，则有利于长久为牝类之正。《老子》曰："夫亦将知止，知止可以不殆。"又曰，"知足不辱，知止不殆，可以长久。"范应元注："惟知足知止，而不贪名货者，则不致污辱危殆，可以长且久也。"艮其趾，无咎，利永贞，亦知足知止，不致危殆，而利于长久为正。坤卦，王弼注："用六之利，利永贞也。能以永贞，大终者也。"侯果曰："用六，妻道也，臣道也，利在长正矣。不长正，则不能大终阳事也。"干宝曰："阴体其顺，臣守其柔，所以秉义之和，履贞之干，唯有推变，终归于正。是周公始于负扆南面，以光道；卒于复子明辟，以终臣节，故曰利永贞也。"是初六利永贞，谓永远坚贞阴道。程氏传："六在最下，趾之象也。趾，动之先也。以柔处下，当止之时也，行则失其正矣，故止乃无咎。阴柔患其不能常也，不能固也。故方止之初，戒以利在常永贞固，则不失止之道也。"又曰，"当止而行，非正也。止之于初，故未至失正。事止于始则易，而未至于失也。"此亦利永贞之义。

六二，艮其腓，不拯其随，其心不快。

〔译〕　六二，止住其小腿肚，不举拔其下之足，其人心中不愉快。

《象》曰："不拯其随，未退听也。"

〔证〕

艮其腓　《说文》："腓，胫腨也。从肉，非声。"段玉裁注："咸六二：咸其腓。郑曰：腓，膊肠也。按诸书，或言膊肠，或言腓肠，谓胫骨后之肉也。腓之言肥，似中有肠者然，故曰腓肠，荀爽《易》作肥。腨者，胫之一耑，举腨不该胫也。然析言之如是，统言之，则腨该全胫。"桂馥义证："胫腨也者，本书：疋，足也，上象腓肠。《广雅》：腓，腨也。《易》咸卦：咸其腓。王廙云：腓，腓肠也。艮卦：艮其腓。《正义》云：腓肠也，在足之上。"朱骏声《通训定声》云："腓，苏俗谓之膀肚肠子。"膀肚肠子，一名小腿肚子。骨刚为阳，内柔为阴。艮为反身，六二所见为腓。腓肠，为胫骨后面之肉，于初六趾上，是以六二为腓。二为阴，与五敌应，不利攸往，故而艮其腓。咸卦，艮下兑上。初六曰："咸其拇。"六二曰："咸其腓。"拇亦趾，是二为腓位。又，巽象，阳多阴少，为长股；艮象，阳少阴多，为短腓。

不拯其随 拯，子夏作抍，音升。按，今明夷卦六二曰："用拯马壮。"涣卦初六曰："用拯马壮。"及本卦六二，并作拯。《方言》曰："抍，拔也。"郭璞注："抍，拯拔。抍，一作拯。"王肃注："拯，拔也。"《说文》："抍，上举也。从手，升声。《易》曰：抍马壮吉。"又，"撜，抍或从登。"是许《说文》，有抍、撜字，而无拯字。朱骏声《说文通训定声》曰："拯，从手，丞声。据《易·释文》及《文选》注，引《说文》有此字。按，当为抍之或体，今附于此。《左宣十二年传》：目于眢井而拯之。注：出溺曰拯。《昭十年传》：是以无拯。注：拯，犹救助也。"段玉裁《说文解字注》："拯，上举也，出休为拯。从手，丞声。《易》曰：拯马壮吉。"其注曰："各本篆作抍，解无出休为拯四字，丞声作升声，拯马作抍马。今皆正。《易》明夷《释文》曰：丞，音拯救之拯，《说文》云举也，子夏作抍。《字林》云：抍，上举，音承。然则《说文》作拯，《字林》作抍，在吕时为古今字。"按，抍、撜、拯三字通，今只用拯。使之升登为本义，救助为引伸义。此处用本义，不拯其随，即艮其腓，不使其随之升登举拔。

《广雅·释诂》："随，逐也。"《说文》："随，从也。"段玉裁注："行可逶曲从迹，谓之委随。"随卦，震下兑上。《彖》曰："随，刚来而下柔，动而说，随。"是下随上，后随前，为随。《老子》曰："前后相随。"六二之下、之后，为初六。不拯其随，即谓不举拔其趾。王弼注："随，谓趾也。止其腓，故其趾不拯也。"《象》曰："不拯其随，未退听也。"谓不拯其随者，六二居中正之位，故而没有退下，听从初六之意。初六之趾，阴柔居阳刚之位，以小居大，而不得中得位；又在大坎之下，坎为薄蹄，为轻举躁动，是以不可听从。以其不可听从初六，故艮其腓，不拯其随。初六《象》曰："艮其趾，未失正也。"六二艮其腓，不拯其随，是未退听，亦未失正。《说卦传》曰："坎为耳。"六二之六四为坎，坎为耳为听；初六之六五为坎，坎为耳为听，二不拯其初，是未从二之四之坎，退至初之五之坎，是以为未退听。

《大雅·民劳》："无纵诡随，以谨无良。式遏寇虐，憯不畏明。柔远能迩，以定我王。"毛传："诡随，诡人之善随人之恶者；以谨无良，谨小以惩大也。柔，安也。"郑笺："谨，犹慎也；良，善；式，用；遏，止也；能，犹如也；迩，近也。王为政，无听于诡人之善不肯行、而随人之恶者，以此敕慎无善之人。又用此止为寇虐，曾不畏敬明白之刑罚者。安远方之国，顺如其近者，当以此定我周家，为王之功。"朱熹《诗集传》曰："憯，曾也；明，天之明命也。诡随，不顾是非，而妄随人也。苏氏曰：人未有无故而妄从人者，维无良之人，将悦其君，而窃其权，以为寇虐则为之。故无纵诡随，则无良之人肃，而寇虐无畏之人止。然后柔远能迩，而王室定矣。"《诗》曰无纵诡随，《易》曰不拯其随，其随皆不良，是以相同。又，《笺》曰无听于诡人，《象》曰未退听也，亦皆谓不听信诡随之人，是《诗》义与《易》义相通。

其心不快 《释名·释形体》云："心，纤也，所识纤微，无物不贯也。"《释名疏证补》："叶德炯曰：心，《说文》引博士说，以为火藏。火者，阳精，故所纤微，无物不贯也。阮元释心云：《释名》此训，最合本义。盖纤细而锐者，皆可名曰心。但言心，而其纤锐、纤细之意见矣。"《说文》曰："快，喜也。"心，所识纤微，无物不贯。六二既受其阻，即艮其腓；又不得举拔其随从，即不拯其随，故而俾其心不喜。《说卦传》曰："坎，为心病，为加忧，为亟心。"艮卦，二之四为坎，六二在坎，故曰其心不快。王弼注："腓体躁动而处上，不得拯其随，又不能退听安静，故其心不快也。"按，安静，应为其随。趾，亦非静物。此言艮止之难，虽止于下，然连于心。谓止其行动者，必止其心而后快。六二，艮其腓，尚未止其心志，是以其心不快。《文子》曰："心者，形之主也；神者，心之宝也。"《淮南子》亦曰："夫心者，五藏之主也，所以制使四支，流行血气。"是止四肢，必先止心，修行必须修心。

《礼记·大学》曰："古之欲明明德，于天下者，先治其国；欲治其国者，先齐其家；欲齐其家者，先修其身；欲修其身者，先正其心；欲正其心者，先诚其意；欲诚其意者，先致其知。致知在格物，格物而后知至；知至而后意诚，意成而后心正；心正而后身修，身修而后家齐；家齐而后国治，国治而后天下平。自天子以至于庶人，一是皆以修身为本。其本乱而末治者，否矣。"又曰，"所谓修身，在正其心者，身有所忿懥，则不得其正；有所恐惧，则不得其正；有所好乐，则不得其正；有所忧患，则不得其正。心不在焉，视而不见，听而不闻，食而不知其味，此谓修身在正其心。"按，自天子以至于庶人，一是皆以修身为本；然修身在正其心，是正其心，为修身之本。六二，艮其腓，不拯其随，其心不快，是艮之所至，尚未至六四，即心所在之身，故而其心不快。是以九三曰："艮其限，列其夤，厉熏心。"

九三，艮其限，列其夤，厉熏心。

〔译〕 九三，止其胯骨，裂其膝盖，心急如焚。

《象》曰："艮其限，危熏心也。"

〔证〕

艮其限 九三之上为上艮，九三以下为下艮，九三为界限。又，九三在坎中，坎为陷，是亦为限。马融曰："限，要也。"要即腰。虞翻曰："限，腰带处也。"王弼注："身之中也，三当两象之中，故曰艮其限。"按，阴柔阳刚，阴为肉，阳为骨。九三阳爻，在身之中间，盖为胯骨，距腹心稍近，故《象》曰："艮其限，危熏心也。"《系辞传》曰："易之为书也，广大悉备。有天道焉，有人道焉，有地道焉。兼三才而两之，故六。六者非它也，三才之道也。"朱熹注："三画已具三才，重之故六。而以上二爻为天，中二爻为人，下二爻为地。"艮卦，九三为人道，上九为天道，三与上敌应，是人道敌应天道。又，九三过刚不中，是以当艮，故曰艮其限。

然九三多象，限字亦多义，圣人托象寓意，是以不直明限为何物。《系辞传》："子曰：书不尽言，言不尽意。然则圣人之意，其不可见乎？子曰：圣人托象以尽意，设卦以尽情，系辞焉以尽其言，变而通之以尽利，鼓之舞之以尽神。"艮为门阙，艮上艮下，为前堂后室。九三艮其限，犹艮其内室。《齐风·东方之日》云："东方之日兮，彼姝者子，在我室兮。在我室兮，履我即兮。东方之月兮，彼姝者子，在我闼兮。在我闼兮，履我发兮。"毛传："履，礼也；闼，门内也；发，行也。"《诗序》曰："《东方之日》，刺衰也。君臣失道，男女淫奔，不能以礼化也。"《正义》曰："作《东方之日》诗者，刺衰也。哀公君臣失道，至使男女淫奔，谓男女不待以礼配合。君臣皆失其道，不能以礼化之，是其时政之衰，故刺之也。毛以为，陈君臣盛明，化民以礼之事，以刺当时之衰。郑则指陈当时，君臣不能化民以礼。虽属意异，皆以章首一句，东方之日，为君失道；东方之月，为臣失道。下四句，为男女淫奔，不能以礼化之之事。"汉鲁人申培《诗说》："《东方之日》，齐庄公好女乐，君子讥之。"艮卦，三之上为离，离为日为君；二之四为坎，坎为月为臣。又，室内之阴，为姝子。是卦与诗相通，九三曰艮其限，亦可谓止其内室之事，不使男女失礼，君臣失道。

列其夤　《说文》："列，分解也。"桂馥义证："《释言》：割，裂也。裂，当为列。案割，剥也；剥，列也。《易》艮卦，列其夤。《大戴礼·曾子天圆篇》："割列禳瘗。《史记·项羽纪》：分列天下。"是列即裂。又，《说文》曰："夤，敬惕也。从夕，寅声。"段玉裁注："凡《尚书》寅字，皆假寅为夤也。"是夤与寅通假。列其夤，本为列其寅。《说文》："寅，髌也。正月阳气动，去黄泉欲上出，阴尚强，象宀不达髌寅，于下也。"又，"髌，膝耑也。从骨，宾声。"段玉裁注："膝，胫头节也。《释骨》云：盖膝之骨曰膝髌。《大戴礼》曰：人生期而髌；髌不备，则人不能行。古者五刑：膑、宫、劓、墨、死。膑者，髌之俗，去膝头骨也。"按，列，为裂；夤，犹寅；寅，髌也。是列其夤，即裂其髌。艮卦，三之五为上身，上身震象为动；初之三为下身，下身艮象为止。上身动，九三止其腰胯，裂其膑骨，故《象》曰："艮其限，危熏心也。"按，艮为坚多节，故下艮之九三，为胯骨和膑骨。

厉熏心　《象》曰："危熏心也。"可惧为危。《说文》："熏，火烟上出也。从屮，从黑。屮黑熏象也。"《大雅·云汉》曰："我心惮暑，忧心如薰。"阮元《毛诗注疏校勘记》："唐石经小字本、相台本，薰作熏。闽本、明监本、毛本同。案十行本注，及《正义》中，仍作熏。《释文》以如熏作音，薰字非也。考文，古本作薰，依上《正义》中，引《尔雅》薰也，而为之耳。"按《易》与《诗》，本应作熏。薰，《说文》曰："香艸也。"毛传："熏，灼也。"《正义》："熏、灼俱焚炙之义，故为灼也。"熏，烟火燎烤。危厉熏心，犹忧心如熏。初六艮其趾，六二艮其腓，不拯其随，九三艮其限，列其夤。自足以上，至腰以下，皆不得动。是艮之愈近于心，愈止之甚，上下身动相反，故而其厉熏心。九三，在众阴之中，有坎象，为危厉；上出为离，离为烟火，为熏；坎又为心病，为加忧，为亟心，是以为厉熏心。《韩诗外传·卷二》云："孔子曰：口欲味，心欲佚，教之以仁。心欲安，身恶劳，教之以恭。好辨论，而畏惧，教之以勇。目好色，耳好声，教之以义。《易》曰：艮其限，列其夤，危薰心；《诗》曰：吁嗟，女兮！无与士耽。皆防邪禁佚，调和心志。"《韩诗》，将孔子、《周易》、《诗经》，相互比附。孔曰教，即《易》曰艮，《诗》曰无耽，皆防邪之谓。

六四，艮其身，无咎。

〔译〕 六四，止其身，无灾过。

《象》曰："艮其身，止诸躬也。"

〔证〕

艮其身 《经义述闻·通说上·身》："引之谨案：人自顶以下，踵以上，总谓之身。《考工记·庐人》：凡兵，无过三其身。郑注曰：人长八尺，与寻齐，进退之度三寻。是也。颈以下，股以上，亦谓之身。艮六四：艮其身。在艮趾、艮腓、艮限之上，艮辅之下，则举中而言矣。故《象》传曰：艮其身，止诸躬也。躬，亦举中而言。涣六三：涣其躬。荀注曰：体中曰躬。是也。《论语·乡党篇》：亵裘长，短右袂，必有寝衣，长一身有半。身体中也，谓颈以下，股以上也。以今尺度之，中人颈以下，股以上，约有一尺八寸，一身之长也。再加九寸，为一身之半，则二尺七寸矣。以古六寸为尺计之，得四尺又五寸，一身又半之长也。解者误谓一身，为顶以下，踵以上。衣长一身又半，则下幅被土，非复人情。于是不得已，而以被当之。孔、郑注，并曰：寝衣，今被也。《说文》亦曰：被寝衣长，一身有半。皆由此误也，不知颈以下，股以上，亦谓之身。"

以其颈以下，股以上，亦谓之身，故《象》曰："艮其身，止诸躬也。"艮为反身，六四为身之背，止其身，即止其躬背。《说文》："躳（躬），身也。"段玉裁注："二字为互训。躳必入吕部者，躳谓身之伛，主于脊骨也。躳以吕者，身以吕为柱也。"以躬为身之躯干，是以止诸躬，即艮其身。《礼记·乐记》曰："致礼以治躬则庄敬，庄敬则严威。外貌斯须不庄不敬，而易慢之心入之矣。”孔颖达疏：“致礼以治躬则庄敬，庄敬则严威，此经云致礼，而治躬谓致礼。意以治躬，外貌则庄严而恭敬。若能庄严而恭敬，则严肃威重也。外貌斯须不庄不敬，而慢易之心入之矣者，前经致礼，以治躬得，则庄敬起；此经明致礼，以治躬失，则易慢生。故云外貌，斯须庄不敬，不能致礼治躬，故轻易怠慢之心，从外而入内矣。”致礼以致躬，即是止诸躬。止诸躬，方可庄敬严肃，方可无失于礼。

艮其身，意即修其身。《荀子·修身篇》：“见善，修然必以自存也；见不善，愀然必以自省也。善在身，介然必以自好也；不善在身，灾然必以自恶也。故非我而当者，吾师也；是我而当者，吾友也；谄谀我者，吾贼也。故君子隆师而亲友，以致恶其贼。好善无厌，受谏而能诫，虽欲无进，得乎哉？小人反是：致乱，而恶人之非己也；致不肖，而欲人之贤己也；心如虎狼，行如禽兽，而又恶人之贼己也。谄谀者亲，谏争者疏，修正为笑，至忠为贼，虽欲无灭亡，得乎哉？”按，见善，修然必以自存；见不善，愀然必以自省；善在自，介然必以自好；不善在身，灾然必以自恶：此修身之谓，亦艮其身之谓。

《卫风·淇奥》云：“瞻彼淇奥，绿竹猗猗。有匪君子，如切如磋，如琢如磨。瑟兮僩兮，赫兮咺兮。有匪君子，终不可谖兮。”毛传：“奥，隈也；绿，王刍也；竹，萹竹也；猗猗，美盛貌。武公质美德盛，有康叔之余烈。匪，文章貌；治骨曰切，象曰磋，玉曰琢，石曰磨。道其学而成也，听其规谏以自修，如玉石之见琢磨也。瑟，矜庄貌；僩，宽大也；赫，有明德赫然；咺，威仪容止宣著也。谖，忘也。”《正义》曰：“视彼淇水隈曲之内，则有王刍与萹竹，猗猗然美盛！以兴视彼卫朝之上，则有武公贤美德盛。然则王刍萹竹，所以美盛者，由得淇水浸润之故。武公所以德盛者，由得康叔之余烈。故又言此，有斐然文章之君子，谓武公能学问听谏，以礼自修，而成其德美。如骨之见切，如象之见磋，如玉之见琢，如石之见磨，以成其宝器。而又能瑟兮，颜色矜庄；僩兮，容裕宽大；赫兮，明德外见；咺兮，威仪宣著。有斐然文章之君子，盛德之至如此，故民称之，终不可忘兮。”《诗序》曰；“《淇奥》，美武公之德也。有文章，又能听其规谏，以视自防，故能入相于周。美而作是诗也。”六四，得位之诸侯，且近六五，能艮其身，是以礼自防，故能入相于天子之象。

无咎　《老子》曰：“吾所以有大患者，为吾有身；及吾无身，吾有何患？故贵以身为天下，若可寄天下；爱以身为天下，若可托天下。”又曰，“是以圣人，后其身而身先，外其身而身存，非以其无私邪？故能成其私。”王弼注：“无私者，无为于身也。”《韩诗外传·卷三》：“公仪休相鲁而嗜鱼，一国人献鱼而不受。其弟谏曰：嗜鱼不受，何也？

曰：夫欲嗜鱼，故不受也。受鱼而免于相，则不能自给鱼。不受而不免于相，长自给于鱼。此明于为己者也。故《老子》曰：后其身而身先，外其身而身存。非以其无私乎，故能成其私。《诗》曰：思无邪。此之谓也。”是身、私义通。无身通无私，无私则无患。艮其身，亦止其私。止其私，可无咎。故看重以身为天下者，可寄天下于他。喜爱以身为天下者，可托天下于他。忘我而我存，此皆艮其身而无咎。《象》曰：“艮其止，止其所也。上下敌应，不相与也。是以不获其身，行其庭，不见其人，无咎也。”艮其身无咎，亦相反相成。艮其身有身，故无咎。

《韩非子·解老》曰：“身以积精为德，家以积财为德，乡国天下，皆以民为德。今治身而外物，不能乱其精有资有余，故曰：修之家，其德有余。治乡者行此节，则家之有余者益众，故曰：修之乡，其德乃长。治邦者行此节，则乡之有德者益众，故曰：修之邦，其德乃丰。莅天下者行此节，则民之生，莫不受其泽，故曰：修之天下，其德乃普。修身者，以此别君子小人；治乡、治邦、莅天下者，各以此科适观息耗，则万不失一。故曰：以身观身，以家观家，以乡观乡，以邦观邦，以天下观天下。吾奚以知天下之然也？以此。”治身，即艮其身。治身然后治乡、治邦、莅天下，则万不失一，即无咎。又，《系辞传》曰：“无咎者，善补过也。”六四，既艮其身，是善补过，故无咎。《说卦传》曰：“坎为多眚。”眚灾为咎。二之四为坎，六四出坎之爻，故曰无咎。

六五，艮其辅，言有序，悔亡。

〔译〕　六五，控制其口，言语有顺序，悔恨无。

《象》曰：“艮其辅，以中正也。”

〔证〕

艮其辅　小徐本《说文》：“辅，《春秋传》曰：辅车相依。从车，甫声。人颊车也。”段玉裁注：“此引《春秋传》僖公五年文。不言辅义者，义已具于传文矣。引申之义，为凡相助之称。今则借义行，而本义废，尠有知辅，为车之一物者矣。面部曰：酺，颊车也。面酺自有本字。《周易》作辅，亦字之假借也，今亦本字废，而借字行矣。”《说文》：“酺，颊也。从面，甫声。”段注：“颊者，面旁也。面旁者，颜前之两旁。故酺与颊可互称。古多借辅为酺。咸上六，咸其辅颊舌；艮六五，艮其辅。其辅字，皆当作酺。盖自外言，曰酺，曰颊，曰靥酺；自里言，则上下持牙之骨，谓之酺车，亦谓牙车，亦谓颔车，亦谓颊车，亦谓鰜车，亦谓之酺，亦谓之颊。许言酺颊也者，言其外也。《易》言酺颊，言酺，言其里也。酺车非外之酺，颊车非外之颊，此名之当辨者也。颊车与舌，言则必动，故咸、艮爻辞取此。”按，艮为反身，辅当为后见之外辅。言则必动颊车，是艮其辅，犹言止其言。《象》曰：“艮其辅，以中正也。”谓止其辅者，以使言语中正，不偏颇。艮卦，三之上有颐象，颐象上止下动，为艮其辅。六五居上艮之中，为止于中；以中则正，故为中正。

言有序 《虞书·大禹谟》云：“惟口出好兴戎，朕言不再。”《正义》曰：“惟口之所言，出好事，兴戎兵，非善思虑，无以出口。我言不可再发，令禹受其言也。”《系辞传》曰：“拟之而后言，议之而后动。君子居其室，出其言善，则千里之外应之，况其迩者乎？居其室，出其言不善，则千里之外违之，况其迩者乎？言出乎身，加乎民，行发乎迩，见乎民。言行，君子之枢机。枢机之发，荣辱之主也。言行，君子之所以动天地也，可不慎乎？子曰：乱之所生也，则言语以为阶。”又曰，“将叛者其辞惭，中心疑者其辞枝，吉人之辞寡，躁人之辞多，诬善之人其辞游，失其守者其辞屈。”以上，皆谓慎其言语。《说文》段玉裁注：“经传多假序为叙。《周礼》、《仪礼》序字注，多释为次弟是也。又，《周颂》：继序思不忘。传曰：序，绪也。此谓序，为绪之假借字。”是艮其辅，言有序，即谓止住口舌，不乱言语。《说卦传》曰：“震为善鸣。”六五在震上，是以为善鸣，为言有序。又，坎为言。初之五，为大坎，上下排列整齐有序，为言有序。

悔亡 《中论·贵言》曰：“君子必贵其言，贵其言，则尊其身；尊其身，则重其道；重其道，所以立其教。言费贱，身贱；身贱，则道轻；道轻，则教废。故君子非其人，则弗与之言。若与之言，必以其方。农夫则以稼穑，百工而以技巧，商贾则以贵贱，府史则以官守，大夫及士，则以法制，儒生则以学业。故《易》曰：艮其辅，言有序。不失事中之谓也。孔子曰：可与言，而不与之言，失人；不可与言，而与之言，失言。知者不失人，亦不失言。不失人，不失言，所以悔无。《吕氏春秋·重言》曰：“人主之言，不可不慎。高宗，天子也。即位谅暗，三年不言。卿大夫恐惧患之。高宗乃言曰：以余一人正四方，余唯恐言之不类也，兹故不言。古之天子，其重言如此，故言无遗者。”高诱注：“遗，失也。”言无失，亦无悔。六五，君王之位。艮其辅，言有序，贵重其言而不失，是以悔亡。《说卦传》曰：“坎为心病。”悔恨为心病。二之四为坎，六五已出坎，为悔恨无。

上九，敦艮，吉。

〔译〕 上九，止于厚道，吉利。

《象》曰：“敦艮之吉，以厚终也。”

〔证〕

敦艮　《说文》:“敦，怒也、诋也；一曰谁何也。从攴，享声。”段玉裁注:“皆责问之意。《邶风》：王事敦我。毛曰：敦，厚也。按心部惇，厚也。然则，凡云敦厚者，皆假敦为惇。此字本义训责问，故从攴。”桂馥义证:“《集韵》引一曰下，有大也、勉也四字。”《卜辞分类读本》曰:“敦，甲骨文用作攻击挞伐之义。”此即敦之责问意。《毛诗紬义》:“传所谓厚，非厚意之厚，言以役事重迭与之也。”《汉简注释》卷四曰:“敦，丰本惇作敦。惇即敦厚本字。”此即敦之惇厚意。郑氏注《乐记》云:“敦，厚也。”坤卦，坤下坤上。《彖》曰:“坤厚载物。”《象》曰:“君子以厚德载物。”临卦，兑下坤上。上六曰:“敦临，吉，无咎。”《象》曰:“敦临之吉，志在内也。”上六在上，坤土为厚，以厚大临下民，为敦临吉。复卦，震下坤上。六五曰:“敦复，无悔。”《象》曰:“敦复无悔，中以自考也。”五得中，又得坤厚老成，为敦厚无悔。艮卦，艮下艮上。《说文》:“厚，山陵之厚也。”艮为山，为厚。上九以乾阳，止于坤阴之上，坤阴为厚道，上止于厚道，为敦艮。按，《周书·武成》曰:“**惇**信明义。”**惇**用敦之本字。

吉　《周书·洛诰》曰:“惇大成裕，汝永有辞。”孔氏传:“厚大成宽裕之德，则汝长有叹誉之辞于后世。”《易》敦，与《书》惇义同。上九，为大君之位，又为艮之终。上九敦艮，谓天子止于厚大宽裕之德，亦必长有叹誉之辞，故《象》曰:“敦艮之吉，以厚终也。”以厚终也，即止于厚道。于象，上九出大坎，登高山，在大离之上，离为光明，为止于至善，是以为吉。王弼注:“居止之极，极止者也。敦重在上，不陷非妄，宜其吉也。”程氏传:“九以刚实居上，而又成艮之主，在艮之终，止于至坚笃者也。上九，能敦厚于终，止道之至善，所以吉也。六爻之德，唯此为吉。”朱骏声《六十四卦经解》曰:“初趾，二腓，三限，四身，五辅，此爻则不言背，而背之象也。一身之敦厚者，莫如背，背在后，故比之上曰后。夫上为后，背北面南，所谓负阴抱阳也。艮之在上者八卦，皆吉。艮者，物之所成始，而所成终也。故《象》传曰厚终。上爻，所谓惟止能止众止者，故敦。”李道平《周易集解纂疏》:“愚案:《释丘》：丘一成为敦丘。郭注：成犹重也。疏云：丘上更有一丘，相重累者。上是艮之重，故曰敦艮。《中庸》：敦厚以崇礼。敦有厚义，崇有山象，山止于上，厚则愈崇。《诗·天保》曰：如南山之寿，不骞不崩。故敦艮吉也。又，上与三皆为艮主，三不当止而止，虽得位亦厉；上时止则止，虽失位亦吉。”又曰，“坤厚载物，故坤为厚。上为终，艮为成终，坤又代终，阳在上，下据坤终，故以厚终也。”

第五十三卦　甲　寅

☴巽上
☶艮下

渐，女归吉，利贞。

〔**译**〕　渐，阴归吉利，利于正道。

《彖》曰："渐之进也，女归吉也。进得位，往有功也；进以正，可以正邦也。其位，刚得中也。止而巽，动不穷也。"

《象》曰："山上有木，渐，君子以居贤德善俗。"

〔**证**〕

艮下巽上　《系辞传》曰："日往则月来，月往则日来，日月相推，而明生焉。寒往则暑来，暑往则寒来，寒暑相推，而岁成焉。往者屈也，来者信也，屈信相感，而利生焉。尺蠖之屈，以求信也；龙蛇之蛰，以存身也；精义入神，以致用也；利用安身，以崇德也。过此以往，未之或知也。穷神知化，德之盛也。"按，日月往来，寒暑易节，屈和伸，蛰和存，入神与致用，安身以崇德，皆谓阴阳渐变之理。朱熹曰："言往来屈信，皆感应自然之常理。因言屈信往来之理，而又推以言学，亦有自然之机也。精研其义，至于入神。屈之至也，然乃所以为出。而致用之本，利其施用，无适不安。信之极也，然乃所以为入，而崇德之资。内外交相养，互相发也。下学之事，尽力于精义利用。而交养互发之机，自不能已。自是以上，则亦无所用其力矣。至于穷神知化，乃德盛仁熟，而自致耳。然不知者，往而屈也；自致者，来而信也。是亦感应自然之理而已。张子曰：气有阴阳，推行有渐为化，合一不测为神。"

《系辞传》曰："《易》曰：憧憧往来，朋从尔思。子曰：天下何思何虑，天下同归而殊途，一致而百虑。"所谓《易》曰，谓咸卦九四爻辞。朋为阴，初六应九四，阴从阳思，为朋从尔思。是天下虽阴阳殊途，但同归一道，百虑而一致，而阳董其道。于《易》，十一月，一阳生，推五阴而上，为复卦，震下坤上；十二月，二阳生，推四阴而上，为临卦，兑下坤上；正月，三阳生，推三阴而上，为泰卦，乾下坤上；二月，四阳生，推二阴而上，为大壮卦，乾下震上；三月，五阳生，推一阴而上，为夬卦，乾下兑上；四月，六阳全生，阴全消，为乾卦，乾下乾上。与此相反相仿，五月，一阴生，推五阳而上，为姤卦，巽下乾上；六月，二阴生，推四阳而上，为遁卦，艮下乾上；七月，三阴生，推三阳而上，为否卦，坤下乾上。八月，四阴生，推二阳而上，为观卦，坤下巽上；九月，五阴生，推一阳而上，为剥卦，坤下艮上；十月，六阴全生，阳全消，为坤卦，坤下坤上。是以阳渐推阴，阴渐推阳，阴阳变化有渐。

乾为天，坤为地。阳为天之气，阴为地之气。天气在上，地气在下，自然之归。渐卦，艮下巽上。伏羲八卦，巽于西南隅，为夏秋之交，为阴来姤阳；艮于西北隅，为秋冬之交，为阴来剥阳。是巽上艮下，为五月往，九月来之象，为阴归有渐。《系辞传》曰："日月运行，一寒一暑，乾道成男，坤道成女。"以其乾阳为男，坤阴为女，故五月、六月、七月、八月，乃至九月，为阴归阳下。《易》曰归妹，《诗》曰之子于归。故《彖》曰："渐之进也，女归吉也。"是渐进，谓阴气渐归。又，《系辞传》曰："乾知大始，坤作成物。乾以易知，坤以简能。"朱熹《周易本义》曰："知，犹主也。乾主始物，而坤作成之。承上文男女，而言乾坤之理。盖凡物之属乎阴阳者，莫不如此。大抵阳先阴后，阳施阴受；阳之轻清未形，而阴之重浊有迹也。乾健而动，即其所知，便能始物，而无所难，故为以易而知大始。坤顺而静，凡其所能，皆从乎阳，而不自作，故为以简而能成物。"艮下巽上，巽往艮来，即五月往，九月来，是阴来顺阳，而成物之期。故《彖》曰："渐之进也，女归吉也。"女归，即谓阴归，谓阴渐渐归来。

《周易》，多天文，亦多人文。《豳风·东山》曰："我徂东山，慆慆不归。我来自东，零雨其濛。"孔颖达疏："毛以为，周公言我往之东山，征伐四国，慆慆然，久不得归。既得归矣，我来自东方之时，道上乃遇零落之雨，其濛濛然。"《诗序》曰："《东山》，周公东征也。周公东征，三年而归。劳归士，大夫美之，故作是诗也。"《正义》曰："《金縢》云：天大雷电以风，王与大夫尽弁，以启金縢之书。王执书以泣曰：今天动威，以彰周公之德。惟朕小子其新迎。注云：新迎，改先时之心，更自新，以迎周公于东，与之归，尊任之。言自新而迎，明是成王亲迎之。《书序》云：武王崩，三监及淮夷叛。周公相成王，将黜殷命，作《大诰》。注云：三监，管叔、蔡叔、霍叔三人，为武庚监于殷国者也。前流言于国，公将不利于成王；周公还摄政，惧诛，因遂其恶，开道淮夷，与之俱叛。此以居摄二年之时，系之武王崩者，其恶之初，自崩始也。是三监、淮夷叛，周公东伐之事也。摄政元年即东征，至三年而归耳。"按，周公东征，诛三监四国，见疑未归。至成王启金縢之书，知公曾请代武王死，是以于三年迎之。渐卦，初之三为艮，艮为山；三之五为离，离为日。日出于东，其山为东山。二之四为坎，坎为雨；四之上为巽，巽为风。风雨交加，为濛濛然。周公摄王政，为离日，为我来自东，零雨其濛。周公来归成王，成王为君为阳，周公为臣为阴，为阴归阳，为女归。

《法言·学行》："或问进。曰：水。或曰：为其不舍昼夜与？曰：有是哉，满而后渐者，其水乎！或问鸿渐。曰：非其往不往，非其居不居，渐犹水乎！请问木渐。曰：止于下，而渐于上者，其木也哉！亦犹水而已矣。"注："水满坎而后进，人学博而后仕。

鸿之不失寒暑，亦犹水之因地制行。止于下者，根本也；渐于上者，枝条也。士人操道义为根本，业贵无亏；进礼学如枝条，德贵日新。”《法言义疏》：“或问进者，问仕进之道也。《易·渐》云：进得位，往有功也。《王制》云：大乐正论造士之秀者，以告于王，而升诸司马，曰进士。郑注云：进士，可进受爵禄也。本书《君子》云：或曰：子于天下则谁与？曰：与夫进者乎！或曰：贪食位也。慕夫禄也，何其与？曰：此贪也，非进也。明或问所谓进，必谓仕进也。为其不舍昼夜与者，不舍昼夜，《论语·子罕》文。按，《法言》此文所云进，自指仕进而言，与孔子叹逝义别。满而后渐，乃学而优则仕之喻。或问鸿渐者，鸿渐，《易·渐》文。彼虞翻注云：鸿，大雁也；渐，进也。按，此难满而后进之义，谓水虽必盈科而后进，而鸿则乘时而翱翔已耳。必学优而后仕，则鸿渐何以称焉？非其往不往云云者，《夏小正》：九月遰鸿雁。传云：遰，往也。按，自北而南也，从我见言之曰来，从其居言之曰往。《淮南子·时则》：仲秋之月，候雁来。高注云：候时之雁，从北漠中来，过周雒，南至彭蠡也。又，季秋之月，候雁来。注云：盖以为八月来者，其父母也；是月来者，盖其子也。又，《小正》：正月，雁北乡。传云：先言雁，而后言乡者，何也？见雁而后数其乡也。乡者何也？乡其居也，雁以北方为居。何以谓之居？生且长焉尔。何不谓之南乡也？曰非其居也。《月令》郑注云：凡鸟随阴阳者，不以中国为居。渐犹水也者，言鸿之往来有候，居处有常，犹水之流必循理，万折必东，以喻君子之仕，非其道不由，非其位不处也。请问木渐者，此又难非其往不往，非其居不居之义。《易·渐》云：山上有木渐，君子以居贤德善俗。然则渐不一象，仕不一术。鸿渐之说，即有如上文所答者，而山木之渐，乃是因地利，顺自然，以成其高，疑人之仕进，亦或可以势厚为凭藉。止于下，而渐于上云云者，《说文》：木，冒也，冒地而生，东方之行。从屮，下象其根。徐锴系传：屮者，木始甲坼也。万物皆始于微，合抱之木，生于毫末，故木从屮。木之性，上枝旁引一尺，下根亦引一尺，故木于文，上下均也。言木必根深，而后枝茂；犹水必源盛，而后流长。以喻君子必下学，而后上达也。注：水满坎而后进，入学博而后仕。按，《孟子》云：流水之为物也，不盈不行；君子之志于道也，不成章不达。赵岐注云：盈，满也；科，坎也。流水满坎乃行，以喻君子，学必成章，乃仕进也。”渐卦，艮下巽上。三阳为昼，三阴为夜，二之四为坎水，水跨阴阳，为其不舍昼夜。又，二之四为坎为水，四之上为巽为进退，是以为满而后渐。又，巽为高，坎为飞鸟之象，是以为鸿渐。艮为九月，在下为来，为鸿雁来宾。《艺文聚类·鸟部》：“宾，言客止来去。”上巽为进，为鸿雁南北往来，非其往不往，非其居不居，其渐犹水。又，下艮为止，上巽为木、为进，止于下，而渐于上，为木之象，亦犹水而已。扬雄通《易》，是《学行》所言，合于《易》之象义。

《荀子·劝学》："积土成山，风雨兴焉；积水成渊，蛟龙生焉；积善成德，而神明自得，圣心备焉。"王念孙曰："此言积善成德，而通于神明，则圣心于是乎备也。《儒效篇》云：积善而全尽，谓之圣人。彼言全尽，犹此言圣心备也，一也。"王先谦案："言学必积小高大，一志者成也。《荣辱篇》云：尧、禹者，非生而具者也，起于变故，成乎修为，待尽而后备者也。与此言积善成德，圣心乃备义合。"渐卦，初之三为艮，二阴一阳，为积土成山；二之四为坎，坎为水为雨；四之上为巽，巽为风，其风雨在艮山之上，为积土成山，风雨兴焉。在《易》为象，在《荀子》为比兴，其义相通。又，《老子》曰："合抱之木，生于毫末；九层之台，起于累土；千里之行，始于足下。"于《易》，合抱之木为巽，九层之台为艮，为巽上艮下，为渐卦。又，下艮为山，为径路；二之四为坎，坎为水；上巽为进退，为行走；艮初为趾，为下：是山水连绵，千里之行，始于足下，亦积累渐进之象。

扬雄《太玄经》："锐，阳气岑以锐，物之生也，咸专一而不二。"又，"上九，陵峥岸峭，陁。《测》曰：陵峥岸峭，锐极必崩也。"司马光注："锐，准渐。岑然锐锐，道尚专。"范望注："锐，象渐卦。陁，堕也；峥，谓峥嵘也；峭，峻也。峥嵘高峻，将堕于下，故言陁也。高峻而锐，必崩堕也。"按，岑为山高，锐为进。阳气岑以锐，谓阳气如艮象之阳。故至上九，陵峥岸峭，似《易》之剥，阳必崩堕。剥卦，坤下艮上，大艮之象。艮为山，大艮为高山；高山，陵峥岸峭。是渐有九月之象，锐亦有九月之象，为锐准渐。《京氏易传》曰："渐，阴阳升降，复本曰归魂之象。巽下见艮，阴长阳消，柔道将进。"又曰，"阴阳相杂，顺道进退，次于时也。少男之位，分于八卦，终极阳道也。阳极则阴生，柔道进也，降入坤宫八卦。"盖亦谓五至九月之象。

渐　《说文》："渐，水出丹阳黟南蛮中，东入海。从水，斩声。"徐锴系传："按，《山海经》、《汉书》，黟县渐江，今渐江是也。又，《汉书》云：武陵索县，有渐水，东入沅。"段玉裁注："按，走部有䟅字，训进也。今则皆用渐字，训进也。"又，《说文》："䟅，进也。从走，斩声。"段注："按，水部渐云：渐，水也；则训进者，当专作䟅。许所见《周易》卦名，当如是矣。"桂馥义证："䟅，进也者，经典借渐字。《易》渐卦：渐之进也。"朱骏声《通训定声》："渐，假借为䟅。《易·序卦传》：渐进者也。渐，鸿渐于下。虞注：进也。"按，《汉帛书周易》曰："渐，第六十。"《京氏易传》云："渐，阴阳升降。"是渐字为卦名，由来已久。渐，本为水名，后借用作䟅，表示逐步发展，有渐进义。渐与浸，同源字。浸，亦有渐进义。《九歌·大司命》云："老冉冉兮既极，不浸近兮愈疏。"朱熹《楚辞集注》："浸，渐也。"《易》遁卦《彖》曰："小利贞，浸而长也。”孔颖达疏：“浸者，渐进之名。”

《广雅》：“渐，进也。”《玉篇》：“渐，进也。”《释文》：“渐，以之前为义，即阶渐之道。”《正韵》：“渐，上也，进也，稍也，事之端先睹之始也。”《夏书·禹贡》：“厥土赤埴坟，草木渐包。”孔氏传：“渐，进长。”孔颖达《正义》曰：“渐包，谓长进丛生。”又，《禹贡》云：“东渐于海。”孔传：“渐，入也。”入，亦进入。《周书·顾命》：“王曰：呜呼！疾大渐。”传云：“自叹其疾大进笃。”《公羊传》隐公元年：“因其可褒而褒之，此其为可褒奈何？渐进也。”何休注：“渐者，物事之端，先见之辞，去恶就善曰进。譬若隐公受命，而王诸侯，有倡始先归之者，当进而封之，以率其后。不言先者，亦为所褒者法，明当积渐，深知圣德灼然，之后乃往，不可造次陷于不义。”王弼《周易注》曰：“渐者，渐进之卦也，止而巽，以斯适进，渐进者也。”《正义》曰：“渐者，不速之名也。凡物有变移，徐而不速，谓之渐也。”程氏传：“进以序为渐。今人以缓进为渐进，以序不越次，所以缓也。”

坤卦《文言》曰：“积善之家，必有余庆；积不善之家，必有余殃。臣弑其君，子弑其父，非一朝一夕之故，其所由来者渐矣，由辩之不早辩也。《易》曰：履霜，坚冰至，盖言顺也。”观《文言》之意，积善积恶皆由渐，渐非一朝一夕，为顺次而发展，简言之为进。渐卦，初六曰鸿渐于干，六二曰鸿渐于磐，九三曰鸿渐于陆，六四曰鸿渐于木，九五曰鸿渐于陵，上九曰鸿渐于陆。其渐，为循序渐进之义。又，晋卦，坤下离上。《彖》曰：“晋，进也，明出地上。”渐卦，艮下巽上。《彖》曰：“渐之进也，女归吉也。”晋、渐同为进义，然晋为日出之进，渐为女归之进。日为阳为君，女为阴为臣。是晋谓君之进，渐谓臣之进。晋卦《彖》曰：“明出地上，顺而丽乎大明，柔进而上行，是以康侯用锡马蕃庶，昼日三接也。”俨然文王之象。故其综卦明夷《彖》曰：“明入地中，明夷。内文明而外柔顺，以蒙大难，文王以之。”渐卦《彖》曰：“女归吉也，进得位，往有功也。进以正，可以正邦也。其位，刚得中也。止而巽，动不穷也。”盖周公辅成王之象，周公为臣，臣为阴为女。是渐之进，别于晋之进。

女归吉　《系辞传》曰：“乾道成男，坤道成女。”女归吉，即阴归吉。《说文》：“午，啎也。五月阴气午逆阳，冒地而出。”段玉裁注：“《律书》曰：午者，阴阳交，故曰午。《律历志》曰：咢布于午。《天文训》曰：午，仵也，阴气从下上，与阳相仵逆也。《广雅·释言》：午，仵也。按，仵即啎字。四月纯阳，五月一阴逆阳，冒地而出，故制字以象其形。古者，横直交互谓之午，义之引伸也。”桂馥义证：“五月阴气午逆阳，冒地而出也者，徐锴曰：人为阳，一为地，丨为阴气贯地，午逆阳也。五月，阳极而阴生。孔颖达曰：五月夏至，日北极，阴进而阳退。本书五下云：阴阳在天地间交午也。

《史记·历书》：午者，阴阳交，故曰午。《释名》：午，仵也，阴气从下上，与阳相仵逆也。《月令》：仲夏之月，阴阳争。注云：争者，阳方盛，阴欲起也。《淮南·天文训》：夏至，阳气极，阴气萌。《白虎通》：五月，律谓之蕤宾何？蕤者，下也；宾者，敬也。言阳气上极，阴气始起，故宾敬之。《汉书·律历志》：蕤宾，蕤，继也；宾，导也。言阳始导阴气，使继养物也。位于午，在五月。”

《说文》：“未，味也，六月滋味也。五行木老于未，象木重枝叶也。”段玉裁注：“口部曰：味者，滋味也。《律书》曰：未者，言万物皆成，有滋味也。《淮南·天文训》曰：未者，昧也。《律历志》曰：昧薆于未。《释名》曰：未，昧也，日中则昃，向幽昧也。《广雅·释言》曰：未，味也。许说与《史记》同。《天文训》曰：木生于亥，壮于卯，死于未。此即昧薆之说也。老则枝叶重迭，故其字象之。”桂馥义证：“《释天》：太岁在未曰协洽。李巡云：阳气欲化万物，故曰协洽。协，和；洽，合也。馥案：阳气，当为阴气。高注《淮南·天文训》：阴欲化万物，和合协洽。味也者，《广雅》：未，味也。《白虎通》：未，味也。《淮南·天文训》：未者，昧也。《礼运》注云：五味：酸、苦、辛、咸、甘也。六月滋味也者，《易乾凿度》：坤养之于西南方，位在六月。《白虎通》：六月，律谓之林钟何？林者，众也。万物成熟，种类众多。本书制下云：未，物成有滋味。[illegible]下云：果熟有味。《书·洪范》：木曰曲直，曲直作酸。《檀弓》：必有草木之滋焉。注云：增以香味。《史记·律书》：未者，言万物皆成，有滋味也。《五行大义论》：未者，味也。物向盛，皆有气味也。《晋书·乐志》：六月未，未，味也。言时物向成，有滋味。《汉书·律历志》：林钟，林，君也。言阴气受任，助蕤宾，君主种物，使长大楙盛也。位于未，在六月。”

《说文》：“申，神也，七月阴气成体，自申束。”桂馥义证：“《释天》：太岁在申曰涒滩。李巡云：言万物皆循精气，故曰涒滩。滩，单尽也。孙炎云：涒滩，万物吐秀，倾垂之貌。《淮南·天文训》：太阴在申，岁名曰涒滩。高注：涒大滩修，万物皆修其精气。馥案：两修字，并当为循。《吕氏春秋·序意篇》：岁在涒滩。高注：涒，大也；滩，循也。万物皆大，循其情性也。《史记·律书》：申者，言阴用事，申贼万物，故曰申。《汉书·律历志》：申，坚于申。《白虎通》：七月，律谓之夷则何？夷，伤；则，法也。言万物始伤，被刑法也。七月阴气成体者，《汉书·律历志》：夷则，则，法也。言阳气正法度，而使阴气，夷当伤之物也。位于申，在七月。《晋书·乐志》：七月申。申，身也。言时万物，身体皆成就。《通典》：七月之辰名申。申者，身也。言万物皆身体而成就，故名为申。徐锴曰：七月三阴，故曰阴气成。自申束者，本书竦下云：束，自申束也。《释名》：申，身也。言物皆成其身体，各申束之，使备成也。”

《说文》："酉，就也，八月黍成，可为酎酒，象古文酉之形。"段玉裁注："就，高也。《律书》曰：酉者，万物之老也。《律历志》曰：留孰于酉。《天文训》曰：酉者，饱也。《释名》曰：酉，秀也；秀者，物皆成也。黍以大暑而种，至八月而成，犹禾之八月而孰也。不言禾者，为酒多用黍也。酎者，三重酒也。必言酒者，古酒可用酉为之，故其义同曰就也。"桂馥义证："《白虎通》：酉者，老物收敛。又云：八月，律谓之南吕何？南者任也，言阳气尚有任，生荠麦也，故阴拒之也。《晋书·乐志》：八月酉，酉，緧也，言时物皆緧缩也。《通典》：八月之辰名酉。酉者犹缩之义，此月时物，皆缩小而成也，故谓之酉。《释天》：太岁在酉曰作噩。李巡云：作咢，皆物芒枝起之貌。《淮南·天文训》：太阴在酉岁，名曰作鄂。高注：作鄂，零落也，万物皆陊落。就也者，《广雅》同，酉、就声相近，通作酉。《太元》：酉，西方也，秋也，物皆成象而就也。"

《说文》："戌，威也，九月阳气微，万物毕成，阳下入地也。五行土生于戊，盛于戌，从戊一，一亦声。"段玉裁注："火部曰：威，灭也。本毛诗传。火死于戌，阳气至戌而尽，故威从火戌。此以威，释戌之旨也。《律书》曰：戌者，万物尽灭。《淮南·天文训》：戌者，灭也。《律历志》：毕入于戌。《释名》：戌，恤也，物当收敛矜恤之也。九月于卦为剥，五阴方盛，一阳将尽，阳下入地，故其字从土中含一。戊午合德。《天文训》曰：土生于午，壮于戌，死于寅。戊者，中宫，亦土也。一者，一阳也。戊中含一，合意也。"又，桂馥义证："《释名》：戌，恤也，物当收敛，矜恤之也。亦言脱也，落也。《释天》：太岁在戌曰阉茂。《淮南·天文训》：太阴在戌，岁名曰掩茂。高注：掩，蔽；茂，冒。万物皆蔽冒。《史记·律书》：戌者，言万物尽灭，故曰戌。《晋书·乐志》：九月戌，戌，灭也，谓时物皆衰灭。九月阳气微，万物毕成，阳下入地也者，《六韬》：秋道敛，万物盈。郑注《周易》：建戌之月，阳气既尽。《白虎通》：九月，律谓之无射何？射者，终也，言万物随阳而终。《汉书·律历志》：毕入于戌。又云：亡射，射，厌也，言阳气究物，而使阴气毕剥落之，终而复始，亡厌已也。位于戌，在九月。"于伏羲八卦，乾位正南，时为四月；巽位西南时为五、六月；坤位正北，时为十月；艮位西北，时为八、九月。渐卦，巽上艮下。巽在乾后，艮在坤前，是五月往，九月来，为五至九月之卦。于十二子，为午至戌之月。是时，阴来成就万物，是以为女归吉。按，阴气逐月生进，万物逐月成就，故《彖》曰："渐之进也，女归吉也。"

姤卦，巽下乾上。《彖》曰："姤，遇也，柔遇刚也。天地相遇，品物咸章也。刚遇中正，天下大行也。姤之时义大矣哉！"遁卦，艮下乾上。《彖》曰："遁，亨，遁而亨也。刚当位而应，与时行也。小利贞，浸而长也。遁之时义大矣哉！"朱熹曰："姤，遇也。决尽则为纯乾，四月之卦。至姤，然后一阴可见，而为五月之卦。"又曰，"遁，退避也。为卦，二阴浸长，阳当退避，故为遁，六月之卦也。”渐卦，艮下巽上。往者一阴可见，为五月；来者二阴浸长，为六月，是渐卦，亦五、六月之象。以其柔遇刚，浸而长，万物成，时义大，故谓女归吉。程氏传谓姤卦曰：“阴始生于下，与阳相遇，天地相遇也。阴阳不相交遇，则万物不生；天地相遇，则化育庶类，品物咸章，万物章明也。”此即女归之谓。又，坤卦，坤下坤上。《彖》曰：“至哉坤元，万物资生，乃顺承天。坤厚载物，德合无疆。含弘光大，品物咸亨。牝马地类，行地无疆。柔顺利贞，君子攸行。先迷失道，后顺得常。西南得朋，乃与类行；东北丧朋，乃终有庆。”此亦坤阴成物之谓。女归成物，故曰女归吉。

又，《白虎通·嫁娶》曰：“女者，如也，从如人也；妇者，服也，服于家事，事人者也。”《周南·桃夭》：“之子于归，宜其室家。”孔颖达疏：“是此行嫁之子，往归嫁于夫，正得善时，宜其为室家矣。”朱熹《诗集传》曰：“之子，是子也，此指嫁者而言也。妇人谓嫁曰归。”《齐风·南山》：“鲁道有荡漾，齐子由归。”郑笺：“妇人谓嫁曰归，言文姜既以礼，从此道嫁于鲁侯也。”渐卦，下艮为门，上巽为入，阴由外来内，为女入门，为女归。《楚辞·离骚》：“众女嫉余之蛾眉兮，谣诼谓余以善淫。”王逸注：“众女，谓众臣。女，阴也。无专擅之义，犹君动而臣随也，故以喻臣。言众女嫉妒蛾眉美好之人，谮而毁之，谓之美而淫，不可信也；犹众臣嫉妒忠正，言己淫邪，不可任也。”《诗序》曰：“《关雎》，后妃之德也。风之始也，所以风天下，而正夫妇也。故用之乡人焉，用之邦国焉。”男女，于家为夫妇，为父子，于国为君臣，故女归吉，亦臣归吉；犹家人卦之利女贞。

利贞　《彖》曰：“进得位，往有功也；进以正，可以正邦也。”进，谓渐之进，谓女归之进。下艮六二，阴得阴位，为进得位。六二中正之臣，往上顺应九五，中正之王，是比卦六二，与九五之象，成比辅之势，故曰往有功。二往上应五，自二至五，得九五之正，为进以正。九五至尊，君王之位，是以可以正邦。《彖》又曰：“其位，刚得中也。止而巽，动不穷也。”谓九五阳刚得中位，为飞龙在天，利见大人，至尊至善，为尊之圣者。下艮为止，上巽为顺。时止则止，时行则行。有止则有动，顺时以止，顺时以动，为止而顺，动止不会穷困。贞，即正。利贞，谓女归利正。家人卦《彖》曰：“家人，女正位乎内，男正位乎外，男女正，天地之大义。家有严君焉，父母之谓也。父父，子子，兄兄，弟弟，夫夫，妇妇，而家道正。正家，而天下定矣。”阴归阳下，女归男下，臣归君下，此乃有利正道，故曰女归吉，利贞。

《豳风·九罭》：“鸿飞遵渚，公归无所，于女信处。鸿飞遵陆，公归不复，于女信宿。”《诗序》曰：“《九罭》，美周公也。周大夫，刺朝廷之不知也。”《正义》曰：“作《九罭》诗者，美周公也。周大夫，以刺朝廷之不知也。此《序》与《伐柯》尽同，则毛亦以为刺成王也。周公既摄政而东征，至三年罪人尽得。但成王惑于流言，不悦周公所为。周公且止东方，以待成王之召。成王未悟，不欲迎之，故周大夫作此诗，以刺王。经四章，皆言周公不宜在东，是刺王之事。郑以为，周公避居东都三年，成王既得雷雨大风之变，欲迎周公；而朝廷群臣，犹有惑于管、蔡之言，不知周公之志者。及启金縢之书，成王亲迎周公反，而居摄，周大夫乃作此诗，美周公，追刺往前，朝廷群臣之不知也。此诗，当作在归摄政之后。"《易》以鸿渐喻女归，《诗》以鸿飞喻公归，盖女归犹公归。六二犹周公，得臣之正位，为进得位，辅成王于国为功，为往有功。成王迎周公，摄行王政，是进以正，可以正邦，为刚得中正。周公，先止于东土，而逊顺；后归于朝廷，动止得时，为动不穷。

《史记·鲁周公世家》："其后，武王既崩，成王少，在强葆之中。周公，恐天下闻武王崩而畔，周公乃践阼，代成王摄行政当国。管叔及其群弟，流言于国曰：周公将不利于成王。周公乃告太公望、召公奭曰：我之所以弗辟，而摄行政者，恐天下畔周，无以告我先王太王、王季、文王。三王之忧劳天下久矣，于今而后成。武王蚤终，成王小，将以成周，我所以为之若此。管、蔡、武庚等，果率淮夷而反。周公乃奉成王命，兴师东伐，作《大诰》。遂诛管叔，杀武庚，放蔡叔。收殷余民，以封康叔于卫，封微子于宋，以奉殷祀。宁淮夷东土，二年而毕定。诸侯咸服宗周。初，成王少时，病，周公乃自揃其蚤，沈之河，以祝于神曰：王少未有识，奸神命者，乃旦也。亦藏其策于府，成王病有瘳。及成王用事，人或谮周公，周公奔楚。成王发府，见周公祷书，乃泣，反周公。周公归，恐成王壮，治有所淫佚，乃作《多士》，作《毋逸》。成王在丰，天下已安，周之官政未次序，于是周公作《周官》，官别其宜。作《立政》，以便百姓，百姓说。"此亦与《彖》相合，即卦辞女归吉，利贞之义。

《象》曰："山上有木，渐，君子以居贤德善俗。"刘向《说苑·杂言》："夫仁者何以乐山也？曰：夫山，宠嵸䍧嵬，万民之所观仰。草木生焉，众物立焉，飞禽萃焉，走兽休焉，宝藏殖焉，奇夫息焉，育群物而不倦焉，四方并取而不限焉。出云风，通气于天地之间，国家以成。是仁者所以乐山也。《诗》曰：太山岩岩，鲁侯是瞻。乐山之谓也。"向宗鲁校证："案：此文并见《韩诗外传》卷三，《春秋繁露·山川颂篇》，文各不同，此兼用之。论山一段，又见《尚书大传》。今附录三书之文于后。《韩诗外传》卷三：问者曰：夫仁者，何以乐于山也？曰：夫山者，万民之所瞻仰也。草木生焉，万物植焉，飞鸟集焉，走兽休焉，四方益取与焉。出云道风，嵸乎天地之间。天地以成，国家以宁。

此仁者所以乐于山也。《诗》曰：太山岩岩，鲁邦所瞻。乐山之谓也。《春秋繁露·山川颂篇》：孔子曰：是以君子取譬也。且积土成山，无损也；成其高，无害也；成其大，无亏也。小其上，泰其下，久长安。后世无有去就，俨然独处，惟山之意。诗云：节彼南山，惟石岩岩。赫赫师尹，民具尔瞻。此之谓也。《尚书大传·略说》：子张曰：仁者何乐于山？孔子曰：夫山者，嵬然高。嵬然高，则何乐焉？夫山，草木生焉，鸟兽蕃焉，财用殖焉；生财用而无私为焉，四方皆代焉，每无私予焉。出云风，以通乎天地之间。阴阳和合，雨露之泽，万物以成，百姓以飨：此仁者，之所以乐于山者也。”仁者乐山，盖犹山上有木，君子以居贤德之义。

《小雅·车舝》：“高山仰止，景行行止。四牡騑騑，六辔如琴。”郑笺：“诸大夫以为，贤女既进，则王亦庶几古人，有高德者，则慕仰之，有明行者，则而行之。其御群臣，使之有礼，如御四马，騑騑然。持其教令，使之调均，亦如六辔，缓急有和也。”《正义》曰：“言高山者，以山之高，比人德之高，故云古人有德高者，则慕仰之也。且仰是心慕之辞，故为高德。德者，在内未见之言；行者，已见施行之语。德则慕仰，多行则法行。故仰之行之，异其文也。六辔以御四马，故以喻王御群臣。六辔如琴，犹言执辔如组。转相比，并以发明其意也。”《礼记·表记》：“《小雅》曰：高山仰止，景行行止。子曰：《诗》之好仁如此。”孔颖达疏：“《小雅》曰：高山仰止，景行行止。此《小雅》刺幽王之诗，《车舝》之篇。言幽王若能修德如高山，则天下之人瞻仰之；若幽王有景明之行，则天下之人仰行之。引之者，证古昔贤圣，能行仁道，则后世之人，瞻仰慕行也。子曰《诗》之好仁如此者，言高山景行，瞻仰慕行，是好爱仁德，如此之甚也。”《春秋元命苞》曰：“木，阳精。”高山喻高德，山上有木，犹君子居贤德。高山众人仰之，高德众人慕之。君子居贤德，众人慕行，是以风俗改善，谓之君子以居贤德善俗。孔子曰：“见贤思齐焉。”君子有见贤思齐之心，俗人亦皆有之。故君子居贤德，可以移风易俗。

《史记·孔子世家》：“太史公曰：《诗》有之：高山仰之，景行行止。虽不能至，然心乡往之。余读孔氏书，想见其为人。适鲁，观仲尼庙堂、车服、礼器 ，诸生以时习礼其家。余祗迴留之，不能去云。天下君王，至于贤人众矣。当时则荣，没则已焉。孔子布衣，传十余世，学者宗之。自天子、王侯，中国言六艺者，折中于夫子，可谓至圣矣！”孔子编《诗》、《书》，订《礼》、《乐》，晚而序《易》，仰之弥高，钻之弥坚，千秋垂范，泽被中华，是君子积渐，居贤德而善俗之谓。于《象》，艮为山，巽为木，为山上有木。木为君子，在山上，为君子居贤德；巽又为风，在上者风以化下，为善俗。程氏传：“山上有木，其高有因，渐之义也。君子观渐之象，以居贤善之德，化美于风俗。人之进于贤德，必有其渐，习而后能安，非可陵节而遽至也。在己且然，教化之于人，不以渐，其能入乎？移风易俗，非一朝一夕所成，故善俗必以渐也。”

艮卦和渐卦，互为邻卦。《序卦传》曰：“艮者，止也。物不可以终止，故受之以渐。渐者，进也。”艮卦，艮下艮上。《彖》曰：“艮，止也。时止则止，时行则行，动静不失其时，其道光明。”九月为艮，一阳终于上，为时止则止。十一月为震，一阳始于下，为时行则行。如此动静不失其时，其道光明，是谓阳道动静光明。渐卦，艮下巽上。《彖》曰：“渐之时也，女归吉也。进得位，往有功也。”五月为巽，一阴归于下，为女归。九月为艮，为进得中位，为往有功。如此女归吉，往有功，是谓阴道归来吉利。《系辞传》曰：“《易》曰：憧憧往来，朋从尔思。子曰：天下何思何虑？天下同归而殊涂，一致而百虑。”又曰，“日往则月来。”艮卦为阳止，亦为阳往；渐卦为阴进，亦为阴来。故艮卦之后，次之以渐卦，两卦为阳往阴来，互为邻卦。

又，升卦，巽下坤上。《象》曰：“地中升木，升，君子以顺德，积小以高大。”渐卦，艮下巽上。《象》曰：“山上有木，渐，君子以居贤德善俗。”升卦，木在地下，是以君子者，有感于此，而顺其行，积小德，以成高大之德。渐卦，木在山上，是以君子者，有感于此，而居贤德，以改善风俗。巽为木，木犹君子。升卦，巽在下，九二得中。《文言》曰：“九二曰：见龙在田，利见大人，何谓也？子曰：龙德而正中者也。庸言之信，庸行之谨，闲邪存其诚，善世而不伐，德博而化。《易》曰：见龙在田，利见大人，君德也。”渐卦，巽在上，九五中正。《文言》曰：“九五曰：飞龙在天，利见大人，何谓也？子曰：同声相应，同气相求，水流湿，火就燥，云从龙，风从虎，圣人作，而万物睹。本乎天者亲上，本乎地者亲下，则各从其类也。”九二与九五，同为大人。然九二在下，为有君德；九五在上，为有圣德。故升卦，为君子以顺德，积小以高大；渐卦，为君子以居贤德善俗。前者，为修身、齐家之德；后者，为治国、平天下之德。

初六，鸿渐于干，小子厉，有言，无咎。

〔译〕 初六，鸿进至水岸，小子危困，有风险，没有灾过。

《象》曰：“小子厉，义无咎也。”

〔证〕

鸿渐于干 《说文》：“鸿，鸿鹄也。从鸟，江声。”桂馥义证：“鸿鹄也者，白者为鸿鹄，别于黄鹄。《急就篇》：凤爵鸿鹄雁鹜雉。颜注：鸿，水鸟，其色正白。馥案：卢思道《孤鸿赋》：振雪羽而临风，掩霜毛而候旭。言其白也。《庄子·天运篇》：鹄不曰浴而白。《汉书・司马相如传》：弋白鹄。皆谓鸿也。《易》渐卦：鸿渐于干。王云：鸿，水鸟也。《诗・九罭》：鸿飞遵渚。笺云：鸿，大鸟也。陆玑疏：鸿鹄，羽毛光泽纯白，似鹤而大，长颈，肉美如雁。《韩诗外传》：夫鸿鹄一举千里，所恃者六翮尔。背上之毛，腹下之毳，益一把，飞不为加高；损一把，飞不为加下。又云：非鸿之力，安能举其翼。《史记》：陈胜叹曰：燕雀安知鸿鹄之志哉！《说苑》：鸿鹄高飞，不就汙池，何则？其志极远也。《新序》：鸿鹄喜游乎江汉，息流乎大沼，俯啄鰋鲤，仰奋陵衡，修其六翮，而陵清风，熛摇高翔，一举千里。王隐《晋书》：郭瑀指翔鸿曰：此鸟飞青云之外，翔深谷之中，自东自西，安可笼也。《五经异义》，引《公羊》说：乐万舞，以鸿羽取其劲轻，一举千里。”按鸿，即鸿鹄，天鹅。《说卦传》曰：“艮为黔喙之属。”又，小过卦，艮下震上。《彖》曰：“有飞鸟之象。”坎象为飞鸟之象。渐卦有互坎，是以六爻皆称鸿。

《魏风・伐檀》：“坎坎伐檀兮，寘之河之干兮。”“坎坎伐辐兮，寘之河上侧兮。”“坎坎伐轮兮，寘之河之漘兮。”毛传：“寘，置也；干，厓也；侧，犹厓也；漘，厓也。”《正义》曰：“以下云漘、侧，则是厓畔之处，故云干，厓也。《易》渐卦：鸿渐于干。注云：干，谓大水之傍，故停水处与此同也。”《小雅・斯干》：“秩秩斯干，幽幽南山。”朱熹《诗集传》曰：“干，水涯也。言此室临水而面山。”临水，即在水涯。《史记・春申君传》：“吴见伐齐之便，而不知干隧之败。”《索隐》曰：“干隧，吴之败处，地名。干，水边也；隧，道路也。”《西京杂记》卷四：“白鸟朱冠，鼓翼池干。”朱骏声《说文通训定声》：“干，又为岸。《易・渐》：鸿渐于干。陆绩注：水畔称干。翟子元注：涯也。《管子・小问》：昔者吴干战。注：江边也。”按，《说文》：“岸，水厓而高者，从屵，干声。”岸、干以声通假。渐卦，初之三为艮，艮为山；二之四为坎，坎为水。初六在山下，在水边，为干。鸿渐于干，谓鸿进到岸。

小子厉　《豳风・九罭》：“鸿飞遵渚，公归无所，于女信处。”孔颖达疏：“毛以鸿者大鸟，飞而循渚非其宜，以喻周公圣人，久留东方，亦非其宜，王何以不迎之乎？又告东方之人云：我周公，未得王迎之礼，归则无其住所，故于东方，信宿而处耳，终不久留于此。告东方之人，云公不久留，刺王不早迎。”段玉裁注《说文》曰：“鸿，鹄也。黄鹄一名鸿。《豳风》：鸿飞遵渚。毛曰：鸿不宜循渚。鸿飞遵陆，毛曰：陆非鸿所宜止。按郑笺，只云鸿大鸟，不言何鸟。学者多云雁之大者。夫鸿雁遵渚、遵陆，亦其常耳，何以毛云不宜？以喻周公未得礼。正谓一举千里之大鸟，常集高山茂林之上，不当循小州之渚，高平之陆也。”又，随卦，震下兑上。六二曰：“系小子，失丈夫。”《象》曰：“系小子，弗兼与也。”谓六二系于六三下，而失初九。六三曰：“系丈夫，失小子，随有求得。”《象》曰：“系丈夫，志舍下也。”六三上系于九四，下失六二。阳大阴小，阳为丈夫，阴为小子。初六，鸿渐于干，犹鸿飞遵渚，亦非所宜，故而为小子厉。渐卦，初之三为艮，艮为山；二之四为坎，坎为水。初六往前，山重水复，迷而无路。又，艮为止，初六不得位而受阻，且六四相敌不应，为危恶，为厉。朱熹《周易本义》曰：“鸿之行有序，而进有渐。干，水涯也。始进于下，未得所安，而上复无应，故其象如此，而其占则为小子厉。”即谓阴小有危厉。

有言 坎为言。需卦，乾下坎上。九二曰：需于沙，小有言，终吉。”《象》曰：“虽小有言，以终吉也。”五在坎，坎为言，九二与九五虽皆居中，而不相应，为小有言。讼卦，坎下乾上。初六曰：“不永所事，小有言，终吉。”《象》曰：“虽小有言，其辩明也。”初六与九四虽相应，然初六在坎，坎为言，为小有言。师卦，坎下坤上。六五曰：“田有禽，利执言，无咎。”五应二，二在坎，坎为言，为利执言。明夷卦，离下坤上。初九曰：“有攸往，主人有言。”二之四为坎，初九往前有坎，坎为言，为有言。困卦，坎下兑上。卦辞曰：“有言不信。”《象》曰：“有言不信，尚口乃穷也。”下坎为有言，兑为口舌，上兑为尚口舌，为不信。革卦，离下兑上。九三曰：“革言三就，有孚。”二之上为大坎卦，九三与上六孚应，经坎中三爻而成就，坎为言，谓革言三就。震卦，震下震上。初九曰：“震来虩虩，后笑言哑哑。”初与四敌应，初为震来虩虩，四在坎，坎为言，为后笑言哑哑。艮卦，艮下艮上。六五曰：“艮其辅，言有序，悔亡。”二之四为坎，坎为言，六五次其上，为言有序。渐卦，二之四为坎，坎为言，在初之前，故初曰有言。言，唇齿之事，坎有唇齿之象，故以坎喻言。又，坎为险，有言谓有险。

无咎 《象》曰：“小子之厉，义无咎也。”渐卦，女归之卦，即五月六月阴归之卦。《系辞传》曰：“一阴一阳之谓道。”初六，阴归虽然有厉，但合自然之道，终不为灾。又，用柔不躁，进不失序，由下而上，是以小子之厉，于义无咎。女归，谓阴来随阳，为和正，是亦小子之厉，于义无咎。《小雅·鸿雁》：“鸿雁于飞，肃肃其羽。”郑笺：“鸿雁，知辟阴阳寒暑。兴者，喻民知去无道，就有道。”《月令·孟春之月》：“鸿雁来。”《仲秋之月》：“鸿雁来。”《季秋之月》：“鸿雁来宾。”《逸周书·时训解》：“雨水之日，鸿雁来。”“白露之日，鸿雁来。”“寒露之日，鸿雁来宾。”《夏书·禹贡》曰：“阳鸟攸居。”郑氏注：“阳鸟，谓鸿雁之属，随阳气南北。”艮为九月，寒露之日，鸿雁来宾，是以初六，鸿渐于干。虽有危困，有风险；然来得当时，按理无灾。故《象》曰：“小子之厉，义无咎也。”于象，初六被山阻水隔，其上有风，为有风险；但坎又为通，艮又为门阙、路径，因此可以通达，无咎。

六二，鸿渐于磐，饮食衎衎，吉。

〔译〕　六二，鸿进到大石，饮食和乐，吉利。

《象》曰："饮食衎衎，不素饱也。"

〔证〕

鸿渐于磐　《玉篇》："磐，大石也。"《广韵》、《集韵》、《韵会》、《正韵》，并音槃，大石也。《荀子·富国篇》："则国安于盘石，寿于旗、翼。"杨倞注："盘石，盘薄大石也。"卢文弨曰："盘石，磐石。"《韩非子·显学》："磐石千里，不可谓富；象人百万，不可谓强。石非不大，数非不众也。"磐石，大石。《史记·孝文本纪》："高帝封王子弟，地犬牙相制，此所谓磐石之宗也。"《孝武本纪》，及《封禅书》："乾乐蜚龙，鸿渐于般。"《集解》："骃案：《汉书音义》曰：般，水涯堆也。"又，《汉书·郊祀志》："乾称飞龙，鸿渐于般。"颜师古曰："般，山石之安者。"按，《说文》有般、槃，而无磐，后者盖后出字。古者意赅，后者意单，常加形字以分别。初之三为艮，艮为山。鸿由山下水岸，进至山中水边大石，是以谓鸿渐于磐。李鼎祚《周易集解》，引虞翻曰："聚石称磐。"王弼《周易注》："磐，山石之安者也。"朱骏声《六十四卦经解》："艮为山石，山中石磐纡，故称磐。"又，《法言·学行》："或问鸿渐。"疏曰："或问进者，问仕进之道也。《易》鸿渐云：进得位，往有功也。《王制》云：大乐正论造士之秀者，以告于王，而升诸司马，曰进士。郑注云：进士，可进受爵禄也。"即谓鸿渐为仕进。

饮食衎衎　《尔雅·释诂》："衎，乐也。"《说文》："衎，行喜貌。从行，干声。"《广雅·释训》："衎衎，和也。"《商颂·那》："奏鼓简简，衎我烈祖。"毛传："衎，乐也。"《小雅·南有嘉鱼》："君子有酒，嘉宾式燕以乐。君子有酒，嘉宾式燕以衎。"毛传："衎，乐也。"《诗》之乐、衎换文，故传曰衎，乐也。《正义》曰："言南方江汉之间，有善鱼人，将久如俱往，罩而罩此善鱼者，人之所欲。己自将罩以求之，则思迟此鱼，皆欲得之矣。以兴在野天下之处，有贤者时，在朝君子，久如并各乐而求之。有至诚之心，思迟此贤者，欲置之于朝，犹罩者之愿鱼也。君子既至诚如此，遂得贤者，共立于朝。君子之家有酒矣，在野贤者，嘉善之宾既至，用此酒与之燕饮，以复欢乐耳。心迟其来，至即嘉乐，是至诚乐与贤也。"《诗序》曰："《南有嘉鱼》，乐与贤也。太平君子至诚，乐与贤者共之也。"六二，饮食衎衎，犹嘉宾式燕以衎，皆谓贤者，得与太平君子共燕。六二在坎，坎为水为酒；又，坎中实，似颐中有物，为食；二与五顺应，为和乐：是以有饮食衎衎之象。《象》曰："饮食衎衎，不素饱也。"朱熹曰："素饱，如《诗》言素餐。得之以道，则不为徒饱，而处之安矣。"《彖》曰："渐之进也，女归吉也。进得位，往有功也。进以正，可以正邦也。"往有功，可以正邦，非无功受禄，故谓饮食衎衎，而不素饱。

吉　《大雅·凫鹥》之《诗序》曰："《凫鹥》，守成也。太平之君子，能持盈守成，神祇祖考，安乐之也。"《正义》曰："作《凫鹥》诗者，言保守成功，不使失坠也。致太平之君子成王，能执持其盈满，守掌其成功，则神祇、祖考，皆安宁而爱乐之矣。故作此诗，以歌其事也。"六二，以阴之体，为人之臣，中正而在山中，是贤者居隐。然终得与九五，中正之君相应，是以吉利。九五至尊，而居巽逊中爻，是持盈守成，太平君子。太平君子如成王，在东山者如周公，二、五相应，如成王礼周公返，即女归之象。卦辞曰：女归吉，利贞。"成王得周公辅佐，而有成、康之治，为有周一代，历史盛世，孔子称道，故谓之吉。程氏传："二与九五之君，以中正之道相应，其进之安固平易，莫加焉。故其饮食和乐，衎衎然，吉可知也。"

九三，鸿渐于陆，夫征不复；妇孕不育，凶。利御寇。

〔译〕　九三，鸿进至陆地，丈夫往征不返；妇人怀孕不生，凶险。利于防御贼寇。

《象》曰："夫征不复，离群丑也。妇孕不育，失其道也。利用御寇，顺相保也。"

〔证〕

鸿渐于陆　《说文》："陸（陆），高平地。从𠂤从坴，坴亦声。"桂馥义证："释者一曰高平，一曰广平。《释名》：高平曰陆。陆，漉也，水流漉而去也。《易》渐卦：鸿渐于陆。马云：山上高平曰陆。《诗·天保》传云：高平曰陆。《穆天子传》：爰有陵，衍平陆。郭注：大阜曰陵，高平曰陆。《汉书·石奋传》：间者河水滔陆。颜注：高平曰陆。此皆主高平言之。徐锴《韵谱》：陆，广平。《书·禹贡·正义》，引《尔雅》：广平曰陆。定元年《左传》：田于大陆。杜注引《尔雅》：广平曰陆。《史记·司马相如传》：散涣夷陆。《索隐》引司马彪曰：广平曰陆。此皆主广平言之。《释地》：广平曰原，高平曰陆。《禹贡》：既修太原。传云：高平曰太原。本书：原，高平之野。是原为高平地。《释地》又云：晋有大陆。郭注：今巨鹿北，广河泽是也。《禹贡》：大陆既作。《正义》云：但广而平者，则名大陆。约斋《字源》曰："𠂤，这是从层级上，分高矮的，两种土山的形象。较矮的二级，变成现在的𠂤字，或者省了一撇，写作𠁣；较高的三层，变成现在的阜字，做偏旁时，写作阝。"又，《说文》："坴，土凷坴坴也。"段玉裁注："坴坴，大凷之貌。"凷，即块字。大凷，即大块，谓大地。陆与水对言，水有深浅，陆有高低。是以渐卦九三称陆，上九亦称陆。九三，在水岸、大石之上，故谓鸿渐于陆。或九三为广袤之陆，上九为高平之陆，犹原有平原、高原。

夫征不复 《系辞传》曰：“乾道成男，坤道成女。”九三阳爻，故而称夫。家人卦，离下巽上。《象》曰：“父父，子子，兄兄，弟弟，夫夫，妇妇，而家道正，正家而天下定矣。”朱熹曰：“上父，初子，五、三夫，四、二妇，五兄，三弟，以卦画推之，又有此象。”是阳爻为男，阴爻为女，三为夫。渐卦九三，为下艮之上爻，阳在艮为硕果仅存，如剥卦。按，九月，为阳往阴来之正道，谓之夫征不复。《象》曰：“夫征不复，离群丑也。”离卦上九曰：“王用出征，有嘉折首，获匪其丑。”《小雅》：“执讯获丑。”丑为众，渐之九三，在初六、六二、六四之中，正行而去，为离群丑，即离坤阴之众。《豳风·九罭》：“鸿飞遵陆，公归不复。”《正义》曰：“笺以为，避居则不复，当谓不得复位，毛以此章东征，则周公摄位久矣，不得以不复位为言也，当训复为反。”《诗集传》曰：“不复，言将留相王室，而不复来东也。”曰，“又愿其且留于此，无遽迎公以归，归则将不复来，而使我心悲也。”按，不复即不返。三为公位，渐卦之鸿渐于陆，夫征不复，与《九罭》之鸿飞遵陆，公归不复，取义正同，是《诗》、《易》相通。于象，艮为九月，为阳征不复。

妇孕不育，凶 《说文》：“孕，怀子也。从子从乃。”桂馥义证：“怀子也者，《三苍》同；《易·释文》引作怀子曰孕。《一切经音义八》：含实曰孕，妊子也。又，卷九引《广雅》：孕，傷也。《玉篇》：孕，妊子也，含实也。《易》渐卦：妇孕不育。郑云：孕，犹娠也。虞云：孕，妊娠也。”又，《玉篇》：“育，生也。”罗振玉《增订殷虚书契考释》，引王国维云：“此字亦体甚多，从女从㐬（倒子形）；或从母从㐬，象产子之形。从人，与从母从女之意同。从字形言，此字，即《说文》育字之或体：毓字。故产子，为此字之本谊。”约斋《字源》曰：毓，一个母亲，正在产子的象形。那个子头向下的，底下三点，象血滴。这字左旁的每，换做水旁成流。㐬字，去了下部，就剩一个倒子形。”按，甲文育，从女从𠫓，故为生子之形。今文从𠫓从月，会意，为倒出子之身体，为生育之象。妇孕不育，即谓妇人怀孕，而不生产其子，故凶。

渐卦，六二阴，六四阴，阴为妇；九三少阳，少阳为子。阴中怀少阳，为妇怀子，为孕。二之四为坎，坎为陷。阳陷阴中，不得而出，是妇孕不育。坤卦《彖》曰：“至哉坤元，万物资生，乃顺承天。坤厚载物，德合无疆。含弘光大，品物咸亨。”《象》曰：“地势坤，君子以厚德载物。”是坤道生物。今渐卦，初六、六二、六四为坤，妇孕不育，是为坤而不生物，非坤之道。《象》曰：“妇孕不育，失其道也。”失其道，是以凶。在渐之时，阴来利阳，为利正。若女失其道，为不利正，则必凶。就九三看，既被众阴所包不出，又不得上之应援，故凶。周公在成王未启金縢之时，受三监流言所困，又无幼主和朝廷诸臣信任；后三监以武庚叛，周公东征，罪人斯得，然成王未悟，公不得归。于象，九三为公位，陷于上下阴中。离出艮上，离为日，艮为山，日出东方，是为东山，其上无应，是周公滞东之象，故曰凶。

利御寇　《说卦传》曰："坎为隐伏，为盗。"是亦为寇。屯卦，震下坎上。六二曰："匪寇婚媾。"五在坎为寇，二与五正应，为匪寇婚媾。蒙卦，坎下艮上。上九曰："不利为寇，利御寇。"上九在艮，艮为止，坎为寇，艮止坎寇，为不利为寇，利御寇。需卦，乾下坎上。九三曰："需于泥，致寇至。"坎为泥为寇，三上有坎，为需于泥，致寇至。贲卦，离下艮上。六四曰："匪寇婚媾。"四在互坎，坎为寇；然六四与初九，阴阳相应，故曰匪寇婚媾。睽卦，兑下离上。上九曰："匪寇婚媾。"上九与六三正应，三虽在互坎，坎为寇，为匪寇婚媾。解卦，坎下震上。六三曰："负且乘，致寇至。"六三上负阳，下乘阳，本身在坎，坎为寇，为致寇至。渐卦，初之三为艮，艮为止为御；二之四为坎，坎为寇；九三在艮在坎，为止寇，即利御寇。《象》曰："利用御寇，顺相保也。"谓九三，能利用艮止坎寇，则坎不成其为寇，反使众阴顺而相保。按，周公居东二年，平三监及武庚之乱，使殷民从此奉周，成王以礼迎之，亦利用御寇，顺而相保之谓。《小雅·天保》之《序》曰："《天保》，下报上也。君能下下，以成其政；臣能归美，以报其上焉。"顺相保，即谓下报上。

六四，鸿渐于木，或得其桷，无咎。

〔译〕　六四，鸿进至木，或得其重位，无有灾过。

《象》曰："或得其桷，顺以巽也。"

〔证〕

鸿渐于木　《小雅·鹤鸣》曰："鹤鸣于九皋，声闻于野。鱼潜在渊，或在于渚。乐彼之园，爰有树檀，其下维萚。它山之石，可以为错。"毛传："皋，泽也。言身隐而名著也。良鱼在渊，小鱼在渚。何乐于彼园之观乎？萚，落也，尚有树檀，而下其萚。错，石也，可以琢玉。举贤用治，则可以治国。"郑笺："皋，泽中水溢出，所为坎。自外数至九，喻深远也。鹤在中鸣焉，而野闻其鸣声。兴者喻贤者，虽远居，人咸知之。鱼之性，寒则逃于渊，温则见于渚。喻贤者世乱则隐，治平则出，在时君也。之，往；爰，曰也。言所以之彼园而观者，人曰有树檀，檀下有萚。此犹朝廷之尚贤者，而下小人，是以往也。"六四，大臣位。鸿渐于木，与鹤鸣九皋，乐彼树檀同，亦兴朝廷之尚贤，是以上往。二之四为坎，坎为水；四之上为巽，巽为木。六四在坎上巽下，是由水升至木，由隐而出，亦女归之象。初之三为艮，艮为山，为小石。是它山之石，可以为错。以喻举贤用滞，可以治国。

《说文》："木，冒也，冒地而生，东方之行。"东方为阳方。《释文》引《尔雅·释木》："木之言踊也，阳气踊跃。"《春秋元命苞》曰："木者，阳精，生于阴，故水者木之母也。木之为言触也，阳气动跃也。其字，八推十为木。八者阴合，十者阳数。"《白虎通·五行》曰："阴化沾濡任生木，木在东方。东方者，阴阳气始动，万物始生。木之为言触也，阳气动跃。"又，《隋书·五行志上》，引《洪范五行传》曰："木，少阳。"木为阳精，阳比君，阴比臣。六四与九五，犹臣与君。九五为巽木之主，鸿渐于木，乃阴归阳，臣归君，亦女归之谓。《说卦传》曰："巽为鸡，为高为进退，为木。"六四在巽，是有鸿渐于木之象。按，木为少阳，少阳为幼君；六四长阴，长阴为大臣。鸿渐于木，有周公归辅成王之象。

或得其桷 《说文》："桷，榱也，椽方曰桷。从木，角声。《春秋传》曰：刻桓宫之桷。"《尔雅·释宫》："桷，谓之榱。"郭璞云："屋椽。"《广雅·释宫》：桷，椽也。"《释名·释宫》："桷，确也，其形细而疏确也。或谓之椽，椽，传也，相传次而布列也。或谓之榱，在檼旁下列，衰衰然垂也。"毕沅曰："《说文》：榱，秦名为屋椽，周谓之榱，齐鲁谓之桷。"盖《易》成于孔子，孔子山东人，故谓之桷。《鲁颂·閟宫》："松桷有舄，路寝孔硕。"毛传："桷，榱也；舄大貌；路寝，正寝也。"郑笺："僖公承衰乱之政，修周公、伯禽之教，故治正寝。"又，《商颂·殷武》："松桷有梴，旅楹有闲，寝成孔安。"郑笺："取松柏易直者，断而迁之，正斫于梴上，以为桷与众楹，路寝即成，王居之甚安。谓施政教，得其所也。高宗之前，王有废政教，不修寝庙者；高宗复成汤之道，故新路寝焉。"松柏长而易直之材，常充寝庙之桷。或得其桷，谓鸿渐于木，得如椽之木可栖，比喻六四，是朝廷重用之材，居重要之位。《说卦传》曰："艮为门阙，巽为木，为绳直。"渐卦，艮下巽上。下艮为庙寝，上巽为庙上之直木，为桷，巽又为鸡，是以为鸿渐于木，或得其桷之象。

无咎 《说文》："咎，灾也。"桂馥义证："《一切经音义九》：《说文》咎，灾也，字体从人从各，人各相违，即成灾咎。又，二人同心，其利断金；二人相违，其祸成灾。"《象》曰："或得其桷，顺以巽也。"顺则不违，巽则以敬，不违而敬，是以无咎。坤卦《彖》曰："至哉坤元，乃顺承天；牝马地类，柔顺利贞；先迷失道，后顺得常。"六四，为坤阴之爻，其性为顺；又在巽，巽为敬逊。六四以顺逊，勤九五之王，是以或得其桷，无咎。虞翻曰："巽为木。桷，椽也，方者谓之桷。巽为交，为长木，艮为小木，坎为脊，离为丽，小木丽长木，巽绳束之，象脊之形，椽桷象也，故或得其桷。得位顺五，故无咎。四已承五，又顾得三，故或得其桷也矣。"程氏传："若其义顺正，其处卑巽，何处而不安？如四之顺正而巽，乃得桷也。”

《韩诗外传》卷七：“孔子曰：“昔者周公事文王，行无专制，事无由己，身若不胜衣，言若不出口，有奉持于前，洞洞焉，若将失之，可谓能子矣。武王崩，成王幼，周公承文武之业，履天子之位，听天下之政，征夷狄之乱，诛管、蔡之罪，抱成王而朝诸侯，诛赏制断，无所顾问，威动天地，振恐海内，可谓能武矣。成王壮，周公致政，北面而事之，请然后行，无伐矜之色，可谓能臣矣。故一人之身，能三变者，所以应时也。《诗》曰：左之左之，君子宜之；右之右之，君之有之。”此即或得其桷，顺巽之谓。又，《史记·鲁周公世家》曰：“成王长，能听政，于是公乃还政于成王。周公之代成王治，南面倍依，以朝诸侯。及七年后，还政成王，北面就臣位，匔匔如畏然。卒相成王，而使其子伯禽，代就封于鲁。周公戒伯禽曰：我文王之子，武王之弟，成王之叔父，我于天下，亦不贱矣。然我一沐三捉发，一饭三吐哺，起以待士，犹恐失天下之贤人。子之鲁，慎无以国骄人。”《集解》：“《礼记》曰：周公朝诸侯，于明堂之位，天子负斧依，南面而立。郑玄曰：周公摄王位，以明堂之礼仪，朝诸侯也。不于宗庙，避王也。”周公辅成王，鞠躬尽瘁，犹得其桷，而顺以巽。

九五，鸿渐于陵；妇三岁不孕，终莫之胜。吉。

〔译〕　九五，鸿进至高陵；妇阴三年怀胎不成，终究没有得逞。吉利

《象》曰：“终莫之胜，吉，得所愿也。”

〔证〕

鸿渐于陵　《说文》：“陵，大𠂤也。从𠂤，夌声。”又，“𠂤，大陆。”按，九三曰鸿渐于陆，九四曰鸿渐于木，故九五为陆上之陆，为大𠂤，大𠂤为陵。《释名》：“大阜曰陵。陵，隆也，体高隆也。”九五在巽，巽为高，其体高隆，是以为陵。同人卦，离下乾上。九三曰：“升其高陵。”二之四为巽，三在巽，为陵。《尔雅·释地》：“高平曰陆，大陆曰阜，大阜曰陵。”李巡曰：“高平谓土地丰，正名为陆；土地独高大，名曰阜；最大，名曰陵。”以此类推，九三为陆，六四为阜，九五为陵。《管子·形势解》：“山，物之高者也。”《谷梁传》成公五年《经》：“梁山崩。”注引许说：“山者阳位，君之象也。”《公羊传》成公五年注：“山者，阳精，德泽所由生，君之象。”《后汉书·杨赐传》注：“山，君位也。”震卦，震下震上。六二曰：“跻于九陵。”虞翻曰：“在艮山下，故称陵。”震卦，二之四为艮，艮为山，是陵比山低。《春秋说题辞》曰：“陵之为言棱也，辅山成其广，层棱扶推，益厥长也。”《小雅·天保》曰：“天保定尔，以莫不兴。如山如阜，如冈如陵。”是君如山冈，臣如阜陵，上下相依相存，以莫不兴。《鲁颂·閟宫》曰：“不

亏不崩，不震不腾。三寿作朋，如冈如陵。”郑笺：“三寿，三卿也。”谓僖公能以三卿为朋，君臣合德，如陵辅冈，是以封疆不亏不崩，不震不腾。周公辅成王，故称陵；因代行天子之政，居九五之位，故陵在上，艮山在下。为避陵乘山，渐卦九三称陆，而不称山。

妇三岁不孕　六二与九五，隔三相应，为三岁。九三为阴所包，为妇孕。九五不被阴包，为妇三岁不孕。《豳风·东山》之《诗序》曰：“《东山》，周公东征也。周公东征，三年而归。”《资治通鉴外纪·周纪一》曰：“成王元年，周公居冢宰。以王年少，恐天下畔，乃践阼摄政，代王当国，南面倍依，以朝诸侯。管叔、蔡叔、霍叔，流言于国曰：公将不利于孺子。奄君谓武庚禄父曰：此百世之时也，请举事。禄父从之。管、蔡果挟武庚，率奄、淮夷叛。周公奉王命，兴师东伐。二年，周公居东，罪人斯得。诛武庚、管叔；放蔡叔，与之车七乘，徒七十人；降霍叔于庶人，三年不齿。遂定奄及淮夷，东土以宁，诸侯复宗周。象为虐于东夷，周公以师逐之；至于江南，为三象以嘉其德。分殷余民为二。三年，周公归自东征。”妇三岁不孕，谓阴谋反叛者，三年孕育不成，被周公平定。

终莫之胜，吉　《象》曰：“终莫之胜，吉，得所愿也。”终莫之胜，谓阴终不能胜阳。九五，鸿渐于陵，阳得中正之位，为吉利，为得其所愿。按，《周书·金縢》云：“周公乃告二公曰：我之弗辟，我无以告我先王。”孔氏传：“言我不以法法三叔，则我无以成周道，告我先王。”是成周道，告先王，为周公之愿。《史记·鲁周公世家》曰：“管、蔡、武庚等，果率淮夷而反。周公乃奉成王命，兴师东伐，作《大诰》，遂诛管叔，杀武庚，放蔡叔。收殷余民，以封康叔于卫，封微子于宋，以奉殷祀。宁淮夷东土，二年而毕定，诸侯咸服宗周。”此阴谋叛者，终莫之胜，罪人斯得，诸侯咸服，为吉利，为得其所愿。程氏传：“然中正之道，有必亨之理；不正岂能隔害之？故终莫之能胜。但其合有渐耳，终得其吉也。以不正而敌中正，一时之为耳，久其能胜乎？君臣以中正相交，其道当行，虽有间其间者，终岂能胜哉？徐必得其所愿，乃渐之吉也。”九五，阳终于出坎险，为阴终莫之胜，为吉象，又得中正之位，是得所愿。

上九，鸿渐于陆，其羽可用为仪，吉。

〔译〕　上九，鸿进至最高平地，其羽可用为礼仪，吉利。

《象》曰：“其羽可用为仪，吉，不可乱也。”

〔证〕

鸿渐于陆　或曰：九三鸿渐于陸，此处不当复出陆字，一曰阿，一曰逵。然《帛书周易》上九，亦曰鸿渐于陆，是由来已久。或曰：陆与下文，其羽可用为仪失韵。段玉裁《六书音均表五·第十七部》："陆仪。"并注曰："《周易·下经》渐上九。"谓陆为古合韵，仪为本音。按，《尔雅·释地》云："高平曰陆。"《说文》曰："陆，高平地。"皆谓高而平之地为陆。九三，比初六，六二高，阳爻平，在艮山之上，是高平之地为陆。上九，上为高，又在巽高之上，阳爻平，为高平上之高平，亦为陆，是陆有高低。上九鸿进至最高平地，万里无碍，得其所以。大畜上九曰："何天之衢，亨。"《象》曰："何天之衢，道大行也。"渐卦上九，鸿渐于陆，犹何天之衢，亦道大行。《史记·鲁周公世家》曰："周公归，恐成王壮，治有所淫佚，乃作《多士》，作《毋逸》，作此以戒成王。成王在丰，天下已安，周之官政未次序，于是周公作《周官》，官别其宜。作《立政》，以便百姓，百姓说。"周公立君臣之政，周道从兹大行。立法大备，三代莫过于周，此盖上九鸿渐于陆之谓。

其羽可用为仪　《礼记·文王世子》："春夏学干戈，秋冬学羽龠。"郑氏注："干，盾也；戈，句矛戟也。干戈万舞，象武也，用动作之时学之。羽龠龠舞，象文也，用安静之时学之。"《乐记》："比音而乐之，及干戚羽旄谓之乐。"郑氏注："干，盾也；戚，斧也：武舞所执也。羽翟，羽也；旄，旄牛尾也：文舞所执。"《虞书·大禹谟》："帝乃敷衍文德，舞干羽于两阶，七旬有苗格。"孔氏注："远人不服，大布文德以来之。干，楯；羽，翳也：皆舞者所执。修阐文教，舞文舞于宾主阶间，抑武事。讨而不服，不讨自来，御之者必有道。"羽为文治象征，其羽可用为仪，谓上九鸿鸟之羽，可作为礼仪之用，用作文治象征。《书序》曰："周公在丰将没，欲葬成周。公薨，王葬于毕，告周公作《亳姑》，死谥文公。"《周南》、《召南》谱文："周公封鲁，死谥曰文公；召公封燕，死谥曰康公。元子世之。"《竹书纪年·成王》云："甲子，周文公诰多士于成周。十年，周文公出居于丰。十一年，唐叔献嘉禾。王命唐叔归禾于周文公。二十一年，周文公薨于丰。二十三年，葬周文公于毕。"周公文德卓著，故谥文公，追记者称之。鸿犹周公，其羽可用为仪，谓周公之文治，可用为有周一代之礼仪，即所谓周公之礼。《艺文类聚·第五十七卷》，引班固《拟连珠》："臣闻鸾凤，养六翮以凌云，帝王乘英雄以济民。《易》曰：鸿渐于陆，其羽可用为仪。"即其引伸之义。

吉　《象》曰："其羽可用为仪，吉，不可乱也。"《论语·为政》："子曰：道之以政，齐之以刑，民免而无耻；道之以德，齐之以礼，有耻且格。"注："格，正也。"谓用礼仪治人，则人不仅知耻，而且能正心之非。又，《雍也》云："子曰：君子博学以文，约之以礼，亦可以弗畔矣夫。"约，约束；弗畔，不违道。《正义》曰："礼者，道之所以行也。人违道与否，不可得知。但已博文约礼，由其外，以测其内，亦可不致违道。"

是以，其羽可为仪，而吉者，谓其羽可用为礼仪，以节齐约束，人之思想行为，使之不违背正道，故而吉利。此乃文治之吉。《八佾》曰：“孔子谓季氏，八佾舞于庭，是可忍也，孰不可忍也。”注云：“马曰：孰，谁也；佾，列也。天子八佾，诸侯六，卿大夫四，士二。八人为列，八八六十四人。鲁以周公故，受王者礼乐，有八佾之舞。季桓子僭，于其家庙舞之，故孔子讥之。”《正义》曰：“旧说，舞有文武。文舞用羽龠，谓之羽舞，亦名龠舞；武舞用干戚，谓之干舞，又名万舞。宗庙之祭，乐成告备，然后兴舞。”是羽可用为礼仪；礼仪乱，则君臣乱，故曰不可乱。《易乾凿度》曰：“初为元士，二为大夫，三为三公，四为诸侯，五为天子，上为宗庙。”上九，为宗庙礼仪之爻，故曰其羽可用为仪。《系辞传》曰：“自天祐之，吉无不利。子曰：祐者助也，天之所助者顺也，人之所助者信也，履信思乎顺，又以尚贤也，是以自天祐之，吉无不利也。”上九，巽顺之体，鸿渐于陆，其羽可用为仪，为履信思乎顺，尚贤之象，故吉。

第五十四卦　乙　卯

☳☱ 震上
兑下

归妹，征凶，无攸利。

〔**译**〕　归妹，前行有凶险，无所利。

《彖》曰："归妹，天地之大义也，天地不交，而万物不兴。归妹，人之终始也。说以动，所归妹也。征凶，位不当也。无攸利，柔乘刚也。"

《象》曰："泽上有雷，归妹，君子以永终知敝。"

〔**证**〕

兑下震上　《说卦传》曰："昔者圣人之作《易》也，幽赞于神明而生蓍，参天两地而倚数，观变于阴阳而立卦，发挥于刚柔而生爻，和顺于道德而理于义，穷理尽性，以至于命。"又曰，"昔者，圣人之作《易》也，将以顺性命之理，是以立天之道，曰阴与阳；立地之道，曰柔与刚；立人之道，曰仁与义。兼三才而两之,故《易》六画而成卦;分阴分阳,迭用柔刚，故《易》六位而成章。"此谓天道阴阳，《易》以阴阳立卦，以此穷理尽性，幽赞神明。《系辞传》曰："刚柔相推，变在其中矣。刚柔者，立本者也；变通者，趣时者也。法象莫大乎天地，变通莫大乎四时，县象著明，莫大乎日月。寒往则暑来，暑往则寒来，寒暑相推，而岁成焉。"亦谓《易》为阴阳之变，阴阳为《易》之本。归妹卦，即是归阴卦。上震，二阴消于上，一阳生于下。伏羲八卦方位，震位东北，为十一、十二月卦气。下兑，一阴消于上，二阳生于下。伏羲八卦方位，兑位东南，为二、三月卦气。四月纯阳，故自头年十一、十二月，至明年二、三月，为阴气归去之时。阳为大，阴为小；阳为男，阴为女。男大为兄，女小为妹。阳来下，推阴归去，为归妹。

泰卦，乾下坤上，正月卦。《彖》曰："泰，小往大来，则是天地交，而万物通也；上下交，而其志同也。内阳而外阴，内健而外顺，内君子而外小人。君子道长，小人道消也。"又，否卦，坤下乾上，七月卦。《彖》曰："否之匪人，不利君子贞。大往小来，则是天地不交，而万物不通也；上下不交，而天下无邦也。内阴而外阳，内柔而外刚，内小人而外君子，小人道长，君子道消也。"阳气之性上腾，阴气之性下沉。故泰卦乾下坤上，则天地之气相交，而万物相通；否卦坤下乾上，则天地之气不交，而万物不通。归妹卦，震上兑下。上为往者，下为来者，为头年十一、十二月，至第二年二、三月之象。由冬到春，阴气消沉，阳气生扬，阴阳相交，而通万物。故而《彖》曰："归妹，天地之大义也，天地不交，而万物不兴。”谓归妹，有阴阳相交，而生万物之义。《老子》曰：“万物负阴而抱阳，冲气以为和。”盖即阴上阳下，阴性沉，阳性升，阴阳之气相交，而生万物之谓。

《彖》曰：“归妹，人之终始也。”恆卦《彖》曰：“天地之道，恆久而不已也，利有攸往，终则有始也。”人道亦然。《说卦传》曰：“乾，天也，故称乎父；坤，地也，故称乎母；震，一索而得男，故谓之长男；巽，一索而得女，故谓之长女；坎，再索而得男，故谓之中男；离，再索而得女，故谓之中女；艮，三索而得男，故谓之少男；兑，三索而得女，故谓之少女。”是天地如父母，阴阳为男女。归妹卦，下兑来承上震，少女来嫁长男，为归妹。《白虎通·嫁娶》曰：“男长女幼者，阳舒阴促。男三十筋骨坚强，任为人父；女二十肌肤充盛，任为人母。”又，男女婚媾，为人终身大事，曰人之终：男女婚媾，始生子女，曰人之始。如此终而又始，代代相传，是以为人之终始。王弼注：“阴阳既合，长少又交，天地之大义，人伦之终始。”程氏传：“男女交，而后有生息；有生息，而后其终不穷。前者有终，而后者有始，相续不穷，是人之终始也。”

《仪礼·士昏礼》曰：“主人玄端迎于门外，西面再拜，宾东面答拜。主人揖入，宾执雁从。至于庙门，揖入。三揖，至于阶。三让，主人升西南；宾升北面，奠雁。再拜稽首，降出；妇从降自西阶。主人不降送。”疏曰：“此言男至女氏之大门外，女父出迎之事也。言父女迎宾婿，入庙门升堂，妇从出大门之事也。”又，经曰：“婿御妇车授绥，姆辞不受。妇乘以几，姆加景，乃驱，御者代。婿乘其车，先俟于门外。妇至，主人揖妇以入。及寝门，揖入，升自西阶。”郑氏注：“婿车在大门外，乘之先者，道之也。男率女，女从男，夫妇刚柔之义，自此始也。俟，待也；门外，婿家大门外。升自西阶，道妇入也。”上述士昏礼，先是女家，迎婿以入；后是男家，迎妇以入。归妹卦，下兑为少女，上震为长男。男自外来，震则为艮，艮为门阙，是男至女门迎娶。女从男归，女主内，男主外，成婚姻之义，为归妹。

《白虎通·嫁娶》：“婚姻者何谓也？婚者，昏时行礼，故曰婚；姻者，妇人因夫而成，故曰姻。”陈立疏证：“《释名·释亲属》云：妇之父曰婚，言婿亲迎用昏，又恆以昏夜行礼也。《说文·女部》：婚，妇家也。礼，娶妇皆以昏时，妇人阴也，故曰婚。从女，从昏，昏亦声。”《士昏礼·题解》曰：“郑《目录》云：士娶妻之礼，以昏为期，因而名焉。必以昏者，阳往而阴来。日入三商为昏，昏礼于五礼属嘉礼。”又，“释曰：郑知是士娶妻之礼者，以《记》云：记士昏礼，故知是士娶妻。郑云日入三商者，商谓商量，是漏刻之名。故《三光灵曜》，亦日入三刻为昏，不尽为明。案马氏云：日未出，日没后，皆云二刻半，前后共五刻。今云三商者，据整数而言，其实二刻半也。”宋刻《集韵·阳韵》：“商，一曰刻也。”归妹卦，二之四为离，三之五为坎。离为日，坎为月，日在月下，为昏夜。长子娶少女，其象如三、四爻。六三在日没后之三画，犹三刻；九四在日出前之三画，犹三刻，是以昏夜为期，为归妹之象。

《周南·桃夭》之《诗序》曰："《桃夭》，后妃之所致也。不妬忌，则男女以正，婚姻以时，国无鳏民也。"《正义》曰："传以桃之夭夭，言其少壮；宜其室家，为不逾时。则上句言其年盛，下句言嫁娶得时也。但传说昏嫁年月，于此不著。《摽有梅》卒章传曰：三十之男，二十之女，不待礼会而行之，谓期尽之法。则男女以正，谓男未三十，女未二十也。此三章，皆言女得以年盛时行，则女自十五至十九也。女年既盛，则男亦盛矣，自二十至二十九也。《东门之杨》传曰：男女失时，不逮秋冬。则秋冬嫁娶，正时也。言宜其室家，无逾时，则三章皆为秋冬时矣。郑以三十之男，二十之女，仲春之月为昏，是礼之正法。则三章皆上二句，言妇人以年盛时行，谓二十也；下句言年时俱当，谓行嫁，又得仲春之正时也。"按，春时嫁娶，顺阴阳之气。此时，阴气归往。故《周南·桃夭》曰："之子于归，宜其家人。"之子于归，即归妹之义。

《周礼·媒氏》："令男三十而娶，女二十而嫁。中春之月，令会男女。"郑氏注："二、三者，天地相承覆之数也。《易》曰参天两地，而倚数焉。中春，阴阳交，以成昏礼，顺天时也。"贾公彦疏："王肃论云：《诗》曰：有女怀春，吉士诱之。春日迟迟，女心伤悲。绸缪束刍，三星在隅。我行其野，蔽芾其樗。仓庚于飞，熠熠其羽。《诗·殷颂》曰：天命玄鸟，降而生商。《月令·仲春》：玄鸟至之日，以大牢祠于高禖，天子亲往。玄鸟生乳之月，以为嫁娶之候。天子重之而祀焉。凡此，皆与仲春嫁娶，为候者也。《夏小正》曰：二月，冠子嫁女，娶妻之时。秋以为期，此淫奔之诗。《夏小正》曰：二月绥多士女，交昏于仲春。《易》泰卦六五：帝乙归妹，以祉元吉。旧说六五爻辰在卯。春为阳中，万物以生。生育者，嫁娶之贵。仲春之月，嫁娶男女之礼，福禄大吉。《易》之咸卦，柔上刚下，二气感应以相与，皆说男下女。《召南·草虫》之诗，夫人待礼，随从在途，见采蕨者，以诗自兴。又云：士如归妻，迨冰未泮。旧说云：士如归妻我，尚及冰未泮定纳。其篇义云：嫁娶以春，阳气始生万物。嫁娶亦为生类，故《管子·时令篇》云：春以令男女融。"

又，疏曰："《诗》、《易》、《礼》、《传》所载，此春娶之证也。玄说云：嫁娶以仲春。既有群证，故孔晁曰有女怀春，毛云春不暇，待秋，用毛义，未若郑云，用仲春为正礼，为密也。是以《诗》云：匏有苦叶，济有深涉。笺云：匏叶苦，而渡处深，谓八月时，阴阳交会，始可以为昏礼纳采、问名。又云：士如归妻，待冰未泮。笺云：归妻，使之来归于己。谓请期冰未散，正月中以前，二月可以为昏。"归妹卦，上震，于伏羲八卦东北角，兼三才而两之，为临卦象，是为十二月。下兑，于伏羲八卦东南角。兼三才而两之，为大壮卦象，是为二月。由十二月，冰未泮请期，至二月归妻，为阴阳交会，男女嫁娶之时。是以兑下震上，为归妹之象。按古制，婚姻于秋纳采、问名，于冬请期，于春嫁娶。言八月纳采、问名，二月归妻者，盖以秋、春之中言之，以代其时。秋、阴承阳，成物；春，阳交阴，生物。故婚姻之时以春秋。

《白虎通·嫁娶》曰：“天子下至士，必亲迎授绥者何？以阳下阴也。欲得其欢心，示亲之心也。”陈立疏证：“《荀子·大略篇》云：《易》之咸，见夫妇。夫妇之道，不可不正也，君臣父子之本也。咸，感也。以高下下，以男下女，柔上而刚下，聘士之义，亲迎之道，重始也。是阳下阴之义也。”《仪礼·士昏礼》曰：“主人爵弁，纁裳缁袘，从者毕玄端，乘墨车，从车二乘，执烛前马。”郑氏注：“主人，婿也，婿为妇主。爵弁而纁裳，玄冕之次。大夫以上，亲迎冕服。冕服迎者，鬼神之鬼神之者，所以重之亲之。纁裳者，衣缁衣。不言衣与带，而言袘者，空其文，明其与袘俱用缁。袘，谓缘。袘之言施，以缁缘裳，象阳气下施。从者，有司也，乘二车从行者也。毕，犹皆也。墨车，漆车。士乘墨车，摄盛也。执烛前马，使徒从持炬火，居前照道。”此即亲迎之礼。归妹卦，兑下震上，二、五相应，九二在下，六五在上，是男下女，亲迎之象。

《大雅·大明》：“文定厥祥，亲迎于渭。”《正义》曰：“六礼，唯亲迎为重，迎尚身自亲之，余礼行之可知，故言备也。公羊说：天子至庶人，娶皆当亲迎。左氏说：王者尊，无体敌之义，故不亲迎。郑驳之云：大姒之家，在洽之阳，在渭之涘，文王亲迎于渭，即天子亲迎明矣。天子虽至尊，其于后，犹夫妇也。夫妇判合，礼同一体。所谓无敌，岂施于此哉？《礼记·哀公问》曰：寡人愿有言，然冕而亲迎，不已重乎？孔子愀然作色，而对曰：合二姓之好，以继先圣之后，以为天地、宗庙、社稷之主，君何谓已重乎？此言亲迎，继先圣之后，为天地宗庙主，非天子则谁乎？是郑意以此为天子之法，故引之，以明天子当亲迎也。”归妹卦，九二有君德，六五在震，诸侯之女，三之五为坎，坎为水，犹文王亲迎大姒，于渭水之象。《易》设象喻事，盖为后世垂范。

《彖》曰：“说以动，所归妹也。”谓喜而动者，兑、震所归阴也。《说卦传》曰：“兑为说，震为动。”二月三月，阳送阴归，所以万物喜，而起动。《说文》曰：“卯，冒也，二月，万物冒地而出；象开门之形，故二月为天门。”“辰，震也，三月，阳气动，雷电振；民农时也，物皆生。从乙匕，匕象芒达，厂声。辰，房星，天时也。”段注；“震、振古通用。振，奋也。《律书》曰：辰者，言万物之蜄也。《律历志》曰：振美于辰。《释名》曰：辰，伸也，物皆伸舒而出也。《季春之月》：生气方盛，阳气发泄，句者毕出，萌者尽达。二月雷发声，始电。至三月，而大振动。《豳风》曰：四之日举止。故曰民农时。匕，变也。乙象春艸木冤曲而出，阴气尚强，其出乙乙。至是月，阳气大盛，乙乙难出者，始变化矣。芒达，芒者尽达也。晶部晨字下曰：房星，为民田时者。辱字下云：房星为辰，田候也。韦注《周语》曰：农祥，房星也。房星晨正，为农事所瞻仰，故曰天时。”二月三月，阳气来，阴气往，万物冒地而出，民农喜得农时，是以谓说以动，所归妹也。有天文，有地文，亦有人文。归妹，人之终始，故而钟鼓乐之，琴瑟友之，乐以成事，谓说以动。

归妹 《说卦传》曰：“天地定位，山泽通气，雷风相薄，水火不相射，八卦相错。数往者顺，知来者逆，是故《易》逆数也。”朱熹《周易本义》云：“邵子曰：此伏羲八卦之位：乾南坤北，离东坎西，兑居东南，震居东北，巽居西南，艮居西北。于是八卦相交，而成六十四卦，所谓先天之学也。起震而历离、兑，以至于乾，数已生之卦也；自巽而历坎、艮，以至于坤，推未生之卦也。《易》之生卦，则以乾、兑、离、震、巽、坎、艮、坤为次，故皆逆数也。”然起震而历离、兑，以至于乾，为阳生阴消之卦；自巽而历坎、艮，以至于坤，为阴生阳消之卦。坤卦，坤下坤上。卦辞曰：“西南得朋，东北丧朋。”《彖》曰：“西南得朋，乃与类行；东北丧朋，乃终有庆。”朋，谓阴。西南得朋，谓自巽至坤，得阴气渐生，阳气渐消。东北丧朋，谓起震至乾，阳气渐生，阴气渐消。归妹卦，震往兑来，阴气渐消，阳气渐生，冬将过，春已来，是为归妹之期。

《说文》曰：“歸（归），女嫁也。从止，从婦（妇）省，𠂤声。𨺅，籀文省。”李孝定《甲骨文字集释》按语：“（金文）大抵从婦，𠂤声，与契文同。或从辵、从彳，无单从止者。辵、彳、止，本通用无别。”段玉裁注：“《公羊传》、《毛传》皆云：妇人谓嫁归。此非妇人假归名，乃凡还家者，假妇嫁之名也。当云从妇止；妇省，写者夺之。妇止者，妇止于是也。帚，会意。”桂馥义证：“《诗·葛覃》：言告言归。传云：妇人谓嫁曰归。《江有汜》：之子归。《南山》：齐子由归。笺并云：妇人谓嫁曰归。隐元年《左传》：故仲子归于我。杜云：妇人谓嫁曰归。隐二年《公羊传》：妇人谓嫁曰归。何云：妇人生以父母为家，嫁以夫为家，故谓嫁曰归。成五年《谷梁传》：妇人之义，嫁曰归。《论语》：管氏有三归。包氏曰：三归者，娶三嫁女也，妇人谓嫁为归。”又，《国语·晋语四》：“秦伯归女五人。”韦昭注：“归，嫁也。”于《易》，泰卦六五曰：“帝乙归妹。”《九家易》曰：“妇人谓嫁曰归，故言帝乙归妹。”渐卦卦辞曰：“女归吉。”虞翻曰：“归，嫁也。”归妹卦，《释文》曰：“妇人谓嫁曰归。”孔颖达疏女归曰：“女人生有外成之义，以夫为家，故谓嫁曰归也。”

《卫风·硕人》：“齐侯之子，卫侯之妻，东宫之妹，邢侯之姨，谭公维私。”毛传：“东宫，齐大子也。女子后生曰妹，妻之姊妹曰姨，姊妹之夫曰私。”《诗三家义集疏》：“《韩》说曰：女弟曰妹。”《大雅·大明》曰：“文王嘉止，大邦有子。大邦有子，伣天之妹。”郑笺：“文王闻大姒之贤。则美之曰：大邦有子，女可以为妃，乃求昏。又知大姒之贤，尊之如天之有女弟。”《正义》曰：“《说文》云：伣，譬谕也，《诗》云伣天之妹。《释亲》云：男子谓女子，先生为姊，后生为妹。妹即女弟。天者，无形之物，非如人有亲族。言天妹者，系之于天，见尊之耳。初嫁必幼，故以妹言之。《易》有归妹之卦，亦此意也。”《群经平议》卷十一：“《周易·归妹》王注曰：妹者，少女之称。然则天妹，犹天之少女耳。”按，年龄小为少。少，泛指年轻，如少年夫妻。是以归妹，谓嫁年轻女子。

征凶 《系辞传》曰：“曲成万物而不遗，通乎昼夜之 道而知，故神无方，而《易》无体，一阴一阳之谓道。”又曰，“因二以济民行，以明失得之报。”韩康伯注：“二则失得也，因失得以通济民行，故明失得之报也。失得之报者，得其会则吉，乖其理则凶。”《易》，明阴阳变化之理，得失吉凶之道。故一卦一爻之中，或二者参互。归妹卦，一则谓天地之大义，一则谓征凶，无攸利，盖即万物负阴而抱阳，矛盾辩证所在。归妹，兑下震上，由十一月至三月之象。按十二消息，十一月为复卦，震下坤上，五阴乘一阳；十二月为临卦，兑下坤上，四阴乘二阳；正月为泰卦，乾下坤上，三阴乘三阳；二月为大壮卦，乾下震上，二阴乘四阳；三月为夬卦，乾下兑上，一阴乘五阳。卦辞曰：“孚号有厉。”一路阴乘阳，是以征凶。征凶，谓阳气前行，遇阴气阻隔。《月令》谓之阴阳争，二气荡，于乎天地之间，反复较量。

《说文》：“延，正行也。从辵，正声。征，延或从彳。”《尔雅·释言》：“征，行也。”《诗》毛传、郑笺皆曰：“征，行也。”小畜卦，乾下巽上，上九曰：“君子征凶。”《象》曰：“君子征凶，有所疑也。”亢龙有悔，谓阳与阳，不相应而相敌，故下行必凶。泰卦，乾下坤上。初九曰：“征吉。”《象》曰：“征吉，志在外也。”下卦为内，上卦为外。志在外，谓初九志在往应六四，以成天地交泰，故曰征吉。颐卦，震下艮上。六二曰：“征凶。”《象》曰：“六二征凶，行失类也。”六二与六五，阴与阴不相应，相敌，故上往凶。行为征，失类为凶。大壮卦，乾下震上。初九曰：“征凶。”初九与九四，阳与阳相敌，故往行则凶。损卦，兑下艮上。九二曰：“征凶。”以九二不当位之阳，逆应六五不当位之阴，为凶。故《象》戒曰：“利贞，中以为志也。”升卦，巽下坤上。卦辞曰：“南征吉。”《象》曰：“南征吉，志行也。”伏羲八卦方位，巽位西南，坤位北。现坤阴乘阳，非是。若坤阴来下，于西南巽下，成坤下巽上，观卦之势，则阴顺应阳，为志行，为南征吉。困卦，坎下兑上。九二曰：“征凶。”九二与九五相敌，如往就必凶。上六曰：“动悔有悔，征吉。”上六与六三相敌，为凶。若动悔有悔，即动而有悔，改而来下，成艮下巽上，为渐卦，为女归吉。故《象》曰：“动悔有悔，征吉。”吉行谓行吉，即征吉。革卦，离下兑上。六二曰：“征吉。”六二上行，顺应九五，行为征，应为吉。九三曰：“征凶。”九三，以阳上行，逆应在兑之阴，又兑为毁折，故凶。震卦，震下震上。上六曰：“征凶。”上六动则来下成坎，坎为陷为险，故上六征凶。未济卦，坎下离上。六三曰："征凶。"《象》曰："征凶，位不当也。"谓六三阴夺阳位，往行应上九，故凶。是征凶者，谓前行有凶。

通观《易》象，阴阳相应则吉，敌应则凶；顺应则吉，逆应则凶；当位而行则吉，不当位而行则凶。然《易》谓征吉、征凶者，多于爻辞之中；唯升卦卦辞曰南征吉，归妹卦卦辞曰征凶。是两卦一为往行吉，一为往行凶，所趋迥异。归妹卦，初九与九四敌应，征凶；九二与六五逆应，征凶；六三与上六敌应，征凶。又，爻以初、三、五单数为阳位，以二、四，上偶数为阴位。九二不当位，故与六五逆应；六三不当位，故与上六敌应；九四不当位，故与初九敌应。《象》曰："征凶，位不当也。"盖即上述之谓。崔憬曰："中四爻皆失位，以象归妹非正嫡，故征凶也。"于天地言，归阴之时，物皆冒地，冤曲而出，阴气尚强，是以征凶。于人言，归妹之时，所嫁而不当位，故征凶。《系辞传》曰："圣人之大宝曰位。"位，亦名位。名位正，言行正；名位不正，言行不正。言行不正，往必凶险。归妹卦，由下兑至上震，中间三之五为坎，坎为险，故曰征凶。

无攸利 归妹卦，下兑，一阴乘二阳；上震，二阴乘一阳。阴皆在上，阳皆在下，为柔乘刚。且由下往上，阴愈强，阳愈弱，故《象》曰："无攸利，柔乘刚也。"渐卦，艮下巽上。艮一阳乘二阴，巽二阳乘一阴，阳皆在上，阴皆在下，为刚乘柔。且由下往上，阳愈强，阴愈弱，故利正。两卦卦象相反，卦辞也相反。《系辞传》曰："刚柔者，立本者也。"乾卦《文言》曰："水流湿，火就燥，云从龙，风从虎，圣人作，而万物睹。本乎天者亲上，本乎地者亲下，则各从其类也。"虞翻曰："乾刚坤柔，为六子父母。乾天称父，坤地称母。本天亲上，本地亲下，故立本者也。"归妹卦，本乎地而上，本乎天而下，故无攸利。通检六十四卦，六爻刚柔上下皆非，而不顺应者，仅此一卦；卦辞曰征凶、无攸利者，亦仅此一例。盖圣人法天地而立象，重刚柔尊卑之位，故又立恒卦和家人卦。恒卦《象》曰："恒，久也。刚上而柔下，雷风相与，巽而动，刚柔皆应，恒。恒亨，无咎，利贞，久于其道也。天地之道，恒久而不已也。利有攸往，终则有始也。"家人卦《象》曰："家人，女正位乎内，男正位乎外，男女正，天地之大义也。家人有严君焉，父母之谓也。父父子子、兄兄弟弟、夫夫妇妇，而家道正。正家，而天下定矣。"归妹卦，与恒卦和家人卦，其理相悖，即悖天地、夫妇、父子、君臣之理，故凶而无利。又，归妹，乃就阴消而言；唯阴归然后合义，如渐卦。

《系辞传》曰："天尊地卑，乾坤定矣。卑高以陈，贵贱位矣。动静有常，刚柔断矣。方以类聚，物以群分，吉凶生矣。在天成象，在地成形，变化见矣。"朱熹《周易本义》曰："天地者，阴阳形气之实体。乾坤者，《易》中纯阴纯阳之卦名。卑高者，天地万物上下之位。贵贱者，《易》中卦爻上下之位也。动者，阳之常；静者，阴之常。刚柔者，《易》中卦爻阴阳之称也。方，谓事情所向，言事物善恶，各以类分。而吉凶者,《易》中卦爻占决之辞也。象者，日月星辰之属。形者，山川动植之属。变化者,《易》中蓍策卦爻，阴变为阳，阳化为阴者也。此言圣人作《易》，因阴阳之实体，为卦爻之法象。庄周所谓：易以道阴阳。此之谓也。”是以圣人，设卦、观象、系辞，而明吉凶。吉凶者，失得之象。得则吉，失则凶。阳得则吉，阳失则凶。因象系辞，文随象变。是故，君子居则观其象，而玩其辞；动则观其变，而玩其占。是以自天祐之，吉无不利。

《月令·仲冬之月》云:“命有司曰：土事毋作，慎毋发盖，毋发室屋，及起大众，以固而闭。地气沮泄，是谓发天地之房。诸蛰则死，民必疾疫，又随以丧。命之曰畅月。”郑氏注:“而，犹女也；畅，犹充也。大阴用事，尤重闭藏。”《正义》曰:“此不云是月者，总是冬月闭藏之事。从十月为渐，非惟仲冬一月之事，故不言是月。云土事毋作，慎毋发盖者，于此之时，土地之事，毋得兴作；又须谨慎，毋得开发掩盖之物。则孟冬云，谨盖藏是也，非惟仲冬一月之事，故不言是月，良为此也。为阴气凝固，阳气须闭藏。若起土功，开盖物，发室屋，起大众，开泄阳气，故下云诸蛰则死，人则疾疫也。以固而闭者，而，汝也。命此有司云，于此之时，以坚固汝闭塞之事，勿令开动。地气沮泄，是谓发天地之房者，约束有司，若其不固汝所闭之事，令地沮泄，谓泄漏地之阳气，是发彻天地之房。房是人次舍之处，拥蔽于此之时。天地亦拥蔽万物，不使宣露，与房舍相似。令地气泄漏，是开发天地之房也。如此则诸蛰则死，人必疾疫。非但蛰死人疾，又随以丧者，国有大丧，随逐其后。命之曰畅月者，告有司云，所以须闭藏，以其命此月曰畅月。畅，充也。言名此月为充实之月，当使万物充实，不发动故也。皇氏云：又随以丧，谓逃亡。人为疾疫皆逃亡，故云又随以丧。”孟冬之月，为纯阴之月，坤下坤上。至仲冬之月，为一阳来复，震下坤上。此时阴气盛，阳气微，不可远复，当须闭藏充实。否则诸蛰则死，民必疾疫，又随以丧。故归妹卦曰，正行有凶，无所利。

《象》曰:“泽上有雷，归妹，君子以永终知敝。”兑为泽，震为雷，兑下震上，为泽上有雷。《大戴礼记·夏小正》曰:“正月必雷。雷不必闻，为雉为必闻。何以谓之？雷则雉震呴，相识以雷。”王聘珍解诂:“呴,《说文》作雊，云：雊，雌雄鸣也。雷始动，雉鸣而雊其颈。传云：正月必雷者，雷，阴阳薄动也。正月，三阳已盛，有与阴相薄之义，故泰卦互体为震也。云雷不必闻，惟雉来必闻者，雷动地中，人或不闻，雉性精刚，故独知之，应而鸣也。云何以谓之者，谓，犹记也。言《小正》，何以记雉震呴也。云相识以雷者，人闻雉鸣，则可识雷之动于地中也。《汉书·五行志》云：雉者听察，先闻雷声，故《月令》以记气。”《月令·仲春之月》云:“是月也，日夜分，雷乃发声，始电；蛰虫咸动，启户始出。”《正义》曰:“雷乃发声者，雷是阳气之声，将上与阴相冲。蔡邕云：季冬，雷在地下，则雉应而雊；孟春，动于地之上，则蛰虫应而振出；至此，升而动于天之下，其声发扬也。以雷出有渐，故言乃云始电者，电是阳光。阳微则光不见，此月阳气渐盛，以击于阴，其光乃见，故云始电。蛰虫咸动、启户、始出者，户，谓穴也，谓发所蛰之穴。蛰虫早者，孟春乃出，则《左传》启蛰而郊是也；蛰虫晚者，则二月始出。故此云蛰虫咸动，则正月未皆动。"《象》曰泽上有雷，是乃阳出阴归，为归妹之象。此时雷动诸蛰，泽生万物，故君子以之，永终而知敝。

《虞书·大禹谟》："帝曰：钦哉！慎乃有位，敬修其可愿，四海困穷，天禄永终。"孔氏传："有位，天子位；可愿，谓道德之美；困穷，谓天民之无告者。言为天子，勤此三者，则天之禄籍，长终汝身。"《周书·金滕》曰："予小子，新命于三王，惟永终是图。"孔氏传："周公言：我小子新受三王之命，武王惟长终，是谋周之道。"《论语·尧典》云："尧曰：咨，尔舜！天之历数在尔躬，允执其中，四海困穷，天禄永终。舜亦以命禹。"注："包曰：允，信也；困，极也；永，长也。言为政信执其中，则能穷极四海，天禄所以长终。孔曰：舜亦以尧命己之辞，命禹。"刘宝楠《正义》曰："天禄所以长终者，言享天禄，能终竟之也。《易》归妹《象》传：君子以永终知敝；《书·金滕》：惟永终是图。汉、魏人用此经语。班彪《王命论》云：福祚流于子孙，天禄其永终矣。隽不疑谓暴胜之曰：树功扬名，永终天禄。《韦贤传》：匡衡曰：其道应天，故天禄永终。其他封策禅诏：若汉武帝，立子齐王闳策；汉灵帝，立皇后诏；吴大帝，即位告天文；汉禅位于魏策；魏使郑冲，奉册于晋。凡此引文，皆作永长解。"由是可知，《象》曰君子以永终，乃谓君子以此，天禄永终。

《说文》："敝，帔也，一曰败衣。从㡀，从攴，㡀亦声。"徐灏注笺："因其败，而支治之也。"《玉篇·㡀部》："㡀，败衣也，与敝同。"又，"敝，坏也。弊，同敝。"李孝定《甲骨文字集释》按语："㡀，象败巾之形，契文正从攴、从㡀，会意。"井卦九二曰："井谷射鲋，瓮敝漏。"虞翻曰："瓮瓶毁缺，故瓮敝漏也。"是敝，引伸为凡败坏之称。《齐风·敝笱》郑笺："敝，又作弊，败也。"《小雅·鸿雁》之《序》，郑笺："宣王承厉王衰乱之敝而起，兴复先王之道，以安集众民为始也。"《礼记·表记》："其民之敝。"郑氏注："敝，谓政教衰失之时也。"《周书·毕命》："我闻曰：世禄之家，鲜克由礼，以荡陵德，实悖天道，敝化奢丽，万世同流。"孔氏传："特言我闻，自古有之。虽有禄位，而无礼教，少不放荡陵邈有德者，如此实乱天道。言敝俗相化，车服奢丽，虽去万世，若同一流。"蔡沈曰："敝坏风化。"知敝，谓知败坏之理。《象》曰："泽上有雷，归妹，君子以永终知敝。"即谓君子，见雷泽生物，阳送阴归，因此施行仁政，永保天禄，而知警惕败坏。又，兑为雨泽，震为振雷，天之恩威并见。于阳来阴归之时，君子者，应以此永保天禄，知道天命有终。

《史记·宋微子世家》曰："微子启者，殷帝乙之首子，而帝纣之庶兄也。纣既立，不明，淫乱于政，微子数谏，纣不听。及祖伊以周西伯昌之修德，灭阢国，惧祸至，以告纣。纣曰：我生不有命在天乎，是何能为？于是，微子度纣终不可谏，欲死之；及去，未能自决。乃问于太师、少师曰：殷不有治政，不治四方。曰：太师、少师，我其发出往。太师若曰：王子，天笃下灾亡殷国，今诚得治国，国治身死不恨；为死终不得治，不如去。遂亡。"《索隐》："按，《尚书·微子之命篇》云：命微子启代殷后。"殷纣，阴小之类，不知天命有终，不知敝；微子君子，知天命有终，知敝，是以保有殷祀。

王弼曰："归妹，相终始之道也，故以永终知敝。"孔颖达《正义》曰："泽上有雷，说以动也，故曰归妹。君子以永终知敝者，归妹相终始之道也。故君子象此，以永长其终，知应有不终之敝故也。"程氏传："雷震于上，泽随而动；阳动于上，阴说而从，女从 男之象也，故为归妹，君子观男女配合，生息相续之象，而以永其终，知有敝也。永终，谓生息嗣续，永久其传也。知敝，谓知物有敝坏，而为相继之道也。女归则有生息，故有永终之义。又夫妇之道，当常永有终，必知其有敝坏之理，而戒慎之。敝坏谓离隙。归妹，说以动者也，异乎恒之巽而动，渐之止而巽也。少女之说，情之感动。动则失正，非夫妇正，而可常之道，久必敝坏，知其必敝，则当思永其终也。天下之反目者，皆不能永终者也。不独夫妇之道，天下之事，莫不有终有敝，莫不有可继可久之道。观归妹，则当思永终之戒也。"

渐卦和归妹，互为错综卦和邻卦。《序卦传》曰："渐者，进也；进必有所归，故受之以归妹。"渐卦，艮下巽上，上下单卦，皆阴来阳下，故曰女归。归妹卦，兑下震上，上下单卦，皆阳送阴归，故曰归妹。渐卦，五月至九月卦，为夏至以后。归妹卦，十一月至三月卦，为冬至以后。渐卦，为阴生之时；归妹卦，为阳生之时。由阴生到阳生，是以为错综。伏羲八卦方位：巽位西南，艮位西北；震位东北，兑位东南。渐卦，艮下巽上，是西南、西北之卦。归妹卦，兑下震上，是东北、东南之卦。是东西南北，相对相反，互为错综。坤卦卦辞曰："西南得朋，东北丧朋。"朋谓阴，得朋即得阴，丧朋即丧阴。巽西南，一阴来下；艮西北，二阴来下。渐卦，艮下巽上，为阴来得朋之卦，为女归。震东北，一阳来下；兑东南，二阳来下。归妹卦，兑下震上，为阳来丧朋之卦，为归妹。女归，女为主辞；归妹，妹为宾辞。渐之女归，为男娶女；此之归妹，为女嫁男。来知德《周易集注》云："渐曰女归，自彼归我也，娶妇之家也。此曰归妹，自我归彼也，嫁女之家也。"《杂卦传》曰："渐，女归待男行也；归妹，女之终也。"一为始，一为终，互错互综。又，以阴阳卦气言，前者阴下阳，曰女归吉，利贞；后者阴上阳，曰归妹征凶，无攸利。以其互相错综，故互为邻卦。

程氏传："卦有男女配合之义者四：咸、恒、渐、归妹也。咸，男女之相感也。男下女，二气感应，止而说，男女之情，相感之象。恒，常也。男上女下，巽顺而动，阴阳皆相应，是男女居室，夫妇倡随之常道。渐，女归之得其正也。男下女，而各得正位，止静而巽顺，其进有渐，男女配合，得其道也。归妹，女之嫁归也。男上女下，女从男也，而有说少之义。以说而动，动以说，则不得其正矣，故位皆不当。初与上，虽当阴阳之位，而阳在下，阴在上，亦不当位也。与渐卦正相对。咸、恒，夫妇之道；渐、归妹，女归之义。咸与归妹，男女之情也。咸止而说，归妹动于说，皆以说也。恒与渐，夫妇之义也。恒巽而动，渐止而巽，皆以巽顺也。男女之道，夫妇之义，备于是矣。归妹为卦，泽上有雷，雷震而泽动，从之象也。物之随动，莫如水。男动于上，而女从之，嫁归从男之象。震长男，兑少女。少女从长男，以说而动，动而相说也。人之所说者少女，故云妹为女归之象。又，有长男说少女之义，故为归妹也。"

初九，归妹以娣，跛能履，征吉。

〔译〕 初九，归妹用作娣，虽跛而能行，往前吉利。

《象》曰："归妹以娣，以恒也。跛能履，吉，相承也。"

〔证〕

归妹以娣 《虞书·尧典》："（帝）厘降二女于妫汭，嫔于虞。"尧以两女儿嫁舜，可见姊妹同事一夫，一夫多妻，古已有之。《大雅·韩奕》："韩侯取妻，汾王之甥，蹶父之子。韩侯迎止，于蹶之里。百两彭彭，八鸾锵锵，不显其光。诸娣从之，祁祁如云。韩侯顾之，烂其盈门。"毛传："祁祁，徐静也；如云，言众多也。诸侯一取九女，二国媵之。诸娣，众妾也。"《正义》曰："既言从之，则祁祁如云。是行动之貌，故以为徐静也。庄十九年《公羊传》曰：媵者何？诸侯娶一国，则二国往媵之，以姪娣从。姪者何？兄之子。娣者何？女弟也。诸侯一娶九女，是一娶九女、二国媵之之事也。众妾之名，有姪有娣有媵，媵又自有姪娣，其名不尽。为娣而言诸娣众妾者，笺云：独言娣者，举其贵。以众妾之中，娣为最贵，故举娣以言从妾，明诸言可以兼姪娣也。"此乃古制，故本卦尽言帝乙归妹之事。

《春秋》隐七年："春，王三月，叔姬归于纪。"注："叔姬，伯姬之娣也。至是归者，待年于父母国，不与嫡俱行，故书。"《正义》曰："女嫁于他国，皆有侄娣与適俱行，则所尊在適，书適不书侄娣。叔姬待年之女，年满特行，故书其归昏。女嫁于他国之卿，皆书之。夫人之娣，尊与卿同，其书固是常例。"《左传》隐公三年："卫庄公，娶于齐东宫，得臣之妹，曰庄姜。美而无子，卫人所为赋《硕人》也。又娶于陈，曰厉妫，生孝伯，早死。其娣戴妫，生桓公。庄姜以为己子。”是戴妫为厉妫之娣，为从嫁。《国语·晋语一》：“《献公》获骊姬以归，立以为夫人，生奚齐；其娣生卓子。”其娣为从嫁。《白虎通·嫁娶》：“天子诸侯一娶九女何？重国广嗣也。適也者何？法地有九州，承天之施，无所不生也，娶九女，亦足以成君施也。必一娶何？防淫泆也。为其弃德嗜色，故一娶而已，人君无再娶之义也。备姪娣从者，为其必不相嫉妬也。一人有子，三人共之，若已生之。不娶两娣何？博异气也。娶三国女何？广异类也。恐妬一国血脉相似，俱无子也。姪娣年虽少，犹从适人者，明人君无再娶之义也。还待年于父母之国，未任答君子也。二国来媵，谁为尊者？大国为尊。国等以德，德同以色。”

《说卦传》曰：“兑为少女。”归妹卦，下卦为兑。《象》曰：“归妹以娣，以恆也。”归妹，谓帝乙归妹。归妹以娣，谓归妹以女娣作陪嫁，可以成恆。即兑为少女，兑初为后生女弟，未及年，阴阳未分，待嫁于父母之国，作从嫁之娣，则初、四阴阳相应，为恆常之象。恆卦卦辞曰：“恆，亨，无咎，利贞，利有攸往。”其《彖》曰：“恆，久也。刚上而柔下，雷风相与，巽而动，刚柔皆应，恆。恆，亨，无咎，利贞，久于其道也。天地之道，恆久而不已也。利有攸往，终则有始也。日月得天，而能久照；四时变化，而能久成。圣人久于其道，而天下化成。观其所恆，而天地万物之情，可见矣。”《系辞传》曰：“圣人设卦、观象、系辞焉，以明吉凶。”又曰：“无咎者，善补过也。”故既设恆卦以明吉，又设归妹以示凶，再系归妹以娣以补过。以其兑为少女，初九后生在下位，为娣。六五帝乙归妹，初九为姪娣，为从嫁。以此归妹，阴阳相应，是以恆久。

跛能履　《说文》云：“跛，行不正也。从足，皮声。一曰足排之，读若彼。”《素问·通评虚实》，张隐庵注：“跛，行不正，而偏废也。”《礼记·曲礼》曰：“游毋倨，立毋跛。”郑氏注：“跛，偏任也。”孔疏：“跛，偏也。谓挈举一足，一足踏地。立宜如齐，双足并立，不得偏也。”是跛者，谓行有不便。《说卦传》曰：“兑为毁折。”归妹卦，初九在下兑，下为足，足折故跛。履卦，兑下乾上。六三曰：“跛能履。”是跛皆在下兑。虽其足折故跛，且不当位，然与上有应，是以跛而能行。归妹卦，初应与四应。四在震，震为诸侯，为长子。然初年少，有阳刚之性，与九四不应。今归妹以娣，兑为少女，初终能往应四，故谓跛能履。《说文》徐灏注笺：“履，践也，行也，此古义也。”跛能履，即谓虽跛而能行。此亦一生二之说，取其主，舍其次，宁跛而前行。六五曰：“帝乙归妹。”天子之女，下嫁诸侯长子九四，是以有姪娣从之。

征吉　行吉，谓归妹以娣。若初往前及年，与四相应，故而吉利。《象》曰：“跛能履，吉，相承也。”即谓以初之娣，承四之长子，虽跛能行，行而得应九四，故谓之征吉。《彖》曰：“征凶，位不当也。”现归妹以为之娣，则初为阴，在下位，为从娣，则五为正嫡，初为偏从，偏正有序，阴阳相承，是以征凶变征吉。《召南·小星》云：“嘒彼小星，三五在东。肃肃宵征，夙夜在公，寔命不同。”郑笺：“众无名之星，随心噣在天。犹诸妾随夫人，以次序进御于君也。”《诗序》曰：“《小星》，惠及下也。夫人无妬忌之行，惠及贱妾，进御于君，知其命有贵贱，能尽其心矣。”《正义》曰：“命谓贵贱者，夫人礼命贵与君同，故称曰小君。众妾则贱，故《丧服》注云：贵者视卿，贱者视大夫也。妾之贵者，夫人姪娣也。即《丧服》所谓，贵臣贱妾也。左氏皆言，以夫人之姪娣为继室，明其贵也。故《韩奕》，笺独言娣，举其贵者，是姪娣贵于媵之义。”此爻征吉，即谓归妹以娣，其娣说以承御，其行吉利。

九二，眇能视，利幽人之贞。

〔译〕　九二，眼明不足，但能看清是非，利于守持幽人正道。

《象》曰：“利幽人之贞，未变常也。”

〔证〕

眇能视　段注《说文》曰：“眇，小目也。从目少。各本作一目小也，误，今依《易·释文》正。《方言》曰：眇，小也。《淮南·说山训》：小马大目，不可谓大马；大马之目眇，谓之眇马。物有似然，而似不然者。按眇训小目，引伸为凡小之称，又引伸为微妙之义。锴曰会意。按物少则小，故从少；少亦声。”《释名·释疾病》：“目匡陷急曰眇。眇，小也。”亦谓目眶深陷而目小。《易林·解之节》曰：“左眇右盲，目视不明。”是眇与盲别。履卦《象》曰：“眇能视，不足以有明也。”眇，明不足。《说卦传》曰：“离为目，”“兑为毁折。”履卦，兑下乾上。二之四为离，离目受兑损，故六三曰：“眇能视。”节卦，兑下坎上。二之五为大离，离为目，下兑为毁折，目受损，故《易林》曰：“左眇右盲。”归妹卦，兑下震上。二之四为离为目，下兑为毁折。目受损，故九二亦曰：“眇能视。”《释名·释姿容》曰：“视，是也，察 其是非也。”九二执中，又得离明，故目虽眇，而能看清是与非。

利幽人之贞　《说文》：“幽，隐也。从山中𢆶，𢆶亦声。”段玉裁注：“𨸏部曰：隐，蔽也。幽，从山，犹隐从𨸏，取遮蔽之意。从𢆶者，微则隐也。”《礼记·儒行》曰：“儒有博学而不穷，笃行而不倦，幽居而不淫。”郑氏注；“幽居，谓独处时也。”孔颖达曰：“幽居而不淫者，幽居，谓未仕独处也；淫，谓倾邪也。君子虽复隐处，常自修整，不倾邪也。”《文选·陆机招隐诗》曰：“幽人在浚谷。”吕延济注：“幽人，隐者。”九二，在兑泽之中，处江湖之远，阳刚中正，是谓幽人。《象》曰：“利幽人之贞，未变常也。”《说文》：“恆，常也。”不变常，即不变恆。于《易》，即不变恆卦之常。朱熹曰：“恆，常久也。为卦，震刚在上，巽柔在下，震雷巽风，二物相与，巽顺震动，为巽而动。二体六爻，阴阳相应，四者皆理之常，故为恒。其占为能久于其道，则亨而无咎。然又必利于守贞，则乃为得所常久之道，而利有所往也。”归妹卦，故九二幽人，坚持中正有利，以其未变恒常。履卦，兑下乾上。九二曰：“履道坦坦，幽人贞吉。”《象》曰：“幽人贞吉，中不乱也。”履卦与归妹卦，下体同兑，二之与五，前者相敌，后者相逆，是皆不应，故同为幽人守贞之象。

程氏传：“九二阳刚得中，女之贤正者也。上有正应，而反阴柔之质，动于说者也，乃女贤而配不良。故二虽贤，不能自遂，以成其内助之功；适可以善其身，而小施之。如眇者之能视而已，言不能及远也。男女之际，当以正礼。二自守其幽静贞正，乃所利也。二有刚正之德，幽静之人也。”《邶风·绿衣》之《诗序》云：“《绿衣》，卫庄姜伤己也。妾上僭，夫人失位，而作是诗也。”《正义》曰：“作《绿衣》诗者，言卫庄姜伤己也。由贱妾为君所嬖，而上僭；夫人失位，而幽微。伤己不被宠遇，是故而作是诗也。”又，君臣犹夫妇，幽人，亦谓抱道守正，而不志于仕者。《邶风·柏舟》之《序》曰：“《柏舟》，言仁而不遇也。卫顷公之时，仁人不遇，小人在侧。”郑笺：“不遇者，君不受己之志也。君近小人，则贤者见侵害。”仁人不遇，君不受己之志，亦九二之与六五，逆应之谓。幽人守正不渝，是乃守夫妇、君臣之常。《象》曰：“利幽人之贞，未变常也。”即是。

六三，归妹以须，反归以娣。

〔译〕 六三，嫁妹用姊作从嫁，不当；反之，用娣作从嫁。

《象》曰：“归妹以须，未当也。”

〔证〕

归妹以须 《说文》曰：“㠯（以），用也。从反巳。贾侍中说：已意巳实也，象形。”段玉裁注：“用者，可施行也。与巳篆形势，略相反也。巳，主乎止；㠯，主乎行。故形相反，二字古有通用者。己者，我也；意者，志也。己意巳实，谓人意巳坚实，见诸施行也。凡人意不实，则不见诸施行。吾意巳实，则或自行之，或用人行之。是以《春秋传》曰：能左右之曰以。谓或左或右，惟吾指挥也。贾与许无二义。”王引之《经传释词》：“以，语词之用也。《书·尧典》：“克明俊德，以亲九族。”孔氏传：“能明俊德之士，任用之，以睦高祖玄孙之亲。”以字，于甲、金文，象耕地所用之农具，人用㠯形。盖耜字，即由㠯字加耒而成。古文《汉书》，以皆作㠯，训为用。归妹卦，初九归妹以娣，六三归妹以须。以，亦任用之义，谓初九归妹用娣陪从，六三归妹用须陪从。

《楚辞·离骚》：“女嬃之婵媛兮，申申其詈予。”王逸注：“女嬃，屈原姊也。”洪兴祖补曰："《说文》云：媭，女字也，音须。贾侍中说：楚人谓女曰媭。前汉有吕须，取此为名。《水经》引袁崧云：屈原有贤姊，闻原放逐，亦来归，喻令自宽全。乡人冀其见从，因名曰秭归。县北有原故宅，宅之东北，有女须庙，捣衣石犹存。秭与姊同。"按，须亦媭同。《郡国志》："秭归县，屈原乡里。屈原暂归，其姊女须闻原还，亦来喻之，因曰姊归也。"须作媭，其姊之谓。又，《小雅・桑扈》："君子乐胥。"《正义》曰："胥，有才智之名。《易》：归妹以须。注亦云：须，有才智之称。天文有须女，屈原之姊名女须。郑志答冷刚云：须，才智之称，故屈原之姊以为名。是胥为才智之士，胥，须今字耳。"郑亦以须为媭，即姊。朱骏声《六十四卦经解》："或曰：楚人谓姊为须，屈原之姊曰女媭。"此谓须、媭通用，为姊。由是，六三之归妹以须，即是谓归妹用姊作陪。

《说卦传》曰："离再索而得女，故谓之中女。"归妹卦，二之四为离，三为离之再索，为中女，为须。是归妹以须，谓归妹以须作陪嫁。《尔雅・释亲》曰："女子同出，谓先生为姒，后生为娣。"同出，谓女子同嫁一夫，其正称姒，其偏称娣。所以文王夫人称大姒。《韩奕》谓侄娣从之，祁祁如云。卦之九四，与六五相接，是九四求娶六五。九四在震，为诸侯长子；六五在帝位，是帝乙之妹。《公羊传》庄公元年："天子嫁女于诸侯。"注："天子嫁女于诸侯，备侄娣如诸侯之礼，义不可以天子之尊，绝人继嗣之路。"《白虎通・嫁娶》曰："天子、诸侯之世子，皆以诸侯礼，娶与君同。"又曰，"《春秋公羊传》曰：诸侯娶一国，则二国往媵之，以侄娣从之。侄者何？兄之子也；娣者何？女弟也。"今九四娶帝乙之妹，先是初九，归妹以娣；再是六三，归妹以须，反归以娣。是天子、诸侯之世子，皆以诸侯礼。诸侯娶一国，则二国往媵之，以侄娣从之。

反归以娣　《说文》曰："反，覆也。从又，厂，反形。"又，为右手；厂，为人厂形。人反形见右手，是以反向为反，故谓反，覆也。段注："覆，与复义相通。复者，往来也。"六三，归妹以须不当，故反行其事，反归以娣。《易》以反身示补过，如艮卦。六三，在互离之中，为中女；在兑之上，为少女。归妹陪嫁，应以侄娣。今帝乙所归为妹，陪嫁为中女，于礼不合。故曰反归以娣，即谓以兑之六三，为帝乙归妹陪从，为合礼仪。《象》曰："归妹以须，未当也。"即谓于礼不当，有乱尊卑大小之序。履卦《象》曰："上天下泽，履，君子以辩上下，定民志。"君子以礼，定民之心志，故特重礼。

九四，归妹愆期，迟归有时。

〔译〕　九四，归妹过期，推迟出嫁，另有时期。

《象》曰："愆期之志，有待而行也。"

〔证〕

归妹愆期　《说文》："愆，过也。从心，衍声。"段玉裁注："过者，度也。凡人有所失，则如或梗之，有不可径过处，故谓之过。"《卫风·氓》："匪我愆期，子无良媒。"毛传："愆，过也。"郑笺："良，善也。非我心欲过子之期，子无善媒，来告期时。"孔颖达疏："毛以为此妇人，言己本见诱之时，有一民之善蚩蚩然，颜色敦厚，抱布而来，云当买丝。此民于时，本心非为来买丝，但来就我，欲谋为室家之道。以买丝为辞，以求诱己。我时为男子所诱，即送此子涉淇水，至于顿丘之地。与之定谋，且为会期。男子欲即于夏中。以为期已即，谓之非我欲得，过子之期；但子无善媒，来告其期时。"是愆期，为过期。古之婚姻，法阴阳之交，以春为期。伏羲八卦：离正东，为正月；兑东南，为二月、三月；乾正南，为四月；巽西南，为五月、六月；坎正西，为七月；艮西北，为八月、九月；坤正北，为十月；震东北，为十一月、十二月。归妹九四，与初不应，已过离过兑，是过正、二、三月，已过佳期，故曰归妹愆期。

迟归有时　《象》曰："愆期之志，有待而行也。"《邶风·泉水》曰："女子有行，远父母兄弟。"郑笺："行，道也。妇人有出嫁之道，远于亲亲。"朱熹传："言始嫁来时，则固已远其父母兄弟矣。"行，犹嫁。《卫风·氓》："将子无怒，秋以为期。"毛传："将，愿也。"郑笺："将，请也。民欲为近期，故语之曰：请子无怒，秋以与子为期。"秋以为期，谓春已不及，促其良媒，备礼仪，以礼而归。《召南·野有死麕》云："有女怀春，吉士诱之。"毛传："怀，思也。春不暇，待秋也。"《易》曰迟归有时，《象》曰有待而行；《诗》云秋以为期，传云春不暇，待秋。《易》与《诗》相通，皆谓行必待礼之时，是谓迟归有时。于象，九四在坎，坎于伏羲八卦为七月，为秋。是春已过，秋以为期，为归妹愆期，迟归有时。

随卦《彖》曰："天下随时，随时之义大矣哉！"《象》曰："君子以向晦入宴息。"谓时晦入息。恒卦《彖》曰："四时变化，而能久成；圣人久于其道，而天下化成。"谓圣人久于四时之道，化成天下。革卦《彖》曰："天地革，而四时成。汤武革命，顺乎天，而应乎人，革之时义大矣哉！"顺乎天，谓顺天时。艮卦《彖》曰："艮，止也。时止则止，时行则行，动静不失其时，其道光明。艮其止，止其所也，上下敌应，不相与也。"亦谓行止以时，上下敌应，则止而不行。《孟子·万章下》："孟子曰：孔子之去齐，接淅而行；去鲁，曰迟迟吾行也，去父母国之道也。可以速而速，可以久而久，可以处而处，可以仕而仕，孔子也。孔子，圣之时者也，孔子之谓集大成。集大成也者，金声而玉振之也。"《鬼谷子·佚文》曰："圣人不朽，时变是守。"亦谓进退以时，与《易》

相同。九四与初九不应，故而愆期。愆期不等于无期，待礼而归，故曰迟归有时。四本阴位，九四以阳居阴，是贞女之象。又，四阴位为臣，五阳位为君。今阳居四，阴居五，臣刚君柔，非君臣之义，亦非臣子归君王之际，故曰："归妹愆期，迟归有时。"何时？渐卦曰："渐之进也，女归吉也。进得位，往有功也。进以正，可以正邦也。"渐卦，为归妹错综卦，归妹迟归有时，谓阴阳变化，至渐卦之时。《象》曰："愆期之志，有待而行也。"即谓愆期之意，乃等待吉时再行。又，四在坎中，坎为志为陷，是为有志，而不得志之象。

六五，帝乙归妹，其君之袂，不如其娣之袂良。月几望，吉。

〔译〕 六五，帝乙嫁妹，其女君之袖，不如其从娣之袖善。月之几微在十五，吉利

《象》曰："帝乙归妹，不如其娣之袂良也。其位在中，以贵行也。"

〔证〕

帝乙归妹 《易乾凿度》："孔子曰：自成汤至帝乙。帝乙，汤之元孙之孙也；此帝乙，即汤也。殷录质，以生日为名，顺天性也。元孙之孙，外绝恩矣。同以乙日生，疏可同名。汤以乙生，嫁妹，本天地，正夫妇。夫妇正，王道兴矣。故曰《易》之帝乙为成汤，《书》之帝乙六世王，同名不害以明功。"又曰，"美帝乙之嫁妹，顺天地之道，以立嫁娶之义。义立则妃匹正，妃匹正则王化全。"《说卦传》曰："帝出乎震。"震位东北，甲、乙位东，六五得之中，为帝乙。又，六五阴在阳位，下应九二，为帝乙嫁妹之象。《白虎通·嫁娶》："《春秋传》曰：天子嫁女于诸侯，必使诸侯同姓者主之；诸侯嫁女于大夫，使大夫同姓者主之。以其同宗共祖，可以主亲也，故使摄父事。不使同姓卿主之何？尊加诸侯，为威压不得舒也。不使同姓诸侯，就京师主之河？诸侯亲迎入京师，当朝天子，为礼不兼。"谓王者嫁女，欲使女不以尊贵乘下。六五帝乙归妹，下应九二，为顺应，是亦下嫁之象。

其君之袂 家人卦《彖》曰："家有严君焉，父母之谓也。"孔颖达疏："父母，一家之主，家人尊事，同于国有严君。"男女尊者，皆可称君。一家如此，一国亦如此。《鄘风·鹑之奔奔》："鹑之奔奔，人之无良，我以为君。"毛传："君，国小君。"郑笺："小君谓宣姜。"《正义》曰："夫人对君称小君，以夫妻一体，言之亦得曰君。襄九年《左传》，筮穆姜曰：君其出乎？是也。"《卫风·硕人》："大夫宿退，无使君劳。"《诗三家义集疏》："《鲁》说曰：君，谓女君也。"《论语·季氏》云："邦君之妻，君称之曰夫人，夫人自称曰小童，邦人称之曰君夫人。称诸侯异邦，曰寡小君，异邦人称之，亦

曰君夫人。”注：“孔曰：小君，君夫人之称，对异邦谦，故曰寡小君。”《谷梁传》，庄公二十二年：“癸丑，葬我小君文姜。小君，非君也，其曰君何？以其为公配，可以言小君也。”钟文烝补注：“夫人与公一体，从公称也。”《白虎通·嫁娶》曰：“天子妃谓之后何？后者，君也。天子妃至尊，故谓后也。明配至尊，为海内小君，天下尊之，故系王言之，曰王后也。”陈立疏证：“《尔雅·释诂》云：后，君也。庄二十二年，《谷梁传》云：小君非君也。其曰君何也？以其为公配，可以为小君也。《广雅·释亲》云：君妻谓之小君。《公羊》注：言小君者，比于君为小，俱臣子词也。言其配至尊，故亦称君。于君为小，故称小君。诸侯夫人，为一国之小君。天子后，故为海内小君也。”韩愈《黄陵碑》曰：“尧之长女娥皇，为舜正妃，故曰君。”名湘君。帝乙归妹，六五下嫁九二。乾卦《文言》曰：“九二，君德也。”是其君之袂，君，谓诸侯正妃，即小君。

不如其娣之袂良　《论语·乡党》：“亵裘长，短右袂。”注：“孔曰：私家裘长主温，短右袂便作事。”刘宝楠《正义》曰：“《说文》云：袂，袖也；袖，袂也。凡衣之制，袂皆二尺二寸，而属幅与身正方；又加缘寸半，为二尺三寸半。《深衣》曰：袂之长短，反诎之及肘。《玉藻》曰：长中继掩尺。谓长衣中衣，又继深衣之袂，掩一尺。此袂之定制也。”《山海经·大荒西经》曰：“有人衣青，以袂蔽面，名曰女丑之尸。”《楚辞·大招》云：“粉白黛黑，施方泽只；长袂拂面，善留客只。”王逸注：“袂，袖也；拂，拭也。言美女工舞，揄其长袖，周旋曲折，拂拭人面，芬香流衍，众客喜乐，留不能去也。”《韩非子·五蠹》：“鄙谚曰：长袖善舞，多钱善贾。此言多资之易为工也。”骆宾王《为徐敬业讨武瞾檄》曰：“入门见嫉，蛾眉不肯让人。掩袖工谗，狐媚偏能惑主。”《说文》：“巫，祝也。女能事无形，以舞降神者也。象人两袖舞形，与工同意。”舞袖降神，舞袖更可悦人。六五，其君之袂，不如其娣之袂良，言其娣善用衣袖争宠。《说文》：“良，善也。”

《象》曰：“帝乙归妹，不如其娣之袂良也，其位在中，以贵行也。”言帝乙所归之妹，其袂，不如其娣之袂良，并非妹不如娣强。震为行，五在震中，又居尊位，故有中德，行为贵重，不尚衣袖之媚饰。坤卦六五曰：“黄裳，元吉。”《象》曰：“黄裳元吉，文在中也。”《文言》曰：“君子黄中通理，正位居体，美在其中，而畅于四支，发于事业，美之至也。”帝乙所归之妹，得六五坤道之至美，是以位正中而贵行。《释名·释衣服》云：“袂，掣也；掣，开也。张开之，以受臂屈伸也。”《说卦传》曰：“坎为曳。”曳，为掣，坎象袂中有臂之象。归妹卦，三之五为坎，为袂。其君之袂在震中，其娣之袂在兑上。震为行，震中为行贵中正；兑为悦，兑上为悦以向上。是以其君之袂，不如其娣之袂良。朱熹《周易本义》曰：“六五柔中居尊，下应九二，尚德而不贵饰。故为帝女下嫁，而服不盛之象。以其有中德之贵而行，故不尚饰。”

月几望　《说文》曰："幾（几），微也。"桂馥义证："微也者，《广雅》同。《易》乾卦：可与几也。《释文》：理初始微名几。《系辞》：几者，动之微，吉凶之先见者也。又云，圣人之所以，极深而研几也。郑注：几，微也。又云，颜氏之子，其殆庶几乎。虞云：几者，神妙也。颜子知微，故殆庶几。《书·皋陶谟》：兢兢业业，一日二日万几。传云：言当戒惧万事之微。《诗·大雅》：天子降罔，维其几矣。《小雅》：式微式微。笺云：微乎微者也。《史记·杞世家》：杞小微。《论语》：事父母，几谏。苞云：几，微也。《曲礼》：不显谏。注云：谓明言其君之恶，不几微。庄七年《谷梁传》：中之几也，而曰夜中著焉尔。注云：几，微也。《老子》：视之不见，名曰几。傅奕注：几者，幽而无象也。"《系辞传》曰："唯几也，故能成天下之务。"是几，为成败之几。朱熹曰："几，音机。"按，小畜卦："月几望。"陆明德《经典释文》："几，子夏传作近。"又，中孚卦："月几望。"陆《释文》："几，京作近。"京，谓《京氏易传》。月十五而盈，十五而亏，其几微在望；故几作近，恐非。

马王堆《帛书周易》："月既朢。"《帛书老子乙本德经》："邻国相朢。"望，皆作朢。《说文》："朢，月满也，与日相望，似朝君。从月，从臣，从壬。壬，朝廷也。"段玉裁注："朢，月满也，此与望各字，望从朢省声。今则望专行，而朢废矣。与日相望，以迭韵为训。《原象》曰：日兆月，而月乃有光。人自地视之，惟于朢得见其光之盈。朔则日之兆月，其光向日下，民不可得见。余以侧见而阙。似朝君，《韵会》作月望日。如臣朝君于廷，此释从臣、从壬之意也。从月，从臣，从壬，合三字会意。"商承祚《古文考》："朢，象人登高，举目远瞩。从月，月远朢而可见也。《说文》误以目，为君臣之臣。"于省吾《甲骨文字释林》："甲骨文，以横目为目，以纵目为臣。周代金文略同。臣与目，只是纵横之别。《说文》臣字作臣，而目字作目。"按，壬字，古文写作𡈼，故朢字，即人登高望月之状。言月与日相望，似朝君，为引伸假借之义。

吉　《周礼·九嫔》："掌妇学之法，以教九御、妇德、妇言、妇容、妇功，各帅其属，而以时御叙于王所。"郑氏注："教各帅其属者，使亦九九相与，从于王所息之燕寝。御犹进也，劝也，进劝王息，亦相次叙。凡群妃御见之法，月与后妃其象也。卑者宜先，尊者宜后。女御八十一人，当九夕；世妇二十七人，当三夕；九嫔九人，当一夕；三夫人，当一夕，后当夕，亦十五日而遍云。自望后反之。孔子曰：日者天之明，月者地之理。阴契制，故月上属为天，使妇从夫，放月纪。"《邶风·静女》毛传："后妃群妾，以礼御于君所，女史书其日月，授之以环，以进退之。"又，《召南·小星》："肃肃宵征，抱衾与裯，寔命不犹。"《正义》曰："天子九嫔，以下九人一夜，明九人更迭，而往来矣。其御，望前先卑，望后先尊。"后为尊者，是后当望之夕。月几望，言月之几微在望，谓月十五日，则日月相见，阴阳相应，君臣相会，是以谓吉。即谓娣袂虽良，终不敌妹之正。二之四为离，离为日；三之五为坎，坎为月。日为君，月为后，后见君于望日，为吉利。

上六，女承筐无实，士刲羊无血，无攸利。

〔译〕 上六，女奉筐无实物，士割羊无血，无所利。

《象》曰："上六无实，承虚筐也。"

〔证〕

女承筐无实 《说卦传》曰："兑为少女，震为苍筤竹，为萑苇。"归妹卦，兑下震上，为女承筐。阴为虚，阳为实。兑三索而得女，所应上六非阳，非阳即非实，为女承筐无实。《周颂·良耜》："或来瞻女，载筐及筥，其饟伊黍。"《正义》曰："筐、筥，所以盛黍也。"上六，女承筐无实，何以卒岁？《象》曰："上六无实，承虚筐也。"即谓女子，虽承男归去；而不得男士以实相报，是所望乃空。筐，谐诓。女承筐无实，即女受男欺诓，无实情可言。《卫风·氓》云："总角之宴，言笑晏晏。信誓旦旦，不思其反。"郑笺："我为童女，未笄结发，宴然之时；汝与我言笑，晏晏然而和柔；我其以信，相誓旦旦尔。言其恳恻款诚。今老而使我怨，曾不念复其前言。"即是女承虚筐，无实之叹。朱熹《周易本义》曰："上六，以阴柔居归妹之终，而无应，约婚而不终者也，故其象如此。"来知德《周易集注》曰："上爻有底而中虚，故曰承虚筐。"六三不当位，故其上六，婚姻虚幻。

士刲羊无血 《氓》之诗曰："氓之蚩蚩，抱布贸丝。匪来贸丝，来即我谋。"男女初见时，女称男为氓。氓，一般之民。又，"将子无怒，秋以为期。"既求谋己，与之相好，故尊称为子。又，"士之耽兮，犹可说也；女之耽兮，不可说也。"耽兮，言耽于乐。既婚之后，称男为士。《说文》："士，事也。"段玉裁注："士，事迭韵。引伸之，凡能事其事者，称士。《白虎通》曰：士者，事也。任事之称也。故传曰：通古今，辩然不，谓之士。"又，"壻，夫也。从士，胥声。士者，夫也。"是士，为男子婚后之称。按，《白虎通·爵》曰："王者太子，亦称士何？举从下升，以为人无生得贵者，莫不由士起。是以舜时，称为天子，必先试于士。《礼·士冠经》曰：天子之元子，士也。"陈立疏证："《王制》云：诸侯世子世国，未赐爵，视天子之元士，以君其国。"归妹卦，上震为诸侯，为长子。上六在震，是以称士。

《礼记·杂记》云："刲羊血流于前。"郑氏注："刲，割牲以衅先。"《正义》曰："谓宗庙初成，则杀羊取血以衅，尊而神之也。"古人以衅表诚。归妹卦，兑为羊为女，震为动为士，九四于羊上，如割其羊，为士刲羊。三之五为坎，坎为血卦。然则，二之四为离，离为火，火熯物使燥，为无血。无血即无坎。坎卦卦辞曰：“有孚维心，亨，行有尚。”《彖》曰：“水流而不盈，行险而不失其信，维心亨，乃以刚中也。行有尚，往有功也。”《象》曰：“水洊至，习坎，君子以常德行，习教事。”皆谓坎为守诚信、常德行之象。士刲羊无血，即士取女无诚信，不能常其德行。《诗·氓》云：“女也不爽，士二其行。士也罔极，二三其德。”孔颖达疏：“言我心于汝男也，不为差二；而士何谓，二三其行于己也。士也行无中正，故二三其德，及年老而弃己，所以怨也。”女也不爽，士二其行，犹女承筐无实；士也罔极，二三其德，犹士刲羊无血。是《诗》有《易》义，《易》有《诗》象。又，主妇奉筐米，士刲羊，皆《礼》载宗庙祭祀之事，此处借以为用。

无攸利 《氓》曰：“三岁为妇，靡室劳矣。夙兴夜寐，靡有朝矣。言既遂矣，至于暴矣。兄弟不知，咥其笑矣。静言思之，躬自悼矣。及尔偕老，老使我怨。淇则有岸，隰则有泮。”郑笺：“谓三岁之后，见遇浸薄，乃至见酷暴。兄弟在家，不知我之见酷暴；若其知之，则咥咥然笑我。我安思君子，之遇己无终，则身自哀伤。我欲与汝，俱至于老；老乎汝反薄我，使我怨也。言淇与隰，皆有厓岸，以自拱持。今君子放恣心意，曾无所拘制。”谓淇、隰虽宽，有厓有畔；己之婚姻，苦无边际，即无攸利之谓。《诗序》曰：“《氓》，刺时也。宣公之时，礼义消亡，淫风大行，男女无别，遂相奔诱。华落色衰，复相弃背。或乃困而自悔，丧其妃耦，故序其事，以风焉。美反正，刺淫泆也。”归妹卦，上六与六三，不应；六三，其位不中不正，又在兑上，兑为毁折，是上六之阴，婚姻不实，始乱终弃，为无所利之象。

第五十五卦　丙　辰

䷶ 震上
离下

丰，亨，王假之，勿忧，宜日中。

〔**译**〕　丰，亨通，王由小至大，不用忧，应如日中天。

《彖》曰："丰，大也。明以动，故丰。王假之，尚大也。勿忧，宜日中，宜照天下也。日中则昃，月盈则食，天地盈虚，与时消息。而况于人乎？况于鬼神乎？"

《象》曰："雷电皆至，丰，君子以折狱致刑。"

〔**证**〕

离下震上　同人卦，离下乾上。《象》曰："乾，行也，文明以健。"乾为行，为健，离为文明。大有卦，乾下离上。《象》曰："其德刚健而文明。"乾为刚健，离为文明。噬嗑卦，震下离上。《象》曰："动而明，雷电合而章。"震为动，为雷；离为明，为电。贲卦，离下艮上。《象》曰："文明以止，人文也。"离为文明，艮为止。离卦，离下离上。《象》曰："离，丽也。日月丽乎天，百谷草木丽乎土，重明以丽乎正，乃化成天下。"《象》曰："明两作，离，大人以继明，照于四方。"离为明，离上离下为重明。晋卦，坤下离上。《象》曰："明出地上，顺而丽乎大明，柔进而上行，是以康侯用锡马蕃庶，昼日三接也。"坤为地，为顺，为柔；离为日，为大明，为康侯。明夷卦，离下坤上。《象》曰："明入地中，明夷。内文明而外柔顺，以蒙大难，文王以之。利艰贞，晦其明也。"《象》曰："明入地中，明夷，君子以莅众，用晦而明。"离为日为明，似文王。睽卦，兑下离上。《象》曰："说而丽乎明。"兑为说，离为明。革卦，离下兑上。《象》曰："文明以说。"离为文明，兑为说。鼎卦，巽下离上。《象》曰："巽而耳目聪明。"离为明，为聪明。旅卦，艮下离上。《象》曰："止而丽乎明。"艮为止，离为明。丰卦，离下震上。离为明，震为动，为明以动。《象》曰："丰，大也。明以动，故丰。"明以动，谓离日由下往上，由暗向明，故而得以丰大。

《月令·孟冬之月》云："日在尾，昏危中，旦七星中。其日壬癸。"郑氏注；"壬之言任也，癸之言揆也。日之行冬，北从黑道，闭藏万物，月为之佐。时万物怀任于下，揆然萌芽，又因以为日名焉。"《说文》："壬，位北方也。阴极阳生，故《易》曰：龙战于野。战者，接也。象人怀妊之形，承亥壬以子生之叙也。"《汉书·律志》曰："怀任于壬，陈揆于癸。"《孟春之月》云："日在营室，昏参中，旦尾中。其日甲乙。"郑氏注；"乙之言轧也。日之行春，东从青道，发生万物，月为之佐。时万物皆解孚甲，自抽轧而出，因以为日名焉。”《说文》：“甲，东方之孟，阳气萌动，从木戴孚甲之象。乙，象春草冤曲而出，阴气尚强，其出乙乙也。”《汉书·律志》曰：“出甲于甲，奋轧于乙。”《孟夏之月》云：“日在毕，昏翼中，旦婺中。其日丙丁。”郑氏注：“丙之言炳也。日之行夏，南从赤道，长育万物，月为之佐。时万物皆炳然，著见而强大，又因以为日名焉。《易》曰：“齐乎巽，相见乎离。”《说文》：“丙，位南方，万物成丙然。阴气初起，阳气将亏，以一入门。一者，阳也。丁，夏时万物皆丁实，象形。”《汉书·律志》曰：“明炳于丙，大盛于丁。”《孟秋之月》云：“日在翼，昏建星中，旦毕中。其日庚辛。”郑氏注：“庚之言更也，辛之言新也。日之行秋，西从白道，成熟万物，月为之佐。万物皆肃然改更，秀实新成，又因以为日名焉。”《说文》：“庚，位西方，象秋时，万物庚庚有实也。辛，秋时万物成而熟。”《汉书·律志》曰：“敛更于庚，悉新于辛。”日动成四时，是以有冬妊，春生，夏长，秋实。日为明，日动即明动。此亦明以动，故丰。

《淮南子·天文训》：“日为德，月为刑。月归而万物死，日至而万物生。远山则山气藏，远水则水虫蛰，远木则木叶槁。日五日不见，失其位也，圣人不与也。日出于旸谷，浴于咸池，拂于扶桑，是谓晨明。登于扶桑，爰始将行，是谓朏明。至于曲阿，是谓旦明。至于曾泉，是谓蚤食。至于桑野，是谓晏食。至于衡阳，是谓隅中。至于昆吾，是谓正中。至于鸟次，是谓小还。至于悲谷，是谓晡时。至于女纪，是谓大还。至于渊虞，是谓高舂。至于连石，是谓下舂。至于悲泉，爰止其女，爰息其马，是谓县车。至于虞渊，是谓黄昏。至于蒙谷，是谓定昏。日入于虞渊之汜，曙于蒙谷之浦。行九州七舍，有五亿万，七千三百九里。禹以为朝、昼、昏、夜。夏日至，则阴乘阳，是以万物就而死；冬日至，则阳乘阴，是以万物仰而生。昼者，阳之分；夜者，阴之分。是以阳气胜，则日修而夜短；阴气胜，则日短而夜修。”此即谓明以动之义。

丰卦，离下震上。又，震为十一月，离为正月。日为阳精，明动于十一月，至明年正月，阳气日益，万物渐生，为明以动，故丰。《说文》：“子，十一月，阳气动，万物滋。”桂馥义证：“阳气动，万物滋者，子、滋声相近。《月令·仲冬之月》：阴阳争，诸生荡。注云：争者，阴方盛，阳欲起也；荡，谓物动，萌芽也。《逸周书·周月解》：维十有一月，既南至，昏，昴、毕见，日短极，其践长，微阳动于黄泉，阴降惨于万物。《孝经援神契》：冬至阳气动。《淮南·天文训》：太阴在子，岁名曰困敦。高注：困，混；敦，沌。阳气皆混沌，万物牙蘖。《白虎通》：十一月之时，阳气始养根核，故黄泉之下，万物皆赤。赤者，盛阳之气也。故周为天正，色尚赤也。又云：十一月，律谓之黄钟何？当中和之气。钟者动也，言阳于黄泉之下，动养万物也。《五经通义》：冬至阳动于下，推阴而上之，故寒于上。又云：冬至阳气萌动，阴阳交精，始成万物，气微在下，不可动泄。《三礼义宗》：十一月，阳气始施，万物动于黄泉之下，微而未著，其色皆赤，赤者阳气。”阳气动，犹明动，即日之运动。

《说文》：“寅，髌也。正月阳气动，去黄泉欲上出；阴尚强，象宀，不达髌寅以下也。”桂馥义证：“髌也者，寅、髌声相近。正月阳气动，去黄泉欲上出，阴尚强，象宀，不达髌寅于下也者，《汉书·五行志》：言天者以夏正。《晋书·乐志》：正月之辰谓之寅。寅，津也，谓物之津涂。《春秋感精符》：人统，月建寅，物生之端，谓之人统，夏以为正。《月令·孟春之月》：是月也，天气下降，地气上腾，天地和同，草木萌动。《易乾凿度》：泰者，正月之卦也。阳气始通，阴气执顺。《白虎通》：十三月之时，万物始达，孚甲而出，皆黑，人得加功力。又云：正月，律谓之太蔟何？太，亦大也；蔟者，凑也。言万物始大，凑地而出也。《汉书·律历志》：太族，族，奏也。言阳气大，奏地而达物也。位于寅，在正月。《淮南·天文训》：寅则万物螾螾也。律受太蔟者，凑而未出也。又云：太阴在寅，岁名曰摄提格。高注：格起，万物承阳而起。《诗载芟》：驿驿其达。传云：达，射也。笺云：达，出地也。干宝说《易》云：正月之时，阳气上达，故屯为物之始生，蒙为物之稚也。”十一月，一阳生，万物滋；正月，三阳生，物大蔟。自十一月，至第二年正月，阳气渐强而成体，阴阳和合，阳大物蔟，为明以动，故丰。

乾卦《彖》曰：“大明终始，六位时成，时乘六龙以御天。乾道变化，各正性命，保合太和，乃利贞。首出庶物，万国咸宁。”李鼎祚《周易集解》，引侯果曰：“大明，日也；六位，天地四时也，六爻效彼而作也。大明，以昼夜为终始；六位，以相揭为时成。言乾乘六气，而陶冶变化，运四时，而统御天地，故曰时乘六龙，以御天也。故《乾凿度》曰：日月终始万物。是其义也。”李道平纂疏：“《礼·礼器》：大明生于东。郑注：大明，日也。故以大明为日。不言月，举日以该月也。《系下》曰：周流六虚。虞彼注云：六虚，即六位也。以六位，为天地四时者，上天下地，四时运行其中。而六爻之卦，即效彼六位而作，所谓周流六虚是也。大明流行而不已，故曰以昼夜为终始。”以其大明终始，乾道变化，各正性命，保合太和乃利贞，又首出庶物，万国咸宁，故丰卦《彖》曰：“明以动，故丰。”

《虞书·尧典》：“曰若稽古帝尧，曰放勋。钦明文思安安，允恭克让。光被四表，格于上下。克明俊德，以亲九族。九族既睦，平章百姓。百姓昭明，协和万邦，黎民于变时雍。”《正义》曰：“史将述尧之美，故为题目之辞曰：能顺考校古道，而行之者，是帝尧也。又申其顺考古道之事，曰：此帝尧，能放效上世之功，而其教化，心意恒敬，知慧甚明，发举则有文谋，思虑则能通敏。以此四德，安天下之当安者。在于己身，则有此四德，其于外接物，又能信实恭勤，善能谦让。恭则人不敢侮，让则人莫与争。由此为下所服，名誉著闻，圣德美名充满，被溢于四方之外，又及于上天下地。言其日月所照，霜露所坠，莫不闻其声名，被其恩泽。此即稽古之事也。”又曰，“言尧能名闻广远，由其委任贤哲，故复陈之。言尧之为君也，能尊明俊德之士，使之助己施化。以此贤臣之化，先令亲其九族之亲；九族蒙化，已亲睦矣，又使之和协显明，于百官之族姓；百姓蒙化，皆有礼仪，昭然而明显矣，又使之合会，调和天下之万国。其万国之众人，于是变化从上，是以风俗大和，能使九族敦睦，百姓显明，万帮和睦，是安天下之当安者也。”此圣明之君，发扬光大其务，即明以动，故丰。

《大雅·大明》之《序》曰：“《大明》，文王有明德，故天复命武王也。”郑笺：“二圣相承其明德，日以广大，故曰大明。”孔颖达疏：“圣人之德，终始实同；但道加于民，化有广狭。文王则才及六州，武王遍被天下，论其积渐之功，故云日以广大。以其益大，故曰大明。”文王三分天下有其二，仍服事殷；至武王尽有天下，是亦明以动，故丰。《礼记·大学》曰：“《大学》之道，在明明德，在亲民，在止于至善。知止而后有定，定而后能静，静而后能安，安而后能虑，虑而后能得。物有本来，事有终始。知所先后，则近道矣。”又曰，“致知在格物，格物而后知至；知至而后意诚，意诚而后心正；心正而后身修，身修而后家齐；家齐而后国治，国治而后天下平。自天子以至于庶人，一是皆以修身为本。”修身，齐家，治国，平天下，亦明以动，故丰。《周易正义》曰：“动而不明，未能光大；资明以动，乃能致丰。故曰明以动，故丰也。”崔憬曰：“离下震上，明以动之象。明则见微，动则成务，故能大矣。”程氏传：“离明而震动，明动相资，而成丰大也。”

又，初之三为离，二之四为巽，离下巽上，为家人卦。其《彖》曰：“家有严君焉，父母之谓也。父父子子，兄兄弟弟，夫夫妇妇，而家道正，正家而天下定矣。”丰卦《彖》曰：“王假之，尚大也。勿忧，宜日中，宜照天下。”家有严君，国有明君，其理相通。又，二之四为巽，三之五为兑，巽下兑上，为大过卦。其《彖》曰：“大过，大者过也。刚过而中，巽而说行。”阳为大，阳过而中，为大过。丰卦《彖》曰：“宜日中，宜照天下。日中则昃，月盈则食，天地盈虚，与时消息。而况于人乎？况于鬼神乎？”阳与日通，阳过而中，犹日照中；巽而说行，犹知天地盈虚而敬慎，是亦相通。又，三之五为兑，四之上为震，兑下震上，为归妹卦。其《彖》曰：“说以动，所归妹也。”归妹，谓阳送阴归。丰卦《彖》曰：“明以动，故丰。”明谓日，日为阳。阳动而生，阴应而消，即阳送阴归，归妹之象。丰卦，含家人、大过、归妹三卦意象，是为旁通。《系辞传》曰：“八卦而小成，引而伸之，触类而长之，天下之能事毕矣。子曰：知变化之道者，其知神之所为乎？”《易》广大悉备，唯知变化之道，谓之知神。

丰 通行本《周易》，和帛书《周易》，作豐；《归藏易》作丰。丰、豐古今通。

《说文》:“豐，豆之豐满者也。从豆，象形。䒠，古文豐。”段玉裁注：“谓豆之大者也。引伸之，凡大皆丰。戴侗云：广本曰：从豆，从山，丰丰声。蜀本曰：丰声，山取其高大。按生部曰：丰，丱盛丰丰也。与豐音义皆同。”按,《郑风·丰》:“子之丰兮。”毛传：“丰，豐满也。”郑笺：“面貌丰丰然豐满。”古䒠，即谓豆中丰丰然。丰丰然，故盛大。《方言》卷一：“丰，大也。凡物之大貌曰丰。”又，卷二：“朦、庬，丰也。自关而西，秦、晋之间，凡大貌谓之朦，或谓之庬；丰，其通俗语也。赵、魏之郊，燕之北鄙，凡大人谓之丰人。《燕记》曰：丰人杼首。杼首，长首也。楚谓之伃，燕谓之杼。燕、赵之间，言围大谓之丰。”《广雅·释诂》:“朦、庬，丰也。”《玉篇》:“朦，大也，丰也。”《广韵》:“朦，大貌。”《尔雅·释诂》:“庬，大也。”丰与朦、庬，互训为大。

《周颂·丰年》:“丰年多黍多稌，亦有高廪，万亿及秭。”毛传：“丰，大。”郑笺：“丰年，大有年也。”《考工记·函人》:“举而视之，欲其丰也。”郑氏注：“丰，大。”《地官·乡师》郑氏注：“匠师主丰碑之事。”贾公彦疏：“匠师主丰碑之事者，案《檀弓》云：公室视丰碑，三家视桓盈。郑彼注：天子斫大木为之。丰，大也。”《庄子·山木》:“夫丰狐文豹，棲于山林，伏于岩穴。”疏曰：“丰，大也。”《释文》:“丰狐，司马云：丰，大也。”《国语·楚语上》:“彼若谋楚，其亦必有丰败也。”韦注：“丰，犹大也。”又,《左传》哀公元年：“今吴不如过，而越大于少康，或将丰之，不亦难乎？”杜预注：“言与越成，是使越丰大，必为吴难。”《周语中》:“奉义顺则谓之礼，畜义丰功谓之仁。”韦昭注：“丰，大也。谓若狐偃辅晋文也。”是丰，又用作动词。丰卦《彖》曰：“丰，大也。明以动，故丰。”明动而丰，是丰亦动词，乃光大之意。

王弼注：“丰之为义，阐弘微细，通夫隐滞者也。”又曰，“音阐大之大也。”《正义》曰：“丰大也者，释卦名，正是弘大之义也。阐者，弘广之。言凡物之大，其有二种：一者，自然之大；一者，由人之阐弘使大。丰之为义，既阐弘微细，则丰之称大，乃阐大之大，非自然之大。”又,《序卦传》曰：“得其所归者必大，故受之以丰。丰者，大也。”崔觐曰：“归妹者，姪娣媵，国三人，凡九女，为大援，故言得其所归者，必大也。”李道平《纂疏》:“《公羊传》:诸侯娶一国，则二国往媵之，以姪娣从。故归妹者，姪娣媵，每国三人，凡九女，为大援也。九者，阳数，阳为大，故得其所归者必大。丰者，大也，丰所以次归妹也。案：与人同者，物必归焉，人归己也；物得其所归者必大，己归人也。二者皆足以致事业之大，故大有次同人，丰次归妹也。”程氏传：“丰，盛大之义。为卦，震上离下。震，动也；离，明也。以明而动，动而能明，皆致丰之道。明足以照，动足以亨，然后能致丰大也。”来知德云：“又，雷电交作，有盛大之势，乃丰之象也，故曰丰。”

亨　《文言》曰：“亨者，嘉之会也。嘉会足以合礼。”朱熹曰：“亨者，生物之通。物至于此，莫不嘉美。嘉其所会，则无不合礼。”丰卦，离下震上，明以动，动而合礼，故为亨通。《彖》曰：“明以动，故丰。”以其亨通自明，故不言亨。又，初九曰：“无咎，往有尚。”六二曰：“有孚发若，吉。”九三曰：“无咎。”九四曰：“遇其夷主，吉。”六五曰：“有庆誉，吉。”除上六当位而消，自初至五，皆吉与无咎，是为亨通。《大雅·大明》：“明明在下，赫赫在上。天难忱斯，不易维王。无位殷适，使不挟四方。”孔颖达疏：“毛以为，文王施行，此明明然，光显之德，在于下地，其征应赫赫然，著见之验，在于上天。由此为天所祐，弃纣命之故。反而美之云：若是，则天之意难信。斯不可改易者，维王位耳；何则纣居天之大位，而又殷之正适，以其为恶之故，天乃绝而弃之，使其教令，不通达于四方，为四方所共叛？为天命归文王，是为天命难信也。”丰卦，离下，犹明明在下；震上，犹赫赫在上。是明动赫赫，通达上下之象，为亨。

徐干《中论·爵禄》云：“《易》曰：圣人之大宝曰位。何以为圣人之大宝曰位？位也者，立德之机也；势也者，行义之杼也。圣人蹈机握杼，织成天地之化，使万物顺焉，人伦正焉，六合之内，各竞其意，其为大宝，不亦宜乎！故圣人以无势位为穷，百工以无器用为困。困则其资亡，穷则其道废。故孔子栖栖而不居者，盖忧道废故也。《易》曰：井渫不食，为我心恻，可用汲，王明，并受其福。夫登高而建旌，则其所视者广矣；顺风而振铎，则其所闻者远矣。非旌色之益明，铎声之益远也，所托者然也。况居富贵之地，而行政令者也。故舜为匹夫，犹民也。及其受终于文祖，称曰予一人，则西王母来献白环。周公之为诸侯，犹臣也。及其践明堂之祚，负斧扆而立，则越裳氏来献白雉。故身不尊，则施不光；居不高，则化不博。《易》曰：丰，亨，无咎，王假之勿忧，宜日中。身尊居高之谓也。斯事也，圣人之所务也。”圣人所务，即明以动。动则不困穷，则位尊令行，故亨。

王假之　《说文》：“假，非真也。从人，叚声。一曰至也。《虞书》曰：假于上下。”《方言》：“假，至也。邠、唐、冀、兖之间，曰假。”《广雅·释诂》：“假，至也。”《玉篇》：“假，至也，又音格。”桂馥《说文解字义证》曰：“一曰至也者，本书：假，至也。《虞书》曰假于上下者，《尧典》文，彼作格。”段玉裁注：“毛诗三颂假字，或训大也，或训至也。训至，则为徦之假借。《尚书》古文作格，今文作假，如假于上下是也，亦徦之假借。”《礼记·祭统》曰：“公假于大庙。”郑氏注：“假，至也，至于大庙。”《易》家人卦九五曰：“王假有家。”《象》曰：“王假有家，交相爱也。”萃卦卦辞曰：“王假有庙。”《彖》曰：“王假有庙，致孝享也。”涣卦卦辞曰：“王假有庙。”《彖》曰：“王假有庙，王乃在中也。”并此，虞翻、王弼注：“假，至也。”来知德曰：“假，至也。必以王言者，盖王者车书一统，而后可以至此也。”

《彖》曰："明以动，故丰。王假之，尚大也。"离为日为明，又，离为乾为王。是明以动，犹王假之，即日之升天，犹王之临下。日升天，则光被四表，格于上下，故为丰。王临下，则百姓昭明，协和万邦，为尚大。即从同人，到大有天下为上。大有卦，乾下离上。卦辞曰："元亨。"《彖》曰："大有，柔得尊位，大中而上下应之，曰大有。其德刚健而文明，应乎天而时行，是以元亨。"丰卦，明动而上，则柔得尊位，为文明之君，为天子大有天下。晋卦，坤下离上。《彖》曰："晋，进也。明出地上，顺而丽乎大明，柔进而上行，是以康侯用锡马蕃庶，昼日三接也。"此亦王者假之，尚大之谓。王弼注："大者，王之所尚，故至之也。"程氏传："王者有四海之广，兆民之众，极天下之大也。故丰大之道，唯王者能致之。所有既大，其保之治之之道，亦当大也。故王者之所尚，至大也。"《老子》曰："道大，天大，地大，王亦大。域中有四大，而王居其一焉。人法地，地法天，天法道，道法自然。"丰卦，明以动故丰，王假之尚大，正是人法自然之义。

勿忧　《说卦传》曰："坎，其于人也，为加忧，为心病。"丰卦，明以动，中经二之五为大坎，坎为忧。又，三之五为兑，兑为羊为祥，是有忧而不须忧，为勿忧。六二，"丰其蔀，日中见斗，往有疾。"为忧；"有孚发若，吉。"为勿忧。九三，"丰其沛，日中见沬，折其右肱。"为忧；"无咎"，为勿忧。九四，"丰其蔀，日中见斗"，为忧；"遇其夷主，吉"，为勿忧。六五，"来章，有庆誉，吉，"为勿忧。又，离为日，坎为月。《邶风·柏舟》云："日居月诸，胡迭而微，心之忧矣。"《正义》曰："日当常明，月即有亏。今日何为与月，更迭而亏伤乎？犹君何为与臣，更迭而屈伸乎？日实无亏伤，但以日比君，假以言之耳。君既失道，小人纵恣，仁人不遇，故心之忧矣。"丰卦，虽日受月掩，为亏伤，为忧；但离下震上，明以动，日将从东北升起，为勿忧。

《大雅·大明》："殷商之旅，其会如林。矢于牧野，维予侯兴。上帝临女，无二尔心。"孔颖达疏："毛以为，上既言佑命武王，协和伐殷，故言伐殷，为天所佑之事。殷商之兵众，其会聚之时，如林木之盛也。此众虽盛，列于牧地之野，维欲叛殷而归我，维欲起我而灭殷。言皆无为纣用，尽望周胜也，非直敌人之意。向周如此 ，又上天之帝，既临视汝矣，其所将众，皆无敢有怀二心，于汝之心，言皆一心乐战，故周所以胜也。"《说卦传》曰："帝出乎震。"《易乾凿度》曰："雷，天之号令。"丰卦，震上离下，有上帝临王之象。二之五为坎，然明以动，终必过坎，亦无二尔心之象。是以为有忧，而不须忧。干宝曰："殷水德，坎象。纣败而离居之，周伐殷，居王位之象也。圣人德大而心小，既居天位，而戒惧不怠。勿忧者，劝勉之言也。犹《诗》曰：上帝临女，无二尔心。言周德当天人之心，宜居王位，故宜日中。"

宜日中　《彖》曰："宜日中，宜照天下也。日中则昃，月盈则食，天地盈虚，与时消息。而况于人乎？况于鬼神乎？”谦卦《彖》曰：“天道亏盈而益谦，地道变盈而流谦，鬼神害盈而福谦，人道恶盈而好谦。谦尊而光，卑不可逾，君子之终也。”离卦《彖》曰：“柔丽乎中正，故亨，是以畜牝牛吉也。”《系辞传》曰：“日中为市，致天下之民，聚天下之货，交易而退，各得其所。”皆谓宜日中。《左传》昭公五年：“日上其中。”杜预注：“日中盛明，故以当王。”《虞书・大禹谟》：“帝曰：克勤于邦，克俭于家，不自满假，惟汝贤。惟汝不矜，天下莫与汝争能。惟汝不伐，天下莫与汝争功。予懋乃德，嘉乃丕绩，天之历数在汝躬，汝终陟元后。人心惟危，道心惟微，惟精惟一，允执厥中。”日上其中，则照天下；王执其中，则得天下。是天人一例，道心惟微。

《说苑・敬慎》云：“孔子曰：天之道，成者未尝得久也。夫学者以虚之，故日得。苟不知持满，则天下之善言，不得入其耳矣。昔尧履天子之位，犹允恭以持之，虚静以待下，故百载以逾盛，迄今而益章。昆吾自臧而满意，穷高而不衰，故当时而亏败，迄今而逾恶。是非损益之征与？吾故曰：谦也者，致恭以存其位者也。夫丰，明而动，故能大。苟大，则亏矣。吾戒之，故曰天下之善言，不得入其耳矣。日中则昃，月盈则食，天地盈虚，与时消息。是以圣人不敢当盛，升舆而遇三人则下，二人则轼，调其盈虚，故能长久也。”此亦谓宜日中，过中则昃。王弼注：“丰之为用，困于昃食者也。施于未足，则尚丰；施于已盈，则方溢。不可以为常，故具陈消息之道者也。”程氏传：“于丰之时，而为此诫，欲其守中，不至过盛。处丰之道，岂易也哉？”

《象》曰：“雷电皆至，丰，君子以折狱致刑。”震与离，在《象》常有惩戒之义。大有卦，乾下离上。《象》曰：“火在天上，大有，君子以遏恶扬善，顺天休命。”离为天火，天火为灾，天降灾以遏恶扬善。噬嗑卦，震下离上。《象》曰：“雷电，噬嗑，先王以明罚敕法。”震为雷，离为电，雷电耀明，击触逆之物，故先王效之，明罚敕法。贲卦，离下艮上。《象》曰：“山下有火，贲，君子以明庶政，无敢折狱。”离为火，火为折狱；以其上有艮止，故无敢折狱。无妄卦，震下乾上。《象》曰：“天下雷行，物与无妄，先王以茂对时，育万物。”雷生物又击物，故物不得妄生；先王亦必按时育养万物。解卦，坎下震上。《象》曰：“雷雨作，解，君子以赦过宥罪。”雷在上，本为惩戒；现雷化作雨泽而下，是以君子效之，以赦过宥罪。益卦，震下巽上。《象》曰：“风雷，益，君子以见善则迁，有过则改。”风为风从，雷为警惧。君子之德风，是以见善则迁，有过则改。震卦，震下震上。《象》曰：“洊雷，震，君子以恐惧修省。”震为雷，雷为天威，是以君子因恐惧而修省其身。旅卦，艮下离上。《象》曰：“山上有火，旅，君子以明慎用刑，而不留狱。”离为明为察，又为火为烧。是以君子效之，明慎用刑，而不留滞于狱中。丰卦，离下震上。明以察下，震于其上，谓之折狱致刑。又，噬嗑卦，震下离上，明于其上，震以治下，谓之明罚敕法。两卦象有同异，而辞亦有同异，《易》卦因象系辞。

程氏传："雷电皆至，明震并行也。二体相合，故云皆至。明动相资，成丰之象。离，明也，照察之象。震，动也，威断之象。折狱者，必照其情实，唯明克允；致刑者，以威于奸恶，唯断乃成。故君子观雷电明动之象，以折狱致刑也。噬嗑，言先王敕法；丰，言君子折狱。以明在上，而丽于威震，王者之事，故为制刑立法。以明在下，而丽于威震，君子之用，故为折狱致刑。旅，明在上，而云君子者，旅取慎用刑，与不留狱，君子皆当然也。"《朱子语类》亦云："噬嗑，明在上，动在下，是明得事理，先立这法在此，未有犯底人，留待异时而用，故云明罚敕法。丰，威在上，明在下，是用这法时，须是明见下情曲折方得。不然，威动于上，必有过错，故云折狱致刑。"又，于《周易本义》曰："《象》曰雷电皆至，丰，君子以折狱致刑。取其威照并行之象。"

《说文》："折，断也。"引伸为判断、折中。故《广雅》云："折，分也。"又，《说文》曰"狱，确也。"《释名》云："狱，确也，实确人之情伪也。"是以致刑，谓判断狱讼之实情而施刑。《周书·吕刑》曰："王曰：吁，来！有邦有土，告尔祥刑。在今尔安百姓，何择非人？何敬非刑？何度非及？两造具备，师听五辞。五辞简孚，正于五刑。五刑不简，正于五罚。五罚不服，正于五过。"《正义》曰："王叹而呼诸侯曰：吁，来！有邦国有土地，诸侯国君等，告汝以善用刑之道。在于今日，汝安百姓兆民之道，何所选择，非惟选择善人乎？何所敬慎，非惟敬慎五刑乎？何所谋度，非惟度及世之用刑，轻重所宜乎？即教诸侯以断狱之法。凡断狱者，必令囚之与证。两皆来至，囚证具备，取其言语，乃与众狱官，共听其入五刑之辞。其五刑之辞，简核信实有罪，则正之于五刑。以五刑之罪，罪其身也。五刑之辞，不如众所简核，不合入五刑，则正之于五罚。罚谓其取赎也。于五罚论之，又有辞不服，则正之于五过。过失可宥，则赦宥之。"

又，《吕刑》曰："上下比罪，无僭乱辞，勿用不行。惟察惟法，其审克之。上刑适轻，下服；下刑适重，上服，轻重诸罚有权。刑罚世轻世重，惟齐非齐，有伦有要。"《正义》曰："此又述断狱之法。将断狱讼，当上下比方，其罪之轻重，乃与狱官众议断之。其囚，有僭乱之虚辞者，无得听之，勿用此辞断狱。此僭乱之辞，言不可行也，惟当清察罪人之辞，惟当附以法理，当详审。上刑适轻者，谓一人，虽犯一罪状，当轻重两条，据重条之上，有可以亏减者，则之轻条，服下罪也。下刑适重者，谓一人之身，轻重二罪俱发，则以重罪，而从上服，令之服上罪。或轻或重，诸所罪罚，皆有权宜，当临时斟酌其状，不得雷同加罪。刑罚有世轻世重，当视世所宜，权而行之。行罚者，所以齐非。齐者，有伦理，有要善，戒令审量之。"以上《吕刑》所言，即《象》之折狱致刑。于卦，离为电，为明断，为折狱；震为雷，为惩罚，为致刑。丰卦，《象》曰：

“宜日中，宜照天下。”《象》曰：“君子以折狱致刑。”一为仁政，一为法治，以恩为主，以威为辅，此其圣人之治。

归妹卦和丰卦，互为邻卦。《序卦传》曰：“得其所归者必大，故受之以丰。丰者，大也。”《易》卦，上为外，下为内，爻由上动而来下，为由外来归。阳爻，以上为少阳，为艮三索而得男，故谓之少男；以下为长阳，为震一索而得男，故谓之长男。阴爻，以上为少阴，为兑三索而得女，故谓之少女；以下为长阴，为巽一索而得女，故谓之长女；是以，凡由外归其下者，则由少变为长，为得其所归者必大，故受之以丰。以归妹言，妹未嫁之前，为少女；嫁之后，则入主其内，为长女。又，乾卦《彖》曰：“大哉，乾元！万物资始，乃统天。”坤卦《彖》曰：“至哉，坤元！万物资生，乃顺承天。”乾始物，坤生物。阴归阳下，为顺承天，为坤作成物，为生长至大。是以，在归妹之后，即归阴之后，故受之以丰，丰为丰大。又，《系辞传》：“日往则月来，月往则日来，日月相推，而明生焉。寒往则暑来，暑往则寒来，寒暑相推，而岁成焉。”丰卦，上震为十一月，一阳生；下离为正月，三阳生，由十一月，至明年正月，阴渐归，阳渐大，大为丰。于人文，则天下归仁，故而丰大。归妹，为十一月，至二、三月，故为邻卦。

初九，遇其配主，虽旬无咎，往有尚。

〔译〕 初九，日得月配，即使旬日，不会有灾眚，往前更加好。

《象》曰：“虽旬无咎，过旬灾也。”

〔证〕

遇其配主 《说文》：“配，酒色也。从酉，己声。”吴楚《染指》：“妃、配，制字之义相因矣。妃者，女与己为匹，以相对也。配者，置酒成礼，以相对而为匹也。二篆音同义贯，故古多通用。”吴善述《广义校订》：“按训酒色，谓酒之色。酒有四饮、六饮之别；其色，有浅深黑白之殊。配，即《内则》注，所谓以清，与糟相配也。”江藩《配酨二字解》：“是当时，酒有青色者，有黑色者，合二酒之色，则谓之配。”徐铉注：“己非声，当从妃省。”段玉裁注：“本义如是，后人借为妃字，而本义废矣。”是配，为匹配、配合之义。又，《说文》曰：“主，镫（灯）中火主也。从[illegible]，象形；从▲，▲亦声。”段注：“《释器》：瓦豆谓之登。其形如豆，今之镫盏是也。上为盌，盛膏而焚，火是为主。其形甚微，而明照一室。引伸假借为臣主、宾主之主。▲，谓火主。▲、主古今字；主、炷亦古今字。凡主人、主意，字本当作▲；今假借主为▲，而▲废矣。”

丰卦，初之三为离，二之五为坎。《说卦传》曰：“坎为月”，“离为日”。九四曰：

“遇其夷主，吉。”四与初应，初在离，离为日，日为主。明夷卦，离下坤上。初九曰：“主人有言。”是离为火为主。此处，初与四应，四在坎，坎为月，月为配。月配日，为配主。遇其配主，谓日遇月。《刑德放》曰：“日月东行。”唐《开元占经》，引《黄帝占》曰：“两角之间，三光之道也。南三度，太阳道；北三度，太阴道。日月五星，出入中道，天下太平。”《周髀算经》云：“日月俱起建星。月度疾，日度迟，日月相逐，于二十九日、三十日间。”《左传》疏引《感精符》云：“日者，阳之精；月者，阴之精。日阳月阴，故日君月臣也。”初九，遇其配主，就天文而言，为日遇月；就人文而言，为明君遇其贤臣。

虽旬无咎　《说文》曰：“旬，徧也，十日为旬，从勹日。”《尔雅·释言》：“徇，徧也。”郝懿行《尔雅义疏》曰：“徧者，《说文》云：匝也。《易·象传》云：莫益之，徧辞也。虞翻注：徧，周匝也。俗作遍。徇者，旬之假音也。《说文》云：旬，徧也，十日为旬。《诗》：来旬来宣。传：旬，徧也。通作徇。”段玉裁注《说文》曰：“十日为旬，此徧中之一义也。而必言之者，说此篆从勹日之意也。日之数十，自甲至癸而一徧。勹日，犹勹十也。”桂馥《说文义证》云：“十日为旬者，《书·尧典》：期，三百有六旬有六日。《大禹谟》：三旬。传云：旬，十日也。《五子之歌》：十旬弗反。传云：十日为旬。《周礼·小宰》：旬终则令正日成。注云：旬，十日也。”

《说卦传》曰：“离，为日”，“坎，为月。”丰卦，初之三为离，离为日；二之五为坎，坎为月。初九为一，六二为二，九三为三，九四为四，共计十日，为旬。丰为日行之卦，故占日行一遍之数。《象》曰：“虽旬无咎，过旬灾也。”于象，旬日至四止，至五则为过。又，二之五为坎，坎为多眚，多眚为灾，为过旬成灾。观日月之象，初与四应，乃月在日前，日在月后。月行疾，日行迟，月不掩日。若初往应过四，而至六五，则离日尽在坎月之中，为月所掩，为灾咎。故日月之行，皆必以度。刘向《五经通义》曰：“日蚀者，月往蔽之。”王充《论衡·说日》曰：“或说：日食者，月掩之也。日在上，月在下，障于月之形也，日月合相袭。月在上，日在下者，不能掩日。日在上，月在日下，障于月，月光掩日光，故谓之食也。障于月也，若阴云蔽，日月不见矣。”丰卦，旬日之内，日在月下，日不为月所掩，为无咎；过旬，则日在月上，被月所掩，为过旬灾也。

《小雅·十月之交》：“十月之交，朔日辛卯。日有食之，亦孔之丑。彼月而微，此日而微。今此下民，亦孔之哀。”郑笺：“云周之十月，夏之八月也。八月朔日，日月交会而日食。阴侵阳，臣侵君之象。日辰之义，日为君，辰为臣。辛，金也；卯，木也。又以卯侵辛，故甚恶也。微，谓不明也。彼月则有微；今此日反微，非其常，为异尤大也。君臣失道，灾害将起，故下民亦甚可哀。”此其日月告凶，不用其道之谓。旬无咎，乃卜辞成语。赵诚编《卜辞分类读本》云："旬，甲骨文用作旬日之旬，则为借音字。根据干支表，从甲日到癸日，为一旬，共十天。商人每于一旬的最后一日，即癸日，卜问第二旬的吉凶。如：癸亥卜，贞，旬亡囚（邺一·三五·一）。癸丑卜，贞，旬亡囚（甲二四一O）。旬亡囚，就是卜问下一旬，无灾害吗？这一类卜辞，习惯上被称为，卜旬卜辞。"古人认为，天降之灾，故问以天干之时。初九之旬无咎，盖用卜旬卜辞之例。

往有尚　《说文》："尚，曾也；庶几也。从八，向声。"徐灏注笺："尚者，尊上之义，向慕之称。尚之言上也，加也。曾，犹重也，亦加也。故训为曾、庶几。"段玉裁注："曾，重也。尚，上也。皆积累加高之意，义亦相通也。"《周书·多方》："尚尔事。"孙星衍疏："加汝所事。"《齐风·著》："尚之以琼华乎而。"《诗集传》："尚，加也。"尚，加高、更善之义。泰卦九二曰："得尚于中行。"《象》曰："得尚于中行，以光大也。"节卦九五曰："甘节吉，往有尚。"《象》曰："当位以节，中正以通。"中正以通，故而往前更善。丰卦，初九，无咎；六二，吉；九三，无咎；九四，吉；六五，有庆誉，吉。由初之无咎，到五之有庆誉，吉，好上加好，为往有尚。按，《象》曰："丰，大也。明以动，故丰。王假之，尚大也。勿忧，宜日中，宜照天下也。"以其明以动故丰，初九在明动之初，故曰往有尚。往有尚，即谓王假尚大，宜照天下。

六二，丰其蔀，日中见斗，往得疑疾。有孚发若，吉。

〔译〕　六二，明动于云盖之中，日中见北斗，往前生疑。然诚信发出光明，吉利。

《象》曰："有孚发若，信以发志也。"

〔证〕

丰其蔀　《周礼·考工记》："轮人为盖，信其桯围，以为部广，部广六寸。"郑氏注："郑司农云：桯，盖杠也；部，盖斗也。"《释文》："信，音申。"贾公彦疏："轮福三十，盖弓二十有八。此言盖之斗，四面凿孔，纳盖弓者于上。部，高隆穹然，谓之为部。"按，车之部，高隆穹然，为盖斗。部为盖之主，故可以代盖；犹舆为车之主，舆可以代车。六二与六五不应，五在震，震为雷，雷为云，云蔽日，如日御之盖，为明动于盖中，为丰其部。是蔀与部通。《释文》曰："蔀，音部，王廙同。"朱骏声《六十四卦经解》："蔀，当作部。从邑，音声。音掊，与斗协。"按，《说文》、《尔雅》、《方言》、《释名》，皆无蔀字，恐非一律失收。《广雅》有，为草名，与《易》无涉。《五经》除《易》以外，亦不见用。《汉帛书周易》，作丰其剖，盖亦部之误，不是蔀之误。蔀字，最先见于《京房易》，后续虞翻、王弼，乃至于今。又，《古书虚字集释》："其，犹于也。其，训于；于，亦训其。《史记·苏秦传》：以赵之为蔽其南也。《战国策·燕策》，其作于。《淮南子·说山篇》：尾生死其梁柱之下。"是丰其蔀，犹丰于蔀，即明动于云盖之中。

日中见斗　卦辞曰："宜日中。"《象》曰："宜日中，宜照天下。"是明以动，日当中天。然日被云掩，北斗高明，故曰日中见斗。《甘石星经》曰："北斗星，谓之七政，天之诸侯，亦为帝车。魁四星为璇玑，杓三星为玉衡，齐七政。斗为人君号令之主，主号施令，布政天中，临制四方。第一名天枢，为土星，主阳德，亦曰政星也，是太子象；星暗，亦经七日，则大灾。第二名璇，主金刑阴，女主之位，主月及法；若星暗，经六日，则月蚀。第三名玑，主木及祸，亦名金星；若天子不爱百姓，则暗也。第四名权，主火为伐，为天理伐也；无道天子施令，不依四时则暗。第五名衡，主水为煞，助四时，旁煞有罪；天子乐淫则暗。第六名闿阳，主木及天下仓库五谷。第七名瑶光，主金，亦为应星。"星本夜见，今日中见斗，以云遮日之故，故七星昼出，为七政出不当时。于象，二与五共七，为北斗七星；又，按伏羲八卦，离数三，震数四，亦七。

往得疑疾　坤卦《文言》曰："阴疑于阳，必战。"阴多疑。豫卦，坤下震上。九四曰："勿疑朋盍簪。"谓阴可疑。丰卦六二，上遇六五之阴，五为暗主，君臣不应，是以疑心，为往得疑疾。《说文》："靁（雷），阴阳薄动，畾象回转形。"回转形谓云，云有阴阳，相击而为雷。丰卦，上震为雷为云，日往上，行云中，为往得疑疾。此夏日景象。四月，日经东井，东井在双子宫。五月，日过鬼星，鬼星在巨蟹宫。《史记·天官书》曰："舆鬼，鬼祠事；中白者为质。"《正义》："舆鬼四星，主祠事，天目也，主视明察奸谋。东北星主积马，东南星主积兵，西南星主积布帛，西北星主积金玉，随其变占之。中一星为积尸，一名质，主丧死祠祀。占：鬼星明大，谷成；不明，百姓散。质欲其不明；明则兵起，大臣诛，下人死之。"《通志·天文一》："鬼四星，册方似木柜，中央白者积尸气。"《广雅》曰："舆鬼谓之天庙。"因象车箱故称舆，阴暗故谓之鬼。鬼星，在黄道线上，日行经鬼星，亦往得疑疾。北斗言七政，鬼星则言祠祀。政与祀，皆王者之事。《释名》曰："星，散也，列位布散也。"伏羲八卦，震数四。故六二应六五，为入散星四，即入鬼四星，亦谓往得疑疾。

有孚发若　六二，居离之中，为明之主。《说文》："日，实也。太阳之精不亏，从○一，象形。"日实者，《释名》曰："日，实也，光明盛实也。"《广雅》："日，实也。"《诗·节南山》传曰："实，满也。"蒙卦，"独远实也。"王弼注："阳称实也。"象形者，段玉裁注："○，象其轮郭；一，象其中不亏。"《文子·上德篇》："天明日明，然后照四方。"《国策·卫策》："日，并烛天下者也，一物不能蔽也。"《范子计然》："日者，火精也。火者，外景。”皇甫谧《年历》：“日者，众阳之宗。阳精外发，故日以昼明，名曰曜灵。”离为日，日笃实辉光，即有孚发若。《象》曰：“有孚发若，信以发志也。”谓日，信实发光，其志在中正，而照耀天下。《虞书·尧典》：“允恭克让，光被四表，格于上下。”以其信恭能让，故其名闻充溢四外，至于天地，盖其信以发志之谓。

吉　有孚发若，吉，即谓明以动，日中则光被四表，格于上下，为吉。离卦，离下离上。《彖》曰：“离，丽也。日月丽乎天，百谷草木丽乎土，重明以丽乎正，乃化成天下。柔丽乎中正，故亨，是以畜牝牛吉也。”畜牝牛吉，谓日月养畜万物，吉也。晋卦，坤下离上。《彖》曰：“晋，进也。明出地上，顺而丽乎大明，柔进而上行，是以康侯用锡马蕃庶。”谓日照万物生长，亦吉。同人卦，离下乾上。《彖》曰：“同人，柔得位得中，而应乎乾，曰同人。同人于野，亨，利涉大川，乾行也。文明以健，中正而应，君子正也。唯君子，为能通天下之志。”日在天下地上，为顺乎天，应乎人，为通天下之志，犹信以发志，有孚发若，为吉。大有卦，乾下离上。《彖》曰：“大有，柔得尊位，大中而上下应之，曰大有。其德刚健而文明，应乎天而时行，是以元亨。”大有，大有天下，日在天上，为元亨。丰卦，明以动，王假之，犹大有卦，日中正，照耀天下，故亦大通，大通则吉。又，井卦，巽下坎上。九三在互离，其辞曰：“王明，并受其福。”丰卦《彖》曰：“明以动，王假之，尚大也。”则亦为王明，并受其福，是以谓有孚发若，吉。于象，虽有云遮雾障，然诚信发出光芒，终会云雾消散，故吉。

九三，丰其沛，日中见沬，折其右肱，无咎。

〔译〕　九三，明动于云雨之中，日中见太微垣，其右上臂折断，无灾。

《象》曰：“丰其沛，不可大事，折其右肱，终不可用也。”

〔证〕

丰其沛　《孟子·梁惠王上》曰：“王知夫苗乎？七、八月之间，旱则苗槁矣。天油然作云，沛然下雨，则苗浡然兴之矣。其如是，孰能御之！今夫天下之人牧，未有不嗜杀人者也。如有不嗜杀人者，则天下之民，皆引领而望之矣。诚如是也，民归之，由水之就下，沛然谁能御之！”赵岐注：“周七、八月，夏之五、六月。油然，兴云之貌。沛然下雨，以润槁苗，则浡然已盛，孰能止之。今天下牧民之君，诚能行此仁政，民皆延颈，望欲归之，如水就下，沛然而来，谁能止之。”焦循《正义》曰：“《文选·思玄赋》：冻雨沛其洒涂。旧注云：沛，雨貌也。文公十四年，《公羊传》云：力沛若有余。注云：沛，有余貌。《音义》云：沛字亦作霈。《初学记》、《太平御览》，俱引作霈。《华严经音义》，引《文字集略》云：霈，谓大雨也。大雨亦有余意。苗当枯槁之时，非小雨所能生。刘熙此注云：霈然，注雨貌。惟大雨倾注，枯苗乃得润泽，义乃备也。《广雅·释训》："沛沛，流也。刘熙《释名·释水》云：水从河出曰雍沛。言在河岸限内，时见雍出，则沛然也。水之雍出，与雨之下注同，故皆云沛然。赵氏解两沛然不同者，经以沛然下雨，比喻不嗜杀人者，以仁恩及民，故以润泽解之。此水之就下，比天下来归，故云沛然而来，谓民之来，如水之涌也。"丰卦，初之三离，离为日；二之五为大坎，坎为雨水，大坎为大雨水。四之上为震，震为雷，雷为云。九三体离，在大坎之中，为明动于大雷雨之中，为丰其沛。又，二之四为巽。巽于伏羲八卦，位西南，为五、六月，正是油然兴云，沛然下雨之时，九三居其中，故曰丰其沛。

《象》曰："丰其沛，不可大事。"《左传》成公十三年："国之大事，在祀与戎。"《周礼·小宰》："一曰天官，其属六十，掌邦治。大事则从其长，小事则专达。"大事，重大之事。《月令·季夏之月》云："是月也，树林方盛，乃命虞人，入山行木，毋有斩伐。不可以兴土功，不可以合诸侯，不可以起兵动众。毋举大事，以摇养气。毋发令而待，以妨神农之事也。"郑氏注："土将用事，气欲静。大事，典徭役以有为。发令而待，谓出徭役之令，以预惊民也。民惊则心动，是害土神之气。土神称曰神农者，以其主于稼穑。"高诱注《吕氏春秋·季夏纪》："土功，筑台穿池。合诸侯，造盟会也。举动兵众，思启封疆也。大事，征伐也。于时不时，故曰摇荡于气。无发干时之令，畜聚人功，以妨害神农耘耨之事。"以九三在巽，巽为五、六月，故《象》曰："丰其沛，不可大事。"即谓季夏之月，不可举大事，免妨神农之事。

日中见沬　《说文》："沬，洒面也。从水，未声。颒，古文沬，从廾水，从页。"段玉裁注："陆语尤可证，《说文》作颒，从两手匊水，而洒其面，会意也。《内则》作靧，从面，贵声。盖汉人多用靧字。沬、颒，本皆古文。小篆用沬，而颒专为古文。或夺其廾，因作湏矣。"罗振玉《增订殷虚书契考释》："（甲骨文）象人散发，就皿洒面之状。"《周书·顾命》："甲子，王乃洮颒水。"孔氏传："王发大命，临群臣必斋戒沐浴。今疾病故，但洮盥颒面。"《释文》："马云：洮，洮发也。颒，《说文》作沬，云古文作颒。马云：颒，颒面也。"《汉书·淮南厉王传》："高帝，蒙霜露，沬风雨。"颜注："沬，亦颒字也。蒙，冒也；沬，洗面也。"《司马迁传》："然李陵一呼劳军，无不起躬流涕，沬血饮泣，张空弮，冒白刃，北争死敌。"孟曰："沬音颒。"颜注："沬，古颒字。颒，洒面也。言流血在面，如盥颒。"

《春秋元命苞》曰："太微为天廷，理法平辞，监计授德，列宿授符，神诸考节，舒情稽疑也。南蕃二星：东星曰左执法，廷尉之象也；西星曰右执法，御史大夫之象也。执法，所以举刺中奸者也。两星之间，南端门也。左执法之东，左掖门也。右执法之西，右掖门也。东蕃四星：南第一星曰上相，上相之北，东门也；第二星曰次相，其北中华门也；第三星曰次将，所谓四辅也。西蕃四星：南端第一星曰上将，上将之北，西门也；第二星曰次将，次将之北，中华门也；第三星曰次相，次相之北，太阴门也；第四星曰上相，亦为四辅也。西近方昌二星曰上台，为司命，主寿；次二星中台，为司中，主宗。室东二星曰下台，为司下，主兵。”按，后发星座之下，乃太微星垣。太微，是三垣中上垣，直达黄道。太微乃朝廷之意，以五帝为中枢，由十星组成。太微左垣，由上至下，计五星：为东上将、东次将、东次相、东上相、左执法。太微右垣，由上至下，计五星：为西上相，西次相、西次将、西上将、右执法。其左右垣，酷似两手臂，若捧合。垣中碎小星点，如水点。象掬水洒面，为颒、即沫。以离被坎遮，故虽日中，犹可见太微星垣，为日中见沫。六月，《月令》云：“日月会于鹑火。”日行正经此垣，故有丰其沛，日中见沫之辞。四之上为震为洒，二之五为坎为水，二之四为巽，巽为广颡为面，为洒水于面，为沫。初之三为离为日，其所洒之水，滴在日中，为日中见沫。

折其右肱　《说文》：“厷，臂上也。从又，从古文厶。”又，“厶，古文厷，象形。”“肱，左或从肉。”厶，象曲肱，今皆写作肱。又，《说文》：“臂，手上也。从肉，辟声。”桂馥义证：“手上也者，颜注《急就篇》同。赵宧光曰：厷训臂上，臂训手上，二体详尽无余矣。”浑言称臂，析言肱、臂对称。《易》析言之，折其右肱，谓折其右臂上之肱。《虞书・益稷》：“帝曰：臣作朕股肱耳目。”又曰，“股肱善哉，元首起哉，百工熙哉。”“元首明哉，股肱良哉，庶事康哉。”“元首丛脞哉，股肱惰哉，万事堕哉。”是股肱为大臣。股为大腿，肱为上臂，以此比喻。岁星十二次。郑注《月令》：“孟春者，日月会于娵訾”；“仲春者，日月会于降娄”；“季春者，日月会于大梁”；“孟夏者，日月会于实沈”；“仲夏者，日月会于鹑首”；“季夏者，日月会于鹑火”；“孟秋者，日月会于鹑尾”；“仲秋者，日月会于寿星”；“季秋者，日月会于大火”；“孟冬者，日月会于析木之津”；“仲冬者，日月会于星纪”；“季冬者，日月会于玄枵”。九三，在巽在坎，为六月、七月。日月分别会于鹑火、鹑尾，太微位此两次。以其明以动，太微右肱不见，故曰折其右肱。三之五为兑，兑上缺，为毁折；三与上应，上为右；四之上为震，震为艮手之倒，为肱；兑于伏羲八卦，位在东南，犹太微垣之右肱，是所毁折者，即太微之东上将、东次将。（参见下图）

无咎　九三以阳明之极，而应上六阴暗之极，故《象》曰：“折其右肱，终不可用也。”九三，公位，为王之股肱。明夷卦，离下坤上。《彖》曰：“利艰贞，晦其明也。内难而能正其志，箕子以之。”又，《象》曰：“明入地中，明夷，君子以莅众，用晦而明。”是折其右肱，无咎；犹明夷，用晦而明利贞。用晦而明，故虽不见用，但终无咎。又，于《月令》言，《季夏之月》云：“是月也，不可以合诸侯，不可以起兵动众。”古谓两至闭关，六、腊不兴兵。今盛暑之时，折其右肱，不见上将、次将用事，且不妨农事，是以无咎。《老子》曰："夫兵者，不详之器，物或恶之，故有道者不处。君子居则贵左，用兵则贵右。兵者不详之器，非君子之器，不得已而用之，恬淡为上，胜而不美。而美之者，是乐杀人。夫乐杀人者，则不可以得志于天下矣。吉事尚左，凶事尚右。偏将军居左，上将军居右，言以丧礼处之。"战争为不祥之事，最终不可以战争，得志于天下。故《象》曰："折其右肱，终不可用也。"《老子》又曰："不以兵强天下，其事好还。"谓不逞干戈，其事会得好报。是折其右肱，即无战争之象，无战争故而无咎。三之五为兑，兑为羊为祥，为无灾咎。附图：

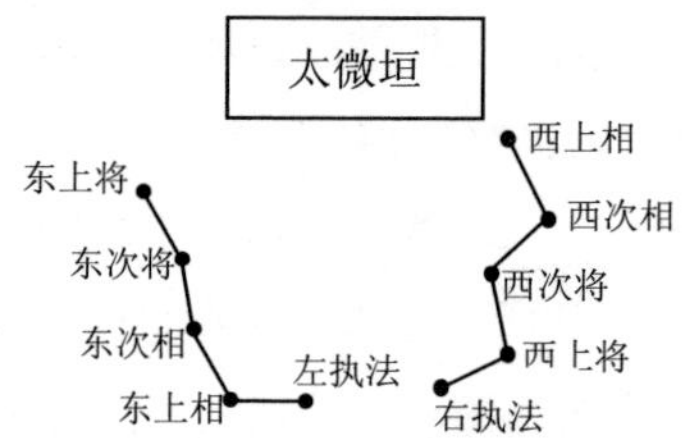

九四，丰其蔀，日中见斗。遇其夷主，吉。

〔译〕 九四，明动于云盖之中，日中见南斗。但四与东方之主相遇，吉利。

《象》曰："丰其蔀，位不当也。日中见斗，幽不明也。遇其夷主，吉行也。"

〔证〕

丰其蔀 《象》曰："丰其蔀，位不当也。"《系辞传》曰："天一，地二，天三，地四，天五，地六，天七，地八，天九，地十。"天为阳，地为阴。《易》卦，以一、三、五为阳位；二、四、六为阴位。九四，阳在阴位，故《象》曰位不当也。《说文》曰："陽（阳），高明也。从阜，昜声。"《小雅·湛露》："湛湛露斯，匪阳不晞。"毛传："湛湛，露茂盛貌；阳，日也；晞，干也。露虽湛湛然，见阳则干。"又，《大雅·公刘》："度其名阳，幽居允荒。"《卷阿》："梧桐生矣，于彼朝阳。"乾卦《象》曰："大明终始，六位时成，时乘六龙以御天。"是阳，亦谓太阳。四在震，震为雷；离为日，为太阳。下为中，为太阳在阴云之中。四之丰其蔀，犹二之丰其蔀，谓明动于云盖之中。《象》曰："丰其蔀，位不当也。"即谓日应高明，今日在云中，是位不当。

日中见斗 《象》曰："日中见斗，幽不明也。"谓日中之时，日幽隐，而南斗见。《小雅·大东》："维南有箕，不可以簸扬。维北有斗，不可以挹酒浆。维南有箕，载翕其舌。维北有斗，西柄之揭。"《正义》曰："郑称参傍有玉井，则井星在参东，故称东井。推此，则箕、斗并在南方之时，箕在南，而斗在北，故言南箕北斗也。"朱熹《诗集传》曰："箕、斗二星，以夏秋之间，见于南方。云北斗者，以其在箕之北也。"

《毛诗传笺通释》:“《正义》以斗为南斗,是也。《尔雅》:析木之津,箕、斗之间,汉律也。郭注:箕,龙尾;斗,南斗。是凡箕斗连言者,皆为南斗。王观察曰:南斗之柄常向西,而高于魁,故经言西柄之揭。若北斗之柄,固不常西。即指西,亦不得云揭。其说是也。”郑注《月令》:“孟冬者,日月会于析木之津。”析木之次,有箕、斗二星。九四在坎,时当七月,日行至尾,斗星在前黄道轨上,以日受云遮,日中见南斗,故曰丰其蔀,日中见斗。犹六二,时当四、五两月,日行至鬼,北斗在前,以日受云遮,日中见北斗,故曰丰其蔀,日中见斗。九四在兑,兑数二;又,九四在震,震数四。二与四为六,为日中见南斗六星。

遇其夷主　《说文》曰:“夷,平也。从大从弓。东方之人也。”桂馥义证:“东方之人也者,《王制》:东方曰夷。《公羊解诂》同。《论语》:子欲居九夷。马融注:”九夷,东方之夷有九种。皇侃疏:“东方九夷:一元菟,二乐浪,三高丽,四满饰,五凫更,六索家,七东屠,八倭人,九天鄙。”《虞书·尧典》:“分命羲仲,宅嵎夷,曰:旸谷,寅宾出日,平秩东作。”孔氏传:“东表之地称嵎夷。旸,明也,日出于旸谷,而天下明,故称旸谷。旸谷、嵎夷,一也。”《释文》引马云:“旸谷,海嵎夷之地名。日出于谷,本或作日出于阳谷。”《夏书·禹贡》:“鸟夷皮服。”《正义》引郑玄曰:“鸟夷,东方之民,搏食鸟兽者也。”《周礼·职方氏》:“辨其邦、国、都、鄙、四夷、八蛮、七闽、九貉、五戎、六狄之人民。”郑玄注引郑司农曰:“东方曰夷。”是以《后汉书》,有《东夷传》,夷谓东方。日主东,月主西。夷主,谓日为东方之主。屈原《九歌·东君》,《题解》云:“《东君》,《博雅》曰:朱明耀灵。东君,日也。《汉书·郊祀志》,有东君。”夷为东,主为君,夷主即东君,即谓日。又,四与初遇,初九曰:遇其配主。即谓下离为日,为夷主;九四为臣,配君主,为遇其夷主。九四在坎,坎为月。日为夷主,月为配主。

吉　《象》曰:“遇其夷主,吉行也。”谓九四之阳,上被二阴所乘,现东来之日至此,阳驱阴退,九四之阳,得以前行而吉利。三之五为兑,兑为羊为吉;四之上为震,震为动为行。九四在兑之中,在震之初,是以为吉行。《东君》曰:“暾将出兮东方,照吾槛兮扶桑。抚余马兮安驱,夜皎皎兮既明。驾龙舟兮乘雷,载云旗兮委蛇。”谓明日出自东方,以扶桑为舍槛,照耀四方。勒马安驱,使黑夜皎皎然而天明。驾龙车乘雷雨,以云为旗而长行。此即吉行之谓。丰卦,下离上震,为明自下动而上,是暾将出兮东方。初之三为离日,二之四为巽木,为照吾槛兮扶桑。二之五为坎,坎为车马,二之四为巽顺,四之上为震动,为抚余马兮安驱。二之五为坎,坎为月为夜,明动而出夜,为夜皎皎兮既明。震为龙为雷,巽为木为舟,明动而上,为驾龙舟兮乘雷。震为云,五、六坤阴为帛，为云旗在坎车上飘动前行，为载云旗兮委蛇。是《东君》之辞，与丰卦吉行之象同，故称吉。

九五，来章，有庆誉，吉。

〔译〕　九五，日中照耀天下，有可庆之荣誉，吉利。

《象》曰：“六五之吉，有庆也。”

〔证〕

来章　《说文》曰：“來（来），周所受瑞麥（麦）𪎊，一麥二缝，象芒束之形。天所来也。故为行来之来。”段玉裁：“自天而降之麥，谓之来𪎊，亦单谓之来。因而凡物之至者，皆谓之来。许意如是。”罗振玉《增订殷虚书契考释》：“卜辞中诸来字，皆象形，其穗或垂或否者，假借为往来字。”《周易》六爻，下往上为往，上来下为来。如七日来复，所用为天所来也。朱骏声《说文通训定声》：“章，假借为彰。《礼记·乐记》：大章，章之也。注：尧乐名也，言尧德章明也。《书·尧典》：平章百姓。郑注：明也。《考工·画缋之事》：赤与白谓之章。”《周易》重卦，上卦为天，下卦为地。丰卦六五，为明动于天之中。中天之阳，光明而赤白，故为章。光芒由天而下，照耀大地万物，为来章。《象》曰：“王假之，尚大也。勿忧，宜日中，宜照天下也。”即谓日，日喻王，言宜中天来章。坤卦六三曰：“含章。”《文言》曰：“有美含之。”是章为美，来章亦来美。六五在震，震动于上，离明于下，为来章。离，外阳内阴，阳为赤，阴为白，赤与白谓之章。

有庆誉　《小雅·裳裳者华》：“我觏之子，我心写兮。我心写兮，是以有誉处兮。我觏之子，维有章矣。维其有章矣，是以有庆矣。”郑笺：“觏，见也；之子，是子也，谓古之明王也。言我得见古之明王，则我心所忧，写而去矣。我心所忧既写，是则君臣相与，声誉常处也。忧者，忧谗谄并进。章，礼文也。言我得见古之明王，虽无贤臣，犹能使其政，有礼文法度。政有礼文法度，是则我有庆赐之荣也。”《诗》谓：维其有章矣，是以有庆矣；是则君臣相与，声誉常处也。丰卦，明动犹王动。六五之来章，有庆誉，即谓明王者，有值得庆贺之荣誉。六五在震，震为诸侯。又，明动自下而上，六五为阴，确乎诸侯之象。

吉　《象》曰：“六五之吉，有庆也。”《说文》：“庆，行贺人也。”又，“贺，以礼相奉庆也。”《小雅·甫田》：“黍稷稻粱，农夫之庆。”郑笺：“庆，赐也。年丰，则劳赐农夫益厚，既有黍稷，加以稻粱。”六五，明动于天，把光明洒下，为来章，为有庆赐。万物得其庆赐，而生长，故而吉利。六五之吉，有庆也，亦谓王者有庆赐，而吉利。六五，日行至析木、星纪二次，时光十月、十一月，为建亥、建子之月，万物得阳而孕育滋生，是以为吉。丰卦，明动至六五，犹晋卦，坤下离上。《彖》曰："晋，进也。明出地上，顺而丽乎大明，柔进而上行，是以康侯，用锡马蕃庶。"丽乎大明，康侯用锡马蕃庶，犹丰卦六五来章，有庆赐万物之誉。晋卦六五，日在天中，曰往吉，无不利。丰卦六五，明日亦动上天中，故亦谓吉。《系辞传》曰："三与五，同功而异位，三多凶，五多功，贵贱之等也。"丰卦六五，以其有庆赐之功，故而吉利。于象，六五在兑上，兑为毁折、为吉；明动至天之中，冲破震雷之云，格于上下，光被四表，是以为吉。

上六，丰其屋，蔀其家；闚其户，阒其无人。三岁不觌，凶。

〔译〕 上六，明动于天宇，云雾遮其家；探视门户之内，静寂无人。三岁不相见，凶险。

《象》曰："丰其屋，天际翔也；闚其户，阒其无人，自藏也。"

〔证〕

丰其屋，蔀其家 《说文》："屋，居也。从尸；尸，所主也。一曰尸象屋形。从至；至，所至止。室、屋皆从至。"段玉裁注："屋者，室之覆也。引伸之，凡覆于上者，皆曰屋。"《晋书·天文志上》："古言天者，有三家：一曰盖天，二曰宣夜，三曰浑天。蔡邕所谓《周髀》者，即盖天之说也。其本庖牺氏立周天历度，其所传，则周公受于殷商，周人志之，故曰《周髀》。髀，股也；股者，表也。其言天似盖笠，地法覆槃，天地各中高外下。"周言天盖，天穹隆然，故而似屋。《象》曰："丰其屋，天际翔也。"谓明动于天宇，即日在天间遨翔。丰卦，明动至上六，上为天位，为明动于天，为丰其屋。又，《说文》："家，居也。从宀，豭省声。"桂馥义证："居也者，《易》家人《释文》引同。《玉篇》：家，所居通曰家。《释宫》：牖户之间谓之扆，其内谓之家。郭云：今人称家，义出于此。《诗·绵》：未有家室。传云：室内曰家。孔疏：李巡曰：谓门以内也。"段玉裁注："引伸之，天子、诸侯曰国，大夫曰家。"日以天下为家，王亦以天下为家。丰卦，离为日为王，动于天之下，下为内为家，为以天下为家。家人卦，离下巽上。丰卦，初之三为离，二之四为巽，是初之四，有家人象；四之上为震，震为云，云为盖为蔀，为蔀其家。又，离为正月为日，正月日在营室，故曰丰其屋，蔀其家。

闚其户 《说文》："闚，闪也。从门，规声。"又，"闪，闚头门中也。从人在门中。"段玉裁注闚曰："此与窥义别，窥，小视也。"《字林》："闚，倾头门内视也。"《论语·子张》："譬之宫墙，赐之墙也及肩，闚见室家之好；夫子之墙数仞，不得其门而入，不见宗庙之美，百官之富。"《方言》："闚，视也，凡相窃视，南楚谓之闚。"观卦，坤下巽上。六二曰："闚观，利女贞。"朱熹曰："阴柔居内，而观乎外，闚观之象。"初之五为艮，艮为门，六二在门内，是由门内闚外。按，凡隔门窃视为闚。丰卦，上震为倒艮，艮为门阙。上为外，上六是由门外闚内。又,《释名》曰："户，护也，所以谨护闭塞也。"《一切经音义》云："在于堂室曰户，在于宅区域曰门。"《六书精蕴》:"户，室之口也。凡室之口曰户，堂之口曰门；内曰户，外曰门。"节卦初九曰："不出户庭。"九二曰："不出门庭。"是户在门内，门在户外。丰卦，上六向下视，即由门外，向门内视，故曰闚其户。

阒其无人　《说文新附》:"阒，静也。从门，具声。"《象》曰："阒其无人，自藏也。"丰卦，明动至上六，为日行至玄枵、娵訾之次，时当十二月、正月。《礼记·月令》云："孟春之月，日在营室。"营室，又名室宿。《甘石星经》:"室宿，营室二星，主军粮。离宫上六星，主隐藏。一名宫，二名室。"《鄘风·定之方中》曰："定之方中，作于楚宫，揆之以日，作于楚室。"毛传："定，营室也。方中，昏正四方。揆，度也，度日出入，以知东西。"是日在营室之谓。凡室之口曰户，故闚其户，即闚其营室之户。营室非室，本亦无人，又在星空，故曰阒其无人。又，日行至营室离宫，离宫主隐藏，故曰自藏也。乾卦《文言》:"上九曰：亢龙有悔，何谓也？子曰：贵而无位，高而无民，贤人在下位而无辅，是以动而有悔也。"《魏志·杨阜传》，引阜上疏曰："高高在上，实监后德。慎守天位，以承祖考，巍巍大业，犹恐失之。不夙夜敬止，允恭恤民，而乃自暇自逸，惟宫台是侈是饰，必有颠覆危亡之祸。《易》曰：丰其屋，蔀其家；闚其户，阒其无人。王者以天下为家，是丰屋之祸，至于家无人也。"丰卦，明动至上六，阳至阴位而过中，是贵而无位。上为高，至高而闚其户，阒其无人，是贵而无民。震于上看为艮，艮止九三，不与上六相应，是贤人在下位，而无辅佐。是以动而有悔，日中则昃。《象》曰："阒其无人，自藏也。"即谓明动至上六，日行云中，与人隔绝，而自幽隐独处。

三岁不觌，凶　《说文新附》:"觌，见也。从见，卖声。"《尔雅·释诂》:"觌，见也。"《春秋经》庄公，二十四年："大夫宗妇觌，用币。"《正义》曰："宗妇，是同姓大夫之妇也。《士相见礼》称：大夫始见君，执贽。夫人尊与君同。臣始为臣，有见君之礼，明小君初至，亦当有礼以见也。"是臣以礼相见为觌。于《易》，阳为君，阴为臣，阴阳相应，为以礼相见，为觌。丰卦，初九与九四不应，为不觌；六二与六五不应，为不觌；九三与上六逆应，为不觌：为三岁不觌。阴阳不应，君臣一年，再年，三年，无朝聘之礼，非凶则何？或上六止九三不应，上自幽隐自藏，为三岁不觌，为凶。《礼记·王制》云："诸侯之于天子也，比年一小聘，三年一大聘，五年一朝。"《白虎通·朝聘》:"所以制朝聘之礼何？以尊君父，重孝道也。夫臣之事君，犹子之事父，欲全臣子之恩，一统尊君，故必朝聘也。”今君臣三岁不觌，即三岁无君臣之礼，是为礼崩，为凶。

第五十六卦　丁　巳

☶☲ 离上
艮下

旅，小亨，旅贞吉。

〔译〕　旅，小亨通，军旅正则吉利。

《彖》曰：“旅，小亨，柔得中乎外，而顺乎刚，止而丽乎明，是以小亨，旅贞吉也。旅之时义大矣哉！”

《象》曰：“山上有火，旅，君子以明慎用刑，而不留狱。”

〔证〕

艮下离上　《说卦传》曰：“艮为手，为山”；“离为火，为甲胄，为戈兵。”是艮下离上，有手执火把，于山野火田之象。据《卜辞分类读本》：⿰焚攵，象手执火把，焚烧草木之形。甲骨文从木从屮，常常通用，从一手与从二手，经常无别。甲骨文用作动词，为焚烧山林，迫使野兽外出，以便擒获之义。如：王其⿰焚攵兑逎录，王于东立，虎出，擒（摭续一二一）。又，焚，从林从火，象以火焚烧林木之形，为狩猎。如：癸卯允焚，隻——癸卯日焚林，有获。隻即获（合一九四）。旅卦，初之三为艮，艮为山；二之四为巽，巽为木；三之五为兑，兑为毁折；四之上为离，离为火，为甲胄、戈兵，是由初之上，合为以火焚烧山林，为狩猎之象。

《说文》：“樊，烧田也。从火𣏟，𣏟亦声。”段玉裁注：“火部樊，即焚之讹。玄应书引《说文》：焚，烧田也。字从火，烧林意也。”桂馥义证：“烧田也者，《广雅》：樊，烧也。字或作焚。《集韵》：燎，纵火焚也。《郊特牲》：季春出火为焚也。注谓焚莱也。”《尔雅·释天》：“火田为狩。”郭璞注：“放火烧草，猎亦为狩。”郝懿行《尔雅义疏》：“狩者，与冬猎同名，故郭云亦也。火田者，《王制》云：昆虫未蛰，不以火田。《周礼·罗氏》：蜡则作罗襦。郑注：今俗放火张罗其遗教。贾疏云：汉之俗间，在上放火，于下张罗承之，以取禽兽。《春秋》：桓七年二月，焚咸丘。杜预注：焚，火田也，讯尽物。《正义》引李巡、孙炎，皆云：放火烧草，守其下风。”旅卦，艮下离上，亦有焚丘火田之象。古代以田猎演武，是亦军旅之事。

《管子·小匡》曰：“作内政而寓军令焉。为高子之里，为国子之里，为公里。三分齐国，以为三军。择其贤民，使为里君。乡有行伍卒长，则其制令，且以田猎，因以赏罚，则百姓通于军事矣。”《月令·季秋之月》：“是月也，天子乃教于田猎，以习五戎，班马政。命仆及七驺咸驾，载旌旐，授车以级，整设于屏外。搢扑，北面誓之。天子乃厉饰，执弓挟矢以猎。”郑氏注：“教于田猎，因田猎之礼，教民以战法也。五戎，谓五兵：弓矢、殳、矛、戈、戟也。马政，谓齐其色，度其力，使同乘也。《校人》职曰：凡军事物马而颁之。仆，戎仆及御夫也。七驺，谓趣马，主为诸官驾说者也；即驾之，又为之载旌旗。《司马》职曰：仲秋教治兵，如振旅之陈，辨旗物之用。王载大常，诸侯载旂，军吏载旗，师都载旃，乡遂载物，郊野载旐，百官载旟，是也。级，等次也；整，正列也；设，陈也；屏，所田之地，门外之蔽；誓，誓众以军法也；厉饰，谓戎服，尚威武也。”旅卦，艮下离上，艮为山，离为火，为山野有火。又，艮为阴剥阳，为九月。九月山野有火，为季秋火田振旅之象。初之三为艮，艮为山为径路；二之四为巽，巽为进退；二之五为坎，坎为险阻；三之五为兑，兑为羊为群；四之上为离，离为甲胄为戈兵。自初至上，山野路径，成群结队，进退于险阻之中，戴甲胄，荷戈兵，是为军旅。

又，《吕氏春秋・季秋纪》曰：“是月也，天子乃教于田猎，以习五戎。獀马，命仆及七驺咸驾。载旍旐舆，受车以级，整设于屏外。司徒搢扑，北向以誓之。天子乃厉服厉饰，执弓操矢以射。命主祠，祭禽于四方。”高诱注：“五戎、五兵，谓刀、剑、矛、戟、矢也。獀，择也。为将田，故习肄五兵。选择田马，取堪乘也。仆，于《周礼》为田仆，掌御田辂。七驺，于《周礼》当为趣马，掌良马驾税之任，无七驺之官也。田仆，掌佐车之政，令获者植旍，故载旍也。舆，众也。众当受田车者，各以等级，陈于屏外也，天子外屏。屏，树垣也。《尔雅》云：屏谓之树。《论语》曰：树塞门者也，搢，插也。扑，所以教也。插置带间，誓告其众。是月，天子尚武，乃服猛，厉其所佩之饬，以射禽也。《周礼・司服章》：凡田，冠弁服。戎服，垂衣也。主祠，掌祀之官也。祭始设禽兽者于四方，报其功也。不知其神所在，故博求于四方。”季秋之月，农事毕，效阴气杀物，是以田猎习武。以物已闭藏，故常火田。是九月田猎，为振旅之象，故为旅。

《礼记・王制》曰：“天子、诸侯无事，则岁三田。一为干豆，二为宾客，三为充君之庖。无事而不田，曰不敬；田不以礼，曰暴天物。天子不合围，诸侯不掩群。天子杀则下大绥，诸侯杀则下小绥，大夫杀则止佐车，佐车止则百姓田猎。獭祭鱼，然后虞人入泽梁。豺祭兽，然后田猎。鸠化为鹰，然后设罻罗。草木零落，然后入山林。昆虫未蛰，不以火田。”郑氏注：“三田者，夏不田，盖夏时也。《周礼》：春曰蒐，夏曰苗，秋曰狝，冬曰狩。干豆，谓腊之以为祭祀豆实也。庖，今之厨也。不敬者，简祭祀，略宾客。不合围，不掩群者，为尽物也。绥，当为緌。緌，有虞氏之旌旗也。下，谓弊之。佐车，驱逆之车。取物必顺时候也。梁，绝水取鱼者。罻，小网也。昆，明也。明早者，得阳而生，得阴而藏。”《正义》曰：“夏不田，盖夏时也者，以夏是生养之时。夏禹以仁让得天下，又触其夏名，故夏不田。昆虫未蛰，不以火田者，谓未十月之时，十月则得火田。故《罗氏》云：蜡则作罗襦。注云：今俗放火张罗，从十月以后，至仲春，皆得火田。故《司马》职云：春火弊，是也。”

《郑风·大叔于田》曰：“叔于田，乘乘马。执辔如组，两骖如舞。叔在薮，火烈具举。襢裼暴虎，献于公所。将叔无狃，戒其伤女。叔于田，乘乘黄。两服上襄，两骖雁行。叔在薮，火烈具扬。叔善射忌，又良御忌，抑磬控忌，抑纵送忌。叔于田，乘乘鸨。两服齐首，两骖如手。叔在薮，火烈具阜。叔马慢忌，叔发罕忌，抑释掤忌，抑鬯弓忌。”孔颖达疏：“毛以为，大叔往田猎之时，乘驾一乘之马。叔马既良，叔之御人，又善执持马辔，如织组。织组者，总纰于此，成文于彼。御者执辔于手，马骋于道，如织组之为。其两骖之马，与两服马，和谐如人，舞者之中于乐节也。大叔乘马，从公田猎。叔之在于薮泽也，火有行列，俱时举之。言得众之心，故同时举火。叔于是襢去裼衣，空手搏虎，执之，而献于公之处所。公见其如是，恐其更然，谓之曰：请叔无习此事，戒慎之，若复为之，其必伤汝矣。”疏曰，“言叔之往田也，乘一乘之黄马。在内两服者，马之上驾也。在外两骖，与服马如雁之行，相次序也。叔乘此四马，从公田猎。叔之在于数泽也，火有行列，俱时扬之。叔有多才，既善射矣，又善御矣。抑者，此叔能磬骋马矣，又能控止马矣。言欲疾则走，欲止则往。抑者，此叔能纵矢以射禽矣，又能纵送以逐禽矣。言发则中，逐则能及，是叔之善御善射也。”又疏，“毛以为，叔往田猎之时，乘一乘之鸨马。其内两服，则齐其头首。其外两骖，进止如御者之手。乘此车马，从公田猎。叔之在于薮也，火有行列，其光俱盛。及田之将罢，叔之马既迟矣，叔发矢又希矣。及其田毕，抑者，叔释掤以覆矢矣；抑者，叔执鬯以弢弓矣。”此执火田猎之象，即旅卦艮下离上之象，艮为手，离为火，是为火田。火田多在入蛰之后，惊蛰之前。艮为九月，离为正月，艮下离上，时当九月至第二年正月，是冬季火田之时。

又，艮为山，离为火，艮下离上，山上有火，为烽火之象。以烽燧报寇警，自三代至明清，数千年不废。《拾遗记·殷汤》：“纣之昏乱，欲讨诸侯，使飞廉等，惑所近之国，侯服之内，使烽燧相续。纣登台，以望火之所在，乃兴师往伐其国。杀其君，囚其民，收其女乐，肆其淫虐。神人愤怨，时有朱鸟衔火，如星之照耀，乱以烽 燧之光。纣乃回惑，使诸国灭其烽燧。”《史记·周本纪》：“褒姒不好笑，幽王欲其笑万方，故不笑。幽王为烽燧大鼓，有寇至，则举烽火。诸侯悉至，至而无寇，褒姒乃大笑。幽王说之，为数举烽火。其后不信，诸侯益亦不至。幽王以虢石父为卿，用事，国人皆怨。石父为人佞巧，善谀好利，王用之。又废申后，去太子也。申侯怒，与缯、西夷犬戎，攻幽王。幽王举烽火征兵，兵莫至。遂杀幽王骊山下，虏褒姒，尽取周赂而去。于是，诸侯乃即申侯，而共立故幽王太子宜臼，是为平王，以奉周祀。”《正义》曰：“昼日燃烽，以望火烟；夜举燧，以望火光也。烽，土鲁也；燧，炬火也。皆山上安之，有寇举之。”

《墨子·号令》曰：“居高，便所树表。表三人守之，比至城者三表，与城上烽燧相望。昼则举烽，夜则举火。闻寇所从来，审知寇形。”孙诒让《墨子间诂》：“毕云：《说文》云：烽、燧表候也，边有警，则举火；𤎩，塞上亭守烽火者。𤎩，篆文省。《汉书》注云：孟康曰：烽，如覆米䉛，县著契皋头，有寇则举之。燧，积薪，有寇则燔然之也。”又，《杂守》曰：“亭一鼓，寇烽，惊烽，乱烽。传火以次应之，至主国止。其事急者，引而上下之。烽火以举，辄五鼓传，又以火属之，言寇所从来者少多，旦弇还。去来属次，烽勿罢。望见寇，举一烽；入境，举二烽；射妻（齐），举三烽一蓝；郭会，举四烽二蓝；城会，举五烽五蓝。夜以火如此数。守烽者事急，候无过五十。寇至堞，随去之，无厌逮（怠）。”《说卦传》曰：“艮为门阙，为阍寺。”旅卦，艮下离上，门阙上有火，即城亭阙上举火，为烽火。

《孙子·行军篇》云：“凡军，好高而恶下，贵阳而贱阴，养生而处实；军无百疾，是谓必胜。丘陵堤防，必处其阳，而右背之。此兵之利，地之助也。”梅尧臣曰：“高则爽垲，所以安和，亦以便势；下则卑湿，所以生疾，亦以难战。处阳则明显，处阴则晦逆。能知上三者，则势胜可必，疾气不生。虽非至高，亦当前向明，而右依实。兵所利者，得形势以为助。”张预曰：“居高，则便于觇望，利于驰逐；处下，则难以为固，易以生疾。居高面阳，养生处厚，可以必胜；地气干熯，故疾疠不作。面阳所以贵明显，背高所以为险固。用兵之利，得地之助。”王晳曰：“有降无登，且远水患也。处阳，则人舒以和，器健以利也。”同人卦九三曰：“伏戎于莽，升其高陵，三岁不兴。”亦谓军宜居高。旅卦，下艮为山，上离为甲胄，为戈兵，为军旅居高待敌之象。

旅 《卜辞分类读本·军队》曰：“旅，象旗下聚集众人，列为部队之形。其本义，当为军旅之旅。从卜辞来看，作为军旅的旅，有两种用法：一、泛指军队。如：今日其逆旅。逆，迎接，军队回来，商王去迎接（存二·九一七）。辛巳卜，贞，登帚好三千，登旅万，乎伐。登，动词，有征集之义；帚，即妇；乎，即呼，有命令之意。全辞的意思是：征集三千人给妇好；征集万人给旅，用来进行征伐。这个旅，虽然不完全象是泛泛之言，但也不是指一个具体的旅；最多是，指旅这个军队（库三一〇）。二、指军队的一种建制。如：王其令又旅眔𠂇旅，𡿧见方。又，用作右，又旅即右旅；眔，连词，有与、同、和、及之义；𠂇，用作左，𠂇旅即左旅；𡿧，动词，有进攻、打击之义；见方，当时与商为敌之方国（屯南二三二八）。从当时商代的师，分左、中、右来看，这里的旅，分左、右，必然是指具体的军队建制。”（引用时，甲文有省略。）是旅，或为军队泛指，或为军队具体建制。

《说文》：“旅，军之五百人为旅。从㫃，从从，从，俱也。”又，“㫃，旌旗之游，㫃蹇之貌，读若偃。”甲文㫃，象旗杆上，有旗游之形。旅，于甲、金文，象众人聚集于旂下，是以为军旅之旅。《周礼·夏官司马》曰："凡制军，万有二千百人为军。王六军，大国三军，次国二军，小国一军，军将皆命卿。二千有五百人为师，师帅皆中大夫。五百人为旅，旅帅皆下大夫。百人为卒，卒长皆上士。二十五人为两，两司马皆中士。五人为伍，伍皆有长。"又《小司徒》之职曰："乃颁比法，于乡之大夫，使各登其以之众寡，六畜车辇，辨其物，以岁时入其数，以施政教，行征令。及三年则大比，大比，则受邦国之比要。乃会万民之卒伍，而用之。五人为伍，五伍为两，四两为卒，五卒为旅，五旅为师，五师为军。以起军旅，以作田役，以比追胥，以令贡赋。"郑氏注："用，谓使民事之。伍、两、卒、旅、师、军，皆众之名。两，二十五人；卒，百人；旅，五百人；师，二千五百人；军，万二千五百人。此皆先王所因农事，而定军令者也。欲其恩足相恤，义足相救，服容相别，音声相识。作，为也；役，功力之事；追，逐寇也。《春秋》庄十八年夏，公追戎于济西。胥，伺捕盗贼也；贡，嫔妇百工之物；赋，九赋也。乡之田制，与遂同。"是旅，既为军、师、旅、卒、两之旅，亦以起军旅之旅，与殷卜辞同。

《虞书·大禹谟》："班师振旅。"孔氏传："遂还师，兵入曰振旅，言整众。"师、旅换文对举，皆分别为军队兵众之称。又，《周书·牧誓》："亚旅师氏。"《武成》："受率其旅如林。"孔传："旅，众也。"《多方》："不克灵承于旅。"孙星衍《今古文尚书注疏》，《释诂》云："旅，众也。"《小雅·采芑》："钲人伐鼓，陈师鞠旅。"郑笺："此言将战之日，陈列其师旅，誓告之也。陈师告旅，亦互言之。"《大雅·皇矣》："王赫其怒，爰整其旅。"毛传："旅，师。"郑笺："王赫然，与其群臣尽怒，曰整其军旅而出。"《诗集传》曰："其旅，周师也。"《常武》曰："王旅啴啴，如飞如翰。"《正义》曰："言王之师旅，虽经淮夷，其师之盛，啴啴然，闲暇而有余力也。"《商颂·殷武》："罙入其阻，裒荆之旅。"郑笺："克其军率，而俘虏其士众。"按，《书》、《诗》，常以师、旅对言，《大雅》又特以旅代军旅。旅卦，《释文》曰："王肃等，以为军旅。"盖是。又，《礼记·乐记》："进旅退旅。"郑氏注："旅，犹俱也。俱进俱退，言其齐一也。"《正义》曰："进旅退旅者，旅谓俱齐。言古乐，进则俱善，退亦俱齐，进退如一，不参差也。云旅犹俱也者，旅，众也。经云进旅退旅，是众俱进退，故云俱也。"旅，为旗下之众，是以有进旅退旅之义，故为军旅之旅。

小亨 《彖》曰："旅，小亨，柔得中乎外，而顺乎刚，止而丽乎明，是以小亨。"柔得中乎外者，下卦为内，上卦为外，六五，柔在上离之中，为柔得中乎外。而顺乎刚者，《说文》："顺，理也。从页，从巛。"徐锴系传，作川声。《释名·释言语》："顺，循也，循其理也。"《广韵》："顺，从也。"《大雅·皇矣》："帝谓文王，予怀明德。不大声以色，不长夏以革；不识不知，顺帝之则。帝谓文王，询尔仇方，同尔兄弟；以尔钩援，与尔临冲，以伐崇墉。”毛传：“怀，归也。”孔颖达疏；“毛以为，天帝告语此文王，曰：我当归于明德。以文王有明德，故天归之。因说文王明德之事：不大其音声，以见于颜色而加人；不以年长大，以有变革。于幼时，言其天惟自然，少长若一。不待问而自识，不由学而自知，其动作，当常顺天之法则。以此，故天归之，而使伐崇。天帝告语此文王，曰：其伐崇也，当询于女匹己之臣，以问其伐人之方，和同汝之兄弟。君臣既合，亲戚和同，乃以汝钩援之梯，与汝临冲之车，以往伐彼崇城。言天帝归就文王，故文王于是伐崇也。”《象》曰柔得中乎外，而顺乎刚者，即谓六五文明之君，既得中位，又顺乎上九天帝之意，而行师旅，如文王爰整其旅，以伐崇墉。柔为小，是以谓之小亨。

止而丽乎明者，艮卦《象》曰：“艮，止也。时止则止，时行则行，动静不失其时，其道光明。”丽，两相附为丽。离卦，日月丽乎天，百谷草木丽乎土，即是。旅卦，离上艮下。离为明，艮为止。止而丽乎明，谓下之行止，顺应上之明王。《皇矣》曰：“密人不恭，敢拒大邦，侵阮徂共。王赫斯怒，爰整其旅，以按徂旅，以笃于周祜，以对于天下。”孔疏：“有密国之人，乃不恭其职，敢拒逆我大国，乃侵我国之阮地，遂复往侵于共邑。故文王与群臣，赫然而尽怒，于是整齐其师旅，以止此密人，往旅地之寇。所以必伐密者，以厚于周之祐福，以遂于天下之心。民心皆欲伐密，而文王从之，是整旅所以遂天下心也。言文王上应天意，下顺民心，非为贪羡妄伐密也。”是止而丽乎明，犹如文王，以笃于周祐，以对于天下，故师旅行止，皆服从之，而所向披靡，其道光明。

又，《郑风·野有蔓草》之《诗序》曰：“民穷于兵革。”《老子》曰：“师之所处，荆棘生焉，大军之后，必有凶年。善而有果而已，不敢以取强。果而勿矜，果而勿伐，果而勿骄，果而不得已，果而勿强。物壮则老，是谓不道，不道早已。”《汉书·魏相传》：“相上书云：军旅之后，必有凶年，言民以其愁苦之气，伤阴阳之和也。出兵虽胜，犹有后忧。”《文子·上仁篇》：“故曰：兵者，不详之器，不得已而用之；杀伤人，胜而勿美。故曰：死地荆棘生焉。”又曰，“古者，修道德即正天下，修仁义即正一国，修礼智即正一乡。德厚者大，德薄者小。故位不以雄武立，不以坚强胜，不以贪竞得。立在天下推己，胜在天下自服，得在天下与之，不在于自取。”故师旅虽胜，终不可服天下，是亦谓之小亨。《论语·卫灵公》曰：“卫灵公问于孔子。孔子对曰：俎豆之事，则尝闻之；军旅之事，未之学也。”何注：“郑曰：军旅末事。”末事通，是亦为小亨。

旅贞吉　即旅正吉。《司马法·仁本篇》曰：“古者，以仁为本，以义治之之谓正。正不获意则权，权出于战，不出于人。是故，杀人安人，杀之可也；攻其国爱其民，攻之可也；以战止战，虽战可也。故仁见亲，义见说，智见恃，勇见方，信见信。内得爱焉，所以守也。外得威焉，所以战也。战道不违时，不历民病，所以爱吾民也。不加丧，不因凶，所以爱夫其民也。冬夏不兴师，所以兼爱民也。故国虽大，好战必亡；天下虽安，忘战必危。”按，周代大司马之法认为，战争有正义、非正义之别，合乎仁义之战为正，即出师有名，为之旅正。师卦卦辞曰：“师贞，丈人吉，无咎。”《彖》曰：“师，众也；贞，正也。能以众正，可以王矣。刚中而应，行险而顺，以此毒天下，而民从之，吉又何咎矣。”此亦谓仁义之师为正，师正，则无往而不胜。

《管子·七法》曰：“故明于机数者，用兵之势也。大者，时也；小者，计也。王道非废也，而天下莫敢窥者，王者之王也。衡库者，天子之礼也。是故器成卒选，则士知胜矣。遍知天下，审御机数，则独行而无敌矣。所爱之国，而独利之；所恶之国，而独害之。则令行禁止，是以圣王贵之。胜一而服百，则天下畏之矣；立少而观多，则天下怀之矣；罚有罪，赏有功，则天下从之矣。故聚天下之精材，论百之锐器，春、秋角试，以炼精锐为右。成器不课不用，不试不臧。收天下之豪杰，有天下之骏雄，故举之如飞鸟，动之如雷电，发之如风雨，莫当其前，莫害其后，独出独入，莫敢禁圉。成功立事必顺于理义。故不理不胜天下，不义不胜人。故贤知之君，必立于胜地，故正天下，而莫之敢御也。”房玄龄注：“王者征伐，能立大功者，在于合天时也。大宝之位，神器也。而天下莫敢窥窬者，以王者当乐推之运，应天人之正。言王者用心，常当准乎天下。”上言兵之机数、理义顺，则胜天下，是亦旅贞吉之谓。

《大雅·常武》：“赫赫明明，王命卿士：南仲大祖，大师皇父，整我六师，以修我戎；既敬既戒，惠此南国。”又曰，“不留不处，三事就绪。”孔颖达疏：“今有赫赫显盛，明明然昭察者，宣王也。所以为盛察者，以王今命卿士南仲者，于王太祖之庙，使之为元帅亲兵；又命为大师之公者皇父，使之监抚军众。既使此二人为将为监，乃告之云：当整齐我六军之众，以治我甲兵之事，令师严器备。既已严器备，当恭敬临之。既已恭敬，又当戒惧而处之，施仁爱之心，于此南方淮浦之旁国，勿得暴掠，为民之害。不久留，不停处，直诛尔叛逆之君。为汝立三有事之臣，使就其事业，当即还师，勿惊怖也。”《诗序》曰：“《常武》，召穆公美宣王也。有常德以立武事，因以为戒然。”常，正常。常武，犹谓正武，即旅正。以其旅正，故曰：“四方既平，徐方来庭。”旅卦《彖》曰：“旅贞，吉也。”即此之谓。又，六五柔得中，中则正，正则吉。于象，柔在兑上，兑为羊，羊为吉，是以为旅贞吉。

《彖》曰：“旅之时义大矣哉！”旅卦，上离为日为时，下艮为山为大，为旅之时义大。《白虎通·诛伐》云：“冬至，所以休兵不举事，闭关商旅不行何？此日阳气微弱，王者承天理物，故率天下静，不复行役，扶助微气，成万物也。故《孝经谶》曰：夏至阴气始动，冬至阳气始萌。《易》曰：先王以至日闭关，商旅不行。”陈立疏证曰：“此言扶助微气，成万物。又引《孝经》说文，《续汉志》注引此文，即作至日所以休兵，云云，明《白虎通》不分冬至、夏至也。案《月令》：仲夏之月，君子齐戒，处心掩身无躁，百官静事无刑，以定晏阴之所成。又，仲冬之月云：君子齐戒，处心掩身。身欲宁，事欲静，以待阴阳之所定。二处文义正同。又，僖五年《左传》：凡分、至、启、闭，必书云物，为备故也。《易·复·象辞》，亦第统言至日闭关，未明分冬至、夏至。盖以二至者，阴阳升降之极。万物非阴不长，非阳不生，故圣人于其微时，必寝事息兵，以待其成。卢云：案《通典·军礼》，三引《通义》，冬至所以寝兵，数云云；又云，夏至阴气始动未达，故亦寝兵鼓，不设政事，所以助养阴气也。”按，《司马法·仁本》曰：“冬、夏不兴师，所以兼爱民也。”旅卦，艮下离上。于伏羲八卦，艮为九月，离为正月。由九月，至明年正月，恰历一冬。是冬不兴兵，而习田猎备战，既合阳气之微，亦兼爱民，为旅之时义大矣。

《白虎通·三军》曰：“古者，师出不逾时者，为怨思也。天道一时生，一时养。人者，天之贵物也。逾时，则内有怨女，外有旷夫。《诗》云：昔我往矣，杨柳依依；今我来思，雨雪霏霏。《春秋》曰：宋人取长葛。传曰：外取邑不书，此何以书？久也。”疏证曰：“《谷梁》隐五年：宋人围长葛。传曰：此其言围，何也？久之也，伐不逾时。注云：古者，师出不逾时，重民之命，爱民之财；乃暴师经年，仅而后克，无仁隐之心，而有贪利之行。又，何氏《公羊传》注云：古者，师出不逾时。今宋更年取邑，久暴师苦，众居外，故书以疾之。是二传，皆以逾时为讥也。以三月一时，天道小备。逾而不归，则民兴怨思也。”又曰，“《诗·杕杜》云：女心悲止，征夫归止。传：室家逾时则思，即为怨思义也。”旅不违时，旅不逾时，皆旅之时义。旅得其时，为旅正，为吉。此亦旅之时义，大矣哉之谓。

《象》曰：“山上有火，旅，君子以明慎用刑，而不留狱。”离为火，火为明，为威严。是以常为明断、禁邪、惩处之象。大有卦，乾下离上。《象》曰：“火在天上，大有，君子以遏恶扬善，顺天休命。”离为天明，天明遏恶扬善。噬嗑卦，震下离上。《象》曰：“雷电，噬嗑，先王以明罚敕法。”离为严明，为明罚。丰卦，离下震上。《象》曰：“雷电皆至，丰，君子以折狱致刑。”离为明断，为折狱。贲卦，离下艮上。《象》曰：“山下有火，贲，君子以明庶政，无敢折狱。”离为明，离在山下，明不高，故而不敢折狱。旅卦，艮下离上。离在山上，明镜高悬，为君子以明慎用刑，而不留狱，即明慎断案，而不滞留狱情。贲卦与旅卦，上下单卦互易，即离在艮下，和离在艮上之别。故明下者，不敢折狱；明高者，慎以用刑，而不留狱。两卦上下卦象相倒，其《象》辞亦因之相反。

《周书·康诰》：“王曰：呜呼！封，敬明乃罚。人有小罪，非眚，乃惟终；自作不典，式尔，有厥罪小，乃不可不杀。乃有大罪，非终，乃为眚灾；适尔，既道极厥辜，时乃不可杀。王曰：呜呼！封，有叙，时乃大明服。”蔡沈注：“式，用；适，偶也。人有小罪，非过误，乃其固乱常之事；用意如此，其罪虽小，乃不可不杀。即《舜典》所谓，刑故无小也。人有大罪，非是故犯，乃其过误，出于不幸，偶尔如此，既自称道，尽输其情，不敢隐匿，罪虽大，时乃不可杀。即《舜典》所谓，宥过无大也。有叙者，刑罚有次序也。明者，明其罚；服者，服其民也。左氏曰：乃大明服。己则不明，而杀人以逞，不亦难乎？”《书》云敬明乃罚，《易》曰明慎用刑，其义如一。

《周书·周官》云：“司寇掌禁，诘奸慝，刑暴乱。”孔氏传：“秋官卿，主寇贼法，禁治奸恶，刑强暴作乱者。夏司马，讨恶助长物。秋司寇，刑奸顺时杀。”《正义》曰：“马融云：诘，犹穷也，穷四方之奸也。孔以诘为治，是主寇贼法，禁治奸慝之人，刑杀其强暴作乱者。夏官主征伐，秋官主刑杀。征伐亦杀人，而官属异时者，夏司马讨恶，助夏时之长物；秋司寇刑奸，顺秋时之杀物也。”《周礼·秋官司寇》曰：“惟王建国，辨方正位，体国经野，设官分职，以为民极。乃立秋官司寇，使帅其属，而掌邦禁，以佐王刑邦国。”《郑目录》云：“象秋所立之官。寇，害也；秋者，遒也。如秋义杀害、收聚、敛藏于万物也。天子立司寇，使掌邦刑。刑者，所以驱耻恶，纳人于善道也。”孙诒让疏：“《郑目录》云，象秋所立之官者，司寇于六官为第五，于四时当秋，故象之而秋官。《大戴礼记·千乘篇》云，司寇，司秋以听狱讼是也。云如秋义杀害、收聚、敛藏于万物也者，《御览·时序部》，引《洪范五行传》云：西方金，其性义。《春秋繁露·阴阳义篇》云：秋，怒气也，故杀。《御览·时序部》，引《三礼义宗》云：秋之言揫缩之意，阴阳出地，始杀万物。《管子·形势解》云：秋者，阴气始下，故万物收。是秋主义，又兼杀害、收聚、敛藏万物。司寇主刑，亦象之也。”

《吕氏春秋·季秋纪》曰：“是月也，乃趣狱刑，无留有罪。”高诱注：“阴气杀僇，故刑狱当者决之，故曰无留有罪也。”《吕氏春秋新校释》：“奇猷案：《音律》云：无射之月，疾断有罪，当法勿赦，无留狱讼，以亟以故。”无射之月，即九月。其十二子为戌。戌为杀灭。《月令·季秋之月》云：“乃趣狱刑，毋留有罪。”郑氏注：“杀气已至，有罪者即决也。”《礼记集解》：“因天地杀气之威，以此明此月，可顺时而行杀也。断刑之事，始于孟秋，申于仲秋，至是，则狱辞皆具。”《淮南子·时则训》云：“季秋之月，乃趋狱刑，毋留有罪。”又，“孟冬之月，断罚刑，杀当罪，阿上乱法者诛。”高注：“无留，言当断也，诸罚刑当决也。当罚正罪，故杀之也。阿意曲从，取容于上，以乱法度也。诛，治也。”朱骏声《六十四卦经解》云：“董仲舒曰：留德而待春夏，留刑而待秋冬。此有顺四时之名，而实逆于天地之经。慎而不明，未得物情；明而不慎，草菅人命。不留狱者，犹子路之无宿诺也。”旅卦，下艮为阴剥一阳，为九月；上离为火，火为明断。季秋之月，明慎用刑，而不留狱，与《月令》时同义同。

丰卦和旅卦，互为邻卦。《序卦传》曰：“丰者，大也。穷大者必失其居，故受之以旅。”《说文》云：“穷，极也。”《尔雅·释诂》：“极，至也。”《急就篇》颜师古注：“极，尽也。”《楚辞·天问》：“天极焉加？”洪兴祖补注曰：“一说云：北极，天之中也。《天官书》曰：中宫天极星，共一明者，太一常居也。《太玄经》曰：“天圜地方，极植中央。”是穷为极至。乾卦上九《象》曰：“亢龙有悔，盈不可久也。”坤卦上六《象》曰：“龙战于野，其道穷也。”《系辞传》曰：“《易》穷则变。”是以复卦卦辞曰：“反复其道，七日来复。”丰为大，是以穷大者必变，变必失其大之所居。丰卦《彖》曰：“丰，大也。明以动，故丰。王假之，尚大也。勿忧，宜日中，宜照天下也。”又曰，“日中则昃，月盈则食，天地盈虚，与时消息，而况于人乎，况于鬼神乎？”谓过中为穷大，穷大必反失其居，故受之以旅。旅谓军旅，犹谓武力。下言旅而无所容，故受之以巽，即谓武力不为天下所容，故受之以巽逊。

丰卦和旅卦，互为综卦。丰卦，离下震上，离在下。旅卦，艮下离上，离在上。在下者往上，在上者来下。离为日为王，王在下者，以德得天下；在上者，以力服天下，故受之以旅。旅，军旅。《杂卦传》曰：“丰，多故也；亲寡，旅也。”《尔雅·释诂》：“古，故也。”郝懿行《尔雅义疏》：“《说文》云：故，使为之也。《楚辞·招魂篇》注：故，古也。盖故有二义：训古者，今之对也；训使为之者，以人所有事也。《尔雅》之故，亦兼二义。知者《招魂篇》云：乐先故些。王逸注：故，旧也。”段玉裁注《说文》：“故，引伸之为故旧。”按，《郑风·遵大路》曰：“无我恶兮，不寁故也。”陈奂《诗毛诗传疏》曰：“故，故旧也。”《小雅·正月》：“召彼故老，讯之占梦。”毛传：“故老，元老。”《周礼·小司寇》：“一曰议亲之辟，二曰议故之辟。”郑氏注：“故，谓旧知也。郑司农云：故旧不遗，则民不偷。”贾公彦疏：“故旧，据王为言，是以《大宗伯》注：故旧朋友，谓共在学者。若《伐木》诗，亦是故友之类。先郑引《论语》故旧不遗，则民不偷，言民不偷，上行下效，亦据人君而说，故引为证议故也。”丰卦，王者之卦。丰，多故也，谓行王道，以德服人者，多亲朋故旧。

又，《说文》：“親（亲），至也。从见，亲声。”段玉裁注：“至部曰：到者，至也。到其地曰至，情意恳到曰至。父母者，情之最至者也，故谓之亲。”《广雅·释诂》：“亲，近也。”“友、爱，亲也。”《苍颉篇》：“亲，爱也，近也。”《周书·蔡仲之命》：“皇天无亲，惟德是辅。民心无常，惟惠是怀。”孔氏传：“天之于人，无有亲疏，惟有德者，则辅佑之。民之于上，无有常主，惟爱己者，则归之。”《左传》僖公五年：“国君不可以轻，轻则失亲，失亲患必至。”杜预注：“亲，党援也。”《系辞传》曰：“易知则有亲，易从则有功。”朱熹注：“易知，则与之同心者多，故有亲；易从，则与之协力者众，故有功。"《杂卦传》曰："亲寡，旅也。"谓行霸道，以武力服人者，同心协力少。因为丰多故，旅寡亲，是以丰卦和旅卦，互为综卦。又，《杂卦传》谓六十四卦，皆先言卦名，再言卦义。惟有旅卦，先言卦义，再言卦名。盖以上"丰，多故也；亲寡，旅也。"故、旅同叶鱼部，并成相倒之义。

又，师卦和旅卦，互不相同。师卦，坎下坤上，独阳在二。乾卦九二曰："见龙在田，利见大人。"《象》曰："见龙在田，德施普也，大人造也。"《文言》曰："九二曰：见龙在田，利见大人，何谓也？子曰：龙德而正中者也。庸言之信，庸行之谨，闲邪存其诚，善世而不伐，德博而化。《易》曰：见龙在田，利见大人，君德也。"谓九二虽不在上位，而天下已被其化。故师卦《象》曰："师，众也；贞，正也。能以众正，可以王矣。"可以王矣，谓进而可以王天下。是师卦之师，为诸侯臣人之师，旅卦，艮下离上，离在上位。离为日为君，在上为天子，是旅为天子之旅。《白虎通·诛伐》曰："上无天子，下无方伯，诸侯有相灭亡者，力能救之，则救之可也。"此其师卦之义。《论语·季氏篇》曰："天下有道，则礼乐征伐自天子出；天下无道，则礼乐征伐自诸侯出。"旅卦之旅，是天子征不服，伐无道之旅。

初六，旅琐琐，斯其所取灾。

〔译〕 初六，军旅之将帅，计谋褊浅，此将自取灾难。

《象》曰："旅琐琐，志穷灾也。"

〔证〕

旅琐琐 《说文》："琐，玉声也。从玉，肖声。"又，"肖，贝声也，从小贝。"段玉裁注："聚小贝则多声，故其字从小贝，引伸为细碎之称。今俗琐屑字当作此，琐行而肖废矣。"朱骏声《说文通训定声》："肖，贝声也。从小贝会意，转注为细碎之辞，经传皆从琐为之。"邵瑛《说文解字群经正字》："肖，此为肖细之肖。今经典统用琐字，正字当作肖。但今废肖字不用，只知有琐字耳。"《尔雅·释训》："佌佌琐琐，小也。"郭璞注："皆才器细陋。"邢昺疏："舍人曰：琐琐，计谋褊浅之貌。"郝懿行义疏："然则佌以形貌言，琐以才器言，郭注似失之矣。"按，肖为小贝，肖为琐之本字，是以凡小之称为贞，后作琐，《诗》、《易》皆然。

《邶风·旄丘》曰："琐兮尾兮，流离之子。"孔颖达疏："毛以为，黎之臣子，责卫诸臣，言琐兮而少，尾兮而好者，乃流之子也。此流离之子，少而美好，长即丑恶。以兴卫之诸臣，始而愉乐，终以微弱，方无德自将，不能长为乐也。"朱熹曰："琐，细；尾，末也；流离，漂散也。言黎之君臣，流离琐尾，若此其可怜也。"《小雅·节南山》

曰："琐琐姻亚，则无朊仕。"毛传："琐琐，小貌；两壻相谓曰亚；朊，厚也。"郑笺："壻之父曰姻。琐琐昏姻，妻党之小人，无厚任用之，置之大位，重其禄也。"朱熹《诗集传》曰："言王委政于尹氏，尹氏又委政于姻亚小人，而以其未尝问，未尝事者，欺其君也。琐琐姻亚，而必皆朊仕，则小人进矣。"陈奂《诗毛氏传疏》曰："传训小义，本《尔雅》。《易》旅琐琐，郑注亦云小也。"按，琐琐，于人为鄙陋之称。

《荀子·非十二子》："饰邪说，交奸言，以枭乱天下，矞宇嵬琐，使天下混然，不知是非治乱之所存者，有人矣。"杨倞注："嵬，谓狂险之行者也；琐，谓奸细之行者也。"又，《儒效》曰："英杰化之，嵬琐逃之。"《正论》曰："尧、舜者，天下之英也；朱、象者，天下之嵬，一时之琐也。"王先谦案："嵬琐，犹委琐。《儒效篇》云：英杰化之，嵬琐逃之，亦以英杰、嵬琐对文。"于《易》，郑康成曰："琐琐，犹小小也。爻互体艮，艮，小石，小小之象。而用小人琐琐然。"王肃曰："琐琐，细小貌。"陆绩曰："琐琐，小也，艮为小石，故曰旅琐琐也。履非其正。"程氏传："琐琐，猥细之状。当旅困之时，才质如是，上虽有援，无能为也。"朱骏声《六十四卦经解》："琐琐，细小之貌，贪吝之象也。《诗》云：琐琐姻娅。"

斯其所取灾　《汉书·叙传上》曰："是故驽蹇之乘，不骋千里之涂，燕雀之畴，不奋六翮之用，楶棁之材，不荷栋梁之任，斗筲之子，不秉帝王之重。《易》曰：鼎折足，覆公餗。不胜其任也。"又，《叙传下》曰："错之琐材，智小谋大，祸如发机，先寇受害。"师古曰："《易·下系辞》曰：德薄而位尊，智小而谋大，力小而任重，鲜不及矣。此叙言朝错，所以及祸。发机，言其速也。吴楚未败之前，错已诛死。"《太玄经·成》曰："次六，成魁琐，以成获祸。测曰：成之魁琐，不以谦也。"司马光《太玄集注》，引王曰："六居盛满，而失位当夜，虽为成之魁主，而内怀琐细之行，必且堕其功，而获祸矣。"旅卦初六，阴在阳位，亦不当位，故斯其所取灾，即《象》曰："旅琐琐，志穷灾也。"谓其阴柔琐细小人，德才不备，此乃咎由自取。

《管子·兵法》曰："明一者皇，察道者帝，通德者王，谋得兵者霸。故夫兵虽非备道至德也，然而所以辅王成霸。今代之用兵者不然，不知兵权者也。故举兵之日，而境内贫，战不必胜，胜则多死，得地而败国。此四者，用兵之祸者也。四祸其国，而无危矣？《大度》之书曰：举兵之日，而境内不贫，战而必胜，胜而不死，得地而国不败，为此四者若何？举兵之日，而境内不贫者，计数得也。战而必胜者，法度审也。胜而不死者，教器备利，而敌不敢校也。得地而国不败，因其民。因其民，则号制有发也。教器备利，则有制也。法度审，则有守也。计数得，则有明也。治众有数，胜敌有理。察数而知理，审器而识胜，明理而胜敌。定宗庙，遂男女，官四分，则可以定威德，制法仪，出令，然后可以一众治民。故曰：是知敌而独行；有蓄积，则久而不匮；器械巧，则伐而不费；赏罚明，则勇士劝也。”此其为运筹于帷幄之内，决胜于千里之外。旅卦，初之三为艮，艮为门阙，初六于其下，下为内，为帷帐内之象。

《孙武子·始计第一》：“孙子曰：兵者，国之大事，死生之地，存亡之道，不可不察也。故经之以五事，校之以计，而索其情。一曰道，二曰天，三曰地，四曰将，五曰法。道者，令民与上同意，可与之死，可与之生，而不畏危也。天者，阴阳寒暑时制也。地者，远近险易广狭，死生也。将者，智、信、仁、勇、严也。法者，曲制、官道、主用也。凡此五者，将莫不闻。知之者胜，不知者不胜，故校之以计，而索其情。”凡此五者，为将之人，知则胜，不知则败。是以旅琐琐，将帅计谋褊浅，心志穷困者，必自取灾患。《象》曰：“旅琐琐，志穷灾也。”即谓将帅委琐，心志穷乏而致灾，非敌败我，而我自败。将帅之志，即军旅之志，故曰旅琐琐。初六，阴小之人殿后，是将帅琐琐之象。初之三为艮，艮为手为取，二之五为坎，坎陷为灾，为斯其所取灾。又，二之五为坎，坎为水；四之上为离，离为火。水、火为災，为斯其所取灾。

六二，旅即次，怀其资，得童仆贞。

〔译〕 六二，旅就次所，馈之以财物，得官兵忠贞。

《象》曰：“得童仆贞，终无尤也。”

〔证〕

旅即次 《说文》曰：“卽（即），卽食也。从皀，卪声。”徐锴系传：“即犹就也，就食也。”又，《说文》：“皀，谷之馨香也，象嘉谷在裹中之形；匕，所以扱之。或说皀，一粒也。凡皀之属，皆从皀。又读若香。”林光义《文源》曰：“卪，卽人字。卽，就也，象人就食之形。”罗振玉《增订殷虚书契考释》：“卪，亦人字，象跽形，命、令等字从之。”按卪，为跽，长跪，双膝着地，上身挺直。为古时，席地而坐之引身，为人就食状，故卽又借为就。《卫风·氓》：“匪来贸丝，来即我谋。”郑笺：“即，就也。此民非来买丝，但来就我，欲与我谋为室家也。”《郑风·东门之墠》：“岂不尔思，子不我即。”毛传：“即，就也。”郑笺：“我岂不思望女乎？女不就迎我，而俱去耳。”《论语·子张》：“君子有三变：望之俨然，即之也温，听其言也厉。”邢昺疏：“就近之，则颜色温和。”即，就意，是旅即次，谓旅就次。

《左传》庄公三年：“冬，公次于滑，将会郑伯。凡师，一宿为舍，再宿为信，过信为次。”《正义》曰：“舍者，军行一日，止而舍息也。信者，住经再宿，得相信问也。《谷梁传》曰：次，止也。则次亦止舍之名，过信以上，虽多日亦为次，不复别立名也。通君臣者，公次于滑，君也；叔孙豹次于雍榆，臣也。但是师行，皆从此例。君将不言帅师，故止云公次，亦师次也。非师之次，则不在此例。”是次，专谓师之次。《周礼·掌次》：“朝日祀五帝，则张大次小次。合诸侯，亦如之。”郑氏注：“朝日，春分拜日于东门之外，祀五帝于四郊。次，谓幄也。大幄，初往所止居也；小幄，既接祭退俟之处。《祭义》曰：周人祭日，以朝及暗，虽有强力，孰能支之。是以退俟，与诸臣代有事焉。合诸侯于坛，王亦以时休息。”《仪礼·士冠礼》：“宾礼辞，许；宾就次。”郑氏注：“次，门外更衣处也，以帷幕簟席为之。”贾公彦疏：“云次，门外更衣处也者，次者舍之名。以其行礼衣服，或与常服不同，更衣之时，须入于次，故云更衣处也。云必帷幕簟席为之者，案《聘礼》记云：宗人授次，次以帷。”按，孔疏《春秋经》庄公三年曰：“次之与否，自是临时用兵之宜，非礼之所素制也。”又曰，“非军旅而书次者，古者君行师从，卿行旅从，故以从师行之例也。”伏羲八卦：离数三，离为日；又，《说卦传》：艮，止也。六二在艮，是师止三日为次，为旅即次。

怀其资　《桧会·匪风》：“谁将西归，怀之好音。”毛传：“怀，归也。”《正义》曰：“归之以好音者，爱其人，欲赠之耳。”《诗集传》曰：“谁将西归乎？有则我愿慰之以好音。以见思之之甚，但有西归之人，即思有以厚之也。”《诗毛氏传疏》：“怀，归迭韵为训。”吴闿生《诗义会通》：“《传》以怀为归，归者馈遗之义。”《大雅·皇矣》：“帝谓文王，予怀明德。”毛传：“怀，归也。”郑笺：“天之言云，我归人君，有光明之德。”怀为归，归为馈，盖怀亦馈。《鲁颂·泮水》：“翩彼飞鸮，集于泮林。食我桑黮，怀我好音。”郑笺：“怀，归也。”闻一多《诗经新义》：“怀，读为归。”《广雅·释诂》：“归，遗也。”《说文》：“馈，饷也。”段玉裁注：“馈之言归也，故馈多假归为之。《论语》：詠而馈、馈孔子豚、齐人馈女乐，古文皆作馈，鲁皆作归。”按，怀通归，归通馈，怀、馈音近（匣群旁纽，微物对转），通假。又，《说文》：“资，货也。”“货，财也”。“财，人所宝也。”段玉裁注：“宝，珍也。《周礼》注曰：财，泉谷也。”是以怀其资，谓遗之以钱财。《说卦传》曰：“艮为手”，“巽为近利市三倍”。旅卦，初之三为艮，二之四为巽，以手授利市，为怀其资。

得童仆贞　《说文》：“童，男有罪曰奴，奴曰童；女曰妾。从䇂，重省声。”段玉裁注：“女部曰：奴婢皆古之罪人也。”《周礼·司厉》曰：“其奴，男子入于罪隶，女子入于舂稿。”郑氏注：“由是观之，今之为奴婢，古之罪人也。”《司隶》曰：“司隶掌五隶之法，掌帅四翟之隶，使之皆服其邦之服，执其邦之兵，守王宫与野舍之厉禁。”郑氏注：“五隶，谓罪隶，四翟之隶也。”《师氏》：“凡祭祀、宾客，使其属帅四夷之隶，各以其兵，服守王之门外，且跸。”童即隶，是童为兵士。又，《说文》曰：“仆，给事者。”段注：“《周礼》注：仆，侍御于尊者之名。然则大仆、戎仆，以及《易》之童仆，《诗》之臣仆。《左传》：人有十等，仆第九，台第十，皆是。”童，为执兵之厉禁；仆，为军旅给事者：是以童仆，为军旅官兵。《周礼·夏官司马》，有大仆、祭仆、御仆、隶仆、戎仆、齐仆、道仆、田仆等，是仆为给事军中者。

《黄石公三略·上略》曰："夫用兵之要，在崇礼而重禄。礼崇则智士至，禄重则义士轻死。故禄贤不爱财，赏功不逾时，则下力并，敌国削。夫用人之道，尊以爵，赡以财，则士自来；接以礼，励以义，则士死之。《军谶》曰："军以赏为表，以罚为里。"曰，"《军谶》曰：军无财，士不来。军无赏，士不往。"又，"《军谶》曰：香饵之下，必有鱼，重赏之下，必有勇夫。故礼者，士之所归；赏者，士之所死。招其所归，示其所死，则所求者至。"刘寅《直解》云："禄秩重，则有义之士，轻易其死。如公子光，以专诸之子为卿，而得鲭设诸之死，是也。故以禄养贤者，不爱惜财；赏赉有功者，不逾过其时：则下之力并，而所敌之国削而败。"又，《吴子》有《励士》，《六韬》有《赏罚》，皆谓军用赏赐。旅卦六二，怀其资，得童仆贞，即谓赏赐童仆以财物，故得官兵忠心。《象》曰："得童仆贞，终无尤也。"谓能得官兵忠贞一心，则最终无过尤异外。六二阴柔，为童仆，又得中得正，是得童仆贞。

九三，旅焚其次，丧其童仆，贞厉。

〔译〕　九三，旅焚其舍，只勇于死斗，因而损失官兵，有失旅之正道。

《象》曰："旅焚其次，亦以伤也。以旅与下，其义丧也。"

〔证〕

旅焚其次　《左传》襄公二十六年："秣马蓐食，师陈焚次，明日将战。"杜氏注："次，舍也。焚舍，示必死。"杨伯峻注："秣马，喂马使饱。蓐食，使兵士食饱。军队摆列军陈，焚烧所宿篷帐。"文公三年："秦伯伐晋，济河焚舟。"杜注："犹如项羽巨鹿之战，沈舟破釜，示必死也。"《孙子·九地》："师与之期，若登高而去其梯；帅与之深入诸侯之地，而发其机；焚舟破釜，若驱群羊。驱而往，驱而来，莫知所之。"张预注："去其梯，可进而不可退；发其机，可往而不可返。"李筌曰："不还师者，皆焚舟梁，坚其志，既不知谋，又无反顾之心，是以如驱羊也。"《史记·项羽本纪》曰："项羽乃悉引兵渡河，皆沈船，破釜甑，烧庐舍，持三日粮，以示士卒必死，无一还心。"烧庐舍，即焚其次。《晋书·蔡谟传》："夫以白起、韩信、项籍之勇，犹发梁焚舟，背水而阵。"是古多以断后，示必死之战。旅焚其次，犹破釜沉舟之类。旅卦，上离为火，火为焚；下艮为止，为门阙，止于门阙为次舍。九三，当艮与离相交，是旅焚其次之象。

丧其童仆　《孙子·九变》曰："故将有五危：必死，可杀也。"曹操曰："勇而无虑，必欲死斗，不可曲挠，可以奇伏中之。"杜牧曰："将愚而勇者，患也。黄石公曰：勇者好行其志，愚者不顾其死。”张预曰：“勇而无谋，必欲死斗，不可与力争，当以奇伏，诱致而杀之。故《司马法》曰：上死不胜。言将无策略，止能以死生士卒，则不胜也。”《吴子·论将》曰：“凡人论，常观于勇。勇之于将，乃数分之一耳。夫勇者必轻合，轻合而不知利，未可也。”《六韬·六将》曰：“见其虚则进，见其实则止。勿以三军为众，而轻敌；勿以受命为重，而必死。”《象》曰：“旅焚其次，亦以伤矣。”即谓必死，可被诱杀，也就因此而受创。旅受其创，损兵折将，故曰旅焚其次，丧其童仆。于象，上离为焚，下艮为次舍，次舍中有阴众，为焚其次，则丧其童仆。

贞厉 《孙子·谋功篇》：“孙子曰：凡用兵之法，全国为上，破国次之；全军为上，破军次之；全旅为上，破旅次之；全卒为上，破卒次之；全伍为上，破伍次之。是故，百战百胜，非善之善者也；不战而屈人之兵，善之善者也。故上兵伐谋，其次伐交，其次伐兵，其下攻城。攻城之法，为不得已。”曹操曰：“兴师深入长驱，距其城郭，绝其内外，敌举国来服为上；以兵击破，败而得之，其次也。”李筌曰：“夫王师出境，敌则开壁送款，举榇辕门，百姓怡悦，攻之上也。若顿兵坚城之下，师老卒惰，攻守势殊，客主力倍，以此攻之，为下也。”杜佑曰：“言攻城屠邑，攻之下者，所害者多。”梅尧臣曰：“费财役，为最下。”王皙曰：“士卒杀伤，城或未克。”张预曰：“夫攻城屠邑，不惟老师费财，兼亦所害者多，是为攻之下者。”

《淮南子·兵略训》：“兵有三诋：治国家，理境内，行仁义，布德惠；立正法，塞邪隧，君臣亲附，百姓和辑，上下一心，君臣同力，诸侯服其威，而四方怀其德；修政庙堂之上，而折冲千里之外，拱揖指挥，而天下响应。此用兵之上也。地广民众，主贤将贵，国富兵强，约束信，号令明，两军相当，鼓錞相望，未至兵交接刃，而敌人奔亡。此用兵之次也。知土地之宜，习险隘之利，明奇正之变，察行陈解赎之数，维枹绾而鼓之；白刃合，流矢接，涉血属肠，舆死扶伤，流血千里，暴骸盈场，乃从决胜。此用兵之下也。”九三，旅焚其次，丧其童仆，非用兵之上，亦非用兵之次，乃是用兵之下。《象》曰：“以旅与下，其义丧也。”即谓用兵与之就下策，其用兵之义已失。用兵之义失，则旅之正道危殆，故曰贞厉。九三，阳在阳位，虽得正，然与上九天位敌应，为非顺天之正道，为贞厉。又，过中正，是以贞厉。

九四，旅于处，得其资斧，我心不快。

〔译〕 九四，旅于休止之中，虽得王赏赐财物礼服，但我心中忧虑不快。

《象》曰：“旅于处，未得位也。得其资斧，心未快也。”

〔证〕

旅于处 《说文》:“処(处),止也。从夂,几,夂得几而止也。處或从虍声。”段玉裁注:“人遇几而止,引伸之,为凡居処之字。俗分别其上去。夂,读若黹,从后致也。人两胫,后有致之者,至乎几而止,故字从夂几。夂得几而止也,此释会意之旨。今或体独行,转谓処俗字。”《召南·江有汜》:“不我与,其后也处。”《大雅·凫鹥》:“公尸来燕来处。”毛传并云:“处,止也。”小畜卦上九曰:“既雨既处。”处,停止。《系辞传》曰:“上古穴居而野处。”处,居止。是处皆止义。《孙子·军争篇》:“是故,卷甲而趋,日夜不处,倍道兼行,百里而争利,则擒三将军。”曹操曰:“不得休息,罢也。”梅尧臣曰:“军日行三十里而舍。今乃昼夜不休,行百里,故三将军擒也。”军以处为休息,是旅于处,谓旅处于休整将息。旅卦,四在艮上,艮为止息,为旅于处。

得其资斧 《尔雅·释器》:“斧,谓之黼。”郭璞注:“黼文画斧形,因名云。”邢昺疏:“《玉藻》云:以白黑二色,画之为斧形,名黼。《考工记》云:白与黑,谓之黼。”段注《说文》云:“白与黑相次,文曰黼。盖如画斧然,故亦曰斧藻。”斧,古代礼服上,黑白相间,象斧形之花纹,呈㱿形。《夏书·益稷》:“黼黻絺绣。”孔氏传:“黼,若斧形。”《正义》曰:“黼,若斧形。《考工记》云:白与黑谓之黼。《释器》云:斧谓之黼。孙炎云:“黼文如斧形。盖半白半黑,似斧刃白而身黑。黻谓两已相背,谓刺绣为已字,两已字相背也。”《周书·顾命》:“狄设黼扆缀衣。”孔氏传:“狄下士扆屏风,画为斧文,置户牖间。”《仪礼·觐礼》:“天子设斧依于户牖之间。”郑氏注:“依,如今绨素,屏风也,有绣斧文,所以示威也。斧,谓之黼。”《小雅·采菽》:“又何予之,玄衮及黼。”郑笺:“玄衮,玄衣而画以卷龙也;黼,黼黻,谓絺衣也。诸公之服,自衮冕而下;侯伯,自鷩冕而下;子男,自毳冕而下。王之赐,维用有文章者。”《秦风·终南》:“君子至止,黼衣绣裳。”《诗序》曰:“《终南》,戒襄公也,能取周也,始为诸侯受显服。大夫美之,故作是诗,以戒劝之。”《正义》曰:“美之者,美以德受显服;戒劝之者,戒令修德无倦,劝其务立功业也。既见受得显服,恐其惰于为政,故戒之而美之。”是斧为黼衣。九四,已过艮山,为军旅占领高山之后。得其资斧,即得王嘉赐财物礼服,其帅进爵卿位,亦义在戒劝,务必再立战功。二之四为巽,巽为近利市三倍,为资;四之上为离,离为戈兵,为斧。九四,在巽在离,为得其资斧。

我心不快 《说文》:“快,喜也。”《方言》:“逞,快也。”又曰,“江淮陈楚之间曰逞,自关而西曰快。”笺疏:“逞,为快意之快。”《广韵》:“快,称心也。”旅卦,二之五为坎象,坎为加忧,为心病,为亟心。九四在坎,是以为我心不快。《象》曰:“旅于处,未得位也,得其资斧,心未快也。”《孙子·行军篇》:“孙子曰:凡处军相敌:绝山依谷,视生处高,战隆无登,此处山之军也。绝水必远水,客绝水而来,勿迎之于水内,令半济而击之,利。欲战者,无附于水而迎客。视生处高,无迎水流,此处水上之军也。”张预曰：“凡行军过水，欲舍止者，必去水稍远。一则引敌使渡，一则进退无碍。郭淮远水为陈，刘备悟之而不渡，是也。”杜牧曰：“水流就下，不可于卑下处军也。恐敌人开决，灌浸我也。上文云：视生处高也。诸葛武侯曰：水上之陈，不逆其流。此言我军舟船，亦不可泊于下流；言敌人得以乘流，而薄我也。”九四，旅处于大坎之中，即处于大水之中，于军旅不利，为旅于处，未得位。于《易》，四为阴位，今阳在阴位，为未得位。

又，《行军篇》曰：“绝斥泽，惟亟去无留。若交军于斥泽之中，必依水草，而背众树，此斥泽之军也。”陈皞曰：“斥，咸卤之地，水草恶，渐洳不可处。《新训》曰：地固斥泽，不生五谷者，是也。”张预曰：“《刑法志》云：山川沈斥。颜师古注曰：沈，深水之下；斥，咸卤之地。然则斥泽，谓瘠卤、渐洳之所也。以其地气湿润，水草薄恶，故宜急过。”贾林曰：“咸卤之地，多无水草，不可久留。”旅卦，三之五为兑，兑为泽，其于地为刚卤。九四，在斥泽和刚卤地中，宜亟去，不宜处。旅于处，为未得位。又，“凡地有绝涧、天井、天牢、天罗、列陷、天隙，必亟去之，勿近也。”曹操注曰：“山深水大者，为绝涧；四方高、中央下，为天井；深山所过，若蒙笼者，为天牢；可以罗绝人者，为天罗；地形陷者，为陷；山涧道迫狭，地形深数尺，长数丈者，为隙。”九四，在艮山之上，坎陷之内，兑泽、刚卤地中，尽有以上诸险，是以旅于处，为未得位。以其旅处非位，而受赏赐，故心忧不快，恐负君恩。

六五，射雉，一矢亡，终以誉命。

〔译〕 六五，射杀淫乱之王，只损失一矢，最终，以此称扬天子之命。

《象》曰：“终以誉命，上逮也。”

〔证〕

射雉 《说卦传》曰：“离为雉。”《正义》曰：“离为文明，雉有文章，故离为雉。”又，离为日，日为王；离为乾卦，乾为君。六五君位，射雉即射敌国之君。《玉篇》：“雉，野鸡也。”《广雅》：“野鸡，雉也。”《急就篇》：“凤爵鸿鹄雁鹜雉。”颜师古注：“雉有十四种，其文采皆异焉。”又注野鸡云：“野鸡生在山野，鸐鸡、鹖鸡、天鸡、山鸡之类，皆是也。”《邶风·雄雉》：“雄雉于飞，泄泄其羽。雄雉于飞，上下其音。”郑笺：“喻宣公，整齐衣服而起奋，讥其形貌，志在妇人，而已不恤国之政事。”又，《匏有苦叶》：“有瀰济盈，有鷕雉鸣。济盈不濡轨，雉鸣求其牡。”毛传：“瀰，深水也；盈，满也；深水，人之所难也；鷕，雌雉声也。卫夫人有淫佚之志，授人以色，假人以辞，不顾礼义之难至，使宣公有淫昏之行。濡，渍也；由辀以上为轨。违礼义，不由其道，犹雉鸣而求其牡矣。”是雉，谓男女淫乱之人，犹今谓野鸡。

《诗序》曰：“《雄雉》，刺卫宣公也。淫乱不恤国事，军旅数起，大夫久役，男女怨旷，国人患之，而作是诗。”《正义》曰：“淫，谓色欲过度；乱，谓犯悖人伦。故言荒放于妻妾，以解淫也；烝于夷姜，以解乱也。《大司马》职曰：外内乱，鸟兽行，则灭之。注引《王霸记》曰：悖人伦，外内无以异于禽兽。然则，宣公由上烝父妾，悖乱人伦，故谓之乱也。《君子偕老》、《桑中》皆云：淫乱者，谓宣公上烝夷姜，下纳宣姜，公子顽通于君母，故皆为乱也。”《周礼・大司马》之职曰：“以九伐之法，正邦国：冯弱犯寡，则眚之；贼贤害民，则伐之；暴内陵外，则坛之；野荒民散，则削之；负固不服，则侵之；贼杀其亲，则正之；放弑其君，则残之；犯令陵政，则杜之；外内乱，鸟兽行，则灭之。”郑氏注：“不可亲百姓，则诛灭去之也。”贾公彦疏：“则灭之，谓取其君。”旅卦，六五射雉，即谓射灭卫宣公之类，淫乱不恤国事之君，为九伐之最重者。于象，初之三为艮，艮为手；二之五为坎，坎为弓矢；四之上为离，离为雉。是以手操弓矢，射雉。又，离为雉为王，射稚，即射淫乱之王，即不当君位之六五。

一矢亡　谓不伤无辜，箭不虚发，所损无多，一矢而已。《周书・泰誓下》曰：“独夫受，洪惟作威，乃汝世仇。树德务滋，除恶务本。肆予小子，诞以尔众士，殄歼乃仇。”孔氏传：“言独夫，失君道也。大作威杀无辜，乃是汝累世之仇，明不可不诛。立德务滋长，去恶务除本，言纣为天下恶本。言欲行除恶之义，绝尽纣。”或曰，周武王兵不血刃，而纣之兵，前徒倒戈，自相攻杀，遂胜商而诛纣，为射雉一矢亡。《大雅・常武》曰：“不留不处，三事就绪。”毛传：“诛其君，吊其民，为之立三有事之臣。”诛其君，吊其民，不伤无辜，故只费一矢。《尉猕子・武议》曰：“凡兵，不攻无过之城，不杀无罪之人。夫杀人之父兄，利人之财货，臣妾人之女子，此皆盗也。故兵者，所以诛暴乱、禁不义也。兵之加者，农不离其田业，贾不离其肆宅，士大夫不离其官府，由其武议，在于一人。”议，犹义。用武之义，在于诛伐一人，亦放一矢即可。二之五为坎，坎为弓矢，上九一阳逸出，为一矢亡。

终以誉命　《说文》：“譽（誉），稱（称）也。从言，與声。”段玉裁注：“稱，当作偁，转写失之也。偁，举也，譽，偁美也。”桂馥义证：“稱也者，稱当为偁。《广雅》：偁，譽也。本书：偁，扬也。经典通用稱字。《表记》：君子稱人之善则爵之。《汉书・贾谊传》：以能诵《诗》、《书》属文，稱于郡中。”《周颂・振鹭》：“庶几夙夜，以永终誉。”郑笺：“誉，声美也。”《论语・卫灵公》：“吾之于人也，谁毁谁誉？如有所誉者，其有所试矣。”邢昺疏：“誉，谓称扬。”《左传》昭公二年：“季氏有嘉树焉，宣子誉之。”杜氏注：“誉其好也。”《孟子・告子上》：“今闻广誉施于身。”《韩非子・难势》：“人有鬻矛与盾者，誉其盾之坚，物莫能陷也。俄而，又誉其矛曰：吾矛之利，物无不陷也。人应之曰：以子之矛，陷子之盾，如何？其人弗能应也。”坤卦六四曰：“括囊，无咎无誉。”誉，皆为称扬。

《说文》：“命，使也。从口，从令。”段玉裁注：“令者，发号也，君事也。非君而口使之，是亦令也。故曰命者，天之令也。”朱骏声《说文通训定声》：“按，在事为令，在言为命；散文则通，对文则别；令当训使也，命当训发号也。于六书乃合。”林光义《文源》：“按诸彝器，令、命通用，盖本同字。”《商书·说命上》：“王言惟作命；不言，臣下罔攸禀令。”孔氏传：“禀，受；令，亦命也。”旅卦六五《象》曰：“终以誉命，上逮也。”《说文》：“逮，及也。”谓最终，以称扬天子之命，向上表达，归功于天子，不敢自专。《说命下》：“说拜稽首曰：敢对扬天子之休命。”孔氏传：“对，答也，答受美命，而称扬之。”誉命，亦称扬君命。旅之帅为卿，即九四，受天子之命。师卦上六曰：“大君有命，开国承家。”是上为大君。此即离为王，离之上爻为大君，大君为天子。三之五为兑，兑为口，为羊为美善，兑口向上，为称扬天子之命英明。

上九，鸟焚其巢，旅人先笑后号咷，丧牛于易，凶。

〔译〕 上九，射雉而焚鸟巢，旅人先笑后号咷。最终日落于地，凶。

《象》曰：“以旅在上，其义焚也。丧牛于易，终莫之闻也。”

〔证〕

鸟焚其巢 《周礼·迹人》：“掌邦田之地政，为之厉禁而守之。凡田猎得，受令焉，禁麛卵者，与其毒矢射者。”郑氏注：“为其夭物，且害心多也。麛，麋鹿子。”《礼记·王制》曰：“田不以礼，曰暴天物。天子不合围，诸侯不掩群。”又曰，“昆虫未蛰，不以火田。不麛不卵，不杀胎，不殀夭，不覆巢。”《月令·孟春之月》：“毋覆巢，毋杀孩虫、胎夭、飞鸟、毋麛毋卵。”又曰，“毋变天之道，毋绝地之理，毋乱人之纪。”《春秋经》桓公七年：“春，二月，己亥，焚咸丘。”杜氏传；“焚，火田也；咸丘，鲁地，高平国巨野县，南有咸亭。讥尽物，故书。”《正义》曰：“以火焚地，明为田猎，故知焚是火田也。不言蒐狩者，以火田非蒐狩之法，而且书其焚，以讥其尽物也。既非法，虽得地，亦讥；不复讥其失地也。”《吕氏春秋·应同》曰：“夫覆巢毁卵，则凤凰不至；刳兽食胎，则麒麟不来；干泽涸渔，则龟龙不往。”旅之鸟焚其巢，喻兵燹之灾甚，滥杀无辜。离为雉为鸟，为火，是以为鸟焚。又，艮为山，巽为木，兑为口，口向上为巢。上九之火，在山顶、在树上、在巢口燃烧，为鸟焚其巢。《易》以五为中极，上九用兵过中极，是以尽灭其物。《象》曰：“以旅在上，其义焚也。”上，通尚。以旅在上，即崇尚武力者，必不怀仁爱之心，本义在于杀尽灭绝。

旅人先笑后号咷　《老子》曰："不以兵强天下，其事好还。"谓不以武力，逞强天下者，容易得善应。又曰，"物壮则老，是谓不道，不道早已。"又曰，"夫乐杀人者，则不可以得志于天下矣。"《月令·孟春之月》云："不可以称兵，称兵必天殃。"旅之上九，亢而有悔，高而无民，为旅人先笑后哭。复卦上六曰："迷复凶，有灾眚。用行师，终有大败，以其国君凶。"《象》曰："迷复之凶，反君道也。"并此，皆为过乎中极，而败军之象。反之，谦卦上六曰："鸣谦，利用行师，征邑国。"虽在上位，而不亢不迷，且谦，故利行师。同人卦九五曰："同人先号咷而后笑，大师克相遇。"五位中正，不亢不迷，虽经艰难险阻，但最后胜利在我，故哭在前，笑在后。旅卦，三之五为兑，兑为悦，为开口笑；四之上为离，离为目；二之五为坎，坎为水，从目下，为泪水涕零，为哭。虽前有胜利，但最后失败，为先笑后号咷。此其用兵不爱民，穷兵黩武，是胜亦败。

丧牛于易，凶　离卦，离下离上。卦辞曰："离，畜牝牛吉。"革卦，离下兑上。初九曰："巩用黄牛之革。"朱熹曰："离，《荀九家》有为牝牛。"既济卦，离下坎上。九五曰："东邻杀牛，不如西邻之礿祭。"离位东，为日，为牛。以其离外刚内柔，是为牝牛，为黄牛，统而言之为牛。又，《周礼·大司徒》："不易之地，家百亩；一易之地，家二百亩；再易之地，家三百亩。"郑氏注引郑众曰："不易之地，岁种之，地美，故家百亩；一易之地，休一岁乃复种，地薄，故家二百亩；再易之地，休二岁乃复种，故家三百亩。"《汉书·食货志上》曰："岁耕种者，为不易上田，休一岁者，为一易中田；休二岁者，为再易下田。三岁更耕之，自爰其处。"郑氏注《周礼·县师》曰："郊内谓之易，郊外谓之莱。"是郊内之地谓之易，易为田地之称。牛谓离，离又为日，易谓坤地。上九，丧牛于易，谓日过中则昃，必落于地，即转而降于坤阴之下，丧失天子之位。《象》曰："丧牛于易，终莫之闻也。"谓王者沦为众庶，或身首异地，天命终止，不为世人闻问，故为凶。此为上九，亦亢龙有悔之爻。于象，谓上九离下之坎耳而去，故终莫之闻也。

第五十七卦　戊　午

☴☴ 巽上
巽下

巽，小亨，利有攸往，利见大人。

〔译〕 巽，自小者亨通，利于有所前往，利于大人。

《彖》曰："重巽以申命，刚巽乎中正，而志行；柔皆顺乎刚，是以小亨。利有攸往，利见大人。"

《象》曰："随风，巽，君子以申命行事。"

〔证〕

巽下巽上 小畜卦，乾下巽上。其《彖》曰："小畜，柔得位，而上下应之，曰小畜。健而巽，刚中而志行，乃亨。"王弼注："小畜，谓六四也，成卦之义，在此爻也。体无二阴，以分其应，故上下应之也。"《正义》曰："巽是阴柔，性又和顺。"程氏传："为卦，巽上乾下。乾在上之物，乃居巽下。夫畜止刚健，莫如巽顺，为巽所畜，故为畜也。然巽，阴也，其体柔顺，唯能以巽顺，柔其刚健，非能力止也，畜道之小者也。又，四以一阴得位，为五阳所说，得位得柔，巽之道也。"朱熹曰："巽，亦三画卦之名。一阴伏于二阳之下，故其德为巽为入，其象为风为木。"来知德曰："内健，则此心果决，而能胜其和；外巽，则见事详审，而不至躁妄。以健而巽，刚居中而志行，则阳犹可亨也。"李道平《周易集解纂疏》："故陆绩谓：外巽积阴，能固阳道，成在上九。《传》曰：刚中而志行，乃亨。谓柔道亨也。案：健而巽者，乾健而阴巽也，言乾健在内，而巽畜于外也。"按，乾为四月，巽为五月。乾下巽上，由四月至五月，为阴蓄而生之时，是为小畜。五月之时，阴巽于下。

蛊卦，巽下艮上。《彖》曰："蛊，刚上而柔下，巽而上，蛊。"虞翻曰："上艮下巽，故巽而止蛊也。"王弼注："上刚可以断制，下柔可以施令。既巽又止，不竞争也。"《正义》曰："以上刚能制断，下柔能施令，巽顺止静，故可以有为也。"程氏传："以卦变及二体之义而言，刚上而柔下，谓乾之初九，上而为上九；坤之上六，下而为初六也。阳刚，尊而在上者也，今往居于上；阴柔，卑而在下者也，今来居于下。男虽少而居上，女虽长而在下，尊卑得正，上下顺理，治蛊之道也。由刚之上，柔之下，变而为艮、巽。艮，止也；巽，顺也。下巽而上止，止于巽顺也。"朱熹曰："其卦，艮刚居上，巽柔居下。"按，蒙卦，坎下艮上。六五《象》曰："童蒙之吉，顺以巽也。"五实阳位，而形以阴，阴为顺，承上九为巽，是顺以巽也。是巽，指阴顺巽于阳。

观卦，坤下巽上。《彖》曰："大观在上，顺而巽，中正以观天下。"《正义》曰："顺而和巽，居中得正，以观于天下，谓之观也。”程氏传；“下坤而上巽，是能巽而顺也。五居中正，以巽顺中正之德，为观于天下也。”朱熹曰：“内顺而外巽，而九五以中正示天下，所以为观。”《中论·法象》云：“故孔子曰：君子威而不猛，泰而不骄。《诗》云：敬尔威仪，惟民之则。若夫堕其威仪，恍其瞻视，忽其辞令，而望民之则我者，未之有也。莫之则者，则慢之者至矣。小人皆慢也，而致怨乎人；患己之卑，而不知其所以然，哀哉！故《书》曰：惟圣罔念作狂；惟狂克念作圣。”又曰，“是以不愠怒，而德行行于闺门；不谏谕，而风声化乎乡党。《传》称大人正己，而物自正者，盖此之谓也。从匹夫之居犹然，况得意而行于天下者乎？唐尧之帝，允恭克让，而光被四表；成汤不敢怠遑，而奄有九域；文王祗畏，而造彼区夏。《易》曰：观，盥而不荐，有孚颙若，言下观而化也。”盖唐尧、成汤、文王，皆有巽象。在上，允恭克让；在下，不敢怠遑而祗畏。

大过卦，巽下兑上。《彖》曰：“巽而说行，利有攸往，乃亨。”王弼注：“巽而说行，以此救难，难乃济也。危而弗持，则将焉用，故往乃亨。”《正义》曰：“巽而说行者，既以巽顺、和说而行，难乃得济，故利有攸往。”程氏传：“下巽上兑，是以巽顺、和说之道而行也。”朱熹曰：“内巽外说，有可行之道，故利有攸往，而得亨也。”来知德《周易集注》曰：“巽而悦行者，内巽而外行之从悦也。若以人事论，体质本是刚毅，足以奋发有为，而又用之以中，不过于刚德；性本是巽顺，足以深入乎义理，而又行之以和，不拂乎人情，所以利有攸往，乃亨。”恆卦，巽下震上。《彖》曰：“巽而动，刚柔皆应，恆。”郑康成曰：“其能和顺干事，所行而善矣。”《正义》曰：“震动而巽顺，无有违逆，所以可恆也。”程氏传：“巽而动，下巽顺，上震动，为以巽而动。天地造化，恆久不已者，顺动而已。巽而动，常久之道也。动而不顺，岂能常也？”大过卦和恆卦，亦谓巽为巽顺。

家人卦，离下巽上。《彖》曰：“家人有严君焉，父母之谓也。”荀爽曰：“离、巽之中有乾坤，故曰父母之谓也。”按，二、五相应，为卦之主。五，阳在外；二，阴在内，父母之谓也。程氏传：“明于内，而巽于外，处家之道也。夫人有诸身者，则能施于家；行于家者，则能施于国，至于天下治。治天下之道，盖治家之道也，推而行之于外耳。故取自内而出之象，为家人之义也。”五为阳尊，为严父，在巽中，是威而不猛，故能齐家。《说卦传》曰：“齐乎巽。齐也者，言万物之絜齐也。”是家无巽德之父，则不能齐；国无巽德之君，则不能治；天下无巽德之天子，则不能平。《鲁颂·泮水》曰：“载色载笑，匪怒伊教。”毛传：“色温润也。”郑笺：“僖公之至泮宫，和颜色而笑语，非有所怒，于是有所教化也。”此即巽德之谓。

益卦，震下巽上。《彖》曰：“益，损上益下，民说无疆。自上下下，其道大光。

益动而巽，日进无疆。天施地生，其益无方。凡益之道，与时偕行。”王弼注：“震，阳也；巽，阴也。巽非违震者也。处上而巽，不违于下，损上益下之谓也。”孔颖达《正义》曰：“前者，就二体明损上益下，以释卦名。以下有动求上，能以巽接，是损上益下之义。今执二体，更明得益之方也。若动而骄盈，则彼损无已；若动而卑巽，则进益无疆。故曰益动而巽，日进无疆。”程氏传：“又以二体言卦才。下动而上巽，动而巽也，为益之道。其动巽顺于理，则其益日进，广大无有疆限也。动而不顺于理，岂能成大益也。”朱熹曰：“益，增益也。为卦，损上卦初画之阳，益下卦初画之阴，自上卦，而下于下卦之下，故为益。”损上益下，顺应于理，故曰益动而巽，盖亦巽义。

升卦，巽下坤上。《彖》曰：“柔以时升，巽而顺，刚中而应，是以大亨。”王弼注：“巽顺可以升。柔以其时，乃得升也。纯柔则不能自升，刚亢则物不从。既以时升，又巽而顺，刚中而应，以此而升，故得大亨。”程氏传：“以二体言，柔升，谓坤上行也。巽既体卑而就下，坤乃顺时，而上升以时也，谓时当升也。柔既上而成升，而下巽而上顺，以巽顺之道升，可谓时矣。二以刚中之道，应于五；五以中顺之德，应于二，能巽而顺，其升以时，是以元亨也。”朱骏声《六十四卦经解》曰：“坤为顺，巽亦为顺，不躐等而进之义。”按，柔以时升，谓五月一阴升，六月二阴升，七月三阴升，八月四阴升，九月五阴升，十月六阴升。阳为刚，阴为柔。阴气以时而升，为柔以时升。巽，指阴巽其下。惟其阴逊而来下，故能以时而升。是欲升者，必先降；欲上者，必先下。此亦巽之义。

井卦，巽下坎上。《彖》曰：“巽乎水而上水，井，井养而不穷也。”荀爽曰：“巽乎水，谓阴下为巽也；而上水，谓阳上为坎也。木入水出，井之象也。”《周易集解纂疏》：“巽为入，故木入；坎为通，故水出。”巽乎水而上水，巽与上对，是巽为下，为井字形木架，垫于井下。以其木巽于水，而上出水，是以井养而不穷。此亦巽德之谓。鼎卦，巽下离上。《彖》曰：“以木巽火，亨饪也。巽而耳目聪明，柔进而上行。”《正义》曰：“此明鼎用之益，言圣人既能谦逊，大养圣贤，圣贤获养，则忧其事，而助于己，明目达聪，不劳己之聪明，则不为而成矣。”程氏传：“以木巽火，以木从火，所以亨饪也。下体巽，为巽顺于理。”朱熹曰：“下巽巽也，上离为目，而五为耳。有内巽顺，而外聪明之象。”按，以木巽火，犹以木下火。巽而耳目聪明，谓谦逊则听聪视明。

渐卦，艮下巽上。《彖》曰：“止而巽，动不穷也。”王弼注：“渐者，渐进之卦也。止而巽，以斯适进，渐进者也。以止巽为进，故女归吉也，进而用正，故利贞也。”《正义》曰：“此就二体，广明渐进之美也。止不为暴，巽能用谦，以斯适进，物无违拒，故能渐而动，进不有穷也。”程氏传：“内艮止，外巽顺。止为安静之象，巽为和顺之义。人之进也，若以欲心之动，则躁而不得其渐，故有困穷。在渐之义，内止静而外巽顺，故其进动，不有困穷也。”来知德注：“进不穷者，盖进之之心愈急，则进之之机益阻。今卦德内而艮止，则未进之先，廉静无求；外而巽顺，则将进之间，相时而动，此所以进不穷也。”按，艮止，谓时止则止，时行则行，动静不失其时，艮其止，止其所也。止而巽，谓止其所，而巽顺不争，时行则行，故其动不穷。

中孚卦，兑下巽上。《彖》曰：“说而巽，孚乃化邦也。”王弼曰：“说而以巽，则乖争不作。如此，则物无巧竞，敦实之行著，而笃信发乎其中矣。”王肃曰：“兑说而巽顺，故孚也。”程氏传：“以二体言卦之用也。上巽下兑，为上至诚，以顺巽于下；下有孚，以说从其上。如是其孚，乃能化于邦国也。若人不说从，或违拂事理，岂能化天下乎？”朱熹曰：“下说以应上，上巽以顺下，亦为孚义。”又，姤卦，巽下乾上。为长女来顺于阳下。涣卦，坎下巽上。《彖》曰：“柔得位乎外，而上同。”王弼曰：“四以柔得位乎外，而与上同，外顺而无违逆之乖。”程氏传：“柔之往，则得正于外，而上同于五之中。巽顺于五，乃上同也。四、五，君臣之位，当涣而此，其义相通，同五，乃从中也。”是巽，于《易》为阴下阳，有巽于上，有巽于下。《系辞传》曰：“巽，德之制也，巽称而隐，巽以行权。”谓巽顺于理，而潜隐不露，以制事变。

巽卦，巽下巽上。上下皆逊顺，是以上下不违，令行禁止。故而《彖》曰：“重巽以申命，刚巽乎中正而志行，柔皆顺乎刚，是以小亨。”王弼注：“上下皆巽，不违其令，命乃行也。故申命行事之时，上下不可以不巽也。”又曰，“命乃行也，未有不巽，而命行也。”《正义》曰：“巽者，卑巽之名。《说卦》云：巽，入也。盖以巽是象风之卦，风行无所不入，故以入为训。若施之于人事，能自卑巽者，亦无所不容。然巽之为义，卑巽为体，以容入为用，故受巽名矣。上下皆巽，不为违逆。君唱臣和，教令乃行。故于重巽之卦，以明申命之理。”又曰，“此卦，以卑巽为名，以申命为义，故二体上下皆巽，以明可以申命也。上巽能接于下，下巽能奉于上，上下皆巽，命乃得行，故曰重巽以申命也。”程氏传：“为卦，一阴在二阳之下，巽顺于阳，所以为巽也。”又曰，“重巽者，上下皆巽也。上顺道以出命，下奉命而顺从，上下皆顺，重巽之象也。”此即刚巽乎中正，柔皆巽乎刚。就二体言，上体内柔，下体内柔，是上下皆巽，重巽之象。又，上临下以巽，下承上以巽，为重巽以申命。

巽　《说文》曰：“𢁉，巽也。从丌从頣。此《易》𢁉卦，为长女、为风者。”段玉裁注：“今《周易》巽卦作巽。许于巽下云具也，不云卦名，谓𢁉为《易》卦名之字。盖二字皆训具也，其义同，其音同。伏羲、文王作𢁉，孔子则作巽。”又注，“孔子说《易》曰：巽，入也。巽乃逊之假借字。逊，顺也，顺故善入。”巽训具；具训共、供，通恭。《论语·子罕》：“巽与之言，能无说乎？”马注：“巽，恭也。谓恭孙谨敬之言，闻之无不说者。”《虞书・尧典》：“汝能庸命，巽朕位。”孔氏传：“巽，顺也。言四岳能用帝命，故欲使顺行帝位之事。”《释文》曰：“巽音逊，马云让也。”又，《书序》曰：“昔在帝尧，聪明文思，光宅天下。将逊于位，让于虞舜。”孔氏传：“逊，遁也。老使摄，遂禅之。”孔颖达《正义》曰：“老使摄者，解将逊于位。云遂禅之者，解让于虞舜也。以己年老，故逊之，使摄之，后功成而禅。禅即让也。”经曰巽朕位，《序》曰逊于位，是巽、逊通。《豳风・狼跋》：“公孙硕肤，赤舄几几。”郑笺：“公，周公也；孙，读当如公孙于齐之孙，孙之言孙遁也。”《诗集传》曰：“公，周公也；孙，让。”《春秋经》昭公二十五年：“九月，己亥，公孙于齐，次于阳州。”《释文》：“公孙，音逊，本亦作逊。”是巽、逊、孙，音义相同，通假。

《说文》：“包，妊也，象人裹妊，巳在中，象子未成形也。”又，“孕，裹子也，从子从几。”《广雅・释言》：“子、巳似也。”《殷虚文字类编》曰：“𠬪，疑是古巽字。”《卜辞分类读本》曰：“卯，象恭顺俯伏之形，表示降伏之人，当为巽之本字。卜辞之卯，用为祭时之人牲，和牛羊等并列。”甲文子、巳混用，卜辞中或为子，或为巳。子，象人伸体；巳，象人屈体。如祀，象祭祀时，跪祷之象。杨树达《小学述林・释卩》曰：“卩部云：厀，膝，胫头卩也，从卩，桼声。愚谓卩，乃厀之初文，卩字上象厀盖，下象人胫，象形字也。卩、桼，古音同在屑部，声亦相近，厀字，乃象形加声旁字耳。卩部又云：卷，厀曲也，从卩，𢍏声。凡𢍏声字，皆含曲义，字从卩从𢍏，而训为厀曲，此制字时，卩即厀之明证也。”段玉裁注《说文》曰：“顨，今作巽。”顨，从丌从𠬪，在隶定以前，象二人跪于下基之上。《杂卦传》曰：“巽，伏也。”巽顺亦伏服。韩康伯注：“巽，贵卑退。”是巽犹逊。

《系辞传》曰：“巽，德之制也。”虞翻曰：“巽风为号令，所以制下，故曰德之制也。”韩康伯注：“巽，所以申命明制也。”《说文》曰：“制，裁也，一曰止也。”德之制也，谓有巽顺之德，方可有裁止节制，是巽合于礼。《传》曰：“巽，称而隐。”崔憬曰：“言巽申命行事，是称扬也；阴助阳化，是微隐也。”韩注：“称扬命令，而百性不知其由也。”孔颖达《正义》曰：“言巽称扬号令，而不自彰伐，而幽隐也。”是称而隐，犹申命以巽。《传》曰：“巽以行权。”《九家易》曰：“巽象号令，又为近利。人君政教进退，释利而为权也。《春秋传》曰：权者，反于经，然后有善者也。”韩注：“权，反经而合道。必合乎巽顺，而后可以行权也。”《正义》曰：“巽，顺也。既能顺时合宜，故可以行权也。若不顺时制变，不可以行权也。”《广韵》：“权，变也，反常合道。”巽以行权，谓逊顺以应变，不可执一。《孟子・尽心》曰：“执中无权，犹执一也。”巽以行权，谓巽顺者，行权宜之变，以应其时。《易》穷则变，变则通，通则久，生生之谓易，非巽顺者，何能行权通久。

小亨　卦辞言元亨、小亨、亨，计三十九卦。言元亨者，十一卦；言小亨者，二卦；言亨者，二十六卦。卦辞曰元亨，《彖》曰大亨，是元亨即大亨。大亨，谓大者亨通；小亨，谓小者亨通；亨，谓一般事理亨通。除此三十九卦之外，余二十五卦，则卦辞无亨通可言。《易》称阳为大者，阴为小者。如，大壮卦《彖》曰："大壮，大者壮也。"大过卦《彖》曰："大过，大者过也。"小过卦《彖》曰："小过，小者过也。"又，大畜卦《彖》曰："大畜，刚健、笃实、辉光，日新其德。"刚谓阳，阳为大。小畜卦《彖》曰："小畜，柔得位，而上下应，曰小畜。"柔谓阴，阴为小。自五月夏至以后，至十一月冬至以前，为阴主事之时。巽，阴来姤阳，是五月一阴生之象。如此以往，六月二阴生，七月三阴生，八月四阴生，九月五阴生，十月六阴生，故曰小亨。是小亨，谓阴气将来，料无妨碍。

《吕氏春秋》云："仲夏之月，律中蕤宾。季夏之月，律中林钟。孟秋之月，律中夷则。仲秋之月，律中南吕。季秋之月，律中无射。孟冬之月，律中应钟。"高诱注："仲夏，夏之五月。蕤宾，阳律也。是月，阴气萎蕤在下，象主人；阳气在上，象宾客。竹管音中蕤宾也。季夏，夏之六月也。林钟，林，众；钟，聚。阴律也。阳气衰，阴气起，万物众聚而成。竹管之音，应林钟也。孟秋，夏之七月。夷则，阳律也。竹管音与夷则和。太阳气衰，太阴气发，万物肃然，应法成性，故曰律中夷则。仲秋，夏之八月。南吕，阴律。是月，阳气内藏，阴旅于阳，任其成功。竹管音中南吕。季秋，夏之九月。无射，阳律也。竹管音与无射和也。阴气上升，阳气小降，故万物随而藏，无射出见也。孟冬，夏之十月。应钟，阴律也。竹管音与应钟和也。阴应于阳，转成其功，万物聚藏，故曰律中应钟。"是小亨者，谓阴来助阳，以成物藏物。

又，于《易》，大亨与小亨相对。乾为天，坤为地。天大地大，王亦大。故乾、坤与王，皆曰元亨。屯卦，震下坎上。卦辞曰："元亨。"《彖》曰："刚柔始交而难生，动乎险中，大亨，贞。雷雨之动满盈，天造草昧，宜建侯而不宁。"阳气生，宜立君侯，是大者亨通。大有卦，乾下离上。卦辞曰："元亨。"《彖》曰："其德刚健而文明，应乎天而时行，是以元亨。"阳刚应乎天，为天子，为大；文明而时行，为亨通。大有天下，为大者亨通。随卦，震下兑上。卦辞曰："元亨。"《彖》曰："刚来而下柔，动而说，随，大亨。"随，下震一阳来阴之下，上兑二阳来阴之下，是十一月、十二月。阳动于阴下，故说万物。阳刚为大，物与之随通，是为大亨，即元亨。蛊卦，巽下艮上。卦辞曰："元亨。"《彖》曰："刚上而柔下，巽而止蛊。蛊，元亨，而天下治也，利涉大川。"刚为大，刚往上，巽而止蛊，天下得治，利涉大川，是天子之亨。临卦，兑下坤上。卦辞曰："元亨。"《彖》曰："刚浸而长，说而顺，刚中而应，大亨以正，天之道也。"刚得中而浸长，君临天下，天下说而顺应，是大者之亨。无妄卦，震下乾上。卦辞曰："元亨。"《彖》

曰："刚自外来，而为主于内，动而健，刚中而应，大亨以正，天之命也。"阳刚为大，刚为主于内，动而健，中而得应，是以为大者亨通。升卦，巽下坤上。卦辞曰："元亨。"《彖》曰："刚中而应，是以大亨。利见大人，勿恤，有庆也。南征吉，志行也。"阳刚为大，得中而应，是为大者亨通。革卦，离下兑上。《彖》曰："巳日乃孚，革而信之，文明以说，大亨以正，革而当，其悔乃亡。天地革，四时成。汤武革命，顺乎天，而应乎人。革之时大矣哉！"天地为大，天地革，而四时成，是大者亨通。汤武，商汤王、周武王，商、周之开国君主，王为大者，革命成功，顺天应人，是以谓大亨。鼎卦，巽下离上。卦辞曰："元亨。"《彖》曰："圣人亨以享上帝，而大亨以养圣贤。巽而耳目聪明，柔进而上行，得中而应乎刚，是以元亨。"上享上帝，下养圣贤，此乃天子，为大者。巽而柔进，得中应刚，是以为元亨，即大亨。

与大亨相对，谓之小亨。旅卦，艮下离上。卦辞曰："小亨。"《彖》曰："柔得中乎外，而顺乎刚，止而丽乎明，是以小亨。"《论语·季氏》："孔子曰：天下有道，则礼乐征伐，自天子出；天下无道，则礼乐征伐，自诸侯出。"《孟子·尽心下》："征者，上伐下也，敌国不相征也。"《白虎通·诛伐》曰："诸侯之义，非天子之命，不得动众起兵，诛不义者。所以强干弱枝，尊天子，卑诸侯也。"刘宝楠《论语正义》曰："是诸侯虽有征伐，亦须天子之命。盖礼乐征伐，皆黜陟之大权，所以褒贤诛不肖，天子所独操之者也。"《史记·殷本纪》云："西伯 出（羑里），而献洛西之地，以请除炮格之刑。纣乃许之，赐弓矢斧钺，使得征伐，为西伯。"是以得以征崇。旅卦，柔得中乎外，而顺乎刚，止而丽乎明，若文王得天子之赐，为西伯，为小者；征崇而胜，小者亨通，为小亨。巽卦，巽下巽上。《彖》曰："重巽以申命。刚巽乎中正而志行，柔皆顺乎刚，是以小亨。"谓阳巽阴顺，自小者亨通。王弼注："全以巽为德，是以小亨也。上下皆巽，不违其令，命乃行也。故申命行事之时，上下不可以不巽也。"《正义》曰："上下皆巽，不为违逆。君唱臣和，教令乃行。故以重巽之卦，以明申命之理，须上下皆巽，命令可行。"上下皆巽，命令可行，是以为亨。巽者，自小者，自小者亨通，为小亨。

利有攸往 《彖》曰："刚巽乎中正，而志行；柔皆顺乎刚，是以小亨。利有攸往，利见大人。"利有攸往，谓自五月，阴来阳往，小者亨通。又，益卦《彖》曰："损上益下，民说无疆。自上下下，其道大光，利有攸往，中正有庆。益动而巽，日进无疆。天施地生，其益无方。"损卦《彖》曰："损下益上，其道上行。损而其孚，元吉无咎，可贞，利有攸往。"上巽下巽，犹损上益下，损下益上。其道大光，其道上行，是为利有攸往。《老子》曰："大国者下流：天下之交，天下之牝。牝常以静胜牡，以静为下。大国者以下小国，则取小国。小国以下大国，则取大国。故或下以取，或下而取。大国不过欲兼畜人，小国不过欲入事人。夫两者各得其所欲，大者宜为下。"取，取信。《孟子·梁惠王下》曰："惟仁者，为能以大事小，是故汤事葛，文王事混夷。惟智者，为能以小事大，故大王事獯鬻，勾践事吴。以大事小者，乐天者也。以小事大者，畏天者也。乐天者保天下，畏天者保其国。《诗》云：畏天之威，于时保之。"老子谓大下小，小下大；孟子言大事小，小事大，亦上巽下巽，利有攸往之意。巽卦，初之四为大坎，二之四为兑，三之五为离。坎为陷，兑为说，离为光明。下往上行，先陷，再说，后光明，为利有攸往。又，大坎为大川，过大川而喜悦光明，亦利有攸往之象。

利见大人　王弼注："大人用之，道愈隆。"利见大人，即利于大人。谦卦卦辞曰："谦，亨，君子有终。"谦卦谦亨，君子有终，犹巽卦小亨，利见大人。《老子》曰："人之所恶，唯孤、寡、不穀，而王公以为称。故物或损之而益，或益之而损。人之所教，我亦教之：强梁者不得其死，吾将以为教父。"此谓谦逊利王公大人。又曰，"江海，所以能为百谷王者，以其善下之，故能为百谷王。是以欲上民，必以言下之；欲先民，必以身后之。是以圣人处上，而民不重；处前而民不害，是天下乐推而不厌。以其不争，天下莫能与之争，即犹巽之利见大人。《说卦传》曰："巽为近利市三倍。"又，"兑为羊。"羊为祥为福。又，"离为目。"目为见。巽卦，初之三为巽，二之四为兑，三之五为离，二、五刚中为大人。为利见大人。

乾卦，九二《文言》曰："见龙在田，利见大人，何谓也？子曰：龙德而正中者也。庸言之信，庸行之谨，闲邪存其诚，善世而不伐，德博而化。《易》曰：见龙在田，利见大人，君德也。"又曰，"君子学以聚之，问以辨之，宽以居之，仁以行之。《易》曰：见龙在田，利见大人，君德也。"乾卦，九五《文言》曰："飞龙在天，利见大人，何谓也？子曰：同声相应，同气相求，水流湿，火就燥，云从龙，风从虎，圣人作，而万物睹。本乎天者亲上，本乎地者亲下，则各从其类也。"又曰，"夫大人者，与天地合其德，与日月合其明，与四时合其序，与鬼神合其吉凶。先天而天弗违，后天而奉天时。天且弗违，而况于人乎？况于鬼神乎。"巽卦，具乾卦二、五之德，中正相与，上下皆巽，既非潜龙勿用，亦非亢龙有悔，是以利见大人。

《象》曰："随风，巽，君子以申命行事。"《说文》曰："随，从也。"《广雅·释诂》："随，行也。"《玉篇》："随，随从也。"段玉裁注："行可委曲从迹，谓之委随。"桂馥义证："从也者，本书：从，随行也。"钱大昭疏义："随者，《说文》：随，从也。此条从、随同训行，义相成也。"随卦，震下兑上。《象》曰："泽中有雷，随。"雷声相从，是以谓随。《说卦传》曰："巽为风。"巽卦，巽上巽下，即上风下风，是以谓随风巽。程氏传："两风相重（一作从），随风也。随，相继之义。君子观重巽，相继以顺之象，而以申命令，行政事。"于《易》，《象》与大《象》异。《系辞传》曰："是故，《易》

者象也。《象》也者，像也；《彖》者，材也。”又曰，“知者观乎《彖》辞，则思过半矣。”“悬象著明，莫大乎日月。”是一卦之《彖》，与一卦之《象》有别。《彖》释卦辞，明一卦三才之道；《象》悬卦象，类万物百事之情。《彖》以道义言，《象》以物象言。故巽卦，《彖》言巽为逊顺，《象》谓巽为风。《系辞传》曰：“仁者见之谓之仁，知者见之谓之知。”盖各得是道之一隅，表两面，而非一概。

《史记·律书》曰：“不周风居西北，主杀生。十月也，律中应钟。应钟者，阳气之应，不用事也。其于十二子亥。亥者，该也。言阳气藏于下，故该也。广莫风居北方。广莫者，言阳气在下，阴莫阳广大也，故曰广莫。十一月也，律中黄钟。黄钟者，阳气踵黄泉而出也。其于十二子为子。子者，滋也；滋者，言万物滋于下也。其于十母为壬癸。壬之为言任也，言阳气任养万物于下也。癸之为言揆也，言万物可揆度，故曰癸。十二月也，律中大吕。大吕者，其于十二子为丑。条风居东北，主出万物。条之言条治，万物而出之，故曰条风。正月也，律中泰蔟。泰蔟者，言万物蔟生也，故曰泰蔟。其于十二子为寅。寅言万物始生，螾然也，故曰寅。明庶风居东方。明庶者，明众物尽出也。二月也，律中夹钟。夹钟者，言阴阳相夹厕也。其于十二子为卯。卯之为言茂也，言万物茂也。其于十母为甲乙。甲者，言万物剖符甲，而出也。乙者，言万物生轧轧也。三月也，律中姑洗。姑洗者，言万物洗生。其于十二子为辰。辰者，言万物之蜄也。清明风居东南维，主风吹万物而西之。四月也，律中中吕。中吕者，言万物尽旅，而西行也。其于十二子为巳。巳者，言阳气已尽也。五月也，律中蕤宾。蕤宾者，言阴气幼少，故曰蕤；痿阳不用事，故曰宾。景风居南方。景者，言阳气道尽，故曰景风。其于十二子为午。午者，阴阳交，故曰午。其于十母为丙丁。丙者，言阳道著明，故曰丙。丁者，言万物之丁壮也，故曰丁。凉风居西南维，主地。地者，沈夺万物气也。六月也，律中林钟。林钟者，言万物就死气，林林然。其于十二子为未。未者，言万物皆成，有滋味也。七月也，律中夷则。夷则，言阴气之贼万物也。其于十二子为申。申者，言阴用事，申贼万物，故曰申。八月也，律中南吕。南吕者，言阳气之旅，入藏也。其于十二子为酉。酉者，万物之老也，故曰酉。阊阖风居西方。阊者，倡也；阖者，藏也。言阳气道万物，阖黄泉也。其于母为庚辛。庚者，言阴气庚万物，故曰庚。辛者，言万物之辛生，故曰辛。九月也，律中无射。无射者，阴气盛用事，阳气无余也，故曰无射。其于十二子为戌。戌者，言万物尽灭，故曰戌。”以上八风，依时序相随而至，为随风，风谓之巽。

《淮南子·天文训》曰：“何谓八风？距日冬至四十五日，条风至。条风至四十五日，明庶风至。明庶风至四十五日，清明风至。清明风至四十五日，景风至。景风至四十五日，凉风至。凉风至四十五日，阊阖风至。阊阖风至四十五日，不周风至。不周风至四十五日，广莫风至。条风至，则出轻系，去稽留。明庶风至，则正封疆，修田畴。清明风至，则出币帛，使诸侯。景风至，则爵有位，赏有功。凉风至，则振地德，祀四郊。阊阖风至，则收县垂，琴瑟不张。不周风至，则修宫室，缮边城。广莫风至，则闭关梁，决刑罚。”又，《易通卦验・补遗》曰：“冬至，广莫风至。王者诛有罪，断大刑。立春，条风至。王者赦小罪，出羁留。春分，明庶风至。正封疆，修田畴。立夏，清明风至。出币帛，礼诸侯。夏至，景风至。辨大将，封有功。立秋，凉风至。报土功，祀四乡。秋分，阊阖风至。牛马出枥，将帅讲武。立冬，不周风至。修建宫室，缮完城郭。八风以时至，则阴阳和，万物育。王者当顺八风，行八政。”上论八风节候，及王者承顺之政，当即《象》曰：“随风，巽，君子以申命行事。”又，《月令》题解曰：“按郑目录云：名曰《月令》者，以其记十二月，政之所行也，本《吕氏春秋》十二月纪之首章也。”王者顺八风，行八政，犹王者顺十二月，行十二月令，为君子以申命行事。

旅卦和巽卦，互为邻卦。《序卦传》曰：“旅而无所容，故受之以巽。”旅而无所容，即《杂卦传》曰：“亲寡，旅也。”谓军旅无所容于亲者，故亲者寡。《史记・秦本纪》：“郑人有卖郑于秦曰：我主其城门，郑可袭也。缪公问蹇叔、百里傒。对曰：径数国千里而袭人，希有得利者。且人卖郑，庸知我国人，不有以我情，告郑者乎？不可。缪公曰：子不知也，吾已决矣。遂发兵，使百里傒子孟明视，蹇叔子西乞术，及白乙丙将兵。行日，百里傒、蹇叔二人哭之。缪公闻，怒曰：孤发兵，而子沮哭吾军，何也？二老曰：臣非敢沮君军。军行，臣子与往；臣老，迟还恐不相见，故哭耳。二老退，谓其子曰：汝军即败，必于殽阸矣。三十三年春，秦兵遂东，更晋地，过周北门。周王孙满曰：秦师无礼，不败何待！兵至滑，郑贩卖贾人弦高，持十二牛，将卖之周。见秦兵，恐死虏，因献其牛。曰：闻大国将诛郑，郑君谨修守御备，使臣以牛十二，劳军士。秦三将军相谓曰：将袭郑，郑今已觉之，往无及已。灭滑。滑，晋之边邑也。当是时，晋文公丧尚未葬。太子襄公怒曰：秦侮我孤，因丧破我滑。遂墨衰绖，发兵，遮秦兵于滑，击之，大破秦军，无一人得脱者。虏秦三将以归。文公夫人，秦女也，为秦三囚将请曰：缪公之怨此三人，入于骨髓，愿令此三人归，令我君得自快烹之。晋君许之，归秦三将。三将至，缪公素服郊迎，向三人哭曰：孤以不用百里傒、蹇叔言，以辱三子，三子何罪乎？子其悉心雪耻，毋怠。遂复三人官秩如故，愈益厚之。”缪公故事，见《周书・秦誓》、《左传》僖公三十二、三年。秦伯，先不纳善言，师败，是旅而无所容；后引咎自责，为谦，为受之以巽，故旅卦和巽卦相邻。

震卦和巽卦，互为错卦。震卦，震下震上。一阳在下，二阴在上。《象》曰：“震惊百里，惊远而惧迩也。出可以守宗庙社稷，以为祭主也。”巽卦，巽下巽上。一阴在下，二阳在上。《彖》曰：“刚巽乎中正而志行，柔皆顺乎刚。”震卦，阳刚初起，而未得中，是为建侯之象。巽卦，阳刚巽乎中，而下皆阴顺，是二、五得中，而九五至尊之象。《杂卦传》曰：“震，起也。”又，“巽，伏也。”起，谓阳起；伏，谓阴伏。阴退则阳来起，阳退则阴来伏。《周易》宗阳，阳起于下为震，阳退于上为巽。震为十一月，冬至，阴退而阳起；巽为五月，夏至，阳退而阴起。《系辞传》曰：“神农氏没，黄帝尧舜氏作。通其变，使民不倦，神而化之，使民宜之。《易》穷则变，变则通，通则久。是以自天祐之，吉无不利。黄帝尧舜，垂衣裳而天下治，盖取诸乾坤。”震由坤变来，巽由乾变来，是震、巽互错。

又，谦卦，艮下坤上。《象》曰：“地中有山，谦。”朱熹《周易本义》曰：“山至高，而地至卑，乃屈而止于其下，谦之象也。”谦者，以高下低。《彖》曰：“天道亏盈而益谦，地道变盈而流谦，鬼神害盈而福谦，人道恶盈而好谦。谦尊而光，卑而不可逾，君子之终也。”谓满招损，谦受益。巽卦，巽下巽上。《彖》曰：“重巽以申命。刚巽乎中正而志行，柔皆顺乎刚。”巽者，上巽下巽。上巽以命下，下巽以承上，是以申命。谦卦，上而谦下；巽卦，上下互巽。前者重在修身，后者重在治国。《礼记·大学》曰：“身修而后家齐，家齐而后国治，国治而后天下平。自天子以至于庶人，一是皆以修身为本；其本乱而末治者，否矣。”《周易》，谦卦在上经，巽卦在下经，是以谦为修身之本。因以先谦修身，是以后巽治国，故而上巽下巽，以申命行事。

初六，进退，利武人之贞。

〔译〕 初六，进退不定，利于用武人之忠正定志。

《象》曰：“进退，志疑也。利武人之贞，志治也。”

〔证〕

进退 巽为五月象，一阴来下。《吕氏春秋·仲夏纪》曰：“是月也，日长至，阴阳争，死生分。君子斋戒，处必掩，身欲静，无躁。止声色，无或进。薄滋味，无致和。退嗜欲，定心气。百官静，事无刑，以定晏阴之所成。”高诱注：“夏至之日，昼漏水，上刻六十五；夜漏水，上刻三十五，故曰长至。是月，阴气始起于下，盛阳盖覆其上，故曰争也。品物滋生，荠、麦、亭历、棘刺之属死，故曰死生分。分，别也。掩，深也。声，五音；色，五色。止节之，无有进御也。薄，犹损也；和，齐和也。退，止也。事无刑，当精详而后行也。晏阴，微阴。”《吕氏春秋新校释》：“仲夏，盛阳之月，阴气甫萌，自是微而不盛。上文谓是月阴阳争，而今者，始起柔和之阴，自难与盛阳争强，故身静，百官静，以安定此晏阴之气，而使之顺利形成。事无刑者，犹言必缘理，无横绝其事而行。盖以阴阳方争，未有所定，凡事横绝而行，必伤阴阳之和，故无横绝其事，所以定阴阳之成也。”上述可见，五月阴气始起，上有盛阳，初六微弱之阴，有进退不定之象。

《象》曰：“进退，志疑也。”段玉裁《说文解字注》曰：“志，意也。从心，之声。”《说卦传》曰：“巽为进退，为不果。”初六，往前与六四，阴阳不相应；退居初，则阴居阳位。是进退之心意，疑惑不定。又，初之四为大坎，坎为志为疑，是以有进退犹豫之象。《大雅·桑柔》：“人亦有言，进退维谷。”毛传：“谷，穷也。”郑笺：“言前无明君，却迫罪役，故穷也。”《晏子春秋·内篇》：“叔向问晏子曰：齐国之德衰矣，今子何若？晏子对曰：婴闻事明君者，竭心力以没其身，行不逮则退，不以诬持禄；事惰君者，优游其身，以没其世，力不能则去，不以谀持危。且婴闻君子之事君也，进不失忠，退不失行。不苟合以隐忠，可谓不失忠；不持利以伤廉，可谓不失行。叔向曰：善哉！《诗》有之曰：进退维谷。”是进谓在庙朝，退为在江湖。巽之初六，往上，受六四阴柔所阻，不得近九五明君；退下，初之四为大坎，坎为陷，为忧，是以进退皆疑。

利武人之贞　《小雅·渐渐之石》曰：“渐渐之石，维其高矣。山川悠远，维其劳矣。武人东征，不遑朝矣。武人东征，不遑出矣。有豕白蹢，烝涉波矣。月离于毕，俾滂沱矣。武人东征，不遑他矣。”《诗集传》曰：“渐渐，高峻之貌。武人，将帅也。遑，暇也，言无朝旦之暇也。将帅出征，经历险远，不堪劳苦，而作此诗也。言所登历，何时而可尽也。不遑出，谓但知深入，不暇谋出也。蹢，蹄；烝，众也；离，月所宿也；毕，星名。豕涉波，月离毕，将雨之险也。此言久役，又逢大雨，其劳苦，而不暇及他事也。”马瑞辰《毛诗传笺通释》：“《诗》言不遑朝者，甚言其东征急迫，言不暇至朝也。二章不遑出矣，当如朱《传》言，但知深入，不暇谋出。三章不遑他矣，则谓有死无二，犹云之死矢靡他。不仅如朱《传》言，不暇及他事也。”武人东征，不遑朝矣，不遑出矣，不遑他矣，谓武人不图列朝班之名，不畏艰难险阻，死生置之度外，忠君之事。进退利武人之贞，即谓初六进退，守武人之忠贞有利，不可争列朝班。《象》曰：“利武人之贞，志治也。”谓初六进退之疑，利于用武人忠正之道，治理解决。程氏传：“进退不知所安者，其志疑惧也。利用武人之刚贞，以立其志，则其志治也。治，谓修立也。”《说卦传》曰：“巽，其究为躁卦，为近利市三倍。”初六位巽之初爻，为暴躁之士，故称武人。阴为臣，阳为君，初六阴承阳，为利武人之贞。

九二，巽在床下，用史巫纷若，吉，无咎。

〔译〕　九二，巽伏于天子坐床之下，用史巫纷然拜神之态，吉利，无灾。

《象》曰："纷若之吉，得中也。"

〔证〕

巽在床下 《豳风·七月》："九月在户，十月蟋蟀入我床下。"《小雅·斯干》："乃生男子，载寝之床。乃生女子，载寝之地。"郑笺："男子生，而卧于床，尊之也；（女子）卧于地，卑之也。"古时，尊者于床，卑者席地。《释名·释床帐》云："人所坐卧曰床。床，装也，所以自装载也。"《说文》："床，安身之坐者。"徐锴本，作"安身之几座也。"桂馥义证："本书：椵木可作床几。"段玉载注："铉本，作安身之坐者，五字非是。床之制，略同几，而庳于几，可坐，故曰安身之几坐。床制同几，故有足有桄（横）。床可坐，故凥下曰：処也。从尸得几而止。"又曰，"床亦可卧。古人之卧，隐几而已。床前有几，孟子隐几而卧是也。《孟子》曰：舜在床琴。盖《尚书》佚篇语也，而古坐于床可见。琴必在几，则床前有几亦可见。然则古人之卧，无横陈者乎？曰有之，《弟子职》曰：先生将息，弟子皆起，敬奉枕席，问疋何止。《内则》曰：父母舅姑将衽，长者奉席请何趾。《论语》曰：寝不尸。《左传》：掘地下冰而床焉、鲜食而寝，皆是也。"

王观国《学林·绳床》曰："古人称床榻，非独卧具也，多是坐物。王羲之东床坦腹而食；庾亮登南楼，据胡床，与佐史谈咏；桓伊吹笛，据胡床三弄；管宁家贫，坐藜床欲穿；陈蕃为豫州太守，徐孺子来，特设一榻，去则悬之；沈休文诗曰：宾至下尘榻；汉沛公踞床，使两女子洗足。凡此皆坐物也。"《水经注·湘水》曰："（井）傍有一脚石床，才容一人坐。相承云：（贾）谊宿所坐床。"《庄子·齐物论》："丽之姬，艾封人之子也。晋国之始得之也，涕泣沾襟；及其至于王所，与王同筐床，食刍豢，而后悔其泣也。"《商君书·画策》："是以，主人处匡床之上，听丝竹之声，而天下治。"《盐铁论·取下》："匡床旃床，侍御满侧者，不知负辂輓船，登高绝流之难也。"《释文》："筐，本亦作匡。司马云：安床也；一云正床也。"殿堂之上，唯天子居床，其余则铺幅床。巽卦，上巽有门观殿堂之象。又，巽为木，为床。九五为王，在上巽之中，如坐匡床。下巽为伏，九二在下巽，为巽在床下，即巽在王下。

用史巫纷若 《左传》桓公六年："上思利民，忠也。祝史正辞，信也。"孔颖达疏："祝官、史官正其言辞，不欺诳鬼神，是其信也。"《左传》昭公十八年："郊人助祝史，除于国北。"孔疏："祝史，掌祭祝之官。"《国语·周语上》："内史过从至虢，虢公亦使祝史请土焉。"韦昭注："祝史，虢之祝史。祝应史嚣。"《周礼》有女祝、大祝、小祝、丧祝、甸祝、诅祝。又有女史、大史、小史。《大史》云："大祭祀，读礼法，史以书叙昭穆之俎簋。"《周书·金縢》："为坛于南方北面，周公立焉，植璧秉圭，乃告大王、王季、文王。史乃册祝曰：今我即命于元龟，尔之许我，我其以璧与圭，归俟尔命；尔不许我，我乃屏璧与圭。”史乃册祝曰，是史亦为祝告，为卜筮。《左传》僖公二十八年：“晋伯有疾，曹伯之竖侯獳，货筮史，使曰：以曹为解。”襄公二十五年：“武子筮之，遇困之大过。史皆曰：吉。”《正义》曰：“史者，筮人也。史有多人，皆言为吉。”是史有筮史。

《说文》曰：“巫，巫祝也。女能事无形，以舞降神者也。象人两褎舞形，与工同意。古者巫咸初作巫。凡巫之属，皆从巫。”《周易正义》曰：“用史巫纷若者，史谓祝史，巫谓巫觋，并是接事鬼神之人也。纷若者，盛多之貌。”史含祝官、史官；巫含男巫、女巫。古者，史、巫分职，亦兼职。纷若，谓纷纷然。用史巫纷然，谓九二巽伏，在九五床下，用史巫纷纷，虔诚膜拜神灵之态。《说卦传》曰：“巽为工。兑为巫，为口舌。”《说文》：“工与巫同意。”同有规矩，同善饰。又，“史，从又持中；中，正也。”九二在下巽之中，在互兑之下，是以有史巫之象。兑为羊，羊行群，故谓纷若。

吉，无咎　《象》曰：“纷若之吉，得中也。”蛊卦，巽下艮上，九二《象》曰：“干母之蛊，得中道也。”恆卦，巽下震上，九二《象》曰：“九二悔亡，，能久中也。”《系辞传》曰：“二与四，同功而导位，其善不同。二多誉，四多惧，近也。”崔憬曰：“二，主士大夫位，佐于一国；四，主三孤三公之位，佐于天子，皆同有助理之功也。”又曰，“二，士大夫，位卑；四，孤公牧伯，位尊，故有异也。”韩康伯注：“二处中和，故多誉也；四逼于君，故多惧也。”巽卦，上巽下，下巽上，重巽以申命。九二，以阳刚居阴柔，而且得中，是得下巽上之正。得正则吉，则无咎。《象》曰：“刚巽乎中正而志行。”九二，以刚巽乎中正，是以佐九五之志得行，为吉，为无咎。又，程氏传：“阳居中，为中实之象。中既诚实，则人自当信之。以诚意，则非谄畏也，所以吉而无咎。”巽卦，二之四为兑，兑为羊为善。《说文》：“吉，善也。”九二在兑，是以为吉。《系辞传》曰：“无咎者，善补过也。”九二有史巫之象，史持中正，巫祈鬼神，是善补过，为无咎。

《管子·五辅》曰：“其君子上中正，而下谄谀；其士民贵武勇，而贱得利；其庶人好耕农，而恶饮食，于是财用足，而饮食薪菜饶。是故，上必宽裕，而有解舍；下必听从，而不疾怨，上下和同，而有礼义。故处安而动威，战胜而守固，是以，一战而正诸侯。不能为政者，田畴荒而国邑虚，朝廷凶而官府乱，公法废而私曲行，仓廪虚而囹圄实，贤人退而奸民进。其君子上谄谀，而下中正；其士民贵得利，而贱武勇；其庶人好饮食，而恶耕农，于是财用匮，而饮食薪菜乏。上弥残苟，而无解舍；下愈覆鸷，而不听从，上下交引，而不和同。故处不安，而动不威；战不胜，而守不固，是以，小者兵挫而地削，大者身死而国亡。故以此观之，则政不可不慎也。”巽卦，九二《象》曰：“纷若之吉，得中也。”九五《象》曰：“九五之吉，位正中也。”又，《彖》曰：“刚巽乎中正而志行，柔皆顺乎刚。”此即其君子崇上中正，上下中和而同，是以吉利无灾。

九三，频巽，吝。

〔译〕　九三，屡巽，恨惜。

《象》曰：“频巽之吝，志穷也。”

〔证〕

频巽　《逸周书·文酌》曰：“丰有三频。”潘振云：“频，数也。”朱右曾云：“频，数也。”又，《文酌》曰：“三频：一、频禄质溃，二、阴福灵极，三、留身散真。”孙诒让云：“此蒙上乐有三丰，丰有三频而言，则皆为遇丰乐，节其太过之事，然义皆难通。以意求之，频禄质溃，疑当作频禄赏淈。谓禄赐频数则赏淈，淈与屈同。”丁宗洛云：“频禄质溃，作溃作渎，均近于频数之义。”《大雅·桑柔》曰：“於乎有哀，国步斯频。”孔颖达疏：“郑言其时之民，无有不齐被兵寇者，又以频为比，言国家行此祸害，比比然，言其行之不已也。”比比然，行之不已，乃再三之义，亦为数。《列子·黄帝篇》：“列子师老商氏，友伯高子，进二子之道，乘风而归。尹生闻之，从列子居，数月不省舍。因间请蕲（祈）其术者，十反而十不告。尹生怼而请辞，列子又不命。尹生退。数月，意不已，又往从之。列子曰：汝何去来之频？”频，数次。

杨树达《词诠》曰：“频，数量形容词，屡也，连也。《后汉书·杨终传》：加以北征匈奴，西开三十六国，频年服役，转输烦费。”又曰，“频，副词，屡也，连也。《后汉书·刘恺传》：频历二司，举动得体。又，《周磐传》：和帝初，拜谒者，除任城长，迁阳夏重合令，频历三城，皆有惠政。又，《陈忠传》：自帝即位以后，频遭元二之厄，百姓流亡，盗贼并起。又，《李云传》：是时，地数震裂，众灾频降。”刘淇《助字辨略》曰：“频，《广韵》云：数也，比也。《易》复卦：六三，频复。巽卦：九三，频巽。王昭素训频为数，朱子训频为屡。愚案：三爻，承初爻二爻为辞，虽有屡数之意，然其本义，似相因仍，而为复、巽，则频乃仍辞也。《汉书·文帝纪》：间者数年比不登。注云：比，犹频也。《武帝纪》：今大将军，仍复克获。师古云：仍，频也。频得为比，仍得为频，其义皆一，然则，数、比皆仍辞也。”是频亦仍辞，频巽，谓频仍之巽。

吝　《象》曰：“频巽之吝，志穷也。”频巽，谓巽而又巽。以其频巽，巽而过中，是以为志穷。《彖》曰：“刚巽乎中正，而志行。”九二《象》曰：“纷若之吉，得中也。”九五《象》曰：“九五之吉，位正中也。”上九《象》曰：“巽在床下，上穷也。”

是巽之时，得中而志行，过中则志穷，志穷故可恨惜，故为吝。《系辞传》曰："将叛者，其辞惭；中心疑者，其辞枝；吉人之辞寡；躁人之辞多；诬善之人，其辞游；失其守者，其辞屈。"朱熹曰："卦爻之辞，亦犹是也。"九三频巽，为过中之巽，犹失其守者，其辞屈，是可恨惜。崔憬曰："三，诸侯之位；五，天子之位，同为理人之功，而君臣之位异者也。三处下卦之极，居上卦之下，为一国之君，有威权之重，而上承天子，若无含章之美，则必致凶。"频巽则失威权之重，志穷而无含章之美，故吝。

《史记·殷本纪》曰："百姓怨望，而诸侯有畔者，于是，纣乃重刑辟，有炮格之法。以西伯昌、九侯、鄂侯，为三公。九侯有好女，入之纣。九侯女不喜淫，纣怒，杀之，而醢九侯。鄂侯争之强，辨之疾，并脯鄂侯。西伯昌闻之，窃叹。崇侯虎知之，以告纣，纣囚西伯羑里。西伯之臣，闳夭之徒，求美女、奇物、善马，以献纣；纣乃赦西伯。西伯出，而献洛西之地，以请除炮格之刑。纣乃许之；赐弓矢斧钺，使得征伐，为西伯。而用费中为政。费中善谀，好利，殷人弗亲。纣又用恶来。恶来善毁谗，诸侯以此益疏。"《正义》曰："羑城，在相州汤阴县北九里，纣囚西伯城也。《帝王世纪》云：囚文王，文王之长子曰邑考，质于殷，为纣御。纣烹为羹，赐文王，曰：圣人当不食其子羹。文王食之。纣曰：谁谓西伯圣者？食其子羹，尚不知也。"按，巽之上九亢龙，高而无民，犹纣王辛。九三公位，犹纣之三公，巽而又巽，频巽而遭灾，是以恨惜，为吝。待武王革而信之，上顺乎天，下应乎民，是以悔无。

六四，悔亡，田获三品。

〔译〕 六四，悔恨已无，田猎丰获。

《象》曰："田获三品，有功也。"

〔证〕

悔亡 《系辞传》曰："二与四，同功而异位，其善不同。柔之为道，不利远者。其要无咎，其用柔中也。"六四，阴之为道，近比承九五之阳，是利近不利远，得其所宜。九三，频巽，吝，其志不行。六四与之相比，巽以事君，已无滞碍，故谓悔恨无。王弼注："乘刚，悔也。然得位承五，卑得所奉。虽以柔御刚，而依尊履正，以斯行命，必能获强暴，远不仁者也。获而有益，莫善三品，故曰悔亡。"程氏传："阴柔无援，而承乘皆刚，宜有悔也。而四以阴居阴，得巽之正。在上体之下，居上而能下也。居上之下，巽于上也。以巽临下，巽于下也。善处如此，故得悔亡。"按，此爻，乃校之三爻而言，九四，阴居阴位，得巽顺之正，是以悔亡。二之四为兑，兑为说；三之五为离，离为明。四位兑离，是心悦明亮，为悔恨全无。

田获三品　《尔雅·释畜》云："田猎齐足。"邢昺疏："舍人曰：田猎，取牲于苑囿之中，逐飞逐走，取其疾而已。"《郑风·叔于田》："叔于田，巷无居人。"毛："田，取禽也。"禽，飞禽走兽之总称。《正义》："言叔之往田猎也。"《周礼·迹人》"凡田猎者，受令焉。"《左传》宣公二年："初，宣子田于首山，舍于翳桑。"杜预注："田，猎也。"《淮南子·本经训》曰："焚林而田，竭泽而渔。"高诱注："田，猎也。"《韩诗外传·卷十》："齐景公出田，十有七日而不反。"许云："田与畋同。"师卦六五曰："田有禽。"恆卦九四曰："田无禽。"解卦九二曰："田获三狐。"《正义》曰："田者，田猎也。以譬有事也。无禽者，田猎不获，以喻有事无功也。"《系辞传》曰："古者，作结绳而为罔罟，以佃以渔。"《释文》："佃，音田，本亦作田。马云：取兽曰田，取鱼曰渔。"王力《同源字典》曰："渔猎时代，主要生产是渔猎；农业时代，主要生产是种田。所以田猎的田，和种田的田，同源。"

《说文》曰："品，众庶也。从三口。"段玉裁注："人三为众，故从三口，会意。"乾卦《彖》曰："云行雨施，品物流形。"孔颖达《正义》曰："言乾能用天之德，使云气流行，雨泽施布，故品类之物，流布成形。"坤卦《彖》曰："含弘光大，品物咸亨。"《正义》曰："包含以厚，光著盛大，故类之物，皆得亨通。"是品，引伸为物之种类。《夏书·禹贡》曰："厥贡惟金三品。"孔氏传："金、银、铜也。"孔颖达疏："金既总名，而云三品，黄金以下，惟有白银与铜耳，故为金、银、铜。"是三品，谓物之三种。巽卦，初之三为巽，巽为鸡；二之四为兑，兑为羊；初之四为大坎，坎为豕，是为三品。六四阴爻，坤阴为田；三之五为离，离为甲胄、为戈兵，为田猎。在巽、兑、坎之上，为田获包有三品：即野鸡、野羊、野猪。又，《说文》又字下曰："手之列多，略不过三也。"是三言数多，田获三品，谓田猎丰获。

《象》曰："田获三品，有功也。"孔颖达疏："有功者，田猎有获，以喻行命有功也。"《说文》："功，以劳定国也。从力，工声。"《礼记·祭法》曰："以劳定国则祀之。"祀其功劳。《周礼·司勋》曰："国功曰功。"郑氏注："辅成王业若周公。"贾公彦疏："以周公摄政相幼君，致太平，还政成王，是辅成王业之事，故以周公托之。但经之所云，不得专为周公、伊尹之等，故皆云若，此拟之耳。"巽卦九五，为上以巽下之天子；六四在离象之中，离为乾卦，为君。是六四田获三品以事九五，似周公摄行王政，伐三叛，以劳定国之象，故曰有功。《鲁颂·閟宫》："泰山岩岩，鲁邦所詹。奄有龟蒙，遂荒大东。至于海邦，淮夷来同。莫不率从，鲁侯之功。"詹，同瞻；荒，奄有；同，同盟。此谓鲁为周室辅，率东南诸国，服事天子。亦巽以申命，田获三品，有功之类。古代，田猎以除田害，非为行娱，故以田猎，喻征讨有罪。

九五，贞吉，悔亡，无不利。无初有终：先庚三日，后庚三日，吉。

〔**译**〕　九五，中正而吉，悔恨全无，无所不利。无初有终：四月纯阳无阴，十月纯阴，阴顺吉。

《象》曰："九五之吉，位正中也。"

〔**证**〕

贞吉，悔亡，无不利　《象》曰："九五之吉，位正中也。"《彖》曰："刚巽乎中正而志行，柔皆顺乎刚，是以小亨。"即《孟子·尽心上》所云："大匠不为拙工，改变绳墨；羿不为拙射，变其彀率；君子引而不发，跃如也。中道而立，能者从之。"故贞吉。《虞书·大禹谟》："帝曰：汝惟不矜，天下莫与汝争能；汝惟不伐，天下莫与汝争功。予懋乃德，嘉乃丕绩，天之历数在汝躬，汝终涉元后。人心惟危，道心惟微，帷精惟一，允执厥中。无稽之言勿听，弗询之谋勿庸。可爱非君？可畏非民？众非元后何戴？后非众罔与守邦。钦哉！慎乃有位，敬修其可愿。四海困穷，天禄永终。"允执厥中，敬修其可愿，即九五刚巽乎中正，而志行之谓。巽卦九五，下临兑，兑为羊，羊为祥，为吉，是为贞吉。又，兑为说，说为悦，喜悦者无悔恨在心，为无悔。巽为利市三倍，九五居上巽之中，上巽下巽，重巽以申命，是以无不利。

《商书·大甲下》曰："一人元良，万邦以贞。"孔氏传："贞，正也。言常念虑道德，则得道德；念为善政，则成善政；一人，天子。天子有大善，则天下得其正。"《论语·卫灵公》："子曰：君子贞而不谅。"何晏集解："孔曰：贞，正。君子之人，正其道耳。"《孟子·离娄》曰："君仁，莫不仁。君义，莫不义；君正，莫不正。一正君，而国定矣。"《贾谊新书·道术篇》曰："言行抱一谓之贞，反贞为伪。"《系辞传》曰："吉凶者，贞胜者也；天地之道，贞观者也；日月之道，贞明者也；天下之动，贞夫一者也。"言吉凶之变，正道为胜；天地之道，正道为观；日月之道，正道为明；天下之动，正道为一。《老子》曰："侯王得一，以为天下贞。"正其道而行，是以为坚贞。九五贞吉，谓大人坚守巽之正道，则吉利，无懊悔，无不利。即九五在上巽之中，是守巽之中，阳得阳位，是以为正。贞则吉利，吉利则无悔，无悔则无不利。

无初有终：先庚三日，后庚三日，吉　《易》言阴阳，阴阳一变为一日，日之变，即月之变。如复卦之七日来复。蛊卦《彖》曰："先甲三日，后甲三日，终则有始，天行也。"《月令》："孟春之月，其日甲乙。"是甲在正月。先甲三月，为十月，为坤；后甲三月，为四月，为乾。十月阴终阳始，四月阳终阴始，是终则有始，为天行之道。又，《月令》："孟秋之月，其日庚辛。"是庚在七月。先庚三月，为四月，为乾；后庚三月，为十月，为坤。四月无阴，为无初；十月纯阴，为有终。是先甲三日，后甲三日，言由坤至乾；先庚三日，后庚三日，言由乾至坤。巽卦，自四月纯阳而来，至五月一阴来下，至十月得阴顺之至，是以谓无初有终。九五得巽之中正，故得令阴渐顺之道，使阴继阳，以申其命，故言先庚三日，后庚三日，吉。又，九五君位，阴阳之事，亦君臣之事。阳倡阴随，重巽申命，是以为吉。

上九，巽在床下，丧其资斧，贞凶。

〔译〕 上九，天子巽于诸侯坐床之下，丧失资财地位，乃正道之凶。

《象》曰："巽在床下，上穷也。丧其资斧，正乎凶也。"

〔证〕

巽在床下 巽为木，其形又似床。阳至上九必反下，即巽在初六之下，为巽在床下。《象》曰："巽在床下，上穷也。"即谓穷极则反。《老子》曰："多言数穷，不如守中。"《论语·先进篇》："子贡问：师与商也孰贤？子曰：师也过，商也不及。曰：然则师愈与？子曰：过犹不及。"《论语疏证》："杨树达按：贤知者过之，愚不肖者不及，则过似胜于不及，故子贡以师愈为问也。"《礼记·仲尼燕居篇》："子曰：师尔过，而商也不及。子贡越席而对曰：敢问，将何以为此中者也？子曰：礼乎礼，夫礼所以制中也。"《中庸篇》："子曰：道之不明也，我知之矣。知者过之，愚者不及也。道之不行也，我知之矣。贤者过之，不肖者不及也。"《新书·容经篇》："孔子曰：故过犹不及，有余犹不足也。"乾卦《文言》曰："亢龙有悔，穷之灾也。"又曰，"亢之为言也，知进而不知退，知存而不知亡，知得而不知丧，其唯圣人乎？知进退存亡，而不失其正者，其唯圣人乎！"是过犹不及，穷则生变，亢则来下。上九巽在床下，即此之谓。

丧其资斧 《说文》："资，货也。"又，"货，财也。"巽为近利市三倍。上九在巽，为资财。《尔雅·释器》："斧，谓之黼。"郭璞注："黼，文画斧形，因名云。"邢昺疏："《玉藻》云：三命赤韨，葱衡是也。黑色名黝，以白黑二色画之，为斧形，名黼。"《释言》："黼、黻，彰也。"郭注："黼文如斧；黻文如两己相背。"孙炎注："黼文如斧形，盖半白半黑，如刃白而身黑。"《小雅·采菽》："又何予之，玄衮及黼。"《诗集传》曰："黼，如斧形，刺之于裳也。"《夏书·益稷》："藻、火、粉、米、黼、黻、絺、绣，以五采彰施于五色，作服。"孔氏传："黼，若斧形；黻，为两己相背。"段玉裁《说文解字注》："斧，白与黑相次曰黼，盖如画斧然，故亦曰斧藻。"斧，谓黼，贵者礼服，亦即命服。丧其资斧，谓丧失财产地位。巽为利市，为高，上九亢而有悔，为丧其资斧。

贞凶 《象》曰："丧其资斧，正乎凶也。"上为阴位。阳为正，阳在上，既不当位，又亢龙有悔，故阳在凶位，即贞于凶，为贞凶。《系辞传》曰："圣人设卦、观象、系辞焉，而明告凶。是故，吉凶者，得失之象也；悔吝者，忧虞之象也。"又曰，"吉凶者，言乎其失得也。"上九，丧其资斧，言乎其失，是以谓之正凶。《荀子·儒效》曰："凡事行，有益于理者，立之；无益于理者，废之，夫是之谓中事。凡知说，有益于理者，为之；无益于理者，舍之，夫是之谓中说。事行失中，谓之奸事；知说失中，谓之奸道。奸事奸道，治世之所弃，而乱世之所从服也。"巽至上九则过，过则不中，为巽之奸道。奸则害正事，故曰贞凶。巽卦《彖》曰："刚巽乎中正而志行，柔皆顺乎刚。"是下以巽顺承上，上以巽乎中正临下，为巽之正。若过巽而自失，而为上九亢，则为阳道之凶，为正凶。上巽，为天子之巽；下巽，为诸侯之巽。上来下，巽于床下，是天子巽于诸侯之下。如齐桓、晋文之事，挟天子以令诸侯，乃正道之凶，故曰贞凶。

第五十八卦　己　未

☱☱ 兑上
兑下

兑，亨，利贞。

〔译〕　兑，亨通，利于正道。

《彖》曰："兑，说也。刚中而柔外，说以利贞。是以顺乎天，而应乎人。说以先民，民忘其劳；说以犯难，民忘其死。说之大，民劝矣哉！"

《象》曰："丽泽，兑，君子以朋友讲习。"

〔证〕

兑下兑上　《系辞传》曰："《易》之为书也，广大悉备。有天道焉，有人道焉，有地道焉。兼三才而两之，故六。六者非它也，三才之道也。"朱熹曰："三画已具三才，重之故六。而以上二爻为天，中二爻为人，下二爻为地。"兑下兑上，乃兑之纯卦，视同单卦兑。《说卦传》曰："天地定位，山泽通气，雷风相薄，水火不相射，八卦相错。"朱熹注："邵子曰：此伏羲八卦之位。乾南，坤北，离东，坎西，兑居东南，震居东北，巽居西南，艮居西北。于是八卦相交，而成六十四卦，所谓先天之学也。"于《易》，乾位南，为四月；坤位北，为十月；离位东，为正月；坎位西，为七月；兑位东南，为二、三月；巽位西南，为五、六月；艮位西北，为八、九月；震位东北，为十一、十二月。兑卦，位东南方，时当二月三月，是天施地生，万物以悦之时。故《说卦传》曰："兑以说之。说万物者，莫说乎泽。兑为泽。"

《月令・仲春之月》云："其日甲乙。是月也，安萌牙，养幼少，存诸孤。择元日，命民社。命有司，省囹圄，去桎梏，毋肆掠，止狱讼。"郑氏注："乙之言轧也。日之行春，东从青道，发生万物，月为之佐。时万物皆解孚甲，自抽轧而出，因以为日名焉。乙不为月名者，君统臣功也。"孔颖达《正义》曰："其当孟春、仲春，季春之时，日之生养之功，谓为甲乙。乙、轧声相近，故云乙之言轧也。云日之行春，东从青道者，以星辰之次，谓之黄道。春时，星辰西游黄道近西，黄道之东，谓之青道。日体不移，依旧而行，当青道之上，故云东从青道，云月为之佐者，以日月皆经天而行，月亦从青道，阴佐于阳，故云月之佐。云万物皆解孚甲，自抽轧而出，因以为日名焉者，以日能生养万物，万物皆抽轧而生，因其抽轧，以为日功之名也。孚甲在前，抽轧在后，则应孟春为甲，季春为乙。今三春总云甲乙者，孚甲抽轧，相去不远，早生者，即孟春孚甲，而抽轧也；晚生者，即季春孚甲，而抽轧也。云乙不为月名者，君统臣功也者，月既佐日，同有甲乙之功，今独以甲乙为日名，不以乙为月名，故云君统臣功。君谓日也，日统领月之功，犹若君统领臣之功，以为己功。”

又，《季春之月》云：“是月也，生气方盛，阳气发泄，句者毕出，萌者尽达，不可以内。天子布德行惠，命有司：发仓廪，赐贫穷，振乏绝；开府库，出币帛，周天下；勉诸侯，聘名士，礼贤者。是月也，命司空曰：时雨将降，下水上腾，循行国邑，周视原也，修利堤防，道达沟渎，开通道路，毋有障塞。田猎罝罘，罗罔毕翳，餧兽之药，毋出九门。”郑氏注：“时可宣出，不可收敛也。句，屈生者芒；而直曰萌。振，犹救也。周，谓给不足也。勉，犹劝也。聘，问也。名士，不仕者。广平曰原，国也邑也。平，野也。沟渎与道路，皆不得不通，所以除水潦，便民事也。古者，沟上有路。鸟兽方孚乳，伤之逆天时也。兽罟曰罝罘，鸟罟曰罗罔。小而柄长，谓之毕翳，射者所以自隐也。凡诸罟及毒药，禁其出九门，明其常有，时不得用耳。”地法天，人法天地，是以君王于春之时，行仁政，故上说下说，为兑上兑下。

兑卦《彖》曰：“兑，说也，刚中而柔外。”刚中而柔外，是兑为说，即悦。又，履卦，兑下乾上。《彖》曰：“说而应乎乾，是以履虎尾。刚中正，履帝位。”是下说上，上为乾为虎为帝。咸卦，艮下兑上。《彖》曰：“止而说，男下女。”是上说下。睽卦，兑下离上。《彖》曰：“说而丽乎明，柔进而上行，得中而应乎刚。”是下说上。萃卦，坤下兑上。《彖》曰：“顺以说，刚中而应，故聚也。”顺以说，下顺而上说，即上刚中，而下应之，是上说下。归妹卦，兑下震上。《彖》曰：“归妹，天地之大义也。天地不交，而万物不兴。说以动，所归妹也。”兑为少女，震为长男，以少女说长男，是下说上。中孚卦，兑下巽上。《彖》曰：“柔在内，而刚得中，说而巽，孚乃化邦也。”说而巽，孚乃化邦，犹一人元良，万邦以贞，是下说上。革卦，离下兑上。《彖》曰：“文明以说，大亨以正。汤武革命，顺乎天，而应乎人。”顺乎天，而应乎人，是既说上，又说下。兑卦，兑下兑上。《彖》曰：“是以顺乎天，而应乎人。说以先民，民忘其劳；说以犯难，民忘其死。说之大，民劝矣哉！”是兑上兑下，即说上说下，上以说下，下以说上。

《商书·太甲中》：“伊尹拜手稽首，曰：修厥身，允德协于下，惟明后。先王子惠困穷，民服厥命，罔有不悦。并其友邦厥邻，乃曰：徯我后，后来无罚。”孔氏传：“言修其身，使信德合于群下，惟乃明君。言汤子爱困穷之人，使皆得其所。故民心服其教令，无有不忻喜。汤俱与邻并有国，邻国人乃曰：待我君来，言忻戴君来无罚，言仁惠。”先王成汤，慈爱困穷之人，民人服从其命令，没有不悦。是上以悦下，下以悦上，即兑上兑下之谓。《说命·书序》曰：“高宗梦得说，使百工营求诸野，得诸傅岩，作《说命》三篇。”孔颖达疏：“此三篇：上篇言梦说，始求得而命之；中篇说既总百官，戒王为政；下篇王欲师说而学，说报王为学之有益，王又厉说以伊尹之功，相对以成章。”高宗与傅说，君臣相与，如鱼得水，斯亦兑上兑下之谓。

《周书·武成》：“一戎衣，天下大定。乃反商政，政由旧。释箕子囚，封比干墓，式商容闾。散鹿台之财，发巨桥之粟，大赉于四海，而万姓悦服。列爵惟五，分土惟三。建官惟贤，位事惟能。重民五教，惟食丧祭。惇信明义，崇德报功。垂拱而天下治。”孔氏传：“一著戎服而灭纣，言与众同心，动有成功。反纣恶政，用商先王善政。释箕子囚，封比干墓，式商容闾，皆武王反纣政。纣所积之府仓，皆散发，以赈贫民。施舍已债，救乏赒无。所谓周有大赉，天下皆悦仁服德。爵五等：公、侯、伯、子、男。列地封国：公侯方百里，伯七十里，子男五十里，为三品。立官，以官贤才：居位理事，必任能事。所重在民，及五常之教。民以食为命，丧礼笃亲爱，祭祀崇孝养，皆圣王所重。使天下厚行信，显忠义。有德尊以爵，有功报以禄。言武王所修皆是，所任得人，故垂拱而天下治。”武王大赉四海，万姓悦服，垂拱而天下治，即上说下，下说上，上兑下兑之义。

《召南·草虫》：“喓喓草虫，趯趯阜螽。未见君子，忧心忡忡。亦既见止，亦既觏止，我心则降。陟彼南山，言采其蕨。未见君子，忧心惙惙。亦既见止，亦既觏止，我心则说。”《正义》曰：“言喓喓然，鸣而相呼者，草虫也。趯趯然，跃而从之者，阜螽也。以兴以礼求女者，大夫；随从君子者，其妻也。此阜螽，乃待草虫鸣，而后从之，而与相随也。以兴大夫之妻，必待大夫呼己，而后从之，与俱去也。既已随从君子，行嫁在涂，未见君子之时，父母忧己，恐其见弃己，亦恐不当君子，无以宁父母之意，故忧心冲冲然。亦既见君子，与之同牢而食；亦既遇君子，与之卧息于寝。知其待己以礼，庶可安父母；故我心之忧，即降下也。”《毛诗传笺通释》：“辰瑞按：降者，夅之假借。《说文》：夅，服也。正与二章我心则说，《传》训为服同义。《尔雅·释诂》：说，乐也。又曰：悦，服也。是知夅服亦说义也。”《草虫》，大夫使其妻，见而心悦，夫唱妇随，是男悦女，女悦男。《诗》、《易》，常以夫妻譬君臣。大夫有家，家有严君。男女相悦，犹君臣相悦，即上兑下兑之义。

《论语·子路》：“叶公问政。子曰：近者悦，远者来。”《正义》曰：“《韩非子·难三篇》：叶公子高，问政于仲尼。仲尼曰：政在悦近而来远。又曰：叶都大而国小，民有背心，故曰政在悦近而来远，言使近民欢说，则远人来至也。《墨子·耕柱篇》：叶公子高，问政于仲尼曰：善为政者，若之何？仲尼对曰：善为政者，远者近之，而旧者新之。语异义同。《管子·版法解》：凡众者，爱之则亲，利之则至。又云：爱施俱行，则说君臣，说朋友，说兄弟，说父子。爱施所设四，固不能守。又云：爱施之德，虽行而无私。内行不修，则不能朝远方之君。是故，正君臣上下之义，饰父子兄弟夫妇之义，饰男女之别，别疏数之差；使君德臣忠，父慈子孝，兄爱弟敬，礼义章明：如此，则近者亲之，远者归之。”又，《集注》曰：“被其泽则说，闻其风则来，然必近者说，而远者来也。”兑卦，兑上兑下，即此之谓。

又，《子路》：“子曰：君子易事而难说也，说之不以道，不说也。及其使人也，器之。小人难事而易说也，说之虽不以道，说也。及其使人也，求备焉。”刘宝楠《正义》曰：“君子、小人，皆谓居位者。《释文》云：说，音悦，谓投以所好也。说之不以道四句，即申释易事难说之故。盖不可说以非道，所以难说。使之器之，所以易事也。《礼记·曲礼》云：礼不妄说人。郑注为近佞媚也。君子说之不以其道，则不说也。不以其道，即是佞媚，即是妄说。《荀子·大略篇》：知者明于事，达于数，不可以不诚事也。故曰君子难说，说之不以道，不说也。”君子易事奉，难取悦；小人易取悦，难事奉，君子以道相悦。兑卦，上兑下兑，《彖》曰：“刚中而柔外，说以利贞。”是上下皆以中正相悦，为君子者之悦，为利正。

《孟子·公孙丑上》：“孟子曰：尊贤使能，俊杰在位，是天下之仕，皆悦而愿立于其朝矣。市廛而不征，法而不廛，则天下之商，皆悦而愿藏于其市矣。关讥而不征，则天下之旅，皆悦而愿出于其路矣。耕者助而不税，则天下之农，皆悦而愿耕于其野矣。廛无夫里之布，则天下之民，皆悦而愿为之氓矣。信能行此五者，则邻国之民，仰之若父母矣；率其子弟，攻其父母，自有生民以来，未有能济者也。如此，则无敌于天下。无敌于天下者，天吏也。然而不王者，未之有也。”《章指》言：“修古之道，邻国之民，以为父母；行今之政，自己之民，不得而子。是故众夫扰扰，非所常有；命曰天吏，明天所使也。”信能行此五者，是上施泽于下，即上悦下；邻国之民，仰之若父母，是下承泽于上，即下悦上。即兑卦，上兑下兑之象。

《荀子·王制》云：“存亡继绝，卫弱禁暴，而无兼并之心，则诸侯亲之矣；修友敌之道，以敬接诸侯，则诸侯说之矣。所以亲之者，以不并也；并之见，则诸侯疏矣。所以说之者，以友敌也；臣之见，则诸侯离矣。故明其不并之行，信其友敌之道，天下无王，霸主则常胜矣，是知霸道得也。闵王毁于五国，桓公劫于鲁庄，无它故焉，非其道而虑之以王也。彼王者不然，仁眇天下，义眇天下，威眇天下。仁眇天下，故天下莫不亲也；义眇天下，故天下莫不贵也；威眇天下，故天下莫敢敌也。以不敌之威，辅服人之道，故不战而胜，不攻而得，甲兵不劳而天下服，是知王道者也。”杨倞注：“说，读为悦。”由上可见，行说道即行王道。行王道者，仁眇天下，义眇天下，威眇天下。又，《大略篇》引曾子曰：“近者说则亲，远者说则附。”兑卦，兑上兑下，亦王道之谓。

兑 《说卦传》曰：“兑，说也；兑，为口；兑，为口舌。”《说文》：“兑，说也。从儿，㕣声。”《集韵》：“悦，说，兑：欲雪切，喜也，乐也，服也；或作说、兑。”《字彙》：“兑，从人，从口，上从八。”林义光《词源》曰：“㕣，非声，兑，即悦之本字。从人、口、八。八，分也，人笑口分开。”约斋《字源》曰：“兑字，是兄上加八。兄象人张口，八象气发舒。故加心就成喜悦的悦，加言就成说话的说。又因八头，而有分散，和冲淡的意思，故可作兑换的兑，和兑水的兑。”《商书·说命》曰：“高宗梦得说，使百工营求诸野，得诸傅岩，作《说命》三篇。”《释文》曰：“说，本义作兑，音悦。”《礼记·学记》，及《文王世子》，引曰：“《说命》曰：念经始典于学。”释曰：“兑，依注作说，音悦。”《庄子德充符》：“使之和豫，通而不失于兑。”注曰：“不失其说然也。李云：悦也。”是兑为说为悦。

朱骏声《说文通训定声》：“兑，当从人口会意，八象气之舒散；兄者与祝同意，从八与曾同意。今作悦，又加心旁。”杨树达《积微居小学述林·释兄》：“《说文》八篇下，兄部云：兄，长也，从儿，从口。余谓，凡形义不能密会之字，形义二事，必有一误。若兄字者，字形不误；许君未得字之初义，立训误也。余疑兄，当为祝之初文；祝，乃后起之加旁字。《说文》一篇上，示部云：祝，祭主赞词者。从示，从人口。一曰：从兑省。《易》曰：兑为口，为巫。盖祭主赞词之祝，以口交于神明，故祝字初文之兄字，从儿从口。许君不知此，而以兄长之义说之，宜其龃龉不合矣。兄，本尸祝之祝，其变为兄弟之兄，今虽不能质言其故，窃疑尸祝，本相连之事。古人祭祝，以孙为王父尸，则祝赞之职，宜以不当外求。兄长于弟，差习语言，使之主司祝告，固其宜也。其后文治大进，宗子主祭，犹此意矣。兄任祝职，其始也，兄、祝混用不分；后乃截然为二，以兄弟之义，作儿口之形，字遂不可说。《史记·越世家》，记陶朱公长男之言曰：家有长子，曰家督。督与祝，古音同。长子者，兄也。家督，本谓家人主祝者。及后，礼俗变更，乃讹为家督。古人，父在子不得自专，何督之可言，故知其不然矣。寻韦昭注《郑语》，训祝融之祝为始。《释名·释亲属》亦云：祝，始也。祝之训始，此为长子之义有关也。甲文虽有从示旁之祝，而多以兄为祝。《铁云藏龟》，百廿七叶，一版云：辛丑，卜，㱿贞：兄于母庚？《铁云藏龟拾遗》，二叶六版云：弜（弗）兄匕辛？皆其例也。”

震卦，震下震上。卦辞曰：“震惊百里，不丧匕鬯。”《彖》曰：“出可以守宗庙社稷，以为祭主也。”《说卦传》曰：“震一索而得男，故谓之长男。”朱熹曰：“一阳始生于二阴之下，震而动也。其象为雷，其属为长子。不丧匕鬯，以长子言也。出，谓继世而主祭也。”长子为兄，兄主祭祀，是兄即祝，按，甲文兄字，有两形：一为立式，一为跪式。立式，为一般兄弟之兄；跪式，为下跪之兄。祝字，则是在下跪之兄旁，另外加示，更加证明兄主祀。兑字，兄上有八。《说文》谓八，象气之分散。盖兑，为兄祝祷有词貌。有词为言说，言说以取悦于神，为悦。《彖》曰：“兑，说也。”《说卦传》曰：“说万物者，莫说乎泽。”《序卦传》曰：“巽者，入也；入而后说之，故受之以兑。兑者，说也。”《论语·子罕》曰：“巽与之言，能无说乎？”《经典释文》曰：“兑，徒外反，悦也。”又曰，“兑、说，音悦，卦内并同。”是兑，为上说下，下说上之说，即兑上兑下，两情相悦之义。

亨 兑卦，初九曰：“和兑，吉。”《象》曰：“和兑之吉，行未疑也。”九二曰：“孚兑，悔亡。”《象》曰：“孚兑之吉，信志也。”六三曰：“来兑，凶。”《象》曰：“来兑之凶，位不当也。”九四曰：“商兑未宁，介疾有喜。”《象》曰：“九四之喜，有庆也。”九五曰：“孚于剥，有厉。”《象》曰：“孚于剥，位正当也。”上六曰：“引兑。”《象》曰：“上六引兑，未光也。”除六三一爻，位不当称凶外，其他五爻，则为吉、为喜、为位正当、为引兑，是以卦辞谓兑亨通。《系辞传》曰：“往来不穷谓之通。”乾卦《文言》曰：“亨者，嘉之会也。”《九家易》曰：“众善相继，故曰嘉之会也。”庄氏曰：“嘉，美也，言天能通畅万物，使物嘉美之聚会，故云嘉之会也。”兑卦，五爻均嘉，为嘉之会，为亨通。其象，上悦下，下悦上，上下相悦无碍，是以为亨通之道。《彖》曰：“兑，说也。刚中而柔外，说以利贞，是以顺乎天，而应乎人。说以先民，民忘其劳；说以犯难，民忘其死。说之大，民劝矣哉！”故为亨通。又，《说卦传》曰：“兑，为泽。”兑卦，兑下兑上，两泽相连，有兑通之象，故亦谓亨。

利贞 贞，正，利贞即利正。《文选·东京赋》，李善注：“正，中也。”故《彖》曰：“刚中而柔外，说以利贞。”《说文》：“中，和也。从口、丨，上下通。”段玉裁注：“俗本和也，非是，当作内也。然则中者，别于外之辞也，别于偏去辞也，亦合宜之辞也。作内，则此字平声、去声之义，无不赅矣。”桂馥义证：“和也者，《礼记·中庸》：致中和，天地位焉，万物育焉。馥谓：中和之气，上下相通，故能化成万物。”《彖》曰：“说以利正，是以顺乎天，而应乎人。”即刚中者，通上下之谓。又，《彖》曰：“说以先民，民忘其劳；说以犯难，民忘其死。说之大，民劝矣哉！”《说文》：“先，前进也”；“劝，勉也”。段玉裁注：“勉之而悦从，亦曰劝。”以刚中之悦，使民前进和履险，则民忘其劳苦与危险，说之作用之大，能使民勉力为之，故为利正。《论语·颜渊》：“季康子问政于孔子。孔子对曰：政者，正也。子帅以正，孰敢不正。”兑卦，上有九五刚中，下有九二刚中。九五刚中而正，以顺乎天，而应乎人，是以利正，即利政。

王弼曰："说而违刚则谄，刚而违说则暴，刚中而柔外，所以说以利贞也。刚中，故利贞；柔外，故说亨。天刚，而不失说者也。"《正义》曰："广明说义，合于天人。天为刚德，而有柔克，是刚而不失其说也。今说以利贞，是上顺于天人也。"程氏传："兑之义，说也。阳刚居中，中心诚实之象；柔爻在外，接物和柔之象，故为说而能贞也。利贞，说之道宜正也。卦有刚中之德，能正者也。说而能贞，是以上顺天理，下应人心，说道之至正至善者也。若夫违道，以干百姓之誉者，苟说之道。违道不顺天，干誉非应人，苟取一时之说耳，非君子之正道。君子之道，其说于民，如天地之施，感于其心，而说服无斁。故以之先民，则民心说，随而忘其劳；率之以犯难，则民心说服于义，而不恤其死。说道之大，民莫不知劝。劝谓信之，而勉力顺从。人民之道，以人心说服为本，故人赞其大。"

《豳风·东山》之《序》曰："《东山》，周公东征也。周公东征，三年而归，劳归士。大夫美之，故作是诗也。君子之于人，序其情而闵其劳，所以说也。说以使民，民忘其死，其唯《东山》乎？"《正义》曰："作《东山》诗者，言周公东征也。周公摄政元年，东征三监淮夷之等，于三年而归，劳此征归之士，莫不喜悦。大夫美之，而作是《东山》之诗。经四章，虽皆是劳辞，而每章分别意异，又历序之。一章，言其完也，谓归士不与敌战，身体完全。经云勿士行枚，言无战陈之事，是其完也。二章，言其思也，谓归士在外，妻思之也。经说果蠃等，乃令人忧思，是其思也。三章，言其室家之望汝也，谓归士未反，室家思望。经说洒扫穹窒，以待征人，是室家之望也。四章，乐男女得以及时也，谓归士将行新合婚礼。经言仓庚于飞，说其成婚之事，是得其及时也。周公之劳归士，所以殷勤如此者，君子之于人，谓役使人民，序其民之情意，而闵其劳苦之役，所以喜悦此民也。民有劳苦，唯恐民上不知。今序其情，闵其情劳，则民皆喜悦，忘其劳苦。古人所谓，悦以使民，民忘其死者，其唯此《东山》之诗乎？言唯此《东山》之诗，可以当忘其死之言也。归士者，从军士卒。周公亲征，与将率同苦；以士卒微贱，劳意尤深。故意主美劳归士，不言劳将率也。悦以使民，民忘其死，是《周易·兑卦·彖辞》文。"孔子编《诗》传《易》，想必两者之间，确有关系。

《易》，以阳为正，利贞，即利阳。蒙卦，坎下艮上。卦辞曰："利贞。"《彖》曰："蒙以养正，圣功也。"九二中则正，为利贞。大畜，乾下艮上。卦辞曰："利贞。"《彖》曰："大畜，刚健、笃实、辉光，日新其德。刚上而尚贤，能止健，大正也。"阳为大，大正，即利阳之正。离卦，离下离上。卦辞曰："利贞。"《彖》曰："离，丽也。日月丽乎天，百谷草木丽乎土，重明以丽乎正，乃化成天下。"重明以丽乎乾天，化成天下，即利正。咸卦，艮下兑上。卦辞曰："利贞。"《彖》曰："男下女，是以亨利贞，取女吉也。"利男即利阳，为利贞。恒卦，巽下震上。卦辞曰："利贞。"《彖》曰："利贞，久于其道也。天地之道恒，久而不已也。利有攸往，终则有始也。"阴终阳始，是以利贞。大壮，乾下震上。卦辞曰："大壮利贞，大者正也。"大者正，即阳正，为利贞。萃卦，坤下兑上。卦辞曰："利贞。"《彖》曰："刚中而应，故聚也，聚以正也。"九五刚中，众应九五之阳，为利贞。渐卦，艮下巽上。卦辞曰："利贞。"《彖》曰："进以正，可以正邦也。"进以正，可以正邦，故曰利贞。中孚，兑下巽上。卦辞曰："利贞。"《彖》曰："柔在内，而刚得中，说而巽，孚乃化邦也。"阳得中，又阳实，其孚信化邦，是为利贞。小过，艮下震上。卦辞曰："利贞。"《彖》曰："小过，小者过而亨也，过以利贞。"阴为小，小过即阴过。阴过阳来，是以为利贞。既济，离下坎上。卦辞曰："利贞。"《彖》曰："利贞，刚柔正，而位当也。"刚柔正位，而柔以应刚，是以利阳刚之正，为利正。兑卦，兑下兑上。卦辞曰："利贞。"《彖》曰："刚中而柔外，说以利贞，是以顺乎天，而应乎人。"顺乎天，而应乎人，是利九五阳正，故为利贞。又，阴消阳长，为利贞。

《象》曰："丽泽，兑，君子以朋友讲习。"八卦兑卦，在《彖》谓说，在《象》谓泽。履卦，兑下乾上。《彖》曰："说而应乎乾。"《象》曰："上天下泽。"随卦，震下兑上。《彖》曰："动而说。"《象》曰："泽中有雷。"临卦，兑下坤上。《彖》曰："说而顺。"《象》曰："泽上有地。"大过卦，巽下兑上。《彖》曰："巽而说行。"《象》曰："泽灭木。"咸卦，艮下兑上。《彖》曰："止而说。"《象》曰："山下有泽。"睽卦，兑下离上。《彖》曰："说而丽乎明。"《象》曰："上火下泽。"损卦，兑下艮上。《象》曰："山下有泽。"夬卦，乾下兑上。《彖》曰："健而说。"《象》曰："泽上于天。"萃卦，坤下兑上。《彖》曰："顺以说。"《象》曰："泽上于地。"困卦，坎下兑上。《彖》曰："险以说。"《象》曰："泽无水。"革卦，离下兑上。《彖》曰："文明以说。"《象》曰："泽中有火。"归妹卦，兑下震上。《彖》曰："说以动。"《象》曰："泽上有雷。"节卦，兑下坎上。《彖》曰："说以行险。"《象》曰："泽上有水。"中孚卦，兑下巽上。《彖》曰："说而巽。"《象》曰："泽上有风。"是同一单卦卦象，其在《彖》之义，与在《象》之义有别，始终不混。盖见智见仁，反映物之多样复杂。

《说文》曰："麗（丽），旅行也。鹿之性，见食急，则必旅行。从鹿，丽声。《礼》：麗皮纳聘。盖鹿皮也。丽，古文。"段玉裁注："比麗之本义，其字本作丽，旅行之象也。后乃加鹿耳。《周礼》：麗马一圉，八麗一师。注曰：麗，耦也。《礼》之儷皮，《左传》之伉儷，《说文》之驪架，皆其义也。两相附则为麗。《易》曰：离，麗也。日月麗乎天，百谷草木麗乎土，是其义也。麗则有耦可观。《聘礼》曰：上介奉币儷皮。《士冠礼》：主人酬宾，束帛儷皮。儷，即麗之俗。郑注：儷皮，两鹿皮也。郑意麗为两，许意麗为鹿，其意实相通。《士冠礼》曰：古文麗为离。”李孝定《甲骨文集释》曰：“丽声之丽，诸家以为，即此字之古文，是也。麗，既以古文为声，则从鹿必后起。窃谓丽之本义，训两训耦。麗字从鹿，当为鹿之旅之专字。”丽，训两训耦，是丽泽为两泽。

《白虎通•五行》曰：“朋友何法？法水合流相承也。”《古微书•乐稽耀嘉》云：“朋友之信生于土。”与此取义殊。按，土当为水。《易》习坎卦，坎下坎上。卦辞曰：“有孚维心。”《彖》曰：“水流而不盈，行险而不失其信。”水有汛，潮有汐。丽泽，即两泽交流相承，而又有信之意。《国语・周语》：“泽，水之钟也。”兑，又为兑换。丽泽兑，谓两泽比连，相互交流，似君子与朋友讲习之象。《鲁颂•泮水》之《序》曰：“《泮水》，颂僖公能修泮宫也。”《正义》曰：“作《泮水》诗者，颂僖公之能修泮宫也。泮宫，学名。能修其宫，又修其化。”郑笺“思乐泮水”云：“泮之言半也。半水者，盖东西门以南通水，北无也。”《释文》曰：“泮宫，诸侯之学也。泮，半也，半有水，半无水也。”朱熹《诗集传》曰：“泮水，泮宫之水也。诸侯之学，乡射之宫，谓之泮宫。其东西南方有水，形如半璧，以其半于辟雍，故曰泮水，而宫亦以名也。”兑象半坎，坎为水，半坎为半水，为泮。按伏羲八卦方位，上南下北，左东右西，兑位东南。泮宫，其南通水，其北不通水，兑象当之，是兑有学宫之象。又丽泽，故《象》曰：“君子以朋友讲习。”

《论语疏证》：“《学而篇》：子曰：学而时习之，不亦说乎！有朋自远方来，不亦乐乎！《为政篇》曰：温故而知新，可以为师矣。《易•象传》曰：丽泽兑，君子以朋友讲习。《礼记•学记》曰：独学而无友，孤陋而寡闻。《孟子•万章下篇》曰：孟子谓万章曰：一乡之善士，斯友一乡之善士；一国之善士，斯友一国之善士；天下之善士，斯友天下之善士。”杨树达按：“学而时习，即温故也；温故能知新、故说也。人友天下之善士，故有朋自远方来。同道之朋，不远千里而来，可以证学业，析疑义。虽欲不乐，得乎？”《系辞传》曰：“鸣鹤在阴，其子和之。我有好爵，吾与尔靡之。子曰：君子居其室，出其言善，则千里之外应之，况其迩者乎？居其室，出其言不善，则千里之外违之，况其迩者乎？”兑为说，为悦；兑为口舌，为讲习；兑为羊，为善士善言。是以丽泽兑，为与朋友讲习。朱骏声《六十四卦经解》曰：“丽，两也，连也。《礼》称丽皮，言两连也。兑者，坎水塞下流，故为泽。毛晃曰：水所钟聚曰兑也。同处师门曰朋，共执一志曰友，两口故讲习。《论语》谓：学之不讲为忧，学而时习为说，朋自远来为乐。古者，选士于泽宫，建学于泮水，则丽泽之谊焉。”

《小雅·伐木》云："伐木丁丁，鸟鸣嘤嘤。出自幽谷，迁于乔木。嘤其鸣矣，求其友声。相彼鸟矣，犹求友声，矧伊人矣，不求友生。神之听之，终和且平。"郑笺："丁丁、嘤嘤，相切直也。言昔日未居位，在农之时，与友生于山岩，伐木为勤苦之事，犹以道德相切正也。嘤嘤，两鸟声也。其鸣之志，似于有友道然。迁，徙也。谓乡时之鸟，出从深谷，今移处高木。嘤其鸣矣，迁处高木者，求其友声，求其尚在深谷者。言心诚求之，神若听之，使得如志，则友终相与和，而齐动也。"《序》云："《伐木》，燕朋友故旧也。自天子至于庶人，未有不须友以成者。亲亲以睦，友贤不弃，不遗故旧，则民德归厚矣。"《正义》曰："作《伐木》诗者，燕朋友故旧也。又言所燕之由，自天子至于庶人，未有不须友以成者。王者，既能内亲其亲，以使和睦；又能外友其贤而不弃，不遗望久故之恩旧，而燕乐之。以此化民于上，民则效之于下，则民德皆归于惇厚，不浇薄矣。"此亦君子以朋友讲习之义。

巽卦和兑卦，互为邻卦。《论语·子罕》："子曰：巽与之言，能无说乎？"是巽卦之后，次以兑卦。《序卦传》曰："巽者，入也。入而后说之，故受之以兑。兑者，说也。"《说文》："入，内也。"桂馥义证："内也者，《释名》：入，纳也，纳使还也。《书》：纳于大麓。《论衡·感应类篇》，作舜入大麓。《周礼·媒氏》：凡嫁子娶妻，入币纯帛，无过五两。注，训为纳乎。"《玉篇》："入，纳也。"《左传》宣公二年："谏而不入，则莫继也。"是入为内为纳。巽顺者能纳谏，纳而后能悦之，故受之以兑。《战国策·齐一》："（邹忌）入朝见威王曰：臣诚知不如徐公美；臣之妻私臣，臣之妾畏臣，臣之客欲有求于臣，皆以美于徐公。今齐地方千里，百二十城，宫妇左右，莫不私王；朝廷之臣，莫不畏王；四境之内，莫不有求于王。由此观之，王之蔽甚矣！王曰：善！乃下令：群臣吏民，能面刺寡人之过者，受上赏；上书谏寡人者，受中赏；能谤议于市朝，闻寡人之耳者，受下赏。"邹忌以自喻，讽齐王纳谏，可谓巽以入谏；齐王称善，下令赏谏，可谓纳而后说。如此下谏上，上纳下，可谓兑者说也。巽卦，下巽上巽，上下皆逊；兑卦，下兑上兑，上下皆悦。巽而兑，前后相承，是为邻卦。

巽卦和兑卦，互为综卦。故《杂卦传》曰："兑见，而巽伏也。"兑柔外见，巽柔内伏。巽卦《彖》曰："刚巽乎中正，而志行，柔皆顺乎刚。"二阳在上，一阴在下。兑卦《彖》曰："刚中而柔外，说。"二阳在下，一阴在上。故而巽顺内伏，兑说外见，是以相综。马注："巽，恭也，谓恭孙谨敬之言，闻之无不说者。能寻绎行之，乃为贵。"《正义》曰："《易·巽·象传》：顺以巽也。虞注：巽，外迹相卑下也。是巽有恭义。人有过，我以恭逊谨敬与之言，人感我柔顺，不能不说也。"按，《序卦传》意谓纳谏，《论语》意谓与言，两者皆谓逊而后悦，是巽在兑先，巽然后兑。又，《易》以道阴阳。于伏羲八卦，巽为西南卦，为五、六月卦，是阴生于下之时；兑为东南卦，为二、三月卦，是阴消于上之时。阴生于下为巽顺，阴消于上为兑说。阴生阴消，颠倒为卦，是以互为综卦。

艮卦和兑卦，互为错卦。艮卦《彖》曰："艮，止也，时止则止，时行则行。动静不失其时，其道光明。艮其止，止其所也。"兑卦《彖》曰："兑，说也，刚中而柔外。说以利贞，是以顺乎天，而应乎人。说以先民，民忘其劳。说以犯难，民忘其死。说之大，民劝矣哉！"是艮为止，说为进。艮卦，艮下艮上，阴得中位，是以阳止。兑卦，兑下兑上，阳得中位，是以阳进。两卦阴阳互错，为错卦。又，艮卦《象》曰："兼山，艮，君子以思不出其位。"兑卦《象》曰："丽泽，兑，君子以朋友讲习。"以思不出位，亦谓止；以朋友讲习，亦谓进。又，按伏羲八卦，离东坎西，乾南坤北。离为春。乾为夏，坎为秋，坤为冬。艮位西北，在秋冬之交，气肃而物敛，是艮为止。兑位东南，在春夏之际，是以顺乎天，万物生长，兑为进。一止一进，相反相对，是以互为错卦。

又，艮卦和兑卦，其究为剥卦和夬卦。剥卦，坤下艮上。卦辞曰："不利有攸往。"《彖》曰："剥，剥也，柔变刚也。不利有攸往，小人长也。顺而止之，观象也。君子尚消息盈虚，天行也。"剥卦，一阳在上，为九月卦，阳将尽，为不利有攸往。夬卦，乾下兑上。卦辞曰："利有攸往。"《彖》曰："夬，决也，刚决柔也。健而说，决而和，利有攸往，刚长乃终也。"夬卦，一阴在上，为三月卦，阴将尽，为利有攸往。故艮卦和兑卦，犹剥卦和夬卦。不利有攸往，与利有攸往，亦一止一进。前者和后者，皆以天时，而言人事。《说卦传》曰："观变于阴阳，而立卦；发挥于刚柔，而生爻；和顺于道德，而理于义；穷理尽性，以至于命。"朱熹《周易本义》曰："穷天下之理，尽人物之性，而于天道，此圣人作《易》之极功也。"剥卦和夬卦，艮卦和兑卦，即是穷理尽性，以合天道。

初九，和兑，吉。

〔译〕 初九，应和相悦，吉利。

《象》曰："和兑之吉，行未疑也。"

〔证〕

和兑 《尔雅·释诂三》："和，谐也。"《小尔雅·广言》："谐，和也。"《国语·周语下》："乐从和。"韦昭注："和，八音克谐也。"《说文》："和，相应也。从口，禾声。"段玉裁注："古唱和字，不读去声。"《郑风·萚兮》："萚兮萚兮，风其吹女。叔兮伯兮，倡予和女。”毛传：“兴也。萚，槁也。人臣待君倡而后和。叔伯，言群臣长幼也。君倡臣和也。”孔颖达疏：“毛以为，落叶谓之萚。诗人谓此萚兮萚兮，汝虽将坠于地，必待风其吹女，然后乃落。以兴谓此臣兮臣兮，汝虽职当行政，不待君倡而后和。又以君意责群臣，汝等叔兮伯兮，群臣长幼之等，倡者当是我君，和者当是汝臣。汝何不待我君倡而和乎？”《诗序》曰：“《萚兮》，刺忽也。君弱臣强，不倡而和也。”郑笺：“不倡而和，君臣各失其礼，不相倡和。”《释文》曰：“倡，本又作唱。”

中孚卦，兑下巽上。九二曰：“鸣鹤在阴，其子和之。”巽为鸡，为木，九五在巽中，为鸣鹤在阴。五与二，上下、父子、君臣关系，二在兑中，兑为口，故九二为其子和之。此父唱子和，即君唱臣和之类。故其《象》曰：“其子和之，中心愿也。”即谓臣之和君，乃是臣忠君之心愿。《左传》昭公十二年：“外内倡和为忠。”杜预注：“不相违也。”孔颖达疏：“外内倡和为忠，言君在内，臣在外，君倡臣和，不相乖违，是名为忠也。”《六韬·守国篇》曰：“为之先唱，而天下和之。”刘寅直解曰：“圣人为之先唱，而天下从而和之。”此太公答文王问，文王为圣人，是以君唱臣和之意。兑卦初九和兑，谓兑上既为上说，兑下则应为下说，以说应说，君唱臣和，故为和兑。《彖》曰：“刚中而柔外，说以利贞。是以顺乎天，而应乎人。”初九和兑，兑为口，上口下口，为唱和之象，故谓和兑。和兑为兑之始，无和则无上下之兑，和为基，是以为初爻。

吉　《象》曰：“和兑之吉，行未疑也。”《彖》曰：“说以先民，民忘其劳，说以犯难，民忘其死，说之大，民劝矣哉！”行未疑，即谓民说而忘劳忘死，勤勉而未疑，所以和兑为吉利。《商书·咸有一德》曰：“惟伊躬暨汤，咸有一德，克享天心，受天明命。以九有之师，爰革夏正。非天私我有商，惟天佑于一德。非商求于下民，惟民归于一德。德惟一，动罔不吉；德二三，动罔不凶。”经称伊尹及汤，君臣皆有一德。一德犹上下相说，同心同德，故能灭夏兴商。非天私爱有商，惟天佑助一德，即上顺乎天。非商以力求民，民自归于一德，即下应乎人。君臣同德，其行无不吉利；君臣不同德，其行没有不凶。是以《象》曰：“和兑，吉。”即谓君唱臣和，君臣同德，故而吉利。兑为羊，羊为祥为吉。初九和兑，乃以吉应吉，为吉。

和，假借为龢。《国语·周语下》曰：“故必听和而视正。听和则聪，视正则明。聪则言听，明则德昭。听言昭德，则能思虑纯固。以言听于民，民歆而德之，则归心焉。上得民心，以殖义方，是以作无不济，求无不获。然则能乐，夫耳内和声，而口出美言，以为宪令；而布诸民，正之以度量，民以心力，从之不倦，成事不二，乐之至也。口内味，而耳内声，声味生气。气在口为言，在目为明。言以信名，明以时动，名以成政。动以殖生，政成生殖，乐之至也。若视听不和，而有震眩，则味入不精。不精则气佚，气佚则不和。于是乎有狂悖之言，有眩惑之明，有转易之名，有过慝之度；出令不信，刑改放纷，动不顺时；民无依据，不知所力，各有离心。上失其民，作则不济，求则不获，其何以乐。”内，读如纳。又曰，“夫政象乐，乐从和，和从平。”是政象乐，上下和说，作无不济，求无不获，故吉。

阳性刚健果断，阴性优柔寡断，是以阳无疑，阴多疑。坤卦，坤下坤上。上六《文言》曰：“阴疑于阳，必战。”豫卦，坤下震上。九四曰：“由豫，大有得，勿疑朋盍簪。”丰卦，离下震上。六二曰：“丰其蔀，日中见斗，往得疑疾，有孚发若，吉。”又，小畜卦，乾下巽上。上九《象》曰：“君子征凶，有所疑也。”贲卦，离下艮上。《象》曰：“六四，当位疑也。”遁卦，艮下乾上。上九《象》曰：“肥遁，无不利，无所疑也。”睽卦，兑下离上。上九《象》曰：“遇雨之吉，群疑亡也。”损卦，兑下艮上。六三《象》曰：“一人行，三则疑也。”升卦，巽下坤上。九三《象》曰：“升虚邑，无所疑也。”巽卦，巽下巽上。初六《象》曰：“进艮，志疑也。”既济卦，离下坎上。六四《象》曰：“终日戒，有所疑也。”以上，凡言疑者，皆谓阴；言无疑者，皆谓阳。兑卦，兑下兑上。初九《象》曰：“和兑之吉，行未疑也。”初九阳爻，行性刚断，正在上升之时，故云行未疑。

九二，孚兑，吉，悔亡。

〔译〕 九二，以诚信相悦，吉利，悔恨消亡。

《象》曰：“孚兑之吉，信志也。”

〔证〕

孚兑 《尔雅·释诂》：“孚，信也。”《说文》：“孚，一曰信也。”又，《释诂》曰：“诚，信也。”《说文》曰：“信，诚也；诚，信也。”是孚、信、诚，三者义通。《大雅·文王》：“仪刑文王，万邦作孚。”毛传：“刑，法；孚，信也。”郑笺：“仪法文王之事，则天下咸信而顺之。”孔颖达疏：“王欲顺之，但近法文王之道，则与天下万国作信。言王用文王之道，则皆信而顺之矣。”万邦作孚，谓万邦以诚信待王。又，《下武》曰：“成王之孚，下土之式。”郑笺：“王道尚信，则天下以为法，勤行之。”下土之式，谓下土效法王孚。兑卦，兑为口舌，口舌为言，人言为信。上兑下兑，二、五阳实居中，中为忠，皆当忠信。上以忠信悦下，下以忠信悦上，谓之孚兑。朱骏声《六十四卦经解》：“此爻，即中孚鹤鸣、子和之义。孟子所谓，中心说而诚服。如七十子，之于孔子也。”

吉 《周书·康王之诰》曰：“底至齐信，用照明于天下。则亦有熊罴之士，不二心之臣，保乂王家。”孔氏传：“致行至中信之道，用显明于天下。言圣德洽。言文、武既圣，则亦有勇猛，如熊罴之士，忠一不二心之臣，共安治王家。”又，《老子》曰：“信不足焉，有不信焉。”范应元注：“上之诚信不足，则下亦有不诚信者矣。”《论语・颜渊》曰：“民无信不立。”刘宝楠注：“孔曰：治邦不可失信。郑此注云：民无信不立，言民所最急者，信也。”《左传》僖公二十五年：“信，国之宝也。”宣公十五年：“信载义而行之为利。”《谷梁传》二十二年：“信之所以为信者，道也。”兑卦，上兑下兑，即上诚信下诚信，是诚信照明于天下，得守国庇民之宝，得治国之道，是以为吉。

《象》曰：“孚兑之吉，信志也。”《说文》段玉裁注：“信，古多以为屈伸之伸。”是信志，即伸志。革卦，九四《象》曰：“改命之吉，信志也。”《系辞传》曰：“往者屈也，来者信也，屈信相感，而利生焉。尺蠖之屈，以求信也。”《释文》曰：“信，本又作伸，同音申。韦昭《汉书音义》云：古伸字。”《邶风・击鼓》云：“于嗟洵兮，不我信兮。”毛传：“信，极也。”《释文》：“信，毛音申。案，信即古伸字。”《正义》曰：“信，古伸字。故《易》曰：引而信之。伸，即终极之义，故云：信，极也。”《群经平议》卷十：“古信、申同字，信当读为申。”段玉裁《说文解字注》，于申字下曰：“古屈伸字，作诎申；亦假信。其作伸者，俗字。”乾卦《文言》曰：“九二曰，见龙在田，利见大人，何谓也？子曰：龙德而正中者也。庸言之信，庸行之谨，闲邪存其诚，善世而不伐，德博而化，《易》曰，见龙在田，利见大人，君德也。”兑卦九二，以如此信孚说上，是为孚兑。孚兑之吉，在于伸见龙之志。于象，兑为羊，羊为祥，祥为吉，九二，得下兑之中，是以为吉，为伸志。

《礼记・中庸》曰：“在下位不获乎上，民不可得而治矣。获乎上有道，不信乎朋友，不获乎上矣。信乎朋友有道，不顺乎亲，不信乎朋友矣。顺乎亲有道，反诸身不诚，不顺乎亲矣。诚身有道，不明乎善，不诚乎身矣。”《正义》曰：“此明为臣为人，皆须诚信于身，然后可得之事。在下位不获乎上者，获，得也，言人臣处在下位，不得于君上之意，则不得居位以治民，故云民不可得而治矣。获乎上有道，不信乎朋友，不获乎上矣者，言臣欲得君上之意，先须有道德信著朋友；若道德无信著乎朋友，则不得君上之意矣。言欲得上意，先须信乎朋友也。信乎朋友有道，不顺乎亲，则不信乎朋友矣者，言欲行信著于朋友，先须有道顺乎其亲；若不顺乎亲，则不信乎朋友矣。顺乎亲有道，反诸身不诚，不顺乎亲矣者，言欲顺乎亲，必须有道反于己身，使有至诚；若身不能至诚，则不能顺乎亲矣。诚身有道，不明乎善，不诚乎身矣者，言欲行至诚于身，先须有道明乎善行；若不明乎善行，则不能至诚乎身矣。言明乎善行，始能至诚乎身；能至诚乎身，始能顺乎亲；顺乎亲，始能信乎朋友；信乎朋友，始能得君上之意；得乎君上之意，始得居位治民也。”九二孚兑，正是以己之诚信悦上，故可得乎君上之意，始得居位治民，以伸其志，是以为吉。

悔亡　《系辞传》曰：“悔吝者，言乎其小疵也。”二为阴位，九二以阳居阴，有悔。然孚兑伸志而吉，是以悔亡，即无悔。《中庸》曰：“诚者，天之道也；诚之者，人之道也。不勉而忠，不思而得，从容中道，圣人也。诚之者，择善而固执之者也。”郑氏注：“言诚者，天性也；诚之者，学而诚之者也。”《正义》曰：“诚者不勉而中，不思而得，从容中道，圣人也者。此复说上文：诚者天之道也。唯圣人能然，谓不勉励，而自中当于善；不思虑，而自得于善；从容闲暇，而自中乎道。以圣人性，合于天道自然，故云圣人也。诚之者，择善而固执之者也，此复说上文：诚之者人之道也。谓由学而至此至诚，谓贤人也。言选择善事，而坚固执之、行之不已，遂致至诚也。”九二孚兑，刚中而柔外，说以利贞，是诚者从容中道，择善而固执之，得圣贤之道。若文王然，终得虞、芮之信，故而悔亡。王弼注：“说不失中，有孚者也；失位而说，孚吉，乃悔亡也。”程氏传：“二，刚中之德，孚信内充，虽比小人，自守不失。君子和而不同，说而不失刚中，故吉而悔亡。非二之刚中，则有悔矣，以自守而亡也。”

六三，来兑，凶。

〔译〕　六三，来取悦，凶险。

《象》曰：“来兑之凶，位不当也。”

〔证〕

来兑，凶　《说文》：“來（来），周所受瑞麦来麰，一來二缝。象芒朿之形。天所來也，故为行來之來。”來，天所來，故上为往，下为来。泰卦，乾下坤上。卦辞曰：“泰，小往大来，吉亨。”《象》曰：“泰，小往大來，吉亨，则是天地交，而万物通也；上下交，而其志同也。内阳而外阴，内健而外顺，内君子而外小人。君子道长，小人道消也。”否卦，坤下乾上。卦辞曰：“否之匪人，不利君子贞，大往小来。”《象》曰：“否之匪人，不利君子贞，大往小来。则是天地不交，而万物不通也，上下不交，而天下无邦也。内阴而外阳，内柔而外刚，内小人而外君子。小人道长，君子道消也。”是小为坤，为阴，为柔，为小人；大为乾，为阳，为刚，为君子。在上为往，在下为来。阴往阳来为吉亨，阳往阴来为不利。兑卦六三，位于下卦，下卦为来，是为来兑。六三为阴，阴为小人，小人来悦为凶，是为来兑凶。

《象》曰：“来兑之凶，位不当也。”六三，阴居阳位，小居大位，是位不当。王弼注：“以阴柔之质，履非其位，来求说者也。非正而求说，邪佞者也。”李鼎祚《周易集解》：“案，以阴居阳，故位不当，谄邪求悦，所以必凶。《系辞传》曰：三多凶，五多功，贵贱之等也。其柔危，其刚胜邪。”侯果曰：“三、五阳位，阴柔处之，则多凶危；刚正居之，则胜其任。”韩康伯曰：“三、五阳位，柔非其位，处之则危；居以刚健，胜其任也。夫所贵刚者，闲邪存其诚，动而不违其节者也。若刚以犯物，则非刚之道；柔以卑佞，则非柔之义也。”程氏传：“自处不中正，无与而妄求说，所以凶也。”《周易折中》引《集说》曰：“王氏宗传曰：六三居两兑之间，一兑既终，一兑复来，故曰来兑。夫以不正之才，居两兑之间，左右逢迎，惟以容说为事，此小人之失正者，故于兑为凶。”

《大雅·民劳》：“无纵诡随，以谨无良。式遏寇虐，憯不畏明。无纵诡随，以谨惽怓。式遏寇虐，无俾民忧。无纵诡随，以谨罔极。式遏寇虐，无俾作慝。无纵诡随，以谨丑厉。式遏寇虐，无俾正败。无纵诡随，以谨缱绻。式遏寇虐，无俾正反。”郑笺：“谨，犹慎也；良，善；式，用；遏，止也。”《诗集传》曰：“诡随，不顾是非，而妄随人也；谨，敛束之意；憯，曾也；惽怓，犹喧哗也；罔极，为恶无穷极之人也；厉，恶也；正败，正道败坏；缱绻，小人之固结其君者也；正反，反于正也。”又引苏氏曰：“人未有无故，而妄从人者，维无良之人，将悦其君，而窃其权，以为寇虐则为之。故无纵诡随，则无良之人肃，而寇虐无畏之人止。然后柔远能迩，而王室定矣。”诡随之人，即来兑之阴小；其为寇虐，即是为凶。朱骏声《六十四卦经解》：“说之以非道，来兑之象也。《春秋》庄公十七年：郑詹自齐来。《公羊》曰：书甚佞也，曰佞人来。佞人来矣，其是之谓乎。”

九四，商兑未宁，介疾有喜。

〔译〕　九四，商度悦君不息，大病有愈。

《象》曰：“九四之喜，有庆也。”

〔证〕

商兑未宁　《说文》：“商，从外知内也。从冏，章省声。”段玉裁注：“《汉律历志》云：商之为言章也，物成熟可章度也。从外知内，了了章著曰商。”王筠《句读》：“谓由外，以测其内也。”《说文》：“冏，窻牖丽廔闿明也。凡冏之属，皆从冏，读犷。贾侍中说：读与朙同。”段注：“冏，今音俱永切。”《广雅·释诂》云：“冏，明也。”按，商为章明，故从冏，章省。从外知内，为解其义，谓洞察章明。商星为辰星，即火星。兑卦，二之四为离象，离为火为明。明，一作朙。盖圣人以此系辞，谓商度而悦君，是为商兑。九四，以阳刚之质近君，上承九五中正，下乘六三阴邪，故不可不商度而悦，是不贸然肯定之意。

商，既为从外知内，由外以测其内，故《广雅·释诂》曰：“商，度也。”《周书·

费誓》曰："我商赉尔。"孔氏传："我则商度汝功，赐与汝。"《白虎通·商贾》曰："商贾，何谓也？商之为言商也。商其远近，度其有亡，通四方之物，故谓之商也。"《汉书·沟洫志》："商、延年皆明计算，能商工利。"颜师古注："商，度也。"《战国策·中山策》："商敌为资，未可豫陈也。"鲍彪补注："商，较之。"商，本训度，为商度。《释文》引郑玄注："商，隐度也。"隐度，暗暗度量，犹商度。九四以刚疑于五，四多惧，履虎尾愬愬，故商度而悦君，谓之商兑。《玉篇》："未，犹不也。"《尔雅·释诂》："宁，静也。"静，犹止息。《国语·晋语八》："闻子与和未宁。"韦昭注："宁，息也。"商兑未宁，即谓对君商度之悦，不曾止息。下兑已终，九四居上兑之始，是商兑未宁之象。兑卦九四阳刚，当亦有德，为以德悦君者。

介疾有喜　《周书·酒诰》曰："尔乃自介用逸。"孔氏传："汝乃能自大用逸之道。"《多方》曰："大介赉尔。"孔传："大大赐汝。"介，皆谓大。《小雅·甫田》："报以介福，万寿无疆。"《诗集传》："此报以大福，使之万寿无疆也。"《大雅·瞻印》："舍尔介狄，维予胥忌。"《正义》："王肃说：舍尔大道远虑，反与我贤者怨乎？"《群经平议》（卷十一）："言舍尔所大忧者，反与我相忌。"介谓大。晋卦六二曰："受兹介福，于其王母。"王弼注："受兹大福。"介疾有喜，《释文》引马融曰："介，大也。"履卦九四曰："履虎尾愬愬，终吉。"《象》曰："愬愬终吉，志行也。"兑之九四与同。介疾，即履虎尾之疾；有喜，犹终吉。《说卦传》曰："坎为心病，为耳痛。"兑卦，三之上为大坎，大坎为大疾。大坎上下皆阴，阴包阳，是臣与君商兑之大疾；四之上为兑，兑为悦为喜，为介疾有喜。喜，病愈则喜。又，《淮南子·原道训》："人大怒破阴，大喜坠阳。"高诱注："怒者，阴气也；喜者，阳气。"兑卦，虽三之上为大坎，然四、五为阳刚之气，是以介疾有喜，商兑可行。无妄卦九五曰："无妄之疾，勿药有喜。"九五有阳，喜者阳气。

《象》曰："九四之喜，有庆也。"《说文》："慶（庆），行贺人也。从心，从夊。吉礼以鹿皮为贽，故从鹿省。"桂馥义证："行贺人也者，徐锴曰：夊，行也。《广雅》：庆，贺也。《大宗伯》：以庆贺之礼，亲异姓之国。疏云：谓侯国有喜，王使大夫以物庆贺之也。《公羊传》：庆子家驹。注云：庆，贺。《淮南·本经训》：当此之时，无庆贺之利。吉礼以鹿皮为贽者，本书麓字云：《礼》：麗皮纳聘。盖鹿皮也。"九四得以悦五，五亦悦四，是以得君之赐，故曰有庆。《周礼·大行人》曰："贺庆以赞诸侯之喜。"是天子贺臣下之喜为庆。兑为羊为鹿，上兑下兑，为麗皮，为行贺慶之象。《易乾凿度》曰："终于上，初为元士，二为大夫，三为三公，四为诸侯，五为天子，上为宗庙。凡此六者，阴阳所以进退，君臣所以升降，万人所以为象则也。"是兑卦九四，为诸侯之位；九五，为天子之位。《象》曰："九四之喜，有庆也。"即谓诸侯得天子之赐，以九四阳刚而居阴柔。

九五，孚于剥，有厉。

〔译〕 九五，诚信被阴损剥之时，有危险。

《象》曰："孚于剥，位正当也。"

〔证〕

孚于剥 《象》曰："孚于剥，位正当也。"按，履卦，兑下乾上。九五曰："夬履，贞厉。"《象》曰："夬履贞厉，位正当也。"正当夬履，即正当决礼，不言中。否卦，坤下乾上。九五曰："休否，大人吉。"《象》曰："大人之吉，位正当也。"正当处否之极，不言中。中孚卦，兑下巽上。九五曰："有孚挛如，无咎。"《象》曰："有孚挛如，位正当也。"其位只是正当，无咎，不言中。又，需卦，乾下坎上。九五《象》曰："酒食贞吉，以中正也。"讼卦，坎下乾上。九五《象》曰："讼，元吉，以中正也。"比卦，坤下坎上。九五《象》曰："显比之吉，位正中也。"随卦，震下兑上。九五《象》曰："孚于嘉，吉，位正中也。"姤卦，巽下乾上。九五《象》曰："九五含章，中正也。"井卦，巽下坎上。九五《象》曰："寒泉之食，中正也。"巽卦，巽下巽上。九五《象》曰："九五之吉，位正中也。"由上可见，位正当者，是以阳当阳位；位中正者，是以阳当其位而中。后者有中极之美，前者则无。故后者皆吉，前者多不吉。否卦谓大人吉，乃谓休否，将对大人有利，非在吉中。兑卦，九五《象》曰："孚于剥，位正当也。"谓其信实，正当剥之时，不言中，不言吉，且有厉。

夬卦，乾下兑上。《彖》曰："夬，决也，刚决柔也。"上六曰："终有凶。"《象》曰："终不可长也。"夬卦，一阴终于上，是阴被决尽之时。剥卦，坤下艮上。《彖》曰："剥，剥也，柔变刚也。"上九曰："硕果不食。"《象》曰："终不可用也。"剥卦，一阳终于上，是阳被剥尽之时。约斋《字源》曰："录，这字加刀为剥，加金为録，都含刻剥雕镂的意思。因为它原是，用车钻钻木的形象，旁边的点，象钻落的木屑。"故剥有剥落之意。《说文》："剥，割也。"段玉裁注："孔子《易传》曰：致饰，然后通则尽矣，故受之以剥。剥者，剥也。物不可终尽，剥穷上反下，故受之以复也。按，此是剥训尽；裂则将尽矣。"据剥之义，孚于剥，盖谓诚信已至尽时。兑卦，初九、九二，九四、九五，皆为阳爻。阳为实，实为信孚。阳尽于九五，故曰孚于剥。《说卦传》曰："兑为毁折。"阳尽于九五，即是孚兑于九五将毁，以其上六为阴之故。

有厉 谓上六。兑卦，初、二、四、五，以阳悦阳，阳实而刚，为君子之悦。三、上，以阴悦阴，阴虚而柔，小人之悦。故六三谓来悦凶，九五称上六有厉。乾卦九三曰："君子终日乾乾，夕惕若厉，无咎。"日，指阳；夕，指阴；厉，阴厉。《淮南子·人间训》曰："故君子终日乾乾，夕惕若厉，无咎。终日乾乾，以阳动也；夕惕若厉，以阴息也。因日以动，因夜以息，惟有道者能之。"夕惕若厉，谓夕惕阴厉。兑卦，九五曰有厉，即谓上六有阴厉。又，剥卦，于消息卦为九月，往前则为坤，为十月。九五曰："孚于剥，有厉。"即谓剥卦以后，乃是坤卦，九月以后，便是十月。十月纯阴，故曰有厉。王弼注："比于上六，而与相得，处尊正之位，不说信乎阳，而说信乎阴，孚于剥之义也。剥之为义，小人道长之谓。"李道平《纂疏》："案：兑为夬，夬极必剥。况六三以兑说而来，上六以兑说而引，若轻信阴，则剥之兆成矣，故有厉。"

程氏传："盖尧、舜之盛，未尝无戒也，戒所当戒而已。虽圣贤在上，天下未尝无小人；然不敢肆其恶也，圣人亦说其能勉，而革面也。彼小人者，未尝不知圣贤之可说也。如四凶处尧朝，隐恶而顺命是也。圣人非不知其终恶也，取其畏罪而强仁耳。五，若诚心信小人之假善，为实善，而不知其包藏，则危道也。小人者，备之不至，则害于善。圣人为戒之意，深矣！剥者，消阳之名，阴消阳者也。盖指上六，故孚于剥则危也。以五在说之时，而密比于上六，故为之戒。虽舜之圣，且畏巧言令色，安得不戒也？说之惑人，易入而可惧也如此！"又曰，"戒孚于剥者，以五所处之位，正当戒也。密比阴柔，有相说之道，故戒在信之也。"朱熹曰："剥，谓阴能剥阳者也。九五阳刚中正，然当说之时，而居尊位，密近上六。上六阴柔，为说之主，处说之极，能妄说以剥阳者也。故其占，但戒以信于上六，则有危也。"

上六，引兑。

〔译〕　上六，引伸其悦。

《象》曰："上六引兑，未光也。"

〔证〕

引兑　《考工记·弓人》曰："维体防之，引之中参。"郑氏注："谓体定张之，弦居一尺，引之又二尺。"《说文》："引，开弓也。从弓、丨。"段玉裁注："施弦于弓曰张；钩弦使满，以竟矢之长，亦曰张，是谓之引。凡延长之称，开导之称，皆引申于此。此引而上行之丨也，为会意。丨，亦象矢形。"《周书·梓材》："引养引恬，自古王若兹监。"孔氏传："能长养民、长安民，用古道如此监。"《召公》："殷乃引考。"孔传："殷乃长成为周。"《多士》："上帝引逸。"传："言上天欲民长逸。"《书》皆训引为长。《小雅·楚茨》："子子孙孙，勿替引之。"毛传："替，废；引，长也。"郑笺："愿子孙勿废，而长行之。"《大雅·卷阿》："有孝有德，以引以翼。"毛传："引，长。"《正义》曰："王当以此长尊之，以此恆敬之。"《诗》亦训引为长。《系辞传》曰："引而伸之，触类而长之。"引，引伸延长，使之发扬光大。上六引兑，即谓长行悦道。由初之上，下兑上兑，谓之长兑，为引兑。又，上六为兑之前导，为引兑。

《象》曰："上六引兑，未光也。"《大雅·公刘》："思辑用光。"毛传："思辑用光，言民相与和睦，以显于时也。"郑笺："思在和其民人，用光大其道，为今子孙之基。"《诗集传》曰："思以辑和其民人，而光显其国家。"诸葛亮《出师表》："诚宜开张圣听，以光先帝遗德。"光，光显、光大，通广。未光，谓未光大。按坤卦，《象》曰："含弘光大。"《文言》曰："含万物而化光。"六二《象》曰："不习，无不利，地道光也。"六三《象》曰："或从王事，知光大也。"屯卦，九五《象》曰："屯其膏，施未光也。"泰卦，九二《象》曰："包荒，得尚于中行，以光大也。"噬嗑卦，九四《象》曰："利艰贞吉，未光也。"颐卦，六四《象》曰："颠颐之吉，上施光也。"咸卦，九四《象》曰："憧憧往来，未光大也。"晋卦，上九《象》曰："维用伐邑，道未光也。"夬卦，九五《象》曰："中行无咎，中未光也。"萃卦，九五《象》曰："萃有位，志未光也。"震卦，九四《象》曰："震遂泥，未光也。"涣卦，六四《象》曰："涣其群，无吉，光大也。"以上，凡吉利之象，皆言光或光大；凡未吉利，和仅无咎者，皆言未光或未光大。兑卦，九五孚于剥，故上六曰引兑，《象》曰未光也。即谓兑道未能光大，是以引而伸之，使其兑道光大。

《系辞传》曰："《易》之兴也，其于中古乎？作《易》者，其有忧患乎？"又曰，"《易》之兴也，其当殷之末世，周之盛德邪？当文王与纣之事邪？"是《周易》多殷、周故事。兑卦，六三来兑凶，似纣用费中为政，费中善谀，好利，殷人弗亲。纣又用恶来，恶来善毁谗，诸侯以此益疏。九四商兑未宁，介疾有喜，似西伯出羑里，而献洛西之地，以请除炮格之刑。纣乃许之，赐弓矢斧钺，使得征伐，为西伯。上六引兑，则似成王已悟，决心继文、武君臣相兑之道。《周颂》之《闵予小子》、《访落》、《敬之》、《小毖》，皆属引兑之诗。又，《大雅·行苇》之《序》曰："《行苇》，忠厚也。周家忠厚，仁及草木，故能内睦九族，外尊事黄耇，养老乞言，以成其禄焉。"《正义》曰："此是成王之时，则美成王之忠厚矣。不言成王者，欲见先世皆然，非独成王。"谓成王尊事黄耇，养老乞言，赓续祖则，是亦引兑之谓。上六，引而伸之，则阴消阳长。其兑，可由未光，变为光大，以臻兑亨利贞。于象，三之五为巽，巽为绳，上六出其上，有牵引之象，在兑卦为引兑。又，爻动则离象升，离为光。今离未升为上卦，为未光，故需引兑。

第五十九卦　庚　申

☴巽上
☵坎下

涣，亨。王假有庙，利涉大川，利贞。

〔译〕 涣，亨通。王至宗庙，利以渡过大险，利于正道。

《彖》曰："涣，亨，刚来而不穷，柔得位乎外而上同。王假有庙，王乃在中也。利涉大川，乘木有功也。"

《象》曰："风行水上，涣，先王以享于帝，立庙。"

〔证〕

坎下巽上 坎为水，巽为风。乾卦《彖》曰："云行雨施。"虞翻曰："上坎为云，下坎为雨。"是坎下巽上，即雨下风上。《说卦传》曰："风以散之，雨以润之。挠万物者，莫疾乎风。润万物者，莫润乎水。"犹此卦卦象。《广雅·释诂一》："风，动也。"疏证曰："凡言风者，皆动之义也。"《释名·释天》："风，氾也，其气博氾而动物。风，放也，气放散也。"《释名疏证补》："毕沅曰：李善注《文选·风赋》，引作风者氾也，为能氾博万物。又云：风者放也。动气放发。风、放声相近。《左僖四年传》：风马牛不相及也。服虔注：风，放也。《公羊僖三十一年传疏》，引孙炎《尔雅》注云：既祭，披磔其牲，似风散也。是风又有散义。"《玉篇·风部》："风，风以动万物也；风者萌也，以养物成功也；散也，告也，声也。"《周南·关雎》之《序》曰："风，风也，教也。风以动之，教以化之。"郑笺："刘氏云：动物曰风，托音曰讽。崔云：用风感物，则谓之讽。沈云：上风是国风，即诗之六义也；下风，即是风伯鼓动之风。君上风教，能鼓动万物，如风之偃草也。今从沈说，风以动之，如字。"又，《释名·释天》曰："雨，羽也，如鸟羽动则散也；雨，水从云下也；雨者辅也，言辅时生养也。"《玉篇·雨部》："雨，云雨也。"《管子·形势》曰："雨，濡物者也。"是巽上坎下为风雨，风雨生养万物。

又，《白虎通·八风》曰："是以王者承顺之：条风至，则出轻刑，解稽留；明庶风至，则修封疆，理田畴；清明风至，出币帛，使诸侯；景明风至，则爵有德，封有功；凉风至，则报土功，祀四乡；昌盍风至，则申象刑，饰囷仓；不周风至，则筑宫室，修城郭；广莫风至，则断大辟，行刑狱。"陈立疏证："《通卦验》云：王者顺八风，行八政，即此承顺之义也。又云：立春条风至，赦小罪，出稽留。《淮南·天文训》：条风至，则出轻系，去稽留。注：立春出轻系。《月令》：仲春之月，命有司省囹圄。《通卦验》云：春分明庶风至，正封疆，修田畴。《天文训》云：明庶风至，则正封疆，修田畴。

注：春风播谷，故正封疆，治田畴。《月令》：季春之月，循行国邑，周视原野，修利堤防，道达沟渎，开通道路。即修封疆，理田畴之义也。《通卦验》云：立夏清明风至，出币帛，礼诸侯。《天文训》同此。注：立夏长养，布恩惠，故币帛聘问诸侯也。《月令季夏之月》云：开府库，出币帛，周天下，勉诸侯，聘名士，礼贤者。与此早差一节，盖异代制也。《通卦验》云：夏至景风至，拜大将，封有功。《初学记》引京房《易占》：夏至离王，景风用事，人君当爵有德，封有功。《天文训》：景风至，则爵有位，赏有功。注：夏至阴气在下，阳盛于上，象阳布施，故赏有功，封建侯也。《月令・孟夏之月》：行赏封诸侯，庆赐遂行。又云：行爵出禄，必当其位。亦与此差一节。凉风到，则报土功，祀四乡，《通卦验》文同。《天文训》：凉风至，则报地德，祀四郊。注：立秋节，农乃登谷，尝祭，故报地德，祀四方神也。《诗・甫田》云：以社以方。传：社，后土也；方，迎四方气于郊也。笺云：秋祭社与四方，以报其功也。《大司马》：仲秋，遂以狝田，罗弊致禽以祀祊。注：祊当为方，秋田主祭四方，报成万物。是也。《通卦验》云：秋分阊阖风至，解县垂，琴瑟不张。《天文训》：阊阖风至，则收县垂，琴瑟不张。与此异，《月令・孟秋之月》：命有司修法制，缮囹圄，具桎梏。《通卦验》云：立冬不周风至，修宫室，完边城。《天文训》：不周风至，则修宫室，缮边城。注：立冬节，土工其始，故治宫室，缮修边城，备寇难也。《月令・孟冬之月》：坏城郭，戒门闾，修键闭，慎管钥，固封疆，备边竟，完要塞，谨关梁，塞徯径。是。《通卦验》云：冬至广莫风至，诛有罪，决大刑。《月令・孟秋之月》：戮有罪，严断刑者，秦以十月岁首，不便冬至后行刑，故于孟秋时也。"涣卦，巽上坎下，正八风以时，广布风雨；王者承顺，行使政令。贲卦《彖》曰："观乎天文，以察时变；观乎人文，以化成天下。"涣卦，天以时施播风雨，长养万物，为天文；王以时施行政令，治理国家民人，为人文。

《荀子・天论》曰："列星随旋，日月递昭，四时代御，阴阳大化，风雨博施，万物各得其和以生，各得其养以成。不见其事，而见其功，夫是之谓神；皆见其所以成，莫知其无形，夫是之谓天。顺其类者谓之福，逆其类者谓之祸，夫是之谓天政。暗其天君，乱其天官，弃其天养，逆其天政，背其天情，以丧天功，夫是之谓大凶。圣人清其天君，正其天官，备其天养，顺其天政，养其天情，以全其天功。如是，则知其所为，知其所不为矣，则天地官，而万物役矣。其行曲治，其养曲适，其生不伤，夫是之谓知天。"杨倞注："养，谓风雨。其所自修行之政，曲尽其治；其所养人之术，曲尽其适；其生长万物，无所伤害，是谓知天也。"圣人知天之风雨博施，故设涣卦，以曲尽养人之术。《老子》曰："执大象，天下往。往而不害，安平泰。"又曰，"大象无形。"是大象即天人之道。涣卦，巽上坎下，风调雨顺，是亦天下归往，往而不受伤害，国泰民安之象。

于伏羲八卦，巽位西南，为五、六月，坎位正西，为七月。涣卦，坎下巽上，是五、六月，至七月之象。《逸周书·时训解》曰："小暑之日，温风至；又五日，蟋蟀居壁；又五日，鹰乃学习。温风不至，国无宽教；蟋蟀不居壁，急恒之暴；鹰不学习，不备戎盗。"陈逢衡云："小暑之日，六月节气也。温风，熏风也。《月令》作温风始至，与《时训》同。温风，阳气所结，阳为德为生。今不至，则刑政之酷，而阴气愁惨也，故其占，为国无宽教之象。"《时训解》曰："大暑之日，腐草化萤；又五日，土润溽暑；又五日，大雨时行。腐草不化为萤，谷实鲜落；土润不溽暑，物不应罚；大雨不时行，国无恩泽。"陈逢衡云："大暑之日，六月中气也。谓之大暑者，比小暑为盛也。土润溽暑，大雨时行者，《内经》曰：中央生湿，温生土，土生甘，甘在天为温，在地为土。《管子·四时》曰：中央为岁德，掌和，和为雨。雨者，天之发施，犹国之恩泽也。今万物皆待命，而大雨不降，是惠不及众也。故其占，为国无恩泽之象。"按，六、七两月，是风大雨多季节。万物得风雨以成，人得风雨以宁。故古者王法天地，以此风行天下，广播恩泽。

《管子·四时》："南方曰日，其时曰夏，其气曰阳。阳生火与气，其德施舍修乐。其气号令，赏赐赋爵，受禄顺乡，谨修神祀，量功赏贤，以动阳气。九暑乃至，时雨乃降，五谷百果乃登，此谓日德。中央曰土，土德实辅四时，入出以风雨。节土益力，土生肌肤，其德和平用均，中正无私，实辅四时。春嬴育，夏养长，秋聚收，冬闭藏。大寒乃极，国家乃昌，四时乃服，此谓岁德。日掌赏，赏为暑。岁掌和，和为雨。夏行春政则风，行秋政则水，行冬政则落。是故夏三月，以丙丁之日发五政。一政曰：求有功，发劳力者而举之。二政曰：开久坟，发故屋，辟故窌以假贷。三政曰：令禁扇去笠，毋报免，除急漏田庐。四政曰：求有德，赐布施于民者而赏之。五政曰：令禁置设禽兽，毋杀飞鸟。五政苟时，夏雨乃至也。"房玄龄注："土位在中央，而寄王于六月。"按，夏为养长之时，故而入出以风雨，王者亦施五政。涣卦，坎下巽上，是以为夏秋风雨之象。

《小雅·蓼萧》："蓼彼萧斯，零露湑兮。既见君子，我心写兮。燕笑语兮，是以有誉处兮。蓼彼萧斯，零露瀼瀼。既见君子，为龙为光。其德不爽，寿考不忘。蓼彼萧斯，零露泥泥。既见君子，孔燕岂弟。宜兄宜弟，令德寿岂。蓼彼萧斯，零露浓浓。既见君子，鞗革冲冲。和鸾雍雍，万福攸同。"《诗序》曰："《蓼萧》，泽及四海也。"郑笺："九夷、八狄、七戎、六蛮、谓之四海，国在九州之外。虽有大者，爵不过子。"《正义》曰："作《蓼萧》诗者，谓时王恩泽，被及四海之国也。使四海无侵伐之忧，得风雨之节。《书传》称越常氏之译曰：吾受命，吾国黄老曰：久矣，天之无烈风淫雨。意中国有圣人，远往朝之，是泽及四海之事。"又，《大雅·烝民》："穆如清风。"毛传："清微之风，化养万物者也。”涣卦，坎下巽上，巽音木，其风清明。雨受清明之风，润泽万物。亦谓王恩，若风雨有节，泽被四海。

《周书·洪范》：“八、庶征：曰雨，曰旸，曰燠，曰寒，曰风，曰时。五者来备，各以其叙，庶草蕃庑。一极备，凶；一极无，凶。”《正义》曰：“庶，众也；征，验也。将说其验，先立其名。五者行于天地之间，人物所以得生成也。其名曰雨，所以润万物也。曰旸，所以干万物也。曰燠，所以长万物也。曰寒，所以成万物也。曰风，所以动万物也。此是五气之名。曰时，言五者各以时来，所以为众事之验也。更述时与不时之事。五者于是来皆备足，须风则风来，须雨则雨来，其来各以次序，则众草木蕃滋，而丰茂矣，谓来以时也。若不以时，五者之内，一者备极过甚，则凶；一者极无不至，亦凶。雨多则涝，雨少则旱，是备极亦凶，极无亦凶。其余四者亦然。《易·说卦》云：风以散之，雨以润之，日以烜之。日，旸也；烜，干也。是雨以润物，旸以干物，风以动物也。五气所以生成万物，正可时来时去，不可常无常有。故言五者备至，各以次序。须至则来，须止则去；则众草百物，蕃滋庑丰也。”涣卦，坎下巽上。巽为风，坎为雨，二之五为离，离为日。是风以散之，雨以润之，日以烜之，并各以时至，不一极备，一极无，是风调、雨顺、日丽之象。君子之德风，君子之泽雨，故象巽上坎下。

扬雄《太玄经》：“文，阴敛其质，阳散其文，文质班班，万物粲然。”司马光集注：“文，准涣。扬子盖以涣为焕，故名其首曰文。入文上九，日舍张。”范望注：“文，象涣卦。谓之文者，言是时，阴气敛其形质，阳气发而散之，华实彪炳，奂有文章，故谓之文。文之初一，日入星宿四度。”按，日舍张、星，皆在六月。《月令》：“季夏之月，日在柳，昏火中，旦奎中。”郑氏注：“季夏者，日月会于鹑火，而斗建未之辰也。”《正义》曰：“按三统历，六月节，日在柳九度，昏，尾七度中，去日一百一十九度；旦，娄八度中。六月中，日在张三度，昏，箕三度中，去日一百一十七度；旦，胃十四度中。元嘉历，六月节，日在井三十二度，昏，房四度中；旦，东壁六度中。六月中，日在柳十二度，昏，尾八度中；旦，奎十二度中。”按，日在柳、星、张，则正当六月。涣卦，巽上坎下。巽为五月，坎为七月。上为往，下为来。五月已往，七月已来，其时正当六月。是《太玄》之文，与《易》之涣，其时相同。六月风雨尤贵。

涣　《说文》：“奂，取奂也；一曰大也。从廾，夐省。”从廾，夐省，谓奂字由廾和夐构成，因夐笔画多，故只省作[illegible]。《说文》：“廾，竦手也。从𠂇从又。凡廾之属，皆从廾。”廾，写作大。段玉裁注：“按此字，谓竦其两手，以有所奉也。故下云：奉，承也。手部曰：承，奉也，受也。杨雄说：廾，从两手。”又，《说文》曰：“夐，营求也。”是奂为廾与夐之会意，为双手营求。许谓奂为取奂，即谓奂为取之义。大为引申义，谓双手营求，取其大者。朱骏声《说文通训定声》：“奂，疑即换字之古文。”承培元《广说文答问疏证》：“奂字，俗作换。奂从廾，不宜更加手旁。”此谓奂为换取，为取之义。又，《大雅·卷阿》：“伴奂尔游矣。”毛传：“伴奂，广大有文章也。”《毛诗传笺通释》：“《说文》：伴，大貌；奂字注：一曰大也。是二字同义，皆大也。传训为广大有文章者，盖以广大释伴字，以文章释奂字，非诗义也。”谓奂亦为大。

《说文新附》：“唤，呼也。从口，奂声。古通用奂。”奂义为大，口、奂会意为唤。《大雅·荡》：“式号式呼。俾昼作夜。”号，大声喊叫。呼、号对文，是呼、唤皆为大声喊。又，《说文新附》：“焕，火光也。”《集韵》：“焕，明也。”承培元曰：“许书无焕。焕，盖汉以后字也。”焕，乃后人所作，以火、奂会意，奂兼作声，谓火光为大焕，即明亮为焕。《论语·泰伯》：“焕乎其有文章。”《集解》：“焕，明也。”《集注》：“焕，光明也。”按，火大为光明。焕乎其有文章，谓尧舜光明伟大。是焕亦为火、大会意。《说文》：“涣，流散也。从水，奂声。”然涣亦会意字，即水大为涣。《郑风·溱洧》曰：“溱与洧，方涣涣兮。”毛传：“涣涣，春水盛也。”郑笺：“仲春之时，冰以释，水则涣涣然。”《诗三家义集疏》：“《韩》，涣作洹，云：盛貌也。谓三月，桃花水下之时，至盛也。”《老子》：“涣兮，若冰之将释。”《帛书老子·甲本》：“涣呵，其若淩（凌）泽（释）。”《乙本》》：“焕呵，其若淩（凌）泽（释）。”是王本将字，为后人串入，当为涣兮，若冰之释。一冬所积之冰，一旦释之，故而水大，是为涣然。是涣，为水散而大之貌。

《周颂·访落》：“访予落止，率时昭考。于乎悠哉，朕未有艾。将予就之，继犹判涣。”毛传：“访，谋；落，始；时，是；率，循；悠，远；犹，道；判，分；涣，散也。”孔颖达疏；“毛以为，成王始即王政，恐不能继圣父之业，故于庙中，与君臣谋事：汝等当谋，我始即政之事止。群臣对曰：当循是明德之考令，效武王所施而为之。王又谦而答之曰：於乎，可嗟叹也！此昭考之道，悠然至远哉，我去之悬绝，未有等数。言其远不可及，不能循之，汝若将我就之，使继此先人之业，则先人之道，乃分散而去矣。”《正义》曰：“王肃云：将予就继先人之道业，乃分散而去，言己才不能继，传意或然。”马瑞辰《毛诗传笺通释》：“继犹判涣：猷、犹古通用。犹训为图，即谋也。判涣迭韵字，当读与《卷阿》诗，伴奂尔游矣同。伴、奂皆大也。《说文》：伴，大貌；奂字注：一曰大也。《小毖》诗，以小毖名篇，言当慎其小也；此诗继犹判涣，言当谋其大也。作判涣者，假借字耳。”按，继犹判涣，盖谓嗣王，继承先王图谋，分播恩泽。是涣，在自然为雨水广布，在君王为恩泽普施。

郑笺《周颂谱》曰：“《周颂》者，周室成功致太平，德洽之诗。其作在周公摄政，成王即位之初。”《正义》曰：“言致太平德洽，即成功之事。据天下言之，为太平德洽；据王室言之，为功成治定。王功既成，德流兆庶，下民歌其德泽，即是颂声作矣。然周自受命，武王代纣，虽屡有丰年，未为德洽。及成王嗣位，周公摄政，修文王之德，定武王之烈，干戈既息，嘉瑞毕臻，然后为太平德洽也。”又曰，“史传群书称，成、康之间，四十余年，刑措不用，则成王终世太平。正言即位之初者，以即位之初，礼乐新定，其咏父祖之功业，述时世之和乐，宏勋盛事，已尽之矣。以后无以过此，采者不为复录。且检《周颂》事迹，皆不过成王之初。故断之以为限耳，不谓其后不得作颂也。故曰成、康没，而颂声寝。”按，《说文》曰：“洽，霑也；霑，雨𩅰也；𩅰，濡也。”是洽为雨濡。雨濡为润泽，为恩泽。成王初即位，与群臣谋继犹判涣，即谋德洽。《诗》谓判涣，《易》谓涣，皆德泽广布之义。

亨　《彖》曰：“涣，亨：刚来而不穷，柔得位乎外而上同。”乾卦九二曰：“见龙在田，利见大人。”《象》曰：“见龙在田，德施普也。”《文言》曰：“《易》曰：见龙在田，利见大人，君德也。”九二，以君德而居下之中，德博而化，使天下文明，是以为亨。涣卦九二，刚来阴中，为见龙在田；又为坎，坎为雨水。是见龙在田，百草滋濡而生，为亨。《说文》：“中，和也。从口丨，上下通。”桂馥义证：“和也者，和当为龢。《礼记·中庸》：致中和，天地位焉，万物育焉。馥谓：中和之气，上下相通，故能化成万物。”九二在中，中则与上下相通，通则不穷，故为亨。又，《系辞传》曰：“二与四，同功而异位，其善不同：二多誉，四多惧，近也。柔之为道，不利远者，其要无咎，其用柔中也。”朱熹曰：“同功，谓皆阴位；异位，谓远近不同。四近君，故多惧；柔不利远，而二多誉者，以其柔中也。”谓二、四，各有其善与不善。涣卦，六四阴在阴位，近比于阳，顺承九五至尊，是柔得位乎外，而上同。柔之为道，不利远者，而利于近者，六四为近者，是以为利。在涣之时，下得九二之来不穷，上得六四近比，是为亨通。

李鼎祚《周易集解》，引卢氏曰：“此本否卦：乾之九四，来居坤中，刚来成坎，水流而不穷也；坤之六二，上升乾四，柔得位乎外，上承贵王，与上同也。”王弼注：“二以刚来内，而不穷于险；四以柔得位乎外，而与上同。内刚，而无险困之难；外顺，而无违逆之乖，是以亨。”程氏传：“涣之成涣，由九来居二，六上居四也。刚阳之来，则不穷极于下，而处得其中；柔之往，则得正于外，而上同于五之中。巽顺于五，乃上同也。四、五，君臣之位，当涣而比，其义相通。同五，乃从中也。当涣之时，而守其中，故能亨也。”按，就其卦象看，九来二为坎，六位乎四为巽，坎为雨水，巽为风，其风广播雨泽，为涣为亨。此即刚来而不穷，柔得位乎外而上同，其所以为涣亨之义。言本否卦者，否卦，坤下乾上，阴阳不交，上下不通，为否。今涣卦，刚来下二而不穷，柔至上四而顺同，是以变否塞不通，而为亨通。又，如此巽上坎下，是风行于上，水流于下，为亨通之象。

王假有庙　家人卦九五曰：“王假有家。”萃卦卦辞曰：“王假有庙。”丰卦卦辞曰："王假之。"并此涣卦，《释文》皆曰："假，更白反，注同至也。"《说文》："假，非真也。从人，叚声。一曰至也。《虞书》曰：假于上下。"按，《尧典》文作格。《说文》："格，木长貌。"段玉裁注："引伸之，长必有所至，故《释诂》曰：格，至也。《抑》诗传亦曰：格，至也。凡《尚书》格于上下，格于艺祖，格于皇天，格于上帝，是也。"是假、格通用，同为至。《方言》："假，至也。邠、唐、冀、兖之间曰假。"《广雅·释诂》："假，至也。"《大雅·烝民》："昭假于下。"郑笺："假，至也。"《商公·玄鸟》："四海来假，来假祁祁。"郑笺："假，至也。"《礼记·祭统》："六月丁亥，公假于大庙。"郑氏注："假，至也，至于大庙，谓以夏之孟夏禘祭。"又，《说文》："徦，至也。从彳，叚声。"段注："毛诗三《颂》，假字或训大也，或训至也，训至则为徦之假借。《尚书》古文作格，今文作假，如假于上下是也，亦徦之假借。古雅切，五部；郭璞音驾。"

《古书虚字集释》："有，犹于也。本书有与于，皆互训。《书·吕刑篇》：鳏寡有辞于苗。《墨子》引作：有辞有苗。有苗之有训于。《诗十月之交篇》》：择有车马，以居徂向。《殷武篇》：天命降监，下民有严。有，于也。谓严于下民也。《吕氏春秋·劝学篇》：疾学在有尊师。《史记·项羽纪》：遂霸有天下。《礼记·大学篇》：是故君子有大道，必忠信以得之，骄泰以失之。"又曰，"于，犹有也。于、有一声之转。《书·康诰篇》：惟命不于常。《大雅》：天命靡常。文意同此。"按，《墨子·非命篇上》，引《书·仲虺之诰》："我闻于夏。"《非命篇下》作："我闻有夏。"故《易》曰："王假有庙。"《礼》曰："公假于太庙。"是有、于通用。《周颂·闵予小子》之《序》曰："《闵予小子》，嗣王朝于庙也。"郑笺："嗣王者，谓成王也。除武王之丧，将始即政，朝于庙也。"《访落》之《序》曰："《访落》，嗣王谋于庙也。"《正义》曰："《访落》诗者，嗣王谋于庙之乐歌也。谓成王既朝庙，而与群臣谋事。"盖王假有庙，或犹成王，朝于宗庙之事。

《彖》曰："王假有庙，王乃在中也。"《说卦传》曰："艮为门阙。"涣卦，三之五为艮，是以为庙堂。巽为供为奠祭，九五在上卦之中，为王乃在中。又，五为天子，上为宗庙。五在上之下，天子在宗庙之内，是以为王乃在中。中，通上下，谓中和之道。《礼记·中庸》曰："喜怒哀乐之未发，谓之中；发而皆中节，谓之和。中也者，天下之大本也；和也者，天下之达道也。致中和，天地位焉，万物育焉。"又曰，"子曰：舜其大知也与！舜好问，而好察迩言，隐恶而扬善，扬其两端，用其中于民，其斯以为舜乎！"朱熹注："舜之所以为大知者，以其不自用，而取诸人也。迩言者，浅近之言。犹必察焉，其无遗善可知。然于其言之未善者，则隐而不宣；其善者，则播而不匿。其广大光明又如此，则人孰不乐告以善哉。两端，谓众论不同之极致。于善之中，又执其两端，而量度以取中，然后用之，则其择之审，而行之至矣。此知之所以无过不及，而道之所以行也。"《彖》曰王假有庙，王乃在中也，谓王致中和，是以天地位焉，万物育焉。

又，涣卦，三之上有观卦象。观卦，坤下巽上。卦辞曰："观，盥而不荐，有孚颙若。"《象》曰："大观在上，顺而巽，中正以观天下。观，盥而不荐，有孚颙若，下观而化也。观天之神道，而四时不忒。圣人以神道设教，而天下服矣。"观，作名词，为庙观；作动词，上示下，下视上。涣卦九五，在观象，是亦在巽。《说文》曰："巽，具也。""具，共置也。"段玉裁注："共、供古今字，当从人部，作供。"是巽为供，亦盥而不荐，有孚颙若之象。九五得中得正，故亦中正以示天下，下视而化之。王中，亦以天之神道设教，是天下服从。上九阳为天帝，三、四阴为臣民，五为天子，王在天人中，以神道设教化民。《系辞传》曰："唯神也，故不疾而速，不行而至。"神道谓天道。圣人重神道，又慎终追远，故《诗》、《礼》、《易》，皆言王假有庙，即谓王至于宗庙。

利涉大川　《象》曰："利涉大川，乘木有功也。"《系辞传》曰："刳木为舟，剡木为楫，舟楫之利，以济不通，致远以利天下，盖取诸涣。"舟楫以济不通，致远以利天下，此即乘木有功。涣卦，下坎为水，为大川；上巽为木，为舟楫。九五王在舟楫之中，为得舟楫之利，以济不通，为致远。君王致远，为利天下。《孔子家语·五仪解》："夫君者，舟也；庶人者，水也。水所以载舟，亦所以覆舟。君以此思危，则危可知矣。"又，《荀子·哀公》："君者，舟也；庶人者，水也。水则载舟，水则覆舟。君以此思危，则危将焉，而不至矣。"又，《大戴礼记·哀公问五义》、《新序·杂事四》，文与上同。涣卦，王在巽中，即在敬顺之中，为居安思危，是以利涉大川。《白虎通·礼乐》曰："故君使臣以礼，臣事君以忠，谦谦君子，利涉大川。以贵下贱，大得民也，屈已敬人，君子之心。"涣之九五，乃谦谦君子，大得民也，故曰利涉大川。

利贞　贞，即正，阳为正，君亦为正。利贞，谓有利于君之正道。王弼注："凡刚得畅，而无忌回之累；柔履正，而同志乎刚，则皆亨，利涉大川，利贞也。"孔颖达引先儒云："刚来而不穷，释亨德；柔得位乎外，释利贞。"即谓五为正。《商书·太甲 下》曰："一人元良，万邦以贞。"孔氏传："贞，正也。言常念虑道德，刚得道德；念为善政，则成善政。一人，天子。天子有大善，则天下得其正。"《周易正义》曰："《易》、《彖》、《象》，皆以贞为正。"朱骏声《说文通训定声》："正，假借为政。《微子》：乱正四方。《史记》作政。《书大传》：诸侯之有不率正者。注：正，政也。"君王之正，当即为政。涣卦，王假有庙，利涉大川，其利正，即利君王之政。就六爻看，唯九五之阳当位，为正，故利正谓利九五之政。

《象》曰："风行水上，涣，先王以享于帝，立庙。"上九为天，为天帝；三之五为艮，艮为门阙，为庙；九五上承天帝，下履宗庙，为先王以享于帝，立庙。四季皆有风，有雨水，唯春之三月，尤为涣然。《月令·季春之月》云："是月也，天子乃荐鞠衣于先帝。命舟牧覆舟，五覆五反，乃告舟备具于天子焉。天子始乘舟，荐鲔于寝庙，乃为麦祈实。”郑氏注：“为将蚕，求福祥之助。鞠衣，黄桑之服。先帝，大皞之属。舟牧，主舟之官也。覆反舟者，备倾侧也。荐鲔于寝庙，进时美物。乃有祈麦实，于含秀求其成也。不言所祈，承寝庙可知。”《正义》曰：“依《礼》，祭五帝自服大裘。今荐鞠衣，与桑同色。盖荐于神坐，故知为蚕求福。云荐衣黄桑之服者，郑注《内司服》云：鞠衣，黄桑服也。色如鞠尘，象桑叶始生。菊者，草名，色黄，故《季秋之月》云：菊有黄华。是鞠衣黄也，与桑同色。又当桑生之时，故云黄桑之服也。云先帝大皞之属者，以其言先，不言上，故知非天，唯大皞之属。春时惟祭大皞，云之属者，以蚕功既大，非独祭大皞，故何胤云：总祭五方之帝。其所祭之处，王权、贺玚、熊氏等，并以为在明堂，以大皞祭在明堂故也。”三月，春风播雨，涣然而下成水，犹《象》曰：“风行水上，涣。”天子乃荐鞠衣于先帝，犹《象》曰：“先王以享于帝，立庙。”

又，孙希旦《礼记集解》曰：“舟牧，主舟之官，盖冬官之属也。覆以视其底，又反之以视其面，反覆视之，以至于五，恐其有穿漏也。乘舟本危事，而至尊所御，故其之如此。天子之乘舟，示亲渔也。鲔，王鲔也，似鳣而小。季冬尝鱼，先荐寝庙。是月又荐鲔者，鲔以是月始至而美，故又特荐之。麦将熟，故因荐鲔，而为麦祈实。”按《淮南子·时则训》，高诱注：“天子将乘舟而渔，故反覆而视之，恐有穿漏，慎之至也。”又，《吕氏春秋》高注：“鲔鱼，似鲤而小。《诗》曰：鳣鲔泼泼。进此鱼于寝庙，祷祈宗祖，求麦实也。前曰庙，后曰寝。《诗》云：寝庙奕奕。言相连也。”涣卦，巽上坎下。巽为木，木为舟，坎为水。九五为王，在巽之中，水之上，为王在舟中。二之五为离，离为鱼鳖。是以为天子乘舟，泛水而渔之象。《月令·季春之月》所云，与涣卦《象》同，盖亦赅四季之祭。

《周颂·潜》：“猗与漆沮，潜有多鱼。有鳣有鲔，鲦鲿鰋鲤。以享以祀，以介景福。”《诗序》曰：“《潜》，季冬荐鱼，春献鲔也。”《正义》曰：“《潜》诗者，季冬荐鱼，春献鲔之乐歌也。”谓周公、成王太平时，季冬荐鱼于宗庙，至春又献鲔，泽及潜逃。鱼皆肥美，献之先祖，神明降福。作者述其事，而为此歌焉。冬言季冬，春亦季春也。《月令》：季春荐鲔于寝庙。《天官·渔人》：春献王鲔。注引《月令》季春之事，是荐鲔在季春也。冬言荐，春云献者，皆谓子孙进献于先祖，其义一也。《说文》曰：“享，献也。从高省，象孰物形。”《孝经》曰：“祭则鬼神享之。”是《易》之先王享于帝，犹《诗》之成王献于宗庙，故曰立庙。立庙谓祈福，祈天帝、先祖，以介景福。郑笺：“介，助；景，大也。”以介景福，即佑我以大福泽。是涣卦之《象》，与《诗》和《月令》所记相通。

《礼记·祭义》曰：“祭不欲数，数则烦，烦则不敬。祭不欲疏，疏则怠，怠则忘。

是故君子合诸天道，春禘秋尝。霜露既降，君子履之，必有悽怆之心，非其寒之谓也。春雨露既濡，君子履之，必有怵惕之心，如将见之。”郑氏注：“忘与不敬，违礼莫大焉。合于天道，因四时之变化，孝子感时念亲，则以此祭之也。非其寒之谓，谓悽怆及怵惕，皆为感时念亲也。”《象》曰：“风行水上，涣，先王以享于帝，立庙。”此亦感时戴恩，故而以此祭享天帝。又，《祭义》曰：“孝子之祭也，尽其悫而悫焉，尽其信而信焉，尽其敬而敬焉，尽其礼而不过失焉。进退必敬，如亲听命，则或使之也。孝子之祭可知也：其立之也，敬以诎；其进之也，敬以愉；其荐之也，敬以欲；退而立，如将受命；已彻而退，敬齐之色，不绝于面。”祭祀，以其祖配神，是以称孝子。孝子之祭，必立之，故《象》曰：“先王以享于帝，立庙。”立庙，表示诚信敬顺，即观卦之有孚颙若。涣卦，巽为敬顺，为进退。九五在巽中，是以谓享于帝；立庙，谓九二，在坎中，谓王。

兑卦和涣卦，互为邻卦。《序卦传》曰：“兑者，说也；说而后散之，故受之以涣。”程氏传：“说则舒散，故说有散义，涣所以继兑也。”按，《说卦传》曰：“风以散之，雨以润之。”散为分散。涣卦，风上水下，为风吹洒雨水，而散之之象。兑卦《象》曰：“兑，说也。刚中而柔外，说以利贞，是以顺乎天，而应乎人。”以其兑为悦，是以顺天应人，风调雨顺，恩泽广被。故曰说而后散之，即兑而后涣。又，《释名·释地》曰：“下而有水曰泽。”《风俗通·山泽》曰：“水草交错，名之为泽。”《广雅·释地》曰：“泽，池也。”泽，为水汇聚之处。兑卦，上兑下兑，兑为泽，为俪泽。俪泽之水，涣涣然，是亦兑卦之后，为涣卦。斯先有兑之顺乎天，而应乎人，后有涣之泽被广大。故《序卦传》曰：“兑者，说也；说而后散之，故受之以涣。”

丰卦和涣卦，互为错卦。丰卦，离下震上。离为日，震为雷，雷为云，日行云下为丰。《象》曰：“丰，大也，明以动，故丰。”谓日行于云下，天下大明。故又曰：“王假之，尚大也，勿忧，宜日中，宜照天下。”此天人合一，以日喻王。涣卦，坎下巽上。坎为水，为雨水；巽为风，风动雨上。《象》曰：“涣，亨，刚来而不穷，柔得位乎外而上同，王假有庙，王乃在中也。”谓万物齐乎巽，润乎水，王乃在中位，是亦天人合一，以风雨喻王。丰卦，谓日照天下；涣卦，谓风雨天下。是一晴一雨，阴阳相反相成，互为错卦。丰卦曰：宜日中；涣卦曰：王乃在中。是晴雨皆宜中，中则和。又，丰卦《象》曰：“雷电皆至，丰，君子以折狱致刑。”涣卦《象》曰：“风行水上，涣，先王以享于帝，立庙。”前者，谓下以法治民；后者，谓上以祀祭鬼神。一则以法治，一则以神教，是亦相反相成，互为错卦。又，日明为丰，雨水为涣，两卦卦爻相错，卦义亦相错。

井卦和涣卦，上下卦易置。井卦，巽下坎上；涣卦，坎下巽上。井卦《象》曰：“巽乎水而上水，井，井养而不穷也。”谓木下水上，井有水之状。涣卦《象》曰：“刚来而不穷，柔得位乎外而上同。”谓风上水下，风播雨之状。前者，巽于下而供水；后者，巽于上而赐水。《说卦传》曰：“说万物者，莫说乎泽；润万物者，莫润乎水。”天以雨泽生万物，王以恩泽育万民，其理如一。又，井卦《象》曰：“木上有水，井，君子以劳民劝相。”涣卦《象》曰：“风行水上，涣，先王以享于帝，立庙。”一则劳民，一则享帝，是亦上下互换。《系辞传》曰：“子曰：天下何思何虑，天下同归而殊途，一致而百虑。”井卦和涣卦，虽则殊途和百虑，然同归而一致，皆谓王者之所为。故《系辞传》曰：“神农氏没，黄帝尧舜氏作。通其变，使民不倦，神而化之，使民宜之。”

初六，用拯马壮，吉。

〔译〕 初六，用祭祀祈天降风雨，拯救地上万物，使之茁壮生长，吉利。

《象》曰：“初六之吉，顺也。”

〔证〕

用拯马壮 用，谓用祭祀，承王假有庙而言。《说文》：“拯，上举也，出溺为拯。从手，丞声。《易》曰：拯马壮，吉。”拯，拯救之拯。《易乾坤凿度》曰：“坤为马。”郑氏注：“圣以类为马，马者顺行，坤亦有龙。《太元》曰：土龙在坤，不敢争类。马思顺体，唯坤顺之。圣人知有上德，要下而奉，故显尊也。坤之卑顺辅乾，不敢为龙，故称马，鞘依之理也。”《春秋考异邮》曰：“阴合于八，八合阳九，八九七十二。二为地，地主月精，月精为马。月数十二，故马十二月而生。人乘马以理天下，王者驾马，故字以王为馬头。”《春秋说题辞》曰：“地精为马，十二月而生。应阴纪阳，以合功，故人驾马，任重致远，利天下。月度疾，故马善走。”龙行天，马行地。马性温驯，是以为阴顺之类，为众庶。其于人，则为民人。

坤卦卦辞曰：“坤，元亨，利牝马之贞。”《象》曰：“牝马地类，行地无疆，柔顺利贞。”除良马为天类外，凡马皆为地类，是以纯阴为牝马。屯卦，震下坎上。六二曰：“乘马班如。”六三曰：“即鹿无虞。”六四曰：“乘马班如。”上六曰：“乘马班如。”除初九、九五，两阳爻外，二、四、上，三阴爻皆谓马，六三鹿亦似马。是坤阴为马。贲卦六四曰：“白马翰如。”阴谓马。晋卦，坤下离上。卦辞曰：“晋，康侯用锡马蕃庶。”《象》曰：“明出地上，顺而丽乎大明，是以康侯用锡马蕃庶。”离为康侯，马为坤。康侯用锡马蕃庶，谓太阳照地，万物生长蕃衍。明夷卦，离下坤上。六二曰：“明夷，夷于左股，用拯马壮。”谓日没地下，再升出地上，光照万物，使之茁壮生长。睽卦，兑下离上。初九曰：“丧马，勿逐自复。”谓九四为阳，不是阴，与初九不应，是丧马即失阴。涣之初六，用拯马壮，马亦谓阴类。涣卦，初之三为坎，坎为水；二之四为震，震为雷；又，二之五为离，离为日；三之五为艮，艮为止；四之上为巽，巽为风。如此雷以动之，风以散之，雨以润之，日以烜之，艮以止之，止即节制，故使地上万物，滋润、生长、壮大。

吉　《象》曰："初六之吉，顺也。"坤卦《象》曰："至哉坤元，万物资生，乃顺承天。"《文言》曰："坤道其顺乎，承天而时行。积善之家，必有余庆；积不善之家，必有余殃。臣弑其君，子弑其父，非一朝一夕之故，其所由来者渐矣，由辨之不早辨也。《易》曰：履霜坚冰至。盖言顺也。"言顺理而成。《系辞传》曰："夫坤，天下之至顺也。德行恒，简以知阻。"朱熹曰："顺者，如自下趋上，而知其阻。盖虽易，而能知险，则不陷于险矣；既简，而又知阻，则不困于阻矣。所以能危能惧，而无易者之倾也。"《系辞传》又曰："《易》曰：自天祐之，吉无不利。子曰：祐者助也，天之所助者顺也，人之所助者信也。履信思乎顺，又以尚贤也，是以自天祐之，吉无不利也。"以上，皆谓坤阴顺而吉。涣卦初六，下以顺上，用祭祀祈天降风雨，以拯救地上万物，是将得天之祐，故而吉利。

《说文》："顺，理也。从页，从川。"段玉裁注："理者，治玉也。玉得其治之方，谓之理；凡物得其治之方，皆谓之理。理之，而后天理见焉，条理形焉。非谓空中有理，非谓性即理也。顺者，理也，顺之所以理之。未有不顺民情，而能理者。人自顶以至于踵，顺之至也；川之流，顺之至也。故字从页、川会意，而取川声。"《说卦传》曰："和顺于道德，而理于义，穷理尽性，以至于命。"又曰，"昔者，圣人之作《易》也，将以顺性命之理。"朱熹曰："和顺，从容无所乖逆，统言之也；理，谓随事得其条理，析言之也。穷天下之理，尽人物之性，而合于天道，此圣人作《易》之极功也。"初六，用拯马壮，谓王至宗庙，用祭祀祈风雨，拯救生灵万物，亦是穷天下之理，尽人物之性，而合于天道，即和顺于天道，故吉。初六不言涣，是涣未至。

九二，涣奔其机，悔亡。

〔译〕　九二，风雨奔向几筵，悔憾全无。

《象》曰："涣奔其机，得愿也。"

〔证〕

涣奔其机　《汉帛书周易》，奔为贲。《尔雅·释宫》："室中谓之时，堂上谓之行，堂下谓之步，门外谓之趋，中庭谓之走，大路谓之奔。"郭璞注："此皆人行步趋走之处，因以名云。"奔，谓路大无碍，其行可奔。《说文》："奔，走也。"段玉裁注："浑言之，则奔、走、趋不别也。引申之，凡赴急曰奔，凡出亡曰奔。其字，古或假贲，大徐作贲省声。”桂馥义证：“走也者，《释言》文。《一切经音义七》：奔，疾走也。《释名》：奔，变也，有急变，奔赴之也。”贲卦，离下艮上。离亦为月，艮为山，月升山下，是有急变，奔赴之。初九曰：“贲其趾，舍车而徒。”《象》曰：“舍车而徒，义弗乘也。”不乘车，徒步，故其贲为奔赴，为行急。涣卦，雨水受风吹而散，其情急，为奔。《说卦传》曰：“坎，为亟心，为月。”亟为敏疾，月行亦疾。九二在坎之中，故曰奔。

《龙龛手鑑》曰：“机，木几，小案之属也。”《说文通训定声》：“机，假借为几。《易》：涣奔其机。注：承物者也。”《左传》襄公十年：“知伯怒，投之以机，出于其间。”杜预注：“机，本又作几，同。”《左传》昭公四年：设机而不倚，爵盈而不饮。“《正义》曰：“朝聘之机，有设几进爵之时。”《庄子·齐物论》：“南郭子綦，隐机而坐，仰天而嘘。”《释文》：“机，李本作几。”又，《秋水》：“公子牟，隐机太息，仰天而笑。”隐机，即隐几。《大戴礼记·武王践阼》：“于机为铭焉，机之铭曰：皇皇惟敬。”卢注云：“机者，人君出令所依。”《经典释文》：“涣奔其机：机，音几。”《周易集解纂疏》：“机，与几通。二自四来，为王假有庙，故设机。”《六十四卦经解》：“古几，以小枣木为之。坎为棘，为矫輮；震为足，輮棘有足；艮肱据之，凭机之象。涣宗庙中，故称机。机与丌通。丌，《说文》：下基下。所以荐物。古凭、尻、処字，皆从几，得几而止。丌，象几形，实一物也。”是机，即古几字。古为象形字，后为形声字。

《周书·顾命》曰：“甲子，王乃洮頮水，相被冕服，凭玉几。牖间南向，敷重篾席，黼纯，华玉，仍几。”玉几，以玉饰几。仍几，谓素几，未油漆装饰之几案。《周礼·司几筵》：“几吉事，变几；凶事，仍几。”郑氏注：“变更其质，谓有饰；仍，因也，因其质，谓无饰也。”《左传》昭公元年：“围布几筵，告于庄、共之庙而来。”《释文》：“几，本亦作机。”《荀子·哀公篇》：“孔子曰：君入庙门而右，登自胙阶，仰视榱栋，俛见几筵，其器存，其人亡。君以此思哀，则哀将焉不至矣。”杨倞注：“谓祭祀时也。”又，《新序·杂事四》、《孔子家语·五仪解》，均与上同，谓几筵。《说文》段玉裁注：“古人坐而凭几，蹲则未有倚几者也。几，俗作机。《左传》：设机而不倚；《周易》：涣奔其机。皆俗字。”

《周礼·司几筵》曰：“掌五几五席之名物，辨其用，与其位。”贾公彦疏：“五几：左、右、玉彫、彫漆、素者。云左右者，唯于王冯，及鬼神所依，皆左右玉几。下云：左右玉几，祀先王酢席，亦如之。但受酢席，未必有几，故不云几筵。其彫几已下，非王所冯。生人，则几在左；鬼神，则几在右。是以，下文诸侯祭祀，云右彫几；国宾，云左彫几。诸侯曰受酢，亦无几，故不言几也。漆、素并云，俱右，是为神也。王受朝覲，席设在庙牖间；大射，席在虞庠；祀先王，在庙奥及堂；酢席，在庙室西面。自诸侯以下，亦皆在庙；惟熊席漆几，设在野所征之地耳。”又，《礼记·祭统》云：“铺筵设同几，为依神也。”《正义》曰：“铺席设几，使神依之。”几，为神所依。涣奔其几，即为神降风雨，直奔其几。初六谓王祭，九二谓神至。段注《说文》：“几，象其高而上平，可倚，下有足。”涣卦初之二，上平下足，故曰几。涣卦，巽上坎下，风雨疾，为奔。九二之几，在风雨之中，是以为涣奔其机。

悔亡　恒卦九二曰：“悔亡。”《象》曰：“九二悔亡，能久中也。”兑卦九二曰：“悔亡。”是阳居阴位为悔；然得中位，故而悔亡。涣卦九二《象》曰：“涣奔其机，得愿也。”谓王祈雨而得雨，为得其所愿。得其所愿，故而悔亡。《礼记·祭统》曰：“凡治人之道，莫急于礼。礼有五经，莫重于祭。夫祭者，非物自外至者也，自中出生于心也。心怵而奉之以礼，是故唯贤者，能尽祭之义。贤者之祭也，必受其福。非世所谓福也。福者备也，备者百顺之名也，无所不顺者，谓之备。”九二居中，是祭自中出，生于心，心怵而奉之以礼。涣奔其机，是贤者之祭，故受其福。即王假有庙，祈得风雨，求仁而得仁，得其所愿，是以悔憾消无。涣卦，初之三为坎，坎为雨；二之五为离，离为日；四之上为巽，巽为风。九二，在风雨日照之中，为得愿，为悔亡。

又，《祭统》曰：“祭者，泽之大者也。是故，上有大泽，则惠必及下，顾上先下后耳。非上积重，而下有冻馁之民也。是故上有大泽，则民夫人待于下流，知惠之心将至也。由馂见之矣，故曰可以观政。夫祭之为物大矣，其兴物备矣。顺以备者也，其教之本与。是故君子之教也，外则教之以尊其君长；内则教之以孝于其亲。是故明君在上，则诸臣服从；崇事宗庙社稷，则子孙顺孝。尽其道，端其义，而教生焉。”又，“夫祭有十伦焉：见事鬼神之道焉，见君臣之义焉，见父子之伦焉，见贵贱之等焉，见亲疏之杀焉，见爵赏之施焉，见夫妇之别焉，见政事之均焉，见长幼之序焉，见上下之际焉，此之谓十伦。”郑氏注：“鬼神有祭，不独飨之，使人馂之，恩泽之大者也。国君有蓄积，不独食之，亦以施惠于竟内也。伦，犹义也。”祭祀之义，在天人之间。是以涣奔其机，得天保祐，得人和洽，为得天人之愿，为悔亡。

六三，涣其躬，无悔。

〔译〕　六三，风雨惠泽，泽及公身，没有悔恨。

《象》曰：“涣其躬，志在外也。”

〔证〕

涣其躬　《易乾凿度》云：“孔子曰：《易》有六位三才，天地人道之分际也。三才之道，天地人也。天有阴阳，地有柔刚，人有仁义。法此三者，故生六位。六位之变，阳爻者制于天也，阴爻者系于地也。天动而施曰仁，地静而理曰义。仁成而上，义成而下。上者专制，下者顺从。正形于人，则道德立，而尊卑定矣。此天地人道之分际也。天地之气，必有终始；六位之设，皆由上下。故《易》始于一，分于二，通于三，达于四，盛于五，终于上。初为元士，二为大夫，三为三公，四为诸侯，五为天子，上为宗庙。”三，公位。大有卦九三曰：“公用享于天子，小人弗克。”《象》曰：“公用享于天子，小人害也。”益卦六三曰：“有孚中行，告公用圭。”六四曰：“中行告公从。”《象》曰：“告公从，以益志也。”殷周，诸侯亦有为公者，故四亦称公。涣卦六三涣其躬，谓涣其公之躬。

《尔雅·释诂》曰：“躬，身也。”，又，“身，我也。”郭璞注：“今人亦自呼为身。”《说文》：“躳，身也。从身，从吕。躬，躳或从弓。”段玉裁注：“从吕者，身以吕为柱也。”朱骏声《说文通训定声》：“身曲则吕见；或从弓，象形。”《商书·太甲上》曰：“惟尹躬，先见于西邑夏，自周有终，相亦惟终。”孔氏传：“周，忠信也。言身先见夏，君臣用忠有终。夏都在亳西。”《邶风·谷风》曰：“我躬不阅，遑恤我后。”郑笺：“躬，身；遑，暇；恤，忧也。我身尚不能自容，何暇忧我后，所生子孙也。”《卫风·氓》：“静言思之，躬自悼矣。”郑笺：“躬，身也。”《周礼·大宗伯》：“伯执躬圭。”郑氏注：“象以人形为瑑饰。”躬，亦身。《礼记·乐记》：“致礼，以治躬则庄敬。”郑氏注：“躬，身也。”躬，有身体、自身两义，后者为引伸。又，躬为弓身，是以又有恭义。

《说卦传》曰：“坎为弓轮。”蒙卦，坎下艮上。六三曰：“勿用取女，见金夫，不有躬，无攸利。”《象》曰：“勿用取女，行不顺也。”三在下坎，为弓躬。六三阴居阳位，与上九应，为行不顺，为其身不躬，即不恭。蹇卦，艮下坎上。六二曰：“王臣蹇蹇，匪躬之故。”《象》曰：“王臣蹇蹇，终无尤也。”二之四为坎，坎为躬。六二在坎，得位居中，故曰非自身之故。震卦，震下震上。上六曰：“震不于其躬，于其邻。”《象》曰：“震索索，中未得也。”三之五为坎，坎为躬。上六不在坎，而在坎之近邻，谓不于其躬，于其邻。是坎，有弓、躬和恭之象，三字音义亦通。涣卦，坎下巽上。六三在坎，坎为躬，为涣其躬。三位公，躬为身，是六三涣其躬，谓涣三公之身。此又躬、公谐音。《彖》曰：“王假有庙，王乃在中也。”中通上下，即天之风雨，经天子泽惠公身，亦王明并受其福之谓。

《象》曰：“涣其躬，志在外也。”上为外，下为内。六三与上九应，为志在外。《礼记·祭义》曰：“祭不欲数，数则烦，烦则不敬。祭不欲疏，疏则怠，怠则忘。是故，君子合诸天道，春禘秋尝。”又曰，“霜露既降，君子履之，必有怵惕之心，非其寒之谓也。春，雨露既濡，君子履之，必有怵惕之心，如将见之。”《正义》曰：“合诸天道者，禘者阳之盛也，尝者阴之盛也。阴阳气盛，孝子感而思念其亲，故君子制礼，合于天道。春禘秋尝者，举春秋，冬夏可知。非其寒之谓也者，言孝子于秋，霜露既降，有悽怆之心者，非是寒之谓，有此悽怆者，为感时念亲也。如将见之者，言孝子于春，雨露之时，必有怵惕之心焉。意想念亲，如似得见亲也。”涣卦《象》曰：“涣其躬，志在外也。”外为宗庙。即谓雨露既濡，君子履之，有怵惕之心，如将见之鬼神。《说文》：“志，意也。”志在外，即意在鬼神。故《祭义》曰：“于是谕其志章，以其慌惚，以与神明交，庶或飨之。庶或飨之，孝子之志也。”心意与神明交，即志在外之谓。《论语·八佾》曰：“祭如在，祭神如神在。”亦即此。

无悔　涣卦，巽上坎下，或为夏秋之际，祈雨之雩祭。《说文》：“雩，夏祭乐于赤帝，以祈甘雨也。从雨，亏声。”段玉裁注：“《公羊传》曰：大雩者何？旱祭也。《月令》：仲夏之月，大雩帝，用盛乐。乃命百县，雩祀百辟卿士，有益于民者，以祈谷实。注曰：雩，吁嗟求雨之祭也。雩帝，谓为坛南郊之旁，雩五精之帝，配以先帝也。自鞀鞞，至柷敔，皆作曰盛乐。凡他雩，用歌舞而已。《春秋传》曰：龙见而雩。雩之正，当以四月。按，郑言五精之帝；高诱注《时则训》曰：帝，上帝也。许独云赤帝者，以其为夏祭而言也。以祈甘雨，故字从雨。以于嗟而求，故从亏。”按，《左传》桓公五年：“秋，大雩，书，不时也。”杨伯峻注：“雩有二。一为龙见而雩，当夏正四月，预为百谷祈雨。此常雩，常雩不书。一为旱暵之雩，此不时之雩。《春秋》书雩者二十一，《左传》于此年云：书，不时也；于襄五年、八年、二十八年、昭三年、六年、十六年、二十四年，皆曰旱也；昭二十五年再雩，则曰旱甚；余年无传。首言不时，而后皆言旱，互文见义，皆以旱而皆不时也。说本汪克宽《纂疏》。”盖祈雨得雨，是以无悔。

又，《礼记·祭统》：“故曰：禘尝之义大矣，治国之本也，不可不知也。明其义者，君也；能其事者，臣也。不明其义，君不全；不能其事，为臣不全。夫义者，所以济志也，诸德之发也。是故，其德盛者，其志厚；其志厚者，其义章；其义章者，其祭也敬；祭敬，则竟内之子孙，莫敢不敬矣。是故君子之祭也，必身亲临之。”《论语·八佾》：“或问禘之说。子曰：不知也。知其说者之于天下也。”明禘为王者之事。六三涣其躬，谓涣其公之躬，是公身亲受之，致肃敬虔诚可知。其德盛，其志厚，其义章，其祭也敬。王敬，则莫敢不敬，是重禘、尝之义，即重治国之本。得治国之本，是以国治而无悔。《礼记·礼器》云：“孔子曰：我战则克，祭则受福，盖得其道矣。”得祭祀之道，不啻得受鬼神之福，亦得治国之道，是以无悔。质言之，无悔者，谓上天之惠泽，泽及三公。公者，弓身为公，为躬。

六四，涣其群，元吉。涣其丘，匪夷所思。

〔译〕　六四，天泽降于君，大吉利。天泽降于祭祀之丘，君之所思，非同平常。

《象》曰："涣其群，元吉，光大也。"

〔证〕

涣其群　《广雅·释言》："君，群也。"王念孙疏证："《逸周书·太子晋解》云：侯能成群谓之君。《荀子·王制篇》云：君者，善群也。群道德，则万物皆得其宜，六畜皆得其长，群生皆得其命。《韩诗外传》云：君者何也？曰群也，群天下万物，而除其害者，谓之君。"按，潘振注《太子晋解》云："此解侯与君之命义也。言君能立道德之名，使人知父子之亲，君臣之义，夫妇之别，长幼之序，朋友之信。生其心，即生其身。五典五惇，五礼有庸，教化与天道偕矣。逆理者不逆，顺理者益顺，是能侯逆顺者，故谓之侯。侯之命义如此也。侯能成教一方，近悦而远自来，群众归心，故谓之君。君之命义如此也。此指畿外诸侯而言也。"群众归心，即侯能成群谓之君。又，《谥法解》云："从之成群曰君。"是君、群通。《墨子·兼爱下》云："若予既率尔群对诸群，以征有苗。"孙诒让间诂："惠栋云：群，犹君也。《周书·太子晋》云：侯能成群谓之君。《尧典》言群后。苏云：群字疑误，或为辟，辟，君也。案，惠说近是。此群对诸群，当读为群封诸君。封与邦，古音近，通用。封、对形近而误。群封诸君，言众邦国诸君也。"又，《白虎通·号》曰："君之为言群也。"是群训君，迭韵。四为诸侯之位，涣其群，谓风雨泽惠诸侯之君。

元吉　坤卦，六五曰："黄裳，元吉。"《象》曰："黄裳元吉，文在中也。"讼卦，九五曰："讼，元吉。"《象》曰："讼，元吉，以中正也。"履卦，上九曰："视履考祥，其旋元吉。"《象》曰："元吉在上，大有庆也。"泰卦，六五曰："帝乙归妹，以祉元吉。"《象》曰："以祉元吉，中以行愿也。"复卦，初九曰："不远复，不祗悔，元吉。"《象》曰："不远之复，以修身也。"大畜卦，六四曰："童牛之牿，元吉。"《象》曰："六四元吉，有喜也。"离卦，六二曰："黄离，元吉。"《象》曰："黄离元吉，得中道也。"损卦，卦辞曰："损，有孚元吉。"《象》曰："损而有孚，元吉。"六五曰："或益之十朋之龟，弗克违，元吉。"《象》曰："六五元吉，自上祐也。"益卦，初九曰："利用为大作，元吉，无咎。"《象》曰："元吉无咎，下不厚事也。"九五曰："有孚惠心，勿问元吉。"《象》曰："有孚惠心，勿问之矣。"言勿用卜问，元吉。井卦，上六曰："有孚，元吉。"《象》曰："元吉在上，大成也。"鼎卦，卦辞曰："鼎，元吉，亨。"《象》曰："得中而应乎刚，是以元亨。"谓元吉亨。乾卦《文言》曰："元者，善之长也。"是元吉与吉异。上列各卦元吉者，皆得中得位，善之善者。涣卦，初六称吉，《象》曰："初六之吉，顺也。"以其六不当位，故虽顺只吉。六四元吉，《象》曰："涣其群，元吉，光大也。"以其当位，故称元吉，光大。

涣有丘　有，与王假有庙之有同，当于讲。涣有丘，谓涣于丘。《说文》："北（丘），土之高也，非人所为也。从北，从一。一，地也。人居在丘南，故从北。中邦之居，在昆仑东南。一曰，四方高、中央下为丘，象形。凡丘之属，皆从丘。"《周礼·大司徒》郑氏注："土高曰丘。"同人卦，九三曰："伏戎于莽，升其高陵，三岁不兴。"随卦，上六曰："拘系之，乃从维之，王用享于西山。"贲卦，六五曰："贲于丘园，束帛戋戋，吝，终吉。"颐卦，六二曰："颠颐，拂经于丘颐，征凶。"升卦，六四曰："王用享于岐山，吉，无咎。"震卦，六二曰："震来厉，亿丧贝，跻于九陵。"跻升于初九之上，九陵谓初九。渐卦，九五曰："鸿渐于陵，妇三岁不孕，终莫之胜，吉。"涣卦，六四曰："涣有丘。"是凡言丘者，皆为坤阴之爻，坤为土，土高曰丘，凡言陵者，皆为乾阳之爻，阳刚为陵；又，山生万物，万物非土莫属，故凡言山者，亦皆在坤阴之爻。涣卦，三之五为艮，艮为山，四在艮中，为丘；丘在风雨所涣之中，为涣于丘。

匪夷所思　《大雅·瞻卬》毛传："夷，常也。"匪夷所思，谓所思不同平常。《周礼·掌次》："王大旅上帝，则张毡案，设皇邸。"郑氏注："大旅上帝，祭天于圜丘。国有故而祭，亦曰旅。此以礼见祀也。"《大司乐》："冬日至，于地上之圜丘奏之。若乐六变，则天神皆降，可得而礼矣。夏日至，于泽中之方丘奏之，若乐八变，则地示皆出，可得而礼矣。"郑氏注："《大传》曰：王者必禘其祖之所自出。《祭法》曰：周人禘喾而郊稷，谓此祭天圜丘，以喾配之。"贾公彦疏："言圜丘者，案《尔雅》，土之高者曰丘，取其自然之丘。圜者，象天。既取上之自然，则未必要在郊，无问东西与南北方，皆可。地言泽中方丘者，因高以事天，故于地上，因下以事地。故于泽中取方丘者，水钟曰泽。不可以水中设祭，故亦取自然之方丘，象地方故也。"涣卦，二之五为离，离为乾，乾为圜；三之五为艮，艮为丘，为圜丘，为祭天之象。初之三为坎，坎为水，水钟为泽；三之四为坤地，地为方；三之五艮，艮为丘，为泽中方丘，为祭地之象。天泽降于祭祀之丘，君意与天地神鬼相交，唯诚唯敬，非同平常所思，曰匪夷所思。

九五，涣汗其大号，涣王居，无咎。

〔译〕　九五，风雨泽及天子，泽及王室，没有灾难。

《象》曰："王居无咎，正位也。"

〔证〕

涣汗其大号　《释名·释衣服》："汗衣，近身受汗垢之衣也。《诗》谓之泽，受汗泽也。"《秦风·无衣》云："岂曰无衣，与子同泽。"毛传："泽，润泽也。"郑笺："泽，亵衣，近污垢。"《诗集传》："泽，里衣也。以其亲肤，近于垢泽，故谓之泽。"

是泽为汗泽，泽衣为汗衣，泽与汗通，皆有润泽之义。扬雄《太玄经·阕》："次六，饮汗吭吭，得其膏滑。""测曰，饮汗吭吭，道足嗜也。"范望注："六，为上禄；汗，润泽也。神灵所祐，故润泽多，吭吭然也。百姓蒙福，若膏泽之濡滑也。"又曰，"福祚天降，故足嗜也。"是汗同泽，为润泽、福泽。涣卦九五，涣汗迭韵，其义相同。梁文帝《南郊颂·序》："莫不巍巍乎，穆穆乎，涣汗于绿篇。"《文选》刘孝标《辨命论》："皆兆发于前期，涣汗于后叶。"张铣注；"涣汗，流布之貌。"涣卦九五，涣汗连用，以示上天风雨之泽，流布而下。

《白虎通·号》曰："帝王者何？号也。号者，功德之表也。所以表功明德，号令臣下者也。"又曰，"所以有夏、殷、周号何？以为王者受命，必立天下之美号，以表功自克，明易姓为子孙制也。夏、殷、周者，有天下之大号也。百王同天下，无以相别，改制天子之大礼，号以自别于前，所以表著已之功业也。必改号者，所以明天命已著，欲显扬己于天下也。已复袭先王之号，与继体守文之君，无以异也。不显不明，非天意也。故受命王者，必择天下美号，表著已之功业。"陈立疏证："《御览》引《汉官仪》曰：帝者德象天地，言其能行天下，号曰皇帝。《公羊》成八年注：王者，号也。《类聚》引《五经通义》云：号者，所以表功德，号令臣下也。问曰：天子有天下大号，诸侯有国大号乎？曰：天子居无之上位，下无所屈，故立大号，以劝勉子孙。诸侯有爵禄之赏，削黜之义，鈇钺之诛，故无所有国之号也。"是大号，为天子之号。涣汗其大号，谓上帝风雨，泽惠天子。九五，至尊之位，又在巽体，有号令之象，故曰大号。

涣王居，无咎　王居，王者起居作息之处。涣王居，指泽及王，与左右人等。三之五为艮，又，三之上似观，是皆有屋宇，及宫殿之象。九五于其内，是以为王居。全卦为风雨，王居在风雨之中，为涣王居。涣王居无咎，谓上天风雨，泽祐王家，因以无灾。《象》曰："王居无咎，正位也。"按，观卦九五曰："观我生，君子无咎。"朱熹曰："九五阳刚中正，以居尊位。其下四阴，仰而观之，君子之象也。故戒居此位，得此占者，当观己所行，必其阳刚中正，亦如是焉，则得无咎也。"涣卦正位无咎，如观卦中正无咎，两卦九五，所处之象相仿，其占犹同。《系辞传》曰："天地之大德曰生，圣人之大宝曰位，何以守位？曰仁。"风雨其涣，是天地之大德；正位，是圣人之大宝；九五巽以待下，是仁；仁可以守位，故曰无咎。

上九，涣其血去，逖出，无咎。

〔**译**〕　上九，风雨成水流而去，远远流出，无灾。

《象》曰："涣其血，远害也。"

〔证〕

涣其血去　《管子·水地》:“水者，地之血气，如筋脉之通流者也。”房玄龄注:“言水材美具备，其润泽若气，以支持于地，若筋分流地上，若脉也。”又,《四时》曰:“其时曰冬，其气曰寒，寒生水与血。”房注:“寒释则水流，血亦水之类。”又,《淮南子·精神训》:“血气者，风雨也。”《说卦传》曰:“坎为血卦。”《正义》曰:“为血卦，取其人之有血，犹地之有水也。”血、水通喻。《周易》以坎为血为水。坤卦上六曰:“龙战于野，其血玄黄。”阴阳和合为水，故曰其血玄黄。屯卦，震下坎上。上六曰:“泣血涟如。”上六在坎。需卦，乾下坎上。六四曰:“需于血。”六四在坎。小畜卦，乾下巽上。六四曰:“血去惕出。”六四在互离之中，离与坎相反，为坎象已去。归妹卦，兑下震上。上六曰:“士刲羊，无血。”坎为血，上六已出互坎，为无血。涣卦，坎下巽上。坎为血为水，巽为风，至上九为风吹，而雨水去。

逖出　《尔雅·释诂》:“逷，远也。”《说文》:“逷，古文逖。”又,“逖，远也。”钱绎《方言笺疏》:“狄、剔、逖、逷，古字并通。”《周书·牧誓》云:“王曰:逖矣，西土之人。”《史记·周本纪》云:“远矣，西土之人。”是逖、远通用。“《大雅·瞻卬》:“舍尔介狄。”毛传:“狄，远。”《诗三家义集疏》:“三家:狄作逖。”是三家皆从逖作远讲。《抑》:“用戒戎作，用逷蛮方。”毛传:“逷，远也。”《左传》僖公二十八年:“纠逖王慝。”杜预注:“逖，远也。有恶于王者，纠而远之。”《水经·河水注》:“《管子》曰:水者，地之血气，筋脉之通流者。故曰:水其具财也。而水最为大，水有大水，有远近。水出山，而流入海者，命曰经水。引他水，入于大水，及海者，命曰支水。出于地沟，流于大水，及于海者，又命曰川水也。《庄子》曰:秋水时至，百川灌河，经流之大。”是为涣其血去，逖出。

无咎　《夏书·益稷》:“禹曰:洪水滔天，浩浩怀山襄陵，下民昏垫。”孔氏传:“言天下民，昏瞀垫溺，皆因水灾。”故禹决九州名川，通之至海，使之逖出无灾。《周书·洪范》曰:“一极备，凶;一极无，凶。”《集传》云:“极备，过多也;极无，过少也。唐孔氏曰:雨多则涝，雨少则旱，是极备亦凶，极无亦凶。余准是。”《集说》云:“王氏安石曰:极备、极无，饥馑疫疠之所由作，故曰凶。林氏之奇曰:此五者之气，苟不得其序，而为过、不及焉，皆凶之道也。朱子曰:一极备凶，一极无凶:多些子不得，无些子不得。申氏时行曰:极备，而伤于太多，则阴阳之气偏胜，而万物无以育其生，必致于凶灾。如雨多则涝，旸多则旱，是也。或极无，而伤太少，则阴阳之气有亏，而物无遂其性，亦至于凶灾。如无燠则惨，无寒则泄，是也。”涣卦，风雨由初至上，上九亢，为过甚，即一极备，为凶;故须涣其血去，使之逖出，如是则无咎。习坎卦，坎下坎上。《象》曰:“上六失道，凶三岁也。”亦谓水积泛滥，不能远流而去，为有凶害；逖出则无灾。故涣卦上九《象》曰：“涣其血，远害也。”即谓涣其水流而去，可以远害。

第六十卦　辛 酉

䷻ 坎上
兑下

节，亨；苦节不可贞。

〔译〕 节，通顺；苦于节度，不可得正。

《彖》曰："节亨，刚柔分，而刚得中。苦节不可贞，其道穷也。说以行险，当位以节，中正以通。天地节，而四时成。节以制度，不伤财，不害民。"

《象》曰："泽上有水，节，君子以制数度，议德行。"

〔证〕

兑下坎上 《说卦传》曰："兑为口"，"坎为水"。兑下坎上，口上有水，似皿口之水外溢。溢则当节止，故为节。《说文》曰："益，饶也。从水、皿。水、皿，益之意也。"段玉裁注："饶，饱也，凡有余曰饶。"是益亦有余，此会意字。王筠《说文释例》："益之水在皿上，则增益之意，即兼有氾溢之意。溢，似后来分别文。"李孝定《甲骨文字集释》按："益，用为饶益、增益之义既久，而本义转晦，遂别制溢字。此字，当以氾溢为本义。"《吕氏春秋·察今》曰："荆人欲袭宋，使人先表澭水。澭水暴益，荆人弗知，循表而夜涉，溺死者千有余人。"高诱注："益，长。"长，谓水涨，是益为溢之本字。水溢当节为节，犹乱而反治为治。故卦之象为益，卦之名为节。又，兑为泽，坎为江，江水多，则湖泽纳之；江水少，则湖泽吐之，是以调节为节。

《夏书·禹贡》曰："九河既道，雷夏既泽。"蔡沈注："九河，《尔雅》：一曰徒骇，二曰太史，三曰马颊，四曰覆鬴，五曰胡苏，六曰简洁，七曰钩盘，八曰鬲津，其一则河之经流也。先儒不知河之经流，遂分简洁为二。既道者，既顺其道也。泽者，水之钟也。雷夏，《地志》：在济阴郡城，阳县西北，今濮州，雷泽县西北也。《山海经》云：泽中有雷神，龙身而人颊，鼓其腹则雷。然则本夏泽也，因其神，名之曰雷夏也。洪水横流，而入于泽，泽不能受，则亦泛滥奔溃，故水治而后，雷夏为泽。"《系辞传》曰："古者，包牺氏之王天下也，仰则观象于天，俯则观法于地。"节卦，盖观法于地之类。上坎，坎为水。《说文》曰："水，象众水并流。"是坎亦为九河之象。下兑，兑为泽。又，二之四为震，震为雷，泽中有雷，是为雷夏之泽。节卦，上坎下兑，有禹道九河，而泽雷夏之象。道、泽，皆治其水，是以为制为节，为节制之象。

《尔雅·释言》："坎、律，铨也。"郭璞注："《易》坎卦主法。法、律，皆所以铨量轻重。”郝懿行《尔雅义疏》曰：“铨者，《说文》云衡也，《广韵》云量也，次也，度也。《文选·文赋》注，引《苍颉篇》曰：“铨，称也。《声类》曰：铨，所以称物也。《广雅》：称，谓之铨。《吴语》云：无以铨度天下之众寡。通作硂。《广雅》云：硂，度也。《广韵》：硂同铨。是矣。坎者水也，水主法者，《左氏》宣十二年，杜预注：坎为法象。《说文》云：法，刑也，平之如水，从水。《考工记·轮人》云：水之以视其平沈之均也，权之以视其轻重之侔也。然则水主均平，权知轻重，水即坎也，权亦铨也。铨衡所以取平，故坎训铨矣。律者，上文云述也。《释诂》云：常也，法也。法、律同类。故《易集解》师、坎下，并引《九家注》：坎为法律。《淮南·览冥篇》注，又云：律，度也。盖律、度、权、衡，并主法之器，故展转相训。《左宣十二年传》，《正义》引樊光曰：坎卦水也，水性平，律亦平，铨亦平也。”节卦，上坎为铨，铨为平；下兑为口，为器皿之口，是节卦，为平衡之器皿象，故为节制之象。又，节卦，兑下坎上，兑为口，为器皿之口；坎为水，水为准。准其口，为斟酌损益，权衡节制，故为节。

又，《御览》引范子《计然》曰：“月行疾，疾二十九日、三十日间。一与日合，取日之度，以为月节。以日日行一度，月日行十三度，十九分度之七。日一月行二十九度余，月一月行天一匝，三百六十五度，四分度之一，过而更行二十九度半余。是日月不齐，第取日所行以为节，故有大有小也。”又，《春秋元命苞》曰：“日之为言实也，节也，含一。开度立节，使物咸别，故谓之日。言阳布散合如一，故其立字，四合其一者为日。望之度尺，以千里立。阳以一起，故日日行一度。”《广雅·释言》：“日，节也。”王念孙疏证：“日为节度之节。”节卦，二之五为离，离为日；四之上为坎，坎为月，是日月运行，日主其中，故为节度之象。

《逸周书·度训解》曰：“天生民而制其度，度小大以正，权轻重以极，明本末以立中。立中以补损，补损以知足。序爵以明等极，极以正民。正中外以成命，正上下以顺政。”唐大沛云：“此篇大旨，以立中为法度之准，以分微、敬微为王道之源，以教民次分，为治平之要，以好恶同民，为絜矩之用，而贯以慎始如终之心。盖内圣外王之至道，《典》、《谟》、《训》、《诰》之精义，大端具备矣。”潘振云：“昔在文王，生有圣德，缉熙敬止，顺帝之则，作《解》于世，以昭修已治人之术焉。《度训》，其一也。度，法度；训，教也。解其义以示人，故曰《度训解》。”陈逢衡云：“天行有度，而四象正；皇极有度，而万民顺。纣失度，故以亡；文秉度，故日昌。度也者，所以整齐万物之具也。”《周易》之节卦，与《逸周书》之《度训解》略同，节犹度。节卦，日以节之；《度训解》，王以度之。日为王象，是节卦，亦谓王者节度之卦。

节卦，初之三为兑，二之四为震，兑下震上，为归妹卦象。《彖》曰：“归妹，天地之大义也。”《广雅·释诂》曰：“义，宜也。”《释名·释言语》：“义，宜也，裁制事物，使合宜也。”裁制，犹节制，是以有节意。二之四为震，三之五为艮，震下艮上，为颐卦象。震下动，艮上止，动而有节止。《象》曰：“山下有震，颐，君子以慎言语，节饮食。”是亦有节意。三之五为艮，四之上为坎，艮下坎上，为蹇卦象。《彖》曰：“险在前也，见险而能止，知矣哉。”止犹节。《广雅·释诂》：“止，礼也。”王念孙疏证：“《鄘风·相鼠篇》云：人而无仪，人而无止，人而无礼。是止即礼也。故《韩诗》云：止，节也，无礼节也。”又，初之三为兑，兑为泽为静；二之四为震，震为雷为动。有静有动，静动有节。二之四为震，震为行；三之五为艮，艮为止。有行有止，行止有节。三之五为艮，艮为山为塞；四之上为坎，坎为水为流。有塞有流，塞流有节。

于伏羲八卦，兑位东南方，为二、三月；坎位正西方，为七月。《说文》曰：“卯，冒也，二月，万物冒地而出，象开门之形，故二月为天门。凡卯之属，皆从卯。”桂馥义证：“卯，木也。徐锴曰：二月，阴不能制阳，阳冒而出也。《释名》：卯，冒也，戴冒土而出也。《汉书·律历志》：冒，茆于卯。二月万物冒地而出者，《释名》：卯于《易》为震，二月之时，雷始震也。郑注《月令·仲春之月》云：仲春者，日月会于降娄，而斗建卯之辰也。又注命乐正舞云：顺万物始出地，鼓舞也。《易乾凿度》：震生物于东方，位在二月。郑注：震主施生，卯为日出，象人道之阳也。《乾凿度》又云：随者，二月之卦，随德施行，藩决难解。郑注：言二月之时，阳已壮，施生万物，而阴气渐微，不能为难，以障闭阳气，故曰藩决难解也。象开门之形者，本书昜下云：开也。卯下云：“卯为春门，万物已出。《增韵》：卯从两户相背，日出于卯，辟户之时也。”此谓二月阳气用事，万物吐生。

又，《说文》：“申，神也，七月阴气成体，自申束。从臼，自持也。吏以餔时听事，申旦政也。凡申之属，皆从申。”桂馥义证：“神也者，申、神声相近。《风俗通》：神者，申也。《论衡·论死篇》：神者，伸也，伸复无已，终而复始。七月阴气成体者，《汉书·律历志》：夷则，则，法也，言阳气正法度，而使阴气，夷当伤之物也。位于申，在七月。《晋书·乐志》：七月申。申，身也，言时万物身体皆成就。《通典》：七月之辰名申。申者，身也，言万物皆身体而成就，故名为申。徐锴曰：七月三阴，故曰阴气成。自申束者，本书竦下云：束，自申束也。《释名》：申，身也，物皆成，其身体各申束之，使备成也。从臼，自持也者，本书：要，从臼，象人要自臼之形。”二月阳用事，万物生；七月阴用事，万物成。有阳有阴，有生有成，此为事物有节度，为节。

《淮南子·天文训》曰：“日行一度，十五日为一节，以生二十四时之变。斗指子，则冬至，音比黄钟；加十五日指癸，则小寒，音比应钟；加十五日指丑，则大寒，音比无射；加十五日，指报德之维，则越阴在地。故曰距日冬至，四十六日而立春，阳气冻解，音比南吕；加十五日指寅，则雨水，音比夷则；加十五日指甲，则雷惊蛰，音比林钟；加十五日指卯，中绳，故曰春分，则雷行，音比蕤宾；加十五日指乙，则清明风至，音比仲吕；加十五日指辰，则谷雨，音比姑洗；加十五日指常羊之维，则春分尽，故曰，有四十五日而立夏，大风济，音比夹钟；加十五日指巳，则小满，音比太蔟；加十五日指丙，则芒种，音比大吕；加十五日指午，则阳气极，故曰，有四十六日而夏至，音比黄钟；加十五日指丁，则小暑，音比大吕；加十五日指未，则大暑，音比太蔟；加十五日指背阳之维，则夏分尽，故曰，有四十六日而立秋，凉风至，音比夹钟；加十五日指庚，则白露降，音比仲吕；加十五日指酉，中绳，故曰秋分雷戒，蛰虫北乡，音比蕤宾；加十五日指辛，则寒露，音比林钟；加十五日指戌，则霜降，音比夷则；加十五日指蹄通之维，则秋分尽，故曰，有四十六日而立冬，草木毕死，音比南吕；加十五日指亥，则小雪，音比无射；加十五日指壬，则大雪，音比应钟；加十五日指子。”一年二十四节。日十五日为一节，万物生消随节，故节有离象。

杨雄《太玄经》:“度，阴气日躁，阳气日舍，躁躁舍舍，各得其度。”范望注：“度，象节卦。行属于火。谓之度者，言是时，阴气躁上，阳气舍下。重言躁躁舍舍者，上下欲速之谓也。上下消息，各有度数，故谓之度。度之初一，日入翼宿二度。”度，谓阴气日渐躁升，阳气日渐舍退。各得其度，即谓各得其节度，是以度象节卦。《月令》云：“孟秋之月，日在翼；昏，建星中；旦，毕中。其日庚辛。”郑氏注：“孟秋者，日月会于鹑尾，而斗建申之辰也。庚之言更也，辛之言新也。日之行秋，西从白道，成熟万物，月为之佐，万物皆肃然改更，秀实新成，又因以为日名焉。”《正义》曰：“按《三统历》，七月节，日在张十八度，昏斗四度中，去日一百一十四度，旦毕八度中。七月中，日在翼十五度，昏斗十六度中，去日一百一十一度，旦井初度中。《元嘉历》，七月节，日在张五度，昏箕二度中，旦胃二度中。七月中，日在翼十度，昏斗三度中，日昴七度中。”据《三统历》、《元嘉历》，日行在翼十五度、十度，皆在七月中气。节卦，二之五离象，离为日，日行至坎中，即日行至七月中。范注《太玄》与《易》合。七月，阴气佐阳，节度生物，使之有成，是以谓节谓度。

节　《说文》:“節（节），竹约也。从竹，即声。”段玉裁注：“约，缠束也，竹节如缠束之状。《吴都赋》曰：苞笱抽节。引伸为节省、节制、节义字。又假借为符卪字。”《尔雅·释言》:“裁，节也。”邢昺疏：“《易》泰卦云：后以裁成天地之道。”朱熹曰：“裁成以制其过。”制其过，即节制其过中。《系辞传》曰：“化而裁之谓之变。”孔颖达疏：“阴阳变化，而相裁节之，谓之变也。”裁、节义同，复合为裁节。又，《系辞传》曰：“化而裁之谓之变，推而行之谓之通。”朱熹曰：“因其自然之化，而裁制之，变之义也。”裁与节通，裁制即节制，因其自然之化，而变制之。《说卦传》曰：“艮为止，为坚多节。”止、节同在艮，是止与节通。故《广雅·释言》曰：“节，已也。”《序卦传》曰：“物不可以终离，故受之以节。”是节，为节制之义。

《周书·召诰》曰：“节性，惟其日迈。”孔氏传：“和比殷周之臣，时节其性，令不失中，则道化惟日其行。”孔颖达《正义》曰：“文承殷周之下，故知和比。殷周之臣人，各有性，嗜好不同，各恣所欲，必或反道。故以礼义，时节其性命，示之限分，令不失中。皆得中道，则各奉王化。故王之道化，惟日其行，言日日当行之，日益远也。顾氏云：和协殷周新旧之臣，制其性命，勿使怠慢也。”节性，即制其性命。是节、制义通，合为节制。《大雅·皇矣》：“维此王季，帝度其心。”毛传：“心能制义曰度。”朱熹《诗集传》曰：“度，能度物制义也。言上帝制王季之心，使有尺寸，能度义。”度，节度。《考工记·弓人》：“是故厚其液，而节其帑。”郑氏注：“厚，犹多也；节，犹适也。”孔颖达疏：“多其液者，谓角于其裨，须节适，厚薄得所也。”节适，言调节适度。

《左传》庄公二十三年：“制财用之节。”孔颖达疏：“即是制财用之节度也。”成公十五年：“诸侯将见子臧于王，而立之。子臧辞曰：《前志》有曰：圣达节，次守节，下失节。为君，非吾节也。虽不能圣，敢失守乎？”《正义》曰：“节，犹分也。人生天地之间，性命各有其分。圣人达于天命，识已知分。若以历数在己，则当奉承灵命，不复拘君臣之交，上下之礼。舜、禹受终，汤、武革命，是言达节者也。若自知己分，不合高位，得而不取，与而不受。子臧、季札、卫公子郢、楚公子间，如此之类，皆守节者也。下愚之人，不识己分，皆失节者也。子臧自以身是庶子，不合有国，故言为君非吾节也。虽不能为圣，敢失其守节者乎？”是守分亦守节。《彖》曰：“说以行险，当位以节，中正以通。”意即以节制，使事物而当本分。

《孔子家语·六本》：“孔子曰：中人之情也，有余则侈，不足则俭，无禁则淫，无度则逸，从欲而败。是故，鞭朴之子，不从父之教；刑戮之民，不从君之令。此言疾之难忍，急之难行也。故君子不急断，不急制。使饮食有量，衣服有节，宫室有度，畜积有数，车服有限，所以防乱之原也。夫度量不可不明，是中人所由之令。”有量、有节、有度、有数、有限，皆谓必须有节。《系辞传》曰：“其出入以度，外内使知惧，又明于忧患与故，无有师保，如临父母。”谓行藏用节度，使上下知道戒惧，又明白忧患，与不节制之关系，则虽无师保指导，也如父母临之，能得教护。其出入以度，盖即节之义。《系辞传》又曰：“制而用之谓之法。”节亦制，是节以法制。《杂卦传》曰：“节，止也。”言止其当止为节。故朱熹《周易本义》云：“节，有限而止也。”

《周书·洪范》曰：“无偏无陂，遵王之义；无有作好，遵王之道；无有作恶，遵王之路。无偏无党，王道荡荡；无党无偏，王道平平；无反无侧，王道正直。会其有极，归其有极。”《正义》曰：“更言大中之体，为人君者，当无偏私，无陂曲，动循先王之正义；无有乱为私好，谬赏恶人，动循先王之正道；无有乱为私恶，滥罚善人，动循先王之正路。无偏私，无阿党，王家所行之道，荡荡然开辟矣；无阿党，无偏私，王者所立之道，平平然辩治矣；所行无反道，无偏侧，王家之道，正直矣。所行得无偏私，皆正直者，会集其有中之道，而行之。若其行必得中，则天下归其中矣。言人皆谓此人，为大中之人也。”此谓王者，对人对事，皆当有节，节以中道。

《小雅·节南山》云：“家父作诵，以究王讻。式讹尔心，以畜万邦。”郑笺：“讹，化；畜，养也。”即谓王者节其心志，万邦得养。陈奂《诗毛氏传疏·节南山》云：“《十月之交》笺：《节》，刺师尹不平；昭二年《左传》：季武子赋《节》之卒章；卢辩注《大戴礼·卫将军文子篇》云：《小雅·节》之四章，节下，皆无南山二字。”又，鲁人申培《诗说》云：“《节》，桓王之时，任用非人，诸侯咸叛，兵败民残，家父忧之，作此以谏王焉。”又，《释文》引《韩诗》云：“节，视也。”陈乔枞《韩诗遗说考》：“节，有省义，湝节为省，省视亦为省，故节得训视。”按，朱熹《诗集传》注：“东莱吕氏曰：篇终矣，故穷其乱本，而归之王心焉。致乱者虽尹氏，而用尹氏者，则王心之蔽也。李氏曰：孟子曰：人不足与适也，政不足与间也，惟大人，为能格君心之非。盖用人之失，政事之过，虽皆君之非，然不必先论也。惟格君心之非，则政事无不善矣，用人皆得其当矣。”是君心有度为重，或《诗》之节，亦《易》之节，节为节度。

亨　《彖》曰：“节亨，刚柔分，而刚得中。说以行险，当位以节，中正以通。”亨，为通；通，为通顺。节亨，谓节度而通顺。节卦，初、二、五为阳，三、四、上为阴。三阳三阴，为刚柔等分。《春秋繁露·阴阳出入》曰：“至于中春之月，阳在正东，阴在正西，谓之春分。春分者，阴阳相半也。故昼夜均，而寒暑平。至于中秋之月，阳在正西，阴在正东，谓之秋分。秋分者，阴阳相半也，故昼夜均，而寒暑平。”节卦，为刚柔分，昼夜均，寒暑平。均、平为准，得准为得节，为亨。又，九二为下兑之中，九五为上坎之中，二、五为阳爻，为刚得中。节卦，九二阳得中，中而和，和而顺通，是以为亨。又，《彖》曰：“说以行险，当位以节，中正以通。”谓自下而上，敢于行险为节。九五当天子至尊之位，节勒百官，以中正而通天下。此亦谓九五，当位以节，中正以通，是以万物以应，为亨。

《春秋繁露·循天之道》曰：“循天之道，以养其身，谓之道也。天有两，和以成二中。岁立其中，用之无穷。是北方之中用合阴，而物始动于下。南方之中用合阳，而养始美于其上。动于下者，不得东方之和，不能生，中春是也。其养于上者，不得西方之和，不能成，中秋是也。然则，天地之美恶，在两和之处，二中之所来归，而遂其为也。是故，东方生而西方成。东方和生，北方之所起；而西方和成，南方之所养长。起之不至，于和之所不能生；养长之不至，于和之所不能成。成于和，生必和也；始于中，止必中也。中者，天下之所终始也；而和者，天地之所生成也。夫德莫大于和，而道莫正于中。中者，天地之美达理也，圣人之所保守也。《诗》云：不刚不柔，布政优优。此非中和之谓与？是故，能以中和理天下者，其德大盛；能以中和养其身者，其寿极命。”节卦九五，得中和之道，说以行险，当位以节，是以亨通。

《管子·四时》：“管子曰：令有时；无时，则必视顺天之所以来。五漫漫，六惛惛，孰知之哉？唯圣人知四时。不知四时，乃失国之基。不知五谷之故，国家乃路。故天曰信明，地曰信圣，四时曰正。信明圣者，皆受天赏。使不能为惛，惛而忘也者，皆受天祸。是故阴阳者，天地之大理也。四时者，阴阳之大径也。刑德者，四时之合也。刑德合于时，则生福；诡则生祸，然则春夏秋冬将何行？”房玄龄注：“王者命令，必有其时。视，谓观而察之。若不得时，则必观察其所致，改革以顺天道之来也。漫漫，旷远貌；惛惛，微暗貌。五，谓每时之政，其理旷远。六，谓阴阳四时，其理微暗。既漫且惛，故知之者少也。路，谓失其常居。言能信顺天地之道，则而行之者，曰明曰圣也。顺行四时之令，曰正也。信明者，天福也。既使不能，所以为惛。惛忘则动皆违理，故受天殃也。天地用阴阳，为生成；阴阳更用于四时之间，为纬也。德合于春夏，刑合以秋冬。”此亦天地节，而四时成，节以制度，不伤财，不害民之谓。

《后汉书·荀爽传》：“夫寒热晦明，所以为岁；尊卑奢俭，所以为礼：故以晦明寒暑之气，尊卑侈约之礼，为其节也。《易》曰：天地节，而四时成。《春秋传》曰：唯器与名，不可以假人。《孝经》曰：安上治民，莫善于礼。礼者，尊卑之差，上下之制也。昔，季氏八佾舞于庭，非有伤害困于人物，而孔子犹曰：是可忍，孰不可忍。《洪范》曰：惟辟作威，惟辟作福，惟辟玉食。凡此三者，君所独行，而臣不得同也。今臣僭君服，下食上珍，所谓害于而家，凶于而国者也。宜略依古礼，尊卑之差，及董仲舒制度之别，严督有司，必行其命。此则禁乱、善俗、足用之要。”《潜夫论·浮侈篇》曰：“夫贫生于富，弱生于强，乱生于治，危生于安。是故，明主之养民也，忧之劳之，教之诲之，慎微防萌，以断其邪。故《易》美节以制度，不伤财，不害民。《七月》之诗，大小教之，终而复始。由此观之，民固不可恣也。”又，《魏志·齐王芳传》：“诏曰：《易》称：损上益下，节以制度，不伤财，不害民。方今百姓不足，而御府多作金银杂物，将奚以为？”是节以制度，有节其下，有节其上。按，《诗集传·七月》云：“王氏曰：仰观星日霜露之变，俯察昆虫草木之化，以知天时，以授民事。女服事乎内，男服事乎外。上以诚爱下，下以忠利上。父父子子，夫夫妇妇。养老而慈幼，食力而助弱。其祭祀也时，其燕飨也节。此《七月》之义也。”《七月》，以天地四时之节，授民以农事，故为节以制度，不伤财，不害民之类。

《周易正义》曰：“天地以气序往来，各以其序，则四时功成之也。王者以制度为节，使用有道，役之有时，则不伤财，不害民也。”程氏传：“天地有节，故能成四时；无节，则失序也。圣人立制度以为节，故能不伤财害民。人欲之无穷也，苟非节以制度，则侈肆，至于伤财害民矣。”按节卦，刚柔分，即三阴三阳，乾为天，坤为地。又，乾为正南，为夏；坤为正北，为冬；离为正东，为春；坎为正西，为秋：是天地节，四时成。《系辞传》曰：“与天地相似故不违，知周乎万物，而道济天下故不过，旁行而不流，乐天知命故不忧，安土敦乎仁故能爱，范围天地之化而不过，曲成万物而不遗，通乎昼夜之道而知：故神无方，而易无体。”朱熹注：“天地之化无穷，而圣人为之范围，不使过于中道，所谓裁成者也。”裁成，犹节制。节卦，以其与天地相似，而不相违，当位以节，裁成中道，是以中正以通。《说卦传》曰：“兑，说也；坎为陷，为通。”节卦，兑下坎上，下往上行，为说以行险，行险而通，为亨。

苦节不可贞　六四曰安节，九五曰甘节，上六曰苦节，是苦与甘、安对文。《左传》昭公四年：“夏无伏阴，春无凄风，秋无苦雨。”杜预注：“霖雨为人所患苦。”洪亮吉诂：“服虔云：害物之雨，民所苦。”《月令》：“孟夏行秋令，则苦雨数来，五谷不滋。”郑氏注：“申之气乘之也，苦雨，白露之类，时物得雨伤。”《吕氏春秋》高诱注：“孟夏盛阳，而行金气杀戮之令，水生于金，故苦雨杀谷，不滋茂也。”是雨为人所患，谓之苦雨。《礼记·学记》：“苦其难，而不知其益也。”《正义》曰：“师说既不晓了，故弟子受之苦其难。”《史记·陈涉世家》：“天下苦秦久矣。”《汉书·贾谊传》：“病非徒瘇也，又苦跖戾。”苦，困苦。当位为节，不当位为困苦于节，是苦节犹苦雨，皆谓过中。节亨与苦节不可贞，正反相对。于象，兑为刚卤，卤为苦；坎于木也，为坚多心，为节。兑下坎上，为苦节。卦象之正为节，是以苦节不可以为正。

《齐风·东方未明》云：“东方未明，颠倒衣裳。颠之倒之，自公召之。东方未晞，颠倒裳衣。倒之颠之，自公令之。折柳樊圃，狂夫瞿瞿。不能辰夜，不夙则莫。”《诗序》曰：“《东方未明》，刺无节也。朝廷兴居无节，号令不时，挈壶氏不能掌其职焉。”《正义》曰：“作《东方未明》诗者，刺无节也。所以刺之者，哀公之时，朝廷起居，或早或晚，而无常节度；号令召呼，不以其时。人君置挈壶氏之官，使主常漏刻，以昏明告君。今朝廷无节，由挈壶氏不能掌其职事焉。故刺君之无节，且言置挈壶氏之官，不得其人也。朝廷，是君臣之总辞，此则非斥言其君也。兴，起也；居，安坐也。言君之坐起，无时节也。由起居无节，故号令不时。”《诗》言无节，犹《易》曰苦节。《诗》言号令不时，犹《易》曰不可贞。贞，即正，通政。

《春秋繁露·度制》：“孔子曰：不患贫，而患不均。故有所积重，则有所空虚矣。大富则骄，大贫则忧。忧则为盗，骄则为暴，此众人之情也。圣者则于众人之情，见乱之所以生，故其制人道，而差上下也。使富者足以示贵，而不致于骄；贫者足以养生，而不致于忧。以此为度，而调均之。是以财不匮，而上下相安，故易治也。今世弃其度制，而各从其欲；欲无所穷，而俗得自恣，其势无极。大人病不足于上，小人羸瘠于下，则富者愈贪利，而不肯为义；贫者日犯禁，而不可得止，是世之所以难治也。故明圣者，象天所为，为制度。圣人之道，众提防之类也，谓之度制，谓之礼节。故贵贱有等，衣服有别，朝廷有位，乡党有序，则民有所让，而不敢争，所以一之也。”此亦谓节则亨，苦节则不可正。

《彖》曰：“苦节不可贞，其道穷也；说以行险，当位以节，中正以通。”谓困苦于节者，不可为正，则道路穷尽不通；乐以行险，当位以节，则中正以通。是节不及中非节，过中亦苦。九二曰：“不出门庭，凶。”为节不及中。上六曰：“苦节，贞凶。”为节而过中。程氏传：“事既有节，则能致亨通，故节有亨义。节贵适中，过则苦矣。节至于苦，岂能常也？不可固守以为常，不可贞也。”又曰：“内兑外坎，说以行险也。人于所说，则不知已，遇险则思止，为节之义。当位以节，五居尊位也；在泽上，有节也。当位而以节，主节者也。处得中正，节而能通也。中正则通，过则苦矣。”朱熹曰：“节固自有亨道矣，又其体阴阳各半，而二、五皆阳，故其占得亨。然至于太甚，则苦矣。故又戒以，不可守以为贞也。”

《象》曰：“泽上有水，节，君子以制数度，议德行。”泽上有水，益字之象，即溢。过犹不及，须节之，损有余，补不足，使之适中，为节。故君子者，因此而制订制度。数，一、十、百、千、万；度，分、寸、尺、丈、引。制数度，以为称物；议德行，以为量人。德行者，为人之节。程氏传：“泽之容水有限，过则盈溢，是有节，故为节也。君子观节之象，以制立数度。凡物之大小、轻重、高下、文质，皆有数度，所以为节也。数，多寡；度，法制。议德行者，存诸中为德，发于外为行。人之德行，当义则中节。议，谓商量求中节也。”来知德《周易集注》：“古者之制器用、宫室、衣服，莫不有多寡之数，隆杀之度，使贱不逾贵，下不侵上，是之谓制数度。如繁缨，一就三就之类，是也。得于中为德，发于外为行。议之者，商度其无过不及，而求归于中。如直温宽栗之类是也。坎为矫輮，制之象；兑为口舌，议之象。制者，节民于中；议者，节身于中。”

《白虎通·五行》曰：“水之为言准也。养物平均，有准则也。”陈立《白虎通疏证》云：“《御览》引《元命苞》曰：水之为言演也。阴阳淖濡，流施潜行也。故其立字，两人交一，以中出者为水。一者数之始，两人譬男女，言阴阳交物，以一起也。《广雅·释言》云：水，准也。《释名·释天》云：水，准也。准，平物也。《说文·水部》云：水，准也，北方之行，象众水并流，中有微阳之气也。盖水性平，故《周礼·轮人》为轮：水之以视其平沈之均。又，《匠人》：建国，水地以县也。《尔雅》疏引云：水，准也，言水之平均，可准法也。卢云：《逸周书》、《管子》、《文子》、《庄子》、《淮南子》、《家语》，皆有此字。”指皆有水字之说。按《淮南子·齐俗训》曰：“视高下不差尺寸，明主弗任，而求之乎浣准。”高注：“浣准，水望之平。”又，《汉书·李寻传》：“水为准平，王道公正修明，则百川理落脉通。”水为准，故君子依水以制数度。

《管子·水地》曰：“夫水，淖弱以清，而好洒人之恶，仁也。视之黑而白，精也。量之不可使概，至满而止，正也。唯无不流，至平而止，义也。人皆赴高，己独赴下，卑也。卑也者，道之室，王者之器也，而水以为都居。准也者，五量之宗也。素也者，五色之质也。淡也者，五味之中也。是以水者，万物之准也，诸生之淡也，违非得失之质也，是以无不满，无不居也。集于天地，而藏于万物，产于金石，集于诸生，故曰水神。集于草木，根得其度，华得其数，实得其量。”又曰，“故人皆服之，而管子则之。人皆有之，而管子以之。是故具者何也？水是也。万物莫不以生，唯知其托者，能为之正。具者，水是也。”房玄龄注：“水可为平准，五量取则焉，故为五量之宗也。万物取平焉，故曰准也。言管子独能知水法则也，言管子独能用水也，言水无理不具也。能知水理之所依者，能正于万物，故理之具者，水也。”法水之则，依水之理，能正于万物，此即君子见水，以制数度之谓。

《老子》曰：“上善若水，水善利万物而不争，处众人之所恶，故几于道。居善地，心善渊，与善仁，言善信，正善治，事善能，动善时。夫唯不争，故无尤。”河上公章句：“上善之人，如水之性。水在天为雾露，在地为泉源也。众人恶卑湿垢浊，水独静流居之也。水性几于道同。水性善喜于地，草木之上即流而下，有似于牝动而下人也。水心空虚，渊深清明。万物得水以生，与虚不与盈也。水内影照形，不失其情也。无有不洗，清且平也。能方能圆，曲直随形。夏散冬凝，应期而动，不失天时。壅之则止，决之则流，听从人也。水性如是，故天下无有怨尤水者也。”严遵《老子指归》云：“水者，体柔守弱，去高处下，受辱如地，含垢如海，言顺人心，身在人后。人之所恶，常独处之，恬若无心，荡若无己，变动无常，与道流止。去己任因，莫过于水。帝王体之，用之为治。其德微妙。有何忧矣。”上善若水，是以君子以之议德行。

《虞书·尧典》：“帝曰：咨！四岳。朕在位七十载，汝能庸命，巽朕位。岳曰：否德忝帝位。曰：明明扬侧陋。师锡帝曰：有鳏在下，曰虞舜。帝曰：俞，予闻，如何？岳曰：瞽子，父顽，母嚚，象傲，克谐以孝，烝烝乂，不格奸。帝曰：我其试哉。女于时，观厥刑于二女。厘降二女于妫汭，嫔于虞。帝曰：钦哉！”《正义》曰：“帝以鲧功不成，又已年老，求得授位明圣，代御天灾。故咨嗟：汝四岳等，我在天子之位，七十载矣。言已年老，不堪在位。汝等四岳之内，有能用我之命，使之顺我帝位之事。言欲让位与之也。四岳对帝曰：我等四岳，皆不有用命之德；若使顺行帝事，即辱于帝位。

言己不堪也。帝又言曰：汝当明白，举其明德之人，于僻隐鄙陋之处，何必在位之臣，乃举之也。于是，朝廷众臣，乃与帝之明人曰：有无妻之鳏夫，在下民之内，其名曰虞舜。言侧陋之处，有此贤人。帝曰：然，我亦闻之。其德行如何？四岳又对帝曰：其人愚瞽之子，其父顽母嚚，其弟字象，性又傲慢。家有三恶，其人能谐和，以至考之行，使此顽嚚傲慢者，皆进进于善，以自治，不至于奸恶。言能调和恶人，是为贤也。帝曰：其行如此，当可任用，我其召而试之哉。欲配女与试之也，即以女妻舜，于是，欲观其居家治否也。舜能以义理，下二女之心，于妫水之汭 ，使行妇道于虞氏。帝叹曰：此舜能敬其事哉！叹其善治家，知其可以治国，故下篇，言其授以官位，而历试诸难。”尧与四岳议舜，即其议德行之类，而禅让于水溢之际。

涣卦和节卦，互为邻卦与综卦。涣卦，坎下巽上，水在风下。节卦，兑下坎上，水在泽上。两卦同为言水之卦，是以相邻。又，《序卦传》曰：“涣者，离也。物不可以终离，故受之以节。离谓水离散，节谓水节止，离散节止，是以互为综卦。涣卦，恩泽广布；节卦，谓节以制度。一则以恩泽，一则以法制，两卦互综。《虞书·大禹谟》：“禹曰：於，帝念哉！德善政，政在养民：水、火、金、木、土、谷。惟修正德，利用厚生，惟和九功，惟叙九叙，惟歌戒之用休，董之用威。劝之以九歌，俾无坏。”《正义》曰：“禹因益言，又献谋于帝曰：呜呼，帝当念之哉！言所谓德者，惟是善于政也。政之所为，在于养民。养民者，使水火金木土谷此六事，惟当修治之。正身之德，利民之用，厚民之生，此三事惟当谐和之。修和六府三事，九者皆就有功。九功惟使皆有次叙，九事次叙，惟使皆可歌乐，此乃德之所致。是德能为善政之道，终当不得怠惰。但人虽为善，或寡令终，故当戒敕之，念力美道，使民慕美道行善。又督察之，用威罚，言其不善当获罪。用此事，使此善政，勿有败坏之时。”以上，善政养民，制度治民，即涣卦、节卦之谓。两者相辅相成，政不有败。《礼记·乐记》：“天地之道，寒暑不时则疾，风雨不节则饥。教者，民之寒暑也，教不时则伤世；事者，民之风雨也，事不节则无功。”涣卦，巽上坎下，为风雨。风雨须节，故受之以节。

旅卦和节卦，互为错卦。旅卦，艮下离上，山上举火，为烽火。节卦，兑下坎上，泽上有水，为水溢。烽火用旅众，水溢用节制。一火一水，两者相反，故为错卦。又，《荀子·哀公篇》曰：“君者，舟也；庶人者，水也，水则载舟，水则覆舟。君以此思危，则危将焉，而不至矣。”是水为庶人。《杂卦传》曰：“节，止也。”止水，即止众。故旅卦为用众，节卦为止众，两者相错。又，旅卦《彖》曰：“柔得中乎外，而顺乎刚。”节卦《彖》曰：“刚柔分，而刚得中。”是旅卦以柔为主，节卦以刚为主。故旅卦卦辞曰：“旅，小亨。”节卦卦辞曰：“节，亨。”前者谓阴亨，后者谓阳亨，皆阴阳相错。又，旅卦《象》曰："山上有火，旅，君子以明慎用刑，而不留狱。"节卦《象》曰："泽上有水，节，君子以制数度，议德行。"一则言刑罚，一则言制度。刑罚言事之终，制度言事之始，一终一始，相反相成，互为错卦。

困卦和节卦，上下单卦易置：困卦，坎下兑上；节卦，兑下坎上。困卦《象》曰："泽无水，困，君子以致命遂志。"水漏泽涸，为泽无水，为困穷。然君子者，艰难困苦，玉汝以成，故曰君子以致命遂志，则困而有为，故卦辞曰："困，亨。"节卦《象》曰："泽上有水，节，君子以制数度，议德行。"泽水外溢，为泽上有水，故而当节。民人犹水，君子节以制度，以德行议人，则乱而有治，故卦辞曰："节，亨。"一为泽无水，困，一为泽溢水，节，两卦互相发明。《系辞传》曰："通其变，使民不倦；神而化之，使民宜之。《易》穷则变，变则通，通则久，是以自天祐之，吉无不利。"又曰，"《易》之为书也，不可远，为道也屡迁。变动不居，周流六虚，上下无常，刚柔相易。不可为典要，唯变所适。"故困卦，坎下兑上，卦辞曰："困亨。"节卦，兑下坎上，卦辞曰："节亨。"单卦上下位置不同，是以卦义不同，示人以变通不同。

初九，不出户庭，无咎。

〔译〕 初九，不出内室，无灾过。

《象》曰："不出户庭，知通塞也。"

〔证〕

不出户庭 约斋《字源》曰："門（门）字，是上面门框，和两面门扇的象形。后来，门框部分省去了，一面门扇是户字，左面右面都可以。现在，单用左面的一面。"《说文》："户，护也。半门曰户，象形。"《释名》："户，护也，所以谨护闭塞也。"《系辞传》曰："阖户谓之坤，辟户谓之乾。"是门扇曰户。又，《六书精蕴》："户，室户口也。凡室之口曰户，堂之口曰门；内曰户，外曰门；一扉曰户，两扉曰门。"《字书》："一扉曰户，两扉曰门；在于堂室曰户，在于宅区域曰门。"《小雅·斯干》曰："筑室百堵，西南其户。"毛传："西向户、南向户也。"郑笺："此筑室者，谓筑燕寝也。天子之寝，有左右房，西其户者，异于一房者之室户也。又云南其户者，宗庙及路寝制，如明堂每室四户，是室一南户尔。"《论语·雍也篇》："谁能出不由户？"《正义》曰："出谓出室也。宫室之制外半为堂，内半为室。室有南壁，东开户以至堂。未有入室而不由户者，彼文言人行事，必由礼；如入室，不能不由户。故此文，亦言出当由户。"谓室之门为户。又，《说文》："室，实也。从宀，从至。至所止也。"段玉裁注："古者，前堂后室。《释名》曰：室，实也，人物实满其中也，人所至而止也。"是户，谓后室之门户。

《尔雅・释诂》:“庭,直也。”郝懿行义疏:“庭者,廷之假音也。《后汉书・郭太傅》注,引《苍颉篇》云:廷,直也。又引《风俗通》云:廷,正也。言县廷、郡廷、朝廷,皆取平均正直也。通作庭。《诗》、《大田》、《韩奕》、《闵予小子》,传并云:庭,直也。”《说文》:“庭,宫中也。从广,廷声。”段玉裁注:“宫者,室也。室之中曰庭。传曰:庭,直也。引伸之义也。庭者,正直之处也。”朱骏声《说文通训定声》曰:“庭,今俗谓之厅,字作厅。按,堂、寝、正室,皆曰庭。”《小雅・斯干》:“殖殖其庭,有觉其楹。”孔颖达疏:“毛以为,殖殖然平正者,其宫寝之前庭也;有觉然高大者,其宫寝之楹柱也。言宫寝庭既平正,楹又高大。”《礼记・檀弓》:“孔子哭子路于中庭。”郑氏注:“寝中庭也,与哭师同亲之。”《正义》曰:“下文云:师吾哭诸寝。今哭子路于中庭,故云与哭师同亲之。若其不亲,当哭于寝门外,与朋友同。故下云:朋友哭诸寝门外。”是庭,谓寝门内之地,即室内之地,故而从广,廷声。说卦传曰:“艮为门阙。”艮卦卦辞曰:“行其庭。”即以艮门之内为庭。节卦,三之五为艮,初在艮之下,下为内室之庭。又,初之三为兑,兑为口,内室之口为户,初九,未出内室之口,为不出户庭。

无咎　《象》曰:“不出户庭,知通塞也。”乾卦初九曰:“潜龙勿用。”《象》曰:“潜龙勿用,阳在下也。”《文言》:“初九曰潜龙勿用,何谓也?子曰:龙德而隐者也。不易乎世,不成乎名,遁世无闷,不见是而无闷。乐则行之,忧则违之,确乎其不可拔,潜龙也。”又,“潜龙勿用,下也。”“潜龙勿用,阳气潜藏。”“君子以成德为行,日可见之行也。潜之为言也,隐而未见,行而未成,是以君子弗用也。”又曰,“知进退存忘,而不失其正者,其唯圣人乎!”马融曰:“初九,建子之月,阳气动于黄泉。既未萌芽,犹是潜伏,故曰潜龙。”干宝曰:“阳在初九,十一月之时,自复来也。初九甲子,天正之位,而乾元所始也。阳处三泉之下,圣德在愚俗之中,此文王在羑里之爻也。虽有圣明之德,未被时用,故曰勿用矣。”

《月令》:“仲冬之月,命有司曰:土事毋作,慎毋发盖,毋发室屋,及起大众,以固而闭。地气沮泄,是谓发天地之房。诸蛰则死,民必疾疫,又随以丧。”又,“是月也,命奄尹,申宫令,审门间,谨房室,必重闭。”又曰,“君子齐戒,处必掩身,身欲宁,去声色,禁嗜欲,安形性,事欲静,以待阴阳之所定。”《正义》曰:“命奄尹者,尹谓正也。谓命奄官正长,申重其政令,常察门间之事,谨慎房室之处。必重闭者,谓门间房室,必外内重闭。远者谓之门间,近者谓之房室,皆有外内门户,必重迭闭之。”节之初九,在水泽之下,为潜龙。潜龙勿用,为知通塞。其于阴阳,为十一月,是谨慎房室之处,而重闭之时,故曰不出户庭,无咎。冬月一阳生,阳气微,故宜勿用,而不出地之户庭。

随卦,震下兑上。《象》曰:“随,刚来而下柔,动而说。随,大亨贞,无咎,而天下随时，随时之义大矣哉。”节卦，兑下坎上。初九，亦刚来下，为十一月之爻。初之三，为兑为说，二之四，为震为动，为说而动。其知通塞，犹出处随时，故无咎。艮卦，艮下艮上。艮为止，三之五为震，震为行。故而《彖》曰：“艮，止也。时止则止。时行则行，动静不失其时，其道光明。艮其止，止其所也。”节卦，兑下坎上。三之五为艮，艮为止，二之四为震，震为行。是有止有行，故曰知通塞。《彖》曰：“当位以节，中正以通，天地节而四时成，节以制度，不伤财，不害民。”初九，当潜龙之位，故不出户庭，为当位以节。初非中正，不得中正以通，故不出户庭，为知通塞。初九，于时为仲冬之月，如《月令》节以制度，故不伤财，不害民。

《系辞传》曰：“不出户庭，无咎。子曰：乱之所生也，则言语以为阶。君不密则失臣，臣不密则失身，几事不密则害成。是以君子慎密而不出也。”《虞书·大禹谟》曰：“惟口出好兴戎，朕言不再。”《正义》曰：“昭二十八年《左传》云：庆赏刑威曰君。君出言，有赏有刑。出好，谓爱人而出好言，故谓赏善。兴戎，谓疾人而动甲兵，故谓伐恶。必当虑之于心，然后宣之于口，故成之于一，而不可再。”又，《系辞传》曰：“子曰：君子居其室，出其言善，则千里之外应之，况其迩者乎！居其室，出其言不善，则千里之外违之，况其迩者乎！言出乎身，加乎民，行发乎迩，见乎远。言行，君子之枢机。枢机之发，荣辱之主也。言行，君子之所以动天地也，可不慎乎？”节卦，兑下坎上。兑为口舌，坎为险。险在口上，是乱之所生，言语以为阶之象。不出户庭，亦谓慎密言语，不轻出口，可以无咎。《说文》：“羊，祥也。”“祥，福也。”初九在兑，兑为羊为祥为福，故曰无咎。初本应四，四在艮止之中，故知通塞无咎。

九二，不出门庭，凶。

〔译〕 九二，不出门厅，凶。

《象》曰：“不出门庭凶，失时极也。”

〔证〕

不出门庭 《说文通训定声》曰：“門（门），闻也。从二户相对，象形。二户开为丣（卯），二户阖为丣（酉）。按，一扇曰户，两扇曰门。又，在堂室曰户，在宅区域曰门。《广雅·释室》：闳谓之门。《释诂三》：门，守也。《白虎通·五祀》：门以闭藏自固也。”《周礼·阍人》曰：“掌扫门庭。”郑氏注：“门庭，门相当之地。”按，庭为宫中，即室之中，今俗谓之厅，是门相当之地，谓门厅之地。柳诒徵《中国文化史》曰：“周制宫室，前为中堂，后为房室，与今人后宅迥异。余所考诸书，不知何时，以堂后之房室，移于堂之两旁，为三间、五间之式。”周制宫室，房在后，堂在前，是以初九曰户庭，九二曰门庭。不出门庭，谓不出门厅之外。朱熹曰："门庭，门内之庭也。"三之五为艮，艮为门阙。初九在最后，为不出户庭；九二在户之前，门之后，是以为不出门庭。

凶　节卦，三之五为艮，艮为止，为门阙。九二不出门庭，即止于门阙之内，还在坤阴之下，是大人受阻。又，二之四为震，震为动为行。今该出而未出，该行而未行，是以为凶。九二阳，节之中正，而受其止，故凶。九二，见龙之时，二阳升，十二月之爻。《月令》："季冬之月，律中大吕。"郑氏注："季冬气至，则大吕之律应。《周语》曰：大吕，助阳宣物。"高诱注《吕氏春秋・季冬纪》曰："大吕，阴律也。竹管音与大吕和也。万物萌生，动于黄泉，未能达见吕旅也。所以旅阴即阳，助其成功，故曰大吕也。"此谓阴助阳出。《月令・季冬之月》又曰："令告民出五种，命农计耦耕事，修耒耜，具田器。岁且更始，专而农民，毋有使。天子乃与公卿大夫，共饬国典，论时令，以待来岁之宜。"郑氏注："令田官，告民出五种，明大寒气过，农事将起也。而，犹女也。言专一女农民之心，令之豫有志，于耕稼之事，不可徭役之，则志散失业也。饬国典者，和六典之法也，而县之。"以上，皆谓不出户庭之时已过，而当出门庭。亦即阳气当出，而不当潜，故九二曰："不出门庭，凶。"

《月令》："季冬行秋令，则白露蚤降，介虫为妖，四鄙入保；行春令，则胎夭多伤，国多固疾，命之曰逆；行夏令，则水潦败国，时雪不降，冰冻消释。"郑氏注："行秋令，戌之气乘之也；行春令，辰之气乘之也；行夏令，未之气乘之也。"又，《逸周书・时训解》曰："小寒之日，雁北向；又五日，鹊始巢；又五日，雉始雊。雁不北向，民不怀主；鹊不始巢，国不宁；雉不始雊，国大水。大寒之日，鸡始乳；又五日，鸷鸟厉；又五日，水泽腹坚。鸡不始乳，淫女乱男；鸷鸟不厉，国不除兵；水泽不腹坚，言乃不从。"陈逢衡云："小寒之日，十二月节气也。谓之小寒者，对大寒而言也。大寒之日，十二月中气也。《淮南・天文训》：小寒加十五日，斗指丑则大寒。谓之大寒者，寒至此无复加也。"寒气即阴气。寒至此无复加，故九二之阳，不出门庭，凶。此即天地不节，四时不成，伤财害民之象。

《象》曰："不出门庭凶，失时极也。"李鼎祚《周易集解》，引虞翻曰："极，中也。"《纂疏》："《说文》：极，栋也。《释宫》：栋谓之桴。郭注：即屋脊也。《逸雅》：栋，中也，居屋之中也。又，《周颂》毛传、《天官》郑注，皆云：极，中也。"《一切经音义一》："檀正言栋，居屋中也。"《商书・盘庚下》："今我民用荡析离居，罔有定极。"《正义》曰："极，训中也。《诗》云：立我烝民，莫匪尔极。言民赖后稷之功，莫不得其中。今为民失中，故徒以为之中也。"《象》曰不出门庭，失时极也，即谓失时之中。《系辞传》曰："君子之道，或出或处，或默或语。"皆不可失时之中极。节卦，二之五为离，离为日，日为时。九五为中，为时之极。三之五为艮，艮为止，为门阙。九二之阳，在艮之下，受止于门庭之内，不能与九五之阳正应，是不出门庭，失时极也。节卦，以中为道，无过无不及。失时之中，为失节道，为凶。

《论语·阳货》云："阳货欲见孔子，孔子不见，归孔子豚。孔子时其亡也，而往拜之。遇诸途，谓孔子曰：来！予与尔言。曰：怀其宝，而迷其邦，可谓仁乎？曰：不可。好从事，而亟失时，可谓知乎？曰：不可。日月逝矣，岁不我与！孔子曰：诺，吾将仕矣。"《论语集释》引《集注》曰："亟，数也。失时，谓不及事几之会。"又引《四书通》曰："此一事耳，而见圣人之一言一动，无非时中之妙。阳货欲见孔子，而遽见之，非中也。既有馈，而不往拜之，非中也。不时其亡，则中小人之计，非中也。不幸遇诸，而又避之，则绝小人之甚，非中也。理之直者，其辞易，至于不逊，非中也。辞之逊，而或有所诎，非中也。圣人不徇物，而亦不苟异；不绝物，而亦不苟同；愈雍容不迫，而愈刚直不诎：此其所以，为时中之妙也。"《象》曰不出门庭，失时极也，犹《论语》之失时之中。失时之中，为不知节，为凶。二为阴位，本该应五之中正，然而九二，以阳刚自用，受止不应，故凶。

六三，不节若，则嗟若，无咎。

〔译〕 六三，有不节制，就痛悔前非，无灾过。

《象》曰："不节之嗟，又谁咎也。"

〔证〕

不节若，则嗟若 《助字辨略》曰："《荀子·子道篇》：子路趋而出，改服而入，盖犹若也。犹若，即犹然。杨注云：舒缓之貌。"《经传释词》："若，词也。《易》丰六二：有孚发若。节六三：不节若，则嗟若。王注并曰：若，辞也。《书·洪范》曰：曰肃，时雨若；曰乂，时旸若；曰晳，时燠若；曰谋，时寒若；曰圣，时风若。"《古书·虚字集释》云："若，犹然也，状事之词也。《诗·氓篇》：其叶沃若。"按，离卦九四曰："突如其来如，焚如，死如，弃如。"六五曰："出涕沱若，戚嗟若。"如、若，同纽双声，古通。四、五两爻，为避词重，而更迭使用。若，形容和动词之尾，表情形、样子。又，《经传释词》曰："则者，承上启下之词。《广雅》曰：则，即也。字或通作即，则与即，古同声而通用。"《古书虚字集释》："其所以通用者，由其为双声耳。则、即既通用，故其训多相同。"按，则犹口语就。

《尔雅·释诂》："嗟，咨，𧨏也。"邢昺疏："皆叹也。"《说文》："䢋，嗞也；一曰痛惜。"《字林》云："皆古嗟字。"桂馥《说文解字义证》："一曰痛惜也者，《书·尧典》：

下民其咨。传云：怨叹咨嗟。《诗》：猗嗟昌兮。《正义》：猗是心内不平，嗟是口之喑咀，皆伤叹之声。"《韩诗外传二》："孔子曰：不慎其前，而悔其后，嗟乎！虽悔无及矣。《诗》曰：啜其泣矣，嗟何及矣！"又，"曾子曰：内疏而外亲，不亦反乎？身不善而怨他人，不亦远乎？患至而后呼天，不亦晚乎？《诗》曰：啜其泣矣，嗟何及矣！"以上嗟字，皆为悔叹之辞。离卦九三曰："日昃之离，不鼓缶而歌，则大耋之嗟，凶。"并此不节若，则嗟若，嗟亦悔叹。节卦，上坎下兑，水溢于泽外，为不节制之象。约斋《字源》曰："兑，是兄上加八。兄象人张口，八象气发舒。"是兑，象人张口，向上舒气，为叹悔之象。六三，介于上下卦之间，是以为不节若，则嗟若。又，六三处不当位，过中，故有悔叹。

无咎　《系辞传》曰："《易》之兴也，其当殷之末世，周之盛德邪？当文王与纣之事邪？是故其辞危。危者使平，易者使倾，其道甚大。百物不废，惧以终始，其要无咎，此之谓《易》之道也。"无咎，为《易》之道。即孔子曰："假我数年学《易》，可以少过矣。"又，《系辞传》曰："无咎者，善补过也。震无咎者，存乎悔。"六三，不节若，则嗟若，是善补过。又，二之四为震，六三在震，是无咎存乎悔。《左传》宣公二年："人谁无过？过而能改，善莫大焉。"《象》曰："不节之嗟，又谁咎也。"即悔过无咎。《论语·微子》曰："往者不可谏，来者犹可追。"六三始不节若，然追悔可及，是亦为节，为无咎。成王童幼，不及见知，致管、蔡流言，三监叛乱，为不节若；启金滕，执书以泣，痛悔前非，为嗟若；后改过自新，天悦无灾，是为无咎。

六四，安节，亨。

〔译〕　六四，安守其节，亨通。

《象》曰："安节之亨，承上道也。"

〔证〕

安节　《说文》："安，静也。从女在宀中。"段玉裁注："安，竫也。竫，各本作静，今正。立部曰：竫者，亭安也。与此为转注。青部：静者，审也。非其义。《方言》曰：安，静也。以许书律之，假静为竫耳。"桂馥义证："静也者，当为竫。《释名》：安，晏也，晏晏然，和喜无动惧也。《易·系辞传》：君子安其身而后动。《书·益稷》：安，女止。《诗·凯风序》：虽有七子之母，犹不能安其室。从女在宀下者，《六书故》：室家之内，女所安也。故安从女。"节卦，三之五为艮，艮为门阙，为室家；六四阴，为女，女在室家，为安。以四在节卦之中，故为安节。又，坤卦卦辞曰："安贞。"虞翻曰："坤道至静，故安。"讼卦九四曰："不克讼，复即命，渝，安贞吉。"虞翻曰："失位故不克讼。渝，变也。不克讼故复位，变而成巽，巽为命令，故复即命。渝，动而得位，故安贞吉。”谓变阴为安。侯果曰：“初既辨明，四讼妄也。讼既不克，当反就前，变其讼命，则安静贞吉，而不失初也。”九四阳，为讼妄，是安贞谓阴。安节亦谓阴，六四安节，谓安守其节。

亨 四、五为阴阳、男女、天人、君臣、父子关系，是以六四安节，尤为重要。屯卦，震下坎上。六四曰：“求婚媾，往吉。”谓六四求九五，吉利。需卦，乾下坎上。六四《象》曰：“顺以听也。”谓六四顺听九五。比卦，坤下坎上。六四曰：“外比之，贞吉。”《象》曰：“外比于贤，以从上也。”谓六四比从九五。小畜卦，乾下巽上。六四《象》曰：“有孚惕出，上合志也。”谓六四，顺应九五之志。观卦，坤下巽上。六四曰：“观国之光，利用宾于王。”谓六四利于为宾，于九五之王。坎卦，坎下坎上。六四《象》曰：“樽酒簋贰，刚柔际也。”谓六四在阴阳之间，上以承刚，下以乘柔。家人卦，离下巽上。六四《象》曰：“富家大吉，顺在位也。”谓六四顺九五，而当子位。蹇卦，艮下坎上。六四《象》曰：“当位实也。”《说文》：“实，富也。”段玉裁注：“富与福音义皆同。”谓六四阴当阴位，阴顺于九五之阳，所以有福。益卦，震下巽上。六四曰：“利用为依迁国。”谓六四依随九五。渐卦，艮下巽上。六四《象》曰：“或得其桷，顺以巽也。”谓六四顺以巽九五。巽卦，巽下巽上。六四《象》曰：“田获三品，有功也。”《系辞传》曰：“二与四同功而异位。”谓六四与六二，同样应功于九五。涣卦，坎下巽上。六四曰：“涣其群，元吉。”谓六四为从君之群。中孚卦，兑下巽上。六四《象》曰：“马匹亡，绝类上也。”谓六四，顺应上之九五。既济卦，离下坎上。六四曰：“终日戒。”《系辞传》曰：“四多惧，近也。”谓六四之阴，承九五之阳，伴君如伴虎，故多戒惧。除井卦不以为例，六四皆顺承九五。节卦《象》曰：“安节之亨，承上道也。”亦谓六四，安于阴之本位，顺承九五，合天地人之道，是以亨通。

九五，甘节，吉，往有尚。

〔译〕 九五，甘于节制，吉利。往前，又将更上一层。

《象》曰：“甘节之吉，居中位也。”

〔证〕

甘节 《说文》：“甘，美也。从口含一。一，道也。”段玉裁注：“羊部曰：美，甘也。甘为五味之一，而五味之可口，皆曰甘。食物不一，而道则一，所谓味道之腴也。”九五在上坎，上下皆阴，中间一阳，似颐中有物，为口含一，为甘。又，下兑为口，下兑之九二，与上坎之九五对应，为口含一，为甘。又，《黄帝内经素问·阴阳应象大论》

曰："土生甘。"注："凡物之味甘者，皆土气之所生也。《尚书·洪范》曰：稼穑作甘。"按，《洪范》之《正义》曰："甘味生于百谷，谷是土之所生，故甘为土之味也。《月令·中央土》云：其味甘，其臭香。是也。"按，郑氏注《月令》云："土之臭味也，凡甘香者，皆属之。"九五在坤阴之中，坤为土，为土生甘。又，三之五为艮，艮其于木也，为坚多节，是五为甘节。或曰，艮为山，山上有水，为泉水甘。总之，艮为甘节，言甘美于节。

《重订周易费氏学》，引左光斗曰："礼，和为贵，而节在其中矣。凡人过心过形皆苦，去其太甚则甘。知穷而通，惟此中正。节以制度，上下有分，名器有当，民自不识不知，而由之，节何等甘邪！"《大雅·思齐》："惠于宗公，神罔时怨，神罔时恫。刑于寡妻，至于兄弟，以御于家邦。雍雍在宫，肃肃在朝。不显亦临，无射亦保。"《诗集传》："言文王顺于先公，而鬼神歆之，无怨恫者。其仪法，内施于闺门，而至于兄弟，以御于家邦也。孔子曰：齐家而后治国。孟子曰：言举斯心，加诸彼而已。张子曰：言接神人，各得其道也。言文王在闺门之内，则极其和；在宗庙之中，则极其敬；虽居幽隐，亦常有临之者；虽无厌射，亦常有所守焉。"此其甘于节。按，《文王》之诗曰："仪刑文王，万邦作孚。"文王当位以节，中正以通，盖亦九五甘节之谓。九五，阳在坎中，似文王当纣之世，三分天下有其二，以服事殷，可谓甘节。

吉，往有尚 《史记·周本纪》曰："公季卒，子昌立，是为西伯。西伯曰文王，遵后稷、公刘之业，则古公、公季之法，笃仁、敬老、慈少，礼下贤者，日中不暇食以待士，士以此多归之。西伯阴行善，诸侯皆来决平。于是，虞、芮之人，有狱不能决，乃如周。入界，耕者皆让畔，民俗皆让长。虞、芮之人，未见西伯，皆惭，相谓曰：吾所争，周人所耻，何往焉，只取辱耳。遂还，俱让而去。诸侯闻之，曰：西伯盖受命之君。"又，"明年，伐犬戎；明年，伐密须；明年，败耆国。明年，伐邘；明年，伐崇侯虎。而作丰邑，自岐下而徙都丰。西伯，盖即位五十年。改法度，制正朔矣。"《象》曰："甘节之吉，居位中也。"文王居位中，能节内外，是以奠定周之基业，为吉。又，周自岐下徙都丰，后武王灭纣，师修文王绪业，天下归周，为往有尚，即往又上。李道平《周易集解纂疏》："愚案：甘，本作曰，于文，口含一物之甘美。兑为口，上含坎之一阳，故取象焉。互艮止为居，在五为中，故曰居位中也。《彖传》曰：当位以节，中正以通。谓此爻也。"

上六，苦节，贞凶，悔亡。

〔**译**〕 上六，苦于节，于正道为凶，悔恨即将消亡。

《象》曰："苦节贞凶，其道穷也。"

〔证〕

苦节，贞凶　《周书洪范》曰："火曰炎上，炎上作苦。"《正义》曰："火性炎上，焚物则焦，焦是苦气。《月令》夏云：其臭焦，其味苦。苦为焦味，故云焦气之味也。臭之曰气，在口曰味。"节卦，二之五为大离，离为火，火炎上，炎上作苦，上六在离之上，是以为苦。《说卦传》曰："艮，其于木也，为坚多节。三之五为艮，是上六为苦节。六四，虽不及中，然顺承中道，当位，为安节。九五，居节之中正，为甘节。上六，过节之中道，过甘则苦，为苦节。"《说文》："苦，大苦。"沈括《梦溪笔谈》云："此乃黄药也。其味极苦，谓之大苦。"苦节，谓节之太苦。王弼注；"过节之中，以至亢极，苦节者也。以斯施人，物所不堪，正之凶也。"其爻，在火之上，在水之极，有灾象，是于正道有伤害，为贞凶。《象》曰："苦节贞凶，其道穷也。"荀爽曰："乘阳于上，无应于下，故其道穷也。"节卦至上六，道已穷尽，所以见水火之灾，故圣人以中道为用。节卦，九二不出门庭，凶；上六苦节，贞凶。前者不及节，后者过节，过犹不及，故九二凶，上六亦凶。

《史记·酷吏列传》云："孔子曰：导之以政，齐之以刑，民免而无耻。道之以德，齐之以礼，有耻且格。老氏曰：上德不德，是以有德；下德不失德，是以无德。法令滋章，盗贼多有。太史公曰：信哉是言也！法令者，治之具，而非制治清浊之源也。昔天下之网，尝密矣！然奸伪萌起，其极也！上下相遁，至于不振。当是之时，吏治若救火扬沸，非武健严酷，恶能胜其任，而愉快乎？言道德者，溺其职矣。故曰：听讼，吾犹人也，必也使无讼乎。下士闻道大笑之，非虚言也。汉兴，破觚而为圜，斫凋而为朴，网漏于吞舟之鱼，而吏治烝烝，不至于奸，黎民艾安。由是观之，在彼不在此。"《索隐》曰："昔天下之网尝密矣，案，《盐铁论》云：秦法密于凝脂。应劭云：觚，八棱有隅者。高祖反秦之政，破觚为圜，谓除其严法，约三章耳。晋灼云：凋，弊也。斫理凋弊之俗，使反质朴。"《集解》云："在彼不在此，韦昭曰：在道德，不在严酷。"是苦节之凶，犹在严酷。

悔亡　坤卦上六曰："龙战于野，其血玄黄。"《象》曰："龙战于野，其道穷也。"《文言》曰："阴疑于阳，必战。为其嫌于无阳也，故称龙焉；犹未离其类也，故称血焉。夫玄黄者，天地之杂也，天玄而地黄。"谓坤道至上六，虽然穷极，但将转而为阳用事。《文言》又曰："坤至柔，而动也刚。"《九家易》曰："坤一变而成震，阴动生阳，故动也刚。"坤一变而成震，即上六一动，而一阳来下，即一阳来复。是坤阴终，则乾阳始。《系辞传》曰："《易》穷则变，变则通，通则久。"节卦，上六困苦于节，虽道穷贞凶，但即出坎险，穷则生变，故悔恨将要消亡。革卦《彖》曰："革而当，其悔乃亡。"节卦，上六悔亡，盖亦物极而反之谓。节卦六爻，言时言势言中，掌节之者，得不深谙？

第六十一卦　壬　戌

☴ 巽上
☱ 兑下

中孚，豚鱼吉，利涉大川，利贞。

〔译〕　中孚，隐者吉利，利以渡过险阻，利于正道。

《彖》曰："中孚，柔在内，而刚得中，说而巽，孚乃化邦也。豚鱼吉，信及豚鱼也。利涉大川，乘木舟虚也。中孚以利贞，乃应乎天也。"

《象》曰："泽上有风，中孚，君子以议狱缓死。"

〔证〕

兑下巽上　《彖》曰："中孚，柔在内，而刚得中，说而巽，孚乃化邦也。"柔在内，谓六三、六四，坤阴为邦；刚得中，谓九二、九五，刚居上下卦之中；说而巽，谓下兑为说，上巽为巽；孚乃化邦，谓九五、九二，上下阳实孚信，教化坤阴之邦，是为中孚。《系辞传》曰："《易》之为书也，广大悉备，有天道焉，有人道焉，有地道焉，兼三才而两之，故六。六者非它也，三才之道也。"朱熹曰："三画已具三才，重之故六，而以上二爻为天，中二爻为人，下二爻为地。"中孚卦，兑下巽上。一、二爻为阳，三、四爻为阴，五、六爻为阳，为离之兼三才而两之，故六。《周易》卦象，三才而两之者，皆可作三才看。乾卦，乾下乾上，谓之乾。坤卦，坤下坤上，谓之坤。临卦，兑下坤上，犹单卦震。震为诸侯，有君临之象，故谓临。观卦，坤下巽上，犹单卦艮。艮为门阙，门阙称观，故谓观。遁卦，艮下乾上，犹单卦巽。《说卦传》曰："巽为进退。"《彖》曰："遁，刚当位而应，与时行也。"谓阳与时退而退。《说文》曰："逊，遁也。"巽有逊遁之义，故谓遁。大壮卦，乾下震上，犹单卦兑。伏羲八卦，兑位东南，阳气大壮，二、三月之卦。《说卦传》曰："兑为泽，说万物者，莫说乎泽。"故谓大壮。小过卦，艮下震上，犹单卦坎。《说卦传》曰："坎，陷也。其于人也，为加忧，为心病，为亟心，为多眚。"故小过初六曰凶，六二曰无咎，九三曰凶，九四曰往厉，六五曰密云不雨，上六曰凶，是谓灾眚。小过卦象，即坎险之象。是以中孚卦象，亦大离之象。《说卦传》曰："离为日，为乾卦"，"乾为君"。是离为日为君之象。《归藏》曰大明。大明即大离，两者相同。

《说文解字》曰："日，实也，太阳之精不亏。从口、一，象形。⊖，古文，象形。"段玉裁注："以迭韵为训。《月令·正义》，引《春秋元命包》云：日之为言实也。《释名》

曰：日，实也，光明盛实也。○，象其轮郭；一，象其中不亏。”《白虎通·日月》云：“日之为言实也，常满有节。”陈立疏证曰：“《说文·日部》：日，实也，太阳之精不亏。《广雅·释天》云：日，实也。《释名·释天》：日，实也，光明盛实也。《大义》引《汁光纪》云：日为阳精，故日实也。《占经》引《元命苞》云：日之为言，实也，节也。含一开度立节，使物咸别，故谓之日。言阳布散合如一。《御览》引《礼统》云：日者，实也，形体光实，人君之象。”又，《广雅·释诂一》：“实，诚也。”《说文》：“诚，信也”；“孚，一曰信也。”是孚即诚信。兑下巽上，日中大明之象。是日中正而盛实，谓之中孚，象征诚信之明君。

桂馥《说文解字义证》：“日，从口、一象形者，《初学记》引象形下，有又君象也四字。《御览》引同，《艺文类聚》引无之。《易传》：日者，众阳之精，以象人君。《易说》：日者，至阳之精，象君德。《礼统》：日者，实也，形体光实，人君之象。《诗·柏舟》：日居月诸，胡迭而微。笺云：微，谓亏伤也。君道当长明如日，而月有亏盈。今君失道，而任小人，大臣专恣，则日如月然。《春秋感精符》：群臣恣，则日黄无光；群臣争，则日裂；人主排斥，则日夜也。《洪范传》：日者，照明之大表，光景之大纪，群阳之精，众贵之象也。故曰：日出，而天下光明；日入，而天下冥晦，此其效也。故日者天之象，君、父、夫、兄之类，中国之应也。明王之践位，群贤履职，天下和平，黎民康宁，则日丽其精明，扬其景耀，抱珥重光，以见吉祥，君获庆贺。《尸子》：日五色，阳之精，象君德也。《汉书·李寻传》：夫日，众阳之长。晖光所烛，万里同晷，人君之表也。郑注《尚书大传》：日，君象也；月，臣象也。《后魏书》：日，君象；月，后象；星，百官象。”

同人卦，离下乾上。《彖》曰：“同人，柔得位得中，而应乎乾，曰同人。”又曰，“文明以健，中正而位，君子正也。唯君子，为能通天下之志。”下离能通天下之志，是离有君德之象。大有卦，乾下离上。《彖》曰：“大有，柔得尊位，大中而上下应之，曰大有。其德刚健而文明，应乎天而时行，是以元亨。”大有，离在天上，是大有天下，离为天子之象。离卦，离下离上。《象》曰：“明两作，离，大人以继明照于四方。”照于四方，犹《尧典》之光被四表，格于上下。是离为大人，为君王之象。晋卦，坤下离上。卦辞曰：“晋，康侯用锡马蕃庶，昼日三接。”《诗·天作》曰：“文王康之。”是离为康侯，为文王之象。又明夷卦，离下坤上。《彖》曰：“明入地中，明夷。内文明，而外柔顺，以蒙大难，文王以之。”以之，似之。是离为文王之象。革卦，离下兑上。《彖》曰：“汤武革命，顺乎天，而应乎人。”谓下离犹商汤、周武，是离有新王之象。丰卦，离下震上。《彖》曰：“丰，大也，明以动，故丰。王假之，尚大也。勿忧，宜日中，宜照天下也。”丰卦，以离动为明王至之，是离为王象。综上，离为君王之象者，盖为常例。

《大雅·大明》之《序》曰："《大明》，文王有明德，故天复命武王也。"郑笺："二圣相承其明德，日益广大，故曰大明。"《正义》曰："作《大明》诗者，言文王有明德。由其德当上天，故天复命武王焉。言复更命武王，以对前命文王。言文王有明德，则武王亦有明德，互相见也。此经八章，毛以为从六章上五句，长子维行以上，说文王有德，能受天命，故云有命自天，命此文王，是文王有德，天命之事也。笃生武王以下，说武王有明德，天复命之，故云保祐，命尔燮伐大商，是武王有明德，复受天命之事也。郑唯以首章，并言文王武王，俱有明德，故能伐殷。"又，《小雅·小明》之《序》曰："《小明》，大夫悔仕于乱世也。"郑笺："名篇曰《小明》者，言幽王日小其明，损其政事，以至于乱。"是君王日大其明者，为大明；日小其明者，为小明。中孚卦，离三爻而两之，益广其明，是为大明，与《诗》之《大明》义同，乃君王有明德之象。

《大雅·文王》曰："上天之载，无声无臭。仪刑文王，万邦作孚。"毛传："孚，信也。"郑笺："天下咸信而顺之。"朱熹《诗集传》曰："载，事；仪，象；刑，法；孚，信也。言上天之事，无声无臭，不可得而度也。惟取法于文王，则万邦作而信之矣。"按，中孚卦《彖》曰："中孚，柔在内，而刚得中，说而巽，孚乃化邦也。"即谓如文王，文明之君，中而孚，是以万邦信仰，而受教化。《诗》云万邦作孚，《易》曰孚乃化邦，其义相同。革卦《彖》曰："巳日乃孚，革而信之，文明以说，大亨以正。汤武革命，顺乎天，而应乎人。"是中正信孚，为王者之象。于《易》，则为大离，即中孚。又，《下武》曰："永言配命，成王之孚。成王之孚，下士之式。"毛传："式，法也。"郑笺："永，长；言，我也；命，犹教令也；孚，信也。此为武王言也。今长我之配行，三后之教令者，欲成我周家，王道之信也。王德之道，成于信。《论语》曰：民无信不立。王道尚信，则天下以为法，勤行之。"《正义》曰："欲成王道，所为多矣，独以信为言者，由王德之道，成于信。欲使民信王道，然后天下顺从，必伐纣，功成然始得耳。以民无信不立，故引《论语》以证之。"《诗集传》曰："言武王能继先王之德，而长言合于天理，故能成王者之信，于天下也。"《彖》曰："中孚以利贞，乃应乎天也。"即谓永言配命，成王之孚。是中孚卦，为王者孚信之卦。

《逸周书·宝典解》："信以生宝，宝以贵物，物周为器。美好宝物无常，维其所贵，信无不行。行之以神，振之以宝，顺之以事，明众以备，改曰以庸，庶格怀患。"陈逢衡补注："宝以贵物，物周为器，明信以生宝之义。言信之可贵，有如器周于用也。宝物不如宝信，物无常宝，有贵有弗贵也。信无弗贵，故无不行。此言信之为宝，尤贵于物。行之以神，则用不滞；振之以宝，则动有常；顺之以事，则令弗违。庶，众；格，至也。庶格，则豚鱼之感。信能法天，则王者之大宝在是矣。"朱右曾集训校释："信者国之宝。凡所谓宝者，以物之可贵。物周于用为器。天下美好之物不一，惟视其君之所贵重。若以信为宝，则蛮貊可行，四海皆准。众庶来归，犹怀后患。”犹怀后患，固将永持其信。

《虞书·大禹谟》曰：“人心惟危，道心惟微，惟精惟一，允执厥中。”孔氏传：“危则难安，微则难明，故戒以精一，信执其中。”又，《宝典解》曰：“中正，是谓权断，补损知选。”潘振云：“君能中正，是谓权变之断制，不及者补之，太过者损之，知所择也。”陈逢衡云：“中正，不偏倚也。权，权；衡断，裁断；选，择也。补损知选，以就中也。”唐大沛云：“中正不可执一，资权以为断，乃得中正之准。补损，犹言损益。”朱右曾云：“权断，谓权其中正而断之。选 ，善也。补不足，损有益，以臻至善也。”此即《孟子·尽心上》：“执中无权，犹执一也。”按，上言君能中正，信为王者大宝，是《易》之中孚，与《逸周书》之《宝典解》同，皆谓明王者，中正信孚，可以感格豚鱼。中孚为王者之大事，国家之大宝。故圣人设卦，以明其义。《系辞传》曰：“《易》之兴也，其当殷之末世，周之盛德邪？当文王与纣王之事邪？”兑下巽上，大明中孚，盖即周之盛德，文王之事。

《彖》曰：“中孚，柔在内，而刚得中。说而巽，孚乃化邦也。”柔在内，谓三、四两爻；刚得中，谓二、五两爻。《老子》曰：“有生于无。”三、四阴柔，在卦之中，为中；阴为虚，是中心虚怀，才得中心信孚。又，鼎卦，巽下离上。六五《象》曰：“中以为实。”是离之中为实。中孚卦，三、四为离之中，故为中孚。程氏传：“内外皆实而中虚，为中孚之象。又，二、五皆阳，中实，亦为孚义。在二体则中实，在全体则中虚。中虚信之本，中实信之质。”又曰，“二柔在内，中虚，为诚之象；二刚得上下体之中，中实，为孚之象：卦所以为中孚也。”朱骏声《六十四卦经解》：“三、四，中虚为孚；二、五，中实为孚。”又，兑为口舌，为人言信。中孚卦，颠之倒之，两兑之象，其虚在内，其实得中，是其中信不变，为中孚。又，巽为顺，为诚信。中孚卦，颠之倒之，两巽之象，其虚在内，其实得中，是其中信不变，为中孚。

《说文》曰：“孚，卵孚也。从爪，从子。一曰信也。”徐锴系传：“孚，信也。鸟之孚卵，皆如其期，不失信也。”中孚卦，外刚内柔，是卵之象。又，阳为抱为温，是为孚卵。子从中出，是以为中孚。《周易正义》曰：“信发于中，谓之中孚。”盖与象相合。《朱子语类·中孚》曰：“中孚与小过，都有飞鸟之象。中孚是个卵象，是鸟之未出壳底。孚，亦是那孚膜意。所以卦中，都说鸣鹤、翰音之类。”胡朴安《周易古史观》曰：“孚，一曰信也。孚，本为鸟菢卵之孚，言君养民，如鸟菢卵，诚于其中也。民信君，如雏依母，亦诚于其中也，故曰中孚。中孚，犹《诗·召南》之《驺虞》也。《驺虞》毛序云：天下纯被文王之化，则庶类蕃殖，蒐田以时，仁如驺虞，则王道成也。”又曰，“柔在内，而刚得中也者，柔谓民，刚谓君。民皆内向，而君居中正之位也。说而巽，孚乃化邦也者，说，即兑卦之说；巽，即《论语》巽与之言之巽。温和教民，而民信之，化成于邦也。”按，《系辞传》曰：“《象》者，言象者也。”是上述解《象》者，皆为卦象之说。

中孚　《说文》：“中，和也。从口丨，上下通。”桂馥义证：“晁说之曰：林罕谓从口，象四方上下通中也。馥谓：中和之气，上下相通，故能化成万物。”《礼记·中庸》曰：“致中和，天地位焉，万物育焉。”朱熹注：“中，无少偏，而守其不失，则极其中，而天地位矣。自谨独而精之，以至于应物之处，无少差谬，而无适不然，则极其和，而万物育矣。盖天地万物，本吾一体。吾之心正，则天地之心亦正矣；吾之气顺，则天地之气亦顺矣。故其效验如此，此学问之极功，圣人之能事。初非有待于外，而修道之教，亦在其中矣。”谓中为不偏，为中和，为心正，谓圣人修道在其中。又，注引游氏曰：“以性情言之，则曰中和，以德行言之，则曰中庸是也。然中庸之中，实兼中和之义。”由是，中孚之中，则兼中和、中庸之义。

《朱子语类·中孚》：“问：中孚，孚字与信字，恐亦有别？曰：伊川云：存于中为孚，见于事为信。说得极好。因举字说：孚字从爪、从子，如鸡抱子之象。今之乳字，一边从孚，盖中所抱者，实有物也。中间实有物，所以人自信之。”《周书·吕刑》：“简孚有众。”孔氏传：“简核诚信，有合众心。”是孚即诚信。又，《说文通训定声》，于中字下曰：“《礼记·文王世子》：礼乐交错于中。注：心中也。《周礼·大司乐》：中、和、祗、庸、孝、友。注：中犹忠。汉《张迁碑》：中謇于朝。魏《横海将军吕君碑》：君以中勇。”又于忠字下曰：“《周礼·大司徒》：知、仁、圣、义、忠、和。注：忠，言从中心。《大戴·曾子》：大孝忠者，中此者也。《贾子·道术》：爱利出中谓之忠。”又，古文《孝经》引《诗》云：“忠人藏之。”今《毛诗》作中，见《释文》。《仲虺之诰》：“建中。”本或作建忠。《忠经》曰：“忠者，中也。《书》云：惟精惟一，允执厥中。”郑注：“精一守中，忠之义也。”中、忠相通，是中孚犹忠信。然忠信为表里，忠存于内，信著于外，故《杂卦传》曰：“中孚，信也。”

《论语·学而》：“主忠信。”《论语集释》：“皇疏云：以忠信为百行所主，是言忠信在己，不在人。《周语》云：是以不主宽惠，亦不主猛毅。”《论语疏证》：“《颜渊篇》曰：子张问崇德辨惑。子曰：主忠信，徙义，崇德也。《易·乾文言》曰：忠信，所以进德也。《礼记·礼器篇》曰：先王之立礼也，有本有文。忠信，礼之本也；义理，礼之文也。无本不立，无文不行。《荀子·哀公篇》曰：故弓调而后劲焉，马服而后求良焉，士信悫而后求知能焉。士不信悫，而有多知能焉，譬之其豺狼也，不可以身尔也。《说苑·敬慎篇》曰：颜回将西游，问于孔子曰：何以为身？孔子曰：恭敬忠信，可以为身。

恭则免于众，敬则人爱之，忠则人与之，信则人恃之。人所爱，人所与，人所恃，必免于患矣。可以临国家，何况于身乎！”可以临国家，即《周易》中孚，临国之义。

《为政》云：“子曰：人而无信，不知其可也。大车无輗，小车无軏，其何以行之哉？”《吕氏春秋·贵信篇》：“故《周书》曰：允哉允哉！以言非信，则百事不满也。”又云：“君臣不信，则百官诽谤，社稷不宁处。官不信，则少不畏长，贵贱相轻。赏罚不信，则民易犯法，不可使令。交友不信，则离散郁怨，不能相亲。百工不信，则器械苦伪，丹漆染色不贞。”《新序·节士篇》曰：“齐攻鲁，求岑鼎。鲁君载岑鼎往。齐侯不信而反之，以为非也。使人告鲁君：柳下惠以为是，因请受之。鲁君请于柳下惠，柳下惠对曰：君之欲以为岑鼎也，以免国也；臣亦有国于此，破臣之国，以免君之国，此臣所难也。鲁君乃以真岑鼎往。柳下惠可谓守信矣，非独存己之国也，又存鲁君之国。信之于人重矣，犹舆之輗軏也。”《朱子语类·论语六》：“问：人而无信，不知其可也。曰：人而无真实诚心，则所言皆妄。若人无信，则语言无实，何处行得。处家，则不可行于家；处乡党，则不可行于乡党。曰：此与言不忠信，虽州里行乎哉之意同。曰：然。”忠信言信，是以中孚之卦，即谓诚信之卦。

《礼记·中庸》：“诚者，天之道也。诚之者，人之道也。诚者，不勉而中，不思而得。从容中道，圣人也。诚之者，择善而固执之者也。”曰：“唯天下至诚，为能尽其性；能尽其性，则能尽人之性；能尽人之性，则能尽物之性，则可以赞天地之化育。可以赞天地之化育，则可以与天地参矣。”又曰，“故至诚无息，不息则久；久则征，征则悠远；悠远则博厚，博厚则高明。博厚所以载物也，高明所以覆物也，悠久所以成物也。博厚配地，高明配天，悠久无疆。如此者，不见而章，不动而变，无为而成。天地之道，可一言而尽也。其为物不二，则生物不测。”郑氏注：“言其德化，与天地相似，可一而尽，要在至诚。”至为极，极为中。至诚，犹中孚。又，诚者不勉而中，是《中庸》之诚，亦中孚之意。中孚，为至圣之德。

豚鱼吉　《小雅·鱼藻》：“鱼在在藻，有颁其首。王在在镐，岂乐饮酒。鱼在在藻，有莘其尾。王在在镐，饮酒乐岂。鱼在在藻，依于其蒲。王在在镐，有那其居。”言鱼在水藻，摆动大首。王在京镐，欢乐饮酒。鱼在水藻，有长其尾。王在京镐，饮酒乐恺。鱼在水藻，依在草蒲。王在京镐，安闲居处。毛传：“颁，大首貌；莘，长貌。鱼以依蒲藻，为得其性。”郑笺：“藻，水藻也。鱼之依水藻，犹人之依明王也。明王之时，鱼何所处乎？处于藻。既得其性，则肥充其首颁然。此时人物皆得其所正。言鱼者，以潜逃之类，信其著见。”《正义》曰：“物之潜隐，莫过鱼；显见者，莫过人。经举潜逃，笺举著见，则万物尽该之矣。故以人类之，鱼之依水草，犹人之依明王。变武王言明王者，见人之所依，取其明也。又言人物者，物即鱼。”此以鱼喻民人。

又，《南有嘉鱼》曰："南有嘉鱼，烝然罩罩。君子有酒，嘉宾式燕以乐。"毛传："江汉之间，鱼所产地。罩罩，篧也。"郑笺："烝，尘也。尘然，犹言久如也。言南方水中，有善鱼，人将久如而俱罩之，迟之也。喻天下有贤者，在位之人，将久如而并求，致之于朝，亦迟之也。迟之者，谓至诚也。君子，斥时在位者也。式，用也。用酒与贤者，燕饮而乐也。"《诗序》曰："《南有嘉鱼》，乐与贤也。太平君子至诚，乐与贤者共之也。"孔颖达《正义》曰："作《南有嘉鱼》之诗者，言乐与贤也。当周公、成王，太平之时，君子之人，已在位有职禄，皆有至诚、笃实之心，乐与在野有贤德者，共立于朝而有之，愿俱得禄位，共相燕乐，是乐与贤也。"按，太平君子，当即周公、成王，谓其至诚，乐与贤者共之。又，姤卦九二曰："包有鱼，无咎，不利宾。"《象》曰："包有鱼，义不及宾也。"九四曰："包无鱼，起凶。"《象》曰："无鱼之凶，远民也。"有鱼无咎，无鱼起凶，凶在远民，其鱼谓民。是《诗》与《易》，皆以鱼喻民，喻潜隐之民。

《说文》："豚，小豕也。"《方言》："猪，其子或谓之豚。"《广韵》："豚，豕子。"《论语·阳货》："阳货欲见孔子，孔子不见，归孔子豚。"邢昺疏："豚，豕之小者。"豚鱼，似豚之鱼。李时珍《本草纲目》："海豨，生江中者，名江豚、江猪、水猪、鱀鱼、馋鱼、**䱐䱥**。时珍曰：其状大，如数百斤猪，形色青黑，如鲇鱼，有两乳，有雌雄，类人。数枚同行，一浮一没，谓之拜风。其骨硬，其肉肥，不中食。其膏最多，和石灰艌船良。"李道平《周易集解纂疏》："《山海经》**䱐䱥**之鱼，即河豚鱼也。或曰：豚鱼生泽中，而性好风。向东则东风，向西则西风，舟人以之候风焉。当其什百为群，一浮一没，谓之拜风。拜风之时，见其背，而不见其鼻。鼻出于水，则风立至矣。"朱骏声《六十四卦经解》："豚鱼，以似鱼得名。有风则出拜，浮水面，南风，口向南；北风，口向北。舟人称为风信。"又，豚、遯（遁）谐音，豚鱼，或谓遁鱼。

《说卦传》曰："离为大腹，为鳖，为蟹，为蠃，为龟。"是离为水族之象。中孚卦，兑下巽上，大离象，为大腹之鱼，为豚鱼。又，《说卦传》曰："兑为口，巽为风。"兑下巽上，下口上风，为豚鱼拜风之象。又，兑为羊，羊为祥为吉，为豚鱼吉。鱼为隐者，豚鱼生于江河湖海，豚鱼吉，即谓处江河湖海之隐者吉利。井卦九三曰："王明，并受其福。"中孚卦，大离象，亦王明，并受其福。《象》曰："豚鱼吉，信及豚鱼也。"即谓王者，中信笃诚，光照四表，格于上下，而信著远方，使其来归受禄，故为豚鱼吉。又，王弼注："鱼者，虫之隐者也；豚者，兽之微贱者也。争竞之道不兴，中信之德淳著，则虽微隐之物，信皆及之。"亦谓豚鱼吉，言王者信及豚鱼。

《史记·周本纪》曰："公季卒，子昌立，是为西伯。西伯曰文王，遵后稷、公刘之业，则古公、公季之法，笃仁，敬老，慈少。礼贤下者，日中不暇食以待士，士以此多归之。伯夷、叔齐在孤竹，闻西伯善养老，盍往归之。太颠、闳夭、散宜生、鬻子、辛甲大夫之徒，皆往归之。"《集解》："刘向《别录》曰：鬻子名熊，封于楚。辛甲，故殷之臣，事纣。盖七十五谏而不听，去至周。召公与语，贤之，告文王。文王亲迎之，以为公卿，封长子。长子，今上党所治县是也。"《正义》："《括地志》云：《诗》云：虞、芮质厥成。毛苌云：虞、芮之君，相与争田。久而不平，乃相谓曰：西伯仁人，盍往质焉。乃相与朝周。入其境，则耕者让畔，行者让路。入其邑，男女异路，班白不提挈。入其朝，士让为大夫，大夫让为卿。二国君相谓曰：我等小人，不可履君子之庭。乃相让所争地，以为间原，至今尚在。"伯夷、叔齐、太颠、闳夭之徒，盍往归之，虞、芮小国，质厥成之，盖可谓仁者中孚，信及豚鱼，是为豚鱼吉。

利涉大川　涣卦，坎下巽上。卦辞曰："利涉大川。"《彖》曰："利涉大川，乘木有功。"谓上巽，为木为舟，下坎为水，舟在水上，得舟楫之利，为利涉大川，为乘木有功。中孚卦，兑下巽上。兑为泽，为湖泽，亦为舟在水上，得舟楫之利，为利涉大川。《彖》曰："利涉大川，乘木舟虚也。"《系辞传》曰："刳木为舟，剡木为楫，舟楫之利，以济不通，致远以利天下，盖取诸涣。"取诸涣卦，亦犹取诸中孚卦。《说文》："刳，判也。从刀，夸声。"段玉裁注："《内则》云：封之刳之。按，封，谓刺杀之；刳，谓空其腹。《系辞》：刳木为舟。亦谓虚木之中。"《玉篇・刀部》："刳，空物肠也。"舟虚，即谓中空之木舟。中孚卦，前后颠倒两巽，巽为木，外阳为实，内阴为虚，为乘舟虚之象。王弼注："乘木于川，舟之虚，则终已无溺也。用中孚以涉难，若乘木舟虚也。"即用中信，利以济难，犹乘虚舟，利涉大川。谓中信无危，虚舟不沉。屯卦，初九《象》曰："以贵下贱，大得民也。"谦卦，初六曰："谦谦君子，用涉大川。"中孚之君，敬贤贵能，是以得民，而利涉险难。《系辞传》曰："默而成之，不言而信，存乎德行。"谓中心孚信。又曰，"天之所助者，顺也；人之所助者，信也。履信思乎顺，又以尚贤也，是以自天祐之，吉无不利也。"中孚者，顺于天，信于民，得天祐人助，是以利涉大川。

《列子・说符篇》云："孔子自卫反鲁，息驾乎河梁，而观焉。有悬水三十仞，圜流九十里。鱼鳖弗能游，鼋鼍弗能居。有一丈夫，方将厉之。孔子使人并涯止之，曰：此悬水三十仞，圜流九十里。鱼鳖弗能游，鼋鼍弗能居也。意者难可以济乎！丈夫不以错意，遂度而出。孔子问之曰：巧乎？有道术乎？所以能入而出者，何也？丈夫对曰：始吾之入也，先以忠信；及吾之出也，又从以忠信。忠信，错吾躯于波流，而吾不敢用私，所以能入，而复出者，以此也。孔子谓弟子曰：二三子识之！水且犹可以忠信，诚身亲之，而况人乎？"卢重玄解："夫忠者，同于物；信者，无所疑。同而不疑，不私其己，故能入而复出也。然则，同而不疑，不私其己，知道矣夫！《黄帝篇》中，已有此章。"杨伯峻案："此章，专以忠信二字为主；诚身二字，疑衍。"忠信，可以亲悬水，入圜流，犹中孚，利涉大川，可渡艰险。

《易》之利涉大川，有三类：一、有巽、坎之象，或有巽、兑之象。如涣卦，坎下巽上；中孚卦，兑下巽上。二、只有坎象，或只有巽象。如需卦，乾下坎上。卦辞曰："利涉大川。"《象》曰："利涉大川，往有功也。"讼卦，坎下乾上。卦辞曰："不利涉大川。"《象》曰："不利涉大川，入于渊也。"蛊卦，巽下艮上。初之四为坎，卦辞曰："利涉大川。"《象》曰："利涉大川，往有事也。"益卦，震下巽上。卦辞曰："利涉大川。"《象》曰："利涉大川，木道乃行。"三、无巽、坎之象。如同人卦，离下乾上。卦辞曰："利涉大川。"《象》曰："利涉大川，乾行也。"大畜卦，乾下艮上。卦辞曰："利涉大川。"《象》曰："利涉大川，应乎天也。"谓下乾往上应天。乾卦《象》曰："天行健。"是乾亦利涉大川。上述一，有舟有水；二，只有水，或只有舟；三，无舟无水，乾为天行健。然三者，见上下卦推移之利，谓之利涉大川。

利贞　《象》曰："中孚以利贞，乃应乎天也。"《大雅·文王》："上天之载，无声无臭。仪刑文王，万邦作孚。"毛传："载，事；刑，法；孚，信。"孔颖达疏："言殷王，行不顺天，为天所去。当度此事，终当顺天也。既言行当顺天，因说天难仿效。上天所为之事，无声音，无臭味。人耳不闻其音声，鼻不闻其香臭，其事冥寞，欲效无由。王欲事之，但近法文王之道，则与天下万国作信。言王用文王之道，则皆信而顺之矣。"天之道难知，然文王信于天下万国，则天命归周。是信，下应乎人，上应乎天。革卦，离下兑上。《象》曰："巳日乃孚，革而信之，文明以说，大亨以正。汤武革命，顺乎天，而应乎人。"亦谓中正孚信，顺应于天。自然之天为正，中信顺应于天，故曰中孚利正。又，《古三坟·神农氏政典》曰："政者，正也，正其事。"中孚，君王之卦。中孚利正，即中信利于政事。中孚卦，二、五阳得中，故曰利贞。

《史记·齐太公世家》曰："太公望吕尚者，东海上人。其先祖尝为四岳，佐禹平水土，甚有功。虞、夏之际，封于吕，或封于申，姓姜氏。夏、商之时，申、吕或封枝庶子孙，或为庶人，尚，其后苗裔也。本姓姜氏，从其封姓，故曰吕尚。吕尚盖尝穷困，年老矣，以渔钓奸（音干）周西伯。西伯将出猎，卜之，曰：所获非龙彨，非虎非熊，所获霸王之辅。于是，周西伯猎，果遇太公于渭之阳。与语大说，曰：自吾先君太公曰：当有圣人适周，周以兴。子真是邪？吾太公望子久矣。故号之曰太公望，载与俱归，立为师。或曰，太公博闻，尝事纣。纣无道，去之。游说诸侯，无所遇，而卒西归周西伯。或曰，吕尚处士，隐海滨。周西伯拘羑里，散宜生、闳夭素知，而招吕尚。吕尚亦曰：吾闻西伯贤，又善养老，盍往焉。三人者，为西伯求美女奇物，献之于纣，以赎西伯。西伯得以出，反国。周西伯昌之脱羑里归，与吕尚阴谋，修德以倾商政，其事多兵权与奇计，故后世之言兵，及周之阴权，皆宗太公为本谋。周西伯政平，及断虞、芮之讼，而诗人称西伯，受命曰文王。伐崇、密须、犬夷，大作丰邑。天下三分，其二归周者，太公之谋计居多。”按，文王与太公事，盖即中孚，豚鱼吉，利涉大川，利贞之类。

《象》曰：“泽上有风，中孚，君子以议狱缓死。”噬嗑卦，震下离上。卦辞曰：“利用狱。”《象》曰：“雷电，噬嗑，先王以明罚敕法。”贲卦，离下艮上。《象》曰：“山下有火，贲，君子以明庶政，无敢折狱。”丰卦，离下震上。《象》曰：“雷电皆至，丰，君子以折狱致刑。”旅卦，艮下离上。《象》曰：“山上有火，旅，君子以明慎用刑，而不留狱。”是皆有离，离为明断狱讼之象。中孚卦，兑下巽上，为大离，大离为大明，故曰君子以议狱缓死。兑为口舌，为毁折，为议狱之象；巽为风，风以散之，为缓死之象。巽上兑下，广施恩泽，故有信及死囚之谓。王弼注：“信发于中，虽过可亮。”朱骏声《六十四卦经解》：“泽，恩泽也；风，号令也。流风令于上，布泽惠于下，议狱缓死之义。王听之，司寇听之，三公听之，议狱也。旬而职听，二旬而职听，三旬而上之，缓死也。故狱成而孚，输而孚。兑，口舌，为议；巽，不果，为缓。”

《周书·立政》：“周公若曰：太史！司寇苏公，式敬尔由狱，以长我王国。兹式有慎，以列用中罚。”孔氏传：“周公顺其事，并告太史。忿生为武王司寇，封苏国，能用法。敬汝所用之狱，以长施行于我王国。言主狱，当求苏公之比。此法有所慎行，必以其列用中罚，不轻不重，苏公所行。太史掌六典，有废置官人之制，故告之。”《正义》曰：“周公以其太史，掌废置官人，故呼而告之：昔日司寇苏公，既能用法，汝太史，当敬汝所用之狱，以长施行，于我王国。欲使太史，选主狱之官，当求苏公之比也。此刑狱之法，所有慎行，必以其体式，列用中常之罚，不轻不重，当如苏公所行也。治狱必有定法，此定法有所慎行。《周礼·大司寇》云：刑新国用轻典，刑平国用中典，刑乱国用重典。轻重各有体式行列。周公言然之时，是法为平国，故必以其列用中罚，使不轻不重。美苏公治狱，使列用中罚，明中罚不轻不重，是苏公所行也。”此慎行用法，权其轻重，即议狱之类。

《吕刑》曰：“两造具备，师听五辞。五辞简孚，正于五刑。五刑不简，正于五罚。五罚不服，正于五过。上下比罪，无僭乱辞，勿用不行。惟察惟法，其审克之。上刑适轻，下服。下刑适重，上服。轻重诸罚有权。刑罚世轻世重，惟齐非齐，有伦有要。”《正义》曰：“囚证具备，取其言语，乃与众狱官，共听其五刑之辞。其五刑之辞简核，信实有罪，则正之于五刑，以刑之罪，罪其身也。五刑之辞，不如众所简核，不合入五刑，则正之于五罚。罚，谓取其赎也。于五罚论之，又有辞不服，则正之于五过。过失可宥，则赦宥之。从刑入罚，从罚入过。将断狱讼，当上下比方，其罪之轻重，乃与狱官众议断之。其囚，有僭乱之虚辞者，无得听之，勿用此辞断狱。惟当清察罪人之辞，惟当附以法理。上刑适轻者，谓一人虽犯一罪，状当轻重两条：据重条之上，有可以亏减者，则之轻条，服下罪也；下刑适重者，谓一人之身，轻重二罪俱发，则以重罪，而从上服，令之服上罪。或轻或重，诸所罪罚，皆有权宜。当时斟酌其状，不得雷同加罪。刑罚有世轻世重，当视世所宜，权而行之。行罚者，所以齐非齐者。有伦理，有要善，戒令审量之。”此乃议狱之谓。

《周礼·乡士》：“听其狱讼，察其辞，辨其狱讼，异其死刑之罪而要之。旬而职听于朝。司寇听之，断其狱，弊其讼于朝。群士司刑皆在，各丽其法，以议狱讼。狱讼成，士师受中，协日刑杀，肆之三日。若欲免之，则王会其期。”郑氏注：“察，审也。辨、异，谓殊其文书也。要之，为其罪法之要辞，如今劾矣。十日，乃以职事治之于朝外，容其自反覆。丽，附也。各附致其法，以成议也。受中，谓受狱讼之成也。中者，刑罚之中也。故《论语》曰：刑罚不中，则民无所措手足。协日刑杀，协，合也，和也，和合支干善日，若今望后利日也。肆之三日，故《春秋传》曰：三日弃疾请尸；《论语》曰：肆诸市朝。玄谓：士师既受狱讼之成，乡士则择可刑杀之日，至其时，而往涖之，尸之三日乃反也。免，犹赦也。期，谓乡士职听于朝，司寇听之日，王欲赦之，则用此时亲往议之。”孙诒让疏：“若欲免之，则王会其期者，谓乡士以狱讼之要，上之朝，或尚疑其冤滥，及在八议三宥三赦之科，则于司寇听之之日，王亲视外朝，以三刺之法，更密议之也。”若欲免之，则王会其期，更密议之，即君子以议狱缓死。

《礼记·王制》：“司寇正刑明辟，以听狱讼，必三刺。有旨无简，不听。附从轻，赦从重。凡制五刑，必即天论。邮罚丽于事。凡听五刑之讼，必原父子之亲，立君臣之义，以权之。意论轻重之序，慎测浅深之量，以别之。悉其聪明，致其忠爱，以尽之。疑狱，汜与众共之；众疑，赦之。必察大小之比，以成之。成狱辞，史以狱成告于正，正听之。正以狱成，告于大司寇。大司寇，听之棘木之下。大司寇以狱之成，告于王。王命三公参听之。三公以狱之成，告于王。王三又，然后制刑。”郑氏注：“又，当作宥。宥，宽也。一宥曰不识，再宥曰过失，三宥曰遗忘。”《正义》曰：“按《周礼·司刺》云：一刺曰讯群臣，再刺曰讯群吏，三刺曰讯万民。刺，杀也。谓欲杀犯罪之人，其一问可杀与否，于群臣，群臣谓公卿大夫士；其二问可杀与否，于群吏，群吏谓庶人在官者；其三问可杀与否，于庶人，庶人谓万姓，众来观者。此三刺，虽以杀为本，其被刑不杀者，亦当问之。”三问可杀与否，亦君子议狱缓死。以上，皆为中信用法，是以在中孚。

节卦和中孚卦，互为邻卦。《序卦传》曰：“节而信之，故受之以中孚。”韩康伯注：“孚，信也。既已有节，则宜信以守之矣。”李道平纂疏：“中孚，信也。《地官》：掌邦节。郑彼注云：以王命往来，必有节以为信。故曰节而信之。既有节，则当信以守之，而勿失也。”是节卦之节，已由节制，化为符节之节。《说文》段玉裁注：“节，又假借为符节字。”《宋刻集韵》：“节，信也。”《周礼·掌节》：“掌守邦节，而辨其用，以辅王命。守邦国者，用玉节；守都鄙者，用角节。凡邦国之使节：山国用虎节，土国用人节，泽国用龙节，皆金也，以英荡辅之。门关用符节，货贿用玺节，道路用旌节，皆有期以反节。凡通达于天下者，必有节以传辅之。无节者，有几则不达。”郑氏注：“邦节者，珍圭、牙璋、穀圭、琬圭、琰圭也。王有命，则别其节之用，以授使者。辅王命者，执以行为信。诸侯于其国中，公卿大夫、王子弟，于其采邑，有命者，亦自有节以辅之。玉节之制，如王为之，以命数为小大。角用犀角，其制未闻。使节，使卿大夫，聘于天子、诸侯，行道所执之信也。”是节，皆以信为本，故于节卦之后，次以中孚，谓节而有信，为邻卦。

节卦《彖》曰：“刚柔分，而刚得中。说以行险，当位以节，中正以通。天地节，而四时成，节以制度，不伤财，不害民。”是节，有中而和之义。中孚《彖》曰：“柔在内，而刚得中。说而巽，孚乃化邦也。中孚以利贞，乃应乎天也。”是中孚，有中而信之义。《中庸》上篇曰：“喜怒哀乐之未发，谓之中；发而皆中节，谓之和。中也者，天下之大本也；和也者，天下之达道也。致中和，天地位焉，万物育焉。”下篇曰：“诚者，天之道也；诚之者，人之道也。诚者，不勉而中，不思而得，从容中道，圣人也；诚之者，择善而固执之者也。”上篇谓中节而和，下篇谓中诚而信。是《中庸》之上、下篇，与节卦、中孚卦，其义略同。《中庸·题解》：“郑云：孔子之孙子思作之，以昭明圣祖之德也。”圣人以中为用，以中节、中信，为立国处事之本。故先节，而后信；先节卦，而后中孚。

初九，虞吉；有它不燕。

〔译〕 初九，中信仁爱，则有驺虞之吉；有其它则不得太平。

《象》曰：“初九虞吉，志未变也。”

〔证〕

虞吉 《山海经·海内北经》：“林氏国有珍兽，大若虎，五采毕具，尾长于身，名曰驺吾，乘之，日行千里。”郭璞注：“《六韬》云：纣囚文王，闳夭之徒，诣林氏国，求得此兽献之。纣大悦，乃释之。《周书》曰：夹林酋耳，酋耳若虎，尾三于身，食虎豹，《大传》谓之侄。吾，宜作虞也。”郝懿行案：“《尚书大传》云：散宜生之于林氏，取怪兽，大，不辟虎狼间，尾倍其身，名曰虞。郑康成注云：虞，驺虞也。是郑以虞，即此经驺吾，则于陵氏，即林氏国也。陵、林声近。驺虞亦即驺吾也。虞、吾之声又相近。《周礼》贾疏，引经作邹吾。古字假借也。《周书·王会篇》云：央林酋耳。央一作英，郭引作夹，字形之讹也。郭又引《大传》，谓之侄兽，音质。今《大传》作怪兽也。《艺文类聚》（九十九卷），引郭氏赞云：怪兽五采，尾三于身，矫足千里，倏忽若神，是谓驺虞，《诗》叹其仁。”

《召南·驺虞》：“于嗟乎驺虞。”毛传：“驺虞，义兽也。白虎黑文，不食生物，有至信之德，则应之。”《正义》曰：“于嗟乎，叹之，叹国君仁心如驺虞。驺虞，义兽，不食生物，有仁心。国君亦有仁心，故比之。”《诗序》云：“《驺虞》，《鹊巢》之应也。《鹊巢》之化行，人伦既正，朝廷既治，天下纯被文王之化，则庶类蕃殖，蒐田以时，仁如驺虞，则道成也。”《正义》曰：“以《驺虞》处末者，见《鹊巢》之应也。言《鹊巢》之化行，则人伦夫妇既已得正，朝廷既治，天下纯被文王之化，则庶类皆蕃息而殖长，故国君蒐田以时，其仁恩之心，不忍尽杀，如驺虞然，则王道成矣。《鹊巢》之化，谓国君之化，行于天下也。人伦既正，谓夫人均一，不失其职是也。朝廷既治，谓以礼自防，听讼决事是也。天下纯被文王之化，谓《羔羊》以下也。此处《驺虞》于末，以为《鹊巢》之应。以故历序《鹊巢》以下，然后言《驺虞》当篇之义，由文王之化，被于天下也；庶类又蒙其泽，仁心能如驺虞，则王化之道成矣。”

《周礼·钟师》曰：“凡射，王奏《驺虞》，诸侯奏《狸首》。”郑氏注：“郑司农云：驺虞，圣兽。”贾公彦疏：“古《毛诗》说：驺虞，义兽，白虎黑文，食自死之肉，不食生物。人君有至信之德，则应之。《周南》终《麟止》，《召南》终《驺虞》，俱称嗟叹之，皆兽名。谨按，古《山海经》、《邹书》云：驺虞，兽。说与《毛诗》同，是其圣兽也。”又，《逸周书·王会》：“其西般吾白虎。”王应麟云：“《诗·释文》：驺虞，义兽也。白虎黑文，不食生物。有至信之德，则至。《周书·王会》、《草木疏》，并同。”又云，“尾长于身，不履生草。”陈逢衡云：“《史记·司马相如传》：般般之兽，乐我君王。注谓：驺虞也。则般吾即驺虞之转，洵为定论矣。”《尚书大传·西伯戡耆》，谓驺虞名曰虞。又，《淮南子·道应训》曰：“散宜生乃以千金，求天下之珍怪，得驺虞、鸡斯之乘。”高诱注：“驺虞，白虎黑文而仁，食自死之兽，日行千里。”

《说文》：“虞，驺虞也。白虎黑文，尾长于身，仁兽也，食自死之肉。从虍，吴声。《诗》曰：于嗟乎驺虞。”段玉裁注：“驺虞，《山海经》、《墨子》，作驺吾；《汉·东方朔传》，作驺牙。皆同音假借字也。《郑志》张逸问：传曰白虎黑文。答曰：《周史·王会》云。按，今《王会》篇文不具。毛传曰：驺虞，义兽也。白虎黑文，不食生物，有至信之德，则应之。许云仁兽，不同者，毛用古左氏，修母致子之说，许不从也。哀十四年《左传》，服虔注云：视明礼修而麟至，思睿信立白虎扰。毛云：麟，信而应礼。又云：驺虞，义而应信。又云：凤皇，灵鸟仁瑞也。正用古说。许不从古说，故麟、驺虞，皆谓之仁兽，凤谓之神鸟。驺虞之仁何也？以其不食生物，食自死之肉也。”按，《诗序》曰：“仁如驺虞，则王道成矣。”许谓驺虞仁兽，本从《序》说。《序》与《传》，仁信互见，其义不偏。是驺虞，乃喻中信仁爱之君。

《象》曰：“初九虞吉，志未变也。”《诗集传》曰：“文王之化，始于《关雎》，而至于《麟趾》，则其化之入人者，深矣；形于《鹊巢》，而及于《驺虞》，则其泽之及物者，广矣。盖意诚心正之功，不息而久，则其熏烝透彻，融液周遍，自有不能已者，非智力之私，所能及也。故《序》以《驺虞》，为《鹊巢》之应，而见王道之成，其必有所传矣。”又曰，“愚按，《鹊巢》至于《采蘋》，言夫人、大夫妻，以见当时国君、大夫，被文王之化，而能修身，以正其家也。《甘棠》以下，又见由方伯，能布文王之化，而国君能修之家，以及其国也。其词，虽无及于文王者，然文王明德，新民之功，至是而其所施者，溥矣。”按，《周南》，自《关雎》至《麟趾》；《召南》，自《鹊巢》至《驺虞》，天下渐被文王之化，至《驺虞》，而王道成，是以为虞吉。以其自始至终，其志未变，终成王道，故曰虞吉，志未变也。

《礼记·射义》云：“其节，天子以《驺虞》为节，诸侯以《狸首》为节，卿大夫以《采蘋》为节，士以《采蘩》为节。《驺虞》者，乐官备也。《狸首》者，乐会时也。《采蘋》者，乐循法也。《采蘩》者，乐不失职也。是故，天子，以备官为节；诸侯，以时会天子为节；卿大夫，以循法为节；士，以不失职为节。故明乎其节之志，以不失其事，则功成而德行立；德行立，则无暴乱之祸矣。功成则国安，故曰射者，所以观盛德也。”《正义》曰：“此节，明天子以下，射礼乐章之异。天子以《驺虞》为节者，歌《驺虞》之诗。《射人》云：《驺虞》九节。”天子，明乎《驺虞》之志而不变，以不失其事，则功成而德行立，国安而无暴乱之祸，是以谓虞吉。故《象》曰：“初九虞吉，志未变也。”《说文》：“虎，山兽之君。”虞，白虎黑文，是以为君象。于《易》，离为日，为乾卦，为君；兑为羊，羊为祥，为吉。初九，在离在兑，为虞吉，即君王忠信仁爱吉。

有它不燕　《说文》：“它，虫也。从虫而长，象冤曲垂尾形。上古艸居患它，故相问无它乎？凡它之属，皆从它。蛇，它或从虫。”段玉裁注：“上古者，谓神农以前也。相问无它，犹后人之不恙、无恙也。语言转移，则以无别故当之。而其字或假佗为之，又俗作他，经典多作它，犹言彼也。”又，《说文通训定声》：“燕，元鸟也。假借为宴，安也。《易》中孚：有它不燕。”《小雅·吉日》：“悉率左右，以燕天子。”《周颂·雍》：“燕及皇天，克昌厥后。”毛传并云：“燕，安也。”《汉帛书周易》，中孚初九曰：“有它不宁。”是以燕为安宁。按，比卦初六曰：“有孚盈缶，终来有它，吉。”大过卦九四曰：“栋隆，吉；有它，吝。”中孚卦初九曰：“虞吉；有它不燕。”皆由此及彼，持两端之论。有它不燕，谓君王除中信，而虞吉以外；其他，则不得天下国家安宁。兑为附决，为毁折。初九在兑，是以为有它不燕。以其兑象一为祥，一为毁折，故前言吉，后言不燕，乃因象系辞。

九二，鸣鹤在阴，其子和之：我有好爵，吾与尔靡之。

〔译〕 九二，贤能隐者有求，君王答应他：我有好爵位，我与你分享。

《象》曰："其子和之，中心愿也。"

〔证〕

鸣鹤在阴 《小雅·鹤鸣》："鹤鸣九皋，声闻于野。鱼潜在渊，或在于渚。乐彼之园，爰有树檀，其下维萚。它山之石，可以为错。"毛传："兴也。皋，泽也。言身隐而名著也。良鱼在渊，小鱼在渚。何乐于彼园之观乎萚落也，尚有树檀，而下其萚。错，石也，以可以琢玉。举贤用滞，则可以治国。"郑笺："皋，泽中水，溢出所为坎，自外数至九，喻深远也。鹤在中鸣焉，而野闻其鹤声。兴者，喻贤者虽隐居，人咸知之。此言鱼之性，寒则逃于渊，温则见于渚。喻贤者世乱则隐，治平则出，在时君也。之，往；爰，曰也。言所以之彼园，而观者，人曰有树檀，檀下有萚。此犹朝廷之尚贤者，而下小人，是以往也。"又，《毛诗序》曰："《鹤鸣》，诲宣王也。"郑笺："诲，教也，教宣王求贤人之未任者。"

陈奂《诗毛氏传疏》曰："云言身隐，而名著也者，传合下章，总释其义。《荀子·儒效篇》：君子务修其内，而让之于外；务积德于身，而处之以遵道。如是，则贵名起之如日月，天下应之如雷霆。故曰君子隐而显，微而明，辞让而胜。《诗》曰：鹤鸣于九皋，声闻于天。此之谓也。毛正用其师说。又，《汉书·东方朔传》：苟能修身，何患不荣。《论衡·艺增篇》言：鹤鸣九折之泽，声犹闻于天，以喻君子修德，穷僻名犹达朝廷也。《韩诗外传》云：故君子务学、修身、端行，而须其时者也。皆引此诗，并与传同。诗全篇皆兴也，鹤、鱼、檀、石，皆以喻贤人。传以在渚者为小鱼，在渊者为良鱼，则良鱼乃大鱼也。《四月》传云：大鱼能逃处渊。《正义》云：潜渊喻隐者。不云大鱼，而云良鱼者，以其喻善人，故变文称良是也。案鱼潜渊，与鹤鸣皋，一意，就贤者一边说。"

《本草纲目·禽部》："时珍曰：鹤字，篆文象翘首短尾之形，一云白色隺隺，故名。世谓鹤不卵生者，误矣。《八公相鹤经》云：鹤乃羽族之宗，仙人之骥。鹤大于鹄，长三尺，高三尺余，喙长四寸。丹顶赤目，赤颊青脚，修颈凋尾，粗膝纤指，白羽黑翎，亦有灰色苍色者。尝以夜半鸣，声唳云霄。雄鸣上风，雌鸣下风，声交而孕。亦啖蛇虺，闻降真香烟则降，其粪能化石，皆类相感也。按《相鹤经》云：鹤，阳鸟也，而游于阴。

行必依洲渚，止不集林木。二年落子毛，易黑点，三年产伏，又七年羽翮具，又七年飞薄云霄，又七年舞应节，又七年鸣中律，又七年大毛落，氄毛生。或白如雪，或黑如漆。”中孚卦，大离为鹤，兑为口舌为泽，互震为鸣，二为阴位，九二以阳居阴，犹鹤阳鸟，而鸣于泽中，故谓鸣鹤在阴。于《诗》，鹤鸣九皋，声闻于野，九皋亦泽。是《易》与《诗》通义，皆以鹤比贤者，身隐江湖而名著，闻于朝廷。

其子和之　《小雅·裳裳者华》：“我觏之子，我心写兮。”郑笺：“觏，见也；之子，是子也，谓古之明王也。言我得见古之明王，则我心所忧，写而去矣。我心所忧既写，则君臣相与，声誉常处也。”其子，犹之子，亦谓古之明王。臣谓君为子，子为尊敬之称。《白华》：“之子之远，俾我独兮。”郑笺：“之子，斥幽王也；俾，使也。王之远外我，不复答耦我，意欲我独也。”是子亦为王。《说文》：“和，相应也。从口，禾声。”桂馥义证：“《诗》云：唱予和汝。《周易》：鸣鹤在渚，其子和之。是也。《诗·棠棣》：妻子好合，如鼓瑟琴。笺云：如鼓瑟琴之声，相应和也。《大戴礼·曾子立事篇》：人言不信不和。《论语》：子与人歌而善，必使反之，而后和之。”是其子和之，谓和其在阴之鹤鸣，即朝廷君王，回答在野贤人。兑口向上，巽顺向下；下鸣向上，上和应下，是相唱和。九二阳在泽，在阴位，为贤能隐者；九五中正，阳在阳位，为当位天子。故曰：鸣鹤在阴，其子和应。《象》曰：“其子和之，中心愿也。”谓贤者未用，不平则鸣，鸣而得君王善答，此乃鸣者中心，之所愿望。九二鸣以中，九五和以中，是得中心之愿。

我有好爵　《说文》：“爵，礼器也。象雀之形，中有鬯酒；又，持之也，所以饮。器象雀者，取其鸣，节节足足也。”《小雅·宾之初筵》：“酌彼康爵。”《左传》庄公二十一年：“虢公请器，王与之爵。”襄公二十一年：“庄公为勇爵。”陆粲曰：“爵，酒器也，设之以觞勇士。”爵，青铜器，有流、鋬，两足、三足，用以盛酒。盛行于商代和周初。爵，先为酒器之爵，后为爵位之爵。《周书·武成》曰：“列爵为五，分土惟三。”孔氏传：“爵五等：公、侯、伯、子、男。列地封国：公、侯方百里，伯七十里，子、男五十里，为三品。”《周礼·大宰》曰：“以八柄诏王驭群臣，一曰爵，以驭其贵。”郑氏注：“爵，谓公、侯、伯、子、男、卿、大夫、士也。”贾公彦疏：“《司士》云：以德诏爵，有贤乃受爵，是驭之以贵也。”《白虎通·爵》曰：“爵者，尽也，各量其职，尽其才也。”我有好爵，即谓我有各尽其才之官爵。

吾与尔靡之　约斋《字源》曰：“麻，象山崖旁边长的麻，后来厂变做了广，就成在屋子里劈麻的意思。去了上头，就是林，读如派，再分就成木，读如聘。象一根两根，麻茎皮子，劈开的形状。”又，“非，飛（飞）字下部，象展开的两翼，上部象鸟尾。去了尾部，剩下两翼，就成非。本来也象飛，但因两翼展开，而有彼此违背的意思，故以为是非的非。”麻，象在屋子里劈麻；非，象鸟两翼展开，是靡字上下，都有分开之意。《说文》曰："靡，披靡也。从非，麻声。"段玉裁注："披靡，迭韵字。盖其字本作柀，从木，析也，写者讹从手。柀靡，分散下垂貌。中孚九二曰：吾与尔靡之。孟、王皆曰散也。"靡，分散之意。吾与尔靡之，犹言吾与尔分享爵禄。按，中孚卦，上巽口朝下，下兑口朝上，有上爵赐、下爵承之象，是以为吾与尔靡之。

《系辞传》曰："拟之而后言，议之而后动，拟议以成其变化。鸣鹤在阴，其子和之：我有好爵，吾与尔靡之。子曰：君子居其室，出其言善，则千里之外应之，况其迩者乎！居其室，出其言不善，则千里之外违之，况其迩者乎！言出乎身，加乎民；行发乎迩，见乎远。言行，君子之枢机。枢机之发，荣辱之主也。言行，君子之所以动天地也，可不慎乎？"韩康伯注："鹤鸣则子和，修诚则物应。我有好爵，与物散之，物亦以善应也。明拟议之道，继以斯义者，诚以吉凶失得，存乎所动。同乎道者，道亦得之。同乎失者，失亦违之。莫不以同相顺，以类相应。动之斯来，绥之斯至。鹤鸣于阴，气同则和。出言户庭，千里或应。出言犹然，况其大者乎。千里或应，况其迩者乎。故夫忧悔吝者，存乎纤介；定失得者，慎于枢机。是以君子拟议以动，慎其微也。"鸣鹤在阴，其子和之，是出其言善；我有好爵，吾与尔靡之，是言行为荣辱之主。中孚九二，当此之义。

六三，得敌，或鼓，或罢，或泣，或歌。

〔译〕 六三，虽得与上对应，然或鼓进，或罢退，或哭泣，或歌唱。

《象》曰："或鼓或罢，位不当也。"

〔证〕

得敌 《尔雅·释诂》："敌，匹也。"郝懿行义疏："敌者，《说文》云：仇也。《方言》云：匹也。《左氏文六年传》：敌惠敌怨。杜预注：敌，犹对也。《尔雅》下文云：敌，当也。敌、当、对，俱一声之转。"段玉裁注《说文》云："敌，仇也。仇，雠也。《左传》曰：怨耦曰仇。仇者，兼好恶之词。相等为敌，因之相角为敌。"是仇、敌一义，皆谓匹对。鼎卦，巽下离上。九二曰："鼎有实，我仇有疾，不我能即，吉。"《象》曰："鼎有实，慎所之也。我仇有疾，终无尤也。"六五曰："鼎黄耳，金铉，利贞。"《象》曰："鼎黄耳，中以为实也。"二与五应，中与中应，阳与阴应，故曰仇。中孚卦，六三阴，上九阳，阴得阳，故曰得敌。程氏传："敌，对敌也，上九是也。"朱熹亦曰："敌，谓上九，信之穷者。六三阴柔不中正，以居说极，而与之为应，故不能自主，而其象如此。"来知德曰："得敌者，得对敌也，指上九之应也。言六三不正，上九亦不正也。阴阳皆位不当，所以曰得敌。"

或鼓　乾卦九四曰："或跃在渊。"《文言》曰："九四重刚而不中，上不在天，下不在田，中不在人，故或之。或之者，疑之也。"或，不定之词。《邶风·击鼓》："击鼓其镗，踊跃用兵。"《正义》曰："治兵出国，命士兵将行，则击此鼓，其声镗然，使士众，皆踊跃用兵也。"《周礼·鼓人》："掌教六鼓四金之音声，以节声乐，以和军旅，以正田役。军动则鼓其众，田役亦如之。"《左传》庄公十年春："齐师伐我，战于长勺。公将鼓之。刿曰：未可。齐人三鼓，刿曰：可矣。齐师败绩。"鼓，击鼓进军。《孟子·梁惠王》："填然鼓之，兵刃既接。"赵氏注："兵以鼓进，以金退。"《战国策·秦策二》："甘茂攻宜阳，三鼓之而卒不上。"鲍注："鼓以进军。"《说卦传》曰："震为雷。"《荀九家》曰："震为鼓。"中孚卦，二之四为震，六三在其中，故有鼓象。或鼓，意犹或进，往应上九。

或罢　《说文》："罷（罢），遣有罪也。从网能，言有贤能而入网，而贯遣之。《周礼》曰：议能之辟。"徐灏注笺："许意入网，犹犯罪也。有贤能而犯罪，则贯其罪，而罢遣之。"桂馥义证："遣有罪也者，本书：遣，从也。"段玉裁注："引申之，为止也、休也。《周易》：或鼓或罢。《论语》：欲罢不能。"朱骏声曰："皇疏：罢，犹罢息也。按，实疲字之转注，疲劳则休止。《礼记·少仪》：师役曰罢。"按，郑氏注："罢之言疲劳也。《春秋传》曰：师还曰罢。"孔颖达疏："师役曰罢者，谓于师役之中，欲散退之时，称曰罢劳。"《玉篇》："罢，休也。"《广韵》："罢，止也。"《左传》文公十六年："旬有五日，百濮乃罢。"杜氏注："濮夷无屯聚，见难则散归。"《战国策·齐策二》："张仪曰：王勿患，请令罢齐兵。"姚注："言今能令齐兵罢去也。"罢去，罢而去之，是罢为休止。《说卦传》曰："艮，止也。"中孚卦，三之五为艮，是以六三，有罢止之象。

或泣　《说文》："泣，无声出涕曰泣。从水，立声。"段玉裁注："哭下曰：哀声也。其出涕不待言，其无声出涕者为泣。此哭、泣之别也。"《一切经音义三》："涕，泪也。"《玉篇》："目汁出曰涕。"《字林》："涕，泣也，无声而泪曰泣。"《小雅·雨无正》云："鼠思泣血。"毛传："无声曰泣血。"《正义》曰："《说文》云：哭，哀声也；泣，无声出泪也。则无声谓之泣矣，连言血者，以泪出于目，犹血出于体，故以泪比血。《礼记》曰：子皋执亲之丧，泣血三年。泣云：无声而血出是也。"屯卦，震下坎上。上六曰："泣血涟如。"按，《荀九家》曰："互艮为手，掩目流血，泣之象也。"中孚卦，离为目，三之五为互艮，中间三、四阴爻似泪，是亦掩目流泪，为泣血之象，故曰或泣。

或歌　《虞书·舜典》："诗言志，歌永言。"孔氏传："谓诗言志以导之，歌咏其义，以长其言。"《诗序》曰："情动于中，而形于言；言之不足，故嗟叹之；嗟叹之不足，故永歌之；永歌之不足，不知手之舞之，足之蹈之也。"《说文》徐锴系传："歌者，长引其声，以诵之也。"中孚卦，初之三为兑。《说卦传》曰："兑为口舌。"六三，兑口朝上，有引吭歌咏之象。《象》曰："或鼓或罢，位不当也。谓三虽得与上应，即得敌，然自身不中正，居说之极；上又非位，居龙之亢。是以六三，或攻而鼓之，或退而罢之，或失而泣之，或得而歌之，皆从其阴居阳位，阳居阴位，位不当，不在中，失中信之故。《周易折中》引刘牧曰："人惟信不足，故言行之间，变动不常如此。"中孚卦，初九当位，九二得中，六四顺应九五，九五中正，故其占皆可；唯六三与上九，不中不正，故其占不良。

六四，月几望，马匹亡，无咎。

〔译〕 六四，月之几微在望日，故阴暗将消亡，无灾。

《象》曰："马匹亡，绝类上也。"

〔证〕

月几望 《说卦传》曰："巽为白。"月色白，是巽有月象。小畜卦，乾下巽上。上九曰："月几望。"中孚卦，兑下巽上。六四曰："月几望。"又，中孚卦，初之上，为大离；二之五 ，为小离。大离为日，小离为月。离卦，离下离上。《象》曰："日月丽乎天，重明以丽乎地。"重明，即日月。中孚，日照满月，其时当望日。《说文》："几，微也。"《系辞传》曰："几事不密则害成。夫《易》，圣人之所以极深，而研几也。唯几也，故成天下之务。知几其神乎？君子上交不谄，下交不渎，其知几乎？几者，动之微，吉凶之先见者也。君子见几而作。"朱熹曰："几，音机。几，微也，所以研几者，至变也。"月几望，谓月之几变，见著望日：十五而盈，十五而亏。小畜上九过五，五为十五月中，月几望，谓月将缺。中孚六四近五，五亦为十五月中，月几望，谓月将满。是望日为转机，为月之几微，为月几望。

马匹亡 《易乾坤凿度》曰："行道，乾为龙，坤为马。"郑氏注："圣以类为马，马者顺行。坤亦有龙。《太元》曰：土龙在坤，不敢争类。马思顺体，唯坤顺之。圣人知有上德，要下而奉，故显尊也。坤之卑顺辅乾，不敢为龙，故称马，鲋依之理也。"《春秋说题辞》曰："地精为马，十二月而生，应阴纪阳以合功。故人驾马，任重致远，利天下。月度疾，故马善走。"龙飞于天，马行于地，故龙属阳，马属阴。于《易》，除大畜九三，曰良马以外；其他言马者，概在阴爻。以其良马可以腾空，其他则不能离地。天龙地马，《易》之阴阳之象。段玉裁注《说文》曰："凡言匹敌、匹耦者，皆于二端成两取意。凡言匹夫、匹妇者，于一两成匹取意。两而成匹，判合之理也。虽其半，亦得云匹也。马称匹者，亦以一牝一牡，离之而云匹，犹人言匹夫也。"六四《象》曰："马匹亡，绝类上也。"是匹谓类，马匹亡，谓六四弃三之阴，而向五之阳。阴为类，是以谓绝类上。

无咎 月几在望，即谓月十五而盈，十五而缺，故归妹卦六五曰："月几望，吉。"谓月当十五而盈，故吉。小畜卦上九曰："月几望，君子征，凶。"谓月过十五而缺，故征凶。中孚卦六四曰："月几望，马匹亡，无咎。"谓月几在十五，六四弃阴向阳，故无咎。《说文》："朢，月满也，与日相望，似朝君。从月，从臣，从壬。壬，朝廷也。"段玉裁注："此与望各字，望从朢省声。今则望专行，而朢废矣。《原象》曰：日兆月，而月乃有光。"月几望 ，即月几朢。本义为月至十五，月与日相望，满月光辉。喻义为臣北面朝君，中心信孚。《说文》："咎，灾也。从人各，各者，相违也。"六四臣子，上应九五有孚之君，而信顺不违，是以无咎。《系辞传》曰："柔之为道，不利远者，其要无咎，其用柔中也。"不利远，而利近，是以六四以柔近五，而为有利，故曰无咎。

九五，有孚挛如，无咎。

〔译〕 九五，有诚信，而拳拳然，无灾。

《象》曰："有孚挛如，位正当也。"

〔证〕

有孚挛如 《说文》："挛，係 也。""係 ，絜束也。"段玉裁注："絜者，麻一耑也。絜束者，围而束之。《左传》:係 輿人，又以朱丝系 玉二瑴。束之义也。"《史记·范睢蔡泽列传》："膝挛。"裴骃集解："挛，两膝曲也。"《素问·皮部论》："寒多则筋挛骨痛。"挛，谓抽搐。《汉书·邹阳传》："以其能越挛拘之语，驰域外之议。"《后汉书·曹褒传》："帝知群寮拘挛。"注云："拘挛，犹拘束也。"又，《释名·释宫》："栾，挛也，其体上曲。挛，拳然也。"毕沅曰："《文选·张平子西京赋》，薛综注："栾，柱上曲，木两头受栌者，引此作栾柱上曲，拳也。"拳，即卷。栾为木卷，挛为手卷。挛如，谓手足收缩，恭敬拘束之状。小畜卦，乾下巽上。九五曰："有孚挛如。"中孚卦，兑下巽上。九五曰："有孚挛如。"是皆居巽而逊，中正无邪，有诚信而拳拳然。王弼注："挛如者，系其信之辞也。处中诚以相交之时，居尊位以为群物之主，信何可舍？故有孚挛如，乃得无咎。"亦谓有孚挛如，为诚信慎守之状。

无咎 《象》曰："有孚挛如，位正当也。"位正当九五中正，是以无咎。否卦九五《象》曰："大人之吉，位正当也。"同此。《彖》曰："中孚，柔在内，而刚得中，说而巽，孚乃化邦也。"又曰："中孚以利贞，乃应乎天也。"九五，得中孚之正位，故下以化邦，上以应天，无咎。谦卦《彖》曰："谦，亨。天道下济而光明，地道卑而上行；天道亏盈而益谦，地道变盈而流谦；鬼神害盈而福谦，人道恶盈而好谦；谦尊而光，卑而不可逾，君子之终也。”《虞书·大禹谟》曰：“满招损，谦受益，时乃天道。”《易》与《书》同义。中孚九五，居上巽之中，诚信而谦虚，得天、地、人之道，是以无灾。《大雅·大明》：“维此文王，小心翼翼。昭事上帝，聿怀多福。厥德不回，以受方国。”《正义》曰：“维此文王，既生长之后，小心而恭慎。翼翼然，明事上天之道。既维恭慎，而明事上天，述行此道，思得多福，其德不有违。以此之故，受得四方之国，来归附之。”中孚九五，有孚挛如，其位正当，似文王之爻，故曰无咎。

上九，翰音登于天，贞凶。

〔译〕　上九，公鸡飞上天，正道凶。

《象》曰：“翰音登于天，何可长也。”

〔证〕

翰音登于天　《礼记·曲礼下》：“凡祭宗庙之礼，羊曰柔毛，鸡曰翰音。”郑氏注：“翰，犹长也。”《正义》曰：“鸡曰翰音者，翰，长也。鸡肥，则其鸣声长也。”《风俗通·祀典·雄鸡》曰：“谨按，鲁郊祀，常以丹鸡祀日，以其翰声赤羽，去鲁侯之咎。”按，鸡鸣长者为公鸡，公鸡毛色常丹，故曰丹鸡，是翰音，为公鸡之代名，故《风俗通》，归之于《雄鸡》之下。翰音登于天，即谓公鸡飞上天。《说卦传》曰：“震为善鸣，”“巽为鸡。”中孚卦，二之四为震，四之上为巽，震、巽相应，为善鸣之鸡，即公鸡。上九，为巽之阳爻，亦公鸡象。《易乾凿度》曰：“乾坤相并俱生，物有阴阳，因而重之，故六画而成卦。三画已下，为地；四画已上，为天。”巽在上卦，上为天，故曰翰音登于天。按，震声在下，巽体在上，非谓鸡声闻于天，而谓鸡体飞上天。然鸡虽能飞，终非飞物，故《象》曰：“翰音登于天，何可长也。”谓转瞬即落，即上九将转而来下。

贞凶　《象》曰：“翰音登于天，何可长也？”缘非登天之物，或亢而上飞，必随即堕地，故谓不可长久，是以为贞凶。《虞书·大禹谟》曰：“人心惟危，道心惟微，惟精惟 一，允执厥中。”孔氏传：“危则难安，微则难明，故戒以精一，信执其中。”上九，阳在阴位，处危微之境，不中不信，必不长久，是于阳为凶；阳为正，为贞凶。乾卦《文言》上九曰：“亢龙有悔，何谓也？子曰：贵而无位，高而无民，贤人在下位而无辅，是以动而有悔也。”又曰，“亢之为言也，知进而不知退，知存而不知亡，知得而不知丧，其为圣人乎？知进退存亡，而不失其正者，其为圣人乎！”中孚上九，翰音登天，知进而不知退，非圣人之道，是失其正者，为贞凶。《老子》曰：“侯王得一，以为天下贞。”贞，有君长、正道、政治之义。中孚卦，大离象，天子之卦。上九贞凶，谓为天子者，不行圣人正道，则政治不清明，必凶。朱熹曰：“居信之极，而不知变，虽得其正，亦凶道也，故其象占如此。鸡曰翰音，乃巽之象。居巽之极，为登于天。鸡非登天之物，而欲登天；信非所信，而不知变，亦犹是也。”

第六十二卦　☳☶　亥

☳☶ 震上
艮下

小过，亨，利贞。可小事，不可大事。飞鸟遗之音。不宜上，宜下，大吉。

〔译〕　小过，亨通，有利于阳之正。可以做小事，不可以做大事。小过之时，其音羽。不适于往上之阴，适于下来之阳，大者吉利。

《彖》曰："小过，小者过而亨也。过以利贞，与时行也。柔得中，是以小事吉也。刚失位而不中，是以不可大事也。有飞鸟之象焉，飞鸟遗之音。不宜上，宜下，大吉，上逆而下顺也。"

《象》曰："山上有雷，小过，君子以行过乎恭，丧过乎哀，用过乎俭。"

〔证〕

艮下震上　泰卦，乾下坤上。卦辞曰："小往大来。"《彖》曰："泰，小往大来，则是天地交，而万物通也；上下交，而其志同也。内阳而外阴，内健而外顺；内君子而外小人；君子道长，小人道消也。"重卦，上为往，下为来；上为外，下为内。泰卦，乾下坤上，为小往大来，则坤为往，乾为来。是以乾为大，坤为小；天为大，地为小；阳为大，阴为小；君子为大，小人为小。又，否卦，坤下乾上。卦辞曰："大往小来。"《彖》曰："大往小来，则是天地不交，而万物不通也；上下不交，而天下无邦也；内阴而外阳，内柔而外刚；内小人而外君子；小人道长，君子道消也。"否卦，坤下乾上，为大往小来，则乾为往，坤为来。是以乾为大，坤为小；天为大，地为小；阳为大，阴为小；刚为大，柔为小；君子为大，小人为小。

小畜卦，乾下巽上。《彖》曰："小畜，柔得位，而上下应之，曰小畜。"王弼注："谓六四也，成卦之义，在此爻也。体无二阴以分其应，故上下应之也。既得其位，而上下应之，三不能陵，小畜之义。"侯果曰："四为畜主，体又称小。"朱熹曰："小，阴也；畜，止之之义也。"按，柔得位，而上下应之，曰小畜者，谓柔为小，得位而上下应，为畜，是阴为小。又，大畜卦，乾下艮上。《彖》曰："大畜，刚健、笃实、辉光，日新其德。刚上而尚贤，能止健，大正也。"王弼注："凡物既厌而退者，弱也；既荣而陨者，薄也。夫能辉光，日新其德者，唯刚健、笃实也。"程氏传："莫大于天，而在山中；艮在上，而止乾于下，皆蕴畜至大之象也。在人，为学术道德，充积于内，乃所畜之大也。"

朱熹曰："大，阳也。以艮畜乾，又畜之大者也。又以内乾刚健，外艮笃实辉光，是以能日新其德，而为畜之大也。"谓乾为大，艮为止为畜，大者止畜于下，为大畜。

大壮卦，乾下震上。《彖》曰："大壮，大者壮也。刚以动，故壮。"郑康成曰："壮，气力浸强之名。"侯果曰："此卦本坤，阴柔消弱，刚大长壮，故曰大壮也。"程氏传："阳长已过中矣，大者壮盛也。"又曰，"所以名大壮者，谓大者壮也。阴为小，阳为大。阳长以盛，是大者壮也。"朱熹曰："大，谓阳也。四阳盛长，故为大壮。二月之卦也。"按，十二消息卦：十一月，一阳生于五阴之下，为复卦，震下坤上；十二月，二阳生于四阴之下，为临卦，兑下坤上；一月，三阳生于三阴之下，为泰卦，乾下坤上；二月，四阳生于二阴之下，为大壮卦，乾下震上。是大壮，为阳之壮。大为阳，则小为阴。又，大有卦，乾下离上。《彖》曰："大有，柔得尊位，大中而上下应之，曰大有。"朱熹曰："大有，所有之大也。离居乾上，火在天上，无所不照。又，六五一阴，居尊得中，而五阳应之，故为大有。"按，大莫过于天下。六五文明之君，得上下应之，是大有天下之象。大有，犹有大，即有阳。阳为大，则阴为小。

伏羲八卦方位，邵子曰："乾南坤北，离东坎西，震东北，兑东南，巽西南，艮西北。自震至乾为顺，自巽至坤为逆。"大过卦，巽下兑上。巽居乾之左，兑居乾之右。由兑往巽，中间过乾，乾阳为大，为大过。小过卦，艮下震上。震居坤之左，艮居坤之右，由艮往震，中间过坤，坤阴为小，为小过。是大过，为阳气六爻已极，阳已经过。小过，为阴气六爻已极，阴已经过。故《彖》曰："大过，大者过也。""小过，小者过也。"《系辞传》曰："一阴一阳之谓道。继之者善也，成之者性也。"谓阳生物，使物继生而至善；谓阴成物，使物各成其本性。大过、小过，乃阴阳之道。又，伏羲八卦，离为东，为春，为一月；坎为西，为秋，为七月；乾为南，为夏，为四月；坤为北，为冬，为十月。大过卦，巽下兑上，兑在乾之前，乃三月；巽在乾之后，乃五月。二月四阳生，为阳气大壮；三月五阳生，为阳决阴；四月六阳生，为纯阳；五月一阴生，为阴来姤阳。是三月在前，五月在后，其间为六阳过之期，故为大过。小过卦，艮下震上，艮在坤之前，乃九月；震在坤之后，乃十一月。九月五阴生，为阴剥阳；十月六阴生，为纯阴；十一月一阳生，为阳来复。是由九月，而往十一月，其间为六阴过之期，故为小过。又，大过，阳主万物，故而生长万物；小过，阴主万物，故而敛藏万物。

《小雅·采薇》："曰归曰归，岁亦阳止。"毛传："阳历阳月也。"郑笺："十月为阳时，坤用事。嫌于无阳，故以名此月为阳。"《正义》曰："毛以阳为十月，解名为阳月之意。以十一月为始，阴消阳息，复卦用事。至四月，纯乾用事。五月受之以姤，阳消阴息。至九月而剥，仍一阳在。至十月，而阳尽为坤。则从十一月至九月，凡十有一月，已经历此有阳之月，而至坤为十月，故云历阳月。"又曰，"郑以传言，涉历阳月，不据十月，故从《尔雅·释天》云：十月为阳。本所以十月为阳者，十月纯坤用事，而嫌于无阳，故名此月为阳也。知为嫌者，君子爱阳而恶阴，故以阳名之。实阴月，而得阳名者，以分阴分阳，迭用柔刚，十二月之消息，见其用事耳。”按，九月艮，阴剥阳，硕果仅存；至十月，阳尽为坤；至十一月震，一阳来复。是艮下震上，由九月至十一月，中间过坤，为十月。坤阴为小，为小过。

《礼记·月令》：“孟冬之月，其日壬癸，其帝颛顼，其神玄冥。”又曰，“是月也，盛德在水。”郑氏注：“孟冬者，日月会于析木之津，而斗建亥之辰也。壬之言任也，癸之言揆也。日之行冬，北从黑道，闭藏万物，月为之佐。时万物怀任于下，揆然萌芽，又因以为日名焉。此黑精之君，水官之臣，自古以来，著德立功者也。颛顼，高阳氏也。玄冥，少皞氏之子，曰修曰熙，为水宫。”高诱注《淮南子·时则训》曰：“颛顼之神，治北方也。壬癸，水日也。盛德在水，水王北方也。”朱骏声《说文通训定声》：“《说文》：癸，冬时水土平，可揆度也。象水从四方，流入地中之形。《六书统》曰：水王之盛也，亦象水纵横，于木根荄之形。古文作 。”按，小过卦，艮下震上，为大坎，是盛德在水。其四阴，居其上下；中间二阳，象水流入，当水从四方，流入地中，故甲文癸作 。

《说卦传》曰：“坎，陷也。”陷，谓阳陷阴中，是以凶险。习坎卦，坎下坎上。《象》曰：“习坎，重险也。”又曰，“天险不可升也，地险山川丘陵也。王公设险，以守其国。险之时用，大矣哉！”又，初六曰：“入于坎陷，凶。”九二曰：“坎有险。”六三曰：“来之坎坎，险且枕，入于坎陷，勿用。”六四曰：“纳约自牖，终无咎。”九五曰：“坎不盈，祇既平，无咎。”上六曰：“系用徽纆，置于丛棘，三岁不得，凶。”是卦为坎象者，其辞多凶险。小过卦，艮下震上，是三才而两之，坎险之象，故凶厉多。初六曰：“飞鸟以凶。”六二曰：“遇其臣无咎。”九三曰：“从或戕之，凶。”九四曰：“弗过遇之，往厉必戒。”六五曰：“密云不雨。”上六曰：“凶，是谓灾眚。”小过卦，所以为大坎，多凶，以其冬之阴气用事，故险象重重。是以卦辞曰：“可小事，不可大事。飞鸟遗之音，不宜上，宜下。”

《系辞传》曰：“古之葬者，厚衣之以薪，葬之中野，不封不树，丧期无数。后世圣人，易之以棺椁，盖取诸大过。”按，大过卦，巽下兑上。初六曰：“藉用白茅。”九二曰：“枯杨。”九三曰：“栋桡。”。九四曰：“栋隆。”九五曰：“枯杨。”上六曰：“过涉灭顶。”坤阴为地为野，阳在上下阴中，是为葬之中野。下巽为不树，上兑为不封。坤为丧，但上下二阴，不成坤体之数，为丧期无数。是为古之葬者，厚衣之以薪，葬之中野，不封不树，丧期无数。又，下巽为木，上兑为反木，上下两木，正反相合，是为棺椁。乾阳为圣人，中间四阳主其卦义，是为后世圣人，易之以棺椁。又，《系辞传》曰：“断木为杵，掘地为臼，臼杵之利，万民以济，盖取诸小过。”小过卦，艮下震上。艮为手，震为动。二之四为巽，巽为木，巽木下断，为断木为杵。三之五为兑，兑为口穴，在阴之下，阴为地，为掘地为臼。小过坎象，中间二阳为实物。阴众为民，分别在物两边，为臼杵之利，万民以济。大过、小过，皆为坎之象。大过卦阳主事，四阳在水中，为阳过渡。小过卦，阴主事，四阴在水两边，为阴以济。如《象》取象，与《彖》取象有异，《系辞传》取象，亦与《彖》、《象》取象有异。《系辞传》曰："仁者见之谓之仁，知者见之谓之知。百姓日用而不知，故君子之道鲜矣。"

按，《易》有三：夏曰《连山》，殷曰《归藏》，周曰《周易》。《周易》，乾、坤为天、地，既济、未济为昼、夜。义为天地昼夜运转。中间六十甲子，谓万事万物，随阴阳消息。屯卦，震下坎上。《彖》曰："屯，刚柔始交，而难生。动乎险中，大亨贞。雷雨之动满盈，天造草昧，宜建侯而不宁。"刚柔始交，谓下震，即十一月冬至，一阳生于下，于十二消息卦，为复卦。此时阴气盛强，阳气微弱，故曰动乎险中。然时来运转，阳气必推阴而起，是乃正道，故曰大亨贞。震为雷，坎为雨，震下坎上，为雷雨之动满盈。天造草昧者，言天地之运，始于草昧，宜建侯于此，使万物得生。是屯卦，为十一月卦，即周之正月卦。小过卦，艮下震上。由九月至十一月，中过十月。十月坤阴为小，为小过。夏历十月，即周之十二月。由屯卦至小过卦，即由周之正月，至周之十二月，为十有二月。六十卦乘六爻，六六三百六十天，为期年。故除乾、坤，与既济、未济之外，屯为始卦，小过为终卦。周而复始，天地昼夜，运行不已。

扬雄《太玄经》曰："羡，阳气赞幽，推包羡爽，未得正行。"范望注："羡，行属于水，谓之羡者，言万物尚为阴气所包。爽，差也。当差次而上。今乃在下，淫羡土中，未得正行，故谓之羡。羡之初一，日入危宿十二度也。"司马光集注："羡，准小过，旧准临卦，非也。光谓：万物在幽，阳气赞之，为阴所包。阳气推之，邪曲差爽，未得挺然正行而出，故曰羡也。"又，"差，阳气蠢辟于东，帝由群雍，物差其容。"范望注："差，象小过卦。谓之差者，阳气用事，群生雍容，在于地中，差次而出，故谓之差。差之初一，日入危宿十六度也。"《礼记·月令》："孟冬之月，日在尾，昏危中，旦七星中。"《正义》曰："按《三统历》，十月节，日在十度，昏危十四度中，去日八十九度，旦翼初度中；十月中，日在箕七度，昏室十度中，去日八十六度，旦轸五度中。按《元嘉历》，十月节，日在心二度，昏危一度中，旦张八度中；十月中，日在尾十二度，昏危十三度中，旦翼八度中。"是《太玄·差》之初一，日入危宿，即《月令》孟冬之月，日在尾，昏危中。故羡、差象小过，十月节候。是时阴将过，而阳欲用事，群生雍容，在于地中，将差次萌动。

小过 《积微居甲骨六说·释过》曰："过，读为過（过）。"《卜辞分类读本》曰："过，从戈、从辵，与行走有关。甲骨用作动词，有前往之义。如王其过于梌，亡灾。"《上古汉语词典》曰："甲骨文過（过）字，从辵、从戈，戈亦声，往也。《甲》二·二三·一一：[　]巳卜贞，王过于召，往来无灾？在五月。"《睡虎地秦简·日部》："人过于丘虚。"《尔雅·释言》："邮，过也。"郭璞注："道路所经过。"释曰："邮，谓邮亭；过，经过也。"《广雅·释诂》："过，渡也。"又，"渡，过也。"《说文》："过，度也。"桂馥义证："《易·系辞》：范围天地之化而不过。《书·禹贡》：东过洛汭，北过洚水。《论语》：楚狂接舆，歌而过孔子。又云：孔子过之。又云：有荷蒉，而过孔氏之门者。《孟子》：三过其门而不入。又云：过我门，而不入我室。"段玉裁注："引伸为有过之过。《释言》邮，过也，谓邮亭是人所过；愆邮是人之过。"吴善述《广义校订》曰："过，本经过之过，故从辵，许训度也。度者，过去之谓。故过水曰渡，字亦作度。经典言过我门、过其门者，乃过之本义。"

《召南·江有汜》："之子归，不我过。"《诗集传》："过，谓过我而与俱也。"《卫风·考槃》："独寐寤歌，永矢弗过。"郑笺："弗过者，不复入君之朝也。"过，皆为过往。大过卦，上六曰："过涉灭顶。"小过卦，六二曰："过其祖，遇其妣。"九三曰：弗过防之。"九四曰："弗过遇之。"上六曰："弗遇过之。"过，亦皆为过往。大过，王弼注："音相过之过。"孔疏云："相过者，谓相过越之甚也，非谓相过从之过。"小过，《正义》曰："王于大过卦下注云：音相过之过。恐人作罪过之义，故以音之。然则小过之义，亦与彼同也。过之小事，谓之小过。即行过乎恭，丧过乎哀之谓，是也。《彖》曰：小过，小者过而亨。言因过得亨，得名止在君子，为过行也。而周氏等，不悟此理，兼以罪过释卦名，失之远矣。过为小事，道乃可通，故曰小过亨也。"按，过为过越则是，过为小事则非。朱骏声《说文通训定声》曰："过，度也。转注犹失也，假借为祸。"此处，《易》与《诗》同，用过本义，不用引伸之义。故《杂卦传》曰："小过，过也。"过，谓过渡。小过，谓十月之时，阴气盛极；随之而来，阴消阳息。是时阴消于上，阳息于下，即九月至十一月，艮下震上所示，十月坤阴为小，坤阴已过，谓之小过。故《彖》曰："小过，小者过。"

亨 《彖》曰："小过，小者过而亨也。"即谓坤阴过，一阳来复为亨。复卦，震下坤上。卦辞曰："复，亨。出入无疾，朋来无咎，反复其道，七日来复，利有攸往。"《彖》曰："复，亨。刚反，动而以顺行，是以出入无疾，朋来无咎，反复其道，七日来复，天行也。利有攸往，刚长也。复，其见天地之心乎？"朱熹曰："复，阳复生于下也。剥尽则为纯坤，十月之卦，而阳气已生于下矣。积之逾月，然后一阳之体，始成而来复。故十有一月，其卦为复。以其阳既往而反复，故有亨道。又内震外坤，有阳动于下，而以顺上行之象，故其占又为巳之出入。既得无疾，朋类之来，亦得无咎。又，自五月姤卦，一阴始生，至此七爻，而一阳来复，乃天运之自然，故其占又为反复其道，至于七日，当得来复。又以刚德方长，故其占，又为利有攸往也。”又曰，“而邵子之诗亦曰：冬至子之半，天心无改移。一阳初动处，万物未生时。玄酒味方淡，太音声正希。此言如不信，更请问包羲。至哉言也！学者宜尽心焉。”小过，将为冬至之气，一阳生，刚反而亨。

《月令·仲冬之月》云：“命之曰畅月。”郑氏注：“畅，犹充也。夫阴用事，尤重闭藏。”《说文》：“畼，不生也。从田，昜声。”桂馥义证：“不生也者，当为才生。本书𦸢从此，云：艸茂也。《广雅》：畼，长也，或作畅。《月令》：命之曰畅月。注云：畅，犹充也。按本书，充，长也。潘岳《西征赋》：桑麻条畅。《七发》：使师堂操畅。李善引《琴道》：尧畅达，则兼善天下，无不通畅，故谓之畅。”按，十一月，一阳生出地，即见龙在田，故而田昜为畼。昜，即阳正字。又，《系辞传》曰：“往者屈也，来者信也，屈信相感，而利生焉。”朱熹曰：“信，音申。”十一月，一阳申，故而为畅。畼，畅义同，皆谓阳气生伸。《淮南子·时则训》曰：“仲冬之月，急捕盗贼，诛淫泆诈伪之人，命曰畼月。”十一月，阳息阴消。于人事，则为正气伸张，邪气祛除。孟冬之月，纯阴之月，天地不通，闭塞而成冬。仲冬之月，阴阳争，诸生荡。十一月小过，为阳通之月，为亨。《系辞传》曰：“刳木为舟，剡木为楫，舟楫之利，以济不通。”小过卦，二之四为巽，巽为木为舟楫，在坎水之中，为以济不通，为亨通。

利贞 乾卦卦辞曰：“元亨利贞。”《彖》曰：“乾道变化，各正性命，保合太和，乃利贞。”《文言》曰：“利者，义之和也；贞者，事之干也。利物足以和义，贞固足以干事。利贞者，性情也。”又，坤卦卦辞曰：“利牝马之贞。”《彖》曰：“牝马，地类，行地无疆，柔顺利贞。”乾为天，坤为地；乾为阳，坤为阴。乾卦利贞，谓利阳之正道；坤卦利牝马之贞，谓利阴之正道。是以乾卦则为天道，为潜龙，为大人，为君子，为飞龙，为亢龙；坤卦则为地道，为妻道，为臣道，为子道。故咸卦卦辞曰：“利贞。”家人卦卦辞曰：“利女贞。”又，大畜卦九三曰：“利艰贞。”小畜卦上九曰：“妇贞厉。”《彖》曰：“过以利贞，与时行也。”按，十二消息卦，小过之后，阳气渐生。所谓利贞，为利阳气之正，阳将董其道而行，即利阳之正道。

按，一阳生，为震下坤上，为复卦。《彖》曰：“复，亨，刚反。动而以顺行，是以出入无疾，朋来无咎。反复其道，七日来复，天行也。利有攸往，刚长也。复，其见天地之心乎？”二阳生，为兑下坤上，为临卦。《彖》曰：“临，刚浸而长。说而顺，刚中而应，大亨以正，天之道也。”三阳生，为乾下坤上，为泰卦。《彖》曰：“泰，小往大来，吉亨。则是天地交，而万物通也；上下交，而其志同也。内阳而外阴，内健而外顺，内君子而外小人。君子道长，小人道消也。”四阳生，为乾下震上，为大壮卦。《彖》曰：“大壮，大者壮也。刚以动，故壮。大壮利贞，大者正也。正大，而天地之情可见矣！”五阳生，为乾下兑上，为夬卦。《彖》曰：“夬，决也，刚决柔也。健而说，决而和。利有攸往，刚长乃终也。”六阳生，为乾下乾上，为乾卦。《彖》曰：“大哉乾元！万物资始，乃统天。”以上，小过以后，由复至乾，皆为阳气息，阴气消，是为过以利贞，即利阳之正。

按，《月令》郑氏注，仲冬之月，斗建子之辰，一阳生。《说文》：“子，十一月。阳气动，万物滋。”季冬之月，斗建丑之辰，二阳生。《说文》：“丑，纽也。十二月，万物动用事，象手之形。时加丑，亦举手时也。”孟春之月，斗建寅之辰，三阳生。《说文》：“寅，髌也。正月阳气动，去黄泉欲上出。阴尚强，象宀不达，髌寅于下也。”仲春之月，斗建卯之辰，四阳生。《说文》：“卯，冒也。二月万物冒地而出，象开门之形，故二月为天门。”季春之月，斗建辰之辰，五阳生。《说文》：“辰，震也。三月阳气动，雷电振，民农时也，物皆生。”孟夏之月，斗建巳之辰，六阳生。《说文》：“巳，已也。四月阳气已出，阴气已藏，万物见，成文章。”过以利贞，与时行也，即谓十月过后，利于阳气渐生，阳养万物，与时偕行而俱进。

可小事 《月令·孟冬之月》云：“是月也，天子始裘。命有司曰：天气上腾，地气下降，天地不通，闭塞而成冬。命百官谨盖藏，命司徒循行积聚，无有不敛。坏城郭，戒门闾，修键闭，慎管龠，固封疆，备边竟，完要塞，谨官梁，塞徯径。饬丧纪，辨衣裳，审棺椁之厚薄，茔丘垄之大小，高卑厚薄之度，贵贱之等级。是月也，命工师效功，陈祭器，按程度。毋或作为淫巧，以荡上心。必功致为上。物勒工名，以考其诚。功有不当，必行其罪，以穷其情。”又曰，“劳农以休息之。天子乃命将帅讲武，习射御，角力。是月也，乃命水虞、渔师，收水泉池泽之赋，毋或敢侵削众庶兆民，以为天子取怨于下。其有若此者，行罪无赦。”《周书·大诰》曰：“我有大事。”孔氏传：“大事，戎事也。”《礼记·礼器》曰：“故作大事，必顺天时。”古人冬夏不兴兵。小过之时，闭塞而成冬，故只可行上述小事。《彖》曰：“柔得中，是以小事吉也。”二、五皆阴，得上下之中，为阴主事。阴为小，故小事当时而吉，为可小事。

不可大事 《月令·仲冬之月》云：“命有司曰：土事毋作，慎毋发盖，毋发室屋，及起大众，以固而闭。地气沮泄，是谓发天地之房，诸蛰则死，民必疾疫，又随之以丧。”《正义》曰：“此不云是月者，总是冬月闭藏之事，从十月为渐，非为仲冬一月之事，故不言是月。”按，此正谓小过之时。又曰，“云土事毋作，慎毋发盖者，于此之时，土地之事，毋得兴作，又须谨慎，毋得开发掩盖之物，则孟冬云，谨盖藏是也，为阴气凝固，阳须闭藏。若起土功，开盖物，发室屋，起大众，开泄阳气，故下云诸蛰则死，人则疾疫也。令地气沮泄，谓泄露地之阳气，是发彻天地之房屋。如此，则诸蛰则死，人必疾疫。非但蛰死人疾，又随以丧者，国有大丧，随逐其后。”此谓毋发天地之盖，毋起大众，即不可大事之义。《象》曰：“刚失位而不中，是以不可大事也。”小过时，九四阳居阴位，三、四阳爻不中，为刚失位而不中，故非阳主其事。阳为大，是以为不可大事，以其顺天时之故。

《管子·四时》：“北方曰月，其时曰冬，其气曰寒。寒生水与血，其德淳越，温怒周密。其事号令，修禁徙，民令静止，地乃不泄。断刑致罚，无赦有罪，以符阴气。大寒乃至，甲兵乃强，五谷乃熟，国家乃昌，四方乃备，此谓月德。月掌罚，罚为寒。冬行春政则泄，行夏政则雷，行秋政则旱。是故，春凋、秋荣、冬雷、夏有霜雪，此皆气之贼也。刑德易节，失次则贼气速至；贼气速至，则国多灾殃。是故，圣王务时，而寄政焉，作教而寄武焉，作祀而寄德焉。此三者，圣王所以合于天地之行也。信能行之，五谷蕃息，六畜殖，而甲兵强。治积则昌，暴虐积则亡。是故冬三月，以壬癸之日发五政。一政曰：论孤独，恤长老。二政曰：善顺阴，修神祀，赋爵禄，授备位。三政曰：效会计，毋发山川之藏。四政曰：摄奸遁，得盗贼者有赏。五政曰：禁迁徙，止流民，圉分异。五政苟时，冬事不过，所求必得，所恶必伏。”五政苟时，冬事不过，即谓顺时行政，冬时可小事，不可大事。

飞鸟遗之音 《象》曰：“有飞鸟之象焉。”朱骏声《六十四卦经解》：“小过，二阳在内为身，四阴在外为羽，鸟飞舒翮之象。飞、非古文通，卦横成非字。”《说文》：“非，违也。从飛（飞）下翅，取其相背。”徐灏注笺：“从飞下翅，谓取飛之下体，而为此篆耳。钟鼎文，正合从飛下翅之语。”王筠《说文句读》：“飛篆之形，羽皆向上；非字，则上二笔向上，下二笔向下，故曰下两翅。此翅不指全翼言也。此又谓上下相背，与上文左右相背亦异。”戴侗《六书故》、周伯琦《说文字源》，皆谓上古非、飞同字。近人约斋《字源》曰：“飛字，下部象展开的两翼，上部象鸟尾。去了尾部，剩下两翼，就成非。本来也象飛，但因两翼展开，而有彼此违背的意思，故以为是非的非。”因非之本字为飛，小过卦象，正象鸟在空中横飞，故曰有飞鸟之象。宋衷曰：“二阳在内，上下各阴，有似飞鸟舒翮之象，故曰飞鸟。震为声音，飞而且鸣，鸟去而音止，故曰遗之音也。”

《说文》曰：“羽，鸟长毛也。象形。”王筠《说文释例》：“象形者，鸟立时，两翅形也。”饶炯《部首订》：“鸟长毛者，谓鸟翅之长毛也。篆象两翼，未舒之形。”段玉裁《说文解字注》：“长毛，别于毛之细缛者。长毛必有耦，故并习。几部曰：凫，新生羽而飞也。引伸为五音之羽。《晋书·乐志》云：羽，舒也。阳气将复，万物孳育而舒生。《汉志》曰：羽，宇也，物聚藏，宇覆之。”《月令·仲冬之月》云：“其虫介，其音羽。”

郑氏注："介，甲也，象物闭藏地中，龟、鳖之属。冬气和，则羽声调。《乐记》曰：羽乱，则危其财匮。"按《月令》，以角音配春，以徵音配夏，以宫音配中央土，以商音配秋，以羽音配冬。小过卦，其象飞鸟，其时音羽，故曰飞鸟遗之音。谓因其有鸟飞过，所以留下羽声。飞鸟遗之音，借飞鸟为小过象，羽音为小过之音。小过象飞，上下正反震为飞鸣，为飞鸟遗之音。

《白虎通·礼乐》云："《尚书》曰：予欲闻六律、五声、八音。五声者，宫、商、角、徵、羽。土谓宫，金谓商，木谓角，火谓徵，水谓羽。《月令》曰：盛德在木，其音角。又曰：盛德在火，其音徵。盛德在金，其音商。盛德在水，其音羽。所以名之为角者何？角者，跃也，阳气动跃。徵者，止也，阳气止。商者，张也，阴气开张，阳气始降也。羽者，纡（舒）也，阴气在上，阳气在下。宫者，容也，含也，含容四时者也。"陈立疏证："《律志》云：角，触也，物触地而出，戴芒角也。徵，祉也，物盛大而繁祉也。案：阳生于子，止于午，故徵取止为义。商之为言章也，物成熟，可商度也。羽者，宇也，物聚藏，宇覆之也。宫，中也，居中央，畅四方，唱始施生，为四时纲也。"是飞鸟遗之音，指羽声。羽声，冬之声音，即小过之声，此时阴气消于上，阳气息于下。

不宜上，宜下，大吉 《系辞传》曰："神农氏没，黄帝尧舜氏作，通其变，使民不倦，神而化之，使民宜之。《易》穷则变，变则通，通则久。是以自天祐之，吉无不利。黄帝尧舜，垂衣裳，而天下治，盖取诸乾坤。"大过，阳极而生阴，是为姤卦。小过，阴极而生阳，是为复卦。复卦之时，阴消于上，阳息于下，故曰不宜上，宜下。阴为小，阳为大，阳得长势，是以为大吉。大吉，大者吉利。《彖》曰："不宜上，宜下，大吉，上逆而下顺也。"即谓上之阴消，为不宜上，为上逆；下之阳息，为宜下，为下顺。《彖》曰："过以利贞，与时行也。"亦谓小过以后，阳复利正，与时顺行。复卦初九曰："不远复，无祇悔，元吉。"元吉犹大吉。上六曰："用行师，终有大败，以其国君凶，至于十年不克。"此亦可小事，不可大事，不宜上，而宜下，阳复为大吉，上逆而下顺之证。

《象》曰："山上有雷，小过，君子以行过乎恭，丧过乎哀，用过乎俭。"于《象》，雷电有惩处警戒之义。噬嗑卦，震下离上。《象》曰："雷电，噬嗑，先王以明罚敕法。"即谓严明法纪，惩处不贷。震卦，震下震上。《象》曰："洊雷，震，君子以恐惧修省。"因雷震而恐惧，因恐惧而自我修省。归妹卦，兑下震上。《象》曰："泽上有雷，归妹，君子以永终知敝。"君子以雷出泽上，而知事物兴败，亦警惕之义。大壮卦，乾下震上。《象》曰："雷在天上，大壮，君子以非礼弗履。"天上有雷，天意示警，君子因此非礼不行，非礼不言，非礼不视，非礼不听。小过卦，《象》曰："山上有雷。"既为艮下震上之象，则为警戒在上之义。谓小过之时，君子因此，行为恭而又恭，丧恸哀而又哀，费用俭而又俭。朱熹曰："三者之过，皆小者之过。可过于小，而不可过大；可以小过，而不可甚过。"按，君子小过乎恭，谓节礼；小过乎哀，谓节哀；小过乎俭，谓节用，使皆不失为中。

《月令·孟冬之月》云："天子居玄堂左个，乘玄路，驾铁骊，载玄旂，衣黑衣，服玄玉，食黍与彘,其器闳以奄。是月也，以立冬。先立冬三日，太史谒之天子曰，某日立冬，盛德在水。天子也齐。立冬之日，天子亲帅三公、九卿、大夫，以迎冬于北郊。还反，赏死事，恤孤寡。"《说文》："恭，肃也。"段玉裁注："肃者，持事振敬也。"又，"哀，闵也。"段注："闵者，吊者在门也。"《正义》曰："还反，赏死事者，还，于郊反，亦反于朝也；赏死事，谓臣人有为国事死者。北郊还，因杀气之盛，而赏其家后也。恤孤寡者，恤，供给也；孤寡，即死事者妻、子也，财禄供给之也。"十月，小过之时，其气肃杀，故天子于行，则过乎恭；于丧，则过乎哀；于用，则过乎俭，以应于天地之时。《老子》曰："人法地，地法天，天法道，道法自然。"小过《象》之所云，即人法天地之谓。

又，《孟冬之月》云："是月也，命工师效功，陈祭器，按度程，毋或作为淫巧，以荡上心，必功致为上。物勒工名，以考其诚。功有不当，必行其罪，以穷其情。"又，《仲冬之月》云："是月也，省妇事，毋得淫。虽有贵戚近习，毋有不禁。"《正义》曰："于是之时，冬闲无事，百工造作器物，恐为淫巧，故命工师之官。师，长也。命此工官之长，效实百工所造之物，陈列祭器善恶。毋或作为淫巧者，或，有也。勿得有作过制之巧，以动摇在上，生奢侈之心。必功致为上者，言作器，不须靡丽华侈，必功力密致为上。"又，《正义》曰："此月阴气既静，故减省妇人之事，顺阴类也。妇人所事者，务在质素，无得过为淫巧。其所禁妇人，无限贵戚，姑姊妹之徒，及王亲近，爱习嬖宠之类，无有不禁。言禁之，无得淫巧也。"郑氏注："淫，谓女功奢伪，怪好物也。"《正义》曰："郑目录云：名曰《月令》者，以其记十二月，政之所行也。"以上，自孟冬至仲冬，正值小过之时，命工师及女功，毋得淫巧奢靡，是君子用过乎俭之谓。君子，为通称，自天子至于庶人，有道德者，皆称君子。然《象》之君子，与《诗》之恺悌君子，民之父母，盖同指君民之人。

《老子》曰："我有三宝，持而保之：一曰慈，二曰俭，三曰不敢为天下先。慈，故能勇；俭，故能广；不敢为天下先，故能成器长。今舍慈且勇，舍俭且广，舍后且先，死矣！"河上公章句："老子言：我有三宝，抱持而保倚之：爱百姓若赤子，赋敛若取之于己也，执谦退，不为倡始也。以慈仁，故能勇于忠孝也；天子身能节俭，故民日用广矣；不敢为天下首先，成器长，谓得道人也，我能为道人之长也。今世人，舍其慈仁，但为勇武；舍其俭约，但为奢泰；舍其后己，但为人先：所行如此，动入死地!”《老子》所言慈，犹《易》所言哀；所言俭，犹《易》所言俭；所言不敢为天下先，犹《易》所言恭；所言死矣，犹所言山上有雷：皆为有天命者设教。程氏传：“天下之事，有时当过，而不可甚过，故为小过。君子观小过之象，事之宜过者，则勉之。行过乎恭，丧过乎哀，用过乎俭，是也。当过而过，乃其宜也；不当过而过，则过矣。”李道平《周易集解纂疏》：“愚案：艮止所以节礼，震动于上而过之，阴过于阳，故曰小过。阴，柔也。过恭、过哀、过俭，皆过于柔，而不失乎礼之本者也。其过为小，故君子以之。”

中孚卦和小过卦，互为邻卦。《序卦传》曰：“有其信者必行之，故受之以小过。”中孚《彖》曰：“中孚，柔在内，而刚得中，说而巽，孚乃化邦也。豚鱼吉，信及豚鱼也。”柔在内，而刚得中，是虚心而中实之象，故中孚为信。小过《彖》曰：“小过，小者过而亨也。过以利贞，与时行也。”小者过度，与时偕行，是以小过为行。《杂卦传》曰：“中孚，信也。”“小过，过也。”过，即行过之过。又，中孚《象》曰：“泽上有风，中孚，君子以议狱缓死。”《左传》庄公十年曰：“公曰：小大之狱，虽不能察，必以情。对曰：忠之属也。”君子议狱缓死，必以情断之，谓之忠信之属，是中孚为信。小过《象》曰：“山上有雷，小过，君子以行过乎恭，丧过乎哀，用过乎俭。”三者皆君子所行。是中孚为信，小过为行。有其信者必行，故中孚过后，次之以小过。中孚和小过，互为邻卦。

中孚卦和小过卦，互为错卦。中孚卦，兑下巽上。《彖》曰：“柔在内，而刚得中，孚乃化邦也。”阳刚得中，孚乃化邦，谓可大事。小过卦，艮下震上。《彖》曰：“柔得中，刚失位而不中，是以不可大事也。”柔得中，刚失位，谓只可小事。故中孚卦卦辞曰：“利涉大川，利贞。”小过卦卦辞曰：“可小事，不可大事。”前者可大事，后者可小事，一大一小，两卦阴阳相错，其义相反。又，大过卦，巽下兑上。按伏羲八卦方位，巽在乾之左，兑在乾之右。兑一阴在上，为三月，巽一阴来下，为五月。三月往，五月来，中经四月纯阳，为大过，大者过。中孚卦，兑下巽上。下兑为三月，上巽为五月，由下往上，由三月至五月，中经四月纯阳，亦为大过，大者过。大过卦言自然，言物之生长；中孚卦言人事，言信之为用。故中孚卦与小过卦，阴阳相反，互为错卦。圣人作卦，知几知微。大过卦与小过卦，形似无关，而名有关；中孚卦与小过卦，形似有关，而名无关。《易》或以名实相关，或以形实相关。故或以名求实，或以形求实。

《序卦传》上篇曰：“有天地，然后万物生焉，盈天地之间者，唯万物，故受之以屯。”屯卦，震下坎上。《彖》曰：“屯，刚柔始交，而难生。”此为夏之十一月，周之正月，为阳始生之月。至大过卦，巽下兑上。《彖》曰：“大过，大者过。”此为夏之四月，周之六月，为阳将过。此时，雨水渐多，日月更明。故习坎卦，坎下坎上。《彖》曰："习坎，重险也。水流而不盈，行险而不失其信。"离卦，离下离上。《彖》曰："离，丽也。日月丽乎天，百谷草木丽乎土，重明以丽乎正，乃化成天下。"以上，周之春夏，为阳用事，谓自然，为上经。以下，周之秋冬，为阴用事，谓人事，为下经。故《序卦传》下篇曰："有天地，然后有万物；有万物，然后有男女；有男女，然后有夫妇；有夫妇，然后有父子；有父子，然后有君臣；有君臣，然后有上下；有上下，然后礼义有所错。"咸卦，艮下兑上。《彖》曰："咸，感也。柔上而刚下，二气感应，以相与，止而说，男下女，是以亨，利贞，取女吉也。"此为男女之事。《诗》曰："士欲归妻，秋以为期。"至小过卦，艮下震上。《彖》曰："小过，小者过而亨也。"此为夏之十月，周之十二月，为盛阴未过，微阳未起，故曰可小事， 不可大事。

初六，飞鸟以凶。

〔**译**〕 初六，飞鸟及凶。

《象》曰："飞鸟以凶，不可如何也。"

〔**证**〕

飞鸟以凶 《象》曰："小过，有飞鸟之象焉，飞鸟遗之音。"三、四两阳似鸟身，上下四阴似鸟之翰翮，是以为鸟。又，下艮上震，互为上下震动，是以为飞鸟，即鸟飞。王引之《经传释词》曰："以，及也。《易》小畜九五曰，富以其邻。翻注曰：以，及也。泰六四、谦六五，并曰：不富以其邻。泰初九曰：拔茅茹，以其彙。言及其彙也。否初六同。剥初六曰：剥床以足。六二曰：剥床以辨。六四曰：剥床以肤。言及足，及辨，及肤也。复上六曰：用行师，终有大败，以其国君凶。言及其国君也。《周语》引《汤誓》曰：余一人有罪，无以万夫。言无及万夫也。"刘淇《助字辨略》："愚案：以、与，古通。与得为及，故以亦得为及也。"是以凶，即及凶。小过卦，初六在艮，本应艮止；而上应九四，九四在震，震为雷霆，为及凶。又，初、四皆不当位，故相应以凶。初六曰飞鸟以凶，上六曰飞鸟离之凶，是明凶于始终，以示飞鸟之戒，即小过之戒。卦辞曰："可小事，不可大事，飞鸟遗之音，不宜上，宜下。"亦此之戒。

《月令·孟冬之月》云："孟冬行春令，则冻闭不密，地气上泄，民多流亡。行夏令，则国多暴风，方冬不寒，蛰虫复出。行秋令，则雪霜不时，小兵时起，土地侵削。"《正义》曰："冻闭不密，地气上泄，地灾也。民多流亡，人灾也。国多暴风，方冬不寒，天灾也。蛰虫复出，地灾也。雪霜不时，天灾也。小兵时起，土地侵削，人灾也。"《吕氏春秋·孟冬纪》注；"春阳散越，故冻不密，地气发泄，使民流亡，象阳布散。

冬法当闭藏，反行夏盛阳之令，故多暴疾之风。阳气炎温，故盛冬不寒，蛰伏之虫复出也。于《洪范》五行，豫恆燠若之征也。秋金气干水，不当霜而霜，不当雪而雪，故曰不时。小兵数起，邻国来伐，侵削土地，于《洪范》五行，急恆寒若之征也。”小过之时，闭寒成冬，不当飞越而飞越，是反其令而行之，故致灾眚，是谓飞鸟以凶。《商书·太甲中》曰：“天作孽，犹可违；自作孽，不可逭。”孔氏传：“言天灾可避，自作灾不可逃。”《象》曰：“飞鸟以凶，不可如何也。”不可如何，谓无可奈何。犹言飞鸟自作灾孽，故不可逃避，故及凶。

《小雅·小宛》云：“宛彼鸣鸠，翰飞戾天。”毛传：“宛，小貌；鸣鸠，鹘鵰；翰，高；戾，至也。行小人之道，责高明之功，终不可得。”《诗序》曰：“《小宛》，大夫刺幽王也。”郑笺：“亦当为刺厉王。”《正义》曰：“毛以作《小宛》诗者，大夫刺幽王也。政教为小，故曰小宛。宛是小貌，刺幽王政教狭小宛然。经云宛彼鸣鸠，不言名，曰小宛者，王才智卑小，似小鸟然，传曰小鸟是也。”按，《系辞传》曰：“子曰：危者，安其位者也；亡者，保其存者也；乱者，有其治者也。是故君子，安而不忘危，存而不忘亡，治而不忘乱，是以身安，而国家可保也。《易》曰：其亡其亡，系于苞桑。”又曰，“子曰：德薄而位尊，知小而谋大，力小而任重，鲜不及矣。易曰：鼎折足，覆公餗，其形渥，凶，言不胜其任也。”小过初六，阴小不当位，不知时，不量力，不识存亡之道，是以飞而罹凶，无可奈何。

王弼曰：“小过，上逆下顺，而应在上卦。进而之逆，无所错足，飞鸟之凶也。”阴乘阳为逆，阳乘阴为顺。小过，阳顺于下，而逆于上。程氏传：“初六，阴柔在下，小人之象；又上应于四，四复动体，小人躁易，而上有应助，于所当过，必至过甚，况不当过而过乎？其过，如飞鸟之迅疾，所以凶也。躁疾如是，所以过之速且远，救止莫及也。”又谓《象》曰：“其过之疾，如飞鸟之迅，岂容救止也？凶其宜矣。不可如何，无所用其力也。”来知德《周易集注》：“不可如何，莫能解救之意。”小过卦，艮下震上。艮为止，震为动，由下往上，为止动之卦。然初与四相应，为飞鸟之象，是当止而不止，为飞鸟及凶，不可如何。又，小过之时，坤过之时。坤卦初六曰：“履霜坚冰至。”《象》曰：“履霜坚冰，阴始凝也；驯致其道，至坚冰也。”是以初六无攸往，非动之时，动则及凶。按，小过卦象，为大坎之象。坎为陷，大坎为凶，初六始凶，为及凶。

六二，过其祖，遇其妣；不及其君，遇其臣，无咎。

〔译〕 六二，先见过祖母，再见母亲；先不进见君王，而会见臣子，没有过错。

《象》曰：“不及其君，臣不可过也。”

〔证〕

过其祖　《说卦传》曰："乾，天也，故称乎父。坤，地也，故称乎母。震一索而得男，故谓之长男。巽一索而得女，故谓之长女。坎再索而得男，故谓之中男。离再索而得女，故谓之中女。艮三索而得男，故谓之少男。兑三索而得女，故谓之少女。"《正义》曰："此一节，说乾坤六子，明父子之道。王氏云：索，求也。以乾坤为父母，而求其子也。得父气者为男，得母气者为女。坤初求得乾气，为震，故曰长男。坤二求得乾气，为坎，故曰中男。坤三求得乾气，为艮，故曰少男。乾初求得坤气，为巽，故曰长女。乾二求得坤气，为离，故曰中女。乾三求得坤气，为兑，故曰少女。"本卦初六，为乾初求得坤气，为长女。六二，为乾二求得坤气，为中女。长女为祖辈，中女为母辈。既初六为长女，为祖母，则六二已过初六，是以为过其祖。《释名·释亲属》："祖，又谓之王父，王母亦如之。"毕沅曰："《尔雅》：父之考为王父，父之妣为王母。"是祖，谓祖父祖母。六二，过其祖，则谓过其祖母。

遇其妣　《尚书·尧典》曰："帝乃殂落，百姓如丧考妣。"《礼记·曲礼下》："生曰父，曰母，曰妻：死曰考，曰妣，曰嫔。"《尔雅·释亲》："父为考，母为妣。"郭璞注："《礼记》曰：生曰父、母、妻；死曰考、妣、嫔。今世学者从之。按，《尚书》曰：如丧考妣。《公羊传》曰：惠公者何？隐之考也。仲子者何？桓之母也。《苍颉篇》曰：考妣延年。《书》曰：嫔于虞。《诗》曰：聿嫔于京。《周礼》有九嫔之官。明此非死生之异称矣。其义，犹今谓兄为舅，妹为媦，即是此例也。"郝懿行义疏："郑注：考，成也，言其德行之成也；妣之言媲也，媲于考也。然则考妣者，父母之异称。《曲礼》虽云存殁异号，若通言之，则生存亦称考妣，终殁亦称父母。郭注古者，通以考妣，为生存之称，此注引《苍颉篇》，考妣延年，是生存称考妣之例也。"《尔雅》多释古义，与《诗》、《书》、《易》同。六二次于初六，为中女，为母，母谓妣。先过初六，再到六二，为过其祖，遇其妣。以此小过不越，似尊卑有序。

不及其君　《易乾凿度》曰："天地之气，必有终始。六位之设，皆由上下。故《易》始于一，分于二，通于三，达于四，盛于五，终于上。初为元士，二为大夫，三为三公，四为诸侯，五为天子，上为宗庙。凡此六者，阴阳所以进退，君臣所以升降，万人所以为象则也。故阴阳有盛衰，人道有得失。圣人因其象，随其变，为之设卦。方盛则托吉，将衰则寄凶。阴阳不正，皆为失位，其应实而有之，皆失义。"郑氏注："阴有阳应，阳有阴应，实者也。既非其应，设使得而有之，皆为非义而得也。虽得之，君子所不贵也。"九三、九四，为三公、为诸侯，是天子之臣。六二，上有三、四两阳所乘，在艮止之中，不与六五天子相应，是以谓不遇其君。《象》曰："不及其君，臣不可过也。"谓六二大夫之位，官卑职小，不可直达天子，故谓臣不可过。以其臣不可过，故不及其君。

遇其臣 《周礼·小行人》曰："凡诸侯入王，则逆劳于畿。及郊劳视舘，将币，为承而摈。凡四方之使者，大客则摈，小客则受其币，而听其辞。"郑氏注："郑司农云：入王，朝于王也。视舘，至舘也。承，犹丞也。王使劳宾于郊，至舘于宾。至将币，使宗伯为上摈（傧），皆为之丞而摈之。摈者，摈而见之王，使得亲言也。受其币者，受之以人，告其所为来之事。"按《周礼》，宗伯以佐王和邦国。王使宗伯及丞，而傧导各国使者，即不及其君，遇其臣。又，《仪礼·觐礼》云："觐礼，至于郊，王使人皮弁，用璧劳；侯氏亦皮弁，迎于帷门之外，再拜。"郑氏注："郊谓近郊，去王城五十里。"《小行人》职曰："凡诸侯入王，则逆劳于畿。则郊劳者，大行人也。"是凡觐见之礼，皆由王臣迎傧，故不及君，遇其臣。又，《秦风·车邻》曰："未见君子，寺人之令。"毛传："寺人，内小臣也。"郑笺；"欲见国君者，必先令寺人，使转告之。"《毛诗稽古编》曰："阍寺守门，古制也。欲见国君者，俾之传告，不过使令贱役耳。"虽是贱役，然亦非遇之不可，亦不及其君，遇其臣之谓。按，三为三公，四为近臣。遇其臣，即遇其三、四。

无咎 过其祖，遇其妣，长幼有序，得父子之道；不及其君，遇其臣，尊卑有别，得君臣之义。合乎父子之道，君臣之义，为合乎礼，为无咎。《周礼·大司徒》："一曰以祀礼教敬，则民不苟；二曰以阳礼教让，则民不争；三曰以阴礼教亲，则民不怨；四曰以乐礼教和，则民不乖；五曰以仪辨等，则民不越。"小过六二所言，即以仪辨等，则民不越。《礼记·坊记》曰："夫礼者，所以章疑别微，以为民坊者也。故贵贱有等，衣服有别，朝廷有位，则民有所让。"《论语·颜渊篇》："齐景公问政于孔子。孔子对曰：君君臣臣，父父子子。公曰：善哉！信如君不君，臣不臣，父不父，子不子，虽有粟，吾得而食诸？"《孟子·滕文公上》："圣人有忧之，使契为司徒，教以人伦：父子有亲，君臣有义，夫妇有别，长幼有叙，朋友有信。"又，《管子·八观》曰："倍人伦，而禽兽行，十年而灭。"六二，行不违礼，故而无咎，不灭。《系辞传》曰："无咎者，善补过也。"初六飞鸟以凶；六二守中得位，一改其初，不犯飞，不躐等，故无咎。《系辞传》曰："震无咎者，存乎悔。"小过卦，下艮上震，艮为震之反悔，是震无咎者，存乎悔。小过之时，六二动止得中得正，是以无咎。小过卦，有艮象和观象，故而有家庭、朝廷之象。又，小过即阴过，故有过其祖，遇其妣，不及其君，遇其臣之谓。

九三，弗过防之，从或戕之，凶。

〔译〕 九三，不要越过堤防，放纵可能致害，凶险。

《象》曰："从或戕之，凶如何也。"

〔证〕

弗过防之 《尔雅·释山》曰："山如堂者密，如防者盛。"郭璞注："防，堤。"郝懿行《尔雅义疏》："盛山在今登州府，荣城县海滨，半入海。其山漫长，横亘数里，望之如堤防矣。"《说文解字》："防，堤也。"《广雅·释丘》："坟，大防。"孙炎曰："防，谓堤也。"《陈风·防有鹊巢》："防有鹊巢，邛有旨苕。"《诗集传》："防，人所筑以捍水者。"《周礼·稻人》："以防水，以沟荡水。"《考工记·匠人》："凡沟必因水势，防必因地势。善沟者，水漱之；善防者，水淫之。"小过卦，艮下震上，呈大坎象，坎为水。又，《说卦传》曰："艮为山。"山如堤防，是以观象设辞，谓弗过防之。《系辞传》曰："是故夫象，圣人有以见天下之赜，而拟诸其形容，象其物宜，是故谓之象。圣人有以见天下之动，而观其会通，以行其典礼，系辞焉，以断其吉凶，是故谓之爻。"即此。

《大戴礼记·礼察篇》："君子之道，譬犹防与。夫礼之塞，乱之所以生也；犹防之塞，水之所从来也。故以旧防为无用，而坏之者，必有水败；以旧礼为无用，而去之者，必有乱患。"《礼记·坊记》："子言之，君子之道，辟则坊与，防民之所不足者也。大为之坊，民犹逾之，故君子礼以坊德，刑以坊淫 ，命以坊欲。"郑氏注："民所不足，谓仁义之道也。失道，则放辟邪侈也。"《正义》曰："辟则坊与者，君子之道，坊民之过，譬如坊之碍水，故云辟则坊与。但言坊字，或土旁为之，或阜旁为之，古字通用也。坊民之所不足者也，释立坊之义也。言设坊坊民者，为民行仁义不足故也。大为之坊，民犹逾之者，解不可无坊也。圣人在上，大设其坊坊之，而人犹尚逾越犯躐，况不坊乎？故君子礼以坊德者，由民逾德。故人君设礼，以坊民德之失也。刑以坊淫者，制刑以坊民淫邪也。命以坊欲者，命，法令也；欲，贪欲也，又设法令，以坊民之贪欲也。"

《陈风·墓门》："墓门有梅，有鸮萃止。夫也不良，歌以讯之。"《鲁诗》，之作止。《广韵》引《诗》："歌以讯止。"《列女传》引《诗》："歌以讯止。"《小雅·车舝》："高山仰止，景行行止。"《释文》曰："止，或作之。"《经传释词》："之，犹兮也。昭二十五年，《左传》曰：鸜之鹆之，公出辱之。三之字，并与兮同义。"《古书虚字集释》："之，犹兮也。语末或句末之助词也。《诗·南有嘉鱼篇》：嘉宾式燕绥之。《裳裳者华篇》：左之左之，右之右之。"之，犹止，为语辞，无实义，相互通借。弗过防之，即谓不要越过堤防。上卦为天，下卦为地。九三，阳刚当位，居天地之际，有防下之阴小，僭越干上之象。《象》曰："有飞鸟之象焉，飞鸟遗之音。不宜上，宜下，大吉，上逆而下顺也。"弗过防，即谓不宜上，宜下，谓上逆而下顺。宜下则大吉，上逆则凶。

从或戕之，凶 《说文》："從（从），随行也。"段玉裁注："亦假縱（纵）为之。”是从或为纵。朱骏声《说文通训定声》：“从，又为纵。”按，《毛公鼎》文：“大从不静。”从，读为纵。是从，自古就有纵意，后来读写，以纵别之。《大雅·民劳》：“无纵诡随，以谨无良。”《左传》昭公二十年：“从欲厌私。”《释文》：“从，子用反，下淫从同；或音如字。”又引《诗》曰：“毋从诡随，以谨无良。”《毛诗传笺通释》：“又按昭二十年，《左传》引《诗》作：毋从诡随。据笺云：无听于诡人之善不肯行，而随人之恶者，则郑亦读纵，为听从之从。”《论语·八佾》：“从之，纯如也。”邢昺疏：“从，读曰纵，谓放纵也。”《论语集释》：“《释文》：从，何读为纵。《史记》作纵。”是从，有读为纵者。又，《经传释词》：“《易·乾·文言》曰：或之者，疑之也。《管子·白心篇》曰：夫或者何？若然者也。《墨子·小取篇》曰：或也者，不尽然也。”《广韵》：“或，不定也。”恒卦九三曰：“不恒其德，或承之羞。”或，将有可能之谓。又，《说文》：“戕，枪也。它国臣来弑君，曰戕。”《小雅·十月之交》：“曰予不戕。”郑笺：“戕，残也。”残，残害。是从或戕之，即放纵可能致害。

《书序》曰：“周公作《无逸》。”孔氏传：“中人之性好逸豫，故戒以无逸。”按，周公作《无逸》，以戒成王。无逸，谓毋放纵而失事。《国语·吴语》曰：“夫固知君王，之盖威以好胜，故婉约其辞，以从逸王志。使淫乐于诸夏之国，以自伤也；使吾甲兵钝弊，民人离落，而日以憔悴；然后，安受吾烬。”从逸，即纵逸。《孟子·梁惠王下》曰：“从流下而忘反，谓之流；从流上而忘反，谓之连；从兽无厌，谓之荒；乐酒无厌，谓之亡。先王无流连之乐，荒亡之行，惟君所行也。”注：“言骄君放游，无所不为。”是从，皆有纵意。《荀子·性恶篇》：“然则从人之性，顺人之情，必出于争夺，合于犯分乱理，而归于暴。”王先谦案：“《论语·八佾篇·集解》：从，读曰纵。下同。”以上纵逸之害，盖犹九三，从或戕之之义。

《礼记·曲礼上》：“敖不可长，欲不可从，志不可满，乐不可极。”郑氏注：“四者，慢游之道，桀、纣所以自祸。”《正义》曰：“敖者，矜慢在心之名；长者，行敖著迹之称。若迹著而行用，则侵虐为甚，倾国亡家，必由于此，故戒不可长。心所贪爱为欲。人皆有欲，但不得从之也。凡人各有志意，但不得自满。故《六韬》云：器满则倾，志满则覆。乐者，天子宫县以下，皆得有乐。但主欢心，人情所不能已，当自抑止，不可极为。故《乐记》云：乐盈而反，以反为文。”又曰，“四事，亦应俱有四者之恶，故纣焚宣室，桀放南巢。但天作孽，犹可违；自作孽，不可逭。桀、纣皆自身为恶，以致灭亡，故云自祸也。”以上放纵取祸，犹九三从或戕之，凶。《象》曰：“从或戕之，凶如何也。”亦谓放纵获害，凶不可逃。节卦《彖》曰：“苦节不可贞，其道穷也。天地节，而四时成。节以制度，不伤财，不害民。”从或戕之，亦苦节不可贞，其道穷也，故伤财害民，为凶。小过之时，震为一阳初复，故九三未到阳复之时。此时阳弗过防，过则自戕，故凶。

九四，无咎，弗过遇之。往厉必戒，勿用永贞。

〔译〕　九四，没有灾过，不要过越相遇。往前有危厉，必须有戒心，不用长守一个正道。

《象》曰："弗过遇之，位不当也。往厉必戒，终不可长也。"

〔证〕

无咎　《系辞传》曰："二与四同功而异位，其善不同。二多誉，四多俱，近也。"五为君位，四为臣位，臣近君，伴君如伴虎，动辄得咎。履卦，兑下乾上。六三曰："履虎尾，咥人，凶，武人为于大君。"《象》曰："咥人之凶，位不当也。武人为于大君，志刚也。"朱熹曰："六三，不中不正，柔而志刚，以此履乾，必见伤害。故其象如此，而占者凶。又为刚武之人，得志而肆暴之象，如秦政、项籍，岂能久也。"然小过，二之四为巽，三之五为兑；巽为顺，兑为说。九四，在巽顺之极，兑说之中，为顺以说。是以，虽阳刚之身，事六五之君，然知君臣之分，顺说而无过，故而无咎。《九家易》曰："以阳居阴，行过乎恭。今虽失位，进则遇五，故无咎也。"朱熹亦曰："当过之时，以刚处柔，过乎恭矣，无咎之道也。"九四，阴消阳生，正当小过之时，是以震动而无灾。

弗过遇之　谓九四，不要过遇六五。《荀子·臣道篇》："人臣之论，有态臣者，有篡臣者，有功臣者，有圣臣者。内不足使一民，外不足使距难；百姓不亲，诸侯不信；然而巧敏佞说，善取宠乎上，是态臣者也。上不忠乎君，下善取誉乎民；不恤公道通义，朋党比周，以环主图私为务，是篡臣者也。内足使以一民，外足使以距难；民亲之，士信之；上忠乎君，下爱百姓而不倦，是功臣者也。上则能尊君，下则能爱民；政令教化，刑下如影；应卒遇变，齐给如响；推类接誉，以待无方；曲成制象，是圣臣者也。"《象》曰："弗过遇之，位不当也。"谓九四阳刚之臣，不当过遇六五阴柔之君；过遇就不当臣位，就成九五，就是篡君之臣。九四不过遇六五，一则能尊君，不是篡臣；二则又有初六来应，民亲士信；三则下为艮止，内足以一民；四则上为震惊，外足以拒难。是以为功臣、圣臣之类。小过之时，阳复于下，阴盛阳不可远复，故戒以弗过遇之。

往厉必戒　小过卦之九四在震，震一阳来复，为冬至之象。往前小寒、大寒，故曰往厉必戒。又，《易》以人法天，九四臣位，有臣子之道。《荀子·臣道篇》曰："君有过谋过事，将危国家、殒社稷之惧也。大臣父兄，有能进于君，用则可，不用则去，谓之谏；有能进言于君，用则可，不用则死，谓之争；有能比知同力，率群臣百吏，而相与强君挢君，君虽不安，不能不听，遂以解国之大患，除国之大害，成于尊君安国，谓之辅；有能抗君之命，窃君之重，反君之事，以安国之危，除君之辱，功伐足以成国之大利，谓之拂。故谏、争、辅、拂之人，社稷之臣也，国君之宝也，明君所尊厚也。而暗主惑君，以为己贼也。故明君之所赏，暗君之所罚；暗君之所赏，明君之所杀也。伊尹、箕子，可谓谏矣；比干、子胥，可谓争矣；平原君之于赵，可谓辅矣；信陵君之于魏，可谓拂矣。《传》曰：从道不从君。此之谓也。故明主好同，而暗主好独；明主尚贤，使能而飨其盛，暗主妒贤畏能，而灭其功，罚其忠，赏其贼。夫是之谓至暗，桀、纣所以灭也。"《象》曰："往厉必戒，终不可长也。"即谓往事暗主，以其不容，而赏奸罚忠，虽终不可长久，但往厉必戒。六五，在震雷阴暗之中，居君王之位，为暗主，为厉。于象，九四阳来用事，阴处消势，故终不可长。

勿用永贞　《臣道篇》曰："事圣君者，有听从，无谏争；事中君者，有谏争，无谄谀；事暴君者，有补削，无挢拂。迫胁于乱时，穷居于暴国，而无所避之，则崇其美，扬其善，违其恶，隐其败，言其所长，不称其所短，以为成俗。《诗》曰：国有大命，不可以告人，妨其躬身。此之谓也。"又曰，"恭敬而逊，听从而敏，不敢有以私决择也，不敢有以私取与也，以顺上为志，是事圣君之义也。忠信而不谀，谏争而不谄，挢然刚折，端志而无倾侧之心，是案曰是，非案曰非，是事中君之义也。调而不流，柔而不屈，宽容而不乱，晓然以至道，而无不调和也，而能化易，时关内之，是事暴君之义也。"事圣君，事中君，事暴君，各用其道，是谓勿用永贞。九四，为上震初爻。震为动，动则化，化而裁之，存乎变，故有勿用永贞之象。又，复卦初九曰："不远复。"六二曰："休复，吉。"阳为贞，勿用永贞，即谓阴盛在上，阳不用远复永贞。

六五，密云不雨，自我西郊。公弋取彼在穴。

〔译〕　六五，云雾密布而未雨，自我西郊而来。公用缴射，在洞口获取它。

《象》曰："密云不雨，已上也。"

〔证〕

密云不雨，自我西郊　震为雷，雷为云雾，是震为云雾。丰卦，离下震上。六二曰："丰其蔀，日中见斗。"九四曰："丰其蔀，日中见斗。"《象》曰："丰其蔀，位不当也；日中见斗，幽不明也。"上六曰："丰其屋，蔀其家，闚其户，阒其无人。"亦上震为云雾，故而遮蔀其离日。《说文》："雲（云），山川气也。从雨，云象雲回转形。"《春秋说题辞》曰："云之为言运也。触石而起谓之云。含阳而起，以精运也。"《洪范五行传》曰："云者，起于山，弥于天。"《礼记·孔子闲居》："天降时雨，山川出云。"

《云赋》:“山泽通气，华岱兴云。”山泽通气，为《说卦传》文。气泽为云雨，是山上出云雨。《象》曰:“密云不雨，已上也。”谓云雨已升至山上。即起于山川，弥于天上，再广布大地，泽润万物。小畜卦卦辞曰:“亨，密云不雨，自我西郊。”《象》曰:“密云不雨，尚往也；自我西郊，施未行也。”《象》曰:“风行天上，小畜，君子以懿文德。”朱熹曰:“然畜未极，而施未行，故有密云不雨，自我西郊之象。盖密云，阴物；西郊，西方；我者，文王自我也。文王演《易》羑里，视岐周为西方，正小畜之时也。”又曰，“尚往，言畜之未极，其气犹上进也。懿文德，言未能厚积，而远施也。”小过六五，辞与小畜卦同，亦谓君子积小德，以成大德之义。按，艮位西北，震位东北。周之大王，起于西北岐山，文王迁至东北丰邑，积善累德，故曰密云不雨，自我西郊。于象言，密云不雨，自我西郊，即由艮到震，中经坤，是小过之谓，亦阳起之谓。

公弋取彼在穴　大有卦九三曰:“公用亨于天子。”益卦六三曰:“中行告公用圭。”《易乾凿度》曰:“三为三公。”是公在三之位，于小过则指九三。”《郑风·女曰鸡鸣》:“将翱将翔，弋凫与雁。”郑笺:“弋，缴射也。”《正义》曰:“缴射，谓以绳系矢而射也。《说文》云:缴，谓生丝为绳也。”初之三为艮，艮为手；初之上为大坎，坎为弓矢，二之四为巽，巽为绳直；是以手引弓矢缴射，为弋取。三为公，为公弋取。小过卦，有飞鸟之象，初六曰:“飞鸟以凶。”上六曰:“飞鸟离之凶。”是公弋取彼，指公弋取所飞之鸟。《说文》:“穴，土室也。从宀八。”《系辞传》曰:“上古穴居而野处，后世圣人，易之以宫室。”《墨子·辞过篇》:“古之民，未知为宫时，就陵阜穴居而处。”小过卦，初之三为艮，艮为山为陵阜，三之五为兑，兑为口为穴。又，需卦，乾下坎上。六四曰:“需于血，出自穴。”亦谓二之四为兑为穴。弋取彼在穴，谓缴射取彼于洞口，兑之上为洞口。兑口为六五，五为君位，是彼指阴暗之主。从上文看，盖公指文王，文王为殷之三公，暗主指纣。谓文王放长线，射与禽兽同居之纣王。《史记·殷本纪》曰:“西伯归，乃阴修德行善，诸侯多叛纣，而归西伯。西伯滋大，纣由是稍失权重。”稍，谓渐。后来武王以周代殷，即是。解卦，坎下震上。上六曰:“公用射隼于高墉之上，获之无不利。”《系辞传》曰:“子曰:隼者，禽也；弓矢者，器也；射之者，人也。君子藏器于身，待时而动，何不利之有？动而不括，是以出而有获，语成器而动者也。”与小过六五之义，旁通。

上六，弗遇过之，飞鸟离之，凶，是谓灾眚。

〔译〕　上六，不要越过五，飞鸟遭雷，凶险，此谓天灾人祸。

《象》曰:“弗遇过之，已亢也。”

〔证〕

弗遇过之　九四曰："弗过遇之。"上六曰："弗遇过之。"两者有别。《尔雅·释诂》曰："遇，见也。"郭璞注："行而相值，即见。"《周礼·大宗伯》："以宾礼亲邦国：春见曰朝，夏见曰宗，秋见曰觐，冬见曰遇，时见曰会，殷见曰同。"郑氏注："此六礼者，以诸侯见王为文。六服之内，四方以时分来。"贾公彦疏："云四时分来：春，东方六服，当朝之岁，尽来朝；夏，南方六服，当宗之岁，尽来宗；秋，西方六服，当觐之岁，尽来觐；冬，北方六服，当遇之岁，尽来遇。是其或朝春，或宗夏，或觐秋，或遇冬之事也。"又，《大行人》："春朝诸侯，而图天下之事；秋觐，以比邦国之功，夏宗，以陈天之下谟；冬遇，以协诸侯之虑；时会，以发四方之禁；殷同，以施天下。"又，《小行人》："使适四方，协九仪宾客之礼。朝、觐、宗、遇、会、同，君之礼也；存、覜、省、聘、问，臣之礼也。"是遇，为诸侯冬见君之礼名。小过，十月坤过，为冬为北。九四之臣，将见六五之君，故称过遇；上六之臣，已见六五之君，故称遇过。《象》曰："弗遇过之，已亢也。"亢者，过中之名。坤卦上六《象》曰："龙战于野，其道穷也。"小过之坤，至上六而道穷，故曰弗遇过之。

飞鸟离之，凶　《周书·洪范》："不协于极，不罹于咎，皇则爱之。"《史记·宋世家》引作："不离于咎。"《商书·汤诰》："尔万方百姓，罹其凶害，弗忍荼毒。"孔传："罹，被，亦作罗。"《邶风·新台》："鱼网之设，鸿则离之。"《王风·兔爰》："我生之后，逢此百罹。"《小雅·斯干》："无父母诒罹。"《释文》并云："罹，本又作离。"《楚辞·招魂》："上无所考此盛德兮，长离殃而愁苦。"王逸注："离，一作罹。"五臣云：罹，罗也。"《尔雅·释器》："鸟罟谓之罗。"《说文》："罗，以丝罟鸟也。"又，《方言》："罗谓之离，离谓之罗。"《字源》曰："离，其实却是鸟罗。"按，甲骨文象田猎工具，古以田猎工具代猎获，后世加今声作禽。故离、罹、罗通，以鸟被网捕为本义，遭殃、忧患，为引伸义。《象》曰："小过，有飞鸟之象焉，飞鸟遗之音。"按，小过为飞鸟象，其身半入震雷之中，是以为飞鸟离之，凶。又，艮为黔喙之属，为鸟类。艮上有震，是鸟遭雷击之象，为凶。

是谓灾眚　《说文》："烖，天火曰烖。从火，𢦏声。灾，或从宀火；災，籀文从巛。"段玉裁注："《春秋》宣十六年，夏，成周宣谢火。《左传》曰：人火之也，凡火，人火曰火，天火曰災。按经多言災，惟此言火耳。引申为凡害之称。十五年传曰：天反时为灾，地反物为妖，民反德为乱。乱则妖災生。今惟《周礼》作烖，经传多借菑为之。灾，火起于下，焚其上也。災，亦会意，亦形声。"又，《说文》："眚，目病生翳也。"段注："引伸为过误。"《虞书·舜典》："眚灾肆赦。"孔氏传："眚，过；灾，害。"《春秋经》庄公二十二年："春王正月，肆大眚。"杜预注："赦有罪。"《左传》襄公九年："肆眚，围郑。”注：“眚，过也。”《左传》僖公三十三年：“且吾不以一眚掩大德。”杜预注：“眚，音省，过也。”是天灾为灾，人过为眚。上六遇过之，是为人过；飞鸟离之，是为天灾。是谓灾眚，即谓天灾人过。上六，天灾在先，人过在后，或天灾亦人过而致。是小过之时，不可违时。

第六十三卦　夜

☵☲ 坎上
离下

既济，亨，小利贞，初吉终乱。

〔译〕　既济，亨通，阴利正，初则吉利，终则乱。

《彖》曰："既济亨，小者亨也。利贞，刚柔正，而位当也。初吉，柔得中也；终止则乱，其道穷也。"

《象》曰："水在火上，既济，君子以思患，而豫防之。"

〔证〕

离下坎上　《说卦传》曰："离为日，坎为月。"离下坎上，为日下月上，为夜之象。《系辞传》曰："县象著明，莫大乎日月。"又曰，"阴阳之义配日月。"《淮南子·天文训》曰："积阳之热气生火，火气之精者为日；积阴之寒气为水，水气之积者为月。"《集解》曰："王引之云：积阳之热气生火，积阴之寒气为水，本作积阳之热气，久者生火；积阴之寒气，久者为水。言热气积久则生火，寒气积久则为水。"张衡《灵宪》曰："日譬犹火，月譬犹水。火则外光，水则含景。"《论衡·说日篇》曰："夫日者，天之火也，与地之火无异也。夫月者，水也。"又曰，"夫日者，火之精也；月者，水之精也。"《周髀》云："日犹火，月犹水。火则日光，水则含景。故月光生于日所照，魄光生于日所蔽。故就其明之所生，则月生于日；就其明之所指，即日照昼，月照夜也。"《白虎通·日月》云："日月所以悬昼夜何？助天行化，照明下地。故《易》曰：悬象著明，莫大于日月。"是离为火，火为日，日照昼；坎为水，水为月，月照夜。

《易乾坤凿度》曰："庖牺氏画四象，立四隅，以定群物。发生门，而后立四正。四正者，定气一，日月出没二，阴阳交争三，天地德正四。月，坎也，水魄。圣人画之，二阴一阳，内刚外弱。坎者水，天地脉，周流无息。坎不平，月水满而圆。水倾而昃，坎之缺也，月者阙，水道。圣人究得源脉，浰涉沦涟。上下无息，在上曰汉，在下曰脉。潮为浍随，气曰濡。阴礴礉，为雨也。月，阴精。水为天地信，顺气而潮，潮者水气来往，行险而不失其信者也。日，离，火宫。正中而明，二阳一阴，虚内实外，明天地之目。《万形经》曰：太阳顺四方之气。古圣人曰：烛龙行东时肃清，行西时噢嘔，行南时大睬，行北时严杀。顺太阳实元，暖熯万物。形以鸟离，烛龙四方，万物向明，承惠煦德。实而迟重，圣人则象。月即轻疾，日则凝重，天地之理然也。"此亦谓坎为水为月，离为火为日。

又，《文子·上德篇》曰："天明日明，然后照四方。"《国策·卫策》曰："日，并烛天下者也，一物不能蔽也。”皇甫谧《年历》曰：“日者，众阳之宗，阳精外发，故日以昼明，名曰曜灵。《洪范传》曰：“日者，照明之大表，光景之大纪，群阳之精，众贵之象也。故曰日出，而天下光明；日入，而天下冥晦，此其效也。”又，《甘氏星经》：“月者，阴宗之精也。”《春秋感精符》：“月者，阴之精，地之理也。”《春秋元命苞》：“太阴，水精，为月，常諷任而受明。阳精在内，故金水内景。”《范子·计然》：“月者，水也。”《淮南子·天文训》：“月者，天之使也。水气之精者为月。”皇甫谧《年历》：“月者，群阴之宗，以宵曜，名曰夜光。”《抱朴子》：“月之精生水，是以月盛满，而潮涛大。”《颜氏家训》：“月为阴。”《广雅》：“夜光谓之月。”是昼光谓之日，夜光谓之月，日出月入为昼，月出日入为夜。

离卦，离下离上。《彖》曰：“离，丽也。日月丽乎天，百谷草木丽乎土，重明以丽乎正，乃化成天下。”《象》曰：“明两作，离，大人以继明，照于四方。”又，九三曰：“日昃之离。”《象》曰：“日昃之离，何可久也？”是离下离上，为日月重明，下离为日，故九三谓日昃之离，即谓偏西之日。晋卦，坤下离上。卦辞曰：“晋，康侯用锡马蕃庶，昼日三接。”《彖》曰：“晋，进也。明出地上，顺而丽乎大明，柔进而上行。是以康侯用锡马蕃庶，昼日三接。”《象》曰：“明出地上，晋，君子以自照明德。”坤为地，离为明，坤下离上，为明出地上，即日出地上，是离为日。因其离为日，故日出地上，使万物生长，曰康侯用锡马蕃庶。明夷卦，离下坤上。《彖》曰：“明入地中，明夷，晦其明也。”《象》曰：“明入地中，明夷，用晦而明。”离为明，明谓日，是离为日。故初九曰：“明夷于飞，垂其翼。”谓日落之状。上六曰：“不明晦，初登于天，后入于地。”《象》曰：“初登于天，照四国也；后入于地，失则也。”亦谓离为日，日有入有出。离在地上，为日出地上，为昼；离在地下，为日入地下，为夜。革卦，离下兑上。卦辞曰：“巳日乃孚。”《彖》曰：“巳日乃孚，文明以说。”六二曰：“巳日乃革之。”《象》曰：“巳日革之，行有嘉也。”亦谓离为日，日升有嘉。丰卦，离下震上。卦辞曰：“丰，亨。王假之，勿忧，宜日中。”《彖》曰：“丰，大也。明以动，故丰。王假之，尚大也。勿忧，宜日中，宜照天下也。日中则昃，月盈则食，天地盈虚，与时消息。”又，六二曰：“丰其蔀，日中见斗。”九三曰：“丰其沛，日中见沬。”九四曰：“丰其蔀，日中见斗。”《象》曰：“日中见斗，幽不明也。”是亦谓离为日。以其离为日，故离之反，为坎为月。既济与未济，皆离、坎上下成卦，故即日、月上下成卦。《易》下卦位为地，上卦位为天。离下坎上，日在地下，月在天上，是以为夜；反之，坎下离上，月在地下，日在天上，则是为昼。既济卦，离下坎上，是夜之卦。

《系辞传》曰：“日往则月来，月往则日来，日月相推，而明生焉。寒往则暑来，暑往则寒来，寒暑相推，而岁成焉。往者屈也，来者信也，屈信相感，而利生焉。尺蠖之屈，以求信也；龙蛇之蛰，以存身也；精义入神，以致用也；利用安身，以崇德也。过此以往，未之或知也。穷神知化，德之盛也。"《释文》："信，本又作伸，同音申。韦昭《汉书音义》云：古伸字。"上述之义，有天文，有地理，有人事。从日往则月来，至而明生焉，谓日月更迭升落，相继照明。从寒往则暑来，至而岁成焉，谓日月由冬至夏，由夏至冬，寒暑相推，屈伸相感，而成岁，而生利，此为天文。从尺蠖之屈，至以存身也，此为地理。从精义入神，至以崇德也，此为人事。从过此以往，至德之盛也，则谓穷神知化，为道之盛。《老子》曰："人法地，地法天，天法道，道法自然。"即此。

上述《系辞传》所曰，实为既济与未济，两卦之卦象与卦义。又，《系辞传》曰："是故，刚柔相摩，八卦相荡，鼓之以雷霆，润之以风雨，日月运行，一寒一暑，乾道成男，坤道成女。"艮为手为鼓，震为雷霆，兑为润泽，巽为风雨，日为离，月为坎，乾为男，坤为女。是八卦之中，以离坎为日月。《系辞传》曰："一阴一阳之谓道。"又曰，"阴阳之义配日月。"是月为阴，其出为夜；日为阳，其出为昼。又，《系辞传》曰："范围天地之化而不过，曲成万物而不遗，通乎昼夜之道而知，故神无方，而《易》无体。"范围天地之化而不过，谓乾卦天，坤卦地。曲成万物而不遗，由屯卦至小过卦，六十甲子卦，作成万事万物。通乎昼夜之道而知，即谓通乎既济、未济为知，从而知乎幽明之道，而谓之智。

按，地球自转一周，二十三时，有五十六分，为一昼夜。是以从地球上看，日月有升有降。《虞书・尧典》曰："乃命羲和，钦若昊天，历象日月星辰，敬授人时。"又曰，"寅宾出日，平秩东作。""寅饯纳日，平秩西成。"孔氏传："寅，敬；宾，导；秩，序也。岁起于东，而始就耕，谓之东作。东方之官，敬导出日，平均秩序，东作之事，以务农也。"又曰，"饯，送也。日出言导，日入言送，因事之宜。秋，西方万物成，平序其政，助成物也。"此谓日于春，出自东方；至秋，入于西方。言日出，含日入；言日入，含日出。是日春秋出入于东西，月亦受日之光而升落。《邶风・雄雉》曰："瞻彼日月，悠悠我思。"郑笺："日月之行，迭来迭往。"即谓日月之行，由东方升起，往西边落下，日月或前或后，昼夜更迭，往来不止。

《周书・洪范》云："日月之行，则有冬有夏。"孔氏传："日月之行，冬夏各有常度。君臣政治，小大各有常法。"《正义》曰："日月之行，四时皆有常法，变冬夏为南北之极，故举以言之。日月之行，冬夏各有常度，喻人君为政，小大各有常法。张衡、蔡邕、王肃等，说浑天仪者，皆云周天，三百六十五度，四分度之一，体圆如弹丸。北高南下，北极出地上三十度，南极入地三十六度。北极去南极，一百二十二度弱，其依天体隆曲。南极去北极，一百八十二度强，正当天之中央。南北二极，中等之处，谓之赤道，去南北极，各九十一度。春分日行赤道，从此渐北。夏至赤道之北，二十四度，去北极六十七度，去南极一百一十五度。日行黑道，从夏至日以后，日渐南至。秋分还行赤道，与春分同。冬至行赤道南，二十四度，去南极六十七度，去北极一百一十五度。其日之行处，谓之黄道。又有月行之道，与日道相近，交络而过，半在日道之里，半在日道之表。其当交，则两道相合交；去极远处，两道相去六度。此其日月行道之大略也。王肃云：日月行有常度，君臣礼有常法，以齐其民。”是日月之行，既为天文，亦为人文。

《易乾凿度》曰：“孔子曰：阳三阴四，位之正也。故《易》卦六十四，分而为上下，象阴阳也。夫阳道纯而奇，故上篇三十，所以象阳也。阴道不纯而偶，故下篇三十四，所以法阴也。乾坤者，阴阳之根本，万物之祖宗也，为上篇始者，尊之也。离为日，坎为月，日月之道，阴阳之经，所以终始万物，故以坎、离为终。咸、恆者，男女之始，夫妇之道也。人道之兴，必由夫妇，所以奉承祖宗，为天地主也。故为下篇始者，贵之也。既济、未济，为最终者，所以明戒慎，而存王道。”郑氏注：“三者，东方之数，东方日所出也。又，圆者径一而周三。四者，西方之数，西方日所入也。又，方者径一，而匝四也。阳道专断，兼统阴事，故曰纯也。言以日月，终天地之道也。夫物不可穷，理不可极，故王者，亦常则天而行，与时消息；不可安而忘危，存而忘亡。未济者，亦无穷极之谓也。”即谓下经之咸、恆犹上经之乾、坤；下经之既济、未济，犹上经之离、坎。人法天，故既济、未济，既为天上日月，升降之象；亦为人间终始，起伏之象。

《史记·历书》曰：“日归于西，起明于东；月归于东，起明于西。正不率大，又不由人，则凡事易坏，而难成矣。”又，《天官书》：“太史公曰：有初生民以来，世主曷尝不历日月星辰？及之五家、三代，绍而明之。仰则观象于天，俯则法类于地。天则有日月，地则有阴阳；天有五星，地有五行；天则有列宿，地则有州域。三光者，阴阳之精，气本在地，而圣人统理之。”《正义》曰：“五家：黄帝、高阳、高辛、唐虞尧舜也。三代：夏、商、周也。言生民以来，何曾不历日、月、星辰，及至五帝三王，亦于绍继，而明天数阴阳也。”阴阳，天数，故《易》起于阴阳，曰乾曰坤；终于阴阳，曰既济、未济。《系辞传》曰：“一阴一阳之谓道。”《老子》曰：“道生一，一生二，二生三，三生万物，万物负阴而抱阳，冲气以为和。”亦谓阴阳为道，万物皆有阴阳，阴阳相对又统一，昼夜相对又统一，夜以继昼，此之谓既济、未济。既济卦，离下坎上，日落月升，为夜间之象。

既济　《说文》：“既，小食也。”段玉裁注：“引伸之义为尽也，已也。”又曰，“既者，终也；终则有始。小食则必尽，尽则复生。”李孝定《甲骨文集释》：“契文象人食已，顾左右，而将去之也，引伸之义为尽。”既，象人食已，故亦为已。《尔雅·释诂》："卒，既也。"郭璞注："既，已也。"《虞书·尧典》："九族既睦。"孔氏传："既，已也。"《夏书·禹贡》："三危既宅。"孔传："西裔（三危）之山，已可居。"《周南·汝坟》："未见君子，惄如调饥；既见君子，不我遐弃。"毛传："既，已。"郑笺："已见君子，君子返也。"小畜卦上九曰："既雨既处。虞翻曰："既，已也。"临卦六三曰："既忧之，无咎。"谓已忧而改之，则无咎。《系辞传》曰："既辱且危"，"既有典常"。既，亦皆已义。圣人作卦，先既济，后未济。既，言已然；未，言未然。是既、未相对为文，谓终而又始。

《尔雅·释言》："济，渡也；济，成也。"郝懿行义疏："渡者，《说文》云：济也。《广雅》云：过也。济者，《诗·匏有苦叶》传，及《檀弓》注，并云：济，渡也，省作度。《方言》云：过度谓之涉济。郭注；犹今云济度。《楚辞·惜贤篇》云：年忽忽而日度。皆借度为渡。渡，以过去为义也。济，又训成者，成，就也。就、济声转。《乐记》云：事蚤济也。《祭统》云：夫义者，所以济志也。郑注并云：济，成也。《诗·载驰》传：济，止也。止，亦成就之义。"又，《广韵》亦云："济，渡也。"《商书·盘庚中》曰："若乘舟，汝弗济，臭厥载。"孔氏传："舟在水中流不渡，臭败其所载之物。"《左传》文公三年："秦伯伐晋，济河焚舟。"谓过河焚舟，誓死不返。《国语·齐语》："方舟设泭，乘桴济河。"韦昭注："济，渡也。"盖济字，本义为渡过，引伸义为成就，谓由此达彼，则为济为就。

《周易》用济，与《诗》、《书》同，亦谓济涉。需卦乾下坎上。卦辞曰："利涉大川。"坎为水为川，乾行健，升上，为利涉大川。谦卦，艮下坤上。上下阴，中间阳，外柔内刚，有坎水之象。初六曰："谦谦君子，用涉大川。"故其《彖》曰："天道下济而光明。"涣卦，坎下巽上。卦辞曰："利涉大川。"《彖》曰："利涉大川，乘木有功也。"《系辞传》曰："刳木为舟，剡木为楫，舟楫之利，以济不通，致远以利天下，盖取诸涣。"以巽在坎上，即舟行水上，故曰涉曰济。大过卦，巽下兑下。上下阴，阳在其中，为坎象。上六曰："过涉灭顶，凶。"因有大坎之象，大坎即大水，故曰过涉灭顶。小过卦，艮下震上。亦坎水之象。《系辞传》曰："断木为杵，掘地为臼，臼杵之利，万民以济。又，大过、小过，以卦皆为坎象，故皆曰过，过亦济之义。

既济、未济，皆有坎水之象，故皆曰济。未济，坎下离上。离正在坎上，尚未过坎，故为未济。既济，离下坎上。离已过坎，转而下坎，故为既济。《周易》，以阳为贞，即以阳为正为主。是既济、未济，皆言离之既济、未济。晋卦，坤下离上。《彖》曰："晋，进也，明出地上。"明夷卦，离下坤上。《彖》曰："明入地中，明夷。"亦皆以阳动，而称其名。又，《元中记》曰："天下之多者，水焉，浮天载地，高下无不至，万物无不润。"《抱朴子》："黄帝曰：天在地外，水在天外，浮天而载地者，水也。"《物理论》："所以立天地者，水也。吐元气，发日月，经星辰，皆由水而兴。”又曰，“九州之外，皆水也。”张衡《浑天仪注》：“天大而地小。天表里有水，天之包地，犹蛋壳之裹黄。天地各乘气而立，载水而浮。”天表里有水，日行水上，为未济，为坎下离上；日行水下，为既济，为离下坎上。以既济、未济谓日，且月为水精，故义亦通。《杂卦传》曰：“既济，定也。”谓一天阴阳之事已成，相对而定，是以为定。又，定为人定之时，于十二时为亥，一天已过，离下坎上，为既济。再自子时起，又一天始，坎下离上，为未济。唐李中《宿钟山知觉院》诗云：“磬罢僧初定，山空月又生。”既济之象。

亨 既济之亨，与贲之亨同，皆谓月行亨通。《楚辞·天问》曰：“夜光何德，死则又育？”王逸注：“夜光，月也。育，生也。言月何德于天，死而复生也。一云：言月何德，居于天地，死而复生。”洪兴祖补注；“《博雅》云：夜光谓之月。皇甫谧曰：月以宵曜，名曰夜光。《书》有旁死魄，哉生明，既生魄。死魄，朔也；生魄，望也。先儒云：月光生于日所照，魄生于日所蔽。当日则光盈，就日则光尽。”朱熹《楚辞集注》，引沈括《梦溪笔谈》曰：“月本无光，犹一银丸，日耀之乃光耳。光之初生，日在其傍，故光侧，而所见才如钩；日渐远，则斜照，而光稍满。大抵如一弹丸，以粉涂其半，侧视之，则粉处如钩；对视之，则正圆也。”又引王普曰：“月生明之夕，但见其一钩，至日月相望，而人处其中，方得见其全明。”月死而又育，并得全明，是以为亨通。

朱星《古代文化基本知识》云：“夏历，农历，是阴阳历，按月亮分月，最明显方便。一般分月为六期：朔，每月初一。朔从屰、月。屰即逆，迎也，准备欢迎明月回来。《说文》：月，一日始苏也。苏，即甦。苏、朔二字，是声训。朏，月生三日光未盛。《说文》：月未盛之明。从出，表示月又要出来。有时连称朏朒，《说文》：朔而月见东方。朒，会意，象生出肌肉。朏，音斐，实是腓的借音。朏，又说生明。明，《说文》照也，古文囧。囧是窗。按，日月相照为明。古人已知，月自己无光，因照日而生光。望，十五日，即满月。《说文》有两个望字。满月的望，作朢。《说文》：月满与日相望，如朝君也。与日相望，是日光全照在月上，月正走在与地球、太阳一条线上。如朝君，是误以臣为君臣。不知此望字，已见甲骨文。臣，象瞪目形。在奴隶社会，武臣都是竖眉立目，表示勇武，引申为臣。初文初义实是瞪，音也同，古音臣读瞪。后改作从亡声。《说文》：出亡在外，望其还也。这是后起义。壬，象人立地上。”月与日相会后，即为朔，为朏，为明，为望。即由无光至有光，由月缺到月满，是以为亨。《象》曰：“亨，小者亨也。”阴为小，阳为大。月为阴，日为阳，小者亨，谓月亮自朔至望，而亨通光明。

小利贞 《白虎通·日月》：“日行迟，月行疾何？君舒臣劳也。日，日行一度；月，日行十三度，十九分度之七。《感精符》曰：三纲之义，日为君，月为臣也。日月所以悬昼夜何？助天行化，照明下地。”《疏证》曰：“《古微书》载《考灵耀》云：日行迟，月行疾何？君舒臣劳也。日日行一度，月日行十三度，十九分度之七。故日一月，行二十九度半余；月一月，行天一匝，三百六十五度，四分度之一，过而更行，二十九度半余，而与日会。所会之处，谓之为辰也。故《诗·柏舟篇》：日居月诸。传云：日，君象也；月，臣象也。”又，《白虎通·日月》云：“所以必有昼夜何？备阴阳也。日照昼，月照夜。阴阳更相用事也。”《系辞传》曰：“一阴一阳之谓道，继之者善也，成之者性也。”朱熹曰：“阴阳迭运者气也，其理则所谓道。”既济，月在天上为照夜，以阴继阳为道，为小利贞，即小利正道。

《彖》曰：“利贞，刚柔正，而位当也。”既济，二、五刚柔中正，六爻阴阳当位，是为利正。然既济，得以利正者，以其日落月升，即月应日，所以阴阳相得所致，故卦辞曰小利贞。又，遁卦，艮下乾上。卦辞曰：“亨，小利贞。”《彖》曰：“小利贞，浸而长也。”遁卦，六月消息卦，四阳在上，二阴在下，是以谓阴浸而长，有利阳往阴来之正道，为小利贞。又，既济卦辞，今通行之王弼本，与《汉帛书周易》同，盖无衍文脱字之虞。《周易正义》、《周易集解》，断句为“既济，亨，小利贞。”合《易》通例。若为“亨小，利贞。”则不为亨通，亦不可利正，是为不辞。辞系于象，非象不能明辞。此《易》与《诗》、《书》之大别。《系辞传》云：“子曰：书不尽言，言不尽意。然则圣人之意，其不可见乎？子曰：圣人立象以尽意，设卦以尽情伪，系辞焉以尽其言，变而通之以尽利，鼓之舞之以尽神。”即谓圣人设卦、观象、系辞焉，而明吉凶。《彖》曰：“既济亨，小者亨也。”是以利贞，为小利贞。《彖》曰：“利贞，刚柔正，而位当也。”刚柔正，谓六二、九五正。是坎月得正，为小利贞。

初吉终乱 《小雅·小明》：“二月初吉，载离寒暑。”毛传：“初吉，朔日也。”郑笺：“乃以二月朔日始行，至今则更夏暑冬寒矣。”王国维《观堂集林·生霸死霸考》：“古者，盖分一月之日，为四分：一曰初吉，谓自一日，至七八日也；二曰既生霸，谓自八九日以降，至十四五日也；三曰既望，谓自十五六日以后，至二十二三日也；四曰既死霸，谓自二十三四日以后，至于晦也。”既济卦，曰初吉终乱，谓自朔日，至七八日，太阴由无，到初生明，到朏（月生三日），到新月，到上弦，谓之初吉。初吉与终乱相对。自二十三四日以后，至月末，太阴由下弦，到残月，到旁死明，到晦，谓之终乱。《彖》曰：“初吉，柔得中也；终止则乱，其道穷也。”柔得中，谓阴得中，阴谓月。月得中，谓月得中行用事，由朔向望，是以谓其初为初吉。其道穷，谓月道终于晦穷，是以谓其终为终乱。

《古代文化基本知识》曰：“魄，指月十六日后，所生阴影。《说文》：阴神也，古文霸。魄是形声字，从白声，当读霸。鬼，归也，表示月光将死。而霸字，实是初文初义。从月革，革象剥羊皮，月色受剥革；从雨，表示阴暗。《说文》：霸，月始生霸然也。

《增韵》：月体黑者谓之霸。《尚书·武成》：既生魄。孔疏；魄生，明死。也指黑影。《尚书·武成篇》有：哉生魄、哉生明、既生魄、旁生魄，这都是周历的专名。可知那时，分哉（初）、既、旁（近）；又有生明、生魄、死魄，当然也有死明。哉生魄、既生魄，在十六日后；哉生明、既生明，在初三后。既，比哉较后。至于旁（近）死魄，是在十五前；旁死明，是当在月末晦前。晦，月终一日。《说文》：月尽也，从每。每，《说文》：草盛上出也。《汉书·贾谊传》：众庶每生。每，与萌同声相借。萌，芽欲出，还未显。又，每与昧字声同。”从魄到晦，为下半月，亦即月望以后，到月终。《象》曰：“终止则乱，其道穷也。”于象，谓在上之坎月，九五陷坎险之中，其道穷，为乱。于义，则谓月终则晦，故而谓终乱。

《象》曰：“水在火上，既济，君子以思患，而豫防之。”《夏书·甘誓》：“王曰：嗟，六事之人，予誓告汝：有扈氏威侮五行，怠弃三正，天用剿绝其命，今予惟恭行天之罚。”孔氏传：“五行之德，王者相承所取法。有扈与夏同姓，恃亲而不恭，是则威虐侮慢五行，怠惰弃废天地人之正道，言乱常。”孔颖达《正义》曰：“五行：水、火 、金、木、土也。分行四时，各有其德。《月令》：先立春三日，太史谒于天子，曰：某日立春，盛德在木。夏云盛德在火，秋云盛德在金，冬云盛德在水。此五行之德，王者虽易姓，相承所取法同也。”《书序》曰：“启与有扈，战于甘之野，作《甘誓》。”按，《淮南子·齐俗训》曰：“昔，有扈氏为义而亡。”高诱注：“有扈氏，夏启之庶兄也。以尧、舜传贤，禹独传子，故伐启。启亡之。”此夏有五行。

《周书·洪范》：“箕子乃言曰：我闻在昔，鲧陻洪水，汩陈其五行，帝乃震怒，不畀洪范九畴，彝伦攸斁。鲧则殛死，禹乃嗣兴。“《正义》曰：“箕子乃言答王曰：我闻在昔，鲧障塞洪水，治水失道，是乃乱陈其五行，而逆天道也。天帝乃动其威怒，不与鲧大法九类，天之常道，所以败也。鲧则放殛，至死不赦。禹以圣德，继父而兴，代治洪水，决道使通。天乃赐禹，大法九类，天之常道，所以得其次叙。”陻，为塞也；汩，是乱之意，故为乱也。水是五行之一，水性下流，鲧反塞之，失水之性。水失其性，则五行皆失矣。是塞洪水，为乱陈其五行，言五行陈列皆乱也。又，《洪范》曰：“五行：一曰水，二曰火，三曰木，四曰金，五曰土。水曰润下，火曰炎上，木曰曲直，金曰从革，土爰稼穑。润下作咸，炎上作苦，曲直作酸，从革作辛，稼穑作甘。”此周有五行。

《左传》昭公二十五年曰：“用其五行。”杜预注：“金、木、水、火、土。”昭公二十九年曰：“故有五行之官，是谓五官：木正曰句芒，火正曰祝融，金正曰蓐收，水正曰玄冥，土正曰后土。”昭公三十二年曰：“地有五行。”文公七年曰：“六府三事，谓之九功：水、火、金、木、土、谷，谓之六府；正德、利用、厚生，谓之三事。”《国语·

鲁语上》："及天上三辰，民所以瞻仰也。及地之五行，所以生殖也。"韦昭注："殖，长也。五行：金、木、水、火、土也。"又，《左传》昭公三十一年："赵简子梦童子，裸而转以歌。旦占诸史墨，曰：吾梦如是，今而日食，何也？对曰：六年及此月也，吴其入郢乎，终亦弗克。入郢必以庚辰，日月在辰尾。庚午之日，日始有谪。火胜金，故弗克。"此虽占梦之说，杜预不取；然亦谓火胜金者，金为火妃，是三代已用五行之说。

《孔子家语·五帝》："孔子曰：昔某也闻诸老聃曰：天有五行：水、火、金、木、土。分时化育，以成万物。其神谓之五帝。古之王者，易代而改号，取法五行。五行更王。终始相生，故有终始也。木生火，火生土，土生金，金生水，水生木。"又曰："五行所以相害者，天地之性。众胜寡，故水胜火。精胜坚，故火胜金。刚胜柔，故金胜木。专胜散，故木胜土。实胜虚，故土胜水。"《疏证》曰："《五行大义》引《白虎通》云：木生火者，木性温暖，伏其中，钻灼而出，故生火。火生土者，火热，故能焚木，木焚而成灰，灰即土也，故火生土。土生金者，金居石依山，津润而生，聚土成山，山必生石，故土生金。金生水者，少阴之气，温润流泽，销金亦为水，所以山云而从润，故金生水。水生木者，因水润而能生，故水生木。"又，《淮南子·主术训》曰："夫火热而水灭之，金刚而火销之，木强而斧伐之，水流而土遏止，唯造化者，物莫能胜也。"是五行，既相生，亦相胜。

《白虎通·五行》曰："火阳，君之象也。水阴，臣之义也。臣所以胜其君何？此谓无道之君，故为众阴所害，犹纣王也。是使水得施行，金以盖之，土以应之，欲温则温，欲寒则寒，亦何从得害火乎？"《疏证》曰："《五行大义》引《白虎通》云：阳为君，阴为臣。水以太阴之气，制太阳之火，金以少阴之气，制少阳之木，喻如失道之君，若殷汤放桀，武王伐纣，此皆诛有罪也。若水得施行，于火不害，盖如君臣得所，如水不害火。"又，《白虎通·五行》曰："五行之性，火热水寒，有温水，无寒火何？明臣可为君，君不可更为臣。"《疏证》："《五行大义》引《白虎通》云：火热水冷，有温水，无寒火何？明臣可为君，君不可为臣。火煎水为汤者，不改其形，但变其名也。水灭火为炭者，形名俱尽也。亦如君被废，而不存；臣有罪，而退职也。又云：五行相克，木穿土不毁，火烧金不毁者，皆阳气仁，好生故也。金伐木犯，水灭火犯者，阴气贪，好杀故也。"

既济卦，离下坎上，水在火上，有火热而水灭之象，即有众胜寡，臣废君之象。《象》曰："君子以思患，而豫防之。"盖即谓此。坤卦《文言》曰："积善之家，必有余庆；积不善之家，必有余殃。臣弑其君，子弑其父，非一朝一夕之故，其所由来者渐矣，由辩之不早辩也。《易》曰：履霜坚冰至，盖言顺也。"《象》曰："履霜坚冰，阴始凝也，驯致其道，至坚冰也。"即谓积阴为害，君子当以思患，而豫防之。又，《系辞传》曰：

"《易》之兴也，其当殷之末世，周之盛德邪？当文王与纣之事邪？是故其辞危。危者使平，易者使倾，其道甚大，百物不废。惧以终始，其要无咎，此之谓易之道也。"亦与既济《象》意略同。五行之说，由来已久。《史记·历书》，有"黄帝考定星历，建立五行"之说，三代则有书籍可征，迄孔子、左氏，则已盛行。《象》曰水在火上，盖谓阴灭阳，臣废君，是以君子，当以思患，而豫防之。至如汉之五行，又犹过之而不及，故为后人诟病。

小过卦和既济卦，互为邻卦。《序卦传》曰："有过物者必济，故受之以既济。"按，《象》曰："小过，小者过。"正说明过为经过。经过者必过去，过去为济。既济，谓太阳已经过去，月亮已经升起。《说卦传》曰："天地定位，山泽通气，雷风相薄，水火不相射，八卦相错。"八卦相错，谓乾与坤相错，艮与兑相错，震与巽相错，坎与离相错。又，乾卦综则为乾，坤卦综则为坤，艮卦综则为震，兑卦综则为巽，震卦综则为艮，巽卦综则为兑，坎卦综则为坎，离卦综则为离。错为阴阳互异，综为上下互倒。乾、坤、离、坎，为四正卦，为天长地久，日月永恒，为不变之象。既济和未济，既相错，又相综，日月经天，有推移，而无变化，是《易》有易和不易之义。《小雅·天保》曰："如月之恒，如日之升。"《说文》："恒，常也。古文恒从月。《诗》曰：如月之恒。"即谓日月为永恒。如月之恒犹既济，离下坎上，为夜；如日之升犹未济，坎下离上，为昼。

又，离卦，离下离上。《象》曰："离，丽也，日月丽乎天，百谷草木丽乎土，重明以丽乎正，乃化成天下。"又曰，"柔丽乎中正，故亨，是以畜牝牛吉也。"《说卦传》曰："坤为子母牛。"又，《象》曰："明两作，离，大人以继明，照于四方。"按，九三曰："日昃之离。"是下离为日，上离则为月，为日月丽乎天，为明两作。如以月为坎，则犹离下坎上，既济之象。然离卦与习坎，互为错卦，谓光与水；既济与未济，互为错卦，谓夜与昼。是离卦与既济，虽同为日下月上之象，但其义不同。《序卦传·上篇》曰："有天地，然后万物生焉。"万物之生，不可无水和光，故上经，殿之以坎离。《序卦传·下篇》曰："有天地，然后有万物。"有万物，不可无阴阳，故下经，殿之以夜昼。又，天地日夜运转，万物消息其间。故乾、坤为始，既济、未济为终，中间六十甲子，为万事万物。《系辞传》曰："天地之道，贞观者也；日月之道，贞明者也；天下之动，贞夫一者也。"谓天地之道，在于正观；日月之道，在于正明；天下之动，在于正夫一道。盖即谓六十四卦，序次之义。

初九，曳其轮，濡其尾，无咎。

〔译〕 初九，太阳如牵引滚动之车轮，落入水下，浸没其尾，没有灾过。

《象》曰："曳其轮，义无咎也。"

〔证〕

曳其轮 《说文》："曳，臾曳也。从申，丿声。"又，"臾，束缚捽抴为臾曳，从申，从乀。"段玉裁注："束，缚也；缚，束也；乀，持头发也；抴，捈也；捈，卧引也。束缚而牵引之，谓之臾曳。凡史称瘐死狱中，皆当作此字。臾曳者，臾之本义。《周礼》臾弓，往体多，来体寡。往多，殆即牵引之意与。"又曰，"臾曳已见上文，故但云臾，曳也。此许之通例也。臾、曳双声，犹牵引也。引之则长，故衣长曰曳地。"《唐风·山有枢》云："子有衣裳，弗曳弗娄。"《正义》曰："曳者，衣裳在身，行必曳之。"《礼记·曲礼下》："行不举足，车轮曳踵。"《正义》曰："曳，拽也；踵，脚后也。若执器行时，则不得举足。但起前拽后，使如踵车轮曳地，故云车轮曳踵。"睽卦，兑下离上。六三曰："见舆曳，其牛掣。"虞翻曰："离为见，坎为车为曳，故见舆曳。"按，三在互离之中，故为见；坎为舆，三在互坎之后，故为舆曳。是曳为牵引。

《说文》："日，实也。太阳之精不亏。从○一，象形。"段玉裁注："○，象其轮郭，一，象其中不亏。"又，《说文》"㊀，古文，象形。"段注："盖象中有乌。"以日之轮郭为圆，故象车轮，是以有一轮红日之语。太阳之行，象车轮之行，于是又有日御之说。《楚辞·离骚》："吾令羲和弭节兮，望崦嵫而勿迫。"王逸注："羲和，日御也。"《淮南子·天文训》，记羲和御日而行，曰："日出于旸谷，浴于咸池，拂于扶桑，是谓晨明。登于扶桑，爰始将行，是谓朏明。至于曲阿，是谓旦明。至于曾泉，是谓蚤食。至于桑野，是谓晏食。至于衡阳，是谓禺中。至于昆吾，是谓正中。至于鸟次，是谓小还。至于悲谷，是谓餔时。至于女纪，是谓大还。至于渊虞，是谓高舂。至于连石，是谓下舂。至于悲泉，爰止其女，爰息其马，是谓悬车。至于虞渊，是谓黄昏。至于蒙谷，是谓定昏。日入于虞渊之汜，曙于蒙谷之浦。"《初学记》："爰止羲和，爰息六螭，是谓悬车。"并引注云；"日乘车，驾以六龙，羲和御之。日至此，而薄于虞泉，羲和至此，而回六螭。"神话羲和御日，盖以日圆，其行如车轮，故曰御。

《列子·汤问篇》："孔子东游，见两小儿辩斗，问其故。一儿曰：我以日始出时去人近，而日中时远也。一儿以日初出远，而日中时近也。一儿曰：日初出，大如车盖；及日中，则如盘盂，此不为远者小，而近者大乎？一儿曰：日初出，沧沧凉凉，及其日中，如探汤，此不为近者热，而远者凉乎？孔子不能决也。两小儿笑曰：孰为汝多知乎？"王重民曰："《意林》、《初学记》一、《御览》三，引车盖并作车轮。"王叔岷曰："《事类赋》，车盖亦作车轮。《韵府群玉》十八，引亦作车轮。"按，车盖圆象天，车轮圆象日月，此为古制。《列子》谓日如车盖，盖是后人所误，故所引者皆不误。高明《帛书老子校注》："钱坫《车制考》云：《考工记》曰：轮辐三十，象日月。日三十日，而与月会，辐数象之。《老子》曰：三十辐共一毂。"亦以轮辐象日月。既济卦，离下坎上。离为日为轮，坎为曳。初九在离，故有曳其轮之象。

濡其尾 《玉篇》："濡，润也。"《邶风·匏有苦叶》："济盈不濡轨。"毛传："濡，渍也。"郑笺："渡深水者，必濡其轨。"《鄘风·羔裘》："羔裘如濡。"毛传："如濡，润泽也。"《正义》曰："服羔皮为裘，其色润泽，如濡湿之然。"《小雅·皇皇者华》："我马维驹，六辔如濡。"郑笺："如濡，言鲜泽也。"《正义》曰："所乘之马，维是驹矣，所御六辔，如污物之被洗濯，濡湿甚鲜泽矣。"濡，沾湿、浸渍为本义，润泽、鲜洁为引伸义。《山海经·大荒南经》："东南海之外，甘水之间，有羲和之国。有女子名曰羲和，方浴日于甘渊。"郭璞注："其后世遂为此国，作日月之象而掌之，沐浴运转之，于甘水中，以效其出入旸谷、虞渊也。"《淮南子·天文训》曰："日入于虞渊之汜，曙于蒙谷之浦。"是皆云日出入于水，以是濡湿。离、坎上下交替，既济、未济往复。既济时，离入于坎下，坎又为水，故曰濡。

《说文》："尾，微也。从到毛在尸后。凡尾之属，皆从尾。"段玉裁注："引伸训为后。到者，今之倒字。"《方言》："尾，梢也。"《玉篇》："尾，末后稍也。"《史记·张仪传》："献恆山之尾五城。"《索隐》："尾，末也。"履卦，兑下乾上。六三曰："履虎尾，咥人，凶，武人为于大君。"九四曰："履虎尾，愬愬。"上乾为虎，三、四在乾之后下，当虎之尾，为履虎尾。遁卦，艮下乾上。初六曰："遁尾，厉，勿用有攸往。"《象》曰："遁尾之厉，不往何灾。"王弼曰："尾之为物，最在体后者也。"初六，为遁卦之下，故谓遁尾。既济初九曰："濡其尾。"未济初六曰："濡其尾。"是《周易》之卦，以在其后下为尾。《方言》曰："尾，尽也。"钱绎笺疏："微与尾通。《晋语三》云：岁之二七，其靡有微也。是尽之义。"既济初九曰："曳其轮，濡其尾。"谓日轮已尽落坎下，月亮升起，白昼过去，天已为夜。

无咎 《象》曰："曳其轮，义无咎也。"《系辞传》曰："一阴一阳之谓道，继之者善也，成之者性也。"又曰，"日月运行，一寒一暑。"又曰，"日往则月来，月往则日来，日月相推，而明生焉。寒往则暑来，暑往则寒来，寒暑相推，而岁成焉。往者屈也，来者信也，屈信相感，而利生焉。尺蠖之屈，以求信也；龙蛇之蛰，以存身也；精义入神，以致用也；利用安身，以崇德也。"以上，生明、成岁、生利、求信、存身、致用、崇德，皆谓太阳、太阴运行，其义重大，而无灾咎。离卦，离下离上。《彖》曰："日月丽乎天，百谷草木丽乎土，重明以丽乎正，乃化成天下。"《象》曰："明两作，离，大人以继明，照于四方。”是皆谓日月，交替升降，其义无咎。又，初九与六四，阴阳皆当位相应，亦无咎之象。乾卦《文言》曰：“利者，义之和也。”利、义通。是《象》曰义无咎，即利无咎。

六二，妇丧其茀，勿逐，七日得。

〔译〕 六二，妇人失去车蔽，不用追寻，再过七个时辰，便可又得。

《象》曰：“七日得，以中道也。”

〔证〕

妇丧其茀 《说文》：“婦（妇），服也。从女持帚，洒扫也。”桂馥义证：“服也者，妇、服声相近。本书：嫔，服也。《释训》：嫔，妇也。颜注《急就篇》：妇者，服事舅姑之称。《广雅》：妇，服也。《白虎通·嫁娶》：妇者，服也，服于家事，事人者也。《曲礼》：士之妃曰妇人。《正义》：妇之言服也，服事于夫也。从女持帚者，赵宧光曰：妇从女持帚，妻从又持中，可以观女人之职。”又，《说文》：“女，妇人也。”段玉裁注：“浑言之，女亦妇人；析言之，适人乃言妇人也。”《系辞传》曰：“巽一索而得女，故谓之长女。”“离再索而得女，故谓之中女。”“兑三索而得女，故谓之少女。”六二在离中，为中女，为妇。又，家人卦，离下巽上。六二曰：“无攸遂，在中馈，贞吉。”主中馈者为妇人。既济六二阴爻，又在下离之中，是以称妇。

《鄘风·硕人》：“翟茀以朝。”毛传：“翟，翟车也。夫人以翟羽饰车。茀，蔽也。”《正义》曰：“茀，车蔽也。妇人乘车，不露见。车之前后，设障以自隐蔽，谓之茀。”《齐风·载驱》：“载驱薄薄，簟茀朱鞹。”毛传：“薄薄，疾驱声也；簟，方文席也；车之蔽曰茀；诸侯之路车，有朱革之质而羽饰。”《正义》曰：“车之蔽曰茀，谓车之后户也。《释器》云：舆革，前谓之䩬，后谓之茀。李巡曰：舆革，前谓舆前，以革为车饰，曰䩬；茀，车后户名也。郭璞曰：䩬，以韦靶车轼也；茀，以韦靶后户也。又云：竹前谓之御，后谓之蔽，李巡曰：竹前谓编竹，当车前以拥蔽，名之曰御。御，止也。孙炎曰：御，以簟为车饰也。郭璞曰：蔽以簟衣后户也。如《尔雅》之文，车前后之饰，皆有革有簟，故此说车饰，云簟茀朱鞹也。彼文革饰后户谓之茀，竹饰后户谓之蔽，则茀、蔽异矣。此言车之蔽曰茀，茀、蔽为一者，彼因革与竹别，而异其文耳。其实革、竹同饰后户，俱为车之蔽塞，故此传茀蔽通言之。”既济卦，初九曰轮，六二曰妇，妇在车轮之上，即在车舆之中，则初九和九三，似车前车后之蔽。既济之时，日落月下，则日无阳光。六二谓妇丧其茀，即谓六二，前后之阳丧失，故谓妇丧其茀。谓离失其阳，即入夜之谓。

勿逐，七日得　既济与未济，乃日月阴阳之道。乾卦六变而成坤，坤卦六变而成乾，是以阴阳七变得复。复卦，震下坤上。卦辞曰："反复其道，七日来复。"《彖》曰："反复其道，七日来复，天行也。利有攸往，刚长也。复其见天地之心乎。"天行、天地之心，皆谓自然规律。既济卦，坎月之九五，居天之中；离日之六二，居地之中，当为半夜子时。经过七动，即由子，而丑，而寅，而卯，而辰，而巳，而午，成坎月在地之中，离日在天之中，即未济之象，为昼之午时。六二曰："勿逐，七日得。"谓事以时迁，屈而有伸。日，谓时辰。《象》曰："七日得，以中道也。"谓六二得夜之中道，方得日之中道，唯中道能通上下。程氏传："中正之道，虽不为时所用，然无终不行之理。故丧茀七日当复得，谓自守其中，异时必行也。不失其中，则正矣。"

九三，高宗伐鬼方，三年克之，小人勿用。

〔译〕　九三，殷高宗征伐鬼方，三年才攻克它。阴小之人，不可以用。

《象》曰："三年克之，惫也。"

〔证〕

高宗伐鬼方　《商书·说命上》疏曰："《世本》云：盘庚崩，弟小辛立；崩，弟小乙立；崩，子武丁立。是武丁，当盘庚弟小乙子也。《丧服四制》云：高宗者，武丁。武丁者，殷之贤王也。当此之时，殷衰而复兴，礼废而复起，中而高之，故谓之高宗。是德高可尊，故号高宗也。"《史记·殷本纪》曰："武丁修政行德，天下咸欢，殷道复兴。帝武丁崩，子帝祖庚立。祖己嘉武丁之以祥雉为德，立其庙为高宗，遂作《高宗肜日》及《训》。"《说苑·君道》曰："高宗者，武丁也。高而宗之，故号高宗。成汤之后，先王道缺，刑法违犯，桑谷俱生乎朝，七日而大拱。武丁召其相，而问焉。其相曰：吾虽知之，吾弗得言也。闻诸祖己：桑谷者，野草也，而生于朝，意者国亡乎？武丁恐骇，饬身修行，思先王之政，兴灭国，继绝世，举逸民，明养老。三年之后，蛮、夷重译，而朝者七国。此之谓存亡继绝之主，是以高而尊之也。"高宗，帝武丁之庙号。九三之时，离日正起于中段，日为王，是为中兴之王，为殷高宗之象。

《大雅·荡》："覃及鬼方。"毛传："鬼方，远方也。"《史记·五帝本纪》之《索隐》曰："匈奴，商曰鬼方，周曰玁狁。"《周易正义》："鬼方，国名，古代西北地区玁狁部落之一。"《积微居小学述林·释尚书多方》："《尚书》有《多方篇》，篇首云：周公曰：王若曰：猷！告尔四国多方，惟尔殷侯尹民。伪孔传释篇名，为众方天下诸侯；释告尔四国多方，为周公以王命，顺大道告四方，义俱不了。今按，方者，殷、周称邦国之辞。《战国策·赵策》云：纣醢鬼侯；而《易》既济九三爻辞云：高宗伐鬼方，三年克之。

鬼方，鬼国也。故干宝云：方，国也。是也。而《诗·大雅·常武篇》，三章曰：“徐方绎骚。又曰：震惊徐。全篇称徐方者，凡七见；而五章又曰：濯征徐国。故郑君笺《诗》，释徐方为徐国，此徐国恆称徐方也。”以杨氏所证，高宗伐鬼方，即高宗伐鬼国。

赵诚《甲骨文卜辞读本》曰：“鬼，甲骨文用作方国之名。如鬼方（甲三三四三）、鬼方（乙四O三），则为借音字。有人以为，鬼和吕同意，则鬼方即吕方。但苦于没有直接证据，不少人根据《周易》爻辞，有高宗伐鬼方，三年克之的记载，断定鬼方，曾数侵殷边侯田，后被武丁所克。显然，鬼方是与商王，为敌之方国。而卜辞却有卜问鬼方受祐之辞。如癸亥贞，旬庚午，鬼方受㞢（乙四O三），正好说明鬼方，是与商友好之主国，很可能臣属于商。”按，《竹书纪年·武乙》：“三十五年，周公季历，伐西落鬼戎。”笺按：“《后汉书·西羌传》注：武乙三十五年，伐西落鬼戎，俘二十翟王。”因鬼方臣属于商，故不来宾则伐之。鬼方，即西落鬼戎。《甲骨文编》鬼字，皆人身而巨首，示与生人有异而可畏。盖西方之人，头戴冠巾，其大似鬼，故称鬼戎。

又《商颂·殷武》曰：“挞彼殷武，奋伐荆楚，罙入其阻。”罙，深本字。周振甫《诗经译注》：“《毛诗序》：《殷武》，祀高宗也。《笺》：殷道衰，而楚人叛，高宗挞然，奋扬威武，出兵伐之，冒入其险阻。谓逾方城之隘，克其军率，而俘虏其士众。又，方玉润《诗经原始》：其有功德之君，则后世宗之，虽亲尽而不祧，别立百世不迁之庙，而特祔其主焉。六章乃作庙以安其灵。然则，此固高宗，百世不迁之庙耳。庙既落成，故祔其主而祭之，与《玄鸟》又异也。或疑商时无楚，遂谓此诗，为春秋时人作。殊不知《禹贡》，荆及衡阳为荆州，楚即南荆也。其后，成王封熊绎于荆国，以地名，非今日之所谓楚，讵得以是而疑之哉？又况《易》称高宗，伐鬼方三年克之，与此诗，罙入其阻者合。鬼方，今之乌蛮，楚属国也。其俗尚鬼，故曰鬼方。说者谓验诸屈原《九歌》。可见高宗之功，当以此为最，故诗首述之。然则高宗有庙，子孙之所以酬报之者，不亦宜哉！”谓鬼方，今之乌蛮者，即指川峡，祀鬼之少数民族，屈原《九歌》之《序》曰：“其俗信鬼而好祠。”杜甫诗有：“家家养乌鬼，顿顿食黄鱼。”

三年克之 《竹书纪年·武丁》云：“三十二年，伐鬼方，次于荆。三十四年，王师克鬼方，氐羌来宾。”笺按：“《后汉书·西羌传》：武丁伐西戎鬼方。《诗·大雅·荡》云：内奰于中国，覃及鬼方。毛传：鬼方，远方也。《世本》：陆终娶于鬼方氏之妹，曰女嬇。注：鬼方，于汉则先零戎也。要之，武丁伐鬼方，则鬼方自是国名，不得以远方概之。《竹书》言伐鬼方，次于荆，大抵即《商颂》所云，奋伐荆楚者也。”按，商在东，荆楚在中，鬼方在西，武丁伐鬼方，必先经荆楚。《竹书纪年》所记，武丁三十二年伐鬼方，三十四年王师克鬼方，是头尾三年。《象》曰：“三年克之，惫也。”古者，师不逾时，何况三年，说明历尽艰难。既济卦，下离为阳，为王，为东，为戈兵；上坎为阴，为臣，为西方。故九三之时，为高宗伐鬼方之象。又，坎月落下，离日升上，必经三动，故曰三年克之。其坎为劳，故曰惫也。明夷卦，离下坤上。九三曰："明夷于南狩，得其大首，不可疾贞。"其义与高宗伐鬼方，三年克之相似，皆谓阳克阴，昼将来临，夜将过去。

小人勿用 《商书·说命》之《序》曰："高宗梦得说，使百工营求诸野，得诸傅岩。"高宗思得贤人，无意于百官，而使人求之于野，以作良弼，故曰小人勿用。《资治通鑑外纪》，刘恕曰："武丁即位之初，殷道中衰，甘盘遁世，朝多具臣。傅说贤而隐胥靡，一旦举而用之，出于微贱，众必骇怪，故托于梦寐，旁求天下，置诸左右，如天所授，群臣莫之疑惧，而傅说之道得行也。"高宗，置朝中备位充数之臣于不用，而求贤良，是见小人之害，故此勿用。刘恕曰："仲尼刋《书》而存之，可以见武丁之意矣。武丁开先祖之府，取其明法，以为君臣上下之节。"按，高宗中兴，盖以勿用小人为始觞。于象，离日为阳，为大；坎月为阴为小，阴消阳息，小人勿用。又，三与上对应，九三阳爻，为大；上六阴爻，为小。九三动，则往上；上六动，则向下。此亦用君子，不用小人之象。

六四，繻有衣袽，终日戒。

〔译〕 六四，月亮似帛又著绵，终日戒惧。

《象》曰："终日戒，有所疑也。"

〔证〕

繻有衣袽 《说文》："繻，缯采色。从糸，需声。读若《易》繻有衣袽。"又，《玉篇》："繻，汝俱切。细密之罗也，𦈡也。又，思俱切。帛边也，古者过关，以符书帛裂而分之，若今券也。"《春秋经》隐公二年曰："九月，纪裂繻来逆女。冬，十月，伯姬归于纪。纪子帛、莒子盟于密。"杜预注："子帛，裂繻字也。"杨伯峻《春秋左传注》曰："纪子帛，杜预以为，即纪裂繻，子帛为其字。而《水经注·淮水篇》云：游水又东北，迳纪鄣故城南，故纪子帛之国。则郦道元以帛为纪子之名。考《春秋经》，于纪国之君，皆称纪侯，无称纪子者，且裂繻字子帛，名、字实相应，则杜预之说，是也。说本毛奇龄，《春秋简书刋误》。"裂繻即子帛，是繻即帛。又，《汉书·终军传》，颜师古注："张晏曰：繻，符也。书帛裂而分之，若契券矣。"是繻即帛。《说文》："帛，缯也。从巾，白声。凡帛之属，皆从帛。"段玉裁注："糸部曰：缯，帛也。《聘礼》、《大宗伯》注，皆云：帛，今之璧色缯也。"按，繻者，帛；帛者，璧色缯；璧色缯者，白色而璧圆之丝帛。既济卦，四之上为坎，坎为月。六四曰繻有衣袽，繻即谓月，如璧圆之帛。

《经传释词》曰："有，犹又也。《诗·终风》曰：终风且曀，不日有曀。笺、注并曰：有，又也。有、又古同声，故有字或通又。《易·系辞传》：履信思乎顺，又以尚贤也。郑、虞本，又并作有。"又曰，"《易·蛊·彖传》曰：终则有始，天行也。言终则又始也。王弼注：终则复始。"《助字辨略》："《仪礼·士相见礼》：主人对曰：某子命某见，吾子有辱。郑注云：有，又也。疏云：郑转有为又者，以言某子，以命命某，往就彼见，吾子又自辱来，于义为便，故从又，不从有也。"是繻有衣袽，读作繻又衣袽。又，《小雅·斯干》："载衣之裳，载弄之璋。"郑笺："衣以裳者，明当主于外事也。"孔疏："衣著之以裳，玩弄之以璋也。"《论语·子罕》："衣敝缊袍，与衣狐貉者立，而不耻者，其由也与？"衣，名词用作动词，当穿著讲。《系辞传》曰："古之葬者，厚衣之以薪，葬之中野，不封不树，丧斯无数；后世圣人，易之以棺椁，盖取诸大过。"是衣，又作覆盖包裹讲。

《释文》云："衣袽，女居反，丝袽也。王肃音如。《说文》作絮，云缊也。《广雅》云：絮，塞也。子夏作茹，京房作絮。"《释文彙校》曰："絮，宋本同。"按，《说文》有絮而无袽，袽当为絮之异体字。《说文》："絮，敝绵也。从糸，如声。"段玉裁注："绵者，联微也，因以为絮之称。敝者，败衣也，因以为孰之称。敝绵，孰绵也，是之谓絮。凡絮，必丝为之，古无今之木绵也。以絮纳袷衣间为袍，曰褚。"亦曰装。褚亦作著。以麻缊为袍，亦曰褚。"颜师古注《急就篇》曰："渍茧擘之，粗者为绵，精者为絮。"《汉书·文帝纪》："絮三斤。"师古注："絮，绵也。"《睡虎地秦墓竹简·治狱程式》："帛里，丝絮五斤装。"既济六四，繻为帛，有为又，衣为著，袽为絮为绵，繻有衣袽，即帛又著绵。四之上为坎，坎为月。月与日相对应，是为满月。此时月白如帛，中之阴影似绵，是以谓繻又衣袽。

终日戒 《白虎通·日月》云："《感精符》曰：三纲之义，日为君，月为臣也。日月所以悬昼夜者何？助天行化，照明下地。故《易》曰："悬象著明，莫大于日月。"疏证："《古微书》载《考灵耀》云：日行迟，月行疾何？君舒臣劳也。日，日行一度；月，日行十三度，十九分度之七。故日一月，行二十九度半余；月一月行天一匝，三百六十五度，四分度之一。过而更行，二十九度半余，而与日会。所会之处，谓之为辰也。"《虞书·尧典》曰："乃命羲和，钦若昊天，历象日月星辰，敬授人时。"又曰，"汝羲暨和，期，三百有六旬有六日，以闰月定四时成岁。"钦若昊天，敬授人时，月行必有期。此所以终日戒之意。又，《夏书·胤征》之《序》曰："羲和湎淫，废时乱日，胤往征之。"以天文言，月行度疾，每月晦朔，务与日会，是以终日戒。以人文言，日为君，月为臣，君舒臣劳，不可或失，是以终日戒。《象》曰："终日戒，有所疑也。"谓如上述，有所疑惧。《系辞传》曰："二与四，同功而异位，其善不同。二多誉，四多惧，近也。"谓近五之君，伴君如伴虎，故终日戒，多疑惧。又，下离为日，上坎为月，四在离终之后，为终日。《说卦传》曰："坎为加忧。"是亦为终日戒惧。

九五，东邻杀牛，不如西邻之禴祭，实受其福。

〔译〕 九五，月于东方盛祭日，不如于西方薄祭日，实受福祐。

《象》曰："东邻杀牛，不如西邻之时也，实受其福，吉大来也。"

〔证〕

东邻杀牛 《说文》："邻，五家为邻。"引伸为比邻，故东、南、西、北、中为邻。牛马属地类，是以为阴物。无妄卦，六三曰："无妄之灾，或系之牛，行人之得，邑人之灾。"《象》曰："行人得牛，邑人灾也。"大畜卦，六四曰："童牛之牿，元吉。"离卦，卦辞曰："离，利贞，亨，畜牝牛吉。"《彖》曰："百谷草木丽乎土，重明以丽乎正，乃化成天下。"谓阳畜阴物吉。遁卦，六二曰："执之用黄牛之革，莫之胜说。"《象》曰："执用黄牛，固志也。"睽卦，六三曰："见舆曳，其牛掣。"革卦，离下兑上，初九曰："巩用黄牛之革。"《象》曰："巩用黄牛，不可以有为也。"六二黄中，为黄牛。以六二乘制初九，为巩用黄牛之革。故《说卦传》曰："坤为牛。"又，"坤为子母牛。"《春秋说题辞》曰："牛为阴事，牵耦耜耕也，故在丑。"丑在十二支之二，为偶数，为阴。月为阴之精，月在东方时，是每月晦朔之时，月杀而无光。东邻杀牛，即谓月在东方，晦朔之日，死而无光。

《虞书·舜典》："归，格于艺祖，用特。"《正义》曰："巡守既周，乃归京师，至于文祖之庙，用特牛之牲，设祭以告，巡守归至也。"《礼记·曲礼下》曰："天子以牺牛，诸侯以肥牛，大夫以索牛，士以羊豕。"《大戴礼·曾子天圆篇》："诸侯之祭，牛，曰大牢；大夫之祭牲，羊，曰少牢；士之祭牲，特豕，曰馈食；无禄者稷馈，稷馈者无尸，无尸者厌也。"《礼记·王制》曰："天子社稷皆太牢，诸侯社稷皆少牢。"古代祭祀，牛、羊、豕，三牲具，谓太牢；只具羊、豕，谓少牢。又，或仅具牛，谓太牢；或仅具羊，谓少牢。故东邻杀牛，是盛大之祭，郊以特牲，可谓丰厚。王弼曰："牛，祭之盛者。"程氏传："杀牛，盛祭也。"《史记·封禅书》曰："祭日以牛。"《汉书·郊祀志上》亦曰："祭日以牛。"是东邻杀牛，乃谓祭日，即杀太阴之光，祭其太阳。月为阴为牛。

不如西邻之禴祭 《尔雅·释天》："春祭曰祠，夏祭曰礿，秋祭曰尝，冬祭曰烝。"《小雅·天保》："禴祠烝尝，于公先王。"毛传："春曰祠，夏曰禴，秋曰尝，冬曰烝。"《正义》曰："孙炎曰：祠之言食；礿，新菜可汋；尝，尝新谷；烝，进品物也。

若以四时，当云祠、礿、尝、烝。诗以便文，故不依先后。”《周礼·大宗伯》：“以祠春享先王，以礿夏享先王，以尝秋享先王，以烝冬享先王。”《礼记·祭统》：“凡祭有四时，春祭曰礿，夏祭曰禘，秋祭曰尝，冬祭曰烝。”郑氏注：“谓夏、殷时礼也。”《礼记·王制》：“天子、诸侯，宗庙之祭，春曰礿，夏曰禘，秋曰尝，冬曰烝。”郑注：“此盖夏、殷之祭名；周则改之，春曰祠，夏曰礿，以禘为殷祭。”《正义》曰：“春曰礿者，皇氏云：礿，薄也。春物未成，其祭品鲜薄也。”既济九五，礿祭与杀牛对称，即薄祭与厚祭对称。按，周朝正月建子，殷朝正月建丑，夏朝正月建寅。周之四、五、六月，是夏之二、三、四月，周之夏季，大致相当于夏之春季，故周之夏祭曰礿，夏之春祭曰礿，季节易名，而时则大抵未变。

《管子·轻重己》曰：“冬尽而春始，天子东出其国，四十里而坛，号曰祭日。”古时，春分祭日，秋分祭月。九五礿祭当春，故是祭日。《礼记·礼运》曰：“故天秉阳，重日星；地秉阴，窍于山川。播五行于四时，和而后月生也。是以三五而盈，三五而缺。”《正义》曰：“和而后月生也者，若四时不和，日月乖度，寒燠失所，则月不得依时而生。若五行四时调和，道度不失，而后月依时而生也。是以三五而盈，三五而缺者，以其依时得节，是以三五十五日，而得盈满，又三五十五日，而亏缺也。”据上，东邻杀牛，谓月祭日；西邻礿祭，亦谓月祭日。东邻杀牛，不如西邻之礿祭者，谓月晦朔之时，在东与日会重，不见其光；月十五之时，在西与日相望，见其满月。即月在东时，牺牲祭日而无光；月在西时，遥遥相望，而如瓜饼：是谓东邻杀牛，不如西邻之礿祭。故其《象》曰：“东邻杀牛，不如西邻之时也。”谓月于晦朔之时，不如于望之时。

实受其福　《吕氏春秋·精通》曰：“月也者，群阴之本也。月望则蚌蛤实，群阴盈。月晦则蚌蛤虚，群阴亏。夫月形乎天，而群阴化乎渊。”高诱注：“月，十五日盈满在西方，与日相望也。蚌蛤阴物，随月而盛，其中皆实满也。”《资治通鑑·晋记二十五》，咸安元年：“诘朝月望，文武并会。”胡三省注：“日行迟，一年一周天。月行速，一月一周天，而与日会。日月之会，谓之合朔。自合朔之后，月又先日而行，至十五日，日月相望，谓之月望。”杨泉《物理论》曰：“月阴之精，其形也圆，其质也清。禀日之光，而见其体；日不照，则谓之魄。故月望之日，日月相望，人居间，尽睹其明，故形圆也。二弦之日，日照其侧，人观其旁，故半照半魄也。晦朔之日，日照其表，人在其里，故不见也。”故东邻杀牛，不如西邻之礿祭，月十五日时，盈满在西方，实受其福。《象》曰：“实受其福，吉大来也。”谓月尽得日之光照，而大明于天下。

又，《礼记·坊记》：“《易》曰：东邻杀牛，不如西邻之礿祭，实受其福。”郑氏注：“东邻，谓纣国中也；西邻，谓文王国中也。此辞在既济。既济，离下坎上。离为牛，坎为豕。西邻礿祭则用豕，与言杀牛而凶，不如杀豕受福。喻奢而慢，不如俭而敬也。

《春秋传》曰：黍稷非馨，明德惟馨。信矣。”《汉书·郊祀志下》曰：“东邻杀牛，不如西邻之汋祭，言奉天道，贵以诚质，大得民心也。行秽祀半，犹不蒙祐；德修荐薄，吉必大来。”师古曰：“此《易》既济九五爻辞也。东邻，谓商纣也；西邻，周文王也；禴祭，谓汋煮新菜以祭。言祭祀之道，莫盛修德，故纣之牛牲，不如文王之蘋藻也。”《论衡·祀义篇》：“《易》曰：东邻杀牛，不如西邻之禴祭。夫言东邻不若西邻，言东邻牲大福少，西邻祭少福多也。此亦谓修具谨洁，与不谨洁也。纣杀牛祭，不致其礼；文王禴祭，竭尽其敬。夫礼不致，则人非之；礼敬尽，则人是之。是之，则举事多助；非之，则言行见畔。见畔，若祭不见享之祸；多助，若祭见歆之福。非鬼为祭祀之故，有喜怒也。”《论衡·校释》曰：“东邻谓纣，纣治朝歌，在东。西邻谓文王，文王国于岐周，在西。”既济九五，得坎月十五，中正之位，有离日六二正应，为望日，是以时至福祐，谓吉大来。

上六，濡其首，厉。

〔译〕 上六，月头已向大海浸入，危恶。

《象》曰：“濡其首，厉，何可久也。”

〔证〕

濡其首 乾卦用九曰：“群龙无首。”比卦上六曰：“比之无首。”噬嗑卦上九曰：“何校灭耳。”耳在首。大过卦上六曰：“过涉灭顶。”顶，首顶。离卦上九曰：“有嘉折首。”咸卦上六曰：“咸其辅颊舌。”大壮卦上六曰：“羝羊触藩。”触角在首。晋卦上九曰：“晋其角。”角在首。姤卦上九曰：“姤其角。”革卦上六曰：“小人革面。”面亦在首。归妹卦上六曰：“士刲羊。” 刲刺于首。丰卦上六曰：“三年不觌。”觌面亦谓首。旅卦上九曰：“旅人先笑后号咷。”眼口皆在首。既济卦初九曰：“濡其尾。”上六曰：“濡基首。”未济卦初六曰：“濡其尾。”上九曰：“濡其首。”更是首尾对称。《系辞传》曰：“仰以观于天文，俯以察于地理，是故知幽明之故；原始反终，故知生死之说。”又曰：“《易》之为书也，原始要终，以为质也。惧之以终始，其要无咎，此之谓《易》之道也。”是以，《易》称首尾者多，其义在知变化之道，以定吉凶。

古之浑天说，谓浮天载地者为水，日月经过其中。《山海经》有《海外南经》、《海外西经》、《海外北经》、《海外东经》，谓四方之外皆海。故《海外南经》曰：“地之所载，六合之间，四海之内，照之以日月，经之以星辰，纪之以四时，要之以太岁。”谓照之以日月，即谓日月由东海升起，至西海落下。《说文》曰：“州，水中可居曰州。”是禹分九州，九州之外为水。《淮南子·地形训》曰：“九州之大，纯方千里。九州之外，乃有八殥，亦方千里。自东北方曰大泽，曰无通；东方曰大渚，曰少海；东南方曰具区，曰元泽；南方曰大梦，曰浩泽；西南方曰渚资，曰丹泽；西方曰九区，曰泉泽；西北方曰大夏，曰海泽；北方曰大冥，曰寒泽。凡八殥八泽之云，是禹九州。"高诱注；"殥，犹远也。"是九州八方之外，皆为泽。月亮由东方海泽升起，上六已过九五之中，又向西方海泽落下，故曰濡其首。又，《说卦传》曰："坎为下首。"荀爽曰："水之流，首卑下也。"上六在坎首，故曰濡其首。

厉　乾卦《文言》曰："九三曰：君子终日乾乾，夕惕若，厉无咎，何谓也？子曰：君子进德修业，忠信所以进德也；修辞立其诚，所以居业也。知至至之，可与几也；知终终之；可与存义也。是故居上位而不骄，在下位而不忧。故乾乾因其时而惕，虽危无咎矣。"是厉当危讲。既济卦，离下坎上。月行疾速，犹君子之忠信，终日乾乾而夕惕；其落亦不稍息，以其征程漫漫；又将艰难危恶，故曰濡其首，厉。又，晋卦，坤下离上。上九曰："晋其角，维用伐邑，厉吉无咎。"《象》曰："维用伐邑，道未光也。"晋卦上九，谓日之落；既济上六，谓月之落。同谓厉者，谓同为往者。往者屈，故厉。屈伸消息，自然之道，故晋卦上九曰无咎。又，自然之道有时，故既济上六《象》曰："厉，何可久也？"言月往则日来，日往则月来，七时得复。故上六前往，虽然危厉，又何可长久？意谓不久。

第六十四卦　昼

☲☵ 离上
坎下

未济，亨。小狐汔济，濡其尾，无攸利。

〔译〕　未济，太阳亨通。月亮过渡至太阳下，浸湿日尾，无所利。

《彖》曰："未济亨，柔得中也。小狐汔济，未出中也。濡其尾，无攸利，不续终也。虽不当位，刚柔应也。"

《象》曰："火在水上，未济，君子以慎辨物居方。"

〔证〕

坎下离上　《开元占经》："张衡《浑仪注》曰：浑天如鸡子，天体圆如弹丸。地如鸡子中黄，孤居于内。天大而地小，天表里有水。天之包地，犹壳之裹黄。天地各乘气而立，载水而浮。周天三百六十五度，四分度之一。又中分之，则一百八十二度，八分之五覆地上；一百八十二度，八分之五绕地下。故二十八宿，半见半隐，其两端谓之南北极。北极乃天之中也，在正北，出地上三十六度。然则北极，上规径七十二度，常见不隐。南极天之中也，在南，入地三十六度。南极，下规七十二度，常伏不见。两极相去，一百八十二度半强。天转如车毂之运也，周旋无端，其形浑浑，故曰：浑天也。赤道横带天之腹，去南北二极，各九十一度，十九分度之五。横带者，东西围天之中要也。然则北极小规，去赤道五十五度半；南极小规，亦去赤道五十五度半，并出地入地之数，是故，各九十一度半强也。黄道斜带，其腹出赤道，表里各二十四度。"

又曰，"日之所行也，日与五星行黄道，无亏盈。月行九道：春行东方，青道二；夏行南方，赤道二；秋行西方，白道二；冬行北方，黑道二：四季还行黄道。故月行有亏盈，东西南北随八节也。日最短经黄道南，在赤道外二十四度，是其表也。日最长经黄道北，去赤道内二十四度，是其里。故夏至去极，六十七度而强；冬至去极，百一十五度亦强。日行而至斗，二十一度，则去极一百一十五度少强。是故日最短，夜最长，景极长。日出辰入申。昼行地上，一百四十六度强；夜行地下，二百一十九度少强。夏至日在井，二十五度，去极六十七度少强。是故日最长，夜最短，景极短。日出寅入戌。昼行地上，二百一十九度少强；夜行地下，一百四十六度强。"如《浑仪注》所述，日月在天地中行走，状如济水。《易》以阳为主，日已过天，则为既济，为夜；日未过天，则为未济，为昼。

《说文》："易，晰易、蝘蜓、守宫也，象形。《祕书》说曰：日月为易，象侌昜也。"段玉裁注："《祕书》，谓《纬书》。按《参同契》曰：日月为易，刚柔相当。陆氏德明引虞翻注：《参同契》云：字从日下月。象阴阳也，谓上从日象阳，下从月象阴。”桂馥义证：“《参同契》又云：离已日精，坎戊月光。馥案：《易》上经以坎离终，下经既济未济，亦坎离也，此即日月为易之义。”按，一字多象多义，盖易字亦象日月。《易乾坤凿度》云：“《易》名有四，义本日月相衔。”郑氏注：“日往月来，古日下有月为易。生万物不难，故《易》准天地也。变易不定，轮转交易，阴阳是为交易。阴交于阳，阳交于阴，周圆反复，若圜不息。圣人之道，唯易无穷，神智通冥昧。不更改天地名，君臣位，父子上下宜。”此即日下有月，为易之谓。《洪武正韵》引《大传》曰：“四营而成易。于文，日月为易。”《白虎通》亦曰：“日月之光明，则如易矣。”又 ，《庄子·天下篇》曰：“《易》以道阴阳。”《系辞传》曰：“阴阳之义配日月。”是易为日月。未济卦，离上坎下。离为日，坎为月，日上月下为昼。夜以继日，易而不息，为未济。

《说文》：“昒，尚冥也。从日，勿声。”段玉裁注：“冥者，窈也，幽也。自日入，至于此，尚未日出也。《司马相如传》：曶爽暗昧，得耀乎光明。然则曶光未明也。按，汉人曶昧通用不分，故《幽通赋》：昒昕寤而仰思。曹大家曰：昒昕，晨旦明也。韦昭曰：昒，昧、忽两音。郭璞注《三仓解诂》云：曶，旦明也。然则独许，分别曶为未明，昧爽为且明。以其时相际，故说之者异。大徐作昒，故皆有之。呼骨切，十五部；按韦音，梅愦切；《字林》音勿：皆与昧通用之证。”《玉篇》：“昒，旦明也。”《集韵》：“昒，未明也。”《字彙》引宋罗泌云：“日月为易，而反正为勿。勿者，月彩之散者也。散于日下为易，散于日上为曶，相对为明，对而亏为昒。易者，朔也；曶者，晦也；明者，望也；昒者，望而食者也。”《汉书·郊祀志》：“十一月辛巳朔旦，冬至昒爽，天子始郊拜泰一。”颜师古注：“昒爽，谓日尚冥，盖未明之时也。”又，《龙龛手鑑》：“曶，同旸。”《正字通》：“昒，移勿置日上作曶，形别，义一。”

《卜辞》：“壬寅易日？壬寅雺？”（续五·一０·三）。又，“酌中丁易日？”（后上一七·一）。对仲丁酌祭，卜问易日。又，“岁大戊廾牢易日？”（粹二一七）。用廾牢向大戊岁祭，卜问易日否。又，“辛巳卜，王步乙酉易日？”（合集二四０一）。《甲骨文编》曰：“易日，易犹变也，犹今言变天。”按，易为日月之象，日月为阴阳，卜问易日，即卜问是晴朗天，还是阴雨天。《祕书》等所云，与卜辞合。甲文易为㢟，郭沫若读晹，日覆云，暂见也。又用为锡。盖亦日月阴阳之象。《说文》曰：“易，开也。从日、一、勿。”段玉裁注：“此陰陽（阴阳）正字也。陰陽行，而侌昜废矣。辟户谓之乾，故曰开也。”桂馥义证：“开，谓明也。《尚书》：明四目，《韩诗外传》，作开四目。当云从旦勿。旦者，开阳也。勿在日旁为冥，勿在旦下为开。”按，易字象日月，故日在地上，月在地下，为昜；一，为地平线。未济卦，离上坎下。上卦位天，下卦位地。离为日，坎为月，日在天上，月在地下，是为昜，即阳。夜为阴，昼为阳，是未济卦，为昼卦。

《楚辞·离骚》："日月忽其不淹兮，春与秋其代序。"王逸注："淹，久也；忽，《释文》作曶；代，更也；序，次也。言日月昼夜常行，忽然不久。春往秋来，以次相代。"既济卦，离下坎上，月亮升上，太阳落下；未济卦，坎下离上，太阳升上，月亮落下。又，初之三，为坎为月；二之四，为离为日。为月在下，日在上。二之四，为离为日；三之五，为坎为月。为日在下，月在上。三之五，为坎为月；四之上，为离为日。为月在下，日在上。如此日月相推，昼夜相代，天时运转不停，乃至无穷。又，初六为阴为月，九二为阳为日，六三为阴为月，九四为阳为日，六五为阴为月；上九为阳为日。《系辞传》曰："一阴一阳之谓道。继之者善也，成之者性也。"按，日月迭运，亦阴阳迭运，即昼夜迭运。未济在既济之后，继之以阳，是继之以昼之象。

又，《九歌·东君》："暾将出兮东方，照吾槛兮扶桑。抚余马兮安驱，夜皎皎兮既明。驾龙辀兮乘雷，载云旗兮委蛇。长太息兮将上，心低回兮顾怀。羌声色兮娱人，观者憺兮忘归。青云衣兮白霓裳，举长矢兮射天狼。操余弧兮反沦降，援北斗兮酌桂浆。撰余辔兮高驼翔，杳冥冥兮以东行。"王逸注："谓日始出东方，其容暾暾而盛大也。吾，谓日也。言东方有扶桑之木，其高万仞。日出，下浴于汤谷，上拂其扶桑，爰始而登，照耀四方。日以扶桑为舍槛，故曰：照吾槛兮扶桑也。余，谓日也。言日既升天，运转而西，将过太阴，徐抚其马，安驱而行。虽幽昧之夜，犹皎皎而自明也。言日以龙为车辕，乘雷而行，以云为旌旗，委蛇而长。言日将去扶桑，上而升天，则徘徊太息，顾念其居也。言日色光明，旦耀四方，人观见之，莫不娱乐，憺然意安，而忘归也。言日神来下，青云为上衣，白蜺为下裳也。日出东方，入西方，故用其方色，以为饰也。天狼，星名，以喻贪残。日为王者，王者受命，必诛贪残，故曰举长矢，射天狼，言君当诛恶也。言日诛恶以后，复循道而退，下入太阴之中，不伐其功也。斗，谓玉爵。言诛恶既毕，故引玉斗酌酒浆，以爵命贤能，进有德也。驼，一作驰，一无此字。言日过太阴，不见其光，出杳杳，入冥冥，直东行而复出。或曰：日月五星，皆东行也。"又，《题解》："《博雅》曰：朱明耀灵，东君日也。"未济卦，离上坎下。上离为火为日，位东方，为暾将出兮东方；下坎为阴为月，为夜皎皎兮既明。离为东为青，坎为西为白，上衣下裳，为青云衣兮白霓裳。《易》爻之动，下往上行，上折下来。未济由既济而来，即离日由下升天，往西而下，再由西往东行，为撰余辔兮高翔，杳冥冥兮以东行。是坎下离上，为东君日之象，为朱明耀灵，为昼。

《三坟·乾坤易传》曰："日天中道，圣人以分昼景。月天夜明，圣人以辨昏象。日地圜宫，圣人以祭日。月地斜曲，圣人以正经界。阳形日，圣人以继照下。天日照明，圣人以求贤代明。地日景随，圣人以德教化民。日月从朔，圣人以推气候。山日沉西，圣人以思贤继治。川日流光，圣人以恩及虫鱼。云日蔽阴，圣人以明察左右。气日昏蔀，圣人以修国政。阴形月，圣人以命相代政。天月淫，圣人以机审大臣。地月伏辉，圣人以访求贤隐。日月代明，圣人以君臣代政。山月升腾，圣人以命相统治。川月东浮，圣人以恩及命妇。云月藏宫，圣人以慎内政。气月冥阴，圣人以慎群小。日山危峰，圣人以慎孤高。月山斜颠，圣人以慎危覆。日川湖，圣人以聚财养士。月川曲池，圣人以教民漉网。日云赤昙，圣人以防慎火灾。月云素雯，圣人以占测治乱。日气昼围，圣人以决灾变。月气夜圆，圣人以定方象。”日照昼，月照夜。《系辞传》曰：“通乎昼夜之道而知。仁者见之谓之仁，知者见之谓之知。县象著明，莫大乎日月。”

《阴符经》曰：“日月有数，大小有定，圣功生焉，神明出焉。”李筌疏：“日月者，阴阳之精气也，六合之内，为至道也。日月度数大小，律历之所辩，咸有定分，运转不差。故云日月有数，大小有定。圣功生焉者，六合之内，赖此日月照烛。阴阳运行，而生成万物，有动植，功力微妙至于圣，故曰圣功生焉。神明出焉者，阴阳不测之谓神，日月晶朗之谓明。言阴阳之神，日月至明，故曰神明。言天地万物，皆承圣功，神明而生。有从无出，功用显著，故曰神明出焉。又言，世间万物，皆禀此圣功而生。大之与小，咸有定分，不相违越，则小不羡大，大不轻小。故《庄子》言：鹏鷃各自逍遥，不相谴羡。此大小有定之义。又言，上至王侯，下至黎庶，各有定分，不相倾压，上下和睦，岁稔时雍，名曰太平，故曰中有富国安人之法。”张果传：“日月有准，运数也；大小有定，君臣也。观天之时，察人之事，执人之机，如是则圣得以功，神得以明，心宜合理，安之善也。”日月之数，大小有定，既是日月之道，亦即既济、未济之道。由阴到阳，由阳到阴，日月运行，昼夜运转，即天地之道浸，阴阳相推，阴阳相胜，于是万物生焉。是《易》乾、坤，为天覆地载；既济、未济，为阴阳相推；中间六十甲子，为万物生消。

未济 朱骏声《说文通训定声》曰：“未，木老枝叶重也。又假借为助语之词，与非、弗同意。《易》：未济。《仪礼·乡射礼》：众宾未拾取矢。注：犹不也。《秦策》：而未能复战也。注：无也。《荀子·正论》：且徵其未也。注：谓将来。”《周南·汝坟》：“未见君子，惄如调饥”；“既见君子，不我遐弃。”郑笺：“惄，思也。未见君子之时，如朝饥之思食；已见君子，君子反也，于已反得见之，知其不远弃我。”《论语·阳货》：“其未得之也，患得之；既得之，患失之。”既、未对举，既，为已经；未，为尚未。《尔雅·释言》：“济，渡也。”渡，本为渡水。既济卦与未济卦，皆以过渡为况。按，浮天载地为水。既济，离下坎上，日在地下，月在天上，谓既济。未济，坎下离上，月在地下，日在天上，谓未济。是日已过天来下，为既济；日未过天来下，为未济。

乾卦《彖》曰：“大明终始，六位时成，时乘六龙以御天。”晋卦，坤下离上。《彖》

曰："晋，进也。明出地上，顺而丽乎大明。"是大明谓之日。《礼记·礼器》："大明生于东，月生于西，此阴阳之分。"郑氏注："大明，日也。"白居易《为宰相贺赦表》曰："大明升而六合晓，一气熏而万物春。"文天祥《发陵州》诗曰："大明朝东出，皎月正在天。"按，《诗》有《大明》，其《序》曰："《大明》，文王有明德，故天复命武王也。"大明，在天为日，在地为王。《尧典》云："曰若稽古帝尧，曰放勳，钦明文思安安，允恭克让，光被四表，格于上下。"光被四表，格于上下，即谓帝尧，谓其明德，如日光普照。故侯果曰："大明，日也；六位，天地四时也。六爻，效彼而作也。大明，以昼夜为终始，六位，以相揭为时成。言乾乘六气，而陶冶变化，运四时而统御天也，故曰时乘六龙，以御天也。故《乾凿度》曰：日月终始万物，是其义也。"既济卦，离下坎上，离为日为乾卦，离日来下，为大明之终，为夜。未济卦，坎下离上，离日升上，为大明之始，为昼。所谓六位时成，盖即子、丑、寅、卯、辰、巳六时。此六时，为阳来用事，为未济。

蛊卦《彖》曰："终则有始，天行也。"恆卦《彖》曰："终则有始也。"虞翻曰："乾为始，坤为终，故终则有始。"荀爽曰："谓乾气下终，始复升上居四也；坤气上终，始复降下居初者也。"孔颖达《周易正义》曰："若天之行，四时既终，更复从春为始。"胡炳文《周易本义通释》曰："乱之极，而治之始，虽天运也，亦人事致然也。"程氏传曰："有始则必有终，既终则必有始，天之道也。"朱熹《周易本义》曰："乱之终，治之始，天运然也。"《周易折中》引龚焕曰："事之坏而新之，是谓终则有始。"赵汝楳《周易辑闻》曰："谓事虽有终，我行不已，则终者复有始，所以体天地之道也。"大明有终始：既济，离下坎上，为日终月始；未济，坎下离上，为月终日始。《系辞传》曰："原始要终，以为质也。"又曰，"惧以终始，其要无咎，此之谓《易》之道也。"《周易》，乾为始，坤为终，明原始要终。既济为终，未济为始，明终则又始。皆一阴一阳之道，故既济之后，为未济。《序卦传》曰："物不可穷也，故受之以未济终焉。"是终而又始，即无穷尽。

《大戴礼记·本命》曰："分于道谓之命，形于一谓之性，化于阴阳，象形而发谓之生，化穷数尽谓之死。故命者，性之终也，则必有终矣。阴穷反阳，阳穷反阴，是故阴以阳化，阳以阴变。"王聘珍解诂："分，制也。道者，天地自然之理。命，谓人物所禀受度也。形，兆也。《说文》云：惟初太始，道立于一，造分天地，化成万物。董仲舒云：性者，生之质也。化谓变化，独阴不生，独阳不生，阳阴变化，品物流形。发，犹出也。化，谓阴阳之化。数，谓形于一之数。穷尽者，久而游散也。死之言澌也，生机澌灭也。命禀于有生之前，性形于受命之始，命制其性之始，即已定其终，有始必有终也。《易》曰：原始反终，故知死生之说。穷，极也。阴极于上，则阳已复于下，剥之反为复也。阳极于上，则阴已复于下，夬之反为姤也。阴不自化，得阳而化；阳不自变，得阴而变。《韩诗外传》云：阴阳消息，则变化有时矣。”《易》以乾、坤始，以既济、未济终。乾、坤言道分阴阳；既济、未济言阴阳转换。是阴阳贯通始终，万物消长其中，终而又始，是以谓之未济。

亨 《彖》曰：“未济亨，柔得中也。”指六五在中位。荀爽曰：“柔上居五，与阳合同，故亨也。”虞翻曰：“柔得中，天地交，故亨。”王弼注：“以柔处中，不违刚也，能纳刚健，故得亨也。”程氏传：“所以能亨者，以柔得中也。五以柔居尊位，居刚而应刚，得柔之中也。刚柔得中，处未济之时，可以亨也。”按，《系辞传》曰：“日往则月来，月往则日来，日月相推，则明生焉。寒往则暑来，暑往则寒来，寒暑相推，而岁成焉。往者屈也，来者信也，屈信相感，而利生焉。”又曰，“往来不穷谓之通。”既济、未济，日月往来不穷，乃自然常理，故皆亨。《彖》曰：“既济亨，小者亨也。”“未济亨，柔得中也。”小者亨，谓坎月亨；柔得中，谓离日亨。六五虽柔，但得中位。中则行，中则通，为亨通。又，《彖》曰：“虽不当位，刚柔应也。”刚柔应，即阴阳应，相应相通，为亨通。

同人卦，离下乾上。《彖》曰：“同人，柔得位得中，而应乎乾，曰同人。”又曰，“文明以健，中正而应，君子正也。唯君子，为能通天下之志。”朱熹曰：“通天下之志，乃为大同。不然，则是私情之合而已，何以致亨，而利涉哉？”大有卦，乾下离上。《彖》曰：“大有，柔得尊位，大中而上下应之，曰大有。其德刚健而文明，应乎天而时行，是以元亨。”贲卦，离下艮上。《彖》曰：“贲，亨。柔来而文刚，故亨。”离卦，离下离上。《彖》曰：“离，丽也。日月丽乎天，百谷草木丽乎土，重明以丽乎正，乃化成天下。柔丽乎中正，故亨。”晋卦，坤下离上。《彖》曰：“晋，进也。明出地上，顺而丽乎大明，柔进而上行，是以康侯，用锡马蕃庶，昼日三接也。”此亦谓离亨。睽卦，兑下离上。《彖》曰：“得中而应乎刚，男女睽，而其志通也。”通，亦亨。革卦，离下兑上。《彖》曰：“文明以说，大亨以正。”鼎卦，巽下离上。《彖》曰：“得中而应乎刚，是以元亨。”丰卦，离下震上。《彖》曰：“丰，大也。明以动，故丰。王假之，尚大也。勿忧，宜日中，宜照天下也。”照天下为亨。中孚卦，兑下巽上。大离之象。《彖》曰：“中孚以利贞，乃应乎天也。”谓六三阴，与上九阳应；六四阴，与初九阳应。阳为天，应于天亦亨。《彖》曰：“未济亨，柔得中也。”是谓离亨。未济之时，离日在上，上为天。在天之中，光被四表，格于上下，为亨通。此其天文。又，离为大明。其于人文，则为文武之王，文明之君，天下归从，万邦作孚，是以为亨通。

小狐汔济 《说卦传》曰：“坎为隐伏，为下首，为薄蹄。”故《荀九家》曰：“坎为狐。”解卦，坎下震上。九二曰：“田获三狐，得黄矢，贞吉。”王弼注：“狐者，隐伏之物也。刚中而应，为五所任，处于险中，知险之情，以斯解物，能获隐伏也，故曰田获三狐也。黄，理中之称也；矢，直也。田而获三狐，得乎理中之道，不失枉直之实，能全其正者也，故曰田获三狐，得黄矢，贞吉也。”朱骏声《六十四卦经解》：“坎为狐，亦为弓，离为黄矢。狐，穴地隐伏。黄矢刚中，横贯狐体，为获。离，三数，获狐则亦得矢。”是皆以坎为狐。未济卦，因坎为狐为月，月为阴，阴为小，故谓坎月为小狐。《周易》，常以物形物性取象。既济卦，离下坎上。初九以轮喻日，是取其形。未济卦，坎下离上。卦辞以狐喻月，是取其性。

《卫风・有狐》：“有狐绥绥，在彼淇梁。心之忧矣，之子无裳。”朱熹《诗集传》曰：“比也。狐者，妖媚之兽；绥绥，独行求匹之貌。石绝水曰梁。在梁，则可以裳矣。国乱民散，丧其妃耦。有寡妇见鳏夫，而欲嫁之，故托言有狐独行，而忧其无裳也。”裳以配衣，犹女以配男。马瑞辰《毛诗传笺通释》：“瑞辰按，《齐风》：雄狐绥绥。《吴越春秋・涂山歌》：绥绥白狐。皆指一狐言，不得谓绥绥，为匹行貌。”又曰，“古者，上衣而下裳，以喻先阳而后阴。首章无裳，盖以喻男之无妻。”日为阳，月为阴。日犹独行之男，月犹独行之女，是以狐喻月，期与日会。犹《诗》之有狐绥绥，在彼淇梁；心之忧矣，之子无裳。封德彝赞：“狐，当昼则伏。”李时珍《本草纲目・兽部》曰：“狐，南北皆有之，北方最多。日伏于穴，夜出窃食。”按，月之昼隐夜现，犹狐之昼伏夜出，故以狐喻月。

屈原《离骚》：“心犹豫而狐疑兮，欲自适而不可。”洪兴祖注：“《水经》引郭缘生《述征记》云：河津冰始合，车马不敢过，要须狐行。云此物善听，冰下无水乃过。人见狐行，方渡。余按《风俗通》云：里语称：狐欲渡，无如尾何。且狐性多疑，故俗有狐疑之说，未必一如缘生之言也。”按，《水经》，应为《水经注》。又，《颜氏家训・书证》：“狐之为兽，又多猜疑，故听河水无流水声，然后敢渡。今俗云：狐疑虎卜。则其义也。”王利器集解：“器案：《酉阳杂俎》前十二《语资》：梁遣黄门侍郎明少遐、秣陵令谢藻、信威长史王缵冲、宣城王文学萧恺、兼散骑常侍袁狎、兼通直散骑常侍贺文发，宴魏使李骞、崔劼。温凉毕，狎曰：河水上有狸迹，便堪人渡。劼曰：狸为狐，应是字错。少遐曰：是狐性多疑，鼬性多预，因此而传耳。劼曰：鹊以巢避风，雉去恶政，乃是鸟之一长；狐疑鼬预，可谓兽之一短也。”月行天地云水之间，时隐时现，犹狐渡河多疑，故亦曰小狐汔济。

于省吾《甲骨文字释林・释气》曰：“甲骨文之三，即气字，俗作乞。气字之用法有三：一为乞求之乞；二为迄至之迄；三为终止之讫。乞训乞求，典籍常见。乞字孳乳为迄或讫，二字典籍每互用无别。《尔雅・释诂》：迄，至也。又，讫，止也。《诗・生民》之以迄于今，毛传：迄，至也。《书・秦誓》之民讫自若，是多盘。孔疏：讫，尽也。讫之训止训尽，与终义相因。总之，乞训乞求、迄至、讫终，验之于文义词例，无不吻合。”赵诚《卜辞分类读本》：“气有终义。气有来艰，为终于有艰之义。”又，“丙寅气壬申——丙寅日至壬申日。气用作迄，有至义。气至七日己巳。气至即迄至。”又，“气，现在写作乞。构形不明，甲骨文作为动词，有乞求之义。兹气雨，之日允雨——于是乞求上帝下雨，那一天的确下了雨。”是乞字，除乞求之外，迄至、讫终之义近，皆有至义。

《大雅・民劳》：“民亦劳止，汔可小康。”《汉书・元帝纪》：“《诗》不云乎？民亦劳止，迄可小康。惠此中国，以绥四方。”师古曰：“《大雅・民劳》之诗也，止，语助也；迄，至也；康，安也。言人劳已久，至此可以小安逸之。施惠京师，以及四远也。”《后汉书・杨震传》：“劳止不怨于下。”注：“其诗曰：人亦劳止，迄可小康。”又，《魏志・辛毗传》：“《诗》云：民亦劳止，迄可小康。惠此中国，以绥四方。”盖本《三家诗》，迄即汔字。王先谦三家义集疏：“鲁汔作迄。”郑笺：“汔，几也。”《尔雅・释诂》：“几，近也。”近与至，义相近。井卦，卦辞曰：“汔至亦未繘井，羸其瓶，凶。”即谓汲瓶，至井底而不引出，将损坏汲瓶，故凶。汔，亦至义。未济卦，坎下离上。狐以喻月，小狐汔济，乃谓月已渡至彼岸，即已落入地下。《象》曰：“小狐汔济，未出中也。”中，谓二，阳得中位，中通，利涉大川，故能至济。《说卦传》曰：“坎为陷，为多眚，为通，为月。”坎月，虽同有坎陷多眚之象，但阳居中，是以得通。又，坎之九二，与离之六五，中与中应，即月以应日，是以能济。月为臣，日为君，臣以刚中，应中和文明之君，能济之象。

濡其尾　《淮南子・天文训》曰：“积阳之热气生火，火气之精者为日；积阴之寒气为水，水气之精者为月。”又曰，“故阳燧见日，则燃而为火；方诸见月，则津而为水。”《周礼・秋官》曰：“司烜氏，掌以夫遂取明火于日，以鉴取明水于月，以共祭祀之明齍、明烛，共明水。”郑氏注：“夫遂，阳遂也。鉴，镜属，取水者，世谓之方诸。取日之火，月之水，欲得阴阳絜气也。明烛以照馔陈，明水以为玄酒。郑司农云：夫，发声。明粢，谓以明水，滫涤粢盛黍稷。”孙诒让《周礼正义》：“今考水为流质，既非光气所生，又月绕地，映日成景，原其光体，亦非积水，承月得水，于理难通。但明水配齐，古祭祀所通用，必非虚妄。窃意取明水，止是用鉴承露。湿润烝腾，月夜澄朗，更无风云，露下尤多，因谓取水于月，以配火。”未济卦，坎下离上，亦日月水火之象。坎接于离下，即月濡其日尾。

无攸利　《淮南子・天文训》曰：“欲知天道，以日为主。”所谓无攸利，是对日而言，无所利。《象》曰：“濡其尾，无攸利，不续终也。”未济，离日在天上，坎月在地下，其二、五得中相应，当为日中之象。犹既济卦时，坎上离下，二、五得中相应，是为夜半之象。子为阳至时辰。未济卦，日当中天，即是乾卦《彖》曰："大明终始，六位时成。"其阳已盛极。故阴气来下，是为午时。故曰濡其尾，无攸利，不续终也，谓阴来阳下。日为阳，月为阴，续阳之后者非阳，乃是阴，故曰不续终。丰卦《彖》曰："勿忧，宜日中，宜照天下也。日中则昃，月盈则食，天地盈虚，与时消息，而况于鬼神乎？"日中则昃，阴不续阳之中，而濡阳尾，则于阳无所利。离卦，离下离上。下离为日，上离为月。九三曰："日昃之离，凶。"即谓阳消阴息凶。既济卦，坎上离下，乃夜之象。然阴消阳息，故卦辞曰："亨，小利贞，初吉终乱。"谓阴之预后不利。未济卦，离上坎下，乃昼之象。然阳消阴息，故卦辞曰："亨。小狐汔济，濡其尾，无攸利。"谓阳之预后无利，故曰无攸利。

《小雅·十月之交》曰："十月之交，朔日辛卯。日有食之，亦孔之丑。彼月而微，此日而微。今此下民，亦孔之哀。"朱熹集注："十月，以夏正言之，建亥之月也。交，日月交会，谓晦朔之间也。历法，周天三百六十五度，四分度之一。左旋于地，一昼一夜，则其行一周，而又过一度。日月皆右行于天，一昼一夜，则日行一度，月行十三度，十九分度之七。故日一岁而一周天，月二十九日有奇，而一周天；又逐及于日，而与之会。一岁凡十二会。方会，则月光都尽而为晦。已会，则月光复苏而为朔。朔后晦前，各十五日。日月相对，则月光正满而为望。晦朔而日月之合，东西同度，南北同道，则月掩日，而日为之食。望而日月之对，同度同道，则月亢日，而月为之食。是皆有常度矣。然王者修德行政，用贤去奸，能使阳盛足以胜阴，阴衰不能侵阳。则日月之行，虽或当食，而月常避日。故其迟速高下，必有参差，而不正相合、不正相对者，所以当食而不食也。若国无政，不用善，使臣子背君父，妾妇乘其夫，小人陵君子，夷狄侵中国，则阴盛阳微，当食必食。虽曰行有常度，而实为非常之变矣。苏氏曰：日食，天变之大者也。然正阳之月，古尤忌之。夏之四月为纯阳，故谓之正月。十月纯阴，疑其无阳，故谓之阳月。纯阳而食，阳弱之甚也。纯阴而食，阴壮之甚也。微，亏也。彼月则宜有时而亏矣；此日不宜亏，而今亦亏，是乱亡之兆也。"日行迟，月行疾。未济卦，今月已濡其日尾，是月或僭行，日或食之，日月告凶，故曰无攸利。

《象》曰："火在水上，未济，君子以慎辨物居方。"《周书·洪范》曰："水曰润下，火曰炎上。润下作咸，炎上作苦。"孔氏传："言其自然之常性。咸，水卤所生；苦，焦气之味。"《正义》曰："《易·文言》云：水流湿，火就燥。王肃曰：水之性，润万物而退下；火之性，炎盛而升上。是润下炎上，言其自然之本性。水性本甘，久浸其地，变而为卤，卤味乃咸。《说文》云：卤，西方咸地。东方谓之斥，西方谓之卤。《禹贡》云：海滨广斥，是海浸其旁地，使之咸也。《月令·冬》云：其味咸，其臭朽。是也。

火性炎上，焚物则焦，焦是苦气。《月令·夏》云：其臭焦，其味苦。苦为焦味，故云焦气之味也。臭之曰气，在口曰味。”按，水润下，火炎上，乃物性自然。今火在水上，是水火不相济，为未济。又，水性本甘，久浸其地，变为卤咸；火性炎上，焚物则焦，变为焦苦。是以君子，敬慎辨物居方。

《周礼·司市》曰：“以陈肆辨物而平市。”郑氏注：“陈，犹列也。辨物，物异肆也。肆异则市平。”孙诒让疏：“以陈肆辨物，而平市者，《崔氏古今注》云：肆，所以陈货鬻之物也。肆，陈也。案：陈肆辨物，谓列肆以物相从，不相杂厕，所以察良楛也。云辨物，物异肆也者，谓肆各从其物，陈列为一处。《乡师》注云：辨，别异也。盖别异众物，使以类相从。若后注云：货之肆，马之肆；及《肆长》所云：令陈其货贿，名相近者相远也，实相近者相尔也。皆陈肆辨物之事也。每物为肆，肆长治之。云肆异则市平者，物各异肆，则种别相校，易以定其功沽，而价不至腾跃，故市得其平。”又，《说苑·辨物》曰：“颜渊问于仲尼曰：成人之行何若？子曰：成人之行，达乎情性之理，通乎物类之变，知幽明之故，睹游气之源。若此，而可谓成人。既知天道，行躬以仁义，饬身以礼乐。夫仁义礼乐，成人之行也。穷神知化，德之盛也。《易》曰：仰以观于天文，俯以察于地理，是故知幽明之故。夫天文地理，人情之效存于心，则圣智之府。是故古者圣王，既临天下，必变四时，定律历，考天文，揆时变，以望气氛。故尧曰：咨尔舜，天之历数在尔躬，允执其中，四海困穷。《书》曰：在璿玑玉衡，以齐七政。夫占变之道，二而已矣。二者，阴阳之数也。故《易》曰：一阴一阳之谓道。道也者，物之动莫不由道也。”是辨物居方，于物为知类，于事为知道。

《文言》曰：“子曰：同声相应，同气相求；水流湿，火就燥；云从龙，风从虎；圣人作，而万物睹；本乎天者亲上，本乎地者亲下：则各从其类也。”《系辞传》曰：“方以类聚，物以群分。”《九家易》曰：“方，道也，谓阳道施生，万物各聚其所也。阴主成物，故曰物也。至于万物一成，分散天下也，以周人用，故曰物以群分也。”同人卦，离下乾上。《象》曰：“天与火，同人，君子以族类辨物。”未济卦，坎下离上。《象》曰：“火在水上，未济，君子以慎辨物居方。”前者，火天同向，谓同人，故君子以族类辨物。后者，水火异向，谓未济，故君子以慎辨物居方。王弼注：“辨物居方，令物各当其所也。”孔颖达疏：“辨别众物，各居其方，使皆得安其所。”侯果曰：“火性炎上，水性润下，难同体，功不相成，所以未济也。故君子慎辨物宜，居之以道，令其功用相得，则物咸济矣。”程氏传：“水火不交，不相济为用，故为未济。火在水上，非其处也。君子观其处不当之象，以慎处于事物，辨其所当，各居其方，谓止于其所也。”来知德解：“火炎上，水润下，物不同也。火居南，水居北，方不同也。君子以之慎辨物，使物以群分；慎居方，使方以类聚，则分定不乱，阳居阳位，阴居阴位，未济而成既济矣。”

又，《中论·智行》云："夫明哲之士者，威而不慑，困而能通，决嫌定疑，辨物居方。"此为引伸之义，谓明哲者，能识物制事。

既济卦和未济卦，互为邻卦。《序卦传》曰："物不可穷也，故受之以未济终焉。"既济之后，次之以未济，表明夜以继日，终而又始，永无止境。未济，于六十四卦为终，然又为始，是终则又始，日新其德。《系辞传》曰："通乎昼夜之道而知，一阴一阳之谓道，日新之谓盛德，生生之谓《易》。"朱熹曰："日新者，久而无穷。阴生阳，阳生阴，其变无穷。"恒卦《彖》曰："天地之道恒，久而不已也。日月得天，而能久照；四时变化，而能久成；圣人久于其道，而天下化成。观其所恒，而天地万物之情可见矣。"日月得天而久照，恒而不已。《易》以既济、未济殿后，以示终而复始，日新月异之义。乾为天，坤为地，乾坤者，阴阳根本，万物祖宗，故为上经之始。离为日，坎为月，日月之道，阴阳之经，所以终始万物，故以昼夜，为下经之终。

既济卦和未济卦，互为错卦和综卦。既济，初九阳，六二阴，九三阳，六四阴，九五阳，上六阴。未济，初六阴，九二阳，六三阴，九四阳，六五阴，上九阳。故两卦阴爻阳爻反对，互为错卦。又，既济，离下坎上。离为日，日为阳；坎为月，月为阴。未济，坎下离上。坎为月，月为阴；离为日，日为阳。故两卦亦阴阳反对，互为错卦。既济，夜象，坎月在天上，离日在地下。未济，昼象，离日在天上，坎月在地下。故两卦日月颠倒，互为综卦。既济、未济，一夜一昼，一阴一阳，一暗一明，是以互为错综。又，既济卦，离下坎上。离日为息卦，坎月为消卦，即阳息阴消。未济卦，坎下离上。坎月为息卦，离日为消卦，阴息阳消。《周易》六十四卦，有错卦、综卦，卦有消息，反映万事万物，错综复杂，消息变化。《系辞传》曰："阴阳不测之谓神。"即此之义。

初六，濡其尾，吝。

〔译〕 初六，月亮浸湿其尾，恨惜。

《象》曰："濡其尾，亦不知极也。"

〔证〕

濡其尾 日月运行，由地平线下，升上天空；再由天空，落入地平线下，故日月交换，在天上地下。既济卦时，离下坎上，太阳在下，月亮在上。未济卦时，坎下离上，月亮在下，太阳在上。古人认为，浮天载地皆水。既济时，坎首为上六，坎尾为六四；未济时，坎首为六三，坎尾为初六。故既济时，上六曰："濡其首。"未济时，初六曰："濡其尾。"首尾呼应。既济上六之濡其首，谓月从东方升起以后，运行到西方落下，其头首先入水。未济初六之濡其尾，谓月从西方落下，其尾部最后入水。故同为坎月之上爻，在既济上六时，谓濡其首；而在未济六三时，不谓濡其首，以其将升上天。又，同为坎月之下爻，在既济六四时，不谓濡其尾，以其已升上天；而在未济初六时，谓濡其尾，以其在地之下。

《象》曰："濡其尾，亦不知极也。"《尔雅·释诂》："极，至也。"《说文》："极，栋也。"段玉裁注："五架之屋，正中曰栋。"《释名》："栋，中也，居屋之中。"《周书·洪范》曰："次五曰建用皇极。""皇极，皇建其有极。"《君奭》曰："作汝民极。"《吕刑》曰："天罚不极。""属于五极。"皆训极为中正。孔氏传谓皇极曰："皇，大；极，中也。凡立事，当用大中之道。"《正义》曰："皇，大，《释诂》文；极之为中，常训也。凡所立事，王者所行，皆是无得过与不及，用大中之道也。《诗》云：莫匪尔极；《周礼》：以为民极；《论语》：允执其中。皆谓用大中也。"是濡其尾，亦不知极也，谓不知极者，即谓不知中。极为中，过极即过中。

又，《卫风·氓》："士之罔极，二三其德。"毛传："极，中也。"《诗毛诗传疏》："罔，无也。罔中，即二三之意。"《魏风·园有桃》："不知我者，谓我士也罔极。"毛传："极，中也。"《诗三家义集疏》："罔极，失其中正之心。"《小雅·何人斯》："有靦面目，视人罔极。"《毛诗传笺通释》："极，中也。视人罔极，谓示人以罔中也。"《周颂·思文》："立我烝民，莫匪尔极。"毛传："极，中也。"《正义》曰："北极以居天之中，故谓之极，是为中之义也。"《商颂·殷武》："商邑翼翼，四方之极。"郑笺："极，中也。商邑之礼俗，翼翼然，可则效，乃四方之中正也。"是圣人以中为极，过中则过极。《系辞传》曰："辨是与非，则非其中爻不备。"《周易》，以五为上之中极。既济时，日过中极，濡其首尾来下，成离下坎上。未济时，月过中极，亦濡其首尾来下，成坎下离上。故初六《象》曰："濡其尾，亦不知极也。"不知极，即不知守中，故而濡其尾。

吝　《说文》："吝，恨惜也。"既济时，坎之上爻，首先转折向下，落入水中，为濡其首；並将陆续沉沦，预后不良，故曰厉。未济时，坎之下爻，也转折来下，落入水中，为濡其尾；且已成势，不可逆转，故曰恨惜。日升月落，日月相推。未济时，初六月濡其尾，上九日濡其首，乃日月流逝之象。《楚辞·离骚》云："日月忽其不淹兮，春与秋其代序。惟草木之零落兮，恐美人之迟暮。"又，"欲少留此灵琐兮，日忽忽其将暮。吾令羲和弭节兮，望崦嵫而勿迫。"王逸注："代，更也；序，次也。言日月昼夜常行，忽然不久。春往秋来，以次相代。言天时易过，人年易老也。"又曰，"言天时运转，春生秋杀，草木零落，岁复尽矣。而功不成，事不遂也。"未济初六曰："濡其尾，吝。"谓日月运转，光阴易过，亦惜时之叹。又，《说卦传》曰："坎为加忧为心病，为亟心。"初六为坎之下爻，是以有悔吝之象。谓月已西下，而失时中。

九二，曳其轮，贞吉。

〔译〕　九二，牵引其月轮，正行吉利。

《象》曰："九二贞吉，中以行正也。"

〔证〕

曳其轮　《说文》："車（车），舆轮之总名也，夏后时，奚仲所造，象形。凡车之属，皆从车。"段玉裁注："车之事多矣，独言舆轮者，以毂辐牙，皆统于轮；轼较轸轵輢，皆统于舆；辀与轴，则所以行，此舆轮者也。故仓颉之制字，但象其一舆、两轮、一轴。"又曰，"象形，谓象两轮一轴一舆之形，此篆横视之乃得。"按，《卜辞分类读本》曰："车，此字异体较多，均象车有两轮之形。"《考工记·辀人》云："轸之方也，以象地也。盖之圜也，以象天地。轮辐三十，以象日月也。盖弓二十有八，以象星也。"郑氏注："轮象日月者，以其运行。日月三十日而合宿。"贾公彦释曰："轮象日月者，以其运行也。日月三十日，而合宿者，轮乃运行之物。至于日则一日行一度，一年一周天；月行十三度，十九分度之七，一月一周天，又行一辰，遂及日而合宿。是日月亦是运行之物，故以轮象之也。"

《老子道德经》曰："三十辐共一毂，当其无，有车之用。"河上公注；"古者车三十辐，法月数也。"又曰，"毂中空虚，轮得转行。"高明《帛书老子校注》："钱坫《车制考》(《皇清经解读编》卷二百十六）云：《考工记》曰：轮辐三十，象日月。日三十日而与月会，辐数象之。"《大戴礼记·保傅》曰："古之为路车也，盖圆以象天，二十八橑以象列星，轸方以象地，三十辐以象月。故仰则观天文，俯则察地理，前视则睹鸾和之声，侧听则观四时之运，此申车教之道也。"注曰："谓视轮也，车为月。"又，《贾谊新书·容经》文同。庾信《望月》诗："蓂新半壁上，桂满独轮斜。"独轮，指月亮。江淹《建平王庆明帝疾和礼上表》云："而望景暂亏，轮光少暖。"胡之骥注；"轮光，日轮之光。"按，景暂亏指月轮，是日月为双轮。俗曰：一轮红日，一轮明月。以日月皆圆，又运转之故，是以谓轮。九二曳其轮，即谓牵引月轮前行。

既济卦，离下坎上。初九曰："曳其轮。"初九在离，离为日，是以日为轮。未济卦，坎下离上。九二曰："曳其轮。"九二在坎，坎为月，是以月为轮。故《说卦传》曰："坎为弓轮，为曳，为月。"又，曳为牵引。既济卦，坎在前，离在后。坎为曳，离为轮，故有曳其轮之象。未济卦，离在前，坎在后。《说卦传》曰："离为乾卦。"又，"乾为良马，为老马，为瘠马，为驳马。"《荀九家》曰："离为牝牛。"是牛马曳于前，坎为月为轮，故亦有曳其轮之象。日往则月来，月往则日来，日月相推，而明生焉。既济卦，初九与六四应，月往则日来。未济卦，九二与六五应，日往则月来。日月昼夜如轮转，由东向西，再由西向东，运行不止，是以谓之曳其轮。《系辞传》曰："夫乾，其静也专，其动也直，是以大生焉。夫坤，其静也翕，其动也辟，是以广生焉。广大配天地，变通配四时，阴阳之义配日月，易简之善配至德。"是以《周易》，以乾坤开篇；中间六十卦，为四时变通；终篇以日月，明阴阳之义。

贞吉　《象》曰："九二贞吉，中以行正也。"九二居中，阳爻为正，为中以行正。贞吉，言天道运行，以正为吉。《系辞传》曰："日月之道，贞明者也。"荀爽曰："离为日，日中之时，正当离位，然后明也。月者坎也，坎正位冲离。冲为十五日。月当日冲，正值坎位，亦大圆明。故曰日月之道，贞明者也。言日月正当其位，乃大明也。"陆绩曰："言日月正，以明照为道矣。"未济卦，离日在上，坎月在下，九二月当日冲，中以行正，为正吉。又，坎为陷，九二虽在坎中，但中正而行，坎又为通。未济时，月亮在下方，为隐伏，正对太阳前行，便是吉利。日月为明，段玉裁注："从月者，月以日之光为光也。"《春秋元命苞》曰："太阴水精为月，常屈任而明，阳精在内，故金水内景。"《七略·京房易说》："月与星，至阴也，有形无光，日照之乃有光。喻如镜照日，即有影见。月初，光见西方；望以后，光见东，皆日所照也。"因月正受日照，得圆明，故月行以正为吉。即九二与六五，中与中应，是以为贞吉。日月正行，有天文，有人文。离为日为君，坎为月为臣。九二中正以行，是为臣道。

《孟子·尽心上》："执中为近之。执中无权，犹执一也。所恶执一者，为其贼道也，举一而废百也。"赵岐注："执中和，近圣人之道。然不权圣人之重权，执中而不知权，犹执一介之人，不得时变也。所以恶执一者，为其不知权，以一知而废百道也。"孙奭疏："执中，为近圣人之道者也。如执中，而不知权变，但若执一介之人，不知时变者也。然而，所以恶疾其执一者，是为其有以贼害其道也，是若知举一道，而废其百道也。故曰执中无权，犹执一也。所恶执一者，为其贼道，举一而废其百也。"焦循《正义》曰："《白虎通·五行篇》云：中央者，中和也。《说文·丨部》云：中，和也。寒往则暑来，暑往则寒来，是为时执中者，但取不寒不暑也。圣人之道，以时为中，趋时则能变通，知变通则权也。文公十二年，《公羊传》云：惟一介断断焉，无他技。注云：一介，犹一概。此云执一介，即执一概也。不知权宜，一概如此，所以犹执一也。戴氏震《孟子字义疏证》云：权，所以别轻重也。凡此重彼轻，千古不易者，常也。常则显然共见，其千古不易之重轻。而重者于是乎轻，轻者于是乎重，变也。变则非智之尽，能辨察事情而准，不可以知之。《易·系辞传》云：天下何思何虑，天下同归而殊途，一致而百虑。途既殊，则虑不可不百，虑百则不执一也。执一则不百虑，不百虑，故废百矣。"九二《象》曰，中以行正，即谓执中而权其正，而不执一，则可允执其中，则可正吉。

六三，未济，征凶，利涉大川。

〔译〕 六三，日未济之时，月往前则凶，但有利于渡涉大川。

《象》曰："未济征凶，位不当也。"

〔证〕

未济，征凶 坎月在下，离日在上，昼间未过，为未济。坎为西，离为东。六三，坎月由西方地平线下，来向东方欲升。但离日在上，月行又疾，势将以阴僭阳，为征凶。又，三为阳位，六三为阴，阴居阳位，而上干九四，有凶，故曰征凶。《象》曰："未济征凶，位不当也。"《系辞传》曰："变化者，进退之象也。刚柔者，昼夜之象也。"朱熹《周易本义》曰："柔变而趋于刚者，退极而进也。刚化而趋于柔者，进极而退也。既变而刚，则昼而阳矣。既化而柔，则夜而明矣。"言阴阳互变：日来下，则月升上；月来下，则日升上。刚为阳为昼，柔为阴为夜。昼变夜，夜变昼，昼夜互变。未济六三，戒以征凶者，因为六三，乃阴进阳退之转机，故示以几，告以凶险与有利。《系辞传》曰："几者，动之微，吉凶之先见者也。君子见几而作，不俟终日。"又曰，"君子知微知彰，知柔知刚，万夫之望。"又曰，"夫《易》，圣人之所以极深，而研几也。唯深也，故能通天下之志；唯几也，故能成天下之务；唯神也，故不疾而速，不行而至。"此上之几，皆读若转机之机。《系辞传》曰："圣人之大宝曰位。"六三位不当进，是不知几，故凶。

又，《白虎通·日月》曰："日行迟，月行疾。日日行一度，月日行十三度，十九分度之七。"按月相图，日月有重合，有先后，有相对。未济，坎下离上，二、五中正相对，是月望之象。往前，则为初生魄，既生魄，凸月，下弦，残月，旁生明，月晦。六三征凶，亦谓月望以往，月将逐渐残缺，直至无月，是以为征凶。又，《小雅·十月之交》云："十月之交，朔月辛卯。日有食之，亦孔之丑。彼月而微，此日而微。今此下民，亦孔之哀。日月告凶，不用其行。四国无政，不用其良。"郑笺："周之十月，夏之八月也。八月朔日，日月交会而日食，阴侵阳、臣侵君之象。日辰之义，日为君，月为臣。辛，金也；卯，木也。又以卯侵辛，故甚恶也。微，谓不明也。彼月则有微，今此日反微，非其常，为异尤大也。君臣失道，灾害将起，故下民亦甚可哀。告凶，告天下以凶亡之征也。行，道度也；不用之者，谓相干犯也。四方之国，无政治者，由天子不用善人也。"彼月而微，此日而微，于天，谓日月失明；于人，则谓君臣失道。六三往上，因月行疾，与日交会，故而征凶。

利涉大川　未济，坎下离上。二、五相应，日月上下正对。日中则昃，是日呈消势，月呈息势。六三，与上卦相接，即将升天，成离下坎上之势，为既济，故曰利涉大川。三之五为坎，为水浮天载地，月从中出，有利涉大川之象。又，日月相交于晦朔，虽为征凶；但月行疾，利涉大川。朔，为逆月之意。月相，晦朔以后，即为月之初生明。月生三日以后，为朏。朏，从出，月亮又要出来。初三至初五，为新月，俗称蛾眉月。初七至初九，为上弦，月上缺如弓弦。初十至十三，月明过半，为凸月。十四左右，为旁死魄，月近于圆。十五至十七，为满月。小月十五，大月十六，月亮最圆。此时，月与日相望，得日光而最明，为利涉大川。是六三之爻，有凶有利。若以月遮日则凶，正行则利。若以臣侵君，则凶；君舒臣劳，归光于日，则利。

九四，贞吉，悔亡。震用伐鬼方，三年有赏于大国

〔译〕　九四，太阳正行吉利，悔恨消亡。诸侯因讨伐鬼方有功，第三年受天子赐赏。

《象》曰："贞吉，悔亡，志行也。"

〔证〕

贞吉　九二曰："曳其轮，贞吉。"《象》曰："九二贞吉，中以行正也。"九四，亦上下是阴，四为阳居中。中则正，中则通，得中行正以通，为正吉。下坎为月，九二之正指月。上离为日，九四居日爻之初，日行向上，为正行，为吉利。又，九四为阳正，初六为阴，阳得阴应，是为正吉。《小雅·天保》云："如月之恒，如日之升。"毛传："恒，弦；升，出也。言俱进也。"郑笺："月上弦而就盈，日始升而就明。"《正义》曰："言王德位日隆，有进无退。如月之上弦，稍就盈满；如日之始出，稍益明盛。"《诗序》曰："《天保》，下报上也。君能下下，以成其政；臣能归美，以报其上焉。"亦谓君正则吉。《说卦传》曰："离为日，为乾卦。"又，"乾为君。"离，在天为日，在人为王。是日之正行吉，亦王之正行吉。贲卦《象》曰："观乎天文，以察时变；观乎人文，以化成天下。"未济卦，有天文，亦有人文。

悔亡　乾卦上九曰："亢龙有悔。"《象》曰："亢龙有悔，盈不可久也。"《文言》曰："亢龙有悔，穷之灾也。"日濡其首，至濡其尾，亦亢龙有悔。即既济卦时，离日在下，坎月在上。至于未济卦时，离日升上，坎月降下，其悔恨便得消亡，故九四曰悔亡。《象》曰："贞吉悔亡，志行也。"日以光照天下为志。上卦天位。未济九四，日德正行，重升于天，照临天下，是以为悔亡志行。晋卦，坤下离上。卦辞曰："晋，康侯用锡马蕃庶，昼日三接。"《象》曰："晋，进也。明出地上，顺而丽乎大明，柔进而上行，是以康侯，用锡马蕃庶，昼日三接也。”康侯，谓明出地上之日，日以阳光，赐万物生长繁殖，此其为志。故晋卦六三《象》曰：“众允之志，上行也。”又，明夷卦，离下坤上。《彖》曰：“内难而能正其志。”正其志，亦谓日登于天，照四国之志。

震用伐鬼方 震卦，震下震上。卦辞曰：“震惊百里，不丧匕鬯。”《彖》曰：“震惊百里，惊远而惧迩也。出可以守宗庙社稷，以为祭主也。”《仪礼》疏引郑玄注：“雷发声闻于百里，古者诸侯之象。诸侯之教令，能警戒其国内，则守其宗庙社稷，为之祭主，不亡匕与鬯也。”《御览》引王肃注：“有灵而尊者，莫若于天；有灵而贵者，莫若于王；有声而威者，莫若于雷；有政而严者，莫若于侯。是以天子当乾，诸侯用震，地不过一同，雷不过百里。”《白虎通·封公侯》曰：“诸侯封不过百里，象雷震百里，所润云雨同也。雷者，阴中之阳也，诸侯象焉。诸侯比王者为阴，南面赏罚为阳，法雷也。”未济，九四为诸侯位，又阳居阴位，阴中之阳，亦诸侯象，是以谓震。

《夏书·禹贡》：“织皮昆仑，析支渠搜，西戎即叙。”《正义》曰：“四国皆衣皮毛，故以织皮冠之。《传》言，织皮毛巾，有此四国：昆仑也，析支也，渠也，搜也；四国皆是戎狄也，末以西戎总之。此戎在荒漠之外，流沙之内。《牧誓》云：武王伐纣，有羌髳从之。此是羌髳之属，禹皆就次，美禹之功。”按，《牧誓》孔氏传：“羌在西蜀。”又，《伊尹四方令》云：“正西鬼亲。”《竹书纪年·武乙》：“三十五年，周公季历，伐西落鬼戎。”笺按：“《后汉书·西羌传》注：武乙三十五年，伐西落鬼戎，俘二十翟王。”鬼亲、鬼戎、鬼国、鬼方，皆为西戎，即西羌之属。以其在西方之国，故称鬼方。周公季历，伐西落鬼戎，周为殷之诸侯，诸侯为震，故有震用伐鬼方之说。未济卦，离上坎下。离为甲胄，为戈兵，有征伐之象。伏羲八卦，坎位西，离位东。鬼方在西，周在其东，六五为天子，九四行天子之命，以离乘坎，为震用伐鬼方。在《易》则以日月相推，为未济，为日升月降。由既济卦，离日在坎月之下，至未济卦，离日在坎月之上，经过坎之三爻，故至九四，升于坎上，为三年。用，谓由、以，即因为。

王国维《观堂集林·鬼方昆夷玁狁考》：“我国古时，有一强梁之外族。其族，西自汧陇，环中国而北，东及太行常山间。中间或分或合，时入侵暴中国。其俗尚武力，而文化之度，不及诸夏远甚。又本无文字，或虽有，而不与中国同，是以中国之称之也，随世异名，因地殊号。至于后世，或且以丑名加之。其见于商周间者，曰鬼方，曰混夷，曰獯鬻。其在宗周之季，则曰玁狁。入春秋后，则始谓之戎，继号曰狄。战国以降，又称之曰胡，曰匈奴。综上诸称观之，则曰戎曰狄者，皆中国人所加之名；曰鬼方，曰混夷，曰獯鬻，曰玁狁，曰胡，曰匈奴者，乃其本名；而鬼方之方，混夷之夷，亦为中国所附加。当中国呼之为戎狄之时，彼之自称，决非如此。其居边裔者，尤当仍其故号。故战国时，中国戎狄既尽，强国辟土，与边裔接，乃复以其本名呼之。此族，春秋以降之事，载籍稍具；而远古之事，则颇茫然，学者但知其名而已。”

三年有赏于大国 《竹书纪年·武乙》：“三十年，周师伐义渠，乃获其君以归。”笺按：“《地理志》：北地有义渠道。《括地志》：宁、原、庆三州，本义渠戎国之地。”又，《竹书纪年·武乙》：“三十四年，周公季历来朝，王赐地三十里，玉十瑴，马十匹。”笺按：“庄十八年《传》：虢公、晋侯朝王。王亨醴，命之宥，皆赐玉五瑴，马三匹，非礼也。王命诸侯，名位不同，礼亦异数，不以礼假人。杜氏曰：侯而与公同赐，是借人礼。双玉为瑴，又作珏。今武乙赐季历者，乃公礼也。《王制》曰：有功于民者，则加地进律是也。”武乙三十年，季历伐义渠戎国；三十四年，来朝受赐，中隔三年，是谓三年有赏于大国。又，二之四为离，四之上为离，离为君为国。上君为上国，即大国；下君为下国，即小国；中间三之五为坎，坎水下注，为赏赐，为小国有赏于大国。《说文》：“国，邦也。”《周书·康王之诰》：“皇天改大邦殷之命。”又，《大诰》：“兴我小邦周。”周称殷为大邦，即大国；自称为小邦，即小国。是此大国，谓天子之国；小国，谓诸侯之国。九四诸侯之位，诸侯为震，故为震用伐鬼方，三年有赏于大国。于象，由既济到未济，三动，终得天之赏。

六五，贞吉，无悔。君子之光，有孚吉。

〔译〕 六五，中正而吉利，没有悔恨。君子晖光照远，有诚信而吉利。

《象》曰：“君子之光，其晖吉也。”

〔证〕

贞吉，无悔 坤卦六五曰：“黄裳元吉。”《象》曰：“黄裳元吉，文在中也。”《文言》曰：“君子黄中通理，正位居体，美在其中，而畅于四支，发于事业，美之至也。”丰卦卦辞曰：“宜日中。”《象》曰：“宜日中，宜照天下也。”六五曰：“来章，有庆誉，吉。”《象》曰：“六五之吉，有庆也。”虞翻曰：“日之正则吉，故正吉无悔。”未济六五，黄中通理，以柔克刚，以弱制强，居尊以卑，处上不亢，行而有礼，致以中和。中而得正，正而得吉，得吉则无悔。九四曰悔亡，六五曰无悔。前者，言如明夷卦之悔，已经消失；后者，言如晋卦之无悔。程氏传：“五，文明之主，居刚而应刚，其处得中，虚其心，而阳为之辅。虽以柔居尊，处之至正至善，无不足也。既得贞正，故吉而无悔。”朱骏声《六十四卦经解》曰：“君子以位言，四，武功成；五，文德著。”按，四言贞吉，五言贞吉，惟正则吉，故悔亡与无悔。

君子之光 《象》曰：“君子之光，其晖吉也。”《说文》：“光，明也。从火在儿上，光明意也。”段玉裁注：“《左传》周内史，释《易》观国之光曰：光，远而自他，有耀者也。"《释名》："光，晃也，晃晃然也。亦言广也，所照广远也。"又，《说文》："晖，光也，从日，军声。"桂馥义证："光也者，《纂要》：日光也。《易》未济：君子之光，其晖吉也。《赵策》：日月晖于外，其贼在于内。"《集韵·微韵》："晖，日之光。"《六十四卦经解》云："凡及物为光，敛光在体为晖。故日中曰光，晖之散也。初日曰晖，光敛也。《周礼·眂祲》：以十晕为十晖。《诗·庭燎》有晖，盖燎至向晨，则光渐敛也。"按，君子之光，谓日之晖及远者。六五，得上离之中而正，是日至中天，光照天下之象，是以谓之光。大畜卦，乾下艮上。《彖》曰："大畜，刚健笃实辉光，日新其德。"乾与离通，辉与晖通，故谓辉光为日新其德，辉光与日相属，辉光犹晖光。是日临中天，光明照耀，为君子之光，亦明王之象。

《周书·洪范》曰："凡厥庶民，极其敷言，是训是行，以近天子之光。曰：天子作民父母，以为天下王。"《正义》曰："既言有中矣，为天下所归，更美之曰：以大中之道，布陈言教，不使失是常道，则民皆于是顺矣。天且其顺，而况于人乎？以此之故，大中为天下所归也。又，大中之道至矣，何但出于天子为贵。凡其众民，中和之心，所陈之言，谓以善言，闻于上者，于是顺之，于是行之。悦于民而便于政，则可近益天子之光明矣。又本人君须大中者，更美大之曰：人君于天所子；布德惠之教，为民之父母。以是之故，为天下所归往，由大中之道教使然。言人君，不可不务大中矣。"离为日，为君。六五君子之光，即天子之晖光。六五日之象，得大中之道，故《象》曰："君子之光，其晖吉也。"谓天子者，自身如日有晖，大中而照远，是以吉利。

有孚吉　《说文》："日，实也，太阳之精不亏，从O一，象形。"《春秋元命苞》："日之为言实也。"实者不虚不亏，是以为诚信为孚。大有卦，乾下离上。《彖》曰："大有，柔得尊位，大中而上下应之，曰大有。其德则健而文明，应乎天而时行，是以元亨。"大有，谓大有天下，上离为日，日为天子。其六五曰："厥孚交如，威如，吉。"《象》曰："厥孚交如，信以发志也。"此即有孚信，而吉利之谓。又，中孚卦，兑下巽上，大离之象。《彖》曰："中孚，柔在内，孚乃化邦也。中孚以利贞，乃应乎天也。"中孚，下信及民，上应乎天，亦君王有信孚，而吉利之谓。《周易集解》引干宝曰："以六居五，周公摄政之象也，故曰贞吉无悔。制礼作乐，复子明辟，天下乃明其道，乃信其诚，故君子之光，有孚吉矣。"李道平《纂疏》："以阴居阳，是以臣代君，为周公摄政之象，故贞吉无悔也。《明堂位》：昔者周公，朝诸侯于明堂之位，天子负扆，南乡而立。又曰：六年，诸侯朝于明堂，制礼作乐。《书·洛诰》曰：朕复子明辟。故天下明其摄政之道，信其复辟之诚。此君子之光，所以有孚吉也。"六五，阴在阳位中，为有孚。

上九，有孚于饮酒，无咎。濡其首，有孚失是。

〔**译**〕　上九，太阳信实不误，向西方落下，没有灾过。然已濡湿其首，虽信实而失中正。

《象》曰："饮酒濡首，亦不知节也。"

〔**证**〕

有孚于饮酒，无咎　未济上九在离，离为日，日为实为诚信，故谓有孚。又，凡阳实之爻，亦曰有孚。《后汉书·丁鸿传》："日者阳精，守实不亏。"《孝经》："故亲生之膝下，以养父母日严。"《释文》曰："日者实也，日日行孝，故无缺也，象日。"《礼记·礼统》："日者实也，形体光实，人君之象。"是日为信实，为有孚之象。又，《说文》："酒，就也，所以就人性之善恶。从水、酉，酉亦声。一曰造也，吉凶所造起也。古者仪狄作醪，禹尝之而美，遂疏仪狄。"《战国策·魏策二》："昔者，帝女令仪狄，作酒而美。进之禹，禹饮而甘之，遂疏仪狄，绝旨酒，曰：后世必有以酒亡其国者。"《周书·酒诰》："天降威，我民用大乱丧德，亦罔非酒惟行。越小大邦用丧，亦罔非酒惟辜。"又曰，"饮惟祀，德将无醉。"孔氏传："天下威罚，使民乱德，亦无非以酒为行者。言酒本为祭祀，亦为乱行。于小大之国，所用丧亡，亦无不以酒为罪也。饮酒惟当因祭祀，以德自将，无令至醉。"周公以王命康叔，要康叔在殷商故地，禁止饮酒。惟祭祀可以饮酒，必用德自律，不可以醉。是以饮酒有咎，有孚于饮酒无咎。

伏羲八卦，离东坎西。太阳从东边升起，至西边落下。西方为坎，坎又为水。《太玄经·玄文》曰："酉，西方也，秋也，物皆成象而就也。"《说文》曰："酉，就也，八月黍可成，可为酎酒。"又曰，"酉，为秋门，万物已入，一，闭门象也。"段玉裁注："必言酒者，古酒可用酉为之，故其义同曰就也。"酉，为物已成就，为八月，为闭门，为秋。秋，于伏羲八卦为坎。有孚于饮酒，即谓太阳守信不误，落入坎方，坎为水为酉，合而为酒，是以落入西方为饮酒。又，饮酒则昏，俗称黄昏。《说文》："昏，日冥也。从日，氐省。氐者，下也。"段注："阳往而阴来，日入三商为昏，引伸为凡暗之称。"阳往而阴来，即未济上九之时。是有孚饮酒，犹谓日落黄昏。此乃自然，无灾眚可言。故曰：上九，有孚于饮酒，无咎。

濡其首，有孚失是　《说文》："是，直也。从日正。凡是之属，皆从是。"段玉裁注："十目烛隐，则曰直；以日为正，则曰是。从日正会意。天下之物，莫正于日也。"又，《说文》："直，正见也。"坤卦《文言》："直其正也，方其义也。"同人卦九五曰："以中直也。"中直犹中正。由上，是为直，直为正，故而是为正。《说文》："正，是也。从一，一以止。凡正之属，皆从正。"正、是互训。濡其首，谓日偏西于坎，先湿其头部；有孚失是，谓日已失其中正。《象》曰："饮酒濡首，亦不知节也。"节卦曰："苦节不可贞。"谓知节则可正。其《彖》曰："节亨，刚柔分，而刚得中，苦节不可贞，其道穷也。当位以节，中正以通。"是得中正为节。未济上九，日非六五中正，而是已亢。亢则有悔，物极必反下，是以谓饮酒濡首，亦不知节也。初六《象》曰："濡其尾，亦不知极也。"中正为极，是极与节，同为中正之义。不知节，犹不知极，故曰亦。又，有孚为日之代名，有孚饮酒，含警戒意，如纣之沉溺酒池，以酒丧国。《汉书·谷永传》："永对问云：臣闻三代，所以陨社稷、丧宗庙者，皆由妇人与群恶，沉湎于酒。《易》曰：濡其首，有孚失是。"此即失中正，而不知节之谓。

系辞传

上

天尊地卑，乾坤定矣；卑高以陈，贵贱位矣；动静有常，刚柔断矣；方以类聚，物以群分，吉凶生矣；在天成象，在地成形，变化见矣。是故，刚柔相摩，八卦相荡：鼓之以雷霆，润之以风雨；日月运行，一寒一暑。乾道成男，坤道成女；乾知大始，坤作成物；乾以易知，坤以简能。易则易知，简则易从。易知则有亲，易从则有功。有亲则可久，有功则可大。可久，则贤人之德；可大，则贤人之业。易简，而天下之理得矣；天下之理得，而成位乎其中矣。

圣人设卦，观象系辞焉，而明吉凶，刚柔相推，而生变化。是故，吉凶者，失得之象也；悔吝者，忧虞之象也；变化者，进退之象也；刚柔者，昼夜之象也；六爻之动，三极之道也。是故，君子所居而安者，《易》之序也；所乐而玩者，爻之辞也。是故，君子居则观其象，而玩其辞；动则观其变，而玩其占。是以自天祐之，吉无不利。

《彖》者，言乎象者也。爻者，言乎变者也。吉凶者，言乎其失得也。悔吝者，言乎其小疵也。无咎者，善补过也。是故，列贵贱者存乎位，齐小大者存乎卦，辩吉凶者存乎辞，忧悔吝者存乎介，震无咎者存乎悔。是故，卦有小大，辞有险易。辞也者，各指其所之。

《易》与天地准，故能弥纶天地之道。仰以观于天文，俯以察于地理，是故知幽明之故，原始反终，故知死生之说。精气为物，游魂为变，是故知鬼神之情状。与天地相似，故不违；知周乎万物，而道济天下，故不过；旁行而不流，乐天知命，故不忧；安土敦乎仁，故能爱。范围天地之化而不过，曲成万物而不遗，通乎昼夜之道而知，故神无方，而《易》无体。

一阴一阳之谓道。继之者善也，成之者性也。仁者见之，谓之仁；知者见之，谓之知。百姓日用而不知，故君子之道鲜矣。显诸仁，藏诸用，鼓万物，而不与圣人同忧，盛德大业至矣哉！富有之谓大业，日新之谓盛德。生生之谓《易》，成象之谓乾，效法之谓坤，极数知来之谓占，通变之谓事，阴阳不测之谓神。

夫《易》广矣，大矣！以言乎远，则不御；以言乎迩，则静而正；以言乎天地之间，则备矣。夫乾，其静也专，其动也直，是以大生焉。夫坤，其静也翕，其动也辟，是以广生焉。广大配天地，变通配四时，阴阳之义配日月，易简之善配至德。

子曰：《易》其至矣乎！夫《易》，圣人所以崇德，而广业也。知崇礼卑，崇效天，卑法地。天地设位，而《易》行乎其中矣，成性存存，道义之门。

圣人有以见天下之赜，而拟诸其形容，象其物宜，是故谓之象。圣人有以见天下之动，而观其会通，以行其典礼，系辞焉，以断其吉凶，是故谓之爻。言天下之至赜，而不可恶也；言天下之至动，而不可乱也。拟之而后言，议之而后动，拟议以成其变化。鸣鹤在阴，其子和之：我有好爵，吾与尔靡之。子曰：君子居其室，出其言善，则千里之外应之，况其迩者乎？居其室，出其言不善，则千里之外违之，况其迩者乎？言出乎身，加乎民；行发乎迩，见乎远。言行，君子之枢机。枢机之发，荣辱之主也。言行，君子之所以动天地也，可不慎乎？同人先号咷而后笑。子曰：君子之道，或出或处，或默或语。二人同心，其利断金。同心之言，其臭如兰。初六，藉用白茅，无咎。子曰：苟错诸地而可矣。藉之用茅，何咎之有，慎之至也。夫茅之为物薄，而用可重也。慎斯术也以往，其无所失矣。劳谦君子有终，吉。子曰：劳而不伐，有功而不德，厚之至也，语以其功下人者也。德言盛，礼言恭，谦也者，致恭以存其位者也。亢龙有悔。子曰：贵而无位，高而无民，贤人在下位而无辅，是以动而有悔也。不出户庭，无咎。子曰：乱之所生也，则言语以为阶。君不密则失臣，臣不密则失身，几事不密则害成，是以君子慎密，而不出也。子曰：作《易》者其知盗乎？《易》曰：负且乘，致寇至。负也者，小人之事也；乘也者，君子之器也。小人而乘君子之器，盗思夺之矣；上慢下暴，盗思伐之矣。慢藏诲盗，冶容诲淫。《易》曰：负且乘，致寇至，盗之招也。

天一，地二，天三，地四，天五，地六，天七，地八，天九，地十。天数五，地数五，五位相得，而各有合。天数二十有五，地数三十，凡天地之数，五十有五。此所以成变化，而行鬼神也。大衍之数五十，其用四十有九。分而为二以象两，挂一以象三，揲之以四以象四时。归奇于扐以象闰，五岁再闰，故再扐而后挂。乾之策，二百一十有六；坤之策，百四十有四，凡三百有六十，当期之日。二篇之策，万有一千五百二十，当万物之数也。是故，四营而成易，十有八变而成卦。八卦而小成，引而伸之，触类而长之，天下之能事毕矣。显道神德行，是故可与酬酢，可与祐神矣。子曰：知变化之道者，其知神之所为乎？

《易》有圣人之道四焉：以言者尚其辞，以动者尚其变，以制器者尚其象，以卜筮者尚其占。是以君子将有为也，将有行也，问焉而以言。其受命也如响，无有远近幽深，遂知来物。非天下之至精，其孰能与于此。参伍以变，错综其数。通其变，遂成天地之文；极其数，遂定天下之象。非天下之至变，其孰能与于此。《易》无思也，无为也，寂然不动，感而遂通天下之故。非天下之至神，其孰能与于此。夫《易》，圣人之所以极深，而研几也。唯深也，故能通天下之志；唯几也，故能成天下之务；唯神也，故不疾而速，不行而至。子曰，《易》有圣人之道四焉者，此之谓也。

子曰：夫《易》，何为者也？夫《易》，开物成务，冒天下之道，如斯而已者也。是故，圣人以通天下之志，以定天下之业，以断天下之疑。是故，蓍之德圆而神，卦之德方以知，六爻之义易以贡。圣人以此洗心，退藏以密，吉凶与民同患。神以知来，知以藏往，其孰能与于此哉？古之聪明睿知，神武而不杀者夫？是以明于天之道，而察于民之故，是兴神物，以前民用。圣人以此斋戒，以神明其德夫？是故，阖户谓之坤，辟户谓之乾。一阖一辟谓之变，往来不穷谓之通，见乃谓之象，形乃谓之器，制而用之谓之法，利用出入，民咸用之谓之神。是故，《易》有太极，是生两仪，两仪生四象，四象生八卦。八卦定吉凶，吉凶生大业。是故，法象莫大乎天地，变通莫大乎四时，县象著明，莫大乎日月，崇高莫大乎富贵。备物致用，立成器，以为天下利，莫大乎圣人。探赜索隐，钩深致远，以定天下之吉凶，成天下之亹亹者，莫大乎蓍龟。是故，天生神物，圣人则之；天地变化，圣人效之；天垂象见吉凶，圣人象之；河出图，洛出书，圣人则之。《易》有四象，所以示也。系辞焉，所以告也。定之以吉凶，所以断也。

《易》曰：自天祐之，吉无不利。子曰：祐者助也，天之所助者顺也，人之所助者信也。履信思乎顺，又以尚贤也，是以自天祐之，吉无不利也。子曰；书不尽言，言不尽意。然则圣人之意，其不可见乎？子曰：圣人立象以尽意，设卦以尽情伪，系辞焉以尽其言，变而通之以尽利，鼓之舞之以尽神。乾坤其《易》之缊邪？乾坤成利，而《易》立乎其中矣。乾坤毁，则无以见《易》。《易》不可见，则乾坤或几乎息矣。是故，形而上者谓之道，形而下者谓之器，化而裁之谓之变，推而行之谓之通，举而措之天下之民，谓之事业。是故夫象，圣人有以见天下之赜，而拟诸其形容，象其物宜，是故谓之象。圣人有以见天下之动，而观其会通，以行其典礼，系辞焉，以断其吉凶，是故谓之爻。极天下之赜者，存乎卦；鼓天下之动者，存乎辞；化而裁之，存乎变；推而行之，存乎通；神而明之，存乎其人；默而成之，不言而信，存乎德行。

下

八卦成列，象在其中矣；因而重之，爻在其中矣；刚柔相推，变在其中矣；系辞焉而命之，动在其中矣。吉凶悔吝者，生乎动者也。刚柔者，立本者也；变通者，趣时者也；吉凶者，贞胜者也；天地之道，贞观者也；日月之道，贞明者也；天下之动，贞夫一者也。夫乾，确然示人易矣；夫坤，隤然示人简矣。爻也者，效此者也；象也者，像此者也。爻象动乎内，吉凶见乎外，功业见乎变，圣人之情见乎辞。天地之大德曰生，圣人之大宝曰位。何以守位？曰仁；何以聚人？曰财；理财正辞，禁民为非曰义。

古者，包牺氏之王天下也，仰则观象于天，俯则观法于地，观鸟兽之文，与地之宜。

近取诸身，远取诸物，于是始作八卦，以通神明之德，以类万物之情。作结绳而为网罟，以佃以渔，盖取诸离。包牺氏没，神农氏作，斫木为耜，揉木为耒，耒耨之利，以教天下，盖取诸益。日中为市，致天下之民，聚天下之货，交易而退，各得其所，盖取诸噬嗑。神农氏没，黄帝尧舜氏作，通其变，使民不倦；神而化之，使民宜之。易穷则变，变则通，通则久。是以自天祐之，吉无不利。黄帝尧舜，垂衣裳而天下治，盖取诸乾坤。刳木为舟，剡木为楫，舟楫之利，以济不通，致远以利天下，盖取诸涣。服牛乘马，引重致远，以利天下，盖取诸随。重门击柝，以待暴客，盖取诸豫。断木为杵，掘地为臼，臼杵之利，万民以济，盖取诸小过。弦木为弧，剡木为矢，弧矢之利，以威天下，盖取诸睽。上古，穴居而野处；后世圣人，易之以宫室，上栋下宇，以待风雨，盖取诸大壮。古之葬者，厚衣之以薪，葬之中野，不封不树，丧期无数；后世圣人，易之以棺椁，盖取诸大过。上古，结绳而治；后世圣人，易之以书契，百官以治，万民以察，盖取诸夬。

是故《易》者象也，象也者像也，彖者材也，爻也者，效天下之动者也。是故吉凶生，而悔吝著也。

阳卦多阴，阴卦多阳，其故何也？阳卦奇，阴卦耦。其德行何也？阳一君而二民，君子之道也；阴二君而一民，小人之道也。

《易》曰：憧憧往来，朋从尔思。子曰：天下何思何虑？天下同归而殊涂，一致而百虑。天下何思何虑？日往则月来，月往则日来，日月相推，而明生焉。寒往则暑来，暑往则寒来，寒暑相推，而岁成焉。往者屈也，来者信也，屈信相感，而利生焉。尺蠖之屈，以求信也；龙蛇之蛰，以存身也；精义入神，以致用也；利用安身，以崇德也。过此以往，未之或知也。穷神知化，德之盛也。《易》曰：困于石，据于蒺藜，入于其宫，不见其妻，凶。子曰：非所困而困焉，名必辱；非所据而据焉，身必危。既辱且危，死期将至，妻其可得见邪？《易》曰：公用射隼，于高墉之上，获之无不利。子曰：隼者，禽也；弓矢者，器也；射之者，人也。君藏器于身，待时而动，何不利之有？动而不括，是以出而有获，语成器而动者也。子曰：小人不耻不仁，不畏不义，不见利不劝，不威不惩。小惩而大诫，此小人之福也。《易》曰：屦校灭趾，无咎。此之谓也。善不积，不足以成名；恶不积，不足以灭身。小人，以小善为无益，而弗为也；以小恶为无伤，而弗去也。故恶积而不可掩，罪大而不可解。《易》曰：何校灭耳，凶。子曰：危者，安其位者也；亡者，保其存者也；乱者，有其治者也。是故，君子安而不忘危，存而不忘亡，治而不忘乱，是以身安，而国家可保也。《易》曰：其亡其亡，系于苞桑。子曰：德薄而位尊，知小而谋大，力小而任重，鲜不及矣。《易》曰：鼎折足，覆公餗，其形渥，凶。言不胜其任也。子曰：知几其神乎？君子上交不谄，下交不渎，其知几乎？

几者，动之微，吉之先见者也。君子见几而作，不俟终日。《易》曰：介于石，不终日，贞吉。介如石焉，宁用终日？断可识矣。君子知微知彰，知柔知刚，万夫之望。子曰：颜氏之子，其殆庶几乎！有不善，未尝不知；知之，未尝复行也。《易》曰：不远复，无祇悔，元吉。天地絪缊，万物化醇；男女构精，万物化生。《易》曰：三人行，则损一人；一人行，则得其友，言致一也。子曰：君子，安其身而后动，易其心而后语，定其交而后求，君子修此三者，故全也。危以动，则民不与也；惧以语，则民不应也；无交而求，则民不与也。莫之与，则伤之者至矣。《易》曰：莫益之，或击之，立心无恒，凶。

子曰：乾坤其《易》之门邪？乾，阳物也；坤，阴物也。阴阳合德，而刚柔有体。以体天地之撰，以通神明之德。其称名也，杂而不越。于稽其类，其衰世之意邪。夫《易》，彰往而察来，而微显阐幽。开而当名辨物，正言断辞，则备矣。其称名也小，其取类也大；其旨远，其辞文；其言曲而中，其事肆而隐。因贰以济民行，以明失得之报。

《易》之兴也，其于中古乎？作《易》者，其有忧患乎！是故，履，德之基也；谦，德之柄也；复，德之本也；恒，德之固也；损，德之修也；益，德之裕也；困，德之辨也；井，德之地也；巽，德之制也。履和而至，谦尊而光，复小而辨于物，恒杂而不厌，损先难而后易，益长裕而不设，困穷而通，井居其所而迁，巽称而隐。履以和行，谦以制礼，复以自知，恒以一德，损以远害，益以兴利，困以寡怨，井以辨义，巽以行权。

《易》之为书也，不可远，为道也屡迁。变动不居，周流六虚，上下无常，刚柔相易。不可为典要，唯变所适。其出入以度，外内使知惧，又明于忧患与故。无有师保，如临父母。初率其辞，而揆其方；既有典常，苟非其人，道不虚行。

《易》之为书也，原始要终，以为质也。六爻相杂，唯其时物也。其初难知，其上易知，本末也。初辞拟之，卒成之终。若夫杂物撰德，辨是与非，则非其中爻不备。噫，亦要存亡吉凶，则居可知矣。知者观其《彖》辞，则思过半矣。二与四，同功而异位，其善不同。二多誉，四多惧，近也。柔之为道，不利远者；其要无咎，其用柔中也。三与五，同功而异位，三多凶，五多功，贵贱之等也。其柔危，其刚胜邪。

《易》之为书也，广大悉备。有天道焉，有人道焉，有地道焉。兼三才而两之，故六。六者非它也，三才之道也。道有变动，故曰爻。爻有等，故曰物。物相杂，故曰文。文不当，故吉凶生焉。

《易》之兴也，其当殷之末世，周之盛德邪？当文王与纣之事邪？是故其辞危。危者使平，易者使倾。其道甚大，百物不废。惧以终始，其要无咎，此之谓《易》之道也。

夫乾，天下至健也，德行恒易以知险。夫坤，天下之至顺也，德行恒简以知阻。能说诸心，能研诸侯之虑，定天下之吉凶，成天下之亹亹者。是故变化云为，吉事有祥，象事知器，占事知来。天地设位，圣人成能，人谋鬼谋，百姓与能。八卦以象告，《爻》、《彖》以情言，刚柔杂居，而吉凶可见矣。变动以利言，吉凶以情迁。是故，爱恶相攻，而吉凶生；远近相取，而悔吝生；情伪相感，而利害生。凡《易》之情近，而不相得，则凶或害之，悔且吝。将叛者，其辞惭；中心疑者，其辞枝；吉人之辞寡；躁人之辞多；诬善之人，其辞游；失其守者，其辞屈。

说卦传

昔者，圣人之作《易》也，幽赞于神明而生蓍，参天两地而倚数，观变于阴阳而立卦，发挥于刚柔而生爻，和顺于道德，而理于义，穷理尽性，以至于命。

昔者，圣人之作《易》也，将以顺性命之理，是以立天之道，曰阴与阳，立地之道，曰柔与刚；立人之道，曰仁与义。兼三才而两之，故《易》六画而成卦。分阴分阳，迭用柔刚，故《易》六位而成章。

天地定位，山泽通气，雷风相薄，水火不相射，八卦相错（邵子曰：此伏羲八卦之位）。数往者顺，知来者逆，是故《易》逆数也。

雷以动之，风以散之，雨以润之，日以烜之，艮以止之，兑以说之，乾以君之，坤以藏之。

帝出乎震，齐乎巽，相见乎离，致役乎坤，说言乎兑，战乎乾，劳乎坎，成言乎艮。万物出乎震，震，东方也。齐乎巽，巽，东南也。齐也者，言万物之洁齐也。离也者，明也，万物皆相见，南方之卦也。圣人，南面而听天下，向明而治，盖取诸此也。坤也者，地也，万物皆致养焉，故曰致役乎坤。兑，正秋也，万物之所说也，故曰说言乎兑。战乎乾，乾，西北之卦也，言阴阳相薄也。坎者，水也，正北方之卦也，劳卦也，万物之所归也，故曰劳乎坎。艮，东北之卦也，万物之所成终，而所成始也，故曰成言乎艮（邵子曰：此卦位，乃文王所定）

神也者，妙万物而为言者也。动万物者，莫疾乎雷。挠万物者，莫疾乎风。燥万物者，莫熯乎火。说万物者，莫说乎泽。润万物者，莫润乎水。终万物、始万物者，莫盛乎艮。故水火相逮，雷风不相悖，山泽通气，然后能变化，既成万物也。

乾，健也。坤，顺也。震，动也。巽，入也。坎，陷也。离，丽也。艮，止也。兑，说也。

乾，为马。坤，为牛。震，为龙。巽，为鸡。坎，为豕。离，为雉。艮，为狗。兑，为羊。

乾，为首。坤，为腹。震，为足。巽，为股。坎，为耳。离，为目，艮，为手。兑，为口。

乾，天也，故称乎父。坤，地也，故称乎母。震，一索而得男，故谓之长男。巽，一索而得女，故谓之长女。坎，再索而得男，故谓之中男。离，再索而得女，故谓之中女。艮，三索而得男，故谓之少男。兑，三索而得女，故谓之少女。

乾，为天，为圜，为君，为父，为玉，为金，为寒，为冰，为大赤，为良马，为老马，为瘠马，为驳马，为木果。

坤，为地，为母，为布，为釜，为吝啬，为均，为子母牛，为大舆，为文，为众，为柄，其于地也，为黑。

震，为雷，为龙，为玄黄，为旉，为水涂，为长子，为决躁，为苍莨竹，为萑苇，其于马也，为善鸣，为馵足，为作足，为的颡，其于稼也，为反生，其究为健，为蕃鲜。

巽，为木，为风，为长女，为绳直，为工，为白，为长，为高，为进退，为不果，为臭，其于人也，为寡发，为广颡，为多白眼，为近利市三倍，其究为躁卦。

坎，为水，为沟渎，为隐伏，为矫輮，为弓轮，其于人也，为加忧，为心病，为耳痛，为血卦，为赤，其于马也，为美脊，为亟心，为下首，为薄蹄，为曳，其于舆也，为多眚，为通，为月，为盗，其于木也，为坚多心（《荀九家》有为宫，为律，为可，为栋，为丛棘，为狐，为蒺藜，为桎梏）。

离，为火，为日，为电，为中女，为甲胄，为戈兵，其于人也，为大腹，为乾卦，为鳖，为蟹，为蠃，为蚌，为龟，其于木也，为科上槁（《荀九家》有为牝牛）。

艮，为山，为径路，为小石，为门阙，为果蓏，为阍寺，为指，为狗，为鼠，为黔喙之属，其于木也，为坚多节（《荀九家》有为鼻，为虎，为狐）。

兑，为泽，为少女，为巫，为口舌，为毁折，为附决，其于地也，为刚卤，为妾，为羊。

序卦传

有天地，然后万物生焉。盈天地之间者，唯万物，故受之以屯。屯者，盈也；屯者，物之始生也。物生必蒙，故受之以蒙。蒙者，蒙也，物之稚也。物稚不可不养，故受之以需。需者，饮食之道也。饮食必有讼，故受之以讼。讼必有众起，故受之以师。师者，众也。众必有所比，故受之以比。比者，比也。比必有所畜，故受之以小畜。物畜然后有礼，故受之以履。履而泰，然后安，故受之以泰。泰者，通也。物不可以终通，故受之以否。物不可以终否，故受之以同人。与人同者，物必归焉，故受之以大有。有大者，不可以盈，故受之以谦。有大而能谦，必豫，故受之以豫。豫必有随，故受之以随。以喜随人者，必有事，故受之以蛊。蛊者，事也。有事而后可大，故受之以临。临者，大也。物大然后可观，故受之以观。可观而后有所合，故受之以噬嗑，嗑者，合也。物不可以苟合而已，故受之以贲。贲者，饰也。致饰然后亨则尽矣，故受之以剥。剥者，剥也。物不可以终尽，剥穷上反下，故受之以复。复则不妄矣，故受之以无妄。有无妄然后可畜，故受之以大畜。物畜然后可养，故受之以颐。颐者，养也。不养则不可动，故受之以大过。物不可终过，故受之以坎。坎者，陷也。陷必所丽，故受之以离。离者，丽也。

有天地，然后有万物。有万物，然后有男女。有男女，然后有夫妇。有夫妇，然后有父子。有父子，然后有君臣。有君臣，然后有上下。有上下，然后礼义有所错。夫妇之道，不可以不久也，故受之以恒。恒者，久也。物不可以久居其所，故受之以遁。遁者，退也。物不可以终遁，故受之以大壮。物不可以终壮，故受之以晋。晋者，进也。进必有所伤，故受之以明夷。夷者，伤也。伤于外者，必反其家，故受之以家人。家道穷必乖，故受之以睽。睽者，乖也。乖必有难，故受之以蹇。蹇者，难也。物不可以终难，故受之以解。解者，缓也。缓必有所失，故受之以损。损而不已必益，故受之以益。益而不已必决，故受之以夬。夬者，决也。决必有所遇，故受之以姤。姤者，遇也。物相遇而后聚，故受之以萃。萃者，聚也。聚而上者谓之升，故受之以升。升而不已必困，故受之以困。困乎上者必反下，故受之以井。井道不可不革，故受之以革。革物者莫若鼎，故受之以鼎。主器者莫若长子，故受之以震。震者，动也。物不可以终动，止之，故受之以艮。艮者，止也。物不可以终止，故受之以渐。渐者，进也。进必有所归，故受之以归妹。得其所归者必大，故受之以丰。丰者，大也。穷大者必失其居，故受之以旅。旅而无所容，故受之以巽。巽者，入也。入而后说之，故受之以兑。兑者，说也。

说而后散之，故受之以涣。涣者，离也。物不可以终离，故受之以节。节而信之，故受之以中孚。有其信者必行之，故受之以小过。有过物者必济，故受之以既济。物不可穷也，故受之以未济终焉。

杂卦传

乾，刚；坤，柔。比，乐；师，忧。临、观之义，或与或求。屯，见而不失其居；蒙，杂而著。震，起也；艮，止也。损、益，盛衰之始也。大畜，时也；无妄，灾也。萃，聚；而升不来也。谦，轻；而豫怠也。噬嗑，食也；贲，无色也。兑，见；而巽伏也。随，无故也；蛊，则饬也。剥，烂也；复，反也。晋，昼也；明夷，诛也。井，通；而困相遇也。咸，速也；恒，久也。涣，离也；节，止也。解，缓也；蹇，难也。睽，外也；家人，内也。否、泰，反其类也。大壮，则止；遁，则退也。大有，众也；同人，亲也。革，去故也；鼎，取新也。小过，过也；中孚，信也。丰，多故也；亲寡，旅也。离，上；而坎下也。小畜，寡也；履，不处也。需，不进也；讼，不亲也。大过，颠也。姤，遇也，柔遇刚也。渐，女归待男行也。颐，养正也。既济，定也。归妹，女之终也。未济，男之穷也。夬，决也，刚决柔也，君子道长，小人道忧也。

后　记

我写《周易经象义证》，勾点涂鸦，全赖内子秀英，一一誊正整理。前后三易其稿，历时一十九载。虽艰苦写就，仍难差强人意。序中所提繁复问题，本拟改写；然斯事体大，不可速成，只能如此而已。叹岁月蹉跎，桑榆时晚，所识前言往行不多。忆起去年，所赋七言二首，兹录于下，以志纪念：

一

来时不似去时闲，独自无言数剩年。
春上西陵高绝处，千山啼血一孤鹃。

二

月冷星寒又是秋，危楼夜夜伴灯愁。
文章写罢言难尽，诗赋吟成意未休。
量小陈醪一口醉，多情古调百回收。
风尘驿外连山路，逝水无声过九州。

王文采
二〇〇九年六月